OTTO SCHNEIDER – TANZLEXIKON

Meiner Frau Adolfine
und meiner Tochter Prof. Mag. Martha Schneider †
gewidmet

OTTO SCHNEIDER

TANZ LEXIKON

DER GESELLSCHAFTS-, VOLKS- UND KUNSTTANZ VON DEN ANFÄNGEN BIS ZUR GEGENWART MIT BIBLIOGRAPHIEN UND NOTENBEISPIELEN

Unter Mitarbeit von
RIKI RAAB
Ehemalige Solotänzerin der Wiener Staatsoper

VERLAG BRÜDER HOLLINEK · WIEN
SCHOTT VERLAG · MAINZ

CIP-Kurztitelaufnahme der Deutschen Bibliothek

Schneider, Otto:

Tanzlexikon: d. Gesellschafts-, Volks- u. Kunsttanz von d. Anfängen bis zur Gegenwart mit Bibliogr. u. Notenbeispielen / Otto Schneider. Unter Mitarb. von Riki Raab. – Wien: Hollinek,; Mainz: Schott, 1985.
ISBN 3-7957-2800-2 (Schott)
ISBN 3-85119-188-9 (Hollinek)
NE: HST

ISBN 3-85119-188-9 / 3-7957-2800-2

Fotosatz durch den Verlag, Brüder Hollinek, Wien. – Printed in Germany by Wiesbadener Graphische Betriebe GmbH., Wiesbaden.

Vorwort

Die Geschichte des Tanzes ist so alt wie die Geschichte der Menschheit. Getanzt wurde immer und überall, aus sakralem wie aus profanem Anlaß. Erntedank oder Totenklage, Gottesdienst oder Liebeswerbung, kultische Handlung oder höfische Zeremonie: Kein Zweifel, daß es tausend Gründe gibt, den Tanz als eine der elementaren Lebensäußerungen des Menschen anzusehen.

Der Mensch tanzt, weil er Freude oder Schmerz, Erhebung oder Ekstase, in vielen Lebenssituationen zwingender nicht auszudrücken vermag. Er tanzt, weil er sich anders, zum Beispiel redend, nicht mitzuteilen wüßte. Vielleicht erklärt sich die Schwierigkeit, Tänze zu beschreiben, auch daraus. Gewiß, die Kulturgeschichte des Tanzes ist reich dokumentiert, von den primitiven Felszeichnungen über antike Vasen, Skulpturen und Gemälde bis herauf zur Perfektion der heutigen Choreologie und Kinematotechnik, aber die Tanzliteratur, zumal im Deutschen, ist vergleichsweise bescheiden. Fast scheint es, als reduzierte sie sich, überspitzt gesagt, zu den Bildlegenden immer neuer Photobände.

Um so schöner, einen Beitrag willkommen heißen zu können, der höher zielt. Otto Schneiders „Tanzlexikon" erscheint zur rechten Zeit, weil es, seinem Umfang wie seiner Gründlichkeit nach, Orientierung verspricht auf einem Gebiet, das weltweit immer neue Liebhaber findet.

Otto Schneider erinnert an fast schon vergessene Traditionen. Gut fünfzig Jahre sind es her, seit Viktor Junk und Curt Sachs es mit ihren Büchern verstanden haben, den Tanz in seiner phänomenologischen Vielfalt darzustellen. Nicht die Fakten sind die Hauptsache, sondern die Sinnzusammenhänge. Jedes Stichwort erscheint eingewoben in ein Netz kulturgeschichtlicher Querverbindungen.

Der Autor und sein Verleger seien begleitet von meinen besten Wünschen. Ihre gemeinsame Leistung sollte ein weiterer Schritt dahin sein, Österreich zurückzuführen ins internationale Rampenlicht. Sehr viel ist in diesen letzten Jahren geschehen, und ein ebenso zahlreiches wie enthusiasmiertes Publikum hat diese Gelegenheiten genützt, den Tanz, das non-verbale Medium schlechthin, für sich zu entdecken. Das vorliegende Lexikon gibt ihm die Möglichkeit, eine flüchtige Bekanntschaft zu vertiefen.

Dr. Helmut Zilk
als Bundesminister für Unterricht
und Kunst
derzeit Bürgermeister und
Landeshauptmann von Wien

Wien, August 1984/Mai 1985

Vorwort

Zu den ältesten und doch immer zeitgemäßen Künsten der Menschheit gehört der Tanz. Seelisches und geistiges Erleben durch rhythmisch bestimmte Bewegungen zum Ausdruck zu bringen, ist dem Menschen urgegeben, angeboren. An allen Orten, zu allen Zeiten und bei allen Völkern wurde getanzt. Unzählbar sind die Tänze der Welt und tausendfältig wie das Leben selbst: ernst, der religiösen Erhebung dienend, heiter, dem Vergnügen zugehörend, naturhaft verbunden und künstlerisch stilisiert, immer wechselnd und doch immer dem gleichen Urgrund entspringend.

Der Bedeutung, die dem Tanz im menschlichen Leben zukommt, ist die wissenschaftliche Forschung im Laufe der Zeit nur sehr langsam gerecht geworden. Trotz einer Fülle älterer Tanzliteratur sind die wissenschaftlich begründeten Versuche, die Geschichte des Tanzes nach den verschiedensten Gesichtspunkten zu erfassen, die vielgestaltigen Formen des Volks- und Gesellschaftstanzes zu ordnen und einzuteilen, noch sehr jung. Im Jahre 1930 hat Viktor Junk erstmals den verdienstvollen Versuch unternommen, ein „Handbuch des Tanzes" herauszugeben, in welchem in lexikalischer Form die bis dahin gesamte Kenntnis vom Tanze übersichtlich zusammengefaßt ist. Dieser Pioniertat Viktor Junks folgte im Jahre 1933 Curt Sachs mit seiner „Weltgeschichte des Tanzes", die als ein grundlegender und gewichtiger Anfang der Tanzwissenschaft bezeichnet werden kann. Methodisch bedeutsam für dieses Werk ist die Einbeziehung der Ethnologie, die das Wissen über den Ursprung des Tanzes als auch den Gesichtskreis der Volkstanzforschung in bisher ungeahnter Weise bereicherte und erweiterte. Außer diesen beiden grundlegenden Werken der Tanzliteratur sind in der weiteren Folge zahlreiche wichtige Einzeluntersuchungen zu den verschiedensten Teilgebieten des Tanzes, wie Volks- und Gesellschaftstanz, Ballett, Tanzkünstler, Tanzgeschichte, Tanzschrift usw., erschienen, so daß das Schrifttum über den Tanz bis heute fast unübersehbar angewachsen ist und der Gesamtüberblick in der Menge der Literatur unterzugehen droht.

Aus dieser Erkenntnis heraus ist nach jahrelangen Vorarbeiten der Plan entstanden, ein „Tanzlexikon" herauszugeben, welches versucht, auf den bisherigen Ergebnissen der Tanzforschung fußend, zusammenfassende Auskunft über alle den Tanz betreffende Fragen zu geben. Es will, so weit dies in dem engen Rahmen eines Nachschlagwerkes überhaupt möglich ist, über die Gesamtheit des Tanzes, seine historischen, wissenschaftlichen und praktischen Fakten informieren. Dieser Anforderung will das Tanzlexikon vor allem auch dadurch entsprechen, daß es sich an alle wendet, die am Tanz interessiert sind, ob sie als Wissenschaftler und Künstler mit dem Tanze zu tun haben oder sich nur als Liebhaber mit dem Tanze befassen.

Das Tanzlexikon enthält die Namen und Beschreibungen der Volks- und Gesellschaftstänze der verschiedenen Zeiten und Länder, 358 Notenbeispiele nach Originalvorlagen, die häufigst gespielten Ballette der Vergangenheit und Gegenwart, die Namen der bedeutendsten Tanzkünstler, Tanzlehrer, Tanzkomponisten aller Zeiten mit biographischen Daten, die wichtigsten Tanzschriften, Tanzschriftsteller und tanztechnischen Ausdrücke. Jedes Stichwort des Lexikons wird durch ausführliche bibliographische Hinweise ergänzt.

Nach Abschluß der Arbeiten an dem Tanzlexikon ist es mir ein besonderes Anliegen, allen zu danken, durch deren Mithilfe das Buch fertiggestellt werden konnte.

Mit aufrichtiger Verbundenheit und Anerkennung möchte ich Frau Prof. Riki Raab für Ihre vorbildliche jahrelange Mitwirkung danken, durch die sie Wesentliches zur Gestaltwerdung dieses Werkes beigetragen hat.

Für freundliches Entgegenkommen bei der Beschaffung und Beistellung wichtigen Materials danke ich Herrn Dir. Dr. Günther Brosche und Frau Inge Pechotsch-Feichtinger von der Österreichischen Nationalbibliothek, Frau Dr. Gerlinde Haid vom Österreichischen Volksliedwerk und Herrn Prof. Walter Deutsch vom Institut für Volksmusikforschung.

Für die unermüdliche Hilfsbereitschaft bei der Lesung der Korrekturen danke ich meiner Frau Adolfine und meiner Tochter Prof. Mag. Martha Schneider †.

Besonderer Dank gebührt schließlich meinen beiden Verlagen Brüder Hollinek, Wien und B. Schott's Söhne, Mainz, und deren Mitarbeitern, die meine langjährige Arbeit in so sorgsame Obhut genommen und zur Veröffentlichung gebracht haben.

Frühjahr 1985 Otto Schneider

A

Aattetur. ↗Norwegischer Volkstanz aus der südnorwegischen Region Asker. Der Tanz im ¾-Takt wird von Paaren im geschlossenen Kreis ausgeführt.

Abaisser bedeutet im klassischen ↗Ballett nach ↗Élever wieder niedersenken auf den ganzen Fuß.

Abbots Bromley horn-dance. Altenglischer ↗Volkstanz, ein ritueller Tanz aus Staffordshire. In seinen Bewegungen ist er verwandt mit dem ↗Schwerttanz. Die Tänzer sind geschmückt mit Rentiergeweihen.

Lit.: *Sharp, C.:* The Sword Dances of Northern England, Bd. I, 1911, S. 105 ff. *Wolfram, R.:* Schwerttanz u. Männerbund, 1933, S. 49. *Kennedy, D.:* England Dances, 1950.

Ab der Hand. ↗Österreichischer Volkstanz aus dem Montafon, Vorarlberg. Bei diesem ↗Werbetanz versucht der Tänzer mit manchmal selbst erfundenen Bewegungen und Gebärden, die fliehende Tänzerin zu erhaschen.

Lit.: *Schmitt, A.:* Das deutsche Volkslied, Jg. 30, 1928, H. 4, S. 66.

Abdreschtanz, auch ↗**Drischlag** genannt, ist eine beliebte festliche Unterhaltung der Bauern in Salzburg nach der anstrengenden Erntearbeit. Bei fast jedem größeren Bauern wird, sobald er mit dem sogenannten Abdreschen der Ernte fertig ist, am selben oder an einem der darauffolgenden Tage der Abdreschtanz gefeiert. Nach einer ausgiebigen Mahlzeit erscheinen verschieden maskierte Paare und tanzen im Kreise. Nachdem einige Touren getanzt worden sind, beginnen die heiteren Gesellschaftsspiele und Scherztänze. Zu ihnen gehören der ↗Kapuzinertanz und der ↗Jungfrautanz.

Lit.: *Adrian, K.:* Salzburger Volksspiele, Aufzüge u. Tänze, Salzburg 1905, S. 114 ff. *Adrian, K.:* Von Salzburger Sitt' u. Brauch, 1924. *Peter, I.:* Tanz u. Spiel nach d. Abdreschen, in: Wiener Zeitschrift f. Volkskunde, Jg. 48, 1943, S. 5 ff.

Abel, Katharina. Österreichische Tänzerin, geb. 22. Februar 1856 in Wien, gest. 6. März 1904 in Baden b. Wien. Von der Kinderballettschule der Hofoper Wien wurde sie 1871 in das Ensemble aufgenommen und 1881 zur Solotänzerin ernannt. Unter der Direktion von Carl ↗Telle war sie eine der beliebtesten Tänzerinnen. Verheiratet war sie mit dem Grafen Orsich de Szalavetich. Zu ihren besonderen Rollen gehörten: Melusine, ↗Puppenfee, Göttin des Lichts (Excelsior). 1892 schied sie aus dem Verband des Balletts der Hofoper Wien aus.

Abendtanz (Abendreihen). In der Zeit vom 14.–16. Jh. war besonders die abendliche Feierstunde die beliebteste Zeit zum Tanz. Vor allem im Frühling und Sommer eilten die schön gekleideten und geputzten Mädchen zum Abendreihen. Bei diesen Abendtänzen wurde viel gesungen, und oftmals war der abendliche ↗Reigen verbunden mit dem Singen um den Kranz, bei dem die Burschen den Mädchen den Kranz abzugewinnen suchten, um so das Recht auf das Herz und die Liebe des Mädchens zu erhalten. Diese Kranzlieder zum Abendreihen dürften zu Anfang des 16. Jh. sehr beliebt gewesen sein. Viele dieser Lieder sind uns erhalten geblieben, allerdings in geistlicher Umdichtung. Wie aus dem Amberger Stadtbuch von 1554 und anderen zeitgenössischen ↗Tanzverboten zu ersehen ist, dürfte es bei den Abendtänzen oftmals zu mancherlei Verstoß gegen die öffentliche Sittlichkeit gekommen sein. Abendtänze wurden auch bei den ritterlichen Turnieren aufgeführt, die durch fackeltragende Vortänzer ein besonders festliches Gepräge erhielten. Dazu gehören vor allem die sogenannten ↗Fackeltänze.

Babst's Gsgb. 1545, II/37

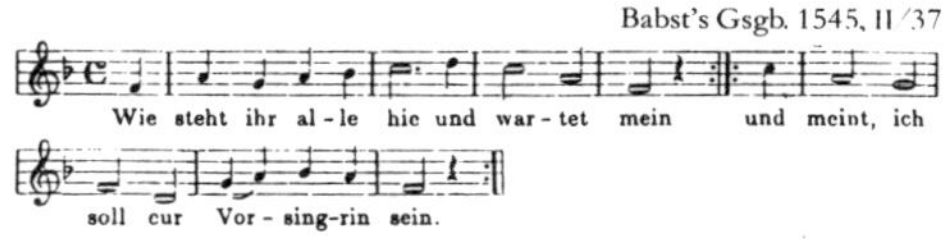

Lit.: *Böhme, F. M.:* Geschichte d. Tanzes in Deutschland, 1886, S. 52 f., S. 106 ff., S. 114. *Moser, H. J.:* Tönende Volksaltertümer, 1935, S. 243.

Aberseer heißt eine Tanzform des ↗Schleunigen aus der Gegend des Aber- oder Wolfgangsees im Salzkammergut.

Lit.: *Wolfram, R.:* Salzburger Volkstänze, in: Wiener Zeitschrift f. Volkskunde, Jg. 38, 1933, H. 5/6, S. 97 ff.

Abraxas. Ein ↗Faustballett v. Werner ↗Egk nach dem Tanzpoem von Heinrich Heine. Die Uraufführung nach der ↗Choreographie von Marcel ↗Luipart fand am 6. Juni 1948 in der Bayerischen Staatsoper in München statt. – Abraxas oder Abrasax war auch ein ritueller Tanz der griechischen Gnostiker aus Athen, Korinth und Antiochia. Dieser Schlangentanz wurde von 12 Männern ausgeführt.

Lit.: *Panofsky, W.:* Das Ballett „Abraxas", in: Melos, Jg. 15, H. 8/9, 1948. *Dunnwald, W.:* Abraxas u. d. Tanzpoem v. Heinrich Heine, in: Bühnenblätter d. Bundeshauptstadt, Jg. 3, H. 7, 1951. *Niehaus, M.:* Himmel, Hölle u. Trikot, 1959, S. 58 ff.

Abstrakter Tanz. Diese um 1920 aufgekommene Bezeichnung steht im Zusammenhang mit dem Begriff des ↗Ausdruckstanzes. Der abstrakte Tanz reduziert die Funktion des Tänzers auf Darstellungen von geometrischen Formen und Modellen in einem bestimmt gegliederten Zeitraum. (↗Bauhaus-Tänze, ↗Schlemmer, ↗Triadisches Ballett)

Lit.: *Schlemmer, O.:* Abstraktion in Tanz u. Kostüm, 1928.

Abstraktes Ballett. Um 1920 kam dieser Begriff im Zusammenhang mit den Zielsetzungen der abstrakten Malerei auf. Er bezeichnet ein ↗Ballett, welches auf Thema und literarischen Inhalt verzichtet. Beispiele dafür sind: „Choreartium" von ↗Massine nach der 4. Sinfonie von J. ↗Brahms und ↗Ashtons ↗Choreographie der „Sinfonischen Variationen" von C. Franck. ↗Balanchine und auch andere Choreographen lehnen diesen Begriff mit der Begründung ab, daß ein von Menschen ausgeführtes Ballett niemals abstrakt sein kann.

Académie Royale de Danse. Angeregt von Kardinal Mazarin wurde im Jahre 1661 von König ↗Ludwig XIV. in Paris eine Akademie der Tanzkunst gegründet. Sie gilt als die erste Schule dieser Art. Ihre Aufgabe war es, Tanzlehrer heranzubilden und die vorhandenen Tänze in ihrer ursprünglichen Form zu fixieren und zu bewahren. Die Akademie bestand aus einem Direktor und 13 Tanzmeistern. Wer in der Tanzkunst, sei es als Tanzlehrer oder Ballettmeister, eine öffentliche Stellung haben wollte, mußte an der Tanzakademie studieren und eine Prüfung ablegen. Er erhielt dann den Titel „Académicien de l'art de la danse".↗Beauchamp war der 1. Direktor der Akademie. 1680 folgte ihm Louis ↗Pécour. Die Akademie wurde bald verschiedenerseits bekämpft, unter anderem auch von ↗Noverre in seinen „Lettres sur la danse". 1780 beendete sie ihre Tätigkeit. Im Jahre 1856 entstand in Paris die „Société académique de professeurs-artistes du Théâtre de l'Opéra". Ihre Aufgabe war vor allem das Lehren der Tänze der Pariser Salons. (↗Akademien der Tanzkunst, ↗Communauté)

Lit.: *Sachs, C.:* Eine Weltgeschichte d. Tanzes, 1933, S. 265 ff. *Gregor, J.:* Kulturgeschichte d. Balletts, 1944, S. 213 ff. *Kochno, B.:* Le Ballet, 1954.

Acatlaxque. ↗Mexikanischer Tanz der Otomi-Indianer von Pahuatlan, Hidalgo. Er wird von 12 Männern und einem Knaben, der mit einem langen weißen Gewand bekleidet ist und einen Kürbis mit einem bemalten Holz oder einer silbernen Schlange hält, ausgeführt. (↗Indianischer Tanz)

Achilles. Die Geschichte des Sohnes des Peleus und der Thetis, des großen griechischen Helden im Kampf um Troia, ist oftmals die Grundlage für Balletthandlungen gewesen: 1771 „I fatti Achille figlio di Peleo", von ↗Le Picq, Venedig. 1774 „Achille reconnu par Ulisse dans l'isle de Scyros", von ↗Cannabich. 1804 „Achille in Sciro", von P. ↗Gardel, Musik L. Cherubini, Paris. 1808 „Achilles auf Skyros", von P. ↗Angiolini, Musik von Allessandro Rolla, Wien. 1813 „Achilles" von J. ↗Aumer, Musik v. K. Blum, Wien. 1900 „Achille", von De Gussem. 1926 „Achilles auf Skyros" von Egon ↗Wellesz, 1926, Stuttgart.

Achselrotten. Süddeutscher ↗Bauerntanz, der um 1230 von dem Minnesänger Göli mit dem ↗Houbet-schotten erwähnt wird. Dem Namen nach könnte es sich um einen Tanz mit der Gebärde des Achselschüttelns handeln. ↗Böhme vergleicht ihn daher auch mit dem russischen ↗Gebärdentanz ↗Kasatscha.

Lit.: *Böhme, F. M.:* Geschichte d. Tanzes in Deutschland, 1886.

Achteltanz, auch **Maschkerertanz** genannt, ist die Bezeichnung für einen alten ↗österreichischen Volkstanz aus Abtenau in Salzburg. Der

Name Achteltanz kommt daher, weil er gewöhnlich von acht Paaren getanzt wird. Doch kommt es machmal auch vor, daß sich nur vier oder aber auch 16 Paare beteiligen. Demnach ist der Achteltanz zur Gattung der ↗Sechser-, ↗Achter- und ↗Zwölfertänze zu zählen, die zu den ↗Contratänzen gehören und in ihren verschiedenen Formen wie Mühle, Kette u. s. w. uraltes Volksgut aufweisen. Der Abtenauer Achteltanz ist jedenfalls eines der wenigen Beispiele eines vollständigen Achtertanzes, der sich als Volkstanz bis fast in unsere Zeit erhalten hat. Seinen Figuren nach ist er mit dem Tiroler ↗Agattanz eng verwandt. Den Namen Maschkerertanz führt der Achteltanz deswegen, weil er auch vielfach von Maskierten, die in verschiedenen Rollen auftreten, getanzt wird. Die Maschkerer-, auch Maschkeratänze, sind in Österreich auch in anderen Gegenden bekannt, so z. B. in Kärnten im oberen Drautal. (↗Brecheltanz)

Lit.: *Peter, I. v.:* Der Achtel- oder Maschkerertanz, in: Wiener Zeitschrift f. Volkskunde, Jg. 48, 1943, H. 3/4, S. 33 ff. *Wolfram, R.:* Die Volkstänze in Österreich u. verwandte Tänze in Europa, 1951, S. 131 f. *Koschier, F.* Der Steinfelder „Maschkeratanz“, in: Kärntner Landsmannschaft, Jg. 1952, Nr. 1, S. 8. *Koschier, F.:* Der Maschkeratanz in Steinfeld a. d. Drau, in: Carinthia I, 144. Jg., 1954, S. 587 ff. *Koschier, F.:* Kärntner Volkstänze, H. 1., S. 68. *Frühwald, H.:* Brecheltanz und Maschkerabrauch, in: Blätter f. Heimatkunde Graz, Jg. 39, 1965, S. 188 ff. *Horak, K.:* Die Maschkera von Prad, in: Jahrbuch d. österr. Volksliedwerkes, Bd. 27, 1978, S. 86 ff.

Achterrüm, auch Kontra Hinterum genannt, ist ein ↗Volkstanz aus Norddeutschland (Lüneburger Heide), ein Kreistanz für vier Paare, der in verschiedenen Varianten ausgeführt wird.

Lit.: *Kück, Ed. – Schönhagen, E.:* Heidjers Tanzmusik, 1911, S. 23. *Helms, A. – Blasche, J.:* Bunte Tänze aus acht Jahrhunderten, Bd. 2, 1921, S. 28.

Achtertanz. Süddeutscher ↗Volkstanz, der in der 1. Hälfte des 19. Jh. vor allem in Bayern von der ländlichen Bevölkerung gerne getanzt wurde. Es handelte sich dabei um eine Art der ↗Quadrille für acht in Kreuzform aufgestellte Paare. Wie der ↗Vierer-, ↗Sechser- und ↗Zwölfertanz bestand auch der Achtertanz aus mehreren Touren. Nach der Mitte des 19. Jh. waren diese volkstümlichen ↗Contratanzformen schon selten und wurden letztlich vom ↗Walzer gänzlich verdrängt. (↗Otte Mands Dans)

Lit.: *Böhme, F. M.:* Geschichte d. Tanzes in Deutschland, 1886. *Giehrl, F.:* Heimattänze, 1924. *Wolfram, R.:* Die Volkstänze in Österreich u. verwandte Tänze in Europa, 1951, S. 140. *Goldschmidt, Ae.:* Handbuch d. deutschen Tanzes, 1967. *Koschier, F.:* Der Nöblinger „Achter Tanz“, in: Festschrift f. Richard Wolfram, 1968, S. 236 ff. und in: Die Kärntner Landsmannschaft 1978, H. 4, S. 4 ff.

Acis und Galathea. Die Sage von der Liebe des Hirten Acis und der Nymphe Galathea hat oftmals als Grundlage für Ballettlibretti gedient: 1753 heroisch-pantomimisches Ballett von ↗Hilverding in Wien; 1768 von ↗Lauchery, Musik v. ↗Cannabich in Kassel; 1773 von ↗Noverre, Musik v. ↗Aspelmayr in Wien; 1782 von O. ↗Viganò, Musik v. ↗Marescalchi in Venedig; 1794 Ballettdivertissement „Die Liebe Galatheens“ von ↗Viganò in Wien; 1813 Episodisches ↗Divertissement „Acis u. Galathe oder Der Riese Polyphem“ v. L. ↗Duport in Wien; 1815 Ballett mit Musik von Catterino Cavos; 1880 Ballett mit Musik von Kadletz in St. Petersburg; 1905 von ↗Fokine, Musik von Kadletz in St. Petersburg.

Lit.: *Lauchery, E.:* Premier recueuil des ballets, Cassel 1769.

Aĉkups. ↗Lettischer Volkstanz. Ausgeführt wird er von mehreren Paaren, die im Viereck Aufstellung nehmen.

Lit.: *Apkalns, Longins:* Lettische Musik, 1977, S. 62.

Adagio bedeutet im musikalischen Sinn ein langsames, ausdrucksvolles Tempo. Im ↗Ballett hat es noch andere Bedeutungen: 1. Bezeichnung für den langsamen Teil des Ballett-Exercise (im langsamen Zeitmaß ausgeführte Arm- und Beinübungen), 2. bezeichnet Adagio einen Teil des ↗Pas de deux, und 3. ist mit Adagio jener Teil des klassischen Tanzes benannt, bei dem der Tänzer die Tänzerin stützt und hebt.

Lit.: *Levinson, A.:* Adagio. Das klassische Tanz-Duett, in: Neue Musik-Zeitung, Jg. 49, Stuttgart 1928, H. 7, S. 206 ff.

Adahoun. ↗Afrikanischer Tanz der Donnerfetischisten Heviosso. Er wird von ein paar jungen Burschen ausgeführt, die mit ihrem Tanz die zerstörende Wirkung des Donners ausdrücken. Die Burschen, mit nacktem Oberkörper und mit einem bis zu den Knien reichenden Röckchen und engsitzender Samthose kostümiert, haben zwei Tanzstäbe im Munde oder in der linken Hand. Ihre Bewegungen sind zügellos, völlig besessen werfen sie sich auf den Boden, mit ausgestreckten Händen rasen sie außer Rand und Band. Was ihnen unter die Hände kommt, wird zerstört. Die Tänzer, vom Geist des Donners erfüllt, dürfen an nichts gehindert werden, was ihnen zu tun einfällt. Die Zuschauer befinden sich im Zustand eines fast lustvollen Schreckens.

Lit.: *Gorer, G.:* Geheimes Afrika u. seine Tänze, 1950, S. 187 f.

Adam, Adolphe Charles. Französischer Komponist, geb. 24. Juli 1803 in Paris, gest. 3. Mai 1856 ebendort. Er schuf 53 Bühnenwerke, darunter eine Anzahl ↗Ballette für die berühmtesten Tänzer und Tänzerinnen seiner Zeit. Von besonderer Bedeutung waren: ↗Faust (London 1832), ↗„Giselle" (Paris 1841), „Griseldis" (Paris 1848), „Le ↗Diable â quatre" (Wien 1853), „Le Corsaire" (Paris 1856).

Lit.: *Adam, A. Ch.:* Souvenirs d'un musicien, 1884. *Neumann, W.:* A. Adam, 1855. *Pongin, A.:* A. Adam, Paris 1877.

Adam Zero. Ballett-Allegorie in einem Akt von Arthur ↗Bliss, komponiert 1946, Libretto von Michael Benthall, Uraufführung am 10. April 1946 im Covent Garden Opera House in London durch das ↗Sadler's Wells Ballet, ↗Choreographie Robert ↗Helpmann. Das Werk schildert die Entstehung eines Balletts, welches gleichzeitig den Lebensweg eines Menschen symbolisieren soll.

Adama, Richard. Amerikanischer Tänzer, geb. 8. August 1928 in Long Beach. Im Jahre 1946 Eintritt in eine Ballettschule in Hollywood. Lehrer: Bronislawa ↗Nijinska und David ↗Lichine. Bereits 1948 Vertrag im „Original ↗Ballet Russe de Colonel de Basil". Mit dieser Truppe als Mitglied im ↗Corps de ballet war er auf Tournee in Spanien, Portugal und Nordafrika. Seine Lehrerin Nijinska vermittelte ihm 1949 einen Vertrag zum Ballett des Marquis de ↗Cuevas nach Paris. Im Verlauf einer Tournee in Monte Carlo debütierte er als Prinz Florimond in ↗„Dornröschen". Während der Pariser Zeit Studium bei Madame Nora bis 1954. 1952 war er für ein halbes Jahr 1. Tänzer in Rio de Janeiro. Danach ging er zusammen mit der französischen Primaballerina Yvette ↗Chauveré auf Tourneen durch Frankreich, Ägypten und den Libanon. Es folgten Zusammenarbeit und Tourneen mit Janine ↗Charrat, Jean ↗Babilee, Peter van ↗Dyk und Milorad ↗Miskowitsch. 1955 wurde Adama auf Empfehlung von Erika ↗Hanka vom damaligen Ballettchef Gordon ↗Hamilton an die Wiener Staatsoper gebunden. In der Saison 1958/59 Gastspiele des Balletts in Monte Carlo und beim Ballettfestival in Nervi und im April 1960 bei der Österreichwoche in Berlin. Im Sommer 1959 war Adama bei den Salzburger Festspielen tätig. Im März 1961 nahm er eine Einladung nach Hannover an. Dort war er erster Solotänzer, stellvertretender Ballettdirektor und ↗Choreograph. Er choreographierte „Spiralen" und ↗„Josephslegende". Danach gab er seine tänzerische Laufbahn auf und war nur mehr als Choreograph tätig. 1965/66 wurde er Ballettdirektor in Bremen. Er choreographierte in Bremen (↗Rameaus „Platea") und im Sommer 1967 bei den Festspielen Herrenhausen (↗Lullys „Bürger als Edelmann"). Seit Beendigung seiner Tätigkeit in Bremen wirkt er als freischaffender Choreograph. Sein Repertoire umfaßte alle bedeutenden klassischen und viele moderne Ballette.

Adams, Diana. Amerikanische Tänzerin und Lehrerin, geb. 29. März 1926 in Stanton, Va. Sie studierte bei Emily Hadley, ↗Caton, De ↗Mille und ↗Tudor. 1943 debütierte sie in Oklahoma. Sie schloß sich dem Ballet Theatre in New York an, wurde 1945 Solistin. 1950–1963 wirkte sie als leitende Solistin im ↗New York City-Ballet. Sie ist Lehrerin an der Schule des ↗American Ballet (↗Laing, Hugh).

Adjemle. Name eines ↗akrobatischen Tanzes des Stammes der Baule aus dem Dorfe Kouadjikro, ↗Elfenbeinküste. 12 Tänzer führen einzeln Tänze vor, die ihre besonderen Schwierigkeiten in Rundsprüngen haben. Dabei hat jeder Tänzer seine Besonderheiten.

Lit.: *Himmelheber, H.:* Masken, Tänzer u. Musiker d. Elfenbeinküste, in: Publikationen zu wissenschaftlichen Filmen, Sekt. Völkerkunde, Erg. Bd. 2, 1972, S. 45 ff.

Adzuma-Mai. Japanischer ↗kultischer Tanz, der in den Shimo-Gamo-Tempeln getanzt wird. (↗Japanischer Tanz)

Lit.: *Becker, M. L.:* Der Tanz, 1901, S. 166. *Winther, F. H.:* Der heilige Tanz, 1923, S. 104.

Ägyptischer Tanz. Denkmäler der ägyptischen bildenden Kunst und bildliche Darstellungen,vor allem auf Grabwänden, bezeugen uns, daß der Tanz im alten Ägypten ein bedeutsamer Bestandteil bei allen religiösen und weltlichen Festen war. Form und Bedeutung des Tanzes waren allerdings im Verlaufe der großen Epochen der ägyptischen Geschichte mancherlei Wandlungen unterworfen. Zusammenfassend lassen sich im Ägypten des Altertums drei Gruppen von Tänzen feststellen: 1. ↗**Begräbnistänze.** Unter ihnen sind zwei besondere Formen zu erkennen. Die erste Form besteht aus rituellen

Schritten mit eigenen Bewegungen religiöser Bedeutung, die einen Teil der Begräbnisriten bildeten. Diese besondere Tanzform hatte den Sinn, den Toten zu erfreuen und die bösen Dämonen von ihm abzuwenden. Die zweite Form bestand aus Schritten und Körperbewegungen, die tiefste Trauer zum Ausdruck brachten. Diese Tanzform wurde nicht von Berufstänzern, sondern von Familienmitgliedern und Freunden getanzt. 2. **Unterhaltungstänze.** Sie wurden von Berufstänzern und Berufsmusikern zur Unterhaltung der Gäste bei Gastmählern und Festen dargebracht. Es waren graziöse Tanzformen, die meist von zwei bis drei Mädchen vorgeführt wurden, seltener von Solisten. 3. **Festtänze.** Diese finden wir besonders bei den religiösen Feiern und gewöhnlich so dargestellt, daß Frauen einen rituellen Tanz vor der Gottheit darboten. An diesen Tänzen teilzunehmen, war eine große Ehre. Die Mädchen und Frauen, die an solchen Tänzen teilgenommen hatten, wurden auf eigenen Listen festgehalten. – Der Berufsstand der Tänzerinnen ist im alten Ägypten schon früh ausgebildet. Sie tanzten bei den meist kultischen Trauer- und Freudenfesten ihre sehr mannigfaltigen vorgeschriebenen Figuren. Auch die ↗Paartänze wurden fast ausschließlich von ihnen ausgeführt. Der Paartanz beider Geschlechter war in Ägypten fremd. Erst gegen Ende des 4. Jhdts. v. Chr. ist eine Schilderung, die auf einen Paartanz hindeuten könnte, bekannt (Weege: Der Tanz in der Antike, S. 28 f.). Männer spielten beim Tanz überhaupt eine nur untergeordnete Rolle. Der vornehme Ägypter tanzte nicht selbst, er ließ sich vortanzen. Früheste vorgeschichtliche Zeugnisse zum ägyptischen Tanz entstammen der Nagada-Kultur. Sie zeigen aus Ton gebildete Frauenfiguren mit erhobenen Armen, die man neben Beischläferinnen den Toten ins Grab mitgab. Vermutlich handelt es sich dabei um die Darstellung von Tänzerinnen, die den Verstorbenen erfreuen sollten. Bereits im vorgeschichtlichen Ägypten scheinen wesentliche Tanzformen der ägyptischen Hochkultur festzustehen, wie ↗Waffen- und ↗Maskentänze, Magische- und Fruchtbarkeitstänze, getanzte Initiationsfeste, begleitet von klapper- und rasselschwingenden Frauen. Im **Alten Reich** (3200–ca. 2000 v. Chr.) zeigt sich das wichtigste frühägyptische Tanzgut bereits von hoher Kultur durchdrungen, einheitlich geschlossen von vollendeter Form. Die Tänze des Alten Reiches sind vielfach Gemeinschaftstänze mit gesellschaftlicher Funktion. Es überwiegen die Tänze beim Gastmahl. Begräbnistänze werden in ihrer magischen Bedeutung oft zu ↗Pantomimen umgewertet. Das rhythmische Element überwiegt vor allem bei den ↗akrobatisch-exzentrischen Tänzen, die bei religiösen Festen, meist Götterprozessionen, aufgeführt werden. Der Tanz zu Ehren der Göttin ↗Hathor, der besonders im Mittleren Reich beliebt war, läßt sich bereits im Alten Reich nachweisen (Brunner-Traut S. 22 f.). Ebenso können die später im Mittleren- und besonders im Neuen Reich so beliebten ↗Tanzzwerge für das Alte Reich bereits festgestellt werden. Das bekannteste Dokument hiefür ist der Brief, den König Neferkarê seinem Feldherrn um einen äthiopischen Tanzzwerg geschrieben hat. Der Tanz des amusischen **Mittleren Reiches** (ca. 2000–1580 v. Chr.) ist durch seinen akrobatisch-gymnastischen Charakter gekennzeichnet. Der rhythmisch stark betonte Tanz ist unmelodisch, unlyrisch. Die Stelle des volltönigen Orchesters des Alten Reiches vertreten jetzt Klapper- und Rasselinstrumente oder nur Flöte und Harfe. Die besonders durch den Tanz verehrten Gottheiten sind ↗Osiris und Isis und die Göttin ↗Hathor. Seit dem 19. Jh. v. Chr. sind die ↗Osiris-Mysterienspiele zu Abydos belegt. Die Tänze des **Neuen Reiches** (1580–1090 v. Chr.) sind vor allem aus thebanischen Gräbern aus der Zeit der XVIII. Dynastie bekannt. Neben den in alter Form aufscheinenden kultischen Tänzen gewinnt der lyrisch betonte weltliche Tanz an Bedeutung. Seine Entwicklung wird durch fremdländischen, besonders afrikanisch-asiatischen Einfluß begünstigt. Der Tanz des Neuen Reiches ist wiegend, anmutig, engbewegt. Er wird von hübschen Tänzerinnen bei Gelagen und Totenmahlen dargestellt. Die meist nackten oder nur mit einem durchsichtigen Gewand bekleideten Tänzerinnen begleiten dabei ihre Tanzlieder frei nach ihrer Art auf den Instrumenten. Der Schau- und Genußtanz gewinnt immer mehr an Bedeutung, die Gesamthaltung wird weltlicher. Als eigentliche Grabtänzer spielen im Neuen Reich die bereits im Alten Reich nachweisbaren ↗Muus eine große Rolle. Dazu kommt bei Bestattungen der Tanz der rasenden und heulenden Klageweiber, der auch noch im heutigen Ägypten zu beobachten sein soll. Bedeutsam waren für das Neue Reich auch die zwerghaften, bärtigen tanzenden Gottheiten, von denen besonders dem Gott ↗Bes die Eigenschaften des Tanzens und Musizierens übertragen wurden. – Die Tänze der ägyptischen **Neuzeit** weisen zwar noch Reste aus der geschichtlichen Zeit auf, doch ist für die weitere Entwicklung des ägyptischen Tanzes vor allem fremdländischer, islamischer und arabisch-türkischer Einfluß bestimmend gewesen. Wie die ägyptische Musik hat auch der ägyptische Tanz einen Prozeß weitgehender Arabisierung durchgemacht. Ausländisches Musik- und Tanzgut hat das nationalägyptische Tanzgut größtenteils absorbiert. Volkstümliche Tanzformen bewahrten sich später hauptsächlich auf dem Lande in der Volksmusik der Fellachen, Beduinen und Oasenbewohner. Die einfachen Reihen- u. Kreistänze der Bauern zeigen eine Vielfalt tänzerischer Ausdruckskraft. Bedeutung erlangten vor allem Tänze, die mit der Volksreligion zusammenhängen. In diese Kategorie sind die exorzistischen ↗Zar-Tänze und der ↗Zikr zu reihen. Beispiele wichtiger ägyptischer Tanzrhythmen und Tänze gibt Mecklenburg in seiner „Ägyptischen Rhythmik". Der angeblich im heutigen Ägypten so beliebte ↗Bienentanz hat mit dem eigentlichen ägyptischen Tanz nichts zu tun. Er stellt nichts anderes als eine banale Striptease-Szene dar, die zwar afrikanischen Ursprungs, aber auch in anderen Ländern in gleicher Form zu finden ist.

Qu.: Darstellungen vor allem auf Grabwänden und Denkmälern der ägyptischen bildenden Kunst.

Lit.: *Lafege, A.:* Sur les danses et jeux en usage dans l'antique Égypte, in: Miscellanées musicales, Paris 1844, S. 151 ff. *Wilkinson, G.:* The Manners and Customs of the Ancient Egyptians, 1847, Bd. I, S. 500 ff. *Kees, Herm.:* Der Opfertanz des ägyptischen Königs, 1912. *Wiedemann, A.:* Das Spiel im alten Ägypten, in: Zeitschrift d. Vereins f. rheinische u. westfälische Volkskunde, H. 3, 1912, S. 176 ff. *Kees, Herm.:* Nachlese zum Opfertanz d. ägyptischen Königs, Zs. f. ägyptische Sprache u. Altertumskunde, Bd. 52, 1915, S. 61 ff. *Ridgeway, William:* The Dramas and Dramatic Danses of Non-European Races in Special Reference to the Origin of Greek Tragedy, 1915. *Wiedemann, A.:* Das alte Ägypten, 1920, S. 371 ff. *Erman-Ranke:* Ägypten und ägyptisches Leben im Altertum, 1923, S. 280 ff. *Reich, Herm.:* Eine antike Oper aus Ägypten, in: Der Auftakt, Jg. 5, 1925, H. 1, S. 11 ff. *Weege, F.:* Der Tanz in d. Antike, 1926, S. 19 ff. *Blackman, W. S.:* The Fellahin of Upper Egypt, 1927. *Frazer, J. G.:* Adonis Attis Osiris, Studies in the History of Oriental Religion (deutsch: Der goldene Zweig. Das Geheimnis v. Glauben u. Sitten d. Völker), 1928. *Sachs, C.:* Eine Weltgeschichte d. Tanzes, 1933. *Lexová, Irena:* Ancient Egyptian Dances, Praha 1935. *Brunner-Traut, E.:* Der Tanz im alten Ägypten, 1938. *Kees, Herm.:* Die Opfertanzdarstellung auf einem Siegel d. Königs Usaphais, in: Nachrichten aus d. Altertumswissenschaft, Bd. 3, 1938–39, S. 21 ff. *Lawler, L. B.:* Proteus Is a Dancer, Classical Weekly, vol. 36, No. 10, Pittsburgh 1943, S. 116 f. *Hickmann, H.:* Quelques considèrations sur la danse et la musique de danse dans l'Égypte pharaonique, in: Cahiers d'histoire égyptienne, Ser. V. Fasc. 2, 3. Juin 1953, S. 161 ff. *Hickmann, H.:* 45 siècles de musique dans l'Égypte ancienne à travers la sculpture, la peinture, l'instrument, 1956. *Hickmann, H.:* La danse aux miroirs. Essai de reconstitution d'une danse pharaonique de l'ancien Empire, L'institut Français d'Archéologie Orientale, Cairo 1956. *Hickmann, H. u. Mecklenbourg, Ch. G.:* Catalogue d'enregistrements de musique folklorique égyptienne, précédé d'un rapport préliminaire sur les traces de l'art musical pharaonique dans la mélopée de la Valée du Nil, 1958. *Mecklenbourg, Ch. G.:* Ägyptische Rhythmik. Rhythmen u. Rhythmusinstrumente im heutigen Ägypten, Sammlung musikwissenschaftliche Abhandlungen, Bd. 40, 1960. *Wiedemann, D.:* Der Sinn d. Laufes im alten Ägypten, Diss. Wien 1975.

Aeneas-Ballette. Die Geschichte des trojanischen Helden Aeneas bildete oft den Stoff für ↗Ballette: 1765 „Enea in Italia", Musik v. F. ↗Gaßmann; 1770 „Enea e Lavinia", Musik v. G. ↗Toeschi; 1774 ein Ballett v. A. Trancard für Venedig; 1781 „Aeneas und Turnus" v. ↗Gallet für Venedig; 1784 „Enea e Turno" v. Canavasso; 1800 „Enea e Cartagine" v. Capotorti; 1811 „Aeneas in Karthago" v. Ferd. ↗Gioja, Musik v. M. ↗Umlauff für Wien; 1935 „Aeneas" v. J. Westerings, Musik v. A. ↗Roussel für Brüssel.

Ängladans. ↗Skandinavischer häuslicher ↗Kulttanz aus Värend. Er schloß sich an das Aufstreuen des Julstrohs in der Stube an. Der Totenkult war ein wichtiger Teil des nordischen Julfestes, und so glaubte man, daß die Geister der Verstorbenen an diesem Tanz teilnahmen. Das Weihnachtsbier, das über Nacht auf den Jultisch gestellt wurde, damit die Seelen trinken konnten, hieß „ängel-öl" und das Fest „Dreikönig", an dem die Geister, welche zu Besuch waren, wieder fortzogen, „Far-ängladagen".

Lit.: *Wolfram, R.:* Schwerttanz u. Männerbund, S. 189.

Ärschlich. ↗Deutscher Volkstanz aus dem Kuhländchen (Mähren), eine ↗Polka, die nach links getanzt wird, daher nur für sehr geübte Tänzer ausführbar ist. Das Tempo ist rasch, was den Tanz sehr anstrengend macht.

Lit.: *Kubiena, W.:* Kuhländer Tänze, 1922 u. 1926.

Äthiopischer Tanz. Die Vielfältigkeit der Tänze dieses afrikanischen Landes liegt in der Vielzahl der Tanzvarianten der verschiedenen Eingeborenenstämme. Es sind die Tänze der Amhara, Tigrean, Agaw, Adare, Esa-Somali, Kullo und Kaficho-Völker, sowie der sechs verschiedenen Galla-Stämme. Drei Kategorien von Tänzen lassen sich feststellen: I. Gruppentänze mit getrennten Geschlechtern. Homogene Gruppen werden gebildet, Männer oder Frauen führen ihre Tänze auf. Vorherrschend sind allerdings die Männertänze. Der charakteristische Typus dieser Tänze ist der ↗Chota. Die Monotonie der musikalischen Formen und der Bewegungsformen wird ausgeglichen durch den Wechsel zwischen dem

Tanz des Vortänzers und dem Tanz des Chores. Zu den Gruppentänzen gehören auch die verschiedenen Formen der ↗Schwert- und ↗Waffentänze, wie der ↗Hailefo, ↗Beroronsi Hama Haban, ↗Hota, ↗Shire. II. Eine kleinere Gruppe von Tänzen, welche keine einheitliche Form besitzen und sowohl getrennt nach Geschlechtern als auch in gemischter Formation ausgeführt werden. Hieher gehört der Schulter- und Nakkentanz ↗Eskista. III. ↗Paartänze. Sie sind in Äthiopien sehr selten. Mann und Frau tanzen zusammen, ohne einander zu berühren. Nicht einmal das Halten an den Händen kann man im äthiopischen Tanz finden. Hieher gehören z. B. der ↗Shagoye als klassisches Beispiel für den Kollektivgruppentanz und der im Norden Äthiopiens beheimatete Liebestanz ↗Awrus. Eine besondere Art des äthiopischen Tanzes sind die koptischen Kirchentänze, welche die koptischen Hohepriester bei der Zelebration begleitet von der Trommel tanzen. Das melodische Element im Tanz der Äthiopier ist immer vokal, welches von der Tanzgruppe selbst, geteilt in Solist und Chor, ausgeführt wird. Die instrumentale rhythmische Grundlage bilden meist Trommeln oder Klatschen. Es gibt aber auch Tänze mit Musikbegleitung, wie den Flötentanz ↗Embitta. Die Tanzmelodien stehen meistens im 2/4- oder 3/8- Takt. Alle Elemente des äthiopischen Tanzes, Gesang, Musik, Rhythmus bilden eine geschlossene Einheit. Der beste Sänger und Musiker ist auch der beste Tänzer. (↗Afrikanischer Tanz)

Lit.: *Martin, György:* Dance Types in Ethiopia, in: Journal of the International Folk Music Council, vol. XIX, Cambridge 1967, p. 23 ff.

Afghanischer Tanz. Die afghanische Musikkultur fand ihre Prägung und Charakteristik durch ihre Lage im Grenzgebiet. Wie bei allen Naturvölkern spielt auch bei den Afghanen der Tanz im Leben eine bedeutsame Rolle. Er ist mit dem Alltag verbunden und findet natürlich vor allem für kultische Zwecke statt. Doch kennt das afghanische Volk auch reine Tänze zur Unterhaltung. Gesang, sowohl im Solo als auch im Chor, wechselt mit dem Tanzen ab. Manche Tänze haben kriegerischen Charakter. Sie werden heute noch bei verschiedenen Festen aufgeführt, wie z. B. der ↗Athan. (↗Naturvölker)

Lit.: *Anonym:* Tanz bei fremden Völkern, Photoausstellung Museum f. Völkerkunde Wien, s. a.

Afrikanischer Tanz. Die Eingeborenen Afrikas begleitet der Tanz durch das ganze Leben. Alle grundlegenden Lebensäußerungen sind in ihrem Tanz enthalten. Die Neger Afrikas tanzen aus Freude, Trauer, Liebe und Haß, sie tanzen für eine gute Ernte, zur Verhütung von Unheil und zur Verehrung ihrer Gottheiten. Diese Vielfalt der Lebensäußerungen, die im afrikanischen Tanz enthalten sind, machen es auch schwer, ihn nach dem thematischen Inhalt, dem Genre, der gesellschaftlichen Funktion oder nach gewissen formalen Merkmalen zu systematisieren. Der Negertanz ist vor allem Ausdruck und in zweiter Linie erst Unterhaltung. Den funktionslosen Tanz gibt es nicht. Die Negertänze sind eine Vereinigung von Rhythmus und Bewegung. Jede Geste des Tänzers hat ihren bestimmten Sinn. Vorherrschend sind pantomimisch-dramatische Elemente. Der Tänzer führt in seinen Bewegungen nicht das Gegenständliche des Tanzes vor, sondern er vereinigt sich körperlich mit dem Gegenstand seiner Darstellung oft bis zur hysterisch-ekstatischen Trance. In einem ↗Tiertanz ahmt er z. B. das Tier nicht nach, sondern er wird dieses Tier auf die Dauer des Tanzes. Der Hauptsinn der Negertänze ist oftmals die Erzielung eines Trancerausches, das Eingehen in Dämmerzustände zur Befreiung von den Miseren des Lebens. Die musikalische Grundlage des afrikanischen Tanzes, der oft auch von Wort und Gesang begleitet wird, ist der ↗Rhythmus, meist nur aus kleinen melodisch-rhythmischen Floskeln bestehend. Die wichtigsten Begleitinstrumente sind die Trommeln, die Ngomas, die den Tänzen auch den Sammelnamen gegeben haben. Dazu kommen noch xylophonartige Instrumente und die 6saitige Cora. (↗Adahoun, ↗Äthiopischer Tanz, ↗Afwi, ↗Aku-koa, ↗Ashiko, ↗Besimga, ↗Boukasa, ↗Bumbate, ↗Chica, ↗Domba-Tanz, ↗Dschanga, ↗Dschoboko, ↗Dyomo-Tanz, ↗Ebandscha, ↗Elfenbeinküste, ↗Gobahun, ↗Achimbuasa, ↗Icila-Dance, ↗Jola-Tanz, ↗Kalabassentanz, ↗Kara, ↗Kidatu-Tanz, ↗Kimba-Tanz, ↗Kischi-Tanz, ↗Kungu-Tanz, ↗Legbatanz, ↗Mukisch-Tanz, ↗Ngoma-Kuu-Tanz, ↗Riedtanz, ↗Sangula, ↗Selili, ↗Skake, ↗Tahoua, ↗Uku-Tschila, ↗Naturvölker)

Lit.: *Anonym:* Danse des négres, in: L'univers illustré, Jg. 9, Nr. 597, Dez. 1866. *Klose, H.:* Musik, Tanz u. Spiel in Togo, in: Globus, Bd. 89, Nr. 5, Februar 1906, S. 69 ff. *Fischer, H.:* Musik u. Tanz bei d. Eingeborenen in Südwestafrika, in: Musikal. Wochenblatt, Jg. 40, H. 26, Sept. 1909, H. 27, Okt. 1909. *Adam, P.:* La musique et le ballet au Sénégal, in: Revue musical, X, 1914. *Meyer, H.:* Die Barundi, 1916, S. 63 ff. *Hagemann, C.:* Spiele d. Völker, 1921, S. 13 ff. *Schulien, M.:* Die Initiationszeremonien d. Mädchen bei d. Atxuabo, in: Anthropos, Bd. 18/19, 1923/24, S. 69 ff. *Sonner, R.:* Musik u. Tanz, 1930. *Gorer, G.:* Africa Danses, 1935, deutsch 1950. *Olbrechts, F. H.:* Maskers en Dansers in de Ivoorkust, in: Davidsfonds Volksboek, Nr. 290, 1940. *Stockmayer, H.:* Die Tänze d. Ackerbaujahres bei d. Naturvölkern, Diss. Wien 1944. *Jones, A. M. – Konche, L.:* The Icila Dance Old Style, African Music Society, 1952. *Huet, M. – Fodeba, K.:* Les Hommes de la danse, Lausanne 1954. *Mitchell, J. Cl.:* The Kalela Dance. Aspects of social relationships among urban Africans in northern Rhodesia, Rhodos-Livingstone Papers 77, Manchester 1956. *Sousberghe, R. P. L. de:* Les danses rituelles mungorge et kela des Ba-Pende, Bruxelles 1956. *Fodéba, K.:* La dance africaine et la scéne, in: Présence Africaine 14/15, June–Sept. 1957, S. 202 ff. *Nketia, J. H.:* Prossession Dances in African Societies, in: Journal of the Int. Folk Music Council, Vol. IX, 1957, S. 4 ff. *Borges Ribeiro:* A Dança do Moçambique, São Paulo 1959. *Italiander, R.:* Tanz in Afrika, Bd. 27, 1960. *Wassing, R. S.:* Muziek en dans in Afrika, 1960. *Jones, A. M.:* Studies in African Music, 1961/62. *Darbois, D.:* Afrika tanzt, 1962. *Hanna, J. L.:* Africa's Nero Traditional Dance, in: Ethnomusicology 9 (1), 1965, S. 13 ff. *Nketia, Kwabena:* The Interrelations of African Music and Dance, in: Studia musicologica, Tom. VII, Budapest 1965, S. 91 ff. *Opoku, A. N. – Bell, W.:* African Dancers – a Chanaian Profile, Legon 1965. *Opoku, A. M.:* Choreography and the African Dance, in: Research Review 3 (1), 1966, S. 53 ff. *Almeida, R.:* Danses africains en Amérique Latine, Rio de Janeiro, 1969. *Günther, H.:* Grundphänomene u. Grundbegriffe d. afrikanischen u. afro-amerikanischen Tanzes, Wien 1970 (Beiträge zur Jazzforschung 1). *Omibiyi, Mosunmola:* Folk Music and Dance in African Education, in: Yearbook of the International Folk Music Council, Vol. IV, 1972, S. 87 ff. *Ranger, T. O.:* Dance and Society in Eastern Africa 1890–1970, The Beni Ngoma: University of California Press, 1975. *Nketia, Kwabena:* Gegenseitige Beziehungen v. Musik u. Tanz, in: Neue Zeitschrift f. Musik, Jg. 140, 1979, H. 6, S. 579 ff. *Danses Camerun:* Les danses du Camerun, Yaounde: Publ. de la Direction des affaires Culturelles du Ministére et l'Éducation de la Jeunesse et de la Culture, s. a. *Acogny, G.:* Afrikanischer Tanz, 1980. *Berger, R.:* African Dance, 1983.

Afroamerikanischer Tanz. Er hat sich aus der Kultur der Sklaven Nordamerikas entwickelt und beruht in seiner Ausführung auf Fuß-, Bein- und Körperbewegungen, wie sie in der afrikanischen Kultur bei den religiös-ekstatischen Tänzen zu finden sind. Der afroamerikanische Tanz hat als ↗Gesellschaftstanz in vielen Formen internationale Bedeutung erlangt. Seine wichtigsten Formen sind der ↗Tap dance und der ↗Jazz dance.

Lit.: *Günther, H. – Schäfer H.:* Vom Schamanentanz zur Rumba, 1959, S. 251 ff. *Günther, H.:* Grundphänomene u. Grundbegriffe d. afrikanischen u. afroamerikanischen Tanzes, 1969.

Afwi. ↗Afrikanischer Tanz aus Guinea. Er wird bei der Jünglingsweihe beim Stamm der Tomo alle fünf Jahre von maskierten Männern ausgeführt.

Agamemnon-Ballette. Die griechische Sage des Königs von Mykene war oftmals die Grundlage von Balletthandlungen: 1772 Agamemnon vengé von ↗Noverre, Musik von ↗Aspelmayr, Wien; 1774 mit der Musik von ↗Starzer; 1789 Il ritorno d'Agamemnone von ↗Clerico in Venedig; 1828 mit der Musik von Cesare ↗Pugni. Aus dem Jahre 1924 stammt eine Bearbeitung des Stoffes von ↗Laban.

Agattanz. Dieser ↗österreichische Volkstanz aus Tirol im ¾-Takt (Hinter-Thiersee) besteht aus 17 Figuren und wird von vier, sechs oder acht Paaren getanzt. Ursprünglich wurde er nur von Burschen ausgeführt. Seiner Ausführung nach ist er verwandt mit dem Salzburger ↗Achteltanz.

Lit.: *Horak, K.:* Tiroler Volkstänze, in: Tiroler Heimatblätter, Jg. 12, 1934, S. 3 ff. *Zoder, R.:* Der deutsche Volkstanz, in: Deutsches Volkstum in Volksschauspiel und Volkstanz, 1938, S. 151. *Wolfram, R.:* Die Volkstänze in Österreich u. verwandte Tänze in Europa, 1951, S. 130 u. Abb. 19. *Horak, K.:* Tiroler Volkstanzbuch, 1974.

Agon. ↗Ballett für 12 Tänzer. Die Musik von Igor ↗Strawinsky wurde 1954–1957 komponiert. Die Uraufführung fand am 27. November 1957 in der ↗Choreographie von George ↗Balanchine durch das ↗New York City Ballet im City Center New York statt. Das Ballett besteht aus drei Teilen und stellt eine ↗Suite von Tänzen dar. Agon (= griechisch Wettkampf) wurde von den Tänzern in schwarz-weißem Trainingsanzug dargestellt.

Lit.: *Vlad, R.:* „Agon" ou Stravinsky, in: Storia della dodecafonia, Mailand 1958, S. 329 ff. *Mason, Fr.:* Agon, in: Balanchines Stories of the Great Ballets, 1968. *Kirstein, L.:* Agon, in: Movement & Metaphor, 1970.

Ahidous. ↗Marokkanischer Tanz der Berber aus Zentralmarokko. Ausgeführt wird er von Männern und Frauen im Kreis. Die Bewegungen sind sehr rhythmisch, das Tanztempo steigert sich zu einem Höhepunkt und geht dann wieder zur Ruhe zurück.

Ahi-Tanz. Name eines ↗österreichischen Volkstanzes aus dem Montafon in Vorarlberg.

Von diesem zierlichen Schreittanz gibt es zwei Ausführungen, eine mit einem Tanzpaar (4/4-Takt) und eine mit zwei Tänzerinnen und einem Tänzer (3/4-Takt). Die Ausführung mit zwei Tänzerinnen ähnelt sehr den Montafoner-Tänzen ↗En offi – en ahi oder ↗Gibele Gäbele. Es können sich beim Tanz beliebig viele Paare bzw. Dreiergruppen beteiligen.

Lit.: *Zoder, R.:* Altösterreichische Volkstänze, 2. Teil, Nr. 1, S. 6 ff., 3. Teil, Nr. 11, S. 19, 1932. *Hofer, H.:* Vorarlberger Volkstänze, 1971, S. 28 ff.

Ahouach. ↗Marokkanischer Tanz, der „Schattentanz" der Schelluh-Berber vom westlichen Atlas. Er wird in der Nacht in einem Hof aufgeführt, der von einer hohen Mauer umgeben ist, bei Feuer- oder Fackellicht, das riesige Schatten an die Wände wirft. Der Tanz kann in zweierlei Form ausgeführt werden, entweder in einer Linie nur von Männern und Burschen oder in einem Kreis von Männern und unverschleierten Frauen mit heller Tunika, Schärpen und Schmuck. Der Tanz besteht aus rhythmischen Bewegungen der Knie, Arme und Hände. Unterbricht ein Tänzer durch eine falsche Bewegung den Rhythmus, wird er vom Zeremonienmeister entfernt. Der Gesang der Tänzer und die Spieler des „bendir", der Palmentrommel, welche mitten im Hof sitzen, begleiten die Tänze. Der Ahouach dauert viele Stunden, oftmals die ganze Nacht. Trotz seiner würdevollen Form ist er ein Freudentanz, meist aufgeführt zur Feier einer guten Ernte.

Ailes de pigeon ↗Pistoletes.

Ailey, Alvin. Amerikanischer Tänzer, ↗Choreograph und Ballettdirektor, geb. 5. Januar 1931 in Rogers, Texas. Er studierte bei ↗Horton in Kalifornien, dann in New York bei ↗Graham, ↗Holm und ↗Weidman. 1950 debütierte er beim Horton Tanztheater, dessen Direktor er 1953 nach dem Tode Hortons wurde. 1958 schuf er das Ailey American Dance Theatre, mit welchem er weite Tourneen unternahm. Seit 1972 wird es City Center Dance Theatre genannt und ist ein Teil des New York City Center für Musik und darstellende Kunst. Er tanzte in verschiedenen Musicals und Filmen und choreographierte für alle Arten des Tanzes.

Lit.: *McLain Stoop, N.:* Of Time and Ailey Alvin, in: Dance Magazine, Dezember 1971.

Air (Airs de danse) ↗Aria.

Akademien der Tanzkunst. Im Jahre 1661 wurde in Paris die ↗Académie Royale de Danse gegründet. In ihr wurden die Fragen des Tanzes erörtert, seine Regeln festgesetzt und ein methodischer Tanzunterricht eingeführt. Sie diente als Modell für Gründungen ähnlicher Akademien in anderen Ländern zur Erhaltung, Perfektion und Erneuerung des Tanzes (auch des Gesellschaftstanzes). 1812 gründete Benedetto Ricci die Imperiale Regia Accademia di Ballo in Mailand, die der Mailänder Scala angeschlossen war. 1873 wurde in Berlin die Akademie der deutschen Tanzlehrkunst begründet, 1920 in London die ↗Royal Academy of Dancing. Von besonderer Bedeutung war auch die Internationale Sommerakademie des Tanzes, welche 1957 in Krefeld gegründet wurde und 1961 nach Köln übersiedelte. (↗D'Egville)

Lit.: *Sachs, C.:* Eine Weltgeschichte d. Tanzes, 1930, S. 265 f. *Lifar, S.:* Traité de danse académique, 1949.

Akademischer Tanz ist die Bezeichnung für den akademischen Schulstil des klassischen ↗Balletts (Danse d'école), der die Grundlage für jeden Ballettänzer ist. Entwickelt hat sich der akademische Tanzstil aus dem französischen ↗Ballett de cour, wurde ständig verbessert und verfeinert durch die nationalen Ballettschulen von Mailand und St. Petersburg. Im akademischen Tanz sind alle ↗Positionen, Schritte und Bewegungen streng vorgeschrieben.

Aka på isen Håle. ↗Norwegischer Volkstanz, ein ↗Paartanz im 6/8-Takt. Der Tanz wird mit Bändern ausgeführt, die von den Burschen mit der rechten Hand und den Mädchen mit der linken Hand in voller Länge über den Köpfen gehalten werden.

Lit.: *Aka på isen Håle,* in: The Folklorist, vol. 4, 1958, No. 6, S. 167 ff.

Akatripursatu. Name für einen ↗Kulttanz der Umbrier aus dem 1. Jhdt. v. Chr. In den im 2.–1. Jhdt. v. Chr. geschriebenen „Igminischen Tafeln" hinterließen die Umbrier Aufzeichnungen über ihr Opferritual. In vier von den dort beschriebenen sechs Zeremonien wird ein Tanz im Dreier-(takt)-Maß genannt, dessen umbrische Bezeichnung „akatripursatu" ist. Das Wort erscheint neunmal auf den Tafeln in verschiedener Schreibung, manchmal auch in Verbindung mit Gebeten.

Lit.: *Lawler, L. B.:* The Dance in Ancient Greece, 1941.

Akrobatische Tänze. Sie waren bereits in der antiken Welt bekannt, wie uns akrobatische Tanzfiguren aus dem alten ↗Ägypten und ↗Griechenland bezeugen. Vielfach hingen sie mit dem Kult zusammen. Auch der ↗etruskische Tanz kennt Beispiele akrobatischer Figuren. Im Altertum und Mittelalter war es der Schautanz der Gaukler, in welchem die akrobatische Tanzkunst ihre Pflege fand. Viele Bildwerke der mittelalterlichen Kunst zeigen, daß der Akrobatik im Tanz keine Grenzen gesetzt waren. So wurde z. B. ↗Salomes Tanz wiederholt als akrobatischer Tanz dargestellt. Die akrobatischen Tänze leben weiter in den Geschicklichkeitstänzen, wie wir sie in den ↗Volkstänzen vieler Völker finden. Kraft, Geschmeidigkeit des Körpers und die Geschicklichkeit der Ausführenden bilden meist den Inhalt dieser Tänze, bei denen das Vergnügen mehr beim Zuseher als beim Ausführenden liegt. (↗Besentanz, ↗Fornöjelse, ↗Kanásztánc, ↗Karlenes, ↗Odzemok, ↗Šaranac, ↗Sauhaltertanz, ↗Towkascyiki)

Lit.: *Sachs, C.:* Eine Weltgeschichte d. Tanzes, 1933, S. 156 f. u. S. 178 f. *Au, H. v. d.:* Geschicklichkeitstänze im rhein-mainischen Raum, in: Volk u. Scholle, Jg. 16, H. 6, Juni 1938, S. 182 ff. *Wolfram, R.:* Die Volkstänze in Österreich u. verwandte Tänze in Europa, 1951, S. 170 ff. *Baaren, Th. P. van:* Selbst die Götter tanzen, S. 98 ff.

Aku-koa ist ein Jagdtanz der Jukum, eines afrikanischen Stammes, der im Osten des Benue-Flusses, einem Nebenfluß des Niger, wohnt. Die Tänzer sind mit einer Büffelmaske versehen. Als Begleitinstrument wird eine Büffelhornrassel verwendet, der stark wirkende Kräfte innewohnen sollen. (↗Afrikanischer Tanz)

Lit.: *Sonner, R.:* Musik u. Tanz, S. 17 f., 1930 (Wissenschaft u. Bildung, Bd. 266).

Al Agudo. Spanischer Volkstanz aus dem alten Kastilien. Er wird in Paaren in zwei verschiedenen Formen getanzt, entweder als Tanz am Platz oder als Prozession. (↗Spanische Volkstänze)

Alangan. Name eines Kampftanzes auf Sumatra. Knaben und Männer tanzen ihn mit Stöcken und Bambussäbeln.

Lit.: *Nieuwenhuis, G. J.:* Über d. Tanz in Niederländisch-Indien, Diss. Zürich 1916, S. 18.

Albanesischer Räubertanz. Griechischer Volkstanz, der in einem pantomimischen Spiel den Kampf mit Räubern darstellt. Er erinnert an den von Xenophon beschriebenen Ackertanz der Magneter, in welchem ein Bauer von Räubern besiegt und fortgeschleppt wird.

Lit.: *Czerwinski, A.:* Brevier der Tanzkunst, 1879, S. 96.

Albanischer Tanz. Der Volkstanz der Albaner ist außerhalb des Lebensraumes dieses Volkes fast unbekannt und schwierig zu erforschen. Die Tanzformen der Albaner sind sehr vielfältig und schwer auf eine Grundform zu bringen. Beziehungen bestehen bei der Tanzfolklore vor allem auch zu den Tänzen der benachbarten Griechen und Südslawen. Man findet Formen, die auch bei diesen Völkern anzutreffen sind. Frauentänze, meist pantomimischer Art, Männertänze zu zweien und Rundtänze, Gruppentänze im Halbkreis und als ↗Kettentänze, rituelle Tänze zur Frühlingsfeier und zum Erntedank, ↗Hochzeitstänze und ↗Totentänze, alle diese Formen sind im albanischen Tanz zu finden. Am prächtigsten sind die ↗Schwerttänze, die man auch außerhalb Albaniens kennengelernt hat und von denen auch Lord Byron berichtet. Sie werden sehr realistisch von einem alten und einem jungen Tänzer mit dem Schwert ausgeführt, so daß man förmlich glaubt, es muß Blut fließen. Während des Tanzes der Männer steht ein Mädchen unbeteiligt, bewegungslos dabei. Ein besonders charakteristisches Motiv beim albanischen Tanz ist das Niedergehen in die Hocke. Auf dem Gebiet der albanischen Volkstanzforschung war es vor allem Ramadan Sokoli, der die ↗Choreographie, den Inhalt und die Musik der albanischen Volkstänze aufzeichnete. (↗Arnout)

Lit.: *Kujxhija, Gyon Kolë:* Valle kombëtare, 1. Bd., Firenze 1943. *Sokoli, R.:* Vallet shqiptare, in: Nëndori, Tiranë, 1954, Nr. 8, S. 109 ff., 1958 in Tirana in französischer Sprache erschienen. *Sokoli, R.:* Disa cështj të koreografisë shqiptare, in: Nëndori, Tiranë 1955, Nr. 10, S. 126 ff. *Hoerburger, F.:* Auf d. Spur des albanischen Volkstanzes, in: Kontakte, Zeitschrift f. musisches Leben in d. Jugend, Wolfenbüttel 1960, S. 120 ff. *Stockmann, Ernst:* Zur Sammlung u. Untersuchung albanischer Volksmusik, in: Acta Musicologica, vol. XXXII, 1960, Fasc. II/III, April-Sept. 1960, S. 102. *Agolli, Nexhat:* Valle popullore, Tirana 1965. *Agolli, N.:* Valle Nga Rrethi i Librazhdit, Tirana 1972.

Albert, François Decombe. Französischer Tänzer und ↗Choreograph, geb. 15. April 1789 in Bordeaux, gest. 18. Juli 1865 in Fontainebleau. Mit 10 Jahren begann er sein Tanzstudium, unterbrach es aber und begann es wieder, als er ↗Vestris gesehen hatte. Seine Laufbahn begann er als erster Tänzer am Theater de la Gaîte in Paris. Er tanzte in Bordeaux und von 1803 an in der Oper Paris, wo er von 1817 bis 1835 1. Tänzer war und von 1829 bis 1842 einer ihrer Choreographen. Er wirkte in der Zeit von 1821 bis 1845 einigemale in London, weiters 1825 in Neapel, 1829/30 mit Frau und Tochter in Wien und von 1838 bis 1840 in Brüssel. 1834 erschien in Paris sein Buch „L'art de la danse à la ville et à la cour, manuel à usage des maîtres à danser, des mères de famille et maîtresses de pension." (↗Schneitzhoeffer)

Albleich wurde der Tanz der sagenhaften germanischen Elben genannt. (↗Elfentanz)

Lit.: *Böhme, F. M.:* Geschichte d. Tanzes in Deutschland, 1886, S. 12.

Alcestis-Ballette. Die Geschichte der Tochter des Pelias und der Anaxibia, Gemahlin des Admetos, war oftmals die Grundlage für Ballett-handlungen: 1761 „Admete et Alcestis" von ↗Noverre in Stuttgart; 1773 „L'eroico amor d'Alceste sposa d'Admeto Re di Tessaglia" von ↗Viganò, Musik von C. Canobbio, Venedig; 1783 „La maggior impresa d'Ercole" von C. Canciani in Venedig; 1800 „Alceste" von Cajetan ↗Gioja, Musik von Jos. ↗Weigl in Wien; 1807 „Admeto ed Alceste" von Capuzzi; 1821 „Alceste" von ↗Didelot, Musik von Antonolini in St. Petersburg; 1827 „Alceste" von A. ↗Cortesi in Mailand. 1960 choreographierte M. ↗Graham ein Alcestis-Ballett in einem Akt für New York mit der Musik von Vivian Fine.

Alegrias. Spanischer Volkstanz aus Andalusien im 3/4- oder 6/8-Takt im Cante-chico-Stil des ↗Flamenco, elegant und charakteristisch durch sein vielfältiges Spiel der Arme. Er wird nur von einer Frau getanzt. (↗Spanische Volkstänze)

Alétes (= der Schweifer). Antiker ↗griechischer Tanz. Er trug seinen Namen nach der charakteristischen Tanzbewegung, die das Wäscheschwämmen nachahmte.

Lit.: *Weege, F.:* Der Tanz in d. Antike, 1926, S. 6.

Alewander (auch Allewander, Allenmandler, Allemander). ↗Schweizer Volkstanz, der vor allem in den Kantonen Luzern, Zug, Aargau und Zürich getanzt wird. Der Tanz, dessen Name vermutlich eine Entstellung des Namens: „Allemande" ist, ist sehr schwierig auszuführen. Rhythmisch bewegt er sich im 2/4-Takt. Im Kanton Zug treten die Burschen und Mädchen in einen Kreis, die Mädchen tanzen durch die Kette, indem sie an dem einen Burschen vorn und dem andern hinten vorbeihüpfen. Im Appenzellerland wieder zerfällt der Tanz in fünf Abteilungen mit mannigfachen komplizierten Reigenfiguren. Dort wird er auch ↗Schwöbli genannt. Allgemein grundlegend für den Allewander ist ein gemessenes Schreiten der Paare um einen weiten Kreis, gefolgt von einer Kette, die wieder gefolgt wird vom Drehen des Paares auf dem Platz. Üblicherweise steigert sich der Tanz zum Schluß bis zu einem galoppähnlichen Tempo.

Lit.: *Ithen, A.:* Über Tänze im Kanton Zug, in: Schweizerisches Archiv f. Volkskunde, Jg. 9, 1905, H. 1, S. 65 ff. *Tobler, A.:* Der Volkstanz im Appenzellerlande, in: Schweizerisches Archiv f. Volkskunde, Jg. 8, 1905, S. 17 ff. *Witzig, L.:* Dances of Switzerland, 1949.

Alexander-Ballette. Die Gestalt Alexanders d. Großen, König v. Makedonien, bildete oftmals die Grundlage von Ballethandlungen: „Alessandro in Sidone" v. Pariati u. Zeno, Ballettmusik v. N. ↗Matteis, Tänze v. A. ↗Phillibois, Wien, Februar 1721, Theater in der Hofburg; „Alessandro nelle Indie", Ballettmusik v. G. Chr. Wagenseil, Tänze v. A. ↗Phillibois, Wien 1748, k. k. Hoftheater nächst der Burg; „Alexander et Roxane" v. ↗Angiolini, Musik von Chr. W. ↗Gluck, Uraufführung vermutlich 21. Mai 1765 in Laxenburg bei Wien; „Apelles et Campaspe" (Alexander et Campaspe de Larisse, ou le triomphe d'Alexander sur soi-même) v. ↗Noverre, Musik v. ↗Aspelmayr, Wien 12. April 1773; „Apelles et Campaspe" v. ↗Noverre, Musik v. J. J. ↗Rudolph, Paris 1776; „Il trionfo di Alexander" v. D. Ricciardi, Venedig 1779; „Alexander trionfante nell'Indie" v. ↗Angiolini, Musik vermutlich v. ihm selbst, Verona 1780; „Alexander the Great" v. ↗D'Egville, London 1795; „Il trionfo di Alexander" v. M. Fabiani, Musik v. Bertoja, Venedig 1796; „Alexander e Campaspe" v. ↗Checchi, Musik v. Simon Mayr, Venedig 1796; „Alexander chez Apelles" v. P. ↗Gardel, Paris 1808; „Alexander nell'Indie" v. S. ↗Viganò, Mailand 1820; „Alexander in Indien" v. A. ↗Vestris, Wien, 23. März 1825, Kärntnertortheater; „Alexander le Grand" v. S. ↗Lifar, Musik v. Ph. Gaubert, Paris 1937, Choreographic Epic in Three Scenes with Prologue and Epilogue.

Algo, Julian. Deutscher Tänzer, ↗Choreograph und ↗Ballettmeister, geb. 9. Dezember 1899 in Ulm, gest. 24. Mai 1955 in Stockholm. Er studierte bei ↗Eduardova, ↗Kröller und ↗Laban, war Mitglied des Petz-Kainer Balletts. Von 1925 bis 1927 tanzte er mit ↗Georgi in Gera, und von 1927 bis 1931 war er Ballettmeister in Duisburg. Nachdem er auch in Hannover und an der Staatsoper Berlin gewirkt hatte, wurde er zum Solotänzer und Ballettmeister des ↗Königlich-Schwedischen Balletts in Stockholm ernannt, wo er viele ↗Ballette choreographierte.

Alhambra Ballets. Unter diesem Namen sind die ↗Ballettaufführungen zu verstehen, die in den Jahren 1864–1936 vom Londoner Alhambra Theater produziert wurden. Bedeutende ↗Choreographen und Tanzkünstler wirkten bei diesen Aufführungen mit.

Lit.: *Guest, I.:* The Alhambra Ballet, in: Dance Perspectives 4, 1959.

Alkman. Griechischer Dichter von Chortanzliedern. Lebte im 7. Jh. v. Chr. in Sparta, wo er als sogenannter Chormeister tätig war und die Reigentänze zu stellen, sowie die von ihm gedichteten und komponierten Weisen einzuüben hatte. Die chorische Lyrik, welche die Götter und das Vaterland verherrlichte, erhielt durch ihn erste höhere Bedeutung und künstlerische Form. Er schuf die Chortanzgesänge für die spartanischen Jungfrauen und soll der Schöpfer des seiner Kürze und Wirkung wegen berühmten lacedämonischen Kriegsreigens gewesen sein.

Lit.: *Buchholtz, H.:* Die Tanzkunst d. Euripides. 1871, S. 65 ff. *Brinkmann, A.:* Altgriechische Mädchenreigen, in: Bonner Jahrbücher d. Vereins im Rheinlande, H. 130, 1925, S. 122.

Allan, Maude. Kanadische Tänzerin, geb. 1883 in Toronto, gest. 7. Oktober 1956 in Los Angeles. In ihrer Jugend studierte sie Musik. Ihr Interesse für die griechische Kunst veranlaßte sie, Tanz zu studieren und als Tänzerin den Tanz der alten Griechen wieder zu beleben. 1903 debütierte sie in Wien mit „Vision der Salome" nach der Musik von Marcel Remy. Sie tanzte meist barfuß und in locker fallenden Kleidern. Nach ihren Welttourneen siedelte sie sich in England an, wo sie 1928 eine eigene Schule gründete.

Lit.: *Allan, M.:* My Life and Dancing, London 1928.

Allard, Marie. Französische Tänzerin, geb. 14. August 1742 in Marseille, gest. 14. Januar 1802 in Paris. Sie debütierte in Marseille und kam über Lyon 1761 an die Oper nach Paris. Dort trat sie in Verbindung mit Gaetano ↗Vestris, wurde dessen Geliebte und gebar ihm einen Sohn Auguste, der später der berühmteste Tänzer seiner Zeit wurde. Marie Allard war gleichermaßen hervorragend in komischen und tragischen Rollen. Sie tanzte am 11. Juni 1778 bei der Pariser Erstaufführung von ↗Mozarts Ballett ↗„Les petits riens". 1781 beendete sie ihre Tätigkeit als Tänzerin und verließ die Bühne.

Lit.: *Migel, P.:* Marie Allard, in: The Ballerinas, New York 1972.

Allbogentanz ↗Stolzdeutscher.

Allegro. Außer der musikalischen Bezeichnung für Schnelligkeit bedeutet dieser Ausdruck im klassischen ↗Ballett jede Tanzkombination im schnellen Tempo als Gegensatz zu ↗Adagio. Auch der schnelle Teil des ↗Exercice trägt diesen Terminus. Typische Allegro-Schritte sind der ↗Pas de bourrée und die ↗Déboulés.

Allemande (Allamanda, Almanda, Almand) ist die Bezeichnung für eine Tanz- und Instrumentalform des 16.–18. Jh. Alter und Herkunft sind unbestimmt. Obwohl der Name auf einen deutschen Ursprung hinweist, dürfte die Allemande aber vorerst vermutlich in Frankreich als Gesellschaftstanz gebräuchlich gewesen sein. Die frühesten Quellen deuten auf eine solche Annahme hin. Soweit die musikalischen Quellen übersehbar sind, taucht der Name erstmals in einem Lautenwerk des Peter ↗Phalesius „Carmina pro Testudine", Loewen 1546/47 auf. Aus der Zeit Heinrichs VIII. (1547/48) ist ein Violinstück als „Allemana" bezeichnet. Ungefähr um dieselbe Zeit, um 1550, begegnet man der Allemande in den „Livres de danceries" des Pariser Musikdruckers Pierre ↗Attaingnant. Bemerkenswert ist auch die niederländische Tanzsammlung des Tielman ↗Susato aus den Jahren 1550/51, die ebenfalls „Allemaignien" enthielt. Ebenso finden wir die Allemande in der Collection ↗Philidor aus den Jahren 1575–1583. ↗Arbeau bezeichnete die Allemande 1588 in seiner Orchésographie als einen bei den Deutschen gebräuchlichen Tanz von mittlerem Zeitmaß und zählte sie zu den ältesten Tänzen. Er war der erste, der sie als ↗Gesellschaftstanz beschrieb. Allemande des 16. Jh. war ein von mehreren Paaren zugleich ausgeführter Tanz im geraden Takt und mäßigem Tempo. Die Schrittfolge war sehr einfach: linker Fuß, rechter Fuß, linker Fuß, Fußstoß (grue) rechts, rechter Fuß. Die Dame wurde an der Hand geführt, und die Paare stellten sich hintereinander auf. Der ↗Nachtanz der Allemande war der ↗Hupfauf oder ↗Saltarello tedesco im Tripeltakt. Um die Mitte des 16. Jh. fiel vor allem in Frankreich der ungeradtaktige ↗Nachtanz weg und die Allemande bestand dann nunmehr aus 2–4 Teilen von ungeregelter Taktanzahl. Die Allemande war außer in Frankreich auch in Spanien ein beliebter Tanz, dessen Aufhören bereits Lope de Vega (1562–1635) bedauerte. In England wurde sie vor allem bei den Virginalisten zu einem stilisierten Spielstück. Nach 1600 wurde die Allemande ein Bestandteil der ↗Suite. Die Bezeichnung Allemande in die deutsche Suite eingeführt zu haben, gebührt dem in Deutschland wirkenden Engländer William Brade (1560–1630) mit seinen 1609 in Hamburg erschienenen vier Büchern instrumentaler Tanzmusik. In der Suite war die Allemande noch lange nach ihrem tänzerischen Gebrauch zu finden. Um die Mitte des 17. Jh. wurde sie deren 1. Satz und verlor immer mehr ihren Tanzcharakter. In ihrer stilisierten Form erscheint die Allemande meist mit auftaktigen Anfängen. Bei J. S. ↗Bach lassen sich zwei stilistisch unterschiedliche Arten von Allemanden feststellen, und zwar eine polyphon-thematische und eine mehr homophon-melodische. Um die Mitte des 18. Jh. ist die Allemande immer mehr aus dem Gebrauch gekommen und schließlich aus der Kompositionspraxis verschwunden. Nach dem Verschwinden der alten Allemande im geraden Takt bezeichnete man im 18. Jh. mit diesem Namen einen französischen ↗Gesellschaftstanz im 3/4-Takt, der aber nichts anderes war als ein mit Touren ausgeführter ↗„Deutscher Tanz". Joseph ↗Haydn, L. van ↗Beethoven und W. A. ↗Mozart schrieben viele „Deutsche" und gaben sie teils unter dem Namen Allemande heraus. Sie sind verwandt mit den ↗Ländlern und ↗Schleifern und finden ihre Weiterentwicklung im ↗Walzer. (↗Alsacienne)

Mersenne, Harmonie universelle. 1636

Heinrich Utrecht, 1624

J. S. Bach, Französische Suite C-Moll (BWV813)

Lit.: *Feuillet, R.:* L'Allemande, 1701. *Dubois:* Principes d'Allemandes, Paris 1760. *Guillaume:* Positions et Attitudes de l'Allemande, Paris 1768. *Czerwinski, A.:* Die Tänze des XVI. Jhdts. u. d. alte franz. Tanzschule, 1878, S. 182. *Czerwinski, A.:* Brevier d. Tanzkunst, 1879. *Böhme, F. M.:* Geschichte d. Tanzes in Deutschland, 1886. *Jolizza, W. K.:* Die Schule d. Tanzes, 1907, S. 318 ff. *Bie, O.:* Der Tanz, 1919. *Nettl, P.:* Die Wiener Tanzkomposition in d. 2. Hälfte d. 17. Jhdts., in: Studien zur Musikwissenschaft, H. 8., 1921, S. 77. *Nettl, P.:* Zur Vorgeschichte d. süddeutschen Tänze, in: Bulletin de la Société Union Musicologique, Jg. 3, 1923, S. 45. *Mohr, E.:* Die Allemande in d. deutschen Klaviersuite, 1927. *Mohr, E.:* Die Allemande, 1932. *Sachs, C.:* Eine Weltgeschichte d. Tanzes, 1933. *Wolfram, R.:* Die Frühform d. Ländlers, in: Zeitschr. f. Volkskunde, Jg. 1933, Bd. 5, H. 2., S. 134. *Anders, A.:* Untersuchungen über d. Allemande als Volksliedtypus d. 16. Jhdts., 1937. *Bahr, W.:* Zur Entwicklung d. höf. Gesellschaftstanzes, 1941, S. 61. *Baser, Fr.:* Vom allemanischen Tanzlied zur Allemande, in: Oberdeutsche Zeitschr. f. Volkskunde, 15. Jg., 1941, H. 1/3, S. 7 ff. *Dolmetsch, M.:* Dances of England and France from 1450 to 1600, 1949, S. 144 ff. *Pontius, J.:* Eine kurpfälzische Orgeltabulatur, 1960, S. 34 ff. *Steglich, R.:* Tanzrhythmen in d. Musik J. S. Bachs, Jahresgabe 1960 d. Internantionalen Bach-Gesellschaft Schaffhausen, S. 27 ff. *Taubert, K. H.:* Höfische Tänze, 1968, S. 87 ff. *Kecskes, A.:* Fresh Data to 16th Century Hungarian Dance Music (Almande de Ungrie), in: Studia musicologica, Academiae Scientiarum Hungariae, Tom. XVII, Fasc. 1–4, Budapest 1975, S. 283 ff. *Busch, R.:* Der Dantz d. Deutschen: Die Allemande, in: Volkstanz, H. 1, Wiesbaden 1979.

Alliance-Quadrille. Sie wurde von drei Paaren getanzt und bestand aus: 1. Figure de l' ↗Anglaise, 2. Figure d' ↗Allemande, 3. Figure de la Bohémienne, 4. Figure de la ↗Française (Finale).

Lit.: ↗ *Quadrille.*

Allongé. Im klassischen ↗Ballett französischer Ausdruck für tief ausschleifen, sich in die Länge strecken. Meist in Verbindung mit der ↗Arabesque.

Lit.: *Raab, R.:* Lexidion f. d. Ballett, s. a.

Allt i Hälliberg. Name des ↗Siebenschritts in Nordeuropa.

Lit.: ↗*Siebenschritt.*

Almerisch. ↗Österreichischer Volkstanz, eine Form des ↗Schleunigen aus der Gegend um St. Gilgen im Salzkammergut.

Lit.: *Wolfram, R.:* Almerischer Wickler, Landler u. Schleuniger im Lande Salzburg, in: Sänger- u. Musikantenzeitung, Jg. 17, 1974, S. 25 ff.

Almtanz. ↗Österreichischer Volkstanz, eine besondere Spielform des Salzburger ↗Ländlers. Seine Ausführung ähnelt in manchen Figuren dem sogenannten ↗Wickler. Den gleichen Namen trägt aber auch der Tanz, der zu Ende der Almzeit in den österreichischen Alpenländern getanzt wird. (↗Heiligenbluter Almtanz)

Lit.:*Wolfram, R.:* Salzburger Volkstänze, in: Wiener Zeitschr. f. Volkskunde, Jg. 38, 1933, H. 5/6, S. 93 ff. *Wolfram, R.:* Die Volkstänze in Österreich u. verwandte Tänze in Europa, 1951.

Alonso, Alicia. Kubanische Tänzerin, geb. 21. Dezember 1921 in Havanna. Ihr eigentlicher Name ist Alicia Ernestina de la Caridad dei Cobre Martinez Hoyo. Sie studierte an der Schule des ↗American Ballet in New York. Tanzte anfangs in Musicals am Broadway. Ab 1941 war sie mit Unterbrechungen Mitglied des ↗American Ballet Theatre und Gast bei verschiedenen Truppen. 1948 gründete sie eine eigene Truppe. 1959 wurde sie Primaballerina und Direktor des Ballet Nacional de Cuba, welches mit der Ballettschule vereinigt ist. Als ↗Ballerina tanzte sie in vielen klassischen Rollen. Eine ihrer besten war die ↗Giselle. Aber auch in modernen Rollen war sie sehr erfolgreich. Wegen einer schweren Augenerkrankung mußte sie 1946 die Bühne auf längere Zeit verlassen. Sie ist mit dem kubanischen Tänzer und Ballettdirektor **Fernando Alonso** (geb. 27. Dezember 1914) verheiratet. Er ist der Bruder des kubanischen Tänzers, ↗Choreographen und Ballettdirektors **Alberto Alonso** (geb. 22. Mai 1917).

Lit.: *Gommlich, W.:* Alicia Alonso u. d. Ballet Nacional de Cuba, Berlin 1974.

Alópex (= der Fuchs). Antiker ↗griechischer Tanz. Charakteristische Bewegungen, die die Schritte eines Fuchses nachahmten, gaben dem Tanz den Namen. Der Tänzer trug bei der Ausführung eine Fuchsmaske. Erwähnt wurde der Tanz von Hesychius. (↗Fuchstanz, ↗tiernachahmende Tänze)

Lit.: *Weege, F.:* Der Tanz in d. Antike, 1926, S. 6. *Lawler, L. B.:* The Dance in Ancient Greece, 1964.

Alpen-Quadrille. Name einer deutschen Abart der ↗Quadrille, die um 1840 getanzt wurde. Sie bestand aus 12 Touren.

Lit.: *Voß, R.:* Der Tanz u. seine Geschichte, 1869, S. 362.

Alphiton ékchýsis. Antiker ↗griechischer Tanz. Bei diesem ↗Volkstanz wurde die Feldarbeit pantomimisch dargestellt und vor allem das Ausschütten des Getreides nachgeahmt.

Lit.: *Weege, F.:* Der Tanz in d. Antike, 1926, S. 125.

Alsacienne. Name einer in Frankreich üblich gewesenen Form des ↗Deutschen Tanzes, der ↗Allemande, wie ihn die Franzosen nannten, als sie ihn vom Elsaß bei der Annexion 1681 übernommen hatten. (↗Straßburger, ↗Styrienne, ↗Tyroloise)

Lit.: *Bie, O.:* Der Tanz, 1923. *Nettl, P.:* Zur Vorgeschichte d. süddeutschen Tänze, in: Bulletin de la Societé Union musicologique, Bd. 3, 1923, S. 45 ff. *Wolfram, R.:* Die Volkstänze in Österreich u. verwandte Tänze in Europa, 1952, S. 177.

Alta danza. Spanischer Name für den ↗Saltarello.

Altausseer (auch ↗Stoansteirischer oder ↗Steirischer Walzer). ↗Österreichischer Volkstanz aus der Gegend von Bad Ischl in Oberösterreich. Seiner Form nach ist er ein Walzer mit Singen und ↗Paschen. Die Melodie des Tanzes ist eine ↗Schnadahüpfelweise, die in den österr. Alpenländern und in Bayern weit verbreitet ist. Sie wird beim Tanz von einem Vortänzer angesungen. Paul Mürich, königl. Tänzer und ↗Ballettmeister in Berlin, hat diesen Tanz im 19. Jh. auch als ↗Gesellschaftstanz arrangiert. (↗Steirischer, ↗Waldhansl)

Lit.: *Jolizza, W. K. v.:* Die Schule des Tanzes, 1900. *Zoder, R.:* Altösterreichische Volkstänze, Teil 2, 1928.

Lager, H.: Tänze aus d. steirischen Ramsau, in: Das deutsche Volkslied, Jg. 46, 1944, H. 1/2, S. 13 ff.

Altbayrischer Rittertanz. Österreichische Reiftanzform aus Bruck a. d. Mur, Steiermark. Ausgeführt wird der Tanz von Burschen und Mädchen, was beim Reiftanz sonst nicht der Fall ist.

Lit.: *Wolfram, R.:* Schwerttanz u. Männerbund, 1935, S. 70.

Altkatholisch. Name für den ↗Neukatholischen in Bayern. (↗Lott is doot)

Altweibertanz. Dieser ↗Volkstanz aus Österreich und Deutschland ist ein ↗Hochzeitstanz, bei dem die Frauen die in ihrer Mitte stehende Braut umtanzen und die Männer daran hindern, sich der Braut zu bemächtigen. Altweibertanz wird aber auch der Tanz der jungen Gespielinnen um die Braut genannt, bei dem diese zu verhindern suchen, daß die verheirateten Frauen der Braut den Kranz abnehmen, um ihr die Nachtmütze aufzusetzen.

Lit.: *Zoder, R.* ↗Der deutsche Volkstanz, in: Deutsches Volkstum, in Volksschauspiel u. Volkstanz, 1938, S. 137 ff. *Wolfram, R.:* Die Volkstänze in Österreich u. verwandte Tänze in Europa, 1951, S. 120 f.

Alunelul infundat. ↗Rumänischer Volkstanz aus der Provinz Oltenien. Die Aufstellung erfolgt in Linie, die Arme sind nach rückwärts gekreuzt. Dieser schnelle Tanz im 2/4-Takt besteht aus vier Teilen. Die Bezeichnung Alunelul tragen mehrere rumänische Volkstänze, z. B. Alunelul des Chirgovici, Alunelul batut, Alunelul ca la Jii u. a. Obwohl diese Tänze in ihrer Ausführung verschieden sind, weisen sie doch allgemeine Züge und Charakteristiken auf.

Lit.: *Molkenbur, N.:* Rumänische Volkstänze, 1967, S. 29 f. *Schmolke, A. – Langhans, H.:* Europäische Tänze, H. 10, 1970, S. 18 f.

Amberg, George. Deutsch-Amerikanischer Schriftsteller, geb. 1901 in Halle/Saale, gest. 27. Juli 1971 in New York, verfaßte die Bücher „Art in Modern Ballet", New York 1946, London 1947, und „Ballet in America", New York 1949.

Ambrose, Kay. Britische Ausstatterin und Schriftstellerin, geb. 1914 in Surrey, gest. 1. Dezember 1971 in London. Sie arbeitete mit A. ↗Haskell und Ram ↗Gopal, war artistische Direktorin des National Ballet von Canada (1952–1961), für welches sie 30 ↗Ballette ausstattete. Sie ist die Verfasserin der Bücher „Ballet impromptu", London 1946, und „Classical Dances and Costumes of India", London 1950.

Ambrosio, Giovanni, genannt Johannes Ambrosius Pisauriensis, hieß eigentlich Giovanni Ambrosio Dalza. Angeblich stammte er aus Mailand, nach anderen Angaben aber aus Pesaro. Er lebte im 15. Jh., war Lautenspieler und Verfasser vieler rhythmisch interessanter Lautensätze. Zugeschrieben wird ihm eine Tanzschrift, die dem Titel und Inhalt nach genau der von ↗Gugliemo Ebreo da Pesaro verfaßten Tanzbeschreibung entspricht.

Lit.: *Kinkeldey, O.:* A Jewish Dancing Master of the Renaissance, Guglielmo Ebreo, in: A. S. Freidus Memmorial Volume, New York 1929, Appendix p. 33. *Sachs, C.:* Eine Weltgeschichte d. Tanzes, 1933, S. 200.

Ambu kanan heißt ein ↗Liebeswerbetanz der Mbowamb auf Neuguinea. Der Tanz wird im Haus des Vaters eines mannbar gewordenen Mädchens von den werbenden Männern ausgeführt. Die Männer erscheinen angetan mit dem üblichen Schmuck nachts im Haus der Familie. Das Mädchen liegt auf einer Matte, während die Männer rechts und links von ihm Platz nehmen. Der Tanz, vom Gesang der Umstehenden begleitet, besteht aus Kopfrollen und Nasenreiben und wird Abend für Abend so lange durchgeführt, bis sich das Mädchen für einen Werber entschieden hat.

Lit.: *Vicedom, G. – Tischner, H.:* Die Mbowamb, Bd. I, Hamburg 1943–48, S. 247.

Ambulatorisches Ballett. Darunter sind Tanzdarstellungen im Freien ohne abgegrenzten Tanzplatz zu verstehen. Solche Tanzumzüge waren schon im Altertum bekannt. Sie waren ein Bestandteil der verschiedenen Prozessionen, wie Triumphzüge oder Leichenzüge. In der Festkultur Europas sind diese bis ins 17. Jh. zu finden. Als Ballettambulatoire erlebte das Ambulatorische Ballett in der französischen Revolution eine neue Blüte, teils sogar in makabrer Art. Als letzte Reste des Ambulatorischen Balletts können die heute noch üblichen Karnevalsumzüge bezeichnet werden.

Amener. Französischer Tanz aus dem 17. Jh., über dessen Art und Ausführung nichts bekannt ist. Vielleicht handelt es sich bei diesem Tanz um eine Art ↗Courante, ↗Gaillarde oder um die letzten Spuren der ↗Basse danse. Die Amener ist mit der ↗Trezza verwandt.

Lit.: *Lach, R.:* Zur Geschichte d. Gesellschaftstanzes im 18. Jh., 1920, S. 25.

Américan = die ↗Quadrille Américain, welche in Frankreich ab dem Jahre 1879 gebräuchlich war. Ihrer Form nach ist sie eine lebhaftere, aus fünf Cotillonfiguren bestehende Abart der ↗Quadrille française. Aus dem Jahre 1881 stammt eine Beschreibung von G. ↗Desrat. Er beschrieb auch eine ältere, aber später nicht mehr getanzte Quadrille Américain in seinem „Dictionnaire de la danse". Sie war von den Tanzmeistern Vater und Sohn ↗Boizot in Paris geschaffen und der amerikanischen Nation gewidmet worden. Sie bestand ebenfalls aus fünf Touren und endete mit einem ↗Walzer oder ↗Galopp. Eine besondere Abart von ihr hieß „Le ↗Polo".

Lit.: *Desrat, G.:* Dictionnaire de la danse, 1895, S. 14.

American Ballet. Es stammt ab von der American Ballet School, welche 1934 von L. ↗Kirstein und E. M. M. Warburg gemeinsam mit ↗Balanchine und V. Dimitriev in Hartford begründet wurde. Im Herbst 1935 schloß es sich dem Metropolitan Opera House an. Während der Zeit, als Differenzen mit der Metropolitan das Ballett zur Untätigkeit zwangen, gründete ↗Kirstein 1936 eine kleinere Gruppe mit dem Namen ↗Ballet Caravan als Plattform für junge amerikanische ↗Choreographen. 1941 war das American Ballet wieder aktiv und ging auf Einladung von Rockefeller auf eine Südamerika-Tournee. Nach der Rückkehr in die USA löste sich das American Ballet auf. Kirstein und Balanchine gründeten 1946 die ↗Ballet-Society, aus der 1948 das ↗New York City Ballet hervorging.

Lit.: *Chujoy, A.:* The New York City Ballet, New York 1953. *Manchester, P. W.:* The Dance Encyclopedia, New York 1967.

American Ballet Company (ursprünglich benannt American Ballet Players). Am 29. Juni 1969 gab diese New Yorker Gruppe ihr Debüt beim „12. Festival zweier Welten" in Spoleto (Italien). Das erste Auftreten in New York fand am 21. Oktober 1969 statt. Leiter des Balletts war Eliot ↗Feld, der für diese Gruppe viele ↗Choreographien schuf. 1971 löste sich die American Ballet Company wegen finanzieller Schwierigkeiten auf, E. Feld und einige seiner besten Tänzer schlossen sich dem ↗American Ballet Theatre an.

Lit.: *Hering, D.:* Eliot Feld's American Ballet Company, in: Dance Magazine, Dezember 1969.

American Ballet Theatre. Das von einigen früheren Mitgliedern des ↗Mordkin Ballet in New York gegründete American Ballet Theatre gab seine erste Vorführung am 11. Januar 1940 in New York im Radio City Center Theatre unter der Direktion von Chase und Pleasant. 1946 erschien es erstmals in Europa. 1972/73 war es der American Ballet Theatre School angegliedert und wurde Ballet Repertory Company genannt. Viele berühmte Tänzer sind im Laufe der Jahre beim American Ballet Theatre aufgetreten. Seit 1980 ist M. N. ↗Baryschnikow der Leiter des Balletts.

Lit.: *Maynard, O.:* American Ballet Theatre: The Figure in the Prism, in: Dance Magazine, Januar 1975.

American Dance Festival. Im Jahre 1948 wurde dieses Tanzfest erstmals in Connecticut abgehalten. Seit dieser Zeit finden diese modernen Tanzaufführungen jährlich zum Abschluß des Sommersemesters der College School of Dance statt. Bedeutende moderne Tanzwerke von M. ↗Graham, D. ↗Humphrey, M. ↗Cunningham u. a. wurden hier uraufgeführt.

Lit.: *Borek, T.:* The Connecticut American Dance Festival, in: Dance Perspectives 50.

American Festival Ballet. Renzo ↗Raiss gründete mit einigen amerikanischen Tänzern und Christine ↗Henessy diese Ballettgruppe im Jahre 1957 in Bremen. Nach Tourneen durch Europa trat sie 1964 zum ersten Mal in New York auf. Nach der Rückkehr von Raiss und Henessy nach den USA nannte sich die Gruppe zuerst American Concert Ballet und später Festival Ballet of Rhode Island. Ende der 60er Jahre löste sich die Gruppe auf.

Americana. Name der ↗Habanera und auch des ↗Tango in Spanien.

Ammerbach, Elias Nikolaus, geb. um 1530 in Naumburg, gest. Januar 1597 in Leipzig. Von Januar 1561 bis April 1595 war er Organist an der Thomaskirche zu Leipzig. Er gab eine „Orgel- u. Instrument-Tabulatur" Leipzig 1571, Naumburg 1583 heraus. Sie enthält im 2. Teil

„artige deutsche Tentze u. lustige ↗Galliarden". 1575 folgte in Leipzig „Ein neu künstlich Tabulaturbuch". Ammerbachs ↗Tabulaturbücher sind eine wichtige Quelle für die ↗Tanzmusik seiner Zeit.

Lit.: *Böhme, F. M.:* Geschichte d. Tanzes in Deutschland, 1886, Bd. II, S. 67 ff. *Wustmann, R.:* Elias Ammerbach, in: Sammelbände d. Internationalen Musikgesellschaft, XI, 1909/10, S. 137 ff.

Ammerländische Tour (auch Ammerländer, Jägerneuner oder Jägerquadrille genannt). ↗Deutscher Volkstanz aus der Gegend um Oldenburg (Ammerland). Er ist der markanteste Tanz dieses Gebietes und wird dort von der ländlichen Bevölkerung auch heute noch gerne getanzt. Der Tanz wird von drei Burschen ausgeführt, die an jeder Hand ein Mädchen halten und in drei Reihen hintereinander Aufstellung nehmen. Die Musik, im 2/4-Takt stehend, hat Polkazeitmaß. (↗Dreiertanz)

Lit.: *Helms, A. – Blasche, J.:* Bunte Tänze aus acht Jahrhunderten, 1921, Bd. II. *Oetke, H.:* Deutsche Volkstänze, Teil II, 1952, S. 42 f. *Severin, H.:* Die Jägerquadrille, in: Volkstanz, Jg. 1968, Nr. 3, September, S. 51. *Schmolke, A. – Langhans, H.:* Europäische Volkstänze, H. 11, Deutschland, 1972, S. 22 f.

A Molésson. ↗Schweizer Volkstanz im 3/4-Takt aus dem Kanton Fribourg. Er wird von Paaren im Kreis getanzt und besteht aus sechs Figuren, die durch Händeklatschen unterbrochen werden. Ausgeführt wird er mit Geh-, Galopp-, Schottisch- und Walzerschritten.

Amor brujo, El ↗Liebeszauber.

Amor tem fogo (Liebe hat Feuer) war gegen Ende des 19. Jh. ein beliebter ↗brasilianischer Tanz im Rhythmus einer ↗Habanera. Auch die choreographische Ausführung ist ähnlich der in den südamerikanischen Ländern üblichen Habanera.

Lit.: *Friedenthal, A.:* Musik, Tanz u. Dichtung bei d. Kreolen Amerikas, 1913, S. 297.

Amor und Psyche-Ballette. Die mythologische Geschichte des Gottes Amor und der schönen Königstochter ↗Psyche bildete oftmals die Grundlage von ↗Balletthandlungen: 1752 v. ↗Hilverding in Wien; 1762 v. ↗Noverre mit der Musik v. J. J. ↗Rudolph in Stuttgart; 1778 v. Giuseppe Fabiani in Venedig; 1780 v. Noverre in London; 1789 v. ↗Angiolini in Mailand; 1792 v. O. ↗Viganò mit der Musik v. G. ↗Viganò in Venedig; 1804 „Amors Rache" v. S. ↗Gallet, Musik v. M. ↗Umlauff in Wien, Kärntnertortheater; 1810 v. C. Casos; 1813 v. P. ↗Gardel, Wien; 1911 v. H. v. Hofmannsthal mit der Musik v. R. Braun in Berlin; 1928 v. ↗Benois u. Br. ↗Nijinska mit der Musik nach J. S. ↗Bach v. A. ↗Honegger in Paris; 1948 v. ↗Babilée mit der Musik von Franck in Paris. (↗Psyche)

Lit.: *Beaumont, C. W.:* Ballets Past and Present, London 1955.

Amou Youmame heißt ein ↗Frauentanz der Papuas, den sie beim Gabé-Fest, welches zu Ehren des Todes abgehalten wird, tanzen.

Ampuietul. ↗Rumänischer Volkstanz aus dem Donautal, Muntenia. Der Tanz, im mäßigen 2/4-Takt gehend, ist ein Männertanz. Er wird in Linie mit Schulterfassung bei gestreckten Armen ausgeführt.

Lit.: *Schmolke, A. – Langhans, H.:* Europäische Tänze, H. 10, 1970, S. 16 f.

Amu-patsala. Dieser Mädchentanz des Akha-Stammes aus Thailand ist ein eigenartiger kreisförmiger ↗Springtanz, der von fünf Mädchen getanzt wird, die jeweils nur auf einem Bein hüpfen, während die Unterschenkel der anderen Beine gegenseitig so eingehakt werden, daß die fünf tanzenden Mädchen wie ein im Kreis springendes fünfbeiniges Wesen aussehen. Trotz dieser anstrengenden Bewegung begleiten die Mädchen ihren Tanz mit einem einstimmigen Chorgesang. (↗Thailändischer Tanz)

Lit.: *Manndorf, H.:* Akha (Thailand, Chieng Rai-Provinz), Mädchentänze, Institut f. d. wissenschaftlichen Film, Göttingen 1971, S. 9 ff.

Anapale. Antiker griechischer ↗Waffentanz, ähnlich der ↗Pyrrhiche. Er wurde bei den ↗Gymnopädien aufgeführt und war vor allem in Sparta heimisch. Ausgeführt wurde dieser Kriegstanz von nackten Knaben, die zur Musik einer Flöte oder Lyra mit graziösen Bewegungen Figuren zeigten, welche beim Ringen und Boxen üblich waren. Erwähnt ist der Tanz bei Athenaios.

Lit.: *Lawler, L. B.:* The Dance In Ancient Greece, 1964.

Andalusische Tänze ↗Spanische Volkstänze.

Andersen, Ruth. Dänische Tänzerin, geb. 10. Juni 1931 in Randers. 1941 begann sie ihr Tanzstudium an der Ballettschule des ↗Königlich-dänischen Balletts. 1949 wurde sie Mitglied dieses Ensembles und war von 1956 bis 1966 Solotänzerin. Verheiratet ist sie mit dem Tänzer W. ↗Andersen.

Andersen, Werner. Dänischer Tänzer, geb. 7. August 1929 in Kopenhagen. Er studierte an der Ballettschule des Königlich-dänischen Theaters. 1948 schloß er sich dem ↗Königlich-dänischen Ballett an. Im Laufe seiner Karriere tanzte er in ↗Choreographien von H. ↗Lander, F. ↗Ashton, G. ↗Balanchine und in Wiederaufführungen verschiedener Werke von A. ↗Bournonville. Er tanzte sowohl klassische Rollen als auch in dramatischen Balletten von B. ↗Cullberg und R. Petit. (R. ↗Andersen)

Anderson-Iwantzowa, Elisabeth. Russische Tänzerin und Lehrerin, geb. 1893 in Moskau, gest. 10. November 1973 in New York. Sie studierte an der kaiserlichen Ballettschule in Moskau, wurde Mitglied des Bolschoj-Balletts und 1917 ↗Ballerina. Nach ihrer Emigration in die USA eröffnete sie in New York ein Ballett-Studio, wo sie bis zu ihrem Tod unterrichtete. Viele berühmte Tänzer und Tänzerinnen waren ihre Schüler.

Andrejanowa, Jelena Iwanowna. Russische Tänzerin, geb. 1819 in St. Petersburg, gest. 26. Oktober 1857 in Paris. Sie studierte an der kaiserlichen Ballett-Akademie in St. Petersburg, wo sie ihr Studium 1837 abschloß. Sie war die erste russische ↗„Giselle“ und trat als eine der ersten russischen ↗Ballerinen im Ausland auf (Paris, Mailand).

Andromeda Ballette ↗Perseus-Ballette.

Angiolini, Gaspero. Italienischer ↗Choreograph, Tänzer und Komponist, geb. 9. Februar 1731 in Florenz, gest. 6. Februar 1803 in Mailand. Da er anfangs in Florenz tätig war, nannte man ihn auch Angelini di Firenze. 1748–1750 war er Tänzer in Venedig und Turin. 1754 begann seine Tätigkeit in Wien zunächst mit Gastspielen, ab 1757 wurde er als Nachfolger von ↗Hilverding, dessen Schüler er war, ↗Ballettmeister am k. k. Theater nächst der Burg. Zunächst begann er 1758 in Wien mit Balletteinlagen zu Opern von J. A. Hasse. Seine große Bedeutung erlangte er durch die Zusammenarbeit mit Chr. W. ↗Gluck. Mit ihm schuf er unter anderem 1761 das ↗Don-Juan Ballett „Le Festin de Pierre“. Angiolini und Gluck hatten mit diesem Werk eine neue Art der tragischen ↗Ballettpantomime geschaffen. In diesem ersten ↗Ballet d'action bilden Musik, Szenarium und Choreographie die vollkommene Einheit eines Gesamtkunstwerkes. Angiolini wird die Bedeutung zugesprochen, der Schöpfer der Ballettpantomime zu sein, ein Ruhm, der in Frankreich auch seinem Rivalen ↗Noverre zugesprochen wird. Weitere Stationen der künstlerischen Tätigkeit Angiolinis waren 1766–1772 St. Petersburg, 1773–1774 Venedig, Padua, Mailand, 1774–1775 wiederum Wien, 1778 Bologna, 1780 Verona, 1780–1781 Mailand, 1781–1782 Venedig, 1784 Neapel, 1784–1786 St. Petersburg, 1789 Mailand, 1790 Turin. 1797 war er in Italien wegen seiner Sympathien für die demokratischen Ideen in Frankreich inhaftiert. 1800–1801 lebte er aus politischen Gründen in der Verbannung. Seine schöpferischen Taten verfocht Angiolini im gedruckten Szenar zum Don-Juan-Ballett und in seinen „Lettere di Gaspero Angiolini a Monsieur Noverre sopra i Balli Pantomimi“, Mailand 1773; ferner zum Semiramis-Ballett als „Dissertation sur les Ballets Pantomimes des Anciens. Publiée pour Servir de Programme au Ballet Pantomime tragique de Semiramis, Vienne 1765“. Dazu gehört auch die von ↗Calzabigi verfaßte „Vorrede zu Festin de Pierre, Ballettpantomime, composé par L. Angiolini et rapresénté à Vienne an Octobre 1761“. Gaspero Angiolini war verheiratet mit der auch in Wien wirkenden italienischen Tänzerin Maria Theresia ↗Fogliazzi. Von seinen Söhnen ist **Pietro**, 1764 in Wien geboren, nach 1830 gestorben, der bedeutendste. Er tanzte 1780–1789 in den Balletten seines Vaters und war 1808–1810 ↗Ballettmeister in Wien. Weitere Wirkungsstätten waren Venedig, Bologna, Lissabon und Cremona. Wie sein Vater betätigte sich auch er als ↗Choreograph und schuf mehrere ↗Ballette. Auch die Söhne **Nicolo** (1765–1815) und **Pasquale** (1766–1817) waren Tänzer und wirkten einige Zeit lang auch in Wien, ebenso Nicolos Gattin **Fortunata**, die 1793–1808 Solotänzerin in Wien war.

Lit.: *Arend, M.:* Gluck, d. Reformator d. Tanzes, in: Die Musik, Jg. 13, H. 19, 1. Juliheft 1913/14, S. 16 ff. *Haas, R.:* Die Wiener Ballettpantomime u. Glucks Don Juan, in: Studien zur Musikwissenschaft, H. 10, 1923,

S. 6 ff. *Haas, R.:* Der Wiener Bühnentanz v. 1740–1767, in: Jahrbuch d. Musikbibliothek Peters f. 1937, Jg. 44, S. 77 ff. *Jersild, J.:* Le ballet d'action italien du 18e siècle au Danmark. Versions danoises des ballets Gluck „Don Juan" et L'„Orphelin de la Chine", in: Acta Musicologica, XIV, 1942, S. 74 ff. *Gregor, J.:* Kulturgeschichte d. Balletts, 1944. *Nettl, P.:* Mozart u. d. Tanz, 1960, S. 19 f. *Winter, M. H.:* The Pre-Romantic Ballet, 1974.

Anglaise. Unter diesem Namen ist zunächst eine Anzahl von Contratanztypen englischer Herkunft zu verstehen. In der 2. Hälfte des 18. Jh. wurde die Anglaise ein beliebter ↗Gesellschaftstanz in Frankreich und Deutschland. Sie ist ein Kolonnentanz mit Figuren und in der Ausführung der ↗Ecossaise ähnlich. Die Paare bewegen sich der Reihe nach in der Kolonne auf und ab. An einem bestimmten Punkt führt dann jedes Paar eine Tanzfigur aus, wobei es sich mit einem anderen Paar verbindet. Das abschließende Trio, wie der ganze Tanz im geraden Takt stehend, ist ein Rundtanz. (↗Hops-Anglaise)

um 1800

Lit.: *Böhme, F. M.:* Geschichte d. Tanzes in Deutschland, 1886. *Jolizza, W. K.:* Die Schule d. Tanzes, 1900. *Lach, R.:* Geschichte d. Gesellschaftstanzes im 18. Jh., 1920, S. 32. *Pontius, J.:* Eine anonyme kurpfälzische Orgeltabulatur, 1960, S. 72.

Ango-kazu. ↗Indischer Tanz, der Fischertanz der Ao-Naga. Bei diesem Tanz gleiten die Tänzer in Vierergruppen unter Trommelbegleitung wie Fische dahin.

Lit.: *Rebling, E.:* Die Tanzkunst Indiens, 1981, S. 76.

Angrismene. Antiker ↗griechischer Tanz. Nach Art einer pantomimischen Szene stellt er die Werbung eines Liebenden um eine spröde, doch letzthin nachgiebige Geliebte dar. Der Tanz hat sich bis ins 19. Jh. in Griechenland erhalten.

Lit.: *Blasis, Ch.:* Manuel complet de la danse, 1830, S. 28 f.

Anifer Steckentanz. ↗Österreichischer Volkstanz aus Salzburg. Dieser ↗Geschicklichkeitstanz wird von vier Burschen ausgeführt. Er wird nach einer Walzermelodie getanzt und ist eine Form des ↗Wischtanzes.

Lit.: *Wolfram, R.:* Die Volkstänze in Österreich u. verwandte Tänze in Europa, 1951.

Anthema. Antiker ↗griechischer Tanz, der „Blumentanz". Bei diesem Volkstanz zum Frühling, der von zwei Gruppen getanzt wurde, ahmten die Tanzenden mit graziösen Bewegungen und Gebärden das Suchen und Pflücken von Blumen nach. In Frage und Antwort wurde dabei gesungen: „Hier hast du Rosen, hier hast du Veilchen, hier hast du köstlichen Eppich!"

Lit.: *Weege, F.:* Der Tanz in d. Antike, 1926, S. 125. *Lawler, L. B.:* The Dance in Ancient Greece, 1964.

Antigone. Die Sage von der Gattin des Peleus und Tochter des Ödipus bildete mehrmals die Grundlage eines ↗Ballettstoffes: 1790 Ballett v. G. ↗Gioia, Musik v. Dutillieu für Venedig; 1825 Ballett v. Galzerani für Mailand; 1959 Ballett, frei nach den verschiedenen Versionen der griechischen Sage und Racines Tragödie v. John ↗Cranko, Musik v. Theodorakis, Uraufführung am 19. Oktober 1959 im Royal Opera House, Covent Garden, London.

Antonio (eigentl. Antonio Ruiz Soler). Spanischer Tänzer, ↗Choreograph und Ballettdirektor, geb. 4. November 1922 in Sevilla. Nach seinem Studium bei Manuel Real debütierte er 1928 in Liège mit seiner Cousine ↗Rosario, die viele Jahre seine Partnerin blieb. Er wurde einer der bekanntesten spanischen Tänzer seiner Zeit. Als Tänzer bereiste er die ganze Welt. 1953 trennte er sich von Rosario und gründete eine eigene Gruppe. Sein künstlerisches Bestreben war es, eine Synthese zwischen dem klassischen und spanischen Tanz zu bilden.

Lit.: *Beaumont, C.:* Antonio, London 1952. *Brunelleschi, E.:* Antonio and Spanish Dancing, London 1958.

Antonius und Kleopatra-Ballette. Die Liebe zwischen Kleopatra, Tochter des ägyptischen Königs Ptolemäus, und dem römischen Feldherrn Antonius bildete die Grundlage mehrerer Ballettlibretti: 1765 v. ↗Noverre für Ludwigsburg; 1808 v. J. ↗Aumer, Musik v. K. Kreutzer für Paris; 1968 v. I. Tschernischow, Musik v. E. Lazarew für Leningrad; 1971 v. dell'Ara, Musik v. ↗Prokofjew für Mailand.

Aparima. Dieser Tanz aus Tahiti wird von 40–60 Männern und Frauen ausgeführt, die in vier Reihen am Boden sitzen, und zwar die Frauen in den zwei mittleren Reihen. Dieser Tanz der Hände und Arme ist eine rhythmische Beschreibung alltäglichen Tuns, wie z. B. das Essen einer Kokosnuß oder das Fischen von einem Kahn aus. Der Tanz wird von einigen Trommeln und von Gesang begleitet.

Aplomb bedeutet in der klassischen Tanztechnik vollkommenste Sicherheit im Auffall nach dem Sprung (↗retomber) und nach den Drehungen die sichere kunstgemäße Fußstellung. Diese vollkommene Standfestigkeit und Körperbeherrschung ist von grundlegender Bedeutung für den klassischen Tanz. (↗Équilibre)

Lit.: *Raab, R.:* Lexidion f. d. Ballett, s. a. *Waganowa, A. J.:* Die Grundlagen d. klassischen Tanzes, 1954, S. 30 f.

Apollo, der griechische Lichtgott, die Verkörperung hellenistischer Ideale von männlicher Schönheit und Geistigkeit, wurde als Gott der Künste, insbesondere der Musik, und als Führer der Musen verehrt. Seine mythologischen Legenden bildeten schon sehr früh die Grundlagen von Darstellungen in ↗Balletten. Lukian erwähnt aus der römischen Kaiserzeit eine ↗Pantomime „Apollo und Daphne". Pollux beschreibt eine religiöse Pantomime „Apollo und Python". Aus dem Jahre 1763 stammt ↗Hilverdings Ballett „Apollon et Daphné" oder „Le retour d'Apollon au Parnasse". 1778 folgte das Ballett „Apollo placado" v. Baillou u. Salieri. 1782 schuf ↗Noverre das Ballett „Apollon et les muses". ↗Didelots „Apollon et Daphné" und „Apollon et Persée" erschienen 1802 u. 1803. Der Berliner Kapellmeister Georg Abraham Schneider schrieb 1810 ein Ballett „Apollo und Daphne". Das bedeutendste Werk, welches diesen Stoff behandelt, ist wohl ↗Strawinskys „Apollon musagète", Ballett in 2 Bildern, komponiert 1927/28. Die Uraufführung fand am 27. April 1928 im Rahmen des Festival of Contemporary Music in der Library of Congress, Washington statt. Adolph ↗Bolm choreographierte das Werk.

Lit.: *Redlich, H. F.:* Strawinsky's „Apollon Musagète", in: Anbruch XI, 1929, S. 41 ff. *Mason, Francis:* Apollon musagète, in: Balanchines Stories of the Great Ballets, 1968. *Kirstein, L.:* Apollon musagète, in: Movement & Metaphor, New York 1970.

Aposeisis. Antike griechische Tanzfigur lasziver Art, deren Charakteristik Schüttel- und Drehbewegungen des Körpers, der Hüften und des Unterleibes waren. Eine der Tanzbewegungen des ↗Kordax. Nach V. ↗Junk ein altgriechischer Tanz obszöner Art.

Lit.: *Lawler, L. B.:* The Dance In Ancient Greece, 1964.

Apsaras heißen in der vedischen Religion (2. Jahrtausend v. Chr.), der Frühreligion Indiens, die verführerischen Tänzerinnen, ursprünglich Wassernixen. (↗Kambodschanischer Tanz)

Arabesque bedeutet in der Technik der heutigen klassischen Tanzkunst das völlig gestreckte, nach hinten gehobene Bein. Dabei ist der dem gehobenen Bein entgegengesetzte Arm nach vorn ausgestreckt, der andere zur Seite. Der Körper ist leicht vorgebeugt. Die Formen der Arabesque sind jedoch sehr variationsreich.

Lit.: *Waganowa, A. J.:* Die Grundlagen d. klass. Tanzkunst, 1948/1954, S. 67 ff. *Raab, R.:* Lexidion f. d. Ballett, s. a.

Arabische Tänze. Bei der Tanzmusik der arabischen Völker sind zwei Kategorien festzustellen: a) eigentliche Tanzmelodien, nach denen getanzt wird; b) tanzartige Melodien, nach denen nicht getanzt wird. Charakteristisch ist der geringe Ambitus der Melodien, die in fortwährende Wiederholungen von kurzen wenigtaktigen Motiven zerfallen. Sehr ausgeprägt ist die Rhythmik bei den verschiedenen Tanzmelodien, die ausschließlich von der Trommel begleitet und teilweise auch mit Text gesungen werden. In der Benennung der Tanzmelodien bzw. einzelner Tänze herrscht eine gewisse Uneinigkeit. In den verschiedenen Gegenden werden gleiche Tänze oft verschieden benannt. Gewisse Benennungen werden auch oft verwechselt. Die Sauia-Tänze sind die Hirtentänze. Mit Sauia bezeichnen die Araber jene Berberstämme, welche die Berggegend vom nördlichen Biskra und östlichen El-Kantara bewohnen. Făzzáj oder Tregl baród heißen die Gewehrtänze. Modifikationen des Tempos spielen bei den verschiedenen arabischen Tänzen fast keine Rolle. (↗Dabke, ↗Raska, ↗Derwisch-Tanz)

Lit.: *Bauer, L.:* Einiges über Gesten d. syrischen Araber, in: Zeitschrift des deutschen Palästina-Vereins, Leipzig 1898, H. 1. *Deyrolle, E.:* Les danseurs tunisiennes, in: Bulletin et Mémoires de la Société d'anthropologie de Paris, Tome Deuxième. – VIe Serie, S. 262 ff., Paris 1911. *Mirza, Abdullah Jan:* Oriental dancing: Syria, Afghanistan and Ceylon, in: Dancing Times, December 1931, S. 261 ff. *Bartok, B.:* Die Volksmusik der Araber v. Biskra u. Umgebung, in: Zeitschrift f. Musikwissenschaft, Jg. 2, 1920, H. 9, S. 489 ff. *Hoerburger, F.:* Tunesische Volksmusik, in: Musica IX, 1955, H. 2, S. 59 ff.

Aradi, Mária. Ungarische Tänzerin, geb. 21. September 1944 in Högyész. Sie studierte am Budapester Ballettinstitut und wurde 1960 Mitglied des Balletts der Budapester Staatsoper. 1963–1969 tanzte sie beim Ballett Sopianae. 1970 kam sie nach München an das Theater am Gärtnerplatz. Seit 1972 ist sie Primaballerina beim ↗Niederländischen Nationalballett.

Arat-Tanz (Erntetanz). Alter ↗deutscher Volkstanz aus Schwaben, der am ersten Sonntag des September, dem sogenannten Tag der Sichelhenk, getanzt wurde. Er hieß auch ↗Hammeltanz, da dabei meist ein Hammel verlost wurde.

Lit.: *Böhme, F. M.:* Geschichte d. Tanzes in Deutschland, 1886.

Arbeau, Thoinot (Anagramm für den bürgerlichen Namen Jean Tabourot), geb. 1519 in Dijon, gest. um 1595 in Langres, ist einer der bedeutendsten Tanztheoretiker des 16. Jh. Arbeau, 1530 zum Priester geweiht, 1574 zum Domherrn von Langres ernannt, gab 1588 ein Tanzlehrbuch heraus mit dem Titel „Orchésographie, et traicté en forme de dialogue, par lequel toutes personnes peuvent facilement apprendre et pratiquer l'honneste exercise des danses" (Langres 1588, 2. ed. 1596). Das Buch bringt neben Bemerkungen über die Tanz-, Fecht- und Gesellschaftssitten des ausgehenden 16. Jh. in Frankreich wichtige Hinweise für den ↗Gesellschaftstanz dieser Zeit mit praktischen Erklärungen zur Tanzausführung und eingehender Beschreibung der ↗Tanzmusik. Folgende Tänze werden beschrieben: ↗Allemande, ↗Basse danse, ↗Bouffons, ↗Branles, ↗Canarie, ↗Courante, ↗Gaillarde, ↗Moriske, ↗Pavane, ↗Tourdion. Arbeaus Werk, das zu den bibliophilen Seltenheiten gehört, wurde 1888 in Paris von Laure **Fonta** neu herausgegeben. In deutscher Übersetzung bringt die wesentlichsten Teile daraus A. **Czerwinski** in seinem Buch „Die Tänze des XVI. Jh. und die alte französische Tanzschule vor Einführung der Menuett", Danzig 1878. Eine englische Übersetzung gab C. B. **Beaumont** 1925 in London heraus. Ein Neudruck von Arbeaus „Orchésographie" mit A. Czerwinskis „Die Tänze des 16. Jh." erschien 1979 in Hildesheim.

Qu.: *Orchésographie, Nat. Bibl. Wien, Sign. SA 71/D52.*

Lit.: *Sandt, A.:* Die Tanzschrift u. d. Schrifttanz des 16. Jh., in: Schrifttanz, Jg. 1, 1928, H. 2, S. 23 ff. *Barker, Ph. E.:* Some Notes on Arbeau, in: Journal of the English Folk Dance Society, London 1930, sec. Ser., Nr. 3, S. 2 ff. *Mary, A.:* L'Orchésographie de Th. Arbeau, in: Les tresors des bibl. de France V, 1935. *Martin, Gy.:* Die Branles v. Arbeau u. d. osteuropäischen Kettentänze, in: Studia Musicologica 15, 1973, S. 101 ff.

Arbeitstänze (Arbeit und Tanz). Die Beziehung zwischen Arbeit und Tanz ist uralt. Der Tanz erscheint in seiner Urform als eine Nachahmung oder Übertragung der Arbeitsbewegung und des Arbeitsrhythmus. So finden sich von alters her bei allen Völkern der Erde Tänze, die einen Arbeitsvorgang symbolisieren, mag er primitiver oder handwerklicher Art sein. Unübersehbar ist die Zahl solcher Arbeitstänze. Zu ihnen gehören vor allem die vielen ↗Handwerkertänze, die schon durch ihren Namen angeben, welche Arbeitsvorgänge meist in Form eines Tanzspieles dargestellt werden. (↗Schmied, ↗Schustertanz, ↗Webertanz, ↗Scherenschleifertanz)

Lit.: *Bücher, K.:* Arbeit u. Rhythmus, 1909.

Archives Internationales de la Danse. (A. I. D.). Diese großartige Einrichtung wurde am 16. Juni 1931 von de ↗Maré und ↗Tugal in Paris in Erinnerung an die ↗Ballets Suédois und seinen ↗Choreographen ↗Börlin gegründet. Es enthielt nicht nur eine Bibliothek, sondern auch Erinnerungsprogramme, Modelle, Bilder von Kostümen und Dekorationen, Partituren, welche mit der Tanzgeschichte der ganzen Welt zusammenhingen. In der Zeit von 1932 bis 1936 erschienen 20 Nummern der Zeitschrift der Archives Internationales de la Danse. 1950 wurde das Archiv aufgelöst, ein großer Teil der Sammlung ging an das Museum der Pariser Oper und der Rest an das Dansmuseet nach Stockholm, dem ersten eigenständigen Tanzmuseum, gegründet 1981.

Arcos (Danza des los arcos). Ein ↗Stocktanz aus San Sebastian, Spanien. Bei dieser Schwerttanzform werden zwei lange Stöcke verwendet, die oben durch einen Halbreifen miteinander zu einem Bogen verbunden sind. (↗Spanische Volkstänze)

Lit.: *Wolfram, R.:* Schwerttanz u. Männerbund, S. 71.

Ardeleana. ↗Rumänischer Volkstanz aus Siebenbürgen. Er wird von den Dorfmusikanten mit dem ↗Joc ardelenesc verwechselt, mit dem er in Takt, Tempo und Ausführung Ähnlichkeit hat.

Lit.: *Bartók, B.:* Volksmusik aus Rumänien v. Maramures, in: Sammelbände f. vergleichende Musikwissenschaft, Bd. 4, S. XXI, 1923.

Arena, Antonius de. Provenzalischer Dichter, geb. um 1500, gest. 1544, veröffentlichte 1533 in Lyon ein Buch, das neben Regeln für den guten Anstand, Kriegsschilderungen und Liebeserklärungen auch Lehren und Anweisungen für die Tänze seiner Zeit bringt. Es ist in makkaronischer Dichtung (lateinisch mit italienischen, provenzalischen und französischen Versen) abgefaßt und war schon für die Zeitgenossen sehr schwer verständlich. Der Titel des Buches lautet: Antonius de Arena Provençalis de bragardissima villa de Soleriis Ad Suos compagnones qui sont de persona friantes, bassas Dansas et Branlos practicantes, Lyon 1533. Weitere Ausgaben: Paris 1538, Lyon 1572, Paris 1574, Lyon 1601, Paris 1631, 1670, London 1758 und Aix 1860. Im Ganzen gab es 32 Ausgaben.

Lit.: *Bie, O.:* Der Tanz, 1919, S. 136. *Sachs, C.:* Eine Weltgeschichte d. Tanzes, 1933, S. 231.

Argentina, La (recte Antonia Mercé). Spanische Tänzerin, geb. 4. September 1890 in Buenos Aires, gest. 18. Juli 1936 in Bayonne. Sie war die Tochter eines andalusisch-kastilischen Tänzerpaares. Nach dem Studium des klassischen Balletts bei ihrem Vater debütierte sie bereits mit sechs Jahren an der königl. Oper in Madrid. Ihre Ballettschöpfungen sind unmittelbar durch ihre Madrider Zeit geprägt, denn in der spanischen Hauptstadt entdeckte sie den Zauber des spanischen Volkstanzes. Nach dem Tode ihres Vaters widmete sie ihre Kunst ganz dem spanischen Tanz und leitete seine Renaissance ein. Mit ihrer 1929 gegründeten Tanztruppe (Ballets Espagnols) bereiste sie Europa und einigemale Nordamerika und hat somit viel für die Verbreitung dieser Volkstänze getan. Ihr Geburtsland bestimmte ihren Künstlernamen, später auch ihren Tanzstil. (↗Escudero, Vincente)

Lit.: *Levinson, André:* La Argentina, 1928.

Argentinischer Tanz. Was heute als argentinische Folklore gilt, ist zum größten Teil durch europäischen Einfluß entstanden. Aus der Zeit vor der europäischen Besetzung und Kolonialisierung Argentiniens sind nur mehr Reste der alten primitiven indianischen Musik erhalten. Die argentinischen Volkstänze haben ihren Ursprung in alten Tänzen aus Europa. Zu Beginn des 19. Jh. entstanden so aus den ↗Galliarden der ↗Gato, aus den ↗Couranten der ↗Cueca, das stilisierte ↗Menuett heißt ↗Federal, und die ↗Gavotten wurden zum ↗Cuando. Die ersten Tänze für umschlungene Paare, wie ↗Walzer, ↗Polka, ↗Mazurka und ↗Schottische, erreichten Argentinien erst um die Mitte des 19. Jh. Zwei Gruppen von ↗Paartänzen sind im argentinischen Volkstanz zu unterscheiden, und zwar picaresque Tänze für ein selbständiges Paar (z. B. der ↗Chacarera und ↗Escondido) und feierliche Tänze für verschiedene Paare (z. B. der ↗Cielito und ↗Pericon). Darüber hinaus gibt es auch Mischformen, wie z. B. den ↗Bailecito. Das Hauptinstrument bei der Begleitung argentinischer Volkstänze ist die Gitarre, oft in mehrfacher Besetzung. Dazu können Geige, Klarinette und Bässe treten. (↗Bailecito, ↗Carnavalito, ↗Chacarera, ↗Chamamé, ↗Cielito, ↗Condición, ↗Criollo, ↗Cuando, ↗Cueca, ↗Escondido, ↗Federal, ↗Gato, ↗Habanera, ↗Malambo, ↗Media caña, ↗Milonga, ↗Pericon, ↗Tango)

Lit.: *Friedenthal, A.:* Musik, Tanz u. Dichtung bei d. Kreolen Amerikas, 1913, S. 255 ff. *Vega, C.:* Musica y Danzas Folkloricas, in: Artes y Letras Argentinas, Ano II, S. 117 ff. *Vega, C.:* Danzas y Canciones Argentinas, teorias e investigaciones, Buenos Aires 1936. *Flury, Lázaro:* Danzas folkloricas argentinas, Collection Ceibo, 11, 1947. *Vega, C.:* Las Danzas Populares Argentinas, vol. I., Buenos Aires 1952. *Lloyd, A. L.:* Dances of Argentina, London s. a. *Aretz, I.:* Costumbres tradicionales Argentinas, Buenos Aires 1954.

Aria (Air) bedeutete ursprünglich eine Melodie mit bestimmten rhythmischen Voraussetzungen, und zwar entweder nach einem Versmaß oder Tanzrhythmus gestaltet. Man unterschied zwischen gesungenen, gespielten und getanzten Arien. In der ↗Suite bedeutet Aria meist einen Tanzsatz ohne der charakteristischen Rhythmik einer bestimmten Tanzgattung. J. S. ↗Bach hat den Ausdruck in diesem Sinn verwendet. Auch in den Ballettsuiten des 17. Jh. finden wir den Namen Aria im gleichen Sinn angewandt.

Lit.: *Nettl, P.:* Die Wiener Tanzkomposition in d. 2. Hälfte d. 17. Jh., in: Studien zur Musikwissenschaft, H. 8, 1921, S. 76. *Nettl, P.:* Zur Vorgeschichte d. süddeutschen Tänze, in: Bulletin de la Société Union Musicologique, Jg. 3, 1923, S. 51. *Seefried, G.:* Die Airs de danse in den Bühnenwerken v. Jean-Philippe Rameau, in: Neue musikgeschichtliche Forschungen, Bd. 2, 1969.

Ariadne-Ballette. Die mythologische Geschichte der Ariadne, Tochter des Minos, Königs von Kreta, und der Pasiphae, bildete schon sehr früh und später sehr oft die Grundlage zur Darstellung in ↗Pantomimen und ↗Balletten. Aus der Antike werden bereits zwei solcher Pantomimen erwähnt, und zwar von Lucian und von Xenophon. Die wichtigsten späteren Darstellungen sind: 1734 „Bacchus et Ariane", eine Pantomime in London, Covent Garden mit Marie ↗Sallé; 1740 „Ariadne und Bacchus", Ballett v. ↗Hilverding, Wien; 1754 „Ariadne und Bacchus", v. ↗Hilverding, Wien; 1770 „Bacchus et Ariadne", v. ↗Lauchery, Musik v. ↗Cannabich, Kassel; 1773 „Ariadne auf Naxos", v. ↗Angiolini, Padua oder Mailand; 1774 „Ariadne auf Naxos", v. O. ↗Viganó, Venedig; 1786 „Ariadne", v. D. ↗Ballon, Livorno; 1788 „Arianna e Bacco", v. ↗Gallet, Musik v. Th. Weigl, Turin; 1789 „Ariadne und Bacchus", v. Carlo Cannobbio, St. Petersburg; 1791 „Bacchus u. Ariane", v. B. Rochefort; 1792 „Ariadne", v. G. Bartolommei, Padua; 1795 „Die verlassene Ariadne", v. G. Scalesi, Wien; 1797 ein Ariadne-Ballett v. Gallet, London; 1875 Ballett v. W. Reisinger, Moskau; 1931 „Bacchus et Ariane", v. Abel Hermant, Musik v. Albert ↗Roussel, Paris; 1947 „The Minotaur", v. John ↗Taras, Musik v. E. Carter, ↗Ballet Society, New York; 1958 Ballett v. ↗Walter, Musik v. ↗Monteverdi, Wuppertal; 1965 v. ↗Ailey, Musik v. Jolivet, ↗Harknesss Ballet. (↗Bacchus-Ballette)

Lit.: *Mitchell, D.:* Bacchus u. Ariadne, in: The Decca Book of Ballet, London 1958.

Ariminge. Name der Känguruhtänze der Eingeborenen auf ↗Neuguinea. Es sind ↗tiernachahmende Tänze, welche die Sprünge des Känguruhs nachahmen.

Lit.: *Pöch, R.:* Beobachtungen über Sprache, Gesänge u. Tänze d. Monumbo, in: Mitteilungen d. Anthropologischen Gesellschaft Wien, 35. Bd., 1905, S. 234 f.

Arkan. ↗Russischer Volkstanz der Hutsul-Ukrainer, Bergbewohner der Ostkarpaten. Er ist ein Gruppentanz der Männer, der über die Hutsul-Region sehr verbreitet ist. Jedes Dorf hat dazu seine eigenen Schrittfolgen. Der eigentliche Grundschritt ist eine Swingbewegung rechts-links auf der Stelle. Die Aufstellung erfolgt in offener Kette, jeder Mann hält die Hände auf den Schultern seines Nachbarn. Bei einer anderen Version schließt sich die Kette zu einem Kreis. Ein Mann ist immer der Anführer und bestimmt die Folge der Schritte. Die Tanzmelodie steht in 2/4-Takt.

Lit.: *Thurston, H. A.:* Arkan, the Dance of the Hutsuls-Ukrainian of the East Carpathians, in: Folk Musician and Singer, vol. 8, 1964, No. 4, S. 82 ff.

Armida-Ballette. Die Geschichte von Armida, der Frauengestalt aus Tassos „Befreitem Jerusalem", Zauberin und verführerisches Weib, und Rinaldo, dem Feldherrn im Kreuzzugheer, bildete oftmals die Grundlage einer Darstellung in ↗Balletten: 1617 „La Délivrance de Renaud", französisches melodramatisches Ballet de Cour von Durand, Musik von Guéron und Gabriel Bataille, Boësset, Mauduit, Paris; um 1620 „Rinaldo innamorato", Musik von Francesca Caccini; 1752 „Armida" von P. Alovar, Turin; 1761 „Renaud et Armida", von ↗Noverre, Musik von J. J. ↗Rudolph, Stuttgart; 1767 „Armidia", ↗Pantomime mit Musik von H. F. Raupach, Wien-Schönbrunn; 1768 „Reinald und Armide", von Bouqueton, Musik von C. G. ↗Toeschi und J. Chr. ↗Cannabich, Mannheim; 1769 „Rinaldo nell'isola incantata d'Armida", von ↗Lepicq und ↗Favier, Venedig; 1774 „Armide et Renaud", Musik von H. F. Raupach, St. Petersburg; 1777 ein Ballett von Michele Fabiani, Venedig; 1778 „Rinaldo et Armida", von O. ↗Viganò, Musik von S. ↗Viganò, Venedig; 1780 „Rinaldo e Armida", von P. ↗Angiolini, Mailand; 1799 „Armida", von G. B. ↗Cecchi, Venedig; 1907 „Le Pavillon d'Armide", von ↗Fokine, St. Petersburg; 1955 „Rinaldo and

Armida", von ↗Ashton,Musik von M. Arnold, ↗Sadler's Wells Ballet, Covent Garden Opera House, London.

Lit.: *Beaumont, C. W.:* Ballets Past & Present, London 1955.

Arnautischer Tanz. Neugriechischer Volkstanz (18. Jh.) militärischen Charakters. Er wird von Männern und Frauen ausgeführt. Der Tanzführer hält eine Rute und einen Stab in der Hand, springt, muntert die anderen auf, läuft von einem Ende zum anderen, stampft mit dem Fuß, schnalzt mit der Rute, indessen die übrigen ihm mit ineinandergeschlagenen Händen und gemäßigterem Schritt folgen. Manchmal führt auch ein Spieler der Lyra den Trupp an, und die Tanzenden folgen ihm im Takt der Musik. (↗Griechischer Tanz)

Lit.: *Fischer, J. H.:* Beschreibung d. vorzüglichsten Volksfeste, Unterhaltungen, Spiele u. Tänze d. meisten Nationen in Europa, Bd. II, 1799, S. 100.

Arnout. Albanischer Volkstanz, dem ein alter Militärtanz zugrunde liegt. Der Mann hält eine lange Peitsche und schnalzt damit beim Aufstampfen der Füße. Er läuft von einem Ende der Gruppe zum anderen, so als würde er Tiere zusammentreiben. Der Tanz im 2/4-Takt hat rasches Tempo und wird von mehreren Paaren ausgeführt. (↗Albanischer Tanz)

Aroldingen, Karin von. Deutsche Tänzerin, geb. 9. September 1941 in Berlin. Sie studierte in Berlin, tanzte 1959/60 als Solistin im Ballett der Frankfurter Oper. 1962 schloß sie sich Georges ↗Balanchines ↗New York City Ballet an, 1967 wurde sie Solotänzerin, 1972 Primaballerina.

A rosa. ↗Portugiesischer Volkstanz, ein Rundtanz für Paare im 2/4-Takt aus den Provinzen Beira, gestaltet nach dem Lied „To rosa". Der Tanz, begleitet von Trommeln und Pfeifen und dem einfachen Liebeslied, wird mit leichtem Laufschritt ausgeführt.

Arpino, Gerald. Amerikanischer Tänzer, ↗Choreograph und Lehrer, geb. 14. Januar 1928 in West Brighton, Staten Island. Er studierte an der Schule des ↗American Ballet in New York und bei M. A. Wells in Seattle. Als Tänzer wirkte er am Broadway und bei Joffreys Ballettgruppe. Er unterrichtet am American Ballet Center in New York. Für das ↗City Center Joffrey Ballet, welches er mitverwaltet, choreographierte er viele klassische und moderne ↗Ballette.

Arvalische Brüder (Fratres Arvales) hieß die altrömische priesterliche aus 12 Mitgliedern bestehende Gemeinschaft, die zum Schutz der Aussaat den Flurumgang im Frühling auszuführen hatte. Den Abschluß dieser Ambarvalia genannten Feier bildete ein an die Laren und an Mars gerichtetes altes Kultlied, welches hinter verschlossenen Türen von einem dem ↗Tripudium ähnlichen alten Tanz im Dreischritt begleitet wurde.

Lit.: *Weege, F.:* Der Tanz in d. Antike, 1926, S. 148. *Baaren, Th. P.:* Selbst d. Götter tanzen, 1946, S. 114.

Aschenbrödel. Das Aschenbrödel-Thema nach dem bekannten Märchen wurde als ↗Ballettvorlage oft verwendet. Im 18. Jh. war es der bekannte französische Tänzer und Choreograph Charles ↗Didelot mit seinem Ballett „Cendrillon". Im 19. Jh. gab es mehrere Ballettversionen dieses Stoffes, von denen die bedeutendste die von Graeb und ↗Hassreiter ist, mit der von Josef ↗Bayer eingerichteten Musik von Johann ↗Strauß. Im 20. Jh. war es Sergej ↗Prokofjew, der sich dieses Stoffes annahm. 1940/44 entstand sein Ballett „Cinderella" nach einem Libretto von Nikolaj Wolkow. Die Uraufführung fand Anfang 1944 in Molotow durch das Ensemble des Leningrader Kirow-Theaters statt. Die ↗Choreographie schuf K. H. ↗Sergejew.

Ashiko. ↗Afrikanischer Tanz aus Nigeria, ein ↗Platztanz, der von zwei Männern und zwei Frauen ausgeführt wird. Der Tanz wird von fünf Trommlern begleitet, die Musik ist der Musik des ↗Foxtrotts ähnlich.

Ashton, Sir Frederick. Britischer Tänzer und ↗Choreograph, geb. 17. September 1904 in Guayaquil, Ecuador, gilt als einer der bedeutendsten Choreographen des 20. Jh. Seine Schöpfungen umfassen sowohl das klassische wie das moderne ↗Ballett. Bereits 15jährig beschloß er nach dem Besuch einer Vorstellung Anna ↗Pawlowas, Tänzer zu werden. Er besuchte die Schule von Marie ↗Rambert, nahm Unterricht bei ↗Massine und wurde Mitglied der Truppe Ida ↗Rubinsteins. Ab 1925 beschäftigte er sich immer mehr mit Choreographie und wurde 1935 Chefchoreograph des ↗Vic-Wells Ballet. 1952 wurde er zum stellvertretenden Direktor des ↗Sadler's Wells Ballet ernannt, welches seit 1957 den Namen The ↗Royal Ballet führt. Nach dem Abgang von ↗Ninette de Valois als Leiterin des Royal Ballet wurde 1963–1970 Ashton dessen Leiter. (↗Armida-Ballette, M. ↗Fonteyn, ↗Undine)

Lit.: *Hurok, S.:* The World of Ballet, London 1955, S. 248 ff. *Vaugham, D.:* Frederick Ashton and his Ballets, London 1977.

Asiatische Tänze. Die vielen verschiedenen Tänze der Völker Asiens beruhen vielfach auf magisch-religiösen Grundlagen, die seit Jahrhunderten überliefert sind und in denen sich vor allem auch eine bestimmte Gebärdensprache erhalten hat. Neben diesen traditionellen strengen klassischen Tanzformen gibt es aber auch viele Tänze mit ausgesprochenem Volkstanzcharakter. Der Tanz kann im Leben der Völker des asiatischen Kontinents als das gemeinsame Zentrum betrachtet werden, wo Religion, Krieg, Kunst und Erotik einander treffen. Der Tanz gilt als Ausdruck menschlicher Gefühlsinhalte. Obwohl der profane Tanz in vielen Formen anzutreffen ist, sind Tanz und Religion bei den Völkern Asiens noch eins. (↗Afghanischer Tanz, ↗Balinesischer Tanz, ↗Burmesischer Tanz, ↗Ceylon-Tanz, ↗Chinesischer Tanz, ↗Hawaiianischer Tanz, ↗Indischer Tanz, ↗Japanischer Tanz, ↗Javanischer Tanz, ↗Kambodschanischer Tanz, ↗Laotischer Tanz, ↗Malaiischer Tanz, ↗Naturvölker, ↗Neuguinea, ↗Philippinischer Tanz, ↗Ragatanz auf Celebes, ↗Samoa, ↗Thailändischer Tanz, ↗Vietnam)

Lit.: *Laloy, L.:* Danses d'Asie, in: Revue Musicale, Jg. 8, 1912, S. 38 f. *Abdullah, Sheikh A.:* Magic Dances of Asia, in: London Dancing Times, No. 299, August 1935, S. 475, No. 300, September 1935, S. 571. *Bowers, F.:* Theatre in the East, A Survey of Asian Dance and Drama, 1956. *Manndorff, H.:* Bhotija (Zentralasien Bhutan), Tanz zweier Krieger, Inst. f. d. wissenschaftl. Film, Göttingen 1972. *Olschak, B. C.:* Magie d. Tanzes in Bhutan, in: Images 45, S. 31 ff., Hoffmann-La Roche, Wien 1971.

Askham Richard-Tanz. Dieser englische ↗Schwerttanz wird von acht Tänzern ausgeführt, zu denen noch die Personen Narr, Besom-Betty, King, Queen, Beggars und Musiker kommen.

Lit.: *Wolfram, R.:* Schwerttanz u. Männerbund, 2. Lieferung, 1936, S. 116 f.

Askoliasmós. Antiker ↗griechischer Tanz, der „Schlauchtanz". Dieser bäuerliche ↗Volkstanz wurde beim ländlichen Weinlesefest zu Ehren des ↗Dionysos getanzt. Der Tänzer hatte auf einem gefüllten, geölten Weinschlauch zu tanzen und durfte dabei nicht herunterfallen. Die Sieger des Tanzes, der große Gewandtheit erforderte, hießen Askoliasten.

Lit.: *Weege, F.:* Der Tanz in d. Antike, 1926, S. 130. *Lawler, L. B.:* The Dance in Ancient Greece, 1964.

Asmund Frägdegjäva. Dieser ↗norwegische Volkstanz entspricht einem alten Tanzstil, der sich auf den abgelegenen Färöer-Inseln erhalten hat und später in Norwegen gebräuchlich wurde. Der Sänger führte ursprünglich die Tanzenden zum Kreis, trat dann außerhalb des Kreises und sang seine anfeuernden Lieder, oftmals im Wechsel mit dem gemeinsamen Singen. Je nach Textinhalt der Liedstrophen richtete sich die Gesamthaltung der Tanzform, ob straff, kraftvoll, locker oder weich. Die Tanzenden standen mit gefaßten Händen in einem geschlossenen Kreis mit dem Gesicht zur Mitte. Die Hände waren bei gebeugten Armen schulterhoch gehoben, die Unterarme berührten die des Nachbarn.

Lit.: *Schmolke, A. – Langhans, H.:* Europäische Tänze, H. 7, 1962, S. 22 f.

Aspelmayr, Franz (auch Aspelmeyr, Aspelmayer, Appelmeyer). Österreichischer Komponist, geb. 1728 in Linz, gest. 29. Juli 1786 in Wien. 1761 übernahm er die Stelle ↗Glucks als Ballettkomponist in Wien. Seine kompositorische Bedeutung geht vor allem auf die musikalische Gestaltung der ↗Choreographien von ↗Noverre zurück, durch die er zu einem Hauptvertreter der neuen Ballettdramatik wurde. Folgende Ballette Noverres hat er komponiert: ↗„Agamemmnon vengé", ↗„Alexandre et Campaspe", ↗„Acis et Galatée", „I Mori Espagnoli".

Assemblé. Im klassischen ↗Ballett Ausdruck für das Aufschwingen beider Füße in offene ↗Position und Rückfall in die 5. Position. Es gibt mehrere Arten von Assemblés: battu, porté, soutenus, u. a.

Lit.: *Raab, R.:* Lexidion f. d. Ballett, s. a.

Astafjewa, Serafina Alexandrowna. Russische Tänzerin und Lehrerin, geb. 1876, gest. 13. September 1934 in London. Sie studierte an der kaiserlichen Ballettschule in St. Petersburg und war von 1895 bis 1905 Mitglied des Marijinskij Balletts. Von 1909 bis 1911 tanzte sie in ↗Diaghilews Ballett. Sie eröffnete eine Schule in London. Zu ihren Schülern zählten Anton ↗Dolin, Alicia ↗Markova und Margot ↗Fonteyn.

Astaire, Fred (recte Friedrich Austerlitz). Amerikanischer Tänzer, geb. 10. Mai 1899 in Omaha, Nebraska. Als Kind tanzte er bereits mit seiner Schwester Adele in Musicals, lernte den Steptanz und vervollkommnete sich darin immer mehr und wurde einer der besten Steptänzer unserer Zeit. Bis 1932 trat er mit seiner Schwester am Broadway und in Shaftesbury Avenue auf. Später ging er nach Hollywood, wo er sich eine Filmkarriere aufbaute. Joan Crawford, Ginger Rogers und andere waren dort seine Partnerinnen. Zu seiner hinreißenden Tanzkunst kam auch noch seine besondere schauspielerische Begabung, so daß er einer der beliebtesten Schauspieltänzer des amerikanischen Films wurde.

Lit.: *Croce, A.:* The Fred Astaire – Ginger Rogers Book, New York 1972.

Atellanen. Bezeichnung für die mimischen Spiele der Bauern aus der Stadt Atella in Kampanien. Die „ludi atellani" verwendeten vier Charaktermasken, den Maccus, Bucco, Pappus u. Dossens. Sie wurden ab 390 v. Chr. in Rom aufgeführt und beeinflußten wesentlich die römische ↗Pantomime, die unter Kaiser Augustus in Rom ihre Hochblüte erlebte.

Lit.: *Simon, K. G.:* Pantomime, 1960, S. 23 f.

Athan. Name eines afghanischen ↗Kriegstanzes. Dieser alte Kriegstanz der afghanischen Pathanen hat sich aus vorislamischer Zeit bis in die Gegenwart erhalten. Zu den Rhythmen einer großen Faßtrommel führen die Männer ihren ekstatischen Reigentanz auf. Obwohl der Athan seinen ursprünglich kriegerischen Charakter bewahrt hat, wird er heute aber nur mehr anläßlich von Festen getanzt. Alljährlich im August wird er in Qualat-e-Ghilzai bei Kandahar in Südafghanistan beim Unabhängigkeitsfest der Ghilzai-Pathanen aufgeführt. Drei Tage und drei Nächte führen die Männer nahezu ununterbrochen dabei ihren kriegerischen ↗Reigen auf.

Lit.: *Anonymus:* Tanz bei fremden Völkern, S. 22.

Attaingnant, Pierre. Pariser Musikdrucker und Verleger, geb. um 1494 in Douai (?), gest. 1552 in Paris. Über die näheren Lebensumstände des Pariser Musikdruckers ist nichts bekannt geworden. Der Beginn seiner Tätigkeit fällt in das Jahr 1527. Er war der erste französische Musikverleger, der Tänze und Chansons seines Landes herausgab und als erster seine Musikalien mit beweglichen Metalltypen druckte.

Lit.: *Attaingnant, P.:* Chansons u. Tänze, Pariser Tabulaturdrucke f. Tasteninstrumente aus d. Jahre 1530. Herausgegeben v. Ed. Bernoulli, Verlag Carl Kuhn München 1914 (Seltenheiten aus süddeutschen Bibliotheken, Bd. 3).

Attitude. Mit diesem Ausdruck wird im klassischen Tanz die Haltung des Körpers auf einem Bein bezeichnet, wobei das andere Bein nach hinten gehoben im Knie abgebogen ist.

Lit.: *Waganowa, A. J.:* Die Grundlagen d. klass. Tanzes, 1948/1954, S. 65 f.

Au, Hans von der. Bedeutender deutscher ↗Volkstanzforscher, vor allem des hessischen Tanz- und Trachtenwesens, geb. 16. Februar 1892, gest. 21. Mai 1955 in Darmstadt-Eberstadt. Zahlreiche wichtige Arbeiten stammen von ihm: Hessische Volkstänze (Deutsche Volkstänze, H. 9–12 u. 17/18), Kassel 1931/1934; Über den Siebensprung in der Landschaft Rheinfranken, in: Hessische Blätter f. Volkskunde, Bd. 34, 1935, S. 47 ff.; Deutscher Schwerttanz, Kassel 1935; Volkstänze aus der Rhön (Deutsche Volkstänze, H. 24), Kassel 1935; Volkstänze aus Nassau (Deutsche Volkstänze, H. 30/31), Kassel 1936; Was ein Hofmusiker vor 125 Jahren zum Tanze aufspielte, in: Volk u. Scholle, Jg. 14, H. 1, Januar 1936, S. 11 ff.; Drei lärren Strömp, in: Hessische Blätter f. Volkskunde, Bd. 35, 1936, S. 59 ff. u. Bd. 37, 1939, S. 191; Der Wechselhupf im Volkstanz der Landschaft Rheinfranken, in: Jahrb. f. Volksliedforschung, Jg. 5, 1936, S. 134 ff.; Der Lärmen, ein althessischer Volkstanz, in: Volk u. Scholle, Jg. 15, H. 5, Mai 1937, S. 148 ff.; Krauttanz im Odenwald, in: Das deutsche Volkslied, Jg. 39, H. 8, Oktober 1937, S. 110 f.; Der Geierich. Ein sprachlich-volkskundlicher Beitrag zu einem Vogelsberger Tanz, in: Volk u. Scholle, Jg. 15, H. 11, November 1937, S. 309 ff.; Pfälzer Volkstänze drinnen u. draußen (Deutsche Volkstänze H. 34/35), Kassel 1937; Volkstänze aus dem Salzburger Land, in: Das Deutsche Volkslied, Jg. 40, H. 1/2, Januar/Februar 1938, S. 34 ff.; Geschicklichkeitstänze im rhein-mainischen Raum, in: Volk u. Scholle, Jg. 16, H. 6, Juni 1938, S. 182 ff.; Der Bajeßman, ein Spessarter Volkstanz, in: Gießener Beiträge zur deutschen Philologie, Bd. 60, 1938, S. 1 ff.; Volkstänze aus dem Spessart (Deutsche Volkstänze, H. 39/40), Kassel 1938; Der „Warschauer" im Rheinfränkischen, in: Jahrb. d. Volks- u. Heimatforschung in Hessen u. Nassau 1933–1938, S. 17 ff.; Das Patschen im Volkstanz d. rhein-mainischen Raumes, in: Deutsche Liederkunde, Bd. 1, 1939, S. 180 ff.; Zwei Volkstänze, in: Das Deutsche Volkslied, Jg. 41, H. 3, März 1939, S. 33 ff.; Das Volkstanzgut im Rheinfränkischen, in: Gießener Beiträge zur deutschen Philologie, Bd. 70, 1939; Über Tanznamen im Rhein-Main-Gebiet, in: Hessische Blätter f. Volkskunde, Bd. 37, 1939, S. 172 ff.; Der Volkstanz im Odenwald, in: Unter der Dorflinde im Odenwald, Jg. 25, Nr. 4, April 1939, S. 41; Der deutsche Volkstanz ein Stiefkind der musikalischen Forschung u. Praxis, in: Deutsche Musikkultur, Jg. 4 (1939/40), H. 2, S. 72 ff.; Der Saratski, ein deutscher Volkstanz aus Bessarabien, in: Das Deutsche Volkslied, Jg. 42, H. 3/4, März/April 1940, S. 33 f.; Zwei Banater Volkstänze, in: Das Deutsche Volkslied, Jg. 42, H. 5/6, 1940, S. 52 ff.; Zum Namen eines brauchtümlichen Frauentanzes, in: Mitteldeutsche Blätter f. Volkskunde, Jg. 15, H. 1/2, Juli 1940, S. 43 ff.; Niederhessische Volkstänze (Deutsche Volkstänze, H. 41), Kassel 1940; Das Volkstanzgut im Elsaß, in: Oberdeutsche Zeitschrift f. Volkskunde, Jg. 15, 1941, H. 1/3, S. 14 ff.; Zur Verbreitung der Zwiefachen, in: Das Deutsche Volkslied, Jg. 43, H. 1/2, Januar/Februar 1941, S. 16; Zwitserli tanza. Ein volkskundlicher Beitrag zu einem Tanzlied, in: Jahrbuch f. Volksliedforschung, Jg. 7, 1941, S. 206 ff.; Münstertäler Melkertänze, in: Mein Heimatzland, H. 2, 1942, S. 201 ff.; Zum Eiertanz, in: Das Deutsche Volkslied, Jg. 45, H. 1/2, Januar/Februar 1943, S. 14 f.; Zwei pennsylvanische Lieder als Beitrag zum Tanze des Frauenbundes, in: Hessische Blätter f. Volkskunde, Bd. XLII, 1943, S. 59 ff.; Der Buchelklobber, ein südwestdeutscher Stampftanz, in: Die Musikforschung, Jg. 4, 1951, H. 4, S. 350 ff.; Odenwälder Traller, in: Zeitschrift f. Volkskunde, Jg. 50, 1953, S. 198 ff.; Oberbayrischer Holzknechttanz. Zur Entwicklung eines Volkstanzes, in: Bayerisches Jahrbuch f. Volkskunde 1953, S. 129 ff.; Heit ist Kerb in unserm Dorf. Tanz rechts u. links der Saar, Kassel 1954; 22 deutsche Volkstänze aus der Dobrudscha, Quellen u. Forschungen zur musikalischen Folklore, 3. Bd., Regensburg 1955.

Aubry, Pierre. Französischer Musikhistoriker, geb. 14. Februar 1874 in Paris, gest. 31. August 1910 in Dieppe durch einen Unfall beim Florettfechten. Von ihm stammen folgende Veröffentlichungen: La musique de danse au moyen âge, in: La Revue Musicale, Jg. 4, Nr. 12, Juni 1904; La danse au moyen âge, in: La Revue Musicale, Jg. 9, Februar 1909, S. 109 ff.; Les caractères de la danse, Paris 1905; Estampies et danses royales. Les plus anciens textes de musique instrumentale au moyen âge, in: Le Mercure musicale, Jg. 2, 1906, S. 169 ff. und als Sonderdruck bei Fischbacher, Paris 1907.

Audeoud, Susana. Schweizer Tänzerin und Tanzpädagogin, geb. 10. Oktober 1919 in Könitz. Ausbildung: im klassischen Tanz bei O. ↗Preobrajenska, ↗Volinine und ↗Kniaseff in Paris, im spanischen Tanz bei Juan Sanchez ↗Estampio, Quica Gonzalez und Luisa Pericet. Sie bildete zusammen mit José ↗Udaeta das berühmte spanische Tanzpaar „Susana y José". Ab 1948 absolvierte sie Tourneen durch die ganze Welt. Von ihren zahlreichen Kreationen wurden besonders Don Juan, Die Ballade von Carmen und Don José, La Verbena und La Celestina berühmt. Susana machte sich auch einen Namen als Tanzpädagogin und durch ihre „teaching-lecture-demonstration".

Auerhahntanz. Dieser ↗tiernachahmende Tanz findet sich in der Form oberbayrischer ↗Schuhplattler. Der Bursche pflegt dabei nicht einfach mit seinem Mädchen zu tanzen, sondern es mit Bewegungen, wie sie der Auerhahn in der Balzzeit ausführt, zu umwerben.

Lit.: *Flemming, H.:* Tanzbeschreibungen oberbayrischer Schuhplattler, Berlin 1925.

Auftanz. Vom Ende des 18. Jh. an eröffnete man die Tanzfeste gerne mit einem Auftanz, der eine volkstümliche Vereinfachung der ↗Polonaise darstellte. Er ist vor allem auf die städtisch-bürgerlichen Tanzfeste beschränkt gewesen, weniger auf die ländlichen Veranstaltungen. Arrangiert wurde er in verschiedenen Varianten von den ↗Tanzlehrern. Die Tanzmusik war meist ein ↗Marsch mit anschließendem ↗Walzer. Auch in der Gegenwart ist diese Form der Tanzeröffnung noch zu finden.

Lit.: *Derschmidt, H.:* Heimische Tänze, 1950. *Lager, H.-Derschmidt, H.:* Österreichische Tänze, 1959, S. 11 ff. *Horak, K.:* Tiroler Volkstänze, 1974, S. 5 ff. *Horak, K.:* Der Auftanz, in: Der Trachtler 13, 1977, S. 13.

Auf und Ab. Alter ↗österreichischer Volkstanz aus Salzburg. Seine Art bestand darin, daß jedes tanzende Paar ein bestimmtes Brett des Tanzbodens nicht verlassen durfte.

Lit.: *Böhme, F. M.:* Geschichte d. Tanzes in Deutschland, 1886.

Aumer, Jean Pierre. Französischer Tänzer und ↗Choreograph, ↗Ballettmeister und Komponist, geb. 21. April 1774 in Straßburg, gest. Juli 1833 in Saint-Martin-en-Bosc. Er war Schüler von ↗Dauberval und debütierte 1798 an der Pariser Oper. Schon mit seinen ersten Ballettschöpfungen erwies er sich als ausdrucksstarker Choreograph. 1806 entstand „Les Deux créoles", 1808 ↗„Antoine et Cléopatre". Seine Schöpfungen wurden besonders in Mitteleuropa sehr geschätzt. Ab 1809 war er sechs Jahre als Ballettmeister am königl. Theater in Kassel tätig. Im Jahre 1814 kam er nach Wien. Hier war die Premiere seines besten Werkes „Les Pages de Duc de Vendôme“. 1820 kehrte er an die Pariser Oper zurück, für die er noch mehrere Ballette verfaßte, darunter ↗„Fête Hongroise“ 1821, „La Somnambule“ 1827 und „Manon Lescaut“ 1830. (↗Achilles)

Lit.: *Prod'homme, J. G.:* Le Page Inconstant, ballet anacréontique. Livret d'Aumer, d'après Dauberval arrangé sur la musique de Mozart, in: Revue de Musicologie, Tom. XVI, Paris 1935, S. 205 ff. *Guest, J.:* The Romantic Ballet in Paris, 1966. *Winter, M. H.:* The Pre-Romantic Ballet, 1974.

Auric, Georges. Französischer Komponist, geb. 15. Februar 1899 in Lodéve (Hérault), gest. 23. Juli 1983 in Paris. Er gehörte der Gruppe „Les Six“ an. Von ihm stammen die ↗Ballette: „Les Noces de Gamache“ (1924), ↗„Les Fâcheux“ (1924 für ↗Nijinsky), „Les Pélicans“ (1924), „Les Matelots“ (1925 für ↗Diaghilew), „La Pastorale“ (1926 für die ↗Ballets Russes), „Les Enchantements d'Alcine“ (1929 für die Truppe Ida ↗Rubinstein), „Concurrence“ (1932 Monte Carlo für ↗Balanchine), „Les Imaginaires“ (1934), „Quadrille“ (1946), „Le Peintre et son modèle“ (1949), „Phèdre“ (1952 für ↗Lifar), „Chemin de lumière“ (1952 für V. ↗Gsovsky), „Bal de voleurs“ (1960).

Aurresku (= Vorderhand). ↗Baskischer Tanz, auch Baile real, Danza real oder ↗Eskudanza genannt. Dieser sehr alte Tanz ist im spanischen Baskenland in den Gegenden von Guipuzcoa, Vazcya und im Norden Navarras zu Hause. Der alte baskische Name war Sokadantza (= Seiltanz), was auf einen ↗Kettentanz schließen läßt. Die klassische Form des alten Aurresku war: Einleitung (Begrüßung durch den 1. Tänzer, dem Aurresku), dann Wahl eines Mädchens, von vier Tänzern zur Tanzmitte geführt, wurde mit ihr ein ↗Contrapas getanzt. Nun folgte der ↗Zortziko. Er stellte den Wechsel von Reihentanz und Solotanz des Aurresku dar. Beim nun folgenden Pasamano schritten die Paare durch einen vom Aurresku und seiner Partnerin gebildeten Bogen. Der abschließende Desafio (= Herausforderung) oder Oliarrauzka (= Hahnenkampf) war ein Wetttanz zwischen dem Aurresku und dem Atzesku (= Hinterhand). Diese ursprünglich klassische Form des Aurresku wird heute ergänzt durch die „Brücke“, einen ↗Fandango und den Ariñ, einen schnellen ↗Galopp. Die Begleitung des Tanzes geschieht mit Flöten und Trommeln.

Lit.: *Gascue, Fr.:* L'aurrescu basque, in: Revue musical de la Societé Internationale de Musique, VIII, 1912. *Gascue, Fr.:* El aurrescu en Guipuzcoa a fines del siglo XVIII. San Sebastian 1916. *Gallop, R.:* A Book of the Basques, London 1930. *Alford, V.:* Ceremonial Dances of Spanish Basques, in: The Musical Quarterly, vol. 18, Nr. 3, Juli 1932, S. 471 ff. *Lawson, J.:* European Folk Dance, 1953, S. 227 f.

Aus der Hand tanzen ist die Bezeichnung für eine alte Tanzsitte aus Schwaben. Die Paare begannen mit einem ↗Walzer, dann ließ der Tänzer seine Partnerin „aus der Hand“ und allein drehen. Er drehte sich ihr entgegen, um sie dann wieder zu umfassen und den Walzer fortzusetzen.

Lit.: *Schuegraf:* Über d. Tanzen d. Deutschen überhaupt, in: Zeitschrift f. deutsche Kulturgeschichte, Jg. I, 1856, S. 468. *Böhme, F. M.:* Geschichte d. Tanzes in Deutschland, 1886.

Ausdruckstanz, auch Freier Tanz. Diese Tanzbewegung, die seit Anfang des 20. Jh. besondere Verbreitung fand, lehnt vor allem die Gesetze des klassischen ↗Balletts ab und versucht zum natürlichen Ausdruck zurückzukehren. Am Beginn dieser Entwicklung steht das Buch von François ↗Delsarte „Mimique, Physiognomie et Geste“. Sein System des dramatischen Ausdrucks durch Körperbewegungen hat dem ↗„modern dance“, dem „free dance“, dem „plastischen Tanz“, dem ↗„abstrakten Tanz“, dem „absoluten Tanz“ und allen diesen Begriffen, die unter der Bezeichnung Ausdruckstanz zusammengefaßt werden können, zum Durchbruch verholfen. Es beeinflußte ↗Laban in Deutschland, Ruth ↗St. Denis und Ted ↗Shawn in Amerika, ferner ↗Fokine, Mary ↗Wigman, Valeska ↗Gert, Harald ↗Kreutzberg und besonders Isadora ↗Duncan. (↗Denishawn, ↗Jaques-Dalcroze, ↗Schlemmer)

Lit.: *Selden, E.:* Elements of the Free Dance, New York 1930. *Godlewski, W.:* Ballett contra Ausdruckstanz, in: Die Musik, Jg. 25, H. 4, Januar 1933, S. 248 ff. *Günther, D.:* Der Tanz als Bewegungsphänomen, 1962, S. 22 ff. *Wigman, M.:* Die Sprache d. Tanzes, 1963. *Schmidt-Garré, H.:* Ballett, 1966, S. 239 ff. *Laban, R. v.:* Der moderne Ausdruckstanz, 1981.

Austerlitz-Walzer hieß ein Wiener ↗Walzer, der nach der Dreikaiserschlacht bei Austerlitz 1805 entstanden ist und in dessen Musik der Lärm der Schlacht illustriert wurde.

Australischer Tanz. Der Tanz der Ureinwohner Australiens zeigt wie bei allen ↗Naturvölkern eine große Vielfalt von gelegenheitsgebundenen Primitivformen. Von Tasmanien, dessen Ureinwohner ausgestorben sind, kennt man nur wenige Tanzformen. Am besten zeigen den tasmanischen Tanz die Initiationsfeiern des südaustralischen Stammes der Kurnai. Ihre Chorform ist der Kreis, Männer und Frauen können zusammen tanzen, aber fast ausschließlich ohne Berührung. Sehr häufig sind die ↗tiernachahmenden Tänze, die in der religiösen Tierverehrung ihren Ursprung haben. Zu diesen gehört der Känguruhtanz, bei dem man, um reiche Jagdbeute zu erzielen, die Sprünge dieses Tieres nachahmt. Ein besonderes Waffenspiel der Australneger ist der ↗Korroboritanz. Ein pantomimischer Tanz, bei dem ein Wassergeist eine besondere Rolle spielt, ist der ↗Mulunga-Tanz. (↗Haka, ↗Manu Rere, ↗Walaka)

Lit.: *Eyre, Edward John:* Journals of Expeditions of Discovery into Central Australia and Overland from Adelaide to King Georges Sound in the Years 1840/41, Bd. 2, London 1845, S. 230 ff. *Hahl:* Feste u. Tänze d. Eingeborenen von Ponape, in: Ethnologisches Notizblatt, Bd. III, 1902, H. 2, S. 95 ff. *Sachs, C.:* Eine Weltgeschichte d. Tanzes, 1933. *Stockmayer, H.:* Die Tänze d. Ackerbaujahres bei d. Naturvölkern, Diss. Wien 1944.

Awrus. ↗Äthiopischer Tanz, einer von den seltenen äthiopischen ↗Paartänzen. Dem Charakter nach ist er ein Liebestanz. Der Mann führt elegant die Frau, öffnet die Arme und schwingt einen Schal wie einen Flügel. Der Tanz erinnert an die alten deutschen Paartänze.

Lit.: *Martin, G.:* Dance Types in Ethiopia, in: Journal of the Int. Folk Music Council, vol. XIX., 1967, S. 23 ff.

Axeri-dantza. ↗Baskischer Tanz, ein ↗tiernachahmender Tanz, der sogenannte Fuchsreigen. Er wird in Guipuzcoa getanzt.

Lit.: *Sachs, C.:* Eine Welltgeschichte d. Tanzes, 1933.

B

Bába (= das alte Weib). Tschechischer Volkstanz aus Böhmen. Dieser dem ↗Salát ähnliche Tanz besteht in der Ausführung aus Hüpfschritten und Drehungen. Den Namen hat der Tanz von dem ihn begleitenden Lied bekommen: „Eine schöne Tochter hat die Alte hier . . .“

Lit.: *Waldau, A.:* Böhmische Nationaltänze, 1860, Bd. 2, S. 13.

Babbity Bowester. ↗Englischer Volkstanz, ein Tanzspiel, welches zum Abschluß einer ländlichen Tanzveranstaltung von Burschen und Mädchen aufgeführt wurde, die einander gegenüberstehend in einer Reihe Aufstellung nahmen. Der Tanz begann damit, daß ein Bursch ein Tüchlein nahm und vor dem Mädchen tanzte. Dazu sang er den ersten Vers des begleitenden Tanzliedes. Er wählte ein Mädchen und warf das Tüchlein auf ihren Schoß, oder er schlang es um ihren Nacken und hielt es an beiden Enden fest. Manchmal breitete er es auch auf dem Boden beim Fuß des Mädchens aus. Der Grund der Wahl eines Mädchens war, sich einen Kuß von dem Mädchen zu holen. Im weiteren Verlauf des Tanzes nahm nun ein Mädchen das Tüchlein und warf es einem Burschen zu, während es den zweiten Vers des Tanzliedes sang. Sie ging zur Reihe der Mädchen zurück und wurde dabei von dem erwählten Burschen verfolgt. So ging das Spiel weiter, bis alle Burschen und Mädchen einmal an der Reihe waren. Zum Schluß formierten sie sich zu je einer gegenüberstehenden Linie, einander ansehend, und tanzten einen dem ↗Sir Roger ähnlichen Tanz. (↗Sáteček, ↗Tüchltanz)

Lit.: *Gomme, A. B.:* The Traditional Games of England, Scotland and Ireland, vol. I, 1894, S. 9 f.

Babilée, Jean (eigentl. J. Gutman). Französischer Tänzer und ↗Choreograph, geb. 2. Februar 1923 in Paris. Babilée, einer der vielseitigsten Tänzer Frankreichs nach dem 2. Weltkrieg, wurde oft mit W. ↗Nijinsky verglichen. Er war Schüler von Ricaux, B. ↗Kniaseff und Alexander ↗Volinine. Während des Krieges war er Mitglied der kleinen Ballettgruppe der Tänzerin und Choreographin M. Besobrasowa in Cannes. Später wurde er Solotänzer an der Pariser Oper. Als solcher machte er sich von den Bindungen des klassischen Balletts frei und fand zu revolutionären Ausdrucksformen, so daß jede seiner Rollen zu einer Manifestation neuer freier Tanzgestaltung wurde.

Lit.: *Boll, A.:* Jean Babilée, Paris 1956.

Bacca Pipes Jig. ↗Geschicklichkeitstanz englischer Morristänzer. Zwei lange Pfeifen werden auf den Boden gelegt, die von dem Tänzer mit Schritten und Sprüngen, ohne sie zu berühren, umtanzt werden müssen. Der Tanz ähnelt dem österreichischen ↗Spanltanz. Bei einer gefährlichen Abart dieses Tanzes wird ein Säbelpaar von zwei Männern umtanzt, während sechs andere Männer ihre Waffen mit der Spitze gegen sie richten.

Lit.: *Wolfram, R.:* Schwerttanz u. Männerbund, s. a., S. 41. *Wolfram, R.:* Die Volkstänze in Österreich u. verwandte Tänze in Europa, 1951, S. 171.

Bacchanalien hießen die rauschenden, ekstatischen Feste mit Tanz und Musik zu Ehren des Gottes ↗Dionysos (↗Bacchus) der Griechen und Römer. In Rom arteten die Bacchusfeste zu solcher Zügellosigkeit aus, daß sie der Staat im Jahre 186 v. Chr. untersagen mußte. (↗Bacchantinnen, ↗Korybanten, ↗Mänaden, ↗Thyiaden)

Lit.: *Lawler, L. B.:* The Dance in Ancient Greece, 1964.

Bacchant, Bacchantin. Name der ekstatischen Tänzer und Tänzerinnen bei den ↗Bacchanalien im griechisch-römischen Dionysos-Bacchus-Kult. (↗Dionysos, ↗Korybanten, ↗Mänaden, ↗Thyiaden)

Lit.: *Lawler, L. B.:* The Dance in Ancient Greece, 1964.

Bacchus-Ballette. Die Gestalt des Bacchus (↗Dionysos), Sohn des Zeus und der Semele, bildete oft die Grundlage für die Darstellung in ↗Balletten und ↗Pantomimen. Schon im antiken Griechenland und im antiken Rom feierte man den Bacchus-Dionysos-Kult mit Tanzorgien und ausschweifenden Festen. Man nannte sie ↗Bacchanalien. In populärer Form wurden solche Bacchanalien später als ↗Divertissements dargestellt. Berühmt sind die Bacchanalien in Wagners „Tannhäuser" und Gounods „Faust". Beide wurden auch oft als eigene Ballette dargestellt. Von den Bacchus-Balletten sind zu erwähnen: 1623 ein ↗Ballet de cour Ludwigs XIII. mit dem Titel „Bacchanales", Paris; 1785 „I Baccanali" von ↗Gambuzzi, Venedig; 1797 Ballett von O. ↗Viganò, Musik von Nucci, Venedig; 1799 Bacchanal-Divertissement von Th. Weigl, Wien; 1845 „Bacchusfest", Musik von Dargomzyszki, Moskau; 1878 Ballett von Grandjean, Kopenhagen; 1901 „Bacchus und Silen", Ballett von Ollone, Beziers; 1902 „Bacchus", Ballett, Musik von Duvernoy, Paris; 1925 „Bacchusfest" von ↗Kröller, Wien, griechische Tänze zur Musik aus ↗Beethovens Ballett „Die ↗Geschöpfe des Prometheus". (↗Ariadne-Ballette)

Lit.: *Mitchell, D.:* Bacchus u. Ariadne, in: The Decca Book of Ballet, London 1958.

Bach, Johann Sebastian, geb. 21. März 1685 in Eisenach, gest. 28. Juli 1750 in Leipzig, hat in seinen Suiten und Partiten, aber auch in vielen seiner anderen Werke großartige Beispiele der ↗Tanzmusik seiner Zeit, sowohl des ↗Gesellschaftstanzes als auch des ↗Volkstanzes gegeben. Vor allem sind es die der ↗Suite zugehörigen Tanzsätze ↗Allemande, ↗Courante, ↗Sarabande und ↗Gigue, die er mit Vorliebe verwertet hat, aber auch ↗Menuette, ↗Polonaisen, ↗Gavotten und andere der alten Tanzformen sind in seinem Werk zu finden. In der Bauernkantate begegnen wir sogar einem ↗Dreher, ↗Hopser und dem 2. Teil des ↗Großvatertanzes.

Lit.: *Siegele, U.:* Die musiktheoretische Lehre einer Bachschen Gigue, in: Archiv f. Musikwissenschaft, Jg. 17, 1960, H. 2/3, S. 152 ff. *Steglich, R.:* Tanzrhythmen in d. Musik J. S. Bachs, Jahresgabe 1960 d. Int. Bach-Gesellschaft Schaffhausen. *Finke-Hecklinger, D.:* Tanzcharaktere in J. S. Bachs Vokalmusik, 1970. *Mellers, W.:* Voice and Body: Bach's Solo Cello Suites as an Apotheosis of the Dance, in: Bach and the Dance of God, 1980, S. 16 ff.

Bachia. ↗Volkstanz der auf der russischen Halbinsel lebenden Kamtschadalen. Es ist dies der sogenannte ↗Bärentanz, der die Bewegungen der Bären in ihren Lebensgewohnheiten bis zu ihrer Fortpflanzung nachahmt. Männer und Frauen führen diesen Tanz aus. Ihre Tanzbewegungen beginnen beim Kopf und gehen in gesteigerter Form über die Schultern auf den ganzen Körper über. (↗Russischer Volkstanz)

Lit.: *Tilesius:* Bachia oder Kamtschadalischer Bärentanz, in: Allgemeine Musikalische Zeitung, Jg. 7, 1804/05, Nr. 17, Spalte 262 ff.

Bachtanz. Dieser alte Kirchweihbrauch zu Selbold, Kreis Hanau, Deutschland, der in Akten des ehemals Fürstlich Isenburgischen Hausarchivs zu Birstein 1658 erstmals erwähnt wird, gehört zu den sogenannten ↗Tanzgeboten und dürfte eine Art eines ↗Frontanzes gewesen sein. Der jährlich im August am Kirchweihmontag abgehaltene Bachtanz bedeutete für die Teilnehmer nämlich kein Vergnügen, sondern eine Strafe. Die Ursache dieser Strafe ist nach den Berichten nicht eindeutig feststellbar, könnte aber in der Übertretung des strengen sonntäglichen Tanzverbotes in der Herrschaft Isenburg zu suchen sein, für die strafweise eine Menge Hafer zu erlegen war. Wahrscheinlich haben die Selbolder um Erlaß von dieser Naturalstrafe gebeten und mußten dafür auf Anordnung ihrer Herrschaft jedes Jahr einen Tanz im Wasser aufführen. Diese alljährliche Zwangspflicht wurde natürlich nicht gerne getan, wie aus den Berichten über die Ausführung dieses Tanzgebotes zu entnehmen ist. Die Burschen wurden am Tag des Tanzes ausgelost und mußten sich vor dem Rathaus versammeln, von wo sie unter Bewachung zum Bachtanz geführt wurden. Die sie begleitenden Mädchen trugen dabei keinen freudigen Festschmuck, sondern Trauerkleidung. Bachtänze sind auch von verschiedenen anderen deutschen Orten bezeugt, doch sind diese anderer Art als der von Selbold gewesen. Ihr Ursprung lag meist in kultischen Bräuchen (Regenzauber).

Lit.: *Malfeld, G.:* Der Bachtanz zu Selbold, in: Hessische Blätter f. Volkskunde, Bd. 16, 1917, S. 60 ff. *Bloch, P. J.:* Der deutsche Volkstanz d. Gegenwart, in: Hessische Blätter f. Volkskunde, Bd. 25, 1925, S. 173 f. *Panzer, M.:* Tanz u. Recht, Deutsche Forschungen, Bd. 32, 1938, S. 62 f.

Ba'cubert. Dieser Kettenschwerttanz aus dem Dorf Pont de Cervières bei Briançon, Frankreich, läßt sich nach historischen Daten bis in das frühe 18. Jh. zurückverfolgen, dürfte aber wahrscheinlich weitaus älter sein. Er wurde und wird auch heute noch am Fest des Hl. Rochus (16. August) um 9 Uhr, 14 Uhr und 16 Uhr von Männern in vorwiegend weißen Kostümen vor der Kirche oder in einem Raum in feierlicher Weise aufgeführt. Die Zahl der Tänzer beträgt meist neun, seltener elf oder dreizehn. Der in der Bildung verschiedener Ornamente unerschöpfliche komplizierte Tanz besteht aus 45 Figuren mit einer Pause nach der 19. Figur. In den wesentlichen Formen stimmt er mit dem ↗Schwerttanz überein. Wie bei diesem sind die wichtigsten Figuren die Brücke und vor allem die Rose, auch Schwertgeflecht genannt.

Lit.: *Blanchard, R.:* Le Ba'cubert, 1914. *Meschke, K.:* Schwerttanz u. Schwerttanzspiel im germanischen Kulturkreis, 1931, S. 103 ff. *Wolfram, R.:* Schwerttanz u. Männerbund, 1935, S. 52 f. u. S. 80.

Badenser, der badische Tanz, ein deutscher ↗Contratanz im 2/4-Takt aus dem 19. Jh., der auch um 1880 als ↗Gesellschaftstanz in die französischen Salons als Badoise eingeführt wurde. Ausgeführt wurde er mit Händeklatschen und Polkaschritten.

Badinerie. Eine Tanzform, die in den ↗Suiten des 18. Jh. vorkommt. Ein charakteristisches Beispiel ist die Badinerie in der h-Moll-Suite (BWV 1067) von J. S. ↗Bach (7. Satz, Allegro, 2/4-Takt).

J. S. Bach, Suite H-Moll (BWV1067)

Bärentanz. Als ↗tiernachahmender Tanz ist der Bärentanz bei verschiedenen Naturvölkern üblich. In Gang, Bewegung und Stellung wird dabei das Gehaben des Bären nachgeahmt. Bärentänze werden auch vor und nach der Bärenjagd veranstaltet, um entweder gute Jagd zu erreichen oder um den Geist des Tieres zu beschwören. Die Tänzer sind dabei oftmals wie Bären kostümiert. Die Bezeichnung Bärentanz führt auch ein ↗Volkstanz aus Niederösterreich. Es ist dies ein ↗Paartanz, der von zwei Burschen ausgeführt wird. Unter dem gleichen Namen gibt es einen deutschen Volkstanz zu Dreien (↗Dreiertanz) aus der Gegend der Lüneburger Heide. Er wird meist von einem Tänzer und zwei Tänzerinnen dargestellt. Dieser im 6/8-Takt stehende Tanz wird dort auch ↗Triolet genannt. Auch aus dem südtirolischen Salurn ist ein Bärentanz bekannt, der von zwei Burschen ausgeführt wird. Estland und Schweden kennen ebenfalls Bärentänze. Im antiken Griechenland wurde ein Bärentanz zu Ehren der Artemis aufgeführt. (↗Bachia)

Lit.: *Wolfram, R.:* Die Volkstänze in Österreich u. verwandte Tänze in Europa, 1951. *Berghold, L.-Deutsch, W.:* Volkstänze aus Niederösterreich, Bd. I., 1975/76. *Oetke, H.:* Volkstänze aus d. Lüneburger Heide, 1976.

Baiao. Dieser ↗Gesellschaftstanz des 20. Jh. ist brasilianischen Ursprungs und in seiner Form nichts anderes als eine langsame ↗Samba. Sein Name kommt von der als Zentrum der brasilianischen Negerkultur bekannten Stadt Bahia. Er ist nach 1950 als Gesellschaftstanz nach Europa gekommen.

Lit.: *David, L.:* Einzelchoreographien mit historischer Einleitung über Rumba, Samba-Baiao, Mambo-Chachacha, Paso Doble, Calypso-Rock' n' Roll, 1957/58. *Günther, H. – Schäfer, H.:* Vom Schamanentanz zur Rumba, 1959, S. 311.

Baignères, Claude Pierre. Französischer Ballettschriftsteller, geb. 29. Juni 1921 in Clarens. Er schrieb folgende Bücher: Ballets d'hier et d'aujourd'hui, Paris 1954; Alicia Markova, Paris 1955; Collection „Danseurs de notre Temps", Yvette Chauviré, Paris 1956.

Bail de la courre. ↗Französischer Volkstanz aus der Region Roussillon. Dieser sehr lebhafte, einem ↗Galopp ähnliche Tanz im 6/8-Takt wird zuerst paarweise und dann in Gruppen ausgeführt. Die Paare galoppieren in gewöhnlicher Walzerhaltung um den Tanzplatz. Das Ende sind Gruppen von zwei, drei oder vier Paararen, die sich zu kleinen Kreisen formieren, mit dem Gesicht nach innen schauend. Bei der folgenden Figur legen die Tänzerinnen ihre Hände auf die Schultern der Tänzer. Die Tänzer geben die Hände unter die Arme der Tänzerinnen, welche hochhüpfen, um den Männern zu helfen, sie so hoch als möglich zu heben. Die hochgehobenen Frauen lehnen sich nach innen und küssen einander und gehen dann wieder langsam mit Hilfe der Tänzer zum Boden herunter. Hierauf folgt wieder ein Galopp wie zu Beginn.

Lit.: *Alford, V.:* Dances of France, III. The Pyrenees, 1952, S. 25 ff.

Bailecito (bailecito del tierra). Argentinischer Volkstanz aus den nordwestlichen Provinzen (Jujuy und Salta) des Landes, ist aber auch auf dem peruanisch-bolivianischen Hochland zu Hause. Ursprünglich war er ein Tanz für ein Paar, während des 19. Jh. entwickelte er sich zu einer Art ↗Contratanz für vier oder mehrere Tänzer. Seinem Charakter nach ist er anmutig und schnell. Die Tanzmelodie von pentatonischer Struktur ist im 6/8-Takt. Während einiger Figuren schwenken die Tanzenden ihre Taschentücher. (↗Bolivianischer Tanz, ↗Peruanischer Tanz)

Lit.: *Lloyd, A. L.:* Dances of Argentina, s. a.

Baileh. ↗Österreichischer Volkstanz im 3/4-Takt aus dem niederösterreichischen Waldviertel (Schönbach). Der Tanz ist eine vereinfachte Form der ↗Mazurka. Mit veränderter Takteinteilung ist er auch unter dem Namen ↗Cevvé oder ↗Mascham bekannt.

Lit.: *Lager, H.:* Neue Tanzforschung in Niederösterreich, Waldviertel, 1. Teil, in: Jahrbuch d. österreichischen Volksliedwerkes, Bd. 30, 1981, S. 7.

Bailes (auch Bayles) hießen auf der iberischen Halbinsel seit dem Mittelalter die weltlich-volkstümlichen Tänze zum Unterschied von den kultisch-zeremoniellen ↗Danzas (↗Spanische Volkstänze). Die Bayles picarescos waren die Schelmentänze.

Lit.: *Czerwinski, A.:* Brevier d. Tanzkunst, 1879. *Brinton, D. G.:* The Güegüence; a Comedy Ballet in the Nahuatl-Spanish Dialect of Nicaragua, 1883. *Michel, A.:* Der Bandltanz in d. romanischen Ländern, in: Wiener Zeitschrift f. Volkskunde, Jg. 41., 1936, S. 49 ff.

Bainowsker Quadrille. Diese alte ↗Quadrille stammt aus dem Ural und wird heute noch getanzt. Sie hat ihren Namen nach dem Dorf Baina, wo sie die Bauern in verschiedenen Spielarten tanzen. Ursprünglich bestand sie aus sechs Figuren, heute aus vier und wird von acht Paaren ausgeführt. (↗Russischer Volkstanz)

Lit.: *Moissejew, I.:* Tänze d. Völker d. Sowjetunion, Folge 2, 1952, S. 13 ff.

Bajaderen heißen die indischen Tänzerinnen, und zwar die im Tempeldienst beschäftigten ↗Dewadasi, aber auch die gewerbsmäßigen Tänzerinnen, die in Gruppen bis zu 12 Mädchen mit den sie begleitenden Musikanten bei privaten Festlichkeiten auftreten. Ihre Darbietungen sind mit ↗Pantomimen vergleichbar, deren Inhalte meist dem Liebesleben entnommen sind und deren Ausführung auch der erotischen Schaustellung des Körpers dient (↗Indischer Tanz). „Bajadere" heißt auch ein ↗Ballett von Sergej Chudekow mit der Musik von Ludwig ↗Minkus, welches 1877 in der ↗Choreographie von Marius ↗Petipa in St. Petersburg uraufgeführt worden ist.

Lit.: *Richter, E.:* Bayadere, in: Volkstum u. Kultur d. Romanen, Jg. 5, Hamburg 1932, H. 1, S. 1 ff.

Bajeßmann. Dieser ↗deutsche Volkstanz aus Rothenbuch im Spessart ist ein ↗Frauentanz, der zur Gattung der sogenannten ↗Wechselhupftänze gehört. Der Tanz wurde von zwei Frauen bei der häuslichen Kindtauffeier, der „Kännzech", seltener bei Hochzeiten bis in unsere Zeit her aufgeführt. Die Herkunft des Tanzes ist nicht geklärt. Ursprünglich war er wahrscheinlich ein kultischer Fruchtbarkeitstanz. Vielleicht wurde er auch um eine Strohfigur, den Bajeßmann, getanzt. (↗Schwitzermann, ↗Stiefelknechtsgalopp, ↗Strohschneider)

Lit.: *Au, H. v. d.:* Der Bajeßmann, ein Spessarter Volkstanz, in: Gießener Beiträge zur deutschen Philologie, Bd. 60, 1938, S. 1 ff.

Baker, Josephine. Amerikanisch-französische Revuetänzerin, geb. 3. Juni 1906 in St. Louis, gest. 12. April 1975 in Paris. Sie begann als Chormädchen in einer Negerrevue in Philadelphia. 1925 kam sie nach Europa. Ihr erstes Auftreten war in der Revue Negre Paris. Sie trat als Nackttänzerin auf und war 30 Jahre hindurch der dominierende Star der Pariser Revuen. Mehrere Tourneen führten sie in die ganze Welt. „Die braune Venus", so genannt zur Zeit ihres künstlerischen Höhepunktes, verkörperte eine seltene Mischung von Tanz, Gesang und Sex-Appeal. Die letzten Lebensjahre verbrachte sie in Südfrankreich, wo sie ein Schloß erworben hatte, um dort einem Dutzend Waisenkindern aus verschiedenen Ländern zum Zeichen der Völkerverständigung ein Heim zu geben.

Bakst, Léon

Lit.: *Sauvage, M.:* Les memoires de Joséphine Baker, Paris 1927. *Kühn, D.:* Josephine, 1976.

Bakst, Léon (eigentlich Lew Samoilowitsch Rosenberg). Russischer Maler und Bühnenbildner, geb. 10. Mai 1866 in Grodno, gest. 28. Dezember 1924 in Paris. Er war eines der einflußreichsten Mitglieder des Künstlerkreises um ↗Diaghilew und der ↗Ballets Russes. Bakst hatte viele der Produktionen Diaghilews ausgestattet, wie ↗„Scheherazade", ↗„Daphnis und Chloe", ↗„Josephslegende", „Carnaval", ↗„Cleopatra", ↗„Dornröschen" u. a.

Lit.: *Alexandre, A.:* L'Art décor de Léon Bakst, 1913. *Levinson, A.:* Léon Bakst, 1927. *Spencer, C.:* Léon Bakst, 1973.

Balancé ist der französische Fachausdruck für das wiegende Übertragen des Körpergewichtes von einem Fuß auf den anderen, ohne sich dabei von der Stelle zu bewegen (Balanceschritt). (↗Dégagé)

Balanchine, Georges (eigentlich Balantschiwadse). Russischer Tänzer und ↗Choreograph, geb. 22. Januar 1904 in St. Petersburg, gest. 30. April 1983 in New York. Er kann als einer der größten Ballettschöpfer unserer Zeit bezeichnet werden. Seine Ausbildung erhielt er an der berühmten Ballettschule des Marientheaters in St. Petersburg (heute Kirow-Theater Leningrad) unter Bronislawa ↗Nijinska. Seine frühesten Choreographien schuf er noch in der UdSSR. 1924 trat er in Paris in ↗Diaghilews ↗Ballets Russes ein und blieb dort bis zu Diaghilews Tod 1929. Er übersiedelte nach Kopenhagen, wo er einige Zeit als ↗Ballettmeister des ↗Königlich-Dänischen Balletts wirkte. Nach 1933 ging er in die USA. Mit ihm begann die Neuzeit des amerikanischen Balletts. Neben ↗Fokine galt er als der bedeutendste Ballettschöpfer Amerikas. 1948 wurde er der Choreograph des ↗New York City Ballet. Balanchine war ↗Strawinskys bevorzugter Choreograph und kann als der eigentliche Schöpfer des neoklassizistischen ↗Balletts bezeichnet werden. Im Verlaufe seiner künstlerischen Entwicklung wandte er sich immer mehr den sogenannten abstrakten Balletten zu, Choreographien ohne Handlung, Kulissen und Kostüme. Die tänzerische Bewegung in Korrespondenz mit der Musik wurde ihm zum Hauptanliegen. Über „Ballettschrift" schrieb er 1952 in „Musik der Zeit II".

Lit.: *Terpis, M.:* Tanz u. Tänzer, 1946, S. 51. *Vigot, A.:* Note sur Balanchine, in: La Revue Musicale, 1952, Nr. 215, S. 11 ff. *Mason, F.:* Balanchine's complete Stories of the Great Ballets, New York , 1954 u. 1968. *Koegler, H.:* Balanchine u. d. moderne Ballett, Velber bei Hannover 1964. *Koegler, H. – Nabokov, I. – Carmichael, E.:* Balanchine – 60 Jahre, in: Tanzarchiv 1964, S. 32 ff. (Die Tanzarchiv-Reihe 1). *Taper, B:* Balanchine, New York 1974.

Baldassaro da Belgiojoso (auch unter folgenden Namen üblich: Baltazarini da Belgiojoso, Baltazarini di Belgioioso, Balthasard de Beaujoyeux, Balthazar de Beaujoyeulx). Italienisch-französischer ↗Choreograph und begabter Geiger, gest. 1587 in Paris. Durch seine phantasievollen musikalisch-tänzerischen und literarischen Veranstaltungen am kunstsinnigen Florentiner Hof Katharina von Medicis (1519–89) unentbehrlich gemacht, beordnete ihn diese nach ihrer Heirat mit König Heinrich II. von Frankreich (1533) an ihre Hofhaltung in Versailles, wo er Gelegenheit erhielt, seine choreographischen Ideen prunkvoll zu gestalten, die schließlich im ↗„Ballet comique de la Reine" (Balet comique de la Royne) mit der Musik von L. de Beaulieu, J. Salmon, u. a. zur Hochzeit von Margarethe von Lothringen mit dem Duc de Joyeuse (1581) gipfelten. Diese Aufführung, bei der die Königin und der König selber mittanzten, kann als ein Markstein in der Geschichte des Balletts und speziell in der Entwicklung des französischen Balletts gelten.

Lit.: *Gregor, J.:* Kulturgeschichte d. Balletts, 1944, S. 196 f. *Schmidt-Garré, H.:* Ballett. Vom Sonnenkönig bis Balanchine, 1966, S. 8 ff. *Ballett.* Eine illustrierte Darstellung d. Tanztheaters v. 1581 bis zur Gegenwart, 1979, S. 43 ff.

Balinesischer Tanz. Auf Bali gibt es keine Form von Tänzen ohne religiösen oder sozialen Hintergrund. Der Tanz ist ↗Pantomime und Theater. Der Tänzer oder die Tänzerin vermitteln tanzend eine Handlung, deren Wirksamkeit von der Besessenheit des/der Tanzenden abhängt. Das einheitliche Spiel der reichhaltigen Bewegungen aller Glieder des Körpers, besonders die stark ausgeprägten symbolischen Gebärden der feingliedrigen Hände, ↗Mudras genannt, machen die Schönheit der balinesischen Tänze aus (↗Gebärdentänze). Tanzmelodie und Tanzrhythmus werden durch Gong, Glockenspiel und Trommeln angegeben. (↗Baris, ↗Djanger-Tanz, ↗Ketjak-Tanz, ↗Kristanz, ↗Legong-Tanz, ↗Oleg, ↗Sangyang, ↗Topeng, ↗Wajawong, ↗Javanischer Tanz, ↗Malaiischer Tanz)

Lit.: *Nieuwenhuis, G. J.:* Über d. Tanz in Niederländisch-Indien, Diss. Zürich 1916, S. 32. *De Kat, Angelino P.:* Mudras auf Bali, 1923. *Kreutzberg, L.:* Tiere, Tänzerinnen u. Dämonen, 1929. *Holt, Cl.:* Les Danses de Bali, in: Archives Int. de la Danse, Jg. 3, 1935, Nr. 2, S. 51 ff. u. Nr. 3, S. 84 ff. *Kleen, Tyra de:* The Temple Dances in Bali, 1936. *Zoete, Beryl de:* Dance and Drama in Baly, 1938. *Coast, J.:* Dancers of Bali, 1953. *Cartier-Bresson, H.:* Bali. Tanz u. Theater, 1960.

Ball. Seit dem 17. Jh. bezeichnet dieses aus dem Romanischen stammende Wort die großen gesellschaftlichen Tanzvergnügungen. Abgeleitet ist es von dem griechischen Wort pállein = tanzen. Die Römer, die für „tanzen" zwar das Wort „saltare" hatten, übernahmen die griechische Bezeichnung, um sie offenbar für eine für sie neue Art des Tanzes zu verwenden und bildeten daraus das Wort „ballare", welches in weiterer Folge zum Stammwort für alle romanischen Tanzausdrücke wurde, wie z. B. ↗ballo = italienisch und spanisch Tanzfest oder balletto = kleines Ballett oder ↗Ballerina = Tänzerin. Auch das Wort Ballade = Tanzlied (↗Ballata) gehört zu diesem Wortstamm. Als im 16. Jh. an den oberitalienischen Fürstenhöfen eine eigene höfische Kultur entstand und mit ihr eine besondere Form des ↗Gesellschafts- und Bühnentanzes und diese zum Vorbild für die französischen und anderen europäischen Fürstenhöfe wurde, erlangte das Wort erst seine besondere Bedeutung. Das Wort „Ball" fand auch im deutschen Sprachraum Eingang und wurde mit der Zeit, als im 18. Jh. die öffentlichen Tanzvergnügungen immer mehr gebräuchlich wurden und das allgemeine Tanzen der Paare im Tanzsaal aufkam, für jede Tanzveranstaltung verwendet. Neben dem alten Hofball gab es den Bürgerball, Studentenball, Künstlerball, den Bauernball und im alten Wien den Wäschermädelball u. a. Auch Landsmannschaften in den Großstädten hatten ihre eigenen Bälle (Kärntner-, Steirer-, Tirolerball). Im Fasching sind besonders die Maskenbälle beliebt.

Lit.: *Bie, O.:* Der Tanz, S. 190 ff., *Haas, R.:* Der Ursprung v. ballare „tanzen", in: Wr. Studien, Zeitschr. f. klass. Philologie LXXI, 1958.

Ballabile ist die Bezeichnung für den Gruppentanz ohne Solisten, z. B. das Ensemble-Finale eines ↗Balletts.

Ballata (Ballade). Von der 2. Hälfte des 13. Jh. bis gegen Ende des 15. Jh. war die Ballata die verbreitetste dichterisch-musikalische Form in Italien. Frühe Benennungen weisen darauf hin, daß unter dem Namen „ballata" eine Tanzliedform, ähnlich der ↗Cantilena, zu verstehen ist. Antonio da Tempo und andere Theoretiker des 14. Jh. bezeichnen die Ballata überwiegend als Liebeslieder, die gesungen und getanzt wurden. Die Ausführung der Ballate bestand im Wechsel von der vom Vorsänger gesungenen Strophe (stanza) und der vom Chor wiederholten ↗ripresa (Kehrreim).

Qu.: *Antonio da Tempo:* Trattato „Delle rime volgari", hrsg. von G. Giron, Bologna 1869. *Virgilio, G. del:* Il Diaffonus, III. Cap., um 1314 (ältester ausführlicher choreographischer Beleg).

Lit.: *Gennrich, Friedrich:* Rondeaux, Virelais u. Balladen, Gesellschaft f. Romanische Literatur, Bd. 43, 47; 1921, 1927. *Gutman, H.:* Der Decamerone d. Boccaccio als musikgeschichtliche Quelle, in: Zeitschrift f. Musikwissenschaft, Jg. 11, 1929, H. 7, S. 397 ff. *Sachs, C.:* Eine Weltgeschichte d. Tanzes, 1933, S. 193. *Marrocco, Th.:* The Ballata – a metamorphic form, in: Acta Musicologica, vol. 31, 1959, S. 32 ff. *Dömling, W.:* Die mehrstimmigen Balladen, Rondeaux u. Virelais v. Guillaume de Machaut, Diss. München 1966. *Wittrock, W.:* Zur Tanzballade in Schleswig-Holstein, in: Jahrbuch f. Volksliedforschung, Jg. 14, 1969, S. 53 ff.

Ballbierertanz ist ein Pantomimentanz, der sich im Appenzellerland in der Schweiz großer Beliebtheit erfreute. Seine Ausführung gleicht dem in unseren Alpenländern üblichen ↗Barbiertanz und ↗Rasierertanz. Die Musik zu diesem heiteren Tanzspiel ist der ↗Schottische.

Lit.: *Tobler, A.:* Der Volkstanz im Appenzellerlande, in: Schweizer Archiv f. Volkskunde, Jg. 8, 1905, S. 1 ff.

Ballerina wird im besonderen die Tänzerin genannt, die auf der Bühne im Stil des klassischen ↗Balletts, d. h. auf der Fußspitze nach den Regeln des Ballettstudiums, tanzt. Primaballerina ist die 1. Solotänzerin im Ballett. Eine Primaballerina assoluta ist die absolut größte Ballerina ihrer Zeit.

Lit.: *Montague, S.:* The Ballerina, New York 1980.

Ballet à entrées. Diese seit Anfang des 17. Jahrhunderts in Frankreich übliche Form des ↗Balletts ist eine Abart des ↗Ballet de cour. Die Auftritte der einzelnen Gruppen werden durch gesungene und rezitierende Ankündigungen eingeleitet.

Lit.: *Nettl, P.:* Mozart u. d. Tanz, 1960, S. 14 f.

Ballet blanc (weißes Ballett). Bei diesem Ballett im akademisch-klassischen Stil tragen die Tänzerinnen knielange Röcke aus weißer Gaze mit einer weißen Seidenkorsage, dazu die typische Ballerinenfrisur (Mittelscheitel, die Ohren bedeckt, Haarknoten). Typische Beispiele sind der 2. Akt von ↗„Giselle", der 2. und 4. Akt von ↗„Schwanensee" und „Les ↗Sylphides". Beim Ballet blanc ist im Gegensatz zum ↗Ballet d'action die Handlung zugunsten des Tanzes auf ein Minimum reduziert.

Ballet Caravan. 1936 von L. ↗Kirstein gegründet, galt es als eine Plattform für junge amerikanische ↗Choreographen. 1938 änderte es seinen Namen in American Ballet Caravan, schloß sich dem ↗American Ballet an und ging 1941 unter diesem Namen auf eine Südamerika-Tournee. Nach der Rückkehr im Oktober 1941 löste sich die Gruppe auf.

Ballet classique de Paris. Name eines Ballettensembles mit ausgesprochen klassischem Repertoire, das 1973 von den französischen Tänzern J. Jacquet und A. Pace in Paris gegründet wurde.

Ballet comique de la Reine (Balet comique de la Royne) ist der Name des von ↗Baldassaro de Belgiojoso choreographierten und zur Feier der Hochzeit von Margarethe von Lothringen mit dem Duc de Joyeuse 1581 aufgeführten ↗Balletts. Es kann als ein Markstein in der Entwicklung des Balletts und der Oper bezeichnet werden. Die Idee der Handlung, die Darstellung der Circe-Sage, stammte von D'Aubigné, die Musik schrieben Beaulieu, Salmon u. a. Das Werk bestand aus Rezitationen, Arien, ↗Pantomimen und Tänzen. Die Bezeichnung comique, die durch den Inhalt keinesfalls gerechtfertigt erscheint, soll auf die Verbindung von Ballett und Komödie hinweisen (↗Ballet de cour).

Lit.: *Celler, L.:* Les Origines de l'Opéra et le Ballet de la Reine (1581), Paris 1868. *Gregor, J.:* Kulturgeschichte d. Balletts, 1944, S. 194 ff. *Nettl, P.:* Mozart u. d. Tanz, 1960, S. 14 ff. *Schmidt-Garré, H.:* Ballett. Vom Sonnenkönig bis Balanchine. 1966, S. 8 ff.

Ballet d'action. Ihm liegt eine Handlung zugrunde, die mit den Mitteln des Tanzes, der Gestik und der ↗Mimik, begleitet von Musik, erzählt und dargestellt werden soll.

Lit.: *Jersild, J.:* Le bullet d'action italien du 18e siecle au Danmark, in: Acta Musicologica XIV, 1942, S. 74 ff. *Michel, A.:* The Ballet d'action before Noverre, in: Dance Index, vol. VI, 1947, No. 3, S. 52 ff. *Derra de Moroda, F.:* Franz Anton Christoph Hilverding u. d. Ballet d'action, in: Österreichische Musikzeitschrift, Jg. 23, 1968, H. 4, S. 189 ff. *Derra de Moroda, F.:* Das Ballett d'action u. seine Entwicklungsgeschichte, in: Österreichische Musikzeitschrift, Jg. 31, 1976, H. 3, S. 143 ff.

Ballet de cour ist die Bezeichnung für eine Form des ↗Balletts, die in der 2. Hälfte des 16. und in der 1. Hälfte des 17. Jh. am französischen Hofe eine besondere Pflege fand. In dieser Ballettform findet ein Thema mythologischen oder allegorischen Inhalts durch Tanz, Musik, Vokal- und Instrumentalmusik seine Darstellung. Seine formalen Bestandteile sind: 1. Ouverture (Exposition des Stückes durch Rezitation oder Gesang). 2. Szenenfolgen (Les entrées), nicht mehr als fünf. 3. Le grand ballet (bei dem das ganze Ensemble im Schlußtanz auftritt). Getanzt wurde entweder nur von Herren oder nur von Damen. Gemischte Ballette waren selten. Der Ursprung des Ballet de cour liegt einerseits in den verschiedenen Formen der mittelalterlichen Hoffestlichkeiten, andererseits in den dramatischen ↗Intermedien mit Maskerade und Tanz, wie sie an den Höfen Frankreichs und Burgunds im 15. Jh. üblich waren. Das erste und für die Entwicklung dieser Ballettform wichtigste Beispiel ist das ↗„Ballet comique de la Reine“ aus dem Jahre 1581. Die bedeutendsten französischen Dichter der Zeit haben für diese Gattung des Balletts Stücke verfaßt. Eine vereinfachte Form des Ballet de cour war das ↗Ballet mascarade aus der Zeit um 1600 und das ↗Ballet à entrées.

Lit.: *Prunières, H.:* Le Ballet de cour en France avant Benserade et Lully, Paris 1914. *Labando, L. H.:* Ballets dansés à la cour d'Honoré II. Prince de Monaco en 1654–1655, in: La Revue Musicale, Jg. 10, No. 1, 1er Novembre 1928, S. 7 ff. *Boettger, F.:* Die “Comédie-Ballet“ von Molière-Lully, Diss. Berlin 1930. *Bittrich, G.:* Ein deutsches Opernballett d. 17. Jh. Ein Beitrag zur Frühgeschichte d. deutschen Oper, Diss. Berlin 1929, gedr. 1931. *Berton, Cl:* Les Ballets de cour, in: Les Spectacels a travers les âges, Paris 1932, S. 147 ff. *Ivanoff, N.:* Les fêtes à la cour des derniers Valois, in: Revue die 16e siècle 1932. *Paquot, M.:* Les Étrangers dans le ballet de cour, in: Revue du 16e siècle 1932. *Gregor, J.:* Kulturgeschichte d. Balletts, 1940. *Silin, Ch.:* Benserade and His Ballets de Cour, 1940. *McGowan, M. M.:* L'art du ballet de cour en France 1581–1643, 1963. *Christout, M. F.:* Ballet de cour de Louis XIV., Paris 1967. *Günther, H.:* Ballet de Cour, Beginn einer selbstbewußten Ballettkunst, in: Tanzarchiv 21, 1973.

Ballet des Étoiles de Paris. Diese Gruppe wurde 1956 von dem jugoslawischen Tänzer M. ↗Miskowitsch als „Ballets 1956 de Paris“ gegründet. Sie setzte sich ausschließlich aus Solisten zusammen. Bedeutende ↗Choregraphen, wie M. ↗Béjart, S. ↗Lifar und J. ↗Charrat, haben für das Ballett choreographiert.

Ballet mascarade. Unter dem französischen König Heinrich IV. (1553–1610) entwickelte sich diese Form des ↗Balletts. Es entstand aus der Verbindung einer Folge von Tänzen, die von ↗Pantomimen und akrobatischen Nummern unterbrochen waren, und aus dem großen Ballett, welches von den Adeligen maskiert mit prachtvollen Kostümen getanzt wurde. Kostüme, Dekorationen und Tanzformen waren ohne besondere theatralische oder dramatische Grundlage lose an ein Thema angepaßt. Hauptsächlich kam es auf den Tanz der maskierten aristokratischen Gesellschaft an.

Lit.: *Schmidt-Garré, H.:* Ballett, 1966, S. 13.

Ballet pur ↗Abstraktes Ballett.

Ballet Rambert. Dieses älteste englische Ballettensemble mit Sitz in London wurde nach M. ↗Rambert benannt. Aus ihrer 1920 gegründeten Schule ging diese Gruppe hervor. 1930 trat das Ensemble zum erstenmal in London auf. Seit 1935 trägt es den Namen Ballet Rambert. Von Anfang an arbeiteten junge britische ↗Choreographen mit dem Ballett zusammen, darunter F. ↗Ashton, A. ↗Tudor und A. ↗Howard. Sowohl in der Pflege des klassischen als auch des modernen Repertoires hat das Ballet Rambert einen bedeutenden Namen erlangt.

Lit.: *Percival, J.:* Ballet Rambert: The Company That Changed Its Mind, in: Dance Magazine, Februar 1973.

Ballet Russe ↗Ballets Russes.

Ballet Society. Im Jahre 1946 wurde diese Gesellschaft von Lincoln ↗Kirstein und George ↗Balanchine zur Förderung von Aufführungen neuer Werke in New York gegründet. ↗Ballettmeister war Lew ↗Christensen. Paul ↗Magriel war verantwortlich für die Herausgabe der Zeitschrift „Dance Index". Balanchine produzierte ↗Ravels „L'Enfant et les sortilèges" und als Weltpremieren ↗Hindemiths „Die ↗vier Temperamente" und ↗Strawinskys „Orpheus". 1948 ging die Gesellschaft aus verwaltungstechnischen Gründen in das New York City Center of Music and Drama über und führte zur Gründung des ↗New York City Ballet.

Ballets Africains de la Republique de Guinée, Les. Im Jahre 1950 gründete Keita ↗Fodéba diese afrikanische Ballettgruppe in Conacry. Ursprünglich waren nur männliche Tänzer bewilligt, die ihre Songs und Tänze sowohl aus dem traditionellen als auch dem zeitgenössischen Afrika darboten. Im Geschmack und Aussehen zeigte das Ballett sehr stark französischen Einfluß; Guinea war ja von 1890 bis 1958 französische Kolonie. Zahlreiche Tourneen führten die Gruppe durch Europa und die USA.

Lit.: *Fodéba, Keita:* Les Ballets Africains, Paris 1959.

Ballets de l'Étoile, Les. Name der ersten Ballettgruppe ↗Béjarts, welche er mit Jean Laurent 1953 in Paris gründete. Am 21. August 1953 trat die Gruppe erstmals im Pariser Théâtre de l'Étoile auf. 1955 stellte er mit diesem Ensemble seine ↗„Symphonie pour un homme seul" vor. Im Sommer 1957 wurde die Gruppe in „Ballet-Théâtre de Paris" umbenannt.

Ballets Russes (de Serge Diaghilew) ist die Bezeichnung für die Truppe des russischen Ballettmanagers Serge ↗Diaghilew, der am 18. Mai 1909 diese Ballettgruppe des St. Petersburger Marijinskij-Theaters im Pariser Théâtre du Châtelet erstmals vorstellte. 1910 kam die Truppe abermals nach Paris und 1911 erschien sie bereits unter Diaghilews Namen. Die bedeutendsten Künstler der Zeit waren in Diaghilews Ballets Russes vereinigt. Bei der Gründung war Michael ↗Fokine Chefchoreograph und Enrico ↗Cecchetti ↗Ballettmeister. Die Stars der russischen Tanzkunst wie W. ↗Nijinsky und A. ↗Pawlowa schlossen sich mit vielen ihrer Kollegen Diaghilews Ballett an. Maler und Bühnenbildner wie ↗Benois, ↗Bakst, Golowin, Korowin, Picasso u. v. a. wurden Mitarbeiter und die Komponisten ↗Strawinsky, ↗Ravel und ↗Debussy brachten der Truppe internationales Ansehen. Gastspiele führten die Ballets Russes durch Europa und während des 1. Weltkrieges (1916/17) in die USA. Mehr als 60 Werke brachte Diaghilews Ballett bis 1929 zur Aufführung. In diesem Jahr starb Diaghilew und die Truppe zerfiel. Ihre Geschichte bleibt aber mit der Geschichte des europäischen ↗Balletts eng verknüpft. Es repräsentierte eine Theaterkunst, die tänzerische Bewegung, Handlung, Musik und Bühnenbild zu höchster künstlerischer Einheit werden ließ. Die ↗Choreographen waren: Michael ↗Fokine (1909–1912, 1914), Waslaw ↗Nijinsky (1913), Leonide ↗Massine (1915–1920, 1925–1928), Bronislawa ↗Nijinska (1922–1926) und Georges ↗Balanchine (1926–1929). Nach dem Tod Diaghilews stand das Ballet Russe führerlos da. 1932 gründete René ↗Blum mit Wasilij Grigorowitsch ↗Basil (Colonel de Basil) aus der Fusion des Ballet de l'Opéra de Monte Carlo und dem Ballet de l'Opéra Russe à Paris eine neue Truppe, das Ballet Russe de Monte Carlo. Die früheren Mitglieder des Diaghilew-Balletts ↗Kochno, ↗Balanchine, ↗Massine, ↗Doubrovska und ↗Wóizikowski schlossen sich der neuen Truppe an. Im April 1932 hatte sie ihr Debüt in Monte Carlo, im Juni 1932 war die Truppe in Paris und ging auf weitere Tournee nach Belgien, den Niederlanden und London. 1933 kam sie erstmals in die USA. Nach dem Abgang von Balanchine wurde 1933 Léonide Massine der Chefchoreograph. Ende 1935 kam es zu einer Krise in der Führung des Balletts. René Blum schied aus, die Truppe hieß nun „Ballets Russes du Colonel de Basil". Unter diesem Namen reiste das Ballett von Monte Carlo aus nach Madrid, London, Australien, Neuseeland und in die USA. Später wechselte die Truppe ihren Namen in „Covent Garden Russian Ballet" (1938) und „Original Ballet Russe" (1939). Inzwischen scheint aber wieder eine Neugründung eines „Ballet de Monte Carlo" durch René Blum auf. Der Produzent Salomon ↗Hurok verpflichtete diese Truppe 1938 für die USA, wo sie unter dem Namen „Ballets Russes de Monte Carlo" auftrat. Auch Basil kam fast zur gleichen Zeit mit seiner Truppe nach New York. Nach dem 2. Weltkrieg lösten sich diese Ballette endgültig auf. (Victor ↗Dandré)

Lit.: *Levinson, A.:* Une dernière etape des Ballets Russes: La Belle au bois dormant, in: Revue Musicale, Jg. 2, 1921. Les Ballets Russes, in: Numèro spécial de la Revue Musicale XIe Année, No. 110, Dezember 1930. *Brillant, M.:* L'Influence multiforme des Ballets Russes, in: La Revue Musicale, XIIe année, No. 111, Janvier 1931, S. 17 ff. *Haskell, A.:* The Balletomane's Srap-Book, London 1936. *Hurok, S.:* Col. W. de Basil's Ballets Russes de Monte Carlo. *Lieven, Prince Peter:* The Birth of Ballets-Russes, London 1936. *Beaumont, C. W.:* The Diaghilev Ballet in London, 1937. *Lifar, S.:* Diaghilew, History of Russian Ballet, 1939. *Benois, A.:* Reminiscences of the Russian Ballet, London 1941. *Grigorjew, S. L.:* The Diaghilew Ballet 1909–1929, London 1953. *Buckle, R.:* In Search of Diaghilev, London 1955. *Gontcharova, N.-Larionov, M.-Vorms, P.:* Les Ballets Russes, 1955. *Sokolova, L.:* Dancing for Diaghilev, London 1960. *Schmidt-Garré, H.:* Ballett, S. 271 ff., 1966. *Haskell, A.:* Ballet Russe. The Age of Diaghilev, 1968. *Larionov, M.:* Diaghilev et les Ballets Russes, Paris 1970. *Kochno, B.:* Diaghilev and the Ballets Russes, 1971. *Percival, J.:* The World of Diaghilev, London 1971. *Deiretsbacher, E.:* Die Problematik d. Bühnenbildner d. Ballets Russes de Serge de Diaghilev, Diss. Wien 1972.

Ballets Suédois, Les. Dieses Ensemble wurde von Rolf de ↗Maré 1920 in Paris gegründet. Es debütierte am 25. Oktober 1920 im Théâtre des Champs Elysées und bestand bis 1925. Der ↗Choreograph war Jean ↗Börlin. Zahlreiche Tourneen führten es durch Europa und die USA. Bedeutende zeitgenössische Komponisten und Literaten arbeiteten mit dieser für das moderne Ballettschaffen wichtigen Truppe zusammen.

Lit.: Les Ballets Suédois dans l'art contemporain, Paris 1931.

Ballett. Unter diesem Namen versteht man heute jede Art von Bühnentanz in künstlerischer Form, entweder als getanzte Einlage in einer Oper oder als ein vollständiges Tanzwerk ernsten oder heiteren Inhalts mit der Beziehung zu anderen Künsten, wie Musik, ↗Pantomime, Bühnenbild, Ausstattung und Beleuchtung. Die klassische Form des Bühnentanzes hatte ihren Ursprung im 15. Jh. an den italienischen Fürstenhöfen. Die Geburtstage, Hochzeiten, Turniere und Empfänge waren willkommene Anlässe für großartige Festlichkeiten, die immer mehr von den Damen und Herren der Gesellschaft auf eine theatralische Handlung mit Gesang, Dialog und vor allem den Tanz abgestimmt wurden. Besonders beliebt waren dabei Darstellungen mythologischen Inhalts. Im 16. Jh. kamen diese frühen Ballettformen nach Frankreich, wo sie vom französischen Hof aufgenommen wurden und sich zu einem ersten Höhepunkt entwickelten. Als ein Markstein der Geschichte des Balletts und speziell der Entwicklung des französischen Balletts kann die im Jahre 1581 erfolgte Aufführung des ↗„Ballet comique de la Reine" in der ↗Choreographie von ↗Baldassaro da Belgiojoso in Versailles anläßlich der Hochzeit von Margarethe von Lothringen mit dem Duc de Joyeuse gelten. Mit der Gründung der königlichen ↗Académie de Danse im Jahre 1661 wurde der Bühnentanz in ein bestimmtes System gebracht, nach dem sich die ↗Ballettmeister zu richten hatten. Dadurch entwickelte sich auch eine gewisse Konkurrenz unter den einzelnen Ballettmeistern in der Erfindung verschiedener Tanzschritte. Zu dieser Zeit wurde der Stand des Berufstänzers geboren, bedingt durch zweierlei Umstände: Erstens gingen die Ballettaufführungen von der königlichen Privatbühne auf die öffentlichen Bühnen über, zweitens wurden die tanztechnischen Anforderungen für die aristokratischen Dilettanten zu schwierig. Die Frauen waren vorerst vom Tanz auf der Bühne noch ausgeschlossen, erst im Jahre 1681 wagte es ↗Beauchamp, in seinen Balletten auch Tänzerinnen auftreten zu lassen. Sie sicherten sich bald die Vorherrschaft. Bedeutsam für die Entwicklung des Balletts war auch die Erfindung der Tanzschrift von ↗Feuillet, die 1699 erschien und viele Auflagen erlebte. Sie bildete lange Zeit die Grundlage für die Technik des Ballettanzes. Die in steter Entwicklung begriffene Kunstform Ballett erhielt um die Mitte des 18. Jh. neue Anregungen durch das Wirken und die theoretischen Schriften von J. G. ↗Noverre, besonders auch durch dessen Zusammenarbeit mit Chr. W. ↗Gluck in Wien (↗Don Juan). Die starre Einteilung im technischen und dramatischen Ablauf des Barockballetts wurde von einem natürlicheren Ausdruck und Geschehen abgelöst. Um 1830 begann die Zeit des romantischen Balletts, die Zeit der großen Tänzerinnen Maria ↗Taglioni, Fanny ↗Elßler (die slawische und spanische Volkstänze auf die Bühne brachte) u. a., die Zeit des ↗Spitzentanzes, des romantisch-sentimentalen Gefühlsausdrucks und der Feen, Undinen, Sylphiden, Märchen und Sagen. Die Tänzerin wurde zur graziösen, anmutigen Darstellerin phantastisch-dramatischen Geschehens, gestützt allerdings auch von den neuen tanztechnischen Aufgaben des Tänzers. Durch die Opernreform Richard Wagners wurde das Ballett auf der Opernbühne ein Stiefkind, das zwar in traditioneller Form gepflegt wurde, sonst aber mehr in Ausstattungsstücken, Revuen und Operetten Verwendung fand. Eine bedeutende Nachblüte fand das klassische Ballett in der 2. Hälfte des 19. Jh. bis ins 20. Jh. hinein im Wirken des russischen Balletts, das von St. Petersburg seinen Ausgang nahm und Weltruf erlangte (↗Ballets Russes). Anfang des 20. Jh. erschien eine neue Form des Bühnentanzes, der sogenannte ↗„Freie Tanz" oder „Ausdruckstanz" (I. ↗Duncan, M. ↗Graham). Diese moderne Art lehnte vorerst jede Verbindung mit dem System des klassischen Balletts ab, doch waren immer Bestrebungen zu finden, eine neue Form des Bühnentanzes in der Vereinigung des traditionellen Balletts mit dem neuen ↗Ausdruckstanz zu erreichen. Die wichtigsten Ereignisse in der Weiterentwicklung der Kunstgattung Ballett in der neuen Zeit, besonders zwischen den beiden Weltkriegen, waren: 1. Die Entstehung des amerikanischen modernen Balletts unter der Führung ↗Balanchines; 2. Die Einflüsse des ↗„Modern Dance"; 3. Die einflußreichen Rollen, welche die großen Ballettzentren, das Bolschoij-Theater in Moskau, das Kirow-Theater in Leningrad, das ↗Royal Ballet in London und die Pariser Ballett-Szene innehaben. Aus all diesen Voraussetzungen und unterschiedlichen Wegen ist der selbständige Wirkungskreis und eine neue Blüte des Balletts gesichert.

Lit.: (nach Sachgebieten chronologisch):
AESTHETIK: *Hofmann, W.:* Von d. Schönheit im Tanz. Zu d. Grundlagen d. Ballettästethik, in: Tanzarchiv, Jg. 21, 1973. ALLGEMEIN: *Rigoni, R.:* Ballarino perfetto, Mailand 1468. *Ménéstrier, C. F.:* Remarques pour la conduite des ballets, Lyon 1668. *Lauchery, Et.:* Premier recueil des ballets qui ont été dansé sur les differents théâtres de Cassel, 1769. *Boissy, L. de:* Lettres critiques sur les ballets de l'opera, 1771. *Pembroke:* De Venise rémarques sur la musique et la danse ou lettres de Mr. G. a Milord Pembroke, Venise 1773. *Anonym:* Bemerkungen über Pantomime u. Ballett, in: Baierische Beyträge zur schönen u. nützlichen Literatur, 1779. *Ayrenhoff, Cor.:* Über d. theatralischen Tänze u. d. Ballettmeister Noverre, Muzzarelli u. Vigano, in: Sämtl. Werke Bd. 5, Wien 1803, S. 47 ff. *Anonym:* Bemerkungen über d. Komposition d. Ballette, u. d. dem Ballettmeister hiezu höchst nöthigen Kenntniße, 1807. *Berchoux, J.:* La danse, ou la guerre des dieux de l'opéra, 1808 (ein Gedicht). *Münchenberg, A.:* Das Ballett u. sein Verhältnis zur darstellenden Kunst, 1852. *Saint-Léon, A.:* De l'état actuel de la danse, Lisbonne 1856. *Adice, L.:* Théorie de la gymnastique de la danse théâtrale, Paris 1859. *Blasis, C.:* Tanz im allgemeinen, Ballettberühmtheiten u. Nationaltänze, Moskau 1864 (russisch). *Sangalli, R.:* Terpsichore. Petit guide à l'usage des amateurs de ballets, Paris 1875. *Headlam, B. R.:* The Ballet, 1880. *Scott, Ed.:* Dancing and Dancers, or Grace and Folly, 1888. *Bie, O.:* Das Ballett, in: Die Literatur, Bd. 15, 1905. *Perugrini, M. E.:* The Art of Ballet, 1915. *Elder, El.:* Dance, a National Art, Bombay 1918. *Ventuzzi, R.:* Vom Tanzen, 1920. *Divoire, F.:* Découvertes sur la danse, Paris 1924. *Levinson, A.:* La Danse ou théâtre, 1924. *Schlemmer, O.:* Der theatralische Kostümtanz, in: Europa-Almanach, Potsdam 1925, S. 189 ff. *Wellesz, E.:* Die Oper u. d. Tanz, in: Deutsche Musikpflege, Frankfurt 1925. *Erhardt, O.:* Über d. Beziehung v. Tanz u. Opernregie, in: Musikblätter d. Anbruch, 1926, Nr. 3/4, S. 146 f. *Klein, E.:* Von d. Magie d. Tanzes, in: Musikblätter d. Anbruch, 1926, Nr. 3/4, S. 100 ff. *Skoronel, V.:* Ziele u. Aufgaben d. Tanzregie, in: Musikblätter d. Anbruch, 1926, Nr. 3/4, S. 112 ff. *Terpis, M.:* Das Opernballett, in: Musikblätter d. Anbruch, 1926, Nr. 3/4, S. 140 ff. *Haskell, A. L.:* Some Studies in Ballet, 1927. *Godlewski, W.:* Tanz u. Regie, in: Die Musik, Jg. 24, 1932, H. 12, S. 911 ff. *Hugard, J.:* Du ballet classique, in: Les Spectacles à travers les âges, 1932, S. 193 ff. *Prod'homme, J. G.:* Le ballet a l'opera, in: Les Spectacles à travers les âges, 1932, S. 167 ff. *Levinson, A.:* Les visages de la danse, 1933. *Haskell, A.:* Balletomania, 1934/1936. *Perugini, M. E.:* A Pageant of the Dance and Ballet, 1935. *Brahms, C.:* Foot Notes to the Ballet, 1936. *Haskell, A. L.:* Prelude to Ballet. An Analysis and a Guide to Apprecation, 1936. *Haskell, A. L.:* Dancing Round the World. Memoires of an Attempted Escape from Ballet, 1937. *Horst, L.:* The Classic Dance Forms, Dance Horizons 1937. *Coton, A. V.:* A Prejudice for Ballet, 1938. *Dolin, A.:* Ballet Go Round, 1938. *Masefield, J.:* Tribute to Ballet, 1939. *Enkelmann, S.:* Schönheit im Tanz, 1939. *Martin, J.:* Introduction to the Dance, 1939. *Terry, W.:* Invitation to Dance, 1942. *Borodin, G.:* This Thing Called Ballet, 1945. *Grace, R.:* The Borzoi Book of Ballets, 1946. *Haskell, A.:* The Making of a Dancer and Other Papers on the Background to Ballet, 1946. *Terpis, M.:* Tanz u. Tänzer, 1946. *Haskell, A. L.:* The Ballet Annual. A Record and Year Book of the Ballet, 1947 ff. *Richardson, P. J. S.:* The Ballet Mystery, in: The Dancing Times, March–April 1947. *Franks, A. H.:* Approach to the Ballet, 1948. *Frost, H.:* How a ballet is made, 1948. *Denby, E.:* Looking at the Dance, 1949. *Boro-*

din, G.: Invitation to Ballet, 1950. *Sorell, W.:* The Dance has Many Faces, 1951. *Jarmolovič, L.:* Leningradskie Gos. Ordena trudovogo krasnogo znameni Choreografičeskie Učilišče. Elementy klassičeskogo tanca i ich svaz s muzykoj, Leningrad 1952. *Lindlar, H.:* Ballett-Heft. Musik d. Zeit. Eine Schriftenreihe zur zeitgen. Musik. Sept 1952. *Franks, A. H.:* The Girl's Book of Ballet, 1953. *Hall, F.:* An Anatomy of Ballet, 1953. *Baignéres, Cl.:* Ballets d'hier et d'aujourd'hui, 1954. *Hoffmann, R.:* La naissance d'un ballet, Les Cahiers du Journal Musical Français, Paris 1954. *Borodin, G.:* The Charm of Ballet, 1955. *Marshall, F.:* Ballettstudien, 1955. *Kaun, A.:* Ballett ohne Pose, 1956. *Krokover, R.:* The New Borzoi Book of Ballets, 1956. *Tugal, P.:* La danse classique sans maître, 1956. *Crowle, P.:* Come to the Ballet, 1957. *Crowle, P:* Your Book of Ballet, 1958. *Morvay, P:* Tánctudományi Tanulmányok, Budapest 1958. *Selb-Lowndes, J.:* How a Ballet is Produced, 1958. *Humphrey, D.:* The Art of Making Dances, 1959. *Kirstein, L.:* What Ballet is About. An American Glossary, in: Dance Perspectives 1, 1959. *Sylva, C.:* L'Opéra, les autres et moi, 1959. *Guest, I.:* La Fille mal gardée, 1960. *Hoefgen, L.:* Ballettgeflüster, Sachliches u. Galantes, 1960. *Koegler, H.:* Die Zukunft d. Balletts, in: Magnum 1960, H. 28, S. 23 ff. *Beauty ballet:* The Beauty of Ballet, 1961. *Guest, I.:* The Empire Ballet, 1962. *Mille, Agnes de:* To A Young Dancer, 1962. *Regner, O. F.:* Das neue Ballettbuch, 1962 (Fischer-Bücherei Nr. 478). *Bland, A.-Peto, M.:* The Dancer's World, 1963. *Geitel, Kl.:* Stars auf d. Spitze, 1963. *Laurent, J.:* Eintritt frei Tanz, 1963. *Mille, Agnes de:* The Book of the Dance, 1963. *Milloss, Aurel v.:* Zur Aktualität d. Ballettklassik, in: Österr. Musikzeitschrift, Jg. 18, H. 11, Nov. 1963, S. 501 ff. *Audsley, J.:* The Book of Ballet, 1964. *Clarke, M.:* Sections on dance, in: Man the Artist, 1964. *Hawkins, A. M.:* Creating Through Dance, 1964. *Denby, Ed.:* Dancers, Buildings and People in the Streets, New York 1965. *Haskell, A. L.:* What is a Ballet?, London 1965. *Hoerisch, W.:* Erlebnis Ballett, 1965. *Chapchal, G.:* Schäden beim Ballett, 1966 (Fußverletzungen). *Sheets, M.:* The Phenomenology of Dance, 1966. *Slonimsky, Yuri:* Seven Ballet Stories, 1967. *Sacharoff, A.:* Esprit et art de la danse, 1968. *Kragh-Jacobsen, Svend:* Ballet aftener, 1969. *Bülow, I. v.:* Der Tanz im Drama, 1969 (Studien zur englischen Lit., Bd. I). *Hensel, A.:* Kunsttanz statt Kunst d. Tanzens, 1969. *Joyeux, O.:* Le monde merveilleux de la danse, 1969. *Brinson, P.-Crisp, C.:* Ballet for All, 1970. *Haskell, A. L.:* Balletomane at Large, 1972. *Hesse, H.:* Ist d. klassische Ballett eine Haltungsschulung, Diss. Düsseldorf 1972. *Niehaus, M.:* Ballett Faszination, 1972. *Siegel, M. B.:* At the Vanishing Point. A Critic Looks at Dance, 1972. *Brand, R.:* Die Ausdruckswirkung tänzerischer Bewegungen, Diss. Wien 1973. *Garaudy, R.:* Danser sa vie, 1973. *Mille, Agnes de:* Speak to Me, Dance with Me, 1973. *Clarke, M.-Crisp, C.:* Making a Ballet, 1974. *Cranko, J.:* Gespräch mit Walter Schäfer über d. Tanz, 1974. *Fokin, M.:* Gegen d. Strom. Erinnerung eines Ballettmeisters, 1974. *Beaumont, C. W.:* A Bookseller at the Ballet, 1975. *Coton, A. V.:* Writings on Dance 1938–1968, London 1975. *Gruen, J.:* The Privat World of Ballet, 1975. *Klatovsky, R.:* Picasso verhext ein Mädchen. Neunmal Sylvette, 1975. *Köllinger, B.:* Der Tanz. Sechs Versuche, 1975. *Monahan, J.:* The Nature of Ballet. A Critic's Reflections, 1976. *Cullberg, B.:* Balletten och vi, s. a. *Siegel, M. B.:* Watching the Dance Go By, Boston 1977. *Duvernoy, A.:* Le Ballet de l'opéra, 1978. *Groce, Ar.:* After Images, New York 1978. *Herz, J.:* Tanz u. Szene im Musiktheater, in: Neue Zeitschrift f. Musik, Jg. 140, H. 4, Juli/Aug. 1979, S. 357 ff. *Percival, J.:* Wie eine Ballett-Truppe arbeitet, 1979. *Pietsch, U.:* Die Stellung d. Tanzkunst im Ensemble d. darstellenden Künste, in: Oper heute, 2, S. 109 ff., Berlin 1979. *Chabet, C.:* Ballet in the Operas of Eugene Scribe, in: Studies in Music, 5, 1980, S. 7 ff. *Cosi, L.:* Der Traum vom Ballett. Eine Einführung in d. Welt d. klassischen Tanzes, 1980. *Egk, W.:* Vom Podiumstanz zum Handlungsballett, in: Neue Zeitschrift f. Musik, Jg. 141, H. 2, März/April 1980, S. 124 ff. *Fonteyn, M.:* Tanzen, Eine Einführung, 1980. *Ballet and the Arts:* Das Ballett u. d. Künste, 1981. *Dodd, C.:* The Performing World of the Dances, 1981. *Kerenslay, O.:* The Guinnes Guide to Ballet, 1981. *Petermann, K.:* Einige Aspekte d. Konzertmusik u. ihre Bedeutung f. d. choreographische Schaffen im Verlauf d. Ballettentwicklung, in: Material zum Theater, Nr. 153, Berlin 1982.

ANATOMIE: *Sparger, C.:* Ballet Physique. With Notes on Stresses and Injuries, 1958. *Sparger, C.:* Anatomy and Ballet, 1971.

BELGIEN: *Chagoll, Lydia:* Plaidoyer pour le ballet belge. Les Éditions Lumière, Bruxelles-Anvers, s. a. *Danse, musique Theâtre:* Danse, musique, théâtre en Belgique, 1956.

BILDER: *Bie, O.:* Der Tanz als Kunstwerk, 1900. *Gentke, A.:* The Book of the Dance, 1920. *Anthony, G.:* Ballet. Camera Studies, 1937. *Severn, M.:* Ballet in Action, 1938. *Brodovitch, Al.:* Ballet. 104 Photographien, 1945. *Seymour, M.:* Seymour on Ballet. 101 Photographs, 1947. *Knoth, W.:* Ballett. 42 Bildtafeln, Bayreuth s. a. *Lido, S.:* Ballett, Photographies de Serge Lido, 1951 (Art de Industrie, numéró special, Paris). *Hooreman, P.:* Danseurs à travers les temps, 1953. *Haskell, A.:* A Picture History of Ballet, 1954/57. *Baron:* Baron's Ballet Finale, 1958. *Stanzl, Eva:* Das Ballett in d. bildenden Kunst d. 17. u. 18. Jh., Diss. Wien 1958. *Davis, M.:* Ballet in Camera, 1959. *Haskell, A. L.:* Ballet in Colour, 1959. *Betz, R.:* Dynamisches Ballett, 1961. *Haskell, A.:* The Beauty of Ballet, 1961. *Lido, S.:* Ballet Panorama, Paris 1961. *Ballett Bild:* Ballett im Bild, München 1962. *Ballett-Theater:* mit Bildern v. R. Betz, 1963. *Lidova, I.:* 30ans de ballets français. Photographies, 1969.

DÄNEMARK: *Beck, H.:* Den dansk Ballet 1870–1915, Koebenhaven 1915. *Reumert, E.:* Den Danske Ballets, 1922. *Krogh, Torben:* Hofballetten under Christian IV. og Frederik III. En teaterhistorik Studie, 1939. *Kragh-Jacobsen, Svend:* Ballettens Blomstring, 1945. *Kragh-Jacobsen, S. – Krogh, T.:* Den kongelige danske ballet, 1952. *Kragh-Jacobsen, S.:* Balletten 1945–1952, Koebenhaven 1953. *Kragh-Jacobsen, S.:* Ballet-Bogen, 1954. *Kragh-Jacobsen, S.:* The Royal Danish Ballet, 1955. *Fog, D.:* The Royal Danish Ballet 1760–1958, Koebenhaven 1961. *Kragh-Jacobsen, S.:* 20 Solo dancers of the Royal Danish Ballet, 1965. *Anonym:* Königlich-dänisches Ballett u. Bournonville, in: Dänische Rundschau 1979.

DEUTSCHLAND: *Enkelmann, S.:* Ballett in Deutschland, 1954. *Vietta, Egon:* Tanz in Deutschland, 1956. *Pe-*

ters, K.: Probleme d. Theatertanzes, Ballettschule u. Tanztheater, 1958. *Prehm, Eugen:* „Die vom Ballett...", 1962. *Winkler-Betzendahl, M.-Koegler, H.:* Ballett in Stuttgart, 1964. *Ballett Staatsoper hamburgische:* Hamburger Staatsoper 1959–1964, Hamburg 1964. *Kilian, H.:* Internationales Ballett auf deutschen Bühnen, 1968. *Maack, R.:* Tanz in Hamburg – von Mary Wigman bis John Neumeier, 1975. *Spatt, L.-Koegler, H.:* Stuttgart-Ballett, London 1978. *Kilian, H.:* Stuttgarter Ballett, 1980. *Regitz, H.:* Tanz in Deutschland. Ballett seit 1945, Berlin 1984.

ENTWÜRFE, BÜHNENBILD, KOSTÜME: *Boll, A.:* Le décor de ballet, in: Les Spectacles a travers les âges, S. 265 ff., Paris 1932. *Beaumont, C. W.:* Ballet Design past & present, 1946. *Buckle, R.:* Modern Ballet Design. A Picture-Book with Notes, 1955. *Beaumont, C. W.:* Design for the ballet, 1957. *Reade, Brian:* Victoria and Albert Museum. Ballet Designes and Illustrations 1581–1940.

EUROPA: *Zacharias, G.:* Ballett – Gestalt u. Wesen. Die Symbolsprache im europäischen Schautanz d. Neuzeit, Köln 1962. *Brinson, P.:* Background to European Ballet. A notebook from its archives, London 1966 (European aspects, Ser. A, No. 7).

FILM: *Franks, A. H.:* Ballet for Film and Television, 1950. *Rabenalt, A. M.:* Tanz u. Film, 1960 (Rembrandt-Reihe, Bd. 25). *Dostal, H.:* Oper u. Ballett im Film, 1973.

FRANKREICH: *Vallière, L.:* Ballets, Opere et autres ouvrages lyriques, Paris 1760. *Gautier, Th.:* Histoire de L'Art Drammatique en France depuis 25 ans. 6 Bde., Paris 1848. *Celler, L.:* Les origines de l'Opera et le Ballet de la Reine (1581), Paris 1868. *Lacroix, P.:* Ballets et Mascerades de cour de Henrik III. à Louis XIV., Geneve 1868. *Campardon, Emile:* Les spectacles de la feire depuis 1595 jusqu à 1791. Documents inédits recueillis aux archives nationales, Paris 1877. *Wasielewski, W. J. v.:* Die Collection Philidor, in: Vierteljahresschrift f. Musikwissenschaft, Jg. 1, 1885, S. 531 ff. *Prunières, H.:* Le ballet sous Louis XIII, in: Bulletin français de la Sociëté internationale de Musique, X, 2, 1914. *Lancaster, H. C.:* Relation between French plays and Ballets from 1581–1650, in: Publications of the Modern Language Association 1916. *Nettl, P.:* Musik u. Tanz bei Casanova, 1924. *Collaer, P.:* Die Renaissance d. Balletts in Frankreich, in: Von neuer Musik, Köln 1925, S. 218 ff. *Prunières, H.:* Ouvres complètes de J. B. Lully 1632–1687, Les Ballets: 2 Bände, Paris 1931. *Viollier, R.:* Un opéra-ballet au XVIIIe siècle: les Festes ou le Triomphe de Thalie, in: Revue de Musicologie, Bd. 16, 1935, S. 78 ff. *Vaillat, L.:* Ballets de l'opéra de Paris, 1947. *Vaillat, L.:* La danse a l'opéra de Paris, 1951. *Reiss, Fr.:* Sur la pointe des pieds Annales choréographiques 1951–1952, Paris 1952. *Guest, Iv.:* .The Ballet of the Second Empire, London 1955. *Lobet, M.:* Le Ballet français d'aujourd'hui de Lifar à Béjart, 1958. *Geitel, Kl.:* Ballettzentrum Paris, 1960 (Rembrandt-Reihe, Bd. 24). *Laurent, J.-Sazanova, J.:* Serge Lifar, Réovatueur du Ballet Français, 1960. *McGouwan, M. M.:* L'Art du ballet de cour en France 1581–1643, Paris 1963 (Collection „Le coeur des muses"). *Christout, Marie-Françoise:* Le merveilleux et le „Théâtre du silence" en France à partir du XVII siècle, 1965. *Louis, M. A. L.:* Danses populaires et ballets d'opéra, 1965. *Guest, Iv.:* The Romantic Ballet in Paris, 1966. *Lidova, I.:* 30 ans de ballets français Photographies, 1969.

GESCHICHTE: *Menestrier, P. Cl. Fr.:* : Des ballets anciens et modernes selon les regles du theatre, Paris 1682. *Castil-Blaze, Fr. H.:* La danse et les ballets depuis Bacchus jusque à mademoiselle Taglioni, Paris 1832. *Blasis, C.:* Notes upon Dancing, Historical and Practical, 1847. *Anonym:* Portraits et biographies des plus célébres maîtres de ballets et choréographes, anciens et nouveaux de l'ecole française et italienne, 1852. *Chrysander, Fr.:* Ein deutsches Sing- u. Ballett-Spiel v. Jahre 1663, in: Allgem. musikalische Zeitung, Jg. 12, Nr. 34, 22. Aug. 1877, Sp. 556 ff. *Skalkowski:* Das Ballett, seine Geschichte u. sein Platz unter schönen Künsten, 1882. *Rothenstein, Bernh.:* Zur Geschichte u. Reform d. Balletts, 1888 (Sonderdruck aus: Die Dioskuren, Jg. 17, S. 335 ff). *Felber, E.:* Wurzeln d. Tanzdramas, in: Musikblätter d. Anbruch, N. 3/4, März/April 1926, S. 156 f. *Wellesz, E.:* Der Tanz u. d. Reform d. Oper im 18. Jh., in: Musikblätter d. Anbruch, N. 3/4, März/April 1926, S. 158 ff. *Beaumont, C. W.:* A History of Ballet in Russia – 1613–1881. London 1930. *Färber, S.:* Verzeichnis d. vollständigen Opern, Melodramen u. Ballette, wie Fürstlich Thurn u. Taxischen Hofbibliothek Regensburg, Sonderdruck aus d. „Verhandlungen d. Hist. Vereins v. Oberpfalz u. Regensburg", 86. Bd., 1936. *Kirstein, L.:* Dance. A short history of classic theatrical dancing, 1936. *Haskell, A. L.:* Ballet Panorama. An Illustrated Chronicle of Three Centuries, 1938. *Lifar, S.:* La Danse, 1938. *Gregor, J.:* Kulturgeschichte d. Balletts, 1944. *Gasch, Seb.-Pruna, P.:* De la Danza, 1946. *Chailley, Jac.:* Notes sur la transcription de la Ballette de la reine d'Avril, in: Revue Belge de Musicologie, Bd. I, 1946/47, S. 109 ff. *Lynham, D.:* Ballet then and now. A History of the Ballet in Europe, 1947. *Conyn, Cor.:* Three Centuries of Ballet, Sydney, 1948. *Michaut, P.:* Histoire du Ballet, 1948. *Hooreman, P.:* Danseurs à travers les temps, 1953. *Hall, F.:* World Dance, 1954. *Haskell, A.:* A picture history of Ballet, 1954. *Kochno, B.:* Le Ballet, 1954. *Guest, Iv.:* The Ballet of the Second Empire, 1955. *Reyna, Ferd.:* Des Origines du Ballet, 1955. *Balcar, A. J.:* Das Ballett. Eine kl. Kulturgeschichte, 1957. *Rebling, B.:* Ballett, gestern u. heute, 1957. *Davidson, Cl.:* Ballets Stories for Young People, 1959. *Guest, Iv.:* The Dancer's Heritage. A Short History of Ballet, 1960. *Nettl, P.:* Mozart u. d. Tanz. Zur Geschichte d. Balletts u. Gesellschaftstanzes, 1960. *Winter, M. H.:* Le Theatre du Merveilleux, 1962. *Burian, K. V.:* Das Ballett, seine Geschichte in Wort u. Bild, 1963. *Haskell, A. L.:* Ballet Retrospect, 1964. *Binney, Ed.:* Les Ballets de Théophile Gautier, 1965. *Christout, M. Fr.:* Histoire du Ballet, 1965. *Lifar, S.:* Histoire du Ballet, 1966. *Reyna, Ferd.:* A Concise History of Ballet, 1966. *Schmidt-Garré, H.:* Ballett. Vom Sonnenkönig bis Balanchine, 1966. *Goléa, A.:* Geschichte d. Balletts, Illustrierte Geschichte d. Musik, Bd. 15, 1967. *Terry, W.:* Ballet: a pictorial history, 1970. *Clarke, M.-Crisp, C.:* Ballet, An Illustrated History, 1973. *Lawson, J.:* A History of Ballet and its makers, 1974. *Winter, M. H.:* The pre-romantic Ballet, 1974. *Bland, Alex.:* A history of Ballet and Dance, 1976. *Derra de Moroda, Fr.:* Die Ballettmeister vor, zur Zeit u. nach J. G. Noverre, in: Das

Tanzarchiv, Aug. 1976, S. 281 ff., und in: Chigina, Rassegna Annuale di Studi Musicale Chigina, vol. XXIX–XXX, Nuova Serie, N. 9–10, 1975, S. 473 ff. *Clarke, M.:* Ballet in Art. From Renaissance to Present, 1978. *Pasi, M.:* Eine Illustrierte Darstellung d. Tanztheaters v. 1581– bis zur Gegenwart, 1980.

GROSSBRITANNIEN: *Haskell, A. L.:* Modernes Ballett. Englische Tanzkunst seit 1939, Wien 1940. *Haskell, A. L.:* The national Ballet. A History and a Manisfesto, 1944. *Turner, W. J.:* English Ballet, 1944. *Jackson, Sheila:* Ballet in England, 1945. *Leeper, Janet:* English-Ballet, 1945. *Beaumont, C. W.:* The Sadler's Wells Ballet, 1946/47. *Haskell, A.:* Ballet since 1939, London 1946. *Searle, R.:* Le nouveau Ballet anglais, 1946. *Manchester, P. W. – Morley, I.:* The Rose and the Star. Ballet in England and Russia Compared, 1949. *Guest, Iv.:* The Romantic Ballet in England, 1954. *Haskell, A. – Carter, M. – Wood, M.:* Gala performance, 1955. *Davis, M.:* London's Festival Ballet, 1947. *Davis, M.:* Royal Ballet, 1958. *Hart, J.:* The Royal Ballet in performance at Covent Garden, 1958. *Swinson, C.:* The Royal Ballet To Day, 1958. *Williamson, Audrey:* Ballet of 3 Decades, 1958. *Fletcher, K. – Cohen, S. – Lonsdale, R.:* Famed for Dance: Essays on the theory and practice of theatrical dancing in England, 1660–1740, New York 1960. *Moiseiwitsch, M. – Warman, E.:* The Royal Ballet on Stage and Screen, 1960. *Brinson, P.:* The Ballet in Britain, 1962. *Arundell, D.:* The Story of Sadler's Wells 1683–1964, London 1965. *Forrester, F. S.:* Ballet in England: A Bibliography and Survey c. 1700–June 1966, London 1968.

INDIEN: *Gargi, Balwant:* Theater u. Tanz in Indien, Berlin 1960. *Rebling, E.:* Die Tanzkunst Indiens, 1981.

ITALIEN: *Manzin, P.:* All' autore delle osservazioni in lingua francese sopra la Musica, e la danza in Italia ciclata di Paolo Manzin, Venezia 1773. *Ferrari, P. E.:* Spettacoli drammatico-musicali e coreografici in Parma dal 1628 al 1883, Parma 1884. *Rossi, L.:* Il balletto a Milano, in: Citta di Milano, 19, H. 7/8. *Solerti, A.:* Musica, Ballo e Drammatica alla Corte Medicea dal 1600–1637, Firenze 1905. *Carrieri, R.:* La danza in Italia 1500–1900, Milano 1946. *Tani, Cino:* Il Balletto in Italia, in: Cinquanta anni di Opera e Balletto in Italia, S. 73 ff., Roma 1954.

JAPAN: *Tateishi, Ryuichi:* Calssic Dancing in Japan. Outstanding contemporary dancers, Tokyo 1969.

JUGOSLAWIEN: *Marinkovic-Racic, Br.-Nikolajevic, Radivoje:* Yugoslav Ballet, 1958. *Kraigher, S.:* Petdeset let slovenskega baleta, Lubljani 1970.

KANADA: *Varley, Gloria:* To be a dancer. Canada's National Ballet School, 1971.

KINDERBALLETT: *Haskell, A. L.:* Felicity Dancers. A children's tale about ballet, 1938. *Vogel, A.:* Das große Buch f. d. kleine Tänzerin, 1973. *Kremenetz, Jill:* Stefanie, eine kleine Tänzerin, 1976.

LETTLAND: *Brants, G.:* Le Ballet letton, Riga 1937. *Ŝtals, G.:* Das lettische Ballett d. Rigaer Oper, Riga 1943.

LEXIKA, FÜHRER, NACHSCHLAGWERKE: *Duval, G.:* Terpsichore, petit guide à l'usaye des amateurs de ballet, 1875. *Haskell, A.:* Ballet. A Complete Guide to Appreciation History, Aesthetics, Ballets, Dancers, 1938. *Raab, R.:* Kleines Lexikon f. d. Ballett, Sonderdruck aus „Der Tanz" (1941). *Beaumont, C. W.:* Complete Book of ballet, 1937, 1942/45. *Kersley, L. – Sinclair, J.:* A Dictionary of Ballet Terms, 1952. *Enciclopedia:* Enciclopedia dello spettacolo, Roma 1954. *Beaumont, C. W.:* Ballets of Today, 1954. *Crosland, M.:* Ballet Carnival. A Companion to Ballet, 1955. *Oster, L.:* Les Ballets du répertoire courant, 1955. *Gasch, Seb.:* Diccionario del Ballet y de la Danza, Barcelona 1956. *Regner, O.:* Ballettführer, 1956. *Anonym:* Dictionnaire du Ballet moderne, 1957. *Balcar, A. J.:* Das Ballett-Lexikon, 1957. *Maynard, O.:* The Ballet Companion, 1957. *Wilson, G. B. L.:* A Dictionary of ballet, 1957. *Swinson, C.:* Guidebook to the Ballet, 1960. *Peters, K.:* Lexikon d. klassischen Tanztechnik, 1961. *Rebling, E.:* Ballett v. A bis Z, 1966. *Suric, E. Ja.:* Vse o balete (Alles über das Ballett), 1966. *Rayna, Ferd.:* Dictionnaire des Ballets, 1967. *Guillot, G.:* Grammaire de la danse classique, 1971. *Koegler, H.:* Friedrichs Ballettlexikon v. A–Z, Hannover 1972, engl. Ausgabe: The Concise Oxford Dictionary of Ballet, London 1977. *Terry, W.:* Ballet Guide, 1976. *Clarke, M. – Vaughan, D.:* The Encyclopedia of Dance and Ballet, 1977. *Brinson, P. – Crisp, Cl.:* Ballet and Dance, 1980.

LIBRETTO: *Proebster–Hess, H.:* Das Ballettlibretto, Diss. München 1956.

MEXIKO: *Ballet mexicano.* Academia de la danza mexicana, Mexico 1951.

MONTE CARLO: *Stein, R.:* Trois siécles de ballet à Monte Carlo (1650–1950), Lausanne 1968.

MUSIK (MUSIK U. TANZKUNST): *Widmann, B.:* Musik u. Tanzkunst, in: Schweizerische Musikzeitung, Jg. 39, Nr. 5, 1899, S. 33 f. *Laban, Rud. v.:* Ballettmusik u. neuer Tanz, in: Neue Musik-Zeitung, Jg. 49, 1928, H. 7, S. 214 ff. *Evans, Ed.:* Music and the Dance. For Lovers of the Ballet, London s. a. *Lawrence, R.:* The Victor book of ballets and ballet music, 1950. *Musique:* Musique et le Ballet, in: La Revue Musicale, Numéro spécial, No. 219, 1953. *Lifár, S.:* La musique par la danse de Lulli à Prokofiev, 1955. *Goléa, A.:* Les Rapports entre la Musique et la Danse, in: Le Point Mars 1956, S. 26 ff. *Searle, H.:* Ballet Music. An Introduction, 1958.

NIEDERLANDE: *Sinclair, J. – Kersley, L.:* Balletjaarbock. Ballet en dans in Nederland 1956–1957, Haarlem-Antwerpen 1957. *Boswinkel, W. – Koning, D. – Schultnik, J.:* Het Nederlands Ballet, 1958. *Koning, D.:* Ballet in Nederland, 1957.

POLEN: *Ciepliński, Jan:* Szkic dziejów baletu polskiego (Skizze d. Geschichte d. poln. Balletts), 1956.

RUSSLAND: *Pljescejev, A. A.:* Nas Balet, 1899. *Legat, N. S.:* Russkij Balet i karikatura, 1902/05. *Prepert, W. A.:* The Russian Ballet in Western Europe 1909–1920, London 1921. *Georges-Michel, M.:* Ballets Russes, 1923. *Racster, O.:* The Master of the Russian Ballet, 1923. *Volynsky, A. L.:* Problems of Russian Ballet, 1923. *Belaiev, V.:* Der Bühnentanz in Rußland, in: Musikblätter d. Anbruch, Nr. 3/4, März/April 1926, S. 165 f. *Beaumont, C. W.:* History of Ballet in Russia 1613–1881, London 1930. *Karsavina, T.:* Les Souvenirs de Tamar Karsavina, Paris 1931. *Sentenac, P.:* Les ballets russes et les ballets suédois, in: Les Spectacles a travers les ages, S. 235 ff., 1932. *Stokes, Ad.:* Russian Ballets, 1935. *Vazem, Yek. O.:* Memoirs of a Ballerina of the St. Petersburg Bolshoi Theatre, Leningrad 1937. *Boriso-*

glebsky, M.: Materials for a History of Russian Ballet, 1938. *Benois, A.:* Reminiscences of the Russian Ballet, 1941 u. 1945. *Lawson, J.:* Ballet in the U. S. S. R., 1943. *Kleiber, B. A.:* Russisk Ballett, 1946. *Morley, I.:* Soviet Ballet, 1946. *Slonimsky, J.:* The Soviet Ballet, 1947. *Lifar, S.:* Histoire du Ballet Russe, 1950. *Bočarnikova, E. – Martinova, O.:* Moskovskve choreografičeskve, 1954. *Sacharow, R.:* Sowjetisches Ballett, 1954. *Ulanowa, G.:* Ballets soviétiques, 1954. *Zacharov, R.:* Iskusstvo baletmejstera, 1954. *Balet:* Balet teatra gosudarstvennogo, 1955. *Mooser, R. A.:* Opèras, intermezzos, ballets, cantates, oratorios joués en Russie durant le XVIIIe Siècle. Essai d'un répertoire alphabétique et chronologique, 1955. *Soria, G.:* Le Ballet Moisséiev, 1955. *Ulanowa, G.:* Über d. sowjetische Ballett, 1955. *Ulanowa, G.:* Die Schule einer Ballettänzerin, Moskau 1955. *Bonnet, Yv.:* Ballets de Moscou par la troupe du Théâtre lyrique national, 1956. *Bellew, H.:* Ballet in Moscow Today, 1956. *Slonimsky, Y.:* The Bolshoi Theatre Ballet, 1956. *Slonimsky, Y.:* Tschaikowsky and the Ballet Theatre of his Time, 1956. *Harlequin:* New Letter of the Federation of Russian Classical Ballet, Chelsea 1957. *Koegler, H.:* Bolschoi-Ballett, 1959 (Rembrandt-Reihe 16). *Haskell, A. L.:* The Russian Genius in Ballet, 1963. *Krasovskaja, V.:* Russkij baletnyi teatro utoroj polivny 19 veka, 1963. *Bogdanov-Berezovskij, M.:* Balet Leningrade, 1964. *Kosorukov, V.:* Balet, 1966. *Roslavleva, N.:* Era of the Russian Ballet, 1966. *Balet:* Balet leningradskij segodnja (Das Leningrader Ballett heute), 1967. *Frangepulo, M.:* Leningrader Ballett, 1967. *Petipa, M.:* Materialy, Vospominania, Stat'i, Leningrad 1971. *Krasovskaja, V. M.:* Russian Ballet Theatre at the Beginning of the 20th Century, 1971/72. *Slonimsky, Y.:* Puschkins Ballet-Verses, 1973. *Schrade, R.:* Sovjetisches Ballett, 1977. *Baumann, W.:* Ästhetisches Urteil u. russische Tanzkritik. Von Puškin bis Saltykov-Ščedrin, 1978 (Symboliae Slavicae 4). *Demidov, A.:* The Russian Ballet, 1978. *Botscharnikowa, J.-Gabawitsch, M.:* Die Ballettschule d. Großen Theaters, Moskau, s. a.

SCHWEDEN: *Ballets* suédois. Dans l'art contemporain, 1931. *Sentenac, P.:* Les ballets russes et les ballets suédois, in: Les Spectacles a travers les âges, Paris 1932, S. 235 ff. *Lindberg, P.:* Baletten under fyra sekler. Natur och Kultur, Stockholm 1943. *Rootzén, K.:* Den svenska baletten, 1945. *Hilleström, G.:* Theater u. Ballett in Schweden, 1956.

SCHWEIZ: *Enkelmann, S.:* Ballett in Basel, 1962.

SPANIEN: *Brinton, D. G.:* The Güegüence; A Comedy Ballet in the Nahuatl-Spanish Dialect of Nicaragua, Philadelphia 1883 (Brinton's Library of Aboriginal American Literature, Number III). *Puig, C. A.:* Guia tecnica, sumario cronologico y analisis contemporaneo del ballet y baile español, 1944. *Michaut, P.:* Danse Espagnol, 1949. *Tharrats, J.-J.:* Artistas españolas en el ballet, 1950. *Liovet, E.:* Ballet espagnol, 1955. *Gyenes, J.:* Ballet espagnol, 1956.

TECHNIK UND UNTERRICHT: *Blasis, C.:* Traité, Elémentaire, Théorique et Pratique de l'Art de la danse, Milan 1820. *Blasis, C.:* Manuel complet de la danse, Paris 1830. *Beaumont, C. W.-Idzikowski, St.:* A Manual of the Theory and Practice of Classical Theatrical Dancing-méthode Cecchetti, 1922. *Levinson, A.:* Technik u. Geist, Bemerkungen zum klassischen Tanz, in: Musikblätter d. Anbruch, Nr. 3/4, März/April 1926, S. 126 ff. *Levinson, A.:* Adagio. Das klassische Tanz-Duett, in: Neue Musik-Zeitung, Jg. 49, 1928, H. 7, S. 206 ff. *Beaumont, C. W.-Craske, M.:* The Theory and Practice of Allegro in Classical Ballet (Cecchetti Method), 1930. *Derra de Moroda, F.:* The Demi-Coupé and other Eighteenth Century Steps. A Word of Warning, in: The Dancing Times, October 1930, S. 14 ff. *Beaumont, C. W.:* French-English Dictionary of Technical Terms used in Classical Ballet, 1931. *La Meri:* The Principles of the Dance Art, 1933 (Chaming Useful Pocket Series 5). *Beaumont, C. W.-Idzikowski, S.:* The Theory and Practice of Classic Theatrical Dancing (Cecchetti Method), 1940. *Gabriel, J.:* Ballet School, 1940. *Godlewski, W.:* Das Ballett-Studium, München 1941. *Bourgat, M.:* Technique de la danse, 1946. *Deane, E. u. F.:* Ballet-to-Remember, 1947. *Grant, Gail:* The Technical Manual and Dictionary of Classical Ballet, 1950. *Lifar, S.:* Lifar on classical Ballet, 1951. *Kirstein, L.:* The Classical Ballet, 1952. *English, W. W.:* Basic Ballet, 1954. *Waganowa, A. J.:* Die Grundlagen d. klassischen Tanzes, 1954 (orig. russisch, engl. Ausgabe London 1948). *Ulanowa, G.:* Die Schule einer Ballettänzerin, 1955. *Craske, M.-Derra de Moroda, F.:* The Theory and Practice of Advanced Allegro in Classical Ballet (Cecchetti Method), 1956. *Karsavina, T.:* Ballet Technique, 1956. *Mara, Th.:* Second Steps in Ballet, 1957. *Lawson, J.:* Dressing for the Ballet, 1958. *Fletcher, B. u. P.:* How to improve your Ballet Dancing, 1959. *Lawson, J.:* Classical Ballet. Its Style and Technique, 1960. *Geitel, K.:* Ballett vor d. Premiere, 1961 (Rembrandt-Reihe, Bd. 30). *Peters, K.:* Lexikon d. klassischen Tanztechnik, 1961. *Karsavina, T.:* Classical Ballet: The Flow of Movement, 1962. *Kutschera, Aimée C.:* Die Grundformen d. klassischen Balletts, in: Österr. Musikzeitschrift, Jg. 18, 1963, H. 11, S. 507 ff. *Merényi, Z. L.:* Methodik d. klassischen Tanzes, 1964. *Gregory, J.:* Understanding Ballet, 1965. *Sebrennikow, N. N.:* Pas de deux im klassischen Tanz, 1969. *Wooliams, A.:* Ballettsaal, 1973. *Rebling, E.:* Ballettfibel, 1974. *Tarasov, N. I.:* Klassischer Tanz: Die Schule d. Tänzers, 1974. *Ždanov, L.:* Škola bol'šogo baleta, 1974. *Lawson, J.:* Beginning Ballet, 1977. *Lörinc, G.:* Methodik d. klassischen Tanzes, 1981.

TSCHECHOSLOWAKEI: *Rey, Jan:* Die Welt d. Tanzes. Volkstanz u. Ballett in d. Tschechoslowakei, s. a. *Soupis:* Soupis baletního repertoáru ceskoslovenkých divadel 1945–1960, Praze 1960.

UNGARN: *Márkus, L.:* Magyar Balletek, s. a. *Derra de Moroda, F.:* The Ballet at the Royal Opera House in Budapest, in: The Dancing Times, July 1936, S. 383 ff. u. 417 f. *Vályi, R.:* A Magyar Balett Történetéből, 1956. *Körtvélyes, G.-Lörinc, G.:* Das Budapester Ballett, 1971.

USA: *Shawn, Ted:* The American Ballet, 1926. *Martin, J.:* Der moderne Tanz in Amerika, in: Schrifttanz, Jg. 3, H. 2, Juni 1930, S. 28 ff. *Martin, J.:* American Dancing: The Background and Personalities of the Modern Dance, 1936. *Kirstein, L.:* Blast at Ballet, a Corrective for the American Audience, 1938. *Palmer, W.:* Theatrical Dancing in America. The Development of the Ballet from 1900, New York 1945. *Amberg, G.:* Ballet in America, 1949/1951. *Chujoy, A.:* The New York City Ballet, 1953. *Terry, W.:* The dance in America, 1956. *Guest, Iv.:* The Alhambra Ballet, 1959. *Koegler, H.:* Modernes Ballett in Amerika, 1959 (Rembrandt-Reihe Bd. 19). *Maynard, O.:* The American Ballet, 1959. *Cohen, S. J.-Pischl, A. J.:* The American Ballet Theatre: 1940–1960, in: Dance Perspectives 6, 1960. *Heinsheimer, H.:* USA: Ballett-Explosion, in: Neue Zeitschrift f. Musik, Jg. 141, H. 2, S. 126 ff. *Mazo, J. H.:* Prime Movers. The makers of modern dance in America, 1977. *Siegel, M. B.:* The Shapes of Change. Images of American Dance, 1979.

WIEN: *Millenkovics, M. v.:* Das Ballett d. Wiener Hofoper, 1910. *Nettl, P.:* Die Wiener Tanzkomposition in d. 2. Hälfte d. 17. Jh., in: Studien zur Musikwissenschaft, H. 8, Wien 1921, S. 45 ff. *Haas, R.:* Die Wiener Ballett-Pantomime u. Glucks Don Juan, in: Studien zur Musikwissenschaft, H. 10, Wien 1923, S. 6 ff. *Nettl, P.:* Beitrag zur Geschichte d. deutschen Singballetts, sowie zur Öttinger u. Nördlinger Musikgeschichte, in: Zeitschrift f. Musikwissenschaft, Jg. 6, H. 10/11, 1924, S. 608 ff. *Haas, R.:* Zur Wiener Ballettpantomime um d. Prometheus, in: Neues Beethoven-Jahrbuch, Jg. 2, 1925, S. 84 ff. *Haas, R.:* Beethoven u. d. Wiener Ballett, in: Velhagen u. Klasing Monatshefte, Jg. 24, 1927, S. 41 ff. *Sandt, A.:* Etude sur l'Histoire des Ballets Viennois au XIXe siècle, in: Archives Internat. de la Danse, Jg. 2, Nr. 1, Paris 1934, S. 16 ff. *Haas, R.:* Der Wiener Bühnentanz v. 1740–1767, in: Jahrbuch d. Musikbibliothek Peters f. 1937, Jg. 44, 1938, S. 77 ff. *Raab, R.:* Vom Wiener Ballett, in: Jahrbuch d. Gesellschaft f. Wiener Theater-Forschung 1946/47, S. 89 ff. *Ruziczka, E.:* Das Wiener Opernballett, Diss. Wien 1948. *Raab, R.:* Das k. k. Hofballett unter Maria Theresia 1740–1780, in: Jahrbuch d. Gesellschaft f. Theaterforschung 1950/51, S. 87–103. *Raab, R.:* Ballettreformator J. G. Noverre in Wien, in: Jahrbuch d. Vereines f. Geschichte d. Stadt Wien, Bd. 13, 1957, S. 123 ff. *Raab, R.:* Wechselbeziehungen im Tanze, in: Österreich u. d. angelsächsische Welt, Abschnitt: Bühne u. Welt, S. 495 ff., Wien 1961. *Winkler, G.:* Das Wiener Ballett v. Noverre bis Fanny Elßler, Diss. Wien 1967. *Raab, R.:* 100 Jahre Wiener Opernballett, in: Wiener Geschichtsblätter 24, 1969, S. 487 ff. *Ruziczka-Pichler, E.:* Das Wiener Opernballett, Wien 1971. *Koller, H.:* Ballett d. Wiener Staatsoper, 1979. *Schüller, G.:* Der Tanz in Wien im 20. Jh., in: Ausstellungskatalog „Tanz 20. Jh. in Wien", S. 15 ff., Wien 1979.

BALLETT IM WANDEL DER EPOCHEN: 16. Jh.: *Celler, L.:* Les origines de l'Opera et le Ballet de la Reine (1581), Paris 1868. *Lancaster, H. C.:* Relation between French plays and Ballets from 1581–1650. Publications of the Modern Language Association 1916. *McGowan, M. M.:* L'art du ballet de cour en France 1581–1643, Paris 1963. *Beaujoyeulx, B. d.:* Le Balet comique de la Reyne, 1581. American Inst. of Musicology 1971.

17. Jh.: *Solerti, A.:* Musica, Ballo e Drammatica alla Corte Medicea dal 1600 al 1637, Firenze 1905. *Lach, R.:* Aus d. Handschriftenschatze d. Musiksammlung d. Wiener Nationalbibliothek, s. a. *Bittrich, G.:* Ein deutsches Opernballett d. 17. Jh., ein Beitrag zur Frühgeschichte d. deutschen Oper, Diss. Leipzig 1929, gedr. 1931. *Campianu, E.:* Zur Aufführungspraxis d. Tanzes in d. Barockoper, in: Hamburger Jahrbuch f. Musikwissenschaft, Bd. 3, 1978, S. 273 ff. *Dahms, S.:* Tanz u. „Turnierspiel" im Musiktheater d. Salzburger Hochbarocks, in: Österreichische Musikzeitschrift, Jg. 33, 1978, H. 10, S. 512 ff.

18. Jh.: *Braun, L.:* Die Ballettkomposition v. Joseph Starzer, in: Studien zur Musikwissenschaft, H. 13, Wien 1926, S. 38 ff., *Kloiber, R.:* Die dramatischen Ballette v. Christian Cannabich, gedr. Diss. München 1928. *Viollier, R.:* Un opéra-ballet au XVIIIe siècle: les Festes ou le Triomphe de Thalie, in: Revue de Musicologie, Bd. 16, Paris 1935, S. 78 ff. *Raab, R.:* Goethes Stellung zu Tanz u. Ballett, in: Jahrbuch d. Wiener Goethe-Vereins, Bd. 65 (1961), S. 110 ff. *McCredie, A. D.:* Handlungsballett, Melodrama u. d. musikdramatischen Formen d. Sturm und Drangs u. d. Weimarschen Klassizismus, in: Musikoloski Zbornik, Musicological Annual, S. 42 ff., Ljubljana 1979, vol 15.

19. Jh.: *Kreowskie, E.:* Aus d. Welt d. Balletts bis gegen Ende d. 19. Jh., in: Neue Musik-Zeitung, Stuttgart 1901, Nr. 10–14, 17–20. *Levinson, A.:* Ballet romantique, 1919. *Coeuroy, A.:* Wagner et le Ballet, in: La Revue Musicale, Jg. 2, no. 2, Dezember 1921, S. 110 ff. *Bouteron, M.:* Danse et Musique romantiques, 1927. *Slominsky, Y.:* Masters of the Ballet in the 19th Century and Classics of Choreography, 1937. *Beaumont, C. W.-Sitwell, S.:* The romantic Ballet in Lithographs of the time, 1938. *Lifar, S.:* Le Ballet et la Danse a l'epoque romantique, 1942. *Sitwell, S.:* The Romantic Ballet from Contemporary Prints, 1948. *Guest, Iv.:* The Romantic Ballet in England, 1954. *Niehaus, M.:* Himmel, Hölle u. Trikot. Heinrich Heine u. d. Ballett, 1959. *Guest, Iv.:* A Gallery of Romantic Ballet, 1966.

20. Jh.: *Hornbostel, E.:* Melodischer Tanz. Eine musikpsychologische Studie, in: Zeitschrift d. Int. Musikgesellschaft, Jg. 5, 1904, H. 12, S. 482 ff. *Becker, L.:* Die Sezession i. d. Tanzkunst, in: Bühne u. Welt, Jg. 12, 1. Halbjahr, Oktober 1909 – März 1910, S. 27 ff. *Schur, E.:* Der moderne Tanz, 1910. *Flitch, J. E. C.:* Modern Dancing and Dancers, 1911. *Caffin, C.-Charles, H.:* Dancing and Dancers of today, 1912. *Svetlow, V.:* Le ballet contemporain, 1912. *Hackmann, H.:* Die Wiedergeburt d. Tanz- u. Gesangskunst aus d. Geiste d. Natur, 1918. *Boehme, F.:* Vom musiklosen Tanz (Der tanzende Mensch, H. 1), Leipzig 1921. *Vuillermoz, E.:* Le Ballet Moderne, in: La Revue Musicale, Jg. 2, Nr. 2, Dezember 1921, S. 46 ff. *Rochowanski, L. W.:* Der tanzende Schwerpunkt, 1923. *Böhme, F.:* Der Tanz d. Zukunft, 1926. *Morris, M.:* Margaret Morris Dancing, 1926. *Stefan, P.:* Tanz in dieser Zeit, in: Musikblätter d. Anbruch, Nr. 3/4, März/April 1926, S. 93 f. *Trümpy, B.:* Erziehung zum Tänzer. Zeitgemäße Tanzfragen, in: Musikblätter d. Anbruch, Nr. 3/4, März/April 1926, S. 135 ff. *Wigman, M.:* Tänzerisches Schaffen d. Gegenwart, in: Musikblätter d. Anbruch, 3/4, März/April 1926, S. 95 ff. *Schlemmer, O.:* Mechanisches Ballett, in: Tanz u. Reigen, Berlin 1927, S. 80 ff. *Aubel, H. u. M.:* Der künstlerische Tanz unserer Zeit, 1928. *Suhr, W.:* Das Gesicht d. Tanzes – d. nackte Tanz, 1928. *Wellesz, E.:* Der neue Tanz u. d. Opernbühne, in: Neue Musik-Zeitung, Jg. 49, Stuttgart 1928, H. 7, S. 209 ff. *Danckert, W.:* Der neue Kunsttanz als geistesgeschichtliches Phänomen, in: Die Musik, Jg. 21, 1928/29, S. 878 ff. *Duncan, I.:* Der Tanz d. Zukunft, 1929. *Kirsta, G.:* Ballett von morgen, in: Schrifttanz, Jg. 2, H. 1,

Wien 1929, S. 1 ff. *Levinson, A.*: La danse d'aujourd'hui. Etudes – Notes – Portraits, 1929. *Salazar, A.*: Sinfonia y Ballet, Madrid 1929. *Berber, A.*: Die Tänze d. Lasters, d. Grauens u. d. Extase – und Sebastian Droste, 1932. *Böhme, F.*: Tanz d. kommenden Zeit, in: Die Musik, Jg. 25, H. 4, Januar 1933, S. 251 ff. *Ferand, E.*: Der neue Tanz in seinen Beziehungen zu Gymnastik, Rhythmik, Musik, in: Die Musik, Jg. 25, H. 4, Januar 1933, S. 267 ff. *Godlewski, W.*: Ballett contra Ausdruckstanz, in: Die Musik, Jg. 25, H. 4, Januar 1933, S. 248 ff. *Martin, J.*: The modern Dance, 1933. *Michel, A.*: Vom Hofballett zur lebendigen Tanzkunst, in: Die Musik, Jg. 25, H. 4, Januar 1933, S. 241 ff. *Boehme, F.*: Der neue Tanz, Berlin s. a. *Bodenwieser, G.*: The New Dance, s. a. *Selden, E.*: The Dancer's Quest, 1935. *Wigman, M.*: Deutsche Tanzkunst, 1935. *Valois, N. de*: Invitation to the ballet, 1937. *Haskell, A. L.*: Modernes Ballett. Englische Tanzkunst seit 1939, Wien 1940. *Ambrose, K.*: Ballet impromptu, 1946. *Coton, A. V.*: The New Ballet. Kurt Jooss and his work, 1946. *Haskell, A.*: Ballet since 1939, London 1946. *Manchester, P. W.*: Vic-Wells: A ballet Progress, 1946. *Searle, R.*: Le nouveau Ballet anglais, 1946. *Amberg, G.*: Art in modern ballet, 1947. *Hall, F.*: Ballet, 1947. *Williamson, A.*: Contemporary Ballet, 1947. *Laban, R. v.*: Modern educational dance, 1948. *Williamson, A.*: Ballet Renaissance, 1948. *Gregor, J.*: Des Meisters Richard Strauss letzte Gedanken zur Ballettkunst, in: Musik d. Zeit, H. 2. *Baron*: Baron at the ballet, 1950. *Michaut, P.*: Le Ballet contemporain 1929–1950, Paris 1950. *Beaumont, C. W.*: The Diaghilev Ballet in London, 1951. *Haskell, A.*: Ballet 1945–1950, London 1951. *Lido, S.*: Ballet. Photographies, in: Art de Industrie, no. special, Paris 1951/52/53. *Martin, J.*: World book of modern ballet, 1952. *Reiss, F.*: Sur la pointe des pieds. Annales choréographiques 1951/52. *Fisher, H.*: Festival Ballet. Dancers of To-Day, Nr. 4, 1953. *Franks, A. H.*: Twentieth Century Ballet, 1954. *Gregory, J.*: Diaghilev's Oversight: and the Aftermath, 1954. *Mason, F.*: Balanchine's complete Stories of the great Ballets, 1954. *Niehaus, M.*: Ballett, 1954. *Vogelsang, M.*: Gedanken zum neuen künstlerischen Tanz, Theater u. Tanz, H. 4 u. 6, Dresden 1954. *Arout, G.*: La danse contemporaine, 1955. *Buckle, R.*: Modern Ballet Design. A Picture-Book with Notes, 1955. *Franks, A. H.*: A Decade of Endeavour, 1955. *Hurok, S.*: The World of ballet, 1955. *Götze, W.*: Studien zur Formbildung d. Oper, Frankfurt s. a. *Humphrey, D.*: New Dance, in: Dance Perspectives 25. *Lobet, M.*: Panorama du ballet d'aujourd'hui, 1956. *Niehaus, M.*: Junges Ballett, 1957. *Baron*: Baron's Ballet Finale, 1958. *Lobet, M.*: Le Ballet français d'aujourd'hui. De Lifar à Béjart, 1958. *Winearls, J.*: Modern Dance. The Jooss-Leeder Method, 1958. *Koegler, H.*: Ballett international. Versuch einer Bestandsaufnahme, 1960. *Massine, L.*: My Life in Ballet, 1960. *Barnes, C.*: Ballet here and now, 1961. *Horst, L.-Russell, C.*: Modern Dance Forms in Relation to the Other Modern Arts, 1961. *Koegler, H.*: Wo steht d. deutsche Ballett?, in: Musica, Jg. 16, H. 2, 1962, S. 67 ff. *Suhr, W.*: Der künstlerische Tanz, in: Die Musik, Bd. 47/48. *Herf, E.*: Ballet Today, 1963. *Milloss, A. v.*: Strawinsky u. d. Ballett, in: Österr. Musikzeitschrift, Jg. 20, H. 1, 1965, S. 18 ff. *Leeb, G.*: Serge Lifar u. d. neoklassische Ballett, Diss. Wien 1969. *Morris, M.*: My Life in Movement, 1969. *McDonagh, D.*: The Rise and Fall and Rise of Modern Dance, 1970. *Percival, J.*: Modern Ballet, 1970. *Krasovskaja, V. M.*: Russian Ballet Theatre at the Beginning of the 20th Century, 1971/72. *Ballet dance modern*. With contributions by leading choreographers, dancers and critics, London 1974. *Rebling, E.*: Tanz d. Völker. Folkloreballett heute, Berlin s. a. *Wolgina, L.-Pietsch, U.*: Die Welt d. Tanzes in Selbstzeugnissen, 20. Jh., 1977. *Brunner, G.*: Richard Strauss u. d. Ballett, in: Richard Strauss 1864–1949, Hamburg 1979. *Chladek, R.*: Auswirkungen d. rhythmischen Erziehung im Bereich d. künstlerischen Tanzes, in: Tanz 20. Jh. in Wien, Ausstellungskatalog, Wien 1979, S. 65 ff. *Dodd, C.*: Ballet and Modern Dance, 1980. *Katzer, G.*: Bekenntnis zum zeitgenössischen Tanztheater, in: Neue Zeitschrift f. Musik, Jg. 141, H. 2, 1980, S. 122 ff.

Ballett der Wiener Staatsoper ↗Wiener Staatsopernballett.

Ballett des XX. Jahrhunderts (offizieller Name ist: Ballet du XXe Siècle). Die Heimat dieses für das moderne Ballett berühmten Ensembles ist Brüssel, wo es regelmäßige Aufführungen gibt. Es wurde 1960 gegründet, unternahm weltweite Tourneen, 1971 erstmals in die USA. Der künstlerische Leiter und ↗Choreograph war bis 1980 Maurice ↗Béjart. Gelegentlich wirken auch andere Choreographen, und auch die Tänzer selbst werden angeregt, eigene Ballettschöpfungen zu produzieren. Zu den Ausführenden gehören Tänzer aus aller Welt, darunter so bedeutende wie Paolo ↗Bortoluzzi. Weltberühmt wurde Béjart mit seinem Ensemble vor allem durch die großangelegten modernen Tanzschöpfungen wie „Neunte Symphonie" nach der Musik von L. van ↗Beethoven oder „Notre Faust" nach der Musik von J. S. ↗Bach. Besonders bei der Jugend fanden diese Darbietungen großen Widerhall. Im Jahre 1980 übernahm Jorge ↗Donn die Leitung des Ensembles.

Lit.: *Livio, A.*: Béjart, Lausanne 1969. *Christout, M. F.*: Béjart, Paris 1972. *Béjart, M.*: Tanzt das XX. Jh., 1978.

Ballett-Divertissement ↗Divertissement.

Ballettmeister. Er kommt meist aus dem Stande der Tänzer. Seine Tätigkeit, die sich im Laufe der Zeit gewandelt hat, umfaßt Einstudierung von ↗Balletten, Leitung und Unterricht der Ballettschule, Einstudierung von Tanzszenen in Opern, Leitung der Wiederholungsproben und der geschäftlichen Belange eines Ballettcorps. Der Ballettmeister muß im Gegensatz zum Managertyp des Ballettdirektors ein musikalisch, tänzerisch und pädagogisch gebildeter Künstler sein.

Balletto a cavallo

Lit.: *Lopokov, F.:* Wege d. Ballettmeisters, 1925. *Godlewski, W.:* Ballettmeisterschulung, in: Singchor u. Tanz, Jg. 49, 1932.

Balletto a cavallo ↗Roßballett.

Ballettoper ↗Opéra-ballet.

Ballettpantomime ist die Form eines ↗Balletts mit vorwiegend gestischer und mimischer Darstellung einer Handlung. Ihre Anfänge sind bereits in den allegorischen Balletten, wie sie im 15. Jh. an den Höfen Italiens und Frankreichs gebräuchlich waren, zu finden. Die große Entwicklung fand die Ballettpantomime im 18. Jh. durch ↗Hilverding, G. ↗Angiolini, dessen ↗Don-Juan-Ballett als eine neue Form der tragischen Ballettpantomime bezeichnet werden kann. ↗Noverre in Deutschland, England, Frankreich, Österreich und ↗Galeotti in Italien bauten die neue Form des Balletts weiter aus. Im romantischen Ballett fanden pantomimische Elemente gleichwertige Bedeutung neben dem reinen Tanz (↗„Giselle"). Als ein Beispiel der Ballettpantomime des 20. Jh. kann ↗Bartóks „Der ↗wunderbare Mandarin" bezeichnet werden. (↗Ballet d'action, ↗Ballet de cour)

Lit.: *Lawson, J.:* Mime, London 1957.

Ballo. Allgemein bedeutet das Wort im italienischen Tanz, Ball, Ballett. Im 16. Jh. ist der ballo die Bezeichnung für einen mehrteiligen Tanz lebhaften Charakters mit häufigem Takt- und Tempowechsel. Die italienischen Tanztheoretiker des 15. und 16. Jh. stellten solche balli meist selbst zusammen und gaben ihnen bestimmte Stoffmotive und Namen (La Mercantia, La Sobria, Verceppe, Gelosia usw.), die nach den Anweisungen der Tanzlehrer in einer Folge von Figuren pantomimisch ausgedeutet wurden. Später, ungefähr Ende des 16. Jh., ist der Ballo zu einem bestimmten zweiteiligen, geradtaktigen, raschen Tanztypus geworden, für den auch der Name balletto gebräuchlich war. Die Balli konnten sowohl instrumental als auch vokal ausgeführt werden. Der italienische Madrigalkomponist Giovanni Giacomo Gastoldi hat 1591 solche „Balletti di cantare, sonare e ballare" geschrieben. Deutsche, französische, englische und niederländische Komponisten folgten dem Beispiel Gastoldis. Die Bezeichnung Ballo kam ungefähr zu Anfang des 18. Jh. außer Gebrauch. (↗Ball)

Lit.: *Bie, O.:* Der Tanz, 1919. *Sachs, C.:* Eine Weltgeschichte d. Tanzes, 1933. *Mullally, R.:* The Polyphonic Theory of the Bassa Danza and the Ballo, in: The Musical Review, vol. 41, 1980, No. 1, S. 1 ff.

Ballo alla scherma ↗Imperticata.

Ballo del bastone. Italienischer ↗Waffentanz aus den Gegenden der Romagna. Jeder Tänzer ist bei diesem Tanz mit zwei Stöcken bewaffnet, die zusammengeschlagen werden.

Lit.: *Wolfram, R.:* Schwerttanz u. Männerbund, s. a., S. 134.

Ballo della cordella. ↗Italienischer Volkstanz aus Sizilien, eine Form des ↗Bandltanzes. 24 maskierte Tänzer und Tänzerinnen bewegen sich um eine Stange, von der verschiedenfarbige Bänder herabhängen, schlingen sie im Tanz zu einem kunstvollen Muster und lösen sie dann wieder auf.

Lit.: *Bolte, J.:* Der Bandeltanz, in: Zeitschrift d. Vereines f. Volkskunde, Jg. 37./38., 1927/28, S. 18.

Ballo tondo sardo. Dieser sehr alte sardische Rundtanz ist ein typischer ↗Werbetanz, verwandt mit der rumänischen ↗Hora. Im Dialekt wird er auch ballu sardu oder ballu tundu genannt. Er ist auch bekannt unter der Bezeichnung duru-duru nach dem Schlagen mit der Hand auf die Baskentrommel. Der Tanz wird eingeleitet mit einem Vorspiel im 2/4-Takt, der eigentliche Tanz steht im 6/8-Takt. Die Begleitung besteht aus kurzen rhythmischen, oftmals wiederholten Themen, entweder von Instrumenten oder Sängern angegeben, dabei werden aber keine Texte, sondern nur verschiedene Silben gesungen. Die Aufstellung zum Tanz erfolgt in einem großen Kreis rund um die Spieler. Männer und Frauen stehen abwechselnd, einander an der Hand haltend. Der Tanz beginnt mit einer langsamen feierlichen Bewegung und wird nach und nach schneller. Er ist in seinen Grundzügen mit seinen Gesten und Bewegungen in ganz Sardinien immer derselbe, doch zeigt er je nach Gegenden verschiedene Varianten. (↗Italienischer Volkstanz)

Lit.: *Galanti, Bianca Maria:* Forms and Aspects of the Ballo Tondo Sardo, in: Journal of the Int. Folk Music Council, vol. II, 1950, S. 14 ff. und in: Dances of Italy, 1950, S. 22 ff.

Ballon bezeichnet im klassischen ↗Ballett den beherrschten Stillstand am Höhepunkt eines Sprunges.

Lit.: *Raab, R.:* Lexidion f. d. Ballett, s. a.

Balloné. Im klassischen ↗Ballett die Bezeichnung für einen Sprung auf einem Bein, während die Spitze des anderen Beines einen stehenden Kreis in der Luft von unten hinaus nach oben herein vollführt und dann sofort in offene ↗Position degagiert.

Lit.: *Raab, R.:* Lexidion f. d. Ballett, s. a.

Ballotté. Im klassischen ↗Ballett die Bezeichnung für einen schaukelnden Tanzschritt, der durch abwechselndes Ein- und Auswerfen der Füße entsteht.

Lit.: *Raab, R.:* Lexidion f. d. Ballett, s. a.

Balon, Jean. Französischer Tänzer und ↗Choreograph, geb. 1676 in Paris, gest. 1739 ebendort. Sein erstes Auftreten war 1688 bei einer Aufführung von „L'oronthée" vor der königlichen Familie in Chantilly. 1691 wurde er Mitglied der Oper in Paris. Er tanzte mit L. ↗Pécourt, N. ↗Blondi und Françoise ↗Prévost, mit der er einen großartigen Erfolg bei einem Fest der Duchesse de Maine auf ihrem Schloß in Sceaux im Jahre 1714 in Corneilles „Horace" hatte, ein Ereignis, das als eine Vorstufe des ↗Ballet d'action angesehen wird.

Lit.: *Lawson, J.:* History of Ballet and its Makers, 1964, 1974. *Schmidt-Garré, H.:* Ballett. Vom Sonnenkönig bis Balanchine, 1966, S. 22.

Bal paré war der zeremonielle ↗Ball des französischen Hofes. Er kam 1669 in Paris auf und wurde unter ↗Ludwig XIV. der vorbildliche Hofball. Ein eigener ↗Tanzmeister mußte darauf achten, daß alles nach Vorschrift vor sich ging. „Bal paré" ist auch ein komisches Ballett von J. G. ↗Noverre benannt.

Lit.: *Czerwinski, A.:* Brevier d. Tanzkunst, 1879, S. 191 f. *Bie, O.:* Der Tanz, 1906.

Bal réglé. Darunter verstand man im Frankreich des 16./17. Jh. die Nachahmung des ↗Bal paré durch den Adel oder andere hochgestellte Kreise. Das steife Zeremoniell der Hofbälle wurde in Grenzen auf den Bal public übertragen. Von der Gesellschaft wurden ein eigener Ballkönig und eine Ballkönigin gewählt, die den Ball eröffnen mußten.

Lit.: *Czerwinski, A.:* Brevier d. Tanzkunst, 1879, S. 191. *Bie, O.:* Der Tanz, 1906.

Baltazarini da Belgiojoso (Balthasard de Beaujoyeux, Balthazar de Beaujoyeulx) ↗Baldassaro da Belgiojoso.

Baltimore. ↗Gesellschaftstanz zu Beginn des 20. Jh. Dieser aus sieben Schritten bestehende Tanz war nicht sehr lange in Mode. Die Schritte hießen: Balti-Walk, Collegiate, Blues Rock, Balti-Cross, Drag stomp und Baltimore. Erfunden wurde der Tanz von Beryl Evetts und Barrie Oliver.

Băluta. ↗Rumänischer Volkstanz aus Arge, Muntenia. Die Tänzer und Tänzerinnen stehen im geschlossenen Kreis. Die Schrittfolge besteht aus stampfenden Hüpfern und Galopphüpfern. Die Arme werden dabei frei geschwungen, bei den galoppähnlichen Hüpfern gebeugt. Die Tanzmelodie im 2/4-Takt hat ziemlich rasches Tempo.

Lit.: *Schmolke, A.-Langhans, H.:* Europäische Tänze, H. 10, 1970, S. 12 f.

Bamba (la) ↗Huapango.

Bambuco. Name einer Melodieform im 6/8-Takt, die in ↗Kolumbien, ↗Kuba und ↗Puerto Rico sehr beliebt ist und als Tanz und Lied ausgeführt wird. Als Tanz ist der Bambuco vom spanischen ↗Fandango beeinflußt. Er wird wie dieser von zwei Personen ausgeführt und stellt die Verfolgung und endliche Besitznahme der weiblichen Partnerin dar. (↗Kubanischer Tanz)

Lit.: *Friedenthal, A.:* Musik, Tanz u. Dichtung bei d. Kreolen Amerikas, 1913, S. 128. *Boehn, M. v.:* Der Tanz, 1925, S. 107.

Banakoa. ↗Baskischer Tanz, eine Schwerttanzform, bei der die Tänzer in doppelter Reihe aufziehen. Jeder Tänzer tritt dann vor die Reihe, um sein Solo vorzuführen. Charakteristisch sind dabei erstaunlich hohe Bewegungen des Fußes bis in Kopfhöhe. Der Binakoa wird so ähnlich ausgeführt, nur daß zwei Tänzer gleichzeitig ihr Solo vorführen.

Lit.: *Gallop, R.:* A Book of the Basques, London 1930, S. 188.

Banana's Slide. Eine Tanzform, wie sie im ↗Gesellschaftstanz des 20. Jh. vorgekommen ist.

Wie der Name schon sagt, handelte es sich dabei um ein Gleiten der Tanzschritte, welche mit ↗Foxtrott- oder ↗Charleston-Schritten vermischt getanzt wurden. Banana's Slide wurde als eigener Gesellschaftstanz nicht ausgeführt.

Lit.: *Morán, P.:* Alle Tänze getanzt mit Pablo Morán, 1930, S. 111 ff.

Bandabaya oder Bandayuda ↗Trunjaya-Tanz.

Bandadans. ↗Volkstanz auf den Färöer-Inseln, identisch mit dem isländischen ↗Hringbrot. (↗Färöischer Tanz)

Lit.: *Grüner-Nielsen, H.:* Dans paa Faeröerne, in: Nordisk Kultur, XXIV, 1933, S. 150 ff. *Wolfram, R.:* Schwerttanz u. Männerbund, 1935, S. 133.

Bandltanz. ↗Volkstanz, bei dem mit langen Bändern um einen geschmückten Baum getanzt wird, wobei die Tanzenden durch Verflechtung der Bänder mannigfache Muster darstellen. Der Bandlbaum, von dessen oberem Ende die bunten Bänder herabhängen, ist meist beweglich, wird mitgetragen und am jeweiligen Tanzort von einem Burschen gehalten. Die Bänder sind stets zweifärbig, eine Farbe für die Burschen, eine Farbe für die Mädchen. Die Farben der Bänder entsprechen meist den jeweiligen Landesfarben. Die Kernfigur des Tanzes ist das Flechten der Bänder zu einem engen Muster um den Oberteil des Stammes. Die tanzenden Burschen und Mädchen bewegen sich dabei im Ländlerrhythmus in entgegengesetzter Richtung um den Baum und lösen das Muster in Gegenbewegung auch wieder auf. Komplizierte Formen des Bandltanzes sind der ↗Netztanz und der ↗Zopftanz, bei denen die Bänder nach anfänglichem Flechten noch weiter verwickelt werden. Eine besondere Abart des Bandltanzes ist der sogenannte ↗Stelzenbandltanz, der in Salzburg üblich ist und sich oft auch an den ↗Perchtentanz anschließt. Hier ist eine Verbindung mit dem ↗Kulttanz gegeben, da die Stelze ein uraltes Mittel ist, sich eine übernatürliche, über das Menschliche hinausreichende Größe zu geben. Das Umtanzen eines mit Bändern geschmückten Baumes, wie es auch bei dem Tanz um den Maibaum vorkommt, ist der Rest eines kultischen Tanzes, der nicht nur in den europäischen Ländern heimisch ist. Der Bandltanz, in den deutschen und österreichischen Alpenländern seit Beginn des 19. Jh. nachgewiesen, ist in seinen Grundformen schon im 15. Jh. in Spanien, im 16. Jh. in Italien und im 18. Jh. in England und Frankreich zu finden. Darüber hinaus wurde er auch im 19. Jh. in den Ländern Südamerikas getanzt. (↗Kunkeltanz, ↗Stelzentanz, ↗Chevilière, ↗Lei courdello, ↗Ballo della cordella)

Lit.: *Giehrl, F.:* Heimattänze, 1924. *Pramberger, R.:* Steirische Tanzlust, in: Zeitschrift d. deutschen u. österreichischen Alpenvereins, Bd. 55, 1924, S. 139 f. *Schömer, R.:* Bandldans och Kunkeldans, in: Rig, Föreningen for Svensk Kulturhistoria Tidskrift, Bd. 7, 1924, S. 189 ff. *Bolte, J.:* Der Bandltanz, in: Zeitschrift d. Vereins f. Volkskunde in Berlin, Jg. 35/36, 1925/26, S. 37 sowie Jg. 38, 1927/28, S. 17. *Michel, Artur:* Der Bandltanz in d. romanischen Ländern, in: Wr. Zeitschrift f. Volkskunde, Jg. 41, 1936, S. 49 ff. *Zoder, R.:* Altösterreichische Volkstänze, 2. Teil, 1936. *Lager, H.:* Der Bandltanz aus Saalbach im Pinzgau, in: Das deutsche Volkslied, Jg. 44, 1942, S. 17 ff. *Wolfram, R.:* Die Volkstänze in Österreich u. verwandte Tänze in Europa, 1951. *Horak, K.:* Volkstänze aus Unken im Lande Salzburg, in: Jahrbuch d. österreichischen Volksliedwerkes, Bd. 6, 1957, S. 68.

Banei ↗Hulaner.

Banul Mărăcine. ↗Rumänischer Volkstanz aus den Gegenden Dobrudscha, Moldavien, Oltenien und Walachei. Er wird entweder als Solo von einem Paar oder von mehreren Paaren ausgeführt. Die Aufstellung erfolgt mit dem Gesicht zueinander, die Männer haben die Arme vorne gekreuzt, die Frauen die Hände in die Hüften gestützt. Bei mehreren Paaren geschieht die Aufstellung in einer Linie oder im Halbkreis, wobei die Tänzer die Schultern umfassen. Dem Charakter nach ist er ein mehr majestätischer Tanz im raschen 4/4-Takt.

Lit.: *Grindea, M. u. C.:* Dances of Rumania, Handbooks of European National Dances, Bd. 23, 1952, S. 28 ff.

Baranović, Kresimir. Jugoslawischer Komponist, geb. 25. Juli 1894 in Šibenik, gest. 17. September 1975 in Belgrad. Mit seinem ↗Ballett „Das Lebzeltherz" legte er 1924 den Grundstein für die Entwicklung des zeitgenössischen kroatischen Balletts. Er war Kapellmeister am Theater in Zagreb, wo er nach Reisen mit dem Ballett von Anna ↗Pawlowa 1929–1963 die Oper leitete. 1955 schrieb er das Ballett „Chinesisches Märchen" (Kineska Priča).

Lit.: *Kovačevič, K.:* Hrvatski kompozitori i njihova djela (Kroatische Komponisten u. ihr Werk), Zagreb 1960.

Barbarina, La (auch Barberina). Italienische Tänzerin, geb. 1721 in Parma, gest. 7. Juni 1799 in Barschau, Schlesien. Sie studierte bei Rinaldi Fossano, den sie als seine Partnerin nach Paris begleitete, wo sie in ↗Rameaus ↗„Fêtes de Hébé ou Les Talens lyriques" an der Oper 1739 debütierte. Berühmt als blendende Technikerin, glänzte sie vor allem mit ihren ↗Pirouetten, ↗Battus und ↗Entrechats. Sie tanzte auch in London und Dublin. 1744 holte sie Friedrich der Große nach Berlin, wo sie bis 1748 blieb. Bekannt war sie auch durch ihre vielen Liebesaffären. Man sagt ihr auch eine Romanze mit Friedrich dem Großen nach. 1749 heiratete sie den Großkanzler Cocceji und begleitete ihn nach Schlesien. Nach ihrer Scheidung im Jahre 1788 wurde sie Gräfin de Campanini und verbrachte den Rest ihres Lebens auf ihren Besitzungen, die sie in eine karitative Institution für verarmte Edelfrauen umwandelte. 1935 wurde in der Berliner Staatsoper ein ↗Ballett „Die Barberina" mit der Musik von Herbert Trantow, choreographiert von Lizzi Maudrik, aufgeführt.

Lit.: *Rösler, W.:* Die Barbarina, Berlin 1890. *Olivier, Jean-Jacques:* Barberina-Campanini. Eine Geliebte Friedrich d. Großen, Berlin 1909. *Heidrich, I.:* Wie sie groß wurden, 1959. *Migel, P.:* The Ballerinas, 1972.

Barbiertanz. Unter diesem Namen ist ein heiteres Tanzspiel mit Rasieren und Operieren zu verstehen, das bereits im 18. Jh. bekannt war und auch heute noch in Österreich, der Schweiz, in Deutschland und Dänemark in Verbindung mit Brauchtumsveranstaltungen aufgeführt wird. Ursprünglich bestand die Musik aus einem 14taktigen Moderato-Tempo, dem ein 8taktiges Adagio im 3/4-Takt und zwei Teile im raschen 2/4-Takt folgten. Heute begleitet die Tanzszene meist eine Polkaweise (↗Rasierertanz, ↗Ballbierertanz). In Lippe, Deutschland, heißt der Tanz ↗Putzedanz. (↗Břitva)

Lit.: *Böhme, F. M.:* Geschichte d. Tanzes in Deutschland, 1886, S. 209. *Lutsch, F.:* Kirchweihtänze im Orte Kohlheim, in: Zeitschrift f. österreichische Volkskunde, Jg. 8, 1902, S. 136 ff. *Horak, K.:* Volkstänze aus d. Fleimstal, in: Der Schlern, Jg. 26, 1952, H. 11/12, S. 424 ff. *Wehrhan, K.:* Der „Putzedanz" (Barbiertanz) in Heidenoldendorf bei Detmold (Lippe), in: Niederdeutsche Zeitschrift f. Volkskunde, Jg. 14, 1936, S. 128 ff.

Barfußtanz hieß eine alte Sitte der Salzburger Weißbäcker. Am Faschingdienstag führten die Bäckerknechte durch die Straßen der Stadt einen sogenannten Barfußtanz auf, wofür sie reichlich beschenkt wurden. Die Sitte kam schon 1445 ab, und man findet auch keine Aufschlüsse über die genaue Ausführung des Tanzes.

Lit.: *Adrian, K.:* Salzburger Volksspiele, Aufzüge u. Tänze, 1905, S. 147. *Adrian, K.:* Von Salzburger Sitt' u. Brauch, 1924, S. 351 f. *Wolfram, R.:* Die Volkstänze in Österreich u. verwandte Tänze in Europa, 1951, S. 56.

Baris. ↗Kriegstanz auf Bali. Er wird bei rituellen Festen von Männern mittleren Alters aufgeführt. Sie tragen weiße dreieckige Hüte, geschmückt mit einer Blume auf jeder Seite, und lange schwarze silberne Speere, mit welchen sie einen Kampf andeuten. Es gibt zwei Arten von Baris, den Baris gedé und den Baris pendét, der die Form eines Tanzdramas hat (↗Balinesischer Tanz).

Barn dance (Scheunentanz). Amerikanischer Volkstanz, ein ↗Paartanz im 4/4-Takt. Von 1890 bis 1910 war er auch in England populär. Ursprünglich wurde nach der Melodie „Dancing in the barn" getanzt. Die Schrittfolgen wurden von einem Ansager angekündigt. (↗Nordamerikanischer Tanz)

Barn-door (= Scheunentor). ↗Gesellschaftstanz des 19. Jh. amerikanischen Ursprungs, dem Namen nach zu schließen einem ↗Volkstanz nachgebildet. Herr und Dame stehen zu Beginn des Tanzes nebeneinander.Die Tänzerin legt entweder ihre linke Hand in die rechte Hand des Tänzers oder beide nehmen nebeneinanderstehend die übliche Rundtanzhaltung ein, so daß die rechte Hand der Tänzerin und die linke Hand des Tänzers frei herabhängen. Die Tanzmelodie steht im 4/4-Takt und umfaßt eine viertaktige periodische Tanzfigur. Der Tanz wurde auch „Militär-schottisch" genannt.

Lit.: *Jolizza, W. K. v.:* Die Schule d. Tanzes, S. 156 f.

Barrault, Jean-Louis. Französischer ↗Pantomime, Schauspieler und Regisseur, geb. 8. September 1910 in Le Vésinet. Ab 1931 war er Schauspieler bei dem französischen Theaterregisseur Charles Dullin. Mit Etienne ↗Decroux arbeitete er an der Weiterentwicklung der Pantomime. Seine ersten Inszenierungen sind Pantomimen, 1940–1946 ging er zum Sprechtheater über und wirkte an der Comédie Française. Nach dem 2. Weltkrieg gründete er mit seiner Frau eine eigene Truppe im Théâtre Marigny, später im Palais Royal. Unter der Regierung de Gaulle wurde er zum Leiter der Salle Luxembourg der Comédie Française berufen. Der Schauspieler und Regisseur Barrault hat durch seine Einbeziehung der Pantomime in das Sprechtheater seinen Weltruhm begründet. Sein Ideal war der „acteur total", dem alle Mittel der Sprache und des Körpers zur Verfügung stehen. Neben der Beherrschung der Sprache forderte er vom Schauspieler das analytische Training des Körpers, wie es Decroux vermittelte.

Lit.: *Barrault, J. L.:* Mein Leben mit d. Theater (Reflexions sur le theatre), Paris 1949, Köln 1967. *Simon, K. G.:* Pantomime, 1960, S. 655 f.

Barre heißt die Stange, die zum Anhalten bei den Übungen am Barren, dem „Stangenexerzis", dient.

Lit.: *Raab, R.:* Lexidion f. d. Ballett, s. a.

Barriera, La (span. el Torneo). Dieser italienische Tanz aus dem 15. Jh. stellt ein mimisches Turnier dar und ist sehr alten Ursprungs. Seine früheste bekannte Version bringt das „Manuscrit de Marie de Bourgogne" (ca. 1450). In dieser berühmten Collection ist dieser Tanz arrangiert für drei Tänzer unter dem Titel „Beaulté de Castille".

Lit.: *Dolmetsch, M.:* Dances of Spain and Italy, 1954, S. 125 ff.

Bar Tänze. ↗Türkische Volkstänze aus der Gegend um Erzurum. Es sind dies Gruppentänze, die von Männern oder Frauen getanzt werden. Die von den Frauen getanzten Bars werden gewöhnlich von schwermütigen Liedern begleitet. Die Instrumentalbegleitung besorgen die Oboe „Zurna" und die Röhrentrommel „Davul".

Lit.: *Tör, V. N.:* Die Türkei als Neuland f. d. Erforschung d. Volkstänze, in: Die Volkskultur d. südosteuropäischen Völker, 1962, S. 112 (Südosteuropa-Jahrbuch, Bd. 6).

Bartók, Béla. Ungarischer Komponist, geb. 25. März 1881 in Nagyszentmiklós, gest. 26. September 1945 in New York. Er schrieb das Tanzspiel „Der ↗holzgeschnitzte Prinz" und die ↗Ballettpantomime „Der ↗wunderbare Mandarin". Außerdem stammen von ihm rumänische und transsilvanische Tänze in Bearbeitung für Orchester. (↗Medea-Ballette)

Lit.: *Kroó, Gyoergy:* Bartók Béla szînpadi müevi (Bela Bartoks Bühnenwerke), in: Zenemükiadó Vállalat 1962.

Baryschnikow, Michail Nikolajewitsch. Russischer Tänzer, geb. 27. Januar 1948 in Riga. Er studierte an den Choreographie-Schulen von Riga und Leningrad und schloß sich 1967 dem ↗Kirow-Ballett an. Er stieg dort sehr bald zu einem sehr bewunderten Solotänzer auf. Während einer Tournee sowjetrussischer Tänzer 1974 in Kanada sprang er von der Truppe ab und blieb in Kanada. Er schloß sich sodann dem ↗American Ballet Theatre an, tanzte mit Gelsey ↗Kirkland und vielen anderen Partnerinnen.

Lit.: *Engell, France Charles:* Baryshnikov at Work, London 1977.

Basil, W. de, auch Colonel de Basil (eigentlich Wassilij Grigoriewitsch Woskressenskij), geb. 1888 in Kaunas, gest. 21. Kuli 1951 in Paris, Ballettmanager und Organisator des 1. Ballet de Monte Carlo (↗Ballets Russes). Bis zu seiner Flucht nach Frankreich liegt seine Tätigkeit im Dunkeln. 1925 gründete er in Paris die „Opéra Russe de Paris", ein Ensemble, dem auch Schaljapin angehörte. Nach der Auflösung dieser Truppe im Jahre 1930 übernahm er einen Teil der ↗Diaghilew-Gruppe und gründete das ↗„Ballet Russe de Monte Carlo". ↗Fokine, ↗Massine und B. ↗Nijinska schlossen sich ihm an. Später führte er bis 1948 unter verschiedenen Namen eine eigene Ballettgruppe.

Lit.: *Hurok, S.:* Col. W. de Basil's Ballets Russes de Monte Carlo.

Baskischer Tanz. Die Basken gelten als ein sehr tanzfreudiges Volk. Groß ist die Zahl und Vielfalt ihrer Tänze. Der baskische Tanz ist vor allem ein Männertanz. In einzelnen Fällen tritt die Frau mit den Männern auf (↗Fandango), in anderen Fällen tanzt der Mann vor der Frau (↗Aurresku). Die charakteristischeste Gruppe baskischer Tänze sind die alten ↗Kulttänze, die meist rituellen Ursprungs sind. Sie werden nur von Männern ausgeführt und zwar meist von ausgewählten Burschengruppen, die dazu von frühester Jugend schon erzogen werden. Zu diesen Tänzen gehört auch die große Zahl von ↗Schwerttänzen, deren Heimat in den Provinzen Guipuzcoa und Vizcaya ist. Ihnen zuzuzählen sind auch die verschiedenen ↗Stock- und ↗Reiftänze. Die ↗Kazkarotak-Tänze erinnern an die ↗Morristänze. Die große Gruppe von Vergnügungstänzen, an denen auch Frauen teilnehmen, ist vielfach fremden Ursprungs, außer dem ↗Aurresku, der baskischer Herkunft ist. Die sehr beliebten ↗Sauts basques sind zwar rituellen Ursprungs, heute aber ein reiner Vergnügungstanz. Von ihnen gibt es 12 Hauptarten, die in den französischen Baskenprovinzen und in Navarra bekannt sind. Obwohl es viele Tanzlieder gibt, tanzt man aber nur nach dem Spiel des Txitsu, einer geraden Schnabelflöte, und der Trommel. (↗Aurresku, ↗Axeridantza, ↗Banakoa, ↗Bizar-Dantza, ↗Bordon Dantza, ↗Brokel Dantza, ↗Buru Dantza, ↗Chochanguillo, ↗Ezpata Dantza, ↗Fandango, ↗Godalet Dantza, ↗Jorraidantza, ↗Kazkarotak Tanz,

↗Kaxarranka, ↗Lauakoa, ↗Makil-danza, ↗Mutildanza, ↗Pordoi dantza, ↗Porrusalda, ↗Quarrentaco Erreguela, ↗Saut basque, ↗Yantzaluze, ↗Zazpi Jausiak, ↗Spanische Volkstänze)

Lit.: *Iztueta, J. J. de:* Guipuzcoaco Dantza Candaira, San Sebastian 1824/25. *Gascue, F.:* El Aurrescu en Guipuzcoa a fines del siglo 18, 1916. *Egger, K. E.:* Basque and English folk dance traditions, in: The Musical Times, vol. 68, 1927, S. 609 ff. *Gallop, R.:* A Book of the Basques, London 1930. *Alford, V.:* Ceremonial Dances of Spanish Basques, in: The Musical Quarterly, vol. 18, 1932, Nr. 5, S. 471 ff. *Anonym:* Le Folklore, Paris 1945, S. 185 ff. *Oyhamburu, P.:* La danse et la musique en pays Basque, in: Journal of the Int. Folk Music Council, vol. VI, 1954, S. 36 ff. *Salvador de Barandiaran:* Basque Ceremonial Dances, in: Journal of the Int. Folk Music Council, vol. IX, 1957, S. 43 f.

Basse danse (ital. Bassadanza). Name für den meist gebräuchlichen Vortanz aus der Zeit der Renaissance. Seine besondere Pflegestätten waren die Höfe in Frankreich, Italien und den Niederlanden. Ihre erste Erwähnung findet die Basse danse in dem spanischen Gedicht „La Danza de la Muerte“ aus der Zeit um 1500. Sie blieb in Mode bis zur Mitte des 16. Jh., als sie von der ↗Pavane verdrängt wurde. In Deutschland blieb sie unbekannt. Die Basse danse ist der erste europäische ↗Gesellschaftstanz, dessen Ausführung genau bekannt ist. Ihre Schritte und Figuren wurden von den Tanzlehrern der Renaissance genau festgelegt. Als tänzerischer Ausdruck der höfischen Repräsentation des ausgehenden Mittelalters war sie ein langsamer, festlicher Tanz mit kleinen, am Boden geschliffenen Schritten, wovon ihr Name „basse“ herrühren mag. Ihr ↗Nachtanz war zuerst der lebhafte, gesprungene ↗Saltarello (↗Alta danza oder ↗Haute danse, franz. ↗Pas de breban) und später der ↗Tourdion. In der Frühzeit waren bei der Basse danse, besonders bei den italienischen Tanzmeistern, eine Fülle von Schritten und Figuren üblich, die an keine bestimmte Folge gebunden waren. Die übliche, sozusagen klassische Form der Basse danse kannte nur vier Schritte, und zwar den ↗Branle (b), ↗Simple (s), ↗Double (d) und die ↗Reprise oder ↗Demarche (r). Im 15. Jh. kamen dazu noch die ↗Reverenz (R) zu Beginn und zum Abschied der ↗Conge (c). Die Basse danse wurde meist als Einzelpaartanz ausgeführt. Die Paare schritten nebenher oder traten in Kette an und berührten einander nur lose mit den Händen. Die Zahl der Tanzpaare war nicht vorgeschrieben. Im großen und ganzen sind sich die Basses danses auf französischem und italienischem Boden recht ähnlich gewesen. In Italien, wo die Basse danse den langsamen Tanz zu den ↗Balli bezeichnete, gab es eine Bassadanza zu dreien, die ↗Mignota. Besondere Formen des Tanzes kannte man am Burgundischen Hof, der überhaupt als eine besondere Pflegestätte der Basse danse galt und von wo wir auch in dem Tanzbuch der ↗Margarethe von Österreich die aufschlußreichste Quelle über die Basse danse besitzen. Ein besonderes, heute noch nicht endgültig geklärtes Problem bildet der Rhythmus der Basse danse. Die Melodien, meist aus volkstümlichen Liedweisen entlehnt, sind in den Quellen nur einstimmig und fast nur in gleichen Breven notiert. Die Auflösung dieser Basse danse-Melodien ließ daher die Frage offen, ob der Tanz zwei- oder dreizeitig war. Die Meinungen der Wissenschaftler gehen auseinander, obwohl anzunehmen ist, daß die Basse danse ihrem Vortanzcharakter entsprechend geradetaktig war. (↗Bergerette)

Basse danse „La brosse“ à 4 Anonym Paris 1530

Lit.: *Coplande, R.:* Manner of dancynge of bace daurces after the use of fraunce, 1521. *Reiffenberg, F.:* Notices et extraits de manuscrits de la Bibliothéque de Bourgogne, 1829. *Czerwinski, A.:* Die Tänze d. XVI. Jh., 1878. *Czerwinski, A.:* Brevier d. Tanzkunst, 1879, S. 125 ff. *Pulignani, F.:* Otto basse danze di M. Guglielmo da Pesaro et di M. Domenico da Ferrara, Biblioteca del Seminario Vescovile, Cod. B. V, 14, 1887. *Combarieu, J.:* Basse danse, Branle, Pavane et Gaillarde du XVIe siècle, in: Revue d'histoire et de critique musicales, vol. I, Nr. 6, 1901, S. 246 ff. *Körte, O.:* Laute u. Lautenmusik bis zur Mitte d. 16. Jh., 1901, S. 112. *Oppel, R.:* Einige Feststellungen zu d. Tänzen d. 16. Jh., Zeitschr. d. Int. Musikgesellschaft, Jg. 12, 1911, H. 8/9, S. 213 ff. *Closson, E.:* Le manuscrit dit des Basses Danses de la Bibliothèque de Bourgogne, Société des Bibliophiles et Iconophiles de Belgique, 1912. *Closson, E.:* La Structure rythmique des Basses danses du mst. 9085 del la Bibliothèque royale de Bruxelles, in: Sammelbände d. Int. Musikgesellschaft, Jg. 14, 1912/13, S. 567 ff. *Riemann, H.:* Die rhythmische Struktur d. Basses dances d. Handschrift 9085 d. Brüsseler Kgl. Bibliothek, in: Sammelbände d. Int. Musikgesellschaft, Jg. 14, 1912/13, S. 349 ff. *Bie, O.:* Der Tanz, 1919. *Gurlitt, W.:* Burgundische Chanson u. deutsche Liedkunst d. 15. Jh., in: Bericht über d. musikw. Kongreß in Basel, Sept. 1924, S. 153 ff. *Blume, F.:* Studien zur Vorgeschichte d. Orchestersuite im 15. u. 16. Jh., in: Berliner Beiträge zur Musikwissenschaft, Bd. I, 1925. *Böhme, F.:* Das Tanzbuch d. Margarethe v. Österreich, in: Schrifttanz, Jg. 2, 1929, H. 1, S. 5 ff. *Hertzmann, E.:* Studien zur Basse danse im 15. Jh., mit Berücksichtigung d. Brüsseler Manuskripts, Zeitschrift f. Musikwissenschaft, Jg. 11, 1929, H. 7, S. 401 ff. *Sachs, C.:* Eine Weltgeschichte d. Tanzes, 1933. *Sachs, C.:* Der Rhythmus d. Basse danse, in: Acta Musicologica, vol. III, Fasc. 3, 1931, S. 107 ff. u. in: Melanges de Musicologie, 1933, S. 57 ff. *Anonym:* L'art et Instruction de bien dancer, 1936. *Derra de Moroda, F.:* The „Golden Ms.", in: The Dancing Times, vol. XXVII, Dec. 1937, S. 324 ff. *Smith, M. D.:* A Fifteenth-Century Dancing Book, in: The Journal of the English Folk-Dance Society, vol. 3, 1937. *Bahr, W.:* Zur Entwicklungsgeschichte d. höfischen Gesellschaftstanzes, 1941. *Gombosi, O.:* About Dance and Dance Music in the Late Middle Ages, in: The Musical Quarterly, vol. 27, 1941, No. 3, S. 289 ff. *Borren, Ch.:* Basse danse, in: Die Musik in Geschichte u. Gegenwart, 1. Lieferung, 1949. *Dolmetsch, M.:* Dances of England and France from 1450 to 1600, 1949, S. 1 ff. *Bukofzer, M. F.:* A Polyphonic Basse Danse of the Renaissance, in: Studies in Medieval and Renaissance Music, 1950, S. 190 ff. *Dolmetsch, M.:* Dances of Spain and Italy from 1400–1600, 1954, S. 1 ff. *Meijer-Baer, K.:* Some remarks on the problems of the basse danse, in: Tijdschrift voor Muziekwetenschap XVII, 1955, S. 25 ff. *Southern, E.:* Some Keyboard Basse Dances of the Fifteenth Century, in: Acta Musicologica, vol. 35, Fasc. II/III, 1963, S. 114 ff. *Jackmann, J. L.:* Fifteenth Century Basse Dances, The Wellesley Ed. No. 6, 1964. *Crane, F.:* The Derivation of Some Fifteenth Century Basse Danse Tunes, in: Acta Musicologica, vol. 37, Fasc. III/IV, 1965, S. 179 ff. *Heartz, D.:* Hoftanz and Basse Dance, Journal of the American Musicological Society, Vol. XIX, 1966, No. 1, S. 13 f. *Meylan, R.:* Recherche de Parentés parmi les Basses Danses du Quinzième Siècle, in: Acta Musicologica, vol. 38, Fasc. I, 1966, S. 46 ff. *Meylan, R.:* L'Enigme de la musique des Basses danses du Quinzième siècle, Diss. Zürich 1967. *Mullaly, R.:* The Polyphonic Theory of the Basse Danse, in: The Music Review, vol. 38, 1977, No. 4, S. 241 ff. *Mullally, R.:* The Polyphonic Theory of Bassa Danza and the Ballo, in: The Music Review, vol. 41, 1980, No. 1, S. 1 ff.

Bastkorbflechten ↗Schlupptanz und ↗Tortanz.

Bathyllus. Berühmter römischer ↗Pantomime. Der schöne Sklave aus Alexandrien wurde von Mäcenas losgekauft und nach einem langen Studium der Tanzkunst unter Kaiser Augustus um 22 v. Chr. mit ↗Pylades der Schöpfer des römischen Pantomimus. Die Römer nannten ihn „Deus saltationis", den Gott des Tanzes. Seine körperliche Geschmeidigkeit gab seinen Darstellungen, besonders von Frauenrollen (z. B. im Tanz der Leda), verführerische Anmut, die nach dem Bericht des römischen Dichters Juvenal die raffiniertesten Mimiker in den Schatten stellte. Bathyllus gilt als der Begründer der komischen Pantomime, deren Stoffe parodistischer, burlesker, vielleicht lasziver Art waren.

Lit.: *Mattheson, J.:* Abhandlung v. d. Pantomimen, 1749, S. 18 ff. *Friedländer, L.:* Darstellungen aus d. Sittengeschichte Roms, 1922. *Weege, F.:* Der Tanz in d. Antike, 1926, S. 157 f. *Lawler, L. B.:* The Dance in Ancient Greece, 1964, S. 139 ff.

Batsheva Dance Company. Führendes israelisches Ballettensemble des ↗Modern Dance mit überwiegend israelischen Tänzern. Es wurde 1963 von der Mäzenatin Batsheva de Rothschild gegründet. In Tel Aviv hat es ein eigenes Theater. Die Kernstücke des Repertoires bilden ↗Choreographien von M. ↗Graham, J. ↗Cranko, G. Tetley, N. Morrice und P. Lang.

Battements. Im klassischen Ballett die Bezeichnung für alle ausschlagenden und werfenden Bewegungen der Beine, sowohl mit gestrecktem Bein als auch mit gebogenem als Trillerschlag. Im klassischen Tanz ist battement zu vielen Formen entwickelt worden. Man unterscheidet kleine, mittlere und große battements.

Lit.: *Jolizza, W. K. v.:* Die Schule d. Tanzes, S. 13 f. *Raab, R.:* Lexidion f. d. Ballett, s. a. *Waganowa, A. J.:* Die Grundlagen d. klassischen Tanzes, 1954, S. 32 ff.

Batterie bedeutet im klassischen Ballett das Zusammenschlagen der Beine und Füße, gewöhnlich in der Luft (battieren).

Battu. Im klassischen Ballett die Bezeichnung für das Gegeneinanderschlagen beider Beine während des Sprunges ohne Positionswechsel. Es gibt ein battu simple = einmaliger Sprunganschlag, battu double = zweimaliger Sprunganschlag und ein battu triple = dreimaliger Sprunganschlag. Die Ausführung kann vor-, rückwärts oder seitwärts geschehen.

Lit.: *Raab, R.:* Lexidion f. d. Ballett, s. a.

Batuque. Name für einen Negertanz Brasiliens im $2/4$-Takt. Er wurde schon im 18. Jh. von den damaligen angolanischen Negersklaven getanzt und hängt eng mit den magisch-kultischen Bräuchen der Neger zusammen. Das Charakteristische dieser Art von Tänzen ist der Trancezustand der Tänzer. Der Form nach ist der Batuque ein ↗Paartanz. Charakteristisch für die Tanzmelodie ist die starke Synkopierung. (↗Brasilianischer Tanz, ↗Samba)

Lit.: *Günther, H.-Schäfer, H.:* Vom Schamanentanz zur Rumba, 1959, S. 308 f.

Bauchtanz. Diese vor allem im Orient übliche Tanzart hat sexuellen Charakter. Ihr Reiz liegt in der unausgesetzt schüttelnden und stoßenden Bewegung des Unterleibs bei vollkommener Ruhe des Oberkörpers. Der Bauchtanz ist, wie man aus den Darstellungen früher Gelagetänze erkennen kann, sehr alt. Obwohl in der ganzen arabischen Welt verbreitet, wird er als „Ägyptisch" bezeichnet. In Celebes, wohin der Tanz durch die Araber gekommen ist, heißt er messeri oder masseri. (↗Danse dú Ventre)

Lit.: *Hagemann, C.:* Spiele d. Völker, 1921, S. 29 f. *Sachs, C.:* Eine Weltgeschichte d. Tanzes, 1933.

Bauer, Margarete. Österreichische Tänzerin, geb. 24. Mai 1927. Sie studierte an der Ballettschule der Staatsoper Wien, wurde 1945 Mitglied des ↗Wiener Staatsopernballetts, 1951 Solistin und war von 1960 bis 1971 1. Solotänzerin. Sie war verheiratet mit dem Solotänzer Erwin ↗Pokorny.

Bauern-Française. ↗Deutscher Volkstanz aus Bayern (Cham). Er ist identisch mit dem österreichischen ↗Jägermarsch.

Lit.: *Bauer, A.:* 20 bayerische Volkstänze, in: Zeitschrift f. Musikwissenschaft, Jg. 10, 1928, H. 6, S. 375.

Bauerntänze. Darunter sind vor allem die Tänze zu verstehen, die im Mittelalter im Gegensatz zum ↗höfischen Tanz das Volk niederen Standes tanzte. Zum Unterschied zur ruhigen, getretenen höfischen Tanzmanier waren die Bauerntänze, die im Sommer im Freien auf den Wiesen und im Winter in den Wirtsstuben und Scheunen getanzt wurden, ausgelassen und springend. Die Sprünge wurden oft so übermütig, daß den Dirnen die Röcke weit in die Höhe flogen. Vielfach waren es ↗Drehtänze mit Umschlingung der Partnerin. Die Tanzbegleitung bestand aus Pfeifen und Trommeln, oder es wurde überhaupt nur nach dem Gesang getanzt, der verschiedentlich zwischen Vorsänger und Chor wechselte. Besondere ↗Tanzlieder bilden das Zeugnis dafür. Viele der Weisen und Formen der alten Bauerntänze sind in das Volkstanzgut späterer Zeit übergegangen und so in mancher Art bis heute erhalten geblieben. Die alten Bauerntänze haben oft eigentümliche Namen, deren Sinn entweder mit den Liedtexten oder mit dem Tanzrhythmus zusammenhängt, meist aber auch nicht erklärbar ist (↗Achselrotten, ↗Firlefanz, ↗Firlefei, ↗Gimpelgampel, ↗Heierlei, ↗Hoppaldei, ↗Hoppelrei, ↗Hottostan, ↗Houbetschotten, ↗Krumme Reie, ↗Springeltanz, ↗Stadelweise, ↗Stampf, ↗Zäuner).

Lit.: *Böhme, F. M.:* Geschichte d. Tanzes in Deutschland, 1886. *Völler, F.:* Der Tanz bei d. bayerischen u. österr. Bauern im 13. Jh., in: Das Bayerland, Jg. 10, 1899, Nr. 51, S. 608 ff., Nr. 52, S. 616 ff. *Van den Ven, D. J.:* Nederlandsche Boerendansen, 1923. *Boehn, M. v.:* Der Tanz, 1925, S. 57 f. *Sachs, C.:* Eine Weltgeschichte d. Tanzes, 1933. *Van der Ven-Ten Bensel, E.:* De Volksdans in Nederland, 1942, S. 190, S. 212.

Bauhaus-Tänze. An das im Jahre 1919 gegründete Bauhaus in Weimar, das eine Einheit aller werkkünstlerischen Disziplinen – Bildhauerei, Malerei, Kunstgewerbe und Handwerk – anstrebte, wurde Oskar ↗Schlemmer 1923 als Leiter der angeschlossenen Bauhaus-Bühne ernannt. Er konnte dort seine mit dem ↗Triadischen Ballett geschaffenen Ideen fortsetzen und ausbauen. Sein Repertoire umfaßte Nummern wie den Raumtanz, in welchem die einfachste Form der Begegnung von Mensch und Raum veranschaulicht wird, und den Formentanz, der von drei maskierten Tänzern in rotem, blauem und gelbem Typenkostüm zu Schlagzeugrhythmen im Bühnenraum ohne Dekoration bei gleichbleibender Beleuchtung ausgeführt wird. Thema des Tanzes ist der Umgang mit elementaren Formen (Gestentanz, Kulissentanz, Materialtanz). Alle Tänze sind darstellerisch unkompliziert, abstrakt und von den Ausführenden ohne große Anforderungen an das schauspielerisch-tänzerische Können leicht darzustellen.

Lit.: *Schlemmer, O.:* Neue Bauhaustänze, in: Die Dame, H. 17, 2. Maiheft, Berlin 1929, S. 14 f. *Scheper, D.:* Oskar Schlemmer, d. Triadische Ballett u. d. Bauhausbühne, Diss. Wien 1970.

Bausch, Pina. Deutsche Tänzerin und Choreographin, geb. 27. Juli 1940 in Solingen. Sie studierte an der ↗Folkwangschule in Essen bei K. ↗Jooss, H. Zulling und L. Hoving. Weitere Studien betrieb sie in New York bei A. ↗Tudor, J. ↗Limón, P. Taylor und P. Sanasardo. Nach Ihrer Rückkehr nach Essen arbeitete sie mit einer Studentengruppe. 1973 wurde sie ↗Ballettmeisterin am Opernhaus in Wuppertal. Mit ihren ↗Choreographien knüpft sie an den ↗Ausdruckstanz an und orientiert sich am amerikanischen ↗Modern Dance.

Lit.: *Müller, H. – Servos, N:* Pina Bausch, 1979. *Weiss, U. – Chamier, I.:* Setz dich hin u. lächle, 1979.

Bavorák (Bavoračka). Tschechischer Volkstanz, ein Rundtanz vom Charakter des ↗Bayrischen. Er wird auch der Stajrys (der ↗Steyrische) genannt. (↗Tschechische Volkstänze)

Lit.: *Waldau, A.:* Böhmische Nationaltänze, Bd. I, 1859, S. 26. *Czerwinski, A.:* Brevier d. Tanzkunst, 1879, S. 87.

Bayer, Josef. Österreichischer Komponist, geb. 6. März 1852 in Wien, gest. 12. März 1913 ebendort. Ab 1870 war er Geiger im Hofopernorchester und ab 1885 Ballettkapellmeister an der Wiener Hofoper. Josef Bayer komponierte zahlreiche ↗Ballette und ↗Pantomimen, von denen die ↗„Puppenfee“ noch heute gespielt wird. Mit der Musik von Johann ↗Strauß, Sohn, arrangierte er die Ballette „Rund um Wien“ und ↗„Aschenbrödel“.

Bayonnaise, auch ↗Pamberké genannt. Spanischer Volkstanz, eine Form der ↗Branle, mit Bändern in den Händen getanzt. Tambourin und Querpfeife begleiteten den Tanz. (↗Spanische Volkstänze)

Lit.: *Desrat, G.:* Dictionnaire de la danse, 1895.

Bayrische Polka (Boarischer). Mit diesem Namen bezeichnet man eine figurenreiche Tanzfamilie, die weit verbreitet ist. Unter verschiedenen Namen und Formen ist sie in zahlreichen europäischen Ländern und Orten bekannt. Die vielen in Österreich und Deutschland vorkommenden Varianten der Melodien und Tanzausführungen zeigen, wie mannigfach das Volk eine Tanzform mit Bewegung zu erfüllen versteht. Die Bewegungselemente dieses Tanzes sind schon sehr alt, denn auf einem Stich von Hans Sebald Beham aus dem Jahre 1546 findet man bereits eine Tanzstellung, die auf diesen Tanz hinweist. Als Vorläufer der Bayrischen Polka kann die Anfang des 18. Jh. beliebte ↗Hops-Anglaise (auch Françoise oder Springer genannt) bezeichnet werden. Als eng verwandt und vielfach wesensgleich in der Tanzform können folgende Tänze gelten: der ↗Rheinländer (auch Rheinischer oder Rheinländer Polka) in Norddeutschland, der ↗Riilen in Schweden, alle ↗Schottisch-Formen, im österreichischen und süddeutschen Verbreitungsgebiet unter anderen die ↗Ennstaler Polka, ↗Gailtaler Polka, der ↗Jägerschottisch, die ↗Kuckuckspolka, ↗Mainzer Polka, der ↗Paschade Flugsummi, die ↗Paschpolka, der ↗Reidinger Schottisch und die ↗Walser-Polka. Ihre rasche Verbreitung in Stadt und Land fanden die Bayrisch-Polka-Formen um die Mitte des 19. Jh. Die Musik, im 2/4-Takt stehend, hat meist vier Teile von je 8 Takten und wird in mäßig schnellem Tempo gespielt. (↗Leonhardler Pascher, ↗Marschierboarisch, ↗Wechselbayrisch)

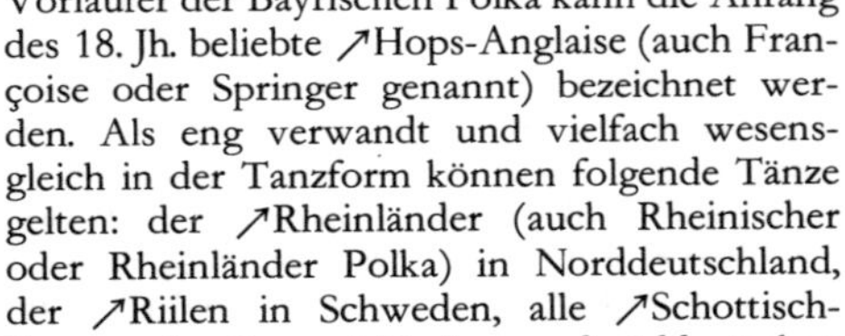

Lit.: *Böhme, F. M.:* Geschichte d. Tanzes in Deutschland, 1886. *Jolizza, W. K. v.:* Die Schule d. Tanzes, 1900. *Commenda, H.:* Sechs Bairische aus d. Oberpfalz, in: Das deutsche Volkslied, Jg. 30, 1928, H. 4, S. 53 ff. *Lager, H.:* Boarischer aus d. Gesäuse, in: Das deutsche Volkslied, Jg. 32, 1930, H. 5, S. 67 f. *Zoder, R.:* Altösterreichische Volkstänze, Teil 2, 1936. *Lager, H.:* Unsere Tänze, 1941. *Lager, H.:* Tänze aus d. steirischen Ramsau, in: Das deutsche Volkslied, Jg. 46, 1944, H. 1/2, S. 16. *Wolfram, R.:* Die Volkstänze in Österreich u. verwandte Tänze in Europa, 1951. *Horak, K.:* Volkstänze aus d. oberen Mühlviertel, in: Jahrbuch d. österreichischen Volksliedwerkes, Bd. 8, 1959, S. 144 ff. *Koschier, F.:* Kärntner Volkstänze, H. 2, 1963, S. 19. *Goldschmidt, Ae.:* Handbuch d. deutschen Volkstanzes, 1967. *Horak, K.:* Bayrisch-Polka, in: Der Trachtler, 1974, Nr. 3, S. 14 f. *Löscher, St.:* Von d. Bayrisch-Polka bis zum Marschierboarisch. Geschichte eines Volkstanzes, in: Der fröhliche Kreis 27, 1977, S. 160 f. *Berghold, L.:* Boarischer, in: Unser Brauch, Jg. 2, Nr. 3, S. 17.

Beat (= engl. schlagen) bezeichnet im ↗Jazz und in der Popmusik das regelmäßige rhythmische Schlagen. Davon leiten sich als Wortkombinationen Beatmusik, Beattänze und Beatbewegungen (wie die amerikanischen Beatniks aus den Jahren 1960–1970) ab. Im Tanz bedeutet beat das Zusammenschlagen der Beine oder deren wechselseitiges Kreuzen in der Luft (Batterie). Die Beattänze haben aber auch ↗Choreographen zu Beatballetten inspiriert, wie ↗Béjart („Mass for Our Time“, 1967) und Van ↗Manen („Ready Made“, 1967). (↗Gesellschaftstanz)

Beauchamp, Pierre François Godard (auch Beauchamps, aber nicht, wie oft geschrieben, Charles Louis). Französischer Tänzer, ↗Choreograph und ↗Ballettmeister, geb. 1636 in Versailles, gest. 1705 (?) in Paris. Er ist aus einer Familie französischer Tänzer und Musiker hervorgegangen und zu beiden Berufen auch erzogen worden. 1650 debütierte er, 1661 ernannte ihn ↗Ludwig XIV., den er 20 Jahre hindurch als Tanzlehrer unterrichtet hatte, zum Direktor der neugegründeten ↗Académie Royale de la Danse. 1666 erhielt er als erster den Titel Ballettmeister. Er choreographierte die Balletteinlagen in den Opern von ↗Campra und ↗Lully und die ↗Comédies-ballets von ↗Molière. Er war aber auch einer der ersten, der es wagte, nicht nur Balletteinlagen, sondern selbständige ↗Ballette zu schreiben, so 1671 das noch als Pastorale bezeichnete ↗„Les Fêtes de l'Amour et de Bacchus“. Nach Lullys Tod zog er sich 1687 von der Oper zurück, setzte aber seine Tanzforschungen fort. P. ↗Rameau glaubte, daß er die fünf Fußpositionen des klassischen Balletts festgelegt hat, wahrscheinlicher ist aber, daß er sie zusammengefaßt hat. Als Tänzer war er großartig in den Drehungen in der Luft und in den ↗Pirouetten. In seinen Balletten wagte er es, erstmals auch Tänzerinnen auftreten zu lassen. (↗Fâcheux, les)

Lit.: *Czerwinski, A.:* Brevier d. Tanzkunst, 1862, S. 147. *Bie, O.:* Der Tanz, 1925. *Richardson, P. J. S.:* The Ballet Mystery, in: Dancing Times, March/April 1947. *Derra de Moroda, F.:* Chorégraphie – The Dance Notation of the Eighteenth Century: Beauchamp or Feuillet?, in: The Book Collector. Winter 1967, S. 450. *Astier, R.:* Pierre Beauchamps et les „Ballets de Collège", in: La Recherche en Danse, 1983, Nr. 2, S. 45 ff.

Beaumont, Cyril William. Britischer Tanzschriftsteller, geb. 1. November 1891 in London, gest. 24. Mai 1976 ebendort. Seine Schriften befassen sich vor allem mit dem ↗Ballett. Er gilt als einer der besten Kenner der britischen Ballettszene. Seine schriftstellerische Tätigkeit umfaßt folgende Werke: The Art of Lydia Lopkowa, London 1920; The Art of Lubov Tchernicheva, 1921; A Manual of the Theory and Practice of Classical Dancing-méthode Cecchetti (mit Idzikowski), 1922 und 1940; A Burmese Pwe at Wembley. Some Impressions of Burmese Dancing, 1924; The Art of Stanislas Idzikowski, 1926; A Bibliography of Dancing, 1929; Enrico Cecchetti, 1929; A History of Ballet in Russia, 1930; The Theory and Practice of Allegro in Classical Ballet (Cecchetti Method), 1930; French-English Dictionary of Technical Terms Used in Classical Ballet, 1931 und 1944; The Romantic Ballet as Seen by Théophile Gautier. Being his notices of all the principal performances of ballet given at Paris during the years 1837–1848. London 1932 u. 1947. A Miscellany for Dancers, 1934; Michael Fokine and his Ballets, 1935 (auch in: Les Saisons de la danse, Februar 1973); Complete Book of Ballets, 1937, Suppl. 1942–1945; Design for the ballet, 1937; The Romantic Ballet in Lithographs of the time (mit S. Sitwell), 1938; The Diaghilev Ballet in London, 1940 und 1951; The Ballet Called Giselle, 1944; The Sadler's Wells Ballet, 1946, 1947; Ballet Design Past & Present, 1946; Dancers Under My Lens, 1949; The Ballet Called Swan Lake, 1952; Ballets of Today, 1954; Ballets Past and Present, 1955; A Bibliography of the Dance Collection of Doris Niles and Serge Leslie, 1966; A Bookseller at the Ballet, 1975.

Bebop. ↗Gesellschaftstanz des 20. Jh., der aus einer neuen Musizierart des ↗Jazz um 1945 aus dem ↗Boogie-Woogie entstanden ist. Durch seine arhythmische, unklare Disposition der Begleitung hatte er keine Aussicht auf größere Verbreitung und Lebensdauer.

Lit.: *Mühlsiegl, P.:* Tanzen leicht erlernt, S. 62. *Günther, H.-Schäfer, H.:* Vom Schamanentanz zur Rumba, 1959, S. 274 ff.

Beccaria, Carlo. Italienischer ↗Tanzmeister aus Mailand, lebte im 16. Jh., Schüler von Cesare ↗Negri. Wirkte als Tanzlehrer am Hof Kaiser Rudolfs II. in Wien.

Lit.: *Negri, C.:* Nuove Inventioni di Balli, 1604. *Nettl, P.:* Mozart u. d. Tanz, 1960, S. 67.

Bechertanz ↗Hahnentanz.

Bedaja ↗Bedhaya.

Bedhaya. ↗Javanischer Tanz, eine lyrische Heldenverehrung, von neun Mädchen am Hof von Djakarta dargestellt. Die Javanerin tanzt mit den Händen, wobei sie graziöse Bewegungen – Ukelan genannt – ausführt, den Füßen sind nur kleine Schritte zugewiesen. Mit den geschmeidigen Fingern erfaßt sie den Schal (Slendang) und vollführt damit ein graziöses Spiel. Der Kopf wird in einer den Südseeinsulanern eigenen Bewegung, dem Matjao gulu, von einer Seite zur anderen geschoben bei unbedingter Ruhestellung des Halses und der Schultern. Die Augenlider bleiben gesenkt und die Gesichter unbeweglich.

Lit.: *Jolizza, W. K. v.:* Die Schule d. Tanzes (um 1907). *Helsdingen-Schoevers:* De srimpi – en Bedajadansen aan het Soerakartasche Hof, 1925.

Beethoven, Ludwig van, geb. 16. (?) Dezember (getauft 17. Dezember) 1770 in Bonn, gest. 26. März 1827 in Wien. Wie bei den anderen Meistern der Klassik nimmt auch in Beethovens Werk die Tanzkomposition einen besonderen Platz ein. Es sind ↗Menuette, ↗Deutsche, ↗Ländler, ↗Märsche, ↗Ecossaisen, ↗Walzer, die von ihm erhalten sind. Bemerkenswert sind die 11 Ländler, die unter dem Namen „Mödlinger Tänze" bekannt sind. Der Name der zu dieser Zeit berühmten und in Wien vergötterten Tänzerin Maria Josefa ↗Viganò begegnet uns in den 12 Variationen für Klavier „über den Menuet a la Viganò". 1800 bis 1801 schuf er das ↗Ballett „Die ↗Geschöpfe des Prometheus". 1812 entstand das Festspiel mit Tänzen und Chören „Die Ruinen von Athen", das 1924 in einer Neueinrichtung von Richard ↗Strauss in Wien zur Aufführung kam.

Lit.: *Wetzel, H.:* Beethovens Mödlinger Tänze, in: Zeitschrift d. Int. Musikgesellschaft, Jg. 11, 1910, H. 4, S. 103 ff. *Lach, R.:* Zur Geschichte d. Beethovenschen „Prometheus"-Ballettmusik, in: Zeitschrift f. Musikwissenschaft, Jg. 5, 1920/21, S. 223 ff. *Haas, R.*: Beethoven u. d. Wiener Ballett, in: Velhagen u. Klasing Monatshefte, Jg. 24, 1927, S. 41 ff. *Gockel, E.*: Beethoven u. d. Ballett, in: Tanzarchiv 18, 1970.

Begräbnistänze nennt man die Tänze, die bei den Feiern zur Bestattung eines Toten aufgeführt werden. Sie sind bei allen Kulturen und zu allen Zeiten zu finden. Der Sinn, beim Begräbnis oder am Grab zu tanzen, lag einerseits darin, den Toten zu erfreuen, anderseits aber hatte der Tanz vor allem den Zweck, die bösen Dämonen von dem Verstorbenen abzuwenden. Im alten Ägypten spielten als Grabtänzer die sogenannten ↗Muus eine besondere Rolle. Dazu kam noch bei Bestattungen bis in die neuere ägyptische Zeit hinein der Tanz der rasenden und heulenden Klageweiber. Auch die Griechen, Römer und Etrusker kannten, wie uns bildliche Darstellungen bezeugen, Tänze um den Toten und am Grabe. Begräbnistänze gab es auch bei den heidnischen Germanen, und auch das frühe christliche Mittelalter hat Tänze ähnlicher Art gekannt. So tanzte man z. B. noch 1271 nach dem Begräbnis des Abtes Berthold von St. Gallen auf dem ganzen Heimweg. Ebenso finden wir den Tanz als wesentlichen Bestandteil bei den Begräbniszeremonien aller primitiven Völker. (↗Labyrinthtanz, ↗Maquarritanz, ↗Marotanz, ↗Răksa, ↗Tanzzwerge, ↗Tokutanz, ↗Totentanz, ↗Trýzny)

Lit.: *Böhme, F. M.*: Geschichte d. Tanzes in Deutschland, 1886, S. 10 ff. *Franz, L.*: Alteuropäische Tänze, in: Mitteilungen d. Anthropologischen Gesellschaft in Wien, Bd. 63, 1933, S. 200 f. *Baaren, Th. P. v.*: Selbst d. Götter tanzen, 1964, S. 73 ff.

Béguine. ↗Gesellschaftstanz des 20. Jh., der um 1930 von den Antillen-Inseln Martinique und Santa Lucia nach Europa kam. Der Tanz in gemäßigtem bis raschem 4/4- oder 2/2-Takt ist eine Abart der ↗Rumba und wird auch Rumba-Bolero genannt. Berühmt wurde die Béguine durch C. Porters Welterfolg „Begin the Béguine".

Rhythmus

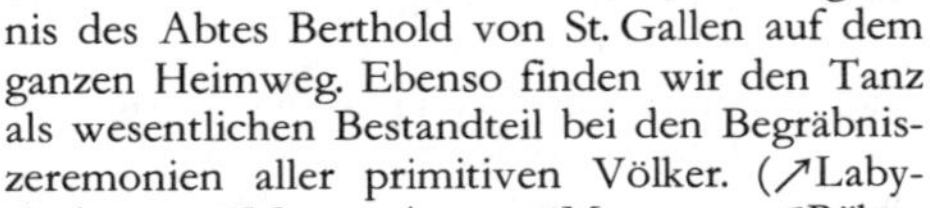

Lit.: *Mühlsiegl, P.*: Die Standardtänze u. d. neuen Tendenzen im Gesellschaftstanz, 1948, S. 45.

Behr(en), Samuel Rudolph. Deutscher Instrumentalist, geb. in den letzten Junitagen des Jahres 1670 (getauft am 1. Juli 1670 in der Thomaskirche zu Leipzig), Todestag und -ort unbekannt. Er gab neben Musicalia, aus ↗Couranten, ↗Menuets und ↗Passepieds bestehend, im Jahre 1703 in Leipzig heraus: „Anleitung zu einer wohlgegründeten Tantz-Kunst, so er aus vielfältiger Praxis in sehr vielen merckwürdigen Operen, Inventionsreichen solennen u. ordinairen Bällen u. ballets, etc. angemercket ...". Diese Ausgabe von Chr. Heydler, Leipzig 1703 ist in mehreren Auflagen und auch französisch erschienen. Außerdem erschien von Behr(en) 1713 bei Martin Fulde, Leipzig: „L'Art de bien Danser oder Die Kunst wohl zu Tantzen" (Nachdruck: Documenta Choreologica II, Leipzig 1977).

Béjart, Maurice (richtig Maurice Berger). Französischer Tänzer, ↗Choreograph und Ballettdirektor, geb. 1. Januar 1927 in Marseille (nach anderen Angaben 1924). Seine Tanzstudien begann er an der Oper seiner Geburtsstadt, wo auch seine Laufbahn als Tänzer ihren Anfang hatte. Seine Studien setzte er dann in Paris bei Léo ↗Staats, Nora Kiss, Ljubow ↗Egorowa und Madame Rousanne, später in London bei Vera ↗Volkova fort. 1945 tanzte er in Vichy und begann im gleichen Jahr Reisen mit Solange ↗Schwarz, Janine ↗Charrat und Roland ↗Petit. Er tanzte beim ↗Inglesby's International Ballet. 1949 kam er an das ↗Königlich-Schwedische Ballett in Stockholm. Dort choreographierte er den schwedischen ↗Feuervogel-Film. 1953 kehrte er nach Paris zurück und gründete eine eigene Ballettgruppe, die ↗„Ballets de l'Étoile". Mit diesem Ensemble stellte er 1955 das Werk vor, welches ihn berühmt machte und sein Wirken als Tänzer und Choreograph für die weiteren Jahre bestimmte, nämlich die ↗„Symphonie pour un homme seul". 1959 ging Béjart nach Belgien. Seine erste Choreographie für das Brüsseler Théâtre Royal de la Monnaie war ↗Strawinskys ↗„Sacre du Printemps". Drei Ballettgruppen schlossen sich für dieses Unternehmen zusammen: das Ballett Béjarts, die Gruppe Janine Charrats und das Ballett des Théâtre de la Monnaie. 1960 gründete er das ↗„Ballett des XX. Jahrhunderts". Von dieser Zeit an wandte sich Béjart mit seinen Choreographien immer mehr vom landläufigen Begriff Ballett ab. Seine Arbeiten lassen eine eindeutige Definition nicht mehr zu, er verwendet analytische, abstrakte Gesten, die mehr von der ↗Pantomime als vom Ballett beeinflußt sind. Übliche Maßstäbe können seine Schöpfung nicht objektiv beurteilen. 1960 und 1962 erhielt er den „Grand Prix" des Nationaltheaters Paris, 1974 den „Erasmus Preis". Eine komplette Liste seiner Werke findet sich in Les

Saisons de la danse, Mai 1968 und Januar 1970. Er schrieb: Tanzt das XX. Jh., 1978.

Lit.: *Simon, K. G.:* Pantomime, 1960, S. 465. *Livio, A.:* Béjart, Lausanne 1969. *Geitel, K.:* Das Abenteuer Béjart, 1970. *Christout, M. F.:* Béjart, Paris 1972. *Béjart, M.:* Einen Augenblick in d. Haut eines anderen, 1980.

Beksan. ↗Javanischer zeremonieller ↗Kriegstanz der Männer. Er wird vor allem in Djakarta getanzt von den Edlen des Prinzenhofes spät am Abend, entweder im Hof oder Thronsaal als ein Hofzeremoniell z. B. am Geburtstag des Prinzen, begleitet vom Gamelan-Orchester.

Belgische Tänze. Das Leben und die Volkskultur der beiden großen Volksgruppen Belgiens, der Flamen und Wallonen, spiegelt sich auch in den ↗Volkstänzen wider. Die Tänze der Wallonen zeigen in ihren Formen und Charakteristiken deutlich den französischen Einfluß; die Tänze der in Flandern wohnenden Flamen sind geprägt vom niederländischen und deutschen Einfluß. Historisch bemerkenswert ist die belgische Schwerttanztradition. Die frühesten Zeugnisse über die europäischen ↗Schwerttänze finden sich in Flandern, aber auch aus dem Gebiet der Wallonen gibt es frühe Berichte über Schwerttanzformen. Darüber hinaus finden sich bei beiden Volksgruppen alle üblichen Volkstanzformen, wie sie sich traditionsmäßig aus den alten ↗Kettentänzen, ↗Rounds und ↗Moresken entwickelt haben. Viele Dörfer, besonders in Flandern, haben ihre eigenen Volkstänze. Die Hauptgelegenheiten zum Tanzen sind vor allem die Jahresfeste und der Karneval. (↗Böse Marie, ↗Caracole de Bertrix, ↗Cramignon, ↗De Kegelaar, ↗Gilles, ↗Glocke von Dünkirchen, ↗Hanske van Leuven, ↗Jan Smet, ↗Maklott, ↗Mari Doudouye, ↗Sabotière, ↗Traweiteltanz)

Lit.: *Deffet, J.:* Danses anciennes. Danses du pays de Liège, 1895. *Polain, E.:* Les cramignons liègois, 1927. *Montpellier, E.:* La danse de l'épée, dite danse macabrés, 1937. *Wauters, E.:* Ein flämischer Männertanz mit Stöcken u. Reifen, in: Deutsche Volkskunde, Jg. 3, 1941, S. 149 ff. *Goffin, S.-Lejeune, E.:* Danses ardennaises, 1945. *Pinon, R.-Jamar, H.:* Dances of Belgium, 1953. *Thisse-Derouette, R.:* Nos vieux joueurs de danse Ardennais, 1960. *Thisse-Derouette, R.:* Le Recueil de Danses, 1960. *Thisse-Derouette, R.:* Danses Populaires de Wallonie, 1962.

Bellicrepa. Römischer ↗Waffentanz. Er wird auf Romulus zurückgeführt und sollte, neben der in Rom verbreiteten griechischen ↗Pyrrhiche, mit seinen Darstellungen von Kampfbewegungen zum Kriegsdienst vorbereiten.

Lit.: *Weege, F.:* Der Tanz in d. Antike, 1926, S. 147.

Bêlutê. ↗Kurdischer Tanz, der Tanz der Theologiestudenten. In der Ausführung ähnelt er der ↗Quadrille.

Lit.: *Kendal, Nezanz:* Kurdish Music and Dance, in: The World of Music, vol. XXI, 1979, No. 1, S. 19 ff.

Benesh, Rudolf und Joan. Rudolf, geb. 16. Januar 1916 in London, gest. ebendort am 3. Mai 1975; Joan, geb. 24. März 1920 in Liverpool. Sie entwickelten 1955 eine eigene Methode der Tanznotation. Die sogenannte Benesh-Notation verwendet unter den Notenlinien für die Musik auf zusätzlichen Notenlinien eigene Symbole für die Bewegungen. Sie hat sich neben der Methode von Rudolf von Laban (↗Labanotation) vor allem in England (↗Sadler's Wells Ballet) und Deutschland durchsetzen können. (↗Choreographie)

Lit.: *Benesh, R. u. J.:* An Introduction to Benesh Dance Notation, London 1956.

Bengi ogunu (Bengi Tanz). Dieser türkische ↗Waffentanz war ursprünglich ein barbarisches Kampfspiel, bei dem sich die feindlichen Parteien in Reihen gegenüberstanden und Mann gegen Mann auf Leben und Tod antraten. Dem Besiegten soll der Kopf abgeschlagen worden sein. Um die Köpfe der Erschlagenen wurde sodann ein Reigen getanzt. Der Tanz wurde nur von der Trommel begleitet. (↗Bengi Zeybek)

Lit.: *Hoerburger, F.:* Waffentänze d. Türken, in: Forschungen u. Fortschritte, Jg. 28, 1954, H. 6, S. 185 ff.

Bengi Zeybek. Türkischer ↗Waffentanz aus Westanatolien. Das blutige Kampfspiel, das, wie beim ↗Bengi ogunu, ein Charakteristikum dieser alten Waffentänze der Türken war, fiel bei diesem weg. Der Tanz wurde nur von der Trommel begleitet.

Lit.: *Hoerburger, F.:* Waffentänze d. Türken, in: Forschungen u. Fortschritte, Jg. 28, 1954, H. 6, S. 185 ff.

Benois, Alexandre Nikolajewitsch. Russischer Maler und Bühnenbildner, geb. 3. Mai (21. April) 1870 in St. Petersburg, gest. 9. Februar 1960 in Paris. Er ist für die Ballettgeschichte von großer Bedeutung. Von seinen ersten Bühnenbildern zu ↗„Sylvia" 1901 im Marijnskij-Theater an, über seine Zusammenarbeit mit ↗Diaghilew bei der russischen Ballettsaison in Paris 1909–1911, bis zu seinen Arbeiten für die Ballettgruppe Ida ↗Rubinstein 1928–1929 und das ↗Ballet Russe de Monte Carlo 1940, sowie seinen letzten Arbeiten für das ↗London Festival Ballet 1957 galten seine

Bühnenbilder als hervorragende, unantastbare Gestaltungen. Er kann als Klassiker des Bühnenbildes und als Zwischenglied zu allen Modernen, die sich der Ausstattung des Balletts widmeten, bezeichnet werden. Er verfaßte die Bücher: Reminiscences of the Russian Ballet, 1941 und 1945 und Memoirs, London 1960. Sein Sohn **Nicola Benois** war Bühnenbildner an der Scala in Mailand. Seine Nichte **Nadia Benois** (die Mutter des Schauspielers Peter Ustinov) arbeitete für das ↗Ballet Rambert und das ↗Sadler's Wells Ballet.

Benserade, Isaac de. Französischer Dichter, geb. 5. November 1613 in Paris, gest. 20. Oktober 1691 ebendort, schrieb viele Texte zu den Balletten von J. B. ↗Lully. Gemeinsam mit ↗Quinault schuf er das Libretto zu dem ↗Ballett „Le ↗Triomphe de l'Amour".

Lit.: *Silin, Ch.:* Benserade and his Ballets de cour, Baltimore 1940. *Barteis, I.:* Die Ballettexte Benserades, Diss. Wien 1951.

Bentzenauer (Bentzenawer). Diesem deutschen ↗Volkstanz aus dem 16. Jh. liegt die sogenannte „Bentzenawer-Tantz-Weise" zugrunde, das weitverbreitete Lied von dem Helden der Schlacht bei Kopfstein 1504. Für den Tanz wurde die Liedmelodie vom geraden Takt in den Tripeltakt umgearbeitet. Ein Großteil der ↗Hoftänze verwendet neben der ↗„Schwarze Knab'-Weise" vor allem auch die „Bentzenawer-Weise".

Nach der Baseler Tenor-Hschr. von 1550, Fol. 62

Lit.: *Böhme, F. M.:* Geschichte d. Tanzes in Deutschland, 1886. *Merian, W.:* Der Tanz in d. deutschen Tabulaturbüchern, 1927, S. 54. *Reichert, G.:* Der Tanz, in: Das Musikwerk, Heft 27, 1965.

Berber, Anita. Deutsche Tänzerin, geb. 1899, gest. 10. Februar 1928. Da sie vor allem als Nackttänzerin auftrat, war ihre künstlerische Tätigkeit von vielen Skandalen begleitet. So wurde sie in Wien verhaftet und ausgewiesen, in Prag, Berlin und Budapest erregten ihre Auftritte ebenfalls sittliches Ärgernis. Sie ging zuletzt als Tänzerin nach Konstantinopel und zum Film. Ihr Tanzpartner war Sebastian Droste. Die Ursache ihres frühen Todes lag in ihrer Drogenabhängigkeit (Morphium und Kokain).

Lit.: *Berber, A.:* Die Tänze d. Lasters, d. Grauens u. d. Extase – u. Sebastian Droste, Wien 1932.

Bercher, Jean ↗Dauberval.

Berchtentanz ↗Perchtentanz.

Bergamasca (Bergamasker Tanz). ↗Italienischer Volkstanz aus der Umgebung der oberitalienischen Stadt Bergamo, wo er von den Bauern nach einer im bergamaskischen Dialekt gesungenen Volksweise getanzt wurde. Seit dem frühen 16. Jh. nachgewiesen, von Shakespeare im Sommernachtstraum erwähnt, war die Bergamasca vom 17. Jh. an bis ins 18. Jh hinein in Italien, Deutschland und Österreich sehr beliebt und verbreitet. Die Bergamasca, im geraden Takt stehend, auftaktlos, achttaktig gebaut, war ein lebhafter Rundtanz von Paaren. Sehr frühzeitig ist sie in die instrumentale Kunstmusik übergegangen und in der mannigfachsten Weise in der Instrumentalmusik des 17. und 18. Jh. verwendet worden (z. B. J. S. ↗Bach). Die instrumentale Bergamasca des 19. Jh. hat jedoch mit der des 16. bis 18. Jh. nichts mehr gemeinsam.

Lit.: *Böhme, F. M.:* Geschichte d. Tanzes in Deutschland, 1886. *Ungarelli, G.:* Le vecchie danze italiane, Roma 1894. *Pratella, F.:* Balilla, Saggio di gridi, canzoni, cori e danze del popolo italiano, Bologna 1919. *Nettl, P.:* Die Wiener Tanzkomposition in d. 2. Hälfte des 17. Jh., in: Studien zur Musikwissenschaft, H. 8, 1921, S. 95 f. *Nettl, P.:* Die Bergamasca, in: Zeitschrift f. Musikwissenschaft, Jg. 5, 1923, H. 6, S. 291 ff. *Sachs, C.:* Eine Weltgeschichte d. Tanzes, 1933. *Pontius, J.:* Eine anonyme kurpfälzische Orgeltabulatur, 1960, S. 126 f. *Bužga, J.:* Zwei Bergamascas vom Ende d. 17. Jhs., in: Muzikološki zbornik, vol. XVII/1, Ljubljana 1981, S. 36 ff.

Berger, Theodor. Österreichischer Komponist, geb. 18. Mai 1905 in Traismauer, schrieb eine

Balletthandlung in drei Teilen ↗„Homerische Symphonie", uraufgeführt 1950 an der Wiener Staatsoper. (↗Jahreszeiten)

Lit.: *Kulturberichte aus Niederösterreich.*, Beilage d. Amtl. Nachrichten d. niederösterr. Landesregierung, Jg. 1962, S. 16.

Bergerette (von franz. berger = Schäfer). Der Name hatte eine mehrfache Bedeutung. Im 16. Jh. bezeichnete er einen der ↗Basse danse verwandten Tanz im schnellen Tripeltakt. Im 15. Jh. verstand man darunter eine dem französischen ↗Virelai ähnliche Form. Im 18. Jh. bedeutete der Name eine pastorale lyrische Dichtung, oft auch erotischen Inhalts, die auch gesungen wurde. Aus dem 15. Jh. meldet eine Handschrift, daß der Klerus zu Ostern einen Tanz namens „bergerette" nach der Melodie von „Fidelium sonet vox sobria" aufführte.

Lit.: *Spanke, H.:* Tanzmusik in d. Kirche d. Mittelalters, in: Neuphilologische Mitteilungen, Jg. 31, 1930, S. 154 f. *Stumpfl, R.:* Kultspiele d. Germanen als Ursprung d. mittelalterlichen Dramas, Berlin 1936. *Winkler, R. W.-McPeck, G. S.:* The Bergerette Form in the Laborde Chansonnier, in: Journal of the American Musicological Society, VII, 1954.

Bergmannstänze ↗Knappentänze.

Bergsma, Deanne. Britische Tänzerin, geb. 16. April 1941 in Harrismith, Südafrika, verheiratet mit Kenneth Grant, Manager der Royal Opera Company. Sie studierte in Südafrika und an der Royal Ballet School und schloß sich der Royal Ballet Company im Jahre 1959 an.

Beriosowa, Svetlana ↗Beriozoff, Nicholas.

Beriozoff, Nicholas. Litauischer Tänzer, ↗Choreograph und ↗Ballettmeister, geb. 16. Mai 1906 in Kaunas. Sein Tanzstudium begann er in Prag. Seine künstlerischen Stationen waren: 1930–1935 Kaunas, 1935–1938 Ballet de Monte Carlo, 1938–1944 ↗Ballet Russe de Monte Carlo, 1944 Ballettmeister beim Ballet International, 1948 Metropolitan Ballet, 1950–1951 Scala Mailand, 1951–1954 ↗London Festival Ballet, 1956 Grand Ballet du Marquis de ↗Cuevas, 1957–1960 Ballettdirektor in Stuttgart, 1961–1962 wieder beim Grand Ballet du Marquis de Cuevas, 1962–1964 Helsinki, 1964 bis 1971 Zürich, 1971–1973 Neapel. Als Choreograph war er vor allem den Werken der klassischen Schule des 19. Jh verpflichtet. Er ist der Vater von **Svetlana, Beriosowa,** geb. 24. September 1932 in Kaunas, die bei ihrem Vater und Anatole ↗Wilzak studierte. 1947 debütierte sie in Ottawa und kam im selben Jahr zum Grand Ballet du Marquis de Cuevas, war 1948–1949 ↗Ballerina beim Metropolitan Ballet und wurde 1950 Solistin beim Sadler's Wells Theatre Ballet. Im Jahre 1952 kam sie zum ↗Sadler's Wells Ballet, wo sie 1955 zur Ballerina ernannt wurde. Ihr Repertoire umfaßte sowohl klassische als auch moderne Rollen.

Lit.: *Swinson, C.:* Svetlana Beriosova, Dancers of To-Day, 1956. *Franks, A. H.:* Svetlana Beriosova, A Biography, London 1958. *Anderson, J.:* "Who is a Ballet Master?" in: Dance Magazine, Januar 1968.

Berlinskan nennt sich eine schwedische Form des ↗Warschauer.

Lit.: *Wolfram, R.:* Die Volkstänze in Österreich u. verwandte Tänze in Europa, 1951, S. 157/14.

Bernardi, Franz Karl. Tänzer und ↗Choreograph, Daten unbekannt. Von 1752 bis 1760 (?) wirkte er in Wien am k. k. Hoftheater nächst dem Kärntnertor, ab 1758 als Nachfolger ↗Hilverdings als ↗Ballettmeister. Bei seinen leichten ↗Balletten verwendete er auch Lieder. „Les aventures champêtre" und „Die Friseure" waren ↗Pantomimen von ihm.

Bernoise. ↗Deutscher Volkstanz aus der ehemaligen Grafschaft Mark. Der Tanz aus der Zeit von 1800 bis 1830 hatte zwei Teile, einen langsamen Teil im 2/4-Takt und einen im 3/4-Takt im Tempo eines langsamen ↗Walzers.

Lit.: *Voß, R.:* Der Tanz u. seine Geschichte, 1869, S. 330.

Beroronsi Hama Haban. ↗Äthiopischer Tanz der Esa-Somali. Der Form nach ist er eine Kombination eines Einzel- und Gruppenschwerttanzes. Die Tänzer haben einen Dolch im Mund.

Lit.: *Martin, G.:* Dance Types in Ehtiopia, in: Int. Journal of the Folk Music Council, vol. XIX, 1967, S. 23 ff.

Bertschinger, Rolf. Schweizer Tänzer, geb. 21. August 1944 in Biel (Schweiz). Nach Ausbildung in der Ballettschule Niederberger (Biel) bekam er Engagements in Saarbrücken, Nürnberg und Wiesbaden. Ab 1967 war er Solotänzer. Wichtigste Rollen: Hilarion (↗„Giselle"), Zeus („Die ↗Geschöpfe des Prometheus"), Sultan (↗„Scheherazade"), Iwan (↗„Dornröschen"), Weißer Ritter (↗„Don Quichote").

Bes. Ägyptische Gottheit, dargestellt als Zwerg mit halbtierischem Aussehen. Ihm wurde im alten Ägypten, besonders vom Mittleren und Neuen Reich an, als göttlichem Vertreter der zwerggestaltigen Gottestänzer (↗Tanzzwerge) die Eigenschaft des Tanzens und Musizierens zugesprochen. (↗Ägyptischer Tanz)

Lit.: *Brunner-Traut, Emma:* Der Tanz im alten Ägypten, 1938, S. 35 ff.

Beseda. Tschechischer Volkstanz, der besonders von den Sokoln getanzt wurde. Er bestand hauptsächlich aus Polkaschritten.

Besentanz. Unter diesem Namen gibt es eine Anzahl von deutschen Volkstänzen, die in verschiedenen Formen ausgeführt werden. Es handelt sich dabei mehr um Tanzspiele, bei denen der Besen als ↗Tanzgerät eine besondere Rolle spielt. In der Batschka, wo der Tanz auch ↗Grawodisch genannt wird, ist er ein Burschentanz, der in der Ausführung große Geschicklichkeit erfordert. Im Kuhländchen handelt es sich um einen Reihentanz im Polkatempo und um ein Spiel mit einem Überzähligen, der mit einem Besen durch die Reihen tanzt, um sich, sobald er den Besen wegwirft, eine Tänzerin zu erobern. Im Burgenland heißt der ihm entsprechende Tanz auch ↗Steckerltanz. Eine Abart des Besentanzes ist auch der sogenannte ↗Kochlöffeltanz des Kuhländchens. Auch der ↗Schornsteinfeger wird mancherorts Besentanz genannt. (↗Grabc, ↗Grapc, ↗Kanásztánc)

Lit.: *Horak, K.:* Burgenländische Volkstänze, in: Deutsche Volkstänze, H. 7, 1931, S. 10/11. *Pudollek, F.:* Zwei Handwerkertänze, in: Der Handwerker in d. oberschlesischen Volkskunde, 1932. *Horak, K.:* Volkstänze d. Deutschen in Mittelpolen, in: Ostdeutsche Heimathefte, H. 9, 1936. *Horak, K.:* Deutsche Liederkunde, Bd. 1, 1939, S. 230 f. *Wauters, E.:* Ein flämischer Männertanz mit Stöcken u. Reifen, Deutsche Volkskunde, Jg. 3, 1941, H. 3/4, S. 149 ff. *Schunko, F.:* Der Spatzentanz, in: Jahrbuch d. österreichischen Volksliedwerkes, Bd. 10, 1961, S. 124.

Besinga. Glockentanz der Booli, eines zum Volk der Mongo gehörenden Volksstammes im Kongo (Zaire). Der Name des Tanzes kommt von den Glöckchen, welche die Frauen beim Tanzen über ihrem Gesäß tragen. (↗Afrikanischer Tanz)

Lit.: *Italiander, R.:* Tanz in Afrika, 1960, S. 30/54.

Bessmertnowa, Natalja Igorjewna. Russische Tänzerin, geb. 19. Juli 1941 in Moskau. Sie studierte an der Ballettschule des Bolschoj-Theaters in Moskau und wurde 1961 Mitglied des ↗Bolschoj-Balletts. Sie gilt als eine der führenden ↗Ballerinen ihrer Generation in der klassischen Technik.

Betteltanz. ↗Deutscher bäuerlicher Volkstanz, der aber nicht mit dem ↗Bettlertanz identisch ist. Im 19. Jh. war er noch in verschiedenen Formen und mit verschiedener Sinngebung in Bayern und Schwaben zu finden. Mit dem Tanz war oftmals ein Umzug mit Gabeneinsammlung (Betteln) verbunden, besonders wenn er am Anfang oder am Schluß von Hochzeiten getanzt wurde. Davon dürfte sein Name herrühren.

Lit.: *Böhme, F. M.:* Geschichte d. Tanzes in Deutschland, 1886, S. 58, 187.

Bettlertanz. ↗Deutscher bäuerlicher Volkstanz aus dem 16. Jh., dem die alte Volksweise vom „Bettler" zugrunde liegt. Die genaue Ausführung des Tanzes ist unbekannt. Wahrscheinlich war er ein ↗Hochzeitstanz und dürfte sehr lebhaft gewesen und manchmal ausgeartet sein, da er 1580 in Kursachsen durch eine Landesverordnung verboten wurde. Eine später überlieferte Ausführung besagt, „daß alle Paare eine Ronde tanzten, links oder rechts herum, indessen ein einzelnes Paar in der Mitte des Kreises Stellungen und Spiele ausführte". Ein Tanz ähnlicher Art heißt in Österreich ↗Busserl- (Kuß-)Tanz und bei den slawischen Völkern ↗Kolo.

Heckels Lautenbuch, 1562

Lit.: *Voß, R.:* Der Tanz u. seine Geschichte, 1869, S. 330. *Böhme, F. M.:* Geschichte d. Tanzes in Deutschland, 1886, S. 57.

Bhangra. Indischer Volkstanz aus Pandschab, ein fröhlicher Gemeinschaftstanz der Bauern zur Erntezeit. Der Tanz verlangt von den Ausführenden große Geschicklichkeit und wird von einem rhythmisch sehr wechselvollen Trommelspiel begleitet. Die Männer drehen sich und springen dazu, schütteln die Schultern, reißen die Arme in die Höhe, spreizen die Beine und strekken die Füße. Um die Fußgelenke sind Schellen gebunden, die beim Abspringen und Niederfallen laut ertönen. Nach einem Lied beginnt der Tanz mit gesteigerter Erregung von neuem. Ein Tänzer legt seinen Turban ab, nimmt einen runden irdenen Krug, den er auf dem Kopf balanciert; ein zweiter Tänzer steigt auf diesen Krug und wird von dem unteren Tänzer getragen. An diesem faszinierenden ↗Geschicklichkeitstanz nehmen bis zu hundert Männer teil. (↗Indischer Tanz)

Lit.: *Gargi, B.:* Theater u. Tanz in Indien, 1960, S. 51 f. *Rebling, E.:* Die Tanzkunst Indiens, 1981, S. 64.

Bharat Natjam (Bharata Natyam). Name für eine der vier Schulen des klassischen ↗indischen Tanzes. Der Name, von Bharatas „Nātyaśāstra" abgeleitet, ist über 2000 Jahre alt. Die heutige Heimat ist Madras in Südindien. Die Bharat Natjam-Tänze sind weibliche Solotänze (↗Dewadasi). Sie bilden eine Einheit von Kunst, Religion und Philosophie. Eine Bharat-Natjam-Vorführung dauert 1½ – 2 Stunden und beinhaltet sechs einzelne Teile. Begonnen wird mit Alarippu, einem Anbetungsvorspiel, welches die Eleganz und Anmut der Tänzerin zeigt. Der Fortgang der Aufführung bringt eine Mischung von darstellendem Tanz (Nritja) und reinem Tanz (Nritta). Ein Zwischenspiel sind die Padams (5. Teil). Es sind Lieder in Sanskrit, Tamil oder Telugu, die die Tänzerin durch ihre Gestik veranschaulicht. Den Abschluß der Vorführung bildet ein Ausschnitt des reinen Tanzes, Tillana genannt. Er wird von sinnlosen Worten begleitet, die nur gesungen werden, um den Rhythmus anzugeben. Mit drei Cymbelschlägen und dem Geschrei der Sänger, von der Tänzerin mit dreifachem Sprung, stampfenden Füßen und klingelnden Fesselglöckchen begleitet, endet der letzte Teil. Die ganze Tanzfolge wird in einem einzigen Kostüm getanzt, einer Brokatbluse und einem reich verzierten Sari. (↗Kathak, ↗Kathakali, ↗Manipuri)

Lit.: *Venkatachalam, G.:* Dance in India, 1947, S. 77 ff. *Gargi, B.:* Theater u. Tanz in Indien, 1960, S. 39 ff. *Sarabhai, M.:* Understanding Bharata Natyam, Baroda, M. S. S. University 1965. *Singha, R.-Massey, R.:* Indian Dances, London 1967. *Rebling, E.:* Die Tanzkunst Indiens, 1981.

Bibasis. Antiker griechischer Hüpftanz aus Sparta, wo er von Jünglingen und Mädchen abwechselnd getanzt wurde. Tänzer und Tänzerinnen mußten auf einem Fuß hüpfen und mit der Ferse des anderen Fußes das Gesäß treffen. Prämierter Sieger war der, welcher die meisten „Treffer" zählte. (↗Griechischer Tanz)

Lit.: *Weege, F.:* Der Tanz in d. Antike, 1926, S. 48. *Lawler, L. B.:* The Dance in Ancient Greece, 1964.

Bibera (die). ↗Jugoslawischer Volkstanz aus Gacko, Herzegowina. Er wird von sechs Mädchen aufgeführt, die einander in zwei Reihen ohne Fassung gegenüberstehen. Jeweils eine Reihe geht singend auf die andere zu und wieder rückwärts auf ihren Platz. Dabei ahmt sie eine Tätigkeit nach. Sie singt z. B. „So sät man den Pfeffer". Die andere Reihe, die vorher still stand, geht nun ihrerseits vor und zurück und singt „Nein, so sät man den Pfeffer" und berichtigt die erste Reihe. In dieser Weise werden die Tätigkeiten bis zur Ernte dargestellt.

Lit.: *Wolfram, R.:* Der Volkstanz als kulturelle Ausdrucksform d. südosteuropäischen Völker, in: Die Volkskultur d. südosteuropäischen Völker, Südosteuropa-Jahrbuch, Bd. 6, 1962, S. 82.

Biçak havassi. Türkischer ↗Waffentanz. Er wird von zwei Männern getanzt, die einander dabei mit einem Messer in der Hand in symbolischer Form bedrohen. (↗Hançer Bari, ↗Türkischer Tanz)

Lit.: *Hoerburger, F.:* Waffentänze d. Türken, in: Forschungen u. Fortschritte, Jg. 28, 1954, H. 6, S. 185 ff.

Bie, Oscar. Deutscher Musikschriftsteller, geb. 9. Februar 1864 in Breslau, gest. 21. April 1938 in Berlin. Er schrieb folgende Werke über den Tanz: Der Tanz als Kunstwerk, Berlin 1900; Der Gesellschaftstanz der Renaissance, Berlin 1903; Das Ballett, Berlin 1905; Tanzmusik, in: Die Musik, Bd. 6, Berlin 1905; Der Tanz, Berlin 1906.

Bienentanz. Eine Tanzszene afrikanischen Ursprungs, die sich vor allem in Ägypten und in den Ländern des vorderen Orients besonderer Beliebtheit erfreut. Motivisch ist sie auch bei den Pygmäen und in Japan üblich. Im Grunde stellt dieser von einer Tänzerin ausgeführte Solotanz nichts anderes als eine Striptease-Szene dar. Die Tänzerin, die durch ihre Gebärden und Bewegungen den Schmerz eines Bienenstiches zum Ausdruck bringt, wirft beim Bemühen, die Biene in ihren Kleidern zu suchen, ein Kleidungsstück nach dem anderen ab, bis sie völlig erschöpft nackt niedersinkt. Hierauf beginnt sie sich, in Rückwärtsbewegung tanzend, allmählich wieder anzuziehen und beendet den Tanz ganz bekleidet. (↗Schleiertanz)

Lit.: *Czerwinski, A.:* Geschichte d. Tanzkunst, 1862 u. Brevier d. Tanzkunst, 1879. *Storck, K.:* Der Tanz, 1903, S. 8.

Bienert, Berndt R. Österreichischer Tänzer und ↗Choreograph, geb. 17. Januar 1962 in Perchtoldsdorf bei Wien. Er studierte an der Ballettschule der Wiener Staatsoper, in Rom, Monte Carlo und New York. Seit 1978 gehört er dem Ensemble des ↗Wiener Staatsopernballetts an. Im Jahre 1982 wirkte er bei J. ↗Kylián in

Den Haag. Seine erste Choreographie, benannt „Über Leben", schuf er für die „Wiener Ballettwerkstatt". Als Auftrag der Wiener Staatsoper kam im Juni 1984 das Tanzstück „Alpenglühen" mit der Musik von Th. Pernes zur Aufführung, für welches er die Choreographie, das Bühnenbild und die Kostüme schuf.

Bigottini, Emilie. Französische Tänzerin, geb. 16. April 1784 in Toulouse, gest. 28. April 1858 in Paris. Sie entstammte einer Schauspielerfamilie, studierte bei Louis-Jacques ↗Milon und tanzte in Paris am Théâtre de l'Ambigu-Comique. 1801 wurde sie Mitglied der Pariser Oper. Zur Zeit des Wiener Kongresses 1814/15 war sie Solotänzerin in Wien und wurde wegen ihrer sprechenden Mimik „Das Ohr der Tauben" genannt. An der Pariser Oper tanzte sie bis 1823 und galt als eine starke Rivalin von Madame ↗Gardel. Zu ihren großen Bewunderern zählte Napoleon.

Lit.: *Guest, I.:* The Romantic Ballet in Paris, 1966.

Bilikiki ist einer der populärsten Männertänze auf den Salomoninseln. Die Männer treten gebeugt über einen Stock in einer Reihe auf. Der Stock stellt den Schnabel des Vogels Bilikiki dar. Der Tanz zeigt, wie sich dieser Vogel sein Fressen sucht. (↗Tiernachahmende Tänze)

Lit.: *Dean, Beth:* South Pacific Dance, 1978, S. 42.

Biparendantz. Mittelalterlicher ↗Paartanz aus der Gegend der Dithmarschen (Holstein). Er kam in dieser Landschaft erst etwa 1559 auf und bildete den Gegensatz zu dem dort üblichen reigenartigen ↗„Langen Tanz".

Lit.: *Czerwinski, A.:* Brevier d. Tanzkunst, 1879, S. 52. *Böhme, F. M.:* Geschichte d. Tanzes in Deutschland, 1886, S. 51, 83. *Wolfram, R.:* Die Volkstänze in Österreich u. verwandte Tänze in Europa, 1951, S. 144 ff.

Birkentanz hieß in manchen Gegenden Deutschlands der ↗Pfingsttanz. Er wurde um eine eigens dazu aufgerichtete Birke aufgeführt.

Lit.: *Böhme, F. M.:* Geschichte d. Tanzes in Deutschland, 1886, S. 155.

Birkmeyer. Name einer Wiener Tänzerfamilie. Die Zugehörigkeit zum Tänzerberuf am Wiener Hoftheater geht bis zum Urgroßvater **Anton** B. zurück (engagiert 1841–1876). Dessen beide Söhne **Adolf** B. und **Julius** B. waren dort als Tänzer ebenfalls engagiert, Adolf von 1870 bis 1885 als Solotänzer. **Hermann** B. war ↗Tanzlehrer und lehrte den ↗Gesellschaftstanz in einer eigenen Tanzschule. Dessen Sohn **Anton Heinrich** B., geb. 25. April 1897 in Wien, gest. 30. August 1973 ebendort, war ab 1912 Mitglied des Balletts der Wiener Hofoper (später Staatsoper), von 1921 bis 1937 Solotänzer, von 1938 bis 1954 1. Solotänzer und von 1931 bis 1934 ↗Ballettmeister. 1956 übernahm er von Riki ↗Raab die Ballettklasse an der Staatsakademie für Musik und darstellende Kunst in Wien. Seine Darstellung der Titelpartie der ↗„Josephslegende" von R. ↗Strauss (1922) war großartig. Tanz und dramatischer Ausdruck entsprachen seiner persönlichen Eleganz. Mit Grete ↗Wiesenthal und Tilly ↗Losch unternahm er viele Auslandsgastspiele. Von seinen eigenen ↗Choreographien seien die Neuinszenierungen von ↗„Puppenfee", „Klein Idas Blumen", ↗„Schlagobers" und „Haydn-Ballett" erwähnt. Viele Jahre hindurch leitete er seine private Ballettschule. Sein Sohn **Michael** B., geb. 20. Oktober 1943 in Wien, setzte die Tanztradition seiner Vorfahren fort. Er begann mit acht Jahren in Wien. Seine Lehrer waren sein Vater, Adele ↗Krausenecker und Victor ↗Gsovsky. Sein erstes Auftreten an der Staatsoper Wien war im Jahre 1963 in ↗Strawinskys ↗„Agon". 1967 wurde er Solotänzer. Mit Rudolf ↗Nurejew und Margot ↗Fonteyn unternahm er eine Europatournee.

Lit.: *Niehaus, M.:* Ballett Faszination, 1972.

Birmanischer Tanz. Der birmanische Tanz kennt keine ↗Kriegstänze, keinen ↗Schwerttanz, aber Tänze bei karnevalsartigen Festen: beim Neujahrsfest oder Wasserfest, beim Erntefest im Februar, wenn die Reisernte beendet ist. Beim Neujahrsfest tanzen junge Männer die Dorfstraße entlang und werden von älteren Frauen gefangen, die sie festhalten und ihre Gesichter schwärzen. Sie müssen den Affentanz tanzen, um durch ein Lösegeld wieder befreit zu werden. Ein altmodischer Tanz ist der ↗Nibhatkin, der aus vielen mimischen Tänzen besteht, die alten buddhistischen Legenden folgen. Ein anderer Dorftanz zeigt die 37 Nats oder Naturgeister mit Mimik und Musik. Beim Pwe, dem großen Jahrmarktsfest, wo sich alles versammelt, ist Tanz und Gesang das Hauptvergnügen. Die Birmanen kennen nur Chorgesangtänze. Die Tänze werden immer von Frauen begonnen. Hoftanzmimik blühte vom 18. Jh. an und zeigte Hindueinfluß. Die seit Jahrhunderten überlieferten Gebärden beruhen auf magisch-religiösen Grundlagen. Der moderne birmanische Tanz wurde professionell und er half dem Pwe zu seiner großen Bedeutung.

Lit.: *Hagemann, C.:* Spiele d. Völker, 1921, S. 113 ff. *Beaumont, C. W.:* A Burmese Pwe at Wembley, 1924. *Shawn, Ted:* Gods who dance, 1929, S. 69 ff. *Bowers, F.:* Theatre in the East, 1952, S. 108 ff.

Bizar-dantza. ↗Baskischer Tanz, eine volkstümliche ↗Pantomime, in welcher ein Barbier, ähnlich dem in den Alpenländern üblichen ↗Barbier- oder ↗Rasiertanz, einen Kunden, welchen er rasiert, tötet und wieder zum Leben erweckt.

Blacher, Boris. Deutscher Komponist, geb. 6. Januar 1903 in Newchang, China, gest. 30. Januar 1975 in Berlin. Der in allen Sparten erfolgreiche Komponist schrieb für die Tanzbühne folgende Werke: 1936 „Fest im Süden", Tanzpantomime in 1 Aufzug von Ellen Petz; 1939 „Harlekinade"; 1950 „Der erste Ball", eine gesellschaftskritische Parodie unter Benützung Flotowscher Musik; 1950 ↗„Chiarina", eine Ballettgroteske in 1 Akt (Uraufführung Berlin, 22. Januar 1950); ↗„Hamlet", Ballett in einem Prolog und drei Bildern, Libretto von Tatjana ↗Gsovsky (Uraufführung 19. Nov. 1950 im Prinzregententheater München); 1951 „Lysistrata", Ballett in drei Bildern nach Aristophanes, Buch vom Komponisten (Uraufführung Städtische Oper Berlin, 30. September 1951); 1955 ↗„Der Mohr von Venedig", komponiert zur Wiedereröffnung der Staatsoper Wien. Das Libretto verfaßte Erika ↗Hanka, sie besorgte auch die ↗Choreographie und Inszenierung. Das Werk umfaßt einen Prolog, acht Bilder und einen Epilog (Uraufführung 29. November 1955, Staatsoper Wien). 1964 schuf Blacher noch das Ballett „Demeter" für Schwetzingen und 1965 „Tristan" für Berlin.

Black Bottom. ↗Gesellschaftstanz des 20. Jh. Der Tanz, nordamerikanischer Herkunft, wurde von Alberta Hunter im Jahre 1926 im Apollo-Theater zu Harlem, USA, erstmals vorgeführt. Die gestampften Schritte, mit denen der Tanz ausgeführt wird, geben ihm einen schwerfälligen Charakter. Die Tanzmelodie geht im synkopierten 4/4-Takt. Als Modetanz hat er sich nicht lange gehalten.

Lit.: *Granville, R.:* How to Dance the Ballroom "Black Bottom", London 1927.

Bland, Alexander (Pseudonym für Nigel Gosling und Maude Lloyd-Gosling). Unter diesem Pseudonym erschienen von dem Ehepaar folgende Schriften: The Dancer's World (mit M. Peto), London 1963; Nurejev, An Autobiography with pictures (Herausgeber), London 1962; A History of Ballet and Dance, London 1976; The Nurejev Image, London 1976/77; Fonteyn and Nurejev, 1979; The Royal Ballet, the first 50 years, London 1981.

Blasis, Carlo. Italienischer Tänzer, ↗Choreograph und ↗Tanzlehrer, geb. 4. November 1797 in Neapel, gest. 15. Januar 1878 in Cernobbio. Er studierte bei Jean ↗Dauberval und Piero ↗Gardel. Mit 12 Jahren debütierte er in Marseille, kam dann nach Bordeaux und Paris. Seine ersten Ballettproduktionen schuf er für Werke von ↗Gluck, Sacchini und ↗Mozart. Er wurde Solotänzer an der Scala in Mailand, wo er unter ↗Viganò wirkte. Von 1826 bis 1830 war er Solist und Choreograph am King's Theatre in London. Später kam er auch nach St. Petersburg. 1837 bekam er die Stelle des Direktors der Tanz-Akademie der Mailänder Scala, wo er als Choreograph wirkte. Blasis war der meistgelesene Tanzschriftsteller seiner Zeit. Von ihm stammen die Werke: Traité élémentaire, théoretique et pratique de l'art de la Danse, Milano 1820; The Code of Terspichore, The art of dancing, London 1825, 1830 und 1866; Manuel complet de la danse, Paris 1830; Notes upon Dancing. Historical and Practical, London 1847; Tanz im allgemeinen, Ballettberühmtheiten und Nationaltänze, Moskau (russisch). 1830 erschien in Ilmenau die „Neue vollständige Tanzschule für die elegante Welt nach den neu erschienenen vollständigen Werken eines Blasis, ersten Ballettänzers am Coventgarden-Theater zu London". Blasis schuf auch mehrere ↗Contratänze, darunter die im Manuel complet de la danse beschriebenen L'Aurora, Les Bacchantes, Le Calife, Le Folâtere, La Jalousie, La Triomphante, La Virginie, Le Petit-maître und die nach ihm benannte Coquette de Blasis. Zu seinen Schülern zählten unter vielen anderen Fanny ↗Cerrito und Carolina ↗Rosati.

Lit.: *Bie, O.:* Der Tanz als Kunstwerk, 1900, S. 59 ff. *Levinson, A.:* Meister d. Balletts, 1923.

Bliss, Sir Arthur. Britischer Komponist, geb. 2. August 1891 in London, gest. 7. März 1975 ebendort. Er komponierte die Ballette ↗„Checkmate" (1937), ↗„Miracle in the Gorbals" (1944) und ↗„Adam Zero" (1946).

Blondy, Nicolas. Französischer Tänzer und ↗Choreograph, geb. 1675, gest. 13. August 1739. Er war der Neffe von ↗Beauchamps und Nachfolger von ↗Pecour als ↗Ballettmeister an der Pariser Oper (1691). Dieser danseur noble war besonders wegen seiner kunstvollen Sprünge berühmt.

Lit.: *Bie, O.:* Der Tanz, 1906, S. 286. *Schmidt-Garré, H.:* Ballett, 1966, S. 22.

Blontanz. ↗Deutscher Volkstanz aus Mittelfranken, ein Tanz um den Maibaum. (↗Maitanz)

Lit.: *Wolfram, R.:* Die Volkstänze in Österreich u. verwandte Tänze in Europa, 1951, S. 59.

Blümerl. Name des ↗Siebentätzler in Bayern.

Lit.: *Zoder, R.:* Altösterreichische Volkstänze, Teil 3, 1932, S. 22.

Blues. Dieser ↗Gesellschaftstanz des 20. Jh. hat sich aus den Tänzen und Gesängen der Neger entwickelt. Nach dem ersten Weltkrieg kamen die Blues-Melodien nach Europa und nach ihnen schuf man in England einen neuen Tanz. 1923 gab es in England den ersten Blues-Ball. Der Blues ist ein ruhiger Tanz mit weichen Bewegungen und Schleichschritten. Seine Grundfigur ist das aus dem ↗Quickstep stammende Kreuzchassé. In der Ausführung ist dem guten Bluestänzer weitgehende Freiheit gegeben. Das eigentlich charakteristische des Blues liegt aber in seiner Musik, dem stark synkopierten Rhythmus und der zwischen Dur und Moll schwankenden Blues-Tonalität (blue notes). Eine Stilisierung des Blues hat der amerikanische Komponist George Gershwin mit seiner „Rhapsody in Blue" versucht.

Lit.: *Huppert, E.:* Der moderne Tanz, 1926, S. 42. *Pesquinne, Blaise:* Le blues, la musique négre des villes; naissance et avenir du Jazz, in: La Revue Musicale, 15e année, No. 150, Nov. 1934, S. 273 ff. *Gombosi, O.:* The Pedrige of the Blues, in: Teachers National Association 40, 1946. *Günther, H.-Schäfer, H.:* Vom Schamanentanz zur Rumba, 1959, S. 265 ff. *Wosien, B.:* Im Ansturm d. Rhythmen, 1959, S. 41. *Schuler, M.:* Vom Passamezzo zum Blues, in: Musica, Jg. 16, 1962, H. 2, S. 65 f. *Oliver, P.:* The Story of the Blues, 1969. *Mecklenburg, K. G.:* Die Theorie d. Blues im modernen Jazz, 1971 (Sammlung musikw. Abhandlungen 45). *Middleton, R.:* Pop Music and the Blues, 1972.

Blum, René. Französischer Ballett-Impresario, geb. 13. März 1878 in Paris, gest. 28. April 1942 in Auschwitz. Er war Direktor des Balletts der Oper in Monte Carlo, nach ↗Diaghilews Tod regte er die Gründung der ↗Ballets Russes de Monte Carlo an. Von 1932 bis 1934 war er deren Manager und bis 1936 artistischer Direktor. Als es mit Colonel de ↗Basil zu Differenzen gekommen war, gründete er 1936 das René Blum Ballet Russe de Monte Carlo, dessen Chefchoreograph M. ↗Fokine war. Von 1938 bis 1940 leitete er mit L. ↗Massine das Ballet Russe de Monte Carlo. Während der Besetzung Frankreichs durch die deutschen Truppen im zweiten Weltkrieg wurde er nach Auschwitz deportiert und dort ermordet.

Bobocica. ↗Rumänischer Volkstanz. Der Tanz gehört zu den ↗Kettentänzen, die Aufstellung erfolgt im Kreis. Er wird von Männern und Frauen, vor allem älteren Menschen gerne getanzt. Die Tanzmelodie steht im schnellen 2/4-Takt.

Lit.: *Molkenbur, N.:* Rumänische Volkstänze, 1967, S. 28.

Bockshammerscher. Alter ↗deutscher Volkstanz im 3/4-Takt aus der Oberpfalz. Benannt ist er nach dem Hauptinstrument der Begleitung, dem Bock = Dudelsack.

Lit.: *Böhme, F. M.:* Geschichte d. Tanzes in Deutschland, 1886.

Bode, Rudolf. Geb. 3. Februar 1881 in Kiel, gest. 8. Januar 1971 in München. Er war der Begründer einer eigenen Methode der sogenannten Ausdrucksgymnastik, die die Entspannung des Körpers von unnatürlichen Verkrampfungen erstrebte und den natürlichen Rhythmus der Körperbewegungen suchte. Nach philosophischen und naturwissenschaftlichen Studien in Kiel und Leipzig ging er 1910–1911 zu ↗Jaques-Dalcroze, bei welchem er das Diplom für rhythmische ↗Gymnastik erwarb. 1911 gründete er in München das Institut für Bewegung und Rhythmus. Diese Bode-Schule wurde eine Berufsschule für Gymnastik. Zahlreich sind seine

Veröffentlichungen, in denen er seine Methode darlegte: Aufgaben und Ziele der rhythmischen Gymnastik (1913); Der Rhythmus und seine Bedeutung für die Erziehung (1920); Ausdrucksgymnastik (1922); Vom Wesen des Urtanzes, in: Die Tat, 13, 1922; Bewegung und Gestaltung. Von den Kulturaufgaben der körperlichen Erziehung (1936); Musik und Bewegung (1942); Jaques-Dalcroze, in: Zeitschrift für Musik, Jg. 11, 1950, S. 421 f.; Rhythmische Gymnastik (1957).

Lit.: *Derra de Moroda, Fr.:* The Bode School. A very brief account of a new influence in Germany, in: The Dancing Times, März 1930, S. 681 ff.

Bodenwieser, Gertrud. Österreichische Tänzerin, Lehrerin und ↗Choreographin, geb. 3. Februar 1890 in Wien, gest. 10. November 1959 in Sydney. Sie kam nach ihrem Debüt im Jahre 1921 als Lehrerin für ↗Gymnastik und Tanz an die Akademie für Musik und darstellende Kunst in Wien. Mit ihrer Tanzgruppe entwickelte sie einen Stil, der versuchte, maschinelle Bewegungen in künstlerische Form zu bringen. Ihre bedeutendsten eigenen Schöpfungen waren „Dämon Maschine“ und „Arbeitstanz“. 1938 ging sie nach Australien, nannte sich Bodenweiser und gründete eine Schule und eine neue Gruppe mit australischen Tänzern.

Lit.: *Lämmel, R.:* Der moderne Tanz, 1928, S. 179. *Bodenwieser, G.:* The New Dance, hrsg. v. Marie Cuckson, M. A. (1969). *Bleier Brody, A.:* Gertrud Bodenwieser u. d. Neue Tanz, in: Tanz 20. Jh. in Wien, Ausstellungskatalog, Wien 1979, S. 53 ff.

Böhme, Franz Magnus. Geb. 11. März 1827 in Willerstedt bei Weimar, gest. 18. Oktober 1898 in Dresden. Er war zunächst Schullehrer, dann in Dresden als Musiklehrer tätig. 1878 wurde er als Professor für Musikgeschichte und Kontrapunkt an das Hochsche Konservatorium in Frankfurt/M. berufen. 1886 erschien von ihm das grundlegende Werk „Geschichte des Tanzes in Deutschland“. Beitrag zur deutschen Sitten-, Literatur- und Musikgeschichte. Nach den Quellen zum erstenmal bearbeitet und mit alten Tanzliedern und Musikproben, 2 Bände, Breitkopf und Härtel, Leipzig 1886. Reprint: Hildesheim 1973.

Böhmische Menuett (die). Alter ↗Volkstanz aus Böhmen. Er gehörte zur Reihe jener Art von böhmischen Tänzen, welche die Prager Tanzmeisterzunft gegen Ende des 18. Jh. aus fremden Elementen zusammengesetzt hatte. Getanzt wurde die Böhmische Menuett meist bei Kirchweih- und Hochzeitsfesten. Tänzer und Tänzerinnen hielten einander beim Tanzen kreuzweise an den Händen. (↗Tschechische Volkstänze)

Lit.: *Waldau, A.:* Böhmische Nationaltänze, 1859, Bd. I, S. 60 ff. *Czerwinski, A.:* Brevier d. Tanzkunst, 1879, S. 83 f.

Börlin, Jean. Schwedischer Tänzer und ↗Choreograph, geb. 13. März 1893 in Haernösand, gest. 6. Dezember 1930 in New York. Er studierte bei Gunhild Rosen am königlichen Theater in Stockholm und trat 1905 in das Ballettkorps dieses Theaters ein. Bis 1918 blieb er dort und ging dann anschließend zu M. ↗Fokine nach Kopenhagen. In dieser Zeit lernte er Rolf de ↗Maré kennen, der für ihn Tanzaufführungen in Paris im März 1920 finanzierte, nach welchen de Maré die ↗Ballets Suédois begründete, deren Solist und Choreograph Börlin wurde. Für diese Truppe schuf er zahlreiche Choreographien.

Lit.: Les Ballets Suédois dans l'art contemporain, Paris 1931.

Böse Marin (die). ↗Volkstanz aus Flandern, Belgien. In der Ausführung ist er der österreichischen ↗Judenpolka gleich. (↗Belgische Tänze)

Lit.: *Wolfram, R.:* Die Volkstänze in Österreich u. verwandte Tänze in Europa, 1951, S. 154.

Boettchertanz ↗Schäfflertanz.

Bohm'ska galoppen heißt eine Form des ↗Siebenschritts in Nordeuropa.

Bohnenpott. ↗Deutscher Volkstanz aus Niederdeutschland, ein ↗Paartanz in Kreuzfassung. Die Melodie geht im 2/4-Takt im Zeitmaß einer ↗Polka.

Lit.: *Burkhardt, L.:* Kneveler, 1950, S. 7.

Bohner, Gerhard. Deutscher ↗Choreograph, geb. 19. Juni 1936 in Karlsruhe. Als Charaktertänzer wirkte er in Mannheim, Frankfurt/M. und an der Deutschen Oper Berlin. 1978–1981 war er mit Reinhold Hoffmann der Leiter des Bremer Theaters. Seine Choreographien befassen sich vor allem mit menschlichen, besonders sexuellen Problemen.

Boismortier, Joseph Bodin de. Französischer Komponist, geb. 23. Dezember 1689 in Thionville (Moselle), gest. 28. Oktober 1755 in Roissy-en-Brie. Er komponierte das ↗Ballett „Les Voyages de l'amour“ (1736), das Ballet-comique ↗„Don Quichote“ (1743) und das Pastorale ↗„Daphnis et Chloé“ (1747).

Lit.: *Titon du Tillet:* Description du Parnasse français, Paris 1760, S. 27. *Tribout de Morembert, H.:* Notes sur un musicien lorrain, in: Revue de musicologie LIII, 1967, S. 41 ff. (mit Werkverzeichnis).

Boizot. Name zweier ↗Tanzmeister in Paris. Es waren Vater und Sohn. Sie schufen zusammen die ↗Américain (Quadrille Américain), eine Quadrillenform, die sie der amerikanischen Nation widmeten. Außerdem verfaßten sie „Répertoire des Quadrilles français et anglais, lanciers, calédoniens, américains, et la description de la valse selon les principes", erschienen 1859.

Bojartschikow, Nikolaj Nikolajewitsch. Russischer ↗Choreograph und Ballettdirektor, geb. 27. September 1935 in Leningrad. Er tanzte beim Malij-Ballett und wurde 1971 Leiter der Ballettkompanie von Perm. Er gilt als einer der bedeutendsten Choreographen der Gegenwart.

Bolender, Todd. Amerikanischer Tänzer und ↗Choreograph, geb. 17. Februar 1919 in Canton, Ohio. Bevor er sein Ballettstudium bei Ch. Hale begann, studierte er ↗Modern Dance bei H. ↗Holm und F. Boas. Als er die Schule des ↗American Ballet besuchte, arbeitete er mit A. ↗Wilzak und G. ↗Balanchine. Er schloß sich 1936 dem American Ballet an und reiste mit dem ↗Ballet Caravan. Außerdem tanzte er noch bei verschiedenen amerikanischen Ballettgruppen und choreographierte u. a. für die ↗Ballet Society und das ↗New York City Ballet.

Bolero. Spanischer Volkstanz, der heute vor allem in Kastilien und Andalusien gepflegt wird. Der Tänzer Sebastian Zerezo (auch Cerezo) soll den Tanz 1780 erfunden haben. Ab dem Ende des 18. Jh. wurde der Bolero besonders an den Höfen von Karl III. und IV. und Ferdinand VII. getanzt. Später ist er in die Volksmusik eingegangen, und um die Wende zum 20. Jh. wurde er auch außerhalb Spaniens sehr beliebt. Die Tanzweise steht im 3/4-Takt; das Tanztempo ist mäßig. Der Tänzer begleitet sich selbst mit Gesang und Kastagnetten, die den Rhythmus scharf markieren. Weitere Begleitinstrumente sind oft Gitarre und Tambourin. Charakteristisch für den Tanz ist ein plötzliches Anhalten der Bewegung, verbunden mit einer Pose, bei der ein Arm über den Kopf emporgestreckt wird. Von dem spanischen Bolero ist der **Bolero cubano** zu unterscheiden. Er ist eine Abart der ↗Rumba. Sein Tempo ist langsamer. Er steht im 2/4- oder 2/2-Takt. Der Bolero hat auch in die Kunstmusik Eingang gefunden, so bei ↗Chopin (op. 19), Berlioz („Benvenuto Cellini"). Als berühmtestes Beispiel ist dabei der Bolero von M. ↗Ravel zu nennen, der mehrmals tänzerische Ausdeutung gefunden hat. (↗Seguidilla, ↗Spanische Volkstänze)

M. Ravel

Lit.: *Don Preciso:* Vorrede zu Collección de las mejores Seguidillas, Tiranasy, Polos, 2. Bde., 1799, 1816. *Sor, F.:* Le boléro, in: Encyclopédie pittoresque de la musique, Paris 1835. *Czerwinski, A.:* Brevier d. Tanzkunst, 1879.

Bolivianischer Tanz. Bei den Tänzen Boliviens ist wie in den meisten anderen lateinamerikanischen Ländern nicht genau festzustellen, was rein indianischen und was indianisch-europäischen Ursprungs ist. Ein spanischer Chronist aus dem 16. Jh. erwähnt eine Reihe einheimischer Tänze (Auki-auki, Khaluyo, ↗Palapala), die noch in Resten vorhanden sind. Die heute volkstümlichsten Tänze Boliviens sind der ↗Huaino, ↗Cáchua, ↗Pasillo, ↗Carnavalito (auch in Argentinien beheimatet) und ↗Bailecito. Es sind dies Mischformen, zu denen die Urrasse ebensoviel wie die europäischen Eroberer beigetragen haben. (↗Ciriwanu)

Lit.: *Paredes, Candia Antonio:* La danza folklórica en Bolivia, Ed. Isla, San Paz 1966.

Bolm, Adolph Rudolphowitsch. Russischer Tänzer und ↗Choreograph, geb. am 25. September 1884 in St. Petersburg, gest. am 16. April 1951 in Hollywood. Er absolvierte 1904 die kaiserliche Ballettschule in St. Petersburg, deren Schüler er ab seinem 10. Lebensjahr war. Außerdem war er auch Schüler von Enrico ↗Cecchetti in Turin. Als Partner der ↗Pawlowa unternahm er 1908 eine Tournee nach Riga, Kopenhagen und Stockholm. 1909 war er mit ihr in Berlin. Während der 1. Pariser Reise des Marijinskij-Theaters schloß er sich der Ballettgruppe ↗Diaghilews an. 1916 gründete er in den USA eine eigene Ballettgruppe, das sogenannte Ballet-

Intime, und wurde einer der Pioniere des Balletts in Amerika. An der Oper in Chicago, dem Teatro Colon in Buenos Aires und an der Oper in San Francisco choreographierte er in den Jahren 1940 bis 1945. Ab 1947 war er als künstlerischer Berater und Choreograph in Hollywood tätig.

Lit.: *Dougherty, J.:* Perspective on Adolph Bolm, in: Dance Magazine, Januar/März 1963.

Bolschoj-Ballett ist das Ballett des Großen Akademischen Theaters für Oper und Ballett (Bolschoj-Theater) in Moskau. Seine Gründung vermutet man im Jahre 1776. Im Jahre 1773 wurden aber schon Tänzer für das Petrowsky-Theater, welches an der Stelle des heutigen Bolschoj-Theaters stand, ausgebildet. Das Bolschoj-Theater wurde am 19. Januar 1825 eröffnet. Sein erster bedeutender russischer ↗Ballettmeister war Adam Gluszkowski, ein Schüler Ch. L. ↗Didelots. Mit seinen ↗Choreographien begründete er die national-russische Ballettbewegung. 1850 zählte das Ballettensemble bereits 155 Tänzer. In den Jahren 1861–1864 wirkte C. ↗Blasis am Bolschoj-Theater und an der angeschlossenen Ballettschule. Nach der Oktoberrevolution war es die ↗Ballerina J. V. ↗Geltzer, die das Ensemble gemeinsam mit V. ↗Gsovsky, M. ↗Mordkin und Tichomirow neu organisierte. Am 14. Juni 1927 kam bereits das erste sowjetische Ballett „Krasni mak = Der rote Mohn", Musik von R. M. Glière, zur Aufführung. Während des 2. Weltkrieges war das Ensemble nach Kuibyschew evakuiert und kehrte erst 1945 nach Moskau zurück. Die sowjetrussische Ballettkunst verlegte sich zu dieser Zeit immer mehr von Leningrad, wo vorher die bedeutendsten russischen Ballette geschaffen wurden, an das Bolschoj-Theater in Moskau. Von Leningrad kamen G. ↗Ulanowa (1935) und L. ↗Lawrowsky (1944) nach Moskau und schufen einen neuen russischen Ballettstil. Zu den Nachkriegsstars gehörte auch die Ballerina M. ↗Plisetskaja. 1956 gastierte das Ensemble erstmals in London und 1959 in New York. Der Choreograph J. ↗Grigorowitsch übernahm 1962 die Leitung des Ballettensembles. Unter ihm wurden bedeutende Neufassungen alter russischer Ballette, wie ↗Nußknacker, ↗Schwanensee und ↗Spartakus, geschaffen. Das Bolschoj-Ballett gehört mit seinen rund 240 Tänzern zum größten Ballettensemble der Welt.

Lit.: *Koegler, H.:* Bolschoi-Ballett, 1959 (Rembrandt-Reihe, Nr. 16). *Koegler, H. – Franke, K.:* Das Jubeljahr d. Bolshoi, in: Westermanns Monatshefte, 1976, H. 12, S. 24 ff. *Pokrowski, B. – Grigorowitsch, J.:* Das Bolschoi- u. Operntheater in Moskau, 1979 (aus d. Russischen).

Bon-Tänze. Der Ursprung dieser japanischen Tänze liegt in den alten Zeiten, wo sie während der Messe für „Shoro-san", die Geister des Todes, zur Zeit des „Bon-Festes", dem Fest der Laternen, aufgeführt wurden. Der Vorläufer der Bon-Tänze ist der „Nembutsu-Tanz", der Tanz zum Gesang der buddhistischen Beter zum Bon-Fest, bei Trommelbegleitung und Glockenschlag. Die Bon-Tänze wurden zuerst von denen getanzt, die eben erst einen Verwandten verloren hatten. Man glaubte, die Seelen der Toten würden während der Bon-Periode, das ist die Zeit vom 13. bis 16. August (lokaler Mondkalender), in ihre Wohnungen zurückkehren. Der Willkommenstanz bringt die Seelen ins Haus, der Abschiedstanz ermutigt sie, wieder in das Reich des Friedens zurückzukehren. Mit der Zeit wurden die Bon-Tänze, weitab ihres religiösen Ursprungs, ein jährliches Ereignis für alle. Sie werden entweder als ↗Prozessionstanz entlang der Straße oder als Kreistanz im Haus oder außerhalb des Hauses aufgeführt. Es beteiligen sich dabei viele Tänzer. (↗Japanischer Tanz)

Lit.: *Ashihara, E.:* The Japanese Dance, 1964.

Boogie-Woogie. ↗Gesellschaftstanz des 20. Jh. Musikalisch und tänzerisch hat sich der Boogie aus dem ↗Blues entwickelt. Ursprünglich war er eine Begleitung des Blues. Der hämmernde, motorische Baßrhythmus mit seinen Achteln zu den Vierteln der Oberstimme ist das musikalische Charakteristikum des Boogie-Woogie. Um 1938 wurde er als Gesellschaftstanz durch den Steptänzer Pine Top Smith bekannt und fand rasch allgemeine Beliebtheit bei der tanzenden Jugend. Um 1950 war er einer der meist getanzten Tänze. Aus ihm entwickelten sich der ↗Jitterbug, der ↗Jive, der ↗Bebop und der ↗Rock'n Roll.

London-Boogie (Herwig Peychear)

Lit.: *Günther, H.-Schäfer, H.:* Vom Schamanentanz zur Rumba, 1959, S. 272 ff.

Bordon Dantza heißen die ↗Stocktänze der Basken aus Tolosa.

Lit.: *Wolfram, R.:* Schwerttanz u. Männerbund, S. 100.

Borinquen (danza borinquena). Name eines Nationaltanzes aus Puerto Rico, aber auch in Kuba und Peru beheimatet. Die Melodie dieses Tanzes, im langsamen 2/4-Takt stehend, galt lange Zeit als die Nationalhymne von Puerto Rico. In Peru heißt die Melodie „La bellisíma Peruana".

Lit.: *Friedenthal, A.:* Musik, Tanz u. Dichtung bei d. Kreolen Amerikas, 1913, S. 129 f.

Boritza. ↗Volkstanz der Czangos, eines magyarischen Volksstammes in Rumänien aus den Siebendörfern bei Kronstadt. Er ist ein Männerrundreigen, der früher einmal den ganzen Fasching hindurch getanzt wurde, später aber nur mehr am 28. Dezember den ganzen Tag hindurch. Die buntgeschmückten Tänzer mit Schellen an den Waden begannen ihren Reigen zunächst beim Pfarrer, dann bei weiteren Honoratioren des Dorfes und danach in den Häusern heiratsfähiger Mädchen. 20 bis 30 Männer nahmen daran teil, die Anfang Dezember ihren Anführer wählten, der allen Teilnehmern den Tanz zu lehren hatte. Die Aufstellung zum Tanz geschah im Kreis mit dem Gesicht nach innen. Der Tanz zerfiel in vier Teile: 1. Eggyes borica; 2. Kettös borica; 3. Hármos borica und 4. Török borica. Die 3 ersten Teile hatten die gleiche einfache Musik, der 4. Teil eine andere schnellere. Die Tanzgruppe wurde außerdem von 2 Hanswürsten, den Kukas, und 2 Spießträgern begleitet. Der Name des Tanzes dürfte von „Bor" = Tanne kommen, die früher einmal bei dem Tanz als geschmückter Baum eine besondere Rolle spielte. Der Ursprung des Boritza-Tanzes liegt vermutlich in einem alten slawischen Jahreszeitenfest. (↗Kallai Kettos, ↗Trestern)

Lit.: *Horger, A.:* A hétfalusi csangók boricatánca, in: Ethnographia, 1899, S. 106. *Teutsch, J.:* Der Boritzatanz d. Csangómagyaren in d. Siebendörfern bei Kronstadt, in: Jahrbuch d. Siebenbürgischen Karpathenvereins, Jg. 23, Hermannstadt 1903, S. 43 ff. *Réthei, Prikkel Marián:* A magyarság táncai, Budapest 1924.

Borlin, Jean ↗Börlin, Jean.

Bortoluzzi, Paolo. Italienischer Tänzer, geb. 17. Mai 1938 in Genua. Er studierte bei Ugo dell'Ara, N. Kiss, V. ↗Gsovsky, A. ↗Messerer, Maurice ↗Béjart. Zum erstenmal trat er 1957 beim Ballettfestival von Nervi auf, 1960 wurde er Mitglied von L. ↗Massines Balletto Europeo, im selben Jahr auch von Maurice Béjarts ↗Ballett des XX. Jh., hier 1. Solotänzer. 1984 wurde er Ballettdirektor der Deutschen Oper am Rhein, Düsseldorf/Duisburg. Es folgten Gastspiele an der Mailänder Scala, an der Deutschen Oper am Rhein, an der Staatsoper Wien. Hauptrollen: ↗„Bolero", „Neunte Sinfonie", ↗„Romeo und Julia" (Berlioz), „Nomos Alpha", ↗„Feuervogel", „Lieder eines fahrenden Gesellen" (Mahler), „Nijinsky, Clown de Dieu", „Die ↗Geschöpfe des Prometheus", „Streichquartett Nr. 1" (Janáček), ↗„Aschenbrödel", „Suite Nr. 1 für Violoncello" (Bach), ↗„Giselle".

Lit.: *Rossel, L.:* Paolo Bortoluzzi, in: Les Saisons de la danse, August 1969.

Bosl, Heinz. Deutscher Tänzer, geb. 21. November 1946 in Baden-Baden, gest. 12. Juni 1975 in München. Er studierte an der Ballettschule der Bayerischen Staatsoper bei M. de Luty und G. Blank. Von 1962 bis zu seinem frühen Tod (er starb an Leukämie und einer Virusinfektion) war er Mitglied des Balletts der Bayerischen Staatsoper, wo er vor allem die Heldenrollen in den klassischen Balletten tanzte.

Lit.: *Niehaus, M.:* Heinz Bosl, 1983.

Bossa nova. ↗Gesellschaftstanz, der um die Mitte des 20. Jh. aus Brasilien nach Europa kam, aber nur kurze Zeit in Mode war. Er ist eine unter dem Einfluß des Cool Jazz verfeinerte ↗Samba. Die Musik hat synkopierten 2/4-Takt.

Bostella. ↗Gesellschaftstanz aus der 2. Hälfte des 20. Jh., ein kurzlebiger Modetanz, der aus Paris kam und durch den Film „Was gibt's Neues, Pussy?" bekannt wurde. Die Ausführenden klatschten bei diesem Tanz, knieten und wälzten sich sogar am Boden.

Boston (auch Glide-waltz genannt). ↗Gesellschaftstanz, der um 1870 in den USA entstand. 1903 erschien er in London und Paris. Ab 1907 begannen sich die ↗Tanzlehrer um ihn zu kümmern. Um 1912 entstanden die ersten deutschen Bostonklubs in Berlin, Hamburg und Düsseldorf. Ab 1918 begann in Europa seine Verbreitung als beliebter Gesellschaftstanz neben dem ↗Tango. Obwohl der Boston aus dem ↗Walzer hervorgegangen ist, darf er nicht als eine Variation dieses Tanzes bezeichnet werden. Die Schritte des Boston entstanden in der Spätphase des Walzers. Der Boston ist kein Rundtanz, die Wechselschritte werden gleitend vorwärts und rückwärts ausgeführt. Der klassische englische Boston wurde noch nach rascher Walzermusik getanzt, der Boston als Gesellschaftstanz des 20. Jh. jedoch im langsamen 3/4-Takt. Als besondere Art gilt der ↗Zögerwalzer (la valse hesitation). Er kam in Deutschland nach dem 2. Weltkrieg auf und ist im Grunde nichts anderes als ein Balanceschritt (Zweischritt). Die Hesitation (Verzögerung) besteht darin, daß man den letzten Taktteil verschluckt.

Lit.: *Jolizza, W. K. v.:* Die Schule d. Tanzes, 1910, S. 143 f. *Koebner, F.W.-Leonard, R. L.:* Das Tanz-Brevier, 1913, S. 17 ff. *Pollack, H.:* Die Revolution d. Gesellschaftstanzes, 1922, S. 15 f., S. 29, S. 38. *Huppert, E.:* Der moderne Tanz, 1926, S. 41. *Bergen, R.:* Der Tanz, S. 25 ff. *Günther, H.-Schäfer, H.:* Vom Schamanentanz zur Rumba, 1959, S. 234 ff.

Botta, Bergonzio di. Italienischer ↗Tanzmeister. 1489 brachte er zur Vermählung des Herzogs Galeazzo Sforza von Mailand mit Isabella von Aragonien in Tortona das erste große italienische ↗Ballett in verschwenderischem Aufwand zur Aufführung. Dieses Ereignis beschrieb Tristano Calco in den „Nuptiae ducum medionalensium".

Boudigueste (la). ↗Französischer Volkstanz aus Guyenne. Die Boudigueste wird von zwei Tänzerinnen ausgeführt, die sich gegenüberstehen. Getanzt wird die Boudigueste an den Festtagen bei der Aufteilung des Getreides und des Weines. Die Tanzmelodie im 2/4-Takt wird nur gesungen.

Lit.: *Arma, E.:* Entrez dans la danse, 1943, S. 54 f.

Bouffons (les) hießen im 15. und 16. Jh. kostümierte Tänzer, welche die Moresca oder ↗Matachin tanzten.

Boukasa. Trauertanz der Bakutu in der Region Likele (Kongo). An diesem Trauertanz beteiligt sich das gesamte Dorf. Neben dem Häuptling und seinen Beratern dürfen nur Alte und Kranke zusehen. Eine alte Frau, die sich auch als Medizinmann betätigt, führt den Kreistanz an. Die Musikanten mit Tam-Tam und Rasseln sitzen in der Mitte des Marktplatzes. (↗Afrikanischer Tanz)

Lit.: *Italiaander, R.:* Tanz in Afrika, Rembrandt-Verlag, Bd. 27, 1960, S. 28/40 f.

Boulangère (la). ↗Französischer Volkstanz aus der Île de France. Dieser Rundtanz wird bei Familienfesten und Ballveranstaltungen aufgeführt. Eine beliebige Anzahl von Tänzern und Tänzerinnen fassen einander an den Händen und bilden einen Kreis. Die Tanzmelodie im 6/8-Takt ist dreiteilig. Begleitet wird der Tanz nur von Gesang.

Lit.: *Arma, E.:* Entrez dans la Danse, 1943, S. 12 f. *Schmolke, A.-Langhans, H.:* Europäische Tänze, H. 1, Frankreich, 1954, S. 30 f. *Palau, Th.:* Chants et danses de France, H. 2, 1965.

Boul-Tänze. In Westbengalen sind diese ursprünglich magischen Tänze bei vielen festlichen Gelegenheiten als Ausdruck der Lebensfreude sehr beliebt. Ausgeführt werden sie mit Begleitung kleiner Trommeln. (↗Indischer Tanz)

Lit.: *Rebling, E.:* Die Tanzkunst Indiens, 1981.

Bounce (= aufspringen) bedeutet im ↗afroamerikanischen Tanz ein federndes Wippen mit dem Knie, im ↗Jazz ein gemäßigtes Tempo, dessen Ausführung durch ein federndes Springen von schwerem Taktteil zu schwerem Taktteil gekennzeichnet ist.

Bournonville, Anton August. Dänischer Tänzer und ↗Choreograph, geb. 21. August 1805 in Kopenhagen, gest. 30. November 1879 ebendort. Den ersten Unterricht erhielt er von seinem Vater **A. T. Bournonville** (1760–1843), der als 1. Tänzer am Königlichen Theater in Kopenhagen tätig war. Von 1824 bis 1830 war er in Paris, wo er Schüler von Auguste ↗Vestris wurde und von 1826 bis 1829 als Danseur noble Partner von Marie ↗Taglioni und Fanny ↗Elßler war. 1830 kehrte er nach Kopenhagen zurück, trat am ↗Königlich-Dänischen Ballett das Erbe von Vincenzo ↗Galeotti und das seines Vaters Antoine an. 1836 wurde er zum Maître de ballet ernannt. Abgesehen von kurzen Unterbrechungen, die ihn nach Wien (1855–1856), Stockholm, St. Petersburg und Moskau führten, war er 50 Jahre lang ↗Ballettmeister und Choreograph am Königlichen Theater in Kopenhagen. Unter den vielen Balletten, die er für das Königlich-Dänische Ballett schuf, ist das dreiaktige romantische Werk „Napoli eller Fiskeren og hans Brud (Napoli oder Der Fischer und seine Braut)" ein Meisterwerk, das als Modell für die Bournonville-Technik, auf der die Bedeutung des Dänischen Balletts beruht, bezeichnet werden kann.

Lit.: *Bournonville:* Mit Theaterliv. *Bournonville, A. E.:* Études Choréographiques dediés à mes elèleves et mes collègues, Copenhagen 1861. *Prior, F.:* Un grand maître de ballet au XIXe siecle: August Bournonville, in: Revue Musicale, Dez. 1937. *Bruhn, E. – Moore, W.:* Bournonville and Ballet technique, 1961. *Fog, D.:* The Royal Danish Ballet 1760–1958 and A. Bournonville, 1961. *Aschengreen, E.:* The Beautiful Danger, in: Dance Perspectives 1974, Nr. 58. *Aschengreen, E.:* Ballettens digter, 1978. *Fridericia, A.:* A. Bournonville, 1979. *Ralov, K.:* The Bournonville School, New York 1979. *Terry, W.:* The King's Balletmaster, 1979. *Aschengreen, E. – Haller, M. – Heiner, J.:* Perspetiv på Bournonville, 1980.

Bourrée. Dieser aus der Auvergne stammende altfranzösische ↗Volkstanz ist seit dem 16. Jh. in der französischen Volksmusik nachweisbar. Der Name Bourrée wurde verschieden gedeutet, entweder von bourrir = mit den Flügeln schlagen, oder von bourrée = Reisigbündel, aber auch von dem alten deutschen Wort boer = Bauer. Die Bourrée, als Volkstanz in verschiedenen Arten bekannt gewesen, lebt heute noch in manchen Landschaften Frankreichs weiter. Ursprünglich gab es in der Auvergne gleichzeitig einen Doppelfrontreigen und einen ↗Paartanz dieses Namens. Auch mit dem italienischen ↗Trescone wurde die Bourrée in Verbindung gebracht. Die Melodien der volkstümlichen Tanzformen der Bourrée sind rhythmisch nicht einheitlich, die älteren stehen in einem ungeraden, die jüngeren in einem geraden Takt. Letztere Form ist auch die charakteristische. Um die Mitte des 16. Jh. dürfte die Bourrée auch am französischen Hof bekannt geworden sein, ist aber trotzdem bis ins 17. Jh. hinein vor allem ein Volkstanz geblieben. ↗Arbeau, Mersenne, ↗Caroso und ↗Negri berichten jedenfalls nichts über die Bourrée als ↗Gesellschaftstanz. Die Bourrée française als Gesellschaftstanz im 17. und 18. Jh. war jedoch vom Volkstanz sehr verschieden und wurde vielfach variiert. So gab es eine Bourrée d'Achille, Bourrée Versailles, Bourrée de Pecour, Bourrée petite. Die höfische Bourrée stand im zweizeitigen Takt, wurde im $^2/_2$-Takt notiert und war von heiterem Charakter. Ihre Vollendung als Tanz erreichte sie erst im ↗Ballett. Der ↗Pas de Bourrée gehört zu den Grundschritten. Vor 1650 hat die Bourrée Eingang in die Suite gefunden. J. B. ↗Lully führte sie als erster in die Oper ein. Obwohl die Bourrée in der 1. Hälfte des 18. Jh. einige Verbreitung auch außerhalb Frankreichs gefunden hatte, ließ ihre Beliebtheit bereits in der 2. Hälfte des 18. Jh. sowohl als Gesellschaftstanz als auch als Instrumentalform nach.

La Borde

J. S. Bach, Französische Suite E-Dur (BWV817)

Lit.: *Klemm, B.:* Katechismus d. Tanzkunst, 1855, S. 56 ff. *Böhme, F. M.:* Geschichte d. Tanzes in Deutschland, 1886, *Guillaumot, A.:* Les danses français, 1889. *Bie, O.:* Der Tanz, 1919. *Nettl, P.:* Die Wiener Tanzkomposition in d. 2. Hälfte d. 17. Jh., in: Studien zur Musikwissenschaft, 1921, S. 90. *Sachs, C.:* Eine Weltgeschichte d. Tanzes, 1933. *Canteloube, J.:* La danse d'Auvergne, in: Auvergne littèraire et artistique, H. 4, 1936. *Fournier, P. R.:* Deux noms des danses Auvergnates, in: Les Français moderne XVI, nr. 3, 1948. *Lawson, J.:* European Folk Dances, 1953, S. 155 f.

Boutade. Französische Bezeichnung für kapriziöse improvisierte Tänze im schnellen Tempo, aber auch für kleine improvisierte ↗Ballette. Die 1. Szene im 2. Akt des Balletts ↗„Dornröschen" von ↗Tschaikowsky gilt als eine künstlerisch geplante Boutade.

Lit.: *Mattheson, J.:* Das beschützte Orchester, Hamburg 1717.

Bräuer, Lucia. Österreichische Tänzerin, geb. 23. Juni 1922 in Wien. 1929 trat sie in die Ballettschule der Wiener Staatsoper ein, war Schülerin von Marie Peterka, Adele ↗Krausenecker, Hedy ↗Pfundmayr, Risa ↗Dirtl und Willy ↗Fränzl. 1939 wurde sie in das ↗Corps de ballet der Wiener Staatsoper aufgenommen, 1944 zur ↗Coryphée und 1946 zur Solistin ernannt. Neben ihrer Tätigkeit in Wien absolvierte sie Gastspiele in Deutschland, Dänemark, Italien, Schweden und der Schweiz. Sie wirkte bei den Bregenzer und Salzburger Festspielen mit. 1967 trat sie zum letzten Mal in der Wiener Staatsoper auf. Im Herbst 1968 wurde sie Trainingsleiterin beim Ballett der Wiener Volksoper. Verheiratet war sie mit Willy Fränzl.

Brahms, Johannes, geb. 7. Mai 1833 in Hamburg, gest. 3. April 1897 in Wien. Die Walzerkompositionen für Klavier, die dieser große deutsche Komponist geschaffen hat, sind ein bedeutender Höhepunkt in der Entwicklung des Kunstwalzers nach ↗Chopin. (↗Walzer)

Lit.: *Mendelssohn, I.:* Zur Entwicklung d. Kunstwalzers, in: Studien zur Musikwissenschaft, H. 13, 1926, S. 65.

Brando. Name für einen vom ↗Branle abgeleiteten italienischen ↗Gesellschaftstanz aus dem 16./17. Jh. Seine der ↗Quadrille ähnlichen Tanzfiguren, von mehreren Paaren ausgeführt, waren meist von ↗Tanzmeistern speziell erfunden und für besondere Schauzwecke bestimmt. Cesare ↗Negri und Gregorio ↗Lambranzi haben uns viele solcher Brandos überliefert.

Lit.: *Sachs, C.:* Eine Weltgeschichte d. Tanzes, 1933.

Branle, aus dem franz. branler (= schwingen, schlenkern, schütteln) abgeleitet, bedeutet sowohl eine Tanzschrittfolge (branle-pas) als auch einen Tanz. Als Bezeichnung eines Tanzschrittes finden wir das Wort abgekürzt mit b in den Tanzschriften des 15. und 16. Jh. in verschiedenem Sinne angewendet. Bei ↗Arbeau macht man den Branle auf vier Takte, „indem man die Füße geschlossen hält und den Körper auf den ersten Takt sanft nach links bewegt (neigt), dann im zweiten Takt nach rechts, wobei man die Zuschauer bescheiden anblickt; auf den dritten Takt neigt sich der Körper wieder links, und während des vierten Taktes abermals rechts, wobei man die Dame mit einem sanften und bescheidenen Blick betrachtet". Im Brüsseler Manuskript der ↗Margarethe von Österreich wird der Branle im Sinne eines Seitenschrittes mit einem Balancement verlangt. Antonius de ↗Arena schreibt 1536 statt branle congedium (↗congé); Robert ↗Coplande bestätigt schon früher, daß man in Frankreich den Branle verschiedentlich congé nannte. In Italien entsprach dem Branle die ↗Continenza. Der branle-pas war eine der Schrittfolgen der ↗Basse danse. Der Branle als Tanz war volkstümlicher Herkunft. Die französische Gesellschaft hat die verschiedenen Branles, die nach Landschaften benannt waren (Branle de Bretagne, de Poitou, de Bourgogne), aus dem Volkstanz übernommen und sie in der Zeit von der 2. Hälfte des 16. Jh. bis zu Anfang des 17. Jh. zu ihren Lieblingstänzen gemacht. Die Italiener kannten den Branle unter dem Namen ↗Brando, die Engländer als Brawl oder ↗Round. Nach Zeit und Ort sehr vielgestaltig, waren die Branles sehr unterschiedlich in ihrer Form. Von den Tanzmeistern in ein System gebracht, waren ihre wesentlichsten Merkmale als ↗Gesellschaftstanz die kettenmäßige Verbindung (↗Reigen) und Seitenbewegung der tanzenden Paare in offener Linie oder geschlossenem Kreis, in manchen Fällen auch mit pantomimischen Elementen ausgestaltet. Die Branles wurden nicht einzeln getanzt, sondern suitenähnlich zusammengefaßt. ↗Arbeau nennt in seiner Orchésographie z. B. folgende Reihung: Branle double oder commun, Branle simple (beide für die älteren Teilnehmer), Branle gay (der lustige Branle für die jungen Eheleute), Branle de Bourgogne (für die jüngsten Tänzer). Das Tempo wurde dabei immer mehr gesteigert. Taktmäßig stehen Branle double und simple in einem gemäßigten Zweiertakt, Branle gay in einem etwas schnelleren Dreiertakt und Branle de Bourgogne in einem schnellen Zweiertakt. Darüber hinaus beschreibt Arbeau in seiner Tanzschrift eine große Zahl von Branles, bei denen, wie z. B. bei der Branle des lavandières, das pantomimische Element eine wesentliche Rolle spielt. (↗Brando, ↗Gavotte, ↗Triory)

Branle coupé, genannt Cassandra. Arbeau, Orchésographie, 1588

Branle des Chevaux dans les Tournois. La Borde, 17. Jh.

Lit.: *Eitner, R.:* Tänze d. 16. bis 17. Jh., Beilage zu d. Monatsheften f. Musikgeschichte, Jg. 7, 1875. *Czerwinski, A.:* Die Tänze d. 16. Jh. u. d. alte franz. Tanzschule, 1878. *Czerwinski, A.:* Brevier d. Tanzkunst, 1879. *Böhme, F. M.:* Geschichte d. Tanzes in Deutschland, 1886. *Bie, O.:* Der Tanz, 1919. *Nettl, P.:* Die Wiener Tanzkomponisten in d. zweiten Hälfte d. 17. Jh., in: Studien zur Musikwissenschaft, Beihefte d. Denkmäler d. Tonkunst in Österreich, H. 8, 1921, S. 91. *Sandt, A.:* Die Tanzschrift u. d. Schrifttanz d. 16. Jh., in: Schrifttanz, Jg. 1, 1928, H. 2, S. 23. *Böhme, F.:* Das Tanzbuch d. Margarethe v. Österreich, in: Schrifttanz, Jg. 2, 1929, H. 1, S. 5 ff. *Dieckmann, J.:* Die in deutscher Lautentabulatur überlieferten Tänze d. 16. Jh., 1931, S. 41 ff. *Sachs, C.:* Eine Weltgeschichte d. Tanzes, 1933. *Bahr, W.:* Zur Entwicklungsgeschichte d. höf. Gesellschaftstanzes, 1941, S. 54 ff. *Dolmetsch, M.:* Dances of England and France from 1450 to 1600, 1949,

S. 55 f. *Wood, M.:* Some historical dances, 1952. *Pontius, J.:* Eine anonyme kurpfälzische Orgeltabulatur, 1960, S. 99 ff. *Martin, G.:* Die Branles von Arbeau u. d. osteuropäischen Kettentänze, in: Studia musicologica, Jg. 15, 1973, S. 101 ff.

Branlou Bach. Französischer ↗Hochzeitstanz aus dem Val d'Osseau in den Pyrenäen. Das junge Hochzeitspaar tanzt ihn beim Herauskommen aus der Kirche auf dem Kirchenplatz. Anschließend tanzen alle Männer, die mit dem Bräutigam verwandt sind, mit der Braut und alle Frauen, die mit der Braut verwandt sind, mit dem Bräutigam.

Lit.: *Wolfram, R.:* Die Volkstänze in Österreich u. verwandte Tänze in Europa, 1951, S. 115.

Brasilianischer Tanz. In Brasilien sind Einflüsse dreier Rassen zusammengeflossen und haben eine charakteristische und interessante Einheit gefunden. In der Volksmusik dieses Landes macht sich der afrikanische Einfluß vor allem in den Rhythmen bemerkbar. Im Melodischen finden wir besonders Einflüsse durch den melancholischen Gesang der Indios und die vorwiegend aus Portugal importierten europäischen Weisen. Die stärkste Vermischung von Europäern (Portugiesen, Spanier), Afrikanern (Yorubas, Bantuvölker vom Kongo und aus Angola) und eingeborenen Indios hat im Norden des Landes stattgefunden. Hier ist die Negermusik mit ihren Tänzen am vielfältigsten vertreten. Da sind der ↗Batuque, der ↗Lundu, der von den Yorubas stammende ↗Candombe, die ↗Macumba, der ↗Xango, die ↗Congada und die von den Bantus hergekommenen, weit über die Grenzen des Landes hinausgedrungenen ↗Baiaon und ↗Samba zu Hause. Bei den magisch-kultischen Festen der brasilianischen Neger wurden vor allem Kreisreigen getanzt. Solche Reigen wurden eben Batuque, Lundu oder auch Samba genannt und bedeuteten nichts weiteres als Bewegung, Fest und Tanz. Sie sind auch oft nur der Sammelname für viele Tanzformen. Die Tänze, vielfach auch gesungen, wurden ursprünglich von Trommeln, den Atabaques, Glocken, als Agogos und Cencerros bekannt, und einem Reibinstrument, der Reco-Reco, begleitet. Sehr beliebt ist in Brasilien auch die ↗Habanera, hier als brasilianischer ↗Tango bekannt. (↗Amor tem fogo, ↗Batuque, ↗Candombe, ↗Carioca, ↗Cascudotanz, ↗Cherente, ↗Conga, ↗Joacátanz, ↗Macumba, ↗Maxixe, ↗Meiadinha, ↗Pirarаratanz, ↗Sao Gonçalco Tanz, ↗Uiju-Tanz, ↗Worizo-Tanz, ↗Xango)

Lit.: *Fink, G. W.:* Etwas über Musik u. Tanz in Brasilien, in: Allgem. musikal. Zeitung, Jg. 35, 1833, Sp. 19 ff. *Krause, F.:* Tanzmaskennachbildungen vom mittleren Araguaya, in: Jahrb. d. städt. Museums f. Völkerkunde zu Leipzig, Bd. 3, 1908/09, S. 96 ff. *Friedenthal, A.:* Musik, Tanz u. Dichtung bei d. Kreolen Amerikas, 1913, S. 291 ff. *Alvarenga:* Música popular brasilena, 1947. *Borba, H.:* Danças Pernambucanas, 1951. *Vas, Yara:* Danças as Folclóricas de todos para todos, 1956. *Barreto, F.:* Dancas do Brasil, 1958. *Pereira de Aneiroz, M. I.:* Sociologia e Folklore. A Dança de Sao Gonçalo num Povado Bahiano, 1958. *Andrade, M.:* Danças Dramáticas do Brasil, 1959. *Günther, H.-Schäfer, H.:* Vom Schamanentanz zur Rumba, 1959, S. 307 ff. *Barreto, F.:* Danzas indigenas del Brasil, 1960, *Maciel de Castro, Z.:* Danças do norte e do sul, Rio 1960. *Novaes, I. C.:* Brincando de Roda, 1960, *Rossini, Tavares do Lima:* Folguedos Populares do Brasil, 1962. *Baer, G.:* Beschwörungstänze, Institut f. d. wissenschaftl. Film, Göttingen 1964. *Rodriguez, N. N.:* Folclore Correogrático do Brasil, Publ. Ed. s. a. *Correa, G. M. A.:* Danças Folkloricas Brasileiras e suas, Sao Paulo 1973.

Brautleuchtertanz. ↗Hochzeitstanz aus Mecklenburg. Ausgeführt wird er von kerzentragenden Brautjungfern, die die Braut umtanzen und ihr dabei die Brautkrone abnehmen.

Lit.: *Zoder, R.:* Der deutsche Volkstanz, in: Das deutsche Volkstum, Bd. 3, S. 137 ff. *Janietz, E. – Schneider, R.:* Volkstänze aus Mecklenburg, Bd. V, s. a., S. 25.

Brauttanz. Bezeichnung eines ↗Hochzeitstanzes, der schon von frühester Zeit an in den verschiedensten Formen getanzt wurde und auch heute noch, vor allem in den ländlichen Gegenden, vor oder nach der Hochzeit ausgeführt wird. Er ist auch unter den Namen ↗Kränzleintanz oder Kranzlabtanzen üblich.

Lit.: *Böhme, F. M.:* Geschichte d. Tanzes in Deutschland, 1886, S. 200. *Adrian, K.:* Von Salzburger Sitt' u. Brauch, 1924, S. 353 ff. *Pramberger, R.:* Steirische Tanzlust, Zeitschrift d. deutschen u. österreichischen Alpenvereins, Bd. 55, 1924, S. 146 ff. *Wolfram, R.:* Die Volkstänze in Österreich u. verwandte Tänze in Europa, 1951, S. 104 ff.

Brecheltanz. Unter dieser Bezeichnung sind verschiedene Tanzspiele zu verstehen, die nach alter Volkssitte beim sogenannten Flachsbrechen in der Bauernstube im Spätherbst von den Burschen und Mädchen ausgeführt werden. Unter anderem wird meist auch der ↗Polsterltanz getanzt. Nicht selten kommt es vor, daß der Brecheltanz von sogenannten Maschkerer (Masken) besucht wird. (↗Achteltanz, ↗Maschkeratanz)

Lit.: *Moser, H.:* Der Brecheltanz im niederösterreichischen Wechselgebiete, in: Zeitschrift f. österreichische Volkskunde, Jg. 21/22, 1915/16, S. 109 ff. *Löscher, St.:* Über d. Volkstanz in Oberösterreich, Steiermark u. im Burgenland, in: Jahrbuch d. österreichischen Volksliedwerkes, Bd. 9, 1960, S. 68 f. *Frühwald, H.:* Brecheltanz u. Maschkerabrauch, in: Blätter f. Heimatkunde, Jg. 39, 1965, S. 188 ff.

Bregenzer. ↗Österreichischer Volkstanz aus der Gegend um Meran, ein ↗Paartanz im Kreis, der nicht mit dem ↗Bregenzer Sechser verwechselt werden darf. Im Passeiertal heißt auch eine Form der ↗Spitzbuampolka „Bregenzer".

Lit.: *Horak, K.:* Volkstanz im Burggrafenamt, in: Jahrbuch d. österreichischen Volksliedwerkes, Bd. 12, 1963, S. 82. *Horak, K.:*Tiroler Volkstänze, 1974, S. 48.

Bregenzer Sechser. ↗Österreichischer Volkstanz aus Vorarlberg, ein schönes Beispiel für den Einfluß, den die ↗Contratänze auf den Volkstanz ausgeübt haben. Er wird in Gruppen zu je drei Paaren getanzt, die einander in zwei Reihen gegenüberstehen.

Lit.: *Wolfram, R.:* Die Volktänze in Österreich u. verwandte Tänze in Europa, 1951, S. 139 f. *Horak, K.:* Der Volkstanz im kleinen Walsertal, in: Jahrbuch d. österreichischen Volksliedwerkes, Bd. 3, 1954, S. 101.

Breuer, Peter. Deutscher Tänzer, geb. 29. Oktober 1946 in Tegernsee. Er studierte bei V. ↗Gsovsky und schloß sich 1961 dem Ballett der Münchner Staatsoper an. Von 1964 bis 1974 tanzte er im Ballett der Deutschen Oper am Rhein in Düsseldorf. Beim ↗London Festival Ballet, ↗American Ballet Theatre und bei mehreren deutschen Ballettensembles wirkte er als Gast im klassischen Repertoire. 1974 tanzte er beim Opernballett Berlin die männliche Hauptrolle in ↗Bojartschikows Produktion von ↗„Romeo und Julia". Außerdem trat er in bedeutenden ↗Choreographien von G. ↗Balanchine auf.

Lit.: *Beuth, R.:* Peter Breuer, in: Ballett 1973, Velber 1973.

Brexner, Edeltraud. Österreichische Tänzerin, geb. 12. Juni 1927 in Wien. 1934 trat sie in die Ballettschule der Wiener Staatsoper ein, war Schülerin von Adele ↗Krausenecker, Poldy Pokorny und Willy ↗Fränzl. 1944 wurde sie in das ↗Corps de ballet der Wiener Staatsoper aufgenommen, 1949 zur ↗Coryphée, 1952 zur Solotänzerin und 1957 zur Primaballerina ernannt, 1960 erhielt sie als erste den Fanny ↗Elßler-Ring. Ab 1962 war sie Lehrerin an der Ballettschule der Wiener Staatsoper. Neben ihrer Wiener Tätigkeit absolvierte sie Gastspiele in Europa und den USA. Sie wirkte bei den Festspielen in Salzburg und Bregenz mit. 1949 heiratete sie den Tänzer Richard ↗Nowotny.

Brinson, Peter. Britischer Schriftsteller, geb. 6. März 1923 in Llandudno. Er verfaßte folgende Schriften: The Choreographic Art, London 1963 mit Van ↗Praagh; The Ballet in Britain, London 1962; Background to European Ballet, London 1966; Ballet for All, London 1970 (mit C. ↗Crisp); Ballet and Dance. A Guide to the Repertory, London 1980 (mit C. Crisp).

Brinza. ↗Rumänischer Volkstanz, ein Männertanz im schnellen 2/4-Takt.

Lit.: *Bucsan, A.:* Specificul dansului popular românesc, 1971, S. 27 ff.

Brisé. Bei diesem Tanzschritt des klassischen ↗Balletts wird ein Bein in Schwebeposition gebracht, das andere Bein schlägt während eines Sprungs an und wechselt die Position. Nach der Ausführung unterscheidet man brisé dessous und brisé dessus, je nachdem, ob man nach dem Schlag auf dem vorderen oder hinteren Bein aufkommt.

Lit.: *Raab, R.:* Lexidion f. d. Ballett, s. a. *Waganowa, A. J.:* Die Grundlagen d. klassischen Tanzes, 1954, S. 130 ff.

Britten, Benjamin. Britischer Komponist, geb. 22. November 1913 in Lowestoft, Suffolk, gest. 4. Dezember 1976 in London. Er schrieb das Ballett „The ↗Prince of the Pagodas (Der Pagodenprinz)", komponiert 1956; die Uraufführung fand am 1. Januar 1957 an der Covent Garden Opera durch das ↗Sadler's Wells Ballet mit Swetlana ↗Beriosowa statt. „Der Pagodenprinz" ist das erste echte britische Ballett eines britischen Komponisten. Von Britten stammt auch die ↗Suite über katalanische Tänze für Orchester „Mont Juic" und eine „Mazurka elegica" für zwei Klaviere.

Břitva (= das Rasiermesser). ↗Tschechischer Volkstanz aus Böhmen. Bei diesem komischen Tanz wurden die Tänzer nacheinander mit nassem Sand eingerieben und dann mit einem hölzernen Messer rasiert und zwar so lange, bis sie sich losgekauft hatten. Die übrigen tanzten inzwischen einen koloartigen Tanz. (↗Polbiřská)

Lit.: *Waldau, A.:* Böhmische Nationaltänze, 1859, Bd. 1, S. 147 f.

Briul. ↗Rumänischer Volkstanz. Dieser lebhafte Tanz im 2/4-Takt ist einer der ältesten Tänze aus dem Gebiet südlich der Karpaten. Er wird nur von Männern getanzt. Die Aufstellung erfolgt im Halbkreis, die Tänzer halten einander in Oberarmfassung. Die Figuren sind sehr vielfältig und tragen die Bezeichnungen Maruntelul, Cirligele und Pintenii. Langsames Schreiten wechselt mit schnellen Bewegungen, Beinkreuzungen mit kleinen und großen Sprüngen. Die Grundfigur umfaßt drei Musiktakte. Mit zahlreichen Varianten ist der Tanz weit verbreitet.

Lit.: *Bucsan, A.:* Jocuri din Ardealul de sud, 1957, S. 100 ff. *Molkenbur, N.:* Rumänische Volkstänze, 1967, S. 24 ff., S. 64 ff.

Brokel dantza (oder Escudos). Baskischer ↗Schwerttanz aus Guipuzcoa. Er wurde zu religiösen Festen (z. B. Fronleichnam) aufgeführt. 1682 waren es 51 Burschen, die ihn zu diesem Fest vor der Kirche tanzten. Beim Ein- und Austritt der Honoratioren aus der Kirche bildeten die Tänzer mit ihren Schwertern eine Ehrenpforte, durch welche sie gehen mußten. (↗Baskischer Tanz)

Lit.: *Wolfram, R.:* Schwerttanz u. Männerbund, S. 120. *Gallop, R.:* A Book of the Basques, London 1930. *Alford, V.:* Ceremonial Dances of Spanish Basques, in: The Musical Quarterly, vol. 18, 1932, Nr. 3, S. 471 ff.

Bruce, Christopher. Britischer Tänzer und ↗Choreograph, geb. 3. Oktober 1945 in Leicester. Er studierte in Scarborough und an der Schule von M. ↗Rambert. Nach seinem Debüt bei Gore's London Ballet wurde er 1963 Mitglied des ↗Ballet Rambert, 1975 dessen Mitdirektor. Seine Tätigkeit als Tänzer und Choreograph verband ihn eng mit diesem Ensemble.

Lit.: *Gow, G.:* Christopher Bruce, in Dancing Times, März 1973.

Bruder Jakob. ↗Deutscher Volkstanz aus Mecklenburg. Er wird von beliebig vielen Paaren ausgeführt. Charakteristisch ist die doppelte Verbeugung der Tanzpartner, und zwar eine zueinander und eine auseinander. (↗Hans Adam)

Lit.: *Goldschmidt, Ae.:* Handbuch d. deutschen Volkstanzes, 1967. *Janietz, E.-Schneider, R.:* Volkstänze aus Mecklenburg, 1976.

Bruhn, Erik. Dänischer Tänzer und Ballettdirektor, geb. 3. Oktober 1928 in Kopenhagen. Seine tänzerische Ausbildung erhielt er an der Ballettschule des ↗Königlich-Dänischen Balletts; 1947 wurde er Mitglied dieses Balletts und 1949 Solotänzer. Von 1947 bis 1949 war er als Gast bei verschiedenen Ballettgruppen des Auslandes tätig. Von 1967 bis 1971 war er Direktor des ↗Königlich-Schwedischen Balletts, zuletzt auch Mitdirektor des Nationalballetts von Kanada. Während seiner aktiven künstlerischen Tätigkeit galt er als einer der besten Tänzer der Welt.

Lit.: *Kragh-Jacobsen, S.:* Erik Bruhn, 1965. *Lidova, I.:* Erik Bruhn, in: Les Saisons de la danse, Oktober 1969.

Brunner, Gerhard. Ballettdirektor, geb. 23. März 1939 in Villach. Nach Beendigung seines Universitätsstudiums betätigte er sich als freischaffender Journalist und Kritiker für Tanz und Musik. Von 1964 bis 1975 schrieb er für zahlreiche in- und ausländische Medien, darunter „Stuttgarter Zeitung" und „Die Welt", wirkte für den WDR, NDR, HR, SFB und ORF. Zuletzt war er Kritiker beim „Kurier". Am 1. September 1976 wurde er zum Ballettdirektor der Staatsoper Wien ernannt. Er war Konsulent für das Ballettfestival der Wiener Festwochen 1969 und künstlerischer Leiter des Tanzfestivals „Steirischer Herbst" und des Festivals „Tanz '82". Brunner war verheiratet mit der österreichischen Tänzerin Christl ↗Zimmerl. Unter anderem schrieb er den Artikel „Richard Strauss und das Ballett", in: Richard Strauss 1864–1949. Musik des Lichts in dunkler Zeit. Vom Bürgerschreck zum Rosenkavalier. Hrsg. von der Vereins- und Westbank, Hamburg 1979, S. 90 ff.

B(r)yllichaj (Bryaliktai, Bryaligmos, Brydalicha). Antiker ↗griechischer Tanz sinnlich-orgiastischen Charakters zu Ehren der Göttin Artemis, bei welchem die Tanzenden Frauenkleider und häßliche Weibermasken trugen.

Lit.: *Weege, F.:* Der Tanz in d. Antike, 1926, S. 71. *Lawler, L. B.:* The Dance in Ancient Greece, 1964.

Bubentänze hießen die Tänze, die im 16. Jh. in Bayern von den Wirten auf eigens erbauten Tanzböden für Burschen veranstaltet wurden. Wer unter dem Namen „Buben" zu verstehen war, ist nicht ganz geklärt, vielleicht waren alle ledigen Männer damit gemeint oder aber auch nur die Bauernburschen. Jedenfalls dürften die Bubentänze sittengefährdend gewesen sein, da sie 1553 durch ein bayerisches Polizeimandat verboten wurden.

Lit.: *Böhme, F. M.:* Geschichte d. Tanzes in Deutschland, 1886, S. 83.

Buchelklobber. ↗Deutscher Volkstanz, dessen Verbreitungsgebiet das Grenzland Pfalz-Elsaß-Lothringen ist. Der Tanz, dessen Name vom Liedtext stammt, wird auch Holzschuhwalzer genannt, weil er mit Holzschuhen getanzt wird. Auch unter dem Namen „Der Heustall fällt um" ist er bekannt. Der Buchelklobber gehört zu den sogenannten ↗Stampftänzen und wird als ↗Paartanz im Kreis, gelegentlich auch in der Reihe ausgeführt. Die Tanzmelodie steht im Walzertakt.

Lit.: *Au, H. v. d.:* Der Buchelklobber ein südwestdeutscher Stampftanz, in: Die Musikforschung, Jg. 4, 1951, H. 4, S. 350 ff. *Goldschmidt, Ae.:* Handbuch d. deutschen Volkstanzes, 1967.

Buckerltanz ↗Hans Adam.

Bügeltanz. Dieser alte deutsche Handwerkertanz (↗Zunfttänze) gehört zur großen Familie der ↗Reiftänze, wie sie die Zünfte der deutschen Städte des 16. und 17. Jh. in ihren verschiedenen Formen pflegten. Auch der Bügeltanz, den die ostpreußischen Fischer zur Fastnacht aufführten und der noch um 1850 in der Gegend von Elbling getanzt wurde, gehört ebenfalls zu den Formen des Reiftanzes.

Lit.: *Böhme, F. M.:* Geschichte d. Tanzes in Deutschland, 1886. *Roepell:* Über d. Bügeltanz, in: Zeitschrift d. westeuropäischen Geschichtsvereines, 22, 27. 1887. *Wolfram, R.:* Deutsche Volkstänze, 1937, S. 15.

Bürgertänze ↗Geschlechtertänze.

Büttnertanz. Der ↗Reiftanz der Büttner in Nürnberg. Dieser altfränkische Handwerkertanz wurde bis gegen Ende des 18. Jh. abgehalten. (↗Zunfttänze)

Lit.: *Böhme, F. M.:* Geschichte d. Tanzes in Deutschland, 1886, S. 66.

Buffalo-Tanz. Dieser rituelle Tanz der nordamerikanischen Indianer wurde alljährlich zur Eröffnung der Büffeljagd durchgeführt. Der Tanz hatte den Sinn, den jungen Jägern die Methoden der Büffeljagd vorzuführen. Die älteren Männer gaben im Tanz die Instruktionen. (↗Indianischer Tanz)

Lit.: *Kurath, G. P.:* American Indian Ritual Dances for Sustenance, in: The Folklorist, vol. 7, 1962, No. 2, S. 41 ff.

Bugakutänze. Unter der Sammelbezeichnung Bugaku (bu = Tanz, gaku = Musik, Tänze mit Orchestermusik) versteht man japanische Tanzspiele verschiedenen Inhalts. Sie sind nicht allein japanischen Ursprungs. Das eigentliche Bugaku ist in Japan im 8. Jh. heimisch geworden. Die Bezeichnung „Bugaku" kam zwar bereits im 6. und 7. Jh. vor, hatte aber mit den späteren Tanzspielen noch nichts gemeinsam. Es war damals eine Bezeichnung für alle bei Hof aufgeführten Tänze mit Musikbegleitung. Bugakutänze gehören jedenfalls neben den ↗Tschamtänzen Asiens zu den ältesten auch heute noch erhaltenen ↗Maskentänzen der Erde. Nach dem Herkunftsland unterscheidet man bei den Bugakutänzen die aus dem koreanischen Stil stammenden Komagakutänze, zu denen unter anderem die Kitoku, Sessen, Onin(tei), Taisôtoku und Shinŝtoku gehören; weiters die Bokkaigakutänze, aus dem ehemaligen mongolisch-tunguischen Reiche Bokkai, die aus dem China der T'ang-Zeit stammenden Tôgakutänze, die aus dem heutigen Gebiet Indiens stammenden Tenjikugaku-Tänze und die aus Champa (Kambodscha und Annam) kommenden Rinyûgakutänze. Andere Unterschiede betreffen die Zahl der Tänzer und die Einteilung nach Rechts (= u-no-mai)- und Links (= sa-no-mai) tänzen. Es gibt noch eine andere Einteilung für Bugakutänze, nämlich die Einteilung nach ihrem Inhalt in vier Gruppen. Die erste Gruppe nennt man „Hiramai" oder zeremonielle Tänze. Normalerweise treten dazu zwei oder vier Tänzer in höfischer oder zeremonieller Kleidung auf.

Sie sind unmaskiert. Der Tanz selbst beschränkt sich auf abstrakte Bewegungen mit wenig Handlung. Zur zweiten Gruppe zählen die militärischen Tänze, „Bumai" genannt. Auch hier treten zwei oder vier Tänzer auf, aber sie tragen ausgesprochene Kriegsrüstungen und führen mit Schwert und Lanze Szenen des Ritterlebens auf.

„Bairo" ist ein typisches Beispiel von dieser Gruppe. Zur dritten Gruppe gehören die sogenannten Lauftänze oder „Hashirimai", die normalerweise von einem maskierten Einzeltänzer in Szene gesetzt werden. Diese Tänze, zu denen „Somakusha" und „Ranryo-o" als Musterwerke gehören, haben einen sehr starken und profilierten Charakter. Als vierte Gruppe sind schließlich die Kindertänze „Dobu" anzuführen, die eigens zur Aufführung durch Kinder komponiert wurden, „Karyobin", das zum Linkstanz gehört, wird in diesem Stil getanzt; „Ranryo-o" wird auch zu dieser vierten Gruppe gezählt, insofern als es manchmal von Kindern getanzt wird. (↗Gagaku, ↗Japanischer Tanz)

Lit.: *Harich-Schneider, E.:* The Rhythmical Patterns in Gagaku u. Bugaku, in: Ethno-Musicologica III, Leiden 1954. *Lucas, H.:* Japanische Kultmasken, 1965, S. 87 ff.

Bugltanz ↗Hans Adam.

Bujones, Fernando. Amerikanischer Tänzer, geb. 9. März 1955 in Miami. Er studierte an der Schule des ↗American Ballet, der Juillard School und bei Zeida Cecilia Méndez. 1970 begann er bei der Gruppe von Eglevsky zu tanzen und schloß sich 1972 dem ↗American Ballet Theatre an. 1974 wurde er 1. Tänzer.

Lit.: *Maynard, O.:* Fernando Bujones: America's Pride, in: Dance Magazine, Januar 1975.

Bukolismos. Antiker ↗griechischer Tanz, der „Tanz der Kuhhirten", ein ↗Volkstanz, der nur dem Namen nach überliefert und über dessen Ausführung nichts bekannt ist.

Lit.: *Weege, F.:* Der Tanz in d. Antike, 1926, S. 124.

Bulerias. Eine Art des ↗Flamenco chico, sehr leicht getanzt, mit humorvollen Akzenten in der ↗Mimik, oft am Schluß einer Flamenco-Aufführung ausgeführt.

Bulgarischer Tanz. In Bulgarien gibt es zwei Hauptgruppen von Tänzen, den ↗Horo (Mehrzahl Hora) und die ↗Răčenica. Beide Arten spielen eine wichtige Rolle im bulgarischen Dorfleben. Jede Landschaft hat seinen Horo und seine Răčenica. So gibt es in ganz Bulgarien mehr als 60 verschiedene Formen dieser Volkstänze. Charakteristisch für die Tänze Bulgariens ist die harmonische Vereinigung zwischen Musik und Bewegung. Der Tanzstil verlangt ein weiches federndes Nachgeben im Fuß- und Kniegelenk bei natürlicher aufrechter Haltung. Die Tanzrhythmen, wie 7/16, 7/8, 9/16, 9/8 oder 13/16 scheinen oft sehr kompliziert und ungewöhnlich, sie ergeben sich aber beim Tanz als ganz natürlich durch die diversen Schrittbewegungen und -verzögerungen. Viele Tänze werden auch gesungen. Die Instrumentalbegleitung besteht vielfach aus Schalmei, Flöte, Fiedel, Dudelsack oder kleinen Dorfkapellen. Die Musikanten stehen meist inmitten der Tanzenden (Horo) oder gehen neben dem Tanzführer einher. (↗Burjano, ↗Danets, ↗Eleno mome, ↗Horotänze, ↗Igra na dvanina, ↗Kopanitsa, ↗Kukuvička, ↗Mari Momičence, ↗Nestinaritanz, ↗Purzalka, Răčenica, ↗Răka, ↗Rumjana, ↗Sborinka, ↗Sedenčiča)

Lit.: *Markow-Sandhage, T.:* Bulgarische Volksmusik, in: Neue Musikzeitung, Jg. 38, 1917, H. 10, S. 150 ff. *Drumov, A.:* Bulgarskito narodni horà, Sofia 1929. *Spassoff, Wassil:* Volksmusik, Musikinstrumente u. Tänze d. Bulgaren, Diss. Wien 1931. *Katsarova-Kukudova, R.:* Bulgarische Tänze u. Tanzrhythmen, in: Festschrift f.

Erich Müller v. Asow zum 50. Geburtstage, 1942, maschinschriftl. *Conev, B.:* Bulgarski narodni Chorà i ručenici, Sofia 1950. *Katsarova, R.:* Dances of Bulgaria, 1951. *Kremenliev, B.:* Bulgarian-Macedonian Folk Music, 1952. *Lawson, J.:* European Folk Music, 1953, S. 111 ff. *Katsarova-Kukudova, R.:* Bulgarski tantsov folklor, Sofia 1955. *Katsarova-Kukudova, R.-Djenev, K.:* Bulgarian Folk Dances, The Science and Art State Publishing House, Sofia 1958. *Schmolke, A.-Langhans, H.:* Europäische Tänze, H. 9 u. H. 12, 1974. *Molkenbur, N.-Günther, H.:* Bulgarische Tänze, Leipzig 1976.

Bumbate. Afrikanischer ↗Frauentanz bei dem Stamm der Moba. Zwei Frauen tanzen Rücken an Rücken zweimal herum, wobei sie ihre Gesäße aneinanderklatschen. (↗Afrikanischer Tanz)

Lit.: *Sonner, R.:* Musik u. Tanz, Leipzig 1930, S. 14 (Wissenschaft u. Bildung, Bd. 266).

Bummelschottisch wird eine volkstanzmäßige Abart des ↗Schottischen aus Mecklenburg genannt. (↗Hackenschottisch)

Lit.: *Au, H. v. d.:* Das Volkstanzgut im Rheinfränkischen, 1939, S. 122. *Goldschmidt, Ae.:* Handbuch d. deutschen Volkstanzes, 1967.

Bunny Hug. ↗Gesellschaftstanz des 20. Jh., eine Form des ↗Onestep.

Lit.: *Günther, H.-Schäfer, H.:* Vom Schamanentanz zur Rumba, 1959, S. 254.

Bunte Tänze. Die sogenannten „Bunten Tänze“, denen der Volksmund diesen Namen wegen der bewegten Mannigfaltigkeit ihrer Ausführung gegeben hat, sind auf die aus mehreren Touren bestehenden höfischen ↗Contratänze zurückzuführen, die im 18. Jh. aus den Pariser Salons ins Volk kamen und von der ländlichen Bevölkerung, durchsetzt mit bodenständigem Tanzgut, aufgenommen wurden. Die Aufstellung der Ausführenden erfolgt bei den meisten „Bunten“ wie bei der ↗Quadrille. In der Regel sind es vier Paare. Infolge der Vielfältigkeit und Ausdehnung der „Bunten“ scheint ihre Ausführung sehr kompliziert, ist es aber nicht, da viele Touren immer wieder in der gleichen Weise wiederkehren. Die wichtigsten und gebräuchlichsten Touren sind: Großer Kreis, Kleiner Damen- oder Herrenkreis, Damen-(Herren-)Rund, Mühle der Damen und Herren, Kreuzmühle, Große Mühle, Damen-(Herren-)Stolz, Kette, Handtour, Schwenken, Durchtanzen (Schön dör genannt). Die „Bunten Tänze“ erlangten in Norddeutschland besondere Beliebtheit und bildeten dort bis ins 20. Jh. hinein die dominierende bäuerliche Tanzform. (↗Kegelquadrille, ↗Kikebusch, ↗Viertüriger)

Lit.: *Helms, A.-Blasche, J.:* Bunte Tänze aus acht Jahrhunderten, 1921. *Stahl, W.:* Niederdeutsche Volkstänze, 1921. *Helms-Blasche, A.:* Bunte Tänze wie wir sie suchten u. fanden, 1957. *Goldschmidt, Ae.:* Handbuch d. deutschen Volkstanzes, 1967. *Oetke, H.:* Die norddeutschen Tänze, d. sogenannten „Bunten Tänze“, in: Volkstanz, 1975, H. 2, S. 13 ff.

Burjano, Burjanke. ↗Bulgarischer Tanz, der vor allem in Nordbulgarien zu Hause ist. Der Tanz im $^{2}/_{4}$-Takt erlaubt in seiner Ausführung verschiedene Figuren und Fassungen. Die Tänzer und Tänzerinnen bilden einen Halbkreis oder Kreis oder eine lange Kette mit Schlangenfiguren. Die Tanzenden fassen einander entweder bei herabhängenden oder gebeugten Armen oder an den Schultern.

Lit.: *Schmolke, A.-Langhans, H.:* Europäische Tänze, 1969, H. 9, S. 6 f.

Burmeister, Wladimir Pawlowitsch. Russischer Tänzer, ↗Choreograph und ↗Ballettmeister, geb. 15. Juli 1904 in Witebsk, gest. 6. März 1971 in Moskau. Er studierte in Moskau und schloß sich 1930 dem Moskauer Kunsttheater für Ballett an. Als dieses Ensemble das Moskauer Stanislawsky- und Nemirowitsch-Dantschenko Musiktheater wurde, war er einer der bekanntesten Tänzer und schließlich Ballettmeister. Er blieb dort bis zu seinem Tod. Als Choreograph arbeitete er auch für die Pariser Oper und das ↗London Festival Ballet.

Burmesischer Tanz ↗Birmanischer Tanz.

Buru-dantza. ↗Baskischer Tanz, der Kopftanz. Sein Charakteristikum war, daß er mit nach unten gebeugtem Kopf getanzt wurde. Er ist heute nicht mehr üblich.

Busserltanz (Kußtanz). Österreichische Form des ↗Bettlertanzes. Wie dieser wurde er hauptsächlich bei Hochzeiten aufgeführt. (↗Polsterltanz)

Lit.: *Voß, R.:* Der Tanz u. seine Geschichte, 1869, S. 331. *Böhme, F. M.:* Geschichte d. Tanzes in Deutschland, 1886, S. 58.

Butler, John. Amerikanischer Tänzer und ↗Choreograph, geb. 29. September 1920 in Memphis, Tenn. Er studierte an der M. ↗Graham-Schule für zeitgenössischen Tanz und an der Schule des ↗American Ballet. 1945–1955 tanzte er beim M. Graham-Ballett, gründete dann ein eigenes Ensemble, mit dem er in den USA und in Europa gastierte. Er choreographierte für das Ballett der Metropolitan Opera, das ↗Nederlands Dans Theater, das Pennsylvania Ballet, das ↗Harkness Ballet und die New York City Opera. Seine Choreographien zeichnen sich durch die Verbindung von klassischer Ballettkunst mit der Technik des ↗Modern Dance aus.

Lit.: *Loney, G.:* Busy John Butler, in: Dance Magazine, Januar 1974.

Butschar. ↗Deutscher Volkstanz aus dem Böhmerwald und dem oberen Mühlviertel. Eine Tanzart, die dem ↗Warschauer ähnlich ist. Der Name könnte von Putzschere (Lichtputzschere) kommen.

Der Butschar

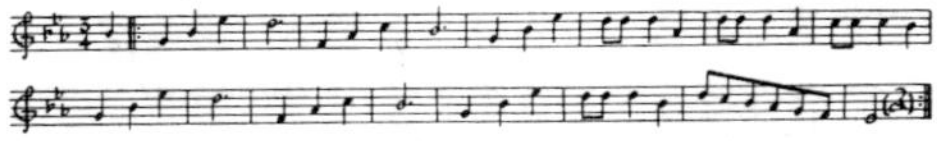

Lit.: *Zoder, R.:* Kleine Beiträge zur Volksmusikforschung, in: Jahrbuch d. österreichischen Volksliedwerkes, Bd. 7, 1958, S. 62 ff.

Buxdomersch. Name des ↗„Seidenen Zwirn" im Böhmerwald.

Lit.: *Junk, V.:* Die taktwechselnden Volkstänze, 1928, S. 25 f.

Buyenets ↗Danets.

Buzek, Stanislav. Tschechischer Tänzer, geb. 2. Juni 1936 in Prag. Er begann sein Tanzstudium 1948 an der Ballettschule der Primaballerina Zdenka Zabylová. Von 1951 bis 1954 studierte er an der Ballettschule des Staatlichen Konservatoriums Prag bei M. A. Tymichová und O. A. Iljina. Noch als Student debütierte er am Nationaltheater Prag, wo er dann von 1955 bis 1965 engagiert war. Von 1965 bis 1970 tanzte er an der Deutschen Oper in Düsseldorf. Im November eröffnete er eine eigene Ballettschule in Düsseldorf. Von besonderer Bedeutung ist seine umfangreiche Sammlung von Tanzbüchern, Lithos, Fotos und Bildern.

Bzikota. Tschechischer Volkstanz aus Böhmen, der in der Ausführung eine große Ähnlichkeit mit dem ↗Steirischen und dem ↗Kosatschek hat. (↗Tschechische Volkstänze)

Lit.: *Waldau, A.:* Böhmische Nationaltänze, 1860, Bd. 2, S. 17.

C

Čačak. Jugoslawischer Volkstanz aus dem Ort Čačak in Ostserbien. Der Tanz im 2/4-Takt ist in ganz Serbien verbreitet. Ausgeführt wird er im offenen Kreis mit schnellen leichten Schritten und Hüpfern. (↗Serbischer Volkstanz)

Lit.: *Schmolke, A. – Langhans, H.:* Europäische Tänze, H. 4, Jugoslawien, 1957, S. 26 f.

Cachaspare. ↗Volkstanz aus Peru. Er wurde von dem indianischen Volk der Quichoa getanzt. Wie allen diesen Tänzen der Indianer Perus liegt diesem Tanz auch ein sogenanntes Yavari (= Lied) zugrunde, welches von den Ausführenden gesungen wird. Das Tempo ist ein mäßig schneller 2/4- oder 3/4-Takt. (↗Peruanischer Tanz)

Lit.: *Friedenthal, A.:* Musik, Tanz u. Dichtung bei d. Kreolen Amerikas, 1913, S. 173 u. 190 f.

Cáchua. In den Kordillerenländern sehr verbreiteter ↗Volkstanz im 6/8-Takt, von Gitarren, Harfen und Trommeln begleitet. Die Tanzmelodie wird auf Quenas, das sind Doppelflöten mit oboenartigem Klang, gespielt. Bei der Ausführung des Tanzes stehen die Männer in einer Reihe oder in mehreren Reihen in Armweite voneinander entfernt, die Frauen, die sie nie berühren dürfen, ihnen gegenüber. Die Bewegungen bestehen aus graziösen Sprüngen. (↗Bolivianischer Tanz, ↗Cáchucha, ↗Ecuador, ↗Peruanischer Tanz)

Lit.: *Friedenthal, A.:* Musik, Tanz u. Dichtung bei d. Kreolen Amerikas, S. 184 f.

Cáchucha. Spanischer, vor allem in Andalusien beliebter ↗Volkstanz aus dem Anfang des 19. Jh., der aber auch in den gesamten Kordillerenländern sehr verbreitet ist. Die Tanzmelodie steht im mäßig schnellen 3/8-Takt. Der Tanz, dem ↗Bolero verwandt, wird nur von einer Person allein mit Kastagnettenbegleitung getanzt. Graziöse Bewegungen des Körpers zeichnen ihn aus. Fanny ↗Elßler war es, die diesen Tanz nach der Melodie eines spanischen Volksliedes in dem ↗Ballett „Le ↗diable boiteux“ tanzte. Durch sie wurde die Cáchucha gleichsam bühnenfähig. (↗Cáchua, ↗Spanischer Volkstanz)

Aufgeschrieben von G. A. Gross

Lit.: *Anonym:* Physiologie du carneval, du cancan et de la cachucha, Paris 1842. *Czerwinski, A.:* Brevier d. Tanzkunst, 1879, S. 120. *Zorn, F. A.:* Grammatik d. Tanzkunst, 1887, S. 241. *Zoder, R.:* Der deutsche Volkstanz, in: Deutsches Volkstum in Volksschauspiel u. Volkstanz, 1938, S. 159. *Raab, R.:* Fanny Elßler – eine Weltfaszination, 1962.

Cadence (Kadenz) hieß bei den französischen Tanzmeistern die Schlußbewegung eines Tanzes, manchmal auch die Schlußverbeugung. Sie wurde in verschiedenen Formen ausgeführt.

Lit.: *Bie, O.:* Der Tanz, 1919. *Sachs, C.:* Eine Weltgeschichte d. Tanzes, 1933.

Cage, John. Amerikanischer Komponist, geb. 15. September 1912 in Los Angeles. Er gilt als ein Vertreter der experimentellen Musik und radikalen Avantgarde. 1942 begann seine Zusammenarbeit mit dem ↗Choreographen Merce ↗Cunningham, dessen Truppe er ab 1945 musikalisch betreute. Fast alle seine Ballettmusiken wurden von diesem mit Choreographien versehen. (Die ↗Jahreszeiten)

Cahusac, Louis de. Französischer Ballettlibrettist und Tanzhistoriker, geb. 1700 in Montauban, gest. 1759 in Paris. Er schrieb die Libretti für viele ↗Ballette, welche in der ↗Académie Royale aufgeführt wurden. Jean-Philippe ↗Rameau, an dessen Balletten Cahusac beteiligt war, schrieb die Musik zu „Les Fêtes de Polymnie" (1745); „Les Fêtes de l'hymen et de l'Amour" (1747); ↗„Osiris" (1747); „Zoroaster" (1749); „Anacreon" (1754) und anderen Balletten. Im Jahre 1754 erschien in Den Haag die dreibändige Schrift: La danse ancienne et moderne ou traité historique de la danse (deutsche Übersetzung im 1. Bd. der Sammlung vermischter Schriften zur Beförderung der schönen Wissenschaften und Künste, Berlin). Cahusac trat in seiner Schrift für das dramatische Moment des pantomimischen Tanzes ein und kann als ein Vorgänger von ↗Noverre bezeichnet werden. (↗Casanova-Ballette, ↗Fêtes)

Cakewalk (Kuchentanz). Dieser groteske, ursprünglich pantomimische, aus Nordamerika nach Europa importierte Tanz ist einem Negertanz nachgebildet. Als ↗Gesellschaftstanz hat er zu Beginn des 20. Jh. Eingang gefunden. Die grotesken und plumpen Schritte des Negertanzes wurden größtenteils durch moderne Tanzschritte ersetzt. Seine ursprüngliche Bedeutung als „Preistanz um den Kuchen" hat er als Gesellschaftstanz verloren und ist eigentlich nichts anderes als eine mit verschiedenen Stellungen und Gesten ausgeschmückte Promenade hintereinander schreitender Paare geworden. Seiner Ausführung stehen variationsreiche Möglichkeiten offen. Sein musikalisches Charakteristikum ist die Synkope (synkopischer 2/4-Takt entwickelt zum ↗Ragtime). Als Gesellschaftstanz hat er an Bedeutung längst verloren. ↗Debussy hat einen Cakewalk in sein Klavierwerk „Children's Corner" aufgenommen.

Lit.: *Jolizza, W. K. v.:* Die Schule d. Tanzes, S. 133 ff.

Ca la Breaza. ↗Rumänischer Volkstanz aus Muntenien, aber in ganz Rumänien verbreitet. Er ist ein ↗Paartanz mit beliebig freier Figurenfolge. Die Tanzmelodie steht im 2/4-Takt.

Lit.: *Langhans, Schmolke:* Europäische Tänze, H. 10, Rumänien, 1970, S. 10 f.

Calata. ↗Italienischer Volkstanz im geraden Takt und raschen Tempo aus dem 15./16. Jh. Um 1615 ist die Calata noch am florentinischen Hof der Mediceer zu finden. Über die Ausführung des Tanzes ist nichts bekannt. Es dürfte sich um einen mäßig schnellen Tanz im vierschlägigen Rhythmus (4/4, 12/8) gehandelt haben. Der italienische Lautenist Giovanni Ambrosio Dalza unterschied eine spanische und eine italienische Calata.

Lit.: *Körte, O.:* Laute u. Lautenmusik bis zur Mitte d. 16. Jh., 1901, S. 99. *Solerti, A.:* Musica, Ballo e Drammatica alla Corte Medicea dal 1600 al 1637, Firenze 1905, S. 97. *Sachs, C.:* Eine Weltgeschichte d. Tanzes, 1933, S. 220.

Calenda. ↗Lateinamerikanischer Tanz, kongolesischen Ursprungs, der bereits von Père Labat in seinem Werk „Nouveau Voyage aux Isles d'Amerique", Paris 1772, erwähnt und beschrieben wird. Ihrer Form nach ist die Calenda eine Mischung von ↗Reigen- und Einzelpaartanz. Der Tänzer wendet sich an die Partnerin, um vor ihr einen Tanz auszuführen. Der Tanz besteht aus Bewegungen, bei denen jeder Fuß nacheinander gehoben und gesenkt wird. Hauptmotiv ist das kraftvolle Aufsetzen der Ferse.

Lit.: *Günther, H.-Schäfer, H.:* Vom Schamanentanz zur Rumba, 1959, S. 288 f.

Californie (la). ↗Volkstanz aus der Schweiz, identisch mit der ↗Judenpolka.

Lit.: *Wolfram, R.:* Die Volkstänze in Österreich u. verwandte Tänze in Europa, 1951, S. 154.

Calusari. Dieser älteste unter den rumänischen Volkstänzen war ein auf frühgeschichtlichen Riten basierender Ritualtanz. Eine Woche vor Pfingsten wurden neun Männer aus neun benachbarten Dörfern von einem Führer ausgewählt und in die mystischen Gesten und Figuren des Tanzes eingeführt. Ihre Kleidung bestand unter anderem aus gespornten und mit Schellen versehenen Stiefeln, bebänderten Hüten und bestickten Westen. Der Tanz begann am Pfingstsonntag vor Sonnenaufgang und dauerte ohne Pause stundenlang. Junge Frauen und Mädchen versuchten ebenfalls in der Nähe des Calusari zu tanzen, um gesund und anziehend zu bleiben. Verschiedene Varianten des Calusari waren gebräuchlich. (↗Rumänischer Volkstanz)

Lit.: *Vuia, R.:* Origines jocuri de Calusari, Cluj 1921. *Vuia, R.:* The Rumanian Hobby-Horse, the Calusari, in: Journal of the English Folk Dance and Song Society, vol. II, 1935. *Grindea, M. u. C.:* Dances of Rumania, 1952, S. 14 ff.

Căluțul (= Das Pferdchen). ↗Rumänischer Volkstanz aus dem Dorf Gura in Mărginime, ein Schautanz, vielleicht rituellen Ursprungs. Er gehört zu den Tänzen, die zu den Weihnachtsfeiertagen von einer Schar junger Männer getanzt werden. Die Aufstellung erfolgt im Halbkreis mit freier Haltung. Der Tanz hat sieben Figuren, die alle auf dem Platz ausgeführt werden. Die Tanzmelodie steht im langsamen 2/4-Takt.

Lit.: *Bucsan, A.:* Specificul dansului popular românesc, 1971, S. 230 ff.

Calypso. Dieser ↗Gesellschaftstanz des 20. Jh. ist einer der beliebtesten Tänze auf den Antillen. Von dort kam er nach Europa, wo er 1957 als Modetanz Eingang in die Ballsäle fand. Der Calypso wird in Vis-à-vis-Stellung mit der Dame in offener Haltung getanzt. Seine charakteristischen Merkmale sind Rumpfbewegungen und Rhythmusbetonungen in den Knien. Der Tanz besteht aus einer Schrittfolge, die auf der gleichen Stelle ausgeführt wird. Die Tanzmelodie steht im 8/8-Takt mit rumbaähnlichem Rhythmus.

Lit.: *Ortiz Oderigo, N. R.:* El Calypso, expression musicale de los negros de Trinidad, in: Miscelánea de estudios dedicados, F. Ortiz, Habana 1956. *Luis, R.:* Athentic Calypso, New York 1957. *David, L.:* Einzelchoreographien mit hist. Einleitung, 1957/58. *Crowley, D. J.:* Toward a Definition of Calypso, in: Ethnomusicology III, 1959.

Calzabigi, Ranieri Simone Francesco Maria. Geb. 23. Dezember 1714 in Livorno, gest. Juli 1795 in Neapel. Sein Name ist mit dem Namen Chr. W. ↗Glucks verbunden, für dessen Reformopern er die Texte schrieb. Er war auch Mitarbeiter an den Reformballetten Gasparo ↗Angiolinis. Er schrieb: „Vorrede zu Festin de Pierre, Ballettpantomime, composé par L. Angiolini et raprésente a Vienne en Octobre 1761“ und die „Lettere al Sr. Noverre sugli pantomimi; rifflessioni sopra l'uso de programmi nelli balli pantomimi, Mailand 1775“.

Lit.: *Welti, H.:* Gluck u. Calzabigi, in Vierteljahrsschrift f. Musikwissenschaft VII, 1891. *Hammelmann, H. – Rose, M.:* New light on Calzabigi and Gluck, in: The Musical Times CX, 1969, No. 15/16, S. 609 ff.

Camargo, Marie (eigentlich Marie-Anne de Cupis de Camargo). Berühmte Tänzerin, geb. 15. April 1710 in Brüssel, gest. 28. April 1770 in Paris. 1724 kam sie mit ihrem Vater nach Paris, um bei Françoise ↗Prevost zu lernen. Sie kehrte bald wieder nach Brüssel zurück und debütierte an der dortigen Oper. 1725 trat sie ein Engagement in Rouen an, wo ein gewisser Pélissier eine Musik- und Tanzgruppe unterhielt. 1726 ging sie wieder nach Paris und debütierte an der ↗Académie Nationale de la Danse. Auf Verwendung der Prevost wurde sie in das ↗Corps de ballet der Oper aufgenommen. Bei ihrem Debüt tanzte sie eine Solorolle in „Les Caractères de danse“. An der Pariser Oper wirkte sie mit Unterbrechungen bis 1751 und tanzte in 79 verschiedenen ↗Balletten. Sie war die erste, die den knöchelfreien Rock (↗Tutu) und den absatzlosen Schuh verwendete. Die Camargo vertrat den Typus der Tanzvirtuosin.

Lit.: *Czerwinski, A.:* Brevier d. Tanzkunst, 1879, S. 168 ff. *Letainturier-Fradin, G.:* La Camargo, 1908. *Wied, K. V.:* Königinnen d. Balletts, 1961. *Schmidt-Garré, H.:* Ballett, 1966.

Camargo Society. Sie wurde 1930 in London von Ph. ↗Richardson und A. L. ↗Haskell gegründet. Ihre Aufgabe war es, das Ballett mit besonderen Aufführungen zu fördern. Die erste Darbietung solcher Art fand am 1. Oktober 1930 im Cambridge Theater statt. Die Ausführung dieser Aufführungen kam aus den Schulen von N. de ↗Valois und M. ↗Rambert. Aber auch bedeutende Stars wirkten mit. 1933 wurde die Society aufgelöst. Ihre Aufgaben gingen auf das British Ballet, das ↗Vic-Wells Ballet und das ↗Ballet Rambert über. (↗Dolin)

Lit.: *Percival, J.:* The Camargo Society, in: Dance and Dancers, Januar/März 1961.

Cambio (Scambiata). Italienische Bezeichnung bei F. ↗Caroso da Sermoneta für einen Tanzschritt.

Lit.: *Bie, O.:* Der Tanz, 1919. *Sachs, C.:* Eine Weltgeschichte d. Tanzes, 1933.

Cambré (= gekrümmt) bezeichnet im klassischen ↗Ballett das Beugen des Körpers von der Taille weg, entweder rückwärts oder seitwärts bei seitgehobenem Bein. Das Gegenteil davon ist ↗écarté.

Lit.: *Raab, R.:* Lexidion f. d. Ballett, s. a.

Campanini, Barbara ↗Barbarina, La.

Campianu, Eva. ↗Choreographin und Lehrerin, geb. 25. September 1927 in Timişoara, Rumänien. Seit 1965 ist sie Professorin für historischen Tanz an der Hochschule für Musik und darstellende Kunst in Wien. Ihr Spezialgebiet ist die Rekonstruktion und Aufführung alter Tänze von der Renaissance bis zum Biedermeier. Sie ist die Gründerin und Leiterin des Ensembles „Danze Antiche". Zu ihrer ausgedehnten künstlerischen Tätigkeit in Europa und Übersee gehören neben Kursen für Tänzer und Musiker vor allem Choreographien für Film und Fernsehen. Ihre Tochter Andrea, geb. 1956, war von 1972 bis 1980 Tänzerin im Staatsopernballett Wien.

Campra, André. Französischer Komponist, geb. Dezember 1660 in Aix-en-Provence (getauft 4. Dezember 1660 in der Kirche de la Madeleine), gest. 29. Juni 1744 in Versailles. Er war ursprünglich Geistlicher, mußte aber sein kirchliches Amt verlassen, als er sich als Komponist dem Theater verschrieb. Von 1694 an wirkte er in Paris. Er schrieb folgende ↗Ballette: „L'Europe galante" (Paris 1697), „Le Carneval de Venise" (Paris 1699), „Les Fragments de M. de Lully" (Paris 1702), „Les Muses" (Paris 1703), „Les ↗Fêtes Venitiennes" (Paris 1710), „Les Amours de Venus et de Mars" (Paris 1712), „Les Âges" (Paris 1718). (↗Lafontaine, Mlle.)

Lit.: *Pougin, A.:* André Campra, in: Revue et Gazette Musicale de Paris, 1861. *Masson, P. M.:* Les Fêtes Venitiennes de Campra, in: Rivista Musicale Italiana, Aug./Nov. 1932.

Campton Races. ↗Nordamerikanischer Tanz, eine Form der sogenannten ↗Square dances. Er wird von vier Paaren ausgeführt, die in Kreuzform Aufstellung nehmen. Die Partner stehen in offener Fassung. Die Tanzmelodie hat 2/4-Takt.

Lit.: *Lager, H.:* Alte Tänze f. junge Leute, 1973, S. 52 ff.

Cana. Spanischer Volkstanz maurischen Ursprungs, ein ↗Paartanz, der von maurischen Gesängen begleitet wird. Der Name kommt von dem arabischen „gaunia"-song, in Argentinien wird der Name von dem Halbkreis, „cana" genannt, abgeleitet, mit dem der Tanz dort beendet wird. (↗Flamenco, ↗Media cana)

Canadian Breakdown. ↗Nordamerikanischer Tanz, der im Verlauf internationaler Volkstanzkontakte nach Europa gebracht wurde. Dieser Tanz mit Partnerwechsel wird von einer beliebigen Anzahl von Paaren getanzt, die hintereinander im Kreis stehen. Die Begleitmusik hat 4/4-Takt.

Lit.: *Sobotka, R.:* Neue Gemeinschaftstänze, in: Zeitschrift f. Leibesübungen, Leibeserziehung, Jg. 13, 1959, H. 10. *Lager, H.:* Alte Tänze f. junge Leute, 1973, S. 18 ff.

Canarie (Danse des Canaries, Canario). Ursprungsland und Etymologie dieses im 16. und 17. Jh. in Frankreich und auch in England beliebten und verbreiteten Tanzes sind bisher mit Sicherheit nicht feststellbar. Schon die alte Tanzliteratur läßt die Frage offen, ob der exotische Name auf die kanarischen Inseln zurückgehe oder vielleicht auf ein exotisches ↗Ballett. Jedenfalls nimmt sich die Canarie unter den Tänzen des 16./17. Jh. exotisch aus. Ein einheitlicher Typus ist nicht feststellbar. Wie die ↗Courante war auch die Canarie ein ↗Werbe- und Sprödetanz. Er wurde nur von einem Paar ausgeführt. Nach ↗Arbeau durchtanzt das Paar den Saal, am Ende des Saales verläßt der Herr seine Tänzerin und kehrt zum Ausgangspunkt zurück, tanzt nochmals nach vor und wieder zurück. Die Tänzerin wiederholt sodann dasselbe. Diese Bewegungen wiederholen sich mehrmals. Hüpfen und Stampfen und der Wechsel von Spitze und Absatz waren die wesentlichsten Schritte. Wie Arbeau bemerkt, waren die Tanzbewegungen von fremdartiger und bizarrer Art. Die Canarie war schwer ausführbar und konnte daher nur von geschickten Tänzern getanzt werden. Als rhythmisches Schema kann eine punktierte Dreiachtelfigur angenommen werden, ähnlich der ↗Gigue, zu der sie vielfach gerechnet wird. In den ↗Tabulaturen von Arbeau allerdings wird sie geradtaktig verzeichnet. Aus der Canarie dürfte die spanische ↗Jota hervorgegangen sein. (↗Proti-sobé)

Canarie für Klavier — Joh. Ph. Kirnberger, Berlin, ca. 1777

Lit.: *Czerwinski, A.:* Die Tänze d. 16. Jh., 1878. u. Brevier d. Tanzkunst, 1879. *Böhme, F. M.:* Geschichte d. Tanzes in Deutschland, 1886. *Bie, O.:* Der Tanz, 1919. *Nettl, P.:* Studien zur Musikwissenschaft, H. 8, 1921, S. 93. *Danckert, W.:* Geschichte d. Gigue, 1924, S. 43, 48. *Sachs, C.:* Eine Weltgeschichte d. Tanzes, 1933. *Dolmetsch, M.:* Dances of Spain and Italy, 1954, S. 52 ff.

Canastillo. Name einer spanischen Form des ↗Stocktanzes.

Lit.: *Wolfram, R.:* Schwerttanz u. Männerbund, S. 122.

Cancan (auch **Chahut** genannt). Französischer ↗Gesellschaftstanz, der als Nachahmung des spanischen Fandangos in schnellem 2/4-Takt nach 1830 in Frankreich als Quadrille parisienne in den Ballsälen große Mode war. Seine Erfindung wird einerseits auf den ↗Tanzmeister Chicard, andererseits auf den Komiker Mazarié zurückgeführt. In der Ausführung spielen der Beinwurf und der Sprung eine besondere Rolle. In seiner Ausdrucksform immer mehr ausgeartet, verschwand der Cancan um die Jahrhundertwende aus den Ballsälen. Als Kunsttanz hat er sich in den Varietés erhalten. In die Operette haben ihn Hervé (1854) und J. Offenbach („Orpheus in der Unterwelt", 1858) eingeführt.

Lit.: *Anonym:* Physiologie du carneval, du cancan et de la cachucha, 1842. *Angerstein, W.:* Volkstänze im deutschen Mittelalter, in: Sammlung gemeinverständlicher wissenschaftlicher Vorträge, 3. Serie, H. 49/72, 1868, S. 21 ff. *Sachs, C.:* Eine Weltgeschichte d. Tanzes, 1933. *Mariel, P.-Trocher, J.:* Paris-Cancan, 1959.

Çandarli Tüfek. ↗Türkischer Volkstanz aus Anatolien, ein ↗Waffentanz, der in pantomimischer Form mit Flinten getanzt wird.

Lit.: *Tör, V. N.:* Die Türkei als Neuland f. d. Erforschung d. Volkstänze, in: Die Volkskultur d. südosteuropäischen Völker, 1962, S. 114 (Südosteuropa-Jahrbuch, Bd. 6).

Candiote (Candiotischer Tanz). ↗Griechischer Tanz, angeblich aus dem Jahre 1623, eine Art des ↗Labyrinthtanzes. Er wird von jungen Mädchen und Burschen ausgeführt und beginnt in einem großen Kreis, der sich dann mit vielen Variationen in mehrere Reihen auflöst. Die verwickelten Gänge gleichen einem Labyrinth, was auf die Legende Homers hindeutet.

Lit.: *Becker, M.:* Der Tanz, 1901, S. 170.

Candombe (auch Candomblé). Negertanz vom Rio de la Plata. Bis 1870 wurde er in Montevideo getanzt. In Resten ist er heute noch beim Karneval von Rio zu finden. In Brasilien ist er als Candomble ein kultisches Fest der Yorubas, bei dem die Ekstase, durch aufpeitschenden Rhythmus, Gesang und unermüdlichen Tanz hervorgerufen, das allerhöchste Ziel ist. (↗Brasilianischer Tanz)

Lit.: *Günther, H.-Schäfer, H.:* Vom Schamanentanz zur Rumba, 1959, S. 307.

Cannabich, Johann Christian Innocenz Bonaventura. Deutscher Komponist, getauft 28. Dezember 1731 in Mannheim, gest. 20. Januar 1798 in Frankfurt/M. Dieser bedeutende Vertreter der Mannheimer Schule war Konzertmeister und Kapellmeister am Hof des Kurfürsten Karl Theodor in Mannheim. Er schrieb eine große Zahl dramatischer ↗Ballette, deren Verfasser in den meisten Fällen der königliche ↗Ballettmeister ↗Lauchery war, unter anderen ↗„Acis et Galathée", ↗„Achille reconnu par Ulisse dans l'isle de Scyros", ↗„Armida", ↗„Bacchus et Ariadne", ↗„Don Quijote", ↗„Médée et Jason", ↗„Odysseus", ↗„Persée et Andromade".

Lit.: *Kloiber, R.:* Die dramatischen Ballette v. Christian Cannabich, Diss. München 1928.

Cantilena hießen die kurzen Reigenliedchen, die im frühen Mittelalter zur Begleitung des Tanzes dienten. Jede Cantilena bestand im Wechsel von Kehrreim und Vers. Der Kehrreim wurde vom Tanzchor, der Vers vom Vortänzer (Vorsänger) gesungen. Die einfachste Form einer solchen Cantilena war das ↗Rondeau (Rotundellus).

Lit.: *Wolf, J.:* Die Musiklehre d. Johannes de Grocheo, in: Sammelbände d. Int. Musikgesellschaft, Jg. 1, 1899/1900, S. 65 ff. *Sachs, C.:* Eine Weltgeschichte d. Tanzes, 1933, S. 192 ff.

CAPAB Ballet. Diese südafrikanische Ballettgruppe ging 1965 aus der University of Cape Town Ballet Company hervor. Der erste Direktor war D. ↗Howes und der erste ↗Ballettmeister D. Poole. Er übernahm 1969 die Leitung. Neben den über dreißig fest engagierten Tänzern treten immer wieder Gaststars ausländischer Ensembles, vor allem des ↗Royal Ballet London, auf. (↗Südafrikanisches Ballett)

Capra (Ziege). Rumänischer Tanz, ein Ritualtanz, der feierlich am Neujahrsabend aufgeführt wird, um neue Hoffnung für das kommende Jahr zu wecken. Die Männer treten dabei als Ziegen verkleidet auf. (↗Rumänischer Volkstanz)

Lit.: *Grindea, M. u. C.:* Dances of Rumania, Handbooks of European National Dances, Bd. 23, 1952, S. 16.

Capriole. Bezeichnung für einen Hochsprung, bei dem ein Bein gestreckt bis zur Schulterhöhe hochgeworfen wird, während das andere an ersteres mit der Wade anschlägt und sofort wieder zu Boden geht. In klassischer Form wird die Capriole rückwärts nur mit dem Oberschenkel geschlagen. Bei der Capriole double wird der Schlag doppelt und zwar vorwärts-rückwärts ausgeführt. Die Tanzmeister des 15. und 16. Jh. kannten verschiedene Arten von Capriolen. ↗Arbeau verstand unter dieser Bezeichnung einen ↗Entrechat ouvert. ↗Caroso unterschied eine Capriole in terzo, quatro und in quinto, die ebenfalls dem ↗Entrechat à trois, à quatre, à cinq entsprachen. Besondere Capriolenformen Carosos waren die Capriole intrecciata, die verflochtene Capriole (identisch mit dem ↗Entrechat) und die Capriola spezzata in aria.

Lit.: *Bie, O.:* Der Tanz, 1919. *Sachs, C.:* Eine Weltgeschichte d. Tanzes, 1933. *Waganowa, A. J.:* Die Grundlagen d. klass. Tanzes, 1954, S. 124 ff. *Raab, R.:* Lexidion f. d. Ballett, s. a. *Taubert, K. H.:* Höfische Tänze, 1968, S. 44.

Capriolentanz. Aus der Zeit des 15./16. Jh. stammend, wird dieser Tanz in alten deutschen Chroniken als ein wilder ↗Springtanz bezeichnet, der viel Übung erforderte, vor allem, wenn er trotz der hohen Sprünge in den Grenzen des Anstandes bleiben sollte, was den zeitgenössischen Berichten zufolge anscheinend nicht immer geschah. Es dürfte sich bei diesem Tanz weniger um einen ↗Volkstanz als vielmehr um einen Modetanz der Gesellschaft gehandelt haben.

Lit.: *Bergemann, J. G.:* Schlesische Modetänze im Jahre 1406, in: Allgem. Archiv f. d. Geschichtskunde d. Preußischen Staates, Bd. I, 1830, S. 279. *Angerstein, W.:* Volkstänze im deutschen Mittelalter, in: Sammlung gemeinverständlicher wissenschaftlicher Vorträge, III. Serie, H. 49/72, S. 16 f., 1868/69. *Böhme, F. M.:* Geschichte d. Tanzes in Deutschland, 1886, S. 61, S. 323.

Caracole de Bertrix. Belgischer Volkstanz der Wallonen im 6/8-Takt, ausgeführt von einer unbestimmten Anzahl von Paaren, die sich in zwei Reihen, Tänzer und Tänzerinnen getrennt, aufstellen. Der 1. Tänzer geht zur 1. Tänzerin und nimmt ihre rechte Hand mit seiner linken. Diese Tänzerin nimmt mit der linken Hand die rechte des 2. Tänzers. Auf diese Weise geht es weiter, bis alle Tanzenden eine Kette bilden, welche sich dann zu einem Kreis schließt. Getanzt wird mit gesprungenen Schritten. (↗Belgische Tänze)

Lit.: *Thisse-Derouette, R.:* Danses Populaires de Wallonie, Fasc. 3, 1962, S. 16 ff.

Cardadora. Spanischer Tanz, bei welchem mit Stöcken geschlagen wird, bekannt auch als Paloteo (↗Pallilos). Aufgeführt wird er bei den kirchlichen Festen im Juni in den Provinzen Segovia und Huesca. Der Cardadora ist auch ein ↗Prozessionstanz mit Gesang. Als solcher wird er bei der Verbrüderung der jungverheirateten Ehepaare getanzt. (↗Spanische Volkstänze)

Careado. ↗Spanischer Volkstanz aus Asturien, ein ↗Paartanz in zwei Teilen. Die Paare stehen einander gegenüber. Im ersten Teil haben sie die Arme seitwärts hängen, während der Körper seitlich ausschwingt; im zweiten Teil tanzen sie einfache Kreuzschritte zum Rhythmus der Kastagnetten des Tänzers. Zur Begleitung des Tanzes wird von den Ausführenden auch gesungen.

Carillon. ↗Französischer Volkstanz, eine ↗Branle-Form, die deswegen so genannt wird, weil das Stampfen mit den Füßen und das Klatschen mit den Händen an das Anschlagen von Glöckchen erinnern soll. Tänzer und Tänzerinnen bilden einen Kreis. Der Tanz bewegt sich im 2/4-Takt. Ein alter französischer Kindertanz heißt Carillon de Dunkerque = das Glöckchen von Dünkirchen.

Lit.: *Arma, E.:* Entrez dans la danse, 1943, S. 10 f.

Carioca. ↗Gesellschaftstanz des 20. Jh., aus Brasilien nach Europa gekommen. Um 1920 wurde die Carioca mit Vorliebe getanzt, mit der Zeit aber von der ↗Rumba verdrängt, mit welcher sie die Rhythmik (4/4-Takt) und auch gewisse Tanzformen gleich hat.

Lit.: *Diselhorst, F.:* Gutes Tanzen, 1940, S. 28. *Mühlsiegl, P.:* Tanzen leicht erlernt, S. 55.

Carlson, Carolyn. Amerikanische Tänzerin und ↗Choreographin, geb. 7. März 1943 in Oakland, Calif. Sie studierte beim San Francisco Ballet und an der Universität von Utah, 1966 Abschluß der Studien und Eintritt in Alwin Nikolais Dance Theatre, 1970 „Leading Soloist". 1971/72 wirkte sie als Choreographin und Solistin bei der „Compagnie Anne Beranger" in Paris, September bis Dezember 1972 als Lehrerin, Choreographin und Interpretin an der Londoner „School of Contemporary Dance", Februar 1973 als Solistin in Hamburg. Ab Februar 1974 Gastprofessorin und Choreographin in Brüssel, Herbst 1974 in Paris und Rom, 1974/75 bei der Groupe de Recherches Théâtrales de l'Opéra de Paris. Seit 1980 ist sie Ballettdirektor des Teatro La Fenice in Venedig. In ihren choreographischen Arbeiten verbindet sie klassisches ↗Ballett und ↗Modern Dance.

Carmagnole (la). Französischer ↗Gesellschaftstanz aus der Zeit der Französischen Revolution nach dem revolutionären Tanzlied „Dansons la Carmagnole, Vive le son du canon!" Der Tanz ist nach der Stadt Carmagnola in Piemont benannt. Die Carmagnole wurde häufig bei Hinrichtungen gesungen. Der Tanz, wild entfesselt, wurde im schnellen 6/8-Takt ausgeführt.

Lit.: *Schubert, F. L.:* Die Tanzmusik, 1867, S. 6. *Van der Ven-Ten Bensel, Elise en J. Van der Ven:* De Volksdans in Nederland, Naarden 1942, S. 93. *Wosien, B.:* Im Ansturm d. Rhythmen, 1959, S. 15.

Carmen-Ballette. Die Handlung der Novelle von Prosper Mérimée diente mehrmals als Grundlage für ein ↗Ballett: „Carmen et son Toréro" von M. ↗Petipa, Madrid 1845; ein „Carmen"-Ballett schuf der russische Tänzer und Choreograph K. J. Goleizowsky 1931; „Guns and Castanets" von R. ↗Page, Chicago 1939; „Carmen", Ballett in fünf Szenen, Musik G. Bizet, von R. ↗Petit, London 1949; „Carmen Suite", Musik nach Bizet, von Alb. ↗Alonso, Moskau 1967; „Carmen", Ballett in zwei Akten und sieben Szenen, Musik eine Bizet-Collage von W. ↗Fortner, von J. ↗Cranko, Stuttgart 1971.

Carnavalito. ↗Argentinischer Tanz aus den Provinzen Jujuy und Salta, wird aber auch in Bolivien sehr viel getanzt. Er ist indianischen Ursprungs. Die Tanzmelodie im abwechselnden 4/8- und 2/8-Takt ist vielfach nur fünftönig. Dieser Rundtanz mit oft 15 bis 20 Figuren wird von beliebig vielen Paaren mit einem Tanzführer ausgeführt. Im Charakter ist er anmutig, leicht und schnell. (↗Bolivianischer Tanz)

Lit.: *Lloyd, A. L.:* Dances of Argentina, s. a.

Carole. Mit diesem Namen bezeichneten die französischen Minnesänger den bei den mittelalterlichen ↗Tanzpaaren üblichen geschrittenen ↗Vortanz. Das Gegenteil war der gesprungene ↗Nachtanz ↗Espringale. Als Tanzlieder sang man ↗Rondeaux, ↗Virelais und Balladen (↗Ballata).

Lit.: *Waldau, A.:* Geschichte d. böhmischen Nationaltanzes, 1861, S. 48. *Czerwinski, A.:* Die Tänze d. 16. Jh., 1878, S. 4. *Böhme, F. M.:* Geschichte d. Tanzes in Deutschland, 1886, S. 25. *Bédier, J.:* Les plus anciennes danses françaises, in: Revue des Deux Mondes, Jg. 76, tom. 31, 1906, S. 398 ff. *Phillips, J.:* Carols, Their Origin, Music and Connection with Mystery Plays, 1922. *Jordan, L.:* Der Reigentanz Carole u. seine Lieder, in: Zeitschrift f. romanische Philologie, Bd. 51, 1931, S. 335 ff. *Verrier, P.:* La plus vieille citation de carole, in: Romania, Bd. 58, 1932, S. 380 ff. *Sachs, C.:* Eine Weltgeschichte d. Tanzes, 1933. *Lacroix-Novaro, Yves:* La Carole. – Ses Origines, in: Revue de Musicologie, Bd. 16, 1935, S. 1 ff. *Sahlin, M.:* Etude sur la carole médiévale, Uppsala 1940.

Caroso da Sermoneta, Fabritio. Geb. 1535 (?), gest. nach 1605, einer der bedeutendsten italienischen ↗Tanzlehrer des 16. Jh., ist der Verfasser des Tanzlehrbuches „Il Ballarino", bei Francesco Ziletti, Venetia 1581 erschienen. Das Buch, der schönen Großherzogin von Toscana Bianca Cappello von Medici gewidmet, beschreibt in seinen 2 Teilen die Tanzschritte und Tanzregeln, sowie die damals in Italien, Frankreich und Spanien üblichen ↗Balli und ↗Balletti. Zur Erläuterung der Tanzbewegungen sind dem Buch zahlreiche Kupferstiche beigegeben, außerdem bringt Caroso die Musik zu den einzelnen Balli in Lautentabulatur. 1600 erschien eine neue Auflage des Buches, gewidmet dem Herzogspaar von Parma Don Ramuccio Farnese und Marguerita Aldobrandina. Das inhaltlich ganz erneuerte und ausführlicher gestaltete Buch bekam den neuen Titel „Nobilità di Dame". Eine Faksimile-Ausgabe von Carosos „Il Ballarino" 1581 brachte im Jahre 1967 der Verlag Broude, New York in den „Monuments of Music and Music Literature in Facsimile. Ser. 2,46" heraus. (↗Chilesotti)

Lit.: *Czerwinski, A.:* Die Tänze d. 16. Jh., 1878, S. 9. *Chilesotti, O.:* Biblioteca di rarità musicali, vol. I., 1892. *Bie, O.:* Der Tanz, S. 137.

Carpenter, John Alden. Amerikanischer Komponist, geb. 28. Februar 1876 in Park Ridge (Illinois), gest. 26. April 1951 in Chicago. Er schrieb die ↗Ballettpantomime nach O. Wilde „The Birth of the Infanta", aufgeführt 1919 in Chicago, die Jazz-Pantomime „Krazy Kat", aufgeführt 1921 in Chicago. Sein bedeutendstes Werk ist das ↗Ballett ↗„Skyscrapers" (Wolkenkratzer), uraufgeführt 1926 in der Metropolitan Opera, New York.

Lit.: Biographische Abhandlungen in: Musical Quarterly XVI, 1930.

Carrizo. Venezolanischer Volkstanz, ein ↗Gesellschaftstanz der Maipur-Indianer. Dieser ↗Paartanz wird im Kreis um drei Musiker, welche Panflöte spielen, ausgeführt. Die Schritte sind ähnlich den Walzerschritten. Am Ende des Tanzes löst sich der Kreis um die Musiker und die Paare tanzen für sich. (↗Venezolanischer Tanz)

Carter, Alan. Britischer Tänzer, ↗Choreograph und Ballettdirektor, geb. 24. Dezember 1920 in London. Er studierte bei S. ↗Astafjewa und N. ↗Legat. 1938–1940 tanzte er beim ↗Sadler's Wells Ballet und 1946–1947 beim Sadler's Wells Theatre Ballet. Er war Direktor des St. James' Ballet und vom London Empire Theatre. 1954–1959 war er Ballettdirektor der Bayerischen Staatsoper München. In der selben Funktion wirkte er 1964–1968 in Wuppertal, 1968–1970 in Bordeaux, 1971–1972 in Helsinki und 1973–1975 beim Isländischen Ballett. 1976 wurde er künstlerischer Mitdirektor der Elmshurst-Ballettschule.

Casanova-Ballette. Das Leben des italienischen Abenteurers und Schriftstellers Giovanni Giacomo Casanova (1725–1798), Chevalier de Seingalt, der auch ↗Cahusacs ↗Ballett „Zoroaster" (Dresden 1752) überarbeitete, stand oftmals im Mittelpunkt von Balletthandlungen: 1923 in einer von ↗Laban choreographierten Tanzkomödie nach zusammengestellter Musik; 1929 von Heinrich ↗Kröller; 1937 von Julian ↗Algo; 1969 in München von ↗Charrat „Casanova in London" mit der Musik von Werner ↗Egk.

Lit.: *Nettl, P.:* Musik u. Tanz bei Casanova, Prag 1924. *Marmin, O.:* Casanova et la danse, in: Les Saisons de la danse, Januar 1973.

Casati, Giovanni. Italienischer Tänzer, ↗Choreograph und Lehrer, geb. 1811 in Mailand, gest. 20. Juli 1895 ebendort. Er studierte an der Ballettschule des Mailänder Scala und bei Auguste ↗Vestris. 1821–1833 tanzte er an der Mailänder Scala. Außer in verschiedenen italienischen Städten wirkte er als Choreograph an der Covent Garden Opera London, am Opernhaus in Wien und Lissabon. In Wien verfaßte er das Libretto und die Musik zu den Balletten „Die Zauberharfe" und „Die Fee Azurina". Zuletzt war er Direktor der Ballettschule der Mailänder Scala.

Cascarda. In der Zeit des 16./17. Jh. war die Cascarda ein ↗Paartanz im Tripeltakt, der nach ↗Caroso sechs Figuren umfaßte, die entweder das Paar oder auch Herr und Dame allein tanzten. Eine Zeit hindurch bedeutete das Wort Cascarda auch den Sammelbegriff für die altitalienischen ↗Springtänze im Tripeltakt.

Lit.: *Bie, O.:* Der Tanz, 1919, S. 154. *Sachs, C.:* Eine Weltgeschichte d. Tanzes, 1933.

Cascudotanz. Brasilianischer ↗Maskentanz. Dieser bei den Indianerstämmen der Karaja übliche Tanz wird nur in der Trockenzeit aufgeführt. Die Tänzer sind dabei maskiert mit einem Bart aus Menschenhaaren, der zwischen Kinn und Unterlippe angelegt und mit den Enden nach den Ohren gezogen wird. Von da laufen Fäden aus, die am Hinterkopf verknotet werden. Die Brust ist mit einem bestimmten Muster bemalt. Die Bewegungen aller dieser Stammestänze (↗Pirararatanz, ↗Woritzotanz) sind meist gleichförmig und manche Tänze nur einer kleinen Stammesgruppe bekannt. (↗Brasilianischer Tanz)

Lit.: *Krause, F.:* Tanzmaskennachbildungen v. mittleren Araguaya, in: Jahrbuch d. städt. Museums f. Völkerkunde zu Leipzig, Bd. 3, 1908/09, S. 114.

Casella, Alfredo. Italienischer Komponist, geb. 25. Juli 1883 in Turin, gest. 5. März 1947 in Rom. Er komponierte „Il Convento Veneziano" nach einem Szenar von J. L. Vaudoyer, 1925 in Mailand uraufgeführt. Die deutsche Erstaufführung erfolgte unter dem Titel „Das Venezianische Kloster" 1926 in Darmstadt. Ferner schrieb er: „La Giara", choreographische Komödie in einem Akt nach der gleichnamigen Novelle von Pirandello, Paris 1924, deutsche Erstaufführung unter dem Titel „Der große Krug", Dresden 1926; „La camera dei disegni", 1943 in Chemnitz aufgeführt unter dem Titel „Das gestohlene Bilderbuch"; „La rosa del sogno", aufgeführt 1943 in Wien unter dem Titel „Capriccio silvestre" (choreographiert von Aurel v. ↗Milloss, inszeniert von Erika ↗Hanka). Seine Konzertwerke „Scarlattiana" und „Paganiniana" wurden ebenfalls als Ballette verwendet.

Casentini, Maria. Italienische Tänzerin, geb. ca. 1778 in Lucca, Sterbedatum unbekannt. Bis 1795 tanzte sie in Venedig, kam 1796 an das Wiener Hoftheater, wo sie bis 1804 blieb. Ihr Wiener Debüt fand am 30. März 1796 als Cora in „Alonso und Cora" von ↗Ballettmeister Giuseppe Trafieri, Musik von Josef ↗Weigl, statt. Es war ein sensationelles Debüt. Den Höhepunkt ihres Wirkens bedeutete aber die Uraufführung von ↗Beethovens heroisch-allegorischem ↗Ballett „Die ↗Geschöpfe des Prometheus", bei der sie die weibliche Hauptrolle tanzte. Beethoven komponierte für die Tänzerin auch noch die „XII Variations pour clavecin sur la danse russe", welche sie in dem Ballett „Das Waldmädchen" tanzte (23. September 1796).

Lit.: *Haas, R.:* Beethoven u. d. Wiener Ballett, in: Velhagen u. Klasing Monatshefte, Jg. 24, 1927, S. 44.

Castagne (la). ↗Französischer Volkstanz aus der Region Ariège. Er wird von Paaren getanzt, die einen Kreis bilden. Das beste Paar tritt in die Mitte, der Rest hockt rundherum, die Frauen haben dabei ihre Röcke weit ausgebreitet. Zu diesem lustigen, im lebhaften 2/4-Takt gehenden Tanz klatschen alle im Takt in die Hände.

Aufgeschrieben von V. Alford

Lit.: *Alford, V.:* Dances of France III, 1952, S. 34 f.

Castil-Blaze (original François-Henri-Joseph Blaze). Französischer Musikschriftsteller und Ballettkritiker, geb. 1. Dezember 1784 in Cavaillon, gest. 11. Dezember 1857 in Paris. Er war Kritiker des Journal des débats und schrieb über die Pariser Ballettszene von 1820 bis 1832. Von ihm stammt das Buch „La Danse et les ballets depuis Bacchus jusqu'a Mlle. Taglioni", Paris 1832. Darin ist eine vollständige Liste der von 1450 bis 1723 aufgeführten ↗Ballette enthalten.

Castle, Irene und Vernon waren sehr bekannte Lehrer des modernen ↗Gesellschaftstanzes. Vernon Castle (eigentlich V. Blyth) kam aus Norwich, England, Irene Castle aus New Rochelle, New York. Sie heirateten 1911 und hatten große Erfolge als Gesellschaftstänzer in Paris, London und den USA. 1918 starb Vernon Castle bei einem Flugzeugunfall. 1914 schrieben sie „The Modern Dance" und später verfaßte Irene Castle, nachdem sie sich vom Tanzen zurückgezogen hatte, die Bücher „My Husband" (1919) und „Castles in the Air" (1958).

Castle Walk. ↗Gesellschaftstanz des 20. Jh. Er ist nichts anderes als eine Form des ↗Onestep. Gestaltet und geschaffen wurde dieser Tanz von Vernon ↗Castle (Vernon Blyth), einem in New York lebenden Engländer, den man als „father of modern dancing" bezeichnete.

Lit.: *Pollack, H.:* Die Revolution d. Gesellschaftstanzes, 1922, S. 10 u. S. 81. *Günther, H.-Schäfer, H.:* Vom Schamanentanz zur Rumba, 1959, S. 254 f.

Caton, Edward. Amerikanischer Tänzer, ↗Ballettmeister, ↗Choreograph und Lehrer, geb. 3. April 1900 in St. Petersburg. Er studierte bei Lydia ↗Nelidowa in Moskau und bei A. ↗Waganowa in Petrograd. 1924–25 tanzte er bei Anna ↗Pawlowa. Weiters wirkte er bei der Oper in Chicago, der Littlefield-Kompanie, dem ↗Mordkin Ballet und beim Ballet Theatre. 1943 war er Ballettmeister beim ↗Ballet Russe de Monte Carlo und ab 1944 bei der Gruppe des Marquis de ↗Cuevas. Er lehrte in den USA und Europa. 1974 schloß er sich der Sanasardo-Gruppe als Ballettmeister an.

Lit.: *Fletcher, R. D.:* The Then and Now of Edward Caton, in: Dance Magazine, Oktober 1968.

Çayda Çira. ↗Türkischer Volkstanz, ein ↗Hochzeitstanz. Er wird von mehreren Paaren getanzt, die in beiden Händen Teller mit brennenden Kerzen tragen. Sie beginnen einen Rundtanz mit wogenden Körper- und Armbewegungen, so daß Licht- und Schattenspiele entstehen, die fast feenhaft wirken. Dann stellen die Tänzer die Kerzenteller im Kreis auf den Boden nieder, um den zweiten Rundgang des Tanzes zu vollführen. Die von unten beleuchteten Gesichter und Gestalten, Samt und Seide, Gold und Silber, erhöhen den Zauber des Tanzes. Beim dritten Rundgang nehmen sie die Teller wieder hoch, um paarweise im Dunkeln zu entschwinden.

Lit.: *Tör, V. N.:* Die Türkei als Neuland f. d. Erforschung d. Volkstänze, in: Die Volkskultur d. südosteuropäischen Völker, 1962, S. 114 (Südosteuropa-Jahrbuch, Bd. 6).

Cebell. Alter englischer Tanz, ähnlich der ↗Gavotte, der in den Harfenstücken von Purcell und in Lautenstücken dieser Zeit aufgezeichnet ist.

Cecchetti, Enrico. Italienischer Tänzer, ↗Ballettmeister und Lehrer, geb. 21. Juni 1850 in Rom, gest. 13. November 1928 in Mailand. Er entstammte einer Tänzerfamilie und studierte bei Giovanni ↗Lepri in Florenz. Mit 16 Jahren trat er das erste Mal auf, und zwar im ↗Ballett seines Vaters. Am 31. Dezember 1870 debütierte er an der Mailänder Scala. Die nächsten Jahre verbrachte er in Norwegen, Holland, Deutschland, Österreich sowie in St. Petersburg. Am 2. Dezember 1878 heiratete er in Berlin seine Kollegin Giuseppina de Maria. 1885 wurde er 1. Solotänzer an der Mailänder Scala. Im selben Jahr ging er nach London. 1887 wurde er 1. Solotänzer und Lehrer am Marijinskij-Theater in St. Petersburg. Im Sommer 1888 gastierte er am Empire Theatre in London, wo Katherina ↗Lanner, die Tochter des Komponisten J. ↗Lanner, Ballettmeisterin war. 1902 war er in Warschau und kehrte 1905 nach Italien zurück, ging aber bald wieder nach St. Petersburg, wo er eine eigene Schule eröffnete und alle Größen des russischen Balletts seine Schüler waren: Michael ↗Fokine, Anna ↗Pawlowa, Tamara ↗Karsawina, W. ↗Nijinsky, Olga

↗Preobraschenska u. a. Sein Wirken hing auch eng mit ↗Diaghilew zusammen, der ihn 1910 als Ballettmeister seiner Truppe engagierte. 15 Jahre hindurch war er eine der Stützen des ↗Ballet Russe. 1918 eröffnete er eine Schule in London. 1925–1928 leitete er die Ballettschule der Mailänder Scala. Dort trat er auch 1926 in ↗„Petruschka" das letzte Mal auf. Cecchetti gilt als einer der berühmtesten Lehrer in der Ballettgeschichte. Er war der erste Lehrer, der die stereotypen Armbewegungen des Balletts beseitigte, das ↗Adagio und ↗Port de bras waren das Wichtigste in seiner Arbeit. Für die Bewahrung seines Systems wurde 1922 in London die Cecchetti Society gegründet, die 1924 mit der ↗Imperial Society of Teachers of Dancing vereinigt wurde. Cecchettis Sohn Grazioso war Ballettlehrer in Turin.

Lit.: *Racster, O.:* The Master of Russian Ballet, London 1923. *Beaumont, C. W.:* Enrico Cecchetti, London 1929. *Beaumont, C. W.-Craske, M.:* The Theory and Practice of Allegro in Classical Ballet (Cecchetti Method), London 1930. *Derra de Moroda, F.:* Enrico Cecchetti, in: Schrifttanz, Jg. 3, H. 2, Juni 1930, S. 32 f. *Beaumont, C. W.-Idzikowski, S.:* The Theory and Practice of Classical Theatrical Dancing (Cecchetti Method), London 1940. *Derra de Moroda, F.:* A Class with Maestro Cecchetti, in: The Dancing Times, Juli 1971, S. 594.

Cech, Gisela. Österreichische Tänzerin, geb. 29. August 1945 in Wien, begann mit 7 Jahren an der Ballettschule der Staatsoper Wien. Ihre Lehrer waren dort Erwin ↗Pokorny, Adele ↗Krausenecker und Edeltraud ↗Brexner. Außerdem studierte sie noch am Centre de Danse Classique in Cannes bei Rosella ↗Hightower. Ihr erstes Auftreten an der Staatsoper Wien war 1961 im ↗Corps de ballet, 1970 wurde sie Solotänzerin, 1972 1. Tänzerin. Neben ihrem Engagement an der Wiener Staatsoper unternahm sie Tourneen in verschiedene europäische Staaten. Ihr tänzerischer Schwerpunkt liegt im rein klassischen Stil und in Halbcharakterrollen. Sie ist mit dem österreichischen Tänzer Paul ↗Vondrak verheiratet.

Lit.: *Niehaus, M.:* Ballett Faszination, 1972.

Ceglarz. Polnischer Volkstanz, eine Abart der ↗Spitzbubenpolka.

Lit.: *Cieplik, T.:* 45 Górnislaskich tanców ludowych, 1931, Nr. 31. *Horak, K.:* Volksmusik aus Wilmesau, in: Jahrbuch d. österr. Volksliedwerkes, Bd. 9, 1960, S. 122.

Čepení (= das Haubeaufsetzen) Tschechischer Volkstanz aus Böhmen, ein ↗Hochzeitstanz, bei dem im Kreis der Hochzeitsgäste Braut und Bräutigam in der Mitte tanzen, zunächst mitsammen, dann Kranzljungfer mit Bräutigam, Braut mit Brautführer usw. Zuletzt aber erfolgt das Abnehmen des Brautkranzes und das Aufsetzen der weißen Haube. Burschen und Mädchen tanzen eine Kette in der Form eines ↗Kolo. (↗Placek, ↗Tschechische Volkstänze)

Lit.: *Waldau, A.:* Böhmische Nationaltänze, 1959, Bd. 1, S. 48 f.

Cerale, Luigia (eigentlich Cerallo). Italienische Tänzerin, geb. 4. Oktober 1859 in Verolengo bei Turin, gest. 29. Dezember 1937 in Wien. Sie begann ihr Studium 1872 am Teatro San Carlo in Neapel, erhielt ihre weitere Ausbildung bis 1874 in Barcelona und bis 1877 an der Mailänder Scala. Von 1879 bis 1892 war sie Primaballerina der Wiener Hofoper. Dazu kamen Gastspiele in Prag, Berlin, New York und Chicago.

Cerri, Cäcilie. Italienische Tänzerin und Lehrerin, geb. 11. (6.?) Februar 1872 in Turin, gest. 17. Januar 1931 in Wien. Sie war Schülerin von Claudine ↗Couqui in Mailand, debütierte 1906 am Hofoperntheater Wien, wo sie dann von 1907 bis 1920 als Primaballerina engagiert war. Außerdem leitete sie eine eigene Ballettschule. Cerri war die letzte der ausländischen Ballerinen des Wiener Hofopernballetts.

Cerrito, Fanny. Italienische Tänzerin, geb. 11. Mai 1817 in Neapel, gest. 6. Mai 1909 in Paris. Ihren ersten Unterricht erhielt sie an der Ballettschule des Teatro San Carlo in Neapel. Ihre Lehrer waren dort Pietro ↗Hus und wahrscheinlich Salvatore ↗Taglioni. Am 28. Juli 1832 debütierte sie bereits als Solistin mit Francesco ↗Rosati als Partner in einem humoristischen ↗Pas de deux in Galzeranis „L'Oroscopo". Fanny Cerrito war während ihrer ganzen Bühnenlaufbahn fast ständig auf Reisen, ein festes Engagement nahm sie erst gegen Ende ihrer Karriere an der Pariser Oper an. Im April 1836 gastierte sie erstmals am Kärntnertor-Theater Wien. Am 2. Mai 1840 trat sie erstmals in London auf. 1841/42 war sie wieder am Kärntnertor-Theater in Wien. 1843 tanzte sie abermals in London, wo sie mit dem berühmten Arthur ↗Saint-Léon, den sie 1845 ehelichte, auftrat. Mitte Juli desselben Jahres trat sie in London gemeinsam mit Fanny ↗Elßler in einem Pas de deux auf. Im Juli 1845 tanzte sie in London in einem ↗Pas de quatre mit Lucille ↗Grahn, Carlotta ↗Grisi und Marie ↗Taglioni. 1847 wurde sie an die Pariser Oper verpflichtet. 1855 debütierte sie in St. Petersburg. Am 18. Juni 1857 nahm sie ihren endgültigen Abschied vom

Theater mit dem ↗Menuett aus „Don Giovanni" auf der Bühne des Lyceum Theatre, London. Bereits 1851 hatte sie sich von ihrem Gatten A. Saint-Léon getrennt. Sie war in Beziehung zu dem spanischen Marquis de Bedmar getreten, dem sie eine Tochter Matilde gebar. Fanny Cerrito betrieb in ihren späteren Jahren erfolgreiche Grundstücks- und Häuserspekulationen. Ihre letzten Lebensjahre verbrachte sie bewegungsunfähig in einem Armstuhl. Fanny Cerrito gilt als die letzte große ↗Ballerina des romantischen Balletts.

Lit.: *Guest, I. F.:* Fanny Cerrito. The Life of a Romantic Ballerina, 1956. *Wied, K. V.:* Königinnen d. Balletts, 1961, S. 80 ff.

Cesari, Filippo. Mimiker und Tanzmeister in Wien, geb. 1777, gest. 27. Januar 1822 ebendort. Er wirkte am k. k. Hoftheater nächst dem Kärntnertor in Wien und war der Prometheus in „Die ↗Geschöpfe des Prometheus" von Salvatore ↗Viganò mit der Musik von ↗Beethoven und der Jupiter in „Das ↗Urteil des Paris" von Cajetan ↗Gioja.

Cevvé, auch **Maschám** genannt. ↗Österreichischer Volkstanz aus der Gegend von Melk a. d. Donau, Niederösterreich. In der Ausführung ist er eine Form des ↗Warschauers. Der französisierte Name des Tanzes stammt aus der Zeit von 1801 bis 1809, als französische Truppen in der Gegend um Melk waren. (↗Baileh)

Lit.: *Zoder, R.:* Österreichische Volkstänze, Teil III, Nr. 25, 1955. *Bammer, R.:* Niederösterreichische Volkstänze, Arbeitsbehelf, Wien s. a. *Berghold, L.:* Volkstänze aus Niederösterreich, Bd. 1, 1975.

Ceylon-Tanz. Der ↗Volkstanz der vorwiegend von Singhalesen bewohnten Insel Ceylon hat seine Wurzeln im Dämonischen, in den Zeremonien und Ritualen zur Versöhnung oder Vertreibung böser Geister. Die Tänze finden außerhalb des Hauses statt und dauern oft die ganze Nacht hindurch. Sie sind meist pantomimischer Art, die Ausführenden tragen Masken zur Symbolisierung ihres dämonischen Charakters. Die Dämonenzeremonien ↗Yakun-Nätîma, ↗Sanni-Yakuma, ↗Gara Yakuma und das uralte Maskenspiel ↗Kôlam-Nätîma sind die hervorstechendsten Formen der im europäischen Schrifttum oft ungenau als Teufelstänze bezeichneten Tanzzeremonien Ceylons.

Lit.: *Callaway, J.:* Yakkun Nattanawâ and Kôlan Nattanawâ, London 1829. *Cornew-Ohlmus:* A Devildance in Ceylon, in: Nineteenth Century, Nr. 273, London 1899. *Hagemann, C.:* Spiele d. Völker, 1921, S. 41 ff. *Pertold, O.:* The Ceremonial Dances of the Sinhalese, in: Archiv orientální, 2, 1930. *Shawn, T.:* Gods who dance, 1939, S. 138 ff. *Bowers, F.:* Theatre in the East, 1956. *Lucas, H.:* Ceylon-Masken, 1958. *Zoete, Beryl de:* Dance and Magic Drama in Ceylon, 1958.

Cha-Cha-Cha. ↗Gesellschaftstanz des 20. Jh. Er ist eine Abart der ↗Rumba und aus dem ↗Mambo entstanden, im Grunde eine künstliche Tanzschöpfung. Als Erfinder gilt Enrique Jorrin (Habana 1953). Ursprünglich nannte man ihn Mambo-Cha-Cha-Cha. Um 1956 wurde er einer der beliebtesten modernen Tänze. Der Name des Tanzes ist eine Tonmalerei (Onomatopöie), denn das Cha-Cha-Cha ist in der Musik als Art einer Triole enthalten und wird mit drei Schritten getanzt. Die Musik hat geraden Takt. Das Tanztempo ist trotz des übermütigen Charakters des Tanzes nur mäßig schnell.

Lit.: *David, L.:* Einzelchoreographien mit historischer Einleitung, 1957/58. *Wosien, B.:* Im Ansturm d. Rhythmen, 1959. *Günther, H.-Schäfer, H.:* Vom Schamanentanz zur Rumba, 1959, S. 300 ff.

Chacarera (la). Einer der beliebtesten ↗Volkstänze Argentiniens. Der Tanz leitet sich von alteuropäischen Formen ab und hat sich während der Kolonialzeit von Lima aus in viele Teile des südamerikanischen Kontinents verbreitet. Er wird von einem Paar getanzt und ist in seiner Ausführung regional verschieden. Häufig getanzt wird er auf der Pampa, wo er der Lieblingstanz der Gauchos ist. Seinem Charakter nach ist er anmutig und würdevoll. Die Musik wechselt zwischen 3/4- und 6/8-Takt. (↗Argentinischer Tanz)

Lit.: *Lloyd, A. L.:* Dances of Argentinia.

Chaconne (ital. Ciacona, span. Chacona). Name für einen ab dem Ende des 16. Jh. in Spanien nachweisbaren Tanz. Die Chaconne dürfte vermutlich mittelamerikanischer Herkunft sein und hat von Spanien aus den Weg ins übrige Europa genommen. Vor allem finden wir sie später als Bühnentanz in den französischen Balletten. Ihrem Charakter nach muß sie als sehr sinnlich und wild gegolten haben und dürfte im 17. Jh. neben der ↗Sarabande der zügelloseste Tanz gewesen sein. Sie wurde von Paaren beiderlei Geschlechts ausgeführt. Ihre Schrittordnung ist unbekannt. Als Pas de chaconne galt im 19. Jh. ein vierzeitiger Schritt. Die musikalische Form der Chaconne bestand in der Wiederholung eines 4taktigen Ostinatobasses, den die Oberstimme variationsmäßig begleitete. Als Tanz galt die Chaconne um die Mitte des 17. Jh. in Spanien bereits als veraltet. In Portugal war sie noch im 19. Jh. als ↗Volkstanz zu finden. Der ursprüngliche Tanz war aber als Instrumentalstück in der Kunst des Ostinato-Verfahrens zu hoher Blüte gelangt. (↗Passacaglia)

Feuillet, Choreographie, 1701

Eine der großartigsten Chaconnen schrieb J. S. ↗Bach in seiner d-Moll-Partita für Solovioline.

J. S. Bach, Partita (BWV1004)

Lit.: *Czerwinski, A.:* Brevier d. Tanzkunst, 1879. *Böhme, F. M.:* Geschichte d. Tanzes in Deutschland, 1886. *Bie, O.:* Der Tanz, 1919. *Nettl, P.:* Die Wiener Tanzkomposition in d. 2. Hälfte d. 17. Jh., in: Studien zur Musikwissenschaft, H. 8, 1921, S. 85 ff. *Mies, P.:* Die Chaconne (Passecaille) bei Händel, in: Händel-Jahrbuch, Jg. 2, 1929, S. 13 ff. *Sachs, C.:* Eine Weltgeschichte d. Tanzes, 1933. *Machabey, A.:* Les Origines de la Chaconne et de la Passacaille, in: Revue de Musicologie, Tom. XXV, 1946.

Chahut ↗Cancan.

Chaine (franz. = Kette) ist bei den ↗Contratänzen die Bezeichnung für die lange Reihe der sich bei den Händen haltenden Tanzenden, wobei in der Kette Herr und Dame immer abwechseln müssen. Sie kommt vor allem bei der ↗Quadrille und dem ↗Cotillon vor. Chaine anglaise ist z. B. die erste Tour der Quadrille.

Lit.: *Jolizza, W. K. v.:* Die Schule d. Tanzes, S. 43 ff.

Chalkidisches Greifspiel. Rhythmisches Tanz spiel aus dem antiken Griechenland. Die verheirateten athenischen Frauen spielten es am letzten Tag des Thesmophorienfestes nach Art eines mimischen Tanzes, bei dem sie sich gegenseitig zu erhaschen versuchten. (↗Griechischer Tanz)

Lit.: *Weege, F.:* Der Tanz in d. Antike, 1926, S. 130.

Chamamé. ↗Argentinischer Tanz indianischen Ursprungs im raschen ¾-Takt.

Changement de pieds ist im klassischen ↗Ballett die Bezeichnung für „das kreuzweise Wechseln beider Füße aus einer geschlossenen ↗Position wieder in eine geschlossene Position mittels Aufschwungs auf ein Tempo“. Das „changement des pieds en tournant“ bedeutet den Fußwechsel in gesprungener Drehung auf der Stelle.

Lit.: *Klemm, B.:* Katechismus d. Tanzkunst, 1855. *Raab, R.:* Lexidion f. d. Ballett, s. a.

Chaniotiko. Neugriechischer Tanz aus Canea auf Kreta, ein Männertanz im Kreis, ähnlich der alten griechischen ↗Pyrrhiche. Die Männer sind dabei bunt gekleidet. Der über die Schultern gehängte Mantel wird beim Tanz geschwungen. Die Tanzbegleitung besteht aus Klarinette und kleiner Trommel. (↗Griechischer Tanz)

Chant du Rossignol, Le (Der Gesang der Nachtigall). Dramatisches ↗Ballett in einem Akt und zwei Szenen. Musik von Igor ↗Strawinsky, auf dessen Oper „Le Rossignol“ das Ballett basiert. Die Uraufführung erfolgte am 2. Februar 1920 in der ↗Choreographie von Leonide ↗Massine durch das ↗Ballet Russe im Théâtre National de l'Opéra Paris. Die Grundlage der Handlung ist im wesentlichen das Märchen von Hans Christian Andersen „Der Kaiser und die Nachtigall“.

Lit.: *Mason, Française:* Balanchine's Stories of the Great Ballets, 1968.

Charaktertanz. Mit diesem Ausdruck bezeichnet man in der ↗Choreographie von ↗Balletten Tänze, die ihre Grundlage in der Folklore und im ↗Nationaltanz haben. Sie verlangen in der choreographischen Darstellung einen gewissen Typus (z. B. Polowetzer Tänze). Der Charaktertanz darf nicht mit dem ↗Ausdruckstanz verwechselt werden. Entsprechend den traditionellen Bezeichnungen gibt es neben dem Danseur en caractère für die Nationaltänze den Danseur en demicaractère für die komischen und grotesken Rollen.

Lit.: *Valois, N. de:* Invitation to the Ballet, London 1937. *Pagels, J.:* Charaktertanz, Grundlagen u. Methodik, 1984.

Charleston. ↗Gesellschaftstanz des 20. Jh. aus Nordamerika, benannt nach der Stadt Charleston in South Carolina. Er wurde von einer Negertruppe in einer Revue in New York 1922 erstmals vorgeführt und faszinierte mit seinem synkopierten Rhythmus (2/4- oder 4/4-Takt) die Zuschauer. Bald fand er Eingang in die Tanzsalons, kam 1925 nach Europa, wo er seine exzentrischen Bewegungen einbüßte und in gemäßigter Form ausgeführt wurde. Eine Besonderheit des Tanzschrittes war das rasche Emporwerfen der Unterschenkel seit- und rückwärts bei geschlossenen Knien.

Lit.: *Huppert, E.:* Der moderne Tanz, 1926, S. 42 f. *Günther, H.-Schäfer, H.:* Vom Schamanentanz zur Rumba, 1959, S. 270 f.

Charnirtanz ↗Schönthun.

Charrada. Spanischer Volkstanz aus Salamanca und den umliegenden Provinzen von Leon, der von den Charros, wie die Männer dieser Gegend heißen, getanzt wird. Er ist ein ↗Paartanz im 4/8-Takt, wird aber hauptsächlich nur von Männern ausgeführt. Zwischen den Paaren steht ein Tisch, um den sich die Frauen mit schleppenden Schritten, einen Arm erhoben, bewegen, während die Männer, von den Frauen wegblikkend, mit schwierigen Hockschleuderschritten jede Ecke des Tisches erreichen. Wird der Tanz bei einer Hochzeit aufgeführt, dann gilt er als Wettbewerb mit einem Preis für den besten Tänzer. Wenn die „rosca", eine Art von Kuchen, auf den Tisch kommt, dann wird die Charrada im 2/8-Takt getanzt und heißt „La Rosca". Die Tanzbegleitung besteht aus Kastagnetten und Trommeln. (↗Spanische Volkstänze)

Lit.: *Wolfram, R.:* Die Volkstänze in Österreich u. verwandte Tänze in Europa, 1951, S. 199 f.

Charrat, Janine. Französische Tänzerin und ↗Choreographin, geb. 24. Juli 1924 in Grenoble. Sie war Schülerin von Jeanne Ronsay. 1937 debütierte sie in einer Kinderrolle in dem Film „La ↗Mort du Cygne". 1941 wurde sie, nachdem sie zwischendurch verschiedenen Ballettgruppen angehört hatte, Partnerin und Mitarbeiterin von Roland ↗Petit. 1949 trennte sie sich von ihm und gründete 1951 eine eigene Truppe. Außerdem choreographierte sie an den großen Bühnen in Berlin, Brüssel, Genf, London, Mailand, Wien und immer wieder in Paris, wo sie 1970 eine eigene Ballettschule eröffnete. (↗Casanova-Ballette)

Lit.: *Schmidt-Garré, H.:* Ballett, 1966, S. 288 f. *Humbert, M.:* Janine Charrat. Antigone de la danse, Paris 1970. *Lidova, J.:* Janine Charrat, with complete list of roles and activities, in: Les Saisons de la danse, August 1970.

Chassé (von chasser = jagen abgeleitet) bedeutet bei den französischen Tanzmeistern des 16. Jh. meist den Seitenschritt eines Fußes mit Nachziehen des zweiten Fußes an die Stelle des ersten. Die Ausführung konnte aber auch vor- oder rückwärts erfolgen. Die Angaben in den alten Tanzbüchern sind nicht einheitlich und unterscheiden sich beträchtlich. Bei ↗Arbeau ist chassé gleichbedeutend mit ↗entretaille.

Lit.: *Sachs, C.:* Eine Weltgeschichte d. Tanzes, 1933. *Taubert, K. H.:* Höfische Tänze, 1968, S. 44.

Chat, Pas de ↗Pas de Chat.

Chatfield, Philip. Britischer Tänzer, geb. 1927 in Eastleigh. Er studierte an der ↗Sadler's Wells School und begann 1946 im Sadler's Wells Ballet. 1955 wurde er 1. Tänzer. 1958 heiratete er Rowena ↗Jackson. Nachdem er sich 1959 zurückgezogen hatte, ging er nach Neuseeland, wo er 1972 Direktor der Nationalen Ballettschule in Wellington wurde.

Lit.: *Percival, J.:* A Dancer for Leading Roles, in: Dance and Dancers, März 1958. *Swinson, C.:* Rowena Jackson and Philip Chatfield, London 1958 (Dancers of To-Day).

Chatschaturjan, Aram Iljitsch. Russischer Komponist, geb. 24. Mai (6. Juni) 1903 in Tiflis, gest. 2. Mai 1978 in Moskau. Er komponierte folgende ↗Ballette: „Sčast'e" (Das Glück), Uraufführung 1939 in Eriwan; „Gajané", thematisches Material aus dem Ballett „Sčast'e" übernommen, Uraufführung 1942 in Perm, 2. Fassung 1952 für Leningrad, 3. Fassung 1957 für Moskau; „Spartak" (↗Spartakus), Uraufführung 1956 in Leningrad.

Lit.: *Tigranov, G. Gr.:* Balety Aram Chatschaturjana, Moskau 1960.

Chauviré, Yvette. Französische Tänzerin, geb. 22. April 1917 in Paris, studierte an der Ballettschule der Pariser Oper und im Weiterstudium bei Boris ↗Kniaseff und V. ↗Gsovsky. An der Pariser Oper wurde sie 1942 1. Tänzerin und galt als eine der besten Interpretinnen der ↗Giselle. Als internationaler Star gastierte sie wiederholt an vielen europäischen Bühnen und in New York. 1970 wurde sie Beraterin der Academie Int. de Danse in Paris. (↗Adama)

Lit.: *Baigneres, Cl.:* Yvette Chauviré, Paris 1956. *Chauviré, Yv.:* Je suis ballerine, Paris 1960. *Nemenschousky, L.:* A Day with Yvette Chauviré, London 1960. *Lidova, I.:* Yvette Chauviré with complete list of roles, in: Les Saisons de la danse, Februar 1968.

Chawliga-Tanz. Indischer ↗Waffentanz aus den Bergen von Uttar Pradesh. Er wird entweder von Männern allein oder auch von Männern und Frauen mit Schwertern getanzt, die sie in kunstvoller Form schwingen. (↗Indischer Tanz)

Lit.: *Rebling, E.:* Die Tanzkunst Indiens, 1981, S. 74.

Checchi, Giovanni Battista. Tänzer und ↗Choreograph. Er wirkte zunächst in Venedig und später bis 1796 in Wien bei Schikaneder im Freihaustheater, dann wieder bis 1800 in Venedig. Er schuf mehrere Ballette, darunter ↗„Allessandro e Campaspe", 1796 und ↗„Armida", 1799 für Venedig.

Checkmate (Schachmatt). ↗Ballett in einem Akt mit Prolog, komponiert 1937 von Arthur ↗Bliss für Ninette de ↗Valois. In der ↗Choreographie von de Valois wurde das Werk am 15. Juni 1937 im Théâtre des Champs-Élysées, Paris, durch das ↗Sadler's Wells Ballet uraufgeführt. Die Handlung schildert ein Spiel von Liebe und Tod, ausgeführt nach den Regeln des Schachspiels.

Lit.: *Beaumont, C. W.:* Checkmate, in: Supplement to Complete Book of Ballets, London 1952.

Cheerab. ↗Schweizer Volkstanz, der Schlußtanz eines Tanzabends. Sobald die Musik zu spielen beginnt, formieren sich die Paare und marschieren im 2/4-Takt singend im Kreis herum. Der Tanz ist auch als ↗Kehraus, ↗Kehrab und in Deutschland schon im 16. Jh. als ↗Reihen-aus bekannt.

Cheironomia. Im antiken Griechenland die Bezeichnung für das ganze System der Gesten und symbolischen Bewegungen, dem das Tanzen in allen seinen Arten unterlag, ähnlich den ↗Mudras, den Handposen beim indischen Kulttanz. Die „phorai" waren Gesten des Gefühlsausdrucks, die „schēmata" solche, die die Charakteristik einer Person darstellten. Ein geübter Tänzer konnte mit Tanz und Gebärde ohne Worte die ganze Geschichte eines Spiels darstellen. Eine wichtige Rolle spielte die Cheironomia bei der ↗Emmeleia, dem Tanz der griechischen Tragödie. (↗Cheirosophia)

Lit.: *Sachs, C.:* Eine Weltgeschichte d. Tanzes, 1933, S. 165. *Lawler, L. B.:* The Dance in Ancient Greece, 1964.

Cheirosophia (Handklugheit). In der griechischen Antike die Bezeichnung für die ausdrucksvolle Gestik der Hände beim Tanz, besonders in der griechisch-römischen ↗Pantomime. Die großen ↗Pantomimen haben es darin zu einer heute fast unvorstellbaren Fertigkeit und Virtuosität gebracht. (↗Cheironomia)

Lit.: *Weege, F.:* Der Tanz in d. Antike, 1926, S. 164 f.

Cherente. Ostbrasilianische Totentanzform, bei deren Ausführung visionär grauenhafte Bilder des Todes mit tanzenden Skeletten vorgeführt werden. (↗Brasilianischer Tanz, ↗Totentanz)

Lit.: *Wolfram, R.:* Schwerttanz u. Männerbund, S. 113.

Chevillière (la). ↗Schweizer Volkstanz. In der Ausführung ist er eine Form des ↗Bandltanzes aus Champéry im Schweizer Wallis.

Lit.: *Wolfram, R.:* Die Volkstänze in Österreich u. verwandte Tänze in Europa, 1951, S. 62.

Chhau-Tänze sind eine Form des indischen Tanztheaters. Es gibt drei Arten davon, die im Grenzgebiet der Unionsstaaten Westbengalen, Bihar und Orissa beheimatet sind, und zwar das Chhau-Tanztheater in Purulia im Südosten Westbengalens, die Chhau-Tänze in Seraikella im Südosten Bihars und die Chhau-Tänze in Mayurbhanj im Nordosten Orissas. Diese Formen des den uralten Traditionen und der hinduistischen Mythologie, Kultur und Tanzkunst verbundenen indischen Tanztheaters wurden erst in der 2. Hälfte des 20. Jh. wiederentdeckt. Die Chhau-Tänze von Purulia zeigen keine symbolische oder imitative Händesprache, die Charakterisierung der Figuren geschieht nur durch verschiedene Gangarten, Körperhaltungen, Sprünge und Drehungen. Alle auftretenden Figuren, uralten Epen entnommen, tragen Masken aus Papiermaché und kleinen Stoffteilchen. Die Chhau-Tänze aus Seraikella zeigen im Vergleich mit denen in Purulia trotz vieler Gemeinsamkeiten einen höheren Grad klassischer Formen und Symbolik. Die Tänzer tragen Kostüme aus kostbaren Stoffen und glänzenden, der jeweiligen Figur entsprechenden Kopfschmuck. Bei den Chhau-Tänzen in Mayurbhanj tragen die Tänzer überhaupt keine Masken. Da der kriegerisch-kämpferische Charakter vorherrscht, tragen die ausschließlich männlichen Tänzer oft einen langen Stock. Die Chhau-Tänze von Mayurbhanj sind sehr vielfältig. Einen breiten Raum nehmen die Kampf- und ↗Waffentänze ein. Dazu kommen aber noch Doppel- und Gruppentänze auf Episoden aus den alten Epen, der ↗Tandawa-Tanz, der Liebestanz Krischnas und anderer mythologischer Figuren. (↗Indischer Tanz)

Lit.: *Rebling, E.:* Die Tanzkunst Indiens, 1981, S. 188 ff.

Chiaranza. Italienischer ↗Gesellschaftstanz aus dem 16. Jh., ein leidenschaftlicher, freier Tanz, der von beliebig vielen Paaren ausgeführt wurde. Nach der Beschreibung von ↗Caroso liefen die Herren anfangs in Verwirrung durcheinander, um sich eine Partnerin zu suchen. Unter der Führung des ersten Paares begann dann nach der ↗Reverenz der Tanz in Einzeltouren, Gruppentouren und mit Figuren verschiedenster Art.

Lit.: *Bie, O.:* Der Tanz, 1906, S. 158.

Chiarina. Ballett-Groteske in einem Akt von Boris ↗Blacher, Libretto von Paul Strecker. Uraufführung an der Städtischen Oper Berlin am 22. Januar 1950. Das ↗Ballett ist nach einem kleinen Thermalbad, Chiarina, betitelt. Es spielt in dessen Kurgärten.

Chiberli. ↗Französischer Volkstanz aus Lothringen. Er gehört zu den sogenannten ↗Wechselhupftänzen und ist dem österreichischen ↗Strohschneider ähnlich. Die Tanzmelodie dieses ↗Paartanzes steht im 2/4-Takt.

Lit.: *Arma, E.:* Entrez dans la danse, 1943, S. 82 f.

Chica. Von den afrikanischen Negern stammend, ist dieser Tanz durch die Mauren nach Spanien gebracht worden. Er wurde dort so populär, daß man ihn ganz einfach als ↗Fandango bezeichnete. Die Chica ist ein ↗Paartanz, der in leidenschaftlicher Form die Liebeswerbung ausdrückt. Der Tanz wird in raschem Tempo ausgeführt. Die Bewegungen des Körpers wirken oft sehr lasziv. Die Tänzerin bewegt ihre Hüften und den unteren Teil ihres Rückens, während der übrige Teil des Körpers unbeweglich bleibt. Sie schwingt dabei mit ihren Armen den Saum ihres Rockes hin und her. Der Tänzer naht ihr, springt auf sie zu, umtanzt sie, berührt sie aber nicht und zieht sich wiederum zurück. (↗Afrikanischer Tanz, ↗Calenda)

Lit.: *Schubert, F. L.:* Die Tanzmusik, 1867, S. 17 u. 30. *Günther, H.-Schäfer, H.:* Vom Schamanentanz zur Rumba, 1959, S. 290.

Chieb (la). ↗Französischer Volkstanz, ein ↗Paartanz im 2/4-Takt aus der Region Bourbon. Die Partner stehen einander gegenüber und haben die Hände in die Hüften gestützt. Der Tanz ist lustig und hat den Charakter einer ↗Gigue.

Lit.: *Marcel-Dubois, Cl.-Andral, M. M.:* Dances of France I, Handbooks of European National Dances, Bd. 10, 1950, S. 34 f.

Chilena. Alter mexikanischer Volkstanz, der von Frauen getanzt wurde, die bunte Taschentücher in ihren Händen hielten. Seinem Namen nach dürfte der Tanz von Chile nach Acapulco gekommen sein. (↗Mexikanischer Tanz)

Lit.: *Dickins, G.:* Dances of Mexico, 1954, S. 10.

Chilenischer Tanz. Wie alle Völker Südamerikas sind auch die Chilenen ein sehr tanzfreudiges Volk. Der Tanz, von alters her schon im religiösen Brauchtum verwurzelt, fehlt bei keinem Fest im Jahreskreis. Der populärste Tanz der Chilenen ist die ↗Zamacueca. Daneben findet sich auch die ↗Habanera, die von Kuba eingeführt wurde. Der Cueca- und Habanerarhythmus findet sich auch bei den Tonadas, den Volksliedern Chiles. Andere Rhythmen sind in der chilenischen Volksmusik fast nicht zu finden. (↗Danza para trenzar)

Lit.: *Friedenthal, A.:* Musik, Tanz u. Dichtung bei d. Kreolen Amerikas, 1913, S. 172 f., S. 222 ff. *Helfritz, H.:* Musik u. Tanz bei einem Indianerfest im nördlichen Chile, in: Das Musikleben, Jg. 4, 1951, H. 3, S. 75 ff.

Chilesotti, Oscar. Italienischer Musikforscher, geb. 12. Juli 1848 in Bassano del Grappa, gest. 23. Juni 1916 ebendort. 1871 hatte er in Padua den Doctor juris erworben und widmete sich nachher philosophischen und musikalischen Studien. Sein Spezialgebiet war dann die Erforschung und Übertragung alter Lautenmusik des 16. und 17. Jh. Kurz vor seinem Ableben war er mit der Übertragung von ↗Tabulaturen aus einem alten Codex beschäftigt, dessen Inhalt später Ottorino Respighi in den ↗Suites per orchestra, Nr. 3, Antiche Danze e Arie per liuto, verarbeitete. Von seinen zahlreichen Veröffentlichungen von Lautenmusik und ihren Übertragungen sind zu nennen: Da un Codice Lauten-Buch del Cinquecento, 1890, 1892; Biblioteca di rarità musicali, 3 Bde. mit Tänzen von Fabritio ↗Caroso, Cesare ↗Negri, Giovanni ↗Picci und Orazio ↗Vecchi.

Chinesische Nachtigall, Die. ↗Ballett von Werner ↗Egk nach dem Märchen „Die Nachtigall" von Hans Christian Andersen. Die Uraufführung erfolgte nach der ↗Choreographie von Tatjana ↗Gsovsky am 7. Mai 1953 in München.

Chinesischer Tanz. Die Volksmusik- und Volkstanzpflege sind in China ein bedeutender Faktor des allgemeinen Lebens. Fast jede Landschaft hat ihre eigene Volkstradition, ihre eigenen Gesänge und Tänze. Es gibt z. B. nicht weniger als 126 verschiedene Formen von Volkstänzen unter dem „Han"-Volksstamm in Shantung. Die Tänze werden mit und ohne Instrumentalbegleitung ausgeführt. Die Hälfte der 1000 Dörfer des Shangho-Landes in Shantung haben ihre eigenen Yangko-Trommeltanzgruppen. Vom 12. bis 5. Jh. v. Chr. waren die höfische Musik und der höfische Tanz von den Angehörigen der königlichen Familie ausgeführt worden. Von dieser Zeit an wurden Volksmusik und Tanz in das höfische rituelle Leben einbezogen. Der Tanz ist in China seit jeher ein integrierender Bestandteil fast aller Musikübung. Erst als Gesamtkunstwerk, als funktionelle Verbindung zwischen vokaler, instrumentaler und tänzerischer Gestaltung, erhält die Musik in ihrer sakralen und höfisch-unterhaltenden Ausdrucksform ihre vollwertige Gestalt. Das heutige China zollt gleichermaßen der klassischen Musik- und Tanzkunst wie der Volksmusik und Tanzpflege seine große Aufmerksamkeit. In der Zeit von 1953 bis 1955 wurden mehr als 200 neue Tänze geschaffen (↗Kranichtanz).

Lit.: *Plato, Alice:* De Chinesische danseressen, Amsterdam 1915. *Granet, M.:* Danses et légendes de la Chine ancienne, 1926. *Anonym:* Songs and Dances of the Chinese Youth, Peking 1957. *Reinhardt, K.:* Chinesische Musik, 1956. *Chung-kuo min chien* wu dau tu pien suen ban-she, Shanghai 1957 (Bilder). *Grimm, M.:* Das Yüeh-Fu-Tsa-Lu des Tuan an-Chieh, in: Studien zur Geschichte v. Musik, Schauspiel u. Tanz in d. T'ang Dynastie, 1966, S. 251 ff. (Asiatische Forschungen, Bd. 19).

Chirava. ↗Indischer Tanz aus Rajasthan, ein Lichtertanz, bei welchem die Frauen zu Ehren der Erdmutter kupferne Gefäße auf dem Kopf balancieren. Am Abend wird in diesen Gefäßen Öl entzündet. Das Licht ist das Symbol für die lebensspendende Erdgöttin.

Lit.: *Rebling, E.:* Die Tanzkunst Indiens, 1981.

Chladek, Rosalia. Österreichische Tänzerin, ↗Choreographin und Lehrerin, geb. 21. Mai 1905 in Brünn. Sie studierte von 1921 bis 1924 an der Schule für Rhythmus, Musik und Körperbildung ↗Hellerau bei Dresden. 1924 debütierte sie als Solotänzerin (Freier Tanz) im Künstlerhaus Dresden. An der Schule Hellerau war sie Mitglied der Tanzgruppe Valeria ↗Kratina. Von 1924 bis 1928 wirkte sie als Lehrkraft für Körperbildung und Tanz an den Schulen Hellerau (Dresden) und Hellerau-Laxenburg (bei Wien). Von 1928 bis 1930 war sie Leiterin der Ausbildungsstätte für ↗Gymnastik und künstlerischen Tanz am Konservatorium Basel und gastierende ↗Ballettmeisterin am dortigen Stadttheater. Von 1930 bis 1938 war sie künstlerische und pädagogische Leiterin sowohl der Tanzgruppe Hellerau-Laxenburg als auch der dortigen Abteilungen für gymnastische und tänzerische Ausbildung. Von 1940 bis 1941 wirkte sie als Leiterin der modernen Tanzausbildung an den Deutschen Meisterstätten für Tanz, Berlin; an der angeschlossenen Tanzbühne war sie Solistin und Choreographin. Von 1942 bis 1952 leitete sie am Konservatorium der Stadt Wien die Ausbildungsstätte „Tanz für Bühne und Lehrfach". Von 1952 bis 1970 war sie Vorstand der Abteilung für künstlerischen Tanz an der Hochschule für Musik und darstellende Kunst in Wien und leitete von 1970 bis 1977 einen eigenen Lehrgang für moderne tänzerische Erziehung. Als Konzerttänzerin unternahm sie Solotourneen in viele Länder Europas und nach Java, Sumatra und Bali. Sie veröffentlichte folgende Schriften über den Tanz: Emile Jaques-Dalcroze anläßlich seines 90. Geburtstages, in: Wiener Monatshefte, 1955; Gesetzmäßigkeit körperlicher Bewegung als Grundlage tänzerischer Erziehung, im Buch „Eutonie", Ulm 1964; Aus der Werkstatt der Choreographie, in: Jahresbericht 1967/68 der Akademie für Musik und darstellende Kunst in Wien, 1968; Auswirkungen der rhythmischen Erziehung im Bereich des künstlerischen Tanzes, in: Tanz 20. Jh. in Wien, Ausstellungskatalog, Wien 1979, S. 65 ff.

Lit.: *Klingenbeck, F.:* Die Tänzerin Rosalia Chladek, 1936. *Alexander, G.-Groll, H.:* Rosalia Chladek, Tänzerin, Choreographin, Pädagogin, 1965. *Buschbeck, A. K.:* Rosalia Chladek, 1973.

Chochanguillo. ↗Baskischer Tanz, eine Schwerttanzform aus Berriz und Yurreta. Sein Charakteristikum ist, daß der Anführer des Tanzes in die Höhe gehoben wird. Dies ist die traditionelle Form in Yurreta, in Berriz werden zwei Tänzer in die Höhe gehoben. (↗Schwerttanz)

Lit.: *Gallop, R.:* A Book of the Basques, 1930, S. 188.

Chodovská. ↗Tschechischer Volkstanz aus Böhmen, ein Tanz kriegerischer Art, der nach den Bauern des Böhmerwaldes, den sogenannten Chodové, benannt ist. Im Mittelalter waren diese Bauern mit ihren Sensen und Morgensternen ein furchtbarer Schrecken für die deutschen Heere. Ihr Andenken lebt in diesem Tanz fort, dessen Ausführung aber nicht sicher feststellbar ist.

Lit.: *Waldau, A.:* Böhmische Nationaltänze, 1860, Bd. 2, S. 20. *Czerwinski, A.:* Brevier d. Tanzkunst, 1879, S. 79.

Chopin, Frédéric. Polnischer Komponist, geb. 1. März 1810 in Zelazowa Wola, gest. 17. Oktober 1849 in Paris. Der berühmte polnische Klaviervirtuose ist als Komponist nicht nur für die Entwicklung der Klaviermusik bedeutend, sondern vor allem auch für die Entwicklung des Kunstwalzers. Seine Walzerkompositionen stellen einen Höhepunkt dieser Form dar. Viele der Tanzweisen Chopins (↗Mazurken, ↗Polonaisen, ↗Walzer) wurden auch für Ballette verwendet (z. B. von ↗Fokine in „Les ↗Sylphides").

Lit.: *Mendelssohn, I.:* Zur Entwicklung d. Walzers, in: Studien zur Musikwissenschaft, H. 13, 1926, S. 64 f. *Windakiewicz, H.:* Wzory ludowej muzyki polskiej w mazurkach Fr. Chopina (Vorbilder polnischer Volksmusik in d. Mazurken v. Fr. Chopin), Krakau 1926. *Dorabialska, H.:* Polonez przed Chopinem, Warschau 1938. *Sittner, H.:* Der Walzer bei Chopin u. Joh. Strauß, in: Österreichische Musikzeitschrift, Jg. 4, 1949, H. 10, S. 287 ff. *Slawiński, A.:* Rytm a harmonia w polonezach Chopina, in: Kongreß-Bericht, Warschau 1960. *Slawiński, A.:* Metrorytmika a forma polonezów Chopina, Warschau 1960. *Drath, J. B.:* Chopin's Mazurken, Music. Diss., Danton North Texas State Univ. 1969.

Chorea. Vom Mittelalter bis ins 17. Jh. hinein eine der vielen Bezeichnungen für den Tanz (Tantz), ursprünglich jedoch in der besonderen Bedeutung eines Reigentanzes. In medizinischer Hinsicht Bezeichnung für den ↗Veitstanz.

Lit.: *Sachs, C.:* Eine Weltgeschichte d. Tanzes, 1933.

Choreograph wird der Gestalter von ↗Balletten genannt. Seine Erfindungsgabe muß vereint sein mit der Kenntnis über Tanzstil (Geschichte), Tanzschritte, Bewegung im Raum (Geometrie), Gruppierung (architektonisches Formempfinden), ↗Mimik (Poesie); vor allem aber muß der Choreograph musikalisch sein, um die Einstudierung zum Gesamtkunstwerk gestalten zu können. Zum Unterschied eines ↗Ballettmeisters ist der Choreograph mit der Verwaltung eines Ballettcorps an einem Theater nicht belastet. Gleich einem Gastdirigenten wurde auch der Gastchoreograph modern. (↗Choreographie)

Choreographie. Das Wort, vom griechischen chorea = der Tanz und graphia = Beschreibung kommend, bedeutet wörtlich Tanzschrift, die schriftliche Fixierung der Tänze und ↗Ballette durch Zeichen für die Schritte und räumliche Anordnung. Auf der Bühne bezeichnet man mit diesem Ausdruck die gesamte Kunst der tänzerischen Komposition, die eine Idee mit den Mitteln der Bewegung und unter Zuhilfenahme von Licht, Farbe, Kostüm in Übereinstimmung mit der Musik in eine tanztechnische Form bringt. Versuche, den Tanz schriftlich festzulegen, sind schon sehr alt. Im Altertum soll es bei den Ägyptern und Römern schon solche gegeben haben, von denen allerdings nichts erhalten ist. Die älteste bekannte Aufzeichnung stammt aus dem 15. Jh. und ist in dem Tanzbüchlein der ↗Margarethe von Österreich enthalten. Sie verwendet die Anfangsbuchstaben von Schrittbezeichnungen, wie s = ↗simple, d = ↗double, b = ↗branle und als Breves notierte Töne. Im 15. Jh. sind zwei Tanzschriftsysteme üblich, vor allem im romanischen Westen und Süden: 1. Notierung mittels Anfangsbuchstaben der Bewegungstermini; 2. Notierung mittels Symbolen, entsprechend den betreffenden Schritten und Stellungen.

Von den Italienern und Franzosen werden den einzelnen Bewegungen bestimmte Werte zugemessen. Die Einheit ist in Burgund die „note", in Italien das „tempo". 1533 erscheint von Antonius de ↗Arena ein Buch, das Anweisungen für die Tänze seiner Zeit bringt, 1588 veröffentlicht Thoinot ↗Arbeau das Lehrbuch ↗„Orchésographie". Beide bedienen sich der gleichen Schrittbezeichnung wie im Tanzbüchlein der Margarethe von Österreich, Arbeau gibt außerdem aber noch bildliche Tanzdarstellungen, wie es bereits ↗Caroso da Sermoneta 1581 in seinem Tanzlehrbuch „Il Ballarino" mit Kupferstichen getan hat. In der 1602 von Cesare ↗Negri erscheinenden Tanzschrift „Le gratie d'amore ..." werden Schrittzusammensetzungen (z. B. simple, double, ↗Reverenz = s, d, R) durch die den Noten beigegebenen Buchstaben notiert. Basierend auf dem System von Pierre ↗Beauchamp schafft ↗Feuillet seine Tanznotation, die er 1699 mit der Schrift „Chorégraphie ou l'art d'ecrire la danse par caratères, figures et signes démonstratifs" herausgibt. Er gibt die ↗Positionen der Beine und Füße durch eigens gewählte Zeichen wieder.

Es ist das klassische Werk der Tanznotation, welches nicht nur die Schritte, sondern auch die wesentliche Schrittfolge, die Richtung und den figurenmäßigen Ablauf angibt. Der britische Tänzer John ↗Weaver übersetzt 1706 Feuillets Werk ins Englische. In der Folge von Feuillets

Schrift erscheinen dann die Tanzlehrbücher von E. ↗Pemberton (1711), G. ↗Taubert (1717), K. ↗Tomlinson (1724), P. ↗Rameau (1725), L. ↗Dupré (1757), K. Chr. ↗Lange (1762), M. ↗Malpied (1762), ↗Magny (1765), G. ↗Magri (1779). Versuche, neue Systeme der Tanznotation zu finden, werden auch im 19. und 20. Jh. fortgesetzt. Carlo ↗Blasis zeichnet in seiner Schrift „The Art of Dancing" 1825 die Gestalt in Umrissen auf, läßt aber die Bodenbezeichnungen der Füße unklar. Eine eigene Tanz-Kurzschrift verfaßt Arthur ↗Saint-Léon 1852, die sogenannte ↗„Sténochorégraphie", deren Idee ihm zugeschrieben wird, die aber wahrscheinlich von dem französischen Tänzer F. D. ↗Albert ist. F. A. ↗Zorn übernimmt in seiner „Grammatik der Tanzkunst" Saint-Léons Tanzkurzschrift (1887).

Er erweitert sie und gibt außerdem Textbeschreibungen. 1855 veröffentlicht Bernh. ↗Klemm seinen „Katechismus der Tanzkunst". Er verwendet für seine Tanzschrift auch eine musikalische Notation. Ähnlich verfährt auch W. I. ↗Stepanow in seiner Tanzschrift. „Alphabet des mouvements du corps humain", Paris 1892. A. ↗Freising bringt 1894 im Anhang seines „Leitfadens für den Tanzunterricht" für die gebräuchlichsten Schritte eine Tanzkurzschrift mit Verwendung von Chiffren. Bahnbrechend für die Neuzeit sind die Bemühungen Rudolf von ↗Labans. Für ihn hat die Tanzschrift zwei Aufgaben zu erfüllen: 1. die Folge der Tanzbewegungen festzuhalten, 2. den Bewegungsvorgang durch Analyse zu präzisieren. Seine 1928 veröffentlichte Methode zur Aufzeichnung von Tänzen und Balletten wird ↗Kinetographie genannt und später in den USA als Labanotation weiterentwickelt. Laban verwendet für seine Methode verschiedene Zeichen wie Keile, Punkte, Schraffierungen usw., die über oder unter einem Notenliniensystem angebracht sind und angeben, von welchem Körperteil die Tanzbewegungen auszuführen sind. Besonders A. ↗Knust hat sich um die Weiterentwicklung dieser Notationsweise verdient gemacht. Eine eigene Tanznotenschrift veröffentlicht Olga ↗Desmond 1919, ↗„Rhythmographik" genannt. Rud. und Joan ↗Benesh schaffen 1955 eine Methode zur Aufzeichnung von Tänzen und Balletten, genannt „Benesh-Notation". Unter den Notenlinien für die Musik werden auf zusätzlichen Notenlinien Symbole für die Bewegungen eingetragen. Sie ist vor allem beim ↗Sadler's Wells Ballet verwendet worden. Verschiedene andere Versuche, Tänze schriftlich festzuhalten und zu erklären, stammen von P. Conte (1931); A. Chiosa: Motographie, Mailand 1934; W. P. Misslitz: Tanzfigurenschrift, Offenbach 1954. Auch für die Volkstanzbewegung gibt es immer wieder Bemühungen, Systeme zur Aufzeichnung der Tänze zu finden (R. ↗Zoder). (↗Tanzlehrbücher)

Lit.: *Feuillet, R. A.:* La Triomphante, danse en choréographie, 1700. *Weaver, J.:* Orchesography or the art of dancing by characters and demonstrativ figures, 1706. *Pecour, M.-Feuillet, M.:* Recueil de danses, 1709. *Pemberton, E.:* An Essay for the further improvement of Dancing, 1711. *Feuillet, R. A.:* Chorégraphie ou l'art d'ecrire la danse par caractéres, figures et signes démonstratifs, 1699, 1701, 1712, 1713. *Tomlinson, K.:* The Art of Dancing, 1724. *Rameau, P.:* Abrégéde la nouvelle méthod dans l'art d'écrire ou de traçer toutes sortes de danses de ville, 1725. *Dupré:* Méthode trés facile et fort nécessaire pour apprendre sei-même la Chorégraphie ou l'art d'ecrire et de déchifrer les danses, 1757. *Lange, K. Chr.:* Choreographische Vorstellung d. Englischen u. Französischen Figuren in Contretänzen nebst einem kurzen Auszug d. Französischen Kunst d. Tänze aufzuzeichnen, 1762. *Perin et al Hante:* Chorégraphie nouvelle ou méthod pour former et danser soi même les contre-danses, 1762. *Petersen, Th. Fr.:* Practische Einleitung in d. Choréographie oder d. Kunst, einen Tanz durch Charactere u. Figuren zu beschreiben, 1768. *Guillemin:* Chorégraphie ou l'art de decrire la danse, 1784. *Malpied, M.:* Traité sur l'art de la danse, 1770, 1799. *Saint-Léon, A.:* La Sténochorégraphie ou art d'écrire promptement la danse, 1852. *Bournonville, A.:* Études chorégraphiques dediés à mes èlèves et mes collègues, 1861. *Freising, A.:* Leitfaden für d. Tanzunterricht, 1882. *Messori, R. G.:* Della virtute et arte del danzare et di alcune opportune et necessarie particelle a quella pertinenti, 1885. *Zorn, F. A.:* Grammatik d. Tanzkunst, 1887. *Bernay, B.:* La danse au theatre, 1890. *Bie, O.:* Der Tanz als Kunstwerk, 1900, *Bie, O.:* Der Tanz, 1906. *Desmond, O.:* Rhythmographik, 1919. *Saminsky, L.:* La nouvelle Chorégraphie et sa Musique, in: La Revue Musicale, Jg. 4, 1923, No. 8, S. 147 ff. *Balasz, B.:* Tanzdichtung, in: Musikblätter d. Anbruch, Nr. 3/4, 1926, S. 109 f. *Laban, R. v.:* Choreographie, 1926. *Laban, R. v.:* Vortragsbezeichnungen u. Bewegungsbegriffe, in: Musikblätter d. Anbruch, Nr. 3/4, 1926, S. 115 ff. *Schlemmer, O.:* Tänzerische Mathematik, in: Musikblätter d. Anbruch, Nr. 3/4, 1926, S. 123 ff. u. in: Vivos voco, V. Bd., H. 8/9, 1926. *Böhme, F.:* Ein Kapitel aus d. Geschichte d. Choreographie, in: Schrifttanz, Jg. 1, H. 1, Juli 1928, S. 6 ff. *Jooss, K.:* Choreographische Harmonielehre, in: Neue Musikzeitung, Jg. 49, 1928, H. 7, S. 215 ff. *Kunitzky, H.:* Choreographie, in: Neue Musik-Zeitung, Jg. 49, 1928, H. 7. *Laban, R. v.:* Grundprinzipien d. Bewegungsschrift, in: Schrifttanz, Jg. 1, H. 1, Juli 1928, S. 4 f. *Morris, M.:* Notation of Movement, 1928. *Sandt, A.:* Die Tanzschrift u. d. Schrifttanz d. 16. Jh., in: Schrifttanz, Jg. 1, H. 2, Oktober 1928, S. 23 ff. *Böhme, F.:* Das Tanzbuch d. Margarethe v. Österreich, in: Schrifttanz, Jg. 2, H. 1, Januar 1923, S. 5 ff. *Sonner, R.:* Musik u. Tanz, 1930, S. 106 ff. *Conté, P.:* Expression par gestes et locomotion, 1931. *Derra de Moroda, F.:* Saint-Léon's „La Sténochorégraphie" 1852, in: Dancing Times, Dec. 1931, S. 269 ff. *Knust, A.:* Beiträge zur Orthographie v. Bewegungen, 1931. *Meunier, A.:* La Danse classique, 1931. *Laban, R. v.:* Choreographie u. Theater, in: Der Auftakt, Jg. 12, Prag 1932, H. 9/10, S. 204 ff. *Sachs, C.:* Eine Weltgeschichte d. Tanzes, 1933. *Babitz, Sol:* Dance Writing, 1934. *Chiosa, A.:* Motographie, Milano 1934. *Lifar, S.:* Le Manifeste du choréographie, 1935. *Mary, A.:* L'Orchésographie de Th. Arbeau, in: Les trésors des bibl. de France, V, 1935. *Korty, S.:* Tanzschrift, 1940. *Laban, J. v.:* Basic Laban Principles and Method, in: Dance a Basic Educational Technique, chapt. 14, New York 1941. *Knust, A.:* Abriß d. Kinetographie Laban, 1942 u. 1956. *Laban, J. v.:* Introduction to Dance Notation, in: Dance Index, vol. 5, Nr. 4/5, April/Mai 1946. *Arndt, W.:* Tanz- u. Bewegungsschrift, 1951. *Balanchine, G.:* Ballettschrift, in: Musik d. Zeit II, Bonn 1952. *Lifar, S.:* Traité de Chorégraphie, 1952. *Toth, Št.:* Tanečné písmo. Metodický, příspěvok pře zápis tanečného pohybu, 1952. *Hutchinson, A.:* Labanotation, 1954, rev. 1970. *Misslitz, W. P.:* Tanzfigurenschrift, 1954. *Graf, W.:* Die Tanzschrift als wissenschaftliches Hilfsmittel, in: Mitteilungen d. Anthropologischen Gesellschaft in Wien, Bd. 84/85, 1955, S. 83 ff. *Brainard, J.:* Die Choréographie d. Hoftänze in Burgund, Frankreich u. Italien im 15. Jh., Diss. Göttingen 1956. *Jovanovits, M.:* Choreographie, 1958. *Melica, A.:* Guglielmo Ebreo da Pesaro, in: Rassegna musicale, XXIX, 1959. *Praagh, P.-van Brinson, P.:* The Choreographic Art, 1963. *La Meri:* The Basic Elements of Dance Compositions, 1965. *Derra de Moroda, F.:* Chorégraphie. The Dance Notation of the Eighteenth Century: Beauchamp or Feuillet, in: The Book Collector, Winter 1967, S. 450 ff. *Derra de Moroda, F.:* Die Tanzschrift d. 18. Jh. im Spiegel meiner Sammlung, in: Von Sammlern u. ihren Sammlungen. Ein Jahrb. f. Bücherfreunde, N. F., Bd. V/1967, S. 187 ff. u. in: Maske u. Kothurn, 1967. *Hutchinson, A.:* Dance Notation, History of, in: Dance Encyclopedie, New York, 1967. *Cunningham, M.:* Changes. Notes on Choreography, 1969. *Guillot, G.-Prudhoummneau, G.:* Grammaire de la danse classique, Paris 1971. *Knust, A.:* An Introduction to Kinetography Laban, in: Journal of the Int. Folk Music Council, vol. XI, 1979, S. 73 ff. *Kool, J.:* Tanzschrift, Bordeaux s. a. *Jeschke, Cl.:* Tanzschriften. Ihre Geschichte u. Methode, 1983.

Choreologie. Bezeichnung für die Disziplin, welche sich mit der Notation von ↗Balletten und Tänzen befaßt (↗Choreographie). 1962 wurde in London von Rudolf und Joan ↗Benesh ein Institut für Choreologie gegründet, um ihr System der Tanznotation (Benesh-Notation) zu lehren.

Choreomanie ↗Tanzwut.

Choreutik Im alten Griechenland verstand man darunter die Lehre vom Chor- und Reigentanz zum Unterschied zur ↗Orchestik, der Bezeichnung für die Kunst der Gebärden und Bewegungen pantomimisch-theatralischer Art. Der Chortänzer hieß Choreut.

Chorós. Die Bedeutung dieses griechischen Wortes hat sich im Laufe der Zeit mehrfach gewandelt. Im antiken Griechenland bezeichnete es den ältesten Quellen nach zunächst den Tanzplatz, sodann aber auch die Tanzgruppe und schließlich aber im Sinne eines kultischen ↗Reigens die Einheit von Tanz und Gesang überhaupt. Von der ↗Orchestra aus verfolgte der Choros die Handlung und begleitete sie mit seinen Tänzen und Gesängen. In späterer Zeit trat eine Teilung des ursprünglich doppelten Wortsinnes ein. Einerseits wurde Choros nur in der Bedeutung für Gesang (Chorgesang) verwendet, anderseits bezeichnete dieser Ausdruck nur einen Tanz. Formen des Choros finden sich vor allem im neugriechischen Tanz. (↗Chorea)

Lit.: *Georgiades, Th.:* Musik u. Rhythmus bei d. Griechen, 1958, S. 37 f.

Chorowod. Älteste Art des ↗russischen Volkstanzes. Charakteristisch für diesen Reigentanz ist die Theatralisierung des Liedes, zu dem er getanzt wird. Manchmal wird der Inhalt des Liedes von allen Teilnehmern des Tanzes durch pantomimische Bewegungen ausgedrückt. Die Formen des Chorowod sind sehr mannigfaltig, er wird in Kreisen, Halbkreisen, Parallelkreisen oder auch in Linien ausgeführt.

Lit.: *Moissejew, I.:* Tänze d. Völker d. Sowjetunion, Folge I, 1951, S. 15 ff.

Chota. ↗Äthiopischer Tanz. Er stellt den universellsten Typus der geschlechtlich getrennten Gruppentänze dar. Die Monotonie zwischen den Bewegungen wird ausgeglichen durch den Wechsel der Tänze des Vortänzers und der Gruppe.

Lit.: *Martin, G.:* Dance Types in Ethiopia, in: Journal of the Int. Folk Music Council, vol. XIX, 1967, S. 23 ff.

Chout, Le ↗Märchen vom Schalksnarren.

Christensen, Lew. Amerikanischer Tänzer, ↗Choreograph und Ballettdirektor, geb. 9. Mai 1909 in Brigham City, Utah. Sein Studium begann er bei seinem Onkel Peter Christensen, setzte es fort bei Stefano Mascagno und Luigi Albertieri in New York und weiterhin an der Ballettschule des ↗American Ballet. Er tanzte beim American Ballet, wurde ↗Balanchines erster ↗Apollo und einer der ersten Tänzer des amerikanischen Balletts des 20. Jh. Er war ↗Ballettmeister des ↗Ballet Caravan. 1946 unterrichtete er an der Schule des American Ballet, wurde ↗Ballettmeister der ↗Ballet Society und auch des ↗New York City Ballet. 1955 ging er nach San Francisco, wo er Direktor und Chefchoreograph des San Francisco Ballet wurde.

Christout, Marie-Françoise. Französische Tanz schriftstellerin, geb. 1925 in Neuilly-sur-Seine, verfaßte folgende Schriften: Histoire du Ballet, Paris 1965; Le merveilleux et le „théâtre du silence" en France à partir du XVIIe siècle, Paris 1965, Thèse princ. Paris 1961; Le Ballet de cour de Louis XIV, Paris 1967; Maurice Béjart, Paris 1972; Perrot, génie méconnu, in: Les Saisons de la danse, November 1972.

Chub-bazi-Tanz. Persischer Volkstanz des Stammes der Loren. Er wird nur von Männern getanzt, und zwar beteiligen sich jedesmal nur zwei. Zuerst tanzen sie im Kreis hintereinander, einer trägt eine zwei Meter lange Stange, der andere einen etwa 1,20 Meter langen, biegsamen Stock (↗Stocktanz). Sie nehmen dann einander gegenüber Aufstellung; einer versucht tänzerisch, mit dem Stock den Unterschenkel des anderen zu treffen. Wird er getroffen, beginnt ein anderes Paar. (↗Persischer Tanz)

Lit.: *Tschakert, L.:* Wandlungen persischer Tanzmusikgattungen unter westlichem Einfluß, Beiträge zur Ethnomusikologie, Bd. 2, Hamburg 1972, S. 18.

Chüereie Walzer. Volkstümliche Walzerform aus dem Emmental in der Schweiz, eine interessante Verbindung von ↗Walzer und ↗Contratanz. (↗Schweizer Volkstänze)

Lit.: *Witzig, L.:* Volkstänze aus d. Schweiz, II. Heft, 1950, S. 36 ff. *Wolfram, R.:* Die Volkstänze in Österreich u. verwandte Tänze in Europa, 1951.

Chujoy, Anatole. Lettisch-amerikanischer Tanzkritiker und Schriftsteller, geb. 1894 in Riga, gest. 24. Februar 1969 in New York. Von ihm stammen folgende Veröffentlichungen: The Dance Encyclopedia, New York 1949, 1967 neu herausgegeben mit P. W. Manchester; The New York City Ballet, New York 1953; Fokine, Memoirs of a Ballet Master, Boston 1961.

Chybtanz. Volkstanz aus der Schweiz, eine Form der ↗Judenpolka. (↗Schweizer Volkstänze)

Lit.: *Wolfram, R.:* Die Volkstänze in Österreich u. verwandte Tänze in Europa, 1951, S. 154.

Chytavá. ↗Tschechischer Volkstanz aus Böhmen. Der Name kommt von chytat = fangen. Der Tanz ist ein Kettenreigen, bei dem die Paare einander fangen. Die Paare sind in zwei Gegenfronten aufgestellt.

Lit.: *Waldau, A.:* Böhmische Nationaltänze, 1859, Bd. 1, S. 52. *Nettl, P.:* Mozart u. d. Tanz, 1960, S. 58.

Cielito. Alter argentinischer Volkstanz, der in seiner Ausführung Ähnlichkeiten mit den europäischen Tänzen des 16. Jh. aufweist. Er wird von mehreren Paaren ausgeführt, deren Bewegungen gleichgeordnet sind. Seinem Charakter nach ist er feierlich. Die Musik steht in einem bewegten 3/4-Takt. (↗Argentinischer Tanz)

Cifte telli. ↗Türkischer Volkstanz. Er wird als Solo ausgeführt, entweder von einer Frau für Frauen, oder von einem Mann für männliche Zuseher. Charakteristisch für den Tanz ist ein horizontales Ziehen des Kopfes und eine Zitterbewegung der Schultern und Arme. Die Beinbewegungen sind sekundär, primär aber die Bewegungen der Bauchmuskeln. Der Tanz wird von einer kelchförmigen Tontrommel, Deblek genannt, begleitet. Getanzt wird er auch im Kaukasus, in Aserbeidschan, Anatolien, Baku und Persien.

Lit.: *Reinhard, K.:* Trommeltänze aus d. Türkei, in: Journal of the Int. Folk Music Council, Bd. 13, 1961, S. 19 ff.

Cinq Pas (ital. cinque passi). Dieser bekannteste Tanzbegriff der Renaissance bedeutete den Fünfschritt und war die Bezeichnung für den Galliardenschritt. Seine Ausführung geschah folgendermaßen: 1. Heben des linken Beines, gleichzeitig Sprung auf dem rechten Bein, 2. Heben des rechten Beines und Sprung auf dem linken, 3. Heben des linken Beines und Sprung rechts, 4. Heben des rechten Beines und wieder Sprung auf dem linken, 5. Hochsprung auf beiden Beinen. Hierauf folgte die Ruhestellung, die man auf den linken vorgesetzten Fuß übertrug, um umgekehrt mit dem rechten Fuß wieder beginnen zu können. Diese Grundform des cinq pas erfuhr bei den verschiedenen Tanzmeistern weitere Variationen, bei ↗Caroso da Sermoneta z. B. als Cinque passi intrecciati und Cinque passi soprapiede.

Lit.: *Bie, O.:* Der Tanz, 1919. *Bahr, W.:* Zur Entwicklungsgeschichte d. höfischen Gesellschaftstanzes, 1941, S. 46 f.

Circassian Circle. ↗Englischer Volkstanz im 4/4-Takt, der von einer beliebigen Anzahl von Paaren, die sich zu einem Kreis fassen, getanzt wird. Durch die Jugendtanzbewegung kam der Tanz auch nach Deutschland und Österreich, wo er als ↗„Fröhlicher Kreis" Eingang gefunden hat.

Lit.: *Wolfram, R.:* Die Volkstänze in Österreich u. verwandte Tänze in Europa, 1951, S. 139. *Lager, H.:* Alte Tänze f. junge Leute, 1973, S. 16 f.

Circe-Ballette. Die Geschichte der Circe, der Zauberin der griechischen Sage auf der Insel von Aia, war mehrmals die Grundlage für Balletthandlungen: 1581 beim ersten ↗Ballet de cour, des von ↗Baldassaro da Belgiojoso geschaffenen ↗„Ballet comique de la Reine" mit Musik von Beaulieu in Versailles; 1627 beim Ballet de cour des Herzogs von Savoyen; 1764 beim Ballett von Joseph Salomon „L'isola incantata di Circe la Maga", Venedig; 1963 beim Ballett „Circe" von M. ↗Graham mit der Musik von Hovhaness, London.

Ciriwanu. ↗Bolivianischer Tanz, der von den Aymara Indianern getanzt wird. Sie sind mit weißen Röcken bekleidet und tragen einen Kopfschmuck aus Straußenfedern. Die Musik besorgen die Tänzer während des Tanzes selbst. Jeder von ihnen hält eine oft bis zum Boden reichende Panpfeife in seiner linken Hand, in der rechten einen Trommelschlegel, mit welchem eine auf der anderen Seite hängende Trommel geschlagen wird.

City Center Joffrey Ballet. Dieses amerikanische Ballettensemble entstand aus dem Robert Joffrey Ballet Concert. Die Tänzer kamen hauptsächlich aus dem American Ballet Center. 1954 trat die Gruppe in New York erstmals auf. Nach verschiedenen Reisen unter dem Namen R. Joffrey's Theatre Dancers wurde sie 1960 zum R. Joffrey Ballet. R. Harkness unterstützte das Ballett in den Jahren 1962 bis 1964, veranlaßte eine Erweiterung des Repertoires und eine Reise in die UdSSR. Nach Unstimmigkeiten zwischen Joffrey und Harkness gingen die meisten Tänzer zum neugegründeten ↗Harkness Ballet. Joffrey gründete ein neues Ensemble, mit dem er 1965 debütierte. 1966 fand sein erstes Auftreten in New York City Center statt. Es wurde das ständige Ballettensemble dieses Theaters und nahm den Namen City Center Joffrey Ballet an. Künstlerischer Direktor wurde R. ↗Joffrey, Chefchoreograph und Mitdirektor G. ↗Arpino. 1969 gastierte das Ballett bei den Wiener Festwochen und 1971 zum erstenmal in London. Ein City Center Joffrey II-Ensemble wurde 1970 als Übungstruppe für Studenten der angeschlossenen American Ballet Center School gegründet.

Lit.: *Maynard, O.:* The Joffrey, in: Dance Magazine, November 1974.

Clarke, Mary. Britische Tanzschriftstellerin, geb. 23. August 1923 in London. Von ihr stammen folgende Veröffentlichungen: The Sadler's Wells Ballet – A History and an Appreciation, London 1955; Six Great Dancers, London 1957; Dancers of the Mercury, the Story of Ballet Rambert, London 1962; Ballet. An Illustrated History (mit C. ↗Crisp), London 1973; Making a Ballet (mit C. ↗Crisp), London 1974; Sections on dance, in: Man the Artist, 1964; The Encyclopedia of Dance and Ballet (mit D. Vaughan), London 1977.

Clauss, Heinz. Deutscher Tänzer, geb. 17. Februar 1935 in Esslingen. Er studierte in Stuttgart und tanzte von 1951 bis 1957 beim ↗Stuttgarter Ballett. Von 1957 bis 1959 trat er in klassischen Rollen im Opernhaus Zürich auf. In der Zeit von 1959 bis 1967 war er Solist an der Hamburger Staatsoper. Er kehrte dann nach Stuttgart zurück und trat in den Produktionen von Ballettdirektor J. ↗Cranko auf. 1976 übernahm Clauss die Direktion der Cranko-Ballett-Schule, Stuttgart.

Lit.: *Geitel, K.:* Heinz Clauss, in: Ballett 1967, Velber 1967.

Cleopatra-Ballette. Die Geschichte der letzten ägyptischen Königin aus dem Ptolemäergeschlecht, 51–30 v. Chr., Verbündete und Geliebte Cäsars, Frau des Antonius, bildete oftmals die Grundlage für Ballethandlungen: „Cleopatra" von Gasparo ↗Angiolini, Wien 1762; „Cleopatra" v. Canciani, Venedig 1778; „La Morte di Cleopatra" von Francesco ↗Clerico, Wien 1800; „Cleopatra" von Hervé, 1889; „Une Nuit d'Egypte" (Untertitel Cleopatra) von M. ↗Fokine, Musik von Arensky, St. Petersburg 1908. Eine erweiterte Version mit Musik von mehreren russischen Komponisten brachte ↗Diaghilew mit seinem Ballett 1909 im Theatre du Châtelet in Paris.

Lit.: *Beaumont, C. W.:* Cléopâtre, in: Complete Book of Ballets, London 1951.

Clerico, Francesco. Italienischer Tänzer, ↗Choreograph und Komponist, geb. 1755 (?), gest. nach 1833. Er war Schüler von ↗Noverre und tanzte 1775 am Kärntnertortheater in Wien, von 1779 bis 1797 in Venedig, von 1798 bis 1800 wieder in Wien, diesmal gemeinsam mit seinem Bruder Gaetano, und 1801 in Mailand. Er schuf mehrere große ↗Ballette, meist mythologischen Inhalts. Zu einigen schrieb er selbst die Musik („Der Tod des Herkules", „Zemire und Azor", „Die Waise der Höhle", u. a.).

Lit.: *Ritorni, C.:* Cenni biografici sul Salvatore Viganò, Milano 1821.

Clifford, John. Amerikanischer Tänzer und ↗Choreograph, geb. 12. Juni 1947 in Hollywood. Er studierte bei I. Kosmowska, E. Loring und an der Schule des ↗American Ballet in New York. 1967 kam er zum ↗New York City Ballet und wurde 1973 1. Tänzer. Seit 1975 ist er künstlerischer Leiter und Chefchoreograph beim Los Angeles Ballet.

Clog dance. Alter ↗englischer Volkstanz, mit Holzschuhen ausgeführt, aus der Gegend von Lancashire im nordwestlichen England an der Irischen See.

Closson, Ernest. Belgischer Musikschriftsteller, geb. 10. Dezember 1870 in Saint-Josseten-Noorde (Brüssel), gest. 21. Dezember 1950 in Saint-Gilles (Brüssel). Eines seiner wissenschaftlichen Hauptwerke ist die Veröffentlichung des „Le Manuscrit dit des Basses Danses de la Bibliotheque de Bourgogne", Société des Bibliophiles et Iconophiles de Belgique 1912 (Bibl. Royale Bruxelles 2943). Es ist ein wichtiges Dokument zur Geschichte des Tanzes im 16. Jh. Tanzgeschichtlich wichtig und grundlegend ist auch seine Studie „La Structure rythmique des Basses danses du mst. 9085 de la Bibliothèque Royale de Bruxelles", in: Sammelbände d. Int. Musikgesellschaft, Jg. 14, Leipzig 1912/13, S. 567 ff. (↗Margarethe v. Österreich)

Clustine, Ivan. Russischer Tänzer, ↗Ballettmeister und ↗Choreograph, geb. 10. August 1862 in Moskau, gest. 21. November 1941 in Nizza. Seine Ausbildung erhielt er an der Ballettschule des Bolschoj-Theaters. 1878 begann er sein künstlerisches Wirken im ↗Bolschoj-Ballett, wurde 1886 1. Tänzer und 1898 Ballettmeister. 1903 eröffnete er eine Ballettschule in Paris, wirkte als Ballettmeister an der Pariser Oper von 1909 bis 1914 und von 1914 bis 1931 als solcher bei der Truppe von Anna ↗Pawlowa, für deren Repertoire er einige ↗Ballette choreographierte.

Lit.: *Sarabelle, S.:* A la mémoire d'Ivan Clustine, in: Les Saisons de la danse, Dezember 1973.

Cohen, Friedrich (Fritz, Frederic). Komponist und Dirigent, geb. 23. Juni 1904 in Bonn, gest. 9. März 1967 in New York. 1924 war er Ballettrepetitor bei Y. ↗Georgi, 1924–1927 Operndirigent und -regisseur in Münster/Westfalen, 1932–1942 musikalischer Leiter und künstlerischer Mitdirektor des Ballettensembles von K. ↗Jooss. Für diese Gruppe schrieb er folgende Ballette: „Tragödie", 1926; „Kaschemme", 1926; „Zimmer Nr. 13", 1929; „Suite 1929", 1929; „Gaukelei", 1930; „Der ↗grüne Tisch", 1932; „Der verlorene Sohn", 1933; „The Mirror", 1935; „A Spring Tale", 1939. 1946 ging er an die Juilliard School of Music in New York und war bis 1963 Direktor des Juilliard Opera Theatre.

Lit.: *Chujoy, A.:* Dr. Fritz Cohen, in: Dance Encyclopedia, New York 1967.

College Hornpipe. Alte Form eines englischen ↗Morristanzes.

Lit.: *Wolfram, R.:* Schwerttanz u. Männerbund, S. 96, s. a.

Comédie-ballet. Name für das im 17. und 18. Jh. mit der Komödie verknüpfte ↗Ballett. Ab 1664 schufen J. B. ↗Lully und J. B. ↗Molière diese der Oper nahestehende Gattung des französischen Theaters für die Hoffeste ↗Ludwigs XIV. Zu den bedeutendsten Werken gehören Lullys und Molières „La Princess d'Elide", „Les festes de Versailles", „Monsieur de Pourceaugnac" und ↗Beauchamps und Molières „Les ↗Fâcheux". (↗Intermedien)

Lit.: *Pellisson, M.:* Les Comédies-ballets de Molière, Paris 1914. *Böttger, F.:* Die „Comédie-Ballets" v. Molière-Lully, Diss. Berlin 1930.

Commenda, Hans. Österreichischer Volkstanzforscher und Sammler, geb. 5. Februar 1889 in Linz, gest. 25. Januar 1971 ebendort. Er war der Gründer und bis zu seinem Lebensende der Leiter des Volksliedarchivs für Oberösterreich. Seine Veröffentlichungen über den Volkstanz sind: Unser Volkstanz, in: Heimatgaue, Jg. 3, 1922, H. 4, S. 185 ff.; Der Ländler, in: Heimatgaue, Jg. 3, 1922, H. 5/6, S. 250 ff.; Der Landla, in: Heimatgaue, Jg. 4, 1923, H. 2, S. 153 ff.; Der Landla, in: Oberösterreich, ein Heimatbuch f. Schule u. Haus, 1925, S. 414 ff.; Der Volkstanz in Oberösterreich, in: Der Pflug, 1927, S. 52 f.; Oberösterreichische Volkstänze, Heft 4 von Deutsche Volkstänze, Kassel 1928; Sechs Bairische aus der Oberpfalz, in: Das Deutsche Volkslied, Jg. 30, H. 4, April 1928, S. 53 ff.; Heitere Tanzspiele, Deutsche Volkstänze, H. 14, S. 8; Zwei Tanzbilder aus dem Landl, in: Rieder Volkszeitung 1933, Nr. 36; Burschentänze, Heft 13 von Deutsche Volkstänze, Kassel 1934; Rudentanz in Ennsdorf, in: Heimatgaue, Jg. 16, 1935, S. 186 ff.; Der Schwerttanz aus Lest-Neumarkt, Mühlviertel, in: Heimatgaue, Jg. 17, 1936, H. 1/2, S. 44 ff.; Landlabilder aus fünf Jahrhunderten, in: Heimatgaue, Jg. 17, 1936, H. 3/4, S. 150 ff.; Weitere Schwerttänze aus Oberösterreich, in: Heimatgaue, Jg. 18, 1937, H. 3/4, S. 115 ff.; Die Gebrauchsschriften der alten Landlageiger, in: Zeitschrift für Volkskunde, Jg. 48, 1939, N. F. 10, H. 2, S. 181 ff.; Totentanzlied, in: Das Deutsche Volkslied, Jg. 44, H. 9/10, 1942, S. 113 ff.; Tanzbrauchtum um den Landla, in: Volkslied, Volkstanz-Volksmusik (Das Deutsche Volkslied), Jg. 50, 1949, S. 34 ff.; Der Volkstanz, in: Der praktische Landwirt, 1949, H. 3/4, S. 24 f.; Ein Landlabild Franz Stelzhamers, in: Oberösterreichische Heimatblätter, Jg. 5, H. 1, 1951, S. 59 ff.; Oberösterreichische Volksmusik im Jahre 1724, in: Jahrbuch d. oberösterreichischen Musealvereines, Bd. 101, 1956, S. 275 ff.; Aus dem Notenbüchl vom Urähnl. Volksmusik aus Bad Ischl, in: Jahrbuch d. österreichischen Volksliedwerkes, Bd. 6, 1957, S. 8 ff.

Communauté. Name der Gesellschaft der französischen ↗Tanzmeister und Violinisten, welche 1659 von ↗Ludwig XIV. gegründet wurde. Der erste Direktor der Gesellschaft war G. Dumenoir. Sein Titel war „Le Roi de danse et des violons". Im Jahre 1662 wurde die Communauté zur ↗Académie Royale de Danse erhoben.

Condición. ↗Argentinischer Tanz aus dem Norden des Landes. Er ist von alten europäischen ↗Gesellschaftstänzen abgeleitet und hat die zwei Teile, die bei den frühen Tänzen üblich waren, den langsamen ↗Vortanz und den schnellen ↗Nachtanz.

Conga. Südamerikanischer Tanz afrikanischen Ursprungs. Hauptsächlich in Kuba getanzt, verbreitete er sich aber rasch bis nach Brasilien, wo er Congada heißt. Er ist ein sehr lebhafter Marschtanz im 2/4-Takt mit starken rhythmischen Akzenten. Von Berufstänzern und Tanzgruppen wird er meist stilisiert dargeboten. Nach 1930 kam er nach Europa. Er wird auch als eine Abart der ↗Rumba bezeichnet. (↗Brasilianischer Tanz, ↗Guajira)

Congé (congedium) bezeichnet abgekürzt mit c in den Tanzschriften des 16. Jh. einen Tanzschritt der ↗Basse danse. ↗Arbeau versteht darunter den Abschied von der Tänzerin. Bei ↗Arena und nach ↗Coplande ist Congé bedeutungsgleich mit der Schrittbezeichnung ↗Branle.

Lit.: *Czerwinski, A.:* Die Tänze d. 16. Jh. u. d. alte französische Tanzschule, 1878, S. 27. *Sachs, C.:* Eine Weltgeschichte d. Tanzes, 1933.

Continenza. Italienische Bezeichnung eines Tanzschrittes in den Tanzlehrbüchern des 15./16. Jh. Diese nach Oscar Bie (↗Lit.) „balancé-ähnliche Bewegung, mit Fortsetzen des einen und Heranziehen des anderen Fußes, mit etwas Senken und Heben und aller Grazie des pavoneggiare: ein Effekt, den man so erreicht, daß man sich ein wenig nach der Seite hebt, nach der die Continenza endigt", entspricht dem französischen ↗Branle (b) und gilt als Bindeglied zwischen ↗Reverenz und erstem Tanzschritt. Sie wird als Continenza grave und semigrave (in sechs oder drei Takten) oder als Continenza breve und semibreve (in vier oder zwei Takten) ausgeführt.

Lit.: *Bie, O.:* Der Tanz, 1919. *Sachs, C.:* Eine Weltgeschichte d. Tanzes, 1933, S. 204. *Taubert, K. H.:* Höfische Tänze. Ihre Geschichte u. Choreographie, 1968, S. 21 f.

Contrapás. ↗Religiöser Tanz, ursprünglich vor allem in Katalonien und in Roussillon verbreitet. Der religiöse Charakter bezieht sich auf den Text des Tanzes, einer langen Erzählung der Passion Christi mit frommen Kommentaren. Der Contrapás ist weniger ein Tanz im herkömmlichen Sinn, sondern vielmehr eine rituelle Zeremonie. Eine lange Reihe von Ausführenden, manchmal Männer und Frauen, manchmal nur Männer allein, bewegt sich an den Händen haltend im Halbkreis. Zur Musik der Cobla, dem katalanischen Volksorchester, schreiten sie einmal nach links, einmal nach rechts den Tanzplatz aus, um den Conrapás dort zu beenden, wo sie ihn begonnen haben. Nach der Beschreibung derjenigen, die den Tanz gesehen haben, gibt es verschiedene Versionen der Ausführung, die aber alle den gleichen religiös-zeremoniellen Charakter des Tanzes betonen. Der Contrapás darf nicht mit dem italienischen ↗Contrapasso und einem katalanischen Tanz gleichen Namens verwechselt werden. (↗Aurresku)

Lit.: *Capmany, E.:* El Contrapas, 1922. *Pujul, F.:* L'Œuvre du Chansonnier populaire de la Catalogne, Barcelona 1927. *Sachs, C.:* Eine Weltgeschichte d. Tanzes, 1933, S. 204 f.

Contrapasso bedeutet in den italienischen Tanzschriften des 15. und 16. Jh. einen schnellen Wechselschritt. Contrapasso ist aber auch der Name für einen katalanischen ↗Volkstanz, einen schnellen mit Sprüngen durchsetzten Kreisreigen im 6/8- oder 3/4-Takt. (↗Contrapás, ↗Sardana)

Lit.: *Capmany, A.:* El Contrapás, 1922. *Sachs, C.:* Eine Weltgeschichte d. Tanzes, 1933.

Contratanz (Gegentanz) heißen jene Tänze, bei denen die Tänzer einander im Viereck oder in zwei Reihen gegenüberstehen. Die Contratänze, in ihren Wurzeln bis in den kultischen Bereich keltisch-germanischer Schwertreigen zurückreichend, finden wir seit der 2. Hälfte des 17. Jh. in den verschiedensten Formen im ↗Volks- und ↗Gesellschaftstanz bis in das 20. Jh hinein. Besonders England hat spezielle Formen der Contratänze hervorgebracht. Doch sind zahlreiche Contratanzformen auch bei vielen anderen Völkern zu finden, teils entweder in Anlehnung an die englischen Contratänze entstanden, teils aber auch aus eigenen Wurzeln entwickelt. Die englische Form des Contratanzes, die sogenannte ↗**Country dance,** ist sehr alt. Zum erstenmal begegnen wir dem Ausdruck in dem Glossar zu der Aegloga Sexta von Spencers Shephearde's Calender 1579. Die erste und bedeutendste Sammlung von Country dances „The English Dancing Master" ist von John ↗Playford 1651 bis 1728 in 18 Ausgaben erschienen. An der Country dance nehmen Männer und Frauen zusammen teil. Die Schritte sind sehr einfach, die Figuren jedoch oft sehr kompliziert und mannigfaltig. Playford beschreibt in der 18. Auflage des Dancing Master ungefähr neunhundert verschiedene Country dances. Es gibt Tänze, bei denen die Tanzenden in zwei Reihen einander gegenüberstehen, die sogenannten ↗Longways, und Tänze, bei denen die Paare nebeneinander stehen, die ↗Rounds. Davon sind einige Tänze für eine bestimmte Anzahl von Paaren, andere wieder für „as many as will". Gehalten hat sich als einzige Form der „Longway for as many as will". Die Country dance, während des 19. Jh in England als Gesellschaftstanz aus der Mode gekommen, lebt als Volkstanz in den ländlichen Gegenden Englands und vor allem in Schottland weiter. Um 1685 wird die Country dance von England aus in den Niederlanden und in Frankreich bekannt. Als Contredanse wird sie der Tanz des französischen Hofes und des Bürgertums. Als sich 1688 der französiche ↗Tanzmeister ↗Landrin nach England begab, um die nouvelles contredanses zu erforschen, die der Dauphin kennenlernen wollte, war die Eroberung des Kontinents durch die Contredanse gegeben. Sie wird vorherrschend im Repertoire bei den Bällen und den Tanzfesten des Hofes. ↗Feuillet veröffentlicht im Jahre 1796 in seiner Contredanse Sammlung 32 Longways, die jedoch von den englischen sehr verschieden sind. Gegen Ende des 18. Jh. versteht man unter Contredanse und ↗Quadrille eine Contredanse für vier Paare und unter ↗Anglaise eine Contredanse für zwei Reihen. (↗Cotillon, ↗Française, ↗Sir Roger)

W. A. Mozart, Contratanz (KV 267)

Lit.: *Dezais:* Recueil de nouvelles contredances, Paris 1712. *Jayme, A.:* Recueil de contredanse en choréographie avec musique, 1717. *Playford, J.:* The Dancing Master, 1650–1731. *Chedeville:* Recueil de contredanses, 1735. *La Cuise, de:* Le Répertoire des bals ou théorie-pratique des contredanses, 1762. *La Cuise, de:* Suite de répertoire des bals ou recueil des contredanses, 1762. *Lange, C. Ch.:* Choreographische Vorstellung der englischen u. französischen Figuren in Contretänzen, 1762. *Malpied, M.:* Les Caracteres des Contre-Danses, Paris s. a. *La Cuise, de:* 18 Contredanses avec théorie, dessin et musique, 1769. *Fricke, E. Chr.:* Neue Cotillons oder französische Contretänze mit d. Touren u. Anweisung solche geschickt zu tanzen, 1775. *Landrin:* Pot-Pourri de Contre-danses anciennes tel qu'il se danse chez la reine, Paris 1776 u. Recueil de contredanses nouvelles, Paris 1776. *Preciso, Don:* Elementos de la ciencia contradanzaria, 1779, 1796. *Link, G.:* Vollkommene Tanzschule aller in Kompagnien u. Bällen vorkommenden Tänze nebst 12 ganz neu komponierten englischen Contre-Tänzen, 1796. *Wilson, Th.:* An Anaylsis of Country Dancing, 1808. *Wilson, Th.:* The complete System of English Country Dancing, 1820. *Krüger, A.:* Die allgemein beliebtesten Contretanz-Touren, 1831. *Honoré, C.:* De L'Art de la Danse, 1833. *Czerwinski, A.:* Brevier d. Tanzkunst, 1879. *Altroggen, H.:* Der Contre-danse, 1885. *Böhme, F. M.:* Geschichte d. Tanzes in Deutschland, 1886. *Zorn, F. A.:* Grammatik d. Tanzkunst, 1887, S. 151. *Burckhardt, A.:* Der Contre- oder Gegentanz, 1892. *Sharp, C. J.:* The Country Dance Book, 1909–1922. *Clarchies, L. J.:* Recueils des contredanses et Waltzes, Paris s. a. *Andersson, J.:* Nagra kontradanser fran 1700 – talet Folkminen och Folktanlear, Förstu Bandet, 1914, S. 96 ff. *Bie, O.:* Der Tanz, 1919. *Sharp, C. J.:* An Introduction to the English Country Dance, 1919. *Nettl, P.:* Musik u. Tanz bei Casanova, in: Gesellschaft deutscher Bücherfreunde in Böhmen, Bd. 6, 1924, S. 113. *Bloch, J.:* Der deutsche Volkstanz d. Gegenwart, in: Hessische Blätter f. Volkskunde, Bd. 26, 1927, S. 48. *Nettl, P.:* Casanova u. d. Tanz seiner Zeit, in: Neue Musik-Zeitung, Jg. 48, 1927, H. 10, S. 201 ff. *Sachs, C.:* Eine Weltgeschichte d. Tanzes, 1933. *Götsch, G. u. Gardiner, R.:* Alte Kontra-Tänze, 1928, 1950. *Götsch, G.:* Vom Wert d. Tanzes, insonderheit d. Kontratanzes u. über d. Kontratanz, in: Hausmusik, vols. 1 u. 2, 1951. *Wolfram, R.:* Die Volkstänze in Österreich u. verwandte Tänze in Europa, 1951. *Götsch, G.:* Über d. Kontratanz, in: Wege zum Volks- u. Gemeinschaftstanz, Nr. 4/5, 1952, S. 19 ff. *Götsch, G. u. Christl, R.:* Neue Kontratänze aus verschiedenen englischen Quellen, 1956. *Holden, R.:* The Contre Dance Book, 1956. *Damon, F.:* The History of Square Dancing, 1957. *Besseler, H.:* Einflüsse d. Contretanzmusik auf Joseph Haydn, in: Bericht über d. Int. Konferenz zum Andenken Joseph Haydns, 1959, S. 25 ff. *Guilcher, J. M.:* La Contredanse, 1969. *Lager, H. – Seidl, H.:* Kontratanz in Wien, 1983.

Contredanse ↗Contratanz.

Conversion bezeichnete bei den französischen ↗Tanzmeistern des 16. Jh. die Umkehr am Saalende.

Lit.: *Czerwinski, A.:* Die Tänze d. 16. Jh., 1878, S. 30 f. *Sachs, C.:* Eine Weltgeschichte d. Tanzes, 1933.

Copland, Aaron. Amerikanischer Komponist, geb. 14. November 1900 in Brooklyn, schrieb die Musik zu den ↗Balletten: „Grohg", 1925; „Hear Ye! Hear Ye!", 1934, ↗Choreographie von Ruth ↗Page; „Billy the Kid", 1938, Choreographie von Eugene Loring; „Rodeo", 1942, Choreographie von Agnes de ↗Mille; „Appalachian Spring", 1944, Choreographie von M. ↗Graham; „Dance Panels in Seven Movements", 1963, Choreographie von Rosen.

Coplande, Robert veröffentlichte im Jahre 1521 die kurze Basse danse-Anweisung „The Manner of dancynge of bace daunces after the use of fraunce and other places translated out of frenche in englysshe", die als eine der frühesten englischen Tanzschriften gilt (Ed. F. J. Furnivall in Captain Cox. London 1871). Neudruck von John Guthrie 1937.

Lit.: *Sachs, C.:* Eine Weltgeschichte d. Tanzes, 1933, S. 200 u. S. 304. *Kinkeldey, O.:* Dance Tunes of the Fifteenth Century, in: Instrumental Music by David G. Hughes, Cambridge 1959, S 3 ff.

Coppélia. ↗Ballettpantomime in zwei Akten von Leo ↗Delibes, Libretto nach E. T. A. Hoffmanns Erzählung „Der Sandmann" von Charles ↗Nuitter und Arthur ↗Saint-Léon. Die Uraufführung fand am 25. Mai 1870 im Pariser Théâtre Imperial de l'Opera statt. ↗Choreographie von Arthur Saint-Léon.

Lit.: *Guest, I.:* Two Coppélias, London 1970.

Coquille. ↗Kettentanz aus der französischen Schweiz (Canton de Vaud), dem sogenannten Waadtland. Dieser reigenartige Tanz hat in seiner Ausführung große Ähnlichkeit mit der ↗Farandole. Eine große Anzahl von Teilnehmern bildet durch Handfassung eine Kette und zieht so durch Gassen und Häuser und selbst über Mauern, Schranken und schmale Bretter, begleitet von Musik und Gesang. (↗Schweizer Volkstänze)

Lit.: *Jenny, W.:* Buch d. Reigen, 1890, S. 294 f.

Coralli, Jean (eigentlich Jean Coralli Peracini). Französischer ↗Choreograph und ↗Ballettmeister, geb. 15. Januar 1779 in Paris, gest. 1. Mai 1854 ebendort, besuchte mit 8 Jahren die Ballettschule der Pariser Oper, wo er 1802 debütierte. Nach kurzen Aufenthalten in Wien (1806), Lissabon, Mailand und Marseille wurde er maître de ballet am Thèâtre de la Porte Saint-Martin in Paris, 1831 Chefchoreograph am Théâtre de l'Académie Royale de Musique. Seine Choreographien sind Höhepunkte des ↗Balletts der Romantik. Berühmt wurde er vor allem durch seine Choreographie des Balletts ↗„Giselle". Seine Gattin Teresa war von 1805 bis 1808 Solotänzerin in Wien und später Ballettmeisterin an der Mailänder Scala. (↗Diable Boileux, le, ↗Schneitzhoeffer)

Lit.: *Beaumont, C. W.:* Complete Books of ballets, 1938. *Guest, I.:* The Romantic Ballet in Paris, 1966.

Coraules heißen die reigenartigen ↗Schweizer Volkstänze im 3/4-Takt aus der Gegend um Fribourg. Sie sind aus dem mittelalterlichen Rundtanz ↗Carole entstanden. Die Coraules werden mit Gesang im Dialekt des betreffenden Gebietes begleitet. Gelegentlich folgt auf den Gesang ein instrumentaler Refrain. Sie beginnen mit einem Reigentanz und gehen mit dem Refrain in einen ↗Paartanz über. (↗Reigen)

Lit.: *Witzig, L.:* Dances of Switzerland, 1949.

Cor na Gaillimhe. ↗Irischer Volkstanz im 2/4-Takt. Ausgeführt wird er von einem Tänzer und zwei Tänzerinnen (↗Dreiertanz). Der Mann steht zwischen den beiden Frauen, deren Hände er hält.

Lit.: *Burchenal, E.:* National Dance of Ireland, 1924, S. 71 ff.

Cornazano, Antonio. Italienischer ↗Tanzlehrer, geb. 1431 (1429?) in Piacenza, gest. um 1500 in Ferrara. Er war Schüler von ↗Domenico da Piacenza. Im Jahre 1465 gab Cornazano die Tanzschrift „Libro dell' arte del danzare" heraus. Eine Niederschrift aus dem Jahre 1455 (?) trägt eine Widmung an Hippolyta Sforza. Cornazanos Schrift existiert in einer einzigen Handschrift im „Codice Capponiamo-vaticano no 203“.

Lit.: *Zannoni, Giovanni:* Il „Libro dell'arte del danzare“ di Antonio Cornazano (1465), Atti della reale accademia dei lincei, vol. VI, 1890, S. 281 ff. *Mazzi, C.:* Il „libro dell'arte del danzare“ di Antonio Cornazano, in: La Bibliofilia, Jg. 17, April 1915, Dispenso Ia, S. 1 ff., 1916. *Bie, O.:* Der Tanz, 1919, S. 138.

Corps de ballet bezeichnet die Gruppe der Tänzer ohne solistische Aufgaben. Ursprünglich war es nur das ausgeschmückte Beiwerk mit höchstmöglicher Exaktheit und Präzision zu den Leistungen der Solisten. Seit ↗Angiolini und ↗Noverre und im romantischen Ballett wird das Corps de ballet immer mehr mit dramatischen Funktionen betraut. Die Zugehörigkeit zum Corps de ballet bedeutet für den einzelnen Tänzer dauernde Schulung, da es das Reservoir ist, aus dem die Solisten kommen. Gegliedert ist es in: Eleven, zweite und erste Quadrille und ↗Coryphées. (↗Salvatore Viganò)

Corrente ↗Courante.

Corrobori, Corrobiri, Corroboree ↗Korrobori.

Cortesi, Antonio. Italienischer Tänzer und ↗Choreograph, geb. Dezember 1796 in Pavia, gest. April 1879 in Florenz. Er begann seine Tätigkeit etwa 1811. 1823 wandte er sich als Choreograph nach Lissabon und wirkte später auch in London. Meist blieb er aber in Italien. Er gilt als einer der fruchtbarsten Choreographen seiner Zeit. (↗Alceste, ↗Faust)

Coryphée. Dieses aus dem Griechischen stammende Wort, wo es den Führer des Chores bezeichnete, wird beim ↗Ballett für weibliche Mitglieder des ↗Corps de ballet angewendet, die in der Gliederung dieser Gruppe bereits eine bestimmte Stufe erreicht haben.

Cotillon (= franz. Unterrock). Dieser ↗Gesellschaftstanz, der um 1723 in Frankreich, 1741 in Deutschland und 1770 in England erstmals getanzt wurde, ist eine Abart der ↗Contredanse (Contredanse française). Sein Name findet sich bereits in den Hamburgischen Unterhaltungen II, S. 164 vom Jahre 1769 in einer Besprechung einer „neuen Art gedruckter französischer Contretänze und Cotillons“, die 1769 bei Beyer in Halle erschienen sind. Der Cotillon ist ein mannigfach zusammengesetzter Tanz, dessen verschiedene ↗Touren oder Figuren von einer mehr oder minder großen Zahl von Paaren in Walzer-, Galopp- oder Polkaschritten ausgeführt werden. Cotillonfiguren gab es eine große Menge. Der Pariser ↗Tanzmeister Cellarius hat „100 neueste Pariser Cotillon Touren“ um die Mitte des 19. Jh. in einem Büchlein (↗Lit.) angegeben. Mit der Zeit entwickelte sich der Cotillon zu einem Gesellschaftsspiel in Tanzform. Die Figuren hatten verschiedene Namen, wie z. B. Les Fleurs (die Blumen), Colin-maillard (Blindekuh), Le mouchir presenté (Taschentuch darbieten), Les rubans (Die Bändertour). Lange Zeit hindurch bildete der Cotillon gewöhnlich den Höhepunkt und Abschluß eines Balles.

Lit.: *Gallini, G. A.:* New Collection of forty-four Cotillons, 1770. *Fricke, E. Chr.:* Neue Cotillons oder franz. Contretänze, 1775. *Wilson, Th.:* The Quadrille and Cotillon Panorama, 1818. *Desrat, G.:* Le cotillon avec toutes ses figures, 1855. *Cellarius:* 100 neueste Pariser Cotillon Touren, 1860. *Lestienne-Dubois, F.:* Der vollendete Cotillon Tänzer, 1869. *Perrin, Ch.:* Le Cotillon, 1876. *Anonym:* Die Tanzkunst u. d. Tänze, 1877. *Haraschin, C.:* Album für Cotillon-Touren, 1878. *Czerwinski, A.:* Brevier d. Tanzkunst, 1879. *Haraschin, C.:* Unsere Gesellschaftstänze, 1880, S. 113 ff. *Desrat, G.:* Le cotillon, 1881. *Böhme, F. M.:* Geschichte d. Tanzes in Deutschland, 1886. *Jolizza, W. K. v.:* Die Schule d. Tanzes, 1900. *Riemann, H.:* Tänze d. 16. Jh., in: Die Musik, Jg. 6, 1906/07, H. 3, S. 140 ff. *Bie, O.:* Der Tanz, 1919. *Robitschek, A.:* Der Kotillon. Ein Beitrag zur Sexualsymbolik, Int. Psychoanalytischer Verlag, Leipzig 1925. *Sachs, C.:* Eine Weltgeschichte d. Tanzes, 1933. *Skasa-Weiss, E.:* Verspielte Tänze – kleiner Flirt, 1959.

Coton, A. V. (eigentlich Edward Haddakin). Britischer Ballettschriftsteller und Kritiker, geb. 1906 in New York, gest. 7. Juli 1969 in Blackheath. Von ihm stammen die Schriften: A Prejudice for Ballet, 1938; The New Ballet. Kurt Jooss and his work, 1946; Writings on Dance 1938–1968, 1975.

Coulon. Bedeutende französische Tänzerfamilie. Sie wirkte vom Ende des 18. Jh. bis zur 1. Hälfte des 19. Jh. **Anne-Jacqueline Coulon** tanzte an der Pariser Oper von 1778 bis 1802 mit Jean ↗Dauberval, Pierre ↗Gardel und Gaetano ↗Vestris. Deren Bruder **Jean-François Coulon** (1764 bis 1836) begann 1787 seine tänzerische Laufbahn an der Pariser Oper und war von 1808 bis 1830 einer der bedeutendsten Lehrer. Zu seinen Schülerinnen zählte unter anderen Marie ↗Taglioni. **Antoine-Louis Coulon** (1796–1849), Sohn des Jean-François, tanzte an der Oper Paris, war aber auch Gast in London.

Country dances heißen die ↗englischen Volkstänze. Es sind ländliche Tänze, durchwegs gelaufene und ausschließlich Gruppentänze, die von Männern und Frauen gemeinsam getanzt werden. Ungefähr 1000 solcher Tänze verschiedenster Formen sind erhalten. 1651 erschien die erste Sammlung im „The English Dancing Master" von ↗Playford. Wiederbelebt wurden sie durch Cecil ↗Sharp, der die Country dances, wie sie ihm vom englischen Landvolk überliefert wurden, aufzeichnete und in seinem „Country Dance Book" in fünf Bänden in den Jahren 1909 bis 1922 herausgab. Mit Hilfe dieser Sammlung war es ihm auch gelungen, eine Entzifferung der Sammlung Playfords zu erreichen. Durch eine mißverstandene Übersetzung werden die Country dances auch als ↗Contratänze bezeichnet.

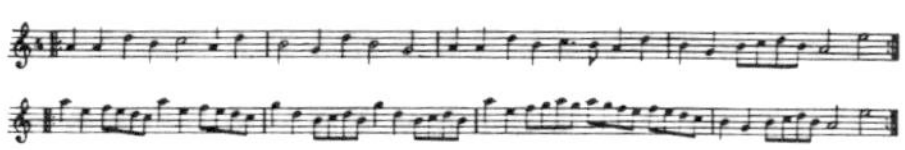

Lit.: *Gallini, G. A.:* Country-dances, made plain and easy, 1764. *Jones, E.:* Favourite Country Dances, 1780.

Coupé. Im klassischen ↗Ballett die Bezeichnung für einen halben, „geschnittenen" Schritt als Vorbereitung für einen anderen Schritt. Er findet sich auch in vielen alten Tänzen wie z. B. ↗Courante und ↗Menuett.

Lit.: *Raab, R.:* Lexidion f. d. Ballett, s. a. *Waganowa, A. J.:* Die Grundlagen d. klassischen Balletts, 1954.

Couperin, François. Französischer Komponist, geb. 10. November 1668 in Paris, gest. 12. September 1733 ebendort. Seine vielen in ↗Suiten zusammengefaßten Kompositionen für Clavecin und seine Kammermusik sind eine Fundgrube für die französischen Tanzformen seiner Zeit und wurden daher gerne für Ballettmusiken verwendet. So stellte Richard ↗Strauss aus einzelnen Stücken Couperins eine Ballettsuite zusammen, die im Jahre 1923 an der Staatsoper Wien als Ballett von H. ↗Kröller unter dem Titel „Höfische Tänze im Stil Ludwigs XIV." aufgeführt wurde. Pino und Pia ↗Mlakar brachten 1941 in München eine andere ↗Choreographie, betitelt „Verklungene Feste", zur Aufführung.

Couqui, Claudine (eigentliche Cucchi). Italienische Tänzerin, geb. 1834 in Monza, gest. 8. März 1913 (1914?) in Mailand. Sie war Schülerin von Carlo ↗Blasis und debütierte in Paris 1855. Von 1857 bis 1868 war sie Primaballerina am Hofoperntheater in Wien. Bei ihren Tourneen wirkte sie auch in London, St. Petersburg und Warschau. 1873 war sie nochmals als Gast in Wien und beendete im selben Jahr ihre künstlerische Laufbahn in Rom. Ihr Bruder Leopold Couqui war von 1861 bis 1873 Tänzer in Wien, zunächst am Kärntnertortheater und ab 1869 im neuerbauten k. k. Hofoperntheater.

Courante (Corrente, Coranta, Corant). Französischer ↗Gesellschaftstanz aus dem 16./17. Jh. Ihre erste Erwähnung fand die Courante im Jahre 1515 bei dem französischen Dichter Clément Marot (1497–1544) in seiner „Epître des Dames de Paris". Ursprünglich ein pantomimischer ↗Werbetanz, erlebte sie ihren Höhepunkt als Gesellschaftstanz um die Mitte des 17. Jh. Sie galt als der Lieblingstanz König ↗Ludwigs XIV. Nach dem 17. Jh. war sie als Gesellschaftstanz nicht mehr üblich. Der Name – corrente = laufend, fließend – deutet schon den Stil ihrer Tanzbewegung an. Die Ausführung der Courante war vielen Änderungen unterworfen. Ihre Schritte bestanden vor allem aus zwei einfachen und einem doppelten Schritt abwechselnd nach links und rechts gesprungen. Der französische Gelehrte Marin Mersenne (1588–1648) nannte sie ein „hüpfendes Hin und Her". Die Courante simple bestand nur aus Vorwärtsschritten, die Courante figurée aus Vor-, Rück- und Seitenschritten. Um die Mitte des 17. Jh. vollzog sich ein Differenzierungsprozeß, der zu zwei Typen von Couranten führte, und zwar zur rascheren französischen Courante und zur langsameren italienischen Corrente. Die charakteristischen Merkmale beider Typen waren aber der ungerade Takt und der punktierte Rhythmus, sowie der verkürzte Auftakt. Nur ↗Arbeau, zu dessen Zeit die Courante als ein pantomimischer Tanz ausgeführt wurde, nahm für sie den geraden Taktrhythmus an. Die stilisierte, spätere charakteristische Tanzform der Courante galt lange Zeit als Grundlage des Tanzunterrichtes und die ↗Académie Royale de Danse formte sie zum Schulbeispiel der Tänze. In dieser Form nannte man sie den ↗Doktortanz. Schon um 1600 fand die Courante Eingang in die Kunstmusik. Zahlreiche musikalische Quellen bringen den Beweis dafür. Das älteste für Deutschland bekannte Beispiel ist die „Corante du roy" aus der Orgeltabulatur von B. ↗Schmid d. Ä. aus dem Jahre 1577. Das Fitzwilliam Book aus dem Jahre 1600 bringt englische Coranten. Die Tanzsammlung von J. Staden, W. Brade, Th. Simpson, J. H. Schein, P. Peuerl, M. ↗Praetorius und G. Frescobaldi folgen später mit französischen und italienischen Couranten. In der ↗Suite erscheint die Courante zumeist als ↗Nachtanz zur ↗Allemande. Die kunstvolle Stilisierung erlebt die Courante in den Suiten und ↗Partiten von J. S. ↗Bach.

Mersenne 1636

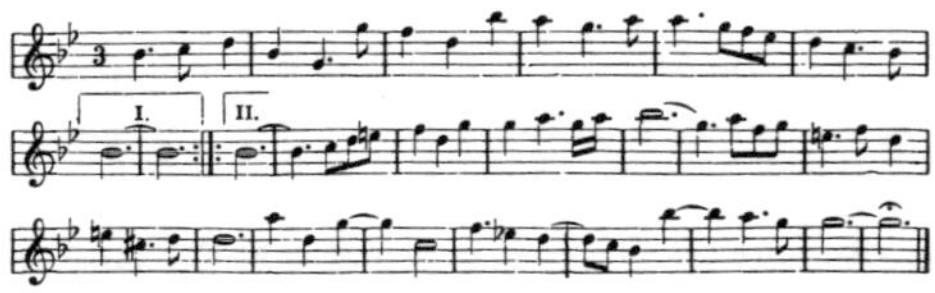

J. S. Bach, Französische Suite C-Moll (BWV813)

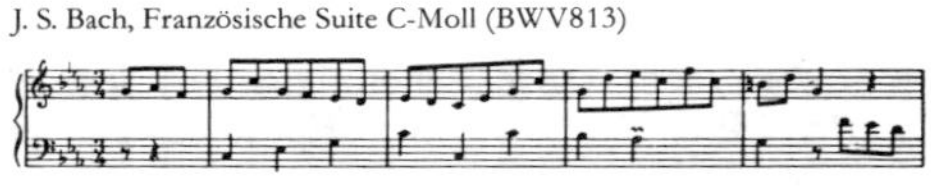

Lit.: *Czerwinski, A.:* Die Tänze d. 16. Jh., 1878. *Czerwinski, A.:* Brevier d. Tanzkunst, 1879. *Böhme, F. M.:* Geschichte d. Tanzes in Deutschland, 1886. *Jolizza, W. K.:* Die Schule d. Tanzes, 1907. *Bie, O.:* Der Tanz, 1919. *Nettl, P.:* Die Wiener Tanzkomposition in d. zweiten Hälfte d. 17. Jh., in: Studien zur Musikwissenschaft, H. 8, 1921, S. 78 ff. *Sachs, C.:* Eine Weltgeschichte d. Tanzes, 1933. *Bahr, W.:* Zur Entwicklungsgeschichte d. höfischen Gesellschaftstanzes, 1941, S. 62 ff. *Dolmetsch, M.:* Dances of England and France from 1450 to 1600, 1949, S. 129 ff. *Pontius, J.:* Eine anonyme kurpfälzische Orgeltabulatur, 1960, S. 72 ff. *Steglich, R.:* Tanzrhythmen in d. Musik J. S. Bachs, in: Jahresgabe d. Int. Bach-Gesellschaft Schaffhausen, 1960, S. 18 ff. *Feldmann, F.:* Historische Tänze d. musikalischen u. choreographischen Weltliteratur, in: Volkstanz im Tanzarchiv, Jg. 5, 1961, H. 1, S. 1 ff. *Feldmann, F.:* Untersuchungen zur Courante als Tanz, insbesondere im Hinblick auf d. Klaviersuiten-Courante J. S. Bachs, in: Deutsches Jahrbuch d. Musikwissenschaft f. 1961, Jg. 6, S. 40 ff. *Drabecka, M.:* Tance Historyczne, Warszawa 1966. *Kraemer, U.:* Die Courante in d. deutschen Orchester- u. Klaviermusik d. 17. Jh., Diss. Hamburg 1967. *Taubert, K. H.:* Höfische Tänze, 1968.

Couronne bedeutet im klassischen ↗Ballett geschlossene Stellung mit den Armen über dem Kopf.

Lit.: *Raab, R.:* Lexidion f. d. Ballett, s. a.

Couru (pas de) ist im klassischen ↗Ballett die Bezeichnung für zwei oder drei Ansatzschritte vor dem Sprung.

Lit.: *Raab, R.:* Lexidion f. d. Ballett, s. a.

Cracovienne ↗Krakowiak.

Cragun, Richard. Amerikanischer Tänzer, geb. 5. Oktober 1944 in Sacramento, Calif. Er studierte ↗Tap Dance und hierauf Ballett bei B. Briggs, an der Canada Banff School of Fine Arts und an der Royal Ballet School in London. Er erhielt auch Privatunterricht bei V. ↗Volkova. 1962 schloß er sich dem ↗Stuttgarter Ballett an, wo er 1965 1. Tänzer wurde. Als Partner von M. ↗Haydée tanzte er klassische Rollen in Stuttgart und bei Gastspielen.

Lit.: *Gruen, J.:* Stuttgart Profiles: Marcia Haydée and Richard Cragun, in: Dance Magazine, August 1975.

Cramér, Ivo. Schwedischer Tänzer, ↗Choreograph und Ballettdirektor, geb. 5. März 1921 in Gothenburg, studierte bei Birgit ↗Cullberg und Sigurd ↗Leeder. Im Jahre 1944 tanzte er mit Cullberg. Mit einer eigenen Truppe absolvierte er Tourneen durch Schweden. 1946 war er Mitdirektor des Svenska Dansteatern und von 1948 bis 1949 ↗Ballettmeister der Lisbon Verde Gaio Kompanie. Bevor er 1975 Direktor des ↗Königlich-Schwedischen Balletts wurde, wirkte er freischaffend als Choreograph in Skandinavien.

Lit.: *Hagman, B.:* The Royal Swedish Ballet, in: Dancing Times, August 1957. *Kerensky, O.:* The Prodigal Son, in: Dance and Dancers, November 1957.

Cramignon. Dieser alte flandrische Frühlingsreigen stand ursprünglich in Zusammenhang mit den Fruchtbarkeitsbräuchen, ist aber mit der Zeit zu einem Freudenreigen zur Kirmes geworden. Am Kirmes-Dienstag zog die Bevölkerung der südniederländischen Stadt Limburg in einer Tänzerkette singend und Blumensträuße schwingend vom späten Nachmittag bis nach Mitternacht durch die Straßen des Ortes. Als Tanzlieder wurden meist alte Volkslieder im schnellen $^{6}/_{8}$-Takt gesungen. Der Cramignon ist auch heute noch bei den Frühlingsfeiern in den südlichen Niederlanden und in Belgien anzutreffen. (↗Belgische Tänze, ↗Niederländischer Volkstanz)

Lit.: *Anonym:* Recueil d'airs de cramignons liègois, 1889. *Polaine, E.:* Les cramignons liègois, Liège 1927. *Wolfram, R.:* Schwerttanz u. Männerbund, 1935, S. 72, 159. *Wauters, E.:* Ein flämischer Männertanz mit Stökken u. Reifen, in: Deutsche Volkskunde, Jg. 3, 1941, H. 3/4, S. 149 ff. *Van der Ven-Ten Bensel, E.:* Volksdans in Nederland, 1942, S. 19, 52, 93.

Cranko, John. Britischer Tänzer und ↗Choreograph, geb. 15. August 1927 in Rustenberg, Südafrika, gestorben während eines Fluges von Amerika nach Deutschland am 26. Juni 1973. Er besuchte die Ballettschule in Kapstadt, kam 1946 nach London in das Ensemble des ↗Sadler's Wells Ballet und trat bald als Choreograph hervor: „Beauty and the Beast" 1949 (TV-Bearbeitung 1953). Es folgten: „Pastorale", „Pinapple Poll", „Harlequin in April" (beide entscheidend für den Aufstieg zur choreographischen Spitzenklasse), „Bonne bouche", „The Shadow"; für das ↗New York City Ballet choreographierte er „The Witch" u. a. 1961 wurde Cranko nach Stuttgart berufen. Mit seinen Werken ↗„Daphnis et Chloë", „L'estro armonico", ↗„Romeo und Julia", „Bouquet Garni", „Brouillards", „Poème de l'extase", „Der Widerspenstigen Zähmung", „Eugen Onegin" u. a. und seinem letzten Werk „Spuren" vollzog sich das „Deutsche Ballettwunder". Viele große Auslandstourneen bestätigten dies. – Eine mystische Schicksalsfügung: Crankos erste größere Choreographie „Sea Change" gelangte in Dublin zur Uraufführung – in Dublin wurde sein Leichnam aus dem Flugzeug gehoben, als er von einem erfolgreichen Amerika-Gastspiel zurückkehren wollte. (↗Jeu de Cartes)

Lit.: *Winkler-Betzendahl, M.-Koegler, H.:* Ballett in Stuttgart, 1964. *Dominic, Z. – Winkler-Betzendahl, M.:* John Cranko u. d. Stuttgarter Ballett, 1969, 4. Aufl. 1979. *Koegler, H.:* John Cranko, in: Les Saisons de la danse, März 1972. *Cranko, J.-Schäfer, W.:* Gespräch über d. Tanz, 1974. *Geitel, K. – Kilian, H.:* John Cranko, 1977. *Bland, A.:* The Royal Ballet, 1981.

Craske, Margaret. Britische Tänzerin, geb. 1898. Kurze Zeit war sie Mitglied des Diaghilew-Balletts und begann später in London nach dem Cecchetti-System zu unterrichten. 1946 ging sie in die USA, wo sie zunächst ↗Ballettmeisterin des ↗American Ballet Theatre wurde. 1950 begann sie ihre Lehrtätigkeit an der Ballettschule der Metropolitan Opera in New York. Sie ist Mitautorin von C. W. ↗Beaumonts Werk „The Theory and Practice of Allegro in Classical Ballet" und F. ↗Derra de Morodas „Practice of Advanced Allegro in Classical Ballet".

Criolla. Tanz aus Puerto Rico, aber auch in Kuba üblich. Die Criolla steht wie der vom spanischen ↗Fandango beeinflußte ↗Bambucco im 6/8-Takt. (↗Kubanischer Tanz, ↗Puertoricanischer Tanz)

Lit.: *Friedenthal, A.:* Musik, Tanz u. Dichtung bei d. Kreolen Amerikas, 1913, S. 128.

Criollo. Argentinischer Volkstanz. Seine Herkunft ist nicht ganz geklärt. Man nimmt an, daß er nicht ausländischen Ursprungs ist, sondern aus spontanen Einfällen der Gauchos hervorgegangen ist. Die meisten der echten Criollo-Tänze sind nur für ein ↗Tanzpaar. In der Regel berühren die Partner einander nicht. Sie halten die Arme leicht gebeugt, so daß die Hände ein wenig höher als die Schultern gehalten werden. Die Bewegungen der Frau sind ruhiger als die des Mannes. Bei manchen Gaucho-Tänzen werden einige Takte vom Mann gesteppt (↗Zapateo), meist improvisiert, was beträchtliches Können und höchste Virtuosität erfordert. Viele Tänze werden mit einem leichten Fingerschnalzen beider Partner begleitet.(↗Argentinischer Tanz)

Lit.: *Lloyd, A. L.:* Dances of Argentina, 1954, S. 7 f., S. 21 f.

Crisp, Clement. Britischer Ballettkritiker, geb. 21. September 1931 in Romford, wurde 1968 Bibliothekar und Archivar der ↗Royal Academy of Dancing. Er verfaßte folgende Schriften: Margot Fonteyn, with Complete List of Roles and Activities, in: Les Saisons de la danse, Dez. 1968; Ballet for All, London 1970 mit P. ↗Brinson; Ballet. An Illustrated History, London 1973 mit M. Clarke; Making a Ballet, London 1974 mit H. Clarke; Ballerina. Portraits and Impressions of Nadia Nerina, London 1975; A Guide to the Repertory, London 1980, mit P. Brinson.

Croisé bedeutet im klassischen ↗Ballett das Kreuzen der Beine. Es kann nach vorwärts und nach rückwärts gerichtet sein. Croisé wird auch die Stellung der Gliedmaßen zum Körper und auch dieser zum Raum genannt.

Lit.: *Waganowa, A. J.:* Die Grundlagen d. klassischen Tanzes, 1954, S. 25 f. *Raab, R.:* Lexidion f. d. Ballett, s. a.

Csárdás. ↗Ungarischer Volkstanz. Der Name stammt von csàrda = Schenke. Seine erste Erwähnung fällt in die erste Hälfte des 19. Jh. Hervorgegangen ist er aus dem mittelalterlichen Heiduckentanz, ungarisch Hajdútánz. Um 1835 gelangt er in die Ballsäle der ungarischen Gesellschaft. Seine Blütezeit ist von 1845 bis 1880. Meist besteht er aus einer langsamen, melancholischen Einleitung, dem Kreistanz der Männer, Lassu genannt, und dem eigentlichen Csárdás, dem ↗Paartanz, Friss oder Friszka genannt. Er ist sehr lebhaft und hat einen stark akzentuierten Rhythmus im 2/4- oder 4/4-Takt. (↗Heiduka)

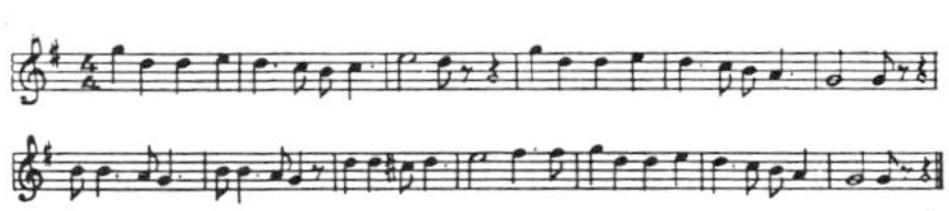

Lit.: *Czerwinski, K.:* O tańcach narodowych (Über Nationaltänze), 1879. *Réthei-Prikkel, M.:* A magyarság táncai, Budapest 1924. *Derra de Moroda, F.:* The Csárdas and Sor Tánc, in: The Imperial Society of Teachers of Dancing, London 1929. *Viski, K.:* Hungarian Dances, Budapest 1937. *Rearick, E. C.:* Dances of Hungarians, New York 1938. *Tálasi, J.:* A magyar táncokról, Budapest 1949. *Buda, G.:* Dances of Hungary, in: Handbuch der Nationaltänze XI, London 1950. *Lawson, J.:* European Folk Dance, 1953, S. 200 f. *Szentpál, O.:* A csárdás, 1954. *Kaposi, E.-Maácz, L.:* Magyar népi táncok és táncos népszokások, Budapest 1958.

Cuando. Argentinischer Volkstanz. Dieser sehr verbreitete und beliebte Tanz hat sich aus den europäischen ↗Menuetten und ↗Gavotten entwickelt. (↗Argentinischer Tanz)

Cucchi, Claudine ↗Couqui, Claudine.

Cueca ↗Zamacueca.

Cuevas, Marquis George de (Marquis de Peidrablanca de Guana de Cuevas). Chilenisch-amerikanischer Ballettmanager und Ballettdirektor, geb. 26. Mai 1885 in Santiago de Chile, gest. 22. Februar 1961 in Cannes. 1943 begründete er das Ballet Institute und Ballet International, mit welchem er 1944 in New York debütierte. 1947 übernahm er das Nouveau Ballet de Monte Carlo, welches unter dem Namen Grand Ballet de Marquis de Cuevas lief. Es waren amerikanische Tänzer und ↗Choreographen, die das Kontingent dieser Truppe bildeten. Ihre erste Saison startete die Truppe 1947 in Paris und markierte damit ihr umfassendes Programm, mit dem sie die westlichen Länder bereiste. 1962 wurde die Truppe aufgelöst, blieb aber eine Basis für interessierte Tänzer, wie z. B. ↗Nurejew, welcher hier seine erste westliche Zufluchtstätte fand.

Lit.: *Daguerre, P.:* Le Marquis de Cuevas, Paris 1954.

Cullberg, Birgit. Schwedische Tänzerin, ↗Choreographin und Ballettdirektorin, geb. 3. August 1908 in Nyköping. Sie studierte von 1935 bis 1939 bei K. ↗Jooss und S. ↗Leeder, ferner bei Lillian Karina und später bei Martha ↗Graham in New York. 1939 debütierte sie mit einer eigenen Truppe und gründete 1946 mit Ivo ↗Cramér das Svenska Dansteater. Von 1952 bis 1957 arbeitete sie als Choreographin für das ↗Königlich-Schwedische Ballett, in Deutschland und in Amerika. 1967 wurde sie Direktorin des staatlichen Cullberg-Balletts. Sie gilt als die repräsentativste Choreographin Skandinaviens. Berühmt wurde sie vor allem mit der Choreographie des Balletts ↗„Fräulein Julie". Von ihr stammt das Buch „Balletten och Vi" (Das Ballett und wir). (↗Medea-Ballette)

Lit.: *Lidova, I.:* Cullberg, in: Les Saisons de la danse, Mai 1972. *Näslund, E.:* Birgit Cullberg, 1978.

Cunningham, Merce. Amerikanischer Tänzer, ↗Choreograph, Ballettdirektor und Lehrer, geb. 16. April 1919 in Centralia, Wash. Er studierte zunächst ↗Gesellschafts- und ↗Volkstanz, setzte dann seine Studien an der Cornish School of Fine Arts in Seattle, Wash., und an der Bennington School of Dance fort. Von 1939 bis 1945 war er Mitglied der Martha ↗Graham Ballettgruppe. Als Choreograph wirkte er ab 1940 mit John ↗Cage und anderen Komponisten der amerikanischen Avantgarde-Musik, die seine tänzerischen Arbeiten wesentlich beeinflußten. Er gilt vor allem als Haupt der tänzerischen Avantgarde in den USA und ist berühmt geworden durch die Anwendung des Zufalls in der Choreographie. Es handelt sich dabei um die Austauschbarkeit von choreographierten, also in der Bewegung streng fixierten Blöcken. Dadurch kann ein ↗Ballett an jedem Abend anders aussehen, obwohl es in seiner Substanz unverändert bleibt (↗Jahreszeiten). Von ihm stammen folgende Schriften: Summerspace Story, in: Dance Magazine, Juni 1966, S. 52 f.; Changes. Notes on Choreography, 1969; Le Danseur et la danse, 1980.

Cuoco, Joyce. Amerikanische Tänzerin, geb. 7. Mai 1953 in Jamaica Plain, Mass. Sie studierte bei H. Hoctor, A. Roje und E. V. Williams in Boston. Als ihre Familie nach Los Angeles übersiedelte, setzte sie ihr Studium bei I. Kosmowska, T. ↗Riabuschinska und D. ↗Lichine fort. Als Kind trat sie schon in verschiedenen Fernsehshows auf. 1970 wurde sie Mitglied des ↗Stuttgarter Balletts und tanzte dort in J. ↗Crankos Standardrepertoire alle Ballerinenrollen. 1976 ging sie an die Staatsoper München. Sie kehrte in die USA zurück, schloß sich dem Pennsylvania Ballet an und tanzte dort die klassischen Rollen der Ballette des 19. Jh. sowie in Produktionen von G. ↗Balanchine.

Cushion dance. ↗Englischer Volkstanz, ein Tanzspiel, das in seiner Form und Ausführung dem ↗Polsterltanz gleicht.

Anfang 16. Jh.

Lit.: *Schubert, F. L.:* Die Tanzmusik, 1867, S. 37. *Czerwinski, A.:* Brevier d. Tanzkunst, 1879, S. 71 ff. *Gomme, G. L.:* A Dictionary of British Folk-Lore, vol. I, 1894, S. 87 ff.

Cwener ↗Zäuner.

Czerwinski, Albert. Deutscher ↗Tanzlehrer. Er schrieb zwei grundlegende Bücher zur Geschichte des Tanzes: „Geschichte der Tanzkunst bei den cultivierten Völkern von den ersten Anfängen bis auf die gegenwärtige Zeit", J. J. Weber, Leipzig 1862. In der 2. Auflage umgearbeitet als „Brevier der Tanzkunst. Die Tänze bei den Kulturvölkern von den ältesten Zeiten bis zur Gegenwart. Nebst einem Anhange: „Tanzrepertoire für kleinere und größere Gesellschaftskreise", Leipzig 1879. Außerdem erschien von ihm eine Übersetzung der wichtigsten Teile von Jean ↗Tabourots „Orchésographie" unter dem Titel: „Die Tänze des XVI. Jahrhunderts und die alte französische Tanzschule vor Einführung der Menuett", Selbstverlag, Danzig 1878.

Czobel, Lisa. Ungarisch-deutsche Tänzerin, geb. 2. April 1906 in Bamberg. Sie studierte an der Ballettschule von B. ↗Trümpy in Berlin, bei O. ↗Preobrajenska und L. ↗Egorowa. Sie tanzte bei der Gruppe von V. ↗Skoronel und am ↗Folkwang Tanztheater in Essen, mit dem sie 1923 emigrierte. Sie wurde freischaffende Tänzerin und trat hauptsächlich in der Schweiz und in Italien auf. Nach dem 2. Weltkrieg kehrte sie nach Deutschland zurück, wo sie mit verschiedenen Ensembles auftrat. Sie unternahm auch ausgedehnte Tourneen nach Übersee.

D

Dabke oder **Davke.** Arabischer ↗Ritualtanz, verbunden mit dem sogenannten Wassertrinkfest, basierend auf dem alten Modus des ↗Springtanzes rund um den Altar. Der Kreis wird von Männern gebildet, welche mit gebeugten Knien um den Altar hüpfen. (↗Arabischer Tanz)

Dabus heißt der wilde Kampfmessertanz der Atjehs, eines Volkes im äußersten Norden Sumatras. Der Tanz wird als kultische Handlung nur zu besonderen Anlässen von den wenigen, die den Tanz überhaupt gänzlich beherrschen, gezeigt. Erregende Trommeltakte, Räucherwerkduft und Beschwörungsgesänge steigern den Tänzer in Ekstase. In wilden Rhythmen stößt er sich dann sein Kampfmesser in den Körper, immer schneller, immer heftiger, bis er erschöpft, doch wie durch Zauberei unverletzt, zusammenbricht.

Lit.: *Seiler, Brigitte:* Nordsumatra – wo kaum ein Fremder hinkommt, in: Kurz und Gut, Jg. 3, H. 7, 69, S. 26.

Dämon (der). Tanzpantomime in zwei Bildern von Max Krell, Musik von Paul ↗Hindemith, komponiert 1922. Die Uraufführung fand im Dezember 1923 im Landestheater Darmstadt statt. Das Libretto schildert die Geschichte zweier Mädchen, die eine Ausgeburt ihrer abgründigen Phantasie, nämlich die unheimliche, übersinnliche Macht eines Dämons, umwerben.

Dänischer Volkstanz. Trotz der bestimmten Eigenarten, welche die vielen dänischen Volkstänze aufweisen, ist deutlich der zentraleuropäische Einfluß, sowohl bei den Namen als auch bei den verschiedenen Formen erkennbar. Wie im ganzen skandinavischen Raum werden vor allem unter dem Namen ↗Polska verschiedene Tanzformen zusammengefaßt. Besonders charakteristisch für den dänischen Volkstanz sind die Formen mittelalterlicher Singtänze, die noch in Resten mancher Tänze wie dem ↗Folkevisedans, ↗Manøsk, ↗Tospring u. a. noch weiterleben. Die alten ↗Ritualtänze existieren vor allem auf den Färöer-Inseln (↗Färöischer Tanz). Der alte ↗Kettentanz hat dort von jeher seine besondere Pflegestätte gefunden. (↗Fannikedans, ↗Fedder Mikkel, ↗Firetur, ↗Flyvgal, ↗Gallopink, ↗Halve Kaede, ↗Hamborg Skotsk, ↗Hattemageren, ↗Henrik Smith, ↗Hjørnskotsk, ↗Hornpfiffen, ↗Kaeppedans, ↗Karlenes Fornøjelse, ↗Løbe Brud of Laget, ↗Lybaekkeren, ↗Manøsk, ↗Marlborough, ↗Ni Konger Dans, ↗Otte Mands Dans, ↗Pirrevals, ↗Ruder Es, ↗Sextur, ↗Sisken, ↗Skomagerstykket, ↗Sönderhoning, ↗Tospring, ↗To Ting, ↗Trenderup, ↗Tretur, ↗Vippen, ↗Vrövl i Hatten)

Lit.: *Grundvig, Svend:* Danmarks Gamle Folkeviser, København 1853 ff., 10 Bde. *Berggreen, A. P.:* Danske Folkesange og Melodier, Bd. I, København 1869. *Orlik, A.-Falk, I.:* Danske Folkeviser, 1899. *Folkedanse:* Foreningen til Folkedanses Fremme, 1904. *Hermann, A. D.:* Beschreibungen alter dänischer Volkstänze, 1911. *Grüner-Nielsen, H.:* Folkevisedans paa Manø, 1917, S. 14 ff. *Grüner-Nielsen, H.:* Vere seldste Folkedanse. Langdans og Folksdans, 1917. *Grüner-Nielsen, H.:* Folkelig vals, in: Danmarks Folkeminder Nr. 22, 1920. *Olsen, Chr.:* Gamle Danse fra Nordvestsjälland, 1923. *Thomsen, E.-Andersen, H.:* Folkedanse for Born, 1923. *Tolv Danske Folkedanse:* W. Hansens Musikforlag, Kolding 1924. *Kannik, K.:* Den danske Middelalders Kvaddans, in: Danske Studier, 1925, S. 84 ff. *Junkers, H. D.:* Danske danse, 1926. *Otterstrøm, C. V.:* Die dänische Volkstanzbewegung, in: Die junge Nordmark, Jg. 3, 1926, Nr. 4/5, S. 102 ff. *Koefoed, H. P.:* 22 Bornholmske Folkedanse, 1928. *Burkhardt, L.:* Zehn alte dänische Volkstänze, 1931. *Madelung, M. M.-Lorenzen, P.:* Gamle Himmerlands Danse, 1931. *Thyregod, T.:* Danmarks Sanglege, in: Danmarks Folkeminder, 38, 1931. *Krogh, J. C.:* Gamle Salling-Danse, 1932. *Grüner-Nielsen, H.:* Dans i Danmark. Dans paa Faeröerne. Dans i Norge, in: Nordisk Kultur XXIV, 1933, S. 130 ff. *Holm, R.-Vedel, Kl.:* Folkedansen i Danmark, 1946. *Lorenzen, P.:* The Revival of Folk Dancing in Denmark, in: Journal of the Int. Folk Music Council, vol. I, 1949, S. 24 ff. *Lorenzen, P.-Jeppesen, J.:* Dances of Denmark, 1950. *Danske* Folkedanseres Jubilaeumsskrift 1929–1954. *Scheiding, L:* Danske Folkedanse. *Mortensen, O.:* The Polish Dance in Denmark, 1963.

Dalcroze, Émile Jaques ↗Jaques-Dalcroze, Émile.

Daldans. ↗Schwedischer Volkstanz aus Dalekarlien, ein ↗Paartanz im 3/4-Takt (Mazurkatempo). Die Paare stehen im Kreis oder in einer Kolonne. Die Männer kreuzen die Arme, die Frauen legen ihre linke Hand auf die rechte Schulter des Tänzers und die rechte Hand stützen sie in die Hüfte. Die Tanzenden stehen mit dem Gesicht zueinander.

Lit.: *Becker, M. L.:* Der Tanz, 1901, S. 178 ff. *Meyer, G.:* Volkstänze, 1909, S. 45 ff. *Burchenal, E.:* Folk-Dances from Old Homelands, 1922, S. 81 ff. *Lawson, Joan:* European Folk Dance, 1953, S. 138 f.

Dallapiccola, Luigi. Italienischer Komponist, geb. 3. Februar 1904 in Pisino, Istrien, gest. 19. Februar 1975 in Florenz. Im Jahre 1942/43 komponierte er das Ballett ↗„Marsyas".

Damenwahl bedeutet bei den Bällen, daß die Aufforderung zum Tanz nicht von den Herren, sondern von den Damen zu geschehen hat. Der Tanz zur Damenwahl ist meist ein ↗Walzer und wird für gewöhnlich als letzter Tanz vor der Mitternachtspause oder als erster Tanz nach dieser ausgeführt.

Dandré, Victor. Russischer Ballettimpresario, geb. 1870, gest. 1944 in London. Er war der Manager von Anna ↗Pawlowa und vermutlich auch deren Ehemann, obwohl kein offizielles Heiratsdokument existiert. Ihre weltweiten Tourneen wurden von ihm organisiert. Nach ihrem Tod sandte er eine Ballettgruppe durch Europa, Süd-Amerika, Indien und Australien. 1938 übernahm er das ↗Ballet Russe de Colonel de Basil, benannte es Royal Covent Garden Russian Ballet und später Original Ballet Russe. Er schrieb das Buch „Anna Pavlova in Art and Life, London 1932".

Danets. ↗Bulgarischer Tanz, auch Buyenets genannt. Er wird nur von Frauen getanzt und ist die einzige Form des ↗Horó, die in Zick-Zack-Form ausgeführt wird. Die Tanzmusik im 2/4-Takt hat mäßiges Tempo. Die Dynamik anderer bulgarischer Horós fehlt diesem Tanz, seine Ausführung hat ruhigen Charakter.

Lit.: *Anonym:* Folk-Dance Danets, in: The Folklorist, vol. 6, 1961, No. 5, S. 461 ff.

Danilowa, Alexandra Dionisjewna. Russische Tänzerin, geb. 20. November 1904 in Peterhof. Sie studierte an der kaiserlichen Ballettschule in St. Petersburg und tanzte am Marijinskij-Theater in Leningrad. 1924 ging sie mit ↗Balanchine auf eine Westeuropa-Tournee, tanzte von 1925 bis 1929 in ↗Diaghilews Ballets Russes, von 1933 bis 1938 beim Ballet Russe de Colonel de ↗Basil als ↗Ballerina und von 1938 bis 1952 als Primaballerina beim ↗Ballet Russe de Monte Carlo. Sie wirkte als Gast bei vielen anderen Gruppen mit. Von 1954 bis 1956 reiste sie mit einer eigenen Truppe und gab 1957 ihre Abschiedsvorstellung in New York. In der Folge choreographierte sie mehrere Opernballette und auch einige Produktionen mit Balanchine. Später war sie als Lehrerin an der Schule des ↗American Ballet und in Europa tätig.

Lit.: *Twsyden, A. E.:* Alexandra Danilowa, London 1945.

Dans der Machabeeën. Name des ↗Schwerttanzes aus den Niederlanden, der im 15. Jh. in der Gegend von Namur getanzt wurde. Sieben weißgekleidete Burschen mit roten Bändern an den Armen und einem stumpfem Schwert in der rechten Hand führten diesen Tanz aus. Der Name des Tanzes deutet auf einen Totentanz hin (Chorea Machabaeorum = ↗Totentanz).

Lit.: *Wolfram, R.:* Schwerttanz u. Männerbund, 2. Lieferung, S. 119.

Dansa på strå. ↗Schwedischer Volkstanz, der zu den ↗Geschicklichkeitstänzen gehört. Auf dem Boden wird ein Kreuz oder ein Stern aus Strohhalmen ausgelegt. Eine Anzahl von Paaren versucht nun, mit gekreuzten Füßen bei jedem Schritt einen Halm zu überspringen. Wer auf einen Halm tritt, scheidet aus. Seine Ausführung ähnelt dem österreichischen ↗Spanltanz.

Lit.: *Wolfram, R.:* Der Spanltanz u. seine europäischen Verwandten, in: Oberdeutsche Zeitschrift f. Volkskunde, Jg. 9, 1935, S. 42.

Danse de l'épée. Alter französischer ↗Schwerttanz, der von den französischen Soldaten bis ins 18. Jh. hinein im Karneval getanzt wurde. Der Tanz kam aus der Schweiz nach Frankreich.

Lit.: *Wolfram, R.:* Schwerttanz u. Männerbund, S. 124 f.

Danse des bouffons, ein ↗Waffentanz, zur Gruppe der ↗Schwerttänze gehörend. Nach ↗Arbeau, der diesen Tanz in seiner Orchésographie genau beschreibt, ist die Danse des bouffons aus der ↗Pyrrhiche entstanden. Mit Schild und Schwert ausgerüstet, tanzte man die Bouffons im geraden Takt nach einer geeigneten Musik, begleitet vom Aneinanderschlagen der Schwerter oder Aufschlagen auf die Schilder.

Arbeau Orchésographie

Anonym, Langres 1588

Lit.: *Czerwinski, A.:* Die Tänze d. 16. Jh., 1878. *Bie, O.:* Der Tanz, 1919. *Sonner, R.:* Musik u. Tanz, 1930, S. 25 f. *Sachs, C.:* Eine Weltgeschichte d. Tanzes, 1933.

Danse des brandons, kurz auch les Brandons genannt, war ein ↗französischer Volkstanz, der traditionsgemäß zu den Festlichkeiten der Fastenzeit am ersten Fastensonntag oder am Faschingsdienstag um brennende Scheiterhaufen getanzt wurde. Er wurde auch im Frühling als ↗Fackeltanz von den Bauern zum Erwecken der Fruchtbarkeit ausgeführt. Dieser bis ins 17. Jh. beliebte Tanz erhielt sich im Limousin sogar bis ins 18. Jh.

Lit.: *Desrat, G.:* Dictionnaire de la danse, 1895.

Danse des treilles. Französischer ↗Reiftanz aus der Languedoc (Montpellier, Toulouse). 12 bis 100 Personen können an dem Tanz teilnehmen. Er besteht aus 12 Figuren, die in Paaraufstellung ohne Kettenfassung getanzt werden. Bursch und Mädel halten ein Ende des zwischen ihnen befindlichen Reifens, so daß sich der Bogen über beide wölbt. In der Erntezeit sind die Reifen aus Weinranken. Der Schritt ist hüpfend. Burschen und Mädchen haben ihre Vor- und Nachtänzer, außerdem gibt ein nicht in der Reihe stehender Tanzführer die Zeichen für den Takt, die Wiederholungen, den Beginn und das Ende des Tanzes. Die Tanzbegleitung besteht aus Gesang, Oboen und Trommeln. Der Tanz ist sehr alt, seine älteste Erwähnung stammt aus dem Jahre 1503.

Lit.: *Wolfram, R.:* Schwerttanz u. Männerbund, S. 77 f. *Anonym:* Le Folklore. A la semaine de France, 1945, S. 150 ff.

Danse du ventre. Orientalischer Tanz, bei dem sich die Tänzerin mit ausgestreckten Armen, gespreizten Füßen und erotischen Gesten produziert. Gezeigt wird der Tanz meist in Shows oder in Cafés. (↗Bauchtanz)

Danse macabre heißt der aus dem 15. Jh. (um 1425) stammende Pariser ↗Totentanz. Der Name „macabre" wird verschieden gedeutet. Die selbstverständlichste Version dürfte die Ableitung aus dem Arabischen sein, wo „makâbr" soviel wie Friedhöfe bedeutet. Demnach wäre der danse macabre ein Friedhofstanz, also ein Tanz der Toten oder ein Tanz mit den Toten. – Danse macabre ist auch der Titel eines den Totentanz darstellenden Orchesterwerkes von Camille Saint-Saëns.

Lit.: *Böhme, F. M.:* Geschichte d. Tanzes in Deutschland, 1886, S. 45. *Sachs, C.:* Eine Weltgeschichte d. Tanzes, 1933, S. 170.

Danse royale. Französischer Tanz aus der 1. Hälfte des 14. Jh. Seine Art und Ausführung sind unbekannt. Auch die alten Tanzlehrbücher besprechen den Tanz nicht. ↗Cornazano (15. Jh.) verweist ihn zu den bereits veralteten Tänzen und unterläßt daher seine besondere Besprechung.

Lit.: *Aubry, P.:* Estampies et danses royales, 1907. *Sachs, C.:* Eine Weltgeschichte d. Tanzes, 1933, S. 195.

Dansomanie (= Tanzsucht). Dieses ↗Ballett von Pierre ↗Gardel mit der Musik von E. N. ↗Mehul wurde im Jahre 1800 in Paris uraufgeführt und erlebte mehr als hundert weitere Aufführungen auch im Ausland (4. Oktober 1805 in Wien, Inszenierung C. ↗Taglioni).

Dantul. ↗Rumänischer Volkstanz im 2/4-Takt, ein altertümlicher Männertanz, der bei Hochzeiten üblich ist. Die Aufstellung erfolgt im Halbkreis, die Hände auf die Schultern des Nachbarn gelegt.

Lit.: *Bucsan, A.:* Jocuri din Ardealul de Sud, 1957, S. 88 ff. *Bucsan, A.:* Specificul dansului popular românesc, 1971, S. 174 ff.

Dantzig, Rudi van. Niederländischer Tänzer, ↗Choreograph und Ballettdirektor, geb. 4. August 1933 in Amsterdam. Er studierte bei Sonia ↗Gaskell, erhielt aber später starke Einflüsse von Martha ↗Graham. 1952 debütierte er bei der Ballet Recital Company. Von 1954 bis 1959 tanzte und choreographierte er beim Niederländischen Ballett und wurde 1959 Mitglied vom ↗Nederlands Dans Theater. 1967 wurde er Mitdirektor, 1972 Direktor des ↗Niederländischen Nationalballetts. Er arbeitete auch als Gastchoreograph für das Ballett ↗Rambert und viele andere Ballettgruppen. Das Schritt- und Bewegungsvokabular der Ballette van Dantzigs vereint auf eigenständige Weise Einflüsse der klassisch-akademischen Technik mit Techniken des amerikanischen ↗Modern Dance. Eines seiner Hauptwerke ist das ↗„Monument voor een gestorven Jongen".

Lit.: *Goodwin, N.:* Rudi van Dantzig, in: About the House, März 1970. *Loney, G.:* Rudi van Dantzig, in: Dance Magazine, März 1974.

Danza de cascabeles. Bei diesem schon im 14. Jh. nachgewiesenen spanischen Tanz trugen die Tänzer Schellen an den Kleidern. Die ↗Morisca ist vielleicht eine Verschmelzung dieses alten Tanzes mit dem Volkstanz der sogenannten Morisken, den Abkömmlingen der Mauren.

Lit.: *Halm, Ph. M.:* Der Moriskentanz, in: Erasmus Grasser, 1928, S. 134.

Danza de romeros. Spanischer Tanz aus Asturien, der unseren mittel- und norddeutschen ↗Schwerttänzen ähnlich ist. Wie der baskische ↗Pordoi dantza verwendet er Lanzen oder lanzenähnliche Stäbe als Verbindung der Tänzer.

Lit.: *Wolfram, R.:* Schwerttanz u. Männerbund, 1936, S. 122.

Danza del arco. Italienischer ↗Prozessionstanz, welchen die Bauern in Süditalien bei ihrer Rückreise von einer Pilgerfahrt zum Schrein der Madonna von Arco ausgeführt haben. Sie umtanzten den Ochsenwagen, der sie auf ihrer Heimreise mitgenommen hat.

Danza para trenzar (Flechttanz). Tanz der Indianer in Chile. Er wurde nach alten Reiseberichten in frühen Zeiten auch in Peru und Nordargentinien gepflegt. In seiner Ausführung ähnelt er unseren europäischen Tänzen um den Maibaum oder dem ↗Bandltanz. Vier Männer und vier Frauen, die bunte Bänder in der Hand halten, welche an einem Mast befestigt sind, umtanzen diesen in Gegenrichtung, die Bänder umschließen den Mast dann flechtartig. Beim gegenseitigen Tanz zurück wird das Geflecht wieder aufgelöst. (↗Indianischer Tanz)

Lit.: *Helfritz, H.:* Musik u. Tanz bei einem Indianerfest im nördlichen Chile, in: Das Musikleben, Jg. 4, 1951, H. 3, S. 75 ff.

Danza prima. Spanischer ↗Waffentanz aus Asturien, ein ↗Kettentanz, bei dem mit Stangen und Keulen bewaffnete Männer zu nächtlicher Zeit um die Kirche tanzen. Die Tänzer reichen einander den kleinen Finger, während die freibleibenden Finger der linken Hand die oft mit Eisenstiften beschlagenen Keulen schwingen. Während des Tanzes singen die Vorsänger asturische Romanzen, der Chor ruft den spanischen Juchzer „Hi-ju-ju" dazwischen. Da sich auch oft Burschen anderer Orte in den Tanz einmengen und die Tänzer herausfordern, endet die Danza prima manchmal mit richtigen Kämpfen. (↗Spanische Volkstänze)

Lit.: *Müllenhoff, K.:* Zum Schwerttanz, in: Zeitschrift f. Deutsches Altertum, 18. Bd., 1875, S. 12. *Wolfram, R.:* Schwerttanz u. Männerbund, S. 120. *Capmany, A.:* La Dansa a Catalunya, 1953, S. 239.

Danzas hießen in Spanien seit dem Mittelalter die Tänze, die kultisch-zeremoniellen Zwecken dienten zum Unterschied von den weltlich-volkstümlichen ↗Bailes. (↗Spanische Volkstänze)

Lit.: *Michel, A.:* Der Bandltanz in d. romanischen Ländern, in: Wiener Zeitschrift f. Volkskunde, Jg. 41, 1936, S. 49 f.

Danzas habladas. Spanische, gesprochene Tänze, die Cervantes im Don Quixote II, Kapitel 20, erwähnt. Der Text dieser zwischen ↗Pantomime und Posse stehenden oft lasziven Dichtungen war in Reimen abgefaßt und wurde von den

Ausführenden nach einer bekannten Melodie vorgetragen und mit Gebärden und Tanz begleitet. (↗Spanische Volkstänze)

Lit.: *Bolte, J.:* Zur Geschichte d. Tanzes, in: Alemannia, Bd. 18, 1890, S. 87 f.

Danzon. ↗Kubanischer Volkstanz im 2/4-Takt, im Rhythmus ähnlich der ↗Habanera, in der Ausführung aber nicht so graziös wie diese. Das Tempo ist lebhaft, die Bewegungen der Tänzer erinnern an die Schiebetänze, die nach dem ersten Weltkrieg als Modetänze in Europa Eingang gefunden haben.

Lit.: *Friedenthal, A.:* Musik, Tanz u. Dichtung bei d. Kreolen Amerikas, 1913, S. 110 ff.

Daphnis et Chloé. ↗Ballett von Maurice ↗Ravel. Es entstand auf Anregung von Serge ↗Diaghilew, dem Direktor der ↗Ballets Russes. Ravel komponierte das Werk in den Jahren 1909–1912. Die Uraufführung, für dessen Titelrollen Waslaw ↗Nijinsky und Tamara ↗Karsawina aufgeboten waren, fand am 8. Juni 1912 unter der musikalischen Leitung von Pierre Monteux im Pariser Châtelet statt. Der Handlung von Michael ↗Fokine liegt der Schäferroman „Poimenika" des altgriechischen Sophisten Longos (3. Jh. n. Chr.) zugrunde. – Ein Pastorale gleichen Namens stammt von ↗Boismortier aus dem Jahre 1747. Ein Ballett „Daphnis et Pandrose" mit der Musik von ↗Mehul wurde 1803 in Paris uraufgeführt.

Lit.: *Malipiero, R.:* Maurice Ravel: L'enfant et les sortilèges. La valse. Daphnis et Chloé. *Beaumont, C. W.:* Complete Book of Ballets, 1951.

Darrell, Peter. Britischer Tänzer, ↗Choreograph und Ballettdirektor, geb. 19. September 1929 in Richmond, Surrey. Er studierte an der Sadler's Wells Ballettschule und war eines der ersten Mitglieder des ↗Sadler's Wells Theatre Ballet. Er verließ dieses Ensemble, arbeitete im Ausland und in Musicals. Seine ersten Choreographien schuf er für das ↗London Festival Ballet und für das Ballet Workshop. 1957 gründete er mit E. West das Western Theatre Ballet und wurde 1962 dessen alleiniger Direktor. Dieses Ensemble wurde zum Scottish Theatre Ballet (jetzt Scottish Ballet) in Glasgow.

Darsonval, Lycette. Französische Tänzerin und Lehrerin, geb. 12. Februar 1912 in Coutances, Manche. Sie studierte an der Ballettschule der Pariser Oper, war Schülerin von Carlotta ↗Zambelli. 1930 debütierte sie an der Oper in Paris. Nach Auslandstourneen kehrte sie 1936 an die Oper zurück und wurde 1940 1. Tänzerin. Sie blieb bis 1953. Während ihres Wirkens als ↗Ballerina ging sie mit einer kleinen Ballettgruppe auf Tournee in Frankreich und auch in die USA. Von 1957 bis 1959 war sie die Leiterin der Ballettschule der Pariser Oper. Sie lehrte auch am Konservatorium in Nizza.

Lit.: *Fabre, D.:* Lycette Darsonval, Paris 1956.

Das dumme Ding war der Name für die ↗Judenpolka in der Mark Brandenburg.

Lit.: *Böhme, F. M.:* Geschichte d. Tanzes in Deutschland, 1886. *Zoder, R.:* Judentänze, in: Jahrbuch f. Volksliedforschung, Jg. 2, 1930, S. 134.

Dastmāl-bāzi, auch **Raqs-e dastmāl.** Persischer Volkstanz des Stammes der Loren, ein Kreistanz, an dem sich vor allem Frauen beteiligen. Mit kleinen Schritten bewegen sie sich gegen den Uhrzeigersinn und schwenken dabei in jeder Hand bunte Tücher (↗Tüchltanz). Bei einer anderen Form schwenkt nur die erste Tänzerin der Reihe ein Tuch in der rechten Hand, während sich alle anderen Beteiligten an den Händen fassen, die Arme aber dabei dicht am Körper belassen. Dastmāl-bāzi bildet überhaupt den Oberbegriff für eine Reihe verschiedener Tänze, d. h. Schrittfolgen. (↗Persischer Tanz)

Lit.: *Tschakert, I.:* Wandlungen persischer Tanzmusikgattungen unter westlichem Einfluß, in: Beiträge zur Ethnomusikologie, Bd. 2, Hamburg 1972, S. 17 f.

Dauberval, Jean (eigentlich Jean Bercher). Französischer Tänzer und ↗Choreograph, geb. 19. August 1742 in Montpellier, gest. 14. Februar 1806 in Tours, gilt als der geistige Vater der Ballettkomödie. Er war Schüler ↗Noverres. 1761 debütierte er an der Pariser Oper, wo er 1770 zum „premier danseur noble" ernannt wurde. 1785–1791 war er Chefchoreograph in Bordeaux. Die Theorien seines Lehrers waren ihm stets Vorbild. In seinen Werken ergänzten einander das Pantomimische und das Tänzerische. Mit allem Nachdruck verfolgte er die Praktiken des ↗Ballet d'action. Er war verheiratet mit Mlle. ↗Théodore. (↗Fille mal gardée, La)

Lit.: *Czerwinski, A.:* Brevier d. Tanzkunst, 1879, S. 204. *Prodhomme, J. C.:* Le Page Inconstant, ballet anacréontique, in: Revue de Musicologie, Tom. XVI, 1935, S. 205 ff.

Davul oyunlari heißen die berühmten Trommeltänze der Türken. Sie dürften eine Überlieferung des chamanistischen Kultes sein. Zu diesen Tänzen spielt die Schalmei, der Trommler als Solotänzer schlägt dabei gleichzeitig beidhändig die Rhythmen. In virtuoser Weise führt dabei der Trommler seinen Tanz aus. Zuerst kniet er über die Trommel gebeugt und schlägt sie langsam. Dann gewinnen die Rhythmen immer mehr Ausdruck, er erhebt sich und tanzt mit immer größerer Steigerung, hebt die Trommel auf die Achsel, schlägt sie oben, dreht sich wirbelnd im Kreis und schlägt dabei ununterbrochen die Trommel. Zuletzt geht er in die Knie und beugt sich nach hinten, bis der Kopf die Erde berührt. (↗Türkischer Volkstanz)

Lit.: *Tör, V. N.:* Die Türkei als Neuland f. d. Erforschung d. Volkstänze, in: Die Volkskultur d. südosteuropäischen Völker, 1962, S. 113. *Wolfram, R.:* Der Volkstanz als kulturelle Ausdrucksform d. südosteuropäischen Völker, 1962, S. 84 (Südosteuropa-Jahrbuch, 6. Bd.).

De Abram. ↗Deutscher Volkstanz aus dem „Ländchen", einer Landschaft links des Rheins, gegenüber dem Siebengebirge. In diesem Tanz ist die Gestalt des jüdischen Viehhändlers verewigt, der bei den Bauern teils beliebt, aber auch gefürchtet war, je nachdem, welchen Ausgang die Geschäfte mit ihm nahmen. Der Tanz, der von beliebig vielen Paaren ausgeführt werden kann, zeigt in pantomimisch-tänzerischer Form solch einen Viehhandel, im ersten Teil behäbig hinhaltend, im zweiten Teil feindlich ablehnend. Die Ausführung geschieht mit Geh-, Schottisch- und Galoppschritten. (↗Judentanz)

Lit.: *Gausebeck, Ae.:* Rheinische Volkstänze, 1957, No. 3, S. 10.

De-a-lungul. ↗Rumänischer Volkstanz aus dem Dorf Hodac im Tal der oberen Marosch. Er ist der Tanz der jungen Ehefrauen, die nach dem Neujahrstag des laufenden Jahres in den Ehestand getreten sind. Sie werden von fremden Männern und Burschen geführt, während ihre Ehemänner nur als Zuschauer fungieren. Der Tanz, der am zweiten Tag des Pfingstfestes aufgeführt wird, besteht aus einem langsamen Schreiten im Kreis, wobei die Paare verschiedene Tanzfiguren mit weit ausholenden, eleganten Bewegungen ausführen.

Lit.: *Giurchescu, A.:* Volkstänze im Tal d. oberen Marosch, in: Informations Bulletin, Bukarest, Juni 1962, Nr. 5, S. 7 ff. (Folklore Festival d. Balkan u. adriatischen Länder, Bukarest 1962).

Dean, Laura Sweedler. Amerikanische Tänzerin, ↗Choreographin und Lehrerin, geb. 3. Dezember 1945 in Staten Island, New York. Sie studierte bei L. Hoving, P. Sanasardo, M. ↗Cunningham und M. Slawenska, außerdem an der Hochschule für darstellende Kunst und an der Schule des ↗American Ballet. 1971 gründete sie die Laura Dean Dance Company. Sie unterrichtete an den Universitäten von Texas und Rhode Island und am Pratt-Institut.

Debka heißen Tanzformen des Mittelmeerraumes, aus denen sich verschiedene Tänze entwikkelten, wie z. B. ein bei den Kurden und Yezidi beliebter Tanz in Syrien. Dieser syrische Debka wird, von Flöten und Trommeln begleitet, von Männern und Frauen gern nach Hochzeiten in den Hofräumen großer Häuser aufgeführt. (↗Jüdischer Tanz)

Déboulés bezeichnen eine Serie rascher Drehungen auf beiden Fußspitzen in zwei Zeiten: 1. Fuß tritt aus und halbe Drehung, 2. Fuß schließt an mit halber Drehung. Alles ist sehr schnell auszuführen.

Lit.: *Raab, R.:* Lexidion f. d. Ballett, s. a.

Deburau, Jean Gaspard. Französischer ↗Pantomime, 1796–1846. Als Pierrot im Funambules-Theater am Boulevard du Temple in Paris erhebt er die ↗Pantomime und das französische Jahrmarktstheater zur höchsten Blüte. Bedeutende französische Literaten haben für ihn und über ihn geschrieben.

Lit.: *Janin, J.:* Deburau, Paris 1832. *Remy, Tristan:* J. G. Deburau, Paris 1954. *Simon, K. G.:* Pantomime, 1960.

Debussy, Claude. Französischer Komponist, geb. 22. August 1862 in St. Germain-en-Laye, gest. 25. März 1918 in Paris. Er schrieb für die ↗Ballets Russes nach einem Szenarium von ↗Nijinsky das Ballett ↗„Jeux". Die erste Aufführung fand am 15. Mai 1913 in Paris statt. Außerdem schuf er das Ballett „Khamma", 1912 nach einem Szenarium von W. L. Courtney und Maud ↗Allan, orchestriert von Ch. Köchlin, und das Kinderballett „Boîte à joujoux", komponiert 1913, orchestriert von A. Caplet, nach einem Szenarium von André Hellé. Auch Debussys programmatische Orchesterwerke und Klaviermusiken wurden öfters als Ballette aufgeführt. Max ↗Terpis schuf nach Debussyscher Musik das Ballett „Totentänze", aufgeführt 1925 in Berlin.

Decroux, Etienne, geb. 1889, gilt als der Schöpfer der modernen Pantomimentechnik. Er war Schüler von Jacques Copeau und Charles

Dullin. Sein ganzes Leben widmete er der Ausarbeitung einer neuen Körpersprache, die richtungsweisend für viele Schauspieler und Pantomimen wurde. Zu seinen Schülern zählt der berühmte ↗Pantomime Marcel ↗Marceau.

Lit.: *Dorcy, Jean:* A la rencontre de la mime, Paris 1958. *Simon, K. G.:* Pantomime, 1960, S. 43 ff.

Dedans ↗En dedans.

Deege, Gisela. Deutsche Tänzerin, geb. 24. November 1928 in Berlin. Sie studierte bei Tatjana ↗Gsovsky und debütierte 1943 in Leipzig. Von 1947 bis 1950 war sie an der Oper in Ost-Berlin tätig, kam dann nach München und von 1956 bis 1965 an die Deutsche Oper Berlin.

Lit.: *Orban, G.:* Gisela Deege, Berlin 1957.

Défilé ist die französische Bezeichnung für den parademäßigen Vorbeimarsch, den choreographischen Aufzug des gesamten Ensembles. An der Oper in Paris ist es Brauch, das gesamte Ballettensemble in streng hierarchischer Ordnung bei besonderen Anlässen in einem Défilé vorzustellen.

Dégagé bezeichnet im klassischen ↗Ballett das Übertragen des Körpergewichts von einem Fuß auf den anderen. Wiederholtes dégagé ist dann die ↗Balance.

D'Egville, James Harvey. Britischer Tänzer und ↗Choreograph, geb. um 1770, gest. um 1836. Sein Vater war der ↗Ballettmeister am Drury Lane und Sadler's Wells Theatre London, Pierre D'Egville. Bereits im Jahre 1783 tanzte er am King's Theatre London. 1784/85 war er an der Oper Paris. Ab 1793 wirkte er wieder in London, war Mitarbeiter von ↗Noverre und von 1799 bis 1809 Choreograph am King's Theatre. Für viele seiner ↗Ballette schrieb er auch die Musik. Zur Ausbildung britischer Tänzer gründete er die Academy of Dancing. (↗Akademien der Tanzkunst, ↗Alexanderballette)

De Hesse, Jean-Baptiste François (auch DesHaies, Dezaies, Deshayes). Französischer Tänzer, ↗Choreograph und ↗Ballettmeister, geb. 1705 in Den Haag, gest. 22. Mai 1779 in Paris. Die Tanzkunst erlernte er bei seinen französischen Eltern, mit denen er Tourneen in die Niederlande, nach Belgien und Frankreich unternahm. Er tanzte komische und groteske Rollen sowie Charakterrollen. Besonders einflußreich war er als Choreograph und galt als ein Pionier des ↗Ballet d'action. 1747–1751 war er Ballettmeister am Théâtre des petits appartements in Versailles. Dort hatte er auch ein Kinderballett aufgebaut. Bevor er sich 1768 zurückzog, wirkte er noch an der Opéra Comique in Paris. Er galt als der größte Ballettmeister vor ↗Noverre.

Lit.: *Michel, A.:* Two Great XVIII Century Ballet Masters: Jean-Baptiste de Hesse and Franz Hilverding, in: Gazette des Beaux-Arts, New York, May 1945. *Winter, M. H.:* The Pre-Romantic Ballet, London 1974.

Dehors ↗En dehors.

Deindans. ↗Niederländischer Volkstanz im 3/4-Takt. Er wird von Paaren ausgeführt mit Drehsprung, Springschritt, Walzerschritt und Laufschritt. Getanzt kann er von rechts nach links seitwärts oder von vor nach hinten werden.

Lit.: *Sanson-Catz, A. – De Koe, A.:* Nederlandse Volksdansen, 1950, Bd. 1, S. 48 ff.

Deinos (der Wirbel). Altgriechischer Tanz. Der Name bezeichnet die wirbelnde Bewegung, die für diesen Tanz charakteristisch ist. (↗Griechischer Tanz)

Lit.: *Weege, F.:* Der Tanz in d. Antike, 1916, S. 6.

Delibes, Léo. Französischer Komponist, geb. 21. Februar 1836 in St. Germain du Val, gest. 16. Januar 1891 in Paris. Er schrieb die ↗Ballette „La ↗Soucre“, ↗„Coppélia“, ↗„Sylvia“ und das ↗Divertissement „Le pas de fleurs“ als Einlage in ↗Adams Oper „Le Corsaire“.

Lit.: *Hanslick, E.:* Ballette v. Léo Delibes, in: Musikalische Stationen, Berlin 1885, S. 96 ff.

Deller, Florian. Österreichischer Komponist, geb. 1. Mai 1729 (getauft 2. Mai in Drosendorf, Niederösterreich), gest. 19. April 1773 in München. Ab 1751 war er Geiger am Württembergischen Hof des Herzogs Carl Eugen in Stuttgart und wurde dort 1769 Konzertmeister und Hofkompositeur. Als solcher schrieb er die Musik zu folgenden Balletten ↗Noverres: „↗Orfeo ed Euridice“ (1763), „Der Sieg des Neptun“ (1763) und nach 1768 „Ballo Polonois“, „La Constance“ und „La Chiava Liberata“. Außerdem komponierte er die Ballettmusik zu Ch. Dibbins Oper „The Anaker“.

Lit.: *Sittard, J.:* Zur Geschichte d. Musik u. d. Theaters am württembergischen Hofe, II., 1891. *Krauss, R.:* Das Stuttgarter Hoftheater v. d. ältesten Zeiten bis zur Gegenwart, 1908. *Abert, H.:* J. G. Noverre u. sein Einfluß auf d. dramatische Ballettkomposition, in: Jahrbuch

Peters für 1908, Jg. 15, 1909, S. 29 ff. *Abert, H.:* Ausgewählte Ballette Stuttgarter Meister aus d. 2. Hälfte d. 18. Jh., Bd. 43/44, 1913. *Niedecken, H.:* Jean Georges Noverre 1727–1810. Sein Leben u. seine Beziehungen zur Musik, Diss. Halle-Wittenberg, 1919.

Delsarte, François, geb. 11. November 1811 in Solesmes, gest. 20. Juli 1871 in Paris. Er war ursprünglich Schauspieler und hat durch sein „System des dramatischen Ausdrucks durch Körperbewegungen" dem freien Tanz wesentlich zum Durchbruch verholfen. Sein Buch „Mimique, Physiognomie et Geste" hat im 20. Jh. von seiner Bedeutung noch nichts verloren. Es beeinflußte Isadora ↗Duncan und M. ↗Fokine ganz entscheidend (↗Ausdruckstanz, ↗Ruth Saint-Denis).

Lit.: *Lämmel, R.:* Der moderne Tanz, 1928, S. 14. *Maynard, O.:* In Homage to François Delsarte, 1811–1871, in: Dance Magazine, August 1971. *Shawn, T.:* Every little movement. A book about François Delsarte, in: Dance Horizons, 1963, S. 127 ff.

Demarche (Desmarche). Französische Bezeichnung eines Tanzschrittes in den Lehrbüchern des 15. und 16. Jh. Diese Figur der ↗Basse danse wird in der Handschrift der ↗Margarethe von Österreich und den französischen ↗Tabulaturen mit „r" abgekürzt, was darauf hinweist, daß sie der französischen ↗Reprise und der italienischen ↗Ripresa entsprochen haben dürfte.

Lit.: *Bie, O.:* Der Tanz, 1919, S. 146. *Sachs, C.:* Eine Weltgeschichte d. Tanzes, 1933.

Demi. Französische Bezeichnung für halb, kommt in Ausdrücken des klassischen ↗Balletts in verschiedenen Verbindungen vor, z. B. demi ↗plié, demi tendu, demi courbé, demi bras, demi ↗coupé, demi contretemps d'adage, demi détourné. Als Danseur en demicaractére wird in der Regel der Tänzer benannt, der die komischen und grotesken Rollen übernimmt.

Lit.: *Raab, R.:* Lexidion f. d. Ballett, s. a.

Denard, Michaël. Französischer Tänzer, geb. 5. November 1944 in Dresden. Er studierte bei S. Golovine, Y. Brieux und R. Franchetti. Er tanzte beim Ballet de la Capitale de Toulouse (1963), an der Oper Nancy (1964), bei Lorca Massine (1965) und bei P. Lacotte (1966). Hierauf schloß er sich dem Ballett der Pariser Oper an, wo er 1971 1. Solist wurde. Als Gast tanzte er beim ↗American Ballet Theatre, beim Théâtre du Silence und bei R. ↗Petits Ballet du Marseille.

Denishawn. Name der Schule, welche Ruth ↗St. Denis und Ted ↗Shawn 1915 in Los Angeles gründeten. Es wurden dort zwar alle Arten des Tanzes gelehrt, doch war sie vor allem auf den modernen ↗Ausdruckstanz ausgerichtet. 1931 wurde die Schule aufgelöst.

Lit.: *Hastings, B.:* The Denishawn Era, in: Dance Index, vol. 1, No. 6.

Denk-Kuna, Karla. Österreichische ↗Choreographin und Tanzpädagogin, geb. 6. Juni 1921 in Wien. Sie studierte an der Akademie für Musik und darstellende Kunst in Wien, war Schülerin von R. ↗Raab, G. ↗Wiesenthal, T. ↗Birkmeyer und außerdem von H. ↗Kreutzberg. 1950 war sie Preisträgerin beim österreichischen Wettbewerb für Solotanz und Choreographie in Wien. Im selben Jahr begann auch ihre Lehrtätigkeit für Theatertanz an der Akademie für Musik und darstellende Kunst in Wien. Sie ist Schöpferin zahlreicher origineller Choreographien, u. a. „Tänze aus Galanta" von Z. ↗Kodály, „Chiarina" von B. ↗Blacher, „Alkestis" von E. ↗Wellesz, „Furioso" von R. Liebermann.

Derektorka. Tschechischer Volkstanz, ein ↗Zwiefacher mit dem rhythmischen Schema:

Lit.: *Zemánek, J.:* Písně našlich okresů, in d. Sammelwerk Chrudimsko a Nasavreko, III. Teil, 1912, S. 462. *Junk, V.:* Die taktwechselnden Volkstänze. Deutsches oder tschechisches Kulturgut, 1938, S. 100.

Derp, Clotilde von (geborene Clotilde von der Planitz). Deutsche Tänzerin und Lehrerin, geb. 1892 in Berlin, gest. 11. Januar 1974 in Rom. Sie debütierte 1911 in München, tanzte in Max Reinhardts Produktionen in London und reiste mit ihrem Gatten Alexandr ↗Sacharow. „Abstrakte ↗Pantomimen" nannten sie ihre gemeinsamen Produktionen des modernen Tanzes. 1953 nahm sie in Paris Abschied von der Bühne und ging nach Rom, wo sie eine Schule eröffnete.

Lit.: *Brandenburg, H.:* Der moderne Tanz, 1915. *Fischer, H. W.:* Körperschönheit u. Körperkultur, 1928.

Derra de Moroda, Friderica. Griechisch-britische Tänzerin, Lehrerin, ↗Ballettmeisterin und Tanzschriftstellerin, geb. 2. Juni 1897 in Pozsony, gest. 19. Juni 1978 in Salzburg. Sie begann ihr Tanzstudium an der Kinderballettschule des Münchner Hoftheaters sowie bei Flora Jungmann, Julia Bergmann-Kröller, Wilhelm Kopp,

P. Jakobleff (Riga) und schloß es mit Diplom als Meisterschülerin bei Enrico ↗Cecchetti ab. 1912 trat sie in der Secession in Wien erstmals auf und gab anschließend eigene Tanzabende in Berlin und in den baltischen Staaten. Ab 1913 war sie in England, zumeist mit eigenem Programm, an führenden Theatern tätig und choreographierte für das ↗Sadler's Wells Ballet und ↗Markova-Dolin Ballet. 1917 leitete sie eine eigene Ballettschule, wirkte auch als Lehrerin und mit Vorträgen an den Schulen von Ninette de ↗Valois, Margaret ↗Craske, Kurt ↗Jooss, Dartington Hall, der ↗Imperial Society of Teachers of Dancing und der ↗Royal Academy of Dancing. 1922 war sie Mitgründerin der Cecchetti-Society (später mit der Imperial Society of Teachers of Dancing vereinigt). Sie war lange Zeit deren Prüfungskommissär auch für Südafrika, wo sie ebenfalls viele Vorträge und Vorlesungen hielt. Von 1937 an war sie als Lehrerin an der Staatsoper und den Meisterstätten für Tanz in Berlin tätig, 1934–1938 auch als Lehrerin für klassisches Ballett und Nationaltänze an den Sommerkursen des Mozarteums in Salzburg. 1944 wurde sie als englische Staatsbürgerin interniert. 1945 ließ sie sich in Salzburg nieder, wo sie bereits 1923 fünf Vorstellungen im Landestheater zugunsten der Festspielhausgemeinde gegeben hatte. 1952 eröffnete sie in Salzburg eine Schule, die sie bis 1967 führte. Mit ihrer künstlerischen und pädagogischen Tätigkeit verband Derra de Moroda Zeit ihres Lebens eine außerordentlich rege wissenschaftliche und publizistische Tätigkeit, von der das in Salzburg befindliche „Derra de Moroda Dance Archives" und die folgenden Veröffentlichungen Zeugnis geben (siehe dazu: Österreichische Musikzeitschrift, Jg. 33, H. 10, 1978, S. 534 ff.): New and curious School of dancing by Gregorio Lambranzi, ins Englische übersetzt, London 1928, New York 1966; The Dances of Hungary, in: Dancing Times, Sept. 1929, S. 547 ff.; The Csárdás and Sor Tánc, in: The Imperial Society of Teachers of Dancing, London 1929; An 18th Century Book Discovery, in: Dancing Times, Sept. 1930, S. 579 ff.; Enrico Cecchetti, in: Schrifttanz, Jg. 3, 1930, H. 2, S. 32 f.; The Demi Coupé and other Eighteenth Century Steps, in: Dancing Times, Okt. 1930, S. 14 ff.; The Bode School, in: Dancing Times, March 1930, S. 681 ff.; Dancing for health in the 18. century (Meletaon), in: Dancing Times, January 1931; Saint-Leon's „La Sténochorégraphie" 1852, in: Dancing Times, December 1931, S. 269 ff.; A Spanish Book of 1758. Another 18th Century Book Discovery, in: Dancing Times, vol. XXI., Juli 1931, S. 336 ff.; Hungarian National Dances, in: Dancing Times, 1933, S. 573 ff.; Fanny Elssler. A great dancer of the 19th century in Memoriam, in: Dancing Times, 1934, S. 259 ff.; A Day with Kurt Jooss, in: Dancing Times, Mai 1935, S. 140 ff.; The Ballet at the Royal Opera House in Budapest. Ruth French Academy of Dancing Recital, in: Dancing Times, Juli 1936, S. 383 ff., 417 f.; The „Golden MS" and some other Basse Danse Authorities, in: Dancing Times, vol. XXVII, Dez. 1937, S. 324 ff. u. 356; Der Tanz in England, Schottland und Irland, in: Der Tanz, Jg. 11, 1938, H. 2/3, S. 43 ff.; The Dances and Costumes of Hungary, in: South African Dancing Times, vol. VI, No. 10, Mai 1938, S. 16 f.; The Dance in Germany, in: The Dancing Times, Sept. 1938, S. 637 ff.; Palucca-Alexander von Swaine, in: Dancing Times, Januar 1939, S. 480 ff.; Auffindung des Gregorio-Lambranzi-Manuskriptes, in: Die Musik, Jg. 34, 1942, H. 8, S. 260 f.; The Theory and Practice of Advanced Allegro in Classical Ballet (Cecchetti Method), London 1956 (mit Margaret Craske); Chorégraphie. The Dance Notation of the eighteenth century: Beauchamp or Feuillet?, in: The Book Collector, Winter 1967, S. 450 ff.; The Dancer in Westminster Abbey. Eva Maria Garrick, in: Dancing Times, Juni 1967, S. 476 ff.; Franz Anton Christoph Hilverding. Eine Chronik anläßlich der 200. Wiederkehr seines Todestages, in: Ballett 1967, S. 49 ff.; Die Tanzschrift des 18. Jahrhunderts im Spiegel meiner Sammlung, in: Imprimatur. Ein Jahrbuch für Bücherfreunde, N. F., Bd. V/1967, S. 187 ff. und in: Maske und Kothurn, 1967; Franz Anton Christoph Hilverding und das Ballet d'action. Zum 200. Todestag des großen österreichischen Ballettmeisters, in: Österreichische Musikzeitschrift, Jg. 23, 1968, H. 4, S. 189 ff.; A Neglected Choreographer. Franz Anton Hilverding 1710–1768, in: Dancing Times, Juni 1968, S. 468 ff.; A Class with Maestro Cecchetti, in: Dancing Times, Juli 1971, S. 594. Bemerkungen zur Choreographie des Münchener Schäfflertanzes, in: Bayrisches Jahrbuch für Volkskunde 1972/75, S. 68 ff.; New and curious school of Theatrical Dancing by Gregorio Lambranzi, in: Dance Horizons, New York 1972; Die Tanzliteratur des 18. Jh., in: Sammeln und Bewahren, Beiträge zur Kunst, Literatur und Buchgeschichte. Die Mappe, München 1973, S. 150 ff.; Die Ballettmeister vor, zur Zeit und nach J. G. Noverre, 1974 und in: Chigiana, vol. XXIX-XXX, Nuova serie, N. 9/10, 1975, S. 473 ff.; Das Ballet d'action und seine Entwicklungsgeschichte, in: Österreichische Musikzeitschrift, Jg. 31, H. 3, März 1976, S. 143 ff.; The Derra de Moroda Dance Archives.

A Bibliography, New York und München 1978; The Dance Library 1480–1980, A Catalogue, 1982.

Derschmidt, Hermann. Österreichischer Volkstanzforscher, geb. 15. Februar 1904 in Kollerschlag, Oberösterreich. 1923 begann er Volksmusik zu sammeln, 1924 zeichnete er die ersten Volkstänze auf. Von ihm stammen folgende Veröffentlichungen: Heimische Tänze, 1950; Der „Steinhauser Landler". Ein Beitrag zur Ländlerforschung, in: Jahrbuch des österreichischen Volksliedwerkes, Bd. 9, 1960, S. 77 ff.; Mühlviertler Tänze, in: Der fröhliche Kreis, H. 1, März 1974, S. 4 ff.; Landler und Landlerlandschaften-Landlertypen, in: Der fröhliche Kreis, Jg. 27, H. 1, 1977, S. 1 ff.; Ein Traunviertler Landler aus Waldneukirchen, in: Jahrbuch des österreichischen Volksliedwerkes, Bd. 27, 1978, S. 117 ff.; Vom Anteil Oberösterreichs an der Landler-Landschaft, in: Beiträge zur Volksmusik in Oberösterreich, Schriften zur Volksmusik, Bd. 6, S. 141 ff.; Ein „Viechtwangerischer Tanz": ‚Der Ebene Landler', in: Der fröhliche Kreis, Jg. 32, 1982, H. 1, S. 2 ff.; Über Singtänze und Tanzlieder in Oberösterreich, in: Jahrbuch des österreichischen Volksliedwerkes, Bd. 32/33, 1984, S. 175 ff.

Derwischtanz. Die Derwische sind ein Mönchs orden in den mohammedanischen Ländern, in deren Ordensdienst der ekstatische ↗Kulttanz eine besondere Rolle spielt. Es gibt 12 Derwischorden, von denen die bekanntesten die Mewlewi und die sich selbst verstümmelnden Rufai sind. Der Tanz der Derwische ist dem der ↗Schamanen verwandt. Mit ausgestreckten Armen drehen sich die Derwische manchmal eine halbe Stunde lang einem Kreisel gleich um ihre eigene Achse. Ihre Bewegungen hängen mit einer tiefsinnigen religiösen Mystik zusammen, mit welcher der Mensch einen Weg zur Vereinigung mit Gott sucht. (↗Sema)

Lit.: *Anonym:* Tanz d. Derwische, wie er am 5. Mai 1834 in Pera stattfand, in: Phönix, Frühlings-Zeitung f. Deutschland, Jg. 1835, Nr. 160 v. 9. Juli 1835, S. 640. *Brown, J. P.:* The Dervishes or Oriental Spiritualism, 1868. *Osman-Bey:* Les Imans et les Derviches, Paris 1881. *Ritter, H.:* Der Reigen d. „Tanzenden Derwische", in: Zeitschrift f. vergleichende Musikwissenschaft, Jg. 1, 1933, Nr. 2, S. 28 ff.

Descombey, Michel. Französicher Tänzer und ↗Choreograph, geb. 28. Oktober 1930 in Bois-Columbe. Er studierte bei L. ↗Egorowa und an der Ballettschule der Pariser Oper. 1947 schloß er sich dem Ensemble der Pariser Oper an. 1959 wurde er 1. Tänzer und von 1963 bis 1969 war er ↗Ballettmeister. Schon während seiner Tätigkeit als Tänzer choreographierte er für die Opéra Comique Paris. Von 1971 bis 1973 war er Ballettdirektor in Zürich. Als freischaffender Künstler choreographierte er für das Ballet Théâtre Contemporain und für Ensembles in Israel. Descombey ist bekannt für seine Choreographien zeitgenössischer Musik, wie Berio, Stockhausen u. a.

Deshayes, André Jean-Jacques. Französischer Tänzer und ↗Choreograph, geb. 1777 in Paris, gest. 1846 ebendort. Er entstammte einer französischen Künstlerfamilie und wirkte unter ↗Gardel an der Pariser Oper. Über Madrid und Mailand kam er nach London, wo er erstmals am King's Theatre und später am Her Majesty's Theatre tanzte. Bis 1842 schuf er beachtenswerte ↗Choreographien. (↗Schneitzhoeffer)

Lit.: *Guest, I.:* The Romantic Ballet in England, London 1954.

Desmarets (auch **Desmaretz, Desmarais**), **Henri.** Französischer Kammermusiker bei ↗Ludwig XIV., geb. 1662 in Paris, gest. 7. September 1741 in Lunéville. Er komponierte die ↗Ballette „Les Amours de Momus", Paris 1695; „Les Fêtes galantes", Paris 1698.

Lit.: *Brenet, M.:* Desmarets, un compositeur oublié du 17e siécle, in: Le Ménestrel, 1883, Nr. 39–42.

Desmond, Olga. Ehemalige Schönheitstänzerin, die 1909 als Nackttänzerin debütierte. Sie erfand eine eigene Tanznotenschrift, die sie ↗Rhythmographik nannte und die 1919 in Leipzig unter dem Titel „Rhythmographik (Tanznotenschrift) als Grundlage zum Selbststudium des Tanzes" erschien. (↗Choreographie)

Despréaux, Jean-Etienne. Französischer Tänzer, ↗Ballettmeister, Dichter und Musiker, geb. 1748 in Paris, gest. 1820 ebendort. Er begann als Tänzer an der Oper in Paris, resignierte aber später nach einer Fußverletzung und wurde Violinist und Ballettdichter. Nach seiner Heirat mit der Tänzerin Maria Madeleine ↗Guimard gab er seinen Beruf gänzlich auf und blieb weiterhin nur Dichter. 1806 erschien von ihm „Mes Passe-Temps: Chansons, suivies de l'Art de la Danse, Poéme en quatre chants, Calqué sur l'Art Poetique de Boileau Despréaux".

Lit.: *Migel, P.:* The Ballerinas, 1972.

Desrat. Vater und Sohn Desrat waren als ↗Tanzmeister, ↗Choreographen und Tanzschriftsteller in Paris tätig. G. Desrat, der Jüngere, verfaßte mehrere Schriften: Le Cotillon avec toutes ses figures, Paris 1855; Le Quadrille français simple et croisé, Paris 1855; Méthode de danse complète, Paris 1863; Le Cotillon. Vade-mecum du conducteur de cotillon, Paris 1881; Nouveau traité de danse historique et pratique, Paris 1883; Petit traité de la danse, Paris 1890; Dictionnaire de la danse, historique, théorique, pratique et bibliographique, Paris 1895 (Reprint: Hildesheim 1977); Traité de la danse, conténant la théorie et l'histoire des danses anciennes et modernes avec toutes les figures les plus nouvelles du cotillon, Paris 1909.

Dessous bezeichnet im klassischen ↗Ballett eine Bewegung, bei welcher das Arbeitsbein hinter das Standbein geführt wird. (↗Dessus)

Dessus bezeichnet im klassischen ↗Ballett eine Bewegung, bei welcher das Arbeitsbein vor das ↗Standbein geführt wird. (↗Dessous)

Détiré bedeutet in der klassischen Tanzkunst eine Beinführung, bei der ein Fuß in die gleichseitige Hand genommen und mit gestrecktem Bein zur Seite geführt wird.

Détourné bezeichnet im klassischen Tanz eine Bewegung, bei welcher der rückwärtige Fuß nach vorne knapp um den Standfuß geführt wird und gekreuzt die Spitze aufstellt. Nach dieser Richtung wird auf beiden Spitzen eine ganze Drehung ausgeführt. Die Bewegung endet in der Ausgangsposition.

Lit.: *Raab, R.:* Lexidion f. d. Ballett, s. a.

Deutsch, Walter. Österreichischer Volksmusikforscher, geb. 29. April 1923 in Bozen, Südtirol. Nach seinen Studien an der Akademie für Musik und darstellende Kunst in Wien war er von 1953 bis 1956 freischaffender Mitarbeiter am Volksliedarchiv für Wien und Niederösterreich. Von 1957 bis 1963 wirkte er als Ballettkorrepetitor an der Wiener Volksoper, und seit 1963 ist er Lehrbeauftragter für „Musikalische Volkskunde" an der Abteilung Musikerziehung an der Hochschule für Musik und darstellende Kunst in Wien. 1965 gründete er das Institut für Volksmusikforschung an der Hochschule für Musik, welches er auch seither leitet. Seit 1967 ist er Mitarbeiter beim Österreichischen Rundfunk, Studio Niederösterreich, für die Bereiche Volksmusik-Blasmusik. Von ihm stammen folgende Beiträge zur Volksmusik: Tanzform und Tanzweise, in: Österreichische Musikzeitschrift, Jg. 18, 1963, H. 11, S. 519 ff.; Die Melodien zum Polsterltanz, in: Volkskunde und Volkskultur, Festschrift f. Rich. Wolfram, 1968, S. 45 ff.; Zur Volksmusik im Burgenland, in: Österreichische Musikzeitschrift, Jg. 26, 1971, H. 9, S. 489; Volksmusik, Volkstanz. Kärnten und seine Nachbarn, Kärntner Museumsschriften, Bd. 51, 1972; Die tradierten musikalischen Formen, in: Heimatkunde des Bezirkes Scheibbs, 1976, S. 10 ff. Außerdem gab er verschiedene Sammelwerke zur Volksmusik Österreichs und anderer europäischer Länder in praktischen Ausgaben und eine Schallplattenreihe mit authentischer Volksmusik heraus.

Deutscher (Teutscher, Deutscher Dantz). Unter diesem Namen ist vor allem ein Tanz im Dreivierteltakt aus dem Ende des 18. Jh. zu verstehen. Er gleicht dem süddeutschen ↗Ländler und gilt als ein Vorläufer des ↗Walzers. Als „Deutscher Dantz" wird auch in den ↗Tabulaturbüchern ein der ↗Allemande ähnlicher geradtaktiger, geschrittener Tanz mit einem ungeradtaktigen ↗Nachtanz bezeichnet.

H. L. Hassler, Lustgarten 1601

J. ↗Haydn, W. A. ↗Mozart, L. van ↗Beethoven, F. ↗Schubert und auch noch C. M. ↗Weber bezeichnen manche ihrer „Deutschen Tänze" als ↗Allemanden. Diese haben aber mit der Allemande des 16./17. Jh. nichts gemein. Als nah verwandte Tänze des Deutschen können auch die alten ↗Dreher und ↗Schleifer bezeichnet werden. „Deutscher" heißt weiters zu Anfang des 19. Jh. in Norddeutschland ein Tourentanz, der nicht als Dreher, sondern im Tempo eines ↗Menuetts oder der ↗Polonaise ausgeführt wurde.

W. A. Mozart, KV 602, Nr. 2

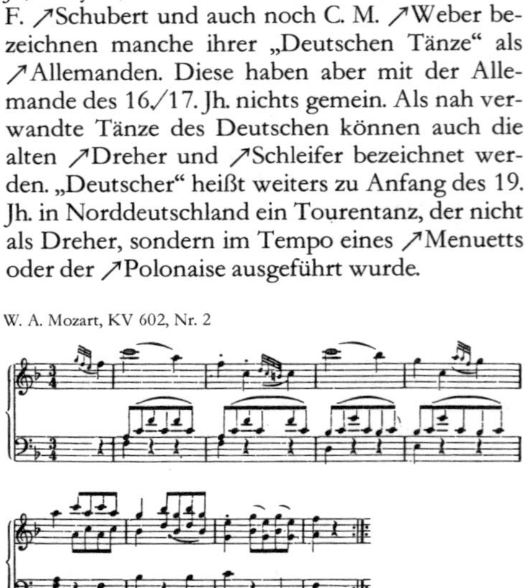

Lit.: *Böhme, F. M.:* Geschichte d. Tanzes in Deutschland, 1886. *Nettl, P.:* Musik u. Tanz bei Casanova, in: Gesellschaft deutscher Bücherfreunde in Böhmen, Bd. 6, 1924, S. 117. *Nettl, P.:* Casanova u. d. Tanz seiner Zeit, in: Neue Musik-Zeitung, Jg. 48, 1927, H. 10, S. 201 ff. *Wolfram, R.:* Die Volkstanznachrichten in d. Statistischen Erhebungen Erzherzog Johanns, in: Volk u. Heimat, Festschr. f. Viktor v. Geramb, 1949, S. 275. *Nettl, P.:* Mozart u. d. Tanz, 1960, S. 57 ff. *Nettl, P.:* Tanz u. Tanzmusik, 1962.

Deutscher Umgang, im Böhmerwald auch ↗Linzer Polka genannt. ↗Volkstanz aus Österreich, vor allem in Oberösterreich zu Hause. In Niederösterreich ist der Tanz unter dem Namen der ↗„G'mischte" und ↗„Narrentanz" bekannt, Tirol, Kärnten, Steiermark und Salzburg nennen ihn ↗„Studentenpolka", weil als Tanzmelodien Studentenlieder gespielt werden. Der Tanz wird von einem Burschen mit zwei Mädchen ausgeführt (↗Dreiertänze). In Kärnten ist die Besetzung zwei Burschen und ein Mädchen. Die Tanzweise besteht aus einem Teil im 3/4-Takt und einem Teil im 2/4-Takt. Zum Tanz wird von den Umstehenden und meist auch von den Tanzenden gesungen.

Lit.: *Zoder, R.:* Altösterreichische Volkstänze, Teil 3, 1932, S. 13 f. *Gradwohl, K.:* Lehrgang f. österreichische Volkstänze, 1936 u. 1938. *Koschier, F.-Maier, R.:* Kärntner Heimattänze, 1938, S. 25 f. *Lager, H.:* Tänze aus d. steirischen Ramsau, in: Das deutsche Volkslied, Jg. 46, 1944, H. 1/2, S. 17. *Horak, K.:* Volkstänze aus d. oberen Mühlviertel, in: Jahrbuch d. österr. Volksliedwerkes, Bd. 8, 1959, S. 157. *Lager, H.-Derschmidt, H.:* Österreichische Tänze, 1959. *Koschier, F.:* Kärntner Volkstänze, 1963. *Schützenberger, E. – Derschmidt, H.:* Spinnradl, 3. Folge, s. a., S. 16.

Deutscher Volkstanz. Herkunft, Inhalt und Sinn der vielfältigen Formen und Arten des deutschen Volkstanzes hängen eng mit der Entwicklungsgeschichte des deutschen Volkes zusammen, mit der Fortsetzung einer uralten ununterbrochenen Tanztradition, die sich weit in die Vorzeit der Geschichte verliert. Viele Motive aus alter Zeit, wie Fruchtbarkeitszauber, Jagdzauber, Waffenbeschwörung, Arbeits-und Tiernachahmung sind in den deutschen Volkstänzen bis in die Gegenwart merkbar vorhanden. Uralte Tanzformen, wie Kreis, Stern, Kette wurden übernommen und nach den jeweiligen Zeitbegriffen gewandelt. Diese Entwicklung ist vom alten Zeremonialtanz über den mittelalterlichen Schautanz bis hin zum Gemeinschaftstanz des Landvolkes zu verfolgen. Zu den ältesten Belegen des deutschen Volkstanzes zählen die Chorreigen (↗Reigen) Neidharts von Reuental (Reuenthal) aus dem 13. Jh. Mit seiner Abwendung von der höfischen Überfeinerung brachte er frisches Leben in die Welt des ↗Bauerntanzes, dem in der Entwicklung des deutschen Volkstanzes eine besondere Bedeutung zukommt. Aus den verschiedenen Quellen zur Tanzgeschichte geht hervor, daß der Bauer anders getanzt hat als die höfische Gesellschaft, als die Ritter, Fürsten und Bürger. Der Unterschied lag aber nicht so sehr in der Tanzform, sondern in der Art des Tanzens. Betrachtet man den deutschen Volkstanz nach Tanzarten, so lassen sich von alters her drei große Gruppen feststellen: 1. der geschrittene Tanz im geraden Takt (↗Vortanz); 2. der Nachtanz im Tripeltakt (↗Schleifer); 3. der gesprungene Tanz im 2/4-Takt (↗Hopser). Vielfältig und umfangreich sind auch die Tanzformen, die im deutschen Volkstanzgut zu finden sind. Ihre Entwicklung und Pflege ist in den einzelnen Landschaften verschieden. Der deutsche Volkstanz kennt Gruppentänze und ↗Paartänze in den mannigfaltigsten Formen, die sich oft für ein und denselben Tanz örtlich verschieden entwickelt haben. Historisch von Bedeutung sind die vielen deutschen ↗Schwerttanzformen und die ↗Zunfttänze, welche sich bis heute an manchen Orten als besondere Tanzattraktion erhalten haben. Viele deutsche Volkstänze sind bereits in Vergessenheit geraten. Volkstanzkreise, Heimat- und Trachtenvereine bemühen sich aber, den deutschen Volkstanz nicht nur zu erhalten, sondern auch immer wieder in neuer Gestaltung zu beleben.

Lit.: Allgemein: *Meyer, G.:* Volkstänze, 1918. *Giehrl, F.:* Heimattänze, 1924. *Bloch, P. J.:* Der deutsche Volkstanz d. Gegenwart, in: Hessische Blätter f. Volkskunde, Bd. 25, 1925, S. 124 ff. (auch Diss. Frankfurt/M. 1927). *Ilmbrecht, O.:* Aus d. Geschichte d. deutschen Tanzes, in: Die junge Nordmark, Jg. 3, 1926, Nr. 4/5, S. 87 ff. *Fladerer, O.:* Deutsche Volkstänze, 4 Hefte, 1927. *Decker, W.:* Deutsche Volkstänze, in: Westermanns Monatshefte, Jg. 73, Nov. 1928, S. 257 ff. *Klier, K. M.:* Zum deutschen Volkstanz, in: Sudetendeutsche Zeitschrift f. Volkskunde, Jg. 3, Prag 1930, H. 6, S. 256 ff. *Michel, A.:* Oberdeutsche Volkstänze, in: Zeitschrift „Die Lesestunde", Jg. 9, Berlin 1932, S. 324 ff. *Commenda, H.:* Burschentänze, Deutsche Volkstänze, H. 13, 1934. *Klier, K. M.:* Männertänze aus d. deutschen Volksüberlieferung, 1934. *Röhr, E.:* Deutscher Volkstanz, H. 5 d. Schriftenreihe „Deutsches Volksgut", 1934. *Dieckelmann, H.:* Der Wiborg, deutsche Volkstänze d. Gegenwart, Hamburg. *Burkhardt, L.:* Kneveler, 1936. *Burchenal, E.:* Folk-Dances of Germany, 1938. *Au, H. v. d.:* Über Tanznamen im Rhein-Main-Gebiet, in: Hessische Blätter f. Volkskunde, Bd. 37, 1939, S. 172 ff. *Horak, K.:* Tänze aus d. deutschen Volksinseln im Osten, 1939. *Wolfram, R.:* Lo studio della danza popolare in Germania, in: Lares, Jg. 10, Rom 1939, H. 4–6. *Au, H. v. d.:*

Deutscher Volkstanz

Der deutsche Volkstanz, ein Stiefkind d. musikalischen Forschung u. Praxis, in: Deutsche Musikkultur, Jg. 4, 1939/40, H. 2, S. 72 ff. *Wolfram, R.:* Lo studio della danza popolare in Germania, Istituto Grafico Tiberino, Roma 1940. *Gericke, H.-Horak, K.:* Auf zum Tanz, 1942. *Cunz, R.:* Deutsches Volkstanzbuch, 1944. *Fyfe, A.:* Dances of Germany, London 1951 (Handbooks of European National Dances, Bd. 19). *Lawson, J.:* European Folk Dance, 1953, S. 120 ff. *Au, H. v. d.:* Heit is Kerb in unserm Dorf, 1954. *Oetke, H.:* Aus d. Entwicklung d. deutschen Volkstanzes, in: Theater u. Tanz, H. 2, 1954. *Horak, K.:* Der Volkstanz in d. deutschen Sprachinseln d. Ostens, in: Jahrbuch f. Volkskunde d. Heimatvertriebenen, Bd. 5, 1959/60, S. 247 ff. *Nettl, P.:* Süddeutsche Tänze aus früher Zeit, in: Musik im Unterricht, Mai 1960. *Horak, K.:* Deutsche Volkstänze aus d. Donauraum, Deutsche Volkstänze, H. 44/45, 1961. *Horak, K.:* Deutsche Volkstänze aus d. Karpatenraum, Deutsche Volkstänze, H. 48/49, 1961. *Goldschmidt, Ae.:* Handbuch d. deutschen Volkstanzes, 1967. *Schmolke, A.-Langhans, H.:* Europäische Tänze, H. 11: Deutschland, 1972. *Goldschmidt, Ae.:* Vokabular deutscher Volkstanzschritte, Leipzig 1974/76. *Janietz, E.:* Volkstänze aus deutschen u. österreichischen Landschaften, s. a. *Horak, K.:* Über d. Systematik d. deutschen Volkstanzes, in: Der Volkstanz 1, 1979. *Oetke, H.:* Die historische Basis deutscher Volkstanzformen, in: Volkstanz 4/1979, S. 63 ff. *Oetke, H.:* Der deutsche Volkstanz, 1983.

Allgäu: *Quellmalz, A.:* Volkslied u. Volkstanz im Allgäu, in: Schwäbische Heimat, Jg. 4, 1953, S. 33 ff.

Baden-Odenwald: *Künzig, J.:* Vom Volkstanz in Baden, in: Mein Heimatland, Jg. 18, 1931, H. 3/4, S. 69 ff. *Neumann, Ed.:* Volkstänze d. Buchenlandes, Deutscher Volkstanz H. 32/33, Kassel 1937. *Au, H. v. d.:* Der Volkstanz im Odenwald, in: Unter d. Dorflinde im Odenwald, Jg. 25, 1939, Nr. 4, S. 41. *Baser, F.:* Einheit d. Oberrheins in Wort u. Sang, Spiel u. Tanz, in: Oberrheinische Zeitschrift f. Volkskunde, Jg. 14, 1940, S. 11 ff. *Ramsteiner, Cl.:* Einbacher Tänze, Eigenverlag 1982.

Banat: *Kirnbauer, F.:* Volkstänze d. Deutschen im Banate, in: Das deutsche Volkslied, Jg. 34, 1932, H. 5, S. 53 ff. *Au, H. v. d.:* Zwei Banater Volkstänze, in: Das deutsche Volkslied, Jg. 42, 1940, H. 5/6, S. 52 ff.

Bayern: *Brunner, J.:* Alte Tänze aus Cham u. seiner Umgebung, in: Deutsche Gaue, Zeitschrift f. Heimatforschung, Bd. XI, 1910, 9. Lieferung, S. 289 ff. *Bauer, J.:* Vierzig bayerische Tänze, in: Zeitschrift f. Musikwissenschaft, Jg. 8, H. 1, Oktober 1925, S. 24 ff.; dazu: Sechzig bayerische Tänze, in: Zeitschrift f. Musikwissenschaft, Jg. 12, H. 5, Februar 1930, S. 295 ff.; dazu: Zwanzig bayerische Tänze, in: Zeitschrift f. Musikwissenschaft, Jg. 10, H. 6, März 1928, S. 374 ff. *Hager, F.:* Über d. Entstehung d. altbayerischen Tänze, in: Bayerische Heimat, Jg. 17, Nr. 47 v. 24. Aug. 1926. *Seywald, G.:* Aus d. Geschichte d. altbayerischen Volkstanzes, in: Die ostbairischen Grenzmarken, Jg. 15, 1926, H. 10, S. 247 ff. *Osterrieder, F. X.:* Altbayerische Tänze, in: Bayerische Heimat, Nr. 21, v. 21. II. 1928, S. 163. *Wolf, R.:* Zehn „Bayrische" aus d. bayrischen Oberpfalz, in: Das deutsche Volkslied, Jg. 30, H. 4, April 1928, S. 56 ff. *Bauer, A.:* Nachtrag zu d. zwanzig bayerischen Tänzen, in: Das deutsche Volkslied, Jg. 31, 1929, H. 5, S. 70 ff. *Kutscher, A.:* Der bayerische Volks- u. Nationaltanz, in: Der Rhythmus, Jg. 7, 1929, Nr. 1, S. 1 ff. *Pritzl, G.:* Der niederbayerische Tanz, in: Zeitschrift Heimat u. Volkstracht, Jg. 4, 1930, Nr. 48–49. *Osterrieder, F. X.:* Die Abensberger Hundsbuckel-Musikanten. Die bayerischen Tänze u. Anton Bruckner, ein Beitrag zur Geschichte d. „Bayerischen Tänze", d. sogenannten Zwiefachen, in: Heimatklänge, Nr. 5, 6, 12, 24 u. 25, 1931 (Beilage d. Hallertauer General-Anzeiger f. d. Abensgau). *Bauer, A.:* Volkstänze aus Niederbayern u. d. Oberpfalz, in: Heimat u. Volkstracht, Jg. 6, 1932, Nr. 9. *Bauer, A.:* Volkstänze aus d. Bayerischen Wald, in: Zeitschrift „Der Bayerwald", Jg. 30, 1932, H. 2, S. 20 ff. *Bauer, A.:* Bayerische Volkstänze, Deutsche Volkstänze, H. 8, Kassel 1934. *Junk, V.:* Der altbayerische Marskertanz als Urtypus d. Melodie d. Prinz-Eugen-Liedes, in: Anzeiger d. Akademie d. Wissenschaften in Wien, phil.-hist. Klasse, Jg. 1934, Nr. 18–26, S. 154 ff. *Novy, A.:* Bayerische Tänze, ein Beitrag zur Frage d. taktwechselnden Tänze, in: Deutsche Volkskunde, Jg. 1, 1939, H. 2, S. 144 ff. *Schützenberger, E.:* Altbayrische Volkstänze, 1949. *Hoerburger, F.:* Bavarian Folk Dances. With Changing Measures, in: Rosin the Bow, vol. IV, first Quarter 1952, No. 6, S. 5 ff. *Huber, K.:* Volkslied u. Volkstanz im bajuwarischen Raum, in: Volkslied u. Volkstanz, Aufsätze zur Volksliedkunde d. bajuwarischen Raumes, S. 9 ff., 1960. *Kusche, L.:* Musik u. Musiker in Baiern, 1963.

Böhmen-Mähren-Schlesien-Slowakei-Sudeten: *Scholz, O.:* Schlesische Tänze, in: Mitteilungen d. schlesischen Gesellschaft f. Volkskunde, Bd. 6, 1904, S. 88 ff. *Neumann, F.:* Altschlesische Tänze, 1922. *Lanz, J.:* Ostschlesische Volkstänze, 1924 u. 1931. *Götz, J.:* Deutschmährische Volkstänze, in: Das deutsche Volkslied, Jg. 28, 1926, H. 2/3, S. 29 ff. *Janosch, H.:* Volkstanz im Hutschiner Ländchen, in: Der Oberschlesier, Jg. 11, 1929, H. 11, S. 768 ff. *Hartenstein, C.:* Volkstänze u. Tanzlieder aus Westböhmen, in: Das deutsche Volkslied, Jg. 33, 1931, H. 7, S. 104 f., H. 8, S. 125 f. *Pudollek, F.:* Oberschlesische Volkstänze, Deutsche Volkstänze, H. 25, 1936. *Pudollek, F.:* Oberschlesische Dreiertänze, in: Das deutsche Volkslied, Jg. 40, 1938, H. 8, S. 137 ff. *Wolf, Th.:* Tänze u. Tanzlieder aus d. Sudetenland, in: Das deutsche Volkslied, Jg. 41, 1939, H. 4, S. 50 f. *Horak, K.-Schwartz, K.:* Volkstänze aus d. Slowakei, Deutsche Volkstänze, H. 56/57, Kassel. *König, Ad.:* Alte Volkstänze aus Nordböhmen, 1955. *Thiel, H.:* Die sudetendeutschen Volkstänze, Diss. Wien 1968. *Thiel, H.:* Die deutschen Volkstänze in Böhmen, Mähren u. Schlesien, 1970.

Bückenburg-Lippe: *Ilmbrecht, O.:* Bückeburger Heimattänze, Hamburg 1937 (Feste u. Feiern deutscher Art, 25). *Wehrhan, K.:* Lippische Singtänze, in: Jahrbuch f. Volkslied u. Volkstanz, Bd. 1, 1939, S. 198 ff.

Egerland: *John, A.:* Der Tanz d. Egerländer, in: Unser Egerland, Jg. 3, Eger 1899. *John, A.:* Egerländer Tänze, in: Zeitschrift f. österreichische Volkskunde, Jg. 14, 1908, H. 3/4.

Elsaß: *Kassel, Aug.:* Conscrits, Musik u. Tanz im alten Elsaß 1929, Elsaß-Bücherei, Bd. 8.

Franken: *Böhm, M.:* Volkslied, Volkstanz u. Kinderlied in Mainfranken, Diss. Erlangen, 1928, gedr. 1929. *Ho-*

rak, K.: Volkstänze aus d. Württembergischen Franken, Deutsche Volkstänze, Heft 28, 1938. *Au, H. v. d.:* Das Volkstanzgut im Rheinfränkischen, in: Gießener Beiträge zur deutschen Philologie, Bd. 70, 1939.

Friesland: *Stahl, W.:* Volkstanz v. d. nordfriesischen Inseln, Deutsche Volkstänze, Heft 27, 1936.

Hessen: *Au, H. v. d.:* Hessische Volkstänze, Deutsche Volkstänze, H. 9/12, 17/18, 1931 u. 1934. *Au, H. v. d.:* Volkstänze aus Nassau, Deutsche Volkstänze, H. 30/31, 1936. *Au, H. v. d.:* Niederhessische Volkstänze, Deutsche Volkstänze, H. 41, 1940.

Karpatho-Ukraine, Siebenbürgen, Slawonien: *Piller, S.:* Volkslied u. Volksmusik aus Slawonien, in: Das deutsche Volkslied, Jg. 32, 1930, H. 8, S. 114. *Antoni, E.:* Volkstänze aus Siebenbürgen, in: Siebenbürgische Vierteljahresschrift, Korrespondenzblatt d. Vereines f. Siebenbürgische Landeskunde, Jg. 56, 1933, Nr. 4, S. 334 ff. *Wolfram, R.:* Volkstänze aus Deutsch-Mokra, in: Das deutsche Volkslied, Jg. 41, 1939, H. 3, S. 30 ff. *Au, H. v. d.:* 22 deutsche Volkstänze aus d. Dobrudscha, in: Quellen u. Forschungen zur musikalischen Folklore, Bd. 3, 1955. *Schuster, M. L.:* Deutsche Volkstänze, die man in Siebenbürgen noch tanzt, 1981.

Kuhländchen: *Kubiena, W.:* Kuhländler Tänze, 1922 u. 1926.

Lüneburg: *Kück, E.-Schönhagen, E.:* Heidjers Tanzmusik. 28 Bauerntänze aus d. Lüneburger Heide, 1911. *Oetke, H.:* Volkstänze aus d. Lüneburger Heide, 1976.

Mark: *Janietz, E.-Giebel, D.:* Neue märkische Tänze, 1926. *Dieckelmann, H.-Oetke, H.:* Schwingkehr, Märkische Volkstänze d. Gegenwart, 1928 (Feste u. Feiern, Deutscher Art 21). *Oetke, H.:* Märkische Viertour, 1929. *Janietz, E.:* Volkstänze aus d. Altmark, s. a. *Koepp, J.:* Drei Volkstänze aus d. Mark Brandenburg, in: Das deutsche Volkslied, Jg. 36, 1934, H. 7, S. 94.

Mecklenburg: *Peters, M.:* Mecklenburgische Bauerntänze, 1909. *Peters, M.-Ilmbrecht, O.:* Alte Tänze aus Mecklenberg, 1928. *Janietz, E.-Schneider, R.-Peters, M.:* Volkstänze aus Mecklenburg, 1976.

Niederdeutsch-Niedersachsen-Norddeutsch: *Friedrichs, F.:* Niederdeutsche Tanzweisen, 1903. *Stahl, W.:* Niederdeutsche Volkstänze, 1921 u. 1923. *Holms, A.-Blasche, J.:* Neue Geestländer Tänze, 1925 u. 1926. *Janietz, E.:* Volkstänze aus Norddeutschland, s. a. *Diekkelmann, H.:* Jungmöhl, Niederdeutsche Volkstänze d. Gegenwart, s. a. (Feste u. Feiern Deutscher Art 19). *Cordes, H.-Brockmann, F.:* Windmüller. Alte niedersächsische Volkstänze aus Scheeßel, Hamburg 1936 (Feste u. Feiern Deutscher Art 24). *Balz, F.:* Niederdeutsche Heimat- u. Gemeinschaftstänze, Hamburg 1938. *Müller-Blattau, J.:* Die alten Dithmarschen Tänze u. Weisen, in: Niederdeutsche Zeitschrift f. Volkskunde, Jg. 17, 1939, S. 1 ff. *Oetke, H.:* Sächsische u. thüringische Volkstänze, in: Volkstanz, 3/1981, S. 43 ff. u. 1/1982, S. 3 ff.

Pfalz: *Au, H. v. d.:* Pfälzer Volkstänze, Deutsche Volkstänze, H. 34/35, 1937.

Polen: *Horak, K.:* Der deutsche Volkstanz in Mittelpolen, in: Deutsche Monatshefte in Polen, Jg. 3, 1936, H. 3/4, S. 171 ff. *Horak, K.:* Volkstänze d. Deutschen in Mittelpolen, 1936 (Ostdeutsche Monatshefte 8/11). *Nowy, A.:* Der Volkstanz d. Deutschen in Polen, in: Zeitschrift f. Musik, Jg. 106, 1939, H. 11, S. 1096 ff. *Quellmalz, A.:* Notenbücher deutscher Tanzmusiker in Polen, in: Deutsche Volkskunde, Jg. 1, 1939, H. 4, S. 247 ff. *Horak, K.:* Volksmusik aus Wilmesau, in: Jahrbuch d. österreichischen Volksliedwerkes, Bd. 9, 1960, S. 114 ff. *Severin, H.:* Deutsche Volkstänze aus Galizien, Deutsche Volkstänze H. 42/43, 1961. *Horak, K.:* Deutsche Volkstänze aus d. Weichselraum, Deutsche Volkstänze H. 52/53, 1962.

Pommern: *Haas, A.:* Volkstümliche Tänze u. Tanzlieder aus Pommern, in: Blätter f. Pommersche Volkskunde V, 1896/97. *Kittler, G.:* Der Volkstanz in Pommern, in: Unser Pommerland 19, 1934, S. 220. *Schultz, W.:* Pommersche Volkstänze, Deutsche Volkstänze H. 15/16, 1934. *Klein, P.:* Volkslied u. Volkstanz in Pommern, Diss. Greifswald 1935. *Kaiser, K.:* Atlas d. Pommerschen Volkskunde, S. 165, Greifswald 1936. *Jöde, F.:* Aus d. Notenbuch eines pommerschen Dorfmusikanten um 1870, in: Das deutsche Volkslied, Jg. 44, H. 5/6, 1942, S. 56 ff.

Preußen: *Treichel, A.:* Preußische Volkstänze u. Tanzmelodien, in: Zeitschrift d. hist. Vereins f. d. Regierungskreis Marienwerder 1887, H. 21, S. 22 ff.

Rheinland: *Gausebeck, Ae.:* Rheinische Volkstänze, 1930.

Schönhengstgau: *Janiczek, J.:* Schönhengster Volkstänze, 1928.

Schwaben-Spessart: *Scharlach, F.:* Schwäbische Volkstänze aus Galizien, Volkstänze aus deutschen Landschaften, H. 2, 1927. *Hinz, R.-Horak, K.:* Volkstänze aus Schwaben, Deutsche Volkstänze, H. 19/20, 1934/35. *Horak, K.:* Volkstänze aus Schwaben, Deutsche Volkstänze, H. 19/20, 1935. *Horak, K.:* Volkstänze aus d. schwäbischen Türkei, Deutsche Volkstänze, H. 29, 1935. *Beck-Vellhorn, F.:* Schwäbische Dorfmusik. Dorfmusik d. Deutschen in Galizien, Ostdeutsche Monatshefte, Bd. 7, 1936. *Au, H. v. d.:* Volkstänze aus d. Spessart, Deutsche Volkstänze, H. 39/40, 1938. *Horak, K.:* Der Volkstanz d. schwäbischen Türkei, in: Deutsches Archiv f. Landes-u. Volksforschung, Jg. 2, 1938, S. 836 ff. *Horak, K.:* Donauschwäbische Volkstänze, 1954.

Thüringen: *Winkler, H. A.:* Linsenbarths Thüringer Volkstänze, Gerstungen 1928. *Schlothauer, Arno:* Der Thüringer Tanzplan, 1930. *Au, H. v. d.:* Volkstänze aus d. Rhön, Deutsche Volkstänze, H. 24, 1935. *Oetke, H.:* Sächsische u. thüringische Volkstänze, in: Volkstanz 3/1981, S. 43 ff. u. 1/1982, S. 3 ff.

Westfalen: *Ilmbrecht, O.:* Westfälische Heimattänze, Hamburg 1936 (Feste u. Feiern deutscher Art, H. 22).

Deutschkatholischer. Name für den ↗Vogelsteller in einigen Gebieten Südwestdeutschlands. Der Name kommt von dem Text des Tanzliedes, in welchem auf die deutschkatholische Bewegung in der Zeit zwischen 1845 und 1850 Bezug genommen wird.

Devant bezeichnet im klassischen ↗Ballett eine Bewegung, die vor dem Körper ausgeführt wird.

Développé bedeutet im klassischen ↗Ballett das Heben des gebogenen Beines und langsames Ausstrecken in die Schwebe.

Lit.: *Raab, R.:* Lexidion f. d. Ballett, s. a.

Deve oyunu. ↗Türkischer Volkstanz, ein ↗tiernachahmender Tanz, der Kameltanz. Er wird von zwei maskentragenden Tänzern dargestellt. Sie kriechen unter eine Decke, die Kopfmaske wird mit blauen Glasperlen, bunten Troddeln und Spiegelplätzchen geschmückt. Natürlich fehlen auch Buckel und Schwanz des Kamels nicht. Das so geschmückte Kamel kommt, mit dem Kopf und Schwanz wackelnd, herein. Es jagt die umstehenden Zuseher, bis es sich erschöpft niederlegt. Seine Erzfeinde, der Löwe und die Hyäne, nähern sich schleichend. Da erhebt sich das Kamel und beginnt einen Kampf mit seinen Feinden. Zurna (Blasinstrument) und Davul (Trommel) begleiten dieses beliebte Tanzspiel.

Lit.: *Tör, V. N.:* Die Türkei als Neuland f. d. Erforschung d. Volkstänze, in: Die Volkskultur d. südosteuropäischen Völker, 1962, S. 114.

Devindancis. ↗Lettischer Volkstanz. Der Tanz wird von vier Paaren und einem Solotänzer ausgeführt. Die Paare nehmen im Quadrat Aufstellung, der Solotänzer steht mit dem lettischen Rhythmusinstrument Trejdexnis in der Mitte. Der Tanz besteht aus drei Figuren: 1. Polkaschritt, 2. Promenade (Gehschritt), 3. Zweischrittwalzer. Alle Figuren beginnen die Tänzerinnen mit dem rechten, die Tänzer mit dem linken Fuß. Beim Tanzen kann auch geklatscht und gestampft werden.

Lit.: *Rullins, V.:* Devidancis, in: The Folklorist, vol. 5, 1958, No. 1, S. 190. *Apkalns, Longins:* Lettische Musik, 1977, S. 60.

Dewadasi. Name der indischen ↗Bajaderen, der Dienerinnen der Götter. Schon als Kinder wurden diese Mädchen den Göttern geweiht, um in den Tempeln vor den Abbildern der Götter zu tanzen. Ihr Tanz kann als Überbleibsel der altorientalischen Tempelprostitution angesehen werden. Die Mädchen wurden zunächst der Priester zu eigen und später aller, die sie bezahlten. 1947 wurde ein neues Gesetz geschaffen, welches diesem Treiben ein Ende setzte. (↗Bharat Natjam, ↗Indischer Tanz, ↗Kathakali)

Lit.: *Bonn, G.:* Kathakali, Ursprung u. Wesen d. indischen Tanzes, in: Christ u. Welt, Jg. 11, Nr. 12, 20. März 1958, S. 13 f. *Gargi, B.:* Theater u. Tanz in Indien, 1960, S. 39 ff.

Dhali-Tanz. ↗Indischer Tanz, ein ↗Waffentanz, bei dem die Ausführenden lange Speere in der rechten und runde Schilde aus Bisonfell in der linken Hand tragen. In einer Reihe stürmen sie kriegerisch mit rhythmischen Schritten nach vorn, zur Seite und dann, die Reihe auflösend, wieder zurück, um sich von neuem zum Angriff zu formieren.

Lit.: *Rebling, E.:* Die Tanzkunst Indiens, 1981, S. 74.

Diable amoureux, Le (Der verliebte Teufel). ↗Ballett in drei Akten und acht Szenen, Libretto von Vernoy de Saint Georges, Musik von François Benoist und Napoléon-Henri Reber. Das Ballett wurde in der ↗Choreographie von Joseph ↗Mazilier am 23. September 1840 an der Pariser Oper uraufgeführt.

Lit.: *Beaumont, C. W.:* Complete Book of Ballets, 1951.

Diable à quatre, Le. ↗Ballett in drei Akten von A. ↗Adam, Libretto von Adolphe de Leuven. Die Uraufführung fand am 11. August 1845 an der Oper in Paris mit der ↗Choreographie von Joseph ↗Mazilier statt. Weitere Aufführungen folgten 1845 am Princess's Theatre in London und 1848 am Broadway Theatre in New York. 1853 wurde das Ballett in einer Neubearbeitung von Paul ↗Taglioni in Wien gegeben.

Lit.: *Beaumont, C. W.:* Diable à quatre, in: Complete Book of Ballets, 1951.

Diable boiteux, Le (Der hinkende Teufel). ↗Ballett in drei Akten, Libretto von Butat de Gurguy und A. Nourrit, Musik von Casimir Gide. Das Werk wurde am 1. Juni 1836 an der Pariser Oper in der ↗Choreographie von Jean ↗Coralli mit Fanny ↗Elßler und Joseph ↗Mazilier uraufgeführt. Fanny Elßler tanzte in diesem Ballett ihre berühmte ↗Cachucha.

Lit.: *Beaumont, C. W.:* Complete Book of Ballets, 1951.

Diaghilew, Serge. Russischer Ballettimpresario, geb. 19. (31.) März 1872 in Selischtschew, Gouvernement Nowgorod, gest. 19. August 1929 in Venedig. Nach dem Studium am Gymnasium in Perm war Diaghilew 1890 nach St. Petersburg gekommen, um Jura zu studieren. Er schloß sich dort aber einem Kreis junger Künstler, den Pickwickiens de la Newa an, deren aktivste Persönlichkeit der Maler Alexander ↗Benois war. In der Zeit von 1899 bis 1901 war Diaghilew in der Intendanz des Marientheaters tätig. Um die Jahrhundertwende durch den Kreis moderner Künstler in St. Petersburg angeregt, entwickelte er seine ersten Gedanken für seine Reformen des zaristischen Balletts ↗Petipas. 1908 führte er das Petersburger Opernensemble nach Paris. Es gab bedeutsame Erfolge, so daß er bald darauf das Petersburger Ballett in die französische Hauptstadt brachte. Ab 1910 wurde es zu einem festen Bestandteil der Pariser Oper. Die triumphalen Erfolge von Diaghilews ↗„Ballets Russes", die 1909 mit „Pavillon d'Armide" begonnen hatten, währten 20 Jahre bis zu seinem Tod. Die russische Ballettschule und die Werke Petipas hatte der große Organisator Diaghilew nach Frankreich gebracht und in Zusammenarbeit mit bedeutenden Musikern wie ↗Strawinsky, Malern wie ↗Benois, Golowin und Korowin und mit Stars wie ↗Nijinsky, ↗Pawlowa, ↗Balanchine, ↗Lifar die Idee einer Theaterkunst verwirklicht, in der tänzerische Bewegung, Handlung, Musik und Bühnenbild zur Einheit wurden.

Lit.: *Svetloff, V.:* Serge Diaghilev, in: Archives Int. de la Danse, 1933, Nr. 4, S. 138 ff. *Lifar, S.:* Diaghilev, History of Russian Ballet, 1939. *Lifar, S.:* Serge Diaghilev, 1940. *Haskell, A.:* Diaghileff, 1947. *Haskell, A.:* A l'aube de mon destin chez Diaghilew, 1949. *Beaumont, C.:* The Diaghilev Ballet in London, 1951. *Grigoriev, S. L.:* The Diaghilev Ballet 1909–1929, 1953. *Gregory, J.:* Diaghilev's Oversight and the Aftermath, London 1954. *Lifar, S.:* Serge Lifar de Diaghilev, Monaco 1954. *Arout, G.:* Le danse contemporaine, 1955. *Buckle, R.:* In Search of Diaghilev, 1955. *Gontcharova, N.-Larionov, M.-Vorms, P.:*Les Ballets Russes, 1955. *Sandoz, M.:* Diaghilev-Nijinsky and Other Vignettes, 1956. *Sokolova, L.:* Dancing for Diaghilev, 1960. *Schmidt-Garré, H.:* Ballett, 1966, S. 118 ff. *Haskell, A.:* Ballet Russe, 1968. *Kniaseff, B.:* Decor and Costume Designs from the Diaghilew Period, Illustrated Catalogue Sotheby 1969. *Larionov, M.:* Diaghilev et les Ballets Russes, 1970. *Kochno, B.:* Diaghilev and the Ballets Russes, 1971. *Percival, J.:* The World of Diaghilev, 1971. *Deiretsbacher, E.:* Die Problematik d. Bühnenbildner d. Ballets Russes de Serge de Diaghilev, Diss., Wien 1972. *Bondeville, E.:* De Diaghilew à Igor Strawinsky, 1973. *Spencer, Ch.:* The World of Serge Diaghilev, 1974. *MacDonald, N.:* Diaghilev Observed by Crities in England and the United States 1911–1929, 1975. *Buckle, R.:* Diaghilev, 1979, 1984.

Diana-Ballette. Diana, die der griechischen Artemis gleichgesetzte römische Göttin der Jagd, bildete oftmals den Stoff für ein Ballettlibretto: 1765 „Diana ed Endimione" von Giuseppe Fabiani, Venedig; 1769 „Diana und Aktäon" von Banti, Vendig; 1772 „Diane et Endymion" von J. G. ↗Noverre, Musik von J. ↗Starzer, Wien; 1774 „Diana sorpresa" von Onorato ↗Viganó, Venedig; 1775 „Diana und Aktäon" von Michele Corradini; 1793 „Diana und Endymion" von A. ↗Muzzarelli, Wien; 1794 „Diana und Endymion" von Salvatore ↗Viganò, Wien; 1795 „Diana und Endymion" von Onorato ↗Viganò, Venedig; 1805 „La Surprise de Diane" von Mme. Rossi, Musik von J. Wölfl, London; 1888 „Diana", Musik von Hervé; 1924 „Das Wunder der Diana", Musik von Egon ↗Wellesz, Mannheim; 1929 „Aubade" von W. ↗Nijinsky, Musik von Fr. ↗Poulenc.

Didelot, Charles-Louis. Französischer Tänzer, geb. 1769 in Stockholm, gest. 7. November 1837 in Kiew. Er war der Sohn eines Tänzers, der am königlichen Theater zu Stockholm sehr gefeiert war. Das Tanzstudium absolvierte Didelot in Paris bei J. ↗Dauberval, J. G. ↗Noverre und Auguste ↗Vestris. 1801 übersiedelte er nach St. Petersburg, wo er als ↗Choreograph und Pädagoge tätig war und ca. 30 Ballette zur Aufführung brachte. Durch seine Tätigkeit und seinen künstlerischen Einfluß als Choreograph, Pädagoge und ↗Ballettmeister in Rußland gab er die Grundlagen zu der großartigen Entwicklung des russischen Balletts (↗Alceste, ↗Don Quichote).

Lit.: *Slonimskij, J.:* Didlo, 1958. *Schmidt-Garré, H.:* Ballett, v. Sonnenkönig bis zu Balanchine, 1966, S. 42 ff.

Didong. Auf Sumatra wird diese Zeremonie von Musik, Körperbewegungen, Tanz und Gesang bei Hochzeits- und Beschneidungsfesten aufgeführt. Es tanzen nur Männer. Ein bezahlter Anführer (guru) leitet alles und führt auch selber Solotänze aus.

Lit.: *Nieuwenhuis, G. J.:* Über d. Tanz in Niederländisch-Indien, Diss. Zürich 1916, S. 19.

Dîlana sûr û mertal. ↗Kurdischer Tanz, ein Säbeltanz, der nur von Männern ausgeführt wird. Er besteht aus einer Reihe von Beweglichkeits- und Geschicklichkeitsübungen.

Lit.: *Kendal, Nezan:* Kurdish Music and Dance, in: The World of Music, vol. XXI, 1979, No. 1, S. 19 ff.

Dill, Gerlinde. Österreichische Tänzerin und Ballettmeisterin, geb. 25. Juli 1933 in Wien. Ihre künstlerische Ausbildung erhielt sie an der Ballettschule der Staatsoper Wien bei Risa Dirtl und Adele ↗Krausenecker. Von 1947–1951 studierte sie außerdem noch an der Tanzabteilung der Hochschule für Musik und darstellende Kunst in Wien, wo Toni ↗Birkmeyer und Riki ↗Raab ihre Lehrer für klassisches Ballett und Grete ↗Wiesentahl und Hanna Berger ihre Lehrerinnen für freie Tanzformen waren. Studienaufenthalte im Ausland führten sie zu Olga ↗Preobrajenska und Victor ↗Gsovsky in Paris, zu Marika Besobrasova in Monte Carlo, zu Rosella ↗Hightower in Cannes und Cleo Nordi in London. 1949 wurde sie Mitglied des Staatsopernballetts Wien. Ihr großes Vorbild für ihre Tätigkeit als ↗Choreographin war Erika ↗Hanka. Noch während ihrer tänzerischen Karriere wurde sie choreographische Assistentin, Proben- und Trainingsleiterin und Lehrerin an der Ballettschule der Wiener Staatsoper. Seit der Zeit von Aurel von ↗Milloss betreute sie nicht nur die Werke dieses Choreographen und seines Nachfolgers Waslaw ↗Orlikowsky, sondern auch die meisten Arbeiten der an der Staatsoper wirkenden Gastchoreographen. Daneben choreographierte sie für die Wiener Festwochen, den Carinthischen Sommer, das Fernsehen und ab 1976 für die Fernsehübertragung der Neujahrskonzerte der Wiener Philharmoniker. Seit 15. Februar 1980 ist sie mit den Agenden des ↗Ballettmeisters der Wiener Staatsoper betraut.

Diobono, Pompeo. ↗Tanzmeister und ↗Choreograph aus Mailand, lebte im 16. Jh. Cesare ↗Negri erzählt von ihm in seinem ↗Tanzlehrbuch „Nuove Inventioni di Balli", daß er von König Heinrich II. von Frankreich im Jahre 1554 als ↗Tanzlehrer und Erzieher seines Sohnes, des späteren Karls IX., nach Paris berufen worden war.

Lit.: *Czerwinski, A.:* Die Tänze d. 16. Jh., 1878, S. 10 f. *Bie, O.:* Der Tanz, 1919, S. 138.

Dionysia. Berühmte römische Tänzerin zur Zeit des römischen Diktators Lucius Cornelius Sulla (138–78 v. Chr.).

Dionysos (lat. ↗Bacchus), Sohn des Zeus und der Kadmostochter Semele, Gott des treibenden Wachstums, der wunderbaren Belebungs- und Befruchtungskraft, Gott des Weinbaues. Ursprünglich ein gewaltiger Naturgott, mußte er sich den Rang unter den Olympiern erst erobern. Sein Dienst und seine Feste waren durch wilde, orgiastische Ausgelassenheit gekennzeichnet. Die Anhänger des Dionysos zogen in begeistertem Rausche über die Berge und durch die Wälder. Zumeist waren es nur Frauen, die an den rauschenden Festen mit enthusiastisch-sinnlichen Tänzen teilnahmen. ↗Bacchantinnen, ↗Mänaden und ↗Satyrn waren seine Begleiter. Bei den Dionysien im alten Griechenland spielten vor allem der Tanz und die ↗Pantomime eine hervorstechende Rolle. Dionysos zu Ehren wurde der ↗Dithyrambos, ein kultischer ↗Reigen satyrhafter Chöre, gesungen. (↗Tyrbasia)

Lit.: *Weege, F.:* Der Tanz in d. Antike, 1926, S. 70 ff. *Otto, W. F.:* Dionysos, Mythos u. Kultus. Frankfurter Studien zur Religion u. Kultur d. Antike, Bd. 4, 1933. *Lawler, L. B.:* The Dance in Ancient Greece, 1964.

Diple. Tanzfigur im antiken Griechenland, bei der die Tänzer zwei Reihen bildeten und in würdevoller Weise aneinander vorübertanzten.

Lit.: *Lawler, L. B.:* Diple, Dipodia, Dipodismos in the Greek Dance, in: Transactions and Proceedings of the American Philological Association, vol. 76, 1945, S. 59 ff.

Dipodia. Antiker ↗griechischer Tanz. Vermutlich ein freudiger ↗Volkstanz aus Sparta, der die Taten der Spartaner im Krieg gegen die Perser verherrlichte. Er wurde wahrscheinlich von Frauen und Männern aufgeführt. Der Name kommt von „Zweifuß", was bedeuten mag, daß der Tanz original im spartanisch-trochäischen Zweimaß (Dimeter), einem Versmaß von zwei trochäischen Versfüßen, ausgeführt wurde.

Lit.: *Lawler, L. B.:* Diple, Dipodia, Dipodismos in the Greek Dance, in: Transactions and Proceedings of the American Philological Association, vol. 65, 1945, S. 59 ff. *Lawler, L. B.:* The Dance in Ancient Greece, 1964.

Dirk Dance. Alter englischer ↗Schwerttanz von der Isle of Man. Der Überlieferung nach haben ihn die Könige der Insel vor der Eröffnung des Things (Volksversammlung) getanzt.

Lit.: *Wolfram, R.:* Schwerttanz u. Männerbund, 1935, S. 206. *Douglas, M.:* The Maux Dirk Dance as Ritual, in: Journal of the Int. Folk Music Council, vol. IX, 1957, S. 31 ff.

Dirtl, Willy. Österreichischer Tänzer, geb. 4. März 1931 in Wien. Durch seine Tante Risa Dirtl, ehemalige Solotänzerin der Staatsoper Wien, kam er zur Tanzkunst. 1940 trat er in die Ballettschule der Wiener Staatsoper ein. Seine Lehrer waren Adele ↗Krausenecker, Poldi ↗Pokorny, Willy ↗Fränzl, Risa Dirtl und Erika ↗Hanka. 1948 wurde er in das ↗Corps de ballet der Wiener Staatsoper aufgenommen, 1950 zum Entréetänzer, 1951 zum Solotänzer und 1954 zum 1. Solotänzer ernannt. Dirtls Repertoire umfaßte sowohl das klassische Fach als auch das Charakterfach. Gastspiele führten ihn in die Schweiz, nach Deutschland, Italien, Schweden, Dänemark, New York, Jugoslawien und Japan. 1970 ging er in Pension.

Dithyrambos, auch ↗Tyrbasia genannt, war im antiken Griechenland ein Kreistanz des Chores lebhaften Charakters, mit pantomimischen Bewegungen verbunden. Seine erste Erwähnung finden wir bereits im 6. Jh. v. Chr. Ursprünglich nur ein enthusiastisches Kultlied mit Tanz satyrhafter Chöre zu Ehren des Gottes ↗Dionysos, wurde der Dithyrambos später auch im Dienste anderer Götter verwendet. ↗Pindaros von Theben schuf viele dieser begeisternden ↗Tanzlieder. (↗Griechischer Tanz)

Lit.: *Buchholtz, H.:* Die Tanzkunst d. Euripides, 1871. *Schmid, W.:* Zur Geschichte d. griechischen Dithyrambus. Beigefügt d. Verzeichnis d. Doktoren d. phil. Fakultät d. Univ. Tübingen im Dekanatsjahr 1900/01. *Weege, F.:* Der Tanz in d. Antike, 1926, S. 98 f. *Pikkard-Cambridge, A. W.:* Dithyramb, Tragedy and Comedy, 1927 u. 1962. *Sachs, C.:* Eine Weltgeschichte d. Tanzes, 1933, S. 164 f. *Lawler, L. B.:* The Dance in Ancient Greece, 1964.

Divertissement. Französische Bezeichnung für die aus dem ↗Ballet de cour hervorgegangenen Tanz- und Gesangseinlagen, welche im 17. und 18. Jh. zwischen den einzelnen Akten der Opern aufgeführt wurden. Im 19. Jh. bezeichnete man mit Divertissement auch kleine ↗Ballette, die aus einer Reihe von Tänzen ohne eigene Handlung bestanden. In der Musik bedeutet der Ausdruck Divertissement (Divertimento) eine der ↗Suite ähnliche Folge von Sätzen, meist auch tänzerischen Charakters. (↗Fêtes)

Lit.: *Garraud, G.:* La danse dans l'opéra de Rameau, in: Courrier Musicale, 1908. *Masson, P. M.:* Le Ballet héroique, in: La Revue Musicale, Jg. IX, 1928. *Dolin, A.:* Divertissement, 1931.

Djanger-Tanz. ↗Balinesischer Tanz. Er wird von sechs Knaben und sechs Mädchen getanzt. Bedeutsam sind die Handhaltungen (↗Mudras) der Tänzerinnen, die ganz bestimmte symbolische Bedeutungen haben. Ausgeführt wird der Tanz abends in den Tempelhöfen. Früher war er nur dem Fürsten und seinen Gästen vorbehalten.

Lit.: *Anonym:* Tanz bei fremden Völkern, Photoausstellung Museum f. Völkerkunde, Wien s. a.

Djurdjevka. ↗Jugoslawischer Volkstanz, der in vielen Varianten getanzt wird. In der Nordostregion ist eine Version im 2/4-Takt üblich. Sie ist die volkstümliche Form, die auch die serbischen und kroatischen Auswanderer in den USA tanzen. Die Tanzform im 3/4-Takt ist in Zentralserbien üblich. Die Aufstellung erfolgt in einem offenen oder geschlossenen Kreis.

Lit.: *Schmolke, A. – Langhans, H.:* Europäische Tänze, 1957, H. 4, S. 22 f.

Dodekanesiotiko. Neugriechischer Volkstanz lustigen Charakters im 2/4-Takt, mit leichten Sprüngen ausgeführt. Die Tänzer nehmen in offenem Kreis Aufstellung und bewegen sich im entgegengesetzten Sinn des Uhrzeigers. (↗Griechischer Tanz)

Lit.: *Petrides, Th. u. E.:* Folke Dances of the Greeks, 1961, S. 19.

Do Kola. ↗Tschechischer Volkstanz, ein ↗Paartanz im 2/4-Takt aus der Slowakei.

Lit.: *Lubinova, M.:* Dances of Czechoslovakia, 1949, S. 34 f.

Doktortanz. Name für die ↗Courante.

Dolin, Sir Anton (eigentlich Sydney Francis Patrick Chippendall Healey-Kay). Britischer Tänzer, Lehrer und ↗Choreograph, geb. 27. Juli 1904 in Slinfold, gest. 25. November 1983 in Paris. Er begann sein Tanzstudium in Brighton, setzte es bei Serafina ↗Astafjewa, Bronislawa ↗Nijinska und Nicholas ↗Legat fort. Außerdem nahm er Privatunterricht bei Enrico ↗Cecchetti. 1921 tanzte er in der Diaghilew-Produktion „Sleeping Princess“ in London. 1923 wurde er Solist bei den ↗Ballets Russes. Nach dem Tod S. ↗Diaghilews verließ er die Ballets Russes und tanzte in verschiedenen Revuen. 1930 wurde er Mitbegründer der ↗Camargo Society. 1931–1935 war er Solist beim ↗Vic-Wells Ballet. Als Partner von Alicia ↗Markova unternahm er mit diesem Ballett viele Auslandstourneen. 1935 begründete er das ↗Markova-Dolin Ballet, war dessen Direktor und 1. Solist bis 1938. 1940 übersiedelte er in die USA und wurde Direktor des ↗American Ballet Theatre in New York. Als Gastsolist wirkte er 1945–1948 bei verschiedenen Truppen. 1950 entstand aus einer neuen Truppe mit Alicia Markova das ↗London Festival Ballet, dessen 1. Solist und Direktor er bis 1961 blieb. Weiterhin wirkte er als hervorragender Lehrer und galt als einer der großen Pioniere des britischen Balletts. Von seinen kritischen Schriften zur Entwicklung des Balletts sind erschienen: Divertissement (London 1931), Ballet Go Round (London 1938), Pas de deux: the Art of Partnering (London 1949), Alicia Markova (London 1953), Autobiography (London 1949), The Sleeping Ballerina – The Story Olga Spessivtzeva (London 1966).

Lit.: *Selby-Lowndes, J.:* The Blue Train: the Story of Anton Dolin, 1953. *Hall, A. G.:* Alicia Markova and Anton Dolin, 1957. *Anthony, G.:* Pioneers of the Royal Ballet: Anton Dolin, in: Dancing Times, June 1970. *Wheatcroft, A.:* Dolin, 1982.

Dolmetsch, Mabel. Britische Gambistin, Tänzerin und Schriftstellerin, geb. 6. August 1874 in London, gest. 12. August 1963 in Haslemere, Südengland. Sie widmete sich vor allem der Erforschung alter Tänze und schrieb darüber in „The Musical Times, vol. 57, 1916“: Sixteenth Century Dances, S. 142 ff., und Dances in Shakespeare England, S. 489 ff. Außerdem veröffentlichte sie: Dances of England and France from 1450 to 1600, London 1949, und Dances of Spain and Italy from 1400 to 1600, London 1954.

Domaredansen. ↗Schwedischer Volkstanz. Dieser alte Tanz (wörtlich „Gerichtstanz“) hat seine Bedeutung verloren. Seine Ausführung ist sehr einfach. Männer und Frauen bewegen sich im Kreis um eine Gestalt in der Mitte, die eine brennende Kerze hält.

Lit.: *Dencker, N.:* Domaredansen, in: Arv, vol. 13, 1957, S. 31 ff.

Domba-Tanz. ↗Afrikanischer Tanz aus Nord-ost-Transvaal, den die Zulu-Mädchen des Bavenda-Stammes zur Einweihungszeremonie ausführen. Der Tanz, begleitet von einer Trommel und einem Horn (Tsikhuma genannt), beinhaltet in seiner Ausführung ein Verbeugen der Mädchen über der Trommel.

Domenico da Piacenza (auch Domenico da Ferrara). Italienischer ↗Tanzlehrer und Tanztheoretiker aus der Zeit der italienischen Renaissance, geb. in Piacenza (spätes 14. Jh.), gest. nach 1462. Er wirkte in Ferrara am Hof der Adelsfamilie d'Este und schrieb um 1460 seine Theorien über die Tanzkunst in dem Codex „De arte saltandi et choreas ducendi“ unter dem Titel „De la arte di ballare et danzare“ auf. Seine Schüler waren Antonio ↗Cornazano und ↗Guglielmo Ebreo.

Lit.: *Pulignani, F.:* Otto basse danze di M. Guglielmo da Pesaro et di M. Domenico da Ferrara, Biblioteca del Seminario Vescovile, Cod. B. V. 14, Foligno 1887. *Mazzi, C.:* Una sconosciuta compilazione di un libro quattrocentista di balli, in: La bibliofilia, vol. 16, 1914/15, Dispensa 5a–6a, S. 185 ff., Firenze 1915. *Bie, O.:* Der Tanz, 1925. *Sachs, C.:* Eine Weltgeschichte d. Tanzes, 1933.

Donaudorfer Gadrill. ↗Österreichischer Volkstanz aus Niederösterreich mit Singen und Paschen. Ähnlich dem ↗Jägermarsch besteht seine Tanzform aus geschrittenem ↗Vortanz im Zweiertakt und ↗Nachtanz im Dreiertakt.

Lit.: *Bammer, R.:* Niederösterreichische Volkstänze, Wien 1970.

Don Juan (Le Festin de Pierre). ↗Ballettpantomime von Chr. W. ↗Gluck nach einer ↗Choreographie von G. ↗Angiolini. Die Uraufführung fand am 17. Oktober 1761 am Kärntnertortheater in Wien statt. Gluck und Angiolini hatten mit diesem Werk eine neue Art der tragischen Ballettpantomime geschaffen. Auf die erfolgreiche Wiener Uraufführung folgten Aufführungen in Paris, Parma, Turin, Neapel, Mailand und München. Das Don Juan-Thema wurde aber auch später noch mehrmals als Ballettstoff verwendet. (↗Calzabigi, R.)

Lit.: *Haas, R.:* Die Wiener Ballettpantomime u. Glucks Don Juan, in: Studien zur Musikwissenschaft, Beihefte d. Denkmäler d. Tonkunst in Österreich, H. 10, 1923, S. 6 ff. *Haas, R.:* Der Wiener Bühnentanz v. 1740 bis 1767, in: Jahrbuch d. Musikbibliothek Peters, Jg. 44, 1937, S. 77ff. *Jersild, J.:* Le ballet d'action italien du 18e siecle au Danemark, in: Acta Musicologica XIV, 1942, S. 74 ff.

Donn, Jorge. Argentinischer Tänzer, geb. 28. Februar 1947 in Buenos Aires. Er studierte an der Ballettschule des Teatro Colón in Buenos Aires, außerdem bei R. ↗Hightower und T. Grantzewa in Paris. Ab 1963 war er Mitglied des ↗Balletts des XX. Jahrhunderts, für welches er als Solotänzer Hauptrollen in ↗Choreographien von M. ↗Béjart darstellte. 1976 wurde er künstlerischer Leiter des Balletts von Yantra. Als Nachfolger M. Béjarts leitet er seit 1980 das Ballett des XX. Jahrhunderts.

Don Quichote-Ballette. Der Held des berühmten Romans von Cervantes hat mit seiner phantastischen Geschichte oftmals als Grundlage für Ballettlibretti gedient: 1740 von F. A. ↗Hilverding am Kärntnertortheater, Wien; 1743 von Joseph Bodin ↗Boismortier als Ballet-comique, Paris; 1768 von J. G. ↗Noverre mit der Musik von J. ↗Starzer in Wien als Satire auf G. ↗Angiolini; 1773 von Noverre mit der Musik von A. Salieri; um 1778 von E. ↗Lauchery mit der Musik von Chr. ↗Cannabich und Giuseppe ↗Toeschi; 1801 von Louis Jacques ↗Milon, Paris; 1807 von Ph. ↗Taglioni mit der Musik von M. ↗Umlauf, Kärntnertortheater, Wien; 1808 von Ch.-L. ↗Didelot, St. Petersburg; 1809 von J. H. ↗D'Egville in London mit der Musik von Venua; 1850 von Paul ↗Taglioni in Berlin, welches der Wiener Mimiker Giovanni ↗Gollinelli 1855 mit der Musik von Matthias Strebinger bearbeitete; 1869 von Marius ↗Petipa mit der Musik von Ludwig ↗Minkus für das Bolschoj-Theater in Moskau; dieses Ballett hat Rudolf ↗Nurejew durch Neueinstudierungen auch außerhalb Rußlands populär gemacht; 1947 schuf Aurel von ↗Milloss sein „Portrait de Don Quichotte" mit der Musik von Goffredo Petrassi für die Ballets des Champs-Elysées; 1949 von Tatjana ↗Gsovsky mit der Musik von Leo Spies für die Staatsoper Berlin-Ost; 1950 von Ninette de ↗Valois mit der Musik von Roberto Gerhard für das ↗Sadler's Wells Ballet; 1950 von Serge ↗Lifar mit der Musik von Jacques ↗Ibert für Paris; 1965 von George ↗Balanchine mit der Musik von Nicolas Nabokov für das ↗New York City Ballet.

Lit.: *Beaumont, C. W.:* Don Quichotte, in: Complete Book of Ballets 1951. *Mason, Fr.:* Balanchines New Complete Stories of the Great Ballets, 1968.

Dopaši. ↗Jugoslawischer Volkstanz aus Slowenien, ein ↗Paartanz im 2/4-Takt. Die Tänzerin ist rechts vom Tänzer und lehnt sich an dessen rechte Schulter. In dieser Stellung beginnen sie ihre Drehungen im Polkatempo. Es sind aber auch mehrere andere Varianten üblich.

Lit.: *Šuštar, M.:* Slovenski ljudski plesi primoreske 1, 1958, S. 15 ff.

Doppler, Albert Franz. Österreichischer Flötenvirtuose und Komponist, geb. 16. Oktober 1821 in Lemberg, gest. 27. Juli 1883 in Baden bei Wien. Ab 1858 war er 1. Flötist und Ballettdirigent an der Hofoper in Wien. Er komponierte zahlreiche ↗Ballette, darunter: „Juliska" (1857), „Irene" (1858), „Die Kaminfeger von London" (1859), „Rosine" (1861), „Waldfräulein" (1864), „Aus der Heimat" (1879), „Margot" (1880), „Der Stock im Eisen" (1880), „In Versailles" (1881), „Melusine" (1882), „Fiamella" (mit Giorza 1867), ↗„Sardanapal" (mit ↗Hertel 1865) und „Ellinor" (1873). Außerdem stammen von ihm zahlreiche Ballettmusikeinlagen in Opern.

Dornröschen. ↗Ballett in drei Akten von P. I. ↗Tschaikowsky. Die märchenhafte Handlung nach der Fabel des französischen Märchenschriftstellers Ch. Perrault schrieben M. ↗Petipa und J. A. Wsewoloschkij. Die Komposition entstand in den Jahren 1888/89. Die Uraufführung des Werkes fand am 3. Januar 1890 im Marijinskij-Theater in St. Petersburg nach der ↗Choreographie von M. Petipa statt.

Double (pas double), abgekürzt mit „d", ist die französische Bezeichnung für den Doppelschritt in den Tanzschriften des 15. und 16. Jh. Bei den Italienern heißt er Passo doppio. Nach ↗Arbeaus Orchésographie wird der Double in vier Takten ausgeführt. Auf den ersten Takt setzt man den linken Fuß voraus, auf den zweiten den rechten, auf den dritten wieder den linken, und auf den vierten Takt schließt man den rechten Fuß an den linken Fuß an. Wichtig bei der Ausführung ist die Körperhaltung, die frei von aller Steifheit, gleichsam ein leichtes Schweben sein soll. Der Pas double entspricht dem doppelten Zeitwert des ↗Simple (Pas simple). In der ↗Suite des 17. und 18. Jh. bedeutet „Double" die variierte Wiederholung eines Suitensatzes.

Lit.: *Czerwinski, A.:* Die Tänze d. XVI. Jh., 1878, S. 29. *Sachs, C.:* Eine Weltgeschichte d. Tanzes, 1933. *Reimann, M.:* Zur Entwicklungsgeschichte d. Double. Ein Beitrag zur Geschichte d. Variation, in: Musikforschung, Jg. 5, 1952, H. 4, S. 317 ff.

Doubrowska, Felia. Russische Tänzerin, geb. 1896. Sie studierte an der königlichen Akademie in St. Petersburg, war Mitglied des Marijinskij-Theaters und schloß sich 1920 dem ↗Diaghilew-Ballett an. 1938/39 tanzte sie im Ballett der Metropolitan Oper New York und war auch Lehrerin der ↗American Ballet School. Sie war verheiratet mit Pierre ↗Wladimiroff. Über ihn schrieb sie im Dance Magazine, Februar 1971.

Doudlebska-Polka. ↗Nordamerikanischer Volkstanz, eine Polkaform, die sich in vielen Arten im gesamten deutschen Sprachraum verbreitet hat. Tanzform und Tanzmelodie weisen auf die ↗Linzer Polka hin, wie sie in Niederösterreich ausgeführt wird. Auch als ↗Sternpolka ist der Tanz bekannt. Er wird von beliebig vielen Paaren in gewöhnlicher Rundtanzfassung ausgeführt.

Lit.: *Segler, H.-Palm, F.:* Doudlebska-Polka, in: Tanzblätter, Nr. 3, 1962. *Lager, H.:* Alte Tänze f. junge Leute, 1973, S. 63 f.

Doušky. Tschechischer Volkstanz aus Böhmen. Er wurde von den mit Weinlaub bekränzten Winzern und Winzerinnen nach beendeter Weinlese unter freiem Himmel getanzt. Vereinzelt ist er auch heute noch zu finden.

Lit.: *Waldau, A.:* Böhmische Nationaltänze, 1860, Bd. 2, S. 25.

Doutreval, André. Österreichischer Tänzer, geb. 5. Januar 1942 in Wien. Seine erste tänzerische Ausbildung erhielt er 1947–1950 in der Ballettschule Adi Kühn in Wien. 1950–1957 erfolgte seine Weiterbildung an der Ballettschule der Staatsoper Wien bei Adele ↗Krausenecker, Risa Dirtl, Gordon ↗Hamilton. Außerdem betrieb er Studien bei Léon ↗Wóizikowski in Köln, Harald ↗Kreutzberg in Bern, Joachim ↗Scheibe in Wuppertal, Victor ↗Gsovsky in Düsseldorf und Ray Barra in Berlin. 1957–1959 war er Eleve und Gruppentänzer an der Staatsoper Wien, 1959–1961 Solotänzer am Stadttheater Klagenfurt, 1961–1962 an den Bühnen der Stadt Köln, 1962–1963 Solotänzer und Pädagoge am Stadttheater Bern, 1963–1964 Solotänzer an den Wuppertaler Bühnen, 1964–1967 Solotänzer an der Deutschen Oper am Rhein in Düsseldorf, 1967–1969 1. Solotänzer an der Deutschen Oper Berlin. 1969–1970 war er an den Städtischen Bühnen Frankfurt/Main als 1. Solotänzer, Trainingsmeister, Assistent des Ballettdirektors und ↗Choreograph tätig.

Dowell, Anthony. Britischer Tänzer, geb. 16. Februar 1943 in London. Er studierte zunächst bei June Hampshire und ab 1953 an der Ballettschule des ↗Sadler's Wells Ballet und der ↗Royal Ballet School. 1960 kam er in das Ballett des Covent Garden Opera House und wurde 1961 Mitglied des ↗Royal Ballet London, wo er 1966 zum 1. Tänzer avancierte. Er gilt als einer der stilvollsten und technisch hervorragendsten britischen Tänzer.

Doyle, Desmond. Südafrikanischer Tänzer und ↗Ballettmeister, geb. 16. Juni 1932 in Kapstadt. Sein tänzerisches Studium begann er bei Dulcie Howes und schloß sich zunächst dem Universitätsballett von Kapstadt an. 1951 kam er zum ↗Sadler's Wells Ballet, wo er 1953 Solist wurde. 1970–1975 war er Ballettmeister des ↗Royal Ballet London.

Dózsa, Imre. Ungarischer Tänzer, geb. 9. November 1941 in Budapest. Er studierte in Budapest, schloß sich dem Ballett der Budapester Oper an und wurde Solotänzer. Ab 1971 wirkte er auch beim ↗Königlich-Schwedischen Ballett. Er ist verheiratet mit der Tänzerin Vera Szumrák.

Drabant. Name einer polnischen Tanzform, die aus einem ↗Marsch (2/4- oder 4/4-Takt) und einem darauffolgenden ↗Oberek (3/8- oder 3/4-Takt) besteht. (↗Polnischer Tanz)

Lit.: *Starczewski, F.:* Die polnischen Tänze, in: Sammelbände d. Int. Musikgesellschaft, Jg. 2, 1900/01, S. 673 ff. *Laufer, R.:* Der polnische Tanz u. sein Eindringen in d. Kunstmusik, Diss. Wien 1934, S. 27.

Drapal, Julia. Österreichische Tänzerin, geb. 28. Februar 1917 in Wien. Sie studierte an der Ballettschule der Wiener Staatsoper, in deren Ensemble sie 1933 aufgenommen wurde. 1949 zur Primaballerina ernannt, wirkte sie im ↗Wiener Staatsopernballett bis zu ihrer Pensionierung im Jahre 1959. Umfassend dokumentierte sich ihr tänzerisches und darstellerisches Talent in der dramatischen Rolle von Potiphars Weib in der ↗„Josephslegende" von Richard ↗Strauss. Sie tanzte fast alle klassischen Ballettrollen und war auch choreographisch an ausländischen Bühnen tätig.

Drehdam. ↗Deutscher Volkstanz aus der Nordheide im schnellen 3/4-Takt. Der Tanz besteht aus vier Touren und wird von vier Paaren, die im Viereck Aufstellung nehmen, ausgeführt. Am Schluß fassen sich alle zu einem Kreis und tanzen in Hüpfschritten in und gegen die Uhrzeigerrichtung.

Lit.: *Helms-Blasche, A.:* Bunte Tänze, 1957.

Dreher. Unter dieser Bezeichnung ist eine Anzahl verschiedenartiger Formen von Paarrundtänzen zu verstehen, die ihren Ursprung in den alten gedrehten ↗Paartänzen des 14. und 15. Jh. haben. Als ↗deutsche Volkstänze wurden die Dreher unter den verschiedensten Namen bekannt, und zwar unter anderem als ↗Driller, ↗Durchschlipf, ↗Fuß-ein-Tanz, ↗Hotzentanz, ↗Manchester, ↗Noppet, ↗Rutscher, ↗Schreiter, ↗Spazierpolka, ↗Wickler und ↗Zweitritt. Mit ihrer meist im 2/4-, aber auch im 3/8- und 3/4-Takt auszuführenden schnellen ununterbrochenen Drehbewegung galten die Dreher als schwierig auszuführende Volkstänze. Man unterschied drei grundlegende Drehertypen: Zweischritt-Dreher, Dreischritt-Dreher und Vierschritt-Dreher. Ihr Unterschied lag in der Anzahl der Schrittbewegungen und Takte, die sie für eine Umdrehung brauchten. Als besonders schwer galt der Dreischritt-Dreher, der von den besten Tänzern, gleichsam als ↗Geschicklichkeitstanz, auf einem Tischbrett getanzt wurde. Er dürfte auch zu den ältesten Dreherformen zählen. Die schnellen Dreherformen waren besonders am Anfang des 19. Jh. sehr beliebt. Im Vogtland und im Odenwald (Deutschland) war der Dreher der beliebteste Volkstanz. Als Dreher wurden früher auch manche Formen des ↗Deutschen und des ↗Ländlers bezeichnet. Eine Abart des Drehers ist der sogenannte Halbdreher (↗Spazierpolka). Er ist leichter in der Ausführung als der Volldreher, da die Drehbewegung nicht ununterbrochen durchgeführt wird. Auch vom Halbdreher gibt es mehrere Typen, deren Unterschied vor allem in der Zahl der Takte liegt, in welcher sich die gedrehten und nichtgedrehten Figuren abwechseln.

Nasen-Dreher, 19. Jh.

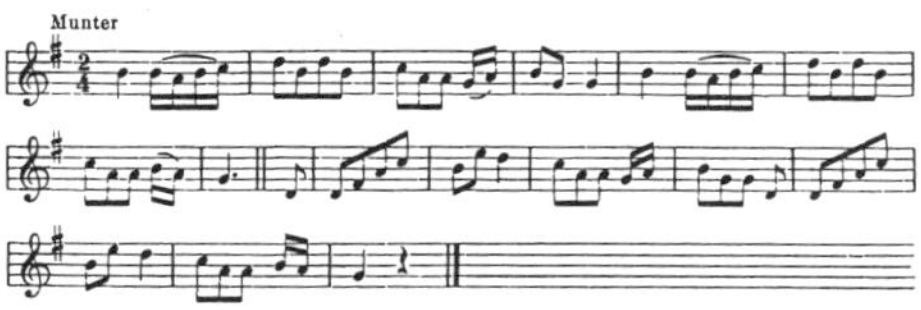

Lit.: *Czerwinski, A.:* Geschichte d. Tanzes in Deutschland, 1886. *Gehron, P.:* Der Odenwälder Dreher, in: Volk u. Scholle, Jg. 13, 1935, S. 365 ff. *Cunz, R.:* Deutsches Volkstanzbuch, 1938, S. 55 f. *Mahr, O.:* Schleifer, Dreher, Walzer, in: Hessische Blätter f. Volkskunde, Bd. 27, 1939, S. 185 ff. *Zoder, R.:* Der Steirische u. d. Straßburger, in: Volk u. Heimat, Festschrift f. Viktor v. Geramb, 1949, S. 259. *Horak, K.:* Der einfache Dreher, in: Der fröhliche Kreis, Mai/Juni 1963. *Goldschmidt, Ae.:* Handbuch d. deutschen Volkstanzes, 1967, S. 177 ff. *Horak, K.:* Einfacher Dreher, in: Der Trachtler, 1981, Nr. 26, S. 15 f.

Drehtanz. Bei diesem in Berichten aus dem 15. u. 16. Jh. erwähnten in Deutschland üblichen Tanz dürfte es sich um eine der ursprünglichen Formen des ↗Walzers handeln. Auf jeden Fall war er ein Rundtanz, bei dem sich die Paare um sich selbst und gleichzeitig um die Mitte des Saales drehten. (↗Bauerntänze, ↗Dreher)

Lit.: *Bergemann, J. G.:* Schlesische Modetänze im Jahre 1406, in: Allgem. Archiv f. d. Geschichtskunde d. Preußischen Staates, Bd. I, 1830, S. 279. *Angerstein, W.:* Volkstänze im deutschen Mittelalter, in: Sammlung gemeinverständlicher wissenschaftlicher Vorträge, III. Serie, H. 49/72, S. 16, 1868/69. *Böhme, F. M.:* Geschichte d. Tanzes in Deutschland, 1886, S. 61, 322.

Dreidam (auch Zwieback). ↗Paartanz im Kreis, der bei den Donauschwaben im Banat und in der Batschka üblich war. Er gehört zu den sogenannten ↗Wechselhupftänzen. Die Aufstellung erfolgte einander gegenüber mit Zweihandfassung über Kreuz. Die 16taktige Tanzmelodie im 3/4-Takt wurde in den Takten 1 bis 8 als Wechselhupf und in den Takten 9 bis 16 als ↗Walzer getanzt. (↗Truita)

Lit.: *Au, H. v. d.:* Pfälzer Volkstänze, Deutsche Volkstänze H. 34/35, 1937. *Horak, K.:* Der Volkstanz in d. schwäbischen Türkei, in: Deutsches Archiv f. Landes- u. Volksforschung, Jg. 2, 1938, H. 4, S. 841. *Horak, K.:* Donauschwäbische Volkstänze, 1954, S. 19.

Dreiertanz. Die Dreiertänze mit dem Mann zwischen zwei Tänzerinnen sind schon sehr alt. Um 1250 sind sie bereits im Versepos „Meier Helmbrecht" von Wernher dem Gartenaere beschrieben. Bei den Dreiertänzen handelt es sich vielfach um ↗Werbetänze. Ihr Verbreitungsgebiet erstreckt sich quer durch Europa von Schweden bis in das südliche Österreich. Meist handelt es sich um Ländlerformen. (↗Ahi-Tanz, ↗Ammerländische Tour, ↗Dreisteirer, ↗En offi-en ahi, ↗Gibele-Gäbele, ↗Galletta, ↗Harmosch, ↗Rutkatka, ↗Šandy, ↗Traoika)

Lit.: *Pudollek, F.:* Oberschlesische Dreiertänze, in: Das deutsche Volkslied, Jg. 40, 1938, H. 8, S. 137 ff. *Horak, K.:* Dreiertanz, in: Der Schlern, Jg. 23, 1949, H. 4, S. 137 ff. *Horak, K.:* Dreiertanz, in: The Folk Dancer 1, 1954, Nr. 6, S. 15 ff.

Dreihundert Wittfrauen-Tanz (Tri sto bdov tanec). Alter ↗ungarischer Tanz, dessen Entstehung auf ein Bergwerksunglück zurückgeführt wird. Nach der Legende habe ein Fürst, Besitzer eines Silberbergwerkes, nach dem Bergwerksunglück die Frauen der bei der Katastrophe getöteten 300 Männer zu einem Mahl eingeladen und ihnen so lange zu trinken gegeben, bis sie zu tanzen begonnen haben. Der Tanz war allgemein bei Begräbnissen üblich.

Lit.: *Schubert, F. L.:* Die Tanzmusik, 1867, S. 26.

Drei lederne Strümpf. Süddeutscher ↗Volkstanz, ein mimischer ↗Paartanz, der in seinen Figuren das Werben zweier Liebender tänzerisch ausdeutet. Im Verlauf des Tanzes werden Begrüßung, Annäherung, Warnung vor Untreue, Drohung und Versöhnung dargestellt. Dabei werden Bewegungen der ↗Klatsch- und ↗Wechselhupftänze verwendet. Der Tanz kann auf ein hohes Alter zurückblicken. Die älteste Aufzeichnung aus Österreich stammt aus einer Vorarlberger Handschrift aus dem Jahre 1819. Unter dem

Namen ↗Fischinger-Tanz wurde er 1861 im Allgäu aufgezeichnet. Der Text des dabei meist verwendeten ↗Tanzliedes „Drei lederne Strümpf" hat diesem Volkstanz den Namen gegeben. Die Melodie steht im 2/4-Takt. Die Heimat des Tanzes ist der süddeutsche Raum. Der Umfang seiner Verbreitung reicht aber in vielen textlichen, melodischen und tänzerischen Varianten darüber weit hinaus. In Hessen (Vogelsberger Gegend) ist er ein ausgesprochener ↗Frauentanz. Eine besonders reizvolle Form ist der Schweizer ↗Hierig Tanz. In Estland findet man ihn als ↗Juudipolka, in Katalonien als ↗Sant Ferriol. Weitere Abarten sind der ↗Flößertanz, ↗Haxenschmeißer, ↗Hoffärtige, ↗Klapptanz, ↗Öregzidòs, ↗Schwedischer, ↗Schwitzermann, ↗Spitzbuampolka, ↗Stolztanz.

Lit.: *Tobler, A.:* Der Volkstanz im Appenzellerlande, in: Schweizerisches Archiv f. Volkskunde, Jg. 8, 1904, H. 1, S. 15. *Zoder, R.:* Altösterreichische Volkstänze, 2. Teil, 1928, S. 26 ff. *Au, H. v. d.:* Der Wechselhupf im Volkstanz d. Landschaft Rheinfranken, in: Jahrbuch f. Volksliedforschung, Jg. 5, 1936, S. 139. *Au, H. v. d.:* Drei lärren Strömp, in: Hessische Blätter f. Volkskunde, Bd. 35, 1936, S. 59 ff. *Wolfram, R.:* Die Volkstänze in Österreich u. verwandte Tänze in Europa, 1951, S. 164. *Horak, K.:* Der Volkstanz im Kleinen Walsertal, in: Jahrbuch d. österreichischen Volksliedwerkes, Bd. 3, 1954, S. 93 ff. *Roth, J.:* Drei lederne Strümpf, in: Volkstanz im Tanzarchiv, Sonderheft 1938, S. 13 ff. *Goldschmidt, Ae.:* Handbuch d. deutschen Volkstanzes, 1967.

Drei Nationen. ↗Deutscher Volkstanz des 18. Jh. aus dem Land der ehemaligen Grafschaft Mark. Wie der Name sagt, bestand er aus drei Teilen verschiedener Nationen. Der erste Teil war ein ↗Menuett von 8 Takten (Frankreich), der zweite Teil eine ↗Polonaise von 4 Takten (Polen), der dritte ein ↗Walzer von 8 Takten (Deutschland). Die Musik hatte 3/4-Takt.

Lit.: *Böhme, F. M.:* Geschichte d. Tanzes in Deutschland, 1886, S. 210.

Dreischritt oder Körbchentanz. ↗Volkstanz aus den ehemaligen deutschen Volksinseln im Osten (Galizien), ein sogenannter ↗Dreiertanz. Die Aufstellung erfolgt in zwei Reihen, die einander gegenüberstehen. Die Tanzenden bilden Dreiergruppen mit Handfassung. In der Dreiergruppe der 1. Reihe steht ein Tänzer zwischen zwei Tänzerinnen, in der Dreiergruppe der 2. Reihe eine Tänzerin zwischen zwei Tänzern. Getanzt wird nach einer Polkamelodie.

Lit.: *Horak, K.:* Dreischritt oder Körbchentanz, in: Das deutsche Volkslied, Jg. 33, 1931, H. 7, S. 108. *Horak, K.:* Tänze d. deutschen Volksinseln im Osten, 1939, S. 12.

Dreischritt-Walzer. ↗Deutscher Volkstanz, der Anfang des 19. Jh. vor allem in Bayern getanzt wurde und noch Anfang des 20. Jh. in Salzburg (Pinzgau) üblich war. Er wurde auch ↗Schleifer genannt und mit langsamen Schleif- und Hüpfschritten, ähnlich der ↗Mazurka ausgeführt. (↗Dreher, ↗Walzer)

Lit.: *Czerwinski, A.:* Geschichte d. Tanzes in Deutschland, 1886, S. 188. *Eberhard, O.:* 40 echte salzburgische Volkstänze, 1934. *Goldschmidt, Ae.:* Handbuch d. deutschen Volkstanzes, 1967, S. 177.

Dreispitz, Der (El sombrero de tres picos). ↗Ballett in zwei Teilen von Manuel de ↗Falla. Libretto in Anlehnung an Alarcón y Mendoza und Pedro D'Alarcón von Martinez Sierra. Die Uraufführung fand am 22. Juli 1919 in London nach der ↗Choreographie von Leonide ↗Massine statt. Die Handlung entspricht der in Hugo Wolfs Oper „Der Corregidor", weicht aber durch Hervorheben des tänzerischen Elements in der Szenenfolge von der Oper ab.

Dreisteirer. ↗Österreichischer Volkstanz, zur Gruppe der ↗Dreiertänze gehörend. Seine Grundform ist ein ↗Walzer, den ein Tänzer mit zwei Tänzerinnen ausführt. Mit oft sehr verwikkelten Figuren wendet sich der Bursch abwechselnd der einen und der anderen Tänzerin zu, so daß ein neckisches Spiel eines Liebeswerbens entsteht. In dieser Form wird der Dreisteirer in Oberösterreich und der Steiermark getanzt. In Bayern wird er in Form einer ganzen Liebesgeschichte ausgeführt. Bemerkenswert ist die Ähnlichkeit der letzterwähnten Form mit dem schwedischen ↗Vingakersdans. (↗Figurentanz, ↗Gschlööfte, ↗Springar)

Lit.: *Giehrl, F.:* Heimattänze, 1924. *Kothbauer, Xav.:* Dreisteirer, in: Der Arbeitertrachtler, Jg 6, 1928, H. 6/7. *Zoder, R.:* Der deutsche Volkstanz, in: Deutsches Volkstum in Volksschauspiel u. Volkstanz, Bd. 3, 1938, S. 171. *Koschier, F.:* Kärntner Volkstänze, 1963, S. 28 ff.

Dreitanz. ↗Österreichischer Volkstanz aus Südtirol und Oberösterreich, ein ↗Geschicklichkeitstanz, bei dem die Burschen im Kreis die Hände fassen und dann im Rundgang einer nach dem anderen über die Hände der Kameraden einen Überschlag machen.

Lit.: *Wolfram, R.:* Die Volkstänze in Österreich u. verwandte Tänze in Europa, 1951, S. 170.

Drickes. ↗Deutscher Volkstanz aus dem Rheingau. Dieser ↗Paartanz im 4/4-Takt durchläuft fast das ganze Rheinland unter den verschiedensten

Namen. Am Mittelrhein heißt er ↗Reichsverweser, in der Eifel heißt eine seiner Varianten ↗Nußknacker. Er gehört zur Gruppe der ↗Klatschtänze, wie wir sie in Österreich z. B. als ↗Judenpolka, ↗Spitzbuampolka oder ↗Sautreiber finden.

Lit.: *Zoder, R.:* Judentänze, in: Jahrbuch f. Volksliedforschung, Jg. 2, 1930, S. 122 ff. *Gausebeck, Ae.:* Rheinische Volkstänze, 1930. *Wolfram, R.:* Die Volkstänze in Österreich u. verwandte Tänze in Europa, 1951, S. 154. *Goldschmidt, Ae.:* Handbuch d. deutschen Volkstanzes, 1967.

Driekusman. ↗Niederländischer Volkstanz. Er entspricht dem deutschen ↗Vogelsteller. (↗Styriana)

Lit.: *Helms-Blasche, A.:* Holländische Tänze, Bunte Tänze, Bd. 7, 1929. *Sanson-Catz, A. – De Koe, A.:* Nederlandse Volksdansen, Bd. 1, 1950, S. 10 ff.

Driller. Tanzform des ↗Drehers. In der Gegend von Trier war der Driller noch um die Mitte des 19. Jh. als ↗Hochzeitstanz zu finden. Am Tag der Hochzeit holte der Bräutigam die Braut vom Haus ab, faßte sie bei der Hand und „drillte" sie, das heißt, er hob seine rechte Hand und die seiner Braut empor und ließ die Braut an einem Finger dreimal herumdrehen. (↗Durchschlipf, ↗Hotzentanz)

Lit.: *Zoder, R.:* Der Steirische u. d. Straßburger, in: Volk u. Heimat, Festschrift f. Viktor v. Geramb, 1949, S. 259 f.

Drischlag. Alter ↗deutscher Volkstanz aus der Pfalz. Auch der Salzburger ↗Abdreschtanz wird so genannt. (↗Trischlag)

Lit.: *Böhme, F. M.:* Geschichte d. Tanzes in Deutschland, 1898. *Adrian, K.:* Salzburger Volksspiele, Aufzüge u. Tänze, 1905, S. 114 ff.

Drmač. Jugoslawischer Volkstanz aus Slowenien, ein ↗Paartanz im 2/4-Takt. Tänzer und Tänzerin stehen nebeneinander. Der Tänzer nimmt hinter dem Rücken der Tänzerin mit seiner rechten Hand ihre rechte Hand; die Tänzerin nimmt hinter dem Rücken des Tänzers mit ihrer linken Hand seine linke Hand. Getanzt wird mit Hüpfschritten. (↗Slowenischer Tanz)

Lit.: *Šuštar, M.:* Slovenski ljudski plesi prekmurja, 1968, S. 51 ff.

Drmeš djikalica. Jugoslawischer Volkstanz aus Kroatien (Pokuplje) im 2/4-Takt. Die Ausführenden bilden einen geschlossenen Kreis, Front zur Mitte, die Hände in Kreuzfassung auf dem Rücken. Die Tanzbezeichnung „drmeš" gibt mit ihrer Lautmalerei die charakteristische rüttelnde Tanzbewegung wieder. (↗Kroatischer Tanz)

Lit.: *Schmolke, A. – Langhans, H.:* Europäische Tänze, H. 4, 1957, S. 6 f.

Drobny. Polnischer Tanz, auch ↗Góralski genannt.

Drotter (auch Trotter). Bäuerlicher ↗Volkstanz aus dem Ende des 15. Jh. Art und Form des Tanzes sind nicht näher bekannt, doch dürfte er seinem Namen nach ein lebhafter Tanz gewesen sein, vermutlich ein ↗Nachtanz. Der Name ist wahrscheinlich von „trotten" abgeleitet, was eine lebhafte Gangart bezeichnet. (↗Trotto)

Lit.: *Böhme, F. M.:* Geschichte d. Tanzes in Deutschland, 1886, S. 54. *Sachs, C.:* Eine Weltgeschichte d. Tanzes, 1933, S. 198. *Singer, F. W.:* Der „Trotter" u. d. „Zeuner" – zwei nordbairische Tänze v. 1478, in: Jahrbuch d. österreichischen Volksliedwerkes, Bd. 30, 1981, S. 39 ff.

Dschanga (der). Solotanz der Frauen des afrikanischen Zwergvolkes der Pygmäen. Die Figuren des Tanzes werden von Gesang begleitet. Die Tänzerin bewegt sich in ruhigen Schritten, die Arme werden abwechselnd über den Kopf und an der Taille gehalten. Durch das Spiel der Hände und der Mienen drückt die Tänzerin ihre Gefühle frei nach ihrer Intuition aus. (↗Afrikanischer Tanz)

Lit.: *Ballif, Noel:* Die Tänzer Gottes, 1955, S. 102 f.

Dschoboko (der). Männertanz der afrikanischen Pygmäen. Begleitet vom Takt der Trommeln laufen die Tänzer in raschem Tempo um ein Feuer, bewegen sich in einer Reihe hintereinander, dann nebeneinander und bleiben schließlich auf der Stelle. Charakteristisch ist ein nur bei den Pygmäen zu findendes Muskelzittern während des Tanzes. (↗Afrikanischer Tanz)

Lit.: *Ballif, Noel:* Die Tänzer Gottes, 1955, S. 100 f.

Dubois, Leopold. Österreichischer Tänzer, ↗Ballettmeister, Lehrer und Tanzschulinhaber, geb. 10. Mai 1876 in Wien, gest. 15. Dezember 1948 in Wien. Um die Wende zum 19. Jh. kamen die Vorfahren aus Nordfrankreich nach Wien.

Um die Mitte des Jahrhunderts war ein Großonkel kurzfristig im Ballettensemble des k. k. Kärntnertortheaters. Dubois, Leopold sen. (1850–1926), der Vater, gehörte 32 Jahre als Tänzer und Mimiker dem Hoftheater an. Der Sohn Leopold war von 1893–1931 an der Wiener Hof- bzw. Staatsoper engagiert, ab 1902 als Solotänzer. Er unterrichtete auch am Hofe, war Professor an der Wiener Akademie für Musik und darstellende Kunst und lehrte auch Kunsttanz auf dem Eis, wo die bedeutendsten Eiskunstläufer, wie Karli Schäfer, seine Schüler waren.

Dučec. Jugoslawischer Volkstanz aus Kroatien im 2/4-Takt. Tänzer und Tänzerin stehen einander gegenüber, fassen einander an den Händen oder stützen diese seitlich ein. Zwei Paare tanzen entweder zusammen oder auch abwechselnd das eine, dann das andere Paar. (↗Kroatischer Tanz)

Lit.: *Schmolke, A. – Langhans, H.:* Europäische Tänze, H. 4, 1957, S. 10 f.

Dudák (= der Dudelsackpfeifer). Tschechischer Volkstanz aus Böhmen. Der Dudelsackpfeifer tanzt in der Mitte des Saales, dreht sich zur Ländlermusik, und die Paare tanzen um ihn herum. (↗Tschechische Volkstänze)

Lit.: *Waldau, A.:* Böhmische Nationaltänze, 1859, Bd. I, S. 42. *Voß, R.:* Der Tanz u. seine Geschichte, 1869, S. 383.

Duggel. ↗Deutscher Volkstanz aus dem Odenwald, ein ↗Paartanz im Kreis, 3/4-Takt. Die Aufstellung erfolgt zueinander auf der Kreislinie mit Kreuzfassung. Der Bursch blickt dabei zum Mädchen in die Tanzrichtung. Der Tanz stellt eine alte, einfache Ländlerform dar.

Lit.: *Au, H. v. d.:* Volkstänze aus d. hessischen u. nassauischen Heimat, 1941, S. 11.

Dumoulin, David. Französischer Tänzer. Er war der jüngste und auch bedeutendste der drei tanzenden Brüder François, Pierre und David. 1705–1751 tanzten sie an der Pariser Oper oftmals als Partner von M. ↗Camargo, F. ↗Prévost und M. ↗Sallé.

Lit.: *Bie, O.:* Der Tanz, S. 176.

Duncan, Elisabeth. Amerikanische ↗Tanzlehrerin, geb. 1874 in San Francisco, gest. 1. Dezember 1948 in Tübingen. Sie ist die Schwester von Isadora ↗Duncan. Nach künstlerischen und wissenschaftlichen Studien begann sie eine eigene Methode der Körperkultur zu entwickeln. Um sich ausschließlich der Tanzpädagogik zu widmen, begründete sie in Deutschland, Berlin-Grunewald, im Jahre 1904 mit ihrer Schwester Isadora eine eigene Schule. 1911 bezog sie ein eigenes Gebäude auf der Marienhöhe bei Darmstadt. In den Jahren von 1914 bis 1920 übersiedelte sie mit ihren Schülerinnen nach Amerika. Sie wirkte dann in Potsdam bis zum Jahre 1925. Von da ab bis zum Jahre 1933 war ihre Schule im Schloß Kleßheim bei Salzburg. 1921 entstand eine Filialschule in Wien, außerdem in New York, die sie in der Zeit von 1933 bis 1935 nach Prag verlegte. Ihre Mitarbeiter waen Max Merz und Gertrud Drück-Donndorf. Im Schloß Mörlbach am Starnberger See existierte eine Fortführung ihrer Schule. Der Unterricht an ihren Schulen erfolgte in ↗Gymnastik, Musik, Zeichnen und Tanzen. Die Elisabeth Duncan-Schule erstrebt in ihrem Erziehungssystem die Vereinheitlichung der geistigen, körperlichen und künstlerischen Bildung des inneren und äußeren Menschen.

Lit.: Elisabeth Duncan Schule, Marienhöhe-Darmstadt, 1912. Elisabeth-Duncan-Schule, 50 Jahre, 1904–1954, München 1955. *Brandenburg, H.:* Der moderne Tanz, 1915.

Duncan, Irma (eigentlich Irma Dorette Henriette Ehrich-Grimme). Deutsche Tänzerin und Lehrerin, geb. 26. Februar 1897 in Schleswig-Holstein, gest. 20. September 1978 in Santa Barbara, Cal. Sie war eine der ersten Schülerinnen Isadora ↗Duncans an deren Schule in Berlin-Grunewald. Im Jahre 1905 debütierte sie an der Kroll-Oper in Berlin. 1908 führte sie eine Kindergruppe nach St. Petersburg. 1911 begann sie ihre Lehrtätigkeit an der Elisabeth ↗Duncan-Schule in Darmstadt und wechselte dann 1914 an die Schule von Isadora Duncan nach Bellevue-sur-Seine bei Paris. 1914 und 1918–1920 war sie in New York, wo sie als eine der sechs Duncan-Girls erschien. Sie tanzte mit Isadora Duncan in Paris, gründete mit ihr die Schule in Moskau, deren Direktion sie 1927 nach dem Tode Isadora Duncans übernahm. 1928 war sie in China. 1930 beschloß sie, in den USA zu bleiben, lehrte und malte noch, bis sie sich allmählich ganz zurückzog. Sie schrieb die Bücher „Isadora Duncan's Russian Days and her last years in France", New York 1929 (gemeinsam mit A. R. Macdougall); „The Technique of Isadora Duncan", New York 1937; „Duncan Dancer, an autobiography", Middletown 1966.

Duncan, Isadora. Amerikanische Tänzerin und Lehrerin, geb. 27. Mai 1878 in San Francisco, gest. 14. September 1927 in Nizza. Sie gilt als die Begründerin einer neuen Tanzkunst, die sich nicht nur von den stereotypen Bewegungen des klassischen ↗Balletts, dessen Kostümen und der typischen Ballettmusik loslöste, sondern auch durch die Beziehungen zum Tanz der griechischen Antike für den tänzerischen Ausdruck neue Möglichkeiten schuf. Sie war eine der ersten Tänzerinnen, die nicht nur rein für Tanz bestimmte Werke tanzte. 1899 debütierte sie ohne Erfolg in Chicago. Sie reiste nach Europa, tanzte mit wachsenden künstlerischen Erfolgen in Paris, Wien, Budapest und Berlin, wo sie mit ihrer Schwester Elisabeth ↗Duncan im Jahre 1904 eine Schule eröffnete, um ihr neues System des freien Tanzes zu lehren. Im Jahre 1905 kam sie erstmals nach Rußland, wohin sie noch mehrmals zurückkehrte und 1921 eine Schule in Moskau eröffnete. Von ihrem Wohnsitz in Paris aus unternahm sie viele künstlerisch erfolgreiche Reisen durch ganz Europa, während sie in den USA, die sie 1909, 1911, 1917 und 1922 besuchte, kühler aufgenommen wurde. Der Grund dafür lag vor allem in ihren moralischen und politischen Eskapaden. Dazu gehörten Liebesaffären mit dem Theatermann E. G. Craig, dem Millionär Singer in Paris, dem russischen Dichter Sergej Jessenin und ihre Sympathien für den jungen Sowjetstaat. Isadora Duncan war aber eine einflußreiche künstlerische Persönlichkeit ihrer Zeit, deren tänzerische Tätigkeit in vielen bildnerischen und literarischen Dokumenten für die Nachwelt festgehalten wurde. Tragisch war ihr Ende. Bei einer Autofahrt verfing sich ihr Schal in den Speichen des Autos und erdrosselte sie. Ihr Leben wurde auch verfilmt. Sie selbst verfaßte folgende Schriften: Les idées d' Isadora Duncan sur la danse, in: Revue Musicale (Société française des amis de la musique), Jg. 8, 1912, No. 3, S. 8 ff. My Life, New York 1927 (auch in französischer Übersetzung); Ecrits sur la danse, Paris 1927.

Lit.: *Laloy, L.:* Isadora Duncan et la danse nouvelle, in: La Revue musicale, Année 4, No. 10, Mai 1904, S. 249 ff. *Schur, E.:* Der moderne Tanz, 1910. *Divoire, F.:* Isadora Duncan, fille de Promethée, 1919. *Lämmel, R.:* Der moderne Tanz, 1928. *Stokes, S.:* Isadora Duncan, 1928. *Desti, M.:* Isadora Duncan's End, 1929. *Desti, M.:* The untold story. The life of Isadora Duncan 1921–1927, 1929. *Duncan, I.-Macdougall, A. R.:* Isadora Duncan's Russian Days and her last years in France, 1929. *Duncan, I.:* Der Tanz d. Zukunft, 1929. *Séchan, L.:* La danse Grecque antique, 1930. *Divoire, F.:* La révolution d'Isadora Duncan, in: Les Spectacles a travers les ages, 1932, S. 215 ff. *Dumesnil, M.:* An amazing journey. Isadora Duncan in South America, 1932. *Duncan, I.:* The Technique of Isadora Duncan, 1937. *Duncan, I.:* The Art of the dance, 1938. *Arout, G.:* La danse contemporaine, 1955. *Macdougall, A. R.:* Isadora. A revolutionary in art and love, 1960. *Terry, W.:* The Legacy of Isadora Duncan and Ruth St. Denis, in: Dance Perspectives 5, Winter 1960. *Terry, W.:* Isadora Duncan. Her life, her art, her legacy, 1964. *Duncan, Irma:* Duncan Dancer. An autobiography, 1966. *Signe, I.:* Musée Bourdelle. Sous le signe d'Isadora (Duncan), 1966. *Schneider, Ilya J.:* Isadora Duncan. The Russian Years, 1968. *Aveline, Cl.:* Bourdelle et la danse. Isadora et Nijinski, 1969. *Duncan, I.:* Your Isadora. The love story of Isadora Duncan & Gordon Craig, 1974. *Magriel, P.:* Nijinsky, Pavlova, Duncan. Three lives in dance, 1977. *M(a)c Vay, Gordon:* Isadora & Esenin, 1980.

Dunham, Catherine. Amerikanische Tänzerin (Mestize), geb. 22. Juni 1912 in Chicago. Ihre Mutter war Kanadierin, der Vater Neger. Sie gilt als eine der bedeutendsten Vertreterinnen des Negertanzes und gründete 1931 in Chicago die erste Schule für Negervolkstanz. Als Leiterin einer folkloristischen Gruppe bereiste sie die ganze Welt. Vor allem wurde sie berühmt durch ihre Darstellungen der Negertänze aus dem Gebiet der Karibischen See. Sie verfaßte das Buch „Las danzas de Haiti", 1947. (↗Jazz Dance)

Lit.: *Harman, T.:* African Rhythm – American Dance, 1974. *Backford, R.:* Katherina Dunham, 1979. *Aschenbrenner, J.:* Katherine Dunham, Reflections on the Social and Political Contexts of Afro-American Dance, Dance Research Annual XXI, 1981.

Dunkelschatten. ↗Deutscher Volkstanz aus Mecklenburg, ein Reihentanz im 2/4-Takt. Zwei Stirnreihen zu je vier Paaren stehen im Abstand von vier Schritten einander gegenüber und tanzen mit Gehschritten, Wechselschritten und Hüpfern. Der Tanz ist leicht und lebendig.

Lit.: *Peters, M.-Ilmbrecht, O.:* Alte Tänze aus Mecklenburg, 1927. *Janietz, E.-Schneider, R.-Peters, M.:* Volkstänze aus Mecklenburg, 1976.

Dupák (Dupawka). Tschechischer Volkstanz, ein Stampftanz im Polkatempo voll feuriger Lustigkeit, dessen besonderes Charakteristikum das Aufstampfen der Tänzer ist. (↗Klouzák, ↗Tschechische Volkstänze, ↗Vosňák)

Duport, Louis Antoine

Lit.: *Waldau, A.:* Böhmische Nationaltänze, Bd. I, 1859, S. 23. *Starczewski, F.:* Die polnischen Tänze, in: Sammelbände d. Int. Musikgesellschaft, Jg. 2, 1900/01, S. 673 ff. *Junk, V.:* Die taktwechselnden Volkstänze, 1938, S. 98.

Duport, Louis Antoine. Französischer Tänzer, ↗Choreograph und ↗Ballettmeister, geb. 1781 (oder 1783) in Paris, gest. daselbst am 19. Oktober 1853. Er galt als einer der besten Tänzer seiner Zeit und war ein Rivale von Gaetano ↗Vestris. 1797–1808 wirkte er an der Oper in Paris als 1. Tänzer. Berühmt wurde er vor allem wegen seiner virtuosen ↗Pirouetten. 1808 floh er über Wien nach St. Petersburg. 1812 kam er nach Wien zurück und choreographierte einige ↗Ballette für das Kärntnertortheater. Dann wirkte er in Neapel und London und war 1826–1829 Mitdirektor am Kärntnertortheater mit dem berühmten Opernimpresario Barbaja, 1830–1836 alleiniger Direktor. Nach Paris zurückgekehrt, zog er sich vom gesellschaftlichen Leben ganz zurück. Er heiratete in Wien 1812 die Solotänzerin Therese Neumann, Tochter des bekannten Hofopernsängers Anton Neumann.

Lit.: *Moore, L.:* The Duport Mystery, in: Dance Perspectives 7, 1960.

Dupré, Louis. Französischer Tänzer und Lehrer, geb. 1697 in Mans, gest. 1774 in Paris. Er begann als ↗Tanzlehrer in Mans und kam dann nach Paris, wo er der gefeierte Solotänzer der Oper wurde (etwa 1722–1758). Man nannte ihn den „Großen Dupré“, den „Gott des Tanzes“ und auch „Apollo der Tanzkunst“. Noch als Sechzigjähriger entzückte er durch seine Grazie und seine schöne Gestalt. Bis 1743 leitete er die Tanzschule der Pariser Oper. Zu seinen Schülern zählten u. a. J. G. ↗Noverre u. Gaetano ↗Vestris. 1757 erschien sein Lehrbuch: „Méthode pour apprendre de soi-mêsme la Chorégraphie ou l'Art d'ecrire et déchiffrer les Danses par Caractères, Figures et Signes démonstratifs“.

Lit.: *Czerwinski, A.:* Brevier d. Tanzkunst, 1862, S. 164. *Bie, O.:* Der Tanz, 1919. *Schmidt-Garré, H.:* Ballett, 1966, S. 22. *Winter, M. H.:* The Pre-Romantic Ballet, 1974.

Durán. Alter mexikanischer Volkstanz. Dieser Lieblingstanz der Mexikaner wurde zu Ehren des Kriegsgottes Huizilopochtli aufgeführt. (↗Mexikanischer Tanz)

Lit.: *Dickins, G.:* Dances of Mexico, 1954, S. 5 f.

Durang, John. Amerikanischer Tänzer und ↗Choreograph, geb. 6. Januar 1768 in York, Pennsylvania, gest. 1822 in Philadelphia. Er wurde als der erste amerikanische Tänzer bekannt, besonders für seine ↗Hornpipes und Harlekinaden. Er gehörte der alten amerikanischen Truppe von Lewis Hallam in Philadelphia und New York in den Jahren 1784–1796 an. Bei der Zirkustruppe von Ricketts Amphitheater war er Direktor, und von 1800 bis 1819 wirkte er am Chestnut Theatre. Von seinen vielen Kindern, die alle als Tänzer wirkten, wurde der Sohn Charles Durang (1794–1870) bekannt als ↗Ballettmeister, Kritiker und Autor verschiedener Tanzführer.

Lit.: *Moore, L.:* John Durang, in: Dance Index, vol. I, No. 8.

Durchschlipf heißt eine der vielen mannigfaltigen Formen des ↗Drehers. (↗Driller, ↗Hotzentanz)

Lit.: *Zoder, R.:* Der Steirische u. d. Straßburger, in: Volk u. Heimat, Festschrift f. Viktor v. Geramb, 1949, S. 259.

Dur-Duru ↗Ballo tondo sardo.

Durrtänze (Durchtänze) hießen die Dauertänze, die in verschiedenen Gebieten Deutschlands (z. B. Sachsen) bis ins 19. Jh. üblich waren. Bei dieser Tanzbelustigung wurde der Tänzer oder das Tanzpaar, welches am längsten beim Tanz aushielt, also „durchtanzte“, vom Wirt belohnt.

Lit.: *Böhme, F. M.:* Geschichte d. Tanzes in Deutschland, 1886, S. 120.

Dus. ↗Ungarischer Volkstanz, eine Form eines ↗Springtanzes aus der Gegend von Raab. Er wird in verschiedenen Varianten als Männersolotanz, als ↗Paartanz oder auch als Gruppenmarschtanz ausgeführt.

Lit.: *Martin, G.:* Ungarische Volkstänze, 1974, S. 35.

Duschlpolka. Bayrischer ↗Volkstanz. Der Tanz hat seinen Namen von duschen (tuschen) = schlagen, klatschen. Er ist ein ↗Werbetanz, der paarweise im Kreis ausgeführt wird. (↗Tusch- oder Spitzbuampolka)

Lit.: *Bauer, A.:* Volkstänze aus d. Bayerischen Wald, in: Der Bayerwald, Jg. 30, 1932, H. 2, S. 20 ff.

Duse, Riccardo. Italienischer Tänzer, geb. 1. August 1937 in Rom. Er erhielt seine erste Ausbildung bei seiner Mutter Maria Dousse, ehemalige ↗Ballettmeisterin der Oper in Rom. Die weitere Ausbildung erhielt er von B. ↗Kniaseff, N. Zvereff, L. ↗Wóizikowski und T. ↗Bolender.

1955–1958 war er Tänzer an der Mailänder Scala, 1958–1960 Solotänzer der Compagnia del balletto Italiano. 1961 war er Solist des Het Nederland Ballet, 1961–1966 1. Solotänzer am Opernhaus Köln, 1966–1967 beim ↗New York City Ballet von 1967–1972 1. Solotänzer am Opernhaus Frankfurt/M. 1972–1979 wirkte er als ↗Ballettmeister und ↗Choreograph in Luzern, ferner in Freiburg und seit 1983 in Kassel.

Dyasmaly. Alter ↗persischer Tanz im 4/4-Takt, der im russischen Aserbeidschan getanzt wird.

Lit.: *Lawson, J.:* European Folk Dance, 1953, S. 61.

Dyk, Peter van (auch Dijk). Deutscher Tänzer, ↗Choreograph und Ballettdirektor, geb. 21. August 1929 in Bremen. Er studierte bei T. ↗Gsovsky, B. ↗Kniaseff und S. ↗Lifar. 1946 debütierte er an der Ost-Berliner Staatsoper. Sein weiterer künstlerischer Weg führte ihn 1950 bis 1951 an die Städtische Oper Berlin, 1951 bis 1952 als Ballettdirektor nach Wiesbaden, 1952–1954 zur Ballettgruppe von Janine ↗Charrat und 1955 an die Oper Paris, wo er als erster deutscher Tänzer den Titel „Premier danseur ↗étoile“ erhielt. Von 1962 bis 1970 wirkte er als Ballettdirektor an der Staatsoper in Hamburg, von 1973 bis 1974 an der Staatsoper Hannover und ab 1974 beim Ballet du Rhin in Straßburg. 1978 übernahm er die Direktion des Balletts am Grand Théâtre in Genf und ab 1981 die Ballettdirektion in Bonn.

Dyommo-Tanz. ↗Kulttanz der Dogon im westlichen Sudan, von maskierten Männern getanzt. Der Sinn der Masken ist, die Ahnengeister aus dem Haus zu vertreiben, denn mit Hilfe der Masken erhalten sie die Kraft für ein selbständiges Leben. In jedem Dorf besteht eine Maskenvereinigung mit einer Vielzahl verschiedenster Masken. (↗Afrikanischer Tanz)

Lit.: *Baaren, Th. P. van:* Selbst d. Götter tanzen, 1964, S. 52 ff.

E

Earnshaw, Brian ↗Shaw, Brian.

E A Ura Itin Te Mananga. Tanz der Polynesier. Er wird von Knaben und Mädchen ausgeführt. Die Knaben sind in der Mitte, die Mädchen in drei Reihen auf beiden Seiten der Knaben. Der Tanz hat freudigen Charakter. Die Knaben bewegen den ganzen Körper, sitzen tief in der Hocke, beinahe auf den Fersen, während sich der Rumpf ganz frei beugt. Der Tanz wird von Gesang begleitet. (↗Naturvölker)

Lit.: *Dean, B.:* South Pacific Dance, 1978, S. 64.

Ebandscha. Dieser Tanz der Pygmäen Afrikas ist ein Spiel, das darin besteht, daß die Teilnehmer, in zwei Reihen gegenüber angeordnet, rasch den Bewegungen eines Vortänzers folgen müssen. Streckt er die Arme aus, müssen die anderen sie sofort kreuzen, berührt sein linkes Knie den Erdboden, müssen die anderen sofort dasselbe mit dem rechten Knie tun. Es kommt dabei auf die Schnelligkeit an. Der Sieger wird mit Freuden, der Verlierer mit Spott begrüßt. (↗Afrikanischer Tanz)

Lit.: *Ballif, Noel:* Die Tänzer Gottes, 1955, S. 133.

Ebbelaar, Han. Niederländischer Tänzer, geb. 16. April 1943 in Hoorn. Er studierte bei B. Harkarvy, H. Bouman, H. Zaraspe und P. Wilde. Von 1959 bis 1969 tanzte er beim ↗Nederlands Dans Theater, 1969/70 beim ↗American Ballet Theatre New York und ab Herbst 1970 als 1. Solist beim ↗Niederländischen Nationalballett. Er kreierte die meisten Ballette H. van ↗Manens und R. van ↗Dantzigs.

Ebner, Wolfgang. Deutscher Musiker, geb. 1612 in Augsburg, gest. 11. (12.) Februar 1665 in Wien. Er war Domkapellmeister und Hoforganist in Wien und schrieb ↗Ballette zu Opern. Von ihm stammt die älteste erhaltene Wiener Ballettmusik, und zwar zur Oper „Il Ciro crescente" von Antonio Bertali (Text: Aurelio Amalteo), 1661. In seiner Ballettmusik ist bereits vor J. H. ↗Schmelzer das Zurückgreifen auf vokale Elemente festzustellen. 1661 schrieb er „Arie per i Balletti rappresentati nel giorno della Nascita del Imperatoro Leopoldo I. a 4 viole, Basso per il cembalo solo" (Ms. 18918, Nat. Bibl. Wien).

Lit.: *Nettl, P.:* Die Wiener Tanzkomposition in d. zweiten Hälfte d. 17. Jh., in: Studien zur Musikwissenschaft, H. 8, 1921, S. 45 ff. u. Denkmäler d. Tonkunst in Österreich, Bd. 56, 1960.

Ebreo, Guglielmo ↗Guglielmo, Ebreo.

Ecarté bedeutet im klassischen Tanz die Seithebung eines Beines beim gleichzeitigen Neigen des Oberkörpers zur anderen Seite. (↗Cambré)

Lit.: *Raab, R.:* Lexidion f. d. Ballett, s. a., S. 14. *Waganowa, A. J.:* Die Grundlagen d. klassischen Tanzes, 1954, S. 69 f.

Echappé bezeichnet im klassischen ↗Ballett eine Bewegung von einer geschlossenen in eine offene ↗Position. Es gibt das **Echappé battu:** beidbeiniger Absprung aus der 5. Position, Schlag und Wechsel beider gestreckten Beine und Aufkommen in der 2. Position; **Echappé sauté:** beidbeiniger Absprung aus einer geschlossenen Position in eine offene auf 1 Tempo; **Echappé sur les pointes:** Bewegung aus einer geschlossenen Sohlenposition durch leichten Aufschwung in eine offene Spitzenposition.

Lit.: *Raab, R.:* Lexidion f. d. Ballett, s. a.

Echternacher Springprozession. Diese Tanzprozession aus dem Städtchen Echternach in Luxemburg ist seit dem 16. Jh. durch die Schriften des gelehrten Jesuiten Brower aus Trier und andere Quellen bezeugt. Wahrscheinlich ist sie aber viel älter und könnte mit der Luxemburger Pestepidemie des Jahres 1376 in Zusammenhang gebracht werden. Ihr Ursprung liegt jedenfalls in den Wallfahrten zu Ehren des wundertätigen Hl. Willibrord, die bald nach dessen Tod im Jahre 739 einsetzten. Alljährlich am Pfingstdienstag nahm diese eigenartige Pilgerprozession, geführt von der Geistlichkeit unter Beteiligung vieler Menschen aus der Umgebung, ihren Ausgang von einem Steinkreuz und zog in die Pfarrkirche auf den Petersberg. Der Klerus, der den Zug eröffnete, stimmte die Willibrordus-Litanei an, und das Volk antwortete. Hierauf begann die der Geistlichkeit folgende Stadtmusik mit der herkömmlichen Weise der Springmelodie. Nun verbanden sich die Leute, getrennt nach Geschlechtern, untereinander mit den Händen oder Tüchern, manchmal auch Stöcken und sprangen nach der Musik in eigenartiger Weise drei oder fünf Schritte nach vor und einen oder zwei zurück. So zog die Prozession durch die Gassen und die 62 Stufen des Petersberges hinauf. Für den Prozessionsweg von 1225 Schritten wurden durchschnittlich 2 Stunden benötigt. Bei der Kirche angekommen, bewegte sich der Zug zur Evangelienseite zum Grab des Hl. Willibrord. Mit dem dreimaligen Umspringen eines Holzkreuzes auf dem ehemaligen Friedhof wurde die Springprozession beendet. Ihrer einmaligen Form wegen hat die Echternacher Springprozession die verschiedensten Auslegungen erfahren. Manche Forscher sehen in ihr den Rest einer germanisch-kultischen Tanzprozession, eines heidnischen Kampfspieles zwischen Sommer und Winter, andere wieder versuchen, ihren Urgrund in frühchristlichem Brauchtum und den religiösen Tänzen der katholischen Kirche des Mittelalters zu finden. Die Mediziner wiederum rechnen sie zu den mittelalterlichen ekstatischen Tanzkrankheiten und führen sie auf Heiltänze zur Abwehr der ↗Tanzwut und verschiedener Krankheiten, besonders der Pest (↗Pestabwehrtänze) zurück. Die Springprozession zu Echternach, die im Laufe der Zeiten verschiedene Wandlungen erfahren hat, wurde im Jahre 1777 in eine gewöhnliche Bittprozession umgewandelt, da sie zu einem öffentlichen Ärgernis geworden war. 1786 wurde sie von Kaiser Josef II. aufgehoben. Sie unterblieb bis zum Jahre 1790, wurde aber später viele Jahre hindurch neuerlich abgehalten und als religiöses Tanzzeugnis aus frühester Zeit bis heute bewahrt.

Echternacher Springmelodie, Luxemburg

Qu.: *Brower:* Annales et antiquitates Trevirenses II. p. 162. *Brower:* Metropolis Ecclesiae Treviricae. lib. I. cap. IX. num. 7. (Siehe dazu Lit.: Krier, S. 86).

Lit.: *Binterim, A. J.:* De saltatoria quae Epternaci quotannis celebratur, supplicatione cum in choreas sacras observationibus, 1848. *Michel:* Echternacher Springprozession, 1850/51, S. 7. *Krier, J. B.:* Die Springprozession u. d. Wallfahrt zum Grabe d. heiligen Willibrord in Echternach, 1870. *L'Erêque de la Basse-Mouture:* Danse prozessionelle d'Echternach, in: Melusine 1, 1878. *Neyen, Aug.:* De l'origine et du but de la procession dansante d'Echternach, in: Bulletin de l'Inst. Archéologique Liégois XV, 1880/81, S. 223 ff. *Reiners, A.:* Die Springprozession zu Echternach, in: Hafners Frankfurter zeitgemäße Broschüren, N. F. 5, Frankfurt 1884. *Reiners, A.:* Ursprung d. Springprozession zu Echternach, Luxembourg, s. a. *Böhme, F. M.:* Geschichte d. Tanzes in Deutschland, 1886. *Krier, J. B.:* La procession dansante ou le pelerinage au tombeau de Saint Willibrord à Echternach, 1888. *Attwell, H.:* The Echternach Whitsuntide dancers, in: Notes and Queries, Seventh Series, vol. IX, 1890, S. 381 f. *Kortüm, F. W.:* Die Echternacher Springprozession, in: Globus, 77. Bd., 1900, S. 297 ff. *Martin, A.:* Geschichte d. Tanzkrankheit in Deutschland, in: Zeitschrift d. Vereins f. Volkskunde, Jg. 24, 1914, H. 2, S. 113 ff. u. H. 3, S. 225 ff. *Stumpfl, R.:* Kultspiele d. Germanen als Ursprung d. mittelalterlichen Dramas, 1936, S. 133 ff. *Wolfram, R.:* Deutsche Volkstänze, 1937, S. 19.

Eck, Imre. Ungarischer Tänzer, ↗Choreograph und ↗Ballettmeister, geb. 2. Dezember 1930 in Budapest. Er studierte bei F. ↗Nádasi und tanzte von 1947 bis 1960 im Ballett der Budapester Staatsoper. 1960 gründete er das „Ballet SOPIANE" für das Opernhaus in Pécs (Fünfkirchen), für welches er die meisten seiner Choreographien schuf. Bekannt sind seine Ballette zur Musik B. ↗Bartóks und anderer ungarischer Komponisten. Er schuf abstrakte romantische Stücke und politische Werke, 1962 das bemerkenswerte Ballett „As Commanded: Hiroshima 1945".

Lit.: *Dallos, A.:* A Pécsi Balett Története, 1969.

Eckenfeger. ↗Deutscher Volkstanz aus Hessen (Vogelsberg), ein ↗Paartanz im Kreis im 2/4-Takt. Die Aufstellung erfolgt nebeneinander, die gefaßten Hände sind bis zur Schulter gehoben. Der Tanz wird auch der ↗„Langaus in den vier Ecken" genannt. Er wird heute nur mehr selten gepflegt, wurde jedoch früher vor allem in Herbstein im Vogelsberg auf dem sogenannten „Sommertag", einem beliebten Jahrmarkt, getanzt.

Lit.: *Au, H. v. d.:* Hessische Volkstänze, Teil II, 1932. *Au, H. v. d.:* Das Volkstanzgut im Rheinfränkischen, 1939, S. 88 f.

Eckerisch ↗Eggerisch.

Ecorcheville, Jules Armand Joseph. Französischer Musikwissenschaftler, geb. 17. März 1872 in Paris, im Krieg gefallen am 19. Februar 1915 in Perthes-lès-Hurlus. Er ist der Verfasser folgender Abhandlungen: Vingt suites d'orchestre du XVIIe siècle français 1640–1670, Paris 1906; Un livre inconnu sur la danse, in: Riemann-Festschrift, S. 298 ff., Leipzig 1909; La Forlane, in: Revue Musicale X, 1914.

Ecossaise. Dieser alte schottische, ursprünglich nur vom Dudelsack begleitete ↗Volkstanz im 3/2- oder 3/4-Takt war von ruhiger gemessener Bewegung. Seiner Ausführung nach gehörte er zu den Country dances im 3/4-Takt, die um 1700 von ihrer englischen Heimat nach Frankreich kamen und dort von der höfischen Gesellschaft eifrig getanzt wurden. In der Tanzübung der Zeit gehörte die Ecossaise zu jenen Tanztypen des ↗Contratanzes, die unter dem Namen ↗Anglaise zusammengefaßt wurden. Die Ecossaise wandelte sich inzwischen zu einem lebhaften Tanz im 2/4-Takt, der zunächst nur von zwei Herren und vier Damen, später aber reihenweise getanzt wurde. In der Regel gab es nur vier ↗Touren. Um 1833 kam die Ecossaise außer Gebrauch. Sie wurde im 19. Jh. von dem aus ihr entwickelten ↗Schottisch-Walzer (Ecossaisen-Walzer) im 2/4-Takt, später vom ↗Schottischen und von der ↗Polka abgelöst. (↗Hopser)

Ecossaise, um 1825

Ludwig van Beethoven, Sechs Ecossaisen

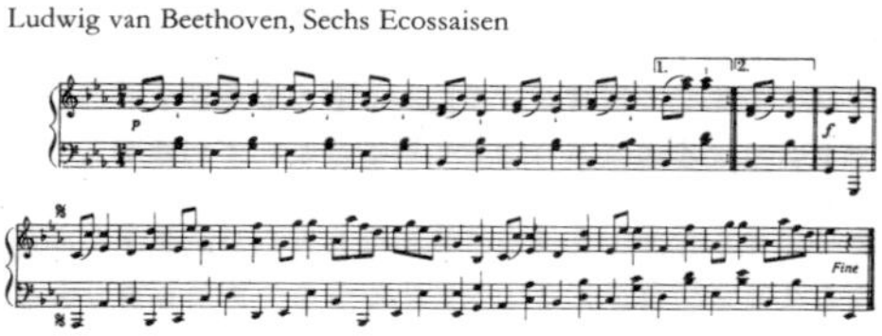

Lit.: *Förster, C. F.:* Ecossaisen-Lehre, Breslau 1831. *Czerwinski, A.:* Brevier d. Tanzkunst, 1879. *Böhme, F. M.:* Geschichte d. Tanzes in Deutschland, 1886. *Lach, R.:* Geschichte d. Gesellschaftstanzes im 18. Jh., 1920, S. 32.

Ecossaisen-Walzer ↗Ecossaise, ↗Schottisch (Walzer).

Ecuadorianischer Tanz. Wie in den meisten südamerikanischen Staaten ist auch in Ecuador bei den ↗Volkstänzen die Mischung alter indianischer Elemente mit den europäischen Formen charakteristisch. Besonders die Rhythmik der Tänze zeigt starke europäische Einflüsse, während im Melodischen noch vielfach die alte indianische Fünftönigkeit vorherrscht. Die beliebtesten Volkstänze sind die ↗Paranda, die ↗Cachua, der ↗Pasillotanz und der ↗Sanjuanino. (↗Indianischer Tanz)

Lit.: *Friedenthal, A.:* Musik, Tanz u. Dichtung bei d. Kreolen Amerikas, 1913, S. 200 u. 212. *Moreño, S. L.:* Musica y danzas autóctonas del Ecuador, Quito 1949.

Eduardowa, Eugenia Platonowna. Russische Tänzerin und Lehrerin, geb. 1882 in St. Petersburg, gest. 10. Dezember 1960 in New York. Sie studierte an der kaiserlichen Ballettschule in St. Petersburg und wirkte anschließend am Marijinskij-Theater in St. Petersburg. Sie blieb dort bis zum Jahre 1917 und ging dann mit Anna ↗Pawlowa auf deren erste Europatournee. 1920 gründete sie in Berlin eine eigene Ballettschule. Sie blieb in Berlin bis 1938 und kam dann nach Paris, wo sie bis 1947 wieder eine Schule unterhielt. Zuletzt lebte sie in New York.

Effacé bedeutet im klassischen ↗Ballett geöffnete Arm-, Bein- oder Körperstellung im Raum im Gegensatz zum ↗croisé.

Lit.: *Raab, R.:* Lexidion f. d. Ballett, s. a. *Waganowa, A. J.:* Die Grundlagen d. klassischen Tanzes, 1954, S. 27.

Eggerisch (auch Eckerisch). ↗Österreichischer Volkstanz aus Nieder- und Oberösterreich, ein ↗Paartanz im Kreis in Ländlerform. Der Tanz ist auch unter dem Namen ↗Steyregger (vermutlich nach dem Ort Steyregg, Oberösterreich) bekannt. Der Name „Eckerisch" weist auf die letzte Tanzfigur „ums Eck springen" hin. Der Tanz besteht aus vier Figuren mit darauffolgendem Walzer.

Lit.: *Commenda, H.:* Oberösterreichische Volkstänze, in: Deutsche Volkstänze, H. 4, 1929. *Zoder, R.:* Der Eckerische, in: Blätter f. Volkstanzgruppen, Jg. 4, 5. Folge,

Sept. 1934, S. 25 f. *Peter, I.:* 42 Tänze aus Österreich, 1947, S. 23 ff. *Horak, K.:* Volkstänze aus d. Oberen Mühlviertel, in: Jahrbuch d. österreichischen Volksliedwerkes, Bd. 9, 1959, S. 149 f. *Lager, H.:* Typologischer Überblick über d. oberösterreichische Volkstanzgut, in: Der fröhliche Kreis, Jg. 27, 1977, H. 1, S. 15 ff. *Schützenberger, E.-Derschmidt, H.:* Spinnradl. Unser Tanzbuch, Folge V. *Lager, H.:* Neue Tanzforschung in Niederösterreich. Waldviertel, I. Teil, in: Jahrbuch d. österreichischen Volksliedwerkes 30/1981, S. 60 f. *Janietz, E.:* Volkstänze aus deutschen u. österreichischen Landschaften, s. a., S. 26 f.

Egk, Werner. Deutscher Komponist, geb. 17. Mai 1901 in Auchsesheim (Bayern), gest. 10. Juli 1983 in Inning am Ammersee. Er schrieb die ↗Ballette ↗„Joan von Zarissa" (Uraufführung 1940, Berlin); ↗„Abraxas" (Uraufführung 1948, München); „Ein ↗Sommertag" (Uraufführung 1950, Berlin); „Die ↗chinesische Nachtigall" (Uraufführung 1953, München); ↗„Casanova in London" (Uraufführung 1969, München). Ferner stammen von ihm zwei Ballettfassungen von Orchesterwerken: „Französische Suite" nach ↗Rameau (1952) und „Danza" nach den Variationen über ein karibisches Thema (1960).

Lit.: *Egk, W.:* Oper-Ballette-Konzertwerke, 1966. *Krause, E.:* Werner Egk, Oper u. Ballett, 1971. *Egk, W.:* Vom Podiumstanz zum Handlungsballett, in: Neue Zeitschrift f. Musik, Jg. 141, 1980, H. 2, S. 124 ff.

Egorowa, Ljubow (Prinzessin Troupetzkoy). Russische Tänzerin, geb. 8. August 1880 in St. Petersburg, gest. 18. Juli 1972 in Paris. Sie studierte an der kaiserlichen Ballettschule in St. Petersburg, schloß ihr Studium 1898 ab und wurde eine bedeutende Tänzerin des Marijinskij-Theaters. 1912 wurde sie ↗Ballerina. 1917 verließ sie Rußland und tanzte einige Zeit in ↗Diaghilews ↗Ballets Russes. 1923 eröffnete sie in Paris eine eigene Ballettschule und begründete 1937 das Ballet de la Jeunesse. Zu ihren Schülerinnen zählte Janine ↗Charrat.

Ehestands-Aus- und Eintanzen war in Bayern ein alter Hochzeitsbrauch, den zwei Burschen mit zwei Jungfern und zwei Männer mit zwei Frauen nach dem sogenannten ↗Ehrentanz nach dem Hochzeitsmahl in drei Touren ausführten. (↗Hochzeitstänze)

Lit.: *Böhme, F. M.:* Geschichte d. Tanzes in Deutschland, 1886, S. 191.

Ehrentanz heißt der ↗Hochzeitstanz, der zu Ehren des Brautpaares veranstaltet wird. Das Wesentliche des Ehrentanzes besteht darin, daß er nur von bestimmten Personen in einer bestimmten Reihenfolge ausgeführt wird und daß außer dem ehrentanzenden Paar nur bestimmte Personen in weiterer Folge tanzen dürfen. Solche Hochzeitsehrentänze waren bereits im 16. und 17. Jh. bei festlichen Hochzeiten deutscher Fürsten üblich. In verschiedenen Formen sind sie aber auch im volkstümlichen Hochzeitsbrauchtum vieler Völker bis heute erhalten geblieben.

Lit.: *Böhme, F. M.:* Geschichte d. Tanzes in Deutschland, 1886, S. 80, 191. *Klier, K. M.:* Hochzeits-Ehrentänze aus Hallstatt, in: Das deutsche Volkslied, Jg. 24, 1922, H. 9/10, S. 45 f. *Bloch, P. J.:* Der deutsche Volkstanz d. Gegenwart, in: Hessische Blätter f. Volkskunde, Bd. 25, 1925, S. 176 f. *Moser, H. J.:* Tönende Volksaltertümer, 1935, S. 135 ff. *Zoder, R.:* Der deutsche Volkstanz, in: „Deutsches Volkstum in Volksschauspiel u. Volkstanz", Bd. 3, 1938, S. 154 f. *Wolfram, R.:* Die Volkstänze in Österreich u. verwandte Tänze in Europa, 1951, S. 101.

Eide Ratas. Estnischer Volkstanz im 3/4-Takt, ein ↗Paartanz für beliebig viele Paare mit Verbeugung im Tempo einer ↗Mazurka.

Lit.: *Raudkats, A.:* Eesti rahvatantsud, 1926, S. 51 u. S. 123.

Eiertanz. ↗Niederländischer volkstümlicher ↗Geschicklichkeitstanz, der sich bis in das 16. Jh. zurückverfolgen läßt. Die Geschicklichkeit des Tänzers bestand darin, daß das Ei, welches im Tanzkreis unter einer Schüssel verborgen lag, mit den Füßen aufgedeckt, umtanzt und wieder zugedeckt werden mußte. Diese tänzerisch schwierige Ausführung dürfte im alten Jahresbrauchtum eine besondere Rolle gespielt haben. Eine andere Form des Eiertanzes ist auch aus Schlesien bekannt.

Lit.: *Klier, K. M.:* De Eierdans, in: De Volksdansmare vor de vrienden van de Meihof, Jg. 2, 1934, H. 3, S. 117 ff. u. in: Zeitschrift f. Deutsche Volkskunde, Jg. 2, 1940, S. 86 ff. *Van der Ven-Ten Bensel, E. en Van der Ven, E.:* De Volksdans in Nederland, 1942, S. 161 u. S. 184. *Au, H. v. d.:* Zum Eiertanz, in: Das Deutsche Volkslied, Jg. 45, 1943, H. 1/2, S. 14 f. *Schmidt, L.:* Der Eiertanz u. seine Ausführung, in: Volkslied, Volkstanz, Volksmusik (das Deutsche Volkslied), Jg. 48, 1947, H. 1/2, S. 26 ff.

Eifersüchtigen (die). Name für die ↗Judenpolka in Thüringen, Deutschland.

Lit.: *Schlothauer, A.:* Der Thüringer Tanzplan, 1930. *Wolfram, R.:* Die Volkstänze in Österreich u. verwandte Tänze in Europa, 1951.

Einem, Gottfried von. Österreichischer Komponist, geb. 24. Jänner 1918 in Bern. Er schrieb die ↗Ballette ↗„Prinzessin Turandot", komponiert 1942/43, Uraufführung: Dresden 1944; ↗„Rondo vom Goldenen Kalb", komponiert 1950/51, uraufgeführt Hamburg 1952; ↗„Pas de Coeur oder Tod und Auferstehung einer Ballerina", komponiert 1952, uraufgeführt 1952, München; ↗„Medusa", komponiert 1957, uraufgeführt 1957, Staatsoper Wien. Außerdem komponierte er ein Tanz-Rondo, das 1959 vom Orchester des Bayerischen Rundfunks uraufgeführt wurde, und die sogenannte Alpbacher Tanzserenade „Glück, Tod und Traum" nach einem Libretto von Yvonne ↗Georgi. Das Werk wurde am 23. August 1954 in Alpbach durch das Ensemble des Landestheaters Hannover uraufgeführt.

Einschritt. Dieser nur von Burschen ausgeführte ↗deutsche Volkstanz heißt deswegen so, weil er nur mit einem Bein hüpfend nach dem Takt einer schnellen Polkamelodie ausgeführt wird. Die Burschen stehen dabei einander gegenüber und fassen mit der rechten Hand unter das gehobene linke Knie des anderen.

Lit.: *Klier, K. M.:* Männertänze aus d. deutschen Volksüberlieferung, 1934, S. 6.

Eintreten oder **Eintreter.** Alte deutsche Tanzform, die bei den Bauern der Oberpfalz üblich war und innerhalb eines Tanzabschnittes in dem Wechsel von ↗Schleifer (3/4-Takt) und ↗Dreher (2/4-Takt) bestand. Je nach Rhythmuswechsel unterschied man den Einfachen, Zweifachen und Dreifachen:

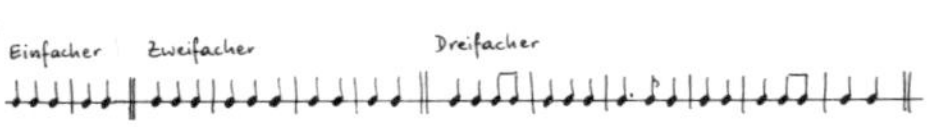

Diese zwiefachen Tänze haben aber auch ihre Namen häufig von den Versen bekommen, die dazu gesungen wurden. (↗Schamerthaler)

Lit.: *Böhme, F. M.:* Geschichte d. Tanzes in Deutschland, 1886.

Einwickler (auch Schlangentanz). ↗Österreichischer Volkstanz im 3/4-Takt aus dem Pinzgau (Salzburg). Die Tanzpaare bilden einen Stirnkreis mit gefaßten Händen. Der Tanz ist eine Form des ↗Kettentanzes und verwandt mit den ↗Schwerttänzen. (↗Schlooftanz)

Lit.: *Wolfram, R.:* Die Volkstänze in Österreich u. verwandte Tänze in Europa, 1951. *Zoder, R.:* Österreichische Volkstänze, Teil I, 1958.

Eisenkeilnest. ↗Deutscher Volkstanz aus dem Bergischen Wald, ein ↗Zwiefacher. ↗Walzer und ↗Dreher wechseln ab.

Lit.: *Burkhardt, L.:* Die Zwiefachen, 1961. *Schützenberger, E.-Derschmidt, H.:* Spinnradl III, 1976, S. 15.

Eiswalzer. ↗Österreichischer Volkstanz aus Salzburg (Abtenau, Tennengau). Diese im 19. Jh. entstandene Walzerform ist ein Beispiel, wie der ↗Walzer im Bereich des ↗Volkstanzes verschiedene Umformungen erfahren hat. Der Name stammt von einem Musikstück, welches für gewöhnlich bei dieser Tanzausführung gespielt wurde.

Lit.: *Wolfram, R.:* Die Volkstänze in Österreich u. verwandte Tänze in Europa, 1951. *Peter, I.:* Volkstänze in Theorie u. Praxis, 1952, S. 365 f. *Lager, H.:* Österreichische Tänze, Teil II, 1969, S. 9 f., S. 37. *Peter, I.:* Salzburger Tänze, 1975, S. 14. *Schützenberger, E.-Derschmidt, H.:* Spinnradl III, 1976, S. 24.

Eixida. Spanischer Tanz aus Katalonien, ein ↗Paartanz in der Form der ↗Longways. Ein Paar beginnt und dreht sich weiter, bis es sich wieder am Platz des Beginns befindet. Die anderen Paare folgen in der gleichen Form. (↗Spanische Volkstänze)

Eklaktismós (Eklaktísmata). Antiker griechischer Volkstanz aus Sparta. Bei diesem sehr lebhaften Hüpftanz warfen die Tänzerinnen den Fuß weit nach hinten bis über die Schultern. (↗Griechischer Tanz)

Lit.: *Weege, F.:* Der Tanz in d. Antike, 1926, S. 48. *Roos, E.:* Die tragische Orchestik im Zerrbild d. altattischen Komödie, in: Kungl. Vitterhets Historie och Antikvitets Akademiens Handlingar, Del. 78, 1951, S. 76 ff. *Lawler, L. B.:* The Dance in Ancient Greece, 1964.

Elemente. Erde, Wasser, Feuer und Luft bildeten mehrmals die Grundlage für Ballettdarstellungen: 1725 „Les Éléments" mit der Musik von André Cardinal Destouches und Michael Richard Delalande; 1782 ein ↗Ballett mit der Musik des deutschen Komponisten Johann Friedrich Edelmann aus Straßburg (1749–1794); 1847 „Les Éléments", ein Ballett in einem Akt mit der Musik von Bajetti, choreographiert von J. ↗Perrot für Her Majesty's Theatre, London, mit ↗Grisi, ↗Rosati und ↗Cerrito; 1937 ein Ballett mit der Musik von J. S. ↗Bach, choreographiert von M. ↗Fokine, für das ↗Ballet Russe de Monte Carlo von R. ↗Blum, aufgeführt im Alhambra Theater, London.

Eleno mome. Bulgarischer Volkstanz aus Pleven, aber auch in ganz Bulgarien verbreitet. Tänzer und Tänzerinnen fassen einander bei herabhängenden Armen und bilden einen Halbkreis.

Der Rhythmus des Tanzes wird entweder mit $7/8$ oder $13/16$ aufgezeichnet. Eleno ist ein Mädchenname. Elenino horo ist der Sammelname für viele Instrumentalstücke, die es zu diesem Tanz gibt. (↗Bulgarischer Tanz)

Lit.: *Schmolke, A.-Langhans, H.:* Europäische Tänze, 1969, H. 9, S. 18 f.

Elévation (= franz. Erhebung) bedeutet die Fähigkeit zu außergewöhnlichen Sprüngen, die einen kurzen Aufenthalt in der Luft einzuschließen scheinen.

Élever. Französischer Ausdruck für das Erheben auf die Fußspitze. Das Gegenteil ist ↗abaisser.

Elfenbeinküste. Jeder Negerstamm dieser westafrikanischen Republik hat seine bestimmten Tänze, die, wie überall in Afrika, mit leidenschaftlicher Hingabe alle Lebensäußerungen begleiten. Daseinsfreude, Jugendfeiern, Kriegsspiele, Tagesarbeit, Totenfeiern, alles findet im Tanz seinen bestimmten Ausdruck. Bei dem an der mittleren Elfenbeinküste lebenden Bauernstamm der **Bauli** ist der ↗Goli der beliebteste und weitest verbreitete Tanz. Im westlichen Teil des Baule-Gebietes ist der ↗Gbagba-Maskentanz gebräuchlich. Fast jedes Dorf der Bauli pflegt außerdem noch besondere Tänze, für die es in der Umgebung bekannt ist. Solche Dorftruppen führen ihre Tänze dann auch auf Einladung in anderen Dörfern auf. So ist für das Dorf Kouadjikro der Akrobatentanz ↗Adjemle berühmt. Beim Urwaldstamm der **Guro** von der mittleren Elfenbeinküste sind vor allem ↗Kriegs-und ↗Maskentänze zu finden. Besonders das Maskenwesen fällt im Leben der Guro auf. Zu den Tanzvorführungen mit Masken zählen der Dje, Seri, Uale, Zamle und Zauli. Der ↗Greagba (= Trotz) ist ein ↗Frauentanz aus neuerer Zeit, bei dem sich Tradition und Moderne mischen. Die an der westlichen Elfenbeinküste und im nordöstlichen Liberia lebenden **Dan** kennen vor allem Kriegstänze, da die einzelnen Dörfer der Häuptlingsschaften oft in Krieg gerieten. Die schwerste Arbeit im Jahresablauf der Dan ist das Buschroden. Junge Männer schließen sich für diese schwere Tätigkeit zu Bünden zusammen, die sich eigene Musikanten halten können. Die Mannschaft des Buschrodenbundes „Gua" ist dadurch ausgezeichnet, daß die Arbeiter gleichzeitig eine Truppe guter Tänzer bilden. Ihre Tanzkunst führen sie, nach den Arbeitstagen festlich kostümiert, den Bewohnern des Dorfes, für dessen Häuptling sie gearbeitet haben, vor. Die Dörfer an der Nordgrenze des Dan-Volkes sind berühmt durch ihre Kindertänze. Dabei handelt es sich um Truppen von Tänzern und Musikanten, entweder Mädchen oder Burschen. Ein Burschentanz ist der ↗„gua", ein Mädchentanz der ↗„lelje". Der ↗„mati" ist der Einzeltanz einer sehr guten Tänzerin. Von besonderer Berühmtheit ist die Truppe der ↗„Medi-Tänzer" aus Biatúò. Akrobatisch sind im Gebiet der Dan die Vorführungen der Stelzentänzer und die der Schlangenmädchen. Im Waldgebiet der westlichen Elfenbeinküste und des östlichen Liberia lebt der Stamm der **Gere.** Hier finden wir den Stühlchentanz der frisch beschnittenen Mädchen. Der Name des Tanzes kommt von den kleinen Stühlchen, mit denen sie die Tänze einüben. Wie der Stamm der Dan pflegen auch die Gere den akrobatischen Tanz der Schlangenmädchen. (↗Afrikanischer Tanz)

Lit.: *Olbrechts, F. M.:* Maskers en Dansers in de Ivoorkust, in: Davidsfonds Volksboek, 1940, Nr. 290. *Himmelheber, H.:* Masken, Tänzer u. Musiker d. Elfenbeinküste, in: Publikationen zu wissenschaftl. Filmen, Sektion Völkerkunde-Volkskunde, Erg. Bd. 2, 1972.

Elfentanz. Ist in der Vorstellung des nordisch-germanischen Heidentums der Name für den Tanz der Elfen oder Elben, jener zauberhaften zwischen Gott und Mensch stehenden Wesen, die sich am liebsten während sommerlich-lauer Mondnächte zeigten und ihre zierlich-leichten Tänze aufführten. Diese germanischen Luftgeister, die altnordisch Alfen und angelsächsisch Älf hießen, tanzten einen hinreißenden Tanz, den ↗Albleich.

Lit.: *Böhme, F. M.:* Geschichte d. Tanzes in Deutschland, 1886, S. 12.

Els broquers. ↗Waffentanz aus Spanien (Manacor auf Mallorca). Sechs Tänzer, mit Schwert und Schild bewaffnet, führen diesen Tanz aus. Sie kreuzen die Waffen und schlagen dabei auf die Schilde.

Lit.: *Barrelet, M.:* Mallorkinische Volkslieder u. Tänze, Diss., Hamburg 1922. *Wolfram, R.:* Schwerttanz u. Männerbund, 2. Lieferung, S. 119.

Elßler, Anna (Nina). Österreichische Tänzerin, geb. 14. Februar 1804 in Wien, gest. 7.

April 1863 ebendort. Wie ihre beiden Schwestern Fanny und Therese begann sie im Kinderballett des Friedrich ↗Horschelt. 1821 wurde sie in das ↗Corps de ballet des k. k. Hoftheaters nächst dem Kärntnertor aufgenommen. Im ↗Ballett von A. Titus „Der Zögling der Natur" wurde sie erstmals in einer Rolle genannt. In Samengos Ballett „Ottavio Pinelli" mimte sie eine Herzogin, und ihre Schwester Fanny tanzte ihre Tochter. Im Jahre 1830 standen im Ballett „Fee und Ritter" von ↗Vestris alle vier Elßler (die drei Schwestern und Cousine Hermine) auf der Bühne. Als im Jahre 1832 die Mutter starb, nahm Anna von der Bühne Abschied, um den Vater zu betreuen (er starb 1843).

Lit.: *Raab, R.:* Fanny Elßler – eine Weltfaszination, 1962.

Elßler, Fanny. Österreichische Tänzerin, geb. 23. Juni 1810 in Wien, gest. 27. November 1884 ebendort. Der Vater war Geiger bei Joseph ↗Haydn und dessen Faktotum. Ungefähr im Jahre 1815 trat sie in das Kinderballett des Friedrich ↗Horschelt im Theater an der Wien ein. 1821 wurde sie in das ↗Corps de ballet des Kärntnertortheaters in Wien aufgenommen. ↗Ballettmeister war damals Jean ↗Aumer. Von 1824 bis 1826 war sie mit Schwester Therese in Neapel am Teatro San Carlo. Von 1827 bis 1833 war sie wieder am Kärntnertortheater, Wien. Von 1830 bis 1832 absolvierte sie mit ihrer Schwester Therese drei Gastspiele am königlichen Theater in Berlin, 1833 gastierten beide in London. Am 15. September 1834 trat sie erstmals in Paris im Ballett „Der Sturm" als Fee Alcine auf. Ihre Schwester Therese wirkte ebenfalls mit. Im Ballett „Der hinkende Teufel" tanzte sie am 1. Juni 1836 erstmals die ↗Cachucha in Paris. Hierauf folgten Gastspiele in Frankreich, Belgien, England und Wien. Am 9. Oktober 1839 unterzeichnete sie einen Gastspielvertrag nach Amerika. Im März 1840 hatte sie noch eine Vorstellung in London, am 14. Mai desselben Jahres trat sie bereits erstmals im Parktheater New York auf. Es folgten nun in der Zeit von 1840 bis 1842 Gastspiele in New York, Boston, Baltimore, Philadelphia, Washington, Richmond, Wilmington, Charleston, Habana (zweimal je vier Monate), New Orleans. Am 1. Juli 1842 tanzte sie zum letztenmal im Parktheater New York. Sie kehrte nach Wien zurück und trat am 28. September 1842 bereits wieder am Kärntnertortheater auf. Von 1842 bis 1851 folgten Gastspielreisen nach Berlin, Hamburg, Budapest, Mailand, Rom, Venedig, Florenz, Turin, Brüssel, Liverpool, London, St. Petersburg, Moskau. Am 21. Juni 1851 nahm sie im Ballett ↗„Faust" im Kärntnertortheater in Wien Abschied von der Bühne. Die Jahre von 1851 bis 1855 verbrachte sie mit ihrer Tochter Therese und ihrer Cousine Kathi in Hamburg. Von 1856 an bis zu ihrem Tod 1884 lebte sie wieder in Wien.

Lit.: *Elßler, F.:* Dem Fräulein Fanny Elßler nach ihrem Aufreten im k. k. priv. Theater a. d. Wien am 5. Juni 1846. *Cerri, C.:* An Fanny Elßler, 1851. *Rostopschin (E. P.):* Fanny Elßler in ihrer letzten Vorstellung zu Moskwa d. 2. März/18. Februar 1851, Moskwa 1851. *Gautier, Th.:* Portraits contemporains, 1874. *Ehrhard, A.:* Fanny Elßler. Das Leben einer Tänzerin, 1910. *Linden, I.:* Fanny Elßler. Die Tänzerin d. Biedermeier, 1921. *Derra de Moroda, F.:* Fanny Elßler. A Great Dancer of the 19th Century in Memoriam, in: The Dancing Times, Dez. 1934, S. 219 ff. *Pirchan, E.:* Fanny Elßler. Eine Wienerin tanzt um d. Welt, 1940. *Raab, R.:* Fanny Elßlers Testament, in: Wiener Geschichtsblätter, Jg. 15, 1960, Nr. 2, S. 143 ff. *Heidrich, I.:* Wie sie groß wurden, 1962. *Raab, R.:* Fanny Elßler. Eine Weltfaszination, 1962. *Raab, R.:* Die beiden tanzten Luft, Feuer u. Erde. Schöpferische Rivalität zwischen Fanny Elßler u. Marie Taglioni, in: Österreichische neue Tageszeitung v. 18. I. 1964, S. 15. *Raab, R.:* Fanny Elßler – die Tänzerin d. Romantik, in: Theater in Österreich, 1965, S. 133. *Raab, R.:* Fanny Elßler, in: Maske u. Kothurn, Jg. 13, 1967, H. 1, S. 47 ff. *Guest, I.:* Fanny Elßler, 1970. *Raab, R.:* Fanny Elßler, in: Tausend Jahre Österreich, Bd. 2, 1973, S. 83 ff. *Guest, I.:* Fanny Elßler as the Swiss Milkmaid, in: Harvard Library Bulletin, vol. XXI, No. 1, 1973. *Denk, L.:* Fanny Elßler, 1984. *Weissenböck, J.:* Fanny Elßler, Materialien, 1984.

Elßler, Hermine. Österreichische Tänzerin, geb. 7. April 1811 in Wien, gest. 17. März 1895 ebendort. Sie war die Cousine der Geschwister ↗Elßler (Anna, Fanny und Therese). Bis 1836 war sie im ↗Corps de ballet des Kärntnertortheaters. Hierauf folgten Auslandsgastspiele. In Paris war sie Schülerin von Auguste ↗Vestris. Ab 1837 war sie in London engagiert. 1849 zog sie sich ins Privatleben nach Wien zurück. Von ihrem bedeutenden Vermögen stiftete sie Universitätsstipendien.

Lit.: *Raab, R.:* Tanz u. Gelehrsamkeit. Hermine Elßler, Mäzenatin d. Universität, in: Die Presse, 10./11. Juli 1965. *Raab, R.:* Hermine Elßler u. d. Universität, in: Wiener Geschichtsblätter 20, 1965, S. 492 ff.

Elßler, Therese. Österreichische Tänzerin, geb. 5. April 1808 in Wien, gest. 19. November 1878 in Meran. Sie war die ältere Schwester von Fanny Elßler. Zunächst tanzte sie im ↗Corps de ballet des Kärntnertortheaters, ab 1830 ging sie mit ihrer Schwester Fanny auf Gastspielreisen. Von 1834 bis 1840 war sie in Paris engagiert. 1838 erfolgte die erste Aufführung ihres Balletts „Das

Vogelhaus". 1857 vermählte sie sich mit Prinz Adalbert von Preußen und wurde zur Freifrau von Barnim erhoben. (↗Pygmalion)

Elvasan. Neugriechischer Volkstanz aus dem früher zu Epiros und heute zu Albanien gehörenden Elvasan. Tänzer und Tänzerinnen, die im Halbkreis Aufstellung nehmen, tanzen entweder getrennt oder ein Tänzer führt den Tänzerinnenreigen an. Die Handfassung geschieht in Schulterhöhe bei gebeugten Armen. Die drei Schrittfolgen des Tanzes werden gemäß der Musik vielfältig variiert. (↗Griechischer Tanz)

Lit.: *Schmolke-Langhans:* Europäische Volkstänze, 1964, Heft 8, S. 20 f.

Elvin, Violetta (geborene Prokhorowa). Russische Tänzerin, geb. 3. November 1925 in Moskau. Sie studierte an der Ballettschule des Bolschoj-Theaters bei Koschylowa. 1942 schloß sie ihr Studium ab und wirkte am Staatstheater in Taschkent. Anschließend kam sie ans Bolschoj-Theater, 1944 nach Kuibischew und 1945 wieder ins ↗Bolschoj-Ballett. 1945 emigrierte sie mit ihrem Gatten, dem Schriftsteller Harold Elvin, nach London. Ab 1946 wirkte sie im ↗Sadler's Wells Ballet. 1956 zog sie sich zurück und lebt seither in Italien.

Lit.: *Fisher, H.:* Violetta Elvin, Dancers of To-Day, 3, 1953. *Swinson, C.:* Violetta Elvin, 1953.

Embaterien. Name der antiken kriegerischen Tanzmärsche, deren besondere Heimat Sparta war. Begleitet von Flöten und Liedern in anapästischem Rhythmus zogen die Spartaner in den Kampf oder führten diese Tänze bei den Siegesfeiern auf. Der gefeierte Dichter Tyrtäus schuf die Texte der Gesänge und erfand auch ihre Melodien. (↗Griechischer Tanz)

Lit.: *Weege, F.:* Der Tanz in d. Antike, 1926, S. 39. *Lawler, L. B.:* The Dance in Ancient Greece, 1964.

Embitta. ↗Äthiopischer Tanz. Drei Männer spielen abwechselnd die Langflöte, begleitet von ihrer eigenen Musik tanzen sie rundherum. Wegen der Begleitmusik heißt der Tanz auch Flötentanz.

Lit.: *Martin, G.:* Dance Types in Ethiopia, in: Journal of the Int. Folk Music Council, vol. XIX, 1967, S. 23 ff.

Emboîté. Im klassischen ↗Ballett ein Sprung, bei dem ein Bein verkürzt angelegt ist. Es gibt ein Emboîté arabesque, battu und en tournant.

Lit.: *Raab, R.:* Lexidion f. d. Ballett, s. a.

Emeraud, Anthoine. ↗Tanzmeister des Herzogs Friedrich Ulrich von Braunschweig. Er vermittelte Michael ↗Praetorius französische Tanzmelodien, die dieser bearbeitete und unter dem Titel „Terpsichore" 1612 herausgab. Das Werk ist Anthoine Emeraud gewidmet.

Emmanuel, Maurice Marie François. Französischer Komponist und Musikhistoriker, geb. 2. Mai 1862 in Bar-sur-Aube (Département Aube), gest. 14. Dezember 1938 in Paris. Er verfaßte neben zahlreichen Kompositionen die beiden Schriften „De saltationis disciplina apud Graecos", Paris 1895, und „La Danse Grecque antique d'après les monuments figurés", Paris 1896.

Emméleia. Antiker ↗griechischer Tanz, der charakteristische Tanz der griechischen Tragödie. Mit seinem feierlichen Charakter, den würdevollen Gesten und Schritten, seiner gemessenen Reigenbewegung war er auch der Tanz andächtigster Gottesverehrung, wie sie vor allem den Frauen zufiel.

Lit.: *Buchholtz, H.:* Die Tanzkunst d. Euripides, 1871, S. 82 ff. *Weege, F.:* Der Tanz in d. Antike, 1926, S. 99. *Sachs, C.:* Eine Weltgeschichte d. Tanzes, 1933, S. 163 f. *Lawler, L. B.:* The Dance in Ancient Greece, 1964.

Encadent. ↗Französischer Volkstanz aus der Region Prats-de-Mollo, ein ↗Prozessionstanz im lebhaften Marschtempo, der nur im Karneval getanzt wird. Die Paare gehen hintereinander, die Frau rechts vom Mann. Zu Beginn des Tanzes wird ein Weinkrug herumgereicht.

Lit.: *Alford, V.:* Dances of France, Bd. III, Handbooks of European National Dances, 1952, S. 30 f.

Enchaînement bezeichnet im klassischen ↗Ballett eine Zusammenfügung von Schritten oder Bewegungen.

Lit.: *Raab, R.:* Lexidion f. d. Ballett, s. a.

En dedans werden im klassischen ↗Ballett Drehungen bezeichnet, die einwärts gerichtet sind. Das Gegenteil ist ↗En dehors.

Lit.: *Raab, R.:* Lexidion f. d. Ballett, s. a. *Waganowa, A. J.:* Die Grundlagen d. klassischen Tanzes, 1954, S. 28 f.

En dehors. Darunter versteht man im klassischen Tanz Drehungen, die auswärts gerichtet sind. Gegenteil ist ↗En dedans.

Lit.: *Raab, R.:* Lexidion f. d. Ballett, s. a. *Waganowa, A. J.:* Die Grundlagen d. klassischen Tanzes, 1954, S. 27 f.

Endicott, Josephine Ann. Australische Tänzerin, geb. 14. März 1950 in Sydney. Sie tanzte beim Australian Ballet in Melbourne. 1975 kam sie zum Wuppertaler Tanztheater, wo sie Hauptrollen in Stücken von P. ↗Bausch tanzte.

En face bedeutet im klassischen ↗Ballett die Körperstellung nach vorne, die natürliche Haltung für die 1. und 2. ↗Position.

Lit.: *Raab, R.:* Lexidion f. d. Ballett, s. a. *Waganowa, A. J.:.* Die Grundlagen d. klassischen Tanzes, 1954, S. 24.

Engadiner. Schweizer Volkstanz aus der Alemannischen Schweiz. Er ist identisch mit der ↗Judenpolka und dem ↗Vögelischottisch. (↗Schweizer Volkstänze)

Lit.: *Witzig, L.:* Volkstänze d. Schweiz, II. Heft, 1941.

Englischer Volkstanz. In England sind drei Arten von Tänzen zu unterscheiden: ↗Country dances, Morris dances und ↗Schwerttänze. Die Country dances sind die ländlichen Tänze, die von Männern und Frauen in den vielfältigsten Formen ausgeführt werden. Bis ins 19. Jh. waren sie als ↗Gesellschaftstanz sehr beliebt und haben auch nachhaltig die Entwicklung westeuropäischer Tänze beeinflußt (↗Anglaise, ↗Contratanz, ↗Cotillon, ↗Quadrille). Die Morris- und Schwerttänze sind Männertänze und verdanken ihr Entstehen kultischen Gebräuchen (↗Moriskentanz). Alle Formen des englischen Volkstanzes sind bis heute im Volksleben Englands noch sehr verwurzelt. Das Wiederaufleben der Country dances und der anderen Arten des englischen Volkstanzes im 20. Jh. geht vor allem auf Cecil ↗Sharp zurück, den Gründer der English Folk Dance Society, der durch seine Veröffentlichungen der Volkstanzbewegung neuen Auftrieb gab. (↗Abbots Bromley horn dance, ↗Askam Richard-Tanz, ↗Babbity Bowester, ↗Cebell, ↗Clog dance, ↗Cushion dance, ↗Escrick, ↗Fools Jig, ↗Furry dance, ↗Gathering Peascods, ↗Goosey dancing, ↗Jig, ↗Longways, ↗Measure, ↗Rounds, ↗Running Set, ↗Sellengers Round, ↗Soldiers joy, ↗Sweet Kate, ↗Trenchmore, ↗Up spring)

Lit.: *Morley, Th.:* A Plaine and Easie Introduction to Practical Musicke, III, S. 206 ff., London 1597. *Playford, J.:* The English Dancing Master: or, Plaine and easie rules for the Dancing of Country Dances, with the tunes to each dance, London 1650. *Weis, F. W.:* Charakteristische englische Tänze, Lübeck 1717. *Gomme, A. B.:* The Traditional Games of England, vol. I., 1894. *Conrat, H.:* Tanz u. Tanzmusik in England im Zeitalter d. Königin Elisabeth, in: Allgem. Musikzeitung, Jg. 31, 1904, Nr. 18, S. 321 ff.; Nr. 19, S. 337 ff.; Nr. 20, S. 353 ff.; Nr. 21, S. 369 ff. *Coles, A. M. C.:* Old English Country Dance Steps, 1909. *Pulver, J.:* The Dances of Shakespeare's England, in: Sammelbände d. Int. Musikgesellschaft, Jg. 15, 1913, H. 1, S. 99 ff. *Kidson, F. – Neal, M.:* English Folk-Song and Dance, 1915. *Dolmetsch, M.:* Dances in 'Shakespeare' England, in: The Musical Times, vol. 57, Nr. 885, 1916, S. 489 ff. *Alford, V.:* Peeps at English Folk-Dances, 1923. *Gardiner, R.:* The English Folk Dance Tradition, 1923. *Gardiner, R.:* Der Volkstanz in England, in: Die junge Nordmark, Jg. 3, 1926, Nr. 4/5, S. 104 ff. *Egger, K. E.:* Basque and English Folk Dance Tradition, in: The Musical Times, vol. 68, 1927, S. 609 ff. *Douglas, M.:* Ceremonical Folk-Song, Mumming, and Dance in the Isle of Man, in: The Journal of the English Folk Dance Society, 1928, Sec. Ser., Nr. 2, S. 17 ff. *Gilchrist, A. G.:* Some English and Scottish Folk-Dances surviving amongst Children, in: The Journal of the English Folk Dance Society, 1931, Sec. Ser., Nr. 4, S. 22 ff. *Karpeles, M.:* English Folk Dances: Their Survival and Revival, in: Folk Lore, vol. XLIII, 1932, Nr. 2, S. 123 ff. *Alford, V. – Gallop, R.:* The Traditional Dance, 1935. *Kennedy, D.:* Die Wiederbelebung d. Volkstanzes in England, in: The Journal of the English Folk Dance and Song Society, vol. II, 1935, S. 72 ff. *Williams, J. A.:* English Folk-Song and Dance, 1935. *Derra de Moroda, F.:* Der Tanz in England, Schottland u. Irland, in: Der Tanz, Jg. 11, 1938, H. 2/3, S. 43 ff. *Kennedy, D.:* England's Dances, Folk-Dancing to-day and yesterday, 1949. *Karpeles, M. – Blake, L.:* Dances of England and Wales, 1950. *Lawson, J.:* European Folk Dance, 1953, S. 161 ff. *Thurston, H. A.:* The Rhythmus of British Dance Music, in: The Folklorist, vol. 6, 1961, No. 4, S. 418 ff.; vol. 6, 1961, No. 6, S. 487 ff.; vol. 7, 1962, No. 2, S. 50 ff.

English Waltz. Dieser ↗Gesellschaftstanz des 20. Jh. ist um 1920 in Mode gekommen und zum Teil aus dem ↗Boston entstanden. Wie der Wiener ↗Walzer im ¾-Takt stehend, wird er mit langsamen schwingenden Bewegungen getanzt. Für die ↗Choreographie dieses heute noch gültigen Modetanzes waren vor allem die englischen ↗Tanzlehrer richtungsweisend. Seit 1929 gehört er zu den Standardtänzen.

Lit.: *Mühlsiegl, P.:* Tanzen leicht erlernt, 1950, S. 28 ff. *Moore, A.:* Ballroom Dancing, 1954. *Günther, H. – Schäfer, H.:* Vom Schamanentanz zur Rumba, 1959, S. 238 ff.

Enkelmann, Siegfried. Deutscher Tanzfotograf, geb. 24. Dezember 1905 in Krasnopol, gest. 10. Januar 1978 in München. Seine Wirkungsstätten waren Berlin und München. Von ihm stammen die Bücher: Tänzer unserer Zeit, München 1937; Schönheit im Tanz, Berlin 1939; Ballett in Deutschland, Berlin 1954 und 1958; Ballett in Basel, Basel 1962.

Ennstaler Polka. ↗Österreichischer Volkstanz aus dem steirischen Ennstal. Er stellt eine der

↗Bayrischen Polka (Boarischen) verwandte Form dar. Die Aufstellung der Paare erfolgt in einem Kreis, Tänzer und Tänzerinnen einander gegenüber, letztere wenden den Rücken der Kreismitte zu. Der Tanz gehört zur Gruppe der ↗Klatschtänze.

Lit.: *Zoder, R.:* Altösterreichische Volkstänze, Teil II, 1948. *Gradwohl, K.:* Lehrgang f. österreichische Volkstänze, 1936, 1938.

En offi-en ahi. ↗Österreichischer Volkstanz aus dem Montafon in Vorarlberg, eine Form des ↗Ahi-Tanzes. Er wird von Dreiergruppen, zwei Tänzerinnen und einem Tänzer, in beliebiger Anzahl getanzt. Im Montafon ist er auch als ↗Gibele-Gäbele bekannt. (↗Dreiertanz)

Lit.: *Zoder, R.:* Altösterreichische Volkstänze, Teil II, 1928. *Wolfram, R.:* Die Volkstänze in Österreich u. verwandte Tänze in Europa, 1951, S. 163.

Ensemble bedeutet im ↗Ballett die Gesamtheit der Tanzgruppe. Der Pas d'ensemble ist der von einer Gruppe ausgeführte gemeinsame Tanz.

Entrechat. Im klassischen ↗Ballett die Bezeichnung für den Sprung mit Beinkreuzen in der Luft. F. ↗Caroso nannte ihn ↗Capriole intrecciata, verflochtene Capriole. Der Entrechat wird in verschiedenen Arten ausgeführt: als Entrechat trois, royale clos, royale ouvert, royale double, quatre, cinq, six, sept, huit und de volée.

Lit.: *Bie, O.:* Der Tanz, 1919. *Waganowa, A. J.:* Die Grundlagen d. klassischen Tanzes, 1954, S. 128 ff. *Raab, R.:* Lexidion f. d. Ballett, s. a. *Taubert, K. H.:* Höfische Tänze, 1968, S. 48.

Entrée (ital. Entrata, span. Entrada, auch Intrada) bezeichnete im französischen ↗Ballett des 16.–18. Jh. (↗Ballet de cour, Ballet à entrées) entweder den Einzug der Tänzer oder den Beginn eines neuen Tanzabschnittes. Entrée hieß auch das Musikstück zu Teilen oder zum Ganzen der Szene oder auch ein Zwischenspiel. Große Ballette umfaßten oft bis zu dreißig Entrées.

Lit.: *Prunières, H.:* Le Ballet de cour en France avant Benserade et Lully, Paris 1914.

Entrements bezeichnete bei höfischen Festlichkeiten in Frankreich im 14./15. Jh. veranstaltete ↗Pantomimen und Tanzaufzüge in prunkvoller Ausstattung mit instrumentaler und vokaler Begleitung.

Entretaille. Die französischen ↗Tanzmeister des 16. Jh. bezeichneten mit diesem Ausdruck das Fußheben, wobei das stehende Bein seitlich an die Stelle des gehobenen Beines nachhüpft oder nachrückt. Bei ↗Arbeau ist Entretaille die Bezeichnung für ↗Chassé.

Lit.: *Sachs, C.:* Eine Weltgeschichte d. Tanzes, 1933.

Epangkonismos (Ellbogentanz). Antiker ↗griechischer Tanz. Der Name „Ellenbogentanz" rührt vermutlich von einer bestimmten Tanzbewegung des Körpers her. Erwähnt ist der Tanz bei Athenaios.

Lit.: *Lawler, L. B.:* Dancing with the Elbows, Classical Journal, Jg. 38, 1942, S. 161. *Lawler, L. B.:* The Dance in Ancient Greece, 1964.

Épaulement ist im klassischen ↗Ballett der Ausdruck für die tänzerische Körperhaltung, hauptsächlich des Kopfes und der Schultern.

Lit.: *Raab, R.:* Lexidion f. d. Ballett, s. a. *Waganowa, A. J.:* Die Grundlagen d. klassischen Tanzes, 1954, S. 24 f.

Epideixis. Antiker ↗griechischer Tanz. Er wurde alljährlich beim Fest des Eintritts der Jünglinge in das Mannesalter (Jünglingsweihe) getanzt.

Lit.: *Weege, F.:* Der Tanz in d. Antike, 1926, S. 115.

Epikrédios. Antiker griechischer ↗Waffentanz aus Kreta, vermutlich eine Abart der ↗Pyrrhiche. Erwähnt ist er in den Schriften des Athenaios.

Lit.: *Weege, F.:* Der Tanz in d. Antike, 1926, S. 51. *Lawler, L. B.:* The Dance in Ancient Greece, 1964.

Epilénios. Antiker ↗griechischer Tanz. Dieser ↗Volkstanz wurde zum herbstlichen Fest der Weinlese aufgeführt. Die Tänzer ahmten dabei das Pflücken der Trauben, Tragen der Körbe, Stampfen der Früchte, Füllen der Schläuche und Kosten des Weines nach. (↗Weinlesetänze)

Lit.: *Weege, F.:* Der Tanz in d. Antike, 1926, S. 129 f.

Equilibre. Im klassischen ↗Ballett die Bezeichnung für das Gleichgewicht des Körpers, das harmonische Zusammenwirken regelrechter Haltung des Oberkörpers und dessen Unabhängigkeit zu den Beinen. (↗Aplomb)

Lit.: *Raab, R.:* Lexidion f. d. Ballett, s. a.

Era Pelha ded Gat. ↗Französischer Volkstanz im 6/8-Takt aus den beiden Haupttälern von Bigorre, Pyrenäen. Dieser fremdartige Tanz wird in Hockposition ausgeführt. Man sagt, er sei ein Hexentanz. Oftmals endet er mit einem nahezu wahnsinnigen Wettbewerb im Kosakenschritt.

Ausgeführt wird er von einer beliebigen Anzahl von Paaren. Die Partner nehmen einander gegenüber entweder im Kreis oder in einer Reihe Aufstellung. Die Tänzerinnen geben ihre weiten Röcke zwischen die Knie und ziehen die rückwärtige Fülle des Rockes nach vorne. Alle Tanzenden hocken dabei.

Lit.: *Alford, V.:* Dances of France, III: The Pyrenees, 1952, S. 36 ff.

Eremo. Ein Tanz der Indianer Mexikos. Charakteristisch für ihn ist die Ausführung in gebückter Haltung. (↗Mexikanischer Tanz)

Ernte- oder Schnittertänze. Der Brauch, das Einbringen der Ackerfrüchte mit Tanz zu feiern, reicht wohl bis in die Zeiten zurück, als die Menschheit mit dem Ackerbau begann. Erntefesttänze in den verschiedensten Formen und unter den verschiedensten Namen, sei es als religiöse Reigen, Opfertänze oder volkstümliche Belustingen, finden wir von der Urzeit an über das Altertum, Mittelalter bis zur Gegenwart. Das Brauchtum, den Erntedank mit Tanz zu feiern, finden wir in irgendeiner Form bei allen Völkern der Erde. Im alten Ägypten mußte der König selbst als Dankopfer beim Erntefest vor dem Vegetationsgott Min von Koptos einen feierlichen Tanz aufführen. Auch die Bauern selbst führten dem Gott Dankestänze auf. Im alten Griechenland tanzte man den ↗Kidaris zu Ehren der Fruchtbarkeitsgöttin Demeter und den ↗Kalathos (= Fruchtkorb) zu Ehren der Göttin Artemis. Viele Erntetänze sind Reste altheidnischer Dankfeste, und die über die europäischen Länder verbreiteten Ernte- und Schnittertänze gehören dieser Kategorie an. Hierher gehören z. B. der ↗Arat-Tanz aus Schwaben, der ↗Jakobitanz der Hirten aus den Berner Alpen, der ↗Tortanz aus Salzburg, der im Osten als ↗Schlupptanz und in Oberösterreich als ↗Bastkorbflechten bekannt ist. Viele der Tänze zur Erntezeit tragen verschiedene Namen, wie ↗Abdreschtanz, ↗Flachstanz, ↗Brecheltanz oder Schnittertanz. Schließlich gehört auch der aus Mexiko gekommene moderne ↗Gesellschaftstanz ↗Raspa zu den Erntetänzen, dessen Geschichte bis ins 16. Jh. zurückreicht. (↗Bhangra, ↗Maigainai-Tanz, ↗Skördedansen)

Lit.: *Böhme, F. M.:* Geschichte d. Tanzes in Deutschland, 1886. *Horak, K.:* Der Volkstanz d. Deutschen in Mittelpolen, in: Ostdeutsche Heimathefte, H. 1, 1936, S. 14. *Plaschil, H.:* Bodenständiges u. fremdes Kulturgut in unseren Tänzen im Laufe d. Geschichte, Diss., Wien 1946, S. 161. *Wolfram, R.:* Die Volkstänze in Österreich u. verwandte Tänze in Europa, 1951.

Escamarran. Dieser alte spanische Tanz war in der 2. Hälfte des 16. Jh. auf den Bühnen Spaniens sehr beliebt, wurde aber von den spanischen Sittenrichtern seiner lasziven Bewegungen wegen bald abgelehnt.

Lit.: *Schubert, F. L.:* Die Tanzmusik, 1867, S. 17. *Czerwinski, A.:* Brevier d. Tanzkunst, 1879, S. 111.

Escondido. Argentinischer ↗Volkstanz aus den nordwestlichen Provinzen der Landes. Er wird nur von einem Paar getanzt. Bemerkenswert ist die pantomimische Episode des sogenannten verlorenen Partners. Bei einer bestimmten Figur versteckt sich ein Partner symbolisch, indem er in die Knie sinkt und die Augen bedeckt, während der andere suchend herumtanzt. Davon kommt auch der Name des Tanzes, da „esconderse" sich verstecken heißt. Seinem Charakter nach ist er ein schwungvoller, doch auch würdevoller Tanz im 6/8-Takt. (↗Argentinischer Tanz, ↗Gato).

Lit.: *Lloyd, A. L.:* Dances of Argentinas, s. a.

Escrick. Englischer ↗Schwerttanz. In England, wo die Schwerttänze auf eine lange Tradition zurückgehen, gibt es zwei Arten: Langschwert- und Kurzschwerttänze. Der Escrick gehört zu den Langschwerttänzen. (↗Askham-Richard-Tanz)

Lit.: *Wolfram, R.:* Schwerttanz u. Männerbund, 2. Lieferung, 1936, S. 116.

Escudero, Vincente. Spanischer Tänzer, geb. 27. Oktober 1892 in Valladolid, gest. 4. Dezember 1980 in Barcelona. Als Kind tanzte er in Spanien in Cafés und Kabaretts. 1920 hatte er sein Pariser Debüt mit seiner Partnerin Carmita Garcia. 1931 tanzte er mit Anna ↗Pawlowa und 1934 mit La ↗Argentina. Als deren Partner strebte er in M. de ↗Fallas ↗Ballett „Der ↗Liebeszauber" (El amor brujo) eine Verbindung von spanischem und klassischem Tanzstil an. Mit einer eigenen Gruppe machte er als Solotänzer weltweit Tourneen. Man nannte ihn den aristokratischsten spanischen Tänzer der Welt.

Lit.: *Krinkin, A. V.:* Vincente, Esto Es!, in: Dance Magazine, Februar 1955.

Eskimo-Tanz. Wie bei allen ↗Naturvölkern ist auch bei den von der mongolischen Rasse abstammenden Eskimos, welche die arktischen Küsten Nordamerikas, Grönlands und Nordostasiens bewohnen, der Tanz eng verbunden mit dem Ablauf ihres täglichen Lebens. Er wird bei den verschiedensten Gelegenheiten gepflegt. Man findet zeremonielle ↗Pantomimen aus dem Leben arktischer Tiere in der Form von ↗tiernachahmenden Tänzen, bei denen sich die Eskimos als Tiere (Bären, Wölfe, Hunde u. s. w.) verkleiden. Die Eskimos an der Beringstraße kannten auch einen Tanz, der die Verfolgung eines Rentieres durch einen Wolf darstellte. Dabei hatte ein Wechsel der Maskierung stattzufinden. Es gibt spezielle ↗Frauentänze, um den ledigen Frauen eine zeitweilige Ehe zu bieten. Von besonderer Bedeutung sind auch die winterlichen Tanzfeste: Im November das Wunsch- oder Stabfest, im Dezember das Fischblasenfest, bei dem die Blasen der getöteten Tiere im wilden Männertanz dem Meer wiedergegeben werden. Im Dezember und Januar gilt das Totenfest der Verehrung der zuletzt Verstorbenen. Unter Gesang und Tanz werden den Toten Gaben dargeboten. Die Hauptgelegenheit zum Tanzen und Singen bieten natürlich die abendlichen gastlichen Tanzfeste. Die Lieder werden dabei vom Frauenchor vorgetragen. Bei den Eskimos gibt es keinen ↗Paartanz, nur Solotänze der beiden Geschlechter. Meist tanzen aber nur die Männer. Der Tanz besteht aus leichtem Schaukeln der Hüften vor und zurück. Die Bewegungen sind einfach. In der Regel tanzen sie auf der Stelle. Die Eskimos haben auch Tanzarten anderer Völker übernommen, vor allem in den peripheren Gebieten. Die winterlichen Tanzfeste werden in eigenen Tanzhäusern abgehalten, den sogenannten Kâsgi. Die Eskimo-Tanzmusik ist ausschließlich vokal und einstimmig. Der Gesang wird nur von einer Rahmentrommel begleitet, die meist in der linken Hand des Solotänzers gehalten wird. Mit dem Schlegel wird auf die Rahmenunterseite geschlagen, jedoch nicht immer im gleichen Rhythmus des zugleich erklingenden Chorgesanges, oft auch ganz unregelmäßig.

Lit.: *Wickersham, J.:* The Eskimo Dance-House, in: The American Antiquarian, vol. XXIV, Nr. 4, 1902. *Leden:* Musik u. Tänze d. grönländischen Eskimos u. d. Verwandtschaft d. Musik d. Polareskimos mit d. d. Indianer, in: Zeitschrift f. Ethnologie, Jg. 43, 1911, S. 261 ff. *Thuren, H.-Thalbitzer, N.:* Dans i Grönland, in: Festkrift til H. F. Feilberg, 1911, S. 77 ff. *Hawkes, E. W.:* The Dance Festivals of the Alaskan Eskimo, in: Anthropological Publications, vol. VI, Nr. 2, 1914. *Hawkes, E. W.:* The „Inviting-In', Feast of the Alaskan Eskimo, in: Canadian Geological Survey, Memoir 45, Ottawa. *Thalbitzer, W.:* Inuit sange og danse fra Grönland, Grönlandsk-eskimoiske folkesange og danse, moderne og gammeldags, København 1939.

Eskista. ↗Äthiopischer Tanz, ein Gruppentanz. Charakteristisch sind kleine Fußbewegungen, schüttelnde und taumelnde Bewegungen des Körpers. Er trägt auch die Bezeichnung Schulter- und Nackentanz.

Lit.: *Martin, G.:* Dance Types of Ethiopia, in: Journal of the Int. Folk Music Council, vol. XIX, 1967, S. 23 ff.

Eskudanza ↗Aurresku.

Esmeralda. ↗Gesellschaftstanz, der um die Mitte des 19. Jh. in Deutschland üblich war. Seine Ausführung geschah ähnlich der ↗Polka, nur etwas rascher. Der Herr führte seine Tänzerin in gewöhnlicher Rundtanzhaltung. **Esmeralda** ist auch ein ↗Ballett nach einem Libretto von J. ↗Perrot und der Musik von C. ↗Pugni, welches in der Choreographie von Perrot am 9. März 1844 in Her Majesty's Theatre, London, uraufgeführt worden ist. Die inhaltliche Grundlage bildet Victor Hugos Novelle „Notre-Dame de Paris".

Lit.: *Klemm, B.:* Katechismus d. Tanzkunst, 1855 bis 1887, S. 167. *Zorn, A.:* Grammatik d. Tanzkunst, 1887, S. 216. *Jolizza, W. K. v.:* Die Schule d. Tanzes, S. 153 f., s. a.

Españoleta ↗Spagnoletto.

Espinosa. Name einer berühmten aus Spanien stammenden Familie von Tänzern und ↗Tanzlehrern. Léon Espinosa, 1825–1904, studierte an der Ballettschule der Pariser Oper und tanzte am Theater de la Porte-Saint-Martin, schloß sich dem Bolschoj-Theater in Moskau an und unternahm Tourneen durch die USA. 1872 eröffnete er eine Ballettschule in London. Seine Frau und seine Tochter Lea waren ebenfalls Tänzerinnen. Sein Sohn Edouard Henry, 1871–1950, erhielt seinen ersten Tanzunterricht 1889 bei seinem Vater. Er begründete 1920 die ↗Royal Academy of Dancing und 1930 die British Ballet-Organization. Als vielgeachteter Lehrer schrieb er auch mehrere Bücher, darunter 1921 „Technical Dictionary of Dancing". Sein Sohn Edward Kelland-Espinosa wurde der Chef der British Ballet Organization.

Lit.: *Ferguson, Rachel:* And then he danced. The Life of Espinosa by himself, London 1946.

Espringale. Mit diesem Namen bezeichneten die französischen Minnesänger den bei den mittelalterlichen Tanzpaaren üblichen gesprungenen ↗Nachtanz. Das Gegenteil war der geschrittene ↗Vortanz, die ↗Carole. (↗Springtanz, ↗Tanzpaar)

Lit.: *Waldau, A.:* Geschichte d. böhmischen Nationaltanzes, 1861, S. 48. *Czerwinski, A.:* Die Tänze d. 16. Jh., 1878, S. 4. *Böhme, F. M.:* Geschichte d. Tanzes in Deutschland, 1886, S. 25.

Essex, John. Britischer Musiker und ↗Tanzlehrer aus dem frühen 18. Jh. Von ihm erschienen folgende Lehrbücher: For the Further Improvement of Dancing, A Treatise of Choreography or the Art of Dancing Country Dances after A new Character ... Translated from the French of Monsr. Feuillet, and Improv'd with many additions, all fairly Engrav'd on Copper plates, and a new Collection of Country Dances describ'd in the Character by John Essex Dancing Master London Sold by I. Walsh & P. Randall ... 1710. Neudruck: Dance Horizons, New York 1970. Das Original liegt im British Museum London. Ferner: The Dancing-Master: or The whole Art and Mystery of Dancing explained ... Done from the French of Monsieur Rameau, By J. Essex, Dancing Master. The Second Edition, London 1731.

Estampie (provenz. Estampida, ital. Istampita, mhd. Stempenie, lat. Stantipes) ist die Bezeichnung für mittelalterliche, schon um 1300 bekannte Instrumentalstücke, die gelegentlich, wie z. B. bei den provenzialischen Troubadours, als Tanzbegleitung benutzt worden sind. Die Frage, ob die Estampie tatsächlich ein Tanz war, ist weder durch literarische Erwähnungen des Mittelalters, noch durch spätere musikwissenschaftliche Forschungen sicher geklärt. Als die ersten Tanzbücher erschienen, war die Zeit der Estampie bereits vorbei und daher wissen wir über ihre Beziehung zum Tanz sehr wenig. Was darüber später geschrieben wurde, daß sie ursprünglich ein Stampftanz war und sich im 14. Jh. zu einem Schreittanz als Vorläufer der ↗Basse danse entwickelt habe, sind Annahmen, die bisher noch keine endgültige musikhistorische Begründung gefunden haben. Als wohl älteste uns überlieferte Estampie gilt die Melodie, auf die der provenzialische Troubadour Raimbaut de Vaqueiras (1180–1207) sein Lied „Kalenda maya" gedichtet hat.

Estampie à 2 — Anonym 13. Jh.

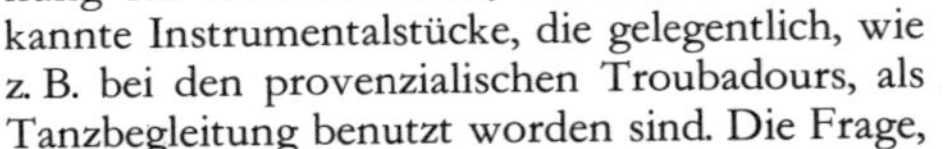

Kalenda maya

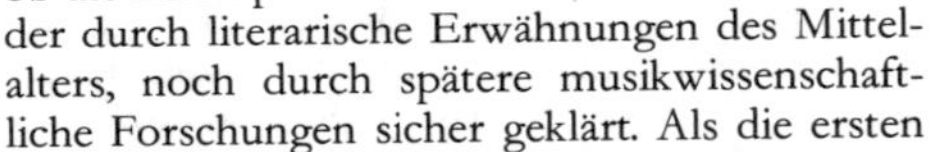

Lit.: *Wolf, J.:* Die Musiklehre d. Johannes de Grocheo. Ein Beitrag zur Geschichte d. Mittelalters, in: Sammelbände d. Int. Musikgesellschaft, Jg. 1, 1899/1900, S. 65 ff. *Aubry, P.:* Estampies et danses royales, 1907. *Wolf, J.:* Die Tänze d. Mittelalters. Eine Untersuchung d. Wesens d. ältesten Instrumentalmusik, in: Archiv f. Musikwissenschaft, Jg. 1, 1918/19, H. 1, S. 10 ff. *Moser, H. J.:* Stantipes u. Ductia, in: Zeitschrift f. Musikwissenschaft, Jg. 2, 1920, H. 4, S. 194 ff. *Handschin, J.:* Über Estampie u. Sequenz, in: Zeitschrift f. Musikwissenschaft, Jg. 12, 1929, H. 1, S. 1 ff. u. Jg. 13, 1930, H. 3, S. 113 ff. *Schrade, L.:* Die handschriftliche Überlieferung d. ältesten Instrumentalmusik, 1931. *Sachs, C.:* Eine Weltgeschichte d. Tanzes, 1933, S. 195 f. *Bahr, W.:* Zur Entwicklungsgeschichte d. höfischen Gesellschaftstanzes, 1941, S. 29 f. *Roy, O.:* Der Volkstanz, Musikalische Formen in historischen Reihen, Bd. 14, s. a.

Estampio, Juan-Sanchez. Spanischer Tänzer und Lehrer, geb. 1880 (1883?) in Jerez de la Frontera, gest. 1958 (1957?) in Madrid. Er wurde weltberühmt als Flamenco-Tänzer. Seine Kunst war es, die authentischen Flamenco-Tänze so rein wie möglich zu bewahren und weiter zu lehren. Von ↗Diaghilew wurde er 1921 nach London geholt, wo er in den ↗Ballets Russes als Flamenco-Tänzer hervortrat.

Lit.: *Zacharias, G.:* Susana y Jose, 1970, S. 116.

Estlands sjusteg. Name einer Form des ↗Siebenschritts in Nordeuropa.

Estnische Volkstänze. Die Esten haben, wie die ihnen stammverwandten Finnen, ein reiches Volksgut an Liedern und Tänzen. Die estnischen Volkstänze stützen sich im wesentlichen auf das alte überlieferte Tanzgut, welches in verschiedenen Tanzformen, trotz fremder Einflüsse, bis heute erhalten geblieben ist. Vorherrschend sind Polka-, Walzer- und Mazurkaformen. (↗Eide Ratas, ↗Hüppetants, ↗Juudipolka, ↗Kiitsakatants, ↗Oige ja Vasemba, ↗Pulgatants, ↗Raabiku, ↗Raksi Jaak, ↗Sadala Polka, ↗Targa Rehealune, ↗Vanatüdruk, ↗Varvatants, ↗Viru Polka)

Lit.: *Raudkats, A.:* Eesti Rahvantantsud, Konguund ja kirjeldanud, 1926. *Raudkats, A.:* Valik põhjamaade rahvatantse, 1927. *Pölmäe, R.-Tampore, H.:* Valinik Eesti rahvatantse, 1938.

Estrées, Jean d'. Geburtsdatum unbekannt, gest. Ende 1576 in Paris. Er gab in vier Bänden eine Anthologie der Tänze heraus, wie sie bei den Pariser Tanzveranstaltungen und Festen musiziert wurden. Diese „Livres de danseries" erschienen in der Zeit von 1559 bis 1564.

Lit.: *Nettl, P.:* Die Tänze Jean d'Estrées, in: Musikforschung, Jg. 8, 1955, S. 437 ff.

Etchevery, Jean-Jacques. Französischer Tänzer und ↗Choreograph, geb. 1916 in Paris. Er studierte bei Karpowa, Ricaux und Zverev. Von 1941 bis 1944 war er Mitglied des Nouveau Ballet de Monte Carlo, bis er seine eigene Truppe, das Ballet de l'Oiseau Bleu gründete. Von 1946 bis 1953 war er ↗Ballettmeister an der Pariser Oper und von 1954 bis 1959 am Théâtre de la Monnaie in Brüssel. Seine Gestaltungsweise ist streng klassisch, viele seiner Ballette sind durch berühmte Gemälde inspiriert. (↗Pygmalion)

Été, L' (der Sommer) heißt die 2. Tour der ↗Quadrille. Sie ging aus einem um 1800 beliebten, aber sehr schwer auszuführenden ↗Contratanz hervor, der den Sommer symbolisiert. Ihre 32 Takte stehen stets im 2/4-Takt.

Étoile werden die an höchster Stelle der Hierarchie stehenden Ballettsolisten der Oper in Paris genannt: Première danseuse étoile und Premier danseur étoile.

Etruskischer Tanz. Die Etrusker, ein Volk unsicherer Abstammung, waren nach Herodot aus Kleinasien nach Italien zugewandert. Die Blütezeit der etruskischen Macht reichte von etwa 800 bis 400 v. Chr. Im Jahre 265 v. Chr. ging ihr Land in das römische Reich auf. Die etruskischen Kulturzentren waren die Städte Tarquinia, Cäre und Veji. Wie uns zahlreiche Grabmalereien, Steinreliefs und Tanzdarstellungen auf verschiedenem Hausgerät zeigen, waren die Etrusker ein tanzfreudiges und tanzbegabtes Volk, das wie die anderen Völker der Antike das Tanzen leidenschaftlich geliebt hat. Der etruskische Tanz war ihrer Abstammung entsprechend mehr der orientalischen Kultur verbunden, daher gegenüber dem griechischen Tanz lebhafter und unbeschwerter im Ausdruck. Die Gesten der etruskischen Tänzer waren weniger variabel und auch weniger graziös als die der Griechen, sie waren vielmehr nur dazu da, um einem fröhlichen Sinn auf physische Art Ausdruck zu geben. Die verschiedenen Tanzdarstellungen zeigen uns Tanzszenen von geradezu dionysischem Charakter. Für die etruskischen Tänzerinnen war es auch selbstverständlich, ihren Tanz gemeinsam mit den Männern durchzuführen. Eine Darstellung in der „tomba delle leonesse" zeigt uns zum Beispiel einen leidenschaftlichen ↗Werbetanz eines Paares, so daß man hier vielleicht von einer der frühesten Quellen für den ↗Paartanz sprechen kann. Während es bei den Männern üblich war, nackt zu tanzen, war dies bei den Frauen niemals anzutreffen, obwohl das gebräuchliche durchsichtige Material der Frauenkleidung diesen Eindruck erwecken konnte. Von den verschiedenen Arten der etruskischen Tänze dürften sich vor allem die Tänze bewaffneter Männer großer Beliebtheit erfreut haben (↗Truia). In der ersten Hälfte des 5. Jh. v. Chr. gab es viele Feste mit Tänzen in den Palästen und Arenen. Eine besondere von Athenaios bezeugte Sitte waren die sogenannten Tanzturniere, eine Art von Tanzwettkämpfen. Sie dürften später von den Römern übernommen worden sein. Die Römer ließen sich auch etruskische Schauspieltänzer, die sogenannten ↗„histriones" oder ↗„ludiones", nach Rom kommen. Sie sollten mit ihren Schautänzen die Götter besänftigen, als Rom um 364 v. Chr. von der Pest bedroht wurde. Die „histriones" waren auch bei den Begräbnissen vornehmer Römer dabei und hatten mit ihrer Gestik die Eigenschaften des Verstorbenen pantomimisch darzustellen. Zusammenfassend kann angenommen werden, daß die etruskischen Tänzer weit in die römische Zeit hinein in hohem Ansehen standen.

Lit.: *Weege, F.:* Der Tanz in d. Antike, 1926, S. 137 ff. *Johnstone, M. A.:* The Dance in Etruria, 1956.

Eugenie. ↗Gesellschaftstanz aus dem Anfang des 19. Jh. Er bestand aus mehreren Touren. Die Musik im mäßigen 2/4-Takt war nach Art eines ↗Contratanzes. Am Anfang war eine Fermate, bei welcher die Tanzenden ihre bestimmte Position einnahmen.

Lit.: *Schubert, F. L.:* Die Tanzmusik dargestellt in ihrer historischen Entwicklung, nebst einer Anzahl v. Tänzen aus alter u. neuer Zeit, 1867, S. 46.

Eurhythmie (Eurythmie). Im antiken Griechenland das vollendete Ebenmaß der Lebens- und Ausdrucksformen, der Bewegungen des Gesamtkörpers. Die Eurhythmie galt als höchstes Lebens- und Erziehungsideal des Menschen im griechischen Altertum. Im 20. Jh. bezeichnet Eurythmie die von Rudolf ↗Steiner auf anthroposophischer Grundlage verbreitete Ausdruckskunst, eine Vereinigung von Sprache, Musik und Gesang, wobei den einzelnen Elementen der Sprache (Vokal, Konsonant) und der Musik (Ton, Intervall) bestimmte Bewegungen zugeordnet sind. Mit dem Tanz als solchen hat die Eurhythmie wenig gemeinsam. Als Heil-

Eurhythmie und als Erziehungseurhythmie wird sie auch in der Heilkunst und Erziehung angewendet.

Lit.: *Laban, R. v.:* Eurhythmie u. Kakorhythmus, in: Die Tat, 13, 1921. *Winther, F. H.:* Der heilige Tanz, 1923. *Steiner, R.:* Eurythmie als sichtbare Sprache, 1924. Eurythmie als sichtbarer Gesang, 1924. Eurythmie d. Offenbarung d. sprechenden Seele, 1928. *Jaques-Dalcroze, E.:* Eurhythmics Art and Education, 1930. *Dubach-Donath, A.:* Anregungen u. Gesichtspunkte zum Eurhythmie-Unterricht, 1961. *Dubach-Donath, A.:* Die Grundelemente d. Eurhythmie, 1965. *Kux, R.:* Eurhythmie u. Musik, 1970. *Klink, E.:* Eurhythmie, in: Bühner-Ruthig, S. 157 ff., Stuttgart 1971.

Euripides. Griechischer Tragödiendichter (484/480–406 v. Chr.). In seinen Tragödien kommt der Tanz in verschiedensten Formen vor. Bemerkenswert ist jedoch, daß er nicht nur die üblichen Chorreigen verwendet, sondern sogar Solotänze.

Lit.: *Buchholtz, H.:* Die Tanzkunst d. Euripides, 1871. *Lawler, L. B.:* The Dance in Ancient Greece, 1964.

Evdokimova, Eva. Amerikanische Tänzerin, geb. 1. Dezember 1948 in Genf. Sie studierte an der Ballettschule der Münchner Oper bei E. Gerbel, an der Royal Ballet School London, ferner bei M. Fay und V. ↗Volkova, außerdem in Leningrad bei N. Dudinskaya und in Kopenhagen. 1966 debütierte sie beim ↗Königlich-Dänischen Ballett in Kopenhagen. 1969 kam sie als Solotänzerin an die Deutsche Oper Berlin und wurde 1973 Primaballerina. Als Gastsolistin trat sie auch beim ↗London Festival Ballet und beim National Ballet of Canada auf. Sie war eine beliebte Partnerin von R. ↗Nurejew.

Exercice bedeutet im Ballettunterricht das tägliche Training der Tänzer. Das klassische Exercice zerfällt in einen langsamen und einen schnellen Teil. Es wird zunächst an der Stange und dann im Ballettsaal ausgeführt.

Ezpata Dantza. Baskische Schwerttanzform aus der Provinz Guiputzkoa, mit Stöcken und Schwertern getanzt, zeigt er viele Merkmale des ↗Morristanzes. (↗Baskischer Tanz)

Lit.: *Wolfram, R.:* Schwerttanz u. Männerbund, S. 100.

F

Fabbri, Flora. Italienische Tänzerin, geb. in Florenz. Sie war Schülerin von Carlo ↗Blasis, eine der sechs Tänzerinnen, welche die Plejáden von Blasis genannt wurden. Sie debütierte im Teatro la Fenice, Venedig, tanzte in Rom und Bologna und war 1844 bis 1851 an der Pariser Oper.

Lit.: *Guest, I.:* The Romantic Ballet in Paris, 1966.

Fâcheux, Les. ↗Comédie-ballet von ↗Molière, Musik und ↗Choreographie von ↗Beauchamp, wurde am 17. August 1661 in Vaux für ↗Ludwig XIV. aufgeführt und war eine der ersten Produktionen dieser Gattung. Auf Molière basiert auch das Ballett „Les Fâcheux", welches nach einem Libretto von Boris ↗Kochno mit der Musik von Georges ↗Auric in der Choreographie von Bronislava ↗Nijinska am 19. Januar 1924 durch die ↗Ballets Russes in Monte Carlo aufgeführt wurde.

Lit.: *Böttger, F.:* Die „Comédie-Ballet" v. Moliére-Lully, Diss. Berlin 1930, S. 38 u. 94.

Fackeltanz. Unter diesem Namen ist nicht ein Tanz im üblichen Sinne zu verstehen, sondern dem ursprünglichen Brauch nach das zeremonielle, polonaiseartige Voranschreiten fackeltragender Männer bei festlichen Anlässen. Zwei verschiedene Wurzeln liegen dem Zeremoniell des Fackeltanzes zugrunde: die Ehrenbezeigung und die Hochzeitsfackel. Der Fackeltanz als Bestandteil von Hochzeitsfeierlichkeiten läßt sich bis in die griechische und römische Antike zurückverfolgen und hat sich über das Mittelalter hinweg, wo er hauptsächlich bei den fürstlichen Hochzeiten in Deutschland gepflegt wurde, bis heute im Hochzeitsbrauchtum vieler Völker der Welt erhalten. Als Ehrenbezeugung im Sinne des Voranleuchtens, wie es besonders im Hofzeremoniell deutscher Fürsten gebräuchlich war, hatte der Fackeltanz mit der Vermehrung der Beleuchtungsmittel bald seine eigentliche Bedeutung verloren und hielt sich dann nur als eine rein festliche Besonderheit. Als solche war er noch zuletzt im Jahre 1913 bei der Vermählung der Tochter Kaiser Wilhelms II. mit dem Herzog von Braunschweig anzutreffen. Verschiedentlich war der Fackeltanz auch im kultischen Sinne gebraucht worden, so z. B. bei den alten Juden (↗Jüdischer Tanz). Fackeltänze sollen auch, wie aus alten Berichten zu entnehmen ist, bei den abendlichen mittelalterlichen Turnieren aufgeführt worden sein. (↗Abendtanz, ↗Danse des brandons, ↗Hachas)

Lit.: *Rauner, F. v.:* Der Fackeltanz bei hohen Vermählungen im Königlich Preußischen Kurbrandenburgischen Hause, 1854. *Czerwinski, A.:* Geschichte d. Tanzkunst, 1862, S. 187 f. *Böhme, F. M.:* Geschichte d. Tanzes in Deutschland, 1886, S. 77 ff. *Sonner, R.:* Musik u. Tanz, 1930. *Sachs, C.:* Eine Weltgeschichte d. Tanzes, 1933. *Horak, K.:* Der Fackeltanz, in: Dolomiten v. 29. 9. 1951. *Wolfram, R.:* Die Volkstänze in Österreich u. verwandte Tänze in Europa, 1951, S. 108. *Prodinger, F.:* Der große Salzburger Fackeltanz, in: Das Salzburger Jahr 1968/69, S. 57. *Peter, I.:* Salzburger Fackeltanz, in: Salzburger Heimatpflege 1, 1977, S. 79 ff. *Peter, I.:* Der Salzburger Fackeltanz, 1979.

Fadejetschew, Nikolaj Borissowitsch. Russischer Tänzer, geb. 27. Januar 1933 in Moskau. Im Alter von zehn Jahren trat er in die Ballettschule des Bolschoj-Theaters ein. 1952 schloß er sein Ballettstudium ab, kam zum ↗Bolschoj-Ballett und wurde 1953 Solist. Als Partner von G. ↗Ulanowa und M. ↗Plissetskaja tanzte er alle ersten Rollen des Standardrepertoires.

Fado. ↗Gesellschaftstanz des 20. Jh. Er erschien einige Jahre nach dem ↗Tango und war eine Abart dieses Tanzes, konnte sich aber nicht durchsetzen und verschwand bald wieder. (↗Portugiesischer Volkstanz)

Lit.: *Huppert, E.:* Der moderne Tanz, 1926, S. 44.

Fähnrichstanz. ↗Österreichischer Volkstanz, der um 1775 in Niederösterreich (Thernberg) beheimatet war. In den Faschingstagen hielten die sogenannten „Faschingsburschen" ihren Umzug und tanzten den Fähnrichstanz. Sie zogen von Haus zu Haus und forderten Nahrungsmittel für eine abschließende fröhliche Schmauserei.

Lit.: *Moser, H.:* Tönende Volksaltertümer, 1935, S. 231.

Färöischer Tanz. Auf den Färöer-Inseln ist der Volkstanz fest eingewurzelt und trotz moderner kultureller Einflüsse bis heute in seinen ursprünglichen Formen erhalten geblieben. Dieser Umstand ist für die Geschichte des Tanzes von großer Bedeutung, da uns im färöischen Tanz wie bei dem ihm ähnlichen ↗isländischen Tanz die Form des mittelalterlichen Kettenreigens bewahrt worden ist, wie er im 13. und 14. Jh. über große Teile Europas verbreitet war. Auf den färöischen Tanz gestützt, können wir uns einen Begriff vom Tanz des frühen Mittelalters machen, besonders auch von den Tanzformen der Germanen (↗germanischer Tanz). – Der Volkstanz auf den Färöer kennt nur den Kettenreigen (↗Kettentanz).Thuren (siehe Literatur) beschreibt ihn folgendermaßen: „Die Teilnehmer reichen sich die Hand und bilden einen Kreis, Männer und Weiber, jung und alt, in zufälliger Ordnung. Die Tanzschritte sind sehr einfach: linker Fuß einen Schritt vorwärts, rechter Fuß zum linken gesetzt, linker Fuß tritt wiederum vorwärts, rechter Fuß nähert sich dem linken; endlich tritt der rechte Fuß seitwärts oder rückwärts und der linke Fuß wird zum rechten herangesetzt, worauf die Schritte vom Anfange an wiederholt werden. Diese sechs Schritte werden immer benützt, nur bisweilen geändert durch kleine Sprünge." Dieser sechsteilige Tanzschritt heißt ↗Stigingarstev. Nach Grüner-Nielsen (siehe Literatur) benützt man auf Suduroy, besonders auf dem abgelegenen Sunnbö, die alte Tanzart des ↗Trokingarstev. Bei dieser Form steht während des Liedes der Kreis still oder geht kleine Schritte rückwärts und beim Kehrreim wieder vorwärts. Eine andere Variation ist der ↗Sandiadans (Tanz von Sandoy), bei dem man sich paarweise in Ketten ordnet und die Dame im Tanz wechselt. Der Tanz ↗Krengja geht auf ein deutsches Liederspiel zurück. Bei dem lebhaften ↗Bandadans, der identisch ist mit dem isländischen ↗Hringbrot, stehen die Frauen und Männer in zwei Reihen hintereinander, auf der einen Seite die Männer, auf der anderen die Frauen. Jedes Paar hält zwischen sich ein buntes Strumpfband. Beim Lied bleibt man auf der Stelle und tritt die üblichen Taktschritte, beim Kehrreim werden die Hände mit den Bändern hochgehoben und am Ende der Reihe beginnend, bückt man sich paarweise unter den Bändern durch, bis man aus der Reihe kommt. Das folgende Paar macht dasselbe bis zum Ende des Liedes. – Instrumentale Begleitung kennen die färöischen Tänze nicht. Die Tänze werden von Liedern begleitet, entweder von nationalen Tanzballaden (↗Kvad) oder dänischen Volksliedern, die von einem Tanzenden vorgesungen und im Kehrreim von allen Tanzenden mitgesungen werden. Bei den ernsten Kvad werden die Hände in Hüfthöhe gehalten, bei den lebhafteren Liedern in der Höhe der Schultern. Der Inhalt und die Stimmung der Lieder werden dabei durch mimische Bewegungen zum Ausdruck gebracht. Die färöischen Tanzlieder sind vielfach sehr lang, so daß auf einen Tanzabend sehr wenige kommen und selten dasselbe Lied während einer Tanzzeit zweimal verwendet wird. Die Tänze auf den Färöer sind niemals anstößig, so daß selbst Geistliche bis zum Anfang des 18. Jh. in ihrer Amtstracht an den Tanzunterhaltungen ihrer Gemeinde teilgenommen haben. Die vornehmste Tanzzeit ist vom Julfest bis zur Fastnacht. Da in diese Zeit die meisten Hochzeiten fallen, spielt der Tanz bei der Hochzeit eine besondere Rolle.

Lit.: *Debes, L.:* Faerooe et Faeroa reserata, Köbenhavn, 1673, S. 251. *Landt, J.:* Beskrivelse over faeröerne, Köbenhavn, 1800, S. 448 ff. *Berggreen, A. P.:* Danske Folkesange og Melodier, Bd. I, 1869. *Böhme, F. M.:* Geschichte d. Tanzes in Deutschland, 1886, S. 13 f., S. 230 ff. *Hammershaib, V. V.:* Faerösk Anthologi, Bd. I, 1891, S. 41 ff. *Thuren, H.:* Dans og Kvaddigtning paa Faerøne, 1901. *Thuren, H.:* Tanz, Dichtung u. Gesang auf d. Färöreern, in: Sammelbände d. Int. Musikgesellschaft, Jg. 3, 1901/02, S. 222 ff. *Patrursson, S.:* Nökur ord um hin föroyska dansin, 1908. *Thuren, H.:* Folkesangen paa Faerörne, 1908. *Thuren, H.-Grüner-Nielsen, H.:* Faeröske Melodier til Danske Kaempeviser, 1923. *Macmillan, W. E. F.:* Ballad Dances of Faeroe Isles, in: The Journal of the English Folk Dance Society, 1928, Sec. Series, nr. 2, S. 10 ff. *Grüner-Nielsen, H.:* Dans paa Faeröerne, in: Nordisk Kultur XXIV, 1933, S. 150 ff. *Sachs, C.:* Eine Weltgeschichte d. Tanzes, 1933, S. 168 ff. *Weinhold, K.:* Altnordisches Leben, 1938, S. 321. *Wolfram, R.:* Die Volkstänze in Österreich u. verwandte Tänze in Europa, 1951, S. 89 f.

Faha'iula. ↗Frauentanz aus Tonga, der gewöhnlich nach dem Sitztanz ↗Otuhaka, begleitet von Trommeln, Gesang und Klatschen, aufgeführt wird. Dieser Tanz, der hauptsächlich der Unterhaltung dient, wird von edlen Schönheiten der höheren Gesellschaft ausgeführt, welche die Anmut ihrer Hände zeigen. Eine besondere Charakteristik sind die graziösen Kopfbewegungen. (↗Naturvölker)

Lit.: *Dean, B.:* South Pacific Dance, 1978, S. 82.

Fahnentanz. Diesen ↗Zunfttanz aus dem 17./18. Jh. veranstalteten die Tuchmacher in

Nürnberg am Neujahrstag. Er bestand aus einem Stadtumzug und einem Tanz beim Rathaus der Nürnbergischen Vorstadt Wöhrd. Nach den Quellen wurden diese Tuchmacherumzüge in den Jahren 1652, 1688, 1707, 1722 und 1768 abgehalten.

Lit.: *Böhme, F. M.:* Geschichte d. Tanzes in Deutschland, 1868, S. 66. *Oetke, H.:* Der Fahnentanz, in: Volkstanz, 1975, H. 2, S. 25 ff.

Fahrbach. Wiener Musikerfamilie. Die Brüder Joseph, Friedrich, Anton und Philipp Fahrbach wirkten in Wien neben der Dynastie ↗Strauß als Tanzmusiker und Komponisten und haben sich um die Wiener ↗Tanzmusik des 19. Jh. große Verdienste erworben. **Joseph Fahrbach** (1804–1833) war Militärkapellmeister, Flöten- und Gitarrevirtuose, Flötist der Hofkapelle und des Theaters an der Wien. Sein Schaffen umfaßt alle Gattungen der Wiener Tanzmusik. **Friedrich Fahrbach** (1811–1867), Flötist in der Kapelle von Johann ↗Strauß Vater und Militärkapellmeister, wirkte in seinen letzten Lebensjahren als Musikdirektor der Società filarmonica zu Ala in Italien. **Anton Fahrbach** (1819–1887), Flötenvirtuose, spielte im Orchester von Johann Strauß Vater, später bei Joseph ↗Lanner und zuletzt im k. k. Hoftheater nächst der Burg. **Philipp Fahrbach** sen. (1815–1885) gilt als der bedeutendste der musizierenden Brüder. Seinen großen Zeitgenossen ↗Lanner und ↗Strauß war er ebenbürtig. Er begann seine Laufbahn als Flötist bei Strauß Vater. 1835 gründete er eine eigene Tanzkapelle, mit der er einige Zeit bei den Wiener Hofbällen spielte, 1841 wurde er Militärkapellmeister. Als Komponist bereicherte er die Wiener Tanzmusik mit zahlreichen Werken, vor allem Wiener ↗Walzern. Sein Sohn **Philipp jun.** (1843–1894) trat sein Erbe an und war bereits in jungen Jahren als Komponist und Kapellmeister weit über die Grenzen Österreichs hinaus bekannt. Mit seinen mehr als 500 Werken galt er zu seiner Zeit als einer der beliebtesten Tanzkomponisten, der im Ausland bald mehr beheimatet war als in Wien.

Lit.: *Philipp Fahrbach:* Alt Wiener Erinnerungen. Hrsg. v. Max Singer, Wien 1935. *Schneider, O.:* Die „Fahrbachs", in: Österreichische Musikzeitschrift, Jg. 22, 1967, H. 1, S. 29 ff.

Faigel, Eva Maria ↗Violette, Eva Maria.

Fairfield Fancy (Lustiger Kirchtagtanz). Nordamerikanischer Volkstanz, eine Form des ↗Squaredance. Je zwei Paare stehen einander gegenüber, das 1. Paar blickt in Tanzrichtung, das 2. Paar entgegengesetzt. Auf Grund seiner Figuren zeigt er deutlich seine Abstammung von den englischen ↗Country dances. (↗Nordamerikanischer Tanz)

Lit.: *Lager, H.:* Alte Tänze f. junge Leute, 1973, S. 43 f. *Palm, F.-Lander, H.:* Tänze aus Amerika, Bd. 2.

Falco, Louis. Amerikanischer Tänzer, ↗Choreograph und Ballettdirektor, geb. 2. August 1942 in New York. Er studierte an der Schule des ↗American Ballet Theatre, sowie bei M. ↗Graham, Ch. ↗Weidman und J. ↗Limón, bei dessen Kompanie er 1960 debütierte. 1968 gründete er eine eigene Gruppe, mit welcher er in den USA und in Europa auftrat.

Falla, Manuel de (eigentlich Falla y Matheu Manuel). Spanischer Komponist, geb. 23. November 1876 in Cádiz, gest. 14. November 1946 in Alta Gracia (Argentinien). Von ihm stammen die beiden Ballette „El amor brujo" (↗Liebeszauber, uraufgeführt 15. April 1915, Madrid) und „El sombrero de tres picos" (Der ↗Dreispitz, komponiert für ↗Diaghilew, uraufgeführt 22. Juli 1919, London).

Lit.: *Frend, J. B.:* Manuel de Falla and Spanish music, 1929. *Mila, Massimo:* Manuel de Falla, 1962.

Fallaidhe Luimnighe (Die Wälle von Limerick). ↗Irischer Volkstanz, ein Figurentanz im 2/4-Takt. Er wird von beliebig vielen Paaren ausgeführt, die in einer Kolonne Aufstellung nehmen. Je zwei Paare sind einander zugekehrt, jedes Paar ohne Handfassung. Mit diesem Tanz wird meistens ein Tanzabend eröffnet.

Lit: *Burchenal, E.:* National Dances of Ireland, 1924, S. 117 f. *Schmolke, A. – Langhans, H.:* Europäische Tänze, H. 2, 1955, S. 8 f.

Familienwalzer. Walzerform, die in Dänemark, aber auch in der Schweiz üblich ist. Alle Paare reichen sich die Hand zum großen Kreis. Unter viermaligem Beinschwenken wenden sich die Burschen abwechselnd der linken und der rechten Nachbarin zu, lösen dann die Fassung und tanzen mit der linken Tänzerin vier Takte Walzer, so daß sie dann auf der rechten Seite des Burschen steht, wenn sich nun alle wiederum zum Kreis fassen. Dies geht so fort, bis jeder durch das stete Vorrücken der Tänzerinnen mit jeder getanzt hat.

Lit.: *Wolfram, R.:* Die Volkstänze in Österreich u. verwandte Tänze in Europa, 1951, S. 148 f.

Famwitzeltanz. Alter süddeutscher ↗Volkstanz, der in Bayern zur Weihnachtszeit von der

Jugend um die Krippe getanzt wurde. Als Tanzmelodie diente das Lied „Joseph, lieber Joseph mein".

Lit.: *Seywald, G.:* Aus d. Geschichte d. altbayrischen Volkstanzes, in: Ostbairische Grenzmarken, Jg. 15, 1926, H. 10, S. 250.

Fancy Free. ↗Ballett in einem Akt von Jerome ↗Robbins, Musik von Leonard Bernstein. Die Uraufführung fand am 18. April 1944 im Ballet Theatre des Metropolitan Opera House, New York, in der ↗Choreographie von J. Robbins statt.

Lit.: *Mason, F.:* Balanchine's New Complete Stories of the Great Ballets, 1968. *Kirstein, L.:* Movement & Metaphor, 1970.

Fandango. Spanischer Volkstanz, ein „danza cantada", gesungener Tanz in mäßig raschem 3/4-Takt- oder 3/8-Takt. Aus der afrikanischen ↗Chica entwickelt, war er ursprünglich im 16. Jh. ein gemäßigter Tanz der Gesellschaft, ist aber später ins Volk übergegangen und wurde zu einem der beliebtesten spanischen Tänze. Sein Verbreitungsgebiet ist heute Mittel-und Südspanien. In den anderen Gegenden ist er seltener zu finden. Je nach Gegend wechselt auch sein Name, und zwar wird er auch als ↗Malaguena (Malaga), ↗Rondena (Ronda), ↗Muricana und ↗Granadina bezeichnet. Der Fandango ist ein ↗Paartanz, der von einem Tänzer und einer Tänzerin getanzt wird, die einander nicht berühren. Nur der Fandango Robao wird von einer Frau und mehreren Männern getanzt. Der Charakter des Tanzes ist leidenschaftlich und schildert bei sich stetig steigerndem Tanztempo die Werbungen des Tänzers um die Tänzerin, die seinen stürmischen Verfolgungen kokett entweicht, um sich schließlich ihnen zu ergeben. Da er oft auf anzügliche Art getanzt wurde, sollte er einst von kirchlicher Seite verboten werden. Die Singweise besteht aus fünf bis sechs Versen zu je acht Silben pro Strophe. Oft wird ein Vers besonders wiederholt oder auch ein Nachsatz angehängt. Mit getanzten und gespielten Strophen wechseln auch solche, die nur gesungen werden. Die Begleitung besteht aus Kastagnetten oder einer Trommel, Gitarre, Sackpfeife oder Schalmei. Der Fandango hat auch in die Kunstmusik Eingang gefunden, z. B. Ch. W. ↗Gluck, ↗„Don Juan", N. A. ↗Rimskij-Korsakow „Capriccio espagnol", I. Albeniz „Iberia". (↗Bambuco, ↗Zamacueca)

Lit.: *Anonym:* Der Fandango, in: Neue Zeitschrift f. Musik, 11. Bd. 1839, Nr. 41, S. 163 ff., Nr. 42, S. 167 f. *Becker, C. F.:* Zur Geschichte d. Fandango, in: Neue Zeitschrift f. Musik, 19. Bd., Nr. 28, 1843, S. 111 ff. *Czerwinski, A.:* Brevier d. Tanzkunst, 1879. *Becker, M. L.:* Der Tanz, 1901, S. 151. *Nettl, P.:* Musik u. Tanz bei Casanova, 1924, S. 119. *Nettl, P.:* Casanova u. d. Tanz seiner Zeit, in: Neue Musik-Zeitung, Jg. 48, 1927, H. 10, S. 201 ff. *Gallop, R.:* A Book of the Basques, 1930, S. 180 f. *Nettl, P.:* Mozart u. d. Tanz, 1960, S. 44 ff.

Fannikedans. ↗Dänischer Volkstanz, ein ↗Paartanz im 2/4-Takt.

Lit.: *Grüner-Nielsen, H.:* Folkelig Vals, 1920, S. 57 ff.

Farandole (la). ↗Französischer Volkstanz von der Mittelmeerküste, der schon im 14. Jh. genannt und heute noch getanzt wird. Sein Verbreitungsgebiet reicht von der Provence bis zum Rhonetal. Er ist ein ↗Kettentanz, seine Hauptfiguren sind Schlangenlinie und Spirale. Die Kette der Tanzenden wird von einem Tänzer angeführt. Burschen und Mädchen halten einander an den mit einem Taschentuch umwickelten Händen. Die Kette kann sich über mehrere 100 Meter hin entfalten. Die Teilnehmerzahl ist variabel, aber keinesfalls unter zehn Personen. Der Tanz steht in mäßig schnellem 6/8-Takt, der Charakter ist heiter. Die Musikbegleitung besteht für gewöhnlich aus dem „gaboulet", einer Einhandflöte, und einem Tamburin. Die Farandole hat auch in die Kunstmusik Eingang gefunden (G. Bizet: Suite „L' Arlésienne" Nr. 2). „La Farandole" heißt auch ein Ballett von ↗Dubois aus dem Jahre 1883. (↗Coquille)

Lit.: *Diouloufet:* Mémoires sur la danse candiote, farandole des Provençaux, Aix 1819. *Mathieu, A.:* La faranduolo, 1861. *Fischer, R.:* Farandole, Faranduole, über d. Ursprung dieses Tanzes, in: Vossische Zeitung, Nr. 41 v. 12. 10. 1873, Sonntagsbeilage. *Neukomm, E.:* La danse candiote et la Farandole, in: Le Ménestrel, Jg. 63, 1897, Nr. 32, S. 252 f. *Alford, V.:* The Farandole, in: Journal of the English Folk Dance Society, vol. I, Dez. 1932, S. 18 ff. *Arma, Edmée:* Entrez dans la danse, Paris 1943, S. 48 f. *Anonym:* Le Folklore, Paris 1945, S. 202. *Lawson, Joan:* European Folk Dance, London 1953, S. 156 f.

Farber, Viola. Amerikanische Tänzerin und ↗Choreographin, geb. 25. Februar 1931 in Heidelberg. Sie studierte bei M. ↗Craske, A. Corvino, K. Litz und M. ↗Cunningham. 1953–1965 war sie Mitglied der Gruppe von M. Cunningham. 1968 gründete sie eine eigene Ballettgruppe, für welche sie auch die meisten ihrer Choreographien schuf. Ihre Werke sind charakterisiert durch einen besonderen Sinn für Humor, der in den Bewegungen, Kostümen und Werktiteln zum Ausdruck kommt.

Farrell, Suzanne. Amerikanische Tänzerin, geb. 16. August 1945 in Cincinatti, Ohio. Sie studierte am Konservatorium für Musik in Cincinatti und an der Schule des ↗American Ballet. 1961 wurde sie Mitglied des ↗New York City Ballet, 1965 Solistin. 1969 verließ sie dieses Ensemble. Von 1970 bis 1974 war sie Mitglied von M. ↗Béjarts ↗Ballett des XX. Jahrhunderts. 1974 kehrte sie zum New York City Ballet zurück.

Lit.: *Sealy, R.:* Paul and Suzanne, in: Ballet Review, vol. 3, no. 1.

Farruca. Spanischer Volkstanz, ein ↗Zigeunertanz mit Gitarrenbegleitung aus Asturien von besonderer Leidenschaftlichkeit. Manuel de ↗Falla verwendet ihn in seinem ↗Ballett „Der ↗Dreispitz“. (↗Spanische Volkstänze)

Lit.: *Caballero Bonald, J. M.:* El baile Andaluz, Barcelona 1957.

Fašančare. ↗Schwerttanz aus Stranin in der Slowakei. Er wird von fünf Tänzern ausgeführt, die vom Gazda (einem verheirateten Mann) und einem Spielmann mit Dudelsack angeführt werden. Der Tanz der Fašančare geht auf die sagenhaften Räuber in den Wäldern des Berges Javořina zurück. Die Tänzer, mit roten Bändern geschmückt, tragen breite, rotbemalte Holzschwerter mit Messingringen, die bei jeder Bewegung klirren.

Lit.: *Wolfram, R.:* Schwerttanz u. Männerbund, S. 152 f.

Fastnachtstänze. Vom Mittelalter an war besonders die Fastnacht die Zeit der verschiedenen ↗Maskentänze. Alte dämonische Maskenaufzüge können als der Ursprung dieser Maskentänze während der Fastnacht angesehen werden. Aus vielen Quellen ist ersichtlich, daß am Ende des Mittelalters der Abschluß des Karnevals vor allem in den deutschen Städten der Auftakt für eine wahre ↗Tanzwut war. Im Laufe der Zeit haben sich daraus um etwa 1830 die heutigen Karnevalsfeste entwickelt. Zahllos sind die Faschingsbräuche, die durch Jahrhunderte hindurch üblich waren, und trotz ihrer großen Vielfältigkeit haben sie in Stadt und Land bis heute eines gemeinsam, es ist zu diesem Fest immer getanzt worden. (↗Achteltanz, ↗Fähnrichstanz, ↗Schönbartlaufen)

Lit.: *Görgl, J.:* Faschingsbrauchtum in Lichtenstadt, in: Unser Egerland, Jg. 10, 1906. *Fehrle, E.:* Ein Fastnachtausflug nach Langenthal, in: Zeitschrift Badische Heimat 1911, S. 54. *Fränkel, L.:* Auffrischung alter Fastnachtsfeiern in d. Rheinpfalz, in: Zeitschrift d. Vereins f. Volkskunde, Jg. 24, 1914, S. 199. *Sonner, R.:* Musik u. Tanz, 1930. *Sachs, C.:* Eine Weltgeschichte d. Tanzes, 1933. *Anger, W.:* Fastnachtsbrauchtum in Sachsen, in: Mitteilungen d. Blätter f. Volkskunde, 1938. *Dörrer, A.:* Tiroler Fastnacht innerhalb d. alpenländischen Winter- u. Vorfrühlingsbräuche, 1949. *Wolfram, R.:* Die Volkstänze in Österreich u. verwandte Tänze in Europa, 1951. *Oetke, H.:* Fastnachtstänze, in: Volkstanz, Vierteljahrsschrift d. deutschen Gesellschaft f. Volkstanz 1, 1981, S. 4 ff.

Faust. Seit der Entstehung des Faust-Stoffes und der 1. Ausgabe des Volksbuches vom Doktor Faust durch den Frankfurter Drucker Johannes Spies im Jahre 1587 (Historia von Dr. Fausten) und der bedeutenden dramatischen Behandlung durch den Engländer Christopher Marlowe hat der Gedanke, die Geschichte des Dr. Faust auch für die Tanzbühne zu bearbeiten, immer mehr Aufmerksamkeit gefunden. 1723 schuf John ↗Thurmond die ↗Pantomime „Harlequin Dr. Faustus“ für das Drury-Lane Theatre, London. 1723 brachte John ↗Rich die ↗Ballettpantomime „The Necromancer or the History of Dr. Faustus“ im Theater of Lincoln’s Inn Fields, London, zur Aufführung. 1731 fand die erste nachweisbare Aufführung einer Faustpantomime (Anonym) im Kärtnertortheater in Wien statt. 1832 choreographierte August ↗Bournonville ein Faust-Ballett für das ↗Königlich-Dänische Ballett in Kopenhagen mit der Musik von Ph. L. Keck. 1833 wurde ↗Deshayes’ Faust-Ballett mit der Musik von A. ↗Adam im King’s Theatre in London aufgeführt. 1835 schrieb Heinrich ↗Heine das Ballettlibretto „Der Dr.

Faust, eine getanzte Tragödie". Dieses Libretto hat zu Lebzeiten Heines weder einen Komponisten noch ↗Choreographen gefunden. Erst 1926 komponierte der tschechische Komponist František Škvor sein Faust-Ballett nach Heines Text und für W. ↗Egk bildete das Libretto die Grundlage für sein Ballett ↗„Abraxas". 1838 choreographierte Salvatore ↗Taglioni ein Faust-Ballett für das Real Teatro San Carlo in Neapel. 1848 choreographierte Jules ↗Perrot ein Faust-Ballett an der Mailänder Scala und tanzte selbst den Mephisto, Fanny ↗Elßler war die Margarethe. 1849 choreographierte Antonio ↗Cortesi ein Faust-Ballett im Teatro in Via della Pergola in Florenz. 1851 choreographierte Jules Perrot ein Faust-Ballett im Kärntnertortheater in Wien mit der Musik von M. J. Panizza, Costa und Bajetti. 1853 choreographierte Paul ↗Taglioni im Königlichen Opernhaus in Berlin das Ballett „Satanella oder Metamorphosen", welches auf Jacques Cazottes „Diable amoureux" basiert. 1854 inszenierte Jules Perrot ein Faust-Ballett in St. Petersburg mit Marius ↗Petipa. 1856 choreographierte Wenzel Reisinger das Ballett „Mephistophele" mit der Musik von M. Kredeler in Prag. 1895 fand die erste Aufführung eines Faust-Balletts im King's Theatre in London mit der Musik von M. Lutz und E. Ford statt. 1926 wurde im Nationaltheater in Prag ein Faust-Ballett mit der Musik von František Škvor nach dem Libretto von Heinrich Heine aufgeführt. 1941 bildete dasselbe Libretto auch die Grundlage für die Faust-Aufführung des Australian National Ballet mit der Musik von Henry Krips. 1948 wurde das Ballett „Abraxas" von Werner Egk in der Bayerischen Staatsoper in München uraufgeführt. 1964 inszenierte Maurice ↗Béjart „Fausts Verdammung" von H. Berlioz für die Opéra Paris. 1975 choreographierte Béjart das Ballett „Unser Faust" nach der Musik von J. S. ↗Bachs h-Moll-Messe in Brüssel.

Lit.: *Grün, K.:* Doktor Faust, ein Tanzpoem, in: Deutsches Museum, Zeitschrift f. Literatur, Kunst im öffentl. Leben, Jg. 9, Nr. 4, Leipzig 1859, S. 141 ff. *Diebler, A.:* Faust – eine Wagnerpantomime in England, in: Zeitschrift f. engl. Phil. Anglia, VII. Bd., Halle 1884, S. 341 ff. *Spielmann, M. H.:* Faust Ballet at the Empire Theatre, in: Magazin of Art, XIX, 5. Nov. 1895. *Walzel, O.:* Heines Tanzpoem d. Doktor Faust, Weimar 1917. *Stumme, G.:* Faust in Pantomime u. Ballett, Leipzig 1942. *Brasch, A.:* Getanzter Faust, in: Rheinischer Merkur, Nr. 24, 12. VI. 1948. *Enders, K.:* Heinrich Heines Faustdichtungen; d. Tanz als Deutungs- u. Gestaltungsmittel seelischer Erlebnisse, in: Zeitschrift f. deutsche Philologie, 74. Bd., 1955, S. 364 ff. *Niehaus, M.:* Himmel, Hölle u. Trikot, 1959, S. 49 ff., *Lillie, R.:* Der Faust auf d. Tanzbühne, Diss. Berlin, 1968.

Favier, Jean. Französischer Tänzer und ↗Choreograph. Er wirkte von 1769 bis 1783 in Venedig, wo er mehrere Ballette zu Opern schuf. Mit ↗Le Picq gemeinsam verfaßte er 1769 das Ballett ↗„Rinaldo".

Lit.: *Pellessier, L. G.:* Souvenirs du danseur Favier, Nancy 1897.

Fecioresca. ↗Rumänischer Volkstanz. Beide Arme vor dem Leib haltend, tanzen die Männer diesen Tanz, bei dem ruhige Schritte mit lebhaften Bewegungen und Sprüngen abwechseln.

Lit.: *Bucsan, A.:* Jocuri du Ardealul de sud, 1957, S. 34 ff. *Franzius, G.:* Tänzer u. Tänze in d. archaischen Vasenmalerei, Diss. Göttingen 1973, S. 164.

Fedder Mikkel. ↗Dänischer Volkstanz, der in Form und Melodie dem deutschen Volkstanz ↗Vetter Michel entspricht.

Lit.: *Thomsen, E.-Andersen, H.:* Folkedanse for Børn, 1923, S. 16 f. *Tolv Danske Folkedanse,* Auswahl aus Foreningen til Folkedanses Fremme, 1924, S. 10. *Madelung, M. M.-Lorenzen, P.:* Gamle Himmerlands-Danse, 1931, S. 27 f. *Wolfram, R.:* Die Volkstänze in Österreich u. verwandte Tänze in Europa, 1951, S. 161.

Federal. Dieser argentinische Volkstanz des 19. Jh. ist ein stilisiertes ↗Menuett. (↗Argentinischer Tanz)

Fedorowa, Alexandra. Russische Tänzerin und Lehrerin, geb. 1884, gest. 20. August 1972 in New York. Sie studierte an der Kaiserlichen Ballett-Akademie in St. Petersburg, schloß sich dem Marijinskij-Theater an und wurde 1906 1. Solistin. Sie heiratete Alexander Fokine, den Direktor des Troitzky-Theaters, an dem sie Primaballerina wurde. 1925 ging sie als ↗Ballettmeisterin an das Lettische Staatstheater in Riga. 1937 übersiedelte sie nach New York, wo sie bis 1965 an ihrer eigenen Ballettschule unterrichtete.

Lit.: *Hosko, M.:* Alexandra Fedorova, in: Dance Magazine, Mai 1971.

Feindt, Jürgen. Deutscher Tänzer, ↗Choreograph und Schauspieler, geb. 14. Januar 1935 in Halberstadt im Harz, gest. 9. September 1978 bei Schopfheim (Kreis Lörrach) beim Absturz eines Privatflugzeuges. Er studierte an der Godlewski-Schule in München und bei V. ↗Gsovsky und T. ↗Gsovsky. 1954 erhielt er ein Engagement am Staatstheater in Dresden. 1956 ging er nach Berlin, nahm dort Unterricht in Tanz und Akrobatik und trat an der Komischen Oper in Ost-Berlin als Solotänzer auf. Er wurde Mitglied von T. Gsovskys „Berliner Ballett", mit dem er jahrelang Europa bereiste. 1961 ging er für vier Jahre als 1. Solotänzer an die Deutsche Oper Berlin. Daneben choreographierte er für das Fernsehen und gastierte an vielen Theatern. Weitere Film- und Fernsehaufgaben folgten, so daß er 1974 bereits eine Erfolgsbilanz von 20 Spiel- und über 50 Fernsehfilmen aufzuweisen hatte. In seinen letzten Lebensjahren stellte er vor allem auch seine schauspielerischen Fähigkeiten unter Beweis.

Feistritzer Ländler. Eine in Niederösterreich übliche Ländlerform aus dem Wechselgebiet (Feistritz).

Lit.: *Zoder, R.:* Alt-österreichische Volkstänze, Teil II, Nr. 2, S. 4 ff.

Feld, Eliot. Amerikanischer Tänzer, ↗Choreograph und Ballettdirektor, geb. 1943 in Brooklyn, New York. Er studierte an der Schule des ↗American Ballet. Bereits mit elf Jahren trat er in der Titelrolle des Balletts „Der ↗Nußknakker" bei G. ↗Balanchine auf. Von 1963 bis 1970 tanzte er beim ↗American Ballet Theatre. 1969 gründete er seine eigene Gruppe, die ↗American Ballet Company, die bis ungefähr 1973 bestand. 1974 gründete er eine neue Kompanie, das Eliot Feld Ballet. Als Gastchoreograph wirkte er beim Royal Winnipeg Ballet, ↗London Festival Ballet u. a.

Lit.: *Siegel, M. B.:* Feld Re-Fielded, in: Dance Magazine, März 1974.

Fermé bedeutet im klassischen ↗Ballett eine geschlossene Position der Füße. (↗Ouvert)

Fêtes nannte man im 17. und 18. Jh. die in die Oper eingelegten Tanzstücke wie ↗Divertissements und Pastorales. Beispiele dafür sind: „Fêtes de l'Amour et de Bacchus" von ↗Quinault, Musik von J. B. ↗Lully, Paris 1672; die „Fêtes galantes", Musik von ↗Desmarets, 1698; die „Fêtes de Polymnie", von J. Ph. Rameau, 1745; die „Fêtes de l'Hymen et de l'Amour", von ↗Cahusac, Musik von J. Ph. ↗Rameau, 1747. Auch spätere französische ↗Ballette tragen noch oftmals die Bezeichnung Fêtes, besonders bei ↗Noverre, so z. B. die „Fêtes du Serail", 1758, „Fêtes persanes", 1762, auch sein erster großer Erfolg „Les Fêtes chineoises", 1749 in Paris, Foire St. Laurent.

Feuertänze. Die Tänze um das Feuer oder mit einem Feuer sind Reste uralter Kulthandlungen. Das Feuer hat im Glauben und Brauch der Völker immer eine besondere Rolle gespielt, daher findet man solche Feuertänze zu allen Zeiten und bei allen Völkern bis herauf in unsere Gegenwart in den verschiedensten Formen. (↗Johannistänze, ↗Nestinaritanz, ↗Sonnwendtanz)

Lit.: *Böhme, F. M.:* Geschichte d. Tanzes in Deutschland, 1886. *Wolfram, R.:* Die Volkstänze in Österreich u. verwandte Tänze in Europa, 1951. *Fischer, F. J.:* Kulttanz in Salzburg, in: Jahrbuch d. österreichischen Volksliedwerkes, Bd. 14, 1965, S. 87.

Feuervogel, Der (orig. russ. Titel: Žar-ptica; franz. L'Oiseau de feu). ↗Ballett in vier Szenen (zwei Bildern). Libretto nach einem russischen Volksmärchen von Michael ↗Fokine. Musik von Igor ↗Strawinsky, komponiert 1909/10. Uraufführung durch ↗Diaghilews ↗Ballets Russes im Théâtre National de l'Opera, Paris, am 25. Juni 1910. Das Libretto bedient sich der sehr alten russischen Märchen vom „Iwan Zarewitsch", vom „Feuervogel" und vom „Unsterblichen Kötschei". Die Darsteller der Uraufführung waren Tamara ↗Karsawina, Michael und Vera ↗Fokine und Enrico ↗Cecchetti.

Lit.: *Kirchmeyer, H.:* Strawinskys russische Ballette, Reclam.

Feuillet, Raoul-Auger. Französischer Tänzer und ↗Choreograph, geb. um 1660, gest. 1710. Er ist aus der ↗Académie Royale de danse in Paris hervorgegangen und war Schüler von ↗Beauchamp. Er wurde Mitglied der ↗Académie Royale de Danse und ist berühmt geworden durch seine bei Dezais in Paris 1699 veröffentlichte Schrift „Chorégraphie ou L'Art de décrire La Dance Par Caractères, Figures et Signes démonstratifs", in welcher er eine von ihm erfundene Tanznotation vorstellte. Diese Schrift erschien im Laufe der Zeit in vielen Auflagen (1701, 1712, 1713 mit Dezais, Reprint: Hildesheim 1979). 1717 erschien eine deutsche Übersetzung in ↗Tauberts „Tanzmeister", 1706 eine englische von John ↗Weaver und eine von P. Siris als „The Art of Dancing". Weitere Schriften von Feuillet sind: La Pavane des salons, Paris 1700; Le Passepied nouveau, 1700; La Triomphante, danse en chorégraphie, 1700; L'Allemande, 1701; Recueil de Dances contenant un tres grand nombres, des meillieurs Entrées de Ballet de Mr. Pecour, Paris 1704; Recueil de Contredances, Paris 1706.

Feulatere oder **Lou tré tzape.** ↗Geschicklichkeitstanz aus Wallis, Schweiz. Er entspricht dem österreichischen ↗Hüatltanz.

Lit.: *Wolfram, R.:* Die Volkstänze in Österreich u. verwandte Tänze in Europa, 1951, S. 172.

Fewkes, Jesse Walter. Amerikanischer Ethnologe, geb. 14. November 1850 in Newton, Mass., gest. 31. Mai 1930 in Forest Glen, Md., befaßte sich mit dem Tanz der Pueblo-Indianer. Er schrieb: Hopi Basket Dances, in: Journal of American Folk-Lore, vol. XII, 1899, No. XLV, S. 81 ff. Außerdem stammen von ihm Forschungsberichte im Journal of American Ethnology and Archaeology, Vol. I, II, 1891 und in American Anthropologist, vol. XI u. N. S. Vol. II.

Feyerltanz. Bäuerlicher ↗Volkstanz aus dem 16. Jh. Er wird erwähnt in der bayerischen Chronik des Aventinus aus dem Jahre 1530. Welcher Art dieser Tanz gewesen ist, kann weder aus den historischen Erwähnungen, noch aus dem Namen erschlossen werden.

Lit.: *Böhme, F. M.:* Geschichte d. Tanzes in Deutschland, 1886, S. 54.

Fidschi-Insulaner. Bei den Fidschi-Insulanern gibt es verschiedene Haupttypen von Tänzen, ↗Meke genannt. Die Bezeichnung beinhaltet den Meke wesi, Vakamololo, Meke-i-ula, Meke Iri und Meke-i-wau. Jede Landschaft, jeder Ort hat jedoch eigene Ausdrucksformen dieser Tänze. Meke Wesi, der Speertanz der Männer, ist im Ausdruck und Kostüm einer der exotischsten der Fidschitänze. Bei den ↗Vakamalolo-Tänzen, die entweder von Frauen oder Männern getanzt werden, entfalten die Frauen ein besonderes Spiel der Finger und Hände. Der ↗Kula, einer der hervorragendsten Mekes, wird nur von Frauen ausgeführt. Der Meke-i-wau wird von Männern mit mächtigen Kriegsbeilen getanzt. Der Meke Iri Dabe ist ein Tanz der Männer, die ihn sitzend mit Fächern ausführen. Der Meke Lilie wird von 16 Männern mit Fächern getanzt. Der ↗Seasea ist ein Frauentanz besonders nobler Art. Die Fidschi-Indianer tanzen den ↗Stocktanz ↗Ras Leela. Die etwa 6000 auf den Inseln lebenden Chinesen pflegen in ihren Tänzen ihre eigene Vergangenheit. (↗Naturvölker)

Lit.: *Rougier, E.:* Danses et jeux aux Fijs, in: Anthropos, Bd. 6, 1911, S. 466 ff. *Dean, B.:* South Pacific Dance, 1978, S. 16 ff.

Field, John (eigentlich John Greenfield). Britischer Tänzer und Ballettdirektor, geb. 22. Oktober 1921 in Doncaster. Nach seinem Studium bei Shelagh Elliott-Clarke und Edna Slocombe debütierte er 1938 beim Liverpool Ballet Club und schloß sich 1939 dem ↗Sadler's Wells Ballet an, wo er 1. Tänzer wurde. 1956 ernannte man ihn zum Direktor des Sadler's Wells Ballet und 1970 wurde er mit ↗Mac Millan Direktor des ↗Royal Ballet London. Von 1971 bis 1974 war er Ballettdirektor der Scala Mailand. 1975 ernannte man ihn zum künstlerischen Direktor der ↗Royal Academy of Dancing London. Sein weiterer künstlerischer Weg führte ihn 1979 als Nachfolger von Beryl ↗Grey zum Leiter des ↗London Festival Ballet.

Figaro. ↗Deutscher Volkstanz aus Norddeutschland. Er ist aus der ↗Allemande, dem „deutschen" Tanz entstanden und ist unter dem Namen ↗Tempête (↗Tampet) in Norddeutschland weit verbreitet. Die Ausführung ist in diesen Gegenden jedoch sehr verschieden. Seinen Namen verdankt er dem Tanzlied „Figaro, Figaro, wo geiht de Weg nah Gägelow?" Die Tanzmelodie steht im $^2/_4$- oder $^6/_8$-Takt, oft auch im Wechsel von geradem und ungeradem Takt. Der „Kolberger Figaro" aus Pommern ist ein Zweipaartanz im $^2/_4$-Takt. Auch in Norwegen gibt es einen Volkstanz mit dem Namen Figaro im $^3/_4$-Takt. Er gleicht in der Ausführung dem aus Norddeutschland.

Pommern

Lit.: *Schmolke, A.-Langhans, H.:* Europäische Tänze, H. 7, 1962, S. 18 f. *Goldschmidt, Ae.:* Handbuch d. deutschen Volkstanzes, 1967. *Janietz, E.-Schneider, R.-Peters, M.:* Volkstänze aus Mecklenburg, 1976. *Oetke, H.:* Volkstänze aus d. Lüneburger Heide, I, 1976.

Figaroaise war ein Tourentanz in der Art einer schnellen ↗Ecossaise im $^2/_4$-Takt.

Lit.: *Schubert, F. L.:* Die Tanzmusik, 1867, S. 47.

Figurenschottisch heißt eine volkstanzmäßige Abart des ↗Schottischen, wie sie in den skandinavischen Ländern üblich ist.

Lit.: *Wolfram, R.:* Die Volkstänze in Österreich u. verwandte Tänze in Europa, 1951.

Figurentanz. Dieser in Kärnten, der Steiermark und Tirol beliebte ↗österreichische Volkstanz wird nach einer Ländlerweise getanzt und daher auch oft fälschlich als Figurenländler bezeichnet. Der Figurentanz ist ein ↗Paartanz, wird aber auch in mancher Gegend als ↗Dreisteirer ausgeführt. In seinen Figuren mit den Bezeichnungen das Walzen, das Joch, das Nachsteigen, das Trutzen, das Busserl, das Fensterl usw. sind Liebe, Schmerz, Zuneigung, Frohsinn enthalten. Der Kärntner Figurentanz kennt mehr als 20 solcher verschiedener Figuren. (↗Gschlööfte, ↗Treffnertanz)

Lit.: *Daigl, J.:* Der steirische Figurentanz, 1919. *Koschier, F.:* Kärntner Figurentanz, in: Kärntner Bauern-Kalender 1957, S. 133 ff. *Koschier, F.:* Kärntner Volkstänze, 1963, S. 19 ff. *Horak, K.:* Tiroler Volkstänze, 1974.

Fille mal gardée, La oder Vain Précautions (Die schlecht gehütete Tochter oder Vergebliche Vorsicht). ↗Ballettpantomime in drei Bildern von J. ↗Dauberval, Musik Anonymus (Arrangement französischer Volksmusik), uraufgeführt am 1. Juli 1789 am Grand Théâtre Bordeaux. Der ursprüngliche Titel des Stückes lautete „Le Ballet de la Paille, ou Il n'est qu'un pas du mal au bien". Den heutigen Titel gab Dauberval seiner ↗Choreographie 1791 in London. ↗Viganò bearbeitete Daubervals Ballett, nannte es „Das unerzogene Mädchen" und brachte es 1794 in Wien zur Aufführung. J. P. ↗Aumer, ein Schüler Daubervals, brachte „La Fille mal gardée" 1828 an der Pariser Oper mit einer neuen Musik von L. J. F. Herold zur Aufführung. Die Choreographie Aumers blieb bis 1854 im Repertoire und war 1837 einer der größten Pariser Erfolge von F. ↗Elßler. P. ↗Taglioni choreographierte „La Fille mal gardée" 1864 in Berlin mit der Musik von P. ↗Hertel. Mit Hertels Musik wurde das Werk auch in Rußland, vom ↗American Ballet Theatre und vom Ballet des Marquis des ↗Cuevas aufgeführt. 1960 wurde in England „La Fille mal gardée" in der choreographischen Version F. ↗Ashtons mit der Musik von Herold für das ↗Royal Ballet zu einer Art Nationalballett. Diese Fassung setzte sich international durch.

Lit.: *Kirstein, L.:* „La Fille mal gardée", in: Movement & Metaphor, 1970.

Fingerlitanz. ↗Deutscher Volkstanz im 2/4-Takt aus dem Karpatenraum. Dieser ↗Paartanz im Kreis gehört zur Gruppe der ↗Klatschtänze und kommt unter den verschiedensten Namen und Formen in Mittel- und Nordeuropa vor. Die Tanzenden, im Stirnkreis zueinander stehend, stampfen, klatschen in die eigenen Hände, drohen mit dem rechten und linken Zeigefinger und drehen sich jeder einmal am Ort. (↗Sla naninka)

Banater Erzgebirge

Lit.: *Horak, K.:* Der Volkstanz in d. Batschka, in: Jahrbuch f. Volkslied u. Volkstanz, Bd. 1, 1939, S. 219. *Wolfram, R.:* Die Volkstänze in Österreich u. verwandte Tänze in Europa, 1951, S. 154 f. *Horak, K.:* Donauschwäbische Volkstänze, 1954. *Horak, K.:* Volkstänze aus d. Karpatenraum, Deutsche Volkstänze, H. 48/49, 1961.

Fingerlpolka. Name eines dem ↗Vogelsteller verwandten ↗deutschen Volkstanzes aus Niederbayern und den ehemals deutschen Sprachinseln Galiziens.

Fingerschottisch. Dieser ↗Volkstanz aus Niederdeutschland (Nord- und Ostsee zugelegene Länder) ist eine Art des ↗Schottischen. (↗Hakkenschottisch)

Lit.: *Au, H. v. d.:* Das Volkstanzgut im Rheinfränkischen, 1939, S. 122. *Goldschmidt, Ae.:* Handbuch d. deutschen Volkstanzes, 1967, S. 263.

Finnische Volkstänze. Viele ↗Volkstänze sind Ableitungen alter ↗Gesellschaftstänze, die über Schweden, Dänemark oder aus deutschen Häfen durch Seeleute nach Finnland kamen. Die Hauptgruppen bilden Formen des ↗Menuetts, der ↗Quadrille (Kadrilj), der ↗Polska und des ↗Walzers. Ein wesentlicher Unterschied zwischen den schwedisch-finnischen und rein finnischen Tänzen ist schwer festzustellen. Beide Bevölkerungsschichten tanzen vielfach die gleichen Tänze unter verschiedenen Namen. Die Tänze haben ihren Namen entweder nach Berufen, typischen Tanzstellungen und Tanzfassungen oder Ortsbezeichnungen. Das nahe Rußland hat auf das finnische Volkstanzgut keinen wesentlichen Einfluß auszuüben vermocht, wenn auch im Südosten des Landes bei den dort üblichen Tänzen einige Beinbewegungen vorkommen, die russischer Herkunft sein dürften, z. B. Beinspreitzen im Knicksitz und lebhaftes Kniebeugen zum Knicksitz. (↗Halihilja, ↗Kakkunassi, ↗Kinttupolka, ↗Kruuga, ↗Moster Sara Lisa, ↗Nikunakua, ↗Nyrkkipolka, ↗Palpankilli, ↗Pekardansen, ↗Ruha, ↗Säfbon, ↗Sappo, ↗Själaskuttan, ↗Skinnkompassen, ↗Skördedansen, ↗Stigare, ↗Taneli, ↗Tantoli, ↗Taputus, ↗Tippan, ↗Tribi Dansin)

Lit.: *Krohn, Ilmari: :* Suomen kansar sävelmiä, 1893. *Andersson, O.:* Svenska fackeldansen i Finland, 1909. *Burchenal, E.:* Folk Dances of Finland, 1915. *Collan, A.:* Der Volkstanz in Finnland, in: Die junge Nordmark, Jg. 3, 1926, Nr. 4/5, S. 108 ff. *Heikel, Y.:* Finlands svenska folkdiktning, Bd. 6, 1938. *Heikel, Y.:* Folksdansbeskrivningar, in: Publications of Svenska Litteratursällskapet i Finland, Vol. 268, 1938. *Väänenen, Jorma:* Beobachtungen über Verbreitung u. Art d. finnischen Volkswalzermelodien, in: Annales Academiae Scientiarum Fennicae, Ser. B, Tom. 55/3, Helsinki 1945. *Collan, A.-Heikel, Y.:* Dances of Finland, 1948. *Lawson, J.:* European Folk Dance, 1953, S. 201 ff. *Ala-Könni, Erkki:* Die Polska-Tänze in Finnland, Diss. Helsinki 1956.

Fiorette. Name eines Tanzschrittes bei ↗Caroso, der in mehreren Arten ausgeführt wurde. (↗Fleuret)

Lit.: *Sachs, C.:* Eine Weltgeschichte d. Tanzes, 1933, S. 271.

Firetur. ↗Dänischer Volkstanz aus Jütland. Er wird von zwei Paaren getanzt, die einander gegenüberstehen. Der Tanz besteht aus sechs Figuren, die Musik im 2/4-Takt aus zwei achttaktigen Teilen.

Lit.: *Lorenzen, P.-Jeppesen, J.:* Dances of Denmark, 1950, S. 33 ff. *Tolv Danske Folkedanse:* Auswahl aus: Foreningen til Folkedanses 1924, S. 12 f.

Firgamdray (Firgamtrei). Der Name wird in einem Gedicht des 13. Jh. erwähnt. Es dürfte sich dabei um einen höfischen Tanz oder einen Tanzschritt handeln. Eine nähere Bestimmung ist nicht möglich. Das Wort „trei" ist in den Tanznamen dieser Zeit oftmals zu finden, z. B. in ↗Treialtrei oder in dem von Neidhart erwähnten vermutlichen Tanzlied Treirôs.

Lit.: *Böhme, F. M.:* Geschichte d. Tanzes in Deutschland, 1886, S. 32.

Firlefanz. Schwäbischer ↗Volkstanz aus dem 16. Jh. Der vermutlich schnelle Tanz dürfte mit dem aus dem 12. Jh. von den schwäbischen Minnesängern erwähnten ↗Firlefei oder auch Firlei und ↗Virlei identisch sein. 1664 heißt ein ↗Tanzlehrer „Meister Firlefanz".

M. Franck, Musikal. Grillenvertreiber 1662

Lit.: *Böhme, F. M.:* Geschichte d. Tanzes in Deutschland, 1886, S. 55. *Wolfram, R.:* Die Volkstänze in Österreich u. verwandte Tänze in Europa, 1951, S. 141. *Wiora, W.-Salmen, W.:* Die Tanzmusik im deutschen Mittelalter, in: Zeitschrift f. Volkskunde, Jg. 50, 1953, H. 3/4, S. 164 ff.

Firlefei, Firlei. Namen für schwäbische ↗Bauerntänze, die von den schwäbischen Minnesängern des 12. Jh. öfters erwähnt werden. So wie beim ↗Firlefanz handelt es sich auch bei diesen Tänzen um schnelle, lustige ↗Volkstänze. (↗Virlei)

Lit.: *Böhme, F. M.:* Geschichte d. Tanzes in Deutschland, 1886, S. 55.

Fischinger Tanz. Dieser alte pantomimische Tanz aus dem Allgäu (Schwaben) wird von einem Burschen und einem Mädchen ausgeführt und stellt eine Liebesgeschichte dar. Das Paar steht sich etwa drei Schritte voneinander entfernt gegenüber. Vor jeder Tanzfigur schlagen sich der Bursche und das Mädchen auf ihre Hüften und dann wieder klatschend in die Hände. Die Zuschauer singen dazu ein Tanzlied. Der Tanz ähnelt dem österreichischen Volkstanz ↗„Drei lederne Strümpf". Das Gebärdenspiel reicht von der Annäherung, Begrüßung, Ermahnung zur Treue, Warnung, Drohung, Huldigung bis zur Bedankung.

Weckerlin II, Nr. 10

Lit.: *Erk-Böhme:* Deutscher Liederhort, Bd. II, Nr. 1022. *Böhme, F. M.:* Geschichte d. Tanzes in Deutschland, 1886. *Sonner, R.:* Musik u. Tanz, 1930, S. 14. *Wolfram, R.:* Die Volkstänze in Österreich u. verwandte Tänze in Europa, 1951, S. 164.

Fish-walk. ↗Gesellschaftstanz, der vor 1914 sehr beliebt war. Er stellte eine von dem Engländer Vernon Castle (Blyth) in New York geschaffene Form des ↗Onestep dar. Der Tanz wurde nicht gegangen, sondern gehüpft. Die Partner trennten sich häufig, sie standen vor-, neben- und hintereinander.

Lit.: *Pollak, H.:* Die Revolution d. Gesellschaftstanzes, 1922, S. 10 u. 81. *Günther, H.-Schäfer, H.:* Vom Schamanentanz zur Rumba, 1959, S. 254 f.

Fissouni. Neugriechischer Volkstanz aus Epiros. Der Tanz, benannt nach einem Meereswind, wird nur von Mädchen ausgeführt. Die Aufstellung erfolgt im Halbkreis, die Handfassung schulterhoch bei gebeugten Armen. Die zwei Schrittfolgen des Tanzes, jede mit zweimal fünf Schritten, werden laufend und federnd ausgeführt. (↗Griechischer Tanz)

Lit.: *Schmolke-Langhans:* Europäische Tänze, H. 8, 1964, S. 18 f.

Fitscheben (Trippelschottisch). ↗Deutscher Volkstanz aus der Altmark, dem westlich der Elbe gelegenen Teil von Sachsen-Anhalt. Der Tanz im 2/4-Takt wird von beliebig vielen

Paaren, die in gewöhnlicher Fassung auf der Kreislinie in Tanzrichtung Aufstellung nehmen, ausgeführt. Die charakteristischen Bewegungen sind die in rascher Folge wechselnden schwungvollen, federnden Schritte mit flächigem Gleiten und kraftvollen Wechselschritten.

Lit.: *Janietz, E.:* Volkstänze aus d. Altmark, Volkstänze f. Volkstanzgruppen, Bd. IV, s. a.

Fivestep. Der Fünfschritt war eine besondere Form des ↗Gesellschaftstanzes in der Zeit um 1920. Er kam aus England. Eine eigene Art war der sogenannte ↗Irregulär aus der Wiener Operette „Hoheit Franzl" von Ernst Steffan.

Flachstanz, auch **Haartanz** hieß ein ländliches Fest im Innkreis, Oberösterreich, das zur Zeit der Flachsernte als lustiges Tanzspiel zwischen einem Burschen und einigen Mädchen aufgeführt wurde. Der Flachstanz ist aber auch ein besonderer Tanzbrauch im Gebiet des Odenwaldes, Deutschland, wo er vor der Aussaat in der Fastnacht ausgeführt wird. Er wird dort auch Hanftanz genannt. (↗Ljanok, ↗Gars de Locminê)

Lit.: *Böhme, F. M.:* Geschichte d. Tanzes in Deutschland, 1886, S. 169 f. *Au, H. v. d.:* Der Volkstanz im Odenwald, in: Unter d. Dorflinde im Odenwald, Jg. 25, 1939, S. 41. *Au, H. v. d.:* Das Volkstanzgut im Rheinfränkischen, Gießener Beiträge zur deutschen Philologie, Bd. 70, 1939, S. 19.

Flamenco werden die südspanischen (andalusischen) volkstümlichen Gesänge und Tänze benannt. Der Ursprung des Flamenco ist nicht einheitlich erforscht, jedenfalls sind maurisch-arabische Elemente und Einflüsse der Zigeuner Andalusiens vorhanden. Verbreitet wurde der Flamenco-Stil ab dem 19. Jh. vor allem von den Zigeunern Andalusiens und Altkastiliens. Anfangs wurden die Flamenco-Tänze zu Gesängen ausgeführt, später trat die Gitarre hinzu. Die Sänger und Gitarrespieler gruppieren sich dabei um eine Tänzerin. Man unterscheidet zwei Stilarten des Flamenco: 1. Cante jondo oder Cante grande, 2. Cante chico. Der **Cante jondo** ist sehr kontrastreich im Ausdruck, dramatisch, frei in der Stimmführung und wechselnd in der Rhythmik. Unterarten sind: Seguiriyas, ↗Canas, ↗Polos, ↗Soleares und Martinetes. Der **Cante chico** ist der einfache, schlichte, mehr landläufige Stil. Unterarten sind: ↗Bulerias, Solearillas, ↗Alegrias, ↗Sevillanas, Fandangillos und ↗Tangos. Der Flamenco-Stil hat auch in die Kunstmusik Eingang gefunden, vor allem durch die spanischen Komponisten Albeniz und Manuel de ↗Falla. (↗Spanischer Tanz)

Flamenco aus Cantos Españoles von E. Ocon

Lit.: *Auievreux, Louis:* Art Flamenco, Bruxelles 1954. *Lafuente, R.:* Los Gitanos, el Flamenco y los Flamencos, Barcelona 1955. *Pohren, D. E.:* The Art of Flamenco, 1962. *Molina, R.-Mairena, A.:* Mundo y Formas del Cante Flamenco, in: Revista de Occidente, Madrid 1963. *Udaeta, J. de:* Flamenco, Köln 1964. *Zacharias, G.:* Susanna y José, 1970. *Claramunt, A. P.:* El Arte del Baile Flamenco, Barcelona 1977. *Brandel, R.:* Rhythmus of Flamenco: Siguiriyas and Soleares, in: Orbis Musicae, 1978, No. 6, S. 5 ff. *Papenbrok, M.:* „Cruauté d'être" and „Pena andaluza". Zur Affinität des „théâtre de la cruaute" mit d. Kunst d. Flamenco, Diss. Marburg/L., 1979. *Martin, D.:* Notes sur Flamenco, in: Revue Musicale de Suisse romande, 34e année, No. 3, Juillet 1981, S. 182 ff.

Flechtentanz. ↗Österreichischer Volkstanz aus dem oberen Lavanttal in Kärnten. Er ist ein sogenannter ↗Kettentanz. Die Tanzpaare stehen einander gegenüber, die Hände gefaßt. Das erste Tänzerpaar bildet durch Hochhalten der gefaßten Hände ein Tor, durch welches der Vortänzer alle Mittanzenden durchführt. Die Musik steht im 2/4-Takt.

Lit.: *Wolfram, R.:* Die Volkstänze in Österreich u. verwandte Tänze in Europa, 1951, S. 88. *Koschier, F.:* Kärntner Volkstänze, Teil I, 1963, S. 39.

Fletztanz. Dieser alte bayrische ↗Hochzeitstanz wurde zum Abschluß einer Hochzeitsfeier an der Haustüre, dem sogenannten „Fletz", von dem Wirt und der Wirtin mit der Braut und dem

Bräutigam getanzt. Der Wirt wurde beim Tanz auch manchmal durch den Hochzeitslader vertreten.

Lit.: *Böhme, F. M.:* Geschichte d. Tanzes in Deutschland, 1886, S. 192.

Fleuret (auch ↗ Fioretto, Floreo). Name eines alten Tanzschrittes. Der Fioretto semplice bezeichnet einen Beugeschritt mit zwei anschließenden Spitzenschritten, der Fioretto iscacciato einen Beugeschritt mit Wechselschritt, der Fioretto in gittato einen Beugeschritt mit zwei Einzelschritten. Die Bewegung kann vor-, rück- und seitwärts verlaufen. Auch der Pas de bourrée wurde so bezeichnet. (↗Pas)

Lit.: *Sachs, C.:* Eine Weltgeschichte d. Tanzes, 1933, S. 271.

Fleurette (la). ↗ Französischer Volkstanz im 2/4-Takt, ein ↗ Paartanz, bei dem der Tänzer hinter der Tänzerin steht. Die Arme sind seitwärts ausgestreckt. Der Tänzer hält die Hände seiner Tänzerin.

L.-P. Bouquet

Lit.: *Anonym:* Le Folklore, 1945, S. 167 f.

Flic-flac. Bezeichnung einer Bewegung im klassischen Tanz. Der Fuß wird schleifend am Boden vor und zurück verkürzt geschlagen und wieder seit geführt. Flic-flac en tournant heißt die gleiche Bewegung während einer Drehung.

Lit.: *Raab, R.:* Lexidion f. d. Ballett, s. a. *Waganowa, A. J.:* Die Grundlagen d. klassischen Tanzes, 1954, S. 79 f.

Flick und Flock. Komisches ↗ Ballett in drei Akten und sechs Szenen von Paul ↗ Taglioni, Musik von Peter Ludwig ↗ Hertel. Es wurde am 20. September 1858 am königlichen Opernhaus in Berlin uraufgeführt. Die Geschichte der zwei Freunde, welche die unwahrscheinlichsten magischen Abenteuer erleben, war ein außergewöhnlich erfolgreiches Stück, welches bis 1885 in Berlin 419mal gegeben wurde. Weitere Aufführungen folgten 1862 in Mailand und 1865 in Wien, wo es sich 30 Jahre hindurch im Spielplan gehalten hat.

Lit.: *Beaumont, C. W.:* Flick u. Flock, in: Complete Book of Ballets, London 1952.

Flindt, Flemming. Dänischer Tänzer, ↗Choreograph und Ballettdirektor, geb. 30 Juni 1936 in Kopenhagen. Er studierte an der Schule des ↗Königlich-Dänischen Balletts und schloß sich 1955 diesem Ballett an. 1957 wurde er Solotänzer. Als Gast tanzte er beim ↗London Festival Ballet, an der Pariser Oper und beim ↗Royal Ballet London. Nach seiner Rückkehr nach Kopenhagen wurde er 1966 Direktor des Königlich-Dänischen Balletts, für welches er auch Choreographien schuf. Außerdem choreographierte er für das dänische Fernsehen und für die Metropolitan Opera New York. Seit 1981 ist er Ballettdirektor des Dallas Civic Theatre (Texas). Seine Gattin ist die dänische Tänzerin **Vivi Flindt,** geb. Gelker, geb. 22. Februar 1943 in Kopenhagen. Sie trat vor allem in den Balletten ihres Gatten auf.

Lit.: *Aschengreen, E.:* Flemming Flindt, in: Les Saisons de la danse, Dezember 1970.

Flisak-Oryl. Polnischer Volkstanz, eine Abart der ↗ Polka. Er bringt in der Art eines Matrosentanzes die Bewegungen des Schiffers in parodistischer Form zum Ausdruck. Der Tanz im 2/4-Takt besteht aus zwei Teilen zu je acht Takten. (↗Polnische Volkstänze)

Lit.: *Starczewski, F.:* Die polnischen Tänze, in: Sammelbände d. Int. Musikgesellschaft, Jg. 2, 1900/01, S. 637 ff. *Laufer, R.:* Der polnische Tanz u. sein Eindringen in d. Kunstmusik, Diss. Wien 1934, S. 24.

Flößertanz. ↗ Deutscher Volkstanz, eine bayrische Form des österreichischen Volkstanzes ↗„Drei lederne Strümpf".

Lit.: *Wolfram, R.:* Die Volkstänze in Österreich u. verwandte Tänze in Europa, 1951, S. 164.

Flohbeutler (auch Flohschüttler) ist ein ↗österreichischer Volkstanz, der vor allem in der Steiermark üblich ist. Seiner Tanzform nach handelt es sich um eine der ↗Mazurka ähnliche Ländlerform.

Lit.: *Lager, H.:* Zwei Volkstänze aus d. niederösterr. Waldviertel, in: Das deutsche Volkslied, Jg. 40, 1938, H. 1/2, S. 37 ff. *Novak, A.:* Steirische Tänze, 1949, S. 70 f. *Wolfram, R.:* Die Volkstänze in Österreich u. verwandte Tänze in Europa, 1951, S. 156.

Floral Dance of the Mayos and Mayas. Dieser ↗ Reiftanz der Kantabrer, der Bewohner des

Küstengebirges Nordspaniens, wird bei Hochzeitsfeiern getanzt. Ein Paar mit weißen Reifen stellt das Hochzeitspaar dar. Die anderen Paare tragen farbige Reifen. Den Kern des Tanzes bilden Contratanzfiguren wie Mühle u. s. w. Das Ende ist meist eine ↗Promenade unter doppelten Reifen, wobei jeder einen Griff vom Bogen des Partners nimmt. Mayos und Mayas sind die jungen Burschen und Mädchen.

Lit.: *Wolfram, R.:* Schwerttanz u. Männerbund, S. 71. *Alford, V.-Gallop, R.:* The traditional Dance, London 1935, S. 41 f.

Flore et Zéphire. Die Geschichte von Flora, der Göttin der Blumen, und Zephyr, dem Gott des milden Westwindes, bildete oftmals die Grundlage für Ballette: 1759 von G. ↗Angiolini, Wien; 1765 „Zefire e Flora" von G. Fabiani, Venedig; 1796 von Ch. ↗Didelot, Ballett-Divertissement, Musik von C. Bossi, Uraufführung 7. Juli 1796 am King's Theatre London; 1796 „Zephyr und Flora", Musik von P. ↗Wranitzky, Wien; 1808 „Zephyr und Flora", Musik von C. Cavos; 1814 „Zephyr und Flora" von K. Neuner; 1925 „Zéphire et Flora" von L. ↗Massine, Libretto von B. ↗Kochno, Musik von W. Dukelsky, Uraufführung 28. April 1925 durch ↗Diaghilews ↗Balletts Russes de Monte Carlo, eine moderne Version von Didelots „Flore et Zéphire" aus dem Jahre 1796.

Floricicá. ↗Rumänischer Volkstanz des Männerbundes der Calusarii. Der Tanz spielte bei der Krankenheilung eine besondere Rolle. Der Kranke wurde zur Heilung umtanzt, dabei steigerten sich die Tänzer in solche Ekstase, daß sie wie geistesabwesend erschienen.

Lit.: *Wolfram, R.:* Altersklassen u. Männerbünde in Rumänien, 1934, S. 124 ff.

Flueler, Anton. Schweizer Tänzer, geb. 24. September 1898 in Stans, gest. 21. Oktober 1960. Dieser vielseitig begabte Künstler (Innenarchitekt, Renovator, Maler, Graphiker, Ausstatter) wurde von Max ↗Terpis entdeckt und ließ sich auf dessen Anraten bei Berte ↗Trümpy und Vera ↗Skoronel zum Tänzer ausbilden. Er tanzte in Deutschland (Hannover, Essen, Königsberg) und in der Schweiz (Luzern).

Lit.: *Wyrsch, J.-Matt, H. v.:* Anton Flueler 1898–1960, in: Neujahrsgabe d. Kunstgesellschaft Luzern 1961.

Flyvgal. ↗Dänischer Volkstanz im 3/4-Takt, ein ↗Paartanz, bei dem die Paare mit gewöhnlicher Handhaltung Aufstellung nehmen.

Lit.: *Krogh, I. C.:* Gamle Salling-Danse, 1932, S. 18 f.

Fochler, Gerti. Österreichische Tänzerin, geb. 12. Oktober 1912 in Wien. Nach privatem Tanzunterricht ab dem 8. Lebensjahr studierte sie an der Akademie für Musik und darstellende Kunst in Wien. 1928 schloß sie dieses Studium mit Auszeichnung ab. Bereits während ihrer Studienzeit wirkte sie bei Tanzvorführungen an allen großen Bühnen mit. An den Meisterstätten für Tanz, Berlin besuchte sie einen Kurs bei Harald ↗Kreutzberg. Nach der Lehramtsprüfung für künstlerischen Tanz errichtete sie eine eigene Kunsttanzschule für Kinder. Es war die erste Schule solcher Art in Wien. Mit ihrem Kinderballett wirkte sie bei vielen öffentlichen Veranstaltungen mit.

Fodéba, Keita. Afrikanischer Ethnologe, Musikwissenschaftler und ↗Choreograph, geb. in Guinea. Er wurde berühmt durch sein Negerballett Les ↗Ballets Africains de la Republique de Guinée. Mit dieser Tanzgruppe machte er auf Tourneen die Welt mit echtem afrikanischem Volkstum bekannt. Dieses Ballett verwendet bei den Darbietungen Masken und Kostüme, wie sie heute noch überall in den Negerdörfern benützt werden.

Lit.: *Huet, M.-Fodéba, K.:* Les Hommes de la danse, Lausanne 1954. *Fodéba, K.:* La danse africaine et la scéne, in: Présence Africaine 14/15, Juni-Sept. 1957, S. 202 ff. *Fodéba, K.:* Les Ballets Africains, Paris (um) 1959.

Fogliazzi, Maria Theresia. Italienische Tänzerin, geb. 1733, gest. 31. Oktober 1792 in Cormanno. Sie war die Gattin von Gasparo ↗Angiolini. Sie gastierte bereits 1754 in Wien und folgte 1757 ihrem Gatten dorthin nach. 1759 trat sie von der Bühne ab. Die Söhne Pietro, Niccolo und Pasquale wurden angesehene Tänzer und ↗Choreographen.

Fokine, Michail Michajlowitsch (im Westen nannte er sich Michael Fokin). Russischer Tänzer und ↗Choreograph, geb. 25. April 1880 in St. Petersburg, gest. 22. August 1942 in New York. 1898 schloß er sein Tanzstudium an der kaiserl. Ballett-Akademie ab und wurde Mitglied des Marijinskij-Theaters, 1904 1. Solist. 1902 begann er zu unterrichten. Seine erste Choreographie war ↗„Acis und Galathea" im Jahre 1905, im Jahre 1907 folgte der „Sterbende Schwan" für Anna Pawlowa (La ↗Mort du Cygne). Von ↗Diaghilew wurde er für die ↗Ballets Russes engagiert, für welche er ab 1908 mehrere Choreographien schuf. Nachdem er Diaghilew verlassen hatte, wirkte er als freischaffender Choreograph. 1911 choreographierte er für ↗Nijinsky die Ballettszene „Der ↗Geist der Rose“. Nach 1918 kehrte er nicht mehr nach Rußland zurück. Ab 1923 lebte er in New York, unternahm von dort aus Welttourneen und choreographierte viele seiner zahlreichen Meisterschöpfungen für andere Ballettgruppen. Fokine gilt als einer der genialsten Choreographen, der mit seinen Schöpfungen nicht nur das russische Ballett wesentlich beeinflußt hat, sondern für die Entwicklung des gesamten modernen Balletts von großer Bedeutung war. Auf seiner Arbeit beruht das Wirken vieler späterer Choreographen. Er war verheiratet mit der Tänzerin Vera Antonowa. Beider Sohn Vitale ist Ballettlehrer in New York und dessen Tochter Isabelle Fokine Tänzerin beim Pittsburgh-Ballett. Von M. Fokine stammen die “Memoirs of a Ballet Master“, Boston 1961 (deutsch: Gegen den Strom. Erinnerung eines Ballettmeisters, Berlin 1974).

Lit.: *Kirstein, L.:* Fokine, London 1934. *Beaumont, C. W.:* Michel Fokine and his Ballets, London 1935; Complete Documentation in: Les Saisons de la danse, Februar 1973. *Skeaping, M.:* Fokine in Sweden, in: Dance and Dancers, Mai 1957.

Folia (la). Alter portugiesischer Tanz im Tripeltakt von ursprünglich sehr raschem Tempo. Er wurde bereits 1577 in einem Traktat von Abbate Franciscus Salinas und um 1600 von Cervantes erwähnt. Die Folia gehört als Tanz in die Gruppe der Fruchtbarkeitszeremonien. Die Spanier haben den Tanz übernommen. Die Folies d’Espagne wurden von den Spaniern nach sarabandeähnlichen Dreivierteltaktmelodien sehr leidenschaftlich getanzt. Von Spanien kam der Tanz nach Frankreich, wo er auch als Theatertanz in einer ↗Choreographie nach ↗Feuillet erscheint. Als ↗Gesellschaftstanz gab es für die Folia keine besonderen Schrittregeln, die Ausführung wurde dem Temperament des einzelnen Tänzers überlassen. In der praktischen Musik des 17. und 18. Jh. ist die Folia sehr zahlreich vertreten. Besonders bekannt ist die Folia von A. Corelli. La Folia wurde auch eine Nummer der ↗Roßballette bezeichnet.

Folie d’Espagne 17.–18. Jh.

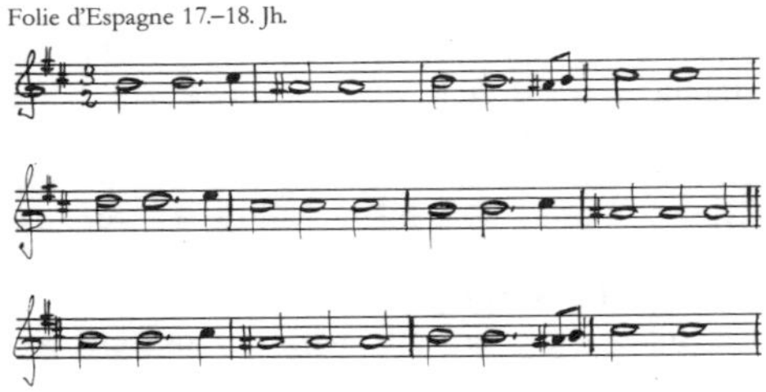

Arcangelo Corelli 1653–1713

Lit.: *Niecks, F.:* Les folies d’Espagne: a Study, in: The Musical Times, vol. 29, 1888, Nr. 550, S. 717 ff. *Ecorcheville, J. A.:* La Folia, in: Revue Musicale X, 1915. *Moser, A.:* Zur Genesis d. Folies d’Espagne, in: Archiv f. Musikwissenschaft, Jg. 1, 1918/19, H. 3, S. 358 ff. *Nettl, P.:* Zwei spanische Ostinatothemen, in: Zeitschrift f. Musikwissenschaft, Jg. 1, 1919, H. 11, S. 694 ff. *Nettl, P.:* Die Wiener Tanzkomposition in d. 2. Hälfte d. 17. Jh., in: Studien z. Musikwissenschaft, H. 8, 1921, S. 95. *Sachs, C.:* Eine Weltgeschichte d. Tanzes, 1933. *Gombosi, O.:* Italia: patria del basso ostinato, in: La Rassegna Musciale, Bd. 7, 1934, H. 1, S. 14 ff. *Gombosi, O.:* Zur Frühgeschichte d. Folia, in: Acta Musicologia, vol. 8, 1936, Fasc. 3/4, S. 119 ff. *Gombosi, O.:* The Cultural and Folklorista Background of the Folia, in: Papers of the American Musicological Society 1940, S. 88 ff. *Ward, John:* The Folia, in: Kongreß-Bericht Utrecht, 1952, S. 415 ff.

Folkevisedans. ↗Dänischer Volkstanz, ein alter reigenartiger Volkstanz mit Gesang. (↗Folkvisedans)

Lit.: *Sachs, C.:* Eine Weltgeschichte d. Tanzes, 1933, S. 178.

Folkvisedans. Schwedische Form eines ↗Leich, die zu Gesang und Tanz noch die dramatische Darstellung einbezieht. Der Inhalt des Folkvisedans ist meist der Sagen- und Mythenwelt entnommen. (↗Schwedischer Volkstanz, ↗Folkevisedans)

Lit.: *Mallander, I.:* Lärbok i folkvisedans, 1935.

Folkwang-Ballett Essen (Folkwang-Schule). 1927 in Essen von Kurt ↗Jooss gegründet, ging aus ihm 1928 das Folkwang-Tanztheater-Studio hervor, geführt von ↗Leeder, Siimola, ↗Cohen, Kahl und Jooss. Dieses Studio, 1929 wieder geschlossen, wurde ein Teil des Opernhauses Essen und bekam später den Namen Folkwang-Tanzbühne. Als solche war sie bis 1933 eine wichtige Stütze des modernen deutschen ↗Balletts. Viele von Kurt Jooss choreographierte Ballette wurden dort aufgeführt. Einer der Höhpunkte war „Der ↗grüne Tisch“ von Kurt Jooss (1932). Im Jahre 1933 emigrierte Jooss mit seiner Truppe und setzte sein Werk als Jooss-Ballett in Dartington fort. 1949 kehrte Jooss nach Essen zurück und begann das Folkwang-Tanztheater wieder aufzubauen, welches dann bis zu seiner Auflösung 1953 verschiedene Tourneen unternahm. In der Saison 1963/64 erstand das Folkwang-Tanztheater wieder in der Form einer Meisterklasse der Studenten der Folkwang-Schule.

Lit.: *Coton, A. V.:* The New Ballet, London 1946.

Fondu bedeutet im klassischen ↗Ballett das Biegen des Standbeines, während das Arbeitsbein in einer Pose ist. (↗Plié)

Lit.: *Raab, R.:* Lexidion f. d. Ballett, s. a.

Fonteyn, Margot (D. B. E. = Dame of the British Empire). Britische Tänzerin, geb. 18. Mai 1919 in Reigate, Geburtsname Margaret (Peggy) Hookham. Ihre Kindheit verbrachte sie in Schanghai, wo sie auch bei dem Exilrussen G. ↗Gontscharow ihren ersten Tanzunterricht erhielt. Als ihre Eltern 1933 nach England zurückkehrten, trat sie in die Sadler's Wells Ballet School ein. Ihre wichtigsten Lehrer waren Serafine ↗Astafjewa, Nicolas ↗Legat und Vera ↗Volkova. Sie debütierte 1934 als eine der „Schneeflocken" in ↗Tschaikowskys ↗„Nußknacker" bei einer Produktion des ↗Vic-Wells Ballet. Ninette de ↗Valois gab ihr auf Grund ihrer besonderen Begabung im selben Jahr eine Solorolle und ein Jahr später bereits den klassischen Part in ↗Strawinskys ↗„Kuß der Fee". Drei Wochen darauf tanzte sie bereits die Odette in ↗„Schwanensee". In den folgenden Jahren tanzte sie als Nachfolgerin von Alicia ↗Markova die meisten klassischen Rollen in den Aufführungen des ↗Sadler's Wells Ballet und später des ↗Royal Ballet. Für ihre Entwicklung als Tänzerin war besonders die Zusammenarbeit mit Frederic ↗Ashton bedeutsam, der viele ↗Choreographien für sie geschaffen hat. Im Jahre 1959 schied Margot Fonteyn aus dem Verband des Royal Ballet aus, wirkte jedoch weiter als Gastballerina. Sie gilt heute als eine der größten ↗Ballerinen des Westens. Die Universitäten von Leeds und von London ernannten sie zum Ehrendoktor, und 1957 erhob sie die Königin als „Dame of the British Empire" in den persönlichen Adelsstand. Sie ist die erste Tänzerin, der diese Auszeichnung zuteil wurde. Seit 1954 ist sie auch Präsidentin der ↗Royal Academy of Dancing. 1975 erschien in London ihre Autobiographie (deutsch 1976 in München unter dem Titel: Die zertanzten Schuhe). 1978 erschien ihr Buch „A Dancer's World", deutsch 1980 unter dem Titel „Tanzen". 1979 kam ihr Buch "The Magic of Dance" (deutsch „Vom Zauber des Tanzes") heraus.

Lit.: *Fischer H.:* Margot Fonteyn, 1952 (Dancers of To-Day Nr. 1). *Hurock, S.:* The World of Ballet, 1955, S. 234 ff. *Clarke, M.:* Six Great Dancers, 1958. *Monahan, J.:* Fonteyn, 1957. *Percival, J.:* Margot Fonteyn's Partner, in: Dance and Dancers, März/April 1959. *Wied, K. V.:* Königinnen d. Balletts, 1961, S. 150 ff. *Money, K.:* The Art of Margot Fonteyn, 1965. *Crisp, C.:* Margot Fonteyn, in: Les Saisons de la danse, Dezember 1968. *Money, F.:* The Making of a Legend, 1973. *Bland, A.:* Fonteyn and Nureyev. *Chappel, W.:* Fonteyn, Impressions of a Ballerina, London s. a.

Fools Jig, The. ↗Englischer Volkstanz, ein Morris dance. (↗Moriskentanz)

Lit.: *Wolfram, R.:* Schwerttanz u. Männerbund, s. a., S. 207.

Fopptanz. Dieses scherzhafte Tanzspiel aus der Steiermark (Österreich) besteht darin, daß die Liebste gesucht und gefunden wird. Seiner Form nach ist es ein Reigen. Mädchen und Burschen fassen einander an den Händen und bilden einen geschlossenen Kreis. In der Mitte des Kreises steht ein Bursch. Während sich der Kreis um ihn bewegt, beginnt der Bursch durch Zuwinken sich ein Mädchen zu wählen. Doch bevor er das richtige Mädchen auswählt, foppt er andere durch verschiedene Gesten. Getanzt wird nach einer Walzermelodie.

Lit.: *Prinke, S.:* Altsteirische Volkstänze, 1924. *Novak, A.:* Steirische Tänze, 1936 u. 1949.

Forlana (Furlana, Friulana). ↗Italienischer Volkstanz, ein ↗Werbetanz aus der Provinz Friaul. Beliebt bei den Gondolieren Venedigs und den Landbewohnern des Gebietes um Venedig, versinnbildlichte dieser ↗Volkstanz das Liebeswerben vom ersten Zusammentreffen bis zur Liebeserklärung. Der Tanz, im 16. Jh. im Zweiertakt, ab dem 17. Jh. im lebhaften 6/8- oder 6/4-Takt, wurde nur von einem Paar oder von zwei Paaren ausgeführt, wobei Mann und Frau sich näherten und entfernten, Hände und Füße berührten und wieder freigaben, sowie auch mit den Armen schlugen und kreisten. Die Forlana, der ↗Tarantella ähnlich, nur unregelmäßiger und zerrissener, war bis gegen Ende des 18. Jh. der beliebte Volkstanz des venezianischen Volkes. In ↗Phalèses Tanzsammlung „Chorearum molliorum collectanea", wo ein Ballo furlano L'Arboscello und ein Ballo furlano Putta nera enthalten sind, kommt die Forlana im geraden Takt vor. Gaspare Ungarelli bezeichnete in seiner Schrift „Le vecchie danze italiane ancora in uso nella provincia Bolognese" aus dem Jahre 1894 die Forlana noch als lebenden Tanz. Als neuarrangierter ↗Gesellschaftstanz wurde die

Forlana kurze Zeit zu Beginn des 20. Jh. getanzt. Die Forlana fand auch in die Kunstmusik Eingang (J. S. ↗Bach: Orchestersuite C-Dur, BWV 1066; M. ↗Ravel: „Le tombeau de Couperin", 1917).

Anonym 17. Jh.

Lit.: *Blasis, C.:* Manuel complet de la danse, 1830. *Schubert, F. L.:* Die Tanzmusik dargestellt in ihrer historischen Entwicklung, nebst einer Anzahl v. Tänzen aus alter u. neuer Zeit, 1869. *Czerwinski, A.:* Brevier d. Tanzkunst, 1879. *Marzuttini, G. B.:* La vera Furlana nelle sue due forme originali, 1914. *Nettl, P.:* Musik u. Tanz bei Casanova, in: Gesellschaft deutscher Bücherfreunde in Böhmen, Bd. 6, 1924, S. 105. *Huppert, E.:* Der moderne Tanz, 1926. *Nettl, P.:* Casanova u. d. Tanz seiner Zeit, in: Neue Musikzeitung, Jg. 48, 1927, H. 10, S. 201 ff. *Merian, W.:* Der Tanz in d. deutschen Tabulaturbüchern, 1927. *Sachs, C.:* Eine Weltgeschichte d. Tanzes, 1933. *Galanti, B. M.:* Dances of Italy, 1950, S. 8 f. u. S. 25 ff. *Zoder, R.:* Kleine Beiträge zur Volksmusikforschung, in: Jahrbuch d. österreichischen Volksliedwerkes, Bd. 7, 1958, S. 62 ff.

Fornaroli, Cia. Italienische Tänzerin und Lehrerin, geb. 16. Oktober 1888 in Mailand, gest. 16. August 1954 in New York. Ihr Studium begann sie an der Ballettschule der Mailänder Scala und setzte es bei E. ↗Cecchetti fort. Von 1910 bis 1914 war sie 1. Tänzerin am Metropolitan Opera House New York. Sie tanzte mit der Gruppe von Anna ↗Pawlowa und trat als ↗Ballerina in vielen Ländern auf. Von 1921 bis 1932 war sie Primaballerina an der Scala in Mailand. 1929 wurde sie nach Cecchetti Direktor der Ballettschule der Scala. 1933 übersiedelte sie mit ihrem Mann Dr. Walter Toscanini nach New York und hatte dort von 1943 bis 1950 eine eigene Ballettschule. Fornaroli kann als eine der bedeutendsten italienischen Tänzerinnen ihrer Zeit bezeichnet werden. Von ihr stammt die Schrift „L'arte della danza e dell'Arte di Fornaroli", 1923.

Lit.: *Celli, V.:* Serata d'onore – Cia Fornaroli, in: Dance Magazine, Januar 1955.

Forsythe, William. Amerikanischer Tänzer und ↗Choreograph, geb. 30. Dezember 1949 in New York. Er studierte bei J. ↗Watts, M. Black und an der Joffrey Ballet School. 1969–1972 tanzte er beim Joffrey Ballet, 1973 kam er zum Ballett der Stuttgarter Staatstheater. 1976 debütierte er als Choreograph. Er arbeitete auch an der Bayrischen Staatsoper München und beim ↗Nederlands Dans Theater in Den Haag. Beeinflußt von G. ↗Balanchine, zeigen seine Arbeiten den neuklassischen Stil in eigener Prägung. Mit Beginn der Spielzeit 1984/85 wurde er neuer Chefchoreograph und künstlerischer Direktor des Balletts der Städtischen Bühnen Frankfurt a. M.

Fortner, Wolfgang. Deutscher Komponist, geb. 12. Oktober 1907 in Leipzig. Er schuf das Ballett „Die ↗weiße Rose" nach dem Märchen „Der ↗Geburtstag der Infantin" von Oscar Wilde; außerdem „Die Witwe von Ephesus" (1952) sowie in Zusammenarbeit mit W. Steinbrenner die Bizet-Collage „Carmen" für J. ↗Cranko. Seine Werke „Mouvements" für Klavier und Orchester, „Ballet blanc" für 2 Violinen und Streichorchester und „Triplum" für Orchester mit obligatem Klavier sind als Ballettmusiken verwendet worden.

Fouetté bedeutet im klassischen ↗Ballett das Hochwerfen des gestreckten Beines und Sprung mit Wendung des Körpers. Es kann auch auf der Spitze ausgeführt werden. **Fouetté en tournent** besteht aus einer Drehung des ↗Standbeines, meist auf der Spitze, wobei das ↗Spielbein frei schwingt.

Lit.: *Raab, R.:* Lexidion f. d. Ballett, s. a.

Foxtrot (Foxtrott). Dieser um 1910 aus langsamem ↗Ragtime und ↗Onestep in Nordamerika entstandene ↗Gesellschaftstanz kam 1914 nach Europa, zunächst nach England und 1918 nach Deutschland. Im Laufe der Zeit hat er in seiner Ausführung viele Wandlungen durchgemacht, die anfängliche Kompliziertheit seiner Schrittfolgen aufgegeben, so daß er heute der einfachste und beliebteste moderne Gesellschaftstanz ist. Der Tanz basiert auf vier Bewegungen in verschiedenen Variationen, auf dem Gehschritt, Dreierschritt, der Rechtsdrehung und der offenen Linksdrehung. Die Musik steht im mäßig schnellen geraden Takt, charakteristisch ist die Betonung des 3. Viertels und eine starke Synkopierung. Als Gesellschaftstanz sehr beliebt ist auch der langsame Foxtrot, der sogenannte Slowfox. Mit vereinfachter Schrittfolge wird der Foxtrot seit 1924 auch in schnellerem Tempo getanzt und ↗Quickstep genannt.

Lit.: *Pollack, H.:* Die Revolution d. Gesellschaftstanzes, 1922, S. 17 f., S. 28 f. *Bergen, R.:* Der Tanz, 1926, S. 42 ff. *Huppert, E.:* Der moderne Tanz, 1926, S. 41. *Stauder, W.:* Tanzmusik, in: Hohe Schule d. Musik, Bd. 4, 1938, S. 281. *Diselhorst, Fred:* Gutes Tanzen, 1940, S. 21. *Muehlsiegl, P:* Der Stilwandel im Gesellschaftstanz, 1948, S. 20. *Moore, A.:* Ballroom Dancing, 1954. *Günther, H.-Schäfer, H.:* Vom Schamanentanz zur Rumba, 1959, S. 258 ff.

Fracci, Carla. Italienische Tänzerin, geb. 20. August 1936 in Mailand. Sie studierte an der Ballettschule der Mailänder Scala. 1954 schloß sie ihr Tanzstudium ab und wurde Mitglied des Balletts der Mailänder Scala. 1956 avancierte sie zur Solotänzerin und 1958 zur Primaballerina. Sie absolvierte Gastspiele bei verschiedenen Tanzgruppen. 1967 wurde sie 1. Tänzerin beim ↗American Ballet Theatre. Ihre größten Erfolge hatte sie in den Rollen des romantischen Ballettrepertoires. Man verglich sie oft mit Maria ↗Taglioni.

Lit.: *Lidova, I.:* Carla Fracci, in: Les Saisons de la danse, Juni 1972.

Fränzl, Rudolf. Österreichischer Tänzer, geb. 23. Oktober 1894 in Wien, gest. 26. Januar 1974 ebendort. Der Vater Friedrich Fränzl war Solomimiker, die Mutter Emilie Fränzl Tänzerin, beide an der Wiener Hofoper. Im Jahre 1901 begann er seine tänzerische Ausbildung als Eleve an der Hofoper Wien, 1911 wurde er dort als Tänzer engagiert. Von 1921 bis 1945 war er Solotänzer. Als ↗Ballettmeister choreographierte er mehrere Aufführungen an der Wiener Staatsoper und außerdem an der Krolloper Berlin, am Deutschen Theater München und in Wiesbaden. 1923 und 1924 gründete er Tanzinstitute zur Ausbildung für ↗Ballett und modernen ↗Gesellschaftstanz in Wien und Mödling. Er war der Bruder von Willy ↗Fränzl.

Fränzl, Willy. Österreichischer Tänzer, geb. 5. Juni 1898 in Wien, gest. 24. Juni 1982 in Wien. Sein Vater Friedrich Fränzl war Solomimiker an der Wiener Hofoper, seine Mutter, geb. Bayer, Tänzerin im ↗Corps de ballet der Wiener Hofoper. 1904 trat er in die Ballettschule der Hofoper Wien ein. Er war Schüler von Josef Zulka, Carl ↗Raimund sen., Josef ↗Hassreiter und Cäcilie ↗Cerri. 1915 wurde er in das Corps de ballet der Wiener Hofoper aufgenommen, 1921 zum Solotänzer und 1938 zum 1. Solotänzer ernannt. Von 1935 bis 1962 wirkte er als ↗Ballettmeister an der Wiener Staatsoper. Neben seinen zahlreichen ↗Choreographien von Opern- und Balletteinlagen ist vor allem die Neuinszenierung der ↗Puppenfee in der Hassreiter-Originalchoreographie von Bedeutung. Zahlreiche Gastspiele führten ihn ins europäische Ausland, nach Japan und in die USA. Er war auch Inhaber einer eigenen Tanzschule für Bühnen- und ↗Gesellschaftstanz. Verheiratet war er mit der Tänzerin Lucia ↗Bräuer. Er war der Bruder von Rudolf ↗Fränzl.

Fräulein Julie (schwedischer Titel: Fröken Julie). ↗Ballett in vier Bildern. Libretto von Birgit ↗Cullberg nach August Strindbergs psychologisch-naturalistischem Drama, Musik von Ture Rangström (1884–1947). Die Uraufführung erfolgte in Birgit Cullbergs ↗Choreographie am 1. März 1950 im schwedischen Reichstheater Västeras. Eine neue aufsehenerregende Ballettversion des gleichen Stoffes brachte Kenneth ↗MacMillan am 8. März 1970 am Staatstheater Stuttgart mit dem ↗Stuttgarter Ballett und der Musik von Andrzej Panufnik. In MacMillans Gestaltung des Stoffes geht es weniger um den sozialen Konflikt, sondern vielmehr um die zerstörerische Macht der Sexualität.

Lit.: *Beaumont, C.:* Miss Julie, in: Ballets of Today, London 1954.

Fragments (frz. Bruchstücke) ist die Bezeichnung für die von 1702 an in Paris in Mode gekommenen Bearbeitungen für die Bühne von Teilen aus Balletten und Opern eines oder mehrerer Komponisten, wie z. B. „Les Fragments de M. de Lully" (1702) von ↗Campra und Danchet nach bis dahin nicht veröffentlichten Balletten und ↗Comédies-ballets von ↗Lully.

Fram och Tillbaka. Eine Form des ↗Siebenschritts in Nordeuropa.

Française. Dieser der ↗Anglaise und ↗Ecossaise nachgebildete Tanz darf nicht mit dem Contredanse française, der ↗Quadrille und dem ↗Cotillon verwechselt werden. Die Française steht im 6/8-Takt, hat in ihrer einfachen Form vier, als Doppel-Française acht Touren.

Um 1820

Lit.: *Anonym:* Arte de danzar la francesa, Madrid 1758. *Böhme, F. M.:* Geschichte d. Tanzes in Deutschland, 1886. *Haffner, C.:* Zwei Gesellschaftstänze. Française u. Quadrille à la cour, Lanciers, 1891. *Lach, R.:* Geschichte d. Gesellschaftstanzes im 18. Jh., 1920. *Sachs, C.:* Eine Weltgeschichte d. Tanzes, 1933. *Skasa-Weiss, E.:* Verspielte Tänze – kleiner Flirt. Française – Cotillon – Polonaise. Wie sie entstanden u. wie man sie heute tanzt, 1959.

Françaix, Jean-René. Französischer Komponist, geb. 23. Mai 1912 in Le Mans. Er komponierte folgende ↗Ballette: 1933 „Scuola di ballo", Libretto nach Goldoni von L. ↗Massine. 1936 „Le Roi Nu" (Des Kaisers neue Kleider), Libretto nach Andersen von Serge ↗Lifar, Uraufführung: 15. Juni 1936 an der Oper Paris. 1936 „La Luthérie enchantée", Libretto von S. Korty, Uraufführung 1936 an der Opéra Royal Flamand, Antwerpen. 1936 „Le jeu sentimental", Uraufführung 1936 Palais des Beaux-Arts, Brüssel. 1938 „Le jugement du fou" und „Verreries de Venise". 1948 „Les malheurs de Sophie" und „Les Demoiselles de la nuit" (Die Schönen der Nacht), Libretto von Jean Anouilh. Uraufführung 21. Mai 1948 im Théâtre Marigny, Paris, in der ↗Choreographie von Roland ↗Petit. 1952 „Midas", 1958 „La dame dans la lune", 1967 „Le croupier amoureux".

Françoise ↗Hops-Anglaise.

Franks, Arthur Henry. Britischer Tanzschriftsteller, geb. 1907 in Blackbeath, gest. 25. September 1963 in London. Von ihm stammen folgende Veröffentlichungen: Approach to the Ballet, London 1948 und 1949; Ballet for Film and Television, London 1950; The Inglesby-Legend-International Ballet, in: Ballet Annual IV, 1950; The Girl's Book of Ballet, London 1953; Twentieth Century Ballet, London 1954; Ballet: A Decade of Endeavour, London 1955; Pavlova, A Biography, London 1956; Svetlana Beriosova, A Biography, London 1958; Social Dance, London 1963.

Französischer Volkstanz. Das regionale Bewußtsein ist in Frankreich mehr ausgeprägt als bei anderen Nationen. Eigene Tradition und eigenes Brauchtum sind in jeder Region so vorherrschend, daß bestimmte Charakteristika hervorstechen, was beim Volkstanz eine Vielfalt und Vielzahl von Tänzen bedeutet, denn jede Provinz hat schon von alters her ihre eigenen Volkstänze: die Auvergne die ↗Bourrée, die Bretagne ↗Branles, den ↗Passepied und ↗Triory, die Provence den Kettentanz ↗Farandole, ↗Rigaudons und ↗Tambourins, die Gegend um Bayonne die ↗Musette und den ↗Pamperké, auch ↗Bayonnaise genannt. In den alten Volkstänzen lagen auch die Wurzeln der französischen ↗Gesellschaftstänze, mit denen Frankreich eine Zeit lang die europäische Tanzmode beherrschte. Die Bourrée z. B. wurde vom 16. Jh. ab Gesellschaftstanz, lebt aber auch heute noch in einigen Gegenden Frankreichs als Volkstanz weiter. Sehr alte Tanzformen stecken auch in den vielfältigen heute noch üblichen und gepflegten Volkstänzen, so z. B. in den ↗Rondes. Wesentlich für das französische Volkstanzgut war auch die Beeinflussung durch die Tänze benachbarter Länder. So zeigen die Tänze aus der Burgunder Gegend den Einfluß italienischer ↗Bauerntänze, die aus Lorraine besonders in den walzerartigen Tänzen deutschen Einfluß; die nördlichen Provinzen rund um Paris wurden in den wenigen noch erhaltenen Tänzen von den alten französischen ↗Hoftänzen und englischen ↗Contratänzen beeinflußt. Im Gebiet der Pyrenäen haben vor allem die baskischen Männertänze ihre Spuren in den Tänzen der umliegenden Bergregionen hinterlassen. Taktwechselnde Volkstänze sind in Frankreich nur in Tänzen zu finden, bei denen gesungen wird (Rondes). Instrumental ausgeführte taktwechselnde Tänze, wie in Deutschland und anderen Ländern, gibt es im französischen Volkstanzgut überhaupt nicht. (↗Amener, ↗Bail de la courre, ↗Boudigeste, ↗Boulangère, ↗Bourrée, ↗Branlou Bach, ↗Carillon, ↗Carmagnole, ↗Castagne, ↗Chiberli, ↗Chieb, ↗Danse de l'épée, ↗Danse des treilles, ↗Danse royale, ↗Encadent, ↗Era Pelha ded Gat, ↗Farandole, ↗Fleurette, ↗Fricassée, ↗Gars de Locminê, ↗Gavotte, ↗Gymnaska, ↗Jabadao, ↗Jibidi, ↗Lei Courdello, ↗Lou Panliran, ↗Maraichîne, ↗Matelot, ↗Montagnarde ou Cortége, ↗Olivettes, ↗Passepied, ↗Piler-lan, ↗Polka de la Mére Gaspard, ↗Polka piquée, ↗Ridée, ↗Ridée de baud, ↗Ridée de Pontivy, ↗Rondes, ↗Rondes fermées, ↗Sauteuse, ↗Soyotte, ↗Stoupic, ↗Tournidjaire, ↗Zibouli)

Lit.: *Tastu, A.:* Les danses du Roussillon, in: Melusine 1, 1878. *Lagus, J.:* Nouveau guide des danses françaises et américaines, 1887. *Quelline, N.:* Chansons et danses des Bretons, 1889. *Quillaumot, A.:* Les Danses françaises, 1889. *Combarieu, J.:* Danses françaises et musique instrumentale du XVIe siécle, in: Revue d'histoire et de critique musicales, vol. I, 1901, Nr. 3, S. 81 ff. u. Nr. 4, 1901, S. 138 ff. *Troubat, F.:* La danse des trailles, in: Revue des Langues Romanes, 1902, Nr. 45, S. 97 ff.

Heuß, A.: Eine Vorführung altfranzösischer Tänze in Dresden, in: Bulletin de la Société Int. Musique, Leipzig 1910. *Versepuy, M.:* La bourrée d'Auvergne, in: Revue de la Société Int. de Musique, 1910. *Oppel, R.:* Einige Feststellungen zu d. französischen Tänzen d. 16. Jh., in: Zeitschrift d. Int. Musikgesellschaft, Jg. 12, 1911, H. 8/9, S. 213 ff. *Blume, F.:* Studien zur Vorgeschichte d. Orchestersuite im 15. u. 16. Jh., in: Berliner Beiträge zur Musikwissenschaft, Bd. I, 1925. *Camp, J.:* Les danses régionales françaises, in: Les Spectacles a travers les ages, 1931, S. 273 ff. *Lyonnet, H.:* Les bals publics de Paris, in: Les Spectacles a travers les âges, 1932, S. 311 ff. *Clouzot, M. R.:* La Musique populaire de danse en France, in: Archives Int. de la Danse, 3e Année, 1935, No. 6, S. 15 ff. *Le Floch, Guy:* Les plus anciennes danses populaires de France II, Danses guerriées, in: Numero spécial Archives Int. de la Danse, 1935, S. 3 ff. *Galbrun, E.:* La danse bretonne, 1936. *Provence, M.:* Symbolisme des danses provençale, 1937. *Choleau, J.-Drouart, M.:* Chansons et danses populaires de Haute-Bretagne, 1938. *Alford, V.:* Notes on Three Provençal Dances, in: Journal of the English Folk Dances and Song Society, vol. IV, 1941. *Arma, Edmée:* Entrez dans la danse, 1943. *Blanchard, R.:* Les danses du Limousin et des régions avoisinantes, 1943. *Versepury, M.:* Les Danses d'Auvergne, in: Revue des Deux-Mondes, 1943. *Anonym:* Le Folklore. A la semaine de France, 1945. *Guilcher, J. M.:* 10 danses simples des pays de France, choisies pour la jeunesse, 1947. *Canteloube, J.:* Danses bretonnes, 1949. *Arma, Edmée:* Französische Volkstänze, 1950. *Langevin, Vige:* Le style de la danse populaire en France, in: Journal of the Int. Folk Music Council, vol. II, 1950, S. 24 ff. *Marcel-Dubois, Cl.-Andral, M. M.:* Dancez of France, I. Brittany and Bourbonnais, 1950. *Decitre, M.:* Dansez la France, 1951. *Tennevin, N.-Texier, M.:* Dances of France, II. Provence and Alsace, 1951. *Alford, V.:* Dances of France, III. The Pyrenees, 1952. *Schmolke, A.-Langhans, H.:* Europäische Tänze, H. 1 Frankreich, 1954. *Hélias, P.:* Danses de Bretagne, 1955. *Mourgues, M.:* La danse provençale, 1956. *Baumel, J.:* Les danses populaires, les farandoles, les rondes, les jeux chorégraphiques et les ballets du Languedoc méditerranéen, 1957. *Dubrana-Lafargue, C.:* Le trésor des danses provençales, 1957. *Guilcher, J. M.:* Le tradition populaire de danse en Basse-Bretagne, 1963. *Palau, Th.:* Chants et danses de France, 1964/66. *Louis, M. A. L.:* Danses populaires et ballets d'opéra, 1965. *Porte-Marrou, L.:* Dançar au Païs, Danses Occitanes en Provence, 1983.

Frappart, Louis (recte Ruault). Französischer Tänzer, Mimiker und ↗Choreograph, geb. 9. Juni 1832 in Bernay, gest. 17. April 1921 in Wien. Er studierte bei Arthur ↗Saint-Léon in Paris, tanzte am Théâtre Lyrique in Paris und gastierte in London, Brüssel und Amsterdam. Von 1854 bis 1895 war er am k. k. Hoftheater nächst dem Kärntnertor engagiert. Er debütierte am 5. Januar 1854 im Ballett „Die Teufelsgeige" von seinem Lehrer Saint-Leon. 1872 war er Lehrer an der 1. Theater-Akademie in Wien. Durch seine besondere Geistesgegenwart rettete er 1860 in Wien bei einem Kostümbrand auf der Bühne die Tänzerin Premeau und erhielt dafür von der Hoftheaterverwaltung einen Brillantring.

Frappé (französisch frapper = schlagen, klopfen) bezeichnet im klassischen ↗Ballett den leichten Fersenanschlag des ↗Spielbeins gegen das ↗Standbein vor und hinter die Knöchel (petits ↗battements sur le cou-de-pied). Im ↗Nationaltanz bedeutet frappé den hörbaren Niedertritt.

Frauentänze. Von alters her hat es bereits Tänze gegeben, die nur von Frauen ausgeführt wurden. Ihre Wurzeln lagen in einem fraulichen Brauchtum (Weiberbünde). Bezogen wurden sie meist auf bestimmte Fruchtbarkeitsvorstellungen. So wurden sie auch hauptsächlich nur bei bestimmten Gelegenheiten, wenn die Frauen unter sich waren, getanzt, z. B. bei Kindstaufen, bei der Aussaat, der Flachsbereitung, der Weiberfastnacht und in den Spinnstuben. In vielen Gebieten haben sich diese auf Forderung der Fruchtbarkeit bezogenen Frauentänze bis in die Neuzeit als Restformen in den ↗Volkstänzen erhalten. Die charakteristischen Formen der Tanzausführung sind Hüpfschrittkombinationen (Spreizhupfe, Seitgrätsch- und Wechselhupfe). Frauentänze sind aber auch im außereuropäischen Raum, vor allem bei den ↗Naturvölkern bekannt. Dort allerdings in anderer Sinngebung. (↗Amou Youmame, ↗Bajeßmann, ↗Bumbate, ↗Drei lederne Strümpf, ↗Garba-Tanz, ↗Greagba, ↗Kraljica, ↗Kula, ↗Mati, ↗Poggetanz, ↗Schwitzermann, ↗Seasea)

Lit.: *Au, H. v. d.:* Zum Namen eines brauchtümlichen Frauentanzes, in: Mitteldeutsche Blätter f. Volkskunde, Jg. 15, H. 1/2, Juli 1940, S. 43 ff. *Schneider, H. E.:* Ostpreußischer Frauentanz, in: Niederdeutsche Zeitschrift f. Volkskunde, Jg. 18, 1940, S. 99 ff. *Au, H. v. d.:* Zwitzerli tanza. Ein volkskundlicher Beitrag zu einem Tanzlied, in: Jahrbuch f. Volksliedforschung, Jg. 7, 1941, S. 206 ff. *Au, H. v. d.:* Zwei pennsylvanische Lieder als Beitrag zum Tanze d. Frauenbundes, in: Hessische Blätter f. Volkskunde, Bd. XLII, 1943, S. 59 ff. *Goldschmidt, Ae.:* Handbuch d. deutschen Volkstanzes, 1967, S. 252. *Oetke, H.:* Frauentänze. Ein Beitrag zur deutschen Volkstanzkunde, in: Volkstanz, 1976, H. 4, S. 75 ff.

Freier Tanz ↗Ausdruckstanz.

Freising, A. Mitglied des Königlichen Balletts in Berlin, war Vorsitzender der Deutschen Akademie der Tanzlehrkunst und ↗Tanzlehrer. Er verfaßte ein „Neuestes Tanz- und Ball-Album" (1857 und 1859). Ferner stammen von ihm die Schrift „Der Tanz“, eine kurze Geschichte des Tanzes (1882), und ein „Leitfaden für den Tanzunterricht“ mit einem Anhang „Tanzkurzschrift“ (1882, 1892 und 1894). (↗Choreographie)

Freitanz. Diese Bezeichnung findet sich im volkstümlichen Tanzbrauchtum früherer Zeiten und auch heute noch im ländlichen Bereich. Der Freitanz ist keine eigene Tanzform, sondern bezieht sich auf Tanzordnungen, wie sie bei verschiedenen Festlichkeiten, z. B. bei Hochzeiten, üblich sind. Er kann dabei jemandem zur Ehre oder zur Belohnung zugesprochen werden (↗Ehrentanz).

Lit.: *Voß, R.:* Der Tanz u. seine Geschichte, 1869, S. 175. *Böhme, F. M.:* Geschichte d. Tanzes in Deutschland, 1886, S. 192. *Panzer, M.:* Tanz u. Recht, Deutsche Forschungen, Bd. 32, 1938, S. 71. *Horak, K.:* Der Volkstanz im Burggrafenamt, in: Jahrbuch d. österreichischen Volksliedwerkes, Bd. 12, 1963, S. 77 f. *Fischer, F. J.:* Kulttanz in Salzburg, in: Jahrbuch d. österreichischen Volksliedwerkes, Bd. 14, 1965, S. 102.

Freund, Herbert. Deutscher Tänzer und ↗Choreograph, geb. 5. Dezember 1903 in Leipzig. Er wirkte als ↗Ballettmeister und Choreograph in München (Staatsoperette), Frankfurt a. M., Bremen, Hagen, Flensburg und Düsseldorf. Seine bedeutendste Choreographie war „Der Handschuh“ (1955).

Fricassée. ↗Französischer Volkstanz im Allabreve-Takt aus den südlichen Provinzen. Der Form nach ist er ein ↗Werbetanz, der von einer beliebigen Anzahl von Paaren getanzt wird. In der Ausführung ist er identisch mit dem Volkstanz ↗„Drei lederne Strümpf“.

Lit.: *Wolfram, R.:* Die Volkstänze in Österreich u. verwandte Tänze in Europa, 1954, S. 167. *Dubrana-Lafargue, C.:* Le Tresor des danses Provençales, 1957, S. 47 ff.

Friedrichs Sinke (= Friedrichs Schatz Rosina). ↗Deutscher Volkstanz aus dem Kuhländchen (ehemalige deutsche Sprachinsel an der oberen Oder in Mähren), ein ↗Paartanz im Kreis im 2/4-Takt. Die Aufstellung erfolgt zueinander, das Mädchen steht vor dem Burschen. Die Tanzenden reichen einander die rechte Hand. In alten Aufzeichnungen sind andere Namen, wie Affentanz, Judassiebene, ↗Hühnerscharre zu finden, auch für die Ausführung gibt es mehrere Varianten. Als besonderer Spaß galt es früher, den Tanz immer schneller und schneller zu spielen.

Kuhländchen, Schlesien, Nordmähren

Lit.: *Kubiena, W.:* Kuhländler Tänze, 1922 und 1926. *Neumann, E.:* Volkstänze aus d. Buchenland, Deutsche Volkstänze, H. 32/33, 1937. *Horak, K.:* Tänze aus d. deutschen Volksinseln im Osten, 1939.

Friesischer Tanz. Das Volksleben des germanischen Geschlechts der Friesen kannte im 16. und 17. Jh. in seinem östlichen Teil nur einen einzigen Tanz, der nach einer alten Melodie getanzt wurde, die der Pastor Cadovius Müller in seinem „Memoriale linguae Frisicae“ 1691 mitgeteilt hat. Der Tanz wurde von vier Personen (zwei Männern und zwei Frauen) ausgeführt und dürfte nach dem Bericht Pastor Müllers mimischer Art und körperlich sehr anstrengend gewesen sein. Auf der nordfriesischen Insel Sylt war bis zum Jahre 1870 eine Festlichkeit, der sogenannte ↗Ingetanz üblich. Das Fest fand zu Beginn der Heuernte am Abend des ersten Mähtages auf den Wiesen der Insel, den „Ingen und Langen“ statt. Nach vielstündiger härtester Arbeit erschienen die Mäherinnen in ihrer farbenfrohen Nationaltracht und suchten gemeinsam mit den Mähern Erholung im Tanz. Das mehr der Strenge und dem Ernst zuneigende Volk der Nordfriesen liebt den Tanz und pflegt ihn auch heute bei den verschiedenen Volks- und Familienfesten, wo Mädchen und Burschen fröhlich zusammenkommen. Ebenso ist bei den Bewohnern der friesischen Westseeinseln der Tanz ein wesentlicher Teil des Volkslebens. Besonders an den langen Herbst- und Winterabenden werden allwöchentlich Tänze aufgeführt. An bestimmten Tanzabenden kommen auf den Tanzplätzen Burschen und Mädchen zusammen und führen ihre Tänze vor. Aber nicht nur im Kreis der Mädchen und jungen Männer sind Tanz und Lied von alters her schon üblich, sondern auch bei allen landläufigen Festen der Familien, besonders bei Hochzeiten. ↗Hochzeits- und Brauttänze gibt es in den verschiedensten Formen. Auf Helgoland geht z. B. die ganze Hochzeitsgesellschaft gegen Mitternacht auf den Tanzboden, um den ↗Ehrentanz der Braut auszuführen. Der beliebteste Tanz ist dort vor allem der sogenannte ↗„Slim, min Moderken“, bei dem sich die Paare Rücken gegen Rücken Hand in Hand über Kreuz anfassen. Daneben wurde früher der ↗Siebensprung besonders bevorzugt. Wie aus manchen Berichten zu entnehmen ist, dürfte auch bei den Totenfeiern auf den friesischen Inseln der Tanz nicht gefehlt haben. Obwohl auch heute noch der Tanz von der friesischen Jugend gepflegt wird, sind viele der alten charakteristischen Tänze vergessen. (↗Bohnenpott, ↗Deutscher Volkstanz, ↗Hakketone)

Tanzlied der Ostfriesen, 15. Jh.

Lit.: *Böhme, F. M.:* Geschichte d. Tanzes in Deutschland, 1886, S. 51. *Jensen, Chr.:* Vom Tanz d. Inselfriesen, 1930. *Veurman, B. en Bax, D.:* Liederen en Dansen uit West-Friesland, 1944. *Rimmer, J.:* Two Dance Collections from Friesland, and Their Scotch, English and Continental Connections, 1978.

Friulana ↗Forlana.

Fröhlicher Kreis ↗Circassian Circle.

Frontänze. Darunter sind Tänze zu verstehen, bei denen die Teilnehmer verpflichtet waren, laut eines Untertanenverhältnisses an bestimmten Tagen oder zu bestimmten Gelegenheiten zu Ehren oder zur Unterhaltung der Herrschaft einen Tanz zu veranstalten. Verschiedene alte Quellen berichten über solche Frontänze in Deutschland besonders aus der Zeit vom 16. bis 18. Jh. Den Grund solcher Verpflichtungen (↗Tanzgebote) von Untertanen zum Tanz bildete meist ein alter Rechtsbrauch, der mit den eigentlichen Frondiensten nichts zu tun hatte. Vielfach mag der Grund auch kultischen Ursprungs gewesen sein. Zu dieser Art eines Zwangtanzes mag der Selbolder ↗Bachtanz gehören.

Lit.: *Fischer, J. H.:* Beschreibung d. vorzüglichsten Volksfeste, Unterhaltungen, Spiele u. Tänze d. meisten Nationen in Europa, Bd. II, 1799, S. 41 ff. *Anonym:* Über Frohn- u. Fest-Tänze, in: Curiositäten der physisch-literarisch-artistisch-historischen Vor- u. Mitwelt, Bd. III, IV. Stück, 1813, S. 319 ff. *Waldau, A.:* Geschichte d. böhm. Nationaltanzes, 1861, S. 183 f. *Schubert, L.:* Die Tanzmusik dargestellt in ihrer hist. Entwicklung, 1860, S. 24. *Böhme, F. M.:* Geschichte d. Tanzes in Deutschland, 1886, S. 165 f. *Panzer, M.:* Tanz u. Recht, 1938 (Deutsche Forschungen, 32), S. 58 ff. *Plaschil, H.:* Bodenständiges u. fremdes Kulturgut in unseren Tänzen im Laufe d. Geschichte, Diss. Wien 1946, S. 160.

Froschtanz. ↗Deutscher Volkstanz aus Schlesien, ein sogenannter ↗tiernachahmender Tanz. Die Tänzer lassen sich wie Frösche auf dem Boden nieder und hüpfen wie diese umher. Getanzt wird in einem der ↗Mazurka oder der ↗Polka ähnlichen Tempo. (↗Poggetanz)

Lit.: *Kubiena, W.:* Kuhländler Tänze, 1922. *Pudollek, F.:* Oberschlesische Volkstänze, 1936 (Deutsche Volkstänze, 25). *Wolfram, R.:* Die Volkstänze in Österreich u. verwandte Tänze in Europa, 1951, S. 168.

Fryksdalspolska. ↗Schwedischer Volkstanz im ¾-Takt, im Mazurkazeitmaß. Die Tanzenden stehen einander paarweise in zwei geraden Linien im Abstand von etwa vier Schritten gegenüber. Vier Paare tanzen immer zusammen, von denen das erste und zweite Paar zu der einen Linie, das dritte und vierte Paar zu der anderen gehören.

Lit.: *Meyer, G.:* Tanzspiele u. Volkstänze, 1914, S. 37 ff.

Fuchstanz. Unter dieser Bezeichnung gibt es ↗Volkstänze verschiedener Formen. In der Steiermark (Österreich) ist der Fuchstanz ein Tanz mit einem überzähligen Tänzer. Wenn der Überzählige ein Gerät, mit dem er tanzt, fallen läßt oder wenn die Musik zu spielen aufhört, müssen die Tanzpartner gewechselt werden. Dadurch erhält er die Gelegenheit, eine Tänzerin zu erhaschen. Getanzt wird nach einem ↗Walzer mit anschließender ↗Polka. – Fuchstanz heißt auch eine Tanzveranstaltung, für welche die Burschen am Tag vorher mit einem Fuchs von Haus zu Haus ziehen, um Geld zu erhalten, mit dem sie tags darauf die Veranstaltung, den sogenannten Fuchstanz, durchführen. – Bei den alten Griechen war der Fuchstanz ein ↗tiernachahmender Tanz, ↗Alopex genannt. (↗Gänsetanz, ↗Ganausertanz, ↗Spatzentanz)

Lit.: *Novak, A.:* Steirische Tänze, 1949, S. 34 f. *Wolfram, R.:* Die Volkstänze in Österreich u. verwandte Tänze in Europa, 1951, S. 166 f.

Fülöp, Viktor. Ungarischer Tänzer und ↗Ballettmeister, geb. 9. Februar 1929 in Budapest. Er studierte bei Ferenc ↗Nádasi und bei Assaf M. ↗Messerer und Rudenko in Moskau, außerdem ↗Choreographie bei A. N. Jermolajew und Warmlow. 1947 wurde er Tänzer an der Staatsoper Budapest. 1961 und 1963 tanzte er beim London Ballet Festival.

Fünfkreuzertanz. Bezeichnung für eine „billige Tanzgelegenheit“ im alten Wien, besonders in manchen Gast- und Tanzlokalen des einstigen Wurstelpraters, so z. B. beim „Stillen Zecher“, beim „Marokkaner“ und beim „Swoboda“.

Lit.: *Löscher, St.:* Hochzeitstänze u. andere Volkstänze, in: Jahrbuch d. österreichischen Volksliedwerkes, Bd. 14, 1965, S. 106 ff.

Für(i)zwängerisch tanzen nennen die Bauern aus der niederösterreichischen Gegend um den Ötscher (Ybbsitz, Gaming, Kirchberg a. d. Pielach) eine Art des ↗Walzers, der nicht geschliffen, sondern mehr geschritten wird. Der Name dieser bodenständigen Tanzform ist schon um die Wende zum 19. Jh. bekannt und kommt von den „Furtwängern“ (Holzfuhrleute). Bei Kirchberg a. d. Pielach wird diese Tanzart auch ↗Kniebohrer genannt. (↗Um(m)isteiger, ↗Viertwenger Tänze)

Lit.: *Zoder, R.:* Altösterreichische Volkstänze, Teil 2, 1928, S. 14 f. *Horak, K.:* Fürizwenger, in: Blätter f. Volkstanzgruppen, Jg. 2, 1932, S. 16. *Wolfram, R.:* Die Volkstänze in Östereich u. verwandte Tänze in Europa, 1951. *Suppan, W.:* Grundriß d. Geschichte d. Tanzes in d. Steiermark, in: Zeitschrift d. hist. Vereins f. Steiermark, Jg. 54, 1963, S. 114 f.

Fuhrmannswalzer ist eine volkstümliche Walzerform benannt. Herr und Dame stehen nebeneinander und reichen einander hinter dem Rücken die Hände in der Weise, daß die linke Hand die linke Hand und die rechte Hand die rechte Hand des Partners erfaßt. Der Tanz besteht aus zwei Teilen. Im ersten Teil marschieren die Paare einmal nach links und einmal nach rechts wippend, im zweiten Teil wird ein ↗Zweitritt oder schneller Walzerschritt getanzt.

Lit.: *Neumann, F.:* Altschlesische Tänze, 1922.

Fuldauer. Alter ↗Volkstanz aus Vorarlberg (Österreich). Der Name dieses im Walzertakt stehenden Tanzes dürfte von dem an der italienisch-vorarlbergischen Grenze liegenden Ort Fuldera stammen und sollte richtig Fulderaer Walzer heißen.

Lit.: *Zoder, R.:* Alte Volkstanzmelodien aus Vorarlberg, Volkskundliches aus Österreich u. Südtirol, 1947, S. 306 ff.

Fuller, Loie. Amerikanische Tänzerin, geb. 22. Januar 1862 in Fullersburg, Ill., gest. 21. Januar 1928 in Paris. Obwohl sie nie eine geregelte Tanzausbildung erhalten hat, begann sie ihre künstlerische Tätigkeit in Show-Produktionen und erregte 1890 Aufsehen mit ihrem „Danse serpentine“ und dem „Danse du feu“. Ihr Stil war durch stark erotische Elemente gekennzeichnet. Ein besonderes Charakteristikum waren die wallenden, überdimensionalen Gewänder aus leichtester Seide, die sie nötigenfalls auch durch Windmaschinen bewegen ließ. Damit und mit besonderen Beleuchtungseffekten erzielte sie in ihren Solonummern stärksten Eindruck. Bei der Pariser Weltausstellung 1890 baute man für sie ein spezielles Theater, welches durch seine technischen Einrichtungen die für ihre Tänze notwendigen Effekte ermöglichte. 1892 debütierte sie im Folies-Bergère, Paris. Anatole France und Auguste Rodin zählten zu ihren Bewunderern. 1908 erschien von ihr das Buch: Quinze ans de ma vie, 1913 in englischer Sprache. (↗Schleiertanz, ↗Serpentinentanz)

Lit.: *Terry, W.:* The Dance in America, 1956, S. 37 ff. *Sommer, S.:* Loie Fuller, in: The Drama Review, März 1975.

Furiant (auch Sedlák genannt). ↗Tschechischer Volkstanz im schnellen Tempo mit Taktwechsel (2/4- + 3/4-Takt). Der Tänzer stemmt die Arme in die Seiten, stampft mit den Füßen auf und ahmt beim Tanzen pantomimisch einen stolzen Bauern nach. Die Tänzerin tanzt entweder um ihn herum oder vor ihm her und manchmal auch länger auf der gleichen Stelle. Schließlich umschlingt der Tänzer die Tänzerin und tanzt mit ihr eine ↗Sousedská. Durch Antonín Dvořák und Friedrich Smetana fand der Furiant auch Eingang in die Kunstmusik (Die verkaufte Braut). (↗Zwiefache)

F. Smetana

Lit.: *Waldau, A.:* Böhmische Nationaltänze, 1859, S. 31. *Erben, J.:* Prostonárodní české písně a říkadla, Praha 1863. *Vycpálek, L.:* České tance, in: Český Lid, Jg. 1, 1892. *Starczewski, F.:* Die polnischen Tänze, in: Sammelbände d. Int. Musikgesellschaft, Jg. 2., 1900/01, S. 673. *Zich, Otakar:* České lidové tance s proměnlivym taktem, in: Národopísny Věstnik Československý, XI. Bd., Praha 1916.

Furlana ↗Forlana.

Furry dance (Faddy- oder Floraltanz). ↗Englischer Volkstanz, eine Art ↗Labyrinthtanz. Die mit Eichenlaub bekleideten Furrytänzer tanzen oftmals durch das ganze Dorf in ein Haus hinein und wieder hinaus. Sie singen dabei einfache Verse. Die Tanzenden ziehen in zwei Linien, die Männer links und die Frauen rechts.

Furtwängler, Gise. Deutsche Tänzerin, ↗Choreographin und Ballettdirektorin, geb. 25. September 1917 in Berlin, gest. 1. November 1979 in Hannover. Sie studierte bei M. ↗Terpis und T. ↗Rauser in Berlin. Nach ihrem Debüt in einem Berliner Kabarett tanzte sie in Königsberg, Wuppertal, bei verschiedenen Ensembles und an der Komischen Oper in Ost-Berlin. Sie war ↗Ballettmeisterin in Oberhausen (1961–1964), Münster (1964–1966), Ballettdirektorin in Köln (1966–1969), Krefeld (1971–1974) und Hannover (1974–1976). Sie schuf Ballette zu Werken von Schönberg, ↗Ravel, Janáček, ↗Milhaud u. a.

Fußballspieler, Der (russisch: Futbolist). ↗Ballett in drei Akten, Libretto von V. Kurdjumow, Musik von V. Oransky. Die Uraufführung fand am 30. März 1930 im Bolschoj-Theater Moskau in der ↗Choreographie von L. A. Laschtschilin und I. ↗Moissejew statt. Letzterer schuf 1948 einen heiteren Sketch, „Fußball" benannt, mit der Musik von A. Tsafsman.

Fuß-ein-Tanz. ↗Deutscher Volkstanz aus der Mitte des 19. Jh. Seiner Art nach war er eine besondere Form des ↗Drehers. Mit gegeneinander verschränkten Füßen und wechselseitig anliegenden Körpern drehte man sich im raschen 3/4-Takt, auf einer Stelle bleibend, bis zur Erschöpfung. Er wurde vor allem in Franken und Thüringen, wo man ihn auch den ↗Totmacher nannte, getanzt. (↗Hüpferisch)

Lit.: *Schuegraf:* Über d. Tanzen d. Deutschen überhaupt, insbesondere über d. vielerlei Arten ihrer Tänz, in: Zeitschrift f. deutsche Kulturgeschichte, Jg. 1, 1856, S. 467. *Böhme, F. M.:* Geschichte d. Tanzes in Deutschland, 1886.

Fuzelier, Louis. Französischer Schriftsteller, geb. 1677, gest. 1752. Er schuf 1727 das heroische ↗Ballett „Les Amours des dieux", ferner die Ballette „Les Indes galantes" und „Les Amours désguisés".

Fyramannaschottisch. ↗Schwedischer Volkstanz im 2/4-Takt, eine Form des ↗Schottischen.

Lit.: *Lager, H.:* Alte Tänze f. junge Leute, 1973, S. 25 f.

G

Gades, Antonio. Spanischer Tänzer, ↗Choreograph und Ballettdirektor, geb. 1936 in Madrid. Als Dreizehnjähriger debütierte er im Circo Price, ging hierauf zu Pilar Lopez, in deren Ensemble er neun Jahre lang tanzte. Er wirkte dann in Italien (Rom, Spoleto und Mailand). 1964 gründete er eine eigene Gruppe, mit der er seinen großen internationalen Durchbruch erreichte, als er bei der Weltausstellung in New York auftrat. Als vielseitiger Künstler trat er auch in verschiedenen Filmen hervor. Charakteristisch für seine Choreographien ist die Verwendung spanischer Folklore.

Gänsetanz. Scherzhaftes Tanzspiel aus Österreich, das bei Hochzeiten in Riegersburg, Steiermark, gerne getanzt wird. Eine beliebige Anzahl von Frauen stellt sich im Kreis auf. Sie reichen einander die Hände und halten sie so hoch, daß man bei gebückter Haltung durchschlüpfen kann. Die Männer, um einen mehr als Frauen, marschieren nun, sich gegenseitig am Rockzipfel haltend, vom „Gänserich" angeführt in Schlangenwindungen durch den Kreis der Frauen. Dabei wird ein ↗Marsch gespielt. Sobald dieser endet, muß jeder Tänzer rasch eine Tänzerin fassen und mit ihr den Rundtanz tanzen. Ein Tänzer muß übrigbleiben, der sogenannte „Gezwickte". Er muß beim nächsten Spiel als Gänserich an die Spitze. (↗Fuchstanz, ↗Ganausertanz, ↗Spatzentanz)

Lit.: *Zoder, R.:* Altösterreichische Volkstänze, II. Teil, Nr. 13, 1936. *Gradwohl, K.:* Lehrgang f. österreichische Volkstänze, 1938. *Schunko, F.:* Der Spatzentanz, in: Jahrbuch d. österreichischen Volksliedwerkes, Bd. 10, 1961, S. 127.

Gagaku. Mit dem Wort Gagaku ist, wenn man es wörtlich übersetzen wollte, „Elegante Musik" gemeint. Es ist ein ganz umfassender Begriff für die alte japanische Musik, sowohl die klassische Tanzmusik als auch Vokal- und Instrumentalmusik mit einschließend. Wenn die Musik von einem Tanz begleitet wird, wird sie ↗„Bugaku" genannt, im anderen Falle, das heißt, wenn dazu nicht getanzt wird, kennt man sie unter dem Begriff „Kangen", was soviel wie „Wind und Saite" bedeutet, also eindeutig ein Orchester aus Blas-, Saiten- und Schlaginstrumenten, bezeichnet. Bugaku unterscheidet sich in den Formen der Musik und des Tanzes von den später entwickelten Formen des No- und Kabukitheaters. Gagaku stellt sich heute in drei verschiedenen Formen vor: 1. Alte Tänze und Musik von rein japanischem Ursprung; 2. Kompositionen, die aus verschiedenen Ländern Asiens eingeführt wurden; 3. japanische Kompositionen, die eine Anlehnung an fremde Stilrichtungen erkennen lassen. Der Ursprung von Gagaku geht zurück bis in das alte China. Zur Zeit der T'ang Dynastie (7.–9. Jh.) war China der kulturelle Mittelpunkt Asiens. Man spielte dort zur Unterhaltung am kaiserlichen Hof Musik aus Indien und Indochina, aus Persien, Korea und aus der Mandschurei. Von China her kommend fand diese Musik im 8. Jh. Eingang in Japan. (↗Japanischer Tanz)

Gagliarda ↗Galliarde.

Gâhan. Ritueller ↗Maskentanz des nordamerikanischen Indianerstammes der Apachen. Er wird zur Initiation der Burschen und der Mädchen aufgeführt. Der männliche Tanz ist streng in der Form und akrobatisch, der weibliche ist sanfteren Stils. (↗Indianischer Tanz)

Lit.: *Kurath, G. P.:* American Indian Dance in Ritual and Life, in: The Folklorist, vol. 6, 1961, No. 4, S. 432.

Gailtaler Polka. ↗Österreichischer Volkstanz. Eine Form der ↗Bayrischen Polka.

Gaitanaki. Neugriechischer Volkstanz aus Rhodos. Der Name bezeichnet ein Strickwerkzeug, dessen Anwendung und Art zu stricken die Anregung zu diesem Tanz gab. Als musikalische Grundlage dient ihm ein Tanzlied. Der Tanz wird nur von Mädchen ausgeführt, die im Halbkreis Aufstellung nehmen und dabei nicht die Hand der Nachbarin, sondern die der folgenden

Tänzerin fassen. Der Tanz hat zwei Schrittfolgen. (↗Griechischer Tanz)

Lit.: *Schmolke-Langhans:* Europäische Tänze, Heft 6, 1959, S. 28 f.

Gaiuwa. Tanz der nordamerikanischen Indianer, der sogenannte Fischtanz. Er wird von Paaren ausgeführt, die in einem Kreis um sechs Sänger Aufstellung nehmen, einander ansehen und in der Mitte jedes Liedes den Platz wechseln. Der Tanz symbolisiert die Bewegung der Fische während der Laichzeit. (↗Indianischer Tanz, ↗Nordamerikanischer Tanz)

Lit.: *Kurath, G. P.:* American Indian Ritual Dances for Sustenance, in: The Folklorist, vol. 7, 1962, No. 2, S. 45 f.

Gajus Theorus. ↗Pantomime aus dem Rom der Kaiserzeit. Sein Name ist auf einer Inschrift verewigt. Er wird dort „Das Licht und der Besieger der Pantomimen" genannt. Vielleicht ist mit ihm der berühmte ↗Bathyllus gemeint.

Lit.: *Friedländer, L.:* Sittengeschichte Roms, 1934, S. 5, 26.

Galeotti, Vincenzo. Italienischer Tänzer und ↗Choreograph, geb. 5. März 1733 in Florenz, gest. 1816 in Kopenhagen. Eigentlich hieß er Vincenzo Tomaselli. Seine tänzerische Ausbildung erhielt er als Schüler von Gasparo ↗Angiolini in Florenz und Venedig. 1769 war er Tänzer am King's Theatre in London und 1771 ↗Ballettmeister am Teatro San Moise in Venedig. 1775 kam er an das Hoftheater von Kopenhagen, wo er zum Ballettmeister ernannt wurde. Er blieb dort bis zu seinem Tod. 40 Ballette hatte er dort zur Aufführung gebracht. Stilmäßig war sein Vorbild ↗Noverre. Durch sein Wirken hat er die Entwicklung des dänischen Balletts und auch die der gesamten skandinavischen Ballettkunst bedeutsam beeinflußt. Sein am 31. Oktober 1786 am Königlichen Theater zu Kopenhagen uraufgeführtes Ballett „Die Launen des Cupido und des Ballettmeisters" („Amors og balletmesterens luner") zählt zu den ältesten Balletten, die heute noch getanzt werden. Galeottis Nachfolger in Dänemark war August ↗Bournonville. (↗Ballettpantomime)

Lit.: *Schütz:* Galeotti u. seine Ballette, in: Zeitung f. d. elegante Welt, Nr. 179–181, 1815. *Regner, O. F.:* Das neue Ballettbuch, 1962. *Winter, M. H.:* The Pre-Romantic Ballet, 1974.

Gallegada. Spanischer Volkstanz aus der Provinz Galicia. Ein ↗Paartanz, bei dem die Tanzenden Rücken an Rücken stehen. Das Tanztempo ist anfangs langsam und steigert sich nach und nach zu einem Höhepunkt. Getanzt wird zum Geklapper der Kastagnetten. Die Musikbegleitung besteht entweder aus der Sackpfeife (Gaitas) oder aus Gitarren. (↗Spanische Volkstänze)

Gallet, Sébastien. Französischer Tänzer und ↗Choreograph, geb. 1753, gest. 10. Juni 1807 in Wien. Er war Schüler von ↗Noverre und wie dieser ein Gegner ↗Angiolinis. 1782 debütierte er in Paris und ging später in Engagements nach Venedig, Turin, Mailand, Neapel und London. Von 1803 bis 1805 wirkte er als ↗Ballettmeister und Choreograph in Wien, wo er zahlreiche Ballette wie u. a. „Der Raub der Sabinerinnen" (1804), ↗„Apollo als Hirt" (1805) und „Der Seehafen" (1805) choreographierte. (↗Aeneas und Turnus)

Galletta. ↗Italienischer Volkstanz aus der Provinz Bologna. Dieser Tanz zu Dreien wird im Renotal von einem Tänzer mit zwei Tänzerinnen ausgeführt (↗Dreiertanz). Im Savenatal ist auch eine andere Form, die von zwei Paaren ausgeführt wird, üblich.

Lit.: *Ungarelli, G.:* Le vecchie danze italiane ancora in uso nella provincia Bolognese, 1894, S. 59, 66.

Galliarde (ital. Gagliarda, franz. Gaillarde, engl. Gaillard, span. Gallarda). Einer der verbreitetsten und beliebtesten Tänze des 16. Jh. in Italien, Frankreich, Spanien, Deutschland und England. Sein Name erschien erstmals gegen Ende des 15. Jh. in dem Gedicht „Orlando innamorato" (Der verliebte Roland) des italienischen Dichters Bojardo. 1529 druckte ↗Attaingnant die erste Galliarde in Paris, 1541 finden wir sie erstmals in England, um 1548 taucht sie zum erstenmal in Deutschland auf, wo sie auch den Spottnamen ↗„Geißtanz" trug. Welcher Herkunft die Galliarde ist, ob spanischer oder italienischer, ist nicht einwandfrei nachweisbar. Der Name könnte vom italienischen „gagliardo" (= lustig, ausgelassen) abgeleitet sein. Die Galliarde, Typus des ausgelassenen, übermütigen Tanzes, stand im ungeraden Takt. Sie war zur Zeit der ↗Pavane deren ständiger ↗Nachtanz. Als einziger Tanz wurde sie ohne Kopfbedeckung ausgeführt. Sie konnte vor-, rück- und seitwärts getanzt werden. Ihre Grundform war ein rhythmisches Hüpfen und Springen mit einer ↗Cadenza. Der Galliardenschritt war der ↗Cinq pas (Fünfschritt). Ursprünglich hatte die Galliarde pantomimischen Charakter, und zwar in der Form eines Werbe- und Sprödenspieles. Später verlor sie diesen Charakter und begnügte sich mit dem Cinq pas. Als Tanzstümper galt aber jedenfalls der Tänzer, der nur die fünf Grundschritte beherrschte. Von den Könnern wurden sie auf die verschiedenste Art kunstvoll variiert. Dem virtuosen Einfall war dabei keine Grenze gesetzt. Bei ↗Arbeau sind allein 20 mögliche Varianten zu finden. Der ausgelassenen Form des Tanzes entsprachen auch die fast schlagerhaft anmutenden Tanztexte. Eine der Galliarden-Varianten war die sogenannte **Galliarde lyonnaise.** Bei ihr war ein Wechsel des Tanzpartners erlaubt. Um 1600 war die Galliarde der Tanzpraxis entfremdet. Stilisiert wurde sie zu einem reinen Instrumentalstück, bis sie um die zweite Hälfte des 18. Jh. endgültig verschwand.

Mersenne 1636

Gaillarde à 5 J. B. Lully (ca. 1662)

Lit.: *Czerwinski, A.:* Die Tänze d. 16. Jh., 1878, S. 42 ff. *Czerwinski, A.:* Brevier d. Tanzkunst, 1879. *Böhme, F. M.:* Geschichte d. Tanzes in Deutschland, 1886. *Jolizza, W. K.:* Die Schule d. Tanzes, 1907, S. 312 ff. *Pulver, J.:* The Gaillarde and Its Successors, in: Monthly Musical Record, vol. 48, 1918, Nr. 566, S. 35 ff. u. Nr. 568, S. 80 ff. *Bie, O.:* Der Tanz, 1919, S. 147 ff. *Nettl, P.:* Die Wiener Tanzkomposition in d. 2. Hälfte d. 17. Jh., in: Studien zur Musikwissenschaft, H. 8, 1921, S. 84 f. *Dieckmann, J.:* Die in deutscher Lautentabulatur überlieferten Tänze d. 16. Jh., 1931, S. 31 f. *Sachs, C.:* Eine Weltgeschichte d. Tanzes, 1933. *Bahr, W.:* Zur Entwicklungsgeschichte d. höfischen Gesellschaftstanzes, 1941, S. 46 ff. *Michel, A.:* Origin of the Gagliarda and the Pavana, in: Dance Observer XIII, 1946. *Dolmetsch, M.:* Dances of England and France from 1450 to 1600, 1949, S. 82 ff. *Delli, B.:* Pavane u. Galliarde, Diss. Berlin 1957. *Pontius, J.:* Eine anonyme kurpfälzische Orgeltabulatur, 1959, S. 53 ff. *Flotzinger, R.:* Die Gagliarda Italiana, in: Acta Musicologica, vol 39, 1967, S. 92 ff. *Taubert, K. H.:* Höfische Tänze, 1968. *Robertson, D.:* Anyone for the Galliard?, in: Early Music, vol. 2, No. 2, April 1974, S. 83 ff.

Galloi. In Kleinasien waren die Diener des Attiskultes so benannt, in Rom die Priester der Göttin Cybele. Bei rauschender Musik feierten die Galloi (lat. Galli) beim Frühlingsfest ihre Tanzorgien (galliambi). Mit aufgelöstem langem Haar drehten sie sich in steigender Verzückung bis zur Besinnungslosigkeit, geißelten sich gegenseitig, verwundeten und entmannten sich selbst. Mit ihrem Blut besprengten sie den Altar. Oftmals wurden durch ihre ekstatischen Tänze die Zuschauer zu gleichen Handlungen hingerissen. (↗Bacchantinnen, ↗Korybanten, ↗Kureten, ↗Mänaden, ↗Tanzwut)

Lit.: *Weege, F.:* Der Tanz in d. Antike, 1926, S. 69 f. *Lawler, L. B.:* The Dance in Ancient Greece, 1964.

Gallopink. ↗Dänischer Volkstanz im 2/4-Takt. Die Aufstellung der Paare erfolgt mit gewöhnlicher Handfassung. Die Ausführung geschieht mit ↗Chassés und Hopsschritten.

Lit.: *Krogh, I. C.:* Gamle Salling-Danse, 1932, S. 16.

Galopp, auch ↗Rutscher genannt, ist ein rascher Rundtanz im 2/4-Takt. Um 1825 in Deutschland aufgekommen, wurde er rasch als ↗Gesellschaftstanz auch außerhalb Deutschlands modern. In oft außerordentlich schnellem Tempo gespielt, war er wohl der anstrengendste Tanz des 19. Jh. und wurde von mancher Seite als gesundheitsschädigend angesehen. In seiner Ausführung war er einfach. Chassés wechselten mit walzerartigen Umdrehungen. Mancherorts hieß der Galopp auch ↗„Preußisch" in der Annahme, daß der Tanzrhythmus des Galopps von dem Besenreiten der heidnischen Preußen herstamme. In Böhmen hieß er ↗Kalup und ↗Kvapik. Der Galopp wurde auch in Oper und Operette verwendet (J. Offenbach: „Orpheus in der Unterwelt"). (↗Hupfer, ↗Reuter)

Ältester Galopp (um 1825)

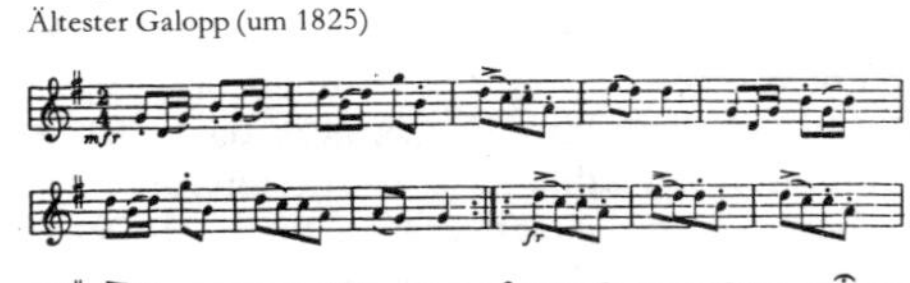

Lit.: *Franken, M. J.:* Die Galoppade, wie sie getanzt werden soll. *Klemm, B.:* Katechismus d. Tanzkunst, 1855. *Schubert, F. L.:* Die Tanzmusik, 1867, S. 45 f. *Voß, R.:* Der Tanz u. seine Geschichte, 1869, S. 340. *Böhme, F. M.:* Geschichte d. Tanzes in Deutschland, 1886. *Zorn, F. A.:* Grammatik d. Tanzkunst, 1887. *Jolizza, W. K. v.:* Die Schule d. Tanzes, S. 146 f.

Galopp-Walzer hießen Walzermelodien im $^{6}/_{8}$-Takt, die nach Art des ↗Galopps getanzt wurden. Von dieser Art war der sogenannte Zephyr-Walzer, der um die Mitte des 19. Jh. beliebt war.

Lit.: *Böhme, F. M.:* Geschichte d. Tanzes in Deutschland, 1886.

Gambuzzi (Gambucci), Innocente. ↗Ballettmeister der Königlichen Akademie in Mantua. Er wirkte ab 1758 als Solotänzer und ↗Choreograph in Venedig, wo er von 1770 bis 1785 viele ↗Ballette und ↗Divertissements für Opern schuf, darunter 1785 „I Baccanali".

Gamseneggertanz ↗Österreichischer Volkstanz aus Kärnten. Ein ↗Paartanz in zwei Teilen. Der erste Teil steht im $^{2}/_{4}$-Takt, der zweite Teil im $^{3}/_{4}$-Takt. Die Aufstellung erfolgt im Kreis, die Tänzer stehen innen mit dem Rücken zur Kreismitte in Gegenüberstellung zur Partnerin. Die Arme werden im Hüftstütz oder in anderer Weise ruhig an sich gehalten.

Lit.: *Maier, R.:* 14 Volkstänze aus Kärnten, H. 2, 1935. *Koschier, F.:* Kärntner Volkstänze, H. 2, 1963, S. 32. *Lager, H. – Derschmidt, H.:* Österreichische Tänze, Teil 2, 1969, S. 21 f.

Ganausertanz. Ein Tanzspiel mit einem überzähligen Tänzer, das bei den Donauschwaben sehr beliebt war. Die Tänzerinnen bildeten durch Handfassen einen inneren Kreis, der sich nach rechts bewegte, die Tänzer einen äußeren, der sich nach links bewegte. Während des Marschierens wurden die Hände leicht geschwungen. Sobald die Marschmusik abbrach, versuchte jeder Tänzer eine Tänzerin zu erreichen, um mit ihr einen ↗Walzer zu tanzen. Der übriggebliebene Tänzer war der Ganauser und mußte eine Buße zahlen. Das Tanzspiel wurde gerne bei Hochzeiten aufgeführt. (↗Fuchstanz, ↗Gänsetanz, ↗Spatzentanz)

Lit.: *Basch:* Deutsche Hochzeitstänze in d. schwäb. Türkei, in: Deutsch-Ungarische Heimatblätter, Jg. 5, 1934, S. 358 ff. *Horak, K.:* Der Volkstanz in d. Schwäb. Türkei, in: Deutsches Archiv f. Landes- u. Volksforschung. Jg. 2, 1938, S. 853. *Horak, K.:* Donauschwäbische Volkstänze, 1954, S. 30.

Gangar. ↗Norwegischer Volkstanz, ein ↗Paartanz aus den Provinzen Telemark und Setesdal. Er gehört zu den sogenannten ↗Werbetänzen, bei denen der Bursch das Mädel an der Hand führt und es drehend um sich herumtanzen läßt.

Lit.: *Wolfram, R.:* Deutsche Volkstänze, 1937, S. 35.

Ganio, Denis. Französischer Tänzer, geb. 25. April 1950 in Villeneuve-les-Avignon. Er studierte an der Ballettschule der Pariser Oper und schloß sich 1965 dem Opernballett an. Um 1970 kam er an die Oper von Marseille, wo er Solist wurde. Er tanzte die Hauptrollen in den bedeutendsten ↗Choreographien R. ↗Petits.

Lit.: *Diénis, J.-C.:* Plein Feu sur Denis Ganio, in: Les Saison de la danse, Januar 1976.

Gara-Yakuma oder To(v)ilê. Diese Dämonenzeremonie auf Ceylon behandelt zwölf Szenen verschiedener Art zu Ehren jeder der zwölf Garadämonen. Die Geisterbeschwörer personifizieren den jeweiligen Garadämon und sind dementsprechend maskiert. Der Hauptinhalt der Aufführung, die am Nachmittag beginnt und erst am nächsten Vormittag endet, zeigt in pantomimisch-tänzerischer Form den Inhalt der einzelnen Szenen. (↗Ceylon-Tanz, ↗Maskentanz)

Lit.: *Lucas, H.:* Ceylon-Masken, 1958, S. 199 ff.

Garba-Tanz. ↗Indischer Tanz, ein ritueller Tanz zu Ehren der Erdmutter Amba Mata. Er ist ein Frauentanz, der in zahlreichen Varianten ausgeführt wird. Die einfachste Form ist der Kreistanz um eine Lampe in der Mitte. In einer anderen Form tragen die Frauen auf dem Kopf irdene Schalen mit einem brennenden Licht darin (↗Chirava-Tanz). In einer weiteren Form tragen die Tänzerinnen anstatt des Lichtes auch Getreidesprößlinge. Dabei klatschen sie in Abständen in die Hände, schnalzen mit den Fingern und bewegen sich mit graziösen Körperbeugungen. Ein ähnlicher Tanz, von Männern ausgeführt, ist der **Garbi.** Beide Tänze, Garba und Garbi, werden immer von Liedern begleitet, die von einem Vorsänger angestimmt und dann von allen Mittanzenden nachgesungen werden. Rhythmisch werden die Tänze von einer Trommel (Dholak) und kleinen beckenartigen Instrumenten (Kartals) begleitet. (↗Ghudla)

Lit.: *Rebling, E.:* Die Tanzkunst Indiens, 1981, S. 68.

Gardel, Maximilian und **Pierre. 1. Maximilian:** Französischer Tänzer und ↗Choreograph, geb. 18. Dezember 1741 in Mannheim, gest. 11. März 1787 in Paris. Er debütierte 1755 an der Oper Paris, deren ↗Ballettmeister er 1772 gemeinsam mit J. ↗Dauberval wurde. Er trat 1772 in der Oper „Castor und Pollux" von J. Ph. ↗Rameau erstmals ohne Gesichtsmaske und Perücke auf. Man betrachtet ihn auch als einen der Pioniere der ↗Pantomime. 1778 schuf er die Pantomime „La chercheuse d'esprit". Für die

Hochzeit Ludwigs XVI. mit Marie Antoinette erfand er ein eigenes ↗Menuett von besonderer Schwierigkeit. **2. Pierre:** Bruder von Maximilian, französischer Tänzer, Lehrer und ↗Choreograph, geb. 4. Februar 1758 in Nancy, gest. 18. Oktober 1840 in Paris. 1780 wurde er Solotänzer an der Pariser Oper und 1787 als Nachfolger seines Bruders Ballettmeister. Seiner Schönheit wegen war er einer der beliebtesten Stars seiner Zeit. Von 1799 bis 1815 leitete er die der Oper angeschlossene Ballettschule als sehr geachteter Lehrer. Einer seiner Schüler war Carlo ↗Blasis. Verheiratet war er mit Mlle. Miller, Tänzerin und Mimikerin. ↗Noverre nannte sie die „Venus des Tanzes". (↗Dansomanie)

Lit.: *Schmidt-Garré, H.:* Ballett. Vom Sonnenkönig bis Balanchine, 1966, S. 39 ff. *Winter, M. H.:* The Pre-Romantic Ballet, 1974.

Gargouillade. Alter französischer Fachausdruck im klassischen Tanz. Eine Form des ↗Rond de jambe. In der russischen Schule bedeutet er Rond de jambe doublé.

Lit.: *Waganowa, A. J.:* Die Grundlagen d. klassischen Tanzes, 1954, S. 114.

Garreta, Julio. Spanischer Tanzkomponist, geb. 12. März 1875 in San Feliu de Guixols, gest. 2. Dezember 1925 ebendort. Garreta ist vor allem als Komponist des katalonischen Volkstanzes ↗Sardana bekannt geworden, den er für das Cobla-Instrumentarium, der kleinen spanischen Blaskapelle, schrieb.

Lit.: *Besseler, H.:* Katalanische Cobla u. Alta-Tanzkapelle, 1949, S. 59 ff. *Besseler, H.:* La cobla catalana y el conjunto instrumental de danca alta, in: Anuario Musical, Barcelona 1949.

Gars de Locminê. ↗Französischer Volkstanz aus der Bretagne. Von diesem Rundtanz im lebhaften 2/4-Takt gibt es zwei Versionen, und zwar eine nur von Männern getanzte und eine von Paaren ausgeführte. Die Paare stehen in einem Kreis mit dem Gesicht zur Mitte, sich im Uhrzeigersinn drehend. Die Tanzenden halten einander an den Händen oder mit den kleinen Fingern. Die Arme schwingen mit dem Rhythmus der Körperbewegungen mit. Der Tanz hängt mit den Arbeiten mit Flachs und Hanf zusammen. (↗Flachstanz)

Gaskell, Sonia. Russisch-litauische Tänzerin, Lehrerin, ↗Choreographin, geb. 14. April 1904 in Vilkaviškis, Litauen, gest. 9. Juli 1974 in Paris. 1936–1939 war sie in Paris, wo sie unterrichtete und mit ↗Diaghilew zusammenarbeitete. Sie ging anschließend nach Amsterdam, wo sie ihre Lehrtätigkeit fortsetzte und die Ballet Recital Gruppe gründete. 1954 wurde sie Direktorin des Niederländischen Balletts und gründete die Niederländische Ballettakademie in Den Haag. 1959 wurde sie Direktorin des Amsterdamer Balletts, aus dem sich 1961 das ↗Niederländische Nationalballett entwickelte, dessen künstlerische Leiterin sie bis 1969 war. Sie gilt als die bedeutendste Pionierin des Balletts in den Niederlanden. (Rudi van ↗Dantzig)

Lit.: *Weetering, C. van de-Utrecht, L.:* Sonia Gaskell, 1976.

Gaßmann, Florian Leopold. Österreichischer Komponist, geb. 3. Mai 1729 in Brüx, Böhmen, gest. 20. Januar 1774 in Wien. Er wirkte vom Jahre 1763 an in Wien als Komponist von ↗Balletten. Besondere Gunst bei Hof erwarb er sich 1765 mit dem zur Vermählung Josephs II. mit Maria Josepha von Bayern für das Schönbrunner Schloßtheater komponierten Schäferballett „Il trionfo d'amore" (↗Aeneas).

Gathering Peascods. ↗Englischer Volkstanz, ein ↗Reigen für beliebig viele Paare im geraden Takt, der im Freien auch um einen Baum getanzt werden kann.

Lit.: *Götsch, G.-Gardiner, R.:* Alte Kontra-Tänze, 1928 u. 1950, S. 24 f. *Wolfram, R.:* Die Volkstänze in Österreich u. verwandte Tänze in Europa, 1951.

Gato (wörtlich der Kater). Argentinischer Volkstanz im raschen 2/4-Takt. Er läßt sich bis 1820 zurückverfolgen und war früher der Tanz argentinischer Gauchos. Zu diesem Tanz wird meist gesungen, und zwar ein Vers vom Tänzer und als Antwort einer von der Tänzerin. Der Inhalt besteht vielfach aus trivialer Liebeslyrik. In solchen Versen hat auch der Name des Tanzes seinen Ursprung. Ähnlich dem Gato ist der El ↗Escondido, der aber im 6/8-Takt steht.

Lit.: *Friedenthal, A.:* Musik, Tanz u. Dichtung bei d. Kreolen Amerikas, 1913, S. 279 f.

Gattern. ↗Österreichischer Volkstanz aus dem Lungau in Salzburg, eine Abart des ↗Jägermarsches. Seinen Namen dürfte er von dem Dialektausdruck „Gatter" haben, was soviel wie Gitter bedeutet. Der Tanz wird von mehreren Paaren ausgeführt, die nebeneinander aufgestellt sind. Der Tänzer steht links neben der Tänzerin, deren linke Hand er in seiner rechten hält. Als Musik dient ein ↗Marsch oder eine ↗Polka.

Lit.: *Stich, S.:* Das Gattern, in: Das deutsche Volkslied, Jg. 38, 1936, H. 7, S. 96 f.

Gaugusch, Christine. Österreichische Tänzerin, geb. 4. März 1951 in Wien. Mit 8 Jahren kam sie in die Kinderklasse des Wiener Staatsopernballetts zu Edeltraud ↗Brexner. 1966 wurde sie an das ↗Wiener Staatsopernballett engagiert und bald zur ↗Coryphée und Solotänzerin ernannt. Sie ist mit dem Solotänzer der Wiener Volksoper E. Dzambazian verheiratet.

Gaur-Tanz (Bisontanz). ↗Indischer Tanz aus Nadhya Pradesh, ein ↗Hochzeitstanz, der aber auf eine uralte Jagdmagie zurückzuführen ist. Die Männer tragen Kopftücher, von denen Muschelketten herabhängen, die das Gesicht verhüllen, und Bisonhörner, die mit Pfauen- und Vogelfedern geschmückt sind. Mit lebhaft gestampften Wechselschritten, Drehungen, Ruck- und Stoßbewegungen tanzen sie, wie ein Bison kämpfend, in einem großen Kreis. Dabei begleiten sie sich mit Schlägen auf einer Trommel, die sie um die Hüfte gebunden haben. Die Frauen tragen federngeschmückte Kopfbedeckungen und bilden einen inneren Kreis. Jede Tänzerin legt ihre linke Hand auf die Schulter der Nachbarin, mit der rechten Hand schlägt sie mit einem Stock rhythmisch auf den Boden. Dabei beugt sie sich nieder, richtet sich aber gleich wieder, mit den Füßen stampfend, auf. Die Kreise der Männer und Frauen drehen sich in komplizierten Rhythmen, lösen sich in Halbkreise und sich verschlingende Reihen auf, um sich hierauf wieder zu konzentrischen Kreisen zu schließen.

Lit.: *Rebling, E.:* Die Tanzkunst Indiens, 1981, S. 60.

Gautier, Théophile. Französischer Dichter und Schriftsteller, geb. 30. August 1811 in Tarbes, gest. 23. Oktober 1872 in Neuilly sur Seine. Von seinen zahlreichen Schriften über die Geschichte des Theaters und ↗Balletts sind besonders wichtig: Les Beautés de L'Opéra (gemeinsam verfaßt mit Jules Janin und Philarete Chasles), Paris 1845; Histoire de L'Art Dramatique en France depuis 25 ans, 6 Bände, Paris 1858; Théatre, Mystère, Comédies et Ballets, Paris 1872; Portraits contemporains, Paris 1874. Aus seiner Feder stammen ferner viele Libretti zu Balletten, darunter zu ↗„Giselle".

Lit.: *Levinson, A.:* Théophile Gautier et le Ballet Romantique, in: La Revue Musicale, Jg. 2, 1921, Nr. 2, S. 53 ff. *Levinson, A.:* Meister d. Balletts, 1923. *Beaumont, C. W.:* The Romantic Ballet as seen by Théophile Gautier, 1932 u. 1947. *Binney, Ed.:* Les Ballets de Théophile Gautier, 1965. *Tuin, H. v. der:* Notes et documents. Gautier en Hollande. L'accueil fait à Giselle, 1970.

Gavotte. Dieser altfranzösische ländliche Tanz, dessen Ursprung von den Gavots, den Bergbewohnern der Dauphiné, hergeleitet wird, ist ab dem 16. Jh. nachweisbar. Die Gavotte, nach ↗Arbeau eine Folge verschiedener Doppel-↗Branles, untermischt mit den Schritten der ↗Galliarde, hat den höfischen Tanz bald neu belebt. Sie war vom 16. Jh. an bis zu Anfang des 19. Jh. einer der Lieblingstänze der Gesellschaft. Bald erschien sie auch auf den Programmen der Hofbälle und im 17. Jh. im ↗Ballett der französischen Oper. Zur Zeit der Herrschaft ↗Ludwigs XIV. war sie einer der bevorzugten Tänze der französischen Gesellschaft. Um die Mitte des 19. Jh. verschwand sie von den Pariser Bällen. Sie lebte aber weiter bei der französischen Landbevölkerung, wo sie noch heute, besonders in der Bretagne, zu finden ist. Die Gavotte, im geraden Takt stehend (C, ₵), war ein ↗Paartanz in Reihen, bei dem auch kleine pantomimische Intermezzi eingeschoben werden konnten. Im Laufe der Zeit war der tänzerische Aufbau der Gavotte allerdings vielen Veränderungen unterworfen. Eine der berühmtesten Modifikationen war die Gavotte, die der ↗Ballettmeister der Pariser Oper Gaetano ↗Vestris in der zweiten Hälfte des 18. Jh. schuf (Gavotte de Vestris). Die Kolonnengavotte des 19. Jh. hat mit der alten Gavotte nichts gemein. Finden wir in den Tanzbeschreibungen die Bezeichnung Gavotte-Schritt, so ist immer ein Double-Schritt gemeint, der bei der Gavotte leicht hüpfend ausgeführt wurde. Früh schon wurde der Gavotte eine wesentliche Rolle in der Instrumentalmusik zuteil. Am Ende des 17. Jh. und während des 18. Jh. findet man sie in verschiedenen Konzertwerken und vor allem als wesentlichen Bestandteil der ↗Suite (↗Lully, ↗Bach, ↗Händel). Diese Instrumentalgavotten haben vielfach den Zweivierteltauftakt als besondere Eigentümlichkeit. Oft waren sie mit einem Trio (Alternativsatz) à la ↗Musette verbunden.

J. S. Bach, Französische Suite V, G-Dur (BWV816)

G. F. Händel, Gavotte aus Josua

Lit.: *Czerwinski, A.:* Die Tänze d. 16. Jh., 1878. *Czerwinski, A.:* Brevier d. Tanzkunst, 1879. *Böhme, F. M.:* Geschichte d. Tanzes in Deutschland, 1886. *Vestris, D.:* Les danses d'autrefois, de la pavane à la gavotte, Paris 1889. *Jolizza, W. K.:* Die Schule d. Tanzes, 1907. *Nettl, P.:* Die Wiener Tanzkomposition in d. 2. Hälfte des 17. Jh., in: Studien zur Musikwissenschaft, 1921, H. 8, S. 92. *Sachs, C.:* Eine Weltgeschichte d. Tanzes, 1933. *Lawson, J.:* European Folk Dance, 1953. *Taubert, K. H.:* Höfische Tänze. Ihre Geschichte u. Choreographie, 1968.

Gawlik, Roland. Deutscher Tänzer, geb. 15. September 1944 in Grossenheim. Er studierte an der Ballettschule der Dresdner Staatsoper und später in Leningrad. Er debütierte 1962 beim Ballett der Dresdner Staatsoper. 1966 kam er an die Komische Oper in Ost-Berlin. Er tanzte in vielen ↗Choreographien von Tom ↗Schilling.

Gbagba. Name eines ↗Maskentanzes bei dem Stamm der Baule der ↗Elfenbeinküste. Im Mittelpunkt dieses Tanzes steht eine maskierte Gestalt, welche den Gbagba-Vogel, den Kuhreiher, der die Büffel- und Kuhherden begleitet, darstellt.

Lit.: *Himmelheber, H.:* Masken, Tänzer u. Musiker d. Elfenbeinküste, in: Publikationen zu wissenschaftlichen Filmen, Sektion Völkerkunde, Erg.-Bd. 2, 1972, S. 34 ff.

Geatai Doire (engl. Gates of Derry = Die Tore von Derry). ↗Irischer Volkstanz, ein ↗Longway im 6/8-Takt. Ausgeführt wird er von einer beliebigen geraden Zahl von Paaren, die in zwei parellelen Linien, einander ansehend, Aufstellung nehmen. Den Namen hat der Tanz von den Toren, die in der ersten Bewegung des Tanzes gezeigt werden, durch welche die Tanzenden durchgehen.

Lit.: *Burchenal, E.:* National Dances of Ireland, 1924, S. 97 ff.

Gebärdentänze. Die Wiege des Gebärdentanzes ist Indien, wo diese besondere Kunst vor Jahrtausenden entstanden ist. Der hindujavanische Tempel zu Borobudur stellt ihn schon auf seinen Reliefs dar. Indien hat diese Kunst in festen Regeln aufgezeichnet. Der Nātyaśāstra des ↗Bharata und der Alhinaya Darpana, der „Gebärdenspiegel" des Nadikéśvara, sind die großen Bücher, in denen das System und die Gesetze des Gebärdenspieles festgehalten sind, und zwar das gesamte Darstellungsgebiet des dramatischen Tanzes nach Stoff und seelischem Ausdruck bis in die einzelnen Bewegungen aller Körperteile (↗Indischer Tanz). Ausdrucksvolle Gebärdensprache im Tanz zeigen uns auch die japanischen Tänzerinnen und Tänzer in ihren Darbietungen. Alles, was sie mit ihrem Tanz erzählen, jeder Vorgang, jede Situation, jede Stimmung, jede Person findet Ausdeutung mit einer bestimmten Gebärde. Ein leichtes Stampfen mit dem Fuß ist Kampf, zwei über die Nase gehaltene Zeigefinger bedeuten den Teufel (↗Japanischer Tanz). Das wichtigste Ausdrucksmittel sind vor allem die Hände (↗Mudras). Die Gebärde als aussagende Bewegung, die den ganzen Körper einbezieht, ist überhaupt das charakteristische Merkmal des Tanzes vieler asiatischer Völker (↗Asiatische Tänze). Die europäischen Völker kennen die Gebärde in manchen ihrer ↗Volkstänze als Ausdrucksmittel im gestisch-mimischen Spiel einer bestimmten Tanzform (↗Drei lederne Strümpf, ↗Judentanz, ↗Melchertanz, ↗Oxdansen, ↗Sant-Ferriol, ↗Trimmekentanz, ↗Tuschpolka, ↗Vogelsteller).

Lit.: *Sachs, C.:* Eine Weltgeschichte d. Tanzes, 1933, S. 158 ff. *Rebling, E.:* Die Tanzkunst Indiens, 1981.

Geburtstag der Infantin, Der. ↗Pantomime von Franz ↗Schreker nach Oscar Wilde, komponiert für die Geschwister Wiesenthal. Die Uraufführung fand im August 1908 zur Eröffnung der Wiener Sezession mit Grete ↗Wiesenthal statt. Franz Schreker dirigierte. Am 22. Januar 1927 wurde das Werk umgearbeitet an der Staatsoper Berlin unter dem Titel „Spanisches Fest" aufgeführt.

Geierich. ↗Deutscher Volkstanz aus dem Vogelsberggebiet in Hessen. Sein Name ist ein Vogelname und bedeutet soviel wie Kiebitz. Daher wird der Tanz auch als Kiebitztanz bezeichnet.

Er ist ein mimischer Tanz, bei dem Merkmale des Vogels nachgeahmt werden. Getanzt wird er von Burschen und Mädchen. Die charakteristische Körperhaltung ist das Niederkauern in die Hocke. Das Alter des Tanzes ist unbestimmt, reicht aber jedenfalls bis ins 17. Jh. zurück.

Lit.: *Au, H. v. d.:* Hessische Volkstänze, 3. Teil, 1931. *Au, H. v. d.:* Der Geierich. Ein sprachlich-volkskundlicher Beitrag zu einem Vogelsberger Tanz, in: Volk u. Scholle, Jg. 15, 1937, H. 11, S. 309 ff. *Au, H. v. d.:* Das Volkstanzgut im Rheinfränkischen, in: Gießener Beiträge zur deutschen Philologie, Bd. 70, 1939, S. 94.

Geiler von Kaisersberg, Johann. Sittenprediger in Basel, Freiburg und Straßburg, geb. 1445, gest. 1510, war ein eifriger Tanzgegner. 1498 verfaßte er die Schrift „Vom Tanznarren in sieben Schellen". (↗Tanzverbote)

Lit.: *Böhme, F. M.:* Geschichte d. Tanzes in Deutschland, 1886, S. 102 f.

Geishas waren ursprünglich japanische Tempeltänzerinnen. Später wurden sie die Tänzerinnen in den japanischen Teehäusern. Ihr Unterricht beginnt bereits mit 13 Jahren. Sie werden nicht nur im Tanz unterrichtet, sondern auch im Gebrauch der Musikinstrumente, im Ikebana (Blumenkunst), in der Teezeremonie und in der Geschichte des Landes. Mit feinster Gebärdensprache, meist nur mit einem Fächer als Requisit, stellen sie die schönsten ↗Pantomimen dar, deren Stoff vielfach aus der japanischen Geschichte genommen wird. Zu einigen buddhistischen Festen werden besondere Tänze in Tempeln aufgeführt. (↗Japanischer Tanz)

Lit.: *Hagemann, C.:* Spiele d. Völker, 1921, S. 277. *Kellermann, B.:* Sassa yo Yassa, Berlin 1922. *Friedländer, H. E.:* Die japanischen Geishas, in: Der Erdball, Jg. 1928, Nr. 5, S. 172 ff.

Geißtanz. Alter deutscher Spottname für die ↗Galliarde.

Lit.: *Böhme, F. M.:* Geschichte d. Tanzes in Deutschland, 1886, S. 129.

Geist der Rose, Der (Le Spectre de la Rose). Ballettszene nach C. M. ↗Webers „Aufforderung zum Tanz". Das Libretto nach Théophile ↗Gautier stammt von Jean-Louis Vaudoyer. Die Uraufführung fand am 19. April 1911 im Théâtre de Monte Carlo nach einer ↗Choreographie von Michael ↗Fokine statt. Die Hauptrollen tanzten Tamara ↗Karsawina und Waslaw ↗Nijinsky.

Geitel, Klaus. Deutscher Ballettkritiker und Schriftsteller, geb. 14. August 1924 in Berlin. Von ihm stammen die Schriften: Ballettzentrum Paris, Berlin 1960; Ballett vor der Premiere, Berlin 1961; Stars auf der Spitze, Berlin 1963; Der Tänzer heute, Berlin 1964; Hommage à Tatjana Gsovsky, in: Ballett 1966; Der Tänzer Rudolf Nurejew, Berlin 1967; Das Abenteuer Béjart, Berlin 1970.

Gelosia, La (La Giloxia). Italienischer Tanz aus dem 15. Jh., ein Tanz für sechs Personen, drei Männer und drei Frauen. Er besteht aus drei Figuren: Intrada, Quadernaria, ↗Piva.

Lit.: *Dolmetsch, M.:* Dances of Spain and Italy from 1400 to 1600, 1975, S. 164 ff.

Gelosie del Serraglio, Le. ↗Mozart hat Skizzen zu diesem ↗Ballett von ↗Noverre hinterlassen. Sie dürften vermutlich im Dezember 1772 in Mailand entstanden sein. Der Entwurf enthält 32 Nummern. Bei einzelnen Nummern sind die Namen der Tänzer und Tänzerinnen dazugeschrieben (siehe KV 135 a).

Lit.: *Niedecken, H.:* Jean Georges Noverre, Diss. Halle, 1919, S. 54. *Müller v. Asow, E. H.:* Gesamtausgabe d. Briefe u. Aufzeichnungen d. Familie Mozart, 1949. *Szabolcsi, B.:* Die „Exotismen" Mozarts, in: Bericht über d. Prager Mozartkonferenz, 1956. *Nettl, P.:* Mozart u. d. Tanz, 1960, S. 38. *Senn, W.:* Mozarts Skizze d. Ballettmusik zu „Le Gelosie del Serraglio", in: Acta Musicologica, 33, 1961, S. 169 ff.

Geltzer, Jekaterina Wassiljewna. Russische Tänzerin, geb. 14. November 1876 in Moskau, gest. 12. Dezember 1962 ebendort. Sie studierte an der Ballettschule des Bolschoj-Theaters. Nach Beendigung ihres Tanzstudiums schloß sie sich 1894 dem ↗Bolschoj-Ballett an. Zur Vervollkommnung ihrer Tanztechnik studierte sie noch zwei Jahre bei Ch. ↗Johansson in St. Petersburg. Im Jahre 1910 tanzte sie bei der Gruppe ↗Diaghilews in Paris, 1911 am Alhambra Theatre in London und später an der Metropolitan Opera New York. Sie wurde als die erste ↗Ballerina des neuen sowjetischen Staates angesehen.

Lit.: *Roslavleva, N.:* Era of the Russian Ballet, London 1966.

Genée, Adeline (eigentlich Anina Jensen). Dänische Tänzerin, geb. 6. Januar 1878 in Hinnerup (Jütland), gest. 23. April 1970 in Esher (Surrey). Sie studierte bei ihrem Onkel Alexander Genée und debütierte im Alter von 10 Jahren in Christiania (Oslo). 1893 schloß sie sich dem Zentralhallentheater in Stettin an. 1895 war sie an der Hofoper Berlin und 1896 an der Hofoper München. Von 1897 bis 1907 tanzte sie in London und war auch Gast in Kopenhagen. 1907 ging sie nach New York. 1910 kehrte sie nach London zurück und tanzte am Alhambra- und Kolosseum Theater. Außerdem fiel in diese Zeit auch eine Tournee nach Australien und Neuseeland. 1917 nahm sie Abschied von der Bühne, trat aber noch verschiedentlich bei Wohltätigkeitsveranstaltungen auf. Sie war Mitbegründerin der ↗Camargo Society und von 1920 bis 1954 Präsidentin der London Association of Operatic Dancing (später ↗Royal Academy of Dancing). Ihre hohe Kunst wurde durch zahlreiche Auszeichnungen gewürdigt.

Lit.: *Kobjerski, Ferd. v.:* Erinnerungen an Alexander Genée, 1930. *Guest, Ivor:* Adeline Genée, A Lifetime of Ballet under Six Reigns, 1958.

Gentil Senyora. ↗Religiöser Tanz aus Mallorca. Er ist in seiner Ausführung mit den ↗Moriskentänzen verwandt. In Alaró finden am 15. und 16. August (Mariä Himmelfahrt und Hl. Rochus) große Festzüge statt. Nach einer Muttergottesprozession wird dann in der Kirche die Muttergottes mit dem Gentil Senyora umtanzt. Charakteristisch für den Tanz sind die heftigen Bewegungen der Arme und Beine.

Lit.: *Wolfram, R.:* Schwerttanz u. Männerbund, S. 105.

Georgi, Yvonne. Deutsche Tänzerin, ↗Choreographin, Lehrerin, ↗Ballettmeisterin und Ballettdirektorin, geb. 29. Oktober 1903 in Leipzig, gest. 25. Januar 1975 in Hannover. Sie studierte in Leipzig, am ↗Jaques-Dalcroze-Institut in Hellerau und ab 1921 an der Wigman-Schule in Dresden. 1923 debütierte sie in Leipzig und 1924 war sie bei Kurt ↗Jooss in Münster. 1925 wirkte sie in Gera und von 1926 bis 1931 in Hannover, wo sie eine Schule eröffnete. Von Hannover aus unternahm sie mit Harald ↗Kreutzberg Tourneen, darunter fünfmal in die USA. In den Jahren 1931/32 war sie in Amsterdam, kehrte 1932 nach Hannover zurück und blieb dort bis 1936, wo sie mit Viktor ↗Gsovsky zusammenarbeitete. Im Jahre 1938 trat sie mit einer niederländischen Ballettgruppe in Scheveningen auf. Ihre Tätigkeit in den Niederlanden setzte sie auch während des zweiten Weltkriegs fort. Von 1951 bis 1954 war sie Ballettmeisterin an der Oper in Düsseldorf und von 1954 bis 1970 Ballettdirektorin in Hannover und Direktorin der Tanzabteilung an der Musikhochschule bis 1973. Yvonne Georgi produzierte viele klassische und moderne Ballette und galt als eine der prominentesten Vertreterinnen des ↗Modern Dance.

Lit.: *Wille, H.-J.:* Harald Kreutzberg-Yvonne Georgi, 1930. *Koegler, H.:* Yvonne Georgi, 1963.

Géranos. Antiker ↗griechischer Tanz aus Delos, wo er beim Fest zu Ehren Aphrodites getanzt wurde. Die Erfindung dieses reigenartigen Tanzes wird dem Theseus zugeschrieben, der ihn, wie Plutarch berichtet, nach der Besiegung des Minotaurus auf Kreta nach seiner Landung in Delos vor dem Bild der Göttin Aphrodite mit der befreiten Athener Jugend getanzt haben soll. Die Ausführung des Géranos war sehr kompliziert. Jünglinge und Mädchen hielten einander, eine lange Reihe bildend, an den Händen und schritten nach einem bestimmten Rhythmus in verwickelten Wendungen und Windungen, vermutlich das Labyrinth nachahmend, um Aphroditens Altar. Der Tanz wurde bei Fackelbeleuchtung ausgeführt. Im Griechischen bedeutet das Wort „géranos" Kranich. Der Tanz wurde daher auch verschiedentlich als ↗„Kranichtanz" bezeichnet, doch gibt es keine Aufzeichnung für eine Figur, die ausgesprochen den Vogel Kranich nachahmt. Vielleicht hat das dem Flügelschlagen eines Vogels ähnliche heftige Armschwingen, eine charakteristische Bewegung des Géranos, dem Tanz den Namen gegeben. Andererseits muß auch angenommen werden, daß das Wort „géranos" auf seine Wurzel gér = winden zurückgeht. Auf keinen Fall ist der Géranos ein ↗tiernachahmender Tanz, als der er oftmals bezeichnet wurde, sondern mit seinen komplizierten Windungen und Spiralen den sogenannten ↗Labyrinthtänzen zuzuordnen.

Lit.: *Weege, F.:* Der Tanz in d. Antike, 1926, S. 61 f. *Sachs, C.:* Eine Weltgeschichte d. Tanzes, 1933, S. 162. *Herter, H.:* Theseus d. Athener, in: Rheinisches Museum f. Philologie, Bd. 88, N. F. 1939, S. 258 ff. *Lawler, L. B.:* The Geranos Dance – New Interpretation, in: Transactions and Proceedings of the American Philological Association, vol. 77, 1946, S. 112 ff. *Petrikovits, H.:* Troiaritt u. Geranostanz, in: Festschrift f. Rudolph Egger, Bd. I, 1952, S. 126 ff. *Koller, H.:* Die Mimesis in d. Antike, 1954, S. 41. *Lawler, L. B.:* The Dance in Ancient Greece, 1964.

Gerber, Judith. Österreichische Tänzerin, geb. 24. Juli 1946 in Wien. Sie studierte an der Ballettschule der Wiener Staatsoper und bei Toni ↗Birkmeyer, Ewald ↗Vondrak, V. Denisowa und V. Pereyaslavec. 1961 trat sie in das ↗Wiener Staatsopernballett ein und wurde 1973 Solistin.

Gerdt, Pawel Andrejewitsch (eigentlich Paul Friedrich Gerdt). Russischer Tänzer und Lehrer, geb. 4. Dezember 1844 in St. Petersburg, gest. 11.

August 1917 in Vammala, Finnland. Er studierte an der kaiserlichen Ballettschule bei Marius ↗Petipa und Christian ↗Johannson. 1866 war er bereits 1. Tänzer am Marijinskij-Theater, wo er als einer der berühmtesten Tänzer seiner Zeit bis 1916 Partner aller berühmten ↗Ballerinen war. Außerdem war er ein hervorragender Lehrer, besonders als Stütze beim ↗Adagio und bei der ↗Mimik. Seine Tochter **Jelisaweta Pawlowna Gerdt,** geb. 29. April 1891 in St. Petersburg, gest. 5. November 1975 in Moskau, war ebenfalls eine anerkannte Tänzerin und Lehrerin. Sie studierte bei ihrem Vater und an der kaiserlichen Ballettschule in St. Petersburg. Am Marijinskij-Theater tanzte sie erste Rollen und wurde 1919 Ballerina. 1935 ging sie nach Moskau, wo sie an der Ballettschule des Bolschoj-Theaters eine der berühmtesten Lehrerinnen war.

Lit.: *Goldstein, M.:* Pavel Gerdt, Meistertänzer u. Pädagoge, in: Das Tanzarchiv, August 1973.

Germanischer Tanz. Die Geschichte des germanischen Tanzes reicht bis in das 16. vorchristliche Jahrhundert zurück. Schon zur urgermanischen Zeit hat es bestimmte tänzerische Formen gegeben. Zur Bestätigung dieser Annahme können die bildnerischen Darstellungen und Felsritzungen, die sich in Schweden und Norwegen befinden, herangezogen werden. Außerdem zeigen uns auch Schmuckstücke deutliche Beziehungen zum Tanz. Der bedeutendste und lehrreichste Fund dieser Art ist der „Ring von Roga“ (Friedland, Mecklenburg). Seine Verzierungen stellen ein frühgermanisches Kultfest mit Schiff, Reigentanz und kultischem Maskenspiel dar. Weitere Belege, die uns besondere Hinweise auf den germanischen Tanz geben, sind die baulichen Anlagen frühgermanischen Kultes, wie die in der Ebene von Salisbury (Südengland) liegende Kultstätte Stonehenge, die Trojaburgen Nordeuropas und die Tanzberge und Walburgen im ostdeutschen Raum. – Der Tanzschatz der alten Germanen mag sehr mannigfaltig gewesen sein und aus kultischen Umzügen, Fruchtbarkeits- und ↗Hochzeitstänzen (Brautlauf) und aus Tänzen zum Wechsel der Jahreszeiten und zur Totenfeier bestanden haben. Im 1. Jh. n. Chr. setzen mit Tacitus die ersten schriftlichen Zeugnisse über den germanischen Tanz ein. In der „Germania“ schildert er den von jungen nackten Kriegern zwischen Schwertern und Lanzen getanzten ↗Schwerttanz. Es ist dies der älteste literarische Beleg für diesen alten germanischen ↗Waffentanz, der bis in die neuere Zeit hinein lebendig geblieben ist. Auch bei dem in der „Germania“ beschriebenen Kult zu Ehren der im 1. Jh. n. Chr. lebenden Seherin Veleda, sowie bei den feierlichen Handlungen zu Ehren der Fruchtbarkeitsgöttin Nerthus dürfte der Tanz eine besondere Rolle gespielt haben. Von Tänzen, die nicht dem Kult zugehörig waren, und von Tänzen geselliger Art fehlen Belege. – Für unser Wort „tanzen“ hat es bei den Germanen mehrere Bezeichnungen, darunter viele Lehnwörter, gegeben. Im Gotischen finden wir plinsjan (aus dem Slawischen), laiks und laikan, im Althochdeutschen laichan, tûmôn, dinsan, dansôn, rihan (reie). Irgendwelche Tanzformen oder Tanzbewegungen sind aus diesen verschiedenen Namen jedoch nicht zu erschließen, da die Bedeutung dieser Wörter vielfältigem Wandel unterlag. – Zur musikalischen Begleitung der germanischen Tänze können wir nur annehmen, daß sie aus Gesang und den in der ältesten Zeit bereits bekannten Trommeln und Saiteninstrumenten bestand. Jedoch dürfte aber das Blasinstrument der nordischen Bronzezeit, die Lure, bei der Tanzbegleitung eine besondere Rolle gespielt haben.

Qu.: Bildliche Darstellungen u. Felsritzungen, Schmuckstücke, bauliche Anlagen u. literarische Nachrichten (*Tacitus:* Germania, cap. 8,24, 40.) *Olaus Magnus:* Degentium septentrionalium variis conditionibus. Romae 1555, Lib. XV, cap. XXV.

Lit.: *Böhme, F. M.:* Geschichte d. Tanzes in Deutschland, 1886, S. 6 ff. *Hentschel, W.:* Walburgen u. Tanzberge, 1922. *Keller, G.:* Tanz u. Gesang bei d. alten Germanen, 1927. *Weiser, L.:* Altgermanische Jünglingsweihen u. Männerbünde, in: Bausteine zur Volkskunde u. Religionswissenschaft, 1927, H. 1. *Meschke, K.:* Schwerttanz u. Schwerttanzspiel im germanischen Kulturkreis, 1931. *Franz, L.:* Alteuropäische Tänze, in: Mitteilungen d. Anthropologischen Gesellschaft in Wien, Bd. 63, 1933, S. 186 ff. *Sachs, C.:* Eine Weltgeschichte d. Tanzes, 1933, S. 168 f. *Wolfram, R.:* Schwerttanz u. Männerbund, 1935, S. 205 ff. *Agde, H.:* Der germanische Ring v. Roga u. d. bronzezeitlichen Rasiermesser, in: Mannus, Jg. 28, 1936, H. 2, S. 153 ff. *Stumpfl, R.:* Kultspiele d. Germanen als Ursprung d. mittelalterlichen Dramas, 1936. *Böhme, F.:* Der Tanz d. germanischen Frühzeit, in: Jahrbuch Deutscher Tanz, 1937, S. 29 ff. *Hüth, O.:* Vom germanischen Männertanz, in: Rhythmus, 15 (1937), S. 260 f. *Janietz, E.:* Deutscher Volkstanz, in: Jahrbuch Deutscher Tanz, 1937, S. 54 ff. *Weinhold, K.:* Altnordisches Leben, 1938. *Wolfram, R.:* Tänze d. Germanen, in: Germanien, 1938, S. 156 ff. *Roemisch, B.:* Das Tanzdrama d. Nordgermanen, in: Deutsche Monatshefte in Norwegen, Jg. 2, 1941, H. 11, S. 24 ff. u. in: Deutsche Dramaturgie, Jg. 1, H. 6. Juni 1942, S. 130 ff.

Gerster, Joachim. Deutscher Tänzer, ↗Choreograph und Ballettdirektor, geb. 7. Januar 1936 in Perleberg. Er studierte bei D. ↗Hoyer, T. ↗Gsovsky und N. Kiss. Von 1958 bis 1960 wirkte er in Mannheim, von 1960 bis 1963 an der Deutschen Oper Berlin und von 1963 bis 1964 am Landestheater in Salzburg. 1974 wurde er Ballettdirektor in Braunschweig, 1979 in Mannheim.

Gert, Valeska. Deutsche Tänzerin und Schauspielerin, geb. 11. Januar 1892 in Berlin, gest. 15. März 1978 in Kampen (Sylt). Als Autodidaktin war sie, als sie 1920 in Berlin ihre künstlerische Tätigkeit begann, sehr umstritten. Sie pflegte in ihren Tänzen den ↗Ausdruckstanz, sehr mimisch orientiert, mit grotesker, satirischer und sozial-kritischer Thematik. Lange Zeit lebte sie in den USA. Nach dem zweiten Weltkrieg kehrte sie nach Deutschland zurück. Sie schrieb die Bücher: Mein Weg; Bettlerbar von New York; Ich bin eine Hexe.

Lit.: *Hildebrandt, Fred:* Die Tänzerin Valeska Gert, 1928. *Simon, K. G.:* Pantomime, 1960, S. 88.

Gesang der Nachtigall, Der ↗Chant du Rossignol, Le.

Geschichte des Tanzes. Der Tanz gehört zu den ältesten Ausdrucksweisen des Menschen. Eine Reihe wesentlicher Tanzmotive ist bereits auf vormenschlicher Stufe ausgebildet, wie aus dem oft beobachteten und beschriebenen Tanz höherer Tiere (↗Tiertänze) festzustellen ist. Drehen, Springen, Hüpfen, Kreisen, rhythmisches Stampfen, Gleich- und Gegenlauf können als Urformen des Tanzes angesehen werden. Die Anfänge des menschlichen Tanzes reichen bis tief in die Steinzeit. Die ältesten Quellen stammen aus dem Paläolithikum. Es sind dies Felsmalereien in Höhlen am Nord- und Südabhang der Pyrenäen und Eindrücke von Fußspuren, die auf Tanzschritte schließen lassen. Die früheste Geschichte des Tanzes läßt sich aber nicht nur aus diesen urzeitlichen Quellen erschließen, ihre Ergänzung finden sie durch die Forschungen auf dem Gebiet der Völkerkunde. In vieler Hinsicht weisen nämlich die Kulturen unserer heutigen ↗Naturvölker Parallelen mit den Kulturen der europäischen Vorzeit auf. – Über den Tanz der Kulturvölker des frühen Altertums (Assyrer, Babylonier, Sumerer) liegen nur sehr unzuverlässige Quellen vor. Meist sind es bildnerische Darstellungen, wie Tänzerinnen mit reigenartig gefaßten oder erhobenen Händen, die auf eine tänzerische Betätigung dieser Völker schließen lassen. Die bildnerischen und literarischen Quellen aus dem alten Ägypten geben aber schon Rückschlüsse auf bestimmte Tanzformen. Drei Gruppen lassen sich feststellen: ↗Totentänze, Festtänze und Tänze beim Gastmahl (↗Ägyptischer Tanz). Eine ausgeprägte Tanzkunst besaß bereits die Antike. Tanzdarstellungen der Griechen, Römer und Etrusker bezeugen uns die Vielgestaltigkeit der tänzerischen Betätigung dieser Völker (↗Etruskischer-, ↗Griechischer- und ↗Römischer Tanz). Der Tanzschatz der Germanen mag in mannigfaltigen Formen aus kultischen Umzügen, Fruchtbarkeits- und ↗Hochzeitstänzen und aus Tänzen zum Wechsel der Jahreszeiten bestanden haben. Die ersten schriftlichen Zeugnisse über den germanischen Tanz setzen mit Tacitus im 1. Jh. n. Chr. ein (↗Germanischer Tanz). – Die Geschichte des Tanzes im Mittelalter ist vor allem eine Geschichte der europäischen Tänze, wie sie auch heute noch in den ↗Volkstänzen in verschiedenen Formen fortleben. Der Tanz des Mittelalters war der ↗Reigen. Reigengesang und Reigentanz erreichten im 13. Jh. ihre höchste Blüte. In der Zeit von 1374 bis 1518 hatte die ↗Tanzwut besonders in Deutschland ihren Höhepunkt. Der chormäßig geführte Reigen wurde vom ↗Paartanz abgelöst. Eine Zäsur in der Entwicklung des Tanzes brachte das Christentum mit seinen ↗Tanzverboten und ↗Tanzgeboten. Die mittelalterlichen Sittenprediger, Theologen und Philosophen sind wiederholt in Rede und Schrift gegen den „sündigen, teuflischen Tanz" aufgetreten. Die Tanzverbote bezogen sich auch auf die in frühchristlicher Zeit üblichen Tänze in der Kirche. Die Tanzfreudigkeit konnte aber durch diese Verbote beim Volk und den Bürgern nicht gelähmt werden. Sie lebte vor allem in den ↗Geschlechtertänzen der Bürger, den ↗Zunfttänzen der Handwerker und den Tänzen des Landvolkes weiter. In den Städten entstanden eigene ↗Tanzhäuser. Die Tanzfreude des mittelalterlichen Bürger- und Landvolkes fand ihr Gegenstück im Tanz des Adels, dem ↗höfischen Tanz. Aus ihm entwickelte sich im 15. Jh. der sogenannte ↗Gesellschaftstanz, der im 19. Jh. mit den Paarrundtänzen seinen Höhepunkt erreichte und im weiteren Verlauf zu den außereuropäischen Modetänzen führte. Neben den Hof- und Gesellschaftstänzen entwickelte sich an den italienischen Fürstenhöfen eine eigene Tanzkunst, die zunächst nur eine festliche Zeremonie war, aber immer mehr auf eine theatralische Handlung mit Gesang, Dialog und besonders auf Tanz abgestimmt wurde. Sie war der Anfang des ↗Balletts, das in Frankreich sein künstlerisches Gepräge erhielt, im russischen Ballett seine große Blüte erlebte und im 20. Jh. in immer neuen Formen weiterlebt.

Lit.: Allgemein: *Featherstone, Chr.:* A Dialogue against light, lewde and lascivious dancing, Oxford 1582. *Mercurius:* Der Schauplatz d. Tanzenden, Nürnberg 1671. *Ménéstrier, P. Cl. Fr.:* Des Ballets anciens et modernes selon les regles du Theatre, Paris 1682. *Weaver, J.:* An Essay towards an History of Dancing, containing the several sorte of dancing, antique and modern, London 1712. *Rost, J. L. (Pseud. H. Meleaton):* Von d. Nutzbarkeit d. tantzens, Frankfurt/M. 1713. *Le Roy, A.:* Oordeelkundige aanmerkingen over de danssereyen, zoo der oude als latere volkeren, Rotterdam 1722. *Bonnet, J.:* Histoire générale de la danse sacrée, prophane, Paris 1724. *Kettner, J. D.:* Dissertatio: de eo quod justum est circa saltationes, Wittenbergae, 1730. *Anonym:* Eines ev.-luth. Ministerii d. Stadt Essen schriftmäßige Gedanken v. d. heutigen weltüblichen Tantzen, Essen 1739. *Cahusac, L. de:* La danse ancienne et moderne ou traité historique de la danse, La Haye 1754, 1759. *Fresenius, J. Ph.:* Gedanken v. tanzen u. spielen, Frankfurt/M. 1761. *Butteux, Ch.:* Prècis de la danse ancienne et moderne, Paris um 1770. *Schubart, Chr. Fr. Dan.:* Vorlesungen über Mahlerey, Kupferstecherkunst, Bildhauerkunst, Steinschneidekunst u. Tanzkunst, Münster 1777. *Sonntag, D.:* Vom Tanz. Ein Beitrag zur Berichtigung d. Urtheile über denselben, mit Rücksicht über d. v. Jos. Fernet darüber herausgegebene Broschüre, 1797. *Kaufmann, A.:* Zur Geschichte d. Tanzes, 1799. *Voiart, El.:* Essay sur la danse antique et moderne, 1823. *Baron, A.:* Lettres et entretiens sur la danse ancienne, moderne, religieuse, civile et théâtrale, 1824. *Baron, A.:* Lettres à Sophie sur la danse, 1825. *Alerme, E.:* De la danse, considérée sous le rapport de l'éducation physique, 1830. *La Fage, J. Ad. de:* Histoire générale de la musique et de la danse, 1844. *Fertiault, Fr.:* Histoire anecdotique et pittoresque de la danse chez peuples anciens et modernes, 1854. *Schuegraf:* Über d. Tanzen d. Deutschen überhaupt, insbesondere über d. vielerlei Arten ihrer Tänze, in: Zeitschrift f. deutsche Kulturgeschichte, Jg. 1, 1856, S. 447 ff. *Selos, J.-Zingerle, J. V.:* Fresken-Zyklus d. Schlosses Runkelstein, Innsbruck 1857. *Ferrere, Ed.:* The Art of Dancing, Historically Illustrated, 1859. *Polkarius* (O. de Seltz): Almanach manual de la danse, précédé d'une histoire anecdotique, théorique et comique de la danse ancienne et moderne, 1861. *Waldau, A.:* Geschichte d. böhmischen Nationaltanzes, 1861. *Czerwinski, A.:* Geschichte d. Tanzkunst, 1862 (als „Brevier d. Tanzkunst", 1879). *Schubert, F. L.:* Die Tanzkunst dargestellt in ihrer historischen Entwicklung, nebst einer Anzahl v. Tänzen aus alter u. neuer Zeit, 1867. *Gorzowski, M.:* Historyczne poszukiwania o táncach, Warszawa 1869. *Voß, R.:* Der Tanz u. seine Geschichte, 1869. *Haraschin, C.:* Tanz-Fragmente, 1874. *Laporte, de:* Notice sur les danse. ancienes à la cour et au théâtre, 1878. *Freising, A.:* Der Tanz, 1882. *Lajarte, Th. de:* Les danses historiques, in: Curiosités de l'opéra, Paris 1883, S. 33 ff. *Böhme, F. M.:* Geschichte d. Tanzes in Deutschland, 1886. *Mastrigli, L.:* La Danze storiche dei secoli XVI, XVII e XVIII, 1889. *Bernay, B.:* La danse au théâtre, 1890. *Flinzer, F.:* Der Tanz in historischen Bildern, 1893. *Grove, L.:* Dancing, 1895. *De Soria, H.:* Histoire pittoresque de la danse, 1897. *Vuillier, G.:* La Danse, 1898. *Scott, Ed.:* Dancing in all ages, 1899. *Tottmann, A.:* De dans en zijne geschiedkundige ontwikkelung, in: Dietsche Warande, XII, 1899, Nr. 4. *Anonym:* Traité de l'origine de la danse, in: Extraordinaire du Mercure Galant, Paris, Bd. 10, S. 91, Bd. 11, S. 3. *Charbonnel, R.:* La Danse. Comment on dansait, comment on danse, 1900 (?). *Becker, M. L.:* Der Tanz, 1901. *Storck, K.:* Der Tanz, 1903. *Wallaschek, R.:* Anfänge d. Tonkunst, 1903, S. 214 ff. *Aubry, P.:* La musique de danse au moyen âge, in: Revue Musicale 4, Nr. 12, Juin 1904. *Ménil, F. de:* Histoire de la danse, 1904. *Bie, O.:* Der Tanz, 1906. *Fuchs, G.:* Der Tanz. Flugblätter f. künstlerische Kultur, Bd. 6, 1906. *Ménier:* Histoire de la danse, 1906. *Saint-Johnston, R.:* A History of Dancing, 1906. *Gleichen-Rußwurm:* Vom Tempeltanz zum Walzer, in: Die Zeit 1/III, 1908. *Aubry, P.:* La danse au moyen âge, in: Revue Musicale, 1909, S. 109 ff. *An Antiquary:* The Dance. Historic Illustrations of Dancing from 3300 B. C. to 1911 A. D., 1911. *Harrison, J. E.:* Ancient Art and Ritual, 1913. *Chudekov, S. N.:* Istorija tancev, 1913. *Delzangles, F.:* La danse, son histoire, son utilité, sa rénovation, 1914. *Gross, V.:* Mouvements de danse de l'antiquité à nos jours, 1914. *Kinney, Troy-West, M.:* The Dance: Its Place in Art and Life, 1914. *Pichetti, Cav. E.:* La danza antica e moderna, 1914. *Robinson, L.:* The Natural History of Dancing, in: Ninteenth Century Magazine, no. 75, February 1914, S. 402 ff. *Ham, Mordecai F.:* The Modern Dance; a Historical and Analystical Treatment of the Subject; Religiosus, Social, Hygienic, Industrial Aspects, San Antonio 1916. *Narodny, I.:* The dance, New York 1917. *Scherber:* Über Tanzweisen d. älteren Zeit, in: Bayreuther Archiv I, 89. *Bunning, J. W. F. Werumeus:* De wereld van de dans, 1922. *Nettl, P.:* Zur Vorgeschichte d. süddeutschen Tänze, in: Bulletin de la Société Union Musicologique, Jg. 3, 1923, S. 45 ff. *Fischer, H.:* Das Tanzbuch, 1924. *Moreck, K.:* Der Tanz in d. Kunst. Die bedeutendsten Tanzbilder v. d. Antike bis zur Gegenwart, 1924. *Sharp, J. C.-Oppe, A. P.:* The Dance. An Historical Survey of Dancing in Europe, 1924. *Tepp, M.:* Der Tanz d. Zeit, 1924. *Boehn, M. v.:* Der Tanz, 1925. *Böhme, F.:* Tanzkunst, 1926. *Kunike, H.:* Zur Entwicklungsgeschichte d. Tanzes, in: Der Erdball I, 1926/27. *Schikowski, J.:* Geschichte d. Tanzes, 1926. *Böhme, F.:* Maßstäbe zu einer Geschichte d. Tanzkunst, in: Geist u. Gesellschaft, Bd. II, 1927, S. 91 ff. *Gentges, I.:* Tanz u. Reigen, 1927. *Hildesheimer, H.:* Vom religiösen Tanz zum Charleston, in: Wunder im Weltall – Ein Buch v. Werden u. Sein, 1927, S. 415 ff. *Sharp, E.:* The Story of the dance, 1928. *Godlewski, W.:* Der Tanz im Wandel d. Zeiten, in: Die Musik, Jg. 22, 1929/30, H. 9, S. 649 ff. *Nettl, P.:* Notes on the History of the Dance, in: Musical Quarterly, vol. 15, H. 4, Okt. 1929. *Nufer, W.:* Herders Ideen zur Verbindung v. Poesie, Musik u. Tanz, in: Germanische Studien, H. 74, 1929. *Nettl, P.:* Tanz u. Tanzmusik, in: Handbuch d. Musikgeschichte, Bd. II, 1930, S. 973 ff. *Parnack, V.:* Histoire de la danse, 1930. *Sonner, R.:* Musik u. Tanz. Vom Kulttanz zum Jazz, 1930. *Bergmeier, M.:* Der Tanz u. seine Entwicklung, in: Zeitschrift Heimat u. Volkstanztracht, Jg. 5, 1931, H. 23–27. *Mück, H.:* Vom Tanz, 1931, *Schrade, L.:* Die handschriftliche Überlieferung d. ältesten Instrumentalmusik, 1931. *Bruac, V.:* Histoire de la danse, 1932. *Born, W.:* Internationale graphische Ausstellung 'Der Tanz', Gotik bis Gegenwart. Im Künstlerbund

Hagen, Wien 1933, in: Moderne Welt, Jg. 14, 5. Sonderausgabe. *La Meri (Russell Marie Hughes):* Dance as an Art Form. Its History and Development, 1933. *Sachs, C.:* Eine Weltgeschichte d. Tanzes, 1933. *Wolfram, R.:* Gemeinschaftstanz, in: Ständisches Leben, Jg. 3, 1933, S. 41 ff. *Miomandre, Fr. de:* Danse, 152 Illustrations, 1935. *Moser, H. J.:* Tönende Volksaltertümer, 1935. *Sachs, C.:* The Symbolism of Dancing, in: Journal of the English Folk Dance and Song Society, vol. II, 1935, S. 30 ff. *Lölhöffel, E. v.:* Der Mensch im Tanz, in: Jahrbuch deutscher Tanz, Jg. 1937, S. 71 ff. *Lifar, S.:* La danse, 1938. *Panzer, M.:* Tanz u. Recht, Deutsche Forschungen, Bd. 32, 1938. *Schmid, E.:* Der Tanz d. Völker. Eine weltgeschichtliche Erforschung, 1938. *Norlind, T.:* Dansens historia, 1941. *Schulz, Ed.:* Das Bild d. Tanzes in d. christlichen Mystik. Sein kultischer Ursprung u. seine psychologische Bedeutung, Diss. Marburg 1941. *Vaillart, L.:* Histoire de la danse, 1942. *Beryes, Ig. de:* Historia de la danza, 1946. *Martin, J.:* The Dance, the story of the dance told in pictures and text, 1946. *Plaschil, H.:* Bodenständiges u. fremdes Kulturgut in unseren Tänzen im Laufe d. Geschichte, Diss. Wien 1946. *Shawn, T.:* Dance we must, 1946. *Rehnberg, M.:* Fran svards dans till menuett, in: Det Glada Sverige Bd. I, Stockholm 1947, S. 133 ff. *Tugal, P.:* Initiation a la danse, 1947. *Manas, J. H.:* The Dance. Its Origin, Psychology and Philosophy, 1948. *Cowan, A:* Old Time and Sequence Dancing, 1950. *Wood, M:* Some Historical Dances, 1952. *Bon, St.:* Les grands courants de la Danse, 1954. *Salmen, W.:* Grundriß einer Geschichte d. Tanzes in Westfalen, in: Westfälische Forschungen, Bd. 7, 1954, S. 129 ff. *Louis, Maurice A. L.:* Les origines préhistoriques de la danse, in: Cahiers de Prehistoire d'Archéologie 4, 1955, S. 3 ff. *Magazinovic, M.:* Istorica igre, Beograd 1956. *Félice, Ph. de:* L'Enchantement des danses et la magic du verbe, 1957. *Günther, H. – Schäfer, H.:* Vom Schamanentanz zur Rumba, 1959. *Krienke, G.:* Tanzdarstellungen in Malerei u. Graphik v. 16.–20. Jh., Diss. Leipzig 1959. *Meerloo, J. A. M.:* Rhythmus u. Ekstase. Vom primitiven Tanz zum Rock'n Roll, 1959. *Wosien, B.:* Im Ansturm d. Rhythmen, 1959. *Haskell, A. L.:* The Story of Dance, 1960. *Nettl, P.:* Mozart u. d. Tanz. Zur Geschichte d. Balletts u. Gesellschaftstanzes, 1960. *Wood, M.:* Advanced historical Dances, 1960. *Hoerburger, F.:* Der Tanz – heute u. gestern, in: Zeitwende, die neue Furche, 32, 1961, S. 683 ff. *Aronco, G. d':* Storia della danza – popolare e d'arte, 1962. *Günther, D.:* Der Tanz als Bewegungsphänomen. Wesen u. Werden, 1962. *Nettl, P.:* Tanz u. Tanzmusik, Tausend Jahre beschwingter Kunst, 1962 (Herder Bücherei 126). *Nettl, P.:* The Dance in Classical Music, 1963. *Suppan, W.:* Grundriß einer Geschichte d. Tanzes in d. Steiermark, in: Zeitschrift d. hist. Vereines f. Steiermark, Jg. 54, 1963, S. 91 ff. *Eams, M.:* Dancing in Prints. A Portfolio of Twelve Etchings, Engravings and Lithographs 1634–1870, New York 1964. *Hooper, K. A.:* Dance Pageantry in History and Legend, 1964. *Lohse-Claus, E.:* Tanz in d. Kunst, 1964. *Moore, L.:* Images of the Dance. Historical Treasures of the Dance Collection 1581–1861, New York 1965. *Drabecka, M.:* Tańce historyczne, 1966. *Ritter, E.:* Musik, Theater, Tanz v. 16. Jh. bis zum 19. Jh. in ihren Beziehungen zur Gesellschaft, Ausstellung Göttweig 1966. *Kraus, R.:* History of the Dance in Art and Education, 1969. *Sorell, W.:* Knaurs Buch v. Tanz. Der Tanz durch d. Jahrhunderte, 1969. *Taubert, K. H.:* Das Zeitmaß bei d. musikalischen Interpretation alter Tanzformen, in: Österreichische Musikzeitschrift, Jg. 24, 1969, H. 11, S. 617 ff. *Kollinger, B.:* Der Tanz als Prozeß – Der Prozeß als Tanz, Diss. Leipzig 1972. *Trattner, H. P.:* Pädagogische Relevanz musischer Ausdrucksformen, Diss. Salzburg 1972. *Cohen, S. J.:* Dance as a Theatre Art. Source Readings in Dance History from 1581 to the Present, 1974. *Petermann, K.:* Documenta choreologica. Studienbibliothek zur Geschichte d. Tanzkunst, 1976 ff. *Fonteyn, M.:* Vom Zauber d. Tanzes, 1981. *Petermann, K.:* Wechselbeziehungen zwischen Volks- u. Gesellschaftstanz, 1982. *Lichtenhan, R.:* Vom Tanz zum Ballett, 1983. *Sorell, W.:* Der Tanz als Spiegel d. Zeit, 1984.

Altertum:

Claus, M.: Degentium septentrionalium variis conditionibus, Romae 1555, Lib. XV, Cap. XXV, S. 584. *Anonym:* Über d. Orchestik d. Alten, nach d. Französischen mit Anmerkungen u. Zusätzen, in: Magazin d. deutschen Critik, Bd. III, 1. Teil, Halle 1774, S. 1 ff. *Weege, F.:* Der Tanz in d. Antike, 1926. *Franz, L.:* Alteuropäische Tänze, in: Mitteilungen d. Antropologischen Gesellschaft in Wien, Bd. 63, 1933, S. 186 ff. *Stockmayer, H.:* Die Tänze d. Ackerbaujahres bei d. Naturvölkern, Diss. Wien 1944.

Mittelalter:

Brömmel, C. H.: Von d. Tänzen u. Gebräuchen d. Heiden u. ersten Christen, Jena 1701. *Hecker, J. F. C.:* Die Tanzwuth, eine Volkskrankheit im Mittelalter, 1832, Holländische Ausgabe, Amsterdam 1833. *Angerstein, W.:* Volkstänze im deutschen Mittelalter, Sammlung gemeinverständlicher wissenschaftlicher Vorträge III. Serie, 1868/69, H. 49–72. *Galley, J.:* Le Mariage de La Musique avec La Danse (†664). Prédédé d'une introduction historique et accompagné de notes et éclaircissements, Paris 1870. *Eitner, R.:* Tänze d. 15. bis 17. Jh. aus d. Quellen gezogen u. veröffentlicht, in: Beilage zu d. Monatsheften f. Musikgeschichte, Jg. 7, 1875. *Völler, F. J.:* Der Tanz bei d. bayerischen u. österreichischen Bauern im 13. Jh., in: Das Bayernland, Jg. 10, 1899, Nr. 51, S. 608 ff., Nr. 52, S. 616 ff. *Körte, O.:* Laute u. Lautenmusik bis zur Mitte d. 16. Jh., 1901. *Thuren, H.:* Tanz u. Tanzgesang im nordischen Mittelalter, in: Zeitschrift d. Int. Musikgesellschaft, Jg. 9, 1908, H. 6, S. 209 ff., H. 7, S. 239 ff. *Wolf, J.:* Die Tänze d. Mittelalters. Eine Untersuchung d. Wesens d. ältesten Instrumentalmusik, in: Archiv f. Musikwissenschaft, Jg. 1, 1918/19, H. 1, S. 10 ff. *Geiringer, K.:* Deutscher Tanz an d. Wende d. Mittelalters, in: Neue Musik-Zeitung, Jg. 49, 1928, H. 7, S. 222 ff. *Böhme, F.:* Freydal, in: Deutsche Tanzzeitschrift, Jg. 1, H. 7, Oktober 1936, S. 148 ff. *Bahr, W.:* Zur Entwicklungsgeschichte d. höfischen Gesellschaftstanzes, 1941. *Gombosi, O.:* About Dance and Dance Music in the Late Middle Ages, in: The Musical Quarterly, vol. 27, Nr. 3, Juli 1941, S. 289 ff. *Dolmetsch, M.:* Dances of Spain and Italy from 1400–1600, London 1954. *Heartz, D. L.:* Instrumental Music and the Dance in the French Renaissance, Diss. Havard Univer., 1957. *Sonner-Ivers, S.:* Tanz im Mittelalter. Eine kulturgeschichtliche Betrachtung, in: Volkstanz im Tanzarchiv, Sonderheft 1958 (12–14), S. 1 ff. *Kinkeldey, O.:* Dance Tunes of the Fifteenth Century, in: Instrumental Music by David G. Highes, 1959, S. 3 ff. *Busch, G. Chr.:* Ikonographische Studien zur Geschichte d. Solotanzes vor 1600, Diss. Innsbruck 1980.

Neuzeit:
Daneau, L.: Traité des danses, auquel est amplement resolue la question, a savoir s'il est permis aux Chrestiens de danser. Nouvellement mis en lumière, Genève 1579, Paris 1582 (Traktat 16. Jh.). *Schröder, G.:* Tagebuch aus d. Jahren 1665, 1675 mit Notizen über 'Von unterschiedlichen Tantzen'. *Anonym:* Über Frohn- u. Fest-Tänze, nebst einigen Notizen v. d. Tänzen d. ersten Christen, d. St. Veitstanze u. d. Tanzwuth älterer Zeiten überhaupt, in: Curiositäten d. physisch-literarisch-artistisch-historischen Vor- u. Mitwelt, Bd. III, 4. Stück, Weimar 1813, S. 319 ff. *Anonym:* Masken- u. Volksfeste-Almanach f. d. Jahr 1813, München 1813. *Bergemann, J. G.:* Schlesische Modetänze im Jahre 1406, in: Allgemeines Archiv f. d. Geschichtskunde d. Preußischen Staates, Bd. I, Berlin 1830, S. 278 ff. *Castil-Blaze, F. H.:* La danse et les ballets depuis Bacchus jusqu'a Mademoiselle Taglioni, Paris 1832. *Czerwinski, A.:* Die Tänze d. XVI. Jh. u. d. alte französische Tanzschule vor Einführung d. Menuett, 1878. *Wasielewski, W. J. v.:* Die Collection Philidor, in: Vierteljahresschrift f. Musikwissenschaft, Jg. 1, 1885, S. 531 ff. *Bolte, J.:* Zur Geschichte d. Tanzes, in: Alemannia, Bd. 18, Bonn 1890, S. 74 ff. *Chilesotti, O.:* Da un Codice Lauten-Buch del Cinquecento, 1890. *Ambros, A. W.:* Carneval u. Tanz in alter Zeit, in: Bunte Blätter, S. 45 ff., Skizzen u. Studien f. Freunde d. Musik, Leipzig 1896. *Becker, A.:* Berühmte Tänze d. Vorzeit, in: Die Gartenlaube, Nr. 5, 1899, S. 76 ff. *Aubry, P. – Dacier, E.:* Les Caractères de la Danse. Histoire d'un Divertissement pendant la première moitié du XVIIIe siècle. Paris 1905. *Riemann, H.:* Tänze d. 16. Jh., in: Die Musik, Jg. 6, 1906/07, H. 3, S. 140 ff. *Oppel, R.:* Einige Feststellungen zu d. französischen Tänzen d. 16. Jh., in: Zeitschrift d. Int. Musikgesellschaft, Jg. 12, 1911, H. 8/9, S. 213 ff. *Closson, E.:* Le manuscrit dit des Basses Danses de la Bibliothèque de Bourgogne, Bruxelles 1912. *Hagemann, C.:* Der neue Tanz, in: Der Merker, Jg. 9, H. 15/16, August 1918, S. 518 ff. *Lach, R.:* Zur Geschichte d. Gesellschaftstanzes im 18. Jh., 1920. *Luserke, M.:* Über d. Tanzkunst, Lauenburg 1920. *Nettl, P.:* Die Wiener Tanzkomposition in d. zweiten Hälfte d. 17. Jh., in: Studien zur Musikwissenschaft, H. 8, 1921, S. 45 ff. *Blass, E.:* Das Wesen d. neuen Tanzkunst, 1922. *Hugo, V.:* Tableau de la danse au Théâtre pendant la Revolution Française (1789–1795), in: La Revue Musicale, Jg. 3, No. 5, März 1922, S. 222 ff., No. 6, April 1922, S. 44 ff., No. 7, Mai 1922, S. 127 ff. *Nettl, P.:* Beitrag zur Geschichte d. Tanzmusik im 17. Jh., in: Zeitschrift f. Musikwissenschaft, Jg. 4, H. 5, Februar 1922, S. 257 ff. *Bernoulli, Ed.:* Dokumente zur Geschichte d. Liedes u. Tanzes aus d. 16. u. 17. Jahrhundert, in: Bericht über d. musikwissenschaftlichen Kongreß in Basel 1924, S. 72 ff. *Bouteron, M.:* Danse et musique romantiques, 1927. *Merian, W.:* Der Tanz in d. deutschen Tabulaturbüchern, 1927. *Merian, W.:* Das Verhältnis v. Tabulaturtänzen d. 16. Jh. zu vorhandenen Fassungen f. mehrere Instrumente, in: Beethoven-Zentenarfeier, Int. musikwissenschaftl. Kongreß, Wien 1927, S. 189 ff. *Mayer, L. K.:* Schulen u. Richtungen d. modernen Tanzpädagogik, in: Die Musik, Jg. 22, 1929/30, H. 9, S. 659 ff. *Derra de Moroda, F.:* Dancing for health in the 18th century (Meletaon), in: Dancing Times, January 1931, S. 453 ff. *Dieckmann, J.:* Die in deutscher Lautentabulatur überlieferten Tänze d. 16. Jh., 1931. *Kusnitzky, H.:* Tanz u. tänzerisches Schrifttum, in: Die Musik, Jg. 25, H. 4, Januar 1933, S. 263 ff. *Gombosi, O.:* Der Hoftanz, in: Acta Musicologica, vol. VII, Fasc. II, 1935, April/Juni, S. 50 ff. *Rehnberg, M.:* 1700 = talet dansar, in: Det Glada Sverige II, 1948, S. 834 ff. *Dolmetsch, M.:* Dances of England and France from 1450 to 1600, London 1949. *Nettl, P.:* Die Tänze Jean d'Estrées , in: Musikforschung, Jg. 8, 1955, S. 437 ff. *Moe, L.:* Dance Music in Printed Italian Lute Tabulature (1507–1611), Diss. Cambridge 1956. *Koczirz, A.:* Österreichische Lautenmusik im XVI. Jahrhundert, in: Denkmäler d. Tonkunst in Österreich, Jg. XVIII/2, Bd. 37, 1959. *Apel, W.:* Tänze u. Arien f. Klavier aus d. Jahre 1588, in: Archiv f. Musikwissenschaft, Jg. 17, 1960, H. 1, S. 51 ff. *Pontius, J.:* Eine anonyme kurpfälzische Orgeltabulatur, Diss. Saarbrücken 1960. *Feldmann, F:* Historische Tänze d. musikalischen u. choreographischen Weltliteratur, in: Volkstanz im Tanzarchiv, Jg. 4, 1960, H. 5, S. 65 ff., Jg. 5. H. 1, 1961, S. 1 ff. *Hoerburger, F.:* Dance and Dance Music of the Sixteenth Century and Their Relations to Folk Dance and Folk Music, in: Studia Musicologica, Academiae Scientiarum Hungaricae, Tom. VII, 1965, S. 79 ff. *Suppan, W.:* A Collection of European Dances, Breslau 1555, in: Studia Musicologica, Academiae Scientiarium Hungaricae, Tom. VII, 1965, S. 165 ff. *Faresco-Sperken, Chr.:* Der Tanz als Motiv in d. bildenden Kunst d. 20. Jh., Diss. München 1969. *Rooley, A.:* Dance and Dance Music of 16th Century, in: Early Music, vol. 2, 1974, No. 2, S. 79 ff. *Domokos, M.:* Die Tänze d. Berkóczy-Handschrift (18. Jh.), in: Studia Musicologica, Academiae Scientiarium Hungaricae, Tom. XVII, 1975, Fasc. 1–4, S. 215 ff. *Schrott, M:* Die Tanzregie in d. Barockoper unter Kaiser Leopold I., in: Regie in Dokumentation, Forschung u. Lehre, Salzburg 1975, S. 106 ff. *Walls, P.:* Common 16th-Century Dance Forms: Some Further Notes, in: Early Music, vol. 2, 1976, No. 3, S. 164 ff. *Apfel, E.:* Tänze d. 16. Jh. "a double emploi?", in: Aufsätze u. Vorträge zur Musikgeschichte u. hist. Musiktheorie, Saarbrücken 1977, S. 6 ff. *Eichberg, H.:* Leistung, Spannung, Geschwindigkeit. Sport u. Tanz im gesellschaftlichen Wandel d. 18./19. Jh., 1978. *Campianu, E:* Zur Tanzvorführung am Sonntag, d. 21. Jänner 1979, in: Programm d. Mozartwoche 1979, S. 51 ff. *Hintermaier, E:* Das Tanzwesen im Erzstift Salzburg im 18. Jh., in: Mozart-Jahrbuch 1978/79, S. 52 ff., 1979. *Wynne, Sh.:* Tanz u. Etikette im französischen Barock, in: Concerto. Das Magazin f. alte Musik, 1984, H. 3, S. 45 ff.

Geschicklichkeitstänze ↗Akrobatische Tänze.

Geschlechtertänze (Bürgertänze) hießen die vom 14. bis zum 16. Jh. in den deutschen Städten üblichen Tanzveranstaltungen der Bürger und Patrizier. Sie wurden meist zweimal jährlich in eigenen ↗Tanzhäusern abgehalten. Schon im 14. Jh. war dem dienenden Volk die Teilnahme an diesen festlichen Tanzbelustigungen der Geschlechter, die oft auch von fürstlichen Persönlichkeiten besucht wurden, verboten. Die Geschlechtertänze, manchmal auch als Maskeraden veranstaltet, waren oftmals auch mit Hochzeitsfeierlichkeiten verbunden. Zucht und Ordnung waren besondere Merkmale dieser bürgerlichen Tanzbelustigungen. Der deutsche Tanz erhielt auf diesen Veranstaltungen seine edle Form. Gepflegt wurde vor allem der ruhige, geschrittene ↗Hoftanz. Nach der Mitte des 16. Jh. kannten die Bürger und Geschlechter bereits die damals üblichen französischen Tänze.

Lit.: *Voß, R.:* Der Tanz u. seine Geschichte, 1869, S. 132. *Böhme, F. M.:* Geschichte d. Tanzes in Deutschland, 1886, S. 69 ff.

Geschöpfe des Prometheus, Die. ↗Ballett von Ludwig van ↗Beethoven nach einer ↗Choreographie von Salvatore ↗Viganò. Ursprünglich angekündigt als „Die Menschen des Prometheus" fand die Uraufführung am 28. März 1801 im Wiener Hofburgtheater statt. Die Choreographie Viganòs ist nicht mehr erhalten. Die Grundlage des allegorischen Balletts ist die Sage des Prometheus. Beethovens Musik besteht aus 17 Stücken mit Ouvertüre. Die Uraufführung erfolgte zum Benefiz der Primadonna Maria ↗Cansentini. Den Prometheus tanzte Filippo ↗Cesari. (↗Prometheus-Ballette)

Lit.: *Rust, Friedr.:* Über Salvatore Viganos Originalscenarium zu L. v. Beethovens Ballett „Die Geschöpfe d. Prometheus", in: Neue Berliner Musikzeitung, Jg. 54, 1891, Nr. 14, S. 14 f., Nr. 15, S. 133 f., Nr. 16, S. 143 f., Nr. 17, S. 152 ff. *Riemann, H.:* Beethovens Prometheusmusik ein Variationenwerk, in: Die Musik, Jg. 9, H. 13, April 1901, S. 19 ff. *Haas, R.:* Zur Wiener Ballettpantomime um d. Prometheus, in: Neues Beethoven-Jahrbuch, Jg. 2, 1925, S. 84 ff. *Haas, R.:* Beethoven u. d. Wiener Ballett, in: Velhagen u. Klasings Monatshefte, Jg. 24, 1927, S. 41 ff. *Levinson, A.:* Beethoven et Vigano, in: La Revue Musicale, Nr. special, 1er avril 1927, S. 87 ff. *Floros, C.:* Beethovens Eroica u. Prometheus-Musik, Sujet-Studien, 1978. Veröffentlichungen zur Musikforschung, Bd. 3.

Gesellschaftstanz. Unter diesem komplexen Begriff wurden in den verschiedenen Zeiten verschiedene Tanzformen verstanden. Zum Unterschied vom theatralischen Tanz (Schautanz, ↗Ballett), Sakraltanz und ↗Volkstanz ist der Gesellschaftstanz die moderne Bezeichnung für alle jene Tanzformen, die der gesellschaftlichen Unterhaltung und dem geselligen Umgang dienen, von zwei oder mehreren Personen gemeinsam getanzt werden und deren Elemente von Amateuren des Tanzes in früherer Zeit bei ↗Tanzmeistern, in jüngster Zeit in Tanzschulen erlernt werden. Im Verlauf der Zeit war der Gesellschaftstanz vielfältigen Wandlungen unterworfen. Entwickelt hat er sich in Europa im 15. Jh., als der europäische Adel begann, sich seine eigene vom Religiösen weitgehend getrennte Form der Kultur zu bilden. Durch die Verweltlichung des gesellschaftlichen Lebens entstanden die gesellschaftlichen Tanzfeste, Bälle, und damit kam es zur Entstehung des Gesellschaftstanzes. Zu dieser Zeit trat auch erstmals der Stand der sogenannten Tanzmeister und ↗Tanzlehrer auf.

Durch sie wurden die gegebenen Tanzformen nicht nur gelehrt, sondern auch in ↗Tanzlehrbüchern in einem festen Formsystem festgehalten (↗Guglielmo Ebreo). Die weitere Entwicklung des Gesellschaftstanzes hat seit dieser Zeit keine Unterbrechung mehr erfahren. Formen des Volkstanzes gingen in den Gesellschaftstanz über und umgekehrt übernahm auch der Volkstanz Anregungen aus dem Gesellschaftstanz. Diese gegenseitige Befruchtung hat sich in ununterbrochener Folge bis in die Gegenwart fortgesetzt. Urformen des Gesellschaftstanzes sind der ↗Vor- und ↗Nachtanz (Schreit- und Springtanz). Die Entwicklungsstufen, ausgehend vom höfisch-zeremoniellen Schreittanz, für welchen die italienischen Fürstenhöfe des 15. und 16. Jh. wie die der Sforza und Medici vorbildlich waren (↗Basse danse), gingen weiter zu den französischen Tänzen, den volkstümlichen ↗Branles, ↗Courantes und zur dominierenden Stellung des ↗Menuetts im 17. Jh. Von der zweiten Hälfte des 17. Jh. an bis in das 18. Jh. hinein waren es bereits die ↗Contratanz-Formen, die den Gesellschaftstanz in seinen vielfältigsten Arten bestimmten. Im 19. Jh. begann die Herrschaft der Paarrundtänze, die Walzer- und Polkaformen. Während bis zur Wende zum 20. Jh. alle Gesellschaftstänze in Europa entstanden waren, kamen die neuen Tänze, die sogenannten modernen Tänze im neuen Jahrhundert aus den USA und aus Südamerika. Beeinflußt wurden sie vom amerikanischen Jazzstil (Negertänze), von den lateinamerikanischen Volks- und ↗Nationaltänzen und vom englischen Tanzstil. Es begann die Zeit der fast alljährlich neu erscheinenden, oft nur kurzlebigen Modetänze. Die zum Vorbild genommenen außereuropäischen Tänze wurden in ihren Ausdrucksformen salonhaft verfeinert und durch neue, von Tanzlehrern ausgedachte Bewegungen choreographisch bereichert. 1963 hat der Allgemeine Deutsche Tanzlehrerverband das vom Internationalen Rat für

Gesellschaftstanz in London beschlossene ↗„Welttanzprogramm" befürwortet. Es bestand aus 10 Tänzen: Langsamer ↗Walzer, schneller ↗Foxtrot (↗Quickstep), Wiener Walzer, ↗Tango, ↗Rumba, ↗Cha-cha-cha, ↗Samba, ↗Paso doble, ↗Boogie und ↗Blues. Es wurde um die sogenannten ↗Beattänze erweitert. (↗Geschichte des Tanzes)

Lit.: Allgemein: *Faget:* De la danse et particulièrement de la danse société, Paris 1825. *Brunet:* Théorie pratique du danseur de société, Paris 1832. *Franz, H.:* Der Gesellschaftstanz, 1884. *Bie, O.:* Der Tanz, 1906, S. 121 ff. *Traber-Amiel, A. A.:* Der Tanz als Weg zur neuen Kultur, 1921. *Lenoir, R.:* La danse comme institution sociale, in: L'Anthropologie XL, 1930, S. 411. *Schmidt, A.:* Grundelemente d. Gesellschaftstanzes, 1950. *Raab, R.:* Vom Gimpel-Gampel zum Jitterbug. Der Gesellschaftstanz im Wandel d. Zeiten, in: Wiener Monatshefte, Jg. 27, Februar 1953, S. 3 f. *Nettl, P.:* Dance Forms as World Travelers, in: Musical America 62, März 1942. *Iwanowsky, N. P.:* Ballroom Dance of the 16th to 19th Century, 1948. *Hoerburger, F.:* Der Gesellschaftstanz. Wesen u. Werden, in: Schriftenreihe Mensch u. Tanz, H. 2, 1960. *Nettl, P.:* Mozart u. d. Tanz. Zur Geschichte d. Balletts u. Gesellschaftstanzes, 1960. *Franks, A. H.:* Social Dance, 1963. *Roessner, L.:* Jugend im Erziehungsbereich d. Tanzes, in: Abhandlungen zur pädagogischen Psychologie 6, Stuttgart 1963. *Müller, W. C.:* Tanz u. Gesellschaft, in: Informationen über Tanz. Arbeitskreis f. Tanz im Bundesgebiet 1968, S. 7 ff. *Rust, F.:* Dance in Society – An Analysis of the Relationship Between the Social Dance and the Society in England. From the Middle Ages to the Present Day, 1969. *Gebhard, U.:* Bewegung u. leiblicher Ausdruck als Aufgabe einer umfassenden Menschenbildung – unter besonderer Berücksichtigung d. Tanzes, Diss. München 1978, S. 57 ff. *Egger, E.:* Soziale Normen im Tanz, Diss. Graz 1981.

14. Jh. bis 16. Jh.: *Estrée, Jean d':* Quatre livres de danseries, Paris 1564. *Praetorius, M.:* Syntagma Musicum, 1619. *Fricke, E. Chr.:* Neueste Sammlung Englischer Tänze mit d. Touren u. Erklärung derselben, nebst Anweisung solcher geschickt zu tanzen, Quedlinburg 1777. *Bie, O.:* Der Gesellschaftstanz d. Renaissance, 1903. *Pirro, A.:* Deux danses anciennes, in: Revue de Musicologie, Jg. 8, 1924, S. 7 ff. *Bahr, W.:* Zur Entwicklungsgeschichte d. höfischen Gesellschaftstanzes, 1941, Sprache u. Kultur d. germanischen u. romanischen Völker, Romanistische Reihe, Bd. XX. *Dolmetsch, M.:* Dances of England and France from 1450 to 1600, with Their Music and Authentic Manner of Performance, 1949. *Torrefranca, F.:* The Canzoni di Alettali Matrice of the Court Dances and of the filastrocca during the Fifteenth Century and Earlier, in: Journal of the Int. Folk Music Council, vol. II, 1950, S. 40 ff. *Dolmetsch, M.:* Dances of Spain and Italy from 1400 to 1600, London 1954. *Colombo, C.:* La danza nel seicento. Con una scelta antologica dalle 'Grazie d'amore' di Cesare Negri, 1962. *Cunningham, C. M.:* Ensemble Dances in Early Sixteenth-Century Italy, in: Musica Disciplina vol. XXXIV, 1980, S. 159 ff.

17. Jh.: *Simpson, Th.:* Opusculum Neuwer Pavanen, Galliarden, Couranten u. Volten, so zuvor niemal, in Truck kommen, auf allerhand Musicalischen Instrumenten, sonderlich Violen lieblich zu gebrauchen, Franckfort am Mayn 1610. *Praetorius, M.:* Terpsichore, 1612. *Pulver, J.:* The Ancient Dance-Forms, in: Proceedings of the Musical Association: 39th Session 1912/13, 40th Session 1913/14. *Dolmetsch, M.:* Sixteenth Century Dances, in: The Musical Times, vol. 57, Nr. 877, London, 1. März 1916, S. 142 ff. *Nettl, P.:* Beitrag zur Geschichte d. Tanzmusik im 17. Jh., in: Zeitschrift f. Musikwissenschaft, Jg. 4, 1922, H. 5, S. 257 ff.

18. Jh.: *Longman & Broderip:* Complete Collection of 200 Favorite Contrydances, Cotillons and Allemands, 1706. *Guillaume, S.:* Caractères de la danse allemande, figurés en taille douce, telle qu'elle s'execute en Vauxhall, Paris 1760 u. 1770. *Bédier, J.:* Les plus anciennes danses françaises, in: Revue des Deux Mondes, Jg. 76, 1906, Tom. XXXI, S. 398 ff. *Lach, R.:* Zur Geschichte d. Gesellschaftstanzes im 18. Jh., 1920. *Nettl, P.:* Der Gesellschaftstanz im 18. Jh., in: Neue Musikzeitung, Jg. 43, 1922, H. 8, S. 121 f. *Mendelsohn, Ig. L.:* Zur Geschichte d. deutschen Gesellschaftstanzes v. 1750 bis 1850, Diss. Wien 1925. *Nettl, P.:* Casanova u. d. Tanz seiner Zeit, in: Neue Musikzeitung, Jg. 48, 1927, H. 10, S. 201 ff. *Mullins, M.:* Dance and Society in the First Half of the Eighteenth Century, in: Miscellana Musicologica, vol. 7, 1975, S. 118 ff.

19. Jh.: *Freising, A.:* Neuestes Tanz- u. Ball-Album, 1857, 1859. *Knoll, A.:* Le Guide infaillible de la danse moderne, 1864. *Pasedag, G.:* Über d. moderne Tanzen, Memel 1871. *Clément, E.:* Les Danses des salons, 1881. *Dodworth, A.:* Dancing and its relations to education and social life, 1885. *Müller, R. S.:* Körperbildung, d. gesellschaftliche Tanz in d. heutigen Zeit, 1885. *Scott, Ed.:* Dancing as an art and pastime, 1892. *Richardson, Ph. J. Sampey:* Social Dances of the 19th Century, 1960.

20. Jh.: *Beryl:* Immorality of Modern Dances, 1904. *Castle, I.-Vernon:* The Modern Dance, 1914. *Möbius, R.:* Der Gesellschaftstanz u. d. Tanzmusik nach d. Kriege, in: Neue Musikzeitung, Jg. 38, 1917, H. 12, S. 181 f. *Boulenger, J.:* De la Walse au Tango. La danse mondaine du 1er Empire á nos jour, 1920. *Koebner, F. W.:* Das neue Tanzbrevier, 1920. *Gavina-Giovannini:* Balli di ieri e Balli oggi, 1922 (Manuali Hoepli 237). *Pollack, H.:* Die Revolution d. Gesellschaftstanzes, 1922. *Chapell, C. G.:* The Modern Dance: Three Sermons, 1923. *Scott, Ed.:* Three Hundred Hints on Modern Dancing, 1923. *Rumsey, H. St. John:* Ball-Room Dancing, 1925/28. *Werth, L.:* Danse, danseurs, dancings, 1925. *Huppert, Ed.:* Der moderne Tanz, 1926. *Acken, B. van:* Moderne Tänze, in: Theologisch-praktische Quartalsschrift, Jg. 80, Linz 1927, S. 734 ff. *Gleissner, M.:* Tanz f. alle. Von d. Gymnastik zum Gemeinschaftstanz, 1928. *Lämmel, R.:* Der moderne Tanz, 1928. *Charles, D.:* Toutes les danses modernes, 1932. *Morán, P.:* Der neue Tanz. Figuren u. Schritte d. Gesellschaftstänze, 1932. *Richardson, Ph. S.:* A History of English Ballroom-Dancing 1910–1945, London s. a. *Richardson, Ph. S.-Silvester, V.:* The Art of the Ballroom, 1936. *Stauder, W.:* Tanzmusik, in: Hohe Schule d. Musik, Bd. 4, Potsdam 1938, S. 269 ff. *Bergen, R.:* Der Tanz als Kunstform u. Spiegel gesellschaftlicher Kultur, Innsbruck s. a. *Diesel-*

horst, F.: Gutes Tanzen, 1940. *Muehlsiegl, P.:* Der Stilwandel im Gesellschaftstanz, 1948. *Heyer, Friedr.:* Der Tanz in d. modernen Gesellschaft, 1958. *Brigg, R.:* Der moderne Tanz im Selbstunterricht, 1959, Querschnitt d. Wissens, Bd. 22, 26, 33, 37. *Carter, H.:* Dancing for Fun, 1960. *Wolfram, R.:* Vom Tanz in unserer Zeit, Volkstanz u. Gesellschaftstanz, in: Heimatleben, Zeitschrift f. Trachtenkunde u. Volksbräuche, Zürich 1960, 33, S. 72 ff. *Lössner, Lutz:* Die soziologische u. pädagogische Funktion d. modernen Gesellschaftstanzes, in: Informationen über Tanz, 1968, S. 28 ff. *Hädrich, G.:* Tanzstunden. Die 11 Tänze d. Welttanzprogrammes, 1976.

Gfrerter Landla. Österreichische Ländlerform, bei der sich die Tanzenden mit stocksteifen, wie gefrorenen Gliedern im ganz langsamen Tempo bewegen. Singen, Jodeln und Juchzen fehlt, es ist ein Tanz der Stille. Er erinnert an Formen des ↗Totentanzes.

Lit.: *Wolfram, R.:* Die Volkstänze in Österreich u. verwandte Tänze in Europa, 1951, S. 188.

Ghaziehs. Ägyptische Tänzerinnen aus dem Stamm der Ghawazi. Sie wohnten in einem ihnen zugewiesenen Stadtteil und waren gesellschaftlich nicht sehr angesehen. Sie wurden zu Festlichkeiten eingeladen, wo sie mit ihren leidenschaftlichen Tänzen (z. B. ↗Bienentanz) die Gäste unterhielten. Bis zum Jahre 1834 durften sie entschleiert tanzen. (↗Ägyptischer Tanz, ↗Schleiertanz)

Lit.: *Schubert, F. L.:* Die Tanzmusik, 1867, S. 27. *Czerwinski, A.:* Brevier d. Tanzkunst, 1879, S. 97.

Ghost-dance. Kultischer Tanz der nordamerikanischen Indianer. Am Ende des vorigen Jahrhunderts, als die Indianer von den Weißen immer mehr in Reservate abgedrängt worden waren, wurde dieser ↗Kulttanz von den Indianern mit Begeisterung getanzt. Die Anhänger des Ghost-dance-Kultes erwarteten eine Zeit, in der die indianische Rasse, Lebende und Tote, auf einer erneuerten Erde vereint sein wird, um ein glückliches Leben zu führen. Durch den Ghost-dance sollte die Zeit dieses Heiles näher gebracht werden. Fünf Tage und Nächte hindurch wurde getanzt. Die Zeremonie mußte zu bestimmten Zeiten wiederholt werden. Um 1870 war dieser Geistertanz der Indianer über das ganze Land verbreitet. Heute ist die Ghost-dance-Religion verschwunden. Der Tanz war ein eintöniger Rundtanz, den die Tänzer so lange tanzten, bis sie vollkommen erschöpft zu Boden fielen. (↗Indianischer Tanz)

Lit.: *Spier, L.:* The Ghost Dance of 1870 among the Klamath of Oregon, in: University of Washington Publications in Anthropology, vol. 2, Nr. 2, 1927. *Du Bois, C.:* The 1870 Ghost Dance, in: Anthropological Records, vol. 3, Nr. 1, 1939. *Baaren, Th. P. v.:* Selbst d. Götter tanzen, 1964, S. 56 f.

Ghudla-Tanz. ↗Indischer Tanz aus Rajasthan. Er wird von Frauen ausgeführt, die große durchlöcherte Tonkrüge mit brennenden Lichtern auf dem Kopf tragen. Der Tanz ist ähnlich dem ↗Garba-Tanz. (↗Chirava-Tanz)

Lit.: *Rebling, E.:* Die Tanzkunst Indiens, 1981, S. 68.

Gibele-Gäbele. Dieser ↗österreichische Volkstanz aus Vorarlberg ist im Montafon sehr beliebt gewesen und war mit Abweichungen in der Tanzausführung auch unter den Namen ↗Ahi-Tanz und ↗En offi-en ahi bekannt. Er wird von Dreiergruppen (zwei Tänzerinnen, ein Tänzer) in beliebiger Anzahl ausgeführt. Der Singtext „Gibele Gäbele Rächazah" hat dem Tanz den Namen gegeben. Der Tanz ist ein Nachkomme alter Schreittänze. Der Brauch, mit zwei Tänzerinnen zu tanzen, läßt sich bis in das 13. Jh. zurückverfolgen. (↗Dreiertanz)

Lit.: *Schmitt, A.:* Beiträge zu d. Vorarlberger Volkstänzen, in: Deutsches Volkslied, Jg. 30, 1928, H. 4, S. 64 ff. *Zoder, R.:* Montafoner Volkstänze aus d. Anfange d. 19. Jh., in: Zeitschrift f. Musikwissenschaft, Jg. 10, 1928, H. 4, S. 223 ff. *Horak, K.:* Volkstänze im kl. Walsertal, in: Jahrbuch d. österreichischen Volksliedwerkes, 1954, S. 98. *Hofer, H.:* Vorarlberger Volkstänze, 1971, S. 73 ff.

Gidda-Tanz. ↗Indischer Tanz aus dem Punjab im Norden Indiens. Bei diesem Tanz bewegen sich die festlich geschmückten Frauen vorerst in einem Kreis, darauf in zwei Halbkreisen und auch in Vierer- und Sechsergruppen. Einzelne Paare treten hervor und mimen beim Gesang von Liedern das Reinigen und Dreschen des

Weizens, das Spinnen und andere Arbeitsvorgänge.

Lit.: *Rebling, E.:* Die Tanzkunst Indiens, 1981, S. 75.

Giera, Giovanni Francesco. Italienischer ↗Tanzmeister aus Mailand, lebte im 16. Jh. Er stand im Dienst Heinrichs III. von Valois, König von Polen.

Lit.: *Negri, Cesare:* Nuove inventioni di balli, Milano 1604.

Gigakutänze. Das Wort „gigaku" (= kunstreiche oder Kunst-Musik) ist ein Sammelname in der Theatergeschichte Japans, unter dem mehrere Tanzaufführungen chinesischen Ursprungs zusammengefaßt sind. Wie diese Tänze wirklich aussahen, kann heute nur vermutet werden. Die Gigakutänze fanden immer in Verbindung mit dem buddhistischen Kult statt, und zwar am Geburtstag Buddhas (8. April) und am Totenfest (15. Juli). Die letzte Beschreibung einer Gigaku-Aufführung stammt aus dem Jahre 1233 vom Tänzer Koma Chikazane. Die ursprünglich rituelle Bedeutung der Gigakutänze ging bei manchen Tänzen nach der Heian-Zeit (12. Jh.) verloren, sie verfielen sogar zum derben Possenspiel. (↗Japanischer Tanz)

Lit.: *Lucas, H.:* Japanische Kultmasken, 1965, S. 34 ff.

Gigolo. Französischer Ausdruck für Eintänzer. In der ersten Hälfte des 20. Jh. war er auch die Bezeichnung für einen Frauenhelden.

Lit.: *Wegner, K.:* Der Tanzlehrer, Diss. Köln 1962.

Gigue (ital. Giga, engl. Jig) ist die Bezeichnung eines Tanzes, dessen Typus vor allem aus der Instrumentalmusik des 17. und 18. Jh. bekannt ist. Die Deutung des Namens ist vielumstritten, dürfte aber aus dem englischen jig = tanzen, abgeleitet sein, da nach den vorhandenen musikalischen und literarischen Quellen als sicher anzunehmen ist, daß England (einschließlich Irland und Schottland) als Ursprungs- und Heimatland der Jig anzusehen ist. Die erste literarische Erwähnung der Jig findet sich bei dem schottischen Dichter A. Scott um 1560. Zur Zeit Königin Elisabeths I. wird die Jig hoffähig und unter ↗Ludwig XIV. auch auf anderen europäischen Höfen eingeführt. Das französische Wort „gigue" wird im 17. Jh. aus dem Englischen für den ↗höfischen Tanz übernommen. Die Hauptquellen für die Musik der frühen englischen Jig sind das Fitzwilliam Virginal-Book und die Lautenwerke von Th. Robinson und Th. Ford aus dem 17. Jh. Der charakteristische Rhythmus der Gigue ist der 6/8- oder 12/8-Takt.

Feuillet, Choreographie 1701

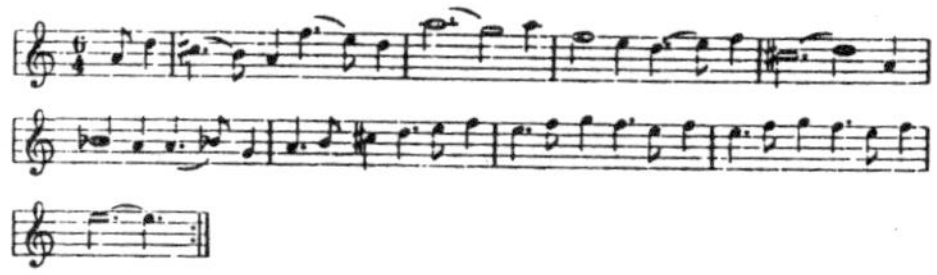

Über die tänzerische Ausführung der Gigue als ↗Gesellschaftstanz sind keine bindenden Formen überliefert. Sie scheint als Gesellschaftstanz keine große Rolle gespielt zu haben. Als ↗Volkstanz lebt sie in Gebieten von Irland und Schottland heute noch mit einer Fülle von tänzerischen Motiven fort, ohne an eine feste Form gebunden zu sein. Auch in Italien wird die Giga heute noch als ↗Paartanz gepflegt. Die Gigue, ihrer musikalischen Struktur nach von heiterem Charakter, hat vor allem durch Aufnahme in die Instrumentalsuite große Bedeutung erlangt. Dort bildet sie den abschließenden Satz, oft in fugierter Form. Mit dem Ende der Barockzeit verschwindet der Name Gigue auch als Instrumentalform, obwohl manche Schlußsätze von Sonaten und Sinfonien auch später noch ausgesprochenen Gigue-Charakter haben. Der Gigue verwandt ist die ↗Canarie.

Irland 1810

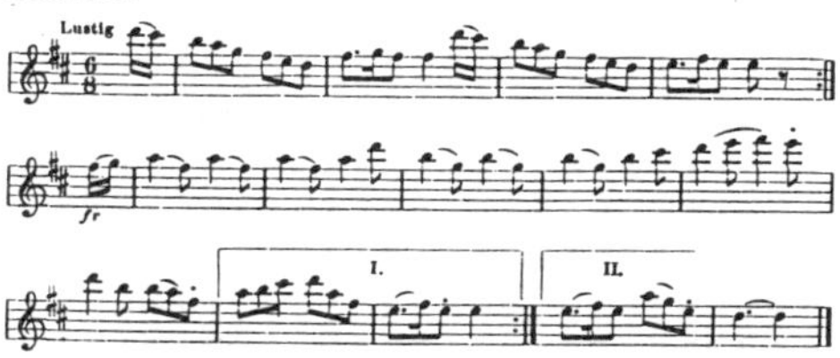

J. S. Bach, Französische Suite IV, Es-Dur (BWV815)

Lit.: *Böhme, F. M.:* Geschichte d. Tanzes in Deutschland, 1886, S. 130 f. *Pulver, J.:* The Gigue, in: Proceedings of the Royal Musical Association, Jg. XL, 1914. *Fryklund, D.:* Etymologische Studien über Geige-Gigue-Jig, Uppsala 1917. *Bie, O.:* Der Tanz, 1919. *Nettl, P.:* Die Wiener Tanzkomposition in d. 2. Hälfte d. 17. Jh., in: Studien zur Musikwissenschaft, 1921, H. 8, S. 83 f. *Danckert, W.:* Geschichte d. Gigue, Veröffentlichungen d. musikwissenschaftlichen Seminars d. Universität Erlangen, Bd. I, 1924. *Baskervill, Ch. R.:* The Elizabethan Jig, 1929. *Sachs, C.:* Eine Weltgeschichte d. Tanzes, 1933. *Feldmann, F.:* Historische Tänze d. musikalischen u. choreographischen Weltliteratur, in: Volkstanz im Tanzarchiv, Jg. 5, 1961, H. 1, S. 1 ff. *Siegele, U.:* Die musiktheoretische Lehre einer Bachschen Gigue, in: Archiv f. Musikwissenschaft, Jg. 17, 1960, H. 2/3, S. 152 ff. *Steglich, R.:* Tanzrhythmen in d. Musik J. S. Bachs, Jahresgabe 1960 d. Internationalen Bach-Gesellschaft Schaffhausen, 1962, S. 30. *Taubert, H.:* Höfische Tänze, 1968.

Gilles (les) heißen die tanzenden Karnevalsmänner aus der wallonischen Stadt Binche. In ihrer bunten Tracht mit hohen Straußenfederhüten, roten und gelben Kostümen, Schellen um die Lenden und Beine, zeigen sie sich ausschließlich in der Zeit der Fastnacht. In der Hand haben sie ein Körbchen mit Früchten, die sie im Tanz den Zuschauern zuwerfen. Ihre Tanzschritte haben viel mit dem ↗Morris-Dance gemeinsam. (↗Belgische Tänze)

Lit.: *Wauters, E.:* Ein flämischer Männertanz mit Stöcken u. Reifen, in: Deutsche Volkskunde, Jg. 3, 1941, H. 3/4, S. 149 ff.

Gilly Callum. Schottischer Geschicklichkeits-↗Schwerttanz, bei dem zwei Schwerter auf dem Boden liegend von einem Tänzer mit Kreuzsprüngen und Grätschschritten und großer Kunstfertigkeit, ohne sie zu berühren, umtanzt werden. In seiner Form ähnelt er dem österreichischen ↗Spanltanz. (↗Schottischer Volkstanz)

Lit.: *Wolfram, R.:* Die Volkstänze in Österreich u. verwandte Tänze in Europa, 1951, S. 171.

Gilpin, John. Britischer Tänzer, geb. 10. Februar 1930 in Southsea, gest. 5. September 1983 in London. Er war Schüler der Tanzschule von Marie ↗Rambert. 1949 tanzte er am Théâtre des Champs-Élysées in Paris bei der damaligen Truppe von Roland ↗Petit. Ab 1951 war er neben ↗Dolin 1. Tänzer beim ↗London Festival Ballet und von 1962 bis 1965 dessen künstlerischer Direktor. Als Lehrer, ↗Ballettmeister und Schauspieler wirkte er unter anderem in Ankara, Kopenhagen, New York und Tokio. 1982 erschien seine Autobiographie: A Dance with Life.

Lit.: *Swinson, Cyril:* John Gilpin, London 1957. *Percival, J.:* Britain's Great Virtuoso, in: Dance and Dancers, Januar 1958. *Lidova, J.:* John Gilpin, in: Les Saisons de la danse, Dezember 1972.

Gimpel-gampel. ↗Volkstanz der deutschen Bauern aus dem Mittelalter. Sein Name wird von den Minnesängern erwähnt. Dem Charakter nach dürfte er ein lustiger, übermütig gesprungener Tanz gewesen sein. Nach dem Wörterbuch von Grimm bedeutet „gampel" ein lustiges Springen und Treiben. (↗Bauerntänze)

Lit.: *Böhme, F. M.:* Geschichte d. Tanzes in Deutschland, 1886. *Raab, R.:* Vom Gimpel-gampel zum Jitterbug. Der Gesellschaftstanz im Wandel d. Zeiten, in: Wiener Monatshefte, Jg. 27, Februar 1953, S. 3 f.

Gingras. Vermutlich der Name für einen antiken ↗griechischen Tanz religiösen Charakters. Die athenischen Frauen tanzten ihn alljährlich beim Adonisfest. Die Tänzerinnen hielten bei diesem Tanz ihre Hände unter dem Gewand verborgen. Der Brauch, die Hände vor der Gottheit zu verbergen, ist orientalisch, findet sich aber auch schon im 6. Jh. v. Chr. in Griechenland.

Lit.: *Weege, F.:* Der Tanz in d. Antike, 1926, S. 68.

Gioconda, La. Österreichische Tänzerin, geb. 17. Juni 1923 in Wien, gest. 8. Juni 1948 in Neapel. Sie war Schülerin von Hedy ↗Pfundmayr, Otto Werberg und der Tanzklasse der Wiener Staatsakademie für Musik und darstellende Kunst. Mit 15 Jahren durfte sie bereits als Solotänzerin auftreten. Der Direktor des Zentraltheaters in Dresden engagierte sie für eine große Revue. Es folgten Leipzig, Frankfurt/Main und Nürnberg. Weitere Stationen ihrer künstlerischen Tätigkeit waren Dänemark, Norwegen und Berlin, wo sie vier Monate als Solotänzerin an einer großen Bühne wirkte. Im Mai 1943 trat sie erstmals mit einem eigenen Tanzabend in Wien auf. Es folgte eine Tournee durch Deutschland, wo man sie als „Aristokratin des Tanzes" feierte. 1945 tanzte sie in Rom, 1948 erkrankte sie in Neapel an Typhus, dem sie am 8. Juni erlag.

Lit.: *Liess, A.:* La Gioconda, 1950.

Gioja, Gaetano. Italienischer Tänzer, ↗Choreograph und ↗Tanzlehrer, geb. 1768 (1764?) in Neapel, gest. 30. März 1826 ebendort. Nach seinem Studium bei Traffieri debütierte er 1787 in Rom. Das erste seiner 221 Ballette choreographierte er 1789 für Vicenza (Sofonisba). 1790 wirkte er in Venedig, 1793/94 in Mailand, 1795 in Neapel, von 1799 bis 1807 in Wien, später in Turin und wieder in Neapel. Die Musik für seine Ballette schrieb er meist selbst. Er galt als Rivale seines großen Zeitgenossen ↗Viganò. Sein Bruder **Ferdinand** (1777–1865) war ebenfalls Tänzer und tanzte von 1800 bis 1813 und von 1823 bis 1825 am Wiener Kärntnertortheater. Später war er ↗Ballettmeister in Mailand. (↗Alceste, ↗Antigone, ↗Odysseus)

Lit.: *Ritorni, Carlo:* Cenni biografici sul Salvatore Viganò, 1821. *Bie, O.:* Der Tanz, S. 300, u. Der Tanz als Kunstwerk, 1900, S. 59.

Girometta. ↗Italienischer Volkstanz im 2/4-Takt, ein ↗Paartanz, der im Rundtanz beginnt und mit einer ↗Pirouette der Tanzenden endet.

Lit.: *Bignami, G.:* Volkstanz im brescianischen Gebiet, in: Volkstanz im Tanzarchiv, IX, 1956.

Giselle. ↗Ballett von Adolphe Charles ↗Adam. Das Libretto nach Heinrich ↗Heines „Die Wilis" verfaßten Théophile ↗Gautier, Jean ↗Coralli und Vernoy de Saint-Georges. Die Uraufführung fand am 28. Juni 1841 am Théâtre de l'Académie Royale de Musique Paris statt. Das Ballett, für Carlotta ↗Grisi geschrieben, wurde in der Folgezeit bis heute in der Titelrolle von den berühmtesten Tänzerinnen dargestellt. (↗Perrot)

Lit.: *Gautier, Th.:* Théâtre, mystère, comédies et ballets, 1872. *Beaumont, C. W.:* The Ballet Called Giselle, 1944. *Lifar, S.:* Giselle. *Markova, A.:* Giselle and I. *Niehaus, M.:* Himmel, Hölle u. Trikot, 1959, S. 35 ff.

Gitana. ↗Nationaltanz der ungarischen und spanischen Zigeuner. La Gitana ist auch ein ↗Ballett in drei Akten und fünf Szenen nach einem Libretto und der ↗Choreographie von Ph. ↗Taglioni mit der Musik von Schmidt und Auber. Es wurde am 5. Dezember 1838 in St. Petersburg uraufgeführt. (↗Gypsy)

Lit.: *Alford, V.:* The Dance of the Gipsies in Catalonia, in: Journal of the English Folk Dance and Song Society, vol. I, Nr. 3, 1934. *Beaumont, C. W.:* La Gitana, in: Complete Book of Ballets, 1951.

Gitiqan. Javanischer ↗Schwerttanz. Bei diesem Tanz kommt es nicht auf ein kunstvolles Fechten und Decken an, sondern auf ein gleichmütiges Schmerzverbeißen. (↗Javanischer Tanz)

Lit.: *Sachs, C.:* Eine Weltgeschichte d. Tanzes, 1933, S. 77.

Glas(l)tanz ist eine eigenartige, mehr als 700 Jahre alte Ländlerform, die vor allem in Oberösterreich sehr beliebt war. Beim Glasltanz galt es als besonderes Kunststück der Burschen, mit einem vollen Glas Wein, Bier oder Most auf dem Kopf den ↗Ländler zu tanzen, ohne einen Tropfen zu verschütten. Der Glasltanz wurde meist in vorgerückter Stunde im geschlossenen Kreis getanzt. (↗Godalet Dantza)

Lit.: *Commenda, H.:* Der Landla, in: Heimatgaue, Jg. 4, 1923, S. 159, Sp. 1. *Commenda, H.:* Tanzbrauchtum um d. Landla, in: Das deutsche Volkslied, Jg. 50, 1949, S. 34 ff. *Wolfram, R.:* Die Volkstänze in Österreich u. verwandte Tänze in Europa, 1951, S. 20.

Glasunow, Alexandr Konstantinowitsch. Russischer Komponist, geb. 10. August (29. Juli) 1865 in St. Petersburg, gest. 21. März 1936 in Paris, schrieb die Musik zu mehreren ↗Balletten: 1898 „Raymonda", Libretto von Lydia Paschkowa und Marius ↗Petipa; Uraufführung: 19. Januar 1898 im Petersburger Marijinskij-Theater; 1900 „Ruses d'amour" (Liebeslist), Libretto von Marius Petipa; Uraufführung: 17. Januar 1900 am kaiserlichen Theater in der Eremitage St. Petersburg; 1900 „Die ↗Jahreszeiten", Libretto von Marius Petipa; Uraufführung: 20. Februar 1900 am kaiserlichen Theater in der Eremitage St. Petersburg. Außerdem bildete seine reine Orchestermusik oftmals die Grundlage für verschiedene ↗Choreographien, z. B. Musik zu O. Wildes ↗„Salomé" (Choreographie M. ↗Fokine, getanzt von I. ↗Rubinstein), 5. Sinfonie (Choreographie A. ↗Gorsky, eines der ersten sinfonischen Ballette), Tondichtung „Sten'ka Razin" (Choreographie M. Fokine).

Gleitwalzer. Dieser ↗Gesellschaftstanz in Walzerform ist in Amerika entstanden und hat seinen Namen von den gleitenden Bewegungen nach vorne und zurück mit abwechselndem Drehen nach links oder rechts. (↗Walzer)

Glenklwerk, auch ↗Zigeunertanz genannt, ist ein ↗österreichischer Volkstanz aus dem nördlichen Mühlviertel, ein Mehrpaartanz in Form einer ↗Quadrille.

Lit.: *Horak, K.:* Volkstänze aus d. oberen Mühlviertel, in: Jahrbuch d. österreichischen Volksliedwerkes, Bd. 8, 1959, S. 166.

Glide-waltz ↗Boston.

Glière, Reinhold Morizowitsch. Russischer Komponist, geb. 30. Dezember 1874 (11. Januar 1875) in Kiew, gest. 23. Juni 1956 in Moskau. Er komponierte folgende ↗Ballette: „Chrysis", Uraufführung 1912, ↗Choreographie N. Mill, Libretto nach A. Puschkin, 1926 in der Choreographie von W. Nemirowitsch-Dantschenko als „Ägyptische Nächte" aufgeführt; „Kleopatra", ↗Ballettpantomime nach A. Puschkin, Moskau 1926; „Roter Mohn" (Krasnij mak), Revolutionsballett, Uraufführung 1927 in Moskau, Choreographie L. Lastschilin und T. Tichomirow, 2. Umarbeitung als „Rote Blume" (Krasnij cvetok) 1957; „Die Komödianten" (Komedianty) Uraufführung 1931, Choreographie Schekrygin, Libretto nach Lope de Vega, revidiert 1955 als „Tochter Kastiliens"; „Der eherne Reiter" (Medny wsadnik), Uraufführung 1949 in Leningrad, Choreographie R. ↗Sacharow, Libretto nach A. Puschkin.

Gliritanz. Grotesker Scherztanz aus Tisens bei Kastelruth in Südtirol. Seiner Form nach ist er ein ↗Deutscher, bei dem aber der Tänzer ganz x-beinig einknickt und auf seinem Hinterteil plattelt. Während des Tanzens neckt ihn seine Mittänzerin. Der Tanz hat seinen Namen von einem Krüppel namens Pflanzelt Gliri, der ganz verkrümmte Beine hatte und es sich aber trotzdem nicht nehmen ließ, sein Tanzbein zu schwingen.

Lit.: *Wolfram, R.:* Die Volkstänze in Österreich u. verwandte Tänze in Europa, 1951.

Glissade (pas) heißt der Gleitschritt im klassischen ↗Ballett. Vorbereitung: 5. ↗Position. Ein Fuß gleitet in eine offene Position und ↗dégagiert – der andere Fuß schleift in eine geschlossene Position nach. Leichtes Kniebeugen und leichtes Erheben auf die Halbspitzen macht diese Übung geschmeidig. Ein kleines rasches glissade mit seitlich geneigtem Oberkörper heißt glissade failli.

Lit.: *Raab, R.:* Lexidion f. d. Ballett, s. a.

Glocke von Dünkirchen. Belgischer Volkstanz aus Flandern. Der Tanz ist zweiteilig und besteht aus einem geradtaktigen ↗Vortanz und einem ungeradtaktigen ↗Nachtanz. Seiner Ausführung nach ist er dem österreichischen ↗Schwabentanz gleich. (↗Belgische Tänze, ↗Firlefanz)

Lit.: *Wolfram, R.:* Die Volkstänze in Österreich u. verwandte Tänze in Europa, 1951, S. 141.

Gluck, Christoph Willibald. Deutscher Komponist, geb. 2. Juli 1714 in Erasbach (Oberpfalz), gest. 15. November 1787 in Wien. Der bedeutende Opernkomponist und Reformator räumte dem ↗Ballett in seinen großen Opern einen besonderen Platz ein und koordinierte Handlung und Tanz zu einer unlösbaren Einheit. Außerdem schuf er folgende selbständige Ballette: „Le Festin de Pierre" (↗Don Juan), nach einer ↗Choreographie von ↗Angiolini (17. Oktober 1761, Kärntnertortheater, Wien); ↗„Semiramis", Choreographie von Angiolini nach Voltaire (31. Januar 1765, Kärntnertortheater, Wien); ↗„Alexander" (= Alexander et Roxane?), Choreographie von Angiolini, (21. Mai 1765 Laxenburg?); ↗„L'Orfano della China", nach einer Choreographie von Angiolini (4. April 1774, Kärntnertortheater, Wien).

Lit.: *Engländer, R.:* Glucks ‚Cinesi' u. ‚Orfano della China', in: Gluck-Jahrbuch, Jg. I, 1913, S. 54 ff. *Arend, M.:* Gluck, Reformator d. Tanzes, in: Die Musik, Jg. 13, 1913/14, H. 19. *Haas, R.:* Die Wiener Ballett-Pantomime u. Glucks Don Juan, in: Studien zur Musikwissenschaft, H. 10, 1923, S. 6 ff. *Orel, A.:* Einige Bemerkungen zu Tanzdramen Chr. W. Glucks, in: Festschrift O. E. Deutsch zum 80. Geburtstag, 1963, S. 82 ff. *Croll, G.:* Ein unbekanntes tragisches Ballett v. Gluck, in Mitteilungen d. Gesellschaft f. Salzburger Landeskunde, 109, 1969, S. 275 ff.

G'mischte, Der. Name des ↗Deutschen Umgang im südlichen Niederösterreich.

Lit.: *Zoder, R.:* Österreichische Volkstänze, Neue Ausgabe, Teil III, 1955, S. 30 ff.

Gobahun. ↗Afrikanischer Tanz aus Dahomey (seit 1975 Benin), ein Tanz der Heviosso, der Donnerfetischisten. Er wird von Männern und Frauen paarweise ausgeführt, ist sehr schnell und charakteristisch durch seine wilden Armbewegungen und Verrenkungen.

Lit.: *Gorer, G.:* Geheimes Afrika u. seine Tänze, 1950, S. 187.

Godalet Dantza. Baskischer Volkstanz, ein ↗Geschicklichkeitstanz, der Weinglastanz des Pferdemannes „Zamalzain" beim altkultischen Aufzug der Maskerade im Februar. Der Pferdemann, die Hauptgestalt dieser Maskerade, stammt aus vorchristlicher Zeit. Der Pferdemann erhält das Aussehen eines Reiters durch eine umgehängte Attrappe mit Pferdekopf. Zu den altertümlichen Figuren seiner Begleitung gehören das Mannweib, der Dämonenaustreiber, der Tänzer mit der Blitzschere, der Tänzer mit dem schwarzen Gesicht und die Gruppe der „Roten", „Schönen" und „Schwarzen". Der Tanz um das in der Mitte des Tanzplatzes stehende halb mit Rotwein gefüllte Weinglas, den der Pferdemann auszuführen hat, ist eine fast unüberbietbare Geschicklichkeitsprobe volkstänzerischer Kunstfertigkeit. (↗Baskischer Tanz, ↗Glasltanz)

Lit.: *Gallop, R.:* A Book of the Basques, 1930, S. 198. *Wolfram, R.:* Der Spanltanz u. seine europäischen Verwandten, in: Oberdeutsche Zeitschrift f. Volkskunde, Jg. 9, 1935, S. 46 ff.

Godlewski, Carl Borromäus. Clown, Tänzer, Mimiker und ↗Ballettmeister, geb. 20. November 1862 in Dortmund, gest. 6. Dezember 1949 in Mödling. Er war der Sohn eines Baumeisters, der auf Zirkusbauten spezialisiert war. So wurde der Sohn Carl in das Zirkusmilieu hineingeboren und begann seine Laufbahn als Akrobat (Trampolinsprung über sieben Elefanten) und Clown. Als Artist wirkte er beim Zirkus Renz, mit dem er durch Europa reiste. Josef ↗Hassreiter engagierte Carl Godlewski von der Manege weg als 1.

Mimiker und 1. Charaktertänzer im Jahre 1893 an die Wiener Hofoper, wo er bis 1924 blieb, ab 1919 als Ballettmeister. Er eröffnete auch eine eigene Kunsttanzschule, die großen Zuspruch fand, und der Tanzunterricht bei der jungen Hocharistokratie brachte ihm viel Ehre. Im Jahre 1889 heiratete er die Wiener Hofoperntänzerin Ludmilla Klaß. Die drei Kinder aus dieser Ehe, Camilla, geb. 1890, Willy, geb. 1892 und Grete, geb. 1894, ergriffen ebenfalls den Tänzerberuf. Besondere Bedeutung erlangte der Sohn **Willy Godlewski** (1892–1943). Er studierte an der Ballettschule der Wiener Hofoper bei Carl ↗Raimund und bei seinem Vater und war in Frankfurt/M., Berlin, Zürich und Nürnberg tätig. Er war 1. Solotänzer und Ballettmeister. Außerdem betätigte er sich auch schriftstellerisch. Er schrieb: Der Tanz im Wandel der Zeiten, in: Die Musik, Jg. 22, 1929/30, H. 9, S. 649 ff.; Ballettmeisterschulung, in: Singchor und Tanz, 49, 1932; Tanz und Regie, in: Die Musik, Jg. 24, 1932, H. 12, S. 911 ff.; Ballett contra Ausdruckstanz, in: Die Musik, Jg. 25, 1933, H. 4, S. 248 ff.; Das Ballettstudium, maschinenschriftlich, München 1941.

Godunow, Alexandr Boris. Russischer Tänzer, geb. 1949 in Riga. Er studierte in Riga und an der Ballettschule des Bolschoj-Theaters in Moskau. 1967 wurde er Solist beim ↗Bolschoj-Ballett. Er verließ dieses Ensemble 1979 während einer Tournee durch die USA und durch Kanada. Von 1979 bis 1982 war er 1. Tänzer beim ↗American Ballet Theatre. Als Gast tanzte er an der Deutschen Oper Berlin, beim Israel Ballet, Asami Maki-Ballett in Tokio und beim ↗Ballett des XX. Jahrhunderts.

Goethe, Johann Wolfgang von. Geb. 28. August 1749 in Frankfurt/M., gest. 22. März 1832 in Weimar. Der große deutsche Dichter war nicht nur selbst ein leidenschaftlicher Tänzer, sondern auch ein vorzüglicher Kenner des ↗Gesellschafts-, ↗Volks- und Kunsttanzes. Seine Tätigkeit als Dichter, Kritiker und Intendant der Weimarer Bühne bewirkte, daß er bis ins hohe Alter hinein mit dem Tanz verbunden war. In seinen Werken besang und erwähnte er vielfach den Tanz. Für die Weimarer Hofbühne hatte Goethe mehrere ↗Ballette geschrieben, z. B. „Die Weiber von Weinsberg" oder „Der Rattenfänger von Hameln". Auch mehrere Opernfragmente zeigen, daß Goethe an dieser Kunstgattung ein besonderes Interesse zeigte. Er mußte auch ein Mann der Praxis sein und bei Redouten, Aufzügen und pantomimischen Einstudierungen oftmals als ↗Choreograph wirken. So hat Goethe in seinem Leben und Werk dem Tanz auf der Bühne und im Ballsaal die künstlerische und gesellige Berechtigung zuerkannt.

Lit.: *Raab, R.:* Goethes Stellung zu Tanz u. Ballett, in: Jahrbuch d. Wiener Goethe-Vereins, Bd. 65 (1961), S. 110 ff. *Schierling, Ch. A.:* Der Tanz in Goethes Leben u. Werken, 1976.

Gofenanz. ↗Höfischer Tanz aus dem 12./13. Jh. Art und Weise seiner Ausführung sind unbekannt. Der Name dürfte aus dem französischen „convenance" abgeleitet sein, das soviel wie Anstand, Schicklichkeit bedeutet.

Lit.: *Böhme, F. M.:* Geschichte d. Tanzes in Deutschland, 1886, S. 32.

Golektanz. Dieser ↗javanische Tanz führt pantomimisch-stilisiert vor, wie eine Dame Toilette macht.

Lit.: *Baaren, Th. P. v.:* Selbst d. Götter tanzen, 1964, S. 128.

Goli ist die weitest verbreitete Tanzaufführung des an der mittleren Elfenbeinküste lebenden Stammes der Baule. Zu den Goli-Aufführungen gehört ein Chor von 10 bis 20 jungen Männern, dazu kommen mehrere Paare von Masken. Charakteristisch für den Chor sind die Rasselkalebassen, goli toa genannt. Die Aufführung beginnt damit, daß ein oder zwei Sänger mit ihren Rasselkalebassen durch das Dorf tanzen und ihre Kameraden rufen. Auf diese Art vermehren sich die Tanzenden zu einer großen Schar. Diese Gruppe singt, tanzt und rasselt mehr als eine Stunde. Hierauf erscheinen die Maskenpaare. Die Masken tanzen für gewöhnlich nur einzeln und nur einen kurzen Tanz. (↗Elfenbeinküste)

Lit.: *Himmelheber, H.:* Masken, Tänzer u. Musiker d. Elfenbeinküste, in: Publikationen zu wissenschaftlichen Filmen, Sekt.: Volkskunde, Erg.-Bd. 2, 1972, S. 25 ff.

Golinelli, Giovanni. Italienischer Tänzer, Mimiker und ↗Choreograph, geb. 1809 in Bologna, gest. 15. Dezember 1884 in Braunschweig. Er war von 1836 bis 1859 an der k. k. Hofoper in Wien tätig, ab 1855 als Ballettregisseur. 1851 brachte er das Ballett „Manon Lescaut" mit der Musik von Matthias Strebinger im Kärntnertortheater zur Aufführung. Als eigene ↗Ballette schuf er 1851 „Bellerophon", 1857 „Juliska", 1858 „Irene" und die ↗Divertimenti „Der träumende Bauer" und „Giotto und Zerlina". 1855 bearbeitete er das Ballett ↗„Don Quichote" von ↗Taglioni. Von 1860 bis 1861 war er ↗Ballettmeister in Hamburg, von 1861 bis 1863 im

Theater an der Wien und von 1864 bis 1869 in München.

Golubez (Golubec, Golubetz). ↗Russischer Volkstanz, ein grotesker Männertanz, der in seiner Ausführung dem alten deutschen ↗Taubentanz gleicht. Seine Eigentümlichkeit besteht in dem hüpfenden Zusammenklopfen der Füße.

Lit.: *Böhme, F. M.:* Geschichte d. Tanzes in Deutschland, 1886, S. 62. *Becker, M. L.:* Der Tanz, 1901, S. 177.

Golya. ↗Deutscher Volkstanz aus der Batschka, der seines ungarischen Namens wegen auch Deutschländer-↗Csardas genannt wird. Er ist ein ↗Paartanz im Kreis. Die Tanzmelodie geht im 2/4-Takt und hat csardasähnlichen Charakter.

Lit.: *Horak, K.:* Der Volkstanz in d. Batschka, in: Deutsche Liederkunde, Bd. I, 1939, S. 222 f.

Gontscharow, Georgij. Russischer Tänzer, Lehrer und ↗Choreograph, geb. 1904 in St. Petersburg, gest. 1954 in London. Er studierte in St. Petersburg, hatte später eine Schule in Schanghai, wo Margot ↗Fonteyn bei ihm studierte. 1945 kam er nach London, unterrichtete an der Sadler's Wells Ballettschule. Ferner lehrte er in Italien und Kuba und, wieder nach London zurückgekehrt, an der Schule von Vera ↗Volkova.

Goosey dancing. ↗Englischer Volkstanz aus Cornwall. Er wird zur Weihnachtszeit von Knaben und Mädchen getanzt, die ihre Kleider tauschen. Die Durchführung des Tanzes ähnelt dem Fest des römischen Gottes Saturn, den sogenannten ↗Saturnalien.

Lit.: *Kidson, F.-Neal, M.:* English Folk-Song and Dancing, 1915, S. 151.

Gopak. ↗Russischer Volkstanz aus der Ukraine, wo er Hopak genannt wird. Dieser sehr lebhafte Tanz im 2/4-Takt kann von einer oder mehreren Personen getanzt werden. In seiner Ausführung wirkt er fast akrobatisch. Er hat in die Konzert- und Opernmusik russischer Komponisten Eingang gefunden, u. a. bei A. ↗Chatschaturjan in dem Ballett „Gajanè".

Gopak aus „Soročinskaja Jarmarka", M. Mussorgsky

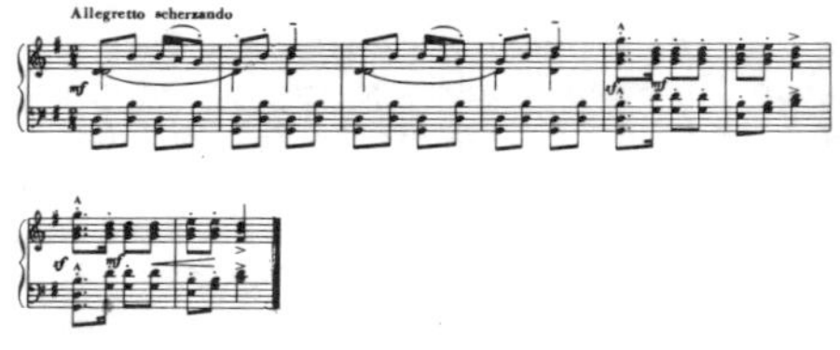

Gopal, Ram. Indischer Tänzer, ↗Choreograph und Lehrer, geb. 20. November 1920 in Bangalore. Er studierte ↗Kathakali bei Kunju Kunrup, ↗Bharata Natyam bei Sundaram, ↗Kathak bei Misra und ↗Manipuri bei Nabakumar. Im Jahre 1935 eröffnete er in Bangalore eine Schule für den klassischen ↗indischen Tanz. 1937 trat er erstmals vor die Öffentlichkeit. 1939 kam er mit einer eigenen Truppe nach London, wo er sich nach mehreren Weltreisen niederließ und im Jahre 1962 eine Akademie für indischen Tanz und indische Musik eröffnete. Er schrieb die Bücher: Rhythm in the Heavens. An Autobiography, London 1957. Indian Dancing, 1951–53 (mit S. Dadachanji). (↗Ambrose, Kay)

Goph-Tanz. ↗Indischer Tanz aus Maharashtra, eine Form des ↗Bandltanzes. Er wird nur von Männern ausgeführt, die paarweise in zwei konzentrischen Kreisen um einen mit bunten Bändern geschmückten Stab oder Baum einander gegenüberstehen. Jeder ergreift das Ende eines Bandes, und während sie sich schrittweise im Kreis bewegen, flechten sie die Bänder zu Mustern zusammen und wieder auseinander. (↗Tipri-Tanz)

Lit.: *Rebling, E.:* Die Tanzkunst Indiens, 1981, S. 65.

Góralski. Polnischer Volkstanz, auch Drobny genannt. Er stammt aus der Region Podhale (Zakopane). Dieser Tanz der Bergbewohner ist ein ↗Paartanz im 2/4-Takt, lebhaft und kraftvoll. Der Tanz beginnt langsam und steigert sich zum Schluß hin zu einem Furioso. Seine Figuren erfordern vom Tänzer viel Geschicklichkeit. (↗Polnische Volkstänze)

Lit.: *Starczewski, F.:* Die polnischen Tänze, in: Sammelbände d. Internationalen Musikgesellschaft, Jg. 2, 1900/01, S. 710. *Laufer, R.:* Der polnische Tanz u. sein Eindringen in d. Kunstmusik, Diss. Wien 1934, S. 21. *Wolska, H.:* Dances of Poland, 1952.

Gordejew, Wjatscheslaw Michajlowitsch. Russischer Tänzer, geb. 3. August 1948 in Moskau. Er studierte am choreographischen Institut in Moskau und begann seine künstlerische Laufbahn 1968 als Danseur-noble im ↗Bolschoj-Ballett. 1973 erhielt er die Goldmedaille beim Internationalen Ballettwettbewerb Moskau. Seine Frau ist die Tänzerin Nadeschda ↗Pawlowa.

Lit.: *Tobias, T.:* Bolshoi Profiles: Vatscheslav Gordeyef, in: Dance Magazine, August 1975.

Gore, Walter. Britischer Tänzer und ↗Choreograph, geb. 8. August 1910 in Waterside, Ayrshire, Schottland, gest. 15. April 1979 in Pamplona, Spanien. Er studierte Tanz und Schauspiel an der Italia Conti School und bei L. ↗Massine. Von 1930 bis 1935 tanzte er beim ↗Ballet Rambert und war Mitglied des Ballet Club und der ↗Camargo Society. Er ging dann zum ↗Vic-Wells Ballet, kehrte als Solist wieder zum Ballet Rambert zurück, für welches er 1938 seine ersten Ballette choreographierte. Weitere Choreographien schuf er 1952 für die New Ballet Company und 1953 für das Sadler's Wells Theatre Ballet. 1954 gründete er ein eigenes Ensemble, mit dem er 1955/56 als Australian Theatre Ballet eine Australien-Tournee unternahm. 1956 gastierte er beim Ballett der Lage Landen und bei M. ↗Miskowitsch in Paris. Von 1957 bis 1959 war er Ballettdirektor in Frankfurt a. M. 1961 gründete er das London Ballet. Von 1965 bis 1969 war er künstlerischer Leiter der Grupo Gulbenkian de Bailado in Lissabon. 1971/72 war er Ballettdirektor in Augsburg.

Lit.: *Kersley, L.:* Walter Gore, in: Ballet Today, April 1961.

Gorsky, Alexander Alexejewitsch. Russischer Tänzer, ↗Ballettmeister, ↗Choreograph und Lehrer, geb. 18. August 1871 in St. Petersburg, gest. 20. Oktober 1924 in Moskau. Er begann sein Tanzstudium 1880 an der kaiserlichen Ballettschule in St. Petersburg und schloß es 1889 ab. Er debütierte am Marijinskij-Theater, wo er 1895 Solist wurde. Seine Lehrtätigkeit begann er 1896 als Assistent von Paul ↗Gerdt. In den Lehrplan der Ballettschule nahm er die Notationsmethode seines Freundes W. I. ↗Stepanow auf. 1898 choreographierte er erstmals am Bolschoj-Theater in Moskau, ging 1900 endgültig dorthin und wurde 1. Tänzer und Regisseur.

Lit.: *Roslavleva, N.:* Era of the Russian Ballet, 1966.

Goslar, Lotte. Amerikanische Tänzerin, ↗Choreographin und Ballettdirektorin, geb. 1910 (?) in Dresden. Sie studierte an der Mary ↗Wigman-Schule, bei G. ↗Palucca, debütierte in Berlin und verließ 1933 Deutschland. Sie ging nach Zürich zu E. Manns Kabarett „Die Pfeffermühle". 1937 übersiedelte sie in die USA, wo sie auch in Nachtclubs auftrat. 1943 kam sie nach Hollywood und gründete ihre erste eigene Gruppe. 1954 gründete sie in New York den „Lotte Goslar's Pantomime Circus". Sie unterrichtete auch. Zu ihren prominentesten Schülern zählten u. a. Marilyn Monroe und G. Champion. Ihre außerordentliche Verwandlungsfähigkeit als Künstlerin ließ sie einen charakteristischen Stil entwickeln, der eine Mischform aus ↗Ballett, Clownerie, ↗Pantomime und Tanztheater darstellte.

Gospod-Gospa. Jugoslawischer Volkstanz aus Slowenien, ein ↗Paartanz im 2/4-Takt. Die Tanzpaare stehen im Kreis. Getanzt wird mit Polkaschritten. (↗Jugoslawische Volkstänze, ↗Slowenischer Volkstanz)

Lit.: *Šuštar, M.:* Slovenski ljudski plesi prekmurja, 1978, S. 55 ff.

Gould, Morton. Amerikanischer Komponist, geb. 10. Dezember 1913 in Richmond Hill, N. Y. Er komponierte ↗Ballette für G. ↗Balanchine, A. de ↗Mille und J. ↗Robbins, u. a. „Interplay" (1943), „Fall River Legend" (1948), „Rib of Eve" (1956) und „Fiesta" (1957).

Govend. ↗Kurdischer Tanz, ein Rundtanz, bei dem die Tänzer und Tänzerinnen Arm in Arm kleine, komplizierte Schritte und ausgeprägte wiegende Bewegungen, sowie ↗Chassé-↗croise-Figuren ausführen.

Lit.: *Kendal, Nezan:* Kurdish Music and Dance, in: The World of Music, vol. XXI, 1979, No. 1, S. 19 ff.

Grabac. Jugoslawischer Volkstanz aus Serbien. Er ist dem deutschen Volkstanz ↗Winker ähnlich, nur spielt bei ihm das Prinzip des überzähligen Tänzers eine Rolle. Ein überzähliger Tänzer steht unter den Tanzenden mit einem Besen. Am Schluß des Tanzes wirft er den Besen weg und hascht schnell nach einer Tänzerin. Wer übrig bleibt, muß mit dem Besen tanzen. (↗Besentanz, ↗Grapc, ↗Jugoslawische Volkstänze, ↗Serbischer Volkstanz)

Lit.: *Janković, L. u. D.:* Narodne igre, vol. V, Nr. 34, 1949. *Hoerburger, F.-Raupp, F.:* Deutsch-slawische Wechselbeziehungen im Volkstanz, 1957, S. 28.

Graham, Martha. Amerikanische Tänzerin, ↗Choreographin und Lehrerin, geb. 11. Mai 1894 in Allegheny, Pa. Sie begann ihr Tanzstudium nach dem Abschluß des Universitätsstudiums im Jahre 1916 an der Schule von Ruth

↗St. Denis und deren Partner Ted ↗Shawn, wo sie die Theorien von François ↗Delsarte kennenlernte. Sie verblieb dort bis 1923. Es folgten dann verschiedene Engagements. 1925 zog sie sich aber von der Bühne zurück, um neue Wege des Tanzes zu finden. Nach dem Vorbild von Isadora ↗Duncan trat sie für den ↗„Freien Tanz“ ein. 1926 debütierte sie als Solistin in New York und gründete 1927 die Martha-Graham-Schule für zeitgenössischen Tanz und 1929 eine eigene Truppe, mit der sie ausgedehnte Reisen durch die USA, Europa und den Nahen und Fernen Osten unternahm.

Lit.: *Leabo, K.:* Martha Graham, 1961. *Leatherman, L.:* Martha Graham, 1961. *McDonagh:* Martha Graham. A Biography, 1974. *Morgan, B.:* Martha Graham, 1980.

Grahn, Lucile. Dänische Tänzerin, geb. 30. Juni 1819 in Kopenhagen, gest. 4. April 1907 in München. Diese bedeutende Vertreterin des Tanzes während der Zeit der Romantik studierte bei A. ↗Bournonville. Sie debütierte 1834, tanzte aber schon ab ihrem 7. Lebensjahr. Viele Jahre wirkte sie an der Königlichen Oper in Kopenhagen, wo Bournonville 1836 ↗„Giselle“ und ↗„Don Quichote“ choreographierte. 1839 war sie bereits in Paris engagiert. Sie wurde damals als besondere Konkurrentin von Fanny ↗Elßler angesehen. 1843 trat sie erstmals in St. Petersburg auf. Ein Höhepunkt ihrer tänzerischen Laufbahn war der ↗„Pas de quatre“, welchen sie 1845 in London tanzte. 1856 heiratete sie den deutschen Sänger Friedrich Young. Sie beendete ihre Tätigkeit als Tänzerin und wirkte von 1858 bis 1861 als ↗Ballettmeisterin in Leipzig und von 1869 bis 1875 an der Oper in München. 1861 studierte sie in Paris erstmals das Venusberg-Ballett in Wagners „Tannhäuser“ ein.

Lit.: *Migel, P.:* The Ballerinas, 1972.

Granadiana, eine andalusische Form des ↗Fandango.

Grand Ballet Classique de France. Diese Gruppe wurde 1963 von dem Impresario Claude Giraud gegründet. Sie betrachtete sich als das Erbe des Grand Ballet du Marquis de ↗Cuevas. Zu diesem Ensemble, das ständig reiste, zählten die bedeutendsten Tänzer und ↗Choreographen, wie B. ↗Nijinska, S. ↗Lifar, V. ↗Gsovsky, D. Lichine, A. ↗Dolin, M. ↗Béjart, R. ↗Hightower u. a.

Grand Pas bezeichnet im klassischen ↗Ballett einen mit besonderem choreographischen Aufwand gestalteten Tanz für die ↗Ballerina, den 1. Tänzer und das ↗Corps de ballet, der an dramaturgisch bedeutungsvoller Stelle steht. In seiner Form umfaßt er ein ↗Adagio, einzelne Variationen und eine Coda.

Grant, Alexander. Neuseeländischer Tänzer, geb. 22. Februar 1925 in Wellington, Neuseeland. Er studierte bei Kathleen O'Brien, Jean Horne und an der Sadler's Wells Ballet School. 1946 trat er in das ↗Sadler's Wells Ballet ein und wurde 1949 zum Solisten ernannt. Von 1971 bis 1975 war er Direktor der Ballet-for All-Gruppe des ↗Royal Ballet und ab 1976 künstlerischer Leiter des National Ballet of Canada.

Lit.: *Swinson, C.:* Alexander Grant, in: Six Dancers of Sadler's Wells, 1956.

Grapc. Jugoslawischer Volkstanz aus Oberkrain, ein Tanzspiel mit einem überzähligen Tänzer. Die Teilnehmer tanzen paarweise Polka-Rundtanz. Der Überzählige tanzt in der Mitte mit einem Besen. Nach einigen Takten wirft er den Besen zu Boden. Während nun alle Paare den Partner wechseln müssen, ergreift er eine Tänzerin. Wer keine Tänzerin erhascht, muß mit dem Besen tanzen. Das Tanzspiel wird beliebig oft wiederholt. (↗Besentanz, ↗Grabac, Jugoslawische Volkstänze)

Lit.: *Horak, K.:* Volkstänze aus Oberkrain, in: Jahrbuch d. österreichischen Volksliedwerkes, Bd. 26, 1977, S. 63.

Grastanz (auch Grasetanz oder Hopphei genannt). ↗Deutscher Volkstanz aus dem Harz. Er wird nach erfolgter Heumahd veranstaltet. Am Tag des Tanzes herrscht ausgesprochenes Frauenrecht. Das auf dem Festplatz von den Frauen zusammengetragene Heu wird von der gewählten Graskönigin versteigert. Ein Rundtanz, vermutlich uralter Herkunft, führt rund um den Heuhaufen. Vorher werden die Ersteigerer des Heus mit diesem als Glücksbringer beworfen.

Lit.: *M(ayer):* Der Grastanz, in: Der Brocken 2, 1930. *Panzer, M.:* Tanz u. Recht, 1938.

Grawodisch ↗Besentanz.

Graziana. ↗Deutscher Volkstanz aus der schwäbischen Türkei, der zur Gruppe der ↗Paartänze gehört, die unter dem Namen ↗Neukatholischer in Österreich und Deutschland üblich sind. Graziana heißt aber auch ein ↗Gesellschaftstanz im 19. Jh., ein menuettartiger Rundtanz, der von F. Wesner erfunden worden war und auch in England und Frankreich bekannt war. (↗Polka)

Lit.: *Jolizza, W. K. v.:* Die Schule d. Tanzes, S. 154 ff. *Horak, K.:* Der Volkstanz in d. Schwäbischen Türkei, in: Deutsches Archiv f. Landes- u. Volksforschung, Jg. 2, 1928, H. 4, S. 844 ff. *Horak, K.:* Donauschwäbische Volkstänze, Südostdeutsches Kulturwerk, 1954.

Greagba. Tanz der Guro, eines Urwaldvolkes der mittleren ↗Elfenbeinküste, ein neuer Tanz, entstanden um 1960. Er vermengt Tradition und Moderne. Er wird nur von Frauen getanzt. Im Kreis bewegen sie sich in kleinen Schritten und singen dabei. Ruhige und sehr bewegte Phasen wechseln ab. Das Orchester befindet sich in der Mitte. Aufführungsmäßig ist der Tanz fest in der afrikanischen Tradition verwurzelt. Das Neue an dem Tanz sind Äußerlichkeiten, wie die Kleidung der Frauen und das von der europäischen Musik beeinflußte Orchester. (↗Afrikanischer Tanz)

Lit.: *Himmelheber, H.:* Masken, Tänze u. Musiker d. Elfenbeinküste, in: Publikationen zu wissenschaftlichen Filmen, Sekt. Völkerkunde, Erg.-Bd. 2, 1972, S. 71 ff.

Gregor, Joseph. Österreichischer Theaterhistoriker und Schriftsteller, geb. 26. Oktober 1888 in Czernowitz, gest. 12. Oktober 1960 in Wien. Er war Direktor der Theatersammlung der österreichischen Nationalbibliothek. Er verfaßte eine Kulturgeschichte des Balletts, Wien 1944. In Musik der Zeit, Heft 2, Ballett-Heft erschien von ihm der Beitrag: Des Meisters Rich. Strauss letzte Gedanken zur Ballettkunst.

Gregory, Cynthia. Amerikanische Tänzerin, geb. 8. Juli 1946 in Los Angeles. Sie studierte bei C. Maracci, M. Panajeff und Rosselat. Sie kam 1961 zum San Francisco Ballet und 1965 als 1. Tänzerin zum ↗American Ballet Theatre. 1975 beendete sie ihre künstlerische Tätigkeit.

Greifpolka (auch Greiftanz genannt). ↗Deutscher Volkstanz aus Hessen, ein Vierpaartanz im Kreis im 2/4-Takt, eine Form des ↗Rheinländers.

Lit.: *Au, H. v. d.:* Deutsche Volkstänze, H. 17/18, Hessische Volkstänze, Teil III, S. 4 f.

Grey, Beryl (eigentlich Groom, Beryl). Britische Tänzerin und Ballettdirektorin, geb. 11. Juni 1927 in Highgate. Ihr Studium absolvierte sie an der Sadler's Wells Ballettschule, sowie bei Audrey de Vos und Madeline Sharp. 1941 tanzte sie beim ↗Sadler's Wells Ballet, 1942 ihre erste Ballerinarolle. 1952 wirkte sie im ersten Ballettfilm „Der schwarze Schwan" mit. 1957 zog sie sich vom ↗Royal Ballet zurück und reiste als freischaffende ↗Ballerina. 1966 wurde sie Generaldirektor der Arts Educational Trust Ballet School. Von 1968 bis 1979 war sie künstlerischer Direktor des ↗London Festival Ballet. (↗John Field)

Lit.: *Fisher, H.:* Beryl Grey, London 1955.

Griechischer Tanz. Im antiken Griechenland umfaßte der Tanz alle Lebensgebiete. Rhythmus, Melos, Gestik und Wort schloß er in sich ein und bildete so die naturgegebene Einheit menschlich-harmonischen Ausdrucks. Die ↗Eurhythmie, das vollendete Ebenmaß der Lebens- und Ausdrucksformen, der rhythmisch-harmonische Fluß der Bewegungen des Gesamtkörpers, bildete für den Menschen des griechischen Altertums und seinen Tanz die wesentlichste Grundlage. Als besonderes Bildungsmittel diente der Tanz nicht nur der ästhetischen und ethischen Erziehung, sondern vor allem auch der Stärkung der physischen und kriegerischen Kräfte. Die ersten Männer des Staates und die Vorkämpfer in den Schlachten wurden vielfach als „Vortänzer" bezeichnet. Von Sokrates, der die Tanzkunst in seinen Schriften oft behandelt und den Tanz auch selbst geübt hat, stammt der Ausspruch: „Die am besten im Tanze die Götter ehren, die werden die Besten im Kriege sein!" – Die wichtigsten Quellen, die wir über den antiken griechischen Tanz besitzen, sind die vielen Erwähnungen in den Schriften der großen griechischen Denker, Dichter und Geschichtsschreiber. Die eigentliche Geschichte der griechischen Tanzkunst hat aber die antike bildende Kunst geschrieben, die uns mit ihren zahlreichen Darstellungen von Tanzszenen die Vielfalt der Arten und Formen des griechischen Tanzes in anschaulicher Weise vor Augen führt, welche vom ursprünglichen Kulttanz und Waffenspiel bis zur künstlerischen Tanzleistung und zum ausgelassensten Volkstanz reicht. – Ihrem Charakter nach lassen sich die antiken griechischen Tänze in ↗religiöse Tänze, Kriegs- und ↗Waffentänze, Tänze im Theater, ↗Gesellschafts- und ↗Volkstänze einteilen, wobei jedoch zu beachten ist, daß die Grenzen zwischen den einzelnen Kategorien oft verwischt sind und eine eindeutige Abgrenzung der einzelnen Gruppen meist nicht immer möglich ist. Die **religiösen Tänze** und ↗Tanzlieder nahmen im Leben des antiken Griechenlands eine besondere Stelle ein. Im Glauben der Griechen galt der Tanz als Erfindung der Götter, der von diesen selbst auch gepflegt wurde, und war daher auch ein wesentlicher Teil der Gottesverehrung. Zu den sogenannten religiösen Tänzen, Festen und Chören können gezählt werden: ↗Abraxas, ↗Bacchanalien, ↗Bryllichaj, ↗Dithyrambos, ↗Géranos, ↗Gingras, ↗Hyporchema, ↗Kalathos, ↗Karyatike, ↗Kidaris, ↗Manteltanz, ↗Päan, ↗Panathenaea, ↗Parthenien. – Die **Kriegs- und Waffentänze,** ursprünglich in Kreta und vor allem in Sparta zu Hause, spielten in der griechischen Antike eine hervorragende Rolle, besonders bei der Erziehung der männlichen Jugend. In diese Kategorie sind einzureihen: ↗Anapale, ↗Embaterien, ↗Epikrédios, ↗Gymnopädien, ↗Kallinikos, ↗Karpeia, ↗Kolabrismos, ↗Memphitike, ↗Orsites, ↗Prylis, ↗Pyrrhiche, ↗Telesias. Zu den **Tänzen im Theater** zählen die ↗Emméleia für die Tragödie, der ↗Kordax für die Komödie und die ↗Sikinnis für das Satyrspiel. Zu der reichhaltigen Kategorie der **Gesellschafts- und Volkstänze** gehören die Tänze bei privaten Festen und Feiern, wie Hochzeiten, Geburten und Gastmählern, und die vielen nachahmenden Tänze pantomimischer Art. Die Griechen kannten die ↗Pantomime ja schon in hochentwickelter Form und brachten sie später als fertige Kunstgattung zu den Römern. Die Tänze ↗Alétes, ↗Alphiton ékchýsis, ↗Alópex, ↗Angrismene, ↗Anthema, ↗Askoliasmós, ↗Bibasis, ↗Bukolismos, ↗Chalkidisches Greifspiel, ↗Deinos, ↗Dipodia, ↗Eklaktismós, ↗Epangkonismos, ↗Epidexis, ↗Epilénios, ↗Gypones, ↗Hekaterides, ↗Hormos, ↗Igdismos, ↗Keleustes, ↗Kernophoros, ↗Komos, ↗Krusithyron, ↗Kybistan, ↗Morphasmos, ↗Nibatismos, ↗Oklasma, ↗Pinakides, ↗Strobilos, ↗Thermaustris können ihrem Charakter und ihrer Ausführung nach zur Gruppe der Gesellschafts- und Volkstänze gezählt werden. – Nach Art der Ausführung lassen sich zwei besondere Formen des antiken griechischen Tanzes unterscheiden: die ruhig gemessenen Schreit- und Gehtänze, zu welchen vor allem die verschiedenen Chorreigen gehören, und die wirbelnden, oft obszönen, ausgelassenen Dreh-und Sprungtänze akrobatischer Art. Getanzt wurde in Gruppen, zu Paaren und im Solo, meist nur gleichgeschlechtlich, später jedoch beteiligten sich auch Gruppen beider Geschlechter am gleichen Tanz. Homer ist für einen doppelgeschlechtlichen Reigen der früheste Zeuge (8. Jh. v. Chr.), und zwar in der Beschreibung des Schildes des Achilleus. Die Chorreigen wurden, wie die Quellen beweisen, von Jünglingen und Mädchen und nicht von Frauen und Männern ausgeführt. Mädchenreigen überwiegen in allen Landschaften des griechischen Altertums. Aus Attika sind viele Jünglingsreigen bekannt. Großen Anteil an den griechischen Tanzformen der Antike hatte neben den Schritten und Stellungen die ↗Cheironomia, die das ganze System der Gestik und Gebärde in sich einschloß. – Die hauptsächlichste und früheste Begleitungsart des griechischen Tanzes war der Gesang. Das Tanzlied, die Vereinigung von Wort, Weise und Tanz, ist in keinem Land so gepflegt und zu so hoher Vollendung gebracht worden wie bei den Griechen. ↗Alkman, ↗Simonides, ↗Pindaros waren die berühmtesten Dichter der Chortanzlyrik, die ihre Blütezeit vom 7. bis zum 5. Jh. hatte. Ursprünglich sangen die Tänzer selbst, später aber stand oftmals eine Gruppe von Sängern in der Mitte, und das Singen wurde vom Tanzen getrennt. Manchmal war es auch ein Musiker, der in der Mitte stehend die Lyra spielte, während er mit dem Fuß den Takt klopfte, wobei er zu diesem Zweck an seiner Sandale eine eiserne Klapper, das Krupezion, befestigt hatte. Auch der Tanzunterricht war den alten Griechen bereits bekannt. So forderte Plato, der nur die erzieherischen Formtänze gelten ließ, daß im Haus ein ↗Tanzlehrer sein müsse. Der Tanzunterricht bildete eine wichtige Ergänzung zu dem allgemeinen rhythmisch-gymnastischen Unterricht, der in der griechischen Jugenderziehung obligat war. Die Ausbildung bei besonderen Tanzlehrern war sozusagen eine gesellschaftliche Notwendigkeit für Knaben und Mädchen der vornehmen griechischen Gesellschaft. So vollzog sich bereits im antiken Griechenland der Übergang von der Vorherrschaft des kultisch-religiösen Tanzes zur Vorherrschaft des profan-gesellschaftlichen Tanzes.

Qu.: a) Darstellungen d. antiken griechischen bildenden Kunst, b) Literarische Überlieferungen in d. Werken v.: Homer (um 850 v. Chr.), Herodot (480–428 v. Chr.), Sokrates (469–399 v. Chr.), Xenophon (430–354 v. Chr.), Platon in d. Nomoi (429–348 v. Chr.), Aristoteles in d. Poetik (384–322 v. Chr.), Aristoxenos v. Tarent (um 350 v. Chr.), Pylades (31 v. Chr. – 14 n. Chr.), Plutarchos (46 v. Chr. – 12 n. Chr.), Aristides (117 n. Chr.), Lucian v. Samosata in seinem „Dialog v. d. Tanzkunst" (150 n. Chr.), Pollux, Julius (im „Onomastikon", 180 n. Chr.), Athenaios gab in seinem Werk „Deipnosophistai" („Das Mahl d. Sophisten") eine d. wichtigsten Quellen (um 200 n. Chr.), Libanios in seiner Schrift „Über d. Tanz" (4. Jh. n. Chr.), Choricius (6. Jh. n. Chr.).

Lit.: *Mercurialis, H.:* De arte Gymnastica, 1569. *Meursius, J.:* Orchestra, sive de saltationibus veterum (in Jac. Gronivius „Thesaurus Graecorum antiquitatum", vol. VIII, S. 1235 ff., 1699). *Anonym:* Über d. Orchestik d. Alten, in: Magazin d. deutschen Critik, Bd. III, 1. Teil, S. 1 ff., 1774. *Barthélemy, J. J.:* Voyage du jeune anacharsis en Grèce, 1788. *Gironi, R.:* Le danze dei Greci, 1820. *Fritsche, F. V.:* Describitur saltatio Cretica, 1842. *Bucholtz, H.:* Die Tanzkunst d. Euripides, 1871. *Gross, J.:* The Parson on dancing as it is taught in the Bible, and was practised among the ancient Greeks and Romans, 1879. *Heydemann, H.:* Verhüllte Tänzerin, Viertes Hallisches Winckelmannsprogramm, Halle 1879. *Flach, H.:* Der Tanz bei d. Griechen, 1880. *Veckenstedt, E.:* La musique et la danse dans les traditons des Lithuaniens, des Allemands et des Grecs, in: Collection int. de la tradition, vol. III, 1889. *Sittl, K.:* Die Gebärden d. Griechen u. Römer, 1890. *Emmanuel, M.:* De Saltationis Disciplina apud Graecos, 1895. *Gross, V.:* Mouvements de danse de l'antiquité a nos jours, 1914. *Emmanuel, M.:* La Danse Grecque antique d'après les monuments figurés, 1896, engl. 1916. *Fryz, F.:* Taniec u Greków, Jaslo 1896. *Sittl, K.:* Dionysisches Treiben u. Dichten im 7. u. 6. Jh. v. Chr., in: V.–VII. Jahresbericht d. kunstgesch. Museums d. Universität Würzburg, 1898. *Downes, W. E. D.:* The Offensive Weapon in the Pyrrhic, in: Classical Review, vol. 18, 1904, S. 101 ff. *Cherfils, Chr.:* Mimes et ballets grecs, 1908. *Mesk, J.:* Des Aelius Aristides verlorene Rede gegen d. Tänzer, in: Wiener Studien, Jg. 30, 1908, S. 59 ff. *Schnabel, H.:* Kordax, 1910. *Latte, K.:* De saltationibus Graecorum, in: Religionsgeschichtliche Versuche u. Vorarbeiten, Bd. 13, 1913, H. 3. *Ridgeway, W.:* The Dramas and Dramatic Dances of Non-European Races in Special Reference to the Origin of Greek Tragedy, 1915. *Brinkmann, A.:* Altgriechische Mädchenreigen, in: Bonner Jahrbücher d. Vereins v. Altertumsfreunden im Rheinlande, Heft 130, 1925, S. 118 ff. *Weege, F.:* Der Tanz in d. Antike, 1926. *Ferrario, G.:* La danza nell'antica Grecia, 1928. *Sechan, L.:* La danse Grecque antique, 1930. *Birt, Th.:* Die Schaubauten d. Griechen u. d. attische Tragödie, in: Schriften d. Gesellschaft f. Theatergeschichte, Bd. 42, 1931. *Rouquet, A.:* La danse dans l'antiquité, in: Les Spectacles a travers les âges, 1932, S. 135 ff. *Sachs, C.:* Eine Weltgeschichte d. Tanzes, 1933, S. 161 ff. *Lawler, L. B.:* The Dance of the Owl and Its Significance in the History of Greek Religion and the Drama, in: Transactions and Proceedings of the American Philological Association, vol. 70, 1939, S. 482 ff. *Lawler, L. B.:* Blinding Radiance and the Greek Dance, in: Classical Journal, vol. 37, Nov. 1941, S. 94 ff. *Lawler, L. B.:* "Flat Hand" in the Greek Dance, in: Class. Outlook, Jg. 19, 1942, S. 58 ff. *Lawler, L. B.:* The Dance of the Holy Birds, in: Classical Journal, vol. 37, März 1942, S. 351 ff. *Lawler, L. B.:* Four Dancers in the Birds of Aristophanes, in: Transactions and Proceedings of the American Philological Association, vol. 73, 1942, S. 58 ff. *Lawler, L. B.:* Proteus Is a Dancer, in: Classical Weekly, vol. 36, 1943, No. 10, S. 116 f. *Lawler, L. B.:* Beating Motives in the Greek Dance, in: Classical Outlook, vol. 21, 1944, S. 59 ff. *Lawler, L. B.:* The Dance of the Ancient Mariners, in: Transactions and Proceedings of the American Philological Association, vol. 75, 1944, S. 20 ff. *Maraffi, D.:* Spiritualità della musica e della danza, 1944. *Johansen, K. F.:* Thésée et la danse à Délos, in: Arkaeologisk-Kunsthistoriske Meddelelser, Bd. III, Nr. 3, 1945. *Lawler, L. B.:* Diple, Dipodia, Dipodismos in the Greek Dance, in: Transactions and Proceedings of the American Philological Association, vol. 76, 1945, S. 59 ff. *Herter, H.:* Vom dionysischen Tanz zum komischen Spiel, Darstellung u. Deutung, in: Vorträge u. Schriften aus d. Geisteswissenschaften u. ihren Grenzgebieten, H. 1, 1947. *Caputo, G.:* Lo scultore del grande bassorilievo con la danza delle Menadi in Tolmaide di Cirenaica, 1948. *Lawler, L. B.:* The Dance in Ancient Crete, in: Studies Presented to David Moore Robinson, vol. 1, 1951, S. 23 ff., *Roos, E.:* Die tragische Orchestik im Zerrbild d. altattischen Komödie, in: Kungl. Vitterhets Historie och Antikvitets Akademiens Handlingar, Del 78, 1951. *Koller, H.:* Die Mimesis in d. Antike, 1954. *Lawler, L. B.:* Phora, Schema, Deixis in the Greek Dance, in: Transactions and Proceedings of the American Philological Association, vol. 85, 1954, S. 148 ff. *Lawler, L. B.:* Cosmic Dance and Dithyramb, in: Studies in Honor of Ullman, 1960, S. 12 ff. *Schreckenberg, H.:* Vom Werden d. griechischen Tragödie aus d. Tanz, 1960. *Ginner, R.:* The Technique of the Revived Greek Dance, 1963. *Kerenyi, K.:* Gedanken über d. griechischen Tanz, in: Atlantis, 1963. *Baaren, T. P.:* Selbst d. Götter tanzen, 1964, S. 101 ff. *Lawler, L. B.:* The Dance in Ancient Greece, 1964. *Tölle, R.:* Frühgriechische Reigentänze, 1964. *Prudhommeau, G.:* La danse grecque antique, 1965. *Greiner-Vogel, H.:* Lukian über d. Mysterien d. griechischen Tanzes, in: Goetheanum 45, 1966. *Nikolaudi, Z.:* Gedanken über d. Tanz in Griechenland, in: Maske u. Kothurn, Jg. 12, 1966, H. 1, S. 54 ff. *Wegner, M.:* Musik u. Tanz, 1968. *Franzius, G.:* Tänzer u. Tänze in d. archaischen Vasenmalerei, Diss. Göttingen 1973.

Der neugriechische Tanz: Trotz jahrhundertelanger Fremdherrschaft und des durch die besondere geographische Lage bestimmten Einwirkens orientalischer Tanzformen, sowie durch den Einfluß niedergelassener albanischer Stämme in Mittelgriechenland im 14. Jh. hat das griechische Volk seine ererbten Tänze nicht verloren, und wir finden viele der antiken Tanzformen erhalten geblieben. Besonders in den uralten reigenartigen Volkstanzformen liegt auch für den Griechen der Neuzeit eine tiefe symbolische Bedeutung. Sie drücken, einer Kette unlösbarer Glieder gleich, die Zusammengehörigkeit des Volkes aus. Die alten Formen des ↗Syrtos, ↗Chorós und ↗Hormos sind auch in den Typen des neugriechischen Tanzes zu finden. Die antike ↗Angrismene z. B., eine Liebeswerbung tänzerisch-pantomimischer Art, hat sich bis in das 19. Jh. hinein in Griechenland erhalten. Die ↗Tratta, ein alter griechischer Singtanz, wird heute noch zu Ostern in Megara bei Athen getanzt. Auch bei den religiösen Volksfesten des heutigen Griechenlands, den Panegyrien, die mit

Tanz und Gesang gefeiert werden, sind durch die feierliche Gemessenheit und den Ernst der Tanzlieder die Beziehungen zur Antike deutlich zu spüren. Die Volkstänze werden meist von einer Gruppe von Frauen und Männern, manchmal auch zusammen getanzt, mit einem Vortänzer, der den Tanz anführt und oftmals mit der Gruppe im Dialog singt. Tanz und Lied sind im griechischen Volkstanz innig verbunden. Es gibt kaum ein Lied, das nicht getanzt werden könnte und kaum einen Tanz, bei dem nicht gesungen wird. Der Vortänzer singt dabei meist den ersten Vers, der dann von der Gruppe wiederholt wird. Eine besondere Aufgabe des Tanzführers ist es auch, bei manchen Tänzen durch Zuruf den Wechsel der Schrittfolgen zu bestimmen. Er selbst kann dabei innerhalb des Tanzrhythmus nach Können und Ermessen Schritte und Sprünge improvisieren. Neben dem Gesang begleiten die Volkstänze vielfach Pfeifen, Schalmeien und Streichinstrumente. In abgelegenen Gegenden ist auch noch der Dudelsack zu finden. In neuerer Zeit werden die Tänze auch von Schlaginstrumenten, Gitarre und Akkordeon begleitet. (↗Albanischer Räubertanz, ↗Arnautischer Tanz, ↗Candiote, ↗Chaniotiko, ↗Dodekanesiotiko, ↗Elvasan, ↗Fissouni, ↗Gaitanaki, ↗Hassapikos, ↗Ikariotikos, ↗Jerakina, ↗Karaguna, ↗Kariatidon, ↗Kastorias, ↗Kostilata, ↗Kastrinos Pedektos, ↗Leriko, ↗Menoussis, ↗Pentosali, ↗Pilioritikos, ↗Rebetiko-Tänze, ↗Rowas, ↗Servos Karpathiotikos, ↗Serra, ↗Soufliotousa, ↗Sousta, ↗Svarniara, ↗Syrtosformen, ↗Therismos, ↗Tik, ↗Trata, ↗Tsakonikos, ↗Tsamikos, ↗Vlacha, ↗Zeïbekikos)

Lit.: *Fischer, J. H.:* Beschreibung d. vorzüglichsten Volksfeste, Unterhaltungen, Spiele u. Tänze d. meisten Nationen in Europa, 1799. *Schmidt, B.:* Das Volksleben d. Neugriechen u. d. hellenistische Altertum, 1871, Bd. I, S. 83 ff. *Heilig, O.:* Slowakische, griechische, walachische u. türkische Volkstänze, in: Sammelbände d. Internationalen Musikgesellschaft, Jg. 4, 1902/03, S. 293 ff. *Lawler, L. B.:* The Easter Dances at Megara, in: Classical Journal, vol. 23, 1927. *Crosfield, D.:* Dances of Greece, 1948. *Coichton, R.:* The Zeibekikos and Further Notes on Greek Dancing, in: Ballet and Opera, vol. 7, 1949, S. 22 ff. *Georgiades, Th.:* Der griechische Rhythmus, 1949. *Lawson, J.:* European Folk Dance, 1953, S. 66 ff. *Michaelides, S.:* Greek Song-Dance, in: Journal of the International Folk Music Council, vol. 8, 1956, S. 37 ff. *Georgiades, Th.:* Musik u. Rhythmus bei d. Griechen, 1958. *Becker, G.:* Die neugriechische Volksmusik, in: Pro Musica, 1959, H. 1, S. 6 ff. *Schmolke, A.-Langhans, H.:* Europäische Tänze, H. 6 u. 8, 1959 u. 1964. *Petrides, Th. u. El.:* Folke Dances of the Greeks, 1961. *Hoerburger, F.:* Beobachtungen zum Volkstanz in Nordgriechenland, in: Zeitschrift f. Volksmusik, Bd. 62, 1966, S. 43 ff. *Hoerburger, F.:* Orientalische Elemente in Volkstanz u. Volkstanzmusik Nordgriechenlands, in: Jahrbuch f. musikalische Volks- u. Völkerkunde, Bd. 3, 1967, S. 96 ff. *Stratou, D.:* Greek Dances, 1967.

Grigorjew, Sergej Leonowitsch. Russischer Tänzer und ↗Ballettmeister, geb. 5. Oktober 1883 in Tichwin, gest. 28. Juni 1968 in London. Er studierte an der Kaiserlichen Ballettschule in St. Petersburg, wurde Mitglied des Marijinskij-Theaters. Für die Pariser Saison 1909 von ↗Diaghilew war er der Ballettmeister der Truppe und die weiteren 20 Jahre Regisseur des Diaghilew-Balletts. Nach dem Tod Diaghilews schloß er sich ↗Basil's Ballets Russes de Monte Carlo an, wo er bis 1952 blieb. Verheiratet war er mit der Tänzerin Lubow Pawlowa ↗Tschernitschewa. Er ist der Verfasser des Buches „The Diaghilev Ballet 1909–1929", London 1953.

Grigorowitsch, Juri Nikolajewitsch. Russischer Tänzer, ↗Choreograph und Ballettdirektor, geb. 2. Januar 1927 in Leningrad. Er studierte an der Schule für Choreographie in Leningrad und schloß sich nach Abschluß seines Studiums dem ↗Kirow-Ballett an. 1964 wurde er Chefchoreograph und künstlerischer Leiter des ↗Bolschoj-Balletts, welches unter seiner Führung an Leichtigkeit und Eleganz gewann. Auch an der Wiener Staatsoper, an der Opéra Paris und beim ↗Königlich-Dänischen Ballett war er künstlerisch tätig. Er ist verheiratet mit der Tänzerin N. ↗Bessmertnowa.

Lit.: *Vanslov, V.:* Baleti Grigorovina i problemi choreografi, Moskau 1971.

Grimaldi, Joe. Geb. 18. Dezember 1778 in London, gest. 31. Mai 1837 ebendort, Sohn des berühmten italienischen Akrobaten Giuseppe Grimaldi. Er war ein berühmter englischer ↗Pantomime und gilt als der erste englische Clown, der mit seinen derbkomischen Späßen den graziösen, tänzerischen Harlekin ablöste.

Lit.: *Simon, K. G.:* Pantomime, 1960, S. 31. *Boz (Ch. Dickens):* The Memoirs of Joseph Grimaldi, 1938.

Grisi, Carlotta. Italienische Tänzerin, geb. 28. Juni 1819 in Visinada bei Mantua, gest. 20. Mai 1899 in St. Jean bei Genf. Bereits mit sieben Jahren besuchte sie die Opernballettschule in Mailand, wo Guillet ihr Lehrer war. Mit zehn Jahren wurde sie Solistin der Kindergruppe der Mailänder Scala. Es folgten Tourneen nach Venedig, Florenz, Rom und Neapel, wo sie Jules ↗Perrot begegnete, der sie zur Schülerin nahm. Später wurde sie seine Geliebte. 1839 debütierte sie in

London am Her Majesty's Theatre. Auf die Londoner Zeit folgten Gastspiele in Wien („La ↗Sylphide") und München, danach wieder Auftritte in Mailand und Neapel. Am 12. Februar 1841 debütierte sie an der Pariser Oper. Ihr Partner war Lucien ↗Petipa. Um jene Zeit erfolgte auch ihre Begegnung mit Théophile ↗Gautier. Sie blieb ihm in Freundschaft verbunden. Am 28. Juni 1841 wurde sie mit dem Auftreten bei der Uraufführung des Balletts ↗„Giselle" (Musik Adolphe ↗Adam) zur tänzerischen Sensation von Paris. 1842 tanzte sie wieder in London, wohin sie jedes Jahr zurückkehrte. Am 16. Februar 1848 trat Carlotta Grisi wieder bei einer Uraufführung in Paris auf, und zwar in Adolphe Adams Ballett „Griseldis". Nach Gastspielen in Brüssel und Berlin erfolgte am 8. Oktober 1850 ihr erstes Auftreten im Marijinskij–Theater in St. Petersburg, wo sie auch noch in den folgenden zwei Jahren mit ↗Perrot als Partner auftrat. Am 3. März 1853 nahm sie in Szenen des Balletts „Gaselda" (Musik Cesare ↗Pugni) von der Bühne Abschied. Sie zog sich auf das ihr vom polnischen Prinzen Radziwill geschenkte Landgut Saint-Jean bei Genf zurück, wo sie auch starb. (↗Pas de quatre)

Lit.: *Lifar, S.:* Carlotta Grisi, 1947. *Wied, K. V.:* Königinnen d. Balletts, 1961, S. 71 ff. *Migel, P.:* Carlotta Grisi, in: The Ballerinas, 1972.

Grizzly Bear (Pas del l'ours). Aus den USA vor 1914 nach Europa gekommen, ist dieser ↗Gesellschaftstanz eine Form des ↗Onestep. Wegen seines grotesken Charakters wurde er hauptsächlich nur in Varietés vorgeführt. In seiner Art war er dem ↗Turkey Trot sehr ähnlich und wurde auch mit diesem oft verwechselt.

Lit.: *Huppert, E.:* Der moderne Tanz, 1926, S. 43. *Günther, H.-Schäfer, H.:* Vom Schamanentanz zur Rumba, 1959, S. 254 f.

Grönländischer Tanz ↗Eskimo-Tanz.

Großen Bunten, Die. Mit diesem Namen werden in Norddeutschland ↗Contratänze bezeichnet, die durch ihre bunte Vielfalt von Paar- und Gruppenformen in diesem Raum eine bedeutende Entwicklung erfahren haben. Ihnen entsprechen im Süden des deutschen Sprachraumes die ↗Vierer-, ↗Sechser-, ↗Achter- und ↗Zwölfertänze. Wie diese lassen sie eine ausgeprägte Mischung von Contratanzelementen und den alten Kettentanzformen erkennen. Die Paare stehen entweder in einer langen Gasse oder sie bilden ein Viereck. Bis zu 15 mehrteilige Figuren können diese Tänze aufweisen. Vor allem ist die Figur des großen Sterns, von Burschen und Mädchen gebildet, selbstverständlich.

Lit.: *Lager, H.:* Der Treffnertanz, in: Das deutsche Volkslied, Jg. 50, 1949, S. 47 ff. *Wolfram, R.:* Deutsche Volkstänze, 1937, S. 23. *Wolfram, R.:* Die Volkstänze in Österreich u. verwandte Tänze in Europa, 1951, S. 137. *Goldschmidt, Ae.:* Handbuch d. deutschen Volkstanzes, 1967.

Großvatertanz oder ↗Kehraus. Dieser alte Tanzreigen wurde zum Beschluß von Hochzeitsfeierlichkeiten ausgeführt. Er zerfiel wie jeder ↗Reigen in einen langsamen getretenen Tanz im Dreiertakt und einen darauffolgenden schnelleren Rundtanz im Zweiertakt. Zum 1. Teil wurde die Melodie des Großvaterliedes „Und als der Großvater die Großmutter nahm ..." gesungen, nach welcher der Tanz auch seinen Namen hat. Text und Melodie lassen sich bis in das 17. Jh. zurückverfolgen. J. S. ↗Bach hat den 2. Teil der Melodie in seiner Bauernkantate (1741) verwendet und Robert Schumann in den „Papillons". Die Teilnehmer des Reigens waren bei der Ausführung meist mit irgendeinem Wirtschaftsgerät, nur keinem Besen, bewaffnet und zogen so tanzend durch den Raum.

17. Jh.

J. S. Bach, Bauernkantate (BWV212)

Lit.: *Klemm, B.:* Katechismus d. Tanzkunst, 1855/1887. *Angerstein, W.:* Volkstänze im deutschen Mittelalter, in: Sammlung gemeinverständlicher wissenschaftlicher Vorträge, III. Serie, H. 49/72, 1868/69, S. 23 f. *Böhme, F. M.:* Geschichte d. Tanzes in Deutschland, 1886. *Friedländer, M.:* Das Großvaterlied u. d. Großvatertanz, in: Festschrift Herm. Kretzschmar, 1918, S. 29 ff. *Janietz, E.-Schneider, R.:* Volkstänze aus Mecklenburg, 1976.

Gruber, Lilo. Deutsche Tänzerin, ↗Choreographin und Ballettdirektorin, geb. 3. Januar 1915 in Berlin. Sie studierte klassisches Ballett in Berlin und ↗Modern Dance bei M. ↗Wigman. Sie debütierte 1931, wurde 1945 ↗Ballettmeisterin in Greifswald und ging 1955 an die Deutsche Staatsoper Berlin, wo sie bis 1970 als Ballettdirektorin wirkte.

Grue (alte Schreibweise greue). ↗Arbeau bezeichnet damit einen Beinwurf nach vorne. Bei der rechten Grue ist der rechte Fuß in der Luft, bei der linken der linke Fuß. Der Beinwurf nach hinten ausgeführt heißt ↗Ruade.

Lit.: *Czerwinski, A.:* Die Tänze d. 16. Jh., 1878.

Grüne Tisch, Der. Ein Totentanz in acht Bildern von Kurt ↗Jooss, Musik von Fritz ↗Cohen. Die Uraufführung erfolgte am 3. Juli 1932 im Théâtre des Champs-Elysées, Paris. Bei der Uraufführung tanzte Kurt Jooss selbst den Tod. Das ↗Ballett zeigt die fruchtlosen Debatten der Diplomaten und die Schrecken des Krieges, wie sie das Volk erlebt. Es erhielt den 1. Preis beim ersten ↗Choreographie-Kongreß in Paris.

Lit.: *Coton, A. V.:* The New Ballet. Kurt Jooss and his work, 1946.

Gschlööfte, Der. Dieser ↗österreichische Volkstanz aus Schruns, Montafon in Vorarlberg, ist eine besondere Walzerform, die von einem Burschen mit zwei Mädchen getanzt wird (↗Dreiertanz). Der Name bedeutet soviel wie Schlüpfwalzer. Der Gschlööfte ist ein richtiger ↗Figurentanz, ähnlich dem ↗Dreisteirer. Er wird im Walzertakt getanzt, aber nicht geschliffen, sondern getreten.

Lit.: *Zoder, R.:* Altösterreichische Volkstänze, 2. Teil, Nr. 6, 1928, S. 18 f. *Gradwohl, K.:* Lehrgang f. österreichische Volkstänze, 1936/1938. *Hofer, E.:* Vorarlberger Volkstänze, 1971, S. 75 ff.

Gsätzlwalzer. Eigentlich keine selbständige Tanzform, sondern eine Tanzpraxis, wie sie im Flachgau in Salzburg (Österreich) üblich war. Sie besteht aus mehreren kurzen 16taktigen ↗Walzern, die wiederholt werden. Vor dem ersten Tanz ist eine Einleitung. Der Name für die kurzen Stücke ist „Tanzl", „Gsätzl" oder auch „Trio". Verschiedene Varianten sind üblich. Den Schluß des Gsätzlwalzers bildet eine ↗Polka. Der Tanz, heute nur mehr vereinzelt anzutreffen, war früher auf Hochzeiten die einzige Tanzform (↗Hochzeitstänze).

Lit.: *Hummer, H.:* Der Gsätzl-, Halb- oder Triowalzer, in: Der fröhliche Kreis, Jg. 27, 1977, H. 1, S. 50 ff. *Haid, G.:* Gsätzlwalzer, in: Volksmusik im Flachgau, S. 85 ff. *Haid, G.:* Ergänzungen u. Berichtigungen zum Artikel v. Hummer, in: Der fröhliche Kreis, Jg. 27, 1977, H. 2, S. 82.

Gsovsky, Tatjana (geborene Issatschenko). Russische ↗Ballettmeisterin, ↗Choreographin und Lehrerin, geb. 18. März 1901 in Moskau. Sie studierte im Studio von Isadora ↗Duncan, später bei L. ↗Nowikow, Matyatin, Kirsanowa, O. ↗Preobrajenska und in ↗Hellerau. In Krasnodar wurde sie nach der Oktoberrevolution zur Ballettmeisterin ernannt. Dort traf und heiratete sie den Tänzer Victor ↗Gsovsky. Beide gingen dann nach Berlin, wo sie 1928 eine Schule errichteten. Von 1945 bis 1952 war sie Ballettmeisterin an der Deutschen Staatsoper in Berlin, von 1952 bis 1953 am Teatro Colón in Buenos-Aires, von 1954 bis 1966 an der Deutschen Oper in Berlin und daneben von 1959 bis 1966 an der Oper in Frankfurt a. M. Mit ihrem 1955 gegründeten internationalen bekannten „Berliner Ballett" entwickelte sie ein modernes Tanztheater auf klassischer Grundlage. Sie war eine der einflußreichsten Lehrerinnen der deutschen Tänzergeneration nach dem zweiten Weltkrieg. Mit Siegfried ↗Enkelmann verfaßte sie das Buch „Ballett in Deutschland", Berlin 1954.

Lit.: *Geitel, K.:* Hommage à Tatjana Gsovsky, in: Ballett 1966.

Gsovsky, Victor. Russischer Tänzer, Lehrer, ↗Ballettmeister und ↗Choreograph, geb. 12. Januar 1902 in St. Petersburg, gest. 14. März 1974 in Hamburg. Er studierte bei Jewgenija ↗Sokolowa. Nach seiner Emigration aus Rußland 1924 wurde er Ballettmeister an der Staatsoper Berlin (von 1925 bis 1928). Ab 1928 leitete er mit seiner Gattin Tatjana eine Ballettschule in Berlin. Von 1930 bis 1933 choreographierte er für die Ufa-Filmgesellschaft, und Ende 1937 kam er an das ↗Markova-Dolin Ballet nach

London. 1938 ging er als Lehrer nach Paris und nach 1945 war er zuerst an der Pariser Oper und von 1946 bis 1947 Leiter des Ballets des Champs Elysées. Nach kurzer Tätigkeit beim Ballett der Metropolitan Opera New York war er von 1950 bis 1952 Ballettmeister an der Staatsoper München. Anschließend wirkte er wieder in Paris und in Monte Carlo. Von 1964 bis 1967 war er Ballettmeister in Düsseldorf und von 1967 bis 1973 an der Staatsoper Hamburg. Als Lehrer war er international angesehen.

Lit.: *Chauviré, Y.:* Hommage à Victor Gsovsky, in: Les Saisons de la danse, Mai 1974.

Gstrampfte, Der. ↗Österreichischer Volkstanz aus Unterkärnten. Dieser ↗Paartanz, bei dem die Tanzenden einander gegenüber im Kreis Aufstellung nehmen, hat seinen Namen von dem Aufstampfen der Tanzpaare mit den Füßen.

Lit.: *Koschier, F.:* Kärntner Volkstänze, 1963, H. 2, S. 46.

Gua. Burschentanz aus Biankouma (ein Dorf des Stammes der Dan an der Nordgrenze der ↗Elfenbeinküste). Er ist einer der in diesem Gebiet berühmten Kindertänze. Sieben Tänzer im Alter bis zu 14 Jahren und vier Musikanten führen den Tanz aus. Eingeübt und ausgedacht wird er von einem Solotänzer, dem Jüngsten der Gruppe. Er steht auch bei der Vorführung außer der Reihe. (↗Kindertanz)

Lit.: *Himmelheber, H.:* Masken, Tänzer u. Musiker d. Elfenbeinküste, in: Publikationen zu wissenschaftlichen Filmen, Sekt. Völkerkunde, Erg.-Bd. 2, 1972, S. 98 ff.

Guabina. ↗Kolumbianischer Tanz, ein Singtanz im 2/4-Takt. Er wird von Paaren ausgeführt, die einander an den Händen halten oder die Hände mit einem Tuch verbunden haben. Getanzt wird rund um einen Hut, der auf dem Boden liegt. Interessant ist die Tanzbegleitung, die von Gitarren im 3/4-Takt gespielt wird, obwohl die Singmelodie im 2/4-Takt steht.

Guajira. ↗Kubanischer Tanz spanischen Ursprungs mit Tempo- und Taktwechsel vom 6/8- zu 3/4- oder 2/4-Takt. Der Tanzstil ist ähnlich der ↗Conga.

Guar(r)acha (la). Spanisch-südamerikanischer Volkstanz im 3/8-Takt. Er wird nur von einer Person getanzt, die sich selbst auf der Gitarre begleitet. Charakteristisch ist das sich stets steigernde Tempo, was seine Ausführung sehr schwierig macht. Der Name des Tanzes bedeutet „Lebhaftigkeit".

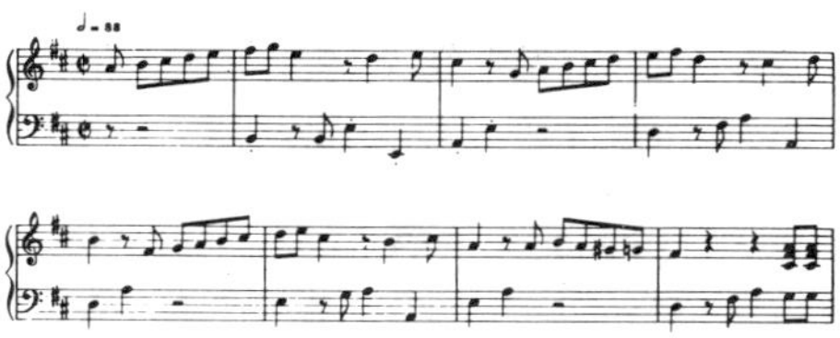

Lit.: *Czerwinski, A.:* Brevier d. Tanzkunst, 1879, S. 110 u. 122.

Guavacan. ↗Indianischer Tanz, der Lieblingstanz der Oyampi-Indianer in Südamerika. Ausgeführt wird er von Männern und Frauen, die einen Kreis bilden. Zweimal stampfen sie heftig auf, gehen nach vorne, lassen einander los, umschlingen einander paarweise und drehen sich schnell herum.

Lit.: *Boehn, M. v.:* Der Tanz, 1925, S. 26.

Günther, Dorothee. Deutsche Lehrerin für ↗Gymnastik und Tanz, geb. am 8. Oktober 1896 in Gelsenkirchen, Westfalen, gest. am 18. September 1975 in Weiss (bei Köln). Sie studierte an der ↗Mensendieck-Schule bei ↗Dalcroze und ↗Laban. Ab 1923 lehrte sie in Gastkursen an den Mensendieck-Ausbildungsstätten Berlin, Breslau, Hamburg und München. Im Jahre 1923 übersiedelte sie nach München, wo sie Carl ↗Orff kennenlernte, der ihr musikalischer Mitarbeiter wurde. 1924 statuierte sich aus einem Großteil des Mensendieckbundes ein Bund für angewandte und freie Bewegung, aus welchem die sogenannte „Güntherschule" mit den Lehrausbildungsmöglichkeiten Gymnastik, musikrhythmische Körperbildung, tänzerische Körperbildung und moderner künstlerischer Tanz entstand. Die musik-rhythmische Ausbildung oblag Carl Orff. 1930 gründete sie die Tanzgruppe „Günther-München", deren choreographische Leitung Maja Lex innehatte. 1933 vereinigte sich die ↗Trümpy-Schule, Berlin mit der Günther-Schule und wurde in Berlin weitergeführt. 1936 übernahm sie die choreographische Regie im Festspiel der Olympiade in Berlin. Ihre Schule wurde 1944 geschlossen und 1945 durch Kriegseinwirkung vernichtet. 1948 übersiedelte sie nach Rom und lebte dort, um ihre schriftstellerische Tätigkeit fortzusetzen, die nach vielen Veröffentlichungen in der Fachliteratur ihren Niederschlag in dem Buch „Der Tanz als Bewegungsphänomen", Hamburg 1962, fand.

Guerra, Antonio. Italienischer Tänzer, ↗Choreograph und ↗Ballettmeister, geb. 30. Dezember 1810 in Neapel, gest. 18. Juli 1846 in Wien (Neuwaldegg). Er studierte in Neapel bei Pietro

↗Hus und tanzte 1816 im Teatro San Carlo, Neapel. 1826–1827 und 1841–1846 wirkte er als 1. Tänzer und Ballettmeister in Wien. Als Partner M. ↗Taglionis tanzte er 1836 in Paris, wo er auch choreographierte, 1838–1841 war er 1. Tänzer und Ballettmeister im Her Majesty's Theatre in London, wo er auch als Partner Fanny ↗Elßlers auftrat.

Guerra, Nicola. Italienischer Tänzer, ↗Ballettmeister und ↗Choreograph, geb. 2. Mai 1865 in Neapel, gest. 5. Februar 1942 in Cernobbio. Er studierte an der Ballettschule des Teatro San Carlo in Neapel und wurde 1879 1. Tänzer an der Mailänder Scala. Seine künstlerischen Stationen waren St. Petersburg, Paris, London und New York. Von 1896 bis 1902 war er Solotänzer der Wiener Hofoper, 1919 deren Gastballettmeister. Von 1902 bis 1915 wirkte er als Ballettmeister an der Budapester Oper, von 1927 bis 1929 als Direktor der Ballettschule der Pariser Oper. Weiterhin wirkte er in Mailand, Rom und Paris und zog sich zuletzt nach Cernobbio zurück. Einer seiner Schüler war Aurel von ↗Milloss. 1898 heiratete er die Solotänzerin Camilla Pagliero, die von 1879 bis 1912 an der Wiener Hofoper engagiert war.

Guest, Ivor. Britischer Ballethistoriker, geb. 14. April 1920 in Chislehurst/England. Er ist Vizepräsident des Britischen Theatermuseums, Mitglied des Exekutivkomitees der Königlichen Tanzakademie, Komitee-Mitglied der Gesellschaft für Theaterforschung, Redaktionsberater von The Dancing Times, Berater für Ballett der Enciclopedia dello Spettacolo. Von ihm stammen folgende Veröffentlichungen: The Ballet of the Second Empire, 2. Bde., 1953–55; The Romantic Ballet in England, 1954; Fanny Cerrito, 1956; Victorian Ballet Girl, 1957; Adeline Genée, 1958; The Alhambra Ballet, 1959; The Dancer's Heritage, 1960; La Fille mal gardée, 1960; The Empire Ballet, 1962; A Gallery of Romantic Ballet, 1966; Romantic Ballet in Paris, 1966; The Pas de quarte, 1968; Dandies and Dancers, 1969; Carlotta Zambelli, in: Revue d'histoire du théâtre, Jg. 21, 1969, Nr. 3, S. 199 ff.; Fanny Elßler, 1970; Two Coppélias, 1970; Cesare Pugni. Pas de Quatre, 1970; Fanny Elßler as the Swiss Milkmaid, in: Harvard Library Bulletin, vol. XXI, 1973, Nr. 1; Carlotta Zambelli, in: Dance Magazine, Februar 1974, S. 43 ff., März 1974, S. 51 ff.; Le Ballet de L'Opéra de Paris, 1976; The Divine Virginia, 1977; Adventures of a Ballet Historian, 1982.

Guggenhubertanz. Geselligkeitstanz aus dem Flachgau in Salzburg (Österreich). Er wird beim fröhlichen Beisammensein nach dem Einbringen der sommerlichen Ernte von Burschen und Mädchen ausgeführt. Der Bursch steht vor dem Mädchen und faßt zwischen seinen gegrätschten Beinen einen Rockzipfel des Mädchens. In dieser Stellung hüpfen dann die Paare im Kreis.

Lit.: *Prodinger, F.:* Abdrischbrauchtum in d. Gemeinde Eugendorf, in: Mitteilungen d. Gesellschaft f. Salzburger Landeskunde, 81. Jahr, 1941, S. 124 ff. *Wolfram, R.:* Die Volkstänze in Österreich u. verwandte Tänze in Europa, 1951, S. 72.

Guglhupftanz (auch Wiederlaibabtanz genannt) ist ein alter steirischer Hochzeitsbrauch, der bis vor dem ersten Weltkrieg in verschiedenen Gebieten der Steiermark (Österreich) getanzt wurde. Heute ist er nur mehr selten anzutreffen. Wie vielen dieser ↗Hochzeitstänze liegen auch dem Guglhupftanz uralte Gedanken der Dämonenabwehr und der Fruchtbarkeitssymbole zugrunde. Als Wieder(Widder)-laibe bezeichnet man in steirischen Gebieten westlich der Raab ein Gebäck aus Milchbrot, aber auch den Guglhupf. Der Tanz, nach einem langsamen ↗Steirischen ausgeführt, findet erst am Ende des Hochzeitsmahles nach der feierlichen Kranzabnahme um Mitternacht statt. Vier bis fünf ausgesuchte, geschickte Tanzpaare erscheinen im finsteren Saal. Die Mädchen tragen einen Guglhupf (Wiederlaib) mit brennenden Kerzen auf dem Kopf und tanzen damit. Getanzt wird so lange, bis die Kerzen abgebrannt sind. Nach Beendigung des Tanzes erfolgt die Abnahme der Wiederlaibe durch die Tänzer, die die Gebäcke in den Speisesaal tragen, wo sich die Braut vor allem auf den mit einer Wiege geschmückten Guglhupf stürzt, die Wiege abnimmt und sie unter ihrem Kleid zu verbergen versucht.

Lit.: *Schmid, J.:* Wiederlaibabtanzen, in: Blätter f. Heimatkunde, Jg. 1, 1924, Nr. 11/12, S. 12 f. *Pöttler, H.:* Der Guglhupftanz, ein steirischer Hochzeitsbrauch, in: Das deutsche Volkslied, Jg. 49, 1948, H. 3/4, Juli/Dez., S. 60 ff. *Wolfram, R.:* Die Volkstänze in Österreich u. verwandte Tänze in Europa, 1951, S. 109.

Guglielmo Ebreo da Pesaro. Italienischer ↗Tanzmeister und Theoretiker des 15. Jh. (gest. nach 1471), Schüler von Domenico da Ferrara. Von ihm erschien im Jahre 1416 das Manuskript „De praticha seu arte tripudii vulghare opusculum". Eine Herausgabe erfolgte in: Scelta di curiosità letterarie, Dispensa 131, Bologna 1873.

Lit.: *Pulignani, F.:* Otto basse danze di M. Guglielmo da Pesaro et di M. Domenico da Ferrara, in: Biblioteca del

Seminario Vescovile, Cod. B, V, 14, Foligno 1887. *Bie, O.:* Der Tanz, 1925. *Sachs, C.:* Eine Weltgeschichte d. Tanzes, 1933, S. 200 und 200/5. *Bahr, W.:* Zur Entwicklungsgeschichte d. höfischen Gesellschaftstanzes, 1941, S. 7. *Melica, A.:* Guglielmo Ebreo da Pesaro, in: Rassegna musicale, Jg. 29, No. 1, März 1959, S. 51 ff. *Kinkeldey, O.:* A Jewish Dancing Master of the Renaissance, Guglielmo Ebreo, in: A. S. Freidus Memorial Volume, New York 1929 u. Dance Horizons, Brooklyn, N. Y. 1966.

Guimard, Marie Madeleine. Französische Tänzerin, geb. 27. Dezember 1743 in Voiron, Dauphiné, gest. 4. Mai 1816 in Paris. Mit 15 Jahren wurde sie in das ↗Corps de ballet der Comédie-Française aufgenommen, wo sie mit 16 Jahren bereits 1. Solistin war. 1762 wurde sie an die Pariser Oper engagiert und debütierte dort als Terpsichore im Prolog der „Fêtes Grecques et Romaines“. 1763 war sie bereits Partnerin von G. ↗Vestris, P. ↗Gardel und J. ↗Dauberval. Im Jahre 1768 hatte sie einen außergewöhnlichen Erfolg in der Oper „Dardanus“ sowie in einem als ziemlich lasziv geschilderten ↗Pas de cinq aus „Daphnis et Alcidamure“. Ihre Berühmtheit gründete sich auch zu einem großen Teil auf ihren Lebenswandel, der die Gesellschaft ständig beschäftigte. Es gab zahlreiche Affären um sie. 1783 erkrankte sie an Pocken. Die Krankheit hinterließ bei ihr jedoch nur minimale Spuren. 1789 heiratete sie den um 15 Jahre jüngeren Tänzer Jean-Etienne ↗Despréaux. Beide entsagten ihrem Beruf, und die ↗Ballerina verschwand aus dem Blickfeld der Öffentlichkeit. Sie starb verarmt in einer kleinen Wohnung in Paris. Die Kunst der Guimard lag vor allem in ihrer natürlichen Anmut und ihrer hervorragenden mimischen Begabung, wie sie am stärksten in Rollen zur Geltung kamen, die eine Art naiver Koketterie verlangten.

Lit.: *Concourt, E.:* La Guimard, 1893. *Wied, K. V.:* Königinnen d. Balletts, 1961, S. 29 ff. *Migel, P.:* Marie-Madeleine Guimard, in: The Ballerinas, 1972.

Guisinger. Alter ↗österreichischer Volkstanz aus der Steiermark. Er ist identisch mit dem ↗Stöttera Pascher. Die Tanzmelodie, im 3/4-Takt stehend, ist zweiteilig zu je acht Takten. Zuerst wird der Tanz getreten, bei der Wiederholung mit Paschen; der zweite Teil wird gewalzt.

Lit.: *Zoder, R.:* Beiträge zur steirischen Volksmusik, in: Das Deutsche Volkslied, Jg. 34, 1932, H. 1/2, S. 1 ff.

Guizerix, Jean. Französischer Tänzer, geb. 27. Oktober 1945 in Paris. Er studierte bei D. Bazet und M. Guillaumin. 1964 kam er zum Ballett der Pariser Oper, wurde 1971 Solist und 1972 ↗Étoile. Er tanzte Hauptrollen in experimentellen ↗Choreographien.

Lit.: *Herstin, A.-P.:* Profil de Jean Guizerix, in: Les Saisons de la danse, November 1970.

Gusaritanz. ↗Indischer Tanz der Raj Gond, bei dem bemalte, mit Schellen und Pfauenfedern geschmückte, teilweise maskierte Männer als sogenannte Besucher aus einer anderen Welt das Dorf stürmen, um dort nach dem Rechten zu sehen, wobei sie gleichsam Narrenfreiheit genießen.

Lit.: *Anonym:* Tanz bei fremden Völkern, Photoausstellung, Museum f. Völkerkunde Wien, S. 10.

Gusinjsko Kolo. ↗Waffentanz aus Montenegro. Er wird von einem Mann mit einem Gewehr, dessen Pflege er tänzerisch-mimisch andeutet, bis er es zuletzt schwingt und abfeuert, ausgeführt.

Lit.: *Wolfram, R.:* Der Volkstanz als kulturelle Ausdrucksform d. südosteuropäischen Völker, in: Die Volkskultur d. südosteuropäischen Völker, Bd. 6, 1962, S. 70.

Gymnaska. ↗Französischer Volkstanz aus der Bretagne im 3/4-Takt. Tänzer und Tänzerinnen bilden einen Kreis. Sie halten einander an den Händen und bewegen sich nach links, die Beinbewegungen stets mit den Armbewegungen begleitend.

Lit.: *Arma, E.:* Entrez dans la danse, 1943, S. 36 f.

Gymnastik. Mit diesem vom Griechischen gymnós abgeleiteten Wort bezeichnet man die Pflege und die Kunst harmonisch geordneter Körperbewegungen, deren Systematik vielfach durch musikalische Rhythmen bestimmt wird. Das Vorbild für die Gymnastik sind die alten Griechen. Aber sie waren nicht das einzige Volk des Altertums, das die gymnastische Körpererziehung pflegte. Wandbilder bezeugen sie von den Etruskern und Ägyptern. Auch aus dem Mittelalter sind vereinzelt Bestrebungen gymnastischer Körpererziehung bekannt. Sie erstanden vor allem in Italien. Eifrige Vorkämpfer gymnastisch-turnerischer Erziehungsmethoden finden sich dann in Deutschland des 19. Jh. zur Zeit der Freiheitskriege. Doch auch in England (1823), Frankreich und Nordamerika (1825) fanden diese Bestrebungen Eingang. Neuen Aufschwung und tänzerisch-künstlerische Form erfuhr die gymnastische Bewegung aber um 1900, als verschiedene moderne Systeme sogenannter „rhythmischer Gymnastik“ aufkamen. Diese Art rhythmischer Körpererziehung reformierte die alte turnerische Gymnastik und hatte die gesamte Entfaltung der menschlichen Kräfte, das Auf und Ab in Atmung, Bewegung, Wahrnehmung und Empfindung unter das musikalisch-rhythmische Prinzip gestellt. In diesem Sinn traten die Systeme von Rudolf ↗Bode, der amerikanischen Ärztin Bess ↗Mensendieck und der Loheland-Schule auf. Eine besondere künstlerische Form rhythmischer Erziehung hatte die von Rudolf ↗Steiner geschaffene Eurythmie (↗Eurhythmie). Künstlerisch ausgebaut wurden alle diese Bestrebungen von E. ↗Jaques-Dalcroze mit seinem System der sogenannten rhythmischen Bewegungslehre, die er als „Rhythmische Gymnastik" bezeichnete. Er gab mit diesem System den Anstoß zur Gründung vieler Gymnastikschulen wie ↗Hellerau-Laxenburg und beeinflußte nachhaltig die Entwicklung des modernen ↗Ausdruckstanzes.

Lit.: *Lucian v. Samosata:* Leibesübungen im alten Athen (eingeleitet u. übertragen v. E. Steindl, Zürich 1963). *Mercurialis, Hieronymus:* De Arte Gymnastica, Venedig 1569 u. 1573. *Vieth:* Encyklopädie d. Leibesübungen, Berlin 1794. *Löbker, G.:* Die Gymnastik d. Hellenen, Münster 1835. *Tappari, Giov.:* Della gimnastica, Diss. Padova 1838. *Krause, H.:* Gymnastik u. Agonistik d. Hellenen, 1841. *Koronikolski, J.:* Die Gymnastik, Anstandslehre u. d. Tanzkunst, Basel 1846 u. 1848. *Löbker, G.:* Charakter u. Bestimmung d. Gymnastik in Athen, Münster 1864. *Jäger, O. H.:* Die Gymnastik d. Hellenen, Esslingen 1857. *Rocco, F. W.:* Die natürliche u. künstliche Bewegung d. Körpers, 1857. *Adice, L.:* Théorie de la gymnastique de la danse théâtrale, 1859. *Luber, A.:* Musik u. Gymnastik als Erziehungsmittel bei Platon u. Aristoteles, Salzburg 1872. *Boepple, P.:* Der Rhythmus als Erziehungsmittel f. d. Leben u. d. Kunst, Basel 1907. *Jaques-Dalcroze, E.:* Der Rhythmus, ein Jahrbuch, Jena 1911. *Winther, F.:* Körperbildung als Kunst u. Pflicht, 1914. *Giese, F.-Hagemann, H.:* Weibliche Körperbildung u. Bewegungskunst nach d. System Mensendieck, 1920. *Jaques-Dalcroze, E.:* Le rythme, la musique et l'éducation, 1920. *Laban, R.:* Eurhythmie u. Kakorhythmus in Kunst u. Erziehung, in: Die Tat 13, 1921. *Pallat, L.-Hilker, F.:* Künstlerische Körperschulung, 1923. *Suren, H.:* Deutsche Gymnastik, 1924. *Müller, A.:* Rhythmische Gymnastik, 1925. *Feudel, E.:* Rhythmik, Theorie u. Praxis d. körperlich-musikalischen Erziehung, 1926. *Jaques-Dalcroze, E.:* Rhythmik, Theorie u. Praxis d. körperlich-musikalischen Erziehung, 1926. *Laban, R.:* Gymnastik u. Tanz, 1926. *Laban, R.:* Des Kindes Gymnastik u. Tanz, 1926. *Menzler, D.:* Gestaltete Bewegung. Neues aus d. Dora Menzler-Schule, 1926. *Merz, Max:* Körperbildung u. Rhythmus, in: Musikblätter d. Anbruch, 1926, No. 3/4, S. 119 ff. *Feudel, E.:* Wesen u. Ziel d. rhythmischen Erziehung, in: Musik in Volk, Schule u. Kirche, Leipzig 1927, S. 197 ff. *Graeser, W.:* Körpersinn, Gymnastik, Tanz-Sport, 1927. *Müller, E. J.:* Gymnastik, Volkstanz u. Musikerziehung, in: Rheinische Jugend, Jg. 15, Sept. 1927, Nr. 9, S. 526 f. *Fischer, H. W.:* Körperschönheit u. Körperkultur, 1928, S. 213 ff. *Lämmel, R.:* Der moderne Tanz, Berlin 1928. *Wünsch, E.:* Musik, Rhythmus, Gymnastik, Turnen, Tanz, 1928. *Riess, E.:* Rhythmische Gymnastik u. Körperbildung, Diss. München 1929. *Feudel, E.:* Rhythmische Erziehung, 1939. *Hauser, O.:* Bewegung u. Musik, Gymnastik, Improvisation, 1939. *Feudel, E.:* Gymnastisch musikalische Erziehung, 1951. *Schabert, Karin:* Jazzgymnastik zum Mitmachen, 1973. (Literatur bei R. Bode)

Gymnopädien. Eines der prunkvollsten Feste, die in Sparta abgehalten wurden, waren die Gymnopädien. Im 7. Jh. v. Chr. aus Kreta nach Sparta eingeführt, stellten sie die tänzerische Gestaltung eines Ringkampfes und eines Allkampfes dar. Drei Tanzchöre gestalteten dieses kriegerische Fest. Der Reigen nackter Knaben eröffnete die Feier, die Chöre der Jünglinge und reifen Männer folgten mit ihren Darbietungen. Die Texte zu den Wechselgesängen der Chöre hat uns Plutarchos im „Leben des Lykurg" überliefert.

Lit.: *Jüthner, J.:* Der spartanische Nackttanz, in: Wiener Studien, Jg. 34, 1912, S. 43 ff. *Weege, F.:* Der Tanz in d. Antike, 1926, S. 38 f. *Lawler, L. B.:* The Dance in Ancient Greece, 1964.

Gypones (auch Hypogypones). Antiker ↗griechischer Tanz. Die Tänzer führten ihn nach „greisenart" auf Stöcke gestützt aus.

Lit.: *Weege, F.:* Der Tanz in d. Antike, 1923, S. 6.

Gypsy, La. ↗Ballett in drei Akten und fünf Szenen, Libretto von H. Vernoy de Saint-Georges und J. ↗Mazilier, Musik von Benoist, Thomas und Marliani. Es wurde am 28. Januar 1839 an der Oper in Paris in der ↗Choreographie von J. Mazilier uraufgeführt. Die Handlung des Balletts basiert auf den „Novelas ejemplares" von Cervantes. Fanny ↗Elßler tanzte in diesem Ballett ihre berühmte ↗Cracovienne. (↗Gitana)

Lit.: *Beaumont, C. W.:* Complete Book of Ballets, 1951.

Gyrowetz, Adalbert. Komponist aus Böhmen, geb. 19. (oder 20.) Februar 1763 in Budweis, gest. 19. März 1850 in Wien. Von 1804 bis 1831 war er Hofkapellmeister am k. k. Hoftheater in Wien. Er komponierte mehr als vierzig ↗Ballette und ↗Divertissements, darunter: „Harlekin als Papagei" (1808 Wien); „Wilhelm Tell" (1810 Wien); „Gustav Adolf" (1811); „Die Pagen des Herzogs von Vendome" (1815); „Die Hochzeit der Thetis und des Peleus" (1816); „Das Schweizer Milchmädchen" (1821); „Die heftige junge Frau" (1822); „Die Heirat aus Verstand" (1830).

H

Haartanz ↗Flachstanz.

Haas, Henn. Deutscher Tänzer, ↗Ballettmeister und ↗Choreograph, geb. 26. Februar 1907 in Riga. Er studierte von 1926 bis 1930 an der Ballettschule in Riga bei Vera Fokina, dann bis 1932 an der ↗Trümpy-Günther-Schule in Berlin, bis 1936 bei R. von ↗Laban in Berlin, Mary ↗Wigman und in der Sonderklasse von Harald ↗Kreutzberg. Von 1938 bis 1945 war er am National-Theater in Weimar als Solotänzer und Ballettmeister engagiert. 1945 gründete er das Theater des Tanzes in Weimar-Erfurt und war dessen Leiter bis 1949. Von 1950 bis 1951 war er Leiter des Henn Haas Tanz-Ensembles in Berlin, von 1952 bis 1956 leitender Choreograph des FDGB-Tanzensembles, 1957 wurde er Choreograph am Landestheater Halle. Choreographien schuf er auch für Film und Fernsehen. Von den vielen ↗Balletten, die er choreographierte, sind zu nennen: „Froschzarin", „Sklaven", „Eckensteher" und „Annos".

Haas, Robert. Österreichischer Musikwissenschaftler, geb. 15. August 1886 in Prag, gest. 4. Oktober 1960 in Wien. Von seinen zahlreichen musikwissenschaftlichen Veröffentlichungen sind für die ↗Geschichte des Tanzes besonders bedeutsam: Die Wiener Ballett-Pantomime und Glucks Don Juan, in: Studien zur Musikwissenschaft, Beihefte der Denkmäler der Tonkunst in Österreich, 1923, H. 10, S. 6 ff.; Zur Wiener Ballettpantomime um den Prometheus, in: Neues Beethoven-Jahrbuch, Jg. 2, 1925, S. 84 ff.; Beethoven und das Wiener Ballett, in: Velhagen und Klasing Monatshefte, Jg. 24, 1927, S. 41 ff.; Die Wiener Tanzsammlungen, an denen Schubert mitwirkte, in: Der neue Pflug, Jg. 3, 1928, H. 7, S. 10 ff.; Der Wiener Bühnentanz von 1740 bis 1767, in: Jahrbuch der Musikbibliothek Peters f. 1937, Jg. 44, 1938, S. 77 ff.; Gegen Walzer und Walzen. Eine verschollene Kampfschrift aus der Zeit Mozarts, in: Mozart-Jahrbuch 1955, S. 154 ff.; Der Ursprung von ballare „tanzen", in: Wiener Studien, Zeitschrift für klassische Philologie, Bd. LXXI, 1958.

Habanera. Einer der beliebtesten volkstümlichen Tänze Kubas und des ganzen zentral- und südamerikanischen Raumes. Außerhalb Kubas wird die Habanera kurz „danza" genannt, in Spanien nennt man sie ↗Americana. Der Name kommt von La Habana, der Hauptstadt Kubas. Die Musik der Habanera zeigt meist zwei Teile, von denen der erste in Moll, der zweite Teil in Dur steht. Sie wird im mäßig schnellen $^2/_4$-Takt notiert.

In choreographischer Hinsicht gibt es zwei Arten der Ausführung. Die Paare tanzen entweder den ganzen Tanz geschlossen oder aber, wenn in den Melodien Moll und Dur abwechseln, wird der Mollteil von den Paaren geschlossen und der Durteil von je zwei Paaren in Figuren getanzt, diese erinnern dabei an die Figuren europäischer ↗Contratänze. Herzuleiten ist die Habanera vom engl. ↗Country dance, der über Spanien (Andalusien) nach Kuba importiert wurde. Als „Habanera del Café" wurde der Tanz um 1900 in Kuba zum Modetanz, 1910 spielte er wieder eine Rolle als „Tango Argentino". In Brasilien wurde die Habanera meist überhaupt nur ↗Tango genannt. Die beiden berühmtesten Habaneras schrieb Sebastian Yradier: „La Paloma" und „El Arrgelito". Die zweite ist kunstvoll umgearbeitet in Bizets „Carmen" zu finden.

Habanera aus Carmen, G. Bizet

Habanera aus „Rhapsodie espagnole", M. Ravel

Lit.: *Friedenthal, A.:* Musik, Tanz u. Dichtung bei d. Kreolen Amerikas, 1913, S. 64 ff., 96 ff., 107 ff., 115 f., 215, 257.

Haberer (Leutascher Holzknechttanz). ↗Deutscher Volkstanz aus Bayern, eine Form des ↗Schuhplattlers. Er wird nur von Männern getanzt, die sich in einem Kreis aufstellen. Sie platteln, klatschen und springen. Wird die Musik leiser, dann sind ihre Bewegungen trotz der Nagelschuhe plötzlich so lautlos, als trügen sie Ballettschuhe. Sie entledigen sich ihrer Röcke und Hüte und spielen nun gleichsam einen Ringkampf vor, bis die Musik wieder lauter wird und jeder Sieger seinen Unterlegenen zu Boden drückt und die Rundung seiner Lederhose mit den Händen bearbeitet. Der Besiegte trommelt im Takt auf den Boden.

Lit.: *Giehrl, F.:* 50 Schuhplattler u. Volkstänze, 1925, S. 12 f.

Haberstroh. ↗Deutscher Volkstanz aus der Altmark (westlich der Elbe gelegener Teil von Sachsen-Anhalt) im 2/4-Takt. Er wird von beliebig vielen Paaren ausgeführt, die in gewöhnlicher Fassung im Kreis stehen, die Tänzer in der Tanzrichtung. Der Tanz wird im ersten Teil mit behäbig langsamen Schritten, im zweiten Teil mit schnellen Polkaschritten ausgeführt.

Lit.: *Janietz, E.:* Volkstänze aus d. Altmark, S. 8, Bd. IV d. Volkstänze f. Volkstanzgruppen.

Habertanz. Ein Tanzspiel, welches in der Batschka (Teil der ungarischen Tiefebene zwischen Donau und Theiß) getanzt wurde. Das Grundelement des Tanzes ist das Nachahmen der Bewegungen des Vortänzers und das Ziehen der Tanzenden durch Haus und Hof. Auch das Wechseln der Kleider der Ausführenden spielt dabei eine besondere Rolle.

Lit.: *Horak, K.:* Der Volkstanz in d. Batschka, in: Deutsche Liederkunde, Bd. I, 1939, S. 227.

Hachas. Spanischer ↗Fackeltanz aus dem 16. Jh. Cesare ↗Negri beschreibt zwei Beispiele dieses feierlichen Aufzugs mit Fackeln, Musikern und Schweizer Gardisten in Uniform, wie sie am Hof von Mailand während der Hochzeitsfeierlichkeiten der Infantin Isabella von Spanien und ihrem Bräutigam Albert von Österreich ausgeführt wurden. (↗Spanische Volkstänze)

Lit.: *Dolmetsch, M.:* Dances of Spain and Italy from 1400 to 1600, 1975, S. 108 ff.

Hackblock. ↗Deutscher Volkstanz aus der Altmark (westlich der Elbe gelegener Teil von Sachsen-Anhalt). Beliebig viele Paare stehen in offener Fassung im Kreis in der Tanzrichtung. Ausgeführt wird der Tanz mit gestampften Hüpfschritten, Mazurkaschritten, Walzer- und schnellen Polkaschritten ohne Hüpfer. Die Tanzmelodie ist dreiteilig: A 2/4-Takt, B 3/4-Takt, C 2/4-Takt.

Lit.: *Janietz, E.:* Volkstänze aus d. Altmark, S. 6, Bd. IV d. Volkstänze f. Volkstanzgruppen.

Hackenschottisch. ↗Deutscher Volkstanz, eine Abart und Weiterentwicklung des ↗Schottisch. Die Tanzenden hüpfen zwischen den Schottisch-Schritten abwechselnd von der Fußspitze auf die Absätze (Hacken), daher Hackenschottisch. Oft wird der Hackenschottisch mit weiteren Tanzfiguren bereichert. Es treten Vermischungen auf, die Beziehungen zum ↗Rheinländer und vor allem zur ↗Kreuzpolka ergeben. (↗Bummelschottisch, ↗Schmetterlingstanz)

Lit.: *Böhme, F. M.:* Geschichte d. Tanzes in Deutschland, 1886, S. 220. *Au, H. v. d.:* Deutsche Volkstänze, Hessische Volkstänze, 1. Teil, 1931, H. 9/10. *Au, H. v. d.:* Deutsche Volkstänze, Volkstänze aus d. Spessart, 1938, H. 39/40. *Au, H. v. d.:* Volkstanzgut im Rheinfränkischen, 1939, S. 120 ff. *Goldschmidt, Ae.:* Handbuch d. deutschen Volkstanzes, 1967, S. 218 ff.

Hackentanz ↗Jorraidantza.

Hackerpolka. ↗Deutscher Volkstanz aus der Batschka. Dieser Rundtanz im Kreis besteht in seinem ersten Teil aus je drei Hüpfschritten, im zweiten Teil aus einem Polka-Rundtanz.

Lit.: *Horak, K.:* Der Volkstanz in d. Batschka, in: Deutsche Liederkunde, Bd. I, 1939, S. 212 f. *Horak, K.:* Donauschwäbische Volkstänze, in: Südostdeutsches Kulturwerk, 1954, S. 15.

Hadd el te kicsike. ↗Volkstanz aus Siebenbürgen. Eine Form der ↗Judenpolka.

Lit.: *Wolfram, R.:* Die Volkstänze in Österreich u. verwandte Tänze in Europa, 1951, S. 155.

Haderlump. ↗Deutscher Volkstanz aus Bayern (Viechtal). Ein ↗Paartanz im Kreis, ein sogenannter ↗Werbetanz. Die Tanzmelodie steht im 2/4-Takt.

Lit.: *Bauer, A.:* Bayerische Volkstänze, Deutsche Volkstänze, 1934, H. 8. *Schützenberger, E.-Derschmidt, H.:* Spinnradl, Unser Tanzbuch I, 1959.

Händel, Georg Friedrich. Deutscher Komponist, geb. 23. Februar 1685 in Halle/Saale, gest. 14. April 1759 in London. Händels Ballettmusiken, die er seinen Opern „Pastor fido", „Orestes", „Ariodante" und „Alcina" einfügte, sind Gelegenheitskompositionen für die französische Tänzerin Marie ↗Sallé. Er begnügte sich dabei nicht nur mit einer äußerlichen Erweiterung, sondern der Tanz bedeutete eine wesentliche, der Forderung des Dramas genügende pantomimische Ergänzung. In seinen ↗Suiten gibt er uns wie J. S. ↗Bach wertvolle Beispiele kunstmäßiger Ausgestaltung der alten Tanzformen.

Lit.: *Roth, H.:* Händels Ballettmusiken, in: Neue Musikzeitung, Jg. 49, 1928, H. 7, S. 218 ff., H. 8, S. 245 ff. *Telle, K.:* Tanzrhythmen in d. Vokalmusik G. F. Händels, in: Beiträge zur Musikforschung Bd. 3, 1977.

Hageln, Hagelpolka (hageln = hakeln = einhaken). ↗Österreichischer Volkstanz, der von acht Paaren im Kreis getanzt wird. Wenn sich die Partner im Gegenzug begegnen, beginnt das Hageln, d. h. Tänzer und Tänzerin haken mit dem rechten Arm ineinander ein und umkreisen einander mit vier Schritten rechtsherum. Dann wird die Fassung gelöst und bei dem nächsten entgegenkommenden Paar mit dem linken Arm eingehakt und eine Umkreisung linksherum gemacht. Das geht so fort, bis man wieder beim eigenen Partner ankommt. Die Tanzmelodie steht im 2/4-Takt. (↗Jägermarsch)

Lit.: *Commenda, H.:* Oberösterreichische Volkstänze, Deutsche Volkstänze, H. 4, 1928. *Fritsching, E.:* Oberdeutsche Volkstänze im deutschen Brauchtum, in: Sport u. Gymnastik, Jg. 14, S. 37 ff. *Schützenberger, E.:* Altbayrische Volkstänze, 1949. *Schützenberger, E. – Derschmidt, H.:* Spinnradl. Unser Tanzbuch, 4. Folge. *Wolfram, R.:* Die Volkstänze in Österreich u. verwandte Tänze in Europa, 1951, S. 141 f.

Hahn, Reynaldo. Französischer Komponist, geb. 9. August 1874 in Caracas (Venezuela), gest. 28. Januar 1947 in Paris. Er komponierte folgende ↗Ballette: „Le bal de Béatrice d'Este", 1909, Uraufführung Frühjahr 1934 in Lyon; „La Fête chez Thérèse", 1910, Uraufführung an der Oper Paris; „L'Oiseau de feu ou Le Dieu bleu", 1912, Uraufführung 1912 in Paris, Châtelet; „Aux Bosquets d'Idalie", 1937, Uraufführung Spielzeit 1937/38 an der Oper Paris. Außerdem schrieb er folgende ↗Ballettpantomimen: „Fin d'amour", 1892; „Le Bois sacré", Uraufführung 1912 in Paris, Théâtre Sarah Bernhardt.

Hahnentanz (auch Hahnenschrei). ↗Deutscher Volkstanz, bereits im Mittelalter in Stadt und Land bekannt, war bis in das 19. Jh. in Süddeutschland und Österreich in verschiedenen Formen üblich. Der Preis für die Kraft und Geschicklichkeit der Tänzerin oder des Tänzers war ein lebender Hahn, daher der Name des Tanzes. Als rohe Volksbelustigung wurde er in der Grafschaft Cham (Bayern) ausgeführt, wo am Fest der „Saathahnen" (nach beendeter Herbstfeldbestellung) ein lebender Hahn an einen Pfahl gebunden und von den mit verbundenen Augen tanzenden Burschen erschlagen wurde. Der Hahnentanz erinnert an gewisse Fruchtbarkeitsriten unserer Vorfahren. Als ↗Bechertanz ist er beim Schäferlauf in Urach (Württemberg) üblich.

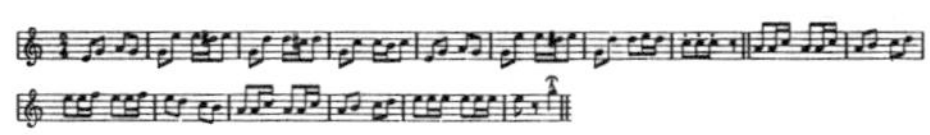

Lit.: *Böhme, F. M.:* Geschichte d. Tanzes in Deutschland, 1886. *Müller, Chr.:* Hahnentanz, in: Zeitschrift Bayerischer Heimatschutz, Jg. 29, 1933, S. 76 ff. *Panzer, M.:* Tanz u. Recht, 1938, S. 25 u. 107. *Au, H. v. d.:*

Das Volkstanzgut im Rheinfränkischen, 1939, S. 34. *Au, H. v. d.:* Das Volkstanzgut im Elsaß, in: Oberdeutsche Zeitschrift f. Volkskunde, Jg. 15, 1941, H. 1–3, S. 14 ff. *Oetke, H.:* Deutsche Volkstänze III, 1952, S. 257. *Au, H. v. d.:* Heit ist Kerb in unserm Dorf, 1954.

Haid, Gerlinde. Österreichische Volksmusikforscherin, geb. 19. April 1943 in Bad Aussee. An der Wiener Musikhochschule und an der Universität studierte sie Schulmusik und Germanistik und schloß ihr Hochschulstudium 1974 mit der Dissertation „Neujahrssingen und Neujahrslied in Niederösterreich“ ab. Zahlreich sind ihre Veröffentlichungen über Volksmusik, Volkstanz und Volksgesang.

Haigen, Kevin (eigentlich Kevin Higgenbotham). Amerikanischer Tänzer, geb. 6. November 1954 in Miami, Florida. Er studierte bei V. Leigh in Miami, weiter in New York an der Schule des ↗American Ballet bei St. Williams und an der American Ballet Theatre School bei L. Danielian. Eine Saison tanzte er bei der Ballet Repertory Company und schloß sich dann dem ↗American Ballet Theatre an. 1975/76 war er Mitglied des ↗Stuttgarter Balletts, 1976 kam er zu J. ↗Neumeier nach Hamburg. Im selben Jahr hatte er sein Debüt als ↗Choreograph mit „Vignettes“ im Rahmen der Matinee „Junge Choreographen“. Seit 1983 ist er Mitglied des ↗Nederlands Dans Theater.

Hailefo. ↗Äthiopischer Tanz, der von den Agaws in der Umgebung des Tana-Sees getanzt wird. Der Form nach ist er ein ↗Waffentanz, bei dem sich zwei gegenüberstehende Reihen attakkieren.

Lit.: *Martin, G.:* Dance Types in Ethiopia, in: Journal of the Int. Folk Music Council, vol. XIX, 1967, S. 23 ff.

Haitischer Tanz. Er ist gekennzeichnet durch einen melodischen und rhythmischen Stil, wie wir ihn bei den lateinamerikanischen ↗Habaneras finden. Der wichtigste Tanz auf Haiti ist die ↗Méringue. Eng verwandt mit den Tänzen Haitis sind auch die Tänze auf den Antillen-Inseln Martinique und Guadeloupe. Die Tänze der Wodu auf Haiti, aus einer uralten Kulturstufe der schwarzen Bevölkerung des Landes stammend, sind charakteristische Beispiele ekstatisch-religiöser Einzeltänze. (↗Wodutänze)

Lit.: *Friedenthal, A.:* Musik, Tanz u. Dichtung bei d. Kreolen Amerikas, 1913, S. 133 ff. *Dunham, K.:* Las danzas de Haiti, Mexico 1947. *Lamartiniere Honorat, M.:* Les danses folkloriques Haitiennes, in: Bureau d'Ethnologie de la Republique d'Haiti, 11/1, 1955.

Hajduktanz. Ungarisch-slowakischer ↗Geschicklichkeitstanz mit Waffen.(↗Heiduka)

Lit.: *Mózi, A.:* Heyduck Dances from the Ugroc-Manuscript Collection (Appony-Aponise), in: Studia Musicologica Academiae Scientiarum Hungaricae, 1978, S. 75 ff.

Haka. Ein ↗Kriegstanz der Maori auf Neuseeland. Die Tänzer sind mit einer Lanze bewaffnet und stellen pantomimisch kriegerische Handlungen dar. (↗Australischer Tanz, ↗Manu Rere)

Lit.: *Sonner, R.:* Musik u. Tanz, 1930, S. 19. *Dean, B.:* South Pacific Dance, 1978, S. 72.

Hakke-Toone. ↗Friesischer Tanz im 2/4-Takt. Die Aufstellung erfolgt in Paaren, die Burschen links von den Mädchen, Gesicht in Tanzrichtung. (↗Niederländischer Volkstanz)

Lit.: *Veurman, B. – Bax, D.:* Liederen en dansen uit West-Friesland, 1944, S. 166. *Sanson-Catz, A. – Koe, A. de:* Nederlandse Volksdansen, Bd. II, 1952, S. 35 f.

Halay-Tänze. Türkische Volkstänze, die mit verschiedenen Figuren, Rhythmen und Namen in Mittel-, Ost- und Südanatolien verbreitet sind. In diesen Regionen hat fast jedes Dorf seinen eigenen Halay-Tanz. Der Halay ist ein Gruppentanz, bei dem Männer oder Frauen zusammen in einer geraden Linie oder auch im Halbkreis stehen. Sie halten einander an den Händen oder Schultern. Ihre Körper, Beine und Füße bewegen sich in abwechslungsreichen Rhythmen, vom langsamen in schnelles Tempo übergehend. Jeder Halay-Tanz ist suitenmäßig aus mehreren Figuren zusammengesetzt. Die Begleitmusik wird gewöhnlich von einem klarinettenartigen Blasinstrument (Zurna), und einer Trommel (Davul) ausgeführt. In manchen Halays singen auch die Tanzenden. Besonders die von Frauen ausgeführten Halay-Tänze sind von Gesang begleitet. (↗Türkischer Volkstanz)

Lit.: *Tör, V. N.:* Die Türkei als Neuland f. d. Erforschung d. Volkstänze, in: Die Volkskultur d. südosteuropäischen Völker, Südosteuropa-Jahrbuch, Bd. 6, 1962, S. 111.

Halihilja. Finnischer Volkstanz im 2/4-Takt, von einer beliebigen Anzahl von Paaren ausgeführt, die hintereinander in einem Kreis Aufstellung nehmen. Getanzt wird mit Polkaschritten. (↗Finnische Volkstänze)

Lit.: *Burchenal, E.:* Folk-Dances of Finland, 1915, S. 67.

Hallescher Stiefelknechtsgalopp ↗Stiefelknechtsgalopp.

Halling. Schwedisch-norwegischer Volkstanz, ein reiner Männertanz, der von zwei Burschen ausgeführt wird und Geschicklichkeitsproben höchster Vollendung verlangt, wie z. B. Räderschlagen. Die Tanzbewegung ist mäßig schnell im $^{2}/_{4}$-Takt, seltener im $^{6}/_{8}$-Takt. Durch E. Grieg wurde dieser Tanz in die Kunstmusik aufgenommen.

Lit.: *Meyer, G.:* Volkstänze, 1909, S. 42 ff.

Halprin, Ann (geb. Schumann). Amerikanische Tänzerin, ↗Choreographin und Lehrerin, geb. 13. Juli 1920 in Winnetka, Ill. Sie studierte bei M. H'Doubler und an der Humphrey-Weidman-Schule. Mitte der 40er Jahre ging sie nach San Francisco, wo sie mit W. Lathrop ein Studio gründete, an dem sie von 1948 bis 1955 unterrichtete. 1955 schuf sie Dancers' Workshop. Hier arbeitete sie mit Malern, Architekten, Musikern, Lehrern und Tänzern zusammen. Sie ist eine der aktivsten Künstlerinnen der Tanz-Avantgarde, die auch ab 1963 in Europa, besonders bei den Avantgarde-Festivals in Venedig, Rom und Zagreb, Aufmerksamkeit erregte. 1967 debütierte sie in New York, wo es einen Skandal wegen einer Nacktszene gab. Ihr Werk „BO'ULU BO'ICI BO'EE" hatte 1971 beim Connecticut American Festival of Dance Premiere, im selben Jahr wurden in New York ihre Produktionen „Animal Ritual" und „Initiations and Transformations" dargestellt.

Haltertanz. ↗Hochzeitstanz aus Niederösterreich. Wie der ↗Spatzentanz oder ↗Gänsetanz ist er ein Tanzspiel mit einem überzähligen Tänzer, der am Ende des Tanzes zur allgemeinen Heiterkeit übrigbleibt.

Lit.: *Schunko, F.:* Der Spatzentanz, in: Jahrbuch d. österreichischen Volksliedwerkes, Bd. 10, 1961, S. 124.

Halve Kaede (Halbe Kette). ↗Dänischer Volkstanz, ein Zweipaartanz im $^{2}/_{4}$-Takt. Besonders charakteristisch ist die Glockenfigur dieses Tanzes, bei der die Mädchen waagrecht in der Luft fliegen, während sie sich mit den Armen an den Schultern der Burschen anhalten.

Lit.: *Tolv Danske Folkedanse,* Auswahl aus: Foreningen til Folkedanses Fremme, 1924, S. 13 f. *Wolfram, R.:* Deutsche Volkstänze, 1937, S. 26. *Burkhardt, L.:* Der lustige Kupferschmied, 1957, S. 11.

Hamath. Tanz der Eingeborenen auf den Ulithi-Inseln (Karolinen). Er wird anläßlich der Pubertätszeremonien, Kufer genannt, für Mädchen von älteren Frauen, mit groben und unziemlichen Ausdrücken begleitet, ausgeführt. Der Tanz stellt eine Art Vergeltung für eine verdiente Züchtigung dar. (↗Naturvölker)

Lit.: *Dean, B.:* South Pacific Dance, 1978, S. 58.

Hambo (Hambo Polska). ↗Schwedischer Volkstanz, ein ↗Paartanz in Polkaform, der in verschiedenen Varianten getanzt wird. Der Name dürfte von dem Ort Hanebo in Hälsingland stammen, wo dieser Tanz ursprünglich getanzt wurde. Die Tanzmelodie steht im $^{3}/_{4}$-Takt. Nebenformen sind: ↗Berlinskan, Hamburska, Hamburg-Schottisch oder Tyska Polka.

Lit.: *Salven, E.:* Dances of Sweden, 1949. *Schmolke, A. – Langhans, H.:* Europäische Tänze, H. 7, 1962, S. 10 f.

Hamborg Skotsk. ↗Dänischer Volkstanz, eine Form des ↗Schottischen, ähnlich dem ↗Hakkenschottisch. (↗Tantoli)

Lit.: *Wolfram, R.:* Die Volkstänze in Österreich u. verwandte Tänze in Europa, 1951, S. 153.

Hamburger Ballett. Ballettaufführungen am Hamburger Opernhaus gab es bereits im 17. Jh. Berühmte ↗Ballerinen, wie M. ↗Taglioni, L. ↗Grahn, F. ↗Cerrito, C. ↗Grisi und F. ↗Elßler tanzten dort im 19. Jh. 1862/63 wirkte K. ↗Lanner als ↗Ballettmeisterin in Hamburg und choreographierte dort ihre ersten Ballette. Als nach dem ersten Weltkrieg R. von ↗Laban und A. ↗Knust in Hamburg wirkten, nahm das Interesse an der Tanzkunst zu. Von 1932 bis 1955 wirkte H. ↗Swedlund als Ballettmeisterin an der Staatsoper Hamburg, unterbrochen von kurzen Tätigkeiten von E. ↗Hanka und D. ↗Hoyer. 1959 wurde P. van ↗Dyk zum Ballettdirektor ernannt. Ab dieser Zeit kam es auch zu enger Zusammenarbeit mit G. ↗Balanchine. Seit 1973 ist J. ↗Neumeier Ballettdirektor. Durch ihn wurde Hamburg ein bedeutendes Ballettzentrum.

Hamburska

Lit.: *Ballett Staatsoper hamburgische:* Hamburger Staatsoper 1959–1964. *Maack, R.:* Tanz in Hamburg – v. Mary Wigman bis John Neumeier, 1975. *Albrecht, Ch.:* Zehn Jahre John Neumeier u. d. Hamburger Ballett, 1983.

Hamburska ↗Hambo.

Hamel, Martine van. Niederländische Tänzerin, geb. 16. November 1945 in Brüssel. Sie studierte an der Ballettschule in Kopenhagen, in Java, Den Haag, Caracas und bei B. Oliphant in Toronto. Beim Nationalballett von Kanada begann sie als Elevin, trat dann dem Ensemble bei und wurde 1963 Solistin. 1970 ging sie zum ↗City Center Joffrey Ballet und 1971 zum ↗American Ballet Theatre, wo sie 1973 1. Tänzerin wurde.

Lit.: *Goodman, S.:* Martine van Hamel, in: Dance Magazine, Februar 1969. *Tobias, T.:* Martine von Hamel, in: Dance Magazine, Oktober 1975.

Hamilton, Gordon. Australischer Tänzer, geb. 1918 in Sidney, gest. 14. Februar 1959 in Paris. Er begann 1934 sein Tanzstudium, studierte von 1936 bis 1939 bei L. ↗Egorowa und O. ↗Preobrajenska in Paris und bei Marie ↗Rambert in London. Bevor er als Charaktertänzer und Trainingsleiter nach Paris zum Ballets des Champs Elysées ging, tanzte er im ↗Ballet Rambert und im ↗Sadler's Wells Ballet. Nach kurzem Aufenthalt in London verpflichtete ihn Roland ↗Petit als Trainingsleiter nach Paris an sein „Ballets de Paris". In dieser Eigenschaft engagierte ihn Erika ↗Hanka 1954 an die Wiener Staatsoper und übertrug ihm auch die Einstudierung klassischer Werke der Ballettkunst, wie ↗„Giselle", ↗„Don Quichote", „Les ↗Sylphides", ↗„Schwanensee" u. a.

Hamlet. Shakespeares Hamlet-Stoff für die Tanzbühne zu verwenden, wurde schon wiederholt versucht. 1788 war es, Francesco ↗Clerico, Schüler Noverres, der den Stoff mit eigener Musik in Venedig unter dem Titel „Amleto" zur Uraufführung brachte. 1822 zeigte Louis ↗Henry ein Hamlet-Ballett mit der Musik von Wenzel Robert Graf Gallenberg im Kärntnertortheater in Wien. Bronislawa ↗Nijinska inszenierte 1934 ein Hamlet-Ballett mit der Musik aus Werken von Liszt, ↗Bach und Palestrina in Paris. Robert ↗Helpmann bearbeitete den Hamlet-Stoff für ein ↗Ballett mit der Musik von P. I. ↗Tschaikowsky 1942 bei ↗Sadler's Wells in London. 1950 wurde in München Boris ↗Blachers Hamlet-Ballett nach einem Libretto von Tatjana ↗Gsovsky uraufgeführt. Eine neue Version stellt das Ballett „Hamlet" von K. M. Sergejew mit der Musik von N. Tscherwinski 1970 für Leningrad dar. 1971 gab es eine Bearbeitung des Stoffes von W. Tschabukiani für Tiflis, 1975 eine von L. Monreal mit der Musik von D. Schostakowitsch in Boston und 1976 eine für das ↗American Ballet Theatre mit der Musik von A. Copland.

Lit.: *Beaumont, C. W.:* Ballets Past and Present, 1955. *Roslavleva, N.:* Two Hamlets in Russia, in: Dancing Times, Juli 1972.

Hammeltanz. Ländliches Tanzfest, das in Süddeutschland bis um die Mitte des 19. Jh. durchgeführt wurde, bei dem auf der Dorfwiese ein Hammel „ausgetanzt" wurde. Der Hammel oder Widder galt ursprünglich als das Symbol eines Korndämons, dessen günstigen Einfluß man durch den Tanz für sich gewinnen wollte. Diese kultische Bedeutung war aber mit der Zeit dem Hammeltanz verlorengegangen, und er blieb nur als Preistanz bei Kirchweih- und Volksfesten erhalten. (↗Arat-Tanz)

Lit.: *Böhme, F. M.:* Geschichte d. Tanzes in Deutschland, 1886. *Künzig:* Vom Volkstanz in Baden, in: Mein Heimatland, Jg. 18, 1931, H. 3/4, S. 69 ff. *Au, H. v. d.:* Das Volkstanzgut in Rheinfranken, 1939, S. 72. *Au, H. v. d.:* Das Volkstanzgut im Elsaß, in: Oberdeutsche Zeitschrift f. Volkskunde, Jg. 15, 1941, H. 1–3, S. 14 ff. *Au, H. v. d.:* Heit is Kerb in unserm Dorf, 1954.

Hamtila. ↗Schwerttanz der Rifkabylen (Marokko), der bei Wolfram (↗Lit.) erwähnt ist und folgendermaßen geschildert wird: „15 bis 20 Männer bilden einen Kreis und zeigen mit wiegendem Oberkörper und gezücktem Dolch, wobei sie dauernd in verschiedenen Tonlagen „Hamtila, Hamtila" singen. Im Kreisinneren tanzt ein Mann mit einem Schwert, das er in voller Wucht an den Gesichtern der übrigen Tänzer vorbeisausen läßt. Alle Hiebe werden von unten nach oben geführt. Der Tanz erreicht seinen Höhepunkt, wenn der mittlere Tänzer wie besinnungslos mit dem Schwerte kreuz und quer in der Runde schlägt und die Hiebe so geschickt ausführt, daß sie haarscharf an den Gesichtern und Köpfen der anderen Männer vorbeigehen. Aber wehe, wenn er einen trifft. Dann stürzen sich alle auf ihn und erdolchen ihn auf der Stelle. Der Tanz wird nur bei ganz großen Festen aufgeführt und zwar in ganz fanatischer Art". In gleicher Form soll dieser Tanz auch in Arabien vorkommen.

Lit.: *Wolfram, R.:* Schwerttanz u. Männerbund, S. 21/Anmerkung 42, 1935.

Hamza, Ernst. Österreichischer Volksmusikforscher, geb. 24. Oktober 1885 in Wien, gest. 5. Dezember 1952 in Schärding, Oberösterreich. Für die Volkstanzforschung hat er folgende Beiträge verfaßt: Ein Steirischer, in: Das deutsche Volkslied, Jg. 13/1911, S. 25, dazu Korrektur, S. 76; Über die Kadenz beim Ländler, in: Das deutsche Volkslied, Jg. 13, 1911, H. 8, S. 155 f.; Volkskundliche Studien aus dem niederösterreichischen Wechselgebiete, in: Zeitung des österreichischen Alpenvereins, Bd. 45, 1914, S. 102 ff.; Landlageiger, in: Landwirtschaftliche Mitteilungen, Linz, 17. Juli 1935; Innviertler Ländler – eine Berichtigung und Selbstbezichtigung, in: Das deutsche Volkslied, Jg. 38, H. 8, 1936, S. 105 ff. und H. 9/10, 1936, S. 123 ff. und in: Oberösterreichische Heimatblätter, Bd. 7, 1953, S. 33 ff.; Almerisch-wallnerisch und Landlerisch, in: Das deutsche Volkslied, Jg. 39, H. 7, 1937, S. 93 ff.; Unser Volkstanz, in: Heimatland Linz, Jg. 15, 1938, S. 27 ff.; S'landlerisch Tanzen, in: Der Bauer, Jg. 2, Nr. 8, 1949, S. 2 f.; Bäuerliche Tanzmusik, Wien 1950 (gemeinsam mit E. Schaller); Der Innviertler Ländler, in: Oberösterreichische Heimatblätter, Jg. 7, 1953, H. 1, S. 33 ff.; Der Ländler, in: Forschungen für Landeskunde für Niederösterreich und Wien, Bd. 9, 1957.

Hançer bari. Türkischer ↗Waffentanz, der von zwei Männern getanzt wird, von denen ein jeder ein Messer in der Hand hat. Der Tanz wirkt in seiner Wildheit für den Zuseher beängstigend. Die Männer, mit scharfen Blicken einander messend, holen während des Tanzes zum Stich aus und bedrohen einander symbolisch, diesen Stich auch tatsächlich ausführen zu wollen.

Lit.: *Hoerburger, F.:* Waffentänze d. Türken, in: Forschungen u. Fortschritte, Jg. 28, H. 6, 1954, S. 185 ff.

Handgeber. ↗Österreichischer Volkstanz aus der steirischen Ramsau. Wie der Name schon sagt, spielt bei ihm das Händereichen der Tanzenden eine besondere Rolle.

Lit.: *Wolfram, R.:* Die Tänze in Österreich u. verwandte Tänze in Europa, 1951, S. 140.

Handschuhtanz. Dieser ↗deutsche Volkstanz aus dem 16. Jh. wurde immer einen Tag nach dem Pfingstfest ausgeführt. Den alten Berichten nach war der Tanz in der Gegend von Münster üblich. Sein Name rührt daher, weil um ein Paar Handschuhe, von der Herrschaft gespendet, getanzt wurde. Es wurde nach dem Tanz jener schönen Jungfrau gereicht, die am besten getanzt hatte.

Lit.: *Neugebauer, H.:* Der Münsterer Handschuhtanz, in: Tiroler Heimatblätter, Jg. 15, 1937, S. 355 ff.

Handwerkertänze ↗Zunfttänze.

Hanka, Erika. Österreichische Tänzerin, ↗Choreographin und Ballettdirektorin, geb. 18. Juni 1905 in Vincovci, Kroatien, gest. 15. Mai 1958 in Wien. Sie studierte an der Akademie für Musik und darstellende Kunst in Wien bei Gertrude ↗Bodenwieser und in Essen bei Kurt ↗Jooss. Sie schloß sich 1933 dem ↗Folkwang-Ballett an und war 1936–39 Solistin und Assistentin des ↗Ballettmeisters in Düsseldorf. Über Köln, Essen und Hamburg kam sie als Gastchoreographin 1941 nach Wien und wurde dort Ballettdirektorin und Leiterin der Ballettschule. Diese Stellung behielt sie bis zu ihrem Tod. An der Wiener Staatsoper schuf sie ein Ballettrepertoire, welches dem Haus internationalen Rang gab. (↗Homerische Symphonie, ↗Medusa, ↗Mohr von Venedig)

Hanke, Susanne. Deutsche Tänzerin, geb. 30. März 1948 in Altdöbern. Sie betrieb zunächst Gymnastik und studierte dann bei A. Morike, bei A. Woolliams an der Stuttgarter Ballettschule und an der Schule des ↗Royal Ballet London. Sie tanzte 1966–1974 beim ↗Stuttgarter Ballett und wurde 1969 Solistin. Später wurde sie Lehrerin in Köln.

Lit.: *Goodman, S.:* Susanne Hanke, in: Dance Magazine, Oktober 1969.

Hannakisch. ↗Deutscher Volkstanz aus der Mark, wo er im 18. Jh. sehr beliebt war. In der Regel wurde er nur von einem Paar getanzt, welches sich die Hände kreuzweise reichte. Die Tanzschritte bestanden meist aus einem Gehen und Schlagen auf die Fersen und mit den Fersen. Der Tanz im 3/4-Takt hatte musikalisch eine Ähnlichkeit mit der ↗Mazurka, aber ohne punktierten Rhythmus und im Tempo mäßiger als diese. Die Musik bestand aus zwei Teilen zu je vier Takten mit Wiederholung. (↗Honakischer)

Hans Adam

Lit.: *Voß, R.:* Der Tanz u. seine Geschichte, 1869.

Hans Adam. ↗Deutscher Volkstanz, der sich bis ins 20. Jh. erhalten hat. Seine Verbreitung ist außerordentlich groß. Außer in Deutschland ist er in Österreich als Bugltanz, Buckerltanz, Mit'n Kopf zsamm und ↗Hansl oha bekannt. In den deutschen Siedlungsgebieten des Ostens findet man ihn unter den verschiedensten Namen, z. B. als Bruder Micha, Hans Orem, Des is mei Kopp, ↗Servustanz, Zipf Adam, Zipf Odum u. s. w. In Deutschland wird er auch ↗Bruder Jakob genannt. Der Hans Adam ist in seiner Grundform ein Walzertanz mit Gesang und mit einer Verbeugung zu- und voneinander. Der Name bezieht sich auf den im Lied besungenen und angerufenen Hans Adam bzw. Hans Orem oder Jakob, eine Vegetationsgestalt, die im uralten Fruchtbarkeitsbrauch ihre Wurzeln hat. Ihr galt wahrscheinlich die im Tanz vorkommende Verbeugung. (↗Zduchavá)

Lit.: *Böhme, F. M.:* Geschichte d. Tanzes in Deutschland, 1886. *Commenda, H.:* Österreichische Volkstänze, 1928, Deutsche Volkstänze H. 4, S. 11. *Au, H. v. d.:* Das Volkstanzgut im Rheinfränkischen, 1939, S. 66 ff. *Goldschmidt, Ae.:* Handbuch d. deutschen Volkstanzes, 1966.

Hans, bleib da (hier). ↗Deutscher Volkstanz nach dem gleichnamigen Volkslied. Er ist über ganz Mitteldeutschland verbreitet, ein ↗Paartanz, der zu den Zweischrittdrehern gehört. Die Tanzmelodie steht im 2/4-Takt im ↗Schottisch-Zeitmaß.

Lit.: *Böhm, M.:* Volkslied, Volkstanz u. Kinderlied in Mainfranken, 1929, S. 53 f. *Schlothauer, A.:* Der Thüringer Tanzplan, 1930, S. 18. *Au, H. v. d.:* Das Patschen im Volkstanz d. rhein-mainischen Raumes, in: Deutsche Liederkunde, Bd. 1, 1939, S. 193. *Au, H. v. d.:* Niederhessische Volkstänze, 1940, Deutsche Volkstänze, H. 41, S. 4. *Goldschmidt, Ae.:* Handbuch d. deutschen Volkstanzes, 1967.

Hans Daml. Dieser ↗Hochzeitstanz, in den deutschen Volksinseln des Ostens üblich, geht auf altes Kulturgut zurück, das in den Fruchtbarkeitsriten seine kultischen Wurzeln hat. Auch bei diesem Tanz zeigen stark erotisch gefärbte Figuren diesen Ursprung. Der Hans Daml wird nur bei Hochzeiten getanzt.

Lit.: *Horak, K.:* Der Volkstanz in d. Batschka, in: Deutsche Liederkunde, Bd. I, 1939, S. 227. *Horak, K.:* Volkstänze aus d. deutschen Volksinseln im Osten, 1939. *Horak, K.:* Donauschwäbische Volkstänze, 1954.

Hans Leberstock. ↗Deutscher Volkstanz aus Pommern, entweder als Dreipaartanz oder mit acht Paaren im Kreis ausgeführt. In Ostpreußen nannte man ihn ↗Nickeltanz.

Lit.: *Horak, K.:* Volkstänze d. Deutschen in Mittelpolen, H. 2, 1936.

Hanske van Leuven. Belgischer Volkstanz aus der Gegend von Limburg, Flandern. Dieser ziemlich rasche Tanz im 2/4-Takt ist ein sogenannter ↗Dreiertanz. Die Ausführung geschieht entweder mit hüpfenden Schritten oder Walzerschritten. Beim Tanz wird gesungen. (↗Belgische Tänze)

Lit.: *Pinon, R. – Jamar, H.:* Dances of Belgium, 1953, S. 36 ff.

Hansl oha. ↗Volkstanz aus dem Wienerwald (Schöpflgebiet) in Niederösterreich. Dieses heitere Tanzspiel in Paaren im 3/4-Takt besteht aus einem Walzerrundtanz mit Verbeugungen. Das Besondere dabei ist aber, daß die Musik an einer bestimmten Stelle unter dem Ruf des Primgeigers „Hansl oha" plötzlich abbricht. Der dem Tanz zugrunde liegende Scherz liegt nun darin, durch den plötzlichen Stillstand bei den Tanzenden komische Stellungen herbeizuführen. Solche sogenannte Stillstandtänze gibt es in Österreich und Deutschland in verschiedenen Formen.

Lit.: *Zoder, R.:* Altösterreichische Volkstänze, Teil II, 1936, S. 20 f. *Gericke, H. – Horak, K.:* Auf zum Tanz, 1942. *Bammer, R.:* Niederösterreichische Volkstänze. *Schützenberger, E. – Derschmidt, H.:* Spinnradl, 1949.

Harangozó, Gyula. Ungarischer Tänzer, ↗Choreograph und ↗Ballettmeister, geb. 19. April 1908 in Budapest, gest. 10. November 1974 ebendort. Er studierte an der Ballettschule der Budapester Oper. 1926 begann er im Ballett der Oper in Budapest seine künstlerische Tätigkeit. International bekannt wurde er durch die Mitwirkungen bei den Aufführungen von ↗Bartóks Balletten „Der ↗holzgeschnitzte Prinz" und „Der ↗wunderbare Mandarin". Sein Sohn Gyula, geb. 1956 in Budapest, ist seit 1971 Tänzer beim Ballett der Budapester Staatsoper, seit 1977 Solist.

Lit.: *Körtvélyes, G. – Lőrinc, G.:* Das Budapester Ballett, Budapest 1971.

Hareiga-Tänze. Kulttänze der Baining im Bismarck-Archipel, ↗Neuguinea. Sie werden zum

Gedenken an die Verstorbenen aufgeführt. Die Tänzer treten mit riesengroßen, fantastischen Masken auf. Beim eigentlichen Tanz macht der Träger der großen Maske nur wenige Schritte, wirft sie dann ab und entflieht. Die übrigen Teilnehmer des Festes ergreifen die Maske, zerfetzen sie und nehmen die Stücke sodann als Amulett nach Hause.

Lit.: *Boehn, M. v.:* Der Tanz, 1925, S. 22.

Harkness Ballett New York. Das nach der amerikanischen Ballettmäzenin Rebekah Harkness benannte Ballett wurde 1964 gegründet und war vor allem als Plattform für junge amerikanische Talente gedacht. 1965 trat diese Truppe erstmals in Cannes auf. 1970 löste sich dieses Ensemble auf. Eine Gruppe, die sich hauptsächlich aus Schülern des im Jahre 1965 in New York gegründeten Harkness House for Ballet Arts zusammensetzte, führte unter dem Namen der Stifterin die Ballettgruppe weiter und trat 1970 in Barcelona erstmals auf. Die Oberleitung hatte nach wie vor Rebekah Harkness. Für das Ballett wurden zahlreiche eigene Choreographien geschaffen.

Harmosch. ↗Deutscher Volkstanz aus der Batschka, ein sogenannter ↗Dreiertanz im Kreis, bei dem ein Bursch mit zwei Mädchen tanzt. Die Aufstellung der Tanzenden erfolgt im Kreis.

Lit.: *Horak, K.:* Der Volkstanz in d. Batschka, in: Deutsche Liederkunde, Bd. 1, 1939, S. 22.

Hasentanz. Lustiges Tanzspiel, das ähnlich dem österreichischen ↗Zwergerltanz in der Hocke ausgeführt wird und daher für die Ausführenden große Anstrengung erfordert. Der Hasentanz ist ein sogenannter ↗tiernachahmender Tanz, bei dem das Hüpfen der Hasen nachgeahmt wird. Seine Ausführung ist örtlich verschieden.

Lit.: *Commenda, H.:* Heitere Tanzspiele, Deutsche Volkstänze, H. 14, S. 8. *Schützenberger, E. – Derschmidt, H.:* Spinnradl, H. 1.

Haskell, Arnold Lionel. Britischer Tanzschriftsteller, geb. 19. Juli 1903 in London. Er war 1930 einer der Mitgründer der ↗Camargo Society und nahm auch an der Gründung der Vic-Wells Ballet School teil. 1933/34 war er mit der Gruppe ↗Basils auf Reisen durch die USA, von 1936 bis 1939 durch Australien. Als Ballettkritiker begann er 1935 beim Daily Telegraph. Von 1947 bis 1965 war er Direktor der Royal Ballet School und von 1947 bis 1964 Herausgeber des Ballet Annual. Haskell ist der Verfasser folgender Bücher: Some Studies in Ballet, South Kensington 1927; Balletomania, London 1934; Prelude to Ballet, London 1936; The Balletomane's Scrap-Book, London 1936; Dancing Round the World, London 1937; Ballet Panorama, London 1938; Ballet, A Complete Guide to Appreciation History, Aesthetics, Ballets, Dancers, London 1938; Modernes Ballett, englische Tanzkunst seit 1939, Wien 1940; The National Ballet, London 1944; Ballet since 1939, London 1946; The Making of a Dancer and Other Papers on the Background to Ballet, London 1946; Miracle in the Gorbals, Edinburgh 1946; Diaghileff, London 1947; The Ballet Annual (Herausgeber); Ballet Vignettes, Edinburgh 1948; Ballet 1945–1950, London 1951; A Picture History of Ballet, London 1954; Gala Performance (mit Carter, M. B. und Wood, M.), London 1955; Ballet on Colour, London 1959; The Story of Dance, London 1960; The Beauty of Ballet, London 1961; The Russian Genius in Ballet, Oxford 1963; Ballet Retrospect, London 1964; What is a Ballet?, London 1965; Ballet Russe, London 1968; Balletomane at Large, London 1972.

Haslinger, Gabriele. Österreichische Tänzerin, geb. 17. Februar 1957 in Wien. Mit sechs Jahren trat sie in die Ballettschule der Staatsoper Wien ein, wo sie zunächst bei René Bon, Harijis Plucis und Gerlinde ↗Dill studierte. Die für ihre weitere Ausbildung wichtigste Lehrerin war Edeltraud ↗Brexner. 1971 wurde sie an das Ballett der Wiener Staatsoper engagiert und erhielt bereits 1973 ihre erste Solopartie, die Colombine im ↗„Nußknacker". Bald darauf folgten die ersten großen Ballerinenrollen. 1978 wurde sie zur ↗Coryphée des ↗Wiener Staatsopernballetts ernannt.

Hassapikos. Neugriechischer Volkssingtanz türkischer Abstammung. Er wurde ursprünglich von den griechischen Metzgern an ihrem Festtag getanzt und hat sich bis in die heutige Zeit als richtiger ↗Volkstanz erhalten. Der Rhythmus des Tanzes im 2/4-Takt wird durch Fußschläge und fortgesetztes Beugen und Strecken der Knie in wellenförmiger Bewegung klar markiert. Der Tanz wird von Männern oder abwechselnd von Männern und Frauen ausgeführt, die in Form einer Kette, die Hände auf die Schulter des nächsten Tänzers legend, Aufstellung nehmen. Die Hauptbewegung der Kette erfolgt nach rechts gegen den Uhrzeigersinn. (↗Griechischer Tanz, ↗Sirtaki)

Lit.: *Crosfield, D.:* Dances of Greece, 1948, S. 36 ff. *Michaelides, S.:* Greek Song Dance, in: Journal of the Int. Folk Music Council, vol. VIII, 1956, S. 37 ff. *Petrides, Th. und El.:* Folke Dances of the Greeks, 1961, S. 20 ff.

Hassreiter, Josef. Österreichischer Tänzer, Lehrer, ↗Choreograph und ↗Ballettmeister, geb. 31. Dezember 1845 in Wien, gest. am 8. Februar 1940 ebendort. Seine Eltern Josefine und Josef Hassreiter waren Corpstänzer im k. k. Hoftheater nächst dem Kärntnertor und Tanzschulinhaber. Seinen Unterricht erhielt er bei Ballettmeister G. ↗Golinelli und bei Solotänzer G. Carey. Von 1866 bis 1868 war er 2. Solotänzer am Hoftheater München, von 1868 bis 1870 1. Solotänzer am Hoftheater Stuttgart und von 1870 bis 1890 1. Solotänzer an der Hofoper Wien. Von 1890 bis 1919 wirkte er dort als Ballettmeister und Vorstand der Ballettschule. Außerdem war er ↗Tanzlehrer am Hof Kaiser Franz Josephs I. und ab 1888 Inhaber einer vornehmen Tanzschule. Für die Wiener Hofoper schuf er über vierzig eigene Ballette und Choreographien, darunter die bis ins 20. Jh. oft noch aufgeführte ↗„Puppenfee".

Lit.: *Raab, R.:* Künstlerbriefwechsel (C. M. Ziehrer, Josef Hassreiter, Hans Schließmann), in: Jahrbuch d. Vereines f. Geschichte d. Stadt Wien, Jg. 8, 1950, S. 105 ff. *Raab, R.:* Ballettmeister Josef Hassreiter, in: Theater in Österreich, Notring-Jahrbuch 1965, S. 153.

Hátegána. ↗Rumänischer Volkstanz aus Siebenbürgen. Er wird von Männern und Frauen getanzt und gehört zur Gruppe der Paardrehtänze. Begleitet wird er von einer 2/4-Takt-Melodie.

Lit.: *Bucsan, A.:* Jocuri din Ardealul de Sud, 1957, S. 53 ff. *Bucsan, A.:* Specificul dansului popular romanesc, Bucuresti 1971, S. 200 ff.

Hathor(sprung)tanz. ↗Kulttanz aus dem ägyptischen Altertum. Er wurde zu Ehren der Göttin Hathor getanzt und ist in allen drei großen Geschichtsperioden des ägyptischen Altertums zu finden. Im Alten Reich hatte er seinen Ursprung, erfuhr seine Erweiterung im Mittleren Reich und erreichte seine volle Blüte im Neuen Reich. Obwohl er seine Form im Laufe der Zeit verschiedentlich geändert hat, blieb er in seiner Grundgestalt eine akrobatische, exzentrische Kunstübung, die an die Bewegung und Biegsamkeit des Körpers äußerste Anforderungen stellte. Charakteristisch für die Hathor-Tänzerinnen war die Frisur. Das Haar wurde zu einem langen Zopf geflochten, an dessen unterem Ende ein Gewicht befestigt war. (↗Ägyptischer Tanz)

Lit.: *Brunner-Traut, E.:* Der Tanz im alten Ägypten, 1938, S. 22 ff., 39 ff., 48.

Hatschó. ↗Deutscher Volkstanz aus der deutschen Sprachinsel um Iglau, ein bäuerlicher Festtanz zu Hochzeiten, der aus drei Teilen besteht, und zwar einem langen, langsamen Anfangsteil im 3/4-Takt, allgemein ↗Bayrischer genannt, einem raschen Mittelteil, dem Hupperischen (↗Polka) und einem raschen Schlußteil, dem eigentlichen Hatschó, einem ↗Galopp. (↗Hochzeitstanz)

Lit.: *Spannagel-Lösel, I.:* Bäuerlicher Festtanz Hatschó Iglau, in: Encyclopedia Cinematographica, E 812, Göttingen 1965, S. 567 ff. *Thiel, H.:* Die deutschen Volkstänze in Böhmen, Mähren u. Schlesien, 1970, S. 74 ff.

Hattemageren. ↗Dänischer Volkstanz im 2/4-Takt. Er kann von einer beliebigen Zahl von Paaren ausgeführt werden, die zu je vier Paaren in Kreisformation Aufstellung nehmen. Die Tänzerin steht immer rechts vom Tänzer. Der Tanz besteht aus sieben Figuren.

Lit.: *Burchenal, E.:* Folk-Dances from Old-Homelands, 1922, S. 66 f.

Hauer ↗Sensentanz.

Hauschild. Um 1820 bis 1840 wurde in Sachsen und im Vogtland eine langsame Form des

↗Walzers so genannt, und zwar nach einem Tanzliedvers, der mit den Worten begann: „Lebt der alte Hauschild noch?"

Lit.: *Böhme, F. M.:* Geschichte d. Tanzes in Deutschland, 1886, S. 205.

Hautanz. Ein Tanzspiel mit einem sogenannten Überzähligen, das von den Deutschen in der Batschka (Teil der ungarischen Tiefebene zwischen Donau und Theiß) getanzt wurde.

Lit.: *Horak, K.:* Der Volkstanz in d. Batschka, in: Deutsche Liederkunde, Bd. 1, 1939, S. 231.

Haute danse. Im 15. Jh. eine der Bezeichnungen für den ↗Springtanz. Nach ↗Cornazano war die Haute danse gleichbedeutend mit dem ↗Saltarello. Sie bildete den ↗Nachtanz zur ↗Basse danse und war von der Musique haute, den hohen, lärmenden Instrumenten (z. B. Schalmeien, Sackpfeifen, Hörner, Busine, Trommeln), begleitet, zum Unterschied von der Musique basse, welche die ruhige Basse danse begleitete. Haute danse und Basse danse bildeten neben den ↗Balli die wichtigste Tanzform des 15. Jh.

Lit.: *Hertzmann, E.:* Studien zur Basse danse im 15. Jh., mit besonderer Berücksichtigung d. Brüsseler Manuskripts, in: Zeitschrift f. Musikwissenschaft, Jg. 11, 1929, H. 7, S. 401 ff.

Hautitry oder Rumpuff. Alter ↗deutscher Volkstanz aus Altenburg in Thüringen. Er wurde bis zu Anfang des 19. Jh. auf Kirchweihfesten getanzt. In seiner Ausführung ähnelt er dem ↗Ländler und ↗Schuhplattler. Seinem Charakter nach ist er ein ↗Werbetanz.

Lit.: *Meyner, J. F.:* Aufsatz in d. Zeitschrift f. d. Fürstentum Altenburg auf d. Jahr 1796, S. 173. *Böhme, F. M.:* Geschichte d. Tanzes in Deutschland, 1886. *Ziegenhals, J.:* Die älteste Tanzmusik d. Thüringer-Altenburgischen Bauern, in: Das deutsche Volkslied, Jg. 39, 1937, H. 4, S. 47 ff.

Havas, Ferenc. Ungarischer Tänzer, geb. 12. März 1935 in Budapest. Er studierte bei F. ↗Nádasi und am staatlichen Ballettinstitut in Budapest. 1952 wurde er Mitglied des Balletts der Budapester Oper, 1953 Solotänzer. 1960–1964 tanzte er als Gast beim ↗London Festival Ballet.

Hawaiischer Tanz. Der Tanz auf den Hawaii-Inseln (Hawaii, Maui, Oahu, Kauai, Molokai, Lanai, Niihau und Kahoolawe) war, bevor die Europäer kamen, für die Altbewohner der Inseln ein religiöser Dienst mit Musik, Gesang, Dichtung und ↗Pantomime, durch welchen die Götter und Häuptlinge geehrt wurden. Neben ↗Waffen- und Kriegstänzen war der Haupttanz der ↗Hula. Hula-Schulen standen unter der Vorherrschaft eines **kumu hula** = Hula-Lehrers, welcher ein **kahuna** = Priester war. Ausgeführt wurden die Tänze vor allem von Mädchen als Solo- oder Gruppentanz. Heute versteht man unter Hawaiischem Volkstanz einen neukultivierten, besonders auf den Fremdenverkehr abgestimmten Hula-Stil. Der traditionelle Hula ist nur wenigen bekannt und wird von Generation zu Generation sorgsam gehütet.

Lit.: *Emerson, N. B.:* Unwritten Literature of Hawaii. The Sacred Songs of the Hula, in: Smithsonian Institution Bureau of American Ethnology, Bulletin 38, Washington 1909. *Sorell, W.:* Knaurs Buch v. Tanz, 1969, S. 64 f. *Kaeppler, A. L.:* Acculturation in Hawaiian Dance, in: Yearbook of the Int. Folk Music Council, vol. IV, 1972, S. 38 ff.

Hawertanz ↗Scheidrtanz.

Haxenschmeißer. ↗Österreichischer Volkstanz aus der Steiermark (Tragöß). In Oberösterreich wird er ↗Schwedischer genannt. Er wird von Paaren getanzt. Eine besondere Figur des Tanzes ist das Dirndldrehen. Die Tanzmelodie steht im 3/4-Takt. (↗Drei lederne Strümpf)

Lit.: *Zoder, R.:* Altösterreichische Volkstänze, 1. Teil, 1922, S. 11 f. *Gradwohl, K.:* Lehrgang österreichischer Volkstänze, 1936/38. *Zoder, R.:* Volkslied, Volkstanz u. Volksbrauch, 1949, S. 136. *Wolfram, R.:* Die Volkstänze in Österreich u. verwandte Tänze in Europa, 1951, S. 180. *Schützenberger, E. – Derschmidt, H.:* Spinnradl. Unser Tanzbuch, S. 22, s. a. *Peter, I.:* Der Tanz im Lungau, 1975, S. 83. *Peter, I.:* Tänze aus d. Lungau u. Pinzgau, in: Der fröhliche Kreis, Jg. 26, 1976, H. 1, S. 6.

Haydée, Marcia (eigentlich Salaverry Pereira da Silva). Brasilianische Tänzerin und Ballettdirektorin, geb. 18. April 1939 in Niterói, Brasilien. Sie studierte bei V. Veltchek, T. Leskova und an der Schule des ↗Sadler's Wells Ballet. Sie debütierte am Teatro Municipal in Rio de Janeiro. Nach weiteren Studien bei L. ↗Egorowa und O. ↗Preobrajenska schloß sie sich 1957 dem Grand Ballet de Marquis de ↗Cuevas an. 1961 ging sie zum ↗Stuttgarter Ballett, wo sie 1962 zur Primaballerina ernannt wurde.

Nach dem Tod J. ↗Crankos wurde sie zunächst mit leitenden Aufgaben betraut und 1976 zur Ballettdirektorin ernannt. Sie gilt als eine der bedeutendsten ↗Ballerinen.

Lit.: *Gruen, J.:* Stuttgart Profiles: Marcia Haydée and Richard Cragun, in: Dance Magazine, August 1975. *Kilian, H.:* Marcia Haydée, 1975. *Koegler, H.:* Marcia Haydée, in: Les Saisons de la danse, Juni 1976.

Haydn, Joseph. Österreichischer Komponist, geb. 31. März 1732 in Rohrau, Niederösterreich, gest. 31. Mai 1809 in Wien. Im Werk des großen Meisters der Klassik zeigen sich viele Einflüsse österreichischer Volksmusik. Er führte das ↗Menuett in die Sinfonie ein und komponierte viele Tänze, wie ↗Menuette, ↗Allemanden, ↗Deutsche und ↗Märsche. Nach seiner Musik wurden oftmals Ballette geschaffen, z. B. von Max ↗Terpis „Der Geizige" (Berlin 1928).

Lit.: *Zoder, R.:* Haydn-Menuett u. Steyrischer, in: Das deutsche Volkslied, Jg. 48, 1947, H. 1/2, S. 28 f. *Besseler, H.:* Einflüsse d. Contretanzmusik auf Joseph Haydn, in: Bericht über d. Int. Konferenz zum Andenken Joseph Haydns, Budapest 1959, S. 25 ff. *Beenk, Eugen L.:* Ländler Elements in the Symphony Minuets of Joseph Haydn, Diss. Iowa City 1969. *Steinbeck, W.:* Das Menuett in d. Instrumentalmusik Joseph Haydns, Freiburger Schriften zur Musikwissenschaft 4, München 1973. *Thomas, G.:* Studien zu Haydns Tanzmusik, in: Haydn Studien, Bd. 3, 1973, H. 1, S. 5 ff. *Thomas, G.:* Haydns Tanzmusik – zeitgebunden oder persönlich geprägt, in: Musica, Jg. 36, 1982, H. 2.

Heberle, Therese. Österreichische Tänzerin, geb. 1805 in Wien, gest. 5. Februar 1840 in Neapel. Sie war eine sehr begabte Tänzerin, die schon als Kind ein Star im Theater an der Wien war. Als Solotänzerin wirkte sie von 1813 bis 1826 am Hoftheater in Wien und 1827 an der italienischen Oper in London. Sie unterbrach ihre künstlerische Tätigkeit, als sie in Neapel einen Bankier heiratete. Als dieser sein Geld verlor, kehrte sie zur Bühne zurück und tanzte wieder in London. Grillparzer widmete ihr das Gedicht „Vorzeichen". (↗Horschelt)

Heebies-Jeebies. ↗Gesellschaftstanz aus dem 20. Jh. negroiden Ursprungs. Seine besondere Charakteristik sind Fußdrehungen, die nur auf dem Absatz erfolgen dürfen. Das Tanztempo ist wie beim ↗Foxtrot, und auch Schritte sind diesem Tanz entnommen.

Lit.: *Morán, Pablo:* Alle Tänze getanzt mit Pablo Morán, 1930, S. 117 ff.

Heiduka. Ein ↗Geschicklichkeitstanz aus Ostpreußen, der nur von Männern getanzt wird. Je zwei Männer tanzen in dem russischen Hocktanzschritt um drei in der Mitte liegende Hüte, die nicht berührt werden dürfen. Solche Geschicklichkeitstänze gibt es in Europa in den verschiedensten Abwandlungen. Denselben Namen finden wir in dem ungarisch-slowakischen ↗Hajduktanz wieder, dort ist er aber ein Waffengeschicklichkeitstanz.

Lit.: *Wolfram, R.:* Schwerttanz u. Männerbund, 1935, S. 145. *Schneider, H. E.:* Ein Männertanz aus Ostpreußen, in: Niederdeutsche Zeitschrift f. Volkskunde, Jg. 19, 1941, S. 68 ff. *Kavalcíková, J. – Poloczek, F.:* Slovĕnské l'udové tance, 1955, S. 27. *Mózi, A.:* Heyduck Dances from the Ugroc-Manuscript Collection (Appony-Aponise), in: Studia Musicologica, Bd. 20, 1978, S. 75 ff.

Heierlei (Heierleis). Deutscher bäuerlicher Volkstanz aus dem Mittelalter. Er wird von den Minnesängern erwähnt und dürfte seinem Charakter nach ähnlich dem ↗Hoppaldei gewesen sein.

Lit.: *Böhme, F. M.:* Geschichte d. Tanzes in Deutschland, 1886.

Heiligenbluter Almtanz. ↗Österreichischer Volkstanz aus Kärnten, eine Tanzform des ↗Neubayrischen. Er wird von vier, sechs oder acht Tänzerinnen und einem Tänzer ausgeführt. (↗Almtanz)

Lit.: *Zoder, R.:* Altösterreichische Volkstänze, 3. Teil, 1932, S. 17.

Heine, Heinrich (eigentlich Harry). Deutscher Dichter, geb. 13. Dezember 1797 in Düsseldorf, gest. 17. Februar 1856 in Paris. Nach seiner Erzählung von den Wilis (Erdgeister), enthalten in seinem 1833 erschienenen Buch „Zur Geschichte der neueren schönen Literatur in Deutschland" (französischer Titel „De L'Allemagne"), schrieb Th. ↗Gautier sein ↗Ballett ↗„Giselle", Musik A. ↗Adam. Die ↗Pantomime „Göttin Diana", für Her Majesty's Theatre London 1846 geschrieben, gelangte nicht zur Aufführung. Sein Tanzpoem „Doktor ↗Faust" fand erst 1926 eine Vertonung durch den tschechoslowakischen Komponisten František Škvor.

Lit.: *Niehaus, M.:* Himmel, Hölle u. Trikot – Heinrich Heine u. d. Ballett, 1959. *Sorell, W.:* Heinrich Heine's Unproduced Faust Ballet, in: Dance Magazine, Januar 1961.

Heinel, Anna Friederike. Deutsche Tänzerin, geb. 4. Oktober 1753 in Bayreuth, gest. 17. März 1808 in Paris, Gattin von Gaetano ↗Vestris. Sie erhielt ihre tänzerische Ausbildung bei ↗Noverre in Stuttgart. 1767 war sie in Berlin und von 1768 bis 1782 war sie in Paris tätig. Ihr wird die Erfindung der ↗Pirouette zugeschrieben.

Lit.: *Boehn, M. v.:* Der Tanz, 1925, S. 101. *Migel, P.:* Anna Heinel, in: The Ballerinas, 1972.

Heirassa. ↗Deutscher Volkstanz aus der Nordheide, Kreis Harburg. Ausgeführt wird der Tanz von vier Paaren, die im Kreis Aufstellung nehmen. Gehschritt, Laufschritt und ↗Dreher sind die Schrittarten dieses Tanzes. Die Tanzmelodie steht im 2/4-Takt (↗Polka).

Lit.: *Kück-Schönhagen, E.:* Heidjers Tanzmusik, 1911, S. 61 f. *Oetke, H.:* Volkstänze aus d. Lüneburger Heide, Teil II (Tänze f. Volkstanzgruppen, Bd. VI), s. a.

Hekaterides (oder Hekaterein). Antiker ↗griechischer Tanz. Seine Ausführung war ähnlich dem spartanischen Hüpftanz ↗Bibasis.

Lit.: *Lawler, L. B.:* The Dance in Ancient Greece, 1964.

Hellerau-Laxenburg. E. ↗Jaques-Dalcroze gründete im Jahre 1911 in Hellerau bei Dresden seine „Bildungsanstalt für Musik und Rhythmus". Marie ↗Rambert und Mary ↗Wigman wurden seine zwei berühmtesten Schülerinnen. Wegen finanzieller Schwierigkeiten wurde die Schule 1914 geschlossen, 1915 aber wieder eröffnet. Der künstlerischen Arbeit von Christine H. Baer-Frissel, Valerie ↗Kratina und Ernst Ferand war es zu danken, daß die Anstalt in geregelten Betrieb gebracht und weiter ausgebaut wurde. Die Hellerauer Tanzgruppe von Valerie Kratina brachte 1923 die erste deutsche Produktion von ↗Bartóks „Der ↗holzgeschnitzte Prinz" und ↗Milhauds „L'homme et son désir". Ab 1920 lernten viele der bekanntesten deutschen Ausdruckstänzer in Hellerau, z. B. Yvonne ↗Georgie, Valeska ↗Gert und Rosalia ↗Chladek. Im Juli 1925 übersiedelte die Schule aus Hellerau in das ehemalige kaiserliche Schloß nach Laxenburg bei Wien. Von 1930 bis 1938 leitete Rosalia Chladek die Schule. Nach diesem Jahr mußte sie, bedingt durch die Besetzung Österreichs, ihre Tätigkeit beenden. Die drei Tänzerinnen Valerie Kratina, Mary Houghberg und Annsi Bergh nannten sich das Hellerau-Trio.

Lit.: *Bekker, P.:* Die Dalcroze-Schule in Hellerau, in: Frankfurter Zeitung v. 21. Juni 1912 (auch als Sonderdruck). *Dohrn, W.:* Die Bildungsanstalt Jaques-Dalcroze, Dresden 1912. *Storck, K.:* Die Schulfeste d. Bildungsanstalt Jaques-Dalcroze Dresden-Hellerau, Jena 1912. *Winther, F.:* Körperbildung als Kunst u. Pflicht, 1914, S. 52. *Brandenburg, H.:* Der moderne Tanz, 1915, S. 93 ff. *Bie, O.:* Der Tanz, 1919. *Hellerauer-Blätter* f. Rhythmus u. Erziehung, hrsg. v. Lehrern u. Schülern d. Dalcroze-Schule Hellerau, 1922/23. *Seidl, A.:* Die Hellerauer Schulfeste u. d. Bildungsanstalt Jaques-Dalcroze, Regensburg s. a. *Anonym:* Neue Schule in d. Gartenstadt Hellerau bei Dresden, Laubedruck Dresden 1923. *Feudel, E.:* Die Geschichte d. Bildungsanstalt Hellerau, in: Zeitschrift Rhythmische Erziehung III/IV, Berlin 1956, S. 3 ff.

Hellmesberger, Joseph d. J. Österreichischer Komponist, geb. 9. April 1855 in Wien, gest. 26. April 1907 ebendort. Er entstammte einem Wiener Musikergeschlecht, wurde 1878 Sologeiger der Hofoper und der Hofkapelle, 1884 Konzertmeister und Ballettdirigent der k. k. Hofoper in Wien und ab 1890 erster Hofkapellmeister. Bis 1903 wirkte er in Wien und ging dann aus privaten Gründen nach Stuttgart. Nach einem Jahr kehrte er wieder nach Wien zurück, allerdings als ein bereits schwerkranker Mann. Neben vielen Operetten komponierte er für die Wiener Hofoper eine Vielzahl von Tanzeinlagen und vor allem ↗Ballette: 1884 Harlekin als Elektriker; 1887 Die verwandelte Katze; 1902 Die Perle von Iberien; 1903 Meißner Prozellan (für Mailand). Erika ↗Hankas Ballett „Hotel Sacher" hat die Musik J. Hellmesbergers als tänzerische Grundlage, die Max ↗Schönherr dazu bearbeitet hat. Sein Bruder **Ferdinand,** geb. 24. Januar 1863 in Wien, gest. 15. März 1940 ebendort, war Cellist im Orchester der Hofoper, wurde dann Kapellmeister an der Wiener Volksoper und war von 1905 bis 1910 Ballettdirigent an der Königlichen Oper zu Berlin. Später wirkte er als Kapellmeister verschiedener Kurkapellen. Von ihm stammt das Ballett „Harlekinade" (1928). Mit seinem Tod erlosch die für das Wiener Musikleben so maßgebliche Musikerdynastie der Hellmesberger.

Helpman(n), Sir Robert. Australischer Tänzer, Schauspieler, ↗Choreograph und Ballettdirektor, geb. 9. April 1909 in Mount Gambier, Australien. Zunächst studierte er bei der Gruppe von Anna ↗Pawlowa während deren Aufenthalt in Australien. 1933 kam er nach London, schloß sich dem ↗Vic-Wells Ballet an und wurde dort 1. Tänzer. Er tanzte mit Margot ↗Fonteyn und Alicia ↗Markova. 1950 verließ er das Vic-Wells Ballet, trat aber weiterhin als Gasttänzer auf. 1965 ging er nach Australien zurück, wo er bis 1976 Direktor des Australian Ballet war, für welches er in den folgenden Jahren eine Reihe von Choreographien schuf.

Lit.: *Brahms, C.:* Robert Helpman – Choreographer, London 1943. *Anthony, F.:* Robert Helpman, London 1946. *Gow, G.:* Helpman and the Australian Ballet, in: Dancing Times, Okt. 1973.

Hendriekske. ↗Niederländischer Volkstanz. Er gehört zu den sogenannten ↗Klatschtänzen und ist eine Art der ↗Judenpolka.

Lit.: *Wolfram, R.:* Die Volkstänze in Österreich u. verwandte Tänze in Europa, 1951, S. 155.

Hennessy, Christine. Amerikanische Tänzerin, geb. 1936 in Providence, Rhode Island. Sie studierte bei L. Pettime, M. Swoboda und an der Schule des Ballet Russe in New York. 1954–1956 tanzte sie beim ↗Ballet Russe de Monte Carlo. Sie bereiste dann mit dem American Concert Ballet und dem ↗American Festival Ballet Europa. 1964 ging sie in die USA zurück, tanzte beim ↗City Center Joffrey Ballet und 1966–1971 als ↗Ballerina beim Royal Winnipeg Ballet.

Henrik Smith. ↗Dänischer Volkstanz. In der Ausführung gleicht er dem ↗Strohschneider.

Lit.: *Madelung, M. M. – Lorenzen, P.:* Gamle Himmerlands-Danse, 1931, S. 14. *Wolfram, R.:* Die Volkstänze in Österreich u. verwandte Tänze in Europa, 1951, S. 157/15.

Henry, Louis-Xavier-Stanislas. Französischer Tänzer und ↗Choreograph, geb. 7. März 1784 in Versailles, gest. 4. Nov. 1836 in Neapel. Er studierte an der Ballettschule der Pariser Oper bei ↗Deshayes, ↗Gardel und ↗Coulon und debütierte 1803. 1805 begann er als Choreograph am Theater de la Porte-St. Martin. Im Jahre 1807 wandte er sich nach Italien, wo er von ↗Viganó und ↗Gioja beeinflußt wurde. In Wien war er als ↗Ballettmeister und Tänzer in den Jahren 1810, 1822–1825 und 1831–1835 tätig. Dazwischen hatte er mit seinen Balletten (über 100) große Erfolge in den Städten Mailand, Neapel und Paris. (↗Macbeth-Ballette)

Lit.: *Winter, M. H.:* The Pre-Romantic Ballet, 1974.

Henry, Pierre. Französischer Komponist, geb. 9. Dezember 1927 in Paris. Er gilt als Vertreter der Musique concrète. Er komponierte für M. ↗Béjart eine Reihe von Balletten: ↗„Symphonie pour un homme seul", komponiert 1950 mit P. Schaeffer, teilweise aufgeführt 1952 von M. ↗Cunningham, das gesamte Werk 1955 von M. Béjart; „Le Voyage au coeur d'enfant", 1955; „Arcane I", 1955; „Haut Voltage", komponiert 1956 mit M. Constant; „The Journey", 1956; „Orphée", 1958; „Coexistence", 1959; „La Reine verte", 1963; „Variations pour une porte et un soupir", 1965; „La Tentation de Saint Antoine", 1967; „Messe pour le temps present", 1967; „Nijinsky, Clown de dieu", 1971; „Les Noces chymiques", 1980; „Woyzeck", 1981.

Henze, Hans Werner. Deutscher Komponist, geb. 1. Juli 1926 in Gütersloh. Er war Schüler von W. ↗Fortner und R. Leibowitz. Henze zeigte immer starkes Interesse für den Tanz. 1950–1953 war er künstlerischer Leiter des Balletts am Staatstheater Wiesbaden. Die Wechselwirkung instrumentaler, vokaler, tänzerischer und pantomimischer Elemente in seinen Werken läßt oft eine genaue Einteilung in Werkgattungen nicht zu. Er komponierte folgende für den Tanz bedeutende Werke: „Anrufung Apolls" (3. Sinfonie), 1949, Uraufführung 1949 in Wiesbaden, ↗Choreographie P. van ↗Dyk; ↗„Jack Pudding" (Ballett), 1949, Uraufführung 1951 in Wiesbaden, Choreographie E. von Pelchrzim; „Ballett-Variationen" (Ballett), 1949, Uraufführung 1958 in Wuppertal, Choreographie E. ↗Walter; „Rosa Silber", 1950, Uraufführung 1958 in Köln, Choreographie L. Kretschmar; „Die schlafende Prinzessin" (nach ↗Tschaikowskys ↗„Dornröschen"), 1951, Uraufführung 1954 in Essen, Choreographie A. Bortoluzzi; „Labyrinth" (choreographische Fantasie), 1951; „Der Idiot" (Ballett), 1952, Uraufführung 1952 in Berlin, Choreographie T. ↗Gsovsky; „Pas d'action", Uraufführung 1954 in München, Choreographie V. ↗Gsovsky, dann zurückgezogen, Neufassung als ↗„Tancredi e Cantilena", 1964, Uraufführung 1966 in Wien, Choreographie R. ↗Nurejew; „Maratona di danza", Uraufführung 1957 in Berlin, Choreographie D. Sanders; ↗„Undine" (Ballett), 1956/57, Uraufführung 1958 in London, Choreographie F. ↗Ashton; „Des Kaisers Nachtigall" (↗Pantomime), Uraufführung 1959 in Venedig; „Concertino für Klavier, Blasorchester und Schlagzeug", 1947, als Ballett 1968 in Schwetzingen aufgeführt, Choreographie J. ↗Cranko; „The Crucible" (1. und 3. Sinfonie), Uraufführung 1969 in New York; „Elektra" (5. Sinfonie), Uraufführung 1972 in Hongkong, Choreographie T. ↗Bolender; „Tristan", Uraufführung 1974 in Paris, Choreographie G. ↗Tetley. Henze ist der Autor von „Undine – Tagebuch eines Balletts", München 1959.

Lit.: *Geitel, K.:* Hans Werner Henze, Berlin 1968.

Herakliotikos ↗Kastrinos Pedektos.

Herkules, auch Herakles, Sohn des Zeus und der Alkmene, beliebtester Heros der Hellenen, war oftmals Gestalt von ↗Pantomimen und ↗Balletten: 1660 „Hercule amoureux", ein ↗Ballet de cour, als ↗Intermedium zum italienischen „Ercole amante" in Paris zur Vermählung ↗Ludwigs XIV.; 1761 „La Mort d'Hercule", ein Ballett von ↗Noverre, Musik von ↗Rudolph in Stuttgart; 1769 Ballett von ↗Lepicq; 1774 „Hercules und Dejanira", ein Ballett von Romoli in Venedig; 1783 von Canciani; 1786 von Beretti; 1791 ↗Ballettpantomime von O. ↗Viganò mit der Musik von S. ↗Viganò in Venedig; 1798 „La Mort d'Hercule", ein Ballett von F. ↗Clerico in Wien; 1810 „Herkules und Acheloos" von P. ↗Angiolini, Wien, Musik von G. Spontini.

Herodiade. Diese Orchester-Rezitation nach der Dichtung von Stéphane Mallarmé komponierte Paul ↗Hindemith für Martha ↗Graham. Die Uraufführung fand am 30. Oktober 1944 in Washington statt. Es ist ein musikalisches Gedankenspiel mit dem Versuch, Worte, poetische Idee und Musik in ein einheitliches Ganzes zusammenzuschmelzen, dabei aber auf den Gesang als Ausdrucksmittel völlig zu verzichten.

Hérold, Louis-Joseph-Ferdinand. Französischer Komponist, geb. 28. Januar 1791 in Paris, gest. 19. Januar 1833 ebendort. Er komponierte folgende ↗Ballette: „Astolphe et Joconde ou Les Coureurs d'aventures", Uraufführung 1827 in der Académie Royale Paris, ↗Choreographie J. ↗Aumer; „La Somnambule ou L'Arrivée d'un nouveau seigneur", ↗Ballettpantomime nach E. Scribe, Uraufführung 1827 in der Académie Royale Paris, Choreographie J. Aumer; „Lydie", Uraufführung 1828 in der Académie Royale Paris, Choreographie J. Aumer; „La ↗Fille mal gardée", Uraufführung 1828 in der Académie Royale Paris, Choreographie J. ↗Dauberval, revidiert von J. Aumer; „La Belle au bois dormant", Ballettpantomime nach E. Scribe, Uraufführung 1829 in der Académie Royale Paris, Choreographie J. Aumer; „La Noce de village", Ballettableau, Uraufführung 1830 im Palais des Tuileries in Paris.

Lit.: *Lanchbery, J.:* The Music of „La Fille mal gardée", in: La Fille mal gardée, London 1960.

Herr Schmidt. ↗Deutscher Volkstanz. Name des ↗Stiefelknechtsgalopps in der Landschaft Rheinfranken.

Lit.: *Bolte, J.:* Der Stiefelknechtsgalopp, ein Lied aus d. Biedermeierzeit, in: Mitteilungen d. Vereins f. d. Geschichte Berlins, Jg. 42, 1925, Nr. 4–6, S. 72 ff. u. Jg. 43, 1926, Nr. 10–12, S. 102 ff. *Au, H. v. d.:* Der Wechselhupf im Volkstanz d. Landschaft Rheinfranken, in: Jahrbuch f. Volksliedforschung, Jg. 5, 1936, S. 134 ff. *Janietz, E. – Schneider, R. – Peters, M.:* Volkstänze aus Mecklenburg, Volkstänze f. Volkstanzgruppen, Bd. V, S. 21, 1976.

Hertel, Peter Ludwig. Hofkomponist und Ballettdirigent am Königlichen Opernhaus in Berlin, geb. am 21. April 1817 in Berlin, gest. am 13. Juni 1899 ebendort. Er schrieb mehrere ↗Ballette, meist auf Szenerien von Paul ↗Taglioni. Er arbeitete aber auch mit Cesare ↗Pugni und Franz ↗Doppler zusammen. Von seinen Balletten sind zu nennen: ↗„Satanella" (1852), „Alphea" (1854), „Die lustigen Musquetiere" (1854), „Ballande oder Der Raub der Proserpina" (1855), „Morgano" (1857), ↗„Flick und Flock" (1858), ↗„Sardanapal" (1865), „Fantaska" (1871), „Ellinor" (1873), „Die ↗Jahreszeiten" (1889). (↗Fille mal gardée, La)

Hess, Günter. Deutscher Tänzer und ↗Choreograph, geb. 11. Februar 1903 in Berlin, gest. 18. März 1979 ebendort. Er war Schüler von Hans Storck, Max ↗Terpis, Rudolf von ↗Laban und L. ↗Nowikow. Er lehrte bis 1920 an seiner eigenen Tanzschule in Berlin, auch an Max Reinhardts Schule und an der Musikhochschule in Berlin. In der Zeit von 1920 bis 1930 wirkte er als ↗Ballettmeister und Choreograph in Osnabrück, Dessau, Hagen, Chemnitz, Wuppertal, Marburg a. d. L. und anderen Städten. Nach dem zweiten Weltkrieg war er in München und Hamburg in Film und Fernsehen tätig. Von ihm stammen auch mehrere ↗Ballette.

Lit.: *Simon, K. G.:* Pantomime, 1960.

Hétlepés heißt eine Form des ↗Siebenschritts bei den Székler Bauern in Siebenbürgen.

Lit.: *Wolfram, R.:* Die Volkstänze in Österreich u. verwandte Tänze in Europa, 1951, S. 160/16.

Heuberger heißen die zwiefachen Volkstänze aus der Gegend von Baden-Baden, Deutschland. Man unterscheidet einen einfachen, doppelten und einen vierfachen Heuberger, je nach der Zahl der Drehertakte, die sich in die Walzerpartien einschieben. In manchen badischen Gegenden werden sie auch Oberabtänze genannt. Auch der sogenannte ↗Obendrauf, aus der Gegend um Stuttgart, gehört zu dieser Art von taktwechselnden Tänzen. (↗Zwiefache)

Lit.: *Künzig, J.:* Vom Volkstanz in Baden, in: Mein Heimatland, 1931, H. 3/4, S. 69 ff. *Junk, V.:* Die taktwechselnden Volkstänze, 1938, S. 121. *Krautwurst, F.:* Taktwechselnde Volkstänze in Franken, in: Jahrbuch d. österreichischen Volksliedwerkes, Bd. 4, 1955, S. 101 ff. *Goldschmidt, Ae.:* Handbuch d. deutschen Volkstanzes, 1967.

Heustall fällt um ↗Buchelklobber.

Hexentanz. Der Glaube an Hexen entwickelte sich unter den germanischen Völkern nach deren Christianisierung, nachdem die Verehrung der heidnischen Götter durch Gesang und Tanz von der christlichen Kirche verboten worden war. In der Sage und Phantasie des Volkes fand der Hexenglaube bis in das 16. und 17. Jh. hinein weite Verbreitung. Den Hexen, nach dem Volksaberglauben weibliche Wesen, die mit dem Teufel im Bunde waren, wurden besondere Zusammenkünfte zugeschrieben, bei denen sie eigene Tänze aufführten. Diese Hexentänze, bei dem sogenannten nächtlichen Hexensabbat ausgeführt, wurden paarweise, Rücken an Rücken getanzt. Außerdem tanzten die Hexen in der dem Lauf der Sonne entgegengesetzten Richtung. Nur bestimmte Plätze waren es, auf denen sie ihre Tänze ausführten, meist Bergspitzen und Höhlen. Der Hexenglaube war aber nicht nur in deutschen Landen zu Hause, sondern findet sich bei vielen Völkern und führt zu den magischen Tänzen vieler ↗Naturvölker hin, mit deren Hilfe vor allem böse Geister beschwört werden. In Wahrheit mögen auch die nächtlichen Tänze heidnischer Vorfahren diesen gleichen Sinn gehabt haben.

Lit.: *Böhme, F. M.:* Geschichte d. Tanzes in Deutschland, 1886. *Wuttke, A.:* Der deutsche Volksaberglaube d. Gegenwart, 1900, S. 147 ff. *Baaren, Th. P. v.:* Selbst d. Götter tanzen, 1964, S. 95 ff.

Hey. Name einer Hauptfigur des englischen ↗Country dance, ein Tanz in Achterschlingen mit abwechselndem Passieren der Begegnenden.

Lit.: *Wolfram, R.:* Die Volkstänze in Österreich u. verwandte Tänze in Europa, 1951, S. 172.

Heyamol-Tanz. ↗Türkischer Volkstanz von der Küste des Schwarzen Meeres, ein Tanz der Schiffer. Zur Segelklipperzeit (Mitte 19. Jh.), wo die Männer monatelang auf See blieben, führten die Schiffer diesen Tanz jedesmal bei der Abfahrt und Ankunft ihrer Schiffe auf. Der Tanz hat akrobatischen Charakter und wurde von Gesang begleitet.

Lit.: *Tör, V. N.:* Die Türkei als Neuland f. d. Erforschung d. Volkstänze, in: Die Volkskultur d. südosteuropäischen Völker, Südosteuropa-Jahrbuch, Bd. 6, 1962, S. 114.

Hiatamadl. Dieser süddeutsch-österreichische ↗Volkstanz ist in zahlreichen Tanzformen und unter verschiedenen Namen in Bayern und im österreichischen Alpengebiet weit verbreitet. Die Herkunft und das Alter des Tanzes, der ein Verwandter des ↗Strohschneiders ist, sind ungewiß. Seinen Namen hat er von dem Tanzlied: „A Hiatamadl mag i net". (↗Kufsteiner, ↗Stiefelknechtsgalopp)

Lit.: *Meyer, G.:* Volkstänze, 1909, S. 20 f. *Zoder, R.:* Altösterreichische Volkstänze, Teil 1, Nr. 5, 1922, S. 16 ff. *Gradwohl, K.:* Lehrgang f. österreichische Volkstänze, 1936/38. *Lager, H.:* Unsere Tänze, 1941. *Wolfram, R.:* Die Volkstänze in Österreich u. verwandte Tänze in Europa, 1951, S. 157 f. *Lager, H. – Derschmidt, H.:* Österreichische Tänze, 1959. *Peter, I.:* Der Tanz im Lungau, 1975, S. 88. *Horak, K.:* Hiatamadl, in: Der Trachtler, Jg. 6, 1978, H. 16, S. 14. *Schützenberger, E. – Derschmidt, H.:* Spinnradl. Unser Tanzbuch II, s. a.

Hierig (auch Hierege, Hierlig). Schweizer Volkstanz aus Appenzell. Der Tanz besteht aus Rundtanz und Gebärdenspiel und ist eine besonders schöne Form des süddeutschen Volkstanzes ↗„Drei lederne Strümpf". (↗Gebärdentänze)

Lit.: *Tobler, A.:* Der Volkstanz im Appenzellerlande, in: Schweizerisches Archiv f. Volkskunde, Jg. 8, 1904, H. 1, S. 13 ff. *Bernoulli, E.:* Neues zum Appenzeller Hierig Tanz, in: Schweizerisches Archiv f. Volkskunde, Jg. 23, 1921, H. 3/4, S. 216 ff. *Roth, I.:* Drei lederne Strümpf, in: Volkstanz im Tanzarchiv, Sonderheft 1958, S. 13 ff.

Highland Fling. ↗Schottischer Volkstanz, seit dem 16. Jh. in den schottischen Hochländern (Highlands) bekannt, ist ein Gruppentanz, der von vier bis acht Männern ausgeführt wird. Der Name dürfte von dem „Fling" genannten Schritt abstammen, bei welchem der Tänzer auf einem Fuß steht und mit dem anderen vor- und zurückschwingt.

Hightower, Rosella. Amerikanische Tänzerin und Lehrerin, geb. 30. Januar 1920 in Ardmore, Oklahoma. Sie studierte bei D. Perkins in Kansas City, wurde 1938 von L. ↗Massine entdeckt, als sie bei Bronislawa ↗Nijinska Unterricht nahm, und erhielt ein Engagement beim ↗Ballet Russe de Monte Carlo. Bei Ausbruch des zweiten Weltkrieges kehrte sie in die USA zurück und kam als 1. Tänzerin zum Ballet Theatre. 1947 erhielt sie ein Engagement beim Grand Ballet de Monte Carlo. 1969–1972 war sie Ballettdirektorin der Oper in Marseille, 1973–1974 des Grand Théâtre in Nancy und 1980–1983 der Pariser Oper. 1983 wurde sie Ballettdirektorin an der Mailänder Scala. Sie war auch als ↗Choreographin sehr erfolgreich und steht mit ihrem Stil ↗Fokine nahe.

Lit.: *Lidova, I.:* Rosella Hightower, in: Les Saisons de la danse, April 1968.

Hilverding van Wewen, Franz Anton Christoph. Österreichischer Tänzer, ↗Choreograph und ↗Ballettmeister, getauft 17. November 1710 in Wien, gest. 29. Mai 1768 ebendort. Er entstammte einer berühmten Komödiantenfamilie. Er begann sein Tanzstudium in Brünn und bildete sich bei Nicolas ↗Blondy in Paris aus. 1734 kam er nach Wien und war dort bis 1758 Hofballettmeister, wo er sowohl für das Theater nächst der Burg als auch für das Kärntnertortheater ↗Ballette schuf. Sein erstes Ballett war 1740 „Britannicus" nach Racine. 1758 holte ihn die Zarin nach Rußland, wo er bis 1764 in St. Petersburg und Moskau wirkte. 1765 kam er nach Wien zurück und pachtete von 1766 bis 1767 das Kärntnertortheater. Zu seinen Schülern zählten Eva Maria ↗Veigl, Violetta genannt, und Gasparo ↗Angiolini, der auch sein Nachfolger in Wien wurde. Hilverding ließ sich besonders den pantomimischen Tanz angelegen sein und kann als einer der ältesten Vertreter der tragischen ↗Ballettpantomime bezeichnet werden. In Wien erhielt er das Prädikat „van Wewen". Auf seine Initiative wurden am Theater die Autorentantiemen eingeführt.

Lit.: *Michel, A.:* Two Great XVIII Century Ballet Masters, Jean-Baptiste de Hesse u. Franz Hilverding, in: Gazette des Beaux-Arts, New York, May 1945. *Gugitz, G.:* Die Familie Hilverding u. ihre theatralische Sendung, in: Jahrbuch d. Vereins f. Geschichte d. Stadt Wien, 1954, Jg. 11, S. 71 ff. *Derra de Moroda, F.:* Franz Anton Hilverding. Eine Chronik anläßlich d. Wiederkehr seines Todestages, in: Ballett 1967, S. 49 ff. *Derra de Moroda, F.:* Franz Anton Hilverding u. d. Ballet d'action, in: Österreichische Musikzeitschrift, Jg. 23, 1968, H. 4, S. 189 ff. *Derra de Moroda, F.:* A Neglected Choreographer. Franz Anton Hilverding 1710–1768, in: Dancing Times, June 1968, S. 468 ff. *Winter, M. H.:* The Romantic Ballet, 1974.

Himmel, Friedrich Heinrich. Königlicher Kammerkompositeur am Preußischen Hof, geb. 20. November 1765 in Treuenbritzen (Brandenburg), gest. 8. Juni 1814 in Berlin. Er war für die Entwicklung der Walzerkomposition von weittragender Bedeutung. Mit seinem 1810 entstandenen op. 30 „Sechs große Walzer für Liebhaber des Pianoforte" tat er den ersten Schritt zur Formerweiterung des ↗Walzers. Die einzelnen Stücke dieser sechsteiligen Walzerserie zeigen formal bereits die Grundlagen für die typische Dreiteiligkeit des späteren Wiener Walzers.

Lit.: *Mendelssohn, I.:* Zur Entwicklung d. deutschen Gesellschaftstanzes v. 1750–1850, Diss. Wien 1925. *Mendelssohn, I.:* Zur Entwicklung d. Walzers, in: Studien zur Musikwissenschaft, 1926, H. 13, S. 57 ff.

Hindemith, Paul. Deutscher Komponist, geb. 16. November 1895 in Hanau, gest. 28. Dezember 1963 in Frankfurt/Main. Er schrieb 1921 die Tanzsuite nach dem Spiel für burmanische Marionetten für Orchester „Nusch-Nuschi", 1922 die ↗Ballettpantomime „Der ↗Dämon", 1938 die Tanzlegende ↗„Nobilissima Visione", 1940 das ↗Ballett in vier Variationen für Streichorchester und Soloklavier „Die ↗vier Temperamente" und 1944 ↗„Herodiade", eine Orchester-Rezitation nach der Dichtung von St. Mallarmé für Martha ↗Graham. Außerdem verfaßte er Tanzstücke für Klavier und führte moderne Tänze mit seiner „Suite 1922" in die Kunstmusik ein.

Lit.: *Willms, F.:* Hindemiths Tanzpantomime „Der Dämon", in: Deutsche Kunstschau 1, 1924, S. 158. *Petersen, J.:* Hindemiths „Nobilissima Visione". Erstaufführung in d. Hamburger Staatsoper, in: Melos, Jg. 14, 1947, S. 20. *Wilmizig, J.:* Getanzte Legende. Hindemiths „Nobilissima Visione" in Frankfurt, in: Rheinischer Merkur 2, 1947, S. 6. *Schab, G.:* Getanzter Hindemith, in: Musikleben 5. Jg., 1952, S. 340.

Hinterefür ↗Rongger.

Hipper war schon um 1811 der Name des ↗Schottischen in Rheinfranken. Hippe oder Hippel, auch Höppelpolka war eine ähnliche Tanzform in Schlesien. (↗Hopser)

Lit.: *Au, H. v. d.:* Das Volkstanzgut im Rheinfränkischen, 1939, S. 118 ff. *Pudollek, Fr.:* Hippepolka, in: Das deutsche Volkslied, Jg. 42, 1940, H. 3/4, S. 32 f.

Hirtentänze ↗Schäfertänze.

Histriones, auch Ludiones genannt, hießen die etruskischen Schauspieltänzer, die auch in Rom wirkten und dort bei den szenischen Spielen unentbehrliche Mitwirkende waren. Als Rom im Jahre 364 v. Chr. von der Pest bedroht war, sollten sie mit ihren Schautänzen die Götter besänftigen und so die Seuche von der Stadt abwehren. Die Histriones fehlten auch nicht bei den Leichenbegängnissen vornehmer Römer, bei denen einer von ihnen die Eigenschaften des Verstorbenen pantomimisch darzustellen hatte. (↗Etruskischer Tanz)

Lit.: *Weege, F.:* Der Tanz in d. Antike, 1926, S. 149. *Johnstone, M. A.:* The Dance in Etruria, 1946.

Hjørnskotsk. ↗Dänischer Volkstanz im 2/4-Takt. Die Aufstellung der Ausführenden erfolgt paarweise mit gewöhnlicher Handfassung.

Lit.: *Krogh, I. C.:* Gamle Salling-Danse, 1932, S. 14 f.

Hoaksebarger, De. ↗Niederländischer Volkstanz, ähnlich den deutschen Polkaformen mit Verbeugungen zueinander. (↗Snurrebock)

Lit.: *Sanson-Catz, A. – Koe, A. de:* Nederlandse Volksdansen, Bd. 1, 1950, S. 14 f. *Wolfram, R.:* Die Volkstänze in Österreich u. verwandte Tänze in Europa, 1951, S. 162.

Hobelbank. ↗Deutscher Volkstanz aus der Nordheide. Vier Paare nehmen im Kreis in geschlossener Fassung Aufstellung. Getanzt wird mit Gehschritten, Schottischschritten, ↗Drehern, Lauf- und Hüpfschritten. Zur Tanzmelodie gibt es drei verschiedene Fassungen. (↗Settquadrille)

Lit.: *Kück-Schönhagen, E.:* Heidjers Tanzmusik, 1911, S. 28. *Oetke, H.:* Volkstänze aus d. Lüneburger Heide, Teil I, S. 29 ff., s. a.

Hoblovák. Tschechischer Volkstanz, eine Form des ↗Siebenschritts. (↗Tschechische Volkstänze)

Lit.: *Wolfram, R.:* Die Volkstänze in Österreich u. verwandte Tänze in Europa, 1951, S. 160/16.

Hochzeitstänze. Schon von ältester Zeit an nimmt der Tanz im Hochzeitsbrauchtum eine ganz besondere Stellung ein, nicht bloß als Vergnügen, sondern vor allem als feierlich-symbolische Handlung. Diese zeremoniellen Hochzeitstänze heben sich von dem allgemein üblichen Tanzvergnügen am Hochzeitstag sehr deutlich ab. Vielfältig sind die Formen und Namen der uns im ländlichen Hochzeitsbrauchtum überlieferten Tänze. Ihre Motivation läßt sich aber auf drei Grundformen zurückführen: den Abschied der Braut und des Bräutigams aus dem Kreis der Altersgenossen; den Übergang und die Aufnahme in den Kreis der Verheirateten und die Übergabe der Braut an den Bräutigam. – Im Altertum waren es die Griechen und Römer, die ihre Hochzeiten mit Tänzen feierten (↗Krusithyron). Auch die Germanen hatten ihre Hochzeitstänze. Der lateinisch-christliche Schriftsteller Apollinaris Sidonius (um 430–486) berichtet um 460 n. Chr. von den Franken über Hochzeiten mit Tänzen und Gesang. Viele Quellen und Berichte bezeugen uns, daß im Mittelalter Hochzeit und Tanz in verschiedensten Formen verbunden waren. Der Epiker Heinrich von Freiberg (Ende des 13. Jh.), der um 1290 Gottfried von Straßburgs „Tristan" vollendete, schildert darin anläßlich der Hochzeit Tristans mit Isolde Weißhand, wie der Bischof während des Reigens des Brautpaares und des Tanzes der übrigen Paare die Trauung vornimmt. Auch andere mittelalterliche Quellen bezeugen, daß Trauungen der Vornehmen während des Hochzeitstanzes vorgenommen wurden. Eine besondere Form des Tanzes bei fürstlichen Hochzeiten war der sogenannte ↗Fackeltanz. Bei den bürgerlichen und bäuerlichen Hochzeiten waren die Formen einfacher gehalten, hatten aber immer symbolhaften Charakter. Viele dieser Formen leben auch in den verschiedenen Hochzeitstänzen unserer Zeit und bei den verschiedenen Völkern Europas weiter. Der Tanz als Mittelpunkt bei der Hochzeitsfeier findet sich aber auch bei den Völkern außerhalb Europas und im Leben der ↗Naturvölker. (↗Agattanz, ↗Altweibertanz, ↗Bettlertanz, ↗Branlou Bach, ↗Brautleuchtertanz, ↗Brauttanz, ↗Busserltanz, ↗Čepení, ↗Driller, ↗Durchschlipf, ↗Ehrentanz, ↗Fletztanz, ↗Gänsetanz, ↗Ganausertanz, ↗Großvatertanz, ↗Guglhupftanz, ↗Haltertanz, ↗Hans Daml, ↗Hatschó, ↗Hotzentanz, ↗Jocul drustelor, ↗Juckzeppel, ↗Kolo, ↗Korbel, ↗Kränzleintanz, ↗Kranzeltanz, ↗Krauttanz, ↗Kreuztanz, ↗Kruuga, ↗Küchentanz, ↗Kunkeltanz, ↗Lange Reihe, ↗Løbe Brud of Laget, ↗Mägdleinstanz, ↗Marschierwalzer, ↗Maschkeratanz, ↗Nonnentanz, ↗Pauktanz, ↗Placek, ↗Punto, ↗Rößchentanz, ↗Rückelreih, ↗Scharer, ↗Scheidrtanz, ↗Scheuertanz, ↗Schön dör und stolz, ↗Spatzentanz, ↗Stanitzeltanz, ↗Strumpfbändertanz, ↗Teckltanz, ↗Tospring, ↗Werbetänze)

Alter Hochzeitstanz 1540

Lit.: *Scheufelein, H.:* La danse des Noces, Paris 1865. *Böhme, F. M.:* Geschichte d. Tanzes in Deutschland, 1886. *Adrian, K.:* Salzburger Volksspiele, Aufzüge u. Tänze, 1905, S. 63 ff. *Bechtold, H.:* Zwei schweizerische Hochzeiten d. 16. Jh., in: Schweizerisches Archiv f. Volkskunde, Jg. 18, 1914, H. 1, S. 7 ff. *Klier, K. M.:* Hochzeits-Ehrentänze aus Hallstatt, in: Das Deutsche Volkslied, Jg. 24, H. 9–10, 1922, S. 45 f. *Schröder, Ed.:* Brautlauf u. Tanz, in: Zeitschrift f. Deutsches Altertum, 61. Bd., 1924, S. 17 ff. *Weege, F.:* Der Tanz in d. Antike, 1926, S. 115 ff. *Sonner, R.:* Musik u. Tanz, 1930, S. 67 ff. *Sachs, C.:* Eine Weltgeschichte d. Tanzes, 1933, S. 49 ff. *Basch, F.:* Deutsche Hochzeitstänze in d. schwäbischen Türkei, in: Deutsch-Ungarische Heimatblätter, Jg. 5, 1934, S. 358 ff. *Schulz, Ed.:* Das Bild d. Tanzes in d. christlichen Mystik. Sein kultischer Ursprung u. seine psychologische Bedeutung, Diss. Marburg 1941. *Wolfram, R.:* Die Volkstänze in Österreich u. verwandte Tänze in Europa, 1951. *Lugossy, E.:* A lakodalum táncai, in: Corpus Musicae Popularis Hungaricae, Bd. III, 1956. *Koschier, F.:* Kärntner Hochzeitstänze, in: Tanz u. Brauch, Kärntner Museumsschriften, Bd. 19, 1959, S. 116 ff. *Horak, K.:* Hochzeitswalzer aus d. Zillertal, in: Sänger- u. Musikantenzeitung, Jg. 7, 1964, H. 4, S. 70 f. u. 73. *Löscher, St.:* Hochzeitstänze u. andere Volkstänze, in: Jahrbuch d. österreichischen Volksliedwerkes, Bd. 14, 1965, S. 106 ff.

Hodoroaga. ↗Rumänischer Volkstanz in Reigenform, bei dem sich die Männer an den Schultern fassen. Die Tanzmelodie steht im 5/8-Takt.

Lit.: *Bucsan, A.:* Specificul dansului popular românesc, 1971, S. 158. *Franzius, G.:* Tänzer u. Tänze in d. archaischen Vasenmalerei, Diss. Göttingen 1973, S. 164/371.

Höfischer Tanz. Darunter ist der geschrittene (umgehende) Tanz zu verstehen, wie er im Mittelalter (13. Jh.) bei den Festen der höfischen Kreise gepflegt wurde. Im Gegensatz zu dem gesprungenen, ausgelassenen Bauerntanz war er von ruhigem Charakter und von anmutigen Gebärden begleitet. Gewöhnlich wurde er durch einen Vorsänger, der zugleich der Vortänzer war, eingeleitet, dem dann die Paare nachtanzten. Nach den Beschreibungen der zeitgenössischen Quellen bestand der höfische Tanz aus einem Umherziehen mit schleifenden Schritten in langer Kette. Die Ritter, meist einer zwischen zwei Damen, führten dabei die Frauen an der Hand oder am Ärmel. Ein gegenseitiges Umfassen galt als unschicklich. Trotzdem aber schlichen sich im Laufe der Zeit auch beim höfischen Tanz allerlei Unsitten ein, die vor allem von den gesprungenen Tänzen der Bauern übernommen worden waren. Die Minnesänger des 14. Jh. führten darüber in ihren Weisen oft bittere Klage. Die Musikbegleitung bestand bei den höfischen Tänzen wie bei den ↗Bauerntänzen für gewöhnlich aus Geige, Pfeife, Trommel oder einem ↗Tanzlied, von Vorsänger und Chor vorgetragen. (↗Firgamdray, ↗Gofenanz, ↗Treialtrei, ↗Wânaldei)

Qu.: *Lat. Gedicht „Ruodlieb" aus dem Jahre 1035.* Älteste Nachricht über d. Paartanz (Verdeutscht v. K. Simrock u. Paul v. Winterfeld). *Wolfram von Eschenbach:* Parzival, um 1211. *Burkhart von Hohenvels:* Gedicht (siehe Böhme, S. 31). *Meier Helmbrecht,* Dichtung d. 13. Jh. *Fresken des Schlosses Runkelstein in Tirol. Manessische Handschrift.*

Lit.: *Böhme, F. M.:* Geschichte d. Tanzes in Deutschland, 1886, S. 30 ff. *Closson, E.:* Le Manuscrit dit des Basses Danses de la Bibliothèque de Bourgogne, Société des Bibliophiles et Iconophiles de Belgique 1912. *Scott, E.:* Dancing for Strength and Beauty, 1921. *Sachs, C.:* Eine Weltgeschichte d. Tanzes, 1933, S. 189 f. *Taubert, H.:* Höfische Tänze, 1968.

Höfsche Karmse. ↗Niederländischer Volkstanz im 2/4-Takt. Ausgeführt wird er von vier bis sechs Paaren, die sich in zwei Reihen gegenüber aufstellen, und zwar immer ein Bursch und ein Mädchen gegenüber. Laufschritte, Schottischschritte, Gehschritte und Wiegeschritte gehören zur Tanzausführung.

Lit.: *Sanson-Catz, A. – Koe, A. de:* Nederlandse Volksdansen, Bd. 2, 1953, S. 54 ff.

Hoerburger, Felix. Deutscher Musikwissenschaftler, geb. 9. Dezember 1916 in München. Von ihm stammen folgende für die Volkstanzforschung wichtige Veröffentlichungen: Über altbayerische Schnadahüpfl, in: Zwiebelturm 3, 1948, S. 132 ff.; Verbreitung, Wandlung und Typen der nordbayerischen „Zwiefachen", in: Bericht über den allgemeinen Volkskunde-Kongreß in Jugenheim 1951, Stuttgart 1952, S. 35 f.; Bavarian Folk Dances, with Changing Measures, in: Rosn the Bow, vol. IV, First Quartal 1952, No. 6, S. 5 ff.; Katalog der Europäischen Volksmusik im Schallarchiv des Institutes für Musikforschung in Regensburg, 1953; Zwiefache in der Oberpfalz, in: Zwiebelturm 8, 1953, S. 58 ff.; Tanz gegen Musik, in: Musica Jg. 7, 1953, H. 11, S. 510 ff.; Der Tanz mit der Trommel Regensburg 1954 (Quellen und Forschungen zur musikalischen Folklore, 2. Bd.); Waffentänze der Türken, in: Forschungen und Fortschritte, Jg. 28, Juni 1954, S. 185 ff.; Schnaderhüpfl – auf türkisch, in: Der Zwiebelturm 9, 1954, S. 101 f.; Vom Tanzen um den Maibaum, in: Der Zwiebelturm 9, 1954, S. 126 f.; Schwert und Trommel als Tanzgeräte, in: Deutsches Jahrbuch für Volkskunde, Bd. I, 1955, S. 240 ff.; Tunesische Volksmusik, in: Musica, Jg. 9, 1955, H. 2, S. 59 ff.; Spanltanz und Wechselhupf. Bairische oder europäische Volkstänze?, in: Der Zwiebelturm 11, 1956, S. 158 f.; Deutsch-slawische Wechselbeziehungen im Volkstanz, in: Volkskunst 5, 1956, H. 7, S. 11 ff. und in: Kleine Beiträge zur Volkskunstforschung, H. 3, Leipzig 1957; Einiges über die Zwiefachen in Bayern, in: Der Volkstanz 1, 1956, S. 3 f. und in: Deutsche Volkskunde 1956, H. 6; Die Zwiefachen – Gestaltung und Umgestaltung der Tanzmelodien im nördlichen Altbayern, 1956; Wechselhupf–Schustertanz–Klatschtanz–Winker. Ein Beitrag zur systematischen Ordnung von Volkstänzen, in: Beiträge zur Aufnahmetechnik und Katalogisierung von Volkskunst, 1956, S. 16 ff.; Der Schuhplattler, in: Der Zwiebelturm 12, 1957, S. 77 ff.; Die Volkstänze in Europa und der Plan eines umfassenden Handbuches, in: Tradition und Gegenwart, Festschrift zum 150jährigen Bestehen des Musikverlages F. Hofmeister, Leipzig 1957, S. 62 ff.; Zum Münchener Schäfflertanz, in Bayerisches Jahrbuch für Volkskunde 1958, S. 105 ff.; Wechselbeziehungen im Volkstanz der slavischen und germanischen Völker, in: Treći kongres folkloristia Jugoslavije 1956, Četinje 1958, S. 297 ff.; Kinetografic kaj dancesploro, in: Norda Prismo 1958, 2, S. 81 ff.; Volkstänze geschrieben, in: Musica, Jg. 12, 1958, S. 177 f.; Tanz und Musik, in: Kontakte 1, 1958, S. 27 ff., und in: Hausmusik, Jg. 23, 1959, H. 4/5, S. 126 ff.; The Study of Folk Dance and the Need for a Uniform Method of Notation, in: Journal of the International Folk Musik Council, vol. XI, 1959, S. 71 ff.; Rata – ein rumänischer Volkstanz, in: Pro Musica, 1959, H. 3, S. 112 ff.; Tanzmusik, in: Kontakte 2, 1959, S. 78 ff.; Sinn und Weg der Volkstanzkunde, in: Kontakte 2, 1959, S. 132 ff.; Das Bilddokument und die Tanzfolklore, in: Zwischen Kunstgeschichte und Volkskunde (Festschrift W. Fragner), Berlin 1960, S. 127 ff.; Auf der Spur des albanischen Volkstanzes, in: Kontakte, 1960, S. 120 ff.; Der Gesellschaftstanz – Wesen und Werden, in: Schriftenreihe Mensch und Tanz, H. 2, 1960; Volkstanzkunde Teil 1/2, in: Schriftenreihe Mensch und Tanz, H. 3/4, 1961/64; Der Tanz – heute und gestern, in: Zeitwende. Die neue Furche (Hamburg) 32, 1961, S. 683 ff.; Klare, klare Seide. Überlieferte Kindertänze aus dem deutschen Sprachraum, 1962 (zusammen mit H. Segler); Tanz und Tanzmusik im Bereich der Albaner Jugoslawiens unter besonderer Berücksichtigung der Musik auf Schalmei und Trommel, 1963; Gestalt und Gestaltung im Volkstanz, in: Studia musicologica, Tom. VI, Budapest 1964, Fasc. 3/4, S. 311 ff.; Dance and Dance Music of the Sixteenth Century and their Relations to Folk Dance and Folk Music, in: Studia musicologica, Tom VII, Budapest 1965, S. 79 ff.; Zum Thema: Improvisation im Volkstanz, in: Kontakte, 1965, H. 2, S. 81 f.; Volkstanzmusik, in: Tanz 1965, H. 2, S. 10 ff.; Beobachtungen zum Volkstanz in Nordgriechenland, in: Zeitschrift für Volkskunde, Bd. 62, 1966, S. 43 ff.; Orientalische Elemente in Volkstanz und Volkstanzmusik Nordgriechenlands, in: Jahrbuch für musikalische Volks- und Völkerkunde, Bd. 3, 1967, S. 96 f., und in: Journal of the International Folk Music Council 19, 1967, S. 71 ff.; Once Again: On the Concept of „Folk Dance“, in: Journal of the International Folk Music Council, vol. XX, 1968, S. 30 ff.; Versuch eines allgemeinen Tanzschlüssels für den Volkstanz im deutschen Sprachraum, Manuskript.

Hörnertanz. ↗Deutscher Volkstanz aus dem Saargebiet, ein Tanzspiel für Männer. Sie nehmen im Kreis oder auch in zwei Reihen Aufstellung, ihre beiden Hände halten sie so, daß die Daumen am Kopf anliegen und die Handflächen nach vorne zeigen (Hörner). Der Oberkörper ist etwas nach vorne geneigt. Der Tanz ist an keine bestimmte Melodie gebunden. Er wird entweder auf ↗Rheinländer, ↗Marsch oder ↗Walzer getanzt. Immer aber im langsamen Tempo. Die ursprüngliche Bedeutung des Tanzes ist nicht bekannt, es könnte sich um die Beschwörung eines alten Fruchtbarkeitsdämons handeln.

Lit.: *Au, H. v. d.:* Heit is Kerb in unserm Dorf, 1954.

Hoffärtige, Der. ↗Deutscher Volkstanz, der in einem engen Verbreitungsgebiet in der schwäbischen Türkei getanzt wurde, ein ↗Paartanz im Kreis im 3/4-Takt. In der Batschka war er als ↗Stolztanz bekannt. In der Ausführung kann er als eine Restform des bekannten Volkstanzes ↗„Drei lederne Strümpf“ gelten.

Lit.: *Horak, K.:* Volkstänze aus d. schwäbischen Türkei, Deutsche Volkstänze, 1936, H. 29, S. 6 f. *Horak, K.:* Der Volkstanz in d. schwäbischen Türkei, in: Deutsches Archiv f. Landes- u. Volksforschung, Jg. 2, 1938, H. 4, S. 846. *Wolfram, R.:* Die Volkstänze in Österreich u. verwandte Tänze in Europa, 1951, S. 164.

Hoffer, Johann Josef, Edler von Hoffern, geb. 1666, gest. 1729, war ab 1693 als Nachfolger von J. H. ↗Schmelzer Ballettkomponist am kaiserlichen Hof zu Wien.

Lit.: *Lach, R.:* Zur Geschichte d. Gesellschaftstanzes im 18. Jh., 1920, u. Aus d. Handschriftenschatze d. Musiksammlung d. Wiener Nationalbibliothek, 1926. *Nettl, P.:* Die Wiener Tanzkomposition d. zweiten Hälfte d. 17. Jh., in: Studien zur Musikwissenschaft, 1921, H. 8, S. 45 ff.

Hoftanz (hoffdantz). Der sogenannte Hoftanz, vermutlich ein Nachkomme des alten geschrittenen ritterlichen „hovetanz“, nimmt unter den deutschen Tänzen der ersten Hälfte des 16. Jh. eine besondere Stelle in stilistischer Form ein. Seine Ausführung, die in keiner deutschen ↗Choreographie festgehalten ist, dürfte ähnlich der Art der ↗Basse danse gewesen sein. Jedenfalls waren die Hoftänze geschrittene Tänze, bei denen es kein Umfassen, sondern nur ein Führen der Paare mit angefaßter Hand gegeben hat (↗Höfischer Tanz). Musikalisch liegt den Hoftänzen überwiegend die ↗„Bentzenauer-" und ↗„Schwarze Knab'-Weise" zugrunde, immer in modifizierter Form. Gegen Ende des 16. Jh (um 1570) begegnet man den Hoftänzen nur mehr selten.

Ein guter Hofdantz, Strassburg 1577

Ein fürstlicher Hofdantz

Lit.: *Eitner, R.:* Tänze d. 15.–17. Jh., in: Beilage zu d. Monatsheften f. Musikgeschichte, Jg. 7, 1875. *Böhme, F. M.:* Geschichte d. Tanzes in Deutschland, 1886. *Merian, W.:* Der Tanz in d. deutschen Tabulaturbüchern, 1927, S. 104 f. *Dieckmann, J.:* Die in deutscher Lautentabulatur überlieferten Tänze d. 16. Jh., 1931, S. 43 ff. *Gombosi, O.:* Der Hoftanz, in: Acta Musicologica, vol. 7, Fasc. II, 1935, S. 50 ff. *Koczirz, A.:* Österreichische Lautenmusik im 16. Jh., in: Denkmäler d. Tonkunst in Österreich, Bd. 37, 1959. *Heartz, D.:* Hoftanz and Basse Danse, in: Journal of the American Musicological Society, vol. 19, 1966, Nr. 1, S. 13 f.

Hoguet, Michael-François. Französischer Tänzer, ↗Choreograph und ↗Ballettmeister, geb. 1793 in Paris, gest. 5. April 1871 in Berlin. Er war Schüler von Jean-François ↗Coulon in Paris, kam 1817 als „premier danseur" nach Berlin, wo er bis 1856 als Ballettmeister, Choreograph, Solotänzer und Direktor der Ballettschule wirkte.

Hohnäppal. ↗Deutscher Volkstanz aus der Slowakei im 2/4-Takt, ein ↗Paartanz im Kreis. Die Aufstellung erfolgt im Stirnkreis zueinander, die Tänzer innen. In der Ausführung sind drei verschiedene Formen üblich.

Lit.: *Horak, K.:* Volkstänze aus d. Slowakei, Deutsche Volkstänze, H. 56/57, 1963, S. 14.

Hoi. ↗Deutscher Volkstanz aus dem Saarland, ein ↗Paartanz. Der Tanz, nach einer Schlagermelodie (Brumbelhecke) im 2/4-Takt, ist auch als Spottlied auf die Juden nach dem ersten Weltkrieg üblich gewesen. Getanzt wird mit Wechsel- und Schottischschritten. (↗Judentanz)

Lit.: *Au, H. v. d.:* Heit is Kerb in unserm Dorf, 1954, Nr. 28.

Holländische Mühle. ↗Deutscher Volkstanz, der um 1800 bis 1830 in der Mark Brandenburg getanzt wurde. Die Musik, aus drei Teilen bestehend, stand im 2/4-Takt. (↗Mühle)

Lit.: *Böhme, F. M.:* Geschichte d. Tanzes in Deutschland, 1886.

Holm, Hanya (geborene Johanna Eckert). Deutsche Tänzerin, Lehrerin und ↗Choreographin, geb. 3. März 1898 in Worms. Ihr Studium begann sie in ↗Hellerau bei E. ↗Jaques-Dalcroze. Sie startete dort auch ihre Lehrtätigkeit. 1921 schloß sie sich Mary ↗Wigman an, tanzte in deren Gruppe und lehrte an ihrer Schule. 1931 eröffnete sie in New York eine Abteilung der Wigman Schule. 1936 entstand daraus ihr eigenes Hanya Holm Tanzstudio, welches 1967 geschlossen wurde. Ihre Schule galt als eine der modernsten. Bedeutende Tänzer waren ihre Schüler. Mit einer 1936 gegründeten eigenen Truppe führte sie viele moderne Tanzwerke auf, die alle meist sozialkritischen Inhalts waren. 1941 gründete sie ein Tanzcenter in Colorado Springs, wo sie alljährlich Sommerkurse abhielt. Populär wurde sie auch mit ihren Tanzeinstudierungen für Musicals wie „Kiss me, Kate" und „My Fair Lady".

Lit.: *Sorell, W.:* Hanya Holm. The Biography of an Artist, 1969.

Holzäpfeltanz. ↗Deutscher Volkstanz, der bis um 1850 in der Gegend von Heidelberg üblich war. Der Name kommt daher, weil über auf den Boden ausgestreute Holzäpfel getanzt werden mußte. Während des Tanzes wanderte ein Walnußzweig von Tanzpaar zu Tanzpaar. Wer diesen Zweig im Augenblick eines Flintenschusses in der Hand hielt, galt als Sieger. Der Preis bestand aus einem mit Bändern geschmückten Hut für den Tänzer und einem Paar Strümpfe für die Tänzerin.

Lit.: *Böhme, F. M.:* Geschichte d. Tanzes in Deutschland, 1886. *Jolizza, W. K.:* Die Schule d. Tanzes, 1900, S. 262 f. *Pfaff, F.:* Der Holzäpfeltanz zu Dossenheim, in: Alemannia, Jg. 1913, 3. Folge, Bd. 5 (d. ganzen Reihe Bd. 41, H. 1, S. 46). *Künzig, J.:* Vom Volkstanz in Baden, in: Mein Heimatland, 1931, H. 3/4, S. 74 f. *Oetke, H.:* Holzäpfeltanz, Deutsche Volkstänze, Teil III, 1952, S. 32.

Holzbauer, Ignaz Jakob. Österreichischer Komponist, geb. 17. September 1711 in Wien, gest. 7. April 1783 in Mannheim. Er komponierte Tänze zu Joh. Adolf Hasses Oper „Ipermestra" (Uraufführung 1744 Wien) und ↗Ballette in dessen Oper „Arminio" (Uraufführung 1745 Dresden). Außerdem komponierte er die ↗Pantomime „Chacun à son tour" (Uraufführung 1754 Mannheim) und die Pantomime allégorique „L'allégresse du jour" von A. ↗Lauchery (Uraufführung 1754 Mannheim).

Holzgeschnitzte Prinz, Der. Tanzspiel in einem Akt von Béla ↗Bartók. Komponiert von 1914 bis 1916 auf ein Libretto von Béla Balázs, der das Werk bei der Uraufführung an der Budapester Oper am 12. Mai 1917 auch choreographiert hat. Das Sujet ist ein märchenhaftes Spiel mit Fee, Prinz und Prinzessin.

Holzknechtstanz, auch Holzhackertanz genannt, ist der Name eines ↗Volkstanzes, der vor allem in Oberbayern und in Tirol, aber auch im oberösterreichischen Traunviertel beheimatet ist. Er ist in verschiedenen Formen üblich und wird auch als Schautanz mit Geräten wie Beil, Säge und Baum szenisch dargestellt. In dieser Form ist er besonders bei den Trachtenvereinen beliebt.

Lit.: *Adrian, K.:* Von Salzburger Sitt' u. Brauch, 1924, S. 360 ff. *Haiding, K.:* Der Holzhackertanz, in: Blätter f. Volkstanzgruppen, Jg. 5, 4. Folge, Juli 1935. *Wolfram, R.:* Die Volkstänze in Österreich u. verwandte Tänze in Europa, 1951. *Au, H. v. d.:* Oberbayerischer Holzknechtstanz, in: Bayerisches Jahrbuch f. Volkskunde 1953, S. 129 ff. *Horak, K.:* Tiroler Volkstänze, 1954, H. 4, S. 11.

Holzschuhwalzer ↗Buchelklobber.

Homerische Symphonie. Balletthandlung in drei Teilen von Theodor ↗Berger. Textbuch und ↗Choreographie von Erika ↗Hanka. Die Uraufführung fand am 30. Dezember 1950 in der Staatsoper Wien mit Erwin ↗Pokorny als Odysseus und Poldi Pokorny als Kalypso statt.

Honakischer. ↗Österreichischer Volkstanz aus Salzburg, ein ↗Paartanz im 2/4-Takt. Er gehört zu den sogenannten ↗Geschicklichkeitstänzen. Wie beim ↗Oanschritt hüpfen auch hier die Partner mit gehobenem Knie zum Takt der Melodie. Der Name des Tanzes weist auf slowakischen Ursprung hin. (↗Hannakisch)

Lit.: *Peter, I.:* Salzburger Tänze, 1975. *Schützenberger, E.-Derschmidt, H.:* Spinnradl. Unser Tanzbuch.

Honegger, Arthur. Französischer Komponist schweizerischer Abstammung, geb. 10. März 1892 in Le Havre, gest. 27. November 1955 in Paris. Er schrieb folgende ↗Ballette: 1920 „Vérité Mensonge", ein Marionettenballett; 1922 „Skating Rink", ein Rollschuhballett, aufgeführt am 20. Januar 1922, Champs Elysées, Paris; 1922 „Fantasio", ein Sketch in drei Bildern; 1925 „Sous-Marine," aufgeführt Juni 1925, Opéra-Comique, Paris; 1928 „Rose de Métal"; 1934 „Sémiramis", Ballett-Melodram, aufgeführt 11. Mai 1934, Pariser Oper durch das John ↗Rubinstein-Ballett, ↗Choreographie von M. ↗Fokine; 1937 „Un Oiseau blanc s'est encolé", aufgeführt Paris, Champs Elysées; 1938 „Le Cantique des Cantiques", aufgeführt 2. Februar 1938, Paris, Académie Nationale de Musique; 1940 „La Naissance des Couleurs", aufgeführt 1940, Grand Opéra Paris; 1941 „Le Mangeur de Réves", aufgeführt 1941 Salle Pleyel, Paris; 1945 „L'Appel de la Montagne", aufgeführt 9. Juli 1945, Grand Opéra Paris; 1945 „Chota Rostaveli", aufgeführt 1945 in Monte Carlo; 1950 „De la Musique". Mehrere seiner Kompositionen dienten außerdem als Grundlage für Choreographien, so „La Danse des morts" von Margarete ↗Wallmann für die Salzburger Festspiele 1955; T. ↗Shawn choreographierte 1933 „Pacific 231" für seine Male Dancers.

Hongroise, L'. Französischer ↗Gesellschaftstanz aus dem 17. Jh., dessen Vorbild der ungarische Nationalmusiktypus ist. Die Tanzmelodie im 2/4-Takt hat zwei Reprisen in Moll und zwei in Dur.

Lit.: *Schubert, F. L.:* Die Tanzmusik dargestellt in ihrer historischen Entwicklung, 1867, S. 37.

Honza Pádavec (Hans Hinkebein). Tschechischer Volkstanz aus dem Gebiet von Choden, ein taktwechselnder Tanz (↗Zwiefache), bei dem regelmäßig 2/4-Takt (Dreherschritt) mit 3/4-Takt (Walzerschritt) wechselt, dadurch entsteht der Eindruck des Hinkens, daher der Name. (↗Tschechische Volkstänze)

Lit.: *Zich, O.:* České lidové tance s promenlivým taktem, in: Narodopisný Vestnik Československý, Bd. XI. Prag 1916. *Junk, V.:* Die taktwechselnden Volkstänze, 1938, S. 80.

Honziček (Hänschen). Tschechischer Volkstanz aus Böhmen, ein Paarrundtanz im 3/4-Takt. (↗Tschechische Volkstänze)

Lit.: *Vycpálek, L.:* České tance, in: Český Lid, Jg. 1, 1892.

Hopak ↗Gopak.

Hopfenvogel ↗Hupferts Vogel.

Hoppaldei, Hoppel-rei. Name für deutsche Volkstänze der Bauern im Mittelalter, die von den Minnesängern erwähnt werden. Wie ihre Namen, die alle dem gleichen Wortstamm „hoppen" (= hüpfen) entstammen, bezeugen, dürfte es sich bei diesen Tänzen um paarweise ausgeführte ↗Springtänze gehandelt haben, die in verschiedenen Varianten gepflegt wurden. (↗Heierlei, ↗Hopser, ↗Hupfauf)

Lit.: *Böhme, F. M.:* Geschichte d. Tanzes in Deutschland, 1886. *Sachs, C.:* Eine Weltgeschichte d. Tanzes, 1933, S. 188.

Hoppegoaß. Ein ↗Volkstanz im 4/4-Takt, der bei den Deutschen in der schwäbischen Türkei üblich war. Ein ↗Dreiertanz im Kreis, bei dem der Tänzer zwischen zwei Tänzerinnen steht.

Lit.: *Horak, K.:* Der Volkstanz in d. schwäbischen Türkei, in: Deutsches Archiv f. Landes- u. Volksforschung, Jg. 2, 1938, H. 4, S. 851. *Horak, K.:* Donauschwäbische Volkstänze, Südostdeutsches Kulturwerk, 1954. *Horak, K.:* Deutsche Volkstänze aus d. Donauraum, Deutsche Volkstänze, H. 44/45, 1961.

Hoppenvogel, Hoppetvogel sind die Namen von alten deutschen ↗Volkstänzen, deren Zuordnung zu einer bestimmten Tanzform bis heute nicht möglich war. Ob sie ↗Zwiefache waren oder eine Urform darstellen, aus denen sich der ↗Hupferts Vogel entwickelt hat, muß vorerst ungeklärt bleiben. (↗Hopser)

Lit.: *Zoder, R.:* Hupferts-Vogel, Vogel, hupf auf u. Hoppich, in: Das deutsche Volkslied, Jg. 42, 1940, H. 7/8, S. 66 ff.

Hopphei ↗Grastanz.

Hoppich. Name eines ↗deutschen Volkstanzes, der vielleicht ein gehüpfter oder gehopster ↗Walzer war. Vielfach hat man ihn auch irrtümlicherweise für den ↗Hupferts-Vogel, den ↗Hopfenvogel oder ↗Vogel, hüpf auf d'Höh gehalten. Es bestehen auch keine Beziehungen zum ↗Neubayrischen und ↗Zwiefachen. (↗Hopser)

Lit.: *Zoder, R.:* Hupferts-Vogel, Vogel, hupf auf u. Hoppich, in: Das deutsche Volkslied, Jg. 42, 1940, H. 7/8, S. 66 ff.

Hopptanz. ↗Österreichischer Volkstanz aus Salzburg. Beliebig viele Paare, mindestens aber sechs, nehmen im Kreis Aufstellung, die Tänzerin zur rechten Seite des Tänzers, beide zur Tanzrichtung gewendet. Ein überzähliger Tänzer steht in der Kreismitte. Jedes Paar tanzt eine ↗Bayrische Polka. Der überzählige Tänzer wartet beliebig viele Takte der Musik ab, dann ruft er unvermutet „Hopp". Alles steht still und während nun Tänzer und Tänzerin wechseln, versucht er eine Tänzerin zu erhaschen. Gelingt es ihm, muß der nun übriggebliebene Tänzer in die Kreismitte, und der Tanz geht im gleichen Sinn weiter.

Lit.: *Horak, K.:* Tiroler Volkstänze, 4 Hefte, Selbstverlag Innsbruck 1946–1954. *Peter, I.:* Tänze aus Österreich, 1947, S. 42 f.

Hops-Anglaise (auch Françoise oder Springer genannt) wurde zu Anfang des 18. Jh. viel getanzt und kann als Vorläufer des ↗Rheinländers gelten.

Lit.: *Böhme, F. M.:* Geschichte d. Tanzes in Deutschland, 1886. *Jolizza, W. K. v.:* Die Schule d. Tanzes, S. 150 f.

Hopser (auch Hops-Walzer). ↗Deutscher Volkstanz, der schon in den Lautenbüchern des 16. Jh. zu finden ist. Unter dem Namen Hopser waren ↗Springtänze im 2/4-Takt zu verstehen. Über die Tanzform des Hopsers bestehen leider keine genauen Angaben, doch dürfte es sich bei ihm um einen lebhaften Rundtanz aus einem gesprungenen Wechselschritt mit Hüpfer gehandelt haben. Der Tanz war im Volk sehr verbreitet und ist auch bei J. S. ↗Bach in der Hochzeitskantate zu finden. Eine typische Hopsermelodie ist der aus dem Ende des 18. Jh. stammende ↗„Vetter Michel". Er kann als Vorläufer des ↗Schottischen bezeichnet werden und lebt in den deutschen Volkstänzen unter den Namen ↗Zweitritt, ↗Drei lederne Strümpf, ↗Schusterpolka und vielen anderen fort. (↗Hipper, ↗Hops-Anglaise, ↗Ecossaisen-Walzer, ↗Rheinländer, ↗Sauteuse)

J. S. Bach, Hochzeitskantate (BWV212)

Lit.: *Böhme, F. M.:* Geschichte d. Tanzes in Deutschland, 1886. *Zoder, R.:* Alte Volksmelodien aus Vorarlberg, in: Volkskundliches aus Österreich u. Südtirol, 1947, S. 311 f. *Goldschmidt, Ae.:* Handbuch d. deutschen Volkstanzes, 1967.

Hops-Kontra. ↗Deutscher Volkstanz aus den Vierlanden (Landstrich an der unteren Elbe). Er wird von vier Paaren getanzt, die im Kreis Aufstellung nehmen. Die Tanzmelodie im Rheinländerzeitmaß steht im 2/4-Takt.

Lit.: *Friedrichs, F.:* Niederdeutsche Tanzweisen, Bd. 1/2, 1903. *Helms-Blasche, A.:* Bunte Tänze, 1957, S. 108 f. *Oetke, H.:* Volkstänze aus d. Lüneburger Heide, Teil II, 1976, S. 17 f.

Hora. ↗Rumänischer Volkstanz, der typische Tanz der Walachei, darüber hinaus aber über das ganze Land verbreitet. Obwohl es von dem Tanz zahlreiche Varianten unter verschiedenen Namen gibt, basieren sie auf einer Grundform, die man als typisch und klassisch für den rumänischen Volkstanz bezeichnen kann. Die Tänzer bilden in Armkette gefaßt einen geschlossenen Kreis, gehen zur Kreismitte vor und dann wieder zum Ausgangspunkt zurück. Diese Bewegung verleiht dem Tanz eine regelmäßige rhythmische Abwechslung des Zusammengehens und Ausbreitens. Die Schritte sind leicht schleifend. Die Tanzmelodie geht im mäßigen 2/4-Takt. Die Grundfigur des Tanzes wird auf vier Musiktakten ausgeführt und beliebig oft wiederholt. An dem Tanz beteiligt sich das ganze Dorf, von den ältesten bis zu den jungen Bewohnern. (↗Horótänze)

Lit.: *Parvescu, P.:* Hora din Caral, Bukarest 1908. *Molkenbur, N.:* Rumänische Volkstänze, 1967, S. 21 f. *Grindea, M. u. C.:* Dances of Romania, 1952, S. 9 ff., S. 25 ff. *Bucsan, A.:* Specificul dansului popular românesc, 1971, S. 156 ff.

Horak, Karl. Österreichischer Volksmusik- und Volkstanzforscher, geb. 7. März 1908 in Wien. Er studierte an der Wiener Universität Naturgeschichte, Geographie und Volkskunde. Beruflich wirkte er als Mittelschulprofessor in Wien, Linz und Tirol. Zum Volkstanz und zur Volksmusik verfaßte er folgende Schriften und Aufsätze: Burgenländische Volkstänze, Deutsche Volkstänze, H. 7, 1931; Der Stötterer Pascher, in: Das deutsche Volkslied, Jg. 33, H. 7, 1931, S. 105; Dreischritt oder Körbchentanz, in: Das deutsche Volkslied, Jg. 33, 1931, S. 108; Tichltanz, in: Das deutsche Volkslied, Jg. 33, H. 8, 1931, S. 127 f.; Kuckuckspolka, in: Das deutsche Volkslied, Jg. 33, H. 8, 1931, S. 128; Singtänze der Kremnitzer Sprachinsel, in: Sudetendeutsche Zeitschrift für Volkskunde, Jg. 4, 1931, H. 1, S. 28 f.; Schusterpolka aus Wallsee, in: Blätter für Volkstanzgruppen 2, 1931, S. 4; Der Volkstanz in der Meraner Gegend, in: Die Volksmusik, Jg. 3, 1931, Nr. 9, S. 102 f.; Fürizwenger, in: Blätter für Volkstanzgruppen 2, 3. Folge, 1932, S. 16; Der Nonnentanz, in: Das deutsche Volkslied, Jg. 35, H. 1/2, 1933, S. 6 ff.; Der Volkstanz in der Kremnitz-Probener Sprachinsel, in: Sudetendeutsche Zeitschrift für Volkskunde, Jg. 6, 1933, H. 2/3, S. 92 ff.; Volkstanzbewegung in Nordtirol, in: Blätter für Volkstanzgruppen 3, Nr. 5, 1933, S. 28; Der Sautreiber. Ein Volkstanz aus dem Unterinntal in Tirol, in: Das deutsche Volkslied, Jg. 36, 1934, S. 14 f. und in: Tiroler Heimatblätter, Jg. 12, S. 3 ff.; Gegen verfälschte Trachtentänze, in: Blätter für Volkstanzgruppen 4, Folge 6, 1934, S. 33 f.; Tiroler Volkstänze, in: Tiroler Heimatblätter, Jg. 12, 1934, S. 3 ff.; Volkstänze aus Tirol, Deutsche Volkstänze, H. 22/23, 1935; Volkstänze aus dem Württembergischen Franken, Deutsche Volkstänze, H. 28, 1935; Bemerkungen zu den Burgenländischen Volkstänzen, in: Werk und Wille, Jg. 1935, H. 4/5, S. 103 ff.; Volkstänze aus Schwaben, Deutsche Volkstänze, H. 19/20, 1935; Volkstänze aus der Türkei, Deutsche Volkstänze, H. 29, 1936; Volkstänze der deutschen in Mittelpolen, Ostdeutsche Heimathefte 8–11, 1936; Ländler und Masollka, in: Das deutsche Volkslied, Jg. 38, 1936, H. 1/2, S. 1 ff.; Der deutsche Volkstanz in Mittelpolen, in: Deutsche Monatshefte in Polen, Jg. 3, 1936, H. 3/4, S. 171 ff.; Der Volkstanz im steirischen Salzkammergut, in: Das deutsche Volkslied, Jg. 39, 1937, H. 9/10, S. 121 ff.; Beitrag zur Volkstanzforschung in den deutschen Siedlungen Ungarns, in: Neue Heimatblätter, Jg. 2, 1937; Der Volkstanz in der schwäbischen Türkei, in: Deutsches Archiv für Landes- und Volksforschung, Jg. 2, 1938, S. 836 ff.; Tänze aus den deutschen Volksinseln im Osten, 1939; Der Volkstanz in der Batschka, in: Deutsche Liederkunde, Jahrbuch für Volkslied und Volkstanz, Bd. 1, 1939, S. 208 ff.; Unsere Volkstänze, in: Alpenkalender 1945, S. 113 f.; Tiroler Volkstänze, H. 1, Innsbruck 1946; Südtiroler Volkstänze, in: Der Schlern, Jg. 21, 1947, S. 11 f.; Zillertaler Ländler, in: Das deutsche Volkslied, Jg. 48, 1947, H. 3/4, S. 68 ff.; Schuhplattler-Schlüssel, ein Beitrag zur Methodik der Volkstanzforschung, in: Beiträge zur Volkskunde Tirols, Festschrift zu Ehren Herm. Wopfners, Teil 2, 1948, S. 147 ff. (Schlern-Schriften Bd. 53); Dreiertanz, in: Der Schlern, Jg. 23, 1949, H. 4, S. 137 ff.; Der Sterzinger Knappentanz, in: Die Volksmusik 1, 1949, Nr. 10, S. 86; Unser Volkstanz im Laufe der Zeiten, in: Pustertaler Bote 101, Folge vom 26. 5. 1950; Unser Volkstanz, in: Heimat und Volk 3/7, 1950, Folge 7; Der Fakkeltanz, in: Dolomiten vom 29. 9. 1951; Der Volkstanz in der Meraner Gegend, in: Die Volksmusik 3, 1951, Nr. 9, S. 102 ff.; Volkstänze aus dem Fleimstal, in: Der Schlern, Jg. 26, 1952, H. 11/12, S. 424 ff.; Der Schwerttanz, in: Haller Lokal-Anzeiger Nr. 25 vom 27. 6. 1953; Donauschwäbische Volkstänze, München 1954 (Veröffentlichungen des Südostdeutschen Kulturwerkes, Reihe A, Nr. 3); Der Volkstanz im Kleinen Walsertal, in: Jahrbuch des österreichischen Volksliedwerkes, Bd. 3, 1954, S. 91 ff.; Dreiertanz, in: The Folk Dancer 1, 1954, Nr. 6, S. 15 ff.; Volkstänze aus Unken im Lande Salzburg, in: Jahrbuch des österreichischen Volksliedwerkes, Bd. 6, 1957, S. 61 ff.; Zillertaler Ländler, in: The Folklorist, vol. 4, Nr. 4, 1957/58; Bibliographie des Volkstanzes in Österreich und im bajuwarischen Raum, 1959; Volkstänze aus dem oberen Mühlviertel, in: Jahrbuch des österreichischen Volksliedwerkes, Bd. 8, 1959, S. 143 ff.; Der Schuhplattler, in: Sänger- und Musikantenzeitung, Jg. 1, 1958, Nr. 4 und in: Die Kärntner Landsmannschaft, März 1959, S. 17; Die Mazurka als österreichischer Volkstanz, in: Tanz und Brauch, Kärntner Museumsschriften, Bd. 19, 1959, S. 95 ff.; The Folk Dance Movement in Austria, in: The Folklorist 5, 1959, Nr. 3, S. 229 f.; Der Volkstanz in den deutschen Sprachinseln des Ostens, in: Jahrbuch für Volkskunde der Heimatvertriebenen, Bd. 5, 1959/60, S. 247 ff.; Volkstänze aus Schwaben, Deutsche Volkstänze, H. 19/20, 1960; Volksmusik aus Wilmesau, in: Jahrbuch des österreichischen Volksliedwerkes, Bd. 9, 1960, S. 114 ff.; Deutsche Volkstänze aus, dem Donauraum, Deutsche Volkstänze H. 44/45, 1961; Deutsche Volkstänze aus dem Karpatenraum, Deutsche Volkstänze, H. 48/49, 1961; Singtänze aus Mittelpolen, in: Jahrbuch für Volkskunde der Heimatvertriebenen 6, 1961, S. 62 ff.; Der Schuhplattler in Tirol, in: Jahrbuch des österreichischen Volksliedwerkes, Bd. 10, 1961, S. 106 ff.; Sternpolka, in: Der fröhliche Kreis, April/Juni 1961; Deutsche Volkstänze aus dem Weichselraum, Deutsche Volkstänze, H. 52/53, 1962; Tiroler Volksmusik. Überlieferung und Fortleben, in: Jahrbuch des österreichischen Volksliedwerkes, Bd. 11, 1962, S. 181 ff.; Volkstänze aus der Slowakei, Deutsche Volkstänze, H. 56/57, 1963; Der einfache Dreher, in: Der fröhliche Kreis, Mai/Juni 1963; Der Volkstanz im Burggrafenamt, in: Jahrbuch des österreichischen Volksliedwerkes, Bd. 12, 1963, S. 73 ff.; Der Volkstanz in unseren Nachbarländern und wir, in: Volkstanz, Rundbrief der Fachgruppe Volkstanz im ATB, Nr. 1, 1963, S. 1f.; Hochzeitswalzer aus dem Zillertal, in: Sänger- und Musikantenzeitung 7, 1964, H. 4, S. 70 f. und 73; Der Ampflwanger Schwerttanz, in: Der fröhliche Kreis 16, Jänner/März 1965, S. 17 f.; Tanzmusik aus Tirol, 1967; Der Ampflwanger Doppellandler, in: Volkskunde und Volkskultur (Festschrift für Richard Wolfram), 1968, S. 133 ff.; Gedanken über Volkstanzpflege, in: Musische Bildung im technischen Zeitalter, München 1968, S. 45 ff.; Der Tanz zur Zeit Mozarts, in: Volkstanz, Jg. 1968, Nr. 3, S. 49 ff.; Die Zwiefachen, in: Volkstanz, Jg. 1969, Nr. 1, S. 6; Vier-Paar-Tänze, in: Volkstanz, Jg. 1971, Nr. 3, S. 44 ff.; Der Volkstanz im Burgenland, in: Österreichische Musikzeitschrift, Jg. 26, H. 9, Sept. 1971, S. 498 ff.; Volksmusik und Volkstanz im 19. Jh., in: Der fröhliche Kreis 22, 1972, H. 3, S. 68 ff.; Der Volkstanz in der Umgebung von Wien, in: Jahrbuch des österreichischen Volksliedwerkes, Bd. 22, 1973, S. 9 ff.; Der Tanz im Unkener Mittwinterbrauchtum, in: Der fröhliche Kreis 23, 1973, H. 1, S. 2 ff.; Der Schuhplattler in Salzburg, in: Der fröhliche Kreis 23, 1973, H. 1, S. 18 ff.; Volkstanz – gestern, heute, morgen, in: Der Trachtler, Nr. 2, 1973, S. 1 ff.; Jägermarsch, in: Der Trachtler, Nr. 2, 1973, S. 15; Der Volkstanz im Mattigtal und im Kobenauserwald Oberösterreichs, in: Jahrbuch des österreichischen Volksliedwerkes, Bd. 23, 1974, S. 1 ff.; Der Volkstanz im Ötztal, in: Ötztaler Heimatverein,

Mitteilungsblatt Nr. 16, 1974, S. 1 ff.; Morisken, in: Volkstanz, 1974, H. 2, S. 9 ff.; Bayrisch-Polka, in: Der Trachtler, Nr. 3, 1974, S. 14 f.; Der Schuhplattler, in: Der Trachtler, Nr. 4, 1974, S. 3 f.; Studentenpolka, in: Der Trachtler, Nr. 4, 1974, S. 15; Der Neukatholische, in: Der Trachtler, Nr. 5, 1974, S. 15; Tiroler Volkstänze, Innsbruck 1974; Systematik des deutschen Volkstanzes, in: Österreichische Zeitschrift für Volkskunde, Bd. 81, 1975, S. 119 ff.; Der Volkstanz im Burgenland, in: Jahrbuch des österreichischen Volksliedwerkes, Bd. 24, 1975, S. 104 ff.; Der Landler, in: Der Trachtler, Nr. 7, 1975, S. 14 f.; Der Siebenschritt, in: Der Trachtler, Nr. 8, 1975, S. 15; Der Ländler in Tirol, in: Jahrbuch des österreichischen Volksliedwerkes, Bd. 25, 1976, S. 65 ff.; Der Reiftanz, in: Der Trachtler, Nr. 9, 1976, S. 13 f.; Der Rheinländer, in: Der Trachtler, Nr. 11, 1976, S. 15; Die Volkstänze in der Steiermark und in den benachbarten Landschaften, in: Vorträge Graz und Seggau 1973–1977 (= Musikethnologische Sammelbände 1), Graz 1977, S. 105 ff.; Volkstänze aus Oberkrain, in: Jahrbuch des österreichischen Volksliedwerkes, Bd. 26, 1977, S. 56 ff.; Der Auftanz, in: Der Trachtler, Nr. 13, 1977, S. 13; Der Neubayrische, in: Der Trachtler, Nr. 14, 1977, S. 13 f.; Sir Roger – ein Beleg aus Oberösterreich, in: Manus, Jg. 1977, S. 84 ff.; Volkstanzformen im Lande Salzburg, in: Salzburger Heimatpflege, Jg. 2, 1978, H. 2, S. 55 ff.; Der offene Walzer, in: Der Trachtler, Nr. 15, 1978, S. 13 f.; Hiatamadl, in: Der Trachtler, Nr. 16, 1978, S. 14; Der Volkstanz in Tirol zwischen Tradition und Folklorismus, in: Beiträge zur Volksmusik in Tirol, 1978, S. 61 ff.; Der Neudeutsche, in: Der Trachtler, Nr. 17, 1978, S. 14; Über die Systematik des deutschen Volkstanzes, in: Der Volkstanz, 1. Teil, 1978, S. 67 ff., 2. Teil, 1979, S. 5 ff.; Die Maschkera von Prad, in: Jahrbuch des österreichischen Volksliedwerkes, Bd. 27, 1978, S. 86 ff.; Schrifttum zum Volkstanz in Salzburg, in: Salzburger Heimatpflege, Jg. 2, 1978, H. 2, S. 70 ff.; Der Tanz im Salzkammergut. Volkskultur – Mensch und Sachwelt, Festschrift Franz Lipp, 1978, S. 173 ff.; Kreuzpolka, in: Der Trachtler, Jg. 7, 1979, Nr. 18, S. 14; Der Schwedische, in: Der Trachtler, Jg. 7, 1979, Nr. 19, S. 13 ff.; Der Waldjager, in: Der Trachtler, Jg. 7, 1979, Nr. 29, S. 15; Volkskunde und Folklorismus in der Volkstanzpflege, in: Der fröhliche Kreis, Jg. 29, 1979, S. 153 ff.; Das Steirische Tanzen, in: Die Kärntner Landsmannschaft, 1979, H. 10, S. 9 ff.; Der Volkstanz hat eine Zukunft, in: Unser Brauchtum, Jg. 2, 1979, Nr. 2, S. 2 ff.; Schuhplattler aus Tirol, Innsbruck 1980; Der Schuhplattler, in: Wilfrid Feldhütter, Lieder, Land und Leute, München 1980, S. 124 ff.; Volkstanzlandschaft Südtirol, in: Tiroler Volkskultur 32, 1980, S. 92 f. und in: Der fröhliche Kreis 30, 1980, S. 42 ff.; Die Tanzfamilie „Landler", in: Jahrbuch des österreichischen Volksliedwerkes, Bd. 29, 1980, S. 102 ff.; Die Zwiefachen, in: Der Trachtler, Nr. 21, 1980, S. 14 f., und in: Jahrbuch des österreichischen Volksliedwerkes, Bd. 30, 1981, S. 27 ff.; Das Tanzgut der Bilitzer Sprachinsel, in: Jahrbuch der ostdeutschen Volkskunde, 24, Marburg 1981, S. 7 ff.; Tänze beiderseits der Salzach, in: Schweizerische Musikzeitung 24, München 1981, S. 295 ff.; Spinnradl-Tanz, in: Der Trachtler, Nr. 24, 1981, S. 15; Der Kaiser-Landler, in: Der Trachtler, Nr. 25, 1981, S. 15; Einfacher Dreher, in: Der Trachtler, Nr. 26, 1981, S. 15; Der Volkstanz in Oberösterreich und im Salzkammergut, in: Beiträge zur Volksmusik in Oberösterreich, 1981, S. 109 ff. (Schriften zur Volksmusik, Bd. 6); Marschierpolka. Paschater Zweitritt, in: Der Trachtler, Nr. 27, 1981, S. 17 f.; Ländler, in: Volksmusik in Österreich, 1984, S. 55 ff.

Hormos (Halskette). Antiker ↗griechischer Tanz, der vor allem in Sparta beheimatet war und dort von Jünglingen und Mädchen in Form eines Reigentanzes ausgeführt wurde. Diesen Tanz beschreibt Lukian folgendermaßen: „Ein Jüngling führt den ↗Reigen mit männlichem Tanzschritt und unter Bewegungen (zwei bis drei Sprünge), wie er sie einst im Kriege zu machen hat. Sein Mädchen bewegt sich mit dem sittsam-zierlichen Schritt (eine Bewegung) ihres Geschlechtes. Diesem vortanzenden Paare folgt das zweite usw., so daß das Ganze die männliche Kraft und die jungfräuliche Züchtigkeit in eine gefällige Kette gewunden darstellt." Der Hormos ist später auch bei den Römern üblich, aber in einer derart lasziv veränderten Form, daß vielfach die Mädchen von dem Tanz ausgeschlossen waren. Formen des Hormos sind auch im neugriechischen Tanz zu finden. (↗Kalamatianos)

Lit.: *Weege, F.:* Der Tanz in d. Antike, 1926, S. 44. *Lawler, L. B.:* The Dance in Ancient Greece, 1964.

Hornpfiffen. ↗Dänischer Volkstanz, ein ↗Paartanz im 2/4-Takt aus Ost-Jylland, ein Tanz der Seeleute. Er wird auch ↗Siebensprung genannt: sechs Zeiten Walzerschritt, siebente Zeit gekreuzter Schlußsprung. Die Musik wird bis zum Ende immer schneller. (↗Hornpipe)

Rheinländerzeitmaß

Lit.: *Anonym:* Der Hornpfiff, in: Der Volkstanz, 3. Jahr, 1927, H. 1/2, S. 16.

Hornpipe. Der Name bezeichnet zunächst einen seit dem 15. Jh. bekannten Tanzrhythmus im 3/2-Takt aus gleichmäßig aufeinanderfolgenden Notenwerten, vielfach in synkopierter Form. Später ist dieser Rhythmus in den 2/4- oder 4/4-Takt übergegangen, hatte aber immer schnelles Tempo. Der aus diesem Rhythmus entstandene ↗Volkstanz, vor allem in England, Schottland, Wales, als ↗Hornpfiffen in Dänemark und als Horlepijp in den Niederlanden heimisch, trägt ebenfalls diesen Namen. Der Ausführung nach lassen sich drei verschiedene Grundtypen unterscheiden. Als **Solotanz** ist er seit dem 16. Jh. in den angelsächsischen Ländern bekannt und wird als solcher auch heute noch gepflegt. Er wird dabei von einem oder auch mehreren Tänzern unabhängig voneinander ausgeführt. Bei vollkommen aufrechter Körperhaltung, zumeist mit über der Brust gekreuzten Armen oder mit den Händen in den Hosentaschen, hüpft und schleift der Tänzer kaum vom Platz mit lockeren Bewegungen des Unterschenkels. Als **Paar-Rundtanz** (Hornpipe Rounds) war der Tanz vom 15. bis zum 17. Jh. in England sehr gebräuchlich, vor allem in den ländlichen Gegenden. Als ↗**Country dance,** von Paaren in langen Reihen ausgeführt, war er im ausgehenden 17. und 18. Jh. beliebt. Die Tanzmelodie stand dabei meist im synkopierten 3/2-Takt. Hornpipes wurden schließlich auch verschiedene Musikstücke und Musizierpraktiken genannt. Der Name selbst kommt von einem alten schalmeiartigen Instrument. Die Hornpipe ging als stilisierter Tanz auch in die Kunstmusik ein (H. Purcell: in „Dido und Aeneas", G. F. Händel: Wassermusik). (↗Matelot)

Willem de Fesch (1687–1761)

Horlepijp

Lit.: *Czerwinski, A.:* Brevier d. Tanzkunst, 1879, S. 74. *Van der Ven-Ten Bensel:* De Volksdans in Nederland, 1942, S. 326. *Sanson–Catz, A. – Koe, A. de:* Nederlandse Volksdansen, Bd. 1, 1952, S. 41 ff. *Lawson, J.:* European Folk Dance, 1953, S. 126. *Curti, M.:* The Hornpipe in the Seventeenth Century, in: The Music Review, vol. 40, 1979, No. 1, S. 14 ff.

Horon. ↗Türkischer Volkstanz. Die Horon-Tänze sind die typischen Tänze der Schwarzmeerküste. Sie sind Gruppentänze, die entweder von Männern oder von Frauen getanzt werden. Es gibt auch Hançer oder Bicak Horon, das sind Dolch-oder Messer-Horon, die von zwei Gegnern ausgeführt werden. Die Charakteristik der Horon-Tänze besteht in einem anhaltenden Beben der Glieder vom Kopf bis zum Fuß mit robustem Absinken und Aufspringen. Sie sind sehr stürmisch und lebhaft. Das Begleitinstrument ist das Streichinstrument Kemençe. Der Spieler singt zum Tanz Lieder zweideutigen lustigen Inhalts.

Lit.: *Tör, V. N.:* Die Türkei als Neuland f. d. Erforschung d. Volkstänze, in: Die Volkskultur d. südosteuropäischen Völker, Südosteuropa-Jahrbuch, Bd. 6, 1962, S. 112.

Horotänze. Sie gehören zu den beliebtesten Vergnügungen der bulgarischen Bauern. Es sind Rundreigen. Die Tanzenden bilden einen Kreis, der offen oder geschlossen sein kann. In Bulgarien gibt es 60 bis 70 verschiedene Tänze dieser Art. Fast jede Stadt hat ihren eigenen Horó, nach der er auch seinen Namen hat. Dementsprechend mannigfaltig sind auch die Tänze in Hinsicht ihrer Ausführung, ihres Taktes und ihrer Bewegung. Die Horotänze können in vier Richtungen getanzt werden: vorwärts-, rückwärts, nach rechts (desno horo), nach links (levo horo) oder nach verschiedenen Richtungen (smeseno horo). Hinsichtlich des Taktes gibt es drei Gruppen: Horotänze in regelmäßig geradem Takt (2/4, ₵ u. a.), solche in unregelmäßigem Takt (5/16, 9/16, 13/16 u. a.) und taktwechselnde Horo (3/4 + 2/4, + 9/16). Außerdem können alle Horotänze drei verschiedene Schrittarten aufweisen: fortschreitende, hüpfende und stampfende. Das Tanztempo ist meist mäßig schnell bis schnell. Die Horotänze werden für gewöhnlich im Freien ausgeführt. Oft tanzen auch nur Männer oder Frauen allein, doch der von Männern und Frauen gemeinsam getanzte Horo (obšto horo) ist der verbreitetste. Die Zahl der Tanzenden kann oft 200 bis 300 Personen überschreiten. Ihrer äußerlichen Form nach ähneln die Horotänze dem serbischen ↗Kolo und der rumänischen ↗Hora. (↗Bulgarischer Tanz, ↗Danets)

Lit.: *Spassoff, Wassil:* Volksmusik, Musikinstrumente u. Tänze d. Bulgaren, Diss. Wien 1931. *Katzarova-Kukudova, Raina:* Bulgarian Folk Dances, Sofia 1958.

Horschelt, Friedrich. Deutscher Tänzer, ↗Choreograph und ↗Ballettmeister, geb. 14. April 1793 in Köln, gest. 9. Dezember 1876 in München. Von 1815 bis 1821 war er Ballettmeister im Theater an der Wien. Berühmt wurde er durch sein Kinderballett, einem Ballettcorps 6- bis 12jähriger. 1822 ging er als Hofballettmeister nach München, wo er bis 1848 mehrere Ballette choreographierte. Er schuf auch selbst einige Ballette, wie „Berggeist" (1818) und andere. Sein Sohn August war Ballettmeister in Prag. (↗Heberle)

Lit.: *Winter, A. H.:* The Pre-Romantic Ballett, 1974.

Horst, Louis. Amerikanischer Komponist und Schriftsteller, geb. 12. Januar 1884 in Kansas City, gest. 23. Januar 1964 in New York. Er war der musikalische Mitarbeiter von Ruth ↗St. Denis (1915–1925) und von Martha ↗Graham (1926–1948). 1933 gründete er das Tanzmagazin „Dance Observer" und blieb dessen Herausgeber bis zu seinem Tod. Von ihm stammen die Bücher: The Classic Dance Forms. A Dance Horizons Republication, New York 1937, 1940, 1968; Modern Dance Forms in Relation to the Other Modern Arts, New York 1961, 1963, 1967.

Horton, Lester. Amerikanischer Tänzer, ↗Choreograph und Lehrer, geb. 23. Januar 1906 in Indianapolis, gest. 2. November 1953 in Los Angeles. Er studierte bei Adolph ↗Bolm, begann seine künstlerische Tätigkeit beim Indianapolis Civic Theatre, ging 1928 nach Kalifornien, wo er Tanzfeste inszenierte. 1934 gründete er die Lester Horton Dancers, mit welchen er an der Westküste der USA und in New York auftrat. 1948 eröffnete er in Los Angeles ein eigenes Theater. Als Lehrer war er sehr berühmt und übte auf seine Schüler einen nachhaltigen Einfluß aus (↗Ailey).

Lit.: *Warren, L.:* Lester Horton. Modern Dance Pioneer, 1977.

Hot (= heiß). Mit diesem Ausdruck bezeichnet man 1. die für den ↗Jazz typischen Merkmale auf dem Gebiet der Tonbildung, der Melodik und des Rhythmus; 2. den authentischen Jazz (Hot Jazz).

Hota. ↗Äthiopischer Tanz. Die Männer aus Amhara tanzen diesen ↗Waffentanz in geschlossener, dichter Gruppe und klappern dabei auf kriegerische Art von Zeit zu Zeit mit ihren Stöcken. Der Form nach ist er ein ↗Springtanz.

Lit.: *Martin, G.:* Dance Types in Ethiopia, in: Journal of the International Folk Music Council, vol. XIX, 1967, S. 23 f.

Hotařská. Tschechischer Volkstanz aus Mähren. Der Form nach ist er dem ↗Winker ähnlich, doch spielt bei ihm das Prinzip des überzähligen Tänzers, der mit einem Besen unter den Tanzenden steht, eine Rolle. Zum Schluß des Tanzes wirft er den Besen weg und trachtet eine Tänzerin zu erwischen. Der dadurch übriggebliebene Tänzer muß nun mit dem Besen tanzen. (↗Besentanz, ↗Tschechische Volkstänze)

Lit.: *Svoboda, Fr.:* Lidové tance z Lísně, Praha 1954, Nr. 3. *Hoerburger, F.-Raupp, J.:* Deutsch-slawische Wechselbeziehungen im Volkstanz, 1957, S. 28.

Hottostan. ↗Deutscher Volkstanz der Bauern des 14. bis 16. Jh. Art und Name sind ungeklärt.

Lit.: *Böhme, F. M.:* Geschichte d. Tanzes in Deutschland, 1886, S. 55.

Hotzentanz. Ein Hochzeits-Ehrentanz, der im 19. Jh. in Baden, Deutschland, getanzt wurde. Seiner Art nach gehört er zur großen Gruppe deutscher ↗Volkstänze, die unter dem Namen ↗Dreher zusammengefaßt werden. Der Hotzentanz wurde in zwei Formen ausgeführt, entweder als Einzelpaartanz, wie ihn Elard Hugo Meyer beschreibt (Badisches Volksleben im 19. Jh., 1900, S. 302 f.), oder als ein Tanz von sechs Paaren, wie ihn Johannes Künzig (Mein Heimatland, Jg. 18, 1931, H. 3/4, S. 75) erwähnt. (↗Driller, ↗Durchschlipf)

Lit.: *Zoder, R.:* Der Steirische u. d. Straßburger, in: Volk u. Heimat, Festschrift f. Viktor v. Geramb, 1949, S. 259.

Houbet-schotten. Süddeutscher Bauerntanz, der um 1230 von dem Minnesänger Göli gemeinsam mit dem ↗Achselrotten erwähnt wird. Dem Namen nach könnte es sich um einen Tanz mit der Gebärde des Kopfschüttelns gehandelt haben. Wie den Achselrotten vergleicht Böhme auch diesen Tanz mit dem russischen ↗Gebärdentanz ↗Kasatscha.

Lit.: *Böhme, F. M.:* Geschichte d. Tanzes in Deutschland, 1886.

Houpačka (die Schaukel). Tschechischer Volkstanz aus Böhmen. Dieser in mäßigem Tempo ausgeführte Tanz scheint in vielen Varianten auf. Eine besondere Variante hat Ähnlichkeit mit dem ↗isländischen Tanz ↗Vikivaka. Die einzelnen Tanzpaare stehen dabei nur auf einem Bein und machen mit dem Oberkörper wiegende Bewegungen vor- und rückwärts. (↗Tschechische Volkstänze)

Lit.: *Waldau, A.:* Böhmische Nationaltänze, 1860, Bd. 2, S. 16 f.

Houseröckr (Hosenrücker). ↗Deutscher Volkstanz aus dem Kuhländchen (ehemalige deutsche Sprachinsel an der oberen Oder in Mähren), ein ↗Paartanz im 3/4-Takt und im Ländlertempo. Während der ersten zwei Takte tanzen die Paare einen langsamen ↗Walzer mit gewöhnlicher Fassung. Beim dritten Takt lassen die Paare einander los, und Tänzer und Tänzerin wippen dreimal mit den Füßen. Die Fäuste werden in die Hüften gestemmt und im Wippen auf und ab bewegt, als wollte man die Hose hinaufziehen. Daher der Name des Tanzes. Tänzer und Tänzerin stehen einander gegenüber.

Lit.: *Kubiena, W.:* Kuhländler Tänze, Nr. 6, 1922.

Howard, Andrée Louise. Britische Tänzerin und ↗Choreographin, geb. 3. Oktober 1910 in London, gest. 18. März 1968 ebendort. Sie erhielt ihre Ausbildung durch Marie ↗Rambert in London, Olga ↗Preobrajenska und Mathilde ↗Kschessinska in Paris. 1928 debütierte sie und tanzte in den dreißiger Jahren verschiedene Hauptrollen in englischen Balletten. Als Choreographin war sie mehr dem modernen Tanzstil verhaftet. Sie galt als eines der bedeutenden Mitglieder des ↗Ballet Rambert. (↗Pygmalion)

Lit.: *Franks, A. H.:* Twentieth Century Ballet, 1954.

Howes, Dulcie. Südafrikanische Tänzerin und Pädagogin, geb. 1910 in Kapland. Sie studierte bei H. Webb, M. ↗Craske, T. ↗Karsawina und Brunelleschi. Nach ihrer Rückkehr nach Südafrika gründete sie 1932 die University of Cape Town Ballet School. Aus ihr ging das University of Cape Town Ballet hervor, welches 1965 zum ↗CAPAB Ballet wurde. D. Howes gilt als Pionierin des ↗Südafrikanischen Balletts.

Hoyer, Dore. Deutsche Tänzerin und ↗Choreographin, geb. 12. Dezember 1911, gest. 30. (?) Dezember 1967 in Berlin. Sie studierte in ↗Hellerau und bei Gret ↗Palucca. Ab 1933 gab sie Soloabende, nach 1945 ging sie auf Tournee mit einer Truppe mit ihren „Tänze für Käthe Kollwitz“ und mit Soloprogrammen. Dore Hoyer galt als eine Hauptvertreterin der deutschen Tradition modernen ↗Ausdruckstanzes. In ihren letzten Jahren tanzte sie oft in Südamerika.

Lit.: *Koegler, H.:* Introducing Dore Hoyer, in: Dance Magazine, August 1957.

Hringbrot. Isländischer Volkstanz. Bei diesem dem färöischen ↗Bandadans ähnlichen Reihentanz der Männer bilden ungefähr zehn Tänzer eine Reihe. Der erste von ihnen geht unter den aufgehobenen Armen der letzten beiden Tänzer und der darauffolgenden hindurch. Die nächsten Tänzer folgen, einander immer an der Hand haltend, in gleicher Weise. (↗Isländischer Tanz)

Lit.: *Weinhold, K.:* Altnordisches Leben, 1938, S. 322.

Huaino (auch Huainito genannt), ist der typische Tanz des indianischen Volkes der Quichoa in Bolivien und Peru. Die Tanzmelodie hat raschen 2/4- oder 6/8-Takt. Begleitet wird der Tanz von Gesang, Gitarren und den Quenas, Doppelflöten mit oboenartigem Klang. (↗Indianischer Tanz)

Lit.: *Friedenthal, A.:* Musik, Tanz u. Dichtung bei d. Kreolen Amerikas, 1913, S. 173 u. S. 181 f.

Huapango. Mexikanischer Volkstanz, ein ↗Paartanz von sehr komplizierter Polyrhythmik und raschem Zeitmaß mit virtuosen Bewegungen und Figuren durch Aufschlagen verschiedener Teile des Fußes auf dem Boden. Sehr bekannt ist der Huapango „La Bamba“ aus Vera Cruz, bei dem die Tänzer eine auf dem Boden liegende Schleife mit den Füßen binden und lösen. Neben dem ↗Jarabe ist der Huapango der weitverbreitetste und populärste Tanz Mexikos. Die Paare bilden zwei Linien und sehen einander an. (↗Mexikanischer Tanz)

Lit.: *Dickins, G.:* Dances of Mexico, 1954, S. 8 f. *Schwendener, N.-Tibbels, A.:* How to Perform the Dances of Old Mexico, 1934, 1975, S. 13 ff.

Hüatltanz. ↗Österreichischer Volkstanz, der in Oberösterreich und im Salzkammergut beheimatet ist. Dieser ↗Geschicklichkeitstanz, bei dem es darum geht, drei auf dem Boden liegende Hüte beim Tanz nicht zu berühren, ist ähnlich dem Odenwalder ↗Hüttanz. (↗Feulatere, ↗Mützentanz)

Lit.: *Wolfram, R.:* Die Volkstänze in Österreich u. verwandte Tänze in Europa, 1951.

Hühnerscharre. ↗Deutscher Volkstanz aus Schlesien. Dieser gehüpfte ↗Paartanz im 3/4-Takt ist dem ↗Strohschneider ähnlich. Er gehört zu der Gruppe der ↗Wechselhupftänze. Außer dieser Paartanzform gibt es aber auch noch eine Dreiertanzform im 2/4-Takt, bei der ein Tänzer und zwei Tänzerinnen einen Kreis bilden. (↗Friedrichs Sinke, ↗Stiefelknechtsgalopp)

Lit.: *Kubiena, W.:* Kuhländler Tänze, 1922. *Lanz, J.:* Ostschlesische Volkstänze, 1924. *Fladerer, O.:* Die sudetendeutschen Volkstänze, 2. Teil, Deutsche Volkstänze, H. 3, 1928.

Hüpfelpolka ↗Polka française.

Hüpferisch. ↗Deutscher Volkstanz aus der schwäbischen Türkei, ein ↗Paartanz im 6/8-Takt. Die Aufstellung erfolgt zueinander mit gewöhnlicher Fassung. Der erste Teil ist ein Rundtanz „Fuß ein", das ist ein ↗Zweitritt, bei welchem der rechte Fuß zwischen den Füßen des Mittänzers aufgesetzt wird (↗Fußeintanz). Im zweiten Teil erfolgt die Aufstellung nebeneinander. Die Paare gehen eingehängt im Kreis.

Hüppetants. Estnischer Volkstanz, ein ↗Springtanz im 3/4-Takt. Er wird von acht Paaren ausgeführt, die in einem Kreis Aufstellung nehmen, die Tänzerinnen auf der rechten Seite ihres Tänzers. Der rechte Arm des Tänzers ist um die Hüfte der Tänzerin gelegt und seine linke Hand auf seine linke Hüfte gestützt. Die linke Hand der Tänzerin liegt mit der Handfläche auf der rechten Schulter des Tänzers, und ihre rechte Hand ist auf ihre rechte Hüfte gestützt. (↗Estnische Volkstänze)

Lit.: *Leppik, Lya:* Hüppetants, in: The Folklorist, vol. 4, 1957, No. 2, S. 55 ff.

Huet-Tanz. ↗Deutscher Volkstanz aus der Oberpfalz und aus Niederbayern. Er wurde an dem Tag abgehalten, an dem die Gemeinde im Wirtshaus mit den Viehhirten für den kommenden Sommer einen Vertrag abschloß. Meist war dies am 1. Mai, dem Tag, an dem die Hutzeit (das Viehhüten) wieder begann. Es tanzten jedoch nicht nur die Hirten mit den Mägden, sondern der Huet-Tanz war ein Fest für die ganze Gemeinde. (↗Schäfertänze)

Lit.: *Schuegraf:* Über d. Tanzen d. Deutschen überhaupt, in: Zeitschrift f. deutsche Kulturgeschichte, Jg. 1, 1856, S. 463. *Böhme, F. M.:* Geschichte d. Tanzes in Deutschland, 1886.

Hüttanz (auch ↗Winneweh genannt). ↗Deutscher Volkstanz aus dem Odenwald, wo er um die Mitte des 19. Jh. noch üblich war. Beim Hüttanz handelt es sich um einen sogenannten ↗Geschicklichkeitstanz, bei welchem die auf dem Boden liegenden Hüte von den mit den Mädchen tanzenden Burschen nicht berührt werden dürfen. Ein ähnlicher Tanz, ↗Hüatltanz genannt, war in Oberösterreich Brauch. (↗Mützentanz)

Lit.: *Au, H. v. d.:* Zwei Volkstänze, in: Das deutsche Volkslied, Jg. 41, 1939, H. 3, S. 33 ff. *Horak, K.:* Tiroler Volkstänze, III. Folge, 1954, S. 17 u. Tiroler Volkstanzbuch, 1974, S. 73.

Hula-Hula. ↗Hawaiischer Tanz, ursprünglich ein kultischer Tanz, eine Anrufung der Götter, als Solo- oder Gruppentanz vor allem von Tänzerinnen ausgeführt. In der Frühzeit waren die Tänzerinnen Priesterinnen, die in eigenen Schulen von einem kum-hula = Hula-Lehrer, welcher ein kahuna = Priester war, ausgebildet wurden. Heute ist der Hula-Hula zur Schaustellung für die Touristen herabgesunken. Die Tänzerinnen treten aber in alten Trachten (Blätterrock, Blumenkränze) auf. Der Tanz, hauptsächlich aus taktmäßigen Bewegungen des Oberkörpers und der Hände bestehend, wird ruhig begonnen, steigert sich aber im Tempo bis zu ausgelassener Wildheit.

Lit.: *Emerson, N. B.:* Unwritten Literature of Hawaii. The Sacred Songs of the Hula, in: Smithsonian Institution Bureau of American Ethnology, Bulletin 38, Washington 1909. *Rand:* Der Hula-Hula-Tanz, in: Der Erdball, Jg. 3, 1929, H. 5, S. 187. *Sorell, W.:* Knaurs Buch v. Tanz, 1969, S. 64 f. *Kaeppler, A. L.:* Acculturation in Hawaiian Dance, in: Yearbook of the International Folk Music Council, vol. IV, 1972, S. 38 ff.

Hulaner (Hulán). ↗Deutscher Volkstanz, der vor allem in vielen Orten der schwäbischen Türkei üblich war. Er hat die Form des ↗„Offenen Walzers". Seine Tanzweise steht allgemein im 6/8-Takt. In manchen Orten wurde zur Hulanerweise der ↗Banei, ein Zweischrittdreher, getanzt. Manchmal wurde zum Tanz das Lied von den Hulanen (Ulanen = Lanzenreiter) gesungen, daher der Name des Tanzes. In Nordböhmen heißt ein ähnlicher Volkstanz Hulán.

Lit.: *Waldau, A.:* Böhmische Nationaltänze, Bd. 1, 1859, S. 25 f. *Cunz, R.:* Deutsches Volkstanzbuch, 1938, 1944, S. 87 f. *Horak, K.:* Volkstänze aus d. schwäbischen Türkei, Deutsche Volkstänze, 1935, H. 29, S. 4/5. *Horak, K.:* Der Volkstanz in d. schwäbischen Türkei, in: Deutsches Archiv f. Landes- u. Volksforschung, Jg. 2, 1938, H. 4, S. 842 f. *Horak, K.:* Donauschwäbische Volkstänze, 1954, S. 13. *König, A.:* Alte Volkstänze aus

Nordböhmen, 1955, S. 7. *Fladerer, O.:* Deutsche Volkstänze, 1957, H. 3, S. 6 f.

Hulki-Tanz. ↗Indischer Tanz, ein Geselligkeitstanz, der von Burschen und Mädchen ausgeführt wird. Nach dem Segen des Dorfpriesters bilden sie eine lange Reihe, die sich in schnellen Schrittbewegungen in unterschiedlichen Formationen vor- und zurückbewegt, dann spiralförmig zusammenrollt, wieder auseinanderschwingt, sich zu einem großen Kreis schließt und dann in schlangenförmigen Linien auflöst.

Lit.: *Rebling, E.:* Die Tanzkunst Indiens, 1981, S. 77.

Hummel, Johann Nepomuk. Komponist, geb. 14. November 1778 in Preßburg, gest. 17. Oktober 1837 in Weimar, Schüler W. A. ↗Mozarts. Er galt zu seiner Zeit mehrfach als der bedeutendste Walzerkomponist. Die ↗Walzer schrieb er vor allem für Klavier und fügte sie in ganzen Folgen (Ketten) aneinander. Außerdem komponierte er fünf ↗Ballette, darunter das im Jahre 1807 in Wien aufgeführte Ballett „Helena und Paris" von ↗Coralli.

Lit.: *Zimmerscheid, Dieter:* Thematisches Verzeichnis d. Werke v. Johann Nepomuk Hummel, 1971.

Humphrey, Doris. Amerikanische Tänzerin, ↗Choreographin und Lehrerin, geb. 17. Oktober 1895 in Oak Park, Illinois, gest. 29. Dezember 1958 in New York. Sie studierte an der Francis W. Parker School in Chicago. 1913 begann sie ↗Gesellschaftstanz zu lehren, und von 1917 bis 1928 tanzte sie bei der ↗Denishawn-Gruppe, bereiste den Orient, wobei sie die Tänze der Hindus, Siamesen und Japaner kennenlernte. 1928 gründete sie eine Schule mit ihrem Partner Charles ↗Weidman. Von 1920 an schuf sie viele Choreographien. Als eine der bedeutendsten Persönlichkeiten der modernen amerikanischen Tanzbewegung war sie eine kompromißlose Anhängerin der Ideen von Isadora ↗Duncan. Sie schrieb: The Art of Making Dances, New York 1959; New Dance, in: Dance Perspectives 25.

Lit.: *Terry, W.:* The Dance in America, New York 1956, S. 93 ff. *Cohen, S. J.:* An Artist First, Middletown (Conn.) 1972.

Hungertanz. Bayrischer ↗Hochzeitstanz. Er wird vor dem Hochzeitsmahl getanzt, daher der Name. Mit ihm wird die Hochzeitstafel durch die Brautleute eröffnet. Vor Beendigung dieses Tanzes, bei dem sich die Partner schon so zusammenfinden, wie sie den ganzen Tag beisammen bleiben, darf nichts gegessen und getrunken werden.

Lit.: *Böhme, F. M.:* Geschichte d. Tanzes in Deutschland, 1886.

Hupfauff. Volkstümlicher deutscher ↗Springtanz aus der Zeit des 16. Jh. Die Italiener nannten ihn ↗Saltarello tedesco oder ↗Quaternaria. Als ↗Nachtanz folgte er meist der geschrittenen deutschen ↗Allemande und stand als solcher im Tripeltakt. Seinen Namen finden wir erstmals im Jahr 1536 in einer Tabulatur von Newsidler erwähnt. Zur Zeit Shakespeares war er in England als ↗Up spring bekannt.

Schmidt, Orgeltabulatur, Straßburg 1577

Hupfauff

Lit.: *Böhme, F. M.:* Geschichte d. Tanzes in Deutschland, 1886. *Sachs, C.:* Eine Weltgeschichte d. Tanzes, 1933. *Plaschil, H.:* Bodenständiges u. fremdes Kulturgut in unseren Tänzen im Laufe d. Geschichte, 1946, S. 120.

Hupfer (auch ↗Rutscher genannt). ↗Deutscher Volkstanz, der in Thüringen und im Vogtland beheimatet war und dem ↗Galopp entsprach.

Lit.: *Böhme, F. M.:* Geschichte d. Tanzes in Deutschland, 1886, S. 204. *Horak, K.:* Tiroler Volksmusik, in: Jahrbuch d. österreichischen Volksliedwerkes, Bd. 11, 1962, S. 184.

Hupferter. ↗Deutscher Volkstanz aus dem Spessart, eine Polka-Mazurka Form.

Lit.: *Au, H. v. d.:* Volkstänze aus d. Spessart, in: Deutsche Volkstänze, H. 39/40, 1938.

Hupferts-Vogel (auch Hopfenvogel genannt). ↗Deutscher Volkstanz, ein ↗Zwiefacher. Sein eigenartiger Rhythmus ist durch den metrischen Wechsel im Abstand von zwei Takten – 3/4-Takt ↗Walzer, 2/4-Takt ↗Dreher – gegeben.

Lit.: *Junk, V.:* Die taktwechselnden Volkstänze, 1938, S. 41. *Zoder, R.:* Hupferts-Vogel, Vogel, hupf auf u. Hoppich, in: Das deutsche Volkslied, Jg. 42, 1940, H. 7/8, S. 66 ff.

Hupfwalzer (auch Hüpfwalzer) ist eine im ↗deutschen Volkstanz beliebte Walzerform, die von den Paaren mit Drehungen, Hopsern und Hüpfschritten ausgeführt wird.

Lit.: *Schultz, W.:* Deutsche Paartänze, 1927. *Goldschmidt, Ae.:* Handbuch d. deutschen Volkstanzes, 1967.

Huppleken. ↗Schwedischer Volkstanz, eine alte Form eines ↗Hochzeitstanzes. Dieser in seiner Art würdige und elegante Tanz wird von einer beliebigen Zahl von Paaren ausgeführt.

Lit.: *Salvén, E.:* Dances of Sweden, 1949, S. 35 ff.

Aus Dalekarlien

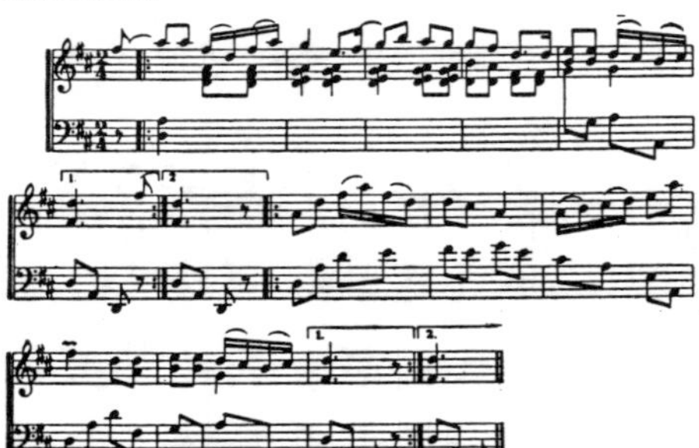

Hura. Dieser Tanz auf Tahiti wurde von den Verwandten der besiegten Krieger, die in der Schlacht fielen, aufgeführt. Der Tanz feierte den Frieden. Dargestellt wurde er von Mädchen in bunt geschmückten Kleidern. In seiner pantomimischen Ausführung ähnelt er dem ↗Hula auf Hawaii.

Lit.: *Dean, Beth:* South Pacific Dance, 1978, S. 100.

Hurok, Solomon. Russisch-amerikanischer Ballettmanager, geb. 9. April 1888 in Pogar, gest. 5. März 1974 in New York. Er kam 1906 nach New York. Viele berühmte Tänzerinnen und Tänzer wie A. ↗Pawlowa, I. ↗Duncan, M. ↗Wigman und andere hat er gemanagt. Als Schriftsteller verfaßte er die Bücher: Col. W. de Basil's Ballets Russes de Monte Carlo und The World of ballet, London 1955.

Lit.: *Maynard, O.:* Solomon Hurok at 85, in: Dance Magazine, Mai 1973. *Kupferberg, H.:* Solomon Hurok. Dead at 85, in Dance News, April 1974.

Hus. Name einer Tänzerfamilie, deren Mitglieder als ↗Ballettmeister, ↗Choreographen und Lehrer während des 18. und 19. Jh. in Europa wirkten. **Jerôme Hus** war um 1763 ↗Tanzmeister in Lyon. **Pietro Hus** war Direktor der Ballettschule von San Carlo in Neapel, als sie 1812 gegründet wurde. **Jean-Baptiste Hus** (1733–1805) wurde Tänzer und Choreograph an der Oper in Paris und Ballettmeister am Théâtre Français. Er war Schüler von L. ↗Dupré. Das bekannteste Mitglied der Familie Hus war der 1758 in Brüssel geborene und daselbst 1823 gestorbene **Eugène.** Er wirkte unter dem Namen seines Lehrers Pierre-Louis Stapleton und wurde 1815 Direktor und Gründer des Balletts des Théâtre de la Monnaie in Brüssel. **August Hus** wirkte in den Jahren 1839 bis 1840 und 1842 bis 1844 als Ballettmeister am k. k. Hoftheater nächst dem Kärntnertor in Wien und schuf mehrere ↗Ballette. 1852 wurde er Nachfolger Carlo ↗Blasis' in Mailand, wo er 1866 starb.

Lit.: *Winter, M. H.:* The Pre-Romantic Ballet, 1974.

Husička ↗Strašak.

Husitská (Hussitentanz). Tschechischer Volkstanz aus Böhmen. Von diesem Tanz sind nur die Melodien bekannt. Eine Aufzeichnung der Tanzfiguren ist nicht erhalten, doch läßt sich aus den Tanzmelodien ersehen, daß es sich um einen ernsten, feierlichen Tanz religiösen Charakters aus der Hussitenzeit gehandelt hat. (↗Tschechische Volkstänze)

Lit.: *Waldau, A.:* Böhmische Nationaltänze, 1860, Bd. 2, S. 20 ff. *Czerwinski, A.:* Brevier d. Tanzkunst, 1879, S. 79.

Huttanz. Bezeichnung eines alten ↗deutschen Volkstanzes, der bis ins 19. Jh. in Bayern, Schwaben und in Salzburg in verschiedenen Formen getanzt wurde. Die übliche Form bestand darin, daß die Paare unter einem gespannten Seil, auf welchem ein mit Bändern geschmückter Hut lag, durchtanzen mußten. Plötzlich wurde ein Schuß abgefeuert, die Paare standen still, der Hut wurde herabgelassen und dem Tänzer zuteil, der sich mit seinem Kopf gerade unter dem Hut befand. Der Tanz darf nicht verwechselt werden mit dem ↗Hüttanz, dem ↗Hüatltanz und dem ↗Huet-Tanz.

Lit.: *Böhme, F. M.:* Geschichte d. Tanzes in Deutschland, 1886. *Horak, K.:* Tiroler Volkstanzbuch, 1974, S. 73.

Hylas. Bedeutender ↗Pantomime aus dem Rom der Kaiserzeit. Er stammte aus Salmacis in Karien.

Lit.: *Friedländer, L.:* Sittengeschichte Roms, 1934, S. 526.

Hypogypones ↗Gypones.

Hyporchema. Religiöses Tanzlied der griechischen Antike, kretischen Ursprungs. Das Hyporchema war eine Kombination von Instrumentalmusik, Gesang, Tanz und ↗Pantomime und wurde vor allem zu Ehren des Zeus und des Apollo getanzt und gesungen, aber auch im Dienste des Gottes ↗Dionysos verwendet. Im Gegensatz zum ↗Päan hatte es rasche Bewegungen mit lebhaftem, die mythische Handlung der Dichtung nachbildendem Mienen- und Gebärdenspiel. Das Lied wurde von einem Vorsänger vorgetragen, meist dem Dichter selbst, während der Chor nur tanzte. Eine besondere Rolle spielte das Hyporchema bei den Tanzfesten auf der Insel Delos. (↗Griechischer Tanz)

Lit.: *Weege, F.:* Der Tanz in d. Antike, 1926, S. 60. *Koller, H.:* Die Mimesis in d. Antike, 1954, S. 166. *Lawler, L. B.:* The Dance in Ancient Greece, 1964.

I

Iba-Tanz. ↗Kulttanz aus dem alten Ägypten, der bei den Totenfeiern von Mädchen ausgeführt wurde. Der Tanz, einfach und würdevoll in seiner Darstellung, kam auch in verschiedenen Varianten bei anderen Anlässen, so bei feierlichen Prozessionen zur Ausführung. (↗Ägyptischer Tanz)

Lit.: *Brunner-Traut, E.:* Der Tanz im alten Ägypten, 1938, S. 14.

Ibert, Jacques. Französischer Komponist, geb. 15. August 1890 in Paris, gest. 6. Februar 1960 ebendort. Er schrieb folgende ↗Ballette: „Les Rencontres", für B. ↗Nijinska, Paris 1925; „Le Chevalier Errant", Ballett mit Rezitation und Chor, Paris 1934 bis 1951; „Diane de Poitiers", für ↗Fokine, Paris 1934; „Gold Standard", für Ruth ↗Page, Chicago 1934; „Les Amours de Jupiter", für R. ↗Petit, Paris 1947; „La Ballade de la Geôle de Reading", für ↗Etchevery, Paris 1947; „Escales", für S. ↗Lifar, Paris 1948. Außerdem schrieb er die Musik zu dem Film von Gene ↗Kelly „L'Invitation à la danse", 1952.

Ichimbwasa. ↗Afrikanischer Tanz aus Rhodesien, gebräuchlich beim Bantuvolk zu Ehren der Mädchenweihe. Ausgeführt wird er von zwei älteren Frauen in der Mitte eines Kreises singender Mädchen. Männer beteiligen sich daran nicht. Die Tanzbewegungen sind sehr einfach und ohne jede Mimik.

Icila-Dance. ↗Afrikanischer Tanz aus Sambia. Aus je einem Halbkreis der Männer und Frauen wird ein ganzer Kreis gebildet. Zuerst tanzen einzelne Männer Kreise und Kurven innerhalb ihres Halbkreises. Ein Mann tanzt hierauf in den Halbkreis der Frauen hinüber und fordert eine Frau zum Tanz auf, welche aber dann nicht allein tanzt, sondern von den anderen Frauen begleitet wird. Diese Frauen tanzen sodann in Kreisform um den Mann herum, und zwar innerhalb des Halbkreises der Frauen.

Lit.: *Jones, A. M.-Konche, L.:* The Icila Dance Old Style: A Study in African Music and Dance of the Lala Tribe of Northern Rhodesia, 1952.

Idzikowski, Stanislas. Polnischer Tänzer, geb. 13. Februar 1894 in Warschau, gest. 12. Februar 1977 in einem Altersheim in der Nähe Londons. Er kam aus der Schule Enrico ↗Cecchettis. Als Partner Anna ↗Pawlowas in den Jahren von 1910 bis 1914 und als Solist der ↗Ballets Russes ↗Diaghilews bis 1926 galt er als einer der besten Interpreten romantischer Charakterrollen und als einer der besten Tänzer der Welt. 1933 übersiedelte er nach England, tanzte beim ↗Vic-Wells Ballet und wurde in London ein berühmter Ballettpädagoge. Mit Cyril W. ↗Beaumont veröffentlichte er eine Abhandlung über Cecchettis Tanzmethode: „A Manual of Classical Theatrical Dancing", 1922.

Lit.: *Beaumont, C.:* The Art of Stanislas Idzikowski, London 1926.

Iedera. ↗Rumänischer Volkstanz, ein Männertanz aus dem östlichen Banat. Am Fuße des Karpartengebirges liegt der Ursprung des Tanzes, von wo aus er sich in mehreren Formen verbreitet hat. Die einzelnen Formen unterscheiden sich vor allem in den Tanzbewegungen. Manchmal sind sie klein und schnell, ein andermal wieder weit und kräftig. Die Aufstellung erfolgt im Halbkreis oder in einer Linie, die Arme ruhen auf den Schultern.

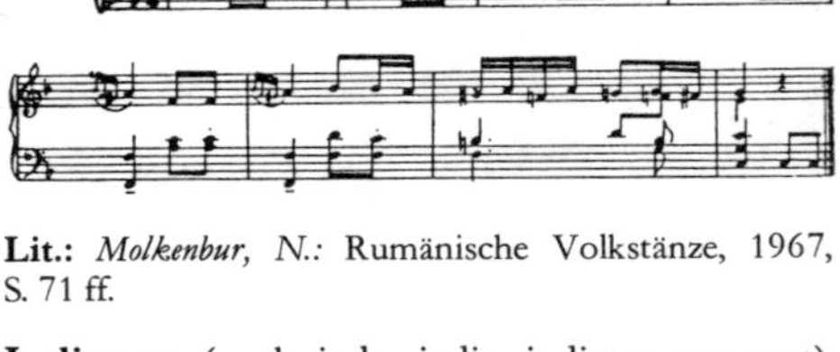

Lit.: *Molkenbur, N.:* Rumänische Volkstänze, 1967, S. 71 ff.

Igdismos (auch igde, igdis, igdisma genannt). Antiker ↗griechischer Tanz. Er wurde von den

Athenern aus Kleinasien eingeführt. Seine Ausführung geschah in einem Drehen der Hüften und des Hinterteils in der Manier eines Stößels in einem Mörser (Mörsertanz). Eine besondere Figur dieses komisch-lasziven Tanzes war eine Biegung des Körpers nach allen Richtungen, ↗Lygismos genannt.

Lit.: *Lawler, L. B.:* A Mortar Dance, in: Classical Journal, Jg. 43, 1947, S. 34. *Lawler, L. B.:* Ladles, Tubs, and the Greek Dance, in: American Journal of Philology, vol. 71, 1950, S. 70 ff. *Roos, E.:* Die tragische Orchestik im Zerrbild d. altattischen Komödie, in: Kunigl. Vitterhets Historie och Antikvitets Akademiens Handlingar, Del. 78, 1951, S. 21 ff. *Lawler, L. B.:* The Dance in Ancient Greece, 1964.

Igltanz ↗Nigltanz.

Igra na dvamina. ↗Bulgarischer Tanz aus Pirin. Dieser alte Tanz aus den Bergen hat eine eigenartige Form, die vermutlich auf alte Umzugsbräuche zurückgeht. Die Paare gehen mit vorgestreckten Armen, ohne einander anzufassen, hintereinander und tanzen dem führenden Paar nach. Auf Zuruf können Reihen gebildet werden, die aufeinander zutanzen. Die Paare können die Plätze wechseln oder andere Figuren tanzen. Die Tanzmelodie steht im 3/4-Takt.

Lit.: *Schmolke, A.-Langhans, H.:* Europäische Tänze, H. 12, 1974, S. 14 f.

Ikariotikos. Neugriechischer Volkstanz aus Ikaria, der Insel, die durch ihre Heilquellen bekannt ist. Der Tanz, von Tänzer und Tänzerinnen ausgeführt, ist ein Liebestanz, der die heilspendende Kraft der ikarischen Quellen zum Ausdruck bringen soll. Seine musikalische Grundlage bildet ein frohes Tanzlied. Die Aufstellung erfolgt im Halbkreis, Tänzer und Tänzerin abwechselnd. Mit den herabhängenden Armen fassen sie einander bei den Händen. (↗Griechischer Tanz, ↗Sousta)

Lit.: *Schmolke, A.-Langhans, H.:* Europäische Tänze, Heft 6, 1959, S. 30 f.

Impekoven, Niddy. Deutsche Tänzerin, geb. 2. November 1904 in Berlin. Sie trat bereits mit sechs Jahren als Tänzerin auf und studierte später bei Heinrich ↗Kröller. Mit 16 Jahren war sie bereits Solotänzerin am Frankfurter Opernhaus. Sie selbst schildert ihren Werdegang in dem Buch „Die Geschichte eines Wunderkindes", Zürich 1955.

Lit.: *Frentz, H.:* Niddy Impekoven u. ihre Tänze, 1929. *Böhme, F.:* Der Tanz u. seine Gestalter, in: Der Auftakt, Jg. 10, 1930, H. 2, S. 37 ff. u. H. 3, S. 80 ff. *Frentz, H.:* Weg u. Entfaltung Niddy Impekovens, Leipzig 1933.

Imperial (L'Impériale). Dieser um die Mitte des 19. Jh. in Paris erfundene ↗Gesellschaftstanz stellt eine Mischung von Contratanz- und Mazurkaschritten dar. Der Tanz im gemäßigten 4/4-Takt wurde als ↗Paartanz ausgeführt. Bereits um 1870 war er wieder aus der Mode gekommen. (↗Spacir)

Lit.: *Klemm, B.:* Katechismus d. Tanzkunst, 1855/1887. *Anonym:* Die Tanzkunst u. d. Tänze, 1877, S. 18 f. *Böhme, F. M.:* Geschichte d. Tanzes in Deutschland, 1886.

Imperial Society of Teachers of Dancing. Organisation für Lehrer des ↗Gesellschaftstanzes und anderer Tänze des britischen Königreiches. Sie ist die größte dieser Art. 1904 wurde sie gegründet, 1924 schloß sich ihr die ↗Cecchetti Society und 1951 die Greek Dance Association an.

Imperticata (Stocktanz). Alter neapolitanischer Tanz aus der Gegend von Buonpane (Ischia). Er ist dem ↗Schwerttanz ähnlich und wird nur von Männern getanzt, die entweder Degen oder auch nur blumengeschmückte Stöcke in den Händen halten. Er wird auch Intrezzata, der verschlungene oder verwobene Tanz genannt. Zur Karnevalszeit tanzen ihn maskierte Männer gerne unter dem Fenster der Geliebten. In Messina heißt er „ballo alla scherma" (Fechttanz) und wird dort mit hölzernen Schwertern ausgeführt. Die Tanzbegleitung besteht meist aus einer Flöte und einer kleinen Trommel mit Glöckchen. (↗Ndrezzata, ↗Reiftanz, ↗Stocktanz)

Lit.: *Müllenhoff, K.:* Zum Schwerttanz, in: Zeitschrift f. Deutsches Altertum, Bd. 18, 1875, S. 9 ff. *Wolfram, R.:* Schwerttanz u. Männerbund, 1935, S. 72. *Galanti, B.:* Dances of Italy, 1950, S. 14.

Inbal. Name des Nationalballetts und Tanztheaters von Israel. Es wurde 1950 von S. Levi-Tanai gegründet. Seine ursprüngliche Bestimmung war, die Tänze und Lieder der jemenitischen Minderheit, die nach 1945 aus dem Jemen nach Isreal zurückkehrte, zu erhalten. Die von S. Levi-Tanai choreographierten Tanzszenen (die bekannteste Produktion ist „Die jemenitische Hochzeit") zeigen vielfältige Stilformen, die durch Elemente aus dem Orient, aus Afrika und westliche Einflüsse charakterisiert sind. 1957 trat das Ensemble erstmals in London, 1958 in New York und 1968 in der Bundesrepublik Deutschland auf. 1976 wurde Shlomo Haziz zum Direktor der Truppe ernannt. Das hebräische Wort „Inbal" bedeutet Glockenklöppel.

Lit.: *Ingber, J. B.:* Inbal Dance Theatre, in: Dance Magazine, November 1973. *Manor, G.:* Inbal – Quest for a Movement Language, Israel 1975.

Indianischer Tanz. Im Leben der indianischen Ureinwohner des amerikanischen Kontinents (Nord-, Mittel- und Südamerika) spielt der Tanz eine wichtige Rolle. Der Indianer tanzt zu allen bedeutenden Ereignissen seines Lebens. Die Tänze sind stammeseigen und meist Hauptinhalt und Bestandteil kultischer Zeremonien. Der Indianer beschwört im Tanz seine Gottheiten bei Krankheit, Krieg und Tod, für Wachstum, eine gute Jagd, er begleitet tanzend die Jünglings- und Mädchenweihen. Umfang und Stil der verschiedenen Tänze hängen von der Größe des Stammes ab. Die vielen Stämme zeigen in ihren Kulten und Praktiken zwar ein gemeinsames Erbe, doch hat jeder Stamm sein kulturelles Eigenleben. Stärker als in Nordamerika sind in Mittel- und Südamerika die indianischen Ureinwohner von den europäischen Eroberern beeinflußt worden und kulturell verschmolzen. So kamen verschiedentlich auch neue Tänze dazu, die in die uralten Zeremonien Eingang gefunden haben. Neben den zeremoniellen Tänzen gibt es auch wenige, die bei gesellschaftlichen Ereignissen, wie z. B. Wettkämpfen, Theater- und Festvorstellungen zur Aufführung kommen. Heute wird der Tanz der Indianer vielfach auch nur zu einem Programm für touristische Veranstaltungen und zu einer reinen Schaustellung. Trotzdem aber hat sich der indianische Tanz in vielen Inseln konservativer Stämme in seinen traditionellen Formen und Zeremonien erhalten. (↗Naturvölker, ↗Acatlaxque, ↗Buffalo-Tanz, ↗Ciriwanu, ↗Danza para trenzar, ↗Eremo, ↗Gâhan, ↗Gaiuwa, ↗Ghost-dance, ↗Guavacan, ↗Joacátanz, ↗Mitotetanz, ↗Nimongarai, ↗Ras Leela, ↗Rutuburi, ↗Tablita, ↗Tungshare, ↗Yandewa, ↗Yéibichai)

Lit.: *Bourke, J. G.:* The Snake-Dance of the Moquis of Arizona, 1884. *Mooney, J.:* The Ghost-Dance Religion and the Sioux Outbreak of 1890, Washington 1896. *Stumpf, C.:* Phonographierte Indianermelodien, in: Vierteljahrsschrift f. Musikwissenschaft, Jg. 8, 1892, S. 127 ff. *Hough, W.:* The Moki Snake Dance, 1898. *Fewkes, F. W.:* Hopi Basket Dances, in: The Journal of American Folk-Lore, vol. XII, No. XLV, 1899, S. 81 ff. u. in: Journal of American Ethnology and Archaeology, vol. I/II, 1891 und in: American Anthropologist, vol. XI, u. neue Ser. Vol. II. *Dorsey, G. A.:* The Arapaho Sun Dance: the Ceremony of the Offerings Lodge, Chicago 1903 (Museum, Field Columbian, of Natural History, Anthropological Series, vol. 4). *Koch-Grünberg, Th.:* Die Maskentänze d. Indianer d. oberen Rio-Negro u. Yapura, in: Archiv f. Anthropologie, N. F., Bd. 4, 1906, S. 293 ff. *Preuß, K. Th.:* Der Mitotetanz d. Coraindianer, in: Globus, Bd. 90, 1906, Nr. 5, S. 69 ff. *Speck, F. G.:* Ethnology of the Yuchi Indians, in: Anthropological Publications of the University Museum, vol. I, No. 1, Philadelphia 1909, S. 124 ff. *Barrett, S. A.:* The Dream Dance of the Chippewa and Menominee Indians of Northern Wisconsin, in: Bulletin of the Publ. Museum Milwaukee, vol. I, Art. IV, 1911. *Friedenthal, A.:* Musik, Tanz u. Dichtung bei d. Kreolen Amerikas, 1913, S. 199 ff. *Goddard, P. E.:* Dancing Societies of the Sarsi Indians, in: Anthropological Papers of the American Museum of Natural History, vol. 11, 1914. *Karsten, R.:* Indian Dances in the Gran Chaco, in: Ofversigt af Finska Vetenskaps Societetens Förhanlinger 57/Afd., Bd. 6, Helsingfors 1914/15. *Fletscher, A. G.:* Indian Games and Dances, 1915. *Spier, L.:* The Sun Dance of the Plains Indians; Its Development and Diffusion, in: Anthropological Papers of the American Museum of Natural Hist. 16, New York 1921. *Parson, E.:* The Hopi Buffalo Dance, in: Man 13, 1923. *Fehlinger, H.:* Tänze d. Indianer Nordamerikas, in: Der Erdball, Jg. 2, 1928, H. 10, S. 378 ff. *Kunicke, H.:* Die Schlangentänze d. Hopi, in: Der Erdball, Jg. 2, 1928, H. 1, Nr. 1, S. 18 ff. *Michelson, Tr.:* Notes on the Buffalo-Head, in: Smithsonian Institution Bureau of American Ethnology, Bulletin 87, 1928. *Snethlage, H.:* Der Tanz d. Kröte Cururú, in: Der Erdball, 1928, Nr. 10, S. 384. *Michelson, Tr.:* Observations on the Thunder Dance of the Bear Gens of the Fox Indians, in: Bureau of American Ethnology, Bulletin 89, 1929. *Buttree, J. M.:* The Rhythm of the Redman, in: Song, Dance and Decoration, 1930. *Fergusson, E.:* Dancing Gods. Indian Ceremonials of New Mexico and Arizona, 1934. *Pospisil, F.:* The Hoop Dance among European Peoples and North American Indians, in: Congrès int. des Sciences Anthropologiques et Ethnologiques, Londres 1934. *Herzog, G.:* Plains Ghost Dance and Great Basin Music, in: American Anthropologist, 37, 1935, S. 403 ff. *Spier, L.:* The Prophet Dance of the Northwest, 1935. *Drucker, Ph.:* Kwakiutl Dancing Societies, in: Anthropological Records, vol. II, 1938/40, 1941. *Stockmayer, H.:* Die Tänze d. Ackerbaujahres bei d. Naturvölkern, Diss. Wien 1944. *Helfritz, H.:* Musik u. Tanz bei einem Indianerfest im nördlichen Chile, in: Das Musikleben, Jg. 4, 1951, H. 3, S. 75 ff. *Prokosch-Kurath, G.:* Local Diversity in Iroquois Music and Dance, Washington 1951. *Speck, F. G.-Broom, L.:* Cherokee Dance and Drama, 1951. *Fenton, W. N.:* The Iroquois Eagle Dance an Offshoot of the Calumet Dance, in: Smithsonian Institution Bureau of American Ethnology, Bulletin 156, 1953, S. 1 ff. *Prokosch-Kurath, G.:* An Analysis of the Iroquois Dance and Songs, in: Smithsonian Institution Bureau of American Ethnology, Bulletin 156, 1953, S. 223 ff. *Smith, F.:* The Appalachian Square Dance, 1955. *Prokosch-Kurath, G.:* Game Animal Dances of the Rio Grande Pueblos, in:

Southwestern Journal of Anthropology, vol. 14, 1958, S. 438 ff. *Barreto, F.:* Danzas indigenas del Brasil, 1960. *Dietschy, H.:* Notes à propos des danses des Carajá „Pas de deux", amitié formelle et prohibition de l'inceste, 1960. *Kurath, G.:* American Indian Dance in Ritual and Life, in: The Folkorist, vol. 6, 1961, No. 4, S. 428 ff., vol. 6, No. 6, S. 479 ff., vol. 7, 1961/62, No. 1, S. 8 ff., vol. 7, No. 2, S. 41 ff., vol. 7, No. 3, S. 70 ff. *Kurath, G.:* Modern Pan-Indian Dances and Songs, in: Folk Musician and Singers, vol. 8, 1963, No. 1, S. 4 ff. *Marti, S.-Kurath, G.:* Dances of Anáhuac. The Choreography and Music of Precortesian Dances, Werner-Gran Foundation 1964. *Prokosch-Kurath, G.:* Iroquois Music and Dance: Ceremonial Arts of Two Seneca Longhouses, in: Smithsonian Institution Bureau of American Ethnology, Bulletin 187, 1964. *Wright, B.:* Kachinasi a Hopi Artist's Documentary, 1974. *Dean, B.:* South Pacific Dance, 1978, S. 24 ff. *Behague, G.:* South American Masked Dances; an Overview, in: The World of Music, vol. XXII, 1980, No. 1, S. 23 ff.

Indischer Tanz. In Indien hat der Tanz schon von frühester Zeit her große Bedeutung und Vollendung erreicht. Eines der Zeugnisse dieser uralten Tradition des Tanzes in Indien ist das bei Ausgrabungen in Mohendscho-Daro gefundene tanzende Mädchen in Bronze aus der Zeit 2500 v. Chr. Der Tanz ist in Indien von alters her ein Teil des Gottesdienstes. Der Inder, der bei der Anbetung seiner Gottheit tanzte, verlor sich vollständig im Tanz und schöpfte Kraft und Anregung aus ihm. Den Ursprung des Tanzes suchte man bei den Göttern. Die Götter, so glaubte man, tanzten vor Freude, aus Ärger und im Siegesrausch. Die Welt selbst ist durch den kosmischen Schöpfungstanz des Gottes ↗Schiwa erschaffen worden. Schiwa wurde in vielerlei Gestalt gefeiert, doch besonders als Nataraja (Nataradscha), als König der Tänzer. Im Laufe der Zeit ist die einst so hohe indische Tanzkunst, der Könige und Maharadschas huldigten, verfallen. Um die Wende zum 20. Jh. begann man, angeregt von Kreisen einflußreicher Intellektueller, an deren Spitze Rabindranath Tagore stand, dem Verfall der alten indischen Tanzkunst entgegenzutreten und sie wieder zu beleben. Vier Schulen des klassischen indischen Tanzes gibt es heute: ↗Kathak und ↗Manipur im Norden, ↗Bharat Natjam und ↗Kathakali im Süden. Die indischen Tänze sind dramatisch-pantomimisch. Jede Bewegung des Kopfes, der Augen und vor allem der Hände hat ihre besondere Bedeutung (↗Gebärdentänze). Bekannt sind die ↗Mudras, die Hand- und Fingerhaltungen, deren System bis in die kleinsten Details ausgearbeitet ist. Nach indischer Auffassung ist der Tänzer gleich einer Puppe ein Werkzeug in den Händen der Götter. Neben der klassischen Tanzkunst gibt es in Indien viele ↗Volkstänze. Sie sind der natürliche Kunstausdruck der einfachen Bevölkerung in den Dörfern. Unerschöpflich ist der Reichtum der Variationen in Form und Rhythmus dieser Tänze, die sich nach Ländern, Berufen und Kasten unterscheiden. Besonders eindrucksvoll sind die rituellen Tänze der Stammesvölker. Alles versteht das Volk durch den Tanz auszudrücken, Glaube und Unglaube, Glück und Sorgen, den ganzen Pulsschlag seines Lebens und Schaffens. (↗Ango-kazu, ↗Bajadere, ↗Bhangra, ↗Boul-Tänze, ↗Chawliga-Tanz, ↗Chhau-Tänze, ↗Chirava, ↗Dewadasi, ↗Dhali-Tanz, ↗Garba-Tanz, ↗Gaur-Tanz, ↗Ghudla-Tanz, ↗Gidda-Tanz, ↗Gusaritanz, ↗Hulki-Tanz, ↗Jakschagana, ↗Jher-Tanz, ↗Jhumar-Tanz, ↗Kadawi, ↗Kala-Tanz, ↗Karama-Tanz, ↗Kargam-Tanz, ↗Kathi-Tanz, ↗Kutschipudi, ↗Lasja, ↗Maigainai-Tanz, ↗Malhar-Tanz, ↗Mandri-Tanz, ↗Mango-Tanz, ↗Nakta-Tanz, ↗Nanu-Tanz, ↗Nautchtänze, ↗Odissi-Tanz, ↗Padhar-Tanz, ↗Pak-don, ↗Pazutawla-Tanz, ↗Raas-Lila, ↗Raibenshe-Tanz, ↗Sakhrau-li Tanz, ↗Sarhul-Tanz, ↗Schaltanz, ↗Sua-Tanz, ↗Supda-Tanz, ↗Suta-Lam, ↗Tandawa, ↗Thang Haiba, ↗Thang-ta, ↗Tipri-Tanz, ↗Valar-Tanz)

Lit.: *Raghunathji, K.:* Bombay Dancing Girls, in: The Indian Antiquary, Journal of Oriental Research, vol. 13, Bombay 1884, S. 165 ff. *Coomaraswamy, Ananda:* Mirror of Gesture. Cambridge, Harvard University Press 1917. *Hagemann, C.:* Spiele d. Völker, Berlin 1921, S. 37, 58 ff., 93. *Bloch, St.:* Dancing and the Drama East and West, in: Orientalia, New York 1922. *Coomaraswamy, Ananda:* The Dance of Siva. New York 1924. *Stern, Ph.:* Sur le danses de Java, de l'Indochine et de l'Inde, in: Revue Musicale, Jg. 5, Nr. 4, Februar 1924, S. 110 ff. *Poduval, R.:* The Art of Kathakali, 1933. *Narayasvamin, N. B.-Srinivaslulu, N. P.-Venkatarangyya, P. O.:* Tandava Laksanam or the Fundamentals of Ancient Hindu Dancing, Madras 1936. *La Meri* (pseud. Hughes, Russel Meriwether): The Gesture Language of the Hindu Dance, New York 1941. *Stockmayer, H.:* Die Tänze d. Ackerbaujahres bei d. Naturvölkern, Diss. Wien 1944. *Chatterjee, M. Bh. S.:* The Art Hindu Dance, Calcutta 1945. *Banerji, Projesh:* Dance of India, Allahabad 1947. *Roudanez, Loulou:* La danse hindoue: Niota Ingyoka, 1947. *Venkatachalam, G.:* Dance in India, Bombay 1947. *Ayyangar, C. R. Srinivasa:* Indian Dance, Madras 1948. *Row, Leela:* Nrittamanjari, Calcutta, Indian Society of Oriental Art, 1948. *Spreen, H.:* Folk Dances of South India, London 1948. *Baké, A.:* Indian Folk Dances, in: Journal of the Int. Folk Music Council, vol. I., 1949, S. 47 f. *Ambrose, K.:* Classical Dances and Costumes of India, 1950. *Ram Gopal:* Indian Dancing, Bombay 1951, London 1951/3. *Zoete, Beryl de:* The Other Mind. A Study of Dance and Life in South India, 1953. *Bowers, F.:* The Dance in India, New York 1953, London 1954. *Gopinath:* Classical Dance Poses in India, Madras 1955. *Iyer, K. Bh.:* Kathakali, London 1955. Folk Dances of India, New Delhi 1956–59. *Louis, F.:* La danse sacrée de l'Inde, Paris 1957. *Nandikeśvara:* A Manual of Gesture and Posture Used in Hindu Dance and Drama, Calcutta 1957. *Bonn, G.:* Kathakali, in: Christ u. Welt, Jg. 11, Nr. 12, Stuttgart 1958, S. 13 f. *Gargi, B.:* Theater u. Tanz in Indien, 1960. *Das, Minati:* A Study in Hand Gestures, Diss. Marburg 1961. *Ragini, Devi:* Dances of India, Calcutta 1962. *Khokar, Mohan:* Devil Dancers of Malabar (India), in: The Folklorist, vol. 7., 1962, No. 5, S. 110 ff. *Kollin, E. M.:* Tanz in Indien, in: Atlantis, Nr. 11, 1963. *Bhavnani, E.:* Dance in India, Bombay 1965. *Kallianpurkar, M. S.:* Tänze v. Uttar-Pradesh, in: Beiträge zur Musikwissenschaft, Jg. 8, 1966, H. 2, S. 135 ff. *Srinivasan, R.:* Kathakali, das Tanzdrama aus Kerala, in: Beiträge zur Musikwissenschaft, Jg. 8, 1966, H. 2, S. 132 ff. *Singha, R.-Massey, R.:* Indian Dances. London 1967. *Sequira, A. R.:* Klassische indische Tanzkunst u. christliche Verkündigung. Eine vergleichende religionsgeschichtlich-religionsphilosophische Studie. Diss. München 1970 (Freiburger theol. Studien 109, Freiburg 1978). *Kothari, S.:* Symbolism in Indian Dance, in: The World of Music, vol. XX, 1978, No. 3, S. 70. *Kothari, S.:* The Use of Maskes in Indian Dances and Dance Dramas, in: The World of Music, vol. XXII, 1980, No. 1, S. 89 ff. u. in: Neue Zeitschrift f. Musik, Jg. 142, 1981, S. 564 ff. *Rebling, E.:* Die Tanzkunst Indiens, 1981.

Inditos. ↗Mexikanischer Tanz. Er wird im Monat Mai um eine Stange getanzt, die mit Bändern geschmückt ist (↗Maitanz). Ausgeführt wird er von Männern und Frauen. Zum Unterschied von den herkömmlichen Maitänzen hat der Inditos auch religiösen Charakter. Seine Figuren stellen eine Verehrung des „Señor de Chalma" dar. Ihm werden nach jeder Tanzfigur Gaben dargebracht. Der Tanz wird von zwei Melodien (2/4- und 6/8-Takt) begleitet. Die Begleitung besteht aus Violinen, Gitarren und Trommeln.

Lit.: *Schwendener, N.-Tibbels, A.:* How to Perform the Dances of Old Mexico, 1975, S. 97 ff.

Ingetanz. Ein bis ungefähr zum Jahr 1870 üblicher ↗Volkstanz auf der nordfriesischen Insel Sylt. (↗Friesischer Tanz)

Lit.: *Jensen, Chr.:* Vom Tanz d. Inselfriesen, 1930, S. 1.

Inglesby, Mona. Britische Tänzerin, geb. 1918 in London. Sie studierte bei Marie ↗Rambert, Margaret ↗Craske und Ljubow ↗Egorowa. Sie tanzte beim ↗Ballet Rambert und V. ↗Dandres „Russischem Ballett". 1940 gründete sie das ↗International Ballet, dessen Direktorin, ↗Choreographin und ↗Ballerina sie war. 1953 zog sie sich von ihrer künstlerischen Tätigkeit zurück und leitete in London eine Tanzschule.

Lit.: *Franks, A.:* The Inglesby Legend-International Ballet, in: Ballet Annual, IV, 1950.

Innviertler ↗Triowalzer.

Intermedium (Zwischenspiel) nannte man vom 16. bis zum 18. Jh. die musikalische und tänzerische Zwischenaktsunterhaltung bei Tragödien oder Komödien. Sie bestand aus ↗Pantomimen oder Maskeraden, Tänzen oder Musikstücken, diente zur stimmungsmäßigen Auflokkerung und hatte zur Handlung des Stückes meist keine Beziehung. Die französische Tänzerin Marie ↗Sallé glich als erste den Inhalt des Intermediums der Haupthandlung an. (↗Comédie-ballet)

Lit.: *Stanzl, E.:* Das Ballett in d. bildenden Kunst d. 17. und 18. Jh., Diss. Wien 1958.

International Ballet. 1940 wurde diese Gruppe von Mona ↗Inglesby gegründet. Sie war Direktorin, ↗Choreographin und ↗Ballerina. 1941 debütierte das Ballett in Glasgow, gastierte in London und machte eine Tournee durch England, Schottland, Irland, Italien und die Schweiz.

Lit.: *Franks, A.:* The Inglesby Legend – International Ballet, in: Ballet Annual, IV, 1950.

Intrezzata ↗Imperticata, ↗Ndrezzata.

Invirtita. ↗Rumänischer Volkstanz. Er zählt zu den meist getanzten Tänzen Transsilvaniens, ein ↗Paartanz, der sowohl von den Burschen als auch von den Mädchen große Fertigkeit verlangt. Jeder Teil des Tanzes besteht aus einer bestimmten Figur wie „Unter der Hand", „Schreiten", „Drehung". Die Tanzmelodie steht im seltenen 10/16-Takt (4 + 3 + 3). In seiner Form ist er der ↗Polka ähnlich.

Lit.: *Grindea, M.* und *C.:* Dances of Rumania, 1952, S. 34 ff. *Bucsan, A.:* Jocuri din Ardealul de sud, 1957, S. 49 ff. *Molkenbur, N.:* Rumänische Volkstänze, 1967, S. 37 ff. *Bucsan, A.:* Specificul dansului popular românesc, 1971, S. 212 ff.

Iomshuidhe na Hinse (Belagerung von Ennis). ↗Irischer Volkstanz im 6/8- oder 2/4-Takt. Er wird von beliebig vielen Paaren ausgeführt. Je zwei Paare stehen in einer Reihe, je zwei Reihen einander zugekehrt. Es können beliebig viele Reihen gebildet werden.

Lit.: *Burchenal, E.:* National Dances of Ireland, 1924, S. 112 ff. *Schmolke, A.-Langhans, H.:* Europäische Tänze, H. 2, Irland, 1955, S. 10 f.

Iphigenie (Iphigenia)-Ballette. Die Geschichte der Tochter des Griechenkönigs Agamemnon und seiner Gattin Klytämnestra bildete mehrmals den Stoff für ↗Ballette: 1765 Ballettpantomime von ↗Angiolini in Wien; um 1770 Tragisches Ballett von ↗Noverre mit der Musik von ↗Aspelmayr; 1772 Ballett von ↗Le Picq in Venedig; 1775 Ballett von Jean ↗Favier; 1789 Ballett „I sacrifizi di Tauride" von ↗Clerico.

Irischer Volkstanz. Auf einer vielhundertjährigen Tradition begründet, ist der Tanz für das irische Volk auch heute noch ein lebendiges Gut der Kultur und Unterhaltung. Es gibt zwei Arten des irischen Volkstanzes. Die älteste ist der irische Stepptanz. Er wird in vielen Varianten mit kunstvollen Schritten und Sprüngen in komplizierten Rhythmen von Männern und Frauen als Solo getanzt. Die zweite Art ist der weit verbreitete jüngere Figurentanz in Gruppenformation als Rundtanz (↗Rounds), ↗Square Dance oder ↗Longway ausgeführt. Vereinzelt kommt auch der sogenannte ↗Dreiertanz vor (↗Cor na Gaillimhe). Die charakteristischen Schrittfolgen sind der Seitschritt, Schwebeschritt, Dreischritt und Polkaschritt. Ausgeführt werden diese Schritte mit federnden Fuß- und Kniegelenken, getanzt wird immer auf den Fußballen. Die üblichen Handfassungen sind die Einhandfassung (Tänzer und Tänzerin stehen nebeneinander, die Tänzerin legt ihre linke Hand in die rechte Hand des Tänzers, die Unterarme sind gebeugt, die freien Arme hängen herab), weiters die Zweihandfassung (die Partner sehen einander an und reichen einander die Hände) und die Kreuzfassung (die Tanzenden stehen entweder nebeneinander oder zueinander und fassen einander kreuzweise an den Händen). Die hauptsächlichsten Taktarten der Tanzmelodien sind der Reel-Takt ($^2/_4$, $^4/_4$-Takt) oder ↗Gigue-Takt ($^6/_8$), vereinzelt kommt auch der $^9/_8$-Takt vor. (↗Cor na Gaillimhe, ↗Fallaidhe Luimnighe, ↗Geatai Doire, ↗Iomshuidhe na Hinse, ↗Pleireaca na Banndan, ↗Port an Foghmair, ↗Rinnce Fada, ↗Staicin Eorna, ↗Tonnai Torrai)

Lit.: *O'Keefe, J. G.-O'Brien, A.:* Handbook of Irish Dances, 1902. *Sheeham, J. J.:* A Guide to Irish Dancing, 1902. *Burchenal, E.:* National Dances of Ireland, 1924. *Ajello, E.:* The Solo Irish Jig, 1932. *O'Rafferty, P.:* The Irish Folk Dance Book, 1934. *Derra de Moroda, F.:* Der Tanz in England, Schottland u. Irland, in: Der Tanz, Jg. 11, 1938, H. 2/3, S. 43 ff. *O'Sullivan, D. J.:* Irish Folk Music and Dance, 1952. *Lawson, J.:* European Folk Dance, 1953, S. 172 ff. *O'Rafferty, Peader and Gerald:* Dances of Ireland, 1953 (Handbooks of European National Dances 26). *Schmolke, A.-Langhans, H.:* Europäische Tänze, H. 2, Irland, 1955.

Irregulär (auch Fivestep genannt) ist ein Tanz aus dem Jahre 1924, der in der Operette „Hoheit Franzl" von Ernst Steffan erstmals vorkam. Sein besonderer Reiz ist die rhythmische Unregelmäßigkeit des $^5/_4$-Taktes in der Zerlegung 1-2-3 und 4-5. Die ↗Choreographie des Tanzes stammt von ↗Ballettmeister Gustav Neuber (Wien). Zu Beginn umfaßt der Herr mit seinem rechten Arm die Taille der Dame, in seiner linken Hand hält er deren rechte Hand. Der Tanz besteht aus sieben Figuren, die aber in jeder beliebigen Reihenfolge und Anzahl getanzt werden können.

Lit.: *Steffan, E.:* Der Irregulär, 1924.

Isländischer Tanz. Auf Island ist der ↗Volkstanz heute noch vielfach in seinen ursprünglichen Formen erhalten. Wie im ↗färöischen Tanz ist uns auch im isländischen Tanz die Form des mittelalterlichen Kettenreigens, wie er im 13. und 14. Jh. über große Teile Europas verbreitet war, bewahrt worden. Die ersten Spuren des isländischen Tanzes gehen bis ins 12. Jh. zurück. In der Sage des Bischofs Jón Helgi (1106) findet man die erste Erwähnung des Tanzes auf Island. Die Tänze der Isländer waren immer Singtänze mit Kehrreim ohne jedweder Instrumentalbegleitung. Die beiden ältesten und wichtigsten isländischen Volkstänze sind der ruhige ↗Vikivaka und der dem färöischen ↗Bandadans ähnliche ↗Hringbrot. Besonders der beliebte Vikivaka wird heute wiederum gepflegt, vor allem in der von Sigridur P. Valgeiersdottir 1951 gegründeten „Gesellschaft zur Pflege der Volkstänze" in Reykjavik.

Qu.: Tanzdarstellungen in den Felszeichnungen des Nordens. Isländische Tanzlyrik, Sagen und Lieder.

Lit.: *Berggreen, A. P.:* Danske Folkesange og Melodien, Bd. I, 1869. *Böhme, F. M.:* Geschichte d. Tanzes in Deutschland, 1886, S. 14 u. S. 311. *Davidsson, O.:* Jolenzkar gátur, skemtamr, vikivakar og pulur, 1894. *Porsteinsson, B.:* Islenk Pjoflög, Bd. I/II, 1906/09. *Blöndal, S.:* Dans i Island, in: Nordisk Kultur XXIV, 1933, S. 163 ff. *Leifs, J.:* Isländische Singtänze, 1933. *Sachs, C.:* Eine Weltgeschichte d. Tanzes, 1933, S. 177. *Wolfram, R.:* Schwerttanz u. Männerbund, 1935, S. 191 f. *Weinhold, K.:* Altnordisches Leben, 1938. *Briem, O.:* Fornir Dansar, 1946. *Valgeirsdóttir, S. P.:* Pjofdansar, 1959.

Istomina, Awdotia Iljinitschna. Russische Tänzerin, geb. 6. Januar 1799 in St. Petersburg, gest. 26. Januar 1848 ebendort an Cholera. Sie war Schülerin von Ch. L. ↗Didelot. In den Jahren von 1820 bis 1830 wurde sie als die beste ↗Ballerina der Welt bezeichnet. Sie absolvierte 1815 die kaiserliche Ballettschule in St. Petersburg. Ihre ↗Pirouetten, ihr ↗Spitzentanz, den sie schon zehn Jahre vor Marie ↗Taglioni, wie Gluchowsky, der ↗Ballettmeister zu St. Petersburg bezeugt hat, getanzt haben soll, waren außerordentlich graziös, schön und leicht. 1836 trat sie von der Bühne ab. Alexander Puschkin verewigte sie in seinem Roman „Eugen Onegin".

Lit.: *Gregor, J.:* Kulturgeschichte d. Balletts, 1944. *Migel, P.:* The Ballerinas, 1972.

Italienischer Volkstanz. Im Leben des italienischen Volkes hat der Tanz schon von alters her immer seine besondere Pflege gefunden. Jeder festliche Anlaß im Jahresverlauf war vor allem beim Landvolk mit Tanz verbunden. Mannigfaltig sind die Formen der vielen ↗Volkstänze, die sich in den verschiedenen Regionen bis heute erhalten haben. Es sind Formen der alten ↗Schwerttänze, ↗Hochzeitstänze, sehr verbreitet ist der sogenannte erotische Typus, der das Liebeswerben darstellt. Eine besondere Gruppe bilden die religiösen Tänze (↗Riattate). In der Regel sind die italienischen Volkstänze einfach in der Form und Ausführung. (↗Ballo del bastone, ↗Ballo della cordella, ↗Ballo tondo sardo, ↗Barriera, ↗Chiaranza, ↗Danza del Arco, ↗Forlana, ↗Galletta, ↗Gelosia, ↗Girometta, ↗Imperticata, ↗Lombardina, ↗Monferrina, ↗Ndrezzata, ↗Piantone, ↗Riattate, ↗Ruggera, ↗Saltarello, ↗Scaramuzza, ↗Siciliano, ↗Spagna, ↗Spagnoletto, ↗Tarantella, ↗Taratatà, ↗Trasconeto, ↗Tresca, ↗Trevisana, ↗Vinca)

Lit.: *Roncaglia, M.:* Delle virtute et arte del danzare, Modena 1885 (Mus. Bibl. Palätuia, Modena, Cod. VII A 82). *Ungarelli, G.:* Le vecchie danze italiane ancora in uso nella provincia Bolognese, 1894. *Rodochanachi, E.:* La Danse en Italie du XVe au XVIIIe siècles, in: Revue des Etudes Historiques 1905. *Pratella, F. B.:* Saggio di gridi, canzoni, cori e danze del popolo italiano, 1919. *Keen, C. H.:* The Vintage Dance of Anticoli, in: The Journal of the English Folk Dance Society, 1931, sec. Series Nr. 4, S. 14 ff. *Caravaglios, C.:* Il Folklore musicale in Italia, 1936. *Ricreazione:* Rivista Mensile, Numero dedicato al congresso ed al festival internazionali della danza e musiche popolari, Venezia, Settembre 1949. *Bragaglia, A. G.:* Danze popolari italiane, 1950. *Galanti, B. M.:* Dances of Italy, 1950. *Lawson, J.:* European Folk Dance, 1953, S. 205 ff. *Bignami, G.:* Volkstanz im brescianischen Gebiet, in: Volkstanz im Tanzarchiv, IX, Hamburg 1956.

Iwanow, Lew Iwanowitsch. Russischer Tänzer, ↗Ballettmeister und ↗Choreograph, geb. 18. Februar 1834 in Moskau, gest. 11. Dezember 1901 in St. Petersburg. Ab seinem 10. Lebensjahr studierte er in Moskau und an der kaiserlichen Ballettschule in St. Petersburg. 1850 wurde er Mitglied des Marijinskij-Theaters, 1882 Regisseur und 1885 zweiter Ballettmeister. Während der russischen Gastspiele von Fanny ↗Elßler gehörte er zu deren Partnern. In Zusammenarbeit mit Marius ↗Petipa und Enrico ↗Cecchetti hat er den ↗Volkstanz auf der klassischen Ballettbühne eingeführt. 1892 choreographierte er die Uraufführung des ↗Balletts „Der ↗Nußknacker" von ↗Tschaikowsky, eine Choreographie, die sich lange Zeit gehalten hat.

Lit.: *Roslavleva, N.:* Era of the Russian Ballet, 1966.

Iwanowskij, Nicolaj Pawlowitsch. Russischer Tänzer und Lehrer, geb. 3. August 1893 in St. Petersburg, gest. 28. November 1961 in Leningrad. Er war Schüler von ↗Fokine. Seine tänzerische Tätigkeit begann er am Marijinskij-Theater. Von 1912 bis 1915 tanzte er bei ↗Diaghilews Balletts Russes, von 1915 bis 1930 war er wieder am Marijinskij-Theater. Ab 1920 begann seine Lehrtätigkeit. Von 1945 bis 1961 war er Direktor der ↗Waganowa-Choreographie-Schule. Von ihm stammt das Buch „Ballroom Dance of the 16th to the 19th Century", 1948.

J

Jabadao. ↗Französischer Volkstanz im 4/4-Takt aus der Bretagne. Der Tanz wird von vier Paaren ausgeführt, die einen Kreis bilden. Er besteht aus vier Teilen, von denen der erste Teil immer wiederholt wird. Die Tanzmelodie des ersten Teiles umfaßt zwei Takte mit Wiederholungen, die Melodie des zweiten Teiles vier Takte mit Wiederholung.

Lit.: *Schmolke, A.-Langhans, H.:* Europäische Tänze, H. 1, Frankreich, 1954, S. 22 f.

Jácara. Spanischer Volkstanz, ein ↗Paartanz aus dem 17. Jh., von dem angenommen wird, daß er im 18. Jh. eine Art der ↗Sarabande war. Die Partner sehen einander beim Tanz an, tanzen aber ohne einander zu berühren. Die Tanzmelodie, ein fröhlicher balladesker Gesang, steht im 3/4-Takt. (↗Spanische Volkstänze)

Gaspar Sanz 1697

Lit.: *Reichert, G.:* Der Tanz, in: Das Musikwerk, Bd. 27, 1965, S. 74.

Jack Pudding. ↗Ballett in drei Teilen, Libretto und Musik von H. W. ↗Henze. Die Uraufführung fand am 30. Dezember 1950 in der ↗Choreographie von E. von Pelchrzim in Wiesbaden statt. Die Grundlage des Balletts bildet ↗Molières Komödie „George Dandin".

Jackson, Rowena. Tänzerin aus Neuseeland, geb. 1926 in Invercargill. Sie studierte in Neuseeland und ab 1946 an der Sadler's Wells Ballettschule. 1947 debütierte sie im ↗Sadler's Wells Ballet und wurde 1954 1. Tänzerin. Mit ihrem Gatten Philip ↗Chatfield zog sie sich 1958 nach Neuseeland zurück, wo sie an der Wellington National School of Ballet tätig war.

Lit.: *Swinson, C.:* Rowena Jackson and Philip Chatfield, London 1958 (Dancers of To Day).

Jägermarsch. ↗Österreichischer Volkstanz, dessen Verbreitungsgebiet, von Niederösterreich und Burgenland ausgehend, über ganz Österreich bis Bayern und Norddeutschland reicht. Der Charakter des Tanzes besteht in der Zweiheit von geschrittenem ↗Vortanz im geraden Takt und einem ↗Nachtanz im Dreiertakt, der aus derselben Melodie gebildet wird. Die Paare gehen eingehängt oder mit gefaßten Innenhänden im Kreis nach dem Takt des Marsches. Die Tänzerinnen machen dann kehrt und gehen entgegengesetzt, einen Außenkreis bildend. Die Burschen klatschen dazu den Takt. Am Schluß des Marsches bleiben alle stehen und tanzen mit jenem Partner den ↗Walzer, der gerade vor ihnen zu stehen kommt. Im Pinzgau wird der Tanz ↗Sautanz genannt, in Norddeutschland ist er unter dem Namen Marsch-Walzer, in Bayern als ↗Bauern-Française üblich. Eine oberösterreichische Abart ist das ↗Hageln.

Jägerneuner

Lit.: *Zoder, R.:* Altösterreichische Volkstänze, 1932, Teil 3, Nr. 1, S. 4. *Lager, H.:* Unsere Tänze, 1941, S. 16. *Cunz, R.:* Deutsches Volkstanzbuch, 1944, S. 75 f. *Gradwohl, K.:* Lehrgang f. österreichische Volkstänze, 1936/38. *Wolfram, R.:* Die Volkstänze in Österreich u. verwandte Tänze in Europa, 1951. *Lager, H.-Derschmidt, H.:* Österreichische Tänze, 1959. *Hilgart, A.:* Der Jägermarsch, Teplitz-Schönau, s. a. *Horak, K.:* Jägermarsch, in: Der Trachtler, 1973, Nr. 2, S. 15. *Horak, K.:* Tiroler Volkstänze, 1974, S. 51. *Berghold, L.-Deutsch, W.:* Volkstänze aus Niederösterreich, 1975, Bd. I, S. 59. *Schützenberger, E.-Derschmidt, H.:* Spinnradl, IV, 1976, S. 6.

Jägerneuner ↗Ammerländische Tour.

Jägerquadrille ↗Ammerländische Tour.

Jägerschottisch ↗Rheinländer, ↗Tyrolienne.

Jämtpolska. ↗Schwedischer Volkstanz aus dem Jämtland, im 3/4-Takt stehend. Acht Paare fassen sich zu einem großen Kreis. Vor Beginn und am Schluß des Tanzes wird eine kleine Verbeugung oder ein Knicks gemacht.

Lit.: *Schmolke, A.-Langhans, H.:* Europäische Tänze, H. 7, Skandinavien, 1962, S. 8 f.

Jagdtanz. ↗Deutscher Volkstanz aus dem 15./16. Jh. Die Paare tanzten einmal herum und ließen dann die Hände los. Die Burschen und Mädchen stellten sich hernach in zwei Reihen gegeneinander auf. Hierauf begannen die Burschen die Mädchen von ihrem Platz zu jagen, auf den sie sich nun stellten. Dann ging das Spiel in umgekehrter Weise weiter, die Mädchen jagten die Burschen. Als Abschluß erfolgte wieder ein Tanz einmal herum.

Lit.: *Schröder, G.:* Tagebuch aus d. Jahren 1665, 1675 mit Notizen über: Von unterschiedlichen Tantzen. *Bolte, J.:* Zur Geschichte d. Tanzes, in: Alemannia, Bd. 18, 1890, S. 74 ff.

Jagertanz ↗Treffnertanz.

Jaggeli. ↗Deutscher Volkstanz aus Schwaben, ein ↗Paartanz im Kreis im 2/4-Takt. Die rechte Hand des Tänzers umfaßt die linke Hüfte der Tänzerin, ihre linke Hand liegt auf seiner rechten Schulter. Die linke Hand des Tänzers faßt den rechten Arm der Tänzerin knapp über dem Ellenbogen. Ihre rechte Hand liegt auf seiner linken Schulter. Der Tanz hat Schottisch-Form.

Lit.: *Hinz, R.-Horak, K.:* Volkstänze aus Schwaben, Deutsche Volkstänze H. 19/20, 1934, S. 14 f.

Jahreszeiten, Die waren schon von früher Zeit an oftmals die Grundlage für Ballettproduktionen: Um 1750 Jahres- und Tageszeiten, von ↗Hilverding für Wien; 1848 von Jules ↗Perrot mit der Musik von Cesare ↗Pugni für London; 1878 von Carl ↗Telle mit der Musik von Giuseppe ↗Verdi für Wien; 1889 ein Ballett mit der Musik von Paul Ludwig Peter ↗Hertel; 1900 von Marius ↗Petipa mit der Musik von A. ↗Glasunow für St. Petersburg; 1911 von ↗Hassreiter mit der von Julius Lehnert arrangierten Musik von Franz ↗Schubert für Wien; 1947 von Merce ↗Cunningham mit der Musik von John ↗Cage für New York; 1960 von D. Parlič mit der Musik von Th. ↗Berger; 1970 von Erich ↗Walter mit der Musik von Antonio Vivaldi für Düsseldorf; 1975 von ↗MacMillan mit der Musik von Giuseppe ↗Verdi für das ↗Royal Ballet, Covent Garden London. Darüber hinaus gab es noch mehrere Versionen verschiedener Art, das Thema der vier Jahreszeiten als Ballett darzustellen.

Jakobitänze der Hirten hießen in den Berner Alpen die Tänze, welche die Hirten und Sennen am St. Jakobstag (25. Juli) aufführten. Der heilige Jakob galt in früherer Zeit als Patron der Ernte und der Viehherden. Darum veranstalteten die Hirten an diesem Tag ein Bittfest mit Tanz für die Gesundheit der Herden. Die Jakobitänze der Hirten sind sogenannte ↗Erntetänze und haben nichts mit dem alten deutschen ↗St. Jakobs-Tanz zu tun.

Lit.: *Böhme, F. M.:* Geschichte d. Tanzes in Deutschland, 1886.

Jakschagana. ↗Indischer Tanz der Telugu sprechenden Einwohner von Andhra in Südindien. Dieses Tanzdrama von Karnatak war dem ↗Kathakali ähnlich. Die Maske des Tänzers war aber einfacher als beim Kathakali. Das Gesicht wurde in kreuzweise verlaufenden Mustern geschminkt und von einem funkelnden Kopfputz eingerahmt. In der Hand trug der Tänzer einen Stab als Zeichen seiner Feldherren-Tradition.

Lit.: *Gargi, Balwant:* Theater u. Tanz in Indien, 1960, S. 49.

Jaleo. Spanischer Tanz aus Andalusien im 3/8-Takt. Der Tanz zeigt die typischen Körper-

und Armbewegungen der andalusischen Nationaltänze im Wechsel zwischen ruhig und feurig. (↗Spanische Volkstänze)

Lit.: *Czerwinski, A.:* Brevier d. Tanzkunst, 1879, S. 122. *Caballero, B. J. M.:* El baile Andaluz, 1957.

Jamison, Judith. Amerikanische Tänzerin, geb. 10. Mai 1944 in Philadelphia. Sie studierte ab ihrem 6. Lebensjahr an der Judimar School of Dance und an der Philadelphia Dance Academy. 1961 kam sie nach New York, wo sie von de ↗Mille eingeladen wurde, in mehreren Produktionen des ↗American Ballet Theatre mitzuwirken. Nach einem kurzen Abstecher an die Oper in Chicago kehrte sie wieder nach New York zurück und wurde Mitglied des ↗Ailey American Dance Theatre, bei dem sie erste Solistin wurde. Außerdem wirkte sie auch bei anderen Ballettgruppen mit, wie z. B. beim ↗Harkness Ballet. Ihre internationale Karriere begann nach 1971 nach dem großen amerikanischen Erfolg des Tanzsolos „Cry", welches Ailey für sie geschrieben hatte. 1977 gastierte sie als Potiphars Weib in ↗„Josephslegende" von Richard ↗Strauss.

Lit.: *Maynard, O.:* Judith Jamison, in: Dance Magazine, November 1972. *Maynard, O.:* Judith Jamison, 1982.

Janoškā. Tschechischer Volkstanz im 2/4-Takt im Polkatempo, ein ↗Werbetanz. Die Partner stehen Seite an Seite. Der innere Arm liegt ausgestreckt auf der Schulter des Partners, der äußere Arm ist in die Hüfte gestützt. Die Tänzerin steht rechts. (↗Tschechische Volkstänze)

Lit.: *Lawson, Jean:* European Folk Dance, 1953, S. 110 f.

Jan Pierewiet. ↗Niederländischer Volkstanz im 3/4-Takt. Die Aufstellung erfolgt paarweise im Kreis hintereinander. Tänzer und Tänzerin sehen einander an, er steht mit dem Rücken in den Kreis, sie mit dem Rücken nach außen. Der Tänzer legt seinen rechten Arm um ihre Taille, die Tänzerin ihre linke Hand auf seine rechte Schulter. Seine linke Hand hält vorne in Schulterhöhe ihre rechte Hand.

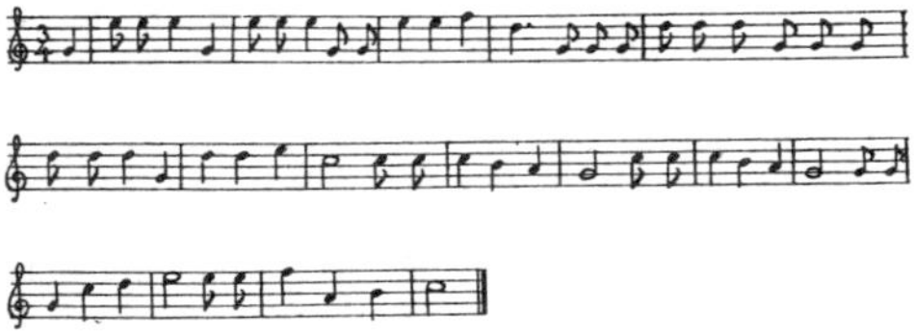

Lit.: *Helms, A.-Blasche, J.:* Holländische Volkstänze, Bunte Tänze, Bd. 7, 1929, S. 13. *Sanson-Catz, A. – Koe, A. de:* Nederlandse Volksdansen, Bd. 1, 1950, S. 25 ff.

Jan Piet. ↗Niederländischer Volkstanz, eine Form des ↗Strohschneiders.

Lit.: *Wolfram, R.:* Die Volkstänze in Österreich u. verwandte Tänze in Europa, 1951, S. 157/15.

Jan Smet. Alter flämischer Bauerntanz, der Spuren von veralteten ↗Contratänzen und ↗Klatschtänzen aufweist. (↗Belgischer Tanz)

Lit.: *Wauters, E.:* Ein flämischer Männertanz mit Stöcken u. Reifen, in: Deutsche Volkskunde, Jg. 3, 1941, 3./4. Heft, S. 151.

Japani Ha Ha. Tanzspiel von den Salomon Inseln, eine parodistische ↗Pantomime auf den Pazifik-Krieg. Dieses Tanzspiel, aus der Zeit der Verwüstung und Zerstörung stammend, will der Traurigkeit des Krieges spotten und der Erkenntnis Ausdruck geben, daß es nach Kriegen keinen Sieger gibt. Die Dorfbewohner sitzen lebhaft singend und klatschend in einem Halbkreis. Ein Akteur mit japanischer Armeemütze tritt auf und ein anderer mit einem amerikanischen Marinehelm tritt ihm gegenüber. Die beiden Soldaten fordern einander heraus, schießen, verfehlen, schießen und verfehlen wieder, ehe beide einen Schlagstock ergreifen und letzten Endes in das immer lauter werdende Gelächter des „Japani Ha Ha-Chores" der Zuseher mit einfallen.

Lit.: *Dean, B.:* South Pacific Dance, 1978, S. 44.

Japanischer Tanz. Uralte Mythen sind es, die die Grundlage des japanischen Tanzes bilden. Wie der Mythos erzählt, läßt er sich auf den Tanz der Liebesgöttin Uzumé zurückführen, den sie vor der Grotte der Sonnengöttin Amaterasu mit einem kostbaren Spiegel in der Hand (Spiegeltanz) aufführte. Bis heute hat der japanische Tanz seinen kultisch-religiösen Charakter bewahrt. Er ist überhaupt ein Hauptbestandteil der japanischen Kultur geblieben. Das gilt sowohl für das Theater, das ↗Ballett, die verschiedenen ländlichen ↗Reigen als auch für die Tänze der ↗Geishas in den Teehäusern. Die allen bekannten mythischen Themen und Legenden der Götter werden an allen heiligen Sätten von Priestern und Priesterinnen getanzt. Was aber einst die Strenge des Tempels und des Kaiserhofes geschaffen hat, ist auch in die Welt der Teehäuser übergegangen. Hier wie dort verbietet der japanische Tanz jede realistische Darstellung, er ist eine Gebärdensprache (↗Gebärdentanz), die nur in sanften Bewegungen und Posen ihre Aussage findet. Spiegel und Schleier spielen dabei eine besondere Rolle. Ein leises Stampfen mit dem Fuß bedeutet z. B. Kampf, zwei über die Nase gehaltene Zeigefinger deuten den Teufel an, ein rieselndes Wasser wird mit einem grünen Schleier am Ende des Fächers angedeutet. Zwei Ausdrücke findet man für die Tänze angewendet: *Odori* für die beschwingtere und *Mai* für die ruhigere Art des Tanzes. Die **Bon-odori** sind die ländlichen Reigen, der **Mats no mai** ist der Tanz der Fichte, der **Sanja no mai** der Pilgertanz, der **Uba mai** der über hundert Jahre alte Tanz der schwätzenden Bergfrau, der **Urashima mai** der in den Teehäusern aufgeführte populäre Tanz des Fischerknaben. (↗Adzuma-Mai, ↗Bon-Tänze, ↗Bugakutänze, ↗Gagaku, ↗Gigakutänze, ↗Kabuki-Tanz, ↗Kaguratänze)

Lit.: *Brauns, D.:* Traditions Japanaises sur la Chanson – la musique et la danse, in: Collection Internationale de la tradition, vol. IV, Paris 1890. *Ménil, F. de:* La musique, la danse et la théatre au Japon, in: Revue int. de musique, No. 18, 1899, S. 1089. *Hincks, Marcelle Azra:* Japanese Dance, 1910. *Hageman, C.:* Spiele d. Völker, 1921, S. 235 ff. *Kellermann, B.:* Sassa yo Yassa, 1922. *Umemoto, R.:* Some Classic Dances of Japan, 1934. *Sugiyama, M.:* History of the Japanese Dance, 1937. *Machtida, Kasyo:* Odori, Tourist Library: 22, 1938. *Wanninger, J.:* Das japanische Theater, in: Deutsche Dramaturgie, Jg. 1, 1942, H. 11, S. 252 ff. *Harich-Schneider, E.:* The Rhythmical Patterns in Gagaku and Bugaku, in: Ethno-musicologica, vol. 3, 1954 *Bowers, F.:* Theatre in the east, 1956. *Malm, W. P.:* Japanese Music and Musical Instruments, 1959. *Ashira, E.:* The Japanese Dance, 1964. *Lucas, H.:* Japanische Kultmasken, 1965. *Harich-Schneider, E.:* Die frühesten erhaltenen Quellen d. Kagura Lieder, in: Deutsches Jahrbuch d. Musikwissenschaft f. 1965, Jg. 10, 1966, S. 113 ff. *Tateichi, R.:* Classic Dancing in Japan, 1969. *Gunji, M.:* Buyo, The Classical Dance, 1970. *Togi, M.:* Gagaku, Court Music and Dance, 1971. *Lucas, H.:* Der Tanz d. Kraniche u. d. Hochzeit auf d. Meeresgrund, 1971. *Gabbert, G.:* Die Masken d. Bugaku, 1972. *Harich-Schneider, E.:* Dance and Songs of the Japanese Shinto Cult, in: The World of Musik, vol. XXV, 1983, No. 1, S. 15 ff. *Malm, Joyce, R.:* The World of Japanese Classical Dance, in: The World of Music, vol. XXV, 1983, No. 1, S. 70 ff.

Jaques-Dalcroze, Emile (eigentlich Jakob Dalkes), geb. 6. Juli 1865 in Wien, gest. 1. Juli 1950 in Genf. Ursprünglich als Musiker und Theoretiker tätig (Studium am Konservatorium in Genf, in Wien, wo er Schüler Anton Bruckners war, und in Paris als Schüler von Léo ↗Delibes und Gabriel Fauré), kam er 1892 als Professor für Solfège und Harmonielehre nach Genf. Zu dieser Zeit begann er sein System der sogenannten rhythmischen Bewegungslehre, als „Rhythmische ↗Gymnastik" bezeichnet, auszuführen und in zahlreichen Schriften zu propagieren. 1911 gründete er die „Bildungsanstalt für Musik und Rhythmus" in ↗Hellerau bei Dresden. Aus allen Kulturländern kamen Studierende und Interessenten dorthin, wo alljährlich Schulfeste veranstaltet wurden. Bei Ausbruch des ersten Weltkrieges befand sich Jaques-Dalcroze in Genf. Er blieb weiterhin dort und konnte in einem eigenen Institut seine Hellerauer Tätigkeit bis 1948 fortsetzen, nur unterbrochen durch Kurse im Ausland. In seinen letzten Lebensjahren wurde er von einer schweren rheumatischen Erkrankung befallen und konnte seine Lehrtätigkeit nur mehr vom Rollstuhl aus durchführen. Jaques-Dalcroze gab mit seinem System der „Rhythmischen Gymnastik" den Anstoß für die Gründung vieler Gymnastikschulen und beeinflußte durch seine musikalisch-rhythmische Methode vor allem auch den modernen ↗Ausdruckstanz. Seine Ideen legte er in folgenden Schriften nieder: Vorschläge zur Reform des Schulunterrichtes, Zürich 1905; La rhythmique, Lausanne 1907; La portée mus., Lausanne 1907; Les gammes et les tonalités, les phrases et les nuances, Lausanne 1907; La plastique animée, Lausanne s. a.; La respiration et l'innervation musculaire, Lausanne 1907; Le rhythme, la musique et l'éducation, Paris 1920, deutsch Basel 1922; Rhythmik, Theorie und Praxis der körperlich musikalischen Erziehung, 1926; Eurhythmics Art and Education, London 1930; Die Rhythmik und die moderne Bewegungskunst, in: Die Musik, Jg. 23, 1930/31, H. 10, S. 725 ff.

Lit.: *Boepple, P.:* Der Rhythmus als Erziehungsmittel f. d. Leben u. d. Kunst, Basel 1907. *Bachmann, F.:* Jaques-Dalcroze u. seine Bestrebungen, in: Die Musik, Jg. 43, 1912, S. 131 ff. *Bekker, P.:* Die Dalcroze-Schule in Hellerau, Leipzig 1912. *Dohrn, W.:* Die Bildungsanstalt Jaques-Dalcroze, Dresden 1912. *Harvey, J. W.:* The Eurhythmics of Jaques-Dalcroze, London 1912 u. 1917. *Sadler, M. E.:* The Eurhythmics of Jaques-Dalcroze, 1912. *Storck, K.:* Jaques-Dalcroze. Seine Stellung u. Aufgabe in unserer Zeit, 1912. *Favre, Ed.:* Über d. Dalcroze-Methode, in: Der Merker, Jg. 9, 1918, H. 6, S. 203 ff., u. H. 7, S. 244 ff. *Feudel, E.:* Rhythmik, Theorie u. Praxis d. körperlich-musikalischen Erziehung, 1926. *Hernried, R.:* Le rythme. Jaques-Dalcrozes Lebenswerk, in: Das Orchester, Berlin 15. 4. 1929. *Feudel, E.:* Rhythmische Erziehung, 1939 u. 1956. *Bode, R.:* E. Jaques-Dalcroze, in: Zeitschrift f. Musik, Jg. 111, 1950, S. 421 f. *Brunet-Lecombe, H.:* Jaques-Dalcroze, sa vie, son œuvre, 1950. *Tappolet, W.:* E. Jaques-Dalcroze 1865–1950, in: Schweizerische Musikzeitung, Jg. 90, 1950, S. 433 ff. *Wolkonsky, S.:* Erinnerungen, in: Tribune, Genf, 25. 7. 1950. *Martin, Frank:* E. Jaques-Dalcroze, l'homme, le compositeur, le créateur de la rhythmique, 1965. *Burdet, J.:* Les ancêtres d'Emile Jaques Dalcroze, in: Revue Musical de Suisse Romande, Jg. 19, H. 1, 10. III. 1966, S. 3 ff. *Dutoit, C. L.:* Jaques-Dalcroze et la Rythmique, in: Schweizerische Musikzeitung, Jg. 108, H. 2, 1968, S. 101 ff.

Jarabe. Name für den beliebtesten ↗mexikanischen Tanz. Er steht im ¾-Takt und erinnert an den spanischen ↗Zapateado. Manchmal wird er auch so genannt. Ohne sich zusammenzuschließen, bewegen sich die Tänzer und Tänzerinnen in graziös-grotesken Figuren. Das Wesentliche ist die sehr lebhafte Bewegung der Füße. Der Tänzer wirft seinen großen, geschmückten Hut seiner Tänzerin vor die Füße, die dann um den Hut herumtanzt. Soll der Tanz beendigt werden, so nimmt sie den Hut und setzt ihn ihrem Tänzer wieder auf. Zu dem Jarabe wird gesungen. Berühmt sind die Jarabes Tapatios. (↗Huapango)

Lit.: *Friedenthal, A.:* Musik, Tanz u. Dichtung bei d. Kreolen Amerikas, 1913, S. 52 ff. *Gallop, R.:* Jarabe Tapatio, in: The Dancing Times, July 1936, S. 371 ff. *Dickins, G.:* Dances of Mexico, 1954, S. 30 ff. *Schwendener, N.-Tibbels, A.:* How to Perform the Dances of Old Mexico, 1975, S. 3 ff.

Jarana heißt ein mexikanischer Volkstanz aus Yucatán, Campeche, Tabasco und Quintana Roo. Er ist sehr ähnlich der spanischen ↗Jota. Jarana bedeutet glücklich, lebhaft und ist auch der Name eines fünfsaitigen Instruments, ähnlich einer kleinen Gitarre. Der Tanz hat davon den Namen bekommen. (↗Mexikanischer Tanz)

Lit.: *Dickins, G.:* Dances of Mexico, 1954, S. 10.

Jardiniero. ↗Französischer Volkstanz aus den Gartenbaudistrikten um Marseille. Der Tanz im 4/4-Takt wird von acht Paaren ausgeführt. Sein Charakter ist majestätisch. Die Tänzerinnen halten einen halben Blumenreifen, die Tänzer einen Blumenkorb.

Lit.: *Tennevin, N.-Texier, M.:* Dances of France II, Handbook of European National Dances, 1951, S. 30 ff.

Java. ↗Gesellschaftstanz des 20. Jh., der 1925/26 in Paris aufgekommen war, aber kurze Zeit auch außerhalb Frankreichs viel getanzt wurde. Die Tanzmusik hatte lebhaften 3/4-Takt. Der Tanz besaß keine ausgesprochen eigenen Schrittarten, er wurde aus verschiedenen Figurenkombinationen gebildet.

Lit.: *Morán, Pablo:* Alle Tänze getanzt mit Pablo Morán, 1930, S. 128 ff.

Javanischer Tanz. Die Tänze auf Java sind uralte Tradition, meist religiösen Ursprungs und aufs engste mit dem Theater verbunden. Wie bei den Indern ist der Tanz der Legende nach eine göttliche Schöpfung. Die Tänzerinnen waren ursprünglich Priesterinnen und mußten von fürstlicher Geburt sein. Von frühester Jugend an wurden sie geschult, und es dauerte Jahre, bis sie zum Opferdienst im Tempel zugelassen wurden. Die religiöse Form der Tempeltänze blieb später auch auf den javanischen Fürstenhöfen bestehen. Die Hoftänze bildeten einen wichtigen Teil des javanischen Tanzes. Berühmte Tänze dieser Art sind die ↗Srimpi- und ↗Bedhay-Tänze. Der Tanz ist auch ein wichtiger Bestandteil des javanischen Dramas, das unter Begleitung von Gesang und Orchester aufgeführt wird. Er ist im Drama eine Art Bewegungssprache. Mittels des Tanzes werden die Charaktere der Dramen, die als bestimmte Personen und als Symbole menschlicher Eigenschaften erscheinen, dargestellt. Die Bewegungen im javanischen Tanz sind allgemein sehr langsam und auf kleinsten Raum beschränkt. Charakteristisch sind die sparsamen Gesten und die Körperhaltung, wobei besonders die Bewegung der Arme und Hände eine besondere Rolle spielt. Der großen Bedeutung des Tanzes entspricht eine ungeheure Prachtentfaltung in den Kostümen. Außer diesen der religiösen Tradition oder dem Theater verbundenen Tänzen gibt es im javanischen Tanz auch Kriegstänze, sowie ↗Waffentänze mit Scheingefechten, ↗Maskentänze und profane Tänze (↗Volkstänze). Die musikalische Begleitung bei den traditionellen Tänzen geschieht durch das Gamelan-Orchester, doch ist diese meist nur rhythmischer Art und ohne Bedeutung für die tänzerische Darstellung. (↗Balinesischer Tanz, ↗Beksan, ↗Gitiqan, ↗Golektanz, ↗Langindrya, ↗Malaiische Tänze, ↗Sendratari, ↗Tandak, ↗Trunjaya-Tanz, ↗Wayang-Topeng, ↗Wayang-Wong)

Lit.: *Tiersot, J.:* Les danses javanaises et les chanteurs finlanddens dans l'Exposition, in: Le Menestrel, Jg. 55, H. 28, 1889. *Groneman, J.:* De Wajang orang Prĕgiwa, Sĕmarang 1899. *Juynboll, H.:* Das javanische Maskenspiel, in: Internationales Archiv f. Ethnographie, Jg. 14, 1901, Nr. 2 *Anonym:* Schleiertanz d. Javanerinnen, in: Hamburger Illustrierte Zeitung, Nr. 14, 1914. *Nieuwenhuis, G. J.:* Über d. Tanz in Niederländisch Indien, Diss. Zürich, 1916, S. 34 ff. *Hagemann, C.:* Spiele d. Völker, 1921, S. 166 ff., 170 f. *Bloch, St.:* Dancing and the Drama East and West, in: Orientalia, New York 1922. *Lelyveld, Th. B. v.:* De javansche Danskunst, Den Haag 1922. *Stern, Ph.:* Sur le danse de Java, de l'Indochine et de l'Inde, in: Revue Musicale, Jg. 5, 1924, Nr. 4, S. 110 ff. *Helsdingen-Schievers, B. v.:* De srimpien Bedajadansen aan het Soerakartasche Hof, 1925. *Wilhelmi, C.:* Spiel u. Tanz bei d. Javanen, in: Der Erdball, Jg. 2, 1928, H. 2, S. 41 ff. *Shawn, T.:* Gods Who Dance, 1929, S. 145 ff. *Jodjana, R. A.:* Vom javanischen Tanz, in: Schrifttanz, Jg. 3, 1930, H. 1, S. 10 f. *Lelyveld, Th. B. v.:* La danse dans le théâtre javannais, 1931. *Holt, Cl.:* La danse a Java, in: Archives int. de la danse, Jg. 2, 1934, Nr. 4, S. 129 ff. *Baaren, Th. P. v.:* Selbst d. Götter tanzen, 1964, S. 50 f. *Tirtmaamidjaja, Nursjirwan:* A Bedaja Ketawang Dance, Performance at the Court of Surakarta, in: Indonesia, vol. 1, 1967, No. 3, S. 31 ff. *Soedarsono:* Classical Javanese Dance, in: Ethnomusicology, vol. 13, 1969, No. 3, S. 498 ff. *Soedarsono:* Dances in Indonesia, 1976. *Susilo, Hardja:* The Javanese Court Dance, in: The World of Music, vol. XXI, 1979, No. 1, S. 90 ff. *Soedarsono:* Maskes in javanese Dance Dramas, in: The World of Music, vol. XXII, 1980, No. 1, S. 5 f.

Jazz ist eine weitgehend improvisierende Musizierform, die Ende des 19. Jh. unter den Negern der Südstaaten der USA (New Orleans) aus der Verbindung afroamerikanischer Volksmusik und europäischer Unterhaltungsmusik entstanden ist. Die folkloristischen Wurzeln liegen im Spiritual und ↗Blues. Ab 1915 in den USA verbreitet, kam der Jazz im ersten Weltkrieg durch amerikanische Musiker nach Europa und fand hier rasche Verbreitung. Er wird seither von den Musikern in verschiedenen Stilformen praktiziert: der klassische Jazz als New-Orleans-Jazz, Chicago Style oder Dixieland-Jazz, der moderne Jazz (ungefähr seit 1940) als ↗Bebop, Cool Jazz, Progressive Jazz (Paul Whiteman). Der Jazz war von Anfang an Tanzmusik und brachte vor allem wieder den Tanzreim in Mode. Rhythmische Merkmale des Jazz sind der Off Beat und der ↗Swing, melodische Merkmale die von dem Negergesang herkommende Kolorierungstechnik. Unter dem Ausdruck Hot Jazz versteht man den wilden, heißen Jazz. Die Jazzkapellen bestehen für gewöhnlich aus einer Rhythmus- und einer Melodiegruppe. Welche Bedeutung der Jazz im Laufe der Jahre erlangt hat, spiegelt sich vor allem in dem Einfluß wider, den er auf die Komponisten ernster Musik wie Gershwin, ↗Hindemith, Krenek und ↗Strawinsky ausübte. (↗Beat, ↗Tap dance)

Lit.: *Baresel, A.:* Das Jazzbuch, 1925. *Whiteman, P.-McBride Mary Marg.:* Jazz, 1926. *Bernhard, P.:* Jazz. Eine musikalische Zeitfrage, 1927. *Copland, A.:* Jazz Structure and Influence, in: Modern Music, New York 1927. *Mendl, R. W. S.:* The Appeal of Jazz, 1927. *Sareant, W.:* Jazz, Hot and Hybrid, New York 1938. *Harap, L.:* The Case for Hot Jazz, in: The Musical Quarterly, vol. 27, 1941, Nr. 1, S. 47 ff. *Coeuroy, A.:* Histoire générale du jazz, 1941/42. *Merz, M.:* Der volkstumzersetzende Einfluß d. Jazz, München s. a. *Shawe, J.:* Einführung in d. Jazzmusik, 1948. *Finkelstein, S.:* Jazz – a People Music, 1948, deutsch 1951. *Laade, W.-Ziethen, W.-Zimmerle, D.:* Jazz-Lexikon, 1953. *Bohlaender, C.:* Das Wesen d. Jazzmusik, 1954. *Baresel, A.:* Der Rhythmus in d. Jazz- u. Tanzmusik, 1955. *Harris, R.:* The Story of Jazz, 1955. *Uljanow, B.:* A History of Jazz in America, 1955. *Stearns, M. W.:* The Story of Jazz, 1956. *Dauer, A. M.:* Der Jazz, 1958. *Walton, R.:* A Course in Modern Jazz, 1958. *Berendt, J. E.:* Das neue Jazzbuch, 1959. *Panassié, H.:* Histoire du vrai jazz, 1959. *Lange, H.:* Die Geschichte d. Jazz in Deutschland, 1960. *Ferstl, E.:* Die Schule d. Jazz, 1963. *Hodeir, A.:* Les mondes du jazz, 1970. *Berendt, J. E.:* Das Jazzbuch, 1971. *Broven, J.:* Walking to New Orleans, 1974. *Mecklenburg, C. G.:* Stilformen d. modernen Jazz, in: Sammlung musikwissenschaftlicher Abhandlungen, Bd. 63, 1979. *Cane, G.:* Ma il jazz è nato davvero a New Orleans?, in: Nuova Rivista Musicale italiano, Jg. 15, 1981, No. 1, S. 120 ff.

Jazz dance (Jazztanz). Diese in den USA entstandene Form des zeitgenössischen Kunsttanzes ist afroamerikanischen Ursprungs; eine wichtige Quelle sind die Tanzstile aus Angola und dem Kongo, die mit den Negersklaven nach Amerika gebracht wurden. Die musikalische Grundlage des Jazz dance ist die Jazz-Musik. Bei diesem Tanzstil bewegen sich alle Körperglieder rhythmisch und räumlich voneinander unabhängig. Das Bewegungszentrum ist das Becken. Einen ersten Höhepunkt erreichte der Jazz dance um 1920. Zu dieser Zeit gab es einen auch in Europa getanzten ↗Gesellschaftstanz gleichen Namens. Um 1940 erfuhr der Jazz dance eine Wiederbelebung durch C. ↗Dunham und P. Primus. Zur gleichen Zeit wurde dieser Tanzstil bereits mit dem klassischen Ballett in Verbindung gebracht. Dieser sogenannte Modern Jazz dance erreichte um 1950 seine Hochblüte und verbreitete sich ab 1960 auch in Europa. (↗Tap dance)

Lit.: *Stearns, M. u. T.:* Jazz Dance, 1968. *Sabatine, J.:* Techniques and Stiles of Jazz Dancing, 1969. *Cayou, D.:* Modern Jazz Dance, 1971. *Günther, H. – Grimme, R.:* Theorie u. Praxis d. Jazz-Dance, 1972. *Giordano, Gus:* Anthology of American Jazz Dance, 1975. *Münstermann, U.:* Von d. Jazzgymnastik zum Jazztanz, 1975. *Traguth, F.:* Modern Jazz Dance, 1977. *Williamson, L.:* Jazz-Dance, in: Dance Magazine, Februar 1978. *Günther, H.:* Jazz dance, 1980. *Günther, H.:* Von Angola bis zum Broadway. Eine kurze Geschichte d. Jazz Dance, in: Neue Zeitschrift f. Musik, Jg. 142, 1981, S. 358 ff. *Schmitz, H.:* Plädoyer f. d. Modern Jazz Dance, in: Neue Zeitschrift f. Musik, Jg. 142, 1981, S. 360 ff. *Frich, E.:* Matt Mattox-Jazz-Dance, 1984; amerikanische Ausgabe: The Matt Mattox Book of Jazz Dance, 1983.

Jeanmaire, Renée. Französische Tänzerin und Revuestar, geb. 29. April 1924 in Paris. Sie studierte an der Ballettschule der Pariser Oper und nahm Unterricht bei Boris ↗Kniaseff und Serge ↗Lifar. 1939 wurde sie Mitglied des Pariser Opernballetts und trat bei den Soirées de la danse auf, die 1944 von Lidova und Claude Giraud am Pariser Theater S. Bernhardt organisiert wurden. 1946 schloß sie sich dem Nouveau Ballet de Monte Carlo an und 1948 der Truppe von Roland ↗Petit, den sie 1954 heiratete. Ihre berühmteste Rolle war „Carmen“ in der ↗Choreographie von Roland Petit. In Paris wird sie meist „Zizi“ genannt.

Lit.: *Livio, A.:* „Zizi Jeanmaire“, in: Etoiles et Ballerines, Paris 1965.

Jendler. Alter ↗deutscher Volkstanz, der im Odenwald getanzt wurde, ein ↗Paartanz im Kreis. Er wurde auch „Spinnstube-Friederike" genannt.

Lit.: *Au, H. v. d.:* Hessische Volkstänze, Deutsche Volkstänze, H. 17/18, 1934, S. 4 f.

Jerakina. Neugriechischer Tanz aus Makedonien. Dem Tanz liegt das Lied von der schönen Jerakina zugrunde, die beim Wasserholen in den Brunnen fällt und von ihrem Freund gerettet wird. Tänzer und Tänzerinnen nehmen im Halbkreis Aufstellung und fassen bei herabhängenden Armen einander an den Händen. Der Grundrhythmus des Tanzes ist der 7/8-Takt wie beim ↗Kalamatianos. In vier Schrittfolgen zu je vier Takten, wobei jede Schrittfolge aus 12 Tanzbewegungen besteht, wird die Geschichte der schönen Jerakina tänzerisch erzählt. (↗Griechischer Tanz)

Lit.: *Schmolke-Langhans:* Europäische Tänze, Heft 6, 1959, S. 18 f.

Jeté heißt im klassischen ↗Ballett der durch Auswerfen eines Beines in eine offene Schwebeposition vorbereitete Sprung mit darauffolgendem Auffall auf dieses Bein, während das andere in Schwebeposition gehalten wird. Kann vom und am Platz ausgeführt werden.

Lit.: *Raab, R.:* Lexidion f. d. Ballett, s. a.

Jeu de cartes (Kartenspiel). ↗Ballett in drei Runden. Libretto von Igor ↗Strawinsky und M. Malaieff. Strawinsky komponierte das Werk 1936. Es ist ein Auftragswerk des ↗American Ballet, dessen ↗Ballettmeister ↗Balanchine war. Er schuf bei der Uraufführung im Metropolitan Opera House, New York, am 27. April 1937 die ↗Choreographie. As, König, Dame, Bube und die übrigen Karten jeder Farbe des Poker-Spiels, darunter jeweils ein Joker, sind die Personen des Balletts. Die Bühne ist der Spieltisch einer Poker-Partie, auf dem der Tanz entsprechend den Tricks der Spieler abläuft. Eine besondere Version schuf John ↗Cranko 1965 für Stuttgart. ↗Ménéstrier erwähnt ein Ballett „Jeu de cartes", das 1653 in Turin aufgeführt wurde.

Lit.: *Mason, Fr.:* Jeu de Cartes, in: Balanchine's Complete Stories of the Great Ballets, New York 1954, 1968.

Jeux. ↗Ballett von Claude ↗Debussy nach einem Libretto von Waslaw ↗Nijinsky, der bei der Uraufführung durch ↗Diaghilews ↗Ballets Russes am 15. Mai 1913 im Théâtre des Champs-Elysées auch die ↗Choreographie schuf. Die Szene ist ein abendlicher Park. Ein Tennisspiel zwischen einem jungen Mann und zwei jungen Mädchen entwickelt sich zu einem Versteckspiel der Liebe, das mit dem verlorenen Ball beginnt.

Jher-Tanz. ↗Indischer Tanz aus Rajasthan. Er zeigt in seiner Ausführung Motive aus dem Jagdleben. Die Männer haben Stöcke in ihren Händen und bilden einen großen Kreis oder gruppieren sich zu zwei konzentrischen Kreisen und imitieren während des Tanzes das Schießen mit Pfeil und Bogen. Zur Begleitung der Trommel (Dholak) schlagen sie die Stöcke rhythmisch aneinander.

Lit.: *Rebling, E.:* Die Tanzkunst Indiens, 1981, S. 60.

Jhumar-Tanz. ↗Indischer Tanz, ein Stocktanz aus dem Punjab. Er wird von Männern ausgeführt, die tief auf den Boden gebeugt ihre Stöcke im Rhythmus der Trommelbegleitung über dem Erdboden zusammenschlagen. Dann aber richten sie sich wieder auf und kreuzen die Stöcke mit denen ihrer Nachbarn. Das Tempo des Tanzes ist anfangs ganz langsam, steigert sich aber in der meist drei- bis vierstündigen Dauer des Tanzes bis zu äußerster Schnelligkeit. Der Tanz dürfte früher eine rituelle Bedeutung gehabt haben. Jetzt ist er mehr ein ↗Geschicklichkeitstanz. (↗Stocktänze)

Lit.: *Rebling, E.:* Die Tanzkunst Indiens, 1981, S. 65 f.

Jiana. ↗Rumänischer Volkstanz in mäßig schnellem 2/4-Takt. Er wird von Männern und Frauen ausgeführt, die in zwei Reihen Aufstellung nehmen.

Lit.: *Bucsan, A.:* Jocuri din Ardealul de Sud, 1957, S. 59 ff. *Bucsan, A.:* Specificul dansului popular românesc, 1971, S. 206 ff.

Jibidi. ↗Französischer Volkstanz aus der Bretagne. Tänzer und Tänzerinnen stellen sich im Kreis auf. Der Tanz besteht aus zwei Teilen. Gavotteschritte wechseln mit Hüpfschritten. Die Musik bewegt sich im 2/4-Takt.

Lit.: *Anonym:* Le Folklore. A la semaine de France, 1945, S. 87.

Jig ↗Gigue.

Jitterbug. ↗Gesellschaftstanz des 20. Jh. im 4/4-Takt. Er ist aus dem ↗Boogie-Woogie-Rhythmus entstanden, hat um 1940 in den USA große Popularität erlangt und kam nach 1945 nach Europa. Der Jitterbug-Grundschritt besteht aus sechs Bewegungsphasen und ist in seinen Schritten reich an freien Variationen. Charakteristisch sind wie beim Boogie die offenen Figuren mit Solostellen für die Dame. Beim ↗Tanzturnier wird er unter der Bezeichnung ↗Jive gepflegt.

Lit.: *Mühlsiegl, P.:* Tanzen leicht erlernt, S. 58 ff. *Günther, H.-Schäfer, H.:* Vom Schamanentanz zur Rumba, 1959, S. 275 ff.

Jive. ↗Gesellschaftstanz des 20. Jh. Er ist aus dem ↗Boogie-Woogie entstanden und vor allem in England um 1940 getanzt worden. (↗Jitterbug)

Lit.: *Günther, H.-Schäfer, H.:* Vom Schamanentanz zur Rumba, 1959, S. 275.

Joacátanz. Kultischer Tanz der Guarani, eines Indianerstammes im westlichen Brasilien. Joacá heißt „durcheinander hindurchgehen" und dies entspricht auch der Form dieses religiös-kultischen Tanzes. Die Begleitung erfolgt unter scharfer Markierung des Taktes mit lautem Gesang und einer Tanzrassel. (↗Brasilianischer Tanz, ↗Indianischer Tanz, ↗Kulttanz)

Lit.: *Kool, Jaap:* Tänze d. Naturvölker, 1921, S. 11 ff.

Joan von Zarissa. Dramatische Tanzdichtung von Werner ↗Egk. Sie stellt eine tänzerische Abwandlung des Don-Juan-Stoffes dar. Die Uraufführung nach der ↗Choreographie von Lizzie Maudrik erfolgte am 20. Januar 1940 in der Staatsoper Berlin.

Joc ardelenesc (ardeneleste). ↗Rumänischer Volkstanz. Er wird von zwei gegenüberstehenden Männern getanzt. Der im 2/4-Takt stehende, etwas rasche Tanz wird häufig mit der bei den siebenbürgischen Rumänen sehr verbreiteten ↗Ardeleana verwechselt.

Lit.: *Bartók, B.:* Volksmusik d. Rumänen v. Maramures, in: Sammelbände f. vergleichende Musikwissenschaft, Bd. IV, 1923, S. XXI.

Joc fecioreasca. ↗Rumänischer Volkstanz aus Südtranssilvanien. Dieser ↗Reigen im etwas raschen 2/4-Takt wird an Sonntagen und bei festlichen Gelegenheiten nur von Burschen ausgeführt. Die Teilnehmer fassen einander an den Händen und bilden einen Kreis. Dieser sehr alte Tanz gehört zu den eindrucksvollsten Tänzen Südtranssilvaniens. Immer wieder wird er in neuen Formen ausgeführt. Die Beinbewegungen (Stampfschritte, Sporenschlag, Kreuzschritte) und starke Rumpfbewegungen erfordern große Geschicklichkeit des Tänzers. Der Tanz besteht aus zwei Teilen, aus dem Schreiten und der Figur, die den Kern des Tanzes bildet.

Lit.: *Bartók, B.:* Volksmusik d. Rumänen v. Maramures, in: Sammelbände f. vergleichende Musikwissenschaft, Bd. IV, 1923. *Molkenbur, N.:* Rumänische Volkstänze, 1967, S. 32 ff.

Jochtanz. ↗Volkstanz aus den österreichischen Alpen, eine Abart des ↗Reiftanzes. Die Kette wird dadurch hergestellt, daß der Reif dem Vordermann über den Kopf gelegt wird.

Lit.: *Wolfram, R.:* Schwerttanz u. Männerbund, 1935, S. 70.

Jocul babelor (Tanz der alten Weiber), auch **jocul nepoatelor** (Tanz der Enkelinnen) und auch **jocul lui Vili** genannt. Rumänischer Reigentanz. An einem bestimmten Tag im Fasching gibt die Dorfhebamme eine Tanzunterhaltung für ihre Kundinnen, wobei der jocul babelor getanzt wird. Es sind ausschließlich Frauen, die an dem Tanz teilnehmen. Die Tanzmelodie steht im raschen 2/4-Takt und wird meist von Violine und Gitarre gespielt. (↗Rumänischer Volkstanz)

Lit.: *Bartók, B.:* Volksmusik d. Rumänen v. Maramures, in: Sammelbände f. vergleichende Musikwissenschaft, Bd. 4, 1923, S. XX. *Sonner, R.:* Musik u. Tanz, 1930, S. 53.

Jocul drustelor. ↗Rumänischer Volkstanz, ein ↗Hochzeitstanz, welchen die Brautjungfern tanzen, wenn der Bräutigam die Braut holen kommt. Die Tanzmelodie steht im 3/4- + 2/4-Takt.

Lit.: *Bartók, B.:* Volksmusik d. Rumänen v. Maramures, in: Sammelbände f. vergleichende Musikwissenschaft, Bd. IV, 1923, S. XX. *Sonner, R.:* Musik u. Tanz, 1930, S. 68.

Jocul ursului. ↗Rumänischer Volkstanz, der Bärentanz, ein Solotanz der Burschen, welcher ohne besonderen Anlaß von Zeit zu Zeit getanzt wird. Tanztempo und Tanzart sind je nach den Orten verschieden.

Lit.: *Bartók, B.:* Volksmusik d. Rumänen v. Maramures, in: Sammelbände f. vergleichende Musikwissenschaft, Bd. 4, 1923, S. XX.

Jössehäradspolska. ↗Schwedischer Volkstanz, der von Burschen ausgeführt wird und in seiner Form dem norwegischen ↗Springar sehr nahe steht. Die Burschen schlagen Räder und machen Purzelbäume.

Lit.: *Salvén, E.:* Dances of Sweden, 1949, S. 7.

Joffrey, Robert (eigentlich Abdulla Jaffa Anver Bey Khan). Amerikanischer Tänzer, ↗Choreograph, Lehrer und Ballettdirektor, geb. 24. Dezember 1930 in Seattle, Washington. Er studierte bei Mary Ann Wells, ging 1948 nach New York zu A. ↗Fedorowa und an die Schule des ↗American Ballet. Seine Lehrer für ↗Modern Dance waren G. Shurr und M. O'Donell. 1949 tanzte er als Solist bei Roland ↗Petit's Ballets de Paris während deren Saison in New York. 1950–52 trat er in mehreren Werken bei der May O'Donell Concert Group auf. 1954 gründete er eine eigene Gruppe, benannt R. Joffrey Ballet Concert. 1956 gründete er mit G. ↗Arpino sein R. Joffrey Ballet, welches 1966 das ↗City Center Joffrey Ballet wurde.

Lit.: *Maynard, O.:* The Joffrey, in: Dance Magazine, November 1974.

Johannistänze gehören zu den ältesten christlichen Festtänzen und haben ihren vermutlichen Ursprung in den uralten heidnisch-christlichen Feiern zur Sonnenwende, die um den Johannistag (24. Juni) veranstaltet worden waren. Zur Ehre des Festes wurden an diesem Tag Feuer angezündet, die dann, altem heidnischem Brauch folgend, nicht nur durchsprungen, sondern auch oft wild und ausgelassen umtanzt werden mußten. Vermutlich glaubte man, mit dem Umtanzen des Feuers allerlei Nöte abwehren und mit dem Sprung durch das Feuer Krankheiten auf ein Jahr abhalten zu können. Im Mittelalter dürften diese sogenannten Johannis(nacht)tänze mancherorts ekstatische Formen angenommen haben und dadurch eine der Ursachen der damals in Deutschland ausgebrochenen Seuche der ↗Tanzwut geworden sein. Nach den zeitgenössischen Quellen waren es oftmals Kranke, die unter der Zwangsidee standen, am Johannistag für ihre Gesundung tanzen zu müssen. Die Johannistänze finden wir durch das ganze Mittelalter und in gemäßigter Form noch bis in das 18. Jh. hinein. Sie waren nicht nur allein in Deutschland, sondern in abgewandelten Formen in vielen anderen Ländern inner- und außerhalb Europas anzutreffen. (↗Feuertänze, ↗Zambra)

Lit.: *Wicke, E. C.:* Versuch einer Monographie d. großen Veitstanzes u. d. unwillkürlichen Muskelbewegung nebst Bemerkungen über d. Tarantismus u. d. Beriberi, 1844. *Böhme, F. M.:* Geschichte d. Tanzes in Deutschland, 1886, S. 40, S. 158 ff., S. 298 f., S. 303. *Martin, A.:* Geschichte d. Tanzkrankheit in Deutschland, in: Zeitschrift d. Vereins f. Volkskunde, Jg. 24, 1914, H. 2, S. 113 ff., H. 3, S. 225 ff. *Sachs, C.:* Eine Weltgeschichte d. Tanzes, 1933, S. 171.

Johannsson (auch **Johannsen**), **Christian.** Schwedischer Tänzer und Ballettlehrer, geb. 20. Mai 1817 in Stockholm, gest. 12. Dezember 1903 in St. Petersburg. Er studierte an der Königlich-Schwedischen Ballettschule und bei ↗Bournonville in Kopenhagen. 1837 wurde er 1. Tänzer in Stockholm. Sein Lehrer Bournonville empfahl ihn 1841 an den Zarenhof nach St. Petersburg. Er debütierte in „La ↗Gitana" und wirkte als vielgerühmter Tänzer bis 1860. Ab dieser Zeit war er Lehrer der Kaiserlichen Ballettschule und hatte durch sein Wirken das russische Ballett in der 2. Hälfte des 19. Jh. wesentlich beeinflußt. Zu seinen Schülern zählten Mathilde ↗Kschessinska und Olga ↗Preobrajenska. **Johannsson, Anna,** schwedische Tänzerin, Tochter von Christian Johannsson, geb. 1860 in St. Petersburg, gest. 1917 ebendort, studierte bei ihrem Vater an der Kaiserlichen Ballettschule in St. Petersburg, absolvierte diese Schule 1878 und debütierte als „Esmeralda". Als Tänzerin war sie bis 1900 aktiv, ab dieser Zeit unterrichtete sie und von 1911 bis zu ihrem Tod leitete sie die Perfektionsklasse.

Jola-Tanz. Ekstatischer ↗Kulttanz bei den Bopoto in Afrika. Er wird von einer Frau ausgeführt. Kommt der Geist über ein solches Tanzweib, dann tanzt sie sieben Tage lang fast ohne Unterbrechung mit dem Tanzstab und der Rassel in den Händen. (↗Afrikanischer Tanz)

Lit.: *Sonner, R.:* Musik u. Tanz. Vom Kulttanz zum Jazz. 1930, S. 43.

Jooss, Kurt. Deutscher Tänzer, ↗Choreograph, Lehrer und Ballettdirektor, geb. 12. Januar 1901 in Wasseralfingen, gest. 22. Mai 1979 in Heilbronn. Nach dem Studium am Hochschulinstitut für Musik in Stuttgart lernte er 1920 Rudolf von ↗Laban kennen, der ihn für den Tanz interessierte. Mit ihm begann er seine tänzerische Tätigkeit in den Jahren 1922/23 in Mannheim und Hamburg. Nach seiner Tätigkeit am Theater in Münster im Jahre 1924 gründete er mit der estnischen Tänzerin Aiono Siimola eine eigene Tanzbühne. Siimola wurde 1929 seine Frau. Die Tanzstudien setzte er in Wien und Paris fort. 1927 wurde er als ↗Ballettmeister an die Oper in Essen berufen, wo er sein ↗Folkwang-Tanztheater-Studio und die Folkwang-Schule gründete. 1934 verließ er Deutschland, gastierte vier Jahre in England und gründete in Dartington eine Tanzschule. In den weiteren Jahren bereiste er die Schweiz, die Niederlande und die USA. 1949 kehrte er nach Deutschland zurück, arbeitete wieder in Essen und wurde Ballettmeister in Düsseldorf (1954–1956). Im Jahre 1968 zog er sich von seinen Verpflichtungen in Essen zurück, behielt aber mit seiner Tochter Anna Markard-Jooss (geb. 1931 in Essen) kontrollierende Funktionen. Jooss versuchte in seinen ↗Balletten eine Verbindung von modernem und klassischem Tanz, sowie ↗Ausdruckstanz zu finden. Weltberühmt machte ihn 1932 sein Ballett „Der ↗grüne Tisch". In der Neuen Musikzeitung, Jg. 49, Stuttgart 1928, H. 7, S. 215 ff., schrieb er über „Choreographische Harmonielehre".

Lit.: *Böhme, F.:* Der Tanz u. seine Gestalter, in: Der Auftakt, Jg. 10, 1930, H. 2, S. 37 ff., H. 3, S. 80 ff. *Derra de Moroda, F.:* A Day with Kurt Jooss, in: The Dancing Times, May 1935, S. 140 ff. *Coton, A. V.:* The New Ballet. Kurt Jooss and his work, London 1946. *Baril, J.:* Kurt Jooss, in: Les Saisons de la danse, November 1975.

Joropo ist die beliebteste Tanzmelodie des ↗venezolanischen Tanzes. Sie steht gewöhnlich im bewegten 3/4-Takt, kommt aber auch im 2/4- und 6/8-Takt vor.

Jorraidantza (Hackentanz). Dieser baskische ↗Schwerttanz wird von Wolfram (siehe Literatur) folgendermaßen beschrieben: „Die Tänzer stehen in zwei Linien und gehen vor und zurück mit einer hauenden Bewegung ihrer Äxte. Dann kommt die langsamere Stelle der Schwerttänze, während die eine dunkel gekleidete Figur auftritt und zwischen den Reihen durchkriecht. Auf ihrem Rücken hat sie einen großen ledernen Weinschlauch. Man sagt, daß diese Gestalt den Teufel bedeute, der die Leute von ihrer Tätigkeit abzuziehen sucht. Die Tänzer schlagen ihre Äxte auf den letzten Takt jeder Phrase mit dumpfem Krachen gegen den ledernen Weinschlauch."

Lit.: *Gallop, R.:* A Book of the Basques, 1930, S. 188 f. *Wolfram, R.:* Schwerttanz u. Männerbund, s. a., S. 122.

Josephslegende. Tanzpantomime von Richard ↗Strauss, komponiert 1913/14. Die Handlung in einem Aufzug stammt von Harry Graf Kessler und Hugo von Hofmannsthal. Die Uraufführung fand am 14. Mai 1914 im Théâtre National de l'Opéra in Paris durch ↗Diaghilews ↗Ballets Russes in der ↗Choreographie von Michael ↗Fokine statt. Die „Josephslegende" stellt den Kampf zwischen der Welt des reichen Potiphar und der Welt des kindlich-natürlichen Joseph dar.

Lit.: *Ploch, A.:* Die Josephslegende, in: Illustrierte Zeitung Leipzig, Nr. 4042 v. 24. Februar 1921, S. 147. *Beaumont, C. W.:* Complete Book of Ballets, 1951.

Jota. Spanischer Volkstanz im 3/8- oder 3/4-Takt, der vor allem in Aragonien sehr verbreitet ist (Jota aragonesa). Die Jota kommt als Lied und als Tanz vor. Als Tanz wird sie entweder gesungen oder von Instrumenten (meist Kastagnetten, Gitarren und Bandurrias) begleitet. Ihre Herkunft ist ungeklärt, manche sehen ihren Ursprung in der ↗Canarie. Die Jota wird von mehreren Paaren getanzt, das Tanztempo ist in der Regel langsam, in manchen Gegenden aber auch ziemlich rasch. Die rhythmischen Formeln sind sehr variiert. Die ältesten Aufzeichnungen gehen bis 1452 zurück. In der Kunstmusik wird die Jota u. a. von M. Glinka („Jota Aragonesa"), F. Liszt, M. de ↗Falla und I. Albéniz verwendet. (↗Spanische Volkstänze)

Jota Aragonesa de Baile

Lit.: *Czerwinski, A.:* Brevier d. Tanzkunst, 1879. *Ribera y Tarragó, J.:* La musica de la jota aragonesa, 1928.

Arnaudàs, L. M.: La jota aragonesa, Saragossa 1933. *Larrea, A. de:* Preliminares al estudio de la jota aragonesa, in: Anuario musical, vol. II, 1947, S. 175 ff. *Schneider, M.:* La danza de espades y la tarantela, in: Anuario Musical, vol. II, 1947, S. 41 ff.

Jovane Jovance. ↗Volkstanz aus dem bulgarischen Teil Mazedoniens. Der Tanz im langsamen, aber streng rhythmischen 7/8-Takt wird von Männern in offener Kette ausgeführt. Die Hände legen sie mit gestreckten Armen auf die Schultern des Nachbarn. Der Tänzer auf der linken Seite der Kette ist der Führer. Er hält ein weißes Taschentuch in seiner freien Hand. Wenn auch Frauen mittanzen, dann bilden sie eine eigene Kette. (↗Mazedonischer Volkstanz)

Lit.: *Thurston, H.:* Jovane Jovanke, in: The Folklorist, vol. 7, 1962, No. 4, S. 101 f.

Jucker. ↗Österreichischer Volkstanz, ein schneller galoppartiger Rundtanz im 2/4-Takt.

Lit.: *Zoder-Preiß:* Bauernmusi, Teil 2, 1925, Nr. 37. *Horak, K.:* Der Volkstanz im Kleinen Walsertal, in: Jahrbuch d. österreichischen Volksliedwerkes, Bd. 3, 1954, S. 95.

Juckzeppel. Alter ↗deutscher Volkstanz aus der schwäbischen Türkei. Der Tanz, in seinen Bewegungen sehr erotisch gefärbt, wurde ausschließlich nur bei Hochzeiten aufgeführt. (↗Hochzeitstänze)

Lit.: *Horak, K.:* Der Volkstanz in d. schwäbischen Türkei, in: Deutsches Archiv f. Landes- u. Volksforschung, Jg. 2, 1938, H. 4, S. 851. *Wolfram, R.:* Die Volkstänze in Österreich u. verwandte Tänze in Europa, 1951, S. 112.

Judenbub. ↗Deutscher Volkstanz aus der schwäbischen Türkei. Dieser ↗Paartanz im Kreis gehört zu der Gruppe der ↗Klatschtänze. Zu seinen charakteristischen Tanzfiguren gehört das Drohen mit dem Zeigefinger (↗Fingerlitanz) und das Klatschen in die eigenen und fremden Hände. Die Tanzmelodie steht im 2/4-Takt. In einer anderen Form heißt er auch Patschgalopp.

Lit.: *Horak, K.:* Der Volkstanz in d. schwäbischen Türkei, in: Deutsches Archiv f. Landes- u. Volksforschung, Jg. 2, 1938, H. 4, S. 848.

Judenpolka. Eine Form des ↗Judentanzes, die in Deutschland unter den verschiedensten Namen, wie ↗Vogelsteller, ↗Winker, ↗Winkerschottisch, ↗Klatschpolka, ↗Klapptanz, ↗Fingerl Polka, ↗Das dumme Ding, ↗Styriana und ↗Strasak bekannt ist. Wie bereits aus den mannigfaltigen Namen der Judenpolka zu erkennen ist, geschieht die tänzerische Gestaltung ganz verschieden, entweder durch Klatschen, Stampfen oder als Rundtanz. (↗Böse Marie, ↗California, ↗Chybatanz, ↗Hadd el te kicsike, ↗Kinttupolka, ↗Nyrkkipolka)

Lit.: *Zoder, R.:* Judentänze, in: Jahrbuch f. Volksliedforschung, Jg. 2, 1930, S. 131 ff. *Horak, K.:* Der Volkstanz in d. Batschka, in: Deutsche Liederkunde, Jahrbuch f. Volkslied u. Volkstanz, Bd. 1, 1939, S. 219. *Au, H. v. d.:* Zwei Banater Volkstänze, in: Das deutsche Volkslied, Jg. 42, 1940, H. 5/6, S. 52 ff. *Wolfram, R.:* Judenpolka aus Urwegen, Siebenbürgen, in: Das deutsche Volkslied, Jg. 42, 1940, H. 7/8, S. 69.

Judentanz. Unter diesem Namen ist ein alter ↗Volkstanz zu verstehen, der sich bis in das 16. Jh. zurückverfolgen läßt und mit verschiedenen Melodien in vielen Formen und Ausführungen in Deutschland und Österreich bis ins 19. Jh. hinein üblich war. Wie aus den Überlieferungen hervorgeht, war er vor allem ein ↗Gebärdentanz, der in seiner ursprünglichsten Form die dem Volk komisch erscheinenden Bewegungen der Juden beim Gebet und Gespräch nachahmte. (↗De Abram, ↗Judenpolka, ↗Judenwalzer, ↗Pfatscher, ↗Plätschtanz)

Lit.: *Hofmann, J.:* Pfatscher oder Judentanz, in: Unser Egerland, XII, 1908. *Zoder, R.:* Judentänze, in: Jahrbuch f. Volksliedforschung, Jg. 2, 1930, S. 122 ff. *Dieckmann, J.:* Die in deutscher Lautentabulatur überlieferten Tänze d. 16. Jh., 1931. *Lanz, J.:* Ostschlesische Volkstänze, 1931, S. 25. *Commenda, H.:* Burschentänze, Deutsche Volkstänze, H. 13, 1934, S. 11.

Judenwalzer, zu den Judentänzen gehörend, ist ein Gesangswalzer, der in seinen Versen die Juden verspottet. Er war im 19. Jh. in Deutschland üblich. Sein Verbreitungsgebiet reichte, von Baden und Schwaben ausgehend, über Bayern bis ins Egerland.

Lit.: *Zoder, R.:* Judentänze, in: Jahrbuch f. Volksliedforschung, Jg. 2, 1930, S. 135 ff.

Judy Walk. ↗Gesellschaftstanz des 20. Jh., eine vor 1914 übliche Form des ↗Onestep.

Lit.: *Günther, H.-Schäfer, H.:* Vom Schamanentanz zur Rumba, 1959, S. 254.

Jüdischer Tanz. Eine Darstellung des jüdischen Tanzes hat vor allem den Umstand zu berücksichtigen, daß das jüdische Volk Jahrhunderte hindurch gezwungen war, ohne Land und ethnische Grenzen, zerstreut auf der ganzen Welt zu leben. Viele kulturelle Einflüsse haben dadurch auf die Musik und den Tanz der Juden eingewirkt und die Bildung von Tanzformen im Sinn eines nationalen Volkstanzes erschwert. Drei Phasen der Entwicklung bestimmen die Geschichte des jüdischen Tanzes: 1. Die Frühzeit (bis zur Zerstörung Jerusalems im Jahre 70 n. Chr.), 2. Die Zeit der Diaspora (70 n. Chr. bis 1948), 3. Die Zeit des neuen Staates Israel (ab 1948). Schon die ersten Anfänge eines Tanzes bei den Juden sind schwer feststellbar. Es ist anzunehmen, daß das jüdische Volk den Tanz schon von sich aus besaß und nicht erst während seiner Knechtschaft in Ägypten kennengelernt hat. Die wichtigste Quelle, die wir für die Frühzeit des jüdischen Tanzes besitzen, ist die Bibel.

Die Aufzeichnungen, die wir in ihren Büchern über den Tanz finden, sind zwar umstritten, schon deshalb, weil manche der den Tanz betreffenden Ausdrücke eine mehrdeutige Auslegung zulassen; trotzdem können wir aber aus den biblischen Quellen ein ungefähres Bild von der Art des zu dieser Zeit üblichen Tanzes gewinnen. Die alten Juden waren ein tanzfreudiges Volk, welches vor allem den Tanz bei allen großen weltlichen Ereignissen geübt hat. Mirjams Siegestanz nach dem glücklichen Durchgang der Israeliten durch das Rote Meer (um 1310 v. Chr., 2. Buch Moses 15/20), der Tanz zum Ruhm Davids nach dem Sieg über die Philister (1. Buch Samuelis 18/6–7), der Reigen der Jungfrauen von Silo (Buch der Richter 21/12 und 21), der Tanz von Jephtas Tochter (Buch der Richter 11/31–34), das Hohelied 7 mit seiner lebensvollen Schilderung des Brauttanzes sind für die weltlichen Tänze der alten Juden die biblischen Zeugnisse.

Dem sakralen Tanz, der bei den alten Juden ausschließlich von Männern ausgeführt wurde, begegnen wir zum erstenmal beim Tanz König Davids vor der Bundeslade. Er huldigte dem Gott Israels, beeinflußt von der ekstatischen Gruppe der ↗Newiim, durch Ekstase, Tanz und Musik (2. Buch Samuelis 6/4–5 und 14–16). Der Tanz um das goldene Kalb (2. Buch Moses 32/18 und 19) wird nicht als echter jüdischer ↗Kulttanz angesehen, sondern als eine Nachahmung des Apis-Kultes, den die Juden in Ägypten kennengelernt haben. Anhaltspunkte für die Existenz und den Gebrauch kultischer Reigen gibt auch das Buch der Psalmen. So heißt es im Psalm 149/3: „Preisen sollen sie Seinen Namen mit Reigen, Ihm spielen mit Pauken und Harfen", und im Psalm 150/4: „Lobet Ihn mit Pauken und Reigen, lobet Ihn mit Flöten und Saitenspiel". Als kultischer Festtanz kann auch der ↗Fackeltanz angesehen werden, den die Männer noch im ersten nachchristlichen Jahrhundert in der Nacht des ersten Feiertages vom Laubhüttenfest innerhalb des Tempelvorhofes tanzten. – Auch der Kunsttanz mag den Juden des Altertums schon bekannt gewesen sein, besonders als zur Zeit Herodes' des Großen (37 v. Chr. – 4 n. Chr.) in Jerusalem ein Theater errichtet worden war, in dem nach römischer Sitte auch Tänzer auftraten. Es mögen Tänze lasziver, vielleicht auch pantomimischer Art gewesen sein, die dargeboten wurden. Zusammenfassend kann nach den gebotenen Zeugnissen jedenfalls festgehalten werden, daß das jüdische Volk in seiner Frühzeit dem Tanz in seinen kultischen und weltlichen Formen huldigte. – Es gibt kein schöneres Zeugnis jüdischer Lebensfreude als die Tatsache, daß sich das jüdische Volk seine Tanzfreudigkeit auch während der Zeit der Diaspora und Verfolgung erhalten hat. Während dieser Zeit nahm es viel fremdes Kulturgut auf und bereicherte damit sein eigenes. Die Hauptmasse des jüdischen Tanzes zu dieser Zeit war ein von einem gemeinsamen ursprünglichen musikalischen Grundstoff getragener Tanz auf fremder Erde. Es war eine lebendige Tradition, die damals bei den vielen jüdischen Gemeinden in Ost und West gepflegt wurde. Kultischer Tanz verband sich mit den religiösen Festen in den Synagogen, wie z. B. bei den Beschneidungsfeiern. In den jüdischen Sekten der Diaspora ist der kultische Tanz zum Unterschied zur Frühzeit von Männern und Frauen auch gemeinsam vollzogen worden. – Mit der Gründung des Staates Israel im Jahre 1948 vollzog sich durch die Einwanderung zahlreicher Exiljuden eine Erneuerung der jüdischen Volks- und Tanzmusik, für deren weitere Entwicklung vor allem die Vermengung der aus der Diasporazeit aufgenommenen europäischen Melodik mit den afro-asiatischen Volkskulturen bedeutsam ist. Aus der Wechselwirkung zwischen der orientalischen und okzidentalen Volkskunst entwickelten sich neue Spiel- und Volkstanzformen. Sie bereicherten die alten biblischen Bauern- und Pilgerfeste, die, dadurch der Vergessenheit entrissen, neue Pflege finden. Die Bildung von Volkstanzgruppen wird vom neuen Staat Israel besonders gefördert. Neue Volkstanzformen entwickelten sich auch aus den im östlichen Mittelmeerraum üblichen Hora- und Debkaformen. (↗Machalat)

Qu.: Heilige Schrift des Alten und Neuen Bundes.

Lit.: *Voß, R.:* Der Tanz u. seine Geschichte, 1869, S. 21. *Becker, M. L.:* Der Tanz, 1901, S. 15. *Garbell, J.:* Jungfrauentänze in Ramallah, in: Edoth II, Jerusalem 1946/47, S. 111 ff. *Gradenwitz, P.:* The Music of Israel, 1949. *Gerson-Kiwi, E.:* Wedding Dances and Songs of the Jews of Boknara, in: Journal of the International Folk Music Council, vol. II, 1950, S. 17 f. *Kaufman, A.:*

Indigenous and Imported Elements in the New Folk Dance in Israel, in: Journal of the International Folk Music Council, vol. III, 1951, S. 55 ff. *Rothmüller, A. M.:* Die Musik d. Juden, 1951. *Kadman, G.:* Yemenite Dances and Their Influence on the New Israeli Folk Dances, in: Journal of the International Folk Music Council, vol. IV, 1952, S. 27 ff. *Heyer, F.:* Der Tanz in d. modernen Gesellschaft, 1958, S. 141. *Kadman, G.-Hodes, T.:* Ten Israeli Folk Dances, 1959. *Kadman, G.:* The Creative Process in Presentday Israeli Dances, in: Journal of the International Folk Music Council, vol. XII, 1960, S. 85 f. *Werner, E.:* Hebräische Musik, in: Das Musikwerk, Bd. 20. 1961. *Caquot, A.:* Les danses sacrées en Israel et a l'entour. Anthologie des soucres orientales, Paris 1963. *Lapson, D.:* Jewish Dances of Eastern and Central Europe, in: Journal of the International Folk Music Council, vol. XV, 1963, S. 53 ff. *Sendrey, A.:* Music in Ancient Israel, 1969.

Jugoslawische Volkstänze. Jugoslawien hat eine reiche Tradition an ↗Volkstänzen, die bis in die Gegenwart vielfach lebendig geblieben ist. Es ist dabei interessant, daß viele Charakteristiken der traditionellen Tanzkunst bei allen Volksgruppen übereinstimmen, doch jedes dieser Völker Jugoslawiens ihre besonderen Tanzformen entwickelt hat. Allen Volksgruppen gemeinsam sind Tänze mit bestimmter Bedeutung und Symbolik, wie man sie bei vielen Tänzen zum Jahreskreis, bei den ↗Kult- und ↗Hochzeitstänzen finden kann. (↗Kroatischer Volkstanz, ↗Mazedonischer Volkstanz, ↗Serbischer Volkstanz, ↗Slowenischer Volkstanz, ↗Bibera, ↗Djurdjevka, ↗Kalajdžiskoto, ↗Kolo, ↗Lesnoto, ↗Neda Grivny, ↗Oro, ↗Trojanac, ↗Užička čarlama)

Lit.: *Jankovic, L.* u. *D.:* Narodne Igre, vol. V, 1949. Danses populaires jougoslaves, Belgrad 1950. *Lawson, J.:* European Folk Dance, 1953, S. 72 ff. *Jankovic, L.* u. *D.:* 4 Contributions to the Study of the Survival of Ritual Dances in Jugoslavia, 1957. *Schmolke, A.-Langhans, H.:* Europäische Tänze, H. 4, Jugoslawien, 1957. *Ilijin, M:* Influences reciproques des danses urbaines et traditionales en Yugoslavie, in: Studia musicologica, Tom. VII, Budapest 1965, S. 85 ff. *Kulisic, Sp.:* Volksbräuche in Jugoslawien, 1966. *Zecevic, S.:* Elementi naso mitologije u narodnim obredima uz igru, 1973 (Izdanja Muzeja grada Zenice, Radovi 5).

Jungfrautanz. Ein Scherztanz, der innerhalb der fröhlichen Feier des ↗Abdreschtanzes nur von Mädchen getanzt wird. Es ist dies der Halbwalzer oder Innviertler, bei dem ein 16taktiges Walzen mit 16taktigem paarweisen Gehen im Kreis abwechselt.

Lit.: *Peter, I.:* Tanz u. Spiel nach d. Abdreschen, in: Wiener Zeitschrift f. Volkskunde, Jg. 48, 1943, S. 5 ff.

Junk, Viktor. Österreichischer Musikwissenschaftler, Germanist und Komponist, geb. 18. April 1875 in Wien, gest. 5. April 1948 in Frohnleiten, Steiermark. Seine wissenschaftlichen Forschungen über den Tanz legte er in bedeutsamen Veröffentlichungen vor: 1930 erschien das „Handbuch des Tanzes", in welchem er erstmalig den Versuch unternahm, die gesamte Kenntnis vom Tanz übersichtlich zusammenzufassen (Reprint: Hildesheim 1977). Außerdem verfaßte er die Studien: Der altbayrische Marskertanz als Urtypus der Melodie des Prinz-Eugen-Liedes, in: Anzeiger der Akademie der Wissenschaften in Wien, Jg. 1934, Nr. XVIII–XXVI, S. 154 f.; Das Lied vom Prinzen Eugen. Eine bayerische Schöpfung. Ein Beitrag zur Geschichte des süddeutschen Volkstanzes, in: Mitteilungen der Akademie zur wissenschaftlichen Erforschung und zur Pflege des Deutschtums, Deutsche Akademie, Jg. 1934, H. 3, S. 297 ff.; Die taktwechselnden Volkstänze. Deutsches oder tschechisches Kulturgut, Schriftenreihe des staatlichen Institutes für Deutsche Musikforschung, Bd. 3, 1938; Zur Volkstanzforschung, in: Das deutsche Volkslied, Jg. 40, 1938, H. 1/2, S. 33 f. Sein Sohn **Walter Junk** war Solotänzer der Staatsoper Berlin.

Juppjack. ↗Deutscher Volkstanz im $^{4}/_{4}$-Takt aus dem Gebiet der Altmark (westlich gelegener Teil von Sachsen-Anhalt). Er wird von beliebig vielen Paaren getanzt, die in gewöhnlicher Handfassung im Kreis Aufstellung nehmen. Drehungen und Hüpfschritte im schnellen Polkatempo sind die wesentlichen Bewegungsformen. Der Tanz besteht aus zwei Teilen: einem gehenden ersten Teil und einem sehr lebendigen zweiten Teil.

Lit.: *Janietz, E.:* Volkstänze aus d. Altmark, Leipzig s. a.

Jurotschka. ↗Russischer Volkstanz aus Belorußland. Der Name bezeichnet einen leichtsinnigen, selbstgefälligen Dorfburschen, der allen Mädchen im Dorf den Hof macht, sich aber für keine entscheiden kann und in seiner Überheblichkeit glaubt, daß alle Mädchen nach ihm ganz verrückt seien. Dieser Wankelmut des wählerischen Dorfburschen wird in diesem Tanz bestraft. Der Tanz endet damit, daß alle von Jurotschka davonlaufen und der Bursche allein übrigbleibt. Ausgeführt wird der Tanz von dem Dorfburschen Jurotschka, sechs weiteren Burschen und sechs Mädchen. Der Tanz besteht aus vier Figuren. Die Musik steht im $^{2}/_{4}$-Takt.

Juudipolka

Lit.: *Moissejew, Igor:* Tänze d. Völker d. Sowjetunion, 1952, Folge II, S. 42 ff.

Juudipolka. Estnischer Volkstanz, der seiner Form, Ausführung und Tanzmelodie nach dem süddeutschen Volkstanz ↗„Drei ledrne Strümpf" entspricht. (↗Estnische Volkstänze)

Lit.: *Wolfram, R.:* Die Volkstänze in Österreich u. verwandte Tänze in Europa, 1951, S. 164.

K

Kaaft ehr welsche Hahne. ↗Deutscher Volkstanz aus Hessen, benannt nach einem alten rhein-fränkischen Volkslied. In seiner rhythmisch-melodischen Form und seiner Ausführung stellt er eine alte Form der ↗Kreuzpolka dar.

Lit.: *Au, H. v. d.:* Hessische Volkstänze, Deutsche Volkstänze, H. 11/12, 1940, S. 20. *Goldschmidt, Ae.:* Handbuch d. deutschen Volkstanzes, 1967.

Kabuki-Tanz. Unter diesem ↗japanischen Tanz ist ein theatralischer Tanz zu verstehen, der im Kabuki-Theater, einer Form des traditionellen japanischen Theaters, aufgeführt wird. Sein Ursprung liegt bei den Tänzen der Tempeltänzerin Okuni (1603), der Begründerin der Kabuki-Spiele. Okuni war Tempeltänzerin des Izumo-Heiligtums. Im Spielplan des Kabuki-Theaters gibt es Stücke, genannt Shosagoto oder Tanzdramen, die sich in erster Linie und fast ausschließlich mit Tanz befassen. In diesen Tanzdramen tanzen die Darsteller bei voller Begleitung von Vokal- und Instrumentalmusik. Eine besondere Eigenart des Kabuki-Theaters ist, daß in keinem Fall eine weibliche Tänzerin auftritt. Alle weiblichen Rollen werden von Männern, die man Onnagata nennt, dargestellt. Dieses Auftrittsverbot für Frauen reicht bis in das Jahr 1628 zurück. Der Kabuki-Tanz wird als klassischer Tanz heute auch außerhalb des Theaters aufgeführt, dabei tanzen Frauen auch die männlichen Rollen. Dies geschieht vor allem dann, wenn die Ausführenden ↗Geishas sind. Es gibt eine Vielzahl von Kabuki-Tänzen. Sie unterscheiden sich nach der Art ihrer Ausführung.

Lit.: *Ashihara, Eiryo:* The Japanese Dance, Tokio 1964.

Káča. Tschechischer Volkstanz, ein ↗Paartanz im 3/4-Takt, der mit Drehungen im langsamen Walzer- und Ländlertempo ausgeführt wird. (↗Tschechische Volkstänze)

Lit.: *Vycpálek, L.:* České tance, in: Český Lid, Jg. 1, 1892.

Kačer (= der Enterich). Tschechischer Volkstanz aus der Slowakei, aber auch in Böhmen zu finden. Bei diesem humoristischen Tanz stellen sich Tänzer und Tänzerin abwechselnd in einer Reihe hintereinander auf, und jeder faßt den Vordermann im Nacken bei den Kleidern. Der vorderste Tänzer stellt den „Enterich" dar. Er führt die Kette in wechselnden Richtungen durch den Raum und trachtet, einen von den Nachtanzenden mit einem Tuch zu treffen. Der Tänzer, dem es dabei gelingt, das Tuch zu nehmen, wird der neue „Enterich". Während des Tanzes wird von allen ein Lied gesungen. (↗Tschechische Volkstänze)

Lit.: *Waldau, A.:* Böhmische Nationaltänze, 1859, Bd. 1, S. 56 f.

Kachina-Tänze. Kulttänze der Zuñi-Indianer Nordamerikas. Sie werden von dem sogenannten Kotikili-Bund, dem alle männlichen und einige weibliche Zuñi angehören, ausgeführt. Die Tanzenden sind maskiert und sollen durch ihre Tänze die Götter bestimmen, Regen und Fruchtbarkeit zu bringen. (↗Indianischer Tanz, ↗Nordamerikanischer Tanz)

Lit.: *Sonner, R.:* Musik u. Tanz, 1930, S. 57. *Ferguson, E.:* Dancing Gods, 1934, S. 120 ff.

Kadawi. Ritueller Volkstanz aus Südindien. Der Kadawi-Tänzer steckt, um seinen Körper geißeln zu können, Bambussplitter durch seine Wangen oder spitze Nadeln in seine Glieder. Sein Körper ist mit Asche beschmiert und um seine Arme, Schultern und Brust hat er Zitronen gebunden. Der Tänzer, von Trommeln und Flöten begleitet, fällt oft in einen Trancezustand. (↗Indischer Tanz)

Lit.: *Gargi, Balwant:* Theater u. Tanz in Indien, 1960, S. 50 f.

Kadenz bedeutet in der österreichischen Volksmusik das Zwischenspiel, die Verbindung und das Hinüberleiten von einem ↗Ländler zum andern. Sie bleibt während eines Ländlers immer dieselbe, wird im gleichen Tempo und der Grundtonart des Ländlers gespielt. (↗Cadence)

Lit.: *Hamza, E.:* Volkskundliche Studien aus d. niederösterreichischen Wechselgebiete, in: Zeitung d. deutschen u. österreichischen Alpenvereins, Bd. 45, 1914, S. 113 ff.

Kadlec ↗Tkadlec.

Kälbertanz (auch Klappentanz). Deutscher Bauerntanz, der zur Zeit um 1800 in der Mark (Gebiet in Deutschland) getanzt wurde. Der Tanz im 3/4-Takt wurde im Menuett-Tempo ausgeführt. Im Böhmerwald nannte man die Tanzmusik, die beim Dienstbotenwechsel gespielt wurde, ebenfalls Kälbertanz. (↗Bauerntänze)

Lit.: *Böhme, F. M.:* Geschichte d. Tanzes in Deutschland, 1886, S. 210.

Kaeppedans. Dieser jütländische ↗Volkstanz stellt eine besondere Form des ↗Schwerttanzes dar. Jeder Tänzer hält in jeder Hand einen Stock. Die Stöcke werden zuerst vor dem Körper zusammengeschlagen, dann unter dem Knie des linken gehobenen Fußes, darauf abermals vor dem Körper, dann unter dem Knie des rechten gehobenen Fußes, wieder vor dem Körper, dann hinter dem Körper, hierauf wieder vor dem Körper, und zuletzt folgt ein hoher Sprung mit Aufwärtsstrecken beider Stöcke. (↗Dänischer Volkstanz)

Lit.: *Wolfram, R.:* Schwerttanz u. Männerbund, s. a., S. 196.

Kaguratänze. Unter dieser Bezeichnung faßt man die ältesten rein japanischen Tänze zusammen. Es sind die Tänze der japanischen Priester und Priesterinnen, die getanzten Legenden der Götter, die sie an den heiligen Stätten tanzten. Das Wort Kagura bedeutet Götterfreude und wurde in der japanischen Urreligion Shinto für jede Art von kultischer Musik und kultischem Tanzen gebraucht. Die gesamte Kagura-Zeremonie dauerte von der Morgen- bis zur Abenddämmerung und wurde nur im inneren Schrein des kaiserlichen Haushaltes oder in den größten Schreinen Japans vorgeführt. Erst im modernen Zeitalter wurden Teile davon auch dem Volk gezeigt. Zwei Arten von Kagura sind zu unterscheiden: das „mi-kagura", ein Winterfest, und das „sato-kagura", das seit dem 17. Jh bekannt ist und aus Darbietungen von ↗Pantomimen mit Musikbegleitung besteht, bei denen fast nur Masken komischer Art getragen werden. Im Laufe der Entwicklung ging die Bedeutung des Kagura sehr stark zurück, so daß mit der Bezeichnung Kagura nunmehr Aufführungen benannt werden, denen kein Ritualcharakter mehr zugesprochen werden kann. (↗Japanischer Tanz)

Lit.: *Lucas, H.:* Japanische Kultmasken, 1965, S. 16 ff. *Harich-Schneider, E.:* Die frühesten erhaltenen Quellen d. Kagura-Lieder, in: Deutsches Jahrbuch d. Musikwissenschaft f. 1965, Jg. 10, 1966, S. 113 ff.

Kahuwa. Tanz der Alfuren auf den Molukken. Jünglinge und Mädchen bilden einen großen Kreis, oft auch einen Kreis für jedes Geschlecht. Der Kahuwa ist ein ↗Kriegstanz, der nach einer Kopfjagd aufgeführt wird. Dabei werden Lieder in alter Sprache gesungen.

Lit.: *Nieuwenhuis, G. J.:* Über d. Tanz in Niederländisch-Indien, Diss. Zürich 1916, S. 26.

Kaiserlandler. ↗Österreichischer Volkstanz aus dem oberösterreichischen Mühlviertel, eine Variante des geradtaktigen ↗Ländlers, wie er in ganz Oberösterreich und in angrenzenden Gegenden Niederösterreichs (Blindenmarkter Ländler) verbreitet ist. Eine Kernfigur dieser Ländlerform ist das viermalige Drehen des Mädchens unter dem Zeigefinger des Burschen, der im Gegensinn um sie herumgeht, hierauf Ausschwingen und Drehen in der anderen Richtung.

Lit.: *Zoder, R.:* Altösterreichische Volkstänze, Teil III, 1932. *Gradwohl, K.:* Lehrgang f. österreichische Volkstänze, 1936/38. *Lager, H.:* Österreichische Tänze, 2. Teil, 1969, S. 16. *Schützenberger, E.-Derschmidt, H.:* Spinnradl, 1976, 3. Folge, S. 4. *Horak, K.:* Der Kaiser-Landler, in: Der Trachtler, 1981, Nr. 25, S. 15.

Kakkunassi. Finnischer Volkstanz im 2/4-Takt. Eine beliebige Anzahl von Paaren, aber mindestens vier, stehen nebeneinander im Kreis, die Mädchen rechts von den Burschen. Getanzt wird mit Gehschritten und Partnerwechsel. (↗Finnische Volkstänze)

Lit.: *Burchenal, E.:* Folk-Dances of Finland, 1915, S. 44.

Kalabassentanz. Tanz der Neger in Rhodesien. Die Tänzer begleiten sich dort meist selbst zum Tanz. Den Rhythmus ihrer Tanzbewegungen geben sie daher mit Rasseln, die sie an den Füßen tragen, und mit Steinen oder Nüssen gefüllten Kalabassen in den Händen an. (↗Afrikanischer Tanz)

Lit.: *Italiander, R.:* Tanz in Afrika, 1960, S. 29/47.

Kalabis. Griechische Bezeichnung einer Tanzfigur, die aus Hüft- und Unterleibsdrehungen bestand und ein charakteristischer Bestandteil des altgriechischen obszönen Tanzes ↗Kordax war.

Lit.: *Lawler, L. B.:* The Dance in Ancient Greece, 1964.

Kalac. Türkischer ↗Waffentanz aus dem ehemaligen türkischen Südserbien. Er wird von mehreren Tänzern ausgeführt, die einander gegenüber stehen und durch gekreuzte Tücher miteinander verbunden sind. Die Tücher gelten als Ersatz für früher einmal verwendete Schwerter. (↗Schwerttanz, ↗Türkischer Tanz)

Lit.: *Hoerburger, F.:* Waffentänze d. Türken, in: Forschungen u. Fortschritte, Jg. 28, 1954, H. 6, S. 185 ff.

Kalajdžiskoto (= der Verkupferer). Jugoslawischer Volkstanz aus Mazedonien, dessen choreographische Form von den Bewegungen herkommt, die der Verzinnerer oder Verkupferer bei der Ausübung seines Berufes ausführt. Er beschreibt die Bewegungen dieser Tätigkeit, besonders das immerwährende Reiben der Kupferkannen mit den nackten Füßen und dem feuchten Sand. (↗Mazedonischer Volkstanz)

Lit.: *Ćućov, Em.:* Contenu idéologique et procès rythmique de la danse populaire macedonienne, in: Journal of the Int. Folk Musik Council, vol. IV, 1952, S. 39 ff.

Kalamaika. Ursprünglich ein ↗Nationaltanz der karpatischen Ruthenen im schnellen 2/4-Takt, tauchte die Kalamaika zu Anfang des 19. Jh. in Wien, Schlesien und Böhmen als beliebter ↗Gesellschaftstanz auf und verbreitete sich von dort über ganz Deutschland. Ihr Name wird mit der ostgalizischen Stadt Kolomea in Verbindung gebracht. Kolomejka-Melodien haben Franz Liszt und Bela ↗Bartók notiert. Bartók nennt diese Melodien die „charakteristische Tanzmusik der Ruthenen". In Siebenbürgen ist unter dem Namen „Kalameyka" der ↗Polsterltanz gemeint. (↗Dupák, ↗Kolomejka, ↗Klouzák, ↗Vosnák)

Lit.: *Waldau, A.:* Böhmische Nationaltänze, Bd. 1, 1859, S. 22. *Böhme, F. M.:* Geschichte d. Tanzes in Deutschland, 1886. *Lubinová, M.:* Dances of Czechoslovakia, 1949. *Klier, M.:* Eine Kalamaika aus Eisenstadt, in: Jahrbuch d. österreichischen Volksliedwerkes, Bd. 14, 1965, S. 126 ff. *Wolfram, R.:* Die Siebenbürger Volkstänze, in: Jahrbuch f. ostdeutsche Volkskunde, Bd. 22, 1979, S. 166 f.

Kalamatianos ↗Syrtos Kalamatianos.

Kala-Tanz. ↗Indischer Tanz aus Maharashtra, der auf einem alten Fruchtbarkeitszauber beruht. Er wird von jungen Männern ausgeführt, die im Tanz eine zwei- oder dreistöckige Pyramide bilden, um die auf einem hohen Baumzweig liegende Kala-Speise zu erreichen. Kala ist eine beliebte Speise aus Reis, Brot, Quark und Gewürzen.

Lit.: *Rebling, E.:* Die Tanzkunst Indiens, 1981, S. 65.

Kalathos (= der Fruchtkorb). Antiker ↗griechischer Tanz. Er wurde als ↗Erntetanz zu Ehren der Göttin Artemis aufgeführt. Seine besondere Art bestand darin, daß ihn die Tanzenden in Körbchen steckend ausführten.

Lit.: *Weege, F.:* Der Tanz in d. Antike, 1926, S. 58.

Kalendara. Jugoslawischer Volkstanz aus Slawonien, der aber auch in den kroatischen Gebieten des Burgenlandes (Österreich) getanzt wird. Er wird von Paaren getanzt, die in einem großen Kreis stehen. Tänzer und Tänzerinnen bilden zwei Ketten, die ineinander verschlungen sind. Die Tanzmelodie steht im geraden Takt. (↗Jugoslawische Volkstänze)

Lit.: *Schmolke, A.-Langhans, H.:* Europäische Tänze, H. 4, 1957, S. 14 ff. *Dreo, H.:* Volkstänze aus d. Burgenland, 1977, S. 63 f.

Kalhoty (= Hosen). Tschechischer Volkstanz aus Böhmen, ein Gruppentanz komischen Charakters. Unter diesem Namen gibt es zwei Formen. Die eine Art besteht aus einem gegenseitigen Neigen und Beugen, wodurch gewissermaßen in einem lebenden Bild eine Hose dargestellt werden soll. Die zweite Art ist den

Versen des Tanzliedes nach von derberer Weise. Sie wird von Paaren ausgeführt, die hintereinander stehen und in hüpfender Bewegung vorwärts gehen, bis die Verse des Tanzliedes abgesungen sind. Als Abschluß erfolgt ein Rundtanz, bei dem abwechselnd aufgestampft wird. (↗Spacir, ↗Tschechische Volkstänze)

Lit.: *Waldau, A.:* Böhmische Nationaltänze, Bd. 1, 1859, S. 30 f.

Kallai kettös. ↗Ungarischer Volkstanz aus Nagy Kálló im Gebiet von Szablocs. Dieser ↗akrobatische Tanz erfordert Leichtigkeit, Schmiegsamkeit und Kraft und wird nur von jungen Männern ausgeführt. (↗Boritza)

Kallinikos. Antiker ↗griechischer Tanz, ursprünglich mit dem Herakleskult verbunden, aber anläßlich heldischer Triumphe auch jedem Sieger gewidmet. Dieser Schreittanz wurde von Männern oder Frauen allein oder aber auch zusammen Seite an Seite (anamix) getanzt. Seine Ausführung war verschiedenartig, entweder prozessionsartig oder in Windungen oder aber auch eckig-winklig.

Lit.: *Lawler, L. B.:* Orchesis Kallinikos, in: Transactions and Proceedings of the American Philological Association, vol. 79, 1948, S. 254 ff. *Lawler, L. B.:* The Dance in Ancient Greece, 1964.

Kalup. Name des ↗Galopp in Böhmen.

Kambodschanischer Tanz. Geworden und geläutert in einer Tradition von über zehn Jahrhunderten, hat der kambodschanische Tanz eine Vollkommenheit erreicht, bei der Ausgeglichenheit, Leichtigkeit und Schönheit in wunderbarer Einheit vorherrschen. Nichts wird der Improvisation überlassen, jede Bewegung steht unter einem überlieferten Gesetz. Die musikalische Phrase bestimmt jede Modulation des Körpers. Die kambodschanische Tanzpantomime besitzt über 1500 verschiedene Posen. Jede ist genau vorgeschrieben und hat ihren besonderen Namen. Eine der häufigsten Tanzbewegungen ist der Respektgruß, „sampieh" genannt. Er kommt am Beginn, am Ende und während der Pausen des Tanzes vor. Ausgeführt wird er durch Berühren der Knie, das Heben der Hände bis zur Brusthöhe und dem folgenden Zusammengeben der Handflächen. Die klassische Pflegestätte des kambodschanischen Tanzes ist das Theater, eine Verschmelzung von Musik, Gesang, Deklamation und Tanzpantomime. Die traditionellen Tänze werden nur von Mädchen ausgeführt, die schon von frühester Jugend an einer strengen Schulung unterzogen werden. Ihre Vorbilder sind die tanzenden ↗„Apsaras", die indischen göttlichen Tänzerinnen. Die Reliefs im westlichen Torgebäude des Tempels von Angkor-Wat (12. Jh.), dem großartigen Monument der alten Khmer-Kultur, geben eine Vorstellung ihres Tanzes. Wie die Tanzbewegungen, das zarte Spiel der Hände, ist auch die Kleidung mit den reichen Schmuckstücken durch die Tradition vorgeschrieben. Die Tänzerin wird in ihre Kleidung eingenäht. – Außerhalb dieser klassischen Tanztradition gibt es natürlich auch in Kambodscha Tänze, die dem Vergnügen dienen und vor allem von Tänzerinnen gegen Entgelt den Touristen vorgeführt werden.

Lit.: *Laloy, L.:* Musique et Danses cambodgiennes, in: Mercur Musical, 1906. *Groslier, G.:* Danseuses cambodgiennes. Anciennes et modernes, 1913. *Cardi, F.:* Les Danses Sacrées au Cambodge, in: Revue Musicale, 1er année, nr. 1, Paris 1er novembre 1920, S. 32 ff. *Laloy, L.:* La principe de la danse cambodgienne, in: Revue Musicale, Jg. 3, Nr. 9, 1922. *Goslier, G.:* Die Kunst d. kambodjanischen Tänzerin, in: Atlantis 1929, H. 1, S. 10 ff. *Samdach, Ch. Th.:* Danses cambodgiennes d'apres la version originale du Samdach C. T., Hanoi 1930. *Bowers, F.:* Theatre in the East, 1956, S. 165 ff.

Kanadischer Volkstanz. Von den kanadischen ↗Volkstänzen gibt es zwei Arten, die einheimischen oder ↗indianischen Tänze und die europäischen Volkstänze. Die europäischen Tänze können wieder in zwei Hauptgruppen, französische und englische geteilt werden, daher ihre Verschiedenheit in Melodie, Rhythmus und Stil. Die indianischen Tänze sind durch ihren Ursprung und die mannigfaltige indianische Kultur der Eingeborenen noch unterschiedlicher. Die nomadischen Algonkins bevorzugten in ihren Tänzen Beschwörungen, während die Irokesen in ihren Dörfern rituelle und gesellschaftliche Tänze pflegten. Die nordwestlichen Stämme widerspiegeln mit ihren lyrischen Weisen und ↗Pantomimen die sibirische und mongolische Kultur ihrer Vorfahren jenseits der Bering-See. (↗Nordamerikanischer Tanz)

Kanafastanz. ↗Deutscher Volkstanz im 2/4-Takt aus dem Schönhengstgau. Er ist ein Vierpaartanz, die Paare stehen im Viereck (Quadrillenaufstellung). Getanzt wird mit Hüpf-, Lauf- und Sprungschritten. Der mährische Verwandte des Tanzes heißt Kanafaska.

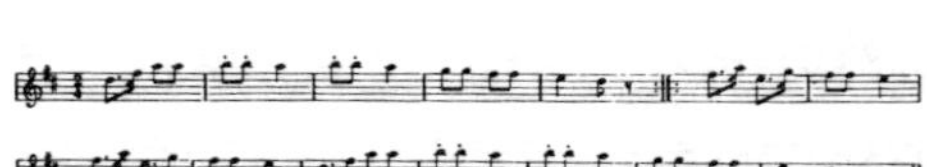

Lit.: *Burchenal, E.:* Folk-Dances from old Homelands, 1922, S. 78 ff. *Junk, V.:* Die taktwechselnden Volkstänze, in: Schriftenreihe d. staatlichen Institutes f. Deutsche Musikforschung, Bd. 3, 1938, S. 98. *Hoerburger, F.* u. *Raupp, J.:* Deutsch-slawische Wechselbeziehungen im Volkstanz, 1957, S. 26. *Fladerer, O.:* Die sudetendeutschen Volkstänze, Deutsche Volkstänze, H. 5/6, 1930, S. 25.

Kanakentänze. Die Volks- und Geheimbundtänze der Kanaken, der Ureinwohner von Polynesien, sind hauptsächlich Männertänze. Beide Geschlechter tanzen niemals zusammen. Bei den ↗Frauentänzen helfen die Männer höchstens bei der Handhabung der Begleitinstrumente, die aus Handtrommeln bestehen. Sie dienen ja nur zur Angabe des Rhythmus. Die Tänzer sind meist geschmückt und maskiert. Ihr Tanz steigert sich oft bis zur Ekstase, die auch die Zusehenden mitreißt.

Lit.: *Laufer, P. C.:* Kanakentänze auf New-Britain, in: Der Erdball, Jg. 5, Berlin 1931, H. 8, S. 304 ff.

Kanana. ↗Werbetanz der Papuas auf Neuguinea von ruhigem, sanftem Charakter. Als „kuk im nos tun im het" benannt, ist er ein Sitztanz, bei dem die Paare einander an Nase, Stirn und Wange berühren, indem der sitzende Mann und die kniende Frau zueinander schwingen, sich erst vertikal, dann horizontal sanft zur Erde beugen. Dabei streifen die Federn am Kopf des Mannes dreimal bogenartig über den Boden. Die Tanzenden erheben sich hierauf und beginnen von neuem. (↗Naturvölker)

Lit.: *Beath, D.:* South Pacific Dance, 1978, S. 50.

Kanásztánc. ↗Ungarischer Volkstanz, ein ↗Geschicklichkeitstanz, bei welchem ein Tänzer in bestimmter Art über gekreuzte Stäbe springt. (↗Besentanz, ↗Sauhaltertanz)

Lit.: *Horak, K.:* Der Volkstanz in d. schwäbischen Türkei, in: Deutsches Archiv f. Landes- u. Volksforschung, Jg. II, 1938, H. 4, S. 854.

Kapir. Name eines Tanzes der Eingeborenen von Ponape, Mikronesien. Er wurde getanzt, wenn dem Stammeshäuptling ein neu angefertigtes Kanu übergeben wurde. Der Tanz, von geschmückten Tänzern ausgeführt, besteht aus taktmäßigen Bewegungen der Füße und kunstvollem Schwingen prächtig geschnitzter Ruder. Er wird von einem getragenen Gesang begleitet.

Lit.: *Hahl:* Feste u. Tänze d. Eingeborenen v. Ponape, in: Ethnologisches Notizblatt, Bd. III, 1901, H. 2, S. 100 f.

Kaprál (= der Korporal). Tschechischer Volkstanz aus Böhmen. Eine Walzerform, bei der auf jedem Fuß dreimal leicht aufgehüpft wird, ähnlich der ↗Valse française. (↗Tschechische Volkstänze)

Lit.: *Waldau, A.:* Böhmische Nationaltänze, 1860, Bd. 2, S. 12.

Kapriolentanz ↗Capriolentanz.

Kapuzinertanz. Dieser Scherztanz, innerhalb des fröhlichen Festes des ↗Abdreschtanzes getanzt, wird von einigen Burschen, die als Kapuziner verkleidet erscheinen, ausgeführt.

Lit.: *Peter, I.:* Tanz u. Spiel nach d. Abdreschen, in: Wiener Zeitschrift f. Volkskunde, Jg. 48, 1943, S. 5 ff.

Kara-Tanz. ↗Afrikanischer Tanz aus dem Sudan. Er ist einer der wenigen Tänze Afrikas, der von Frauen und Männern gemeinsam getanzt wird, und zwar anläßlich der Rückkehr einer Frau von einer Reise.

Lit.: *Anonym:* Tanz bei fremden Völkern, Photoausstellung, Museum f. Völkerkunde, Wien, 1961.

Karaguna. Neugriechischer ↗Volkstanz aus Thessalien, aber auch im übrigen Griechenland verbreitet. Er ist der Tanz der „Kopfnicker", da mit Karaguna „Kopfnicken" bezeichnet wird. Männer und Frauen nehmen im Halbkreis Aufstellung und fassen einander bei herabhängenden Armen an den Händen. Der Tanz hat drei Schrittfolgen, die entsprechend dem musikalischen Rhythmus immer in der gleichen Reihenfolge ohne jede Variation getanzt werden. (↗Griechischer Tanz)

Lit.: *Schmolke-Langhans:* Europäische Tänze, Heft 6, 1959, S. 8 f.

Karalli, Wera Alexejewna (auch Coralli oder Koralli). Russische Tänzerin, geb. 8. August 1889 in Moskau, gest. 16. November 1972 in Baden bei Wien. Ihre Eltern waren Schauspielunternehmer. Ballettunterricht nahm sie bei Alexandr ↗Gorskij. Im Jahre 1906 debütierte sie als Odette-Odile in ↗„Schwanensee". Serge ↗Diaghilew engagierte sie 1909 für sein erstes Gastspiel mit den ↗Ballets Russes in Paris. Ihre Partner waren damals Tamara ↗Karsawina und Waslaw ↗Nijinsky. In die Heimat zurückgekehrt, errang sie am Bolschoj-Theater die höchste Stelle als ↗„Etoile" und wurde auch bald für die neue Kunstform des Films entdeckt. In den zwanziger Jahren begleitete sie gelegentlich Anna ↗Pawlowa auf deren Tourneen, heiratete dann und zog sich von der Bühne zurück. Der zweite Weltkrieg und dessen Folgen zehrten ihr beachtliches Vermögen auf. 1971, nach dem Tod ihres Gatten, war sie völlig mittellos. Die Aktion „Künstler helfen Künstlern" nahm die einst viel umschwärmte Primaballerina in ihr Heim in Baden bei Wien auf, wo sie bald starb.

Karama-Tanz. Indischer ritueller Tanz, den einige Stämme tanzen, um den Gott Karamrani, den Beschützer des Glücks und der Kinder, wohlwollend zu stimmen. Er wird bei den einzelnen Stämmen verschieden ausgeführt. (↗Indischer Tanz)

Lit.: *Rebling, E.:* Die Tanzkunst Indiens, 1981, S. 67.

Kargam-Tanz. Indischer Volkstanz, ein ritueller Tanz aus Südindien. Er wurde aufgeführt, um die Göttin Kali, die den Einwohnern die Überschwemmungen und schwarzen Blattern brachte, gut zu stimmen. Die Tänzer trugen auf dem Kopf einen Messingtopf, der mit Blumen geschmückt und mit rohem Reis gefüllt war. Der Tanz wurde langsam begonnen, ging aber dann in eine Raserei über und trotz der Sprünge und heftigen Bewegungen, die der Tänzer dabei ausführte, balancierte er das Gefäß am Kopf, ohne es festzuhalten. Der Tanz wurde allnächtlich solange ausgeführt, bis die Tänzer glaubten, die Göttin besänftigt zu haben. (↗Indischer Tanz)

Lit.: *Gargi, Balwant:* Theater u. Tanz in Indien, 1960, S. 50.

Kariatidon. Neugriechischer ↗Volkstanz aus Karyai, Lakedämonien. Der Tanz, in ganz Griechenland verbreitet, wird nur von Mädchen ausgeführt. Er soll das Weben und Verkaufen der Stoffe versinnbildlichen. Ursprünglich soll er jedoch eine Bitte um Frieden dargestellt haben, die von den Mädchen vor den spartanischen Herrschern tänzerisch vorgetragen wurde. Die Tänzerinnen, die während des Tanzes die Handfassung nicht lösen, nehmen im Halbkreis Aufstellung. Der Tanz hat zwei Schrittfolgen: die erste wird in einfacher, die zweite in Doppelreihe getanzt. (↗Griechischer Tanz)

Lit.: *Schmolke-Langhans:* Europäische Tänze, Heft 6, 1959, S. 14 f.

Karlenes Fornøjelse. ↗Dänischer Volkstanz, ein ↗Geschicklichkeitstanz aus Jütland, der nur von Burschen ausgeführt wird. Zwei Formen sind gebräuchlich: a) Die Hände werden abwechselnd unter den vorgestreckten Beinen und über dem Kopf zusammengeschlagen; b) Jeder Bursch hält zwei Stöcke in den Händen, die er vor sich unter dem linken Knie, vor sich unter dem rechten Knie und dann vor sich und hinter sich zusammenschlägt. Nach einem Sprung mit dem Ruf „Hau" stößt er die Stöcke gegen die Zimmerdecke. Ausschlaggebend ist bei diesem Tanz vor allem neben der Geschicklichkeit auch die Dauer des Tanzes.

Lit.: *Wolfram, R.:* Schwerttanz u. Männerbund, s. a., S. 196.

Karori. Tanz der Alfuren auf den Molukken, ein Gesangsreigen, der von Männern und unverheirateten Frauen ausgeführt wird, wobei aber keine getrennte Reihe gebildet wird. Die verheirateten Frauen und Männer schlagen mit den Trommeln und bilden einen Kreis um die Singenden und Tanzenden.

Lit.: *Nieuwenhuis, G. J.:* Über d. Tanz in Niederländisch-Indien, Diss. Zürich 1916, S. 26.

Karpeia. Antiker griechischer ↗Waffentanz pantomimischer Art. Er stellt die Geschichte eines Bauern dar, der von einem Räuber bedrängt wird, während er ein Paar Ochsen treibt. Dieser wechselvolle Kampf zwischen Bedrängnis, Abwehr und Sieg wird unter Flötenbegleitung getanzt und dürfte wahrscheinlich ein aus Urzeiten stammender zur ↗Pantomime entwickelter ↗Volkstanz sein. In Xenophons „Anabasis" wird dieser Tanz der Änianen und Magneten in anschaulicher Weise geschildert. (↗Griechischer Tanz)

Lit.: *Weege, F.:* Der Tanz in d. Antike, 1926, S. 36 ff. u. S. 51. *Lawler, L. B.:* The Dance in Ancient Greece, 1964.

Karpeles, Maud. Britische Volksmusik- und Volkstanzforscherin, geb. 12. November 1885 in London, gest. 1. Oktober 1976 ebendort. Von ihr stammen folgende Veröffentlichungen: The Country Dance Book, 1918 (mit Cecil ↗Sharp); Some Fragments of Sword-Dance Plays, in: The

Journal of the English Folk-Dance Society, sec. Ser., Nr. 2, London 1928, S. 35 ff.; The Lancashire Morris Dance, London 1931; Square Dance Figures from Northern New York State, in: The Journal of the English Folk Dance Society, sec. Ser., Nr. 4, London 1931, S. 9 ff.; English Folk Dances. Their Survival and Revival, in: Folk Lore, vol. XLIII, Nr. 2, London 1932, S. 123 ff.; Dances of England and Wales, London 1950 (mit Lois Blake); The Collecting of Folk Music and Other Ethnomusicological Material. A Manual for Field Workers, London 1958.

Kars-Tänze. Türkische Volkstänze, rhythmisch sehr bewegte Gruppentänze, bei denen sich die Tanzenden in der Form von Frage und Antwort graziös und flink bewegen. Sie können von Männern oder Frauen ausgeführt werden. Die Kars-Tänze gehören mehr zu den kaukasischen Tanzarten und wurden ursprünglich für russisch gehalten. (↗Türkischer Volkstanz)

Lit.: *Tör, V. N.:* Die Türkei als Neuland f. d. Erforschung d. Volkstänze, in: Die Volkskultur d. südosteuropäischen Völker, Südosteuropa-Jahrbuch, Bd. 6, 1961, S. 114.

Karsawina, Tamara Platonowna. Russisch-britische Tänzerin, geb. 9. März 1885 in St. Petersburg, gest. 26. Mai 1978 in Beaconsfield. Sie war die Tocher von Platon Karsawin, dem 1. Solisten und Mimen beim kaiserlichen Ballett. 1893 nahm sie ihren ersten Unterricht bei Madam Joukowa auf. 1894 wurde sie in die kaiserliche Ballettschule aufgenommen. 1895 kam sie in das Internat der Marijinskij-Schule. Sie wurde Schülerin von Pawel ↗Gerdt. Als Mitglied des Marijinskij-Ensembles debütierte sie am 1. Mai 1902 in dem ↗Pas de deux „Der Fischer und die Perle". Nach einer Malaria-Erkrankung im Mai 1904 nahm sie Aufenthalt in Mailand, wo sie bei der Ballettmeisterin der Scala Signora Beretta trainierte. Am 13. Januar 1906 tanzte sie ihre erste große Rolle in „Zarentochter", ein Jahr später bedeutete ihr Auftreten als Medora in „Der Korsar" den großen Wendepunkt in ihrer Laufbahn. Um diese Zeit arbeitete sie mit Nicolas ↗Legat, Michail ↗Fokine und Waslaw ↗Nijinsky zusammen. 1909 erfolgte ein Gastspiel in Prag. Im selben Jahr reiste sie mit der ↗Diaghilew-Truppe nach Paris, wo sie am 2. Juni 1909 debütierte. Anschließend erfolgte ein Engagement nach London. Hier traf sie mit der berühmten dänischen Tänzerin Adeline ↗Genée zusammen. Im Jahre 1910 erfolgte ein zweites Gastspiel der Diaghilew-Truppe an der Pariser Oper. Sie tanzte damals die Titelrolle in Igor ↗Strawinskys ↗Ballett „Der ↗Feuervogel". Im Sommer desselben Jahres tanzte Tamara Karsawina in Paris ↗„Giselle" mit ↗Nijinsky. Das Marijinskij-Theater ernannte sie 1910 zur Primaballerina. Im Herbst 1913 unternahm sie mit der Diaghilew-Truppe eine Südamerika-Tournee, darauf erfolgte das erste Gastspiel in Rom. Die Künstlerin war in ihrer ersten Ehe mit einem Russen verheiratet. Während des Krieges heiratete sie den britischen Diplomaten Henry Bruce. Nach ihrer Trennung von der Diaghilew-Truppe trat die Tänzerin als Gast bei verschiedenen Truppen in England auf und unternahm 1925 mit Peter ↗Wladimiroff als Partner eine Amerika-Tournee. In den späten zwanziger Jahren zog sie sich von der Bühne zurück. England wurde die zweite Heimat der Künstlerin. Sie veröffentlichte folgende Bücher: Theatre Street. The Reminiscences of Tamara Karsavina, London 1930; Les Souvenirs de Tamar Karsavina, Paris 1931; Ballet Technique. A Series of Practical Essays, London 1956; Classical Ballet: The Flow of Movement, London 1962.

Lit.: *Hurok, S.:* The World of Ballet, 1955. *Clarke, M.:* Six Great Dancers, 1957. *Wied, K. V.:* Königinnen d. Balletts, 1961, S. 115 ff.

Kartsilamá heißt der populärste ↗zypriotische Tanz. Er besteht aus zwei Tanzfolgen, eine Folge ist für Männer und eine für Frauen bestimmt. Jede Folge besteht aus fünf voneinander unabhängigen Tänzen, genannt der 1., 2., 3., 4. Tanz und Bállos. Jede Tanzfolge wird immer als ein Ganzes auf Jahrmärkten und bei Hochzeiten getanzt, und zwar von zwei Tänzern, die einander gegenüberstehen. Die ↗Tanzmusik wird von einer Violine und einer Art Laute (laoúto) ausgeführt. Während des 3. Tanzes der Männerfolge wird das Tanzen unterbrochen, der 1. Tänzer singt ein Distichon. Bei den ↗Frauentänzen singen die Zuschauer meist mit.

Lit.: *Michaelides, S.:* Greek Song-Dance, in: Journal of the Folk Music Council, vol. VIII, 1956, S. 39. *Petrides, Th. and E.:* Folk Dances of the Greeks, 1961, S. 27 ff.

Karyatike, Karyatis (der Karyatidentanz). Antiker ↗griechischer Tanz aus Sparta. Er ist nach dem Ort Karyae benannt, wo er alljährlich am Fest der Göttin Artemis von jungen Mädchen getanzt wurde. Nach Lukian sollen die Erfinder des Tanzes die Dioskuren Kastor und Pollux gewesen sein. Der Karyatidentanz war vermutlich ein streng gegliederter, in ruhiger Bewegung gehender Tanz. Die Tänzerinnen bewegten sich mit kleinen zierlichen Schritten, entweder auf den äußersten Fußspitzen oder auf halber Spitze, feierlich langsam und gemessen. Häufig wurden dabei auch kleine Drehungen gemacht. Die Bewegungen der Hände waren von großem Ausdruck, die Haltung des Kopfes leicht nach vorne gebeugt. Die Kleidung der Tänzerinnen bestand aus kniefreien Röckchen aus sehr dünnem Stoff. Der Kopfschmuck war korbförmig aus aufrechtstehenden, sich meist überkreuzenden spitzen Schilfblättern. Der Dichter Pratinus hat ein ↗Hyporchema „Die Karyatiden" geschrieben.

Lit.: *Wolters, P.:* Karyatiden, in: Zeitschrift f. bildende Kunst, N. F., Jg. 6, 1895, S. 36 ff. *Weege, F.:* Der Tanz in d. Antike, 1926, S. 44 ff.

Kasatkina, Natalia Dmitrijewna. Russische Tänzerin und ↗Choreographin, geb. 7. Juli 1934 in Moskau. Sie studierte an der Ballettschule des Bolschoj-Theaters in Moskau bei S. Messerer und M. Kazhukowa, schloß sich 1954 dem ↗Bolschoj-Ballett an und wurde eine gefeierte Charaktertänzerin. Mit ihrem Gatten W. Wasiljow begann sie 1962 für das ↗Kirow-Ballett, das Bolschoj-Ballett und das Nemirowitsch-Danschenko-Theater zu choreographieren.

Kasatscha. ↗Russischer Volkstanz aus dem südwestlichen Teil des Landes (Kleinrussen). Der Tanz ist eine Art ↗Werbetanz. Dargestellt wird das Werben des Burschen, das von dem Mädchen mit verschiedenen Gebärden wie Achselzucken und Kopfschütteln abgewehrt wird. (↗Achselrotten, ↗Houbetschotten)

Lit.: *Böhme, F. M.:* Geschichte d. Tanzes in Deutschland, 1886, I, S. 321.

Kasatscho. Ein Tanz der Mädchen des Akha-Stammes in Thailand. Acht Mädchen beteiligen sich daran. Zwei Varianten der Ausführung sind üblich. Bei der einen stehen die Mädchen im Kreis, ohne einander an den Händen zu halten. Sie wiegen sich in den Hüften einmal nach links und einmal nach rechts. Bei der anderen Version klatschen die im Kreis stehenden Mädchen in die Hände und führen in graziösen Bewegungen Knie-Hüft-Beugen aus, wobei der Oberkörper einmal nach links und einmal nach rechts gewendet wird. Beide Varianten werden von Liebesliedern begleitet, die die Tänzerinnen einstimmig im Chor singen. (↗Thailändischer Tanz)

Lit.: *Manndorff, H.:* Akha (Thailand, Chieng Rai-Provinz) Mädchentänze, in: Institut f. d. wissenschaftlichen Film, Göttingen 1971, S. 9 ff.

Kasatschok. ↗Russischer Volkstanz im 2/4-Takt, ein alter Figurentanz, der sich in drei Figurenteile gliedert. Boris Rubaschkin, ein Wiener Bassist bulgarisch-russischer Abstammung, hat dem alten russischen Tanz moderne Gesellschaftsformen gegeben. Im neuen Tanz heißen die drei Figurenteile: Ras-dwa-tri. Im ersten Teil stehen die Partner einander gegenüber und tanzen die gleichen Schritte mit dem gleichen Fuß. Im zweiten Teil nehmen sie die Hände auf den Ellbogen und geben die Arme nach vorne. Den dritten Teil nannte man im alten russischen Figurentanz die „Prisjadka". Der Herr tanzt allein und die Tänzerin klatscht den Takt dazu.

Kaschik oyunlari (Löffeltänze). Türkische Volkstänze aus Anatolien. Sie werden solo, paar- oder gruppenweise getanzt. Die Tanzenden halten je zwei bunt bemalte Holzlöffel zwischen den Fingern und feuern mit ihrem kastagnettenartigen Schlag den Rhythmus des Tanzes an. Die Löffeltänze von Konya wurden herkömmlich an den „oturak alemi" genannten Herrenabenden von nackten Frauen in kultischer Andacht getanzt. In öffentlichen Veranstaltungen tanzen aber anstatt der Frauen Männer. Die Nachahmungen der weiblichen Bauchbewegungen nehmen dabei sehr groteske Formen an. In Silifke wird der „Keklik oyunu", der Rebhuhn-Tanz, gepflegt, ein Löffeltanz, bei dem das Flattern der Flügel mit Löffelschlägen nachgeahmt wird. (↗Türkischer Volkstanz)

Lit.: *Tör, V. N.:* Die Türkei als Neuland f. d. Erforschung d. Volkstänze, in: Die Volkskultur d. südosteuropäischen Völker, Südosteuropa-Jahrbuch, Bd. 6, 1962, S. 113.

Kastorias. Neugriechischer ↗Volkstanz aus Westmakedonien. Der Tanz, der die Tierjagden der in Kastoria beheimateten Jäger und Pelzhändler versinnbildlicht, wird von Tänzern und Tänzerinnen, die in beliebigem Wechsel im Halbkreis Aufstellung nehmen, dargestellt. Die Handfassung erfolgt bei herabhängenden Armen. Der Tanz hat drei Schrittfolgen. (↗Griechischer Tanz)

Lit.: *Schmolke-Langhans:* Europäische Tänze, Heft 8, 1964, S. 22 f.

Kastrinos Pedektos, auch Herakliotikos oder Maleuyziotikos genannt. Neugriechischer ↗Volkstanz. Der Tanz wird manchmal ruhig und langsam, aber zuweilen auch in manchen Gegenden lebhaft, mit variierten Sprüngen des Vortänzers ausgeführt. Die Aufstellung erfolgt entweder in einem offenen Kreis oder in einer sich nach vorwärts und rückwärts bewegenden Linie. Die Tanzbegleitung steht im 2/4-Takt. (↗Griechischer Tanz)

Lit.: *Petrides, Th. u. El.:* Folk Dances of the Greeks, 1961, S. 30 f.

Kathak. Name einer der vier Schulen des ↗indischen Tanzes. Ihre Heimat ist Nordindien. Sie zeichnet sich besonders durch eine schwierige Fußarbeit und mathematische Präzision beim Rhythmus im Verdoppeln und Verdreifachen des Taktschlages aus. Der Kathak-Tanzstil umfaßt drei Hauptteile, und zwar: Erstens eine rein rhythmische Bewegung, „Nittra" genannt, die nur die Schönheit der körperlichen Bewegungen zum Ausdruck bringt; zweitens einen „gat" genannten Teil, der verschiedene Geschichten aus dem Leben Krishnas schildert und drittens den für den Tänzer schwierigsten Teil, bei dem er durch Mimik und Gesten die Bedeutung eines Liedes oder eines Wortes zum Ausdruck bringen muß. (↗Bharat Natjam, ↗Kathakali, ↗Manipuri)

Lit.: *Gargi, Balwant:* Theater u. Tanz in Indien, 1960, S. 43 ff. *Kallianpurkar, M.:* Tänze v. Uttar-Pradesh, in: Beiträge zur Musikwissenschaft, Jg. 8, 1966, H. 2, S. 135 ff. *Rebling, E.:* Die Tanzkunst Indiens, 1981.

Kathakali ist eine der vier Schulen des ↗indischen Tanzes. Dieses indische Tanzdrama stammt aus Malabar und stellt eine vollkommene Verschmelzung von Tanz, Schauspiel, Gesang und Instrumentalmusik dar. Die Gebärdensprache ist äußerst kompliziert. Ein wichtiger Bestandteil des Kathakali-Darstellers ist dessen Maske. In Verbindung mit dem Kopfschutz und dem Kostüm wird ein zeremonieller phantastischer Eindruck erreicht. Die Themen der Kathakali-Tänze sind der Mythologie entnommen und schildern das Leben der Götter, der mythischen Helden und der Dämonen. Die Tanzschritte, Handstellungen (↗Mudras), Armbewegungen, Hals-, Augen- und Fingerhaltungen sind an strenge Traditionen gebunden. Wegen der kraftvollen und oft schreckenerregenden Wildheit wird der Kathakali nur von Männern dargestellt. Die Frauenrollen werden von Knaben gespielt. Sie haben falsche Brüste und einen langen Schal um Kopf und Gesicht geschlungen. Die Aufführung dauert oft eine ganze Nacht hindurch. Die Musik ist improvisierend und bildet den rhythmischen Hintergrund für den Tanz. Kerala Kalamandala ist heute der geistige Mittelpunkt der Kathakali-Kunst, von dem Malayali-Dichter Wallathol vor 20 Jahren gegründet. (↗Bharat Natjam, ↗Kathak, ↗Manipuri)

Lit.: *Venkatachalam, G.:* Dance in India, Bombay 1947, S. 99 ff. *Iyer, K. B.:* Kathakali. The Sacred Dance Drama of Malabar, 1955. *Bonn, G.:* Kathakali. Ursprung u. Wesen d. indischen Tanzes, in: Christ u. Welt, Deutsche Wochenzeitung, Jg. 11, Nr. 12, Stuttgart 1958, S. 13 f. *Gargi, Balwant:* Theater u. Tanz in Indien, 1960, S. 52 ff. *Pandeya, A. C.:* Art of Kathakali. Allahabad, Kitabistan 1961. *Srinivasan, R.:* Kathakali, das Tanzdrama aus Kerala, in: Beiträge zur Musikwissenschaft, Jg. 8, 1966, H. 2, S. 132 ff. *Jones, C. R. u. B. T.:* Kathakali, San Francisco 1970. *Daniélou, A.-Vatsyayan, K.:* Kathakali. Inst. Int. d'Etudes Comparatives de la Musique, s. a. *Rebling, E.:* Die Tanzkunst Indiens, 1981.

Kathi-Tanz. ↗Indischer Tanz, ein Stocktanz der Bauri in Maharashtra. Die Tänzer schlagen bei diesem Tanz ihre Stöcke sehr gewandt und rhythmisch aneinander. Bei einer anderen Ausführung stürzt ein Mann gleichsam wie verwundet zu Boden, legt sich auf den Rücken, wobei er aber seine Stöcke weiter gegen die seiner Nachbarn schlägt. (↗Stocktänze)

Lit.: *Rebling, E.:* Die Tanzkunst Indiens, 1981, S. 75.

Kathrein-Tanz heißt schon von alten Zeiten her der letzte Tanz im Jahr vor dem Advent. Früher wurde er immer am St. Katharinentag (25. November) abgehalten. Später verschob sich das auf den nächstfolgenden Sonntag.

Lit.: *Böhme, F. M.:* Geschichte d. Tanzes in Deutschland, 1886. *Panzer, M.:* Tanz u. Recht, Deutsche Forschungen, Bd. 32, Frankfurt/M. 1938. *Mayer, E.:* Kathrein stellt d. Tanz ein, in: Sänger- u. Musikantenzeitung, Jg. 19, 1976, H. 5, S. 279 f.

Kaxarranka (auch Katcha-Ranka). ↗Baskischer Tanz aus Lequeitio, ein Schautanz der Fischer, bei dem vier bis acht Männer einen flachen Kasten auf den Schultern tragen, auf welchem sich ein Tänzer, der den St. Petrus darstellt, produziert. In einem gegebenen Augenblick versucht man, ihn ins Wasser zu werfen.

Lit.: *Gallop, R.:* A Book of the Basques, 1930, S. 185.

Kaye, Nora (eigentlich Nora Koreff). Amerikanische Tänzerin, geb. 17. Januar 1920 in New York City. Sie studierte zunächst beim Kinderballett der Metropolitan Opera, dann bei M. ↗Fokine, A. J. ↗Wilzak, L. F. ↗Schollar, an der Ballettschule der Metropolitan Opera und an der Schule des ↗American Ballet. 1935 wurde sie Mitglied des American Ballet, 1940 schloß sie sich dem ↗American Ballet Theatre an. Bei diesem Ballett wirkte sie von 1940 bis 1950 und von 1953 bis 1959. In den Saisonen 1951 und 1953 tanzte sie beim ↗New York City Ballet, u. a. in der Premiere von G. ↗Balanchines „Pas de Trois" und in den ersten Aufführungen von J. Robbins „The Cage" und A. ↗Tudors „La Gloire". Mit ihrem Gatten H. Ross gründete sie für eine Europatournee im Jahre 1960 das Ballet of Two Worlds. 1961 zog sie sich zurück, wirkte aber weiterhin als Assistentin in Film- und Musicalproduktionen von H. Ross. Seit 1977 ist sie Direktionsmitglied beim ↗American Ballet Theatre.

Kazkarotak-Tanz. ↗Baskischer Tanz, der von einer Gruppe von Tänzern, die tanzend durch die Gegend ziehen, zur Karnevalszeit aufgeführt wird. Die Ausführung erinnert an die Morristänze. (↗Moriskentanz)

Lit.: *Gallop, R.:* A Book of the Basques, 1930, S. 189 f.

Keblai. Dieser Reigentanz ist das besondere Volksvergnügen der Völker der kleinen Sundainseln. Er wird von Männern und Frauen ausgeführt. Der Tanz findet nach Sonnenuntergang statt. Die Frauen bilden einen geschlossenen Kreis, führen in strengem Rhythmus langsame Bewegungen aus, während ihre Oberkörper leicht wiegen. In der Mitte des Kreises steht ein Mann, der Lieder vorträgt. Die Frauen singen dazu den Refrain. (↗Naturvölker)

Lit.: *Nieuwenhuis, G. J.:* Über d. Tanz in Niederländisch-Indien, Diss. Zürich 1916, S. 33.

Kegelaar, De. Belgischer Volkstanz aus der Gegend von Limburg, Flandern. Dieser heitere, schnelle Tanz im 6/8-Takt wird von sechs oder mehr Paaren ausgeführt, die in Kreisform mit dem Gesicht zur Mitte Aufstellung nehmen. Die Hände sind in die Hüften gestützt. Beim Tanzen singen alle mit. (↗Belgische Tänze)

Lit.: *Pinon, R. – Jamar, H.:* Dances of Belgium, 1953, S. 32 ff.

Kegeltänze. Deutsche Volkstänze aus der Gegend um Mecklenburg, aber auch in anderen Gegenden Deutschlands verbreitet. Es sind zwei Gruppen von Kegeltänzen zu unterscheiden: der eigentliche Kegeltanz mit dem einzelnen überzähligen Tänzer in der Mitte und die sogenannte Kegelquadrille mit dem fünften Paar. Bei dieser zweiten Form handelt es sich um einen bäuerlichen Figurentanz. Der Kegeltanz ist ein Tanzspiel, bei welchem der in der Mitte stehende Tänzer oder das in der Mitte stehende fünfte Tanzpaar (Kegelquadrille) versucht, in die Gemeinschaft der anderen Tanzenden zu kommen. Von den in Deutschland üblichen Formen der Kegeltänze sind vor allem der Eldenaer Kegel, der Greiswalder-, Hessische- und Stadthäger Kegel besonders bekannt. In der Grundform sind alle Kegeltänze 4- bis 6-teilig. (↗Bunte Tänze, ↗Kuželka)

Lit.: *Böhme, F. M.:* Geschichte d. Tanzes in Deutschland, 1886. *Meyer, G.:* Volkstänze, 1909, S. 14 ff. *Kück, Ed.-Schönhagen, E.:* Heidjers Tanzmusik, 1911, S. 41 ff. *Helms, A.-Blasche, J.:* Bunte Tänze, Bd. II, 1918, S. 16 f. *Stahl, W.:* Niederdeutsche Volkstänze, 1921/23. *Burkhardt, L.:* Mädel, wasch dich, 13 ausgewählte Volkstänze, 1926, S. 10 ff. *Schultz, W.:* Pommersche Volkstänze, Deutsche Volkstänze, H. 15/16, 1934, S. 5. *Ilmbrecht, O.:* Bückeburger Heimattänze, 1937, S. 38 ff. *Au, H. v. d.:* Niederhessische Volkstänze, Deutsche Volkstänze, H. 41, 1940, S. 21 f. *Oetke, H.:* Deutsche Volkstänze, T. II, 1952, S. 54 ff. *Au, H. v. d.:* Heit is Kerb in unserm Dorf, 1954, S. 62 f. *Oetke, H.:* Volkstänze aus d. Lüneburger Heide, Volkstänze f. Volkstanzgruppen, Bd. VI, s. a., S. 20 ff. *Janietz, E.-Schneider, R.:* Volkstänze aus Mecklenburg, Volkstänze f. Volkstanzgruppen, Bd. V, 1976. *Schuster, M. L.:* Deutsche Volkstänze, die man in Siebenbürgen tanzte u. zum Teil noch tanzt, 1981, S. 95.

Kehrab ↗Cheerab, ↗Kehraus, ↗Reihen-aus.

Kehraus heißt der Abschlußtanz einer Tanzveranstaltung. An manchen Orten heißt er auch ↗Reihen-aus oder Kehrab. Auch der ↗Großvatertanz trägt diesen Namen. Als Kehraus finden auch die verschiedenen Formen des ↗Drehers Verwendung. (↗Cheerab, ↗Lange Reihe)

Hainhofers Lautenbuch 1603

Lit.: *Böhme, F. M.:* Geschichte d. Tanzes in Deutschland, 1886, S. 62. *Wehran, K.:* Der Kehraus auf lippischen Bauernhochzeiten, in: Das deutsche Volkslied, Jg. 38, 1936, H. 7, S. 94 ff. *Au, H. v. d.:* Das Volkstanzgut im Rheinfränkischen, Gießener Beiträge zur deutschen Philologie, Bd. 70, 1939, S. 140 ff. *Janietz, E.-Schneider, R.:* Volkstänze aus Mecklenburg, Volkstänze f. Volkstanzgruppen, Bd. V, s. a., S. 40.

Keil, Birgit. Deutsche Tänzerin, geb. 22. September 1944 in Kowarschen. Sie studierte an der Stuttgarter Ballettschule und an der Royal Ballet School. Mit 16 Jahren wurde sie bereits Mitglied des Corps de ballet Stuttgart, 1965 Solistin. Als eine der hervorragenden ↗Ballerinen errang sie mit dem ↗Stuttgarter Ballett und als Gastballerina beim ↗American Ballet Theatre große Erfolge.

Lit.: *Barnes, C. – Hövers, F.:* Birgit Keil, 1980.

Kékesi, Mária. Ungarische Tänzerin, geb. 12. Januar 1941 in Budapest. Sie studierte am staatlichen Ballettinstitut in Budapest bei Natalia Dudinskaya und begann ihre künstlerische Tätigkeit 1962 an der Staatsoper Budapest, wo sie später zur ↗Ballerina avancierte.

Keleustes. Antiker ↗griechischer Tanz zu ungenannten Gelegenheiten. Er wird von Athenaios erwähnt.

Lit.: *Lawler, L. B.:* The Dance in Ancient Greece, 1964.

Kelly, Gene. Amerikanischer Tänzer, ↗Choreograph und Schauspieler, geb. 3. August 1912 in Pittsburgh. Er studierte an der Tanzschule seiner Mutter und an der Universität Pittsburgh. 1939 trat er in Musicals in New York auf bis zu seinem entscheidenden Durchbruch 1941 in „Pal Joey", welches in Hollywood zur Aufführung kam. Seine besten Tanzproduktionen waren die Filme „Ein Amerikaner in Paris" 1952 und „Invitation to the Dance" 1956.

Lit.: *Hirschhorn, Cl.:* Gene Kelly. A Biography, London 1974. *Thomas, T.:* The Films of Gene Kelly. Song and Dance Man, New York 1974.

Kempingerin (auch ↗Massiner genannt). ↗Österreichischer Volkstanz aus Oberösterreich. Seiner Form nach entspricht dieser ↗Paartanz im 3/4-Takt dem ↗Warschauer. Der Tanz wird irgendwie mit den Hühnern (der Kemp) in Zusammenhang gebracht. Der Name kommt von dem Text der Tanzweise.

Lit.: *Jülg, H.:* Volkstänze aus Oberösterreich, zweites Wülzburg Tanzheft, 1952.

Keresztes (Künstlername Keres), **Imre.** Ungarischer Tänzer, ↗Choreograph und Ballettdirektor, geb. 1. Juni 1930 in Szeged. Seine tänzerische Ausbildung erhielt er an der Oper in Szeged, an der Tanzakademie Budapest und an der Staatsoper Budapest, wo er bis 1956 engagiert war. Er kam dann an das Opernhaus Hannover, an das Stadttheater Lübeck (↗Ballettmeister) und an das Staatstheater Wiesbaden (1962–1976 Ballettdirektor). Gastengagements führten ihn nach Basel, München, Köln, Mailand u. a. Seit 1954 ist er als Choreograph tätig und seit 1979 Ballettdirektor in Braunschweig.

Kernophoros oder **Kernophoron orchema.** Antiker ↗griechischer Tanz. Er wurde am Fest der Göttin der Fruchtbarkeit getanzt und war nach Athenaios von ekstatischem Charakter. Kernos war ursprünglich ein kretisches Gefäß.

Lit.: *Lawler, L. B.:* The Dance in Ancient Greece, 1964.

Kerzentanz. ↗Österreichischer Volkstanz aus Oberösterreich. Eine Tänzerin sitzt in der Mitte des Kreises. In einer Hand hält sie eine brennende Kerze, in der anderen einen Hut oder eine Zipfelhaube. Zwei Tänzer treten nun in den Kreis. Einen von ihnen wählt sie zum Tanzpartner und setzt ihm den Hut oder die Zipfelhaube auf, dem anderen reicht sie die Kerze. Das Paar tanzt nun 32 Takte einen Walzer, der Kerzenträger muß mit Nachstellschritten dem Paar folgen und leuchten. Er übernimmt dann den Platz in der Mitte und das Tanzspiel geht mit zwei Tänzerinnen weiter. Alle anderen Paare tanzen im Kreis. (↗Fackeltanz)

Lit.: *Horak, K.:* Der Volkstanz im Mattigtal u. im Kobernauser Wald, Oberösterreich, in: Jahrbuch d. österreichischen Volksliedwerkes, Bd. 23, 1974, S. 14.

Kesselflickertanz. ↗Deutscher Volkstanz aus Nord- und Mitteldeutschland. Der Tanz mit einer 2/4-Takt-Melodie im Schottisch-Zeitmaß ist dänischen Ursprungs. Er ist ein Bauerntanz mit handwerklichem Inhalt, in welchem der Kesselflickerschritt im ersten Teil dem Tanz seinen Charakter gibt. Es ist dies eine Schrittform aus Stampfen und federndem Hüpfen. Der Kesselflickertanz ist ein Kolonnentanz, zwei Tänzerinnen und ein Tänzer sind zu einer Reihe gefaßt, der Tänzer steht zwischen den Tänzerinnen. Beliebig viele solche Dreierreihen stehen in einer Kolonne. Immer zwei Reihen sind einander zugewandt.

Lit.: *Janietz, E.:* Volkstänze aus deutschen u. österreichischen Landschaften, Tänze f. Volkstanzgruppen, Bd. II, s. a., S. 30 f.

Ketjak. ↗Balinesischer Tanz. Er ist ein ↗tiernachahmender Tanz und wird Affentanz genannt. Die Tänzer ahmen an einer bestimmten Stelle die Bewegungen und die Laute der Affen nach, die auf Bali als heilig angesehen werden.

Lit.: *Anonym:* Tanz bei fremden Völkern, Photoausstellung Museum f. Völkerkunde Wien s. a. *Baaren, Th. P. v.:* Selbst d. Götter tanzen, 1964, S. 84.

Ketten schmieden heißt ein Tanzspiel aus Oberösterreich. Die Teilnehmerzahl ist unbegrenzt. Sie wird durch Partnerwahl immer mehr vergrößert. Alle Teilnehmer stehen zu Beginn des Spiels längs der Stubenwand. Ein Vortänzer wählt sich eine Tänzerin, diese einen Tänzer, dieser wieder eine Tänzerin und so fort. Haben sich alle Teilnehmer auf diese Weise in zwei Reihen gegenüber aufgestellt, beginnt das erste Paar den Durchmarsch unter den erhobenen Händen der anderen Paare und reiht sich hinten an. Das zweite Paar folgt dem ersten und so weiter. Sind alle Paare durch die Reihe gezogen, folgt ein Zweischritt-Dreher. (↗Kettentanz)

Lit.: *Horak, K.:* Volkstänze aus d. oberen Mühlviertel, in: Jahrbuch d. österreichischen Volksliedwerkes, Bd. 8, 1959, S. 152 f.

Kettentanz (Kettenreigen) nennt man die Tanzform, bei der eine Gruppe von Tanzenden eine Kette bildet. Diese kann entweder eine offene Reihe oder kreisförmig geschlossen sein. Die Tanzenden halten einander dabei an den Händen. Die Form des Kettentanzes oder Kettenreigens finden wir schon früher bei den Tänzen des Nordens und vom Mittelalter an in verschiedenen Arten bei den europäischen ↗Volkstänzen. Ursprünglich wurden die Kettentänze nicht instrumental, sondern von Gesang begleitet. Ein Vorsänger begann und die übrigen antworteten im Kehrreim. (↗Bobocica, ↗Carole, ↗Chythavá, ↗Coquille, ↗Färöischer Tanz, ↗Farandole, ↗Isländischer Tanz, ↗Ketten schmieden, ↗Kolo, ↗Kopanitsa, ↗Lårdansen, ↗Løbe Brud of Laget, ↗Tospring)

Lit.: *Böhme, F. M.:* Geschichte d. Tanzes in Deutschland, 1886, S. 3. *Thuren, H.:* Tanz u. Tanzgesang im nordischen Mittelalter, in: Zeitschrift d. Internationalen Musikgesellschaft, Jg. 9, 1908, H. 6, S. 209 ff., H. 7, S. 239 ff. *Sachs, C.:* Eine Weltgeschichte d. Tanzes, 1933. *Wolfram, R.:* Schwerttanz u. Männerbund, 1935. *Wolfram, R.:* Deutsche Volkstänze, 1937. *Wolfram, R.:* Die Volkstänze in Österreich u. verwandte Tänze in Europa, 1951. *Martin, Gy:* Die Branles v. Arbeau u. d. osteuropäischen Kettentänze, in: Studia Musicologica, Jg. 15, 1973, S. 101 ff. *Oetke, H.:* Der Kettentanz, in: Volkstanz, 1973, H. 4, S. 9 f.

Kidaris. Antiker griechischer religiöser Tanz. Er wurde in Arkadien im Kult der Fruchtbarkeits- und Wachstumsgöttin Demeter getanzt. Die Art seiner Ausführung ist unbekannt. (↗Griechischer Tanz)

Lit.: *Weege, F.:* Der Tanz in d. Antike, 1926, S. 58 u. 125.

Kidatu- oder Msoma Tanz. Name eines Frauentanzes der Suaheli in Ostafrika. Die Frauen versammeln sich abends in einem Hof. Männer sind nur als Zuschauer zugelassen. Brust an Brust tanzen immer nur zwei Frauen. Sie drehen sich in großem Kreis und begleiten ihren Tanz mit rhythmischem Klatschen und Singen. Haben zwei Frauen ihren Tanz beendet, kommen die nächsten an die Reihe. (↗Afrikanischer Tanz, ↗Frauentänze)

Lit.: *Italiander, R.:* Tanz in Afrika, 1960, S. 16.

Kiebitz-Tanz ↗Geierich.

Kiekbusch (auch Kiekebusch oder Kikebusch). Dieser ↗deutsche Volkstanz wurde in der Mark Brandenburg von 1800 an bis zum Ende des 19. Jh. viel getanzt. Ausgeführt wurde dieser Tanz, der aus mehreren ↗Touren bestand, von vier bis sechs Paaren, die im Viereck oder im Kreis Aufstellung nahmen. Die Musik, aus zwei achttaktigen Teilen mit Wiederholung bestehend, hatte raschen 2/4- oder 4/4-Takt. Am Beginn des zweiten Teiles des Tanzes trat jeder Tänzer hinter seine Tänzerin und „kikte“ (sah) ihr, nachdem er sie an der Taille herumgedreht hatte, in die Augen. Daher der Name des Tanzes. Bewegungsformen sind ausgelassenes Drehen und lebhafte Hüpfschritte. (↗Bunte Tänze)

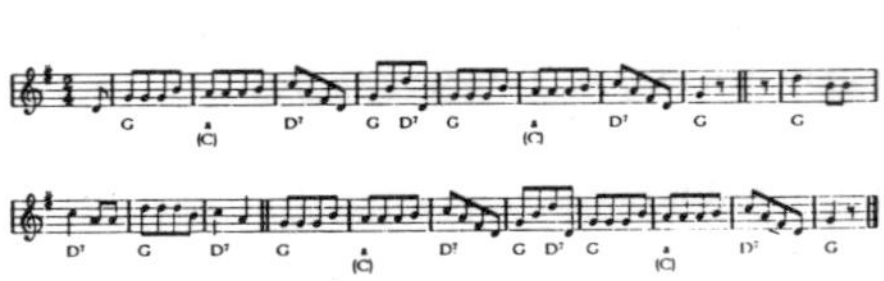

Lit.: *Voß, R.:* Der Tanz u. seine Geschichte, 1869. *Böhme, F. M.:* Geschichte d. Tanzes in Deutschland, 1886. *Jolizza, W. K. v.:* Die Schule d. Tanzes, S. 350 ff. *Meyer, G.:* Volkstänze, 1909, S. 2 f. *Stahl, W.:* Niederdeutsche Volkstänze, 1921, S. 17 f. *Janietz, E.-Schneider, R.:* Volkstänze aus Mecklenburg, s. a., S. 22 f. *Helms-Blasche, A.:* Bunte Tänze, 1957, S. 140 f.

Kiitsakatants (Elsterntanz). Estnischer Volkstanz, ein ↗tiernachahmender Tanz, der in der Hocke getanzt wird. Er ist verwandt mit dem schwedischen ↗Kråkdans. (↗Estnische Volkstänze)

Lit.: *Wolfram, R.:* Die Volkstänze in Österreich u. verwandte Tänze in Europa, 1951, S. 168.

Kikeriki. ↗Deutscher Volkstanz im 2/4-Takt aus dem unteren Bayerischen Wald. Die Paare nehmen in gewöhnlicher Rundtanzfassung im Kreis Aufstellung. Getanzt wird mit Gehschritten und Zweischrittdrehern.

Lit.: *Petermann, K.:* Gesellige Tänze u. Tanzspiele, 1968, S. 19. *Schützenberger, E.-Derschmidt, H.:* Spinnradl, 5. Folge, s. a., S. 7.

Kiliç kalkan savas oyunu. ↗Türkischer Volkstanz aus der Gegend von Bursa. Ein Kampftanz mit Schwert und Schild, der die osmanische Eroberung der Stadt Bursa symbolisiert. Er wird ohne Musik, nur nach dem Geklapper der aneinanderschlagenden Waffen getanzt, was einen unheimlichen Eindruck erweckt. Der Tanz wird nur von Männern ausgeführt. (↗Waffentanz)

Lit.: *Hoerburger, F.:* Waffentänze d. Türken, in: Forschungen u. Fortschritte, Jg. 28, H. 6, Juni 1954, S. 185 ff.

Killmayer, Wilhelm. Deutscher Komponist, geb. 21. August 1927 in München. Er komponierte die Ballettoper „La Buffonata", Uraufführung Heidelberg 1961; die ↗Ballette „La Tragedia di Orfeo", Uraufführung München 1961; „Pas de deux classique", Uraufführung München 1965; „Encores", Uraufführung München 1970, ↗Choreographie J. ↗Neumeier.

Kimba-Tanz. ↗Afrikanischer Tanz aus dem Kongogebiet. Er wird zur Herbeiführung des Regens getanzt.

Kindertanz. Viele unserer ältesten Tanzweisen und Tanzliedertexte haben sich, wenn auch in vereinfachter Form, in den Kindertänzen bis in unsere Zeit erhalten. Beim Kind sind Tanz und Spiel miteinander eng verbunden. Vor allem der ↗Reigen, die älteste Tanzart der Menschen, hat in den Tänzen der Kinder seinen besonderen Platz gefunden (↗Ringelreihen). Viele Kindertänze befassen sich mit der Darstellung von Personen und Tieren, die in ihrem Leben eine Rolle spielen, manche wieder sind getanzte Geschichten mit verteilten Rollen innerhalb eines geschlossenen Kreises. Beim Tanzen begleiten sich die Kinder meist selbst mit gesungenen Versen und Liedern. Der Kindertanz ist bei allen Völkern der Erde zu finden. (↗Elfenbeinküste)

Lit.: *Böhme, F. M.:* Geschichte d. Tanzes in Deutschland, 1886, S. 292 f. *Turner Bell, E.:* Twenty-Five new Figure and Character Dances, London 1927. *Pierenkämper, H.:* Kind u. Tanz, in: Singchor u. Tanz, 47, 1930. *Hoerburger, F.:* Klare, klare Seide. Überlieferte Kindertänze aus d. deutschen Sprachraum, 1962 (gemeinsam mit H. Segler). *Jurkowa, T.:* Kindertanz – eine gesellschaftliche Arbeit f. jeden Berufstänzer, in: Volkskunst, Leipzig, 1964, Nr. 5, S. 31. *Haselbach, B.:* Tanzerziehung, 1971.

Kinetographie ist ein von Rudolf von ↗Laban geprägter Ausdruck für die von ihm erfundene Methode zur Aufzeichnung von Tänzen und ↗Balletten. Sie wurde 1928 veröffentlicht und 1953 in den USA weiterentwickelt. Diese Bewegungsschrift wird auch Labanotation genannt. (↗Choreographie)

Lit.: *Laban, R. v.:* Grundprinzipien d. Bewegungsschrift, in: Schrifttanz, Jg. 1, H. 1, 1928, S. 4 f. *Knust, A.:* Abriß d. Kinetographie Laban, Tanzarchiv Hamburg. *Laban, R. v.:* Principles of Dance and Movement Notation, 1956. *Hoerburger, F.:* Kinetografie kaj dancesplor, in: Norda Prismo 1958/2, S. 81 ff. *Knust, A.:* An Introduction to Kinetography Laban, in: Journal of the Int. Folk Music Council, vol. XI, 1959, S. 73 ff. *Knust, A. – Peters, K.:* Kinetographisches Lexikon d. klassischen Tanztechnik, Die Tanzarchiv-Reihe VI, 1965. *Knust, A.:* Dictionary of Kinetography Laban (Labanotation), 1979.

Kinttupolka. Finnischer Volkstanz mit Klatschen, der in der Ausführung der ↗Judenpolka entspricht. (↗Finnische Volkstänze, ↗Klatschtänze)

Lit.: *Wolfram, R.:* Die Volkstänze in Österreich u. verwandte Tänze in Europa, 1951, S. 155.

Kirchentänze ↗Religiöser Tanz.

Kirkland, Gelsey. Amerikanische Tänzerin, geb. 1953 in Bethlehem, Pennsylvania. Sie studierte an der Schule des ↗American Ballet und bei M. Black. Mit fünfzehn Jahren wurde sie Mitglied des ↗New York City Ballet, zwei Jahre später wurde sie Solistin und von G. ↗Balanchine auserwählt, die Hauptrolle in seiner neuen Version von ↗Strawinskys ↗„Feuervogel" zu tanzen. 1972 wurde sie 1. Tänzerin. 1974 schloß sie sich dem ↗American Ballet Theatre an, wo sie die großen klassischen Partien, zumeist mit M. ↗Baryschnikow als Partner, tanzte. In den letzten Jahren ist sie als freischaffende Künstlerin bei verschiedenen Ballettgruppen tätig.

Lit.: *Goodman, S.:* Gelsey Kirkland, in: Dance Magazine, Dezember 1971.

Kirmestänze. Die Kirmes oder Kirchweih ist eine der beliebtesten Tanzzeiten schon von alter

Zeit her. Besonders in früher Zeit war es Brauch, die Tänze zur Kirmes auf einem bestimmten Tanzplatz, dem ↗Tanzplan, der sich meist unter der Linde oder dem Maibaum befand, auszuführen. Davon haben manche der Kirmestänze ihren Namen erhalten. (↗Lindentanz, ↗Maitanz, ↗Plantanz)

Lit.: *Böhme, F. M.:* Geschichte d. Tanzes in Deutschland, 1886. *Moser, H. J.:* Tönende Volksaltertümer, 1935, S. 17 ff., 249.

Kirnbauer, Susanne. Österreichische Tänzerin, geb. 27. Juli 1942 in Wien. 1950 trat sie in die Ballettschule der Staatsoper Wien ein. Sie war Schülerin von Adele ↗Krausenecker, Risa ↗Dirtl, Gordon ↗Hamilton, Georgia Hiden, Matlyn Gaevers, Rene Bon und außerhalb der Wiener Ballettschule noch von Willy ↗Fränzl, Marika Besobrasowa (Monte Carlo), Nora Kiss (Paris), Rosella ↗Hightower (Cannes). Im Jahre 1956 wurde sie in das ↗Corps de ballet der Wiener Staatsoper aufgenommen, 1961 zur Coryphée, 1967 zur Solistin und 1972 zur 1. Tänzerin ernannt. Sie absolvierte Gastspiele in Deutschland, Frankreich, Italien, der Schweiz und Spanien. Als Gastsolistin tanzte sie mit dem Grand Ballet de Paris und Janine ↗Charrat in Paris, Monte Carlo, Tunis, Kairo und Athen. Im November 1968 wurde sie beim Gastspiel des ↗Wiener Staatsopernballetts im Rahmen des Pariser Ballettfestivals mit dem Preis des Schriftsteller- und Ballettkritikerverbandes für die beste tänzerische Leistung in „Die ↗vier Temperamente" von P. ↗Hindemith ausgezeichnet.

Lit.: *Herf, E.:* Susanne Kirnbauer, in: Ballet Today, Januar/Februar 1967.

Kirow-Ballett. Das nach dem sowetischen Politiker S. M. Kirow (1886–1934) benannte Ensemble des Leningrader Akademischen Theaters für Oper und Ballett S. M. Kirow geht auf eine von dem Franzosen J.-B. Landé 1738 gegründete Ballettschule für Kinder der Zarenangestellten zurück. Seine Vorläufer waren das Bolschoj-Theater St. Petersburg (1738–1860), das Marijinskij-Theater (1860–1917) und das Staatliche Akademische Theater für Oper und Ballett, russische Abkürzung GATOB (1917–1935). Seinen gegenwärtigen Namen erhielt es 1935. Das Kirow-Ballett ist neben dem ↗Bolschoj-Ballett das führende Ensemble der UdSSR. Für seine Entwicklung waren die ↗Choreographen A. ↗Hilverding, R. Fossano, G. ↗Angiolini und Ch. L. ↗Didelot von Bedeutung. Sie reformierten die von Landé gegründete Schule und erreichten im ersten Viertel des 19. Jh. einen Höhepunkt der russischen Ballettkunst. Neben den russischen Tanzkünstlern dieser Zeit, wie A. I. ↗Istomina, Y. I. Kolossowa und A. Gluschkowskij, traten auch viele internationale Stars des romantischen Balletts in St. Petersburg auf. 1847 wurde M. ↗Petipa Solotänzer und zeitweise Direktor. Unter seiner Führung erreichte das Ensemble in der zweiten Hälfte des 19. Jh. eine neue Blütezeit. Er brachte die Uraufführung von Balletten P. I. ↗Tschaikowskys, A. ↗Glasunows und L. ↗Minkus' heraus. Um die Jahrhundertwende traten die bekanntesten Tänzer und Tänzerinnen, wie P. ↗Gerdt, O. ↗Preobrajenska, A. ↗Waganowa, A. ↗Pawlowa und W. ↗Nijinsky, auf. S. ↗Diaghilew reiste 1909 mit einem Teil des Balletts nach Paris. Ein bedeutender Reformator des Balletts war M. ↗Fokine. 1941–1944 wurde das Kirow-Ballett nach Molotow-Perm evakuiert, nur ein kleines Ensemble blieb in Leningrad. 1961 erfolgten die ersten Auslandsreisen des Balletts nach Paris, London und New York. Die bedeutendsten Künstler der Gruppe waren damals R. ↗Nurejew, M. ↗Baryschnikow und N. ↗Makarowa.

Lit.: *Bogdanov-Berezovskij, M.:* Balet Leningrade, 1964. *Roslavleva, N.:* Era of the Russian Ballet, London 1966. *Balet:* Balet leningradskij segodnja, 1967. *Frangepulo, M.:* Leningrader Ballett, 1967.

Kirstein, Lincoln. Amerikanischer Schriftsteller, Manager und Ballettdirektor, geb. 4. Mai 1907 in Rochester, N. Y., hat sich große Verdienste um den klassischen Tanz in den USA erworben. Er begründete 1934 die Schule des ↗American Ballet gemeinsam mit E. M. Warburg, war Mitbegründer des American Ballet und von 1942 bis 1948 Herausgeber des Dance Index. Bis 1948 war er Generaldirektor des ↗New York City Ballet. Er verfaßte folgende Schriften: Fokine, 1934; Dance. A Short History of Classic Theatrical Dancing, 1936; Blast at Ballet, a Corrective for the American Audience, 1938; The Book of the dance, 1942; The Classic Ballet. Basic Technique and Terminology, 1952, 1953; What Ballet is about: An American Glossary, 1959; Movement and Metaphor, 1970; The New York City Ballet, 1973; Nijinsky Dancing, 1975.

Kischi-Tanz. ↗Afrikanischer Tanz. Wie der Afrikaforscher Emil Holub 1879 in seiner „Kulturskizze des Marutse-Mambundareiches" berichtete, handelt es sich dabei um die ↗Pantomime zweier maskierter Männer, von denen einer eine Frau darstellt. Mit Mimik und Körperverdrehungen stellen sie in deutlicher Form die Liebeswerbung dar.

Kissele-Tanz heißt eine alte Form des ↗Polsterltanzes.

Lit.: *Böhme, F. M.:* Geschichte d. Tanzes in Deutschland, 1886, S. 195.

Kissentanz ↗Polsterltanz.

Klaa-Männches-Tanz. ↗Deutscher Volkstanz aus dem Gersprenztal des Odenwaldes. Er gehört zu den Tänzen, die in der Hocke getanzt werden.

Lit.: *Wolfram, R.:* Die Volkstänze in Österreich u. verwandte Tänze in Europa, 1951, S. 169.

Klamt, Jutta. Deutsche Tänzerin und Lehrerin, geb. 23. Februar 1890 in Striegau (Schlesien), gest. 26. Mai 1970 in Aarau, Schweiz. Sie war im Tanz Autodidakt. 1919 gab sie ihre erste Tanzvorführung in Berlin, wo sie 1920 eine Schule gründete. Mit ihrer Tanzgruppe machte sie weite Reisen. Ihre Bedeutung liegt in der modernen deutschen Tanzbewegung.

Lit.: *Lämmel, R.:* Der moderne Tanz, 1928, S. 184.

Klapptanz ↗Winker-Schottisch.

Klatovák ↗Salát.

Klatschpolka. ↗Deutscher Volkstanz aus Thüringen, eine Variante des ↗Vogelsteller und der ↗Klatschtänze.

Lit.: *Pudollek, F.:* Klatschpolka, Schneider Karoline, in: Heimatkalender im Neissegau 1938.

Klatschtänze, auch ↗Paschtänze genannt, bilden eine große Gruppe von Volkstänzen. Das rhythmische Klatschen oder Paschen der Handflächen gegeneinander oder auf die Hände der Mittanzenden und auch auf die Schenkel ist neben der Tanzbewegung und dem Singen ein wesentlicher Bestandteil vieler österreichischer alpenländischer, aber auch ausländischer Volkstänze. Auch Verbeugungen zueinander, Aufstampfen und Drohen mit dem Zeigefinger können mit dem Klatschen verbunden sein, so in der am meisten verbreiteten Gruppe von Klatschtänzen, die unter den verschiedensten Namen in Europa aufscheinen und durch den Tanzvers: „Mit den Füßen trapp, trapp, trapp, mit den Händen klapp, klapp, klapp" charakterisiert sind. (↗Paschen)

Lit.: *Wolfram, R.:* Deutsche Volkstänze, 1937, S. 28. *Au, H. v. d.:* Das Patschen im Volkstanz d. rheinmainischen Raumes, in: Deutsche Liederkunde, Bd. I, 1939, S. 180 ff. *Au, H. v. d.:* Das Volkstanzgut im Rheinfränkischen, 1939, S. 57 ff. *Wolfram, R.:* Die Volkstänze in Österreich u. verwandte Tänze in Europa, 1951, S. 154 f. *Hoerburger, F.:* Wechselhupf-Schustertanz-Klatschtanz-Winker. Ein Beitrag zur systematischen Ordnung v. Volkstänzen, in: Beiträge zur Aufnahmetechnik u. Katalogisierung v. Volksgut, 1956, S. 20 ff. *Goldschmidt, Ae.:* Handbuch d. deutschen Volkstanzes, 1967.

Klemisch, Dietlinde. Österreichische Tänzerin, geb. 14. September 1938 in Wien. Mit neun Jahren begann sie ihr Tanzstudium. Ihre Lehrer waren Adele ↗Krausenecker, Risa ↗Dirtl, Erika ↗Hanka, Willy ↗Fränzl, Gordon ↗Hamilton, Georgia Hiden. Sie besuchte die Ballettschule der Staatsoper Wien und die Privatschule von Ewald ↗Vondrak. Ihr erstes Auftreten war im Jahre 1955 an der Wiener Staatsoper in ↗„Giselle". Sie war als Solistin Mitglied des ↗Wiener Staatsopernballetts. 1967 absolvierte sie Gastspiele in Spanien und Italien.

Klemm, Bernhard veröffentlichte den „Katechismus der Tanzkunst", ein Leitfaden für Lehrer und Lernende. Dieses praktische Tanzlehrbuch enthält die Schritte des klassischen ↗Balletts, sowie Beschreibungen der wichtigsten ↗Gesellschaftstänze seiner Zeit. Er verwendet für seine Tanzschrift eine eigene musikalische Notation. Das Buch erschien 1855 bei J. J. Weber in Leipzig. Es folgten zwischen 1863 und 1887 fünf weitere Auflagen. (↗Choreographie, ↗Tanzlehrbücher)

Klenau, Paul von. Dänischer Komponist und Dirigent, geb. 11. Feb. 1883 in Kopenhagen, gest. 31. Aug. 1946 ebendort. Von 1920 bis 1926 wirkte er als Kapellmeister in Wien. Großen Erfolg hatte sein ↗Ballett nach dem Märchen von H. C. Andersen „Klein Idas Blumen", dessen Uraufführung 1916 in Stuttgart stattfand.

Kleopatra-Ballette ↗Cleopatra-Ballette.

Klier, Karl Magnus. Österreichischer Volksmusikforscher, geb. 7. Dezember 1892 in Wien, gest. 29. September 1966 ebendort. Zum Volkstanz veröffentlichte er folgende Schriften: Hochzeits-Ehrentänze aus Hallstatt, in: Das Deutsche Volkslied, Jg. 24, 1922, H. 9/10, S. 45 f.; Der Aufschlag bei der Tanzmusik, in: Das Deutsche Volkslied, Jg. 25, 1923, H. 7/8, S. 43 ff.; Landerli, in: Das Deutsche Volkslied, Jg. 27, 1925, H. 5, S. 59; Zur Geschichte eines alpenländischen Tanzes, in: Das Deutsche Volkslied, Jg. 28, 1926, H. 2/3, S. 2 f.; Märsche aus der Zeit Maria Theresias, in: Das Deutsche Volkslied, Jg. 29, 1927, H. 5, S. 65 ff.; Einige Bemerkungen zu den taktwechselnden Volksweisen, in: Neue Musikzeitung, Jg. 48, Stuttgart 1927, H. 8, S. 61 ff.; Altösterreichische Volkstänze, in: Österreichischer Trachtler-Taschenkalender VIII, 1929, S. 50 ff.; Zum deutschen Volkstanz, in: Sudetendeutsche Zeitschrift für Volkskunde, Jg. 3, Prag 1930, H. 6, S. 256 ff.; De Eierdans, in: De Volksdansmare vor de vrienden van de Meihof, Jg. 2, 1934, H. 3, S. 117 ff. u. in: Zeitschrift für Deutsche Volkskunde, Jg. 2, 1940, S. 86 ff.; Männertänze aus der deutschen Volksüberlieferung, 1934; Totentanz und jüngstes Gericht, in: Burgenländische Heimatblätter, Jg. 13, 1951, H. 3, S. 173 ff.; Notizen zum burgenländischen Volkstanz, in: Burgenländische Heimatblätter, Jg. 19, 1955, S. 128 ff.; Linzer Geiger und Linzer Tanz im 19. Jh., in: Historisches Jahrbuch der Stadt Linz 1956, S. 1 ff.; Eine Kalamaika aus Eisenstadt, in: Jahrbuch des österreichischen Volksliedwerkes, Bd. 14, 1965, S. 126 ff.

Klingenbeck, Fritz. Österreichischer Tänzer und Schriftsteller, geb. 22. April 1904 in Brünn. Seine tänzerische Ausbildung erhielt er bei Rudolf von ↗Laban in Hamburg, Würzburg und Berlin, sein Schauspiel- und Regiestudium absolvierte er am Max-Rheinhardt-Seminar in Wien. Er war Solotänzer an der Kammertanzbühne Laban, Berlin, und persönlicher Mitarbeiter Rudolf von Labans (Aufstellung der Grundprinzipien für Labans Tanzschrift, erste Niederschrift der Tanzschrift-Partitur zu Labans Tanzwerk „Titan"). Als ↗Ballettmeister wirkte er in Berlin und Prag, als Bewegungsregisseur am Burgtheater Wien und am Theater in der Josefstadt in Wien. Außerdem war er Lehrer an der Schule ↗Hellerau-Laxenburg und am Reinhardt-Seminar in Wien. An der Wiener Volksoper wirkte er als Oberspielleiter des Balletts. Als Tanzkritiker schrieb er für deutsche Fachzeitschriften. Von ihm stammen folgende Veröffentlichungen: Die Tänzerin Rosalia Chladek, Amsterdam 1936; Unsterblicher Walzer, Wien 1940; Begegnungen mit Rudolf von Laban, in: Ausstellungskatalog „Tanz im 20. Jh. in Wien", 1979, S. 42 ff.

Kloppnige. ↗Deutscher Volkstanz aus dem Kuhländchen (ehemalige deutsche Sprachinsel an der oberen Oder in Mähren) im 3/4-Takt und Ländlertempo. Die Tanzenden müssen auf das 1. Viertel mit dem rechten Fuß hüpfen und auf das 2. und 3. Viertel mit dem linken Fuß an den rechten Fuß klopfen. Im nächsten Takt erfolgt diese Bewegung in umgekehrter Folge. Diese schwierige Tanzart läßt nur ein sehr langsames Tempo und ein mäßiges Drehen zu.

Lit.: *Kubiena, W.:* Kuhländler Tänze, 1926, Nr. 16.

Klos, Vladimir. Tschechischer Tänzer, geb. 1. Juli 1946 in Prag. Er studierte an der Ballettschule des Nationaltheaters und am Konservatorium in Prag. Er schloß sich dem Prager Studio-Ballett an. Seit 1968 ist er Mitglied des Balletts der Stuttgarter Staatstheater, seit 1973 Solist. 1981 wurde er deutscher Staatsbürger.

Klouzák. Tschechischer Volkstanz aus Böhmen, der ↗Kalamaika verwandt, doch schneller und wilder als diese getanzt. Mehrere Paare schließen sich kreisförmig an den Händen haltend zusammen und wirbeln durch den Tanzsaal. (↗Dupák, ↗Vosnák)

Lit.: *Waldau, A.:* Böhmische Nationaltänze, Bd. 1, 1859, S. 23.

Knappentänze (auch Bergmannstänze genannt) sind ↗Volkstänze, die von den Bergknappen oder von Berufszweigen, die dem Bergbau nahestehen, ausgeführt werden. Die Knappentänze sind hauptsächlich Männertänze und nur selten ↗Paartänze. Getanzt werden sie meist in Verbindung mit Standesfesten und Aufzügen der Bergmänner. Eine große Zahl der Knappentänze, deren Abgrenzung gegenüber den anderen Standestänzen oft nicht möglich ist, gehört zur Gruppe der ↗Schwerttänze. Zu den bekanntesten und heute vielfach noch üblichen Knappentänzen gehören der Hüttenberger ↗Reiftanz, Halleiner Schwerttanz, Hallstätter Knappentanz, der Saarländische Bergmannstanz, Tanz der Salzsieder zu Schwäbisch-Hall, Siebenjahrtanz der Salzburger Küfer, Leobner Knappentanz, Gasteiner Schwerttanz, der ↗Lange Tanz zu Goslar, der Clausthaler Schwertfechtertanz und der Sterzinger Knappentanz.

Lit.: *Schiestl, J.*: Dürrnberger Knappen- oder Schwert-Tanz, in: Jahresbericht d. Museum Carolino-Augusteum Salzburg f. d. Jahr 1865, S. 67 ff. *Adrian, K.*: Von Salzburger Sitt' u. Brauch, 1924, S. 341. *Kirnbauer, F.*: Über Knappentänze, in: Das Deutsche Volkslied, Jg. 37, 1935, H. 5, S. 57 ff., H. 6, S. 75 ff., H. 7, S. 98. *Horak, K.*: Der Sterzinger Knappentanz, in: Die Volksmusik 1, 1949, Nr. 10, S. 86. *Wolfram, R.*: Bergmännische Tänze, in: Der Anschnitt, Jg. 5, H. 1, April 1953, S. 6 ff.

Kniaseff, Boris. Russischer Tänzer, ↗Choreograph und Ballettlehrer, geb. 1. Juli 1906 in St. Petersburg, gest. 7. Oktober 1975 in Paris. Er studierte bei M. ↗Mordkin, L. Nelidova und K. Goleizovsky. 1917 verließ er Rußland und wurde ↗Ballettmeister in Sofia. 1924 kam er nach Paris, wo er große Erfolge als Ballerino am Théâtre de l'Exposition des Arts Décoratifs erzielte. Von 1932 bis 1934 war er Ballettmeister an der Opéra Comique in Paris. 1937 eröffnete er in Paris ein eigenes Tanzstudio und war von dieser Zeit an als Tanzpädagoge tätig. 1953 gründete er in Lausanne eine eigene Ballettschule. Von 1956 an war er Leiter der Académie Internationale de Chorégraphie in Genf. Er gilt als der Schöpfer der Methode „Chasse à terre" (d. h. Bodenexercise).

Lit.: *Kniaseff, B.*: Decor and Costume Designes the Collection of Boris Kniaseff, London 1969.

Kniebohrer ↗Fürizwängerisch.

Knolper (auch Knollpa = Knäuel). ↗Deutscher Volkstanz aus der ehemaligen Kremnitz-Probener Sprachinsel (Slowakei), ein reigenartiger Tanz, der als Schlußtanz am Faschingsdienstag aufgeführt wurde. In langer Kette zogen die Tanzenden durch das Haus. Den Schluß bildete das Eindrehen zur Schnecke und das darauffolgende Auflösen zu einem ↗Paartanz.

Lit.: *Horak, K.*: Der Volkstanz in d. Kremnitz-Probener Sprachinsel, in: Sudetendeutsche Zeitschrift f. Volkskunde, Jg. 6, 1933, H. 2/3, S. 95. *Wolfram, R.*: Schwerttanz u. Männerbund, S. 158 f.

Knotteschittler. ↗Österreichischer Volkstanz aus Tirol, eine Art der gehüpften ↗Mazurka.

Lit.: *Wolfram, R.*: Die Volkstänze in Österreich u. verwandte Tänze in Europa, 1951, S. 156.

Knust, Albrecht. Deutscher Tänzer, ↗Choreograph und Lehrer, geb. 5. Oktober 1896 in Hamburg, gest. 19. März 1978 in Essen. Er studierte bei Rudolf von ↗Laban und wurde 1922 Mitglied von dessen Tanzbühne. Von 1924 bis 1925 war er Direktor der Laban-Schule in Hamburg. Nach einer kurzen Zwischenzeit als ↗Ballettmeister in Dessau (1926) kehrte er nach Hamburg zurück. Seine Hauptaufgabe sah er nun in der Weiterentwicklung der sogenannten ↗„Labanotation". 1934 war er Leiter der Tanzabteilung der ↗Folkwang-Schule in Essen und von 1934 bis 1945 Choreograph an der Staatsoper München. Bis 1951 wirkte er als Direktor und Lehrer am Institut für ↗Kinetographie an der Folkwang-Schule in Essen. Von ihm stammen folgende Schriften: Beiträge zur Orthographie von Bewegungen, Hamburg 1931; Abriß der Kinetographie Laban, München 1942, Hamburg 1956; An Introduction to Kinetography Laban, in: Journal of the International Folk Music Council, vol. XI, 1959, S. 73 ff.; Kinetographisches Lexikon der klassischen Tanztechnik, Das Tanzarchiv 1965, Tanzarchivreihe 6 (zusammen mit Kurt Peters); Dictionary of Kinetography Laban (Labanotation), 1979. (↗Choreographie)

Kochlöffeltanz ↗Besentanz.

Kochno, Boris. Russischer Ballettschriftsteller und Librettist, geb. 3. Januar 1904 in Moskau, war Privatsekretär von ↗Diaghilew und hat sich große Verdienste um den Bestand des ↗Ballet Russe erworben. Nach dem Tod Diaghilews war er beim Ballet Russe und später beim Ballet Russe de Monte Carlo tätig. Nach Ende des zweiten Weltkrieges berief ihn Roland ↗Petit zum künstlerischen Berater und Leiter des Ballets des Champs-Elysées. Für mehrere ↗Ballette schrieb er das Libretto und außerdem folgende Bücher: 1954 Le Ballet und 1971 Diaghilev and the Ballets Russes. (↗Fâcheux, Les)

Kocourek (= junger Kater). Tschechischer Volkstanz im 2/4-Takt, ein Paarrundtanz.

Lit.: *Adamek, K.*: Danses populaires dans les environs de Klemkau, in: Český Lid, VI, 1897.

Kodály, Zoltán. Ungarischer Komponist und Volksmusikforscher, geb. 16. Dezember 1882 in Kecskemét, gest. 6. März 1967 in Budapest. Gemeinsam mit Béla ↗Bartók gab er wichtige folkloristische Sammlungen heraus. Seine Forschungen zur ungarischen Volksmusik fanden ihren Niederschlag in seinen Kompositionen, von denen viele eine tänzerische Ausdeutung fanden, so z. B. die „Tänze aus Galanta" und die „Marosszéker Tänze".

Koegler, Horst. Deutscher Tanzschriftsteller und Kritiker, geb. 22. März 1927 in Neuruppin. Von ihm stammen folgende Veröffentlichungen: Introducing Dore Hoyer, in: Dance Magazine, August 1957; Modernes Ballett in Amerika, Berlin 1959; Bolschoi-Ballett. Das Ballett des Großen Akademischen Theaters der UdSSR in Moskau, Berlin 1959; Ballett International, Versuch einer Bestandsaufnahme, Berlin 1960; Die Zukunft des Balletts, in: Magnum 1960, H. 28, S. 23 ff.; Wo steht das deutsche Ballett?, in: Musica, Jg. 16, 1962, H. 2, S. 67 ff.; Yvonne Georgi, Velber 1963; Balanchine und das moderne Ballett, Velber 1964; Balanchine – 60 Jahre. Balanchine Interview. Balanchine und Strawinsky – eine kongeniale Werkfolge, in: Tanzarchiv 1964, S. 32 ff., Die Tanzarchiv-Reihe 1 (mit I. Nabokov und E. Carmichael); Friedrichs Ballettlexikon von A–Z, Velber 1972; John Cranko, in: Les Saisons de la Danse, März 1972; John Neumeier unterwegs, 1972; In the Shadow of the Swastika. Dance in Germany 1927–1936, in: Dance Perspectives 57, Frühjahr 1974; Das Jubeljahr des Bolshoi, in: Westermanns Monatshefte, 1976, H. 12, S. 24 ff.; The Concise Oxford Dictionary of Ballet, London 1977; Reclams Ballettlexikon, 1984 (mit H. Günther).

Köllner, Alfredo. Italienischer Tänzer, geb. 9. Februar 1933 in Genua. Mit 10 Jahren kam er an die Ballettakademie des Operntheaters in Rom. 1948 trat er in das Ensemble der Mailänder Scala ein, 1950 ging er an das Operntheater in Rom und erhielt 1955 einen Vertrag als Primaballerino. 1957 tanzte er in Paris. Von Ende 1957 bis Ende 1959 war er Gast am Stadttheater in Basel und von Ende 1959 bis Anfang 1960 Gast bei der Ballettkompanie von Janine ↗Charrat. Vom Frühling bis zum Herbst 1960 tanzte er bei L. ↗Massines Ballettgruppe „Balletto Europeo di Nervi". In der Spielzeit 1960/61 war er an der Staatsoper Stuttgart und 1961/62 wieder am Opernhaus in Rom. Mit seiner Frau Vera ↗Marković war er sechs Monate in Kairo als Solotänzer, ↗Choreograph und Pädagoge verpflichtet. In den Spielzeiten 1965/66 und 1966/67 war er wieder Gast am Stadttheater Basel und in der Spielzeit 1967/68 Gastchoreograph und 1. Solotänzer am „Kroatischen Nationaltheater" in Zagreb. Mit der Spielzeit 1968/69 trat er einen festen Vertrag am Teatro Communale in Bologna an.

Königlich-Dänisches Ballett. Das Ensemble des Kopenhagener Opernhauses hat seinen Ursprung in den Hofballetten, die bereits in der zweiten Hälfte des 16. Jh. nachgewiesen werden, und in dem Wirken französischer und italienischer Ballettmeister um die Mitte des 18. Jh. Nach der ersten Blütezeit unter V. ↗Galeotti zwischen 1775 und 1811 wurde die Tätigkeit von A. ↗Bournonville, welche die Jahre von 1830 bis 1879 umfaßte, für die weitere Entwicklung des Ensembles bestimmend. Als ↗Choreograph schuf er mehr als fünfzig Ballette, als Lehrer reorganisierte er die Ballett-erziehung. Nach dem Tod Bournonvilles verlor das Ballett an künstlerischer Bedeutung, obwohl M. ↗Fokine und G. ↗Balanchine kurze Zeit dort wirkten. 1930 wurde H. ↗Lander ↗Ballettmeister an der Kopenhagener Oper und 1932 Direktor der Königlichen Ballettschule. Durch ihn errang das Ensemble einen neuen künstlerischen Höhepunkt. Im Jahre 1952 verließ Lander Kopenhagen. Für das Ballett folgte eine unstete Zeit mit ständigem Wechsel der Direktoren. 1966 wurde F. ↗Flindt Direktor. Er versuchte ein ausgewogenes Repertoire zwischen dem klassischen Stil und modernen Choreographien, einschließlich ↗Modern Dance, aufzubauen. 1978 wurde H. ↗Kronstam Leiter des Balletts.

Lit.: *Kragh-Jacobsen, S. – Krøgh, T.:* Den Kongelige Danske Ballet, 1952. *Kragh-Jacobsen, S.:* The Royal Danish Ballet, 1955. *Fog, D.:* The Royal Danish Ballet 1760–1958 and August Bournonville, 1961. *Kragh-Jacobsen, S.:* Twenty Solodancers of The Royal Danish Ballet, 1965. *Anonym:* Königlich-dänisches Ballett u. Bournonville, in: Dänische Rundschau 1979.

Königlich-Schwedisches Ballett. Das Ballettensemble des Stockholmer Opernhauses wurde 1773 gegründet. Der erste ↗Ballettmeister war der Franzose Louis Gallodier. Das Ensemble umfaßte damals 24 Tänzer. 10 Jahre später waren es bereits 72 Tänzer. Zur Zeit Gustavs III. (1771–1792) erlebte das Ballett unter den ↗Choreographen Antoine Bournonville (Vater von August ↗Bournonville) und J. Marcadet seine erste Blütezeit. 1818 wurde F. ↗Taglioni Ballettmeister. Der erste bedeutende Ballettmeister war A. Selinder. Er wirkte in der Zeit von 1833 bis 1845 und von 1851 bis 1856. Seine Choreographien beruhten auf der schwedischen Volksmusik. Sein Zeitgenosse August Bournonville wirkte als Gast in Stockholm. In der zweiten

Hälfte des 19. Jh. erlitt das schwedische Ballett einen künstlerischen Niedergang. 1913 kam M. ↗Fokine nach Stockholm und führte mit jungen Tänzern einige seiner Ballette auf. Ein entscheidender künstlerischer Aufschwung erfolgte trotzdem nicht. 1928 wurde Jan Cieplinski Ballettmeister. Ihm folgten 1931 Julian ↗Algo und 1940 George Gé. Ein neuer Beginn in künstlerischer Hinsicht ist 1950 mit der Ernennung A. ↗Tudors zum Ballettdirektor zu verzeichnen. Ihm folgte 1953 Mary Skeaping. Von 1964 bis 1966 war B. MacDonald, von 1967 bis 1971 E. ↗Bruhn, von 1972 bis 1975 J. Moore Ballettdirektor. 1975 übernham I. ↗Cramér die Direktion. Mit der Spielzeit 1984/85 wurde E. ↗Madsen Direktor. Das Ensemble pflegt sowohl das klassische als auch das moderne (B. ↗Cullberg, I. ↗Cramér, K. ↗MacMillan) Repertoire und bevorzugt besonders auch den dramatischen Tanz.

Lit.: *Rootzén, K.:* Den svenska Baletten, 1945. *Hilleström, G.:* Theater u. Ballett in Schweden, 1956. *Ståhle, A. G.:* Sweden, Ballet in, in: Dance Encyclopedia, 1967.

Kör-Tanz. Dieser im 19. Jh. in Ungarn und Österreich sehr beliebte ↗Gesellschaftstanz ist eine Erfindung von Ludwig Szölösi, ↗Ballettmeister des ungarischen Nationaltheaters in Pest, und kann als die erste ungarische National-↗Quadrille bezeichnet werden. Der Kör-Tanz wird von acht Paaren getanzt, die sich im Carré aufstellen, und zwar zwei und zwei Paare einander gegenüber. Der Tanz besteht aus 15 verschiedenen Schrittformen und sechs Figuren oder Touren. Jeder Schritt fängt mit dem rechten Fuß an, außer wenn man nach links seitwärts tanzt mit dem linken Fuß. Die Tanzmusik steht im 4/4- oder 4/8-Takt. In Wien hatte der Tanz gegenüber der ursprünglichen Form Änderungen erfahren.

Lit: *Anonym:* Wiener Tanzschule, 1852, 3. Auflage: Die Tanzkunst u. d. Tänze, Wien 1877. *Ferencicz, M.:* Der ungarische National-Tanz „Kör". Gründliche u. leicht faßliche Beschreibung f. Tanzlehrer u. zum Selbstunterricht, Wien 1869. *Haraschin, C.:* Unsere Gesellschaftstänze, Wien 1880, S. 93 ff.

Körbchentanz ↗Dreischritt.

Körbeltanz (auch Körberltanz). ↗Österreichischer Volkstanz aus der Oststeiermark, ein Tanzspiel, bei dem ein mit Blumensträußchen gefülltes Körbchen eine Rolle spielt. Es geht dabei um das Ablehnen oder Wählen eines Tanzpartners durch die Überreichung eines Blumensträußchens oder eines Körbchens. Getanzt wird nach einem Walzer.

Lit.: *Pramberger, R.:* Steirische Tanzlust, in: Zeitschrift d. deutschen u. österreichischen Alpenvereins, Jg. 1924, Bd. 55, S. 142. *Horak, K.:* Der Volkstanz im Mattigtal u. im Kobernauser Wald, Oberösterreich, in: Jahrbuch d. österreichischen Volksliedwerkes, Bd. 23, 1974, S. 14.

Körbletanz (auch Körbltanz). ↗Deutscher Volkstanz im 2/4-Takt aus dem Kuhländchen (ehemalige deutsche Sprachinsel an der oberen Oder in Mähren), ein sogenannter ↗Dreiertanz, der von beliebig vielen Dreiergruppen ausgeführt werden kann. Der Tänzer, zwischen den beiden Tänzerinnen stehend, faßt deren inneren Hände. Die Dreiergruppen bewegen sich mit schnellen Wechselschritten, links beginnend, im Zickzack in der Tanzrichtung. Der Tanz ist nicht zu verwechseln mit dem ↗Körbel- oder Körberltanz.

Lit.: *Kubiena, W.:* Kuhländler Tänze, 1922. *Schützenberger, E.-Derschmidt, H.:* Spinnradl, 5. Folge, s. a., S. 12 f. *Lager, H.:* Alte Tänze f. junge Leute, 1973, S. 39 f.

Kohlführer. ↗Österreichischer Volkstanz aus der Steiermark. Er wird von sechs oder acht Paaren nach Art des ↗Neubayrischen getanzt.

Lit.: *Pramberger, R.:* Steirische Tanzlust, in: Zeitschrift d. deutschen u. österreichischen Alpenvereins, Bd. 55, 1924, S. 145.

Kohoutek (= das Hähnchen). Tschechischer Volkstanz aus Böhmen. Ein ↗Paartanz, bei dem Tänzer und Tänzerin verschiedene kreisbogenförmige Bewegungen ausführen, wobei sie sich nähern und wieder entfernen. (↗Tschechische Volkstänze)

Lit.: *Waldau, A.:* Böhmische Nationaltänze, 1860, Bd. 2, S. 18.

Koko ↗Punto.

Kolabrismos. Antiker griechischer ↗Waffentanz der Thraker und Karer. Nur namentlich überliefert, ist seine Ausführung unbekannt. Er ist wahrscheinlich eine Abart der ↗Pyrrhiche.

Lit.: *Weege, F.:* Der Tanz in d. Antike, 1926, S. 51.

Kôlam-Nätîma oder **Kôlam-Natanavâ** ist ein in Ceylon heute noch aufgeführtes, aber in seiner ursprünglichen Bedeutung zurückgegangenes Maskenspiel. Nach der Volksmeinung der Singhalesen ist es ein profanes Spiel, das sich von seiner pantomimischen Form zu einer Art Oper entwickelt hat. Es besteht aus einem Vorspiel mit dem Auftritt komischer Charaktere und der Maskentänzer und einem Hauptteil mit einer

Kolečko

Anzahl von Geschichten, deren Inhalt Legenden und Sagen aus der Geschichte des Landes bilden. Heute wird das Kôlam nur einmal im Jahr aufgeführt. Der Spielplan, aus einem halben Dutzend solcher Vorführungen bestehend, hat eine Spielzeit von einer Woche. Im Süden Ceylons ist die Form des Kôlam heute noch lebendig. (↗Ceylon-Tanz)

Lit.: *Callaway, J.:* Yakkun mattanawâ and Kôlan, London 1829. *Lucas, H.:* Ceylon-Masken, 1958, S. 7 ff.

Kolečko (= das Rädchen). Tschechischer Volkstanz aus Böhmen. Die böhmische Schriftstellerin Božena Némcová beschrieb ihn 1845 folgendermaßen: „Sechs Burschen führen ihre Tänzerinnen vor. Dann stellen sie sich einzeln auf, jeder Bursche neben seinem Mädchen, und mit nach rückwärts verflochtenen Händen fangen sie an, sich nach dem Takte stets auf einer einzigen Stelle so flink und geschickt zu drehen, daß eine den andern gar nicht berührt und aus dem Takte kommt, bis sie endlich einander loslassen und von vorn umschlingen. Dies alles geht so schnell und gehörig, daß es den Anschein hat, als möchten sechs Spindeln von einem einzigen Rädchen bewegt werden." (↗Tschechische Volkstänze)

Lit.: *Waldau, A.:* Böhmische Nationaltänze, 1860, Bd. 2, S. 24 f.

Kolíbavka (= das Wiegenlied). Tschechischer Volkstanz aus Böhmen. Dieser koloartige Tanz wird bei Hochzeiten aufgeführt. Inmitten des Kreises der Tanzenden geht ein Mädchen mit einer großen Schüssel auf dem Arm, welche sie wie ein Wickelkind wiegt. Sie singt dabei und die Gäste legen kleine Geldgeschenke für die Braut hinein. (↗Tschechische Volkstänze)

Lit.: *Waldau, A.:* Böhmische Nationaltänze, 1859, Bd. 1, S. 48.

Koli Leoleo. Tanz der Eingeborenen der polynesischen Insel Niue, ein Siegestanz, der von Männern und Frauen zusammen, Seite an Seite, ausgeführt wird. Der Tanz erinnert in seinen Bewegungen zum Teil an die Zeit, als die Frauen an der Seite der Männer gegen den Feind kämpften. (↗Naturvölker)

Lit.: *Dean, B.:* South Pacific Dance, 1978, S. 88.

Kolloschärentanz. Dieser älteste siebenbürgische Tanz hat seinen Ursprung in den römischen Aufzügen der ↗Salier Collini. Bei der Ausführung trugen die Tänzer vor dem Gesicht eine Maske, welche einen Reiher- oder Storchenkopf darstellte, dessen Schnabel sie mit Hilfe einer Zugvorrichtung nach der Musik klappern ließen. So zogen sie tanzend, meist gemeine Lieder singend, durch die Dörfer.

Lit.: *Jolizza, W. K. v.:* Die Schule d. Tanzes, s. a., S. 285 f.

Kolman, Walter. Österreichischer Tänzer, geb. 18. Januar 1940 in Wien. 1950 trat er in das Kinderballett von Gerti ↗Fochler ein. Ferner studierte er bei Willi ↗Fränzel, Dia ↗Luca und Vera Denisowa. Ab 1958 ist er an der Volksoper Wien tätig, ab 1974 gelegentlich auch als Tanzbuffo. Gastspiele führten ihn nach England, Spanien, Deutschland, in die Türkei und in die Schweiz. Seit 1975 ist er Lehrer für Bewegung für angehende Sänger und Schauspieler am Konservatorium der Stadt Wien.

Kolo (= serbokroatisch: Rad). Jugoslawischer Volkstanz, ein Schreittanz von ruhigem bis lebhaftem Tempo, der meist als ↗Kettentanz (Kettenreigen) ausgeführt wird. In Slowenien ist er als Singtanz gebräuchlich. Die Arten seiner Ausgestaltung sind sehr vielfältig, sie tragen daher auch oft verschiedene Beinamen, wie „Vrličko kolo" aus Kroatien, „Zetsko kolo" aus Montenegro, „Devojacko kolo" aus den Bergen Serbiens. Der Form nach ähnelt der Kolo dem bulgarischen ↗Horo. Man unterscheidet den **offenen** Kolo, bei welchem die Paare im Kreis stehen, die Tänzerin links vom Tänzer. Die Tanzenden fassen einander an den Händen und halten diese in Brusthöhe. Beim **geschlossenen** Kolo stehen die Paare im großen Kreis, die Tänzerin links vom Tänzer. Die Tänzer fassen einander hinter dem Rücken der Tänzerinnen an den Händen, und die Tänzerinnen fassen einander hinter dem Nacken an den Händen. Kolon ist überhaupt ein Sammelbegriff für speziell slawische Tänze. (↗Bettlertanz, ↗Pumanieska) Kolo ist auch der Name des Nationalen Volksballett-Ensembles von Jugoslawien, gegründet 1948 in Belgrad. (↗Jugoslawische Volkstänze)

Vrličko kolo

Lit.: *Wolfram, R.:* Die Volkstänze in Österreich u. verwandte Tänze in Europa, 1951. *Lawson, J.:* European Folk Dance, 1953, S. 73 ff.

Kołodziej (= Der Stellmacher). Polnischer Volkstanz, eine Art schneller ↗Galopp im 2/4-Takt. (↗Polnische Volkstänze)

Lit.: *Starczewski, F.:* Die polnischen Tänze, in: Sammelbände d. Internationalen Musikgesellschaft, Jg. 2, 1900/01, S. 717. *Laufer, R.:* Der polnische Tanz u. sein Eindringen in d. Kunstmusik, Diss. Wien 1934, S. 25.

Kolomejka. ↗Russischer Volkstanz aus Ostgalizien, ursprünglich ein ↗Volkstanz der karpatischen Ruthenen. Als ↗Kalamaika war der Tanz im 19. Jh. in Wien, Schlesien und Böhmen ein beliebter ↗Gesellschaftstanz. (↗Szumka)

Lit.: *Starczewski, F.:* Die polnischen Tänze, in: Sammelbände d. Internationalen Musikgesellschaft, Jg. 2, 1900/01, S. 675 f.

Kolonne ist die Vereinigung mehrerer in gerader Linie nebeneinanderstehender Personen. Im speziellen Fall die Aufstellung der Tanzpaare in zwei gegenüberstehenden Reihen. (↗Kolonnentänze)

Lit.: *Czerwinski, A.:* Brevier d. Tanzkunst, 1879. *Sachs, C.:* Eine Weltgeschichte d. Tanzes, 1933.

Kolonnentänze ist die Bezeichnung für eine Gruppe von ↗Contratänzen, in welchen sich die Tanzenden in ↗Kolonnen aufstellen. Dabei lassen sich zwei Haupttypen unterscheiden, und zwar Kolonnentänze auf einer Geraden und Kolonnentänze im Kreis. Stehen in den Kolonnen nicht Paare, sondern Trios (ein Bursche zwischen zwei Mädchen) einander gegenüber, so spricht man von einem ↗Triolett.

Lit.: *Czerwinski, A.:* Brevier d. Tanzkunst, 1879. *Sachs, C.:* Eine Weltgeschichte d. Tanzes, 1933. *Goldschmidt, Ae.:* Handbuch d. deutschen Volkstanzes, 1967.

Kolpakowa, Irina Alexandrowna. Russische Tänzerin, geb. 22. Mai 1933 in Leningrad. Sie studierte an der Leningrader Choreographie-Schule bei ↗Waganowa, schloß sich 1951 dem ↗Kirow-Ballett an, wo sie später zur Primaballerina ernannt wurde.

Kolumbianischer Tanz. Der beliebteste und verbreitetste Tanz Kolumbiens ist der ↗Pasillo. Ansonsten tanzt man die ↗Habanera-Danza mit den einfachen und erweiterten Rhythmen. Auch der kubanische ↗Danzon ist sehr beliebt. (↗Bambuco, ↗Guabina)

Lit.: *Friedenthal, A.:* Musik, Tanz u. Dichtung bei d. Kreolen Amerikas, 1913, S. 164 ff.

Komárna. Tschechischer Volkstanz aus Böhmen, der 1857 erfunden wurde und wie der ↗Šáteček dem ↗Polsterltanz gleicht. (↗Tschechische Volkstänze)

Lit.: *Waldau, A.:* Böhmische Nationaltänze, 1859, Bd. 1, S. 51 f. *Vycpálek, L.:* České tance, in: Český Lid, Jg. 2, 1893, S. 663 f.

Komos. Im antiken Griechenland hatte der Begriff Komos verschiedene Bedeutungen. Vor allem verstand man unter dieser Bezeichnung einen übermütigen Prozessionstanz junger Männer nach Trinkgelagen, aber auch den würdevollen, freudigen Prozessionstanz mit Gesang, mit dem von den Bürgern die Sieger und Helden nach dramatischen oder athletischen Wettkämpfen nach Hause begleitet wurden. ↗Pindar und andere griechische Dichter schrieben Oden, die bei diesen Komoi gesungen wurden.

Lit.: *Greifenhagen, A.:* Eine attische schwarzfigurige Vasengattung u. d. Darstellung d. Komos im VI. Jh., Diss. Königsberg 1929. *Sachs, C.:* Eine Weltgeschichte d. Tanzes, 1933, S. 165. *Herter, H.:* Vom dionysischen Tanz zum komischen Spiel, Darstellung u. Deutung. Vorträge u. Schriften aus d. Geisteswissenschaften u. ihren Grenzgebieten, H. 1, 1947. *Roos, E.:* Die tragische Orchestik im Zerrbild d. altattischen Komödie, Kungl. Vitterhets Historie och Antikvitets Akademiens Handlingar, Del. 78, 1951. *Lawler, L. B.:* The Dance in Ancient Greece, 1964.

Kontratanz ↗Contratanz.

Kopanitsa. ↗Bulgarischer Tanz aus dem Gebiet um Sofia, ein ↗Kettentanz, der von elf Männern getanzt wird, die in zwei Gruppen geteilt sind. Die 1. Gruppe, sechs Männer, trägt blaue Jacken, die 2. Gruppe, fünf Männer, schwarze Jacken. Der Tanz, aus acht Figuren bestehend, beginnt zunächst langsam und steigert sich im Tempo. Die Tanzmelodie steht im 11/16-Takt.

Lit.: *Katzanova-Kukudova, R.-Djenev, K.:* Bulgarian Folk Dances, 1958, S. 92 ff.

Kopparslagaren heißt eine Form des ↗Siebenschritts in Nordeuropa.

Korbel (= der Humpen). Tschechischer Volkstanz aus Böhmen, ein ↗Hochzeitstanz. Er ist besonders im Gebiet von Pilsen üblich. Die Tanzpaare bilden einen Kreis. Braut und Bräutigam treten hervor und trinken aus einem ihnen kredenzten Bierhumpen. Sie geben sich einen Kuß und tanzen anschließend eine ↗Polka oder einen ↗Ländler. Alle anderen Paare machen es der Reihe nach ebenso, bis als Abschluß wieder das Brautpaar an der Reihe ist. Begleitet wird der Tanz nur von einem Dudelsack. (↗Tschechische Volkstänze)

Lit.: *Waldau, A.:* Böhmische Nationaltänze, 1859, Bd. 1, S. 50 f.

Kordax. Antiker ↗griechischer Tanz orientalischer Herkunft. Ursprünglich auf der Insel Pelops zum Fruchtbarkeitszauber im Kult der Göttin Artemis getanzt, wurde er später stark profaniert. Der Kordax, ein Wirbeltanz mit starken Verdrehungen des Körpers, hatte drei charakteristische Bewegungen: das Emporschnellen der Beine nach hinten mit Aufklatschen auf das Gesäß wie bei dem Tanz ↗Bibasis, das Fußtrampeln und Rülpsen und eine Schüttel- und Drehbewegung des Körpers, der Hüften und des Unterleibs, genannt ↗Aposeisis. Wegen seines derben und obszönen Charakters war der Kordax der Tanz der griechischen Komödie und wurde von Männern in Maske, oftmals in trunkenem Zustand, getanzt.

Lit.: *Schnabel, H.:* Kordax. Archäologische Studien zur Geschichte eines antiken Tanzes u. zum Ursprung d. griechischen Komödie, 1910. *Weege, F.:* Der Tanz in d. Antike, 1926, S. 99 u. 107 f. *Roos, E.:* Die tragische Orchestik im Zerrbild d. altattischen Komödie, 1951, S. 145. *Lawler, L. B.:* The Dance in Ancient Greece, 1964, S. 87, 101 ff., 133 ff.

Koreanischer Tanz. Im Leben des Volkes auf Korea fällt dem Tanz seit ältesten Zeiten eine besondere Rolle zu. Die zwei bedeutendsten Elemente sind „mot" und „hung". Sie bezeichnen Eigenschaften des koreanischen Tanzes, die ihren Ausdruck in der inneren und äußeren Schönheit und der Freude im Tanz finden. Das koreanische Volk benützt jede Gelegenheit, um Freude, Trauer und seine Verbundenheit mit der kultischen Geisterwelt im Tanz auszudrücken. Es gibt Solotänze und Gruppentänze. Zu den Solotänzen gehören der einfache Tanz, Pot' ong tsch'um genannt. Er besteht aus gefälligen Bewegungen der Arme und Beine und des gesamten Körpers; der Kapuzentanz, Sungmu: Er wird von Frauen ausgeführt, die eine lange Kapuze mit Ärmeln tragen. Er heißt auch Nonnentanz oder Ärmeltanz; der Trommeltanz, Tschanggo-mu: Die Tänzerin hat eine trommelartige Pauke an einem Band um die rechte Schulter hängen; der Fächertanz, Putsch'ätsch'um: Die Tänzerin trägt dabei ein malerisches Kostüm; der Seidentuchtanz, Sugon-mu: Er wird oft mit dem Fächertanz vermischt. Die Tänzerin trägt dabei in der einen Hand ein Seidentüchlein und in der anderen einen Fächer; der ↗Schwerttanz, Tschon-mu: Mit Schwertern in den Händen führt die Tänzerin ihre kriegerischen Gesten tanzend vor; der Schirmtanz, San-mu: Die Tänzerin trägt dabei einen bunten Bambusschirm, der bald geschlossen, bald aufgespannt wird; der Kastagnettentanz, Pak-mu: Der Rhythmus der Tanzbewegungen wird durch das Zusammenschlagen der Kastagnetten angegeben und verstärkt. Zu den Gruppentänzen gehören die ↗Volkstänze jeder Art, wie sie bei Hochzeits-, Ernte- und Trauerfeiern aufgeführt werden, und der Höfische Tanz. Er war in früheren Zeiten am Königshof sehr beliebt und wird heute nur noch bei Theater- und Ballettaufführungen gezeigt. Er ist eine Kombination von Tanz, Musik und Gesang. Es gibt mehr als 50 verschiedene Formen höfischer Tänze, unter anderen den Gelehrtentanz (Haksa-mu), den Kriegertanz (Kun-mu) und den Paukentanz (Mugo). Ein besonders klassischer Tanz ist der aus China stammende „Konfuzianische Tanz". Seit 1926 hat in Korea auch der westliche Tanz Eingang gefunden.

Lit.: *Anonym:* Korean Dance and Music, 1968. *Eckhardt, A.:* Musik – Lied – Tanz in Korea, 1968 (Abhandlungen zur Kunst-, Musik- u. Literaturwissenschaft, Bd. 51). *Hey-ku, Lee:* Korean Music, Seoul 1971.

Korobushka (= kleiner Korb). ↗Volkstanz, der um die Wende zum 20. Jh. von russischen Einwanderern in den USA zu einem russischen Volkslied geschaffen wurde. Das Lied handelt von einem Hausierer, der die verschiedenen Waren in seinem Korb anpreist. Der Tanz verbreitete sich rasch über die russische Kolonie in New York hinaus und ist heute in den USA allgemein bekannt. Ausgeführt wird er von beliebig vielen Paaren, die im Kreis Aufstellung nehmen. Die Partner sehen einander an, der Tänzer steht mit dem Rücken zur Mitte. Seine rechte Hand faßt die linke Hand der Tänzerin, seine linke Hand ihre rechte. Die Musik steht im 2/4-Takt.

Lit.: *Kulbitzky, O. – Kaltman, F. L.:* Teacher's Dance Handbook, s. a.

Korokonda. Dieser Tanz der Mbowamb auf ↗Neuguinea findet auf dem Stammestanzplatz statt und ist ein stummer Tanz. Die Aufstellung der Tänzer erfolgt in drei Reihen; sie schauen auf eine Perlmuschel, die Moka-Muschel, die sie vor sich hertragen. In großer Schnelligkeit trippeln sie dahin und ruhen öfter aus. Mit einem langgezogenen u-u-u-u wird der Tanz immer wieder begonnen, so oft, bis der von den vielen Zuschauern umsäumte Platz dreimal hin und zurück umtanzt ist. (↗Naturvölker)

Lit.: *Vicedom, G. F.-Tischner, H.:* Die Mbowamb, Bd. I, 1943–48, S. 245.

Korošec. Jugoslawischer Volkstanz aus Kroatien, ein ↗Paartanz. Der Tänzer hält die Tänzerin um die Mitte, die Tänzerin den Tänzer um den Hals. Getanzt wird mit Polkaschritten. Die Tänzerin vollführt Drehungen, beide klatschen in die Hände. Der Tanz ist vor allem bei Hochzeiten üblich. Die Tanzmelodie hat gemischten Takt (2/4 + 3/4 + 3/8). (↗Kroatischer Tanz)

Lit.: *Marolt, F.-Šuštar, M.:* Slovenski ljudski plesi koroške, 1958, S. 63 ff.

Korroboritanz. Dieser australische ↗Kriegstanz ist ein Waffenspiel, eine der wichtigsten heiligen Handlungen bei den australischen Negern. Die Männer, furchterregend bemalt, tanzen ihn bei Nacht um ein Feuer. Waffenschwingend bewegen sie sich mit gekrümmten und gespreizten Beinen und vorgebeugtem Oberkörper in langsam stampfenden Schritten vor- und zurückschreitend entweder einzeln oder in Fronten. Die Frauen singen und trommeln eintönige Weisen dazu. Oft artet der Tanz in fanatische Wildheit aus, besonders wenn auch Frauen mittanzen. Dieser Tanz pantomimischen Inhalts nimmt oft mehrere Abende in Anspruch. Auch ein ↗Ballett mit der Musik von John Antill basiert auf diesem Tanz. Es wurde 1950 vom Australischen Nationalballett in Sidney uraufgeführt. (↗Naturvölker)

Lit.: *Boehn, M. v.:* Der Tanz, 1925, S. 21, 25. *Leeuw, G. v. d.:* In d. Himmel ist ein Tanz, in: Der Tempel d. Leibes, Bd. 1, 1931. *Stockmayer, H.:* Die Tänze des Akkerbaujahres bei d. Naturvölkern, Diss. Wien 1944, S. 107 ff.

Korty, Sonja (eigentlich Sophia Ippar). Russische Tänzerin, ↗Choreographin, ↗Ballettmeisterin und Lehrerin, geb. 25. Oktober 1892 in St. Petersburg, gest. 1. Dezember 1955 in Salzburg. Sie studierte bei A. ↗Fedorowa und J. ↗Sokolowa in St. Petersburg. Sie war Mitglied von S. ↗Diaghilews ↗Ballett Russe, tanzte in Kopenhagen, New York, an der Opéra Comique Paris, in Wien und an Pariser Theatern. Als Choreographin wirkte sie bei Ballettgruppen in Baden-Baden und Göttingen, als Ballettmeisterin an der Königlich-Flämischen Oper in Antwerpen und von 1941 bis 1945 in Essen. Nach dem zweiten Weltkrieg arbeitete sie als Schauspielerin in Wiesbaden und an österreichischen Operettentheatern. Zuletzt war sie Lehrerin an der Hochschule Mozarteum in Salzburg.

Korybanten hießen die Priester der phrygischen Berg- und Naturgöttin Kybele (gleichbedeutend mit der griechischen Göttin Rhea). Ihr Dienst bestand in heftig lärmenden, ekstatischen und mit tobendem Geschrei begleiteten ↗Waffentänzen, wodurch sie angeblich ihre Trauer um den Tod des Geliebten ihrer Göttin bekundeten. Ihren Namen sollen sie von Korybas, bald als Sohn der Kybele, bald als befruchtender Gott der Erde genannt, erhalten haben. (↗Bacchantinnen, ↗Mänaden, ↗Kureten)

Lit.: *Poerner, S.:* De Curetibus et Corybantibus, Diss. Halle 1913 u. Diss. Helenses, vol. 22, 1913, S. 264 ff. *Lawler, L. B.:* The Dance in Ancient Greece, 1964.

Kosatschek. ↗Russischer Volkstanz, der ↗Nationaltanz der Kosaken in Kleinrußland. Er wurde von zwei Personen mit Stampfschritten und in die Seite gestemmten Armen getanzt, die sich abwechselnd zueinander und gegeneinander bewegten. Der Tanz erlangte auch in Böhmen große Beliebtheit, wohin er durch die russischen Soldaten in den Kriegsjahren 1813/1814 gekommen war. (↗Bzikota, ↗Sarmate)

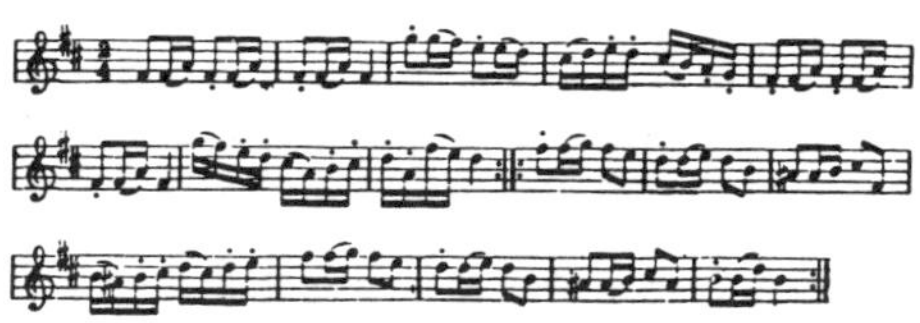

Lit.: *Waldau, A.:* Böhmische Nationaltänze, 1859, Bd. 1, S. 67. *Czerwinski, A.:* Brevier d. Tanzkunst, 1879, S. 87.

Koschier, Franz. Österreichischer Volksmusik- und Volkstanzforscher, geb. 6. September 1909 in Ferlach, Kärnten. Er war Mitarbeiter von Raimund ↗Zoder. Nach dem zweiten Weltkrieg wurde er Leiter des Kärntner Heimatwerkes und Kustos des Landesmuseums Kärnten in Klagenfurt. Er gilt als die treibende Kraft der Kärntner Volkstums- und Volkstanzpflege. 1969 wurde er Direktor des Kärntner Landesmuseums. Folgende Publikationen stammen von ihm: Kärntner Landler, gesammelt, in: Das deutsche Volkslied, Jg. 35, 1933, S. 83 ff.; Wie man den Steirischen in Kärnten tanzt, in: Das deutsche Volkslied, Jg. 36, 1934, S. 44; Das Wesen des Volkstanzes und seine Pflege, in: Heimatland, Jg. 5, 1936, F. 5, S. 34 ff.; Der Kärntner Volkstanz, in: Der Heimatkreis, Jg. 1, 1937, F. 9, S. 5 ff. und in: Kärntner Landsmannschaft, Jg. 1951, No. 4, S. 6 f.; Der Volkstanz in Kärnten, in: Kärntner Jahrbuch, 1937, S. 73 ff.; Der Volkstanzführer, 1937; Der Steirische in Kärnten, in: Der Heimatkreis, Jg. 2, 1938, S. 22 f.; Kärntner Heimattänze, 1938; Der Schwedentanz, in: Der Heimatkreis, Jg. 2, 1938, S. 12; Volkstanz und Gemeinschaft, in: Der Heimatkreis, Jg. 2, 1938, S. 16; Volkstanz in der schönen Zeit, in: Der Heimatkreis, Jg. 2, 1938, S. 17; Kärntner Volkstänze, 1949; Der Treffnertanz, in: Carinthia I, Jg. 142, 1952, S. 508 ff.; Volkstänze aus Kärnten, 1952 (mit Anton Anderluh); Der Steinfelder „Maschkeratanz", in: Kärntner Landsmannschaft, Jg. 1952, Nr. 1, S. 8; Kärntner Brauchtumstänze, in: Kärnten, lebendiges Volkstum, Festschrift, hrsg. vom Österreichischen Rundfunk, 1954, S. 26 ff.; Der „Steirische" in Kärnten, in: Carinthia I, Jg. 144, 1954, S. 867 ff.; Der „Maschkeratanz" in Steinfeld an der Drau, in: Carinthia I, Jg. 144, 1954, S. 587 ff.; Kärntner Figurentanz, in: Kärntner Bauernkalender, 1957, S. 133 ff.; Die Gailtaler Burschenschaft und ihr Lindentanz, in: Jahrbuch des österreichischen Volksliedwerkes, Bd. 6, 1957, S. 79 ff.; Kärntner Hochzeitstänze, in: Tanz und Brauch, Kärntner Museumsschriften, Bd. 19, 1959, S. 116 ff.; Lebendiger Volkstanz. Zeitgemäße Volkstanzpflege, 1959; Kärntner Volkstanz-Bibliographie, in: Tanz und Brauch, Kärntner Museumsschriften, Bd. 19, 1959, S. 173 ff.; Kärntner Volkstänze, 2 Teile mit einem Beiheft „Tanzweisen" von Anton Anderluh, Kärntner Museumsschriften, H. XXVII/XXVIII, 1963; Der Nöblinger „Achter Tanz", in: Volkskunde und Volkskultur, Festschrift für Richard Wolfram, 1968, S. 236 ff. und in: Kärntner Landsmannschaft, 1978, H. 4, S. 4 ff.; Der Hüttenberger Reiftanz, in: Kärntner Landsmannschaft, 1976, H. 10, S. 147 ff.

Kostilata. Neugriechischer ↗Volkstanz aus Epiros, ein Liebestanz, der die Schönheit und den Stolz der Mädchen aus dem epireischen Gebirgsland Kostilata darstellt. Der Tanz wird nur von Mädchen ausgeführt, die im Halbkreis Aufstellung nehmen. Die Handfassung erfolgt bei herabhängenden Armen. Der Tanz hat zwei Schrittfolgen. Die musikalische Grundlage bildet ein Tanzlied im 7/4-Takt. (↗Griechischer Tanz)

Lit.: *Schmolke-Langhans:* Europäische Tänze, H. 8, 1964, S. 14 f.

Kotter, Johannes. Organist, geb. um 1480 in Straßburg, gest. 1541 in Bern, Schüler von Paul Hofhaimer. 1513 schrieb er den größten Teil der für den Basler Magister Bonifazius Amerbach bestimmten ↗Tabulaturen. Unter den 63 Stükken sind neben geistlichen und weltlichen Liedsätzen acht Tanzsätze, darunter der „Kochersperger Spanier", eine humorvolle Verballhornung eines Modetanzes seiner Zeit.

Lit.: *Merian, W.:* Die Tabulaturen d. Organisten Hans Kotter, Diss. Basel 1916. *Merian, W.:* Bonifazius Amerbach u. Hans Kotter, in: Basler Zeitschrift f. Geschichte u. Altertumskunde, Bd. XVI, 1917, H. 1, S. 140 ff. *Merian, W.:* Der Tanz in d. deutschen Tabulaturbüchern, 1927. *Gurlitt, W.:* J. Kotter u. sein Freiburger Tabulaturbuch v. 1513, in: Elsaß-lothringisches Jahrbuch XIX, 1946.

Kotzentanz. Der Dichter Johann Fischart erwähnt diesen Tanz aus dem 15./16. Jh. in seiner „Affentheurlich Geschichtsklitterung (Gargantua)". Eine genaue Beschreibung fehlt leider. Sollte der Name des Tanzes mit dem Wort Kotzen, Kötzen oder Kützen, d. h. „feile Dirnen", zusammenhängen, so könnte angenommen werden, daß es sich um einen Tanz in Freudenhäusern gehandelt haben mag.

Lit.: *Böhme, F. M.:* Geschichte d. Tanzes in Deutschland, 1886.

Kovacs, Nóra (auch Kováts). Ungarische Tänzerin, geb. 1931 in Satoraljaujhely. Sie studierte an der Ballettschule der Budapester Oper und debütierte dort 1949. Im selben Jahr begab sie sich nach Moskau und 1950 nach Leningrad. Mit ihrem Gatten István ↗Rabovsky flüchtete sie 1953 nach West-Berlin. Sie wurde vom ↗London Festival Ballet und später vom Ballets de Paris unter Roland ↗Petit engagiert. 1956 gründete sie mit ihrem Gatten eine eigene kleine Ballettgruppe, mit der sie Nord- und Südamerika bereiste. In Beechhurst, New York, eröffnete sie eine eigene Schule. 1955 verfaßte sie ihre Biographie: Leap through the Curtain.

Lit.: *Clandon, L.:* Nóra Kovacs and István Rabovsky, in: Dance Magazine, November 1958.

Kovář (= der Schmied). Tschechischer Volkstanz aus Böhmen, eine Walzerform ähnlich der ↗Valse française. (↗Tschechische Volkstänze)

Lit.: *Waldau, A.:* Böhmische Nationaltänze, 1860, Bd. 2, S. 12.

Kowol (= der Schmiedetanz). Dieser Handwerkstanz aus Polen ist auch in Oberschlesien zu finden. Er besteht aus zwei Teilen. Der erste Teil ahmt die Tätigkeit des Schmieds nach. Der Bursche läßt sich auf das rechte Knie nieder und hämmert, das Mädchen fächelt Wind mit einem Tuch. Im zweiten Teil folgt eine ↗Polka.

Lit.: *Starczewski, F.:* Die polnischen Tänze, in: Sammelbände d. Internationalen Musikgesellschaft, Jg. 2, 1900/01, S. 717. *Pudollek, F.:* Zwei Handwerkertänze, in: Der Oberschlesier, Jg. 13, 1932, Nr. 11, S. 660.

Kozel. Tschechischer Volkstanz mit Taktwechsel. Der Tanz ist bayerischer Herkunft und in vielen Spielarten üblich. Sein Vorbild ist der

↗Zwiefache ↗„Seidener Zwirn". Der Name des Tanzes bedeutet Ziegenbock. (↗Tschechische Volkstänze)

Lit.: *Waldau, A.:* Böhmische Nationaltänze, 1859, Bd. 2, S. 44. *Junk, V.:* Die taktwechselnden Volkstänze, 1938, S. 35, 42, 58, 65.

Koželuch, Leopold Anton. Tschechischer Komponist, geb. 26. Juni 1747 in Welwarn (Velvary), gest. 7. Mai 1818 in Wien. Als Komponist am Nationaltheater in Prag (1771/78) schrieb er über 24 ↗Ballette und etliche ↗Pantomimen. Zum Nachfolger von G. Chr. Wagenseil ernannt, kam er 1778 als Lehrer an den kaiserlichen Hof nach Wien. 1792 wurde er nach ↗Mozarts Tod zum Kammerkapellmeister und Hofkompositeur bestellt.

Lit.: *Haas, R.:* Zur Wiener Ballettpantomime um d. Prometheus, in: Neues Beethoven – Jahrbuch, Jg. 2, 1925, S. 84 ff. *Poštolka, M.:* Leopold Koželuch, Život a Dílo, Praha 1964.

Kränzleintanz. ↗Hochzeitstanz, bei dem der sogenannte Brautkranz ausgetanzt wird. Er ist in den ländlichen Gegenden Süddeutschlands und Österreichs bis heute erhalten geblieben. So war er im bayerischen Hochland bis ins 19. Jh. üblich, im Lavanttal in Kärnten (Österreich) ist er heute noch anzutreffen. Seinen Ursprung dürfte der Hochzeitsbrauch des Kranz-Abtanzens in den in Chroniken des 16. Jh. erwähnten ländlichen Gebräuchen des Kranz-Singens bei den Abendreihen (↗Abendtänze) haben.

Lit.: *Böhme, F. M.:* Geschichte d. Tanzes in Deutschland, 1886. *Neuner, F.:* Der Kranzeltanz, in: Heimatgaue, Jg. 5, 1924, S. 52 f. *Koschier, F.:* Kärntner Heimattänze, in: Tanz u. Brauch, Kärntner Museumsschriften, Bd. XIX, 1959, S. 127 ff.

Krätke, Grita. Deutsche Tänzerin, ↗Choreographin und Lehrerin, geb. 11. Juni 1907 in Leipzig. Sie studierte in Kiel und Essen und debütierte 1925 in Kiel. In Wuppertal und Schwerin gründete sie eigene Schulen. Von 1945 bis 1951 war sie ↗Ballettmeisterin in Schwerin, von 1951 bis 1962 unterrichtete sie an der Staatlichen Ballettschule in Ostberlin, von 1963 bis 1971 war sie Ballettmeisterin an der Ostberliner Staatsoper.

Kragh-Jacobsen, Svend. Dänischer Tanzschriftsteller und Kritiker, geb. 4. September 1909 in Kopenhagen. Von ihm stammen folgende Veröffentlichungen: Ballettens Blomstring, 1945; Margot Landeer, 1947; De kongelige danske ballet, 1952 (mit Kragh, Torben); Balletten 1945–52, Koebenhaven 1953; Ballet-Bogen, 1954; The Royal Danish Ballet, 1955; Erik Bruhn, 1965; 20 Solo Dancers of the Royal Danish Ballet, 1965; Ballet aftener, 1969.

Kråkdans (Krähentanz). ↗Schwedischer Volkstanz aus Karelien. Er wird in der Hocke getanzt und gehört zu den ↗tiernachahmenden Tänzen. Er ist auch im ehemaligen Ostpreußen üblich, wo er von Frauen getanzt wird. (↗Kiitsakatants)

Lit.: *Schneider, H. E.:* Ostpreußischer Frauentanz, in: Niederdeutsche Zeitschrift f. Volkskunde, Jg. 18, 1940, S. 116. *Wolfram, R.:* Die Volkstänze in Österreich u. verwandte Tänze in Europa, 1951.

Krakowiak (Cracovienne). Dieser polnische Volkstanz aus der Gegend von Krakau hat sich nicht nur zu einem polnischen ↗Nationaltanz entwickelt, er wurde im 19. Jh. auch zu einem beliebten europäischen ↗Gesellschaftstanz, wo er gerne als ↗Nachtanz zur ↗Polonaise verwendet wurde. Als Volkstanz erscheint er je nach Gegend mit verschiedenen Namen und in verschiedenen Formen: Krakoviak mijany, Krakoviak przebiegany und Krakoviak zapraszalny. Die Ausführung geschieht mit Galopp-, Hüpfschritten, Schlagen mit den Eisen an den Schuhen und Zusammenschlagen der Stiefelabsätze mit Stampfen. Als Gesellschaftstanz waren seine Figuren dem Volkscharakter zwar treu geblieben, wurden aber in verfeinerter Form, den Salons entsprechend, abgewandelt. Die Musik des Krakowiak steht im 2/4-Takt, charakteristisch ist die Synkope. Die schönsten Beispiele stilisierter Krakowiaks sind: F. ↗Chopin: Rondo à la Krakowiak, op. 14, und Klavierkonzert op. 11, 3. Satz. (↗Polnische Volkstänze)

Lit.: *Waldau, A.:* Böhmische Nationaltänze, 1859, Bd. 1, S. 56 ff. *Klemm, B.:* Katechismus d. Tanzkunst, 1855. *Zorn, F. A.:* Grammatik d. Tanzkunst, 1887, S. 213 f. *Jolizza, W. K. v.:* Die Schule d. Tanzes, 1900, S. 158 f. *Starczewski, F.:* Die polnischen Tänze, in: Sammelbände d. Internationalen Musikgesellschaft, Jg. 2, 1900/01, S. 681 ff. *Sachs, C.:* Eine Weltgeschichte d. Tanzes, 1933.

Kraljica (= Königin). Jugoslawischer Volkstanz aus Serbien, der Vojvodina und Slowenien, ein magischer ↗Frauentanz. Er wurde zu Pfingsten, zu Christi Himmelfahrt oder am Tag des Hl. Georg aufgeführt. Eine Gruppe von geschmückten Mädchen mit der „Königin" und dem „König" tanzte und sang vor jedem Haus und wünschte Glück und Segen. (↗Serbischer Tanz)

Lit.: *Kulišić, S.:* Volksbräuche in Jugoslawien, 1966, S. XIII.

Kranichtanz. Ein ↗tiernachahmender Tanz, der in seinen charakteristischen Bewegungen an das Gebaren der Kraniche erinnert (Kranichschritt, Flügelschlag). Der im antiken Griechenland übliche Tanz ↗Géranos ist oftmals in diesem Sinne ausgelegt worden. Auch aus dem alten China wird von einem Reigentanz, dem Tanz der weißen Kraniche, berichtet.

Lit.: *Sachs, C.:* Eine Weltgeschichte d. Tanzes, 1933, S. 162.

Kraquette (la). Dieser Modetanz aus dem Jahr 1906 wurde von dem französischen Operettenkomponisten Justin Clérice (1863–1908) erfunden. Der Tanz stand im 2/4-Takt, Tempo di Marcia. Er hatte nur kurze Lebensdauer.

Lit.: *Clérice, J.:* La Kraquette, New Dancing, Paris 1906.

Kratina, Valeria. Deutsche Tänzerin, ↗Choreographin und ↗Ballettmeisterin, geb. 17. Juli 1892 in Dresden, gest. 23. April 1983 in München. Sie studierte bei ↗Jaques-Dalcroze in Hellerau, ferner bei R. v. ↗Laban, M. ↗Wigman und Velcek. Sie lehrte an der Schule in ↗Hellerau-Laxenburg und absolvierte viele Europatourneen mit ihrer Tanzgruppe. Von 1930 bis 1933 war sie Ballettmeisterin in Breslau und Wien, von 1933 bis 1937 in Karlsruhe und von 1937 bis 1944 in Dresden. Nach Abschluß ihrer Tätigkeit zog sie sich nach München zurück.

Kraus, Gertrude. Österreichische Tänzerin, ↗Choreographin und Lehrerin, geb. 6. Mai 1903 in Wien, gest. 23 November 1977 in Tel Aviv. Sie absolvierte an der Staatsakademie für Musik in Wien ihr Tanz- und Klavierstudium. Mit Tanzvorführungen bereiste sie Europa, Ägypten und Israel in den Jahren 1928 bis 1950. In Wien leitete sie eine eigene Tanzgruppe bis 1934 und in Israel von 1935 bis 1941. In Wien hatte sie auch eine eigene Schule und von 1935 bis 1973 in Tel Aviv ein Tanzstudio. Sie war auch als Malerin und Musikerin sehr geschätzt. Zuletzt wirkte sie als Professorin für Tanz an der Rubin-Akademie für Musik und Tanz in Jerusalem.

Lit.: *Brin-Ingber, J.:* Conversations with Gertrud Kraus, in: Dance Magazine, März 1976. *Manor, G.:* The Life and Dance of Gertrud Kraus, 1978.

Krausenecker, Adele. Österreichische Tänzerin, geb. 4. April 1899 in Wien, gest. 15. März 1978 ebendort. Sie studierte an der Ballettschule der Hofoper Wien und trat 1914 in das Opernballett ein. Von 1925 bis 1948 war sie Solotänzerin und tanzte Rollen in Balletten von J. ↗Hassreiter, M. ↗Wallmann und E. ↗Hanka. Von 1931 bis 1963 unterrichtete sie an der Ballettschule der Wiener Staatsoper.

Krauttanz. Dieser aus uraltem Brauchtum entstandene Tanz ist uns in verschiedenen Formen aus Bayern und dem Odenwald überliefert. Er ist vor allem ein Beispiel dafür, wie Speise und Trank bei unseren Vorfahren nicht als etwas Selbstverständliches hingenommen wurden, sondern die Wiederkehr eines Gerichtes im Jahreslauf besonders beachtet und mit Gesang und Tanz gefeiert wurde. In Bayern war der Krauttanz vor allem bei Hochzeiten üblich.

Lit.: *Böhme, F. M.:* Geschichte d. Tanzes in Deutschland, 1886, S. 191. *Au, H. v. d.:* Krauttanz im Odenwald, in: Das deutsche Volkslied, Jg. 39, 1937, H. 8, S. 110 f. *Koschier, F.:* Kärntner Hochzeitstänze, in: Tanz u. Brauch, Kärntner Museumsschriften, Bd. 19, 1959, S. 117.

Krauttreter oder Krauteintreter ist der Name einer volkstümlich abgeänderten Form der ↗Mazurka. Als ↗Volkstanz kommt der Krauttreter im Böhmerwald und in Niederösterreich vor. In Tirol heißt er ↗Masolka.

Lit.: *Hoidn, L.:* Deutsche Volkstänze aus d. Böhmerwald, 1930. *Wolfram, R.:* Die Volkstänze in Österreich u. verwandte Tänze in Europa, 1951, S. 156. *Horak, K.:* Tiroler Volkstanzbuch, 1974, S. 23 ff.

Krebs(en)- oder Rückwärtspolka. ↗Österreichischer Volkstanz, der in verschiedenen Formen auch als ↗Altkatholisch und ↗Neukatholisch vorkommt. Er findet sich in ganz Österreich mit Ausnahme Vorarlbergs. In Deutschland ist dieser lebhafte ↗Paartanz unter den Namen ↗„Manschester" und ↗„Lott is doot" bekannt. Darüber hinaus findet man ihn auch unter verschiedenen Namen im übrigen Europa, wie Richard Wolfram nachgewiesen hat.

Lit.: *Jülg, H.:* Volkstänze aus Oberösterreich. Zweites Wülzburg-Tanzheft, 1938, S. 6 f. *Koschier, F.-Maier, R.:* Kärntner Heimattänze, 1938, S. 13. *Zoder, R.:* Österreichische Volkstänze, I. Teil, 1946, S. 20 f. *Peter, I.:* 42 Tänze aus Österreich, 1947, S. 11 f. *Wolfram, R.:* Die Volkstänze in Österreich u. verwandte Tänze in Europa, 1951. *Lager, H.-Derschmidt, H.:* Österreichische Tänze, 1959, S. 26. *Schützenberger, E.-Derschmidt, H.:* Spinnradl, III. Folge, s. a., S. 5.

Krejc-Polka heißt eine Tanzform der ↗Kreuzpolka bei den Szeklern in Siebenbürgen.

Lit.: *Wolfram, R.:* Die Volkstänze in Österreich u. verwandte Tänze in Europa, 1951, S. 153.

Krenek, Ernst. Österreichischer Komponist, geb. 23. August 1900 in Wien. Er war Schüler von Franz ↗Schreker und der Staatsakademie für Musik in Wien und Berlin. Er komponierte folgende ↗Ballette: „Mammon", op. 37, Uraufführung: München 1927; „Der vertauschte Cupido", op. 38, Uraufführung: Kassel 1925; „Eight Column Line (Schlagzeile)", op. 85, Uraufführung: Hartford, Conn., 1939; „Jest of Cards" für Violine, Celesta, Klavier und Schlagzeug, op. 162 a, Uraufführung: San Francisco 1961.

Krengja. ↗Volkstanz auf den Färören, der auf ein deutsches Liederspiel zurückgeht. (↗Färöischer Tanz)

Lit.: *Grüner-Nielsen, H.:* Dans paa Faeroerne, in: Nordisk Kultur, Jg. 24, 1933, S. 150 ff.

Kreolischer Tanz. Kreolen nennen sich die hellfarbigen Bewohner von Mexiko, Zentralamerika, dem westindischen Archipel und Südamerika, die auf weiße Vorfahren zurückblicken können. Dieses musikliebende Volk ist sehr tanzfreudig und sieht im Tanz eine natürliche Lebensübung. Das den Kreolen angeborene rhythmische Gefühl diktiert die ungekünstelten Bewegungen ihres Tanzes, daher kennt der Kreole auch keinen eigentlichen Tanzunterricht. Viele der kreolischen Tänze sind keine originalen Schöpfungen, sondern oftmals Nachahmungen von Tänzen anderer Völker, z. B. spanischen Vorbildern. Es gibt Tänze, die nur instrumental begleitet werden und solche, zu deren Instrumentalbegleitung auch noch gesungen wird. (↗Argentinischer-, ↗Bolivianischer-, ↗Brasilianischer-, ↗Chilenischer-, ↗Ecuadorianischer-, ↗Haïtischer-, ↗Kolumbianischer-, ↗Kubanischer-, ↗Mexikanischer-, ↗Paraguayischer-, ↗Peruanischer-, ↗Puertorikanischer-, ↗Uruguayischer-und ↗Venezolanischer-Tanz)

Lit.: *Friedenthal, A.:* Musik, Tanz u. Dichtung bei d. Kreolen Amerikas, 1913.

Kres, Hans. Österreichischer Tänzer, geb. 21. Juli 1909 in Wien. 1923 trat er in die Ballettschule der Staatsoper Wien ein, wurde Tänzer des ↗Wiener Staatsopernballetts, deren administrative Leitung er einige Jahre überhatte. Von 1933 an gab er immer wieder eigene Tanzabende in Wien und Gastspiele in allen Bundesländern. 1951 war er ↗Ballettmeister bei den Sommerspielen in Thun, Schweiz, und 1952 Ballettmeister in Luzisteig, Liechtenstein. 1954 gründete er eine eigene Ballettschule in Wien.

Kresnik, Hans. Österreichischer Tänzer, ↗Choreograph und ↗Ballettmeister, geb. 12. Dezember 1939 in Bleiburg, Kärnten. Er studierte bei Rein Esté, J. Deroc, W. Nicks, L. ↗Woizikowskij und P. Appel. Von 1961 bis 1968 tanzte er bei Ensembles in Graz, Bremen und Köln, wo er zu choreographieren begann. Von 1968 bis 1979 ging er als Ballettmeister nach Bremen, 1980 nach Heidelberg. Als Gastchoreograph wirkte er an der Deutschen Oper Berlin, am Opernhaus Nürnberg und am Theater an der Wien.

Kreutzberg, Harald. Deutscher Tänzer, ↗Choreograph und Lehrer, geb. 11. Dezember 1902 in Reichenberg, Böhmen, gest. 25. April 1968 in Muri, Bern. Kreutzberg bildete sich zuerst an der Dresdner Bundesgewerbeschule als Modezeichner und Graphiker aus, was ihn später als Tänzer befähigte, seine Kostüme und Masken selbst zu entwerfen. Im Studium bei Mary ↗Wigman erlernte er die Grundlagen für seine tänzerische Laufbahn. Sein erstes Engagement fand er am Opernhaus von Hannover. Von dort holte ihn Max ↗Terpis in seine Tanztruppe an die Staatsoper Berlin. Dort entdeckte ihn Max Reinhardt, der ihn 1928 für die Rolle des Zeremonienmeisters in Gozzi-Vollmöllers „Turandot" bei den Salzburger Festspielen verpflichtete. Von dieser Zeit an begründete sich sein Ruhm als Solotänzer. Mit eigenen Tanzschöpfungen, wie „Till Eugenspiegel", „Tango um Mitternacht", „Mit einem Buch" u. a., bereiste er die ganze Welt. Einige Zeit hindurch waren seine künstlerischen Partnerinnen Ruth ↗Page und Yvonne ↗Georgi. Mit letzterer verfaßte er den Kriminal-Sketch ↗„Robes Pierre & Co". Einige Zeit wirkte Kreutzberg auch als Tanzregisseur und Pädagoge. Mehrere Jahre hindurch leitete er in Salzburg ein eigenes Tanzseminar. Harald Kreutzberg kann als einer der letzten Meister einer klassisch fundierten Pantomimik gelten. Seine Tanzabende gab er mit seinem ständigen Begleiter und Komponisten Friedrich Wilckens. Seine Autobiographie „... Über mich selbst" erschien 1938.

Lit.: *Böhme, F.:* Der Tanz u. seine Gestalter, in: Der Auftakt, Jg. 10, 1930, H. 2, S. 37 ff., H. 3, S. 80 ff. *Wille, H.:* Harald Kreutzberg/Yvonne Georgi, 1930. *Taussig, H. v.:* Der Tänzer Harald Kreutzberg, 1933. *Turbyfill, M.:* Ruth Page-Kreutzberg, 1935. *Enkelmann, S.:* Tänzer unserer Zeit, 1937. *Pirchan, E.:* Harald Kreutzberg. Sein

Leben u. seine Tänze, 1941. *Hagelstange, R.:* Die schwindende Spur, 1961 (Bilder).

Kreuzpolka. Diese Variation der ↗Polka ist in vielen Spielarten als ↗Volkstanz in Österreich (Oberösterreichisches Mühlviertel), Deutschland, der Schweiz und anderen europäischen Ländern sehr verbreitet. In Dänemark heißt der Tanz ↗Wienerkreutz, in Estland ↗Vanatüdruk, in Siebenbürgen ↗Krejc-Polka. Eine der frühen Melodien der Kreuzpolka entstammt einem Schlager von Siegmund Schlichting (1883) mit dem sinnlosen Text „Siehste wohl, da kömmt er ...". Doch gibt es auch schon weit ältere Weisen. Allen Kreuzpolkamelodien ist der Rhythmus gemeinsam. Um die Wende vom 19. zum 20. Jh. war die Kreuzpolka einige Zeit auch als ↗Gesellschaftstanz üblich.

Lit.: *Klemm, B.:* Katechismus d. Tanzkunst, 1855, S. 166. *Jolizza, W. K. v.:* Die Schule d. Tanzes, S. 152. *Zoder, R.:* Altösterreichische Volkstänze, Teil 3, 1932. *Horak, K.:* Donauschwäbische Volkstänze, 1934, S. 27. *Au, H. v. d.:* Die Kreuzpolka, in: Volk u. Scholle, Jg. 13, 1935, S. 307 f. *Gradwohl, K.:* Lehrgang f. österreichische Volkstänze, 1936/1938. *Horak, K.:* Volkstanz im steirischen Salzkammergut, in: Das deutsche Volkslied, Jg. 39, 1937, H. 9/10, S. 121 ff. *Horak, K.:* Der Volkstanz in d. schwäbischen Türkei, in: Deutsches Archiv f. Landes- u. Volksforschung, Jg. 2, 1938, H. 4, S. 841. *Au, H. v. d.:* Das Volkstanzgut im Rheinfränkischen, 1939, S. 125 f. *Horak, K.:* Der Volkstanz in d. Batschka, in: Deutsche Liederkunde, Bd. 1, 1939, S. 215 u. 229. *Cunz, R.:* Deutsches Volkstanzbuch, 1944, S. 48 f. *Peter, I.:* 42 Tänze aus Österreich, 1946, Nr. 7, S. 22. *Wolfram, R.:* Die Volkstänze in Österreich u. verwandte Tänze in Europa, 1951, S. 153 f. *Lager, H.-Derschmidt,H.:* Österreichische Tänze, 1959. *Horak, K.:* Kreuzpolka, in: Der Trachtler, Jg. 7, 1979, Nr. 18, S. 14.

Kreuztanz. ↗Volkstanz, der in verschiedenen Formen in Deutschland und Österreich üblich ist. In Hessen, im 4/4-Takt stehend, wird er als Vierpaartanz ausgeführt. Je zwei Paare nehmen gegenüber Aufstellung ($3 \frac{1}{2} 4$). Die zwei Hände sind in Schulterhöhe gefaßt, die freie Hand nimmt Hüftstütz. In der Pfalz steht er im Dreiertakt und wird von vier Dreiergruppen (je ein Bursche und zwei Mädchen) getanzt (↗Dreiertanz). Bei den Donauschwaben tanzen ihn acht Burschen, die durch Handfassen einen Kreis bilden. Als ↗österreichischen Volkstanz finden wir den Kreuztanz in Weißenbach bei Haus im steirischen Ennstal.

Lit.: *Au, H. v. d.:* Hessische Volkstänze, Deutsche Volkstänze, 1935, H. 9/10, S. 12 f. *Au, H. v. d.:* Pfälzer Volkstänze drinnen u. draußen, Deutsche Volkstänze, H. 34/35, 1937, S. 18. *Wolfram, R.:* Die Volkstänze in Österreich u. verwandte Tänze in Europa, 1951, S. 36. *Oetke, H.:* Deutsche Volkstänze, 3. Teil, 1952, S. 48. *Au, H. v. d.:* Heit is Kerb in unserm Dorf, 1954, S. 49. *Horak, K.:* Donauschwäbische Volkstänze, 1954, S. 29.

Kriči, kriči, tiček. Jugoslawischer Volkstanz aus Kroatien im 4/4-Takt. Tänzer und Tänzerinnen bilden einen Kreis mit dem Gesicht zur Mitte. Jeder Tänzer faßt mit seiner Hand die Hand des nächsten Tänzers hinter dem Rücken der Tänzerin. Die Tänzerinnen machen das gleiche. Ihre Hände werden aber über den Tänzern gehalten. (↗Kroatischer Volkstanz)

Lit.: *Anonym:* Kriči, Kriči, Tiček, in: The Folklorist, vol. 4, 1957, No. 3, S. 82.

Kriegstanz ↗Waffentanz.

Krimmler Faschingstanz und **Krimmler Maschkentanz** sind ↗österreichische Volkstänze aus der Krimmler Gegend in Salzburg. Es sind ↗Paartänze, die von mehreren Burschen und Mädchen in verschiedenen Formen ausgeführt werden.

Lit.: *Adrian, K.:* Von Salzburger Sitt u. Brauch, 1924, S. 373 ff. *Wolfram, R.:* Die Volkstänze in Österreich u. verwandte Tänze in Europa, 1951, S. 165.

Krisch, Winfried. Deutscher Tänzer, geb. 8. August 1936 in Hamburg. Seine Ausbildung erhielt er in Hamburg, Paris und London. Engagements führten ihn über Malmö, Paris (Maurice ↗Béjart), Bonn, Essen und Köln als Solotänzer an die Bayerische Staatsoper München. Er tanzte bei Gastspielen in Moskau, Monte Carlo, Paris, Helsinki und Zürich und auf Tourneen im Orient und in Indien.

Kristanz. Ekstatischer ↗Kulttanz auf Bali, der zu Ehren der Todesgottheit getanzt wird. Nur mit einem Lendentuch bedeckt, steigert sich der Tänzer in Ekstase, während er sich mit dem Kris (Kurzschwert) selbst Wunden schlägt, gleichsam, als wolle er sich selbst zum Opfer bringen. (↗Balinesischer Tanz)

Lit.: *Kreutzberg, L.:* Tiere, Tänzerinnen u. Dämonen, 1929, S. 26 f. *Sonner, R.:* Musik u. Tanz, 1930, S. 42. *Anonym:* Kris-Tanz d. Balinesen, in: Wiener Wochenausgabe, Jg. 1, Nr. 3, v. 3. Nov. 1945.

Křižák. Tschechischer Volkstanz aus Böhmen. In seiner Ausführung ähnelt der Tanz einer ↗Quadrille. (↗Tschechische Volkstänze)

Lit.: *Waldau, A.:* Böhmische Nationaltänze, 1860, Bd. 2, S. 27.

Kroatischer Volkstanz. Beim kroatischen Volk sind Gesang und Tanz in der Regel verbunden. Es gibt, außer den aus dem Ausland eingeführten Tänzen, keinen Tanz ohne Gesang. Die kroatischen Volkstänze entstanden gemeinsam mit dem Singen. Die begleiteten Gesänge werden mit den Bewegungen des Körpers durch die Tanzschritte gleichsam erläutert. Der kroatische Volkstanz ist ein Gemeinschaftstanz, bei welchem die Formen des ↗Kolo vorherrschend sind. Außer den Tänzen, die dem volkstümlichen Vergnügen dienen, gibt es verschiedene Formen von Charaktertänzen, die in Verbindung mit dem täglichen Leben, wie Ernte, Weinlese, Aussaat stehen und auch Tänze, die bei religiösen Riten und beim ländlichen Brauchtum zur Ausführung kommen (Geburt, Hochzeit, Tod). Der Volkstanz wird neben dem Gesang von nationalen Instrumenten, wie Dudelsack, Bockpfeifen in besonderen Stimmungen, einem Tamburitzaorchester oder auch einem kleinen Streichorchester begleitet. Einen besonderen Reiz verleiht den Tanzdarstellungen die nationale Tracht in den aus alter Tradition übernommenen lebhaften Farben. (↗Drmeš djikalica, ↗Duček, ↗Grapc, ↗Kalendara, ↗Korošec, ↗Kriči, kriči, tiček, ↗Mrzulin, ↗Peta-Špica, ↗Pumanieska, ↗Špegutanc, ↗Staro sito, ↗Jugoslawische Volkstänze)

Lit.: *Žganec, V.:* Kroatische Volksweisen u. Volkstänze, 1944. *Žganec, V.-Sromek, N.:* Hrvatske narodne pjesme i plesovi, 1951. *Ivancan, I.:* Narodni plesovi hrvatske, 1957. *Ivancan, I.:* Istarski narodni plesovi, 1963. *Horak, K.:* Volkstänze aus Oberkrain, in: Jahrbuch d. österreichischen Volksliedwerkes, Bd. 26, 1977, S. 56 ff.

Kröller, Heinrich. Deutscher Tänzer, geb. 25. Juli 1880 in München, gest. 25. Juli 1930 in Würzburg. Bereits als Kind war er im Ballettcorps des Münchner Hoftheaters und wurde dort 1896 1. Tänzer. Nach einem Weiterstudium in Paris trat er Engagements am Hoftheater in Dresden, Berlin und München an. Von 1922 bis 1928 war er ↗Ballettmeister an der Staatsoper Wien und Vorstand der Ballettschule. Er leitete dort eine bedeutende Ära für das Ballettcorps ein, die gleich mit einem Höhepunkt begann, und zwar mit der Neueinstudierung der ↗„Josephslegende“ von R. ↗Strauss (1922). Dieser großartigen Inszenierung folgte eine Serie bedeutender Neuinszenierungen älterer und neuer Ballette. 1924 leitete er die Uraufführung von R. Strauss' Ballett ↗„Schlagobers“. Nach dem Engagement in Wien war er als Gastchoreograph in Frankfurt/M., Prag, Kopenhagen, Mailand und Würzburg tätig. In dieser Stadt machte er seinem Leben selbst ein Ende. (↗Bacchus-Ballette)

Kronentanz, auch Rosenkronentanz oder Tanz unter der Krone genannt, war im alten deutschen Brauchtum der Name für ein Tanzfest, das in verschiedenen Gegenden Deutschlands üblich war und sich am längsten am Niederrhein erhielt. Es war vermutlich altheidnischen Ursprungs. Ausgeführt wurde es auf der Straße unter einer mit Bändern geschmückten Blumenkrone. Davon erhielt dieses Volksfest mit Tanz auch seinen Namen.

Lit.: *Schuegraf:* Über d. Tanzen d. Deutschen überhaupt, insbesondere über d. vielerlei Arten ihrer Tänze, in: Zeitschrift f. deutsche Kulturgeschichte, Jg. 1, 1856, S. 447 ff. *Voß, R.:* Der Tanz u. seine Geschichte, 1869. *Böhme, F. M.:* Geschichte d. Tanzes in Deutschland, 1886.

Kronstam, Henning. Dänischer Tänzer und Lehrer, geb. 29. Juni 1934 in Kopenhagen. Er studierte an der Schule des ↗Königlich-Dänischen Balletts, dessen Mitglied er 1952 wurde. 1956 wurde er Solotänzer. Er tanzte Hauptrollen im klassischen und im ↗Bournonville-Repertoire. Kronstam wurde 1978 Leiter des Königlich-Dänischen Balletts.

Lit.: *Kragh-Jacobsen, S.:* Henning Kronstam, in: 20 Solo Dancers of the Royal Danish Ballet, 1965.

Krossadans med tri. ↗Norwegischer Volkstanz, ein Tanz zu Dreien, ähnlich dem österreichischen ↗Dreisteirer. (↗Dreiertanz)

Lit.: *Sachs, C.:* Eine Weltgeschichte d. Tanzes, 1933, S. 65. *Van der Ven-Ten Bensel, E.-Van der Ven, J.:* De Volksdans in Nederland, 1942, S. 242.

Kruckeltanz (auch ↗Wischtanz genannt). ↗Österreichischer Volkstanz aus den Alpenländern. Als Kruckeltanz ist er vor allem in St. Lambrecht in der Steiermark heimisch. Da er früher vor allem von den Bäckern getanzt wurde, hat er seinen Namen von der Bäckerkrücke, der Vorrichtung zum Ausräumen des Backofens.

Lit.: *Pramberger, R.:* Steirische Tanzlust, in: Zeitschrift d. deutschen u. österreichischen Alpenvereins, Bd. 55, 1924, S. 145 f. *Zoder, R.:* Altösterreichische Volkstänze, Teil 2, 1928, S. 35.

Krumme Reie, Der. Deutscher Bauerntanz aus dem Mittelalter. Der Name bezieht sich auf die kreisförmige Aufstellung der Tanzenden. Nach den Erwähnungen bei den Minnesängern dürfte dieser Bauerntanz ein ausgelassener, gesprungener Reigen gewesen sein, vielleicht ähnlich dem ↗Hoppaldei. (↗Bauerntänze)

Lit.: *Böhme, F. M.:* Geschichte d. Tanzes in Deutschland, 1886. *Jenny, W.:* Buch d. Reigen, 1890, S. 283.

Krumpirn (auch Knödeltanz genannt). ↗Deutscher Volkstanz aus der Batschka. Er gehört zur Gattung des ↗Hulaner und ↗Offenen Walzers.

Lit.: *Horak, K.:* Der Volkstanz in d. Batschka, in: Deutsche Liederkunde, Jahrbuch f. Volkslied u. Volkstanz, Bd. 1, 1939, S. 222.

Krusithyron. Antiker ↗griechischer Tanz, der, wie Theokrits Hochzeitslied berichtet, bei Hochzeiten am Abend vor der Tür des Schlafgemachs der Vermählten von den Brautjungfern und Freundinnen gesungen und getanzt wurde.

Lit.: *Weege, F.:* Der Tanz in d. Antike, 1926, S. 115 ff.

Kruuga. Finnischer Volkstanz, ein ↗Hochzeitstanz aus Karelien, ein Langtanz, bei dem die Tanzenden in einer Kette in Schlingen und Kreisen dahinziehen und durch Tore laufen, die von zwei Tänzern gebildet werden. (↗Finnische Volkstänze)

Lit.: *Wolfram, R.:* Die Volkstänze in Österreich u. verwandte Tänze in Europa, 1951, S. 120.

Kschessinska, Mathilda Maria-Felixowna (auch Kschessinskaja). Russische Tänzerin und Lehrerin, geb. 31. (19.) August 1872 in Ligovo, gest. 6. Dezember 1971 in Paris. Sie war die Tochter des polnischen Charaktertänzers Felix Kschessinsky. Ihr Studium begann sie an der kaiserlichen Ballettschule in St. Petersburg bei L. ↗Iwanow, J. ↗Wazem und Ch. ↗Johansson. 1890 debütierte sie am Marijinskij-Theater, 1892 wurde sie ↗Ballerina, 1893 Primaballerina, 1895 Prima Ballerina assoluta, ein Titel, den außer ihr nur noch Pierina ↗Legnani erhielt. Um die Jahrhundertwende wurde sie als eine der „größten Tänzerinnen der Epoche" gefeiert. Allerdings stand sie im Schatten von A. ↗Pawlowa und T. ↗Karsawina. Mit dem Ensemble des Marijinskij-Theaters nahm sie 1911/12 an der ersten Pariser Reise ↗Diaghilews teil. Während des ersten Weltkriegs kehrte sie, da sie sich bei Diaghilew nicht zu halten vermochte, nach St. Petersburg zurück, wo sie auch im gesellschaftlichen Leben eine besondere Rolle spielte. 1917, nach dem Ausbruch der Revolution, emigrierte sie nach Paris, wo sie 1929 eine Ballettschule eröffnete.

Lit.: *Romanovsky-Krassinsky, M.:* Souvenirs de la Kschessinska, Paris 1960. *Maynard, O.:* Kschessinska at Ninety-Nine, in: Dance Magazine, November 1971.

Ktenaveas-Caratzas, Helene. Griechische Tänzerin, geb. 21. Dezember 1940 in Athen. Sie erhielt ihre Ausbildung im klassischen ↗Ballett von 1951 bis 1956 an der Ballettschule Mary Vryakou-Gelly, Athen. 1959 studierte sie privat bei Hedy ↗Pfundmayr in Wien. Von 1963 bis 1965 war sie Schülerin der Ballettschule Tatjana ↗Gsovsky und der Ballettschule der Deutschen Oper Berlin. Von 1973 bis 1975 absolvierte sie einen Ballettrainerkurs der Gesellschaft für Musiktheater, Wien. Sie war in folgenden Engagements künstlerisch tätig: Von 1956 bis 1960 Lyrisches Theater Athen (Oper), von 1963 bis 1965 Externistin des Balletts der Deutschen Oper Berlin, von 1965 bis 1966 Svenska Teater, Stockholm, von 1966 bis 1968 Landestheater Linz und von 1968 bis 1974 Raimundtheater Wien. Ihre Lehrtätigkeit im klassischen Ballett übte sie von 1956 bis 1960 an der Ballettschule Thalia Anomeritou-Soulia, Athen, und von 1963 bis 1965 an der Ballettschule Tatjana Gsovsky, West-Berlin, aus. Ab 1972 unterrichtete sie am Konservatorium der Stadt Wien.

Kubanischer Tanz. Kuba, die größte der westindischen Inseln, ist eines der großen Tanzländer der Erde, dessen Tanzmusik im Laufe der Zeit auf viele Länder übergriff. Vom 16. Jh. bis ins 20. Jh. läßt sich dieser Zug verfolgen. Die kubanische Tanzmusik ist als eine Mischung spanisch-negerischer Elemente anzusehen, was besonders der rhythmischen Vielfalt der kubanischen Musik eine eigene Charakteristik gibt. In Altkuba waren es die westafrikanischen Yoruba, die der kubanischen Musikkultur ihren Stempel aufdrückten. Wie in allen alten Tanzkulturen gehörten auch bei ihnen Religion, Musik und Tanz zusammen. Jeder Gott hatte seinen Tanz, seinen Rhythmus, seine Tänzer, die ihn pantomimisch und tanzend verkörperten. Die Afrikaner Altkubas kannten auch schon die Einzelpaartänze. Der interessanteste der kubanischen ↗Paartänze ist der ↗Yuca. Ihm steht die ↗Rumba am nächsten. Im weltlichen Tanz setzte sich der Paartanz immer mehr durch. Die alten kubanischen Tänze wurden zu den Quellen der spanischen Barocktänze. Aus der Fülle der afrokubanischen Tänze haben sich im 19. Jh. die ↗Habanera und im 20. Jh. die moderne Rumba entwickelt. Es waren französische ↗Tanzmeister, die nach dem Eindringen der lateinamerikanischen Tänze in Europa diese Tänze stilisierten und aus ihnen europäische ↗Gesellschaftstänze formten. Beliebte Tänze aus Kuba sind neben der Habanera und der Rumba die in Puerto Rico üblichen Tänze ↗Bambuco und ↗Borinquen, sowie der ↗Danzon und der ↗Tango. Die ↗Conga, einer der bekanntesten Negertänze Südamerikas, war ursprünglich in Kuba beheimatet. (↗Guajira, ↗Mambo, ↗Punto, ↗Son)

Lit.: *Friedenthal, A.:* Musik, Tanz u. Dichtung bei d. Kreolen, Amerikas, 1913, S. 85 ff. *Sanchez-Fuentes, E.:* El Folklore en la Musica de Cuba, 1923. *Grenet, E.:* Popular Cuba Music, 1939. *Ortiz, F.:* La Africanía de la musica folklorica de Cuba, 1950. *Günther, H.-Schäfer, H.:* Vom Schamanentanz zur Rumba, 1959, S. 280 ff.

Kuckuckspolka. ↗Volkstanz aus den deutschen Volksinseln im Osten, ein ↗Paartanz im Kreis. Die Aufstellung erfolgt im Flankenkreis hintereinander, der Tänzer hinter der Tänzerin. Er faßt ihre Hände über ihren Schultern. Die Tanzmelodie steht im gemäßigten $2/4$-Takt, wird aber während des Tanzes immer schneller. (↗Bayrisch Polka)

Lit.: *Horak, K.:* Kuckuckspolka, in: Das deutsche Volkslied, Jg. 33, 1931, H. 8, S. 128. *Wolfram, R.:* Die Volkstänze in Österreich u. verwandte Tänze in Europa, 1951, S. 153. *Au, H. v. d.:* Heit is Kerb in unserm Dorf, 1954, Nr. 12, S. 22. *Horak, K.:* Deutsche Volkstänze aus d. Karpatenraum, Deutsche Volkstänze, H. 48/49, 1961. *Schützenberger, E.-Derschmidt, H.:* Spinnradl, III. Folge, s. a., S. 21.

Kuckuckstanz. ↗Volkstanz aus Pommern, ein Figurentanz mit vier Paaren. Die Tanzmelodie steht im $2/4$-Takt.

Lit.: *Fladerer, O.:* Deutsche Volkstänze, H. 1, 1927. *Cunz, R.:* Deutsches Volkstanzbuch, 1944, S. 47 f.

Kuckuckswalzer ↗Kukavá.

Kucmouch. Tschechischer Volkstanz aus Böhmen, ein ↗Zwiefacher. (↗Tschechische Volkstänze)

Lit.: *Hajný, A.:* České tance, in: Český Lid, Jg. 3, 1894 u. Jg. 6, 1897. *Junk, V.:* Die taktwechselnden Tänze, 1938, S. 84.

Küchentanz (Käkentanz). Dieser alte Hochzeitsreigen, der schon im 16. Jh. zu den Hochzeitsbräuchen gehörte, hat sich bis ins 19. Jh. hinein vor allem in Mecklenburg als Käkentanz erhalten. Er wurde immer am Beginn der Hochzeit getanzt. Der Großknecht tanzt mit der Köchin voran, das Hauspersonal, bewaffnet mit seinen dienstlichen Utensilien, folgt paarweise in einer langen Reihe dem ersten Paar nach. So ziehen sie durch alle zugänglichen Räume und alle, die ihnen entgegenkommen, werden attackiert.

Lit.: *Böhme, F. M.:* Geschichte d. Tanzes in Deutschland, 1886.

Küfertanz ↗Reiftanz.

Kühreihen heißen die schweizerischen alpenländischen ↗Tanzlieder aus Appenzell, nach denen, wie aus dem Namen zu schließen ist, auch getanzt wurde. Sie wurden vielfach auch mit dem ↗Lobetanz in Zusammenhang gebracht. (↗Simmentaler)

Lit.: *Tobler, A.:* Der Volkstanz im Appenzellerlande, in: Schweizerisches Archiv f. Volkskunde, Jg. 8, 1905, S. 8. *Moser, H. J.:* Tönende Volksaltertümer, 1935, S. 73 f., S. 87. *Bukofzer, M.:* Zur Erklärung d. Lobetanz, in: Schweizerisches Archiv f. Volkskunde, Jg. 36, 1937, S. 49 ff.

Kühtanz ist eine spöttische Bezeichnung aus der Gegend um Frankfurt a. M. für einen bis ins 18. Jh. am Pfingstdienstag im Freien abgehaltenen Tanz der Bauern, Hirten und Mägde.

Lit.: *Böhme, F. M.:* Geschichte d. Tanzes in Deutschland, 1886.

Kufsteiner. ↗Österreichischer Volkstanz aus der Meraner Gegend. Er gehört zu den ↗Wechselhupftänzen und ist eine sechsschrittige Form des ↗Hiatamadl.

Lit.: *Horak, K.:* Der Volkstanz im Burggrafenamt, in: Jahrbuch d. österreichischen Volksliedwerkes, Bd. 12, 1963, S. 85.

Kugeltanz ↗Nigltanz.

Kujawiak. Alter polnischer Volkstanz aus der Landschaft Kujawien, eine Abart der ↗Mazur. Die Unterschiede zwischen diesen beiden Tänzen sind schwer festzuhalten. Der Tanz im $3/4$-Takt wird von den Paaren, die einander an den Hüften halten, so daß ihre Arme übereinander gekreuzt sind, in drei Tempi ausgeführt, und zwar dem langsamen (= Kujawiak), etwas schnelleren (= Mazur) und schnellen Tempo (= ↗Oberek). (↗Polnische Volkstänze)

Lit.: *Starczewski, F.:* Die polnischen Tänze, in: Sammelbände d. Int. Musikgesellschaft, Jg. 2, 1900/01, S. 681 ff. *Laufer, R.:* Der polnische Tanz u. sein Eindringen in d. Kunstmusik, Diss. Wien 1934, S. 37 f. *Philippczuk, A.:* Der Polnische Tanz Mazurek, Diss. Köln 1967, gedr. Hamburg 1969.

Kukavá. Tschechischer Volkstanz, ein ↗Paartanz im 3/4-Takt, der auch in Schlesien als Kuckuckswalzer bekannt ist. (↗Kukuvička, ↗Tschechische Volkstänze)

Lit.: *Hajný, A.:* České tance, in: Český Lid, Jg. 3, 1894, S. 436 ff. *Neumann, F.:* Altschlesische Tänze, 1922, S. 20.

Kukuvička (= der Kuckuck). ↗Bulgarischer Tanz aus Omurtag. Tänzer und Tänzerinnen bilden einen Halbkreis und fassen einander bei gebeugten Armen. Der Tanz besteht aus zwei Teilen. Der 1. Teil wird langsam getanzt und gesungen, der 2. Teil wird instrumental gespielt und schnell mit fast gesprungenen Schritten ausgeführt. Die Tanzmelodie steht im 2/4-Takt.

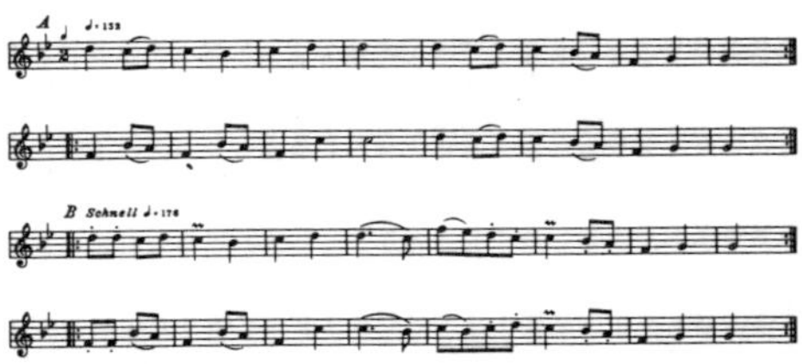

Lit.: *Schmolke, A.-Langhans, H.:* Europäische Tänze, H. 9, 1969, S. 14 f.

Kula. Dieser ↗Frauentanz auf den Fidschi-Inseln schildert eine Episode aus dem Leben des Kula, eines winzigen papageiähnlichen Vogels. Die Tanzenden stehen in zwei gleichen einander gegenüberliegenden Reihen. Mit den Armen in die Seite gestützt, mimt die eine Reihe der Tänzerinnen den kleinen Vogel, wie er sich streitsüchtig versessen zu einem Kampf beugt. Die angegriffenen Tänzerinnen der anderen Reihe lehnen sich abwehrend wie in Gefahr zurück und stoßen ihre Füße gegen die andere Gruppe. (↗Fidschi Insulaner)

Lit.: *Dean, Beth:* South Pacific Dance, 1978, S. 18.

Kulao-Tanz. Dieser Tanz der Eingeborenen auf den Inseln Neupommern und Neumecklenburg ist ein sogenannter Mondtanz, ein Tanz zum Mondkult. Die Tänzer bilden ein Rechteck von vier Längsreihen mit zehn bis fünfzehn Querreihen und tragen reichlichen Schmuck. Auf dem Kopf haben sie einen Federbusch, in beiden Händen halten sie sogenannte Tanzstäbchen, die kunstvoll geschnitzt alle Embleme des Mondes aufweisen. In ihren Tanzbewegungen stellen die Tänzer das tägliche Auf-und Untergehen des Mondes dar, und zwar durch gewöhnliches Vor- und Rückwärtsschreiten und durch das Senken und Heben der Mondembleme. (↗Naturvölker)

Lit.: *Peekel, P. G.:* Lang-Manu. Die Schlußfeier eines Malagan-Festes auf Nord-Neu-Mecklenburg, in: Festschrift P. W. Schmidt, 1928, S. 542 ff.

Kulttanz ↗Religiöser Tanz.

Kumanentänze (Kun táncok) heißen die ↗Schäfertänze von Kunszentmiklós (Sumpfgegend südlich von Budapest). Der Form nach sind es Bandltänze, sie werden auch Burschentänze genannt. Mit diesen Tänzen zogen seinerzeit die Schafhirten durch die Straßen der Orte.

Lit.: *Gönyey, Sándor:* Kun táncok, in: Ethnographia-Népélet, Jg. 47, 1936, S. 1 ff.

Kumbun. Tanz der Eingeborenen auf ↗Neuguinea. Maskierte Frauen und Männer sind daran beteiligt. Die Begleitung besteht aus Trommelschlägen und Gesang.

Lit.: *Pöch, R.:* Beobachtungen über Sprache, Gesänge u. Tänze d. Monumbo, in: Mitteilungen d. Anthropologischen Gesellschaft in Wien, Bd. 35, 1905, S. 231.

Kumm tau mi (Komm zu mir). ↗Deutscher Volkstanz aus Westfalen, eine Form des ↗Winktanzes. Die Musik steht im 3/4-Takt. Der Text des Tanzliedes lautet: „Kumm tau mi, kumm tau mi, ick bün so alleen".

Lit.: *Ilmbrecht, O.:* Westfälische Heimattänze, 1936. *Au, H. v. d.:* Das Patschen im Volkstanz d. rheinmainischen Raumes, in: Deutsche Liederkunde, Jahrbuch f. Volkslied u. Volkstanz, Bd. 1, 1939, S. 195. *Goldschmidt, Ae.:* Handbuch d. deutschen Volkstanzes, 1967.

Kumpanjija (die). Ein ↗Schwerttanz auf Korčula, Jugoslawien. Aus den Dörfern kommen die Schwerttänzer (Kumpanjijen) am 28. April (Hl. Vinzenz) nach dem Hauptort Blato, um auf dem dortigen Kirchenplatz zu tanzen. Der Tanz dauert oft zwei bis drei Stunden, da alle Figuren nach den verschiedenen Himmelsrichtungen wiederholt werden.

Lit.: *Cetinić, Franko:* Kumpanjija puški viteški ples od boja, in: Zbornik za narodni život i običaje Južnik Slavena XXVII, Zagreb 1930, S. 360 ff. *Wolfram, R.:* Schwerttanz u. Männerbund, 1930, S. 138.

Kungu-Tanz. Ein ↗Kriegstanz der afrikanischen Bari-Krieger im Sudan. Ein wilder Tanz, bei dem die Tanzenden ihre Gesichter bemalt haben und mit Leopardenfellen und Straußenfedern geschmückt sind. (↗Afrikanischer Tanz)

Lit.: *Sonner, R.:* Musik u. Tanz, 1930, S. 19.

Kunkeltanz (auch Wickeltanz genannt). Name eines alten deutschen bäuerlichen ↗Hochzeitstanzes, bei dem die Kunkel (Spinnrad) eine besondere Rolle spielte. Das mit Bändern geschmückte Spinnrad, das Zeichen weiblichen Fleißes, wurde hochgehalten, die Mädchen faßten die Bänder, hielten sie wie ein Gitter ausgespannt, unter dem dann das Brautpaar mit der ganzen Hochzeitsgesellschaft durchtanzte. Der Kunkeltanz wurde vor allem in Schwaben und Bayern gepflegt. In Schwaben wurde um die geschmückte Kunkel getanzt, in anderen Gegenden wieder um sie ein tänzerischer Kampf ausgeführt. Die Formen waren sehr vielfältig. (↗Bandltanz)

Lit.: *Böhme, F. M.:* Geschichte d. Tanzes in Deutschland, 1886. *Schömer, R.:* Bandldans och Kunkeldans, in: Rig, Föreningen for Svensk Kulturhistoria Tidskrift, Bd. 7, 1924, S. 189 ff. *Bolte, J.:* Der Bandeltanz, in: Zeitschrift d. Vereins f. Volkskunde, Jg. 37/38, 1927/28, S. 18. *Wolfram, R.:* Die Volkstänze in Österreich u. verwandte Tänze in Europa, 1951.

Kurdischer Tanz. Die Tänze der Kurden (Bewohner der vorderasiatischen Landschaft zwischen dem Armenischen Hochland, dem Euphrat und dem Sagrosgebirge) finden vor allem bei den religiösen und staatlichen Festen und bei Hochzeitsfeierlichkeiten statt. Grundsätzlich gibt es zwei Arten von Tanzmusik, denen auch zwei verschiedene Arten von Tanzformen und Tanzbewegungen entsprechen. Die **instrumentale Tanzmusik,** bestehend aus Oboe und Trommel, wird ausschließlich nur von Männern ausgeführt. Neben ↗Kettentänzen umfaßt sie auch Figurentänze, die von zwei Männern innerhalb der durch die Tanzenden gebildeten Halbkreise getanzt werden. Hier kommen auch pantomimische Formen vor. Die **vokale Tanzmusik** wird entweder von Männern und Frauen getrennt oder gemeinsam ausgeführt. Immer wird dabei die Tanzmelodie von meist zwei Tänzern beider Gruppen in Form eines Wechselgesanges vorgetragen. Die Tanzenden fassen einander an den Händen und bilden eine eng geschlossene Kette. Die Tanzbewegung geschieht mit kleinen Schritten fast am Platz, vor allem aber in einem rhythmischen Wippen in den Knien, das bei einigen Tänzern vom Zucken in den Schultern begleitet wird. Gelegentlich werden auch Sprünge aus der Kniebeuge gemacht, wobei der Oberkörper immer steif senkrecht gehalten wird. Das Tempo der Bewegungen am Platz ist ziemlich lebhaft, die räumliche Bewegung minimal. Die Tänze der Frauen sind ruhiger, sie bestimmen auch das Tempo, wenn Männer und Frauen gemeinsam tanzen. Vortänzer gibt es keinen. (↗Bêlutê, ↗Dîlana sûr û mertal, ↗Govend)

Lit.: *Solecki, Ralph S.:* Kurdish Folk Songs and Dances. Introduction and Notes (Beiheft zur Schallplatte). Ethnic Folkways Library Album P 469, New York 1955. *Christensen, D.:* Tanzlieder d. Hakkari-Kurden, in: Jahrbuch f. musikalische Volks- u. Völkerkunde, Bd. 1, 1963, S. 11 ff. *Kendal, Nezan:* Kurdish music and dance, in: The World of Music, vol. XXI, 1979, No. 1, S. 19 ff.

Kureten. Name einer Priesterschaft des Zeus auf der Insel Kreta, welche bewaffnet war und zu Ehren des höchsten Gottes ↗Waffentänze aufführte. Der Sage nach soll sich ihr Dienst von der Zeusmutter Rhea herleiten, die eine Anzahl Jünglinge auswählte, welche vor der dictäischen Grotte auf Kreta, als sie ihr Kind gebar, unter Waffenlärm und Musik tanzen mußten, damit das Kindergeschrei nicht von Kronos gehört werde, der alle Neugeborenen zu verschlingen drohte. (↗Bacchantinnen, ↗Korybanten, ↗Mänaden)

Lit.: *Usener, H.:* Pasparios, in: Rheinisches Museum f. Philologie, N. F., Bd. 49, Frankfurt/M. 1894, S. 461 ff. *Poerner, S.:* De Curetibus et Corybantibus, Diss. Halle 1913 u. Diss. Helenses, vol. 22, 1913, S. 246 ff. *Lawler, L. B.:* The Dance in Ancient Greece, 1964.

Kuß der Fee, Der (Le baiser de la fée). ↗Ballett in vier Bildern, Libretto und Musik von Igor ↗Strawinsky, komponiert 1928. Ida ↗Rubinstein beauftragte Strawinsky, zum Gedenken an den 35. Todestag von P. I. ↗Tschaikowsky ein Ballett zu schreiben. Als Handlungsgrundlage benützte Strawinsky das Märchen „Die Eisjungfrau“ von Hans Christian Andersen. Die Uraufführung fand am 27. November 1928 in der ↗Choreographie von Bronislawa ↗Nijinska im Théâtre National de l'Opéra Paris durch das Ballett Ida Rubinstein statt. Musikalisch verwendete Strawinsky in diesem Ballett neben eigener Musik auch Musik von Tschaikowsky, sowie, da die Handlung in der Schweiz spielt, Volksmusik dieses Landes.

Lit.: *Mason, Fr.:* Le Baiser de la Fée, in: Balanchine's complete Stories of the great Ballets, New York 1954, 1968.

Kußquadrille. Eine um 1800 in Deutschland (Mark) übliche Form der ↗Quadrille, deren Eigenartigkeit es ist, daß der Tänzer bei einer bestimmten Stelle der Musik seiner Tänzerin einen Kuß zu geben hat.

Lit.: *Böhme, F. M.:* Geschichte d. Tanzes in Deutschland, 1886.

Kutschipudi. ↗Indischer Tanz der Telugu sprechenden Einwohner von Andhra in Südindien. Dieser nach der gleichnamigen Stadt in Andhra benannte Tanz ist eine Variante des ↗Bharat Natjam. Er stammt aus dem 15. Jh. und wurde bei religiösen Prozessionen in Südindien aufgeführt. Die geistlichen Lehrer verwendeten ihn auch zur Untermalung ihrer religiösen Geschichten.

Lit.: *Gargi, Balwant:* Theater u. Tanz in Indien, 1960, S. 49.

Kuželka (= Kegel). Tschechischer Volkstanz aus Böhmen. Er wird von vier Paaren und einem überzähligen Tänzer ohne Tänzerin ausgeführt. Die Art und Weise der Ausführung ist dieselbe wie bei den in Deutschland üblichen ↗Kegeltänzen. (↗Tschechische Volkstänze)

Lit.: *Waldau, A.:* Böhmische Nationaltänze, 1859, Bd. 1, S. 53 f. *Hoerburger, F.-Raupp, J.:* Deutsch-slawische Wechselbeziehungen im Volkstanz, 1957, S. 27.

Kvad heißen die nationalen Tanzballaden, die als Begleitung der färöischen Tänze dienen. (↗Färöischer Tanz)

Oluvu kvaedi

Kvapík. Name des ↗Galopp in Böhmen.

Kybistan. Antiker ↗griechischer Tanz. Er war akrobatischer Art und bestand darin, daß die Tänzerin oder der Tänzer nach einem bestimmten Rhythmus der Flöten im Laufen auf den Händen mit den Füßen verschiedene Jongleurkünste ausführen mußte, z. B. mit den Zehen einen Schöpflöffel halten und Wein aus einem Gefäß schöpfen.

Lit.: *Weege, F.:* Der Tanz in d. Antike, 1926, S. 119 f.

Kylián, Jiři. Tschechischer Tänzer und ↗Choreograph, geb. 21. März 1947 in Prag. Er studierte am Prager Konservatorium und an der Royal Ballet School. Von 1968 bis 1975 war er Mitglied des ↗Stuttgarter Balletts. 1970 debütierte er dort als Choreograph. 1975 kam er zum ↗Nederlands Dans Theater, 1978 wurde er dessen Direktor.

L

Laban (Reszö Laban de Váraljas) Rudolf. Ungarischer Tänzer, ↗Choreograph, ↗Ballettmeister und Tanztheoretiker, geb. 13. Dezember 1879 in Preßburg, gest. 28. Juni 1958 in Addlestone (England). Im Wiener Theresianum für den Offiziersberuf vorbereitet, galten seine vielseitigen geistigen Fähigkeiten jedoch der psychologischen Erforschung der Körperbewegung. In Wien war er als Tänzer nur kurz tätig. 1910 gründete er in München seine erste Tanzgruppe. Während des ersten Weltkrieges war er in der Schweiz tätig und stellte seine tanztheoretischen Thesen auf, mit denen sich auch seine Schülerin und Mitarbeiterin Mary ↗Wigman auseinandersetzte. Nach seiner Theorie vereint der Tanz Körper, Seele und Geist zu einem harmonischen Ganzen; dem Tänzer steht der dreidimensionale Raum gegenüber. Daraus folgert er ein System von 12 Bewegungsrichtungen. Seine „Labanotation" fand weite Verbreitung (↗Kinetographie).

Schriftabbildung der Musik in Labanotation

1919 hatte er in Stuttgart eine eigene Tanzbühne. 1923 leitete er in Hamburg Aufführungen seiner ersten Laienbewegungschöre und dazu 1924 ein Kammertanztheater für Aufführungen neuer, von ihm choreographierter ↗Ballette. 1926 gründete er in Würzburg ein choreographisches Institut, welches 1928 nach Berlin verlegt wurde. 1930 wurde er Ballettdirektor des Staatstheaters Berlin. Im gleichen Jahr holte ihn Siegfried Wagner nach Bayreuth. 1933 kam er nach England, wo er unterrichtete und Vorträge hielt. 1953 ließ er sich in Addlestone, Grafschaft Surrey, nieder. Von ihm stammen folgende Publikationen: Die Welt des Tänzers, Stuttgart 1920; Eurythmie und Kakorhythmus in Kunst und Erziehung, in: Die Tat, Jg. 13, 1921; Gymnastik und Tanz, Oldenburg 1926; Des Kindes Gymnastik und Tanz, Oldenburg 1926; Vortragsbezeichnungen und Bewegungsbegriffe, in: Musikblätter des Anbruch, 1926, Nr. 3/4, S. 115 ff.; Choreographie, Jena 1926; Grundprinzipien der Bewegungsschrift, in: Schrifttanz, Jg. 1, H. 1, Juli 1928, S. 4 f.; Ballettmusik und neuer Tanz, in: Neue Musikzeitung, Jg. 49, 1928, H. 7, S. 214 ff.; Aufgaben und Möglichkeiten der Tanzschrift, in: Musikblätter des Anbruch, Jg. 10, 1928, H. 6, S. 196 ff.; Die Entwicklung der Bewegungsschrift Laban, in: Schrifttanz, Jg. 1, 1928, H. 2, S. 27 ff.; Choreographie und Theater, in: Der Auftakt, Jg. 12, 1932, H. 9/10, S. 204 ff.; Ein Leben für den Tanz, Dresden 1935; Die tänzerische Situation unserer Zeit, Dresden 1936; Effort, London 1947 (mit F. C. Lawrence); Modern Educational Dance, London 1948, deutsch: Der moderne Ausdruckstanz, Wilhelmshaven 1982; The Mastery of Movement on the Stage, London 1950; Principles of Dance and Movement Notation, London 1956; Dancer's Glancer. A quick guide to Labanotation the method of recording all movement „Alphabet of Basic Symbols", New York 1960; Choreutics Rudolf Laban (annoted and ed. by Lisa Ullmann), London 1966. (↗Kinetographie, ↗Knust, A.)

Seine Tochter **Juana de Laban,** geb. 21. Oktober 1910 in München, wirkt in den USA als Tänzerin, Choreographin und Lehrerin. Von ihren zahlreichen Veröffentlichungen sind besonders wichtig: Basic Laban Principles and Method, in: Dance, a Basic Educational Technique, chap. 14,

New York 1941; Introduction to Dance Notation, in: Dance Index, vol. V, 1946, Nr. 4/5.

Lit.: *Winther, F.:* Körperbildung als Kunst u. Pflicht, 1914, S. 40 ff. *Fischer, H. W.:* Körperschönheit u. Körperkultur, 1928, S. 220 ff. *Lämmel, R.:* Der moderne Tanz, 1928, S. 65 ff. *Böhme, F.:* Der Tanz u. seine Gestalter, in: Der Auftakt, Jg. 10, 1930, H. 2, S. 37 ff. u. H. 3, S. 80 ff. *Thornton, S.:* Movement of Rudolf Laban, 1971. *Foster, J.:* The influences of Rudolf v. Laban, London 1977. *Klingenbeck, F.:* Begegnungen mit Rud. v. Laban, in: Ausstellungskatalog Tanz 20. Jh. in Wien, 1979, S. 42 ff. *Perrottet, C.:* Ausdruck in Bewegung u. Tanz, Bern 1983.

Labanotation ↗Kinetographie.

Labyrinthtänze. Der eigentliche Sinn dieser Tänze, die mit ihren schlängelnden Bewegungen und Windungen das Labyrinth nachahmen, ist, die unentrinnbaren Gänge und die Befreiung daraus darzustellen. Tänze dieser Art sind vielen früheren Völkern in den verschiedenen Teilen der Welt gemeinsam, ob sie labyrinthische Bauten hatten oder nicht. Manche Historiker führen diesen Tanztyp auf eine sehr primitive Tanzform zurück, die nur das Schlängeln einer Schlange imitiert. Manche wiederum nehmen an, daß der schlangenähnliche Tanz in den vielen labyrinthischen Höhlen bei Knossos auf Kreta seinen Ursprung hat, wohin auch die Sage des Theseus weist. Danach habe Theseus diesen Tanz nach seinem Sieg über den Minotaurus mit den geretteten Jünglingen und Mädchen Athens aufgeführt und darin seinen Weg im Labyrinth, den Eingang und den Ausgang nachgeahmt. Der Tanz wurde auf der berühmten François-Vase dargestellt (↗Géranos). In Kreta gab es auch Rituale, bei denen weibliche Darsteller kleine lebende Schlangen in den Händen trugen. Gleiche Rituale finden wir wieder in Amerika und anderen Teilen der Welt, wo sie meist mit Tänzen von schleppender Art verbunden sind. Ähnlich den „Schlangen-tragenden" Tänzen sind die „Girlanden-tragenden" Tänze, die eine Weiterentwicklung der ersteren sein dürften. So gab es z. B. in Kreta ein Fest zu Ehren der Geburtsgöttin Eileithyia, bei dem ein Girlandentanz aufgeführt worden sein dürfte. Alle diese Formen stellen Abarten der sogenannten labyrinthischen Tänze dar. Charakteristika aller dieser Arten sind die schleppenden, schlängelnden vor- und wieder rücklaufenden Bewegungen. Offenbar war die Ausführung des Labyrinthtanzes so schwierig, daß ein Vortänzer beteiligt sein mußte, der die Teilnehmer mit einem Seil, an dem sich die Tanzenden festhielten, führte. Verschiedentlich wurden die Labyrinthtänze auch auf Tod, Grab und Unterwelt bezogen. Die Vorstellung des Labyrinths hat die Menschen früherer Zeiten stark angeregt. Labyrinthdarstellungen finden wir in allen alten europäischen Kulturen. Dazu gehören auch die sogenannten Trojaburgen (↗Truia). Auch in alten Volksbräuchen leben mancherorts Labyrinthtänze noch weiter. (↗Candiote, ↗Furrytanz)

Lit.: *Fischer, J. H.:* Beschreibung d. vorzüglichsten Volksfeste d. meisten Nationen in Europa, Bd. II, 1799, S. 98 f. *Sachs, C.:* Eine Weltgeschichte d. Tanzes, 1933, S. 105 ff. *Layard, J.:* Maze-Dances and the ritual of the Labyrinth in Malekula, in: Folk-Lore, vol. 47, Nr. 2, Juni 1936, S. 121 ff. *Petrikovits, H.:* Troiaritt u. Geranostanz, in: Festschrift f. Rud. Egger, Bd. I. 1952, S. 126 ff. *Leeuw, G.:* Vom Heiligen in d. Kunst, 1957, S. 55 ff. *Vries, J.:* Das Labyrinth und d. Labyrinthspiel, in: FF Communications, vol. 70, 1957/58, Nr. 173, S. 50 ff. *Schnapper, E.:* Labyrinths and Labyrinth Dances in Christian Churches, in: Festschrift O. E. Deutsch zum 80. Geburtstag, 1963, S. 352 ff. *Baaren, Th. P.:* Selbst d. Götter tanzen, 1964, S. 76 f. *Mehl, E.:* Der Ausweg aus d. Labyrinth, in: Schriften d. Vereins f. Volkskunde Wien, Bd. 2, 1972, S. 402 ff.

Lach, Robert. Österreichischer Musikwissenschaftler, geb. 29. Januar 1874 in Wien, gest. 11. September 1958 in Salzburg. Er veröffentlichte u. a. folgende Schriften: Zur Geschichte des Gesellschaftstanzes im 18. Jahrhundert, Wien 1920; Zur Geschichte der Beethovenschen „Prometheus"-Ballettmusik, in: Zeitschrift f. Musikwissenschaft, Jg. 3, 1920/21, S. 223 ff.; Eine Tiroler Liederhandschrift aus dem 18. Jahrhundert, in: Sitzungsberichte der Akademie d. Wissenschaften, phil. hist. Klasse, 198. Bd., 5. Abhandlung, Wien 1923; Aus dem Handschriftenschatze der Musiksammlung der Wiener Nationalbibliothek, in: Festschrift Nationalbibliothek Wien, Wien 1926 (enthält Ballette v. J. J. ↗Hoffer).

Lachquadrille. Diese zu Anfang des 18. Jh. in Deutschland übliche Quadrillenform hat ihren Namen von der Musik bekommen. Im zweiten Teil der Musik wird durch Achtelnoten das Lachen nachgeahmt:

Lit.: *Böhme, F. M.:* Geschichte d. Tanzes in Deutschland, 1886.

Laditå. ↗Schwedischer Volkstanz, der dem österreichischen ↗Neukatholischen entspricht. (↗Lott is doot)

Ländler, Landler, Landla. Sammelbegriff für die in der süddeutschen Landschaft beheimateten ↗Volkstänze im langsamen 3/4-Takt. Die Haupttanzgebiete sind Österreich und Bayern. Zur Musik des Ländlers wird ein walzerartiger Rundtanz ausgeführt. Choreographisch gehört der Ländler jedoch mit seinen vielseitigen Bewegungsarten, wie Armverschlingungen, Drehen der Partnerin an der erhobenen Hand des Tänzers und Formen pantomimischen Liebeswerbens zu den Armfiguren- und ↗Werbetänzen. Charakteristisch sind auch die Stampfschritte und das Händeklatschen. Musikalisch werden Ländlerformen schon um 1540 nachgewiesen. Als eine melodische Urform des Ländlers kann die Singweise des ↗Schnadahüpfels bezeichnet werden. Der Name Ländler scheint erst um 1800 auf. Eine der frühesten Ländlerbezeichnungen findet sich bei Leonhard v. Call (1779–1815). Anstelle des Namens Ländler finden sich schon vorher und auch später viele lokale Bezeichnungen wie ↗Dreher, ↗Bayrisch, ↗Linzer Tanz oder nur Tanz. Der volkstümliche Ländler, der Urländler, der die Grundlage für alle späteren Entwicklungen abgibt, hat zahlreiche Stammesverwandte, die choreographisch, musikalisch und tanzgeographisch eng mit ihm zusammenhängen. Hier sind zu nennen der ↗Steirische, ein Werbetanz aus der Steiermark, Niederösterreich und Kärnten, der ↗Tiroler und ↗Bayrische, der ↗Schuhplattler aus Bayern und Tirol, der ↗Almerische, beheimatet in den Gebirgsgegenden, und die ↗Tyrolienne, eine französische Nachahmung. Ein besonderer Abkömmling ist der Landler aus dem Alpenvorland (Ober- und Niederösterreich). Seine Hauptcharakteristika sind in musikalischer Hinsicht das Schweben zwischen geradem und ungeradem Takt, eine ausgesprochene Eins-drei-Betonung, ein sogenannter verrissener Takt, den nur gewiegte Landlergeiger richtig beherrschen. Dieser geradtaktige Ländler wird aber stets im 3/4-Takt geschrieben. Choreographisch ist der Ländler ein Gruppentanz, bei dem das ↗Paschen und Singen in Abwechslung mit den Instrumenten eine Rolle spielen. Ausgeprägte Formen solcher Ländler sind der von den bäuerlichen Jungmannschaften (Zechen) im Innviertel, Oberösterreich, gepflegte ↗Zechenlandler und der ↗Zettellandler. Ländlerformen und Ländlermelodien haben aber auch außerhalb der Volksmusik Beachtung gefunden. Die Wiener Klassiker bezeichnen vielfach ihre aus achttaktigen Perioden bestehenden ruhigen Tänze im 3/4-Takt als Ländler oder ↗Deutscher. Als einer der bedeutendsten Abkömmlinge des Ländlers kann wohl der ↗Walzer bezeichnet werden. (↗Feistritzer Ländler, ↗Gfrerter Landla, ↗Kaiserlandler, ↗Mollner Steirer, ↗Stoanlandla, ↗Viechtwangerischer Tanz, ↗Zechenlandler, ↗Zettellandler)

Ende des 18. Jh.

Lit.: *Böhme, F. M.:* Geschichte d. Tanzes in Deutschland, 1886. *Kronfuß, K.:* Vom Berchten-Tanz, in: Das deutsche Volkslied, Jg. 5, Juni 1903, H. 6, S. 99 f. (älteste Melodie). *Zoder, R.:* Eine Methode zur lexikalischen Anordnung v. Ländlern, in: Zeitschrift f. Volkskunde, Jg. 18, 1908, S. 307 ff. *Binder, E.:* Oberösterreichische Original-Ländler aus ältester Zeit, Wien 1909. *Webinger, A.:* Die Beziehungen zwischen Innviertlern u. Landlern, in: Zeitschrift f. österreichische Volkskunde, Bd. 16, 1910, S. 96 ff., u. in: Rieder Heimatkunde, Bd. 2, 1909, S. 52 ff. *Zoder, R.:* Über d. Takt d. Ländlers in Oberösterreich, in: Bericht über d. 3. Kongreß d. Internationalen Musikgesellschaft Wien, Mai 1909, S. 228 ff., u. in: Das deutsche Volkslied, Jg. 11, 1909, H. 7, S. 113 ff. *Hamza, E.:* Über d. Kadenz beim Ländler, in: Das deutsche Volkslied, Jg. 13, 1911, H. 8, S. 155 f. *Dondl, H.:* Der Landler, München 1912. *Hamza, E.:* Volkskundliche Studien aus d. niederösterreichischen Wechselgebiete, in: Zeitung d. Deutschen u. Österreichischen Alpenvereins, Bd. 45, 1914, S. 102 ff. *Zoder, R.:* Die melodisch-stychische Anordnung v. Ländlermelodien, in: Das deutsche Volkslied, Jg. 16, 1914, H. 4, S. 87 ff., H. 5, S. 106 ff., H. 6, S. 128 ff., H. 7, S. 159 ff. *Commenda, H.:* Der Ländler, in: Heimatgaue, Jg. 3, Linz 1922, H. 5/6, S. 250 ff. *Commenda, H.:* Der Landla, in: Heimatgaue, Jg. 4, Linz 1923, H. 2, S. 153 ff. *Klier, K. M.:* Der Aufschlag bei d. Tanzmusik, in: Das deutsche Volkslied, Jg. 25, 1923, H. 7/8, S. 43 ff. *Commenda, H.:* Der Landla, in: Oberösterreich, ein Heimatbuch, 1925, S. 414 ff. *Klier, K. M.:* Landerli, in: Das deutsche Volkslied, Jg. 27, 1925, H. 5, S. 59. *Hief, O.:* Der Stocka-Landler, in: Das deutsche Volkslied, Jg. 33, 1931, H. 7, S. 126 ff. *Commenda, H.:* Zwei Tanzbilder aus d. Landl, in: Rieder Volkszeitung, 1933, Nr. 36. *Koschier, F.:* Kärntner Landler. Gesammelt, in: Das deutsche Volkslied, Jg. 35, 1933, S. 83 ff. *Wolfram, R.:* Salzburger Volkstänze, in: Wiener Zeitschrift f. Volkskunde, Jg. 38, 1933, S. 85 ff. *Wolfram, R.:* Die Frühform d. Ländlers, in: Zeitschrift f. Volkskunde, Jg. 1933, Bd. 5, H. 2, S. 129 ff. *Kellner, H.:* Tanz u. Musik bei einer Mondseer Hochzeit, in: Das deutsche Volkslied, Jg. 36, 1934, H. 4, S. 37 ff. u. H. 5, S. 59 ff. *Hamza, E.:* Landlageiger, in: Landwirtschaftliche Mitteilungen, Linz, 17.

Juli 1935. *Zoder, R.:* Tanzl beim Tanz, in: Österreichischer Volkskalender, Linz 1935, S. 88 ff. *Commenda, H.:* Landlabilder aus fünf Jahrhunderten, in: Heimatgaue, Jg. 17, 1936, H. 3/4, S. 150 ff. *Horak, K.:* Landler u. Massolka, in: Das deutsche Volkslied, Jg. 38, 1936, H. 1/2, S. 1 ff. *Hamza, E.:* Almerisch-wallnerisch u. Landlarisch, in: Das deutsche Volkslied, Jg. 39, 1937, H. 7, S. 93 ff. *Commenda, H.:* Die Gebrauchshandschriften d. alten Landlageiger, in: Zeitschrift f. Volkskunde, Jg. 48, 1939, H. 2, S. 181 ff. *Löscher, St.:* Der Landler, in: Zeitschrift „Der Turner", Wien, 3. Feb. 1939, S. 9 ff. *Gielge, H.:* Der geradtaktige Ländler – ein musikalischer Eigenbrötler, in: Das deutsche Volkslied, Jg. 42, 1940, H. 3/4, S. 21 ff. *Pfleger, K.:* Die Ländlersammlung d. Schul-, Thurnermeister- u. Musikerfamilie Pfleger, in: Das deutsche Volkslied, Jg. 43, 1941, H. 3/4, S. 25 ff. *Horak, K.:* Zillertaler Ländler, in: Volkslied – Volkstanz – Volksmusik, Jg. 48, 1947, H. 3/4, S. 68 ff. *Peter, I.:* Schleuniger-Landler – Steirischer im Salzkammergut, in: Das deutsche Volkslied, Jg. 49, 1948, H. 1/2, S. 10 ff. *Commenda, H.:* Tanzbrauchtum um d. Landla, in: Das deutsche Volkslied, Jg. 50, 1949, S. 34 ff. *Hamza, E.:* 's landlerisch Tanzen, in: Der Bauer, Jg. 2, N. 8, 19. Februar 1949, S. 2 f. *Zoder, R.:* Volkslied, Volkstanz u. Volksbrauch, Wien 1949, S. 129 (ältestes Beispiel). *Hamza, E.-Schaller, E.:* Bäuerliche Tanzmusik, Wien 1950. *Commenda, H.:* Ein Landlabild Franz Stelzhamers, in: Oberösterreichische Heimatblätter, Jg. 5, 1951, H. 1, S. 59 ff. *Wolfram, R.:* Die Volkstänze in Österreich u. verwandte Tänze in Europa, 1951. *Hamza, E.:* Innviertler Ländler – eine Berichtigung u. Selbstbezichtigung, in: Das deutsche Volkslied, Jg. 38, 1936, H. 8, S. 105 ff., H. 9/10, S. 123 ff., u. in: Oberösterreichische Heimatblätter, Bd. 7, 1953, S. 33 ff. *Hamza, E.:* Der Innviertler Ländler, in: Oberösterreichische Heimatblätter, Jg. 7, 1953, H. 1, S. 33 ff. *Hamza, E.:* Der Ländler, in: Forschungen f. Landeskunde f. Niederösterreich u. Wien, Bd. 9, 1957. *Horak, K.:* Zillertaler Ländler, in: The Folklorist, vol. 4, 1957/58, Nr. 4. *Horak, K.:* Volkstänze aus d. oberen Mühlviertel, in: Jahrbuch d. österreichischen Volksliedwerkes, Bd. 8, 1959, S. 153 ff. *Derschmidt, H.:* Der „Steinhauser Landler", in: Jahrbuch d. österreichischen Volksliedwerkes, Bd. 9, 1960, S. 77 ff. *Dreo, H.:* Volksmusik aus d. Seewinkel, in: Jahrbuch d. österreichischen Volksliedwerkes, Bd. 11, 1962, S. 167 ff. *Geiter, W.-Lager, H.:* Die Landler d. Ybbsfeldes, in: Jahrbuch d. österreichischen Volksliedwerkes, Bd. 14, 1965, S. 118 ff. *Werker, G.:* De Landla as inspiratibron, in: Mens en Melodie, Jg. 20, 1965, Nr. 7, S. 209 ff. *Horak, K.:* Der Ampflwanger Doppellandler, in: Volkskunde u. Volkskultur, Festschrift f. Rich. Wolfram, 1968, S. 133 ff. *Pommer, M.:* Melodische Einflüsse d. Ländlers auf d. Wiener Komponisten d. 19. u. 20. Jh., Diss. Leipzig 1968. *Beenk, E. L.:* Ländler elements in the Symphonie minuets of Josef Haydn, Diss. Iowa City 1969. *Schutte, S.:* Der Ländler, Straßburg 1970. *Witzmann, R.:* Der Ländler u. seine Wiener Formen in d. zweiten Hälfte d. 18. Jh., Diss. Wien 1974. *Wolfram, R.:* Almerischer, Wickler, Landler u. Schleuniger im Lande Salzburg, in: Sänger-u. Musikantenzeitung, Jg. 17, 1974, H. 2, S. 25 ff. *Horak, K.:* Der Landler, in: Der Trachtler, 1975, Nr. 7, S. 14 f. *Deutsch, W.:* Die tradierten musikalischen Formen, in: Heimatkunde d. Bezirkes Scheibbs, Volksmusik, 1976, S. 10 ff. *Horak, K.:* Der Ländler in Tirol, in: Jahrbuch d. österreichischen Volksliedwerkes, Bd. 25, 1976, S. 65 ff. *Lager, H.:* Volkstanzstudien, in: Jahrbuch d. österreichischen Volksliedwerkes, Bd. 25, 1976, S. 28 ff. *Thiel, H.:* Die ländlerartigen Tänze im Böhmerwald u. im Schönhengstgau, in: Jahrbuch d. österreichischen Volksliedwerkes, Bd. 25, 1976, S. 75 ff. *Witzmann, R.:* Der sogenannte „Deutsche Tanz", in: Jahrbuch d. österreichischen Volksliedwerkes, Bd. 25, 1976, S. 100 ff. *Witzmann, R.:* Der Ländler in Wien, Wien 1976. *Derschmidt, H.:* Landler u. Landlerlandschaften – Landlertypen, in: Der fröhliche Kreis, Jg. 27, 1977, H. 1, S. 1 ff. *Peter, I.:* Der Schleunige mit vergleichendem Einbezug d. Ländlers u. Steirischen im Salzkammergut, sowie d. Salzburgischen Wicklers, in: Jahrbuch d. österreichischen Volksliedwerkes, Bd. 26, 1977, S. 66 ff. *Bauer, A.:* Der Innviertler Landler, in: Oberösterreichische Heimatblätter, Jg. 37, 1978, S. 311 ff. *Derschmidt, H.:* Ein Traunviertler Landler aus Waldneukirchen, in: Jahrbuch d. österreichischen Volksliedwerkes, Bd. 27, 1978, S. 117 ff. *Lager, H.:* Der Landler. Der große Tanz im bajuwarischen Raum, in: Die Kärntner Landsmannschaft, 1979, H. 10, S. 3 ff. *Horak, K.:* Die Tanzfamilie „Landler", in: Jahrbuch d. österreichischen Volksliedwerkes, Bd. 29, 1980, S. 103 ff. *Derschmidt, H.:* Vom Anteil Oberösterreichs an d. Landler-Landschaft, in: Beiträge zur Volksmusik in Oberösterreich, Bd. 6, 1982, S. 141 ff. *Derschmidt, H.:* Ein „Viechtwangerischer Tanz": Der „Ebene Landler", in: Der fröhliche Kreis, Jg. 32, 1982, H. 1, S. 2 ff. *Flotzinger, R.:* Beleg zum Alter d. Ländlers, in: Beiträge zur Volksmusik in Oberösterreich, Bd. 6, 1982, S. 69 ff. *Lager, H.:* Die Hochzeitslandler in Zell am Moos, in: Beiträge zur Volksmusik in Oberösterreich, Bd. 6, 1982. *Horak, K.:* Ländler, in: Volksmusik in Österreich, 1984, S. 55 ff.

Lärmen. Das Verbreitungsgebiet dieses ↗deutschen Volkstanzes ist Oberhessen. Die Geschichte des Lärmen läßt sich bis um die Mitte des 16. Jh. nachweisen. Die Quellen hiezu sind die in der Kasseler Landesbibliothek handschriftlich erhaltenen Werke Joh. Heugels, Hofkomponist des hessischen Landgrafen. Das Wort Lärmen ist von dem romanischen al arma, einem Schlachtruf, abzuleiten, so daß anzunehmen ist, daß dieser Tanz einmal den Charakter eines ↗Waffentanzes hatte, der ihm im Lauf der Zeit verlorengegangen ist. Jedenfalls war der Lärmen ursprünglich ein reiner Burschentanz und wurde erst später zu einem Tanz mit Mädchen. Getanzt wird der Lärmen heute nach einer beliebigen Melodie im 2/4- oder 3/4-Takt. Auch seine Ausführung ist nicht einheitlich. Zuweilen tanzt ein Bursche allein, manchmal mehrere Burschen, meist jedoch heute Burschen und Mädchen gemeinsam. Eine charakteristische Bewegung ist das Hüpfen.

Lit.: *Au, H. v. d.:* Hessische Volkstänze, Deutsche Volkstänze, H. 9–12, 1931, H. 17/18, 1934. *Au, H. v. d.:*

Der Lärmen, ein althessischer Volkstanz, in: Volk u. Scholle, Jg. 15, 1937, H. 5, S. 148 ff.

Lafage, Adrien. Französischer Musikforscher (1801–1862), schrieb „Histoire générale de la musique et de la danse“ (1844).

Lafon, Madeleine. Französische Tänzerin, geb. 1924 in Paris, gest. 6. April 1967 ebendort. Sie studierte an der Ballettschule der Pariser Oper, begann in deren Ballettensemble ihre künstlerische Laufbahn und war 1952 1. Tänzerin. 1963 wurde sie Lehrerin an der Pariser Opernschule.

Lafontaine, Mlle. de (auch La Fontaine). Französische Tänzerin, geb. um 1660, gest. um 1738. Der Vorname ist nicht überliefert. Sie war die erste Berufstänzerin und hat mit ihrer Kollegin ↗Subligny die professionelle Ballettkunst begründet. 1681 tanzte sie in St. Germain in ↗Lullys Ballett „Le ↗Triomphe de l'Amour“. Sie kreierte weiterhin viele Rollen in den Balletten Lullys und ↗Campras und wurde von den Zeitgenossen als „la Reine de la Danse“ bezeichnet.

Lit.: *Migel, P.:* Lafontaine, in: The Ballerinas, New York 1972.

Lager, Herbert. Österreichischer Volksmusik- und Volkstanzforscher, geb. 20. Juni 1907 in Wien. Er war Mitarbeiter von Raimund ↗Zoder und Mitglied von dessen „Urania-Volkstanzkreis“. Nach dem zweiten Weltkrieg hat er die österreichische Volkstanzbewegung wieder aufgebaut. Er ist Mitbegründer der Bundesarbeitsgemeinschaft „Österreichischer Volkstanz“. Von 1952 bis 1976 hatte er an der Wiener Musikhochschule einen Lehrauftrag für Volkslied- und Brauchtumskunde und für ↗Volkstanz. Von ihm stammen folgende Veröffentlichungen: Boarischer aus dem Gesäuse, in: Das deutsche Volkslied, Jg. 32, 1930, H. 5, S. 67 f.; Volkstanz, in: Zeitschrift der Turner, Wien 1934, S. 4 f.; Volkstanz u. Volkstanzgruppen, in: Das deutsche Volkslied, Jg. 38, 1936, H. 6, S. 82 ff.; Zwei Volkstänze aus dem niederösterreichischen Waldviertel, in: Das deutsche Volkslied, Jg. 40, 1938, H. 1/2, S. 37 ff.; Perchtentanz im Pinzgau, in: Sitzungsberichte 218. Bd. der Phil. hist. Klasse, 5. Abhandlung, Wien 1940; Saalbacher Tänze, in: Das deutsche Volkslied, Jg. 43, 1941, H. 1/2, S. 7 ff.; Unsere Tänze, Wien 1941; Der Bandltanz aus Saalbach im Pinzgau, in: Das deutsche Volkslied, Jg. 44, 1942, S. 17 ff.; Zeitgemäße und organische Volkstanzpflege, in: Das deutsche Volkslied, Jg. 45, 1943, H. 3, S. 36 ff.; Tänze aus der steirischen Ramsau, in: Das deutsche Volkslied, Jg. 46, 1944, H. 1/2, S. 13 ff.; Der Neukatholische aus der steirischen Ramsau, in: Das deutsche Volkslied, Jg. 48, 1947, H. 3/4, S. 47 f.; Der Treffnertanz, in: Das deutsche Volkslied, Jg. 50, 1949, S. 47 ff.; Reiftanz der Bergknappen, in: Murtaler Zeitung v. 16. Juli 1949; Österreichische Tänze. Unsere Grundformen, Wien 1959; Folk-Dances and Folk-Dance Movement in Austria, in: Austria Information, New York, 30th. June 1961; Folk-Dancing comes to Town, in: The Sunday Standard, New Delhi, 30th. April 1961; Der österreichische Volkstanz, in: Österreichische Musikzeitschrift, Jg. 18, 1963, H. 11, S. 513 ff.; Der Steirische aus St. Oswald, in: Jahrbuch d. österreichischen Volksliedwerkes, Bd. 15, 1966, S. 102 ff.; Zur Geschichte der Volkstanzpflege in Wien, in: Kärntner Landsmannschaft, 1969, 10. Heft, S. 8 ff.; Alte Tänze für junge Leute, Wien 1973; Die Tanzlandschaften Niederösterreichs, in: Die musikalische Volkskultur in Niederösterreich, 1976, S. 207 ff.; 3 Salzburger Tänze, in: Der fröhliche Kreis, Jg. 26, 1976, S. 14 ff.; Volkstanzstudien, in: Jahrbuch d. österreichischen Volksliedwerkes, Bd. 25, 1976, S. 28 ff.; Typologischer Überblick über das österreichische Volkstanzgut, in: Der fröhliche Kreis, Jg. 27, 1977, H. 1, S. 15 ff.; Der Sau-fadler, ein Neubayrischer aus dem Gebiet Bad Ischl-Goisern, in: Der fröhliche Kreis, Jg. 27, 1977, H. 1, S. 35 f.; Die Wiener Quadrille, in: Der fröhliche Kreis, Jg. 27, 1977, H. 4, S. 113 ff.; Marschierboarischer – etwas Tanzkunde, in: Der fröhliche Kreis, Jg. 28, 1978, S. 5 ff.; Der kulturelle Stellwert unseres Volkstanzes, in: Salzburger Heimatpflege, Jg. 2, 1978, H. 2, S. 49 ff.; Volkstanzstudien. Der Tanz im Ausseerland heute, Teil II, in: Jahrbuch d. österreichischen Volksliedwerkes, Bd. 27, 1978, S. 98 ff.; Volkstanzstudien in der Steiermark, 3. Teil, in: Jahrbuch d. österreichischen Volksliedwerkes, Bd. 28, 1979, S. 51 ff.; Erforschung u. Archivierung des Volkstanzes in Österreich, in: Der fröhliche Kreis, Jg. 29, 1979, S. 1 ff.; Der Landler. Der große Tanz im bajuwarischen Raum, in: Kärntner Landsmannschaft, 1979, H. 10, S. 3 ff.; Typologischer Überblick über die Salzburger Tänze, in: Die Volksmusik im Lande Salzburg, 1979, S. 67 ff.; Die Veitscher Masur, in: Der fröhliche Kreis, Jg. 30, 1980, H. 2, S. 51 ff.; Neue Tanzforschung in Niederösterrich, 1. Teil, Waldviertel, in: Jahrbuch d. österreichischen Volksliedwerkes, Bd. 30, 1981, S. 52 ff.; Zwei Waldviertler Tänze, in: Der fröhliche Kreis, Jg. 32, 1982, H. 1, S. 10 ff.; Der Hochzeitslandler in Zell am Moos, in: Beiträge zur Volksmusik in Oberösterreich, Bd. 6, 1982; Vom Steirischen, in: Der fröhliche Kreis, Jg. 32, 1982, H. 2, S. 87 ff.; Kontratanz in

Wien, 1983 (gemeinsam mit Hilde Seidl). *Lager, H.:* Die Volkstanzbewegung, in: Volksmusik in Österreich, 1984, S. 71 ff.

Laing, Hugh. Britischer Tänzer, geb. 6. Juni 1911 auf Barbados. Er war Schüler von Marie ↗Rambert in London und Olga ↗Preobrajenska in Paris. Sein Debüt erfolgte 1932 beim Ballet Club London. Später tanzte er beim ↗Ballet Rambert, wo er Rollen in Balletten von A. ↗Tudor kreierte. 1939 wandte er sich nach den USA und wurde 1940 als 1. Tänzer beim ↗American Ballet Theatre engagiert. Er tanzte in ↗Choreographien von M. ↗Fokine (1941 „Blaubart"), L. ↗Massine („Aleko"), A. Tudor („Pillar of Fire" 1942) und G. ↗Balanchine. 1950 kam er zum ↗New York City Ballet. Er heiratete die Tänzerin Diana ↗Adams.

Lakalaka (= Vorwärtsgehen). Populärer Tanz auf den Tongainseln im Pazifik. Sein Ursprung geht auf die Zeit der Missionierung zurück. Die Studenten mußten im „Vorwärtsgehen" den Lehrstoff aus Geographie und Geschichte wiederholen. Der ↗Choreograph Tuku'aho schuf darüber vor hundert Jahren eine Geschichte in poetischer Form. Beim Tanz wird diese Geschichte von einem Chor hinter den Reihen der Tänzer und Tänzerinnen gesungen. Die Männer bewegen den Körper kräftig in weit offenen Arm- und Fußbewegungen, wirbeln nach vor und zurück, rollen plötzlich auf die Erde nieder und über ihren Rücken wieder auf. Die Frauen zeigen ruhige, elegante, aber betont freudige Bewegungen. (↗Naturvölker)

Lit.: *Dean, B.:* South Pacific Dance, 1978, S. 82.

Lakatos, Gabriella. Ungarische Tänzerin, geb. 18. Oktober 1934 in Budapest. Sie studierte an der Staatlichen Ballettschule in Budapest, schloß sich dem Ballett der Staatsoper Budapest an, wo sie 1947 Solotänzerin wurde. 1960 tanzte sie beim Ballett-Festival in London.

Lambeth Walk. Englischer ↗Gesellschaftstanz, der in den dreißiger Jahren des 20. Jh. in Mode war. Ursprünglich war er der Volkstanz der Töpfer von Lambeth (Stadtteil von London).

Lambranzi, Gregorio. ↗Choreograph und ↗Ballettmeister in Venedig. 1716 erschien von ihm in Nürnberg die „Nuova e Curiosa Scuola de Balli Theatrali (Neue und Curieuse Theatralische Tantz-Schul)", in welcher im 1. Teil 50 und im 2. Teil 51 zeitgenössische Tänze mit Melodien, Worten und Stichen von Johann Georg Puschner beschrieben sind. 1928 erschien erstmals eine Faksimileausgabe der Stiche von Puschner mit einer Übersetzung der Texte ins Englische von F. ↗Derra de Moroda, herausgegeben von C. W. ↗Beaumont. 1936 gelang es F. Derra de Moroda, in der Handschriftenabteilung der Bayerischen Staatsbibliothek München (Cod. icon. 343) die Zeichenvorlage der Originalausgabe zu finden. 1966 erschien ein Neudruck der Ausgabe von 1928 in New York, 1972 ein Faksimile der Originalzeichnungen in New York mit einer Einführung und Bemerkungen von F. Derra de Moroda. Ein fotomechanischer Nachdruck der Originalausgabe Nürnberg 1716, herausgegeben von Kurt ↗Petermann, erschien 1975 in Leipzig.

Lit.: *Derra de Moroda, F.:* Auffindung d. Gregorio-Lambranzi-Manuskriptes, in: Die Musik, Jg. 34, 1942, H. 8, S. 260 f.

La Meri (eigentlich Russell Meriwether Hughes). Amerikanische Tänzerin, Lehrerin und Schriftstellerin, geb. 1898 in Louisville. Ihre Ausbildung war speziell auf die Tanzkulturen Amerikas und des fernen Ostens spezialisiert. In New York gründete sie 1938 mit ↗St. Denis die School of Natya. Folgende Veröffentlichungen stammen von ihr: Principles of the Dance Art, London, 1933 (Chaming Useful Pocket Series no. 5); Dance as an Art Form, New York, 1933; Gesture Language of the Hindu Dance, New York, 1941; Spanish Dancing, New York, 1948; The Basic Elements of Dance Composition, 1965. Total Education in Ethnic Dance, 1977; Dance Out the Answer (Autobiographie) 1977.

Lampugnano, Giulio Cesare. Italienischer ↗Tanzmeister aus Mailand, lebte im 16. Jh. und wirkte am Hof Philipps II. (1527–1598).

Lit.: *Negri, Cesare:* Nuove inventioni di balli, 1604. *Czerwinski, A.:* Die Tänze d. XVI. Jhdts., 1878, S. 11.

Lancier, auch ↗Quadrille à la cour genannt, ist ein ↗Contratanz, welcher von je vier Paaren im Karree getanzt wurde und aus fünf Touren besteht. Die Namen der Touren sind: 1. La Dorset im 6/8-Takt; 2. La Victoire im 2/4-Takt; 3. Les Moulinets im 6/8-Takt; 4. Les Visites im 6/8-Takt und 5. Les Lanciers (Finale à la cour) im 4/4-Takt. Über die Entstehung des Lancier wird immer wieder die falsche Behauptung weitergegeben, er sei im Jahre 1856 von dem Pariser ↗Tanzmeister Laborde erfunden worden. Tatsache ist jedoch, daß er bereits 1820 in dem Tanzbuch des Tanzlehrers Hart mit dem Titel „Les Lanciers, a second set of Quadrilles for the Piano Forte" beschrieben wird. Der Name Lancier rührt daher, weil dieser Contratanz auf dem Theater ursprünglich im Kostüm der Lanzenreiter (Lanciers) aufgeführt worden war. Der Lancier blieb bis in die 2. Hälfte des 19. Jh. hinein als ↗Gesellschaftstanz in Mode.

Lit.: *Haßreiter, C.:* Sir Roger, Als Anhang: Les Lanciers, Wien 1869 u. 1895. *Haraschin, C.:* Unsere Gesellschaftstänze, 1880. *Haffner, C.:* Zwei Gesellschaftstänze Française u. Quadrille à la cour/Lanciers/, 1891. *Jolizza, W. K. v.:* Die Schule d. Tanzes, 1900. *Sachs, C.:* Eine Weltgeschichte d. Tanzes, 1933. *Skasa-Weiss, E.:* Verspielte Tänze – kleiner Flirt, 1959.

Lander, Harald (eigentlich Alfred Bernhardt). Dänischer Tänzer, ↗Choreograph, ↗Ballettmeister und Ballettdirektor, geb. 25. Februar 1905 in Stevnsborg bei Kopenhagen, gest. 14. September 1971 ebendort. Bei Christian Christiansen, Hans Beck und Gustav Uhlendorf studierte er an der königlichen dänischen Ballettschule. 1923 schloß er sich dem ↗Königlich-Dänischen Ballett an. In der Zeit von 1926 bis 1927 studierte er russischen ↗Volkstanz in der Sowjetunion und von 1927 bis 1929 nahm er in den USA Unterricht bei M. ↗Fokine und in Mexiko bei Juan de Beaucire für spanischen Tanz. 1929 kehrte er nach Kopenhagen zurück und wurde Solotänzer an der Kopenhagener Oper, 1930 deren Ballettmeister und 1932 Direktor der königlich dänischen Ballettschule. 1952 berief man ihn an die Pariser Oper. In Paris war er auch als Direktor der „Ecole Nationale de Danse" tätig. Während seiner Pariser Jahre von 1952 bis 1962 wirkte er auch als Gastchoreograph bei vielen Ballettproduktionen in Europa, Nord- und Südamerika. 1962 kehrte er nach Kopenhagen zurück. Nach seinem Vorbild A. ↗Bournonville führte er eine Wiedergeburt des dänischen Balletts herbei. Von 1932 bis 1950 war er mit der dänischen Tänzerin **Margot Lander,** geborene Florentz-Gerhardt, geb. 2. August 1910 in Kopenhagen, gest. am 19. Juli 1961 ebendort, verheiratet. Sie studierte an der königlich dänischen Ballettschule und schloß sich 1925 dem Königlich-Dänischen Ballett an. 1931 wurde sie Solotänzerin und 1942 ↗Ballerina.

Lit.: *Kragh-Jacobsen, S.:* Margot Lander, 1927. *Aschengreen, E.:* Etudes, Kopenhagen 1970.

Landriano, Ambrogio. Italienischer ↗Tanzmeister aus Mailand, genannt Mazzacastroni, lebte im 16. Jh. und wirkte wie Giovanni Francesco ↗Giera in Polen im Dienste Heinrichs III. v. Valois (1551–1589).

Lit.: *Negri, Cesare:* Nuove inventioni di balli, Milano 1604. *Czerwinski, A.:* Die Tänze d. XVI. Jhdts., 1878, S. 11.

Langaus. Der Name bezeichnet eine Tanzform des ↗Deutschen und des ↗Ländlers, wie sie im 18. Jh. auf dem Land und später auch in der Stadt üblich war. Es wurde sozusagen „langaus" getanzt, d. h. die Tanzenden hatten mit den wenigsten Umdrehungen einen sehr langen Raum zu durchtanzen. Der Langaus wurde sehr rasch und wild getanzt, so daß z. B. in Wien, wo der Tanz am Anfang des 19. Jh. sehr beliebt war, öfters Fälle von Blutsturz vorkamen, und daher die Polizei den Tanz untersagte. Die Musik des Langaus unterscheidet sich von der des Deutschen, Ländlers oder ↗Walzers in keiner Weise. (↗Eckenfeger, ↗Languus, ↗Schwäbisch Langaus)

Lit.: *Schubert, F. L.:* Die Tanzmusik, 1867. *Czerwinski, A.:* Brevier d. Tanzkunst, 1879. *Böhme, F. M.:* Geschichte d. Tanzes in Deutschland, 1886. *Au, H. v. d.:* Das Volkstanzgut im Rheinfränkischen, 1939, S. 88 f. *Wolfram, R.:* Die Volkstanznachrichten in d. Statistischen Erhebungen Erzherzog Johanns, in: Volk u. Heimat, Festschrift f. Viktor v. Geramb, 1949, S. 277. *Schenk, E.:* Der Langaus, in: Studia Musicologia, Tom. III, fasc. 1–4, 1962, S. 301 ff. *Witzmann, R.:* Der sogenannte „Deutsche Tanz", in: Jahrbuch d. österreichischen Volksliedwerkes, Bd. 25, 1976, S. 103.

Långdans. ↗Schwedischer Volkstanz. Bei diesem bereits in mittelalterlichen Gesängen erwähnten Tanz bilden die Ausführenden eine lange Kette (↗Kettentanz). Der Anführer singt die Liedstrophen und bestimmt das Tanztempo, die anderen Tanzenden singen den Refrain. Getanzt wird im Frühling, zu Ostern, in der Walpurgisnacht (30. April), um den Maibaum und zu Weihnachten als Juldans um den Weihnachtsbaum (Julbaum). (↗Färöischer Tanz, ↗Lange Tanz, ↗Løbe Brud of Laget)

Lit.: *Svensson, S.:* Kransagillet och den langa dansen, in: Skanskt bondeliv, 1924. *Adolfsson, A.:* Långdansen i Lappfjord, in: Budklaven, Årg. X. 1931, Nr. 1, S. 13 ff.

Lange, Carl Christoph ist der Verfasser eines choreographischen ↗Tanzlehrbuches mit dem Titel „Choreographische Vorstellung der Englischen und Französischen Figuren in Contretänzen nebst einem kurzen Auszug der Französischen Kunst die Tänze aufzuzeichnen. Mit sechs Contretänzen", Johann Caspar Müller, Erlangen und Leipzig 1762. (↗Choreographie)

Lange Reihe. Zum ↗Kehraus bei Hochzeiten wurde im Mittelalter sehr gerne die sogenannte

„Lange Reihe" getanzt. Die Hochzeitsgäste nahmen sich gegenseitig an den Händen und zogen dem Vortänzer in allen Richtungen in einer Kolonne nach.

Lit.: *Böhme, F. M.:* Geschichte d. Tanzes in Deutschland, 1886. *Wolfram, R.:* Die Volkstänze in Österreich u. verwandte Tänze in Europa, 1951, S. 120.

Lange Tanz, Der. Bäuerlicher Volkstanz aus dem 16. Jh., der von den Bewohnern der Landschaft Dithmarschen (Holstein) getanzt wurde. Sie kannten diesen reigenartigen Tanz in zwei Arten: Als ↗Trimmeken-Tanz wurde er getreten ausgeführt, als ↗Springeltanz gehüpft. Der Chronist Josef Adolf Köster, genannt Neocorus, beschrieb den „Langen Tanz" in seinen beiden Arten in der Chronik des Landes Dithmarschen. Der „Lange Tanz", den F. Kirnbauer aus Goslar erwähnt, hat mit dem Tanz aus Dithmarschen nichts gemein. Seine Art und Form war eine ganz andere. Er wurde alljährlich am Fastenabend ausgeführt. Seine Melodie und Tanzbeschreibung sind nicht bekannt. (↗Långdans)

16. Jh.

Qu.: Chronik des Landes Dithmarschen v. Joh. Ad. Köster, 1590–1600, hrsg. v. F. C. Dahlmann, Kiel 1827.

Lit.: *Czerwinski, A.:* Brevier d. Tanzkunst, 1879, S. 52 f. *Böhme, F. M.:* Geschichte d. Tanzes in Deutschland, 1886, S. 49 ff. *Lutsch, F.:* Kirchweihtänze im Orte Kohlheim, in: Zeitschrift f. Österreichische Volkskunde, Jg. 8, 1902, S. 136 ff. *Kirnbauer, F.:* Über Knappentänze, in: Das deutsche Volkslied, Jg. 37, 1935, H. 6, S. 77 f.

Langindrya. ↗Javanischer Tanz von Männern und Knaben, der sitzend oder hockend nur mit Armen und Oberkörper ausgeführt wird.

Lit.: *Nieuwenhuis, G. J.:* Über d. Tanz in Niederländisch-Indien, Diss. Zürich 1916, S. 35.

Languus. Schweizer Volkstanz im 2/4-Takt aus dem Emmental, der dem österreichischen Volkstanz „Der ↗Neukatholische" entspricht. Die Aufstellung erfolgt paarweise in zwei Reihen gegenüber. Die Tänzer blicken in die Tanzrichtung und halten die Tänzerinnen in gewöhnlicher Tanzfassung, oder der Tänzer faßt mit seiner rechten Hand die linke Hand der Tänzerin und drückt diese in Schulterhöhe gegen den Rücken des Mädchens. (↗Langaus, ↗Schweizer Volkstänze)

Lit.: *Witzig, L.:* Volkstänze aus d. Schweiz, 1950, H. 2, S. 25.

Lanner, Joseph. Österreichischer Tanzkomponist, geb. 12. April 1801 in Wien, gest. 14. April 1843 ebendort. Mit 12 Jahren war Lanner bereits Geiger im Tanzorchester des Michael ↗Pamer. Ab 1824 leitete er ein eigenes Ensemble, bei dem auch Joh. ↗Strauß Vater mitspielte. 1829 wurde er Musikdirektor der k. k. Redoutensäle, später Kapellmeister des 2. Wiener Bürgerregiments. Lanner war einer der führenden Tanzkomponisten des Biedermeier, ein bedeutendes Glied in der Entwicklung der Wiener Tanzmusik des 19. Jh., vor allem in deren Hauptform, dem Wiener ↗Walzer. Der größte Teil seiner Kompositionen gehört diesem Tanz an. Seine Tochter **Katharina,** geb. 14. September 1829 in Wien, gest. 15. November 1908 in London, war eine in Europa und Amerika berühmte Tänzerin mit dem Beinamen „Taglioni des Nordens". Von 1845 bis 1855 wirkte sie als Solotänzerin in Wien. Der Sohn **August Joseph,** 1834–1855, war Tanzkomponist in Wien.

Lit.: *Weinmann, A.:* Werkverzeichnis Josef Lanner, 1948. *Guest, I.:* The Empire Ballet, London 1962.

Lany, Jean-Barthélemy. Französischer Tänzer, ↗Choreograph und ↗Ballettmeister, geb. 24. März 1718 in Paris, gest. 29. März 1786 ebendort. Er war der Sohn des Ballettmeisters Jean Lany. 1740 wurde er Solotänzer an der Pariser Oper, wo er in den Ballettopern von Destouches, ↗Rameau und ↗Boismortier tanzte. 1743 wandte er sich nach Berlin, wo er ↗Ballette choreographierte (↗„Pygmalion"). Einer seiner Tänzer war dort J. G. ↗Noverre. 1747 kehrte er nach Paris zurück, wo er als Tänzer komischer Rollen sehr populär war. Er wurde Ballettmeister und schuf zu den ersten Produktionen Rameauscher Ballette die ↗Choreographie. Später wirkte er in Turin und London. Als er nach

Paris zurückkam, wurde er ein sehr bekannter Lehrer. Zu seinen Schülern zählten M. ↗Gardel und J. ↗Dauberval. Seine Schwester **Louise-Madeleine Lany,** geb. 1733 in Paris, gest. 1777 ebendort, hatte im Jahre 1744 ihr Debüt an der Pariser Oper, wo sie bis 1767 blieb. Sie wurde bewundert wegen ihrer außerordentlichen Virtuosität, stand aber im Schatten von M. ↗Sallé.

Lit.: *Bie, O.:* Der Tanz, 1925.

Laotischer Tanz. Schon von alters her bilden Tanz, Musik und Feste das besondere Anliegen des laotischen Volkes. Bereits zur Zeit der alten Reiche (14. bis 17. Jh.) hatten die Könige ihre eigenen Tanzgruppen. Der laotische Tanz ist vor allem durch den Tanzstil der Thais beeinflußt, die als große Völkergruppe nach Christi Geburt aus Südchina kommend unter anderem auch in Laos einzogen. Sie brachten Brauchtum und Kulturgut aus ihrer alten Heimat mit. Die klassische Tanztradition lebt noch heute in vielen künstlerischen und populären Aktivitäten des laotischen Volkes weiter. Die traditionellen Tänze werden von Mädchen ausgeführt. Der Tanz gehört zur allgemeinen Erziehung jeder laotischen Frau. Die Darstellung und Ausführung der Tänze, die gewissen Kulthandlungen und buddhistischen Glaubensvorstellungen entspringen, zeigen viele Gemeinsamkeiten mit den Tänzen anderer ostasiatischer Völker. (↗Kambodschanischer Tanz, ↗Vietnam)

Lit.: *Stern, Ph.:* Sur les danses de Java, de l'Indochine et de l'Inde, in: Revue Musicale, Jg. 5, Nr. 4, Februar 1924, S. 110 ff. *Bowers, F.:* Theatre in the East, 1956, S. 183 ff.

Lårdansen. Schwedischer ↗Kettentanz. Er verwendet Figuren, die dem ↗Schwerttanz entnommen sind. Nach dem Ein- und Ausdrehen einer Schnecke schwingen alle Tanzenden den Fuß über den Arm, mit dem sie den Nachbarn halten. Diese Schwerttanzfigur ist auch beim ↗Treffner Figurentanz zu finden. (↗Schwedischer Volkstanz)

Lit.: *Wolfram, R.:* Schwerttanz u. Männerbund, S. 164.

Laschursch. Name eines tschechischen Tanzes, der im 18. Jh. von der sogenannten Prager Tanzmeisterzunft erfunden und verbreitet wurde. Die Prager Tanzmeisterzunft war eine aus Handwerkern bestehende zunftmäßige Tanzmeisterei. (↗Tanzmeister)

Lit.: *Waldau, A.:* Böhmische Nationaltänze, 1860, Bd. 2, S. 39 ff. *Nettl, P.:* Mozart u. d. Tanz, 1960, S. 98.

Lasja (Lasya) ist der anmutsvolle, zarte Tanz der Parwati, Gattin des indischen Gottes ↗Schiwa, allgemein die anmutig-grazöse Art des Tanzes, besonders des Frauentanzes. (↗Indischer Tanz)

Lit.: *Gargi, B.:* Theater u. Tanz in Indien, 1960, S. 38. *Rebling, E.:* Die Tanzkunst Indiens, 1981.

Lassingtanz (Frühlingstanz). ↗Österreichischer Volkstanz aus Salzburg (Wagrain-Kleinarltal). Er fand zur Frühlingszeit unter freiem Himmel statt und zwar um die großen Haufen, die beim Aufräumen der Wiesen und Felder im Frühling entstehen, oder auch reigenartig um den Brunnentrog des Dorfes. Es wurde dazu gesungen und getanzt nach dem Tanzreim „Mir tanzen, mir tanzen den Lassing heut ein".

Lit.: *Wolfram, R.:* Die Volkstänze in Österreich u. verwandte Tänze in Europa, 1951, S. 58 f.

Lassu. ↗Ungarischer Volkstanz aus dem mittleren Siebenbürgen. Er wird auch Zigeunertanz genannt und ist ein ↗Paartanz im langsamen $5/8$-Takt. Mit Lassu wird auch der langsame Teil des ↗Csárdás bezeichnet.

Lit.: *Martin, G.:* Ungarische Volkstänze, 1974, S. 40.

Lateinamerikanische Tänze ↗Argentinischer Tanz, ↗Bolivianischer Tanz, ↗Brasilianischer Tanz, ↗Chilenischer Tanz, ↗Ecuador, ↗Haitischer Tanz, ↗Kolumbianischer Tanz, ↗Kreolischer Tanz, ↗Kubanischer Tanz, ↗Paraguayischer Tanz, ↗Peruanischer Tanz, ↗Puerto Rico, ↗Punto, ↗Uruguayischer Tanz, ↗Venezolanischer Tanz. Zu den Turniertänzen gehören ↗Cha-Cha-Cha, ↗Paso doble, ↗Rumba, ↗Samba und ↗Tango.

Lit.: *Friedenthal, A.:* Musik, Tanz u. Dichtung bei d. Kreolen Amerikas, 1913. *Berruti, P.:* Manual de danzas nativas, Buenos Aires 1954. *Günther, H.:* Lateinamerikanische Tänze im Zeitalter d. Barock, in: Das Parkett, Jg. 11, 1958. *Lekis, L.:* Folk Dances of Latin America, New York 1958. *Günther, H.-Schäfer, H.:* Vom Schamanentanz zur Rumba, 1959, S. 280 ff. *Ciffoni, M. A. C.:* Danças tradicionais das Américas, São Paolo 1960. *Almeida, R.:* Danses africaines en Amérique, Rio de Janeiro 1969. *Schreiner, Cl.:* Musica Latina, 1982.

Laternentanz. Alter ↗deutscher Volkstanz, eine Art des ↗Reiftanzes, bei dem besondere Beleuchtungseffekte eine Rolle spielen. So hatten die Danziger Kürschner bei ihrem Reiftanz 40 brennende Kerzen in den Kronen. Beim Laternentanz zu Breslau trugen die Tänzer Laternen auf dem Kopf. Ähnlich war es auch beim Reiftanz der Halleiner Küfner.

Lit.: *Böhme, F. M.:* Geschichte d. Tanzes in Deutschland, 1886. *Wolfram, R.:* Schwerttanz u. Männerbund, 1936, S. 78.

Latinus. Bedeutender Pantomime aus dem Rom der Kaiserzeit. Er war ein besonderer Günstling des Kaisers Domitian (81–96 n. Chr.).

Lit.: *Friedländer, L.:* Sittengeschichte Roms, 1934.

Latirl. ↗Deutscher Volkstanz aus Alensberg und Rohr in Bayern, ein ↗Zwiefacher, der in vielen Fassungen, Formen und Namen üblich ist. Als tschechischer Tanz heißt er ↗Zelený kousek (= Grünzeug).

Lit.: *Junk, V.:* Die taktwechselnden Volkstänze, 1938, S. 69. *Thiel, H.:* Die deutschen Volkstänze in Böhmen, Mähren u. Schlesien, 1970, S. 144.

Latovák. Tschechischer Volkstanz aus Böhmen, ein ↗Zwiefacher im 3/4- + 2/4-Takt, ein Paar-Rundtanz. Die Position der Füße ist ähnlich wie beim ↗Walzer. (↗Tschechische Volkstänze)

Lit.: *Junk, V.:* Die taktwechselnden Volkstänze, 1938, S. 24, 34, 41. *Lubinova, M.:* Dances of Czechoslovakia, 1949, S. 36 ff.

Lauakoa. ↗Baskischer Tanz, eine Schwerttanzform, die von vier Tänzern ausgeführt wird. Die Figuren sind ähnlich denen des ↗Moriskentanzes. (↗Banakoa)

Lit.: *Gallop, R.:* A Book of the Basques, London 1930, S. 188.

Laubschnitterinnentanz. Dieses Tanzspiel aus Hindelang in den Allgäuer Alpen (Süddeutschland) hat sich bis ins 19. Jh. erhalten. Im Sommer gingen die Mädchen im Allgäu in die Berge, um Laub zu sammeln, welches sie dann in Säcken über den Schultern nach Hause trugen. Es geschah dabei oft, daß sie an den Almhütten oder sonst auf dem Weg von den Sennen und Hirtenbuben aufgehalten wurden, um mit ihnen die Tänze der Gegend aufzuführen.

Lit.: *Böhme, F. M.:* Geschichte d. Tanzes in Deutschland, 1886, S. 196.

Laubtanz. Name des ↗Pfingsttanzes in Sachsen und in der Oberlausitz. Zum Tanz wurden besonders dafür erbaute und geschmückte ↗Tanzlauben verwendet. In der Mitte des Tanzplatzes befand sich meist der Maibaum. In Siebenbürgen wurde der Laubtanz am Sonntag nach Pfingsten abgehalten.

Lit.: *Böhme, F. M.:* Geschichte d. Tanzes in Deutschland, 1886, S. 155.

Lauchery, Etienne (auch Stephan). Französischer Tänzer, ↗Choreograph und ↗Ballettmeister, geb. September 1732 in Lyon, gest. 5. Januar 1820 in Berlin. Er wirkte ab 1746 in Mannheim und wurde 1756 ↗Tanzmeister des Hofes. Von 1764 bis 1772 war er Ballettmeister in Kassel; dort verfaßte er viele Ballette, zu denen Joh. Christian ↗Cannabich die Musik schrieb (↗„Acis und Galathea", ↗„Odysseus"). Er war der Vater von **Albert Lauchery,** deutscher Tänzer, geb. 19. September 1779 in Mannheim, gest. 26. März 1853 in Berlin. Er studierte bei seinem Vater in Berlin und später in Paris, war von 1803 bis 1826 Solotänzer an der Hofoper in Berlin und 1815 Direktor der Ballettschule.

Lit.: *Lauchery, E.:* Premier recueil des ballets qui on été dansé sur les differents théâtres de Cassel, 1769.

Lauterbacher. ↗Deutscher Volkstanz aus Hessen im 3/4-Takt, ein ↗Paartanz im Kreis. Die Aufstellung erfolgt zueinander in einfacher Handfassung. Der Tanzmelodie liegt das Volkslied „Z'Lauterbach hab i mein Strumpf verlor'n" zugrunde. (↗Schnicker)

Lit.: *Au, H. v. d.:* Hessische Volkstänze, 1. Teil, Deutsche Volkstänze H. 9/10, 1931, S. 10 f. *Oetke, H.:* Deutsche Volkstänze, Teil III, 1952, S. 10 f. *Au, H. v. d.:* Heit is Kerb in unserm Dorf, 1954, S. 42.

Lawrowskij, Leonid Mihajlowitsch. Russischer Tänzer, ↗Choreograph, Ballettdirektor und Lehrer, geb. 18. Juni 1905 in St. Petersburg, gest. 26. November 1967 in Paris. Er studierte an der Ballettschule von Petrograd, schloß das Studium 1922 dort ab und begann seine tänzerische Laufbahn beim Marijinskij-Theater in Leningrad, wo er erste Rollen tanzte und an den Abenden des jungen Balletts teilnahm. 1922 begann er zu unterrichten und schuf 1930 seine erste Choreographie mit jungen Schülern. Von 1935 bis 1938 war er Direktor des Maly-Theaters, von 1938 bis 1944 Direktor des Kirow-Theaters. Während der letzten Jahre des zweiten Weltkrieges arbeitete er hauptsächlich in Eriwan. In den Jahren von 1944 bis 1956 und von 1960 bis 1964 war er Direktor des ↗Bolschoj-Balletts. Sein Sohn **Michail Leonidowitsch,** geb. 1941 in Tiflis, studierte an der Ballettschule des Bolschoj-Theaters und schloß sich 1961 dem Bolschoj-Ballett an.

Lit.: *Roslaleva, N.:* Era of the Russian Ballet, 1966. *Swift, M. G.:* The Art of the Dance in the UdSSR, 1968.

Lawson, Joan. Britische Tänzerin, Lehrerin und Schriftstellerin, geb. 1907 in London. Ihr Tanzstudium absolvierte sie bei Margaret

↗Morris und S. A. ↗Astafjewa, außerdem noch in Moskau und Leningrad. Von 1963 bis 1971 war sie Lehrerin an der Royal Ballet School. Als Schriftstellerin war sie Mitarbeiterin der Dancing Times. Folgende Veröffentlichungen stammen von ihr: Ballet in the U. S. S. R., London 1943; Choreography and Ninette de Valois, Makers of English Ballet Number One, London 1947; European Folk Dance, London 1953; Older than the Seven Veils, in: Int. English, August 1956, S. 19 f.; Mime, The Theory and Practice of Expressive Gesture, London 1957; Dressing for the Ballet, London 1958; Classical Ballet, Its Style and Technique, London 1960; A History of Ballet and its Makers, London 1974; Beginning Ballet, London 1977.

Lawung ↗Trunjaya-Tanz.

Lăzeasca. Alter ↗rumänischer Volkstanz, ein ↗Hochzeitstanz, der nur von Männern ausgeführt wird. Sie nehmen im Halbkreis Aufstellung, die Arme gestreckt auf den Schultern des Nachbarn liegend. Die Tanzmelodie hat mäßigen 2/4-Takt.

Lit.: *Bucşan, A.:* Jocuri din ardealul de sud, 1957, S. 75 ff.

Lazzini, Joseph. Französischer Tänzer, ↗Choreograph und Ballettdirektor, geb. 1927 in Marseille. Er studierte bei F. Meylach in Nizza und schloß sich 1945 dem Opernballett Nizza an. 1954–1957 war er Ballettdirektor in Lüttich, 1958 in Toulouse und 1959–1968 in Marseille. 1968 gründete er eine eigene Gruppe, das Théâtre Française de la Danse. Er choreographierte auch für die Metropolitan Opera New York, die Mailänder Scala und die Pariser Oper.

Lit.: *Rossel, L.:* Joseph Lazzini, in: Les Saisons de la danse, April 1969.

Leeder, Sigurd. Deutscher Tänzer, ↗Choreograph, Lehrer und ↗Ballettmeister, geb. 14. August 1902 in Hamburg, gest. 20. Juni 1981 in Herisau. Er studierte bei Rudolf von ↗Laban, schloß sich 1924 der Neuen Tanzbühne Münster an, wo er einer der besten und engsten Mitarbeiter von Kurt ↗Jooss wurde. Er lehrte an der ↗Folkwang-Schule in Essen, emigrierte mit dieser 1934 und wurde in Dartington und Cambridge deren Direktor mit Kurt Jooss. Von 1965 an lebte er in der Schweiz (Herisau), wo er eine Schule gründete, die er bis zu seinem Tod leitete.

Legat, Nicolaj Gustawowitsch. Russischer Tänzer, ↗Ballettmeister, ↗Choreograph und Lehrer, schwedischer Abstammung, geb. 27. Dezember 1869 in St. Petersburg, gest. 24. Januar 1937 in London. Er studierte außer bei seinem Vater Gustav Legat auch an der kaiserlichen Ballettschule, debütierte 1888, schloß sich dem Marijinskij-Theater in St. Petersburg an und wurde 1896 Solist. Als Ballettmeister an diesem Theater führte er den konservativen Stil ↗Petipas und ↗Iwanows weiter. Als Nachfolger ↗Johanssons wurde er 1903 Direktor der kaiserlichen Ballettschule. 1923 verließ er Rußland und folgte ↗Cecchetti als Ballettmeister bei ↗Diaghilews Ballett. 1926 ließ er sich in London nieder, wo er eine Ballettschule eröffnete und bis zu seinem Tod als Lehrer wirkte. Viele der bedeutendsten Tänzer und Tänzerinnen waren seine Schüler. – Sein Bruder **Sergej Gustawowitsch,** geb. 1875 in St. Petersburg, gest. durch Selbstmord 1905 ebendort, studierte bis 1894 ebenfalls an der kaiserlichen Ballettschule. Er schloß sich dem Marijinskij-Theater an und begann bald zu unterrichten. Er war einer der einflußreichsten Lehrer von ↗Nijinsky. Verheiratet war er mit der Tochter Marius Petipas. Wie sein Bruder war er ein sehr begabter Karikaturist und Choreograph. Von Nicolaj Legat stammt das Buch „Russkij balet i karikatura" (1902–1905). (↗Fonteyn, ↗Nijinsky)

Lit.: *Turnbull, A.:* The Legat School, in: Dance and Dancers, August 1970.

Legátková. Tschechischer Volkstanz aus Mähren, ein ↗Paartanz im 2/4-Takt. Die Tanzpaare stellen sich im Kreis auf, halten einander an den Händen und gehen im Takt vorwärts. In der Mitte des Kreises sitzt ein Tänzer auf einem Sessel. Ein Mann, der sogenannte Platzanweiser, wählt ein Mädchen aus dem Kreis, welches mit dem Mann auf dem Sessel tanzen soll. Während der ersten 16 Takte tanzen sie im Polkaschritt im Kreis, dann Wechsel, der Tänzer sucht sich ein Mädchen seiner Wahl. Die 24 Takte des zweiten Teiles der Tanzmusik sind schneller. Entsprechend schnell ist auch der Wechsel der Tänzer. Der Platzanweiser bestimmt das Ende des Tanzes. (↗Tschechische Volkstänze)

Lit.: *Mátlova-Uhrova, L.:* Hanácké tance z Tovačovska, 1954, S. 157.

Legbatanz. ↗Afrikanischer Tanz, ein Tanz der Heviosso, der Donnerfetischisten. Er wird von besonderen Tänzern ausgeführt. Sie tragen rote Hüte, auf denen Hörner aufgesetzt sind, viel Kettenschmuck auf Hals und Beinen und einen knielangen Raffiarock. Mit übergroßen Holzphallen vollführen sie sehr obszöne, realistische Tänze.

Lit.: *Gorer, G.:* Geheimes Afrika u. seine Tänze, 1950, S. 187.

Legnani, Pierina. Italienische Tänzerin, geb. 1863, gest. 1923. Sie entstammte einer Tänzerfamilie, studierte bei Caterina Beretta in Mailand und schloß sich dem Ballett der Mailänder Scala an, wo sie 1892 zur ↗Ballerina ernannt wurde. Ihre weitere künstlerische Tätigkeit führte sie nach Paris, London und Madrid. Im Jahre 1893 wandte sie sich nach St. Petersburg. Ein Höhepunkt ihres künstlerischen Wirkens war dort die Verkörperung der Odette/Odile in ↗Tschaikowskys ↗„Schwanensee" im Jahre 1895 in der Fassung von Marius ↗Petipa und Lew ↗Iwanow. Als eine der besten Ballerinen des 19. Jh. wurde sie mit dem höchsten Rang, welchen das zaristische Ballett zu vergeben hatte, ausgezeichnet, dem Titel „Prima Ballerina assoluta". Außer ihr erhielt diese Auszeichnung nur noch Mathilde ↗Kschessinska. Nachdem sie sich ins Privatleben zurückgezogen hatte, wirkte sie noch einige Jahre als Juror bei Prüfungen an der Scala.

Lit.: *Migel, P.:* The Ballerinas, 1972.

Legnano, Francesco. Italienischer ↗Tanzmeister aus Mailand. Er lebte im 16. Jh. und wirkte am Hof Karl V. (1500–1558) und Philipp II. (1527–1598).

Lit.: *Negri, C.:* Nuove inventioni di balli, 1604. *Czerwinski, A.:* Die Tänze d. 16. Jh., 1878, S. 11.

Lego. Tanz auf den Molukken. Er wird nur von Männern ausgeführt, wobei die alten historischen Ereignisse und Legenden besungen werden. Einer der Tänzer ist Vorsänger, die anderen antworten im Chor. Der Tanz wird von Trommeln begleitet. Er dürfte religiösen Ursprungs sein, da er früher immer bei Beschneidungsfesten getanzt wurde.

Lit.: *Nieuwenhuis, G. J.:* Über d. Tanz in Niederländisch-Indien, Diss. Zürich 1916, S. 27.

Legong. ↗Balinesischer Tanz, ein Tanz der Kinder, von zwei oder drei sechsjährigen Mädchen ausgeführt. Ältere Mädchen dürfen den Legong nicht mehr tanzen. Die Mädchen sind mit einem seidenen Tuch, auf welchem sich Blattgoldornamente befinden, bekleidet. Um den Körper haben sie außerdem noch schmale goldene Bänder gewickelt. Charakteristisch sind die Hand- und Körperhaltungen, die bestimmte Ereignisse symbolisieren oder auch Bewegungen von Vögeln und anderen Tieren nachahmen. Dieser Schautanz der Kinder wurde früher nur vor den Fürsten und deren Gästen vorgeführt. Heute ist er zu einer Attraktion für die Balitouristen herabgesunken.

Lit.: *Kreutzberg, L.:* Tiere, Tänzerinnen u. Dämonen, 1929, S. 22 f. *Kleen, T. de:* The Temple Dance in Bali, 1936. *Anonym:* Tanz bei fremden Völkern, Photoausstellung, Museum f. Völkerkunde Wien, s. a.

Lehenschwinken. Alter deutscher Tanz aus dem 16. Jh. Er dürfte mit dem rheinländischen Brauch des ↗Mailehen in Verbindung stehen. Lehenschwinken bedeutet soviel wie das Schwingen, das Hineintanzen in den Lehen. 1617 wurde der Tanz von der Geistlichkeit des Erzstiftes Köln verboten, weil man ihn bei Ehebündnissen sogar in der Kirche zu tanzen pflegte. (↗Kronentanz)

Lit.: *Schuegraf:* Über d. Tanzen d. Deutschen überhaupt, insbesondere über d. vielerlei Arten ihrer Tänze, in: Zeitschrift f. deutsche Kulturgeschichte, Jg. 1, 1856, S. 447 ff. *Böhme, F. M.:* Geschichte d. Tanzes in Deutschland, 1886, S. 165.

Leich. Die aus dem gotischen „laiks" stammende Bezeichnung altdeutscher dichterischer Formen, bei welchen Musik und Gesang mit tänzerisch-rhythmischer Bewegung eine Einheit bildeten, wurde in zweifacher Weise gedeutet: 1.

Als ein von Gesang begleiteter Reigen, 2. als eine gesungene Dichtung, die sich in Aufbau und Form aus dem Text der Tanzmelodie herausbildete. Die Leichform verlor sich schon im 14. Jh. und war ab dem 16. Jh. außer Gebrauch. (↗Folkvisedans)

Lay (Tanzlied) von Guillaume de Machault, 14. Jh.

Lit.: *Wolf, F.:* Über d. Lais, Sequenzen u. Leiche, Heidelberg 1841. *Böhme, F. M.:* Geschichte d. Tanzes in Deutschland, 1886. *Hüsing, G. u. E.:* Deutsche Leiche, Lieder u. Tänze, 1921. *König, E. P.:* Der Laich, in: Rheinische Jugend, Jg. 15, 1927, Nr. 9, S. 507 f. *Wolfram, R.:* Schwerttanz u. Männerbund, 1935, S. 186. *Plaschil, H.:* Bodenständiges u. fremdes Kulturgut in unseren Tänzen im Laufe d. Geschichte. Diss. Wien 1946. *Wolfram, R.:* Zum Beitrag über d. Laich, in: Hausmusik, Jg. 19, 1955, H. 2, S. 57 f.

Lei Courdello. ↗Französischer Volkstanz aus der Provence. Er wird von 16 Tänzern oder Tänzerinnen mit Bändern um einen Mast getanzt und gleicht in der Ausführung dem ↗Bandltanz.

Lit.: *Arma, Emdée:* Entrez dans la danse, 1943, S. 52 f.

Leiertanz. ↗Deutscher Volkstanz, von vier Paaren, die im Viereck Aufstellung nehmen, ausgeführt. Getanzt wird mit Wechselschritten, gleitenden Hüpfschritten und Polkaschritten.

Lit.: *Helms-Blasche, A.:* Bunte Tänze, 1957, S. 125 f.

Leinwebertanz. Name eines pantomimischen Tanzes, der um 1800 in Deutschland getanzt wurde. Die aus zwei Teilen bestehende Musik (acht und sechs Takte) stand im 2/4-Takt. Im ersten und dritten Takt der Musik des zweiten Teiles wurde das Werfen des Weberschiffchens angedeutet.

Lit.: *Böhme, F. M.:* Geschichte d. Tanzes in Deutschland, 1886.

Leistikow, Gertrud. Deutsche Tänzerin, Lehrerin und ↗Choreographin, geb. 21. September 1885 in Bückeburg, gest. 23. November 1948 in Holland. Sie studierte in Berlin, trat als Solistin im Jahre 1910 das erste Mal auf und unternahm später ausgedehnte Tourneen nach Rußland und in die Schweiz. Sie gilt als eine der ersten Vorkämpferinnen der modernen europäischen Tanzbewegungen. 1921 wirkte sie in den Niederlanden und eröffnete Tanzschulen in Den Haag und Amsterdam. Tourneen führten sie auch nach Java und Sumatra (1924).

Lit.: *Brandenburg, H.:* Der moderne Tanz, 1915. *Fischer, H. W.:* Körperschönheit u. Körperkultur, 1928, S. 231.

Lekouri. ↗Russischer Volkstanz aus Georgien. Dieser von Frauen und Männern ausgeführte Tanz wird gerne nach dem ↗Lesghinka getanzt. Während des Tanzes sehen einander die Tanzpartner nie von Gesicht zu Gesicht, weil die Wendungen sowohl der Frauen als auch die der Männer in schnellen Schritten beständig rasch wechseln. Der Tanz hat lyrischen Charakter und stellt einen Kontrast zu dem männlich-kräftigen Lesghinka dar.

Lelje. ↗Kindertanz der Mädchen in den Dörfern des Dan-Volkes an der Nordgrenze der ↗Elfenbeinküste. Vor einem Frauenchor von etwa 20 Sängerinnen, die ihren Gesang mit Klatschen begleiten, tanzen zwei Mädchen, nicht älter als dreizehn Jahre. Sie sind mit Kopfzier, bunten Lederstücken und herabhängenden Quasten herausgeputzt. In den Händen hält jedes einen Wedel und ein Tüchlein. Ihre Tanzschritte sind klein, mitunter nur eine Bewegung der Zehen. Mit dem Gesäß wiegen sie ihre bunten Röcke.

Lit.: *Himmelheber, H.:* Masken, Tänzer u. Musiker d. Elfenbeinküste, in: Publikationen zu wissenschaftlichen Filmen, Sekt. Völkerkunde, Erg. Bd. 2, 1972, S. 101 f.

Lenatanz. ↗Deutscher Volkstanz aus der Batschka, ein ↗Paartanz im Kreis, der in seiner Form der ↗Kreuzpolka entspricht.

Lit.: *Horak, K.:* Der Vokstanz in d. Batschka, in: Deutsche Liederkunde, Jahrbuch f. Volkslied u. Volkstanz, Bd. 1, 1939, S. 216.

Lenteja. ↗Russischer Volkstanz, ein ↗Chorowod, bei welchem ein Solotänzer nach dem anderen im Kreis auftritt, während alle anderen Teilnehmer ein und dieselben Bewegungen fortsetzen. Jedesmal, wenn der Solotänzer oder ein Paar den Tanz beenden, tanzen alle im Kreis stehenden Paare. Anschließend treten die nächsten zum Solotanz auf.

Lit.: *Moissejew, J.:* Tänze d. Völker d. Sowjetunion, Folge I, 1951, S. 16.

Leonhardler Pascher. ↗Volkstanz aus Österreich, eine Lokalform der ↗Bayrischen Polka aus St. Leonhard im Ybbstal. (↗Paschader Flugsummi)

Lit.: *Zoder, R.:* Altösterreichische Volkstänze, Teil 1, 1922. *Schützenberg, E.-Derschmidt, H.:* Spinnradl, 2. Folge, 1974.

Lepeschinskaja, Olga Wassiljewna. Russische Tänzerin und Lehrerin, geb. 28. September 1916 in Kiew. Sie studierte an der Ballettschule des Bolschoj-Theaters, Moskau, an der sie 1933 mit dem Titel „danseuse étoile" abschloß. Sie wird als die beste Ballettänzerin der russischen Tanzbühne von heute nach G. ↗Ulanowa bezeichnet. Bis 1963 blieb sie am Bolschoj-Theater. Seitdem unterrichtet sie, oftmals auch in Ost-Berlin. Sie ist vierfache Stalinpreisträgerin, hat den Titel Volkskünstlerin und war zeitweise Mitglied des Obersten Sowjets.

Le Picq, Charles (auch Lepic, Pick oder Lepij). Französischer Tänzer und ↗Choreograph, geb. 1744 in Neapel, gest. 1806 in St. Petersburg. Er war Schüler von ↗Noverre und tanzte ab 1760 als Solotänzer des Herzogs von Württemberg in Stuttgart. 1764 war er in Venedig, 1765 und 1767 mit Noverre in Wien, 1770 in Mailand, 1776 in Paris, von 1783 bis 1785 als ↗Ballettmeister am King's Theatre in London und anschließend bis 1798 als Ballettdirektor in St. Petersburg. Als einer der treuesten Schüler Noverres war er verantwortlich für dessen Ausgaben der „Lettres sur la danse" in Neapel und St. Petersburg. (↗Armida-Ballette)

Lit.: *Schmidt-Garre, H.:* Ballett. Vom Sonnenkönig bis Balanchine, 1966, S. 34.

Lepri, Giovanni. Italienischer Tänzer und Lehrer, Schüler von Carlo ↗Blasis. Er war 1. Tänzer an der Mailänder Scala. 1857 lehrte er vor allem in Florenz, wo auch Enrico ↗Cecchetti sein Schüler war. Seine Lehre stellt eine direkte Verbindung der Methode von Blasis über Cecchetti zu dem heutigen klassischen Ballett dar.

Leriko. Neugriechischer Volkstanz auf der Insel Leros in der Dodekanesischen Gruppe. Der Tanz steht im 2/4-Takt, seine Bewegung ist langsam und schwer. Die Aufstellung erfolgt im offenen Kreis. (↗Griechischer Tanz)

Lit.: *Petrides, Th. u. El.:* Folke Dances of the Greeks, 1961, S. 33 ff.

Lesghinka. ↗Russischer Volkstanz der Lesghier, eines Volksstammes aus Daghestan (Transkaukasien). Dieser männliche Solotanz hat wilden und kraftvollen Charakter. Angeblich soll er den Angriff des Adlers auf sein Opfer zum Ausdruck bringen. Der mit Kosakengewand bekleidete Tänzer bewegt sich mit kleinen schnellen Schritten um einen am Boden liegenden Dolch. Plötzlich kniet er nieder und ergreift den Dolch mit den Zähnen. Der Tanz soll auch die Wendigkeit und Schnelligkeit der Kosaken zeigen. Nach dem Lesghinka tanzt man oft den lyrischen ↗Lekouri.

Lit.: *Anonym:* Die Musik d. kaukasischen Tanzes Lesghinka, in: Allgem. musikal. Zeitung, Jg. 13, 1878, Nr. 15, Sp. 238. *Lawson, J.:* European Folk Dance, 1953, S. 62 f.

Lesnoto (lesno = leicht) heißt die Gattung von ↗jugoslawischen Volkstänzen, die meist langsam begonnen werden, sich aber nach und nach im Tempo steigern. Die Musikanten richten sich dabei nach den Tanzenden. Die Tänze werden in verschiedenen Varianten ausgeführt.

Lit.: *Schmolke, A.-Langhans, H.:* Europäische Tänze, H. 4, 1957, S. 30 f.

Letkiss. ↗Gesellschaftstanz aus der 2. Hälfte des 20. Jh. Der Tanz ist aus Finnland gekommen und hat den Namen des Leiters jenes finnischen Orchesters erhalten, welches den Rhythmus des neuen Tanzes weltberühmt gemacht hat. Es war dies Anton Letkiss. Der Tanzrhythmus entspricht einem alten ↗Volkstanz im Polkatakt. Der Tanz kann als ↗Paartanz, aber auch in einer Reihe nebeneinander, hintereinander oder in einem großen Kreis ausgeführt werden. Der Tänzer steht neben oder hinter seiner Partnerin. Beide machen grundsätzlich dieselben Schritte und Bewegungen.

Lettischer Volkstanz. Die Erforschung der lettischen ↗Volkstänze ist über die Anfangsversuche der Aufzeichnung und teilweisen praktischen Edition noch nicht hinausgelangt. Die Volkstanzpflege erhielt nach einem Absinken um die Jahrhundertwende erst wieder nach den beiden Weltkriegen einen Aufschwung. Man begann den Volkstanz nach den alten Traditionen zu pflegen. Drei Gruppen von Volkstänzen lassen sich feststellen: 1. Die „ruotalas", das sind Gesellschaftsspiele in tänzerischer Form. Sie sind oft in ↗Vor- und ↗Nachtanz gegliedert, rhythmisch ungebunden, die darstellenden Formen weisen choreographisch auf alte Traditionen hin. 2. Geschlossene Tanzformen, bei denen die entlehnten und umgeformten ↗Ecossaisen, ↗Polkas und ↗Quadrillen zu finden sind. 3. Tanzformen, die aus der Verbindung der ersten und zweiten Gruppe bestehen. Allgemein ist bei den lettischen Volkstänzen eine deutliche Abgrenzung gegen die choreographischen Einflüsse aus dem Osten zu erkennen. Es findet sich kaum eine Tanzfigur, die mit den slawischen Tänzen in Verbindung gebracht werden könnte. Beziehungen dagegen ergeben sich zu den skandinavischen ↗Bauerntänzen. Die Tanzmusik der Letten bevorzugt den Zweiertakt. Dreiertakte sind selten. (↗Ačkups, ↗Devindancis, ↗Pukit'pa dambi, ↗Ritenitis, ↗Rucavietis)

Lit.: *Silins, E.:* Les Danses populaires lettones, in: Archives internationales de la danse, Jg. 2, 1934, S. 17 ff. *Silins, E.:* Latviesu Deja, 1939. *Melngailis, E.: Latviešu dancis, 1949. Apkalns, L.:* Die lettische Volksmusik, in: Anthropos LIX, 1959, S. 786 ff. *Apkalns, L.:* Lettische Musik, 1977.

Levinson, André. Russischer Tanzschriftsteller und Kritiker, geb. 1. Januar 1887 in St. Petersburg, gest. 3. Dezember 1933 in Paris. Er war ein eifriger Verteidiger des reinen akademischen Tanzes. Bis 1918 lebte er in Rußland und später in Paris. Von ihm stammen folgende Werke: Meister des Balletts, Petersburg 1915 (Potsdam 1923). Ballet romantique, 1919. Une dernière étape des Ballets Russes: la Belle au bois dormant, in: Revue Musicale 1921. Théophile Gautier et le Ballet Romantique in: Revue Musicale 1921. L'Œuvre de Léon Bakst, 1921. La Danse au théâtre, 1924. Marie Taglioni, Paris 1924. La Vie de Noverre, 1925. Beethoven et Vigano, in: Revue Musicale, 1927. Paul Valéry, philosophe de la danse, Paris 1927. Adagio. Das klassische Tanzduett, in: Neue Musikzeitung, Stuttgart, 1928. La Argentina, 1928. Technik und Geist, Bemerkungen zum klassischen Tanz, in: Anbruch 1928. La Danse d'aujourd'hui, Paris 1929. Les Visages de la danse, Paris 1933. Serge Lifar, Paris 1934.

Ley-Piscator, Maria. Österreichische Tänzerin, geb. in Wien. Ihre tänzerische Ausbildung erhielt sie bei Cäcilie ↗Cerri und bei Alexandra und Ljubow ↗Egorowa. 1920 gab sie ihren ersten Tanzabend im Wiener großen Konzerthaussaal mit Solotänzer Leopold ↗Dubois. Es folgten weitere Tanzabende, zum Teil mit einer eigenen Truppe in vielen europäischen Städten. 1924 choreographierte sie in Wien und bei den Salzburger Festspielen in den von Max Reinhardt inszenierten Schauspielen. Während dieser Zeit begann sie mit dem Literaturstudium, welches sie in Paris an der Sorbonne mit einer Doktorarbeit abschloß. 1936 heiratete sie Erwin Piscator, den Gründer und Leiter der „Freien Bühne" Berlin. Mit ihm ging sie 1938 nach New York. Beide gründeten dort die „Dramatik Werkstatt" in der neuen Schule für Gesellschaftsforschung. Sie wurde Leiterin der Tanzabteilung und war von 1966 bis 1970 Direktorin.

L'Hereu Riera. Spanischer Volkstanz, ein Geschicklichkeits- ↗Waffentanz über zwei kreuzförmig auf den Boden gelegte Stöcke. Der Tänzer hat sich in den vier Ecken und an den Spitzen des Kreuzes zu bewegen, ohne die Stöcke zu berühren. Die Stöcke stellen wahrscheinlich Kriegswaffen dar. Der Tanz ähnelt dem österreichischen ↗Spanltanz. (↗Spanische Volkstänze)

Lit.: *Carreras y Candi:* Folklore y Costumbres de España, Bd. 2, 1931, S. 311.

Lhotka, Fran. Jugoslawischer Komponist, geb. 25. Dezember 1883 in Mlada Vožice, gest. 26. Januar 1962 in Zagreb. Er gilt nach B. Baranović als der erfolgreichste Meister des kroatischen ↗Balletts. Von ihm stammen die Ballette: Der ↗„Teufel im Dorf" („Djavo u selu"), Uraufführung 1935, Zürich. „Ballade von einer Liebe" („Balada o jednoj srednjovjekovnoj ljubavi"), Uraufführung 1937, Zürich; „Lûk" („Der Bogen"), Uraufführung 1938, München; „Amazonke", komponiert 1956, noch nicht aufgeführt; „Die Seele des Meeres" („Duša Mora"), komponiert 1957, nicht aufgeführt.

Lit.: *Kovačević, K.:* Hrvatski kompozitori i njihova djela (Kroatische Komponisten u. ihr Werk), Zagreb 1960.

Liachteltanz. Ländlerform, die vor allem in der Gegend um Wels in Oberösterreich gebräuchlich war. Der Liachteltanz war ein schweres Tanzkunststück, das nur bei besonderen Gelegenheiten zur Aufführung kam. Die Tänzer trugen dabei ein volles Glas Wasser auf dem Kopf. Auf dem Wasser schwamm ein Korkkreuz mit einem Nagel in der Mitte, auf dem ein brennendes Kerzchen steckte. Bei verdunkeltem Raum wurde nun ein Ländler getanzt. Die schwankenden Kerzenflämmchen der Tänzer machten dadurch einen gespenstischen Eindruck.

Lit.: *Commenda, H.:* Tanzbrauchtum um d. Landla, in: Das deutsche Volkslied, Jg. 50, 1949, S. 37. *Wolfram, R.:* Die Volkstänze in Österreich u. verwandte Tänze in Europa, 1951, S. 188.

Lichine, David (eigentlich David Liechtenstein). Amerikanischer Tänzer und ↗Choreograph russischer Herkunft, geb. 25. Oktober 1910 in Rostow am Don, gest. 26. Juni 1972 in Los Angeles. Er studierte in Paris bei Ljubow ↗Egorowa (1926) und bei Bronislawa ↗Nijinska (1927). Sie empfahl ihn der Truppe von Ida ↗Rubinstein im Jahre 1928. Als Partner Anna ↗Pawlowas im Jahre 1930 und als Solotänzer bei den ↗Ballets Russes de Monte Carlo in den Jahren 1932 bis 1941 galt er als einer der besten Ballerinos seiner Zeit. Ab dem Jahre 1933 betätigte er sich auch als Choreograph und wirkte als solcher unter anderem am Teatro Colón in Buenos Aires (1947) und bei den Ballets des Champs-Elysées in Paris (1948). 1952 gründete er eine eigene Ballettschule in Los Angeles. Verheiratet war er mit der ↗Ballerina Tatjana ↗Riabuschinska.

Lichtetantz (auch Lichtertanz). ↗Deutscher Volkstanz aus dem 16./17. Jh. Er wird erwähnt in dem Tagebuch des 1703 verstorbenen Bürgermeisters von Danzig Georg Schröder. Ausgeführt wurde er von drei Paaren, die zwischen zwei mal drei in bestimmten Abständen aufgestellten Talglichtern so schnell wie möglich hindurchtanzen mußten.

Lit.: *Bolte, J.:* Zur Geschichte d. Tanzes, in: Alemannia, Bd. 18, 1890, S. 79. *Au, H. v. d.:* Das Volkstanzgut im Elsaß, in: Oberdeutsche Zeitschrift f. Volkskunde, Jg. 15, 1941, H. 1–3, S. 23. *Commenda, H.:* Tanzbrauchtum um d. Landla, in: Zeitschrift Volkslied, Volkstanz, Volksmusik, Jg. 50, 1949, S. 37. *Schneider, H. E.:* Ein Männertanz aus Ostpreußen, in: Niederdeutsche Zeitschrift aus Ostpreußen, Jg. 19, 1941, S. 73 f.

Lidova, Irène. Russische Ballettkritikerin und Schriftstellerin, geb. 7. Januar 1907 in Moskau. Sie verfaßte folgende Schriften: Roland Petit, Paris 1956; Yvette Chauviré Complete List of Roles, in: Les Saisons de la danse, Februar 1968; Rosella Hightower, in: Les Saisons de la danse, April 1968; Erik Bruhn, in: Les Saisons de la danse, Oktober 1969; 30 ans de ballets français. Photographies, Paris 1969; Janine Charrat with Complete List of Roles and Activities, in: Les Saisons de la danse, August 1970; George Skibine, in: Les Saisons de la danse, 1970; Claire Motte, in: Les Saisons de la danse, Februar 1972; Cullberg, in: Les Saisons de la danse, Mai 1972; Carla Fracci, in: Les Saisons de la danse, Juni 1972; John Gilpin, in: Les Saisons de la danse, Dezember 1972; Maximowa, in: Les Saisons de la danse, November 1972. Außerdem schrieb sie noch die Texte zu den Tanzfotoalben ihres Gatten Serge Lido: Ballet, Paris 1951; Ballet Panorama, Paris 1961; Ludmilla Tscherina. Tragédienne de la danse, Paris 1967.

Liebeswerbetanz ↗Werbetanz.

Liebeszauber (El Amor brujo). ↗Ballett von Manuel de ↗Falla in einem Akt nach dem Libretto von Martinez Sierra. Die Uraufführung fand am 15. April 1915 im Teatro Lara, Madrid, statt. Die Handlung spielt in Granada. Candelas, eine junge Zigeunerin, wird dort von Carmelo umworben. Sie ist bereit, seine Liebe zu erwidern. Das Gespenst eines ermordeten Liebhabers steht aber zwischen beiden. Carmelo denkt an eine List, um das Gespenst abzulenken. Er überredet Lucia, eine andere Zigeunerin, dem Gespenst Liebe vorzutäuschen. Es gelingt, das Liebespaar findet sich in einem Kuß, und das Gespenst muß kapitulieren.

Lifar, Serge. Russisch-französischer Tänzer, ↗Choreograph, Ballettdirektor und Schriftsteller, geb. 2. April 1905 in Kiew. 1921 besuchte er ein Tanzstudio von Bronislawa ↗Nijinska in Kiew. Hierauf trat er in die staatliche Ballettschule ein. 1923 schloß er sich den ↗Ballets Russes von ↗Diaghilew in Paris an. Gleichzeitig setzte er aber auch seine Tanzstudien bei ↗Cecchetti, ↗Legat und ↗Wladimiroff fort. 1925 wurde er 1. Tänzer bei den Ballets Russes. 1929 engagierte ihn die Pariser Oper als Premier danseur und Maître du ballet. Von dieser Zeit an begann sein künstlerischer Aufstieg als Tänzer und vor allem als Choreograph. Er gilt als Schöpfer des modernen französischen ↗Balletts. Sein von Diaghilew übernommener neoklassizistischer Stil versuchte eine Verbindung von strenger Technik und freiem Ausdruck. Die erste seiner Choreographien in Paris war zu ↗Beethovens ↗„Geschöpfe des Prometheus“. Seine Pariser Tätigkeit wurde 1944 unterbrochen, weil er wegen des Verdachtes der Kollaboration verhaftet wurde. Er übersiedelte nach Monte Carlo und schloß sich dort 1945 dem Nouveaux Ballet de Monte Carlo an, für welches er mehrere Choreographien schuf. 1947 kehrte er nach Paris zurück und wirkte wieder als Choreograph nicht nur in Frankreich, sondern auch in Übersee. 1956 gab er in Paris als Choreograph mit ↗„Giselle" seine Abschiedsvorstellung, und am 5. Dezember 1957 tanzte er das letztemal in demselben Ballett. Insgesamt hat er 98 Ballette choreographiert und 61 davon selbst getanzt. 1947 gründete er in Paris das Institut Chorégraphique und 1957 die Université de la Danse. Seit 1959 wirkt er freischaffend. Zahlreich sind seine Veröffentlichungen: Le Manifeste du chorégraphe, Paris 1935; La danse, 1938; Diaghilev, History of Russian Ballet, 1939; Serge Diaghilev, His Life, His Work, His Legend, London 1940, 1945; Le Ballet et la danse a l'époque romantique, 1942; Carlotta Grisi, London 1947; Giselle; A l'aube de mon destin chez Diaghilew, 1949; Traité de danse académique, 1949; Histoire du Ballet Russe, 1950; Vestris, le Dieu de la Danse, 1950; La Musique par la danse, 1950; Lifar on Classical Ballet, 1951; Traité de chorégraphie, 1951; La musique par la danse de Lulli à Prokofiev, 1955; Les trois grâces du XXe siècle, 1957; Ma vie, 1965; Histoire du ballet, 1966.

Lit.: *Levinson, A.:* Serge Lifar, 1934. *Augsbourg, G.:* Sa vie en images de Serge Lifar, maitre de ballet, 1937. *Schaikevitch, A.:* Mythologie du ballet de Vigano a Lifar, 1939. *Schaikevitch, A.:* Serge Lifar et le ballet contemporain, 1950. *Laurent, J.-Sazonova, J.:* Serge Lifar, rénovateur du ballet français, 1960. *Leeb, G.:* Serge Lifar und das neoklassische Ballett, Diss. Wien 1969. *Schaikevitch, A.:* Serge Lifar et le destin du ballet de l'Opéra, in: Revue Musicale, Paris 1971. *Gruen, J.:* Serge Lifar, in: The Private World of Ballet, New York 1975.

Limbo. Dieser akrobatische männliche Solotanz, bei dem der Körper in fast horizontaler Lage über dem Boden ist, wird heute noch in Trinidad getanzt. Er wird auf die Transporte in den niedrigen Zwischendecks der Sklavenschiffe, die von Afrika nach Westindien fuhren, zurückgeführt. (↗Akrobatischer Tanz)

Limón, José. Mexikanisch-amerikanischer Tänzer, ↗Choreograph und Lehrer, geb. 12. Januar 1908 in Culiacán, gest. 2. Dezember 1972 in Flemington, New Jersey. Er studierte bei D. ↗Humphrey und Ch. ↗Weidman. Nachdem er von 1930 bis 1940 in den Ensembles seiner Lehrer getanzt hatte, begann er 1931 zu choreographieren. 1947 gründete er seine José Limón American Dance Company mit der künstlerischen Mitdirektorin D. Humphrey. Er unterrichtete an der Juilliard School und an verschiedenen Colleges. Limón galt als einer der bedeutenden Vertreter der amerikanischen und internationalen ↗Modern Dance-Szene.

Lit.: *Cohen, S. J.:* An Artist First, 1972.

Lindentanz. Der Tanz unter der oder um die Linde findet sich in allen Zeiten in den verschiedensten Formen. Die Tanzarten waren meist ↗Reigen, ↗Dreher und ↗Walzer. Ein Lindentanz besonderer Art wird heute noch im Gailtal in Kärnten (Österreich) gepflegt. In Deutschland finden wir den Lindentanz von alters her schon unter dem Namen ↗Plantanz. Er wurde vor allem im Brauchtum der Kirchweih getanzt.

Lit.: *Wolfram, R.:* Die Volkstänze in Österreich u. verwandte Tänze in Europa. 1951, S. 62 ff. *Geramb, V.:* Vom Tanzen, in: Jahrbuch d. österreichischen Volksliedwerkes, Bd. 6, 1957, S. 53. *Koschier, F.:* Die Gailtaler Burschenschaft u. ihr Lindentanz, in: Jahrbuch d. österreichischen Volksliedwerkes, Bd. 6, 1957, S. 79 ff. *Koschier, F.:* Kärntner Volkstänze, 1963, Heft I, S. 70. *Moser, O.:* Lindentanz u. Kirchweihrecht, in: Festschrift f. Franz Koschier, 1974, S. 57 ff.

Lingueke, der Tanz der Zwillinge, ein Fruchtbarkeitstanz der Neger des Kongogebietes. Er wird gewöhnlich bei der Geburt von Zwillingen, die hier durch zwei Masken verkörpert werden, getanzt. Die Masken werden von einer Gruppe aus Männern, Frauen und Kindern begleitet. Die Masken, aussehend wie Strohmänner, ziehen in wiegender Bewegung zwischen den Palmen hindurch und stellen sich mit den Musikanten in der Mitte eines Ringes auf. Das Orchester, aus drei Trommeln und einer Quertrompete bestehend, skandiert den rezitativischen Gesang, dessen Sätze von der ganzen Versammlung wiederholt werden. Hin und wieder tritt eine Frau aus dem Ring an einen der Maskierten heran und bietet sich ihm gleichsam an, indem sie ihren Bauch mit raschen Bewegungen schüttelt. Der Tanz dauert oft über eine Stunde. (↗Afrikanischer Tanz)

Lit.: *Ballif, Noel:* Die Tänzer Gottes, Paris 1954, S. 25 f.

Linzer Polka. ↗Österreichischer Volkstanz, der in manchen Gebieten als ↗Paartanz bekannt ist (z. B. Niederösterreich), aber auch als ↗Dreiertanz ausgeführt wird (z. B. Böhmerwald). Eine besondere Form ist die ↗Doudlebska-Polka in den USA. Vom Einzelpaartanz bis zum Gruppentanz mit Partnerwechsel zeigt die heute noch viel getanzte Linzer Polka die verschiedensten Formen. (↗Deutscher Umgang)

Lit.: *Zoder, R.:* Österreichische Volkstänze, Neue Ausgabe, Teil III, 1955, S. 16 f. *Schützenberger, E.-Derschmidt, H.:* Spinnradl, 4. Folge, s. a., S. 4 f. *Berghold, L.-Deutsch, W.:* Volkstänze aus Niederösterreich, 1975, S. 64. *Lager,*

H.: Typologischer Überblick über d. oberösterreichische Volkstanzgut, in: Der fröhliche Kreis, Jg. 27, 1977, H. 1, S. 21.

Linzer Tanz hießen ursprünglich die ↗Ländler, die von den Volksmusikern der Stadt Linz, den sogenannten „Linzer Geigern" (zwei Violinen und Baß), virtuos gespielt und mit der Zeit nach Wien verpflanzt wurden. Hier wandelte sich die Bezeichnung zu einem Gattungsbegriff, mit dem aber keine bestimmte Art des Tanzes verbunden war. Sie wurden nach und nach hauptsächlich Stücke zum Hören. Solche „Linzer Tanz" sind in Wien von etwa 1820 bis 1880 nachweisbar.

Lit.: *Klier, K. M.:* „Linzer Geiger" u. „Linzer-Tanz" im 19. Jh., in: Historisches Jahrbuch d. Stadt Linz, 1956, S. 1 ff.

Lionstanz ↗Lobetanz.

Lischka (= der Fuchs). ↗Volkstanz aus Ostschlesien, ein ↗Paartanz im 2/4-Takt. Im ersten Teil stehen Bursche und Mädel einander gegenüber, die rechten Hände sind gefaßt. Sie beginnen mit Hüpfschritten auf dem rechten Fuß, der Bursche vorwärts, das Mädchen rückwärts. Im zweiten Teil tanzen beide eine ↗Polka.

Lit.: *Lanz, J.:* Ostschlesische Volkstänze, II. Folge, 1931.

Litauischer Volkstanz. Die frühesten Informationen über den litauischen Volkstanz stammen aus dem 17. Jh. Michael ↗Praetorius beschreibt in seinem Werk „Deliciae Prussicae" zwei Männertänze, den „Jungas" und „Skribelių šokis", ferner einen Frauentanz, den „Rutų vainikas". Spätere ethnographische Arbeiten beschreiben eine ganze Serie von interessanten originalen Tänzen, z. B. um die Mitte des 18. Jh. den kriegerischen „Kirvio Šokis". Alte primitive Gruppentänze wurden nur vom Gesang der Tanzenden begleitet, Instrumente waren nicht üblich. Der Tanzrhythmus wurde durch das Singen der Ausführenden bestimmt. Tänze mit Partnern wurden instrumental begleitet. Es gibt Männertänze, ↗Frauentänze und Tänze von zwei Frauen mit einem Mann. Die alten litauischen Volkstänze sind charakterisiert durch ruhige, sanfte Bewegungen, während die neueren Volkstänze fließendere Bewegungen zeigen, bei denen die Tänzer auch oftmals aufstampfen. Vorherrschend ist leichtes Polkatempo. (↗Noriu miego, ↗Suktinus)

Lit.: *Balys, J.:* Lithuanian Folk Dances, in: Journal of the English Folk Dance Society, vol. II, 1935, S. 139 ff. *Anonym:* Suk, suk, rateli, Vilnius 1957.

Livry, Emma (eigentlich Emma Marie Emarot). Französische Tänzerin, geb. 24. September 1842 in Paris, gest. 26. Juli 1863 in Neuilly. Sie studierte bei Mme. Dominique und wurde besonders von M. ↗Taglioni protegiert, die glaubte, in ihr eine Nachfolgerin zu sehen. Bei einer neuen Ballettproduktion im Jahre 1862 gerieten auf der Bühne ihre Kleider in Flammen, wobei sie sehr schwer verletzt wurde. Acht Monate später starb sie.

Lit.: *Gautier, Th.:* Nekrolog in „Portraits contemporains", 1874, S. 429. *Guest, I.:* The Ballet of the Second Empire 1858–1870, London 1953.

Ljanok (=↗Flachstanz). ↗Russischer Volkstanz aus Belorußland. Der Tanz wird von einem Lied begleitet. Die Tanzenden illustrieren pantomimisch die Worte des Liedes und bringen so den Vorgang der Aussaat, der Ernte und Aufbereitung des Flachses zum Ausdruck.

Lit.: *Moissejew, I.:* Tänze d. Völker d. Sowjetunion, Folge 2, 1952, S. 29.

Ljawonicha. ↗Russischer Volkstanz aus Belorußland. Dieser lebhafte, fröhliche Tanz kann von einer beliebigen Anzahl von Paaren ausgeführt werden. Er besteht aus zehn Figuren. Am Ende einer musikalischen Phrase, die aus sechs Takten zu je zwei Vierteln besteht, erfolgt ein übermütiges Aufstampfen und ein Vorneigen des Oberkörpers.

Lit.: *Moissejew, I.:* Tänze d. Völker d. Sowjetunion, Folge 2, 1952, S. 29 ff.

Loatabam. ↗Österreichischer Volkstanz aus der Gegend von Ebensee (Oberösterreich). Er wird vor allem bei Hochzeiten getanzt. In langer Kette (↗Kettentanz) reichen die Tanzenden einander die Hände und laufen durch das ganze Haus, auch ins Freie und drehen sich zuletzt zu einer Schnecke zusammen. Darauf folgt der ↗Schleunige. (↗Løbe Brud of Laget)

Lit.: *Wolfram, R.:* Salzburger Volkstänze, in: Wiener Zeitschrift f. Volkskunde, Jg. 38, 1933, H. 5/6, S. 97. *Wolfram, R.:* Schwerttanz u. Männerbund, 1935, S. 48 u. 158.

Løbe Brud of Laget. Dänischer ↗Hochzeitstanz, ein ↗Kettentanz, bei dem die Tanzenden in langer Kette durch das ganze Haus ziehen, oft auch über verschiedene Hindernisse hinweg. Der Tanz, ein wichtiger Teil des Hochzeitszeremoniells, entspricht dem schwedischen ↗Langdans und dem österreichischen ↗Loatabam.

Lit.: *Grüner-Nielsen, H.:* Vore aeldste Folkedanse, Danmarks Folkeminder, Bd. 16, Kopenhagen 1917.

Lobetanz, auch **Lionstanz** oder **Sperlingskirmess** genannt. Dieser ↗Volkstanz wird in Urkunden und Berichten des 13. und 14. Jh. erwähnt, vor allem in der Gegend von Meißen in Sachsen. Im Dorf Tremnitz bei Eger wurde er noch zu Weihnachten 1620 aufgeführt. In Sachsen tanzte man ihn am 2. Sonntag nach Pfingsten. Eine eindeutige Erklärung des Namens ist bis heute noch nicht gelungen. Nach dem „Ehespiegel oder LXX Brautpredigten" von Cyriakus Spangenberg aus dem Jahre 1578 hängt der Name mit dem Wort „verloben" zusammen, so daß es sich bei dem Tanz um einen Verlobungstanz gehandelt haben mag, der Ehe stiften sollte. Nach Bukofzer wird der Name von dem Wort „Lobe" = Kuh abgeleitet, das mit dem schweizerischen ↗Kühreihen (Kuhreigen) zusammenhängt. Auch mit dem sogenannten ↗Laubtanz wurde der Lobetanz in Zusammenhang gebracht.

Lit.: *Böhme, F. M.:* Geschichte d. Tanzes in Deutschland, 1886. *Markgraf:* Der Lobetanz in Sachsen, in: Mitteilungen d. Vereins f. sächsische Landeskunde, Bd. 4, 1906/08, S. 309 ff. *Meiche, A.:* Der Lobetanz, in: archiv f. Kulturgeschichte, Jg. 12, 1916, S. 79 ff. *Bloch, P. J.:* Der deutsche Volkstanz d. Gegenwart, in: Hessische Blätter f. Volkskunde, Bd. 25, 1926, S. 165 ff. *Bukofzer, M.:* Zur Erklärung d. Lobetanz, in: Schweizerisches Archiv f. Volkskunde, Jg. 36, 1937, S. 49 ff. *Panzer, M.:* Tanz u. Recht, in: Deutsche Forschungen, Bd. 32, 1938, S. 10, 25, 95. *Zoder, R.:* Das deutsche Volkslied, Jg. 46, 1944, H. 1/2, S. 11.

Locktanz. Tanzspiel aus dem Saargebiet, Deutschland. Ein Tänzer steht innerhalb des von den anderen Ausführenden gebildeten Kreises. Er tanzt zunächst allein und winkt dann einer Tänzerin zu. Sie tanzt nach der Mitte des Kreises in seine Nähe und, falls er sie will, darf sie mit ihm eine Runde tanzen. Will er sie aber nur foppen, dann dreht er sich um, und sie muß in den Kreis zurück. Nach dem Tanz des Burschen mit dem „gelockten" Mädchen tritt er in den Kreis zurück und das Mädchen übernimmt nun die Rolle des Tänzers. Das Tanzspiel, zu dem keine bestimmte Melodie üblich ist, kann fortgesetzt werden, so lange man will.

Lit.: *Au, H. v. d.:* Heit is Kerb in unserm Dorf, 1954, S. 59.

Loeffelholz (Löffelholz) von Colberg, Christoph, geb. 4. Dezember 1572 in Nürnberg, gest. 20. Januar 1619 ebendort. Dieser Musikliebhaber war Besitzer eines in den Kreis der süddeutschen Koloristen gehörenden handschriftlichen ↗Tabulaturbuches aus dem Jahre 1585. Es enthält 21 Tänze anonymer Komponisten und gibt damit ein umfassendes Bild über die in den Bürgerhäusern in der zweiten Hälfte des 16. Jh. gepflegte Tanzmusik.

Lit.: *Merian, W.:* Der Tanz in d. deutschen Tabulaturbüchern, 1927, S. 30 ff. u. S. 167 ff.

Lösdans. ↗Norwegischer Volkstanz, ein ↗Werbetanz. Während des Tanzes läßt der Bursche das Mädchen aus und zeigt, während das Mädchen vor dem Burschen drehend umhertanzt, alle seine Künste an Schritten und Sprüngen. Zum Schluß vereinigen sich beide zu einem Rundtanz in geschlossener Form nach Art der norddeutschen ↗Polska.

Lombardina. ↗Italienischer Volkstanz im lebhaften 6/8-Takt, ein ↗Paartanz mit Wechsel der Partnerin.

Lit.: *Ungarelli, G.:* Le Vecchie Danze Italiano ancora in uso nella Provincia Bolognese, 1894, S. 64 ff.

London Festival Ballet. Englische Ballettgruppe, die aus dem ↗Markova-Dolin Ballet 1950 gegründet wurde und sich ausschließlich dem klassischen Ballett verschrieben hatte. Die Gruppe stellte sich im Oktober 1950 erstmals am Stall-Theatre in London vor. Jährlich zeigte sie in der Royal Festival Hall ein sorgfältig ausgewähltes Programm. Neben ↗Markova und Anton ↗Dolin tanzten hier Leonid ↗Massine und Yvette ↗Chauviré. 1952 schied Alice Markova aus und wurde durch Belinde ↗Wright ersetzt. (John ↗Gilpin)

Lit.: *Schmidt-Garré, H.:* Ballett. Vom Sonnenkönig bis Balanchine, 1966, S. 303. *Anthony, G.:* Pioneers of the Royal Ballet: Anton Dolin, in: Dancing Times, Juni 1970.

Longways werden in England und Amerika Tänze mit Aufstellung in „Langer Gasse" genannt (Longways for as many as will). Eine gerade Zahl von Paaren, Partner einander gegenüber, stehen in zwei Stirnreihen (Gassen). In jeder Stirnreihe wechseln Tänzer und Tänzerin ab. (↗Contratanz, ↗Nordamerikanischer Tanz, ↗Rounds)

Lit.: *Wolfram, R.:* Die Volkstänze in Österreich u. verwandte Tänze in Europa, 1951, S. 135 f. *Nettl, P.:* Mozart u. d. Tanz, 1960, S. 58. *Lager, H.:* Alte Tänze f. junge Leute, 1973.

Lopokow, Fjodor Wassiljewitsch (auch Lopuchow). Russischer Tänzer, ↗Choreograph und Lehrer, geb. 19. Oktober 1886 in St. Petersburg, gest. 28. Januar 1973 in Leningrad. Er studierte ab 1896 an der kaiserlichen Ballettschule in St. Petersburg. Nach dem Abschluß seiner Studien 1905 wurde er ans Marijinskij-Theater als Charakter- und Grotesktänzer engagiert. Von 1909 bis 1911 tanzte er zusammen mit seiner Schwester Lydia ↗Lopokowa bei ↗Diaghilew und in Amerika. Er kehrte wieder nach St. Petersburg zurück und blieb beim Ballett des Marijinskij-Theaters bis 1970. Von 1922 bis 1930, 1944 bis 1947 und 1955 bis 1958 war er dessen Direktor und ↗Ballettmeister. In der Zeit von 1931 bis 1936 war er erster Ballettmeister beim neugegründeten Mali-Theater-Ballett in Leningrad. Im Jahre 1916 begann er als Choreograph zu arbeiten und wurde einer der führenden russischen Choreographen seiner Zeit. Seine theoretischen Aufzeichnungen veröffentlichte er 1925 in Berlin in dem Buch „Wege des Ballettmeisters". Sein Bruder **Andrej Wassiljewitsch,** geb. 8. August 1898 in St. Petersburg, gest. 23. Mai 1947 in Leningrad, war ebenfalls ein bedeutender Tänzer und Lehrer.

Lit.: *Rosavleva, N.:* Era of the Russian Ballet, 1966. *Swift, M. G.:* The Art of the Dance in the UdSSR, 1968.

Lopokowa, Lydia Wassiljewna (auch Lopuchowa). Russische Tänzerin, geb. 21. Oktober 1891 in St. Petersburg, gest. 8. Juni 1981 in England. Schwester der beiden Tänzer Andrej und Fjodor ↗Lopokow. Sie besuchte die kaiserliche Ballettschule in St. Petersburg, tanzte am Marijinskij-Theater und nahm 1910 an der zweiten Reise der ↗Ballets Russes nach Paris teil. Während des ersten Weltkrieges tanzte sie in den USA. 1918–1925 war sie wieder beim Ballet Russe. Nach dem Tod ↗Diaghilews war sie in London bei der ↗Camargo-Society und dem ↗Vic-Wells Ballet. Mir ihrem Gatten Lord Keynes begründete sie 1936 das Cambridge Arts Theater.

Lit.: *Beaumont, C. W.:* The Art of Lydia Lopokova, London 1920. *Yoffe, L.:* The Lopokova Dynasty, in: Dance Magazine, Januar 1967.

Lopuchow ↗Lopokow.

Losch, Tilly (Ethel, Countess of Carnarvon). Österreichische Tänzerin, geb. 15. November 1904 in Wien, gest. 24. Dezember 1975 in New York. Sie studierte an der Ballettschule der Hofoper Wien, wurde 1918 engagiert und 1924 Solotänzerin. 1927 ging sie von der Oper weg. Während ihrer Wiener Zeit war sie in zahlreichen Balletten hervorragend beschäftigt. Bereits 1925 hatte sie Verbindung mit Max Reinhardt aufgenommen, der sie in seinen Inszenierungen („Mirakel", „Sommernachtstraum" u. v. a.) in Europa und Amerika einsetzte. Große Erfolge hatte sie in Revuen bei Noël Coward und Cole Porter in London und mit Fred ↗Astaire in den USA. Einige ↗Choreographien für Film und Revue stammen von ihr. Nach der Heirat mit Sir Carnarvon zog sie sich von der Bühne zurück und beschäftigte sich erfolgreich mit Malerei.

Losetanz. ↗Deutscher Volkstanz aus dem 16./17. Jh. Der 1703 verstorbene Danziger Bürgermeister Georg Schröder hat uns diesen Tanz in seinem Tagebuch mitgeteilt. Getanzt wurde er nur von einem Paar.

Lit.: *Bolte, J.:* Zur Geschichte d. Tanzes, in: Alemannia, Bd. 18, 1890, S. 79.

Lott is doot. ↗Deutscher Volkstanz, der als ↗Paartanz weit verbreitet war und in verschiedenen Varianten und unter verschiedenen Namen weit über Deutschland hinaus getanzt wurde. In Österreich tanzte man ihn als ↗Krebspolka, ↗Manchester oder ↗Neukatholischen. In Bayern heißt er ↗Altkatholisch. Dänemark kennt ihn als ↗Vrövl i Hatten, Holland als Lot is dood, Norwegen als ↗Lottistå und Schweden als ↗Laditå.

Lit.: *Meyer, G.:* Volkstänze, 1909, S. 1 f. *Helms, A.-Blasche, J.:* Bunte Tänze, Bd. V, 1928, S. 18 f. *Stahl, W.:* Volkstänze v. d. nordfriesischen Inseln, Deutsche Volkstänze, H. 27, 1935, S. 8. *Van der Ven-Ten Bensel, E.* en *J. Van der Ven:* De Volksdans in Nederland, 1942, S. 219. *Horak, K.:* Deutsche Volkstänze aus d. Weichselraum, Deutsche Volkstänze, H. 52/53, 1962, S. 7 f.

Lottistå. ↗Norwegischer Volkstanz, der dem österreichischen ↗Neukatholischen gleich ist. (↗Lott is doot)

Louis, Murray (eigentlich Murray Louis Fuchs). Amerikanischer Tänzer, ↗Choreograph, Lehrer und Ballettdirektor, geb. 4. November 1926 in New York. Er studierte bei A. ↗Halprin und A. ↗Nikolais, dessen Mitarbeiter, Assistent und Solist er ab 1949 am Henry Street Playhouse wurde. Ab 1951 gehörte er zum Lehrkörper des Henry Street Playhouse. 1953 gründete er seine Murray Louis Dance Company. Im gleichen Jahr trat er auch mit seinen ersten Choreographien an die Öffentlichkeit. 1974 produzierte er die fünfteilige Lehrfilmserie „Dance as an art form". Seine effektvollen und witzigen Choreographien schuf er für seine eigene Gruppe und als Gast für andere Ensembles.

Lit.: *Tobias, T.:* Nikolais and Louis: A New Space, in: Dance Magazine, Februar 1971. *Hodgson, M.:* Murray Louis Silver Anniversary, in: Dance News, Januar 1975.

Lou Panliran. ↗Französischer Volkstanz aus Limousin. Bei diesem sehr alten Tanz steht einer Tänzerreihe eine Tänzerinnenreihe gegenüber. Die Tänzer stützen die Hände seitlich ein, die Tänzerinnen fassen die Röcke. Der Tanz wird mit Hüpfern, Stampfern und Drehungen am Platz ausgeführt. Er besteht aus zwei Teilen mit Wiederholung. Die Musik im 3/4-Takt wird von Vielles, Chabrettes und Violons gespielt.

Lit.: *Arma, Edmée:* Entrez dans la danse, Paris 1943, S. 28 f. *Schmolke, A.-Langhans, H.:* Europäische Tänze, H. 1, 1954, S. 10 f.

Loure. Dieser französische Tanz aus dem 17. und 18. Jh. hatte seinen Namen nach Loure, der französischen Bezeichnung für Dudelsack (Sackpfeife) bekommen. Die Loure war ein Tanz in gemäßigtem Tempo im 6/4- oder 3/4-Takt. Fallweise bildeten die Loures auch einen Teil der ↗Suite.

Feuillet, Choreographie, 1701

J. S. Bach, Französische Suite Nr. V, G-Dur (BWV816)

Lit.: *Böhme, F. M.:* Geschichte d. Tanzes in Deutschland, 1886.

Lou tré tzape ↗Feulatere.

Luca, Dia. Österreichische Tänzerin, ↗Choreographin und Lehrerin, geb. 13. April 1912 in Karansebes, Rumänien, gest. 14. August 1975 in Wien. Sie studierte Tanz und ↗Gymnastik bei ihrer Mutter. Ballett studierte sie bei Karl ↗Godlewsky, Toni ↗Birkmeyer und Grete ↗Wiesenthal. Außerdem betrieb sie noch Tanzstudien bei Harald ↗Kreutzberg. Von 1938 bis 1941 war sie Solotänzerin und Choreographin an der Volksoper Wien, von 1941 bis 1944 in gleicher Tätigkeit in Brünn. 1944 kam sie nach Dresden. 1945 leitete sie eine eigene Tanzgruppe. Gastspiele absolvierte sie in Mailand, Paris, London und in den USA. Von 1955 bis 1972 war sie Chefchoreographin an der Volksoper Wien. Sie choreographierte auch bei den Festspielen in Bregenz und Salzburg.

Lucas, Roger. Deutscher Tänzer, geb. 20. Mai 1940 in Wuppertal, gest. 4. April 1984 in Basel. Zu tanzen begann er mit acht Jahren im Kinderballett und bekam anschließend seine tänzerische Ausbildung an der Berufsausbildungsstätte für Bühnentanz bei Ossy und Hans Helken in Frankfurt a. M. Sein erstes Engagement erhielt er in Wuppertal. 1957 schloß er sich dem Frankfurter Opernballett an. Ab 1961 wirkte er als 1. Solotänzer in Heidelberg, Lübeck, am Nationaltheater in München und am Hessischen Staatstheater in Wiesbaden. Mit dem ↗American Festival Ballet war er auf Tourneen in Westeuropa und Südamerika, mit Janine ↗Charrats Grand Ballet Classique de France in Spanien und Nordafrika. Von 1971 bis 1973 tanzte er beim Ballett in Norwegen und von 1973 bis 1976 wieder in Wiesbaden. Von 1977 bis 1982 war er ↗Ballettmeister in Oberhausen.

Ludiones ↗Histriones.

Ludwig XIV. Französischer König, geb. 5. September 1638, gest. 1. September 1715. In seiner

Regierungszeit erlebte die französische Tanzkunst ihre Glanzzeit. Der König, selbst ein leidenschaftlicher Tänzer, tanzte 1651 erstmals in dem ↗Ballett „Mascarade de Cassandra". Bei Charles ↗Beauchamp nahm er Tanzunterricht und trat in den folgenden Jahren in großen Balletten immer wieder als Tänzer auf. Für die Ballettgeschichte von besonderer Bedeutung ist die von ihm im Jahre 1661 befohlene Gründung der ↗Académie Royale de Danse. (↗Desmarets, ↗Lully)

Lit.: *Bie, O.:* Der Tanz, 1906, S. 282. *Gregor, J.:* Kulturgeschichte d. Balletts, 1944, S. 213 ff. *Plaschill, H.:* Bodenständiges u. fremdes Kulturgut in unseren Tänzen im Laufe d. Geschichte, Diss. Wien 1946, S. 136, 140.

Lüdere-Polka. Schweizer Volkstanz aus Emmental, im geraden Takt, von Paaren getanzt, die einander gegenüberstehen. (↗Schweizer Volkstänze)

Lit.: *Witzig, L.:* Dances of Switzerland, 1949.

Lümmeltanz. ↗Deutscher Volkstanz aus Siebenbürgen, ein Tanzspiel mit einem überzähligen Tänzer. Die Ausführenden stehen paarweise gereiht und fassen einander zum großen Kreis, der sich seitwärts gehend bewegt. In der Mitte steht ein „Überzähliger", der einen alten Hut aufhat. Er ist der sogenannte „Lümmel". Wenn die Musik in eine ↗Schnellpolka übergeht, muß der „Lümmel" trachten, eine Tänzerin zu erhaschen. Der hierauf übriggebliebene Tänzer ist für den weiteren Tanz der „Lümmel".

Lit.: *Wolfram, R.:* Siebenbürger Volkstänze, in: Jahrbuch f. ostdeutsche Volkskunde, Bd. 22, 1979, S. 167 f.

Luipart, Marcel (eigentlich M. Fenchel). Deutscher Tänzer, ↗Ballettmeister und ↗Choreograph, geb. 8. September 1912 in Mülhausen (Elsaß). Er war Schüler von E. ↗Eduardowa, V. ↗Gsovsky und N. ↗Legat. 1933 wurde er an die Oper in Düsseldorf engagiert, wo ihn Aurel de ↗Milloss in seine strenge Schule nahm. Der Erfolg der gründlichen Ausbildung zeigte sich bald: 1934 errang Luipart den 1. Preis beim Internationalen Tanzwettbewerb in Wien. 1936 wurde er von Leonide ↗Massine nach Frankreich eingeladen. Bis zum Ausbruch des zweiten Weltkrieges gehörte er den Ballets de Monte Carlo an. 1940 folgte er einer Einladung seines Lehrers Milloss als Premier danseur an die Mailänder Scala. Anschließend verbrachte Luipart, der Vertreter aller klassischen Parts des Danseur noble, einige Zeit an der Opera Reale di Roma. Dann wurde er zum Militärdienst einberufen, konnte aber beim ↗Moroda-Ballett, das fast ausschließlich für die Wehrmacht spielte, unterkommen. Nach Kriegsende wurde er 1. Ballettmeister der Bayerischen Staatsoper, für die er „Les ↗Sylphides", ↗„Daphnis et Chloé" und andere klassische Ballette choreographierte. Seine beste Leistung in München war die Uraufführung von ↗„Abraxas". Luipart schuf nicht nur die völlig überzeugende ↗Choreographie (Musik Werner ↗Egk) sondern kreierte auch die Rolle des Faust mit jener tänzerischen und gestalterischen Intensität, die seine Künstlerpersönlichkeit auszeichnet. 1949 choreographierte er in Heidelberg „Das Wundertheater" (Musik Hans Werner ↗Henze) und übernahm neben den singenden und sprechenden Akteuren die dominierende Tänzerrolle. 1950 führte er „Abraxas" in Helsinki auf und wurde begehrter Gast an vielen Theatern im In- und Ausland. Völlig verwandelt, auf hohem darstellerischem Gipfel zeigte sich Luipart als Poet in „La Sonate de l'Angoisse" (Choreographie Aurel v. Milloss). Sein dramatischer Tanzstil und seine bildnerische Begabung als Choreograph stellen ihn in die erste Reihe der Ballettkräfte, über die wir heute verfügen. Weitere Choreographien: ↗„Bolero", „Der ↗Feuervogel", ↗„Apollon Musagete", „Nachmittag eines Fauns", „Hoffmanns Erzählungen", „Kiss me Kate". 1956 choreographierte und tanzte er den „Orpheus" für das Deutsche Fernsehen. Ab 1962 war Marcel Luipart als Pädagoge an der Abteilung für künstlerischen Tanz der Hochschule für Musik und darstellende Kunst in Wien tätig. Im Jahre 1971 wurde der auch als Pädagoge überaus erfolgreiche o. Prof. Marcel Luipart mit der Leitung der Tanzabteilung betraut. Er blieb bis 1975 und wurde danach Lehrer für klassisches Repertoire an der Schule des ↗Wiener Staatsopernballetts.

Lully, Jean Baptiste (eigentlich Giovanni Battista Lulli). Französischer Komponist am Hof ↗Ludwigs XIV., geb. 28. November 1632 in (oder nahe bei) Florenz, gest. 22. März 1687 in Paris. Vom Anfang seiner Pariser Laufbahn an beschäftigte er sich mit dem in der Pariser Theater- und Musikkultur verankerten Ballettwesen. Im Verlauf seines Wirkens schuf er über 20 eigene ↗Ballette und im Zusammenwirken mit den französischen Dichtern Philipp ↗Quinault, Isaac de ↗Benserade und J. B. ↗Molière schrieb er die Musik zu zahlreichen ↗Comédies-ballets, Pastorales und ↗Divertissements. 1662 wurde er zum „Maître de la Musique de la famille royale" ernannt. Bei den Aufführungen am Hof tanzte neben dem Komponisten auch der König selbst mit. Die Aufführung seines Balletts „Le ↗Triomphe de l'Amour" im Jahre 1681 bildete einen Markstein in der Geschichte des Balletts. Es war das erste französische Ballett ohne Gesang.

Lit.: *Prunières, H.:* Lully and the Académie de Musique et de Danse, in: Musical Quarterly XI, 1915, S. 528. *Böttger, F.:* Die „Comédie-Ballet" v. Molière-Lully, Diss. Berlin 1930. *Prunières, H.:* Œuvres complètes de J. B. Lully 1632–1687, 2 Bde., Paris 1931. *Barteis, I.:* Die Ballettexte Benserades, Diss. Wien 1951. *Schneider, H.:* Verbreitung u. Rezeption d. Opern Lullys im 17. u. 18. Jh. in Frankreich, Habil.-Schrift Mainz 1978.

Lundú ist eine Gattung von Negerliedern, die in Brasilien beheimatet sind und von den brasilianischen Negern als Kreisreigen getanzt werden. Charakteristisch für die Melodien sind die stark synkopierten Rhythmen im 2/4-Takt. (↗Brasilianischer Tanz)

Lit.: *Friedenthal, A.:* Musik, Tanz u. Dichtung bei d. Kreolen Amerikas, 1913, S. 312 ff. *Günther, H.-Schäfer, H.:* Vom Schamanentanz zur Rumba, 1959, S. 308.

Lundum. ↗Portugiesischer Volkstanz, ein Singtanz, der von der Mitte des 18. Jh. bis zur Mitte des 19. Jh. in Lissabon populär war. Er kam von der Westküste Afrikas über Brasilien nach Portugal. Er war ein ruhiger Tanz, dessen melancholische Melodie von Gitarren begleitet wurde. Der Tanz verschwand allmählich, während seine Melodien immer populärer wurden. Manche sehen in diesem Tanz einen Vorläufer des ↗Fado.

Lybaekkeren. ↗Dänischer Volkstanz im 2/4-Takt. Die Aufstellung erfolgt paarweise in gewöhnlicher Fassung. Getanzt wird mit Polkaschritten.

Lit.: *Madelung, M. M.-Lorenzen, P.:* Gamle Himmerlands-Danse, 1931, S. 17 f.

Lygismos. Griechische Bezeichnung einer Tanzfigur, die in einer Biegung des Körpers nach allen Richtungen besteht. Sie ist ein besonderes Charakteristikum des altgriechischen Tanzes ↗Igdismos. Es handelt sich dabei nicht um einen altgriechischen Matrosentanz, wie fälschlicherweise angenommen wurde. (↗Griechischer Tanz)

Lit.: *Roos, E.:* Die tragische Orchestik im Zerrbild d. altattischen Komödie, in: Kungl. Vitterhets Historie och Antikvitets Akademiens Handlingar, Del. 78, 1951, S. 63 f.

M

Maar, Lisl. Österreichische Tänzerin, geb. 29. September 1942 in Wien. Sie besuchte die Ballettschule der Staatsoper Wien und Trainingsstunden bei R. ↗Hightower, R. ↗Joffrey, Francelli und Berioslavec. 1956 wurde sie in das ↗Corps de ballet der Wiener Staatsoper aufgenommen, 1961 zur Coryphée und 1965 zur Solotänzerin ernannt. 1984 nahm sie von der Bühne Abschied.

Mabucha. Name eines Tanzes der Baining im Bismarck-Archipel (seit 1975 zu dem Staat Papua-Neuguinea gehörend). Bei diesem Tanz zu den Pubertätsfeiern sind die Tänzer Geißelungen und Rutenschlägen ausgesetzt, die ihre Standhaftigkeit unter Beweis stellen sollen.

Lit.: *Boehn, M. v.:* Der Tanz, 1925, S. 20.

Macbeth-Ballette. Shakespeares Trauerspiel bildete mehrmals die Grundlage für Balletthandlungen: 1785 in London von Ch. ↗Le Picq, mit der Musik von Locke; 1816 in Kopenhagen von V. ↗Galeotti, mit der Musik von Klaus Schall; 1830 in Mailand von L. X. St. ↗Henry, mit der Musik von C. ↗Pugni; 1969 in Mailand von M. Pistoni, mit der Musik von R. ↗Strauss.

McDonagh, Don. Amerikanischer Tanzkritiker und Schriftsteller, geb. 6. Februar 1932 in New York. Er schrieb: The Rise and Fall and Rise of Modern Dance, New York 1970; Martha Graham, Newton Abbot 1974; The Complete Guide to Modern Dance, New York 1976.

Machalat. Alter jüdischer Ausdruck, dessen Bedeutung nicht ganz geklärt ist. Obwohl manchmal mit Flöte oder Schalmei übersetzt, dürfte das Wort einen ↗Reigen oder Tanz bedeuten. In diesem Sinn finden wir den Ausdruck in der Heiligen Schrift des Alten Bundes, 2. Buch Moses 15/20 und 32/18 und im Buch der Richter 11/34.

Lit.: *Rothmüller, A. M.:* Die Musik d. Juden, 1951, S. 7/6, S. 8, S. 10/1, S. 17.

Machetes. Alter ↗mexikanischer Tanz aus Guerrero. Er wurde von zwei Männern und einem Mädchen ausgeführt und bestand darin, daß die Tanzenden einen Kampf mit Machetes, das sind sehr lange Messer zum Zuckerrohrschneiden, simulierten.

Lit.: *Dickins, G.:* Dances of Mexico, 1954, S. 10.

Machiche. Dieser tangoartige ↗mexikanische Tanz kam um 1890 auf, blieb aber als ↗Gesellschaftstanz unpopulär. Die Tanzmelodie steht im straffen Zweiertakt.

MacLeary, Donald Whyte. Britischer Tänzer und ↗Ballettmeister, geb. 22. August 1937 in Glasgow. Er studierte bei Sheila Ross und an der Sadler's Wells Ballet School und schloß sich im Jahre 1954 dem Sadler's Wells Theatre Ballet an. 1955 wurde er zum Solisten und 1959 zum 1. Tänzer beim ↗Royal Ballet ernannt, dessen Ballettmeister er im Jahre 1976 wurde.

Lit.: *Goodman, S.:* Donald MacLeary, in: Dance Magazine, November 1960.

MacMillan, Kenneth. Britischer Tänzer, ↗Choreograph und Ballettdirektor, geb. 11. Dezember 1929 in Dunfermline (Schottland). Er studierte an der Sadler's Wells Ballet School und schloß sich 1946 dem Sadler's Wells Theatre Ballet an. 1948 ging er zum ↗Sadler's Wells Ballet, kehrte aber 1952 zum Sadler's Wells Theatre Ballet zurück. 1965 wurde er Choreograph des ↗Royal Ballet, von 1966 bis 1969 war er Ballettdirektor der Deutschen Oper in Berlin und von 1970 bis 1977 Ballettdirektor des Royal Ballet. MacMillans Choreographien basieren auf der klassischen Ballettechnik, sind aber in hohem Maße expressiv. (↗Fräulein Julie)

Lit.: *Brinson, P.-Crisp, C.:* Ballet for All, 1970.

Macumba (Ma-Khumba). ↗Brasilianischer Tanz, der Tanz der „Mutter von Khumb". Der Tanz, um Rio de Janeiro und die ganze brasilianische Küste bis in den Norden zu finden, ist mehr eine spirituistische Séance. Die Töchter der Heiligen oder eigentlich der alten afrikanischen Götter tanzen bei diesen nächtlichen Zusammenkünften, bis sie in Trance von dem Geist besessen sind.

Lit.: *Anonym:* Tanz bei fremden Völkern, S. 30/132.

Mađara. Tschechischer Volkstanz der Hannaken (Mähren), ein Männertanz im 2/4-Takt. Er gleicht dem ↗Hulán. Die Tänzer stellen sich in einer Reihe oder im Halbkreis auf. Sie hüpfen und springen, drehen sich im Kreis um die eigene Achse und sind ständig in Bewegung. (↗Tschechische Volkstänze)

Lit.: *Mátlova-Uhrova, L.:* Hanácké tance z Tovačovska, 1954, S. 145.

Madison. ↗Gesellschaftstanz des 20. Jh. Dieser dem ↗Twist ähnliche Tanz ist 1962 aufgekommen. Er wird in Gruppen getanzt. Die Tanzenden stehen entweder einander gegenüber oder nebeneinander. Die Tanzmelodie steht im mäßigen 4/4-Takt.

Lit.: *Beck, F.:* Perfekt tanzen.

Madsen, Egon. Dänischer Tänzer, geb. 24. August 1942 in Ringe. Er studierte bei Th. Jolles, B. Bartholin und E. Frandsen. Er begann seine künstlerische Tätigkeit am Tivoli-Theater in Kopenhagen. 1959 schloß er sich dem Skandinavischen Ballett von Elsa Marianne von Rosen an. 1961 ging er zum ↗Stuttgarter Ballett, wo er 1962 Solist wurde. 1981 wurde er Ballettdirektor in Frankfurt a. M. Mit Beginn der Spielzeit 1984/85 übernahm er die Direktion des ↗Königlich-Schwedischen Balletts.

Lit.: *Goodman, S.:* Egon Madsen, in: Dance Magazine, Oktober 1969.

Mädchentanz. Dieser Volkstanz, der in Thüringen (Deutschland) gebräuchlich war, wurde im Freien auf einem bestimmten ↗Tanzplan (Tanzplatz) getanzt. Die Mädchen luden zu ihrem Tanzfest ein und forderten auch die Burschen zum Tanz auf. Der Mädchentanz kann als ein Vorläufer unserer heutigen ↗Damenwahl bezeichnet werden.

Lit.: *Böhme, F. M.:* Geschichte d. Tanzes in Deutschland, 1886, S. 201.

Mädchen von der Kokel. ↗Rumänischer Volkstanz aus Nordtranssilvanien, ein Singtanz, an dem sich 20 Tänzerinnen, eingeteilt in fünf Gruppen zu je vier Tänzerinnen, beteiligen. Der Tanz wird als Spiel dargestellt. Die musikalische Einleitung besteht aus 15 4/4-Takten und sieben 7/16-Takten. Während dieser Einleitung stehen die Tänzerinnen mit hängenden Armen einander an den Händen haltend. Der Tanz besteht aus fünf Teilen, in welchen die einzelnen Gruppen ihre Bewegungen ausführen. Die begleitende Liedmelodie im 7/16-Takt ist für jeden Teil gleich.

Lit.: *Molkenbur, N.:* Rumänische Volkstänze, 1967, S. 46 ff.

Mägdleinstanz. Dieser ↗Hochzeitstanz war in Deutschland bis um das Jahr 1840 im Gebiet von Rothenburg ob der Tauber (Mittelfranken) gebräuchlich. Er wurde nur von der Braut und den Hochzeitsmägden ausgeführt. Burschen durften nicht mittanzen.

Lit.: *Böhme, F. M.:* Geschichte d. Tanzes in Deutschland, 1886, S. 201.

Mänaden. Name der rasenden, verzückten Weiber im griechischen Dionysoskult. Zunächst nur in Thrakien, sind sie später in ganz Griechenland zu finden. Die Stirn mit Reben und Efeu, das lose flatternde Haar mit Schlangen und den Leib mit den Fellen junger Hirsche geschmückt, so folgten sie, in den Händen den weinrebenumrankten Thyrusstab schwingend, in wilden orgiastischen Tänzen dem Gott ↗Dionysos. (↗Bachantinnen, ↗Korybanten, ↗Thyiaden)

Lit.: *Weege, F.:* Der Tanz in d. Antike, 1926, S. 71 ff. *Lawler, L. B.:* The Maenads: A Contribution to the Study of the Dance in Ancient Greece, in: Memoirs of the American Academy in Rome, vol. VI, 1927, S. 69 ff. *Caputo, G.:* Lo Sultore del grande bassorilievo con la danza delle Menadi in Tolmaide di Cirenaica, 1948. *Lawler, L. B.:* The Dance in Ancient Greece, 1964.

Märchen vom Schalksnarren (Russischer Titel: Skazka pro šuta). ↗Ballett in 6 Bildern von Sergej ↗Prokofjew, komponiert 1920, wurde am 17. Mai 1921 von dem ↗Ballet Russe am Théâtre de la Gaîté-Lyrique in Paris uraufgeführt. Die ↗Choreographie stammte von Th. Slawinskij und M. Larionow. Das Libretto gestaltete nach einer Idee von Afanassjew der Komponist. Der Handlung liegen zwei alte russische Märchen aus dem Gouvernement Perm zugrunde. Mißverständlich wird das Ballett auch Le Chout genannt.

Magny. Französischer ↗Tanzlehrer und ↗Choreograph in Paris unter ↗Ludwig XIV. Er ist aus der ↗Académie Royale de Danse hervorgegangen und galt als einer der besten französischen Tanzlehrer. Seine Schrift „Principes de

Chorégraphie suivis D'un Traité de la Cadence, qui apprendra les tems et les valeurs de chaques pas de la Danse, détaillés par caracteres, figures & signes démonstratifs", bei Duchesne, Paris 1765 erschienen, gilt als ein wichtiges Werk zur französischen ↗Choreographie. Von ihm stammt auch ein ↗Contratanz zu vier Paaren mit dem Titel „Les Petits Bouquets".

Magri, Gennaro. Italienischer ↗Choreograph. Er wirkte von 1760 bis 1761 in Venedig, dann in Wien (1763 bis 1764) und in Modena (1765). 1779 veröffentlichte er den „Trattato teoretico-prattico Di Ballo" bei Vincenzo Orsino in Neapel, eine sehr bedeutende Abhandlung über die Ballettechnik des 18. Jh. (↗Choreographie)

Lit.: *Winter, M. H.:* The Pre-Romantic Ballet, 1974.

Magriel, Paul David. Amerikanischer Schriftsteller, geb. 1906 in Riga, Lettland. Erster Kurator der „Dance Archives at Museum of Modern Art", New York 1940 bis 1942. Mit Baird Hastings und L. ↗Kirstein war er Editor des Tanzmagazins „Dance Index", 1942. Von ihm stammen folgende Veröffentlichungen: A Bibliography of Dancing, New York 1936; Ballet. An Illustrated Outline, New York 1938; Chronicles of the American Dance, New York 1948; Nijinsky. An Illustrated Monograph, London 1948; Pavlova, London 1948; Nijinsky, Pavlova, Duncan. Three Lives in Dance Edited, 1977.

Magyar kettös. ↗Volkstanz aus der Batschka (Teil der ungarischen Tiefebene zwischen Donau und Theiß) ungarischer Herkunft. Ein ↗Paartanz im Kreis.

Lit.: *Horak, K.:* Der Volkstanz in d. Batschka, in: Deutsche Liederkunde, 1939, S. 223.

Mahanaimtanz. Eine in Syrien übliche Art des ↗Schwerttanzes. Im 19. Jh. kam er noch als ↗Hochzeitstanz vor.

Lit.: *Baaren, Th. P. van:* Selbst d. Götter tanzen, 1964, S. 72.

M'ahesa, Sent. Estnische Tänzerin, Geburtsdatum nicht bekannt, gest. 19. November 1970 in Stockholm. Sie gab vor dem ersten Weltkrieg viele Soloabende. Ähnlich wie R. ↗Saint-Denis produzierte sie sich mit orientalischen Tänzen und erlangte darin ihre besondere Bedeutung.

Lit.: *Lämmel, R.:* Der moderne Tanz, 1928, S. 52. *Brandenburg, H.:* Der moderne Tanz, 1931.

Mahu. Ein beliebter Tanz auf den Molukken. Die Frauen sitzen beim Feuer, schlagen ihre Instrumente, während die geschmückten Mädchen auf den Tanz warten. Diese huschen in den Kreis, welchen die kriegsgeschmückten Männer bilden. Mit geschlossenen Augen halten sie sich am Gürtel des auserwählten Kriegers fest, der sie umschlingt. Der Tanz wird immer feuriger, bis zum Ermatten der Tänzer, die dann im Dunkel des Waldes verschwinden.

Lit.: *Joest, W.:* Malaiische Lieder u. Tänze aus Ambon u. d. Uliase, in: Int. Archiv f. Ethnographie, Bd. 5, 1892, S. 5. *Nieuwenhuis, G. J.:* Über d. Tanz in Niederländisch-Indien, Diss. Zürich 1916, S. 26.

Maigainai-Tanz. ↗Indischer Tanz, ein ↗Erntetanz aus Assam. Die Burschen tanzen ihn mit einem Spaten, die Mädchen mit Wasserkrügen. Der Tanz wird in zwei Reihen ausgeführt, die sich einander nähern, dann wieder entfernen und auch ineinander verschlingen. Wechsel- und Hüpfschritte sind die Tanzbewegungen.

Lit.: *Rebling, E.:* Die Tanzkunst Indiens, 1981, S. 63.

Maike. ↗Deutscher Volkstanz aus Westfalen, ein sogenannter „Achttouriger", mit den Tanzfiguren Kreis, Platzwechsel, Spirale und Kette.

Mailehen (auch Mai-Lehen) ist eine bis ins 12. Jh. nachweisbare mit dem Tanz verbundene deutsche Sitte, die besonders in den Rheinländern vorkam. Sie bestand darin, daß am Vorabend des 1. Mai oder auch am Ostermontag die Jungfrauen des Ortes unter den Burschen versteigert wurden. Das ersteigerte Mädchen mußte dann das ganze Jahr hindurch nur mit ihrem Ersteigerer tanzen. In manchen Gegenden bestand dieser Tanzbrauch noch bis ins 18. Jh.

Lit.: *Böhme, F. M.:* Geschichte d. Tanzes in Deutschland, 1886, S. 153.

Maillot heißt das enganliegende Trikot, welches von den Tänzerinnen getragen wird. Es ist benannt nach einem im 19. Jh. wirkenden Kostümschneider an der Pariser Oper.

Maimaktérien. Tanzfeste im antiken Griechenland, welche im Monat Maimakterion (15. November bis 15. Dezember) stattfanden. Die männlichen Tänzer trugen dabei Frauengewand. (↗Griechischer Tanz)

Lit.: *Lawler, L. B.:* The Dance in Ancient Greece, 1964.

Mainzer Polka. ↗Österreichischer Volkstanz aus Bad Ischl, Oberösterreich. Er ist eine Abart der ↗Bayrischen Polka, wie sie im oberösterreichischen Salzkammergut getanzt wird. Der Name weist auf die ↗Rheinländer-Familie hin, der alle Bayrisch-Polka-Formen angehören.

Lit.: *Zoder, R.:* Alt-Österreichische Volkstänze, Teil IV, 1934, S. 23. *Jülg, H.:* Volkstänze aus Oberösterreich, 1938, S. 5. *Gradwohl, K.:* Lehrgang f. Österreichische Volkstänze, 1936/1938.

Maitanz (Maibaumtanz). Die Ankunft des Frühlings wurde schon in frühester Zeit von der Landbevölkerung mit Tanz gefeiert. Der Maitanz, auch ↗Pfingsttanz genannt, fand meistens um den Maibaum statt und war vielfach mit der Kirchweih verbunden. Der uralte Brauch des Maitanzes ist heute noch in vielen ländlichen Gegenden Europas zu finden. Ursprünglich in die Reihe kultischer Feste gehörend, hat der Tanz um den Maibaum mit der Zeit seinen eigentlichen Sinn verloren und ist mehr zu einer reinen Volksbelustigung geworden. (↗Blontanz, ↗Rondes fermées)

Lit.: *Böhme, F. M.:* Geschichte d. Tanzes in Deutschland, 1886, S. 151 ff. *Götz, K.:* Der Maitanz, ein wiedererstandener Volksbrauch im westlichen Erzgebirge, in: Sudetendeutsche Zeitschrift f. Volkskunde, Heft 1, Prag 1928. *Günther, W.:* Erzgebirgischer Maitanz in alter Zeit, in: Kalender f. d. Erzgebirge u. d. übrige Sachsen, 1933. *Moser, H. J.:* Tönende Volksaltertümer, 1935, S. 225. *Wolfram, R.:* Die Volkstänze in Österreich u. verwandte Tänze in Europa, 1951, S. 59 f. *Hoerburger, F.:* Vom Tanzen um d. Maibaum, in: Der Zwiebelturm 9, 1954, S. 126 f.

Majas heißen die Frauen aus den Gebirgsdörfern Andalusiens, die als Tänzerinnen berühmt sind.

Makarowa, Natalja Romanowna. Russische Tänzerin, geb. 21. Oktober 1940 in Leningrad. Sie studierte an der Schule für ↗Choreographie in Leningrad. 1959 trat sie in das ↗Kirow-Ballett ein. Beim London-Gastspiel dieses Ensembles im Jahre 1970 blieb sie im Westen und wurde Mitglied des ↗American Ballet Theatre. Sie tanzte auch bei anderen Gruppen, 1972 erstmals beim ↗Royal Ballet London. Sie trat auch als Choreographin hervor. Sie schrieb 1979 „A Dance Autobiography".

Lit.: *Makarova, D.:* Beyond Giselle?, in: Dance Magazine, Januar 1972.

Makil Dantza. ↗Baskischer Tanz, ein Stabtanz, der von Männern mit großen (etwa 80 cm) und kleinen (etwa 35 cm) dicken Stäben getanzt wird. Man benützt sie in verschiedenen Abschnitten des Tanzes, und die jungen Tänzer bemühen sich, diese Stäbe zu zerbrechen, indem sie damit gegeneinander schlagen. Der Tanz ist in seinen heftigen Bewegungen mehr gymnastischer Art.

Makletzowa, Xenia. Russische Tänzerin, geb. 1892 in St. Petersburg. Sie studierte an der kaiserlichen Ballettschule in Moskau, schloß ihr Tanzstudium 1908 ab und debütierte 1909 am Bolschoj-Theater in Moskau. Im selben Jahr trat sie vor der kaiserlichen Familie in Krasnoye Selo auf und erhielt einen Ring mit Krone als Geschenk. Im Jahre 1910 war sie in Krakau und mit Theodor Kosloffs Truppe in London. Sie wurde Solistin am Bolschoj-Theater und tanzte dort von 1910 bis 1913 alle bedeutenden Solorollen. Im Sommer 1913 tanzte sie wieder in Krasnoje Selo zur 300-Jahr-Feier des Hauses Romanow. Sie erhielt eine Brosche der kaiserlichen Familie. Nach ihrem Rücktritt von der ↗Diaghilew-Truppe tanzte sie in Genf für russische und englische Soldaten und erregte Sensation mit ihren 32 ↗Fouettés, die sie auf ihren Tourneen durch Sibirien, Asien, den Orient und durch die USA täglich viermal aufführte. 1920 heiratete sie den Tänzer David Bines. Sie gründeten eine Tanzgruppe, mit der sie reisten. 1938 trat sie von der Bühne ab. Zu ihrer Zeit war sie eine der hervorragendsten Künstlerinnen des Moskauer kaiserlichen Theaters. 1938 erhielt sie die amerikanische Staatsbürgerschaft.

Maklott. ↗Deutscher Volkstanz aus dem wallonisch sprechenden Teil des Rheinlandes. Maklott heißt im Dialekt „Matrosentanz". Dieser auch heute noch sehr beliebte Volkstanz wird von einer gleichen Anzahl von Paaren getanzt (vier, sechs oder acht), die einander in zwei Reihen gegenüberstehen. Typisch für die Tanzbewegung sind wiegende Schritte im Wechsel mit schnellen Sprüngen. Der Tanz kann in zwei Varianten ausgeführt werden, und zwar in der sogenannten wallonischen Tour im 2/4-Takt oder der deutschen Tour im 6/8-Takt. In Belgien ist er in dem Gebiet Stavelot zu finden. (↗Belgische Tänze)

Lit.: *Oetke, H.:* Deutsche Volkstänze, H. II, 1952, S. 59 f. *Pinon, R.-Jamar, H.:* Dances of Belgium, 1953, S. 23 ff. *Janietz, E.:* Volkstänze aus deutschen u. österreichischen Landschaften, Leipzig s. a.

Malagueña. Spanischer Tanz aus Malaga, eine Form des ↗Fandango. (Spanische Volkstänze)

Malaiische Tänze. Die große mongolische Völkergruppe der Malaien bewohnt das Gebiet des Malaiischen Archipel, die Halbinsel Malakka und Formosa. Über ihre Tänze, die sie bei allen

Gelegenheiten und Zusammenkünften durchführen, siehe: ↗Balinesischer Tanz, ↗Javanischer Tanz und die Tänze ↗Alangan, ↗Didong, ↗Kahuwa, ↗Keblai, ↗Langindrya, ↗Lego, ↗Mahu, ↗Maru tipala, ↗Menari, ↗Ragatanz, ↗Tandak, ↗Tjakaleli, ↗Toku-Tanz.

Lit.: *Anonym:* Notizen über Musik u. Gesänge d. malaiischen Eingeborenen auf d. sundischen u. molukkischen Inseln, in: Allgemeine musikalische Zeitung, Jg. 42, Leipzig 1840, Nr. 52 v. 23. Dez. 1840, Sp. 1057 ff. *Joest, W.:* Malaiische Lieder u. Tänze aus Ambon u. d. Uliase (Molukken), in: Int. Archiv f. Ethnographie, Bd. 5, 1892, S. 1 ff. *Nieuwenhuis, A. G.:* Tanz im Malaiischen Archipel, in: Institut f. Ethnographie 23, 1915, S. 183 ff. *Nieuwenhuis, G. J.:* Über d. Tanz in Niederländisch Indien, Diss. Zürich 1916. *Kaudern, W.:* Games and Dances in Celebes, in: Ethnographical Studies in Celebes, XV, vol. IV, Göteborg 1929. *Cuisinier, J.:* Danses magiques de Kelantan, in: Institut d'ethnologie, Paris 1936. *Holt, Cl.:* 12e exposition des Archives internationales de la danse 1939. Théâtre e danses aux Indes Néderlandaises, Paris 1939. *Stockmayer, H.:* Die Tänze d. Ackerbaujahres bei d. Naturvölkern, Diss. Wien 1944. *Kunst, J.:* Muziek en dans in den buitengewesten, Leiden 1946. *Notohadinegoro, Sugend:* Some Particulars of Indonesian Dancing, in: Journal of the Int. Folk Music Council, vol. II, 1950, S. 35 f. *Cuisinier, J.:* La danse sacrée en Indochine et en Indonésie, Paris 1951 (Mythes et Religions 27). *Bouwers, F.:* Theatre in the East, London 1956.

Malambo. Argentinischer Volkstanz, ein prunkvoller Tanz, der von zwei Männern ausgeführt wird, die in einer Art Wettkampf immer neue Figuren erfinden, während die zusehenden Mädchen und Männer im Kreis um sie stehen und durch Mitklatschen des Rhythmus die Tanzenden anfeuern. (↗Argentinischer Tanz)

Malbroek. ↗Niederländischer Volkstanz, ein ↗Paartanz im 2/4-Takt. Die Aufstellung erfolgt paarweise, getanzt wird mit Polkaschritten.

Lit.: *Sancho-Catz, A. – De Koe, A.:* Nederlandse Volksdansen, Bd. 2, 1952, S. 45.

Maleuyziotikos ↗Kastrinos Pedektos.

Malhar-Tanz. ↗Indischer Tanz aus Uttar-Pradesh. Die Tänzer tanzen diesen kraftvollen Tanz mit kleinen Stöcken. Schlaginstrumente, Dhol und Bilia genannt, sowie die Flöte Bansuri bilden die Begleitung.

Lit.: *Kallianpurkar, M. S.:* Tänze v. Uttar-Pradesh, in: Beiträge zur Musikwissenschaft, Jg. 8, Berlin 1966, H. 2, S. 137.

Mallorkinischer Tanz. Die Einwohner Mallorcas sind ein äußerst tanzfreudiges Volk. Ein Fest ohne Tanz wäre bei ihnen undenkbar. Jedes kirchliche und weltliche Dorffest endet mit allgemeinem Tanz auf dem Dorfplatz. Die Tänze sind von Dorf zu Dorf verschieden, da die Gestaltung und Form viel der Erfindung und Ausführung der Tanzenden überlassen bleibt. ↗Religiöse Tänze, ↗Waffentänze (↗Els broquers) und ↗Prozessionstänze stellen die Grundform des mallorkinischen Tanzes dar. Im Karneval werden nur drei Tage festlich begangen, und zwar der letzte Donnerstag vor Fastnacht und der darauffolgende Montag und Dienstag. (↗Gentil senyora, ↗Spanische Volkstänze)

Lit.: *Barrelet, M.:* Mallorkinische Volkslieder u. Tänze, Diss. Hamburg 1922.

Malpied, M. Von ihm erschien 1762 in Paris ein Werk zur Tanzschrift: „Elémens de Chorégraphie contenant La Description de plusieurs Pas et les Mouvemens en usage dans l'Art de la Danse Suivant les Principes de M. Feuillet". Das Werk ist eine Wiederbelebung der berühmten ↗Choreographie von ↗Feuillet. Malpied gibt eine Liste der verschiedenen Zeichen für die Schritte, beschreibt die Tanzfigur aber nur durch einfache Linien. Später gab er ein größeres Werk heraus: „Traité sur l'Art de la Danse". Die 1. Auflage ist um etwa 1770 erschienen, die 2. Auflage 1799. Außerdem erschien von ihm in Paris: „Les Caracteres des Contre-Danses Pour apprendre seul a faire touttes les Figures qui composent les Contre-Danses".

Lit.: *Derra de Moroda, F.:* Die Tanzschrift d. 18. Jahrhunderts im Spiegel meiner Sammlung, in: Ein Jahrbuch f. Bücherfreunde N. F., Bd. V/1967, S. 192 f.

Mambo. ↗Gesellschaftstanz des 20. Jh. Er wurde während des zweiten Weltkrieges von kubanischen Musikern nach New York gebracht und kam von dort aus 1955 nach Europa. Seinem Stil nach ist er eine Art Rumba-Swing. Die Tanzmelodie geht in mäßig schnellem 4/4-Takt. Die Betonung auf zwei und vier gibt dem Tanz etwas Heftiges. Der Tänzer beginnt auf zwei mit dem linken Fuß vorwärts. Die Hüften werden bei den Betonungspunkten zwei und vier ruckartig bewegt. Durch die rhythmische Kompliziertheit der Ausführung des Mambo bedingt, verschwand er bald zugunsten des ↗Cha-Cha-Cha. Ursprünglich war der Ausdruck Mambo keine Bezeichnung für einen Tanz, sondern ein afrokubanisches Wort für Polymetrie. Der musikalische Mambostil ist eine Verflechtung von Rhythmen, welche entstehen, wenn alle Musiker ihren unterschiedlichen Rhythmus spielen. Das Wort Mambo selbst kommt aus dem religiösen Bereich und bedeutet soviel wie eine religiöse Handlung.

Lit.: *Ortiz, F.:* La Africanía de la Musica Folklórica de Cuba, Habana 1950. *Taylor, B.:* Mambo and How to Play Them, New York 1950. *David, L.:* Einzelchoreographien mit historischer Einleitung über Rumba, Mambo, Cha-Cha-Cha, 1957/58. *Günther, H.-Schäfer, H.:* Vom Schamanentanz zur Rumba, 1959, S. 298 ff. *Wosien, B.:* Im Ansturm d. Rhythmen, 1959.

Ma mère l'oye (Meine Mutter, die Gans). Ballett in einem Akt und sechs Bildern von M. ↗Ravel, Uraufführung am 28. Januar 1911 im Théâtre des Arts Paris, ↗Choreographie: Jane Hugard. Das Libretto verfaßten nach Perraults Märchen Mmes. de Beaumont und d'Aulnoy.

Manchester. Dieser süddeutsch-österreichische ↗Volkstanz im 2/4-Takt entspricht in seiner Form und Ausführung dem ↗Neukatholischen. Der Tanz war auch in der Tschechoslowakei unter dem Namen Manšester bekannt. Um 1830 entstanden, ist er um 1858 auch unter den Salontänzen zu finden. (↗Krebspolka, ↗Lott is doot)

Manchester Alter Volkstanz und seit 1868 moderner Salontanz

Lit.: *Waldau, G.:* Böhmische Nationaltänze, 1859, Bd. I, S. 86. *Böhme, F. M.:* Geschichte d. Tanzes in Deutschland, 1886. *Helms, A.-Blasche, J.:* Bunte Tänze, 1918, S. 50. *Stahl, W.:* Niederdeutsche Volkstänze, 1921, S. 14. *Bauer, A.:* Bayerische Volkstänze, Deutsche Volkstänze, H. 8, 1934, S. 10. *Au, H. v. d.:* Das Volkstanzgut im Rheinfränkischen, 1939, S. 82 ff. *Witzig, L.:* Volkstänze d. Schweiz, H. II, 1950, S. 6 f. *Zoder, R.:* Der Tanz d. Nachbarn, in: Jahrbuch d. österreichischen Volksliedwerkes, Bd. 4, 1955, S. 95. *Horak, K.:* Der Volkstanz im Burggrafenamt, in: Jahrbuch d. österreichischen Volksliedwerkes, Bd. 12, 1963, S. 88. *Janietz, E.-Schneider, R.:* Volkstänze aus Mecklenburg, s. a., S. 8 f. *Schützenberger, E.-Derschmidt, H.:* Spinnradl, Folge 3, s. a., S. 5.

Manchester, Phyllis Winifred. Englische Tanzschriftstellerin und Kritikerin, geb. 1910 in London. Sie schrieb: Vic-Wells: A Ballet Progress, London 1946; The Rose and the Star (mit Iris Morley), London 1949; Dance Encyclopedia (mit A. Chujoy), New York 1967.

Mandri-Tanz. ↗Indischer Tanz aus Madhya Pradesh. Er wird von Burschen und Mädchen in zwei getrennten Gruppen ausgeführt. Die Burschen tragen beim Tanzen um den Hals oder um die Hüften kleine Trommeln, die sie mit zwei Stöcken bei ständig wechselndem Rhythmus schlagen. Der Tanz wird in vielen Varianten ausgeführt und verlangt von den Burschen in den stets wechselnden Bewegungen viel Gewandtheit. Die Mädchen stehen in verschiedenen Gruppen beiseite und unterstützen mit Händeklatschen und Fußstampfen die Rhythmen der Trommeln.

Lit.: *Rebling, E.:* Die Tanzkunst Indiens, 1981, S. 77 f.

Manen, Hans van. Niederländischer Tänzer, ↗Choreograph und Ballettdirektor, geb. 11. Juli 1932 in Nieuwer Amstel. Er studierte bei Sonia ↗Gaskell. Nach seiner ersten tänzerischen Tätigkeit beim Amsterdamer Opernballett wurde er 1959 Mitbegründer des ↗Nederlands Dans Theater, dessen künstlerischer Direktor und Choreograph. 1970 verließ er die Gruppe, wirkte aber als Gastchoreograph weiter. 1973 schloß er sich dem ↗Niederländischen Nationalballett in Amsterdam an und wurde dessen ↗Ballettmeister. Außerdem arbeitete er als Choreograph für das ↗Royal Ballet, für das Kölner Tanzforum, für das Ballett der Münchener Oper, das Pennsylvania Ballet und für das ↗Wiener Staatsopernballett.

Lit.: *Loney, G.:* Hans v. Manen: Setting the Record Straight on Nederlands Dance Theatre, in: Dance Magazine, Februar 1974.

Manfrina. Dieser Südtiroler ↗Volkstanz aus dem Ende des 17. Jh. war dem ↗Schottischen ähnlich und vermutlich eine Form des italienischen Volkstanzes ↗Monferrina.

Lit.: Journal d. Luxus u. d. Moden, Weimar 1802, S. 606. *Franz Freiherr v. Andlaw:* Mein Tagebuch, I. Bd., Frankfurt/M. 1862, S. 212. *Horak, K.:* Volkstänze aus d. Fleimstal, in: Der Schlern, Jg. 26, 1952, H. 11/12, S. 424 ff.

Mango-Tanz. ↗Indischer Tanz der Frauen aus dem Stamm der Santal in Bengalen. Die Frauen bilden eine Reihe und legen die linke Hand auf die Schulter der vor ihnen schreitenden Frauen. In phantasievollen Bewegungen ahmen sie im Tanz ohne Hilfsmittel verschiedene Tätigkeiten nach, wie das Auffangen einer herabfallenden Frucht, das Abschälen und Aufessen der Frucht, das Wegwerfen der Kerne, das Pflücken unsichtbarer Blumen und anderes.

Lit.: *Rebling, E.:* Die Tanzkunst Indiens, 1981, S. 75 f.

Manhattan. ↗Gesellschaftstanz aus der zweiten Hälfte des 20. Jh., ein aus Paris kommender Modetanz. Wegen seiner komplizierten Schrittkombinationen, bestehend aus Hüpfschritten, Überschritten, Drehen und Wedeln, wurde er nicht sehr lange getanzt.

Manipuri. Name für eine der vier Schulen des klassischen ↗indischen Tanzes aus Manipur in den Assambergen. Dem Charakter nach sind die Manipuri-Tänze mit ihren gleitenden, sich windenden Bewegungen und langsamen Rhythmen mehr weiblich. ↗Raslila ist der repräsentativste der Manipuri-Tänze. Er fußt auf Gott Krischnas Liebesspiel mit den Hirtinnen und schildert die Begegnung zweier Liebender mit ihren Liebesqualen und ihre Wiedervereinigung. Er schließt mit einem andächtigen Tanz. Im Gegensatz zu den drei anderen Schulen (↗Bharat Natjam, ↗Kathak und ↗Kathakali) ist das Gesicht der Manipuri-Tänzerin unbeweglich, fast ausdruckslos und gleicht einer schönen Maske. Das Kostüm der Tänzerin spiegelt die Farben und Muster der Landschaft wider. Der weite, steife Rock glitzert von runden Spiegelstücken. Das Gesicht ist mit Glimmerpuder leuchtend gemacht. Der Manipur-Trommler tanzt, während er die Trommel schlägt, mit wilden, kraftvollen Sprüngen. Sie bilden einen eindrucksvollen Gegensatz zu den ruhigen, wiegenden Bewegungen der Tänzerin.

Lit.: *Ventkatachalam, G.:* Dance in India, 1947, S. 113 f. *Dayal, Leela Row:* Manipuri Dances, Bombay 1951. *Gargi, Balwant:* Theater u. Tanz in Indien, 1960, S. 39 u. 46 ff. *Singha, R. – Massey, R.:* Indian Dances, London 1967. *Rebling, E.:* Die Tanzkunst Indiens, 1981.

Manøsk. Dänische Volkstanzformen nach Art der mittelalterlichen Singtänze. (↗Folkevisedans)

Lit.: *Grüner-Nielsen, H.:* Folkelig Vals, 1920, S. 66 ff.

Manteltanz. Antiker ↗griechischer Tanz religiösen Charakters, dessen griechischer Name nicht bekannt ist. Der Tanz wurde ausschließlich von Frauen ausgeführt. Die Tänzerinnen trugen ein bis zu den Füßen reichendes Gewand, das über den Kopf und die Arme gezogen war. Der untere Teil des Gesichtes war meist verhüllt, stets aber die Hände, was auf den kultischen Charakter des Tanzes schließen läßt. Nach den bildlichen Darstellungen hat man versucht, sieben Varianten des Tanzes festzustellen. (↗Schleiertanz)

Lit.: *Heydemann, H.:* Verhüllte Tänzerin. Bronze im Museum zu Turin, Viertes Hallisches Winckelmannsprogramm, 1879. *Weege, F.:* Der Tanz in d. Antike, 1926, S. 65 ff.

Manu Rere heißt ein sehr weit verbreiteter Tanz der Maori Neuseelands. Ursprünglich tanzten ihn nur Frauen allein. Die Männer tanzten den ↗Haka. Heute wird der Manu Rere von Männern und Frauen ausgeführt. (↗Australischer Tanz)

Lit.: *Thurston, Hugh:* Manu Rere (Maori), in: The Folklorist, vol. 7, 1962, No. 4, S. 99 f.

Manzotti, Luigi. Italienischer Tänzer, ↗Pantomime und ↗Choreograph, geb. 2. Februar 1835 in Mailand, gest. 15. März 1905 ebendort. Sein Schaffen wurde für die Mailänder Scala und das ganze italienische Ballett um die Wende zum 20. Jh. richtungsweisend. Besondere Bedeutung erlangte er als Erzieher des Balletts der Scala.

Maquarritanz. Er wird auf Guinea von den Arawak-Indianern bei Begräbnissen getanzt. Im Verlauf dieses Tanzes schlagen sich die Tänzer mit langen Ruten, bis das Blut fließt. (↗Begräbnistänze)

Lit.: *Baaren, Th. P. van:* Selbst d. Götter tanzen, 1964, S. 74.

Maraichîne (danse Maraichîne). ↗Französischer Volkstanz im 2/4-Takt aus Poitou (Westfrankreich). Tanzt ihn ein einziges Paar, wird er auch ↗Branle à deux genannt. Wird er von mehreren Paaren ausgeführt, bezeichnet man ihn als ↗Courante. Die Paare stehen in diesem Fall in einer Linie, einander an den Händen haltend, oder in zwei sich gegenüberstehenden Reihen.

Lit.: *Arma, E.:* Entrez dans la danse, 1943, S. 42 f. *Lawson, J.:* European Folk Dance, 1953, S. 151.

Marakétanz. Ein Tanz zur Jünglingsweihe bei den Eingeborenen Südamerikas. Die Jünglinge, die zur Aufnahme unter die Männer für reif gehalten werden, müssen sich bei diesem Tanz manchen Martern (Maraké) aussetzen, z. B. den Bissen großer Ameisen, um so ihre Standhaftigkeit zu beweisen. Der Tanz, der diesen Prozeduren vorausgeht, wird um ein großes Feuer oder um ein mit Rinde bedecktes Loch herum ausgeführt. Kriegs- und Liebesszenen werden dabei geschildert. (↗Naturvölker)

Lit.: *Boehn, M.:* Der Tanz, 1925, S. 19 u. 26.

Marceau, Marcel. Französischer ↗Pantomime, geb. 22. März 1923 in Straßburg. Er studierte an der Schauspielschule von Charles Dullin, außerdem Pantomimik bei Etienne ↗Decroux. 1947 debütierte er als Harlekin bei ↗Barrault in „Baptiste". Im selben Jahr schuf er die Figur des „Bip", eine Pantomimengestalt des Alltags, die in die verschiedensten Situationen des Lebens, ob komisch oder traurig, gestellt werden kann. Diese Figur begleitete fortab seinen pantomimischen Weg. 1949 gründete er eine Truppe, die Compagnie de Mime Marcel Marceau. Von nun ab galt sein ganzes Streben, die Pantomime als vollwertige Kunst durchzusetzen. Sein Ziel war, Mimodramen zu inszenieren. Seine Vorbilder dazu waren Jean Baptist Gaspard und ↗Debureau, der 1819 bis 1846 am Théâtre des Funambules solche Mimodramen gespielt hatte. Seit 1978 leitet er seine eigene Mimodramenschule. Mit Marcel Marceau, der als einer der größten Pantomimen des 20. Jh. gilt, begann eine Blütezeit der Pantomime.

Lit.: *Rival, P.:* Marceau, Paris 1938. *Pawlikowski-Cholewa, H. v.:* Le mime Marcel Marceau, 1955. *Ihering, H.-Marceau, M.:* Die Weltkunst d. Pantomime. Ein Gespräch, 1956. *Simon, K. G.:* Pantomime, 1960. *Wisten, E.:* Marcel Marceau, 1966. *Jacobi, M.:* Marcel Marceau, 1967. *Marceau, M.:* Marcel Marceau ou l'aventure du silence, Paris 1974. *Martin, Ben:* Marcel Marceau, Master of Mime, London 1978.

Marcel. Französischer ↗Tanzlehrer (gest. 1759). In der Zeit von 1710 bis 1740 war er „l'homme de mode". Als er 1710 in dem Opernballett „Les Fêtes venétiennes" ein ↗Menuett sang und tanzte, errang er seinen ersten großen Erfolg. Der junge ↗Noverre war um 1740 sein Schüler. Die französische Gesellschaft huldigte ihm untertänigst, er hatte fast Weltruf.

Lit.: *Czerwinski, A.:* Brevier d. Tanzkunst, 1879, S. 184 ff.

Marcelín. Tschechischer Volkstanz aus der Gegend von Königgrätz (Hradec Králové), ein taktwechselnder Tanz, der in seiner Form dem ↗Talián und ↗Seidenen Zwirn ähnelt.

Lit.: *Junk, V.:* Die taktwechselnden Volkstänze. Deutsches u. tschechisches Kulturgut, 1938, S. 45.

Marchand, Colette. Französische Tänzerin, geb. 1925 in Paris. Sie studierte an der Pariser Opernschule und bei Victor ↗Gsovsky und Alexander ↗Volinine. Sie tanzte bei verschiedenen Truppen (↗Petit, ↗Miskowitsch), sowie in Revuen, Musicals und Fernsehproduktionen.

Lit.: *Livio, A.:* Etoiles et Ballerines, Paris 1965.

Maré, Rolf de. Schwedischer Industrieller und Mäzen, geb. 9. Mai 1898 in Stockholm, gest. 28. April 1964 in Barcelona. Er gründete 1920 in Paris die ↗Ballets Suédois. Nach dem Zerfall dieser für das zeitgenössische Ballettschaffen bedeutenden Truppe im Jahre 1925 gründete er zusammen mit Pierre ↗Tugal 1931 die ↗„Archives Internationales de la Danse" in Paris.

Lit.: *Maré, R. de (Hrsg.):* Les Ballets Suédois dans l'art contemporain, Paris 1931.

Marescalchi, Luigi. Italienischer Komponist und Musikverleger, geb. 1. Februar 1745 in Bologna, gest. nach 1806 in Marseille (?). Er schrieb die Musik zu mehreren ↗Balletten: 1776 „La Morte di Clitemnestra, ossia Oreste"; 1780 „Meleagro" für Florenz; 1781 „Ninias"; 1782 ↗„Acis und Galathea"; 1788 „Le rivoluzioni del Serraglio".

Margarethe von Österreich (1480–1530). Tochter Kaiser Maximilians I. und der Maria von Burgund. Ihr Name ist in die Tanzgeschichte durch das im 15. Jh. verfaßte, aus ihrem Besitz stammende handschriftliche Privattanzbüchlein „Pour lart et instruction de basse danse" eingegangen. Die Tanzhandschrift, die sich in der königl. Bibliothek zu Brüssel befindet, enthält auf 17 Blättern 58 Tänze mit Musik- und Tanznotation in der für das 15./16. Jh. üblichen Tanznotierung in Buchstabenabkürzungen. Sie ist eine der frühesten und aufschlußreichsten Quellen für die ↗Basse danse. (↗Closson)

Lit.: *Reiffenberg, F.:* Notices et extraits de manuscrits de la Bibliothéque de Bourgogne, 1829. *Closson, E.:* La Structure rythmique des Basses danses du mst. 9085 de la Bibliothèque de Bruxelles, in: Sammelbände d. Int. Musikgesellschaft, Jg. 14, 1912/13, S. 567 ff. *Böhme, F.:* Das Tanzbuch d. Margarethe v. Österreich. Zur Geschichte d. Tanznotation, in: Schrifttanz, Jg. 2, 1929, H. 1, S. 5 ff. *Derra de Moroda, F.:* The „Golden MS." And Some Other Basse danse Authorities. Were they Copies?, in: The Dancing Times, vol. XXVII, Dec. 1937, S. 324 ff.

Mari Doudouye. Belgischer Volkstanz aus dem wallonischen Gebiet um Namur. Dieser lebhafte Tanz im 6/8-Takt wird von Paaren ausgeführt, die entweder prozessionsartig hintereinander oder in Kette Aufstellung nehmen. Tänzer und Tänzerinnen schreiten mit wiegendem Körper. Der Tanzführer singt die Verse, die anderen Tanzenden und Zuschauer den Refrain. Die Männer tanzen barfüßig, die Frauen tragen Schuhe. (↗Belgische Tänze)

Lit.: *Pinon, R.-Jamar, H.:* Dances of Belgium, 1953, S. 28 ff.

Mari Momičence. Name eines in ganz Bulgarien verbreiteten Singtanzes. Tänzer und Tänzerinnen fassen einander bei gebeugten Armen an den Händen und bilden einen Halbkreis. Die Tanzmelodie steht im 2/4- und 4/8-Takt. (↗Bulgarischer Tanz)

Lit.: *Schmolke, A.-Langhans, H.:* Europäische Tänze, H. 12, 1974, S. 6 f.

Markova, Dame Alicia (eigentlich Lillian Alicia Marks). Britische Tänzerin, geb. 1. Dezember 1910 in London. Sie studierte bei ↗Astafiewa, ↗Legat, ↗Cecchetti und Celli. 1924 wurde sie von ↗Diaghilew entdeckt und war von 1925 bis 1929 Mitglied der ↗Ballets Russes. Nach dem Tod Diaghilews wechselte sie zu den Ballets de Monte Carlo, tanzte in London und wurde ↗Ballerina der ↗Camargo Society im Jahre 1931. Anschließend ging sie zum ↗Ballet Rambert und ↗Vic-Wells Ballet bis 1935, in welchem Jahre sie mit Anton ↗Dolin eine eigene Truppe, das ↗Markova-Dolin Ballet, gründete, mit dem sie als Ballerina Tourneen in die USA unternahm. Von 1938 bis 1941 tanzte sie beim Ballet Russe de Monte Carlo. Von 1941 bis 1945 war sie Ballerina beim Ballet Theatre. 1945 reformierte sie das Markova-Dolin Ballet. Von diesem Jahr an wirkte sie als Gastballerina in vielen Großstädten, wo sie überall als neue ↗Taglioni gefeiert wurde. Sie galt als eine der weltbesten Darstellerinnen der ↗Giselle. 1950 entstand aus dem neuen Markova-Dolin Ballet das ↗London Festival Ballet. Von 1963 bis 1969 war sie Ballettdirektorin des Metropolitan Opera House in New York. Sie war Gastprofessorin für Ballett an der Universität von Cincinnati und Direktorin des ↗Royal Ballet. Für ihre künstlerischen Verdienste wurde sie im Jahre 1958 von Königin Elisabeth II. mit dem Titel „Commander of the Order of the British Empire (C. B. E.)" ausgezeichnet. 1960 veröffentlichte sie das Buch: Giselle and I. (M. ↗Fonteyn)

Lit.: *Anthony, G.:* Alicia Markova, London 1951. *Dolin, A.:* Alicia Markova – Her Life and Art, London 1953. *Fisher, H.:* Alicia Markova, Dancers of to-Day, Nr. 6, London 1954. *Baignères, Cl.:* Alicia Markova, Paris 1955. *Hall, A. G.:* Alicia Markova and Anton Dolin, London 1957.

Markova-Dolin Ballet. Die 1935 bis 1938 und 1946 bis 1949 von Alicia ↗Markova und Anton ↗Dolin zusammengestellte Truppe galt als eine der besten britischen Ballettgruppen. 1950 entwickelte sich daraus das ↗London Festival Ballet.

Lit.: *Hall, A. G.:* Alicia Markova and Anton Dolin, London 1957.

Marković, Vjera. Jugoslawische Tänzerin, geb. 20. Juli 1932 in Zagreb. Sie studierte bei Olga Orlova, Ana Roje, Margarita Froman, Boris ↗Kniaseff. Ihr erstes Engagement erhielt sie 1945 am kroatischen Nationaltheater Zagreb, wo sie 1953 Solotänzerin wurde und bis 1955 blieb. In der Spielzeit 1955/56 wurde sie Solotänzerin, Assistentin und Trainingsmeisterin der Volksoper Wien. Von 1957 bis 1960 war sie Solotänzerin am Stadttheater Basel, 1960 Primaballerina beim Balletto Europeo di Nervi. Ende 1960 bis Sommer 1961 war sie wieder Gast am Stadttheater Basel, in der Spielzeit 1961/62 Solotänzerin am Staatstheater Stuttgart. Von 1962 bis 1966 unternahm sie Tourneen und Gastspiele als Primaballerina, ↗Choreographin und Pädagogin mit ihrem Ehemann A. ↗Köllner in Italien, Ägypten, Südafrika, bei Theater und Fernsehen in Österreich, Deutschland, Jugoslawien und England. Im Sommer 1966 bekam sie wieder einen festen Vertrag am kroatischen Nationaltheater Zagreb als Solotänzerin, Trainingsmeisterin, stellvertretende Direktorin und Choreographin. Sie gab Gastspiele in Italien und wirkte als Gast-Primaballerina am Opernhaus Essen.

Markttanz (auch Pesttanz). Dieser aus Immenstadt in Schwaben stammende Tanz ist ab dem 17. Jh. nachweisbar. Um 1651 wurde er angeblich von dem damaligen Immenstädter Stadtpfarrer Konrad Frei eingeführt, um nach der Pestzeit die Bevölkerung wieder zu erheitern. Über die Art der Ausführung des Tanzes ist keine Beschreibung vorhanden. Die Weise, die von zwei Flöten gespielt wurde, ist erhalten:

Lit.: Das deutsche Volkslied, Jg. 31, 1929, H. 5, S. 77. *Moser, H. J.:* Tönende Volksaltertümer, 1935, S. 34 f.

Marlborough. ↗Dänischer Volkstanz, ein ↗Paartanz im 2/4-Takt. Die Tanzmelodie ist 16taktig, die Ausführung geschieht in Polkaform.

Lit.: *Meyer, G.:* Tanzspiele u. Volkstänze, Neue Folge 1919, S. 28. *Thomsen, E.-Andersen, H.:* Folkedanse for Børn, 1923, S. 12 f. *Madelung, M. M.-Lorenzen, P.:* Gamle Himmerlands-Danse, 1931, S. 16 f.

Marokkanischer Tanz. Von den Bewohnern Marokkos sind es vor allem die Berber, speziell die Schelluh aus dem Atlasgebirge, die durch ihre vielen Tänze bekannt sind. Die Tänze sind ein Teil des täglichen Lebens dieser Völker, die sie von Kindheit an pflegen. Besonders bekannt sind bei den Schelluh die Knabentänze von Marrakesch. Unter den Frauen gibt es Gruppen von Tänzerinnen, die von Dorf zu Dorf ziehen und bei Hochzeiten tanzen und aufspielen. Es sind dies meist Frauen, die abseits der übrigen Gemeinschaft stehen. Die Tanzformen der Berbertänze sind Linien, Kurven und geschlossene Kreise. Es gibt ausgesprochene Männer- oder Frauentänze, aber auch Gemeinschaftstänze beider Geschlechter. Charakteristisch für den Berbertanz ist ein rhythmisches Stampfen. In Marokko gibt es auch den Tanz der Aissoua, einer kultischen Gemeinschaft, bei deren Tanz ein Ritus vorkommt, wie er von den Dionysosmysterien überliefert ist, das Verschlingen des rohen Fleisches eines Opfertieres in ekstatischer Trance. (↗Ahidous, ↗Ahouach)

Lit.: *Chottin, A.:* Instruments, Musique et Danse Chleus, in: Zeitschrift f. vergleichende Musikwissenschaft, Jg. 1, 1933, Nr. 1, S. 11 ff. *Baaren, Th. P. van:* Selbst d. Götter tanzen, 1964, S. 105.

Marotanz. Auf der Molukken-Insel Ceram wurde dieser den ↗Labyrinthtänzen ähnliche Kulttanz neun Nächte lang hindurch getanzt. Seinem mythischen Gehalt nach kann er als ein Tanz um den Tod bezeichnet werden. (↗Begräbnistänze)

Lit.: *Baaren, Th. P. van:* Selbst d. Götter tanzen, 1964, S. 77 f.

Mars âleine. ↗Norwegischer Volkstanz, eine Tanzform, die dem ↗Warschauer sehr ähnlich ist.

Lit.: *Wolfram, R.:* Die Volkstänze in Österreich u. verwandte Tänze in Europa, 1951, S. 157/14.

Marsch (frz. marche, engl. march, ital. marcia). Ein Musikstück, welches in seiner Geradtaktigkeit und seinem rhythmischen Charakter dem Marschieren entspricht. Der Marsch wird aber auch zum Tanzen gespielt, und zwar im 2/4-, 4/4-, Alla breve- oder 6/8-Takt. Ursprünglich in seiner musikalischen Form nur zweiteilig (je acht oder 16 Takte), kam in der zweiten Hälfte des 18. Jh. ein Trio, meist auf der Subdominante, hinzu. Nach dem Trio wird der 1. Teil wiederholt (Da Capo-Form). Vielfach fanden marschartige Musikstücke als Einleitung bei ↗Balletten und Tanzsuiten Verwendung.

Lit.: *Strom, K.:* Beitrag zur Entwicklungsgeschichte d. Marsches in d. Kunstmusik bis Beethoven, Diss. München 1926. *Klier, K. M.:* Märsche aus d. Zeit Maria Theresias, in: Das Deutsche Volkslied, Jg. 29, 1927, H. 5, S. 65 ff. *Spitta, H.:* Der Marsch, in: Musikalische Formen in historischen Reihen, Bd. 6, 1931. *Beling, R.:* Der Marsch bei Beethoven, Diss. Bonn 1960. *Steglich, R.:* Über Beethovens Märsche, in: Festschrift Alfred Orel, Wien 1960.

Marschfox. Beliebter ↗Gesellschaftstanz des 20. Jh. Der Grundschritt ist nichts anderes als ein einfaches Gehen. Die Füße werden knapp über dem Boden in nicht zu großen Schritten geführt. Die Musik ist im 2/4- oder Alla breve-Takt. Der Vorläufer des Marschfox ist der ↗Onestep.

Lit.: *Mühlsiegl, P.:* Tanzen leicht erlernt, S. 13 ff. *Brigg, R.:* Der moderne Tanz im Selbstunterricht, 1959, S. 16 f.

Marschierboarisch. ↗Österreichischer Volkstanz, eine in Kärnten und Oberösterreich in verschiedenen Arten und Ausführungen übliche Form der ↗Bayrischen Polka.

Lit.: *Schützenberger, E. – Derschmidt, H.:* Spinnradl, Folge I, 1959, S. 17 f. *Löscher, St.:* Von d. Bayrisch-Polka bis zum Marschierboarisch, in: Der fröhliche Kreis, 27, 1977, S. 160 f. *Lager, H.:* Marschierboarischer – etwas Tanzkunde, in: Der fröhliche Kreis, 28, 1978, S. 5 ff.

Marschierpolka. Ein ↗Paartanz im Kreis, der in verschiedenen Formen im Bayerischen Wald, dem Inn- und Mühlviertel und auch in der Gegend um Wien üblich ist. Ausgeführt wird er mit Geh- und Wechselschritten und Zweischrittdrehern. Die Tanzmelodie steht im 2/4-Takt.

Lit.: *Schützenberger, E. – Derschmidt, H.:* Spinnradl, Folge I, 1959, S. 8 f. *Lager, H.:* Österreichische Tänze, Teil II, 1969, S. 18 f. *Horak, K.:* Marschierpolka. Paschater Zweischritt, in: Der Trachtler, 1982, Nr. 27, S. 17 f.

Marschierwalzer (auch Spazierwalzer) ist der Name eines ↗Hochzeitstanzes zum ↗Kehraus aus Lippe in Deutschland. Die Ausführung geschieht meist so, daß die Hochzeitsgäste, von einem Vortänzer angeführt, eine lange Reihe bilden und unter den Klängen des Marschliedes „Schier 30 Jahre bist du alt" durch alle Räume des Hochzeitshauses ziehen. Der ↗Marsch geht zum Abschluß in einen ↗Walzer über, der aber nicht getanzt, sondern ebenfalls gegangen wird.

Lit.: *Wehrhan, K.:* Der Kehraus auf lippischen Bauernhochzeiten, in: Das deutsche Volkslied, Jg. 38, 1936, H. 7, S. 94 ff.

Marsch-Walzer ↗Jägermarsch.

Marseillaise, La. 1792 choreographierte P. ↗Gardel ein ↗Ballett „La Marseillaise, Offrande à la liberté" in der Pariser Oper. Isadora ↗Duncan tanzte eine Marseillaise als Solo am 9. April 1915 im Trocadéro in Paris und 1917 in Amerika.

Marskertanz (Marschkertanz). Dem Namen nach könnte dieser altbayrische ↗Volkstanz eine bayrische Spielart des ↗Moriskentanzes sein. Der Marskertanz war vermutlich ein pantomimischer ↗Paartanz, der das Liebeswerben darstellt. Seiner musikalischen Form nach war er ein sogenannter taktwechselnder Tanz. (↗Zwiefacher)

Lit.: *Osterrieder, F.:* Moderne Heimatbewegung u. d. Zwiefachen Tänze, in: Heimatklänge, Nr. 24/25, 1931. *Junk, V.:* Der altbayrische Marskertanz als Urtypus d. Prinz-Eugen-Liedes, in: Anzeiger d. Akademie d. Wissenschaften in Wien, Jg. 1934, Nr. 18–26, S. 154 ff. *Junk, V.:* Die taktwechselnden Volkstänze, in: Schriftenreihe d. Staatl. Institutes f. Deutsche Musikforschung, Bd. 3, 1938.

Marsoverenne. ↗Norwegischer Volkstanz, eine Form des ↗Warschauer.

Lit.: *Wolfram, R.:* Die Volkstänze in Österreich u. verwandte Tänze in Europa, 1951, S. 157/14.

Marsyas. Tanzdrama von Luigi ↗Dallapiccola in einem Akt nach der griechischen Sage über Marsyas und Apollon. Das Libretto verfaßte Aurel von ↗Milloss. Die Uraufführung fand am 9. September 1948 bei der Biennale in Venedig im Teatro della Fenice statt (↗Choreographie: Aurel von Milloss). Die deutsche Fassung des Balletts von Heinrich Wendel und Erich ↗Walter erlebte am 19. Mai 1956 ihre erste Aufführung in Wuppertal in der Choreographie von Erich Walter.

Martignoni, Angiolitta. Italienische Tänzerin, geb. 24. Februar 1796 in Mailand, gest. 18. Februar 1849 in Wien. Sie wirkte in den Jahren von 1809 bis 1813 als Tänzerin für das Groteskfach am Kärntnertortheater in Wien. 1813 heiratete sie ihren Kollegen Paul ↗Rainoldi. Mit ihm ging sie an das Theater in der Leopoldstadt, Wien, wo sie in den von Rainoldi geschaffenen über 500 ↗Pantomimen zu einer berühmten Colombine wurde.

Martin, György. Ungarischer Volkstanzforscher, geb. 5. Februar 1932. Von ihm stammen folgende Schriften: Bag táncai és táncélete, 1955; A Structural Analysis of the Hungarian Folk Dance, in: Acta ethnographica, X, 1961, S. 1 ff. (mit E. Pesovár); Determination of Motive Types in Dance Folklore, in: Acta ethnographica, XII, 1963, S. 295 ff.; A sárközszidunamenti táncok motivumkincse, Diss. Budapest 1964; Considerations sur l'analyse des relations entre la danse et la musique des danses populaires, in: Studia musicologica, VII, 1965, Nr. 1–4, S. 315 ff.; East European Relations of Hungarian Dance Types, in: Europa et Hungaria, Kongress, Budapest 1965, S. 469 ff.; Dance Types in Ethiopia, in: Journal of the Int. Folk Music Council, vol. XIX, 1967, S. 23 ff.; Der ungarische Mädchenreigen, in: Volkskunde u. Volkskultur, Festschrift f. Rich. Wolfram, 1968, S. 325 ff.; Performing Styles in the Dances of the Carpathien Basin, in: Journal of the Int. Folk Music Council, vol. XX, 1968, S. 59 ff.; Magyar tácticpusok és táncdialektusok, 1970; Die Branles von Arbeau und die osteuropäischen Kettentänze, in: Studia Musicologica XV, 1973, S. 101 ff.; A magyar nép táncai, 1974.

Martin, John. Amerikanischer Tanzschriftsteller und Ballettkritiker, geb. 2. Juni 1893 in Louisville. Als Kritiker der New York Times (1927–1962) setzte er sich vor allem für den freien Tanz (↗Ausdruckstanz) ein. Er ist der Verfasser von: Der moderne Tanz in Amerika, in: Schrifttanz, Jg. 3, H. 2, Juni 1930, S. 28 ff.; The Modern Dance, New York 1933; American Dancing, the Background and Personalities of the Modern Dance, New York 1936; Introduction to the Dance, New York 1939; The Dance, New York 1946; World Book of Modern Ballet, New York 1952.

Martins, Peter. Dänischer Tänzer, geb. 27. Oktober 1946 in Kopenhagen. Er stammt aus einer Tänzerfamilie. Seine Tante und sein Onkel waren Mitglieder des ↗Königlich-Dänischen Balletts. Mit acht Jahren trat er in die Königlich-Dänische Ballettschule ein und studierte bei V. ↗Volkova, H. Brenaa und St. Williams. 1965 wurde er Mitglied des Königlich-Dänischen Balletts und 1967 zum Solotänzer ernannt. Neben den Rollen des ↗Bournonville-Repertoires tanzte er in ↗Choreographien von ↗Lander, ↗Flindt und ↗Balanchine. Sein Erfolg in diesen Balletten führte zu einem Gastspiel beim ↗New York City Ballet, als dieses 1967 in Edinburgh gastierte. Daran schlossen sich Gastauftritte in New York, bis er sich 1970 vom Königlich-Dänischen Ballett trennte und 1. Tänzer des New York City Ballet wurde. 1970 und 1972 trat er als Gast beim ↗London Festival Ballet auf. Als Nachfolger Balanchines wurde er 1983 zusammen mit J. ↗Robbins Leiter des New York City Ballet.

Lit.: *Goodman, S.:* Peter Martins, in: Dance Magazine, Dezember 1968. *Greskovic, R.:* Some Artists of the New York City Ballet, in: Ballet Review, vol. 4, Nr. 4. *Gruen, J.:* The Private World of Ballet, New York 1975.

Martinů, Bohuslav. Tschechischer Komponist, geb. 8. Dezember 1890 in Polička, gest. 28. August 1959 in Liestal b. Basel. Er schrieb folgende ↗Ballette: „Istar" für R. Remislawsky, Prag 1924; „Wer ist der Mächtigste auf Erden?", ein Tierballett, Prag 1927; „Revolte", 1926; „On tourne", 1925; „Küchenrevue", 1927; „Der Wunderflug", ein mechanisches Ballett, 1927–1929; „Schach dem König", 1928 (verloren); „Špalíček", für Jenčik, ein tschechisches Volksballett, Prag 1933; „Das ↗Urteil des Paris", 1935; „Strangler", für Martha ↗Graham, London 1948.

Martire, Pietro. Italienischer ↗Tanzmeister aus Mailand, wirkte in Rom zur Zeit Papst Pauls III. (1534–1549). Er stand im Dienste des italienischen Fürstengeschlechtes der Farnese.

Lit.: *Negri, C.:* Nuove inventioni di balli, 1604. *Czerwinski, A.:* Die Tänze d. XVI. Jh., 1878, S. 11.

Maruska ↗Moriskentanz.

Maru tipala, Toti und **Lano** heißen die drei Siegestänze der Alfuren, der Ureinwohner der Molukkeninseln und von Celebes. Sie wurden um den heiligen Stein getanzt, auf welchem der erbeutete Kopf lag. Während die Männer ihren Tanz ausführten, schlugen die Frauen mit Bambusstäben ein mit Hirschfell überzogenes Holzrohr, die sogenannte „tifa".

Lit.: *Sonner, R.:* Musik u. Tanz. Leipzig 1930, S. 20 f. (Wissenschaft u. Bildung, Bd. 226).

Maschám ↗Cevvé.

Maschkerer- oder **Maschkeratanz** ↗Achteltanz.

Masina heißt eine Form des ↗Warschauer aus dem Mühlviertel, Oberösterreich.

Lit.: *Wolfram, R.:* Die Volkstänze in Österreich u. verwandte Tänze in Europa, 1951, S. 157.

Maskentänze. Der Ursprung der Maskentänze, wie wir sie heute noch bei den ↗Naturvölkern antreffen, liegt vor allem in mythischen Anschauungen. Ihr Charakter ist meist sakraler oder zauberischer Art. Zu ihnen gehören die verschiedenen Formen der Geister-, Zauber- und ↗tiernachahmenden Tänze. Überall dort, wo bei den Naturvölkern kultische Vorstellungen den Tänzer veranlassen, nicht nur in der Ekstase sein Selbst aufzugeben, sondern sich in ein anderes Wesen zu verwandeln und dieses Wesen tanzend zu sein, treffen wir auf die Maske, sei es durch Bemalung oder Verkleidung. Der Tänzer, der die Maske trägt, ist nun das Wesen, welches die Maske darstellt, sei es ein Tier oder eines der Phantasiewesen dämonischer Gestalten. Die Formen der Masken sind bei diesen Völkern sehr vielfältig. Der Maskentanz ist meist pantomimischer Form. Er fordert vom Tänzer oft das Äußerste an Artistik und darstellerischer Aussage. Artistik und suggestive tänzerische Aussage vereinigen sich bei diesen Naturtänzern zu dämonischem Tanzzauber, der in einem solchen Maskentanz nur dadurch erklärbar wird, daß der Tänzer sich mit dem Anlegen der Maske innerlich in das verwandelt hat, was seine Maske darstellt. Die Maskentänze, wie sie bei den Kulturvölkern des Altertums üblich waren, z. B. im frühgriechischen Drama und in den griechisch-römischen ↗Pantomimen, hatten anderen Charakter als die der primitiven Völker, sie waren nur darstellerischer Zweck im Theater. So wandelte sich der Maskentanz aus dem Reich dämonischer und zauberischer Gestalten in den unmittelbaren Lebensbereich des Menschen. Beim Bühnentanz waren Masken in Frankreich noch bis 1772 in Gebrauch. ↗Gardel war der erste Tänzer, der ohne Maske 1772 auftrat. (↗Bugakutänze, ↗Gara-Yakuma, ↗Gbagba, ↗Tscham-Tänze)

Lit.: *Ackermann, B.:* Eine Tanzmaske d. Baining, in: Ethnologisches Notizblatt, Bd. II, 1899, H. 1, S. 44 ff. *Krause, F.:* Tanzmaskennachbildungen vom mittleren Araguaya, in: Jahrbuch d. städt. Museums f. Völkerkunde Leipzig, 1908/09, S. 96 ff. *Kunike, H.:* Die Entstehung d. Maskentanzes, in: Der Erdball, Jg. 1, 1926/27, H. 8, S. 311 ff. *Lucas, H.:* Ceylon-Masken, 1958. *Lucas, H.:* Lamaistische Masken, 1962. *Günther, D.:* Der Tanz als Bewegungsphänomen, 1962. *Baaren, Th. P. v.:* Selbst d. Götter tanzen, 1964, S. 121 ff. *Lucas, H.:* Japanische Tanzmasken, 1965. *Soedarsono:* Masks in Javanese Dance Dramas, in: The World of Music, vol. XXII, No. 1, 1980, S. 5 f. *Kothari, S.:* Masken im indischen Tanz u. Tanzdrama, in: Neue Zeitschrift f. Musik, Jg. 142, 1981, S. 564 ff.

Masol(l)ka. Name eines ↗Volkstanzes aus den Alpenländern. Dieser ↗Paartanz im Kreis ist nichts anderes als eine volkstümlich abgeänderte Form der ↗Mazurka. Bei der Übernahme vom ↗Gesellschaftstanz in den Bestand unserer Volkstänze mußte sich die Mazurka starke Abwandlungen gefallen lassen. Die meisten Masollkaweisen sind ländlerartig, haben aber die charakteristischen Mazurkarhythmen beibehalten. Es entstand dabei eine Art des ↗Ländlers mit wenigen Figuren, die in ständiger Wiederholung drehend getanzt wurden. (↗Krauttreter)

Lit.: *Horak, K.:* Landler u. Masollka, in: Das deutsche Volkslied, Jg. 38, 1936, H. 1/2, S. 1 ff. *Horak, K.:* Der Volkstanz im kleinen Walsertal, in: Jahrbuch d. österreichischen Volksliedwerkes, 1954, S. 93, 97. *Horak, K.:* Der Volkstanz im Burggrafenamt, in: Jahrbuch d. österreichischen Volksliedwerkes, 1963, S. 73 ff. *Horak, K.:* Tiroler Volkstanzbuch, 1974, S. 23 ff. *Horak, K.:* Volkstanzlandschaft Südtirol, Forschung u. Pflege, in: Der fröhliche Kreis, Jg. 30, 1980, H. 2, S. 46.

Mason, Monica. Südafrikanische Tänzerin, geb. 6. September 1941 in Johannesburg. Sie studierte in Südafrika, in London und an der Royal Ballet School und tanzte im ↗Südafrikanischen Ballett, bevor sie nach London kam. 1958 schloß sie sich dem ↗Royal Ballet an, wurde 1961 Solistin und 1967 1. Tänzerin.

Lit.: *Goodman, S.:* Monica Mason, in: Dance Magazine, Juli 1968. *Gruen, J.:* The Private World of Ballet, New York 1975.

Masque. Mit diesem Terminus bezeichnete man im 16. und 17. Jh. die am englischen Hof aufgeführten festlichen Maskenspiele. Sie bestanden aus Szenen allegorischen und mythischen Inhalts mit Musik, Tanz, Dekoration, besonders der ↗Pantomime fiel dabei eine große Rolle zu. Diese Maskenspiele können auch als Vorläufer der Oper bezeichnet werden. So bedeutende Dichter wie Ben Jonson und Milton schrieben die Texte für die Masques. Zu den Komponisten, die für Masques geschrieben haben, gehören J. Coperario, Th. Lupo, M. Bateman, Edward Pearse, John Adson und R. Johnson.

Lit.: *Evans, H. A.:* English Masques, 1897. *Brotanek, R.:* Die Englischen Maskenspiele, 1902. *Reyher, P.:* Les Masques Anglais, 1909. *Welsford, E.:* The Court Masque, Cambridge 1927. *Dean-Smith, M.:* Folk-Play Origins of the English Masque, in: Folk-Lore 65, 1954, S. 74 ff. *Kirstein, L.:* „The English Court Masque", in: Movement & Metaphor, New York 1970.

Massianer (Massiner oder Massiana). ↗Deutscher Volkstanz aus Bayern. In Südmähren, wo der Tanz ebenfalls zu finden ist, heißt er Massawener. Er ist ein ↗Paartanz im Kreis im langsamen Walzertempo. Die Aufstellung erfolgt im Stirnkreis zueinander. (↗Kempingerin)

Lit.: *Brunner, J.:* Alte Tänze aus Cham u. seiner Umgebung, in: Deutsche Gaue, Bd. XI (1910), 9. Lieferung, S. 217 f. *Osterrieder, F.:* Moderne Heimatbewegung u. d. Zwiefachen Tänze, in: Heimatklänge, Nr. 24 u. Nr. 25, 1931, S. 9. *Bauer, A.:* Nachtrag zu d. 20 bayerischen Tänzen, in: Das deutsche Volkslied, Jg. 31, 1929, H. 5, S. 72. *Friedl, H.:* Bairische Tänze aus d. Mühlviertel, in: Das deutsche Volkslied, Jg. 39, 1937, H. 1/2, S. 13. *Schützenberger, E.-Derschmidt, H.:* Spinnradl, 1. Folge, S. 12.

Massine, Léonide (eigentlich Leonid Fjodorowitsch Mjassin). Russischer Tänzer, ↗Choreograph, ↗Ballettmeister und Lehrer, geb. 9. August 1895 in Moskau, gest. 16. März 1979 in Weseke bei Borken, Westfalen. Er studierte an der Ballettschule des Bolschoj-Theaters, wo er 1912 sein Studium abschloß. Seine künstlerische Tätigkeit begann er beim ↗Bolschoj-Ballett, ging aber 1914 bereits zu ↗Diaghilews ↗Ballet Russe, wo er bis 1920 fast alle Hauptrollen tanzte. Nach einem Streit mit Diaghilew verließ er die Ballets Russes und war vier Jahre lang an verschiedenen Bühnen in London, Paris und Rom tätig, bis er nach einer Versöhnung 1924 wieder von Diaghilew zurückberufen wurde. Im Jahre 1927 kam es zu neuerlichen Differenzen mit Diaghilew, und Massine verließ dessen Truppe endgültig. Er übersiedelte an das Roxy-Theater nach New York, wo er bis 1930 blieb. Anschließend wirkte er kurze Zeit an der Mailänder Scala und ab 1932 bei den ↗Ballets Russes de Monte Carlo. 1933 wurde er deren Ballettmeister. 1938 kam er als künstlerischer Direktor zu den Ballets de Monte Carlo von R. ↗Blum. Zahlreiche Werke wurden von ihm für diese Truppe choreographiert. 1939 ging er in die USA und war ab 1941 Leiter des ↗American Ballet Theatre in New York. Während des zweiten Weltkrieges und nach diesem widmete sich Massine neben seinen vielen choreographischen Arbeiten vor allem auch der Tanztheorie. Man bezeichnete ihn deshalb auch als den ↗Noverre des 20. Jh. Nach dem Krieg arbeitete er mit verschiedenen europäischen Ensembles. 1960 erschien von ihm das Buch „My Life in Ballet". Sein Sohn ist **Lorca Massine** (eigentlich Léonide Massine). Amerikanischer Tänzer und Choreograph, geb. 25. Juli 1944 in New York, studierte bei seinem Vater Léonide, Y. Brieux und V. ↗Gsovsky. Er begann seine tänzerische Tätigkeit 1960. Er gründete mit seiner Schwester Tatiana Massine in Paris das European Ballet, mit dem beide von 1964 bis 1967 Tourneen unternahmen. Von 1968 bis 1970 war er Solist und Choreograph beim ↗Ballett des XX. Jahrhunderts und von 1971 bis 1973 Solist beim ↗New York City Ballet.

Lit.: *Körtvélyes, A.:* Massine és a szimfonikus balet, in: Tánctudományi tanulmányok 1965/1966. *Breuer, R.:* Gespräch mit Léonide Massine, dem ersten Joseph, in: Mitteilungen d. Internationalen Richard-Strauss-Gesellschaft, Nr. 62/63, 1969. *Haskell, A. L.:* Léonide Massine, An Appreciation, in: Dance Magazine, November 1969. *Niehaus, M.:* Ballett Faszination, 1972. *Gruen, J.:* The Private World of Ballet, 1975.

Mastaire, Fred. Österreichischer Tänzer, geb. 24. Juli 1927 in Wien. Er studierte an der Ballettschule der Staatsoper Wien, bei Olga ↗Preobrajenska und Madame Rosan in Paris. 1941 wurde er an die Wiener Staatsoper engagiert. In den Jahren 1959 und 1961 unternahm er Amerikatourneen. 1963 gründete er das „Wiener Ballett Theater Mastaire", bestehend aus 50 Mitgliedern des ↗Wiener Staatsopernballetts. Lidia und Fred Mastaire hatten die Direktion und künstlerische Leitung, außerdem besorgte Fred Mastaire die ↗Choreographie für alle Ballette, wobei die spezifisch wienerische Note bevorzugt wurde. 1969 schuf Mastaire auch Choreographien für das amerikanische, französische und deutsche Fernsehen und für Filme.

Mata Hari (eigentlich Margaretha Geertruida Zelle). Tänzerin, geb. 7. August 1876 in Leeuwarden, Holland. 1895 heiratete sie den Offizier Mac Leod, den sie aber nach einem Aufenthalt in Java bald verließ. Ihr Leben als Tänzerin nahm von Paris aus seinen Anfang, wo sie ab dem Jahre 1905, ohne tanztechnisch besonders ausgebildet zu sein, die französische Gesellschaft in den Salons und Varietés als orientalische Tänzerin faszinierte. Ihr Ruf drang ins Ausland, so trat sie 1906 bereits in Madrid und in Monte Carlo auf. Ende desselben Jahres war sie im Apollo-Theater in Wien. In der Theatersaison 1911/12 tanzte sie in zwei ↗Balletten an der Mailänder Scala. Das bedeutete den Höhepunkt ihres künstlerischen Wirkens. Am 13. Februar 1917 wurde sie in Paris unter Spionageverdacht verhaftet. Angeblich soll sie im Weltkrieg 1914 bis 1918 für Deutschland spioniert haben. Ein französisches Kriegsgericht machte ihr den Prozeß und verurteilte sie zum Tode. Am 15. Oktober 1917 wurde sie auf dem Schießplatz von Vincennes erschossen. Ihren Leichnam übergab man der Anatomie. Ihr Lebensschicksal wurde 1931, mit Greta Garbo in der Rolle der Tänzerin, verfilmt.

Lit.: *Carillo, E. Gomez:* El misterio de la vida de la muerte de Mata Hari, Madrid 1923, Leipzig 1925, Paris 1925. *Heymans, Charles S.:* La vraie Mata Hari, courtisane et espionne, Paris 1930. *Wencker, Fr. (Wencker-Wildberg):* Mata Hari, Tänzerin – Kurtisane – Spionin, 1936. *Waagenaar, Sam:* Sie nannte sich Mata Hari, 1964. *Roda de Isabena:* Mata Hari (La vraie), Monte Carlo, 1965.

Matachin. Mittelalterlicher spanischer Tanz, der ursprünglich bei den Neujahrsfeiern aufgeführt wurde. Er ist in geänderter Form im Staat New Mexico (USA) zu finden und wird nach einer $^{6}/_{4}$-Takt-Melodie getanzt.

Lit.: *Reichert, G.:* Das Musikwerk: Der Tanz, Bd. 27, 1965, S. 73.

Mateixas. Spanischer Tanz aus Mallorca, der ↗Weinlesetanz. Die Paare mimen bei diesem Tanz das Tragen von Körben und das Traubenessen. Sie stehen dabei mit dem Gesicht zueinander. Die Tanzmelodie ist im mäßigen $^{3}/_{4}$-Takt. (↗Spanische Volkstänze)

Lit.: *Lawson, J.:* European Folk Dance, 1953, S. 214 ff.

Matelot. ↗Niederländischer Volkstanz, der Matrosentanz. Die Tänzer führen ihn mit auf dem Rücken verschränkten Armen aus. Die Schritte sind dieselben wie die der ↗Hornpipe. Die Tanzmelodie steht im $^{2}/_{4}$-Takt. Auch der französische „La Matelotte", der in Küstengegenden Frankreichs getanzt wird, gehört hierher.

Lit.: *Czerwinski, A.:* Brevier d. Tanzkunst, 1879, S. 78. *Van der Ven-Ten Bensel, E. en J. Van der Ven:* De Volksdans in Nederland, Naarden 1942. *Sanson-Catz, A. – Koe, A. de: Nederlandse Volksdansen, Bd. 1, 1950, S. 41 ff.*

Dubrana-Lafargue, C.: Le Trésor des danses provençales, 1957, S. 124 ff.

Mati ist ein ↗Frauentanz, ein Einzeltanz einer hervorragenden Tänzerin in den Dörfern des Dan-Volkes der ↗Elfenbeinküste. Der Tanz wird mit Singen und Klatschen eines kleinen Frauenchores begleitet. Die Tänzerin selbst bewegt sich im Wechsel von langsam gesetzten und schnellen kurzen Schritten. Die Frauen singen immer im gleichen Rhythmus und Tempo weiter, ohne auf die Bewegungen der Tänzerin Bezug zu nehmen.

Lit.: *Himmelheber, H.:* Masken, Tänzer u. Musiker d. Elfenbeinküste, in: Publikationen zu wissenschaftlichen Filmen, Sekt. Völkerkunde, Erg. Bd. 2, 1972, S. 102 ff.

Matlanchines. ↗Mexikanischer Tanz im 4/4-Takt. Er wird von einer beliebigen Anzahl von Paaren ausgeführt. Ein Tanzführer kündet jeden Wechsel der Figuren mit einem Zuruf an. Die Aufstellung der Paare erfolgt in zwei Linien, diagonal zum Tanzführer.

Lit.: *Schwendener, N.-Tibbels, A.:* How to Perform the Dances of Old Mexico, 1975, S. 30 ff.

Mattachins ↗Danse des bouffons.

Matteis, Nicola jun. Geburts- und Sterbedaten unbekannt. Er war Geiger und hat von 1700 bis 1730 unter Johann Joseph Fux zur Wiener Hofkapelle gehört. Er komponierte zahlreiche Ballettmusiken zu Opern, unter anderem zu Fux' „Costanza e Fortezza". Sie sind meist im einfachen Volkstanzstil gehalten. (↗Alexander-Ballette)

Lit.: *Keuschnig, P.:* Nicola Matteis junior als Ballettkomponist, Diss. Wien 1968.

Maximowa, Jekaterina Sergejewna. Russische Tänzerin, geb. 1. Februar 1939 in Moskau. Mit 10 Jahren begann sie ihr Tanzstudium an der Bolschoj-Theater-Tanzschule in Moskau. Ihre Lehrerin war Jelisaweta Gerdt. Bei der Abschlußprüfung im Jahr 1958 tanzte sie das ↗Dornröschen. 1958/59 trat sie als Katarina in dem Ballett „Das Märchen von der steinernen Blume" von S. ↗Prokofjew erstmals im Bolschoj-Theater auf. 1960 debütierte sie in London. Verheiratet ist sie mit dem russischen Tänzer W. ↗Wassiljew.

Lit.: *Lidova, I.:* Maximowa, in: Les Saisons de la danse, November 1972.

Maxixe. ↗Brasilianischer Tanz in raschem, synkopiertem 2/4-Takt. Er hat sich möglicherweise aus der europäischen ↗Polka, deren ↗Choreographie er hat, und aus der kubanischen ↗Habanera, der er im Rhythmus ähnlich ist, entwickelt und wurde um 1915 in Europa Modetanz.

Maxixe brésilienne. ↗Gesellschaftstanz des 20. Jh. Er kam zur selben Zeit wie der ↗Tango nach Europa und wurde wie dieser mit verschiedenen Figuren ausgeführt. Charakteristisch ist für ihn der häufige Wechsel der Stellung des Herrn zur Dame, der bald neben, vor und hinter der Dame tanzt. Der Grundschritt ist im wesentlichen ein Twostep-Schritt. Auch musikalisch besteht eine Verwandtschaft mit dem Tango, doch ist die Begleitung nicht in dem typischen Tangorhythmus gehalten, sondern eher in der 2/4-Bewegung des ↗Onestep. Der Tanz, in den Salons meist als Pariser brésilienne ausgeführt, wurde im Gegensatz zum Tango in Europa nie recht populär und war um 1920 bereits wieder aus der Mode gekommen.

Lit.: *Koebner, F. W.-Leonard, R. L.:* Das Tanz-Brevier, 1913, S. 53 ff. *Huppert, E.:* Der moderne Tanz, 1926, S. 43. *Bergen, R.:* Der Tanz, S. 40 ff.

Maynard, Olga. Amerikanische Tanzschriftstellerin, geb. 16. Januar 1920 in Brazil. Sie ist die Autorin folgender Veröffentlichungen: The Ballet Companion, Philadelphia 1957; The American Ballet, Philadelphia 1959; Bird of Fire: Biography of Maria Tallchief, 1961; American Modern Dancers, 1965; In Homage to François Delsarte: 1811–1871, in: Dance Magazine, August 1971; Kschessinska, at Ninety-Nine, in: Dance Magazine, November 1971; Solomon Hurok at 85, in: Dance Magazine, Mai 1973; Peter Schaufuss, in: Dance Magazine, September 1974; American Ballet Theatre: The Figure in the Prism, in: Dance Magazine, Januar 1975; Fernando Bujones: America's Pride, in: Dance Magazine, Januar 1975.

Maywood, Augusta. Amerikanische Tänzerin, geb. 1825 in New York, gest. 3. November 1876 in Lwow (Lemberg). Sie studierte bei Hazard in Philadelphia. 1837 debütierte sie. Ihr Tanzstudium setzte sie in Paris bei J. ↗Mazilier und J. ↗Coralli fort. Dort heiratete sie den Tänzer Charles Mabille und kam mit ihm 1845 an das k. k. Hoftheater in Wien. 1847 ging sie an verschiedene italienische Theater. 1848 war sie an der Mailänder Scala und studierte dort bei C. ↗Blasis. In Genua heiratete sie neuerdings (Dr. med. Carlo Gardini). 1854 kam sie wieder nach

Wien an das Kärntnertortheater. 1866 war sie auf zwei Jahre als ↗Ballettmeisterin am Theater an der Wien engagiert, wo sie verschiedene ↗Divertissements choreographierte. Von 1861 bis 1873 führte sie eine private Tanzschule. Ihre letzten Jahre verbrachte sie am Comer See. Sie gilt als die erste amerikanische Tänzerin, die europäische Bedeutung erlangte.

Lit.: *Guest, I.:* The Romantic Ballet in Paris, 1966. *Migel, P.:* Augusta Maywood, in: The Ballerinas, New York 1972.

Mazedonischer Volkstanz. Im Vergleich mit den Volkstänzen anderer jugoslawischer Gebiete zeigt der mazedonische Volkstanz sehr ausgeprägte Charakteristika, die ihren Grund in der besonderen geographischen Lage Mazedoniens haben. Von alters her war dieses Land der Schauplatz von Invasionen und politischen Einflüssen, die dazu beitrugen, sein Volkstum zu bereichern. Es erlebte den Durchzug vieler Völker, die alle Spuren hinterlassen haben. Die Mazedonier waren von den slawischen Völkern die ersten, die sich dem Einfluß der byzantinischen Kultur unterworfen haben. In Mazedonien lebt auch heute noch eine stark gemischte Bevölkerung mit romanischen, slawischen und türkischen Beimischungen, sowie griechischen und albanischen Volksteilen. Alle diese historischen und völkischen Gegebenheiten spiegeln sich in der Originalität des mazedonischen Volkstanzes wider. Wenn er fremde Elemente einschließt, so betreffen sie meist nur choreographische Formen, die dem eigentlichen Wesen des mazedonischen Tanzes angepaßt wurden. Sein wesentlicher Charakterzug liegt in der geschmeidigen und abgerundeten Bewegung, die alle Teile des Körpers ins Spiel bringt und sich auch in der Verkettung der Tanzfiguren zeigt. Er stellt eine vollkommene und eng zusammenhängende Einheit dar, seine Tanzfiguren erläutern die Gefühlsbewegungen des Lebens der verschiedenen Volksgruppen, die jedem Tanz seinen eigenen Stil geben. Der Rhythmus der mazedonischen Tänze ist, wie allgemein am Balkan, von irregulärem Typus. Diese Rhythmusverschiebungen sind ein wesentlicher Bestandteil des tänzerischen Ablaufes. (↗Jovane Jovance, ↗Kalajdžiskoto, ↗Kolo, ↗Pajduška, ↗Roussaliennes-Tänze, ↗Teškoto, ↗Jugoslawische Volkstänze)

Lit.: *Ćućkov, Em.:* Contenu idéologique et procès rythmique de la danse populaire macedonienne, in: Journal of the Int. Folk Music Council, vol. IV, 1952, S. 39 ff. *Molkenbur, N.-Günther, H.:* Bulgarische Tänze, 1976. *Dimoski, M.:* Inst. za folklor, Skopje, Makedonski narodni ora, 1977. *Linin, A.:* Makedonski instrumentalni oraski narodni melodie, 1978.

Mazilier, Joseph (eigentlich Giulio Mazarini). Französischer Tänzer, ↗Choreograph und ↗Ballettmeister, geb. 13. März 1801 in Marseille, gest. 19. Mai 1868 in Paris. Er begann im Jahre 1822 am Théâtre de la Porte Saint-Martin seine tänzerische Tätigkeit, schloß sich der Pariser Oper an und wurde nach einer erfolgreichen Karriere als Tänzer 1839 deren Ballettmeister. Mehrere Choreographien stammen von ihm, darunter zu „Le ↗Diable amoureux", „Le ↗Diable à quatre" und „La ↗Gypsy".

Lit.: *Guest, I.:* The Ballet of the Second Empire 1847–1848, London 1955. *Guest, I.:* The Romantic Ballet in Paris, 1966.

Mazur (Mazurek). Polnischer Volkstanz aus der Provinz Masowien. Er ist ein Spring- und Drehtanz im schnellen 3/4- oder 3/8-Takt in punktiertem Rhythmus mit wechselnden Betonungen. Beteiligt sind acht oder 16 Paare, die am Anfang, von einem Tanzführer mit einer Tänzerin angeleitet, Paar hinter Paar wie bei der Polonaise marschieren. Der individuellen Freiheit der Tanzenden ist in der Ausführung keine formelle Beschränkung auferlegt. Um 1600 ist der Tanz aus dem Volk zum Gesellschafts- und Nationaltanz der Polen geworden. Er hat rasche Verbreitung über die Grenzen hinaus gefunden. Als stilisierte Form hat sich aus der Mazur die ↗Mazurka entwickelt. In die Kunstmusik hat der Tanz u. a. durch die Klaviermusik von Frédéric ↗Chopin Eingang gefunden. (↗Polnische Volkstänze)

Lit.: *Hlasko, M.:* Die Mazur, 1846. *Lestienne-Dubois, F.:* Mazur, Polka, Polka-Mazur, wie man sie tanzt u. arrangiert, 1869. *Laufer, R.:* Der polnische Tanz u. sein Eindringen in d. Kunstmusik, Diss. Wien 1934, S. 34 ff. *Kurylo, Ed. de:* All about the Mazur, in: The Dancing Times, Dez. 1938, Januar/Februar 1939. *Kwasnicowa, Z.:* Polskie tańce ludowe. Mazur, 1953. *Idaszak, D.:* Mazurek w polskiej muzyce XVIII wieku, in: Kongreß-Bericht, Warschau 1960. *Pilippczuk, A.:* Der polnische Tanz Mazurek, Diss. Köln 1967, gedruckt Hamburg 1969.

Mazurka. Dieser ↗Gesellschaftstanz aus der zweiten Hälfte des 19. Jh. ist polnischen Ursprungs, und zwar eine stilisierte gemäßigte Form des polnischen Nationaltanzes ↗Mazur. Die deutsche Bezeichnung Mazurka stammt aus dem Ende des 18. Jh. Die Mazurka ist ein ↗Paartanz im 3/4-Takt. Gegen Ende des 19. Jh. hat die Mazurka auch die Tanzformen der Alpenländer nicht nur Österreichs stark beeinflußt. Das Volk wandelte durch Umformungen wesentlich den ursprünglichen Gesellschaftstanz. In den Tanzheften alpenländischer Musiker treten von dieser Zeit an Mazurkaweisen immer häufiger auf. Besonders sind die Wechselbeziehungen zum ↗Ländler festzustellen, die vor allem darauf beruhen, daß beide Tänze denselben Takt haben (3/4-Takt) und zum Typus der ↗Werbetänze gehören. Diese Mazurka-Ländler werden meist ↗Dreher oder ↗Wickler genannt. Die Schweiz kennt eine Offene Mazurka, ↗Staader Mazurka und Wechselmazurka. Eine besondere Abart der Mazurka als Gesellschaftstanz war der sogenannte Mazurkawalzer, ein Tanz aus Mazurkaschritten mit Walzerdrehungen. (↗Masol(l)ka, ↗Polka Mazurka, ↗Varsovienne, ↗Veitscher Masur)

Anfang des 19. Jh.

F. Chopin

Lit.: *Hlasko, M.:* Die Mazur, Wien 1846. *Anonym:* Wiener Tanzschule, 1852. *Gawlikowski, Ph.:* Mazurka, Théorie des figures et des pas, 1857. *Anonym:* Die Tanzkunst u. d. Tänze, 1877. *Böhme, F. M.:* Geschichte d. Tanzes in Deutschland, 1886. *Zorn, F. A.:* Grammatik d. Tanzkunst, 1887, S. 222. *Jolizza, W. K. v.:* Die Schule d. Tanzes, 1900, S. 36, S. 122. *Starczewski, F.:* Die polnischen Tänze, in: Sammelbände d. Internationalen Musikgesellschaft, Jg. 2, 1900/01, S. 692. *Bie, O.:* Der Tanz, 1906. *Norlind, T.:* Zur Geschichte d. polnischen Tänze, in: Sammelbände d. Internationalen Musikgesellschaft, Jg. 12, 1910/11, S. 501 ff. *Windakiewicz, H.:* Wzory ludowej muzyki w mazurkach Fr. Chopina (Vorbilder polnischer Volksmusik in d. Mazurken v. Chopin), Krakau 1926. *Martens, H.:* Polonaise u. Mazurka. Musikalische Formen in historischen Reihen, Bd. 19, Berlin s. a. *Wolfram, R.:* Die Volkstänze in Österreich u. verwandte Tänze in Europa, 1951. *Horak, K.:* Die Mazurka als österreichischer Volkstanz, in: Tanz u. Brauch, Kärntner Museumsschriften, Bd. 19, 1959, S. 95 ff. *Steszewska, Z.-Steszewski, Jan:* Zur Genese u. Chronologie d. Mazurkarhythmus in Polen, in: The Book of the Int. Musicological Congress Devoted to the Works of Frederick Chopin 1960, Warszawa 1963, S. 624 ff. *Goldschmidt, Ae.:* Handbuch d. deutschen Volkstanzes, 1967. *Pilippczuk, Alex.:* Der polnische Tanz Mazurek, Diss. Köln, 1967, gedr. 1969. *Swartz, A.:* The Polish Mazurka, in: Studia musicologica, Tom. XVII, Budapest 1975, Fasc. 1–4, S. 249 ff. *Schwarz, A.:* Folk Dance Elements in Chopin's Mazurkas, in: The Journal of Musicological Research, vol. 4, Nr. 3/4, 1983, S. 417.

Measure. Englischer ↗Gesellschaftstanz des 16./17. Jh., über dessen Beschaffenheit keine genauen Angaben vorhanden sind. Den Namen, der „Maß", „Takt" bedeutet, hat er vermutlich von seiner genauen rhythmischen Bestimmtheit, die ihm wahrscheinlich einen gemessenen gravitätischen Charakter verlieh.

A Measure, 1570

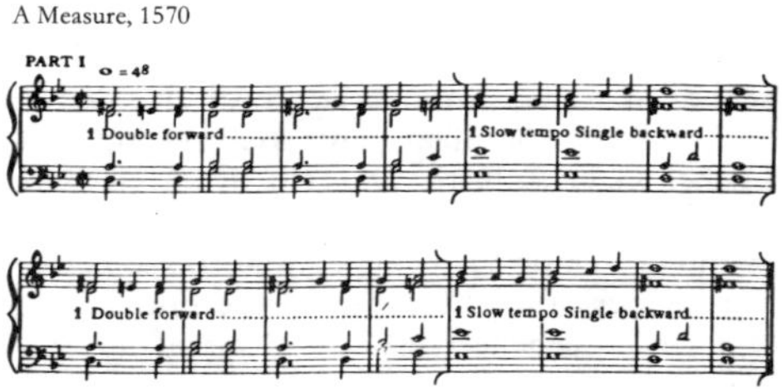

Lit.: *Czerwinski, A.:* Brevier d. Tanzkunst, 1879. *Reyer, P.:* Les Masques anglais, etude sur les ballets et la vie de cour en Angleterre, Paris 1909, S. 443 ff. *Oberst, G.:* Englische Orchestersuiten um 1600, 1929, S. 3 f. *Sachs, C.:* Eine Weltgeschichte d. Tanzes, 1933. *Dolmetsch, M.:* Dances of England and France from 1450 to 1600, 1949, S. 49 ff.

Medea-Ballette. Die Sage aus der griechischen Mythologie von Medea, der Tochter des Königs Aietes von Kolchis, und ihrem Gatten Jason bildete mehrmals die stoffliche Grundlage von Balletten: 1763 „Medea und Jason" von ↗Noverre, Musik von J. J. ↗Rudolph für Stuttgart; 1765 für Paris, 1780 umgearbeitet als „Medée". Weitere Umarbeitungen nahmen ↗Le Picq 1771 für Venedig und Lefèvre 1784 vor. 1772/73 „Médée et Jason" von Chr. ↗Cannabich; 1789 „Medea" von Joh. Gottlieb Neumann für Berlin. Moderne Darstellungen schufen Birgit ↗Cullberg mit der Musik von ↗Bartók aus dessen „Mikrokosmos" (arrangiert von H. Sandberg) 1950 für das Riksteatern, Gaevle, Schweden und Martha ↗Graham 1947 mit der Musik von S. Barber für New York unter dem Titel „Cave of the Heart".

Lit.: *Mason, F.:* Balanchine's complete Stories of great Ballets, 1954.

Media caña. ↗Argentinischer Tanz im bewegten 3/8-Takt. Für die Ausführung des Tanzes ist der stark markierte erste Taktteil des Rhythmus charakteristisch. (↗Cana)

Medi-Tänzer. Name einer Truppe aus dem Dorf Biatúò an der ↗Elfenbeinküste. Zwei Männer aus Biatúò, Javo und Zea, erfanden den Medi-Tanz. Zum Spiel von drei Trommeln und begleitet von Gesang wird er von vier Männern getanzt. In gebückter Haltung mit eingeknickten Knien wechselt der Tanz mit besonderer Schrittkunst in langsamen und schnellen Bewegungen. Kopf, Arme und der ganze Körper werden in den Tanz mit einbezogen. Die besondere Eigenart des Tanzes liegt in der Darstellung verschiedener kleiner Ereignisse, wie z. B. „das Schäfchen, das im Zickzack hinter seiner Mutter hervorspringt". Mehr noch als solche Thematik entzückt die hohe Schrittkunst der Tänzer. Am Kopf tragen die Tänzer einen Schmuck aus Widderhaaren, bunten Lederstücken und Kaurischnecken. Der Medi-Tanz ist auch in anderen Dörfern des Dan-Volkes an der Elfenbeinküste zu finden.

Lit.: *Himmelheber, H.:* Masken, Tänzer u. Musiker d. Elfenbeinküste, in: Publikationen zu wissenschaftlichen Filmen, Sektion Völkerkunde, Erg. Bd. 2, 1972, S. 105 ff.

Medusa. ↗Ballett in drei Szenen von Gottfried von ↗Einem, Libretto von Gale M. Hoffmann. Die Uraufführung fand am 16. November 1957 an der Staatsoper Wien mit der ↗Choreographie von Erika ↗Hanka statt. Das Ballett geht auf die griechische Sage der Medusa zurück, die von Perseus getötet wurde.

Me'etu'upake. Männertanz aus Tonga, der schon zur Zeit des Forschers James Cook (1728–1779) bekannt war und in seiner traditionellen Form heute noch ausgeführt wird. Dieser rituelle Tanz erfordert von den Tänzern Disziplin und Gewandtheit und wird mit glänzenden Holzpaddeln, genannt paki, vor dem großen Tempel zu Mu'a aufgeführt. (↗Naturvölker)

Lit.: *Dean, B.:* South Pacific Dance, 1978, S. 80.

Méhul, Étienne-Nicolas. Französischer Komponist, geb. 22. Juni 1763 in Givet, gest. 18. Oktober 1817 in Paris. Er komponierte die Ballette „La ↗Dansomanie", Libretto von P. ↗Gardel, Uraufführung an der Oper Paris 1800; „Ninette à la cour", Libretto von P. Gardel, Uraufführung an der Oper Paris 1802; ↗„Daphnis et Pandrose", Libretto von P. Gardel, Uraufführung an der Oper Paris 1803; „Persée et Androméde", Libretto von P. Gardel, Uraufführung an der Oper Paris 1810.

Meiadinha. ↗Brasilianischer Tanz im 4/4-Takt. In der Ausführung ähnelt er einer ↗Anglaise. Begleitet wird er von Kastagnetten und oft auch von Gesang.

Lit.: *Fink, G. W.:* Etwas über Musik u. Tanz in Brasilien, in: Allgem. musikal. Zeitung, Jg. 35, 1833, Sp. 19 ff.

Mejorana. ↗Volkstanz aus Panama. Die Tanzenden stehen im Viereck, Gesicht zu Gesicht. Ausgeführt wird der Tanz mit Zapateadoschritten. Die Tanzbegleitung wird auf einer fünfsaitigen Gitarre ausgeführt, die ebenfalls Mejorana heißt. Die zum Tanz gesungene Melodie steht im 2/4-Takt, wird aber im 6/8-Takt begleitet.

Meke. Name für die Haupttypen der Tänze der ↗Fidschi-Insulaner. Es gibt den Meke wesi, Meke-i-ula, Meke Iri und Meke-i-wau. Obwohl diese Tänze in jedem Dorf in eigenen individuellen Formen und vielen Variationen ausgeführt werden, zeigen sie noch immer ihren traditionellen Charakter. (↗Vakamalolo)

Lit.: *Dean, Beth:* South Pacific Dance, 1978, S. 16.

Melchertanz. Ein ↗Gebärdentanz, der von Burschen getanzt wird. Sein derber Scherz besteht darin, daß die Teilnehmer mit den Händen im Takt auf die Sitzfläche eines Burschen schlagen.

Lit.: *Wolfram, R.:* Die Volkstänze in Österreich u. verwandte Tänze in Europa, 1951, S. 165.

Melkertänze. Sie wurden von den Melkern in den Dörfern um die deutsche Stadt Münster getanzt, und zwar auf ihrem Fest der „Bergkilbe" am St.-Laurentius-Tag (10. August). Das Besondere an diesen Melkertänzen war der Tanzstil, in dem die Bewegungen ausgeführt wurden. Die getanzten ↗Walzer wurden nicht nur geschliffen, sondern zum Teil auch gestampft.

Lit.: *Au, H. v. d.:* Münstertäler Melkertänze, in: Mein Heimatland, 1942, H. 2, S. 201 ff.

Mellnertanz (auch Müllertanz). ↗Deutscher Volkstanz aus Ostschlesien (ehemals Bielitz-Biala Sprachinsel). Der 1. Teil dieses ↗Paartanzes steht im 2/4-Takt, der 2. Teil ist ein ↗Walzer.

Lit.: *Lanz, J.:* Ostschlesische Volkstänze, 1924.

Memphis. Bedeutender ↗Pantomime im Rom der Kaiserzeit. Er stammte aus Syrien und galt als ein besonderer Günstling des Kaisers Lucius Älius Verus. Nach Athenäos soll er angeblich die pythagoräische Philosophie getanzt haben. Diese Pantomime wurde ↗Pythagorike genannt.

Lit.: *Friedländer, L.:* Sittengeschichte Roms, 1934.

Memphitike (der Memphistanz). Antiker griechischer ↗Waffentanz, der besonders in Athen gepflegt wurde. Sokrates soll diesen Tanz bevorzugt und dadurch den Beinamen „Memphistänzer" erhalten haben. (↗Griechischer Tanz)

Lit.: *Weege, F.:* Der Tanz in d. Antike, 1926, S. 9 u. S. 50.

Menari (das) heißt ein Tanz der Malaien, ein ↗Paartanz mit Gesang. Er besteht aus einer Folge von teils langsamen, teils zuckenden Bewegungen, die stets gleichmäßig und dem Takt der Musik entsprechend ausgeführt werden. Die Genauigkeit und Ausdauer der Tanzenden ist staunenswert. Um das tanzende Paar sitzen die Zuschauer am Boden. Sobald ein Paar den Tanzplatz verlassen hat, tritt ein neues an seine Stelle. Ein Tanz kann Tage und Nächte dauern.

Lit.: *Joest, W.:* Malaiische Lieder u. Tänze aus Ambon u. d. Uliase, in: Int. Archiv f. Ethnographie, Bd. 5, 1892, S. 1 ff.

Ménéstrier, Claude-François, geb. 1631 in Lyon, gest. 1705 in Paris. Trotz seines geistlichen Standes (Jesuitenpater) befaßte er sich mit der Tanzkunst und hinterließ für die Geschichte der Musik und des Tanzes im 17. Jh. drei bedeutsame Schriften: 1668 Remarques pour la conduite des Ballets; 1681 Des Representations en Musique Anciennes et Modernes; 1682 Des ballets anciens et modernes selon les regles du Théâtre (erstes Buch der Geschichte des Tanzes und ↗Balletts in der europäischen Literatur).

Lit.: *Allut, P.:* Recherches sur la vie et sur les œuvres du P. Claude-François Menestrier de la Compagnie de Jésus, Lyon 1856. *Bie, O.:* Der Tanz, 1900, S. 283. *Gregor, J.:* Kulturgeschichte d. Balletts, 1944. *Winter, M. H.:* The Pre-Romantic Ballet, 1974.

Menotti, Gian Carlo. Italienischer Komponist, geb. 7. Juli 1911 in Cadegliano (bei Varese, Lombardei). Er komponierte folgende ↗Ballette: „Sebastian", für das ↗International Ballet, 1944, ↗Choreographie Edward ↗Caton; „Errand Into the Maze", für Martha ↗Graham, New York 1947; „The Unicorn, the Gorgon and the Manticore", ein Madrigalballett für das ↗New York City Ballet, 1956.

Menoussis. Neugriechischer Volkstanz aus Epiros. Dem Tanz liegt ein Lied zugrunde, das die Geschichte des jungen Menoussis erzählt, der in Epiros seine schöne Frau ermordet hat. Seinem Charakter nach ist dieser Männertanz ruhig und kraftvoll. Die Tanzenden nehmen im Halbkreis Aufstellung; die Hände liegen bei gestreckten Armen auf den Schultern der Nachbarn. Der Tanz hat 11 Schrittbewegungen. (↗Griechischer Tanz)

Lit.: *Schmolke-Langhans:* Europäische Tänze, 1964, H. 8, S. 16 f.

Mensendieck, Bess (Elisabeth Marguerite). Niederländisch-amerikanische Gymnastiklehrerin, geb. 1. Juli 1864 in New York, gest. etwa 1957/58. Der Sterbetag blieb auf testamentarischen Wunsch unbekannt. Sie ist die Begründerin der sogenannten Mensendieck-Gymnastik, die eine Synthese und Analyse der menschlichen Bewegungen anstrebt, wie sie sich aus den Alltagsbewegungen ergeben. Ab 1910 bildete sie Vertreterinnen ihres Systems in vielen Ländern aus. So lehrten Hedwig Hagemann in Hamburg, Dorothee ↗Günther in München und A. Littmann in Wien nach ihrer Methode. Von ihr stammen auch mehrere Veröffentlichungen: Körperkultur der Frau, München 1925; Bewegungsprobleme. Die Gestaltung schöner Arme, München 1927; Anmut der Bewegung im täglichen Leben, München 1929.

Menuett (franz. le [la] menuet, ital. il minuetto). Der Name dieses französischen Gesellschaftstanzes wird von menu = klein, zierlich, abgeleitet. Schon im 16. Jh. finden wir die Bezeichnung „pas menu‘ als eine Art des ↗Branle. Die Entstehung des Menuetts mag vielleicht wesentlich mit der Figur des Branle de Poitou zusammenhängen, im 17. Jh. betrachtete man es jedoch als einen ursprünglich in Poitou üblichen ↗Volkstanz. In seiner stilisierten Form basiert das Menuett auf der ↗Courante, deren Nachfolge es angetreten hat. In der zweiten Hälfte des 17. Jh. entwickelte sich das Menuett in Frankreich und gewann hier eine dominierende Stellung als ↗Gesellschaftstanz. Als ↗Hoftanz wurde es unter ↗Ludwig XIV. eingeführt. Die Umwandlung zum höfischen Tanz soll angeblich ↗Beauchamp vorgenommen haben. Am englischen Hof wurde das Menuett um die Mitte des 17. Jh. unter Karl II. gebräuchlich. In Deutschland fiel die Einbürgerung des Menuetts mit dem Eindringen Lullyscher Ballettmusik zusammen. Das Menuett, im ungeraden Takt stehend, war nach der von den ↗Tanzmeistern überlieferten ↗Choreographie ein offener ↗Paartanz, der von den in Reihen geordneten Paaren mit einer ↗Reverenz eröffnet und mit kleinen, zierlichen Schritten und Bewegungen und galanten Figuren ausgeführt wurde. In dieser Form war es der wesentliche Teil des Tanzunterrichts und blieb der Haupttanz nicht nur Frankreichs, sondern auch des übrigen Europas. Im Laufe der Zeit unterlag das Menuett vielen choreographischen Veränderungen. Jeder bedeutende Tanzmeister hatte den Ehrgeiz, neue Menuettfiguren zu erfinden. Mit der Zeit gab es mehr als hundert Tanzarten des Menuetts. ↗Pécour schuf ein „Menuet de la reine“, ↗Gardel ein eigenes Menuett zur Vermählung Ludwigs XVI. mit Marie Antoinette. Als in der zweiten Hälfte des 18. Jh. das Menuett aus der Mode kam, hatte man im 19. Jh. verschiedene Erneuerungen versucht. Es entstanden ein modernes „Menuet de la cour“, ein „Menuet à la reine“, ein „Menuet à trois“, ein „Menuet des salons“ und andere mehr. In der ländlichen Überlieferung Frankreichs hatte sich das Menuett als ↗Volkstanz bis in unsere Gegenwart erhalten. Bereits ↗Lully hat es in die Oper und in das ↗Ballett aufgenommen. Nachdem das Menuett als Gesellschaftstanz bereits außer Gebrauch gekommen war, lebte es in seiner stilisierten Form noch lange weiter. Schon Anfang des 18. Jh. wurde es in die ↗Suite aufgenommen, durch die Mannheimer Schule (J. Stamitz) und die Wiener Klassiker (J. ↗Haydn, W. A. ↗Mozart) wurde es als einziger Tanz ein selbständiger Satz in der Sinfonie, Sonate und Kammermusik. (↗Böhmische Menuett)

J. B. Lully, 1663

J. Haydn, Streichquartett op. 33/2 (Hob. III: 38)

Lit.: *Bickham, G.:* An Easy Introduction to Dancing: or the Movements in the Minuet Fully Explained, London 1738. *Lecointe, J.:* Apologie de la danse: Son antiquité, sa noblesse, et ses avantages, avec une dissertation sur le menuet, 1752. *Chavanne, J. M. de:* Principes du menuet, 1767. *Kirnberger, J. Ph.:* Der allezeit fertige Menuetten u. Polonaisenkomponist. *Lestienne-Dubois, F.:* Das Menuett zur Selbsterlernung beschrieben, 1869. *Czerwinski, A.:* Brevier d. Tanzkunst, 1879. *Moroni, A.:* I minuetti, 1880. *Anonym:* Das Zeitalter d. Menuett, in: Neue Berliner Musikzeitung, Jg. 38, 1884, Nr. 17, 18, 24, 25, 27, 28. *Böhme, F. M.:* Geschichte d. Tanzes in Deutschland, 1886. *Frenz, H.:* Menuet à la reine, getanzt am Hofe Sr. Maj. des Kaisers Wilhelm II., Choreographie, Erklärungen u. Beschreibungen, Rostock 1893. *Rossi, W.:* Il minuetto, 1896. *Jolizza, W. K. v.:* Die Schule d. Tanzes, 1907, S. 244 u. 320. *Bie, O.:* Der Tanz, 1919. *Lach, R.:* Geschichte d. Gesellschaftstanzes, 1920, S. 16 ff. *Nettl, P.:* Die Wiener Tanzkomposition in d. 2. Hälfte d. 17. Jh., in: Studien zur Musikwissenschaft, H. 8, 1921, S. 87 ff. *Pfannenstiel, E.:* Das Menuett, in: Kultur u. Schallplatte, Jg. 1, 1929, H. 5, S. 34 ff. *Sachs, C.:* Eine Weltgeschichte d. Tanzes, 1933. *Martens, H.:* Das Menuett, Musikalische Formen in hist. Reihen, Bd. 1. *Goldmann, H.:* Das Menuett in d. deutschen Musikgeschichte d. 17. u. 18. Jh., Diss. Erlangen 1956. *Massenkeil, G.:* Untersuchungen zum Problem d. Symmetrie in d. Instrumentalmusik Mozarts, 1962. *Drabecka, M.:* Tance historyczne, Warszawa 1966. *Taubert, H.:* Höfische Tänze, 1968. *Steinbeck, W.:* Das Menuett in d. Instrumentalmusik Joseph Haydns, 1973. *Gmeiner, J.:* Menuett u. Scherzo. Ein Beitrag zur Entwicklungsgeschichte u. Soziologie d. Tanzsatzes in d. Wiener Klassik, Diss. Wien 1977, gedr. 1979 (Wiener Veröffentlichungen zur Musikwissenschaft, Bd. 15).

Menyhárt, Jacqueline. Ungarische Tänzerin, geb. 25. Oktober 1937 in Lens (Dep. Pas-de-Calais, Frankreich). Sie studierte in Budapest am staatlichen Ballettinstitut und in Moskau, schloß sich dann dem Ballett der Budapester Staatsoper an und wurde 1954 1. Tänzerin.

Merante, Louis. Französischer Tänzer, ↗Choreograph und ↗Ballettmeister, geb. 23. Juli 1828 in Paris, gest. 17. Juli 1887 in Courbevoie bei Paris. Er war Schüler von Lucien ↗Petipa und wurde einer der besten ↗„premiers danseurs" seiner Zeit. Bereits mit sechs Jahren tanzte er in Liège. 1848 kam er an die Pariser Oper. Eine seiner bekanntesten Choreographien war die zu dem ↗Ballett ↗„Sylvia" von Leo ↗Delibes.

Lit.: *Guest, I.:* The Ballet of the Second Empire, 1953, 1955.

Mercantia, La. ↗Gesellschaftstanz, der eine eigene Erfindung der alten italienischen ↗Tanzmeister (↗Cornazano) darstellt. Er ist ein sogenannter ↗Werbetanz, ausgeführt von einer Tänzerin mit drei Tänzern, einer neben ihr und zwei dahinter. Getanzt wird er mit elf Takten ↗Saltarello, dann Halt, die Hinterherren weichen mit sechs Schritten zur Seite, die Dame macht kehrt, der eine Hinterherr geht mit drei Schritten vor, dreht die Tänzerin um sich selbst und ist mit drei Schritten auf dem alten Platz, der andere Hinterherr tut das gleiche. Der Tänzer neben ihr macht kehrt und nähert sich von neuem, in dieser Weise geht die ↗Pantomime fort. Diese von den alten Tanzmeistern besonders für die Gesellschaft erfundenen Tänze, auch ↗Balli genannt, haben immer besondere Werbemotive.

Lit.: *Sachs, C.:* Eine Weltgeschichte d. Tanzes, 1933, S. 220.

Merian, Wilhelm. Schweizer Musikforscher, geb. 18. September 1889 in Basel, gest. 15. November 1952 ebendort. Von ihm stammen folgende Veröffentlichungen zur Geschichte des Tanzes: Die Tabulaturen des Organisten Hans Kotter. Ein Beitrag zur Musikgeschichte des 16. Jh., Diss. Basel 1916; Bonifazius Amerbach und Hans Kotter, in: Basler Zeitschrift für Geschichte und Altertumskunde, Bd. XVI, 1917, H. 1, S. 140 ff.; Der Tanz in den deutschen Tabulaturbüchern, Leipzig 1927 (Reprint: Hildesheim 1967); Das Verhältnis von Tabulaturtänzen des 16. Jh. zu vorhandenen Fassungen für mehrere Instrumente, in: Beethoven-Zentenarfeier, Int. musikwissenschaftlicher Kongreß, Wien, März 1927, S. 189 ff.

Méringue (auch Merengue). Beliebter ↗Volkstanz der Völker von Haïti, der Dominikanischen Republik und von Puerto Rico. Die Méringue ist rhythmisch und melodisch identisch mit der ↗Habanera. Die Melodie steht im 2/4-Takt und hat mäßige Bewegung.

Lit.: *Friedenthal, A.:* Musik, Tanz u. Dichtung b. d. Kreolen Amerikas, 1913, S. 133 ff.

Messerer, Assaf Michajlowitsch. Russischer Tänzer, ↗Ballettmeister und Lehrer, geb. 6. November 1903 in Wilna. Er studierte bei ↗Mordkin, ↗Gorsky und an der Moskauer Bolschoj-Ballettschule. Er debütierte 1921 und schloß sich dem ↗Bolschoj-Ballett an. Er trat bis 1954 auf und war einer der größten Virtuosen des russischen Balletts (drei Drehungen in der Luft, zehn ↗Pirouetten). Mit seiner Schwester **Sulamith Michajlowna,** geb. 27. August 1908, in Moskau, unternahm er in den 20er Jahren eine Europa-Tournee.

Lit.: *Roslavleva, N.:* Era of the Russian Ballet, London 1966.

Messertanz hieß der Tanz der Messerschmiede in Nürnberg. Aus dem 14. Jh. stammend, war er ein Abkömmling des altgermanischen ↗Schwerttanzes, ein reigenartiger Aufzug, der aus einer Reihe künstlich verschlungener Touren bestand, welche die Tänzer mit entblößten Schwertern ausführten. Außer in Nürnberg, wo der Messertanz bis ins 19. Jh. üblich war, gab es ihn auch noch in Frankfurt, Breslau, Köln und Prag sowie in verschiedenen Orten Sachsens.

Lit.: *Angerstein, W.:* Volkstänze im deutschen Mittelalter, in: Sammlung gemeinverständlicher wissenschaftlicher Vorträge, 3. Serie, 1868, H. 49/72, S. 10.

Metzgersprung hieß im mittelalterlichen München der alle sieben Jahre zum Andenken an die überstandene Pest aufgeführte Tanz der bewaffneten Metzger. Ähnlich wie die Böttcher (Schäffler) mit ihrem ↗Schäfflertanz wollten auch die Metzger mit der Lustbarkeit des Metzgersprunges das Volk nach überstandener Pest wieder erfreulich stimmen.. Auch der im Salzburgischen übliche Zunftbrauch gleichen Namens, der immer zum Ende des Faschings aufgeführt worden war, dürfte ursprünglich den gleichen Sinn gehabt haben.

Lit.: *Mayer, A.:* Der Schäfflertanz u. d. Metzgersprung, München 1865. *Böhme, F. M.:* Geschichte d. Tanzes in Deutschland, 1886. *Adrian, K.:* Salzburger Volksspiele, Aufzüge u. Tänze, 1905, S. 65.

Meursius, Joannes. Holländischer Historiograph, geb. 9. Februar 1579 in Losdun bei Haag, gest. 20. September 1639 in Sorö. In seinem Werk „Orchestra, sive de saltationibus veterum“, in: Jacobus Gronovius ‚Thesaurus Graecorum antiquitatum‘, vol. VIII, S. 1235 ff. aus dem Jahre 1699, verzeichnete er 189 antike Tänze, aber leider die wenigsten davon mit einem ausführlichen Kommentar. Trotzdem bildet dieses Werk eine wichtige literarische Quelle für den Tanz der griechischen Antike.

Lit.: *Weege, F.:* Der Tanz in d. Antike, 1926, S. 5 ff.

Mexikanischer Tanz. Mexiko ist einer jener Punkte der Neuen Welt, wo sehr alte und hohe Kulturen zu finden sind. Mayas, Azteken und Tolteken besaßen eine hohe Zivilisation, und das alte Erbe ist reich an vielen Bräuchen, alter Musik und alten Tänzen. Seit den aztekischen Pyramidenerbauern blüht der Tanz. Tanz und Musik waren notwendig für jedes religiöse und weltliche Fest und für die Ausübung magischer Riten. Die Azteken hatten ihre „cuicalli“ oder „cuicacuilli“, die Häuser des Gesanges und des Tanzes nahe den Tempeln, welche Macuilxochill, dem Gott des Tanzes, geweiht waren. Die Tänze waren in große und kleine Tänze geteilt, die meisten von Gesang begleitet. Die großen Tänze wurden im Innenhof des Tempels oder auf dem Hauptplatz aufgeführt. Die kleinen Tänze wurden in privaten Fiestas gezeigt. Von den zeitgenössischen Tänzern sind die Concheros die bemerkenswertesten, und in den Worten eines ihrer Lieder sind sie die „Soldaten der Eroberung der Hl. Religion“. Ihr Name ist abgeleitet von dem Instrument, das sie spielen. Die Concheros tanzten regelmäßig bei allen Fiestas. Die Ritualtänzer, Matachines genannt, tanzten bei Begräbnissen ihrer Mitglieder und naher Verwandter. Ihre Tänze tragen den gleichen Namen. Man findet sie in verschiedenen Versionen bei den Tarahumaras und den Huasteca-Indianern. Interessante Tänze wurden auch im Staat Guerrero gefunden, wie der ↗Machetes, ↗Chilenas und ↗Tlacololeros. Die Tänze von Yucatán, Campeche, Tabasco und Quintana Roo sind bekannt als ↗Jaranas. Leider taten die spanischen Eroberer alles, um die alten Tänze auszurotten, so daß sie trotz ihrer indianischen Namen deutlich Spuren spanischer Tänze zeigen. 1815 wurde der ↗Walzer aus Europa eingeführt, und zu Ende des 19. Jh. komponierte der Spanier Juvenito Rosas den bekannten Walzer „Über den Wellen“. (↗Acatlaxque, ↗Chilena, ↗Durán, ↗Eremo, ↗Habanera, ↗Huapango, ↗Inditos, ↗Jarabe, ↗Jarana, ↗Machetes, ↗Machiche, ↗Matlanchines, ↗Mitotetanz, ↗Rebozo, ↗Sandunga, ↗Sembradoras, ↗Tagarotas-Quadrille, ↗Teletanz, ↗Tlacoloreros, ↗Viejitos)

Lit.: *Májer, F.:* Tänze d. Mexikaner, in: Journal d. Luxus u. Moden 17, 1802. *Friedenthal, A.:* Musik, Tanz u. Dichtung in Mexiko, in: Die Musik, Jg. 12, 1912/13, H. 12, S. 323 ff. und in: Musik, Tanz u. Dichtung bei d. Kreolen Amerikas, S. 48 ff. *Génin, Aug. M.:* Notes sur les danses, la musique et las chants des Mexicains anciens et modernes, in: Revue d'Ethnographie, Tom. 4, 1913, S. 301 ff. *Montes de Oca, J. G.:* Danzas indigenas Mejicanas, 1926. *Tablada, J. J.:* The Dance in Mexico, in: Theatre Art Monthly 11, 1927, S. 637 ff. *Campos, R. M.:* El folklore y la musicae mexicana, 1928. *Dugan, A. – Schlottmann, J. – Rudlege, A.:* Folk Dances of the United States and Mexico, in: The Folk Dance Library V, 1948. *Kurath, G. P.:* Mexican Moriscas, in: Journal of American Folklore, vol. 69, Nr. 2, 1949. *Mendoza, V. T.:* Folklore de San Pedro Gorda, 1952. *Dickins, G.:* Dances of Mexico, 1954. *Mendoza, V. T.:* La danza durante de Colonia de Mexico, in: Tradición Revista Peruana de Cultura, 1955, Nos. 19/20, S. 13 ff. *Mooney, G.:* Mexican Folk Dances for American Schools, in: University of Miami, Hispanio-American Studies 14, 1957. *Marti, S.:* Canto, danza y musica precortesianos, 1961. *Kendrick, E.:* Regional Dances of Mexico, 1966. *Schwendener, N. – Tibbels, A.:* How to Perform the Dances of Old Mexico, Detroit 1975. *Covarrubias, L.:* Danzas Regionales de Mexico, s. a.

Michel, Artur. Tanzschriftsteller und Kritiker, geb. 1883 in Düsseldorf, gest. 1946 in New York. Von ihm stammen folgende Veröffentlichungen: Der spanische Volkstanz, in: Der Rhythmus, 1927; Im Lande des Tanzes, spanisches Volksleben, in: Unterhaltungsblatt der Vossischen Zeitung, Nr. 70, 22. März 1928; Die ältesten Tanzlehrbücher, s. a.; Oberdeutsche Volkstänze, in: Zeitschrift „Die Lesestunde“, Jg. 9, 1932, S. 324 ff.; Vom Hofballett zur lebendigen Tanzkunst, in: Die Musik, Jg. 25, 1933, H. 4, S. 241 ff.; Les Ballets de Philippe Taglioni, in: Archives internationales de la Danse, Jg. 2, Nr. 4, 15. Oktober 1934, S. 122 ff.; Der Bandltanz in den romanischen Ländern, in: Wiener Zeitschrift f. Volkskunde, Jg. 41, 1936, S.49 ff.; Taktwechselnde Tänze in Frankreich, in: Das deutsche Volkslied, Jg. 39, 1937, H. 1/2, S. 8 ff.; Two Great XVIIIth Century Ballet Masters: Jean-Baptiste de Hesse and Franz Hilverding, in: Gazette des Beaux-Arts, New York, Mai 1945; Origin of the Gagliarda and the Pavane, in: Dance Observer XIII, 1946; The Ballet d'Action Before Noverre, in: Archives Int. de Danse, 1935 und in: Dance Index, vol. VI, No. 3, April 1947, S. 52 ff.

Mignota. Name für eine in Italien des 15. Jh. beliebte Form der ↗Basse danse zu dreien. Sie wird in mehreren Versionen von ↗Guglielmo Ebreo und ↗Cornazano beschrieben.

Lit.: *Bie, O.:* Der Tanz, 1919. *Sachs, C.:* Eine Weltgeschichte d. Tanzes, 1933.

Milhaud, Darius. Französischer Komponist, geb. 4. September 1892 in Aix-en-Provence, gest. 22. Juni 1974 in Genf. Er komponierte folgende ↗Ballette: „L'Homme et son désir", Libretto von Paul Claudel, Uraufführung am 6. Juni 1921 durch die ↗Ballets Suédois in Paris, Champs-Elysées, ↗Choreographie: Jean ↗Börlin; „Le Boef sur le toit", Libretto von Jean Cocteau, komponiert 1919, Uraufführung am 21. Februar 1920 in Paris durch die Comp. Champs-Elysées; „Le Creation du monde", Libretto von B. Cendars, komponiert 1923, Uraufführung 1923 durch die Ballets Suédois in Paris, Champs Elysées, Choreographie: Jean Börlin; „Salade", Libretto von A. Flament, Uraufführung Mai 1924; „Soirées de Paris", Choreographie: L. ↗Massine; „Le Train Bleu", Libretto von Jean Cocteau, komponiert 1924, Uraufführung Mai 1924 durch das ↗Ballet Russe in Paris, Champs-Elysées, Choreographie: B. ↗Nijinska; „Le Songes", Libretto von A. Derain, komponiert 1933, Uraufführung 1933 in Paris, Champs-Elysées, Choreographie: ↗Balanchine; „The Bells" nach E. A. Poe, komponiert 1945, Uraufführung 26. April 1946, Universität Chicago; „Adame Miroir", Libretto von Jean Genet, komponiert 1948, Uraufführung am 31. Mai 1948 in Paris, Théâtre Marigny durch das Ballet Roland ↗Petit; „Rêves de Jacob", komponiert 1949, Uraufführung am 19. August 1949 in San Francisco, Jacob's Pillow Festival.

Mille, Agnes de. Amerikanische Tänzerin, ↗Choreographin und Ballettorganisatorin, geb. 1909 in New York. Ihre tänzerische Ausbildung erhielt sie durch Theodor Kosloff und Marie ↗Rambert. In den frühen Balletten von Antony ↗Tudor tanzte sie innerhalb des ↗Ballet Rambert. 1929–1940 tanzte sie in englischen Produktionen im Solo und in der Gruppe. 1937 schloß sie sich der ersten Ballettgruppe von Antony Tudor an. Ihre erste Choreographie war „Black Ritual" im Jahre 1940 beim ↗American Ballet Theatre. Sie arbeitete auch oft für den Film und das Fernsehen. Neben einer großen Anzahl weiterer Ballette choreographierte sie auch die Tänze verschiedener Musicals. Den Amerikanern gilt sie als die amerikanischeste aller Choreographen. Von ihr stammen folgende Publikationen: Dance to the Piper, Boston 1952 (Deutsche Ausgabe: Tanz und Theater, Wien 1955). To A Young Dancer, New York 1962. The Book of Dance, New York 1963. Speak to Me, Dance with Me, New York 1973. American Dances, New York 1980. Reprieve – A Memoir, New York 1981.

Lit.: *Gale, J.:* Spirit of '76: The Agnes de Mille. Heritage Dance Theatre, in: Dance Magazine, Juni 1974.

Milloss, Aurel von (auch Aurelio M. Milloss, eigentlich Aurél Milloss de Miholy). Ungarischer Tänzer, Ballettdirektor und ↗Choreograph, geb. 12. Mai 1906 in Újozora (heute Uzdin, Serbien). Er studierte bei Smeraldi, N. ↗Guerra, Romanowsky, R. von ↗Laban, V. ↗Gsovsky und E. ↗Cecchetti. 1927 gab er seinen ersten Tanzabend in Berlin. 1932 wurde er ↗Ballettmeister in Augsburg, 1934 in Düsseldorf. Nachdem er von 1936 bis 1938 Ballettmeister in Budapest war, kam er an die Oper von Rom, wo er das Ballettensemble bis 1945 leitete. Weitere Stätten seines künstlerischen Wirkens waren die Mailänder Scala (1946/47 und 1951/52), das Ballett der Bühnen der Stadt Köln (1960–1963) und das ↗Wiener Staatsopernballett (1963–1966 und 1971–1974). In den Jahren 1966–1969 wirkte er nochmals an der Oper in Rom. Außerdem wirkte er an zahlreichen Bühnen als Gastchoreograph. Als Tänzer und Choreograph hat er das heutige Ballett nachgehend beeinflußt. Auf der Grundlage italienischer Ballettradition führte er es zu einem neuen Stil, in dem Polyrhythmie und Polymetrie eine besondere Neuerung darstellen.

Lit.: *Schulze-Vellinghausen, A.:* Der unbequeme Choreograph Milloss u. d. Gesamtkunstwerk, in: Theater heute III, 1962. *Zoete, B. de:* The Thunder and the Freshness. Aurel Milloss, London 1963. *Hauser, P. H.:* Der Choreograph Aurel v. Millos u. sein Wiener Wirkungsbereich, Diss. Wien 1975.

Milon, Louis-Jacques. Französischer Tänzer und ↗Choreograph, geb. 1766, gest. 25. November 1845 in Neuilly. Er war Schüler der Tanzakademie der Pariser Oper. Als ↗Ballettmeister an der großen Oper in Paris war er Stellvertreter von Pierre ↗Gardel. Zahlreiche Ballette, die von ihm choreographiert wurden, hielten sich lange Zeit auf den französischen, englischen und russischen Bühnen. (↗Don Quichote, ↗Odysseus, ↗Pygmalion)

Milonga. ↗Argentinischer Tanz im raschen 2/4-Takt mit punktiertem Viertel auf dem ersten Taktteil. In Stil und Ausführung ist er mit der ↗Habanera verwandt und gilt als einer der Vorläufer des ↗Tango.

Lit.: *Stuckenschmidt, H. H.:* Zur Soziologie eines Tanzes, in: Berichte u. Informationen, Jg. 10, Nr. 476 v. 2. 9. 1955, S. 13 (685) f.

Mimik ist die Kunst der Gebärdensprache, Gefühle, Stimmungen und Charaktere durch Gestik auszudrücken. Dieses Gebärdenspiel war schon im Altertum eines der Hauptprinzipien der Schauspieler und Tänzer und besonders bei den römischen ↗Pantomimen zu einer erstaunlichen Höhe entwickelt. Der römische Philosoph Lucius Annaeus Seneca (gest. 65 n. Chr.) bewunderte die Tanzkünstler, weil ihre Hände und Gebärden die Schnelligkeit der Worte erreichten, um jedes Ding und jede Empfindung geschickt zu bezeichnen. Die Mimik der alten Tänzer hat vielfach schon die Grundlagen und Gesichtspunkte der neuzeitlichen Ballett- und Pantomimentechnik vorweggenommen.

Lit.: *Engel, Joh. Jakob:* Ideen zu einer Mimik, 1802. *Friedländer, L.:* Der Pantomimus, in: Handbuch d. römischen Altertümer, Bd. 6, 1885, S. 551 ff. *Sittl, K.:* Die Gebärden d. Griechen u. Römer, 1890. *Giraudet, A.:* Mimique, Physionomie et gestes, 1893. *Reich, H.:* Der Mimus, 1903. *Friedländer, L.:* Darstellungen aus d. Sittengeschichte Roms, 1922. *Weege, F.:* Der Tanz in d. Antike, 1926. *Flach, A.:* Die Psychologie d. Ausdrucksbewegung, 1928. *Green, L.:* Einführung in d. Wesen unserer Gesten u. Bewegungen, 1929. *Mawer, I.:* The Art of Mime, 1932. *Lawson, J.:* Mime, 1957. *Simon, K. G.:* Pantomime. Ursprung, Wesen, Möglichkeiten, 1960.

Mimodrama ist die Bezeichnung für ein Drama, welches das Wort und den literarischen Stoff nur durch Mimik und Gestik ausdrückt. Ein Hauptvertreter dieser Gattung des pantomimischen Tanzes ist Marcel ↗Marceau.

Lit.: *Simon, K. G.:* Pantomime, München 1960.

Mineth (auch Mineht). ↗Deutscher Volkstanz im 3/4-Takt aus dem Kuhländchen, einer ehemaligen deutschen Sprachinsel in Mähren. Je vier Paare stehen hintereinander, dann drehen sich die Tänzerinnen um und gehen einen halben Schritt zurück, so daß zwei Flankenreihen mit entgegengesetzter Blickrichtung, eine von den Tänzern und eine von den Tänzerinnen, entstehen. Die Tanzbewegung besteht aus Nachstell- und Gehschritten.

Lit.: *Kubiena, W.:* Kuhländler Tänze, 1922, S. 6 f. *Schmachtl, F.:* Zwei Volkstänze aus d. Kuhländchen, in: Das deutsche Volkslied, Jg. 32, 1930, H. 5, S. 69 f.

Minkus, Ludwig (auch Léon, eigentlich Aloisius Ludwig Minkus). Österreichischer Komponist, geb. 23. März 1826 in Wien, gest. 7. Dezember 1917 ebendort. Von 1853 bis 1855 war Minkus Dirigent des fürstlich Jusupowschen Orchesters zu St. Petersburg. 1864 wurde er offizieller Ballettkomponist am Bolschoj-Theater in Moskau und ab 1870 Ballettkomponist am Marijinskij-Theater in St. Petersburg, was zu einer Zusammenarbeit mit Marius ↗Petipa führte. 16 Ballette stammen von ihm, darunter waren seine erfolgreichsten „Camargo“, „La Bayadère“, „Paquita“, „La Soucre“ (gemeinsam mit Léo ↗Delibes), „Fiameta“ und ein ↗„Don Quichote“ Ballett, 1869 für Moskau geschrieben, das 1966 durch Rudolf ↗Nurejew auch im Westen sehr bekannt wurde.

Lit.: *Popova, L. S.:* „Don Quixote“, Bol'shy teatr SSSR, opera, balet (Moscow 1958). *Bankowska, A.:* „Don Quixote w Teatrze Wielkim“, in: Ruch muzyczny, VIII/10, 1964.

Miracle in the Gorbals. ↗Ballett in einem Akt von Arthur ↗Bliss, Libretto von Michael Benthall. Das Ballett, 1944 komponiert, wurde am 26. Oktober 1944 im Princess Theatre London durch das ↗Sadler's Wells Ballet uraufgeführt. Die ↗Choreographie stammte von Robert ↗Helpmann. Die Handlung spielt in den Slums des Hafens von Glasgow.

Lit.: *Haskell, A. L.:* Miracle in the Gorbals, Edinburgh 1946. *Beaumont, C.:* Miracle in the Gorbals, in: Ballets Past & Present, London 1955.

Mischlich. ↗Deutscher Volkstanz aus dem Kuhländchen (ehemalige deutsche Sprachinsel an der oberen Oder in Mähren), ein ↗Paartanz im Kreis. Der Tanz ist ein Gemisch von Zweischritt, ↗Walzer und ↗Polka. Im ersten Takt wird Zweischritt getanzt, im zweiten und dritten Takt Walzer, der vierte Takt wird wie der erste im Zweischritt ausgeführt, im fünften und sechsten Takt tanzt man Walzer, im siebenten und achten Polka, im neunten und zehnten Takt wird wieder Walzer getanzt, im elften und zwölften

Polka und im dreizehnten und vierzehnten Takt wieder Walzer. Dementsprechend erfolgt in der Tanzmelodie auch immer der Wechsel zwischen 2/4- und 3/4-Takt. (↗Schreiter)

Abwechselnd im Polka- und Walzertempo

Lit.: *Kubiena, W.:* Kuhländler Tänze, Nr. 8, 1926, S. 9 f.

Miskowitsch, Milorad (auch Mišković). Jugoslawischer Tänzer, geb. 26. März 1928 in Voljevo. 1945 debütierte er an der Oper in Belgrad. Von 1946 bis 1948 studierte er in Paris bei Olga ↗Preobrajenska und B. ↗Kniaseff. Als Interpret dramatischer Rollen tanzte er beim Ballet des Champs-Elysées, ↗International Ballet, Basils ↗Ballets Russes, Grand Ballet de Monte Carlo und ↗Petits Ballet de Paris. Später tanzte er mit der Truppe von Janine ↗Charrat und 1952 beim ↗London Festival Ballet. Er machte Tourneen mit Alicia ↗Markova und Colette ↗Marchand. 1956 gründete er eine eigene Ballettgruppe. 1960 schloß er sich L. ↗Massines Ballet Europeo und 1961 Ruth ↗Pages Chicago Opera Ballet an. Außerdem wirkte er als Gast bei vielen europäischen und amerikanischen Truppen. (Ballet des Étoiles de Paris)

Mistträppeler Mazurka. Dieser ↗Volkstanz aus der Schweiz ist eine besondere Form der ↗Mazurka aus dem Emmental. Der Name kommt von dem bei diesem ↗Paartanz im Kreis üblichen Hüpfen und Trappen. (↗Schweizer Volkstänze)

Lit.: *Witzig, L.:* Volkstänze aus d. Schweiz, H. II, 1950.

Mit'n Kopf zsamm ↗Hans Adam.

Mitotetanz. Der indianische Stamm der Cora in Mexiko veranstaltet diesen Tanz, um von den Göttern Regen, Gesundheit und allen Segen zu erbitten. Je nach Bedarf wird er innerhalb eines Jahres öfters in den Bergen durchgeführt. Besondere Zeiten sind die Aussaat, der Anfang der Regenzeit, die Feier des Kochens der jungen Maiskolben (helotes) und das Rösten der reifen Maiskolben (esquite). Unendlich mannigfaltig sind die Requisiten der Zeremonie: Stäbe mit den Federn der zauberkräftigen Vögel vor dem Altar, Rohrtuben der Vortänzer, die mit Wolkenzeichnungen bedeckt sind, die Rohrrasseln an den Knien der Tänzer, die den Takt markieren, die die Welt darstellende Kürbisschale mit Baumwollflocken, eine Fülle von Lebensmitteln, unter denen Hirsch- und Leguanfleisch nicht fehlen dürfen. Die Zeremonien selbst, die eine Nacht bis zum Mittag des anderen Tages dauern, bleiben sich im wesentlichen immer gleich: Tanz um den nach Osten zum Altar gewandten Sänger, der mit zwei Stäbchen den auf einer Kalebasse ruhenden Bogen schlägt, lautlose Gebete vor dem Altar, Erlegung des Hirsches, sobald der Morgenstern aufgeht. Es folgen halblaute Gebete eines „Alten" und des Sängers, die Teilnehmer werden vor einem gemeinschaftlichen Mahl, das die Feier beschließt, mit Wasser besprengt. (↗Mexikanischer Tanz)

Lit.: *Preuß, K. Th.:* Der Mitotetanz d. Coraindianer, in: Globus, Bd. XC, Nr. 5, 2. August 1906, S. 69 ff.

Mitterhuber, Alois. Österreichischer Tänzer, ↗Choreograph und ↗Ballettmeister, geb. 16. Oktober 1932 in Göstling a. d. Ybbs, Niederösterreich. Er studierte bei Dia ↗Luca, Willy ↗Fränzl, Lucia ↗Bräuer in Wien, bei Nora Kiss, Boris Traline in Paris, bei Suse Preisser, Gustav Blank, Michele de Lutry in München. Seine Jazzlehrer waren Norman Thomson in Wien und Luigi in New York. Von 1958 bis 1964 war er Mitglied des Wiener Volksopernballetts, die letzten Jahre als Solist. 1963 schuf er für das „Kleine Wiener Ballett", dessen Mitbegründer er war, seine erste Choreographie („Die Saat des Bösen" zu ↗Strawinskys „Sinfonie in drei Sätzen"). Von 1964 bis 1967 tanzte er an der Staatsoper München, zuerst als Vortänzer, später als Solist. 1967 wurde er Ballettdirektor und Chefchoreograph am Theater an der Wien. Von ihm stammen viele Choreographien, vor allem zu modernen Werken („Der Golem" von Francis Burt, „Peter Schlemihl" von Peter Ronnefeld).

Mjatelitza (Meteliza). ↗Russischer Volkstanz aus Belorußland. Er wird von einer größeren Anzahl von Tänzern, die weiße Tücher in den Händen haben, ausgeführt. In schnellem Tempo tanzt die Gruppe bizarre Figuren. Die weißen Tücher, die bald oben und bald unten wehen, sollen ein Schneegestöber vortäuschen.

Lit.: *Moissejew, J.:* Tänze d. Völker d. Sowjetunion, 1952, Folge 2, S. 28.

Mlakar, Pino. Jugoslawischer Tänzer, ↗Choreograph und Ballettdirektor, geb. 2. März 1907 in Novo Mesto. Er studierte bei R. von ↗Laban in Berlin und J. Poljakova in Belgrad. Er wirkte zunächst in Darmstadt und Dessau, von 1934 bis 1938 war er Ballettdirektor in Zürich und von 1939 bis 1944 an der Bayerischen Staatsoper in München. Nach künstlerischer Tätigkeit in Ljubljana, Belgrad, Dubrovnik und Zagreb war er von 1952 bis 1954 wieder Ballettdirektor an der Bayerischen Staatsoper in München. Seine Frau **Pia Mlakar,** geb. am 28. Dezember 1908 in Hamburg, studierte ebenfalls bei Laban und Poljakova und wirkte gemeinsam mit ihrem Gatten. **Veronika Mlakar,** beider Tochter, geb. 8. Dezember 1935 in Zürich, bekam bereits mit fünf Jahren ihren ersten Tanzunterricht durch die Eltern. Nach dem Besuch verschiedener Kinderballettschulen erweiterte sie ihr Können an der Sadler's Wells School in London. Sie debütierte an der Bayerischen Staatsoper München, wo sie bis 1955 blieb. 1956 übersiedelte sie nach Paris. Ferner tanzte sie bei verschiedenen Truppen in den USA. (↗Couperin)

Mlynářská ↗Müllertanz.

Mnester. Bedeutender ↗Pantomime aus dem Rom der Kaiserzeit. Er stand unter dem besonderen Schutz des Kaisers Caligula. Mit seiner Geliebten Messalina wurde er im Jahre 48 n. Chr. hingerichtet.

Lit.: *Friedländer, L.:* Sittengeschichte Roms, 1934.

Mocăncuţa. ↗Rumänischer Volkstanz aus Mărginime. Er wird von Paaren getanzt, die im Kreis oder Halbkreis Aufstellung nehmen. Der Bursche hält seitlich mit seiner rechten Hand die linke Hand des Mädchens, oder beide Tänzer stehen einander gegenüber und halten einander an beiden Händen. Der Tanz wird in lebhaftem 2/4-Takt getanzt. Er hat nur eine einzige Figur, die aber in verschiedene Richtungen ausgeführt werden kann. Getanzt wird mit einfachen oder gestrampften Schritten.

Lit.: *Buscan, A.:* Specificul dansului popular românesc, 1971, S. 222 ff.

Modern Dance. Dieser amerikanische Ausdruck ist gebräuchlich als Bezeichnung für die verschiedenen Stilarten des neuen Theatertanzes, welcher nicht auf der klassischen Tanzkunst basiert. Als Stilepoche ist der Modern Dance auf die Zeit von 1926 (M. ↗Graham) bis 1958 (D. ↗Humphrey) beschränkt. Seitdem sind die Grenzen zwischen Modern Dance und klassischem Ballett fließend. (↗Ausdruckstanz)

Lit.: *Schikowski, J.:* Der neue Tanz, Berlin 1925 (Kunst u. Volk, Bd. 5). *Cohen, S. J.:* The Modern Dance. Seven Statements, Middletown. *Stadlinger, M.:* Beziehungen zwischen modernem Tanz in Mitteleuropa u. d. USA in d. 20er u. 30er Jahren d. zwanzigsten Jahrhunderts, Diss. Wien 1980. *Stüber, W. J.:* Geschichte d. Modern Dance, Wilhelmshaven 1984.

Modesttanz ist ein manchmal vorkommender Name für den ↗Veitstanz. Der Hl. Modest war der Lehrer des Hl. Veit (Vitus).

Möller (die). Dieser ↗Volkstanz aus Hessen ist ein Spottanz auf die Müller. Er macht sich über die Schwerfälligkeit der Müller bei der Arbeit lustig. Die Musik steht im 6/8-Takt. Die Aufstellung der Paare erfolgt in der Reihe, jedes Paar mit verschränkten Armen. (↗Mühle, ↗Müllertanz)

Lit.: *Au, H. v. d.:* Hessische Volkstänze, Teil 1, Deutsche Volkstänze, H. 9/10, S. 18.

Mohr von Venedig, Der. ↗Ballett in acht Bildern mit Prolog und Epilog von Boris ↗Blacher. Das Libretto, basierend auf Shakespeares ↗Othello-Stoff, verfaßte Erika ↗Hanka. Sie besorgte auch die ↗Choreographie und Inszenierung bei der Uraufführung an der Wiener Staatsoper am 29. November 1955. Willy ↗Dirtl tanzte damals die Titelrolle und Christl ↗Zimmerl die Desdemona.

Moissejew, Igor Alexandrowitsch. Russischer Tänzer, ↗Choreograph und Ballettdirektor, geb. 21. Januar 1906 in Kiew. Zunächst studierte er privat in Moskau und von 1921 bis 1924 an der Bolschoj-Ballettschule. Von 1924 bis 1939 tanzte er beim ↗Bolschoj-Ballett. 1936 wurde er zum Direktor der Abteilung für Volkskunst des Moskauer Theaters ernannt, aus welchem 1937 das erste sowjetische Volkstanzensemble hervorging. Während des Moskauer Tanzfestivals 1937 arrangierte er mit großem Erfolg verschiedene Ballettbilder nach Volkstänzen. Dann bereiste er mit seiner eigenen Volkstanzgruppe die ganze Sowjetunion und weiterhin Europa und die USA (1955 Debüt in London, 1958 in New York). Einer seiner größten Erfolge war das Ballett „Die Partisanen" im Jahre 1945. Er gab auch die „Tänze der Völker der Sowjetunion", Berlin 1951, heraus.

Lit.: *Soria, G.:* Le Ballet Moisséiev, Paris 1955.

Moka-Tanzzyklus. Es handelt sich dabei um mehrere Tänze, die bei einem Moka-Fest der Mbowamb auf ↗Neuguinea aufgeführt werden. Neben ausgesprochenen Männertänzen kommen auch drei Frauentänze und ein Tanz beider Geschlechter vor.

Lit.: *Vicedom, G. F.-Tischner, H.:* Die Mbowamb, Bd. I, 1943–48, S. 245 ff.

Molcho, Samy (Samuel). Israelischer Pantomime, geb. 24. Mai 1936 in Tel Aviv. Er studierte klassischen, modernen und fernöstlichen Tanz und die Technik der ↗Pantomime in Israel, wo er auch die Schauspielschule absolvierte. Er wirkte am „Cameri-Theater" und am israelischen Nationaltheater „Habimah". 1960 gab er seinen ersten Pantomimenabend in Tel Aviv. Zahlreiche Gastspiele führten ihn durch ganz Europa. Molcho verfaßte „Hilfs- und Arbeitsmethoden für Schauspieler" und ist als Gastprofessor in Wien, Stockholm, Köln, Berlin, Mexiko, Salzburg und Tel Aviv tätig. 1964 fand unter Molchos Regie die deutschsprachige Uraufführung von J. Genets „Die Neger" statt. Er spielte in S. Wincelbergs „Kataki" (Europatournee). 1968 führte er in Wien Regie in E. Kishons „Trauschein". Gemeinsam mit Marcel ↗Marceau rief er das erste internationale Pantomimenfestival, das in Berlin stattfand, ins Leben. 1969 nahm Molcho am zweiten internationalen Pantomimenfestival in Prag teil. 1970 fand ein audiovisuelles Konzert mit Samy Molcho und dem Israel Philharmonic Orchestra unter Zubin Mehta mit den Werken „Herbst" aus den „Vier Jahreszeiten" von Vivaldi und „Hiroshima" von Penderecki statt.

Lit.: *Simon, K. G.:* Samy Molcho. Meister d. Pantomime, 1965.

Molentje. ↗Niederländischer Volkstanz im 4/4-Takt. Er wird von höchstens acht Paaren ausgeführt, die sich, ohne einander anzufassen, im Kreis aufstellen. Ein Tänzer und eine Tänzerin stehen in der Mitte des Kreises und haken ihre rechten Arme ineinander.

Lit.: *Helms, A.-Blasche, J.:* Bunte Tänze, Bd. 7, 1929, S. 7. *Sanson-Catz, A.-Koe, A. de:* Nederlandse Volksdansen, Bd. 1, 1950, S. 12 f.

Molière (eigentlich Jean Baptiste Poquelin). Französischer Dichter, geb. 15. Januar 1622 in Paris, gest. 17. Februar 1673 ebendort. Er schuf mit Jean Baptiste ↗Lully zahlreiche ↗„Comédies-ballets" und unter anderem auch das von Lully komponierte und von ↗Ludwig XIV. selbst getanzte Ballet du Roi: „Le mariage forcé" (1664). (↗Facheux, Les)

Lit.: *Böttger, F.:* Die „Comédie-Ballet" v. Molière-Lully, Diss. Berlin 1930.

Mollner Steirer. ↗Volkstanz aus Oberösterreich, eine Ländlerform, eine Mischform zwischen Landlerisch und ↗Steirisch.

Lit.: *Schützenberger, E.-Derschmidt, H.:* Spinnradl, 3. Folge, s. a. *Derschmidt, H.:* Landler u. Landlerlandschaften, in: Der fröhliche Kreis, Jg. 27, H. 1, S. 1 ff.

Momiru. ↗Rumänischer Volkstanz aus dem Banat. Der Tanz wird hauptsächlich von Männern ausgeführt, nur bei besonderen Festlichkeiten nehmen auch Frauen daran teil. Die Aufstellung erfolgt in einer Kolonne, die Tänzer fassen einander an den Oberarmen. Der Tanz besteht nur aus zwei Figuren, die erste wird am Platz ausgeführt, die zweite mit seitlicher Platzveränderung nach rechts und links. Die Tanzmelodie steht im 2/4-Takt.

Lit.: *Molkenbur, N.:* Rumänische Volkstänze, 1967, S. 60 f.

Monferrina. ↗Italienischer Volkstanz des 17. Jh. aus Piemont. Er wird von mehreren Paaren ausgeführt. Seiner Form nach gehört er zu den ↗Werbetänzen, in der Ausführung wechseln Walzertouren mit Ecossaisetouren. Er ist über die ganze Lombardei und über Friaul verbreitet und findet sich als ↗Manfrina in Südtiroler Tanzhandschriften. Der ↗Gesellschaftstanz Monferina, der im 19. Jh. üblich war, gleicht mehr der Variation einer ↗Polka und weist nur wenig Ähnlichkeit mit dem italienischen Volkstanz auf.

Lit.: *Jolizza, W. K. v.:* Die Schule d. Tanzes, s. a., S. 153. *Zoder, R.:* Alte Volksmelodien aus Vorarlberg, in: Hermann Hopfner zum 70. Geburtstag, 1947, S. 308. *Horak, K.:* Tiroler Volksmusik, in: Jahrbuch d. österreichischen Volksliedwerkes, Bd. 11, 1962, S. 183. *Galanti, B.:* Dances of Italy, 1950.

Monk, Meredith. Amerikanische Tänzerin und ↗Choreographin, geb. 20. November 1943 in New York City. Sie studierte bei M. Slavenska, M. ↗Cunningham, M. ↗Graham und bei Mata and Hari. Sie debütierte 1963 und gilt seither als eine der bedeutenden Tänzerinnen des amerikanischen Avantgarde-Tanzes. Sie tritt mit ihrer

Gruppe hauptsächlich bei Veranstaltungen außerhalb des Theaters auf, u. a. Judson Memorial Church, Chicago Museum of Contemporary Art, Guggenheim-Museum.

Lit.: *Siegel, M. B.:* At the Vanishing Point, New York 1972.

Monkiss. ↗Gesellschaftstanz aus der zweiten Hälfte des 20. Jh. In Paris, im Tanzlokal „Bus Paladium", wurde er erstmals getanzt. Wer ihn erfunden hat, ist unbekannt. Tatsache ist jedenfalls, daß nach den Modetänzen ↗Letkiss und anderen wieder ein neuer Tanz entstehen mußte. Der Tanz wurde nach hartem ↗Beat-Rhythmus in sieben Grundfiguren ausgeführt, die auch variiert wurden.

Monkoma (Bluttanz). Name eines Tanzes der südafrikanischen Buschmänner, ein ekstatischer Tanz, den der Tänzer so lange fortsetzt, bis er schweißtriefend, vollkommen erschöpft und mit Blut bedeckt, welches ihm aus den Nasenlöchern fließt, zusammensinkt. (↗Naturvölker)

Lit.: *Kool, Jaap:* Tänze d. Naturvölker, 1921, S. 27 f.

Montagnarde ou Cortège. ↗Französischer Volkstanz aus der Auvergne. Er wird von mindestens acht Paaren getanzt, die sich in einer Linie aufstellen, die Tänzer rechts von der Tänzerin. Die Hände sind am Rücken verschränkt, die Schritte wie bei der ↗Bourrée. Die Tanzmelodie steht im 3/8-Takt.

Lit.: *Arma, Edmée:* Entrez dans la danse, 1943, S. 26 f.

Monteverdi, Claudio Zuan (Giovanni). Italienischer Komponist, einer der größten Musiker aller Zeiten, Bahnbrecher der venetianischen Oper. Die Geburtsdaten sind nicht gesichert, getauft wurde er am 15. Mai 1567 in Cremona, gestorben ist er am 29. November 1643 in Venedig. Unter den mehr als 20 Bühnenwerken sind bedeutsam die ↗Ballettoper „Ballo dell'Ingrate" nach einem Text von Rinuccini, Uraufführung am 4. Juni 1608 in Mantua, und das ↗Ballett „La Vittoria d'Amore", uraufgeführt im Karneval 1641 in Piacenza. Er komponierte 1607 die erste große Tanzsuite, bestehend aus sieben Sätzen.

Lit.: *Solerti, A.:* Un balletto musicale da Claudio Montverde, in: Rivista Musicale Italiana, 1904. *Solerti, A.:* Musica, ballo e drammatica alla Corte Medicea dal 1600 al 1637, Florenz 1905. *Riemann, H.:* Eine siebensätzige Tanzsuite v. Monteverdi v. J. 1607, in: Sammelbände d. Int. Musikgesellschaft, Jg. 14, 1912/13, S. 26 ff.

Montez, Lola (Pseudonym für Marie Dolores Eliza Rosanna Gilbert). Irische Tänzerin, geb. 1818 in der Grafschaft Limerick, gest. 16. Januar 1861 in New York. Sie war die Tochter des schottischen Offiziers Edward Gilbert und der kreolischen Mutter Oliverez de Montalva. 1837 heiratete sie den Leutnant Th. James, der sie 1841 verließ. Eine ihrer vielen Liebesaffären führte sie nach Sevilla, wo sie Tanzunterricht nahm. Erst 1843 begann sie am Her Majesty's Theatre in London zu tanzen. Als spanische Tänzerin bereiste sie mit wechselndem Erfolg Europa und tanzte ihre spanischen ↗Nationaltänze in Brüssel, Petersburg, Warschau (hier gab es eine kleine Revolution, sie mußte die Stadt rasch verlassen), Berlin und Paris, wo sie 1845 den Journalisten Dujarier heiratete, der im selben Jahr noch nach einem Duell starb. 1846 kam sie nach München, gewann die Gunst König Ludwigs I., der sie zur Gräfin von Landsfeld erhob. Die politischen Unruhen, die dadurch entstanden, vertrieben sie aus München. 1851 trat sie in Boulogne und Brüssel auf, ferner in Australien und Amerika, wo sie ihre Tage, verändert in ihrem Charakter, indem sie sich gefallener Frauen annahm, in ärmlichen Verhältnissen beendete. Ihr Leben, in Dichtungen und Filmen festgehalten, wurde auch in einigen Balletten geschildert.

Lit.: *Erdmann, P.:* Lola Montez u. d. Jesuiten. Eine Darstellung d. jüngsten Ereignisse in München, Hamburg 1847. *Anonym:* Anfang u. Ende d. Lola Montez in Bayern. Wahrheitgetreue Schilderung d. Zeit v. Oktober 1846 bis Februar 1848, München 1848. *Fuchs, Ed.:* Ein vormärzliches Tanzidyll. Lola Montez in d. Karikatur, Berlin s. a. *Francis:* Lola Montez u. ihre politische Stellung in München, 1848. *Burr, Chauncy:* Autobiography and Lectures of Lola Montez, s. a. *D'Auvergne, Ed.:* Lola Montez. An Adventure of the Forties, 1909. *Simon, L.:* L'Extraordinaire aventure de Lola Montez, in: Archives Int. de la Danse, Jg. 1, Nr. 4, Paris, 15 Octobre 1934, S. 133 ff. *Pottendorf, E.:* Lola Montez. Die spanische Tänzerin, 1955. *Holdredge:* Lola Montez, London 1957. *Migel, P.:* The Legend of Lola, in: Ballet Review, vol. 4, Nr. 3.

Monument voor een gestorven Jongen (Monument für einen gestorbenen Jungen). ↗Ballett in zwölf Szenen nach einem Libretto von Rudi van ↗Dantzig, der auch die ↗Choreographie für die Uraufführung durch das National-Ballett

Amsterdam am 19. Juni 1963 schuf. Die elektronische Komposition stammt von Jan Boerman.

Moore, Lillian. Amerikanische Tänzerin, Lehrerin und Schriftstellerin, geb. 20. September 1917 in Chase City, gest. 28. Juli 1967 in New York. Sie studierte bei G. ↗Balanchine, P. ↗Wladimiroff, Curtis, Galli und Ch. ↗Weidman. Von 1935 bis 1938 tanzte sie im ↗American Ballet. Sie verfaßte folgende Schriften: Artists of the Dance, New York 1938; John Durang, in: Dance Index, vol. I, No. 8, 1942; Smith George Washington, in: Dance Index, vol. IV, Nos. 6, 7, 8, 1945; Russian Ballet Ballet Master, the Memoirs of Marius Petipa, London 1958; The Duport Mystery, in: Dance Perspectives 7, 1960; Images of the Dance. Historical Treasures of the Dance Collection 1581–1861, New York 1965; Bournonville and Ballet Technique (mit E. Bruhn), London 1965; The Petipa Family in Europe and America, in: Dance Index, vol. VI, No. 5, 1968.

Mordkin, Michail Michajlowitsch. Russischer Tänzer, ↗Choreograph, Lehrer und Ballettdirektor, geb. 21. Dezember 1880 in Moskau, gest. 15. Juli 1944 in Milbrook, New Jersey. Er studierte an der kaiserlichen Ballettschule in Moskau, die er 1899 absolvierte. 1900 debütierte er als Solist im ↗Bolschoj-Ballett. 1909 schloß er sich ↗Diaghilew und seinen ↗Ballets Russes an. Er verließ dann die Ballets Russes und reiste mit Anna ↗Pawlowa. In seiner Heimat organisierte er eine eigene Truppe, mit der er 1911/12 Amerika bereiste. Nach Rußland zurückgekehrt, wurde er ↗Ballettmeister des Bolschoj-Balletts. 1917 verließ er Rußland, ging nach Amerika und eröffnete Ballettschulen in New York und Philadelphia. 1937 gründete er die „Mordkin Ballett-Companie“, sie wurde der Grundstock der 1939 gegründeten ↗American Ballet Theatre Companie. Verheiratet war er mit der Solotänzerin Bronislawa Pojitskaja.

Morelly, Franz. Österreichischer Komponist, geb. um 1810 in Wien, gest. 17. Januar 1859 in Bombay. Als Wiener Tanzkomponist behauptete er sich mit seinen vielen Wiener Tänzen neben Joseph ↗Lanner und Johann ↗Strauß, Vater. 1842 nahm er ein Engagement als Regimentskapellmeister in Bombay an. 1846 kehrte er auf Drängen seiner Frau nach Wien zurück, ging aber bereits wieder 1847 als Kapellmeister des Lord Gouverneurs nach Bombay.

Moriskentanz (Moresca, Morisca, Moresque, Morris dance) ist der Name eines im 15. und 16. Jh. neben der feierlichen ↗Basse danse häufig genannten Tanzes. Seine Geschichte ist noch nicht vollends geklärt. Sein Name deutet auf spanischen Ursprung hin, denn Morisco hieß in Spanien ein zum Christentum übergetretener Maure. Ursprünglich dürfte es sich beim Moriskentanz um einen Kampftanz gehandelt haben, und zwar um die Darstellung der Kämpfe der spanischen Christen mit den Mauren. Ihrer Form nach dürfte die spanische Moresca pantomimischen Charakters gewesen sein und als ↗Paar- oder Gruppentanz gleich einem Schwertkampf zweier feindlicher Gruppen ausgeführt worden sein. In dieser Form ergaben sich Beziehungen der spanischen Moriske zum ↗Schwerttanz und anderen mittelalterlichen Waffenspielen, die oftmals ineinander verschmolzen und den Namen Moriskentanz oder Morisca erhielten. Die spanische Moresca kann auch als eine der Wurzeln des ↗Balletts bezeichnet werden. Bei den Intermedien (↗Intermedium) des 16. Jh. bildete sie oft das tänzerische Kernstück. Die Anfänge des Moriskentanzes in Deutschland reichten bis zum Ende des 15. Jh. zurück (älteste Nachricht aus Nürnberg 1479, Nürnberger Stadtarchiv). Über die Tanzart der Moriske als ↗Gesellschaftstanz der Renaissancezeit, die ihre Grundelemente ebenfalls aus dem Volkstanz der Moriskentänzer geholt hat, liegen keine genauen Beschreibungen vor. Die frühen ↗Tanzmeister haben sie als nicht vollgültigen Gesellschaftstanz anerkannt, nur ↗Arbeau hat uns in seiner „Orchésographie“ eine kurze Erwähnung hinterlassen. Nach ihm wird die Moriske im geraden Takt getanzt, der Tänzer hält die Fußspitzen immer fest am Boden, während er die Absätze aufstößt, um die Schellen, die er zur Markierung des Rhythmus an seinen Beinen trägt, zum Erklingen zu bringen. Nach den älteren Darstellungen allerdings müssen jedoch nach diesem Stampftanz auch allerlei Sprünge und ↗Pas üblich gewesen sein. Richtig gesellschaftsfähig wurde die Moresca erst im Zeitalter des Barock. – Auch einem englischen ↗Nationaltanz hat die ursprünglich spanische Moresca wenn schon nicht das Motiv, so mindestens den Namen gegeben. Unter dem englischen Morris dance, seit dem 15. Jh. belegt, versteht man in England jahreszeitlich verschiedene prozessionsartige Gruppentänze, deren Teilnehmer grotesk verkleidete, maskierte, oft mit Sexualsymbolen ausgestattete Männer sind. Die Tänzer heißen Morrisdancers. Der Morris dance ist mit dem englischen Volksleben aufs engste verbunden und wird bei verschiedenen Gelegenheiten der Jahresfeste in den verschiedensten Formen, oftmals auch verschmolzen mit dem Schwerttanz, aufgeführt. Seine Pflege, 1899 wieder aufgenommen, ist bis in unsere Gegenwart hinein lebendig geblieben.

Mersenne 1636

Heckels Lautenbuch 1562

Lit.: *Anonym:* Old Meg of Herefordshire for a Mayd Marian and Hereford Towne for a Morris Dance London 1609, in: Miscellanea Antiqua Anglicana, vol. I, London 1816. *Douce, F.:* Dissertations on the ancient morris dance, in: Illustrations of Shakespeare, London 1807. *Czerwinski, A.:* Die Tänze d. 16. Jh. u. d. alte französische Tanzschule, 1878, und: Brevier d. Tanzkunst, 1879. *Böhme, F. M.:* Geschichte d. Tanzes in Deutschland, 1886. *Ordish, T. F.:* Morris dance, in: The Folklore Journal VII, 1889, S. 331 ff. *Vuletić-Vukasović, Vid:* Die Moresca v. Curzola, in: Zeitschrift f. Österreichische Volkskunde, Jg. 8, 1902, S. 51 ff. *Graham, J.:* Lancashire and Cheshire Morris Dances, 1911. *Dametz, H.:* Englische Volkslieder u. Moriskentänze, in: 61. Jahresbericht d. k. k. Staatsrealschule, im 3. Bezirke in Wien f. d. Schuljahr 1911/12, S. 3 ff. *Sharp, C. J.:* The Morris Book, 4 vols., 1912. *Kidson, F.-Neal, M.:* English Folk-Song and Dance, 1915. *Bie, O.:* Der Tanz, 1919. *Strobel, A.:* Die Plastik am Goldenen Dachl in Innsbruck, in: Tirol, Natur-, Kunst- u. Volksleben, Jg. 1926, H. 2. *Gilchrist, A. G.:* The Lancashire Rush-Cart and Morris Dance, in: The Journal of the English Folk Dance Society, 1927, Sec. ser. Nr. 1, S. 17 ff. *Halm, Ph. M.:* Der Moriskentanz, in: Bayerischer Heimatschutz, Jg. 23, 1927, S. 138 ff. und in: Erasmus Grasser, 1928, S. 131 ff. *Nettl, P.:* Die Moreske, in: Neue Musikzeitung, Jg. 49, 1928, H. 8, S. 260 ff. *Schofield, R. K.:* Morris Dancers from Field Town, in: The Journal of the English Folk Dance Society, 1928, Sec. ser. Nr. 2, S. 22 ff. *Schofield, R. K.:* Morris Dancers from Langborough, in: The Journal of the Folk Dance Society, 1930, Sec. ser. Nr. 3, S. 51 ff. *Karpeles, M.-Blake, L.:* The Lancashire Morris Dance, 1931. *Sachs, C.:* Eine Weltgeschichte d. Tanzes, 1931. *Sharp, J.:* Herefordshire for a Morris Dance, in: Journal of the English Folk Dance Society, 1931, Sec. ser. Nr. 4, S. 37 ff. *Alford, V.:* Midsummer and Morris in Portugal, in: Folk-Lore, vol. XLIV, 1933, Nr. 2, S. 218 ff. *Gilchrist, A. G.:* Carved Morris Panel from Lancaster Castle, in: Journal of the English Folk Dance Society, vol. I, 1933, Nr. 2, S. 86 ff. *Hanfstaengl, E.:* Die Moriskentänze d. Erasmus Grasser, Reihe: Der Kunstbrief, Berlin. *Gallop, R.:* The Origines of the Morris Dance, in: Journal of the English Folk Dance Society, vol. I, 1934, Nr. 3, S. 122 ff. *Alford, S.:* Morris and Morisca, in: Journal of the English Folk Dance Society, vol. II, 1935, S. 41 ff. *Wolfram, R.:* Schwerttanz u. Männerbund, 1935, S. 30 u. 96 ff. *Van der Ven-Ten Bensel, E.-Van der Ven, J.:* De Volksdans in Nederland, 1942, S. 170 ff. u. S. 183. *Plaschil, H.:* Bodenständiges u. fremdes Kulturgut in unseren Tänzen im Laufe d. Geschichte, Diss. Wien 1946. *Galanti, B. M.:* Ancora sulla moresca, in: Lares, Jg. 15, 1949, Fasc. 1/2, S. 42 ff. *Kennedy, D.:* England's Dances, Folk-dancing to day and yesterday, 1949. *Wolfram, R.:* Neue Funde zu d. Morisken u. Morristänzen, in: Zeitschrift f. Volkskunde, Jg. 50, 1953, H. 1/2, S. 107 ff. *Nettl, P.:* Die Moresca, in: Archiv f. Musikwissenschaft, Jg. 14, 1957, H. 3, S. 165 ff. *Günther, H.-Schäfer, H.:* Vom Schamanentanz zur Rumba, 1959, S. 79 f. *Nettl, P.:* Traces of the Negroid in the Mauresque of the 16th and 17th centuries, in: Phylon, vol. V. *Heinrichsen, J.:* Morisken, in: Volkstanz 4/1973, S. 5 ff. *Horak, K.:* Morisken, in: Volkstanz 2/1974, S. 9 ff.

Morphasmos. Antiker ↗griechischer Tanz. Bei diesem von Pollux erwähnten und von Athenaios als lustig bezeichneten ↗Volkstanz wurden alle Arten von Tieren dargestellt. Die Tänzer trugen vermutlich bei dem ↗tiernachahmenden Tanz verschiedene Tiermasken. Der Name des Tanzes ist von dem Wort „morphé" abgeleitet, was Form, Gestalt bedeutet.

Lit.: *Weege, F.:* Der Tanz in d. Antike, 1926, S. 125. *Lawler, L. B.:* The Dance in Ancient Greece, 1964.

Morrice, Norman. Britischer Tänzer, ↗Choreograph und Ballettdirektor, geb. 10. September 1931 in Agua Dulce, Mexiko. Er begann sein Studium in Mansfield (Grafschaft Nottinghamshire) und setzte es an der Ballettschule von M. ↗Rambert fort. 1952 schloß er sich dem ↗Ballet Rambert an, wo er 1. Tänzer wurde. 1961/62 studierte er in den USA zeitgenössische Ballett-techniken. Von 1966 bis 1974 war er Chefchoreograph des Ballet Rambert. 1977 wurde er künstlerischer Leiter des ↗Royal Ballet London.

Morris dance ↗Moriskentanz.

Morris, Margaret. Britische Tänzerin und Lehrerin, geb. 10. März 1891 in London. Sie studierte bei John d'Auban und Raymond Duncan. An ihrer im Jahre 1910 eröffneten Schule in London unterrichtete sie ihr eigenes System des ↗Freien Tanzes. Im Jahre 1947 gründete sie in Glasgow das Celtic Ballet und 1960 in Pitlochry das Schottische Nationalballett. Sie verfaßte folgende Bücher: Margaret Morris Dancing, London 1926; Notation of Movement, 1928; My Life in Movement, 1969.

Mort d'Hercule, La. Ballett von J. G. ↗Noverre und J. J. ↗Rudolph. (↗Herkules-Ballette)

Mort du Cygne, La (Der sterbende Schwan) ist ein kurzes Ballettsolo (130 Sekunden) von Michel ↗Fokine, das er am 22. Dezember 1907 in St. Petersburg anläßlich einer Wohltätigkeitsveranstaltung des „Cercle de la Noblesse" für Anna ↗Pawlowa choreographierte. Die Musik stammt aus der Suite „Carnaval des animaux" von C. Saint-Saëns. Seit der Uraufführung bleibt das Werk unlösbar mit dem Namen Pawlowa verbunden.

Lit.: *May, H.:* The Swan, 1958.

Moster Sara Lisa. Finnischer Volkstanz, eine Form der ↗Varsovienne, auch ↗Warschauer genannt. (↗Finnische Volkstänze)

Lit.: *Wolfram, R.:* Die Volkstänze in Österreich u. verwandte Tänze in Europa, 1951, S. 157/14.

Moták, auch Motovidlo = die Haspel genannt, ist ein der ↗Chytavá ähnlicher tschechischer Volkstanz, bei dem die Reihen der Tanzenden in verschiedenen ↗Pas und ↗Pirouetten einander zuhüpfen und dabei ein Liedlein singen, dessen Verse auch dem Tanz den Namen Motovidlo gaben. Der Form nach ist der Tanz ein sogenannter ↗Kettenreigen. (↗Tschechische Volkstänze)

Lit.: *Waldau, A.:* Böhmische Nationaltänze, 1859, Bd. 1, S. 53. *Holas, C.:* České národní písně a tance, I, 1908, S. 186. *Hoerburger, F.-Rupp, J.:* Deutsch-slawische Wechselbeziehungen im Volkstanz, 1957, S 34. *Nettl, P.:* Mozart u. d. Tanz, 1960, S. 58.

Motovidlo ↗Moták.

Motte, Claire. Französische Tänzerin, geb. 21. Dezember 1937 in Belfort. Sie studierte an der Ballettschule der Pariser Oper, wo sie 1956 1. Tänzerin und 1960 Primaballerina wurde. Sie trat auch sehr oft im Ausland auf und kreierte Rollen in ↗Choreographien von S. ↗Lifar und R. ↗Petit.

Lit.: *Lidova, I.:* Claire Motte, in: Les Saisons de la danse, Februar 1972.

Moulinet (franz. = Quirl) bezeichnet die Vereinigung mehrerer Tanzender zu einer rad- oder sternartigen Figur, indem alle im Mittelpunkt einander die rechten Hände reichen und sich nach derselben Seite um denselben Mittelpunkt drehen. Diese Figur kommt bei den ↗Contratänzen vor.

Lit.: *Jolizza, W. K. v.:* Die Schule d. Tanzes, S. 42 f.

Movimento. Bezeichnung eines Tanzschrittes in den italienischen Tanzschriften des 15. und 16. Jh. Im allgemeinen bedeutet Movimento Bewegung, im besonderen dürfte es sich um eine der französischen ↗Reprise ähnlichen Figur gehandelt haben.

Lit.: *Bie, O.:* Der Tanz, 1949, S. 160. *Sachs, C.:* Eine Weltgeschichte d. Tanzes, 1933.

Mozart, Wolfgang Amadeus, geb. 27. Januar 1756 in Salzburg, gest. 5. Dezember 1791 in Wien. Er komponierte während seines Pariser Aufenthaltes im Jahre 1778 für ↗Noverre 13 Stücke und die Ouvertüre zur ↗Ballettpantomime „Les ↗petits riens". Sie gelangte am 11. Juni 1778 in der Großen Oper in Paris zur Uraufführung, wobei aber der Name Mozarts auf dem Theaterzettel nicht erwähnt wurde. Außerdem sind von Mozart Skizzen zu dem ↗Ballett „Le gelosie del Serraglio" (1772), zu einem Ballettintermezzo (1778) und zu einer ↗Pantomime (1783) erhalten. Zu seiner Oper „Idomeneo" schrieb er eine Ballettmusik, die aus fünf Stücken (Chaconne, Pas seul, Passepied, Gavotte, Passacaille) besteht. Sie wurde für die Uraufführung in München im Jahre 1781 komponiert. Mozart, selbst ein guter und begeisterter Tänzer, schrieb vor allem in seiner letzten Lebenszeit viele Tänze für die kaiserliche Redoute. Mozarts Musik fand nach seinem Tod vielfach auch Verwendung für Ballette verschiedenster Art, wie „Die grüne Flöte" (Nilsson 1916), „Die Prinzessin und die goldene Kugel" (F. Metz, 1926), „Zaubertrank" (Berdolt 1927) u. a.

Lit.: *Chrysander, Fr.:* Mozarts Ballettmusik zur Oper „Idomeneo", in: Allgem. musikalische Zeitung Leipzig, Jg. 16, 1881, Nr. 33, S. 512 f. u. Nr. 34, S. 529 ff. *Chrysander, Fr.:* Mozarts Tänze f. Orchester, in: Allgemeine musikalische Zeitung Leipzig, Jg. 16, 1881, Nr. 48, S. 756 ff. u. Nr. 49, S. 773 ff. *Winterfeld, A.:* Mozart als Komponist v. Tanzstücken, in: Neue Musikzeitung Stuttgart, Jg. 14, 1883, Nr. 15, S. 177 ff. *Horak, K.:* Der Tanz zur Zeit Mozarts, in: Volkstanz, Jg. 1958, Nr. 3, September, S. 49 ff. *Nettl, P.:* Mozart u. d. Tanz, 1960. *Elvers, R.:* W. A. Mozart: Tänze, Bd. 1, Neue Mozart-Ausgabe, Ser. IV/13/Abt. 1, 1961. *Jamison, W. T.:* Dance as a Means for Expression in Mozart Opera, Diss. Standford University 1971. *Croll, G.:* Bemerkungen zum Ballo primo (KV Anh. 109/135 a) in Mozarts Mailänder Lucio Silla, in: Analecta Musicologica 18, 1978, S. 160 ff. *Eibl, J. H.:* Der Tanz in d. Mozartschen Familienbriefen, in: Mozart-Jahrbuch 1978/79, S. 44 ff. *Glöckner, H. P.:* Ein „Walzer" v. Mozart, in: Mitteilungen d. Int. Stiftung Mozarteum, Jg. 27, 1979, H. 1/2, S. 1 ff. *Flothuis, M.:* Neue Erkenntnisse in bezug auf Mozarts Tanzmusik, in: Mitteilungen d. Int. Stiftung Mozarteum, Jg. 28, 1980, H. 3/4, S. 12 ff.

Mrzulin. Jugoslawischer Volkstanz aus Oberkrain, ein ↗Paartanz im Kreis im $^3/_4$-Takt, welchen beliebig viele Paare tanzen. Sie nehmen im Flankenkreis nebeneinander Aufstellung, die Tänzer links, Kreuzfassung, der linke Arm der Tänzerin oben. Der Tanz hat die Form einer ↗Mazurka. (↗Jugoslawische Volkstänze)

Lit.: *Horak, K.:* Volkstänze aus Oberkrain, in: Jahrbuch d. österreichischen Volksliedwerkes, Bd. 26, 1977, S. 58 f.

Msoma-Tanz ↗Kidatu-Tanz.

Mudras heißen die Handgesten von bestimmter darstellerischer Bedeutung, die bei gewissen ↗Kulttänzen, vor allem beim ↗indischen Tanz, eine wichtige Rolle spielen.

Lit.: *De Kat, Angelino P.:* Mudras auf Bali, 1923. *Venkatachalam, G.:* Dance in India, Bombay 1947, S. 125 ff. *Gargi, Balwant:* Theater u. Tanz in Indien, 1960. *McLain Stoop, N.:* Mudras, in: Dance Magazine, November 1971. *Rebling, E.:* Die Tanzkunst Indiens, 1981.

Mühle. Unter diesem Namen gab es um 1800 in der Mark Brandenburg, Deutschland, einen in ländlichen und Handwerkskreisen beliebten ↗Volkstanz, bei dem in Musik und Tanz die Bewegungen einer Mühle dargestellt wurden. Die Mühle ist aber auch ein später weit verbreiteter Tanz, bei welchem je zwei oder vier Paare durch Kreuzen der Hände die sogenannte Mühle bilden. Die Musik besteht dabei meist aus einem $^2/_4$-Takt und einem ↗Walzer-Nachtanz. In dieser Form war er beliebt im Ultental (Meraner Gegend) und in der Gegend von Bielitz (Ostschlesien). Einen Mühlentanz kannte auch schon das antike Griechenland. (↗Holländische Mühle, ↗Möller, ↗Mühlrad)

Lit.: *Böhme, F. M.:* Geschichte d. Tanzes in Deutschland, 1886. *Lanz, J.:* Ostschlesische Volkstänze, 1924, Nr. 15. *Weege, F.:* Der Tanz in d. Antike, 1926, S. 124. *Horak, K.:* Tänze aus d. deutschen Volksinseln im Osten, 1939, S. 10. *Gericke, H. P.-Horak, K.:* Auf zum Tanz, 1942, S. 59. *Corazza, R.:* Volksmusik aus d. Ultental, in: Jahrbuch d. österreichischen Volksliedwerkes, Bd. 7, 1958, S. 67.

Mühl(e)rad. Dieser ↗Volkstanz, in Österreich, Süddeutschland, Südtirol, im ehemaligen deutschen Kuhländchen (Mähren), in der Schweiz und auch in Dänemark bekannt gewesen, wurde meist von drei bis vier Paar Burschen ausgeführt und deutete in seiner Darstellung die Bewegungen eines Vierspeichenrades an. In Niederösterreich ist der Tanz als ↗Radbohrer bekannt, in Südtirol als ↗Sechsertanz. (↗Müllertanz)

Lit.: *Kubiena, W.:* Kuhländler Tänze, 1922/26. *Fladerer, O.:* Die sudetendeutschen Volkstänze, II. Teil, Deutsche Volkstänze, H. 3, 1927, S. 12. *Klier, K.:* Männertänze aus d. deutschen Volksüberlieferung, 1934, S. 22. *Witzig, L.:* Volkstänze d. Schweiz, 1941, 2. H., S. 10 f. *Wolfram, R.:* Die Volkstänze in Österreich u. verwandte Tänze in Europa, 1951. *Horak, K.:* Tiroler Volkstänze, 1955, S. 11. *Horak, K.:* Deutsche Volkstänze aus d. Karpatenraum, 1961, S. 20 f. *Janietz, E.:* Volkstänze aus deutschen u. österreichischen Landschaften, s. a., S. 22. *Schützenberger, E. – Derschmidt, H.:* Spinnradl, III. Teil, s. a., S. 18 f.

Müllches-Taanz. Alter ↗deutscher Volkstanz aus Thüringen im $^2/_4$-Takt. Die Aufstellung der Paare erfolgt auf der Kreislinie hintereinander mit Handfassung in Schulterhöhe. Der Name des Tanzes besagt, daß bei diesem Tanz ein Kuß eine Rolle spielt, denn ein „Müllchen“ ist auf hochdeutsch ein Mäulchen und bedeutet einen Kuß. Wegen des Küssens beim Tanzen wurde der Tanz früher einmal verboten.

Lit.: *Schlothauer, A.:* Der Thüringer Tanzplan, 1930, S. 10.

Müllerin, Die schöne war der Name eines ↗deutschen Volkstanzes aus dem 16. Jh., der nach der Gesangsweise von der „Schönen Müllerin“, die man wegen ihres frivolen Textes damals gerne sang, getanzt wurde. Über die Ausführung des Tanzes ist nichts bekannt.

Heckels Lautenbuch 1562

Lit.: *Böhme, F. M.:* Geschichte d. Tanzes in Deutschland, 1886, S. 58.

Müllertanz, auch **Müllnertanz.** Unter diesem Namen gab es eine Anzahl von ↗Volkstänzen. Sie stehen in Beziehung zum Beruf des Müllers und ahmen in Figuren entweder die Arbeit der Müller oder die Bewegung des Mühlrades nach.

Als alter deutscher Volkstanz war der Müllertanz ein Männertanz und hieß auch das ↗„Mühlrad“. Als böhmischer Volkstanz hieß er Mlynářská und wurde auf die Art des ↗Rejdovák getanzt. In Vorarlberg war er ein Gruppentanz für vier Paare. In Galizien wurde er von acht Burschen in Kreisaufstellung getanzt.

Lit.: *Jülg, H.:* Das Wülzburg-Tanzheft, 1932, S. 20 ff. *Klier, K. M.:* Männertänze aus d. deutschen Volksüberlieferung, 1934, S. 22. *Neumann, Ed.:* Volkstänze d. Buchenlandes, Deutsche Volkstänze, H. 32/33, 1937, S. 22. *Au, H. v. d.:* Heit is Kerb in unserm Dorf, 1954, S. 80. *Horak, K.:* Der Volkstanz im Kleinen Walsertal, in: Jahrbuch d. österreichischen Volksliedwerkes, Bd. 3, 1954, S. 106 f. *Hofer, E.:* Vorarlberger Volkstänze, 1971, S. 46 ff.

Mützentanz. ↗Deutscher Volkstanz aus der Dobrudscha, ein ↗Geschicklichkeitstanz für zwei oder drei Paare. Um drei in der Mitte der Stube gelegte Mützen muß von den Ausführenden so getanzt werden, daß sie diese nicht berühren. (↗Hüatltanz, ↗Hüttanz)

Lit.: *Gönyey, S.:* Kun táncok, in: Ethnographia-Népélet, Jg. 47, 1936. *Au, H. v. d.:* Deutsche Volkstänze aus d. Dobrudscha, 1955, S. 24.

Mufline (Muhmlene). ↗Deutscher Volkstanz aus dem Sudetenland (Theßtal), ein ↗Paartanz im Kreis. Die Aufstellung erfolgt zueinander in offener Fassung, oder der Bursche faßt mit seiner rechten Hand die rechte Hand des Mädchens. Die Musik steht im langsamen 4/4-Takt. Der merkwürdige Name des Tanzes kommt von dem Rufnamen Muhmlene = Muhme Magdalene.

Lit.: *Fladerer, O.:* Die sudetendeutschen Volkstänze, I. Teil, Deutsche Volkstänze, H. 2, 1928, S. 6/7.

Mukisch-Tanz. ↗Afrikanischer Tanz der Mukischi aus dem Kongogebiet. Er wird von maskierten Männern ausgeführt, die als Zauberer gelten und mit ihren Tänzen Regen gewinnen und böse Geister abwehren sollen. Der Tanz gehört auch zu den Zeremonien des Beschneidungsfestes.

Muller, Jennifer. Amerikanische Tänzerin und ↗Choreographin, geb. 16. Oktober 1944 in Yonkers (New York). Sie studierte an der Juillard School. Sie tanzte bei verschiedenen Ensembles, so bei J. ↗Limón und L. ↗Falco, bei dessen Gruppe sie 1972 Mitdirektorin wurde. 1975 gründete sie eine eigene Kompanie. Sie gilt als Vertreterin des New Dance.

Mulunga-Tanz. Ein Tanz der Eingeborenen Australiens. Es soll sich dabei um einen Rachetanz an den Weißen handeln. Die Tänzer dieses pantomimischen Tanzes tragen Streifenbemalung, Kopfschmuck und gewehrähnliche ↗Tanzgeräte, sowie Bumerangs. Die Hauptperson ist ein Wassergeist, der alle Weißen verschlingt. (↗Australischer Tanz)

Lit.: *Stockmayer, H.:* Die Tänze d. Ackerbaujahres bei d. Naturvölkern, Diss. Wien 1944, S. 106 f.

Muñeira (Müllers Weib). Alter spanischer Volkstanz aus der Landschaft Galicia. Dieser lebhafte Tanz im 6/8-Takt wird entweder von einem Paar oder drei Paaren als Figurentanz ausgeführt. Der Tanz besteht aus fünf Figuren und wird mit Kastagnetten und Gesang begleitet. Der Körper der Tanzenden ist leicht gebeugt, die Arme werden über dem Kopf gehalten. Die Füße werden bei jedem Sprung bis zum Knie gehoben. (↗Spanische Volkstänze)

Muotataler. Schweizer Volkstanz im 2/4-Takt aus dem Kanton Zug. Er wird in drei Teilen getanzt. Im 1. Teil gehen die Paare schrittweise im Takt nebeneinander her. Die Knie werden dabei stark gebeugt. Im 2. Teil tanzen die Paare einander gegenüber, reichen einander die Hände, kreuzen dann die Arme, während auch die Füße die gleichen kreuzenden Bewegungen ausführen. Der 3. Teil besteht aus einem langsamen Drehen der Paare nach Walzerart, meist von rechts nach links. Ist der Tanz einmal durchgetanzt, wird er wiederholt. (↗Schweizer Volkstänze)

Lit.: *Ithen, A.:* Über Tänze im Kanton Zug, in: Schweizerisches Archiv f. Volkskunde, Jg. 9, 1905, H. 1, S. 65 ff.

Murele (= Brombeere). ↗Rumänischer Volkstanz in mäßig schnellem 2/4-Takt aus Vrancea, Moldova, ein ↗Paartanz, bei dem die Paare entweder im Frontkreis oder in einer Linie stehen. Die Hände werden auf dem Rücken gekreuzt.

Lit.: *Schmolke, A.-Langhans, H.:* Europäische Tänze, H. 10, 1970, S. 25 f.

Murguletul. ↗Rumänischer Volkstanz aus Muntenia. Tänzer und Tänzerinnen stehen im geschlossenen Kreis. Beim Tanzen schwingen die Arme frei oder werden gebeugt. Der Tanz ist sehr einfach, sein besonderer Reiz besteht darin, daß die Tanzrichtung schnell und unregelmäßig wechselt. Die Tanzmelodie im 2/4-Takt ist ziemlich rasch. Der Name kommt von Murgul, einer Bezeichnung für braunrote Pferde.

Lit.: *Schmolke, A.-Langhans, H.:* Europäische Tänze, H. 10, 1970, S. 14 f.

Muricana ↗Fandango.

Murphy, Graeme. Australischer Tänzer, ↗Choreograph und Ballettdirektor, geb. 1950 in Melbourne. Er studierte bei K. Gillespie und an der Australian Ballet School. Er debütierte beim Australian Ballet. 1971 setzte er seine Studien in den USA und in Europa fort. Einige Zeit war er Mitglied der Royal Ballet Touring Company und der Ballets Felix Blaska. 1975 kehrte er nach Australien zurück und schuf dort seine ersten Choreographien. 1976 wurde er zum künstlerischen Direktor der Dance Company, New South Wales, ernannt, die heute unter seiner Leitung in Woolloomooloo ein eigenes Theater unterhält. Trotz seiner klassischen Ausbildung widmet sich Murphy fast nur dem ↗Modern Dance.

Museschter, auch Stienbock genannt, war ein ↗österreichischer Volkstanz aus dem Passeiertal, Südtirol. Er ist heute bereits in Vergessenheit geraten. Den Überlieferungen nach glich er in seiner Ausführung dem ↗Neukatholischen.

Lit.: *Horak, K.:* Der Volkstanz im Burggrafenamt, in: Jahrbuch d. österreichischen Volksliedwerkes, Bd. 12, 1963, S. 88. *Horak, K.:* Tiroler Volkstänze, 1974.

Musette. Französischer Tanz aus dem 16./17. Jh. im 6/8-, 3/4- oder 2/4-Takt. Seinen Namen hat er nach der französischen Form des Dudelsacks. Die musikalisch-satztechnische Besonderheit des Tanzes, der liegende Baß, ist aus diesem Instrument heraus entstanden. Der Charakter der Musette ist ländlich-pastoral. Zur Zeit ↗Ludwigs XIV. und Ludwigs XV. war sie besonders als ländlicher Festtanz und als Bühnentanz sehr beliebt. Als Instrumentalstück fand die Musette bald Eingang in die großen musikalischen Formen (französische Ballette des 18. Jh., in der Oper, z. B. „Alcina" von G. F. ↗Händel) und wurde vor allem Bestandteil der ↗Suite, z. B. J. S. ↗Bach. (↗Gavotte)

17. Jh.

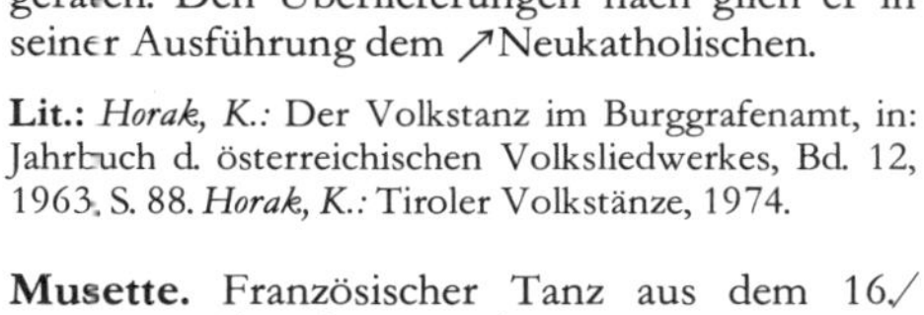

Lit.: *Böhme, F. M.:* Geschichte d. Tanzes in Deutschland, 1886. *Bricqueville, E. de:* Les Musettes, 1894. *Sachs, C.:* Eine Weltgeschichte d. Tanzes, 1933.

Musical Dance ist eine in Amerika übliche Form des Tanzes, die vor allem in Musikfilmen verwendet wird. Elemente des klassischen Tanzes werden mit ↗Jazz und Folkloristik vermengt.

Lit.: *Simon, K. G.:* Pantomime, 1960, S. 91.

Musil, Karl. Österreichischer Tänzer, geb. 3. November 1939 in Wien. 1948 trat er in die Kinderballettschule der Staatsoper Wien ein. 1953 wurde er Mitglied des ↗Wiener Staatsopernballetts, 1957 Entréetänzer, 1958 Solotänzer und 1965 1. Solotänzer. Ab 1960 wirkte er als Gast bei verschiedenen Ballettkompanien mit: ↗Royal Ballet London (erstes Auftreten eines mitteleuropäischen Tänzers in Covent Garden), ↗London Festival Ballet, Ballet de France (Janine ↗Charrat), Chicago Opera Ballet (Ruth ↗Page), Finnisches Nationalballett, Nationalballett Neuseeland.

Musil, Ludwig M. Österreichischer Tänzer, geb. 23. März 1941 in Wien. Er studierte an der Ballettschule der Staatsoper Wien und wurde 1956 Mitglied des ↗Wiener Staatsopernballetts, 1962 Solist und 1972 1. Tänzer. Er ist der Bruder von Karl ↗Musil.

Mutil Dantza. ↗Baskischer Tanz aus Navarra, ein Rundtanz junger Männer, bei dem jeder nach seinem Gefallen hinzutreten oder weggehen kann. Der Tanz besteht aus mehreren Abschnitten oder Varianten, von denen einige Tiernamen tragen, z. B. Xerribegui = Schweinsaugen, Añara = Schwalbe, Zozoarena = Amsel. Der Tanz hat ruhige Bewegungen, mehr schreitend, manchmal mit leichten Sprüngen durchsetzt. Die Bewegungen werden mit einer gewissen Eleganz ausgeführt.

Lit.: *Wolfram, R.:* Die Volkstänze in Österreich u. verwandte Tänze in Europa, 1951, S. 114.

Muu-Tanz. Altägyptischer ↗Kulttanz bei der Totenfeier. Der Tanz, im Alten Reich bereits nachgewiesen und im Neuen Reich zu besonderer Bedeutung gelangt, wurde von den Muus, deren Sinn und Name nicht einwandfrei erklärbar ist, dargestellt. Wie den bildlichen Zeugnissen in den Gräbern zu entnehmen ist, dürften sie die Bedeutung von Totentänzern gehabt haben. Bekannt sind drei Arten von Muus: 1. Die der Grabprozession entgegeneilenden Muus. Sie drückten durch entsprechende Gebärden die Erlaubnis zur Beisetzung des Toten aus. 2. Die die Grabstätte überwachenden Muus. Sie stellten die Wächter der Totenstadt dar. 3. Die paarweise neben dem Grabheiligtum gegengleich tanzenden Muus. Die ersten Arten der Muus trugen in der Regel eine Krone aus Riedgras und einen Schurz. (↗Ägyptischer Tanz)

Lit.: *Brunner-Traut, E.:* Der Tanz im alten Ägypten, 1938, S. 43, S. 53 ff. *Junker, H.:* Der Tanz d. Mww u. d. Butische Begräbnis im Alten Reich, in: Mitteilungen d. Deutschen Instituts f. ägyptische Altertumskunde in Kairo, Bd. 9, 1940, S. 1 ff.

Muzolin. Jugoslawischer Volkstanz aus Slowenien, ein ↗Paartanz im 3/8-Takt. Der Tänzer legt seine rechte Hand an die Taille der Tänzerin. Sie gibt ihre rechte Hand in die linke Hand des Tänzers und hebt sie in die Höhe. Ihre linke Hand liegt an seinem rechten Ellbogen. In dieser Stellung beginnt der Tanz. (↗Slowenischer Volkstanz)

Lit.: *Šuštar, M.:* Slovenski ljudski plesi prekmurja, 1968, S. 41 ff.

Muzzarelli, Antonio. Italienischer Tänzer und ↗Choreograph, geb. 1744 in Bologna, gest. 7. August 1821 in Wien. 1782 tanzte er in Florenz, von 1785 bis 1787 in Venedig, von 1789 bis 1791 in Mailand. Von 1791 an wirkte er in Wien als k. k. Kammerballett- und ↗Tanzmeister des kaiserlichen Hofes. Neben ↗Viganò genoß er dort als Schöpfer heroischer ↗Ballettpantomimen und Meister in der Gestaltung tragischer Rollen großes Ansehen. Als Verfechter des klassischen ↗Balletts wurde er bald zu Viganò in Gegensatz gebracht. (↗Diana-Ballette)

Lit.: *Anonym:* Dank eines Ungenannten, im Nahmen d. Jugend Wiens Herrn Muzzarelli, d. Verfasser d. neuen Balletts: der Raub d. Helena, dargebracht. Wien 1795. *Ayrenhoff, Corn.:* Über d. theatralischen Tänze u. d. Ballettmeister Noverre, Muzzarelli u. Viganò, in: Sämtliche Werke, Bd. 5, Wien 1803, S. 47 ff.

Myška (= das Mäuschen oder Husch, Kätzchen, husch). Tschechischer Volkstanz aus Böhmen, ein ↗Paartanz. Alle Tänzer stehen in einer Reihe, alle Tänzerinnen gegenüber ebenfalls in einer Reihe. Der erste Tänzer am rechten Flügel muß die erste Tänzerin ihm gegenüber fangen. Der Tänzer muß hinter der Tänzer- und Tänzerinnenreihe, die Tänzerin zwischen beiden Reihen und hinter der Tänzerinnenreihe laufen. Hat der Tänzer seine Tänzerin erhascht, tanzt er mit seitlichen Galoppschritten mit ihr durch die Reihe an deren linkes Ende. Nun läuft das nächste Paar und so geht es weiter. Haben alle Tänzer ihre Tänzerinnen erhascht, wird mit vertauschten Rollen von vorne begonnen. (↗Tschechische Volkstänze)

Lit.: *Waldau, A.:* Böhmische Nationaltänze, 1859, Bd. I, S. 43 f.

N

Nabíhaná (= das Anlaufen). Tschechischer Volkstanz, eine Variante des ↗„Böhmischen Menuetts". Er wurde hauptsächlich bei Hochzeiten getanzt und soll mannigfaltiger und belebter gewesen sein als die französischen ↗Menuette. (↗Tschechische Volkstänze)

Lit.: *Waldau, A.:* Böhmische Nationaltänze, Bd. 1, 1859, S. 62 ff.

Nachbarstanz. Dieser sonderbare alte Hochzeitsbrauch war an der Ahr (Nebenfluß des Rheins in Rheinland-Pfalz) üblich. Nach Beendigung des Tanzens der Hochzeitsgäste kam das gesamte jüngere Volk des Ortes und forderte den sogenannten „Nobersdaanz". Die jungen Leute bekamen Eßwaren und Getränke und zogen hierauf mit Musikanten ins Nachbarhaus, um dort zu essen, zu trinken und zu tanzen. „Wenn die Hochzeitsgäste sich laben, sollen die Nachbarn auch was haben", war der Gedanke dazu.

Lit.: *Böhme, F. M.:* Geschichte d. Tanzes in Deutschland, 1886, S. 185.

Nachtanz, auch Proportio genannt, ist nicht der Name eines besonderen Tanzes, sondern die Bezeichnung für den 2. Teil der im Mittelalter üblichen Teilung des Tanzpaares in einen ↗Vortanz und Nachtanz. Die Sitte, den Tanz in einen Vor- und Nachtanz einzuteilen, entsprach dem aus dem Volk entsprungenen Wechsel von geschrittenem, geradtaktigem Vortanz und gesprungenem, ungeradtaktigem Nachtanz (↗Springtanz). Der Brauch, auch von der höfischen Gesellschaft übernommen, bestand bis ungefähr 1600. Melodisch wurde der Nachtanz vielfach aus der rhythmischen Verkürzung des Vortanzes entwickelt. Wichtige Tanzpaare waren ↗Pavane und ↗Galliarde, ↗Allemande und ↗Courante. Als Vortanz wurden auch ↗Passamezzo und ↗Basse danse verwendet, als Nachtanz in Italien der ↗Saltarello, in Frankreich die Tänze ↗Pas de brabant und ↗Tourdion, in Spanien der ↗Alta danza und in Deutschland u. a. der ↗Hupfauff. (↗Espringale, ↗Suite)

Nachtanz — Valentin Hausmann, 1600

Lit.: *Riemann, H.:* Tänze d. 16. Jh. à double emploi, in: Die Musik, Jg. 6, 1906/07, H. 3, S. 140 ff. *Lach, R.:* Zur Geschichte d. Gesellschaftstanzes im 18. Jh., 1920, S. 27. *Dieckmann, J.:* Die in deutscher Lautentabulatur überlieferten Tänze d. 16. Jh., 1931, S. 47 ff. *Sachs, C.:* Eine Weltgeschichte d. Tanzes, 1933. *Geramb, V.:* Vom Tanzen, in: Jahrbuch d. österreichischen Volksliedwerkes, Bd. 6, 1957, S. 46 ff.

Nádasi, Ferenc. Ungarischer Tänzer, ↗Ballettmeister und Lehrer, geb. 16. Oktober 1893 in Budapest, gest. 20. Februar 1966 ebendort. Sein Tanzstudium begann er zunächst bei Jakob Holczer und Henriette Spinzi und setzte es bei Enrico ↗Cecchetti und Nicola ↗Guerra fort. Er bereiste Rußland in den Jahren von 1909 bis 1912 und war dann von 1913 bis 1921 Solotänzer der Oper in Budapest. Im Jahre 1936 kehrte er nach einer Reise, die ihn in viele ausländische Staaten führte, an die Staatsoper Budapest zurück und wurde deren Ballettmeister. Von 1949 bis 1962 war er Direktor der staatlichen Budapester Ballettschule. Die meisten ungarischen Tänzer dieser Zeit sind durch seine Lehre gegangen. (↗Fülop)

Lit.: *Körtvélyes, G.-Löring, G.:* Budapester Ballett, 1971.

Nagelschmied. ↗Deutscher Volkstanz aus Bayern, aber auch in Main-Franken und im Schwarzwald verbreitet, ein ↗Zwiefacher in seiner kompliziertesten Form. Der Tanz, bereits 1740 in einer Liebhaberhandschrift aufgezeichnet, wird nach einer Schnadahüpflmelodie getanzt und gesungen. Dieser bekannteste und beliebteste Zwiefache heißt in der bayrischen

Oberpfalz „Sie(b) mal aufi, sieb mal oba“, in Niederbayern „Neunmal aufi, neunmal oba“.

Lit.: *Böhme, F. M.:* Geschichte d. Tanzes in Deutschland, 1886. *Bauer, A.:* Vierzig bayerische Tänze, in: Zeitschrift f. Musikwissenschaft, Jg. 8, 1925, H. 1, S. 28. *Junk, V.:* Die taktwechselnden Volkstänze, 1938, S. 14, 22 u. 25. *Seywald, G.:* Die „Zwiefachen“-altes deutsches Volksgut, in: Die ostbairischen Grenzmarken, Jg. 15, 1926, H. 1, S. 12 ff. *Au, H. v. d.:* Volkstänze aus Nassau, Deutsche Volkstänze, H. 30/31, 1936, S. 24 ff. *Hoerburger, F.:* Die Zwiefachen, 1956, S. 8.

Nakta-Tanz. ↗Indischer Tanz des Malhar-Koli-Stammes an der Küste Maharashtras. Nakta, der Stumpfnasige mit Maske, tanzte mit mimischen Körperbewegungen. Indem er mit einem hölzernen Schwert in der Erde gräbt, mimt er den Text „Unter einer Esche wird eine seichte Quelle gegraben“. Er stellt das Sprudeln des Wassers, das Baden in der Quelle, das Fischfangen und andere Szenen des gesungenen Textes dar.

Lit.: *Rebling, E.:* Die Tanzkunst Indiens, 1981, S. 82.

Nanu-Tanz. ↗Indischer Tanz, ein Arbeitstanz, bei dem in einem prozessionsartigen Zeremonell das Reisstampfen gefeiert wird. Die Arbeitsvorgänge werden von festlich geputzten Tänzern dargestellt, die in einer Reihe, welche sich in Kreisen und in acht- und lianenförmigen Figuren bewegt, ruhig dahinschreiten.

Lit.: *Rebling, E.:* Die Tanzkunst Indiens, 1981, S. 75.

Napolitana. ↗Italienischer Volkstanz aus Neapel im 6/8-Takt. Er wird von Paaren ausgeführt und gleicht in seiner Leidenschaftlichkeit und Ausgelassenheit der ↗Tarantella.

Lit.: *Desrat, G.:* Dictionnaire de la danse, 1895.

Na-rel. Ein ↗Prozessionstanz auf Malekula und den kleinen Inseln auf den Neuen Hebriden. Er wird beim Maki-Ritual, einem Versöhnungsritus, bei dem man sich durch die Opferung eines Schweines gegen die Vernichtung nach dem Tod sichert, aufgeführt. (↗Naturvölker)

Narrentanz wird eine derbere Tanzform des ↗Deutschen Umgang in Niederösterreich, Gegend um Purgstall, genannt.

Lit.: *Wolfram, R.:* Die Volkstänze in Österreich u. verwandte Tänze in Europa, 1951, S. 163.

Nationaltänze nennt man jene ↗Volkstänze, die in ihrer melodischen und rhythmischen Struktur für ein Volk charakteristisch sind. Ihre Eigenart entspringt dem Wesen des betreffenden Volkes und zeigt dieses besonders ausgeprägt.

Naturvölker. Der Tanz der Naturvölker ist der unmittelbarste, vollkommenste und wirkungsmächtigste Ausdruck jeglichen Erlebens. Das Liebesleben, das Gebet zu Gott, der Schmerz über den Tod eines geliebten Menschen, der Kampf, die Jagd, alles findet bei diesen Völkern im Tanz oft bis zur Ekstase seinen Ausdruck. Seine Erscheinungsformen sind so reichhaltig, daß es vergeblich ist, ihn als Kult-, Trauer-, Geschlechts-, gymnastischen oder mimischen Tanz zu bezeichnen. Durch den Tanz bekommen wir Einblick in das Seelenleben dieser Völker. Seine psychologische Grundlage gibt uns ganz außergewöhnliche Ansichten vom Wesen des Tanzes. Rein tanztechnisch bietet uns der sogenannte primitive Tanz ein reiches Material an Bewegungen, er ist rhythmische Körperbewegung schlechthin. Die in der menschlichen Natur liegende Neigung zu rhythmischem Ausdruck findet im Tanz der Naturvölker ihre höchste Vollendung. An Tanzformen gibt es sowohl Solotänze, als auch Reigen- und Gruppentänze. Von besonderer Eigenart sind die sogenannten Sitztänze, wie sie vor allem auf den Inseln des südlichen Pazifik zu finden sind. Auf Liekieb (Marshallinseln) z. B. setzt sich der Häuptling inmitten einer Schar von Frauen auf die Matte und windet sich tanzend unter Oberkörperdrehung, Händezittern und Augenverdrehen. Viele Tänze sind nichts anderes als Nachahmungen von Vorgängen des Tierlebens oder Nachbildungen von alltäglichen Arbeitsvorgängen, wie Fischfang, Bootsbau u. a. Jeder Tanz hat seinen bestimmten Sinn und Zweck. Bei manchen Naturvölkern gibt es für Tanz und Arbeit den gleichen Ausdruck. Karl Bücher bezeichnet in seinem Buch „Arbeit und Rhythmus“ den Tanz der Naturvölker gleichsam als eine „Plastik des Außenlebens“. Vielfach ist der Tanz auch mit Gesang verbunden, ohne rhythmische Körperbewegung kommt der Gesang bei diesen Völkern überhaupt nicht vor. Die Tanzmusik der Naturvölker besteht aus einem durch Tongeräusche bereicherten Rhythmus und nicht, wie bei uns, aus einer durch den Rhythmus bereicherten Tonfolge. (↗Äthiopischer Tanz, ↗Afghanischer Tanz, ↗Afrikanischer Tanz, ↗Australischer Tanz, ↗Balinesischer Tanz, ↗Elfenbeinküste, ↗Eskimo-Tanz, ↗Faha'iula, ↗Fidschi-Insulaner, ↗Haka, ↗Indianischer Tanz, ↗Javanischer Tanz, ↗Kanakentänze, ↗Kapir, ↗Keblai, ↗Korokonda, ↗Korroboritanz, ↗Monkoma, ↗Na-rel, ↗Neuguinea, ↗Otuhaka, ↗Ramajana, ↗Ras Leela, ↗Samoa, ↗Siva, ↗Te Buki, ↗Te Karanga, ↗Uin)

Lit.: *Saint-Mery, M. de:* De la danse, 1803. *Elson, L. Ch.:* Curiosities of musica: a collection of facts not generally known, regarding the music of ancient and savage nations, 1880. *Schellong, O.:* Musik u. Tanz d. Papuas, in: Globus, Bd. 56, 1889, Nr. 6, S. 81 ff. *Hellwald, F. v.:* Der Tanz im Lichte d. Völkerkunde, in: Globus, Bd. 59, 1891. *Foy, W.:* Tanzobjekte v. Bismarck Archipel, Nissen u. Birma, in: Publikatioinen aus d. Königl. Ethnographischen Museum zu Dresden, Bd. 13, 1900. *Pöch, R.:* Beobachtungen über Sprache u. Tänze d. Monumbo, in: Mitteilungen d. Anthropologischen Gesellschaft in Wien, Bd. 35, 1905, S. 230 ff. *Bücher, K.:* Arbeit u. Rhythmus, 1909. *Rougier, Em:* Danses et jeux Fijs, in: Anthropos, Bd. 6, 1911, S. 466 ff. *Vormann, F.:* Tänze u. Tanzfestlichkeiten d. Monumbo-Papua, in: Anthropos, Bd. 6, 1911, S. 411 ff. *Haddon, A. C.:* Dances and Dance paraphernalia, in: Reports of the Cambridge Anthropological Expedition to Torres Strait, vol. 4, 1912, S. 289 f. *Ridgeway, W.:* The Dramas and Dramatic Dances of Non-European Races in special reference to the Origin of Greek Tragedy, 1915. *Hagemann, C.:* Spiele d. Völker, 1921. *Kool, J.:* Tänze d. Naturvölker, 1921. *Frazer, J. G.:* Der goldene Zweig. Das Geheimnis v. Glauben u. Sitten d. Völker, 1928. *Hambly, W. D.:* Tribal Dancing, 1926. *Kunicke, H.:* Die Entstehung d. Maskentanzes, in: Der Erdball, Jg. 1, 1926/27, H. 8, S. 311 ff. *Fehlinger, H.:* Der Tanz bei d. Naturvölkern, in: Zeiten u. Völker – Das Weltpanorama f. Jedermann, 1927, H. 6, S. 121 ff. *Kunicke, H.:* Die Schlangentänze d. Hopi, in: Der Erdball, Jg. 2, 1928, H. 1, S. 18 ff. *Peekel, P. C.:* Lang-Manu. Die Schlußfeier eines Malagan-Festes auf Nord-Neu-Mecklenburg, in: Festschrift f. P. W. Schmidt, 1928, S. 542 ff. *Koch, F. O.:* Tanzbilder aus d. Südsee, in: Der Erdball, Jg. 3, 1929, H. 6, S. 224 ff. *Kreutzberg, L.:* Tiere, Tänzerinnen u. Dämonen, 1929. *Sonner, R.:* Musik u. Tanz; vom Kulttanz zum Jazz, 1930. *Peekel, P. G.:* Religiöse Tänze auf Neu-Irland, in: Anthropos, Bd. 26, 1931, S. 513 ff. *Sachs, C.:* Eine Weltgeschichte d. Tanzes, 1933. *Cuisinier, J.:* Danses magiques de Kelantan, 1936. *Anonym:* Tanz bei fremden Völkern, Photoausstellung, Museum f. Völkerkunde Wien, s. a. *Vicedom, G.-Tischner, H.:* Die Mbowamb. Die Kultur d. Hagenbergstämme im östlichen Zentral-Neuguinea, Bd. I, 1943–48. *Stockmayer, H.:* Die Tänze d. Ackerbaujahres bei d. Naturvölkern, 1944. *Ballif, N.:* Die Tänzer Gottes. Eine Expedition zu Pygmäen d. Kongogebietes, 1955. *Eberle, O.:* Cenalora. Leben, Glaube, Tanz u. Theater d. Urvölker, 1954. *Schmitz, C. A.:* Balan. Der Tanz- u. Kultplatz in Melanesien, 1955. *Leeuw, G. v. d.:* Vom Heiligen in d. Kunst, 1957. *Günther, D.:* Der Tanz als Bewegungsphänomen. Wesen u. Werden, 1962. *Baaren, Th. P. v.:* Selbst d. Götter tanzen, 1964. *Seiler, B.:* Nordsumatra – wo kaum ein Fremder hinkommt, in: Kurz u. Gut, Jg. 3, 1969, H. 7/9, S. 25 ff. *Dean, B.:* South Pacific dance, 1978. *Acogny, G.:* Afrikanischer Tanz, 1980.

Nautchtänze. Indische Tänze, die auf den Gott Krishna zurückgehen. In ihnen wurde die Sehnsucht des Menschen nach dem Ewigen dargestellt. Im Laufe der Zeit verloren diese dem Gottesdienst geweihten Tänze ihre rituale Strenge, wurden verweltlicht und dienten oft nur dem Vergnügen der Feudalherren. (↗Dewadasi)

Lit.: *Winther, F. H.:* Der heilige Tanz, 1923, S. 16. *Günther, H.-Schäfer, H.:* Vom Schamanentanz zur Rumba, 1959, S. 35. *Gargi, B.:* Theater u. Tanz in Indien, 1960, S. 37 ff.

Ndrezzata, auch ↗Intrezzata (der verschlungene Tanz) genannt, ist eine italienische Schwerttanzform aus Neapel und Ischia. Die Art des Tanzes ist aus den verschiedenen Beschreibungen nicht mit voller Sicherheit festzustellen. Es sollen auch, was bei den Schwerttänzen nicht üblich ist, Frauen teilgenommen haben. Die Männer waren beim Tanz mit einem Holzschwert und einem Stock bewaffnet. Oft wurden auch nur mit Blumen geschmückte Stöcke statt der Degen verwendet. Der begleitende Gesang hieß ↗Imperticata. (↗Stocktanz)

Lit.: *Wolfram, R.:* Schwerttanz u. Männerbund, S. 135 f. *Bragaglia, A. G.:* Danze Popolari Italiano, 1950. *Galanti, B. M.:* Dances of Italy, 1950, S. 14.

Neda Grivny. Jugoslawischer Volkstanz im 2/4-Takt. Die Tanzenden bewegen sich im Kreis, halten einander an den Händen, das Gesicht zur Mitte gerichtet. (↗Jugoslawische Volkstänze)

Lit.: *Lawson, Joan:* European Folk Dance, 1953, S. 83.

Nederlands Dans Theater. Dieses niederländische Ballettensemble wurde 1959 in Den Haag von B. Harkavy durch Abspaltung aus dem Amsterdamer Het Nederlands Ballett (↗Niederländisches Nationalballett) gegründet. Nachdem einige der ursprünglichen Mitglieder des Nederlands Ballett wieder zu ihrem früheren Ensemble zurückgekehrt waren, blieben als Kern des neuen Ensembles W. de la Bye, J. Flier und A. Verstegen. Im Jahre 1960 kam H. van ↗Manen als künstlerischer Mitdirektor und ↗Choreograph zum Ensemble. Mit ihm begann der Aufbau der Truppe und des Repertoires. Als B. Harkavy 1969 zurücktrat, übernahm van Manen gemeinsam mit G. ↗Tetley die künstlerische Leitung. Sie gaben den klassischen Tanz auf und legten besonderen Wert auf Werke, die speziell für ihr

Ensemble geschaffen wurden. So wurde das Nederlands Dans Theater zu einem der führenden nichtklassischen Ensembles und eine Plattform für moderne Choreographie. 1970 verließ van Manen die Truppe, choreographierte aber weiterhin für das Ensemble. Im Jahr 1975 kam J. ↗Kylián zum Nederlands Dans Theater und leitete es zunächst gemeinsam mit H. Knill. Im Jahre 1978 wurde er alleiniger Direktor und Chefchoreograph.

Negri, Cesare, genannt „Il Trombone", geb. um 1536 wahrscheinlich in Mailand, gest. nach 1604. Italienischer ↗Tanzlehrer, Schüler von Pompeo ↗Diobono, eröffnete 1554 eine eigene Tanzschule und war der Lehrer vieler Prinzen, Fürsten und anderer hochgestellter Persönlichkeiten. Viele bedeutende ↗Tanzmeister sind aus seiner Schule hervorgegangen, so z. B. der später in Wien wirkende Carlo ↗Beccaria. Im Jahre 1602 erschien von ihm in Mailand die Tanzschrift „Le gratie d'Amore". Im Jahre 1604 folgte eine neue Auflage der Schrift unter dem Titel „Nuove Inventioni Di Balli, Opera Vaghissima di Cesare Negri Milanese detto Il Trombone, Famoso & eccelente Professore di Ballare. Nella quale si danno i giusti modi del ben portar la vita, & di accommodarsi con ogni leggiadria di mouimento Alle Creanze, Et Gratie D'Amore. Conueneuoli à tutti i Cavalieri, & Dame, Per ogni sorte di Ballo, Balletto, & Brando d'Italia, die Spagna, & di Francia. Con Figure bellissime in Rame, & Regole della Musica, & Intauolatura, quali si richieggono al Suono, & al Canto. Divisa in Tré Trattati. Al Potentissimo, & Catholico Filippo Terzo Ré Di Spagna. Milano: Girolamo Bordone, 1604". Neben vielen Tanzmelodien und Beschreibungen zu den Tanzausführungen enthält Negris Schrift 37 Biographien berühmter Tanzlehrer. (↗Chilesotti)

Lit.: *Czerwinski, A.:* Die Tänze d. 16. Jh., 1878, S. 10 f. *Chilesotti, O.:* Biblioteca di rarità musicali, vol. I, 1892. *Ambros, A. W.:* Carneval u. Tanz in alter Zeit, in: Bunte Blätter, Skizzen u. Studien f. Freunde d. Musik, 1896, S. 45 ff. *Bie, O.:* Der Tanz, 1919, S. 137 f. *Sachs, C.:* Eine Weltgeschichte d. Tanzes, 1933, S. 232. *Colombo, C.:* La danza nel seicento. Con una scelta antologica dalle „Grazie d'amore di Cesare Negri", 1962.

Neithartstanz. Mit diesem Frühlingstanz aus der Umgebung Wiens wurden die ersten Veilchen begrüßt, besungen und umtanzt. Das Landshuter Archiv gibt bereits 1475 Kunde von diesem Brauch.

Lit.: *Wolfram, R.:* Die Volkstänze in Österreich u. verwandte Tänze in Europa, 1951, S. 58.

Nelidowa, Lydia. Russische Tänzerin und Lehrerin, geb. 1863, gest. 1929. Sie kam aus der Schule des ↗Bolschoj-Balletts, dem sie sich auch anschloß. 1890 war sie Gast am königlichen Theater in London. In Moskau eröffnete sie eine Schule, von welcher ↗Diaghilew seine Tänzer holte.

Nerina, Nadia. Südafrikanische Tänzerin, geb. 21. Oktober 1927 in Kapstadt. Sie studierte zunächst bei E. Keegan, D. McHair und H. Grinter, wandte sich dann nach London, wo sie an der ↗Rambert School und Sadler's Wells Ballett School ihr Studium fortsetzte. 1946 schloß sie sich dem ↗Sadler's Wells Ballet an, wurde 1947 Solistin und 1951 ↗Ballerina. 1966 zog sie sich ins Privatleben zurück.

Lit.: *Hurok, S.:* The World of Ballet, London 1955. *Swinson, C.:* Nadia Nerina, London 1957. *Crisp, Cl.:* Ballerina. Portraits and Impressions of Nadia Nerina, London 1975.

Nestinaritanz. Tanz der Nestinari, der bulgarischen Feuertänzer. Am Tag des Hl. Konstantin und der Hl. Helena wurde in einigen bulgarischen Dörfern Ostthrakiens die Zeremonie des Feuertanzes ausgeführt. Die Nestinari sprangen bei der Dorfversammlung am Konstantinstag in die noch glühende Asche eines herabgebrannten Holzstoßes, barfuß, mit einem Heiligenbildchen des Hl. Konstantin und der Hl. Helena in der Hand. Die Tanzmelodie, von Dudelsackpfeifern gespielt, stand im 7/16-Takt. Der Brauch des Nestinaritanzes ist schon seit längerer Zeit verschwunden. (↗Bulgarischer Tanz)

Lit.: *Spassoff, W.:* Volksmusik, Musikinstrumente u. Tänze d. Bulgaren, Diss. Wien 1931.

Nettl, Paul. Österreichischer Musikwissenschaftler, geb. 10. Januar 1889 in Hohenelbe, Böhmen (heute Vrchlabi), gest. 8. Januar 1972 in Bloomington. Er befaßte sich sehr mit der Geschichte der Tanzmusik. Von ihm stammen folgende Veröffentlichungen: Zwei spanische Ostinatothemen, in: Zeitschrift für Musikwissenschaft, Jg. 1, 1919, H. 11, S. 694 ff.; Die Wiener Tanzkomposition in der zweiten Hälfte des 17. Jh., in: Studien zur Musikwissenschaft, Beihefte der Denkmäler der Tonkunst in Österreich, 1921, H. 8, S. 45 ff.; Beitrag zur Geschichte der Tanzmusik im 17. Jh., in: Zeitschrift für Musikwissenschaft, Jg. 4, 1922, H. 5, S. 257 ff.; Der Gesellschaftstanz im 18. Jh., in: Neue Musikzeitung, Jg. 43, 1922, H. 8, S. 121 ff.; Die Bergamasca, in: Zeitschrift für Musikwissenschaft, Jg. 5, 1923, H. 6, S. 291 ff.; Zur Vorgeschichte der süddeutschen Tänze, in: Bulletin de la Société Musicologique, Jg. 3, 1923, S. 45 ff.; Beitrag zur Geschichte des deutschen Singballetts, sowie zur Öttinger und Nördlinger Musikgeschichte, in: Zeitschrift für Musikwissenschaft, Jg. 6, 1924, H. 10/11, S. 608 ff.; Böhmische Tänze in Handschriften des 17. Jh., in: Neue Musikzeitung, Jg. 46, 1925, H. 14, S. 326 ff.; Musik und Tanz bei Casanova, 1924; Ein verschollenes Tournierballett von M. A. Cesti, in: Zeitschrift für Musikwissenschaft, Jg. 8, 1926, H. 7, S. 411 ff.; Casanova und der Tanz seiner Zeit, in: Neue Musik-Zeitung, Jg. 48, 1927, H. 10, S. 201 ff.; Die Moreske, in: Neue Musikzeitung, Jg. 49, 1928, H. 8, S. 260 ff.; Notes on the History of the Dance, in: Musical Quarterly, 15, H. 4, Okt. 1929; Tanz und Tanzmusik, in: Handbuch der Musikgeschichte, 1930, Bd. II, S. 973 ff.; Eine Wiener Tänzerhandschrift um 1650, in: Festschrift Adolph Koczirz zum 60. Geburtstag, 1930, S. 23 ff.; Traces of Negroid in the Mauresque of the 16th and 17th centuries, in: Phylon, vol. V.; Equestrian Ballets of the Baroque Period, in: Musical Quarterly, vol. 19, 1933, S. 74 ff.; Etude sur l'Histoire de la Valse, in: Archives de la Danse, 1933, Nr. 4, S. 143 ff.; Dance Forms as World Travellers, in: Musical America, 62, 6. März 1942; Volksmusik u. Tanz in Spanien, in: Deutsche Sängerbundes-Zeitung, 20, 1942; The Story of Dance Music, 1947; Ein österreichisch-böhmisches Manuskript volkstümlicher Barockmusik, in: Musikforschung, Jg. 5, 1952, H. 2/3, S. 171 ff.; Die Tänze Jean d'Estrèes, in: Musikforschung, Jg. 8, 1955, S. 437 ff.; Die Moresca, in: Archiv für Musikwissenschaft, Jg. 14, 1957, H. 3, S. 165 ff.; Mozart u. der Tanz, 1960; Süddeutsche Tänze aus früher Zeit, in: Musik im Unterricht, Mai 1960; Das Tanzbüchlein des Joh. Friedr. Dreyßer, in: Archiv für Musikwissenschaft, Jg. 17, 1960, H. 2/3, S. 142 ff.; Wiener Tanzmusik in der 2. Hälfte des 17. Jh., in: Denkmäler der Tonkunst in Österreich, Bd. 56, 1960; Tanz und Tanzmusik, 1962; The Dance in Classical Music, 1963.

Netztanz. ↗Österreichischer Volkstanz, der dem ↗Bandltanz ähnlich ist. Er benützt ebenfalls wie dieser den sogenannten Bandelstock, nur wird beim Netztanz in komplizierter Form ein Netz um den Stock gewickelt.

Lit.: *Pramberger, R.:* Steirische Tanzlust, in: Zeitschrift d. deutschen u. österreichischen Alpenvereins, Jg. 1924, Bd. 55, S. 140. *Richar, V.:* Der Netztanz in Ostindien, in: Das deutsche Volkslied, Jg. 28, 1926, H. 2/3, S. 39.

Neubauer, Henrik. Jugoslawischer Tänzer, und ↗Choreograph, geb. 17. April 1929 in Golnik, Jugoslawien. Von 1946 bis 1953 besuchte er die Ballettschule in Ljubljana. Seine künstlerische Tätigkeit begann er am Opern- und Ballettheater Lujubljana, dessen Ballettdirektor er von 1960 bis 1972 war. Zur selben Zeit wirkte er auch als Choreograph. Er inszenierte über 40 Ballette. 1970 wurde er Ehrendoktor der L'Université de la Danse de Paris. An der Ballettschule in Ljubljana unterrichtete er klassischen, Charakter- und historischen Tanz, sowie ↗Labanotation. Er verfaßte ein Ballettwörterbuch und schrieb zahlreiche Artikel über den Tanz in in- und ausländischen Fachzeitschriften.

Neubayrischer. Um ungefähr 1815 ist dieser ↗Volkstanz aus Bayern nach Österreich gekommen, doch sind sein tatsächlicher Ursprung und auch die Bedeutung seines Namens bis heute noch keineswegs beweiskräftig geklärt. Der Neubayrische ist jetzt noch in Bayern, Oberösterreich, Niederösterreich, in der Steiermark und weit über die Grenzen seiner ursprünglichen Heimat hinaus anzutreffen. Er ist in diesen Gebieten in mannigfachen Formen üblich. Die Tanzweise dieses ↗Paartanzes steht im 3/4-Takt und hat im ersten Teil (8 + 8 Takte) ein zweimaliges Stampfen und Klatschen, im zweiten Teil (acht Takte mehrmals wiederholt) folgt ein walzerartiger Paarrundtanz. Dieser Bewegungsform nach kann er als ein Nachkomme des im 15. und 16. Jh. beliebten Tanztypus von ↗Vor- und ↗Nachtanz angesehen werden. (↗Schwäbischer Langaus, ↗Schweinauer)

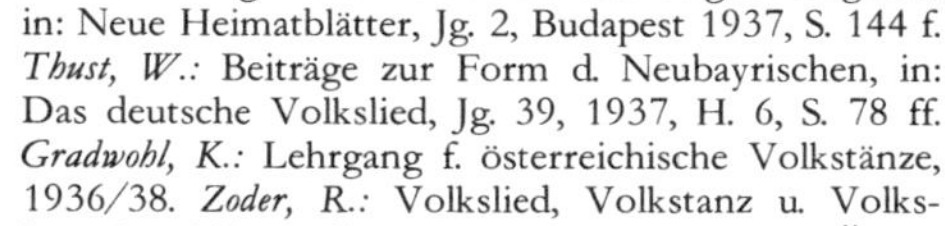

Lit.: *Rotter, C.:* Der Schnadahüpfl-Rhythmus, in: Palaestra XC, 1912, S. 173 f. *Zoder, R.:* Altösterreichische Volkstänze, I. Teil, 1922. *Horak, K.:* Beitrag zur Volkstanzforschung in d. deutschen Siedlungen Ungarns, in: Neue Heimatblätter, Jg. 2, Budapest 1937, S. 144 f. *Thust, W.:* Beiträge zur Form d. Neubayrischen, in: Das deutsche Volkslied, Jg. 39, 1937, H. 6, S. 78 ff. *Gradwohl, K.:* Lehrgang f. österreichische Volkstänze, 1936/38. *Zoder, R.:* Volkslied, Volkstanz u. Volksbrauch, 1949. *Wolfram, R.:* Die Volkstänze in Österreich u. verwandte Tänze in Europa, 1951. *Zoder, R.:* Volkstanzaufzeichnungen v. Karl Reiterer, in: Jahrbuch d. österreichischen Volksliedwerkes, Bd. 5, 1956, S. 88 ff. *Lager, H.-Derschmidt, H.:* Österreichische Tänze, 1959. *Deutsch, W.:* Tanzform u. Tanzweise, in: Österreichische Musikzeitschrift, Jg. 18, 1963, H. 11, S. 520. *Koschier, F.:* Kärntner Volkstänze, 1963, H. 2, S. 35. *Goldschmidt, Ae.:* Handbuch d. deutschen Volkstanzes, 1967. *Horak, K.:* Volkstänze aus Oberkrain, in: Jahrbuch d. österreichischen Volksliedwerkes, Bd. 26,

1977, S. 60 f. *Horak, K.:* Der Neubayrische, in: Der Trachtler, Nr. 14, 1977, S. 13 f. *Lager, H.:* Der Saufadler. Ein Neuboarischer aus d. Gebiet Bad Ischl-Goisern, in: Der fröhliche Kreis, Jg. 27, 1977, H. 1, S. 35 f.

Neudeutsch. Dieser ↗österreichische Volkstanz aus dem Yspertal in Niederösterreich ist ein ↗Paartanz im walzerartigen 3/4-Takt. Tänzer und Tänzerin stehen einander gegenüber in einfacher Walzerrundtanzfassung.

Lit.: *Zoder, R.:* Altösterreichische Volkstänze, 3. Teil, 1932. *Gradwohl, K.:* Lehrgang f. österreichische Volkstänze, 1938. *Wolfram, R.:* Die Volkstänze in Österreich u. verwandte Tänze in Europa, 1951, S. 161. *Lager-Derschmidt:* Österreichische Tänze, 1959, 1969. *Horak, K.:* Der Neudeutsche, in: Der Trachtler, Jg. 6, 1978, H. 17, S. 14. *Berghold, L.-Deutsch, W.:* Volkstänze aus Niederösterreich, Bd. I, 1975, S. 67. *Schützenberger, E.-Derschmidt, H.:* Spinnradl, 1. Folge, 1959, S. 16 f. *Lager, H.:* Neuere Tanzforschung in Niederösterreich, Waldviertel, 1. Teil, in: Jahrbuch d. österreichische Volksliedwerkes, Bd. 30, 1981, S. 61 f.

Neugriechischer Tanz ↗Griechischer Tanz.

Neuguinea. Wie bei allen ↗Naturvölkern spielt auch bei den verschiedenen Stämmen der Eingeborenen auf Neuguinea (Melanesier, Papuas, Negritos und Zwergvölker) der Tanz in ihrem Leben eine besondere Rolle. Die Tänze, meist von Trommeln und Gesang begleitet, werden vor allem bei den Stammesfesten ausgeführt. Sie sind mythischen Ursprungs und oft nichts anderes als Nachahmungen von Vorgängen des Menschen- und Tierlebens oder Nachbildungen gewisser Arbeitsvorgänge. Reine Vergnügungstänze ohne tieferen Sinn kennen diese Völker nicht. Die Ausführenden sind fast ausschließlich Männer, Frauentänze sind immer mit Männertänzen verbunden. Eine große Bedeutung haben die Tanzmasken und der Tanzschmuck. (↗Ambu kanan, ↗Ariminge, ↗Hareiga-Tänze, ↗Kanana, ↗Korokonda, ↗Kumbun, ↗Moka-Tanzzyklus, ↗Ssing-ssings, ↗Tomburi, ↗Udsuángongtänze, ↗Zangáltänze, ↗Zulúmika)

Lit.: *Schellong, O.:* Musik u. Tanz d. Papuas, in: Globus, Bd. 56, 1889, Nr. 6, S. 81 ff. *Pöch, R.:* Beobachtungen über Sprache, Gesänge u. Tänze d. Monumbo, in: Mitteilungen d. Anthropologischen Gesellschaft in Wien, Bd. 35, 1905, S. 230 ff. *Vormann, F.:* Tänze u. Tanzfeierlichkeiten d. Monumbo-Papua, in: Anthropos, Bd. 6, 1911, S. 411 ff. *Vicedom, G.-Tischner, H.:* Die Mbowamb, die Kultur d. Hagenberg-Stämme im östlichen Zentral-Neuguinea, Bd. I, 1943–48, S. 243 ff.

Neukatholische, Der. ↗Österreichischer Volkstanz. Seine Tanzmelodie steht im polkaähnlichen 2/4-Takt. Die charakteristische Ausführung besteht aus Sprüngen, Nachstellschritten vor- und rückwärts und einem Zweischrittdreher zum Abschluß. Die Vor- und Rückwärtsbewegung wurde im Volksmund scherzhaft als das Schwanken zwischen Katholizismus und Protestantismus in der Zeit der Gegenreformation gedeutet, daher der Name Neukatholisch. Alter und Herkunft des Tanzes sind noch unerforscht. Man findet ihn jedenfalls schon früh in ganz Österreich (mit Ausnahme Vorarlbergs) und in vielen Ländern Europas unter den verschiedensten Namen und Ausführungsvarianten. Als Neukatholischer ist er in der Steiermark (Gößl, steirisches Salzkammergut) zu Hause, als ↗Krebspolka oder ↗Rückwärtspolka in Niederösterreich (Ybbsitz) zu finden. In Bayern heißt er ↗Altkatholischer. Außerhalb Österreichs sind die gebräuchlichsten Namen: ↗Manchester (bei den Tschechen Manšester) und ↗Lott is doot in Deutschland, was als Lot is dood nach Holland, als ↗Laditå nach Schweden und ↗Lottiså nach Norwegen kam. In Dänemark wird der Tanz ↗Vrövl i Hatten, in der Schweiz ↗Languus und ↗Manchester genannt. In der schwäbischen Türkei war er unter dem Namen ↗Graziana üblich.

Lit.: *Böhme, F. M.:* Geschichte d. Tanzes in Deutschland, 1886, S. 205. *Zoder, R.:* Altösterreichische Volkstänze, 1922, H. 1. *Horak, K.:* Volkstänze d. Deutschen in Mittelpolen, 1936, H. 1, S. 12. *Horak, K.:* Der Volkstanz in d. schwäbischen Türkei, in: Deutsches Archiv f. Landes- u. Volksforschung, Jg. 2, 1938, H. 4, S. 844. *Peter, I.:* Der Neukatholische aus Ischl, in: Das deutsche Volkslied, Jg. 43, 1941, H. 7/8, S. 83. *Van den Ven:* De Volksdans in Nederland, 1942, S. 219. *Lager, H.:* Tänze aus d. steirischen Ramsau, in: Das deutsche Volkslied, Jg. 46, 1944, H. 1/2, S. 16. *Lager, H.:* Der Neukatholische aus d. steirischen Ramsau, in: Das deutsche Volkslied, Jg. 48, 1947, H. 3/4, S. 47 f. *Wolfram, R.:* Die Volkstänze in Österreich u. verwandte Tänze in Europa, 1951. *Horak, K.:* Donauschwäbische Volkstänze, 1954, S. 17. *Zoder, R.:* Der Tanz d. Nachbarn, in: Jahrbuch d. österreichischen Volksliedwerkes, Bd. 4, 1955, S. 95. *Lager-Derschmidt:* Österreichische Tänze, 1959. *Koschier, F.:* Kärntner Volkstänze, 1963. *Horak, K.:* Der Neukatholische, in: Der Trachtler, Nr. 5, 1974, S. 15. *Horak, K.:* Tiroler Volkstanzbuch, 1974, S. 13. *Peter, I.:* Salzburger Tänze, 1975, S. 55 f. *Horak, K.:* Volkstänze aus Oberkrain, in: Jahrbuch d. österreichischen Volksliedwerkes, Bd. 26, 1977, S. 58.

Neumeier, John. Amerikanischer Tänzer, ↗Choreograph und Ballettdirektor, geb. 24. Februar 1942 in Milwaukee, Wisconsin. Mit 10 Jahren begann er sein Tanzstudium bei Sheila Reilly in seiner Heimatstadt. Mit 16 Jahren setzte er sein Studium bei B. Stone und W. Camryn in

Chicago fort. Ferner studierte noch bei V. ↗Volkova in Kopenhagen und an der Royal Ballet School in London. Von 1963 bis 1969 tanzte er bei J. ↗Cranco in Stuttgart, wo er bereits mit Werkstattchoreographien in den Noverre-Matineen hervortrat. 1968 schuf er sein erstes Repertoire-Ballett für das ↗Stuttgarter Ballett („Separate Journeys", Musik: S. Barber). Von 1969 bis 1973 war er Ballettdirektor und Chefchoreograph an der Oper in Frankfurt a. M. Seit 1973 wirkt er in gleicher Position an der Hamburgischen Staatsoper. Außerdem widmet er sich seit 1978 der Ausbildung junger Tänzer. Neumeier verbindet in seinen Choreographien klassische Ballettechnik und ↗Ausdruckstanz. Eine seiner bedeutenden Choreographien ist die „Matthäus-Passion" mit der Musik von J. S. ↗Bach, 1981.

Lit.: *Koegler, H.:* John Neumeier unterwegs, 1972. *Scheier, H. – Neumeier, J.:* John Neumeier u. d. Hamburger Ballett, 1977. *Neumeier, J. – Flügel, J.:* Traumwege, 1980. *Albrecht, Ch.:* 10 Jahre John Neumeier u. d. Hamburger Ballett 1973–1983, 1983.

Neusteyrisch hieß zu Anfang des 19. Jh. ein einfacher Tourentanz im 3/8-Takt. Er wurde in der Art eines schnellen ↗Walzers getanzt. Seine Form war dreiteilig.

Lit.: *Schubert, F. L.:* Die Tanzmusik, S. 47.

Newiim (die) waren im alten Israel zur Zeit des König Davids eine Gruppe ekstatischer Tänzer, die unter Leitung eines Meisters mit ihren rasenden Tänzen durch das Land zogen. König Davids Tanz vor der Bundeslade war von der Ekstatik dieser Tänzer beeinflußt. (↗Jüdischer Tanz)

Lit.: *Rothmüller, A. M.:* Die Musik d. Juden, 1951, S. 22.

New York City Ballet. Es war G. ↗Balanchine, der dieses Ballett gegründet und geformt hat. Seine Anfänge gehen auf das Jahr 1934 zurück, als Balanchine mit ausgewählten Mitarbeitern die American Ballet School gründete. Die damalige Truppe wurde ↗American Ballet genannt. Sie ist 1946 in die ↗Ballet Society mit L. ↗Kirstein als Manager und Balanchine als Chefchoreograph aufgegangen und erhielt 1948 den Namen New York City Ballet.

Lit.: *Chujoy, A.:* The New York City Ballet, New York 1953. *Kirstein, L.:* The New York City Ballet, New York 1973.

Ngoma-Kuu-Tanz. Tanz der in Ostafrika lebenden Suaheli. Das „Ngomatanzen" ist eine alte Sitte der Suaheli, der ngoma-kuu-Tanz war ursprünglich nur für die „jumben", Ortsvorsteher, gedacht. Der Name kommt von den beim Tanz geschlagenen Trommeln, den ngoma kuu. Sobald die Trommeln geschlagen werden, tanzen die Leute, aber immer nur zu zweien. Die Tänzer dürfen keine Sklaven sein, der ngoma-kuu-Tanz darf nur von Freien getanzt werden. (↗Afrikanischer Tanz)

Lit.: *Italiander, R.:* Tanz in Afrika, 1960, S. 15 f.

Nibatismos (Nibadismos). Antiker ↗griechischer Tanz, nach Hesychios fremden Ursprungs, nach Athenaios phrygischer Herkunft. ↗Meursius zitierte ihn als „nibadismos" und leitete den Namen von „nibades", was soviel „wie Ziegen auf den Gipfeln von Hügeln oder Bergen" bedeutet, oder von „nibadizein" = Ziegen nachahmend, ab. Sollte Meursius richtig zitiert haben, dann könnte es sich beim Nibatismos um einen ↗tiernachahmenden Tanz handeln, bei dem die Sprünge von Ziegen imitiert werden.

Lit.: *Weege, F.:* Der Tanz in d. Antike, 1926, S. 5 f. *Lawler, L. B.:* The Dance in Ancient Greece, 1964.

Nibhatkin. Dieses bis 1750 in Burma gepflegte Spiel war ähnlich den europäischen Mysterienspielen und hatte sich aus den buddhistischen Prozessionen für das Vollmondfest (Wezak) entwickelt. Es beinhaltete mimische Tänze, die alten buddhistischen Legenden folgten. Um 1717 machte sich siamesischer Einfluß bemerkbar. Später ging dieses Mysterienspiel in den Pwe (↗Birmanischer Tanz) über.

Nickelsdorfer Schottisch. ↗Österreichischer Volkstanz aus dem Burgenland, eine volkstümliche Abwandlung des ↗Schottischen. Die Paare stehen zueinander, Tänzer immer mit gewöhnlicher Fassung.

Lit.: *Zoder, R.:* Altösterreichische Volkstänze, Teil 3, 1932, S. 26. *Dreo, H.:* Volkstänze aus d. Burgenland, 1977, S. 42 f.

Nickeltanz. ↗Deutscher Volkstanz im 2/4-Takt aus Ostpreußen, in Pommern als ↗Hans Leberstock bekannt. Drei Paare fassen sich zum Kreis. Jeder Tänzer hält in der rechten Hand den Zipfel eines viereckigen bunten Tuches. Ein Paar ist das Vortänzerpaar.

Lit.: *Horak, K.:* Volkstänze d. Deutschen in Mittelpolen, Heft 2, 1936.

Nickepolka. ↗Deutscher Volkstanz aus Mecklenburg. Beliebig viele Tänzer und Tänzerinnen stehen in einem großen Stirnkreis. Ein Tänzer tanzt innerhalb des Kreises in Wechselschritten mit Hüpfen umher und sucht sich eine Tänzerin aus, die er dann durch Kopfnicken auffordert mitzutanzen. Die Tänzerin tanzt nun vor dem Tänzer her und fordert wiederum durch Kopfnicken einen neuen Tänzer auf, während der erste Tänzer der nächsten Tänzerin zunickt. In dieser Form wird dieser fröhliche Tanz fortgesetzt, bis alle in einer großen Schlangenlinie tanzen. Die Tanzmelodie steht im 2/4-Takt.

Lit.: *Janietz, E.-Schneider, R.-Peters, M.:* Volkstänze aus Mecklenburg, 1976, S. 38 f.

Nicoloudi, Zouzou. Griechische Tänzerin, geb. 27. Mai 1917 in Athen. Sie studierte Rhythmik, ↗Gymnastik und Tanz an der Pratsica-Schule Athen, Klavier und Komposition am Athener Konservatorium und Tanz und ↗Choreographie bei Rosalia ↗Chladek in Wien. Ab 1961 war sie Gastchoreographin am Nationaltheater in Athen und am Carnegie Institute of Technology in Pittsburgh. Mit einer eigenen Truppe bereiste sie England, die UdSSR, Japan, Mexiko und die USA. Vereinigte Anwendung von Musik, Sprache und Bewegung im Dienste der Probleme des antiken Chores ist die Richtung, die sie in ihrem tänzerischen Wirken vertritt. Sie veröffentlichte die Studie „Gedanken über den Tanz in Griechenland", in: Maske und Kothurn, Jg. 12, H. 1, 1966.

Niederländischer Volkstanz. Die Charakteristika der niederländischen Volkstänze sind Einfachheit in Form und Ausführung, ruhige, gesetzte Bewegung. Vorherrschend sind Polka- und Hornpipeschritte (↗Matelot), ↗Country Dance-Figuren. Die Arme werden selten verwendet. Das oft schwerfällige Klappern der in manchen Tänzen verwendeten Holzschuhe dient nicht dazu, die schwierigen Taktschläge zu begleiten. Vorherrschend ist im niederländischen Volkstanz der gerade Takt. Wesentlich und merkbar für die niederländische Folklore ist die gegenseitige Befruchtung und Wechselbeziehung durch die angrenzenden norddeutschen und belgischen Gebiete. Die niederländische Volkstanztradition führt weit in die Vergangenheit zurück. Die Volkstanzbewegung hat immer wieder neue Pflege erfahren, so daß sie heute vor allem auch durch die Wechselwirkung von Stadt- und Landvolk in vielen Formen neuen Ausdruck gefunden hat. (↗Cramignon, ↗Dans de Machabeeën, ↗Deindans, ↗Driekusman, ↗Friesischer Tanz, ↗Hakke-Toone, ↗Hendriekske, ↗Hoaksebarger, ↗Höfsche Karmse, ↗Hornpipe, ↗Jan Pierewiet, ↗Malbroek, ↗Matelot, ↗Molentje, ↗Onze Fikshond, ↗Riepe garste, ↗Schip moet zeilen, ↗Skotse Trije, ↗Slaapmuts, ↗Smid, ↗Vleegerd, ↗Vlöggelen, ↗Wilhelmusdans, ↗Zevensprong)

Lit.: *Roger, E.:* Oude an nieuwe Hollantse boeren lieties en contredansen, 1700–1715. *Scheurleer, D. F.:* Oud nederlandsche danswijzen, 1882. *Kunst, J.:* Noord-Nederlandsche volksliederen en dansen, 1918. *Van der Ven, D. J.:* Nederlandsche Boerendansen, 1923. *Helms, A.-Blasche, J.:* Bunte Tänze, Bd. 7, 1929. *Ven-ten-Bensel, E.:* Dutch Folk Dances, in: Journal of the English Folk Dance Society, 1931, Sec. Ser. Nr. 4, S. 1 ff. *Witt, H.:* Zwaardansen, 1931. *Van der Ven-Ten Bensel, E.:* Aspects of Folk Dance in different Stages of National development, in: Journal of the English Folk Dance and Song Society, vol. II, 1935, S. 17 ff. *Van der Ven, J.:* Dutch Traditional Dances and Dutch Folk Rites, in: Journal of the English Folk Dance Society, vol. II, 1935, S. 49 f. *Van der Ven, D. J.:* Stokpaardje in den Europeeschen Mannendans, in: De Volksdansmare, V., No. 2, 1937, S. 55 ff. *Van der Ven, D. J.:* Nederlandse Reidansen in hun Oorsprung en Symbolik, in: De Volksdansmare, Jg. 7, 1938, Nr. 1, S. 13 ff. u. Jg. 8, 1939, Nr. 3, S. 94 ff. *Van der Ven-Ten, E.-Van der Ven, J.:* De Volksdans in Nederland, 1942. *Sanson-Catz, A.-De Koe, A.:* Nederlandse Volksdansen, 1950. *Lawson, J.:* European Folk Dance, 1953, S. 124 ff. *Shuldham-Shaw, P.:* Holland as seen in the English Country Dance 1713–1820, 1960. *Anonym:* Kirmes u. dörfliche Tanzszenen in d. niederländischen Malerei d. 16. Jh., in: Concerto. Das Magazin f. Alte Musik, 1984, H. 3, S. 33 ff.

Niederländisches Nationalballett (Het Nationale Ballet). Dieses Ensemble entstand 1961 durch die Fusion von ↗Gaskells Nederlands Ballet mit Ter Weemes Amsterdam Ballet. Diese beiden Tänzerinnen teilten sich zunächst die Direktion, später wurde Sonja Gaskell alleinige Direktorin. Von 1967 bis 1968 teilte sie die Verantwortung mit R. v. ↗Dantzig und R. Kaesen. 1972 übernahm R. v. Dantzig die Direktion allein. Er wurde ständiger Chefchoreograph. Mit ihm erreichte das Ensemble ein umfassendes Repertoire, welches von der Klassik bis zu den Werken des 20. Jh. (besonders den Meisterchoreographien G. ↗Balanchines) reicht.

Lit.: *Loney, G.:* Rudi van Dantzig on the National Ballet of Holland, in: Dance Magazine, März 1974.

Niehaus, Max. Deutscher Schriftsteller und führender Repräsentant der modernen Tanzliteratur, geb. 17. Dezember 1888 in Wesel, gest. 8. April 1981 in München. Er schrieb: Ballett, München 1954; Junges Ballett, München 1957 und 1972; Himmel, Hölle und Trikot, Heinrich Heine und das Ballett, München 1959; Nijinsky. Gast aus einer anderen Welt, München 1961;

Ballett Faszination, München 1972; Heinz Bosl, München 1975; Peter Breuer, 1978; Isadora Duncan, 1982.

Niggunim. Name hebräischer Vokalisen aus dem osteuropäischen Raum, die oft als ↗Tanzlieder verstanden und gebraucht wurden. Solche Tänze hatten immer einen religiösen Leitgedanken, gingen aber oft in wilde, ungehemmte Form über.

Lit.: *Werner, E.:* Hebräische Musik, in: Das Musikwerk, Köln 1961.

Nigltanz, auch Igltanz oder Kugeltanz genannt, ist ein scherzhafter ↗Geschicklichkeitstanz aus dem niederösterreichischen Waldviertel (Yspertal). Der Tänzer, auf dem Boden sitzend, kreuzt die Beine zum Türkensitz und ergreift die Füße übers Kreuz. Er kugelt sich dann über den rechten Arm zwei Takte lang wieder in die aufrechte Stellung. Der Name dürfte von Nigl kommen, was soviel wie Kobold heißt.

Lit: *Wolfram, R.:* Die Volkstänze in Österreich u. verwandte Tänze in Europa, 1951.

Nijinska, Bronislawa Fominitschna (eigentlich Nijinskaja). Russische Tänzerin, ↗Ballettmeisterin, ↗Choreographin und Lehrerin, geb. 8. Januar 1891 in Minsk, gest. 22. Februar 1972 in Los Angeles, Tochter eines Tänzerpaares und die Schwester von Waslaw ↗Nijinsky. Sie studierte bei Enrico ↗Cecchetti und an der kaiserlichen Ballettschule in St. Petersburg bei Nikolaj ↗Legat. Im Jahre 1908 schloß sie ihr Tanzstudium ab und kam an das Marijinskij-Theater. 1909 ging sie mit ↗Diaghilew und ihrem Bruder Waslaw im Ensemble des Marijinskij-Theaters nach Paris. 1911 verließ sie das Marijinskij-Theater, tanzte mit ihrem Bruder weiterhin in Diaghilews Truppe und 1914 mit dem Ballett ihres Bruders in London. Im selben Jahr kehrte sie nach St. Petersburg zurück und choreographierte ihre ersten Ballette. 1915 ging sie nach Kiew, tanzte an der Oper und eröffnete 1917 eine eigene Ballettschule. 1921 verließ sie Rußland und wandte sich nach Frankreich zu Diaghilew, der sie als Choreographin, Tänzerin und Produzentin für die ↗Ballets Russes engagierte. Sie wirkte weiterhin als Choreographin an der Pariser Oper, am Teatro Colón in Buenos Aires und beim Ballett von Ida ↗Rubinstein. 1930/31 arbeitete sie wieder in Paris und gründete dort 1932 eine eigene Truppe. Sie choreographierte für Max Reinhardt in Berlin, unter anderem für dessen Filmversion von Shakespeare's „Sommernachtstraum“. Kurze Zeit war sie auch Ballettmeisterin an der Wiener Staatsoper. Sie ging dann in die USA, wo sie wieder bei mehreren Ballettgruppen als Choreographin wirkte, und eröffnete im Jahre 1938 eine Schule in Los Angeles. Im Dance Magazine, Dezember 1974, erschien von ihr der Artikel: Creation of Les ↗Noces.

Lit.: *Anderson, J.:* The Fabulous Career of Bronislava Nijinska, in: Dance Magazine, August 1963. *Brinson, P.-Crisp, C.:* Ballet for all, 1970. *Schüller, G.:* Bronislava Nijinska, Diss. Wien, 1975. *Nijinska, B.:* Early Memoirs, 1981.

Nijinsky, Waslaw Fomitsch. Russischer Tänzer und ↗Choreograph, geb. 28. Februar 1890 (nach dem russischen Kalender) in Kiew (nach Angaben seiner Tochter Romola Nijinska), entsprechend seines Warschauer Taufscheines geb. 17. Dezember 1889 in Kiew, nach R. Buckle 12. März 1888, nach Bronislawa ↗Nijinska 1889; gest. 8. April 1950 in London. Begraben wurde er am Friedhof Montmartre in Paris. Getauft wurde Nijinsky in Warschau, dabei gab seine Mutter aus Gründen eines künftigen Militärdienstes als Geburtsjahr 1889 an, weil Kinder dieses Jahrganges hinsichtlich des Militärdienstes bevorzugt behandelt wurden. Nijinsky war der Sohn eines Tänzerpaares polnischer Herkunft, das mit einer eigenen Tanzgruppe ganz Rußland bereiste.1898 wurde Waslaw in die kaiserliche Ballettschule in St. Petersburg aufgenommen. Seine Lehrer waren N. ↗Legat, ↗P. ↗Gerdt, M. ↗Fokine, später Michail Obukow. Im Mai 1908 bestand er sein Abschlußexamen an der kaiserlichen Schule mit Auszeichnung und wurde automatisch Mitglied des Marijinskij-Theaters, St. Petersburg. Bald erhielt er bedeutende Rollen und wurde Partner der Primaballerinen Olga ↗Preobrajenska, Anna ↗Pawlowa, Tamara ↗Karsawina und Mathilde ↗Kschessinska. Er nahm auch Unterricht bei Enrico ↗Cecchetti. Von großer Bedeutung für das künstlerische Wirken Nijinskys wurde seine Bekanntschaft mit Serge ↗Diaghilew. Er ging mit ihm 1909 erstmals zu einem Gastspiel des russischen Balletts nach Paris und wurde später 1. Tänzer des ↗Ballet Russe. 1911 schied er nach einem Skandal bei einer Aufführung von ↗„Giselle“ vom Marijinskij-Theater. Bei der Gastspielreise des Ballet Russe nach Südamerika 1913 heiratete er die Tänzerin Romola de Pulszky. Nach dieser Heirat kam es zum Bruch mit Diaghilew. Mit einer eigenen Truppe reiste er nach London. Auf Einladung aus Madrid tanzte er vor dem spanischen Königspaar. Während seines Aufenthalts in Wien gebar ihm seine Frau am 19. Juni

1914 eine Tochter. Sie erhielt den Namen Kyra, wurde später Tänzerin, debütierte 1930 beim ↗Ballet Rambert in London und war ab 1948 Ballettlehrerin in Florenz. Bei Ausbruch des ersten Weltkrieges wurde Nijinsky mit seiner Familie in Ungarn interniert. Über Wien führte ihn sein weiterer Weg 1916 in die USA. Von 1919 an zeigten sich bei ihm erste Anzeichen einer Geisteskrankheit. Qualvolle Jahre, bedingt auch durch die Verhältnisse nach dem Krieg, begannen für den umnachteten Künstler, aufopfernd gepflegt von seiner Gattin Romola. Die Erlösung war ihm erst nach 31 Krankheitsjahren beschieden.

Lit.: *Barbier, G.:* Designs on the Dances of Vaslav Nijinsky, London 1913. *Withworth, G.:* The Art of Nijinsky, London 1913. *Nijinsky, R.:* Nijinsky, Gott d. Tanzes, New York 1934. Deutsche Ausgabe 1974. *Nijinsky, R.:* The Diary of Vaslav Nijinsky, London 1937. *Bourman, A.:* The Tragedy of Nijinsky, London 1938. *Magriel, P.:* Nijinsky. An Illustrated Monograph, London 1948. *Nižinska, Romola:* The Last Years of Nijinsky, New York 1952. *Nižinski, Waclaw:* Der Clown Gottes. Tagebuch d. Waslaw Nijinskij, 1953. *Nijinsky, W.:* Le journal de Nijinsky. Notes inédites consignées par N' durant un séjour à St-Moritz, Paris 1953. *Hurok, S.:* The World of Ballet, 1955, S. 76 ff. *Sandoz, M.:* Diaghilev-Nijinsky and Other Vignettes, 1956. *Clarke, M.:* Six Great Dancers, 1957, S. 65 ff. *Reiss, Françoise:* La Vie de Nijinsky, Paris 1957. *Nijinsky, R.:* A Widow Remembers the Bolshoi Girl who Entralled Nijinsky, in: The World, Mai, 1959, S. 25. *Reiss, F.:* Nijinsky ou la grâce, 1957. *Niehaus, M.:* Nijinsky. Gast aus einer anderen Welt, 1961. *Raab, R.:* Essay über Nijinsky, unveröffentlicht. *Aveline, Cl.:* Bourdelle et la danse. Isadora et Nijinski, 1969. *Buckle, R.:* Nijinsky, 1971. *Krasovskaja, V.:* Nijinsky, Leningrad 1974, russ. *Kirstein, L.:* Nijinsky Dancing, 1975. *Magriel, P.:* Nijinsky, Pavlova, Duncan, three lives in Dance, 1977.

Nikolais, Alwin. Amerikanischer Tänzer, ↗Choreograph, Komponist und Pädagoge deutsch-russischer Abstammung, geb. 25. November 1912 in Southington, Conn. Nach seiner Tätigkeit als Pianist in Stummfilmkinos, Bars und Tanzschulen begann er sein Tanzstudium bei der Wigman-Schülerin Truda Kaschmann. Ferner studierte bei Martha ↗Graham, Hanya ↗Holm, Doris ↗Humphrey, Ch. ↗Weidman und L. ↗Horst. 1937 gründete er eine eigene Schule und Tanzkompanie in Hartford. 1938 entstand seine erste Choreographie: „Eight Column Line", Musik von E. ↗Krenek. Von 1940 bis 1942 leitete er die Tanzabteilung der Hartt School of Musik. Ab 1948 arbeitete er am Henry Street Settlement Playhouse in New York, einer Experimentierbühne, deren Tanzabteilung er neu aufbaute. Zu dieser Zeit zog er sich als Tänzer zurück, begann zu choreographieren und seine Ideen eines neuen Tanztheaters zu entwickeln. Zu diesem Zweck schuf er seine eigene Tanzschrift, das Choroscript. Seine Truppe wurde als Playhouse Dance Company bekannt, 1956 in Alwin Nikolais Dance Company und 1968 in Alwin Nikolais Dance Theatre umbenannt. Nikolais ist bestrebt, die Ideen des Gesamtkunstwerkes wieder zu verwirklichen (↗Bauhaus-Tänze). Er ist sein eigener Choreograph, Komponist, Bühnenbildner und Beleuchter.

Lit.: *Siegel, M. B.:* Nik – A Documentary Study of Alwin Nikolais, in: Dance Perspectives, Nr. 48, New York 1971. *Tobias, T.:* Nikolais and Louis: A New Space, in: Dance Magazine, Februar 1971. *McDonagh, D.:* The Complete Guide to Modern Dance, New York 1976.

Ni Konger Dans. ↗Dänischer Volkstanz im 2/4-Takt. Die Aufstellung geschieht in drei Dreiergruppen, und zwar hat jeder Tänzer an jeder Hand je eine Tänzerin. (↗Dreiertänze)

Lit.: *Krogh, J. C.:* Gamle Salling-Danse, København 1932, S. 45. *Wolfram, R.:* Die Volkstänze in Österreich u. verwandte Tänze in Europa, 1951, S. 163.

Nikunakua. Finnischer Volkstanz im 2/4-Takt. Ausgeführt wird er von jeder beliebigen durch vier teilbaren Anzahl von Paaren, die im Quadrat im Abstand von sechs Schritten Aufstellung nehmen. Getanzt wird mit Polkaschritten. (↗Finnische Volkstänze)

Lit.: *Burchenal, E.:* Folk-Dances of Finland, 1915, S. 61.

Nimongarai. Dieser Tanz der Guarany-Indianer ist ein sogenannter Medizintanz. Er wird jedes Jahr einmal zur Zeit, wenn die Feldfrüchte grün werden, also zwischen Januar und März, abgehalten. Das Fest hat den Zweck, sowohl die Menschen als auch die Nahrungspflanzen und die Tiere für das ganze Jahr gegen schlechte Einflüsse zu schützen. Der Tanz dauert nach tagelangen Vorbereitungen gewöhnlich vier Nächte. Jede Nacht wird bis zum Sonnenaufgang getanzt, am Tag ruht man sich aus. Getanzt wird vor einer langen Reihe von mit Kerzen versehenen Stäben. (↗Indianischer Tanz)

Lit.: *Kool, Jaap:* Tänze d. Naturvölker, 1921, S. 84 ff.

Nimra. Ursprünglicher Name der ↗Polka unter der böhmischen Landbevölkerung bei Jičin, Kopidlo und Dimokury. Der Name ist abgeleitet von dem ↗Tanzlied „Onkel Nimra", das in seinem Rhythmus bereits die rhythmischen Elemente der Polka enthält.

Lit.: *Waldau, A.:* Geschichte d. böhmischen Nationaltanzes, 1861, S. 230. *Goldschmidt, Ae.:* Handbuch d. deutschen Volkstanzes, 1967, S. 227.

Nizzarda. Dieser Tanz aus Nizza (16./17. Jh.) war der ↗Volte verwandt. Die Nizzarda stand wie diese im Tripeltakt und war ihr auch in der Ausführung ganz ähnlich. Cesare ↗Negri beschreibt ihre Form.

Lit.: *Sachs, C.:* Eine Weltgeschichte d. Tanzes, 1933. *Dolmetsch, M.:* Dances of Spain and Italy from 1400 to 1600, 1954, S. 126 ff.

Nobilissima Visione. Tanzlegende in fünf Bildern von Paul ↗Hindemith. Das Libretto schrieb Leonide ↗Massine, der auch die ↗Choreographie bei der Uraufführung am 21. Juli 1938 am London Drury Lane Theatre schuf. Die Legende ist eine dramatische und choreographische Darstellung des Lebens des Hl. Franziskus.

Noblet, Lise. Französische Tänzerin, geb. 24. November 1801 in Paris, gest. September 1852 ebendort. Nachdem sie ihr Tanzstudium an der Ballettschule der Pariser Oper beendet hatte, schloß sie sich 1816 dem Ballett der Pariser Oper an. Als Gast tanzte sie in den Jahren von 1821 bis 1824 im King's Theatre in London. Sie war eine Rivalin von Fanny ↗Elßler in der Darstellung des spanischen Tanzes „El Jaleo de Jerez". Gerühmt wurde ihr stürmisches Temperament, ihre Eleganz und dramatische Ausdrucksweise.

Lit.: *Guest, I.:* The Romantic Ballet in Paris, 1966.

Noces, Les. Russische Tanzszenen mit Gesang und Musik in zwei Teilen (vier Bildern). Worte und Musik sind von Igor ↗Strawinsky, der das Werk 1914 begann und 1917 fertigstellte. Die Uraufführung erfolgte am 13. Juni 1923 durch ↗Diaghilews ↗Ballet Russe im Théâtre Gâité-Lyrique, Paris. Formal gesehen ist das Werk eine Liederfolge. Das 1. Bild ist im Haus der Braut, die ihr Weggehen von zu Hause beklagt. Das 2. Bild spielt im Haus des Bräutigams. Das 3. Bild zeigt das Brautgeleit. Die Braut ist bereit, das Haus zu verlassen. Das 4. Bild (II. Teil) bringt den Hochzeitsschmaus. Die ↗Choreographie der Uraufführung von Bronislawa ↗Nijinska war für damalige Begriffe extrem modern. Sie setzte die Tänzer gleichsam als Bausteine menschlicher Pyramiden ein. Die Angaben über das Datum der Uraufführung schwanken. Der Inspizient des Ballet Russe nennt den 13. Juni 1923, alle anderen Beteiligten nennen den 14. Juni 1923.

Lit.: *Brinson, P.-Crisp, C.:* Ballet for All, London 1970. *Kirstein, L.:* Les Noces, in: Movement & Metaphor, New York 1970. *Nijinska, B.:* Creation of Les Noces, in: Dance Magazine, Dezember 1974.

Nörmiger (Näringer, Noringer), August. Geb. um 1560 in Dresden, gest. 22. Juli 1613 ebendort, war Hoforganist in seiner Geburtsstadt. Sein 1598 angelegtes „Tabulaturbuch auff dem Instrument" enthält neben geistlichen und weltlichen Liedern 93 Aufzüge, Intraden und Tänze. Es ist eine wichtige Quelle für die Tanzmusik des 16. Jh. (↗Tabulatur)

Lit.: *Merian, W.:* Der Tanz in d. deutschen Tabulaturbüchern, 1927.

Nomius. Bedeutender ↗Pantomime aus dem Rom der Kaiserzeit. Er stammte aus Syrien und war einer der Rivalen des ↗Bathyllus und ↗Pylades. Jedoch tadelte man an ihm die langsamen Handbewegungen, während seine Beinbewegungen fast als zu schnell befunden wurden.

Lit.: *Friedländer, L.:* Sittengeschichte Roms, 1934.

Nonnentanz. Name eines Tanzspiels, das meist in vorgerückter Stunde gegen Ende einer Hochzeit ausgeführt wurde. Gebräuchlich war es bei den Deutschen der schwäbischen Türkei. In verschiedenen Varianten aufgeführt, handelte es sich um einen Reigentanz der Mädchen, die als Nonnen verkleidet waren und deren Tanz von einem als Teufel verkleideten Burschen gestört wurde, indem er ein Mädchen nach dem anderen zu erhaschen suchte, um mit ihm einen Ländler zu tanzen.

Lit.: *Horak, K.:* Der Nonnentanz, in: Das deutsche Volkslied, Jg. 35, 1933, H. 1/2, S. 6 ff. *Basch, F.:* Deutsche Hochzeitstänze in d. schwäbischen Türkei, in: Deutsch-ungarische Heimatblätter, Jg. 5, 1934, S. 358 ff. *Zoder, R.:* Der deutsche Volkstanz, in: Deutsches Volkstum in Volksschauspiel u. Volkstanz, 1938, S. 164. *Horak, K.:* Der Volkstanz in d. schwäbischen Türkei, in: Deutsches Archiv f. Landes- u. Volksforschung, Jg. 2, 1938, H. 4, S. 851 f. *Horak, K.:* Der Volkstanz in d. Batschka, in: Jahrbuch f. Volkslied u. Volkstanz, Bd. 1, 1939, S. 224.

Nono, Luigi. Italienischer Komponist, geb. 29. Januar 1924 in Venedig. Er gilt als einer der Hauptvertreter der italienischen Avantgarde. Er schuf das ↗Ballett „Der ↗rote Mantel".

Noppet. Name des geradtaktigen ↗Drehers im bayerischen Altmühltal.

Lit.: *Seywald, G.:* Aus d. Geschichte d. altbayerischen Volkstanzes, in: Die Ostbairischen Grenzmarken, Jg. 15, 1926, H. 10, S. 247 ff.

Nordamerikanischer Tanz. Es wird oft angenommen, daß die nordamerikanischen ↗Volkstänze Übertragungen von Tänzen anderer Länder sind. Obwohl die Volkstänze Nordamerikas, wie alle Volkstänze, gemeinsame Elemente anderer Volkstanzformen aufweisen, sind sie dennoch bodenständig gewachsen. Ihre Wurzeln liegen in den Lebensformen der frühen Kolonisten, derer indianischen Bevölkerung und der frühen westlichen Pioniere und Siedler. Aus diesen vielfältigen Schichten entwickelten und entfalteten sich die Tänze zu heimatlichen, charakteristischen und traditionellen Formen der ländlichen Bevölkerung Nordamerikas. Die vier verschiedenen charakteristischen Arten des nordamerikanischen Volkstanzes sind: 1. Die neuenglischen ↗Country dances, die vor allem im äußersten Nordosten der USA, an der atlantischen Neuenglandküste um den Staat Maine, heimisch sind. Drei Formationen sind für diese Country dances besonders charakteristisch, die Aufstellung in Paaren rund um den Raum, oder in Quadrille- oder Longwayform. 2. Die Appalachian Mountain Dances, welche über ein großes Gebiet verbreitet sind, aber vor allem in den Bergen von Kentucky, Tennessee, North Carolina und West Virginia. Es sind dies wahrscheinlich die bodenständigsten Volkstänze, die sich im Laufe der Jahre in einer isolierten Landschaft unter zerstreut lebenden Siedlern mit verschiedener Nationalität entwickelt haben. Sie stellen eine Verbindung von irischen, germanischen, vermischt mit indianischen Elementen dar. Getanzt werden sie von beliebig vielen Paaren unter der Leitung eines Tanzführers. 3. Die Play Party Games aus dem Mittelwesten und Südwesten des Landes, einschließlich der Gebiete von Kentucky, Tennessee, Indiana, Illinois, Arkansas, Iowa und Texas. Sie entstanden aus der Ächtung des Tanzes wegen religiöser Prinzipien, an der alle protestantischen Kirchen und Sekten teilhatten. Der Tanz wird nur in Form eines Gesellschaftsspieles ausgeführt, in seiner einfachsten Form nur mit Singen und Klatschen ohne jedwede instrumentale Begleitung. Die Formation dieser Spiele ist ein einfacher Kreis mit beliebiger Zahl von Partnern, die in zwei parallelen Linien Aufstellung nehmen. Die 4. Art des nordamerikanischen Volkstanzes, der einfach ländliche ↗Square dance, hat keinen erkennbar fremden Hintergrund. Er scheint ein amerikanisches Phänomen zu sein, hervorgegangen aus der Mischung der vielen Völker, welche die Gesamtheit der Siedler bildet. Seiner Art nach dürfte er eine ländliche Form der modischen ↗Quadrille oder des ↗Cotillon sein. Beide Tänze waren im frühen 19. Jh. von ↗Tanzlehrern in die westlichen Reservate gebracht und von der Gesellschaft getanzt worden. Ausgeführt wird der Square dance von vier Paaren, manchmal auch von acht. (↗Barn dance, ↗Campton Races, ↗Canadian Breakdown, ↗Doudlebska Polka, ↗Fairfield Fancy, ↗Indianischer Tanz, ↗Kachina Tänze, ↗Kanadischer Tanz, ↗Longways, ↗Petronella, ↗Quicksongs-dance, ↗Running Set, ↗Shovelsongs-dance, ↗Square dance, ↗Virginian Reel)

Lit.: *Burchenal, E.:* American Country Dances, 1918. *Karpeles, M.:* Square Dance Figures from Northern New York State, in: Journal of the English Folk Dance Society, 1931, Sec. Ser. Nr. 4, S. 9 ff. *Kraatz, H.:* Technique des claquettes américaines, 1938. *Dugan, A. – Schlottmann, J. – Rutlege, A.:* Folk Dances of the United States and Mexico, in: The Folk Dance Library V, N. Y. 1948. *Magriel, P.:* Chronicles of the American Dance, 1948. *Saunders, R. D.:* Music and Dance in California and the West, 1948. *Lloyd, M.:* The Borzoi Book of Modern Dance, 1949. *Burchenal, E.:* Folk Dance of the United States: Regional Types and Origines, in: Journal of the Int. Folk Music Council, vol. III, 1951, S. 18 ff. *Clossin, J. – Hertzog, C.:* The American Cowboy Square Dance Book, 1951. *Sanders, O.:* The Texas cattle Country and Cowboy Square Dance, in: Journal of the Int. Folk Music Council, vol. III, 1951, S. 22 ff. *Lange, Ch. H.:* An Animal Dance at Santo Domingo Pueblo, in: El Palacio, 61/5, S. 151 ff. *Schernus, H.:* Tänze aus d. wilden Westen, 1958. *Günther, H.:* Grundphänomene u. Grundbegriffe d. afrikanischen u. afroamerikanischen Tanzes, 1970. *Emery, L.:* Black Dance the United States 1619–1970, 1972. *Harman, T.:* African-American Dance, 1974. *Mueller, H.-P.:* Tradition u. abweichendes Verhalten. Der nordamerikanische Geistertanz als Entwicklungsproblem, 1974. *Günther, H.:* Zur Retention afrikanischer Tanzstile in d. USA, in: Jazzforschung, 1977, H. 9, S. 109 ff. *Mazo, J. H.:* Prime Movers. The makers of modern dance in America, 1977. *Palm, F.-Lander, H.:* Tänze aus Amerika, s. a.

Noriu miego. ↗Litauischer Volkstanz. Er wird von zwei Paaren ausgeführt, die im Viereck Aufstellung nehmen. Die Tänzerinnen stützen ihre Hände in die Hüfte, die Männer kreuzen vorne ihre Arme. Die Tanzmusik im 2/4-Takt ist zweiteilig zu vier und acht Takten.

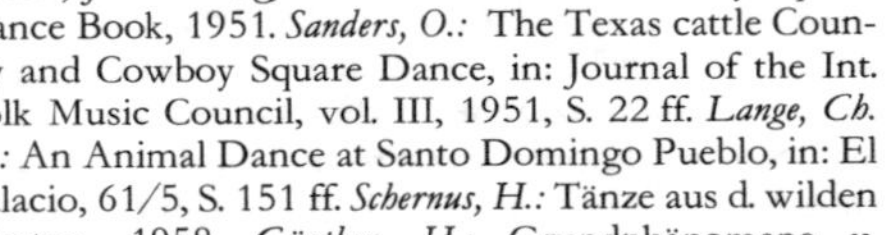

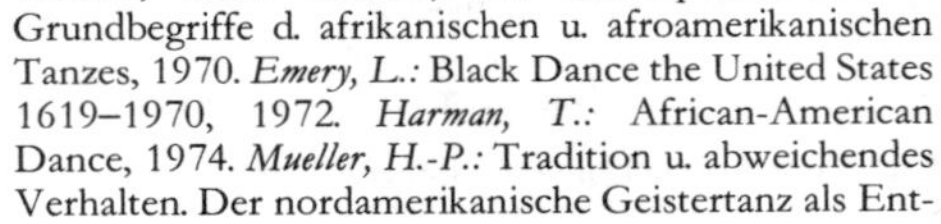

Lit.: *Burchenal, E.:* Folk-Dances from Old Homelands, 1922, S. 32 f.

Norlind, Johan Henrik Tobias. Schwedischer Musikwissenschaftler und Volksmusikforscher, geb. 6. Mai 1879 in Velinge (Schweden), gest. 13. August 1947 in Stockholm. Er verfaßte folgende Schriften: Die Suite vor Bach, in: Svensk Musiktidning, Nr. 15, Stockholm 1899; Die Geschichte der Suite, in: Sammelbände der Internationalen Musikgesellschaft, Jg. 7, 1905/06, S. 172 ff.; Melodier till svenska folkvisor och folksdanses, in: Svenska Landsmal, H. 3, 1906, S. 74 f.; Zur Geschichte der polnischen Tänze, in: Sammelbände der Internationalen Musikgesellschaft, Jg. 12, 1910/11, S. 501 ff.; Studier in svensk folklore, in: Acta universitatis Lundensis, Lundi 1911; Svärdsdans och bågdans, in: Festkrift til H. F. Freiberg, København 1911, S. 738 ff.; Die polnischen Tänze außerhalb Polens, in: Report of the fourth Congress of the International Musical Society, London, May/June 1911, S. 201 ff.; Svensk folkmusik och folkdans, in: Natur och Kultur, Bd. 96, Stockholm 1930; Dansens historia, Stockholm 1941.

Norwegischer Volkstanz. Bei den Volkstänzen Norwegens lassen sich mehrere Gruppen feststellen. Zu den ältesten gehören die Tänze, deren Ursprung in mittelalterlichen Balladen liegt. Wie in den anderen skandinavischen Ländern scheinen Figurentänze schon im Laufe des 15. Jh. auf. Alte Singtänze fanden mit mannigfachen neuen Formen ihre Wiederbelebung. Die von eingeführten Tänzen abstammenden Tanzformen gehen vor allem auf die englischen Contratänze und die Polskaformen zurück. Die ↗Polska, aus Polen übernommen, bezeichnet seit ungefähr 1700 eine wesentliche Gruppe von Volkstänzen nicht nur in Norwegen, sondern überhaupt in allen skandinavischen Ländern. Charakteristisch ist der lebhafte $^3/_4$-Takt. Von den jungen Tänzen, die im 19. Jh. nach Norwegen kamen, hat die Volksmusik vor allem den ↗Walzer und ↗Rheinländer übernommen. (↗Aattetur, ↗Aka på isen Håle, ↗Asmund Frägdegjäva, ↗Figaro, ↗Gangar, ↗Halling, ↗Krossadans med tri, ↗Lösdans, ↗Lottistå, ↗Mars âleine, ↗Marsoverenne, ↗Sandsvaerril, ↗Seierstad Hopsa, ↗Sjauspringar, ↗Springar, ↗Spring Pols, ↗Totur, ↗Vals i enden)

Lit.: *Elling, C.:* Vors slatten, Christiania 1915. *Sandvik, Ole Mørk:* Folke Musik i Gudbrandsdalen, 1919. *Garborg, K. H.:* Songdansen i Nordlandi, 1922. *Garborg, K. H.:* Norske Dansevisur, 1923. *Semb, Kl.:* Norske Folkedanser, 1925. *Grüner-Nielsen, H.:* Dans in Norge, in: Nordisk Kultur 24, 1933, S. 156 ff. *Halvorsen, J.:* Norwegische Bauerntänze, Leipsig, s. a. *Sandvik, O. M.:* Norwegian Folk-Music and its Connection with the Dance, in: Journal of the English Folk Dance and Song Society, vol. II, 1935, S. 92 ff. *Semb, Kl.:* Norske Folkedanser, 1946, 1956. *Semb, Kl.:* Dances of Norway, 1951 (Handbooks of European National Dances, 22). *Lawson, J.:* European Folk Dance, 1953, S. 140 ff. *Semb, Kl.:* Dansa-Dansa-Dokka mi, 1958. *Lindeman, L. M.:* Norske Fjeldmelodier, 1963. *Schmolke, A.-Langhans, H.:* Europäische Tänze, H. 7, 1963.

Noverre, Jean Georges. Französischer Tänzer, ↗Choreograph, ↗Ballettmeister und Tanztheoretiker, geb. 29. April 1727 in Paris, gest. 19. Oktober 1810 in St. Germain-en-Laye. Er war Schüler von Louis ↗Dupré. Bei der Eröffnung der Vaudeville-Aufführung zu Foire St. Laurent am 8. Juni 1743 gehörte er vermutlich bereits dem Ballett an. Namentlich genannt wurde er erstmals am 31. August 1743 in „L'Ambigue de la Folie". Mit J. B. ↗Lany kehrte er 1744/45 nach Berlin. 1747 tanzte er in Dresden und kehrte Ende desselben Jahres mit Lany wieder nach Paris zurück. 1748 choreographierte er seine ersten ↗Ballette und tanzte mit Marie-Anne ↗Camargo in Marseille und Lyon. 1749 war er in Straßburg. Er lernte dort seine Frau Marguerite Louise Sauveur kennen. Von Straßburg ging er wieder nach Lyon und blieb dort von 1750 bis 1753. Von 1753 bis 1754 war er wieder in Straßburg tätig und 1755 abermals in Paris. Ab Oktober 1755 engagierte ihn das Drury Lane Theatre in London. Ende März 1757 ging er wieder nach Lyon, wo er bis 1759 als Ballettmeister wirkte. Er begann damals die Niederschrift seiner „Lettres". Von 1. März 1760 bis 24. Januar 1767 wirkte er am Hof Herzog Carl Eugens von Württemberg in Stuttgart. Im Frühjahr 1767 kam er als Nachfolger ↗Angiolinis nach Wien und übernahm die Leitung der Ballette am Burg-und Kärntnertortheater. Gleichzeitig war er auch der ↗Tanzmeister der kaiserlichen Familie und gründete eine „Theatral-Tanzschule für Kinder". In dieser Zeit begann seine Zusammenarbeit mit Chr. W. ↗Gluck. 1774 ging er nach Mailand an das Teatro Regio Ducal. Er wurde Mitglied der Pariser ↗„Académie Royale de Danse". Ende 1775 kehrte er nach Wien zurück. Es erfolgte seine Ernennung zum Hofballettmeister. Er blieb aber nur wenige Monate und ging nach Paris, wo er 1776 auf Empfehlung Maria Theresias und Marie Antoinettes als „Compositeur et Maître des ballets" an die Académie Royale und als Directeur der „Fêtes de Trianon" verpflichtet wurde. 1781 schied er auf Grund vieler Intrigen aus dem Verband der Académie aus. Vom 17. November 1781 bis 28. Juni 1782 war er Ballettmeister des Londoner King's Theatre. Die Lebens- und Wirkungszeit Noverres in den Jahren 1782 bis 1786 ist unbekannt. 1787 war er wieder in Lyon und vom 8. Dezember 1787 bis 28. Juni 1788 und vom 10. Januar 1789 bis 17. Juni 1789 wieder in London am King's Theatre. Hierauf ging er nach Frankreich zurück und wirkte in Clermont-Ferrand und Triel (Dep. Seine et Oise). Vom 26. Januar bis Mai 1793 und vom 11. Januar bis Juli 1794 war er wieder in London tätig. Um 1795/96 kehrte er nach Frankreich zurück. Durch die Revolution hatte er sein Vermögen verloren. Er zog sich mit seiner Frau nach St. Germain-en-Laye zurück und widmete sich der Redaktion seiner Schriften. Noverre hat 150 Ballette geschaffen. Seine reformatorischen Gedanken legte er außerdem in theoretischen Schriften nieder: Lettres sur La Danse, et sur Les Ballets (A. Delaroche, Stutgard et Lyon 1760). Weitere Ausgaben: Vienne 1767, Hamburg 1769 (deutsche Übersetzung von G. E. Lessing und J. J. C. Bode), Paris 1783. Im Jahre 1803/04 erschien in St. Petersburg die erste große Gesamtausgabe der Schriften Noverres: Lettres sur La Danse, sur Les Ballets et Les Arts. Eine gekürzte Ausgabe erschien 1807 in Paris: Lettres sur les arts imitateurs en général et sur la danse en particulier. Neuausgaben der Briefe erschienen in Paris 1927 und 1952. Pierre ↗Tugal berichtet über ein elfbändiges Manuskript, welches Noverre 1766 an den polnischen König Stanislaus gesandt hat. Es liegt in der Universitätsbibliothek Warschau. (↗Fêtes)

Lit.: *Noverre, J. G.:* Programme zu Balletten, aufgeführt auf d. kk. privilegirten Schaubühne zu Wien, 1772. *Angiolini, G.:* Lettere di Gaspare Angiolini a Monsieur Noverre sopra i Balli Pantomimi, Mailand 1773. *Calzabigi:* Lettere al Sr. Noverre sugli pantomimi; rifflessioni sopra l'uso de programmi nell' balli pantomimi, Mailand 1775. Recueil des Programmes de Ballets de M. Noverre, Wien 1776 (darin u. a. Introduction au ballet des Horaces ou Petite réponse aux grandes lettres du Sr. Angiolini). *Ayrenhoff, C.:* Über d. theatralischen Tänze u. d. Ballettmeister Noverre, Muzzarelli u. Vigano, in: Sämtl. Werke, Bd. 5, 1803, S. 47 ff. *Foiesset, J. Th.:* Notice sur Jean Georg Noverre, Paris 1822. *Voß, R.:* Über d. heutigen gesellschaftlichen Tanz u. d. Ballett nebst einem Auszug aus Lessings Übersetzung d. Briefe Noverres, Weimar 1862. *Julien, A.:* Noverre, in: Airs variés, Paris 1877. *Noverre, Ch. Ed.:* The Life and Works of the Chevalier Noverre, London 1882. *Bie, O.:* Der Tanz, 1906. *Abert, H.:* J. G. Noverre u. sein Einfluß auf d. dramatische Ballettkomposition, in: Jahrbuch Peters, 1908, Jg. 15, Leipzig 1909, S. 29 ff. u. in: Gesammelte Schriften u. Vorträge, Halle 1929, S. 264 ff. *Vallas, L.:* Noverre à Lyon, in: Revue Musicale de Lyon III, Nr. 7, 27. XI. 1910. *Niedecken, H.:* Jean Georges Noverre 1727–1810. Sein Leben u. seine Beziehungen zur Musik, Diss. Halle 1914, gedr. 1919. *Levinson, A.:* Jean-Georg Noverre u. d. Ästhetik d. Balletts im XVIII. Jhdt., in: Meister d. Balletts, 1923, S 7 ff. *Levinson, A.:* La Vie de Noverre, 1925. *Sandt, A.:* Die Wiener Aufführung d. Balletts „Les Petits Riens", in: Mozartjahrbuch III, 1929, S. 95 ff. *Sandt, A.:* Le séjour de Noverre à Vienne, in: Archives Int. de Danse 1933. *Michel, A.:* Le Ballet d'action avant Noverre, in: Archives Int. de Danse, 15. April u. 15. Okt. 1935, u. in: Dance Index, vol. VI, No. 3, April 1947, S. 52 ff. *Schulz, M.:* J. G. Noverre in Wien, Diss. Wien 1937. *Gregor, J.:* Kulturgeschichte d. Balletts, 1944. *Lynham, Deryck:* The Chevalier Noverre. Father of Modern Ballet, London 1950 u. 1973. *Tutzenberg, F.:* Ein Revolutionär d. Tanzkunst: J. G. Noverre, in: Zeitschrift f. Musik, Jg. 113, 1952, H. 4, S. 233 ff. *Visol, A.:* Ebauche sur l'esthétique de Noverre, in: Revue Musicale, Nr. 219, 1953, S. 35 ff. *Raab, R.:* Ballettreformator J. G. Noverre in Wien, in: Jahrbuch d. Vereines f. Geschichte d. Stadt Wien, Bd. 13, 1957, S. 123 ff. *Tugal, P.:* Jean-Georges Noverre d. große Reformator d. Balletts, 1959. *Krüger, M.:* Jean-Georges Noverre u. sein Einfluß auf d. Ballettgestaltung, Diss. Köln, gedr. 1963 (Die Schaubühne, Bd. 61). *Köllinger, Bernd:* Noverre u. d. Tanzhandlung, in: Der Tanz 16, H. 11, 1971. *Günther, H.:* Noverres Stuttgarter Ballettrevolution, in: Tanzarchiv 19, 1972. *Winter, M. H.:* The Pre-Romantic Ballet, London 1974. *Angermüller, R.:* Jean-Georges Noverre u. d. Pariser Académie Royale de Musique um 1780.

Nový svět (= die neue Welt). Tschechischer Volkstanz aus Böhmen. Wie beim ↗Rak hält der Tänzer seine Tänzerin ebenfalls vor sich an den Händen. Beide hüpfen im langsamen Tempo zwei Schritte nach links und zwei Schritte nach rechts, was dreimal zickzackförmig wiederholt wird. Hierauf folgt ein akzentuierterer Rhythmus, und das Tanzpaar führt vier Takte lang mit den rechten und vier Takte lang mit den linken Händen eine ↗Tour des mains aus. (↗Tschechische Volkstänze)

Lit.: *Waldau, A.:* Böhmische Nationaltänze, 1860, Bd. 2, S. 11.

Nowikow, Laurent. Russischer Tänzer, ↗Choreograph, ↗Ballettmeister und Lehrer, geb. 3. August 1888 in Moskau, gest. 18. Juni 1956 in New Buffalo, Mich. Er studierte an der Bolschoj-Ballettschule in Moskau und schloß sich dem ↗Bolschoj-Ballett an, wurde 1909 Solist und 1910 1. Tänzer. 1909 tanzte er mit der Gruppe ↗Diaghilews in Paris und von 1911 bis 1914 mit der Gruppe Anna ↗Pawlowas. 1914 kehrte er zum Bolschoj-Ballett zurück. Zu dieser Zeit begann er seine Tätigkeit als Choreograph. Von 1919 bis 1921 war er beim ↗Ballet Russe und von 1921 bis 1928 wieder bei der Gruppe Anna Pawlowas. Anschließend eröffnete er eine Ballettschule in London. Von 1929 bis 1933 war er Ballettmeister in Chicago, wo er ebenfalls eine Schule eröffnete. Von 1941 bis 1945 war er Ballettmeister an der Metropolitan Opera in New York.

Nowotny, Richard. Österreichischer Tänzer, geb. 24. Juni 1926 in Wien. Im Jahre 1936 trat er in die Ballettschule der Wiener Staatsoper ein, wo er Schüler von Risa ↗Dirtl, Adele ↗Krausenecker, Poldy ↗Pokorny und Willy ↗Fränzl war. 1941 wurde er in das ↗Corps de ballet der Wiener Staatsoper aufgenommen und 1962 zum Solotänzer ernannt. Ab 1963 war er Probenleiter und künstlerischer Assistent des Ballettchefs. 1949 heiratete er die Primaballerina Edeltraud ↗Brexner.

Nüj (der). Schweizer Volkstanz im 2/4-Takt aus dem Saanenland. Dieser ↗Paartanz im Kreis hat eine charakteristische Schrittart im 1. Teil, die darin besteht, daß das ↗Spielbein zuerst hinter das ↗Standbein geschwungen wird, bevor es im entscheidenden Schwung zum Schrittwechsel ausholt. (↗Schweizer Volkstänze)

Lit.: *Witzig, L.-Stern, A.:* Volkstänze aus d. Schweiz, Heft II. Alemannische Schweiz, 1941.

Nuitter, Charles Louis Etienne Truinet, geb. 24. April 1828 in Paris, gest. 24. Februar 1899 ebendort. Rechtsanwalt unter Napoleon III., Direktor des Archivs der Pariser Oper, war Verfasser zahlreicher Libretti für ↗Ballette, darunter ↗„Coppelia" (1870), und ein enger Mitarbeiter der ↗Choreographen A. ↗Saint-Léon, L. ↗Petipa und L. ↗Mérante.

Nummer drei (auch Nummeri genannt). Alter ↗deutscher Volkstanz aus der Mark Brandenburg im 2/4-Takt. Er besteht aus zwei Teilen, und zwar einem langsamen ersten Teil und einem schnellen zweiten Teil. Die Aufstellung der Paare erfolgt im Stirnkreis, ein Paar steht in der Mitte. Spreitzsprünge und gleitende Hüpfschritte sind die Schrittarten.

Lit.: *Böhme, F. M.:* Geschichte d. Tanzes in Deutschland, 1886, S. 209. *Janietz, E.-Schneider, R.:* Volkstänze aus Mecklenburg, in: Volkstänze f. Volkstanzgruppen, Bd. V, 1976.

Nurejew, Rudolf Hametowitsch. Russischer Tänzer und ↗Choreograph, geb. 17. März 1938 auf einer Bahnreise zwischen Baikalsee und Irkutsk. Er begann 1955 sein Tanzstudium bei A. Puschkin an der Leningrader Schule für Choreographie und beendete es 1958. Als Solist schloß er sich dem ↗Kirow-Ballett an. Bei einem Gastspiel des Kirow-Balletts in Paris entschloß er sich, nicht mehr nach Leningrad zurückzukehren und bat am 17. Juni 1961 in Le Bourget um politisches Asyl. In der folgenden Zeit tanzte er beim Grand Ballet du Marquis de ↗Cuevas, dann in London, wo er der Partner von Margot ↗Fonteyn wurde. Seit 1962 ist er ständiger Gast des ↗Royal Ballet in London und an der Staatsoper Wien, tanzt aber auch bei den verschiedensten Gruppen der Welt. Er gilt als einer der bedeutendsten internationalen Tänzer seiner Zeit, der sowohl im klassischen Ballettrepertoire, als auch in den Werken des modernen ↗Balletts die großen Rollen tanzt. Seine tänzerische Begabung zeigt sich nicht nur in seiner blendenden Virtuosität, sondern vor allem auch in der hinreißenden Ausdrucksweise, mit der er seine Rollen darstellt. Seit 1982 ist Nurejew österreichischer Staatsbürger.

Lit.: *Bland, A.* (Hrsg.): An Autobiography, 1962. *Geitel, Kl.:* Der Tänzer Rudolf Nurejew, 1967 (Rembrandt-Reihe Bd. 55). *Percival, John:* Nureyev-Aspects of the Dancer, London 1976. *Bland, A.:* The Nureyev Image, London 1976/77. *Bland, A.:* Fonteyn and Nureyev. The story of a partnership, New York 1979 (deutsche Ausgabe 1981).

Nußknacker, Der (russ. Stschelkunschik). ↗Ballett in zwei Akten nach dem Märchen „Nußknacker und Mausekönig" von E. T. A. Hoffmann. Das Libretto verfaßte Marius ↗Petipa, Musik: P. I, ↗Tschaikowsky. Das Werk entstand in den Jahren 1891/92 und wurde am 6. Dezember 1892 im Marijinskij-Theater, St. Petersburg, uraufgeführt. Die ↗Choreographie hatte für den schwer erkrankten Marius Petipa dessen Assistent ↗Ballettmeister Lew ↗Iwanow, übernommen. Die „Nußknacker-Suite", eine Zusammenfassung der schönsten Nummern des Balletts, wurde noch vor der Uraufführung des Balletts von Tschaikowsky fertiggestellt und bereits am 7. März 1892 vom Komponisten uraufgeführt. Der **Nußknacker** ist aber auch der Name eines ↗deutschen Volkstanzes, einer Variante des ↗Drickes. Hier gehen nämlich Mädchen mit einem Nußsäckchen zum Tanz, welches sie an der Hüfte befestigt haben. Der Tänzer, den sie mögen, erhält beim Tanzen einige Nüsse aus dem Säckchen.

Nyrkkipolka. Finnischer Volkstanz, eine Polkaform, die zur Gruppe der ↗Klatschtänze gehört. (↗Finnische Volkstänze, ↗Judenpolka)

Lit.: *Wolfram, R.:* Die Volkstänze in Österreich u. verwandte Tänze in Europa, 1951, S. 154 f.

O

Oachl-Ober. ↗Deutscher Volkstanz aus Bayern, ein ↗Zwiefacher. Im ersten Teil wechseln zwei Drehertakte mit zwei Walzertakten; im zweiten Teil kommen zuerst vier Walzertakte, dann zwei Drehertakte, hierauf wechseln wieder zwei Walzertakte mit zwei Drehertakten ab.

Lit.: *Schützenberger, E.-Derschmidt, H.:* Spinnradl, 4. Folge, S. 6.

Oanschritt. ↗Österreichischer Volkstanz aus der Südsteiermark, ein sogenannter ↗Geschicklichkeitstanz, der von zwei Burschen getanzt wird. Sie stellen sich einander gegenüber auf und fassen mit der rechten Hand das gehobene linke Knie des Partners von unten her, die freie Hand legen sie dabei auf dessen Schulter. In dieser Stellung hüpfen sie nach dem Takt einer schnellen ↗Polka herum.

Lit.: *Prinke, S.:* Altsteirische Volkstänze, 2. Reihe, 1924, S. 7. *Zoder, R.:* Altösterreichische Volkstänze, Teil 2, Nr. 14, 1928. *Novak, A.:* Steirische Tänze, 1949, S. 71. *Wolfram, R.:* Die Volkstänze in Österreich u. verwandte Tänze in Europa, 1951, S. 172.

Obendrauf. Name eines taktwechselnden Volkstanzes aus der Gegend um Stuttgart, der schon Anfang des 19. Jh. nachweisbar ist. (↗Heuberger, ↗Zwiefacher)

Lit.: *Junk, V.:* Die taktwechselnden Volkstänze, 1938, S. 114.

Oberabtänze ↗Heuberger.

Oberek, Obertas. Polnischer Volkstanz aus Masowien. Der Name kommt von obrócić = sich herumdrehen. Dieser feurige Drehtanz in sehr schnellem 3/8-Takt ist in seiner Art sowohl mit der ↗Mazur als auch mit dem ↗Kujawiak verwandt. Der Tänzer schlingt seine linke Hand um die Mitte der Tänzerin, die rechte Hand hält er frei. Die Schritte sind gleitend, ähnlich wie bei der Mazur stampft einer mit den Füßen und schlägt mit den Absätzen taktmäßig zusammen. Die Bezeichnung Obertas ist heute im Volk nicht mehr anzutreffen, sondern nur noch Oberek oder Ober. Der vom 17. Jh. bis ins 19. Jh. getanzte Obertas war ursprünglich die rasche Wiederholung eines Kujawiaks. Die Gleichsetzung der Namen Obertas und Oberek schließt nicht aus, daß in der Praxis unter diesen Namen sowohl die früheren Obertas als auch die jüngeren, seit dem 19. Jh. belegten schnelleren Obereks gespielt werden. Der Oberek ist eine rein instrumentale Tanzform ohne Text. Die Tänzer begleiten ihn nur mit losgelösten Ausrufen: „ej dziś, dziś, oj dana, hop dana". Oft werden mehrere Obereks zu einer Folge verbunden. Sowohl Obertas als auch Oberek wurden in der Kunstmusik im Gegensatz zur Mazur und zum Kujawiak selten verwendet. Beispiele finden sich bei H. Wieniawski (Obertas op. 19, Nr. 1) und F. ↗Chopin (Oberek im Klavierkonzert f-moll, op. 21, 3. Satz). (↗Polnische Volkstänze)

Lit.: *Starczewski, F.:* Die polnischen Tänze, in: Sammelbände d. Int. Musikgesellschaft, Jg. 2, 1900/01, S. 699 ff. *Laufer, R.:* Der polnische Tanz u. sein Eindringen in d. Kunstmusik, Diss. Wien 1934, S. 39. *Philippczuk, A.:* Der polnische Tanz Mazurek, Diss. Köln 1969.

Oberländer Tanz. Name eines alten ostpreußischen Volkstanzes.

Lit.: *Grudde, H.:* Alte ostpreußische Volkstänze, in: Die Wohlfahrt, Jg. 26, 1933, Nr. 5, S. 51 f.

Oberländler. Name für komponierte Ländlerformen im oberbayerischen Stil. (↗Ländler)

Obkročák (= der Umschreiter). Tschechischer Volkstanz aus Böhmen, eine Form des ↗Rheinländers. (↗Tschechische Volkstänze)

Lit.: *Waldau, A.:* Böhmische Nationaltänze, Bd. 1, 1859, S. 27.

Odalisken heißen die türkischen Tänzerinnen und Sängerinnen, die auf Bestellung in der Öffentlichkeit ihre Tänze (↗Schleiertänze) aufführen, ähnlich den ägyptischen ↗Ghazies.

Odissi-Tanz. ↗Indischer Tanz aus Orissa in Ost-Indien, der neben den vier Schulen des klassischen indischen Tanzes als besonderer indischer Tanzstil anerkannt ist. Er ist über zweitausend Jahre alt und wurde vor allem an den Höfen und in den Tempeln gepflegt. Viele seiner Bewegungen stellen eine Mischung aus den anderen klassischen Schulen dar, doch das Stampfen der Fersen und die ↗Pirouetten gibt es nur in diesem Tanz. In den Tempeln von Bhuwaneschwar, Konarak und Puri sind seine Körperstellungen abgebildet.

Lit.: *Gargi, Balwant:* Theater u. Tanz in Indien, 1960, S. 49. *Rebling, E.:* Die Tanzkunst Indiens, 1981.

Odysseus-Ballette. Die mythologische Legende der Irrfahrten von Odysseus, des Königs von Ithaka, wurde öfter als Grundlage für Libretti von ↗Balletten verwendet: „Ulisses und Circe", heroische ↗Ballettpantomime von F. A. ↗Hilverding, Wien 1756, Kärntnertortheater; „Odysseus" von E. ↗Lauchery, Musik von Ch. ↗Cannabich, Kassel 1765; „Ullisse al monte Etna" von A. ↗Muzzarelli, Venedig 1787; „Il ritorno d'Ulisse" von G. ↗Gioia, Neapel 1804; „Le Retour d'Ulysse" von L.-J. ↗Milon, Paris 1807; ↗„Homerische Sinfonie" von E. ↗Hanka, Musik von Th. ↗Berger, Wien 1950; „Neue Odyssee" von Gruber, Musik von V. Bruns, Staatsoper Berlin, 1957; „Odyssey" von M. ↗Louis, Musik von I. Fiedel, New York 1960; „Die Irrfahrten des Odysseus" von E. ↗Walter, Musik von H. Eder, Bregenz 1965; „Ulysses", Poéme choreographique von ↗Dantzig, Musik von R. Haubenstock-Ramati, Staatsoper Wien 1979.

Od-země (= vom Boden auf). Tschechischer Volkstanz aus Böhmen. Dieser galoppartige Tanz ähnelt in der Ausführung dem ↗Pfannhauserischen, eine Tanzform des ↗Schleunigen, wie sie im österreichischen Salzkammergut üblich ist. (↗Tschechische Volkstänze)

Lit.: *Waldau, A.:* Böhmische Nationaltänze, 1860, Bd. 2, S. 14.

Odzemok. Dieser slawische ↗Volkstanz, der vor allem in der Slowakei anzutreffen ist, kommt in verschiedenen Varianten und mit mehreren Namen auch in anderen Gebieten des Karpatenraumes vor. Berichte und Notizen über diesen Tanz gibt es bereits seit Anfang des 16. Jh., doch seine volkstümliche Form, wie sie in der Slowakei üblich ist, schildern erst die genaueren Beschreibungen aus dem 19. Jh. und aus der 2. Hälfte des 20. Jh. Der Tanz ist eng mit der Hirten- und Räubertradition verbunden und knüpft an den sogenannten ↗Heiduka an. In der Slowakei ist dieser physisch anstrengende ↗Geschicklichkeitstanz als Einzel- oder Gruppentanz vor allem ein Männertanz. Sein Charakteristikum sind Hock- und Springfiguren. (↗Tschechische Volkstänze)

Lit.: *Kovalčiková, J.-Poloczek, F.:* Slovenské l'udove tance, Bratislava 1955, S. 27. *Dužek, St.:* Odzemok vo svetle vyskuno etnografického atlasu Slovenska, in: Slovensky Naropopis I, 1928, S. 95 ff.

Öregzidós. ↗Volkstanz bei den Széklern in Siebenbürgen, eine Form des süddeutschen Volkstanzes ↗„Drei lederne Strümpf".

Lit.: *Wolfram, R.:* Die Volkstänze in Österreich u. verwandte Tänze in Europa, 1951, S. 164.

Österreichischer Volkstanz. Die Vielfalt der Formen des österreichischen ↗Volkstanzes zeigt neben sehr alten Bewegungsmotiven, wie Kreis und Kette, auch viele Schritte und Figuren aus allen europäischen Entwicklungsperioden. Der österreichische Volkstanz ist nicht nur ein Ausdruck bäuerlich-ländlicher Tanzfreude, an seiner

Gestaltung und Entwicklung waren ebenso höfische und städtisch-bürgerliche Kreise beteiligt. Tanzgeschichtlich gesehen dürften seine frühesten Quellen im 15. und 16. Jh. liegen. Auf vielen Darstellungen dieser Zeit sehen wir Tanzformen wiedergegeben, die auch im österreichischen Volkstanz immer wieder zu finden sind. Im Gegensatz zum deutschen Volkstanz sind die Contratanzformen des Gesellschaftstanzes des 18. Jh. im Volkstanz Österreichs wenig vertreten (↗Achter-, ↗Sechser- und ↗Zwölfertänze). Von besonderer Bedeutung für die Entwicklung österreichischer Volkstanzformen war der Einfluß, welchen die ↗Gesellschaftstänze des 19. Jh. auf den Volkstanz ausgeübt haben. Die zu dieser Zeit beliebten Gesellschaftstänze ↗Mazurka, ↗Polka, ↗Rheinländer, ↗Schottischer und letztlich der ↗Walzer fanden im ländlich-bäuerlichen Bereich eine oft völlig neue schöpferische Gestaltung, die von Bodenständigem geprägt war. Zu den charakteristischsten Formen des österreichischen Volkstanzes gehören die in den deutschsprachigen Alpen- und Voralpenländern üblichen Ländlertypen. Bedeutsam, besonders in historischer Hinsicht, sind die von den Burschen gepflegten ↗Reif- und ↗Schwerttänze, die ihren Ursprung in den mittelalterlichen ↗Zunfttänzen haben. – Die Erforschung und Sammlung des österreichischen Volkstanzes begann Anfang des 20. Jh. Als Pionier der österreichischen Volkstanzforschung gilt Raimund ↗Zoder. Von ihm stammen die ersten wesentlichen wissenschaftlichen Untersuchungen, an die sich viele mit ihren Forschungen angeschlossen haben. Raimund Zoder war es aber auch, der einer neuen, bewußten Volkstanzpflege in Österreich sinnvollen Inhalt gab. (↗Ländler)

Lit.: (nach den österreichischen Bundesländern chronologisch):
Allgemein: *Zoder, R.-Preiß, R.:* Bauernmusi, 2 Teile, 1919 u. 1925. *Zoder, R.:* Altösterreichische Volkstänze, 3 Teile, 1921, 1928, 1932. *Klier, K.:* Altösterreichische Volkstänze, in: Österreichischer Trachtler-Taschenkalender VIII, 1929, S. 50 ff. *Zoder, R.:* Der Volkstanz in Österreich u. seine Quellen, in: Die österreichische Schule, Jg. 12, 1935, H. 7, S. 539 ff. *Lager, H.:* Unsere Tänze, 1941. *Peter, I.:* 42 Tänze aus Österreich, 1947. *Breuer, K.:* Dances of Austria, 1948. *Zoder, R.:* Volkslied u. Volkstanz, in: Der österreichische Bauer, 1949, S. 278 ff. *Derschmidt, H.:* Heimische Tänze, 1950. *Wolfram, R.:* Die Volkstänze in Österreich u. verwandte Tänze in Europa, 1951. *Jülg, H.:* Tänze unserer Heimat, 1958. *Lager, H. – Derschmidt, H.:* Österreichische Tänze. Unsere Grundformen, 1959. *Lager, H.:* Folk-Dance Movement in Austria, in: Austrian Information, New York, Juni 30, 1961. *Wolfram, R.:* Die Volkstänze in Österreich – ein Überblick, in: Journal of the Int. Folk Music Council, vol. XIII, 1961, S. 5 ff. *Lager, H.:* Der österreichische Volkstanz, in: Österreichische Musikzeitschrift, Jg. 18, 1963, H. 11, S. 513 ff. *Heyn, H.:* Vom Tanzen zwischen Inn u. Salzach, in: Sänger- u. Musikantenzeitung, Jg. 19, 1976, H. 5, S. 131 ff. *Fuchs, F.:* Tänze aus Österreichisch-Schlesien, in: Der fröhliche Kreis, Jg. 26, 1976, S. 102 ff. *Schützenberger, E.-Derschmidt, H.:* Spinnradl. Unser Tanzbuch. Mehrere Folgen, s. a.
Burgenland: *Horak, K.:* Burgenländische Volkstänze, Deutsche Volkstänze, H. 7, 1931. *Haiding, K.:* Volkstanzaufzeichnungen aus d. Burgenland, in: Werk u. Wille, Jg. 1935, H. 4/5, S. 107 ff. *Horak, K.:* Bemerkungen zu d. burgenländischen Volkstänzen, in: Werk u. Wille, Jg. 1935, H. 4/5, S. 103 ff. *Klier, K. M.:* Notizen zum burgenländischen Volkstanz, in: Burgenländische Heimatblätter, Jg. 19, 1955, S. 128 ff. *Riedl, A.:* Das „Robischtanzen" in Marz, in: Volk u. Heimat, Jg. 8, 1955, Nr. 12, S. 11 f. *Dreo, H.:* Volkstänze aus d. Burgenland, 1961. *Dreo, H.:* Burgenländische Volkslieder u. Volkstanzweisen, 1959. *Deutsch, W.:* Zur Volksmusik im Burgenland. Nach d. Aufzeichnungen v. A. Reiterits, in: Österreichische Musikzeitschrift, Jg. 26, 1971, H. 9, S. 489. *Horak, K.:* Der Volkstanz im Burgenland, in: Österreichische Musikzeitschrift, Jg. 26, 1971, H. 9, S. 498 ff. *Horak, K.:* Der Volkstanz im Burgenland, in: Jahrbuch d. österreichischen Volksliedwerkes, Bd. 24, 1975, S. 10 ff. *Dreo, H.:* Die Volkstanzaufzeichnungen im Burgenländischen Volksliedarchiv, in: Burgenländische Heimatblätter, 39, 1977, S. 166 ff.
Kärnten: *Maier, R.:* Volkstänze aus Kärnten mit Tanzbeschreibung u. Musik, 3 Hefte, 1934. *Koschier, F.:* Der Volkstanz in Kärnten, in: Kärntner Jahrbuch, 1937, S. 73 f. *Koschier, F.-Maier, R.:* Kärntner Heimattänze, 1938. *Koschier, F.:* Kärntner Volkstänze, 1949. *Moro, O.:* Tanzsitten im Kärntner Bergdorf, in: Festschrift 40 Jahre Kärntner Landsmannschaft, 1950, S. 82 f. *Koschier, F.:* Der Kärntner Volkstanz, in: Der Heimatkreis, Jg. 1, 1937, Folge 9, S. 5 ff. u. in: Kärntner Landsmannschaft, Jg. 1951, No. 4, S. 6 f. *Wolfram, R.:* Kärnten als Volkstanzlandschaft, in: Carinthia I, Jg. 141, 1951, S. 50 ff. *Koschier, F.-Anderluh, A.:* Volkstänze aus Kärnten, 1952. *Rauchenstein, M.:* Beiträge zur Geschichte d. Tanzes u. d. Tanzunterhaltungen in Kärnten, in: Carinthia I, Jg. 143, 1953, S. 988 ff. *Koschier, F.:* Kärntner Brauchtumstänze, in: Kärnten lebendiges Volkstum, 1954, S. 26 ff. *Kretzenbacher, L.:* Freveltanz u. „Überzähliger" zum Balladen u. Sagentypus vom „überzähligen" Tanzen, in: Carinthia I, Jg. 144, 1954, S. 843 ff. *Zoder, R.:* Alte Volkstanzmelodien aus Kärnten, in: Tanz u. Brauch, Bd. 19, 1959, S. 91 ff. *Koschier, F.:* Kärntner Volkstänze, 1963. *Schmidt, L.:* Spätmittelalterliche Volksmusik in Kärnten u. seinem Umland, in: Österreichische Musikzeitschrift, Jg. 25, 1970, H. 9, S. 516 ff. *Deutsch, W.-Koschier, F.:* Volkslied, Volksmusik, Volkstanz. Kärnten u. seine Nachbarn, Kärntner Museumsschriften, Bd. 51, S. 972. *Ranovs, M.:* Das Volkstanzgut Oberkrains, in: Kärnten u. seine Nachbarn, 1972, S. 131 ff. *Horak, K.:* Volkstänze aus Oberkrain, in: Jahrbuch d. österreichischen Volksliedwerkes, Bd. 26, 1977, S 56 ff.

Niederösterreich: *Zoder, R.:* Der Volkstanz in Niederösterreich, in: Jahrbuch f. Landeskunde v. Niederösterreich, N. F., Jg. 27, 1938 (Festschrift zum 70. Geburtstag Anton Beckers), S. 257 ff. *Scholm, H.:* Zwei

Österreichischer Volkstanz

Volkstänze aus d. südlichen Niederösterreich, in: Blätter f. Volkstanzgruppen, Jg. 4, 3. Folge, Mai 1954, S. 13 f. *Berghold, L.-Deutsch, W.*: Volkstänze aus Niederösterreich, Bd. I, Mödling 1975. *Lager, H.*: Die Tanzlandschaften Niederösterreichs, in: Die musikalische Volkskultur in Niederösterreich, 1976, S. 207 ff. *Lager, H.*: Neue Tanzforschung in Niederösterreich, 1. Teil, Waldviertel, in: Jahrbuch d. österreichischen Volksliedwerkes, Bd. 30, 1981, S. 52 ff. *Lager, H.*: Zwei Waldviertler Tänze. Nebst einigen Gedanken zur neueren Tanzforschung, in: Der fröhliche Kreis, Jg. 32, 1982, H. 1, S. 10 ff. *Schmidt, L.*: Zeugnisse zur Geschichte d. Tanzes in Niederösterreich, in: Jahrbuch d. österreichischen Volksliedwerkes, Bd. 31, 1982, S. 9 ff. *Bammer, R.*: Niederösterreichische Volkstänze, Wien s. a.

Oberösterreich: *Commenda, H.*: Unser Volkstanz, in: Heimatgaue, Jg. 3, 1922, H. 4, S. 185 ff. *Commenda, H.*: Der Volkstanz in Oberösterreich, in: Der Pflug, Wien 1927, S. 52 f. *Commenda, H.*: Oberösterreichische Volkstänze, Deutsche Volkstänze, H. 4, 1928. *Friedl, H.*: „Bairische Tänze" aus d. Mühlviertel, in: Das deutsche Volkslied, Jg. 39, 1937, H. 1/2, S. 11 ff. *Jülg, H.*: Volkstänze aus Oberösterreich, zweites Wülzburg Tanzheft, 1938. *Horak, K.*: Volkstänze aus d. oberen Mühlviertel, in: Jahrbuch d. österreichischen Volksliedwerkes, Bd. 8, 1959, S. 143 ff. *Derschmidt, H.*: Mühlviertler Tänze, in: Der fröhliche Kreis, Jg. 24, 1974, H. 1, S. 4 ff. *Horak, K.*: Der Volkstanz im Mattigtal u. im Kobernauser Wald Oberösterreich, in: Jahrbuch d. österreichischen Volksliedwerkes, Bd. 23, 1974, S. 1 ff. *Lager, H.*: Typologischer Überblick über d. oberösterreichische Volkstanzgut, in: Der fröhliche Kreis, Jg. 27, H. 1, 1977, S. 15 ff. *Horak, K.*: Der Tanz im Salzkammergut, in: Festschrift Franz C. Lipp, Wien 1978, S. 173 ff. (Sonderschriften d. Vereins f. Volkskunde in Wien 3) *Längle, A. S.*: Eine Studie zum Tanz in Hohenzell, ein Beitrag zur Volksmusik. Hausarbeit aus „Musikalischer Volkskunde", Wien, 1981. *Horak, K.*: Der Volkstanz in Oberösterreich u. im Salzkammergut, in: Beiträge zur Volksmusik in Oberösterreich, Schriften zur Volksmusik, Bd. 6, 1982, S. 109.

Salzburg: *Adrian, K.*: Salzburger Volksspiele, Aufzüge u. Tänze, 1905. *Adrian, K.*: Von Salzburger Sitt' u. Brauch, 1924. *Adrian, K.-Neubauer, A.*: Salzburger Tänze. Kurze Darstellung d. bodenständigen heimischen Tänze, 1926. *Eberhard, O.*: 40 echte salzburgische Volkstänze, 1934. *Lager, H.*: Saalbacher Tänze, in: Das deutsche Volkslied, Jg. 43, 1941, H. 1/2, S. 7 ff. *Prodinger, F.*: Abdrischbrauchtum in d. Gemeinde Eugendorf, in: Mitteilungen d. Gesellschaft f. Salzburger Landeskunde, Bd. 81, 1941, S. 124 ff. *Horak, K.*: Volkstänze aus Unken im Lande Salzburg, in: Jahrbuch d. österreichischen Volksliedwerkes, Bd. 6, 1957, S. 61 ff. *Neugebauer, H.*: Der Tanz um d. Salzburger Stier, in: Der fröhliche Kreis, Jg. 16, 1965, H. 8/9, S. 22 ff. *Conrad, K.*: Volkstanz u. Gesellschaftstanz in d. Salzburger Landgemeinden, in: Volkskunde u. Volkskultur, Festschrift f. Richard Wolfram, 1968, S. 31 ff. *Horak, K.*: Der Tanz im Unkener Mittwinterbrauchtum, in: Der fröhliche Kreis, Jg. 23, 1973, H. 1, S. 2 ff. *Peter, I.*: Salzburger Tänze, 1975. *Peter, I.*: Der Tanz im Lungau, in: Lungau Report 1975, S. 68 ff. *Thiel, H.*: Nachrichten zur musikalischen u. tänzerischen Bereicherung brauchverankerter Handlungen im Lungau, in: Lungau Report 1975, S. 112 ff. *Lager, H.*: 3 Salzburger Tänze, in: Der fröhliche Kreis, Jg. 26, 1976, S. 14 ff. *Peter, I.*: Tanz d. Pinzgauer Almleute zu brauchtümlich gebundenen Anlässen, in: Jahrbuch d. österreichischen Volksliedwerkes, Bd. 25, 1976, S. 8 ff. *Peter, I.*: Tänze aus d. Lungau u. Pinzgau, aufgezeichnet im Jahre 1975, in: Der fröhliche Kreis, Jg. 26, 1976, S. 87 ff. *Horak, K.*: Volkstanzformen im Lande Salzburg, in: Salzburger Heimatpflege, Jg. 2, 1978, H. 2, S. 55 ff. *Lager, H.*: Typologischer Überblick über d. Salzburger Tänze, in: Die Volksmusik im Lande Salzburg, 1979, S. 67 ff. *Peter, I.*: Tanz d. Pinzgauer Almleute zu brauchtümlich gebundenen Anlässen, in: Die Volksmusik im Lande Salzburg, 1979, S. 106 ff. *Wolfram, R.*: Großformen d. Salzburger Brauchtumstänze, in: Die Volksmusik im Lande Salzburg, 1979, S. 78 ff. *Horak, K.*: Tänze beiderseits d. Salzach, in: Schweizerische Musikzeitung 24, 1981, S. 295 ff.

Steiermark: *Sonntag, J. V.*: Gesang, Volksmusik u. Tanz in Obersteiermark, in: Der Aufmerksame, Jg. 29, Graz 1840, N. 111/112. *Sonntag, J. V.*: Bemerkungen über steiermärkische Volksmusik, Sangesweisen, Lieder, dann über d. Tanz, in: Wiener allgemeine Musikzeitung, Jg. 6, 1846, S. 357 f., 361 f., 369 f., 377 f., 381 f., 387 f. u. 393 f. *Strohmeier, S.*: Zwölf steirische Tanzfiguren, 1906. *Daigl, J.*: Steirische Tanzweisen, in: Zeitschrift deutsche Heimat, Jg. 6, 1911, Nr. 9/10, S. 81 f. *Pramberger, R.*: Steirische Tanzlust, in: Zeitschrift d. deutschen u. österreichischen Alpenvereins, Bd. 55, 1924, S. 132 ff. *Prinke, S.*: Altsteirische Volkstänze, 1924. *Novak, A.*: Steirische Tänze, 1936. *Horak, K.*: Der Volkstanz im steirischen Salzkammergut, in: Das deutsche Volkslied, Jg. 39, 1937, H. 9/10, S. 121 ff. *Lager, H.*: Tänze aus d. Steirischen Ramsau, in: Das deutsche Volkslied, Jg. 46, 1944, H. 1/2, S. 13 ff. *Novak, A.*: Steirische Tänze. Volkstänze u. Bauernspiele aus d. Steiermark, 1949. *Wolfram, R.*: Die Volkstanznachrichten in d. statistischen Erhebungen Erzherzog Johanns, in: Volk u. Heimat, Festschrift f. Viktor v. Geramb, 1949, S. 271 ff. *Jandl, G.*: Der Tanz im steirischen Brauchtum, Diss. Graz 1967. *Horak, K.*: Der Volkstanz in d. Steiermark u. in d. benachbarten Landschaften, in: Vorträge Graz u. Seggau 1973–1977 (Musikethnologische Sammelbände 1), Graz 1977, S. 105 ff. *Lager, H.*: Volkstanzstudien in d. Steiermark, 3. Teil, in: Jahrbuch d. österreichischen Volksliedwerkes, Bd. 28, 1979, S. 51 ff.

Tirol: *Hein, W.*: Tänze u. Volksschauspiele in Tirol u. Salzburg, in: Mitteilungen d. Anthropologischen Gesellschaft in Wien, XXIV, 1894, S. 145 ff. *Horak, K.*: Der Volkstanz in d. Meraner Gegend, in: Die Volksmusik, Jg. 3, 1931, Nr. 9, S. 102 f. *Horak, K.*: Volkstanzbewegung in Nordtirol, in: Blätter f. Volkstanzgruppen 3, 1933, Nr. 5, S. 28. *Horak, K.*: Tiroler Volkstänze, in: Tiroler Heimatblätter, Jg. 12, 1934, S. 3 ff. *Horak, K.*: Volkstänze aus Tirol, Deutsche Volkstänze, H. 22/23, 1935. *Bayr, J.-Wallner, N.*: Südtiroler Volkstänze aus d. Fersental, Deutsche Volkstänze, H. 36, 1937. *Horak, K.*: Tiroler Volkstänze, 1946. *Horak, K.*: Südtiroler Volkstänze, in: Der Schlern, Jg. 21, 1947, S. 11 f. *Horak, K.*: Volkstänze aus d. Fleimstal, in: Der Schlern, Jg. 26, 1952, H. 11/12, S. 424 ff. *Jülg, H.*: Tiroler Volkstänze, 1955. *Horak, K.*: Folk Dance Movement in Austria, in:

The Folklorist, Jg. 5, 1959, Nr. 3, S. 229 f. *Horak, K.:* Tiroler Volksmusik. Überlieferung u. Fortleben, in: Jahrbuch d. österreichischen Volksliedwerkes, Bd. 11, 1962, S. 181 ff. *Horak, K.:* Der Volkstanz im Burggrafenamt, in: Jahrbuch d. österreichischen Volksliedwerkes, Bd. 12, 1963, S. 73 ff. *Horak, K.:* Tiroler Volkstänze, 1974. *Horak, K.:* Der Volkstanz im Ötztal, in: Ötztaler Heimatverein, Mitteilungsblatt, Nr. 16, S. 1 ff. *Horak, K.:* Der Volkstanz in Tirol. Zwischen Tradition u. Folklorismus, in: Beiträge zur Volksmusik in Tirol, 1978, S. 61 ff. *Haid, H.:* „Tanzen ist kindisch, tanzen tuat ma nit". Quellen zur Volksmusik im Oberinntal, in: Festschrift f. Karl Horak, 1980, S. 35 ff. *Horak, K.:* Volkstanzlandschaft Südtirol, in: Zeitschrift Tiroler Volkskultur 32, 1980, S. 92 f. u. in: Der fröhliche Kreis, Jg. 30, 1980, S. 42 ff.

Vorarlberg: *Zoder, R.:* Alte Volkstanzmelodien aus Vorarlberg, in: Volkskundliches aus Österreich u. Südtirol, Herm. Hopfner zum 70. Geburtstag, 1947, S. 305 ff. *Horak, K.:* Der Volkstanz im Kleinen Walsertal, in: Jahrbuch d. österreichischen Volksliedwerkes, Bd. 5, 1954, S. 91 ff. *Walter, H.:* Volkslied u. Volkstanz, in: Karl Ilg, Landes- u. Volkskunde, Bd. 3, 1961, S. 223 ff. *Hofer, E.:* Vorarlberger Volkstänze, 1971.

Östgötatanz. ↗Schwedischer Volkstanz im 3/4-Takt und langsamen Walzertempo. Die Aufstellung der Paare erfolgt im Karree, 1. und 2. Paar und 3. und 4. Paar einander gegenüber. Die Burschen haben die Arme vorne verschränkt, die Mädchen ihre Hände in die Hüften gestützt.

Lit.: *Meyer, G.:* Tanzspiele u. Volkstänze, 1934, S. 40 ff.

Oetke, Herbert. Deutscher Volkstanzforscher, geb. 9. September 1904 in Hamburg. Von ihm stammen folgende Veröffentlichungen: Märkische Viertour, Hamburg 1929; Deutsche Volkstänze, Berlin 1952; Aus der Entwicklung des deutschen Volkstanzes, in: Studienmaterial für die künstlerischen Lehranstalten der deutschen demokratischen Republik, Theater u. Tanz, H. 2, Dresden 1954; Der Kettentanz, in: Volkstanz, H. 4, 1973, S. 9 f.; Der Schwerttanz, in: Volkstanz, H. 3, 1974, S. 13 ff.; Die norddeutschen Tänze, die sogenannten „Bunten Tänze", in: Volkstanz, H. 2, 1975, S. 13 ff.; Der Fahnentanz, in: Volkstanz, H. 2, 1975, S. 25 ff.; Der Kreistanz, in: Volkstanz, H. 1, 1975, S. 15 ff.; Frauentänze. Ein Beitrag zur deutschen Volkstanzkunde, in: Volkstanz, H. 4, 1976, S. 75 ff.; Volkstänze aus der Lüneburger Heide, Teil I, Tänze für Volkstanzgruppen, Bd. VI, Leipzig 1976; Der Paartanz, in: Volkstanz, H. 3, 1976, S. 67 ff.; Die historische Basis deutscher Volkstanzformen, in: Volkstanz, H. 4, 1979, S. 63 ff.; Fastnachtstänze, in: Volkstanz, H. 1, 1981, S. 4 ff.; Sächsische u. thüringische Volkstänze, in: Volkstanz, H. 3, 1981, S. 43 ff. u. H. 1, 1982, S. 3 ff.; Aus der Geschichte des Volkstanzes: Brauchtänze (Teil I), in: Volkstanz, H. 4, 1982, S. 77 f.; Der Deutsche Volkstanz, 1982.

Offener Walzer. Diese Walzerform ist als ↗Volkstanz im Bregenzerwald in Vorarlberg (Österreich) üblich. Er wird von einem Tanzpaar zunächst in gelöster Fassung ausgeführt. Erst zum Schluß umfängt sich das Paar zu einem eigentlichen ↗Walzer. Diese Form des offenen Tanzes war bereits im frühen 19. Jh. in Schwaben beim ↗Deutschen Tanz zu finden. In der schwäbischen Türkei heißt dieser Tanz ↗Hulaner.

Lit.: *Böhme, F. M.:* Geschichte d. Tanzes in Deutschland, 1886. *Zoder, R.:* Altösterreichische Volkstänze, 3. Teil, 1932. *Gradwohl, K.:* Lehrgang f. österreichische Volkstänze, 1936/38. *Lager, H.-Derschmidt, H.:* Österreichische Tänze, 1959. *Goldschmidt, Ae.:* Handbuch d. deutschen Volkstanzes, 1967. *Hofer, E.:* Vorarlberger Volkstänze, 1971, S. 88 ff. *Horak, K.:* Tiroler Volkstanzbuch, 1974, S. 21. *Schützenberger, E.-Derschmidt, H.:* Spinnradl, 1974, 2. Folge, S. 5. *Horak, K.:* Der offene Walzer, in: Der Trachtler, 1978, Nr. 15, S. 13 f.

Ohorodnik. ↗Russischer Volkstanz aus der Ukraine. Er wird zu Hochzeiten von zwölf Tänzern ausgeführt, welche in vier Gruppen zu je drei Tänzern in quadratischer Form Aufstellung nehmen, meist ein Mann zwischen Frauen, kann aber auch umgekehrt sein. Der Tanz hat zwei Figuren. (↗Dreiertanz, ↗Hochzeitstänze)

Oige ja Vasemba. Estnischer Volkstanz im 2/4-Takt, der von beliebig vielen Paaren ausgeführt wird, die im Kreis Aufstellung nehmen. Der Tanz besteht aus vier Figuren, getanzt wird mit Gehschritten. (↗Estnische Volkstänze)

Lit.: *Leppik, Lya:* Oige ja Vasemba, in: The Folklorist, vol. 7, 1963, No. 6, S. 151 f.

Oklasma. Antiker ↗griechischer Tanz, wahrscheinlich asiatischen Ursprungs. Er wurde auch als der Persische = Persiké bezeichnet. An Festtagen soll ihn angeblich der Perserkönig, nachdem er sich betrunken hatte, getanzt haben. Der Name bedeutet soviel wie „Zusammenklappen" und rührt von der charakteristischen Bewegung des Tanzes her, die in einem raschen Wechsel von Sprungschritten mit Niedersenken des Körpers bis zur Hockestellung bestand. Dabei wurden die Arme mit verschlungenen Fingern weit über den Kopf gehalten. Der Tanz wurde sowohl von Männern als auch von Frauen ausgeführt. Eine Beschreibung des Tanzes finden wir bei Xenophon in der „Anabasis". Er beschreibt ihn allerdings als einen ↗Waffentanz, da der Tänzer mit zwei Schildern, die im Takt zusammengeschlagen wurden, ausgestattet war.

Lit.: *Weege, F.:* Der Tanz in d. Antike, 1926, S. 97 f. *Sachs, C.:* Eine Weltgeschichte d. Tanzes, 1933, S. 21 u. 87. *Lawler, L. B.:* The Dance in Ancient Greece, 1964.

Oláhos. ↗Ungarischer Volkstanz, der Walachentanz, ein ↗Springtanz, der in den östlichen Randgebieten der großen ungarischen Tiefebene vorkommt. Er wird als Solo- oder ↗Paartanz ausgeführt.

Lit.: *Martin, G.:* Ungarische Volkstänze, 1974, S. 35.

Olé. Spanischer Volkstanz aus Andalusien, ein Solotanz für eine Tänzerin. Der Tanz ist orientalischen Ursprungs, eine Form der alten ↗Zigeunertänze. Der Tanz erfordert viel Gewandtheit. Das Mädchen muß sich, gleich einem Rohr, mit Schultern und Armen bis zum Boden neigen. Überhaupt spielt die Bewegung des Körpers die größte Rolle, mehr als die der Füße. Begleitet wird der Tanz von schnellen Vokalismen auf die Silbe Ay oder Olé oder von unisono gesungenen Versen des Chores, der auch mit den Händen den Takt dazuschlägt. Obwohl der Tanz große Ähnlichkeit mit dem ↗Polo hat, darf er nicht mit diesem gleichgesetzt werden. (↗Romalis, ↗Spanische Volkstänze)

Lit.: *Czerwinski, A.:* Brevier d. Tanzkunst, 1879, S. 102, 122. *Caballero, B.:* El baile Andaluz, Barcelona 1957.

Oleg. Liebestanz auf Bali, der von einem Mann und zwei Mädchen ausgeführt wird. Wahrscheinlich ist dieser Tanz eine volkstümliche Version des Mahabharata-Fragments Radakrischna, bei der Krischna, der Held des Weltalls, seine Liebe gleichmäßig unter Körper und Geist aufteilt. Es gehört als Charakteristikum zum Oleg, daß die beiden Tänzerinnen in Übereinstimmung genau die gleichen Tanzbewegungen ausführen, ein Sinnbild des Zusammenspiels von Körper und Geist. (↗Balinesischer Tanz)

Lit.: *Cartier-Bresson, H.:* Bali, 1954, S. 79 f.

Olivettes. ↗Französischer Volkstanz. Bei diesem lebhaften Tanz schmücken sich die Tanzenden von Kopf bis Fuß mit Laub und Blumen. Beim Gesang des Liedes „Allons! Allons, Annette, dansons les olivettes" laufen die Teilnehmer, einer hinter dem anderen tanzend, in Schlangenlinien um die Bäume.

Omal. Griechischer Volkstanz, ein ↗Frauentanz aus der Pontosgegend und den anschließenden Küstenstrichen des Schwarzen Meeres. Er ist ein ↗Kettentanz, bei dem jede Tänzerin mit der rechten Hand die linke Hand des vor ihr tanzenden Mädchens hält. Mit schleppenden Schritten und niedergeschlagenen Augen bewegen sich die Tänzerinnen, begleitet von Gesang und der Musik einer Lyra, langsam dahin. Der Tanz hat liturgischen Charakter. (↗Griechischer Tanz)

Onestep. Aus Nordamerika nach Europa gekommen, hat dieser im sehr schnellen 2/4- (selten 6/8-) Takt stehende Tanz um 1909/10 den ↗Twostep als ↗Gesellschaftstanz abgelöst. Den Höhepunkt seiner Beliebtheit erreichte er um 1925. Er ist der einfachste der modernen Tänze, ein reiner Marschtanz, ein einfaches Vor- und Rückwärtsgehen. Anfangs wurde er stark bekämpft und in München 1911 sogar verboten. Vor 1914 erschien der Onestep unter mancherlei Namen und Variationen als ↗Bunny Hug, ↗Judy Walk, ↗Turkey Trot, ↗Grizzly Bear. Formen des Onestep sind auch der ↗Castle Walk und der ↗Fish Walk. Volkstümlich wurde er auch als „Schieber" bezeichnet. (↗Fivestep)

Lit.: *Koebner, F. W.-Leonard, R. L.:* Das Tanz-Brevier, 1913, S. 22 ff. *Pollack, H.:* Die Revolution d. Gesellschaftstanzes, 1922, S. 10 ff. *Huppert, E.:* Der moderne Tanz, 1926, S. 41. *Bergen, R.:* Der Tanz, S. 29. *Günther, H.-Schäfer, H.:* Vom Schamanentanz zur Rumba, 1959, S. 254.

Onze Fikshond. ↗Niederländischer Volkstanz, eine Form des ↗Warschauer.

Lit.: *Wolfram, R.:* Die Volkstänze in Österreich u. verwandte Tänze in Europa, 1951, S. 157/14.

Opéra-ballet. Die Form der Ballettoper entstand gegen Ende des 17. Jh. in Paris und wurde in der 1. Hälfte des 18. Jh. neben der Tragédie lyrique von den Komponisten nach J. B. ↗Lully gepflegt. A. ↗Campra, A. Destouches u. a. haben die ↗Divertissements, die in die Tragédies lyriques eingelegt waren, immer mehr erweitert und so zum Opéra-ballet verselbständigt. Als erstes Opéra-ballet gilt „L'Europe galante" von A. Campra. Vorgebildet war das Opéra-ballet schon in Balletten von Lully („Triomphe de l'amour", 1681) und Colasse („Les saisons" 1695). Zu den bedeutendsten Opéra-ballets zählen die Werke von J.-Ph. ↗Rameau („Les Indes galantes", 1735, „Les fêtes d'Hébé ou Les talents lyriques", 1739, „Le temple de la gloire", 1745). (↗Fêtes)

Lit.: *Cahusac, L. de:* La danse ancienne et moderne, Den Haag 1745. *Masson, P.-M.:* L'opéra de Rameau, 1930, 1943. *Gregor, J.:* Kulturgeschichte d. Balletts, 1944, 1946. *Anthony, J. R.:* The French Opéra-Ballet in the Early 18th Century, in: Journal of the American Musicological Society XVIII, 1965. *Anthony, J. R.:* Thematic Repetition in the Opéra-Ballet of A. Campra, in: Musical Quarterly, vol. LII, 1966.

Orchésographie ist das griechische, französisierte Wort für Tanznotation. ↗Arbeau hat seine im Jahre 1588 herausgegebene Tanzschrift so benannt. (↗Choreographie)

Orchestik. Im antiken Griechenland die Bezeichnung für die Kunst der Gebärden und Bewegungen, Poesie, dramatische Darstellung, Tanz, Musik und Gesang mit einschließend. Im weiteren Sinn verstand damit der Grieche jede mit Musik ausgeführt Bewegung. (↗Pantomime)

Lit.: *Roos, Ervin:* Die tragische Orchestik im Zerrbild d. altattischen Komödie, in: Kunigl. Vitterhets Historie och Antikvitets Akademiens handlingar, Del. 78, Stockholm 1951.

Orchestra. Im antiken griechischen Theater der Tanzplatz des Chores.

Orfano della China (L') (Der Prinz von China). ↗Ballett nach Voltaires „Orphelin de la Chine" von G. ↗Angiolini, Musik von Chr. W. ↗Gluck. Die Uraufführung fand am 4. April 1774 in Wien statt.

Orff, Carl. Deutscher Komponist, geb. 10. Juli 1895 in München, gest. 29. März 1982 ebendort. Er lehrte ab 1924 an der Schule der deutschen Tanzpädagogin Dorothee ↗Günther in München die Fächer für musikalisch-rhythmische Ausbildung. Aus dieser Zeit stammen die ersten Konzeptionen seines Schulwerkes, das neben dem Rein-Musikalischen szenische Elemente und Bewegung mit einschließt. Zu dieser Zeit entstand auch die 1. Fassung des Ballo delle Ingrate „Tanz der Spröden", nach Monteverdi. Große Ballette hat er keine geschrieben, jedoch ist der Tanz in seinen späteren bedeutenden Werken wie „Carmina Burana" und „Catulli Carmina", sowie bei „Trionfo di Afrodite" als darstellerisch wichtiger Bestandteil einbezogen.

Orlikowsky (auch Orlikowskij), Waslaw. Russischer Tänzer, ↗Choreograph und Ballettdirektor, geb. 8. November 1921 in Charkow. Er studierte bei W. Sulima und W. Preobrajenskij, tanzte in Charkow, Tiflis und Prag. Mit der Tanzgruppe von Antonia Tumkowskaja kam er nach Westeuropa und gründete 1950 in München sein klassisches russisches Ballett. Er gastierte in Deutschland und war von 1952 bis 1955 ↗Ballettmeister in Oberhausen. Von 1955 bis 1967 war er Ballettmeister in Basel, von 1966 bis 1971 Ballettdirektor an der Wiener Staatsoper. Er wirkte als Gastchoreograph für das ↗London Festival Ballet und für die Festspiele in Bregenz und Salzburg. 1979 war er Ballettmeister in Graz.

Lit.: *Enkelmann, S. – Liechtenhan, R.:* Ballett in Basel, 1962.

Oro. Schwerttanzform aus Montenegro mit starker kriegerischer Pantomimik. Die Männer feuern während des Tanzes ihre Pistolen ab und schwingen unter Kriegsgeschrei den Jatagan, einem krummen Säbel. Zum Abschluß des Tanzes werden die Partnerinnen geküßt.

Lit.: *Wolfram, R.:* Schwerttanz u. Männerbund, S. 144.

Orosz, Adél. Ungarische Tänzerin, geb. 17. März 1938 in Budapest. Sie studierte an der staatlichen Ballettschule in Budapest und wurde 1954 Mitglied des Balletts der Budapester Staatsoper, 1957 dessen Solistin.

Orpheus-Ballette. Die Gestalt des sagenhaften griechischen Dichters und Sängers ist früh schon die Grundlage für Ballettha ndlungen geworden. 1489 stand das von ↗Tanzmeister Bergonzio di Botta de Tortone gestaltete Tanzfest im Zeichen der Orpheus-Sage. Viele Versionen folgten später: 1638 Heinrich Schütz in Dresden; 1740 ↗Hilverding in Wien; 1763 ↗Noverre in Stuttgart (Musik von Florian ↗Deller); 1765 Francesco ↗Turchi in Venedig; 1770 ↗Le Picq in Venedig; 1791 ↗Ballon in Turin (Musik von ↗Gluck, bearbeitet von Pugnani); 1927 ↗Laban (ebenfalls mit der Musik von Gluck); 1941 Ninette de ↗Valois in London für das ↗Sadler's Wells Ballet (Musik von Gluck); 1948 ↗Balanchine in New York, Musik von ↗Strawinsky, Uraufführung 28. April 1948, ↗Ballet Society, City Center; 1951 ↗Charrat in Venedig

(Musik von R. Lupi); 1958 ↗Béjart in Lüttich (Musik von P. ↗Henry); 1961 Erich ↗Walter in Wuppertal (Ballettfassung der Monteverdi-Oper „Orfeo").

Lit.: *Mason, Fr.:* Orpheus, in: Balanchine's Stories of the Great Ballets, 1968. *Kirstein, L.:* Orpheus, in: Movement & Metaphor, New York 1970.

Orsites. Antiker griechischer ↗Waffentanz, eine Abart der ↗Pyrrhiche. Erwähnt ist er in den Schriften des Athenaios. (↗Griechischer Tanz)

Lit.: *Weege, F.:* Der Tanz in d. Antike, 1926, S. 51. *Lawler, L. B.:* The Dance in Ancient Greece, 1964.

Osiris. Leben, Sterben und Auferstehen dieses bedeutendsten der ägyptischen Götter wurde alljährlich im Ägypten des Altertums in Form einer ↗Pantomime dargestellt. Seit dem Mittleren Reich, dem 19. Jh. v. Chr. unter Sesostris III., sind die Osiris-Festspiele zu Abydos, der wichtigsten Osiris-Kultstätte, belegt. Diese Aufführungen, ähnlich unseren mittelalterlichen Mysterienspielen, wurden unter Mitwirkung der Priester und vieler Laien veranstaltet. (↗Ägyptischer Tanz) Die mythologische Geschichte von Isis und Osiris bildete später oftmals die Handlungsgrundlage mehrerer ↗Ballette: Versailles 1754 „La Naissance d'Osiris", von L. de ↗Cahusac, Musik von J.-Ph. ↗Rameau.

Lit.: *Schäfer, H.:* Die Mysterien d. Osiris in Abydos unter König Sesostris III., in: K. Sethe: Untersuchungen zur Geschichte u. Altertumskunde Ägyptens, Bd. IV, 1905. *Ridgeway, W.:* The Dramas and Dramatic Dances of Non-European Races in Special Reference to the Origin of Greek Tragedy, 1915. *Sachs, C.:* Eine Weltgeschichte d. Tanzes, 1933, S. 156 ff.

Osmička (= der Achter). Tschechischer Volkstanz aus Böhmen. Er gehört zu einer besonderen Gattung von Rundtänzen mit Figuren. Die Paare stellen sich längs der Wand hintereinander auf. In der Mitte des Tanzsaales werden voneinander entfernt zwei Stühle aufgestellt. Wenn die Musik eine ↗Polka oder einen ↗Walzer zu spielen beginnt, eröffnet das erste Paar den Tanz, indem es die Stühle in bestimmter Folge zu umtanzen hat, so daß choreographisch ein Achter entsteht. Daher der Name des Tanzes. Auf diese Weise folgt ein Paar nach dem anderen. (↗Tschechische Volkstänze)

Lit.: *Waldau, A.:* Böhmische Nationaltänze, 1860, Bd. 2, S. 15.

Osnabrück. Unter diesem Namen gab es zu Beginn des 19. Jh. einen ↗Gesellschaftstanz, der dem ↗Contratanz sehr ähnlich war. Seine Musik bestand aus zwei Teilen von je acht Takten im 6/8-Takt.

Lit.: *Schubert, F. L.:* Die Tanzmusik dargestellt in ihrer hist. Entwicklung, 1867, S. 46. *Böhme, F. M.:* Geschichte d. Tanzes in Deutschland, 1886.

Ostenfelder Poolsch (auch Winnerter Poolsch). ↗Deutscher Volkstanz im 2/4-Takt. Er wird von beliebig vielen Paaren ausgeführt, die im Flankenkreis Aufstellung nehmen. Der Tänzer mit der linken Schulter, die Tänzerin mit der rechten Schulter zur Kreismitte stehen einander mit einem Schritt Abstand gegenüber. Getanzt wird mit Hüpf-, Stampf- und Polkaschritten.

Lit.: *Helms-Blasche, A.:* Bunte Tänze, 1957, S. 137.

Otče náš (= Vaterunser). Tschechischer Volkstanz im 2/4-Takt. Er wird gewöhnlich von acht Paaren im Kreis getanzt. Der 1. Teil ist im Marschtempo, der 2. Teil im Polkatempo. (↗Tschechische Volkstänze)

Lit.: *Vycpálek, L.:* České tance, in: Český Lid, Jg. 1, 1892, S. 132, 458.

Othello. Die Geschichte des Mohren von Venedig wurde vielfach für die Ballettbühne bearbeitet: Salvatore ↗Vigano für Mailand im Jahre 1818; ↗Limón 1949, New London, Connecticut, Musik von H. Purcell; 1955 Erika ↗Hanka mit der Musik von Boris ↗Blacher für die Staatsoper Wien; 1957 Schabukiani mit der Musik von A. Machavariani für das Opernhaus Tiflis; 1959 Jiří Němeček für Prag mit der Musik v. J. Hanuš; 1960 folgte eine Bearbeitung für Amsterdam von Serge ↗Lifar mit der Musik von M. Thiriet; 1971 Peter Darrell mit der Musik von Liszt, Galina Samzowa und S. ↗Prokofjew für Triest.

Otte Mands Dans. ↗Dänischer Volkstanz aus Himmerland. Der Tanz wird von vier Paaren ausgeführt, die in Viereckformation Aufstellung nehmen. Er wird in mehreren Figuren in der Art einer ↗Quadrille ausgeführt. Die Tanzmelodie im 2/4-Takt besteht aus zwei Teilen, die für die verschiedenen Figuren wiederholt werden. (↗Achtertanz)

Arrangiert von A. Foster

Lit.: *Madelung, M. M.-Lorenzen, P.:* Gamle himmerlands-danse, 1931, S. 23 f. *Krogh, J. C.:* Gamle salling-danse, 1932, S. 36 ff. *Lorenzen, P.-Jeppesen, J.:* Dances of Denmark, 1950, S. 28 ff.

Otuhaka. Traditioneller Sitztanz aus Tonga, welcher von Frauen und Mädchen ausgeführt wird. Er ist charakterisiert durch die Schönheit der Tanzform und Anmut der Arm- und Handbewegungen (otuhaka = „eine Reihe von Armbewegungen"). Die Ausführung ist auf die Finger, Handgelenke und das Kreisen der Unterarme nahe beim Körper konzentriert. (↗Faha'iula, ↗Naturvölker)

Lit.: *Dean, B.: South Pacific Dance, 1978, S. 80.*

Ouvert bezeichnet im klassischen ↗Ballett eine offene ↗Position der Füße. (↗Fermé)

Oxdansen. ↗Schwedischer Volkstanz. Er wird nur von Männern getanzt und ist eine etwas derbere Form des süddeutschen Volkstanzes ↗„Drei lederne Strümpf" mit herausfordernden Gebärden und scheinbaren Ohrfeigen als Höhepunkt. (↗Watschenplattler)

Lit.: *Meyer, G.:* Volkstänze, 1909, S. 40 ff. *Zoder, R.:* Der deutsche Volkstanz, in: Deutsches Volkstum in Volkschauspiel u. Volkstanz, 1938, S. 151. *Wolfram, R.:* Die Volkstänze in Österreich u. verwandte Tänze in Europa, 1951.

P

Paartanz nennt man die von einem Tänzer und einer Tänzerin paarweise ausgeführte Form eines Tanzes. Diese heute übliche Form des ↗Gesellschafts- und ↗Volkstanzes hat sich sehr spät entwickelt und eingebürgert. Ihr Ursprung mag in den alten heidnischen und heute noch bei den ↗Naturvölkern vorkommenden Urmotiven liegen, durch die tänzerische Annäherung und Verbindung der Geschlechter Fruchtbarkeit und Wachstum in Natur und Stamm zu fördern. Im klassischen Altertum ist der Paartanz sehr selten und höchstens in angedeuteter Weise bei mimischen Tanzdarstellungen zu finden. Im Mittelalter löst er, wie schriftliche und bildliche Quellen beweisen, nach und nach den chormäßig ausgeführten ↗Reigen ab. In den deutschen Ländern geschieht dies bereits ab dem 11. Jh. Das lateinisch geschriebene Rittergedicht „Ruodlieb" aus dieser Zeit schildert bereits einen solchen Tanz von Burschen und Mädchen. Die Art, paarweise zu tanzen, hat frühzeitig besonders bei der bäuerlichen Bevölkerung auf dem Land Anklang und Verbreitung gefunden. Die höheren Gesellschaftskreise und auch vielfach die Behörden hielten es für anstößig, wenn Mann und Frau beim Tanzen einander umschlangen. So kam es vor, daß z. B. der Ulmer Stadtrat 1404 den Paartanz als unzüchtig verbot. Besonders charakteristisch für den mittelalterlichen Paartanz war es auch, daß die Tanzpaare nicht alle zugleich tanzten, sondern meist ein Paar seine Tour allein ausführte. Nach und nach hat sich der Paartanz immer mehr durchgesetzt und ist um die Wende vom 18. zum 19. Jh. eine für alle Gesellschaftsschichten übliche Tanzform geworden. Vor allem waren es die Rundtänze, die den Paartanz endgültig einbürgerten.

Lit.: *Böhme, F. M.:* Geschichte d. Tanzes in Deutschland, 1886, S. 83. *Schultz, W.:* Deutsche Paartänze, 1927. *Sachs, C.:* Eine Weltgeschichte d. Tanzes, 1933. *Zoder, R.:* Der deutsche Volkstanz, in: Deutsches Volkstum in Volksschauspiel u. Volkstanz, Bd. 3, 1938, S. 163. *Nowy, A.:* Der Volkstanz u. seine wissenschaftliche Betreuung, in: Deutsche Liederkunde, Bd. 1, 1939, S. 166 ff. *Wolfram, R.:* Die Volkstänze in Österreich u. verwandte Tänze in Europa, 1951, S. 144 ff. *Laudová, H.:* Die figuralen Formen d. älteren Paartänze auf d. Gebiet d. ČSSR, in: Volkskunde u. Volkskultur. Festschrift f. Richard Wolfram, 1968, S. 289 ff. *Horak, K.:* Vier-Paar-Tänze, in: Volkstanz, Jg. 1971, H. 3, S. 44 ff. *Oetke, H.:* Der Paartanz, in: Volkstanz, Jg. 1976, H. 3, S. 67 ff.

PACT Ballet. Südafrikanische Ballettgruppe, ursprünglich Transvaal Ballet genannt. Sie entstand 1963, als sich das Johannesburg City Ballet mit dem **P**erforming **A**rts **C**ouncil of **T**ransvaal vereinigte. 1963–1971 leitete F. de Villiers das Ballett, danach übernahm J. Hart die Leitung. Das PACT Ballet pflegt eine rege Zusammenarbeit mit dem ↗Royal Ballet London, welches oft seine besten Tänzer zu Gastauftritten sendet. Seit 1981 hat das PACT Ballet seinen Sitz im neuerrichteten State Theatre Pretoria. (↗Südafrikanisches Ballett)

Padeirinha. ↗Portugiesischer Volkstanz im 2/4-Takt aus der Region Franca de Xira, Ribatejo. Er wird von beliebig vielen Paaren ausgeführt, die sich im Doppelkreis formieren. Die Frauen stehen innen. Die Paare halten die Hände am Rücken gekreuzt.

Lit.: *Armstrong, L.:* Dances of Portugal, 1948, S. 28 f.

Padhar-Tanz. ↗Indischer Tanz, ein Tanz der Schiffer von Saurashtra. Die Teilnehmer, im Kreis sitzend, haben kleine Schellen (Manjiras) in den Händen, mit denen sie spielen. Dazu singen sie und machen Bewegungen, die das Rudern nachahmen. Manchmal vertauschen sie die Schellen mit schmalen Stäben, welche sie als Ruder verwenden. Wenn die Bewegung im Tanzen zunimmt, das Musizieren lebendiger wird, führen sie akrobatische Kunststücke aus, indem sie sich auf den Kopf stellen und im lebhaften Rhythmus die an den Zehen befestigten Schellen schlagen.

Lit.: *Rebling, E.:* Die Tanzkunst Indiens, 1981, S. 76.

Padovana (Paduana, Padoana). Italienischer Tanz aus dem 16. Jh., der oft mit der ↗Pavane verwechselt wurde, mit dieser aber nichts gemein hat. Wie der Name besagt, stammt der Tanz aus der Gegend von Padova (Padua). Die Padovana, über deren ↗Choreographie nichts überliefert ist, war jedenfalls zum Unterschied zur geradtaktigen, geschrittenen Pavane ein rascher Tanz im Tripeltakt mit Nachtanzfunktion. Sie erschien erstmals im Jahre 1546 in der Lautensammlung „Intabolatura de Lauto" von Antonio Rotta, der vielfach als Schöpfer dieses Tanzes angesehen wurde, weshalb ↗Caroso 1581 die Padovana kurz ↗Rotta nannte. Manchmal wurde sie auch als ↗Venetiana bezeichnet.

Lit.: *Böhme, F. M.:* Geschichte d. Tanzes in Deutschland, 1886, S. 134. *Sachs, C.:* Eine Weltgeschichte d. Tanzes, 1933, S. 239. *Dieckmann, J.:* Die in deutscher Lautentabulatur überlieferten Tänze d. 16. Jh., 1931, S. 39 f. *Taubert, K. H.:* Höfische Tänze, 1968, S. 63 f.

Päan. Religiöses Tanzlied der griechischen Antike, kretischen Ursprungs. Schon in der Ilias erwähnt, wurde es vor allem zu Ehren Apollos gesungen und getanzt, um die Gunst des Gottes vor wichtigen Unternehmungen zu erlangen oder als Dank nach einer siegreichen Schlacht. So tanzte Sophokles den Päan nach der Schlacht bei Salamis. Im Gegensatz zum ↗Hyporchema hat der Päan feierlichen Charakter. Die Bewegung wurde ohne Mienen- und Gebärdenspiel nur mit den Füßen ausgeführt (Stampflied). Sein kennzeichnender Ruf war „iēiĕ pāiān", der in Variationen immer wiederkehrte und Träger des Rhythmus war. (↗Griechischer Tanz)

Lit.: *Weege, F.:* Der Tanz in d. Antike, 1926, S. 60. *Koller, H.:* Musik u. Dichtung im alten Griechenland, 1963, S. 112 ff. *Lawler, L. B.:* The Dance in Ancient Greece, 1964.

Page, Ruth. Amerikanische Tänzerin, ↗Choreographin und Ballettdirektorin, geb. 22. März 1900 in Indianapolis. Ihre Ausbildung erhielt sie durch Iwan ↗Clustine, A. ↗Bolm und E. ↗Cecchetti. 1918 unternahm sie eine Tournee mit Anna ↗Pawlowa. 1920 schloß sie sich dem „Ballet Intime" an, bei dem sie 1922 Première danseuse wurde. Weitere Wirkungsstätten waren Berlin und New York, Buenos Aires (mit Bolm), 1925 ↗Diaghilews ↗Ballets Russes und von 1926 bis 1928 die Metropolitan Opera New York. 1932 schloß sie sich Harald ↗Kreutzberg an, mit dem sie zwei Jahre die Welt bereiste. 1934 wurde sie ↗Ballettmeisterin in Chicago. 1937 unternahm sie eine Tournee durch Skandinavien. 1938 gründete sie eine eigene Truppe, das „Page-Stone-Ballet", seit 1941 bekannt als „Chicago Ballet Company". Ruth Page ist eine der großen Persönlichkeiten des amerikanischen Balletts.

Lit.: *Turbyfill, M.:* Ruth Page – Harald Kreutzberg, 1935. *Martin, J.:* Ruth Page – An Intimate Biography, New York 1977. Page by Page, New York 1980.

Pagodenprinz, Der ↗Prince of the Pagodas.

Pai do Ladrão. ↗Portugiesischer Volkstanz, ein Rundtanz, bei welchem der Tanzpartner vor der Tänzerin kniet.

Lit.: *Armstrong, L.:* Dances of Portugal, 1948, S. 7.

Pajduška. Jugoslawischer Volkstanz aus Bosnien und Mazedonien. Burschen und Mädchen tanzen ihn, mit den Händen verbunden, im Kreis oder als Kette. Die Tanzmelodie steht im ungeraden Takt. (↗Mazedonischer Tanz)

Lit.: *Lawson, J.:* European Folk Dance, 1953, S. 78 f. *Schmolke, A.-Langhans, H.:* Europäische Tänze, H. 4, 1957, S. 28 f.

Pak-Don. Name eines ↗Schwerttanzes, der von den Santal, einem indischen Urvolk in Malabar, getanzt wurde. Der Tanz war eine Reinigungszeremonie, welche die Geister der Erschlagenen an ihrer Rache hindern sollte. An die Stelle des Schwertes trat der Stab, mit dem die Tanzenden, während sie sich im Kreis drehten, gegen die Schilde schlugen. Das Schwert wurde deswegen ausgeschaltet, weil es durch das Töten als verunreinigt im kultischen Sinn galt. (↗Indischer Tanz)

Lit.: *Sonner, R.:* Musik u. Tanz. Vom Kulttanz zum Jazz, 1930, S. 21. *Wolfram, R.:* Schwerttanz u. Männerbund, S. 208. *Rebling, E.:* Die Tanzkunst Indiens, 1981, S. 74.

Pala-pala. ↗Volkstanz der Indianer Boliviens. Er wird zur Karnevalszeit getanzt und hat komischen Charakter. Von den Tanzenden werden verschiedene Tiere nachgeahmt, vor allem die Krähe, deren Name in der Ketschuasprache pala-pala ist. (↗Bolivianischer Tanz, ↗Indianischer Tanz)

Paličový tanec. Slawischer Kettenschwerttanz aus der Slowakei. Er wird mit Stöcken getanzt. Palicka heißt Stock.

Lit.: *Hoerburger, F.:* Deutsch-Slawische Wechselbeziehungen im Volkstanz, in: Kleine Beiträge zur Volkskunstforschung, Bd. 3, 1957, S. 13.

Pallerini, Antonia. Italienische Tänzerin, geb. 25. Juni 1790 in Pesaro, gest. 11. Januar 1870 in Mailand. Ihr erstes Auftreten war an der Mailänder Scala. In den ↗Balletten von S. ↗Viganò tanzte sie alle großen Rollen. Sie entstammte einer berühmten Tänzerfamilie.

Pallilos (Paloteo, Paloteado). Name für verschiedene spanische Formen des ↗Stocktanzes.

Lit.: *Wolfram, R.:* Schwerttanz u. Männerbund, 1935, S. 122 f.

Palotás magyar nota. ↗Ungarischer Volkstanz, der ungefähr bis ins 15. Jh. nachweisbar ist. Der Tanz ist mäßig langsam und steht im $^{2}/_{4}$- oder $^{4}/_{8}$-Takt. Ausgeführt wird er von Männern.

Palpankilli. Finnischer Volkstanz im $^{2}/_{4}$-Takt. Er wird von einer beliebigen Zahl von Paaren ausgeführt, die hintereinander im Kreis Aufstellung nehmen. Getanzt wird mit Hüpf-und Schottischschritten. (↗Finnische Volkstänze)

Lit.: *Burchenal, E.:* Folk-Dances of Finland, 1915, S. 63.

Palucca, Gret. Deutsche Tänzerin, geb. 8. Januar 1902 in München. Sie studierte an den Staatsopern Dresden und München bei ↗Ballettmeister Heinrich ↗Kröller. Wesentliche tänzerische Ausbildung erhielt sie ferner bei Mary ↗Wigman. Von 1924 bis 1950 gab sie Solotanzabende im In- und Ausland. Schon zu Beginn ihrer künstlerischen Tätigkeit zeigte sie eine besondere Neigung und Begabung für die pädagogische Arbeit. 1925 gründete sie die Palucca-Schule in Dresden. Mit den begabtesten Schülerinnen schuf sie die Palucca-Tanzgruppe. Palucca-Zweigschulen entstanden in Stuttgart, Berlin und im Ausland. Jährlich leitete sie Sommerkurse in Dresden und Sonderkurse im In- und Ausland. Im April 1949 wurde die Palucca-Schule staatlich, Gret Palucca übernahm die Gesamtleitung, konzentrierte sich jedoch von 1952 an auf die künstlerische Leitung, um sich der durch die Vergrößerung der Schule bedingten erhöhten Unterrichtstätigkeit voll widmen zu können.

Lit.: *Böhme, F.:* Der Tanz u. seine Gestalter, in: Der Auftakt, Jg. 10, 1930, H. 2, S. 37 ff. u. H. 3, S. 80 ff. *Trantow, H.:* Palucca. Die Verwirklichung d. absoluten Tanzes, in: Die Musik, Jg. 25, 1933, H. 4, S. 274 ff. *Rydberg, O.:* Die Tänzerin Palucca, 1935. *Derra de Moroda, F.:* Palucca – Alexander van Swaine, in: The Dancing Times, Januar 1939, S. 480 ff. *Krull, E.-Gommlich, W.:* Palucca, 1965. *Schumann, G.:* Palucca, 1972.

Pamer, Fritz Egon. Österreichischer Komponist, geb. 6. Juni 1900 in Wien, gest. 18. Oktober 1923 ebendort. Er schrieb die Musik zu dem ↗Ballett „Die blaue Blume" für die Primaballerina Else von ↗Strohlendorf (Uraufführung 1926 in Wien).

Pamer, Michael. Wiener Komponist und Tanzmusiker, Leiter eines eigenen Tanzorchesters, geb. 18. März 1782 in Wien, gest. 4. September 1827 ebendort. Seine Tanzmusik (↗Menuette, ↗Deutsche, ↗Ländler und ↗Walzer) entsprang der Wiener Volksmusik und fand seine Fortsetzung und Vollendung in den Kompositionen von Joseph ↗Lanner und der Dynastie ↗Strauß.

Lit.: *Zuth, J.:* Der Alt-Wiener Tanzkomponist Michael Pamer, in: Der neue Pflug, Jg. 3, 1928, H. 3, S. 45 ff.

Pamperké, auch ↗Bayonnaise genannt. Spanischer Volkstanz aus Bayonne, eine Form des ↗Branle. Die Tanzenden halten sich an einem langen Band fest und umtanzen den gewählten König des Tanzes, der mit einem Stäbchen ihre Tanzbewegungen dirigiert. (↗Spanische Volkstänze)

Lit.: *Desrat, G.:* Dictionnaire de la danse, 1895.

Panáček. Tschechischer Volkstanz, ein ↗taktwechselnder Tanz (↗Talián). (↗Tschechische Volkstänze)

Lit.: *Junk, V.:* Die taktwechselnden Volkstänze, 1938, S. 44.

Panathenaea. Im antiken Griechenland das große Fest zu Ehren der Athena von Athen. Das mit religiösen Tänzen verbundene Volksfest hatte seinen Höhepunkt in der großartigen Prozession zur Akropolis, an der alle gleichgestellten Bürger teilnahmen. (↗Griechischer Tanz)

Lit.: *Lawler, L. B.:* The Dance in Ancient Greece, 1964.

Pandango Malagueña. ↗Philippinischer Tanz aus Laguna, eine Form des ↗Fandango von Małaga. Die Paare formen sich im Viereck. Sie klatschen in die Hände und werfen ihren Partnern Küsse zu. Getanzt wird mit Hüpfschritten. Die Tänzerinnen sind nach altspanischer Sitte gekleidet. Die Männer tragen das „barong tagalog Hemd“ aus durchscheinender Ananasfaser mit Krausen.

Lit.: *Bowers, F.:* Theatre in the East, 1956, S. 251.

Panow, Walerij Matwewitsch. Russischer Tänzer, geb. 12. März 1938 in Witebsk. 1957 schloß er sein Tanzstudium an der Leningrader Choreographie-Schule ab, tanzte von 1957 bis 1964 beim Mali-Ballett und von 1963 bis 1972 beim ↗Kirow-Ballett. Nach vielen Schwierigkeiten gelang es ihm und seiner Frau, der Tänzerin Galina Ragosina, die Ausreisegenehmigung aus der Sowjetunion im Jahre 1974 zu erhalten. Sie gingen nach Israel und traten hierauf in vielen Produktionen in den USA und in Europa auf. 1978 erschien von ihm in New York das Buch „To Dance“ (deutsche Übersetzung „Ballett mein Leben“, 1980).

Pantalon, La (die Hose) heißt die 1. Tour der ↗Quadrille. Ihr Name kommt von dem volkstümlichen Liedchen „Le pantalon de Toinon n'a pas de fond“. Sie hat 32 Takte im 6/8- oder 2/4-Takt.

Pantomime. Nach seinem griechischen Ursprung bedeutet das Wort Pantomime so viel wie Allesnachahmer. Im Deutschen wird es als Gattungsbezeichnung und Darstellungsbezeichnung als *die* Pantomime und als Bezeichnung des Darstellers als *der* Pantomime angewendet. Das Wesen der Pantomime ist die stumme theatralische Darstellung, bei der nur Gebärden, Gesten, Bewegungen und Stellungen des Körpers die Handlung ausdrücken. Musik, Gesang und Tanz können die Darstellung begleiten. Die Pantomime erscheint entweder als selbständige Kunstform, ihr Darsteller ist der Pantomime, oder auf der Bühne als Teil eines schauspielerischen oder tänzerischen Gesamtwerkes (↗Ballettpantomime). Die pantomimische Kunst ist schon sehr alt und allen Völkern, auch den primitiven, bekannt. Sie kann überhaupt als der Ursprung aller theatralischen Darstellung bezeichnet werden. Schon in der Antike ist die Pantomime ein ausgeprägtes gebräuchliches Darstellungsmittel. Bei den Griechen war sie ein wichtiger Bestandteil beim Tanz und bei weltlichen und religiösen Feiern. Den Höhepunkt als selbständige Kunstgattung erreichte die Pantomime im Rom des Kaisers Augustus durch ↗Pylades und ↗Bathyllus um 22 v. Chr. Es gab zwei Arten des Pantomimen, den tragischen und den komischen. Auf der römischen Bühne war nur ein Pantomime tätig, der auch die weiblichen Rollen zu verkörpern hatte. Zu den bedeutendsten römischen Pantomimen neben Bathyllus und Pylades gehörten: ↗Hylas, ↗Memphis, ↗Mnester, ↗Nomius, ↗Paris, ↗Theokrit, ↗Telestes und die einzige weibliche Pantomimin ↗Theodora. Um das Jahr 100 n. Chr. macht sich ein Verfall der Pantomime bemerkbar. Eine zweite Blütezeit der pantomimischen Darstellung zeichnete sich in der 2. Hälfte des 16. Jh. ab. Die neuen Impulse kamen von der Commedia dell'arte und blieben bis in das 19. Jh. hinein in den volkstümlichen Jahrmarktsaufführungen der Wanderbühnen wirksam. Eine Renaissance erlebte die Pantomime vor allem im 18. und 19. Jh. in vielen Teilen Europas. Ihren Höhepunkt bedeutete das Auftreten Jean Gaspard ↗Deburaus zwischen 1816 und 1846. Seine Darstellungen im „Théâtre des Funambules“ in Paris wurden beispielgebend für die weitere Entwicklung dieser Kunstform. Sie führte zu Etienne ↗Decroux und dessen Schülern und Meistern der Pantomimentechnik des 20. Jh. Jean-Louis ↗Barrault und Marcel ↗Marceau (↗Mimodrama). Für diese modernen Richtungen und deren künstlerische Weitergestaltung hat auch das Wirken von Samy ↗Molcho große Bedeutung erlangt. Besondere Beziehungen und Verbindungen entwickelten sich zwischen Pantomime und Tanz. Nicht nur, daß die Pantomime ein eigener Zweig des ↗Balletts wurde (↗Ballettpantomime), die Verbindung von Pantomime und Tanz ist in vielen Volkstänzen gegeben (↗Werbetänze). Tänzerische und pantomimische Elemente verbinden sich vor allem in vielfältigster Weise bei den Darstellungen in den Balletten des 20. Jh. (↗Atellanen, A. ↗Sacharow, J. ↗Weaver)

Lit.: *Lucian von Samosata:* Dialog v. d. Tanzkunst (150 v. Chr.). Aus d. Griechischen übersetzt v. Chr. M. Wieland, Leipzig 1789 (abgedruckt in: M. v. Boehn: Der Tanz, S. 133 ff.). *Apuleius, Lucius:* Metamorphoseon, Libri XI (siehe dazu: E. Podlessnig: Apuleius Metamorphoseon als kulturhistorisches Zeitbild, Wien 1949). *Weaver, J.:* The History of the Mimes and Pantomimes, London 1728. *Strodtmann, N.:* Abhandlung v. d. Pantomimen, Hamburg 1749. *Du Bos, Abbé:* Reflexions critiques sur la poesis et sur la peinture, Bd. II, Dresden 1760. *Manzin, P.:* All'autore delle osservazioni in lingua francese sopra la musica, e la danza in Italia cicalata di Paolo Manzin, Venezia 1773. *Pembroke:* De Venise Rémarques sur la musique et la danse ou lettres de Mr. G. A. Milord Pembrocke, Venise 1773. *Anonym:* Über d. Orchestik d. Alten, in: Magazin d. deutschen Critik, Bd. III, 1. Teil, Halle 1774, S. 1 ff. *Anonym:* Bemerkungen über Pantomime u. Ballett, München 1779. *Aulnaye, de L':* De la saltation théâtrale, ou recherches sur l'origine, les progrès, les effets de la Pantomime chez Anciens, 1789. *Zepharovich, J.:* Versuch über d. pantomimische Tanzkunst, 1799. *Anonym:* Bemerkungen über d. Komposition d. Ballette u. d. dem Ballettmeister hiezu höchst nöthigen Kenntniße, Wien 1807. *Friedländer, L.:* Der Pantomimus, in: Handbuch d. römischen Altertümer v. Marquardt-Momsen, Bd. 6, 1885, S. 551 ff. *Sittl, K.:* Die Gebärden d. Griechen u. Römer, 1890. *Broadbent, R. J.:* A History of Pantomime, 1901. *Brotanek, R.:* Die englischen Maskenspiele, 1902. *Glöckner, W.:* Die Pantomime u. d. Problem d. Programmusik, in: Wochenschrift f. Kunst u. Musik, I, Nr. 7, 1903. *Mesk, J.:* Des Aelius Aristides verlorene Rede gegen d. Tänzer, in: Wiener Studien, Jg. 30, 1908, S. 59 ff. *Schur, E.:* Pantomime u. dekorative Kunst, in: Kunst u. Künstler, Jg. 8, 1910. S. 572 f. *Bier, H.:* De saltatione pantomimorum, Diss. Bonn 1917. *Thieß, Frank:* Der Tanz als Kunstwerk, 1920. *Friedländer, L.:* Darstellungen aus d. Sittengeschichte Roms, 1922. *Wilson Disher, M.:* Clowns and Pantomimes, London 1925. *Weege, F.:* Der Tanz in d. Antike, 1926, S. 156 ff. *Aubert, Ch.:* The Art of Pantomime, 1927. *Welsford, Enid:* The Court Masque, Cambridge 1927. *Bittrich, G.:* Ein deutsches Opernballett d. 17. Jh., ein Beitrag zur Frühgeschichte d. deutschen Oper, Diss. Leipzig 1929. *Robert, L.:* Pantomimen im griechischen Orient, in: Hermes, Jg. 65, 1930, S. 106 ff. *Avery, Emmett:* Dancing and Pantomime on the English Stage 1700–1737, in: Studies in Philology, Bd. XXXI, 1934, S. 147 ff. *Wilson, A. E.:* Christmas Pantomime, 1934. *Krogh, T.:* Forudsaetninger for den Casorti'ske Pantomime, in: Studier fra Sprog- og Oldtidsforskning, Nr. 171, Koebenhavn 1936. *Weinreich, O.:* Varro u. d. Geschichte d. Pantomimus, in: Hermes, Bd. 76, 1941, H. 11, S. 96 ff. *Terpis, M.:* Tanz u. Tänzer, 1946, S. 139 ff. *Weinreich, O.:* Epigramm u. Pantomimus, in: Sitzungsberichte d. Heidelberger Akademie d. Wissenschaften, Jg. 1944/48, 1. Abhandlung, 1948. *Hofmannsthal, H.:* Über d. Pantomime, Gesammelte Werke, Bd. III, 1952, S. 46 ff. *Ihering, H.-Marceau, M.:* Die Weltkunst d. Pantomime, 1956. *Rotolo, V.:* Il Pantomimo, Palermo 1957. *Dorcy, J.:* A la rencontre de la mime, Paris 1958. *Simon, K. G.:* Pantomime. Ursprung, Wesen, Möglichkeiten, 1960. *Christout, Marie-Françoise:* Le merveilleux et le „théâtre" du silence en France à partir du XVIIe siécle, 1961. *Butler, I.:* Producing Pantomime and Revue, 1962. *Clinton-Baddeley, V. C.:* Some Pantomime Pedigrees, London 1963. *Dorcy, J.:* Eintritt frei. Pantomime, Lausanne 1963. *Soubeyran, J.:* Die wortlose Sprache. Lehrbuch d. Pantomime, 1963. *Baaren, Th. P. van:* Selbst d. Götter tanzen, 1964, S. 128 ff. *Mehl, D.:* Die Pantomime im Drama d. Shakespearezeit, 1964. *Remy, Tr.:* Georges Wague. Le Mime de la Belle Époque, 1964. *Enters, Angna:* On Mime, 1965. *Bollmann, H.:* Untersuchungen zur Kunstgattung Pantomime, Diss., Hamburg 1968. *Heiss, A.:* Die Pantomime im Alt-Wiener Volkstheater, Diss., Wien 1969. *Wilson, A. Ed.:* The Story of Pantomime, 1974. *Hamblin, Kay:* Pantomime, 1979. *Müller, W.:* Pantomime, 1979. *Pesovár, Ernö:* Zwei Tanzpantomimen, in: Festschrift f. Karl Horak, Innsbruck 1980, S. 333 ff. *Hera, J.:* Der verzauberte Palast. Aus d. Geschichte d. Pantomime, 1982.

Papierltanz ↗Stanitzltanz.

Paraguayischer Tanz. Die Volksmusik Paraguays ist charakterisiert durch den melancholischen Einfluß der Indianer und die rhythmischen Elemente der Spanier. Tänzerisch haben die Einwohner Paraguays keine eigenen Formen hervorgebracht. Die ↗Habanera ist der beliebteste Tanz. (↗Lateinamerikanische Tänze)

Lit.: *Friedenthal, A.:* Musik, Tanz u. Dichtung bei d. Kreolen Amerikas, 1913, S. 285 ff.

Paranda. Beliebter ↗Volkstanz aus Ecuador. Die Tanzmelodie steht im 6/8-Takt und wird im Achtelrhythmus begleitet. Das Tempo ist mäßig schnell. (↗Ecuadorianischer Tanz)

Lit.: *Friedenthal, A.:* Musik, Tanz u. Dichtung bei d. Kreolen Amerikas, 1913, S. 212.

Parata. Ein ↗Stocktanz (Fechttanz), der im Karneval auf der Insel Malta und in Sizilien (Messina) getanzt wurde.

Lit.: *Wolfram, R.:* Schwerttanz u. Männerbund, S. 135.

Paris. Berühmter ↗Pantomime aus dem Rom der Kaiserzeit. Er stand bei Kaiser Nero in hoher Gunst und war in der Tanzkunst dessen Lehrer. Nero, der selbst als bester Tänzer gelten wollte, sah in Paris später einen Rivalen und ließ ihn im Jahre 67 n. Chr. hinrichten.

Lit.: *Friedländer, L.:* Sittengeschichte Roms, 1934.

Park, Merle. Britische Tänzerin, geb. 6. Oktober 1937 in Salisbury, Rhodesien. Sie studierte an der Elmhurst Ballet School und bei Betty Lamb. 1954 kam sie zum ↗Sadler's Wells Ballet, wurde 1958 Solistin und 1959 1. Tänzerin. Seit 1983 ist sie Direktorin der Royal Ballet School.

Lit.: *Gruen, J.:* Merle Park, in: The Private World of Ballet, New York 1975.

Parthenien. Religiöse Tanzlieder, Mädchenreigen. Obwohl überall im antiken Griechenland gebräuchlich, war ihre besondere Pflegestätte Athen. Nur von Jungfrauen getanzt und gesungen, bezogen sie sich vorzugsweise auf die von den Mädchen verehrten Gottheiten und Helden. Die Mädchen tanzten Hand in Hand oder allein. Manchmal trugen sie bei ihren anmutigen ↗Reigen lichte Schleier, Schärpen und Blumenschmuck. Durch die Mannigfaltigkeit der Formen und Vielfalt der Farben wirkten diese Mädchenreigen besonders reizvoll. Berühmte Partheniendichter waren ↗Alkman, Bakchylides, ↗Pindar und ↗Simonides von Keos. (↗Griechischer Tanz)

Lit.: *Brinkmann, A.:* Altgriechische Mädchenreigen, in: Bonner Jahrbücher d. Vereins v. Altertumsfreunden im

Rheinlande, 1925, H. 130, S. 123 f. *Weege, F.:* Der Tanz in d. Antike, 1926, S. 62 f. *Lawler, L. B.:* The Dance in Ancient Greece, 1964.

Partita ist der italienische Name für ↗Suite. Er scheint zu Beginn des 17. Jh. erstmalig für eine Folge von Tänzen auf. J. S. ↗Bach verwendete den Ausdruck im Sinne von Suite (z. B. in seinen 6 Partiten für Cembalo, BWV 825–830).

Pas ist die französische Bezeichnung für Schritt, die Bewegung des ganzen Körpers aus einer ↗Position in die andere. In der klassischen Tanzkunst werden die Pas unter verschiedenen Namen in mehreren Formen gelehrt: Pas droits = gerade, Pas ronds = rund, Pas tortillés = gewunden, Pas glassade = gleiten, Pas sauté = springen, Pas sur les pointes = Spitzengang. Außerdem wird der Ausdruck „Pas" im Sinne von Tanz gebraucht: ↗Pas de deux = ein Tanz für zwei, choreographisch besteht er aus den Teilen Entrée, Adagio, Variation (Ballerina), Variation (Ballerino), Coda. Ein Pas de trois ist ein Tanz zu Dreien. Mehr als neun solistische Tänze bilden einen Pas d'Ensemble. Ein Pas d'action ist innerhalb eines dramatischen Balletts eine Verbindung von ↗Pantomime und reinem Tanz. Pas de bourée ist ein Schrittwechselschritt mit kurzen Schritten, bei dem die Beine kaum bewegt werden. Die Tänzerin führt ihn gewöhnlich auf der Spitze, der Tänzer auf dem Fußballen aus. Der Pas de chat bezeichnet den Katzensprung, einen Sprung seitwärts von einem Bein auf das andere mit Hochziehen beider Knie. (↗Fleuret, ↗Pas de basque, ↗Pas de brabant)

Lit.: *Zorn, F. A.:* Grammatik d. Tanzkunst, 1887, S. 92 ff. *Bie, O.:* Der Tanz, 1923, S. 247 ff. *Lewitan, J.:* Pas de basque, in: Schrifttanz, Jg. 2, 1929, H. 2, S. 19 ff. *Jolizza, W. K. v.:* Die Schule d. Tanzes, S. 26 ff. *Raab, R.:* Lexidion f. d. Ballett, s. a. *Waganowa, A. J.:* Die Grundlagen d. klassischen Tanzes, 1954.

Pasačka (= das Hirtenmädchen). Tschechischer Volkstanz im 2/4-Takt, ein ↗Paartanz im Polkatempo. (↗Tschechische Volkstänze)

Lit.: *Vycpálek, L.:* České tance, in: Český Lid, Jg. 1, 1892, S. 132, 458.

Paschade Flugsummi, Der. Dieser österreichisch-süddeutsche ↗Volkstanz ist eine Form der ↗Bayrisch-Polka (des Boarischen) mit Klatschen in die Hände und auf die Oberschenkel. Seinen Namen hat er von dem Paschen und Flugs-ummi-drahn (schnell drehen). In Niederösterreich (Randegg) führt er auch den Namen ↗„Leonhardler Pascher". Die Tanzmelodie steht im 2/4-Takt.

Lit.: *Zoder, R.:* Wie zeichnet man Volkstänze auf?, in: Zeitschrift d. Vereins f. Volkskunde, Jg. 21, 1911, S. 385. *Zoder, R.:* Altösterreichische Volkstänze, H. 1, 1922, S. 12 ff. *Fladerer, O.:* Deutsche Volkstänze, H. 1, 1927, S. 8 f. *Gradwohl, K.:* Lehrgang f. österreichische Volkstänze, 1936/38. *Wolfram, R.:* Volkstänze aus Deutsch-Mokra, in: Das Deutsche Volkslied, Jg. 41, 1939, H. 3, S. 30 ff. *Wolfram, R.:* Die Volkstänze in Österreich u. verwandte Tänze in Europa, 1951, S. 154.

Paschater Zwoaschritt. ↗Österreichischer Volkstanz aus der Oststeiermark. Der Tanz steht im 2/4-Takt und wird in den ersten acht Takten als flotter Zweischrittdreher getanzt. Im 8. Takt wird der Rundtanz unterbrochen und Tänzer und Tänzerin stellen sich einander gegenüber im Tanzkreis auf, Burschen außen, Mädchen innen. Nun ↗paschen die Tanzenden mit beiden Händen auf die Oberschenkel, in die Hände und in die Hände der Gegenüberstehenden. Der Tanz wird mehrmals durchgetanzt.

Lit.: *Horak, K.:* Der Stötterer Pascher, in: Das deutsche Volkslied, Jg. 33, 1931, H. 7, S. 107. *Zoder, R.:* Altösterreichische Volkstänze, Teil II, 1948. *Gradwohl, K.:* Lehrgang f. österreichische Volkstänze, 1936/38. *Schützenberger, E.-Derschmidt, H.:* Spinnradl, 1. Folge, 1959, S. 10. *Lager, H.:* Österreichische Tänze, II. Teil, 1969, S. 15 f. *Horak, K.:* Marschierpolka. Paschater Zweischritt, in: Der Trachtler, 1982, Nr. 27, S. 17 f.

Paschen ist die Bezeichnung für das rhythmische Klatschen der Handflächen gegeneinander. Es ist neben der eigentlichen Tanzbewegung und dem Singen ein wesentlicher Bestandteil vieler alpenländischer ↗Volkstänze. (↗Klatschtänze)

Lit.: *Haager, M.:* Vom Paschen im Salzkammergut, in: Das deutsche Volkslied, Jg. 32, 1930, H. 5, S. 63 ff. u. H. 6, S. 81 ff. *Au, H. v. d.:* Das Patschen im Volkstanz d. rhein-mainischen Raumes, in: Deutsche Liederkunde, Jahrbuch f. Volkslied u. Volkstanz. Bd. 1, 1939, S. 180 ff. *Kühlental, M.:* Das Paschen im steirischen Salzkammergut, in: Jahrbuch d. österreichischen Volksliedwerkes, Bd. 23, 1974, S. 17 ff. u. Bd. 25, 1976, S. 54 ff.

Pascherltanz. ↗Österreichischer Volkstanz aus der Umgebung von Wien, ein ↗Paartanz im Kreis für beliebig viele Paare im 2/4-Takt. Ausgeführt wird er als ↗Polka-Rundtanz in gewöhnlicher Fassung, mit Klatschen in die Hände, Stampfen mit den Füßen und Drohen mit dem Zeigefinger.

Lit.: *Horak, K.:* Der Volkstanz in d. Umgebung v. Wien, in: Jahrbuch d. österreichischen Volksliedwerkes, Bd. 22, 1973, S. 14.

Paschpolka. ↗Österreichischer Volkstanz aus Salzburg, ein ↗Paartanz im Kreis, der zur Gruppe der ↗Klatschtänze gehört. (↗Paschen, ↗Patschpolka, ↗Bayrische Polka)

Lit.: *Horak, K.:* Volkstänze aus Unken im Lande Salzburg, in: Jahrbuch d. österreichischen Volksliedwerkes, Bd. 6, 1957, S. 71. *Peters, J.-Lager, H.:* Salzburger Tänze.

Paschtänze ↗Klatschtänze.

Pas d'acier, Le (= Der Tanz des Stahls). ↗Ballett von Sergej ↗Prokofjew, komponiert 1925. Das Libretto schrieben G. Jakulow und der Komponist. Die Uraufführung fand am 7. Juni 1927 durch das ↗Ballet Russe am Théâtre Sarah-Bernhardt in Paris nach der ↗Choreographie von Leonide ↗Massine statt.

Pas de basque. Der sogenannte Baskenschritt kommt in vielen spanischen und französischen ↗Volks- und ↗Gesellschaftstänzen vor. Im klassischen ↗Ballett bezeichnet er eine besondere Schrittform: Der rechte Fuß wird vorne aufgeschwungen und in die 4. ↗Position gestellt; der linke Fuß geht ebenfalls in die 4. Position vor; der rechte Fuß schließt in die 5. Position an, hierauf folgt wieder der Auftakt wie zu Beginn. (↗Saut de basque)

Lit.: *Lewitan, J.:* Pas de basque, in: Schrifttanz, Jg. 2, 1929, H. 2, S. 19 ff.

Pas de brabant oder breban, der Brabanterschritt, der französische Name für den ↗Saltarello.

Pas de Cœur (Tod und Auferstehung einer Ballerina). ↗Ballett von Gottfried von ↗Einem, Libretto von H. von Cramer. Am 22. Juli 1952 wurde das Werk während der Münchner Opernfestspiele nach einer ↗Choreographie von Victor ↗Gsovsky uraufgeführt.

Pas de deux heißt im ↗Ballett ein Tanz für zwei. Im klassischen Ballett ist damit jedoch eine bestimmte choreographische Form gemeint. Sie besteht aus fünf Teilen: 1. Entrée; 2. Adagio; 3. Variation ↗Ballerina; 4. Variation Ballerino; 5. Coda.

Lit.: *Dolin, A.:* Pas de deux: The Art of Partnering, London 1949. *Serebrennikov, N. N.:* Pas de deux im klassischen Tanz, 1976. *Lörinc, G.:* Methodik d. klassischen Pas de deux, 1984.

Pas de quatre. Dieses ↗Divertissement wurde am 12. Juli 1845 in Her Majesty's Theatre in London uraufgeführt. Die ↗Choreographie besorgte Jules ↗Perrot, die Musik schrieb Cesare ↗Pugni. Die Aufführung galt als ein besonderes Ereignis, da die zu ihrer Zeit berühmtesten Ballerinen Marie ↗Taglioni, Carlotta ↗Grisi, Lucile ↗Grahn und Fanny ↗Cerrito das Werk tanzten. Unter unvorstellbaren Schwierigkeiten hat Jules Perrot die vier sonst rivalisierenden Tänzerinnen zusammengebracht. Einer Anekdote zufolge wollte jede der vier zuerst auf die Bühne kommen. Der Direktor Lumley schlug vor, der Ältesten den Vortritt zu lassen. Der Streit war damit zu Ende. Die „Times" nannte das tänzerische Ereignis die größte „Terpsichoran Exhibition". In je einer Variation zeigte jede der vier großen Tänzerinnen ihre besondere Kunst und Eigenart. Zum Schluß vereinigten sie sich in einem Tempo di valse zu dem Pas de quatre. Nachdem Cyril ↗Beaumont das Material des Divertissements von Perrot wieder zusammengetragen und rekonstruiert hatte, konnte das Werk im Jahre 1936 durch das ↗Markova-Dolin Ballet wieder aufgeführt werden.

Lit.: *Guest, I.:* The Pas de Quatre, London 1968.

Pasillo. ↗Volkstanz aus Kolumbien, der aber auch auf den Antillen, in Venezuela, Bolivien und Ecuador verbreitet ist. Die meist sehr banalen Tanzmelodien stehen im 3/4-Takt. Die Tanzenden bewegen sich im Habaneraschritt mit allen graziösen und schmachtenden Hüftbewegungen, die in der ↗Habanera üblich sind. (↗Bolivianischer Tanz, ↗Ecuadorianischer Tanz)

Lit.: *Friedenthal, A.:* Musik, Tanz u. Dichtung bei d. Kreolen Amerikas, 1913, S. 143, S. 165 f. u. S. 210.

Paso doble (Doppelschritt). ↗Gesellschaftstanz des 20. Jh., spanisch-südamerikanischer Herkunft. Das Grundelement dieses sehr lebhaften Tanzes besteht aus kurzen markierten Wechselschritten vor-, seit- und rückwärts mit lebhaften Drehungen. Die Tanzhaltung ist so, daß die Tanzpartner im Abstand von etwa 20 Zentimetern einander gegenüberstehen. Bei jedem Schritt wird der Fuß mit der ganzen Fläche auf dem Boden aufgesetzt. Die Tanzmelodie stand ursprünglich im 3/8-, später 2/4- oder 6/8-Takt. Seit 1945 ist der Paso doble Turniertanz (↗Tanzturniere)

Lit.: *Pollack, H.:* Die Revolution d. Gesellschaftstanzes, 1922, S. 10, 80. *Huppert, Ed.:* Der moderne Tanz, 1926, S. 44. *David, L.:* Einzelchoreographien mit historischer Einleitung, 1957/58. *Beck, F.:* Perfekt tanzen, 5. Auflage 1966, Pechan-Perlen-Reihe, Bd. 614.

Passacaglia (Passacaglio, Passacaille). Als musikalische Form ist die Passacaglia mit der ↗Chaconne verwandt. Auch ihr liegt wie dieser ein durchgehend festgehaltener Baß (Basso ostinato) zugrunde. Als Tanz war sie vor allem in den lateinamerikanischen Ländern, ab 1640 in Spanien und um 1700 in Frankreich und Italien bekannt. Die choreographischen Quellen sagen allerdings darüber wenig aus. Vermutlich dürfte sie von ernsterem Charakter und langsamerem Tempo als die Chaconne gewesen sein. Der Name geht auf das spanische Wort Passacalle oder Pasacalle zurück, was soviel wie Gassenstück, Gassenlied bedeutet. J. S. ↗Bach und G. F. ↗Händel haben großartige Beispiele von Instrumentalpassacaglien hinterlassen.

Tomlinson, The Art of dancing, 1735

J. S. Bach, Passacaglia C-Moll (BWV582)

Lit.: *Böhme, F. M.:* Geschichte d. Tanzes in Deutschland, 1886. *Bie, O.:* Der Tanz, 1919. *Mies, P.:* Die Chaconne (Passecaille) bei Händel, in: Händel-Jahrbuch, Jg. 2, 1929, S. 13 ff. *Sachs, C.:* Eine Weltgeschichte d. Tanzes, 1933. *Machabey, A.:* Les origines de la Chaconne et de la Passacaille, in: Revue de Musicologie, Tom. XXV, 1946. *Stein, L.:* The Passacaglia in the Twentieth Century, in: Music and Letters, vol. 40, 1959, S. 150 ff. *Antesberger, G.:* Die Passacaglia in d. Wiener Schule, in: Festschrift f. Franz Koschier, 1974, S. 121 ff.

Passamezzo (Passo e mezzo, Passemeze). Bezeichnung eines geradtaktigen Tanzes italienischer Provenienz. Die Bedeutung seines Namens ist nicht eindeutig geklärt. Am meisten verbreitet ist die Ansicht, daß der Name aus pass' e mezzo = anderthalb Schritt gebildet ist. Auch die choreographische Erklärung des Tanzes, der in den zeitgenössischen Tanzlehren nur wenig erwähnt wird, ist nur auf Mutmaßungen angewiesen. ↗Arbeau, ↗Caroso und ↗Negri geben untereinander verschiedenartige Tanzbeschreibungen. Musikalisch und tänzerisch war der Passamezzo eine etwas schneller ausgeführte ↗Pavane. Als ↗Nachtanz folgte ihm der ↗Saltarello. Seine Blütezeit hatte der Tanz im 16. Jh. Bereits 1536 war er außerhalb Italiens bekannt. Anfang des 17. Jh. kam er aus der Mode, 1636 wurde er nicht mehr getanzt (nach M. Mersenne, in: Harmonie universelle, Teil: Livre second des Chants, S. 165). In der ↗Suite jedoch hielt sich der Passamezzo bis ins 18. Jh. hinein. Der Großteil dieser Instrumentalpassamezzi gehört zwei Typen an, dem Passamezzo antico (mollartig) und dem Passamezzo moderno (durartig). Ob sich dabei die Namen auf den Tonarten- oder Altersunterschied beziehen, ist fraglich. Beide Typen treten zumeist als harmonische Variationsmodelle auf.

Praetorius

Lit.: *Czerwinski, A.:* Tänze d. 16. Jh., 1878, S. 36. *Boehme, F. M.:* Geschichte d. Tanzes in Deutschland, 1886. *Dieckmann, J.:* Die in deutscher Lautentabulatur überlieferten Tänze d. 16. Jh., 1931, S. 6 ff. *Sachs, C.:* Eine Weltgeschichte d. Tanzes, 1933. *Gombosi, O.:* Italia; patria del basso ostinato, in: Rassegna Musicale, Bd. 7, 1934, H. 1, S. 14 ff. *Gombosi, O.:* Zur Frühgeschichte d. Folia, in: Acta Musicologica, vol. VIII, 1936, S. 119 ff. *Reichert, G.:* Der Passamezzo, in: Kongreßbericht Lüneburg, 1950, S. 94 ff. *Dolmetsch, M.:* Dances of Spain and Italy, 1954, S. 113 ff. *Pontius, J.:* Eine anonyme kurpfälzische Orgeltabulatur, 1960, S. 47 ff. *Schuler, M.:* Vom Passamezzo zum Blues, in: Musica, Jg. 16, 1962, H. 2, S. 65 ff. *Taubert, K. H.:* Höfische Tänze, 1968, S. 65. *Mallah, Issam El.:* Die Pass'e mezzi u. Saltarelli aus d. Münchner Lautenhandschrift v. Jacomo Gorzanis, 1575. Münchener Veröffentlichungen zur Musikgeschichte, Bd. 31, 1979.

Passé ist im klassischen Tanz die Bezeichnung einer Hilfsbewegung, durch die das Bein von einer ↗Position zur anderen übergeleitet wird.

Passepied. Dieser erstmals 1548 von Noël du Fail erwähnte Tanz war im Gegensatz zum ↗Triory der ↗Branle der nördlichen Bretagne. Er ist in diesen Gegenden als ↗Volkstanz auch heute noch nachweisbar. Ausgeführt wird er dort entweder als ↗Paartanz oder in Gruppen von vier Männern. Es gibt zahlreiche Varianten der Ausführung. Als Hof- und ↗Gesellschaftstanz war der Passepied von etwa 1665 bis um die Mitte des 18. Jh. beliebt. Eine exakte ↗Choreographie fehlt. Aus einem Brief der Madame de Sévigné ist zu entnehmen, daß er in verschiedenen Figuren entweder als Branle oder als Paartanz ausgeführt wurde. Der alte Passepied hatte geraden Takt, ab dem 17. Jh. wurde der 3/8- oder 3/4-Takt üblich, im Tempo war er etwas rascher als das Menuett. Sein Charakter war leicht und heiter. Im 18. Jh. finden wir ihn auch im französischen ↗Ballett. In der ↗Suite erscheint er als nicht zum Stamm der Suite gehörender verbindender Teil meist zwischen ↗Sarabande und ↗Gigue.

Mersenne 1636

Louis Pécourt 1700

Lit.: *Feuillet, R. A.:* Le Passepied nouveau, 1700. *Czerwinski, A.:* Die Tänze d. 16. Jh., 1878. *Böhme, F. M.:* Geschichte d. Tanzes in Deutschland, 1886. *Bie, O.:* Der Tanz, 1919. *Nettl, P.:* Die Wiener Tanzkomposition in d. zweiten Hälfte d. 17. Jh., 1921, S. 89. *Galbrun, E.:* La danse bretonne, 1936. *Sachs, C.:* Eine Weltgeschichte d. Tanzes, 1933.

Passo doppio ↗Double.

Passo sempio ↗Simple.

Pastéřská. Tschechischer Volkstanz der Hannaken aus Mähren, ein ↗Paartanz im 2/4-Takt. Die Paare stellen sich im Kreis auf, die Mädchen innen, die Burschen außen. Sie halten einander an den Händen, die jeweils freie Hand liegt an der Hüfte. Im Kreis steht ein Tänzer mit einem Blumenkranz mit Bändern. Beim 16. Takt des langsamen im Polkaschritt getanzten Teiles der Tanzmelodie läßt der Tänzer den Blumenstrauß bei einem Paar fallen und nimmt sich die Tänzerin. Es folgt nun ein schneller Tanz, 16 Takte im 2/4-Takt. Der Tanz kann beliebig oft wiederholt werden. (↗Polsterltanz, ↗Tschechische Volkstänze)

Lit.: *Málova-Uhrova, L.:* Hanácké tance z Tovačovska, 1954, S. 159 f.

Pastourelle, La heißt die 5. Tour der ↗Quadrille française. Sie hat in ihrer Musik einfach ländlichen Charakter und steht im 2/4-, aber auch 6/8-Takt.

Patschgalopp ↗Judenbub.

Patschpolka. Dieser ↗Volkstanz aus der schwäbischen Türkei ist in der Ausführung eine Abwandlung der ↗Polka. Der Tanz ist den ↗Klatschtänzen zugehörig, wie z. B. der ↗Judenbub, Patschgalopp, ↗Platschpolka. Die Burschen schlagen auf ihre Lederhosen, die Mädchen auf ihre Schürzen, sodann klatschen alle in die Hände und schließlich klatschen Tänzer und Tänzerin einander dreimal abwechselnd rechts und links in die Handflächen. Der Tanz kann auch in Beziehung zu dem bekannten deutschen Volkstanz ↗„Drei lederne Strümpf" gebracht werden. Man kann ihn als eine Restform dieses weitverbreiteten Volkstanzes bezeichnen.

Lit.: *Horak, K.:* Der Volkstanz in d. schwäbischen Türkei, in: Deutsches Archiv f. Landes- u. Volksforschung, Jg. 2, 1938, H. 4, S. 850. *Au, H. v. d.:* Das Patschen im Volkstanz d. rhein-mainischen Raumes, in: Deutsche Liederkunde, Jahrbuch f. Volkslied u. Volkstanz, Bd. 1, 1939, S. 195 f. *Wolfram, R.:* Die Volkstänze in Österreich u. verwandte Tänze in Europa, 1951. *Horak, K.:* Donauschwäbische Volkstänze, Südostdeutsches Kulturwerk, 1954, S. 23.

Pauktanz wird ein alter ↗Schwert- oder Fechttanz genannt, der in dem Ort Sibbentrup in Lippe, Nordwestdeutschland, bis in das 19. Jh. üblich war. Sein Name kommt von „pauken", das soviel wie fechten heißt. Wie die alten Quellen bezeugen, wurde der Pauktanz bei Hochzeiten aufgeführt. Bei der Ausführung war jeder Tänzer mit einem Pauk (Säbel) versehen. Der Tanz, der in drei Akte zerfiel, hatte die Aufgabe, die anwesenden Hochzeitsgäste durch komische Auftritte zu erheitern. Im ersten Akt wurde ein alter Tanz aufgeführt, im zweiten fand ein Zweikampf statt, der mit dem Fallen eines Fechters endete; im dritten Akt fand die Wiederbelebung statt, nach der ein toller Tanz die Vorführung beschloß.

Lit.: *Wolfram, R.:* Schwerttanz u. Männerbund, 2. Lieferung, 1935, S. 203 ff.

Pavane (ital. Pavana, frz. Pavane, Pavenne, engl. Pavan, Paven, Pavin). Anfang des 16. Jh. begann die Pavane die ↗Basse danse zu verdrängen und war bis ungefähr 1580 der beliebteste höfische Prunktanz, der Tanz bei den großen offiziellen Festen, der selbst auch in Kirchen zu Hochzeitsfeierlichkeiten aufgeführt wurde. Die Herkunft der Pavane ist nicht eindeutig nachweisbar, die gewöhnlich als stichhältig gehaltene Definition vom spanischen pavone = Pfau nicht zweifellos sicher. Es ist jedoch anzunehmen, daß dieser gravitätisch geschrittene höfische ↗Vortanz aus Spanien nach Frankreich und Italien gekommen ist und von dort weiter nach Deutschland und England. Manchmal wurde der Name der Pavane von der italienischen Stadt Padua abgeleitet und der Tanz mit der italienischen ↗Padovana verwechselt, der weder choreographisch noch musikalisch mit der Pavane etwas gemeinsam hat. Gedruckt finden wir die erste Pavane im Jahre 1508 bei Petrucci in Venedig in der „Intabolatura de Lauto". Die Pavane, die niemals, außer in England, allein getanzt wurde, war gegenüber der Basse danse sehr einfach und leicht auszuführen. Choreographische Quellen sind wenig vorhanden, die grundlegende Darstellung und Beschreibung stammt von ↗Arbeau. Nach ihm steht die Pavane, die vom Tänzer mit Mantel und Degen getanzt wurde, im zweiteiligen Takt, auf dessen meist zwei achttaktigen Doppelperioden zwei ↗pas simples und ein ↗pas double vorwärts und ebensoviele rückwärts auszuführen sind. Die Tanzenden beginnen das Vorwärtsschreiten mit dem linken, das Rückwärtsschreiten mit dem rechten Fuß. Darüber hinaus waren jedoch, wie z. B. bei ↗Caroso, zahlreiche und auch komplizierte Varianten möglich. Der ganze Tanz konnte nach Belieben wiederholt werden. Ihr ↗Nachtanz war die ↗Galliarde. In das Bürger- und Volksleben hat die Pavane keinen Eingang gefunden. In der Kunstmusik tritt die Pavane im 16. Jh. schon in den ältesten Drucken von Tanzstücken wie bei Pierre ↗Attaingnant (1529) auf und später im 17. Jh., als sie als Tanz bereits außer Mode gekommen war, in mehrstimmigen Bearbeitungen für Streich- und Blasinstrumente und als Bestandteil der Klaviersuite. (↗Pavane d'Espagne)

Anonym ca. 1535

Mersenne 1636

Lit.: *Feuillet, R. A.:* La Pavane des salons, Paris 1700. *Czerwinski, A.:* Die Tänze d. 16. Jh., 1878. *Böhme, F. M.:* Geschichte d. Tanzes in Deutschland, 1886. *Guillaumot, A.:* La Pavane d'après l'Orchésographie de Th. Arbeau, Paris 1889. *Vestris, D.:* Les danses d'autrefois, de la pavane à la gavotte, 1889. *Jolizza, W. K.:* Die Schule d. Tanzes, 1907. *Bie, O.:* Der Tanz, 1919. *Dieckmann, J.:* Die in deutscher Lautentabulatur überlieferten Tänze d. 16. Jh., 1931, S. 24 ff. *Sachs, C.:* Eine Weltgeschichte d. Tanzes, 1933. *Bahr, W.:* Zur Entwicklungsgeschichte d. höfischen Gesellschaftstanzes, 1941, S. 36 ff. *Messedaglia, L.:* La pavana, danza non spagnuola, ma padovana, in: Atti e memoria dell'Accademia d'agricoltura, scienze, lettere, arti e commercio di Verona V, 41, 1942/43. *Michel, A.:* Origin of the Gagliarda and the Pavane, in: Dance Observer XIII, 1946. *Dolmetsch, M.:* Dances of England and France, 1949, S. 82 ff. *Dolmetsch, M.:* Dances of Spain, 1954, S. 90 ff. *Delli, B.:* Pavane u. Galliarde, Diss. Berlin 1957. *Pontius, J.:* Eine anonyme kurpfälzische Orgeltabulatur, 1960, S. 30 ff. *Taubert, K. H.:* Höfische Tänze, 1968, S. 61 ff.

Pavane d'Espagne wurde eine Abart der ↗Pavane genannt. Sie war gegen Ende des 16. Jh. aus Spanien nach Frankreich eingeführt worden. ↗Arbeau, der sie in seiner Orchésographie erwähnt, bezeichnet sie als eine dem „Canarischen Tanze" ähnliche Form. Zum Unterschied zur steifen, würdigen Pavane war sie musikalisch und tänzerisch aufgelockerter und lebhafter, ihre Bewegungen mit ↗Fleurets vermischt. (↗Canarie)

Lit.: *Czerwinski, A.:* Die Tänze d. 16. Jh., 1878. *Sachs, C.:* Eine Weltgeschichte d. Tanzes, 1933. *Taubert, K. H.:* Höfische Tänze, 1968, S. 64.

Pavaniglia, in Spanien als Pavanilla italiana bezeichnet, hieß ein italienischer, geradtaktiger Tanz aus dem 16. Jh., der von den italienischen ↗Tanzmeistern ↗Caroso und ↗Negri gelehrt wurde. Möglicherweise handelt es sich bei der

Pavaniglia um eine von der ↗Pavane abgeleitete Tanzform.

Lit.: *Sachs, C.:* Eine Weltgeschichte d. Tanzes, 1933, S. 240. *Dolmetsch, M.:* Dances of Spain and Italy from 1400 to 1600, 1975. *Spohr, H.:* Studien zur italienischen Tanzkomposition um 1600, Diss. Freiburg i. Br. 1956.

Pawlowa, Anna (eigentlich Matwejewna). Russische Tänzerin, geb. wahrscheinlich am 12. Februar 1881 (31. Januar 1881) in St. Petersburg, gest. 23. Januar 1931 in Den Haag. Sie erhielt ihren ersten Unterricht mit 10 Jahren an der kaiserlichen Ballettschule zu St. Petersburg. Mit 14 Jahren trat sie erstmals, und zwar mit Michail ↗Fokine, in einer Schüleraufführung auf. Bald danach tanzte sie als ↗Coryphée bei einer Benefizvorstellung für Ch. ↗Johannsen im Marijinskij-Theater. Nach ihrer 1899 bestandenen Abschlußprüfung erfolgte rasch ihr weiterer Aufstieg. 1905 war sie bereits ↗Ballerina. Dieses Jahr war auch das Geburtsjahr des größten Erfolgsstückes der Pawlowa: Fokine choreographierte für sie den „Pas seul“, welchen sie tausendmal in aller Welt tanzte, den „Sterbenden Schwan“ (La ↗Mort du Cygne). Bedeutsam für ihre künstlerische Weiterentwicklung war ihr Lehrer P. ↗Gerdt, der ihre große Begabung und tänzerische Eigenart erkannt hatte und sie zum lyrischen Fach hinführte. Ihre technische Reife verdankte die Tänzerin vor allem Enrico ↗Cecchetti. Für ihre künstlerische Entwicklung war ferner auch ihre Arbeit mit Michail Fokine entscheidend. Für sie arrangierte er auch das Ballett-Divertissement „Les ↗Sylphides“. Als „Chopiniana“ erlebte es 1906 in St. Petersburg, als „Les Sylphides“ 1909 in Paris mit Anna Pawlowa seine Uraufführung. Die ersten Auslandtourneen erfolgten 1907 und 1908 nach Nord- und Mitteleuropa. 1910 war ihr erstes Auftreten in New York. 1913 schied sie aus dem kaiserlich-russischen Ballett aus. Kurze Zeit war sie auch Star von ↗Diaghilews Truppe. 1910 und 1911 gastierte sie im Palace Theatre in London. 1911 war dort W. ↗Nijinsky ihr Partner. Von 1914 bis zu ihrem Lebensende bereiste sie mit einer eigenen Truppe nicht nur die europäischen Länder, sondern auch Nord- und Südamerika. Begraben wurde Anna Pawlowa in London, wo sie ihr Domizil hatte. Anna Pawlowa war mit Victor ↗Dandré verheiratet, der auch ihr Manager war. Eine Heiratsurkunde darüber existiert nicht.

Lit.: *Pawlowa, A.:* Anna Pawlowa, 1913. *Barchan, P.:* Die Pawlowa. St. Petersburg, in: Velhagen u. Klasings Almanach, Jg. 6, 1914, S. 200 ff. *Stier, Th.:* With Pawlowa Round the World, 1927. *Pawlowa, A.:* Tanzende Füße. Der Weg meines Lebens, 1928. *Sazonova, J.:* Anna Pavlova, in: La Revue Musicale, Jg. 12, 1931, No. 114, S. 303 ff. *Hyden, W.:* Pavlova. The Genius of Dance, 1931. *Svetloff, V.:* Anna Pavlova, 1931. *Dandré, V.:* Anna Pavlova in Art and Life, London 1932. *Magriel, P.:* Pavlova, London 1948. *Schmidt-Aleman, H. P.:* Anna Pawlowa. Die Ballerina d. Zaren, 1952. *Franks, A. H.:* Pavlova, 1956. *Algeranoff, H.:* My Years with Pavlova, 1957. *Clarke, M.:* Six Great Dancers, 1957. *May, H.:* The Swan, 1958. *Wied, K. V.:* Königinnen d. Balletts, 1961, S. 98 ff. *Heidrich, I.:* Wie sie groß wurden, 1962. *Hubatius-Himmelstjerna, I.:* Anna Pawlowa, 1962. *Krnovskaja, V.:* Anna Pavlova, 1965. *Magriel, P.:* Nijinsky, Pavlova, Duncan. Three Lives in Dance, 1977. *Lazzarini, J. u. R.:* Pavlova, 1980. *Money, Keith:* Anna Pavlova, New York.

Pawlowa, Nadeschda Wassiljewna. Russische Tänzerin, geb. 15. Mai 1956 in Tscheboksari. Sie studierte am choreographischen Institut in Perm. 1972 gewann sie den Ballettwettbewerb in Moskau und 1973 den Grand Prix des Int. Ballettwettbewerbes in Moskau. Im Sommer 1973 gastierte sie mit der Ballettkompanie aus Perm bei den Festspielen in Bregenz. 1974 tanzte sie bei den Festwochen in Wien. Seit 1975 gehört sie dem ↗Bolschoj-Ballett an. Sie ist verheiratet mit dem russischen Tänzer W. ↗Gordejew.

Paysanne (Bauerntanz). Name eines ländlichen Tanzes, der vor Ende des 17. Jh. in den alpenländischen Lautentabulaturen als neue Form aufscheint. Während des 18. Jh. erscheint die Paysanne immer häufiger in deutschen ↗Suiten und bildet dort einen beliebten Kontrast zu den anderen Tänzen höfischer Art, meist französischer Herkunft. Man kann sie mit der ↗Allemande als deutschen Beitrag zur Suite bezeichnen. Die Paysanne ist geradtaktig, behält in ihrem harmonischen Aufbau und ihrer Melodieführung den Charakter eines ↗Volkstanzes bei. Die ersten Paysannen findet man in einer Grazer Lautentabulatur aus der Zeit vor 1700.

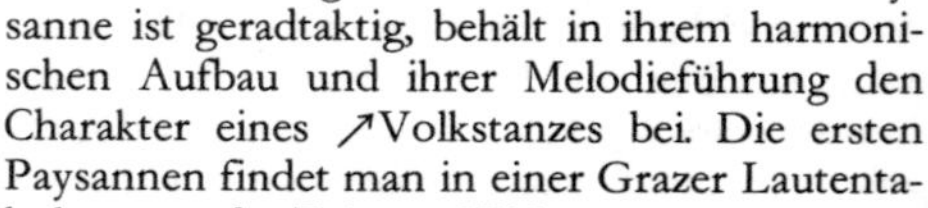

Lit.: *Koczirz, A.:* Österreichische Lautenmusik zwischen 1650 u. 1720, in: Denkmäler d. Tonkunst in Österreich, Bd. 50, 1960. *Klima, J.:* Die Paysanne in d. österreichischen Lautentabulaturen, in: Jahrbuch d. österreichischen Volksliedwerkes, Bd. 10, 1961, S. 102 ff.

Pazutawla-Tanz. ↗Indischer Tanz aus Assam, der Tanz zur Maisernte. Er wird von Männern und Frauen ausgeführt. Die Männer bilden einen geschlossenen Ring. Jeweils zwischen zwei Männern steht ein Mädchen gegenüber und legt ihre Arme auf die Schultern der Männer. So tanzen sie in der Runde zum Gesang.

Lit.: *Rebling, E.:* Die Tanzkunst Indiens, 1981, S. 63.

Pécour(t), Louis. Französischer Tänzer, ↗Choreograph und Ballettheoretiker, geb. 10 August 1653 (1655?) in Paris, gest. 22. April 1729 ebendort. 1674 debütierte er an der Pariser Oper. Grazie, Leichtigkeit und Präzision zeichneten seinen Tanz aus. Er gilt als Schöpfer der „danses galantes", der zu dieser Zeit sehr beliebten Einzeltänze. Als Nachfolger von ↗Beauchamps wurde er Direktor der ↗Académie Royale de Danse in Paris. Pécourt war der erste Berufstänzer, der von der adeligen Gesellschaft aufgenommen wurde. Viele seiner Tänze, vor allem ↗Pas-de-deux-Variationen sind uns in der Choreographie von R. ↗Feuillet, dem ↗Tanzmeister ↗Ludwigs XIV. überliefert. Erst als der große Tänzer ↗Dupré auftrat, nahm Pécourts Ruhm ab. Er tanzte bis 1722.

Lit.: *Feuillet, R. A.:* Recueil de dances contenant un très grand nombres des meillieures entrées de ballet de Mr. Pécour, Paris 1704. *Czerwinski, A.:* Brevier d. Tanzkunst, 1879. *Bie, O.:* Der Tanz, 1900. *Schmidt-Garré, H.:* Ballett, 1966, S. 22.

Pekardansen. Finnischer Volkstanz, der seiner Form und Ausführung nach zur Gruppe der ↗Klatschtänze gehört. (↗Finnische Volkstänze)

Lit.: *Wolfram, R.:* Die Volkstänze in Österreich u. verwandte Tänze in Europa, 1951, S. 154 ff.

Pemberton, E. Von diesem englischen ↗Tanzmeister erschien 1711 in London ein ↗Tanzlehrbuch mit dem Titel: „An Essay For the Further Improvement of Dancing; Being a Collection of Figure Dances, of Several Numbers, Compos'd by the Most Eminent Masters; Describ'd in Characters after The Newest Manner of Monsieur Feuillet". Es ist ein Werk, welches der ↗Tanzschrift ↗Feuillets folgt. (↗Choreographie)

Lit.: *Derra de Moroda, F.:* Die Tanzschrift d. 18. Jh. im Spiegel meiner Sammlung, in: Von Sammlern u. Sammlungen. Ein Jahrbuch f. Bücherfreunde, N. F. Bd. V/ 1967, S. 191.

Pentosali. Neugriechischer Volkstanz aus Kreta. Der seinem Charakter nach kraftvolle, hüpfende Tanz wird hauptsächlich von Männern ausgeführt, die in einer Kette Aufstellung nehmen und dabei die Hände auf die Schultern der nebenstehenden Mittänzer legen. Im Laufe des Tanzes bilden sich mehrere kleinere Ketten, die aber wieder auf einer Linie enden. Wenn zum Schluß die Musik am schnellsten ist, wird die Tanzbewegung nur mehr auf dem Platz ausgeführt. Sein Name bedeutet soviel wie Fünfschritt (Pento = 5, Zale = Schritt). (↗Griechischer Tanz)

Lit.: *Crosfield, D.:* Dances of Greece, 1948, S. 24 ff. *Schmolke, A.-Langhans, H.:* Europäische Tänze, H. 6, 1959, S. 22 f. *Petrides, Th. u. El.:* Folke Dances of the Greeks, 1961, S. 34 ff.

Pe picior. ↗Rumänischer Volkstanz aus Siebenbürgen. Bei diesem etwas lebhaften Tanz entfaltet hauptsächlich die Frau ihre besondere Geschicklichkeit und Grazie, während der Mann sie, an der Hand herumdrehend, tanzen läßt.

Lit.: *Jolizza, W. K. v.:* Die Schule d. Tanzes, S. 286.

Perchtentanz. Der Brauch des Perchtenlaufes ist in den österreichischen Alpengebieten ziemlich weit verbreitet. Er findet sich in Nordtirol, Südtirol, Osttirol, Steiermark und Kärnten. Sein Kerngebiet aber liegt in Salzburg und dort vor allem im Pinzgau. Der Sage nach hat eine Frau oder Göttin Perchta den Anlaß zur Entstehung des Tanzes gegeben. Die Deutung des Namens Percht ist allerdings sehr umstritten, so daß sich über die Bedeutung und den Ursprung des Namens nichts Sicheres sagen läßt. Die Perchtenzeit reicht vom 26. Dezember bis Faschingsdienstag.

Der Höhepunkt des Perchtenlaufes liegt aber am Dreikönigstag (6. Januar). An den Perchtentagen ziehen die Perchtentänzer, meist in Gruppen von vier bis zehn, in Begleitung vom Hanswurst und von Musikanten durch die Dörfer und tanzen und springen. Die tanzenden Perchten, Schönperchten genannt, sind besonders gekleidet und häufig von verschiedenen Gestalten begleitet, im Lungau z. B. vom Samson. Beim Aufbau des Perchtentanzes lassen sich zwei Grundtypen unterscheiden, und zwar der Tanz ohne Musik, der im allgemeinen ↗Trischlag heißt, und der Tanz mit musikalischer Begleitung, der sogenannte ↗Spieltanz. Auffallend ist die Gepflogenheit, bei einem Perchtentanz je zwei Trischläge und einen Spieltanz zu verbinden. Eine Sonderform des Pinzgauer Perchtentanzes ist das ↗Trestern, der eigenartige Stampftanz der Pinzgauer Schönperchten. Wenn die Perchtentänze an manchen Orten nach der steirischen Ländlerart getanzt werden, so hat der ursprünglich kultische Charakter des Perchtentanzes bereits Angleichung an die ortsüblichen ↗Gesellschaftstänze gefunden. Die ursprüngliche Kultdeutung des Perchtenlaufes ist noch aus der Verwendung der verschiedenen Figuren und Masken zu ersehen.

Lit.: *Kronfuß, K.:* Vom Berchten-Tanz, in: Das deutsche Volkslied, Jg. 5, 1903, H. 6, S. 99 f. *Adrian, K.:* Salzburger Volksspiele, Aufzüge u. Tänze, 1905, S. 48 ff. *Eberhard, O.:* 40 echte Salzburger Volkstänze, 1934. *Biberosch, L.:* Deutsche Dämonentänze in heutiger Zeit. Perchtentänze im Salzburgerland, in: Der Tanz, Jg. 10, 1937, Nr. 9, S. 18 ff. *Moser, H.:* Neue archivalische Belege zur Geschichte d. Perchtenlaufens, in: Bayerische Hefte f. Volkskunde, Jg. 12, 1939/40, S. 62 ff. *Lager, H. u. Peter, I.:* Perchtentanz im Pinzgau, in: Akademie d. Wissenschaften, Phil. hist. Klasse, Sitzungsbericht, 218. Bd., 5. Abhandlung, 1940. *Horak, K.:* Volkstanz aus Unken im Lande Salzburg, in: Jahrbuch d. österreichischen Volksliedwerkes, Bd. 6, 1957, S. 61 f. *Fischer, F. J.:* Der Perchtenlauf in Salzburg im 18. Jh., in: Mitteilungen d. Gesellschaft f. Salzburger Landeskunde, 103. Vereinsjahr, 1963, S. 107 ff. *Peter, I.:* Pinzgauer Perchtentanz, in: Österreichische Musikzeitschrift, Jg. 30, 1975, H. 9, S. 451 ff.

Percival, John. Britischer Ballettschriftsteller und Kritiker, geb. 16. März 1927 in Walthamstow (nördlich von London). Von ihm stammen folgende Veröffentlichungen: Antony Tudor, in: Dance Perspectives 17/18; A Dancer for Leading Roles, in: Dance and Dancers, März 1958; Britain's Great Virtuoso, in: Dance and Dancers, Januar 1958; Musicality with Bravura: Brian Shaw, in: Dance and Dancers, Dezember 1958; Margot Fonteyn's Partner, in: Dance and Dancers, März/April 1959; Great Star Becomes Opera Ballet Master, in: Dance and Dancers, Januar 1959; The Carmargo-Society, in: Dance and Dancers, Januar/ März 1961; Modern Ballet, 1970; The World of Diaghilev, London 1971; Ballet Rambert: The Company That Changed Its Mind, in: Dance Magazine, Februar 1973; Nureyev – Aspects of the Dancer, 1975; Wie eine Ballett-Truppe arbeitet, 1979.

Pereplas (auch Perepljass). ↗Russischer Volkstanz, ein sogenannter Improvisationstanz, der auf dem Wettstreit der Tanzenden untereinander beruht. Gleich, ob er von zwei Tänzern oder zwei Tanzgruppen ausgeführt wird, immer besteht der Wettstreit zwischen beiden in einer Reihe von Tänzen, bei denen die Ausführenden bemüht sind, im Erfinden schwieriger Tanzkunststücke und deren Bewältigung einander zu übertreffen. Der Charakter des Tanzes ist Übermut und Lebensfreude. Die musikalische Grundlage bildet meist ein russisches Volkslied im 2/4-Takt. Begleitet wird der Tanz von einer Harmonika.

Lit.: *Moissejew, I.:* Tänze d. Völker d. Sowjetunion, Folge 1, Berlin 1951. *Volkstänze* aus d. Sowjetunion, H. 1, Der russische Tanz, Bd. 1 d. Volkstänze aus aller Welt, Leipzig, s. a.

Pericon. Name eines in Argentinien und Uruguay sehr verbreiteten ↗Volkstanzes im 3/8-Takt. Er wird von mehreren Männern und Frauen getanzt. Die Frauen bewegen sich in der Mitte, die Männer um sie in einem äußeren Kreis. Sie reichen einander entweder die Hände oder verbinden sich durch Halstücher, die sie in ihren Händen halten. Der Tanz wird von Gitarren und Gesang begleitet. (↗Argentinischer Tanz)

Lit.: *Friedenthal, A.:* Musik, Tanz u. Dichtung bei d. Kreolen Amerikas, 1913, S. 280 ff. *Lloyd, A. L.:* Dances of Argentina, London, 1954.

Pericote. Spanischer Volkstanz aus Asturien im 2/4-Takt. Ausgeführt wird er von einem Tänzer mit zwei Tänzerinnen (↗Dreiertanz). Die Tanzbegleitung besteht aus Trommel und Dudelsack. (↗Spanische Volkstänze)

Lit.: *Sachs, C.:* Eine Weltgeschichte d. Tanzes, 1933, S. 65.

Périgourdine. Alter französischer Tanz im Tripeltakt (3/8- oder 6/8-Takt) von fröhlicher Bewegung, ähnlich dem ↗Passepied und der ↗Gigue. Von letzterer unterscheidet sich die Périgourdine nur durch das Fehlen der punktierten Rhythmen. Benannt ist der Tanz nach der Landschaft Périgord.

Lit.: *Lach, R.:* Geschichte d. Gesellschaftstanzes, 1920, S. 27 f.

Perrin, Charles. Französischer ↗Tanzmeister. Er erfand die ↗Quadrille des dames und veröffentlichte „Le Cotillon. 60 Figures", nach ↗Magriel 1876, nach British Museum Catalogue 1882 herausgegeben.

Lit.: *Derra de Moroda, F.:* The Dance Library, a Catalogue, 1982.

Perrot, Jules Joseph. Französischer Tänzer, ↗Choreograph und ↗Ballettmeister, geb. 18. August 1810 in Lyon, gest. 24. August 1892 in Paramé (Ille-et-Vilaine). Nach einem unsteten Leben mit Reisen durch Frankreich, die Schweiz und Italien ließ er sich nach der Begegnung mit A. ↗Vestris, nachdem er schon 1823 am Théâtre de la Gaîté in Paris und 1826 am Théâtre de la Porte-St.-Martin getanzt hatte, als Tänzer ausbilden. 1830 tanzte er als 1. Solist am King's Theatre in London und im selben Jahr am 23. Juni an der Oper in Paris. Bald darauf war er der Partner von Marie ↗Taglioni und der Liebling des französischen Publikums. Unzufriedenheit mit seinem Vertrag veranlaßte ihn, die Oper zu verlassen. 1833 ging er nach London. 1834 lernte er Carlotta ↗Grisi kennen, mit der er weiterhin verbunden blieb, und zwar als Partner, Lehrer und Gatte. 1836 begann er seine Tätigkeit als Choreograph mit dem ↗Ballett „La Nymphe et le Papillon" am Kärntnertortheater in Wien. 1840 war er wieder in Paris und choreographierte dort für Carlotta Grisi die Tänze und Szenen für die Uraufführung von ↗„Giselle". 1841 wurde Perrot Ballettmeister am Her Majesty's Theatre in London, wo er unter anderem 1845 das ↗Divertissement ↗„Pas de quatre" choreographierte, das ihm bedeutenden Ruhm einbrachte. Er blieb in London bis 1848. Von dieser Zeit an wirkte er mit kurzen Unterbrechungen als Ballettmeister bis 1860 in St. Petersburg. Perrot gilt als Bahnbrecher des romantischen Balletts. Seine Choreographien wurden auf vielen Bühnen und von allen Ballerinen gern getanzt. Zurückgekehrt nach Frankreich, zuletzt verheiratet mit der russischen ↗Ballerina Capitoline Samowskaja, starb er ziemlich vereinsamt in dem französischen Dorf Paramé. Mit Adrien Robert zusammen verfaßte er „La Polka enseignée sans maître" (Paris 1845).

Lit.: *Slonimsky, Y.:* Jules Perrot, in: Dance Index, vol. IV, No. 12, 1945. *Guest, I.:* The Romantic Ballet in England, 1954. *Christout, M. F.:* Perrot, génie méconnu, in: Les Saisons de la danse, Nov. 1972.

Persephone. Melodrama in drei Szenen. Das Libretto von André Gide vertonte Igor ↗Strawinsky. Die Uraufführung fand in der ↗Choreographie von Kurt ↗Jooss am 30. April 1934 durch das Ballett Ida ↗Rubinstein im Théâtre National de l'Opéra Paris statt. Die Solistin der Uraufführung war Ida Rubinstein, auf deren Anregung das Melodrama entstanden ist. Es ist ein Werk, das auf der Ballettbühne schwer realisierbar ist, da es zur Darstellung eine Tänzerin erfordert, die auch gleichzeitig eine hervorragende Sprecherin sein muß. Die drei Szenen zeigen die Entführung der Persephone, Persephone in der Unterwelt und Persephones Wiedergeburt.

Perseus-Ballette. Die mythologische Legende der Taten des Perseus, Sohn des Zeus und der Danae, fand mehrmals eine Bearbeitung als Stoff von ↗Balletten: „Andromeda e Perseo" von C. Canobbio, 1775; „Persée et Andromade" von Ch. ↗Cannabich, 1784; „Andromeda e Perseo" von G. Ercolani, 1803; „Andromède et Persée" von P. ↗Gardel, Musik von E. ↗Méhul, Paris 1810.

Persiké ↗Oklasma.

Persischer Tanz. Über die Tänze der Perser sind sehr frühe Zeugnisse vorhanden. Die älteste Darstellung einer Tanzszene im alten Iran ist auf einer Tonscherbe erhalten, die auf dem Hügel Sialk in der Nähe der Stadt Kašan gefunden wurde. Ihre Entstehungszeit wird auf das Ende des 5. oder den Anfang des 4. Jahrtausends v. Chr. datiert. Antike Darstellungen von Tanzszenen aus dem alten Iran sind auch auf Bronzeplatten zu finden, die aus dem 1. bis 2. Jahrtausend v. Chr. stammen dürften. Da die Menschen jener Zeit glaubten, daß ihre Götter tanzten, hielten sie den Tanz für etwas Göttliches, das sie nachzuahmen versuchten. Der griechische Historiker Xenophon berichtet in seiner „Erziehung des Kyros" (1. Band, 1. Kapitel) eine Begebenheit, aus der hervorgeht, daß der Tanz auch am Hof der medischen Könige üblich war. Auch aus den Zeiten späterer Dynastien berichten griechische Historiker festliche Begebenheiten, die auf eine Pflege des Tanzes schließen lassen. Die religiösen Tänze der Zeit standen alle in Beziehung zum Mithra-Kult. Oft wurden bei den Tänzen auch Masken getragen. Hohe Entwicklung erreichten Tanz und Musik unter der Herrschaft der Sassaniden (226 bis 636 n. Chr.). Aus dieser Zeit sind viele Tanzabbildungen erhalten, auch an schriftlichen Berichten fehlt es nicht. Sie geben Zeugnis davon, daß es damals verschiedene Tanzformen und auch den Solotanz gegeben hat. Viele Eroberungen haben das Reich der Perser immer wieder zerstört und dadurch fremden Einflüssen ausgesetzt, was auch auf kulturellem Gebiet nicht ohne Folgen blieb. Im neuen Persien finden wir den ursprünglich nationalen Charakter des persischen Tanzes nur mehr im ↗Volkstanz der verschiedenen Stämme, wo er noch zu den ländlichen Festen aufgeführt wird. Die städtische Jugend schließt sich den Einflüssen westlicher Tanzmusik an. Der persische Volkstanz wird nur mehr als Tradition empfunden. Charakteristisch für den persischen Volkstanz sind die Arm- und Körperbewegungen, die Schritte sind klein. Der Tanz wird solistisch ausgeführt. Die anderen Teilnehmer umstehen in einem Kreis den Solotänzer und klatschen im Takt in die Hände. Es wird oft mehrere Stunden hindurch getanzt. (↗Chub-bazi-Tanz, ↗Dastmālbāzi, ↗Dyasmaly, ↗Savar-bazi)

Lit.: *Rezvani, M.:* Le théâtre et la danse en Iran, 1962. *Tschakert, I.:* Wandlungen persischer Tanzmusikgattungen unter westlichem Einfluß, 1972. *Kasani, A. A.:* Musik, Tanz u. Musikinstrumente im alten Iran, Diss. Wien 1973.

Peruanischer Tanz. Das alte Peru war der Sitz des Inkareiches (um 1100 bis ca. 1533) mit seiner hohen Musikkultur. Es ist fraglich, ob irgendwelche Melodien, die heute von den peruanischen Indios gesungen und getanzt werden, Reste jener Inkamusik sind. Wie in allen lateinamerikanischen Ländern haben die europäischen Eroberer zu deren Formung und Entwicklung viel beigetragen. Die volkstümlichsten und verbreitetsten Tänze Perus sind neben der ↗Habanera, die in Lima und nahe der Küstengebiete getanzt wird, der auch in Kuba und Puerto Rico beheimatete ↗Borinquen (seine Melodie hat in Peru den Titel „La bellísima Peruana"), der auf dem Hochland übliche ↗Bailecito, die in Kordillerenländern sehr verbreitete ↗Cáchua, der ↗Cachaspare, ↗Huaino und die ↗Zamacueca. (↗Lateinamerikanische Tänze)

Lit.: *Friedenthal, A.:* Musik, Tanz u. Dichtung bei d. Kreolen Amerikas, 1913, S. 181 f., S. 215.

Pest(abwehr)tänze. Um die Mitte des 14. Jh., als in Deutschland die Pest wütete und die Menschen in Angst und Schrecken dieser Gottesgeißel gegenüberstanden, geschah es, daß viele der überreizten und von Furcht erfüllten Leute in großen ekstatischen Tanzumzügen einerseits Ablenkung und Beruhigung suchten, andererseits aber glaubten, durch den Tanz die Pest abwehren zu können. Diese Pestabwehrtänze waren eine der Erscheinungen der damals in vielen Ländern Europas wütenden ↗Tanzwut. Als Überreste alter Pesttänze können der Münchener ↗Metzgersprung, der ↗Schäfflertanz, die ↗Echternacher Springprozession und der Kinderreigen vom „Schwarzen Mann" bezeichnet werden.

Lit.: *Böhme, F. M.:* Geschichte d. Tanzes in Deutschland, 1886, S. 43.

Pesttanz ↗Markttanz.

Peta-Špica. Jugoslawischer Volkstanz aus Oberkrain, ein ↗Paartanz im Kreis im 2/4-Takt, der von beliebig vielen Paaren getanzt wird. Die Aufstellung erfolgt im Stirnkreis nebeneinander, Tänzer links mit Blick zur Kreismitte, in Kreuzfassung, wobei der linke Arm der Tänzerin oben ist. Der Tanz wird oftmals auch in unregelmäßiger Aufstellung, ohne eine Richtung zu bevorzugen, ausgeführt. (↗Jugoslawische Volkstänze)

Lit.: *Horak, K.:* Volkstänze aus Oberkrain, in: Jahrbuch d. österreichischen Volksliedwerkes, Bd. 26, 1977, S. 59 f.

Peter, Ilka. Österreichische Volkstanzforscherin, geb. 23. August 1903 in Budapest. Neben ihren Studien an der Wiener graphischen Versuchsanstalt besuchte sie Vorlesungen an der Akademie für Musik und darstellende Kunst über Tanz und ↗Gymnastik. Ihr Studium schloß sie 1926 mit einem Diplom ab. Zur Vervollkommnung ihrer Tanzstudien ging sie nach Dresden zu Mary ↗Wigman. Nach der Eröffnung zweier Privatschulen für Tanz, Gymnastik und Akrobatik wurde sie 1937 Lehrerin am Reinhardt-Seminar in Wien und 1939 am Konservatorium der Stadt Wien. Sie unterrichtete dort modernen ↗Ausdruckstanz, Gymnastik und ↗Volkstanz. Gleichzeitig übernahm sie das Fach Volkstanz auch an der Akademie für Musik und darstellende Kunst. Bis zu ihrem Ruhestand im Jahre 1968 war sie Leiterin der Tanzabteilung des Konservatoriums der Stadt Wien. Zahlreich sind ihre Veröffentlichungen, in welchen sie ihre vor allem für den Volkstanz wichtigen volkskundlichen Forschungen niedergelegt hat: Der Neukatholische aus Ischl, in: Das deutsche

Volkslied, Jg. 43, 1941, H. 7/8, S. 83; Der Schleunige, in: Das deutsche Volkslied, Jg. 45, 1943; Tanz u. Spiel nach dem Abdreschen, in: Wiener Zeitschrift für Volkskunde, Jg. 48, 1943, S. 5 ff.; Der Achtel- oder Maschkerertanz, in: Wiener Zeitschrift für Volkskunde, Jg. 48, 1943, S. 33 ff.; 42 Tänze aus Österreich, 1947; Schleuniger-Landler-Steirischer im Salzkammergut, in: Das deutsche Volkslied, Jg. 49, 1948, H. 1/2, S. 10 ff.; Volkstanz in Theorie und Praxis, in: Österreichische Volkskunde für Jedermann, Wien 1952, S. 341 ff.; Der steirische Reiftanz, in: Jahrbuch des österreichischen Volksliedwerkes, Bd. 2, 1953, S. 83 ff.; Zwei Schwerttänze aus dem Böhmerwald, in: Jahrbuch des österreichischen Volksliedwerkes, Bd. 3, 1954, S. 111 ff.; Salzburger Tänze, 1975; Pinzgauer Perchtentanz, in: Österreichische Musikzeitschrift, Jg. 30, 1975, H. 9, S. 451 ff.; Der Tanz im Lungau, in: Lungau Report 1975, S. 68 ff.; Tänze aus dem Lungau und Pinzgau, in: Der fröhliche Kreis, 26, 1976, S. 87 ff.; Tanz der Pinzgauer Almleute zu brauchtümlich gebundenen Anlässen, in: Jahrbuch des österreichischen Volksliedwerkes, Bd. 25, 1976, S. 8 ff.; Salzburger Fackeltanz, in: Salzburger Heimatpflege, 1, 1977, S. 79 ff.; Der Schleunige mit vergleichendem Einbezug des Ländlers und Steirischen im Salzkammergut, sowie des Salzburgischen Wicklers, in: Jahrbuch des österreichischen Volksliedwerkes, Bd. 26, 1977, S. 66 ff.; Der Salzburger Fackeltanz, 1979; Der Gasteiner Schwerttanz, in: Salzburger Heimatpflege, Jg. 3, 1979, H. 3, S. 87 ff.; Tanz der Pinzgauer Almleute zu brauchtümlich gebundenen Anlässen, in: Die Volksmusik im Lande Salzburg, 1979, S. 106 ff.; Dörfliches Tanzvergnügen in früher Zeit, in: Salzburger Heimatpflege, Jg. 4, 1980, H. 1, S. 81 ff.; Tanzbeschreibungen – Tanzforschung – Gesammelte Volkstanzstudien, Wien 1983.

Petermann, Kurt. Deutscher Musikwissenschaftler und Tanztheoretiker, geb. 26. Januar 1930 in Holzweißig bei Bitterfeld, gest. 27. Dezember 1984 in Leipzig. Er gründete 1957 am Institut für Volkskunstforschung in Leipzig das deutsche Volkstanzarchiv, das sich unter seiner Leitung in den 60er Jahren zur zentralen Dokumentationsstelle für alle Gebiete der Tanzkunst entwickelte und 1975 als „Tanzarchiv" der Akademie der Künste der DDR angegliedert wurde. Ab 1959 war er auch Lehrbeauftragter für Tanzgeschichte an der Fachschule für Tanz und an der Theaterhochschule „Hans Otto" in Leipzig. Ab 1972 führte er zahlreiche Filmdokumentationen zur Fixierung von Volkstänzen der Ungardeutschen, zeitgenössischen Choreographien sowie Ballettwettbewerben durch. Er war der Herausgeber der „Documenta choreologica", einer Studienbibliothek zur Geschichte der Tanzkunst. Bisher erschienen Reprintausgaben von G. ↗Taubert, J. G. ↗Noverre, S. Behr, J. Pasch, R. Voß, F. Daul, A. ↗Czerwinski, G. ↗Lambranzi, E. D. Helmke, C. J. Feldtenstein. Außerdem erschienen von ihm u. a. folgende Schriften und Aufsätze: Tanzbibliographie, Leipzig 1966–1981; Sowjetische Tanzliteratur, Leipzig 1967; Gesellige Tänze und Tanzspiele, Leipzig 1968; Der Tanz der Sowjetunion. Annotierte Titelübersicht aus sowjetischen Zeitschriften, Januar–Juni 1970; Die deutschsprachigen Tanzlehrbücher des 18. und 19. Jh. als Quelle für den Volkstanz, in: Festschrift für Karl Horak, Innsbruck 1980, S. 35 ff.; Tanz als archivalisches Dokument, in: Ballett-Journal/Das Tanzarchiv, Jg. 29, 1981, Nr. 1, S. 65 ff.; Wechselbeziehungen zwischen Volks- und Gesellschaftstanz, Berlin 1982; Einige Aspekte der Konzertmusik und ihre Bedeutung für das choreographische Schaffen im Verlauf der Ballettentwicklung, in: Material zum Theater, Nr. 153, Berlin 1982, S. 16 ff.; Systemische Ordnung und Klassifikation im Volkstanz. Versuch einer Deutung, in: Analyse und Klassifikation von Volkstänzen, Krakau 1983, S. 204 ff.; Ballett-Lexikon 1986.

Peters, Kurt. Deutscher Tänzer, Ballettkritiker, Tanzschriftsteller, Pädagoge, Dozent und Mitdirektor des Instituts für Bühnentanz in Köln, geb. 10. August 1915 in Hamburg. Er ist der Herausgeber der Zeitschrift „Das Tanzarchiv", Gründer und Leiter der Bibliothek und Sammlung des internationalen Tanzes gleichen Namens. Seit 1967 ist er verheiratet mit Gisela ↗Peters-Rohse. Seine Ballettausbildung erhielt er bei Mariska Rudolph, ehemaliges Mitglied der Königlichen Hofoper Budapest, in Hamburg und bei Alexandra ↗Fedorowa in Riga. Als Tänzer, Solist, ↗Ballettmeister und Pädagoge war er an deutschen Theatern und Ballettschulen tätig. Veröffentlichungen: Probleme des Theatertanzes, Ballettschule und Tanztheater (1958); Lexikon der klassischen Tanztechnik (1961); Kinetographisches Lexikon der klassischen Tanztechnik (1965); Abraxas (1964); Lola Rogge – eine Insel der musischen Tanzkultur (1964); Dore Hoyer (1964); Ballett „Königliche Spiele" in Herrenhausen (1966); 10 Jahre Internationale Sommerakademie (1966); Ballett im Hessischen Staatstheater Wiesbaden (1968); Buchbeiträge und Beiträge in Zeitungen, Zeitschriften, Programmheften, Almanachen u. a. Er erhielt 1984 den „Deutschen Tanzpreis".

Peters-Rohse, Gisela. Deutsche Tänzerin, geb. 10. November 1938, verheiratet mit Kurt ↗Peters. Als Tänzerin und Tanzpädagogin wurde sie bei Lola Rogge im Hamburg ausgebildet. 1968 gründete sie eine eigene Schule in Köln. Sie war Mitarbeiterin an der Ballettzeitschrift „Das Tanzarchiv" und der Sammlung gleichen Namens. Veröffentlichungen: „Kinder tanzen", Bd. 11 der Tanzarchiv-Reihe (1969); Beiträge in „Das Tanzarchiv".

Petipa, Jean Antoine. Französischer Tänzer, ↗Choreograph und Lehrer, geb. 16. Februar 1787 in Paris, gest. 28. Juli 1855 in St. Petersburg. Von Paris aus, wo er zuerst tanzte, ging er mit seiner Familie nach Marseille und anschließend nach Brüssel, wo er 1819–1832, 1833 bis 1835, 1841–1843 ↗Ballettmeister war. In Bordeaux und Madrid wirkte er als Choreograph. 1848 ging er nach St. Petersburg und wurde Lehrer an der kaiserlichen Ballettakademie. Er ist der Vater von Lucien und Marius Petipa.

Petipa, Lucien. Französischer Tänzer, ↗Choreograph und ↗Ballettmeister, geb. 22. Dezember 1815 in Marseille, gest. 7. Juli 1898 in Versailles. Er ist der Bruder von Marius Petipa und studierte bei seinem Vater Jean Antoine Petipa. Nachdem er unter der Leitung seines Vaters in Brüssel und Bordeaux getanzt hatte, ging er 1839 nach Paris, wo er als Partner von Fanny ↗Elßler in „La ↗Sylphide" debütierte. Er war auch ständiger Partner von Carlotta ↗Grisi und gehörte bald zu den beliebtesten Tänzern seiner Zeit. Von 1860 bis 1868 war er Ballettmeister der Pariser Oper. Seine Tanzkarriere endete durch einen Jagdunfall. An der Oper wirkte er aber weiterhin als Choreograph.

Lit.: *Guest, J.:* The Romantik Ballet in Paris, London 1966.

Petipa, Maria Mariusowna. Tänzerin, geb. 1857 in St. Petersburg, wo sie 1930 starb. Tochter von Marius Petipa, bei dem sie auch studierte. Auch Chr. ↗Johannsson zählte zu ihren Lehrern. Sie tanzte am Marijinskij-Theater. Ihr künstlerischer Höhepunkt war in den Jahren von 1870 bis 1892.

Petipa, Maria Surowtschikowa. Russische Tänzerin, geb. 1836, gest. 1882 in Nowotscherkassk. Sie war die Gattin von Marius Petipa, den sie 1854 geheiratet hatte. Sie studierte an der kaiserlichen Akademie in St. Petersburg und tanzte viele Rollen mit ihrem Mann als Partner. 1869 ließen sie sich scheiden, was auch ihren künstlerischen Abstieg bedeutete. Sie war die Mutter von Maria Mariusowna Petipa.

Petipa, Marius. Französischer Tänzer, ↗Choreograph und ↗Ballettmeister, geb. 11. März 1818 in Marseille, gest. 14. Juli 1910 in Gurzuf auf der Krim. Er ist der bedeutendste Vertreter der Tänzerfamilie Petipa, der die Geschichte des Bühnentanzes bis in unsere Zeit hinein wesentlich beeinflußt hat und als einer der Begründer des russischen Balletts angesehen werden kann. Den ersten Tanzunterricht bekam er von seinem Vater Jean Antoine Petipa. In Gardels „La ↗Dansomanie" debütierte er 1831 im Théâtre de la Maonnaie in Brüssel. Er ging dann mit seinem Vater nach Bordeaux, 1838 wurde er 1. Tänzer in Nantes. 1839 unternahm er mit seinem Vater eine Tournee nach Nordamerika. Seine Tanzstudien setzte er bei A. ↗Vestris fort und wurde 1. Tänzer in Bordeaux. 1845 tanzte er am Teatro del Circo in Madrid. 1846 stellte er sich als Partner von Fanny ↗Elßler dem Pariser Publikum vor. Auch Carlotta ↗Grisi war seine Partnerin. 1847 reiste er mit seinem Vater nach St. Petersburg, das seine zweite Heimat wurde. Zuerst wirkte er als 1. Tänzer und Choreograph und ab 1862 als Ballettmeister am Marijinskij-Theater. Als Nachfolger von Jules ↗Perrot folgte er in seinen Choreographien dessen Beispiel und schuf so seine berühmten, heute noch in aller Welt getanzten Werke. Eine seiner besten und lebensfähigsten Choreographien schuf er mit ↗„Dornröschen". Viele der großen russischen Tänzer und Tänzerinnen waren seine Schüler.

Lit.: *Guest, I.:* The Ballet of the Second Empire, London 1955. *Moore, L.:* Russian Ballet Master. The Memoirs of Marius Petipa, London 1958. *Guest, I.:* The Romantic Ballet in Paris, London 1966. *Moore, L.:* The Petipa Family in Europe and America, in: Dance Index, vol. VI, 1968, No. 5. *Petipa, M.:* Materialy, Vospominania Stat'i, Leningrad 1971. *Leshkov, D. I.:* Marius Petipa, 1971. *Krasovskaya, V.:* Marius Petipa and „The Sleeping Beauty", in: Dance Perspectives 49, Spring 1972. *Rebling, E.:* Marius Petipa. Meister d. klassischen Balletts, 1975.

Petit, Roland. Französischer Tänzer und ↗Choreograph, geb. 13. Januar 1924 in Villemomble (Seine). Er erhielt seine Ausbildung unter Gustave Ricaux an der Ballettschule der Pariser Oper und debütierte 1940 als Partner von Janine ↗Charrat. 1945 verließ er das Opernballett und gründete eine eigene Truppe, die „Ballets des Champs-Élysées", 1948 die „Ballets de Paris". Mit seinen Truppen bereiste er Frankreich und das Ausland. 1970–1972 leitete er das Casino de Paris, ab 1972 das Ballet de Marseille (seit 1981 Nationalballett). Verheiratet ist er mit Zizi ↗Jeanmaire. Petit verbindet das klassische Ballett mit dem modernen ↗Ausdruckstanz.

Lit.: *Lidova, J.:* Roland Petit, Paris 1956.

Petits riens, Les. Diese von J. G. ↗Noverre verfaßte anakreontische ↗Ballettpantomime erlebte ihre erste Aufführung am 30. Dezember 1767 in Wien unter dem Titel „Les Bagatelles". Die Musik dazu hatte damals der Wiener Hofmusiker und Ballettkomponist an der italienischen Oper in Wien Franz ↗Aspelmayr geschrieben. Bedeutung gewann Noverres Ballett aber erst durch die Musik von W. A. ↗Mozart, der im Jahre 1778 während seines Pariser Aufenthaltes die Ouvertüre und 13 Stücke für dieses Werk komponierte (KV 299b). Sechs Stücke waren von französischen Komponisten und in dieser Fassung kam „Les petits riens" am 11. Juni 1778 in Paris zur ersten Aufführung. Mozarts Name wurde dabei auf dem Theaterzettel überhaupt nicht erwähnt. Nach sechs Aufführungen wurde das Werk vom Spielplan abgesetzt, das Szenarium, welches der Pariser Aufführung zugrunde lag, geriet in Verlust, Mozarts Musik war längere Zeit unauffindbar und wurde erst 1872 in der Bibliothek der Pariser Oper durch Victor Wilder wiederentdeckt. In den Jahren 1781 und 1782 erlebte das Werk eine Neueinstudierung durch Noverre in London mit der Musik von F. Hippolite Barthélemon. „Les petits riens" ist die Geschichte von Gott Amor, den Schäferinnen gefangen halten und der dann, als er sich ob seiner Macht befreit, seine Rache an den Mädchen als der alles mit Liebe belebende Gott vollzieht.

Lit.: *Wilder, V.:* Mozart à Paris en 1778. Une partition inédite, in: Le Ménestrel, Jg. 38, 1872, S. 418 ff. *Wilder, V.:* An Unpublished Ballet by Mozart, in: Dwight's Journal of Music, Jg. 32, 1873, No. 25, S. 104 ff. *Sandt, A.:* Die Wiener Aufführung d. Balletts „Les Petits riens", in: Mozart-Jahrbuch, Bd. 3, 1929, S. 95 ff. *Heckmann, H.:* Vorwort zu: W. A. Mozart: Musik zu Pantomimen u. Balletten, Neue Mozart-Ausgabe, Serie II/6/2, 1963 (vergleiche auch d. kritischen Bericht, 1970).

Petronella. ↗Schottischer Volkstanz, ein sogenannter ↗Longway. Je vier Paare nehmen an dem Tanz teil, die Partner stehen einander in zwei Stirnreihen gegenüber. Die Tanzbewegung besteht aus Geh-, Polka- und Hüpfschritten. Die Tanzmelodie steht im 2/4-Takt. Mit dem gleichen Namen gibt es auch einen in der Ausführung aber abweichenden nordamerikanischen Tanz.

Lit.: *Lager, H.:* Alte Tänze f. junge Leute, 1973, S. 29 f.

Petruschka (Pétrouchka). Burleske Szenen in vier Bildern von Alexander ↗Benois und Igor ↗Strawinsky. Musik von Igor Strawinsky, komponiert 1910/11. Die Uraufführung fand am 13. Juni 1911 in der ↗Choreographie von M. ↗Fokine im Théâtre du Châtelet, Paris, durch das ↗Ballet Russe statt. Der erste Petruschka war Waslaw ↗Nijinksky, die erste ↗Ballerina Tamara ↗Karsawina, der erste Mohr Nicolas Orlow. Das Stück spielt in St. Petersburg um 1830 während der Karnevalszeit. Ein mit magischen Kräften ausgestatteter Scharlatan zeigt auf dem Jahrmarkt seine drei Puppen: Petruschka, den russischen Hanswurst, die Ballerina und den Mohren. Seine Zauberkraft verleiht den lebensgroßen Puppen menschliches Empfinden. Petruschka und der Mohr verlieben sich in die Ballerina. Beide erfaßt gegenseitige Eifersucht. Petruschka wird vom Mohren erschlagen. Er wird wieder von seinem Magier in eine Puppe zurückverwandelt und lebt als Hanswurst unsterblich weiter. – Strawinskys Werk ist für die Entwicklung der Musik des 20. Jh. und für die moderne Choreographie von größter Bedeutung.

Lit.: *Sternfeld, F.:* Some Russian Folk Songs in Stravinsky's Petrouchka, in: Notes II, 1945, S. 95 ff. *Beaumont, C.:* Complete Book of Ballet, 1951. *Kirstein, L.:* Petrouchka, in: Movement & Metaphor, New York 1970.

Peuerl (auch Bäuerl, Peyerl), Paul. Organist, geb. um 1570/80, gest. nach 1625. Er wirkte als Organist in Horn, Niederösterreich, und Steyr, Oberösterreich und ist als Schöpfer der sogenannten Variationensuite bekannt geworden, einer Kompositionsform, in der sämtliche Tanzsätze im Variationenverhältnis zu dem an dritter Stelle stehenden „Dantz" stehen. Er gab heraus: Newe Paduanen, Intrada, Däntz und Galliarda mit vier Stimmen, ein jeglichs nach seiner art auf allen Musicalischen Saitenspielen gantz lustig zugebrauchen, 1611, gedruckt zu Nürnberg durch Abraham Wagenmann; Ettliche lustige Padovanen, Intraden, Galliard, Couranten und Däntz sampt zweyen Canzon mit vier Stimmen auff allen Mus. Seytenspielen zugebrauchen, 1620,

Nürnberg, Wagenmann; Gantz Neue Padouanen, Auffzüg, Balleten, Couranten, Intraden und Däntz ... mit dreyen Stimmen gesetzt, 1625, Nürnberg, Wagenmann. (↗Suite)

Lit.: *Frankl, P.:* Paul Peuerl, ein österreichischer Vokal- u. Instrumental-Komponist um 1600, Dissertation Wien 1915. *Geiringer, K.:* Paul Peuerl, in: Studien f. Musikwissenschaft, H. 16, Wien 1929, S. 32 ff.

Pfanne(n)flickertanz. Dieser ↗Zunfttanz stammt aus dem Jahre 1714, als die Pest zum letztenmal in Reichenhall in Bayern wütete. Die Zunft der Pfannenflicker, die der Saline angehörte, kam damals auf den Gedanken, durch einen urwüchsigen Tanz der Bevölkerung wieder Lebensmut zu geben. Bunt gekleidet zogen sie mit einem Fiedler durch die Straßen und lockten mit kleinen eisernen Pfannen, auf die sie mit Holzhämmern schlugen, die Leute aus den Häusern. Dazu führten sie mit komischen Figuren einen Tanz auf.

Lit.: *Brandenburg, Nelli-Luise:* Pfannenflickertanz. Ein Beitrag zu d. Zunfttänzen, in: Bayerische Heimat, Nr. 20 v. 17. II. 1931 (Beilage d. Münchener Zeitung). *Wiedermann, M.:* Über d. Pfanneflickertanz, in: Heimatblätter, Halbmonatsbeilage zum Reichenhaller Tagblatt „Der Grenzbote" vom 3. IX. 1931, Jg. 12, Nr. 15.

Pfannhauserisch ist die Bezeichnung des ↗Schleunigen in der Gegend um Ebensee im Salzkammergut, Österreich. Ein Pfannhaus ist ein Salzsiedehaus. (↗Od-země)

Pfatscher. Name eines ↗Judentanzes, der in der Karlsbader Gegend üblich war.

Lit.: *Hofmann, J.:* Pfatscher oder Judentanz, in: Unser Egerland, XII, 1908. *Zoder, R.:* Judentänze, in: Jahrbuch f. Volksliedforschung, Jg. 2, 1930, S. 132.

Pfeffermühle. Polkaähnlicher Tanz im $^2/_4$-Takt, der vor 1800 in Deutschland (Mark) getanzt wurde.

Lit.: *Böhme, F. M.:* Geschichte d. Tanzes in Deutschland, 1886, S. 209.

Pfingsttanz. Schon vom Mittelalter an galt das Pfingstfest bei der ländlichen Bevölkerung als eine besondere Zeit zum Tanzen. Der Pfingsttanz wurde im Freien abgehalten, meist auf einem eigens dafür hergerichteten Tanzplatz (↗Tanzplan) um die Dorflinde (↗Lindentanz). Getanzt wurde von Pfingstdienstag bis Donnerstag. In manchen Gegenden hieß der Pfingsttanz auch ↗Maitanz und war meist mit der Kirchweih und dem Maibaum verbunden. In Thüringen wurde er ↗Plantanz genannt, an anderen Orten wieder ↗Birken-oder ↗Laubtanz.

Lit.: *Böhme, F. M.:* Geschichte d. Tanzes in Deutschland, 1886, S. 154 f.

Pfundmayr, Hedy. Österreichische Tänzerin und Lehrerin, geb. 1. Dezember 1899 in Wien, gest. 5. November 1966 ebendort. Sie studierte an der Ballettschule der Wiener Staatsoper, begann 1915 ihre tänzerische Tätigkeit im Wiener Opernballett und wurde 1926 Solistin. Von 1936 bis 1945 war sie Solomimikerin und unterrichtete an der Theater-Ballettschule. Sie richtete eine eigene Kunsttanzschule ein, in der sie den bis dahin unbekannten Unterricht für Mannequins, Stewardessen u. a. einführte. Ihre eigenen Tanzabende und auch die Darbietungen der „Pfundmayr-Truppe" waren stets von hoher Qualität ausgezeichnet.

Phalèse, Pierre. Musikverleger und Drucker, geb. um 1510 in Löwen, gest. um 1573 ebendort. Er gab 1571 das „Premier livre de Danseries" heraus, ein Werk, welches eine wichtige Quelle zu den französischen Tänzen des 16. Jh. darstellt.

Lit.: *Goovaerts, A.:* De Muziekdrukkers Phalesius en Bellerus te Leuven en te Antwerpen 1546–1574, Antwerpen 1882.

Phallische Tänze (von griechisch phallos). Ihr Sinn war der Fruchtbarkeitsritus. Menschliche Fruchtbarkeitstänze in ihrer reinsten Form sind zwei Abschnitten des Geschlechtsverkehrs entlehnt: dem werbenden Zusammenfinden (↗Werbetänze) und dem Akt selbst. Fruchtbarkeitstänze sind von alters her schon in allen Kulturen (↗griechischer Tanz) und vor allem bei den ↗Naturvölkern zu finden. Bei letzteren sollte durch diesen Tanzritus die Befruchtung der Felder, der Tiere und auch der Menschen zauberhaft gefördert werden. Ein Akt geschlechtlicher Verbindung wird zwar bei den Fruchtbarkeitstänzen auf dem Tanzplatz nie wirklich vollzogen, wohl aber bis hart an die Grenze des Möglichen dargestellt. Den Naturvölkern geht es dabei aber nicht um sexuelles Vergnügen, sondern um Leben und Einssein mit der Natur. Die Motive des phallischen Tanzes leben aber auch im weitesten Sinn im ↗Volks- und ↗Gesellschaftstanz des Abendlandes bis heute weiter. Innerhalb dieser Tanzformen sind es vor allem die verschiedenen Arten des ↗Paartanzes bis hin zum volkstümlichen ↗Werbetanz mit Sprödespiel (↗Schuhplattler).

Lit.: *Sachs, C.:* Eine Weltgeschichte d. Tanzes, 1933, S. 61 ff.

Philidor-Danican, André (Philidor l'aîné). Kammermusiker und Komponist am Hof ↗Ludwigs XIV., geb. um 1647 in Versailles, gest. 11. August 1730 in Dreux. Er entstammte der im 17./18. Jh. in Paris hochangesehenen Musikerfamilie Danican, die unter Ludwig XIII. zur Erinnerung an den italienischen Oboisten Filidor, den Beinamen „Philidor" erhielt. Außer als Komponist zahlreicher Tanzmusik und ↗Ballette hat sich André Philidor besondere musikhistorische Verdienste durch das Sammeln und Ordnen alter französischer Instrumentalmusik, die am Hof seit dem Regierungsantritt von François I. (1515) aufgeführt worden war, erworben. Die Sammlung, den Musikhistorikern unter dem Namen „Collection Philidor" bekannt, enthält unter anderem viele altfranzösische Tänze und die Musik zahlreicher Ballette.

Lit.: *Allen, G.:* The Life of Philidor, Musician and Chess-Player, 1858, erweitert 1863, Nachdruck New York 1971. *Czerwinski, A.:* Die Tänze d. XVI. Jh., 1878, S. 20. *Wasielewski, W. J. v.:* Die Collection Philidor, in: Vierteljahrsschrift f. Musikwissenschaft, Jg. 1, 1885, S. 531 ff.

Philippinischer Tanz. Die Kultur der Philippinen ist eine Mischung von bodenständigen einheimischen Elementen mit Elementen der Kolonisation. Dieser Umstand spiegelt sich auch im philippinischen Tanz wider. Er läßt sich in vier Typen einteilen: den spanischen, den restlichen bodenständigen philippinischen, den Igorot – oder vorgeschichtlichen und den moslemischen Typus. Vorherrschend ist der spanische Typus. Ihn findet man in den meisten Provinzen, sowohl was die Tanznamen als auch die Tanzformen betrifft. Unter den Igorots oder den einheimischen Bewohnern, die noch in den Bergen des nördlichen Luzon leben, ist der Tanz ein Teil des Stammeslebens. Getanzt wird zu den Feiern verschiedenster Art, bei Hochzeiten, vor dem Kampf oder der Kopfjagd, bei Tod und Begräbnis, zur Heilung von Krankheiten, zur Ernte und Saat. Die moslemischen Bewohner der Philippinen haben, obwohl ihre Kultur für den arabischen Einfluß genau so wie für den hinduistischen und javanischen empfänglich war, doch ihre eigene Individualität bewahrt und einen sehr charakteristischen Tanzstil entwickelt. Er ist ausgezeichnet durch Vertiefung, Mystizismus, besondere Anmut und Gesichtsausdruck, fließende Armbewegungen, Fingerbewegungen, Handstellungen (↗Mudras). Der Tänzer improvisiert und tanzt je nach Stimmung. Die Moslems hatten in frühen Zeiten vielen Angriffen von Eroberern zu widerstehen. In ihrer Tanztradition finden sich daher auch einige Männertänze, die die Kunst der Attacken und Selbstverteidigung zeigen. Als die Spanier in ihrem Eifer, die Christianisierung mit allen Mitteln zu fördern, darangingen, alles bodenständige und moslemische Tanzgut zu zerstören, alle Stammeszeremonien und Rituale zu verbieten, ging für den traditionellen philippinischen Volkstanz viel verloren. Man war aber immer bemüht, die Tradition des philippinischen Volkstanzes lebendig zu erhalten. 1924 gründete Jorge Bocobo, Präsident der Universität der Philippinen, ein Komitee für philippinischen Volksgesang und Volkstanz. Francisca Reyes-Tolentino, ein Mitglied dieses Komitees, sammelte die alten Volkstänze, schrieb Bücher darüber und lehrte den Volkstanz in den philippinischen Schulen. (↗Pandango Malagueña, ↗Pinanyo-wan, ↗Subli, ↗Suta-lam, ↗Tayaw, ↗Tinikling, ↗Tschungas)

Lit.: *Reyes-Tolentino, F.:* Philippine National Dances, New York 1946. *Bowers, F.:* Theatre in the East, 1956. *Reid, J. A.:* Dancing and Music, in: Philippine Sociological Review, IX/3–4, 1961, S. 55. *Alejandro, R.:* The Dance in the Philippines, in: Dance Perspectives 51, Herbst 1972.

Phillibois, Alexander. ↗Tanzmeister, geb. um 1677, gest. 4. Juni 1744 in Wien. Er unterrichtete als solcher am Wiener Hof (u. a. auch die zukünftige Regentin Maria Theresia), außerdem studierte er die großen ↗Ballette für die kaiserlichen Veranstaltungen ein. Seine drei Söhne wurden ebenfalls Hoftänzer. **Carl** (1699–1729) heiratete die Hoftänzerin Johanna Scio, welche die erste Tänzerin war, die am Hoftheater fest besoldet wurde. **Anton** schuf kleine mythologische Ballettszenen und Tänze für große Opern.

Piantone. Alter italienischer ↗Gesellschaftstanz, ein sogenannter Schichtwechseltanz, bei dem die Tanzenden ihre Partner wechseln. Der Tanz wurde auch mit vielen Solotouren ausgeführt. (↗Italienischer Volkstanz)

Lit.: *Bie, O.:* Der Tanz, 1925, S. 158.

Picchi, Giovanni. Geburts- und Sterbedaten unbekannt, Organist in Venedig (1615), Komponist von Lautensätzen. In F. ↗Carosos „Nobilità di Dame" (1600) wird Picchi unter den „Professori di ballare" erwähnt. Im Jahre 1618/19 gab er seine „Intavolatura di Balli d'Arpicordo" heraus. Sie stellen eine der wichtigsten italienischen Sammlungen von Tänzen dar. Die Balli sind mehrteilig, jedem ↗Ballo in geradem Takt folgt (mit einer Ausnahme) ein ↗Saltarello oder Balletto in ungeradem Takt. (↗Chilesotti)

Lit.: *Chilesotti, O.:* Biblioteca di rarità musicali, vol. II, Milano 1892.

Pichler, Auguste. Österreichische Tänzerin, geb. 10. Oktober 1893 in Wien, gest. 12. April 1978 ebendort. Sie studierte an der Ballettschule der Hofoper in Wien bei J. ↗Hassreiter, K. Ellend und V. van Hamme. 1908 trat sie in das Ballett der Wiener Hofoper ein und wurde bereits 1913 zur Solotänzerin ernannt. Nach Abgang der ersten Wiener Primaballerina Elsa von ↗Strohlendorf erhielt sie 1925 diesen Titel und wurde bei ihrem Abschied („Donauwalzer“ mit Willy ↗Fränzl) 1935 zum Ehrenmitglied der Staatsoper ernannt. Nach ihrer Pensionierung folgte sie ihrem Gatten, Short, nach London. Die klassischen Ballettrollen der blonden Wienerin waren u. a.: Swanilda, Darinka, Sulamith, Pimpinella, Fanny Elßler, die Trommlerin in der ↗„Puppenfee“, „Carnaval“, Prinzessin Praliné (↗„Schlagobers“).

Pie de jibao oder **gibao.** Dieser spanische Hoftanz wurde 1560 erstmals genannt und galt ab dem 17. Jh. bereits als veraltet. Er wurde als ↗Paartanz ausgeführt.

Lit.: *Sachs, C.:* Eine Weltgeschichte d. Tanzes, 1933.

Piepenkop, auch **Piepekopp.** ↗Deutscher Volkstanz aus Pommern. Er gehört zur Gruppe der sogenannten Konikower Tourentänze, die auch heute noch von den Konikowern zu gewissen Anlässen getanzt werden. Er wird von vier Paaren ausgeführt, die sich zum Kreis fassen. Die Musik geht im Zeitmaß eines ↗Rheinländers im 2/4-Takt.

Lit.: *Schultz, W.:* Pommersche Volkstänze, Deutsche Volkstänze H. 15/16, 1934. *Burkhardt, L.:* Kneveler, Nr. 1, 1936 u. 1950. *Cunz, R.:* Deutsches Volkstanzbuch, 1938, S. 45 f.

Pierus. ↗Pantomime aus dem Rom der Kaiserzeit, stammte aus Tibur.

Lit.: *Friedländer, L.:* Sittengeschichte Roms, 1934.

Piler-lan. ↗Französischer Volkstanz aus der Bretagne. Dieser altbretonische Tanz hat sich bis heute im Bezirk Léon erhalten. Er kann von jeder Anzahl von Paaren ausgeführt werden, entweder in gerader Linie oder in einem weiten Kreis. Die Tanzpartner sehen einander an. Die Schritte der Männer sind leicht gestampft und erinnern an das Treten des Stechginsters, bevor er den Tieren gefüttert wird. Der Tanz, mit Gesang begleitet, hat raschen 4/4-Takt mit Wechsel zum 5/4-Takt.

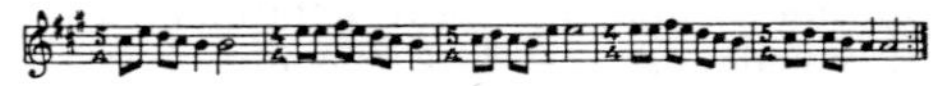

Lit.: *Lawson, J.:* European Folk Dance, 1953, S. 152.

Pilioritikos. Neugriechischer Volkstanz aus Thessalien. Der Tanz wird nur von Mädchen ausgeführt. Die Aufstellung erfolgt im Halbkreis, die Handfassung bei herabhängenden Armen. Der Tanz hat zwei Schrittfolgen. (↗Griechischer Tanz)

Lit.: *Schmolke-Langhans:* Europäische Tänze, 1964, H. 8, S. 8 f.

Pinakides. Antiker ↗griechischer Tanz, dessen Name von den bei dem Tanz als Requisit verwendeten Brettchen herrührt. Der Tänzer hält beim Tanzen zwei flache Holzstücke, je eines in jeder Hand, die er aneinanderschlägt. Tänze mit solchen Holzbrettchen ausgeführt sind meist orgiastischen Charakters. Dieser Tanz, der vielleicht ägyptischen Ursprungs ist, scheint bereits im 2. Jh. außer Gebrauch gewesen zu sein.

Lit.: *Lawler, L. B.:* The Dance of the Pinakides, in: Transactions and Proceedings of the American Philological Association, vol. 71, 1940, S. 230 ff.

Pinanyo-wan. ↗Philippinischer Tanz, ein Knaben- und Mädchentanz mit Tüchern. Der Knabe umtanzt das Mädchen, seine Fußbewegungen machen die Bewegungen eines Hahnes nach. Wenn das Mädchen ein Tuch auf die Schultern des Knaben legt, um zu zeigen, daß seine Werbung angenommen wird, antwortet es auch mit einem Liebeslied. (↗Werbetanz)

Pindar von Theben (521–441 v. Chr.). Berühmter griechischer Lyriker. Mit seinen Hymnen, ↗Dithyramben, ↗Hyporchemata und ↗Parthenien erreichte die griechische Chorlyrik ihren Höhepunkt.

Pinzgauer Hexentanz. Dieser ↗österreichische Volkstanz aus Salzburg ist vor allem in der Gegend von Mittersill bis Krimml zu Hause. Er wird nach einer ↗Polka getanzt. Der Tanz ist durch die ↗Mimik der Tanzenden charakterisiert, die von naivem Ausdruck bis zu urwüchsig derber Sinnlichkeit reichen kann. Der Tanz umfaßt neun Figuren. Sie haben eigene Namen wie Necken, Strafe, Abscheu, Hohn, Verzeihung und Liebe.

Lit.: *Adrian, K.:* Von Salzburger Sitt' u. Brauch, 1942, S. 371 f.

Piollet, Wilfride. Französische Tänzerin, geb. 28. April 1943 in Drôme. 1960 wurde sie Mitglied des Ballettensembles der Pariser Oper, 1966 Solistin und 1969 Primaballerina.

Piperu. ↗Rumänischer Volkstanz aus dem Banat. Die Aufstellung der Paare geschieht in einer Kolonne in Oberarmfassung. Charakteristisch für den Tanz sind die kleinen, raschen, auf halber Spitze ausgeführten Schritte, die bei Richtungswechsel durch kleine mit Kniebeuge getanzte Schritte unterbrochen werden. Der Tanz ist lebhaft, die Tanzmelodie steht im 2/4-Takt.

Lit.: *Molkenbur, N.:* Rumänische Volkstänze, 1967, S. 61 ff.

Piqué bezeichnet im klassischen ↗Ballett das Übertragen des Körpergewichts auf die Fußspitze bei durchwegs gestrecktem Bein. Es gibt ein Piqué détourné und ein Piqué enveloppé.

Lit.: *Raab, R.:* Lexidion f. d. Ballett, s. a.

Pirararatanz. Brasilianischer ↗Maskentanz. Die Tänzer tragen beim Tanz lange Ararafedern auf dem Kopf und einen Baumwollbehangschmuck an Unterarmen und Waden. Der Name stammt von dem Pirarara (indianisch-portugiesisch Piranha), dem gefährlichen Fisch des Amazonas. Die Tanzmelodie gibt auch nach jeder Zeile den eigentümlichen Ton wieder, welchen dieser Fisch ausstößt, wenn er aus dem Wasser gezogen wird. (↗Brasilianischer Tanz, ↗Cascudotanz)

Lit.: *Krause, F.:* Tanzmaskennachbildungen v. mittleren Araguaya, in: Jahrbuch d. städtischen Museums f. Völkerkunde zu Leipzig, Bd. 3, 1908/1909, S. 113.

Pirouette ist der Name einer Tanzfigur, bei der der Körper auf einem Fuß stehend, mit dreifach abgewinkeltem Bein vorbereitet (Hüft-, Knie-, Knöchelgelenk), wie ein Kreisel schnell mehrfach herumgedreht wird. In der Ausführung gibt es verschiedene Arten: Pirouette à la seconde, Pirouette dégagée en dedans, Pirouette dégagée en dehors, en arabesque, en attitude, en dedans, en dehors, en l'air, fouettée, pivot, pivot en dedans, renversée en seconde, soleil, Pirouette sur le coup-de-pied. Die Pirouette ist das Gegenteil der ↗Tour, bei der der Körper nur einmal auf einem Bein gedreht wird.

Lit.: *Raab, R.:* Lexidion f. d. Ballett, s. a. *Waganowa, A. J.:* Die Grundlagen d. klassischen Tanzes, 1954, S. 141.

Pirrevals. ↗Dänischer Volkstanz im 2/4-Takt. Ausgeführt wird er von drei Paaren, die im Dreieck Aufstellung nehmen.

Lit.: *Thomsen, E.-Andersen, H.:* Folkedanse for børn, 1923, S. 20 f. *Tolv danske folkedanse,* Auswahl aus: Foreningen til folkedanses fremme, 1924, S. 14 f.

Pistolets (Ailes de pigeon) ist die Bezeichnung eines Schrittes im klassischen ↗Ballett, der aus einer Aneinanderreihung mehrerer ↗Brisés dessous besteht. Jedes beginnt aus der 2. ↗Position und endet auf dem beim ↗Battieren tätig gewesenen Fuß. Der stützende Fuß wird dabei in die 2. Position hinaufgeworfen und verweilt da schwebend bis zum nächsten Brisé dessous.

Lit.: *Klemm, B.:* Katechismus d. Tanzkunst, 1855.

Pitrot, Antoine Bonaventura. Französischer Tänzer und ↗Choreograph, geb. wahrscheinlich 1720 in Marseilles, gest. um 1792. Er war ein in viele Liebesaffären, Duelle und Skandale verwickelter Künstler, der in ganz Europa wirkte, unter anderem in der Toskana, in Dresden und auch als oftmaliger Gast in Wien (1756). Er gilt als einer der Pioniere des ↗Ballet d'action.

Lit.: *Winter, M. H.:* The Pre-Romantic Ballet, 1974.

Piva. Italienischer Tanz aus dem 15. Jh. Er wurde von der Gesellschaft aufgenommen, doch bald wieder, um etwa 1450, wegen seines derben, rustikalen Charakters aufgegeben. Von ↗Cornazano wird die Piva zwar erwähnt, allerdings mit der Einschränkung, daß sie wegen ihrer Ausgelassenheit nichts für Uomini magnifici (ehrenwerte Personen) sei. Die Grundbewegung der Piva war ein rascher Doppelschritt, sie konnte aber auch nach den wenigen überlieferten Angaben italienischer ↗Tanzmeister a spinapescie = im Fischgrätenmuster getanzt werden. Die Musik zur Piva, nach Cornazano „Cacciata" genannt, war vierschlägig und tempomäßig ungefähr doppelt so bewegt wie die ↗Basse danse. – Eine Piva im Rhythmus des ↗Siciliano ($^{12}/_{8}$-Takt) über eine Art Dudelsackbaß kommt im „Messias" von G. F. ↗Händel vor und schildert die weihnachtliche Hirtenszene.

Lit.: *Sachs, C.:* Eine Weltgeschichte d. Tanzes, 1933, S. 219. *Dolmetsch, M.:* Dances of Spain and Italy from 1400 to 1600, New York 1975.

Plácavá (= der Klatscher). Tschechischer Volkstanz aus Böhmen, bei dem nach acht Takten die Tanzenden einhalten und mehrmals im Rhythmus der Musik einander auf die Hände klatschen. (↗Klatschtänze, ↗Tschechische Volkstänze)

Lit.: *Waldau, A.:* Böhmische Nationaltänze, 1859, Bd. I, S. 44.

Placek (= der Fladen). Tschechischer Volkstanz aus Böhmen, ein ↗Hochzeitstanz, bei dem die Hochzeitsmutter mit einem radgroßen Fladen auf dem Kopf einen ↗Ländler tanzt. Alle anderen Gäste bilden einen Kreis und singen. Der Fladen wird dann an die Gäste verteilt. (↗Čepení, ↗Tschechische Volkstänze)

Lit.: *Waldau, A.:* Böhmische Nationaltänze, 1859, Bd. 1, S. 49 f.

Plätschtanz, auch ↗Schustertanz oder ↗Schusterpolka genannt, ist der Name einer Form des ↗Judentanzes, wie er bei den Deutschen in Galizien üblich war.

Lit.: *Scharlach, F.:* Schwäbische Volkstänze in Galizien, H. 2, 1927. *Zoder, R.:* Judentänze, in: Jahrbuch f. Volksliedforschung, Jg. 2, 1930, S. 125 f. *Au, H. v. d.:* Das Patschen im Volkstanz d. rhein-mainischen Raumes, in: Deutsche Liederkunde, Jahrbuch f. Volkslied u. Volkstanz, Bd. 1, 1939, S. 195.

Plankstädter ist eine Form des ↗Vogelstellers aus Hessen, Deutschland. Sie dürfte aus dem Ende des 18. Jh. stammen.

Lit.: *Au, H. v. d.:* Hessische Volkstänze, 2. Teil, Deutsche Volkstänze, H. 11/12, 1931.

Plantanz (Platztanz). Dieser alte deutsche ↗Kirmestanz hat seinen Ursprung im kultischen Brauchtum. Er wurde auf einem bestimmten ↗Tanzplan (Tanzplatz) getanzt, der sich um den Linden- oder Maibaum befand. Manchmal fand der Tanz direkt im Baum statt, das heißt auf einem seiner Astkränze. Manch alte Dorflinde war daher dementsprechend zugestutzt, so daß ihre Krone zwei oder drei ringförmige Absätze bildete, wobei eine Treppe zu dem Tanzboden in den Ästen führte. In manchen Gegenden wieder saßen nur die Musikanten im Baum, während sich die Tanzenden unter der Baumkrone bewegten. Beheimatet war der Plantanz vor allem in Oberfranken. Als ↗Lindentanz, ↗Maitanz oder ↗Pfingsttanz ist er auch noch heute in verschiedenen Gegenden Österreichs zu finden.

Lit.: *Böhme, F. M.:* Geschichte d. Tanzes in Deutschland, 1886. *Wilz, L.:* Vom fränkischen Plantanz, in: Bayerischer Heimatschutz, Jg. 24, 1928, S. 164 ff. *Straub, K.:* Planbaum u. Plantanz, in: Volk u. Heimat, Jg. 13, 1937, S. 359 ff. *Mößinger, F.:* Die Dorflinde als Weltbaum, in: Germanien, Jg. 10, 1938, H. 12, S. 388 ff. *Wolfram, R.:* Die Volkstänze in Österreich u. verwandte Tänze in Europa, 1951, S. 64. *Lipp, F.:* Neue Bildquellen zum Kulttanz aus Oberösterreich, in: Volkskunde u. Volkskultur, Festschrift f. Richard Wolfram, 1968, S. 312 f.

Platschletanz. ↗Deutscher Volkstanz aus dem Kuhländchen (Mähren), der in der Ausführung und Tanzmelodie dem ↗Stackleseff ähnlich ist.

Lit.: *Kubiena, W.:* Der Stackleseff u. seine Verwandtschaft, in: Deutschmährische Heimat, Jg. 9, 1923, Nr. 5, S. 125.

Platschpolka. Dieser ↗deutsche Volkstanz aus der schwäbischen Türkei gehört zu den sogenannten ↗Klatschtänzen. Andere Varianten sind der ↗Judenbub, der ↗Patschgalopp, die ↗Patschpolka, ebenfalls aus derselben Gegend.

Lit.: *Horak, K.:* Der Volkstanz in d. schwäbischen Türkei, in: Deutsches Archiv f. Landes- u. Volksforschung, Jg. 2, 1938, H. 4, S. 849 f.

Platztanz ↗Plantanz.

Playford, John. Britischer Musikverleger und Buchhändler, geb. 1623 in Norwich, gest. 1686 in London. Er gab 1650 „The English Dancing Master: or, Plaine and Easie Rules for the Dancing of Country Dances, with the Tunes to Each Dance" heraus. Diese Sammlung ist ein Standardwerk der gebräuchlichsten englischen Tänze mit Musik und Beschreibung. Es erschien in der Folge in vielen Neuauflagen bis 1731. Ein Neudruck der ersten Ausgabe erschien 1933 in London. (↗Country dances)

Lit.: *Kidson, F.:* John Playford and 17th Century Music Publishing, in: Musical Quarterly, IV, 1918, S. 516. *Dean-Smith, Marg.:* Playford's English Dancing-Master 1651, London 1957.

Pleireaca na Banndan (Späße von Bandon). ↗Irischer Volkstanz im 6/8-Takt. Er wird von zwei Paaren ausgeführt, die einander gegenüberstehen.

Lit.: *Burchenal, E.:* National Dances of Ireland, 1924, S. 64 ff. *Schmolke, A.-Langhans, H.:* Europäische Tänze, H. 2, 1955, S. 28 f.

Plié, vom französischen plier = beugen, bedeutet in der klassischen Tanzkunst die Kniebeuge. Demi-plié = halbe Beugung, grand-plié = ganze Beugung. Zur Erlernung dieser wichtigen Beinbeugung wird das Plié in den fünf ↗Positionen geübt.

Lit.: *Waganowa, A. J.:* Die Grundlagen d. klassischen Tanzes, 1948/1954, S. 22 ff.

Plissetskaja, Maja Michajlowna. Russische Tänzerin, geb. 20. November 1925. Sie studierte in Moskau an der Ballettschule des Bolschoj-Theaters. Bereits in sehr jungen Jahren erregte sie Aufmerksamkeit durch ihre außergewöhnliche Virtuosität. 1945 wurde sie am Bolschoj-Theater ↗Ballerina und trat danach in allen Standardrollen auf. Sie heiratete den russischen Komponisten Rodin Schtschedrin. 1951 tanzte sie erstmals in Berlin, 1967 in Köln. 1985 übernahm sie die Leitung des Balletts der Oper in Rom.

Lit.: *Roslavleva, N.:* Maja Plisetskaja, Moskau 1956. *Ždanov, L.:* Maja Pliseckaja, Moskau 1965. *Baril, J.:* Maja Plisetskaja, with Complete Check-List of Roles and Activities, in: Les Saisons de la danse, Oktober 1968. *Arkina, N.-Schrade, R.:* Maja Plissezkaja, Berlin 1969. *Feifer, G.:* Plisetskaja-Portrait, in: Dance News, November 1971-März 1972. *Vavra, A.:* The Real Maya Plisetskaya, 1975. *Voznesensky, A. – Vavra, A. and others:* Maya Plisetskaya, 1976.

Plotschtanz. ↗Deutscher Volkstanz aus dem Schönhengstgau (ehemalige deutsche Sprachinsel in der Tschechoslowakei), ein ↗Paartanz im Kreis mit Klatschen im Polkarhythmus. Die Tanzmelodie ist dreiteilig und stimmt mit den ↗tschechischen Volkstänzen ↗Volek (oder ↗Režnická) und ↗Žduchavá überein.

Lit.: *Janiczek, J.:* Schönhengster Volkstänze, 1928. *Hoerburger-Raupp:* Deutsch-slawische Wechselbeziehungen im Volkstanz, 1957, S. 27.

Plummenp(f)lücker. ↗Deutscher Volkstanz aus Mecklenburg. Ausgeführt wird er von beliebig vielen Paaren, die auf der Kreislinie in offener Fassung in Tanzrichtung Aufstellung nehmen. In der linken Hand hält die Tänzerin ein Tuch des Tänzers. Gehschritte, Dreierschritte und ↗Walzer sind die Schrittarten des Tanzes. Die Tanzmusik steht im 1. Teil im 2/4-Takt, im 2. Teil im 3/4-Takt.

Lit.: *Peters, M.-Ilmbrecht, O.:* Alte Tänze aus Mecklenburg, 1927, Nr. 11, S. 26. *Janietz, E.-Schneider, R.-Peters, M.:* Volkstänze aus Mecklenburg, 1976, S. 33.

Podegajga. Jugoslawischer Volkstanz aus Slowenien, ein ↗Paartanz im 6/8-Takt. Tänzer und Tänzerin stehen sich gegenüber, nehmen einander an den Händen, die sie in Höhe der Taille schwingen und sich dabei drehen. Der Tanz ist eine Variante des ↗Mrzulin und könnte aus Oberkrain eingewandert sein. (↗Slowenischer Volkstanz)

Lit.: *Šuštar, M.:* Slovenski ljudski plesi primoreske, 1958, S. 19 ff.

Podismos war im antiken ↗griechischen Tanz ein Sprung mit geschlossenen Füßen, bei dem der Körper nach vorne gebeugt blieb. Er ist vielleicht aus einem primitiven Vogeltanz (↗Tiernachahmende Tänze) entstanden. In lasziver Form kommt er im ↗Kordax vor. Diapodismos und Dipodismos sind Variationsformen des Podismos.

Lit.: *Lawler, L. B.:* Diple, Dipodia, Dipodismos in the Greek Dance, in: Transactions and Proceedings of the American Philological Association, vol. 76, 1945, S. 59 ff.

Podšable (unter dem Säbel), auch Podšabll as Podobošky und Podšabljari, ist ein tschechischer Tanz aus der Slowakei (Podzámčok), der viele Elemente des deutschen ↗Schwerttanzes enthält. Die fünf Tänzer tragen an Stelle von Schwertern dünne Ruten in den Händen.

Lit.: *Wolfram, R.:* Schwerttanz u. Männerbund, S. 72, S. 150.

Poelvoorde, Rita. Belgische Tänzerin, geb. 23. Februar 1951 in Antwerpen. Sie studierte an der Königlich Flämischen Ballettschule. Von 1969 bis 1971 tanzte sie beim ↗Nederlands Dans Theater. Seit 1971 ist sie Solistin beim ↗Ballett des XX. Jahrhunderts.

Poggetanz, auch Froschtanz genannt (Pogge = Frosch), ist der Name eines volkstümlichen ↗Frauentanzes aus dem ehemaligen Ostpreußen. Angeblich sollte er die Bewegung von Fröschen nachahmen, was aber sicherlich nur eine spätere Deutung ist. Die Frauen tanzten den Poggetanz zumeist nach den Erntearbeiten. Seine Wurzel liegt sicherlich in einem fraulichen Brauchtum, wie es im bäuerlichen Leben zur Erntezeit üblich war.

Lit.: *Schneider, H. E.:* Ostpreußischer Frauentanz, in: Niederdeutsche Zeitschrift f. Volkskunde, Jg. 18, 1940, S. 100 ff.

Poglietti, Alessandro. Geburtsort und -datum unbekannt, gest. Juli 1683 in Wien, während der Türkenbelagerung von Tataren ermordet. 1661 wurde er Organist an der Jesuitenkirche „Am Hof" in Wien, später Hof- und Kammerorganist in der kaiserlichen Kapelle. Er schrieb Ballettsuiten für die Hoffeste.

Lit.: *Nettl, P.:* Wiener Tanzmusik in d. zweiten Hälfte d. siebzehnten Jahrhunderts, in: Denkmäler d. Tonkunst in Österreich, Bd. 36, 1960. *Pečman, R.:* Lidové taneční motivy Pogliettího suitě „Rossignolo", in: Sborník prací filosofické fakulty brněnské univ. IX, F. 4, 1960.

Poklad carnevale. Diese Schwerttanzform von der dalmatinischen Insel Lagosta wird zum Karneval aufgeführt. Auf einem Esel reitend, wird eine Strohmaske durch die Stadt geführt. Begleitet wird diese Maske von einer aus acht Burschen bestehenden Tänzergruppe, die den ↗Schwerttanz „Poklad carnevale" ausführt.

Lit.: *Wolfram, R.:* Schwerttanz u. Männerbund, S. 137.

Pokorny, Erwin. Österreichischer Tänzer, geb. 14. September 1915 in Wien. Er studierte an der Ballettschule der Wiener Staatsoper und war an dieser von 1933 bis 1961 Solotänzer. Mit einer eigenen kleinen Tänzergruppe bereiste er Europa. Nach seiner Pensionierung eröffnete er ein Studio für Ballettbekleidung. Seine Schwester **Leopoldine Pokorny,** geb. 4. August 1912, studierte ebenfalls an der Ballettschule der Wiener Staatsoper. Mit 17 Jahren trat sie in den Verband des Wiener Operntheaters ein, wurde 1935 ↗Coryphée und 1937 zur Solotänzerin ernannt. Sie wirkte unter den bedeutendsten ↗Choreographen der Wiener Staatsoper.

Polacca ↗Polonaise.

Polbírská (= Barbiertanz). Tschechischer Volkstanz aus Böhmen. Er ist auch unter dem Namen ↗Břitva (= das Barbiermesser) bekannt. Die Ausführung geschieht in Stellung und Haltung wie beim ↗Galopp. Ähnlichkeit soll die Polbírská mit dem Anfang des 19. Jh. in Deutschland beliebten Tanz ↗Pulverstoffel haben. (↗Tschechische Volkstänze)

Lit.: *Waldau, A.:* Böhmische Nationaltänze, 1860, S. 14 f.

Polikrat. ↗Deutscher Volkstanz aus dem Egerland, der dem alpenländischen ↗Schuhplattler sehr ähnlich ist. Der Tanz erfordert von den Tänzern viel Kraft und von den Tänzerinnen große Leichtigkeit. Anfangs tanzen die Burschen und Mädchen getrennt. Die Bewegungen und Sprünge des Tänzers werden dabei immer wilder und die Drehungen der Tänzerin, die ihre Arme in die Hüften stemmt, immer rascher. Der Tänzer faßt dann seine Tänzerin, tanzt mit ihr und schnellt sie dann hoch in die Luft. Einige Schritte weiter läßt sie sich leicht auf den Boden herab, knickst und beginnt den Tanz wieder von neuem.

Lit.: *Hoffmann, J.:* Die Tracht im ehemaligen Elbogner Kreise, in: Unser Egerland, Jg. 12, 1905, S. 45. *John, A.:* Egerländer Tänze, in: Zeitschrift f. österreichische Volkskunde, Jg. 14, 1908, S. 96 ff.

Polka. Paarrundtanz im $2/4$-Takt, der um 1830 in Böhmen (im Gebiet um Krávolé Hradec [Königgrätz]) aufkam. Der Legende nach soll die Polka von einem böhmischen Bauernmädchen erfunden und erstmals getanzt worden sein. Tanzgeschichtlich gesehen ist die Polka aber jedenfalls keine fest datierbare und völlig neue Erfindung. Ihre Schritte sind schon in dem viel älteren ↗Ecossaisen-Walzer und vor allem dem ↗Schottisch, der bereits um 1810 getanzt wurde, vorhanden. Im Rhythmus und der Tanzausführung ähneln sich Polka und Schottischer sehr. Der Name Polka kommt von „pulka", was die „Hälfte" bedeutet und auf den für den Tanz charakteristischen Halbschritt hinweist. Die Tanzform der Polka, die im tschechischen Volkstanz unter dem Namen ↗Nimra ihren Vorläufer hat, verbreitete sich von Böhmen aus als

↗Gesellschaftstanz über Stadt und Land. 1835 wurde sie erstmals namentlich erwähnt, 1837 kam sie nach Prag, 1838 brachte sie der ↗Tanzmeister Johann ↗Raab zum ersten Mal in Prag und 1840 erstmals in Paris auf die Bühne, 1839 kam sie nach Wien, 1841/42 erschien sie zum ersten Mal in norddeutschen Städten. Von 1844 an, als sie Paris als Modetanz bereits bestätigt hatte, wurde die Polka der Gesellschaftstanz par excellance und verdrängte endgültig den Schottischen. Der ab dieser Zeit in aller Welt gelehrte Gesellschaftstanz „Polka" hatte aber nur mehr wenig mit dem ehemaligen böhmischen Volkstanz gemeinsam. Es entwickelten sich zahlreiche Sonderformen der Polka im ↗Volkstanz und im Gesellschaftstanz, die sich in vielen Sonderbezeichnungen widerspiegeln. Viele Tänze gleichen rhythmischen Charakters, oft vermischt mit Elementen des Volkstanzes, wurden dann als Polka bezeichnet. Die Polka kam als Gesellschaftstanz um die Wende zum 20. Jh. immer mehr aus der Mode, in den verschiedenen Volkstanzformen blieb sie aber bis heute erhalten. Die Polka fand auch Eingang in die Kunstmusik, z. B. bei F. Smetana im Streichquartett „Aus meinem Leben" und in der Oper „Die verkaufte Braut". (↗Bayrische Polka, ↗Doudlebska-Polka, ↗Esmeralda, ↗Ennstaler Polka, ↗Fingerlpolka, ↗Graziana, ↗Hackerpolka, ↗Juudipolka, ↗Krebspolka, ↗Krejc-Polka, ↗Kreuzpolka, ↗Linzer Polka, ↗Monferrina, ↗Paschpolka, ↗Polka française, ↗Polka-Mazurka, ↗Polka piquée, ↗Polka tremblante, ↗Rheinländer, ↗Rigapolka, ↗Schnellpolka, ↗Schusterpolka, ↗Sechserpolka, ↗Spitzbuampolka, ↗Sternpolka, ↗Twostep, ↗Walser-Polka, ↗Zeppelpolka)

Um 1841–1845

F. Smetana (Verkaufte Braut)

Joh. Strauß (Vater) (Sperl-Polka)

Lit.: *Vitu, A. et Farnèse, P.:* Physiologie de la polka, Paris 1844. *Anonymus:* Almanach de la polka, Paris 1845. *Perrot u. Adrien Robert:* La Polka enseignée sans maître, Paris 1845. *Anonymus:* Ursprung d. Polka, in: Neue Berliner Musikzeitung, Jg. 12, 1858, S. 279. *Waldau, A.:* Geschichte d. böhmischen Nationaltanzes, 1861, S. 230. *Anonymus:* Die erste Polka, in: Neue Berliner Musikzeitung, Jg. 19, 1865. *Lestienne-Dubois, F.:* Der vollendete Cotillon-Tänzer, 1869. *Czerwinski, A.:* Brevier d. Tanzkunst, 1879, S. 221. *Böhme, F. M.:* Geschichte d. Tanzes in Deutschland, 1886. *Zorn, F. A.:* Grammatik d. Tanzkunst, 1887, S. 202. *Lestienne-Dubois, F.:* Mazur, Polka, Polka-Mazur, wie man sie tanzt u. arrangiert, 1888. *Jolizza, W. K. v.:* Die Schule d. Tanzes, 1900, S. 147 ff. *Jirák, K. B.:* Polka, in: Pazdírkův Hudební slovník naučný I, Brünn 1929. *Sachs, C.:* Eine Weltgeschichte d. Tanzes, 1933. *Wolfram, R.:* Die Volkstänze in Österreich u. verwandte Tänze in Europa, 1951. *Halski, R. C.:* The Polish Origin of the Polka, in: Kongreß-Bericht Warschau 1960, S. 530 ff. *Goldschmidt, A. E.:* Handbuch d. deutschen Volkstanzes, 1967.

Polka de la Mére Gaspard. ↗Französischer Volkstanz, der dem deutschen Volkstanz ↗Vogelsteller oder ↗Winker ähnlich ist.

Polka française, auch ↗Polka tremblante oder ↗Hüpfpolka, im Volksmund ↗Zeppelpolka genannt, war eine in der 2. Hälfte des 19. Jh. als ↗Gesellschaftstanz beliebte Form der ↗Polka. Eine Abart war die in Österreich getanzte ↗Schnellpolka.

Lit.: *Schubert, F. L.:* Die Tanzmusik, 1867. *Jolizza, W. K. v.:* Die Schule d. Tanzes, 1900.

Polka-Mazurka. ↗Gesellschaftstanz des 19. Jh., dessen Tanzbewegungen eine Mischung von ↗Polka und ↗Mazurka darstellen. Die Polka-Mazurka, auch Polka Masolka genannt, wird im mäßigen 3/4-Takt getanzt. Ihre Tanzform ist auch unter verschiedenen Namen als ↗Volkstanz verbreitet. (↗Schnicker, ↗Veitscher Mazur)

Lit.: *Lestienne-Dubois, F.:* Mazur, Polka, Polka-Mazur, wie man sie tanzt u. arrangiert, Wien 1869. *Böhme, F. M.:* Geschichte d. Tanzes in Deutschland, 1886, S. 223. *Klemm, B.:* Katechismus d. Tankunst, versch. Aufl. v.

1855–1887. *Zorn, F. A.:* Grammatik d. Tanzkunst, 1887, S. 207 f. *Jolizza, W. K. v.:* Die Schule d. Tanzes, 1900, S. 36 ff., S. 122 ff. *Starczewski, F.:* Die polnischen Tänze, in: Sammelbände d. Internationalen Musikgesellschaft, Jg. 2, 1900/01, S. 673 ff. *Laufer, R.:* Der polnische Tanz u. sein Eindringen in d. Kunstmusik, Diss. Wien 1934, S. 40.

Polka piquée. ↗Französischer Volkstanz, eine Polka-Form im 3/8-Takt, die in vielen Versionen getanzt wird. Der Tänzer hält seinen rechten Arm um die Hüfte der Tänzerin, der linke Arm der Tänzerin liegt auf der rechten Schulter des Tänzers, die anderen Arme werden ausgestreckt gehalten. Bei jedem Polkaschritt wird eine Halbwendung gemacht, so daß der Tänzer zuerst mit dem Gesicht und dann mit dem Rücken zur Tanzrichtung steht. Die Tänzerin macht die Bewegung umgekehrt.

Lit.: *Lawson, J.:* European Folk Dance, 1953, S. 160.

Polka tremblante (deutsch ↗Zeppelpolka). Diese stark gehüpfte ↗Polka wurde im Jahre 1844 durch den Tanzlehrer ↗Cellarius in Paris eingeführt. Sie ist mit der ↗Polka française verwandt. Auch der Name „englische Polka" war üblich. (↗Třasák)

Lit.: *Schubert, F. L.:* Die Tanzmusik, 1867. *Jolizza, W. K. v.:* Die Schule d. Tanzes, 1900.

Polnische Volkstänze. Unter den slawischen Völkern nimmt Polen in bezug auf die Mannigfaltigkeit und Originalität der Volkstänze eine besondere Stelle ein. Die Gründe, die für diesen Umstand in Frage kommen, liegen vor allem in den Einflüssen, denen das Land durch seine geographische Lage zwischen Ost und West ausgesetzt ist, und in der Verschiedenheit der Bevölkerung der Regionen des Landes. So gibt es in den einzelnen Gegenden nicht nur andere Bräuche und Sitten, auch jeder Tanz in den verschiedenen Landesteilen hat seine eigene Charakteristik. Trotz ihrer regionalen Verschiedenheit lassen sich die polnischen Tänze auf drei in sich verschiedene Urtypen zurückführen, den ↗Krakowiak, die ↗Polonaise und die ↗Mazur. Besonders kennzeichnend für die Charakteristik des polnischen Volkstanzes ist die rhythmische Mannigfaltigkeit der Tänze. Synkopierung und Betonung des schwachen Taktteiles, sowohl im zweischlägigen als auch im dreischlägigen Takt, sind besondere Merkmale gegenüber den Tänzen anderer slawischer Völker. Seit der Mitte des 16. Jh. findet man in Tanzsammlungen außerhalb Polens Tänze, die durch das Prädikat „polnisch" gekennzeichnet sind. Zu diesen Tänzen gehören der ↗„Polnische Tantz", und im weiteren Verlauf die Polonaise und die ↗Mazurka. Aus diesen Wurzeln entwickelten sich die Mazurken und Polonaisen des 17. und 18. Jh. Vorerst waren diese polnischen Tänze im Ausland nur in den höfischen und bürgerlichen Kreisen bekannt, in den Volkstanz drangen sie erst gegen Ende des 18. Jh. ein. In den Tanzheften alpenländischer Musikanten findet man sie erst Ende des 19. Jh. Neben Deutschland, Dänemark, Norwegen und Finnland war es vor allem Schweden, wo der polnische Tanz seine wichtigste Pflege fand (↗Polska). Das Tanzorchester der polnischen Volksmusik besteht für gewöhnlich aus einer oder zwei Geigen und Baß, je nach Brauch der einzelnen Regionen kommen noch Blasinstrumente hinzu, in Kleinpolen als besonderes Instrument die Fujarka, eine Schalmei mit sechs Tonlöchern. (↗Ceglarz, ↗Drabant, ↗Flisak-Oryl, ↗Góralski, ↗Kołodziej, ↗Kowol, ↗Kujawiak, ↗Mazurka, ↗Oberek, ↗Obertas, ↗Skoczek, ↗Szotisza, ↗Zbójecki)

Lit.: *Kolberg, O.:* Lud, Krakow 1857–91. *Gloger, Z.:* Piesni luda, Kraków 1892. *Starczewski, F.:* Die polnischen Tänze, in: Sammelbände d. Internationalen Musikgesellschaft, Jg. 2, 1900/01, S. 673 ff. *Klosnik, E.:* O tańcach narodowych polskich, Lwów 1907. *Jachimecki, Zd.:* Zur Geschichte d. polnischen Tanzes, Krakau 1910. *Norlind, T.:* Zur Geschichte d. polnischen Tänze, in: Sammelbände d. Internationalen Musikgesellschaft, Jg. 12, 1910/11, S. 501 ff. *Opieński, Henryk:* Dawne tańce polskie z XVI i XVII wieku, Warszawa 1911. *Norlind, T.:* Die polnischen Tänze außerhalb Polens, in: Report of the Fourth Congress of the Int. Musical Society London, May/June 1911, S. 201 ff., London 1912. *Cieplik, T.:* 45 gornislaskich tańców ludowych, 1923. *Windakiewicz, H.:* Wzory ludowej muzyki w mazurkach Fr. Chopina, Krakau 1926. *Stryjenska, Z.:* Tańce polskie, Kraków 1929. *Laufer, R.:* Der polnische Tanz u. sein Eindringen in d. Kunstmusik, Diss. Wien 1934. *Lobaczewska, Stéph.:* Les Danses polonaises, in: Archives internationales de la Danse, Paris, II, No. I, 1934. *Tyszkiewicz, A.:* Polish Folk Dances and Dance-Songs, Polish Army Education Bureau, London (etwa 1940). *Chorosiński, J.:* Melodie taneczne Powiśla, Kraków 1949. *Wolska, H.:* Dances of Poland, Handbooks of European National Dances, Bd. 22, 1952. *Kwaśnicowa, Z.:* Polskie tańce ludowe. Mazur, Warschau 1953. *Lawson, Joan:* European Folk Dance, 1953, S. 93 ff. *Jouglet, R.:* Mazowsze. Chants et danses du folklore polonais, 1954. *Ala-Könni, Erkki:* Die Polska-Tänze in Finnland, Diss. Helsinki 1956. *Horak, K.:* Singtänze aus Mittelpolen, in: Jahrbuch f. Volkskunde d. Heimatvertriebenen, Jg. 6, 1961, S. 62 ff. *Mortensen, O.:* The Polish-Dance in Denmark, in: The Book of the First International Musicological Congress, Warszawa, February 1960, S. 572 ff., Warszawa 1963. *Pilippczuk, Alexander:* Der polnische Tanz Mazurek, Diss. Köln 1967, gedr. Hamburg 1969. *Marcinkowa, Janina:* Folklor taneczny Beskidu ślaskiego, Warszawa 1971. *Koch, Klaus-Peter:* Polnische Tänze in Manuskripten d. südlichen u. westlichen Deutschland im 16. u. 17. Jh., in: Beiträge zur Musikwissenschaft, Jg. 17, Berlin 1975, H. 4, S. 281 ff. und in Jg. 19, 1977, H. 1, S. 57 f.

Polnischer Tantz. In dem „Newgeordnet künstlich Lautenbuch" von Hans Newsiedler erscheint 1536 erstmals ein Musikstück mit der Bezeichnung „Polnischer Tantz". Es dürfte sich dabei um keinen Volkstanz handeln, sondern um einen im 16. Jh. beliebten ↗Gesellschaftstanz, der nach den Berichten der alten Chroniken von ruhiger, gesetzter Art war und „große Reverenz und liebliche Neige, mit Buken und Knippen und Knappen" verlangte.

Nicolas Vallet 1618

Lit.: *Bergemann, J. G.:* Schlesische Modetänze im Jahre 1406, in: Allgemeines Archiv f. d. Geschichtskunde d. Preußischen Staates, Bd. I, 1830, S. 279. *Böhme, F. M:* Geschichte d. Tanzes in Deutschland, 1886, S. 61, 322. *Norlind, T.:* Die polnischen Tänze außerhalb Polens, in: Report of the Fourth Congress of the International Musical Society, London, May/June 1911, London 1912, S. 201 ff. *Horak, K.:* Die Mazurka als österreichischer Volkstanz, in: Tanz u. Brauch, Kärntner Museumsschriften, Bd. 19, 1959, S. 65.

Polo. Spanischer Volkstanz aus Andalusien, ein ↗Zigeunertanz im langsamen 3/8-Takt. Er wird von drei Personen ausgeführt und von Kastagnetten, Händeklatschen und Schuhgeklapper begleitet. (↗Flamenco). – **Le Polo** heißt auch eine Quadrille amèricain, die 1883 entstand und nach dem Polo-Spiel benannt war. (↗Olé, ↗Spanische Volkstänze)

Francisco de Borja Tapia

Lit.: *Czerwinski, A.:* Brevier d. Tanzkunst, 1862, S. 118. *Schubert, F. L.:* Die Tanzmusik, 1967, S. 31.

Polonaise (italienisch Polacca). Ein Promenadentanz für beliebig viele Paare im 3/4-Takt. Der Charakter ist feierlich und gravitätisch. Herkunft und geschichtliche Anfänge der Polonaise sind sehr umstritten. Der polnische Name Polonez ist vielleicht aus dem Französischen ins Polnische gekommen. Vorfahren der Polonaise finden sich bereits in den ↗Tabulaturbüchern des 17. Jh. Die ältesten Aufzeichnungen stammen aus dem Jahre 1583 von E. N. ↗Ammerbach. Die festlich-schreitende Polonaise wird 1645 von einem Franzosen erwähnt. Ende des 17. Jh. erhielt die Polonaise ihre heutige Form und erst Anfang des 18. Jh. findet sich der für die Polonaise charakteristische Rhythmus. Mit J. S. ↗Bach und G. F. ↗Händel setzt um die Wende des 17. Jh. eine Hochblüte der Polonaisekomposition in deutschen Ländern ein. Abgesondert von dieser deutschen Polonaise hat sich in der zweiten Hälfte des 18. Jh. die national-polnische Polonaise entwickelt. Als Eröffnungstanz bei den großen festlichen Bällen ist die Polonaise bis heute in Mode geblieben. In ihrer jetzigen Form ist sie weniger ein Tanz als vielmehr ein durch mannigfaltige Tanzfiguren künstlerisch gestaltetes Schreiten. Die zur Ausgestaltung geeigneten Figuren bestimmt der Tanzarrangeur. (↗Chopin, ↗Polska)

J. S. Bach 1725 (BWV. Anh. 117 a)

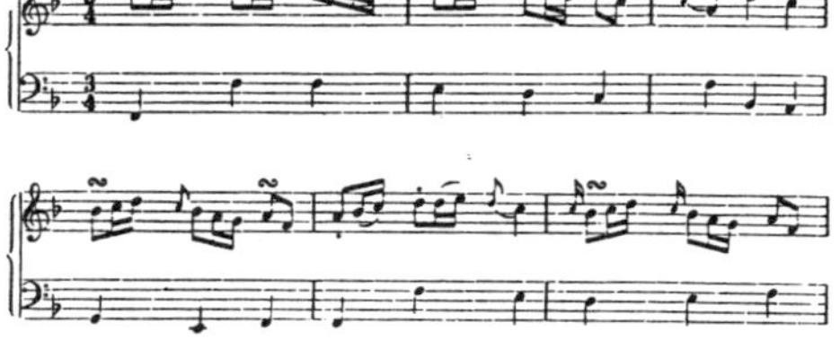

Polowetzer Tänze

F. Chopin Op. 40, Nr. 1

Lit.: *Kirnberger, J. Ph.:* Der allezeit fertige Menuetten u. Polonaisenkomponist, Berlin. *Böhme, F. M.:* Geschichte d. Tanzes in Deutschland, 1886. *Zorn, F. A.:* Grammatik d. Tanzkunst, 1887. *Lindgren, A.:* Die ältesten Polonaisen, in: Allgem. Musikzeitung, Jg. 21, 1894, Nr. 19. *Zukowski, O. M.:* O polonezie, 1899. *Jolizza, W. K. v.:* Die Schule d. Tanzes, 1900, S. 107 ff. *Starczewski, F.:* Die polnischen Tänze, in: Sammelbände d. Internationalen Musikgesellschaft, Jg. 2, 1900/01, S. 673 ff. *Kurczewski, L.:* Contribution à l'histoire de la polonaise, in: Congrès internat. d'Histoire de la Musique à Paris, 1901, S. 215 ff. *Norlind, T.:* Zur Geschichte d. polnischen Tänze, in: Sammelbände d. Internationalen Musikgesellschaft, Jg. 12, 1910/11, S. 501 ff. *Martens, H.:* Polonaise u. Mazurka, in: Musikalische Formen in historischen Reihen, Bd. 19. *Kamienski, L.:* Neue Beiträge zur Entwicklung d. Polonaise bis Beethoven, in: Beethoven Zentenarfeier, Wien 1927. *Kamienski, L.:* O polonezie staropolskim, in: Muzyka V, 1928, Nr. 3, S. 99 ff. *Opieński, H.:* Przyczynek do dziejów poloneza w Polce w 18 wieku, in: Kwart Muz. Nr. 17/18, 1933, S. 36 ff. *Sachs, C.:* Eine Weltgeschichte d. Tanzes, 1933. *Laufer, R.:* Der polnische Tanz u. sein Eindringen in d. Kunstmusik, Diss. Wien, 1934, S. 28 ff. *Dorabialska, H.:* Polonez przed Chopinem, Warschau, 1938. *Reiss, J. W.:* Polonez, jego pochodzenie i rozwoj, in: Poradnik muz., Nr. 12, 1951. *Lawson, J.:* European Folk Dance, 1953, S. 98 f. *Skasa-Weiss, E.:* Verspielte Tänze – kleiner Flirt, Française – Cotillon – Polonaise, 1959. *Nys, C. de:* Notes sur les polonaises de W. Fr. Bach, 1960, S. 578 ff. *Slawinski, A.:* Metrorytmika a forma polonezów, Warschau 1960. *Slawinski, A.:* Rytm a harmonia w polonezach Chopina, in: Kongreß-Bericht, Warschau 1960, *Steszewsi, Z.:* Z zagadmien historii poloneza, in: Muzyka V, 1960, Nr. 2, S. 85 ff. *Hławiczka, K.:* Grundriß einer Geschichte d. Polonaise bis zum Anfang d. 19. Jh., in: Svensk tidskrift för musikforskning L, 1968. *Lissa, Z.:* Klavier-Polonaise u. -mazurka im 19. Jh., in: Gattungen d. Musik, Gedenkschrift L. Schrade I, 1973.

Polowetzer Tänze. ↗Ballett in einem Akt, Musik aus der Oper „Fürst Igor" von A. Borodin. Die Uraufführung fand am 19. Mai 1909 im Théâtre du Châtelet, Paris, durch ↗Diaghilews ↗Ballets Russes in der ↗Choreographie von M. ↗Fokine statt.

Polska. Dieser ursprünglich polnische Tanz darf nicht mit der ↗Polka verwechselt werden. Um 1540 bereits ausgebildet, fand er ab 1580 ausgedehnte Verbreitung in Deutschland und ab 1590 vor allem in Skandinavien. In ihrer frühesten Form ist die Polska nichts anderes als der einfache ↗Deutsche Tanz des frühen 16. Jh. mit einem ↗Vortanz im geraden Takt und einem ↗Nachtanz im Dreiertakt, der melodisch aus dem Vortanz gebildet ist. Um 1600 war die Polska bereits ein lebhaft gesprungener Tanz. Die Ausführung verschob sich immer mehr auf den Nachtanz, aus dem die ↗Mazurka hervorging, während der geschrittene Vortanz zur ↗Polonaise wurde.

Lit.: *Norlind, T.:* Zur Geschichte d. polnischen Tänze, in: Sammelbände d. Internationalen Musikgesellschaft, Jg. 12, 1910/11, S. 501 ff. *Wolfram, R.:* Volkstanz – nur gesunkenes Kulturgut, in: Zeitschrift f. Volkskunde, Jg. 41, N. F., Bd. 3, 1931, H. 1, S. 26 ff. *Klein, E.:* Om polskedanser, in: Svensk kulturbilder, N. F. X, 1937. *Nöbauer, E.:* „Polska" in Steiermark, in: Heimat u. Volk, Jg. 3, Folge 4, April 1950.

Polsterltanz. Dieses heitere, gesellige Tanzspiel ist fast in allen Gebieten Österreichs und Süddeutschlands anzutreffen und wird auch heute noch auf dem Land vor allem bei Hochzeiten und Hausbällen getanzt. Der Polsterltanz, in dem die alte Reigenform fortlebt, wird bereits in einer Handschrift aus dem Jahre 1819 als bekannt vorausgesetzt. Die Musikhandschrift stammt von Johann Michael Binder, einem Chormusiker aus Maria Taferl, Niederösterreich. Er schildert darin die Form des Polsterltanzes, wie sie auch heute noch im allgemeinen üblich ist. Die Mädchen und Burschen bilden abwechslungsweise einen großen Kreis. In diesen Kreis tritt ein überzähliger Bursche mit einem Polster in der Hand. Die Musik spielt eine Marschmelodie und der Kreis der Tanzenden geht um den Burschen herum. Dieser wirft sein(en) Polster einem Mädchen zu Füßen. Beide knien sich darauf und küssen sich. Während dieser Zeremonie schweigt entweder die Musik, oder sie spielt einen Tusch. Nach dem Kuß wird ein ↗Walzer getanzt. Der Bursche, der das (den) Polster gehabt hat, tritt nun aus dem Kreis, und das Mädchen setzt das Spiel in gleicher Weise fort. Der Kreis wird auf diese Weise immer kleiner und zum Schluß bleibt eine

Person über, die ungeküßt den Tanzplatz verlassen muß. Der Polsterltanz, der in Österreich und Deutschland in vielen Aufzeichnungen in verschiedenen Formen belegt ist, war früher unter dem Namen ↗Kissele-Tanz bei den ländlichen Kirchweihfesten beliebt. Auch als ↗Kissentanz und ↗Busserltanz ist er im deutschen Sprachgebiet zu finden. Wird anstatt des Polsters ein Tuch verwendet, heißt er auch ↗Tüchltanz. In England, wo die Form des Polsterltanzes schon seit dem 16. Jh. bekannt ist, heißt er ↗Cushiondance. Die Melodie, nach der er dort getanzt wird, heißt „Joan Sanderson". In Mähren heißt das unserem Polsterltanz ähnliche Tanzspiel Šátečková (šáteček = Tüchlein).

Lit.: *Schubert, F. L.:* Die Tanzmusik, 1967, S. 37. *Czerwinski, A.:* Brevier d. Tanzkunst, 1879, S. 71 ff. *Böhme, F. M.:* Geschichte d. Tanzes in Deutschland, 1886. *Zoder, R.:* Altösterreichische Volkstänze I, 1922, S. 22 ff. *Adrian, K.:* Von Salzburger Sitt' u. Brauch, 1924, S. 360. *Zoder, R.:* Beiträge zur Geschichte d. deutschen Volkstanzes, in: Das deutsche Volkslied, Jg. 36, 1934, H. 3, S. 30 f. *Zoder, R.:* Der deutsche Volkstanz, in: Deutsches Volkstum in Volksschauspiel u. Volkstanz, 1938, S. 166. *Horak, K.:* Der Volkstanz in d. Batschka, in: Deutsche Liederkunde, Jahrbuch f. Volkslied u. Volkstanz, Bd. 1, 1939, S. 228. *Horak, K.:* Volkstänze aus d. Fleimstal, in: Der Schlern, Jg. 26, 1952, H. 11/12, S. 424 ff. *Hoerburger, F.-Rupp, J.:* Deutsch-slawische Wechselbeziehungen im Volkstanz, 1957, S. 27. *Horak, K.:* Volkstänze aus d. oberen Mühlviertel, in: Jahrbuch d. österreichischen Volksliedwerkes, Bd. 8, 1959, S. 164. *Horak, K.:* Der Volkstanz im Burggrafenamt, in: Jahrbuch d. österreichischen Volksliedwerkes, Bd. 12, 1963, S. 89. *Deutsch, W.:* Die Melodien zum Polsterltanz, in: Volkskunde u. Volkskultur, Festschrift f. Richard Wolfram, 1968, S. 45 ff. *Horak, K.:* Der Volkstanz in d. Umgebung v. Wien, in: Jahrbuch d. österreichischen Volksliedwerkes, Bd. 22, 1973, S. 16 ff.

Pomwitzeltanz. Mit diesem Namen wurde ein Tanz aus dem 15./16. Jh. aus der bayerischen Stadt Hof bezeichnet, den die Kinder während der Christvesper um den Altar zur Melodie des „resonet in laudibus" ausführten.

Qu.: *Enoch Wiedemann:* Handschriftliche Chronik d. Stadt Hof. Abgedruckt in: Vulpius: Curiositäten II, 468.

Lit.: *Böhme, F. M.:* Geschichte d. Tanzes in Deutschland, 1886, S. 178. *Spanke, H.:* Tanzmusik in d. Kirche d. Mittelalters, in: Neuphilologische Mitteilungen, Jg. 31, 1930, S. 143 ff.

Popko, Nicolaj Michajlowitsch. Russischer Tänzer, ↗Choreograph und ↗Ballettmeister, geb. 1911, gest 1966. Er studierte an der Schule des Bolschoj-Balletts in Moskau und tanzte von 1930 bis 1956 bei ↗Bolschoj-Ballett.

Pordoi dantza (Lanzentanz). Alter ↗Waffentanz der Basken, der den nord- und mitteleuropäischen Schwerttänzen ähnlich ist. Er wird nur von Männern getanzt, die ihn am Tag des Hl. Johannes von Tolosa zur Erinnerung an den Sieg der Guipuzcoaner über die Navarresen bei Beotibar ausführen. Als Verbindung der Tänzer dienen Lanzen oder lanzenähnliche Stäbe. (↗Baskischer Tanz)

17. Jh.

Lit.: *Iztueta, J. J. de:* Guipuzcoaco Dantza Gogoangarrien Condaira, 1824. *Schubert, F. L.:* Die Tanzmusik dargestellt in ihrer historischen Entwicklung, 1867, S. 30. *Müllenhoff, K.:* Zum Schwerttanz, in: Zeitschrift f. deutsches Altertum, 18. Bd., 1875, S. 12 f. *Czerwinski, A.:* Brevier d. Tanzkunst, 1879, S. 105.

Porrusalda. ↗Baskischer Tanz, der bei den Hochzeiten von der ganzen Hochzeitsgesellschaft ausgeführt wird. (↗Hochzeitstänze)

Lit.: *Wolfram, R.:* Die Volkstänze in Österreich u. verwandte Tänze in Europa, 1951, S. 114.

Port an Foghmair (Erntetanz). ↗Irischer Volkstanz im 6/8-Takt. Ein Tänzer steht zwischen zwei Tänzerinnen (↗Dreiertanz). Es können beliebig viele solcher Dreierreihen gebildet werden. Je zwei Dreierreihen sind einander zugekehrt.

Lit.: *Burchenal, E.:* National Dances of Ireland, 1924, S. 101 f. *Schmolke, A.-Langhans, H.:* Europäische Tänze, H. 2, 1955, S. 12 f.

Port de bras ist im klassischen ↗Ballett die Bezeichnung für die Stellung der Arme. Die sechs ↗Positionen sind: 1. Beide Arme vorne bis Brusthöhe; 2. Beide Arme zur Seite öffnen. Unterschulter; 3. Ein Arm seitwärts, der andere halbgebogen über dem Kopf; 4. Ein Arm halbgebogen in Brusthöhe vorne, anderer halbgebogen über dem Kopf; 5. Beide Arme halbgebogen über dem Kopf (↗Couronne); 6. Ein Arm halbgebogen in Brusthöhe vorne, anderer seitwärts.

Lit.: *Jolizza, W. K. v.:* Die Schule d. Tanzes, 1907, S. 18 ff. *Waganowa, A. J.:* Die Grundlagen d. klassischen Tanzes, 1948/1954, S. 51 ff. *Raab, R.:* Lexidion f. d. Ballett, s. a.

Portugiesischer Volkstanz. Portugal zeigt in seinen ↗Volkstänzen ein ebenso vielfältiges Bild wie sein großer Nachbar Spanien. Jede Provinz hat mit ihren charakteristischen Bräuchen auch ihre eigenen charakteristischen Tänze. In den nördlichen Provinzen ist der Tanz durch einfache Rhythmen und Figuren und hohe Sprünge charakterisiert. Im Süden des Landes ist der Tanz ruhiger, Walzerschritte und manchmal der ↗Pas de basque sind vorherrschend. Entlang der nördlichen Küste sind hauptsächlich Reihen- und Rundtanzformen zu finden. Solotänze wie in Andalusien gibt es in Portugal nicht. Der ↗Fandango ist einer der ältesten Tänze, er wird entweder von einem Paar oder auch von vielen Paaren, die einander gegenüber Aufstellung nehmen, ausgeführt (Longwayformation). Als Reste alter Kultübungen haben sich in wenigen Ortschaften vereinzelt auch noch alte Tänze religiösen Charakters erhalten. In früheren Jahrhunderten schrieb die Kirche gebieterisch die äußere Form solcher Tänze vor. Darüber gibt z. B. eine Handschrift der Stadt Serpa (Provinz Alentejo) aus dem Jahre 1686 Aufschluß, wie solche Tänze beim Fronleichnamsfest gestaltet waren. Dort wird alljährlich das Fest des Cirio gefeiert, dessen Hauptteil ein alter Tanz ist, der von sieben Engeln mit kunstvollen Schritten vorgeführt wird. Die Engel sind kräftige Bauernburschen. Auch am St. Peterstag gibt es in Serpa einen religiösen Tanz, der von den Hirten vor der Kapelle St. Peters und darauf in den Straßen der Stadt aufgeführt wird. Viele Tänze, die im alten Brauchtum beheimatet sind, haben die üblichen Formen der ↗Schwert- und ↗Moriskentänze, wie sie im übrigen Europa zu finden sind. (↗A rosa, ↗Chaconne, ↗Fado, ↗Fandango, ↗Folia, ↗Lundum, ↗Padeirinha, ↗Pai do Ladrão, ↗Vira, ↗Zambra)

Lit.: *Abeking, M:* Volkstänze in Baiyo-Alentejo, in: Zeitschrift d. Vereins f. Volkskunde Berlin, Jg. 12, 1902, S. 349 ff. *Armstrong, L.:* Dances of Portugal, 1948. *Lawson, J.:* European Folk Dance, 1953, S. 223 ff. *Ribas, T.:* Danças do povo português, Lisboa 1961.

Pose ist im klassischen ↗Ballett die Bezeichnung für die Stellung des Körpers.

Lit.: *Terpis, M.:* Tanz u. Tänzer, 1946, S. 73 ff.

Posé (französisch poser = hinstellen) bezeichnet im klassischen ↗Ballett das sich in Positur setzen. Es geschieht durch einen mit gestrecktem Knie ausgeführten Schritt auf die Spitze oder Halbspitze.

Position (französisch) bedeutet in der Tanzkunst Stellung. Die fünf Positionen der Füße (positions des pieds), von ↗Feuillet erstmals überliefert, sind die Grundlage des klassischen Tanzes. Sie werden alle mit nach auswärtsgedrehten Füßen ausgeführt. In der 1. Position bilden beide Füße eine gerade Linie, wobei sich die Fersen berühren. In der 2. Position bilden die Fersen ebenfalls eine gerade Linie, nur sind die Fersen durch eine Fußlänge voneinander getrennt. In der 3. Position steht ein Fuß vor dem anderen, die Knöchel sind gekreuzt. In der 4. Position stehen die Füße parallel zueinander, aber durch eine Fußlänge getrennt. In der 5. Position besteht die gleiche Fußstellung wie bei der 4., die Füße berühren sich jedoch in ihrer ganzen Länge. Über die Positionen der Arme siehe ↗Port de bras. (↗Quatrième)

Lit.: *Bie, O.:* Der Tanz als Kunstwerk, 1900, S. 16. *Jolizza, W. K.:* Die Schule d. Tanzes, 1907, S. 7 ff. *Bie, O.:* Der Tanz, 1919, S. 246 ff. *Waganowa, A. J.:* Die Grundlagen d. klassischen Tanzes, 1948. *Raab, R.:* Lexidion f. d. Ballett, s. a.

Poskok. Jugoslawischer Volkstanz aus Serbien, Landschaft Šumadija. Der Tanz im 2/4-Takt wird mit Handfassung im geschlossenen Kreis mit Hüpfschritten (poskok = Hüpfer) ausgeführt. (↗Serbischer Volkstanz)

Lit.: *Schmolke, A.-Langhans, H.:* Europäische Tänze, H. 4, 1957, S. 18 f.

Postillion. Alter bayerischer ↗Volkstanz, der nach einer alten Postillionmelodie als ↗Marsch getanzt wurde. In der Ausführung gab es verschiedene Versionen. Nach dem ersten Weltkrieg war der Tanz in manchen Orten Bayerns noch üblich, und zwar als sogenannter „Drauftanz“, also als Zugabe mit dem Ruf eines Musikanten: „Auf geht’s zum Postillion!“

Lit.: *Schusser, E.:* „Auf geht's zum Postillion". Ein bayerischer Tanz in d. Überlieferung, in: Sänger- u. Musikantenzeitung, Jg. 26, 1933, H. 5, S. 299 f.

Postur(e) ist die Bezeichnung für eine der 4. ↗Position entsprechende Stellung mit vorgesetztem Bein. Für gewöhnlich wird mit ihr die ↗Cadence eingeleitet. ↗Arbeau unterscheidet zwei Arten, und zwar die rechte Posture mit dem vorne stehenden rechten Fuß und die linke Posture mit dem vorne stehenden linken Fuß.

Lit.: *Czerwinski, A.:* Die Tänze d. 16. Jh., 1878, S. 53.

Poule, La (die Henne) ist der Name der 3. Tour der ↗Quadrille. Sie wird deshalb so benannt, weil es zu Beginn des 19. Jh. Mode war, in der begleitenden Musik das Gackern der Henne nachzuahmen. Die Poule hat stets 6/8-Takt.

Poulenc, Francis. Französischer Komponist, geb. 7. Januar 1899 in Paris, gest. 30. Januar 1963 ebendort. Folgende Tanzwerke für die Bühne hat er komponiert: „Les Biches", ↗Ballett in einem Akt mit Chor auf Texte des 17. Jh., Uraufführung Monte Carlo 1924 durch ↗Diaghilews ↗Ballets Russes; „Les animaux modèles", Ballett in einem Akt nach den Fabeln von La Fontaine, Uraufführung Pariser Oper 1942; „Aubade", Ballett in einem Akt, Uraufführung Paris 1929. Poulenc, der auch das Libretto zu diesem Ballett geschrieben hat, bezeichnet das Werk als ein „Concerto chorégraphique". (↗Diana-Ballette)

Praagh, Dame Peggy van. Britische Tänzerin, Lehrerin und Ballettdirektorin, geb. 1. September 1910 in London. Sie studierte bei Aimée Phipps, M. ↗Craske, J. ↗Sokolowa, V. ↗Volkova, T. ↗Karsawina, G. ↗Bodenwieser und Agnes de ↗Mille. Von 1933 bis 1938 war sie Solistin beim ↗Ballet Rambert, dann beim London Ballet von A. ↗Tudor. 1941 wurde sie 1. Tänzerin beim ↗Sadler's Wells Ballet, 1946 ↗Ballettmeisterin beim neuorganisierten Sadler's Wells Ballet und war von 1951 bis 1955 dessen stellvertretender Direktor. Nach einer Zeit, in der sie freischaffend wirkte, wurde sie 1958 Direktor des Edinburgh International Ballet und war von 1963 bis 1974 künstlerische Leiterin des Australian Ballet. Sie ist die Verfasserin folgender Schriften: How I Became a Dancer, London 1954; The Choreographic Art, London 1963 (mit P. Brinson); Ballet in Australia, Melbourne 1965.

Lit.: *Palatsky, E.:* Meet Peggy van Praagh, in: Dance Magazine, November 1959.

Praesul. Name für den Vortänzer der römischen ↗Salii.

Praetorius, Michael. Braunschweigisch-lüneburgischer Hofkapellmeister, geb. 15. Februar 1571 (?) in Creuzburg an der Werra (Thüringen), gest. 15. Februar 1621 in Wolfenbüttel. Er gab unter dem Titel „Terpsichore" eine Sammlung von Tänzen französischer Herkunft heraus. Das Werk, 1612 in Wolfenbüttel erschienen, ist dem ↗Tanzmeister des Herzogs von Braunschweig namens Anthoine ↗Emeráud, gewidmet. Dieser vermittelte Praetorius die französischen Tanzmelodien, welche Praetorius in den meisten Fällen in den Baß- und Mittelstimmen ergänzte. Eine Anzahl Tänze übernahm er auch vollständig. Dieses einzige weltliche Werk des Michael Praetorius lautet mit seinem vollen Titel: „Terpsichore, Musarum Aoniarum. Darinnen allerley frantzösische Däntze und Lieder wie dieselbige von den Frantzösischen Dantzmeistern in Frankreich gespielet und vor Fürstlichen Taffeln/auch sonsten in Convivijs zur recreation und ergötzung gantz wol gebraucht werden können. Fürstl. Druckerei Wolfenbüttel. Anno 1612." Außerdem stammt von Praetorius das dreibändige Werk „Syntagma Musicum", Wolfenbüttel 1619. Es enthält unter anderem eine Beschreibung alter Tänze. (↗Litauischer Volkstanz)

Lit.: *Böhme, F. M.:* Geschichte d. Tanzes in Deutschland, Bd. I, 1886, S. 261. *Lesure, Fr.:* Die „Terpsichore" v. Michael Praetorius u. d. französische Instrumentalmusik unter Heinrich IV., in: Musikforschung, Jg. 5, 1952, H. 1, S. 7 ff.

Praleng. ↗Thailändischer Tanz. Er ist der älteste der siamesischen Tänze und heute nur mehr als Restform bekannt. Getanzt wird er von zwei Personen mit einfachen Masken und mit Pfaufedern in den Händen. Der Tanz ist ohne Gesangbegleitung, nur ein Orchester spielt auf Bambusflöten.

Lit.: *Bowers, F.:* Theatre in the East, 1956, S. 154 f.

Premier danseur bedeutet 1. Tänzer. An der Pariser Oper gibt es noch den Premier danseur étoile. Für die 1. Tänzerin gelten die Bezeichnungen Première danseuse und Première danseuse étoile.

Preobrajenska, Olga Jossifowna (auch Preobraschenskaja). Russische Tänzerin und Lehrerin, geb. 21. Januar 1870 in St. Petersburg, gest. 27. Dezember 1962 in Saint-Mandé. Sie studierte an der kaiserlichen Ballettschule St. Petersburg, die sie 1889 abschloß. Ab 1898 war sie als 1. Tänzerin am Marijinskij-Theater engagiert. Ein Jahr nahm sie an der Saison ↗Diaghilews in Paris teil, kehrte aber vor Ausbruch des ersten Weltkrieges wieder nach Rußland zurück und wurde 1917 Lehrerin an der kaiserlichen Ballettschule in St.Petersburg. 1921 verließ sie die Sowjetunion und lehrte in Mailand, London, Buenos Aires und Berlin. 1923/24 übersiedelte sie endgültig nach Paris, wo sie eine Ballettschule leitete und eine der beachtetsten Lehrerinnen wurde. Mehr als zwei Generationen unterwies sie in russischer Ballettechnik. Viele bedeutende Künstler sind aus ihrer Schule hervorgegangen. 1960 zog sie sich ins Privatleben zurück.

Lit.: *Schaikevitch, A. – Baronova, I. and others:* Olga Preobrajenskaya, Paris 1961.

Préparation bedeutet im klassischen ↗Ballett Vorbereitung einer Bewegung, die besondere Anstrengung erfordert, wie z. B. eine ↗Pirouette.

Preußisch wurde mancherorts der ↗Galopp genannt, in der Annahme, daß der Galopprhythmus aus dem heidnischen Preußen stammt.

Preußisch Exercitium. Im 18. Jh. war dieser deutsche Tanz in der Mark Brandenburg üblich. Über die Ausführung ist leider nichts mitgeteilt. Der Name jedenfalls bezieht sich auf das präzise Exerzieren in der Armee Friedrichs des Großen, das sogenannte „Preußische Exercitium“. Die Musik, aus zwei Teilen bestehend, stand im 2/4- oder 4/4-Takt.

Lit.: *Voss, R.:* Der Tanz u. seine Geschichte, 1869, S. 360. *Zoder, R.:* Kleine Beiträge zur Volksmusikforschung, in: Jahrbuch d. österreichischen Volksliedwerkes, Bd. 7, 1958, S. 62 ff.

Prévost, Françoise. Französische Tänzerin, geb. 1680 in Paris (?), gest. 1741 ebendort. In den Jahren von 1720 bis 1722 wurde sie mit Hilfe ihrer Partner D. ↗Balon und N. ↗Blondy zu einer der berühmtesten ↗Ballerinen ihrer Zeit. Sie unterrichtete auch an der ↗Académie Royale. Zu ihren Schülerinnen zählten Maria ↗Camargo und Marie ↗Sallé. 1730 zog sie sich ins Privatleben zurück.

Lit.: *Bie, O.:* Der Tanz als Kunstwerk, 1900, S. 65 u. Der Tanz, 1906, S. 304.

Price. Name einer dänischen Familie, englischer Abstammung, aus der vom Ende des 18. Jh. bis zum Beginn des. 20. Jh. eine Reihe von Tänzern, Mimikern, Schauspielern, Kunstreitern und Artisten hervorging. Von 1831 bis 1906 lebte **Juliette Price.** Sie war eine führende ↗Ballerina des dänischen Balletts. ↗Bournonville schätzte sie sehr. 1862 kreierte sie die erste dänische ↗Giselle. Ihr Bruder **Waldemar Price** (1836–1908) studierte bei Bournonville und schloß sich 1857 dem ↗Königlich-Dänischen Ballett an und wurde dessen 1. Tänzer. Der Cousin der beiden, **Julius Price** (1833–1893), war von 1855 bis 1893 Solotänzer und ↗Choreograph an der Hofoper Wien und wurde Lehrer an der Ballettschule des Wiener Konservatoriums und der Hofoper. Er schuf die ↗Ballette „Harlekin als Elektriker“ (1884) und mit K. Grocz „Der Vater der Debütantin“ (1884). Beim Wiener Publikum genoß er große Popularität. **Ellen Price** (1878–1968), die Großnichte von Juliette und Waldemar Price, war von 1903 bis 1912 Solotänzerin des Königlich-Dänischen Balletts.

Lit.: *Venle, T. G.:* The Dancing Price's of Denmark, in: Dance Perspectives 11.

Primaballerina ↗Ballerina.

Prince of the Pagodas (The), der Pagodenprinz. ↗Ballett von Benjamin ↗Britten, komponiert 1956, Uraufführung am 1. Januar 1957 in der Covent Garden Opera London durch das ↗Sadler's Wells Ballet mit Swetlana ↗Beriosowa. Ein Herrscher in einem fernöstlichen Land hat zwei Töchter, die gute Belle Rose und die böse Belle Epine. Die böse Belle Epine setzt ihren Vater ab, vertreibt ihre Schwester und will allein regieren. Belle Rose wird durch wohlgesinnte Tiere in das Reich des Pagodenprinzen geführt, der in einen Riesensalamander verwandelt wurde. Sie verwandelt ihn wieder in einen bildhübschen Prinzen, mit dem sie in ihr eigenes Reich zurückkehrt und die diktatorische Belle Epine entthront.

Prinzessin Turandot. ↗Ballett in zwei Szenen, komponiert von Gottfried von ↗Einem. Das Libretto nach Gozzi schrieb Luigi Malipiero. Die Uraufführung fand am 5. Februar 1944 an der Staatsoper Dresden statt. Die ↗Choreographie stammte von Tatjana ↗Gsovsky.

Prokofjew, Sergej Sergejewitsch. Russischer Komponist, geb. 11. (23.) April 1891 in Sonzowka (Gouvernement Jekaterinoslaw), gest. 5. März 1953 in Nikolina gora (bei Moskau). Er schrieb folgende ↗Ballette: „Das ↗Märchen vom Schalksnarren", op. 21, komponiert 1920; ↗„Pas d'acier", op. 41, komponiert 1925; „Der ↗verlorene Sohn", op. 45, komponiert 1928; „Auf dem Dnepr (Sur le Borysthène)", op. 51, komponiert 1930; ↗„Romeo und Julia", op. 64, komponiert 1935/36; ↗„Aschenbrödel (Cinderella)", op. 87, komponiert 1940/44; „Das Märchen von der steinernen Blume", op. 118, komponiert 1948/50.

Promenade bezeichnet im ↗Ballett eine langsame Drehung auf einem Fuß, wobei der Körper in einer ruhigen Stellung verbleibt, z. B. ↗Arabesque oder ↗Attitude. Auch eine langsame Drehung im ↗Pas de deux, bei welcher der Tänzer die ↗Ballerina, die auf der Spitze steht, hält und um sie herumgeht, wird so bezeichnet. Im ↗Volkstanz bezeichnet Promenade einen Schreittanz, bei dem eine Reihe hintereinanderstehender Paare gleichzeitig vorwärtsschreitet.

Prometheus-Ballette. Die griechische Sage des Titanen Prometheus bildete bereits 1627 für ein ↗Ballet de cour des Herzogs von Savoyen die stoffliche Grundlage. Das bedeutendste Prometheus-Ballett sind „Die ↗Geschöpfe des Prometheus" von S. ↗Viganò mit der Musik von Ludwig van ↗Beethoven, 1801 am Wiener Hofburgtheater uraufgeführt. 1813 choreographierte Viganò eine neue Version dieses Balletts für die Mailänder Scala, bei der er nur vier Stücke von Beethovens Musik verwendete. Die anderen Teile waren von ihm selbst, von J. ↗Weigl und J. ↗Haydn. 1843 folgte eine neue Umarbeitung von dem Wiener ↗Ballettmeister A. ↗Hus. Die Musik stellte der Ballettmusikdirigent der Wiener Hofoper Matthias Strebinger aus Stücken von J. Haydn, W. A. ↗Mozart und Beethoven zusammen. 1844 wurde dieses Ballett in Mailand aufgeführt mit dazugefügten Musikstücken von Anton Roht. Hubert Pataky komponierte ein Prometheus-Ballett, welches 1927 in der ↗Choreographie von M. ↗Terpis in Wiesbaden aufgeführt wurde. Von den zahlreichen Versuchen, Viganò–Beethovens Ballett neu zu gestalten (1927 von A. ↗Knust in Dessau, 1929 von S. ↗Lifar in Paris, 1933 von A. von ↗Milloss in Augsburg, 1936 von De Valois in London und 1966 von E. ↗Walter in Düsseldorf), war der beachtenswerteste der von Frederick ↗Ashton im Beethoven-Jahr 1970, aufgeführt am 7. Juni 1970 im Theater der Stadt Bonn durch das ↗Royal Ballet London.

Lit.: *Lach, R.:* Zur Geschichte d. Beethovenschen „Prometheus"-Ballettmusik, in: Zeitschrift f. Musikwissenschaft, Jg. 3, 1920/21, S. 223 ff.

Proportio ↗Nachtanz.

Proti-sobě. (= der Gegeneinandertanz). Tschechischer Volkstanz aus Böhmen. Er hat große Ähnlichkeit mit der ↗Canarie. Der Tänzer hüpft mit der Tänzerin den Saal entlang. Sie bleibt am Ende stehen, während der Tänzer nun rückwärts bis ans andere Ende tanzt. Die Tour wird vor- und rückwärts wiederholt. Anschließend führt die Tänzerin die gleichen Figuren aus. (↗Tschechische Volkstänze)

Lit.: *Waldau, A.:* Böhmische Nationaltänze, 1860, Bd. 2, S. 18 f.

Prozessionstänze. Prozessionen sind fast in allen Religionen zu finden, sie können als Reste eines kultischen Tanzes bezeichnet werden. Wie aus den Überlieferungen bekannt ist, bewegte sich die Prozession oft im Tanzschritt weiter, so die ↗Echternacher Springprozession oder der dem ↗Tripudium ähnliche Dreischritt beim Umgang der ↗Arvalischen Brüder im alten Rom. Viele Prozessionen bewegen sich auch im Kreis. Begleitet sind sie meist von Liedern, die beim Schreiten gesungen werden. (↗Narel, ↗Religiöser Tanz, ↗Vlöggelen)

Lit.: *Puerto Mozquita, Gonzolo:* Danzas processionales de Morella y del Maestrazgo, Castellon de la Plana 1956. *Baaren, Th. P. v.:* Selbst d. Götter tanzen, 1964, S. 111 ff.

Průchod (= der Durchgang). Tschechischer Volkstanz aus Böhmen. Er ist in der Ausführung der ↗Polonaise ähnlich. Die Paare bilden ein Spalier, worauf das letzte Paar unter den aufgehobenen Armen der anderen hindurchgeht, bis es vor dem ersten Paar anhält. Es folgen dann in gleicher Form die weiteren Paare. (↗Tschechische Volkstänze)

Lit.: *Waldau, A.:* Böhmische Nationaltänze, Bd. 2, 1860, S. 27.

Prunières, Henry. Französischer Musikwissenschaftler, geb. 24. Mai 1886 in Paris, gest. 11. April 1942 in Nanterre. Er schrieb folgende Abhandlungen: Le Ballet de cour en France avant Benserade et Lully suivi du Ballet de la déliverance de Renaud, Paris 1914; Le Ballet sous Louis XIII., in: Bulletin française de la Société Internationale de Musique, X, 2, 1914; Salvatore Viganò, in: La Revue Musicale, Jg. 2, Dez. 1921, S. 71 ff.; Lully and the Académie de Musique et de Danse, in: Musical Quarterly, XI, 1925, S. 528; Œuvres complètes de J. B. Lully 1632–1687, Paris 1931.

Prylis. Antiker griechischer ↗Waffentanz aus Kreta. Er wurde von bewaffneten Männern bei Begräbnissen und Totenfeiern aufgeführt, um den Toten wieder Leben einzugeben und die bösen Geister zu vertreiben. (↗Griechischer Tanz)

Lit.: *Weege, F.:* Der Tanz in d. Antike, 1926, S. 51. *Lawler, L. B.:* The Dance in Ancient Greece, 1964.

Pšeničká (= Weizentanz). Tschechischer Volkstanz im 2/4-Takt. Der Tänzer und zwei Tänzerinnen, die sich bei ihm einhängen, treten vor in den Kreis. Nach acht Takten Tanz läßt er dann die Tänzerinnen aus und dreht sich abwechselnd mit jeder im Kreis. (↗Tschechische Volkstänze)

Lit.: *Vycpálek, L.:* České tance, in: Český Lid, Jg. 1, 1892, S. 132, 458.

Psyche-Ballette. Die Geschichte der schönen Königstochter Psyche aus der griechischen Mythologie diente oftmals als Handlung von ↗Balletten und ↗Pantomimen: 1619 gab es in Paris ein melodramatisches ↗Ballet de cour Ludwigs XIII., mit Musikstücken von Guédron, La Barre und Belleville; 1671 ein Ballet de cour von ↗Lully; 1767 ein Ballett von J. G. ↗Noverre in Wien, Kärntnertortheater und Hofburgtheater; 1790 ein mythologisches Ballett von P. ↗Gardel und Miller in Paris; 1792 ein Ballett von O. ↗Viganò mit der Musik von G. Viganò in Venedig; 1817 ein Ballett von P. Gardel, inszeniert von J. ↗Aumer in Wien, Hofburgtheater; 1824 ein Ballett von A. ↗Vestris mit der Musik von Rossini, Romani und Gallenberg in Wien, Kärntnertortheater. (↗Amor und Psyche-Ballette)

Psychotherapie und Tanz. In der therapeutischen Behandlung von seelisch Kranken wurde der Versuch unternommen, neben Malerei, Dichtung und Musik auch den Tanz einzubeziehen. Mit diesem zusätzlichen therapeutischen Medium ist dem psychisch Kranken ein möglicher Weg für den zwischenmenschlichen Kontakt gegeben. Tänze helfen dem Patienten, seine Gefühle über sich selbst in Verbindung mit Personen rund um sich zu verkörpern. In der tänzerischen Verbindung zu den anderen Patienten und dem Tanzführer kann der Kranke seine ganze Persönlichkeit und seine Fantasien entfalten. Versuche solcher Aktivitäten in der psychotherapeutischen Behandlung sind schon mit Erfolg vor allem in den USA durchgeführt worden. Einen zusammenfassenden Bericht beschreibt das Buch „Dance in Psychotherapy“ von Elizabeth Rosen, New York 1957.

Puertoricanischer Tanz. Die Tänze Puerto Ricos entsprechen zum Großteil den kubanischen Tänzen. Spanisch-andalusische und französische Elemente sind in ihnen verschmolzen. Der Unterschied in den Tänzen beider Länder ist im Charakter der Musik gegeben. Die kubanische Musik ist gekennzeichnet durch die berauschenden, sinnlichen Melodien der ↗Danzones, während für die Musik Puerto Ricos die mehr melancholischen, schwärmerischen Melodien der ↗Danzas typisch sind. Von den Tänzen spielen eine besondere nationale Rolle der ↗Bambuco, der ↗Borinquen, die ↗Criolla und vor allem die ↗Habanera (Danza). (↗Kubanischer Tanz)

Lit.: *Friedenthal, A.:* Musik, Tanz u. Dichtung bei d. Kreolen Amerikas, 1913, S. 105, 115, 128 f., 131. *Martinez, M. C. de:* La historia danza de Puerto Rico en el s. XVI y sus evoluciones, in: Revista mus. Chilena VI, 1950.

Pugni, Cesare. Italienischer Komponist, geb. 31. Mai 1802 in Genua, gest. 26. (14.) Januar 1870 in St. Petersburg. Außer 10 Opern und 40 Messen komponierte er 312 ↗Ballette, sein erstes im Jahre 1823 für die Mailänder Scala. Es war „Il castello di Kenilworth“ mit der ↗Choreographie von G. ↗Gioja. Nachdem er bereits in Berlin, London, Triest und Wien gewirkt und sich als Komponist durchgesetzt hatte, wurde er 1851 nach St. Petersburg berufen. Dort war es vor allem die Zusammenarbeit mit Jules ↗Perrot, die sich auf seine Werke auswirkte. 35 Ballette schrieb er für St. Petersburg, u. a. „Le corsair“ (1858) und „Konyok – Gorbunok“ (= „Das bucklige Pferdchen“) nach P. P. Jerschow (1864). (↗Jahreszeiten, ↗Pas de quatre)

Lit.: *Guest, I.:* Cesare Pugni. Pas de Quatre, London 1970.

Pukit'pa dambi ↗Ritenitis.

Pulcinella. ↗Ballett mit Gesang in einem Akt. Das Libretto ist nach einem neapolitanischen Manuskript des 18. Jh. gestaltet. Das kompositorische Material hat ↗Strawinsky im Nachlaß von G. B. Pergolesi (1710–1736) gefunden und daraus 1919 seine Partitur verfaßt. Die Uraufführung fand in Leonide ↗Massines ↗Choreographie und mit der Ausstattung von Pablo Picasso am 15. Mai 1920 durch ↗Diaghilews ↗Ballet Russe im Théâtre National de l'Opéra Paris statt. Es ist ein Spiel im Stil der Commedia dell'arte mit der neapolitanischen Figur des Pulcinella und einer verwickelten Liebesgeschichte.

Lit.: *Beaumont, C. W.:* Pulcinella, in: Complete Book of Ballets, London 1951.

Pulgatants. Estnische Schwerttanzform, bei der die Tanzenden in jeder Hand ein Schwert oder einen Stock haben, die beim Tanzen zusammengeschlagen werden. (↗Estnische Volkstänze, ↗Schwerttanz)

Lit.: *Wolfram, R.:* Schwerttanz u. Männerbund, S. 196.

Pulverstoffel. Dieser um die Zeit von 1820 bis 1850 in Deutschland und Österreich beliebte Tanz im langsamen 3/4-Takt findet sich als Einlage in der Posse „Staberls Reise-Abenteuer in Frankfurt und München", komponiert von dem in Wien wirkenden Kapellmeister und Komponisten Röth (geb. 1779 in München). Über die Ausführung des Tanzes ist nichts Näheres mehr bekannt, er soll aber dem tschechischen Volkstanz ↗Polbírská ähnlich gewesen sein.

Pumanieska. Jugoslawischer Volkstanz aus Kroatien, ein Rundtanz der Walachen. Die Tanzenden bewegen sich langsam bald nach der rechten, bald nach der linken Seite. Der Form nach stellt der Tanz eine Variation des ↗Kolo dar. (↗Kroatischer Volkstanz)

Lit.: *Schubert, F. L.:* Die Tanzmusik, 1867. *Czerwinski, A.:* Brevier d. Tanzkunst, 1879.

Puntata ist eine Bezeichnung der alten italienischen Tanzschule und bedeutet einen Tanzschritt, der ähnlich dem altfranzösischen ↗Grue ausgeführt wird. Es gibt einen Puntata grave, Puntata ordinaria und Puntata minima.

Lit.: *Sachs, C.:* Eine Weltgeschichte d. Tanzes, 1933, S. 238.

Punto. Lateinamerikanischer Tanz, der vor allem in Panama, aber auch in Kuba und in der Dominikanischen Republik getanzt wird. Er ist ein ↗Hochzeitstanz im schnellen 6/8-Takt mit Gesang, von Brautpaaren in den Dörfern aufgeführt. Die Zuseher werfen Münzen zu Füßen der Tanzenden als Geldgeschenk für das Brautpaar. Die Musik des Punto ist in Dur, wird sie in Moll gespielt, heißt der Tanz Koko. In der Dominikanischen Republik heißt der Tanz Punto Cibeano und steht im 2/4-Takt. (↗Lateinamerikanische Tänze)

Puppenfee. ↗Ballettpantomime in einem Akt, komponiert von Josef ↗Bayer, Libretto von Josef ↗Hassreiter und Franz Gaul. Die Uraufführung fand am 4. Oktober 1888 am Hofoperntheater in Wien statt. Die ↗Choreographie schuf Josef Hassreiter. Die „Puppenfee" behandelt das uralte Tanzmotiv der verlebendigten Puppen und wurde Vorbild für das nach der Musik Rossinis geschaffene Ballett „La Boutique fantasque" (der ↗Zauberladen) und das von Anna ↗Pawlowa für ihre Truppe choreographierte Ballett „The Rairy Doll".

Purzalka. ↗Bulgarischer Tanz. In der Art seiner Schritte und Kostüme zeigt er eine fröhliche Winterszene, die von 12 Mädchen und 12 Burschen ausgeführt wird. Die Grundfiguren werden vom Daichovo Horó aus Nordbulgarien genommen. Die Tanzmelodie steht im 9/16-Takt. (↗Horótänze)

Lit.: *Katzarova-Kukudova, R.-Djenev, K.:* Bulgarian Folk Dances, 1958, S. 128 ff.

Purzelbaumtanz. Dieser alte ↗deutsche Volkstanz wurde nur von Männern getanzt und zwar in Dreiergruppen. Der Tanz verlangte von den Ausführenden ein großes Maß an Körperbeherrschung. Auch die Tanzfassung war kompliziert. Der Mann in der Mitte legte seinen Arm den beiden Nachbarn um den Hals, der linke und der rechte Mann faßten einander hinter dem mittleren an den Händen. Als Tanzmusik diente eine achttaktige Melodie im Dreierrhythmus und eine achttaktige Melodie im Zweierrhythmus. Am Schluß des Tanzes mußte der mittlere Tänzer einen Überschlag (Purzelbaum) nach rückwärts durchführen.

Lit.: *Klier, K. M.:* Männertänze aus d. deutschen Volksüberlieferung, 1934, S. 23.

Puttjenter. ↗Deutscher Volkstanz aus Westfalen (Minden) im 4/4-Takt. Er wird von vier

Paaren getanzt, die im Kreis Aufstellung nehmen.

Lit.: *Oetke, H.:* Deutsche Volkstänze, Teil II, s. a., S. 52 f.

Putzedanz ↗Barbiertanz.

Pygmalion-Ballette. Die Geschichte von Pygmalion, dem sagenhaften König von Zypern, der sich in eine von ihm geschaffene Mädchenstatue verliebte, die von Aphrodite belebt wurde, bildete mehrmals die stoffliche Grundlage für ↗Ballette: 1734 ↗Ballettpantomime von Marie ↗Sallé für London; 1745 „Pygmalion et Psyché", Ballett von J. B. ↗Lany, Musik von Graun für Berlin; 1748 ein Opéra-ballet von J. Ph. ↗Rameau für Paris; 1763 von F. ↗Hilverding für St. Petersburg; 1776 von G. ↗Angiolini für Wien; 1784 von J. ↗Dauberval für London; 1800 von L.-J. ↗Milon für Paris; 1835 von Therese ↗Elßler für Berlin; 1881 von K. ↗Telle, Musik von Fürst Troubetzkoy für Wien; 1946 von A. ↗Howard für London; 1947 von V. ↗Gsovsky für London; 1957 von J.-J. ↗Etchevery für Brüssel.

Lit.: *Kirstein, L.:* Pygmalion, in: Movement & Metaphor, New York 1970.

Pylades. Berühmter römischer ↗Pantomime. Er war Grieche aus Cilicien. Unter Kaiser Augustus führte er um 22 v. Chr. mit ↗Bathyllus den Pantomimus in Rom ein. Er gilt als der Begründer der tragischen Pantomime. Seine bedeutendste Rolle war die Darstellung des Bacchus. Der Sitte der Zeit entsprechend tanzte er auch weibliche Rollen. Er führte den Chorgesang in die Pantomime ein.

Lit.: *Mattheson, J.:* Abhandlung v. d. Pantomimen, 1749, S. 25 ff. *Friedländer, L.:* Darstellungen aus d. Sittengeschichte Roms, 1922. *Weege, F.:* Der Tanz in d. Antike, 1926, S. 157 ff. *Lawler, L. B.:* The Dance in Ancient Greece, 1964, S. 139 ff.

Pyrrhiche. Antiker griechischer ↗Waffentanz. Der Name hat verschiedene Erklärungen gefunden. Er wurde einerseits vom griechischen pyr = Feuer abgeleitet, andererseits von Pyrrhos Neoptólemos, dem Sohn des Achilleus, in späterer Zeit von dem roten antiken Tanzgewand Pyrrhicha. Die Entstehung der Pyrrhiche liegt in mythischer Zeit. Ursprünglich in Kreta zu Hause, verbreitete sie sich über ganz Griechenland und wurde einer der bedeutendsten altgriechischen Waffentänze. Von Kreta kam sie zunächst nach Sparta, wo sie eifrigste Pflege fand und um 620 v. Chr. durch die Weisen und Gesänge des Thaletas von Kreta zum eigentlichen Nationaltanz wurde. Die Pyrrhiche, die die spartanischen Knaben von ihrem 5. Lebensjahr an erlernen mußten, stellte einen Scheinkampf dar, bei dem Angriff und Verteidigung nachgeahmt wurden. Die Ausführenden trugen dabei meist ein purpurrotes Kriegskleid, die Pyrrhicha. Dieses im sogenannten kretischen Fuß, dem Pyrrhichios, getanzte Kampfspiel war für die Spartaner die beste Vorübung für den Kriegsdienst. Auch in Athen war dieser Waffentanz sehr beliebt und wurde schon in sehr früher Zeit geübt. Die „hyporchematische" Pyrrhiche, wie sie von Plato in den „Gesetzen" beschrieben wird, ging unter Begleitung von Kriegsgesängen und Saitenspiel vor sich, und zwar zeigten dabei Gruppen von zwei Tänzern fingierte Gefechte. Bei den ↗Gymnopädien in Sparta und den ↗Panathenaen in Athen wurde diese Art dargestellt. Im Laufe der Jahrhunderte entartete die Pyrrhiche immer mehr, ihr kriegerischer Charakter ging nach und nach verloren. Am Ende des 4. Jh. ist in Athen bereits eine Vermengung dieses Waffentanzes mit dionysischen und bacchantischen Tänzen festzustellen. Ab der Zeit Alexanders des Großen tanzten diesen ehemaligen Kriegstanz Knaben und Mädchen bereits bei Gastmählern und Gelagen. Die Pyrrhiche war zu dieser Zeit bereits zu einem Spiel und Zeitvertreib geworden. Sogar Elefanten und Kamelen wurde dieser Tanz beigebracht, und nach einer Erzählung Lucians von Samosata ließ ein ägyptischer König diesen Tanz von Affen ausführen. Die entartete alexandrinische Form der Pyrrhiche übernahmen auch die Römer, wo sie zu einem reinen Schautanz wurde. In Griechenland selbst geriet sie nie ganz in Vergessenheit, so tanzte man sie 1821 bei den neugriechischen Befreiungskriegen. (↗Griechischer Tanz)

Lit.: *Apuleius, Lucius:* Metamorphoseon libri XI. *Downes, W. E. D.:* The Offensive Weapon in the Pyrrhic, in: Classical Review, vol. 18, 1904, S. 101 ff. *Friedländer, L.:* Darstellungen aus d. Sittengeschichte Roms, 1922. *Weege, F.:* Der Tanz in d. Antike, 1926, S. 35 f., 50 ff. *Sachs, C.:* Eine Weltgeschichte d. Tanzes, 1933, S. 162 f. *Lawler, L. B.:* The Dance in Ancient Greece, 1964.

Pythagorike. Name einer ↗Pantomime, welche die pythagoreische Philosophie darstellte und von dem Pantomimen ↗Memphis getanzt wurde.

Q

Quadrille. Dieser ↗Contratanz, der von einer gleichen Anzahl von Paaren ausgeführt wird, ist aus den englischen ↗Country dances hervorgegangen, die zu Beginn des 18. Jh. nach Frankreich eingeführt worden sind. Ursprünglich bezeichnete der Name die Kreuzaufstellung bei den ritterlichen Reiter-Turnierspielen und im ↗Ballett den Gruppenauftritt von vier, sechs, acht oder zwölf Tänzern. Die Einführung in das Ballett machte die Quadrille, ursprünglich „Quadrille des Contredanses" genannt, so populär, daß sie zu Anfang des 19. Jh. zum beliebtesten französischen ↗Gesellschaftstanz wurde. Von dort aus kam sie auch nach England. Ab 1821 tanzte man sie in Deutschland. Sie blieb ein beliebter Gesellschaftstanz bis ins 20. Jh. Anfangs hatte sie fünf ↗Touren: 1. La ↗Pantalon, 2. L'↗Été, 3. La ↗Poule, 4. La ↗Pastourelle, 5. Finale. Jede Tour hatte 32 Takte, abwechselnd im geraden oder ungeraden Takt. Die letzte Tour, das Finale, bestand aus drei Teilen, die viermal wiederholt wurden und codamäßig melodisch auf die vorhergehenden Touren zurückgingen. Zwischen der 3. und 4. Tour führte um 1800 der Tänzer ↗Trénitz eine weitere Tour ein, die nach ihrem Erfinder La ↗Trénis benannt wurde. Sie besteht aus 32 Takten im $^2/_4$-Takt. Die Musik der Quadrille wurde im 19. Jh. meist potpourriartig aus beliebten Musikstücken zusammengestellt (z. B. „Fledermaus"-Quadrille). Mit der Zeit entstanden zahlreiche Abarten und Varianten der Quadrille. Die **Quadrille à la cour** nannte man in Berlin eine besondere Quadrille, sie wurde bis 1870 getanzt. In Paris war sie schon vorher als **Le ↗Lancier** bekannt. Eine **Quadrille croisé** stammte von dem französischen ↗Tanzmeister ↗Desrat. Die **Quadrille des dames,** eine Erfindung des französischen Tanzmeisters ↗Perrin, fand wenig Verbreitung. Die den Ball eröffnende Quadrille hieß in Frankreich **Quadrille d'honneur.** Die bekannteste und beliebteste Art der Quadrille war die **Quadrille française** mit ihren sechs Touren. Die **Quadrille Impérial,** aus fünf Touren bestehend, war eine Schöpfung der Société Académique des Professeurs de Danse in Paris. Von sechs Paaren getanzt wurde die **Quadrille Mignon.** Sie bestand aus vier Touren. Die Absicht, die steirische Tanzart mit der Form einer Quadrille zu verbinden, veranlaßte Eduard Eichler eine **Quadrille Styrienne** zu schaffen. Sie umfaßte folgende fünf Touren: 1. Graz, 2. Anna, 3. Emma, 4. Leontine und 5. Adele. Außer den genannten Formen gab es auch noch eine Anzahl von Abarten, wie z. B. eine Walzer-Quadrille, ↗Lach-Quadrille, ↗Kuß-Quadrille und ↗Kegel-Quadrille, bei der wie beim Kegelspiel neun Personen aufgestellt sind. (↗Amèricain, ↗Tagarota-Quadrille)

Um 1810–1820

Lit.: Allgemein: *Dun, B.:* A Translation of nine of the most fashionable Quadrilles, 1818. *Wilson, Th.:* The Quadrille and Cotillon Panorama, 1818. *Anonym:* Wiener Tanzschule, 1852. *Lestienne-Dubois, F.:* Der vollendete Cotillon-Tänzer, 1869. *Anonym:* Die Tanzkunst u. d. Tänze, 1877. *Czerwinski, A.:* Brevier d. Tanzkunst, 1879. *Böhme, F. M.:* Geschichte d. Tanzes in Deutschland, 1886. *Zorn, A. F.:* Grammatik d. Tanzkunst, 1887. *Fels, Th.:* Die deutsche Tanzkarte, deutsche Kommandos zu d. Quadrillen, 1888. *Jolizza, W. K. v.:* Die Schule d. Tanzes, 1900. *Bie, O.:* Der Tanz, 1919. *Nettl, P.:* Mozart u. d. Tanz, 1960, S. 61 ff. *Goldschmidt, Ae.:* Handbuch d. deutschen Volkstanzes, 1967. *Lager, H.:* Die Wiener Quadrille, in: Der fröhliche Kreis, Jg. 27, 1977, H. 4, S. 113 ff. *Schreiber, G.:* Die Wiener Quadrille, in: Der fröhliche Kreis, Jg. 27, 1977, S. 108 ff.

Lit. zur Quadrille à la cour: *Masson, F.:* Les Quadrilles à la cour de Napoleon, 1904.
Lit. zur Quadrille française: *Anonym:* Die Quadrille française, 1844. *Desrat, G.:* Le Quadrille française simple et croisé, 1855. *Boizot:* Répertoire des quadrilles française et anglais ... 1859. *Reif, M. v.:* Die Quadrille française, deren Geschichte u. genaue Beschreibung, 1864. *Heimerdinger-Spadoni, A.:* Quadrille française u. Quadrille à la Cour, nach d. Lehrplan d. deutschen Akademie d. Tanzlehrkunst, Straßburg 1895. *Löwy, J.:* Die Quadrille française, wie man sie tanzt, 1920.
Lit. zur Quadrille Styrienne: *Eichler, E.:* Die Quadrille Styrienne, 1847.

Quadrille parisienne ↗Cancan.

Quarrentaco Erreguela. ↗Baskischer Tanz, ein taktwechselnder Tanz, bei dem 2/4-Takt und 4/4-Takt in strenger Regelmäßigkeit abwechseln. (↗Zwiefache)

Lit.: *Iztueta, J. J. de:* Guipuzcoaco Dantza Candaira, San Sebastian 1824/25. *Michel, A.:* Taktwechselnde Tänze in Frankreich, in: Das deutsche Volkslied, Jg. 39, 1937, H. 1/2, S. 9.

Quaternaria oder **Quadernaria** (die), auch ↗Saltarello tedesco genannt, war ein ↗Nachtanz und identisch mit dem volkstümlichen deutschen ↗Hupfauff. Ihre Ausführung ist aus den Tanzbeschreibungen nicht klar zu ersehen, dürfte aber nach Angaben von ↗Cornazano sehr einfach gewesen sein. Danach bestand sie aus zwei einfachen Schritten mit einer ↗Battuta und gleichzeitigem Rückschwung beim dritten Schritt. Vermutlich ist die Quadernaria im 16. Jh. mit dem Saltarello zu einem Tanz verschmolzen.

Lit.: *Bie, O.:* Der Tanz, 1919. *Sachs, C.:* Eine Weltgeschichte d. Tanzes, 1933. *Dolmetsch, M.:* Dances of Spain and Italy from 1400 to 1600, New York 1975.

Quatrième bezeichnet im klassischen ↗Ballett die 4. ↗Position der Füße.

Quicksongs-dance ist der Name für einen ↗religiösen Tanz der nordamerikanischen Sekte der Shakers, den sie am Ende ihres Gottesdienstes mit stoßenden und schüttelnden Bewegungen tanzen. (↗Shake)

Lit.: *Voß, R.:* Der Tanz u. seine Geschichte, 1869.

Quickstep. ↗Gesellschaftstanz des 20. Jh. Er ist 1924 aus dem schnellen ↗Foxtrot hervorgegangen und hieß zunächst „Quicktime-Foxtrot and Charleston". 1927 bekam er seine eigentliche Form und wurde als Quickstep ein beliebter Modetanz, den allerdings der Foxtrot überlebt hat. Seinem Charakter nach ist er ein leichter, flüssiger Tanz.

Lit.: *Günther, H.-Schäfer, H.:* Vom Schamanentanz zur Rumba, 1959, S. 261 ff.

Quinault, Philippe. Französischer Dichter, geb. 3. Juni 1635 in Paris, gest. 26. November 1688 ebendort. Er schrieb für J. B. ↗Lully viele Texte zu dessen ↗Divertissements und Pastorales. Gemeinsam mit ↗Benserade verfaßte er das Libretto zu Lullys ↗Ballett „Le ↗Triomphe de l'amour".

Lit.: *Richter, E.:* Ph. Quinault. Sein Leben, seine Tragödien, seine Bedeutung f. d. Theater Frankreichs u. d. Auslandes, Diss., Leipzig 1910.

R

Raab, Johann. Österreichischer Tänzer und ↗Ballettmeister, geb. 3. April 1807 in Wien, gest. 13. Februar 1888 ebendort. Von 1817 bis 1821 war er im Kinderballett des Friedrich ↗Horschelt im Theater an der Wien und von 1822 bis 1831 Mitglied des Ballettensembles im k. k. Theater nächst dem Kärntnertor. Von 1832 bis 1841 wirkte er als Ballettmeister in Prag, absolvierte aber zwischendurch Gastspiele in Frankfurt am Main und Paris, wo er seine „Prager ↗Polka" mit der berühmten Mlle. Valentine im Théâtre de l'Ambique comique mit sensationellem Erfolg vorführte und so den Siegeszug dieses böhmischen Tanzes in Europa einleitete. 1842 war er ständischer Landschaftstanzmeister in Prag. Von 1849 an wirkte er wieder in Wien, und zwar bis 1857 als Ballettmeister im Josefstädtertheater. Von 1859 bis 1886 war er k. k. Hoftanzmeister im Wiener Theresianum und wurde 1862 Ballettmeister im Theater an der Wien. Größte Popularität errang er als Policinello in ↗Pantomimen. (↗Slowanka)

Raab, Riki. Österreichische Tänzerin, geb. 15. Januar 1899 in Wien. Im Jahre 1909 begann sie ihr Tanzstudium an der Ballettschule der Wiener Hofoper. Ihre Lehrer waren Zulka, C. ↗Raimund, C. ↗Cerri, J. ↗Hassreiter und B. ↗Nijinska. 1914 wurde sie an die Oper engagiert, 1918 ↗Coryphée, von 1921 bis 1933 war sie Solotänzerin. 1933 ging sie krankheitshalber in Pension. Ihre Lehrtätigkeit begann sie bereits 1919. Von diesem Jahr an unterrichtete sie bis 1921 am Konservatorium Lutwak in Wien. Von 1938 bis 1952 war sie Lehrerin an der Akademie für Musik und darstellende Kunst in Wien. Sie trat nicht nur in vielen Solopartien in Balletten von ↗Bayer, de ↗Falla, ↗Gluck, ↗Mozart, ↗Ravel, Richard ↗Strauss, ↗Strawinsky u. v. a. auf, sondern sie gab außerdem von 1919 bis 1931 viele Tanzabende mit eigenen Tanzschöpfungen in der Wiener Urania. Darüber hinaus führten sie viele Gastspiele ins Ausland (Ägypten, Belgien, Deutschland, Holland, Palästina, Schweiz, Spanien u. a.). 1929 erfolgte die erste Wiener Aufnahme eines Tanzes im Tonfilm. Riki Raab tanzte ein ↗Menuett von ↗Viganò und den Frühlingsstimmenwalzer von Johann ↗Strauß. Zahlreich sind die Auszeichnungen, die die Künstlerin im Verlauf ihrer Tätigkeit bekam. 1960 stiftete Riki Raab einen goldenen Fanny-Elßler-Ring, eine erstmalige Tat in der Tanzgeschichte. Seit 1933, dem Jahr der Beendigung ihrer tänzerischen Tätigkeit, beschäftigt sich Riki Raab mit der Tanzgeschichte in historisch-biographischer Hinsicht. Viele Veröffentlichungen und Lichtbildervorträge zeugen von dieser Tätigkeit: Kleines Lexikon für das Ballett, Sonderdruck aus „Der Tanz", um 1941; Vom Wiener Ballett, in: Jahrbuch der Gesellschaft für Wiener Theaterforschung, 1946–47, S. 89 ff.; Künstlerbriefwechsel (C. M. Ziehrer, J. Hassreiter, H. Schließmann), in: Jahrbuch des Vereines für Geschichte der Stadt Wien, Bd. 8, 1950, S. 105 ff.; Das k. k. Hofballett unter Maria Theresia 1740–1780, in: Jahrbuch der Gesellschaft für Wiener Theaterforschung, Jg. 1950/51, S. 87 ff.; Vom Gimpel-Gampel zum Jitterbug. Der Gesellschaftstanz im Wandel der Zeiten, in: Wiener Monatshefte, Jg. 27, 1953, S. 3 f.; Ballettreformer J. G. Noverre in Wien, in: Jahrbuch des Vereines für Geschichte der Stadt Wien, Bd. 13, 1957, S. 123 ff. Fanny Elßlers Testament, in: Wiener Geschichtsblätter, Jg. 15 (75), 1960, Nr. 2, S. 143 ff.; Wechselbeziehungen im Tanze, in: Österreich und die angelsächsische Welt, Abschnitt: Bühne und Welt, 1961, S. 495 ff.; Goethes Stellung zu Tanz und Ballett, in: Jahrbuch des Wiener Goethe-Vereins, Bd. 65, 1961, S. 110 ff.; Fanny Elßler, eine Weltfaszination, Wien 1962; Lexidion für das Ballett, s. a.; Die beiden tanzten Luft, Feuer und Erde, in: Österreichische Neue Tageszeitung, 18. Januar 1964; Tanz und Gelehrsamkeit, Hermine Elßler, Mäzenatin der Universität, in: Die Presse, 10./11. Juli 1965; Hermine Elßler und die Universität, in: Wiener Geschichtsblätter, Jg. 20, 1965, S. 492 ff.; Fanny Elßler – die Tänzerin der Romantik, in: Theater in Österreich, Notring-Jahrbuch 1965, S. 133; Ballettmeister Josef Hassreiter, in:

Theater in Österreich, Notring-Jahrbuch 1965, S. 153; Fanny Elßler. Ein Lebensbild, in: Maske und Kothurn, Jg. 13, 1967, H. 1, S. 47 ff.; 100 Jahre Wiener Opernballett, in: Wiener Geschichtsblätter, Jg. 24, 1969, S. 487 ff.; Grabstätten von Ballettmitgliedern des Kärntnertortheaters, der k. k. Hofoper und der Staatsoper, in: Jahrbuch des Vereines für Geschichte der Stadt Wien, Bd. 28, 1972, S. 173 ff.; Fanny Elßler, in: Tausend Jahre Österreich, Bd. 2, 1973, S. 83 ff.; Das k. k. Hofballett zur Zeit Maria Theresias, in: Programm zum Konzert „Musik um Maria Theresia" im Prunksaal der Österreichische Nationalbibliothek, 1980; 300 Jahre Opernballett in Wien, Biographisches Nachschlagwerk. Außerdem war Riki Raab Mitarbeiterin bei: Handbuch des Tanzes von V. Junk, 1930; Tanzarchiv-Reihe, Hamburg 1942–1952; Österreichisches Biographisches Lexikon, ab 1966.

Lit.: *Wurm, E.:* Porträt einer Wienerin, in: Das Kleine Volksblatt, Sonntag, 11. Januar 1959. *Srncik, G.:* Tanzstar Riki Raab war stets eine „Dienerin am Werk", in: Der Samstag, Nr. 5, v. 29. Januar 1977. *Mayerhöfer, J.:* Riki Raab – ein Leben f. Kunst u. Wissenschaft, in: Tanz 20. Jh. in Wien, Ausstellungskatalog Österreichisches Theatermuseum, Wien 1979, S. 11 ff.

Raabiku. Estnischer Volkstanz, eine Form des ↗Warschauer. (↗Estnische Volkstänze)

Lit.: *Wolfram, R.:* Die Volkstänze in Österreich u. verwandte Tänze in Europa, 1951, S. 157/14.

Raas-Lila. ↗Indischer Tanz aus Brij Bhumi, dem südwestlichen Gebiet des indischen Bundesstaates Uttar-Pradesh. Die Gestalt des indischen Gottes Krishna steht im Mittelpunkt dieses Tanzes. Die Darsteller, welche als Radha (Geliebte Krishnas), Krishna und Gopis (Hirtenmädchen) gekleidet sind, führen Lilas vor, das sind Szenen aus dem Leben Krishnas. Die Ausführenden sind von einem Guru ausgebildete Kinder unter zwölf Jahren.

Lit.: *Kallianpurkar, M. S.:* Tänze v. Uttar-Pradesh, in: Beiträge zur Musikwissenschaft, Jg. 8, 1966, H. 2, S. 135 ff. *Rebling, E.:* Die Tanzkunst Indiens, 1981.

Raban. Siamesischer Tanz, der von Männern und Frauen mit Verdrehungen des Körpers und der Arme ausgeführt wird. Die Tanzenden tragen hohe vergoldete Mützen und lange falsche Kupfernägel. Während des Tanzes wird auch gesungen. (↗Thailändischer Tanz)

Lit.: *Freising, A.:* Der Tanz, 1882, S. 23.

Rabovsky, István (eigentlich István Rab). Ungarischer Tänzer und Lehrer, geb. 1930 in Szeged. Er studierte 1948 bei Ferenc ↗Nádasi an der Ballettschule der Budapester Staatsoper. Mit seiner Gattin Nóra ↗Kovacs floh er 1953 nach West-Berlin. Später tanzte er beim ↗London Festival Ballet und ging dann in die USA. Mit seiner Frau gründete er eine kleine Ballettgruppe, mit der sie Nord- und Südamerika bereisten. In Beechhurst, New York, eröffneten sie eine eigene Schule.

Lit.: *Clandon, L.:* Nóra Kovacs and István Rabovsky, in: Dance Magazine, November 1958.

Răčenica, auch Tschupnitza, Tschepnitza oder Peschatschka genannt, ist einer der bekanntesten bulgarischen Volkstänze. Die Răčenica wird im 7/16-Takt gespielt und getanzt. Sie besteht aus drei Schritten, die innerhalb eines einzigen 7/16-Taktes getanzt werden. Der Tanz kann auf der Stelle oder in Bewegung vorwärts, rückwärts oder seitwärts ausgeführt werden. Die Schrittfolge ändert sich im wesentlichen nicht und erhält nur durch tiefe Kniebeugen der Männer eine größere Mannigfaltigkeit. Während des Tanzes sind die Hände in die Hüften gestemmt. Bei den Kniebeugen wird mit einer Hand oder mit beiden Händen ein Taschentuch in die Luft geschwungen. Von diesem Taschentuch „Răčenic" hat der Tanz seinen Namen. Der ungemein lebhafte und dabei aber kunstvolle Tanz wird entweder von einem Paar im Solo oder von mehreren Paaren gleichzeitig ausgeführt. Seiner Form nach ist er ein ↗Werbetanz. Der freiende Junggeselle zeigt vor dem Mädchen seine Behendigkeit, Ausdauer und die Schönheit seiner Bewegungen. Jede Landschaft hat ihren eigenen Typus des Tanzes. Allein in Nordbulgarien gibt es mehr als 40 verschiedene Formen. (↗Bulgarischer Tanz)

Satz von A. Foster

Lit.: *Markow-Sandhage, T.:* Bulgarische Volksmusik, in: Neue Musikzeitung, Jg. 38, 1917, H. 10, S. 150 ff. *Spassoff, W.:* Volksmusik, Musikinstrumente u. Tänze d. Bulgaren, Diss. Wien 1931. *Schmolke, A.-Langhans, H.:* Europäische Tänze, H. 9, 1968, S. 22 f.

Radbohren. ↗Volkstanz, der vor allem in Niederösterreich, Kärnten, Tirol, Bayern, der Schweiz sowie in Dänemark bekannt ist. Er wird von acht, manchmal auch von nur drei oder vier Paaren Burschen ausgeführt. Sie fassen einander zum Kreis. Jeder zweite Bursche läßt sich nach kurzem Rundgang mit steif gestrecktem Körper zu Boden gleiten, so daß die Füße in der Mitte zusammentreffen und das Bild eines gleichsam sich drehenden Vierspeichenrades bilden. In Südtirol wird dieser Volkstanz ↗Sechsertanz genannt. (↗Mühlrad, ↗Sterndltanz)

Lit.: *Wolfram, R.:* Die Volkstänze in Österreich u. verwandte Tänze in Europa, 1951, S. 64 f. *Berghold, L.-Deutsch, W.:* Volkstänze aus Niederösterreich, 1975, S. 73.

Radenije. ↗Religiöser Tanz der Chlysty, einer russischen Sekte. Bei ihrem Kult bildet dieser Tanz eine besondere Rolle und dauert oft vom Abend bis zum nächsten Tag. Er beginnt als geordneter Gemeinschaftstanz und geht erst nach und nach in das ekstatische „Einzel-Radenije" über. Von diesem Augenblick an wird der Tanz als übernatürliche Wirkung des Geistes bezeichnet. Der Zustand der Tänzer gleicht dabei einem Rausch. Sie werden gleichsam von Krämpfen geschüttelt, fallen zu Boden und vereinigen sich letzten Endes ekstatisch mit der Gottheit. Der Radenije wird nicht von Instrumentalmusik begleitet, sondern nur von Liedern, die ein Teil der Gemeinde singt.

Lit.: *Grass, K. K.:* Die russischen Sekten, Bd. I, 1907, S. 381 ff. *Schulz, E.:* Das Bild d. Tanzes in d. christlichen Mystik, Diss., Marburg 1941, S. 89.

Radetzky-Polka. ↗Österreichischer Volkstanz aus dem Traunviertel, Oberösterreich. Dieser gesellige Gruppentanz wird von Burschen und Mädchen ausgeführt. Zweischrittdreher, Stampfen, Hüpfen und Gehen im Kreis sind seine Tanzbewegungen. Dazu werden von den Mädchen Vierzeiler gesungen.

Lit.: *Cunz, R.:* Deutsches Volkstanzbuch, 1938/44, S. 76 f. *Wolfram, R.:* Die Volkstänze in Österreich u. verwandte Tänze in Europa, 1951. *Lager, H.:* Typologischer Überblick über d. oberösterreichische Volkstanzgut, in: Der fröhliche Kreis, Jg. 27, 1977, H. 1, S. 22.

Räuber-Polka. Variante des ↗Vogelstellers, wie sie im rumänischen Banat üblich war.

Räubertanz. Dieser Tanzbezeichnung begegnet man im gesamten deutschen Volkstanzgut sehr oft. Es handelt sich dabei entweder um einen ↗Paartanz gewöhnlicher Art oder um einen solchen mit einem überzähligen Tänzer, der seine Tänzerin von einem anderen Burschen rauben muß. Wer beim Aussetzen der Musik ohne Tänzerin ist, muß ein Pfand hergeben. In dieser Form ist der Räubertanz als Kirchweihtanz in Nassau zu finden. Im Spessart heißt der Tanz Räuber-Schottisch, in anderen deutschen Gebieten ↗Räuber-Polka. (↗Albanesischer Räubertanz)

Lit.: *Au, H. v. d.:* Der Räubertanz, ein altnassauischer Kirchweihtanz, in: Hessische Blätter f. Volkskunde, Bd. 40, 1942, S. 62 ff.

Ragatanz. Bei diesem in Makassar auf Celebes beheimateten Tanz ist der Ball ein besonderes Tanzrequisit. Er wird elegant verwendet, so daß man den Tanz als ein stilisiertes Ballspiel bezeichnen kann. (↗Geschicklichkeitstanz, ↗Tanzgeräte)

Lit.: *Baaren, Th. P. v.:* Selbst d. Götter tanzen, 1964, S. 126.

Ragtime. ↗Gesellschaftstanz des 20. Jh. 1912 kam er aus Nordamerika nach Europa und wirkte hier durch seinen stark synkopierten Rhythmus revolutionär. Als Tanz ist er ein ↗Onestep mit der besonderen Rag-Nuance, dem in die Knie gehenden Beugeschritt. Der synkopierte Rhythmus des Ragtime hat auch anfangs in starkem Maß die Kunstmusik beeinflußt. ↗Hindemith, ↗Milhaud, ↗Strawinsky komponierten Ragtimes, nachdem schon vorher ↗Debussy diesen Rhythmus verwendet hatte. Der Rag ist als wesentlicher Ausgangspunkt für den ↗Jazz anzusehen. Als einer der bedeutendsten Vertreter des Ragtime gilt der amerikanische Pianist Scott Joplin (1868–1917).

S. Joplin

I. Strawinsky

Lit.: *Koebner, F. W.-Leonard, R. L.:* Das Tanz-Brevier, 1913, S. 26 ff. *Pollack, H.:* Die Revolution d. Gesellschaftstanzes, 1922, S. 15, 22, 29, 37. *Bergen, R.:* Der Tanz, s. a., S. 31 ff. *Günther, H.-Schäfer, H.:* Vom Schamanentanz zur Rumba, 1959, S. 255 ff. *Schafer, W. J. – Riedel, J.:* The Art of Ragtime, Form and Meaning of an Original Black American Art, 1973. *Gammond, P.:* Scott Joplin and the Ragtime Era, 1975. *Berlin, E. A.:* Ragtime, 1980.

Raibenshe-Tanz. ↗Indischer Tanz, ein Kriegstanz aus Bengalen. Unter Fußstampfen und lauten rhythmischen Trommelschlägen bilden die Tänzer eine kreisförmige bis zu drei Stock hohe Pyramide. Der Tanz erfordert von den Ausführenden eine große Geschicklichkeit. Die oberen Tänzer springen von den Pyramiden wieder herunter, vereinigen sich mit den unteren zu einer Kette, springen sodann wieder auf deren Schultern und formieren so nacheinander die verschiedenen Pyramiden. Alles geschieht in exakt rhythmischer Folge. (↗Waffentänze)

Lit.: *Rebling, E.:* Die Tanzkunst Indiens, 1981, S. 74.

Raichev, Alexander. Bulgarischer Komponist, geb. 11. April 1922 in Lom, NW-Bulgarien. Er komponierte im Jahre 1922 das ↗Ballett „Khayduschka pesen“ (Kaydush Song).

Raimund, Carl. Österreichischer Tänzer, ↗Ballettmeister und Lehrer, geb. 31. August 1871 in Wien, gest. 16. Juli 1951 ebendort. Er studierte an der Ballettschule des Wiener Hofoperntheaters, in dessen Ballett er 1886 eintrat. Von 1892 bis 1931 war er Solotänzer. 1899 begann er seine Lehrtätigkeit. Von 1921 bis 1922 war er Ballettmeister. Sein Sohn **Carl,** geb. 14. Juni 1914 in Wien, studierte an der Ballettschule der Wiener Staatsoper. 1933 trat er ins Ballett ein, wurde 1937 Solist und war von 1946 bis 1963 1. Tänzer.

Rainertanz. ↗Österreichischer Volkstanz aus Pettau, Südtirol, ein Scherztanz, der bei geselligen Zusammenkünften von zwei Burschen mit verschiedenen Späßen ausgeführt wird. Sie tanzen sehr plump, tanzen rückwärts, tanzen auseinander, geben einander Ohrfeigen usw., wie es ihnen gerade einfällt.

Lit.: *Wolfram, R.:* Die Volkstänze in Österreich u. verwandte Tänze in Europa, 1951, S. 166.

Rainoldi, Paolo. Italienischer Tänzer, ↗Choreograph und ↗Ballettmeister, geb. 18. April 1781 (oder 1784) in Mailand, gest. 1. Januar 1853 in Prag. Er studierte bei Francesco Sedini in Mailand, der ihn nach Wien sandte, wo er von 1804 bis 1813 Solotänzer an der Hofoper und der Favorit der Ballettmeister S. ↗Gallet und Ph. ↗Taglioni war. Er tanzte auch im Theater an der Wien, im Theater in der Josefstadt und war von 1813 bis 1830 Ballett- und Pantomimenmeister im Leopoldstädter Theater. Von 1840 bis 1846 war er Pantomimenmeister in Prag und anschließend auf Gastspielen in sämtlichen Ländern der österreichisch-ungarischen Monarchie. Seine Frau, Angiolitta von ↗Martignoni, war eine berühmte Colombine.

Lit.: *Winter, M. H.:* The Pre-Romantic-Ballet, 1974.

Rak (= der Krebs). Tschechischer Volkstanz aus Böhmen. Dieser originelle Tanz hat seinen Namen daher, weil er nach rückwärts ausgeführt wird. Der Tänzer hält die Tänzerin vor sich an den Händen und geht krebsartig rückwärts. Nach vier Takten folgt ein von beiden nach rückwärts getanzter ↗Galopp ebenfalls vier Takte lang, worauf wieder das Schreiten rückwärts wie zu Beginn anfängt. (↗Novy Svět, ↗Tschechische Volkstänze)

Lit.: *Waldau, A.:* Böhmische Nationaltänze, 1860, Bd. 2, S. 11.

Răka. Bulgarischer Volkstanz. Er wird in den Dörfern der Dobrudscha getanzt. Männer und

Frauen bilden einen Halb-oder geschlossenen Kreis. Jedes Dorf hat seine eigene Form des Tanzes. Die Tanzmelodie steht im 2/4-Takt. (↗Bulgarischer Tanz)

Lit.: *Katzarova-Kukudova, R.-Djenev, K.:* Bulgarian Folk Dances, 1958, S. 150 ff. *Schmolke, A.-Langhans, H.:* Europäische Tänze, H. 9, 1968, S. 30 f.

Rákosí (= das Schilf). Tschechischer Volkstanz aus Böhmen, ein Rundtanz, der aber zu seiner Zeit als nicht sehr anständig gegolten hat und in seiner Ausführung dem ↗Cancan verglichen wurde. (↗Tschechische Volkstänze)

Lit.: *Waldau, A.:* Böhmische Nationaltänze, 1860, Bd. 2, S. 16.

Raksa. Arabischer ↗Begräbnistanz, der auf dem Weg zur Grabstätte von singenden Frauen und Mädchen getanzt wird. (↗Arabische Tänze)

Lit.: *Baaren, Th. P. van:* Selbst d. Götter tanzen, 1964, S. 74.

Raksi Jaak. Estnischer Volkstanz, ein sogenannter ↗Dreiertanz, bei dem ein Tänzer zwischen zwei Mädchen steht. Die Ausführenden haben die Hände bei gebeugtem Ellbogen in Schulterhöhe, die Tänzerinnen halten mit ihrer freien Hand den Saum ihres Rockes. Die Tanzmelodie steht im 4/4-Takt. (↗Estnische Volkstänze)

Lit.: *Leppik, Lya:* Raksi Jaak, in: The Folklorist, vol. 7, 1963, No. 6, S. 152 f.

Ramajana. Tanz der Fidschi-Indianer. Er wird in der Nacht im Licht flackernder Fackeln unter Bäumen zum Gedenken an die Liebe zwischen Rama und Sita ausgeführt. Ramajana ist das erste indische, von Walmiki verfaßte Kunstepos, entstanden im 3. oder 4. Jh. v. Chr., abgeschlossen im 2. Jh. n. Chr. Es behandelt das Leben des später zur Inkarnation Wischnus erhobenen Rama und seiner Gattin Sita.

Lit.: *Dean, Beth:* South Pacific Dance, 1978, S. 24. *Rebling, E.:* Die Tanzkunst Indiens, 1981.

Rambert, Dame Marie (original Cyvia Rambam, dann Miriam Ramberg). Polnische Tänzerin, Lehrerin und Ballettleiterin, geb. 20. Februar 1888 in Warschau, gest. 14. Juni 1982 in London. Sie wurde vor allem von den Lehren Isadora ↗Duncans beeinflußt. 1906 ging sie nach Paris, um Medizin zu studieren, ohne jedoch ihre tänzerische Karriere zu vernachlässigen. Ab dem Jahre 1910 lehrte und studierte sie drei Jahre an der Schule von E. ↗Jaques-Dalcroze in Genf. Mit Mary ↗Wigman war sie eine seiner bedeutendsten Schülerinnen. Sie tanzte bei ↗Diaghilews ↗Ballets Russes und studierte bei E. ↗Cecchetti und J. ↗Astafjewa. 1920 eröffnete sie eine eigene Tanzschule in London. Die Gruppe, mit der sie ab 1926 Ballette produzierte, wurde zunächst Marie Rambert Dancers, ab 1930 Ballet Club und ab 1935 ↗Ballet Rambert genannt. Die Aufführungen des Ballet Rambert gab jungen Tänzern und ↗Choreographen Gelegenheit, eigene Produktionen zu zeigen. Gemeinsam mit Ninette de ↗Valois gilt sie als eine der Schöpferinnen des modernen britischen Balletts. 1972 erschien in London ihre Autobiographie „Quicksilver".

Lit.: *Bradley, Lionel:* Sixteen Years of Ballet Rambert, London 1946. *Clarke, M.:* Dancers of the Mercury, the Story of Ballet Rambert, 1962.

Rameau, Jean-Philippe. Französischer Komponist und Musiktheoretiker, geb. 24. (25.) September 1683 in Dijon, gest. 12. September 1764 in Paris, schrieb in der Nachfolge ↗Lullys eine Anzahl von ↗Balletten: „Les Indes galantes" (Uraufführung 23. August 1735, Paris), „Les Fêtes d'Hébé ou Les Talents lyriques" (21. Mai 1739, Paris), „La Princesse de Navarre" (23. Februar 1745, Versailles), „Platée" (31. März 1745, Versailles), als „Platée ou Junon jalouse" (4. Februar 1749, Paris), „Les Fêtes de Polymnie" (12. Oktober 1745, Paris), „Le Temple de la gloire" (27. November, 1745, Versailles), „Les Fêtes de l'Hymen et de l'amour" (15. März 1747, Versailles), „Les Surprises de l'amour" (27. November 1748, Versailles), ↗„Pygmalion" (27. August 1748), „La Naissance d'↗Osiris ou La Fête Pamilie" (17. Oktober 1754, Fontainebleau), „Anacréon" (1754, Fontainebleau). (↗Fêtes)

Lit.: *Garraud, G.:* La danse dans l'opéra de Rameau, in: Courrier musicale, 1908. *Seefried, G.:* Die Airs de danse in d. Bühnenwerken v. Jean-Philippe Rameau, in: Neue musikgeschichtliche Forschungen, Bd. 2, 1969. *Wolff, H.:* Rameaus „Les Indes Galantes" als musikethnologische Quelle, in: Jahrbuch f. musikalische Volks- u. Völkerkunde III, Berlin 1967, S. 105 ff.

Rameau, Pierre. Französischer ↗Tanzmeister aus dem frühen 18. Jh. Er war Tanzlehrer am Hof des Königs von Spanien in Madrid. Als bedeutender Tanztheoretiker und Tanzkritiker seiner Zeit setzte er sich mit den Werken von ↗Feuillet und ↗Pécour auseinander. 1725 erschien in Paris sein Buch „Maître à Danser". Zwei weitere Auflagen folgten 1734 und 1748. Eine englische Ausgabe besorgte C. W. ↗Beaumont 1931 in London, eine Faksimile-Ausgabe erschien 1967 in New York. Das zweite bedeutsame Werk von Rameau war „Abbregé de la nouvelle Methode, dans L'Art D'Ecrire ou De Tracer toutes sortes de Danses de Ville", Paris 1725. Rameau nennt dieses Werk eine Verbesserung und Vereinfachung der ↗Choreographie. Im 1. Teil vergleicht er die neue und die alte Methode, während er im 2. Teil zwölf Tänze von ↗Pécour zeigt.

Lit.: *Derra de Moroda, F.:* Die Tanzschrift d. 18. Jh. im Spiegel meiner Sammlung, in: Von Sammlern u. ihren Sammlungen. Ein Jahrbuch f. Bücherfreunde, N. F. Bd. V/1967, S. 191 f.

Rangler ↗Rongger.

Rappntanz (auch Rabentanz oder Rappatanz). Ein ↗tiernachahmender Tanz, der in der Hocke ausgeführt wird. Burschen und Mädchen hüpfen aus den Ecken des Zimmers gegeneinander. Haben sich die Richtigen gefunden, küssen sie sich und beginnen einen Rundtanz. Während des Zuhüpfens ahmen sie Flügelschläge nach und rufen: „Krah, krah!" In Vorarlberg wird dieser Tanz nur von Mädchen ausgeführt.

Lit.: *Wolfram, R.:* Die Volkstänze in Österreich u. verwandte Tänze in Europa, 1951.

Raqs-e dastmāl ↗Dastmāl-bāzi.

Rasch, Albertina. Österreichische Tänzerin, geb. 1896 in Wien, gest. 1967 in Hollywood. Sie studierte an der Ballettschule der Hofoper Wien bei Carl ↗Raimund. Mit dessen Mitwirkung gab sie eigene Tanzabende. Später kam sie nach Amerika, wo sie ab 1916 auch als ↗Ballettmeisterin Gastspielreisen mit Opern- und Schauspieltruppen unternahm. 1924 gründete sie eine eigene Truppe, die „Albertina Rasch Girls", mit der sie viele Tanzeinstudierungen für Musicals und Hollywood-Filme in klassischer Balletttechnik ausführte. 1925 gründete sie eine eigene Ballettschule in New York. **Rasch, Ellen,** ihre Tochter, war 1963 Solotänzerin an der Oper in Stockholm.

Rasierertanz. In Fastnachtsunterhaltungen werden von Burschen zur Erheiterung der Teilnehmer oft lustige Tanzspiele mimischer Art aufgeführt. Dazu gehört der Rasierertanz, eine Tanzszene, die ähnlich dem alten ↗Barbiertanz mit Rasieren und Operieren verläuft. Die Musik begleitet dazu meist mit einem ↗Marsch oder ↗Walzer. Der Rasierertanz ist vor allem in den Alpenländern zu Hause und dürfte wie der Barbiertanz im uralten Brauchtum seinen Ursprung haben. (↗Ballbierertanz)

Lit.: *Zoder, R.:* Altösterreichische Volkstänze, 3. Teil, 1932, S. 29. *Klier, K. M.:* Männertänze aus d. deutschen Volksüberlieferung, 1934. *Wolfram, R.:* Die Volkstänze in Österreich u. verwandte Tänze in Europa, 1951, S. 167. *Horak, K.:* Der Volkstanz im Burggrafenamt, in: Jahrbuch d. österreichischen Volksliedwerkes, Bd. 12, 1963, S. 89. *Horak, K.:* Tiroler Volkstanzbuch, 1974, S. 74 f. *Dreo, H.:* Volkstänze aus d. Burgenland, 1977, S. 56 f.

Ras Leela. Ein ↗Stocktanz der Gujarati sprechenden Indianer auf den Fidschi-Inseln. Burschen und Mädchen mit kurzen Stöcken in den Händen bilden je einen Kreis. Die Kreise bewegen sich aufeinander zu, wobei die Tanzenden einander rhythmisch auf die Stöcke schlagen. (↗Naturvölker)

Lit.: *Dean, Beth:* South Pacific Dance, 1978, S. 24.

Raslila ist der repräsentativste der ↗Manipur-Tänze. Gott Krischna soll ihn selbst erfunden und mit den Hirtinnen von Wrindâvana getanzt haben. (↗Indischer Tanz)

Lit.: *Rebling, E.:* Die Tanzkunst Indiens, 1981.

Raspa. Dieser ↗Gesellschaftstanz des 20. Jh. ist mexikanischen Ursprungs. Der Ausdruck „Raspa" bedeutet soviel wie Bart, d. h. die Granen einer Ähre. Es handelt sich bei der Raspa um einen ↗Erntetanz, dessen Geschichte bis in das 16. Jh. zurückreicht. Die Figuren haben Volkstanzcharakter und entsprechen in abgewandelter Form dem österreichischen ↗Strohschneider. (↗Stiefelknechtsgalopp)

Lit.: *Mühlsiegl, P.:* Tanzen leicht erlernt, S. 51 f.

Rata. ↗Rumänischer Volkstanz. Die Rata ist ein Teil jener Regen- und Fruchtbarkeitstänze, welche die Männerbünde aus Oltenien während der Pfingstzeit tanzen. Es handelt sich dabei mehr um ein szenisches Spiel, dessen Tanzelemente magischen Sinn haben. Rata heißt zu deutsch Ente, daher spielen bei diesem Tanzspiel rhythmisches Entengeschnatter und Wasser eine besondere Rolle.

Lit.: *Hoerburger, F.:* Rata – ein rumänischer Volkstanz, in: Pro Musica, 1959, H. 3, S. 112 ff.

Rathner, Wilhelmine. Österreichische Tänzerin, geb. 4. Oktober 1863 in Wien, gest. 14. Oktober 1933 ebendort. Sie studierte an der Ballettschule der Wiener Hofoper, wurde 1878 Mitglied des Hofopernballetts und war von 1885 bis 1900 Solotänzerin. Ihre beiden Brüder **Alfred** (1862–1918) und **Ferdinand Rathner** (1868–1923) waren ebenfalls beliebte Solotänzer am Wiener Hofoperntheater.

Rauchfangkehrertanz. Tanzspiel aus Niederösterreich, nur von Burschen ausgeführt, die in einer Reihe hintereinanderstehen und den Vordermann um die Mitte nehmen. Der Anführer hat einen Besen in der Hand und sein Gesicht geschwärzt. Mit Wackelschritten schreitet die ganze Reihe nach einer Polkamelodie vorwärts. Plötzlich reißt der Anführer die Reihe seitwärts und versucht, den letzten Burschen mit dem Besen zu schlagen. Der darf zwar den Schlägen ausweichen, aber nicht loslassen, sonst wird er von der Gemeinschaft bestraft.

Lit.: *Klier, K. M.:* Männertänze aus d. deutschen Volksüberlieferung, 1934, S. 7. *Zoder, R.:* Österreichische Volkstänze, 3. Teil, 1955, S. 50 f.

Rauser, Tamara. Russisch-österreichische Tänzerin, geb. 29. August 1902 in Kiew, gest. 16. Juni 1976 in Wien. Die bekannte Tänzerin studierte in St. Petersburg bei Olga Obraschenskaja und in Berlin bei Katherine Devillier, deren Schule sie übernahm. In Salzburg tanzte sie in vielen Produktionen von Max Reinhardt. Nach dem zweiten Weltkrieg war sie zunächst am Konservatorium der Stadt Wien und in den Jahren von 1952 bis 1967 als Lehrerin an der Hochschule für Musik und darstellende Kunst in Wien tätig.

Ravel, Maurice. Französischer Komponist, geb. 7. März 1875 in Ciboure (Pyrenäen), gest. 28. Dezember 1937 in Paris. Er schrieb die ↗Ballette ↗„Daphnis et Chloé" (Paris 1912) und ↗„Ma mère l'oye" (Paris 1912, Théâtre des Arts). Sein ↗„Boléro" wurde 1928 von Ida ↗Rubinstein in der Pariser Oper erstmals getanzt. Auch weitere Kompositionen Ravels, wie die „Valses nobles et sentimentales" und sein Poème chorégraphique „La ↗Valse", fanden wiederholt tänzerische Gestaltung.

Lit.: *Malipiero, R.:* Maurice Ravel: L'enfant et les sortiléges. La Valse. Daphnis et Chloé. Milano 1948. *Dutronc, J. L.:* Maurice Ravel et le ballet, in: Les Saisons de la danse, November 1975.

Războiul. ↗Rumänischer Volkstanz im mäßig schnellen 2/4-Takt. Er wird von vier Männern ausgeführt, die im Kreis Aufstellung nehmen.

Lit.: *Bucşan, A.:* Jocuri din Ardealul de Sud, 1957, S. 24 ff. *Bucşan, A.:* Specificul dansului popular românesc, 1971, S. 225 ff.

Rebetiko-Tänze. Unter diesem Sammelnamen faßt F. ↗Hoerburger jene im heutigen Nordgriechenland vorkommenden ↗Volkstänze zusammen, die orientalischer Abstammung sind. Sie werden von der offiziellen griechischen Volkstanzforschung zwar nicht als eigentlich griechische Volkstänze angesehen, sind aber trotzdem bei der Bevölkerung Nordgriechenlands in Stadt und Land sehr beliebt. Drei Typen sind dabei zu unterscheiden: 1. Der ↗**Tsifte telli.** Er wird von zwei einander gegenüberstehenden Tänzern ausgeführt. 2. Der ↗**Zeïbekikos.** Auch bei ihm stehen zwei Männer einander gegenüber. Während der eine tanzt, feuert ihn der andere händeklatschend an. 3. Der **Rebetikos.** Bei ihm tanzt jeder Tänzer für sich allein. In einer Abart kommt er auch in Südserbien vor. Charakteristisch ist für alle diese nicht dem griechischen Mutterland entstammenden Tänze der Tanzrhythmus. Während bei den rein griechischen Tänzen der 2 + 2 + 3-Takt vorherrscht, stehen die orientalisch beeinflußten Tänze im 2 + 2 + 2 + 3-Takt.

Lit.: *Petrides, Th. u. El.:* Folk Dances of the Greeks, 1961, S. 59 ff., 65 ff. *Hoerburger, F.:* Beobachtungen zum Volkstanz in Nordgriechenland, in: Zeitschrift f. Volkskunde, Bd. 62, 1966, S. 43 ff. *Hoerburger, F.:* Orientalische Elemente in Volkstanz u. Volksmusik Nordgriechenlands, in: Jahrbuch f. musikalische Volks- u. Völkerkunde, Bd. 3, 1967, S. 96 ff.

Rebling, Eberhard (Pseudonym Dr. P. van Noorden und Dr. E. Gerhard, 1936–1945). Deutscher Schriftsteller und Pianist, geb. 4. Dezember 1911 in Berlin. Er verfaßte folgende Schriften über den Tanz: Een eeun danskunst in Nederlands, 1950; Ballett, gestern und heute, Berlin 1957; Ballett von A bis Z, Berlin 1966; Tanz der Völker, Folkloreballett heute, Berlin 1972; Ballettfibel, Berlin 1974; Marius Petipa. Meister des klassischen Balletts, Berlin 1975; Die Tanzkunst Indiens, Berlin 1981.

Rebozo. ↗Mexikanischer Tanz, ein ↗Geschicklichkeitstanz, bei dem die Tänzerin den Knoten einer Schärpe auf dem Boden mit den Füßen lösen muß. (↗Akrobatische Tänze)

Lit.: *Sachs, C.:* Eine Weltgeschichte d. Tanzes, 1933, S. 151.

Rech, Gerda. Österreichische Tänzerin, geb. 13. März 1925 in Wien. Ihr Tanzstudium begann sie bereits mit dem 4. Lebensjahr in der Tanzschule

O. Suschitzky, Wien. 1938 emigrierte sie nach London. Nach ihrer Rückkehr nach Wien setzte sie ihr Tanzstudium an der Akademie für Musik und darstellende Kunst fort. Sie war Schülerin von A. ↗Birkmeyer, K. Denk, R. ↗Raab und G. ↗Wiesenthal und ab 1948 von R. ↗Chladek. Ihr Studium beendete sie 1950 mit dem Staatslehrdiplom. Von 1951 bis 1954 wirkte sie als Tänzerin beim Wien-Film-Ballett, am Wiener Burgtheater und mit Rosalia Chladek im antiken Theater in Syrakus. Von 1960 bis 1963 hielt sie Tanzkurse an der Wiener Urania und unterrichtete künstlerische Bewegungslehre am Konservatorium Prayner in Wien. Sie leitete mehrere Tanzgruppen, beschäftigte sich mit dem ↗Volkstanz und war ab 1969 Lehrkraft am Konservatorium der Stadt Wien.

Rediwa. ↗Deutscher Volkstanz, der in der schwäbischen Türkei beheimatet ist, ein ↗Paartanz im Kreis, der aus zwei Melodieteilen besteht und zwar im ersten Teil aus einem Walzer-Rundtanz, im zweiten Teil aus einem Polka-Rundtanz. In der zweiten Hälfte des 19. Jh. war er auch als ↗Gesellschaftstanz in den Salons Europas unter den Namen ↗Redowa, auch ↗Rejdovák und Rejdovačka sehr beliebt.

Lit.: *Klemm, B.:* Katechismus d. Tanzkunst, 1863. *Horak, K.:* Der Volkstanz in d. schwäbischen Türkei, in: Deutsches Archiv f. Landes- u. Volksforschung, Jg. 2, 1938, H. 4, S. 845. *Horak, K.:* Donauschwäbische Volkstänze, Südostdeutsches Kulturwerk, 1954.

Redowa. Tschechischer Volkstanz aus Böhmen, der in den Jahren von 1840 bis 1900 als ↗Gesellschaftstanz in die Salons Europas Eingang gefunden hat. Er ist identisch mit dem böhmischen ↗Rejdovák. Die Tanzmelodie steht im 3/4- oder 3/8-Takt. (↗Rediwa, ↗Tschechische Volkstänze)

Lit.: *Waldau, A.:* Böhmische Nationaltänze, 1859, S. 34 ff. *Klemm, B.:* Katechismus d. Tanzkunst, 1863, S. 148. *Anonym:* Die Tanzkunst u. d. Tänze, 1877, S. 19. *Böhme, F. M.:* Geschichte d. Tanzes in Deutschland, 1886. *Zorn, Fr. A.:* Grammatik d. Tanzkunst, 1887, S. 205. *Jolizza, W. K. v.:* Die Schule d. Tanzes, s. a., S. 143. *Sachs, C.:* Eine Weltgeschichte d. Tanzes, 1933.

Redresser. Im klassischen Tanz bedeutet dieser französische Ausdruck das Strecken des Fußes nach ↗Plié. (↗Élever und ↗Tendre)

Lit.: *Raab, R.:* Lexidion f. d. Ballett, s. a.

Reel. Dieser alte Tanz ist der allgemein beliebte ↗schottische Volkstanz. Er wird von zwei oder drei Paaren ausgeführt, das Tanztempo ist schnell, die Tanzmelodie steht im geraden Takt (2/4-, 4/4-, 8/8-Takt). Der Tanz ist wahrscheinlich keltischen Ursprungs und findet sich in England, Irland und Skandinavien.

Lit.: *Fischer, J. H.:* Beschreibung d. vorzüglichsten Volksfeste, Unterhaltungen, Spiele u. Tänze d. meisten Nationen in Europa, 1799, S. 134 ff.

Regner, Otto Friedrich. Deutscher Ballettkritiker und Tanzästhetiker, geb. 2. Februar 1913 in Hersbruck, gest. 5. Januar 1963 in München. Von 1946 bis 1956 war er Ballettkritiker bei der Süddeutschen Zeitung, von 1957 bis 1960 bei der Deutschen Zeitung und von 1960 bis 1963 bei der Frankfurter Allgemeinen Zeitung. Der profunde Ballettkenner schrieb viele Aufsätze und außerdem folgende Bücher: Das Ballettbuch, Frankfurt 1954; Ballettführer, Stuttgart 1956; Das Neue Ballettbuch, Hamburg 1962.

Reichsverweser. ↗Deutscher Volkstanz, identisch mit dem ↗Vogelsteller. (↗Drickes, ↗Klatschtänze, ↗Tödden Schottisch, ↗Wart, de kriegst, ↗Witzpolka)

Reidlinger Schottisch. Dieser ↗Volkstanz aus Reidling, Niederösterreich, ist eine Tanzform des ↗Schottischen, die eine Ähnlichkeit mit der ↗Bayrischen Polka hat.

Lit.: *Wolfram, R.:* Die Volkstänze in Österreich u. verwandte Tänze in Europa, 1951, S. 152. *Berghold, L.-Deutsch, W.:* Volkstänze aus Niederösterreich, 1975, S. 75.

Reiftanz. Aus dem ↗Schwerttanz schon sehr früh entwickelt, ist der Reiftanz diesem in den Figuren und Kettenbewegungen wesensgleich. Die Verbindung von Tänzer zu Tänzer geschieht bei ihm jedoch nicht mit Schwertern, sondern mit blumengeschmückten Halbreifen. Reifentänze kannten schon die alten Griechen. Xenophon schildert solche Reifentänze im „Symposion". Mit jongleurartiger Fertigkeit wurden kleine Reifen von einer Tänzerin in die Luft geschleudert, oft bis zu 12 Stück, und während des Tanzes kunstvoll und präzise dem Rhythmus des Tanzes entsprechend wieder aufgefangen. – Die deutschen Reiftänze lassen sich geschichtlich schon sehr früh feststellen. Der erste Beleg stammt aus dem Jahre 1412 aus Bautzen. 1463 sind Reiftänze bereits in München nachgewiesen und 1487 durch ein Verbot in Köln. In den Städten waren die Träger des Reiftanzes die Handwerker, vor allem die Küfer (Schäffler, Böttcher). Durch kunstvolle Ausschmückung der üblichen einheitlichen Reiftanzfiguren traten bald Veränderungen bei der Ausführung des Tanzes ein, die zu verschiedenen Abarten des Reiftanzes führten. Diese neue Formen standen meist mit dem Berufsleben der Tänzer in Zusammenhang. (↗Böttchertanz, ↗Bügeltanz, ↗Büttnertanz, ↗Jochtanz, ↗Küfertanz, ↗Schäfflertanz). Große Verbreitung fanden die Reiftänze auch bei der ländlichen Bevölkerung, wo sie sich bis in unsere Zeit hinein erhalten haben. Eines der großartigsten und eindrucksvollsten Beispiele des Reiftanzes in Österreich stellt das Hüttenberger Reiftanzspiel dar, welches sich bis in das Jahr 1604 zurückverfolgen läßt und wahrscheinlich einem kultischen Festreigen entsprungen ist. Es wird heute noch von den Bergknappen aus Hüttenberg in Kärnten gepflegt und alle drei Jahre am Dreifaltigkeitssonntag zum sogenannten Laubhüttenfest (auf dem Festplatz wird eine Hütte aus Zweigen errichtet) aufgeführt.

Lit.: *Massmann, H. F.:* Schwerttanz u. Reiftanz, in: Zeitspiegel, Bd. V, 1831. *Böhme, F. M.:* Geschichte d. Tanzes in Deutschland, 1886. *Hoffmann-Krayer, E.:* Der Küfer-Tanz in Basel, in: Schweizerisches Archiv f. Volkskunde, Jg. 14, 1910, H. 2, S. 97 ff. *Adrian, K.:* Von Salzburger Sitt' u. Brauch, 1924, S. 366 ff. *Pramberger, R.:* Steirische Tanzlust, in: Zeitschrift d. deutschen u. österreichischen Alpenvereins, Bd. 55, 1924, S. 133 ff. *Brachtl, S.:* Der altbayrische Ritter- oder Reiftanz, in: Der Arbeiter-Trachtler, Jg. 5, 1927, Nr. 11, S. 4 ff. *Böhm, M.:* Volkslied, Volkstanz u. Kinderlied in Mainfranken, Diss. Erlangen 1928, S. 182. *Grasmaier, A.:* Ein Ennstaler Reiftanzspiel, in: Das deutsche Volkslied, Jg. 31, 1929, H. 5, S. 66 ff. *Wolfram, R.:* Sword Dances and Secret Societies, in: Journal of the English Folk Dance and Song Society, vol. I, 1932, Nr. 1, S. 34 ff. *Kirnbauer, F.:* Der Hüttenberger Reiftanz, in: Wiener Zeitschrift f. Volkskunde, Jg. 39, 1934, S. 42 ff. *Klier, K. M.:* Männertänze aus d. deutschen Volksüberlieferung, 1934. *Kirnbauer, F.:* Über Knappentänze, in: Das deutsche Volkslied, Jg. 37, 1935, H. 5, S. 57 ff., H. 6, S. 75 ff., H. 7, S. 98. *Wolfram, R.:* Schwerttanz u. Männerbund, 1935, S. 68 ff. *Jaide, W.:* Deutsche Schwerttänze, 1936. *Kothbauer, X.:* Der Reiftanz, in: Arbeiter-Trachtler, Jg. 6, 1938, Nr. 3. *Christmann, E.:* Der Reiftanz, in: Heimat u. Volkstum, Jg. 17, 1939, H. 6, S. 87 f. *Pfleger, A.:* Schwert- u. Reiftanz im alten Straßburg, in: Oberdeutsche Zeitschrift f. Volkskunde, Jg. 15, 1941, H. 1/3, S. 49 ff. *Kratzenbacher, L.:* Steirisches Reiftanzspiel, in: Blätter f. Heimatkunde, Jg. 21, 1947, H. 3, S. 68 ff. *Lager, H.:* Reiftanz d. Bergknappen, in: Murtaler Zeitung v. 16. Juli 1949. *Zierer, J.:* Der Hüttenberger Reiftanz, 1949. *Wolfram, R.:* Die Volkstänze in Österreich u. verwandte Tänze in Europa, 1951, S. 83. *Peter, I.:* Der steirische Reiftanz, in: Jahrbuch d. österreichischen Volksliedwerkes, Bd. 2, 1953, S. 83 ff. *Gugitz, G.:* Eine unbekannte Reiftanzaufführung im alten Wien, in: Jahrbuch d. österreichischen Volksliedwerkes, Bd. 3, 1954, S. 86 ff. *Löscher, St.:* Über d. Volkstanz in Oberösterreich, Steiermark u. im Burgenland, in: Jahrbuch d. österreichischen Volksliedwerkes, Bd. 9, 1960, S. 69. *Koschier, F.:* Kärntner Volkstänze, 1963, S. 71 ff. *Prodinger, F.:* Der Salzburger Bindertanz, in: Das Salzburger Jahr 1967/68, S. 60. *Kotek, G.:* Die Sprechtexte im Steirischen Reiftanz v. Oberwölz nach einer Aufzeichnung im Jahre 1935, in: Volkskunde u. Volkskultur, Festschrift f. Richard Wolfram, 1968, S. 242 ff. *Schindler, O. G.:* Nachrichten über Schreit-, Reif- u. Steckentänze in Niederösterreich, in: Volkskunde, Festgabe f. L. Schmidt zum 60. Geburtstag, 1972, S. 213 ff. *Horak, K.:* Tiroler Volkstanzbuch, 1974, S. 80 ff. *Horak, K.:* Reiftanz, in: Der Trachtler, 1976, Nr. 9, S. 13 f. u. Nr. 10, S. 14 f. *Koschier, F.:* Der Hüttenberger Reiftanz, in: Die Kärntner Landsmannschaft, Jg. 1976, H. 10, S. 147 ff.

Reigen (Chorreigen, Reihen). Zu allen Zeiten der Tanzgeschichte und bei allen Völkern feststellbar, kann der Reigen als die älteste Tanzart der Menschheit bezeichnet werden. Von seiner ursprünglich kultischen Ausdrucksform wandelte sich der Reigen im Laufe der Zeit über die mittelalterlichen dramatischen Darstellungsformen des ↗Leichs und der Tanzballade zum spielerischen Tanz der Erwachsenen und letzten Endes zum heutigen Kinderspiel. In seiner frühesten Zeit ein Chortanz, wird der Reigen von mehreren eine Kette bildenden oder paarweise sich bewegenden Personen getanzt. Im einfachen Reigen behalten dabei die Tänzer ihren Anfangsplatz, in den komplizierteren Formen dagegen verlassen sie ihren ursprünglichen Platz zeitweise oder dauernd (Platztauschreigen, Figurenreigen). Die Bewegungs- und Erscheinungsformen des Reigens sind sehr vielgestaltig. Die älteste und ursprünglichste Reigenform ist der Kreis. Die kreisende Tanzform finden wir schon im ↗Tiertanz vorgebildet und als magischen Brauch bei allen Völkern oftmals bezeugt. Andere Reigenformen sind der Schlängelreigen, wie er bei den ↗Labyrinthtänzen anzutreffen ist, und der Frontreigen, bei dem sich die Tänzer in ausgezogener Linie bewegen. Die Form des Laubenreigens und des damit verwandten Brückenreigens lebt im heutigen Kinderspiel der „goldenen Brücke" weiter. Reigentänze sind vor allem die Tänze des Mittelalters. In Deutschland bildete sich zur Zeit des Hochmittelalters ein Gegensatz zwischen den Formen des Reigens und des Tanzes heraus. Der chormäßig ausgeführte Reigen war ausgelassener als der paarweise ausgeführte Tanz. Der Reigen wurde vom niederen Volk im Freien ausgeführt, der Tanz dagegen, seinem ruhigen Charakter entsprechend, in geschlossenen Räumen. Zum Tanz und zum Reigen wurde als Begleitung gewöhnlich gesungen (↗Cantilena), wie uns die Ausdrücke der Minnesänger „tanzliet" und „tanzwise" bezeugen. Obwohl die Unterscheidung zwischen Tanz und Reigen nicht immer genau festgehalten wurde, bezeichnen die alten deutschen Tanznamen auf -reie meist ↗Springtänze. Von dem Hauptwort „reie" ist in der Folge das Zeitwort „reien" oder „reigen" abgeleitet worden, welches dann die Bedeutung von „tanzen" oder „Reigen tanzen" erhielt. (↗Carole, ↗Chorowod, ↗Rueda, ↗Tanzlieder)

15. Jh.

Lit.: *Liliencron, R. v.:* Über Neidharts Dorfpoesie, in: Zeitschrift f. deutsches Altertum, Bd. 6, 1848, S. 69 ff. *Böhme, F. M.:* Geschichte d. Tanzes in Deutschland, 1886, S. 147, 292. *Jenny, W.:* Buch d. Reigen, 1890. *Van den Ven-Ten Bensel:* Nederlandsche Boerendansen, 1923, S. 35 ff. *Heinitz, W.:* Musikalisch-dynamische Text-Auslese in färöischen u. färöisch-dänischen Reigentänzen, 1925. *Sachs, C.:* Eine Weltgeschichte d. Tanzes, 1933, S. 98 ff., 183. *Nowy, A.:* Der Volkstanz u. seine wissenschaftliche Betreuung, in: Deutsche Liederkunde, Bd. 1, 1939, S. 166. *Focke, F.:* Ritte u. Reigen. Volkskundliches aus Schwäbischer Gegenwart u. Nordischer Vergangenheit, Tübinger Beiträge zur Altertumswissenschaft, 34, 1941. *Plaschil, H.:* Bodenständiges u. fremdes Kulturgut in unseren Tänzen im Laufe d. Geschichte, 1946, S. 15 ff., S. 108 ff., S. 156. *Wolfram, R.:* Die Volkstänze in Österreich u. verwandte Tänze in Europa, 1951, S. 86 ff. *Martin, G.:* Der ungarische Mädchenreigen, in: Volkskunde u. Volkskultur, Festschrift f. Richard Wolfram, 1968, S. 325 ff.

Reihen-aus (der). ↗Deutscher Volkstanz aus dem 16. Jh. Unter diesem Namen ist wohl der „letzte" Tanz bei frohen Festen und Veranstaltungen gemeint. (↗Cheerab, ↗Kehrab, ↗Kehraus)

Lit.: *Böhme, F. M.:* Geschichte d. Tanzes in Deutschland, 1886, S. 62.

Reihentanz (Reihen, Reie) ↗Reigen.

Reinholm, Gert (eigentlich Gerhard Schmidt). Deutscher Tänzer, ↗Choreograph, Lehrer und Ballettdirektor, geb. 20. Dezember 1926 in Chemnitz. Er war Schüler von Lizzie Maudrik an der Ballettschule der Staatsoper Berlin und von Tatjana ↗Gsovsky. 1946 debütierte er an der Staatsoper Berlin und war bis 1951 dort tätig. Von 1951 bis 1953 tanzte er am Teatro Colón in Buenos Aires. Nach seiner Rückkehr nach Deutschland tanzte er an der Städtischen Oper Berlin. Nachdem diese 1961 Deutsche Oper Berlin geworden war, wurde er deren Ballettdirektor. Als 1966 ↗MacMillan als Ballettdirektor an dieses Institut kam, blieb Reinholm bis 1972 der künstlerische Leiter des Balletts. Außerdem veranstaltete er Tanzabende mit Natascha ↗Trofimowa. 1955 gründete er mit Tatjana Gsovsky das „Berliner Ballett", mit dem er bis 1960 Reisen unternahm. 1967 wurde er Leiter seiner eigenen Berliner Tanzakademie und Dozent an der Musikhochschule. 1973 übernahm er wieder die Ballettleitung der Deutschen Oper Berlin.

Lit.: *Kellermann, H. H.:* Gert Reinholm, 1957 (Rembrandt-Reihe Bühne u. Film VI).

Rej. ↗Slowenischer Volkstanz, ein ↗Paartanz. Die Paare bilden einen Kreis und tanzen im Dreier- und Zweierrhythmus verschiedene Figuren, welche ↗Touren und ↗Balances umfassen. Der Rej ist die bodenständigste und älteste Form des slowenischen Volkstänzes.

Lit.: *Marolt, F.:* Slovene Folk Dance and Folk Musik, in: Journal of the International Folk Music Council, vol. II, 1952, S. 4 ff.

Rejdovačka ↗Rejdovák.

Rejdovák. Tschechischer Volkstanz aus Böhmen, hatte als ↗Redowa in der Zeit von 1840 bis 1900 Eingang in die Salons und Tanzsäle Europas gefunden. Er ist der sogenannte böhmische ↗Walzer. Sein Name leitet sich von dem Wort rejdovat, d. h. hin- und herschieben, ab, woraus hervorgeht, daß dieser Tanz nicht nur im Drehen, sondern auch im Vor- und Rückwärtsschieben ausgeführt wurde. Die Schrittbewegungen haben eine Ähnlichkeit mit dem ↗Pas de basque. Der Rejdovák steht im Dreivierteltakt. Der Tänzer hält seine Dame wie beim Walzer umschlungen. Eine Variante im $^2/_4$-Takt (Polkatempo) ist die Rejdovačka, die dem Rejdovák meist als ↗Nachtanz folgt. (↗Redowa, ↗Tschechische Volkstänze)

Lit.: *Waldau, A.:* Böhmische Nationaltänze, 1859, S. 34 ff. *Klemm, B.:* Katechismus d. Tanzkunst, 1863, S. 148. *Anonym:* Die Tanzkunst u. d. Tänze, 1877, S. 19. *Böhme, F. M.:* Geschichte d. Tanzes in Deutschland, 1886. *Zorn, Fr. A.:* Grammatik d. Tanzkunst, 1887, S. 205. *Jolizza, W. K. v.:* Die Schule d. Tanzes, S. 143. *Sachs, C.:* Eine Weltgeschichte d. Tanzes, 1933.

Relevé bedeutet im klassischen ↗Ballett, sich auf einem Fuß zu erheben. Der Ausdruck kommt von dem französischen Verbum „se relever" = sich wieder erheben.

Lit.: *Raab, R.:* Lexidion f. d. Ballett, s. a. *Waganowa, A. J.:* Die Grundlagen d. klassischen Tanzes, 1954, S. 80 ff.

Religiöser Tanz. Die wichtigsten und bedeutungsvollsten Motive des Tanzes sind mystisch-religiösen Ursprungs. Wie bei den heutigen ↗Naturvölkern nahm auch bei den Urvölkern und den Kulturvölkern des Altertums der Tanz vom Kult und von der Religion seinen Ausgang. Mit Hilfe des Tanzes konnte sich der Mensch in eine Ekstase steigern, die ihn gleichsam in eine andere Welt brachte, die ihn mächtig, dämonisch, göttlich machte. Der Tanz der Naturvölker war immer Religion, die Erscheinungsformen richteten sich nach dem jeweiligen Volk. Man begegnet dabei abbildhaften pantomimisch-dramatischen und bildfreien, symbolisch-ekstatischen Tänzen. – Im Altertum war kein Mysterienkult ohne Tanz denkbar. Nach antikem Glauben war der Tanz überhaupt eine Erfindung der Götter. Die alten Ägypter, bei denen der Tanz der bedeutendste Bestandteil bei allen religiösen Ereignissen war, hatten ihren eigenen Tanzgott, den ↗Bes. Auch bei Kultfeiern, wie sie uns im Alten Testament geschildert werden, wurde getanzt. Bei feierlichen Prozessionen wurde die Bundeslade mit einem Reigentanz der Jungfrauen begleitet (Ps. 68, 26). Der Tanz um das Goldene Kalb kann als Beweis der Einheit von Tanz und Kultfeier gelten. Die christliche Urkirche hat den Tanz nicht in ihre Liturgie aufgenommen. Ihr erschien er als Ausdruck heidnischer Frömmigkeit, der vor allem in den Mysterienkulten gepflegt wurde (↗Dionysos). Ein anderer Grund war auch die Tatsache, daß Tänze und tanzkultische Feiern bei den christlichen Sekten sehr gepflegt wurden. Im 4. Jh. dürfte der Tanz aber doch in die christlichen Gemeinden Eingang gefunden haben, da um die Mitte dieses Jahrhunderts eine Synode zum erstenmal den Sakraltanz und den Tanz allgemein verboten hat.

Die kirchlichen Verbote, die weit bis ins Mittelalter hineinreichten, hatten aber wenig Erfolg, da fast während des ganzen Mittelalters in vielen Ländern Europas im Zusammenhang mit bestimmten Festen in den Kirchen getanzt wurde. Es waren verschiedene Tanzbräuche, die sich mit den traditionellen Ereignissen des Kirchenjahres verbanden. Als diese religiösen Tänze ausarteten, wurden sie aus dem Kirchenraum verbannt und auf den Kirchhof verlegt. Der einzige religiöse Tanz, den die christliche Kirche gepflegt und bis in die heutige Zeit erhalten hat, ist die Prozession, die Van der Leeuw in seinem Buch „Phänomenologie der Religion" so beschreibt: „Die Prozession ist ein elementarer Tanz und bezweckt die Mobilisation der Kultgemeinde ..." Viele solcher religiöser Tanzprozessionen sind infolge von Gelübden oft in Zeiten der Not für das Aufhören von Seuchen und Krankheiten entstanden (↗Echternacher Springprozession, ↗Pestabwehrtänze). Formen des religiösen Tanzes sind aber auch noch in der Neuzeit zu finden. Viele Anzeichen deuten in den christlichen Kirchen der ganzen Welt darauf hin, daß der sakrale Tanz in der Gestaltung christlicher Liturgie wieder Platz finden wird.

(↗Ägyptischer Tanz, ↗Bacchanalien, ↗B(r)yllichaj, ↗Contrapás, ↗Derwischtanz, ↗Dithyrambos, ↗Dyommo-Tanz, ↗Galloi, ↗Gentil senyora, ↗Géranos, ↗Ghost-dance, ↗Gingras, ↗Griechischer Tanz, ↗Hyporchema, ↗Jola-Tanz, ↗Kalathos, ↗Kidaris, ↗Kristanz, ↗Manteltanz, ↗Päan, ↗Panathenaea, ↗Prozessionstänze, ↗Radenije, ↗Riattate, ↗São-Gonçalo-Tanz, ↗Schamane, ↗Seises, ↗Sema, ↗Srimpi-Tänze, ↗Vicleim, ↗Wodutänze, ↗Xango, ↗Zar-Tanz, ↗Zikr)

Lit.: *Ratz, J.:* Vom Tantzen, Obs Gott verpotten hab, obs sünd sey, Und von andern erlaupten kurzweilen der Christen, s. a. *Schelkens, P. F.:* Theses de Choreis et Tripudiis, 1686. *Grünenberg, J. P.:* Dissertatio de saltatione Christiano licita. Ob einem Christen zu tantzen erlaubet sey, Rostochii, 1704. *Brömel, H.:* Festtänze d. ersten Christen, 1705. *Anonym:* Von d. Tänzen beim Dienst d. Gottheit, in: Schwäbisches Magazin v. d. gelehrten Sachen auf d. Jahr 1775, zweytes Stück, S. 99 ff. *Paradin, G.:* Le blason des danses, 1556, Neudruck: Paris 1830. *Périer, Ami:* La danse mascarades et les processions dans l'Eglise romaine, 1870. *Anonym:* Liturgical dances, in: The Sacristy, vol. 1, 1871, S. 63 ff. *Lomas, J.:* Sketches in Spain from Nature, Art and Life, 1884. *Serrano y Ortega, Don Manuel:* Glorics sevillanas, 1893. *Palamedes:* Religious Dancing, in: Notes and Queries, VIII, Ser., vol. X, No. 245, 1896, S. 202. *Anrich:* Tanz im urchristlichen Gottesdienst?, in: Monatsschrift f. Gottesdienst u. kirchliche Kunst, Jg. 4, 1899, Nr. 4, S. 110 f. *Frazer, J. G.:* Adonis Attis Osiris. Studies in the History of Oriental Religion, 1906; deutsche Ausgabe: Der goldene Zweig, 1928. *Emerson, N.:* Unwritten Literature of Hawaii. The Sacred Songs of the Hula, in: Smithsonian Institution Bureau of American Ethnology, Bulletin 38, 1909. *Moraleda y Esteban, Juan:* Los seises de la catedral de Toledo, 1911. *Cirilli, R.:* Les prêtres danseurs de Rome, 1913. *Gougaud, L.:* La danse dans les églises, in: Revue d'histoire ecclesiastique, Tom. XV, 1914, S. 5 ff. *Crawley, A. N.:* Procession and Dances, in: Hastings Encyclopedia of Religion and Ethics, vol. X, 1918, S. 358 ff. *Wetter, G. P.:* La danse rituelle dans l'Eglise ancienne, in: Revue d'histoire et de littérature religieuses VIII, 1922, S. 258 ff. *Oesterley, W. O. E.:* The Sacred Dance, 1923. *Winther, F. H.:* Der heilige Tanz, 1923. *Mead, G. R. S.:* The Sacred Dance in Christendom, in: The Quest Reprint Series, No. II, 1926. *Weege, F.:* Der Tanz in d. Antike, 1926. *Balogh, J.:* Tänze in Kirchen u. auf Kirchhöfen, in: Niederdeutsche Zeitschrift f. Volkskunde, Jg. 6, 1928, H. 1, S. 1 ff., S. 254 ff. *Kunicke, H.:* Die Schlangentänze d. Hopi, in: Der Erdball, Jg. 2, 1928, S. 18 ff. *Meier, J.:* Zu d. Aufsatz „Tänze in Kirchen u. auf d. Kirchhöfen" v. J. Balogh, in: Niederdeutsche Zeitschrift f. Volkskunde, Jg. 6, 1928, H. 2, S. 112 ff. *Peekel, P. G.:* Lang-Manu. Die Schlußfeier eines Malagan-Festes auf Nord-Neu-Mecklenburg, in: Festschrift P. W. Schmidt, Wien 1928, S. 542 ff. *Sonner, R.:* Die geistigen Beziehungen zwischen Musik, Kult u. Tanz, in: Die Musik, Jg. 21, 1928/29, H. 4, S. 241 ff. *Shawn, T.:* Gods Who Dance, 1929. *Quasten, J.:* Musik u. Gesang in d. Kulten d. heidnischen Antike u. christlichen Frühzeit, in: Liturgiegeschichtliche Quellen u. Forschungen, H. 25, 1930. *Spanke, H.:* Tanzmusik in d. Kirche d. Mittelalters, in: Neuphilologische Mitteilungen, Jg. 31, 1930, S. 143 ff. *Leeuw, G. v. d.:* In d. Himmel ist ein Tanz, 1931, S. 513 ff. *Peekel, P. G.:* Religiöse Tänze auf Neu-Irland, in: Anthropos, Bd. 26, 1931, S. 513 ff. *Spanke, H.:* Zum Thema „Mittelalterliche Tanzlieder", in: Neuphilologische Mitteilungen, Jg. 33, 1932, S. 1 ff. *Gallop, R.:* Systematization of Motives in the Ceremonial Dance, in: Journal of the English Folk Dance and Song Society, vol. II, 1935, S. 79 f. *Kleen, T. de:* The Temple Dances in Bali, 1936. *Needham, J.:* The Geographical Distribution of the English Ceremonial Dance, in: Journal of the English Folk Dance and Song Society, 1936. *Stumpfl, R.:* Kultspiele d. Germanen als Ursprung d. mittelalterlichen Dramas, 1936. *Amades, J.:* Danses rituals d'iniciació, in: Miscelánea en homenaje a H. Anglés I, Barcelona 1938/1961. *Foatelli, R.:* Les Danses religeuses dans le christianisme, 1939. *Lawler, L. B.:* The Dance of the Owl and Its Significance in the History of Greek Religion and the Drama, in: Transactions and Proceedings of the American Philological Association, vol. 70, 1939, S. 482 ff. *Schulz, F.:* Das Bild d. Tanzes in d. christlichen Mystik, Diss. Marburg 1941. *Plaschil, H.:* Bodenständiges u. fremdes Kulturgut in unseren Tänzen im Laufe d. Geschichte, Diss. Wien 1946, S. 9 f. *Spence, L.:* Myth and Ritual in Dance, Game, and Rhyme, 1947. *Chailley, J.:* Un document nouveau sur la danse ecclésiastique, in: Acta musicologica, vol. 21, 1949, S. 18 ff. *Kennedy, D.:* England's Ritual Dances, in: Journal of the International Folk Music Council, vol. II, 1950, S. 8 ff. *Torninai, R.:* La danza sacra, 1951. *Backman, E. L.:* Den Religösa dansen inom kristen kyrka och folkmedicin, 1945; englische Ausgabe 1952. *Naselli, C.:* Aspects de la danse rituelle en Italie, in: Journal of the International Folk Music Council, vol. VI, 1954, S. 15 ff. *Douglas, M.:* The Maux Dirk Dance as Ritual, in: Journal of the International Folk Music Council, vol. IX, 1957, S. 31 ff. *Felice, Ph. de:* L'Enchantement des danses et la magic du verbe, 1957. *Salvador de Barandiaran:* Basque Ceremonial Dances, in: Journal of the International Folk Music Council, vol. IX, 1957, S. 43 f. *Leeuw, G. van der:* Vom Heiligen in d. Kunst, 1957. *Heyer, Fr.:* Der Tanz in d. modernen Gesellschaft, 1958. *Meerlo, J. A. M.:* Rhythmus u. Ekstase, 1959. *Spivacek, M. R.:* La Danse cosmique de Lascaux. Une nouvelle théorie de l'art et de la religion paléothique, 1961. *Danses sacrées.* Les Danses sacrées, Égypte ancienne, Israel, Islam, Asie centrale, Inde, Cambodge, Bali, Java, Chine, Japon, Paris 1963 (Soucrees orientales 6). *Baaren, Th. P. van:* Selbst d. Götter tanzen. Sinn u. Form d. Tanzes in Kultur u. Religion, 1964. *Graf, W.:* Tanz, religionswissenschaftlich, in: Lexikon f. Theologie u. Kirche, IX, 1964, S. 1236 ff. *Fischer, Fr. J.:* Kulttanz in Salzburg, in: Jahrbuch d. österreichischen Volksliedwerkes, Bd. 14, 1965, S. 84 ff. *Lipp, F.:* Neue Quellen zum Kulttanz aus Oberösterreich, in: Volkskunde u. Volkskultur, Festschrift f. Richard Wolfram, 1968, S. 312 ff. *Sequeira, A. R.:* Klassische indische Tanzkunst u. christliche Verkündigung. Eine vergleichende religionsgeschichtlich religionsphilosophische Studie. Diss. München 1970, gedr. Freiburger theol. Studien 109, Wien 1978. *Nouwens, L.:* Tanzend zwischen Gott u. Welt. Sinn u. Praxis d. religiösen Bewegungsspiels, 1982. *Anonym:* Tanz bei fremden Völkern. Photoausstellung, Wien, s. a.

Renaud et Armide ↗Rinaldo-Ballette, J. J. ↗Rudolph.

Renningen. ↗Schwedischer Volkstanz, der ↗Webertanz, ein Tanzspiel mit acht Paaren, welches die Arbeit des Webstuhles symbolisiert.

Lit.: *Salvén, E.:* Dances of Sweden, 1949, S. 27 ff.

Renversé bedeutet in der klassischen Tanzkunst das Neigen des Körpers während einer Drehung. Es ist eine komplizierte Bewegung, die in verschiedenen Formen ausgeführt wird.

Lit.: *Raab, R.:* Lexidion f. d. Ballett, s. a. *Waganowa, A. J.:* Die Grundlagen d. klassischen Tanzes, 1954, S. 157 ff.

Reprise. Französische Bezeichnung einer Figur der ↗Basse danse in den ↗Tanzlehrbüchern des 15. und 16. Jh. In den französischen Tanzschriften des 15. Jh. war sie gleichbedeutend mit der Bezeichnung ↗Demarche. ↗Arbeau beschreibt sie in seinem Tanzlehrbuch als eine Bewegung der Knie, Füße oder Zehen und zwar so, „als wenn die Füße zitterten".

Lit.: *Czerwinski, A.:* Die Tänze d. 16. Jh., 1878, S. 29. *Bie, O.:* Der Tanz, 1949, S. 145. *Sachs, C.:* Eine Weltgeschichte d. Tanzes, 1933.

Řetěz (= die Kette). Tschechischer Volkstanz aus Böhmen. Die Tanzenden bilden eine zweifache Kette, so daß die Männer und Frauen voneinander getrennt sind und bald den äußeren und bald den inneren Kreis bilden. Sie tanzen dann auf Anordnung des Vortänzers vielfältige Verschlingungen und Wendungen. (↗Tschechischer Volkstanz)

Lit.: *Waldau, A.:* Böhmische Nationaltänze, 1860, Bd. 2, S. 27 f.

Retomber bedeutet in der klassischen Tanztechnik den Auffall nach dem Sprung.

Lit.: *Raab, R.:* Lexidion f. d. Ballett, s. a.

Reuter. Ein dem ↗Galopp ähnlicher, rascher ↗deutscher Volkstanz, der in der Mark Brandenburg getanzt wurde. (↗Zweitritt)

Lit.: *Böhme, F. M.:* Geschichte d. Tanzes in Deutschland, 1886, S. 204.

Révérence (französisch Verbeugung). Bezeichnet im ↗Ballett die formelle Verbeugung, die jedes Training beschließt. Im ↗Gesellschaftstanz ist damit die Verbeugung zur Einleitung des Tanzes gemeint. (↗Reverenz)

Reverenz (italienisch Riverenza, spanisch Reverencia) bezeichnet, mit „R" abgekürzt, in den Tanzschriften des 15. und 16. Jh. die Verbeugung vor der Dame, die Aufforderung zum Tanz. Die Ausführung war nicht einheitlich. Antonio de ↗Arena begann sie mit dem linken Fuß, ↗Arbeau dagegen hielt den linken Fuß fest am Boden, bog das rechte Knie und zog die rechte Fußspitze hinter den linken Fuß. Die Reverenz hatte die Dauer von vier Takten. ↗Caroso unterschied die Riverenza grave, die vier Takte dauerte, die Riverenza minima, ausgeführt wie die Riverenza grave, nur doppelt so schnell und die Riverenza semiminima. Sie bedeutete ein Verharren mit Schlußsprung. Diese Formen änderten sich um 1600. Die Riverenza grave dauerte von nun an sechs Takte, die viertaktige hieß nun Riverenza lunga, und die Riverenza minima wurde zur Riverenza breve. Die Reverenzen leiteten die verschiedenen Tänze ein. Ab dem 15. Jh. waren sie eine Figur der ↗Basse danse. Eigene Arten von Reverenzen kannten später auch die verschiedenen Höfe, man unterschied zwischen französischen, spanischen und englischen Reverenzen.

Lit.: *Voß, R.:* Der Tanz u. seine Geschichte, 1869. *Czerwinski, A.:* Die Tänze d. XVI. Jh., 1878, S. 27 f. *Jolizza, W. K.:* Die Schule d. Tanzes, S. 45 ff. *Bie, O.:* Der Tanz, 1919. *Sachs, C.:* Eine Weltgeschichte d. Tanzes, 1933. *Taubert, K. H.:* Höfische Tänze, 1968, S. 19 ff.

Rey, Jan (eigentlich Reimoser). Tschechischer Kulturwissenschaftler und Ballett-Librettist, geb. 15. Mai 1904 in Schlesisch-Ostrau, gest. 30 Mai 1979 in Prag. Er widmete sich in den 30er Jahren der Geschichte des Tanzes und veröffentlichte folgende Werke: Tanec jako divadlo, Prag 1938; Jak se Divat na Tanec, Prag 1947; Die Welt des Tanzes, Prag 1955. Außerdem übertrug er die „Briefe über den Tanz" von J. G. ↗Noverre und Lukians „Vom Tanz" ins Tschechische. Zu mehreren tschechischen Balletten verfaßte er die Libretti.

Reyna, Ferdinando. Französischer Tanzschriftsteller, geb. 1899 in Paris, gest. 1969 ebendort. Er schrieb: Des Origines du Ballet, Paris 1955; A Concise History of Ballet, New York 1966.

Řezanka (= der Häkeltanz). Tschechischer Volkstanz. Er beginnt mit einer achttaktigen ↗Polka, nach der die Tanzenden einander kreuzweise die Hände reichen und mehrmals hüpfen, einmal den linken, einmal den rechten Fuß unter scharfem Schleifen vorsetzend. Darauf beginnt von neuem die Polka. Weil der Tanz in der Gegend von Tuchomeritz seinen Ursprung hatte und dort am meisten getanzt wurde, heißt er auch Tuchoměřická. (↗Tschechische Volkstänze)

Lit.: *Waldau, A.:* Böhmische Nationaltänze, 1859, Bd. 1, S. 38 ff. *Vycpálek, L.:* České tance, in: Český Lid, Jg. 2, 1893.

Rezijanka. Jugoslawischer Volkstanz aus Slowenien, ein ↗Paartanz im 2/4-Takt. Tänzer und Tänzerin halten ihre Hände in die Hüften gestützt und beginnen den Tanz mit Drehungen um die eigene Achse. Vom Tanz sind mehrere Varianten üblich. (↗Slowenischer Volkstanz)

Lit.: *Šuštar, M.:* Slovenski ljudski plesi primoreske, 1958, S. 29 ff.

Řezníček (= Häckseltanz, Zitterpolka). Tschechischer Volkstanz im 2/4-Takt, ein ↗Paartanz im Polkatempo. Zu Beginn stehen Tänzer und Tänzerin einander gegenüber, die Hände in die Seiten gestützt. (↗Tschechische Volkstänze)

Lit.: *Vycpálek, L.:* České tance, in: Český Lid, Jg. 1, 1892, S. 132, 458.

Řeznická ↗Volek.

Rheinländer (auch Rheinischer oder Rheinländer-Polka) ist eine in Deutschland sehr verbreitete und variantenreiche Form der ↗Bayrisch-Polka, die um die Mitte des 19. Jh. große Beliebtheit erlangte. Er wird im langsamen Polkatempo mit zwei Polkaschritten und vier Hopsschritten ausgeführt. (↗Jägerschottisch, ↗Weitschottisch)

Lit.: *Au, H. v. d.:* Das Volkstanzgut im Rheinfränkischen, 1939, S. 122 ff. *Helms-Blasche, A.:* Bunte Tänze, 1957, S. 162 f. *Lager, H.:* Österreichische Tänze, II, 1959, S. 33 f. *Schützenberger, E.-Derschmidt, H.:* Spinnradl I, 1959, S. 10 ff. *Horak, K.:* Tiroler Volkstanzbuch, 1974, S. 14. *Horak, K.:* Der Volkstanz im Mattigtal u. im Kobernauserwald, in: Jahrbuch d. österreichischen Volksliedwerkes, Bd. 23, 1974, S. 4. *Peter, I.:* Salzburger Tänze, 1975, S. 41 f. *Horak, K.:* Der Rheinländer, in: Der Trachtler, 1976, Nr. 11, S. 15. *Wolfram, R.:* Siebenbürger Volkstänze, 1979, S. 165 f.

Rhif Wyth. Volkstanz aus ↗Wales, eine Form der ↗Polka mit synkopiertem Schlag auf die Ferse, der genau vor dem Sprung ausgeführt wird. Die Tänzer stampfen am Ende von vier oder acht Takten auf.

Lit.: *Lawson, J.:* European Folk Dance, 1953, S. 171.

Rhythmographik heißt eine von Olga ↗Desmond erfundene Tanznotenschrift. (↗Choreographie)

Rhythmus ist das grundlegende, den zeitlichen Ablauf regelnde Ordnungs- und Gestaltungsprinzip in Tanz, Musik und Dichtung. Wirkt der Rhythmus akustisch, dann haben wir Musik, wirkt er durch das Wort, entsteht Poesie, wirkt er im körperlichen Geschehen, dann sprechen wir von Tanz im weitesten Sinn. (↗Gymnastik)

Lit.: *Pasmanik-Bespalova, R.:* Danse et rythmique, in: Revue Musicale 5, 1924, No. 6, S. 59 ff. *Pennington, J.:* The Importance of Being Rhythmic, 1925. *Ferand, E.:* Rhythmus u. Tanz, in: Musikblätter d. Anbruch, 1926, Nr. 3/4, S. 131 ff. *Jaques-Dalcroze, E.:* Eurhythmics Art and Education, 1930. *Jaques-Dalcroze, E.:* Die Rhythmik u. d. moderne Bewegungskunst, in: Die Musik, Jg. 23, 1930/31, H. 10, S. 725 ff. *Klages, L.:* Vom Wesen d. Rhythmus, 1944. *Bode, R.:* Musik u. Bewegung, 1953.

Riabuschinska, Tatjana. Russische Tänzerin, geb. 23. Mai 1917 in Moskau. Sie war Schülerin von Alexandr ↗Volinine und Mathilde ↗Kschessinska. Sie debütierte in Paris in La Chauve-Souris Revue. Als eine der drei Baby-Ballerinen trat sie 1932 ins ↗Ballet Russe de Monte Carlo ein und blieb dort bis 1942. Ab 1944 war sie Gasttänzerin beim Ballet Theatre und weiterhin beim Original Ballet Russe, bei den Ballets des Champs-Elysées und beim ↗London Festival Ballet. In Los Angeles eröffnete sie eine Ballettschule. 1943 heiratete sie David ↗Lichine. Sie unterrichtete dann noch viele Jahre in Kalifornien.

Lit.: *Swisher, V. H.:* The Real Mirror – A Portrait of Tatjana Riabuschinska, in: Dance Magazine, April 1972.

Riattate. ↗Italienischer Volkstanz aus Villafranca Sicula, Sizilien. Dieser ↗religiöse Tanz wird am 2. Sonntag im Mai während des Festes der Madonna mit der Myrthe aufgeführt. Wenn die Prozession vorbeigeht, tanzen die Gläubigen ekstatisch und schwenken dabei Lorbeer- und Myrthenzweige.

Lit.: *Galanti, B. M.:* Dances of Italy, 1950, S. 8.

Rich, John. Englischer Schauspieler und Impresario, geb. um 1683, gest. 26. November 1761 in Hillingdon. Er war Direktor des Lincoln's Inn Theatre und erbaute 1732 das Covent Garden Theatre. Dort war er ein sehr berühmter Autor, Produzent und Schauspieler, vor allem von Harlekinaden. Er brachte M. ↗Sallé, J.-G. ↗Noverre und La ↗Barbarina nach England. 1723 schuf er für Lincoln's Inn Theatre die ↗Ballettpantomime "The Necromancer of the History of Dr. Faustus". (↗Faust)

Lit.: *Vince, S.:* England's Dancing Harlequin, in: Dance and Dancers, Dez. 1965.

Richards Riddle. Eine Form des englischen Morris dance (↗Moriskentanz) mit Kontertanzfiguren. Er wurde von Männern getanzt, die ihre Gesichter geschwärzt hatten.

Lit.: *Wolfram, R.:* Schwerttanz u. Männerbund, S. 96.

Richardson, Philip John Sampey. Englischer Tanzschriftsteller und Kritiker, geb. 17. März 1875 in Winthorpe (Notts.), gest. 17. Februar 1963 in London. Er war Begründer der Tanzzeitschrift "The Dancing Times" und von 1910 bis 1915 deren Chefredakteur. 1920 war er Mitbegründer der "Association of Operatic Dancing in Britain", jetzt die ↗„Royal Academy of Dancing". 1930 gründete er mit Arnold Lionel ↗Haskell die ↗„Camargo Society". Er ist der Verfasser folgender Veröffentlichungen: The Art of the Ballroom (mit V. Silvester), 1936; The Ballet Mystery, in: The Dancing Times, März/April 1947; A History of English Ballroom-Dancing 1910–1945, London 1948; Social Dances of the 19th Century, 1960.

Richter, Hedi. Österreichische Tänzerin, geb. 2. Juni 1936 in Troppau. Sie studierte an der Tanzklasse der Akademie für Musik und darstellende Kunst in Wien. Weitere Studien betrieb sie in London, Paris, Zürich und Leningrad. 1954 debütierte sie am Raimund-Theater in Wien und schloß sich dem Ballett der Wiener Volksoper an, wo sie 1957 Solotänzerin wurde. Jahrelang wirkte sie als Solotänzerin und ↗Choreographin beim österreichischen Fernsehen.

Ridée. Name für die französischen Rundtanzformen aus der Bretagne. Sie kommen in verschiedenen Variationen vor (↗Ridée de baud, ↗Ridée de Pontivy). Der Name kommt entweder von dem Liedrefrain oder von den speziellen Bewegungen des Tanzes. (↗Französischer Volkstanz)

Lit.: *Marcel-Dubois, Cl.-Andral, M. M.:* Dances of France, I, Handbook of European National Dances, 1950, S. 14 f. *Lawson, J.:* European Folk Dance, 1953, S. 154.

Ridée de baud. ↗Französischer Volkstanz aus der Bretagne. Dieser Rundtanz wird von Männern und Frauen getanzt, die mit dem kleinen Finger verbunden sind. Die Arme sind dabei in Schulterhöhe vorgestreckt. Der Tanz wird im schnellen 2/4-Takt ausgeführt (↗Ridée de Pontivy)

Lit.: *Marcel-Dubois, Cl.-Andral, M. M.:* Dances of France I, Handbook of European National Dances, 1950, S. 32 ff.

Ridée de Pontivy. ↗Französischer Volkstanz aus der Bretagne. Burschen und Mädchen bilden einen Kreis und halten einander an den Händen. Der Kreis dreht sich mit sehr raschen Schritten nach links. (↗Ridée de baud)

Lit.: *Arma, E.:* Entrez dans la danse, 1943, S. 38 f.

Ridewanz. Ein Tanz aus dem 13. Jh., der in Gedichten der Minnesänger aufscheint, doch nirgends genauer beschrieben ist. Auch die Bedeutung des Namens ist nicht eindeutig zu klären. Vielleicht kommt er aus dem französischen „retrowange", das einen Volkstanz oder ein Tanzlied bezeichnet. Anderseits könnte der Name auch aus dem altdeutschen „ritwen", das soviel wie „zittern" heißt, hergeleitet sein. Jedenfalls dürfte es sich beim Ridewanz um einen gesprungenen ↗Bauerntanz gehandelt haben.

Lit.: *Böhme, F. M.:* Geschichte d. Tanzes in Deutschland, 1886, S. 32 f. *Sachs, C.:* Eine Weltgeschichte d. Tanzes, 1933.

Riedenburger. Alter ↗deutscher Volkstanz aus der Oberpfalz, ein ↗Zwiefacher mit zwei Schleifer- und drei Dreherschritten.

Lit.: *Seywald, G.:* Die Zwiefachen – altes deutsches Volksgut, in: Die ostbairischen Grenzmarken, Jg. 15, 1926, H. 1, S. 14.

Riedtanz. ↗Afrikanischer Tanz, ursprünglich der ↗Nationaltanz der Hottentotten, wurde aber auch von den Hereros getanzt. Der Name stammt von den aus Ried oder Schilfrohr hergestellten Flöten. Der Tanz wird nur von Männern ausgeführt, Frauen tanzen nicht mit, sie bemühen sich, durch Gesang und taktmäßiges Händeklatschen die Männer anzufeuern. Die Männer tanzen hintereinander mit oft komischen Bewegungen und Sprüngen dem Vortänzer nach. Durch Klappern, welche die Tanzenden auf den Beinknöcheln befestigt haben, wird der den Tanz begleitende Lärm besonders erhöht. Getanzt wird meistens vom Abend bis in die Nacht hinein.

Lit.: *Fischer, H.:* Musik u. Tanz bei d. Eingeborenen in Südwestafrika, in: Musikalisches Wochenblatt, Jg. 40, 1909, H. 26, S. 354 ff.

Riemann, Hugo. Deutscher Musikwissenschaftler, geb. 18. Juli 1849 in Groß-Mehlra bei Sondershausen (Thüringen), gest. 10. Juli 1919 in Leipzig. Er schrieb folgende auf den Tanz bezogene Studien: Wann kam die Suite auf?, in: Monatshefte für Musikgeschichte, Jg. 26, 1894, H. 7, S. 83 f.; Die Variationenform in der alten deutschen Tanzsuite, in: Musikalisches Wochenblatt, Jg. 26, 1895, Nr. 27–32; Die Bedeutung der Tanzstücke für die Entstehung der Sonatenform, in: Präludien u. Studien, Bd. 3, 1895, S. 157 ff.; Beethovens Prometheusmusik ein Variationenwerk, in: Die Musik, Jg. 9, 1901, H. 13, S. 19 ff.; Zur Geschichte der deutschen Suite, in: Sammelbände der Internationalen Musikgesellschaft, Jg. 6, 1904/05, S. 501 ff.; Tänze des 16. Jh. A double emploi, in: Die Musik, Jg. 6, 1906/07, H. 3, S. 140 ff.; Eine siebensätzige Tanzsuite von Monteverdi vom Jahre 1607, in: Sammelbände der Internationalen Musikgesellschaft, Jg. 14, 1912/13, S. 26 ff.; Die rhythmische Struktur der Basses danses der Handschrift 9085 der Brüsseler königlichen Bibliothek, in: Sammelbände der Internationalen Musikgesellschaft, Jg. 14, 1912/13, S. 349 ff.

Riepe garste (= Reife Gerste). ↗Niederländischer Volkstanz im 2/4-Takt aus dem Gelderland. Burschen und Mädchen stellen sich in zwei Kreisen auf. Die Burschen bilden den inneren Kreis und sehen nach außen, die Mädchen bilden den äußeren Kreis und sehen die Burschen an. Der Tanz deutet in seinem Verlauf das Gerstenmähen an. Dazu wird das Lied gesungen: „Reife Gerste, die wollen wir mähen, kurze Stoppeln lassen wir stehen".

Lit.: *Helms, A.-Blasche, J.:* Bunte Tänze, Bd. 7, 1929, S. 15. *Sanson-Catz, A.-Koe, A. de:* Nederlandse volksdansen, Bd. 1, 1950, S. 28 ff.

Rigapolka. Eine Polkaform des ↗Siebenschritts in Nordeuropa.

Lit.: *Wolfram, R.:* Die Volkstänze in Österreich u. verwandte Tänze in Europa, 1951.

Rigaudon (auch Rigodon). Alter französischer Tanz lebhaften Charakters, dessen Anfänge bis in das 17. Jh. zurückgehen. Die Geschichte des Rigaudon ist allerdings bis heute noch ungeklärt. Der Name deckt keinen festen Begriff und ist als Sammelname für Volkstänze des Südostens Frankreichs zu betrachten, wo die Rigaudons auch heute noch zum Repertoire ländlicher Tanzlust gehören. Der Rigaudon als Volkstanz ist ein ↗Paartanz, der aus einem ↗Dreher als ersten Teil und einem ↗Werbetanz der Burschen als zweiten Teil besteht. Diese volkstümlichen Rigaudons haben allerdings nichts mit den höfischen Tänzen gleichen Namens aus dem 17. und 18. Jh. gemeinsam. Diese wurden schon 1673 am französischen Hof getanzt (einer der frühesten Belege findet sich bei J. B. ↗Lully im Prolog zu „Acis et Galatée") und haben von dort Eingang im Ausland, vor allem in England, gefunden. Beschreibungen dieser höfischen Rigaudon-Form kommen erst im 18. Jh. vor und da sehr widersprechend. Der ↗Pas de Rigaudon findet bis ins 19. Jh. hinein verschiedene Beschreibungen. Der Rigaudon, geradtaktig (2/4-, 4/4-Takt), wurde etwas schneller als die ↗Bourrée ausgeführt. In der Oper und in den ↗Balletten des 18. Jh. (↗Campra, J.-Ph. ↗Rameau) war der Rigaudon sehr beliebt und hat auch als Teil der ↗Suite Eingang in die Kunstmusik gefunden.

Mersenne 1636

Lit.: *Guichard:* Le Rigaudon dans le Trièves, in: Bulletin de l'Académie Delphinale, 3. Serie, Bd. 20, 1885, S. 224 ff. *Böhme, F. M.:* Geschichte d. Tanzes in Deutschland, 1886. *Bie, O.:* Der Tanz, 1919. *Nettl, P.:* Die Wiener Tanzkomposition in d. 2. Hälfte d. 17. Jh., in: Studien zur Musikwissenschaft, H. 8, 1921, S. 90. *Sachs, C.:* Eine Weltgeschichte d. Tanzes, 1933. *Alford, V.:* The Rigaudon, in: Musical Quarterly, vol. 30, 1944, S. 277 ff.

Rigolboche (eigentlich Marguerite la Huhuenote). Französische Tänzerin, geb. 1842 in Nancy, gest. 1920 in Paris. Sie war berühmt als ↗Cancan-Tänzerin. Mit 18 Jahren gab sie ihre „Mémoires de Rigolboche ornés d'un portrait Photographié par Petit et Trinquart", Paris 1860, heraus.

Lit.: *Vernier, Ch.:* La Rigolbochomanie, Croquis lithographiques & chorégraphiques, Paris s. a.

Riilen. ↗Schwedischer Volkstanz, eine Variante der ↗Bayrischen Polka und des ↗Rheinländers.

Lit.: *Zoder, R.:* Altösterreichische Volkstänze, Teil 2, 1936.

Riisager, Knudage. Dänischer Komponist, geb. 6. März 1897 in Port Kunda (Rußland), gest. 26. Dezember 1974 in Kopenhagen. Dieser auf dem Gebiet der neuen dänischen Musik seit ungefähr 1920 tonangebende Komponist schrieb die Musik zu folgenden ↗Balletten: „Benzin", komponiert 1928, uraufgeführt 1930 im Königlichen Theater Kopenhagen; „Quartsiluni", komponiert 1938, uraufgeführt 1942 im Königlichen Theater Kopenhagen; „Tolv met Posten", nach Andersen und Ralov, komponiert 1939, uraufgeführt 1942 im Königlichen Theater Kopenhagen; Slaraffenland", komponiert 1936, uraufgeführt 1942 im Königlichen Theater Kopenhagen; „Fugl Phonix", komponiert 1945, uraufgeführt 1946 im Königlichen Theater Kopenhagen; „Etude", komponiert 1947, uraufgeführt 1948 im Königlichen Theater Kopenhagen; „Mänerenen" (das Mondrentier), nach B. ↗Cullberg, komponiert 1957, uraufgeführt 1958 im Königlichen Theater Kopenhagen; „Fruen fra Havel", nach H. Ibsen und B. Cullberg, komponiert 1960, uraufgeführt vom ↗American Ballet Theatre 1961 im Königlichen Theater Kopenhagen; „Victoires de l'Amour", nach J. B. ↗Lully von H. ↗Lander, uraufgeführt 1962 im Königlichen Theater Kopenhagen.

Rimpfenreie. Altdeutsche Reigenform, die bei Minnesängern (Minnesinger. Ausgabe von Fr. von der Hagen, Band III, 1838, 252b) erwähnt wird und auf die Bewegungen beim Reihen, auf Krümmen und Zusammenziehen deutet. (↗Reigen)

Lit.: *Böhme, F. M.:* Geschichte d. Tanzes in Deutschland, 1886.

Rimskij-Korsakow, Nikolaj Andrejewitsch. Russischer Komponist, geb. 6. (19.) März 1844 in Tichwin, gest. 8. (21.) Juni 1908 in Ljubensk. Nach seiner viersätzigen sinfonischen ↗Suite ↗„Scheherazade" schuf Alexander ↗Benois ein Libretto. Das Werk wurde am 4. Juni 1910 durch ↗Diaghilews Ballets Russes an der Pariser Oper nach der ↗Choreographie von Michael ↗Fokine uraufgeführt. Nach Rimskij-Korsakow Musik schufen Fokine den „Coqu d'or" (1914), Igrouchki (1921) und Bronislawa ↗Nijinska 1928 „La Princesse Cygne" und L. ↗Massine das „Capriccio Espagnol".

Rinaldo-Ballette ↗Armida-Ballette.

Ringelreihen (auch Ringelreih) ist eine Bezeichnung für ein Tanzspiel, bei dem sich Kinder an den Händen haltend im Kreis drehen. Der Ursprung dieses Kindertanzes liegt aber in den Reigentänzen, die zu allen Zeiten der Tanzgeschichte und bei allen Völkern feststellbar sind. (↗Kindertanz, ↗Reigen)

Rinnce Fada. ↗Irischer Volkstanz, ein Reihentanz, der bereits 1681 in Dinley's „Voyage through the Kingdom of Ireland" erwähnt ist, und zwar als ein Tanz, der von allen Volksschichten getanzt wurde. Im Jahre 1813 wird er in Gamble's „A View of Society and Manners in the North of Ireland" als ein ↗Paartanz beschrieben, bei dem die Tanzenden mit einem Tuch verbunden sind.

Lit.: *Burchenal, E.:* National Dances of Ireland, 1924, S. 109 ff. *O'Rafferty, Peadar and Gerald:* Dances of Ireland, 1953, S. 23 ff.

Rinuccini, Ottavio, geb. 20. Januar 1562 in Florenz, gest. 28. März 1621 ebendort. Er war am Hof der Mediceer aufgewachsen und widmete seine dichterische, tänzerische und schauspielerische Begabung den Bedürfnissen der höfischen Feste. In seinen für die höfischen Unterhaltungen geschaffenen Mascherate, ↗Intermedien und ↗Balletti wirkte er selbst als Tänzer und Schauspieler mit. Im Jahre 1608 schrieb er zur Hochzeit Francesco Gonzagas mit Margarethe von Savoyen mit der von Claudio Monteverdi komponierten „Arianna" sein bedeutendstes Werk.

Lit.: *Civita, A.:* O. Rinuccini e il sorgere del melodramma in Italia, Mantua 1900. *Schild, M.:* Die Musikdramen O. Rinuccinis, Diss. München 1932.

Rippltanz. ↗Österreichischer Volkstanz im 2/4-Takt, ein Tanzspiel aus dem Burgenland, das nur von Burschen ausgeführt wird. Die Burschen nehmen paarweise zueinander Aufstellung und bleiben während des Tanzes immer einander gegenüber. In der Ausgangsstellung haben die Tänzer die Arme abgewinkelt, die Hände geballt und aufwärts gerichtet in Brusthöhe. Im Verlauf des Tanzspiels vollführen die Tanzenden verschiedene Gesten. Sie fassen sich selbst an den Nasen, zeigen einander die lange Nase, drücken mit der Hand den Kopf des Partners zu Boden, verabreichen einander abwechselnd symbolisch Ohrfeigen, und letzten Endes versöhnen sie sich wieder mit Umarmungen.

Lit.: *Dreo, H.:* Volkstänze aus d. Burgenland, 1977, S. 57 f.

Ripresa. Bezeichnung eines Tanzschrittes in den italienischen Tanzschriften des 15. und 16. Jh. Seiner Ausführung nach dürfte er der französischen ↗Demarche oder ↗Reprise entsprochen haben. ↗Caroso unterschied eine Ripresa grave und eine Ripresa minima. Ripresa ist auch die Bezeichnung für den Kehrreim der mittelalterlichen Tanzlieder. (↗Cantilena, ↗Rondeau)

Lit.: *Bie, O.:* Der Tanz, 1919, S. 160 ff. *Sachs, C.:* Eine Weltgeschichte d. Tanzes, 1933.

Ritenitis. Lettischer Tanz, in früherer Zeit als „Pukit' pa dambi" bekannt, war ein populärer ↗Gesellschaftstanz. Er wurde von einer beliebigen Anzahl von Paaren getanzt, die im Kreis Aufstellung nahmen. Die Tanzmelodie im 2/4-Takt hat Polkatempo.

Rîureana. ↗Rumänischer Volkstanz, der typische Tanz aus den Dörfern des südlichen Transsilvanien. Er wird besonders von der Dorfjugend bei Hochzeiten aufgeführt. Die Tanzenden, in gemischten Gruppen aufgestellt, bilden kleine Kreise und führen dann paarweise Drehungen in immer rascherem Tempo im 2/4-Takt aus. Langsamere Bewegungen werden eingefügt. Zurufe der Umstehenden begleiten oft den Tanz.

Lit.: *Bucsan, A.:* Jocuri din Ardealul de sud, 1957, S. 704 ff. *Molkenbur, N.:* Rumänische Volkstänze, 1967, S. 34 ff. *Bucsan, A:* Specificul dansului popular românesc, 1971, S. 199 ff.

Roata feciorilor. ↗Rumänischer Volkstanz aus Transsilvanien, ein lebhafter ↗Paartanz im 2/4-Takt. Die Aufstellung erfolgt im Kreis mit Oberarmfassung. Den Tanz beginnen die Burschen, die Mädchen setzen später ein. Die Technik des Tanzes beruht auf Schüttelbewegungen des ganzen Körpers und auf Stampfen. Die Rhythmik des Tanzes wird durch Klatschen unterstrichen. Charakteristisch sind die improvisiert gesungenen Zurufe in Versen. Der Tanz hat zwei Teile, zwei Figuren im ersten Teil werden nur von den Burschen ausgeführt. Im zweiten Teil, ebenfalls aus zwei Teilen bestehend, tanzen auch die Mädchen mit.

Lit.: *Molkenbur, N.:* Rumänische Volkstänze, 1967, S. 41 ff.

Robbins, Jerome. Amerikanischer Tänzer, ↗Choreograph, Ballettdirektor und Regisseur, geb. 11. Oktober 1918 in New York. Er studierte bei E. Daganowa, H. Platowa, E. Loring und A. ↗Tudor. Spanischen Tanz studierte er bei H. Veola, orientalischen Tanz bei Y. Nimura und ↗Modern Dance bei seiner Schwester Sonya und A. Bentley. Außerdem nahm er auch Unterricht in Schauspiel, Violine und Klavier. Als Tänzer begann er in Musicals. Von 1940 bis 1948 war er Mitglied des Ballet Theatre. Von 1949 bis 1963 war er Associate Artistic Director des ↗New York City Ballet. Von 1958 bis 1961 leitete er ein eigenes Ensemble, genannt „Ballets: U. S. A.", mit dem er Europa bereiste. In den weiteren Jahren arbeitete er als freischaffender Choreograph und Regisseur, auch am Broadway. 1969 wurde er ↗Ballettmeister des New York City Ballet und 1983, nach G. ↗Balanchines Tod, gemeinsam mit P. ↗Martins dessen Leiter. In seinen Choreographien verbindet er ↗akademischen Tanz und Modern Dance, ↗Jazz, Show und ↗Gesellschaftstanz.

Lit.: *Brinson, P. – Crisp, C. L.:* Jerome Robbins, in: Ballet for All, London 1970.

Robes Pierre und Co. Kriminal-Ballett-Sketch von Yvonne ↗Georgi und Harald ↗Kreutzberg, Musik von Friedrich Wilckens. Das Werk, uraufgeführt 1928 in Hannover, ist eine kurze parodistische ↗Pantomime und handelt von der unglücklichen Liebe zu einer Schaufensterpuppe mit Eifersucht, Revolverschüssen, Polizei und Verfolgung, aber glücklichem Ende.

Lit.: *Pirchan, E.:* Harald Kreutzberg, 1941, S. 30.

Rock'n'Roll (Rock and Roll). ↗Gesellschaftstanz des 20. Jh. Er hat sich aus dem ↗Boogie-Woogie entwickelt und ist nach dem zweiten Weltkrieg um 1955/56 in Europa heimisch geworden. Mit diesem vom Discjockey Alan Freed verbreiteten, doch keineswegs von ihm erfundenen Ausdruck Rock'n'Roll", bezeichneten die Zeitgenossen die Rockmusik um 1954–1960, jene Musik also, die mit den Namen Bill Haley, Elvis Presley, Chuck Berry und Little Richard – den „Kings of Rock'n'Roll" – verknüpft ist. Rhythmisch charakteristisch ist die Betonung des 2. und 4. Taktteiles. Verschiedene Formen des Rock 'n' Roll-Tanzes haben sich in der weiteren Entwicklung herausgebildet: Rock-Single Time (Viererschritt), Rock-Double Time (Sechserschritt), Rock-Triple Time (Achterschritt) und gehüpfter Rock 'n' Roll.

M. Seiber

Lit.: *David, L.:* Einzelchoreographien mit historischer Einleitung über Rumba, Samba/Baiao, Mambo-Chachacha, Paso Doble, Calypso, Rock 'n' Roll, 1957/58. *Günther, H. – Schäfer, H.:* Vom Schamanentanz zur Rumba, 1959, S. 275. *Wood, G.:* An A–Z of Rock and Roll, London 1971. *Krombholz, G. – Haag, P.:* Richtig Rock'n Roll tanzen, München 1979. *Kneif, T.:* Einführung in d. Rockmusik, 1979.

Römischer Tanz. Im Leben des römischen Volkes spielte der Tanz nicht mehr die bedeutsame Rolle, die er im antiken Griechenland innehatte. Der Tanz war kein Kulturfaktor mehr und wurde weder als physisches noch als ethisches Bildungsmittel im antiken griechischen Sinn aufgefaßt. Der römische Tanz war von der griechischen Tanzkunst beeinflußt und hat sich aus ihr entwickelt. Die geringe Zahl römischer Tanzarten zeigt deutlich die griechische Abhängigkeit und Herkunft. Neben dem römischen ↗Waffentanz ↗Bellicrepa wurde auch die griechische, allerdings später sehr entartete ↗Pyrrhiche getanzt. Die Geschichte des römischen Tanzes läßt sich in drei große Perioden gliedern. In der **1. altrömischen Periode** (753–200 v. Chr.) lassen sich Arten von kriegerischen und religiösen Tänzen feststellen, die als Männerreigen von den priesterlichen Gemeinschaften der ↗Salii und ↗Arvalischen Brüder (↗Fratres Arvales) dargestellt wurden. Die Form dieser nicht sehr tänzerischen Reigen war der ↗Tripudium, ein ritueller, stampfender Dreischritt. Um das Jahr 200 v. Chr., als etruskische und griechische Tänzer mit ihrer Kunst in Rom Eingang gefunden hatten, begann die **2. Periode** des römischen Tanzes. Der Tanz kam in dieser Zeit sowohl im privaten wie im öffentlichen Bereich zu größerer Bedeutung. Er wurde sozusagen gesellschaftsfähig, so daß man ihn selbst in den Kreisen vornehmer Bürger unterrichtete und auch bei den Frauen nicht als ehrenrührig empfand. Die konservativen Kreise Roms mißbilligten allerdings diese Neuerung; so daß um das Jahr 150 v. Chr. Scipio Aemilianus Africanus die Tanzschulen vorübergehend schließen lassen mußte, um der Ausbreitung der dem römischen Wesen fremden Kunst Einhalt zu gebieten. Das Tanzen war zu dieser Zeit ein sehr einträgliches Geschäft. Die zur Zeit des Diktators Sulla lebende berühmte Tänzerin ↗Dionysia verdiente jährlich 200.000 Sesterzen. Die **3. Periode** umschließt die römische Kaiserzeit (30 v. Ch. – 476 n. Chr.). Der Tanz war zu einem wesentlichen Unterhaltungsfaktor geworden. Viele ausländische Tänzer aus Hellas, dem Orient, Ägypten und dem spanischen Cadix wirkten in Rom. Das bedeutsamste tänzerische Ereignis dieser Periode war aber das Aufblühen der von ↗Bathyllus und ↗Pylades um 22 v. Chr. nach Rom gebrachten ↗Pantomime, die unter Kaiser Augustus (30 v. Chr. –14 n. Chr.) ihre Hochblüte erreichte. Die Pantomime wurde zum Ersatz der absterbenden Tragödie. Außer den beiden berühmtesten in Rom wirkenden Pantomimen Bathyllus und Pylades sind als besonders bedeutsam noch zu nennen: ↗Gajus Theoros, ↗Hylas, ↗Latinus, ↗Memphis, ↗Mnester, ↗Nomius, ↗Paris, ↗Pierus, ↗Telestas, ↗Theokrit und als einzige weibliche Vertreterin dieser Kunst ↗Theodora, die Gattin des Kaisers Justinian I. Um das Jahr 100 n. Chr. begann der Verfall der römischen Pantomime. (↗Saturnalien)

Qu.: *Darstellungen der antiken bildenden Kunst und dichterische Erwähnungen bei Horaz, Ovid, Manilius, Statius, Livius Titus und Libanios.*

Lit.: *Anonym:* Über d. Orchestik d. Alten, in: Magazin d. deutschen Critik, Bd. 3, 1. Teil, 1774, S. 1 ff. *Gross, J.:* The Parson on Dancing As It is taught in the Bible, and was Practised among the Ancient Greeks and Romans, 1879. *Cirilli, R.:* Les prêtres danseurs de Rome, 1913. *Weege, F.:* Der Tanz in d. Antike, 1926, S. 147 ff. *Massaroli, N.:* Antiche danze romagnole, in: Il Folklore Italiano, Jg. 5, Fasc. I/II, Napoli 1930, S. 60 ff. *Sachs, C.:* Eine Weltgeschichte d. Tanzes, 1933, S. 166 ff.

Röraas Polsk. ↗Norwegischer Volkstanz, ein ↗Werbetanz. Bei dieser springtanzartigen Form schlagen die Burschen nach Art des ↗Schuhplattlers mit den Händen gegen die Fußsohlen.

Lit.: *Wolfram, R.:* Die Volkstänze in Österreich u. verwandte Tänze in Europa, 1951, S. 189.

Rößchentanz hieß ein siebenbürgisch-sächsisches Hochzeitsspiel, das mittelalterlichen Ursprungs war und örtlich verschiedene Gestaltung fand. Die Rößchen waren mancherorts vermummte Männergestalten mit Schellen an den Füßen oder zwei Mädchen mit bunten Tüchern geschmückt und einer Schelle, die sie unter einem Seidentuch versteckt hielten.

Lit.: *Schuster, F. W.:* Über d. in Siebenbürgen üblichen Rößchentanz, in: Programm d. evangelischen Gymnasiums in Mühlbach, Schuljahr 1862/63, Hermannstadt 1863. *Klaster, L.:* Der „Rößchentanz" ein siebenbürgisch-sächsisches Hochzeitsspiel, in: Vierteljahrsschrift d. Vereins f. Siebenbürgische Landeskunde, Jg. 54, 1931, S. 282 ff. *Wolfram, R.:* Die Siebenbürger Volkstänze, in: Jahrbuch f. ostdeutsche Volkskunde, Bd. 22, 1979, S. 144 ff.

Roja. ↗Deutscher Volkstanz aus Westböhmen im 2/4-Takt. Die Mädchen nehmen im Kreis Aufstellung, die Hände hinten gekreuzt. Die Burschen befinden sich daneben und singen Vierzeiler. Die Roja, die nur die Mädchen tanzen, wird dreimal ausgeführt, und zwar das erste Mal mit Gesang, ohne zu tanzen, das zweite Mal im langsamen Schritt und das dritte Mal im Schnellschritt. Der Tanz hat Polkaform.

Lit.: *Hartenstein, C.:* Volkstänze u. Tanzlieder aus Westböhmen, in: Das deutsche Volkslied, Jg. 33, 1931, H. 7, S. 104. *Quellmalz, A.:* Von alten Allgäuer Tänzen, in: Die 7 Schwaben, Jg. 2, 1952, H. 3, S. 113 f.

Rojna vrsta. ↗Slowenischer Volkstanz. Er wird von Männern und Frauen ausgeführt, die eine Reihe bilden. Einander an den Händen haltend, bewegen sie sich schlangenförmig, abwechselnd einen geschlossenen Kreis bildend. Zuletzt bewegt sich die Schlangenlinie durch ein „Tor" oder eine „Brücke". Durch das Tor läuft die ganze Tänzerreihe unter den verbundenen und erhobenen Händen des letzten Paares. Bei der Brücke formieren sich die Paare zu zwei Gruppen, eine Gruppe stellt mit verbundenen und gehobenen die Brücke dar, die andere Gruppe bittet um Erlaubnis, die Brücke passieren zu dürfen. Die Erlaubnis wird erteilt, wenn ein „schwarzäugiges Mädchen" symbolisch geopfert wird. Daher wird zuerst ein kleines Mädchen unter die Brücke geschickt, dann folgen die anderen Tänzer. Nachdem sie die Brücke dreimal passiert haben, zerstreuen sich die Paare.

Lit.: *Marolt, F.:* Slovene Folk Dance and Folk Music, in: Journal of the International Folk Music Council, vol. IV, 1952, S. 4 ff.

Rokycanská. Tschechischer Volkstanz aus Böhmen, der von Gruppen nach einem bestimmten Tanzlied ausgeführt wird und den Charakter eines Spottanzes hat. Die Tanzenden trippeln mit komischem Pathos vor und zurück, als würden Winzer Trauben austreten. (↗Tschechische Volkstänze)

Lit.: *Waldau, A.:* Böhmische Nationaltänze, Bd. 1, 1859, S. 29.

Romalis. Spanischer Tanz, ein alter andalusischer ↗Zigeunertanz, ein Frauen-Solotanz ähnlich dem ↗Olé. Der Tanz hat pantomimischen Charakter. Die Tänzerin balanciert mit den Händen, klopft mit den Füßen, der Körper bewegt sich schlangenförmig. Der Tanz steigert sich bis zur Erschöpfung.

Romána. ↗Rumänischer Volkstanz, ein Tourentanz (↗Contratanz) bestehend aus fünf Figuren, nach jeder der vier ersten Figuren folgt ein Rondo oder eine ↗Hora. Die Musik der einzelnen Figuren entspricht speziellen rumänischen Volkstänzen: Figur I: ↗Ardeleana, Figur II: ↗Hategana oder ↗Lugojana, Figur III: ↗Pe picior, Figur IV und V verwenden verschiedene Tänze aus diversen Gegenden Ungarns und Siebenbürgens, welche jedem Kolonnentanz angepaßt werden können.

Lit.: *Anonym:* Romána, Tipografia A. Muresianu, Brasov 1903.

Romanesca. Unter diesem Namen ist nicht, wie vielfach angenommen wurde, ein eigener Tanz zu verstehen, sondern ein im 16. und 17. Jh. weit verbreitetes Tanz- und Variationsthema, eine Aria per cantar, eine in ganz Europa bekannte Galliardenmelodie. Die Frühgeschichte der Romanesca ist mit der ↗Folia und dem ↗Passamezzo antico eng verbunden. Ob sie spanischen oder italienischen Ursprungs ist, ist nicht geklärt. In den handschriftlichen und gedruckten Quellen des 16. und 17. Jh sind uns Hunderte von Romanesca-Kompositionen in den verschiedensten Besetzungen überliefert.

Lit.: *Böhme, F. M.:* Geschichte d. Tanzes in Deutschland, 1886, S. 138. *Nettl, P.:* Zwei spanische Ostinatothemen, in: Zeitschrift f. Musikwissenschaft, Jg. 1, 1919, H. 11, S. 694 ff. *Sachs, C.:* Eine Weltgeschichte d. Tanzes, 1933. *Gombosi, O.:* Italia: patria del bassi ostinato, in: Rassegna Musicale, Jg. 7, 1934, H. 1, S. 14 ff. *Gombosi, O.:* Zur Frühgeschichte d. Folia, in: Acta Musicologia, vol. VIII, 1936, S. 119 ff. *Spohr, H.:* Studien zur italienischen Tanzkomposition um 1600, Diss. Freiburg i. Br. 1956.

Romanow, Boris Georgjewitsch. Russischer Tänzer, ↗Choreograph und Ballettdirektor, geb. 22. März 1891 in St. Petersburg, gest. 30. Januar 1957 in New York. Seine Tanzausbildung erhielt er an der kaiserlichen Ballettschule in St. Petersburg. Nach Beendigung seines Studiums im Jahre 1909 wurde er ins Ensemble des Marijinskij-Theaters aufgenommen. Er war Mitglied von ↗Diaghilews ↗Ballet Russe, mit dem er auf Reisen ging. 1913 wirkte er bereits auch als Choreograph. 1920 verließ er mit seiner Gattin Jelena ↗Smirnowa Rußland, wandte sich zunächst nach Bukarest und später nach Berlin, wo er 1921 das Théâtre Romantique-Russe gründete. Mit dieser Gruppe reiste er fünf Jahre durch Mittel- und Westeuropa. Er wirkte als ↗Ballettmeister bei der Ballettgruppe von Anna ↗Pawlowa und von 1928 bis 1934 am Teatro Colón in Buenos Aires. Ferner arbeitete er für verschiedene Ballettkompanien in Monte Carlo, Jugoslawien, Rom, Turin und Mailand. Von 1938 bis 1942 und von 1945 bis 1950 war er Ballettmeister der Metropolitan Opera in New York.

Lit.: *Mara, T.:* Boris Romanow, in: Dance Magazine, März 1957.

Romeika. ↗Türkischer Volkstanz, ein Gemeinschaftstanz im Kreis, der um einen im Mittelpunkt stehenden Tänzer ausgeführt wird. Die Tanzbewegungen bestehen dabei aus schlangenförmigen Windungen und Biegungen der Arme und Beine und des ganzen Körpers.

Lit.: *Czerwinski, A.:* Brevier d. Tanzkunst, 1862, S. 96. *Schubert, F. L.:* Die Tanzmusik, 1867, S. 27. *Sachs, C.:* Eine Weltgeschichte d. Tanzes, 1933, S. 191.

Romeo und Julia (russ. Romeo i Dschuljetta). Das bekannte Drama Shakespeares, welches um 1594 entstand, wurde mehrmals als Ballettstoff verwendet. 1785 bearbeitete es Eusebio Luzzi, Solotänzer und ↗Choreograph in Venedig. Eine weitere Bearbeitung stammt von Vigaleotti mit der Musik von Klaus Schall (1757–1835) aus dem Jahre 1811 für das Königliche Ballett Kopenhagen. 1926 schufen Bronislawa ↗Nijinska und Georges ↗Balanchine eine Choreographie zur Musik des englischen Komponisten Constant Lambert für das ↗Ballet Russe, Paris. 1935/36 schrieb Sergej ↗Prokofjew ein Ballett in vier Akten mit Prolog und Epilog. Das Libretto schufen S. Radlow, A. Piotrowskij und L. M. ↗Lawrowskij. Die Premiere fand am 11. Januar 1940 im Kirow-Theater Leningrad nach der Choreographie von L. M. Lawrowskij statt. Am 30. Dezember 1938 war das Werk bereits in Brünn aufgeführt worden. 1942 choreographierte Tatjana ↗Gsovsky ein „Romeo und Julia-Ballett" nach der Musik von Leo Spies für Leipzig unter dem Titel „Die Liebenden von Verona". 1943 verwendete Antony ↗Tudor den Stoff für ein Ballett zur Musik von Frederick Delius für das ↗American Ballet Theatre. (John ↗Cranko)

Róna, Viktor. Ungarischer Tänzer, geb. 17. August 1939 in Budapest. 1945 begann er an der Ballettschule des Opernhauses in Budapest sein Tanzstudium, welches er nach fünf Jahren mit einem Diplom abschloß. Weitere vier Jahre studierte er an der staatlichen Akademie. Vor Eintritt in die Akademie war er bereits Corpstänzer an der Budapester Staatsoper. Seine gesamte Tanzausbildung schloß er im Jahre 1954 ab. 1959 konnte er auf Grund eines staatlichen Stipendiums an der Kirow-Schule in Leningrad bei A. Puschkin weitere Studien betreiben. Im Jahre 1962 sprang er in London für R. ↗Nurejew ein („Gajaneh" mit Margot ↗Fonteyn). 1963 tanzte er mit Janine ↗Charrat in Genf. Neben seinen Verpflichtungen als Tänzer der Budapester Staatsoper ist er auch als Lehrer an der Budapester Akademie tätig. Zahlreiche Gastspiele führten ihn durch Europa und nach Übersee.

Lit.: *Körtvélyes, G.-Lörinc, G.:* Budapest Ballett, 1971.

Rond de jambe bedeutet im klassischen ↗Ballett eine runde Beinbewegung, die in verschiedenen Formen ausgeführt werden kann. Man unterscheidet demnach Rond de jambe à terre (auf der Erde), en l'air (in der Luft), ↗en dedans (nach einwärts) und ↗en dehors (nach auswärts).

Lit.: *Jolizza, W. K. v.:* Die Schule d. Tanzes, S. 14 f. *Raab, R.:* Lexidion f. d. Ballett, s. a. *Waganowa, A. J.:* Die Grundlagen d. klassischen Tanzes, 1954, S. 47 ff.

Rondeau (Rotundellus) heißt eine der Formen der mittelalterlichen Tanzlieder. Ähnlich der ↗Cantilena war das Rondeau ein Rundgesang mit Tanz, der aus zwei melodischen Abschnitten bestand, dem Versus (Couplet), vom Solisten vorgetragen, und dem Kehrreim (Ritornell, ↗Ripresa), vom Chor gesungen. Später entwickelte sich daraus die reine Instrumentalform des Rondo.

Lit.: *Gennrich, F.:* Rondeaux, Virelais u. Balladen, in: Gesellschaft f. Romanische Literatur, Bd. 43, 1921, Bd. 47, 1927. *Sachs, C.:* Eine Weltgeschichte d. Tanzes, 1933, S. 193. *Dömling, W.:* Die mehrstimmigen Balladen, Rondeaux u. Virelais v. Guillaume de Machaut, Diss. München 1966.

Rondeña. Spanischer Volkstanz aus Ronda, Andalusien, eine Form des ↗Fandango. (↗Spanische Volkstänze)

Rondes. Französische Volkstänze, kleine fröhliche Singtänze, bei welchen die Paare in Kreisfassung mit bewegten Schritten dahinschwingen. (↗Französischer Volkstanz)

Lit.: *Wolfram, R.:* Die Volkstänze in Österreich u. verwandte Tänze in Europa, 1951, S. 89.

Rondes fermées sind in Frankreich die Tänze um den Maibaum. (↗Mai[baum]tanz)

Lit.: *Wolfram, R.:* Die Volkstänze in Österreich u. verwandte Tänze in Europa, 1951, S. 59.

Rondo vom Goldenen Kalb. ↗Ballett, drei Nachtstücke von Tatjana ↗Gsovsky, komponiert von Gottfried von ↗Einem. Die Uraufführung erfolgte am 1. Februar 1952 an der Staatsoper Hamburg mit Natascha ↗Trofimowa in der Hauptrolle. Die ↗Choreographie hatte Helga ↗Swedlund geschaffen.

Rongger. ↗Österreichischer Volkstanz aus dem Montafon in Vorarlberg. Von diesem ↗Paartanz im Kreis gibt es zwei Ausführungen, den geraden Rongger und den Hinterefür oder Rangler. Beim geraden Rongger steht die Tänzerin dem Tänzer, der in die Tanzrichtung blickt, gegenüber. Beim Hinterefür steht der Tänzer vor der Tänzerin, beide blicken in die Tanzrichtung.

Lit.: *Zoder, R.:* Altösterreichische Volkstänze, 3. Teil, Nr. 10, 1932. *Gradwohl, K.:* Lehrgang f. österreichische Volkstänze, 1936/1938. *Hofer, E.:* Vorarlberger Volkstänze, 1971, S. 32 ff.

Rosario (Florencia Pérez Podilla). Spanische Tänzerin, geb. 11. November 1918 in Sevilla. 1928 debütierte sie mit ihrem Cousin ↗Antonio in Liège. 1930 tanzte sie in Sevilla. Antonio und Rosario wurden das beste spanische Tanzpaar. Sie traten auf der ganzen Welt auf. Nachdem die Partnerschaft der beiden unterbrochen war, verband sich Rosario 1953/54 mit dem mexikanischen Tänzer R. Iglesias. In der Saison 1964 tanzte sie aber wieder mit Antonio in London und New York. In der Folge trat sie mit verschiedenen eigenen Gruppen auf, für welche sie auch einzelne ↗Ballette choreographierte.

Lit.: *Brunelleschi, E.:* Antonio and Spanish Dancing, London 1958.

Rosati, Carolina (geb. Galletti). Italienische Tänzerin, geb. 13. Dezember 1826 in Bologna, gest. Mai 1905 in Cannes. Sie studierte bei C. ↗Blasis. Ihre künstlerischen Stationen waren Rom (1841), Triest, Parma, Mailänder Scala (1846), Her Majesty's Theatre London (1847), Oper Paris (1853) und St. Petersburg (1859–60 und 1862). Den Rest ihres Lebens verbrachte sie in Cannes. Sie war verheiratet mit dem Tänzer Francesco Rosati.

Lit.: *Guest, I.:* The Ballet of the Second Empire, London 1955.

Rosen, Heinz. Deutscher Tänzer, ↗Choreograph und Ballettdirektor, geb. 3. Juli 1908 in Hannover, gest. 25. Dezember 1972 in Kreuzlingen, Schweiz. Er studierte bei R. von ↗Laban, K. ↗Jooss und V. ↗Gsovsky. Vom Ende des zweiten Weltkrieges bis 1951 war er Ballettdirektor in Basel. Von 1959 bis 1969 war er ↗Ballettmeister an der Staatsoper in München.

Rosenkronentanz ↗Kronentanz.

Roßballett (Balletto a cavallo) hießen die in der Barockzeit bei den Hoffestlichkeiten üblichen ↗Ballette zu Pferd. Sie waren aus den ritterlichen Turnieren entstanden. Ihre höchste Blüte erreichten sie an den Höfen der toskanischen Städte, besonders in Florenz. Bedeutsam für die österreichische Ballettgeschichte war das Roßballett „La Contesa dell'Aria e dell'Acqua" (Der Streit zwischen Luft und Wasser), welches am 24. Januar 1667 anläßlich der Vermählung Leopolds I. mit Margareta Theresia von Spanien in Wien aufgeführt wurde. Die Musik dazu schrieb J. H. ↗Schmelzer.

Lit.: *Ménéstrier, Cl. F.:* Des Ballets anciens et modernes selon les regles du Theatre, 1862, S. 231 ff. *Nettl, P.:* Ein verschollenes Turnierballett v. M. A. Cesti, in: Zeitschrift f. Musikwissenschaft, Jg. 8, 1926, H. 7, S. 411 ff. *Wellesz, E.:* Das „Balletto a Cavallo", in: Schrifttanz, Jg. 3, Juni 1930, S. 34 ff. *Nettl, P.:* Equestrian of the Baroque Period, in: The Musical Quarterly, vol. 19, 1933, Nr. 1, S. 74 ff. *Stanzl, E.:* Das Ballett in d. bildenden Kunst d. 17. u. 18. Jh., Diss. Wien 1958, S. 52 f.

Rota, Giuseppe. Italienischer Tänzer und ↗Choreograph, geb. 1822 in Venedig, gest. 23. Mai 1865 in Turin. Als Autodidakt begann er um die Mitte des 19. Jh. in Turin zu choreographieren. Er ging weiter nach Mailand und Wien, wo er mehrere Choreographien zu ↗Balletten schuf, darunter: „Gräfin Egmont", 1861; „Eine Sylphide in Peking", 1862; „Monte Christo", 1862 und „An der Beresina" mit der Musik von P. Giorza.

Lit.: Enciclopedia dello spettacolo, Roma 1954.

Rote Mantel, Der. ↗Ballett in drei Akten von Luigi ↗Nono. Das Libretto schuf T. ↗Gsovsky in Anlehnung an Federico García Lorcas Roman „In seinem Garten liebt Don Perlimplin Belisa". Die Uraufführung erfolgte am 20. September 1954 an der Städtischen Oper Berlin in der ↗Choreographie von Tatjana Gsovsky.

Roten Schuhe, Die. Dieses Ballett nach H. Chr. Andersens Märchen gleichen Namens wurde in Wien 1898 in der ↗Choreographie v. J. ↗Hassreiter, nach einem Libretto v. H. Regel mit der Musik von R. Mader erstmals aufgeführt. 1948 wurde es in dem gleichnamigen englischen Film in der Choreographie von R. ↗Helpmann u. L. ↗Massine ein Welterfolg. (M. ↗Shearer)

Rotta. Mittelalterliche Bezeichnung für einen ↗Nachtanz, ähnlich der ↗Ripresa, dem Kehrreim bei der ↗Cantilena. Der Name kommt auch noch im 16. Jh. in der Tanzschule von ↗Caroso da Sermoneta vor, wo die Rotta hinter der ↗Galliarda steht.

Lit.: *Sachs, C.:* Eine Weltgeschichte d. Tanzes, 1933, S. 197. *Nettl, P.:* Tanz u. Tanzmusik, 1962, S. 37 ff.

Rouli-Rouli. ↗Gesellschaftstanz des 20. Jh. Er ist 1913 entstanden, hat sich aber nur kurze Zeit gehalten.

Lit.: *Huppert, E.:* Der moderne Tanz, 1926, S. 44.

Rounds sind die in den englischen ↗Country dances üblich gewesenen Aufstellungen im Kreisreigen. Die Paare reichten einander die Hände zum geschlossenen Kreis, hüpften seitwärts rechtsherum, linksherum oder liefen zur Mitte und dann wieder zurück. Erst nachher begannen sie paarweise die bekannten Figuren des englischen Country dance. (↗Branle, ↗Contratanz)

Lit.: *Wolfram, R.:* Die Volkstänze in Österreich u. verwandte Tänze in Europa, 1951, S. 135 f. *Nettl, P.:* Mozart u. d. Tanz, 1960, S. 58.

Rouschinkel. ↗Deutscher Volkstanz im 2/4-Takt, ein ↗Paartanz. Die Paare nehmen im Kreis Aufstellung. Tänzer und Tänzerin stehen nebeneinander in Kreuzfassung. Ausgeführt wird der Tanz mit Geh-, Wechsel- und Hüpfschritten.

Lit.: *Helms-Blasche, A.:* Bunte Tänze, 1957, S. 96 f.

Roussaliennes-Tänze. Mazedonische Tänze, die ihren Ursprung in einer alten mystischen vorchristlichen Vereinigung haben, deren Mitglieder Roussaliés hießen. Ihre Tänze führten sie nur während der sogenannten unreinen Tage aus, das ist nach dem griechischen Kalender die Zeit vom 7. bis zum 19. Januar. Wenn die Roussaliés in ein Dorf kamen, vollführten sie mit ihren Säbeln symbolische Gesten, um böse Geister zu verjagen und um Menschen und Tiere von Krankheit zu heilen. Hatten sie diese Beschwörungen vollführt, tanzten sie auf dem Dorfplatz den sogenannten Siegestanz, dessen Form und mystischer Urgrund unbekannt sind. (↗Mazedonischer Volkstanz)

Lit.: *Ćućkov, Em.:* Contenu idéologique et procés rythmique de la danse populaire macedonienne, in: Journal of the Int. Folk Music Council, vol. IV, 1952, S. 39 ff.

Roussel, Albert Charles Paul Marie. Französischer Komponist, geb. 5. April 1869 in Tourcoing (Nord), gest. 23. August 1937 in Royan. Er schrieb die ↗Ballette: „Le festin de l'araignée", Uraufführung Paris 1913; ↗„Bacchus et Ariane", Uraufführung Paris 1931; ↗„Aeneas", Ballett mit Chören, Uraufführung Brüssel 1935.

Außerdem komponierte er das ↗Opéra-ballet „Padmâvatî“, Uraufführung Paris 1923.

Lit.: *Aprahamian, F.:* Roussel's „Padmâvatî“, in: Opera XX, London 1969.

Rowas. Neugriechischer Volkstanz aus Epiros. Der Tanz, vermutlich byzantinisch beeinflußt, hat seinen Namen nach einem der Führer im griechischen Freiheitskampf von 1824. Das heldenhafte Leben des Freiheitskämpfers, der bei lebendigem Leib verbrannt wurde, wird in einem Lied besungen, das dem Tanz zugrunde liegt. Die Tänzer und Tänzerinnen nehmen in beliebigem Wechsel im Halbkreis Aufstellung und fassen einander bei herabhängenden Armen an den Händen. In sechs Schrittfolgen, aus je vier Takten bestehend, wird die Geschichte des Freiheitshelden Rowas tänzerisch nacherzählt. (↗Griechischer Tanz)

Lit.: *Schmolke, A. – Langhans, H.:* Europäische Tänze, H. 6, 1959, S. 16 f.

Royal Academy of Dancing. Sie wurde am 31. Dezember 1920 von Adelina ↗Genée, Tamara ↗Karsawina, Edouard ↗Espinosa und Phyllis Bedells als Association of Operatic Dancing of Great Britain gegründet. 1936 bekam sie den Namen Royal Academy of Dancing. Die erste Präsidentin war A. ↗Genée, 1954 folgte ihr Margot ↗Fonteyn. Die Aufgabe der Tanzakademie besteht darin, den künstlerischen Tanz in ganz Großbritannien, einschließlich des Commonwealth, zu fördern und den Standard der Lehrer zu verbessern. Jedes Jahr werden für Tänzer und Lehrer Prüfungen abgehalten. (↗Akademien der Tanzkunst)

Royal Ballet, The. Diese große englische Ballettorganisation entstand durch die Fusion des ↗Vic-Wells Ballet mit dem ↗Sadler's Wells Ballet am 31. Oktober 1956 durch ein Sonderdekret der Königin Elisabeth II. In der Entstehungsgeschichte dieser Verbindung spielt vor allem Ninette von ↗Valois eine besondere Rolle. Sie gründete 1926 die Academy of Choreography. Ihre Schüler tanzten dabei gelegentlich in den ↗Balletten, welche sie für die Old Vic-Produktionen choreographierte. Von Lilian Baylis wurde sie eingeladen, im Januar 1931 in das Sadler's Wells Theatre zu übersiedeln. Sie nannte ihre Truppe zunächst Vic-Wells Ballet und nach der Übersiedlung ins Sadler's Wells Theatre Sadler's Wells Ballet. Das Royal Ballet besteht aus zwei Gruppen. Die größere Gruppe hat ihren Sitz in der Covent Garden Opera. Die kleinere Gruppe gastiert als „Touring Company“ in den Provinzen und tritt während der Londoner Spielzeit im Sadler's Wells Theatre auf. Von 1937 bis 1970 war F. ↗Ashton Chefchoreograph (ab 1963 auch Direktor), von 1970 bis 1977 wurde das Ensemble von K. ↗MacMillan geleitet. Er blieb weiterhin Chefchoreograph, wurde aber als künstlerischer Direktor 1977 von N. ↗Morrice abgelöst. (↗Ballett – Großbritannien)

Lit.: *Severn, M.:* Sadler's Wells Ballet at Covent Garden, 1945. *Beaumont, C.:* The Sadler's Wells Ballet, 1946/47. *Manchester, P. W.:* Vic-Wells: A Ballet Progress, 1946. *Anthony, G.:* Studies of the Sadler's Wells Ballet Company at Covent Garden, 1947. *White, F.:* Sadler's Wells Ballet, 1951. *Fisher, H.:* The Story of the Sadler's Wells Ballet, 1954. *Fisher, H.:* Ballerinas of Sadler's Wells, in: Dancers of To-Day, Nr. 5, 1954. *Clarke, M.:* The Sadler's Wells Ballet. A History and an Approciatioan 1955. *Hurok, S.:* The World of Ballet. A History and an Approciation, 1955. *Hurok, S.:* The World of Ballet, 1955. *Fisher, H.:* The Sadler's Wells Theater Ballet, 1956. *Hart, J.:* Ballet & Camera, Sadler's Wells Dancers, Behind and On Stage, 1956. *Swinson, C.:* Six Dancers of Salder's Wells, 1956. *Arundell, D.:* The Story of Sadler's Wells, 1683–1977, London 1965/1978. *Anthony, G.:* A Camera at the Ballet Pioneer Dancers of the Royal Ballet, 1975. *Bland, A.:* The Royal Ballet. The First 50 Years, 1981. *Walker, K. S.-Woodcock, S. C.:* The Royal Ballet, a Pictures History, 1981.

Ruade. ↗Arbeau bezeichnet mit diesem Ausdruck den Beinwurf nach hinten, das Gegenteil der ↗Grue. Der Tänzer setzt, um seinen Körper zu stützen, den einen Fuß etwas vorwärts und erhebt den anderen nach rückwärts. Wie bei der Grue gibt es wieder zwei Arten, eine rechte und eine linke Ruade.

Lit.: *Czerwinski, A.:* Die Tänze d. 16. Jh., 1878.

Rubinstein, Ida Lwowna. Russische Tänzerin und Schauspielerin, geb. 5. Oktober 1888 in Charkow, gest. 20. September 1960 in Vence (Dép. Alpes-Maritimes, Frankreich). Zunächst studierte sie Schauspielkunst und ↗Mimik, von Isadora ↗Duncan empfohlen, war sie Privatschülerin von M. ↗Fokine. Er choreographierte für sie ↗„Salomes Tanz“. 1909 beteiligte sie sich an der ersten Reise des Ensembles des Marijinskij-Theaters nach Paris, wo sie als „Cléopâtre“ gefeiert wurde. Im selben Jahr schloß sie sich dem ↗Diaghilew-Ballett an. 1911 gründete sie eine eigene Gruppe. 1924 tanzte sie in der Pariser Oper. Von 1928 bis 1929 hatte sie wieder eine eigene Ballettruppe, ebenso 1931 und 1934. Im Jahre 1935 zog sie sich zurück, tanzte aber 1938 noch einmal Claudels „Johanna auf dem

Scheiterhaufen“. 1939 tanzte sie in Basel und Orleans. Sie war eine Künstlerin von bedeutender Individualität und Faszination. Sie gab die Anregung zur Entstehung von C. ↗Debussys „Le martyre de St-Sébastien“, A. ↗Honeggers „Jeanne d'Arc au bûcher“ und I. ↗Strawinskys „Perséphone“. Sie schrieb auch das Libretto zu M. ↗Ravels ↗„Boléro“. Namhafte Pariser Künstler beschäftigte sie für ihre Bühnenbilder und Kostüme. Bronislawa ↗Nijinska schuf für sie die ↗Choreographien, ebenso Leonide ↗Massine.

Lit.: Olda Rubinstein, in: Enciclopedia dell spettacolo.

Rucavietis. ↗Lettischer Volkstanz aus Ruzawa. Vier Tanzpaare bilden einen nicht zu eng bemessenen Kreis. Das Paar 1 steht gegenüber dem Paar 3, das Paar 2 gegenüber dem Paar 4. Der Tanz besteht aus fünf ↗Touren, den Schluß bildet eine von allen vier Paaren getanzte Rundpolka. Die Tanzmelodie hat drei Teile im 2/4-Takt.

Lit.: *Apkalns, Longins:* Lettische Musik, 1977, S. 400 ff.

Rudentanz. Tanz der Ruden, das sind die Burschenkameradschaften im Traunviertel in Oberösterreich. Es handelt sich dabei um keinen eigenen Tanz, sondern um einen ↗Ländler, den die Ruden bei ihrer Zusammenkunft, dem „Rudenkirtag“, tanzen. Begleitet wird der Tanz mit Ländlerliedern, die meist auf örtliche Zeitereignisse Bezug nehmen.

Lit.: *Commenda, H.:* Rudentanz in Ennsdorf, in: Heimatgaue, Jg. 16, 1935, S. 186 ff.

Ruder Es. ↗Dänischer Volkstanz im 2/4-Takt. Der Tanz wird von Paaren ausgeführt, die einander gegenüberstehen. Sie haken zuerst die rechten Arme ineinander, drehen sich, dann haken sie die linken Arme ineinander und drehen sich in entgegengesetzter Richtung, hierauf folgen 16 Laufschritte mit Beinschwung. Den Schluß bildet eine ↗Polka.

Lit.: *Meyer, G.:* Volkstänze, 1909, S. 29. *Thomsen, E.-Andersen, H.:* Folkedanse for børn, 1923, S. 10 f. *Tolv danske folkedanse.* Auswahl aus Foreningen til folkedanse fremme, 1924.

Rudertanz. ↗Österreichischer Volkstanz aus Salzburg. Er wurde von den Schiffern aus Laufen getanzt und ahmte in seinen verschiedenen Figuren unter anderem auch die Bewegungen des Seilziehens und Ruderns nach. Seiner Form nach gleicht er der ↗Bayrischen Polka oder dem ↗Rheinländer.

Lit.: *Adrian, K.:* Von Salzburger Sitt' u. Brauch, 1924, S. 349 ff.

Ru de vache nennt ↗Arbeau den Beinwurf nach der Seite (Ausschlagen wie die Kuh). Wie bei der ↗Grue und der ↗Ruade gibt es auch hier eine rechte und eine linke Art, je nachdem, welches Bein gehoben wird.

Lit.: *Czerwinski, A.:* Die Tänze d. 16. Jh., 1878.

Rudolph, Johann Joseph (Rodolphe, Jean Joseph). Französischer Hornist und Komponist, geb. 14. Oktober 1730 in Straßburg, gest. 12. August 1812 in Paris. Er war Mitarbeiter von J. G. ↗Noverre und F. ↗Deller. Er schrieb die ↗Ballette ↗„Renaud et Armide“ (Uraufführung 11. Februar 1761 in Stuttgart, als Zwischenakt in Jomellis Oper „L'Olimpiade“); 1762 folgten als Zwischenakte die Ballette ↗„Psyche et l'Amour“ und „La ↗Mort d'Hercule“ (beide uraufgeführt am 11. Februar 1762 in Ludwigsburg); 1763 komponierte er das Ballett ↗„Médée et Jason“ (Uraufführung am 11. März 1763 in Ludwigsburg, erweiterte Neufassung am 30. Januar 1780 in Paris); 1776 folgte das Ballett „Apelles et Campaspe“ (uraufgeführt am 1. Oktober 1776 in Paris). Nach J. ↗Starzer und F. ↗Deller hat Rudolph wesentlich zur Verwirklichung des dramatischen Balletts, des ↗Ballet d'action im Sinn Noverres, beigetragen. (↗Alexander-Ballette)

Lit.: *Abert, H.* (Hrsg.): Ausgewählte Ballette Stuttgarter Meister aus d. 2. Hälfte d. 18. Jh., in: Denkmäler Deutscher Tonkunst, Bd. 43/44, 1913.

Rückelei. ↗Deutscher Volkstanz aus Mecklenburg im 2/4-Takt, ein ↗Paartanz. Beliebig viele Paare bilden durch Einhaken eine Schlange. Die Tänzer stehen mit dem Gesicht nach außen, die Tänzerinnen mit dem Gesicht nach innen. Getanzt wird mit Geh- oder Wechselschritten im Hüpfen, auch mit gleitenden Hüpfschritten oder im ↗Galopp. Der Charakter des Tanzes ist ausgelassen und sehr stürmisch.

Lit.: *Janietz, E.-Schneider, R.:* Volkstänze aus Mecklenburg, Volkstänze f. Volkstanzgruppen, Bd. V, s. a., S. 24 f.

Rückelreih. ↗Deutscher Volkstanz aus Mecklenburg. Er wurde für gewöhnlich zum Abschluß einer Hochzeitsfeier getanzt. Der Sinn dieses ↗Hochzeitstanzes bestand darin, die Braut auszutanzen, d. h. aus dem Kreis der unverheirateten Mädchen und Burschen durch den Bräutigam befreien zu lassen. (↗Schleuniger)

Lit.: *Czerwinski, A.:* Brevier d. Tanzkunst, 1879. *Böhme, F. M.:* Geschichte d. Tanzes in Deutschland, 1886, S. 207. *Wolfram, R.:* Die Volkstänze in Österreich u. verwandte Tänze in Europa, 1951, S. 120.

Rückwärtspolka ↗Krebspolka, ↗Neukatholischer.

Rueda (spanisch Kreis, Rad, Rolle). Name eines in der Gegend um Burgos (Provinz Altkastilien) gebräuchlichen Rundtanzes im 5/8- oder 5/4-Takt. Rhythmisch hat er eine Ähnlichkeit mit dem baskischen ↗Zortziko. Man findet ihn heute auch im 3/8- bzw. 2/4-Takt notiert. (↗Spanische Volkstänze)

Lit.: *Olmeda, Fr.:* Folk-lore de castilla o cancionero popular de Burgos, Sevilla 1902.

Rühler Springer. ↗Deutscher Volkstanz aus Thüringen. Die Aufstellung der Paare erfolgt im Flankenkreis in offener Fassung. Die Tänzerinnen stehen außen, die Tänzer innen. Getanzt wird mit Wechsel-, Galopp- und Polkaschritten. Der Tanz hat fröhlichen Charakter. Die Tanzmelodie, die im Werk „Versuch einer Beschreibung der Sachsen-Gothaischen Lande" von Mosch und Ziller (Gotha 1813) überliefert ist, hat 2/4-Takt und soll von J. S. ↗Bach stammen. Diese Annahme ist dadurch entstanden, weil in Ruhla, Thüringen, Jakob Bach (1694–1719), ein Onkel J. S. Bachs, als Kantor wirkte, den Johann Sebastian öfters besuchte. Auch die melodische Struktur der Tanzmelodie läßt Bach-Forschern zufolge eine solche Annahme zu.

Lit.: *Schlothauer, A.:* Der Thüringer Tanzplan, 1930, S. 6 f. *Janietz, E.:* Volkstänze aus deutschen u. österreichischen Landschaften, s. a., S. 4 f.

Ruggera (Ruggero). Italienischer Tanz aus Sizilien. Er wird von vier Personen, zwei Männern und zwei Frauen getanzt. In Contratanzform werden die einzelnen ↗Touren nacheinander ausgeführt. Den Abschluß bildet ein Rundtanz. Gesang und Instrumentalbegleitung wechseln bei den Touren ab. Die Musikbegleitung besteht aus Sackpfeifen, Cymbal oder Tambourin und Kastagnetten. Die begleitenden Lieder sind gewöhnlich Liebeslieder. (↗Italienischer Volkstanz)

Ruha. Finnischer Volkstanz aus Karelien. Der Ruha ist ein lebhafter Lauftanz. Die Figuren versinnbildlichen die Tätigkeit der Flößer. Bei diesem Tanz ist die Einfügung jedes Mittanzenden sehr wesentlich für den Ablauf. Sieben Paare laufen mit dem Tanzführer an der Spitze, einander an den Händen haltend, in langer Reihe zum Halbkreis. 1. Tänzer und 7. Tänzerin stützen die freien Hände seitlich ein. Die Paare 1, 4 und 7 sind für die rechte Verteilung im Raum verantwortlich. Der Tanz besteht aus sechs Figuren. Die Musik im 4/4-Takt beeinflußt den Tanz nur als treibende Kraft und hat für den Ablauf des Tanzes keine bestimmende Bedeutung.

Lit.: *Schmolke, A.-Langhans, H.:* Europäische Tänze, H. 7, Skandinavien, 1962, S. 26 f.

Rumänischer Volkstanz. In Rumänien gibt es regionale Volkstanzgebiete, die ehemaligen Provinzen entsprechen, und zwar Muntenien, Oltenien, Transsilvanien, Banat, Moldau und Dobrudscha. Der Tanz begleitet im rumänischen Volkstum die meisten Ereignisse im gesellschaftlichen und familiären Leben wie Hochzeiten, Feste des Erntedankes und der verschiedenen Feiertage. Die Vielzahl der rumänischen Volkstänze, es werden einige Tausende sein, läßt sich auf etwa zehn Grundformen zurückführen, die in verschiedenen Varianten und unter vielen Namen in den einzelnen Teilen des Landes immer wieder aufscheinen. Diese Grundformen bilden den eigentlichen Stil des rumänischen Tanzes in rhythmischer und tanztechnischer Hinsicht. Der rumänische Tanz entfaltet sich meist in großen Gruppen. Paartänze finden sich besonders im Banat und in der Moldau. Solotänze sind selten. Die Tänze der verschiedenen Volkstanzregionen zeigen besondere Charakteristiken. In Oltenien sind es schnelle Fußbewegungen, die vorzugsweise mit der Fußspitze ausgeführt werden, außerdem hüpfende Schritte mit Fußüberkreuzungen und leichtem Stampfen. In Muntenien ist der Tanz reich an Bewegungsakzenten. Synkopierte Bewegungen, Sprünge und Fußstampfen zeichnen ihn aus. Die Haupttänze dieses Gebietes sind ↗Briul, ↗Hora und ↗Širba. Diese Tänze sind auch in andere Gebiete übergegangen und werden fast im ganzen Land getanzt. Transsilvanien zeigt in seinen Tänzen eine große Mannigfaltigkeit von örtlichen Stilen. Außerdem gibt es dort eine deutliche Unterscheidung zwischen Frauen- und Männertänzen. Letztere zeichnen sich durch eine besondere Kunstfertigkeit in der Technik aus. Der Tanzstil des Banats ist durch leichte Bewegungen, kleine und schnelle Schritte, die mit vielen Sprüngen und Kniebeugen verbunden sind, gekennzeichnet. Der moldauische Tanz zeigt in den ↗Paartänzen Elemente der ↗Polka auf. Die kräftigen Männertänze werden mit Stampfschritten ausgeführt. Da durch die Dobrudscha einst viele Völker zogen, findet man hier neben den Stilelementen des rumänischen Volkstanzes viele bulgarische, tatarische und türkische Einflüsse. (↗Alunelul infundat, ↗Ampuietul, ↗Ardeleana, ↗Băluta, ↗Banul Márácine, ↗Bobocica, ↗Brinza, ↗Briul, ↗Ca la Breaza, ↗Calușari, ↗Capra, ↗De-a-lungul, ↗Fecioresca, ↗Floricicá, ↗Hátegána, ↗Hodoroaga, ↗Hora, ↗Iedera, ↗Invirtita, ↗Jiana, ↗Joc ardelenesc, ↗Joc fecioreasca, ↗Jocul babelor, ↗Jocul drustelor, ↗Jocul ursului, ↗Lăzeasca, ↗Mädchen von der Kokel, ↗Mocăncuța, ↗Momiru, ↗Murele, ↗Murguletul, ↗Pe picior, ↗Piperu, ↗Rata, ↗Războiul, ↗Rîureana, ↗Roata feciorilor, ↗Româna, ↗Siminicul, ↗Sîrba, ↗Tărăneasca, ↗Tigăneasca, ↗Trei pazeste, ↗Ursăreasca, ↗Vicleim)

Lit.: *Slavici, J.:* Die Rumänen in Ungarn, Siebenbürgen u. d. Bukowina, in: Die Völker Österreichs, Bd. 6, 1881, S. 185 ff. *Bartók, B.:* Volksmusik d. Rumänen v. Maramures, in: Sammelbände f. vergleichende Musikwissenschaft, Bd. 4, 1923. *Niculescu-Varone, G. T.:* Jocuri românești necunoscute, 1930. *Niculescu-Varone, G. T.:* Dictionarul jocurilor românești, 1931. *Niculescu-Varone, G. T.:* Alte jocuri românești necunoscute, 1931. *Niculescu-Varone, G. T.:* Les danses populaires roumaines, 1933. *Wolfram, R.:* Altersklassen u. Männerbünde in Rumänien, 1934, S. 124 ff. *Grindea, M. u. C.:* Dances of Romania, Handbooks of European National Dances, Bd. 23, 1952. *Lawson, J.:* European Folk Dance, 1955, S. 224 ff. *Bentoiu, P.:* Citeva consideratiuni asupra și notatiei melodiilor de joc românești, in: Revista de folclor I, 1956, Nr. 1/2, S. 36 ff. *Bucșan, A.:* Jocuri din ardeal de sud, 1957. *Proca-Ciortea, V.:* Despre notarea dansului popular românesc, in: Revista de folclor, III, 1958, Nr. 1/3. *Ciobanu, Gh.:* Inrudirea dintre ritmul dansurilor și al colindelor, in: Revista de etnografie și folclor, IX, 1964, Nr. 1, S. 33 ff. *Balaci, E.:* Aspecte ale neconcordantei dimensionali în dansul popular românesc, in: Revista de etnografie și folclor, X, 1965, Nr. 3, S. 291 ff. *Comisel, Em.:* Structura melodica a dansurilor populare, in: Revista de etnografie și folclor, X, 1965, Nr. 4, S. 399 ff. *Martin, G.:* Considérations sur l'analyse des relations entre la danse et la musique des danses populaires, in: Studia Musicologica, VII, 1965, Nr. 1–4, S. 316 ff. *Molkenbur, N.:* Rumänische Volkstänze, 1967. *Proca-Ciortea, V.:* Der Rhythmus d. rumänischen Volkstänze, in: Volkskunde u. Volkskultur, Festschrift f. Richard Wolfram, 1968, S. 343 ff. *Schmolke, A.-Langhans, H.:* Europäische Tänze, H. 10, 1970. *Bucșan, A.:* Specificul dansului popular românesc, 1971. *Dobrescu, Al. L.:* Manual de dansuri nationale, s. a.

Rumba (die, umgangssprachlich der). Dieser ↗Gesellschaftstanz des 20. Jh. geht auf einen afrokubanischen Tanz zurück, dessen heutige Form sich auf Kuba gebildet hat. Rumba ist in Kuba zunächst ein Sammelname für viele moderne kubanische ↗Paartänze und heißt soviel wie Tanz. Über New York kam die Rumba um 1930 als Gesellschaftstanz nach Europa und fand da, nachdem sie verschiedene Elemente des ↗Jazz übernommen hatte, rasche Verbreitung. Als Gesellschaftstanz wurde für sie eine eigene ↗Choreographie geschaffen. Die Ausführung geschieht als Paartanz in Distanz zum Partner, Hüft- und Beckenbewegungen sind besonders ausgeprägt. Musikalisches Merkmal ist mäßig schnelles bis bewegtes Tempo im geraden Takt (2/4-, 4/4-, 8/8-Takt). Charakteristisch sind dabei stark synkopierte Rhythmen. Als Rhythmusinstrument bedient man sich der Rumbakugeln. Abarten der Rumba sind der ↗Cha-Cha-Cha und der ↗Mambo. Darius ↗Milhaud hat die Rumba im Finale seines 2. Klavierkonzertes in die Kunstmusik eingeführt.

M. Seiber

Rumjana

Lit.: *Gilbert, W. G.:* Rumbamuziek, 1945. *Mühlsiegl, P.:* Der Stilwandel im Gesellschaftstanz, 1948, S. 39 ff. *David, L.:* Einzelchoreographien mit historischer Einleitung über Rumba, 1957/58. *Günther, H.-Schäfer, H.:* Vom Schamanentanz zur Rumba, 1959, S. 291 ff.

Rumjana. Bulgarischer Volkstanz aus Pirin, Südbulgarien, ist aber in ganz Bulgarien verbreitet. Tänzer und Tänzerinnen bilden einen Halbkreis und legen die gestreckten Hände auf die Schultern der Nachbarn. Die Tanzmelodie hat 7/8-Takt, getanzt wird mit gekreuzten und federnden Schritten. (↗Bulgarischer Tanz)

Lit.: *Schmolke, A.-Langhans, H.:* Europäische Tänze, H. 9, 1969, S. 12.

Rumpuff ↗Hautitry.

Running Set heißen die schwerttanzartigen Tanzfolgen englischer Auswanderer der Elisabethanischen Zeit nach Amerika, welche in den Appalachen frei vom bürgerlich-gesellschaftlichen Leben in ihrer Eigenart erhalten blieben. Sie bestehen aus 30 Figuren, die nach freier Wahl des Vortänzers kombiniert werden. Dabei findet eine ständige Steigerung des Tempos statt, was zuletzt höchste Geschicklichkeit der Tanzenden erfordert. Die Aufstellung erfolgt zu vier Paaren im Viereck. In England ist der Tanz nur mehr als Restform erhalten.

Lit.: *Wolfram, R.:* Schwerttanz u. Männerbund, S. 164.

Rusák. Tschechischer Volkstanz aus Böhmen, der zur Zeit der französischen Kriege entstanden sein soll, als fremde Truppen in Böhmen stationiert waren. Der Tanz war von wildem Charakter und ist heute nicht mehr üblich. (↗Tschechische Volkstänze)

Lit.: *Waldau, A.:* Böhmische Nationaltänze, 1859, Bd. 1, S. 43.

Rusalj. Jugoslawischer Volkstanz aus Zvižd in Serbien. Er wird zu Pfingsten von Männern mit Schwertern und Messern getanzt, ein ritueller Tanz, dessen Ziel es ist, die in Trance verfallenen Frauen wieder aufzuwecken, in der sie – dem Volksglauben nach – mit den Verstorbenen in Verbindung waren. Rusalije-Tänze wurden auch am zweiten Weihnachtsfeiertag von den Burschen aus der Gegend von Gevgelija aufgeführt, um Gedeihen und Wohlstand des Hauses und die Austreibung der Krankheitsdämonen zu bewirken. (↗Serbischer Volkstanz)

Lit.: *Kulišić, S.:* Volksbräuche in Jugoslawien, 1966, S. XIII.

Ruska. ↗Deutscher Volkstanz aus dem Kuhländchen (ehemalige deutsche Sprachinsel an der oberen Oder in Mähren), ein ↗Paartanz, bei dem sich die Paare nebeneinander im Kreis in einer Entfernung von drei bis vier Schritten aufstellen. Getanzt wird im Polkatempo im 2/4-Takt. Der Tanz ist eine Erinnerung an den Durchzug russischer Truppen.

Lit.: *Kubiena, W.:* Kuhländler Tänze, Nr. 15, 1926, S. 15 f.

Russentanz. Dieser ↗österreichische Volkstanz mit dem eigentümlichen Namen ist alljährlich in der Faschingszeit in Tamsweg, Salzburg, getanzt worden. Wie der Tanz zu diesem Namen kam, ist unklar. Getanzt wurde er von einer gesellschaftlichen Vereinigung, die den Namen „Die Vereinigten“ trug. Die Zahl der Teilnehmer betrug zwölf. Sie fielen besonders durch ihre Tracht auf und waren mit Bärten maskiert. Der Russentanz bestand aus sieben Figuren, die nach einer polkaähnlichen Musik mit trampelnden, etwas einknickenden Wechselschritten, die sich auf den Holzböden zu richtigem Donnergetön verstärkten, getanzt wurden.

Lit.: *Adrian, K.:* Von Salzburger Sitt' u. Brauch, 1924, S. 358 ff. *Wolfram, R.:* Die Volkstänze in Österreich u. verwandte Tänze in Europa, 1951. *Peter, I.:* Salzburger Tänze, 1975, S. 121 ff.

Russischer Volkstanz. Jede der über hundert Nationalitäten, die das russische Reich zusammenschließt, hat ihre eigenen ↗Volkstänze. Dadurch ergibt sich eine Reichhaltigkeit und Vielfältigkeit der Tanzfolklore, die kaum einer anderen Nation gleichzustellen ist. Wenn auch in vielen Tänzen die nationalen Züge des russischen Charakters zum Ausdruck kommen, so darf man trotzdem nicht annehmen, daß es nur einen einheitlichen russischen Volkstanz gäbe, denn jedes Gebiet des russischen Reiches hat besondere eigene Tanzformen. Der russische Volkstanz ist schon sehr alt, bereits aus dem 11. Jh. finden sich Quellen und Berichte darüber. Die Entwicklung verlief in drei Phasen: ↗Reigen, Improvisationstänze und Tänze mit einer bestimmten, genau festgelegten Figurenfolge. Die älteste Art des russischen Tanzes ist der ↗Chorowod, der Reigentanz einer Gruppe in vielen Formen. Die zweite für den russischen Volkstanzstil charakteristische Art sind Improvisationstänze. Als Solo-, ↗Paar-oder Gruppentanz ausgeführt, kommt bei ihnen die Individualität der Tanzenden besonders zum Ausdruck (↗Pereplas). Die festgelegte Folge von Figuren und Tanzschritten fehlt bei diesen Tänzen. Die Begleitung besteht dabei manchmal aus Tanzliedern, den sogenannten „Tschastuschki". Später entstanden im Volk Tänze mit streng festgelegter Form von Figuren in der Art der ↗Quadrille und des ↗Lanciers. Im Laufe der Zeit änderten sich die Formen der Quadrille erheblich. Zwischen der altüberlieferten Ball-Quadrille, wie sie aus den Städten ins Dorf kam, und der Volkstanz-Quadrille ist ein großer Unterschied. Die Schritte des Balltanzes glichen sich den Bewegungen des Volkstanzes an, und so entstand in jeder Gegend eine eigene Quadrillen- und Lancier-Form, die meist den Namen des Ortes trägt, in dem sie gebräuchlich ist. Die Tanzbewegungen beim russischen Volkstanz sind äußerst vielseitig und werden nach der Geschicklichkeit und dem Erfindungsgeist der Tanzenden ständig variiert. Die Bewegungen der Burschen zeichnen sich durch Kraft, Gewandtheit und vor allem harte Fußrhythmen in vielerlei Variationen aus. Besonders durch Tiefschritte und Schläge auf die Stiefelschäfte zeigen sie ihre Meisterschaft. Die Mädchen dagegen bewegen sich mehr in gleitenden Schritten und mit besonders charakteristischen Armbewegungen. Die Pflege des Volkstanzes ist im russischen Volk auch in der Gegenwart sehr lebendig, dadurch entwickeln sich immer wieder neue Formen durch Umwandlungen, Ergänzungen und Bereicherungen der überlieferten Tanzfolklore. (↗Arkan, ↗Bainowsker Quadrille, ↗Chorowod, ↗Golubez, ↗Gopak, ↗Jurotschka, ↗Kasatscha, ↗Kasatschok, ↗Kolomejka, ↗Kosatschek, ↗Lekouri, ↗Lenteja, ↗Lesghinka, ↗Ljanok, ↗Ljawonicha, ↗Mjatelitza, ↗Ohorodnik, ↗Pereplas, ↗Szumka, ↗Towkatschiki, ↗Trepak, ↗Záporožek, ↗Zucok)

Lit.: *Stepovij, Oleska:* Ukrainski narodni tanci, 1946. *Moissejew, I.:* Tänze d. Völker d. Sowjetunion, Folge 1, 2, Berlin 1951. *Tkačenko, T.:* Narodnyi tanec, Moskva 1954. *Volkstänze* aus d. Sowjetunion, H. 1: Der russische Tanz, Leipzig 1954. *Golejzovskij, K.:* Obrazy russkoj narodnoj choreografii, 1964. *Swift, M. G.:* The Art of the Dance in the UdSSR, 1968. *Gumenjuk, A. J.:* Ukrainsky narodni tanci, Kiew 1969. *Petermann, K.:* Der Tanz d. Sowjetunion. Annotierte Titelübersicht aus sowjetischen Zeitschriften, 1970.

Russischer Walzer (auch Russe genannt) war um 1800 ein Rundtanz im 2/4-Takt. In der Musik hatte er Ähnlichkeit mit dem ↗Galopp, war aber ruhiger im Tempo. Der Tanz wurde mehr gesprungen ausgeführt, wobei die Schuhabsätze taktmäßig aneinander geschlagen wurden.

Lit.: *Klemm, B.:* Katechismus d. Tanzkunst, 1855. *Schubert, F. L.:* Die Tanzmusik, 1867, S. 46.

Rutkatla (= das Rotkehlchen). ↗Deutscher Volkstanz aus dem Schönhengstgau (ehemalige deutsche Sprachinsel in Böhmen/Mähren) in mäßig schnellem 2/4-Takt, ein ↗Dreiertanz im Kreis oder in der Reihe. Ein Bursche tanzt zwischen zwei Mädchen oder auch umgekehrt. Der Bursche faßt die inneren Hände der Mädchen.

Lit.: *Fladerer, O.:* Die sudetendeutschen Volkstänze I, Deutsche Volkstänze, H. 2, 1928, S. 6. *Janiczek, Joh.:* Schönhengster Volkstänze, 1928, S. 37.

Rutscher. ↗Deutscher Volkstanz aus dem Vogtland. In Thüringen entsprach er dem ↗Galopp. Aus dem Zweischrittdreher gebildet, bestand er aus einem ↗Vortanz im 2/4-Takt und einem ↗Nachtanz im 3/4-Takt. Im 1. Teil standen sich die Tanzpaare gegenüber und rutschten mit den Füßen vor- und rückwärts. Im 2. Teil drehten sie sich im Walzerrhythmus.

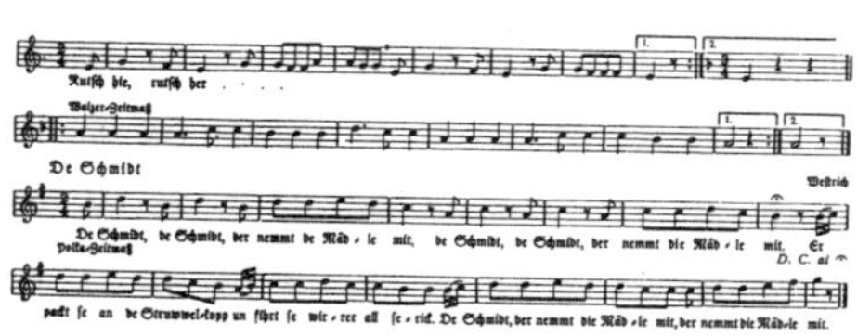

Lit.: *Böhme, F. M.:* Geschichte d. Tanzes in Deutschland, 1886. *Au, H. v. d.:* Pfälzer Volkstänze drinnen u. draußen, 1. Teil, Deutsche Volkstänze, H. 34/35, 1937, S. 14 f.

Rutsch hin, rutsch her. ↗Deutscher Volkstanz, zur Gruppe der ↗Wechselhupftänze gehörend. Er ist dem ↗Strohschneider ähnlich und kommt in verschiedenen Gebieten Deutschlands und im Böhmerwald vor. Er darf nicht mit dem ↗Rutscher verwechselt werden. (↗Stiefelknechtsgalopp)

Lit.: *Fladerer, O.:* Die sudetendeutschen Volkstänze, 3. u. 4. Teil, Deutsche Volkstänze, H. 5/6, 1930. *Au, H. v. d.:* Der Wechselhupf im Volkstanz d. Landschaft Rheinfranken, in: Jahrbuch f. Volksliedforschung, Jg. 5, 1936, S. 137 f. *Goldschmidt, Ae.:* Handbuch d. deutschen Volkstanzes, 1967. *Schützenberger, E.-Derschmidt, H.:* Spinnradl, 4. Folge, s. a., S. 8.

Rutuburi. ↗Ritualtanz der Tarahumara-Indianer von Mexiko. Aufgeführt wurde er beim Gebet um Regen, als Danksagung im Herbst oder als Heilungszeremonie. Ursprünglich wurde er nachts getanzt, später bei Sonnenaufgang, Yumari benannt. Rutuburi und Yumari waren verbunden in dem Ritualtanz Dutuburi. (↗Indianischer Tanz)

S

Sabotière (Holzschuhtanz). Belgischer Volkstanz der Wallonen, ein Rundtanz im 6/8-Takt. Zwei Paare stehen einander gegenüber, die Hände in die Hüften gestützt. Der Tanz wird in Form einer ↗Quadrille ausgeführt. (↗Belgische Tänze)

Lit.: *Thisse-Derouette, R.:* Danses populaires de Wallonie, Fasc. 1, 1962, S. 21 f.

Sabumina. Mädchentanz des Stammes der Akha in Thailand. Er wird von acht Tänzerinnen ausgeführt, von denen sechs unverheiratet sind. Sie nehmen in einer Linie Aufstellung, legen den rechten Arm jeweils um den Rücken oder Nakken der einen Nachbarin und den linken um die Hüften oder Schultern der rechten Nachbarin. Sie stehen alle mit geschlossenen Beinen, wobei Schenkel, Knie und Knöchel aneinanderliegen. Von dieser Stellung aus machen sie kleine Hüpfer nach vorne. Sie begleiten sich selber mit einstimmigem Chorgesang. (↗Thailändischer Tanz)

Lit.: *Manndorft, H.:* Akha (Thailand, Chieng Rai-Provinz) Mädchentänze, Institut f. d. wissenschaftlichen Film, Göttingen 1971, S. 9 f.

Sacchetto, Rita. Österreichische Tänzerin und Mimikerin, geb. 1879 in München, gest. 1959 in Nervi bei Genua. Sie war die Tochter eines Venezianers und einer Wiener Musikerin. Ihr Tanzstudium absolvierte sie in München. Im Jahre 1906 debütierte sie als Konzerttänzerin. In den Jahren 1907–1909 trat sie in vielen Städten Europas auf, vor allem in Wien, Budapest, Berlin, Dresden, Amsterdam, Hannover und Madrid. Ihr Repertoire umfaßte eigene ↗Choreographien, zusammengesetzt aus Werken absoluter Musik (z. B. Liebesliederwalzer von ↗Brahms und Kompositionen von ↗Chopin). Während der Saison 1909/1910 tanzte sie in New York an der Metropolitan Opera in Soli, die in Opern, wie „Cavalleria Rusticana", „Don Pasquale" u. a. eingelegt waren. Sie tanzte auch mit dem Ballett der Metropolitan Opera, unter anderem in David Costas ↗Pantomime: „L'Histoire d'un Pierrot". Zurückgekehrt nach Europa unterrichtete sie einige Zeit in München, bevor sie in Italien bei Stummfilmaufnahmen mitwirkte.

Lit.: *Sacchetto, R.:* Rita Sacchetto et son art de la danse, München 1909.

Sacharow, Alexandr (eigentlich Zuckermann). Russischer Tänzer und Lehrer; geb. 26. Mai 1886 in Mariupol, gest. 25. September 1963 in Siena. Zunächst studierte er Jus und Malerei in Paris. In einem Theaterstück sah er die Schauspielerin Sarah Bernhardt ein ↗Menuett tanzen und entschloß sich hierauf, Tänzer zu werden. In München studierte er Akrobatik und gab 1910 seinen ersten Tanzabend. Mit seiner Frau Clotilde von ↗Derp, die er 1919 heiratete, entwickelte er eine besondere Form des modernen Tanzes, die er „abstrakte ↗Pantomime" nannte. 1953 ging er nach Rom, wo seine Frau eine Schule eröffnete. Im Sommer hielten sie Kurse in Siena.

Lit.: *Brandenburg, H.:* Der moderne Tanz, 1931. *Vuillermoz, E.:* Clotilde et Alexandre Sakharoff, Lausanne 1933.

Sacharow, Rostislaw Wladimirowitsch. Russischer ↗Choreograph und Ballettdirektor, geb. 7. September 1907 in Astrachan, gest. 15. Januar 1984 in Moskau. Ab 1932 wirkte er beim ↗Kirow-Ballett und von 1936 bis 1939 als Direktor beim ↗Bolschoj-Ballett. Von 1946 bis 1969 war er Direktor der Bolschoj-Ballettschule. Er ist der Verfasser des Buches: „Sowjetisches Ballett", deutsch erschienen 1954 in Berlin.

Sachs, Curt. Deutscher Musikforscher, geb. 29. Juni 1881 in Berlin, gest. 5. Februar 1959 in New York. Von ihm stammen folgende Veröffentlichungen zum Thema Tanz: Eine Weltgeschichte des Tanzes, Berlin 1933 (weitere Ausgaben erschienen 1937 in New York, 1938 in London, beide englisch, 1938 in Paris französisch, 1944 in Buenos Aires spanisch, 1953 in Tel Aviv hebräisch und 1976 Neuausgabe in Hildesheim deutsch); Der Rhythmus der Basse danse, in: Acta Musicologia, vol. III, Fasc. 3, 1931, S. 107 ff. und in: Mélanges de Musicologie, Paris 1933, S. 57 ff.; The Symbolism of Dancing, in: Journal of the English Folk Dance and Song Society, vol. II, 1935, S. 30 ff.

Sackmütze. Dieser ↗deutsche Volkstanz wurde nach Art einer ↗Bayrischen Polka getanzt und war bis ins 19. Jh. im Vogtland üblich. Zum Tanz wurde der Vers gesungen: „Seht nur mal die Sackmütz an, wie die Sackmütz tanzen kann! Sackmütz hin, Sackmütz her! Sackmütz ist ein Zottelbär." Ein überzähliger Tänzer geht entgegengesetzt der Tanzrichtung im Kreis herum. Auf dem Kopf trägt er eine Zipfel- oder Sackmütze. Beim Wechsel der Partner holt er sich rasch eine Tänzerin und legt seine Mütze in die Kreismitte. Wer nun übrigbleibt, geht wieder im Kreis herum.

Lit.: *Böhme, F. M.:* Geschichte d. Tanzes in Deutschland, 1886, S. 205. *König, A.:* Alte Volkstänze aus Nordböhmen, 1956, S. 10 f.

Sacre du printemps, Le (Das Frühlingsopfer, orig. russ. Titel: Vesna svjaščennaja). Bilder aus dem heidnischen Rußland in zwei Teilen. ↗Strawinsky komponierte das Werk 1911–1913. Das Libretto schuf er gemeinsam mit Nicholas Roerich. In der ↗Choreographie von Waslaw ↗Nijinsky fand die Uraufführung am 29. Mai 1913 durch ↗Diaghilews ↗Ballet Russe im Théâtre des Champs Elysées in Paris statt. Sie endete mit einem der größen Theaterskandale der Neuzeit, da abgesehen von Nijinskys mißglückter Choreographie vor allem das Neue der Musik Strawinskys die Gemüter erregte. Die „Atombombe der neuen Musik", wie Arthur ↗Honegger das Werk Strawinskys genannt hatte, gilt heute längst als ein klassisches Meisterwerk der Musikmoderne. Im 1. Teil, betitelt „Anbetung der Erde", treten Jünglinge mit einer alten Frau auf, die die Geheimnisse der Natur kennt und den Jünglingen deren Mysterien lehrt. Der 2. Teil heißt „Das Opfer". In zeremoniellen Tänzen der jungen Mädchen wird diejenige ausgewählt, die der Frühlingsgottheit geopfert werden soll. Rituelle Tänze und mystische Reigen, die sich bis zur Ekstase steigern, begleiten die Wahl. Die Ahnen werden zur Vorbereitung der Opferhandlung gerufen. Der folgende sakrale Opfertanz der Auserwählten führt zu deren Tod.

Lit.: *Kirstein, L.:* Le Sacre du Printemps, in: Movement & Metaphor, New York 1970. *Buckle, R.:* Nijinsky, London 1971.

Sadala Polka. Estnischer Volkstanz heiteren Charakters im 2/4-Takt. Er erzählt in sechs Figuren das Zusammentreffen eines Knaben mit einem Mädchen. Ausgeführt kann er von einer beliebigen Anzahl von Paaren werden, die in einem Kreis Aufstellung nehmen. Die ersten fünf Figuren werden im Polkatempo getanzt, der Teil B der sechsten Figur aber sehr langsam. (↗Estnische Volkstänze)

Lit.: *Leppik, Lya:* Sadala Polka, in: The Folklorist, vol. 7, 1963, No. 6, S. 147 ff.

Sadler's Wells Ballet ↗Royal Ballet.

Säfbon. Finnischer Volkstanz im 2/4-Takt. Eine Anzahl von Paaren, die durch vier teilbar ist, steht entweder paarweise in zwei Linien einander ansehend im Abstand von sechs Schritten oder im Quadrat. (↗Finnische Volkstänze)

Lit.: *Burchenal, E.:* Folks-Dances of Finland, 1915, S. 56 f.

Sägetanz. ↗Deutscher Volkstanz aus Nordböhmen. Dieser ↗Paartanz im 2/4-Tanz besteht aus zwei Teilen. Im ersten Teil nehmen die Paare mit gewöhnlicher Fassung Aufstellung und tanzen einen Hopser-Rundtanz. Im zweiten Teil, das ist ab dem 16. Takt der Tanzmelodie, stellen sich die Paare zueinander auf und geben die Arme zur Zweihandfassung übers Kreuz. Sie hüpfen nun in Vorgrätsch-Stellung links. Die rechte Hand des Tänzers zieht dabei die rechte Hand der Tänzerin zu sich. Nun folgt das Ganze umgekehrt: Vorgrätschstellung rechts und Anziehen der linken Hand. Dieses abwechselnde „Sägen" geschieht weiter, bis ein Stampfschritt den Tanz abschließt.

Lit.: *König, A.:* Volkstänze aus Nordböhmen, 1955, S. 13.

Saint-Denis, Ruth (eigentlich Ruth Dennis). Amerikanische Tänzerin, ↗Choreographin und Lehrerin, geb. 20. Januar 1879 in New Jersey (nach anderen Angaben am 1. Februar 1877 oder 1878), gest. 21. Juli 1968 in Hollywood. Sie studierte ↗Gesellschaftstanz, Rezitation, ↗Delsarte-Mimik und ↗Ballett bei Marietta Bonfanti. Als prominente Vertreterin des modernen ↗Ausdruckstanzes gründete sie im Jahre 1915 gemeinsam mit ihrem Gatten Ted ↗Shawn in New York die ↗Denishawn-Schule des freien Tanzes. Sie bestand bis 1931. Mit ↗La Meri gründete sie 1938 in New York die School of Natya. Da ihre Ausbildung vor allem auch auf indische Tänze ausgerichtet war, begeisterte sie auf ihren Tourneen durch Europa das Publikum mit ihren auf Show ausgerichteten indischen Tänze, besonders mit den berühmten „The Nautsch“ und „Yogi“. 1939 verfaßte sie die Autobiographie: An Unfinished Life. Über ihre Tanzkunst gibt es mehrere Filme wie: Ruth St. Denis by Baribault (1940); First Lady of American Dance (1957); Ruth St. Denis and Ted Shawn (1958).

Lit.: *Shawn, Ted:* Ruth St. Denis: Pioneer and Prophet; being a history of her cycle of oriental dances, San Francisco 1920. *Hastings, B.:* The Denishawn Era, in: Dance Index, vol. 1, No. 6. *Terry, W.:* The Legacy of Isadora Duncan and Ruth St. Denis, in: Dance Perspectives 5, Winter 1960. *Schlundt, C. L.:* The Professional Appearances of Ruth St. Denis and Ted Shawn, New York 1962. *Terry, W.:* Miss Ruth – The more Living Life of Ruth St. Denis, 1969. *Schlundt, L.:* Into the mystic with Miss Ruth, in: Dance Perspectives 46, 1971, S. 56 ff. *Sherman, J.:* The Drama of Denishawn Dance, 1979. *Shelton, S.:* Divine Dancer, 1981.

Saint-Léon, Arthur. Französischer Tänzer, ↗Choreograph, ↗Ballettmeister, Komponist und Lehrer, geb. 17. September 1821 in Paris, gestorben 2. September 1870 ebendort. Er studierte bei seinem Vater, der Ballettmeister an den Höfen von Toskana und Stuttgart war. Er war auch ein ausgezeichneter Violinist und debütierte als solcher 1834 in Stuttgart. Als Tänzer begann er 1835 in München. Seine Tanzstudien setzte er bei F. D. ↗Albert in Paris fort. 1838 wurde er 1. Tänzer in Brüssel, ging dann nach Turin, Mailand und von 1840 bis 1842 nach Wien, wo er in seinem Ballett „Die Teufelsgeige“ tanzte und selbst als Geiger auftrat. In London trat er mit Fanny ↗Cerrito auf, mit der er von 1845 bis 1851 verheiratet war. Seine ↗Ballette zählten zu den Spitzenwerken der romantischen Zeit des Balletts und wurden in allen Städten Europas, in denen er auch wiederholt als Choreograph erschien, aufgeführt. Von 1859 bis 1869 war er Choreograph am kaiserlichen Theater in St. Petersburg. Nach dem Engagement in St. Petersburg wurde er Ballettmeister in Paris, wo er bis zu seinem Tod wirkte. Eines seiner berühmtesten Ballette, welches dort die Uraufführung erlebte und das er damals choreographierte, war ↗Coppelia. Saint-Léon galt nicht nur als einer der besten Tänzer seiner Zeit, er verfaßte eine eigene Tanz-Kurzschrift, die er 1852 in Paris in dem Buch „La Sténochorégraphie ou Art d’écrire promptement la Danse, avec la biographie et le portrait des plus célèbres maîtres de ballets anciens et modernes de l’école française et italienne. La liste et la distribution de tous les ouvrages de danse représentés a l’Opéra depuis sa création, plans, cartes, etc.“ veröffentlichte (↗Choreographie). Ferner schrieb er „De l’état actuel de la danse“, Lisbonne 1856.

Lit.: *Guest, I.:* The Ballet of the Second Empire, London 1953.

Sakhrau-Li Tanz. ↗Indischer Tanz der Bodo-Kachari aus Assam, ein ↗Schwerttanz, der oft nur von Frauen ausgeführt wird. Jede Frau trägt in jeder Hand ein Schwert. Zunächst tanzen sie in mehreren wechselnden Reihen und letztlich im Kreis.

Lit.: *Rebling, E.:* Die Tanzkunst Indiens, 1981, S. 73.

Salát (auch Klatovák = der Klattauer genannt). Tschechischer Volkstanz aus Böhmen. Dieser ↗taktwechselnde Tanz ist eine Verbindung von ↗Galopp, ↗Walzer und hüpfendem Drehwalzer auf einer und derselben Stelle. (↗Bába, ↗Kozel, ↗Smešek, ↗Tschechische Volkstänze, ↗Višeň)

Lit.: *Waldau, A.:* Böhmische Nationltänze, 1860, Bd. 2, S. 12 ff. *Junk, V.:* Die taktwechselnden Volkstänze, 1938, S. 58, 68.

Salii. Römischer Name für Tänzer oder Springer, mit dem die römische Priesterschaft im Kult des Kriegsgottes Mars benannt wurde. Ihre tanzartigen ↗Reigen hielten die Marspriester zu bestimmten Festtagen im März, den Quinquatrus, und im Oktober beim Fest der Waffensühne (Armilustrium) ab. Ursprünglich waren es 12, später 24 Priester. In bunter Kleidung, erzenen Lanzen, führten sie von dem Vortänzer, Preasul genannt, angeführt, ihren Waffenreigen zu Ehren ihres Gottes aus. Der Reigen bestand aus verschlungenen Touren um den Altar des Mars, wobei sie im Dreierrhythmus heftig aufstampften und die Schilde und Lanzen lärmend aneinanderschlugen. Ihr Tanz mag vielleicht einem ↗Springtanz vergleichbar sein, der in alten römischen Bauerntänzen seinen Ursprung haben könnte. Sein Name war dem Dreierrhythmus entsprechend ↗Tripudium.

Lit.: *Seidel:* De saltationibus sacris veterum, Berlin 1826. *Cirilli, R.:* Les prêtres danseurs de Rome, 1913, S. 97 ff. *Weege, F.:* Der Tanz in d. Antike, 1926, S. 147 f. *Sachs, C.:* Eine Weltgeschichte d. Tanzes, 1933, S. 166 f.

Salin. ↗Österreichischer Volkstanz aus Südtirol (Ultental), eine Form der ↗Varsovienne, eine Erweiterung der ↗Mazurka.

Lit.: *Corazza, R.:* Volksmusik aus d. Ultental, in: Jahrbuch d. österreicheichischen Volksliedwerkes, Bd. 7, 1958, S. 67. *Horak, K.:* Der Volkstanz im Burggrafenamt, in: Jahrbuch d. österreichischen Volksliedwerkes, Bd. 12, 1963, S. 88.

Sallé, Marie. Französische Tänzerin, geb. 1707, gest. 27. Juli 1756 in Paris. Sie war die Tochter eines Jahrmarktakrobaten (sauteur) und wuchs im Theatermilieu bei einer reisenden Truppe auf, die ihr Onkel mütterlicherseits Francisque Moylin leitete. Diese Truppe, die sogenannten „forains", spielten bei den großen Pariser Jahrmärkten. 1718 debütierte Marie Sallé in „La Princesse de Carisme", einer komischen Oper von Lesage auf der Foire Saint-Laurent in Paris. Über die ersten Jahre fehlen genauere Nachrichten. Später wurde sie Schülerin von Fançoise ↗Prévost. Ihr erstes Engagement führte sie von 1725 bis 1727 nach London, wo sie im Theater John ↗Rich gemeinsam mit ihrem Bruder in ↗Pantomimen auftrat. Nach Paris zurückgekehrt wurde sie an die Oper (Académie Royale) engagiert und debütierte am 14. September 1727 in einem ↗Pas de deux mit David ↗Dumoulin. Im August 1730 verließ sie wieder Paris, um ein zweitesmal nach London zu gehen. Während dieses zweiten Aufenthaltes tanzte die Sallé unter anderem in Gays berühmter „Beggar's Opera". Bereits im August 1731 wurde sie wieder an die Pariser Oper zurückberufen, und die folgenden zwei Jahre waren der Höhepunkt einer Rivalität zwischen ihr und Marie ↗Camargo. Am 16. Oktober 1733 begab sich Marie Sallé zum drittenmal nach London. Sie trat im neuerbauten Saal von Covent Garden auf. Ihre größten Erfolge hatte sie damals in den Balletten ↗„Pygmalion", „Le Masque Nuptial" und ↗„Bacchus et Ariane". Im August 1735 kehrte sie endgültig an die Pariser Oper zurück. Ihre dramatische Rolle in der Ballettoper „Les Indes Galantes" von J. Ph. ↗Rameau fand großen Beifall. Bis zum Ende ihrer Laufbahn trat sie in über 40 weiteren ↗Balletten auf. 1740 zog sie sich von der Bühne zurück, tanzte aber bis 1747 noch häufig bei den Hoffestlichkeiten in Versailles. Die letzten Jahre bis zu ihrem Tod verbrachte sie zurückgezogen in Paris. Die Größe ihrer Kunst als Tänzerin lag in der mimischen und gestischen Ausdrucksfähigkeit. Sie war die erste, die dem Tanz in der Oper einen Sinn zu geben versuchte. Die Form des pantomimischen Handlungsballetts, die ihr vorschwebte, hat später J. G. ↗Noverre als ↗Ballettmeister und ↗Choreograph realisiert. Marie Sallé kann auch als Reformatorin des Kostüms bezeichnet werden. Sie trat als erste in einer klassischen Tunique auf, statt in dem bis dahin üblichen Ballerinenröckchen.

Lit.: *Dacier, E.:* Une danseuse de l'Opéra sous Louis XV, Mlle. Sallé (1707–1756), 1909, Nachdruck 1972. *Wied, K. V.:* Königinnen des Balletts, 1961.

Salmhofer, Franz. Österreichischer Komponist, geb. 22. Januar 1900 in Wien, gest. 22. September 1975 ebendort. Im Jahre 1945 wurde er als Direktor an die Wiener Staatsoper berufen, 1955 wurde er Direktor an der Wiener Volksoper. Er schrieb folgende ↗Ballette: „Das lokkende Phantom", Uraufführung Staatsoper Wien 1927; „Der Taugenichts in Wien", Uraufführung Staatsoper Wien; „Österreichische Bauernhochzeit" und „Weihnachtsmärchen", beide 1933 an der Staatsoper Wien uraufgeführt.

Salome. Tochter der Herodias und des Herodes Philipp, Stieftochter des Herodes Antipas. Die Geschichte vom Tanz der schönen Herodiastochter, mit dem sie von ihrem Stiefvater die Enthauptung Johannes des Täufers verlangte, ist uns in den Evangelien von Matthäus (XIV, 1–12) und Markus (VI, 14–29) überliefert. Welcher Art Salomes Tanz war, ob ein einfacher ↗Reigen oder ein Tanz sinnlich betont, ist nicht zu sagen. Vielfältig sind daher die Darstellungen, die dieses biblische Ereignis im Laufe der Jahrhunderte in der bildenden Kunst, Dichtkunst und Musik gefunden hat. Die bedeutendste musikdramatische Darstellung schuf Richard ↗Strauss mit der Vertonung von Oscar Wildes Bühnenstück „Salome". Der polnische Komponist Adam Wieniawski schuf das ↗Ballett „Le Festin chez Hérode". (↗Glasunow)

Lit.: *Paradin, G.:* Le blason des danses, 1556, Neudruck: Paris 1830. *Daffner, H.:* Salome. Ihre Gestalt in Geschichte u. Kunst, 1912.

Saltarello, von den Spaniern ↗Alta danza, von den Franzosen ↗Pas de breban oder brabant genannt, war bis zum 15. Jh. der lebhafte ↗Nachtanz der ↗Basse danse und des ↗Passamezzo. Nach dem 15. Jh. wurde er vom ↗Tourdion abgelöst. Seine Melodie, im Tripeltakt stehend, wurde in der Regel aus der Melodie des ↗Vortanzes durch rhythmische Veränderungen entwickelt. Die lebhafte, aus dem Volkstümlichen stammende Art des Saltarello wurde von den ↗Tanzlehrern der höfischen Zeit bald stilisiert und seine Sprünge und Fußstöße (↗grues) durch gemessenes Heben und Senken der Füße ersetzt. Der höfische Saltarello bestand dann hauptsächlich nur mehr aus rasch ausgeführten Doppelschritten (l-r-l), die von gelegentlichen Einzelschritten und auf die Kadenzen fallenden Verbeugungen unterbrochen wurden. Bis ins 19. Jh. hinein hat sich der Saltarello erhalten, besonders in Italien und Deutschland, wo ein Springtanz dieses Namens auch im 2/4-Takt gebräuchlich war. Viele seiner Grundschritte sind heute noch in manchen Volkstänzen zu finden. **Saltarello tedesco** auch ↗**Quaternia** genannt, ist der italienische Name für den volkstümlichen deutschen ↗Hupfauff, einem Nachtanz und ↗Reigen. (↗Allemande, ↗Haute danse)

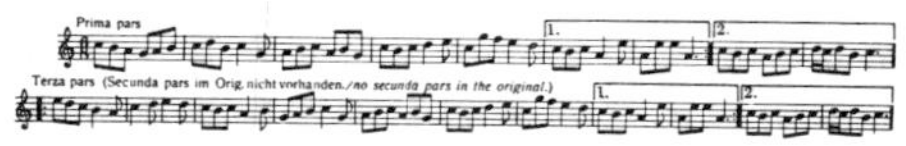

Lit.: *Schubert, F. L.:* Die Tanzmusik dargestellt in ihrer historischen Entwicklung, 1867, S. 29. *Eitner, R.:* Tänze d. 15.–17. Jh. aus d. Quellen gezogen, in: Beilage zu d. Monatsheften f. Musikgeschichte, Jg. 7, 1875. *Czerwinski, A.:* Brevier d. Tanzkunst, 1879, S. 38. *Körte, O.:* Laute u. Lautenmusik bis zur Mitte d. 16. Jh., 1901. *Wolf, J.:* Die Tänze d. Mittelalters, in: Archiv f. Musikwissenschaft, Jg. 1, 1918/19, H. 1, S. 10 ff. *Bie, O.:* Der Tanz, 1919. *Kataletti, G.:* Il saltarello romanesco, in: Momenti musicali, November 1929. *Dieckmann, J.:* Die in deutscher Lautentabulatur überlieferten Tänze d. 16. Jh., 1931, S. 28 ff. *Sachs, C.:* Eine Weltgeschichte d. Tanzes, 1933. *Nataletti, G.:* The Saltarello in Rome and in the Campagna, in: Journal of the English Folk Dance and Song Society, vol. II, 1935, S. 118 ff. *Bahr, W.:* Zur Entwicklungsgeschichte d. höfischen Gesellschaftstanzes, 1941, S. 27. *Galanti, B. M.:* Dances of Italy, 1950, S. 9 ff. *Lawson, J.:* European Folk Dance, 1953, S. 210. *Moe, L.:* Dance Music in Printed Italian. Lute Tabulatures (1507–1601), 1956. *Dolmetsch, M.:* Dances of Spain and Italy from 1400 to 1600, 1975. *Mallah, Issam El:* Die Pass'e mezzi und Saltarelli aus d. Münchner Lautenhandschrift von Jacomo Gorzanis. Münchener Veröffentlichungen zur Musikgeschichte, Bd. 31, 1979.

Šamarjanka. Jugoslawischer Volkstanz aus Slowenien, ein ↗Paartanz im 3/8-Takt. Die Paare stehen in Rundtanzfassung im Halbkreis. (↗Slowenischer Volkstanz)

Lit.: *Šuštar, M.:* Slovenski ljudski plesi prekmurja, 1968, S. 35 ff.

Samba (die). ↗Brasilianischer Tanz, ein Sammelbegriff für viele Tanzarten, die von den in Brasilien eingewanderten Negern, vor allem den Bantuvölkern, mitgebracht wurden. Auch die Samaba hat ihren Ursprung in den kultischen Tänzen Alt-Afrikas und ist noch polymetrisch und polyrhythmisch. Um das Jahr 1924 gelangte die Samba erstmals nach Europa, als ↗Gesellschaftstanz setzte sie sich aber erst um 1948/49 durch. Was aber als Samba von dieser Zeit an im Ballsaal getanzt wurde, war eine sehr vereinfachte Form der eleganten Grazie der Original-Samba, die wegen ihrer schwierigen tanztechnischen Ausführung nur in Turnierprogrammen blieb. Die Samba als Gesellschaftstanz des 20. Jh. steht im 2/4-, 4/4- oder Alla-breve-Takt. Das Tempo ist ungefähr 50 bis 56 Takte in der Minute. Die Schritte sind sehr klein und werden mehr gleitend, fast am Boden getanzt. Die Samba-Batucade ist eine Mischform von Samba und ↗Batuque. In der Kunstmusik findet sich die Samba u. a. bei D. ↗Milhaud. (↗Baiao, ↗Bossa nova)

Lit.: *Mühlsiegl, P.:* Tanzen leicht erlernt, 1950, S. 46 ff. *Diselhorst, F.:* Übung macht d. Meister. Samba, in: Tanz-Illustrierte, Jg. 4, 1956, H. 41, S. 15. *Günther, H.-Schäfer, H.:* Vom Schamanentanz zur Rumba. 1959, S. 307 ff. *David, L.:* Einzelchoreographien mit historischer Einleitung über Rumba, Samba-Baiao usw., 1957/58.

Samoa. Für die Bewohner dieser Inselgruppe Polynesiens im Pazifischen Ozean ist der Tanz eine Tätigkeit, an der alle Lebensalter und Geschlechter teilnehmen. Besondere Tanzanleitungen gibt es nicht. Schon die Kinder lernen den Tanz als selbstverständliches Kulturgut. Der Tanz ist unentbehrlicher Bestandteil aller gemeinschaftlichen Zusammenkünfte. Bei Tanzfesten bleibt die Form der Tänze den Einzeltänzern überlassen. Es gibt 25 bis 30 feste Figuren und drei verschiedene Tanzstile: 1. Den Tanz der Mädchen, welcher seinen Höhepunkt im Tanz der Taupo, eines Mädchens, das seiner Schönheit und Eleganz wegen, besonders aber wegen seiner Gelenkigkeit beim Tanzen, zur offiziellen Vertreterin des Dorfes gewählt wird; 2. Den Tanz der Jungen; und 3. Den Tanz der Clowns. (↗Siva)

Lit.: *Mead, G. R. S.:* The Sacred Dance of Jesus, in: The Quest Reprint 1910/11. *Baaren, Th. P. v.:* Selbst d. Götter tanzen, 1964, S. 25 f.

Sandiadans. Tanzart auf den Färöer Inseln aus der Gegend von Sandoy. (↗Färöischer Tanz)

Lit.: *Grüner-Nielsen, H.:* Dans paa Faeröerne, in: Nordisk Kultur, XXIV, 1933, S. 150 ff.

Sandsvaerril (ursprünglich Sandsvaer genannt). ↗Norwegischer Volkstanz im 2/4-Takt. Er wird von sechs Paaren getanzt, die einander zum Kreis fassen, die Arme leicht gebeugt. Vor Beginn und am Schluß des Tanzes machen sie einen Knicks oder eine kleine Verbeugung. Ausgeführt wird der Tanz mit Polkaschritten.

Sandunga

Lit.: *Schmolke, A.-Langhans, H.:* Europäische Tänze, H. 7, 1962, S. 20 f.

Sandunga (Zandunga). ↗Mexikanischer Tanz aus dem Isthmus von Tehuantepec. Er wird von 16 Mädchen getanzt und ist seinem Charakter nach ein ↗religiöser Tanz, würdig und graziös. Die Musik steht im 3/4-Takt.

Lit.: *Dickins, G.:* Dances of Mexico, 1954, S. 11 ff.

Šandy. Tschechischer Volkstanz im 3/4-Takt, ein sogenannter ↗Dreiertanz. Der Tänzer steht zwischen zwei Tänzerinnen, je eine an der Seite. Jede hält in der dem Tänzer zugekehrten Hand ein Tüchlein am Zipfel. Getanzt wird mit Walzerschritten. (↗Tschechische Volkstänze, ↗Tüchltanz)

Lit.: *Hajný, Aug.:* České tance, in: Český Lid, Jg. 3, 1894, S. 436 ff.

Sangalli, Rita. Italienische Tänzerin, geb. 20. August 1849 in Antegnate (Italien), , gest. 3. November 1909 in Carpesino d'Arcellasco. Sie studierte bei A. ↗Hus und debütierte 1865 an der Mailänder Scala in P. ↗Taglionis Ballett ↗„Flick und Flock". Ausgedehnte Tourneen führten sie durch Italien, Österreich und England. 1866 war sie in New York und 1872 in Paris, wo sie bei der Uraufführung des Balletts ↗„Sylvia" 1876 die Titelrolle tanzte. 1886 heiratete sie den Baron de Saint-Pierre. Sie ist die Verfasserin des Buches „Terpsichore. Petite Guide à l'usage des Amateurs de Ballets", Paris 1875.

Sangula. ↗Afrikanischer Tanz aus dem Kongogebiet zur Jünglingsweihe.

Sangyang. Dieser kultische Tanz auf Bali ist ein Trancetanz, der von Kindern ausgeführt wird. Zwei von Priestern ausgewählte Kinder im Alter zwischen vier und sechs Jahren leben bis zu ihrem siebenten Lebensjahr unter der Obhut des Priesters. Droht eine Krankheit oder Gefahr für die Inselbewohner, werden die beiden Kinder von den Priestern in einen Trancezustand versetzt. Nach dieser für die Kleinen qualvollen Zeremonie trägt man sie schlafend zunächst auf einem goldenen Sessel durch das Dorf. Die Kranken versammeln sich um sie und hoffen, durch Berührung geheilt zu werden. In tiefster Trance beginnen die Kinder dann mit geschlossenen Augen einen Tanz, der oft die ganze Nacht hindurch dauern kann. (↗Balinesischer Tanz)

Lit.: *Kreutzberg, L.:* Tiere, Tänzerinnen u. Dämonen, 1929, S. 27 f.

Sanjuanino (auch Sanjuanito genannt). ↗Volkstanz aus Ecuador, dem ↗Huaino ähnlich, wie er in Bolivien getanzt wird. Seinem Charakter nach stellt er eine Verknüpfung indianischer mit spanischer Folklore dar. Der Tanz im 2/4-Takt wird von Gitarre und einem melancholischem Mollgesang begleitet. Getanzt wird er von Paaren, die einander ansehen, aber nicht berühren. Die Tanzenden halten ein Tuch in der Hand, mit dem sie beim Zu- und Wegtanzen einander zuwinken. (↗Zamacueca)

Lit.: *Friedenthal, A.:* Musik, Tanz u. Dichtung bei d. Kreolen Amerikas, 1913, S. 200.

Sankt-Jakobs-Tanz (St. Jacobis-Dantz). ↗Deutscher Volkstanz aus dem 16. Jh. Als Tanzmelodie liegt ihm das vom 14. bis 16. Jh. viel gesungene Lied der Jakobsbrüder zugrunde. Er ist nicht identisch mit den sogenannten ↗Jakobitänzen der Hirten zur Erntezeit.

Lit.: *Böhme, F. M.:* Geschichte d. Tanzes in Deutschland, 1886, S. 59.

Sanni-Yakuma oder **Sanni-Yakâ-Nätîma.** Diese Dämonenzeremonie der Singhalesen auf Ceylon ist das besondere Krankheitsritual. Nach Ansicht der Singhalesen werden die meisten Krankheiten von Dämonen verursacht. Für fast jede Krankheit ist ein besonderer Dämon verantwortlich, für den auch ein besonderes Opfer dargebracht werden muß. Die Zeremonie beginnt mit dem Tanz „Abenderscheinung" (händäsamayâma), der von drei oder vier Tänzern ausgeführt wird, welche das Symbol der abendlichen Versammlung sind. Begleitet von Trommelschlägen wird der langsam begonnene Tanz immer rascher. Nach weiteren Steigerungen endet er mit rasenden Kreiselbewegungen. Nach diesem Anfang geht die Zeremonie aber mit Tänzen und Ritualen weiter bis in den Morgen hinein. (↗Ceylon-Tanz, ↗Yakun-Nätîma)

Lit.: *Lucas, H.:* Ceylon-Masken, 1958, S. 140 ff.

Sant-Ferriol. Spanischer Volkstanz aus Katalonien, ein pantomimischer ↗Paartanz, ähnlich dem süddeutschen Volkstanz ↗„Drei lederne Strümpf". Er besteht aus einem Rundtanz und einem Gebärdenspiel. (↗Gebärdentänze, ↗Spanische Volkstänze)

Lit.: *Roth, I.:* Drei lederne Strümpf, in: Volkstanz im Tanzarchiv, Sonderheft 1958, S. 13 ff.

São Gonçalo Tanz. ↗Brasilianischer Tanz. Sein Ursprung ist ungewiß, vielleicht von den Indianern, Portugiesen oder Afrikanern entlehnt. Im Laufe der Zeit ist er jedenfalls zu einem Nationaltanz der Caboclos (Mischlinge von Weißen und Indianern Brasiliens) geworden. Der Tanz hat religiösen Charakter und trägt den Namen des heiligen Gonçalo. Von Männern und Frauen ausgeführt, hat er die Form eines ↗Contratanzes. Jeder Schritt ist genau vorgeschrieben. Die Dauer des Tanzes ist verschieden, vier bis fünf Stunden und bis über einen Tag hinaus. Der Gonçalos-Kult ist vor allem im Tal der Ribeira de Iguape und in Apiahy heimisch. (↗Religiöser Tanz)

Lit.: *Krug, Ed.:* Der São Gonçalo-Tanz unserer Caboclos, Sao Paulo, 1908.

Sappo. Finnischer Volkstanz im 2/4-Takt aus drei Figuren bestehend, von Paaren getanzt, und zwar in einer Anzahl, die durch vier teilbar ist. Die Ausführung besteht aus Lauf-, Geh- und Jigschritten. (↗Finnische Volkstänze)

Lit.: *Burchenal, E.:* Folk-Dances of Finland, 1915, S. 4 ff.

Sarabande (Sarabanda, Zarabanda). Über den Ursprung dieses aus Spanien nach Frankreich gelangten ↗Gesellschaftstanzes des 17. Jh. gibt es verschiedene Ansichten. Nach den letzten amerikanischen Forschungen stammt die früheste literarische Erwähnung der Sarabande aus Mexiko (Ramo de la Inquisiçion CXIII des Nationalarchivs in México) aus dem Jahre 1569. Die erste spanische Erwähnung datiert aus dem Jahre 1583. Ein königliches Edikt verbot damals das Absingen der Sarabande mit der Androhung hoher Strafen. Über die Art und die Musik des Tanzes ist in den alten Quellen nichts überliefert, nach den Beschreibungen aber, muß sie als obszön und sehr leidenschaftlich gegolten haben. 1588 wird sie als ein Tanz genannt, der seinen Namen von einem „Teufel im Weibe“ aus Sevilla oder Guayaquil an der Westküste von Südamerika haben soll. 1609 nannte sie der spanische Moralist Juan de Mariana ein laszives Tanzlied, das sich wie andere Laster in Spanien eingebürgert hatte. Um 1600 war sie aber bereits europäisch bekannt und galt das ganze 17. Jh. hindurch als spanischer Tanz. 1618 wurde sie bereits würdig befunden am spanischen Hof getanzt zu werden, und 1625 finden wir sie bereits am französischen Hof. Um die Mitte des 17. Jh. hat sie in Frankreich ihren leidenschaftlichen Charakter abgelegt, sie wurde gleichsam ein ernster, züchtiger Tanz. Über die Art und Weise, wie die Sarabande als Gesellschaftstanz in Europa, vor allem in Frankreich und England getanzt worden ist, sind fast keine Aufzeichnungen vorhanden. Wir wissen nicht, wie sie wirklich ausgeführt wurde. Die charakteristische Rhythmusform war der punktierte Dreiertakt. Über das Tempo liegen widersprechende Angaben vor. Sie reichen von schnell über mäßig bis langsam. Nach 1700 kam die Sarabande als Gesellschaftstanz immer mehr aus der Mode, dagegen wurde ihr aber in der ↗Suite ein besonderer Platz zwischen der ↗Courante und ↗Gigue zugewiesen. In ihrer stilisierten Form, wie wir sie vor allem in den Suiten von J. S. ↗Bach und G. F. ↗Händel finden, erinnert sie nur mehr dem Namen nach an den früheren Gesellschaftstanz. In der Kunstmusik des 19. und 20. Jh. findet man die Sarabande u. a. bei C. L. ↗Debussy (Images I) und J. ↗Strawinsky (Ballett ↗Agon).

M. Prätorius 1612

G. F. Händel 1704

J. S. Bach, Französische Suite C-Moll (BWV813)

Lit.: *Czerwinski, A.:* Die Tänze d. 16. Jh., 1878. *Czerwinski, A.:* Brevier d. Tanzkunst, 1879. *Böhme, F. M.:*

Geschichte d. Tanzes in Deutschland, 1886. *Bie, O.:* Der Tanz, 1919. *Nett, P.:* Die Wiener Tanzkomposition in d. 2. Hälfte d. 17. Jh., in: Studien zur Musikwissenschaft, H. 8, 1921, S. 81 ff. *Pulver, J.:* Reformed Characteres, in: The Sackbut, IX, London 1922. *Prusik, K.:* Die Sarabande in d. Solopartien d. Lautenisten Leopold Weiss, in: Festschrift Adolph Kocirz zum 60. Geburtstag, 1930, S. 63 ff. *Sachs, C.:* Eine Weltgeschichte d. Tanzes, 1933. *Stevenson, R.:* The First Dated Mention of the Sarabande, in: Journal of the American Musicological Society, vol. V, 1952, S. 29 ff. *Devoto, D.:* La folle Sarabande, in: Revue de musicologie, Jg. 45/46, 1960, S. 3 ff. u. S. 145 ff. *Pontius, J.:* Eine anonyme kurpfälzische Orgeltabulatur, Diss. Saarbrücken 1960. *Feldmann, F.:* Historische Tänze d. musikalischen u. choreographischen Weltliteratur, in: Volkstanz im Tanzarchiv, Jg. 4/5, 1960/61. *Steglich, R.:* Tanzrhythmen in d. Musik J. S. Bachs, in: Jahresgabe 1960 d. Int. Bach-Gesellschaft Schaffhausen, 1962. *Stevenson, R.:* The Sarabande; A Dance of American Descent, in: Inter-American Music Bulletin 30, 1962, 1–13. *Stevenson, R.:* The Mexican Origins of the Sarabande, in: Inter-American Music Bulletin 33, 1963, 7. *Ahlgrimm, I.:* Über Taktstrich u. Akzent d. Sarabande, in: Jahresbericht d. Akademie für Musik u. darstellende Kunst in Wien, Studienjahr von 1955/56 bis 1964/65, S. 350 ff. *Devoto, D.:* Que es la Zarabanda?, in: Boletin interamericano de Musica, No. 51, 1966, S. 3 ff. *Drabecka, M.:* Tance Historyczne, Kurant, Sarabande, Menuet, Warszawa 1966. *Taubert, H.:* Höfische Tänze, 1968. *Hudson, R.:* The Zarabanda and Zarabanda francese in Italian Guitar Music of the Early 17th Century, in: Musica Disciplina, vol. XXIV, 1970, S. 125 ff.

Sarabhai, Mrinalini. Indische Tänzerin, ↗Choreographin und Lehrerin, geb. 11. Mai 1928 in Ahmedabad. Sie studierte an der von Tagore gegründeten Schule von Shantiniketan, ferner an der Academy of Dramatic Art in New York. Bei Srimati Rukmini lernte sie die Techniken des ↗Bharat Natjam und ↗Kathakali. 1948 gründete sie in Ahmedabad die Darpana-Akademie für Tanz, Dramatik, Musik und Puppenspiel. Mit ihrer „Drapana Dance Company" unternahm sie ab 1949 weltweite Tourneen. 1955 wurde sie Direktorin der Sangit Natak Akademie. 1952 erschien von ihr das Buch „This Alone is True". (↗Indischer Tanz)

Šaranac. ↗Serbischer Volkstanz aus Bela Crkva (Nordserbien), ein ↗Geschicklichkeitstanz bestehend aus verschiedenen gymnastischen Kunststücken, außerdem auch aus dem abwechselnden Spreizen eines Beines über einen waagrecht gehaltenen Stock. Er ist ähnlich dem ↗Wischtanz.

Lit.: *Wolfram, R.:* Der Volkstanz als kulturelle Ausdrucksform d. südosteuropäischen Völker, in: Die Volkskultur d. südosteuropäischen Völker, Bd. 6, 1962, S. 83.

Saratski. ↗Volkstanz im 3/4-Takt, der von den Dobrudscha-Deutschen getanzt wurde und nach der Stadt Sarata in Bessarabien benannt ist. Ein ↗Paartanz im Kreis, 1. Teil (Takt 1 bis 8) ist gemächlich, der 2. Teil (Takt 9 bis 16) hat Walzerzeitmaß. Die Aufstellung erfolgt nebeneinander mit offener Fassung, Außenarme im Hüftstütz.

Lit.: *Au, H. v. d.:* Der Saratski, Ein deutscher Volkstanz aus Bessarabien, in: Das deutsche Volkslied, Jg. 42, 1940, H. 3/4, S. 33 f. *Au, H. v. d.:* Deutsche Volkstänze aus der Dobrudscha, 1955, S. 22.

Sardana. Spanischer Volkstanz, der beliebteste Tanz Kataloniens, ein Reigentanz im schnellen 6/8-Takt, der an manchen Stellen in 3/4-Takte gleicher Achtelwerte übergeht. Die Tanzenden reichen einander die Hände und bilden einen Kreis. Mit den gekreuzten Füßen treten sie auf der Stelle oder bewegen sich schrittweise bald von links nach rechts oder umgekehrt. Ursprünglich wurde die Sardana als „danza cantada" nach einem bestimmten Melodietypus, später nach katalonischen Volksliedern getanzt. Die schon in Quellen des 16. und 17. Jh. erwähnte Sardana hat mit dem Tanz des 19. Jh. nichts gemein. Sie erscheint in diesen frühen Quellen als ↗Paartanz. (↗Spanische Volkstänze)

Lit.: *Montsalvatge, J.-Aleu, J.:* La Sardana, Olot 1895. *Grahit, J. y Grau:* Recueil Sardanistic, Autors, Sardanes, Cobles, 1916. *Bonany, J.:* Lo que es sardana i com se balla, 1923. *Capmany, A.:* Come es balla la sardana, 1924. *Llongueras, J.:* Per la nostra sardana, 1933. *Capmany, A.:* La sardana a Catalunya, 1948. *Besseler, H.:* Katalonische Cobla und alta Tanzkapelle, in: Kongreß-Bericht Basel 1949, S. 59 ff. *Bernard, N.:* De sardana, in: Mens en Melodie, VI, 1951. *Miracle, J.:* Libre de la Sardam, 1953. *Pepratx-Saisseret, H.:* La sardane, Perpignan 1956. *Leroy, A.-Holden, R.:* The Mathematics of the Sardana, in: Folk Musician and Singer, vol. 8, 1963, No. 1, S. 12 ff., No. 2, S. 30 ff.

Sardanapal. ↗Ballett in vier Akten und sechs Szenen von Paul ↗Taglioni, Musik von Peter Ludwig ↗Hertel. Es wurde am 24. April 1865 am königlichen Opernhaus Berlin uraufgeführt. Im selben Jahr folgte eine Aufführung in Wien mit der Musik von A. F. ↗Doppler und Hertel. Es war auch das erste Ballett, das im neuen Hofoperntheater in Wien inszeniert wurde (1869).

1788 führte Dominique ↗Ballon ein Sardanapal-Ballett in Venedig auf. 1908 wurde dieses großartige Ausstattungsballett von J. Schlar für Berlin umgearbeitet. Dem Ballett liegt die Geschichte des legendären Königs von Assyrien zugrunde.

Sarhul-Tanz. ↗Indischer Tanz, ein Kriegstanz der drawidischen Uraon aus dem Gebiet von Chota Nagpur. Er wird von Männern und Frauen ausgeführt. Sie bilden nebeneinander zwei oder drei Reihen. Die Frauen nehmen einander an den Händen und gehen stampfend vorwärts, nach vier Schritten schwingen sie ein Bein hoch, die Männer nähern sich ihnen, entfernen sich wieder, schließlich bilden alle einen großen Kreis. (↗Waffentänze).

Lit.: *Rebling, E.:* Die Tanzkunst Indiens, 1981, S. 74.

Sarmate. Tschechischer Tanz aus der Zeit um 1800, ein Tanz sehr ungestümer Form, aus dem ↗Kosatschek gebildet. (↗Tschechische Volkstänze)

Lit.: *Waldau, A.:* Geschichte d. böhmischen Nationaltanzes, 1861, S. 229.

Sasa. Gruppentanz aus Samoa, der zu den wilden Rhythmen einer Trommel ausgeführt wird. Charakteristisch sind schnelle Schritte mit Aufschlagen der Fersen auf dem Gesäß, plötzliche Richtungswechsel, Ausdauer, Lebendigkeit und die Anmut der Tänzerinnen. An der Seite der Tanzgruppe erscheint traditionsgemäß auch ein Schauspieler, dessen zügelloser mimischer Kommentar ein besonderer Höhepunkt des Tanzes ist. (↗Naturvölker)

Lit.: *Dean, B.:* South Pacific Dance, 1978, S. 84.

Satanella oder Metamorphosen. ↗Ballett in einem Akt von Paul ↗Taglioni, Musik von Peter Ludwig ↗Hertel und C. ↗Pugni. Es wurde am 28. April 1852 am königlichen Opernhaus in Berlin uraufgeführt. Ab 1853 folgten 40 Jahre hindurch Aufführungen in Wien. Eine frühere Fassung von Taglioni wurde 1850 in Her Majesty's Theatre in London gebracht. Das Libretto basiert auf Cazottes „Diable amoureux".

Lit.: *Beaumont, C. W.:* "Les Metamorphoses", in: Complete Book of Ballets, London 1951.

Šáteček (Šátečková = das Tüchlein). Tschechischer Volkstanz im 3/4-Takt (3/4-Walzertempo), der in seiner Form dem ↗Polsterltanz ähnlich ist. Tänzer und Tänzerin halten ein Tüchlein in der Hand. (↗Babbity Bowester, ↗Tschechische Volkstänze, ↗Tüchltanz)

Lit.: *Waldau, A.:* Böhmische Nationaltänze, 1958, Bd. 1, S. 51. *Burchenal, E.:* Folk-Dances from Old Homelands, 1922, S. 73 f. *Hoerburger, F.-Rupp, J.:* Deutsch-slawische Wechselbeziehungen im Volkstanz, 1957, S. 27.

Satie, Erik Alfred Leslie. Französischer Komponist, geb. 17. Mai 1866 in Honfleur (Calvados), gest. 1. Juli 1925 in Paris. Er schrieb die Ballette: „Parade", komponiert 1916, uraufgeführt durch die ↗Ballets Russes am 18. Mai 1917 auf der Bühne des Châtelet, Paris, in der Choreographie von ↗Massine. 1920 entstand „La Belle Exentrique", 1924 „Mercure" und das aufsehenerregende von Jean ↗Börlin choreographierte Ballett „Relâche" nach einem Libretto von F. Picabia und mit einem filmischen Zwischenakt von René Clair. 1926 wurde in Paris die ↗Pantomime „Jack in the Box" in der Choreographie von G. ↗Balanchine aufgeführt.

Saturnalien heißt das Fest zu Ehren des römischen Gottes Saturn. Es wurde am 17. Dezember, später in der Woche vom 17. bis 23. Dezember in der Art eines Karnevals gefeiert. Die Herren und Sklaven vertauschten dabei ihre Kleidung. (↗Goosey dancing)

Satyrn (Satyroi) hießen in der griechischen Mythologie die ausgelassenen, lüsternen Begleiter des ↗Dionysos, dämonische Wesen von halbtierischer Gestalt und sinnlichem Charakter, der sich besonders in ihren den Böcken ähnlichen Tanzsprüngen ausdrückte. Ihr Treiben verband sich oftmals mit dem Tanz der ↗Mänaden. Zu ihrem Geschelcht gehörten auch die Silenen. Bei den Griechen galten die Satyrn als Erfinder der sogenannten dramatischen Tänze, wie ↗Emméleia, ↗Kordax und ↗Sikinnis. Angeblich haben sie diese Tänze als Begleiter des Dionysos getanzt und nach ihren Eigennamen benannt. Das bei den Hellenen auf die tragische Trilogie folgende Satyrspiel hat von den Satyrn seinen Namen, die dabei den tanzenden Chor bildeten. Immer wieder neue Motivierungen erfanden die griechischen Dichter, um die im Mythos wenig verankerten und hauptsächlich nur in Verbindung mit dem Dionysos-Dienst stehenden Satyrn auf die Bühne zu bringen. Die dabei von den menschlichen Satyrn einzeln oder im Chor vorgetragenen Tänze übersteigerten in ihrer derb-grotesken Art alle vorstellbaren Maße an Beweglichkeit.

Lit.: *Sachs, C.:* Eine Weltgeschichte d. Tanzes, 1933. *Brommer, F.:* Satyroi, 1937. *Buschor, E.:* Satyrtänze u. frühes Drama, in: Sitzungsberichte d. Bayerischen Akademie d. Wissenschaften, Phil. hist. Abtlg., Jg.

1943, H. 5. *Koller, H.:* Musik u. Dichtung im alten Griechenland, 1963, S. 102 ff. *Lawler, L. B.:* The Dance in Ancient Greece, 1964.

Sauguet, Henri. Französischer Komponist, geb. 18. Mai 1901 in Bordeaux. Er schrieb die Musik zu folgenden Balletten: „Les Roses“ für L. ↗Massine, 1924; „La Chatte“ für S. ↗Diaghilew, 1927; „David“ für Ida ↗Rubinstein, 1928; „Près du Bal“, 1929; „La Nuit“ für S. ↗Lifar, 1929; „Fastes“, 1933; „Le Dompteur dompté“, 1935; „La Cigale et la Fourmi“, 1941; „Cartes Postales“, 1941; „Les Mirages“, 1943; „Les Forains“, 1945; „La Rencontre“ für D. ↗Lichine, 1948; „Les Saisons“ für D. Lichine, 1951; „Pas de Deux Classique“, 1952; „Cordélia“ für J. ↗Taras, 1952; „Songes Romantiques“ für Lycette ↗Darsonval, 1954; „Le Caméléopard“ für J. ↗Babilée, 1956; „La Dame aux Camélias“, 1957; „Les Cinq Etages“, 1957/58; „La Solitude“, 1959; „La Zébu du Zoo“, 1959; „L'As de Coeur“, 1960; Paris, 1964; „L'imposteur ou Le prince et le mendiant“, 1965; außerdem schuf er die Musik zur choreographischen Kantate „Plus loin que la nuit et le jour“ für Tenor und gemischten Chor ‚a cappella', Bordeaux 1961.

Sauhaltertanz. ↗Volkstanz aus den deutschen Sprachinseln des Ostens (Donauschwaben). Er geht vermutlich auf den ungarischen ↗Kanásztánc zurück. Im deutschen Sprachgebiet ist er mit vielen Abarten vertreten. (↗Spanltanz)

Lit.: *Horak, K.:* Der Volkstanz in d. schwäbischen Türkei, in: Deutsches Archiv f. Landes- u. Volksforschung, Jg. 2, 1938, S. 854. *Horak, K.:* Beitrag zur Volkstanzforschung in d. deutschen Siedlungen Ungarns, in: Neue Heimatblätter, Jg. 2, 1937, S. 283 ff.

Saulocker. ↗Deutscher Volkstanz aus Bayern. Seiner musikalischen Form nach ist er ein ↗Zwiefacher. Es wechseln jeweils zwei Drehertakte ($^{2}/_{4}$-Takt) mit zwei Walzertakten ($^{3}/_{4}$-Takt). Die Tanzbezeichnung ist dem Landleben entnommen und steht in keinem Verhältnis zu Inhalt und Form der Melodie und der Tanzausführung, wohl aber zu einer gelegentlichen Textunterlage.

Lit.: *Bauer, A.:* Vierzig bayerische Tänze, in: Zeitschrift f. Musikwissenschaft, Jg. 8, 1925, H. 1, S. 25. *Junk, V.:* Die taktwechselnden Volkstänze, 1938, S. 72. *Burkhardt, L.:* Die Zwiefachen – taktwechselnde Tänze, 1961, S. 8. *Schützenberger, E.-Derschmidt, H.:* Spinnradl, II. Folge, 1974, S. 8.

Sautanz. ↗Österreichischer Volkstanz. In Tirol wird er als einfache Form des ↗Neubayrischen getanzt, im Pinzgau (Salzburg) wird der ↗Jägermarsch so genannt.

Lit.: *Zoder, R.:* Altösterreichische Volkstänze, Teil 3, Nr. 8, 1932. *Wolfram, R.:* Die Volkstänze in Österreich u. verwandte Tänze in Europa, 1951, S. 141. *Horak, K.:* Tiroler Volkstanzbuch, 1974, S. 22 f. *Peter, J.:* Salzburger Tänze, 1975.

Saut basque. ↗Baskischer Tanz im schnellen $^{2}/_{4}$- oder $^{4}/_{4}$-Takt, heiteren Charakters. Er gilt als der volkstümlichste Tanz der Basken und wird nur von Männern getanzt. Vermutlich ist er rituellen Ursprungs. – **Saut de basque** bezeichnet im klassischen ↗Ballett eine Schrittform, bei der aus der 5. ↗Position das vordere Bein hoch über vorne zur Seite geführt und daraufgesprungen wird. Das andere Bein wird noch während des Sprungs von seit über vor hochgeführt. (↗Pas de Basque)

17. Jh.

Lit.: *Gallop, R.:* A Book of the Basques, 1930. *Raab, R.:* Lexidion f. d. Ballett, s. a.

Sauteuse. ↗Französischer Volkstanz mit Hüpfschritten, der zur Gruppe der ↗Wechselhupftänze gehört und bewegungsmäßig dem österreichischen ↗Strohschneider ähnlich ist. Die Sauteuse bourguignonne ist ein reiner Männertanz, die Sauteuse aus der Languedoc ein ↗Paartanz. Die Tanzmelodie steht im $^{2}/_{4}$-Takt. Als ↗Hopser scheint die Sauteuse unter den Volkstänzen Vorarlbergs auf.

Lit.: *Arma, E.:* Entrez dans la danse, 1943. *Zoder, R.:* Alte Volksmelodien aus Vorarlberg, in: Volkskundliches aus Österreich u. Südtirol, 1947, S. 310 ff.

Sautreiber. ↗Österreichischer Volkstanz aus dem Unterinntal, Tirol, ein ↗Paartanz im Kreis. Die Aufstellung erfolgt im Stirnkreis zueinander ohne Handfassung, die Tänzer innen. Die Tanzbewegungen, Aufstampfen, Händeklatschen, Drohen mit dem Zeigefinger und Verbeugung zueinander, verweisen diesen Tanz in die Gruppe der ↗Judenpolka. Die Tanzweise im 2/4-Takt ist zweiteilig. Der zweite Teil hat Polkatempo. (↗Styriana, ↗Spitzbuampolka, ↗Tuschpolka)

Lit.: *Horak, K.:* Der Sautreiber. Ein Volkstanz aus d. Unterinntal in Tirol, in: Das deutsche Volkslied, Jg. 36, 1934, S. 14 f. u. in: Tiroler Heimatblätter, Jg. 12, 1834, S. 292 f. *Horak, K.:* Tiroler Volkstanzbuch.

Savar-bazi. ↗Persischer Tanz. Der Name bedeutet soviel wie Reitspiel. Ähnlich wie beim ↗Chub-bazi-Tanz wird er von zwei Männern ausgeführt, die aber hier auf Pferden sitzend miteinander kämpfen.

Lit.: *Tschakert, J.:* Wandlungen persischer Tanzmusikgattungen unter westlichem Einfluß, in: Beiträge zur Ethnomusikologie, Bd. 2, S. 18.

Sborinka. ↗Bulgarischer Tanz aus der Dobrudscha. Ursprünglich war dieser Tanz nur für Männer bestimmt als Gegenstück zu dem ehemaligen Mädchentanz ↗Raka. Die Tanzenden nehmen im Halbkreis Aufstellung und fassen bei gebeugten Armen einander an den Händen. Die Tanzmelodie steht im 2/4-Takt.

Lit.: *Schmolke, A.-Langhans, H.:* Europäische Tänze, H. 12, 1974, S. 20 f.

Scambiata ↗Cambio.

Scapino Ballet. Dieses niederländische Ballettensemble in Amsterdam wurde 1945 von Hans Snoek (Pseudonym der niederländischen Tänzerin Johanna R. de Vries-Snoek, geb. 1906) gegründet. Die Aufführungen des nach dem Harlekin (Scapino) benannten Ensembles wenden sich vor allem an Kinder und Jugendliche. 1970 wurde A. Verstegen der künstlerische Direktor, ihm folgte A. Navarro.

Scaramuzza. ↗Italienischer Volkstanz aus dem 17. Jh., nach R. Voß im 2/4-Takt stehend und nur von einer Person ausgeführt. (↗Schirazula-Marazula)

Lit.: *Voß, R.:* Der Tanz u. seine Geschichte, 1869, S. 370. *Böhme, F. M.:* Geschichte d. Tanzes in Deutschland, 1886.

Scarpetta (la). Schweizer Volkstanz, ein ↗Paartanz in Reihen im 2/4-Takt. Die Aufstellung erfolgt in vier Reihen. Alle Burschen stehen in den beiden inneren Reihen (2. und 3. Reihe) mit einem Schritt Abstand, Rücken gegen Rücken. Alle Mädchen stehen in den beiden äußeren Reihen (1. und 4. Reihe) mit Front gegen die Burschen in einem Abstand von vier Schritten. Die Burschen haben die Arme vor der Brust gekreuzt, die Mädchen den Rock gefaßt. (↗Schweizer Volkstänze)

Lit.: *Anonym:* Schweizer Tänze, Blatt Nr. 7, 1941.

Schäfertänze. Die Tänze der Schäfer und Hirten sind uralt. Schon das antike Griechenland kannte einen „Tanz der Kuhhirten“, den ↗Bukolismos. Als Überreste altgermanischer Opferfeste finden sie sich im Mittelalter und bis ins 19. Jh. Meist wurden solche Schäfertänze am Ende der Ernte als Volksfeste abgehalten. So kamen in Rothenburg ob der Tauber einmal im Jahr die Schäfer zusammen und hielten im Verein mit den Bürgersleuten den großen Schäfertanz ab, den besonders kunstvolle Figuren auszeichneten und der von einem Oberschäfer geleitet wurde. Es mag dabei nicht immer sehr dezent zugegangen sein, denn 1638 wurde er von kirchlicher Seite beanstandet: „Bei den Schäfertänzen ist sonderlich alle Leichtfertigkeit und schandbare Entgleisung gänzlich abzuthun!“ hieß es an einer Stelle in der „Cynosura ecclesiastica“. (↗Huettanz, ↗Jakobitanz der Hirten, ↗Kühtanz, ↗Kumanentänze)

Lit.: *Böhme, F. M.:* Geschichte d. Tanzes in Deutschland, 1886, S. 174. *Cunz, R.:* Deutsches Volkstanzbuch, 1938, S. 53 f. *Au, H. v. d.:* Das Patschen im Volkstanz des rhein-mainischen Raumes, in: Deutsche Liederkunde, Bd. 1, 1939, S. 195. *Kaposi, E.-Maácz, L.:* Magyar népi táncok és táncos népszokások, 1958, S. 50 ff.

Schäfflertanz heißt der ↗Zunfttanz der Böttcher, der in bayrischen Chroniken schon 1463 erwähnt ist, in der sächsischen Lausitz in Bautzen aber bereits 1412 genannt wird. Der Schäfflertanz hat Reiftanzform und ist in manchen Figuren dem ↗Schwerttanz verwandt. An die Stelle der Waffen treten grünumwobene Halbreifen. Der bekannteste und letzte Vertreter dieser Tanzspiele ist der Münchener Schäfflertanz.

Nach der schweren Pest des Jahres 1517 versuchten die Münchner Böttcher nebst den Metzgern (↗Metzgersprung) mit ihrem alten Handwerksbrauch des Schäfflertanzes, das durch das große Sterben zerrüttete Volk wieder lebensfroher zu stimmen. Zur Erinnerung an diese Pestzeit und ihre Beendigung gelobte die Zunft der Böttcher (Schäffler), alle sieben Jahre dieses aus tiefster Not entstandene Tanzspiel vor den Häusern bekannter Bürger und Herrschaften zu wiederholen. Dieser Brauch hat sich bis in unsere Zeit hinein erhalten. Kunstvoll sind die Formen und Bewegungen des Tanzes, dessen schönste Figur die sogenannte Krone ist. Die Tänzer, 24 an der Zahl, kommen, in der Regel von den Fahnenträgern der Schäfflerzunft angeführt, geschlossen in Zweierreihen anmarschiert oder stellen sich gleich in Zweierreihen vor Beginn des Tanzes auf. Jeder trägt einen mit präparierten Buchsbaumblättern überzogenen Halbreifen, den er bei der Aufstellung über den Kopf hält. Bekleidet sind die Tänzer mit grünen oder schwarzen Samtroben, weiß ausgeschlagenen Westen, weißem Barett, schwarzer Krawatte, roter Schärpe mit anhängenden Ledertäschchen, schwarzer Kniehose, weißen Strümpfen und schwarzen Schnallenschuhen. Zwei Tänzer sind als Hans-Kasperl kostümiert. Die früheste Musik des Schäfflertanzes ging nach der Melodie des Liedes „Gretel in der Butten". Der Schäfflertanz war nicht nur in Süddeutschland sehr verbreitet, auch Österreich ist reich an seinen Formen. Zu seinen ausdrucksvollsten Arten gehört der ↗Reiftanz der Hüttenberger Bergknappen. (↗Bügeltanz)

Lit.: *Baumgartner, A.:* Der Schäfflertanz in München, 1830. *Mayer, A.:* Der Schäfflertanz u. d. Metzgersprung, 1965. *Angerstein, W.:* Volkstänze im deutschen Mittelalter, in: Sammlung gemeinverständlicher wissenschaftlicher Vorträge, III. Serie, 1868/69, H. 49/72, S. 7. *Czerwinski, A.:* Brevier d. Tanzkunst, 1879, S. 55. *Böhme, F. M.:* Geschichte d. Tanzes in Deutschland, 1886. *Sepp:* Der Schäfflertanz u. sein unvordenkliches Alter, 1895. *Griedner, O.:* Der Schäfflertanz, in: Zeitschrift ‚Das Bayerland', Jg. 11, 1900, S. 281 ff. *Anonym:* Schäfflertanz u. Metzgersprung. Ihre Entstehung, in: Österreichische Gebirgs- u. Volkstrachtzeitung, Jg. 10, 1928, Nr. 4. *Lüers, F.:* Der Schäfflertanz in München, in: Bayerische Wochenschrift f. Pflege v. Heimat u. Volkstum 6, 1928. *Sieber, S.:* Der Schäfflertanz, in: Auer Tagblatt vom 21. 1. 1928. *Spielhofer:* Schäfflertanz, in: Münchener Neueste Nachrichten, Nr. 5, 6, 50, 1928. *Klier, K. M.:* Männertänze aus d. deutschen Volksüberlieferung, 1934. *Kirnbauer, F.:* Über Knappentänze, in: Das deutsche Volkslied, Jg. 37, 1935, H. 5, S. 57 ff., H. 6, S. 75 ff., H. 7, S. 98. *Moser, H.:* Tönende Volksaltertümer, 1935, S. 292, S. 296. *Moser, H. J.:* Brauchtumsmusik aus alten Klaviertabulaturen, in: Das deutsche Volkslied, Jg. 38, 1936, H. 9/10, S. 136 ff. *Wolfram, R.:* Deutsche Volkstänze, 1937, S. 14. *Gugitz, G.:* Eine unbekannte Reiftanzaufführung im alten Wien, in: Jahrbuch d. österreichischen Volksliedwerkes, Bd. 3, 1954, S. 86 ff. *Hoerburger, F.:* Zum Münchener Schäfflertanz, in: Bayerisches Jahrbuch f. Volkskunde, 1958, S. 105 ff. *Kampfhammer, G.:* Münchner Schäfflertanz, Institut f. d. Wissenschaftlichen Film, Göttingen 1972. *Kampfhammer, G.-Lachner, C. J.-Derra de Moroda, F.:* Der Münchner Schäfflertanz, 1976.

Schaftanz. ↗Deutscher Volkstanz aus Ostschlesien im $^2/_4$-Takt. Bursch und Mädel stehen nebeneinander, in die gleiche Richtung blickend, beide Hände übers Kreuz gereicht, so daß die rechte Hand des Burschen die rechte Hand des Mädchens und die linke Hand die linke Hand des Mädchens hält. Während der ersten acht Takte der Tanzmusik hüpfen Bursch und Mädel im Polkaschritt vorwärts. Im zweiten Teil der Melodie stehen sie einander gegenüber, die Hände in die Hüften gestützt. Jeder tanzt für sich im Zweischritt. Der Bursch tanzt rechts herum, das Mädel links herum. Hierauf tanzt der Bursch links herum und das Mädel rechts herum. Am Schluß verbeugen sie sich zueinander.

Lit.: *Lanz, J.:* Ostschlesische Volkstänze, II. Folge, 1931, Nr. 7, S. 27.

Schaltanz. Dieser ostindische Tanz wurde von acht überreich in Gold gekleideten ↗Bajaderen ausgeführt. Von einem Punkt des Tanzplatzes hingen verschiedenfärbige Seidenbänder herab, die von den tanzenden Mädchen zu kunstvollen Figuren verschlungen wurden. Es entstanden dadurch wunderbare Netze (↗Netztanz), die im Tanz wieder aufgelöst wurden. (↗Bandltanz)

Lit.: *Zoder, R.:* Altösterreichische Volkstänze, Teil 2, 1928, S. 13. *Richar, V.:* Der Netztanz in Ostindien, in: Das deutsche Volkslied, Jg. 28, 1926, H. 2/3, S. 39.

Schamane heißt der Zauberpriester und Medizinmann bei den Naturvölkern des ural-altaischen Gebietes, in deren Religionen noch Geisterglaube und Ahnenkult vorherrschen. Der Schamane steht im Ruf, die Natur durch Zaubergesänge zu beherrschen und Krankheiten zu heilen. Vor den religiösen Zeremonien versetzt sich der Schamane durch verschiedene Mittel, von denen der Tanz das vorherrschenste ist, in eine bis zur Raserei gesteigerte Ekstase, um mit den Göttern in Verbindung zu kommen. Er tanzt meist nur allein, entweder um ein Feuer herum oder um den zu heilenden Kranken. (↗Derwischtanz)

Lit.: *Winther, F. H.:* Der heilige Tanz, 1923, S. 101. *Schebesta, P.:* Schamanentänze u. Beschwörungen bei d. Kubu, in: Der Erdball, Jg. 2, 1928, H. 7, S. 254 ff. *Findeisen, H.:* Schamanentum in Nordsibirien, 1929, H. 9, S. 338 ff. *Sachs, C.:* Eine Weltgeschichte d. Tanzes, 1933.

Schamerthaler. ↗Deutscher Volkstanz, der in der Oberpfalz im 19. Jh. heimisch war. Er gehört zu der bei den Bauern der Oberpfalz üblichen Tanzform der ↗Eintreter, die im Wechsel von ↗Schleifer und ↗Dreher besteht. Auch beim Schamerthaler folgten auf vier Takte Schleifer drei Takte Dreher. (↗Zwiefache)

Lit.: *Böhme, F. M.:* Geschichte d. Tanzes in Deutschland, 1886. *Seywald, G.:* Die „Zwiefachen" – altes deutsches Volksgut, in: Die ostbairischen Grenzmarken, Jg. 15, 1926, H. 1, S. 14.

Scharer oder Schartanz. Dieser bäuerliche ↗deutsche Volkstanz aus dem 16. Jh. hat sich lange Zeit erhalten und war noch bis übers 19. Jh. hinaus im bayerischen Hochland als ein ↗Hochzeitstanz zu Ehren des Bräutigams anzutreffen. Sein Charakteristikum bestand darin, daß eine gewisse Anzahl von Tanzpaaren, meist nicht mehr als vier, den Tanz ausführten. Während ihres Tanzes mußten die anderen Paare warten und durften erst zu tanzen beginnen, nachdem die erste Schar ihren Tanz beendet hatte. Dabei gehörte es zum besonderen Vergnügen der gerade tanzenden Paare, den Tanz bei den Musikern oft aufzuzahlen und so die wartenden Paare recht lange hinzuhalten.

Heckels Lautenbuch 1562

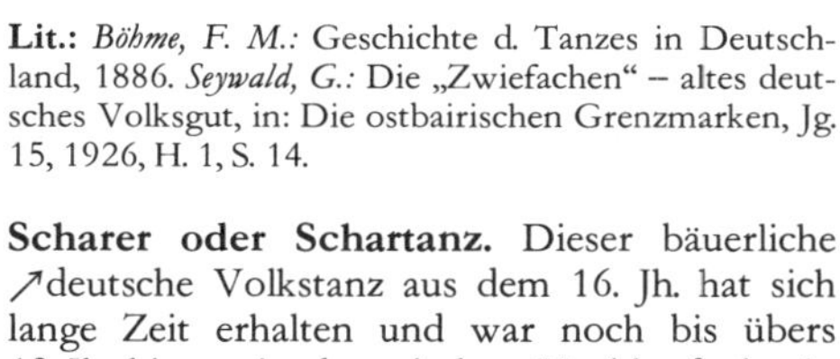

Lit.: *Böhme, F. M.:* Geschichte d. Tanzes in Deutschland, 1886, S. 56.

Scharutscha. Österreichische Volkstanzform des um die Jahrhundertwende beliebten ↗Gesellschaftstanzes ↗Sir Roger.

Lit.: *Schunko, F.:* Ein „Sir Roger" aus d. Buckligen Welt (Niederösterreich), in: Jahrbuch d. österreichischen Volksliedwerkes, Bd. 9, 1960, S. 9 ff.

Schaufuss, Frank. Dänischer Tänzer, geb. 13. Dezember 1921 in Kopenhagen. Er studierte an der Königlich Dänischen Ballettschule und bei B. Bartholin. Von 1940 bis 1941 tanzte er beim Niels Björn Larsen Ballett und von 1941 bis 1947 beim ↗Königlich-Dänischen Ballett. 1949 wurde er Solotänzer, und von 1956 bis 1968 war er ↗Ballettmeister. Nach seinem Abschied von der tänzerischen Laufbahn im Jahre 1970 gründete er die Dänische Ballettakademie in Kopenhagen, aus der das Dänische Balletthetater hervorging, das bis 1973 bestand. Sein Sohn **Schaufuss Peter,** geb. 26. April 1949 in Kopenhagen, studierte an der Königlich-Dänischen Ballettschule und schloß sich 1965 dem Königlich-Dänischen Ballett an. Als Gast tanzte er beim National Ballet of Canada, Ballett in Zagreb, ↗London Festival Ballet, Pittsburgh Ballet, Frankfurt Ballett und San Francisco Ballet. Ab 1974 war er 1. Tänzer beim ↗New York City Ballet.

Lit.: *Kragh-Jacobsen, S.:* Frank Schaufuss, in: 20 Solodancers of the Royal Danish Ballet, 1965. *Maynard, O.:* Peter Schaufuss, in: Dance Magazine, September 1974. *Hodgson, M.:* Peter Schaufuss. Fulfills a Dream', in: Dance News, Februar 1975.

Schaukelwalzer. Diese Walzerform kann als eine Abart des ↗Walzers bezeichnet werden, die in der 2. Hälfte des 19. Jh. im deutschen Karneval zur Aufführung kam. Sie bestand in einem Hin- und Herwiegen, Drängen und Fortschieben der eingehenkten Tänzerreihe.

Lit.: *Böhme, F. M.:* Geschichte d. Tanzes in Deutschland, 1886, S. 219 f.

Schayk, Toer van. Niederländischer Tänzer, Ballettausstatter und ↗Choreograph, geb. 28. September 1936 in Amsterdam. Er studierte bei Sonia ↗Gaskell und trat 1955 in deren Ballet Recital Company ein. Ab 1959 studierte er auch Malerei und Bildhauerei an der Kunstakademie in Den Haag. Von 1955 bis 1959 betätigte er sich als Maler und Bildhauer. 1965 holte ihn R. von ↗Dantzig als Tänzer und Ausstatter zum ↗Niederländischen Nationalballett. Er tanzte in zahlreichen Balletten von R. von Dantzig, die er auch selbst ausstattete. Als Gastchoreograph wirkte er auch in Frankfurt/M.

Scheherazade. Nach dieser sinfonischen Suite in 4 Sätzen aus „Tausend und eine Nacht" von ↗Rimsky-Korsakow schuf Alexander ↗Benois ein Libretto. Am 4. Juni 1910 wurde das Werk durch ↗Diaghilews Ballets Russes an der Pariser Oper nach einer ↗Choreographie von Michael ↗Fokine uraufgeführt. In den Hauptrollen tanzten Ida ↗Rubinstein (Zobeide), Waslaw ↗Nijinsky (Lieblingssklave) und Enrico ↗Cecchetti (Obereunuch). Am 17. Juni 1950 kam am Kleinen Opern- und Balletttheater Leningrad eine Neufassung dieses Werkes zur Aufführung. Das Libretto verfaßte A. Chandomirowa, die Choreographie schuf Nina Anissimowa.

Scheibe, Joachim. Deutscher Tänzer, Ballett-Theoretiker und Lehrer, geb. 1910 in Wiesbaden. Er studierte am Staatstheater Wiesbaden, war Schüler von V. ↗Gsovsky, debütierte bei Max Reinhardt und tanzte unter Bronislava ↗Nijinska bei den ↗Ballets Russes. Im Jahre 1932 wechselte er zu ↗Balanchines „Ballets 1933" über. Von 1934 bis 1950 war er als Solotänzer in Danzig und an den Opernhäusern in Hamburg, Stuttgart und Berlin tätig. Als die Ostberliner Staatliche Ballettschule gegründet wurde, ernannte man ihn zum Abteilungsleiter für klassisches Ballett. Studien führten ihn nach Leningrad und Moskau.

Scheidrtanz (Hawertanz). Ein ↗Hochzeitstanz, der in der schwäbischen Türkei sehr beliebt war. Die Hauptregel des Scheidrtanzes bestand darin, daß alles, was ein Vortänzerpaar in Wort, Gebärde und Bewegung ausführte, von den anderen Tanzpaaren unmittelbar nachgemacht werden mußte. Das Vortänzerpaar erfand dabei die ulkigsten Späße. Im Kreis der Tanzpaare stand ein gewählter Richter, dem die Pflicht oblag, die genaue Befolgung der Tanzregeln zu beobachten. Bei Hochzeiten wurde er vor allem von den älteren Eheleuten getanzt.

Lit.: *Basch, F.:* Deutsche Hochzeitstänze in d. Schwäbischen Türkei, in: Deutsch-Ungarische Heimatblätter, Jg. 5, 1933, S. 359. *Zoder, R.:* Der deutsche Volkstanz, in: Deutsches Volkstum in Volksschauspiel u. Volkstanz, 1938, S. 157.

Schembartlaufen ↗Schönbartlaufen.

Scherenschleifertanz. Mimisches Tanzspiel, bei dem die Bewegungen des Scherenschleifens nachgeahmt werden. Die Musik spielt dazu einen ↗Marsch. Bei dieser heiteren Tanzszene ist die mimische Darstellung wichtiger als das Tänzerische. Das Tanzspiel, welches schon im 19. Jh. in Deutschland üblich war, wird heute noch in Österreich bei Faschingsunterhaltungen vorgeführt.

Lit.: *Böhme, F. M.:* Geschichte d. Tanzes in Deutschland, 1886, S. 209. *Zoder, R.:* Altösterreichische Volkstänze, 3. Teil, 1932, S. 29. *Klier, K. M.:* Männertänze aus d. deutschen Volksüberlieferung, 1934. *Novak, A.:* Steirische Tänze, 2. Auflage, 1949, S. 73.

Scheuermann, Lilly (Jakob-Scheuermann). Österreichische Tänzerin, geb. 13. November 1945 in Wien. Im Jahre 1954 begann sie ihr Tanzstudium an der Ballettschule der Wiener Staatsoper. 1961 wurde sie an das ↗Wiener Staatsopernballett engagiert und 1971 zur ↗Coryphée ernannt. In der Folge tanzte sie in vielen ↗Choreographien von Aurel von ↗Milloss.

Scheuertanz (Scheunentanz). Alter deutscher ↗Hochzeitstanz, der in Franken üblich war. Er wurde nach der Trauung in der Scheuer (Scheune) von Braut und Bräutigam und den übrigen Hochzeitsgästen nach der vom Schullehrer gehaltenen Scheuerpredigt getanzt. Anschließend folgte erst das Hochzeitsmahl.

Lit.: *Böhme, F. M.:* Geschichte d. Tanzes in Deutschland, 1886.

Schicktanz. Tanzspiel, das in der Schweiz in der Gegend von Appenzell üblich ist. Es setzt einen überzähligen Tänzer voraus, den sogenannten „Bletzbueb". Die Tanzenden stellen sich paarweise auf. Nach einer Marschmusik beginnen sie im Kreis zu gehen und klatschen dabei in die Hände. Plötzlich hört die Marschmusik auf und ein ↗Walzer beginnt. Wer beim Übergang vom Marsch zum Walzer keine Tänzerin erhascht, wird Bletzbueb.

Lit.: *Tobler, A.:* Der Volkstanz im Appenzellerlande, in: Schweizerisches Archiv f. Volkskunde, Jg. 8, 1905, S. 21 f. *Witzig, L.-Stern, A.:* Volkstänze d. Schweiz, 1941, H. II.

Schiebbock-Tanz. Alter ↗deutscher Volkstanz aus Nordböhmen im $2/4$-Takt. Die Paare nehmen in gewöhnlicher Fassung hintereinander im Kreis Aufstellung, die Tänzer mit Hüftstütz, die Tänzerinnen fassen den Rock. Getanzt wird mit Nachstellschritten, Stampfschritten und einem Hopser-Rundtanz. Der Tanz hat den Namen nach dem Schiebbock, einem Schubkarren ohne Kasten mit Rückenlehne.

Lit.: *König, A.:* Alte Volkstänze aus Nordböhmen, 1955, S. 12.

Schiebetanz. ↗Deutscher Volkstanz im $2/4$-Takt. Er wird von drei Paaren ausgeführt, die in

Kreisform mit dem Gesicht zur Kreismitte Aufstellung nehmen. Getanzt wird mit Schottisch- und Hüpfschritten.

Lit.: *Schultz, W.:* Schüddel de Büx, 1928, S. 16 f.

Schiebertanz. ↗Deutscher Volkstanz im ³⁄₄-Takt. Ausgeführt wird er von vier Paaren, die im Viereck Aufstellung nehmen. Getanzt wird mit Hüpfschritten und ↗Walzer. Die Bewegung ist stark federnd und schwungvoll.

Lit.: *Helms-Blasche, A.:* Bunte Tänze, 1957, S. 76 f.

Schiffer-Holländisch. Alter ↗deutscher Volkstanz aus der Mark Brandenburg. Der Form nach war er eine Art ↗Cotillon von vier Personen getanzt und mit verschiedenen Sprüngen verziert.

Lit.: *Böhme, F. M.:* Geschichte d. Tanzes in Deutschland, 1886, S. 209 f.

Schilling, Tom. Deutscher Tänzer, ↗Choreograph und Ballettdirektor, geb. 23. Januar 1928 in Esperstedt. Er studierte an der Opern-Ballettschule in Dressau, ferner bei Dore ↗Hoyer, Mary ↗Wigman und O. Iljina. Von 1946 bis 1952 tanzte er in Leipzig und von 1953 bis 1956 in Weimar, wo er auch als Choreograph wirkte. Von 1956 bis 1964 war er Ballettdirektor und Chefchoreograph an der Dresdner Staatsoper. Anschließend kam er an die Komische Oper in Ostberlin. Seit 1974 ist er Leiter des Tanztheater-Ensembles und Chefchoreograph mit koordiniertem Ballettdirektor. Er choreographierte auch für das Ballet Classique de France, Ballet de Wallonie, das ↗Wiener Staatsopernballett und verschiedene andere Ensembles.

Lit.: *Köllinger, B.:* Tanztheater-Tom Schilling u. d. zeitgenössische Choreographie, 1983.

Schip moet zeilen. ↗Niederländischer Volkstanz im ⁴⁄₄-Takt. Er wird von acht Paaren ausgeführt, die einander gegenüber in Kreuzform Aufstellung nehmen.

Lit.: *Van der Ven-Ten Benseel, E.-Van der Ven, J.:* De Volksdans in Nederland, 1942, S. 231.

Schirazula-Marazula. In der Orgeltabulatur des Jacob Paix aus dem Jahre 1583 wird dieser Tanz ohne nähere Erklärung erwähnt. F. M. Böhme hält den Namen des Tanzes für eine entstellte Schreibweise des italienischen ↗Scaramuzza.

Lit.: *Böhme, F. M.:* Geschichte d. Tanzes in Deutschland, 1886. *Merian, W.:* Der Tanz in d. deutschen Tabulaturbüchern, 1927, S. 166.

Schirmerdorfer. Sudetendeutscher ↗Volkstanz, benannt nach Schirmendorf, einer Ortschaft im Schönhengstgau, ein ↗Paartanz im Kreis in Schottischform. Die Tanzmelodie steht im ³⁄₄-Takt.

Lit.: *Fladerer, O.:* Die sudetendeutschen Volkstänze, Teil 3 u. 4, Deutsche Volkstänze, H. 5/6, 1930, S. 8/9.

Schiwa. Der indische Gott, der Herr des ↗indischen Tanzes, wird in vielen Gestalten gefeiert, vor allem als Nataraja (Nataradscha), als König der Tänzer. Fast jeder indische Tempel bewahrt seine Bronzestatue als Heiligtum auf. Sein Tanz ist gleich dem unaufhörlichen Rhythmus des Weltalls, Vernichtung und Schöpfung zugleich. ↗Tandawa heißt sein leidenschaftlicher Tanz, der seine Ergänzung im ↗Lasja, dem zarten, anmutsvollen Tanz seiner Gattin Parwati, findet. Diese beiden Tänze, die das Gewaltige, die männliche Kraft und das Zarte, die weibliche Anmut, verkörpern, sind die Grundlage aller anderen indischen Tänze.

Lit.: *Hagemann, C.:* Spiele d. Völker, 1921, S. 37. *Coomaraswamy, A.:* The Dance of Shiva, New York 1924. *Gargi, B.:* Theater u. Tanz in Indien, 1960, S. 38 ff. *Rebling, E.:* Die Tanzkunst Indiens, 1981.

Schlagobers. Heiteres ↗Ballett in zwei Akten. Libretto und Musik von Richard ↗Strauss, komponiert 1922. Die Uraufführung fand am 9. Mai 1924 an der Staatsoper Wien statt. Die ↗Choreographie schuf Heinrich ↗Kröller. Es ist die Geschichte eines Wiener Firmlings. Der Schauplatz des 1. Aktes ist eine Wiener Konditorei, wo Firmlinge mit ihren Paten eingekehrt sind. Die Hauptakteure in der Konditorei sind die Prinzessin Teeblüte, die Prinzen Kaffee und Kakao sowie der kecke Don Zuckero. Der 2. Akt spielt im Zimmer eines durch die süßen Genüsse erkrankten Firmlings. Im Traum erlebt er das bunte Leben am Hof der Prinzessin Pralinee.

Schlangentanz ↗Einwickler.

Schleiertanz. Tänze, bei denen die Tänzerin mit Schleiern bekleidet ist, mit denen sie sich dekorativ oder vielfach auch lasziv enthüllend und verhüllend ausdrucksvoll darstellt, sind schon im antiken Griechenland und im alten Ägypten bezeugt. Man findet sie im Orient, bei den türkischen ↗Odalisken und in Japan. Der alte persische Tanz ↗Dyasmaly, welcher im russischen Aserbaidschan heute noch aufgeführt wird, gab sicherlich Anlaß zu der Geschichte von ↗Salomes Tanz mit den sieben Schleiern und zu vielen ähnlichen Tänzen, die in Teilen des mittleren Ostens aufgeführt wurden. Schleiertänze gehörten auch zum Brauchtum des Mädchens, welches vor dem Mann tanzt, dem sie zum Heiraten verkauft wurde. Bis vor wenigen Jahren wurden solche Tänze noch in den türkisch beeinflußten Teilen Bosniens und Mazedoniens aufgeführt. Schleiertänze nahmen auch Einfluß auf die Entwicklung des ↗Balletts, um die Wende zum 20. Jh. durch die amerikanische Tänzerin Loie ↗Fuller mit ihrem ↗Serpentinentanz. Die Tänze mit Schleiern haben in lasziver Form auch in Revuen und in Kabaretts Eingang gefunden. (↗Bienentanz, ↗Ghazies, ↗Manteltanz)

Lit.: *Lawson, Joan:* Older than the Seven Veils, in: International English, August 1956, S. 19 f. *Baaren, Th. P. van:* Selbst d. Götter tanzen, 1964, S. 125 ff.

Schleifer. Alter süddeutscher Tanztypus, in der Form verschiedener ↗Werbetänze. Der alte Schleifer, oft auch ↗Deutscher genannt, ist seit der Mitte des 18. Jh. bekannt. Um 1750 scheint sein Name in einer nordbayrischen Musikhandschrift auf. Im literarischen Magazin „Bragus" aus dem Jahre 1794 unterschied F. D. Gräter einen engen und einen weiten Schleifer, je nachdem die Melodie im „reißenden 3/8- oder im geschwinden 2/4-Takt ging". Ursprünglich wurde der Schleifer nur von einem Paar getanzt und hatte in Musik und Tanz immer zwei Teile. Er war immer mit einem Tanzlied verbunden. Im ersten Teil warb der Bursch um das Mädel und versuchte, die Fliehende immer wieder einzufangen. Der zweite Teil bildete das Zusammenfinden des Mädels und des Burschen in einem Rundtanz, dem eigentlichen Schleifer. In der gleichen Form konnte der Schleifer auch von mehreren Paaren zugleich ausgeführt werden. In späterer Zeit hat sich die Sinngebung des Schleifers als Werbetanz immer mehr verloren, so daß sich das Werbe-und Sprödespiel seines ersten Teiles mehr und mehr zu einem Herumgehen der Paare vereinfachte, an dem sich als zweiter Teil ein Rundtanz als Hauptform anschloß. In der weiteren Folge verstand man unter dem Schleifer dann überhaupt nur mehr einen dem ↗Ländler und frühen ↗Walzer ähnlichen Tanz. Der in schnellem Tempo ausgeführte ↗Schleifwalzer mag diesem Umstand seine Entstehung verdanken. Als Schleifer wurde auch der bayerische ↗Dreischritt-Walzer bezeichnet. Letzten Endes kommt der Schleifer auch in vielen Volkstanzformen als ↗Nachtanz vor.

Lit.: *Böhme, F. M.:* Geschichte d. Tanzes in Deutschland, 1886. *Wolfram, R.:* Die Frühform d. Ländlers, in: Zeitschrift f. Volkskunde, Bd. V, 1933, H. 2, S. 131/1. *Mahr, O.:* Schleifer, Dreher, Walzer, in: Hessische Blätter f. Volkskunde, Bd. 27, 1939, S. 185 ff. *Goldschmidt, Ae.:* Handbuch d. deutschen Volkstanzes, 1967. *Witzmann, R.:* Der sogenannte „Deutsche Tanz", in: Jahrbuch d. österreichischen Volksliedwerkes, Bd. 25, 1976, S. 105.

Schleifwalzer heißt eine dem alten ↗Schleifer – Rundtanz ähnliche Tanzform des ↗Walzers.

Lit.: *Goldschmidt, Ae.:* Handbuch d. deutschen Volkstanzes, 1967.

Schlemmer, Oskar. Deutscher Maler, Tänzer, Ausstatter und Tanztheoretiker, geb. 4. September 1888 in Stuttgart, gest. 13. April 1943 in Baden-Baden. Er gilt als einer der Pioniere für den sogenannten ↗Abstrakten Tanz, den er mit seinem 1922 in Stuttgart uraufgeführten ↗Triadischen Ballett und ab 1923 als Leiter der Bauhaus-Bühne verwirklichen konnte. Seine ersten Versuche, zu einer eigenständigen Form des Tanzes zu kommen, fielen bereits in das Jahr 1912 in Stuttgart. Zwischen 1916 und 1922 entstanden in Zusammenarbeit mit dem Tänzerehepaar Burger-Hötzel die ersten Entwürfe zu seinem Triadischen Ballett. 1919 beendete Schlemmer seine Studien an der Akademie der bildenden Künste in Stuttgart und wurde im selben Jahr an das staatliche Bauhaus in Weimar berufen. Die ersten Bühnenbild- und Kostümgestaltungen, die Schlemmer an verschiedenen deutschen Theatern und Opernhäusern später fortsetzen konnte, ergaben sich 1921 am Württembergischen Landestheater in Stuttgart, als ihm für die Uraufführung zweier Kurzopern Paul ↗Hindemiths die Ausstattung und Tanzregie übertragen wurde. Im Wintersemester 1929/30 nahm er eine Berufung an die Akademie für Kunst und Kunstgewerbe in Breslau an, anschließend lehrte er an den Staatsschulen für freie und angewandte Kunst in Berlin. 1933 verließ er Berlin und ging dann nach Sehringen bei Badenweiler. Nach der Machtübernahme durch die Nationalsozialisten galt er als entarteter Künstler. (↗Bauhaus-Tänze)

Lit.: *Scheper, Dirk:* Oskar Schlemmer, d. Triadische Ballett u. d. Bauhausbühne, Diss. Wien 1970.

Schlenkerer ↗Schnicker.

Schleunige, Der. Das Verbreitungsgebiet dieses ↗österreichischen Volkstanzes ist das Salzkammergut und zwar jener Teil, der durch die Orte Gmunden, Mitterndorf, Hallstatt, Gosau, Faistenau und Fuschl begrenzt wird. Der Schleunige ist ein Gemeinschaftstanz, der von Burschen und Mädchen ausgeführt wird und mindestens fünf bis sechs Paare erfordert. Seine Tanzmelodien, in den ältesten Aufzeichnungen bis ins 16. Jh. zurückreichend, bestehen aus achttaktigen Teilen im 3/4- oder 3/8-Takt. Man findet sie auch als ↗Ländler, ↗Schleifer, ↗Deutsche oder ↗Steirische bezeichnet. Das Tempo ist, wie der Name des Tanzes schon sagt, „schleunig". An bestimmten Stellen werden zum Tanz auch Vierzeiler gesungen. Der Schleunige ist auch unter anderen Namen bekannt. In der Gegend von St. Gilgen heißt er der ↗Almerische, um Ebensee der ↗Pfannhauserische, in der Ischler Umgebung ↗Trapperl und um den Aber- oder Wolfgangsee ↗Aberseer. Trotz der vielen Spielarten, in denen der Tanz ausgeführt wird, sind für ihn folgende Figuren wesentlich: Gehen der Paare im Tanzkreis, Springen der Burschen, paarweiser Rundtanz, Singen und Paschen, Eindrehen zur Schnecke, Auflösen der Schnecke und der Lauf in einer Kette durchs Haus und wieder zurück zum Tanzplatz, wo meist mit einem paarweisen Rundtanz geschlossen wird. Viele Formen und Bewegungen hat der Schleunige auch mit dem ↗Schwerttanz gemeinsam. (↗Od-země)

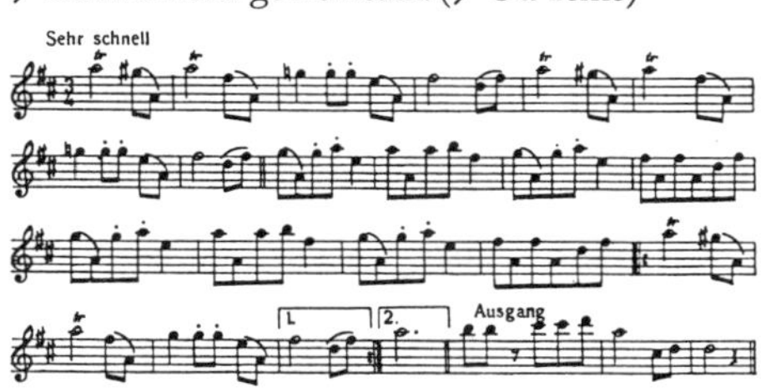

Lit.: *Zoder, R.:* Die Melodien d. Schleunigen-Tanzes, in: Das Deutsche Volkslied, Jg. 43, 1941, H. 5/6, S. 49 ff. H. 7/8, S. 75 ff., H. 9/10, S. 112 ff. *Peter, I.:* Der Schleunige, in: Das Deutsche Volkslied, Jg. 45, 1943, H. 1/2, S. 9 ff., H. 3, S. 32 ff., H. 4/6, S. 52 ff., H. 7/8, S. 77 ff., H. 9/10, S. 101 ff. *Peter, I.:* Schleuniger-Landler-Steirischer im Salzkammergut, in: Das Deutsche Volkslied, Jg. 49, 1948, H. 1/2, S. 10 ff. *Zoder, R.:* Volkslied, Volkstanz, Volksbrauch, 1949, S. 133. *Wolfram, R.:* Die Volkstänze in Österreich u. verwandte Tänze in Europa. *Peter, I.:* Der Schleunige mit vergleichendem Einbezug d. Ländlers u. Steirischen im Salzkammergut, sowie d. Salzburgischen Wicklers, in: Jahrbuch d. österreichischen Volksliedwerkes, Bd. 26, 1977, S. 66 ff. *Kastner, O.:* Das Rätsel d. „Schleunigen", in: Oberösterreichische Heimatblätter, Jg. 32, 1938, S. 112 f. *Wolfram, R.:* Almerischer, Wickler, Landler u. Schleuniger im Lande Salzburg, in: Sänger- u. Musikantenzeitung, Jg. 17, 1974, H. 2, S. 25 ff. *Maritschnig, M.:* Vom Schleunigentanzen, Landlerstampfen, Gstanzlsingen und Nachpaschen, in: Merian 1978, H. 1, S. 80 f.

Schliefer. ↗Österreichischer Volkstanz aus Alm bei Saalfelden, Salzburg. Er gehört zu den sogenannten ↗Kettentänzen und ist in seinen Bewegungen verwandt mit dem ↗Schwerttanz. Die Tänzer reichen dabei einander die Hände, ohne ein ↗Tanzgerät (Schwert oder Reifen und dgl.) als Zwischenglied zu verwenden.

Lit.: *Wolfram, R.:* Die Volkstänze in Österreich u. verwandte Tänze in Europa, 1951, S. 88.

Schlingwalzer. Schweizer Volkstanz, eine volkstümliche Abart des ↗Walzers, in teilweise gelöster Fassung ausgeführt. (↗Schweizer Volkstänze)

Lit.: *Wolfram, R.:* Die Volkstänze in Österreich u. verwandte Tänze in Europa, 1951, S. 148.

Schlööfwalzer. ↗Österreichischer Volkstanz aus Vorarlberg, ein sogenannter ↗Dreiertanz. Ein Tänzer steht zwischen zwei Tänzerinnen. Nach den Tanzbewegungen erweist sich der Schlööfwalzer einerseits als Variante des ↗Gschlööften, anderseits als Bindeglied zwischen diesem und dem ↗Deutschen Umgang.

Lit.: *Horak, K.:* Der Volkstanz in Kleinen Walsertal, in: Jahrbuch d. österreichischen Volksliedwerkes, Bd. 3, 1954, S. 100.

Schlooftanz. ↗Österreichischer Volkstanz aus Vorarlberg, Montafon, Er wird von drei oder vier Paaren getanzt, die einen Kreis bilden. Seiner Ausführung nach könnte dieser Tanz der Rest eines alten ↗Schwerttanzes sein. Eine Abbildung eines solchen alten ↗Kettentanzes, die mit dem Schlooftanz übereinstimmt, bringt Olaus Magnus in seiner „Historia de gentibus septemtrionalibus" aus dem Jahre 1555.

Lit.: *Zoder, R.:* Altösterreichische Volkstänze, 3. Teil, 1932, S. 21 f. *Wolfram, R.:* Schwerttanz u. Männerbund, 1935, S. 164. *Hofer, E.:* Vorarlberger Volkstänze, 1971, S. 34 f.

Schlüpfwalzer ↗Gschlööfte, Der.

Schlunz. ↗Deutscher Volkstanz aus Ostwestfalen. Der Tanz kann im Viereck zu vier Paaren oder von Paaren im großen Kreis getanzt werden. Er besteht aus vier Teilen, und zwar: Kreis, Tore und Platzwechsel, Englische Kette und Kette. Der Name des Tanzes kommt von „schlunzen" = nachlässig sein, schlendern. Der Tanz wird im 3/8-Schritt ausgeführt, das heißt, man tanzt in jedem Takt (3/8-) drei kleine federnde Schritte, der erste wird etwas ausholender als der zweite und dritte ausgeführt.

Lit.: *Schmolke, A.-Langhans, H.:* Europäische Tänze, H. 11, 1972, S. 18 f.

Schlupper. ↗Deutscher Volkstanz, ein ↗Paartanz im 3/4-Takt. Getanzt wird er mit Walzerschritten.

Lit.: *Oetke, H.:* Deutsche Volkstänze, Teil III, 1952, S. 6 f.

Schlupptanz. ↗Deutscher Volkstanz der Donauschwaben, der mit dem jahreszeitlichen Brauchtum zusammenhängt. Die Tanzenden bilden Tore, durch welche die Paare durchschlüpfen. Das ständige Torbilden und Durchschlüpfen kann als Darstellung des Sonnenlaufs sinnbildlich ausgedeutet werden. In Oberösterreich heißt der Tanz ↗Bastkorbflechten. (↗Tortanz)

Lit.: *Horak, K.:* Der Volkstanz in d. schwäbischen Türkei, in: Deutsches Archiv f. Landes- u. Volksforschung, Jg. 2, 1938, H. 4, S. 851. *Wolfram, R.:* Die Volkstänze in Österreich u. verwandte Tänze in Europa, 1951.

Schmelzer, Andreas Anton, geb. 26. November 1653 in Wien, gest. 13. Oktober 1701 ebendort, Sohn von Johann Heinrich Schmelzer, war Violinist an der Wiener Hofkapelle. Nach dem Tod seines Vaters übernahm er die Komposition der „Arie per i balletti" und rückte dadurch zum offiziellen Ballettkomponisten vor. 1693 wurde er von J. J. ↗Hoffer abgelöst.

Schmelzer, Johann Heinrich, geb. um 1623, Ort unbekannt, gest. zwischen 4. Februar und Mitte März 1680 in Prag. Er war Tanzkomponist am Hof Leopold I. und als Konzertmeister Leiter der Instrumentalmusik und „primo Violinista della Capella Cesarea". 1665 wurde er nach dem Tod W. ↗Ebners offizieller Ballettkomponist am Wiener Hof, 1671 Vizehofkapellmeister und am 1. Oktober 1679 Hofkapellmeister. Er schuf Instrumentaltänze aller Art für den Kaiserhof, die er zu ↗Balletten und ↗Suiten vereinigte. Sein Ruhm als Ballettkomponist verbreitete sich vor allem nach der denkwürdigen Aufführung des „Balletto a cavallo" (1667). Zu A. Cestis Festoper „Il pomo d'oro" schrieb er 1667/68 die Ballettmusik.

Lit.: *Wellesz, E.:* Die Ballett-Suiten v. Johann u. Anton Andreas Schmelzer, in: Sitzungsberichte d. Akademie d. Wissenschaften, Bd. 176, 1914. *Nettl, P.:* Zur Vorgeschichte d. süddeutschen Tänze, in: Bulletin de la Société Union Musicologique, Jg. 3, 1923, S. 45 ff. *Nettl, P.:* Wiener Tanzmusik in d. zweiten Hälfte d. siebzehnten Jahrhunderts, in: Denkmäler d. Tonkunst in Österreich, Bd. 56, 1960.

Schmetterlingstanz. ↗Deutscher Volkstanz aus Mecklenburg-Oldenburg, ein ↗Paartanz im 2/4-Takt, gehört seiner Ausführung nach zum sogenannten ↗Schottischen (↗Hackenschottisch). Der Bursch tritt seitwärts hinter das Mädchen, faßt beide Hände und blickt es abwechselnd über die eine oder andere Schulter an. Dabei werden zwischen Schottisch-Schritten auch Hacke-Spitze Bewegungen der Füße eingeschoben.

Lit.: *Helms, A.-Blasche, J.:* Bunte Tänze, 2. Buch, 1919, S. 14 f. *Wolfram, R.:* Deutsche Volkstänze, 1937, S. 26. *Helms-Blasche, A.:* Bunte Tänze wie wir sie suchten u. fanden, 1957, S. 142 f. *Goldschmidt, Ae.:* Handbuch d. deutschen Volkstanzes, 1966.

Schmid, Bernhard der Ältere (auch Schmidt, Schmitt, Fabricius), geb. 1535 wahrscheinlich in Straßburg, gest. 1592 ebendort, war Organist in Straßburg und Verfasser von „Zwey Bücher Einer Neuen Künstlichen Tabulatur auff Orgel und Instrument", Straßburg 1577 bey B. Jobin. Das 2. Buch enthält fünf ↗Passamezzi und 13 kurze Tänze.

Lit.: *Merian, W.:* Der Tanz in d. deutschen Tabulaturbüchern, 1927.

Schmid, Bernhard der Jüngere, geb. 1. April 1567 in Straßburg, gest. wahrscheinlich 1625 ebendort, war der Sohn von ↗Schmid, Bernhard, dem Älteren, und auch dessen Nachfolger als Organist in Straßburg. Von ihm stammt ein „Tabulaturbuch Von allerhand außerlesenen Schönen lieblichen Praeludijs, Toccaten, Motetten, Canzonetten, Madrigalen und Fugen von 4, 5 und 6 Stimmen: deßgleichen künstlichen Passomezen und Gagliarden". Straßburg 1607, L. Zetzner. Es enthält zwei ↗Passamezzi und 12 ↗Galliarden.

Lit.: *Merian, W.:* Der Tanz in d. deutschen Tabulaturbüchern, 1927.

Schmidt, Leopold. Bedeutender österreichischer Volkskundler und Wissenschaftler, geb. 15. März 1912 in Wien, gest. 12. Dezember 1981 ebendort. Zum ↗Volkstanz und zur Volksmusik verfaßte er folgende Schriften: Zum Spinnradltanz, in: Das deutsche Volkslied, Jg. 35, 1933, H. 1/2, S. 3 ff.; Der Eiertanz, in: Das deutsche

Volkslied, Jg. 48, 1947, H. 1/2, S. 26 ff.; Verbreitungskarten von Volkslied, Volkstanz und Volksschauspiel für Niederösterreich, in: Jahrbuch des österreichischen Volksliedwerkes, Bd. 8, 1959, S. 124 ff.; Spätmittelalterliche Volksmusik in Kärnten und seinem Umland, in: Österreichische Musikzeitschrift, Jg. 25, 1970, H. 9, S. 516 ff.; Zeugnisse zur Geschichte des Tanzes in Niederösterreich, in: Jahrbuch des österreichischen Volksliedwerkes, Bd. 31, 1982, S. 9 ff.

Schmied. ↗Deutscher Volkstanz, der von der zweiten Hälfte des 18. Jh. bis ins 19. Jh. in den deutschen Sprachinseln des Ostens üblich war. Er ist ein ↗Paartanz im Kreis und gehört zur Gruppe der ↗Wechselhupftänze. Er stimmt mit den in Deutschland als ↗Herr Schmiedt, ↗Hühnerscharre und ↗Strohschneider bezeichneten Tänzen überein. Die Tanzmelodie im 2/4-Takt besteht aus zwei Teilen. Der erste Teil hat 12 Takte, der schnellere zweite Teil achte Takte. Die Ausführung des Tanzes, welche die Arbeit des Schmieds nachahmt, wird oftmals auch von einem Tanzlied begleitet, das auf die Tätigkeit dieses Handwerks Bezug nimmt. (↗Stiefelknechtsgalopp)

Lit.: *Fladerer, O.:* Deutsche Volkstänze aus verschiedenen Gauen, H. 1, 1927, S. 4 f. *Horak, K.:* Der Volkstanz in d. schwäbischen Türkei, in: Deutsches Archiv für Landes- u. Volksforschung, Jg. 2, 1938, H. 4, S. 840. *Horak, K.:* Der Volkstanz in d. Batschka, in: Deutsche Liederkunde, Bd. 1, 1939, S. 213. *Au, H. v. d.:* Heit is Kerb in unserm Dorf, 1954, Nr. 24, S. 29 f. *Horak, K.:* Donauschwäbische Volkstänze, 1954, S. 20.

Schmied-Bauer. ↗Deutscher Volkstanz aus Bayern, ein ↗Zwiefacher mit Taktwechsel 2/4 – 3/4 – 4/4.

Lit.: *Bauer, A.:* Sechzig bayerische Tänze, in: Zeitschrift f. Musikwissenschaft, Jg. 12, 1930, H. 5, S. 299 ff. *Junk, V.:* Die taktwechselnden Volkstänze, 1938, S. 81.

Schmiede-Michel. ↗Deutscher Volkstanz aus der Mark Brandenburg um die Wende zum 19. Jh. Die Tanzpaare standen in der Form eines ↗Contratanzes in der Reihe einander gegenüber. Sie reichten einander die Hände und hielten sie hoch empor. Das erste Paar tanzte durch die erhobenen Hände, die anderen Paare folgten. Wenn alle Paare durchgetanzt hatten, begann das letzte Paar den Tanz von neuem, nur wurde das Tempo des Tanzes mit jedem neuen Beginn immer rascher bis zum tollsten Trubel. Die Musik im 2/4-Takt bestand nur aus vier Takten, die immer wiederholt wurden.

Lit.: *Böhme, F. M.:* Geschichte d. Tanzes in Deutschland, 1886.

Schmoller. Deutscher ↗Paartanz aus dem 15./16. Jh. Tänzer und Tänzerin tanzten, ohne einander die Hände zu reichen, drehend nebeneinander, wobei sie einander gleichsam „schmollend“ den Rücken zukehrten. Am Schluß umfaßten sich die Paare, küßten einander und stellten so die Versöhnung wieder her. Der Tanz wurde oft als Beschluß von Hochzeitsfeierlichkeiten aufgeführt.

Lit.: *Bergemann:* Schlesische Modetänze im Jahre 1406, in: Allgemeines Archiv f. d. Geschichtskunde d. Preußischen Staates, Bd. I, 1830, S. 280. *Angerstein, W.:* Volkstänze im deutschen Mittelalter, in: Sammlung gemeinverständlicher wissenschaftlicher Vorträge, III. Serie, Heft 49/72, 1868/69, S. 16. *Böhme, F. M.:* Geschichte d. Tanzes in Deutschland, 1886, S. 62, 323.

Schnadahüpf(e)l. Bezeichnung eines kurzen aus vier Zeilen bestehenden gereimten Liedchens, das nach ländlerartigen Melodien in den Alpenländern zum Tanz gesungen wird. Viele der Melodien enden mit einem Jodler. Da die Schnaderhüpflmelodien mit dem ↗Ländler verwandt sind, stehen sie im Tripeltakt. In der Regel zählen sie acht Takte. Die harmonische Begleitung bewegt sich nur zwischen Tonika und Dominante.

Lit.: *Böhme, F. M.:* Geschichte d. Tanzes in Deutschland, 1886. *Grasberger, H.:* Die Naturgeschichte d. Schnaderhüpfels, 1896. *Rotter, C.:* Der Schnadahüpfl-Rhythmus, in: Palaestra, XC, 1912. *Commenda, H.:* Der Landla, in: Heimatgaue, Jg. 4, 1923, H. 2, S. 166. *Hoerburger, F.:* Über altbayerische Schnadahüpflweisen, in: Zwiebelturm III/1948, S. 132 ff. *Hoerburger, F.:* Schnadahüpfl – auf türkisch, in: Der Zwiebelturm, 9/1954, S. 101 f.

Schnappsack. ↗Deutscher Volkstanz aus Nordböhmen und Schlesien im 3/4-Takt. Burschen und Mädchen bilden in abwechselnder Reihenfolge einen Kreis. Die Burschen fassen mit der rechten Hand die linke Hand ihrer Tänzerin und wenden sich im Paar gegeneinander. Ausgeführt wird der Tanz mit Hüpfschritten, Schwingen der gefaßten Hände und Rumpfbeugen.

Lit.: *Pallme König, E.:* Der Schnappsack, in: Der Volkstanz, 3. Jahr, H. 4, Januar 1928, S. 31 f.

Schneider, Hannelore. Deutsche Tänzerin, geb. 21. Februar 1921 in Hagen/Westfalen. Sie war Schülerin von Tonia Wojtek (Hannover), Tamara ↗Rauser, Tatjana ↗Gsovsky und Mary ↗Wigman. Ihre weitere Ausbildung erhielt sie an den Meisterstätten für Tanz in Berlin (1937–1940). In den Jahren von 1940 bis 1943 war sie am Landestheater Salzburg und als Solotänzerin am Opernhaus Leipzig engagiert. Von 1943 bis 1945 wirkte sie als Lehrkraft an der Akademie für Musik und darstellende Kunst in Wien. Sie ging auf Tournee mit der Wiener Kammertanzgruppe und gab eigene Soloabende in Wien, Leipzig, Breslau, Prag, Hannover, Osnabrück u. a. 1946 war sie ↗Ballettmeisterin und Solotänzerin der von ihr gegründeten Hannoverschen Kammertanzgruppe, von 1947 bis 1955 Solotänzerin in Osnabrück, Hannover, Göttingen, Aachen und Kassel. 1953 wirkte sie beim Internationalen Tänzerkongreß in Recklinghausen mit. 1955 gründete sie ein eigenes Ballstudio in Stuttgart und leitete Kurse für Tanz und ↗Gymnastik an den Volkshochschulen in Stuttgart und Schorndorf. In den Jahren von 1955 bis 1958 wirkte sie bei den Bayreuther Festspielen mit.

Schneitzhoeffer, Jean-Madeleine. Französischer Komponist, geb. 13. Oktober 1785 in Toulouse, gest. 4. Oktober 1852 in Paris. Er war ein aus dem Elsaß stammender Violinist, der in Paris als Dirigent wirkte und die Musik zu den ↗Balletten „Le Séducteur du village" von François Decombe ↗Albert (1818), „Zémire et Azor" von André Jean-Jaques ↗Deshayes (1824), „La ↗Sylphide" von Filippo ↗Taglioni (1832), „La Tempête" von Jean ↗Coralli (1834) und weiteren drei Balletten schrieb.

Lit.: *Guest, I.:* The Romantic Ballet in Paris, London 1966.

Schnellpolka. Name einer in Österreich üblich gewesenen Form der ↗Polka française. Sie wurde ohne Hüpfen getanzt und führte durch die Beschleunigung des Tempos zum ↗Galopp über.

Lit.: *Zorn, F. A.:* Grammatik d. Tanzkunst, 1887. *Jolizza, W. K. v.:* Die Schule d. Tanzes, 1900.

Schnicker (auch Schlenkerer genannt). ↗Deutscher Volkstanz, eine Form der ↗Polka-Mazurka, wie sie in der Gegend des Odenwaldes (Deutschland) getanzt wird. (↗Lauterbacher)

Lit.: *Au, H. v. d.:* Deutsche Volkstänze, H. 9/10, Hessische Volkstänze, 1931. *Au, H. v. d.:* Das Volkstanzgut im Rheinfränkischen, in: Gießener Beiträge zur deutschen Philologie, Bd. 70, 1939, S. 129 ff. *Au, H. v. d.:* Heit is Kerb in unserm Dorf, 1954, S. 42. *Goldschmidt, Ae.:* Handbuch d. deutschen Volkstanzes, 1967.

Schnittertänze ↗Erntetänze.

Schön dör und stolz. Alter ↗Hochzeitstanz aus Mecklenburg. Er ist eine ↗Quadrille mit zwei Touren von zwei Paaren getanzt. Bei der ersten Tour tanzen die Personen kreuzweise durcheinander (schön dör), bei der zweiten Tour gehen sie die Arme in die Seite gestemmt (stolz) einher.

Lit.: *Czerwinski, A.:* Brevier d. Tanzkunst, 1879, S. 54. *Böhme, F. M.:* Geschichte d. Tanzes in Deutschland, 1886, S. 206.

Schönbartlaufen auch **Schembartlaufen** nach dem Wort „schembart", was so viel wie „bärtige Maske" bedeutet, benannt, hieß die Jahrzehnte hindurch charakteristische Fastnachtslustbarkeit der Nürnberger Metzger. Dieser reigenartige Maskenaufzug wurde 1349 von Kaiser Karl IV. den Nürnberger Metzgern wegen ihrer Tapferkeit und Treue bei der Niederschlagung eines Aufstandes der Zünfte bewilligt. Der Schönbartlauf wurde für gewöhnlich von 24 bis 32 gleichgekleideten Personen ausgeführt. Der von Schalksnarren oder einem Berittenen angeführte Zug bewegte sich zu einem Platz, wo man einen Tanz begann. Nach dem Tanz bewegte sich der Schönbartzug zum Haus des Stadtpfänders oder des Polizeidirektors, wo ein Trunk gereicht wurde. Das auf dem Umzug eingesammelte Geld teilten sich die Teilnehmer des Schönbartlaufes zum Schluß und verzehrten die ihnen geschenkten Fische. Ab 1467 haben auch andere Gesellschaften den Schönbartlauf durchgeführt. Im Jahre 1539 fand das letzte Schönbartlaufen statt. Nachdem die Sitte dieses jährlichen Fastnachtsbrauches immer mehr ausartete, wurde sie letzten Endes von der Obrigkeit verboten.

Lit.: *Will, G. A.:* Die kleine Geschichte d. Nürnbergischen Schönbartlaufens, 1761. *Anonym:* Das Schönbart-Laufen zu Nürnberg, in: Curiositäten d. physisch-literarisch-artistisch-historischen Vor- u. Mitwelt, Bd. III, 3. Stück, 1813, S. 233 ff. *Mayer, M. M.:* Des alten Nürnbergs Sitten u. Gebräuche in Freud u. Leid, 1. Abteilung, 1. Heft, 1831. *Angerstein, W.:* Volkstänze im deutschen Mittelalter, in: Sammlung gemeinverständlicher wissenschaftlicher Vorträge, III. Serie, H. 49–72, 1868/69. S. 9. *Böhme, F. M.:* Geschichte d. Tanzes in Deutschland, 1886. *Drescher, K.:* Das Nürnbergersche Schönbartbuch, 1908. *Eichhorn, K.:* Das Imster Schemenlaufen, 1914. *Brüggemann, F.:* Das Nürnberger Schembartbuch d. Kieler Universität, in: Mitteilungen d. Wissenschaftlichen Gesellschaft f. Literatur u. Theater, Jg. 8, 1930, Nr. 1. *Brüggemann, F.:* Vom Schembartlaufen, 1936. *Dörrer, A.:* Das Schemenlaufen in Tirol, 1938. *Sumberg, S. L.:* The Nuremberg Schembart Carnival, 1941. *Roller, H. U.:* Der Nürnberger Schembartlauf, in: Tübinger Vereinigung f. Volkskunde, Volksleben Bd. 11, 1965.

Schönherr, Max. Österreichischer Komponist, Dirigent und Musikwissenschaftler, geb. 23. November 1903 in Marburg/Drau, gest. 13. Dezember 1984 in Baden bei Wien. Von ihm stammen folgende Veröffentlichungen, die sich vor allem mit der Geschichte der Wiener ↗Tanzmusik befassen; Das Jahrhundert des Walzers, I. Joh. Strauß Vater, Wien 1954 (mit J. Reinöhl); An der schönen blauen Donau. Marginalien zur 100. Wiederkehr des Tages der Uraufführung, in: Österreichische Musikzeitschrift, Jg. 22, 1967, Sonderheft 23/1; Carl Michael Ziehrer, sein Werk und Leben, seine Zeit, Diss. Wien 1973, Wien 1974; Ästhetik des Walzers, in: Österreichische Musikzeitschrift, Jg. 31, 1976, H. 2, S. 57 ff. Aus der Zeit des Wiener Walzers, Dortmund 1981 (mit J. Ziegler). Im Jahre 1957 schuf er für die Wiener Staatsoper nach der Musik von J. ↗Hellmesberger d. J. das ↗Ballett „Hotel Sacher".

Schönthun oder **Charnirtanz.** Alter ↗deutscher Volkstanz aus der Mark Brandenburg. Die Musik steht im 2/4-Takt und hat zwei Teile. Die Ausführung dieses Tanzes ist heute nicht mehr bekannt.

Lit.: *Böhme, F. M.:* Geschichte d. Tanzes in Deutschland, 1886, S. 210.

Schollar, Ludmilla Franzewna. Russische Tänzerin und Lehrerin, geb. 1888 in St. Petersburg, gest. 11. Juli 1978 in San Francisco. Sie studierte an der kaiserlichen Ballettschule in St. Petersburg und trat dann in das Marijinskij-Theater ein. Von 1909 bis 1914 tanzte sie im Ballett ↗Diaghilews, von 1917 bis 1921 war sie wieder am Marijinskij-Theater und von 1921 bis 1925 in Diaghilews ↗Ballets Russes tätig. Anschließend ging sie mit Anatole ↗Wilzak nach Buenos Aires, wo sie ihn heiratete. 1936 begann sie in New York zu unterrichten. Von 1963 bis 1965 unterrichtete sie an der Ballettschule in Washington und ab 1965 an der Ballettschule in San Francisco.

Schornsteinfeger oder **↗Besentanz.** Altes deutsches Tanzspiel, das meist von zwei Männern ausgeführt wurde. Es war vor allem in Hessen üblich, wo es im Volksleben noch heute anzutreffen ist. Auch im Kinderspiel lebt dieser Tanz noch fort. Beliebig viele Paare stehen im Kreis, in dessen Mitte steht ein Meister mit einem Besen (ohne Stiel) und ein Geselle mit einem Stiel (ohne Besen).

Lit.: *Böhme, F. M.:* Geschichte d. Tanzes in Deutschland, 1886. *Au, H. v. d.:* Deutsche Volkstänze, H. 11/12, Hessische Volkstänze, S. 18. *Janietz, E. – Schneider, R.:* Volkstänze aus Mecklenburg, Volkstänze f. Volkstanzgruppen, Bd. V, s. a., S. 17.

Schostakowitsch, Dmitrij Dmitrijewitsch. Russischer Komponist, geb. 25. September 1906 in St. Petersburg, gest. 9. August 1975 in Moskau. Er komponierte folgende Ballette: „Das goldene Zeitalter" (Solotoi wek), 1929/30; „Der Bolzen" (Bolt), 1930/31; „Der helle Bach" (Swetlij rutschei), 1934. Zahlreiche Ballette wurden nach seinen Konzertmusiken geschaffen, so z. B. „L'étrange farandole" von L. ↗Massine nach der ersten Sinfonie (Monte Carlo 1938); „Katalyse" von J. ↗Cranko nach dem Konzert für Klavier Trompete und Streichorchester (Stuttgart 1961); „Concerto" von MacMillan nach dem Klavierkonzert (Berlin 1966) u. a.

Schottisch (auch ↗Ecossaisen-Walzer oder ↗Schottisch-Walzer genannt). Ein in der ersten Hälfte des 19. Jh. weitverbreiteter und beliebter Modetanz. Obwohl aus der gedrehten Ecossaisen-Tour hervorgegangen, sind seine Vorläufer in dem alten deutschen ↗Hopser zu suchen. Sein Name taucht schon in den Lautenbüchern des 16. Jh. auf und erscheint bereits in J. S. ↗Bachs Hochzeitskantate. In musikalisch-rhythmischer Hinsicht ist der Tanz in dem vor dem 18. Jh. bekannten Lied ↗Vetter Michel vorhanden. Seine Tanzbewegung besteht aus einem Wechselschritt mit einem Hüpfer. Er ist der erste geradtaktige ↗Gesellschaftstanz mit einer Drehung im Wechselschritt. Im allgemeinen gilt für ihn die Rechtsdrehung. Hauptsächlich wurde er als Rundtanz zu Paaren getanzt, hat aber mannigfache Umwandlungen erfahren und war besonders im Bereich des ↗Volkstanzes unter verschiedenen Namen gebräuchlich, wie ↗Bummelschottisch, ↗Figurenschottisch, ↗Fingerschottisch, ↗Hackenschottisch, ↗Hipper, ↗Jägerschottisch, ↗Nickelsdorfer- und ↗Reidlingerschottisch, ↗Schwedisch-Schottisch, ↗Vögelischottisch, Wackelschottisch, ↗Weitschottisch und ↗Winkerschottisch. Als Modetanz verlor der Schottische seine Bedeutung gegen die Mitte des 19. Jh. und wurde vor allem durch die ↗Polka verdrängt. (↗Rheinländer, ↗Bayrische Polka, ↗Fyramannaschottisch)

Vetter Michel

Schottisch-Walzer

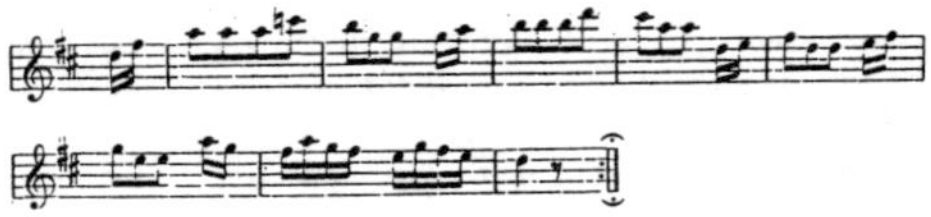

Lit.: *Voß, R.:* Der Tanz u. seine Geschichte, 1869, S. 295 u. 337. *Böhme, F. M.:* Geschichte d. Tanzes in Deutschland, 1886. *Zorn, F. A.:* Grammatik d. Tanzkunst, 1887, S. 217. *Gradwohl, K.:* Lehrgang f. österreichische Volkstänze, 1931, 1938. *Au, H. v. d.:* Das Volkstanzgut im Rheinfränkischen, 1939, S. 118 ff. *Wolfram, R.:* Die Volkstänze in Österreich u. verwandte Tänze in Europa, 1951. *Goldschmidt, Ae.:* Handbuch d. deutschen Volkstanzes, 1967.

Schottisch-Walzer ↗Ecossaise, ↗Schottisch.

Schottischer Volkstanz. Über das Tanzen der Schotten berichtet erstmals der römische Historiker Publius Cornelius Tacitus (55–120 n. Chr.), der die Überraschung der römischen Legionäre erwähnt, als sie bei dem Einfall 54 v. Chr. die Kaledonier sahen, wie sie einen wilden Tanz rund um ihre aufrecht im Boden steckenden Schwerter aufführten. Diese frühe Verbindung des Tanzes mit dem Krieg und den Waffen ist einer der Gründe, warum Schottland so viele seiner Tänze bewahrt hat. Ihre fortwährende Praktizierung von Hochland-Regimentern half mit, die Tänze lebendig zu erhalten, als die Kämpfe zwischen Calvinisten und Katholiken, Royalisten und Jakobinern in England und Schottland auf ihrem Höhepunkt waren. Eines der frühesten bedeutenden Elemente, die den schottischen Volkstanz beeinflußten, waren die französischen Sitten, eingeführt von Maria Stuart, Königin von Schottland (1542–1587) durch ihre Rückkehr nach dem Tod ihres Gatten Franz II. im Jahre 1560. In ihrem Gefolge brachte sie aus Frankreich Musiker und ↗Tanzmeister mit, die höfische Unterhaltungen zu organisieren hatten. Im Jahre 1782, nach Aufhebung der Proskription, erhielt der schottische Volkstanz seine wahre Vollendung. Durch die Emigration vieler Schotten drang schottisches Brauchtum und schottisches Volkstanzgut auch ins Ausland und beeinflußte den Volks- und ↗Gesellschaftstanz anderer Länder (↗Ecosaisse), der ↗„Strip the Willow" ist z. B. als La ↗Boulangère in Frankreich und als La Virra Extrapassado in Portugal bekannt. Wie in Irland kennt man auch in Schottland den Figurentanz, und zwar in Gruppenformation oder als ↗Paartanz (↗Reel, ↗Strathspey). Dazu kommen die verschiedenen Formen der ↗Country dances und die Einzeltänze, meist von Männern mit schwierigen hüpfenden Schrittarten ausgeführt (Highland Reels). Neben den vielen Formen dieser alten Tänze entstehen aber immer wieder neue Tanzarten, vor allem bei den schottischen Volksfesten, bei denen sich die Jugend bei Sport, Spiel und Tanz miteinander mißt. Es gibt im schottischen Tanz vier Schrittarten, und zwar im Reel als Grundschritt den ↗Pas de basque und zwei Dreischritte am Platz; beim Strathspey als Grundschritt einen langsamen Wechselschritt und zwei Dreischritte am Platz. Immer wird hoch auf dem Ballen getanzt, mit federnden Fuß- und Kniegelenken. Manche Tänze verlangen auch hoch in der Luft gekreuzte Beine. Die Tänze wurden ursprünglich in der Hauptsache vom Dudelsack begleitet. Später kamen auch Geige, Baß, Akkordeon und Trommel dazu. (↗Ecossaise, ↗Gigue, ↗Gilly Callum, ↗Highland Fling, ↗Petronella, ↗Reel, ↗Steaspne, ↗Strathspey)

Lit.: *Mackenzie, D. R.:* Illustrated Guide to the National Dances of Scotland, 1910. *Milligan, J. C.:* The Scottish Country Dances, 1924. *Gilchrist, A. G.:* Some English and Scottish Folk-Dances Surviving amongst Children, in: Journal of the English Folk Dance Society, 1931, Sec. Ser., No. 4, S. 22 ff. *Derra de Moroda, F.:* Der Tanz in England, Schottland u. Irland, in: Der Tanz, Jg. 11, 1938, H. 2/3, S. 43 ff. *MacKenzie, D. R.:* Highland Dances, 1939. *MacLennan, D. G.:* Highland and Traditional Scottish Dances, 1950. *Newman-Sanders, C. W.:* Scottish Dancing, 1952. *Lawson, J.:* European Folk Dance, 1953, S. 178 ff. *Thurston, H. A.:* Scotland Dances, 1954. *Anonym:* Highland Dancing, 1955. *Schmolke, A.-Langhans, H.:* Europäische Tänze, H. 5, 1959. *McConachie, J.:* Scottish Country Dances of the Eighteenth Century, 1960. *Milligan, J. C.:* 99 More Scottish Country Dances, 1963. *Flett, J. F. and T. M.:* Traditional Dancing in Scotland, 1966. *Mackenzie, A.:* The National Dance Music of Scotland, London, s. a.

Schrammel, Johann. Österreichischer Komponist, geb. 22. Mai 1850 in Wien, gest. 17. Juni 1893 ebendort. Er und sein sein Bruder Josef, geb. 3. März 1852 in Wien, gest. 24. November 1895 ebendort, sind die Begründer des für die Wiener Volksmusiktradition so wichtigen „Schrammel-Quartetts". Es entstand im Jahre 1884, als sich zu den beiden geigenden Brüdern Johann und Josef Schrammel und zu dem Gitarristen Anton Stromayer, dem ursprünglichen Schrammel-Terzett, der Klarinettist Georg Dänzer mit seiner G-Klarinette, dem „picksüßen Hölzl", dazugesellte. Als Komponisten schrieben die Brüder Schrammel viele Tänze, die Johann ↗Strauß ein Abbild der „poetischen Eigentümlichkeit des Wiener Volksmusikgenres" nannte. Im Jahre 1964 gründete Lois Böck das „Klassische Wiener Schrammelquartett", ein Ensemble, das sich die Aufgabe stellte, die Musik der Brüder Schrammel im originalen Klang wieder zu erwecken.

Lit.: *Moißl, R. A.:* Die Schrammel-Dynastie, 1943. *Mailler, H.:* Schrammel-Quartett, 1945. *Golling, H.:* Die Schrammeln, 1947. *Dieman, K.:* Schrammelmusik, 1981.

Schreiter oder **Zweitritt** hieß eine in ganz Deutschland übliche Form des Zweischritt-Drehers, ein sehr rascher Rundtanz im 2/4-Takt. Die Tanzenden legten dabei die Hände einander auf die Schultern. (↗Dreher, ↗Reuter, ↗Hopser)

Lit.: *Böhme, F. M.:* Geschichte d. Tanzes in Deutschland, 1886. *Goldschmidt, Ae.:* Handbuch d. deutschen Volkstanzes, 1967.

Schreittanz ↗Promenade, ↗Prozessionstänze, ↗Tanzpaar, ↗Vortanz.

Schreker, Franz. Österreichischer Komponist, geb. 23. März 1878 in Monaco, gest. 21. März 1934 in Berlin. Er komponierte 1908 für die Schwestern ↗Wiesenthal die Tanzpantomime „Der ↗Geburtstag der Infantin". Sie wurde im August 1908 zur Eröffnung der Wiener Secession uraufgeführt. Das Werk erschien später (1924) umgearbeitet unter dem Titel „Spanisches Fest". Im Jahre 1908 komponierte er das Tanzspiel „Rokoko". Es wurde 1920 im Landestheater Darmstadt uraufgeführt.

Lit.: *Schreker-Bures, H. – Stuckenschmidt, H. – Oehlmann, W.:* Franz Schreker, 1970.

Schrot- oder **Schreitetanz.** Alter ↗deutscher Volkstanz aus dem bayerischen Wald, bei dem ähnlich wie beim ↗Drischlag mit den Füßen gestampft wurde.

Lit.: *Schuegraf:* Über d. Tanzen d. Deutschen, in: Zeitschrift f. deutsche Kulturgeschichte, Jg. 1, 1856, S. 465. *Böhme, F. M.:* Geschichte d. Tanzes in Deutschland, 1886, S. 203.

Schubert, Franz. Österreichischer Komponist, geb. 31. Januar 1797 in Wien (Lichtenthal), gest. 19. November 1828 ebendort. Sein Leben lang hat Schubert Tänze komponiert, die meist aus Improvisationen im geselligen Kreis entstanden sind und sicher auch nicht immer zu Papier gebracht wurden. Schuberts ↗Tanzmusik, beeinflußt von echten Wiener Volksmelodien, umfaßt ↗Menuette, ↗Ecossaisen, ↗Deutsche, ↗Ländler (Wiener Damen-Ländler) und ↗Walzer (Valses sentimentales, Valses nobles, Grätzer Walzer). Schuberts Musik ist auch vielfach zu ↗Balletten und ↗Divertissements verwendet worden (↗Jahreszeiten der Liebe von ↗Hassreiter).

Lit.: *Lange, F.:* Franz Schubert u. d. Tanzmusik seiner Zeit, 1906. *Zoder, R.:* Franz Schubert u. d. Volksmusik, in: Das Deutsche Volkslied, Jg. 11, 1909, H. 1, S. 5 ff. *Deutsch, O. E.:* Schubert. Thematic Catalogue of all his Works, 1951. *Brown, M. J. E.:* Schubert: Three Dance-Music Manuscripts, in: Festschrift O. E. Deutsch zum 80. Geburtstag, 1963, S. 226 ff. *Deutsch, O. E.:* Franz Schubert. Thematisches Verzeichnis seiner Werke, 1978.

Schubri. ↗Deutscher Volkstanz, dessen Heimat die schwäbische Türkei war. Er ist nach einem Räuber des Metschekgebirges benannt. Ausgeführt wurde er als ↗Paartanz im Kreis.

Lit.: *Horak, K.:* Der Volkstanz in d. Schwäbischen Türkei, in: Deutsches Archiv f. Landes- u. Volksforschung, Jg. 2, 1938, S. 845.

Schüddel de Büx. (Schüddelbüx). ↗Deutscher Volkstanz von der Insel Rügen (Mönchguter Fischertanz), eine ↗Quadrille in Kreuzform. Die Grundaufstellung der vier Paare erfolgt im Viereck. Das charakteristische Merkmal dieser Quadrillenform ist der Platzwechsel und das gemeinsame Tanzen der sich gegenüberstehenden Paare, der sogenannten Gegenpaare. Ein frischer, lebendiger Tanz im 2/4-Takt, dessen Name vom Gesangsvers des Tanzliedes kommt.

Lit.: *Schultz, W.:* Schüddel de Büx, 1928, S. 5 ff. *Helms, A.-Blasche, J.:* Bunte Tänze aus acht Jahrhunderten, 1957. *Goldschmidt, Ae.:* Handbuch d. deutschen Volkstanzes, 1967.

Schützenberger, Erna. Deutsche Volkstanzforscherin, geb. 1. Juni 1892, gest. 17. Juni 1975 in Passau. Ihre besondere Bedeutung lag in der lebendigen Volkstanzpflege. Sie war die Gründerin des Volkstanzkreises Passau. 1935 veröffentlichte sie Baierische Volkstänze und ab 1949 erschienen mehrere Folgen von „Spinnradl"; Unser Tanzbuch (gemeinsam mit Hermann ↗Derschmidt).

Schuhplattler. Dieser süddeutsche ↗Volkstanz verdankt seinen Namen den klatschenden Schlägen der Hände auf die in Lederhosen gekleideten Oberschenkel und auf die Schuhe der gebeugten Füße. Der Schuhplattler kann als der bodenständige ↗Nationaltanz Oberbayerns, Tirols und Salzburgs bezeichnet werden. Er hat ein hohes Alter, denn schon in dem Rittergedicht „Ruodlieb" aus der Zeit um 1050 wird ein Tanz beschrieben, der auf eine frühe Form des Schuhplattlers schließen läßt. Bildliche Darstellungen des Schuhplattlers finden sich aber erst aus dem späten 18. Jh. Diese Darstellungen zeigen den Schuhplattler als ↗Werbetanz, der nur von einem Paar ausgeführt wurde. Der Bursch umtanzte dabei das Mädchen, welches sich von ihm immer wieder fortdrehte, während er auf verschiedene Weise seine Liebesbezeigungen mit Kraft, Geschicklichkeit und Ausdauer pantomimisch ausdrückte. Der Improvisationskunst des Tänzers war dabei freies Spiel gelassen. Gegen Ende des 19. Jh., als in Bayern eine starke Trachtenvereinspflege einsetzte, hatte der Schuhplattler immer mehr seinen ursprünglichen Sinn und Inhalt verloren. Er wurde zum Massen- und Gruppentanz und vielfach auch nur von Männern ausgeführt. Der Bewegungsablauf wurde mit den Teilen Vorspiel, Einlaufer, Ländler, Nachsteiger, Plattler, Hochheben des Dirndls, Auslaufer usw. festgelegt. Dabei haben sich aber auch allerlei Unsitten eingebürgert. In dieser verfälschten Form verbreitete sich der Schuhplattler weit über sein Ursprungsgebiet hinaus. Auch in seiner musikalischen Form hat der Schuhplattler eine Veränderung erfahren. In seiner Frühform bestand er aus achttaktigen ↗Ländlern, die später zu Sechzehntaktern erweitert wurden.

Lit.: *Böhme, F. M.:* Geschichte d. Tanzes in Deutschland, 1886. *Fiedler, F.:* Der Schuhplattler in Wort, Ton u. Bild dargestellt, 1911 u. 1922. *Flemming, H.:* Tanzbeschreibung Oberbayrischer Schuhplattler, 1925. *Giehrl, F.:* 50 Schuhplattler u. Volkstänze, 1925. *Bauer, A.:* Oberbayrische Schuhplattler, in: Deutsche Volkstänze, H. 21, 1934. *Horak, K.:* Schuhplattler-Schlüssel, ein Beitrag zur Methodik d. Volkstanzforschung, in: Beiträge zur Volkskunde Tirols, Schlern-Schriften, Bd. 53, 1948, S. 147 ff. *Wolfram, R.:* Die Volkstänze in Österreich u. verwandte Tänze in Europa, 1951. *Zoder, R.:* Der Schuhplattler, in: Das Volkslied in Altbayern u. seine Sänger, 1952, S. 104 ff. *Hoerburger, F.:* Der Schuhplattler, in: Der Zwiebelturm, 12, 1957, S. 77 ff. *Horak, K.:* Der Schuhplattler, in: Sänger- u. Musikantenzeitung, Jg. 1, 1958, Nr. 4. *Horak, K.:* Der Schuhplattler, in: Die Kärntner Landsmannschaft, März 1959. *Horak, K.:* Der Schuhplattler in Tirol, in: Jahrbuch d. österreichischen Volksliedwerkes, Bd. 10, 1961, S. 106 ff. *Horak, K.:* Der Schuhplattler in Salzburg, in: Der fröhliche Kreis, Jg. 23, 1973, H. 1, S. 22 ff. *Horak, K.:* Der Schuhplattler, in: Der Trachtler, 1974, Nr. 4, S. 15. *Horak, K.:* Der Schuhplattler aus Tirol, Tiroler Volksliedwerk 1980.

Schulz, Claus. Deutscher Tänzer und Ballettdirektor, geb. 21. Juni 1934 in Rostock. Er studierte bei G. ↗Krätke, G. Blank und T. ↗Gsovsky. Im Jahre 1949 tanzte er in Schwerin und von 1951 bis 1956 an der Komischen Oper in Ostberlin. Er ging anschließend an die Deutsche Staatsoper, wo er auch von 1970 bis 1972 als Ballettdirektor wirkte. Nach einem Gastspiel seines Ensembles in Paris kehrte er nicht mehr nach Ostberlin zurück.

Lit.: *Hoerisch, W.:* Meistertänzer Claus Schulz, 1968.

Schustertanz (Schusterpolka, Schustergsell). Unter diesem Namen gibt es alte ↗Volkstänze, die in verschiedenen Formen in Deutschland und Österreich vielfach auch heute noch getanzt werden. Bei ihnen wird meist die Hantierung des Schusterhandwerkes nachgeahmt, das Ziehen des Schusterdrahtes, Hämmern und Lederklopfen. Manche Varianten haben einen Ansänger, einen überzähligen Tänzer, der dann zum Schluß als „Schuster" übrigbleibt. Schustertänze gibt es aber nicht nur im deutschen Sprachgebiet, auch die slawischen Völker, Niederländer, Dänen, Schweden, Esten und Finnen kennen diese Tänze unter vielen Namen und Formen. Die Tanzmelodie des Schustertanzes ist polkamäßig im 2/4-Takt. Eine Form des Schustertanzes ist der ↗Plätschtanz. Im oberösterreichischen Mühlviertel zeigen seine Bewegungen eine Verschmelzung mit der ↗Tuschpolka.

Lit.: *Böhme, F. M.:* Geschichte d. Tanzes in Deutschland, 1886. *Meyer, G.:* Volkstänze, 1909, S. 5. *Zoder, R.:* Altösterreichische Volkstänze, Teil 1, 2, 3, 1922. *Zoder, R.:* Salzburger Schustertanz, in: Das deutsche Volkslied, Jg. 28, 1926, H. 2/3, S. 32 f. *Fladerer, O.:* Deutsche Volkstänze, H. 1, 1927. *Zoder, R.:* Judentänze, in: Jahrbuch f. Volkslieforschung, Jg. 2, 1930, S. 125 f. *Horak, K.:* Schusterpolka aus Wallsee, in: Blätter f. Volkstanzgruppen, 2, 1931, S. 4. *Horak, K.:* Der Volkstanz in d. schwäbischen Türkei, in: Deutsches Archiv f. Landes- u. Volksforschung, Jg. 2, 1938, S. 851. *Jülg, H.:* Volkstänze aus Oberösterreich, 1938. *Cunz, R.:* Deutsches Volkstanzbuch, 1938, 1944, S. 88 f. *Horak, K.:* Der Volkstanz in d. Batschka, in: Deutsche Liederkunde, Bd. 1, 1939, S. 208 ff. *Van der Ven-Ten Bensel, E. en Van der Ven, J.:* De volksdans in Nederland, 1942, S. 260 f. *Wolfram, R.:* Die Volkstänze in Österreich u. verwandte Tänze in Europa, 1951. *Horak, K.:* Donauschwäbische Volkstänze, 1954, S. 21. Hoerburger, F.: Wechselhupf – Schustertanz – Klatschtanz – Winker, in: Beiträge zur Aufnahmetechnik u. Katalogisierung

v. Volksgut, 1956, S. 20 ff. *Horak, K.:* Volkstänze aus d. oberen Mühlviertel, in: Jahrbuch d. österreichischen Volksliedwerkes, Bd. 8, 1959, S. 158. *Koschier, F.:* Kärtner Volkstänze, 1963, H. 2, S. 24. *Goldschmidt, Ae.:* Handbuch d. Volkstanzes, 1967. *Schützenberger, E.-Derschmidt, H.:* Spinnradl, IV. Folge, s. a. S. 11. *Dreo, H.:* Volkstänze aus d. Burgenland, 2. Aufl. 1977, S. 55 f.

Schwaarz, Heidrun. Deutsche Tänzerin, geb. 15. August 1943 in München. Mit dem siebenten Lebensjahr begann sie ihre Tanzausbildung an der Staatsoper München, wo sie dann später einige Jahre auch erste Solorollen tanzte. Für eine Saison war sie in Straßburg engagiert. Mit dem Straßburger Ensemble unternahm sie viele Tourneen. 1965 kam sie nach Frankfurt/M. Später wurde sie 1. Solotänzerin an der Deutschen Oper in Berlin. Seit Herbst 1981 ist sie Ballettdirektorin in Essen, wo sie auch als Choreographin tätig ist.

Schwabentanz. ↗Österreichischer Volkstanz, der in der Steiermark, in Niederösterreich und vor allem in der Hallstätter Gegend (Oberösterreich) heute noch lebendig ist. Der Schwabentanz ist der einzige Sing- und Kettentanz mittelalterlichen Charakters, der bei uns im Volk heute noch zu finden ist. Seine ersten Erwähnungen gehen bis in das frühe 17. Jh. zurück und die älteste Bildquelle, die diesen Tanz zeigt, findet sich auf einem Fresko des Schlosses Runkelstein bei Bozen, das aus der Zeit um 1400 stammt. Seiner Form nach ist der Schwabentanz, bei dem als Tanzbegleitung nur gesungen wird, zweiteilig, und zwar besteht er aus einem geradtaktigen ↗Vortanz und einem anschließenden ungeradtaktigen ↗Nachtanz. Als ein Vorläufer des Schwabentanzes kann der ↗Firlefanz bezeichnet werden. (↗Glocke von Dünkirchen)

Lit.: *Pramberger, R.:* Steirische Tanzlust, in: Zeitschrift d. deutschen u. österreichischen Alpenvereins, Bd. 55, 1924, S. 141 f. *Commenda, H.:* Oberösterreichische Volkstänze, Deutsche Volkstänze, H. 4, 1928. *Zoder, R.:* Altösterreichische Volkstänze, Teil 2, 1928, S. 30 ff. *Zoder, R.:* Eine Anmerkung zum Schwabentanz, in: Das Deutsche Volkslied, Jg. 34, 1932, H. 5, S. 59 f. *Horak, K.:* Tänze aus d. deutschen Volksinseln im Osten, 1939. *Zoder, R.:* Volkstanzaufzeichnungen v. Karl Reiterer, in: Jahrbuch d. österreichischen Volksliedwerkes, Bd. 5, 1956, S. 88 f. *Lager, H.:* Volkstanzstudien in d. Steiermark, in: Jahrbuch d. österreichischen Volksliedwerkes, Bd. 28, 1979, S. 51 ff. *Schützenberger, E.-Derschmidt, H.:* Spinnradl, V. Folge, s. a., S. 14.

Schwäbische, Der. ↗Deutscher Volkstanz aus dem 15./16. Jh. Mit seinem langsamen ¾-Takt kann er als eine frühe Art des ↗Walzers bezeichnet werden.

Lit.: *Voß, R.:* Der Tanz u. seine Geschichte, 1869, S. 62. *Böhme, F. M.:* Geschichte d. Tanzes in Deutschland, 1886, S. 62. *Horak, K.:* Volkstänze aus d. oberen Mühlviertel, in: Jahrbuch d. österreichischen Volksliedwerkes, Bd. 8, 1959, S. 159.

Schwäbischer Langaus, in Bayern ↗Schweinauer genannt, eine Form des ↗Ländlers für ein Tanzpaar. Bursch und Mädchen tanzen getrennt. Das Mädchen dreht sich mit gesenktem Kopf, während es der Bursch umkreist und pantomimisch seine Liebeswerbung ausdrückt. Dabei stampft er mit den Füßen, klopft den Takt auf die Schenkel, läßt das Mädchen unter seinem Arm durchdrehen und schwingt es auch manchmal hoch über seinen Kopf. (↗Neubayrischer, ↗Schuhplattler)

Lit.: *Czerwinski, A.:* Brevier d. Tanzkunst, 1879. *Böhme, F. M.:* Geschichte d. Tanzes in Deutschland, 1886.

Schwälmer. ↗Deutscher Volkstanz aus Rheinfranken, und zwar aus dem südlich von Kassel gelegenen Schwalm-Grunde. Der Tanz dürfte mindestens 200 Jahre alt sein und hat sich bis heute erhalten. Die Ausführung dieses ↗Paartanzes im Kreis ist sehr anstrengend, da seine Tanzmelodie, im ²⁄₄-Takt stehend, sehr rasch gespielt wird. Er ähnelt dadurch dem ↗Galopp und hat daher auch den Beinamen der „Tolle" oder „Wilde" bekommen.

Lit.: *Au, H. v. d.:* Deutsche Volkstänze, H. 11/12, Hessische Volkstänze, 1931. *Au, H. v. d.:* Das Volkstanzgut im Rheinfränkischen, in: Gießener Beiträge zur deutschen Philologie, Bd. 70, 1939, S. 94 ff. *Janietz, E.:* Volkstänze aus deutschen u. österreichischen Landschaften, s. a., S. 10 f.

Schwamberger, Erika. Österreichische Tänzerin und Lehrerin, geb. 3. Januar 1928 in Mödling bei Wien. Von 1938 bis 1947 studierte sie an der Tanzabteilung der Akademie für Musik und darstellende Kunst in Wien. Im Jahre 1947 nahm sie an einem Sommerkurs bei Harald ↗Kreutzberg teil. 1945 legte sie die Reifeprüfung in Tanz ab und 1951 die Reifeprüfung als Tanzlehrerin. Tourneen führten sie durch viele europäische Länder. Ab Herbst 1951 lehrte sie an einer eigenen Tanzschule in Mödling.

Schwanensee (russ. Lebedinoe ozero). ↗Ballett in vier Akten von P. I. ↗Tschaikowsky. Das Libretto schrieben W. P. Begitschew und W. F. Gelzer. Das Ballett entstand in den Jahren 1875/76 und wurde am 20. Februar 1877 im Bolschoj-Theater uraufgeführt. Inhaltlich handelt es sich um das Drama zweier liebenden Seelen.

Musikalisch führt der Komponist eine Reform der Ballettmusik durch. Im Mittelpunkt des ganzen Balletts steht als Thema ein musikalischer Gedanke, der im Sinn einer leitmotivischen Arbeit weitergeführt wird. Die heute übliche Fassung wurde erstmals von Lew ↗Iwanow und Marius ↗Petipa choreographiert und am 27. Januar 1895 im Marijinskij-Theater gezeigt.

Lit.: *Asaf'ev, B. V.:* Der Schwanensee, 1934. *Robertson, M.:* The Story of the Ballet Swan Lake, 1947. *Beaumont, C. W.:* The Ballet Called Swan Lake, 1952.

Schwartze knab dantz, Der. ↗Deutscher Volkstanz aus dem 15./16. Jh. Ihm liegt die sogenannte „Schwartze-Knab'-Weise“ zugrunde. Ein Großteil der ↗Hoftänze verwendet neben der „Bentzenawer Weise“ das Tanzlied vom „Schwartzen Knab“, der gern ein braunes Mägdlein haben wollte, aber nicht bekam.

Weckers Lautenbuch 1562

Lit.: *Böhme, F. M.:* Geschichte d. Tanzes in Deutschland, 1886. *Merian, W.:* Der Tanz in d. deutschen Tabulaturbüchern, 1927.

Schwarz, Solange. Französische Tänzerin, geb. 1910 in Paris. Sie studierte an der Ballettschule der Pariser Oper und schloß sich 1930 dem Ballett der Pariser Oper an. 1933 war sie Solistin an der Opéra-Comique, kehrte 1937 an die Pariser Oper zurück, wo sie 1940 1. Tänzerin wurde. 1945 verließ sie die Oper, tanzte als Gast mit den Ballets des Champs-Elysées und abermals an der Opéra-Comique mit dem Grand Ballet du Marquis de ↗Cuevas und mit M. ↗Béjarts Ballet de l'Etoile.

Schwebeposition (position en balance). Bei diesem tanztechnischen Ausdruck wird das ↗Spielbein ausgestreckt über dem Boden gehalten. Man unterscheidet dabei niedere, halbhohe, hohe und überhohe Schwebepositionen, je nachdem in welcher Höhe sich die Fußspitze des Spielbeines befindet. Das ↗Standbein bleibt dabei entweder in Ballen-, Sohlen- oder Spitzenposition stehen.

Schwedisch-Schottisch. ↗Deutscher Volkstanz, eine Variante des ↗Schottisch mit vielen Figuren, die ihm die Form eines Werbe- und Sprödespiels geben. Wir finden ihn auch als ↗Paartanz im Kleinen Walsertal (Vorarlberg) unter dem Namen „Walser Liebs-Lüüt“. (↗Rheinländer)

Lit.: *Horak, K.:* Der Volkstanz im Kleinen Walsertal, in: Jahrbuch d. österreichischen Volksliedwerkes, Bd. 3, 1954, S. 108 ff. *Helms-Blasche, A.:* Bunte Tänze, 1957, S. 133 ff. *Goldschmidt, Ae.:* Handbuch d. deutschen Volkstanzes, 1967.

Schwedischer. ↗Österreichischer Volkstanz aus Oberösterreich. Er entspricht dem steirischen ↗Haxenschmeißer und ist wie dieser eine besondere Form des Volkstanzes ↗Drei lederne Strümpf. Die Aufstellung erfolgt paarweise im Kreis. Bursch und Mädel stehen einander gegenüber, die rechte Hand des Burschen hält die linke Hand des Mädels. Der Bursch hat die freie Hand am Rücken, das Mädel die freie Hand an der Hüfte. (↗Vogel hupf auf)

Lit.: *Jülg, H.:* Das Wülzburg-Tanzheft, 1932, S. 4. *Jülg, H.:* Volkstänze aus Oberösterreich, 1938. *Koschier, F.:* Der Schwedentanz, in: Der Heimatkreis, Jg. 2, 1938, Juni, S. 12. *Koschier, F.-Anderluh, A.:* Volkstänze aus Kärnten, 1952. *Lager, H.-Derschmidt, H.:* Österreichische Tänze, 1959. *Horak, K.:* Der Schwedische, in: Der Trachtler, Jg. 7, 1979, Nr. 19, S. 13 ff. *Schützenberger, E.-Derschmidt, H.:* Spinnradl, 2. Folge, s. a., S. 10.

Schwedischer Mann. Alter ↗deutscher Volkstanz, gehört zu den sogenannten ↗Wechselhupftänzen und wurde bis zu Anfang des 20. Jh. noch in der Mark Brandenburg getanzt. Die Tanzmelodie steht im 2/4-Takt, hat eine Einleitung von vier Takten und dann einen 2. Teil mit wiederholten acht Takten.

Lit.: *Böhme, F. M.:* Geschichte d. Tanzes in Deutschland, 1886, S. 209. *Goldschmidt, Ae.:* Handbuch d. deutschen Volkstanzes, 1967.

Schwedischer Volkstanz. In Form und Modellen gleichen die schwedischen Volkstänze den Paar- und Figurentänzen, sowie den ↗Longways der anderen skandinavischen Länder, wie sie im 17. und 18. Jh. ins Land gebracht wurden. Trotz der Ähnlichkeit in Form und Melodie zeigen die schwedischen Tänze eine besondere Charakteristik in der Ausführung. Zwei Arten von Bewegungen in einem Tanz werden von zwei verschiedenen Tempi begleitet, und zwar ein langsameres Tempo für das Gehen und Laufen, ein bewegteres Tempo für die Drehungen. Die Paare halten einander in diskreter Entfernung, die Füße werden nicht hoch gehoben, wenn auch mancher Tanz Hüpfschritte aufweist. Gehen, Gleiten und ↗Chassé sind die Grundschritte der meisten schwedischen Volkstänze. Laufschritte werden gewöhnlich mehr gleitend ausgeführt. Sie sind untermengt mit ↗Pas de basque-, Wechsel- und Polkaschritten. Wie in den anderen skandinavischen Ländern findet man auch in Schweden viele Arten der ↗Polka. Die ↗Polska ist eine der häufigsten Tanzformen, die aber von den schwedischen Tänzern vereinfachter und ernster gestaltet wird. Die Schweden haben aber auch alle anderen vom Ausland übernommenen Tänze vereinfacht und im Tempo gemäßigt, vor allem auch die lebhaften norwegischen Tänze. Der gleiche Einfluß ist aber auch bei den Tänzen zu finden, die von den Deutschen übernommen wurden. Eine besondere Form des schwedischen Volkstanzes sind die alten Kettenreigen (↗Langdans), die schon in den mittelalterlichen Volksgesängen erwähnt werden und im Frühling, in der Walpurgisnacht (30. April), um den Maibaum und als Juldans um den Weihnachtsbaum getanzt wurden. In Bergslagen (Zentralschweden) wurden sie sogar von alten Leuten ausgeführt. Historisch gesehen sind vor allem die im 15. Jh. üblich gewesenen Handwerks- und ↗Zunfttänze bedeutsam. Auch die Schwerttänze haben in Schweden eine große Tradition. Olaus Magnus beschreibt einen ↗Schwerttanz, der die klassische Griff- und Spitzefigur und das kulminierende Gedränge der Schwerter zeigt. Er spricht auch von einem Pfeil- und Bogentanz und dem Hormustanz, der sich aber nicht erhalten hat. Die schwedische Volkstanzpflege, die im 19. Jh. durch die Industrialisierung und Verstädterung zurückgegangen war, erlebte im 20. Jh. ein neues und bewußtes Aufblühen. (↗Berlinskan, ↗Daldans, ↗Dans på strå, ↗Domaredansen, ↗Folkvisedans, ↗Fryksdalspolska, ↗Fyramannaschottisch, ↗Halling, ↗Hambo (Hambo-Polska), ↗Jämtpolska, ↗Jösseháradspolska, ↗Kråkdans, ↗Laditå, ↗Langdans, ↗Lardansen, ↗Östgötatanz, ↗Oxdansen, ↗Renningen, ↗Riilen, ↗Skåne Skobodans, ↗Skinnkompassen, ↗Skobo, ↗Skrälåt, ↗Snurrebock, ↗Tantoli, ↗Trekarlspolska, ↗Väva vadmal, ↗Vingåkersdans)

Lit.: *Afzelius, A. A.-Drake, E.:* Traditioner af Svenska folkedanser, 1814/15. *Becker, M. L.:* Der Tanz, 1901, S. 177 ff. *Norlind, T.:* Melodier till svenks folkviser och folksdanses, in: Svenska landsmal, 1906, H. 3, S. 74 f. *Andersson, O.:* Svenska fackeldansen i Finland, in: Brage, Årsskrift III, Helsingfors 1908. *Bergquist, N. W.:* Swedish Folk Dances, 1910. *Norlind, T.:* Studier i svensk folklore, in: Acta universitatis Lundersis, Lundi 1911. *Andersson, O.:* On Violiniste and Dance-Tunes among the Swedish Country-Population in Finland towards the Middle of the Nineteenth Century, in: Sammelbände d. Internationalen Musikgesellschaft, Jg. 13, 1911/12, S. 107 ff. *Landtmanson, S.:* Menuetter och Polska Dantzer, in: Svenska landsmal, 1912. *Nilsson, M. P.:* Vara danslekar, 1915. *Andersson, N.:* Svenska latar, 15 Bde., Stockholm 1922. *Engelhardt, E.:* Schwedische Volkstänze, 1922. *Pallme-König, E.:* Schwedisches Volkstum in Tanz u. Spiel, in: Die junge Nordmark, 1926, H. 4/5, S. 100 ff. *Norlind, T.:* Svensk folkmusik och foldans, in: Natur och kultur, Bd. 96, 1930. *Götland, J.:* Tva gamla folkdanser, in: Meddelanden fran landsmålsarkivet i Uppsala, Nr. 1, 1932. *Klein, E.:* Dans i Sverige, in: Nordisk kultur, Bd. 24, 1933, S. 109 ff. *Mallander, I.:* Lärobok i folkvisedans, 1935. *Londblom, A.:* Swedish Folk Dances, 1939. *Rehnberg, M.:* Swedish Folk Dances, 1939. *Salvén, E.:* Dances of Sweden, 1949 (Handbooks of European National Dances). *Tillhagen, C. H.:* Svenska folklekar och danser, 1949/50. *Eberhard, O.:* Schwedische Volkstänze, in: Heimat u. Volk, Jg. 3, Folge 3, 1950, S. 2 f. *Karlsson, G.:* Svenska folkdanser och sällskapsdander, 1952. *Lawson, J.:* European Folk Dance, 1953, S. 132 ff. *Dencker, N.:* Domardansen, in: Arv, vol. 13, 1957, S. 31 ff. *Schmolke, A.-Langhans, H.:* Europäische Tänze, H. 7, 1962.

Schwefelhölzl. ↗Österreichischer Volkstanz aus dem Burgenland, ein sogenannter ↗Dreiertanz. Zwei Reihen stehen einander gegenüber, die Hände gefaßt, der Tänzer zwischen zwei Tänzerinnen.

Lit.: *Gradwohl, K.:* Lehrgang f. österreichische Volkstänze, 2. Aufl., 1938, S. 30. Dreo, H.: Volkstänze aus d. Burgenland, 1977, S. 44 ff.

Schweinauer. Name des ↗Schwäbischen Langaus in Bayern.

Lit.: *Czerwinski, A.:* Brevier d. Tanzkunst, 1876. *Böhme, F. M.:* Geschichte d. Tanzes in Deutschland, 1886, S. 190.

Schweizer Volkstänze. Der Tanzschatz der Schweiz ist einerseits durch die vier Sprachvölker, die das Land bewohnen, gekennzeichnet, anderseits ließen auch die Einflüsse der benachbarten Kulturkreise ihre Spuren im Schweizer Volkstanz zurück. ↗Schottisch, ↗Polka, ↗Walzer und ↗Mazurka haben ihren Ursprung nicht in der Schweiz, aber typisch schweizerische Formen dieser Tänze sind dort in vielfältigen Abwandlungen entstanden. Diese ganz bestimmten Tanzformen bilden auch den Urgrund der Schweizer Volkstänze. Die ältere Tanzüberlieferung der Schweiz hat viele alte Tanzformen aufzuweisen, wie ↗Morristänze, ↗Schwerttänze und ↗Reiftänze. Diese Männertanzformen sind aber heute in der praktischen Volkstanzpflege nicht mehr zu finden und können nur aus alten Chroniken und auf alten Darstellungen nachgewiesen werden. Solche Tänze sind aus dem 15. und 16. Jh. nachweisbar. Der früheste Beleg über einen Schwerttanz stammt aus Freiburg aus dem Jahre 1492. Einen besonderen Platz in der Volkstanzpflege nehmen bis heute die sogenannten Brauchtumstänze ein, die vor allem in der Fastnacht aufgeführt werden. Zu ihnen können schließlich auch die verschiedenen Formen von ↗Hochzeitstänzen gezählt werden, die denen in Österreich und Deutschland ähnlich sind. In geringer Zahl sind in der Schweiz alte Contratanzformen zu finden. Sie sind am ehesten in der welschen Schweiz lebendig geblieben. Große Verdienste um die Wiederbelebung dieser ↗Contratänze erwarb sich Pierre Bordier, der eine Rekonstruktion der Tänze aus der in Chur befindlichen Handschrift „Ciantum verd in Chronographia Retica" vornahm. Auf die welsche Schweiz beschränkt sind auch viele Kettentanzformen und Singreigen. Wie Österreich, Oberbayern und das angrenzende Südwestdeutschland gehört auch die Schweiz zum Verbreitungsgebiet des ↗Ländlers. Er ist in vielen Lokalformen und mit vielen Lokalnamen in der ganzen Schweiz zu finden. In der Innerschweiz und in Appenzell ist er noch in der freien Form des ↗Werbetanzes erhalten (↗Hierig). Große Verdienste um die Wiederbelebung des Volkstanzes der Schweiz hat sich Luise ↗Witzig erworben. (↗Alewander, ↗A Molésson, ↗Ballbierertanz, ↗Californie, ↗Cheerab, ↗Chevillière, ↗Chüereie Walzer, ↗Chybtanz, ↗Coquille, ↗Coraules, ↗Feulatere, ↗Hierig, ↗Kühreihen, ↗Languus, ↗Lüdere-Polka, ↗Mistträppeler Mazurka, ↗Muotataler, ↗Nüj, ↗Scarpetta, ↗Schicktanz, ↗Schlingwalzer, ↗Staader Mazurka, ↗Storta da Crusch, ↗Tschibreli, ↗Weggis-Tanz, ↗Züner dantz)

Lit.: *Tobler, A.:* Der Volkstanz im Appenzellerlande, in: Schweizerisches Archiv f. Volkskunde, Jg. 8, 1904, H. 1, S. 1 ff., H. 2, S. 100 ff., H. 3, S. 178 ff. *Liner, C.:* Alte Appenzeller Tänze in Inner-Rhoden, in: Appenzeller-Kalender auf d. Jahr 1932. *Witzig, L.:* Swiss Folk Dance and Rural Life, in: Journal of the English Folk Dance and Song Society, vol. II, 1935, S. 54 ff. *Alford, V.:* Music and Dance of the Swiss Folk, in: The Musical Quarterly, vol. 27, 1941, no. 4, S. 500 ff. *Witzig, L.-Stern, A.:* Volkstänze d. Schweiz, 1941. *Christan, H.:* Die schönsten Volkstänz ussim Baselbiet, 1943. *Witzig, L.:* Dances of Switzerland, 1949 (Handbooks of European National Dances). *Klenk, K.:* Der Volkstanz in d. Schweiz, 1954. *Stern, Kl.-Witzig, L.-Spröd, A.:* Unspunnen-Tänze, Zürich, s. a. *Burdet, J.:* La danse populaire dans les pays de Vaud sous le régime bernois, 1958 (Publications de la Société suisse de traditions populaires, vol. 39). *Volkstänze der Schweiz,* hrsg. von der Schweizerischen Trachtenvereinigung, 1966. *Aubert, L.:* The Swiss Folklorik Masks, in: The World of Music, vol. XXII, 1980, No. 1, S. 53 ff. *Wolfram,' R.:* Das „Gäuerlein" in Rothenthurm, in: Festschrift f. Karl Horak, 1980, S. 87 ff. *Anonym:* Schweizer Tänze. Tänze nach alten Weisen. Blätter, s. a. *Wolfram, R.:* Die Volkstänze der Schweiz.

Schwerttanz. Die Entstehung des Schwerttanzes liegt weit zurück in germanischer Zeit. Über den frühen Schwerttanz liegen keine Nachrichten vor, die ältesten Belege für diesen ursprünglich germanischen ↗Waffentanz sind die Germania des Tacitus und Darstellungen auf Prägeplatten aus der Zeit der Völkerwanderung. Anfangs stand der Schwerttanz in engster Verbindung mit Kult und Brauchtum und war ein richtiger ↗Volkstanz, der bei allen festlichen Zusammenkünften der Germanen von den Männer- und Burschenschaften aufgeführt wurde, vor allem bei der symbolischen Zeremonie zur Aufnahme der Jungmänner in die Männerbünde (↗Germanischer Tanz). Nach der germanischen Zeit fehlten vom Schwerttanz für einen Zeitraum von mehr als 13 Jahrhunderten alle Nachrichten. Erst im Mittelalter tauchten neue Berichte über die Pflege des Schwerttanzes auf, zuerst aus Flandern und um 1350 die frühesten deutschen Belege, und zwar vom Schwerttanz der Nürnberger Messerschmiede. Aus dem 15. Jh. stammen Beschreibungen über das Vorkommen des Schwerttanzes in England und aus Gebieten Norditaliens und Spaniens. Die Hochblüte des seit dem Mittelalter besonders in Deutschland wiederaufgelebten Schwerttanzes fällt in das 16. Jh. Die Träger der Schwerttanztraditon waren zu dieser Zeit in den deutschen Städten die Zünfte, besonders die der Messerschmiede oder Schwertfeger, zu denen sich später andere Gemeinschaften gesellten, so in Österreich und England die Bergknappen (↗Zunfttänze, ↗Knappentänze). Während die städtischen Schwerttanzformen das Gepräge festlichen Schauspiels an sich trugen, bewahrte der Bauernstand den Schwerttanz brauchtumsmäßig im Zusammenhang mit Jünglingsweihen und mit der Aufnahme in die Burschen- und Männerbünde. Die ältesten Belege für den bäuerlichen Schwerttanz stammen aus dem 16. Jh. aus Westfalen, Hessen und Thüringen. In seinem choreographischen Aufbau läßt der europäische Schwerttanz, sowohl der bürgerlich-städtische als auch der bäuerlich-ländliche einen ziemlich einheitlichen Stil und eine von den einfachsten Bewegungen bis zu komplizierten Formen fortschreitende Gliederung erkennen. Typische Einleitungsfiguren sind meist einfache Schritte und Sprünge. Charakteristisch dabei ist der Kettenchrakater, der darin besteht, daß die Tänzer mit dem Schwert oder mit einem Stock (↗Stocktanz), Reif (↗Reiftanz), Tuch oder ähnlichen Gegenständen verbunden sind (Kettenschwerttanz). Als Mittelteil folgen sogenannte Brückenfiguren, bei denen die Tänzer über die Schwerter springen oder unter den Schwertern hindurch müssen. Den Abschluß bildet das von den Tänzern geflochtene und umtanzte Schwerttanzgeflecht, auch Rose genannt, die wichtigste und komplizierteste Figur des Schwerttanzes. Bei öffentlichen Aufführungen ließen akrobatische und mimische Erweiterungen den Schwerttanz oftmals zu einem dramatisch ausgestalteten Spiel werden (Schwerttanzspiel). – Für die Zahl der Tänzer läßt sich keine feste Norm bestimmen, sie konnte von wenigen bis mehr als hundert reichen. Unter ihnen ragten aber fast immer und überall drei Gestalten besonders hervor: der Vortänzer, der Nachtänzer und der Narr. Letzterem war die Spaßmacherrolle vorbehalten. Die Kleidung der Schwerttänzer war nicht alltäglich, auffallend waren die vielfach mit bunten Bändern, Rosetten und Schellen geschmückten weißen Hemden der Tänzer. Die musikalische Begleitung der Schwerttänze bestand für gewöhnlich aus Pfeifen und Trommeln, manchmal auch aus Kriegs- und Heldenliedern. In England waren es besonders die Geige und der Gesang, die den Tanz begleiteten. Der Schwerttanz, von seinem germanischen Ursprung her ein sinnvoller, kultischer Figurentanz, hat mit der Zeit viel von seiner Bedeutung und von seinem eigentlichen Sinn verloren und ist seit der Mitte des 19. Jh. nur mehr in Resten im Brauchtum der ländlichen Bevölkerung Österreichs, Süddeutschlands und auch Nordenglands zu finden. (↗Bacubert, ↗Hamtila, ↗Jorraidantza, ↗Moresca, ↗Kumpanjija, ↗Waffentanz)

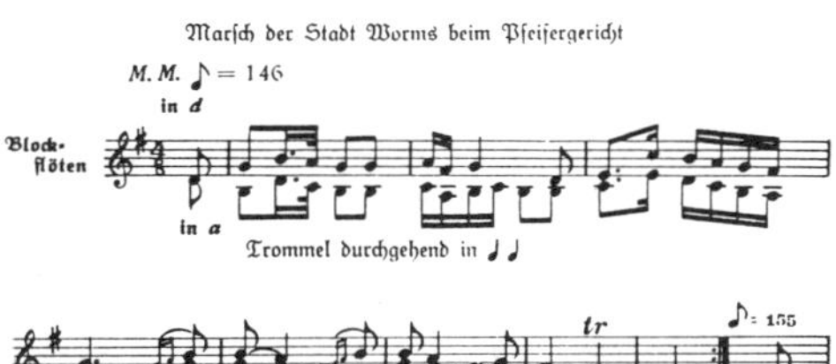

Schwerttanz 1588 Arbeau: Orchesographie

Lit.: *Olaus, Magnus:* Degentium septentrionalium variis conditionibus, Romae 1555, Lib. XV, cap. XXV, S. 584. *Massmann, H. F.:* Schwerttanz u. Reifentanz, in: Zeitspiegel, 1931, Bd. V. *Colenfeld, A. v.:* Der Waffentanz d. Dithmarschen, in: Illustriertes Familien-Journal, Jg. 10, Bd. 19, 1863, S. 46 ff. *Gebhart, J.:* Der Schwerttanz im Salzkammergut, in: Österreichisches Sagenbuch, 1863, S. 464 f. *Schiestl, J.:* Dürrnberger Knappen- oder Schwert-Tanz, in: Jahresbericht d. Museums Carolino-Augusteum d. Landeshauptstadt Salzburg f. d. Jahr 1865, S. 67 ff. *Müllenhoff, K.:* Über d. Schwerttanz, in: Festgaben f. Gustav Homeyer zum 28. Juli 1871, S. 109 ff. *Haager:* Der Schwerttanz in Überlingen, in: Schriften d. Vereins f. Geschichte d. Bodensees u. seiner Umgebung, 5. Heft, 1874, S. 144 ff. *Müllenhoff, K.:* Zum Schwerttanz, in: Zeitschrift f. Deutsches Altertum, 18. Bd., 1875, S. 9 ff. *Müllenhoff, K.:* Schwerttanzspiel aus Lübeck nebst anderen Nachträgen über d. Schwerttanz, in: Zeitschrift f. Deutsches Altertum, 20. Bd., 1876, S. 10ff. *Bethlen, A.:* Schwerttanz d. Siebenbürger Sachsen, in: Ethnologische Mitteilungen aus Ungarn, Jg. 6, 1877, S. 33. *Schlosser, A.:* Der Schwerttanz in Obersteiermark, in: Österreichische Cultur- u. Literaturbilder mit besonderer Berücksichtigung d. Steiermark, 1879, S. 173 ff. *Harmann, A.:* Der Schwerttanz zu Hallein, in: Volksschauspiele in Bayern u. Österreich-Ungarn, 1880, S. 126 ff. *Böhme, F. M.:* Geschichte d. Tanzes in Deutschland, 1886. *Lachmann:* Der Schwerttanz in Ulm, Dinkelsbühl, Nördlingen u. München, in: Alemannia, Bd. 14, 1886, S. 183 ff. *Ammann, J. J.:* Der Schwerttanz im südlichen Böhmen, in: Mitteilungen d. Vereins f. Geschichte d. Deutschen in Böhmen, Jg. 26, 1888, S. 35 f. *Mayer, A.:* Ein deutsches Schwerttanzspiel aus Ungarn. Nebst Bemerkungen zum Schwerttanz, in: Zeitschrift f. Völkerpsychologie u. Sprachwissenschaft, Bd. 19, 1889, Heft 2/3, S. 257 ff., Heft 4, S. 416 ff. *Renner, H.:* Kreta-Fahrten III, in: Deutsche Zeitung, Nr. 6380, 3. Okt. 1889, S. 3. *Ammann, J. J.:* Nachträge zum Schwerttanz, in: Zeitschrift f. Deutsches Altertum, Bd. 34, 1890, S. 178 ff. *Sepp:* Der Metzger-Brunnensprung. Antrag auf Einführung d. Schwerttanzes, München 1893. *Usener, H.:* Pasparios, in: Rheinisches Museum f. Philologie, N. F., 49. Bd., 1894, S. 461 ff. *Wittstock, O.:* Über d. Schwerttanz d. Siebenbürger Sachsen, in: Philologische Studien, Festgabe f. E. Sievers, 1896, S. 349 ff. *Wimmer, Seb.:* Schwerttanz d. Knappen am Dürrnberg, 1898. *Liebe, G.:* Der Schwerttanz d. deutschen Handwerker, in: Zeitschrift f. historische Waffenkunde, 3. Bd., 1902/05, S. 252 ff. *Feit:* Schwerttänze u. Fechtschulen in Schlesien, insbesondere in Breslau, in: Zeitschrift d. Vereins f. Geschichte u. Altertum Schlesiens, 38. Bd. 1904, S. 176 ff. *Schneider, M.:* Zwei bisher unbekannt gebliebene Gedichte d. Nürnberger Meistersängers Ambrosius Österreicher a. d. Jahre 1562, in: Zeitschrift f. deutsche Philologie, Bd. 40, 1908, S. 347 ff. *Schroeder, L. v.:* Mysterium u. Mimus in Rigveda, 1908. *Kreichbaumer, K.:* Der Schwerttanz d. Dürnberger Knappen, in: Deutsche Heimat, Jg. 5, 1910, S. 93 ff. *Norlind, T.:* Svärdsdans ock bagdans, in: Festkrift til H. F. Feilberg, 1911, S. 738 ff. *Sharp, C.:* The Sword Dances of Northern England, 1911/13. *Aranzadi, T. de:* Acerca de la danza de las espadas en Inglaterra, in: Refue internationale des ètudes basques, Jg. 7, 1913, S. 175 ff. *Fehrle, E.:* Waffentänze, in: Badische Heimat, Jg. 1, 1914, H. 2, S. 161 ff. *Kidson, F.-Neal, M.:* English Folk Song and Dance, 1915, S. 145 ff. *Adrian, K.:* Von Salzburger Sitt' u. Brauch, 1924, S. 355 ff. *Anonym:* The 'North Skelton' Sword-Dance, in: Journal of the English Folk Dance

Society, 1927, Sec. Ser. No. 1, S. 28 ff. *Gardiner, R.:* Schwerttanz im Norden, in: Der weiße Ritter, Bd. 7, 1927, S. 50 ff. *Weiser, L.:* Altgermanische Jünglingsweihen u. Männerbunde, in: Bausteine zur Volkskunde u. Religionswissenschaft, H. 1, 1927. *Karpeles, M.:* Some Fragments of Sword-Dance Plays, in: Journal of the English Folk Dance Society, 1928, Sec. Ser., 2, S. 35 ff. *Wallner, S.:* Schwerttänze, in: Der Neue Pflug, Jg. 3, H. 12, Dez. 1928, S. 50 ff. u. Waldheimat, Monatsschrift f. d. Böhmerwald, Jg. 7, Nr. 1, Januar 1930, S. 4 ff. *Gomme, A. B.:* The Sword Dance of Fenestrelle, in: Journal of the English Folk Dance Society, 1931, Sec. Ser., Nr. 4, S. 17 ff. *Meschke, K.:* Schwerttanz u. Schwerttanzspiel im germanischen Kulturkreis, 1931. *Schneider, Erich:* Der Hermannstädter Schwerttanz, in: Der Turnwart, Wien, 11. II. 1931. *Witt-Huberts, Fr. de:* Zwaardansen, 1931. *Wolfram, R.:* Der Schwerttanz in Unterwössen, in: Bayerischer Heimatschutz, Jg. 37, 1931, S. 17 ff. *Kennedy, D.:* Observations on the Sword-Dance and Mummers Play, in: Journal of the English Folk Dance Society, 1932, Sec. Ser., Nr. 3, S. 13 ff. *Sieber, S.:* Der Schwerttanz besonders in Mitteldeutschland als Beispiel handwerklichen Brauchtums, in: Mitteldeutsche Blätter f. Volkskunde, Jg. 7, 1932, H. 1, S. 1 ff. u. H. 7, S. 138 f. *Weißbrodt, E.:* Ein Schwerttanz aus Lippe, in: Niederdeutsche Zeitschrift f. Volkskunde, Jg. 10, 1932, H. 3/4, S. 245 f. *Wolfram, R.:* Sword Dances and Secret Societies, in: Journal of the English Folk Dance and Song Society, vol. I, Nr. 1, Dec. 1932, S. 34 ff. *Wolfram, R.:* Schwerttanz u. Schwerttanzstil, in: Wiener Zeitschrift f. Volkskunde, Jg. 37, 1932, S. 1 ff. *Angel, E.:* Some Notes on the Earsdon Sword Dance, in: Journal of the English Folk Dance and Song Society, vol. I, Nr. 3, Dec. 1934, S. 152 ff. *Au, H. v. d.:* Deutscher Schwerttanz, 1935. *Kirnbauer, F.:* Über Knappentänze, in: Das deutsche Volkslied, Jg. 37, 1935, H. 5, S. 57 ff., H. 6, S. 75 ff., H. 7, S. 98. *Wolfram, R.:* Ritual and dramatic associations of Sword and „Chain" dances, in: Journal of the English Folk Dance and Song Society, vol. II, 1935, S. 35 ff. *Wolfram, R.:* Der Spanltanz u. seine europäischen Verwandten. Ein weitverbreiteter Geschicklichkeits-Schwerttanz, in: Oberdeutsche Zeitschrift f. Volkskunde, Jg. 9, 1935, H. 1, S. 35 ff. *Wolfram, R.:* Schwerttanz u. Männerbund, 1935. *Commenda, H.:* Der Schwerttanz aus Lest-Neumarkt, Mühlviertel, in: Heimatgaue, Jg. 17, 1936, H. 1/2, S. 44 ff. *Jaide, W.:* Deutsche Schwerttänze, 1936. *Weckerle, E.:* Der Schwerttanz zu Überlingen, seine Geschichte u. sein Ursprung, in: Badische Heimat, Jg. 23, 1936, S. 226 ff. *Commenda, H.:* Weitere Schwerttänze aus Oberösterreich, in: Heimatgaue, Jg. 18, 1937, H. 3/4, S. 115 ff. *Tumler, J.:* Die Höttinger Schwerttänze, in: Das deutsche Volkslied, Jg. 39, H. 1/2, 1937, S. 15 f. *Pfleger, A.:* Schwert- u. Reiftanz im alten Staßburg, in: Oberdeutsche Zeitschrift f. Volkskunde, Jg. 15, 1941, H. 1/3, S. 49 ff. *Galanti, B. M.:* La Danza della spada in Italia, 1942. *Schneider, M.:* La danza de espadas y la tarantela. Anuario musical, vol. II, Barcelona 1947. S. 41 ff. *Rothbauer, A.:* Schwerttanz u. Sternsingen in Langenlois, in: Österreichische Zeitschrift für Volkskunde, Bd. 51, 1948, S. 147. *Dörrer, A.:* Südtiroler Schwerttanz u. Fahnenschwingen, in: Dolomiten 1950, Nr. 222, S. 3. *Horak, K.:* Der Schwerttanz, in: Haller Lokal-Anzeiger, Nr. 25 v. 27. Juni 1953. *Wolfram, R.:* Bergmännische Tänze, in: Der Anschnitt, Jg. 5, 1953, H. 1, S. 6 ff. *Galanti, B. M.:* La danse des ‚Spadonari' (Porte-Claive) dans la province du Piemont, in: Journal of the International Folk Music Council, vol. VI, 1954, S. 17 ff. *Peter, I.:* Zwei Schwerttänze aus d. Böhmerwald, in: Jahrbuch d. österreichischen Volksliedwerkes, Bd. 3, 1954, S. 111 ff. *Wolfram, R.:* Der Schwerttanz, in: Halleiner Heimatbuch, 1954, S. 31 ff. *Hoerburger, F.:* Schwert u. Trommel als Tanzgeräte, in: Deutsches Jahrbuch f. Volkskunde, Bd. I, 1955, S. 240 ff. *Salmen, W.:* Hinweise zur österreichischen Überlieferung d. Schwerttanzes, in: Jahrbuch d. österreichischen Volksliedwerkes, Bd. 4, 1955, S. 107 ff. *Wolfram, R.:* Der Halleiner Schwerttanz, in: Der Anschnitt, Jg. 7, 1955, Nr. 4, S. 3 ff. *Kretzenbacher, L.:* Altsteirischer Bergmannstanz. Knappenfeier u. Landesrepräsentation in Schwert- u. Reiftanzspiel, in: Der Anschnitt, Jg. 11, 1959, Nr. 3, S. 20 ff. *Laudovà, H.:* Sword Dances and Their Parallels in the CSSR., in: Journal of the International Folk Music Council, vol. XV, 1963. *Alford, V.:* Sword Dance and Drama, 1962 u. 1965. *Horak, K.:* Der Ampfelwanger Schwerttanz, in: Der fröhliche Kreis, Jg. 16, 1965, H. 1–3, S. 17 f. *Lipp, F.:* Neue Bildquellen zum Kulttanz aus Oberösterreich, in: Volkskunde- u. Volkskultur, Festschrift f. Richard Wolfram, 1968, S. 312 ff. *Thiel, H.:* Die deutschen Volkstänze in Böhmen, Mähren u. Schlesien, 1970, S. 50 ff. *Schindler, O. G.:* Über Schwert- u. Reiftänze in Wiener Neustadt, in: Jahrbuch d. österreichischen Volksliedwerkes, Bd. 22, 1973, S. 36 ff. *Oetke, H.:* Der Schwerttanz, in: Volkstanz, 1974, H. 3, S. 13 ff. *Perkuhn, E.-Schneider, A.:* Eine lebende Schwerttanztradition in d. Eifel, in: Jahrbuch f. Volksliedforschung, Jg. 14, 1974, S. 53 ff. *Wolfram, R.:* Der Schwerttanz in Unterwössen, in: Sänger- u. Musikantenzeitung, Jg. 19, 1976, H. 5, S. 123 ff. *Goebel, W.:* Ergänzende Berichte zum Beitrag Richard Wolfram, „Der Schwerttanz in Oberösterreich", in: Der fröhliche Kreis, Jg. 27, 1977, S. 13. *Wolfram, R.:* Die Schwerttänze in Oberösterreich. Geschichte u. gegenwärtiges Leben, in: Der fröhliche Kreis, Jg. 27, 1977, S. 37 ff. *Wolfram, R.:* Noch ein Wort zum Innviertler Schwerttanz, in: Der fröhliche Kreis, Jg. 27, 1977, S. 119 ff. *Wolfram, R.:* Der Schwerttanz in Unterwössen, in: Volksmusik in Bayern 1978, S. 186 ff. *Peter, I.:* Der Gasteiner Schwerttanz, in: Salzburger Heimatpflege, Jg. 3, 1979, H. 3, S. 87 ff. *Kurz, F.-Zimburg, K.:* Der Schwerttanz d. Dürnberger Bergknappen. Dokumentation, Salzburg 1981. *Wolfram, R.:* Ein Salzkammerguter Schwerttanzmanuskript aus d. Zeit um 1800, in: Jahrbuch d. österreichischen Volksliedwerkes, Bd. 31, 1982. *Wolfram, R.:* Ein neuaufgefundenes Schwerttanzmanuskript aus d. 18. Jh. aus d. Salzkammergut, in: Jahrbuch d. österreichischen Volksliedwerkes, Bd. 32/33, 1984, S. 147 ff.

Schwingkehr. ↗Deutscher Volkstanz, der zu Beginn des 20. Jh. in gemeinsamer Arbeit in den „Märkischen Tanzbewegungskreisen Berlin" gestaltet und geformt wurde. Die Tanzmelodie steht im Rheinländerzeitmaß. Getanzt wird er von drei Paaren, die sich im Kreis aufstellen.

Lit.: *Dieckelmann, H.-Oetke, H.:* Schwingkehr, Märkische Volkstänze d. Gegenwart, 1928, S. 8 f.

Schwitzermann (auch Schwitzemanntanz). ↗Deutscher Volkstanz aus dem Saargebiet, ein Frauentanz, der Bewegungen der ↗Klatsch- und ↗Wechselhupftänze verwendet. (↗Drei lederne Strümpf)

Lit.: *Au, H. v. d.:* Zwitserli tanza, in: Jahrbuch f. Volksliedforschung, Jg. 7, 1941, S. 206 ff. *Au, H. v. d.:* Zwei pennsylvaniendeutsche Lieder als Beitrag zum Tanze d. Frauenbundes, in: Hessische Blätter f. Volkskunde, Bd. XLII, 1951, S. 59 ff. *Au, H. v. d.:* Heit is Kerb in unserm Dorf, 1954, S. 29. *Goldschmidt, Ae.:* Handbuch d. deutschen Volkstanzes, 1967.

Schwöbli heißt der ↗Alewander im Appenzellerland.

Seasea. Tanz der ↗Fidschi-Insulaner, ein ↗Frauentanz, der stehend ausgeführt wird und ein betont freudiges Gehaben beinhaltet. Achtzig oder mehr Frauen stehen in einer Linie und beugen sich klatschend weit zurück. Durch das rasche abwechselnde Vorwärtsstoßen ihrer Füße halten sie Balance.

Lit.: *Dean, B.:* South Pacific Dance, 1978, S. 20.

Sebele. Männertanz auf Santa Isabel der Salomon-Inseln. Er wird mit Äxten getanzt und bedeutet eine Siegesfeier nach der Schlacht. Die Krieger imitieren Heldentaten und demonstrieren ihren Siegerstolz. In der Mitte des Tanzplatzes steht eine symbolische Figur, die den Häuptling oder den höchsten Geist der Insel darstellt. (↗Naturvölker, ↗Waffentanz)

Lit.: *Dean, B.:* South Pacific Dance, 1978, S. 38.

Sechserpolka (auch Steckeltanz). ↗Österreichischer Volkstanz aus der Gegend um Meran, ein Burschentanz. Er wird von sechs Burschen, in manchen Gegenden auch von drei Paaren, getanzt. Die Tanzmelodie steht im 2/4-Takt.

Lit.: *Horak, K.:* Tiroler Volkstänze, in: Tiroler Heimatblätter, Jg. 12, 1934, S. 3 ff. *Horak, K.:* Der Volkstanz im Burggrafenamt, in: Jahrbuch d. österreichischen Volksliedwerkes, Bd. 12, 1963, S. 90.

Sechserreigen (franz. branle à six). ↗Österreichischer Volkstanz, ausgeführt von je zwei Dreiergruppen. Der Tänzer ist eingehängt zwischen zwei Tänzerinnen. Die beiden Gruppen stehen einander so gegenüber, daß sie ein Quadrat bilden. Getanzt wird mit Geh- und Hüpfschritten. (↗Dreiertanz, ↗Sechsertanz)

Lit.: *Lager, H.:* Alte Tänze f. junge Leute, 1973, S. 37.

Sechsertanz. Alter süddeutscher ↗Volkstanz, eine Art ↗Quadrille, von Burschen und Mädchen getanzt. Eine andere Art des Sechsertanzes ist der in Niederösterreich, Kärnten, Tirol, Bayern und der Schweiz bekannte ↗Radbohrer. (↗Achter-, ↗Vierer- und ↗Zwölfertanz, ↗Grossen Bunten, ↗Mühlrad)

Lit.: *Czerwinski, A.:* Brevier d. Tanzkunst, 1879, S. 58. *Böhme, F. M.:* Geschichte d. Tanzes in Deutschland, 1886. *Giehrl, F.:* Heimattänze, 1924. *Wolfram, R.:* Die Volkstänze in Österreich u. verwandte Tänze in Europa, 1951. *Goldschmidt, Ae.:* Handbuch d. deutschen Volkstanzes, 1967. *Horak, K.:* Tiroler Volkstanzbuch, 1974, S. 65.

Sechtertanz. ↗Österreichischer Volkstanz aus dem oberen Murtal in der Steiermark, gewöhnlich von vier Paaren ausgeführt. Bei dem Tanz wurde als ↗Tanzgerät ein Melksechter (ein Holzgefäß mit einem Holzgriff) verwendet, um den sich die Paare im Walzerschritt zu bewegen hatten.

Lit.: *Pramberger, R.:* Steirische Tanzlust, in: Zeitschrift d. deutschen u. österreichischen Alpenvereins, Bd. 55, 1924, S. 138. *Novak, A.:* Steirische Tänze, 2. Auflage, 1949, S. 37 f.

Sedatih. Tanz des im Norden Sumatras lebenden Volkes der Atjeh. Der Tanz, nur von Männern ausgeführt, ist eine Art von ↗Schuhplattler, bei dem die Tänzer aus dem Stegreif lustige Einfälle besingen.

Lit.: *Seiler, B.:* Nordsumatra – wo kein Fremder hinkommt, in: Kurz u. Gut, Jg. 3, 1969, H. 7, S. 26.

Sedenčiča. Bulgarischer Tanz im 9/8-Takt. Die Tänzer und Tänzerinnen formieren sich im Halbkreis und fassen einander mit nach vorne angebeugten Armen, die im Tanzrhythmus mitfedern. Der Tanz stammt aus Plodiv.

Lit.: *Schmolke, A.-Langhans, H.:* Europäische Tänze, H. 12, 1974, S. 8 f.

Sedlák ↗Furiant.

Segentanz. ↗Deutscher Volkstanz aus dem Kuhländchen (Odergebirge). Er wird von einem Burschen und zwei Mädchen ausgeführt (↗Dreiertanz). Dieser Tanz im Polkarhythmus hat seinen Namen deshalb, weil der Bursch seine Hand wie zum Segen ausgebreitet über die Mädchen hält. Die Mädchen drehen sich darunter durch.

Lit.: *Fladerer, O.:* Deutsche Volkstänze aus verschiedenen Gauen, H. 3, 1928, S. 11. *Lanz, J.:* Ostschlesische Volkstänze, 1931, 2. Folge, S. 7 u. S. 26.

Seguidilla (seguir = folgen). Alter spanischer Tanz, eine der verbreitetsten literarischen und musikalischen Formen Spaniens. Die volkstümliche Seguidilla, mit dem ↗Bolero verwandt, ist ein Tanzlied im schnellen 3/4-Takt, die begleitet von Gesang und Gitarre von mehreren Paaren ausgeführt wird. Ende des 18. Jh. wurden Form und ↗Choreographie des Seguidilla-Rhythmus von Iza Zamácola beschrieben. Die heutige folkloristische Art ist etwas freier und wird selten in der natürlichen Form ihrer Verse gesungen. In den verschiedenen spanischen Provinzen ist die Seguidilla in vielen Varianten üblich. Von den bekannten Arten gibt es die langsame **Seguidilla manchega,** eine mäßig schnelle **Seguidilla bolero,** die sentimentale **Seguidilla gitana,** die **Seguidilla toleada,** eine Art Bolero mit Cachucha-Takten, eine ähnliche **Seguidilla jalcada** (von Jaleo), ferner eine **Seguidilla muricana** und **sevillana.** In der Provinz Madrid gibt es nur die als Ständchen ohne Tanz gesungenen **Seguidillas ventaneras.** (↗Spanische Volkstänze)

E. Ocon, Cantos Españoles

Lit.: *Don Preciso:* Vorrede zu Colleción de las majores seguidillas, Tiranasy, Polos, 1799, 1816. *Czerwinski, A.:* Brevier d. Tanzkunst, 1879. *Clarke, D. C.:* The Early Seguidilla, in: Hispania Review XII, 1944, S. 211 ff. *Hanssen, F.:* La seguidilla, in: Anales de la Universidad de Chile, 125, 1909, S. 697 ff. und in: Estudias I, Santiago de Chile 1958.

Seguito. Name eines Tanzschrittes bei ↗Caroso (16. Jh.). Er unterscheidet mehrere Arten dieser komplizierten Schrittfolge, und zwar den Seguito battuto, finto, grave, grave a tordiglione, ordinario, scorso, semidoppio, spezzato, spezzato schisciato und den Seguito trangato.

Lit.: *Bie, O.:* Der Tanz, 1919. *Junk, V.:* Handbuch d. Tanzes, 1930. *Sachs, C.:* Eine Weltgeschichte d. Tanzes, 1933.

Seidener Zwirn. ↗Deutscher Volkstanz aus Bayern (Gegend von Cham und Hallertau). Er gehört zur Gruppe der ↗Zwiefachen mit Taktwechsel nach je zwei Takten. Der Tanz ist weit verbreitet und trägt die verschiedensten Namen. Oft scheint er auch nur unter dem Namen Zwiefacher auf. Im Böhmerwald ist er als ↗Buxdomersch bekannt. Eng verwandt mit ihm sind der tschechische ↗Talián und ↗Kozel.

Lit.: *Seywald, G.:* Aus d. Geschichte d. altbayrischen Volkstanzes, in: Die ostbayrischen Grenzmarken, Jg. 15, H. 10, S. 247 ff. *Seywald, G.:* Einiges zur Geschichte u. zur Bedeutung d. taktwechselnden deutschen Volkstänze, in: Neue Musik-Zeitung, Jg. 47, 1926, H. 19, S. 402 f. *Junk, V.:* Die taktwechselnden Volkstänze, 1938, S. 25 f. *Burkhardt, L.:* Die Zwiefachen, 1961, S. 9.

Seierstad Hopsa. ↗Norwegischer Volkstanz im 2/4-Takt aus der Region Namdal. Die Aufstellung erfolgt in zwei Linien, der Mann links, die Frau rechts, einander ansehend. Die Männer halten eine Hand an der Hüfte, die Frauen ihre Röcke weit zur Seite. Traditionell wird der Tanz von den ersten zwei Paaren begonnen und endet, wenn alle Paare ihren ursprünglichen Platz wieder eingenommen haben.

Lit.: *Semb, Kl.:* Dances of Norway, 1951, S. 31 ff.

Seises (los) hießen die spanischen religiösen Tänzer, die alljährlich zu den drei Faschingstagen, am Fest Mariä Empfängnis, zum Fronleichnamsfest und dessen Oktave in den Kathedralen von Madrid, Toledo und vor allem von Sevilla vor dem Hochaltar ihre Tänze aufführten. Die Tänzer waren Knaben im Alter von acht bis dreizehn Jahren, die für diesen Tanz schon ein Jahr vorher unterrichtet wurden. Ihre Tänze, von Kastagnetten und frommen Liedern begleitet, erinnerten in verschiedenen Figuren an die ↗Morristänze. Ursprünglich tanzten nur sechs Knaben (Seises), später waren es zehn. Für Sevilla ist die älteste Quelle dieses Brauches die Bulle von Papst Eugen IV. von 1439, wonach diese Sitte schon damals uralt war. Im Jahre 1926 wurde der Tanz der Seises verboten. (↗Religiöser Tanz)

Lit.: *Krier, J. B.:* Die Springprozession u. d. Wallfahrt zum Grabe d. heiligen Willibrord in Echternach, 1870, S. 79 ff. *Lomas, J.:* Sketches in Spain from Nature, Art and Life, 1884. *Serrano y Ortega, Don Manuel:* Glorios Sevillanas, Sevilla 1893. *Vivian, H.:* The Dance of the Seises, in: The Wide World Magazine 1899/1900. *Rosa y López de la, S.:* Los Seises de la Catedral de Sevilla, 1904. *Moraleda y Esteban, J.:* Los seises de la Catedral de Toledo, 1911. *Kessels, M. F.:* Los seises. De dans in de kathedraal von Sevilla, in: De Katholik, Jg. 42, 1912, S. 286 ff. *Trend, J. B.:* The Dance of the Seises, in: Music and Letters, 1921. *Stein, R.:* Die Kirchentänze in Sevilla, in: Die Musik, Jg. XV, 1922/23.

Selili. ↗Afrikanischer Tanz, der Tanz des Ährenlesens, mit welchem dem Fluß als Schöpfer der Ernte gedankt wird. Die Nesshouétänzer, die Tänzer des Flußfetisch Nesshoué, bilden mit ihren Tanzstäben eine lange, waagrechte Reihe und hüpfen auf einem Bein in wellenförmiger Bewegung. Dabei werden die Bewegungen immer schneller, bis sie allmählich einer Meereswelle gleichen.

Lit.: *Gorer, G.:* Geheimes Afrika u. seine Tänze, 1950, S. 189.

Seljančica (= Bauerntanz). Jugoslawischer Volkstanz der Slowenen, eine Koloform, die im ganzen kroatischen Raum, in Slawonien und im südlichen Bosnien, aber auch bei den Kroaten des österreichischen Burgenlandes in verschiedenen Variationen getanzt wird. (↗Slowenischer Volkstanz)

Lit.: *Dreo, H.:* Volkstänze aus d. Burgenland, 1977, S. 60 ff.

Sellengers Round. Alter ↗englischer Volkstanz, eine Form der englischen Kreisreigen, der ↗Rounds. Er ist einer der beliebtesten Tänze um den Maibaum und kann von beliebig vielen Paaren ausgeführt werden.

Lit.: *Wolfram, R.:* Die Volkstänze in Österreich u. verwandte Tänze in Europa, 1951, S. 60.

Selung-mo. Ein Mädchentanz des Stammes der Akha aus Thailand, ein ↗Reigen. Er wird von acht Mädchen ausgeführt, die in einem weiten Kreis stehen und einander mit seitlich gestreckten Armen halten. Die Bewegungsformen sind sehr einfach. Auf einen Seitenschritt nach rechts folgen ein Nachziehen des linken Beines und ein zweimaliges Wippen mit geschlossenen Knien. Dasselbe wird wiederholt. Die Tänzerinnen begleiten ihren Tanz mit einstimmig vorgetragenen Liedern, deren Inhalt eine Aufforderung an die Burschen ist, ihnen ihre Aufmerksamkeit zu schenken. (↗Thailändischer Tanz)

Lit.: *Manndorff, H.:* Akha (Thailand, Chieng Rai-Provinz) Mädchentänze, Institut f. d. wissenschaftlichen Film, Göttingen 1971, S. 11.

Sema. ↗Religiöser Tanz der ↗Derwische. Er wird Dienstag und Freitag in der Moschee nach der Koranlesung aufgeführt. Neun, elf oder dreizehn Derwische tanzen ihn mit bloßen Füßen in einer walzerartig drehenden Bewegung. Die Arme sind dabei ausgebreitet und die Augen geschlossen.

Lit.: *Schubert, F. L.:* Die Tanzmusik, 1867, S. 27. *Czerwinski, A.:* Brevier d. Tanzkunst, 1879, S. 96.

Sembradoras. ↗Mexikanischer Tanz, ein ↗Erntetanz. Männer und Frauen tanzen ihn am 2. Februar nach der Getreideernte als Danksagung für die vollendete Arbeit. Die Tanzenden stehen im Kreis rund um die in der Mitte stehenden Arbeitstiere. Der Kreis bewegt sich um die Tiere, die Männer stampfen bei jedem Schritt auf. Zwei Männer begleiten die Tanzenden, einer zu Fuß, einer reitend. Der erstere knallt mit der Peitsche, während der Reitende den Hergang des Tanzes führt und jede Tanzfigur ausruft.

Lit.: *Schwendener, N.-Tibbels, A.:* How to Perform the Dances of Old Mexico, 1934, S. 25 ff.

Semiramis-Ballette. Die griechische Sage von Semiramis, Königin von Babylon und Schöpferin der „Hängenden Gärten" bildete oftmals die Grundlage von Ballethandlungen. 1765 schuf Chr. W. ↗Gluck eine Ballettpantomime. Sie wurde am 31. Januar 1765 im Wiener Burgtheater in der ↗Choreographie von G. ↗Angiolini uraufgeführt. 1792 führte S. ↗Viganó ein Semiramis-Ballett in Venedig auf. Eine Ballettpantomime nach dem Semiramis-Stoff schuf auch J.-G. ↗Noverre. 1934 brachte ↗Fokine ein Semiramis-Ballett mit der Gruppe von Ida ↗Rubinstein in Paris zur Aufführung. Die Musik komponierte A. ↗Honegger.

Šenconská. Tschechischer Volkstanz im 2/4-Takt, ein ↗Paartanz, bei dem Tänzer und Tänzerin anfangs einander gegenüberstehen und die Hände an der Seite halten. (↗Tschechische Volkstänze)

Lit.: *Hajný, A.:* České tance, in: Český Lid, Jg. 3, 1894, S. 436 ff.

Sendratari. ↗Javanischer Tanz aus neuester Zeit, eine ↗Pantomime, die 1961 entstanden ist. Diese neue Form des javanischen Tanzes verbindet Elemente der heimischen Folklore mit Stilen westlicher Herkunft.

Lit.: *Susilo, Hardja:* The Javanse Court Dance, in: The World of Music, vol. XXI, 1979, No. 1, S. 90 ff.

Senft, Gerhard. Österreichischer Tänzer, ↗Ballettmeister und ↗Choreograph, geb. 28. Mai 1936 in Wien. Seine Tanzausbildung erhielt er an der Akademie für Musik und darstellende Kunst in Wien, wo er Schüler von Riki ↗Raab, Hanna Berger, Grete ↗Wiesenthal, Toni ↗Birkmeyer, Rosalia ↗Chladek und Tamara ↗Rauser war. Während dieser Studienzeit war er Mitglied des Wiener Kindertheaters von Hanna Berger, mit dem er Gastspiele in Österreich, der Schweiz und in Italien absolvierte. 1954 erhielt er sein erstes Engagement am Opernhaus in Graz. 1955 wurde er Solist an der Volksoper in Wien, 1956 Solist am Opernhaus Düsseldorf. Von 1957 bis 1973 war er Solotänzer an der Wiener Volksoper. Gastspiele führten ihn nach Paris, London, New York, Kanada, Monte Carlo und in die Türkei. Im Fernsehen wirkte er vor allem bei den Neujahrskonzerten der Wiener Philharmoniker mit. 1963 gründete er ein eigenes Solistenensemble, „Das Kleine Wiener Ballett". Er schuf damals seine ersten eigenen Choreographien. Ab 1973 war er Ballettmeister an der Volksoper Wien.

Sensentanz (auch Hauer genannt). ↗Deutscher Volkstanz aus Ostschlesien. Der Tanz besteht aus zwei Teilen. Im ersten Teil stehen Bursch und Mädel einander gegenüber, die Paare im großen Kreis hintereinander. Die Tänzerin geht auf das erste Viertel eines jeden Taktes einen Nachstellschritt rückwärts und macht mit den Händen die Bewegung des Garbenraffens. Der Tänzer geht auf das erste Viertel des Taktes einen Nachstellschritt vor und macht mit den Händen die Bewegung des Mähens. Im zweiten Teil bleiben beide stehen. Der Bursch hält die linke Hand im Ellenbogen im rechten Winkel wie eine Sense und wetzt mit der flachen rechten Hand wie mit einem Wetzstein. Zum Schluß wird eine ↗Polka getanzt.

Lit.: *Lanz, J.:* Ostschlesische Volkstänze, 1931, S. 28.

Serbischer Volkstanz. Die vielen Wandlungen in der politischen Geschichte Serbiens waren auch bestimmend für die Tradition des serbischen Volkstanzes. Die Türkenherrschaft und die Zeit der österreich-ungarischen Vorherrschaft haben in der Entwicklung der serbischen Tanzfolklore ihren Niederschlag gefunden (↗Kalac). In historischer Hinsicht ist es schwierig, Stilrichtungen und Tanzausführungen einzuordnen, auch wegen des Reichtums von Volkstänzen in Serbien in geographischer Hinsicht. In Serbien gibt es mehr als 1600 Namen an Volkstänzen. Die Verschiedenheit der Tänze beruht nicht nur auf den einzelnen Bezeichnungen und Unterschieden der Herkunft, sondern auch auf den Aufführungsarten in choreographischer Hinsicht. Die traditionellen serbischen Tänze besitzen mehr als fünfzig Arten von Grundschritten, ohne die improvisierenden, spontanen Schritte zu berücksichtigen, welche die begabten Tänzer immer wieder praktizieren. Unter den vielen Tanztypen findet man hauptsächlich den Rundtanz und den Kettentanz, ↗Kolo genannt. Letzterem begegnet man im serbischen Volkstanz am häufigsten. Als allgemeiner Charakterzug des serbischen Tänzers kann die Geschmeidigkeit der Bewegungen der Füße bezeichnet werden, während der Oberkörper dabei ganz gerade und aufrecht bleibt. (↗Čačak, ↗Grabac, ↗Jugoslawische Volkstänze, ↗Kraljica, ↗Poskok, ↗Rusalj, ↗Šaranac, ↗Užička čarlama)

Lit.: *Janković, L. u. D.:* Styles et techniques des danseurs traditionnels Serbes, in: Journal of the International Folk Music Council, vol. IV, 1952, S. 12ff.

Sergejew, Nikolas Grigorjewitsch. Russischer Tänzer, ↗Ballettmeister und Direktor, geb. 15. September 1876 in St. Petersburg, gest. 23. Juni 1951 in Nizza. Er studierte an der kaiserlichen Ballettakademie. Er tanzte am Marijinskij-Theater, wurde dort Solist, 1904 Direktor und war von 1914 bis 1918 Generaldirektor. Nach der Oktoberrevolution verließ er Rußland. Damals nahm er eine Anzahl der berühmten Ballettnotationen von W. I. ↗Stepanow mit, die er dann im Westen als Grundlage seiner Ballettinszenierungen verwendete. Von 1922 bis 1924 war er Ballettmeister in Riga. In Paris leitete er eine eigene Ballettschule. Er war Direktor der Internationalen Ballettschule von M. ↗Inglesby International Ballettschule und inszenierte 1941 die klassischen Ballette für das ↗International Ballet.

Serpentinentanz. Dieser Kunsttanz, von Loie ↗Fuller erfunden, ist ein sogenannter Gewandtanz, der vor allem im kunstvollen In- und Auseinanderrollen langer Kleider um den Körper der Tänzerin beruht. Die Wirkung der Bewegungen, erhöht durch phosphoreszierende Gewänder, ist von hohem künstlerischen Reiz. (↗Schleiertanz)

Lit.: *Becker, M. L.:* Der Tanz, S. 197f.

Serra. Neugriechischer Volkstanz im 5/16-Takt, dessen Name von dem Fluß „Serra" herrührt. Seinem Charakter nach ist er ein wilder, schreitender Tanz kriegerischer Art. Zwei Männer brechen aus dem Kreis aus und tanzen ein „Mahera", ein Scheingefecht mit Schwertern in der Mitte, während die anderen Tänzer um sie herum im Kreis tanzen. Oftmals endet der Tanz mit einer Verwundung des Gegners und wird manchmal zur Schlichtung einer Streitigkeit durchgeführt. In seiner Art erinnert er an die antike griechische ↗Pyrrhiche. – Den gleichen Namen, allerdings in der Bedeutung von „Säge", führte auch ein im Deutschland des 16. Jh. üblicher ↗Nachtanz bei Hochzeiten.

Lit.: *Petrides, Th. u. El.:* Folk Dances of the Greeks, 1961, S. 36 f. *Czerwinksi, A.:* Geschichte d. Tanzkunst, 1862, S. 188 ff., *Böhme, F. M.:* Geschichte d. Tanzes in Deutschland, 1886, S. 80.

Serviettentanz. Bei diesem Tanzspiel aus dem Mattigtal im westlichen Oberösterreich dreht ein ↗Tanzmeister sechs Servietten zu Stricken zusammen und umfaßt ihre Mitte mit der rechten Hand, so daß beiderseits sechs Zipfel herausragen. Er läßt dann auf einer Seite sechs Tänzer, auf der anderen Seite fünf Tänzerinnen und einen Tänzer antreten, sie müssen je ein Ende ergreifen. Der Tanzmeister muß die zusammengedrehten Servietten so halten, daß niemand weiß, welche Zipfel zusammengehören. Sobald alle gefaßt haben, läßt der Tanzmeister los. Die durch die Servietten gebildeten Paare tanzen 32 Takte ↗Walzer, die beiden Tänzer, welche dieselbe Serviette halten, scheiden aus. Beim nächsten Durchspiel nehmen fünf Tänzer und sieben Tänzerinnen teil, und so fort im Wechsel.

Lit.: *Horak, K.:* Der Volkstanz im Mattigtal u. im Kobernauser Wald, Oberösterreich, in: Jahrbuch d. österreichischen Volksliedwerkes, Bd. 23, 1974, S. 15.

Servos Karpathiotikos. Neugriechischer Volkstanz von der Fischerinsel Karpathos. Der Tanz im 2/4-Takt, der nur von Mädchen ausgeführt wird, versinnbildlicht Bitte und Hoffnung auf guten Ausgang der Fahrt zum Fischfang. Der Name „Servos" deutet die beim griechischen Tanz selten vorkommende Tanzrichtung nach links an. Musikalisch liegt dem Tanz ein Lied zugrunde. Die Mädchen nehmen im Halbkreis Aufstellung und fassen die Hand der übernächsten Tänzerin. Die zwei Schrittfolgen des Tanzes bestehen aus je acht Tanzbewegungen, wobei jede Schrittfolge viermal getanzt wird. (↗Griechischer Tanz).

Lit.: *Schmolke-Langhans:* Europäische Tänze, Heft 6, 1959, S. 24 f.

Servustanz. ↗Deutscher Volkstanz aus der schwäbischen Türkei im 3/4-Takt, bei dem Verbeugungen der Tanzenden eine Rolle spielen. In Deutschland ist er unter den Namen ↗Buckerltanz, ↗Hans Adam und ↗Zipf Adam bekannt. Eine Abart ist der ↗Wolfstanz.

Lit.: *Horak, K.:* Der Volkstanz in d. schwäbischen Türkei, in: Deutsches Archiv f. Landes- u. Volksforschung, Jg. 2, 1938, H. 4, S. 851. *Wolfram, R.:* Die Volkstänze in Österreich u. verwandte Tänze in Europa, 1951.

Sesseltanz. ↗Deutscher Volkstanz, ein Tanzspiel im großen Kreis. In der Kreismitte steht ein Stuhl, auf dem ein Mädchen Platz nimmt. Ein Bursch kommt im Schottischschritt auf das Mädchen zu, worauf dieses durch Gebärden zu erkennen gibt, ob es den Burschen zum Tanz nehmen will oder nicht. Tanzt es nicht mit ihm, dann erhebt es sich, faßt den Stuhl mit beiden Händen, dreht sich mit dem Stuhl in halber Drehung herum, zeigt dem Burschen den Rücken und setzt sich wieder. Mag das Mädchen mit dem Burschen tanzen, dann erhebt es sich, macht einen Knicks und tanzt mit ihm. Der große Kreis steht dabei still, oder alle umtanzen das Paar. Bei der Wiederholung setzt sich der erwählte Bursch auf den Stuhl, und das Spiel beginnt von Neuem. (↗Stuhltanz)

Lit.: *Au H. v. d.:* Heit is Kerb in unserm Dorf, 1954, S. 60.

Sette passi. ↗Volkstanz aus dem Südtiroler Fleimstal (Hauptort Cavalese). Dieser ↗Paartanz, der in ganz Südtirol getanzt wird, ist in vielen Varianten gebräuchlich. Die Aufstellung erfolgt im Flankenkreis nebeneinander. Die Tanzmelodie geht im 2/4-Takt. Über Südtirol hinaus reicht die Tanzform fast über ganz Europa. (↗Siebenschritt)

Lit.: *Horak, K.:* Volkstänze aus d. Fleimstanz, in: Der Schlern, Jg. 26, 1952, H. 11/12, S. 424 ff.

Settquadrille. ↗Deutscher Volkstanz, der von vier Paaren, die einander zum Kreis fassen, ausgeführt wird. Getanzt wird mit Hüpfschritten im

3/8-Takt und mit Gehschritten. Der Tanz ist auch unter dem Namen ↗Hobelbank bekannt. Der Name Settquadrille kommt von dem niederdeutschen „setten“ = setzen, dem Absetzen der Tänzerinnen.

Lit.: *Oetke, H.:* Märkische Viertour, 1929, S. 18 f. *Burkhardt, L.:* Kneveler, 1934, S. 9 f. *Janietz, E. – Schneider, R. – Peters, M.:* Volkstänze aus Mecklenburg, 1976, Nr. 5. *Janietz, E.:* Volkstänze aus Norddeutschland. s. a., Nr. 8, S. 18 f.

Sevillano. Spanischer Volkstanz, eine Stilform des ↗Flamenco.

Lit.: *Becker, M. L.:* Der Tanz, 1901, S. 154.

Sextur. Alter ↗dänischer Volkstanz, von vier Paaren getanzt, die einander zum Kreis fassen. Ursprünglich bestand er aus sechs achttaktigen Musik- und Tanzteilen im 6/8-Takt und Polkazeitmaß.

Lit.: *Thomsen, E. – Andersen, H.:* Folkedanse for børn, 1923, S. 24 f. *Burkhardt, L.:* Kneveler, 1936, 1950, S. 16 f. *Tolv danske folkedanse,* Auswahl aus: Foreningen til folkedansens fremme, 1924, S. 17 f.

Seymour, Lynn (geb. Springbett). Kanadische Tänzerin, geb. 8. März 1939 in Wainwright. Sie studierte in Vancouver bei J. Jepson und N. Swetlanoff, später an der Schule des ↗Sadler’s Wells Ballet. Im Jahre 1956 schloß sie sich dem Ballett der Covent Garden Opera in London an. Sie reiste im Jahre 1957 mit dem ↗Royal Ballet, wurde 1958 Solistin des Balletts und 1959 1. Tänzerin. Mit ↗MacMillan ging sie an die Deutsche Oper nach Berlin als Primaballerina (1966–1969). Sie kehrte wieder an das Royal Ballet London zurück (1970–1978) und wirkte bei diesem und anderen Truppen als Gastballerina. Von 1978 bis 1980 war sie Ballettdirektorin der Münchner Staatsoper. 1981 ging sie noch einmal zum Royal Ballet London zurück. In den folgenden Jahren wirkte sie freischaffend

Lit.: *Crisp, C.:* Lynn Seymour, in: Saisons de la danse, May 1976. *Austin, R.:* Lynn Seymor, London 1980.

Shagoye. ↗Äthiopischer Tanz, ein ↗Paartanz in Gruppen.

Lit.: *Martin, G.:* Dance Types in Ethiopia, in: Journal of the International Folk Music Council, vol. XIX, 1967, S. 23 ff.

Shake ist die Bezeichnung für das Schütteln des Körpers, entweder von den Schultern oder den Hinterbacken (Pelvis) ausgehend. Viele ↗afrikanische Tänze gipfeln in dem Schultershake, der durch Rotationen der einzelnen Schulterblätter ausgelöst wird und den ganzen Körper über Brustkorb und Rücken in eine schüttelnde Bewegung versetzt, bis der Tänzer einen Zustand der Ekstase erreicht hat. Die vom Becken ausgehenden, nach oben verlaufenden Shakes kommen im zentralafrikanisch-kongolesischen Tanzstil vor und sind im ↗afroamerikanischer Tanz als ↗Shimmy bekannt. Den Namen Shake trug auch ein ↗Gesellschaftstanz des 20. Jh. Der Shake-a-leg ist ein Tanz australischer Eingeborener der nördlichen Regionen, der mit Sprungschritten und zitternden Gliedern ausgeführt wird. Bei der amerikanischen Sekte der Shakers beginnen die Mitglieder am Ende ihres Gottesdienstes mit schüttelnden und stoßenden Bewegungen zu tanzen. Diese Tänze werden ↗Quicksongs-dance und ↗Shovelsongs-dance genannt. (↗Afroamerikanischer Tanz, ↗Jazz Dance).

M. Seiber

Lit.: *Günther, H.:* Jazz-dance, 1980.

Shankar, Uday. Indischer Tänzer und ↗Choreograph, geb. 8. Dezember 1900 in Udaipur, gest. 26. September 1977 in Kalkutta. Er kam 1919 nach London, um Malerei zu studieren. Während dieses Studiums trat er auch mit selbst geschaffenen indischen Tänzen auf. 1922 wurde Anna ↗Pawlowa auf Shankar aufmerksam und lud ihn ein, mit ihr zwei indische Ballette einzustudieren: „The Hindu Wedding“ und „Rhada and Krishna“. Im Jahre 1924 reiste er dann mit Anna Pawlowa neun Monate lang durch Europa und Amerika. Von 1924 bis 1928 studierte er indische Kultur in Paris, wo er auch seine ersten Auftritte mit einer eigenen Gruppe hatte. 1930 kehrte er nach Indien zurück und stellte eine eigene Gruppe von indischen Tänzern und Tänzerinnen zusammen, mit der er in den Jahren von 1931 bis 1937 wieder Europa und Amerika bereiste. Die Kriegsgefahr in Europa veranlaßte ihn, im Jahre 1938 wieder nach Indien zurückzukehren. In Almora gründete er ein Kulturzentrum, wo er nach einem eigenen Trainingssystem unterrichtete und von berühmten Lehrern die klassischen indischen Tanzstile lehren ließ (↗Bharat Natjam, ↗Manipuri, ↗Kathakali). Nach dem zweiten Weltkrieg setzte er seine Tourneen durch mehrere Erdteile fort. Sein künstlerisches Bestreben war es, die früher an starre Tempel- und Hofzeremonien gebundenen klassischen indischen Tänze und auch Volkstänze dem internationalen Publikum bekannt zu machen. Nach seinem Tod übernahm seine Frau Amala Shankar diese künstlerische Aufgabe.

Lit.: *Shankar, Uday:* My Love of the Dance, in: Shankar Hindu Dancers & Musicians, Programmheft d. Amerika-Tournee, 1968, S. 4 ff. *Rebling, E.:* Die Tanzkunst Indiens, 1981.

Sharp, Cecil. Britischer Volkstanzforscher, geb. 22. November 1859 in London, gest. 23. Juni 1924 ebendort. Er war Gründer der English Folk Dance Society und sah in der Wiederentdeckung der englischen Volksmusik und des englischen Volkstanzes seine Lebensaufgabe. Er sammelte mehr als 200 Tänze, ↗Morristänze, ↗Schwerttänze und ↗Country dances. Außerdem übertrug er viele Country dances aus ↗Playfords „Dancing Master". In den Jahren 1919–1923 wirkte er im Aufrag des Erziehungsministeriums an Training Colleges als Inspektor für das Gebiet Volkslied und Volkstanz. Von ihm stammen folgende Veröffentlichungen: Morris Dance Tunes, 10 Teile, 1907–1913 (Teile 9 und 10 mit G. S. K. Butterworth); The Country Dance Book, 5 Teile, 1909–1922 (Teile 3 und 4 mit G. S. K. Butterworth, Teil V mit M. Karpeles); The Sword Dances of Northern England, 3 Teile, 1911–1913; The Morris Book, 5 Bände, 1907–1913 (Band 1–3 mit H. Macilwaine, Band V mit G. S. L. Butterworth); An Introduction to the English Country Dance, 1919: The Dance. An Historical Survey of Dancing in Europa, 1924 (mit A. P. Oppe).

Lit.: *Fox-Strangways, A. H. – Karpeles, M.:* Cecil Sharp, London 1923 und 1955. *Karpeles, M.:* Cecil Sharp. His Life and Work, London 1967.

Shaw, Brian (eigentlich Earnshaw). Britischer Tänzer und Lehrer, geb. 28. Juni 1928 in Huddersfield. Er studierte bei Mary Shaw, R. French und an der Sadler's Wells School. 1944 schloß er sich dem ↗Sadler's Wells Ballet an, wurde Solist und 1. Tänzer. Seit dem Jahre 1972 wirkt er dort als Lehrer.

Lit.: *Percival, J.:* Musicality with Bravura: Brian Shaw, in: Dance and Dancers, Dezember 1958.

Shawn, Ted. Amerikanischer Tänzer, ↗Choreograph und Lehrer, geb. 21. Oktober 1891 in Kansas City, Missouri, gest. 9. Januar 1972 in Orlando, Florida, studierte zunächst Theologie und kam nach einer schweren Erkrankung (Diphterie mit Lähmungen) über die Heilgymnastik zum Tanz. Er studierte bei Hazel Wallack und trat 1911 in Denver erstmals als Tänzer auf. In Los Angeles eröffnete er eine Tanzschule. Mit Norma Gould drehte er den frühesten Tanzfilm „Dance of the Ages". 1914 unternahm er mit einer eigenen kleinen Truppe eine Gastspielreise. Er traf mit der Tänzerin Ruth ↗St. Denis zusammen, die er 1914 heiratete und mit der er in New York 1915 die ↗Denishawn-Schule gründete, welche eine der Grundlagen für den modernen amerikanischen freien Tanz wurde. Er lehrte den religiösen Tanz primitiver Völker, Tänze der alten amerikanischen Völker, Negro- und folkloristische Tänze. Nach der Auflösung der Denishawn-Schule gründete er 1933 in Massachusetts eine Tanzschule nur für den Männertanz und zog mit seiner Männertruppe sieben Jahre durch die USA. Er leitete Sommerkurse, studierte Festivals ein und lehrte bis 1960. Für seine Zeit galt er als der bedeutendste Pionier des amerikanischen Tanzes. Von ihm stammen folgende Veröffentlichungen: Ruth St. Denis: Pioneer & Prophet, San Francisco 1920; The American Ballet, New York 1926; Gods Who Dance, New York 1929; Dance We Must, London 1946; Every Little Movement. A Book About Francois Delsarte. The Man and His Philosophy, in: Dance Horizons 1963. (↗Ausdruckstanz)

Lit.: *Schlundt, C. L.:* The Professional Appearances of Ruth St. Denis & Ted Shawn, New York 1962. *Schlundt, C. L.:* The Professional Appearances of Ted Shawn and His Men Dancers, New York 1967. *Terry, W.:* The Anniversaries of Ted Shawn, in: Dance Magazine, November 1971. *Terry, W.:* Ted Shaw, Father of American Dance, New York 1976.

Shearer, Moira (eigentlich King). Britische Tänzerin, geb. 17. Januar 1926 in Dunfermline (Schottland). Ihr Studium begann sie in Nord-Rhodesien und ab 1936 bei Flora Fairbairn und N. ↗Legat in London und an der Sadler's Wells School. 1941 debütierte sie beim ↗International Ballet, 1942 schloß sie sich dem ↗Sadler's Wells Ballet an (Debüt: ↗Schwanensee), wurde Solistin und 1944 ↗Ballerina, tanzte viele Balletturaufführungen, u. a. ↗Helpmans ↗„Miracle in the Gorbals". 1950 war sie Gast-Ballerina in Paris. Mit dem Ballett „Die ↗roten Schuhe" begann 1948 ihre internationale Karriere beim Film. Als Gastballerina tanzte sie später wieder beim Sadler's Wells Ballet und 1953/54 bei ↗London Festival Ballet.

Lit.: *Tenent, R.:* Moira Shearer. A Ballet-Album with a Biographical Study, London 1947. *Crowle, P.:* Moira Shearer. Portrait of a Dancer, London 1950. *Fischer, H.:* Moira Shearer. Dancers of To-day, Nr. 2, London 1952.

Shimmy. ↗Gesellschaftstanz des 20. Jh. Er ist afroamerikanischer Herkunft und kam 1920/21 nach Europa, wo er eine Zeit lang beliebter Modetanz war. Seiner Form nach ist er dem ↗Foxtrot verwandt, seine Musik im 4/4- oder 2/4-Takt gehört der Gattung des ↗Ragtime an. Neu an der Tanzform des Shimmy war, daß die Beine nicht mehr im Knie gebeugt, sondern steif gehalten wurden, die Fußspitzen blieben dabei geschlossen, die Fersen nach auswärts gerichtet. (↗Afroamerikanischer Tanz, ↗Shake)

Lit.: *Pollack, H.:* Die Revolution d. Gesellschaftstanzes, 1922, S. 10 u. 73. *Huppert, E.:* Der moderne Tanz, 1926, S. 44. *Günther, H. – Schäfer, H.:* Vom Schamanentanz zur Rumba, 1959, S. 169 f.

Shire. ↗Äthiopischer Tanz, der ausgeprägteste ↗Schwerttanz der Äthiopier, ausgeführt von den Nomadenhirten der äthiopischen Nordprovinz Tigre. Er ist durch kriegsähnliche und athletische Bewegungen und sportlichen Geist charakterisiert. In seiner Ausführung erinnert er an die altgriechische ↗Pyrrhiche. Lukian hatte bereits im 2. Jh. in seinen „Gesprächen über den Tanz" auf die Bedeutung der äthiopischen ↗Waffentänze hingewiesen. Tanzend zogen sie in die Schlacht, und mit ihren Tänzen versuchten sie, die Feinde zu erschrecken.

Lit.: *Martin, G.:* Dance Types in Ethiopia, in: Journal of the International Folk Music Council, vol. XIX, 1967, S. 23 ff.

Shovelsongs-dance. ↗Religiöser Tanz der amerikanischen Sekte der Shakers, der mit Schütteln und Stoßen ausgeführt wird. (↗Shake).

Lit.: *Voß, R.:* Der Tanz u. seine Geschichte, 1869.

Shuffle. Afroamerikanischer Tanz, dessen Bezeichnung aus der irischen Folklore übernommen wurde. Der Irish Shuffle ist durch schlürfende, weitausholende Bewegung der Beine, der Negro Shuffle durch synkopierende und in Einzelphasen zerlegte Bewegungen des flachen Fußes charakterisiert. Der triolische Begleitrhythmus steht im 4/4-Takt. Die Betonung liegt auf der vollen Taktzeit, dadurch entsteht eine stark beschwingte Wirkung, welche den großen Erfolg dieses Rhythmus in der Tanzmusik begründete.

Sibley, Antoinette. Britische Tänzerin, geb. 27. Februar 1939 in Bromley, Kent, verheiratet mit Michael ↗Somes. Sie studierte an der Cone-Ripman School und Sadler's Wells School. 1956 kam sie zum ↗Sadler's Wells Ballet, wurde dort 1959 Solistin und war von 1960 bis 1979 1. Tänzerin. 1981 nahm sie von der Bühne Abschied.

Lit.: *Dromgoole, N.:* Sibley and Dowell, London 1976.

Sibreli. ↗Französischer Volkstanz aus Savoyen, eine Form des ↗Strohschneiders.

Lit.: *Wolfram, R.:* Die Volkstänze in Österreich u. verwandte Tänze in Europa, 1951, S. 157/15.

Siciliano (Siciliana, Sicilienne). ↗Italienischer Volkstanz aus dem späten 17. Jh., vermutlich aus Sizilien. Früher vertrat der Siciliano oftmals die Stelle eines langsamen Satzes in der Sonate (Alla Siciliano). Dieser pastorale Tanzsatz von wiegender Bewegung im 6/8-, 9/8-, 12/8-, aber auch 4/4-Takt steht meistens in Moll. Nachdem der Siciliano anfänglich eher lebhaft gespielt wurde, ist im Spätbarock ein langsames Tempo zur Regel geworden. Abweichend von dieser Art des Siciliano ist eine zweite Art, die Siciliana alla ↗Tarantella. Langsame instrumentale Siciliani finden sich bei J. S. ↗Bach, G. F. ↗Händel, G. Ph. Telemann und noch am Ende des 19. Jh. bei G. Fauré.

G. Ph. Telemann

Lit.: *Klemm, B.:* Katechismus d. Tanzkunst, 1855, S. 174 (Beschreibung d. Schritte). *Schuber, F. L.:* Die Tanzmusik, 1867. *Czerwinski, A.:* Brevier d. Tanzkunst, 1879. *Steglich, R.:* Tanzrhythmen in d. Musik J. S. Bachs, 1962, S. 34.

Siebenhüppel. Alter ↗deutscher Volkstanz im 2/4-Takt aus der Mark (märkisches Land von der Lippe oberhalb von Lünen bis ins westliche Sauerland reichend). Im ersten Teil hüpft das Paar siebenmal vorwärts und wieder siebenmal rückwärts. Den zweiten Teil tanzt es entweder wie den ↗Schottisch, oder es hüpft im Kreis. Mit dem bekannten Volkstanz ↗Siebensprung hat dieser Tanz nichts gemeinsam.

Lit.: *Erk-Böhme:* Deutscher Liederhort, Nr. 991.

Siebenschritt. ↗Volkstanz, der in Österreich, Deutschland, im Böhmerwald und in vielen anderen Gebieten Europas verbreitet und beliebt ist. Er darf nicht mit dem ↗Siebensprung verwechselt werde. Der Siebenschritt ist ein ↗Paartanz mit Gesang im 2/4-Takt. Der Name, auch als Siebentritt oder Siebengang üblich, ist bezeichnend für seine Tanzform. Kennzeichnend für alle seine in den verschiedenen Gegenden gebräuchlichen Formen sind die zwei Teile des Tanzes. Der erste Teil ist der Figurentanz mit seinen sieben Schritten vorwärts und sieben Schritten rückwärts, der zweite Teil ist ein Rundtanz, der wiederholt wird. Diese Form wird mannigfach abgewandelt. Eine Abart ist der Montafoner ↗Siebentätzler. In der Tschechoslowakei heißt der Tanz ↗Hoblovak. Fast unglaublich ist die Fülle der Namen, unter denen der Tanz in Deutschland bekannt ist, z. B. als Mariechen, Strubbjack, Stäsche, Kathrin, Bauernmadl usw. Im südlichen Europa findet sich der Siebenschritt als ↗Sette passi in Görz und im Trentino und südlich der Schweiz in Savoyen. Nordwärts erstreckt sich seine Verbreitung bis nach den Niederlanden, nach Dänemark und Finnland unter den Namen: ↗Allt i Hälliberg, ↗Bohm'ska galoppen, ↗Estlands sjusteg, ↗Fram och Tillbaka, ↗Kopparslagaren, ↗Rigapolka, ↗Sju steg, ↗Stigare und als ↗Yks, kaks, kolme, nelja ja viis. Im Osten war das Verbreitungsgebiet durch den Einfluß der deutschen Sprachinseln bedingt, bei den Székler Siebenbürgens war es der ↗Hétlepés. In Wien ist er Ende des 19. Jh. auch als Kinderspiel beliebt gewesen.

Lit.: *Lager, H.:* Unsere Tänze, 1911, S. 23. *Zoder, R.:* Wie zeichnet man Volkstänze auf, in: Zeitschrift f. Volkskunde, Berlin 1911, S. 387, *Zoder, R.:* Altösterreichische Volkstänze, Teil I, 1922. *Gradwohl, K.:* Lehrgang f. österreichische Volkstänze, 1936/38. *Au, H. v. d.:* Pfälzer Volkstänze, Deutsche Volkstänze, 1. Teil, H. 34/35, 1937, S. 8 f. *Horak, K.:* Der Volkstanz in d. schwäbischen Türkei, in: Deutsches Archiv f. Landes- und Volksforschung, Jg. 2, 1938, S. 837 ff. *Au, H. v. d.:* Das Volkstanzgut im Rheinfränkischen, 1939, S. 74 ff. *Horak, K.:* Der Volkstanz in d. Batschka, in: Deutsche Liederkunde, Bd. 1, 1939, S. 210. *Lager, H.:* Tänze aus d. steirischen Ramsau, in: Das deutsche Volkslied, Jg. 46, 1944, H. 1/2, S. 13 ff. *Wolfram, R.:* Die Volkstänze in Österreich u. verwandte Tänze in Europa, 1951. *Zoder, R.:* Volkstanzaufzeichnungen v. Karl Reiterer, in: Jahrbuch d. österreichischen Volksliedwerkes, Bd. 5, 1956, S. 88 ff. *Hoerburger, F. u. Raupp, J.:* Deutsch-slawische Wechselbeziehungen im Volkstanz, in: Kleine Beiträge zur Volkskunstforschung, 1957, H. 3. *Lager, H. – Derschmidt, H.:* Österreichische Tänze, 1959. *Koschier, F.:* Kärntner Volkstänze, 1963. *Goldschmidt, Ae.:* Handbuch d. deutschen Volkstanzes, 1967. *Horak, K.:* Tiroler Volkstanzbuch, 1974, S. 10 ff. *Berghold, L. – Deutsch, W.:* Volkstänze aus Niederösterreich, Bd. I, 1975, S. 87. *Horak, K.:* Der Siebenschritt, in: Der Trachtler, Nr. 6, 1975, S. 15. *Dreo, H.:* Volkstänze aus d. Burgenland, 1977, S. 31 f. *Wolfram, R.:* Die Siebenbürger Volkstänze, in: Jahrbuch f. ostdeutsche Volkskunde, Bd. 22, 1979, S. 163 f. *Janietz, E.:* Volkstänze aus Niederdeutschland, s. a., S. 4 f. *Schützenberger, E. – Derschmidt, H.:* Spinnradl, 5. Folge, s. a., S. 5.

Siebensprung. ↗Deutscher Volkstanz, der nicht nur über ganz Deutschland verbreitet war, sondern in verschiedenen Formen von den Pyrenäen bis Skandinavien getanzt wurde. Um 1605 erschien sein Name zum erstenmal in dem Lautenbuch von Petrus Fabricius, danach wurde er in vielen Quellen immer wieder genannt. Seine Wurzeln liegen vielleicht in den germanischen Opfertänzen zur Frühlingsfeier. Nach den Überlieferungen war er ursprünglich ein reiner Männertanz und hat sich mit der Zeit zu einem ↗Paartanz gewandelt, bei welchem dem Burschen jedoch die Hauptrolle zufiel. Seine Geschicklichkeit bei der Ausführung des Tanzes galt ausschließlich dem Umwerben des Mädchens. Die charakteristischen tänzerischen Figuren, nach welchen der Tanz benannt ist, sind die sogenannten sieben Sprünge oder vielmehr die sieben Bewegungen: 1. Sprung auf dem linken Fuß, 2. Sprung auf dem rechten Fuß, 3. Niederknien auf das linke Knie, 4. Niederknien auf das rechte Knie, 5. Aufstützen des linken Ellenbogens auf den Boden, 6. Aufstützen des rechten Ellenbogens auf den Boden, 7. Berühren des Bodens mit der Stirne. Dasselbe kann nun in umgekehrter Weise wiederholt werden. In manchen Gegenden wurde zum Tanz ein Lied gesungen, dessen Texte und Melodien im 2/4-Takt in den einzelnen Gebieten meist verwandt sind. Verschieden ausgeführt wurden die den Sprüngen vorausgehenden Schritte des Vortanzes. Der Siebensprung wurde gern von der bäuerlichen Bevölkerung zu festlichen und unterhaltsamen Gelegenheiten wie Hochzeiten und Kirchweih bis zur Mitte des 19. Jh. getanzt. In Österreich war er nur in Vorarlberg unter dem Namen „Die sieben Sprünge" bekannt. In Norwegen heißt er ↗Sjauspringar, in den Niederlanden ↗Zevensprong, in der Oberpfalz „Siebenmal aufi, siebenmal obi", in Pommern nannte man ihn „Die sieben Françaisen", in Frankreich „Les sept sauts" und in den Pyrenäen ↗Zazpi Jausiak.

Siebentätzler

Lit.: *Böhme, F. M.:* Geschichte d. Tanzes in Deutschland, 1886. *Herrman, E.:* Siebensprung, in: Zeitschrift d. Vereins für Volkskunde, Jg. 15, 1905, S. 282 ff u. Jg. 17, 1907, S. 81 ff. u. S. 447. *Lohmeyer, E.:* Zum Siebensprunge, in: Zeitschrift d. Vereins für Volkskunde in Berlin, Jg. 17, 1907, s. 447 ff. *Zoder, R.:* Die sieben Sprünge, Altösterreichische Volkstänze, 1. Teil, Nr. 10, S. 25, 1922. *Kraus, A.:* Der Siebensprung, in: Unterm Rosenhut, Villingen 1, 1924, S. 96 f. *Helms, A. – Blasche, J.:* Bunte Tänze, Bd. 7, 1929, S. 16 f. *Au, H. v. d.:* Über d. Siebensprung in d. Landschaft Rheinfranken, in: Hessische Blätter f. Volkskunde, Bd. 34, 1935, S. 47 ff. *Moser, H. J.:* Brauchtumsmusik aus alten Klaviertabulaturen, in: Das deutsche Volkslied, Jg. 38, 1936, H. 9/10, S. 136 ff. *Wolfram, R.:* Der Siebensprung in Norwegen, in: Das deutsche Volkslied, Jg. 39, 1937, H. 1/2, S. 16. *Wolfram, R.:* Die Volkstänze in Österreich u. verwandte Tänze in Europa, 1951. *Oetke, H.:* Deutsche Volkstänze, Teil II, 1952, S. 34 f. u. Teil III, 1952, S. 31. *Goldschmidt, Ae.:* Handbuch d. Volkstanzes, 1967. *Hofer, E.:* Vorarlberger Volkstänze, 1971, Nr. 19, S. 85 f. *Janietz, E. – Schneider, R.:* Volkstänze aus Mecklenburg, s. a., S. 35. *Oetke, H.:* Volkstänze aus d. Lüneburger Heide, Teil II, s. a., S. 27 ff.

Siebentätzler. ↗Österreichischer Volkstanz aus dem Montafon, Vorarlberg. Dieser graziöse Tanz ist eine Abart des ↗Siebenschritts. In Bayern ist er unter dem Namen ↗Blümerl bekannt.

Lit.: *Schmitt, A.:* Beiträge zu d. Vorarlberger Volkstänzen, in: Deutsches Volkslied, Jg. 30., 1928, H. 4, S. 64 ff. *Zoder, R.:* Altösterreichische Volkstänze, Teil 3, 1932, S. 22. *Gradwohl, K.:* Lehrgang f. österreichische Volkstänze, 1936/38. *Lager, H.:* Unsere Tänze, 1941, S. 40. *Wolfram, R.:* Die Volkstänze in Österreich u. verwandte Tänze in Europa, 1951, S. 159. *Hofer, E.:* Vorarlberger Volkstänze, 1971, Nr. 16, S. 82.

Sieben Todsünden der Kleinbürger, Die. ↗Ballett mit Gesang in acht Teilen von Kurt ↗Weill und Bert Brecht. Das Werk wurde am 7. Juni 1933 in Paris im Théâtre des Champs-Elysées in der ↗Choreographie von George ↗Balanchine uraufgeführt. Die deutsche Erstaufführung fand am 6. April 1960 in Frankfurt/M. in der Choreographie und Inszenierung von Tatjana ↗Gsovsky statt. Das Ballett mit Gesang schildert den Erziehungs- und Erkenntnisprozeß eines Mädchens (Anna, dargestellt von einer Tänzerin und einer Sängerin), das von Stufe zu Stufe, gleichsam von Todsünde zu Todsünde charakterlich und moralisch immer tiefer sinkt, gleichzeitig aber mit jedem Schritt, den sie auf der Erfolgsleiter nach oben steigt, gesellschaftlich und finanziell zu Wohlstand kommt.

Siegel, Marcia B. Amerikanische Tanzschriftstellerin, geb. 17. September 1932 in New York. Sie verfaßte folgende Bücher: At the Vanishing Point. A Critic Looks at Dance, New York 1972; Watching the Dance Go By, Boston 1977; The Shapes of Change. Images of American Dance, Boston 1979.

Sikinnis. Antiker ↗griechischer Tanz, von den Griechen als kretischen Ursprungs betrachtet. Sein Charakteristikum war ein groteskes, den Bocksprüngen der ↗Satyrn ähnliches Hüpfen in sehr raschem Tempo, akrobatisch mit Hüftdrehungen und Schütteln des ganzen Körpers. Die Hände wurden dabei rechtwinkelig zum Arm gebogen, eine Bewegung, die man Xiphismós nannte. Er war der rasende Tanz der Satyrn und dem griechischen Satyrspiel zugehörig.

Lit.: *Festa, V.:* Sikinnis. Storia di un'antica danza, in: Memorie della Reale Accademia di Archeologia, Lettere e Belle Arti di Napoli, vol. 3, 1918, Parte secondo, S. 35 ff. *Weege, F.:* Der Tanz in d. Antike, 1926, S. 109 ff. *Roos, E.:* Die tragische Orchestik im Zerrbild d. altattischen Komödie, 1951. *Koller, H.:* Die Mimesis in d. Antike, 1954. *Lawler, L. B.:* The Dance In Ancient Greece, 1964.

Silladri. ↗Ungarischer Volkstanz, der Bukowinaer ↗Springtanz, ein Solotanz für Männer, der aber auch in der Form eines ↗Paartanzes und zwar als Variation des Drehtanzes von Marosszék ausgeführt werden kann. Begleitet wird der Tanz von Instrumenten nach Tanzmelodien der Schweinehirten.

Lit.: *Martin, G.:* Ungarische Volkstänze, 1974, S. 35 f.

Silvain, James (eigentlich J. Sullivan). Britischer Tänzer und ↗Ballettmeister, gest. 1856 in Paris. Er begann als ↗Pantomime, wurde dann Tänzer und wirkte 1824, 1826, sowie in den Jahren 1830 und 1840 am King's Theatre London. 1831–1833 war er an der Pariser Oper. Als Partner Fanny ↗Elßlers und Ballettmeister ihrer Truppe bereiste er 1840–42 Amerika.

Lit.: *Guest, I.:* Fanny Elssler, 1970.

Siminicul. ↗Rumänischer Volkstanz aus dem Gebiet Marginine. Ähnliche Tänze sind aber auch in anderen Gegenden der Karpatenkette zu finden. Der Tanz ist in zwei Varianten üblich. Sie unterscheiden sich durch die Formation. In Rasinari wird er von einer gemischten Gruppe von sechs Personen im Kreis getanzt, in Poplaca von Männern, die im Halbkreis Schulter an Schulter Aufstellung nehmen. Der Tanz hat zwei Teile, die gehend mit einfachen Schritten oder mit Stampfschritten in rascher Folge ausgeführt werden. Zum Tanz wird gesungen. Die Tanzmelodie steht im 2/4-Takt.

Lit.: *Bucsan, A.:* Specificul dansului popular românesc, 1971, S. 228.

Simmentaler. Schweizer Volkstanz, ein taktwechselnder ↗Kühreihen aus dem Jahre 1562. Er wechselt im 3/2- und 2/2-Takt. Überliefert ist er in Heckels Lautenbuch, 1562, S. 77. (↗Schweizer Volkstänze)

Heckels Lautenbuch 1562

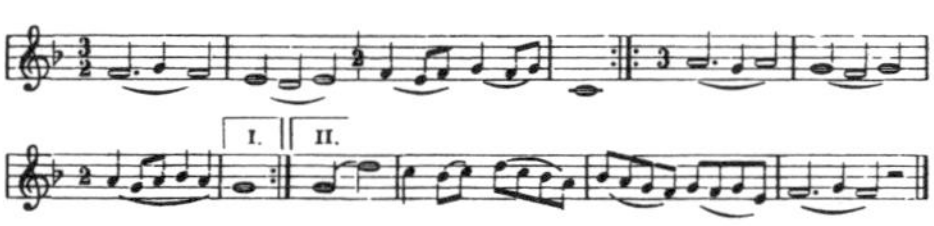

Lit.: *Junk, V.:* Die taktwechselnden Volkstänze. Deutsches oder tschechisches Kulturgut, in: Schriftenreihe d. Staatlichen Institutes f. Deutsche Musikforschung, 1938, Bd. 3, S. 114.

Simonides von Keos. Griechischer Dichter aus dem 6. Jh. v. Chr. Er war einer der großen Meister der Chortanzlyrik.

Simple (Pas simple), abgekürzt mit „s“, bedeutet in den französischen Tanzschriften des 15. und 16. Jh. den einfachen Schritt. Die italienische Bezeichnung dafür heißt ↗Passo sempio. Nach ↗Arbeaus Orchésographie setzt man auf den ersten Takt den linken Fuß vor und schließt auf den zweiten Takt den rechten Fuß an. Dabei hat man darauf zu achten, daß man „die beiden Schritte nicht so groß mache, als wollte man die Längen des Saales messen“. Bei Antonius de ↗Arena wird der Simple nur mit ein und demselben Fuß ausgeführt.

Lit.: *Czerwinski, A.:* Die Tänze d. XVI. Jahrhunderts u. d. alte französische Tanzschule vor Einführung d. Menuett, 1878, S. 28. *Sachs, C.:* Eine Weltgeschichte d. Tanzes, 1933.

Sinfonisches Ballett. Diese Bezeichnung entstand um 1930 und geht auf die Choreographien von L. ↗Massine zurück, als er seine ersten Ballette zu sinfonischer Musik schuf, in denen er versuchte, den musikalischen Inhalt mit rein tänzerischen Mitteln darzustellen (↗Abstraktes Ballett). Versuche von Choreographien mit sinfonischer Musik gab es schon vor L. Massine (1908 I. ↗Duncan mit Beethovens 7. Sinfonie). Im sowjetischen Ballett versteht man unter Sinfonisierung bestimmte choreographische Formtendenzen in Handlungsballetten. In dieser Hinsicht sind die Choreographien von J. N. Grigorowitsch von ↗„Spartakus“ und ↗„Schwanensee“ zu nennen.

Singhalesische Tänze ↗Ceylon-Tanz.

Sîrba (auch Sârba). ↗Rumänischer Volkstanz, ein Männertanz im lebhaften 2/4-Takt. Er wird zu allen Gelegenheiten getanzt. Die Aufstellung erfolgt in einer Kolonne, die Tänzer halten einander mit den Oberarmen umschlungen. Der Tanz besteht aus vier Figuren, wovon die erste und dritte ruhig, die zweite und vierte lebhaft getanzt werden. Zwei Haupttänzer leiten den Tanz; einer an der Spitze (Kopf), einer am Ende (Schwanz). Der Tänzer an der Spitze bestimmt die Reihenfolge der Figuren, die er improvisiert. Der Tänzer am Ende hält den Tanz sozusagen in Bewegung. Trotz mehrerer Varianten in den verschiedenen Orten, behält der Tanz seine Grundbewegung im ganzen Land bei. Es wechseln lebhafte Sprünge mit ruhigen Schritten.

Lit.: *Grindea, M. und C.:* Dances of Romania, Handbooks of European National Dances, Bd. 23, 1952, S. 13 f. u. S. 22 f. *Molkenbur, N.:* Rumänische Volkstänze, 1967, S. 22 ff. *Bucsan, A.* Specificul dansului popular românesc, 1971, S. 183 ff.

Sironi, Irene. Italienische Tänzerin, geb. 7. Dezember 1873 in Mailand, gest. Juni 1961 am Lago di Como. Sie studierte an der Ballettschule der Mailänder Scala. Bei der internationalen Theater- und Musikausstellung 1892 gastierte sie in Wien und wurde sofort an die Hofoper als

Primaballerina engagiert, wo sie bis zum Jahre 1905 blieb.

Lit.: *Regel, H.:* Irene Sironi, in: 50 Jahre Hoftheater 1848–1908, Wien, S. 88.

Sir Roger. Dieser am Ende des 19. Jh. sehr beliebte ↗Gesellschaftstanz ist altenglischen Ursprungs. Er gehört zu den ↗Contratänzen und kann von einer beliebigen Anzahl von Paaren (jedoch nicht weniger als sechs) ausgeführt werden. Der Sir Roger besteht aus vier Figuren, die keinen speziellen Namen haben. Man tanzte ihn meist nach einer Galoppmusik, welche anfangs langsamer und gegen Ende des Tanzes immer schneller gespielt wurde. Der Sir Roger war in ganz Mitteleuropa verbreitet. In Nordamerika ist er unter dem Namen ↗Virginian Reel bekannt. In Wien, Niederösterreich und Oberösterreich gibt es ihn heute noch als Volkstanz unter dem Namen ↗Scharutza.

Lit.: *Hassreiter, C.:* Sir Roger, Anleitung diesen beliebtesten u. neuesten d. Gesellschaftstänze gründlich u. in kurzer Zeit zu erlernen, 1869u. 1895. *Jolizza, W. K. v.:* Die Schule d. Tanzes, s. a. S. 112 f. *Schunko, F.:* Ein „Sir Roger“ aus d. Buckligen Welt (NÖ), in: Jahrbuch d. österreichischen Volksliedwerkes, Bd. 9, 1960, S. 93 ff. *Horak, K.:* Sir Roger – ein Beleg aus Oberösterreich, in: Manus, Zeitschrift f. Vor- u. Frühgeschichte, Jg. 1977, S. 84 ff.

Sirtaki. ↗Gesellschaftstanz, der um 1960 zum Modetanz wurde. Zwei Filme hatten ihn bekannt gemacht: „Sonntags nie“ und „Alexis Sorbas“ (Musik von M. Theodorakis). Er ist kein authentischer Tanz, sondern eine Adaption des klassisch-byzantinischen ↗Hassapikos, welcher nocht heute in ganz Griechenland getanzt wird. Tänzer und Tänzerinnen stellen sich in einer Reihe auf und legen die Hände auf die Schultern der Nebenstehenden. Der Tanz beginnt langsam und steigert sich immer mehr. Nach einem kurzen langsamen Zwischenteil endet er fast in einem Furioso. (↗Griechischer Tanz)

Lit.: *Petermann, K.:* Gesellige Tänze u. Tanzspiele, 1908, S. 47.

Sisken. ↗Dänischer Volkstanz im 3/4-Takt. Die Aufstellung erfolgt paarweise, Tänzer und Tänzerinnen in Front zueinander, die Tänzerinnen gegen die Saalmitte. Getanzt wird mit Geh- und Walzerschritten.

Lit.: *Madelung, M. M. – Lorenzen, P.:* Gamle himmerlands-danse, 1931, S. 15 f.

Sissone. Französischer Tanz aus dem 16./17. Jh., über den keine weiteren Belege vorhanden sind. Es mag sich vielleicht um eine Art der ↗Bourrée gehandelt haben. Auch ein Tanzschritt trägt den Namen Sissone (↗Temps).

Lit.: *Sachs, C.:* Eine Weltgeschichte d. Tanzes, 1933. *Bahr, W.:* Zur Entwicklungsgeschichte d. höfischen Gesellschaftstanzes, 1941, S. 61.

Siva. Ein Tanz auf ↗Samoa, bei dem die Tanzenden im Kreis um die in ihrer Mitte befindliche Dorfjungfrau, die Vortänzerin, sitzen. Der Tanz beschränkt sich auf rhythmisch ausgeführte Bewegungen der Hände und des Oberkörpers in sitzender Stellung. Die Bewegungen haben meist pantomimischen Charakter und bezeichnen irgendeine Tätigkeit, z. B. Rudern, Fischfang und dgl. Am Schluß erhebt sich die Vortänzerin, um ein Solo mit Körper und Füßen zu tanzen.

Lit.: *Boehn, M. v.:* Der Tanz, 1925, S. 27. *Koch. Fr. O.:* Tanzbilder aus d. Südsee, in: Der Erdball, Jg. 3, 1929, H. 6, S. 226.

Six-Eight. ↗Gesellschaftstanz des 20. Jh. Er kam um 1929 aus England. Der Name kommt von der im 6/8-Takt stehenden Tanzmelodie. Das Tanztempo ist zwar rasch, bedingt aber durch die Ausführung mit kleinen Schritten eine ruhig fließende Tanzform.

M. Seiber

Lit.: *Morán, Pablo:* Alle Tänze getanzt mit Pablo Morán, 1930, S. 132 ff.

Själaskuttan (der Sprung des Seehundes). Finnischer Volkstanz aus Kimito im 3/8-Takt. Ein ↗Paartanz von schwerfälligem Charakter im Tempo einer ↗Polka-Mazurka, Seehunde imitierend. (↗Finnische Volkstänze)

Lit.: *Burchenal, E.:* Folk-Dances of Finland, 1915, S. 13 f. *Collan, A. – Heikel, Yngvar:* Dances of Finland, 1948, S. 36 ff.

Sjauspringar. ↗Norwegischer Volkstanz, eine freie Form des ↗Siebensprung. Ein Männertanz, bei dem man mit den Knien, den Händen und zuletzt mit der Stirn den Boden berührt.

Lit.: *Wolfram, R.:* Der Siebensprung in Norwegen, in: Das deutsche Volkslied, Jg. 39, 1937, H. 1/2, S. 16.

Sju steg heißt in Nordeuropa eine Form des ↗Siebenschritt.

Skákavá. Tschechischer Volkstanz, ein Hüpftanz, bei dem ehemals religiöse Lieder gesungen wurden. (↗Tschechische Volkstänze)

Lit.: *Waldau, A.:* Böhmische Nationaltänze, 1859, Bd. II, S. 45. *Czerwinski, A.:* Brevier d. Tanzkunst, 1879, S. 82.

Skandinavische Volkstänze. Eine wesentliche Form des ↗Volkstanzes in Skandinavien ist seit ungefähr 1700 die aus Polen übernommene ↗Polska. Der Typus der Tanzballaden, der im 16. und 17. Jh. noch in ganz Skandinavien populär war, ist noch immer auf den Färöer zu finden. Den Kern vieler skandinavischer Volkstänze bilden auch die Contratanzformen, ferner Formen der ↗Werbetänze mit ländlerartigen Drehfiguren. Charakteristisch für die skandinavische Volkstanzpflege ist das Zurückgreifen auf älteste Tanzformen. Manche der von den Bauernspielleuten heute noch gespielten Tänze sind dieselben, die bereits zur Zeit der nordischen Sagazeit gespielt wurden, z. B. die Melodie des Rammeslaatt. (↗Dänischer-, ↗Norwegischer- und ↗Schwedischer Volkstanz)

Lit.: *Royle, M. H.:* Scandinavian Folk Dances, 1915. *Wolfram, R.:* Auf d. Spuren d. Nordens in Österreich, in: Der Norden, Jg. 15, 1938, Nr. 2, S. 47 ff. *Lawson, J.:* European Folk Dances, 1953, S. 127.

Skåne Skobodans. ↗Schwedischer Volkstanz, ein Männertanz, bei dem der Tänzer sein Bein über seinen knieenden Partner zu schwingen hat, wobei sie sich abwechselnd zueinander und voneinander wegbeugen, immer ineinander stoßend.

Lit.: *Salvén, E.:* Dances of Sweden, 1949 (Handbooks of European National Dances).

Skibine, George Borisowitsch (auch Jura Skibine). Russisch-amerikanischer Tänzer und ↗Choreograph, geb. 30. Januar 1920 in Jasnaja Poljana, gest. 14. Januar 1981 in Dallas (Texas). Er studierte bei Olga ↗Preobrajenska, Eugenia ↗Eduardova, S. ↗Lifar, M. ↗Fokine, A. ↗Volinine und J. Sedova. Sein Debüt begann als ↗Can-Can-Tänzer und 1937 im Ballet de la Jeunesse. Weitere Stationen seines Wirkens waren 1938/39 das Ballet de Monte Carlo, 1939/41 ↗Basils Ballet Russe und 1941/42 das Ballet Théâtre de Paris. Nach dem Militärdienst schloß er sich 1946 dem ↗Markova-Dolin-Ballet an. Von 1947 bis 1956 tanzte er beim Original Ballet Russe und dem Grand Ballet du ↗Marquis de Cuevas. Dort begann er auch zu choreographieren. Als Gast wirkte er mit seiner Frau Marjorie ↗Tallchief bei Ruth ↗Pages Chicago Ballet. 1957 wurden beide 1. Tänzer an der Pariser Oper. Er war dort von 1958 bis 1962 Ballettdirektor. Nach einer kurzen Zeit, in der er als freischaffender Choreogrpah wirkte, war er dann von 1964 bis 1966 künstlerischer Leiter des ↗Harkness-Ballet, von 1969 bis 1981 künstlerischer Leiter des Dallas Civic Ballet und der angeschlossenen Akademie.

Lit.: *Percival, J.:* Great Star Becomes Opéra Ballet Master, in: Dance and Dancers, Januar 1959. *Nemmenschousky, L.:* A Day with Marjorie Tallchief and George Skibine, London 1960. *Lidova, I.:* George Skibine with Complete Check-list of Roles and Activities, in: Les Saisons de la danse, 1970.

Skinnkompassen. Finnischer Volkstanz, von einem oder zwei Tänzern ausgeführt. Getanzt wird um ein auf dem Boden liegendes Kreuz, gebildet aus zwei Stecken. (↗Finnische Volkstänze, ↗Geschicklichkeitstänze, ↗Schwedischer Volkstanz)

Lit.: *Burchenal, E.:* Folks-Dances of Finland, 1915, S. 45. *Klein, E.:* Skinkompassen, in: Festskrift till C. Andersson, 1928. *Wolfram, R.:* Der Spanltanz, in: Oberdeutsche Zeitschrift f. Volkskunde, 1935, S. 43 ff.

Skobo (auch Scobo). ↗Schwedischer Volkstanz, der nur von Männern getanzt wird. Das Tanztempo im 3/4-Takt ist mäßig schnell. Der Tanz hat satyrischen Charakter und ist auch in Dänemark üblich.

Lit.: *Lawson, J.:* European Folk Dance, 1953, S. 137.

Skočná. Tschechischer Volkstanz aus Böhmen, eine Polkaform, die in Wien als ↗Zeppelpolka getanzt wurde. (↗Třinožka, ↗Tschechische Volkstänze)

Lit.: *Waldau, A.:* Böhmische Nationaltänze, Bd. 1, 1859, S. 20 f.

Skoczek. Polnischer Volkstanz im 2/4-Takt. In der Ausführung ist er etwas grob und einfach, ein mehr gestampfter als gesprungener Tanz. (↗Polnische Volkstänze)

Lit.: *Laufer, R.:* Der polnische Tanz u. sein Eindringen in d. Kunstmusik, Diss. Wien 1934, S. 27.

Skördedansen. Finnischer Volkstanz. Er gehört zu den ↗Erntetänzen. Ausgeführt wird er von Burschen und Mädchen, welche als ↗Tanzgeräte Sensen und Rechen verwenden. (↗Finnische Volkstänze)

Skomagerstykket. ↗Dänischer Volkstanz im 2/4-Takt, ein ↗Paartanz. Die Tanzenden stehen einander gegenüber, Front zueinander gewandt.

Lit.: *Thomson, E.-Anderson, H.:* Folkedanse for børn, 1923, S. 12.

Skopos oder Skops (= Ausluger). Altgriechischer, ↗tiernachahmender Tanz, der das Gebahren eines Spähers nachahmte. Seine Bewegungen waren ähnlich den Bewegungen des Vogels Skops, einer Eulenart. Leise auf den Zehen gehend, bewegte sich der Tänzer spähend, den Kopf hin- und herdrehend, die flache Hand gleichsam als Schirm über die Augen haltend. (↗Griechischer Tanz)

Lit.: *Weege, F.:* Der Tanz in d. Antike, 1926, S. 6.

Skoronel, Vera. Schweizer Tänzerin, geb. 28. Mai 1906 in Zürich, gest. 24. März 1932 in Berlin. Sie studierte bei R. v. ↗Laban und M. ↗Wigman und trat bereits mit 12 Jahren in Zürich als Tänzerin hervor. Mit 14 Jahren leitete sie eine eigene Schule in Oberhausen und wurde mit 18 Jahren ↗Ballettmeisterin in Darmstadt. 1926 eröffnete sie eine Tanzschule mit B. ↗Trümpy in Berlin. Sie war eine der repräsentativsten Vertreterinnen der modernen deutschen Tanzbewegung. In der Zeitschrift „Musikblätter des Anbruch", 1926, Nr. 3/4, S. 112 ff., schrieb sie über „Ziele und Aufgaben der Tanzregie".

Lit.: *Fischer, H. W.:* Körperschönheit u. Körperkultur, 1928, S. 249. *Lämmel, R.:* Der moderne Tanz, 1928, S. 144.

Skotse Trije. ↗Niederländischer Volkstanz friesischer Herkunft. Der Form nach gleicht er einer ↗Quadrille, in seinen Bewegungen hat er aber Grundschritte der ↗Polka. Acht Paare tanzen ihn zu einer Musik im 2/4-Takt. Der Name hat lange Zeit eine Tanzform im Dreischritt bedeutet.

Lit.: *Van der Ven, J.:* Volksdans in Nederland, 1942, S. 237, 262.

Skrälåt. ↗Schwedischer Volkstanz, eine Form des ↗Schwerttanzes. Er wird von Gruppen ausgeführt, die sich in einer Kette in Mäanderform fortbewegen.

Lit.: *Wolfram, R.:* Schwerttanz u. Männerbund, s. a., S. 48.

Skyscrapers (Wolkenkratzer). ↗Ballett v. J. A. ↗Carpenter. Das Werk entstand in den Jahren 1923/24 und wurde 1926 im Metropolitan Opera House New York uraufgeführt. Eine deutsche Aufführung fand durch ↗Ballettmeister H. ↗Kröller 1928 in München statt. Das Ballett schildert das New Yorker Großstadtleben, seine Unrast, die Arbeit am Bau eines Wolkenkratzers und den großen Vergnügungspark von Cony Island.

Slaapmuts, De. ↗Niederländischer Volkstanz aus Terschelling im 4/4-Takt. Die Aufstellung erfolgt paarweise im Kreis in einfacher Haltung einander gegenüber.

Lit.: *Sanson-Catz, A.-De Koe, A.:* Nederlandse Volksdansen, Bd. 2, 1952, S. 33 f.

Šla nanynka. Tschechischer Volkstanz aus der Gegend von Bunzlau. In Deutschland ist er als ↗Fingerlitanz bekannt und gehört zu der weitverbreiteten Gruppe der ↗Klatschtänze. (↗Tschechische Volkstänze)

Lit.: *Wolfram, R.:* Die Volkstänze in Österreich u. verwandte Tänze in Europa, 1951, S. 155.

Slepicka (= Hühnchen). Tschechischer Volkstanz aus dem Gebiet von Podjebrad, ein sogenannter ↗Zwiefacher. (↗Tschechische Volkstänze)

Lit.: *Junk, V.:* Die taktwechselnden Volkstänze, 1938, S. 80.

Slim, min Moderken. Beliebter ↗Volkstanz auf der Insel Helgoland. (↗Friesischer Tanz)

Lit.: *Jensen, Chr.:* Vom Tanz d. Inselfriesen, 1930, S. 8.

Slingan. ↗Gesellschaftstanz, der Anfang des 20. Jh. nur kurze Zeit üblich war. Sein Charakteristikum war ein federndes Gehen. Durch gleichmäßiges Erheben und Niederlassen des Körpers entstand eine gleichsam wellige Schlangenbewegung.

Lit.: *Huppert, R.:* Der moderne Tanz, 1926, S. 43.

Slonimskij, Jurij Iosifowitsch. Russischer Ballettkritiker, Schriftsteller und Librettist, geb. 12. März 1902 in St. Petersburg, gest. 23. April 1978 in Moskau. Er ist der Autor folgender Veröffentlichungen: Masters of the Ballet in the 19th Century and Classics of Choreography, 1937; The Soviet Ballet, New York 1947; The Bolshoi Theatre Ballet, Moskau 1956; Tchaikovsky and the Ballet Theatre of His Time, 1956; Didelot,

1958; Seven Ballet Stories, 1967; Pushkin's Ballet Verses, 1973.

Slop. ↗Gesellschaftstanz des 20. Jh., der um 1960 kurze Zeit in Mode war. Er ist in Paris entstanden. Das Tanzpaar steht sich gegenüber, die Füße leicht gegrätscht. Charakteristisch für den Tanz sind die lockere Körperhaltung, die abgewinkelten Arme und das Zurückrutschen mit dem Fuß. Der Tanz wurde in vielen Varianten ausgeführt.

Slowanska. Der von dem Prager ↗Tanzlehrer Johann ↗Raab erfundene Tanz war im 19. Jh. als ↗Gesellschaftstanz längere Zeit üblich. Die Slowanka wurde wie eine gewöhnliche ↗Quadrille in Kolonne von einander gegenüber stehenden Paaren getanzt, und zwar nach einer böhmischen ↗Polka abwechselnd mit einer polnischen ↗Mazurka.

Lit.: *Raab, J.:* Die Slowanska, 1844. *Anonym:* Wiener Tanzschule, 1852. 3. Auflage: Die Tanzkunst u. ihre Tänze, Wien 1877.

Slowenischer Volkstanz. Trotz der mehr als tausendjährigen politischen Unruhen, denen das slowenische Land in seiner Geschichte ausgesetzt war, hat das Volk seine ethnische Einheit erhalten, was seinen Ausdruck in der Volkskultur, in Musik und Tanz findet. Im Stil des slowenischen Volkstanzes lassen sich drei Typen unterscheiden. Der Tanz, der im Hochland lebenden Bewohner ist durch kurze, straffe Sprünge, bei welchen die Tanzpartnerin hoch in die Luft gehoben wird, charakterisiert. Dazu kommen Drehungen und das Aufklopfen der Fersen auf den Boden. Der Tanz dieser Regionen ist sehr leidenschaftlich und dynamisch. Die Tänze der im hügeligen Land lebenden Bewohner sind ruhiger. Hier bilden die Tänzer einen offenen Kreis, einander an den Händen haltend, bewegen sie sich schlängelnd in einer Serpentine über den Rasen. Die Tänze haben keine bestimmten choreographischen Figuren, sind nicht sehr streng rhythmisch und nicht regelmäßig in den Bewegungen. Die in den Niederungen lebenden Bewohner zeigen in ihren Tänzen die Tendenz zu Formen eines offenen und geschlossenen Kreises (↗Kolo). Männer und Frauen halten einander an den Händen oder tanzen paarweise. Der Oberkörper bleibt dabei verhältnismäßig bewegungslos, die ganze Bewegung liegt in den Beinen. Die Tänze haben Zweierrhythmus (↗Rojna vrsta). – Neben Überresten von Ritualtänzen haben sich auch einige alte archaische Tanzformen erhalten, die Erinnerungen an historische Ereignisse, symbolische Darstellungen von Rechtssprechungen oder Arbeitsvorgänge des Volkes sind. Die meisten slowenischen Volkstänze werden von Gesang begleitet. Beispiele zeigen, daß die slowenischen Volkstänze in vielen Formen dem Tanzgut des alpenländisch-mitteleuropäischen Raumes ähnlich sind und weniger den Tänzen der südosteuropäischen Regionen zugehören. (↗Dopaši, ↗Drmač, ↗Gospod Gospa, ↗Jugoslawische Volkstänze, ↗Muzolin, ↗Podegajga, ↗Rezijanka, ↗Rojna vrsta, ↗Šamarjanka, ↗Šeljančica, ↗Šoštarska, ↗Tkalečka, ↗Točak, ↗Troika, ↗Zajači tanec)

Lit.: *Marolt, F.:* Slovence Folk Dance and Folk Music, in: Journal of the International Folk Music Council, vol. IV, 1952, S. 4 ff. *Marolt, F. – Šušstar, M:* Slovenski ljudski plesi koroske, 1958. *Šuštar, M.:* Slovenski ljudski plesi primoreske, 1958. *Šuštar, M.:* Slovenski ljudski plesi prekmurja, 1968. *Kumer, Z.:* Nachrichten zum Tanz im slowenischen Volkslied, in: Festschrift f. Karl Horak, 1980, S. 121 ff.

Slowfox. ↗Foxtrot (Foxtrott).

Slürdanz (Schleudertanz). ↗Deutscher Volkstanz aus Westfalen, eine Contratanzform. Die Aufstellung geschieht in zwei einander gegenüberstehenden Reihen, meist eine Burschen- und eine Mädchenreihe.

Lit.: *Goldschmidt, Ae.:* Handbuch d. deutschen Volkstanzes, 1967.

Smash the Window. Alte englische Schwerttanzform, eine Restform alter Morristänze.

Lit.: *Wolfram, R.:* Schwerttanz u. Männerbund, S. 96.

Smešek (= der Gemischte). Tschechischer Volkstanz, ein taktwechselnder Tanz in mäßig rascher Polkaform. (↗Salát, ↗Tschechische Volkstänze, ↗Zwiefacher)

Lit.: *Adamek, K.:* Tance lidové v okrem Schinekém, VIII 1899, S. 284 ff. *Junk, V.:* Die taktwechselnden Volkstänze, 1938, S. 45, 51, 68.

Smeška. Tschechischer Volkstanz aus Böhmen. Die Tanzweise besteht aus acht Takten. Tänzer und Tänzerin führen eigenartig hüpfende Bewegungen, einmal schneller, einmal langsamer, aus. (↗Tschechische Volkstänze)

Lit.: *Waldau, A.:* Böhmische Nationaltänze, 1859, Bd. 1, S. 42 f.

Smid, De. ↗Niederländischer Volkstanz, ein ↗Wechselhupftanz. Seiner Form nach ist er eine Abart des ↗Strohschneiders.

Lit.: *Wolfram, R.:* Die Volkstänze in Österreich u. verwandte Tänze in Europa, 1951, S. 157/15.

Šmikoranda. Tschechischer Volkstanz im 2/4-Takt, ein ↗Paartanz, bei dem Tänzer und Tänzerin einander gegenüber stehen, die Hände in die Hüften gestützt zum Wechselhupf vorbereitet. Der Tanz wird mit Stampfschritten nach Polkaart ausgeführt. (↗Tschechische Volkstänze)

Lit.: *Hajný, A.:* České tance, in: Ceský lid, Jg. 3, 1894, S. 436 ff.

Smirnowa, Jelena Alexandrowna. Russische Tänzerin, geb. 1888 in St. Petersburg, gest. 15. Januar 1934 in Buenos Aires. Sie studierte an der kaiserlichen Ballettschule in St. Petersburg, beschloß ihr Studium 1906 und trat ins Marijinskij-Theater ein. 1909 tanzte sie mit dem Petersburger Ballettensemble bei ↗Diaghilew in Paris. 1916 wurde sie am Marijinskij-Theater als letzte Trägerin dieses Titels im Zarenreich zur ↗Étoile ernannt. 1917 floh sie nach Deutschland, wo sie in Berlin für das Théâtre Romantique Russe tanzte. Bis zu ihrem Lebensende widmete sie sich dann in Buenos Aires dem Tanzunterricht. (B. ↗Romanow)

Šmitec (= der Fidelbogen). Tschechischer Volkstanz aus Böhmen. Bei diesem ↗Paartanz komischen Charakters ahmt der Tänzer die Gesten eines Violinspielers nach, während die Tänzerin vor ihm hertanzt. (↗Tschechische Volkstänze)

Lit.: *Waldau, A.:* Böhmische Nationaltänze, 1860, Bd. 2, S. 25 f.

Smith, George Washington. Amerikanischer Tänzer, Lehrer und ↗Ballettmeistr, geb. um 1820 in Philadelphia, gest. am 18. Februar 1899 ebendort. 1840 tanzte er bei der Gruppe von Fanny ↗Elßler. Sein Lehrer war J. ↗Silvain. 1847 war er 1. Tänzer und Ballettmeister am Bowery Theatre New York und 1850 am Brougham's Lyzeum Theatre. Mit Lola ↗Montez reiste er durch die USA. Zuletzt wurde er Ballettmeister an Fox's American Theatre in Philadelphia. Dort eröffnete er auch eine Schule, in der er bis zu seinem Ableben unterrichtete. **Joseph Smith** (1875–1932), sein Sohn, war einer der bekanntesten ↗Choreographen amerikanischer Musicals.

Lit.: *Moore, L.:* George Washington Smith, in: Dance Index, vol. IV, 1945, No. 6, 7, 8.

Snidertanz. ↗Deutscher Volkstanz aus Mecklenburg im 2/4-Takt im Polkatempo. Er gehört in die Reihe der ↗Großen Bunten und ist ein bäuerlicher Tanz mit handwerklichen Elementen. Bei ihm werden Vorgänge des Schneiderhandwerks, wie das Einfädeln und Nähen tänzerisch ausgedeutet. Ausgeführt wird er von vier Paaren, die im Kreis Aufstellung nehmen. Getanzt wird mit Laufschritten, gleitenden Hüpfschritten und Gehschritten. Die Schritte werden flächig ausgeführt.

Lit.: *Helms-Blasche, A.:* Bunte Tänze, 1957, S. 157 f. *Janietz, E.:* Volkstänze aus Norddeutschland, s. a. S. 14 f.

Snurrebock. ↗Schwedischer Volkstanz, der aber auch in teilweise gleicher Form in Dänemark und in den Niederlanden (De ↗Hoaksebarger) zu finden ist. Dieser lustige Volkstanz ist eine Variante der vielen deutschen Polkaformen mit Verbeugungen zueinander.

Lit.: *Wolfram, R.:* Die Volkstänze in Österreich u. verwandte Tänze in Europa, 1951, S. 162.

Sodi, Pietro. Italienischer Tänzer, ↗Choreograph und ↗Ballettmeister, geb. in Rom (?), gest. um 1775 in Charleston (?). 1741/42 wirkte er in Neapel. Seine weitere Tätigkeit führte ihn nach London, Berlin (1746 Partner der ↗Barbarina), Wien, Venedig und immer wieder nach Paris (Partner von M. ↗Camargo). 1752–1756 war er am k. k. Hoftheater nächst der Burg in Wien unter den Ballettmeistern F. ↗Hilverding und J. Salomone als Solotänzer engagiert und studierte für das k. k. Hoftheater nächst dem Kärntnertor seine Ballette „Die Zigeuner", „Der Seehafen", „Die Bärenjagd" und „Die flandrische Hochzeit" ein. Von 1761 an tanzte und choreographierte er am Covent Garden Theatre in London. 1774 ging er nach New York und Charleston, wo er vor allem auch als ↗Tanzlehrer der Gesellschaft wirkte. Er gilt als einer der Vorbereiter des ↗Ballet d'action.

Lit.: *Winter, M. H.:* The Pre-Romantic Ballet, 1974.

Söffing, Tilly. Deutsche Tänzerin, geb. 13. August 1932 in Apolda. Ihre künstlerischen Wirkungsstätten waren Gera, Weimar, Aachen, Augsburg, Köln (1960–1965) und anschließend bis 1977 die Deutsche Oper am Rhein in Düsseldorf. Dort leitet sie auch eine Schule für ↗Gymnastik und Tanz.

Sönderhoning. ↗Dänischer Volkstanz von der Insel Fanö. Dieser ↗Paartanz soll in seinen Bewegungen den Wellenbewegungen des Meeres gleichen. Zum Zweiertakt der Tanzmelodie wird ein Dreischrittrhythmus getanzt.

Lit.: *Lorenzen, P. – Jeppesen, J.:* Dances of Denmark, 1950, S. 36 ff.

Sokolova, Lydia (eigentlich Hilda Munnings). Britische Tänzerin, geb. 4. März 1896 in Wanstead, gest. 5. Februar 1974 in Sevenoaks. Sie studierte an der Stedman Ballet Academy in London bei Anna ↗Pawlowa, M. ↗Mordkin und E. ↗Cecchetti. 1911 ging sie mit Mordkins Truppe auf Tournee. 1913–1922 und 1923–1929 tanzte sie bei ↗Diaghilews ↗Ballets Russes. Sie war die erste englische ↗Ballerina dieses Balletts. 1922/23 tanzte sie mit L. ↗Massine in der Music-Hall in London. Nach ihrem Abgang von der Bühne wirkte sie als Lehrerin in England.

Lit.: *Buckle, R.:* Dancing for Diaghilev, London 1960.

Sokolow, Anna. Amerikanische Tänzerin, Lehrerin und ↗Choreographin, geb. 22. Februar 1912 in Hartford (Conn.). Sie studierte bei B. Talmud, Martha ↗Graham, L. ↗Horst, M. Curtis und an der Ballettschule des ↗American Ballet. 1930–1939 tanzte sie bei der Ballettgruppe von M. Graham. Im Jahre 1939 begann sie ihr Wirken als Choreographin und Lehrerin in Mexico City. Sie schuf dort ihre bedeutendsten Arbeiten. Als sie sich nach 1954 als Tänzerin zurückzog, arbeitete sie als Choreographin für ihre eigene Gruppe. Ab 1960 choreographierte sie für das ↗Nederlands Dans Theater, für das ↗Ballet Rambert u. a. Als Choreographin war Anna Sokolow eine der kompromißlosesten Vertreterinnen des modernen Tanztheaters, die sich vor allem mit sozialkritischen zeitgenössischen Themen befaßte. Bekannt ist ihr Artikel „The Rebel and the Bourgeois" in: The Modern Dance, 1965.

Lit.: *Lloyd, M.:* Anna Sokolow, in: The Borzoi Book of the Modern Dance, 1949. *McDonagh, D.:* The Complete Guide to Modern Dance, 1976.

Sokolowa, Jewgenija Pawlowna. Russische Tänzerin und Lehrerin, geb. 1. Dezember 1850, gest. 2. August 1925 in Leningrad. Sie studierte an der kaiserlichen Ballettschule in St. Petersburg. 1869 begann sie ihre künstlerische Tätigkeit im kaiserlichen Ballettensemble St. Petersburg. Nach ihrem Abgang von der Bühne im Jahre 1886 wurde sie eine der besten Lehrerinnen. Anna ↗Pawlowa, Tamara ↗Karsawina, Olga ↗Spessiwtzewa, Wera ↗Trefilowa u. a. zählten zu ihren Schülerinnen.

Soldiers joy. Englische Schwerttanzform, Restform eines alten ↗Moriskentanzes.

Lit.: *Wolfram, R.:* Schwerttanz u. Männerbund, S. 96.

Soleares. Spanische Tänze und Gesänge aus Andalusien, die zu den Cante jondo-Formen des ↗Flamenco gehören. Die Texte behandeln meist Einsamkeit und Verlassenheit. Die im 3/8-Allegrettotempo stehenden Melodien haben Molltonart mit Durschluß.

Lit.: *Caballero Bonald, J. M.:* E baile Andaluz, 1957.

Sombrero de tres picos, El ↗Dreispitz (Der).

Somes, Michael. Britischer Tänzer, geb. 28. September 1917 in Horsley. Er ist aus der Sadler's Wells School hervorgegangen und schloß sich dem ↗Sadler's Wells Ballet an, bei dem er 1938 1. Tänzer wurde. Der zweite Weltkrieg unterbrach seine tänzerische Karriere, aber 1949 kam er wieder zum Sadler's Wells Ballet und wurde der Partner von Margot ↗Fonteyn. Von 1963 bis 1970 war er stellvertretender Direktor des ↗Royal Ballet, London.

Lit.: *Fisher, H.:* Michael Somes (Dancers of To-Day, Nr. 7), 1955. *Percival, J.:* Margot Fonteyn's Partner, in: Dance and Dancers, März/April 1959. *Gruen, J.:* Michael Somes, in: The Private World of Ballet, 1975.

Sommertag, Ein. ↗Ballett nach einer Idee von Paul Strecker, Musik von Werner ↗Egk. Die Uraufführung war am 11. Juni 1950 an der Städtischen Oper Berlin nach der ↗Choreographie von Janine Marrat. Es ist ein heiteres Spiel mit einem blauen Schmetterling, einem jungen Mädchen, einem botanisierenden Doktor, einer Gouvernante, einem Schwarm junger Mädchen und einem Dampfer mit jungen Leuten. Die Musik verwendet Etüden von Carl Czerny und ist für ein virtuoses Bläserensemble geschrieben.

Son. Afrokubanischer Tanz, der um das Jahr 1920 von Mexiko aus Popularität erlangte. Er wird von Gitarre, Maracas, Bongos, Kontrabaß und einem Lied begleitet. Im Schlußteil des Liedes steigert sich das Tempo im Wechsel von Solist und Chor.

Sonnwendtanz. Dieser ↗österreichische Volkstanz aus Salzburg (Großarltal) kann als ein Rest der alten ↗Kulttänze zu Ehren der Sonne angesehen werden. Er stellt in seiner Ausführung den in den Tanz einbezogenen Sprung über das Sonnwendfeuer dar. An dem Tanz sind 12 Paare zugleich beteiligt. Sonnwendtänze in verschiedener Form sind aber auch in anderen Gegenden Österreichs üblich. (↗Feuertänze)

Lit.: *Wolfram, R.:* Salzburger Volkstänze, in: Wiener Zeitschrift f. Volkskunde, Jg. 38, 1933, H. 5/6, S. 89. *Wolfram, R.:* Die Volkstänze in Österreich u. verwandte Tänze in Europa, 1951, S. 69 f.

Sorell, Walter. Österreichischer Tanzschriftsteller, geb. 2. Mai 1905. Er ist der Verfasser folgender Werke: The Dance has Many Faces, New York 1951; The Dance Through the Ages, London 1967, München 1969 (Knaurs Buch vom Tanz); Hayna Holm, Middleton 1969; The Dancer's Image, New York 1971; The Mary Wigman Book, Middletown 1975.

Sor Tánc. ↗Ungarischer Volkstanz, ein Reihentanz, der von beliebig vielen Paaren in Gruppen ausgeführt werden kann.

Lit.: *Derra de Moroda, F.:* The Csárdás and Sor Tánc, 1929, S. 30 ff.

Šoštarska. Jugoslawischer Volkstanz aus Slowenien. Die Paare stehen anfangs ohne Handfassung einander gegenüber. Im Verlauf des Tanzes kniet sich der Tänzer nieder, stellt das linke Knie auf und die Tänzerin steigt einmal mit dem rechten und einmal mit dem linken Fuß darauf. Die Musik im Polkatempo steht im 2/4-Takt. (↗Slowenischer Volkstanz)

Einleitung

Polkatempo

Lit.: *Šustar, M.:* Slovenski ljudski plesi prekmurja, 1968, S. 59 ff.

Soubresaut, im klassischen ↗Ballett der Absprung mit geschlossenen Beinen aus der 5. ↗Position. Die Beine sollen dabei durch Einziehen der Hüften vor-, seit- oder rückwärts möglichst hochgezogen werden (Engelsprung).

Lit.: *Raab, R.:* Lexidion f. d. Ballett, s. a.

Soucre, La. ↗Ballett in drei Akten. Musik von L. ↗Minkus (1. und 4. Bild) und L. ↗Delibes (2. und 3. Bild), Libretto von Charles ↗Nuitter und Arthur ↗Saint-Léon. Die Uraufführung fand am 12. November 1866 in der Pariser Oper statt. In Deutschland wurde das Werk unter dem Titel „Naila, die Quellenfee" aufgeführt.

Soufliotousa. Neugriechischer Volkstanz aus Thrakien. Der Tanz aus dem thrakischen Dorf Soufli stammend, ist einer der verbreitetsten und beliebtesten Tänze. Tänzer und Tänzerinnen nehmen getrennt im Halbkreis Aufstellung. Die Handfassung erfolgt bei gebeugten Armen in Höhe der Schultern. Die drei Schrittfolgen des Tanzes haben je acht Tanzbewegungen. (↗Griechischer Tanz)

Lit.: *Schmolke-Langhans:* Europäische Tänze, Heft 8, 1964, S. 26 f.

Šoupák. Tschechischer Volkstanz aus Böhmen im 3/4-Takt, ein Paartanz, der wie der deutsche ↗Schleifer getanzt wird. (↗Tschechische Volkstänze)

Lit.: *Waldau, A.:* Böhmische Nationaltänze, 1859, Bd. I, S. 44.

Sousedská. Tschechischer Volkstanz, ein Rundtanz im 3/4-Takt ähnlich dem ↗Ländler, doch im Tempo langsamer und oftmals nur auf der Stelle getanzt. Er folgt meist als Abschluß des ↗Furiant. Zum Tanz wird manchmal auch gesungen. (↗Tschechische Volkstänze)

Lit.: *Waldau, A.:* Böhmische Nationaltänze, Bd. 1, 1859, S. 24. *Czerwinski, A.:* Brevier d. Tanzkunst, 1879, S. 83 f.

Sousta. Bezeichnung für bestimmte Formen von griechischen Tänzen, die heute noch im griechischen Volkstanz zu finden sind. Ihren Ursprung haben die Sousta-Formen in alten Kriegstänzen, weshalb ihr Charakter mehr kriegerischer Natur war und erst später von anderen Motiven beeinflußt wurde. In der Ausführung sehr kompliziert, verlangen die Sousta-Tänze besonders vom Tanzführer große Geschicklichkeit. Er variiert während des Tanzes immer wieder die Schritte, vollführt verschiedene Drehungen und Sprünge, wobei er mit den Händen auf Sohlen und Beine klatscht. Einige der Sousta-Formen sind ↗Ikariotikos, Karpathikos, Kassiotike sousta, Kretike sousta und Roditioun sousta. (↗Griechischer Tanz, ↗Waffentanz)

Lit.: *Petrides, Th. u. El.:* Folke Dances of the Greeks, 1961, S. 39 ff.

Soyotte. ↗Französischer Volkstanz aus der Champagne. Die Tanzenden stehen in Paaren einander gegenüber und fassen einander mit überkreuzten Händen. Man führte die Soyotte in Oiry, Kanton d'Avize am Vorabend des Patronatsfestes vor den Holzknechten auf. In gewissen Orten wurde sie untersagt, weil die Tanzenden so kraftvoll sprangen, daß die Fußböden zu sehr erschüttert wurden. Die Tanzmelodie steht im 2/4-Takt.

Lit.: *Arma, E.:* Entrez dans la danse, 1943, S. 79 ff. *Lawson, J.:* European Folk Dance, 1953, S. 158 f.

Špacír (= der Spaziergang). Tschechischer Volkstanz aus Böhmen. Er besteht aus zwei Achttaktern mit Wiederholung, von denen der erste mäßig bewegt ist. Der Tänzer gibt den rechten Arm um die Taille der Tänzerin, sie stützt ihren linken Arm auf dessen Schulter. Beide hüpfen dabei vorwärts. Der zweite Achttakter hat schnelleres Tempo, der Tänzer nimmt die rechte Hand des Mädchens und beide tanzen ↗Walzer. Text und Melodie sind gleich wie bei dem Tanz ↗Kalhoty. Große Ähnlichkeit hat der Špacír mit dem ↗Gesellschaftstanz ↗Imperial. (↗Tschechische Volkstänze)

Lit.: *Waldau, A.:* Böhmische Nationaltänze, 1859, Bd. 1, S. 40 f.

Spadonari heißen die italienischen Schwerttänzer aus Piemont. In San Vincenzo di Giaglione bei Turin sind es vier Tänzer mit langen Schwertern, die nach den religiösen Handlungen auf dem Kirchenplatz zur Begleitung der Dorfmusik in pantomimischer Form die ländliche Arbeit und einen Scheinkampf darstellen. In Limone sind es zwölf Schwerttänzer, in San Giorgio sechs. In Susa gehört der Tanz der Spadonari zu einem großen Fest, mit dem ein Spiel vom Sturz eines Tyrannen verbunden ist. (↗Schwerttanz)

Lit.: *Vidosi, G.:* La danza degli spadonari a Venaus in Val di Susa, in: Lares, vol. VII, 1936. *Wolfram, R.:* Schwerttanz u. Männerbund, s. a., S. 134. *Galanti, B. M.:* Dances of Italy, 1950, S. 38 ff.

Spagna (la). Name eines von ↗Domenico da Piacenza aufgezeichneten Tanzes für zwei Tänzer, die Hand in Hand mit dem Gesicht nach vorn Aufstellung nehmen. Die Ausführung der Schritte ist gleich der Art der frühen ↗Basse danse.

Lit.: *Dolmetsch, M.:* Dances of Spain and Italy from 1400 to 1600, 1975, S. 18 ff.

Spagnoletto. Italienischer Tanz, spanischen Ursprungs aus der Zeit von 1550 bis 1604. In Spanien wird er Españoleta genannt. Er wird von vier Tänzern (zwei Paaren) ausgeführt und besteht aus fünf Figuren. Die Tanzmelodie steht im geraden Takt, der Charakter des Tanzes ist rustikal.

Lit.: *Dolmetsch, M.:* Dances of Spain and Italy from 1400 to 1600, 1975, S. 74 ff.

Spanische Volkstänze. Für das spanische Volk ist der Tanz eine selbstverständliche Lebensäußerung. Viele Einflüsse haben zu seinem Werden beigetragen. Jede Landschaft hat zur Entstehung einer Vielfalt von Tanzformen geführt, sei es durch eine hervorstechende Eigenschaft des Tanzstils oder durch das Halten und Schlagen der Kastagnetten. Große Verschiedenheit und Formenreichtum des spanischen Volkstanzes haben sich aber auch durch die Einflüsse ergeben, die von den östlichen Völkern, den Arabern und Zigeunern, kamen. Die Westgoten brachten wahrscheinlich die ↗Schwerttänze mit, die in Spanien eine besondere Pflege fanden (↗Danza de romeros). Beziehungen zum Schwerttanz ergaben sich auch durch die im 15./16. Jh. in Spanien gepflegte Moriske (↗Moriskentanz). Zwei grundlegende Formen des spanischen Volkstanzes haben sich bis heute in den verschiedensten Varianten erhalten, die kultisch-zeremoniellen ↗Danzas und die weltlich-volkstümlichen ↗Bailes. Charakteristisch für den Tanz der Spanier ist vor allem die Freiheit der

Improvisation, die von dem Einfluß der Zigeuner herkommt und im ↗Flamenco ihren stärksten Ausdruck findet. Die Männertänze, die mehr im Norden des Landes zu finden sind, sind charakterisiert durch eine komplizierte Fußarbeit mit seltsam gewundenen Drehungen der Beine und des Körpers. Die Frauen dagegen spielen beim Tanz mit einem Schal, Fächer, einer Mantilla oder dem Rock, um ihre Reize zu zeigen (↗Olé), ein Charakteristikum der ↗Frauentänze im Süden des Landes, wo der östliche Einfluß am stärksten zu merken ist (Andalusien). Bei den spanischen Volkstänzen wird fast immer gesungen. Das Instrumentarium ist je nach Landschaft verschieden. Im Süden sind es Zupfinstrumente, im Norden schalmeienartige Instrumente mit Trommel und Einhandflöte. In Katalonien ist es die „cobla", eine Instrumentalgruppe mit Blechblasinstrumenten. Will man den spanischen Volkstanz in seinen ursprünglichen unverfälschten Formen erleben, dann muß man in die entlegenen Dörfer des Landes gehen oder das Repertoire der Sección Feminina de Fet y Jons (Organisation zur Pflege und Erforschung des echten spanischen Volkstanzes) studieren. (↗Al Agudo, ↗Alegrias, ↗Arcos, ↗Bailes, ↗Baskischer Tanz, ↗Bayonnaise, ↗Bolero, ↗Brokel dantza, ↗Cana, ↗Canastillo, ↗Cardadora, ↗Careado, ↗Cáchucha, ↗Charrada, ↗Danza de cascabeles, ↗Danza de romeros, ↗Danza prima, ↗Danzas, ↗Danzas habladas, ↗Eixida, ↗Els broquers, ↗Escamarran, ↗Españoleta, ↗Fandango, ↗Farruca, ↗Flamenco, ↗Floral Dance, ↗Gallegada, ↗Gentil senyora, ↗Granadiana, ↗Guajira, ↗Hachas, ↗Jácara, ↗Jaleo, ↗Jota, ↗Majas, ↗Malagueña, ↗Mallokrinischer Tanz, ↗Matachin, ↗Mateixas, ↗Muñeira, ↗Muricana, ↗Olé, ↗Pallilos, ↗Pamperké, ↗Paso doble, ↗Pericote, ↗Polo, ↗Pordoi dantza, ↗Rondeña, ↗Sant-Ferriol, ↗Sardana, ↗Seises, ↗Seguidilla, ↗Sevillano, ↗Soleares, ↗Tirana, ↗Torneo el, ↗Villanos, ↗Zapateado)

Lit.: *Iztueta y Echeveria, J. I. de:* Guipuzcoaco dantza gogoangarrien, San Sebastian, 1824/26. *Montero, G.:* Coreografia valenciana retrospectiva, in: Archivo revista de ciencias historicas, VII, 5, Valencia 1893. *Becker, M.:* Der Tanz, 1901, S. 150 ff. *Olmeda, F.:* Spanische Tänze, 1903. *Roda, C. de:* Los instrumentos las danzas y las canciones de Quijote, 1905. *Laparra, R.:* La musique et la danse populaires in Espagne, 1920. *Barrelet, M.:* Mallokrinische Volkslieder u. Tänze, Diss. Hamburg 1922. *Michel, A.:* Der spanische Volkstanz, in: Der Rhythmus, 1927. *Michel, A.:* Im Lande d. Tanzes, in: Unterhaltungsblatt d. Vossischen Zeitung, Nr. 70 v. 22. März 1928. *Shawn, T.:* Gods Who Dance, 1929. *Carreras y Candi, Fr.:* Folklore y costumbras de España, Bd. II, 1931. *Alford, V.:* Ceremonial Dances of Spanish Basques, in: The Musical Quarterly, vol 18, 1932, No. 3, S. 471 ff. *Alford, V.:* Some Pyrenean Folk Customs, in: Folk-Lore, vol. XLIII, 1932, No. 1, S. 42 ff. *Sachs, C.:* Eine Weltgeschichte d. Tanzes, 1933, S. 234 f. *Alford, V.:* The Dance of the Gipsies in Catalonia, in: Journal of the English Folk Dance and Song Society, vol. I. 1934, No. 3, S. 156 ff. *Nettl, P.:* Volksmusik u. Tanz in Spanien, in: Deutsche Sängerbundes-Zeitung, 20, 1942. *La Meri:* Spanish Dancing, 1948. *Besseler, H.:* Katalanische Cobla u. alta Tanzkapelle, in: Kongreß-Bericht Basel 1949, S. 59 ff. *Madurell, J. M. A.:* Documentos para la historia de músicos, maestros de danza, instrumentos y libros de musica, in: Anuario musical, vol. V, 1950, S. 199 ff. *Ricart, M. J.:* Refranero internacional de la música y de la danza, 1950. *Subirá, J.:* „Libro de danzar", de Don Baltasar de Rojas Pantoja compuesto por el maestro Juan Antonio Jaque, Anuario musical, vol. V, 1950, S. 190 ff. *Larrea Palacín, A. de:* El dance aragonés y las representationes de moros cristianos, 1952. *Capmany, Au.:* La dansa a Cataluny, 1953. *Lawson, J.:* European Folk Dance, 1953. *Borull, T.:* La danza espagnola, 1954. *Donostia, P.:* Les instruments des danses populaires espagnoles, in: Journal of the International Folk Music Council, vol. VI, 1954, S. 26 ff. *Donostia, P. J. A., de:* Historia de las danzas de Guipúzcoa con sus melodías antiguas y sus versos, in: Anuario musical, vol. IX, 1954, S. 97 ff. *Galati, A.:* Dances and Songs of the Pyrenean Sheperds, in: Journal of the International Folk Music Council, vol. VI, 1954, S. 49 ff. *Amades, J.:* La danza de espadas y de palos, in: Anuario musical, vol. X, 1955. *Dorcy, J.:* Deux visages de la danse espagnole, in: Les Cahiers de 'Danse et Culture, Paris 1955. *Schmolke, A.-Langhans, H.:* Europäische Tänze, H. 3, 1956. *Caballero Bonald, J. M.:* El baile andalus, 1957. *Gardia, M. M.:* Danzas populares de España, 1957. *Del Rio Volasco, J.:* Danzas tipicas burgelesas, 1959. *Zacharias, G.:* Susanna y José. Spanischer Geist im Tanz, 1970. *Seifert, H.:* Spanische Tänze aus d. Zeit um 1600, in: Österreichische Musikzeitschrift, Jg. 30, 1975, H. 4, S. 193 ff. *Aagen-Moro, Tai:* Spansche dansen, dansers en danseressen, in: De vrije bladen, Jg. 10, H. 3/4, Amsterdam, s. a.

Spanltanz. Österreichischer Volkstanz, ein sogenannter ↗Geschicklichkeitstanz. Er wird meist nur von einem Tänzer ausgeführt, der zwischen den Winkeln von kreuzweise gelegten etwa 40 cm langen Kienspänen in rhythmischen Bewegungen hüpft. Der Spanltanz ist in Europa sehr verbreitet und erfordert in manchen seiner Formen hohe Geschicklichkeit der Ausführenden. (↗Gilly Callum, ↗L'Hereu Riera, ↗Sauhaltertanz)

Lit.: *Zoder, R.:* Beiträge zur Geschichte d. deutschen Volkstanzes, in: Das deutsche Volkslied, Jg. 36, 1934, H. 1/2, S. 11 f., H. 3, S. 30 f. *Wolfram, R.:* Der Spanltanz u. seine europäischen Verwandten, in: Oberdeutsche Zeitschrift f. Volkskunde, Jg. 9, 1935, H. 1, S. 35 ff. *Van der Ven-Ten Bensel, E.:* De volksdans in Nederland, 1942, S. 187. *Wolfram, R.:* Die Volkstänze in Österreich u. verwandte Tänze in Europa, 1951, S. 171. *Hoerburger, F.:* Spanltanz u. Wechselhupf. Bairische oder europäische Volkstänze, in: Der Zwiebelturm 11/1956, S. 158 f. *Berghold, L.-Deutsch, W.:* Volkstänze aus Niederösterreich, Bd. I, S. 88.

Spartakus (Szenen aus dem römischen Leben). Ballett in vier Akten und neun Bildern, Libretto von Nikolaj Wolkow, Musik von Aram Iljitsch ↗Chatschaturjan. Die Uraufführung fand in Leningrad am 27. Dezember 1956 im Kirow-Theater durch das ↗Kirow-Ballett statt. Die ↗Choreographie stammte von Leonid Jakobson. Das Ballett „Spartakus" gehört zu einem der erfolgreichsten sowjetischen Ballette. Nach der Uraufführung in Leningrad wurde es im März 1958 in der Choreographie von Igor ↗Moissejew im Bolschoj-Theater Moskau erstaufgeführt. Diesen Inszenierungen folgten weitere an anderen sowjetischen Ballett-Theatern.

Spatzentanz. Dieses scherzhafte Tanzspiel aus der Steiermark wird gegen Ende von Hochzeiten aufgeführt. Die Hochzeitsgäste werden derart abgezählt, daß die Zahl der Frauen um eine weniger beträgt als die Zahl der Männer. Nachdem die Musik zu spielen begonnen hat, müssen die Männer rasch die Frauen in allen Räumen suchen. Ein Mann bleibt natürlich ohne Frau und dieser ist nun der sogenannte „Spatz", der zum Gelächter der Anwesenden die Musik bezahlen muß. Es sind aber auch noch andere Formen möglich. Die Tanzweise besteht aus einem langsamen ↗Marsch und einem ↗Walzer. (↗Fuchstanz, ↗Gänsetanz, ↗Ganausertanz, ↗Hochzeitstänze)

Lit.: *Novak, A.:* Steirische Tänze, 1936. *Schunke, F.:* Der Spatzentanz, in: Jahrbuch d. österreichischen Volksliedwerkes, Bd. 10, 1961, S. 124 ff.

Spazier-Deutsche. ↗Österreichischer Volkstanz aus Kärnten. Die Paare gehen im 1. Teil (2/4-Takt) mit gefaßten inneren Händen im Kreis. Im 2. Teil (3/4-Takt) walzen sie in bäuerlicher Rundtanzfassung ohne Schleifen (Dreitritt). Spazierdeutsche werden bei Hochzeiten als Anfangstanz gespielt. Bevor der Kranzelführer mit der Braut diesen Tanz nicht ausgführt hat, darf niemand tanzen. Der Tanz ist sicher 200 Jahre alt. (↗Hochzeitstänze)

Lit.: *Zoder, R.:* Österreichische Volkstänze, Teil III, 1955, S. 45.

Spazierpolka. ↗Deutscher Volkstanz, der vor allem in den deutschen Volksinseln des Ostens und in Schlesien beheimatet war. Seiner Form nach gehört er zu den sogenannten Halbdrehern. (↗Dreher)

Lit.: *Lanz, J.:* Ostschlesische Volkstänze, 1924, Nr. 12. *Pudollek, F.:* Ostschlesische Volkstänze, Deutsche Volkstänze, H. 25, 1. Teil, 1935, S. 14. *Wolfram, R.:* Deutsche Volkstänze, 1937, S. 27. *Horak, K.:* Tänze aus d. deutschen Volksinseln im Osten, 1939, S. 9. *Horak, K.:* Deutsche Volkstänze aus d. Karpatenraum, Deutsche Volstänze, H. 48/49, 1961.

Spazierwalzer ↗Marschierwalzer.

Spectre de la Rose, Le. ↗Geist der Rose, Der.

Špegutanc. Jugoslawischer Volkstanz aus Oberkrain. In der Ausführung gleicht er dem österreichischen ↗Spiegeltanz. (↗Jugoslawische Volkstänze)

Lit.: *Horak, K.:* Volkstänze aus Oberkrain, in: Jahrbuch d. österreichischen Volksliedwerkes, Bd. 26, 1977, S. 64.

Sperlingskirmess ↗Lobetanz.

Sperlingstanz. Eine Form des ↗Vogelstellers in Oberschlesien.

Lit.: *Pudollek, F.:* Oberschlesische Volkstänze, Deutsche Volkstänze, H. 25, 1936.

Spessiwtzewa, Olga Alexandrowna (in England auch Spessiva). Russische Tänzerin, geb. 18. Juli 1895 in Rostow. Bis 1913 studierte sie an der kaiserlichen Ballettschule in St. Perersburg, debütierte am Marijinskij-Theater, wo sie 1916 Solistin und 1918 Primaballerina wurde. Als Partnerin von W. ↗Nijinsky tanzte sie bei ↗Diaghilews ↗Ballets Russes. Unübertrefflich tanzte sie alle Hauptrollen in romantischen und modernen Balletten in ihrer Heimat, bei Diaghilews Gruppe und als Gastballerina in Buenos Aires, Australien, London und Paris. Im Teatro Colón in Buenos Aires gab sie 1939 ihre Abschiedsvorstellung und übersiedelte nach New York, wo sie Beraterin für die Gründung des ↗American Ballet Theatre wurde. 1943 befiel sie ein Nervenleiden, worauf sie bis 1963 in ein neurologisches Sanatorium kam. Mit Hilfe von Anton ↗Dolin und Felia ↗Doubrowska erhielt sie dann einen Platz in der Tolstoi-Farm in Valley Cottage, New York.

Lit.: *Vaillat, L.:* Olga Spessivtseva, Paris 1944. *Dolin, A.:* The Sleeping Ballerina – The Story of Olga Spessitszeva, London 1966.

Spiegeltanz. Heiteres Tanzspiel, das im österreichischen Alpengebiet und besonders in Südtirol weit verbreitet ist. Bei diesem Spiel können beliebig viele Teilnehmer mitwirken. Die Teilnehmenden gehen im großen Kreis gegen die gewöhnliche Tanzrichtung. Ein Tänzer sitzt innerhalb des Kreises mit einem Spiegel und einem Tuch. Die Herumgehenden blicken ihm beim Vorübergehen über die Schulter in den Spiegel. Ist dem sitzenden Tänzer das in den Spiegel blickende Mädchen nicht recht, wischt er mit dem Tuch über den Spiegel, paßt es ihm aber, legt er Tuch und Spiegel weg und beginnt mit dem Mädchen einen Tanz. Dieses setzt sich dann nach dem Tanz auf den Sessel und wählt auf gleiche Art einen Tänzer. Der vorige Tänzer fügt sich in den Kreis ein. Begleitet wird das Spiel mit einer Polkaweise. (↗Špegutanc)

Lit.: *Pramberger, R.:* Steirische Tanzlust, in: Zeitschrift d. deutschen u. österreichischen Alpenvereins, Bd. 55, 1924, S. 143, S. 165. *Horak, K.:* Burgenländische Volkstänze, Deutsche Volkstänze, H. 7, 1931. *Horak, K.:* Volkstänze aus d. Fleimstal, in: Der Schlern, Jg. 26, 1952, H. 11/12, S. 424 ff. *Au, H. v. d.:* Heit is Kerb in unserm Dorf, 1954, S. 60. *Horak, K.:* Volkstänze aus d. oberen Mühlviertel, in: Jahrbuch d. österreichischen Volksliedwerkes, Bd. 8, 1959, S. 143 ff. *Horak, K.:* Der Volkstanz im Burggrafenamt, in: Jahrbuch d. österreichischen Volksliedwerkes, Bd. 12, 1963, S. 92. *Horak, K.:* Tiroler Volkstanzbuch, 1974, S. 73. *Horak, K.:* Der Volkstanz im Mattigtal u. im Kobernauser Wald, Oberösterreich, in: Jahrbuch d. österreichischen Volksliedwerkes, Bd. 23, 1974, S. 15. *Schützenberger, E.-Derschmidt, H.:* Spinnradl IV, s. a., S. 18.

Spielbein. Dieser tanztechnische Ausdruck bezeichnet das unbelastete Bein, dasjenige, welches die Bewegung ausführt. (↗Standbein)

Spieltanz heißt ein Teil des ↗Perchtentanzes. Den gleichen Namen hatte aber auch ein alter Salzburger Tanz, der am Sonntag vor der Kirchweih zur Einübung der ortsüblichen Tänze ausgeführt wurde.

Lit.: *Böhme, F. M.:* Geschichte d. Tanzes in Deutschland, 1886.

Spießtanz. Dieser alte ↗Geschicklichkeitstanz der Siebenbürger Sachsen wurde beim Taufschmaus getanzt. Zwei Bratspieße wurden kreuzweise auf den Boden gelegt. Der in den vier Winkeln der gekreuzten Spieße Tanzende mußte darauf achten, die Spieße nicht aus ihrer Lage zu bringen. Der Tanz war in verschiedenen Formen in vielen Teilen Europas bekannt. Oft ersetzten andere ↗Tanzgeräte die Spieße.

Lit.: *Schuller, G.:* Der siebenbürgisch-sächsische Bauernhof u. seine Bewohner, 1896, S. 39. *Wolfram, R.:* Die Volkstänze in Österreich u. verwandte Tänze in Europa, 1951, S. 171. *Wolfram, R.:* Die Siebenbürger Volkstänze, in: Jahrbuch f. ostdeutsche Volkskunde, Bd. 22, 1979, S. 154 ff.

Spinner ↗Weller.

Spinnradltanz (auch Spinnradl oder Spinnradlpolka genannt). ↗Volkstanz, der in Wien, Niederösterreich, Oberösterreich, im Bömerwald und in Bayern verbreitet ist. Er ist ein ↗Paartanz für Tänzer und Tänzerin, es gibt aber auch Formen mit drei Tanzenden, und zwar einem Tänzer und zwei Tänzerinnen (↗Dreiertanz). Der Tanz zeigt zwei Formteile: 1. ein Nebeneinandergehen und 2. ein Drehen mit gefaßten, hocherhobenen Händen. Seine Bewegungen sind Gehen, Springen und Walzen. Die Musik besteht meist aus zwei Teilen zu je acht Takten im 2/4- oder 3/4-Takt. Der Name Spinnradl hat nichts mit dem Spinnen zu tun, sondern rührt von den ↗Wickler-Figuren des Tanzes her, die an ein Spinnradl erinnern.

Lit.: *Commenda, H.:* Oberösterreichische Volkstänze, H. 4, Deutsche Volkstänze, 1928. *Zoder, R.:* Altösterreichische Volkstänze, Teil III, 1932. *Schmidt, L.:* Zum Spinnradltanz, in: Das Deutsche Volkslied, Jg. 35, 1933, H. 1/2, S. 3 ff. *Gradwohl, K.:* Lehrgang f. österreichische Volkstänze, 1936/38. *Zoder, R.:* Der Spinnradltanz, in: Sudetendeutsche Zeitschrift f. Volkskunde, Jg. 11, 1938, H. 4/6, S. 105 ff. *Lager, H.:* Unsere Tänze, 1941. *Koschier, F.-Anderluh, A.:* Volkstänze aus Kärnten, 1952. *Oetke, H.:* Deutsche Volkstänze, Teil III, 1952, S. 60 f. *Goldschmidt, Ae.:* Handbuch d. deutschen Volkstanzes, 1967. *Lager, H.:* Österreichische Tänze, II. Teil, 1969, S. 12. f. *Dreo, H.:* Volkstänze aus d. Burgenland, 1977, S. 45 f. *Horak, K.:* Spinnradl-Tanz, in: Der Trachtler, Nr. 24, 1981, S. 15. *Janietz, E.:* Volkstänze aus deutschen u. österreichischen Landschaften, s. a., S. 21. *Schützenberger, E.-Derschmidt, H.:* Spinnradl, 1. Folge, s. a., S. 13 ff.

Spitzbuampolka. ↗Österreichischer Volkstanz, der in verschiedenen Formen und mit vielen Namen üblich ist. Im Passeiertal heißt er ↗Bregenzer, im Unterinntal nennt man ihn ↗Sautreiber und in Oberösterreich heißt er ↗Tuschpolka.

Lit.: *Zoder, R.:* Altösterreichische Volkstänze, 2. Teil, 1928, S. 24 ff. *Horak, K.:* Tiroler Volkstänze, 1974, S. 48. *Schützenberger, E.-Derschmidt, H.:* Spinnradl, 4. Folge, s. a., S. 10.

Spitzentanz. Das „sur la pointe", das Tanzen auf den Fußspitzen ist eine besondere Form der Tanztechnik in der klassischen ↗Ballettkunst.

Die Anfänge des Spitzentanzes waren um das Jahr 1820. Es ist heute üblich, die Kappe der Schuhe für den Spitzentanz mit Kork zu verstärken, um den Zehen Stütze zu geben.

Lit.: *Godlewski, W.:* Das Ballett-Studium, Bd. 3. Der Spitzentanz u. seine Erlernung, 1941. *Terpis, M.:* Tanz u. Tänzer, 1946, S. 81 f. *Waganowa, A. J.:* Die Grundlagen d. klassischen Tanzes, 1946, S. 134 ff. *Mara, Th.:* Spitzentanz. Nützliche Winke f. d. Training zu Hause, 1960. *Terry, W.:* On Pointe! The Story of Dancing and Dancers on Toe, 1962.

Spoerli, Heinz. Schweizer Tänzer, ↗Choreograph und Ballettdirektor, geb. 8. Juli 1941 in Basel. Er studierte bei W. Kleiber in Basel und an der School of American Ballet, im American Ballet Center und am Dance Center London. Von 1960 bis 1963 war er als Tänzer in Basel engagiert, von 1963 bis 1966 am Opernhaus in Köln. 1966/67 war er Mitglied des Royal Winnipeg Ballet. Von 1967 bis 1969 tanzte er bei Les Grands Ballets Canadiens, zu denen er 1971 als Gastsolist zurückkehrte. Von 1971 bis 1973 war er als Solist in Genf engagiert. Seit 1973 ist er ↗Ballettmeister und Choreograph in Basel und seit 1978 auch Ballettdirektor. Als Gastchoreograph wirkte er auch in Zürich, Stuttgart, an der Deutschen Oper Berlin und an anderen Bühnen.

Lit.: *Fleury, P. – Kaufmann, P.:* Heinz Spoerli-Ballett-Faszination, Zürich 1983.

Springar. ↗Norwegischer Volkstanz im ¾-Takt, der dem österreichischen ↗Ländler entspricht. Er gehört zu den sogenannten ↗Werbetänzen, bei denen der Bursch das Mädel an der Hand führt, es dreht, um sich herum tanzen läßt, beide Hände faßt und dann wie bei den Ländlern walzt. (↗Dreisteirer)

Lit.: *Wolfram, R.:* Die Frühform d. Ländlers, in: Zeitschrift f. Volkskunde, Jg. 1933, Bd. 5, H. 2, S. 129 ff.

Springeltanz. Bäuerlicher Volkstanz des 16. Jh. aus den Dithmarschen (Holstein). Er ist die zweite Form des in diesem Gebiet üblich gewesenen ↗Langen Tanzes und zum Unterschied zum getretenen ↗Trimmekentanz ein gesprungener reigenartiger Tanz heiteren Charakters. Viele der Lieder aus den Dithmarschen dienten als Begleitung dieses Tanzes.

Lit.: *Czerwinski, A.:* Brevier d. Tanzkunst, 1879, S. 52 f. *Böhme, F. M.:* Geschichte d. Tanzes in Deutschland, 1886, S. 50.

Springer ↗Hops-Anglaise.

Spring Pols. ↗Norwegischer Volkstanz im ¾-Takt aus der Region Österdal. Er kann von beliebig vielen Paaren ausgeführt werden, die im Kreis Aufstellung nehmen. Jedes Paar dreht sich im Uhrzeigersinn und bewegt sich gegen den Uhrzeigersinn um die Tanzfläche.

Lit.: *Semb, Kl.:* Dances of Norway, 1951, S. 36 ff.

Springtanz. Name für die bereits seit dem Mittelalter bekannte besondere Tanzart, die als gesprungener Tanz den Gegensatz zum geschrittenen Tanz bildete. Der Springtanz, vor allem vom bäuerlichen Volk im Freien ausgeführt, stand im ungeraden Takt und bildete den sogenannten ↗Nachtanz zu der höfischen Form des im geraden Takt stehenden geschrittenen Tanzes (↗Vortanz). Diese beiden Grundtypen des geradtaktigen ↗Schreittanzes und des ungeradtaktigen Springtanzes liefen Jahrhunderte hindurch nebeneinander her und bildeten später die Grundformen vieler ↗Volkstänze aller Nationen. (↗Espringale, ↗Gangar, ↗Haute danse, ↗Hupfauff, ↗Quaternaria, ↗Saltarello, ↗Springar, ↗Tanzpaar)

Dithmarschen

Lit.: *Czerwinski, A.:* Die Tänze d. 16. Jh., 1878, S. 4. *Böhme, F. M.:* Geschichte d. Tanzes in Deutschland, 1886. *Norlind, T.:* Zur Geschichte d. polnischen Tänze, in: Sammelbände d. Internationalen Musikgesellschaft, Jg. 12, 1910/11, S. 501 ff. *Sachs, C.:* Eine Weltgeschichte d. Tanzes, 1933. *Wolfram, R.:* Schwerttanz u. Männerbund, 1935, S. 15/14.

Square dance (Square = engl. Viereck). Eine der üblichen Formen des nordamerikanischen Volkstanzes. Meist wird er von vier Paaren nach den Weisungen eines Tanzmeisters im Viereck getanzt. Für gewöhnlich besteht er aus vier Figuren. Die Form des Square dance hat sich aus verschiedenen Elementen entwickelt, der französischen ↗Quadrille, dem englischen ↗Running Set und aus Einflüssen des europäischen ↗Volkstanzes. (↗Campton Races, ↗Irischer Volkstanz, ↗Nordamerikanischer Tanz)

Lit.: *Karpeles, M.:* Square Dance Figures from Northern New York State, in: Journal of the English Folk Music Society, London 1931, Sec. Series, Nr. 4, S. 9 ff. *Dugan, A., Schl.-Schlottmann, J.-Rutlege, A.:* Folk Dances of the

United States and Mexico, in: The Folk Dance Library V., New York 1948. *Owens, L.:* American Square Dances of the West and Southwest, Paolo Alto, Calif. 1949. *Harris, J. A.-Pittman, A.-Swenson, M.:* Handbook of Folk, Square and Social Dance, Minneapolis, 1955. *Kraus, R.:* Square Dance of Today, New York 1950. *Gowing, G.:* The Square Dancer's Guide, New York 1957.

Srimpi-Tänze. Diese zeremoniellen religiösen Hoftänze der Javaner wurden nur von vier jungen Mädchen ausgeführt, die zur Verwandtschaft des Sultans gehörten. Sie tanzten die „Rengga-Wati-Legenden". Die Ausführung geschah so wie der Tanz der ↗Bedhaya. (↗Javanischer Tanz, ↗Religiöser Tanz)

Lit.: *Helsdingen-Schoevers, B. v.:* De Srimpi-en Bedajadansen aan het Soerakartasche Hof, 1925.

Ssing-ssings. Name von Tänzen der Eingeborenen auf ↗Neuguinea. Sie bestehen aus einfachen Bewegungen, gleichsam ein immerwährender Laufschritt ohne besondere Abwechslung. Die Melodien sind eintönig, der Rhythmus gleichförmig. In einzelnen Gegenden haben sich innerhalb dieses Grundtypus verschiedene Formen herausgebildet.

Lit.: *Schellong, O.:* Musik u. Tanz d. Papuas, in: Globus, Bd. 56, 1889, Nr. 6, S. 81 ff.

Staader Mazurka. Schweizer Volkstanz, eine Form des ↗Warschauer.

Lit.: *Wolfram, R.:* Die Volkstänze in Österreich u. verwandte Tänze in Europa, 1951, S. 157/14.

Staats, Léo. Französischer Tänzer, Lehrer, ↗Choreograph und ↗Ballettmeister, geb. 26. November 1877 in Paris, gest. 15. Februar 1952 ebendort. Er studierte an der Ballettschule der Pariser Oper und schloß sich 1893 diesem Ensemble an. Zwischen 1907 und 1936 war er Ballettmeister. Zu seinen Schülern zählte u. a. Maurice ↗Béjart.

Stackleseff. ↗Deutscher Volkstanz aus dem Kuhländchen (ehemalige deutsche Sprachinsel an der oberen Oder in Mähren), bestehend aus einer zweiteiligen Tanzmelodie zu je acht Takten im 2/4-Takt. Der erste Teil ist ein Rundtanz, bei welchem mit gewöhnlicher Fassung ↗Polka getanzt wird. Im zweiten Teil stehen die Paare einander zunächst ruhig gegenüber. Beim zweiten Takt wird dreimal in die Hände geklatscht, beim vierten mit den Füßen gestampft, beim fünften mit dem rechten Zeigefinger, beim sechsten mit dem linken Zeigefinger gedroht, und ab dem siebenten Takt drehen sich alle am Platz einmal um sich herum. Dem Stackleseff verwandt ist der sogenannte ↗Platschletanz. In seiner Tanzausführung und Melodie verbindet er ↗Judenpolka und ↗Siebensprung.

Lit.: *Kubiena, W.:* Der Stackleseff u. seine Verwandtschaft, in: Deutsch-mährische Heimat, Jg. 9, 1923, Nr. 5 (58), S. 125 ff. *Zoder, R.:* Judentänze, in: Jahrbuch f. Volksliedforschung, Jg. 2, 1930, S. 137.

Stadelweise (Scheunenweise). Süddeutsches ↗Tanzlied aus dem Mittelalter, von Burkhart von Hohenvels erwähnt, dürfte vielleicht ein ruhiger ↗Bauerntanz gewesen sein. (↗Scheuertanz)

Lit.: *Böhme, F. M.:* Geschichte d. Tanzes in Deutschland, 1886.

Stadler, Brigitte. Österreichische Tänzerin, geb. 22. Februar 1965 in Wien. Sie studierte an der Ballettschule der Wiener Staatsoper bei E. ↗Brexner. 1979 wurde sie an das ↗Wiener Staatsopernballett engagiert. 1981 tanzte sie bereits unter R. ↗Nurejew das Solo in ↗„Schwanensee". 1982 war sie die ↗Ballerina in „Petruschka" mit W. ↗Panow.

Stäsche. Deutscher Volkstanz aus dem Schwalmtal (Hessen) im 2/4-Takt, ein ↗Paartanz im Kreis. Die Aufstellung erfolgt nebeneinander in offener Fassung. Getanzt wird mit Verbeugungen, Kniebeugen und Drehungen.

Lit.: *Au, H. v. d.:* Deutsche Volkstänze, H. 11/12, 1931, S. 6 f.

Staicin Eorna. ↗Irischer Volkstanz im 4/4-Takt für beliebig viele Paare, die einen Kreis bilden. Die Tänzerinnen stehen rechts vom Tänzer. Die Paare sehen einander an und halten ihre Hände gekreuzt.

Lit.: *Burchenal, E.:* National Dances of Ireland, 1924, S. 47 f.

Stajuagl. ↗Deutscher Volkstanz aus der Slowakei im 2/4-Takt, ein ↗Paartanz im Kreis. Die Aufstellung erfolgt im Flankenkreis. Die Tänzerin steht vor dem Tänzer und hat ihre Hände im Hüftstütz.

Lit.: *Horak, K.:* Volkstänze aus d. Slowakei, Deutsche Volkstänze, H. 56/57, 1963, S. 18.

Stampf. Mittelalterlicher deutscher ↗Bauerntanz, der durch ein Lied Neidhardts von Reuenthal (1180–1240) überliefert ist. Wie aus dem Namen zu schließen ist, dürfte er ein Tanz derber Art mit Aufstampfen der Füße gewesen sein.

Lit.: *Böhme, F. M.:* Geschichte d. Tanzes in Deutschland, 1886.

Stampftänze. Dieser Ausdruck bedeutet keinen einheitlichen Tanztypus. Den Charakter eines sogenannten Stampftanzes prägt ein durch den musikalischen Rhythmus hervorstechendes Stampfmotiv. Es handelt sich bei diesen Tänzen vielfach um ↗Werbetänze, die als ↗Paartänze im Kreis oder in der Reihe ausgeführt werden. Im deutschen, österreichischen und schweizerischen Volkstanz gibt es zahlreiche Beispiele solcher Stampftänze, z. B. ↗Buchelklobber, ↗Neubayrischer, ↗Trestern, ↗Vetter Michel u. v. a.

Lit.: *Wolfram, R.:* Die Volkstänze in Österreich u. verwandte Tänze in Europa, 1951. *Goldschmidt, Ae.:* Handbuch d. deutschen Volkstanzes, 1967, S. 171 ff.

Standardtänze ↗Tanzturniere.

Standbein. Dieser tanztechnische Ausdruck bezeichnet das belastete Bein, dasjenige, auf dem das Körpergewicht liegt. (↗Spielbein)

Stanitzltanz (auch Tüten- oder Papierltanz genannt). Heiteres Tanzspiel, das früher gern auf Bauernhochzeiten aufgeführt wurde. Am Rock oder an der Hose eines Tänzers wird hinten ein größeres Stanitzel (spitze Tüte) befestigt, so daß sie während des Tanzes hin- und herbaumelt. Zwei Teilnehmer versuchen nun die Tüte mit brennenden Kerzen anzuzünden, was aber meist nicht gelingt. Während der Tanzmusik hat der Stanitzel-Tänzer bestimmte Tanzschritte auszuführen.

Lit.: *Klier, K. M.:* Männertänze aus d. deutschen Volksüberlieferung, 1934. *Raubek, K.:* Der Stanitzltanz, in: Das deutsche Volkslied, Jg. 39, 1937, H. 8, S. 112. *Wolfram, R.:* Die Volkstänze in Österreich u. verwandte Tänze in Europa, 1951, S. 173. *Dreo, H.:* Volkstänze aus d. Burgenland, 1977, S. 52 f.

Staro sito. Jugoslawischer Volkstanz aus Kroatien im 2/4-Takt. Tänzer und Tänzerin stehen einander gegenüber, beide Hände gefaßt bei locker hängenden Armen, nach einer älteren Version wird die rechte Hand bei gestrecktem rechten Arm auf die Schulter des Partners gelegt und die linke Hand seitlich abgestützt. Nach einer anderen Form fassen sich zwei Paare zu einem Kreis bei locker hängenden Armen. Die beschriebenen Fassungen können aber auch während des Tanzes gewechselt werden. Getanzt wird mit Schleifschritten. (↗Kroatischer Volkstanz)

Lit.: *Schmolke, A.-Langhans, H.:* Europäische Tänze, H. 4, 1957, S. 8 f.

Starzer, Joseph. Geiger, Sänger und Komponist, geb. 1726 (1727) in Wien, gest. 22. April 1787 ebendort. Seine Hauptbedeutung als Komponist liegt in seinen vielen Ballettkompositionen. 1758 ging er mit F. ↗Hilverding nach Rußland, wo in den Jahren von 1759 bis 1764 zahlreiche Aufführungen seiner ↗Ballette in Moskau und Petersburg stattfanden. Von 1768 an war er wieder in Wien als Ballettkomponist tätig. In dieser Zeit erfolgte eine sehr fruchtbare Zusammenarbeit mit J. G. ↗Noverre, deren Höhepunkte die Ballette „Roger und Bardamente" (1771), „Adelheid von Ponthieu" (1773) und „Gli Orazi egli Curiazi" (1774) bildeten. Auch für G. ↗Angiolini komponierte er mehrere Ballette, wie „Theseus auf Kreta" (1775), „Le cinque Soltane", „Die Schnitter" (1775), „Das Straßburgische Fest" und viele andere.

Lit.: *Braun, L.:* Die Ballettkompositionen v. Joseph Starzer, in: Studien zur Musikwissenschaft, H. 13, 1926, S. 38 ff.

Steaspne. Alter schottischer ↗Nationaltanz in der Art eines geschwinden ↗Menuetts, von welchem nur die Figuren beibehalten sind, während der Takt und die Schritte von der ↗Hornpipe herkommen. (↗Schottischer Volkstanz)

Lit.: *Fischer, J. H.:* Beschreibung d. vorzüglichsten Volksfeste, Bd. I, 1799, S. 137.

Steckeltanz ↗Sechserpolka.

Steckentanz. Unter diesem Namen ist ein ↗Geschicklichkeitstanz als ↗Volkstanz in der Steiermark und in Deutschland (Spessart) üblich, bei dem ein Stecken (Stock) als ↗Tanzgerät dient. Der Tanz wird in verschiedenen Formen ausgeführt.

Lit.: *Pramberger, R.:* Steirische Tanzlust, in: Zeitschrift d. deutschen u. österreichischen Alpenvereins, Bd. 55, 1924, S. 143 f. *Au, H. v. d.:* Zwei Volkstänze, in: Das Deutsche Volkslied, Jg. 41, 1939, H. 3, S. 33 ff. *Horak, K.:* Tiroler Volkstanzbuch, 1974, S. 69 ff. *Schützenberger, E.-Derschmidt, H.:* Spinnradl, s. a., S. 15.

Steckerltanz. ↗Österreichischer Volkstanz aus dem Burgenland, entspricht dem sogenannten ↗Besentanz.

Lit.: *Horak, K.:* Burgenländische Volkstänze, Deutsche Volkstänze, H. 7, 1931.

Steiner, Irene. Tanzpädagogin und ↗Choreographin, geb. 13. Februar 1921 in Tschischkowitz, Tschechoslowakei. Ihre künstlerische Ausbildung erfolgte in Prag, London und Wien (Diplom des Konservatoriums der Stadt Wien). 1949 gründete sie eine eigene Ballettschule und Gruppe. Zahlreich sind ihre Choreographien, u. a. „Die Spieluhr" (nach Weisen aus dem 16. Jh.), „Die Jagd" (nach Johann ↗Strauß), „Dr. Doolittle" (nach dem gleichnamigen Buch, Musik von Fritz Mazac), „Die Schneekönigin" (Ballett nach einer Musik von Grieg), „Der kleine Prinz" (Ballett nach dem Buch von Saint-Exupéry, Musik von Holst). Sie schrieb: Tanz. Aufbau der Irene Steiner Schule, Zürich 1958.

Steiner, Rudolf. Begründer der Anthroposophie und der in dieser gepflegten Bewegungskunst ↗Eurhythmie, geb. 27. Februar 1861 in Kraljević (Kroatien), gest. 30. März 1925 in Dornach bei Basel. Von ihm stammen folgende Schriften: Eurythmie als sichtbarer Gesang, Dornach 1924; Eurythmie als sichtbare Sprache, Dornach 1924/1927; Eurythmie, die Offenbarung der sprechenden Seele, Dornach 1928; Die Entstehung und Entwicklung der Eurythmie, Dornach 1965.

Steirischer (auch Steyrischer). ↗Österreichischer Volkstanz, der vor allem in der Steiermark und in Kärnten zu Hause ist. Seinem Charakter nach ist er ein ↗Werbetanz, seiner Ausführung nach ein Einzelpaartanz mit Figuren, Stampfen und Paschen. Die Beinbewegungen des Tänzers sind ein einfaches Treten im Dreitritt mit gelegentlichem Aufstampfen auf dem 1., manchmal auch auf dem 1. und 3. Viertel. Die Bewegungen des Oberkörpers sind durch die Verschlingungen der Arme mit oftmaligem Stellungswechsel zwischen Tänzer und Tänzerin bedingt, wobei aber die Hände des Paares gefaßt bleiben. Die Figuren des Steirischen haben oft besondere Namen wie Ausdrahn, Eindrahn, Ringeln, Walgen, Fensterl. Die Tanzmelodie des Steirischen besteht aus achttaktigen „Gesätzen" im 3/4-Takt, bei denen auch Vierzeiler gesungen werden. Die Hauptbetonung liegt am 1. Viertel, während das 2. Viertel überhaupt nicht angespielt und das 3. Viertel schwächer betont wird. Die älteste Melodie zum Steirischen findet sich in Stimmbüchern der kaiserlichen Hofkapelle Wiens um 1670. (↗Altausseer, ↗Bzikota, ↗Ländler, ↗Straßburger, ↗Styriana, ↗Steirischer Figurentanz)

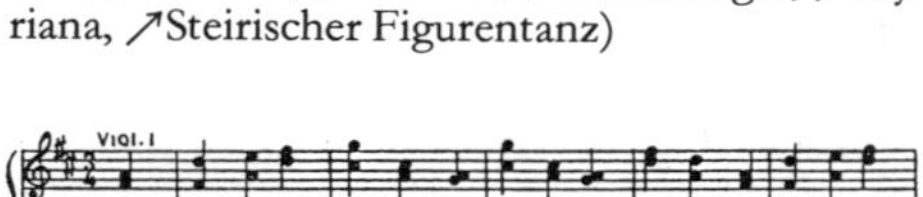

Lit.: *Hamza, E.:* Ein Steirischer, in: Das deutsche Volkslied, Jg. 13, 1911, S. 25 (dazu Korrektur S. 76). *Klier, K. M.:* Der Aufschlag bei d. Tanzmusik, in: Das deutsche Volkslied, Jg. 25, 1923, H. 7/8, S. 43 ff. *Prinke, S.:* Der Eisenerzer Steyrische, 1925. *Zoder, R.:* Beiträge zur steirischen Volksmusik, in: Das deutsche Volkslied, Jg. 34, 1932, H. 1/2, S. 1 ff. *Wolfram, R.:* Die Frühform d. Ländlers, in: Zeitschrift f. Volkskunde, Bd. 5, 1933, H. 2, S. 145. *Koschier, F.:* Wie man d. Steirischen in Kärnten tanzt, in: Das deutsche Volkslied, Jg. 36, 1934, S. 44. *Koschier, F.:* Der „Steirische" in Kärnten, in: Der Heimatkreis, Jg. 2, 1938, S. 22 f. *Zoder, R.:* Haydn-Menuett u. Steyrischer, in: Das deutsche Volkslied, Jg. 48, 1947, H. 1/2, S. 28 f. *Peter, I.:* Schleuniger-Landler-Steirischer im Salzkammergut, in: Das deutsche Volkslied, Jg. 49, 1948, H. 1/2, S. 10 ff. *Nöbauer, E.:* Steirertanz in Steiermark verpönt?, in: Heimat u. Volk, Jg. 2, 1949, Nr. 8, S. 5 f. *Nöbauer, E.:* Betrachtungen über d. Steirertanz, in: Heimat u. Volk, 1949, S. 5 f. *Nöbauer, E.:* Betrachtungen über d. Steirertanz, in: Heimat u. Volk, Jg. 2, Folge 11, 1949, S. 1 f. u. Folge 12, 1949, S. 5 f. *Zoder, R.:* Der „Steirische" u. d. „Straßburger", in: Volk u. Heimat, Festschrift f. V. Geramb, 1949, S. 257 ff. *Wolfram, R.:* Die Volkstänze in Österreich u. verwandte Tänze in Europa, 1951. *Koschier, F.:* Der „Steirische" in Kärnten, in: Carinthia I, Jg. 144, 1954, S. 867 ff. *Commenda, H.:* Aus d. Notenbüchl v. Urähnl, in: Jahrbuch d. österreichischen Volksliedwerkes, Bd. 6, 1957, S. 8 ff. *Koschier, F.:* Kärntner Volkstänze, 1963, S. 15 ff. *Suppan, W.:* Grundriß einer Geschichte d. Tanzes in d. Steiermark, in: Zeitschrift d. historischen Vereines f. Steiermark, Jg. 54, 1963, S. 105 ff. *Lager, H.:* Der Steirische in St. Oswald, in: Jahrbuch d. österreichischen Volksliedwerkes, Bd. 15, 1966, S. 102 ff. *Schützenberger, E.-Derschmidt, H.:* Spinnradl, 2. Folge, 1974, S. 11 ff. *Peter, I.:* Salzburger Tänze, 1975. *Peter, I.:* Der Schleunige mit vergleichendem Einbezug d. Ländlers u. Steirischen im Salzkammergut, sowie d. Salzburgischen Wicklers, in: Jahrbuch d. österreichischen Volksliedwerkes, Bd. 26, 1977, S. 66 ff. *Eibner, F.:* Die Bedeutung u. Gestalt d. Musik d. „Steirers" in d. elementaren Einheit seiner künstlerischen Erscheinung, in: Jahrbuch d. österreichischen Volksliedwerkes, Bd. 28, 1979, S. 11 ff. *Horak, K.:* Das Steirische Tanzen, in: Die Kärntner Landsmannschaft, 1979, H. 10, S. 9 ff. *Wolfram, R.:* Der „steirische Tanz", seine Eigenart u. seine Stellung im europäischen Tanzgut, in: Reihe Hefte f. Volkskunde, Jg. 2, 1981, H. 1, S. 16 ff. *Lager, H.:* Vom Steirischen, in: Der fröhliche Kreis, Jg. 32, 1982, H. 2, S. 87 ff.

Steirischer Figurentanz heißt eine Form des ↗Steirischen, die aus besonderen Verschlingungen und Verwicklungen der Tanzpaare besteht. Der Tanz, der nach einer Ländlerweise ausgeführt wird, ist ein mimisches Liebesspiel, ein sogenannter ↗Werbetanz. Der Figurenschatz ist sehr groß. Bei einem Tanz können mehr als 20 Figuren vorkommen. (↗Altausseer)

Lit.: *Strohmeier, S.:* Zwölf steirische Tanzfiguren, 1900. *Daigl, J.:* Der steirische Figurentanz, 1919. *Pramberger, R.:* Steirische Tanzlust, in: Zeitschrift d. deutschen u. österreichischen Alpenvereins, Bd. 55, 1924, S. 146. *Prinke, S.:* Der Eisenerzer Steyrische, 1925.

Steirischer Walzer ↗Altausseer.

Stelzentanz (auch Stelzenbandltanz). ↗Österreichischer Volkstanz, vor allem in Salzburg anzutreffen. Er schließt sich für gewöhnlich an den sogenannten ↗Perchtentanz an. Die tanzenden Burschen haben Stelzen an ihren Füßen, die durch lange übergezogene Hosen dem Zuschauer verborgen werden. Das Tanzen auf Stelzen läßt sich weit zurückverfolgen. Ihm liegt die Vorstellung zugrunde, sich durch übermenschliche Größe über alles Menschliche hinauszuheben, daher auch die Verbindung mit dem ↗Perchtentanz. (↗Bandltanz)

Lit.: *Adrian, K.:* Von Salzburger Sitt' u. Brauch, 1924, S. 364 ff. *Wolfram, R.:* Die Volkstänze in Österreich u. verwandte Tänze in Europa, 1951, S. 49 f. *Horak, K.:* Volkstänze aus Unken im Lande Salzburg, in: Jahrbuch d. österreichischen Volksliedwerkes, Bd. 6, 1957, S. 68 ff. *Prodinger, F.:* Ein Salzburger Stelzentanz, in: Das Salzburger Jahr 1965/66.

Stemmtanz (Stemmwalzer). ↗Deutscher ↗Volkstanz aus Rheinfranken. Er gehört zu den ↗Wechselhupftänzen. Der Wechselhupf wird bei ihm jedoch nicht nach vor- und rückwärts, sondern seitwärts ausgeführt. Die Ausführung des Stemmwalzers entspricht derjenigen des ↗„Herr Schmidt", nur eben nach der Seite, meist schleifend.

Lit.: *Au, H. v. d.:* Hessische Volkstänze, 1. Teil. Deutsche Volkstänze, H. 9/10, S. 6 f. *Au, H. v. d.:* Der Wechselhupf im Volkstanz d. Landschaft Rheinfranken, in: Jahrbuch f. Volksliedforschung, Jg. 5, 1936, S. 139.

Stenochorégraphie nannte Arthur ↗Saint-Leon die von ihm 1852 erfundene ↗Tanzschrift (↗Choreographie). Sie stellt gleichsam eine Stenographie der Tanzschritte dar. F. A. ↗Zorn hat diese Form der Tanzaufzeichnung übernommen und erweitert.

Step. Bezeichnung für einen kurzen Doppelschritt, der mit der Sohle geklopft wird (steppen). Als Tanz hat der Step wegen seiner grotesk wirkenden Form in der Gesellschaft keine Aufnahme gefunden. Das Steppen findet sich jedoch auch schon in alten Tanzformen, wie dem ↗Zapateado und dem ↗Hornpipe. (↗Clog dance, ↗Onestep, ↗Tap Dance, ↗Twostep)

Lit.: *Huppert, E.:* Der moderne Tanz, 1926, S. 43. *Zakl, L.:* Die Kunst d. Steppens, 1946.

Stepanow, Wladimir Iwanowitsch. Russischer Tänzer und Lehrer, geb. 29. Juni 1866 in St. Petersburg, gest. 28. Januar 1896 ebendort, studierte zunächst Anatomie an der St. Petersburger Universität. Er entwickelte eine eigene Tanznotation, welche auf dem Prinzip der musikalischen Notation basierte. Dieses System wurde in Paris 1892 unter dem Titel „Alphabet des mouvements du corps humain" veröffentlicht, in Rußland war es zu Stepanows Lebzeiten nicht publiziert worden. Nikolas ↗Sergejew verwendete dieses System für seine Ballettproduktionen im Westen vor allem bei ↗Diaghilew. (↗Choreographie, A. ↗Gorsky)

Sterbende Schwan, Der ↗Mort du Cygne, La.

Sterndltanz. ↗Österreichischer Volkstanz aus Purgstall an der Erlauf, Niederösterreich. Er stellt eine Form des sehr verbreiteten ↗Radbohrers dar, wird aber zum Unterschied von diesem von Burschen und Mädchen getanzt.

Lit.: *Wolfram, R.:* Die Volkstänze in Österreich u. verwandte Tänze in Europa, 1951, S. 64 f. *Lager, H.:* Volkstanzstudien in d. Steiermark, in: Jahrbuch d. österreichischen Volksliedwerkes, Bd. 28, 1979, S. 57.

Sternpolka. ↗Österreichischer Volkstanz, der auch als ↗Doudlebska-Polka bekannt ist. Die Tanzenden stehen paarweise im Kreis. Die Ausführung geschieht mit gewöhnlicher Rundtanzfassung. Der Tanz ist auch als ↗Linzer Polka allgemein bekannt.

Lit.: *Zoder, R.:* Österreichische Volkstänze, Neue Ausgabe, Teil III, 1955, S. 16 f. *Petermann, K.:* Gesellige Tänze u. Tanzspiele, 1968, S. 28. *Schützenberger, E.-Derschmidt, H.:* Spinnradl, IV. Folge, S. 5 f. *Horak, K.:* Sternpolka, in: Der fröhliche Kreis, 1961 (Beilage).

Steyregger ↗Eggerisch.

Stiefelknechtsgalopp (auch Hallescher Stiefelknechtsgalopp). Ein alter ↗deutscher Volkstanz, der um 1820 bis 1830 in Thüringen und Sachsen als ↗Gesellschaftstanz sehr beliebt war. Seiner Tanzmelodie liegt das Lied „Her Schmidt" zugrunde. Die Melodie selbst entstammt einem portugiesischen Militärmarsch, der vermutlich im Zeitalter Napoleons I. nach Deutschland gelangte. Der Tanz, der zur Gruppe der ↗Wechselhupftänze gehört, kommt unter den verschiedensten Namen in weiten Teilen des deutschen Sprachgebietes und darüber hinaus vor. In Deutschland ist er vor allem unter dem Namen ↗Herr Schmidt bekannt, ferner noch als ↗Bajeßmann, ↗Stemmtanz, ↗Stemmwalzer, ↗Strohsackwalzer, ↗Schmied und ↗Wetzer. In Schlesien war er als ↗Hühnerscharre und im Böhmerwald als ↗Rutsch hin, rutsch her sehr beliebt. In Österreich hat er als ↗Strohschneider und ↗Hiatamadl große Verbreitung erlangt. Außerdeutsche Formen sind der ↗Chiberli (Lothringen), ↗Jan Piet (Holland), ↗Sauteuse (Frankreich), ↗Sibreli (Savoyen), ↗Tschibreli (Französische Schweiz), ↗Henrik Smith (Dänemark) und ↗De Smid (Flandern). Auch der als Gesellschaftstanz bekannte ↗Raspa ist eine moderne Form des alten Stiefelknechtsgalopps. Der Name des Tanzes könnte davon kommen, weil der vorgesetzte Fuß mit dem Absatz (Spitze nach oben) auf den Boden gestellt wird. Eine Stellung, die der Fuß beim Ausziehen des Stiefels mit dem Stiefelknecht einnimmt.

Lit.: *Böhme, F. M.:* Geschichte d. Tanzes in Deutschland, 1886. *Bolte, J.:* Der Stiefelknechtsgalopp, ein Lied aus d. Biedermeierzeit, in: Mitteilungen d. Vereins f. d. Geschichte Berlins, Jg. 42, 1925, Nr. 4–6, S. 72 ff. u. Jg. 43, 1926, Nr. 10–12, S. 102 ff. *Klier, K. M.:* Zur Geschichte eines alpenländischen Tanzes, in: Das deutsche Volkslied, Jg. 28, 1926, H. 2/3, S. 2 f. *Au, H. v. d.:* Der Wechselhupf im Volkstanz d. Landschaft Rheinfranken, in: Jahrbuch f. Volksliedforschung, Jg. 5, 1936, S. 134 ff. *Van der Ven-Ten Bensel, E.:* De folksdans in Nederland, 1942, S. 233. *König, Ad.:* Alte Volkstänze aus Nordböhmen, 1955, S. 14 f.

Stieg(e)ltanz. ↗Österreichischer Volkstanz aus der Steiermark. Er hat seinen Namen von einem Tanzhindernis, welches „Stiegel“ heißt und in der Mitte des Tanzsaales aufgestellt wird. Über dieses Stiegel, das aus einem Zaun und einer Stufe besteht, muß der Tänzer, während er einen ↗Ländler tanzt, seine Tänzerin hinüberheben.

Lit.: *Pramberger, R.:* Steirische Tanzlust, in: Zeitschrift d. deutschen u. österreichischen Alpenvereines, Bd. 55, Jg. 1924, S. 144 ff. *Prinke, S.:* Altsteirische Volkstänze, 2. Reihe, H. 13, 1924, S. 5 f.

Stienbock ↗Museschter.

Stigare. Finnischer Volkstanz im 2/4-Takt. Er wird von einer beliebigen Anzahl von Paaren getanzt. Tänzer und Tänzerinnen stehen in einer Linie und fassen einander an den Händen. Eine Hand legt der Bursch um die Hüfte des Mädchens, das Mädchen ihre Hand auf die Schulter des Burschen. Die Ausführung des Tanzes geschieht mit Hüpf- und Seitenschritten. (↗Finnische Volkstänze, Siebenschritt)

Lit.: *Burchenal, E.:* Folk-Dances of Finland, 1915, S. 15.

Stigingarstev heißt der sechsteilige Tanzschritt beim färöischen Tanz. (↗Färöischer Tanz)

Lit.: *Grüner-Nielsen, H.:* Dans paa Faeröerne, in: Nordisk kultur, XXIV, 1933, S. 150 ff.

Stoanlandla. Eine der vielen einfachen Ländlerformen, wie sie in Oberösterreich üblich sind (Stoan = mundartlich Stein).

Lit.: *Wolfram, R.:* Die Volkstänze in Österreich u. verwandte Tänze in Europa, 1951, S. 185.

Stoansteirisch. ↗Österreichischer Volkstanz aus der Steiermark, aber auch in Niederösterreich anzutreffen. Dieser ↗Paartanz im Kreis kann von bliebig vielen Paaren ausgeführt werden. Getanzt wird er im Wechselschritt fast am Platz. (↗Altauseer, ↗Steirischer Walzer, ↗Waldhansl)

Lit.: *Horak, K.:* Der Volkstanz in d. Umgebung von Wien um 1930, in: Jahrbuch d. österreichischen Volksliedwerkes, Bd. 22, 1973, S. 9 ff. *Kühlenthal, M.:* Das „Paschen“ beim Volkstanz im steirischen Salzkammergut, in: Jahrbuch d. österreichischen Volksliedwerkes, Bd. 25, 1976, S. 54 ff.

Stocktänze (oder Stababschlagtänze) werden ↗Reigen genannt, bei denen zwei kurze Stöcke im Takt gegeneinandergeschlagen werden. Sie sind über die ganze Welt verbreitet und in den verschiedensten Formen durch alle Zeiten hin nachweisbar. Innerhalb der örtlichen und zeitlichen Verbreitung heben sich jedoch zwei verschiedene Arten der Stocktänze deutlich ab. Die ältere, sehr verbreitete und an niedere Kulturen gebundene Form besteht darin, daß sich die beiden Stöcke in den Händen einer Person befinden, während die andere Art, bei der zwei Tänzer je einen Stock haben und gegeneinanderschlagen aus jüngerer Zeit stammt und in verschiedenen Formen bei den europäischen ↗Volkstänzen zu finden ist. In dieser Form stellen sich auch die Beziehungen des Stocktanzes zum ↗Waffentanz her, insbesondere zum ↗Schwerttanz, bei dem vielfach bei der Kettenverbindung an Stelle des Schwertes der Stock tritt. (↗Arcos, ↗Bordon Dantza, ↗Chub-bazi-Tanz, ↗Imperticata, ↗Jhumar-Tanz, ↗Kathi-Tanz, ↗Pallilos, ↗Parata, ↗Ras Leela)

Lit.: *Sachs, C.:* Eine Weltgeschichte d. Tanzes, 1933. *Wolfram, R.:* Schwerttanz u. Männerbund, 1935, S. 122. *Wikman, K. R. v.:* Stabbdansen och med den besläktade folkliga upptäg, Budklavlen, Bd. 15, 1936, Nr. 1, S. 3 ff.

Stöckertanz (auch Knüppeltanz). Alter ↗deutscher Volkstanz. Der Tänzer nimmt zwei gewöhnliche Stöcke, faßt jeden mit einer Hand in der Mitte und beginnt damit verschiedene, schnelle Bewegungen auszuführen. Er schlägt auf den Fußboden, hinter sich und vor sich, macht Streiche in der Luft und läßt die Stöcke zwischen den Fingern herumkreisen.

Lit.: *Voß, R.:* Der Tanz u. seine Geschichte, 1869, S. 376.

Stötterer (Stöttera) Pascher. Österreichischer Volkstanz aus dem Burgenland, in seiner Ausführung und in seiner musikalischen Form identisch mit dem ↗Guisinger.

Lit.: *Horak, K.:* Der Stötterer Pascher, in: Das deutsche Volkslied, Jg. 33, 1931, H. 7, S. 105. *Horak, K.:* Burgenländische Volkstänze, 1931. *Zoder, R.:* Altösterreichische Volkstänze, Teil 3, Nr. 16, 1932. *Gradwohl, K.:* Lehrgang f. österreichische Volkstänze, 1938. *Dreo, H.:* Volkstänze aus d. Burgenland, 1977, S. 35 f.

Stolzdeutscher (auch Allbogentanz). ↗Deutscher Volkstanz aus dem ehemals deutschen Siedlungsgebiet der Batschka. Es handelt sich dabei um einen ↗Paartanz im Kreis im Dreiertakt.

Lit.: *Horak, K.:* Der Volkstanz in d. Batschka, in: Jahrbuch f. Volkslied u. Volkstanz, Bd. 1, 1939, S. 221.

Stolztanz. ↗Deutscher Volkstanz aus der Batschka und der schwäbischen Türkei, ein ↗Paartanz im Kreis. Die Melodie im 3/4-Takt wird mit Walzerschritten ausgeführt. In der schwäbischen Türkei wird der Tanz auch ↗Hoffärtiger genannt. In seiner Ausführung stellt er eine auf zwei Figuren zusammengeschmolzene Restform des bekannten Tanzes ↗Drei lederne Strümpf dar.

Lit.: *Horak, K.:* Tänze aus d. deutschen Volksinseln im Osten, 1939, S. 16. *Horak, K.:* Donauschwäbische Volkstänze, 1954, S. 18. *Zoder, R.:* Der Tanz d. Nachbarn, in: Jahrbuch d. österreichischen Volksliedwerkes, Bd. 4, 1955, S. 98 f.

Stomp. ↗Gesellschaftstanz des 20. Jh. Er ist mit dem ↗Charleston verwandt, von dem er sich nur durch eine mäßigere Bewegung unterscheidet. Charakteristisch für ihn ist das harte Aufschlagen der Füße auf den Boden.

Lit.: *Morán, P.:* Alle Tänze getanzt mit Pablo Morán, 1930, S. 95.

Stopschritt. Eine Tanzart, wie sie bei den ↗Gesellschaftstänzen des 20. Jh. häufig vorkommt. Dieser Schritt findet Verwendung in allen zweizähligen Taktarten auf beengtem Raum.

Lit.: *Mühlsiegl, P.:* Tanzen leicht erlernt, S. 42 ff.

Storta da Crusch (Die Kehre von Kreuz). Alte Tanzform aus Crusch im unteren Engadin im 3/4-Takt. Beliebig viele Paare, die einander in Brusthöhe zu einem Stirnkreis fassen, führen den Tanz aus. Die Bewegung geschieht mit Wechsel- und Mazurkaschritten. (↗Schweizer Volkstänze)

Lit.: *Lager, H.:* Alte Tänze f. junge Leute, 1973, S. 23 f.

Stoupik. ↗Französischer Volkstanz aus der Bretagne. Früher einmal wurde er in ländlichen Gebieten getanzt, und zwar am Vorabend des Festes, an dem man mit Hilfe von Sieben den Hafer von der Spreu trennte. Die Tänzer und Tänzerinnen bilden einen Kreis, der sich nach links bewegt. Getanzt wird im Gavotteschritt.

Lit.: *Arma, E.:* Entrez dans la danse, 1943, S. 34 f. *Anonym:* Le folklore, 1945, S. 88.

Strängenschläger. ↗Deutscher Volkstanz im 3/8-Takt aus dem hannoverischen Wendland. Tänzer und Tänzerin nehmen in einem Abstand von etwa zwei Schritten gegenüber Aufstellung und tanzen dann mit Nachstell-, Geh- und Tupfschritten.

Lit.: *Helms-Blasche, A.:* Bunte Tänze, Bd. 9, 1921. *Oetke, H.:* Volkstänze aus d. Lüneburger Heide, Teil I, s. a., S. 37 f.

Strängschläger. ↗Deutscher Volkstanz aus der Altmark (westlich der Elbe gelegener Teil von Sachsen-Anhalt) im 6/8-Takt. Ausgeführt wird er von beliebig vielen Paaren, die sich in gewöhnlicher Fassung im Kreis aufstellen. Die Tänzer stehen in Tanzrichtung. Getanzt wird mit lebhaften Stampf- und Polkaschritten.

Lit.: *Janietz, E.:* Volkstänze aus d. Altmark, s. a., S. 7.

Strašák. Tschechischer Volkstanz. Das Wort bedeutet soviel wie Gespenst, Vogelscheuche. Der Tanz wird auch Husička (Gänschen) genannt. Eine beliebige Anzahl von Paaren tanzt zunächst 16 Takte hindurch eine ↗Polka, worauf der Tänzer die Tänzerin losläßt und sich in geringer Entfernung gegenüberstellt. Streng nach der Tanzmelodie im 2/4-Takt stampfen nun beide mit den Füßen, klatschen in die Hände, drohen einander mit dem Zeigefinger und drehen sich flink auf den Absätzen herum. Nun folgt ein Wechsel der Tänzerin. Jeder Tänzer nimmt die Tänzerin seines ihm folgenden Nachbarn und führt neuerdings die gleichen Touren aus. Das wiederholt sich so lange, bis jeder Tänzer mit jeder Tänzerin getanzt hat. (↗Styriana, ↗Vogelsteller)

Lit.: *Waldau, A.:* Böhmische Nationaltänze, 1859, Bd. 1, S. 37 f. *Lanz, J.:* Ostschlesische Volkstänze, 1. Teil. 1924, S. 17. *Zoder, R.:* Der Tanz d. Nachbarn, in: Jahrbuch d. österreichischen Volksliedwerkes, Bd. IV, 1955, S. 96.

Straßburger (auch Straßbourgeoise). Name eines zum ↗Gesellschaftstanz gewandelten ↗deutschen Volkstanzes aus der Gruppe der süddeutschen und alpenländischen ↗Werbetänze. Er gehört als solcher zu den in der französischen und Wiener Gesellschaft beliebten ↗Deutschen Tänzen, die vom Ende des 18. Jh. bis um 1840 sehr in Mode waren. Als Volkstanz ähnelt er in seinen Bewegungsformen dem ↗Steirischen, unter welchem Namen er heute vor allem in der Steiermark fortlebt. (↗Alsaçienne, ↗Styrienne)

La Borde 1780

Lit.: *Bie, O.:* Der Tanz, 1923, S. 224. *Nettl, P.:* Zur Vorgeschichte d. süddeutschen Tanzes, in: Bulletin de la Société Union Musicologique, Bd. 3, 1923, S. 45. *Zoder, R.:* Der Steirische u. d. Straßburger, in: Volk u. Heimat, Festschrift f. V. v. Geramb, 1949, S. 257 ff. *Suppan, W.:* Grundriß einer Geschichte d. Tanzes in d. Steiermark, in: Zeitschrift d. historischen Vereines f. Steiermark, Jg. 54, 1963, S. 106.

Strathspey. ↗Schottischer Volsktanz, dem ↗Reel verwandt. Das Tempo ist langsam. Die Tanzmelodie im 4/4-Takt ist durch große Intervallsprünge und punktierte Achtelbewegung charakterisiert. Vier Tänzerinnen stehen vier Tänzern gegenüber. Die verschiedenen Figuren werden mit federnder Leichtigkeit hoch auf dem Ballen mit Anmut ausgeführt.

Lit.: *Schmolke, A.-Langhans, H.:* Europäische Tänze, H. 5, 1959.

Strauß. Die berühmte Wiener Musikerfamilie Strauß hat durch ihr Schaffen und Wirken als Tanzkomponisten die Wiener Tanzmusik des 19. Jh. nachgehend beeinflußt und auf ein hohes Niveau gehoben. Vor allem die Geschichte des ↗Walzers ist mit ihr eng verbunden, da sie durch ihre zahlreichen Kompositionen die Entwicklung dieses Tanzes zum Haupttanz des 19. Jh. gefördert hat. Die Dynastie Strauß umfaßt folgende Mitglieder: **Johann Baptist,** der Vater, geb. 14. März 1804 in Wien, gest. 25. September 1848 ebendort. Er begann als Geiger im Orchester Josef ↗Lanners, machte sich aber 1826 selbständig und errang als Tanzmusiker und Komponist fast weltweite Anerkennung. 1835 wurde er Hofkapellmeister. Sein Werk umfaßt 251 Tanzkompositionen. **Johann,** der Sohn, geb. 25. Oktober 1825 in Wien, gest. 3. Juni 1899 ebendort. Er war einer der gefeiertsten Geiger, Komponisten und Kapellmeister im Wien des 19. Jh., dessen Werke eine ungeheure Verbreitung fanden und zur Weltgeltung der Wiener Musik entscheidend beitrugen. Unter seinen vielen Kompositionen (Operetten, Lieder und Tänze) befinden sich etwa 500 Walzer. Die Musikgeschichte gab ihm den Namen „Walzerkönig". **Josef,** geb. 20. August 1837 in Wien, gest. 22. Juli 1870 ebendort, ein Bruder des Walzerkönigs, war ein feinsinniger Musiker, dessen Walzermelodien, wie z. B. „Mein Lebenslauf ist Lieb und Lust" und „Sphärenklänge", ebenbürtig neben denen seines Bruders bestehen und unsterblich sind. **Eduard,** geb. 15. März 1835 in Wien, gest. 28. Dezember 1916 ebendort, ein Bruder des Walzerkönigs, übernahm 1870 nach Josef die Kapelle von Johann Strauß Sohn und leitete sie bis zu deren Auflösung 1902. Als Komponist schuf er mehr als 300 Tänze. **Johann,** Sohn von Eduard, geb. 16. Februar 1866 in Wien, gest. 9. Januar 1939 in Berlin, war Hofkapellmeister in Wien. Als Komponist verschiedener Tänze erreichte er nicht mehr die Bedeutung seiner Vorgänger.

Lit.: *Eisenberg, L.:* Johann Strauß, 1894. *Schönherr, M.-Reinöhl, K.:* Das Jahrhundert d. Walzers, 1954. *Wechsberg, J.:* The Waltz Emperors, London 1973. *Gerstenberg, E.:* Johann Strauß, London 1974. *Endler, F.:* Johann Strauß: Die Wiener Aufforderung zum Tanz, 1975. Siehe auch: Österreichische Musikzeitschrift, Jg. 30, 1975, H. 5/6. *Prawy, M.:* Johann Strauß. Weltgeschichte im Walzertakt, 1975.

Strauss, Richard. Deutscher Komponist, geb. 11. Juni 1864 in München, gest. 8. September

1949 in Garmisch. Im Schaffen dieses Meisters ist das Tänzerische ein wesentlicher Bestandteil. Nach verschiedenen unvollendet gebliebenen Ballettplänen (Kometentanz, Kythere) schuf er im Jahre 1914 die Tanzpantomime ↗Josephslegende und 1922 das Ballett ↗Schlagobers. (↗Couperin, ↗Macbeth-Ballette)

Lit.: *Gregor, J.:* Des Meisters Richard Strauss letzte Gedanken zur Ballettkunst, in: Musik d. Zeit, H. 2. *Hoedel, O.:* Über d. Tänzerische bei Richard Strauss, in: Bayerische Staatsoper. Dramaturgische Blätter, Spielzeit 1940/41, Nr. 14, S. 118 ff. *Brunner, G.:* Richard Strauss u. d. Ballett, in: Richard Strauss 1864–1949, Hamburg 1979, S. 90 f.

Strawinsky, Igor Fjodorowitsch. Russischer Komponist, geb. 5. (17.) Juni 1882 in Oranienbaum, gest. 6. April 1971 in New York. Er kann als einer der bedeutendsten Ballettkomponisten des 20. Jh. bezeichnet werden. Sein Schaffen war von Anfang an mit der Kunst des Bühnentanzes eng verbunden. Serge ↗Diaghilew war sein Entdecker, für dessen ↗Ballets Russes er die meisten seiner Ballette komponierte: 1909/10 entstand das Ballett „Der ↗Feuervogel", 1910/11 ↗„Petruschka", 1912/13 „Le ↗Sacre du printemps", 1914/17 „Les ↗Noces", 1919 ↗„Pulcinella", 1920 „Le ↗Chant du rossignol". 1927/28 komponierte Strawinsky im Auftrag der amerikanischen Mäzenin Elizabeth Sprague-Coolidge das Ballett ↗„Apollon Musagète". Im Auftrag von Ida ↗Rubinstein schrieb er zum Gedenken an P. I. ↗Tschaikowskys 35. Todestag 1920 das Ballett „Le baiser de la fée (Der ↗Kuß der Fee)". Als Auftragswerk des ↗American Ballet von ↗Balanchine komponierte Strawinsky 1936 das Ballett ↗„Jeu de cartes". 1947 entstand auf Anregung von Balanchine das Ballett ↗„Orpheus". Für denselben ↗Choreographen entstand von 1954 bis 1957 ↗„Agon", ein Ballett für 12 Tänzer. Das Melodrama ↗„Perséphone", 1934 uraufgeführt, schrieb der Komponist für Ida Rubinstein.

Lit.: *Redlich, H. F.:* Strawinsky's „Apollon Musagète", in: Anbruch XI, 1929, S. 41 ff. *Evans, Ed.:* Strawinsky. The Fire-Bird and Petrushka, Oxford 1933. *Sternfeld, F.:* Some Russian Folk Songs in Strawinsky's Pétrouschka, in: Notes II, 1945, S. 95 ff. *Vlad, R.:* "Agon" ou Stravinsky, in: Storia della dodecafonia, Mailand 1958, S. 329 ff. *Oswald, Genevieve:* Stravinsky and the Dances, in: A Survey of Ballet Productions 1910–1962, New-York 1962. *Milles, Aurel v.:* Strawinsky u. d. Ballett. Anmerkungen eines Choreographen, in: Österreichische Musikzeitschrift, Jg. 20, 1965, H. 1, S. 18 ff. *Kirchmeyer, H.:* Strawinskys russische Ballette, 1974. *Bondeville, E.:* De Diaghilew à Igor Strawinsky. Vers la plus belle entrée dans la vie, Paris 1973.

Strip the Willow. ↗Schottischer Volkstanz. Er wird nach der Melodie „Drops of brandy" im 9/8-Takt getanzt. Früher tanzte man ihn mit Countrydance-Schritten. In der englischen Version im 4/4-Takt führt man ihm mit Hüpfschritten aus.

Lit.: *Thurston, H. A.:* Scotland's Dances, 1954, S. 13.

Strobilos. Antiker ↗griechischer Tanz. Über seine Ausführung ist nichts bekannt. Benannt ist er wahrscheinlich nach einer kreiselartigen Drehbewegung des Körpers.

Lit.: *Weege, F.:* Der Tanz in d. Antike, 1926, S. 6.

Strohlendorf, Elsa von. Österreichische Tänzerin, geb. 30. Oktober 1883 in Wien, gest. am 27. März 1965 ebendort. 1897 wurde sie als Elevin an das k. k. Hofoperntheater in Wien engagiert, 1905 zur Solotänzerin und 1920 zur Primaballerina ernannt (erste Primaballerina aus der Wiener Ballettschule von Josef ↗Hassreiter). 1924 ging sie in Pension. Die künstlerische Darstellung ihrer Rollen war tanztechnisch und mimisch hervorragend, „Potiphars Weib" in der ↗„Josephslegende" von Richard ↗Strauss eine besondere Hochleistung. Ihre Schwester **Helene** (1887–1930) war im Wiener Opernballett als ↗Coryphée von 1912 bis 1924 engagiert. (↗Pamer, F. E.)

Strohsackwalzer. ↗Deutscher Volkstanz aus der Landschaft Rheinfranken. Er gehört zur Familie der ↗Wechselhupftänze und ist dem österreichischen ↗Strohschneider ähnlich. Seinem Namen und dem zweideutigen Text des ihm unterlegten Tanzliedes nach ist er ein Spottanz auf die Eheleute.

Lit.: *Au, H. v. d.:* Der Wechselhupf im Volkstanz d. Landschaft Rheinfranken, in: Jahrbuch f. Volksliedforschung, Jg. 5, 1936, S. 138 f.

Strohschneider. Name für den ↗Wechselhupf im südlichen Niederösterreich und im Burgenland. Der Tanz hat seine Bezeichnung von der Gebärde des Strohschneidens. Burschen und Mädchen stehen einander gegenüber, fassen die Hände kreuzweise und spreizen im Grätschsprung den linken Fuß vor und den rechten gleichzeitig zurück und umgekehrt. Dabei streckt und beugt man auch die Arme, so daß die Bewegung des Sägens entsteht. Der Tanz im 2/4-Takt kommt außer in Österreich in vielen Teilen des deutschen Sprachgebietes und darüber hinaus unter den verschiedensten Namen vor. (↗Bajeßmann, ↗Chiberli, De ↗Smid, ↗Herr Schmidt,

↗Hühnerscharre, ↗Jan Piet, ↗Raspa, ↗Rutsch hin, rutsch her, ↗Sauteuse, ↗Sibreli, ↗Stemmtanz, ↗Stiefelknechtsgalopp, ↗Strohsackwalzer, ↗Tschibreli, ↗Ziberli, ↗Zibouli)

Lit.: *Zoder, R.:* Altösterreichische Volkstänze, Teil I, 1922, S. 14 ff. *Gradwohl, K.:* Lehrgang f. österreichische Volkstänze, 1936, 1938. *Wolfram, R.:* Die Volkstänze in Österreich u. verwandte Tänze in Europa, 1951. *Horak, K.:* Der Volkstanz in d. Umgebung v. Wien um 1930, in: Jahrbuch d. österreichischen Volksliedwerkes, Bd. 22, 1973, S. 19. *Berghold, L.-Deutsch, W.:* Volkstänze aus Niederösterreich, 1975, S. 89 f. *Dreo, H.:* Volkstänze aus d. Burgenland, 1977, S. 32 f. *Schützenberger, E.-Derschmidt, H.:* Spinnradl IV, s. a., S. 8.

Strohståker. ↗Deutscher Volkstanz im 3/4-Takt. Die Paare bilden eine Gasse, Burschen und Mädchen einander gegenüber. Sie bilden durch Hochhalten der Arme Tore. Zur Erweiterung der Tore dienen je zwei Taschentücher, die an den Zipfeln gefaßt werden. Die Paare tanzen mit Nachstellschritten seitwärts (in jedem Takt ein Schritt) durch die Gasse und stellen sich am unteren Ende der Reihe wieder an. Die Arme werden im Takt hin- und hergeschwungen. Den Namen hat der Tanz nach den Bewegungen der Arme erhalten, welche die Arbeit des „Strohstakens" nachahmen. Die Melodie des Tanzes war um 1830 als „Zephir-Walzer" bekannt.

Lit.: *Schultz, W.:* Tanzt d. Volk im Kreise, 1925, No. 36, S. 52.

Strumpfbändertanz. Dieser ↗Volkstanz aus der ehemaligen schwäbischen Türkei gehört zu den ↗Hochzeitstänzen. Ein Vortänzer führt den Tanz an und die Mittanzenden, in einer langen Flankenreihe aufgestellt, müssen die Bewegungen des Vortänzers nachahmen.

Lit.: *Basch, F.:* Deutsche Hochzeitstänze in d. schwäbischen Türkei, in: Deutsch-Ungarische Heimatblätter, Jg. 5, 1934, S. 358 ff. *Zoder, R.:* Der deutsche Volkstanz, in: Deutsches Volkstum im Volksschauspiel u. Volkstanz, 1938, S. 157.

Strupfer wurde der ↗Walzer im Vogtland (Gebiet des südwestlichen Sachsen und südöstlichen Thüringen) genannt.

Lit.: *Böhme, F. M.:* Geschichte d. Tanzes in Deutschland, 1886.

Studentenpolka. ↗Österreichischer Volkstanz, ausgeführt von einem Tänzer und zwei Tänzerinnen. Der Tänzer ist in der Mitte, zu beiden Seiten je eine Tänzerin. Die inneren Hände sind bei herabhängenden Armen gefaßt. Diese Form des ↗Dreiertanzes ist in mehreren Spielarten in ganz Österreich verbreitet. Studentenpolka ist für diesen Tanz der gebräuchlichste Name. In Tirol, Kärnten und Salzburg heißt er ↗Deutscher Umgang, im südlichen Niederösterreich, im Gebiet des Schneeberges, heißt er der ↗G'mischte. (↗Linzer Polka, ↗Narrentanz)

Lit.: *Lager, H.-Derschmidt, H.:* Österreichische Tänze, 1959, S. 17 f. *Horak, K.:* Studentenpolka, in: Der Trachtler, 1974, Nr. 4, S. 3 f. *Horak, K.:* Der Volkstanz im Mattigtal u. im Kobernauser Wald, Oberösterreich, in: Jahrbuch d. österreichischen Volksliedwerkes, Bd. 23, 1974, S. 9 f.

Stuhltanz. Bei diesem Tanz aus der Batschka und dem Banat handelt es sich um ein heiteres Tanzspiel mit einem überzähligen Tänzer. Es können beliebig viele Tänzer oder Tänzerinnen teilnehmen. Ein ähnlicher ↗deutscher Volkstanz heißt ↗Sesseltanz.

Lit.: *Pramberger, R.:* Steirische Tanzlust, in: Zeitschrift d. deutschen u. österreichischen Alpenvereins, Bd. 55, 1924, S. 144. *Horak, K.:* Der Volkstanz in d. Batschka, in: Deutsche Liederkunde, Bd. 1, 1939, S. 231. *Novak, A.:* Steirische Tänze, 2. Aufl., 1949, S. 38. *Horak, K.:* Der Volkstanz im Mattigtal u. im Kobernauser Wald, Oberösterreich, in: Jahrbuch d. österreichischen Volksliedwerkes, Bd. 23, 1974, S. 15.

Stuttgarter Ballett. Die Stuttgarter Ballett-Tradition reicht bis in das 17. Jh. zurück, als der Hofballettmeister Jacques Courelles dort in den Jahren von 1684 bis 1709 wirkte. Seine besondere Bedeutung erlangte es aber, als im Jahre 1759 J.-G. ↗Noverre auf Einladung des Herzogs Carl Eugen von Würtemberg in Stuttgart seine künstlerische Tätigkeit aufnahm. Die besten Tanzkünstler Europas wurden damals engagiert, G. ↗Vestris, M. ↗Gardel, J. ↗Dauberval u. a. erschienen als Gäste. 1767 verläßt Noverre Stuttgart. Unter seiner Zeit wurden bedeutende Ballette wie „Jason und Medea", „La Mort d'Hercule", „Orpheus und Eurydike", u. a. uraufgeführt. 1824 kam F. ↗Taglioni nach Stuttgart und blieb dort vier Jahre. Obwohl das Hoftheater für seine Opernaufführungen ein kleines Ensemble unterhielt, waren es hauptsächlich aber Gastensembles, welche die Ballett-Tradition weiterführten. Zu seiner europäischen Bedeutung gelangte das Stuttgarter Ballett aber erst, als nach N. ↗Beriozoff, der 1958 das Ensemble übernahm, J. ↗Cranko in der Zeit von 1961 bis 1973 das Ballett planmäßig aufbauen konnte. 1971 wurde die erste deutsche Ballettschule mit Internat angeschlossen. Crankos Bestrebungen fanden eine bedeutende Unterstützung durch die im Jahre 1958 gegründete Noverre-Gesellschaft Stuttgart. Ihre Ziele sind es von Anfang an gewesen, mit Ballettmatineen ein Forum für junge Talente zu sein. Nach dem Tode J. Crankos übernahm G. ↗Tetley die Ballettdirektion (1974–1976). Seit 1976 ist M. ↗Haydée Ballettdirektorin, unterstützt von D. Graefe und A. Beale als Mitdirektoren.

Lit.: *Spatt, L. – Koegler, H.:* Stuttgart Ballett, 1978. *Kilian, H.:* Stuttgarter Ballett, 1981.

Stutz. ↗Deutscher Volkstanz aus dem Kuhländchen, ehemals deutsche Sprachinsel an der oberen Oder in Mähren, ein Zweischrittanz im 2/4-Takt, wobei auf jeden Schritt eine halbe Drehung erfolgt.

Lit.: *Kubiena, W.:* Kuhländler Tänze 1922 u. 1926, Nr. 21.

Styriana. ↗Volkstanz aus Südtirol (Fleimstal). Dieser ↗Paartanz im Kreis ist als ↗Spitzbuampolka, ↗Judenpolka, ↗Sautreiber und als ↗Steirischer in Österreich verschieden aufgezeichnet. Aber auch außerhalb Österreichs finden wir ihn als ↗Klappdans in Deutschland und Schweden, als ↗Strašák in der Tschechoslowakei und als ↗Driekusman in Holland. (↗Vogelsteller)

Lit.: *Horak, K.:* Volkstänze aus d. Fleimstal, in: Der Schlern, Jg. 26, 1952, H. 11/12, S. 424 ff. u. Tiroler Volkstanzbuch, 1974.

Styrienne. Name einer in Frankreich üblich gewesenen Form des ↗Deutschen Tanzes. (↗Alsacienne, ↗Straßburger, ↗Tyroloise)

Lit.: *Böhme, F. M.:* Geschichte d. Tanzes in Deutschland, 1886.

Sua-Tanz. ↗Indischer Tanz aus Madhya Pradesh, ein ↗tiernachahmender Tanz, der Papageientanz. Sein Entstehen ist mit einer Stammeslegende verbunden. Nach dieser Legende besaß die Tochter des Königs Hamanchal einen zahmen Papagein, welchen sie sehr liebte. Weil diese Tochter so schön und gut war, ging sie als Göttin in die Legende ein. Ihr zu Ehren bildet man einen Papageien nach und stellt ihn in einen mit Reis und Blumen gefüllten Korb. Die Frauen tanzen im Kreis herum, werfen dabei den Kopf hoch, spreizen die Arme wie Flügel und stoßen Schreie wie ein Papagei aus. In Indien gilt der Papagei als Sinnbild des Lernens und als Vermittler zwischen den Liebenden.

Lit.: *Rebling, E.:* Die Tanzkunst Indiens, 1981, S. 78.

Subli. ↗Philippinischer Tanz aus der Provinz Batangas (Insel Luzon). Er wird von Paaren getanzt, die große Panamahüte tragen. Die Frauen knien und schnalzen mit den Fingern, während ihre Partner um sie herumtanzen. Manchmal nehmen die Tänzer die Hüte und schwingen sie kreuz und quer hinauf und hinunter, bis sie sich wieder aus diesen verdrehten Knoten von Armen, Händen und Hüten lösen.

Lit.: *Bowers, F.:* Theatre in the East, 1956, S. 251.

Subligny, Marie-Thérèse. Französische Tänzerin, geb. 1666, gest. um 1735. Sie war von 1688 bis 1707 ↗Ballerina an der Oper in Paris. Wie Mlle de ↗Lafontaine trat sie in den meisten Balletten von ↗Lully und ↗Campra auf und gilt als eine der ersten Berufstänzerinnen.

Südafrikanisches Ballett. 1912 eröffnete die in England ausgebildete Tänzerin Helen Webb in Kapstadt ein Ballettstudio, mit dessen Schülern sie in verschiedenen Theatern Ballettaufführungen veranstaltete. Andere Studios etablierten sich. 1934 nahm die Musikakademie der Universität Kapstadt das Lehrfach „Ballett“ durch die Tanzpädagogin Dulcie ↗Howes in den Lehrplan auf. Daraus entwickelte sich die „University of Cape Town Ballet School“, die wieder als Vorläuferin der 1963 gegründeten ↗CAPAB-Ballettschule anzusehen ist. Der Anschluß an das europäische Ballettgeschehen erfolgte 1972, als die CAPAB-Tänzer an einem internationalen Musikfestival in der Schweiz teilnahmen. Wie in Kapstadt bildeten sich auch Ballettensembles in Johannesburg: 1946 die Festival Ballet Society, 1948 das Ballet Theatre, 1960 das City-Ballet und 1963 das ↗PACT-Ballet.

Sünnros (die). ↗Deutscher Volkstanz im 3/4-Takt aus Vierlanden bei Hamburg. Der Tanzform nach ist die Sünnros eine ↗Quadrille. Die vier Paare nehmen in Kreuzform Aufstellung. Die Tanzfiguren spielen sich aber nicht zwischen den Gegenpaaren über Kreuz ab, sondern auf der Kreislinie, so daß alle vier Paare zugleich miteinander in Bewegung sind. Die Darstellung der aufblühenden Sonnenrose reiht diesen Tanz in das Frühlingsfest und das Fest der Sonnenwende ein.

Lit.: *Fischer, H. W.:* Körperschönheit u. Körperkultur, 1928, S. 194. *Goldschmidt, Ae.:* Handbuch d. Tanzes, 1967. *Janietz, E.:* Volkstänze aus Norddeutschland, s. a. *Helms-Blasche, A.:* Bunte Tänze, 1957, S. 73 f.

Suite. Die sich Anfang des 17. Jh. entwickelnde deutsche „Tanzsuite“ hat ihre Wurzeln in der mittelalterlichen Folge von Schreit- und Sprungtanz. Auf einen gegangenen einleitenden ↗Vortanz im geraden Takt (↗Reigen, ↗Carole, ↗Hoftanz, ↗Pavane) folgte ein gehüpfter Rundtanz im Tripeltakt (↗Espringale, ↗Hupfauff, ↗Nachtanz, ↗Saltarello, ↗Galliarde, ↗Proporz), oftmals rhythmisch aus dem Vortanz gebildet. Am Anfang waren es zwei Tänze, die verbunden wurden, z. B. Pavane und Galliarde, nach 1500 begannen die Komponisten mehr als zwei Tänze zu verbinden. Um 1611 war die Folge ↗Paduane, Intrada (= Tripla), Dantz und Galliarde, um 1620 Pavane, Galliarde, ↗Allemande, ↗Courante. 1669 hat Johann Pezel mit seiner „Leipzigerischen Abendmusik" das Grundschema Allemande, Courante, ↗Sarabande und ↗Gigue erreicht. Mit Johann Sebastian ↗Bach und Georg Friedrich ↗Händel wird die Blütezeit und der Höhepunkt in der Entwicklung der Suite erreicht. Neue Tänze werden aufgenommen, wie ↗Bourrée, ↗Chaconne, ↗Passacaglia, ↗Loure, ↗Musette, ↗Gavotte und ↗Menuett. Die Suite kann als die wichtigste Form der Instrumentalmusik des Barock bezeichnet werden. (↗Peuerl)

Lit.: *Nottebohm, G.:* Die Anfänge d. Klaviersuite, in: Wiener Monatsschrift f. Theater u. Musik, 1855. *Laurencin, F. P.:* Die Suite in ihrer formellen u. wesentlichen Stellung zur Gegenwart u. Zukunft, in: Neue Zeitschrift f. Musik, Jg. 80, 1884, Nr. 35, S. 373 ff. *Riemann, H.:* Wann kam d. Suite auf?, in: Monatshefte f. Musikgeschichte, Jg. 26, 1894, H. 7, S. 83 f. *Riemann, H.:* Die Variationenform in d. alten deutschen Tanzsuite, in: Musikalisches Wochenblatt, Jg. 26, 1895, Nr. 27–32. *Norlind, T.:* Die Suite vor Bach, in: Svensk musiktidning, Nr. 15, 1899. *Riemann, H.:* Zur Geschichte d. deutschen Suite, in: Sammelbände d. Internationalen Musikgesellschaft, Jg. 6, 1904/05, S. 501 ff. *Bie, O.:* Tanzmusik, in: Musik, Sammlung illustrierter Einzeldarstellungen, Bd. 6, 1905. *Condamin, G.:* La Suite instrumentale, 1905. *Norlind, T.:* Zur Geschichte d. Suite, in: Sammelbände d. Internationalen Musikgesellschaft, Jg. 7, 1905/06, S. 172 ff. *Arnheim, A.:* Englische Suitenkomponisten d. XVII. Jh. u. ihre in Deutschland erschienenen Sammlungen, in: Report of the Fourth Congress of the International Music Society, London, May-June 1911, p. 83 ff. *Riemann, H.:* Eine siebensätzige Tanzsuite v. Monteverdi v. J. 1607, in: Sammelbände d. Internationalen Musikgesellschaft, Jg. 14, 1912/13, S. 26 ff. *Noack, E.:* Ein Beitrag zur Geschichte d. älteren deutschen Suite, in: Archiv f. Musikwissenschaft, Jg. 2, 1912, S. 275 ff. *Nef, K.:* Geschichte d. Sinfonie u. Suite, Kl. Handbuch d. Musikgeschichte, 1921. *Nettl, P.:* Die Wiener Tanzkomposition in d. 2. Hälfte d. 17. Jh., in: Studien zur Musikwissenschaft, H. 8, 1921, S. 45 ff. *Blume, Fr.:* Studien zur Vorgeschichte d. Orchestersuite im 15. u. 16. Jh., in: Berliner Beiträge zur Musikwissenschaft, Bd. I, 1925. *Bittrich, G.:* Ein deutsches Opernballett d. 17. Jh., Diss. Leipzig 1929. Gedr. 1931. *Oberst, G.:* Englische Orchestersuiten um 1600. 1929. *Dieckmann, J.:* Die in deutscher Lautentabulatur überlieferten Tänze d. 16. Jh., 1931. *Mohr, E.:* Die Allemande in d. deutschen Klaviersuite, Diss. Basel 1927, Gedr. 1931. *Münnich, R.:* Die Suite, in: Musikalische Formen in historischen Reihen, Bd. 9, 1932. *Starke, D.:* Frobergers Suitensätze, 1972. *Little, M. E.:* The Contribution of Dance Steps to Musical Analysis and Performance: La Bourgogne, in: Journal of the American Musicological Society, vol. XXVIII, 1975, Nr. 1, S. 112 ff.

Suktinus. ↗Litauischer Volkstanz im 2/4-Takt. Er wird von einer beliebigen Anzahl von Paaren ausgeführt, die im Kreis Aufstellung nehmen. Die Tanzpartner stehen Seite an Seite, die Frau rechts vom Mann. Der Tänzer legt seinen rechten Arm um die Taille der Tänzerin und ergreift ihre rechte Hand. Die Tänzerin legt ihren linken Arm vor den Partner und ergreift dessen linke Hand. Ein besonderes Charakteristikum des Tanzes ist die drehende Bewegung.

Lit.: *Burchenal, E.:* Folk-Dances from Old Homelands, 1922, S. 36 f.

Sulzbacher. ↗Österreichischer Volkstanz, eine Form des ↗Schuhplattlers aus dem Zillertal, Tirol. Der Tanz wird nur von Burschen ausgeführt.

Lit.: *Horak, K.:* Tiroler Volkstanzbuch, 1974, S. 46 f.

Supda-Tanz. ↗Indischer Tanz aus Gujarat, ein sogenannter Arbeitstanz, bei dem die Mädchen und Frauen in tänzerischer Form das Trennen des Korns von der Spreu darstellen. Sie schwenken, schütteln und schwingen dabei mit anmutigen Bewegungen die Kornsiebe aus Bambus. (↗Arbeitstänze)

Lit.: *Rebling, E.:* Die Tanzkunst Indiens, 1981, S. 275.

Surf. ↗Gesellschaftstanz des 20. Jh. aus der Zeit um 1960. Dieser kurzlebige Modetanz war ein richtiger Spaß für die Ausführenden. Tänzer und

Tänzerin stehen einander mit geschlossenen Füßen gegenüber und beginnen in den Knien im Takt der Musik zu wippen. Nun beginnt der Tänzer Figuren vorzumachen, die von der Tänzerin nachgeahmt werden. Die weitere Ausführung hängt von der Phantasie des Tänzers ab. Wichtig sind nur die geschlosssenen Füße und das Wippen in den Knien, was den Eindruck eines auf den Wellen gleitenden Brettes erwecken soll.

M. Seiber

Suric, Elisabeth (geborene Jelisaweta Jakowlewna Suritz). Russische Tanzpublizistin, geb. 25. Februar 1923 in Berlin. Sie ist die Verfasserin des sowjetischen Ballett-Lexikons „Alles über das Ballett“, 1966 (Vse o balete) und von „Choreographische Kunst im 20. Jh.“, 1979, New York 1981. Außerdem ist sie auch Mitarbeiterin der „Ballett-Enzyklopädie“, 1981.

Susana y José ↗Udaeta José.

Susato, Tielman (auch Thielman, Tylman, Thilman, Tilman). Komponist und Musikdrucker. Er gilt als der erste große Musikdrucker Antwerpens und der Niederlande. Geburtstag und -jahr sind unbekannt, geb. Ende 15./Anfang 16. Jh. in Köln oder Soest, gest. zwischen 1561 und 1564 in Antwerpen. Unter seinen 57 Druckwerken befinden sich mehrstimmige, homophone Instrumentalsätze (Het derde muziekboeksken, 1551).

Lit.: *Eitner, R.:* Tänze d. 15. bis 17. Jh. aus d. Quellen gezogen u. veröffentlicht, in: Beilage zu d. Monatsheften f. Musikgeschichte, Jg. 7, 1875. *Blume, F.:* Studien zur Vorgeschichte d. Orchestersuite im 15. u. 16. Jh., Berliner Beiträge zur Musikwissenschaft, Bd. I, 1925. *Giesbert, F. J.:* Tylman Susato: Danserye, altniederländisches Tanzbüchlein v. Jahre 1551, Mainz 1936. *Meissner, U.:* Der Antwerpener Notendrucker Tilman Susato. Eine bibliographische Studie zur niederländischen Chansonpublikation in d. ersten Hälfte d. 16. Jh., 2 Bde. Berlin 1967 (Berliner Studien zur Musikwissenschaft XI)

Suta-Lam. ↗Indischer Tanz, der Bambustanz, der bei den Kuki-Chin Stämmen in Assam, den Mizo-Naga in Mizoram und den Nicht-Naga-Stämmen des Nordostens Indiens sehr beliebt ist. Je zwei Männer sitzen einander in einem Quadrat gegenüber und schlagen je zwei Bambusstäbe rhythmisch zusammen. Zwei Tänzerpaare tanzen dabei zwischen den Stäben. Der Tanz, der rasche Reaktion und Geschicklichkeit erfordert, ist auch in Thailand, ↗Vietnam und auf den Philippinen üblich. (↗Philippinischer Tanz, ↗Thailändischer Tanz)

Lit.: *Rebling, E.:* Die Tanzkunst Indiens, 1981, S. 79.

Svarniara. Neugriechischer Volkstanz aus Thessalien. Der Tanz, der vielleicht religiösen Ursprungs ist, hat ruhigen Charakter und besteht nur aus gleichmäßigen Schritten ohne Sprünge. Er wird von Tänzer und Tänzerinnen ausgeführt, die ihm Halbkreis Aufstellung nehmen. Die Handfassung erfolgt bei herabhängenden Armen. Der Tanz hat zwei Schrittfolgen. Musikalisch liegt ihm ein Tanzlied mit oft wechselndem Text zugrunde. Die Melodie läßt ihrer Struktur nach auf orientalischen Ursprung schließen. (↗Griechischer Tanz)

Lit.: *Schmolke-Langhans:* Europäische Tänze, H. 8, 1964, S. 10 f.

Švec (= der Schuster). Tschechischer Volkstanz aus Böhmen, eine Polkaform. Wie der Name sagt, werden beim Tanz die handwerklichen Tätigkeiten des Schusters nachgeahmt. Häufig wird er nur von Frauen getanzt. (↗Tschechische Volkstänze)

Lit.: *Waldau, A.:* Böhmische Nationaltänze, 1. Bd. 1859, S. 29 f.

Swedlund, Helga. Deutsche Tänzerin, ↗Choreographin und ↗Ballettmeisterin, geb. 1904 in München. Sie studierte bei A. Ornelli und Mary ↗Wigman. Sie wirkte in Breslau, Dortmund und Nürnberg. Von 1932 bis 1955 war sie mit kurzen Unterbrechungen Ballettmeisterin an der Staatsoper in Hamburg. Von 1940 bis 1942 und von 1949 bis 1951 wirkte sie als Ballettmeisterin beim ↗Wiener Staatsopernballett.

Sweet Kate. ↗Englischer Volkstanz im 6/8-Takt, der von beliebig vielen Paaren ausgeführt werden kann, ein sogenannter ↗Longway.

Lit.: *Lawson, J.:* European Folk Dance, 1953, S. 167.

Swinson, Cyril. Britischer Schriftsteller, geb. 1910 in London, gest. 3. Januar 1963 in St. Albans.

Von ihm stammen folgende Veröffentlichungen, manchmal auch unter dem Pseudonym Hugh Fisher oder Joseph Sandon: Dancers of To-Day, die Bände 1–8; The Story of the Sadler's Wells Ballet, London 1954; The Sadler's Wells Theatre Ballet, London 1956; Six Dancers of Sadler's Wells, London 1956; The Royal Ballet To-Day, London 1958; Guidebook to the Ballet, London 1960; Great Ballerinas of To-Day, London 1960.

Sylphide, La. ↗Ballett in zwei Akten von Adolphe Nourrit, Musik von Jean ↗Schneitzhoeffer. Die Uraufführung erfolgte in der ↗Choreographie von F. ↗Taglioni am 12. März 1832 im Théâtre de l'Academie Royale de Musique, Paris. Das Libretto ist nach der phantastischen Erzählung „Trilby" von Charles Nodier verfaßt. Die erste Sylphide war Maria ↗Taglioni. 1832 wurde das Ballett in London und Berlin, 1835 in St. Petersburg und New York und 1836 in Wien aufgeführt. Eine eigene Version schuf August ↗Bournonville mit der Musik von Hermann Løvenskjold für Kopenhagen, wo das Ballett am 28. November 1836 aufgeführt wurde. Die erste dänische Sylphide war Lucile ↗Grahn. In Bournonvilles Version wird das Ballett heute noch allseits gespielt. La Sylphide kann als der Beginn der Ballettromantik bezeichnet werden. Es wurde Vorbild für die meisten romantischen Ballette von ↗Giselle bis ↗Schwanensee.

Lit.: *Guest, I.:* The Romantic Ballet, London 1966. *Kirstein, L.:* La Sylphide, in: Movement & Metaphor, New York 1970.

Sylphides, Les (russ. Originaltitel: Chopiniana). Ballett in einem Akt. Die Uraufführung fand am 23. Februar 1907 in Marijinskij-Theater in St. Petersburg in der ↗Choreographie von M. ↗Fokine statt. Die Musik von F. Chopin instrumentierte A. ↗Glasunow.

Sylvia, ou la Nymphe de Diane. ↗Ballett in drei Akten von Leo ↗Delibes, Libretto nach Tassos „L'Aminta" von Jules Barbier und Baron de Reinach. Die Uraufführung erfolgte am 14. Juni 1876 an der Pariser Oper. Die ↗Choreographie besorgte Louis ↗Mérante. Die berühmte italienische ↗Ballerina Rita ↗Sangalli tanzte bei der Uraufführung die Sylvia.

Lit.: *Niehaus, M.:* Himmel, Hölle u. Trikot, 1959, S. 21 ff. *Schmidt-Garré, H.:* Ballett, 1966, S. 54 ff.

Symphonie pour un homme seul (Die Sinfonie eines einsamen Menschen). ↗Ballett mit konkreter Musik von Pierre ↗Henry und Pierre Schaeffer. Die Uraufführung fand am 26. Juli 1955 in der ↗Choreographie von Maurice ↗Béjart im Théâtre de l'Étoile, Paris durch die ↗Ballets de l'Étoile statt. Den Mittelpunkt dieses eigenartigen Werkes bildet ein Mensch, der zwischen unbekannten Kräften steht, die ihn gleichsam manipulieren und denen er nicht enfliehen kann. Er begeht Selbstmord.

Syrtos bezeichnet seit der Antike einen bestimmten Typus von griechischen Tänzen ruhig gleitender Form ohne hohe Sprünge, von Burschen und Mädchen im Kreis ausgeführt. Formen des Syrtos finden sich vor allem im neugriechischen Tanz mit verschiedenen Namen und Arten der Ausführung, gewöhnlich im 2/4-, seltener im 7/8-Rhythmus. Die verbreitetste Form ist der **Syrtos Kalamatianos,** er kann als der neugriechische ↗Nationaltanz schlechthin bezeichnet werden. Dieser Reigentanz ist antiker Herkunft und hieß ursprünglich ↗Hormos, eine Tanzbezeichnung, die schon Lucian von Samosata um 150 n. Chr. erwähnt. Der Name „kalamatianos" hat sich erst später eingebürgert und stammt aus einem ↗Tanzlied, in dem der Ort Kalamata erwähnt wird. Charakteristisch für die musikalische Form des Tanzes ist der 7/8-Takt. Der Tanz wird von Männern und Frauen, die im Halbkreis Aufstellung nehmen, gemeinsam ausgeführt. Die gefaßten Hände hängen dabei lose herab. Ein Tänzer, der die verschiedenen Schritte frei improvisieren kann, übernimmt die Führung. Die Tänzer und Tänzerinnen tanzen nur den Grundschritt, der aus zwölf Einzelschritten besteht.

Der **Syrtos Chaniotikos** ist eine Syrtosform, die in vielen Variationen, die wieder von einem Vortänzer in improvisatorischer Weise und mit großer Kunstfertigkeit ausgeführt werden, getanzt wird. Der Grundschritt besteht aus elf Einzelschritten. Der Tanz steht im 2/4-Takt.

Der **Syrtos Nisiotikos** ist vor allem auf den Inseln der Ägäis bekannt. Der Tanz steht im 2/4-Takt. Er wird von Männern und Frauen, die im Halbkreis Aufstellung nehmen, meist zusammen getanzt. Der Tanz hat drei Schrittfolgen.
Der **Syrtos Rhodou** ist der Abschiedstanz der Männer von der Insel Rhodos. Der Tanz, den die Männer und Frauen gemeinsam oder die Frauen allein tanzen, hat zwei Schrittfolgen. Die Tanzenden nehmen im Halbkreis Aufstellung. Die Melodie des Tanzes steht im 7/4-Takt.
Der **Syrtos Thrakis** ist ein Syrtostyp aus Thrakien. Der Tanz wird wieder von Männern und Frauen getanzt, die in einem Halbkreis einander gegenüberstehen. Der Tanz hat drei Schrittfolgen. Seine Melodie steht im 2/4-Takt.

Lit.: *Crosfield, D.:* Dances of Greece, 1948. *Georgiades, Th.:* Der griechische Rhythmus, 1949, S. 120 ff. *Lawson, J.:* European Folk Dance, 1953, S. 70 f. *Michaelides, S.:* Greek Song Dance, in: Journal of the International Folk Music Council, vol. 8, 1956, S. 37 ff. *Schmolke-Langhans:* Europäische Tänze, H. 6 u. 8, 1959/64. *Petrides, Th.* u. *El.:* Folk Dances of the Greeks, 1961, S. 31 ff. u. S. 46 ff.

Szotisza. Polnischer Volkstanz im 2/4-Takt aus Schlesien, eine Art geschliffene ↗Polka, der wegen seiner eigenartigen, etwas komischen Figuren humoristisch wirkt. Der Tanz hat weder mit dem ↗Schottischen, noch mit der ↗Ecossaise etwas gemeinsam, wie seinem Namen nach anzunehmen wäre. (↗Polnische Volkstänze)

Lit.: *Laufer, R.:* Der polnische Tanz u. sein Eindringen in d. Kunstmusik, Diss. Wien 1934, S. 24.

Szumka (von szumieć = brausen). ↗Volkstanz aus Polen und der Westukraine, eine Form der ↗Kolomejka im 2/4-Takt.

Lit.: *Starczewski, F.:* Die polnischen Tänze, in: Sammelbände d. internationalen Musikgesellschaft, Jg. 2, 1900/01, S. 676.

T

Tablita heißen die sogenannten Getreidetänze der Keresan-Pueblos aus Nordamerika. Benannt sind sie nach den von den Frauen getragenen tafelförmigen Kronen mit Wolkensymbolen. Die Tänze werden zu verschiedenen Zeiten während des Frühlings und Sommers, mit größtem Prunk aber nach Ostern und am Feiertag der Pueblo-Indianer aufgeführt. (↗Indianischer Tanz, ↗Nordamerikanischer Tanz)

Lit.: *Kurath, G. P.:* American Indian Ritual Dances for Sustenance, in: The Folklorist, vol. 7, 1962, No. 3, S. 75 f.

Tabourot, Jean ↗Arbeau, Thoinot.

Tabulatur nennt man die in der Zeit vom Ende des 14. Jh. bis zur Mitte des 18. Jh. gebräuchliche Form musikalischer Notation. Es ist eine Griffschrift, die der Spielart des Instrumentes angepaßt ist und daher nicht nur von Land zu Land, sondern auch von Instrument zu Instrument verschieden ist. Die wichtigsten Formen sind die Orgel-, Klavier- und Lautentabulaturen. Die Sammelbücher (Tabulaturbücher), die sich Musiker und Musikliebhaber angelegt haben, enthalten sehr viele ↗Volkstänze und sind daher die wichtigsten Quellen und Dokumente für die ↗Tanzmusik dieser Zeiten. (↗Ammerbach, ↗Attaingnant, ↗Kotter, ↗Loeffelholz, ↗Nörminger, ↗Schmied d. Ä. und d. J., M. ↗Waissel)

Lit.: *Attaingnant, P.:* Chansons u. Tänze, Pariser Tabulaturdrucke f. Tasteninstrumente, 1530, Neuausgabe v. Vernoulli, München 1914. *Heckel, Wolff:* Lauten-Buch v. mancherley schönen u. lieblichen Stücken, Straßburg 1556 u. 1562. *Eitner, R.:* Taenze d. 15.–17. Jh., in: Beilage zu d. Monatsheften f. Musikgeschichte, Jg. 7, 1875. *Körte, O.:* Laute u. Lautenmusik bis zur Mitte d. 16. Jh., 1901. *Merian, W.:* Die Tabulaturen d. Organisten Hans Kotter, 1916. *Wolf, J.:* Die Tänze d. Mittelalters, in: Archiv f. Musikwissenschaft, Jg. 1, 1918/19, H. 1, S. 10 ff. *Bernoulli, Ed.:* Dokumente zur Geschichte d. Liedes u. Tanzes aus d. 16. u. 17. Jh., in: Bericht über d. Musikwissenschaftlichen Kongreß, Basel 1924, S. 276 ff. *Koczirz, Ad.:* Eine Gitarren- u. Lautenhandschrift aus d. 2. Hälfte d. 17. Jh., in: Archiv f. Musikwissenschaft, Jg. 8, 1926, H. 4, S. 433 ff. *Merian, W.:* Der Tanz in d. deutschen Tabulaturbüchern, 1927. *Merian, W.:* Das Verhältnis v. Tabulaturtänzen d. 16. Jh. zu vorhandenen Fassungen f. mehrere Instrumente, in: Beethoven-Zentenarfeier, Inernationaler Musikwissenschaftlicher Kongreß, Wien 1927, S. 189 ff. *Merian, W.:* Bonifazius Amerbach u. Hans Kotter, in: Basler Zeitschrift f. Geschichte u. Altertumskunde, Bd. XVI, H. 1, S. 140 ff. *Schrade, L.:* Tänze aus einer anonymen italienischen Tabulatur, in: Zeitschrift f. Musikwissenschaft, Jg. 10, 1928, H. 8, S. 449 ff. *Oberst, G.:* Englische Orchestersuiten, 1929. *Tschernitschegg, E.:* Zu d. Violintabulaturen im Germanischen Museum in Nürnberg, in: Festschrift f. A. Koczirz, 1930, S. 38 ff. *Dieckmann, Jenny:* Die in deutscher Lautentabulatur überlieferten Tänze d. 16. Jh., 1931. *Schrade, L.:* Die handschriftliche Überlieferung d. ältesten Instrumentalmusik, 1931. *Moser, H. J.:* Brauchtumsmusik aus alten Klaviertabulaturen, in: Das deutsche Volkslied, Jg. 38, 1936, H. 9/10, S. 136 ff. *Moe, L.:* Dance Music in Printed Italian Lute Tabulatures, Diss. Cambridge 1956. *Pontius, J.:* Eine anonyme kurpfälzische Orgeltabulatur, Diss. Saarbrücken, 1960. *Klima, J.:* Tabulaturen als Quelle d. Volksmusik alter Zeiten, in: Journal of the International Folk Music Council, vol. XIII, 1961, S. 32 f. *Klima, J.:* Die Paysanne in d. österreichischen Lautentabulaturen, in: Jahrbuch d. österreichischen Volksliedwerkes, Bd. 10, 1961, S. 102 ff.

Tänzersagen. Sie erzählen von den im Mittelalter zur Zeit der damals vorkommenden ↗Tanzwut durch übernatürliche Kräfte bestraften Personen, die zu Zeiten und Gelegenheiten getanzt haben, zu denen es aus religiösen Gründen verboten war, z. B. während der Zeit des Gottesdienstes an hohen Festtagen, während der Messe vor den Kirchen oder vor einem Priester, der das Allerheiligste trug. Die älteste Tänzersage stammt aus dem 7. Jh. und wird von Audoenus von Rouen (609–683) in der „Vita Eligii" berichtet. Eine frühe und bekannte Tänzersage erzählt von den Tänzern von Kölbigk aus dem 11. Jh. (↗Tanzverbote)

Lit.: *Stieren, A.:* Ursprung u. Entwicklung d. Tänzersage, Diss. Münster, 1911.

Tätscher (auch Tätscheln). ↗Deutscher Volkstanz aus Oberbayern, ein Paartanz im Kreis im

2/4-Takt. Bei diesem ↗Werbetanz schlagen sich die Tanzenden auf die Knie und klatschen in die Hände, ähnlich wie bei der ↗Patschpolka. Außerdem kommt beim Tätscher noch das Drohen mit dem Zeigefinger dazu. Unter dem Namen Tetscher kommt der Tanz auch in anderen Gegenden Deutschlands vor. (↗Klatschtänze, ↗Tusch- oder Spitzbuampolka)

Lit.: *Meyer, G.:* Volkstänze, 1909, S. 22. *Fladerer, O.:* Deutsche Volkstänze aus verschiedenen Gauen, Deutsche Volkstänze, H. 1, 1927, S. 4 f. *Janietz, E.:* Volkstänze aus deutschen u. österreichischen Landschaften, s. a. *Horak, K.:* Tiroler Volkstanzbuch, 1974, S. 47 f.

Tagarotas-Quadrille. Eine in Mexiko übliche Form der französischen ↗Quadrille, die deren Bewegungen karikiert. Sie besteht aus mehreren Teilen, dem Ahualulco, Los enanos (die Zwerge) und dem ↗Teletanz. (↗Mexikanischer Tanz)

Lit.: *Friedenthal, A.:* Musik, Tanz u. Dichtung bei d. Kreolen Amerikas, 1913, S. 57 f.

Taglioni, Filippo. Italienischer Tänzer, ↗Ballettmeister und ↗Choreograph, geb. 5. November 1777 in Mailand, gest. 11. Februar 1871 in Como. Er war Schüler seines Vaters Carlo. Von 1796 bis 1798 war er in Venedig und von 1799 bis 1802 an der Pariser Oper als Solotänzer engagiert. 1803 wurde er Ballettmeister an der königlichen Oper in Stockholm. Von 1805 bis 1810 und von 1819 bis 1826 war er am Hoftheater in Wien engagiert. Anfangs als ↗Pas de deux-Tänzer anerkannt, oblagen ihm als Ballettmeister ab 1820 die Einstudierungen eigener und auch fremder Ballette. Nach „Lodoiska", „Das Schweizer Milchmädchen" und „Margarethe, Königin von Catanea" war sein ↗Divertissement „Der Empfang einer jungen Nymphe am Hofe Terpsichorens" am 10. Juni 1822 von besonderer Bedeutung, weil darin seine Tochter Marie ↗Taglioni zum ersten Mal die Bühne betrat. Fanny ↗Elßler, später deren einzige Rivalin, wirkte als 12jähriges Mädchen bereits mit. Kurze Zeit tauschte er die Ballettmeisterstelle mit seinem Bruder Salvatore ↗Taglioni in Neapel, wirkte dann in Paris, wo er 1832 für seine Tochter die Ballette „La ↗Sylphide" und „La fille du Danube" (Musik A. ↗Adam) schuf. Während des fünfjährigen Engagements von Vater und Tochter in St. Petersburg (1837–1842) entstanden u. a. die Ballette ↗„Gitana", „L'ombre" und „Der Feensee". Seine letzten Lebensjahre verbrachte er in seiner Villa am Comosee.

Lit.: *Michel, A.:* Les Ballets de Philippe Taglioni, in: Archives internationales de la danse, Jg. 2, 1934, Nr. 4, S. 122 ff.

Taglioni, Marie. Italienisch-französische Tänzerin, geb. 23. April 1804 in Stockholm, gest. 22. April 1884 in Marseille. Sie war die Tochter von Filippo ↗Taglioni, der auch ihre erste Ausbildung übernahm. Von ihrem 8. Lebensjahr an hatte sie Ballettunterricht bei J. F. ↗Coulon in Paris. Das erste Auftreten von Marie Taglioni fand 1822 im k. k. Hoftheater nächst dem Kärntnertor in Wien statt, und zwar in dem Ballett ihres Vaters „Empfang einer jungen Nymphe am Hofe Terpsichorens". Sie tanzte damals an der Seite zweier renommierter Wiener Tänzerinnen, der Damen Millière und Therese ↗Heberle. Ihr Engagement in Wien dauerte bis 1826, dann folgten Gastspiele hauptsächlich mit ihrem Bruder Paul ↗Taglioni in Stuttgart, München und an der Mailänder Scala. In Paris debütierte sie am 23. April 1827 mit ihrem Bruder Paul in Spontinis „Vestalin" und in „Die Netze des Vulkan" von Jean ↗Schneitzhoeffer. Der Erfolg war sensationell. Ab 1830 wurde sie die Partnerin von Jules ↗Perrot, mit dem sie zum ersten Mal in dem Ballett „Zephyr und Flora" gemeinsam auftrat. Am 12. März 1832 fand die Uraufführung des Balletts „La ↗Sylphide" statt, das ihr Vater Filippo für sie geschaffen hatte. Dieses Ballett, welches vor allem dazu bestimmt war, den Tanzstil der Taglioni besonders hervorzuheben, blieb der persönliche Triumph der Tänzerin. 1832 heiratete die Künstlerin den Comte Gilbert de Voisins. Die unglückliche Ehe hielt aber nur drei Jahre. 1837 begab sich Marie mit ihrem Vater nach Rußland. Ein Fünfjahresvertrag verpflichtete sie jeweils sechs Monate pro Jahr nach St. Petersburg. Ihr dortiges Debüt als Sylphide am 3. September 1837 war ein beispielloser Erfolg. Ihre Rußlandreise schloß auch ein Auftreten in Berlin ein. In Paris trat sie von dieser Zeit an nur mehr als Gast auf. Weitere Stationen waren noch Wien (1839) und Mailand. In London, wo sie von 1831 an häufig gastierte (↗Pas de quatre), nahm sie 1847 ihren endgültigen Abschied von der Bühne. Da von dem Reichtum, den sie sich als gefeierte Tänzerin während ihrer 25jährigen Laufbahn erworben hatte, später nichts mehr vorhanden war, mußte sie in ihren letzten Jahren in London und Brighton jungen Mädchen der englischen Gesellschaft Tanzunterricht erteilen. Marie Taglioni gilt als die Schöpferin eines neuen Ballettstils. Sie kann als die erste Tänzerin bezeichnet werden, die Gemütsbewegungen nicht durch Mimik, sondern vor allem durch die Art ihrer Bewegungen ausdrückte. Man bezeichnete sie als den lyrischen Typ der ↗Ballerina. Außerdem verbinden sich mit ihrem Namen die Einführung des gesteiften

Mieders, des halblangen Musselinrockes und der Triumph des ↗Spitzentanzes, den sie allerdings nicht, wie oft behauptet wurde, erfunden, sondern nur weiterentwickelt hat.

Lit.: *Dardenne:* Taglioni ou traité sur la danse moderne, Toulouse 1830. *Noblet:* A Mlle. Taglioni, Paris 1833. *Tietz, F.:* Marie Taglioni. Erinnerungsblätter aus d. Leben d. Künstlerin, 1866. *Levinson, A.:* Marie Taglioni, Paris 1924. *Vaillat, L.:* La Taglioni ou la vie d'une danseuse, 1942. *Clarke, M.:* Six Great Dancers, 1957, S. 11 ff. *Wied, K. V.:* Königinnen d. Balletts, 1961, S. 40 ff. *Raab, R.:* Die beiden tanzten Luft, Feuer u. Erde. Schöpferische Rivalität zwischen Fanny Elßler u. Marie Taglioni, in: Österreichische Neue Tageszeitung v. 18. Januar 1964, S. 15.

Taglioni, Marie die Jüngere. Deutsche Tänzerin, geb. 27. Oktober 1833 in Berlin, gest. 27. August 1891 in Neu-Aigen bei Wien. Sie war die Tochter von Paul ↗Taglioni. Sie debütierte 1847 in London, tanzte von 1848 bis 1860 an der Hofoper Berlin, wo sie die Stelle der 1. Tänzerin ihrer Mutter Amalie Galster übernahm. In den Jahren von 1851 bis 1856 unternahm sie mit ihrem Partner Charles Müller alljährlich Gastspiele am k. k. Hoftheater nächst dem Kärntnertor in Wien. Nach ihrer Vermählung mit Joseph Prinz zu Windisch-Grätz 1866 zog sie sich von der Bühne zurück. Johann ↗Strauß, Sohn, komponierte für sie nach Motiven aus von ihr getanzten Balletten die „Taglioni-Polka".

Taglioni, Paul. Österreichischer Tänzer, ↗Choreograph und ↗Ballettmeister, geb. 12. Januar 1808 in Wien, gest. 6. Januar 1884 in Berlin. Er bekam seinen ersten Ballettunterricht bei seinem Vater Filippo. 1825 war er bereits als Solist in Stuttgart engagiert, stellte sich 1826 dem Wiener Publikum in einem ↗Pas de deux mit seiner im Aufstieg begriffenen Schwester Marie ↗Taglioni vor, ging mit ihr auf Gastspielreisen und war auch von 1827 bis 1829 ihr Partner in Paris. 1829 holte ihn Intendant Graf Redern als Tänzer und Mitchoreograph an das Berliner Hoftheater, wo Taglioni bis zu seinem Ableben blieb. Trotz dieses festen Engagements wurden ihm ausländische Gastspiele ermöglicht. Mit seiner Gattin, der Tänzerin Amalie Galster, die er bereits am Hoftheater in Stuttgart kennengelernt hatte, reiste er 1839 nach Amerika und gastierte in New York, Philadelphia und Providence mit „La ↗Sylphide", „Das Schweizer Milchmädchen" und „Jota arrangonaise". Wie sein Vater Filippo und sein Onkel Salvatore ↗Taglioni war auch Paul äußerst produktiv. Seine Ballettschöpfungen führten vom romantischen Genre, dessen Höhepunkt seine Schwester Marie verkörperte, zum realen Massenballett. Er wurde zum vielbegehrten Gastchoreographen seiner Ballette an europäischen Bühnen. Zwischen 1851 und 1873 kam er regelmäßig nach Wien. Wie sehr er in Wien geschätzt wurde, beweist die Auszeichnung, daß sein Ballett ↗„Sardanapal" als erste Ballettaufführung im neuen Opernhaus am Ring (Hofoper) stattfand (1869).

Qu.: Akten im Hof- u. Staatsarchiv, Wien; Taufbuch d. Pfarre St. Augustin, Wien I; Archiv Riki Raab.

Taglioni, Salvatore. Italienischer Tänzer und ↗Choreograph, geb. 1790 in Palermo, gest. 3. Oktober 1868 in Neapel, Sohn des Carlo und Bruder des Filippo Taglioni. An verschiedenen oberitalienischen Bühnen engagiert, war er 1823 in Neapel auch als ↗Ballettmeister tätig und brachte u. a. „Sesostris, König von Ägypten", „Atide e Cloe" und „Tippo Saeb" zur Aufführung. Seine Gattin, geborene Perault, war dort eine der ersten Tänzerinnen. Mit ihr kam er 1826 auf ein halbes Jahr nach Wien, tanzte in den Balletten seines Bruders und anderer Choreographen die sehr beliebten Pas de deux und inszenierte zwei seiner großen Ballette, „Die Portugiesen in Indien" und „Castor und Pollux". Anschließend war er wieder in Neapel tätig, wo später auch seine Töchter Marietta und Louise als Tänzerinnen engagiert waren.

Qu.: Archiv Riki Raab, Wien.

Lit.: Bühnen-Almanach 1881. Allgemeine Theaterzeitung 1823.

Tahoua. Ein Tanz des in der Sahara lebenden afrikanischen Nomadenstammes der Tuareg. Auf ihren wochenlangen Zügen durch die Wüste tanzen sie ihn an ihren Raststellen, bevor sie mit ihren Waren wieder den Weitermarsch antreten. (↗Afrikanischer Tanz)

Lit.: *Darbois, D.:* Afrika tanzt. 1962, S. 122.

Taktwechselnde Tänze ↗Zwiefache.

Talián. Tschechischer Volkstanz, ein ↗Zwiefacher, identisch mit dem bayrischen ↗Volkstanz ↗Seidener Zwirn. (↗Panáček, ↗Tschechische Volkstänze)

Lit.: *Böhme, F. M.:* Geschichte d. Tanzes in Deutschland, Bd. II, Nr. 293. *Junk, V.:* Das Lied v. Prinzen Eugen, in: Mitteilungen d. Akademie zur wissenschaftlichen Erforschung u. zur Pflege d. Deutschtums, 1934. H. 3, S. 319. *Junk, V.:* Die taktwechselnden Volkstänze, 1938, S. 25 f.

Tallchief, Maria. Amerikanische Tänzerin und Ballettdirektorin, geb. 24. Januar 1925 in Fairfax (Okla.). Sie studierte bei E. Belcher, Bronislawa ↗ Nijinska, D. ↗Lichine und an der School of American Ballet. Von 1942 bis 1947 tanzte sie beim ↗Ballet Russe de Monte Carlo. 1947 schloß sie sich der ↗Ballet Society an. Sie wurde ↗Ballerina des ↗New York City Ballet, dem sie bis 1965 angehörte. Von 1946 bis 1952 war sie mit G. ↗Balanchine verheiratet. Seit 1981 ist sie Direktorin des Chicago City Ballet. Sie ist die Schwester von Marjorie Tallchief.

Lit.: *Myers, E.:* Marie Tallchief, New York 1966.

Tallchief, Marjorie (auch Talchiew, Talchief). Amerikanische Tänzerin, geb. 19. Oktober 1927 in Fairfax, Oklahoma. Sie ist die Tochter eines Indianers aus dem Stamm der Osaga. Ihr Tanzstudium absolvierte sie unter Bronislawa ↗Nijinska in San Francisco, außerdem nahm sie Unterricht bei D. ↗Lichine in Los Angeles. Von 1942 bis 1947 war sie Mitglied des ↗Ballet Russe de Monte Carlo. 1947 heiratete sie den ↗Choreographen G. ↗Skibine. Sie schloß sich dem Grand Ballet du Marquis de ↗Cuevas an und blieb dort bis 1957. Als Gastballerina wirkte sie bei verschiedenen europäischen und amerikanischen Gruppen. Von 1964 bis 1966 war sie Mitglied des ↗Harkness-Ballet. Sie lehrte an der Dallas Civic Ballet-Academy und ist seit 1981 Leiterin der Schule des Chicago City Ballet.

Lit.: *Nemenschousky, L.:* A Day with Marjorie Tallchief and George Skibine, London 1960. Maynard, O.: Bird of Fire: Biography of Maria Tallchief, 1961. *Herf, E.:* Marjorie Tallchief, in „Ballet Today", April 1962.

Tamborito. Karnevalstanz aus Panama, ein ↗Paartanz im lebhaften 2/4-Takt. Die Partner stehen einander gegenüber, die Frau umkreist manchmal den Mann. Die Zuseher bilden einen Kreis um die Tanzenden und begleiten die Bewegungen mit Händeklatschen. Der Tanzrhythmus wird mit Trommeln angegeben.

Tambourin. ↗Französischer Volkstanz aus der Provence. Benannt ist er nach dem charakteristischen Begleitinstrument, dem Tambourin. Als zweites Begleitinstrument dient auch die Einhandflöte, provenzalisch Galoubet genannt. Der Tanz hat lebhaften, marschartigen Charakter. Im 18. Jh. war er sehr beliebt und hat auch in die Kunstmusik Aufnahme gefunden (J.-Ph. ↗Rameau: „Pièces de clavecin II", 1724).

Allegro vivace. J.-Ph. Rameau

E.-Ph. Chédeville

Lit.: *Böhme, F. M.:* Geschichte d. Tanzes in Deutschland, 1886.

Tampet (Tampête). Ein Kolonnentanz im 2/4-Takt, der in der 1. Hälfte des 19. Jh. in Frankreich und Deutschland sehr verbreitet war. Beliebig viele Zwei-Paar-Stirnreihen stehen in einer Kolonne, immer zwei Reihen einander zugewandt. Getanzt wird mit Geh-, Hüpf- und Galoppschritten. Die Beliebtheit des Tanzes war vor allem auf seine rasche Bewegtheit zurückzuführen, vielleicht mag auch seine Name (tempête = Sturm) davon herrühren. Als ↗Volkstanz erhielt er in Deutschland vielerlei Namen (Tapet, Trapez, Tampel). Als Tampet ist er vor allem in Nord- und Westdeutschland noch verbreitet. (↗Figaro)

Lit.: *Voss, R.:* Der Tanz u. seine Geschichte, 1869, S. 377. *Böhme, F. M.:* Geschichte d. Tanzes in Deutschland, 1886. *Meyer, G.:* Tanzspiele u. Volkstänze, 1914, S. 50. *Janietz, E.:* Tampet, in: Gymnastik u. Tanz, 1931, H. 7/8. *Burkhardt, L.:* Kneveler, 1936. *Helms-Blasche, A.:* Bunte Tänze, 1957, S. 56 f. *Goldschmidt, Ae.:* Handbuch d. deutschen Volkstanzes, 1967. *Petermann, K.:* Gesellige Tänze u. Tanzspiele, 1968, S. 18 f. *Severin, H.:* Über d. „Tampet" (Tempete), in: Volkstanz, Jg. 1971, H. 3, S. 41 ff. *Lager, H.:* Alte Tänze f. junge Leute, 1973, S. 49 ff. *Oetke, H.:* Volkstänze aus d. Lüneburger Heide, Teil II, s. a., S. 32 f. *Janietz, E.:* Volkstänze aus Norddeutschland, s. a., S. 12 f.

Tancredi e Cantilena. Ballett von Hans Werner ↗Henze, nach einem Libretto von Peter Csobadi. Die Uraufführung fand am 18. Mai 1966 in der Staatsoper Wien nach der ↗Choreographie von Rudolf ↗Nurejew statt. In den Hauptrollen tanzten Lisl ↗Maar und Ulli ↗Wührer. Ein Tankred-Ballett „L'Aventure de Tancrède en la forêt enchantée" wurde 1619 in Paris aufgeführt. Die Dichtung dieses melodramatischen ↗Ballets de cour stammt von Porchéres und die Musik hauptsächlich von Pierre Guédron.

Tandak. ↗Javanischer Tanz, bei dem nach den verschiedenen Melodien des Gamelan-Ensembles getanzt wird. Jede Gamelan-Melodie hat ihre eigene Gesangweise, die von dem Tanzmädchen während des Tanzes gesungen wird. Im Tanz werden religiöse oder historische Szenen dargestellt, doch nicht realistisch, sondern durch abstrakt wirkende, windende Bewegungen der Arme und Hände.

Lit.: *Nieuwenhuis, G. J.:* Über d. Tanz in Niederländisch-Indien, Diss. Zürich 1916, S. 34.

Tandawa ist der leidenschaftliche, gewaltige, furchterregende Tanz des indischen Gottes ↗Schiwa. (↗Indischer Tanz, ↗Lasja)

Lit.: *Gargi, B.:* Theater u. Tanz in Indien, 1960, S. 38. *Rebling, E.:* Die Tanzkunst Indiens, 1981.

Taneli. Finnischer Volkstanz aus der Gegend von Suomi im 2/4-Takt. Er wird von einem Tänzer und vier Tänzerinnen ausgeführt. Der Charakter des Tanzes ist pantomimisch. Dargestellt wird die Geschichte des armen Taneli (Daniel), der krank ist und nur ein Auge hat, weshalb ihn die Mädchen nicht wollen. (↗Finnische Volkstänze)

Lit.: *Collan, A.-Heikel, Yngvar:* Dances of Finland, 1948, S. 24 ff.

Tanganilla. ↗Gesellschaftstanz des 20. Jh. Um 1932 in Wien aufgekommen, war dieser Tanz nur kurze Zeit modern. Seiner Form nach handelt es sich um einen langsamen spanischen ↗Walzer in stark synkopiertem 3/4-Takt. Die Ausführung war sehr kompliziert. Die Schrittfolgen waren: Tanganilla – Jageschritt (Cazar) – Eisschritt (Patinar) – Wechselseitwärtsschritt (Mudaellado) – Drängeschritt (Perseguir) – Wendeschritt (Volver).

K. G. Bazant

Lit.: *Bazant, K. G.:* Originaltanganilla, Wien 1932.

Tango. Ein geradtaktiger ↗Paartanz, der Anfang des 20. Jh. aus Südamerika kommend, unter dem Namen Tango argentino, Tango brasileiro oder Tango criollo in Europa Eingang fand. Er ist in den Slums und Vorstädten Argentiniens aus der ↗Habanera und dem ↗Milonga entstanden. Ursprünglich als sehr obszön und erotisch geltend, hat er als europäischer ↗Gesellschaftstanz viel von seiner Sinnlichkeit verloren. Der europäische Tango, wie er ab 1920 in den Tanzsälen populär und beliebt wurde, ist in seiner Ausführung vornehm. Charakteristisch für ihn sind der auf dem Einknicken des schreitenden Fußes beruhende Tangoschritt, ferner der Wechsel- und Kreuzschritt sowie verschiedene variable Figuren, wie Halbmond und Tangoschere. Die Tanzmelodien des Tango, meist aus einem Moll-Dur-Teil bestehend, gehen im 2/4-, 4/8- oder 4/4-Takt und haben entweder Habanera-Rhythmus oder Milonga-Synkopierung. Die typische Tangobegleitung besteht aus Gitarre und Harmonika. Bald hat der Tango auch in der Opern-, Operetten- und Konzertmusik Aufnahme gefunden. Albéniz, ↗Hindemith, ↗Milhaud, ↗Strawinsky, ↗Weill u. v. a. bringen dazu schöne Beispiele. Der Tango gehört zu den ↗Standardtänzen.

Lit.: *D'Albert, Ch.:* The Argentino Tango, 1913. *Friedenthal, A.:* Musik, Tanz u. Dichtung bei d. Kreolen Amerikas, 1913, S. 109 ff. *Rivera, M.:* Le tango et les danses nouvelles tango argentin, Paris 1913. *Guerite,*

L.: The Tango and Turkey Trot Made Easy, New York 1913. *Koebner, F. W.:* Das neue Tanzbrevier, 1920, S. 31 ff. *Pollack, H.:* Die Revolution d. Gesellschaftstanzes, 1922, S. 18, 26, 42. *Cruz, C.:* The Modern Ballroom Tango, New York 1925. *Huppert, E.:* Der moderne Tanz, 1926, S. 40. *Bloch, P. J.:* Der deutsche Volkstanz d. Gegenwart, Diss. Frankfurt/M. 1927, S. 32. *Vega, C.:* Danzas y canciones argentinas, Buenos Aires 1936. *Moore, A.:* Ballroom Dancing, 1954. *Stuckenschmidt, H. H.:* Zur Soziologie eines Tanzes, in: Berichte u. Informationen, Jg. 10, 1955, Nr. 476, S. 13 (685) f. *Carella, J.:* El tango, Buenos Aires, 1956. *Günther, H.-Schäfer, H.:* Vom Schamanentanz zur Rumba, 1959, S. 222 ff. *Ferrer, H.:* El tango: su historia y su evolución, Buenos Aires 1960. *Lara, de T.:* El tema del tango en la literatura argentina, Buenos Aires 1961. *Caro de, J.:* El tango en nus recuerdos, Buenos Aires 1964. *Garcia Jiménez, F.:* El tango: historia de medio siglo. 1880–1930, Buenos Aires, 1964. *Milkewitz, H.:* Psicologia del tango, Montevideo 1964. *Violart, D. D.:* Teoria del tango, Montevideo 1964. *Chinarro, A.:* El tango y su rebelion, Buenos Aires 1965. *Garcia Jiménez, F.:* Asi nacieron los tangos, Buenos Aires 1965. *Sábato, E.:* El tango: discusión y clave, Buenos Aires 1965. *Vilariño, I.:* Las letras del tango, Buenos Aires 1965. *Kovacsics, A.:* Tango: Ein Aspekt d. Kultur Argentiniens im 20. Jh., Diss. Wien 1979. *Reichardt, D.:* Tango Verweigerung u. Trauer. Kontexte u. Texte, 1981. *Castaldi, J. C. – Haerdter, M. – Zelay, D.:* Melancholie der Vorstadt: Tango, Berlin 1982. *Janke, E.:* Tango – die Berührung, 1984. *Negwer, M. – Henke, M.:* Compadritos. Entstehung u. Umwelt d. argentinischen Tango, in: Concerto. Das Magazin f. Alte Musik, 1984, H. 6, S. 54 ff.

Tantoli. Finnischer Volkstanz im 2/4-Takt. Eine beliebige Anzahl von Tanzenden steht in Paaren hintereinander. Der Tanz wird mit Hüpf-, Seit- und Schottischschritten ausgeführt. Den gleichen Namen trägt auch ein ↗deutscher Volkstanz aus Siebenbürgen. Bei ihm erfolgt die Aufstellung in Hüft-Schulter-Fassung im Doppel-Flankenkreis. Die Schrittarten sind Hüpfschritte mit Überkreuzen. Der Tanz ist auch in Schweden üblich. (↗Finnische Volkstänze)

Lit.: *Meyer, G.:* Volkstänze, 1909, S. 11. *Burchenal, E.:* Folk-Dances of Finland, 1915, S. 23. *Schuster, M. L.:* Deutsche Volkstänze, d. man in Siebenbürgen tanzte, Sibiu 1981.

Tanz, tanzen. Die alte deutsche Bezeichnung für „tanzen" hieß laikan. (↗Leich). Das deutsche Wort „tanzen" scheint romanischen Ursprungs zu sein (ital. danzare, franz. danser). Es erscheint am Ende des 11. Jh. in deutschen Glossen und ab dem 12. Jh. als höfische Unterhaltung in der deutschen Literatur. Ursprünglich unterschied man genau zwischen „tanz" und „reie". „Tanz" hieß die von einzelnen Paaren oder kleinen Gruppen ausgeführte geschrittene Bewegung, der „reie" (↗Reigen) dagegen war volkstümlichen Charakters und wurde von größeren Gruppen in Kette oder paarweise gesprungen. Ab dem 14. Jh. aber wurden die Namen nicht mehr so streng auseinandergehalten, die Formen vermischten sich, auch der Tanz wurde dann gesprungen und der Reigen geschritten. Heute bezeichnen „Tanz" und „tanzen" im üblichen Sprachgebrauch alle Formen rhythmischer Körperbewegung, die meist von Gesang oder Musik begleitet sind. (↗Tanzmusik)

Lit.: *Böhme, F. M.:* Geschichte d. Tanzes in Deutschland, 1886, S. 5. *Aeppli, F.:* Die wichtigsten Ausdrücke f. d. Tanzen in d. romanischen Sprachen, Diss. Halle 1925 u. in: Beiheft zur Zeitschrift f. romanische Philologie, Jg. 75, 1925. *Brüch, J.:* Die wichtigsten Ausdrücke f. d. Tanzen in d. romanischen Sprachen, in: Wörter u. Sachen, Bd. 9, 1926, S. 123 ff. *Sachs, C.:* Eine Weltgeschichte d. Tanzes, 1933, S. 180 ff. *Schulz, E.:* Das Bild d. Tanzes in d. christlichen Mystik, Diss. Marburg 1941.

Tanzästhetik. Betrachtet man den Tanz als eine in sich geschlossene Erscheinung, so stellt er eine Reihe von Bewegungen dar, die sich steigern, verändern und vollenden. Die Grundlagen für einen künstlerisch vollendeten Tanz sind: 1. die rhythmisch und linear vollendet gestaltete Körperbewegung, die wohl einen beliebigen Inhalt (z. B. Liebe, Trauer, Sehnsucht) tragen mag, die aber niemals des Zweck hat, diesen Inhalt darzustellen, sondern ihr Zweck ist lediglich sie selber; 2. die Überwindung der Schwere, der gewichtigen körperlichen Gebundenheit, sie ist eine technische Voraussetzung für den künstlerischen Tanz; 3. der Ausdruck des Seelischen; Seele wird im Tanz nicht durch Gesichtsmimik ausgedrückt, sondern durch Körpermimik, durch eine Sprache der Glieder des Körpers. Der Tanz kann sich allen Lebensinhalten öffnen, dem Sinnenrausch, der Ekstase, dem Leben wie dem Sterben. Mit den ästhetischen Grundsätzen der Tanzkunst befassen sich folgende Schriften: Böhm, J. W.: Analyse des Schönen der Musik und des Tanzes, Wien 1830; Bachmann, Franz: Der Tanz und die Grundlagen einer sozialen Ästhetik, in: Die Musik, Jg. 13, 1913–14, Bd. 50, H. 9, S. 132 ff.; Thieß, Frank: Der Tanz als Kunstwerk, Studien zu einer Ästhetik der Tanzkunst, München 1920; Gavina-Giovannini: Balli di ieri e Balli oggi, Milano 1922; Rath, Emil: Aesthetic Dancing, New York 1914, 1922; Weidemann, Magnus: Körper und Tanz, Rudolstadt 1925; Fischer, Hans, W.: Körperschönheit und Körperkultur, Berlin 1928; Pudor, Heinrich: Die Gesetze der Schönheit bei Sport, Spiel und Tanz, Fr. Manns pädagogisches Magazin, H. 1336, Bayer Langensalza 1931; Maraffi, Dario: Spiritualità della musica e della danza, Milano 1944; Otto, Walter F.: Menschengestalt und Tanz, München 1956; Wienholz, Margrit: Französische Tanzkritik im 19. Jahrhundert als Spiegel ästhetischer Bewußtseinsbildung, Theophile Gautier – Jules Lemaître – Stéphane Mallarmé, Frankfurt 1974 (Heidelberger Beiträge zur Romanistik 4).

Tanzaufstellungen. Unter Tanzaufstellung versteht man die Ausgangsstellung der Tanzenden auf der Tanzfläche vor Beginn eines Tanzes. Die vielen Formen des ↗Gesellschafts- und ↗Volkstanzes bedingen auch mehrere Arten von Tanzaufstellungen. Im Kreis kann die Aufstellung als Flankenkreis oder Stirnkreis erfolgen. Vom *Flankenkreis* spricht man, wenn die Tanzenden hintereinander im Kreis stehen, Front in der oder gegen die Tanzrichtung. Beim *Stirnkreis* stehen die Tanzenden nebeneinander im Kreis, Front zur Kreismitte. Bei der Aufstellung in der *Reihe* können die Tanzenden eine *Flankenreihe* bilden, wenn sie einzeln oder paarweise hintereinander in einer Reihe mit Front in gleicher Richtung stehen. Bei der *Stirnreihe* stehen die Tanzenden nebeneinander in einer Reihe, Front in gleicher Richtung. Bei der *Dreierreihe* tanzen drei Personen miteinander (meist ein Tänzer zwischen zwei Tänzerinnen). Sie stehen nebeneinander mit Front in gleicher Richtung. Bilden die Tanzenden eine *Gasse,* dann stehen sie einander in zwei zueinander gewandten Stirnreihen gegenüber. Bei der *paarweisen Aufstellung* stehen der Tänzer und die Tänzerin entweder nebeneinander in Front in gleicher Richtung (der Tänzer immer links von der Tänzerin) oder sie stehen einander gegenüber, Front zueinander gewandt *(Stirndoppelkreis)* oder seitlich hintereinander, sie stehen dann im Flankenkreis, jedoch der Tänzer links hinter der Tänzerin.

Lit.: *Berghold, L.-Deutsch, W.:* Volkstänze aus Niederösterreich, 1975. *Dreo, W.:* Volkstänze aus d. Burgenland, 1961, 1977.

Tanzbibliographie. Als die Fülle der Tanzliteratur immer größer wurde und für die Tanzforschung immer mehr an Bedeutung gewann, ging man daran, die Veröffentlichungen bibliographisch zu erfassen und nach bestimmten Gesichtspunkten zu ordnen. Eigentliche Tanzbibliographien gibt es erst seit der Jahrhundertwende. *Charles Compans* „Dictionnaire de Danse“ aus dem Jahre 1787 und *G. Desrats* „Dictionnaire de la Danse“, erschienen 1895, sind trotz bibliographischer Hinweise keine Tanzbibliographien, sondern ↗Tanzlehrbücher. Die erste bedeutsame Bibliographie war „A Bibliography of Dancing“ von *C. W.* ↗*Beaumont,* London 1929. Es folgten: *Oberst, G.:* Englische Orchestersuiten um 1600. Ein Beitrag zur deutschen Instrumentalmusik nebst einer Bibliographie der Tanzliteratur bis 1900, Wolfenbüttel 1929. *Belknap, S. Y.:* Guide to Dance Periodicales, 2 Bände, 1931–1962; *Osterrieder, F. X.:* Literatur über die Tanzkunst mit besonderer Berücksichtigung des Volkstanzes, in: Separat-Auszug aus Heimatklänge, 1931, S. 90 ff.; *Currier, M. V.:* Dancing in Europa and America since 1800. A Bibliography, New York 1933; *Zawadil, W.:* Bibliographie der sudetendeutschen Volkstänze, in: Sudetendeutsche Zeitschrift für Volkskunde, Jg. 6, 1933, H. 2/3, S. 49 ff. ; *Magriel, P. D.:* A Bibliography of Dancing. A List of Books and Articles on the Dance and related Subjects, New York 1936; *Moor, A. P.:* The Library-Museum of Music and Dance. A Study of Needs and Resources, Leading to Suggestions for an Educational Program, New York 1938; *Combe, E.:* Bibliographie critique de l'histoire de la danse 1900–1946, Genève 1947; *Fletcher, I. K.:* Dance. A Catalogue of Books, Music-Relating to Ballet, Ballroom Dancing, London 1948; *Münzig, J.:* Volkslied, Reim- u. Spielgut der Kinder, Brauchtumsspiele, Volkstanz und Volksmusik im schlesischen Stammesbereich. Eine kritische und referierende Bibliographie, Salzburg 1956; *Horak, K.:* Bibliographie des Volkstanzes in Österreich und im bajuwarischen Raum, Innsbruck 1959; *Koschier, F.:* Kärntner Volkstanz-Bibliographie, in: Kärntner Museumsschriften, Bd. 19, 1959, S. 173 ff.; *Kacmarek, A.:* Ein Beitrag zur Tanzbibliographie, in: Börsenblatt für den deutschen Buchhandel, Jg. 7, 1961, Nr. 35, S. 662 ff. *Geyser, G.:* Zur Literatur über den Tanz, in: Österreichische Musikzeitschrift, Jg. 18, 1963, H. 11, S. 525 ff. *Beaumont, C.:* A Bibliography of the Dance Collection of Doris, Niles and Serge Leslie, London 1966; *Petermann, K.:* Tanzbibliographie, Leipzig 1966–1981; *Derra de Moroda, F.:* Die Tanzliteratur des achtzehnten Jahrhunderts, in: Sammeln und Bewahren, Beiträge zur Kunst, Literatur u. Buchgeschichte, München 1973, S. 150 ff. *Derra de Moroda, F.:* The Derra de Moroda Dance Archives, A Bibliography, New York 1978, München 1982.

Tanzbitter (auch Tanzlader oder Hegelein) hieß in früherer Zeit der Mann, der die Gäste zum Tanz einlud. Vor allem war dies bei Hochzeiten üblich, im 15. Jh. zuweilen in feierlichem Zug. Der Tanzlader ritt hoch zu Roß und war von drei Mitreitern begleitet.

Lit.: *Böhme, F. M.:* Geschichte d. Tanzes in Deutschland, 1886.

Tanzepidemien ↗Tanzwut.

Tanzfassungen. Die körperliche Verbindung der Tanzenden geschieht durch das Fassen der Hände. Diese Handfassungen können mannigfaltig sein, was sich schon durch die vielen Tanzformen ergibt. Für die schöne Ausführung eines Tanzes ist die Beachtung einer guten und richtigen Handfassung sehr wesentlich. Von einer *offenen Fassung* spricht man, wenn die Innenhände der Tanzenden bei abgewinkelten Armen in Brusthöhe oder bei herunterhängenden Armen gefaßt sind. In vielen Volkstänzen kommt die sogenannte *Kreuzfassung* vor. Bei der Kreuzfassung vorne fassen die Tanzenden einander an den rechten und an den linken Händen. Der Tänzer steht dabei links von der Tänzerin, die rechten Hände sind über den linken Armen gefaßt. Bei der Kreuzfassung hinten sind die rechten und die linken Hände am Rücken gefaßt, jedoch die rechten Arme vor den linken. Bei der offenen, *gewöhnlichen Rundtanzfassung* (Wiener Walzerfassung) stehen der Tänzer und die Tänzerin einander gegenüber. Der Tänzer legt seinen rechten Arm um die Tänzerin, diese gibt die linke Hand auf die rechte Schulter ihres Partners. Sein linker und ihr rechter Arm sind in Brusthöhe seitwärts gestreckt, jedoch im Ellbogen leicht gebeugt. Der Tänzer hält seinen linken Handteller nach oben, und die Tänzerin legt ihre rechte Hand hinein. Bei der *geschlossenen Rundtanzfassung* umfaßt der Tänzer die Tänzerin mit beiden Händen bei den Schulterblättern, die Tänzerin legt ihre Hände auf seine Schultern. Außerdem gibt es noch die sogenannte *Wienerfassung,* bei der die rechte Hand des Tänzers die auf ihrem Rücken angelegte Hand der Tänzerin faßt und seine linke Hand hinter seinem Rücken die rechte Hand der Tänzerin.

Lit.: *Berghold, L.-Deutsch, W.:* Volkstänze aus Niederösterreich, 1975.

Tanzgebote. Von den sogenannten Tanzgeboten spricht man dann, wenn die Ausübung eines Tanzes rechtlich geboten ist. Sie bilden den Gegensatz der uns mehr vertrauten und natürlicher erscheinenden ↗Tanzverboten. Solche rechtlich gestützte und verordnete Tanzgebote muten uns heute sehr seltsam an, es gibt aber zahlreiche historische Quellen dazu. Für die Ausübung des Tanzzwanges gab es, wie aus mittelalterlichen Quellen bekannt ist, die verschiedensten Beweggründe, die sich vor allem aus den damaligen Verhältnissen zwischen Herr und Knecht, Herr und Untertan ergaben. Die stärkste rechtliche Verpflichtung eines Tanzgebotes tritt uns vor allem in den mittelalterlichen Berichten über die sogenannten ↗Frontänze gegenüber, denn unter ihnen sind wohl Tänze zu verstehen, bei dem die Teilnehmer aufgrund eines Untertanenverhältnisses verpflichtet waren, einen Tanz als Leistung, oftmals als Belustigung für die Herrschaften darzubringen (↗Bachtanz). Zu den Tanzgeboten können auch die Verpflichtungen der Mitglieder verschiedener Zünfte und Bruderschaften gerechnet werden, an bestimmten Tanzfesten teilnehmen zu müssen.

Lit.: *Panzer, M.:* Tanz u. Recht, Deutsche Forschungen, Bd. 32, 1938.

Tanzgegner ↗Tanzverbote.

Tanzgeräte heißen die Gegenstände, die beim Tanzen in den Händen gehalten werden. Sie können verschiedenster Art sein und haben dem Tanz auch oft den Namen gegeben (↗Schwerttanz, ↗Steckentanz, ↗Bandltanz, ↗Reiftanz, ↗Besentanz u. a.) Sie sind von den ältesten Zeiten an bis heute bei den Tänzen aller Völker zu finden. Manchmal haben sie symbolische Bedeutung und dienen zur pantomimischen Ausdeutung des Tanzes, manchmal dienen sie auch dazu, die Geschicklichkeit der Tanzenden zu prüfen. (↗Geschicklichkeitstänze, ↗Ragatanz)

Lit.: *Hoerburger, F.:* Der Tanz mit d. Trommel, 1954. *Hoerburger, F.:* Waffentänze d. Türken, in: Forschungen u. Fortschritte, Jg. 28, 1954, H. 6, S. 185 ff. *Hoerburger, F.:* Schwert u. Trommel als Tanzgeräte, in: Deutsches Jahrbuch f. Volkskunde, Bd. I, 1955, S. 240 ff. *Baaren, Th. P. van:* Selbst d. Götter tanzen, 1964, S. 127 f.

Tanzhäuser wurden ab dem 14. Jh. in vielen deutschen Städten und Märkten erbaut. Während die ländliche Bevölkerung im frühen Mittelalter ihre Tänze meist im Freien auf dem sogenannten ↗Tanzplan in den zu diesem Zwecke errichteten ↗Tanzlauben abhielt, fanden in den Tanzhäusern vor allem die öffentlichen ↗Hochzeitstänze und die Tänze der Bürger (↗Geschlechtertänze) und Zünfte statt. Die Tanzhäuser wurden von den Gemeinden erbaut und erhalten und meist unmittelbar neben dem Rathaus errichtet. In vielen deutschen Städten hatten die Juden ihre eigenen Tanzhäuser. Tanzlokale, die mit einem Wirtshaus verbunden waren, gab es in Deutschland erst mit dem beginnenden 17. Jh.

Lit.: *Böhme, F. M.:* Geschichte d. Tanzes in Deutschland, 1886, S. 38, S. 71, S. 82. *Dörrer, A.:* Die alten Tanzhäuser u. Spieltennen in Tirol, in: Zeitschrift f. Volkskunde, Jg. 41, 1931, N. F. Bd. 3, H. 1, S. 50 ff. *Fink, H.:*

Die Tanzhäuser u. der „Pajung", in: Südtiroler Volkskultur 30, 1978, S. 114 f.

Tanzkrankheiten ↗Tanzwut.

Tanzlauben hießen im Mittelalter die Tanzböden, die auf dem für den Tanz bestimmten Platz, dem ↗Tanzplan, errichtet wurden. Auf diesen überdachten und mit Laubwerk geschmückten Tanzböden fanden die sommerlichen Tanzvergnügen der ländlichen Bevölkerung statt. In verschiedenen ländlichen Gegenden kann man solche Tanzlauben auch heute noch bei den Kirchweihfesten finden.

Lit.: *Böhme, F. M.:* Geschichte d. Tanzes in Deutschland, 1886, S. 37, S. 82. *Wolfram, R.:* Tanzlauben in Siebenbürgen, in: Wiener Zeitschrift f. Volkskunde, Jg. 38, 1933, S. 109.

Tanzlehrbücher. Das Tanzlehrbuch im Sinne der Verbindung von Tanzunterweisung und der Zusammenfassung von Mustertänzen ist eine Erfindung des 15. Jh. Daß gerade in diesem Jahrhundert die Tanzlehrbücher ein Bedürfnis wurden, hatte seinen Grund darin, daß die ritterliche Gesellschaftskultur des Hohen Mittelalters den Tanz als wesentlichen Bestandteil des gesellschaftlichen Zeremoniells ausgebildet hatte und daher das Erlernen des Tanzens Pflicht für jedes Mitglied der Gesellschaft wurde. Die Tanzfreudigkeit der Gesellschaft bewirkte auch, daß immer wieder neue Tänze und Tanzformen aufkamen. Sie wurden aus fremden Ländern und auch aus den Tänzen des ländlichen Volkes übernommen. Jeder fürstliche Hof hatte damals nicht nur einen Hofmusikanten, sondern auch einen ↗Tanzlehrer. Er hatte die Aufgabe, den jungen Prinzen und Prinzessinnen die neuesten Tänze zu lehren. Diese Arbeit erleichterten sie sich, indem sie die theoretischen Grundlagen des Unterrichts und die beliebtesten neuesten Tänze für ihre Schüler aufzeichneten. Die ersten uns überlieferten Tanzlehrbücher sind an den italienischen Fürstenhöfen entstanden. Der Tanzlehrer ↗Domenico da Piacenza war der erste unter den italienischen Tanzmeistern, der eine Tanzlehre herausgab. Sie führt den Titel: „De la arte di ballare et danzare". Die Handschrift ist nicht datiert und liegt in Paris, Bibl. Nat. Ms. italien no. 972. Es folgten die Tanzschriften von ↗Guglielmo Ebreo da Pesaro (1416), Giovanni ↗Ambrosio (1463), Antonio ↗Cornazano (1465), Rinaldo Corso („Dialogo del Balli", 1557), Giorgio Mainerio („Il primo libro de balli", 1578), ↗Caroso da Sermoneta („Il Ballarino", 1581), Cesare ↗Negri (1604). Was die ersten Tanzlehren von den Tänzern verlangten, soll aus dem Tanzlehrbuch von Domenico dargelegt werden, da die anderen Verfasser sich ihn als Vorbild nahmen. Domenico fordert fünf Hauptfähigkeiten: mesura (den Sinn für den musikalischen Rhythmus und seine Anwendung auf den Tanz), memoria (die gedächtnismäßige Beherrschung aller Bewegungsformen), maniera (die maßvolle Dynamik der Körperführung, die alle Extreme vermeidet), mesura a terreno (Die Kunst der anmutigen Abmessung des Tanzweges) und acre (die Kunst des schönen Wechsels zwischen Bewegung und Stillstand). Ein zweiter Abschnitt zählt die Namen der Bewegungsformen auf, leider aber ohne sie zu beschreiben. Schließlich folgt der Abschnitt über die innere Gliederung des Taktes und über das Verhältnis der Taktarten und diesen entsprechend der Tanzarten zueinander. Der zweite Teil des Lehrbuches bringt die Beschreibungen einer großen Anzahl von Tänzen, Balli und ↗Basse danse. Die Beschreibung geschieht in der Weise, daß die Abfolge der Bewegungen und Schritte als angeschauter Vorgang unter genauer Angabe der Bewegungsformen und Zeitmaße geschildert wird. Auf diese italienischen Tanzlehrbücher folgten eine große Zahl westeuropäischer Tanzlehren. Hier wurde die etwas umständliche Beschreibungsweise der Italiener durch die Anwendung von Zeichen, die den einzelnen Tanzschritten entsprachen, also durch eine „Tanzschrift" (↗Choreographie) ersetzt. In Spanien waren, wenigsten während des 15. Jh., zwei verschiedene Tanzschriftsysteme in Gebrauch. Das eine bestand aus Zeichen, die die Grundlinien der Hauptschrittformen bildhaft zu spiegeln suchten; das andere war ein Buchstabensystem. Es wurde aus den Anfangsbuchstaben bzw. Abkürzungen der Schrittnamen gebildet. Ihm gehörte die Zukunft, da es entwicklungsfähiger war, weil man auch neue und schwierigere Schritte, die zu den alten im Laufe der Zeit hinzukamen, durch Buchstaben kenntlich machen konnte. Eine Abart dieses Systems wandte auch Cesare Negri 1604 an. Seit dieser Zeit sind folgende Tanzlehrbücher erschienen: *Lauze, F. de:* Apologie de la danse 1623 (Neuausgabe London 1952); *Borromée, Ch. S.:* Traité contre les danses et les comédies, Paris 1664; *Huber, U.:* Dansmeester van Francquer, geheekelt ende geholpen, Nauta 1683; *Behr, S. R.:* Anleitung zu einer wohlgegründeten Tantz-Kunst ..., Leipzig 1703, Fulda 1713; *Feuillet, R. A.:* Recueil de Contredances mises en Chorégraphie ..., Paris 1706; *Siris, P.:* The Art of Dancing, Demonstrated by Characters and Figures, London 1706; *Weaver, J.:* A

Small Treatise of Time and Cadence in Dancing, London 1706; *Pasch, J.:* Beschreibung wahrer Tanz-Kunst . . ., Franckfurth 1707; *Essex, J.:* For the Further Improvement of Dancing, A Treatise of Choreography or the Art of Dancing Country Dances after A New Character . . ., London 1710 (Dance Horizons, New York 1970); *Bonin, L.:* Die Neueste Art Zur Galanten und Theatralischen Tantz-Kunst, Franckfurt und Leipzig 1711; *Gaudrau:* Nouveau Recüeil De Dance de Bal et celle de Ballet, Paris 1712; *Behr, S. R.:* L'Art de bien Danser oder Die Kunst wohl zu Tantzen, Leipzig 1713; *Lambranzi, G.:* Nuova Curiosa Scuola de Balli Theatrali (Neue und curoieuse theatralische Tantz-Schul), Nürnberg 1716 (London 1928, New York 1966, 1972); *Taubert, G.:* Rechtschaffener Tanztmeister, oder gründliche Erklärung der Frantzösischen Tantz-Kunst, Leipzig 1717; *Playford, J.:* The Dancing Master, London zwischen 1650 und 1731 oftmals gedruckt; *Weaver, J.:* Anatomical and Mechanical lectures upon dancing, London 1721; *Weaver, J.:* Lectures on the art of dancing, London 1721; *Tomlinson, K.:* The Art fo dancing, London 1724; *Rameau, P.:* Abbregé de la nouvelle Methode, Paris 1725; *Rameau, P.:* Le Mâitre a Danser, Paris 1725, 1734, 1748 (englische Ausgabe 1931, Faksimile New York 1967); *(Le) Roussau, F.:* A new Collection of Dances . . ., London um 1725; *Sol, C.:* Méthode très facile et fort nécessaire pour montrer à la jeunesse de l'un et l'autre sexe la manière de bien dancer . . ., La Haye 1725; *Dufort, G.:* Trattato Del Ballo Nobile, Napoli 1728; *Essex, J.:* The Dancing-Master: or The whole Art and Mystery of Dancing explained, London 1728, 1731; *Ferriol Y Boxeraus, D. B.:* Reglas Utiles para los aficionados a Danzar . . ., Capoa 1745; *Borin:* La musique théorique et pratique dans son ordre naturel avec l'art de la danse, Paris 1746; *Lange, C. C.:* Anfangsgründe zur Tanzkunst, Erlangen 1751; *Dukes, N.:* A Consise & Easy Method of Learning the Figuring Part of Country Dances, by way of Characters, London 1752; *Hänsel, Ch. G.:* Allerneueste Anweisung zur Aeusserlichen Moral, Worinnen im Anhange die so genannten Pfuscher entdekket, Und überhaupt der Misbrauch der edlen Tanzkunst einem ieden vor Augen geleget wird, Leipzig 1755; *Pauli, Ch.:* Elements de la Danse, Leipzig 1756; *Aubat St. Flour d':* Cent Contredanses en rond, Gand um 1757; *Dupré:* Methode pour apprendre de soi-mesme La Choreographie, ou L'Art de Decrire Et déchiffrer les Danses par Caractères, Figures & Signes démonstratifs, Mans 1757; *Minguet E Yrol, P.:* Arte de Danzar a La Francesa . . ., Madrid 1758; *Winterschmidt, A. W.:* Kurze und leichte Anweisung, die Compagnietänze in Choreographie zu setzen, Altenburg 1758; *Gallini, G.-A.:* A Treatise on the Art of Dancing, London 1762 (Neuausgabe New York 1967); *Lange, C. C.:* Choreographische Vorstellung der Englischen und Französischen Figuren in Contretänzen nebst einem kurzen Auszug der Französischen Kunst und Tänze aufzuzeichnen, Erlangen und Leipzig 1762; *Malpied:* Élémens de Chorégraphie . . ., Paris 1762; *Magny:* Principes de Chorégraphie suivis D'un Traité de la Cadence . . ., Paris 1765; *Feldtenstein, C. J. v.:* Die Kunst nach der Choreographie zu Tanzen und Tänze zu schreiben, Braunschweig 1767, 1772, 1776; *Malpied:* Traité sur l'Art de la Danse, Paris 1770, 1799; *Clement:* Principes de Chorégraphie ou L'Art d'écrire et de lire la Danse . . ., Paris 1771; *Gallini, G.-A.:* Critical Observations on the Art of Dancing . . ., London um 1771; *Kirnberger, J. Ph.:* Recueil d'airs le danse caractéristiques pour servir de modèle aux jeunes compositeurs avec une préface, Berlin 1777; *Magri, G.:* Trattato teorico-prattico Di Ballo, Napoli 1779; *Preciso, D.:* Elementos de la ciencia contradanzaria, Madrid 1779, 1796; *Bacquet-Clavigny:* L'Art de bien danser, Tournay 1780; *Bacquoy-Guédon, A.:* L'Adonis, Contredanse nouvelle avec les figures tracées et la musique, Rouen 1780; *Bacquoy-Guédon, A.:* Méthode pour exercer l'oreille à la Mesure dans L'Art de la Danse, Amsterdam um 1784 (Neuausgabe Genève 1972); *Roxo de Flores, D. F.:* Tratado de recreacion instructiva Sobre La Danza: su invencion y diferencias, Madrid 1793; *Schultz, B. F.:* Anweisung zum guten regelmäßigen Tanzen, Hamburg 1783; *Link, G.:* Vollkommene Tanzschule aller in Kompagnien und Bällen vorkommenden Tänzen . . ., Breslau (?) 1796; *Martinet, J. F.:* Anfangsgründe der Tanzkunst, mit vorzüglicher Rücksicht auf die Menuet und die Françaisen, Leipzig 1798 (französische Ausgabe Lausanne 1797); *Bourgeois, E.:* Traité practique et théorique de la danse, Paris s. a.; Gerster, G.: Die Tanzkunst, nebst vollstäniger Choreographie der Complementstellungen und Tanzfiguren, Speier s. a. (Ende 18. Jh.); *Kattfuß, J. H.:* Taschenbuch für Freunde und Freundinnen des Tanzes, Leipzig 1800; *Mädel, E. Ch.:* Die Tanzkunst für die elegante Welt, Erfurt 1805; *Wilson, Th.:* The Treasures of Terpsichore, or a Companion for the ball-room, London 1809; *Cassidy, J. P.:* A Treatise on the Theory and Practice of Dancing . . ., Dublin 1810; *Schönwald, A.:* Der Serieux-Tänzer, oder Grundregeln der Tanzkunst zum Allgemeinen Besten, Freiburg 1813; *Woetzel, J. K.:* Versuch einer völlig zweckmäßigen Theaterschule oder Kunst und Methode vollkommener Kunstschauspieler, Opernsänger, Pantomime und Ballettänzer zu werden... Ein praktischer Leitfaden, Wien 1818; *Blasis, C.:* Traité Elementaire, Théorique et Pratique de l'Art de La Danse.., Milan 1820; *Lambert, F. J.:* Treatise on Dancing, Norwich 1820; *Lepitre, J. Ch. L.:* L'art de la danse oder allgemein faßliches Taschenlehrbuch, Frankfurt/M. 1820; *Rosenhain, A. v.:* Bemerkungen über das Tanzen; nebst einer gründlichen Anleitung zu den jetzt beliebtesten Tänzen, Schleswig 1821; *Förster, C. F. J.:* Anweisung zur Tanzkunst, Proskau 1822; *Engelmann, C. F.:* Taschenbuch der Tanzkunst oder gründliche Anweisung in den beliebtesten Tänzen, Darmstadt 1823; *Gordoux-Daux, J. H.:* De L'Art de la Danse, Paris 1823 (deutsche Übersetzung: Die Tanzkunst als Bildungsmittel, Wien 1830); *Lepitre, J. Ch. L.:* Vollständige Theorie der eleganten und höheren Tanzkunst, Frankfurt/M. 1823; *Casorti, L.:* Der instructive Tanzmeister, Ilmenau 1826; *Förster, C. F.:* Der Tanzlehrer, Breslau 1828; *Gourdoux(fils):* Description des figures les plus usitées de la Contredanse française, Paris 1828; *Tschütter, G.:* Terpsichore. Ein Taschenbuch der neueren Tanzkunst für Anfänger, Dresden und Leipzig 1828; *Helmke, E. D.:* Neue Tanz- und Bildungsschule, Leipzig 1829; *Traub, J. Ch.:* Ueber den Tanzunterricht, Stuttgart 1829; *Wiener, C. W.:* Gründliche Anweisung zu allen gesellschaftlichen Tänzen, Zwickau 1829; *Blasis, C.:* Manuel complet De La Danse, Paris 1830; *Blasis, C.:* The Code of Terpsichore, The Art of Dancing, London 1830; *Anonym:* Neue vollständige Tanzschule für die elegante Welt, Ilmenau 1830; *Helmke, E. D.:* Die Kunst, sich durch Selbstunterricht in kurzer Zeit zum feinen Weltmann und sehr geschickten Tänzer zu bilden, Breslau 1831; *Théleur, E. A.:* Letters on dancing reducing this elegant and healthful exercise to easy scientific principles, London 1831; *Biosca, A.:* Arte de Danzar, Barcelona 1832; *Helmke, E. D.:* Almanach der neuesten Modetänze auf das Jahr 1832, Merseburg 1832; *Albert, F. D.:* L'art de la danse..., Paris 1834; *Häcker, J. G.:* Selbstlehrender Tanzmeister, 1835; *Hentschke, Th.:* Allgemeine Tanzkunst, Stralsund 1836; *Bartholomay, P. B.:* Die Tanzkunst in Beziehung auf die Lehre und Bildung des wahren Anstandes und des gefälligen Aeußern, Gießen 1838; *Länger, Ch.:* Terpsichore. Ein Taschenbuch der neuesten gesellschaftlichen Tänze..., Würzburg 1839; *Roller, F. A.:* Systematisches Lehrbuch der bildenden Tanzkunst und körperlichen Ausbildung von der Geburt an bis zum vollendeten Wachsthume des Menschen, Weimar 1843; *Cellarius:* La Danse des Salons, Paris 1847; *Jacques, J.:* Der Tanzmeister in der Westentasche, Hamburg 1852; *Dürrholz, J. C.:* Praktischer Leitfaden für Tänzer und Tänzerinnen, Berleburg 1855; *Klemm, B.:* Katechismus der Tanzkunst, Leipzig 1855; *Gawlikowski, Ph.:* Guide Complet de La Danse, Paris 1858; *Desrat, G.:* Méthode de danse complète, Paris 1863; *Hillegrove, Th.:* A complete practical Guide to the Art of Dancing, New York 1864; *Willock, H. D.:* Manual of Dancing, Glasgow 1865; *Gambussi, Z.:* Il Ballerino elegante, Venezia 1868; *Anonym:* Die Tanzkunst und die Tänze, Leipzig 1877; *Paul, F.:* Le Cotillon et les Quadrilles actuels, Paris 1877; *Reisinger, E.:* Die Tanzkunst und die Tänze, Wien 1877; *Czerwinski, A.:* Die Tänze des XVI. Jahrhunderts und die alte französische Tanzschule vor Einführung der Menuett. Nach Jean Tabourots Orchésographie, Danzig 1878; *Haraschin, C.:* Unsere Gesellschaftstänze, Wien 1880; *Carl* (= Carl Teilmann): Danse-Bog, Christiania 1882; *Freising, A.:* Leitfaden für den Tanzunterricht, Berlin 1882; *Desrat, G.:* Nouveau traité de danse historique et practique, Paris 1883; *Leblanc, E.:* The Companion to the Ball Room, and self-instructor in the art of dancing.., London 1883; *Schirmer, C.:* Contre und Quadrille à la Cour, nebst den notwendigen Anstandsregeln beim Tanzen, Leipzig 1883; *Altroggen, H.:* Cotillon, Polonaise, Quadrille à la cour. Ein Leitfaden, Berlin 1885; *Zorn, F. A.:* Grammatik der Tanzkunst, Leipzig 1887; *Fleischer, H. E.:* Gedächtnishilfe bei Contre-Danse und Quadrille, Löbau 1888; *Franke, R.:* Der geschickte Ballordner..., Köln 1888; *Diringer, A.:* Die Tanzkunst. Kulturhistorische Skizze mit Tanz-Lexikon, München 1889; *Förster, C. H.:* Terpsichore, ein Handbuch bei der Erlernung der jetzt bekannten Gesellschaftstänze, Görlitz 1889; *Desrat, G.:* Petit traité de la danse, Paris 1890; *Fleischer, H. E.:* Die Erlernung des Walzers, Löbau 1890; *Giraudet, E.:* La Danse, Paris 1890; *Hinzepter, M.:* Das neue deutsche Tanzbuch, ein Tanz- und Anstandslehrbuch, Berlin 1891; *Oldenburg, J.:* Die Tanzkunst, Leitfaden und Nachschlagebuch, nebst einem choreographischen Anhang, Zwickau 1891; *Anonym:* How to Dance, London 1893; *Bergmann, L.:* Française à la cour und Quadrille à la cour, Erlangen 1893; *Wallner, E.:* Polonaise, Contretanz, Kotillon. Ein Tanz-Vademecum für Ball-Vorsteher, Tanzlehrer und Freunde des Tanzes. Ein Tanz-Vademecum für Ball-Vorsteher, Tanzlehrer und Freunde des Tanzes, Erfurt 1893; *Soria, H. de:* Manuel du Maintien et de la danse, Paris 1894; *Ascher, S.:* Pocket Guide for beginners and advanced dancers, Philadelphia 1895; *Desrat, G.:* Dictionnaire de la Danse, Paris

1895; *Audran, H.:* Nouveau traité pratique de danse et de maintien, 1896; *Busch, A.:* Kommandobuch für Contretanz und Quadrille à la Cour, Berlin 1896; *Busch, A.:* Der gewandte Tanzmeister, Berlin 1896; *Haselberger, C.:* Kurzgefaßte Tanz- und Anstandslehre mit illustriertem Cotillon, München 1896; *Roséri, M.:* Katechismus der Tanzkunst, Berlin 1896; *Alvensleben, B. v.:* Die Tanzkunst, Leipzig 1898; *Bolze, F.:* Traité des danses anciennes et nouvelles, Lyon 1898; *Gavina, P.:* Il Ballo, Milano 1898; *Wilson, G. E.:* The little Dancing Master, New York 1898; *Dorn, B.:* Der Tanz. Vollständiges Lehrbuch zur Erlernung des Tanzens ohne Lehrer, Berlin s. a.; *Rischowsky, O. P.:* Die Tanzkunst, Berlin s. a.; *Giraudet, E.:* Traité de la Danse, Paris 1900; *Lussan-Borel:* Traité de Danse, Paris 1900; *Lamb, W.:* How and What to Dance, London 1903; *Reisinger, H.:* Wiener Tanzschule, Wien 1903; *Brun, L.:* Danse, Bon Ton et Callisthénie, Lausanne 1906; *Holt, A.:* How to Dance. The Revived Ancient Dances, London 1907; *Jolizza, W. K. v.:* Die Schule des Tanzes, Wien, Leipzig s. a. (1907?); *Sandmeier:* Sichere Anleitung zur Selbsterlernung aller üblichen Rundtänze, Zürich 1907; *Desrat, G.:* Traité de la danse, Paris 1909; *D'Albert, Ch.:* Dancing. Technical Encyclopedia of the Theory and Practice of The Art of Dancing, London 1913; *Guerite, L.:* Modern Dances, 1913; *Rabensteiner, E.:* Neue Wiener Tanzschule, Wien, Berlin 1913; *Giovanni, F.:* Il Ballo, Milano 1914; *Pichetti, C. E.:* La Danza antica e moderna, Roma 1914; *Elsom, J. C.-Trilling, B. M.:* Social Games and Group Dances, Philadelphia 1919; *Reisinger, H.:* Anleitung zum Selbstunterricht der Quadrille française nebst kurzer Beschreibung des Sechsschritt-Walzer, Wien 1920; *Koebner, F. W.:* Das neue Tanzbrevier, Berlin 1920; *Espinosa, E.:* Technical Dictionary of Dancing, London 1921; *Traber-Amiel, A.:* Das Buch für moderne Tänze, Berlin 1921; *Gavina-Giovannini:* Balli di ieri e balli oggi, Milano 1922; *Heiser, R. A.:* The Analytical Method of Dancing, 1923; *Marsh, A. L.-Marsh, L.:* The Dance in Education, New York 1924; *H'Doubler, M. N.:* The Dance, London 1925; *Smith, K.:* The Art of Dancing, London 1925; *Jaffé, S.:* Der Tanz im Selbstunterricht, Dresden 1926; *La Salle, D.:* Rhythmus and Dances for elementary Schools, New York 1926; *Morán, P.:* Moderne Tänze. Lehrbuch für Amateure, Wien 1926/27; *Morán, P.:* Alle Tänze getanzt mit Pablo Morán, Wien 1930; *Gradwohl, K.:* Lehrgang für österreichische Volkstänze, Eisenstadt 1936; *John, H.-Wulff, E.:* Der flotte, redegewandte Tänzer, Dresden 1939; *Diselhorst, F.:* Gutes Tanzen, Leipzig 1940; *Zakl, L.:* Darf ich bitten zum Tanz, Wien 1947; *Durlacher, E.:* Honor your Partner. Eighty-One American Square, Circle and Contra Dance in Higher Education, New York 1954; *Moore, A.:* Ballroom Dancing, Stuttgart 1954; *Silvester, V.:* Modern Dancers' Handbook, London 1954; *Thompson, S.:* Old Time Dance Book, London 1956; *David, L.:* Einzelchoreographien mit historischer Einleitung über Rumba; Samba/Baiao; Mambo-Chachacha; Paso Doble; Calypso; Rock'n'Roll, Berlin 1957/58; *Silvester, V.:* Modern Ballroom Dancing, London 1964; *Whitman, W.-Silverster, V.:* The Complete Old Time Dancer, London 1967; *Haselbach, B.:* Improvisation, Tanz, Bewegung, Stuttgart 1976; *Krombholz, G.:* Tanzen für alle. Von den Grundelementen zu geselligen Tanzformen, München 1976; *Tomaroff, A.:* Klassischer Tanz, Wilhelmshaven 1892; *Perrottet, C.:* Ausdruck in Bewegung und Tanz, Bern, Stuttgart 1983; *Beck, F.:* Perfekt tanzen, Perlen-Reihe 614, s. a.; *Keller, R.:* Tanz im Selbstunterricht, Falken-Bücherei 64, s. a.; *Keller, R.:* Modetänze im Selbstunterricht, Falken-Bücherei 142, s. a.; *Fern, E. u. H.:* Wir lernen tanzen mit dem Ehepaar Fern, Falken-Bücherei 200, s. a. (↗Choreographie)

Lit.: *Ecorcheville, J.:* Un livre inconnu sur la danse, in: Riemann-Festschrift zum 60. Geburtstag, Leipzig 1909, S. 288 ff. *Böhme, F.:* Das Tanzbuch d. Margarethe v. Österreich, in: Schrifttanz, Jg. 2, 1929, H. 1, S. 5 ff. *Derra de Moroda, F.:* An 18th Century Book Discovery, in: Dancing Times, Sept. 1930, S. 579 ff. *Derra de Moroda, F.:* A Spanish Book of 1758. Another 18th Century Book Discovery, in: Musical Times, July 1931, S. 336 ff. *Smith, M. D.:* A Fifteenth-Century Dancing Book, in: The Journal of the English Folk-Dance Society, vol. 3, 1937. *Michel, A.:* Die ältesten Tanzlehrbücher d. 18. u. 19. Jh. als Quelle f. d. Volkstanz, in: Festschrift f. Karl Horak, 1980, S. 35 ff. *Inglehearn, M.:* A Little-Known Fifteenth-Century Italian Dance Treatise, in: The Music Review, vol. 42, 1981, No. 3/4, S. 17 ff.

Tanzlehrer. Berufstanzlehrer waren zuerst in der Antike bei den Griechen und Römern bekannt. In Rom waren sie zumeist Ausländer. Nach dem Bericht Lucians von Samosata (120–180 n. Chr.) hatte im 2. Jh. n. Chr. jede vornehme Familie in Rom ihren Tanzlehrer. Sie lehrten aber meist nur die Kunsttänze. Im Mittelalter können die „Joculatores", die fahrenden Gaukler, die durch das Land zogen, als Vorstufe der Tanzlehrer angesehen werden. Die Zünfte hatten ihre ↗Tanzmeister als Leiter ihrer Tanzvergnügen auf den Zunftstuben angestellt. Ein selbständiger, angesehener Tanzlehrerstand bildete sich um die Mitte des 15. Jh. in Norditalien heraus. (Giovanni ↗Ambrosio, Carlo ↗Baccaria, ↗Caroso da Sermoneta, Antonio ↗Cornonzano, Pompeo ↗Diabono, ↗Domenico da Piacenza, Giovanni Francesco ↗Giera, ↗Guglielmo Ebreo da Pesaro, Giulio ↗Lampugnano, Ambrogio ↗Landriano, Francesco ↗Legnano, Cesare ↗Negri.) Um das Jahre 1600 gab es in Paris bereits 300 Tanzlehrer, die „professeur de danse" betitelt wurden. Das Verdienst der Tanzlehrer ist es, entscheidend auf die Entwicklung des höfischen ↗Gesellschaftstanzes eingewirkt zu haben. Sie haben den theoretischen und praktischen Grundstein des Gesellschaftstanzes gelegt. Der ↗Volkstanz hat zwar den höfischen Tanz noch weiter beeinflußt, aber ihre Formen und ihr Stil waren verschieden. Parallel zur Herausbildung des Tanzlehrerstandes lief auch die Entwicklung der Tanztheorie, es entstanden die ersten ↗Tanzlehrbücher. Von den „professori di balli", wie die Tanzlehrer auch benannt wurden, sind erstmals in der Geschichte des europäischen Gesellschaftstanzes neben den ↗Pas und ↗Touren der Tänze auch die Regeln der guten Tanzmanieren aufgeschrieben worden. Auch die deutschen Tanzlehrer, wie L. Bonin und G. ↗Taubert nahmen auf die Ausführungen ihrer ausländischen Vorbilder Bezug. Leitfaden für Lehrer und Lernende erschienen vom Beginn des 19. Jh an in großer Zahl und bildeten die Grundlage für den Berufsnachwuchs bis zur Jahrhundertwende. Das für den Tanzlehrer des 20. Jh. bedeutsamste Berufsereignis war die Konferenz von zweihundert englischen Tanzlehrern in den Grafton Galleries im Jahre 1920. Sie kam auf Anregung von P. J. ↗Richardson zustande. Ihre Aufgabe war, die Verwirrung, die beim Lehren der neuen Modetänze herrschte, möglichst einzuschränken und bestimmte Grundlagen zur Ausführung dieser Tänze zu fixieren. 1924 gliederte sich an die „Imperial Society of Teachers of Dancing" ein aus jungen Tanzlehrern bestehender „Ballroom Branch" an. 1929 fand die „Great Conference" mehrerer kontinentaler Tanzlehrerverbände statt. Im Jahre 1950 wurde in Edinburgh der „International Council of Ballroom Dancing" gegründet. Er soll die Zusammenarbeit aller europäischen Tanzlehrer bezwecken. Für die Befugnis, als Tanzlehrer beruflich zu wirken, sind heute bestimmte Vorschriften der Ausbildung durch Prüfungen vor einer aus profilierten Berufsvertretern zusammengesetzten Kommission nachzuweisen. Die Prüfungen werden mündlich, schriftlich und praktisch (Lehrproben, Beherrschung sämtlicher Tanzformen sowie der Damen- und Herrenschritte) abgehalten. (↗Akademien der Tanzkunst)

Lit.: *Sachs, C.:* Eine Weltgeschichte d. Tanzes, 1933, S. 200. *Bahr, W.:* Zur Entwicklungsgeschichte d. höfischen Gesellschaftstanzes, 1941, S. 6 ff. *Heyer, F.:* Der Tanz in d. modernen Gesellschaft, 1958, S. 29 ff. *Wegner, K.:* Der Tanzlehrer, Diss. Kölln, 1962.

Tanzlexika. Der niederländische Historiograph Joannes Meursius (1559–1639) veröffentlichte im Jahre 1618 die Schrift „Orchestra. Sive, de saltationibus veterum", welche in alphabetischer Reihenfolge 189 antike Tänze anführt und kommentiert. Diese Schrift, die auch in Jacobus Gronovius' „Thesaurus Graecorum antiquitatum, vol. VIII, S. 1235 ff., 1699" enthalten ist, kann als ein Beginn der lexikalischen Erfassung von Tänzen bezeichnet werden. Im Jahre 1742 veröffentlichte Valentino Trichter in Leipzig „Curiöses Reit-Jagd-Fecht-Tantz oder Ritter Exercitien Lexicon". Es verzeichnet in alphabetischer Ordnung „die niedrigen Cammer- und hohen Theatralischen Täntze, und die mit der Tantz-Kunst unzertrennlich verbundene musicalische Wissenschaft; das Ball- und Ballonen-Schlagen; die alten sowol als noch gebräuchlichen Ritterlichen Ernst- und Lust-Spiele". 1787 erschien von Charles Compan das Buch „Dictionnaire de danse, Contenant l'histoire, les règles und les principes de cet Art, avec des Réflexions critiques, & des Anecdotes curieuses concernant la Danse ancienne & moderne; Le tout tiré des meilleurs Auteurs qui ont écrit sur cet Art". Es bringt eine Zusammenfassung der bis dahin erschienenen Tanzliteratur, stellt aber mehr ein ↗Tanzlehrbuch dar. Von dem Ballettmeister, Tanzlehrer und ehemaligen Hoftänzer aus München, A. Diringer, erschien 1880 in München: „Die Tanzkunst. Kulturhistorische Skizze mit Tanz-Lexikon". Es beinhaltet neben der praktischen Lehre der modernen Salon-Tänze auch die Tänze der einzelnen Völker. Mit dem Beginn des 20. Jh. gewannen die wissenschaftlich begründeten Versuche, die Geschichte des Tanzes nach den verschiedensten Gesichtspunkten zu erfassen, die vielgestaltigen Formen des ↗Volks- und ↗Gesellschaftstanzes zu ordnen und einzuteilen und eine zusammenfassende Auskunft über alle Fragen des Tanzes zu geben, immer mehr an Bedeutung. 1930 hat Viktor ↗Junk erstmals den Versuch unternommen in seinem „Handbuch des Tanzes" die gesamte Kenntnis vom Tanz übersichtlich zusammenzufassen. Junks Werk kann als das erste wirkliche „Tanzlexikon" bezeichnet werden. Weitere lexikalische Werke, die seit dieser Zeit erschienen sind, befassen sich teils nur mit Spezialgebieten des Tanzes, teils aber auch mit der Gesamtheit des Tanzes. Zu diesen Veröffentlichungen sind zu zählen: *Tomaroff, A.:* Dictionary of Dancing, Latest and Most Complete Manual, New York , 1930; *Schuftan,*

W.: La danse artistique. Manual de danse, Paris 1938; *Chujoy, A.:* The Dance Encyclopedia, New York 1949, 2. Ed. New York 1967; *Love, P.:* Modern Dance, Terminology, New York 1953; *Dieckelmann, H.:* Kleines Volkstanzlexikon, Hamburg 1958; *Baril, J.:* Dictionnaire de danse, Paris 1964; *Raffe, W. G.:* Dictionary of the Dance, New York 1964. *Knust, A.-Peters, K.:* Kinetographisches Lexikon der klassischen Tanztechnik, Hamburg 1965 (Tanzarchivreihe 6); *Goldschmidt, Ae.:* Handbuch des deutschen Volkstanzes, 1967; *Manchester, P. W.:* The Dance Encyclopedia, New York 1967; *Hachard, H.:* La Danse, Paris 1976; *McDonagh, Don:* The Complete Guide to Modern Dance, New York 1976; *Cohen-Straytner, B. N.:* Biographical Dictionary of Dance, New York 1982 (A Dance Horizons Book). *Koegler, H. – Günther, H.:* Reclams Ballettlexikon, 1984. (↗Ballett-Lexika, ↗Ballettbibliographie)

Tanzlieder. Das Tanzlied ist die Verbindung von Wort, Weise und Tanz. Es kann als die ursprünglichste Form aller selbständigen Poesie bezeichnet werden. Tanzlieder sind zweifellos älter als die instrumentalen Tanzweisen. Sie verschwanden auch in demselben Maß, wie die Instrumentalmusik zunahm. Der Ursprung des Tanzliedes erwuchs zunächst aus der Improvisation, wie wir sie heute noch bei der gesungenen Tanzbegleitung der ↗Naturvölker finden. Die künstlerische Gestaltung folgte erst viel später. Eine besonders hohe künstlerische Formung und Vollendung hat das Tanzlied bereits im antiken Griechenland gefunden (↗Dithyrambos, ↗Hyporchema, ↗Päan). Durch den im 7. Jh. v. Chr. lebenden griechischen Dichter ↗Alkman erhielt die chorische Lyrik ihre erste bedeutende künstlerische Form. Eine besondere Stellung nahm das Tanzlied in der mittelalterlichen Lyrik ein. Wandernde Spielleute und höfische Sänger waren es, welche die Tanzweisen verfaßten und ins Volk trugen, wo sie weiterlebten. Die ältesten Aufzeichnungen stammen aus der Zeit der Troubadours. Im Lochheimer Liederbuch findet sich eine der ältesten Aufzeichnungen einer Tanzliedmelodie aus dem Jahre 1450: „Ich spring an disem ringe". Eine besondere Sammlung ist die der „Geistlichen Ringeltänze" aus dem 16. Jh. Alle spielmännischen und höfischen Tanzlieder hatten ja noch die Verbindung mit den Reigen des Volkes. Ihre Texte waren meist dem Liebesleben entnommen. Aus dem Mittelalter kommen auch die sogenannten ↗Totentanzlieder, die dem Gedanken entsprungen waren, daß der Tod die Verstorbenen in einem Reigen in sein Reich führt. Die Bedeutung des Tanzliedes ging um die Mitte des 17. Jh. zurück. Im gesellschaftlichen Leben übernahm die instrumentale ↗Tanzmusik die Vorherrschaft. Erhalten blieb das Tanzlied jedoch noch in den vielen Weisen und Gesängen (↗Schnadahüpfel), mit denen heute noch immer viele ↗Volkstänze begleitet werden und diesen Tänzen oft auch den Namen geben. Eine neue Form fand das Tanzlied in den Liedern und Versen der modernen Tanzmusik. Der „Schlager" kann als das Tanzlied des 20. Jh. bezeichnet werden.

Tanzlied 12. Jh.

E. de Coussemaker 1852

Lit.: *Kalff, G.:* Het lied in den middeleeuwen, Leiden 1884. *Böhme, F. M.:* Geschichte d. Tanzes in Deutschland, 1886, S. 53, 229. *Thuren, H.:* Tanz u. Tanzgesang im nordischen Mittelalter, in Zeitschrift d. int. Musikgesellschaft, Jg. 9, 1908, H. 6 u. 7. *Eleonskoj, E.:* Sbornik velikorusskich častušek, Moskau 1914. *Gennrich, F.:* Rondeaux, Virelais u. Balladen, in: Gesellschaft f. romanische Literatur, Bd. 43, 1921 u. Bd. 47, 1927. *Pfeiffer, K.:* Das chorische Tanzlied bis zum Beginn d. 13. Jh., Diss., Köln 1922. *Brandsch, G.:* Siebenbürgisch-sächsische Tanzlieder, in: Das deutsche Volkslied, Jg. 26, 1924, H. 5/6, S. 2 ff. *Gerold, M. Th.:* Les airs de danse, in: Encyclopédie de la musique et dictionnaire du conservatoire, 1930, S. 3082 ff. *Sonner, R.:* Musik u. Tanz, 1930, S. 77 ff., S. 86 ff. *Horak, K.:* Singtänze in d. Kremnitzer Sprachinsel, in: Sudentendeutsche Zeitschrift f. Volkskunde, Jg. 4, 1931, H. 1, S. 28 ff. *Hasting, H.:* Junge Tanzkunst u. ihre Beziehung zum deutschen Volkslied, in: Die Musik, Jg. 26, April 1934, S. 512 ff. *Hasting, H.:* Die innere Einheit v. Tanz u. Musik, in: Die Musik, Jg. 27, Dez. 1934, S. 173 f. *Henschel, H.:* Das volkstümliche deutsche Tanzlied d. neueren Zeit in seiner Beziehung zu Tanz u. Musik, Diss. München 1935, gedr. 1938. *Moser, H. J.:* Tönende Volksaltertümer, 1935, S. 71 f., 180 f., 226, 248. *Berger, B.:* Tanzlieder aus d. unteren Mühlviertel, in: Heimatgaue, Jg. 18, 1937, H. 3/4, S. 170 ff. *Disertori, B.:* Un'aria di danza a ritmo ambiguo in un affresco del Cinquecento, in: Rivista Musicale Italiana, vol. 44, 1940, H. 1, S. 31 ff. *Au, H. v. d.:* Odenwälder Traller, in: Zeitschrift f. Volkskunde, Jg. 50, 1953, S. 198 ff. *Wünsch, W.:* Die südeuropäische Volksepik, d. Ballade u. d. Tanzlied im Vergleich zu d. Frühformen in d. abendländischen Musikkultur, in: Bericht über d. Internationalen Musikwissenschaftlichen Kongreß, Bamberg 1953, S. 200 ff. *Galanti, B. M.:* Le villanelle alla napolitana, Firenze 1954. *Wolfram, R.:* European Song-Dance Forms, in: Journal of the Int. Folk Music Council, vol. VIII, 1956, S. 32 ff. *Anderluh, A.:* Das Tanzlied u. d. Tanzmelodie im Volkslied mit besonderer Berücksichtigung d. Kärntnerliedes, in: Tanz u. Brauch, Kärntner Museumsschriften, Bd. 19, 1959, S. 79 ff. *Zenker-Starzacher, E.:* Volkstanz-Ballade-Märchen, in: Tanz u. Brauch, Kärntner Museumsschriften, Bd. 19, 1959, S. 33 ff. *Derschmidt, H.:* Über Singtänze u. Tanzlieder in Oberösterreich, in: Jahrbuch d. österreichischen Volksliedwerkes, Bd. 32/33, 1984, S. 175 ff.

Tanzmeister nannte man im Mittelalter die von den Zünften bestellten Leiter der Tanzvergnügungen in den Zunftstuben. In Straßburg, Freiburg im Breisgau und Prag gab es eigene Tanzmeisterzünfte. Sie setzten sich aus Handwerkern zusammen und hatten das alleinige Privileg zur Errichtung öffentlicher Tanzschulen. (↗Communauté, ↗Tanzlehrer)

Lit.: *Böhme, F. M.:* Geschichte d. Tanzes in Deutschland, 1886. *Moser, O.:* Von Tanzburschen u. Tanzschaffern, in: Tanz u. Brauch, 1959, S. 137 ff.

Tanzmusik. Mit diesem Ausdruck ist die Musik zu verstehen, die entweder zur Begleitung eines Tanzes dient und dessen rhythmischen Charakter angepaßt ist, oder aber losgelöst vom Tanz, einer stilisierten Tanzform entspricht. Die Tanzmusik kann in verschiedener Weise ausgeführt werden, instrumental, mit Gesang (↗Tanzlied) oder mit Instrumenten und Gesang zusammen. Die Einheit von Tanz und Musik, also Tanzmusik als gesonderte Gattung im weiteren Sinn, gab es schon in der griechisch-römischen Antike. Die früheste Tanzmusik, die wir aus dem abendländischen Mittelalter kennen, ist das Tanzlied, das von Spielleuten und vom Volk gesungen und gespielt wurde. Da die Tanzmusik meist nur improvisatorisch ausgeführt wurde, ist sie uns nur sehr spärlich überliefert. Außerdem hatten die des Lesens unkundigen Spielleute mit aufgeschriebener Musik nichts anzufangen gewußt. Die rein instrumentale Tanzmusik, die nach und nach die Führung in der Tanzbegleitung übernahm, gewann zur Zeit der Renaissance immer mehr an Bedeutung. Die aristokratisch-höfische Kultur spielte bei der Aufwertung des ↗Gesellschaftstanzes und der begleitenden Musik eine wichtige und bedeutsame Rolle. Die Tänze dieser Zeit (↗Basse danse) wurden meist von Schalmeien und Trompete oder Laute, Harfe und Trommel oder Zink, Posaune und Schnabelflöte mit kleiner Trommel im heterophonen Zusammenspiel begleitet. Die Tänze waren nur einstimmig aufgeschrieben. Die wichtigsten Quellen für die Tanzmusik des 16. und 17. Jh. sind die ↗Tabulaturen. Die Aufzeichnungen für die Tasten-und Zupfinstrumente enthalten sowohl höfische Tänze als auch Volkstänze der Bauern und viele Tanzliedbearbeitungen. Zu Beginn des 17. Jh. wurden Tänze auch zu einem bestimmten Formtypus zusammengefaßt. Es entstand die ↗Suite. Die Tänze folgten in der Grundform der Suite in kontrastierenden Tempi aufeinander. Im 19. Jh. war es der ↗Walzer, der die Vorherrschaft in der Tanzmusik, vor allem in der Wiener Tanzmusik, übernahm. Die Ausbreitung des Tanzvergnügens führte zur Kommerzialisierung der Tanzmusik, und in den europäischen Großstädten spezialisierten sich ab Beginn des 19. Jh. Musiker als Tanzmusiker. Auch die Komponisten spezialisierten sich als Tanzkomponisten, viele der großen Meister haben Werke tänzerichen Charakters geschrieben (↗Haydn, ↗Mozart, ↗Schubert, ↗Strauß, ↗Weber, ↗Brahms, Richard ↗Strauss u. v. a.). Die Tanzmusik beeinflußte im Laufe der Zeit auch immer wieder die Kunstmusik, obwohl sich eine primär ästhetisch ausgerichtete Fachwelt gerne von der Tanzmusik distanzierte. Im frühen 19. Jh. trennte sich die Tanzmusik von der ernsten Musik überhaupt, was zu einer Unterscheidung zwischen E-Musik (ernste Musik) und U-Musik (Unterhaltungsmusik) führte. Die weitere Entwicklung der Tanzmusik bestimmten die sich im 20. Jh. ausbreitenden Tanzbewegungen afrikanischer und afroamerikanischer Herkunft. Zur Grundlage der Tanzmusik wurde nach dem ersten Weltkrieg der aus den USA kommende Jazzstil. Die Entwicklung der modernen Tanzmusik führt von ersten Jazztänzen in einer Linie vom ↗Rock'n'Roll zum ↗Beat und weiter zu den Formen der Rockmusik. (↗Jazz)

Lit.: *Guthmann, F.:* Über Tanzmusik, in: Allgemeine musikalische Zeitung, Jg. 7, Nr. 49, September 1805, Sp. 777 ff. *Anonym:* Über Tanzmusik u. ihren Werth. Mit vorzüglicher Rücksicht auf Böhmen, in: Allgemeine musikalische Zeitung, Jg. 12, Nr. 37, Juni 1810, Sp. 577. *Ambros, A. W.:* Die Tanzmusik seit 100 Jahren. Culturhistorische Bilder aus d. Musikleben d. Gegenwart, 1860, S. 193 ff. *Reißmann, A.:* Marsch u. Tanz in ihrer Bedeutung f. d. Entwicklung d. Instrumental-Musik, in: Neue Berliner Musikzeitung, Jg. 20, Nr. 22, Mai 1866, S. 169 ff. *Ungewitter, O.:* Die Tanzmusik in ihrem Einflusse auf d. moderne Musik u. in ihrer Kulturhistorischen Entwicklung, 1868. *Wasielewski, W. J. v.:* Die Collection Philidor, in: Vierteljahrsschrift f. Musikwissenschaft, Jg. 1, 1885, S. 531 ff. *Neubert, A.:* Die Berechtigung d. Polyphonie in d. modernen Tanzformen, in: Die Tonkunst, Nr. 22, 25, 1886. *Pauli, G.:*

Musik u. Tanz, in: Gemischtes Magazin d. Künste u. Wissenschaften, Bd. II, Stück 2, S. 174 ff. *Riemann, H.:* Die Bedeutung d. Tanzstücke f. d. Entstehung d. Sonatenform, in: Präludien u. Studien, Bd. 3, 1895, S. 157 ff. *Soffredini, A.:* Musica comica e coreografica, in: Il secolo XIX nello vita e nella cultura dei popoli, 1899/1906. *Weckerlin, J. B.:* Dernier musicien, historiettes, lettres, et sur la musique, les musiciens, et les instruments de musique, rythmique des anciens airs de danse, 1899. *Steuer, M.:* Tanzmusik im 19. Jh., in: Die Musik, Jg. 2, 1903, H. 20, S. 123 ff. *Bie, O.:* Tanzmusik, in: Die Musik, Sammlung illustrierter Einzeldarstellungen, Bd. 6, 1905. *Ecorcheville, J.:* Vingt suites d'orchestre du XVIIe siècle français 1640–1670, 1906. *Lange, F.:* Franz Schubert u. d. Tanzmusik seiner Zeit, 1906. *Wetzel, H.:* Beethovens Mödlinger Tänze, in: Zeitschrift d. Int. Musikgesellschaft, Jg. 11, 1910, H. 4, S. 103 ff. *Attaingnant, P.:* Chansons u. Tänze. Pariser Tabulaturdrucke f. Tasteninstrumente, hrsg. v. Ed. Bernoulli, München 1914. *Mautner, K.:* Alte Lieder u. Weisen aus d. Steyermärkischen Salzkammergut, 1919. *Nettl, P.:* Die Wiener Tanzkomposition in d. 2. Hälfte d. 17. Jh., in: Studien zur Musikwissenschaft, H. 8, 1921, S. 45 ff. *Nettl, P.:* Beitrag zur Geschichte d. Tanzmusik im 17. Jh., in: Zeitschrift f. Musikwissenschaft, Jg. 4, 1922, H. 5, S. 257 ff. *Lach, R.:* Eine Tiroler Liederhandschrift aus d. 18. Jh., in: Sitzungsberichte d. Akademie d. Wissenschaften, phil.-hist. Klasse, 198. Bd., 5. Abhandlung, 1923. *Frost, H.:* Oriental and Charakter Dances, 1927. *Haas, R.:* Die Wiener Tanzsammlungen, an denen Schubert mitwirkte, in: Der neue Pflug, Jg. 3, H. 7, Juli 1928, S. 10 ff. *Gerold, Th.:* Les airs de danse, in: Encyclopédie de la musique et dictionnaire du conservatoire, 1930, S. 3082 ff. *Nettl, P.:* Eine Wiener Tänzerhandschrift um 1650, in: Festschrift A. Koczirz zum 60. Geburtstag, 1930, S. 23 ff. *Orel, A.:* Wiener Tanzmusik u. Operette, in: Handbuch d. Musikgeschichte v. Guido Adler, Bd. 2, 1930, S. 984 ff. *Simon, H.:* Mozart u. d. Bauernmusi, in: Das deutsche Volkslied, Jg. 32, 1930, H. 5, S. 61 ff. *Hasting, H.:* Die Verbindung v. Tanz u. Musik, ein Gestaltungswille unserer Zeit, in: Die Musik, Jg. 23, 1930/31, H. 10, S. 729 ff. *Hasting, H.:* Elemente u. Form einer neuen Tanzmusik, in: Die Musik, Jg. 24, 1932, H. 9, S. 657 ff. *Havlik, A.:* Tanzkomposition u. Musik, in: Die Musik, Jg. 24, 1932, H. 9, S. 661 ff. *Hasting, H.:* Von d. musikalischen Komposition zum neuen Tanz, in: Die Musik, Jg. 25, 1933, H. 4, S. 259 ff. *Helfgott, M.:* Das Erleben moderner Tanzmusik, Diss. Wien 1935. *Mojsisovics, R. v.:* Instrumentale Tanzformen. Ein formal-geschichtlicher Versuch, in: Musik im Zeitbewußtsein, Jg. 3, 1935, Nr. 20, S. 11 ff. *Au, H. v. d.:* Was ein Dorfmusiker vor 125 Jahren zum Tanz spielte, in: Volk u. Scholle, Jg. 14, 1936, H. 1, S. 11 ff. *Twittenhoff, W.:* Instrumente zum Tanz, in: Deutsche Musikkultur, Jg. 1, 1936/37, H. 3, S. 165 ff. *Ziegenhals, J.:* Die älteste Tanzmusik d. Thüringen-Altenburgischen Bauern, in: Das deutsche Volkslied, Jg. 39, 1937, H. 4, S. 47 ff. *Kopp, W.:* Zur Geschichte d. deutschen Volkstanzmusik, in: Lied u. Volk, Jg. 8, 1938/39, S. 9 ff., und in: Deutsche Tonkünstlerzeitung, Jg. 34, 1938, S. 237 ff. *Stauder, W.:* Tanzmusik, in: Hohe Schule d. Musik, Bd. 4, 1938, S. 269 ff. *Ducout, M. St.:* La danse sonore, synthèse de la danse et de la musique, thèse pour le doctorat de l'Université de Paris, 1940. *Arvey, V.:* Choreographic Music, 1941. *Weidemann, A.:* Betrachtungen zur Unterhaltungs- u. Tanzmusik, in: Musik im Kriege, 1943, H. 5/6, S. 81 ff. *Nettl, P.:* The Story of Dance Music, 1947. *Decsey, E.:* Der Tanz in d. Symphonie, in: Österreichische Musikzeitschrift, Jg. 5, 1950, H. 3/4, S. 65 ff. *Hamza, E.-Schaller, E.:* Bäuerliche Tanzmusik, 1950. *Lifar, S.:* La Musique par la danse, 1950. *Becker, H. S.:* The Professional Dance Musician and His Audience, in: American Journal of Sociology, Nr. 2, 1951. *Nettl, P.:* Ein österreichisch-böhmisches Manuskript volkstümlicher Barockmusik, in: Die Musikforschung, Jg. 5, 1952, H. 2/3, S. 171 ff. *Becker, H. S.:* Some Contingencies of the Professional Dance Musician's Career, in: Human Organization, vol. 12, 1953. *Bónis, F.:* Magyar táncgyüjtemény az 1820-as évekböl, Budapest 1953. *Hoerburger, F.:* Tanz gegen Musik, in: Musica, Jg. 7, 1953, H. 11, S. 510 ff. *Wiora, W.-Salmen, W.:* Die Tanzmusik im deutschen Mittelalter, in: Zeitschrift f. Volkskunde, Jg. 50, 1953, H. 3/4, S. 164 ff. *Baresel, A.:* Der Rhythmus in d. Jazz- u. Tanzmusik, 1955. *Commenda, H.:* Oberösterreichische Volksmusik im Jahre 1724, in: Jahrbuch d. oberösterreichischen Musealvereines, Bd. 101, 1956, S. 275 ff. *Spohr, H.:* Studien zur italienischen Tanzkomposition um 1600, Diss. Freiburg/Br., 1956. *Nowak, L.:* Ländler, Walzer u. Wiener Lieder im Klavierbuche einer preußischen Prinzessin, in: Jahrbuch d. österreichischen Volksliedwerkes, Bd. 6, 1957, S. 133 ff. *Corazza, R.:* Volksmusik aus d. Ultental, in: Jahrbuch d. österreichischen Volksliedwerkes, Bd. 7, 1958, S. 66 ff. *Thakray, R. M.:* Music and Physical Education, 1958. *Hoerburger, F.:* Musik u. Tanz, in: Hausmusik, Jg. 23, 1959, H. 4/5, S. 126 ff. und in: Kontakte, Jg. 1, 1958, S. 27 ff. u. Jg. 2, 1959, S. 78 ff. *Apel, W.:* Tänze u. Arien f. Klavier aus d. Jahre 1588, in: Archiv f. Musikwissenschaft, Jg. 17, 1960, H. 1, S. 51 ff. *Nettl, P.:* Das Tanzbüchlein d. Johann Friedrich Dreyßer, in: Archiv f. Musikwissenschaft, Jg. 17, 1960, H. 2/3, S. 142 ff. *Nettl, P.:* Wiener Tanzmusik in d. zweiten Hälfte d. 17. Jh., in: Denkmäler d. Tonkunst in Österreich, H. 56, 1960. *Szabolski, B.:* Über d. Fortleben antiker Metren in d. ungarischen Lied- u. Tanzmusik, in: Festschrift H. Besseler zum 60. Geburtstag, 1961, S. 15 ff. *Pisk, P. A.:* Die melodische Struktur d. unstilisierten Tanzsätze in d. Klaviermusik d. deutschen Spätbarock, in: Studien zur Musikwissenschaft, H. 25, 1962, S. 397 ff. *Steglich, R.:* Tanzrhythmen in d. Musik Joh. Seb. Bachs, 1962. *Hoerburger, F.:* Tanz u. Tanzmusik im Bereich d. Albaner Jugoslawiens unter besonderer Berücksichtigung d. Musik auf Schalmei u. Trommel, 1963. *Seidel, H.:* Mein Volksmusik-Sammelwerk, in: Jahrbuch d. österreichischen Volksliedwerkes, Bd. 12, 1963, S. 94 ff. *Therhoff, F.:* Dictionary of Dance Rhythmus, 1964. *Reichert, G.:* Der Tanz, in: Das Musikwerk, H. 27, 1965. *Suppan, W.:* A Collection of European Dances, Breslau 1555, in: Studia Musicologica, Tom. VII, 1965, S. 165 ff. *Klima, J.:* Die Tänze d. Nicolaus Schmall v. Lebendorf (1613), in: Österreichische Musikzeitschrift, Jg. 21, 1966, H. 9, S. 460 ff. *Machabey, A.:* La musique de danse, 1966. *Richter, L.:* Tanzstücke d. Berliner Biedermeier, in: Deutsches Jahrbuch d. Musikwissenschaft f. 1965, Jg. 10, 1966, S. 31 ff. *Horak, K.:* Tanzmusik aus Tirol, 1967. *Holy, D.:* Probleme d. Entwicklung u. d. Stils d. Volksmusik, Brünn 1969. *Hofmann, H. P.:* ABC d. Tanzmusik, 1971. *MacCarthy, A.:* The Dance Band Era, 1971. *Bachmann, F.:* Rezeptionskundliche Untersuchungen zur Tanzmusik in d. DDR, in: Beiträge zur musikwissenschaftlichen Forschung in d. DDR, Bd. 4, 1972. *Jammers, E.:* Studien zur Tanzmusik d. Mittelalters, in: Archiv f. Musikwissenschaft, Jg. 30, 1973, S. 81 ff. *Haager, M.:* Die instrumentale Volksmusik im Salzkammergut, in: Musikethnologische Sammelbände, Bd. 3, 1979. *Otterbach, F.:* Die Geschichte d. europäischen Tanzmusik, 1980. *Marcailhou, G.:* L'arte di compore ed eseguire la musica per danza, Milano, s. a.

Tanznamen. Die Namen der Tänze sind verschiedenen Ursprungs. So können die Tänze benannt sein: nach einer charakteristischen Bewegung, der Form und Art (Springtanz, Schleifer, Dreher); nach Ländern und Nationen (Deutscher, Ungarischer, Bayrischer); nach dem Stand der Tanzenden (Hoftanz, Bauerntanz); nach einem Gegenstand (Schleiertanz, Schwerttanz, Fächertanz); nach Tanzliedern (Benzenauer, Schöne Müllerin); und schließlich noch nach vielen anderen zufälligen Bestimmungen, wie sie teils der Mode oder verschiedenen Darstellungsformen, z. B. pantomimischer Art, entspringen. Für die Tanzwissenschaft sind die Namen der Tänze meistens nur von sekundärer Bedeutung, da aus ihnen selten eine eindeutige Einordnung und Erklärung der Tanzbewegung zu erschließen ist.

Lit.: *Böhme, F. M.:* Geschichte d. Tanzes in Deutschland, 1886, S. 257. *Sachs, C.:* Eine Weltgeschichte d. Tanzes, 1933, S. 169. *Wolfram, R.:* Schwerttanz u. Männerbund, 1935, S. 190. *Au, H. v. d.:* Über Tanznamen im Rhein-Main-Gebiet, in: Hessische Blätter f. Volkskunde, Bd. 37, 1939, S. 172 ff. *Zoder, R.:* Tanz u. Musik im Familiennamen, in: Das Deutsche Volkslied, Jg. 46, 1944, H. 1/2, S. 9 ff. *Harding, Ann:* An Investigation Into the Use and Meaning of Medieval German Dancing Terms. 1973. *Peter, I.:* Tänze aus d. Lungau u. Pinzgau, in: Der fröhliche Kreis, Jg. 26, 1976, H. 1, S. 1 ff.

Tanznotation ↗Choreographie.

Tanzorte ↗Tanzhäuser, ↗Tanzlauben, ↗Tanzplan.

Tanzpaar nennt man die Verbindung zweier in Takt, Rhythmus und Charakter kontrastierender Tänze. Ihren Ursprung hat das Tanzpaar in der bereits im frühen Mittelalter üblichen Gegenüberstellung von geschrittenem, ruhigem, geradtaktigem Vortanz und gesprungenem, raschem, ungeradtaktigem Nachtanz (↗Springtanz). Dieser Brauch galt bis ins 16. Jh. und ist in ganz Europa nachzuweisen. Der Nachtanz ist dabei meist nur eine rhythmische Umgestaltung (Verkürzung) der Melodie des Vortanzes. Im ↗Volkstanz zeigt sich dieser Wechsel des Rhythmus bis heute in verschiedenen Formen. Beim ↗Ländler z. B. können die Musikanten dieselbe Melodie auf „landlerisch" im geraden Takt oder „steirisch" im ungeraden Takt spielen (↗Jägermarsch, ↗Schwabentanz). Als Tanzpaar bezeichnet man auch die bei Ausführung eines Tanzes übliche Einheit von Tänzer und Tänzerin. (↗Allemande)

Lit.: *Geramb, V.:* Vom Tanzen, Jahrbuch d. österreichischen Volksliedwerkes, Bd. 6, 1957, S. 46 ff.

Tanzplan nannte man im Mittelalter die seit dem 14. Jh. urkundlich bekannten Tanzplätze unter freiem Himmel. Auf ihnen vergnügte sich vor allem zur Sommerzeit die ländliche Bevölkerung. Vielfach errichtete man auf dem Tanzplan eigene überdachte sogenannte ↗Tanzlauben. Auch in den Städten gab es eigene Tanzplätze, doch finden sich dort vom 14. Jh. an bereits eigene Tanzlokale, die ↗Tanzhäuser. (↗Plantanz)

Lit.: *J. F. S.* (Pseud. Mercurius): Der von dem Mercurius neugebaute Schau-Platz d. Dantzenden, Nürnberg 1671. *Böhme, F. M.:* Geschichte d. Tanzes in Deutschland, 1886, S. 82. *Mößigner, F.:* Die Dorflinde als Weltbaum, in: Germanien, Jg. 10, 1938, H. 12, S. 388 ff.

Tanzpsychologie. Der Tanz kann unmittelbare Äußerung dessen sein, was den Menschen innerlich bewegt. Jedes Gefühl, Freude, Trauer, Liebe, Haß, Sehnsucht, Angst, Zuneigung und Abneigung kann in tänzerischer Bewegung seinen Ausdruck finden. Die Erforschung solcher seelischer Vorgänge und Erscheinungen beim Tanz hat vor allem im 20. Jh. in einer Anzahl psychologischer Betrachtungen ihren Niederschlag gefunden. Sie umfassen alle Formen tänzerischer Ausdrucksfähigkeit, wie sie bei allen Völkern, zu allen Zeiten und in allen Schichten der Gesellschaft zu finden sind.

Lit.: *Villanis, L.:* Psicologia della danza, in: Gazzetta musicale di Milano, 48, Nr. 11, 16, 1893; *Bachmann, Magdalene:* Zur Psychologie u. Physiologie d. Tanzes, in: Neue metaphysische Rundschau, Jg. 5, 1901, H. 6. *Hornbostel, E.:* Melodischer Tanz. Eine musikpsychologische Studie, in: Zeitschrift d. Internationalen Musikgesellschaft, Jg. 5, 1904, H. 12, S. 482 ff. *Schloezer, Boris de:* Psychologie et danse, in: Revue Musicale, numero speciale, Dezember 1921, S. 118 ff. *Flach, A.:* Zur Psychologie d. Ausdrucksbewegung, 1928. *Sutermeister, Hans M.:* Psychologie d. Tanzes, in: Von Tanz, Musik u. anderen schönen Dingen, Psychologische Plaudereien, Bern 1944. *Buytendijk, F. J. J.:* Zur allgemeinen Psychologie d. Tanzes, Uppsala 1951. *Branham-*

Rudhayer, Eya F.: Ton u. Tanz als Erweiterung d. Psychodramas, in: Musik in d. Medizin, Stuttgart 1958. *Roessner, Lutz:* Jugend im Erziehungsbereich d. Tanzes, 1963 (Abhandlungen zur pädagogischen Psychologie 6). *Baaren, Th. P. van:* Selbst d. Götter tanzen, 1964. *Golja, Petra:* Künstlerische Tanzstile. Semantisches Erleben u. d. Zusammenhang zwischen Bevorzugung von Tanzstilen u. Persönlichkeitvariablen, Diss. Wien 1980.

Tanz rückwärts. ↗Deutscher Volkstanz, eine Spielart der in Bayern sehr verbreiteten ↗Zwiefachen.

Lit.: *Ritter v. Rittersberg, J.:* České národní písně, 1825. *Junk, V.:* Die taktwechselnden Volkstänze, 1938, S. 15.

Tanzschrift ↗Choreographie.

Tanztheater Wien. Dieses Ensemble wurde im Herbst 1982 von der Choreographin Liz King (geb. 15. September 1947 in Salisbury) gemeinsam mit Manfred Biskup, Harmen Tromp und Esther Linley gegründet.

Tanzturniere sind wettkampfmäßige tanzkünstlerische und tanzsportliche Veranstaltungen. Es gab sie schon im antiken Griechenland bei den Tanzfesten auf der Insel Delos. Die modernen Tanzturniere entwickelten sich am Anfang des 20. Jh. Die Turniertanzverordnung sieht für die Durchführung folgende Bewertungen vor: Takt und Grundrhythmus, Bewegungsablauf, Körperhaltung, rhythmische Gestaltung und Fußarbeit. Zu den Turniertänzen gehören die fünf Standardtänze: langsamer Walzer, ↗Tango, ↗Slowfox, Wiener ↗Walzer, ↗Quickstep und die vier lateinamerikanischen Tänze ↗Rumba, ↗Samba, ↗Cha-Cha-Cha und ↗Paso doble. Berufstänzer tanzen außerdem noch den ↗Jive. Die Amateurtänzer sind im „International Council of Amateur Dancers Bremen", und die Berufstänzer im „International Council of Ballroom Dancing London", zusammengeschlossen. Oberste Länderorgane der Tanzturniere sind der „Deutsche Tanzsportverband" in der BRD, die „Arbeitsgruppe Turniertanz der zentralen Arbeitsgemeinschaft Gesellschaftstanz Leipzig" in der DDR, der „Österreichische Amateurtanzsportverband Wien" für Österreich und der „Schweizer Amateursportverband Lenzburg" für die Schweiz. (↗Gesellschaftstanz, ↗Welttanzprogramm)

Lit.: *Pollack, H.:* Die Revolution d. Gesellschaftstanzes, 1922, S. 97 ff. *Gebhard, U.:* Bewegung u. leiblicher Ausdruck als Aufgabe einer umfassenden Menschenbildung – unter besonderer Berücksichtigung d. Tanzes, Diss. München 1978, S. 60 f.

Tanzverbote sind aufschlußreiche Zeugnisse zur Geschichte des Tanzes. Zu allen Zeiten bis in unsere jüngste Vergangenheit hat es immer wieder Gegner des Tanzes gegeben, die in Reden, Predigten und Schriften den Tanz bekämpften, ihn als unsittlich und sündig bezeichneten. Im Altertum waren es römische Denker, Dichter und Staatsmänner, die den Tanz im Gegensatz zu den Griechen nicht als ästhetisches und ethisches Bildungs- und Erziehungsmittel betrachteten, sondern ihn als schändlich und schädlich verurteilten. So meinte der Staatsmann und Philosoph Cicero († 43 v. Chr.): „Niemand tanzt, wenn er nüchtern ist, er müsse denn wahnsinnig sein ..." Horaz mahnte, die gefährlichen Tänze zu meiden. Cato und Kaiser Domitian verurteilten den Tanz und die tanzenden Römer in gleicher Weise. Kaiser Tiberius vertrieb die der Gesellschaft schädlichen Tänzer aus Rom, und der römische Historiker Justinus meinte, der Tanz „sei nichts anderes als eine Veranlassung und Reizung zur Üppigkeit und Verführung". Als leidenschaftlicher Gegner des Tanzes sind auch die Lehrer und Schriftsteller der alten Kirche, die Kirchenväter, aufgetreten (2. bis 6. Jh.). Johannes Chrysostomos nannte den Tanz ein satanisches Teufelswerk, Basilius d. Gr. bezeichnete den Tanz als eine Niederlage der Seelen und eine unverantwortliche Geilheit. Der hervorragendste Kirchenvater des Abendlandes, Augustinus Aurelius (353–430), stellte den im Mittelalter oft gebrauchten Satz auf: „Der Tanz ist ein Kreis, dessen Mittelpunkt der Teufel ist." Der Hl. Ambrosius und mit ihm einige Kirchenversammlungen verboten schließlich das Tanzen für die Christen gänzlich. So ist es verständlich, daß durch diese Verdammung des Tanzes durch die Kirchenväter und Synoden der Tanz durch das ganze Mittelalter hindurch als ein verabscheuungswürdiges, sündiges Vergnügen galt. Auch die mittelalterlichen Sittenprediger, Theologen und Philosophen sind wiederholt in Schrift und Rede gegen den „sündigen, teuflischen Tanz" aufgetreten. In späterer Zeit bezog sich die Tanzgegnerschaft allerdings nur auf bestimmte Tänze, wie die ↗Paartänze mit den engen Umschlingungen (Schrift von Salomo Jakob Wolf aus dem Jahre 1797). Auch das Tanzen zu bestimmten Zeiten und Tagen gab immer wieder den Anlaß zu Verboten. Vor allem wurden oftmals Bedenken gegen das Tanzen an Sonntagen geäußert. So wurde noch im Jahre 1888 im Schweizer Kanton Freiburg ein sonntägliches Tanzverbot erlassen. Verschiedene Mißbräuche und Auswüchse bei Tanzveranstaltungen gaben den Anstoß, daß sich auch weltliche Obrigkeiten veranlaßt sahen,

Verbote zu erlassen. Solche behördlichen Tanzverbote bezogen sich vor allem auf gewisse unschickliche Tänze und sind uns aus zahlreichen Stadt- und Polizeiverordnungen des Mittelalters, aber auch noch vereinzelt aus dem 19. Jh. bekannt.

Lit.: *Anonym:* Was schaden tantzen bringt, Predigt aus d. 15. Jh. (Abdruck: Altdeutsche Blätter, Bd. I, 1835, S. 52 ff.). *Geiler v. Kaisersberg, J.:* Vom Tanznarren in sieben Schellen, 1498. *Gruner, C.:* Ein Ratschlag wider d. gottlosen Tentz, 1525. *Agrippa v. Nettesheym, H. C.:* Apologia aduersus calumnias propter Declamationem de Vanitate scientiarium, 1533. *Ambach, M. M.:* Von Tantzen, 1545. *Paradin, G.:* Le blason des danses, 1556 (Neudruck: Paris 1830). *Daule v. Fürstenberg, F.:* Tantzteuffel, 1567. *Anonym:* A treatise against the abuse Dauncing, 1581. *Münster, J. v.:* Gottseliger Traktat v. ungottseligen Tänzen, 1594. *Boiseul, J.:* Traité contre les danses, 1606. *Roscio, J. L.:* Conclusions upon Dances, both of this age and of the old, 1607. *Frischer, O.:* Gespräch v. d. Dantzen, 1641. *Anonym:* Een Kort Tractaetjen van den Dansen, 1644. *Vincent, Ph.:* Le procès des danses debattu entre Phil. Vincent. Et aucums des Sieurs sensuites de la mesme ville, d'autre, La Rochelle 1646. *Bentham, J.:* Chorotheologon, 1657. *Hartmann, J. L.:* Der Tanzteuffel, 1677. *Steso, C.:* Christelyck en bescheiden oordeel over Dansereyen en Schou-spelen, 1680. *Francke, A. H.:* Gründ- u. ausführliche Erklärung d. Frage: Was v. d. Weltüblichen Tantzen zu halten, 1697. *Wiegeleb:* Was v. Tantze zu halten sey, 1697. *Seidel, C. M.:* Christliches u. erbauliches Gespräch v. Zechen, Schwelgen, Spielen u. Tanzen, 1698. *Lange, J. C.:* Vernunfft-mäßiges bescheidenes u. Unparteyisches Bedencken über d. Streitigkeit v. Tantzen, 1704. *Albrechten, G.:* Bedencken v. tantzen ... Schwäb. Hall 1705. *Kellner v. Zinnendorff, J. W.:* Tantz-Greuel, 1716. (Siehe dazu: Neues Lausitzisches Magazin, Bd. 41, 1864, u. Sonntagsbeilage d. Vossischen Zeitung, Nr. 29 v. 22. Juli 1883). *Kellerer, J. W.:* Der Tanzgreuel, Augsburg 1716. *Statius, J.:* Ob einem Christen zu tantzen erlaubt sey?, 1719. *Narren-Kurtzweil,* 1734. *Henselius, M.:* Schlüssel zur Erkenntniß u. Verabscheuung d. Heydnischen Tantz- u. Lustwesens, 1737. *Sturm, J. P. Ch.:* Evangelisches Zeugnis wider d. Welt-übliche Sauff-Tanz- u. Spiellust, 1745. *Bogatzky, C. H. v.:* Schriftmässige Beantwortung d. Frage: Was v. d. weltüblichen Tanzen u. Spielen zu halten sey ..., 1750. *Beer, J. Ch.:* Der höllische Reien, Augspurg 1752. *Gauthier, F.:* Traité contre les danses et les mauvaises chansons, 1769. *Jacobi, J. F.:* Vertheidigung d. Spiele, Tänze, Schauspiele u. anderer irdischen Lustbarkeiten, 1770. *Wülfer, D.:* Bedenken v. Tanzen an Sonntagen, 1778. *Nyssem, J. J.:* Un mot sur la danse adressé aux péres et méres de famille et à leurs enfants, 1786. *Davis, M.:* Thoughts on dancing, 1791. *Wolf, S. J.:* Beweis, daß d. Walzen eine Hauptquelle d. Schwäche d. Körpers u. d. Geistes unserer Generation sey, 1797. *Schmidt, Th.:* Gedanken über d. Tanz, 1822. *Hillebrand, J.:* Die Tanzbelustigungen, beurtheilt nach d. Lehre d. hl. Schrift, d. Kirchenversammlungen, d. Kirchenväter, sogar d. Weltleute u. auch d. täglichen Erfahrung. Mit besonderer Rücksicht auf Hochzeiten, Fastnachtstage, Schützenfeste, Kirmessen, Jahrmärkte, Freitänze, Kinderbälle u.s.w. nebst Antworten auf alle v. d. Tanzliebhabern gemachten Einwendungen, Paderborn 1863. *Brookes, J. H.:* May Christians Dance?, 1869. *Böhme, F. M.:* Geschichte d. Tanzes in Deutschland, 1886, S. 91 ff. *Crossley, H. T.:* A Practical Discussion of the Parlor Dance the Theatre the Cards, 1895. *Acken, B. van:* Moderne Tänze, in: Theologisch-praktische Quartalschrift, Jg. 80, 1927, S. 734 ff. *Janssen, A.:* Mode en dans, 1933. *Stumpfl, R.:* Kultspiele d. Germanen als Ursprung d. mittelalterlichen Dramas, 1936, S. 142. *Panzer, M.:* Tanz u. Recht, Deutsche Forschungen, Bd. 32, 1938. *Haas, R.:* Gegen Walzer u. Walzen, in: Mozart-Jahrbuch, 1955, S. 154 ff. *Heyer, F.:* Der Tanz in d. modernen Gesellschaft, 1958, S. 139. *Schneider, M.:* Der Teufel als Tänzer – zu einem Motiv d. Volkssage, in: Festschrift f. Karl Horak, 1980, S. 189 ff. *Schneider, E.:* Musik- u. Tanzverbote in Vorarlberg, in: Jahrbuch d. österreichischen Volksliedwerkes, Bd. 30, 1981, S. 43 ff.

Tanzwut (Choreomanie) ist jene abnorme Erscheinung von Tanzekstase, die im Mittelalter vor allem in Deutschland, den Niederlanden, Belgien und Italien auftrat und gleichsam wie eine Epidemie das Volk erfaßte. Sie äußerte sich in einem krankhaften Zwang zum Tanzen, der die Betroffenen in ihren gesteigerten rhythmischen Bewegungen und ekstatischen Sprüngen wie Besessene erscheinen ließ, die sich in rastloser Entrücktheit oft bis zur endgültigen Erschöpfung dem Tanz hingaben. Ob es sich dabei nur um planlose Sprünge handelte oder um eine übertriebene Ausführung der Tänze ihrer Zeit, ist heute nicht mehr feststellbar. Auch die Ursache der mittelalterlichen Tanzwut ist nicht vollends erklärbar. Vielleicht lag sie, wie verschiedentlich behauptet wird, in der pathogenen Nerven-überreiztheit des durch Krankheiten und Kriege im Seelenleben zermürbten und aufgewühlten Menschen des Mittelalters. Anderseits mag sie ihrem vermutlichen Ursprung nach nicht ein medizinisches, sondern ein vorwiegend religionsgeschichtliches und religionspsychologisches Phänomen gewesen sein. Zu den Erscheinungen der mittelalterlichen Tanzwut zählen die ↗Johannistänze, ↗Pestabwehrtänze und der ↗Veitstanz in Deutschland und bei seinen nördlichen Nachbarn, sowie der ↗Tarantismus in Italien. Zur Tanzwut gehörig können aber auch die Tanzekstasen der römischen ↗Galloi des Altertums, der ↗Bacchantinnen, ↗Kureten, ↗Korybanten und der ↗Mänaden aus der griechischen Antike gerechnet werden. Ebenso sind auch die ekstatischen Tänze späterer Zeit wie der ↗Derwischtanz und der Tanz der Kamtschadalen als Erscheinung der Tanzwut zu bezeichnen. Letzten Endes können auch die in jüngster Zeit oft vorkommenden Ausschreitungen bei den

↗Hot-Jazz- und ↗Beat-Veranstaltungen als eine Art von krankhafter Tanzekstase angesehen werden, die allerdings mehr sexuellen Motiven entspringt. Die Berichte über die Tanzwut des Mittelalters gehen in ihren Daten oft sehr weit auseinander. Die ersten Nachrichten stammen aus dem 11. und 12. Jh. Ihren Höhepunkt erreichte die Tanzwut in Deutschland in der Zeit von 1374 bis 1518. Es war nach der großen europäischen Pestepidemie, als sie von der Gegend des Rheins her ihren Ausgang nahm und einer Seuche gleich auf die Niederlande und auf Belgien übergriff. Während sie in diesen Ländern um das 16. Jh. erlosch, wütete in Italien die unter dem Namen Tarantismus bekannte Tanzseuche, die im 15. Jh. ihren Anfang nahm und weit bis in das 17. Jh. hinein dauerte. (↗Echternacher Springprozession, ↗Zar-Tanz)

Lit.: *Zuccolo da Cologna, M. S.:* La pazzia del ballo, 1549. *Wendt, J.:* Ueber Tanz als Vergnügen u. Schädlichkeit, Breslau 1803. *Anonym:* Über Frohn- u. Fest-Tänze, nebst einigen Notizen v. d. Tänzen d. ersten Christen, d. St. Veitstanze u. d. Tanzwuth älterer Zeiten überhaupt, Curiositäten d. physisch-literarisch-artistisch-historischen Vor- u. Mitwelt, Bd. III, IV. Stück, 1813, S. 319 ff. *Anonym:* Die Tanzwuth. Eine Krankheit. Mit Beispielen a. d. Geschichte, Curiositäten d. physisch-literarisch artistisch-historischen Vor- u. Mitwelt, Bd. III, V. Stück, 1814, S. 437 ff. *Hecker, J. F. C.:* Die Tanzwuth, eine Volkskrankheit im Mittelalter, 1832, 1865. *Wicke, E. Conr.:* Versuch einer Monographie d. grossen Veitstanzes u. d. unwillkürlichen Muskelbewegung, nebst Bemerkungen über d. Taranteltanz u. d. Beriberi, 1844. *Krier, J. Bernh.:* Die Springprozession u. d. Wallfahrt zum Grabe d. heiligen Willibrord in Echternach, 1870. *Böhme, F. M.:* Geschichte d. Tanzes in Deutschland, 1886, S. 40 ff. *Schröder, Edw.:* Die Tänzer v. Kölbigk. Ein Mirakel d. 11. Jh., in: Zeitschrift f. Kirchengeschichte, Bd. 17, 1897, S. 94 ff. *Martin, A.:* Geschichte d. Tanzkrankheit in Deutschland, in: Zeitschrift d. Vereins f. Volkskunde, Jg. 24, 1914, H. 2, S. 113 ff., H. 3, S. 225 ff. *Thienemann, A.:* Die Tanzseuche, in: Berliner Tageblatt 1916, Nr. 107. *Martin, A.:* Die Tanzkrankheit in d. Schweiz, in: Schweizerische med. Wochenschrift, Jg. 53, d. Correspondenz-Blattes f. Schweizer Ärzte, Nr. 19, 10. Mai 1923, S. 470 f. *Boehn, M.:* Der Tanz, 1925, S. 62 ff. *Liebscher, H.:* Ein kartographischer Beitrag zur Geschichte d. Tanzwut, Diss. Leipzig 1931. *Sachs, C.:* Eine Weltgeschichte d. Tanzes, 1933, S. 170 ff. *Schröder, Edw.:* Das Tanzlied v. Kölbigk, in: Nachrichten v. d. Gesellschaft d. Wissenschaften zu Göttingen, Philolog. hist. Klasse, 1933, S. 355 ff. *Meier, J.:* Das Tanzlied d. Tänzer v. Kölbigk, in: Schweizerisches Archiv f. Volkskunde, Bd. 33, 1934, S. 152 ff. *Moser, H. J.:* Tönende Volksaltertümer, 1935, S. 244. *Stumpfl, R.:* Kultspiele d. Germanen als Ursprung d. mittelalterlichen Dramas, 1936, S. 170 ff. *Baesecke, G.:* Der Kölbigker Tanz, Philologisch u. literarisch, in: Zeitschrift f. deutsches Altertum u. deutsche Literatur, Bd. 78, 1941, S. 1 ff. *Schulz, Ed.:* Das Bild d. Tanzes in d. christlichen Mystik, Diss. Marburg 1941, S. 109. *Plaschil, H.:* Bodenständiges u. fremdes Kulturgut in unseren Tänzen im Laufe d. Geschichte, Diss. Wien 1946, S. 86 ff. *Wiora, W.:* Der Brautreigen zu Kölbigk in d. heiligen Nacht d. Jahres 1020, in: Zeitschrift f. Volkskunde, Jg. 50, 1953, H. 3/4, S. 188 ff. *Siebert, H.:* Das Tanzwunder zu Kölbigk und d. Bernburger Heil'ge Christ, in: Festschrift, dem Verein f. Geschichte u. Altertumskunde zu Bernburg anläßlich seines 25jähr. Bestehens gewidmet. *Katner, W.:* Das Rätsel d. Tarentismus. Eine Ätiologie d. ital. Tanzkrankheit, in: Nova Acta Leopoldina, Abhandlungen d. deutschen Akademie d. Naturforscher, N. F., Bd. 18, Nr. 124, 1956. *Schenk, G.:* Panik-Wahn-Besessenheit. Die zügellose Masse gestern u. heute, 1958. *Meerloo, Joost, A. M.:* Rhythmus u. Ekstase. Vom primitiven Tanz zum Rock'n'Roll, 1959. *Penna, R.:* La tarantella napoletana, 1963. *Baaren, Th. P. van:* Selbst d. Götter tanzen, 1964, S. 90 ff. *Metzner, E. E.:* Zur frühesten Geschichte d. europäischen Balladendichtung, 1972.

Tanzzwerge spielen im Ägypten des Altertums, vor allem im Neuen Reich eine besondere Rolle. Die Könige holten sich diese Rassenzwerge aus Äthiopien. Sie hatten vor dem König zu tanzen, den sogenannten Gottestanz auszuführen. Auch als Begräbnistänzer wurden sie herangezogen. Ihre Tänze hatten jedenfalls religiöse Bedeutung. Texte, die in die Wände der Grabkammern in den Pyramiden der 4. u. 5. Dynastie eingeschrieben sind, bezeichnen den König als einen „Pygmeen", der vor dem großen Thron des „Ra" tanzen und seinem Herzen Freude bringen wird. (↗Bes, ↗Ägyptischer Tanz)

Qu.: Brief des Königs Neferkarê an seinen Feldherrn aus dem 24. Jh. v. Chr.

Lit.: *Erman, A.:* Der Brief d. Königs Nefr-ke-re, in: Zeitschrift f. ägyptische Sprache u. Altertumskunde, Bd. 31, Leipzig 1893, S. 65 ff. *Brunner-Traut, E.:* Der Tanz im alten Ägypten, 1938, S. 34 ff.

Tap dance. Der Stil des Tap dance, eine rhythmische Zehen- und Fersenbewegung, entwickelte sich um die Mitte des 19. Jh. in den USA und in England aus den Schritten der ↗Jig und des ↗Clog dance. Er ist eine Art „akustischer" Tanz bei dem Taps oder Sounds mit Metallplätchen an den Fußsohlen erzeugt werden. Um 1910 wurde er auch von den von den Negern übernommenen Tänzen und von Arten des modernen ↗Gesellschaftstanzes wie ↗Foxtrot und ↗Shimmy beeinflußt. Der Tanz wird manchmal ohne jede musikalische Begleitung ausgeführt. Eine Variante des Tap dance ist eine von den Schleifschritten der Negertänze abgeleitete Form, die mit gleitenden Bewegungen, ohne den Fuß zu heben, in einem langsamen Tempo mit leichter Schlagzeugbegleitung ausgeführt wird. (↗Afroamerikanischer Tanz, ↗Jazz dance)

Lit.: *Günther, H.:* Tap Dance-Grundtechnik, Herkunft, Geschichte, in: Jazzforschung, 1973, H. 5, S. 44 ff. *Ames, J.:* The Book of Tap-Dance, 1976.

Taputus. Finnischer Volkstanz, der seiner Form und seiner Ausführung nach zur Gruppe der ↗Klatschtänze gehört. (↗Finnische Volkstänze)

Lit.: *Wolfram, R.:* Die Volkstänze in Österreich u. verwandte Tänze in Europa, 1951, S. 154 ff.

Taqueterie ist im klassischen ↗Ballett die Bezeichnung für eine Folge von scharf ausgeführten Schritten auf der Spitze (Staccato).

Lit.: *Raab, R.:* Lexidion f. d. Ballett, s. a.

Tărăneasca. ↗Rumänischer Volkstanz aus dem Gebiet Moldavia. Dieser lebhafte Tanz im 2/4-Takt wird von Frauen und Männern gesondert getanzt. Man findet diesen alten Tanz heute noch lebendig im Dorf Ceplenita, aber unter verschiedenen Namen auch in anderen moldavischen Dörfern. Die Männer, in einer Reihe mit Oberarmfassung stehend, beginnen den Tanz, indem sie eine ↗Sîrba mit Variationen ausführen. Die Mädchen stehen in einem kleinen Kreis mit Rückenkreuzfassung und beginnen mit kleinen Drehungen. Nach einiger Zeit lösen sich die Gruppen auf, und der Tanz wird als ↗Paartanz fortgesetzt.

Lit.: *Molkenbur, N.:* Rumänische Volkstänze, 1967, S. 76 ff.

Tarantella. ↗Italienischer Volkstanz, der seinen Ursprung in den Tanzweisen hat, die in Süditalien, vor allem in Apulien, zu den Heiltänzen der vom ↗Tarantismus befallenen gespielt wurden. Die Tarantella wird meist von einem Paar oder mehreren Paaren ausgeführt und hat den Charakter eines erotischen ↗Werbetanzes. Die Tanzmelodie steht im 3/8- oder 6/8-Takt, begleitet mit Gesang, Tambourin und Kastagnetten. Das Tanztempo ist schnell und steigert sich im Verlauf des Tanzes immer mehr. Charakteristisch ist auch die variationsreiche Vielfältigkeit, welche die Tanzenden in immer neuen Touren aus dem gleichen Rhythmus herausholen. In dieser Art wird die Tarantella seit dem 18. Jh. beschrieben. Sie hat auch in die Kunstmusik Eingang gefunden u. a. bei C. M. von ↗Weber im Finale der Sonate op. 70, bei F. ↗Chopin op. 43 und bei S. Rachmaninow im 4. Satz der Suite op. 17.

Lit.: *Covarrubias, S.:* Tarantella, in: Tesoro de la lengua castellana, 1611. *Rossmann, W.:* Die Tarantella in Capri, in: Allgemeine musikalische Zeitung, Jg. 16, 1881, Nr. 10, Sp. 157 f. *Liverani, M. F.:* La tarantella, Ballo popolare, vol. 5, Palermo 1886, S. 556 ff. *Nagel, W.:* Etwas v. d. Tarantella, in: Neue Musikzeitung, Jg. 36, 1915. *Berger, F.:* The Tarantella, in: Monthly Musical Record, vol. 48, Nr. 568, 1918, S. 79 f. *Borrelli, N.:* L'origine della tarantella, in: L'Italia Meridionale, vol. VIII, 1929. *Gonzalez Palencia, A.:* La tarantula y la musica, in: Revista le las tradiciones populares I, 1944. *Schneider, M.:* La danza de espadas y la tarantela, in: Anuario musical, vol. II, Barcelona 1947, S. 41 ff. *Galanti, B. M.:* Dances of Italy, 1950, S. 20 ff. *Naselli, C.:* Studi di folklore; drammatica popolare, culto degli alberi, tarantella, empandilla, Catania 1953. *Vitelli, M.:* La tarantella, in: Campania, Lares XXIV, 1958. *Penna, R.:* La tarantella napoletana. Storia e leggende, in: Rivista di Etnografia, Napoli 1963.

Tarantismus ist eine Bezeichnung für eine Art krankhafter ↗Tanzwut, die in Italien auftrat und um die Mitte des 14. Jh. von Apulien ihren Ausgang nahm. Dem mittelalterlichen Volksglauben nach wurde sie durch den Stich der Tarantel, einer Art der Wolfsspinne Apuliens, hervorgerufen. Die frühesten Nachrichten über diese sonderbare Tanzkrankheit stammen aus dem 15. Jh. von dem venezianischen Arzt Sante Ardoini. Der Arzt Niccolò Perotti (1429–1480) hat in der zweiten Hälfte des 15. Jh. die ersten Beobachtungen über die Ursachen und die Heilung dieser seltsamen Erscheinung angestellt. Eine ausführliche Beschreibung der angeblichen Tarantelvergiftung und des heilsamen Tanzkultes gab der südapulische Arzt Epiphanius Ferdinandus (1569–1638). Als bekanntester Schilderer des Tarantismus galt schon zu seiner Zeit der Jesuitenpater Athanasius Kircher (1602–1680). Er hat uns das Treiben der von der Tanzkrankheit Befallenen und auch viele der Weisen (↗Tarantellen) überliefert, die bei den Heilstänzen gespielt worden waren. Eigenartig und rätselhaft waren die Erscheinungen bei den vom Tarantismus befallenen Menschen. Für gewöhnlich verfielen sie in einen ohnmachtsähnlichen Zustand, der von einem allgemeinen körperlichen Unwohlsein und seelischen Depressionen begleitet war. Ihre Heilung suchten diese Kranken in tanzähnlichen Bewegungen, denen sie sich, von bestimmter Musik angeregt, unter Aufbietung aller ihrer Kraft und oft mit ekstatischer Besessenheit hingaben, entweder einzeln oder paarweise. Im 17. Jh. hatte diese Tanzseuche in Italien ihren Höhepunkt erreicht. Damals sollen angeblich während des Sommers Spielleute scharenweise die Gegenden Italiens durchzogen haben, um für die Heilstänze der an Tarantismus Erkrankten aufzuspielen. Diese Heilsversuche gestalteten sich zu wahren Volksfesten, die der „Kleine Carneval der Frauen“ (Carnevaletto delle donne) genannt wurden. Die Spielleute versuchten dabei sich der Eigenart und Empfindsamkeit der Kranken anzupassen und für jeden die bestimmte Tarantelmusik zu finden. So hat es nach Epiphanius Ferdinandus sechs bestimmte Weisen gegeben: die wilde „panno rosso“-Weise, die pastorale „panno verde“-Weise, die „cinque tempo“-Weise, die vielleicht einen Fünfschritt bedeutete, eine Morescen-ähnliche Weise, die „catena“-Weise, bei der die Tänzer offenbar mit Ketten oder Halsbändern geschmückt waren oder vielleicht im Tanz eine Kette bildeten, und eine „spalato“ genannte Weise für die Aussichtslosen, Verzweifelten. Diese Tanzweisen, welche die Tarantismuskranken jeden Alters und Geschlechtes unterschiedlich ansprachen und gleichsam heilend wirkten, dürften sich im Laufe der Zeit zu dem heute noch beliebten leidenschaftlichen italienischen Volkstanz, die ↗Tarantella, entwickelt haben. Wie bei den anderen Erscheinungen der Tanzwut des Mittelalters, liegen auch beim Tarantismus die Ursachen vermutlich vor allem in der durch die Seuchen und Kriege hervorgerufenen psychischen und physischen Überreiztheit des mittelalterlichen Menschen. Daher ist auch der Tarantismus nicht nur in tanz- und sittengeschichtlicher Hinsicht interessant, sondern stellt vor allem ein medizinisches Problem dar. So waren es hauptsächlich Ärzte, die immer wieder versucht haben, das Rätsel der Tanzwut des Tarantismus zu ergründen.

Antidotum Tarantulae — Anonym, um 1660

Qu.: *Sante Ardoini:* Opus venensis, Venedig 1492. *Niccolò Perotti:* Cornucopiae Latinae a lingue. *Alessandri Alessandro* (1461?–1523): Genialicum dierum, libri VI. Lugdunum Batavorum 1673. *Francesco Berni* (1497–1535): Orlando Innamorato di Matteo Maria Bojardo, tom. II. Venezia 1541. *Pier Andrea Matteoli* (1500–1577): Commentarii in sex libros Pedanii Discoridis Anzartei de medica materia. Venedig 1560. *Epiphanius Ferdinandus* (1569–1638): Centum historiae seu observationes et casus medici omnes fere medicinae partes. Venedig 1621. *Giorgio Baglivio* (1668–1707): De Anatome, Morsu et Effectibus Tarantulae. 1696. *Athanasius Kircher* (1602–1680): Mursurgia universalis. Romae 1650. *Stephan Storace:* Ein ächter Brief von einem italienischen Herrn über den Biß der Tarantul, aus: The Gentleman's Magazine for Sept. 1753 (36,1 ff.). *Schwarz, J. B.:* Dissertatio inauguralis medica de Tarantismo et Chorea Viti, Quantum scilicet inter ses hi morbi aut conveniant aut differant, Vienna: Typis ghelenianis 1766. *Cid, F. X.:* Tarantismo observado en España, 1787.

Lit.: *Hecker, J. F. C.:* Die Tanzwuth, eine Volkskrankheit im Mittelalter, 1832. *Anonym:* Das Neueste über d. Tarantismus, in: Allgemeine musikalische Zeitung, Jg. 37, 1835, Nr. 45, Sp. 741 ff. *Vergari, Achille:* Tarantismo, o malattia prodotta dalle tarantole velenose, 1839. *Wicke, E. C.:* Versuch einer Monographie d. grossen Veitstanzes u. d. unwillkürlichen Muskelbewegung, nebst Bemerkungen über d. Taranteltanz u. d. Beriberi, 1844. *Rabo, F. de:* Il tarantolismo nella superstizione e nella scienza, 1908. *Boehn, M.:* Der Tanz, 1925, S. 68 f. *Liebscher, H.:* Ein kartographischer Beitrag zur Geschichte d. Tanzwut, Diss. Leipzig 1931. *Sachs, C.:* Eine Weltgeschichte d. Tanzes, 1933, S. 172 f. *Sigerist, H. E.:* The Story of Tarantism, 1948. *Katner, W.:* Musik u. Medizin im Zeitalter d. Barock, in: Wissenschaftliche Zeitschrift d. Karl-Marx-Universität Leipzig, Jg. 1952/53, H. 7/8, S. 487 ff. *Katner, W.:* Das Rätsel d. Tarentismus. Eine Ätiologie d. italienischen Tanzkrankheit, in: Coroutici-mus. sul tarantismo, in: VIe

Congrès internat. des Sciences anthropologiques, Paris 1960. *Carpitella, D.:* L'esorcismo coreutico-mus. del tarantismo, in: E. de Martino „La terra de rimorso", Roma 1961.

Taras, John. Amerikanischer Tänzer, ↗Choreograph und ↗Ballettmeister, geb. 18. April 1919 in New York. In einem ukrainischen Volkstanzensemble begann er mit neun Jahren zu tanzen, mit 13 Jahren choreographierte er bereits sein erstes ↗Ballett. 1936 begann er sein Tanzstudium bei M. ↗Fokine, A. ↗Wilzak, L. ↗Schollar, E. ↗Anderson-Iwantzowa und an der Schule des ↗American Ballet. 1940 schloß er sich dem ↗Ballet Caravan und 1941 dem Littlefield Ballet an. Von 1942 bis 1946 war er Mitglied des Ballet-Theatre. Ferner wirkte er bei verschiedenen Ballettgruppen und war von 1948 bis 1959 Mitglied des Grand Ballet du Marquis de ↗Cuevas. Ab 1959 war er Ballettmeister beim ↗New York City Ballet. Seine Tätigkeit als Choreograph wurde aber durch die Mitarbeit bei anderen Ensembles (Oper Paris, Deutsche Oper Berlin u. a.) erweitert.

Taratatà. Italienischer Tanz, eine ↗Schwerttanzform aus Castelterminin, Sizilien. Die Ausführenden bilden einen Hofstaat: einen König, zwei Minister und einen Leibarzt. Die Soldaten tragen auf ihren Kopfbedeckungen künstliche Blumen. In jeder Hand führen sie einen Krummsäbel und kämpfen tänzerisch zum Klang einer Trommel, wobei sie kleine Sprünge und steife Bewegungen machen. (↗Italienischer Volkstanz)

Lit.: *Wolfram, R.:* Schwerttanz u. Männerbund, s. a., S. 134. *Galanti, B. M.:* Dances of Italy, 1950, S. 8.

Targa Rehealune. Estnischer Volkstanz im langsamen 3/4-Takt. Er wird nur von Frauen getanzt, meist acht an der Zahl, von denen eine die Tanzführerin ist. Bevor der Tanz beginnt, stehen die Tänzerinnen abseits des Tanzplatzes und werden von der Tanzführerin zu diesem geführt, wo sie sich zu einem Kreis formieren. (↗Estnische Volkstänze)

Lit.: *Leppik, Lya:* Targa Rehealune, in: The Folklorist, vol. 4, 1958, No. 5, S. 141 f.

Tari lilin. Kerzentanz auf Sumatra, wo er besonders von den im Norden der Insel lebenden Atjehs getanzt wird. Die nach Islamsitte streng gehaltenen jungen Mädchen dürfen ihn vorführen. Im geschmeidigen Drehen und Beugen klopfen sie mit einer am Finger befestigten Nuß gegen einen Teller, auf dem eine brennende Kerze steht, die beim Tanz nicht verlöschen darf.

Lit.: *Seiler, B.:* Nordsumatra – wo kaum ein Fremder hinkommt, in: Kurz u. Gut, Jg. 3, 1969, H. 7, S. 26.

Ta-Tao. ↗Gesellschaftstanz der Zwanzigerjahre des 20. Jh. Er war von dem Pariser ↗Tanzlehrer Lefort im chinesischen Tanzstil mit acht Figuren erdacht worden. Seine Lebensdauer war nur sehr kurz.

Lit.: *Huppert, E.:* Der moderne Tanz, 1926, S. 43.

Tathazer-Walzer ↗Wetzer.

Tati, Jacques (eigentlich Tatischeff). Französischer ↗Pantomime, geb. 9. Oktober 1908 in Pecq, gest. 1982. Er debütierte 1933 im Kabarett von Luis Leplée. Sein pantomimisches Talent wurde bei Auftritten in Klubabenden des Rugby-Vereins entdeckt. In den 30er Jahren wurde er der Star der Pariser Varietés. Er spezialisierte sich besonders auf Sportparodien und Pantomimen. 1947 drehte er seinen ersten Langfilm „Jour de Fate".

Lit.: *Chauliez, A.:* Jacques Tati, Paris 1962. *Gilliat, P.:* Jacques Tati, London 1975. *Maddock, B.:* The Films of Jacques Tati, Metuchen 1977.

Taubenhaltertanz (Holubářský cech). Alter tschechischer Volkstanz, der im Mittelalter seinen Ursprung hatte und bis 1848 in vielen Städten Böhmens beliebt war. Am Nachmittag des Faschingsdienstags bildeten die Taubenfreunde der Stadt einen maskierten Festzug von der Wohnung ihres „Oberältesten" aus. Ein Bajazzo trug einen großen Käfig, die anderen Masken trugen kleinere, die mit Tauben voll waren. Vor dem Rathaus und vor den Häusern der Stadthonoratoren tanzten die Teilnehmer einen reigenartigen Tanz, über dessen genauere Ausführung leider nichts bekannt ist. An bestimmten Stationen der Stadt wurden die Taubenkäfige geöffnet und die Tauben befreit. Der Zug endete in einem Gasthaus, wo die Teilnehmer bis in die ersten Stunden des Aschermittwochs den Fasching austanzten. (↗Tschechische Volkstänze)

Lit.: *Waldau, A.:* Böhmische Nationaltänze, Bd. 2, 1860, S. 50 ff.

Taubentanz. Ein im 15./16. Jh. in Deutschland üblicher Tanz. W. Angerstein beschreibt ihn folgendermaßen: „Damen und Herren reichen sich nur die rechte Hand. Die Paare folgen einander. Das Eigentümliche ist dabei, daß nach mehreren Tanzschritten die Tänzer mit den Füßen zusammenschlagen. Häufig wurde dieser Tanz auch mit einem vortanzenden Paare ausgeführt, dann tanzte aber immer nur eine kleinere Anzahl von Paaren, welche die von den Vortänzern vorgemachten Touren möglichst getreu nachzuahmen versuchten, doch durch ihre Ungeschicklichkeit oft Stoff zum Lachen boten." Der Taubentanz ist auch heute noch als Volkstanz in Rußland anzutreffen. (↗Golubez)

Lit.: *Bergemann, J. G.:* Schlesische Modetänze im Jahre 1406, in: Allgemeines Archiv f. d. Geschichtskunde d. Preußischen Staates, Bd. I, 1830, S. 280. *Angerstein, W.:* Volkstänze im deutschen Mittelalter, Sammlung gemeinverständlicher wissenschaftlicher Vorträge, III. Serie, H. 49/72, 1868/69, S. 16. *Böhme, F. M.:* Geschichte d. Tanzes in Deutschland, 1868, S. 62. *Lanz, J.:* Ostschlesische Volkstänze, 1. Teil, 1924, S. 10.

Taubert, Gottfried. ↗Tanzmeister in Leipzig, geb. 29. Juli 1679 (?) in Ronneburg, Todesdaten unbekannt. Er veröffentlichte 1717 bei Friedrich Lanckischens Erben in Leipzig ein ↗Tanzlehrbuch mit dem Titel: „Rechtschaffener Tantzmeister, oder gründliche Erklärung der Frantzösischen Tantz-Kunst, bestehend in drey Büchern ...". Das Werk enthält die erste deutsche Übersetzung der ↗Choreographie von ↗Feuillet und außerdem einige Tänze von Feuillet und ↗Pécour. Es ist heute eines der seltensten Werke der Tanzliteratur und vermutlich nur mehr in zwei Exemplaren erhalten. Eine Reprintausgabe mit einem Nachwort von Kurt ↗Petermann erschien 1976 (Documenta choreologica, Studienbibliothek der Geschichte der Tanzkunst XXII, I., Leipzig).

Lit.: *Derra de Moroda, F.:* Die Tanzschrift d. 18. Jh. im Spiegel meiner Sammlung, in: Von Sammlern u. Sammlungen. Ein Jahrbuch f. Bücherfreunde. N. F. Bd. V, 1967, S. 192. *Winter, M. H.:* The Pre-Romantic Ballet, 1974.

Taubert, Karl Heinz. Deutscher ↗Choreograph und ↗Ballettmeister, geb. 16. Dezember 1912 in Stettin. An der Staatlichen Hochschule für Musik und darstellende Kunst in Berlin-Charlottenburg studierte er Klavier, Komposition, Rhythmik und Gehörbildung. Er wirkte in ganz Europa als Pianist und Dozent mit dem Spezialfach der Aufführungspraxis von Tänzen der Renaissance und des Barocks. Folgende Veröffentlichungen über den Tanz stammen von ihm: Höfische Tänze. Ihre Geschichte und Choreographie, Mainz 1968; Das Zeitmaß bei der musikalischen Interpretation alter Tanzformen, in: Österreichische Musikzeitschrift, Jg. 24, 1969, H. 11, S. 617 ff. und in: Das Tanzarchiv; Historische Tänze der musikalischen und choreographischen Weltliteratur, in: Die Tanzarchiv Reihe 15/16, 1973.

Tayaw. ↗Philippinischer Tanz, bei dem von einer Priesterin (Mambunong) dem Gott Benguet ein heiliges Schwein geopfert wird. Den Tänzern wird Reiswein gereicht.

Te Buki. Tanz der Banaban, eines Inselvolkes auf Mikronesien. Der Tanz wird nur von Mädchen ausgeführt, die sich in vier Reihen zum Zuschauer gewendet aufstellen. Plötzlich erklingt ein Klicken, welches von den zwei mittleren Reihen der Tänzerinnen mit zwei Hartholzstäbchen, die sie in den Händen halten, hervorgerufen wird. Dann bewegen sich die vier Reihen und bilden Diagonalen, „V"- oder „T"-Formen. Beim Tanz wird die begleitende, gesungene Geschichte in den anmutigen Bewegungen der Arme und Füße nicht wörtlich ausgedrückt, sondern der von den Tänzerinnen einmal gelernte Gesang wird von einem Chor in den Bewegungen gelenkt, um die Stimmung auszudrücken. Ein ungewöhnlicher Stil ist z. B. bei den Worten „Ia tia ni katanga te nanai" (obwohl verlassen, überwand ich alle Gefahren). Der Tanz kommt auch auf den Gilbert-Inseln vor. Dort wird er nur von einer Tänzerin ausgeführt, die einen bodenlangen, die Hüften betonenden Bastrock trägt. Die wesentliche Bewegung in diesem Tanz ist ein langsames, ruhiges Kreisen der Hüften. Der Tanz erinnert an das Mädchen, das durch ihre verlockenden Tanzbewegungen den ersten polynesischen Tanztypus auf die Gilbert-Inseln brachte. (↗Naturvölker)

Lit.: *Dean, B.:* South Pacific Dance, 1978, S. 62, 66.

Teckltanz. Alter ↗Hochzeitstanz aus der schwäbischen Türkei. Es handelt sich um ein Tanzspiel, bei dem ein Teilnehmer, der keine Tanzpartnerin hat, mit blechernen Tellern oder Deckeln in den Händen durch die Tanzpaare schreitet und dabei mit diesen Gegenständen Lärm macht. Wirft er sein Klapperzeug auf die Erde, bricht der Tanz ab, und die Paare laufen im Wirrwarr auseinander. Nun muß sich jeder eine neue Partnerin suchen, der Übriggebliebene hat sich für den nächsten Tanz mit dem Klapperzeug zu begnügen.

Lit.: *Basch, F.:* Deutsche Hochzeitstänze in d. schwäbischen Türkei, in: Deutsch-ungarische Heimatblätter, Jg. V, 1933, S. 366 f.

Tejchlatanz. ↗Deutscher Volkstanz aus Schlesien. Ein Tänzer steht zwischen zwei Tänzerinnen. Anstatt der üblichen Handfassungen stellen bunte Tüchlein die Verbindung zwischen dem Tänzer und den rechts und links von ihm stehenden Tänzerinnen her. (↗Dreiertanz, ↗Tüchltanz)

Lit.: *Lanz, J.:* Ostschlesische Volkstänze, 2. Folge, 1931, S. 4.

Te Karanga. Tanz der Banaban, Inselvolk auf Mikronesien. An dem Tanz kann eine große Zahl Männer und Frauen teilnehmen. Er ist religiösen Ursprungs und erzählt von einstmals unter den Stämmen ausgetragenen Kämpfen. Die Ausführenden halten einen großen Stock, der in der Nähe der Spitze mit verschiedenen langen Mövenfedern besetzt ist. Während des Tanzes werden die Stöcke aneinandergeschlagen. Die Tanzenden bewegen sich dabei in Linien, Kreisen oder anderen traditionellen Formen. Ein alter gesang begleitet das rhythmische Gehen, anschwellend und verebbend wie die Gezeiten des Meeres. (↗Naturvölker).

Lit.: *Dean, B.:* South Pacific Dance, 1978, S. 62 f.

Telesias. Antiker griechischer ↗Waffentanz der Makedonen, eine Abart der ↗Pyrrhiche. Der Tanz, bei dem die Schwerter mit großem Lärm zusammengeschlagen wurden, ist nach dem griechischen Tänzer Telesias benannt. (↗Griechischer Tanz)

Lit.: *Weege, F.:* Der Tanz in d. Antike, 1926, S. 51. *Lawler, L. B.:* The Dance in Ancient Greece, 1964.

Telestes. Bedeutender Tänzer und ↗Pantomime im Rom der Kaiserzeit. Als besondere Darstellungen werden ihm die Tragödien des Aischylos und das Stück „Die sieben gegen Theben“ zugeschrieben.

Lit.: *Weege, F.:* Der Tanz in d. Antike, 1926, S. 163.

Teletanz (Teléle). Dieser ↗mexikanische Tanz im 6/8-Takt hat burlesken Charakter und karikiert die konvulsivischen Zuckungen, wie sie bei einem Menschen vorkommen, der am ↗Veitstanz leidet. Der Teletanz wird mitunter als ein Teil der sogenannten ↗Tagarotas-Quadrille benutzt. Er wird von einem Lied begleitet.

Lit.: *Friedenthal, A.:* Musik, Tanz u. Dichtung bei d. Kreolen Amerikas, 1913, S. 57.

Telle, Carl. Deutscher Tänzer, geb. 12. Oktober 1826 in Berlin, gest. 4. Januar 1895 in Klosterneuburg, Niederösterreich, Er war ↗Ballettmeister und Vorstand der Hofopern-Ballettschule Wien, wo er von 1859 bis 1890 engagiert war und ↗Choreographien zu den großen Balletteinlagen in Opern schuf. 1869 stellte er ein Organisationsstatut für die Ballett-Tanzschule auf. Telles Frau Jeanne, geb. Dulan (1826–1906), war Tänzerin, Mimikerin und erste Lehrerin in der Theatral-Ballettschule. (↗Pygmalion, Die ↗vier Jahreszeiten)

Tempête ↗Tampet.

Temps. Um die Tanzschritte oder ↗Pas beschreiben zu können, müssen sie in die Temps zergliedert werden, d. h. in jene Schrittbewegungen, die mit einem Taktteil der Musik übereinstimmen. Diese Temps können einfachster Art sein, z. B. nur aus einem Vorwärts-, Rückwärts- oder Seitwärtsschreiten eines Fußes bestehen, oftmals aber setzen sie sich aus mehreren, voneinander ganz verschiedenen Bewegungen zusammen. Es gibt daher eine große Anzahl solcher Temps.

Lit.: *Jolizza, W. K. v.:* Die Schule d. Tanzes, s. a. S. 23 ff. *Raab, R.:* Lexidion f. d. Ballett, s. a. *Waganowa, A. J.:* Die Grundlagen d. klassischen Tanzes, 1954, S. 80 ff.

Tendre (tendu) bedeutet im klassischen Ballett das Ausstrecken des Fußes. (↗Redresser)

Lit.: *Raab, R.:* Lexidion f. d. Ballett, s. a.

Terpis, Max. Schweizer Tänzer, ↗Choreograph, ↗Ballettmeister und Tanzschriftsteller, geb. 1. März 1889 in Zürich, gest. 18. März 1958 in Zollikon. Eigentlich hieß er Max Pfister und studierte ursprünglich Architektur. 1921 übersiedelte er nach Deutschland und besuchte die Ballettschule von Mary ↗Wigman. Von 1923 bis 1924 war er Ballettmeister an der Oper in Hannover und von 1924 bis 1930 als Nachfolger von H. ↗Kröller in der gleichen Funktion an der Berliner Staatsoper. 1933 gründete er eine eigene Tanzschule. 1940 kehrte er in die Schweiz zurück und war von 1941 bis 1943 Ballettmeister am Stadttheater Basel. Von ihm stammt das Buch „Tanz und Tänzer“, Zürich 1946, und die Studie „Das Opernballett“ in: Musikblätter des Anbruch 1926, Nr. 3/4, S. 140 ff.

Lit.: *Lämmel, R.:* Der moderne Tanz, 1928, S. 145. *Schede, W. M.:* Farbenspiele d. Lebens. Max Pfister Terpis, Architekt, Tänzer, Psychologe 1889–1958, 1960.

Terpsichore. Griechische Muse des Tanzes, die „durch Tanz Erfreuende“. Sie ist die Mutter der Sirenen, die mit ihren ↗Tanzliedern alle Sterblichen, die an der Insel Anthemoessa vorbeifahren, so bezaubern, daß sie ihre Heimat und Familie vergessen. Ihre mythologische Geschichte bildete oftmals die Grundlage tänzerischer Gestaltung: 1720 wurde in Paris mit der Musik von Jean Ferry Rebel (1661–1747) ein Terpsichore-Ballett aufgeführt. 1734 tanzte Marie ↗Sallé in London einen von G. F. ↗Händel eigens für sie komponierten Prolog zu dessen „Pastor fido". Um 1820 schrieb der Warschauer Theaterkapellmeister Karl Kasimir Kurpinski ein Terpsichore-Ballett. Auch der dänische Komponist Vilhelm Rosenberg, geb. 1862, schrieb ein solches Ballett. 1928 war es Igor ↗Strawinsky, der in seinem Ballett „Apollon Musagète" der Gestalt Tersichores tänzerischen Ausdruck verlieh.

Terry, Walter. Amerikanischer Tanzschriftsteller, geb. 14. Mai 1913 in New York, gest. 4. Oktober 1982 ebendort. Folgende Veröffentlichungen stammen von ihm: Invitation to Dance, New York 1942; Star Performance, 1954; The Dance in America, New York 1956; The Legacy of Isadora Duncan and Ruth St. Denis, in: Dance Perspectives 5, 1960; On Pointe! The Story of Dancing and Dancers on Toe, New York 1962; Isadora Duncan. Her Life, Her Art, Her Legacy, New York 1964; Miss Ruth – The More Living Life of Ruth St. Denis, 1969; Ballet, a Pictorial History, New York 1970; The Anniversaries of Ted Shawn, in: Dance Magazine, November 1971; Ballet Guide, Newton Abbot 1976; Ted Shawn – Father of American Dance, 1976; The King's Ballettmaster, 1980; Richard Cragun, 1982.

Teškoto. Jugoslawischer Volkstanz, ein alter Tanz aus den Bergen Mazedoniens. Er wird nur von Männern ausgeführt, die in einer engen Reihe, die Arme hinten verschränkt, tanzen. Dabei ergreift jeder Mann die Schärpe seines Nachbarn, so daß sich die ganze Reihe wie ein Mann im Tanz bewegt. Der Tanz beginnt langsam und steigert sich, von einer Trommel begleitet, immer mehr im Tempo. (↗Mazedonischer Volkstanz)

Tetka. Tschechischer Volkstanz aus Krocka bei Opocno, ein Paarrundtanz im $^2/_4$-Takt. Die ersten acht Takte werden im Marschschritt ausgeführt, dann folgen Gleitschritte und zum Schluß eine ↗Polka. (↗Tschechische Volkstänze)

Lit.: *Vycpálek, L.:* České tance, in: Český Lid, Jg. 1, 1892.

Tetley, Glen. Amerikanischer Tänzer, ↗Choreograph und Ballettdirektor, geb. 3. Februar 1926 in Cleveland. Nach einem Medizinstudium begann er sein Tanzstudium bei Hanya ↗Holm, Margaret ↗Craske, Martha ↗Graham und Antony ↗Tudor. Von 1946 bis 1951 war er Tänzer bei der Gruppe von Hanya Holm, von 1952 bis 1954 an der New City Opera. Im Jahre 1955 tanzte er beim Ensemble von J. ↗Butler, 1956/57 beim Ballett von R. ↗Joffrey, 1958 beim Ballett von Martha Graham, 1960 am ↗American Ballet Theater und 1961 in den USA bei J. ↗Robbins' Ballets. 1962 kam er als Tänzer und Choreograph an das ↗Nederlands Dans Theater und war dort bis 1970 gemeinsam mit H. van ↗Manen künstlerischer Leiter. Als nachfolger von J. ↗Cranko leitete er von 1974 bis 1976 das ↗Stuttgarter Ballett. Nach 1976 wirkte er nur mehr als freischaffender Choreograph.

Teufel im Dorf, Der (Djavo u selu). Ballett in drei Akten nach einer kroatischen Volkssage von Pia und Pino ↗Mlakar, Musik von Fran ↗Lhotka. Die Uraufführung fand am 18. Februar 1935 in Zürich statt. Die ↗Choreographie schufen Pia und Pino Mlakar.

Thailändischer Tanz. Wie bei allen Völkern Asiens gilt auch in Thailand der Tanz als Ausdruck menschlicher Gefühlsinhalte. Veranlassungen zum Tanzen gibt es viele. Tanz und Kult bilden auch bei den Bewohnern Thailands noch eine Einheit. Die rituellen Kreistänze der Männer und die zahlreichen von einförmigen Gesängen begleiteten Frauen- und Mädchentänze werden das ganze Jahr hindurch zu verschiedenen Anlässen ausgeführt. Eine besondere Gattung des thailändischen Tanzes bilden die ↗Waffentänze mit Darstellungen von Scheingefechten. Schlachtszenen werden ausgeführt wie Übungen für moderne Soldaten. Eine große Anzahl von Tänzen braucht heute noch Lanzen, Schwerter, Stöcke und Schilde aus Silber, Holz oder Büffelhaut. Jede Waffe verlangt einen besonderen Aufführungsstil. Das ↗Tanzgerät spielt beim thailändischen Tanz überhaupt eine besondere Rolle. Es gibt Tänze mit Fächern, Seidentüchern, langen Fingernägeln aus Silber, brennenden Laternen und anderen Geräten. In diese Gruppe von Tänzen gehört der älteste der siamesischen Tänze, der ↗Praleng, heute nur mehr als Restform bekannt. Andere Tänze mit Geräten haben ihren Ursprung im Ausland, und obwohl sie nun in Thailand getanzt werden, haben sie doch gewisse fremde Charakteristika an sich. Der Fächertanz z. B. ist chinesischen Ursprungs. Mit den frühen portugiesischen Händlern sind im 17. Jh. auch europäische Tänze nach Thailand gekommen.

Auch sie wurden von den Thais angenommen und getanzt. Sie unterscheiden sich vom rein siamesischen Tanz dadurch, daß keine Handbewegungen gemacht werden. Die Hände werden in der Art von westlichen Tänzen an den Hüften gehalten, und die Füße bewegen sich wie beim ↗Clog dance oder bei einer Jig. Da der siamesische Tanz nur barfuß ausgeführt wird, und das Tanztempo langsamer als bei den westlichen Volkstänzen ist, berühren die Füße den Boden immer ganz ruhig und leise. (↗Amu-patsala, ↗Asiatischer Tanz, ↗Kasatscho, ↗Raban, ↗Sabumina, ↗Selung-mo, ↗Suta-Lam)

Lit.: *Bowers, F.:* Theatre in the East, 1956, S. 130 ff. *Manndorf, H.:* Akha, Göttingen 1971, Institut f. d. wissenschaftlichen Film.

Thang-Haiba. Bei diesen Kampftänzen aus Manipur schwingen die Ausführenden Speere, Schwerter und Schilder, stehen dabei aufrecht, setzen sich, knien nieder, richten sich wieder auf und machen rasche Drehungen und verschiedene Spiralsprünge. (↗Indischer Tanz)

Lit.: *Rebling, E.:* Die Tanzkunst Indiens, 1981, S. 73.

Thang-ta. ↗Indischer Tanz des Stammes der Naga, ein Kriegstanz. Er wird von zwei Männern ausgeführt, die einander gegenüberstehen und eine Kampfszene darstellen. Sie beobachten einander zunächst vorsichtig, schlagen dann hochspringend aufeinander ein, ducken sich, um neuerlich zum Angriff überzugehen. (↗Waffentänze)

Lit.: *Rebling, E.:* Die Tanzkunst Indiens, 1981, S. 73.

Tharp, Twyla. Amerikanische Tänzerin, ↗Choreographin und Ballettdirektorin, geb. 1. Juli 1942 in Portland (Ind.) Ihre tänzerische Ausbildung erhielt sie bei I. Schwetzoff, M. ↗Graham, E. ↗Hawkins, A. ↗Nikolais und M. ↗Cunningham. Von 1963 bis 1965 tanzte sie bei der Paul Taylor Dance Company. 1965 schuf sie mit „Tank Dive" ihre erste Choreographie. Im Jahre 1966 begann ihre Zusammenarbeit mit R. Ruder und 1969 mit R. M. Wright. Sie gründete eine eigene Truppe. Seither wirkt sie freischaffend als Choreographin. Ihre frühen Arbeiten waren durch das Fehlen jeglicher Musik charakteristisch. Die Auftritte wurden durch Atmen, Schritte, Metronomticken oder lautes Zählen begleitet. Später choreographierte sie auch zur Musik („Eight Jelly Rolls"). Twyla Tharp gilt als eine der führenden Choreographinen der modernen Tanzszene.

Lit.: *Siegel, M. B.:* The Shapes of Change, Boston 1979.

Theodora. Gemahlin des oströmischen Kaisers Justinian I., geb. 497 in Konstantinopel, gest. 28. Juni 548, Tochter eines Bärenwärters aus Konstantinopel. Sie war vor ihrer Vermählung mit dem Kaiser eine der berüchtigsten weiblichen Vertreterinnen der pantomimischen Kunst im alten Rom.

Lit.: *Simon, K. G.:* Pantomime, 1960. S. 24. *Grimbert, E.:* Theodora. Die Tänzerin auf d. Kaiserthron, s. a.

Théodore, Mlle. (eigentlich Marie-Madeleine Crépé). Französische Tänzerin, geb. 6. Oktober 1760 in Paris, gest. 9. September 1796 in Audenge. Sie studierte bei ↗Lany und debütierte 1777 an der Pariser Oper, tanzte in den Balletten von G. ↗Noverre und P. ↗Gardel und bei der 1. Aufführung von „La fille mal gardée" von J. ↗Dauberval, 1789 in Bordeaux. Sie war mit J. Dauberval verheiratet.

Theokrit. ↗Pantomime aus dem Rom der Kaiserzeit. Am Hof des Kaisers Caracalla nahm er eine bevorzugte Stelle ein und wurde zum Feldherrn eines Heeres in Armenien ernannt.

Lit.: *Friedländer, L.:* Sittengeschichte Roms, 1934.

Therismos. Neugriechischer ↗Volkstanz aus Westthrakien. Der Tanz versinnbildlicht das Binden der Korngarben und wird entweder abwechselnd von Burschen und Mädchen oder nur von Mädchen allein paarweise getanzt. Die Aufstellung erfolgt im Halbkreis. Der Tanz setzt sich aus drei Teilen zusammen. (↗Griechischer Tanz)

Lit.: *Schmolke-Langhans:* Europäische Tänze, H. 8, 1964, S. 24 ff.

Thermaystris. Antiker ↗griechischer Tanz, sehr lebhaft, mit Sprüngen und scherenschrittartiger Verschränkung der Füße, wovon auch sein Name herrührt.

Lit.: *Weege, F.:* Der Tanz in d. Antike, 1926, S. 6, 112.

Thiasos (thiasoi) nannte man im antiken Griechenland die tanzende Priesterschar im Dienst einer Gottheit.

Lit.: *Lawler, L. B.:* The Dance in Ancient Greece, 1964.

Thiel, Helga. Österreichische Volksmusik- und Volkstanzforscherin, geb. 20. März 1940 in Wien. Von ihr stammen folgende Veröffentlichungen: Die sudetendeutschen Volkstänze, Diss. Wien 1968; Die deutschen Volkstänze in Böhmen, Mähren und Schlesien, Marburg 1970; Nachrichten zur musikalischen und tänzerischen Bereicherung brauchverankerter Handlungen im

Lungau, Lungau-Report 1975, S. 112 ff.; Die ländlerartigen Tänze im Böhmerwald und im Schönhengstgau, in: Jahrbuch des österreichischen Volksliedwerkes, Bd. 25, 1976, S. 75 ff.

Thomerltanz. Alter ↗deutscher Volkstanz, der nur von Burschen getanzt wurde, und zwar meist am Schluß einer ländlichen Unterhaltung, wenn die Burschen bereits unter sich waren. Der Scherz bei diesem ausgelassenen, lustigen Tanz bestand darin, daß sich die Tänzer bis auf die Unterhose zu entkleiden hatten. Der Tanz enthielt eine Liedstrophe und einen anschließenden kurzen ↗Ländler.

Lit.: *Klier, K. M.:* Männertänze aus d. deutschen Volksüberlieferung, 1934, S. 14. *Dreo, H.:* Volkstänze aus d. Burgenland, 1977, S. 53.

Thuren, Hjalmar. Dänischer Musikschriftsteller, geb. 10. September 1873 in Kopenhagen, gest. 13. Januar 1912 ebendort. Er schrieb über die nordische Volksmusik folgende Werke: Dans og kvaddigtning paa Faerøerne, København 1901; Tanz, Dichtung und Gesang auf den Färöern, in: Sammelbände der Int. Musikgesellschaft, Jg. 3, 1901/02, S. 222 ff.; Tanz und Tanzgesang im nordischen Mittelalter, in: Zeitschrift der Int. Musikgesellschaft, Jg. 9, 1908, H. 6, S. 209 ff. u. H. 7, S. 239 ff.; Folkesangen paa Faerörne, København 1908, H. 6, S. 209 ff. u. H. 7, S. 239 ff.; Folkesangen paa Faerörne, København 1908; Dans i Grönland, in: Festskrift til H. F. Feilberg, Kristiania 1911 (mit W. Thalbitzer); Faeröske melodier til danske Kaempeviser, København 1923 (mit H. Grüner-Nielsen).

Thyiaden hießen die Frauen, die wie die ↗Mänaden und ↗Bacchantinnen alljährlich ihre orgiastischen, rauschenden Feste im Dienste des griechisch-römischen Bacchus-Dionysos-Kultes begingen.

Lit.: *Weege, F.:* Der Tanz in d. Antike, 1926, S. 81. *Lawler, L. B.:* The Dance in Ancient Greece, 1964.

Tibetischer Tanz. Das religiöse Leben der Tibeter ist untrennbar mit dem Tanz verbunden. Rituelle Tänze verleihen den religiösen und mythischen Vorstellungen des tibetischen Volkes den rechten Ausdruck. Ihre höchste Vollendung haben die religiösen Tänze der Tibeter in den Klöstern der Lamas erhalten. In diesen dort gepflegten Mysterientänzen scheinen alte Traditionen auf, wie die der ursprüglichen Bon-Religion, des Tantrismus und des Mahajana-Buddhismus. Es sind jedoch nicht nur die strengen Ritual-Tänze der lamaistischen Priester, die man in den Himalajaländern pflegt, mancherorts trifft man auch einzelne Tänzer oder größere Tanzgruppen an, die sowohl sakrale als auch profane Singspiele aufführen. Besonders die tibetischen Pilger, die viele Kilometer durch das Land wandern, um heilige Stätten zu besuchen, haben ihre eigenen Arten und Formen von religiösen und halb-religiösen Tänzen. Von besonderer Bedeutung sind bei den mit ↗Kulttänzen aufgeführten Mysterienspielen die Masken, die von den Tänzern getragen werden. An bestimmten Festtagen wird der ↗Tscham-Tanz, ein kultischer ↗Maskentanz aufgeführt. Dieses Mysterienspiel beschäftigt sich mit der Vertreibung der Bon-Religion, der Austreibung von Dämonen und mit der Darstellung des Totenreiches.

Lit.: *Shawn, Ted:* Gods Who Dance, 1929. S. 113 ff. *Fischer, E. S.:* The Sacred Lamaist Dances, in: Journal of the North China Branch of the Royal Asiatic Society (Shanghai), vol. 72, 1946, S. 30 ff. *Pott, P. H.:* Een „Duivels-dans“ in Tibet's grensgebied, in: Bijdragen tot de Taal-, Land-en Volkerkunde, 's-Gravenhage, vol. 144, 1958, S. 197 ff. *Hummel, S.:* Boy Dances at the New Year's Festival in Lhasa, 1962. *Lucas, H.:* Lamaistische Masken. Der Tanz d. Schreckensgötter, 1962. *Jerstad, L. G.:* Mani-Rimdu. Sherpa Dance-Drama, 1969. *Manndorff, H.-Wolfmayr, R.:* Tibeter. Tänze buddhistischer Pilger, Göttingen 1972. *Manndorff, H.-Wolfmayr, R.:* Sikkim-Lama, Tscham-Tänze, Göttingen 1972. *Nebesky-Wojkowitz, René de:* Tibetian religious Dancer, 1976.

Tiernachahmende Tänze. Die tänzerisch-pantomimische Nachahmung von Bewegungen und Gebärden der Tiere gibt es, wie uns zahlreiche bildnerische Darstellungen bezeugen, schon in der frühesten Geschichte des Tanzes. Wir finden diese Art von Tänzen zu allen Zeiten und bei allen Völkern. Es handelt sich dabei meist um ↗Maskentänze, bei denen in der Maske eines Tieres die entsprechenden Bewegungen und Eigenschaften tänzerisch dargestellt werden. Eine besondere Stellung genießen die tiernachahmenden Tänze bei den ↗Naturvölkern. Ihren Darstellungen liegen meist symbolisch-zauberhafte Vorstellungen zugrunde. Wenn ein Tier im Tanz verkörpert werden soll, dann schlüpft der Naturtänzer nicht nur in dessen Kleid, sondern auch in dessen Wesen. Tiernachahmende Tänze in mannigfaltigster Form sind uns aus dem antiken Griechenland überliefert. Sehr beliebt waren verschiedene Vogeltänze, bei denen die Tänzer Vogelkleidung trugen und in ihren Bewegungen das Schwingen und Schreiten der Vögel nachahmten. In den Komödien traten oftmals die Chortänzer in farbenprächtigen Tiermasken auf. So in den „Vögeln“ des Aristophanes, in den „Fischen“ des Archippus, den „Nachtigallen“ des

Kantharus und in den „Ziegen“ des Eupolis. Schlangentänze und ↗Bärentänze zu Ehren der Artemis in Attica und auch Wolfstänze sind im griechischen Kult zu finden. Tänzer, die zu Ehren des ↗Dionysos tanzten, waren in Ziegenfelle gekleidet. Der ↗Alópex war ein Fuchstanz, der ↗Morphasmos ein tiernachahmender Tanz, bei dem alle Arten von Tieren in Masken dargestellt wurden. Auch die ↗Kranichtänze, die im antiken Griechenland und später auch in anderen Ländern zu finden sind, gehören zu den tiernachahmenden Tänzen. Ungemein stark verbreitet sind die verschiedensten Formen von tiernachahmenden Tänzen bei den ↗Volkstänzen aller Länder, wo sie auch bis heute noch vielfache Pflege finden. Meist deutet schon der Name des Tanzes auf seine Art hin.

Lit.: *Boehn, M. v.:* Der Tanz, 1925, S. 12 ff. *Bloch, P.:* Der deutsche Volkstanz d. Gegenwart, in: Hessische Blätter f. Volkskunde, Bd. 25, 1927, S. 133 ff. *Sachs, C.:* Eine Weltgeschichte d. Tanzes, S. 55 ff. *Günther, D.:* Der Tanz als Bewegungsphänomen, 1962. *Baaren, Th. P. van:* Selbst d. Götter tanzen, 1964, S. 81 ff.

Tiertänze. Wie Forscher festgestellt haben, scheinen wesentliche Motive des menschlichen Tanzes bereits in den Bewegungen höherer Tiere vorgebildet, so daß von einem Tanz der Tiere gesprochen werden kann. Der Tiertanz ist jedoch nicht als ein Tanz in unserem Sinn, als ein kultureller Faktor zu verstehen, sondern als eine rein instinktive Bewegung, die ihren Urgrund vor allem im Geschlechtstrieb hat und daher auch besonders nur zu Zeiten der Paarung und Brunst in Erscheinung tritt. Bekannt sind in dieser Hinsicht die Liebestänze der Vögel zur Paarungszeit als Werbe- und Lockmittel, wie sie beim Auer- und Birkhahn, bei den Kranichen, den Seeschwalben und anderen Vögeln beobachtet werden. Bei den Insekten sind es vor allem die Bienen, die förmlich Rundtänze aufführen, wenn sie von einer erfolgreichen Futtersuche kommen. Auch die Entfernung und Rentabilität der Futterquelle wird bei ihnen durch ein gewisses Tanztempo angezeigt. Von den Säugetieren weisen besonders die Menschenaffen in ihren tänzerischen Bewegungen Formen auf, die manchen Tanzschritten und Tänzen der ↗Naturvölker sehr ähnlich sind. Abgesehen von diesen rein triebhaften tänzerischen Erscheinungsformen bei den Tieren, ist es möglich, Tiere zum Tanzen zu erziehen. Tanzende Elefanten und tanzende Pferde waren schon frühzeitig zur Schau gestellt worden. Sogar ↗Ballette wurden mit ihnen aufgeführt. Schriftsteller der Antike berichten bereits über solche tierische Tanzattraktionen. Heute sind tänzerische Tierdressuren mancherorts noch im Zirkus zu sehen. (↗Roßballett)

Lit.: *Büchner, L.:* Liebe u. Liebesleben in d. Tierwelt, 1885. *Schauinsland:* Drei Monate auf einer Koralleninsel, 1899, S. 55 ff., S. 59. *Möbius, P.:* Die Geschlechter d. Tiere, 1905. *Sachs, C.:* Eine Weltgeschichte d. Tanzes, 1933, S. 7 ff. *Frisch, K. v.:* Die Tänze d. Bienen, in: Österreichische Zoologische Zeitung, 1, 1946, S. 1 ff. *Frisch, K. v.:* Sprechende Tänze im Bienenvolk, 1955. *Esch, H.:* Über d. Schallerzeugung beim Werbetanz d. Honigbiene, in: Zeitschrift f. vergleichende Physiologie, 45, 1961. *Ziswiler, V.:* Vom Tanz d. Tiere, in: Atlantis, Nr. 11, 1963. *Frisch, K. v.:* Tanzsprache u. Orientierung d. Bienen, 1965. *Williams, L.:* The Dancing Chimpanzee: A Study of Primitive Music in Relation to the Vocalising and Rhythmic Action of Apes, 1967.

Tigăneasca. ↗Rumänischer Volkstanz. Er wird von Männern und Frauen ausgeführt, die im Kreis Aufstellung nehmen und einander an den Händen halten. Das Tempo des Tanzes ist sehr rasch, die Tanzmelodie steht im 2/4-Takt.

Lit.: *Bucşan, A.:* Jocuri din Ardealul de sud, 1957, S. 111 ff.

Tik. Neugriechischer Volkstanz im 5/8-Takt, einer der populärsten Tänze aus dem Pontus. Der Name ist türkisch und bedeutet Ständer oder Stütze. Es gibt eine Menge von Tik-Formen, deren Grundschema aber immer dasselbe ist. Die Aufstellung erfolgt im offenen Kreis, die Tanzbewegung in entgegengesetzter Richtung des Uhrzeigers. Zuerst bewegen sich die Tänzer starr mit schweren Schritten. Sie stehen nahe beisammen, Schulter an Schulter, halten Arme und Hände an den Seiten gerade nach unten. In der Fortsetzung des Tanzes werden dann die Bewegungen freier, der Abstand zwischen ihnen nimmt zu, und die Arme werden langsam gerade in die Luft hinauf geschwungen. (↗Griechischer Tanz)

Lit.: *Petrides, Th. u. El.:* Folk Dances of the Greeks, 1961, S. 53.

Tinikling. ↗Philippinischer Tanz. Dieser sehr populäre Tanz wird von Tänzern oder Tänzerinnen ausgeführt, die sich in Kreuzform aufstellen. Sie tragen lange Bambusstangen. Im 4/4-Takt der

Musik bringen sie die Stangen zusammen und wieder auseinander. In der Mitte der Kreuzform entsteht ein kleines offenes Viereck, in welches die Tanzenden auf einem Fuß hinein- und herausspringen. Dazu werden Drehungen und Wendungen in verschiedenen Variationen ausgeführt.

Lit.: *Bowers, F.:* Theatre in the East, 1956, S. 253.

Tippan. Finnischer Volkstanz im 3/4-Takt. Er wird von beliebig vielen Paaren ausgeführt. Die Tanzenden stehen paarweise nebeneinander in einem Kreis mit den Händen verbunden und mit halb gebeugten Armen. Die Tanzschritte bestehen aus Fußwechsel mit Hüpfen. (↗Finnische Volkstänze)

Lit.: *Burchenal, E.:* Folk-Dances of Finland, 1915, S. 17.

Tipri-Tanz. ↗Indischer Tanz, eine Form des ↗Bandltanzes aus Maharashtra. Die Tanzenden verwenden dabei aber keine Bänder, sondern Stöcke, die sie zum Klang der Trommeln über dem Kopf, vor dem Körper und unter dem Knie zusammenschlagen. (↗Goph-Tanz)

Lit.: *Rebling, E.:* Die Tanzkunst Indiens, 1981, S. 65.

Tirana. Spanischer Volkstanz, ursprünglich in Andalusien heimisch, ähnlich dem ↗Fandango. Die Tanzweise steht im 6/8-Takt begleitet von Gitarren und Gesang. Die Singweise besteht aus vier Versen. Der Tanz kommt auch in Portugal vor. (↗Spanische Volkstänze)

Lit.: *Schubert, F. L.:* Die Tanzmusik, 1867, S. 31. *Czerwinski, A.:* Brevier d. Tanzkunst, 1879, S. 118.

Tiroler Walzer ↗Tyrolienne.

Tjakaleli. Ein Tanz auf den Molukken, der ausgeführt wird, um die Geister zu verscheuchen oder herbeizulocken. Auf Halmaheira tanzt ihn der Witwer um das Haus, in dem sich die Leiche seiner Frau befindet.

Lit.: *Joest, W.:* Malaiische Lieder u. Tänze aus Ambon u. d. Uliase, in: Int. Archiv f. Ethnographie, Bd. 5, 1892, S. 5. *Nieuwenhuis, G. J.:* Über d. Tanz in Niederländisch-Indien, Diss. Zürich, 1916, S. 26 f.

Tkadlec (= der Weber). Tschechischer Volkstanz aus Böhmen, ein Tanz komischen Charakters mit ↗Wechselhupf, der von einer Gruppe ausgeführt wird. (↗Tschechische Volkstänze)

Lit.: *Waldau, A.:* Böhmische Nationaltänze, Bd. 1, 1859, S. 29. *Vycpálek, L.:* České tance, in: Český Lid. Jg. 2, 1893, S. 663.

Tkalečka. Jugoslawischer Volkstanz aus Slowenien im 2/4-Takt. Er wird nur von Männern ausgeführt, die sich mit Hüpfschritten ohne Handhaltung im Kreis bewegen. (↗Slowenischer Volkstanz)

Lit.: *Šuštar, M.:* Slovenski ljudski plesi prekmurja, 1968, S. 15 ff.

Tlacoloreros. Alte mexikanische Tanzgebete um Nahrung und Regen. Sie bestanden aus alten Tänzen, verbunden mit einer Tierjagd. Ein Tänzer führt dabei als Tod verkleidet einen makabren Tanz auf. (↗Mexikanischer Tanz)

Lit.: *Dickins, Guillermina:* Dances of Mexico, 1954, S. 10.

Točak. Jugoslawischer Volkstanz aus Slowenien, ein ↗Paartanz im 2/4-Takt. Die Paare stehen im Kreis, in dessen Mitte auch ein Tanzpaar steht. Eine charakteristische Figur ist das Heben der Tänzerin während des Hüpfens. Die Paare drehen sich links und rechts herum und tanzen ihre Figuren auf dem Platz. (↗Slowenischer Volkstanz)

Lit.: *Šuštar, M.:* Slovenski ljudski plesi prekmurja, 1968, S. 24 ff.

Todtentanz. Dieser ↗Volkstanz aus der Zeit des 15. bis 17. Jh. war besonders bei Hochzeiten in Schlesien, Ungarn und Deutschland (Berlin, Brandenburg) beliebt. Er stellte mehr ein Gesellschaftsspiel als einen Tanz dar und darf nicht mit dem mittelalterlichen ↗Totentanz verwechselt werden. Das trotz seines Namens amüsante Spiel begann mit Jubel und Fröhlichkeit aller Anwesenden. Plötzlich verstummte alle Heiterkeit und ein Jüngling oder Mädchen, meist durch das Los bestimmt, fiel wie tot zu Boden und hatte die Rolle einer „Tanzleiche" zu übernehmen. Während die sogenannte „Leiche" auf dem Boden lag, näherten sich ihr die anderen Tänzer unter Begleitung eines traurigen Gesanges mit abwechselnden Sprüngen. Spielte die Leiche ein Jüngling, so wurde sie von den Frauen zum Leben geküßt, spielte sie eine Jungfrau, so küßten sie die Männer wach. Sobald die Kußprozedur zu Ende war, erhob sich die Tanzleiche, und mit einem frohen Rundtanz endete das Spiel. (↗Umrlec)

Ulm 1650

Lit.: *Bergemann, J. G.:* Schlesische Modetänze im Jahre 1406, in: Allgemeines Archiv f. d. Geschichtskunde d. preußischen Staates, Bd. I, 1830, S. 279. *Böhme, F. M.:* Geschichte d. Tanzes in Deutschland, 1886.

Tödden-Schottisch heißt eine Form des ↗Reichsverwesers aus Westfalen. Die Tanzmelodie steht im 2/4-Takt und hat Polkazeitmaß.

Lit.: *Ilmbrecht, O.:* Westfälische Heimattänze, 1936. *Au, H. v. d.:* Das Patschen im Volkstanz d. rhein-mainischen Raumes, in: Deutsche Liederkunde, Bd. I, 1939, S. 185.

Toeschi, Carlo Giuseppe (eigentlich Toesca della Castella-Monte). Italienischer Violinist und Komponist, getauft 11. November 1731 in Ludwigsburg, gest. 12. April 1788 in München. Er wirkte am Mannheimer Hof unter dem Kurfürsten Karl Theodor und erlangte als Komponist von mehr als 20 ↗Balletten Bedeutung. Sein Bruder **Giovanni Battista Toeschi,** italienischer Violinist und Komponist, getauft 1. Oktober 1735 in Stuttgart, begraben 3. April 1800 in München, war ab 1755 Violinist des Mannheimer Orchesters und ab 1758 Ballettdirigent. 1778 übersiedelte er nach München, wo er 1793 Musikdirektor wurde. Einige seinem Bruder zugeschriebenen Ballette dürften von ihm stammen. (↗Aeneas-Ballette, ↗Armida-Ballette, ↗Don Quichote-Ballette, ↗Urteil des Paris)

Lit.: *Münster, R.:* Mannheimer Musiker, in: Musica XV, 1961, S. 113 ff.

Toku-Tanz. Malaischer Tanz auf Halmahera. Er wird zur Totenfeier getanzt. Er besteht aus einem Strickziehen im Rundgang und dauert vom Abend bis zum Morgen. (↗Begräbnistänze, ↗Malaiische Tänze)

Lit.: *Nieuwenhuis, G. J.:* Über d. Tanz in Niederländisch-Indien, Diss. Zürich 1916, S. 28. *Boehn, M. v.:* Der Tanz, 1925, S. 22.

Tomasson, Helgi. Isländischer Tänzer, geb. 1942 in Rejkjavik. Er studierte bei Sigridur Arman, Erik Bidsted und Vera ↗Volkova in Kopenhagen, wo er auch 1958 beim Tivoli-Ballett debütierte. Weitere Stationen seines künstlerischen Wirkens waren 1961 das R. Joffrey-Ballet, 1964 das ↗Harkness-Ballet, 1970 war er Solist im ↗New York City Ballet.

Lit.: *Hodgson, M.:* New York City Ballet Profile: Helgi Tomasson, in: Dance Magazine, August 1975. *Gruen, J.:* Helgi Tomasson, in: The Private World of Ballet, New York 1975.

Tomaszewski, Henryk. Polnischer ↗Choreograph, ↗Pantomime und Tänzer, geb. 20. November 1924 in Posen. Er studierte am Tanz-Institut in Krakau. 1956 gründete er in Breslau das Polnische Pantomimen-Ensemble mit dem er eine besondere Art von Gruppenpantomime erarbeitete. Hauptwerke dieser Art sind: „Labyrinth", „Der Minotaurus", „Gilgamesch" u. a.

Tombé, vom französischen tomber = fallen, bedeutet im klassischen ↗Ballett den Fall von einem Bein auf das andere, oder von beiden Beinen auf eines. Dabei werden bei der Landung die Knie gebeugt.

Tomburi. Tanz der Eingeborenen auf ↗Neuguinea. Er wird von Männern und Frauen gemeinsam ausgeführt. Bemalt und mit Eber- und Hundezähnen geschmückt, stellen sie sich in Reihen zu zwei und zwei auf. Der Tanz wird von einer Holztrommel und mit Gesang begleitet.

Lit.: *Pöch, R.:* Beobachtungen über Sprache, Gesänge u. Tänze d. Monumbo, in: Mitteilungen d. anthropologischen Gesellschaft in Wien, Bd. 35, 1905, S. 230 f.

Tomlinson, Kellom. Britischer ↗Tanzmeister, Schüler von Mr. Caverley, Verfasser des schönsten englischen ↗Tanzlehrbuches „The Art of dancing explained by reading and figures...". Das Buch, bereits 1724 vollendet, erschien erst 1735 in London. Auf ausgezeichneten Kupfertafeln sind nicht nur die Figuren des Tanzes choreographisch dargestellt, sondern auf jedem Blatt auch noch ein Tanzpaar in der Ausführung einer beschriebenen Bewegung. (↗Choreographie)

Lit.: *Derra de Moroda, F.:* Die Tanzschrift d. 18. Jh. im Spiegel meiner Sammlung, in: Von Sammlern u. Sammlungen. Ein Jahrbuch f. Bücherfreunde. N. F. Bd. V, 1967, S. 191.

Tonnai Torrai. ↗Irischer Volkstanz im 2/4-Takt für eine beliebig gerade Zahl von Paaren. Die Paare stellen sich in zwei parallelen Reihen auf. Tänzer und Tänzerinnen bilden je eine Reihe und sehen einander an. Der Tanz hat seinen Namen von der wellenumspielten Insel Tory in der Bucht vor der Stadt Donegal (Dun na Ngall). Eine Figur des Tanzes drückt dieses Wellenspiel aus.

Lit.: *Burchenal, E.:* National Dances of Ireland, 1924, S. 121 ff.

Topeng. ↗Balinesischer Tanz, ein ↗Maskentanz, der die alte Volkssage vom Königssohn darstellt, welcher mit seiner Frau und seinen Dienern vergeblich seinen verschollenen Vater sucht. Die Diener treten dabei als Spaßmacher auf, um die Zusehenden zu erheitern.

Lit.: *Kreutzberg, L.:* Tiere, Tänzerinnen u. Dämonen, 1929, S. 22.

Tordis (Wachsmuth) **Ellinor.** Deutsche Tänzerin, geb. 21. Dezember 1895 in Dresden, gest. 3. April 1973 in Wien. Ihre Ausbildung erhielt sie bei A. ↗Sacharow und Magda Bauer in München. Sie begann als Tänzerin in einer Dreiergruppe („Münchner Tanzdrei") mit Magda Bauer und Lu Ilhoven und im russischen Ensemble von Ellen Tels (Wien). Später war sie Solotänzerin und Leiterin von Gruppen. In den 20er und 30er Jahren prägte sie einen eigenen Stil: 1. den „reinen Musiktanz" ohne tanzprogrammatischen Inhalt, vor allem mit Musik aus dem 17. und 18. Jh. (Couperin, Corelli, Händel, Bach, Vivaldi, Rameau, Mozart) als Ausgangsbasis; 2. tänzerische Interpretation von östlichen und abendländischen Gedichten und Darstellung von Figuren wie Uta von Naumburg, Bürgersfrau von A. Dürer, Verkündigungsengel von Filippo Lippi u. a. Sie gab Tanzabende in Wien, Paris, Versailles, Budapest, Berlin. Neben ihrer Karriere als Tänzerin entfaltete sie zwischen dem ersten und zweiten Weltkrieg eine rege pädagogische Tätigkeit in Wien (Kurse in verschiedenen höheren Schulen; eigene Schule für Bewegungslehre für Bühnenkünstler, Kinder und Erwachsene). Von 1951 bis 1953 unterrichtete sie Bewegungslehre in der Kapellmeisterklasse von H. Swarowsky an der Akademie für Musik und darstellende Kunst in Wien.

Torneo, el La ↗Barriera.

Tortanz. Unter diesem Namen ist jene Art des Tanzes zu verstehen, bei welcher die tanzenden Paare Tore bilden. Das erste Paar bildet mit seinen erhobenen Händen ein Tor, durch welches alle nachfolgenden Paare schlüpfen. Wer durch das Tor gegangen ist, schließt sich dem ersten Paar an. Am Ende der Reihe angelangt, dreht man sich wieder in die ursprüngliche Tanzrichtung, bückt sich ein wenig und setzt die Kolonne der durch die Tore schreitenden Paare fort. Im ↗Schwerttanz heißt diese Figur „Brücke". Auf diese Weise entsteht ein sich stets erneuernder Kreislauf, der in manchen Tänzen zu sinnbildlichen Ausdeutungen Anlaß gab. In Salzburg (Österreich) wird dieser Tanz als ↗Erntetanz ausgeführt, in den deutschen Sprachinseln des Ostens heißt ein solcher Tanz ↗Schlupptanz, im oberösterreichischen Innviertel ↗Bastkorbflechten. (↗Zucok)

Lit.: *Wolfram, R.:* Deutsche Volkstänze, 1937, S. 17. *Wolfram, R.:* Die Volkstänze in Österreich u. verwandte Tänze in Europa, 1951, S. 73 f.

Tospring. ↗Dänischer Volkstanz im 2/4-Takt aus Ringköping, West-Jütland. Dieser ↗Kettentanz wird am zweiten Hochzeitstag mit gehüpften Schritten und vielen Späßen durch den Hof und den ganzen Ort getanzt.

Lit.: *Thomsen, E.-Andersen, H.:* Folkedanse for børn, 1923, S. 9 f. *Wolfram, R.:* Die Volkstänze in Österreich u. verwandte Tänze in Europa, 1951.

Totentanz. Unter diesem Namen ist die Darstellung des Tanzes als Bewegungsform des Todes und der Toten zu verstehen. Ihr liegt der Gedanke zugrunde, die Vergänglichkeit des Lebens und die Gleichheit aller Menschen vor dem Tod in der Form des Tanzes lehrhaft zu veranschaulichen. Die Idee der tänzerischen Darstellung des Vergänglichkeitsproblems alles Irdischen läßt sich in den frühesten Kulturen und in den Bereichen der Naturvölker nachweisen, ihre höchste Blüte erreicht sie aber in den Totentanzdarstellungen des Mittelalters vom 13. bis zum 15. Jh. Der mittelalterliche Volksaberglaube und die religiösen Gegebenheiten der Zeit sowie die durch viele Kriege und Seuchen verursachten Erschütterungen waren damals der besondere Nährboden für die Entwicklung des Totentanzes. In zahlreichen bildnerischen und literarischen Gestaltungen dieser Zeit hat der Totentanz, vermutlich von Frankreich ausgehend, vor allem in Deutschland seine weiteste Verbreitung und höchste künstlerische Form gefunden. Zu den frühen bedeutsamen Totentanzdarstellungen gehören der Totentanz der Abteikirche La Chaise-Dieu aus dem Anfange des 14. Jh., der aus dem Jahre 1425 stammende Pariser ↗Danse macabre, der spanische Totentanz „La danza general de la muerte" aus dem Jahre 1360, der „Lübecker Totentanz" von 1463 und der „Basler Totentanz" von 1490. Je nachdem, ob die Toten als Leichen erscheinen und die Lebenden mahnen oder ob der Tod auftritt, um die Menschen verschiedenen Standes vom König bis zum Bettler zum Tanzen aufzufordern, lassen sich zwei Arten der mittelalterlichen Totentanzdarstellungen unterscheiden: 1. Der **Toten-Tanz,** der den Tanz der Toten (Leichen) darstellt, und 2. Der **Todes-Tanz,** die Darstellungen des Tanzes des Todes mit den Menschen. Beide Begriffe sind allerdings bedingt durch die Gleichartigkeit der Todes- und Totendarstellungen nicht immer klar auseinanderzuhalten. Die erste Art ist die ältere und verliert mit dem ausgehenden Mittelalter immer mehr an Bedeutung. Die zweite Art, der Tanz des Todes mit den Menschen, hat die Dichter und Maler, angeregt besonders durch die 24 Holzschnitte des Hans Holbein d. J. aus dem 16.

Jh., über das Mittelalter hinaus beschäftigt und ist bis in unsere Zeit wirksam geblieben. Auch heute noch leben die Grundgedanken des Vergänglichkeitsproblems in modernen Totentanzdarstellungen fort, bei denen der Tod als mahnende Person erscheint und die hohen und niedrigen Vertreter der Menschheit zum Tanz auffordert. Die Totentänze aus dem Mittelalter sind in verschiedenen Formen überliefert, von denen die beiden wichtigsten der feierlich geschrittene ↗Reigen und der gesprungene lebhafte Tanz sind. Deutschland, Frankreich, Italien und England waren das Verbreitungsgebiet dieser Typen. Von den Weisen, die die Totentänze begleiteten, sind nicht viele überliefert. Meist waren es einfache Spielstücke und geistlich-betrachtende Liedsätze. Als ↗Todtentanz wurde auch ein scherzhaftes Tanzspiel bezeichnet, das in der Zeit vom 15. bis zum 17. Jh. vornehmlich auf Hochzeiten in Schlesien, Ungarn und der Mark Brandenburg als Gesellschaftsspiel getanzt wurde. Totentänze hießen auch die Tänze bei der Bestattung von Toten, die schon im Altertum üblich waren und die nicht nur den Zweck hatten, den Toten zu erfreuen, sondern auch die bösen Geister und Dämonen von ihm abzuwenden. Sie sind vor allem unter dem Namen ↗Begräbnistänze bekannt. Die jahrhundertealte Beschäftigung der Kunst-, Literatur- und Musikforschung mit dem Problem des Totentanzes hatte zur Folge, daß die Totentanzliteratur fast unübersehbar geworden ist. Die folgenden Literaturangaben stellen daher nur eine Übersicht über die wichtigsten Arbeiten dar. (↗Dans de Machabeeën)

Lit.: *Peignot, G.:* Recherches historiques et littéraires sur les danses des morts et sur l'origine des cartes à jouer, 1826. *Grüneisen, C.:* Beiträge zur Geschichte u. Beurtheilung d. Todtentänze, in: Kunstblatt Nr. 22/26, Beiblatt zum Morgenblatt f. gebildete Stände, Jg. 24, 1830. *Maßmann, H. F.:* Literatur d. Todtentänze, in: Serapeum, Jg. 1, 1840, Nr. 16, S. 241 ff., Nr. 19, S. 289 ff. *Jubinal, A.:* Explication de la danse des morts de la Chaise-Dieu, 1841. *Neumann, F.:* Der Tod in allen seinen Beziehungen, ein Warner, Tröster u. Lustigmacher. Als Beitrag zur Literaturgeschichte d. Todtentänze. Dresden 1844. *Maßmann, H. F.:* Die Baseler Todtentänze in getreuen Abbildungen, in: Der Schatzgräber, 5. Teil, 1847. *Ellissen, A.:* Geschichtliche Abhandlung über Todtentänze, in: Hans Holbeins Initial-Buchstaben mit d. Todtentanz, 1849. *Kastner, G.:* Les danses des morts, 1852. *Langlois, E. H.:* Essai historique, philosophique et pittoresque sur les danses des morts, 1852. *Wackernagel, W.:* Der Todtentanz, in: Zeitschrift f. deutsches Altertum, Bd. 9, 1853, S. 302 ff. *Schnaase, K.:* Zur Geschichte d. Todtentänze, in: Mitteilungen d. k. k. Central-Comission zur Erforschung u. Erhaltung d. Baudenkmale, Jg. 6, 1861, Nr. 9, S. 221 ff. *Schroer, K. J.:* Totentanzsprüche, in: Germania, XII, 1867, S. 284 ff. *Lippmann, F.:* Der Totentanz v. Metnitz, in: Mitteilungen d. k. k. Central-Commission zur Erforschung u. Erhaltung d. Kunst- u. historischen Denkmale, Jg. 1, N. F., 1875, S. 56 ff. *Bäumker, W.:* Der Todtentanz, in: Frankfurter Broschüren, N. F. II, N. 6, 1881, S. 175 ff. *Merino, A. F.:* La danse macabre, Estudio critico literario, Madrid 1884. *Böhme, F. M.:* Geschichte d. Tanzes in Deutschland, 1886. *Bolte, J.:* Ein Totentanz d. 17. Jh., in: Alemannia, Bd. 18, 1890, S. 65 ff. *Seelmann, W.:* Die Totentänze d. Mittelalters, 1893. *Schreiber, W. L.:* Die Totentänze, in: Zeitschrift f. Bücherfreunde, Jg. 2, 1898/99, H. 7, S. 291 ff., H. 8/9, S. 321 ff. *Kurth, F. M.:* Reigen d. Totentänze v. Anfang d. 15. Jh. bis auf unsere Tage, 1900. *Vigo, P.:* Le danze macabre in Italia, 1901. *Kupka, P.:* Über mittelalterliche Totentänze, in: Wissenschaftliche Beilage zum Programm d. Gymnasiums zu Stendal, 1905. *Fehse, W.:* Der Ursprung d. Totentänze, 1907. *Künstle, K.:* Die Legende d. drei Lebenden u. d. drei Toten u. d. Totentanz, 1908. *Kupka, P.:* Zur Genesis d. mittelalterlichen Totentänze, in: Wissenschaftliche Beilage zum Programm d. Gymnasiums zu Stendal, 1908. *Wallner, A. B.:* Die Bilder zum achtzeiligen oberdeutschen Totentanz, in: Zeitschrift f. Musikwissenschaft, Jg. 6, 1923, H. 2, S. 65 ff. *Greyerz, O.:* Totentanzlieder, in: Schweizerisches Archiv f. Volkskunde, Jg. 25, 1924/25, S. 161 ff. *Lansel, P.:* Ein romanisches Totentanzlied, in: Schweizerisches Archiv f. Volkskunde, Jg. 26, 1925/26, H. 1, S. 70 f. *Buchheit, G.:* Der Totentanz, seine Entstehung u. Entwicklung, 1926. *Frisch, E.:* Ein salzburgisches Totentanzlied, in: Salzburger Museumsblätter, Jg. 6, 1927, Nr. 5, S. 1 ff. *Douce, F.:* The Dance of Death, 1933. *Franz, L.:* Alteuropäische Tänze, in: Mitteilungen d. Anthropologischen Gesellschaft in Wien, Bd. 63, 1933, S. 203. *Sachs, C.:* Eine Weltgeschichte d. Tanzes, 1933, S. 173 ff. *Kurtz, L. P.:* The Dance of Death and the Macabre Spirit in European Literature, Publ. of the Institute of French Studies, 1934. *Kozákay (Cosachi), St.:* Geschichte d. Totentänze, in: Bibliotheca humanitatis historica, 1. Stück, 1. Lieferung, 1936, 5. Stück, 2. Lieferung, 1944, 7. Stück, 3. Lieferung, 1941. *Wackernagel, H. G.:* Vom Totentanze in Basel, in: Schweizerisches Archiv f. Volkskunde, Bd. 35, 1936, S. 199 ff. *Stegemeier, H.:* The Dance of Death in Folksong, 1939. *Commenda, H.:* Totentanzlied, in: Deutsches Volkslied, Jg. 44, 1942, H. 9/10, S. 113 f. *Stammler, W.:* Der Totentanz, Entstehung u. Deutung, 1948. *Enklaar, D. Th.:* De dodendans, een cultur-historische studie, 1950. *Klier, K. M.:* Totentanz u. Jüngstes Gericht, in: Burgenländische Heimatblätter, Jg. 13, 1951, H. 3, S. 173 ff. *Zinsli, P.:* Der Berner Totentanz d. Niklaus Manuel, in: Berner Heimatbücher 54/55, 1953. *Rosenfeld, H.:* Der mittelalterliche Totentanz, Entstehung, Entwicklung, Bedeutung, in: Beihefte zum Archiv f. Kulturgeschichte, H. 3, 1954. *Cosacchi, St.:* Musikinstrumente im mittelalterlichen Totentanz, in: Musikforschung, Jg. 8, 1955, H. 1, S. 1 ff. *Louis, M. L. A.:* Les danses macabres en France et en Italie, in: Cahiers ligures de préhistoire et d'archéologie, 5, 1956, S. 119 ff. *Salmen, W.:* Mittelalterliche Totentanzweisen, in: Die Musikforschung, Jg. 9, 1956, H. 2, S. 189 f. *Reinle, A.:* Der Totentanz auf d. Spreuerbrücke in Luzern, 1961. *Baaren, Th. P. v.:* Selbst d. Götter tanzen, 1964, S. 78 ff. *Watteck, N.:* Zwei Totentanzlieder u. ein Totenlied aus d. Salzburgischen, in: Mitteilungen d. Gesellschaft f. Salzburger Landeskunde, 105. Vereinsjahr, 1965, S. 239 ff. *Hammerstein, R.:* Ein altelsässischer Totentanz als musikgeschichtliche Quelle, in: Saarbrückner Studien zur Musikwissenschaft, Bd. 1, S. 97 ff. (Zum 70. Geburtstag v. J. Müller-Blattau). *Meyer-Baer, K.:* Music of the Spheres and the Dance of Death, in: Studies in Musical Iconology, 1970. *Koller, E.:* Totentanz. Versuch einer Testembeschreibung, Innsbrucker Beiträge zur Kulturwissenschaft, Bd. 10, 1980.

To Ting. ↗Dänischer Volkstanz aus Himmerland. Der Charakter dieses ↗Paartanzes besteht darin, daß das Tanztempo zwischen ruhigem Walzertakt und bewegterem $2/4$-Takt wechselt. Die erste Figur besteht aus acht Takten mit Wiederholung, getanzt mit Walzerschritten, die zweite Figur aus acht Takten, getanzt mit Hopsschritten. Die Aufstellung erfolgt paarweise im Kreis. Die Tänzer halten die linke Hand der Tänzerinnen in ihrer rechten Hand.

Lit.: *Madelung, M. M.-Lorenzen, P.:* Gamle himmerlands-danse, 1931, S. 13 f. *Lorenzen, P.-Jeppesen, J.:* Dances of Denmark, 1950, S. 26 f.

Totmacher. Name für den ↗Fuß-ein-Tanz in Thüringen.

Totur. ↗Norwegischer Volkstanz im $2/4$-Takt, ein sogenannter Zweitouriger. Zwei Paare fassen sich zum Kreis, die Arme gebeugt. Vor Beginn und am Schluß des Tanzes machen sie eine kleine Verbeugung. Federndes Laufen, Stampfen am Platz, Drehen und Klatschen sind die charakteristischen Bewegungen, die Mühle und das Kreuz die charakteristischen Figuren des Tanzes.

Lit.: *Schmolke, A.-Langhans, H.:* Europäische Tänze, H. 7, 1962, S. 16 f.

Toumanowa, Tamara (auch Tumanowa). Russische Tänzerin, geb. 1919 auf der Flucht ihrer Eltern aus Rußland nach Schanghai in der Nähe von Schanghai in einem Zug. Sie kam als Kind nach Frankreich, besuchte die Kinderballettschule der Pariser Oper und war Schülerin von Olga ↗Preobrajenska. Als Kind trat sie bereits erstmals auf und tanzte schon mit 13 Jahren Hauptrollen in schwierigen Balletten. ↗Balanchine engagierte sie 1932 für die ↗Ballets Russes de Monte Carlo. Bei Ausbruch des zweiten Weltkrieges übersiedelte sie nach den USA. 1946 kehrte sie nach Europa zurück, tanzte an der Oper von Paris und unternahm zahlreiche Auslandstourneen. Sie wirkte auch bei mehreren Filmen mit, zuletzt in B. Wilders „The Private Life of Sherlock Holmes" (1970).

Lit.: *Swisher, V. H.:* Tamara Toumanova: A Unique Career, in: Dance Magazine, September 1970.

Tour. Dieser alte französische Fachausdruck in der Ballettechnik bedeutet eine Drehung des Körpers auf einem Bein (↗Pirouette). Nach der Verschiedenheit der Ausführung gibt es folgende Arten von Touren: Tour de basque, Tour déboulé, Tour de corps, Tour de manége, Tour de reins, Tour de reins écarté, Tour enchaîné. Die Tour de main ist im ↗Gesellschaftstanz (↗Quadrille) eine Tanzfigur, bei der sich das Tanzpaar eine Hand reicht.

Lit.: *Raab, R.:* Lexidion f. d. Ballett, s. a. *Waganowa, A. J.:* Die Grundlagen d. klassischen Tanzes, 1954, S. 141 ff.

Tourdion (auch Tordion; engl. Turdion, ital. Tordiglione). Name eines höfischen Tanzes im Tripeltakt, französischer Herkunft. Seine Blütezeit fällt mit der ↗Basse danse zusammen, als deren ↗Nachtanz er bereits 1530 in zwei Drucken von ↗Attaingnant erscheint. Hinweise auf den Tourdion sind jedoch schon viel früher in der französischen Literatur zu finden (1439, 1435 und 1515). ↗Arena beschreibt ihn erstmals 1529 als Tanz. ↗Arbeau bezeichnet den Tourdion als eine Abart der ↗Galliarde, bei der die Füße nur leicht gehoben, fast geschleift werden. Den Namen Tourdion vom französischen tourner = drehen abzuleiten, ist nicht stichhältig, da der Tourdion als Rundtanz nicht nachweisbar ist. Der auch in Spanien und Italien verbreitete Tanz verlor mit dem Ende der Basse danse in der 2. Hälfte des 16. Jh. immer mehr an Bedeutung und kam schließlich ganz aus der Mode.

Qu.: *Saint Gelais:* Enigmes, 1435. *Le Grant Danse Macabre,* Lyon 1499. *Clement Marot:* Temple de Cupido, 1515.

Lit.: *Czerwinski, A.:* Die Tänze d. 16. Jh., 1878, S. 57. *Czerwinski, A.:* Brevier d. Tanzkunst, 1879. *Körte, O.:* Laute u. Lautenmusik bis zur Mitte d. 16. Jh., 1901, S. 112 ff. *Sachs, C.:* Eine Weltgeschichte d. Tanzes, 1933. *Bahr, W.:* Zur Entwicklungsgeschichte d. höfischen Gesellschaftstanzes, 1941, S. 53. *Heartz, D.:* Preludes, Chansons and Dances for Lute, 1964. *Dolmetsch, M.:* Dances of Spain and Italy from 1400 to 1600, 1975.

Tournidjaire. ↗Französischer Volkstanz im 3/8-Takt aus der Auvergne. Der Tanz wird von mehreren Paaren unbestimmter Anzahl getanzt und ist der Form nach eine ↗Bourrée. Die Tanzenden halten einander an den Händen und bilden einen Kreis. Die Tänzerinnen stehen links vom Tänzer.

Lit.: *Arma, Edmée:* Entrez dans la danse, 1943, S. 23 ff.

Towkatschiki. ↗Russischer Volkstanz aus Bjelorußland, ein sogenannter ↗Geschicklichkeitstanz, bei dem sich die Tänzer im Stockspringen produzieren und gegenseitig überbieten.

Lit.: *Moissejew, J.:* Tänze d. Völker d. Sowjetunion, 1952, Folge 2, S. 29.

Trabgans. ↗Deutscher Volkstanz aus der Dobrudscha im 2/4-Takt. Ausgeführt wird der Tanz von einer beliebigen Anzahl von Paaren in gerader Zahl. Diese ordnen sich zu einem großen Kreis und fassen einander an den Händen, die rechte Schulter dabei etwas nach außen gedreht. Getanzt wird mit Wechselschritten, Drehungen und ↗Paschen.

Lit.: *Au, H. v. d.:* Deutsche Volkstänze aus d. Dobrudscha, 1955, S. 12 f.

Trabucchetto heißt ein Tanzschritt bei den italienischen ↗Tanzmeistern des 16. Jh. (↗Caroso). Es gab zwei Arten dieser Sprungbewegung, den Trabucchetto grave und den Trabucchetto minimo. (↗Zoppetto)

Lit.: *Bie, O.:* Der Tanz, 1919. *Junk, V.:* Handbuch d. Tanzes, 1930. *Sachs, C.:* Eine Weltgeschichte d. Tanzes, 1933.

Traccanario (Traccanar, Tracanari, Tracconari, Traquenard). Bezeichnung einer seltenen, alten französischen Tanzform. Der Name ist ein Ausdruck aus dem Pferdewesen, denn traquenard heißt so viel wie Halbpaß (eine Gangart des Pferdes), was vielleicht auf den Charakter des Tanzes schließen läßt. Der Traccanario steht im 4/4- oder Alla-breve-Takt mit Auftakt. Das Tempo war rasch. Der Tanz wurde von den Wiener Tanzkomponisten in der 2. Hälfte des 17. Jh. noch in den Ballettsuiten verwendet.

Lit.: *Nettl, P.:* Die Wiener Tanzkomposition in d. 2. Hälfte d. 17. Jh., in: Studien zur Musikwissenschaft, H. 8, 1921, S. 93 f.

Tramplan. ↗Österreichischer Volkstanz aus dem Hausruckviertel in Oberösterreich, ein ↗Paartanz im Kreis oder in der Reihe, bei dem sich die Paare hüpfend vorwärts bewegen. Die Musik geht im langsamen 2/4-Takt. Der Name dürfte entweder von dem Dialektausdruck „trampeln“ = aufstampfen, oder aber vom französischen „tremblant“ kommen. Mit dem Namen Tramplan soll auch die ↗Polka française bezeichnet worden sein.

Lit.: *Commenda, H.:* Oberösterreichische Volkstänze, Deutsche Volkstänze, H. 4, 1928.

Trappeltanz. Alter deutscher Singtanz aus dem Vogtland. Die Tanzenden haben ihn in langer Kette ausgeführt, und zwar zuerst geschritten und dann „getrappelt“ (getreten).

Lit.: *Böhme, F. M.:* Geschichte d. Tanzes in Deutschland, 1886.

Trapperl wird der ↗Schleunige in der Gegend von Bad Ischl im Salzkammergut, Österreich, genannt.

Traquenard ↗Traccanario.

Trarat. ↗Volkstanz aus dem 16. Jh., der in Niederdeutschland beheimatet war und in der „Preußischen Chronik“ von Stentzel Bornbach erwähnt wird. Nähere Details sind nicht bekannt. Eine Melodie ist im Liederbuch des Peter Fabricius enthalten.

Lit.: *Bolte, J.:* Zur Geschichte d. Tanzes, in: Alemannia, Bd. 18, 1890, S. 77.

Třasák. Tschechischer Volkstanz aus Böhmen, eine Abart der ↗Polka, die sogenannte ↗Polka tremblante. (↗Skočná, ↗Třinožka, ↗Tschechische Volkstänze)

Lit.: *Waldau, A.:* Böhmische Nationaltänze, 1. Bd., 1869, S. 18 f.

Trasconeto. ↗Italienischer Volkstanz im schnellen 6/8-Takt, bekannt in allen Dörfern und Distrikten von Lunigiana (Toskana). Er wird immer am alten Karnevalssonntag, das ist heute der 1. Sonntag in der Fastenzeit, getanzt. Um die Ausdauer der Tänzer zu prüfen, wird der Tanz zum Schluß hin immer schneller.

Lit.: *Galanti, B. M.:* Dances of Italy, 1950, S. 9.

Trata. ↗Griechischer Volkstanz. Der Name bedeutet soviel wie „Fischzug“. Dieser Tanz war daher ursprünglich eine Bitte der Frauen an die Götter, die Fischer und Muscheltaucher nicht eine Beute des Meeres werden zu lassen. Dieser reigenartige Singtanz wird heute noch um die Osterzeit in Megara bei Athen und auch in Süditalien gepflegt. Er wird von festlich geschmückten Frauen ausgeführt, die eng beieinanderstehend die Hände kreuzweise fassen und zwar so, daß die erste vor der Brust der zweiten die Hand der dritten, die zweite, die der vierten Tänzerin usw. ergreift. Die so gebildete Reihe wiegt sich dann, von einer Vortänzerin angeführt, die Füße seitwärts, vor- und rückwärts wendend, langsam hin und her. Das Ende der Reihe bilden vier Frauen, die singend den Tanz begleiten. Angeblich soll die Trata die Bewegungen der Fischer während des Netzauswerfens imitieren.

Lit.: *Brinkmann, A.:* Altgriechische Mädchenreigen, in: Bonner Jahrbücher d. Vereins v. Altertumsfreunden im Rheinlande, H. 130, 1925, S. 135 f. *Weege, F.:* Der Tanz in d. Antike, 1926, S. 113. *Lawler, L. B.:* The Easter Dances at Megara, in: Classical Journal, vol. 23, 1927. *Sachs, C.:* Eine Weltgeschichte d. Tanzes, 1933. *Michaelides, S.:* Greek Song-Dance, in: Journal of the Int. Folk Music Council, vol. VIII, 1956, S. 37 ff. *Schmolke-Langhans:* Europäische Tänze, H. 6, 1959, S. 10 f.

Traweiteltanz. Alter flämischer ↗Schwerttanz, der heute noch von den Schützengilden in den Dörfern des Limburgischen Heidegebietes getanzt wird. Anstatt der Schwerter werden heute Stöcke und Reifen (↗Reiftanz) verwendet. (↗Belgische Tänze)

Lit.: *Wauters, E.:* Ein flämischer Männertanz mit Stöcken u. Reifen, in: Deutsche Volkskunde, Jg. 3, 1941, H. 3/4. S. 149 ff. *Pinon, R.-Jamar, H.:* Dances of Belgium, 1953, S. 15.

Treffnertanz (auch Jagertanz). ↗Österreichischer Volkstanz im 3/4-Takt aus Kärnten (ursprünglich ein Männertanz). Er wird von sechs Tanzpaaren, die einen großen Kreis bilden, nach einer Ländlermelodie ausgeführt. Der Tanz besteht aus mehreren Figuren (↗Figurentanz). Neben den Figuren des alten Männertanzes wie ↗Radbohren, finden wir die Formen des alpenländischen ↗Werbetanzes, was durch das Hinzunehmen von Tänzerinnen in den ursprünglichen Männertanz erklärbar ist. Das Vorhandensein uralter Symbolfiguren weist auf ein hohes Alter dieses Tanzes hin. (↗Lårdansen)

Lit.: *Koschier, F.-Maier, R.:* Kärntner Heimattänze, 1938. *Lager, H.:* Der Treffnertanz, in: Das deutsche Volkslied, Jg. 50, 1949, S. 47 ff. *Koschier, F.:* Der Treffnertanz, in: Carinthia I, Jg. 142, 1952, S. 508 ff. *Koschier, F.:* Jagertanz aus Treffen, in: Kärntner Landsmannschaft, H. 10, 1978, S. 45 ff.

Trefilowa, Wera Alexandrowna. Russische Tänzerin, geb. 8. Oktober 1875 in Wladikawkas bei St. Petersburg, gest. 11. Juli 1943 in Paris. Sie studierte an der kaiserlichen Ballettschule in St. Petersburg. 1901 wurde sie Solistin am Marijinskij-Theater, 1906 Primaballerina. 1907 absolvierte sie ein Gastspiel in Paris. 1910 nahm sie nach Intrigen Abschied von der Bühne in Rußland. 1917 nach der Revolution floh sie nach Frankreich und gründete in Paris eine Ballettschule. 1921 trat sie mit den ↗Ballets Russes in London auf. 1922 tanzte sie nochmals in Paris. 1924 nahm sie mit der Hauptrolle der Odette/Odile (↗Schwanensee) in Monte Carlo endgültig Abschied von der Bühne. Ihr dritter Gatte war der berühmte Ballettkritiker Valerian Swetlow.

Lit.: *Svetlov, V.:* Contemporary Ballet, 1912.

Treialtrei. Höfischer Tanz aus dem 12./13. Jh. Nach der Erwähnung in einem Gedicht des Minnesängers Göli war er ein von Zwölfen getanzter französischer Tanz, in der Art einer ↗Quadrille.

Lit.: *Böhme, F. M.:* Geschichte d. Tanzes in Deutschland, 1886, S. 31. *Sachs, C.:* Eine Weltgeschichte d. Tanzes, 1933.

Trei pazeste (= dreimal Achtung). ↗Rumänischer Volkstanz im 2/4-Takt aus Südoltenien. Tänzer und Tänzerinnen stehen in einer Linie mit Kreuzfassung der Hände auf dem Rücken. Mit Ausnahme der Betonungen mit flachem Fuß, werden alle Schritte auf den Fußballen getanzt. Der Name des Tanzes bezieht sich auf die drei „Stampfer“ zu Beginn des Tanzes, bei denen der Tänzer achtgeben muß, im schnellen Fußwechsel keinen Fehler zu machen.

Lit.: *Schmolke, A.-Langhans, H.:* Europäische Tänze, H. 10, 1970, S. 20 f.

Trekarlspolska. ↗Schwedischer Volkstanz, ein vielfiguriger Tanz, der von drei Dreiergruppen ausgeführt wird. (↗Dreiertanz)

Lit.: *Wolfram, R.:* Die Volkstänze in Österreich u. verwandte Tänze in Europa, 1951, S. 163.

Trenchmore. Englischer ↗Gesellschaftstanz aus dem 16. Jh. Seiner Art nach war er ein ↗Contratanz, der sich über die ganze Saallänge erstreckte. Für gewöhnlich beteiligten sich an ihm sämtliche Ballgäste. Die Tanzmelodie hat bewegten Dreiertakt mit punktierten Rhythmen. Besonders beliebt war der Tanz am Hof Karls II. Beschrieben ist er in ↗Playfords „Dancing Master". (↗Englischer Volkstanz)

Lit.: *Czerwinski, A.:* Brevier d. Tanzkunst, 1879, S. 71.

Trenderup (Trenderupp). ↗Dänischer Volkstanz im 3/4-Takt aus Jütland (Han Harde). Er wird von vier Paaren, die sich zum Kreis fassen, mit Walzerschritten ausgeführt.

Lit.: *Gericke, H. P.-Horak, K.:* Auf zum Tanz!, 1942, S. 68. *Burkhardt, L.:* Der lustige Kupferschmied, 1957, S. 6.

Trénis, La. Der Name der 4. Tour der ↗Quadrille française stammt von ihrem Erfinder, dem französischen Tanzmeister ↗Trénitz, der sie um 1800 in die Quadrille einführte. Sie steht für gewöhnlich im 2/4-Takt, doch kommt auch manchmal der 6/8-Takt vor.

Trénitz. Name eines um das Jahr 1800 berühmten französischen Tanzmeisters. Er führte in die ↗Quadrille die nach ihm benannte ↗Tour la ↗Trénis als 4. Tanz ein.

Trepak. ↗Russischer Volkstanz aus der Ukraine im lebhaften 2/4-Takt. Charakteristisch für ihn sind schnelle Sprünge und Schritte in der Hocke. Er wird nur von Männern getanzt. P. I. ↗Tschaikowsky hat ihn in dem ↗Ballett „Der ↗Nußknacker" verwendet.

P. I. Tschaikowsky

Lit.: *Starczewski, F.:* Die polnischen Tänze, in: Sammelbände d. Int. Musikgesellschaft, Jg. 2, 1900/01, S. 677.

Trescone (Tresca). Trescare = dreschen, stampfen, springen. ↗Italienischer Volkstanz, schon im 11. Jh. nachzuweisen. Er ist in der Toskana sehr beliebt und wird von mehreren Paaren in der Form eines Kettenreigens ausgeführt. An einer bestimmten Stelle tanzen zwei Frauen und zwei Männer gesondert paarweise. Die Frauen spielen mit ihren Tüchern, die Männer gestikulieren mit großen Bewegungen der Arme über ihrem Kopf. Die Schritte beinhalten das Akzentuieren der Schläge durch Stampfen und Springen. Der Tanz ist lebhaft, die Tanzmelodie steht im 2/4-Takt, begleitet von Gesang und Instrumenten.

Lit.: *Sachs, C.:* Eine Weltgeschichte d. Tanzes, 1933. *Sahlin, M.:* Etude sur la carole médiévale, Uppsala 1940. *Bahr, W.:* Zur Entwicklungsgeschichte d. höfischen Gesellschaftstanzes, 1941, S. 18 u. 55. *Galanti, B. M.:* Dances of Italy, 1950, S. 9.

Trestern heißt der dem ↗Steppen ähnliche Stampftanz, wie ihn die Schönperchten beim Pinzgauer ↗Perchtentanz ausführen. (↗Boritza)

Pinzgau

Lit.: *Adrian, K.:* Salzburger Volksspiele, Aufzüge u. Tänze, 1905, S. 58. *Wolfram, R.:* Salzburger Volkstänze, in: Wiener Zeitschrift f. Volkskunde, Jg. 38, 1933, S. 85 ff. *Eberhard, O.:* 40 echte salzburgische Volkstänze, 1934. *Wolfram, R.:* Der Pinzgauer Tresterertanz, 1936. *Lager, H.-Peter, I.:* Perchtentanz im Pinzgau, in: Akademie d. Wissenschaften, Phil.-hist. Klasse, Sitzungsbericht, 218. Bd., 5. Abhdlg., 1940. *Wolfram, R.:* Die Volkstänze in Österreich u. verwandte Tänze in Europa, 1951, S. 46 ff.

Tretur. ↗Dänischer Volkstanz im 2/4-Takt, ausgeführt von vier Paaren, die in Quadrilleform Aufstellung nehmen. Getanzt wird er mit Sprung-, Lauf- und Hopsschritten.

Lit.: *Thomsen, E.-Andersen, H.:* Folkedanse for børn, 1923, S. 22 f. *Madelung, M. M.-Lorenzen, P.:* Gamle himmerlands-danse, 1931, S. 22 f.

Trevisana. ↗Italienischer Volkstanz, ein ↗Paartanz im 2/4-Takt aus der Toskana. In der Ausführung ist er der ↗Tarantella ähnlich.

Trezza. Die Herkunft dieses fast ausschließlich bei süddeutschen und österreichischen Komponisten vorkommenden Tanzes ist nicht geklärt. Nach den musikalischen Quellen aus dem 17. Jh. dürfte es sich bei der Trezza um einen spezifisch wienerischen Tanz handeln. Die Trezza war ein schneller Tanz im 3/4-, 6/4- oder 6/8-Takt. Doch neben dem überwiegenden Tripeltakt hatte die Trezza manchmal auch den geraden Takt vorgezeichnet. Man findet sie vor allem in den ↗Balletten von Andreas Anton und Joh. Heinrich ↗Schmelzer.

Trezza — Anonym 1694

Lit.: *Nettl, P.:* Die Wiener Tanzkomposition in d. zweiten Hälfte d. 17. Jh., in: Studien zur Musikwissenschaft, H. 8, 1921, S. 94 ff. *Nettl, P.:* Zur Vorgeschichte d. süddeutschen Tänze, in: Bulletin de la Société Union Musicologique, Jg. 3, 1923, S. 45 ff. *Nettl, P.:* Eine Wiener Tänzerhandschrift um 1650, in: Festschrift Adolph Koczirz zum 60. Geburtstag, 1930, S. 51.

Triadisches Ballett. Am 30. September 1922 fand im Württembergischen Landestheater in Stuttgart die Uraufführung des von Oskar ↗Schlemmer geschaffenen Triadischen Balletts statt. Ausgeführt wurde es von Elsa Burger-Höltzel als „Tänzerin“, Albert Burger als „Erster Tänzer“ und Walter Schoppe (Pseudonym für Oskar Schlemmer) als „Zweiter Tänzer“. In diesem abstrakten Werk versuchte Schlemmer eine Einheit und Durchdringung aller Elemente des Tanzes, wie Körperbewegung, Raum, Kostüm, Form und Farbe zu erreichen. Der Name „Triadisch“, abgeleitet von dem griechischen „Trias“, steht für das Ordnungsprinzip, nach dem das Ballett entwickelt ist. Nach Schlemmer ist es der Tanz der „Dreiheit“, des Wechsels und der Variation der Eins, Zwei, Drei. Drei Akteure, eine Tänzerin und zwei Tänzer, tanzen allein, zu zweit oder zu dritt in achtzehn Kostümen zwölf Tänze, die sich über drei Abteilungen verteilen. Jede dieser Abteilungen hat ihren eigenen Kostümbestand und eine bestimmte Farbe des Bühnenhintergrundes, die der Stimmung des jeweiligen Teiles entspricht. Der 1. Teil „heiter-burlesk“ hat eine zitronengelb ausgehängte Bühne, der 2. Teil „festlich-getragen“ eine rosafarbene Bühne und der 3. Teil „mystisch-fantastisch“ einen schwarzen Hintergrund. Weitere Aufführungen des Triadischen Balletts fanden 1926 bei den Donaueschinger Musiktagen mit einer von Paul Hindemith komponierten Musik und 1932 in Paris statt. 1970 versuchte Margarethe Hasting eine Rekonstruktion im deutschen Fernsehen. G. ↗Bohner brachte 1977 eine neue Bühnenchoreographie mit der Musik von H. J. Hespos in Berlin zur Aufführung.

Lit.: *Schlemmer, O.:* Le ballet Triadique, in: Archives internationale de la danse, Nr. 2, Paris 1932, S. 15 f. *Scheper, D.:* Oskar Schlemmer, Triadisches Ballett u. d. Bauhausbühne, Diss. Wien 1970. *Günther, H.:* Der Körper als sinnstiftende Realität – Entstehung, Sinn u. Bedeutung d. Triadischen Balletts, Ballett 1978.

Tribi Dansin. Finnischer Volkstanz, ein ↗Paartanz im 3/4-Takt mit Walzerschritten. (↗Finnische Volkstänze)

Lit.: *Burchenal, E.:* Folk-Dances of Finland, 1915, S. 65.

Trideride. ↗Deutscher Volkstanz aus Schlesien, ein ↗Paartanz im 2/4-Takt. Im 1. Teil stehen Bursch und Mädchen einander gegenüber und reichen einander beide Hände übers Kreuz. Im 2. Teil hängt der Bursch seine rechte Hand in die rechte des Mädchens. Getanzt wird mit Geh- und Laufschritten.

Lit.: *Lanz, J.:* Ostschlesische Volkstänze, 2. Folge, 1931, S. 25.

Trimmekentanz. Bäuerlicher ↗Volkstanz des 16. Jh. aus den Dithmarschen (Holstein). Er war die getreten ausgeführte Form des in dieser Gegend üblichen reigenartigen ↗Langen Tanzes. Der Name deutet darauf hin, daß der Tanz von Mimik und Gebärdenspiel begleitet war. „Trimmeke“ wurde eine Person genannt, die sich mit Mienen und Gebärden zierte. Seinem Charakter nach dürfte es sich um einen ernsten Tanz gehandelt haben, wie auch aus den Liedern zu entnehmen ist, die den Tanz begleiteten. Im 17. Jh. kam er außer Gebrauch. (↗Springeltanz)

Lit.: *Czerwinski, A.:* Brevier d. Tanzkunst, 1879, S. 52. *Böhme, F. M.:* Geschichte d. Tanzes in Deutschland, 1886, S. 49 f. *Meyer, G.:* Tanzspiele u. Singtänze, 1913, S. 22.

Třinožka. Tschechischer Volkstanz aus Böhmen, eine Form der ↗Polka, verwandt mit dem ↗Třasák. (↗Skočná, ↗Tschechische Volkstänze)

Lit.: *Waldau, A.:* Böhmische Nationaltänze, Bd. 1, 1859, S. 20.

Triolett ist eine im Trio (ein Bursche zwischen zwei Mädchen oder ein Mädchen zwischen zwei

Burschen) getanzte Form des ↗Kolonnentanzes im 3/8- oder 6/8-Takt, die schon im frühen 19. Jh. bekannt war. Als ↗Volkstanz ist das Triolett vorwiegend in Nieder- und Mitteldeutschland anzutreffen. (↗Bärentanz)

Lit.: *Au, H. v. d.:* Hessische Volkstänze, 1931/1934. *Au, H. v. d.:* Das Volkstanzgut im Rheinfränkischen, in: Gießener Beiträge zur deutschen Philologie, Bd. 70, 1939, S. 102. *Oetke, H.:* Deutsche Volkstänze, Teil III, 1952, S. 14 f. *Goldschmidt, Ae.:* Handbuch d. deutschen Volkstanzes, 1967. *Lager, H.:* Alte Tänze f. junge Leute, 1973, S. 35 f.

Triomphe de l'amour, Le. ↗Ballet de cour von Ph. ↗Quinault und J. ↗Benserade, Musik von J.-B. ↗Lully. Es wurde am 21. Januar 1681 im Schloß von Saint-Germain vor ↗Ludwig XIV. aufgeführt. 700 Mitwirkende, Adelige und Berufstänzer, führten das aus 20 Tanzszenen bestehende Ballett auf. Die Aufführung war insofern ein historisches Ereignis, als dabei zum ersten Mal die weiblichen Rollen von Tänzerinnen ausgeführt wurden. (↗Lafontaine)

Lit.: *Terpis, M.:* Tanz u. Tänzer, 1946, S. 28. *Schmidt-Garré, H.:* Ballett, 1966, S. 19 f.

Triory (auch Triori). Name des ↗Branle, dessen Heimat die Südbretagne war. Der bretonische Jurist Noël du Fail schrieb 1548 in seinen Baliverneries (Darstellungen des bäuerlichen Lebens), daß der ↗Passepied der oberen und der Triory der unteren Bretagne angehöre. Den Triory, im geraden Takt stehend, tanzte man mit drei ↗Pas und einem Sprung. In seiner Art der Ausführung könnte er als ein Vorläufer des ↗Cancan bezeichnet werden. Zur Zeit ↗Arbeaus, der von ihm eine zahmere Abart beschreibt, ist der Triory außerhalb der Bretagne kaum bekannt gewesen.

Lit.: *Czerwinski, A.:* Die Tänze d. 16. Jh., 1878. *Sachs, C.:* Eine Weltgeschichte d. Tanzes, 1933. *Bahr, W.:* Zur Entwicklungsgeschichte d. höfischen Gesellschaftstanzes, 1941, S. 60.

Triowalzer. ↗Österreichischer Volkstanz aus dem Innviertel, Oberösterreich. Er besteht aus zwei Teilen, dem Vorspiel, welches von einem Geiger gespielt wird und bei welchem die Tanzenden paarweise um den Tanzplatz herumgehen, manchmal aber auch dazu Vierzeiler singen. Diesen Teil nennt man auch das Trio oder den Vorgeigtanz. Diesem ersten Teil folgt nun der eigentliche Tanz, ein ↗Walzer von 16 Takten. Beide Teile stehen im 3/4-Takt. Die Teile werden nach Belieben oft wiederholt, den Abschluß bildet immer der Walzer. In der Gegend des Attersees (Oberösterreich) wird der Triowalzer „Innviertler" genannt. Der Tanz findet sich auch in Niederbayern.

Lit.: *Zoder, R.:* Altösterreichische Volkstänze, 4. Teil, 1934. *Gradwohl, K.:* Lehrgang d. österreichischen Volkstänze, 1936/38. *Hamza, E.-Schaller, E.:* Bäuerliche Tanzmusik, 1950, S. 22. *Horak, K.:* Volkstänze aus d. oberen Mühlviertel, in: Jahrbuch d. österreichischen Volksliedwerkes, Bd. 8, 1959, S. 163. *Schützenberger, E.-Derschmidt, H.:* Spinnradl, 1. Folge, 1959, S. 8.

Tripudium. Ritueller Tanz im Dreiertakt, wie er von den römischen ↗Salii und ↗arvalischen Brüdern bei ihren bestimmten religiösen Festen aufgeführt wurde. Der griechische Schriftsteller Lukian von Samosata nannte das Tripudium den majestätischsten der Tänze. Bei den römischen Schriftstellern erscheint dieser Tanz aber auch unter anderen Bedeutungen, wie der eines wildbewegten Bacchustanzes oder eines Tanzes bei fröhlichen Anlässen überhaupt. Schließlich tragen auch altböhmische Volkstänze diesen Namen. (↗Religiöser Tanz)

Lit.: *Waldau, A.:* Geschichte d. böhmischen Nationaltanzes, 1861, S. 88. *Cirilli, R.:* Les prêtres danseurs de Rome, 1913, S. 97 ff. *Sachs, C.:* Eine Weltgeschichte d. Tanzes, 1933, S. 166 f.

Trischlag heißt ein Teil des ↗Perchtentanzes. (↗Drischlag)

Lit.: *Wolfram, R.:* Die Volkstänze in Österreich u. verwandte Tänze in Europa, 1951, S. 45 ff.

Trofimowa, Natascha. Deutsche Tänzerin russischer Abstammung, geb. 23. Februar 1923 in Berlin, gest. 25. September 1979 in München. Sie studierte bei Tatjana ↗Gsovsky. 1943 debütierte sie in der Rolle der Cinderella am Berliner Scala-Theater. Von 1946 bis 1951 tanzte sie als Primaballerina an der Berliner Staatsoper und gastierte an den Opernhäusern in Frankfurt/M., München und Hamburg. Von 1957 bis 1971 wirkte sie als Primaballerina an der Staatsoper München. Sie galt als eine ausdrucksstarke Tänzerin mit klassischer Technik.

Lit.: *Zürner, J.:* Natascha Trofimowa, in: Ballet Today, Okt. 1960. *Heidrich, I.:* Wie sie groß wurden, 1962.

Troika (Trojka = Dreigespann). Tschechischer Volkstanz aus Mähren. Er wird von einem Tänzer mit zwei Tänzerinnen ausgeführt. Alle halten die Zipfel des Taschentuches bei gesenktem Arm in der Hand, die sie mit dem Nachbarn zu einer Dreieckaufstellung verbinden. Der Tanz im 2/4-Takt wird mit Polkaschritten ausgeführt. Auch in Slowenien kommt dieser Dreiertanz vor.

Der Tänzer in der Mitte sieht nach vorn, die beiden Tänzerinnen nach hinten. Während des Tanzes wechseln die Tänzerinnen den Platz, während der Tänzer eine Drehung macht. (↗Dreiertanz, ↗Slowenischer Tanz, ↗Tschechische Volkstänze)

Lit.: *Šuštar, M.:* Slovenski ljudski plesi prekmurja, 1968, S. 66 ff. *Lager, H.:* Alte Tänze f. junge Leute, 1973, S. 41 f.

Trojanac. Jugoslawischer Volkstanz, eine Koloform. Bei dem lebhaften Tanz im 2/4-Takt werden die Knie gebeugt, während der Körper rhythmische Schüttelbewegungen ausführt, besonders wenn das Gewicht des Körpers von einem Fuß auf den anderen verlagert wird. Der Tanzführer steht bei diesem offenen ↗Kolo am rechten Ende. (↗Jugoslawische Volkstänze)

Lit.: *Lawson, J.:* European Folk Dance, 1953, S. 81.

Trokingarstev. Tanz auf den Färöer, der auf Suduroy, besonders auf dem abgelegenen Sunnbö, getanzt wird. (↗Färöischer Tanz)

Lit.: *Grüner-Nielsen, H.:* Dans paa Faeröerne, in: Nordisk Kultur, XXIV, 1933, S. 150 ff.

Trommeltänze ↗Davul oyunlari, ↗Türkischer Volkstanz.

Trotter ↗Drotter.

Trotto. Wie bei dem bäuerlichen ↗Drotter, dürfte es sich auch bei dem aus dem Ende des 15. Jh. stammenden Trotto um einen getretenen Tanz gehandelt haben. Der Name kommt vom althochdeutschen „trotten“, das soviel wie „treten“ bedeutet. Über die Tanzart ist nichts Näheres bekannt.

Lit.: *Wolf, J.:* Die Tänze d. Mittelalters. Eine Untersuchung d. Wesens d. ältesten Instrumentalmusik, in: Archiv f. Musikwissenschaft, Jg. 1, 1918/19, H. 1, S. 10 ff. *Sachs, C.:* Eine Weltgeschichte d. Tanzes, 1933, S. 197 f.

Trümmertanz. Alter Kirchweihtanz, der bis in das 19. Jh. hinein in Niederbayern üblich war. Er wurde auf einem Platz unter freiem Himmel aufgeführt. Alle Tanzpaare bildeten einen großen Kreis, in welchem ein jedes Paar seine ↗Tour allein tanzte, während die anderen Paare zusahen. Der Trümmertanz war ein ausgesprochener Solotanz. In fränkischen Dörfern wurde er Platztanz genannt.

Lit.: *Czerwinski, A.:* Brevier d. Tanzkunst, 1879. *Böhme, F. M.:* Geschichte d. Tanzes in Deutschland, 1886.

Trümpy, Berthe. Schweizer Tänzerin, geb. 29. Juni 1895 in Zürich. Mit 22 Jahren wurde sie Schülerin von Mary ↗Wigman und war in den Jahren von 1920 bis 1924 deren Assistentin und Mitleiterin der Wigman-Schule in Dresden. Ab 1926 führte sie eine eigene Schule mit Vera ↗Skoronel in Berlin. Obwohl sie auch als Solistin auftrat (1923 mit Gret ↗Palucca), gehörte ihr Hauptinteresse der tanzpädagogischen Arbeit. Hier war es ihr nicht nur darum zu tun, Tanzkünstler heranzubilden, sondern auch die Entwicklung des Laientanzes zu fördern. „Erziehung zum Tänzer; zeitgemäße Tanzfragen“, über diese Themen schrieb sie in „Musikblätter des Anbruch“, Nr. 3/4, 1926, S. 135 f.

Lit.: *Lämmel, R.:* Der moderne Tanz, 1928, S. 170 ff.

Truia. Etruskischer ↗Waffentanz zu Pferde. Mit seiner aus vielen Windungen und Wendungen bestehenden Ausführung stellt dieser Tanz Beziehungen zu den in allen alten Kulturen zu findenden ↗Labyrinthtänzen her. Auch die in Nordeuropa labyrinthisch gebauten und Kultzwecken dienenden alten Trojaburgen könnten mit dem Namen dieses etruskischen Tanzes in Verbindung stehen. (↗Etruskischer Tanz)

Lit.: *Baaren, Th. P.:* Selbst d. Götter tanzen, 1964, S. 76.

Truita. ↗Deutscher Volkstanz im 3/4-Takt aus dem Banat, ein ↗Paartanz im Kreis. Die Aufstellung erfolgt einander gegenüber mit Zwei-Hand-Fassung über Kreuz. Die 16taktige Tanzmelodie wird in den Takten eins bis acht als ↗Wechselhupf und in den Takten 9 bis 16 als getretener ↗Walzer mit Hüft-Schulter-Fassung getanzt. (↗Dreidam)

Lit.: *Au, H. v. d.:* Pfälzer Volkstänze, Deutsche Volkstänze, H. 34/35, 1937, S. 16 f. *Au, H. v. d.:* Heit is Kerb in unserm Dorf, 1954, S. 30.

Trunjaya-Tanz. ↗Javanischer Tanz, der von Männern ausgeführt wurde. Er entstand Ende des 18. Jh. und wurde von der Elitegarde am Hof getanzt. Mit seiner Erhabenheit und Eleganz begleitete der Tanz traditionell die Hochzeitsfeierlichkeiten, die unter dem Vorsitz des Herrschers von Djogjakarta stattfanden. Lawung wird dieser Tanz in Djogjakarta, Bandabaya oder Bandayuda in Surakarta genannt.

Lit.: *Susilo, Hardja:* The Javanse Court Dance, in: The World of Music, vol. XXI, 1979, No. 1, S. 90 ff.

Trutzköpfchen ↗Winktanz.

Trýzny. Alte tschechische Tänze, die an den frischen Gräbern zu Ehren der unterirdischen

Götter getanzt wurden, damit diese den Verstorbenen Ruhe und Frieden geben sollten. Sie waren mit Opferungen und Spielen verbunden. Ihre Form war eher weltlich als traurig und feierlich. (↗Begräbnistänze)

Lit.: *Waldau, A.:* Geschichte d. böhmischen Nationaltanzes, 1861, S. 26 f.

Tsakonikos. Neugriechischer Volkstanz aus Argolis. Der Tanz ist eine Abart des ↗Labyrinthtanzes, wie er uns aus dem antiken Griechenland in der Sage des Theseus überliefert wird. Musikalisch ist er durch den bei vielen neugriechischen Tänzen vorkommenden Rhythmus im 5/4-Takt charakterisiert. Die Ausführenden, Männer und Frauen, nehmen im Halbkreis Aufstellung, und zwar die Tänzerinnen am rechten Flügel, dann folgen alle Männer. Der rechte Arm wird beim rechten Partner eingehakt, der linke seitlich eingestützt. Die erste Tänzerin führt die Tanzkette sodann in Kreisen und Windungen wie durch ein Labyrinth in beliebiger Form durch den Raum.

Lit.: *Schmolke-Langhans:* Europäische Tänze, H. 6, 1959, S. 12 f.

Tsamikos. Neugriechischer Volkstanz, in ganz Griechenland verbreitet, vor allem aber im Epirus und dem östlichen Mittelgriechenland. Seinem Charakter nach ist der Tsamikos ein Springtanz im regelmäßigen 6/4-, 3/4- oder 3/8-Takt. Wird der Tanz von Frauen ausgeführt, sind die Bewegungen ruhig, die Männer dagegen schmücken die Grundschritte mit Wendungen und Sprüngen aus. Die Aufstellung erfolgt in Kettenform, der Tanzführer bricht aber von der Kette aus und vollführt geschickte Sprünge und Kunststücke gymnastischer Art. (↗Griechischer Tanz)

Lit.: *Crosfield, D.:* Dances of Greece, 1948, S. 32 ff. *Georgiades, Th.:* Der griechische Rhythmus, 1949, S. 83 ff. *Michaelides, S.:* Greek Song-Dance, in: Journal of the Int. Folk Music Council, vol. VIII, 1956, S. 37 ff. *Schmolke-Langhans:* Europäische Tänze, H. 6, 1959, S. 4 f. *Petrides, Th. u. El.:* Folk Dances of the Greeks, 1961, S. 55 ff.

Tschaikowsky, Peter Iljitsch. Russischer Komponist, geb. 25. April (7. Mai) 1840 in Kamsko-Wotkinsk, gest. 25. Oktober (6. November) 1893 in St. Petersburg. Er schrieb die Ballette ↗Schwanensee (komponiert 1875/76), ↗Dornröschen (komponiert 1888/89) und ↗Nußknacker (komponiert 1891/92). Bekannt ist auch die Nußknackersuite, die nach dem Ballett vom Komponisten zusammengestellt wurde.

Lit.: *Bogdanow-Beresowski, W.:* Das Opern- u. Ballettschaffen Tschaikowskys, Moskau u. Leningrad 1940. *Žitomirskij, D. V.:* Balety P. Čajkovskogo (Die Ballette Tschaikowskys), Moskau 1950. *Brodskij, A. M.:* P. I. Tschaikowsky auf d. Bühne d. Theater u. d. Balletts S. K. Kirow, Leningrad 1951. *Slominsky, Y.:* Tschaikowsky and the Ballet of his Time, 1956.

Tscham-Tänze (cham) heißen die Tanzmysterien Tibets, die oft auch als Teufelstänze bezeichnet werden. Es gibt ungefähr fünfzig solcher Tänze, in denen die Tänzer maskiert als schreckliche Götter auftreten. Beliebt ist die Verkleidung als Totengebein. Den Höhepunkt erreichen diese Tanzmysterien in der Szene des symbolischen Menschenopfers. (↗Bugakutänze, ↗Maskentänze, ↗Tibetischer Tanz)

Lit.: *Lucas, H.:* Lamaistische Masken, 1962. *Baaren, Th. P. v.:* Selbst d. Götter tanzen, 1964, S. 97 f. *Manndorff, H.-Wolfmayr, R.:* Sikkim-Lama, Tscham-Tänze, Göttingen, Institut f. d. wissenschaftlichen Film, 1972.

Tschechische Volkstänze. Die vielen tschechischen Tanzformen, Rundtänze, Figurentänze und Hüpftänze zeigen nebst ihren nationalen Eigenheiten viele Gemeinsamkeiten mit dem deutschen und gesamteuropäischen Volkstanzgut. Es gibt z. B. die taktwechselnden Paarrundtänze, die ↗Zwiefachen, die vor allem in der Oberpfalz und in Niederbayern beheimat sind. Eine eigene Gruppe der Volkstänze der tschechoslowakischen Länder bilden die bei fast allen slawischen Völkern zu findenden ↗Kolos, zu welchen die ↗Hochzeitstänze gehören. Volkstänze aus Böhmen, wie die ↗Polka und der ↗Rejdovák, wurden außerhalb Böhmens salonfähig und zu beliebten ↗Gesellschaftstänzen. Auch Elemente deutscher Schwerttanzformen sind beim tschechischen Volkstanz, so beim ↗Podšable, zu finden. (↗Beseda, ↗Böhmische Menuett, ↗Břitva, ↗Bzikota, ↗Čepení, ↗Chodovská, ↗Chytavá, ↗Derektorka, ↗Do Kola, ↗Doušky, ↗Dudák, ↗Dupák, ↗Furiant, ↗Honza Pádavec, ↗Honziček, ↗Hotařská, ↗Houpačka, ↗Hulán, ↗Husitská, ↗Janoška, ↗Káča, ↗Kačer, ↗Kalhoty, ↗Kalup, ↗Kaprál, ↗Klatovák, ↗Klouzák, ↗Kocourek, ↗Kohoutek, ↗Kolečko, ↗Kolíbavka, ↗Komárna, ↗Korbel, ↗Kovář, ↗Kozel, ↗Křižák, ↗Kucmouch, ↗Kukavá, ↗Kuželka, ↗Kvapík, ↗Laschursch, ↗Latovák, ↗Legátková, ↗Madara, ↗Manchester, ↗Marcelín, ↗Mlynářská, ↗Moták, ↗Motovidlo, ↗Myška, ↗Nabíhaná, ↗Nový svět, ↗Obkročák, ↗Odzemě, ↗Odzemok, ↗Osmička, ↗Otče náš, ↗Paličkový tanec, ↗Panáček, ↗Pasačka, ↗Pastéřská, ↗Plácavá, ↗Placek, ↗Podšable, ↗Polbirská, ↗Polka, ↗Proti-sobě, ↗Průchod, ↗Pšeničká, ↗Rak, ↗Rákosí, ↗Redowa, ↗Rejdovák, ↗Řetěz, ↗Řezanka, ↗Řezníček, ↗Řeznická, ↗Rokycanská, ↗Rusák, ↗Salát, ↗Šandy, ↗Šáteček, ↗Sedlák, Šenconská, ↗Skákavá, ↗Skočná, ↗Šla Nanynka, ↗Slepicka, ↗Smešek, ↗Smeška, ↗Šmikoranda, ↗Šmitec, ↗Šoupák, ↗Sousedská, ↗Špacír, ↗Strašák, ↗Švec, ↗Talián, ↗Taubenhaltertanz, ↗Tetka, ↗Tkadlec, ↗Třasák, ↗Třinožka, ↗Troika, ↗Trýzny, ↗Tuchoměřická, ↗Umrlec, ↗Věneček, ↗Vika, ↗Višeň, ↗Volek, ↗Vošatka, ↗Vosnák, ↗Vrták, ↗Zahradnická, ↗Zahradnik čilí kožuch, ↗Záptečná, ↗Zastavovaná, ↗Zduchavá, ↗Zelený kousek, ↗Žežhulička, ↗Žid)

Lit.: *Rittersberg, J. v.:* České národní písně, 1825. *Neruda, J.:* Tschechische Volkstänze, 1858. *Neruda, J.:* České národní tance, in: Obrazy života, 1859. *Waldau, A.:* Böhmische Nationaltänze, 1859. *Waldau, A.:* Geschichte d. böhmischen Nationaltanzes, 1861. *Erben, J.:* Prostonárodní české písně a říkadla, 1863. *Dlouhý, Fr.:* O historickém vývojí tance ets Český tanec národní, 1880. *Helfert, J. A.:* Volkslied u. Tanz, in: Die Völker Österr.-Ungarns, Bd. 8, 1883, S. 163 ff. *Bartos, Fr.:* Národní písně moravské, 1889. *Kaspar, J.:* Tanec část bohvsližby, 1891. *Vycpálek, L.:* České tance, in: Český Lid, Jg. 1, 1892, S. 132, 458; Jg. 2, 1893, S. 663. *Hajný, A.:* České tance, in: Český Lid, Jg. 3, 1894, S. 436 ff. u. Jg. 6, 1897, S. 54. *Geisselreiter, T.:* Návod k tančení, národních tancův, 1895. *Hostinsky, O.:* Volkslied u. Volkstanz d. Slaven, 1895. *Zíbrt, Č. Š.:* Jak se kdy Čechách tancovalo, 1895. *Adamek, K.:* Dances populaires dans les environs de Klemkau, in: Český Lid, VI, 1897, VII, 1899. *Vluka, J.:* Národní tance ve vychodním Slezska, in: Český Lid VII, 1898. *Trojanovic, Simy:* Symbolický valečny tanec Černohorcu, in: Národopisný věstník Československý I, 1906, S. 102 f. *Holas, C.:* České národní písně a tance, 1908. *Niederle, L.:* Život starých Slovanu I, 1, Praha 1911, S. 276. *Pospišil, F.:* Mečový (zbrojný) tanec na slovanské půdě, in: Národopisný věstnik československý, Jg. VI, 1911. *Zemánek, J.:* Písně našlich obresku, in dem Sammelwerk: Chrudimsko a Nasavreko, III. Teil, 1912, S. 462. *Geary, M. C.:* Folk Dances of Czecho Slovakia, London 1922. *Nettl, P.:* Böhmische Tänze in Handschriften d. 17. Jh., in: Neue Musikzeitung Stuttgart, Jg. 46, H. 14, April 1925, S. 326 ff. *Černík, J.:* Lidové tance československé, in: Národopisný věstnik československý, Bd. XXV–XXVI, Praha 1932/33. *Harasymczuk, R.:* Tance huculskie, in: Prace etnograficzne, Bd. 5, Lwów 1939. *Lubinová, M.:* Dances of Czechoslovakia, Handbooks of European Dances 5, 1949. *Bonus, Fr.-Livorová, H.:* České tance, 1952. *Hykel, C.:* Lidové tance ze Štramberka na Lassku, 1953. *Janáček, L.:* Národní tance na Moravě, 1953. *Lawson, J.:* European Folk Dance, 1953, S. 103 ff. *Dolezelová, Zora:* O lidovém tancením umení, Praha 1954. *Jelínková, Zd.:* Valasské lídové tance, 1954. *Mátlova-Uhrova, L.:* Hanáčké tance z Tovadovska, 1954. *Svoboda, Fr.:* Lidové tance z Lišně, 1954. *Kovalčíková, J.-Poloczek, Fr.:* Slovanské l'udové tance, 1955. *Rey, Jan:* Die Welt d. Tanzes. Volkstanz u. Ballett in d. Tschechoslowakei, 1955. *Vetterl, K.:* Lidové pisné a tance z Valašskoklobloucka, 1955. *Poloczek, Fr.:* Slovakian Folk Song and Folk Dance in the Present Day, in: Journal of the Int. Folk Music Council, vol. IX, 1957, S. 13 f. *Holý, Dušan:* Instrumental and Vocal Performance of Dance Music in the Horuácko District of South-East Moravia, in: Journal of the Int. Folk Music Council, vol. XV, 1963.

Tscherina, Ludmilla (eigentlich Monique Tschemerzina). Französische Tänzerin, geb. 10. Oktober 1924 in Paris. Der Vater war ein georgischer Oberst, die Mutter Französin. Sie war Schülerin von Olga ↗Preobrajenska und von I. ↗Clustine. Sie tanzte bereits im Alter von acht Jahren, ihr offizielles Debüt war 1942. In den weiteren Jahren tanzte sie an der Oper in Marseille und in verschiedenen Pariser Tanzkonzerten, 1945 erstmals gemeinsam mit ihrem Gatten Edmond Audran. Sie wirkte in Ballerinarollen beim Nouveau Ballet de Monte Carlo. 1946 debütierte sie beim Film, für den sie später sehr viel arbeitete („Die ↗roten Schuhe" u. a.). Besonderes Aufsehen erregte sie durch ihre dramatische Ausdruckskraft.

Lit.: *Hirsch, Nicole:* Ludmilla Tscherina, Paris 1958. *Lido, Irene u. Serge:* Ludmilla Tscherina, Tragédienne de la danse, Paris 1967.

Tschernitschewa, Lubow Pawlowa. Russische Tänzerin, geb. 17. September 1890 in St. Petersburg, gest. 1. März 1976 in Richmond, Surrey. Sie studierte an der kaiserlichen Ballettschule in St. Petersburg und war Schülerin von M. ↗Fokine. 1908 debütierte sie am Marijinskij-Theater. 1909 heiratete sie den Regisseur S. L. ↗Grigorjew, mit dem sie sich 1911 der ↗Diaghilew-Gruppe anschloß, bei der sie bis 1929 blieb. 1932 kam sie mit ihrem Gatten zum Ballet Russe de Monte Carlo. Ab 1926 wirkte sie als ↗Ballettmeisterin und ab 1938 als Lehrerin, unter anderem auch für das ↗Sadler's Wells Ballet und ↗London Festival Ballet.

Lit.: *Beaumont, C. W.:* The Art of Lubov Tchernicheva, London 1921. Anthony, G.: Lubov Tchernicheva, in: Dancing Times, Februar 1976.

Tschibreli. ↗Volkstanz aus der französischen Schweiz, eine Form des ↗Strohschneiders. (↗Schweizer Volkstänze)

Lit.: *Wolfram, R.:* Die Volkstänze, 1954, S. 157/15.

Tschungas. ↗Philippinischer Tanz, ein Siegestanz über die Geister der besiegten Feinde. Eine Priesterin und zwei junge Männer führen einen Kriegstanz vor. Die Priesterin bittet die Stammesgeister, ihr die Namen der tapferen Kopfjäger zu sagen. Die Frauen setzen dann den Tanz mit Triumphrufen fort.

Tsifte telli. Neugriechischer Tanz orientalischer Herkunft. (↗Griechischer Tanz, ↗Rebetiko-Tänze)

Tuchoměřická ↗Řezanka.

Tudor, Antony (eigentlich William Cook). Britischer Tänzer, ↗Choreograph und Lehrer, geb. 4. April 1908 in London. Sein Studium begann er bei Marie ↗Rambert später bei P. Argyle, H. Turner und Margaret ↗Craske. Er schloß sich dem ↗Ballet Rambert an und wurde 1930 Sekretär von Marie Rambert. 1931 choreographierte er sein 1. Ballett (Cross-Garter'd). 1933 ging er zum ↗Vic-Wells Ballet, 1935 kehrte er wieder zum Ballet Rambert zurück. 1938 gründete er eine eigene Truppe, das London-Ballet, welches er mit Agnes de ↗Mille leitete. 1940 wurde er nach New York eingeladen, wo er zehn Jahre lang als Choreograph für das neugegründete Ballet-Theatre arbeitete. Seine Choreographien sicherten ihm einen bedeutenden Platz als Choreograph, da er verstand, klassisches Ballett mit dem modernen ↗Ausdruckstanz sinnvoll zu vereinen. Er wirkte für das ↗Königlich-Schwedische Ballett in den Jahren 1949/50 und für das ↗New York City Ballet 1951/52. 1950 wurde er Direktor der Ballettschule der Metropolitan Opera, 1963/64 des Königlich-Schwedischen Balletts. 1974 schloß er sich dem ↗American Ballet Theatre als „Associate Director" an.

Lit.: *Percival, J. u. Cohen, S. J.:* Antony Tudor, in: Dance Perspectives 17/18. *Andersen, J.:* Some Aspects of Tudor, in: Ballet Review, vol. 4, Nr. 6. *Ames, S.:* Antony Tudor, From Freud to Zen, in: Dance Magazine, Oct. 1973.

Tüchltanz (Tichltanz, Tüchertanz). Dieser ↗Volkstanz aus den deutschen Volksinseln im Osten ist ein ↗Dreiertanz im Kreis. Der Tänzer steht zwischen zwei Tänzerinnen und hält in jeder Hand einen Zipfel eines großen Taschentuches, dessen anderen Zipfel eine Tänzerin hält. Die Dreiergruppen stehen im Kreis hintereinander. Die Tanzmelodie steht im 3/4-Takt. Das Stammesgebiet dieser Tänze mit Tüchern ist Schlesien, sie sind aber auch im ehemaligen Ostpreußen zu finden. (↗Babbity Bowester, ↗Dastmāl-bāzi, ↗Polsterltanz, ↗Šandy, ↗Tejchlatanz, ↗Troika)

Lit.: *Kubiena, W.:* Kuhländler Tänze, 1922 u. 1926. *Fladerer, O.:* Die sudetendeutschen Volkstänze, Deutsche Volkstänze, H. 5/6, 1930, S. 18 f. *Horak, K.:* Tichltanz, in: Das deutsche Volkslied, Jg. 33, 1931, H. 8, S. 127 f. *Horak, K.:* Der Volkstanz in d. Kremnitz-Probener Sprachinsel, in: Deutsche Zeitschrift f. Volkskunde, Jg. 6, 1933, H. 2/3, S. 93. *Horak, K.:* Tänze aus d. deutschen Volksinseln im Osten, 1939, S. 8. *König, A.:* Alte Volkstänze aus Nordböhmen, 1955, S. 13. *Horak, K.-Schwartz, K.:* Volkstänze aus d. Slowakei, Deutsche Volkstänze, H. 56/57, 1963, S. 24. *Janietz, E.:* Volkstänze aus deutschen u. österreichischen Landschaften, s. a., S. 14 f.

Türkentanz. Ein Tanzspiel, das in der Batschka aufgeführt wurde. Die Ausführenden waren nur Burschen. Später konnten sich auch jungverheiratete Männer daran beteiligen.

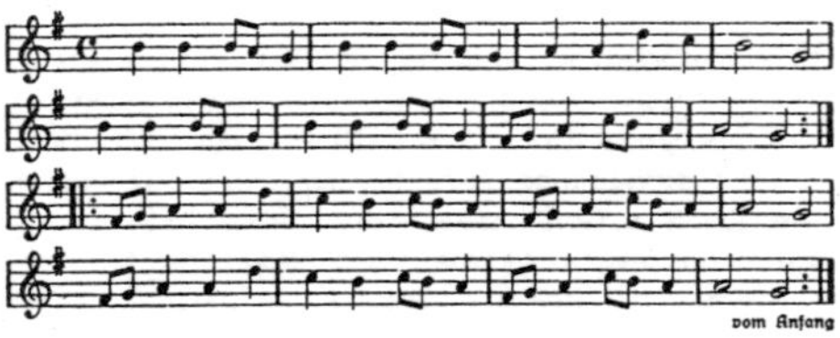

Lit.: *Horak, K.:* Der Volkstanz in d. Batschka, in: Deutsche Liederkunde, Bd. I, 1939, S. 225 ff.

Türkischer Volkstanz. Die Volksmusik und der Volkstanz der Türkei sind engstens an bestimmte Lebensumstände gebunden. Geburt, Hochzeit, Begräbnis, Arbeit, Jahresfeste, religiöse Feiern sind Gelegenheiten zum Singen und Tanzen. Viele historische, räumliche, kulturelle und ethnische Umstände haben eine Vielfalt von Volkstänzen geschaffen, die sich zum Großteil noch bis heute erhalten haben. Die Tänze der europäischen Türkei gehören meist zur Gruppe der Balkantänze. Während der langen Herrschaftsperiode der Türken in den Balkanländern haben gegenseitige Beeinflussungen stattgefunden, so daß viele jugoslawische, bulgarische und griechische Tänze türkische Namen tragen. Anderseits wieder findet man unter den Tänzen der europäischen Türkei solche, die in ihrer Form manchen Tänzen des Balkans gleichen (↗Hora). Uralten Traditionen entsprungen sind die Tänze der asiatischen Türkei (Anatolien). Darauf weisen althethitische Reliefs mit tanzenden Mädchenfiguren hin, welche die gleichen Arm- und Handhaltungen zeigen, wie sie in manchen heute noch üblichen Tänzen Anatoliens zu finden sind. Auf den islamischen Einfluß läßt sich die heute allerdings schon selten gewordene Auseinanderhaltung der Geschlechter beim Tanz zurückführen. Die anatolische Tanzfolklore zeigt jetzt noch immer, obwohl viel vergessen und verloren ist, eine Vielfalt von Formen und Typen, die über tausende Arten mit tausenden Namen aufweist. Besondere Gruppen sind die heute noch in verschiedenen Gebieten Anatoliens lebendigen ↗Waffentänze und die von Frauen und Männern ausgeführten kultischen Nomadentänze. Die Tanzenden stehen bei ihnen paarweise einander gegenüber und drehen sich im Rundgang andachtsvoll mit erhobenen Händen und rhythmisch bewegten Armen und Körpern. Eine Überlieferung des chamanistischen Kultes sind die Trommeltänze (↗Davul oyunlari). Zum Spiel der Schalmei schlägt der Trommler als Solotänzer gleichzeitig die Rhythmen, zuerst langsam und dann sich steigernd im Rhythmus und in der Bewegung bis zur Ekstase. Eine große Kategorie von Tänzen bilden die ↗tiernachahmenden Tänze. Sehr beliebt sind dabei der Bärentanz, der Rehtanz und der Hühnertanz. Der Kameltanz (↗Deve oyunu) wird von zwei maskentragenden Tänzern, beide unter einer Decke versteckt, getanzt. Er ist ein Spiel, das den Kampf des Kamels mit seinen Feinden (Hyäne und Löwe) zeigt. Begleitet wird der Tanz von der Röhrentrommel Davul und der Oboe Zurna. Festlich und eindrucksvoll in der Ausführung sind die vielen Formen der ↗Hochzeitstänze (↗Çayda Çira). Zu den hauptsächlichsten Tanztypen der Türkei gehören: ↗Bar Tänze, ↗Bengi ogunu, ↗Bengi Zeybek, ↗Biçak havassi, ↗Candarli Tüfek, ↗Cifte telli, ↗Halay-Tänze, ↗Hançer bari, ↗Heyamol-Tanz, ↗Horon, ↗Kars-Tänze, ↗Kaschik oyunlari, ↗Kiliç kalkan savàs oyunu, ↗Romeika, ↗Zeybek.

Lit.: *Ülgen, K.:* Dogu Anadolu oyunlari ve havalari, 1944. *James, D. W.:* Some Turkish Folk Dances, in: The Dancing Times, Oktober 1946, S. 14 f. *Selen, R.:* Bursada Kiliç Kalkan Savas Oyunu, 1947. *Cilingiroğlu, K.:* Erzerum Oyunlari, in: Türk Folklor Arastirmalari I, 1949. *Saygun, A. A.:* Des danses d'Anatolie et leur caractère rituel, in: Journal of the Int. Folk Music Council, vol. II, 1950, S. 10 ff. *Gazimihâl:* Bengi oyunu, in: Türk Folklor Arastirmalari II, 1951, H. 22. *Yönetken, H. B.:* Turkish Folk Dances, in: Rosin the Bew, vol. IV, No. 7, 1952, S. 27 f. *Hoerburger, F.:* Waffentänze d. Türken, in: Forschungen u. Fortschritte, Jg. 28, 1954, H. 6, S. 185 ff. *And, M.:* Dances of Anatolien Turkey, in: Dance Perspectives 3, 1959. *Reinhard, K.:* Ein türkischer Tanzlied-Typ u. seine außertürkischen Parallelen, in: Bessler-Archiv, NF., vol. VIII, 1960, S. 131 ff. *Reinhard, K.:* Trommeltänze aus d. Türkei, in: Journal of the Int. Folk Music Council, vol. 13, 1961, S. 19 ff. *Tör, V. N.:* Die Türkei als Neuland f. d. Erforschung d. Volkstänze, in: Die Volkskultur d. südosteuropäischen Völker, Südosteuropa-Jahrbuch, Bd. 6, 1962, S. 108 ff. *And, M.:* Türk Köglü danslari, 1964. *Kilpatrick, D.:* Function and Style in Pontic Dance Music, University Microfilms Int., Ann Arbor, Mich., 1977.

Tütentanz ↗Stanitzltanz.

Tugal, Pierre. Französischer Schriftsteller, geb. 1883 in Rußland, gest. 1964 in Paris. Er war Kurator des ↗Archives Int. de la Danse in Paris von 1931 bis 1950. Er schrieb folgende Bücher: Initation à la danse, Paris 1947; Petite histoire de l'art et des Artistes. La danse et les danseurs, Paris 1951; La danse classique sans maître, Paris 1956; Jean-Georges ↗Noverre, der große Reformator des Balletts, Berlin 1959.

Tungshare. Dieser Korbtanz der Pueblo-Indianer Nordamerikas wird in zwei Versionen ausgeführt, in einer esoterischen und in einer exoterischen. Die esoterische Form ist für Männer, die exoterische ist ein Platztanz für Männer und Frauen. Beide Tänze beziehen sich auf den Fruchtbarkeitszauber im Frühling. Der Platztanz hat zwei verschiedene Teile, die beide von den männlichen Tänzern mit Kürbisrasseln begleitet werden. Die Tänzerinnen, eingewickelt in wollene Decken, tragen scheibenartige Körbe. Männer und Frauen stehen in zwei Linien und stampfen auf dem Platz im Schritt des Kachinatanzes. Die Frauen knien auf den wollenen Decken, schauen die Männer an, stellen die Körbe auf den Boden und symbolisieren das Zerreiben der Körner. (↗Indianischer Tanz, ↗Kachina-Tänze, ↗Nordamerikanischer Tanz)

Lit.: *Kurath, Gertrude P.:* American Indian Ritual Dances for Sustenance, vol. 7, No. 3, 1962, S. 73.

Turkey Trot. ↗Gesellschaftstanz aus Nordamerika, um 1900 nach Europa gekommen. Er ist eine variierte Form des ↗Onestep. Wegen seiner grotesken Art wurde er meist nur in Varietés aufgeführt. Er wurde oft in der gleichen Weise wie der ↗Grizzly Bear getanzt.

Lit.: *Guerite, L.:* The Tango and Turkey Trot Made Easy, New York 1913. *Pollack, H.:* Die Revolution d. Gesellschaftstanzes, 1922, S. 10. *Huppert, E.:* Der moderne Tanz, 1926, S. 43. *Koebner, F. W.-Leonard, P. L.:* Das Tanz-Brevier, 1913, S. 63 ff.

Turnbull, Julia. Amerikanische Tänzerin, geb. 18. Juni 1822 in Montreal, gest. 11. September 1887 in Brooklyn, N. Y. Sie studierte bei Mme. LeComte und Jules Martin. Von 1840 bis 1842 tanzte sie in der Ballettgruppe von Fanny ↗Elßler. Sie galt als eine der ersten amerikanischen ↗Ballerinen und tanzte alle großen Rollen des romantischen Ballettrepertoires.

Lit.: *Moore, L.:* George Washington Smith, in: Dance Index, vol. 4, No. 6–8.

Turniertanz ↗Tanzturniere.

Turska, Irena. Polnische Tanzschriftstellerin, geb. 26. Oktober 1912 in Warschau. Sie war Ballettlehrerin an der Mieczyńska-Schule für ↗Eurhythmik und künstlerischen Tanz in Warschau und an der École Superieure d'Études Chorégraphiques Paris. Von ihr stammen Veröffentlichungen über den Tanz in Polen und über das ↗Ballett. Außerdem verfaßte sie einige Ballettlibretti.

Tusch- oder Spitzbuampolka. ↗Österreichischer Volkstanz aus Oberösterreich (Steyr). Der Tanz hat Ähnlichkeit mit dem Volkstanz ↗Drei lederne Strümpf, mit dem er auch die Grundidee, die mimische Darstellung des Werbens, gleich hat. Die Tuschpolka besteht aus zwei Teilen, dem Tuschen auf die Polkamelodie und dem Walzen auf die Walzermelodie, und ist in mehreren Varianten üblich. In Bayern finden sich ähnliche Formen als ↗Duschlpolka, ↗Tätscher, im Südtiroler Fleimstal als ↗Styriana, in Norddeutschland als ↗Klappdans. Die Tanzbewegungen der Tuschpolka sind Klatschen in die Hände und auf die Schenkel, ↗Polka und Rundtanz, dazu verschiedene Gebärden der Tänzerinnen und Tänzer, wie das Drohen mit dem Zeigefinger, Streicheln der Wange und Küssen. (↗Klatschtänze)

Lit.: *Zoder, R.:* Altösterreichische Volkstänze, 2. Teil, Nr. 10, 1928, S. 24 ff. *Koschier, F.:* Kärntner Volkstänze, 1963, 2. Teil, S. 27 ff. *Schützenberger, E.-Derschmidt, H.:* Spinnradl, 5. Folge, s. a. S. 9 f.

Tutu heißt das klassische Kostum der ↗Ballerinen, das kurze Ballettröckchen. Es entstand zur Zeit von Marie ↗Camargo.

Lit.: *Boehn, M.:* Der Tanz, 1925, S. 106. *Chaffee, G.:* The Birth of the Tutu, in: Dance Index 3, 9, 1944.

Twist (engl. to twist = drehen). ↗Gesellschaftstanz des 20. Jh. aus Amerika. Es gibt einen Fersen-, Knie- und Rückentwist. Die Tanzpartner tanzen getrennt. Die Musik steht im mäßigen 4/4-Takt. 1959 komponierte Hank Ballard den ersten Twist. Bedeutsam für die Kreation dieses Modetanzes war Chubby Checker. (↗Madison)

Lit.: *Beck, F.:* Perfekt tanzen (Perlen-Reihe 614), s. a.

Twostep. ↗Gesellschaftstanz des 20. Jh., aus den USA nach Europa gekommen. Um 1920 wurde er als Nachfolger der ↗Polka viel getanzt. An die Stelle der Hüpfschritte der Polka traten die schnellen ↗Stepschritte, bei denen der Fuß ganz auf dem Boden blieb. Der Tanz steht im raschen 2/4-Takt.

Lit.: *Jolizzy, W. K. v.:* Die Schule d. Tanzes, 1910, S. 152 f. *Koebner, F. W.-Leonard, R. L.:* Das Tanz-Brevier, 1913, S. 22 ff. *Pollack, H.:* Die Revolution d. Gesellschaftstanzes, 1922, S. 10 ff. *Huppert, E.:* Der moderne Tanz, 1926, S. 43. *Bergen, R.:* Der Tanz, s. a., S. 28 f.

Tyrbasia. Im antiken Griechenland der charakteristische Tanz des ↗Dithyrambos, heftig in der Bewegung und akrobatisch. Er wurde im Satyr-Kostüm getanzt. (↗Griechischer Tanz)

Lit.: *Pickard-Cambridge, A. W.:* Dithyramb, Tragedy and Comedy, 1927 u. 1962. *Lawler, L. B.:* The Dance in Ancient Greece, 1964.

Tyrolienne (Jägerschottisch, Tiroler Ländler) ist eine französische Nachahmung des ↗Ländlers. Sie unterscheidet sich in ihren Bewegungen von der ↗Polka und vom ↗Schottisch nur dadurch, daß sich ihre drei Tanzschritte nicht auf zwei Viertel, sondern gleichmäßig auf drei Taktteile des Dreivierteltaktes verteilen. Die Bewegung soll dabei nicht hüpfend, sondern wiegend sein. Die Tyrolienne ist über Paris in den deutschen ↗Gesellschaftstanz des 19. Jh. gelangt. (↗Bayrisch Polka)

Lit.: *Anonym:* Die Tanzkunst u. d. Tänze, 1877, S. 20. *Zorn, A.:* Grammatik d. Tanzkunst, 1887, S. 208. *Jolizza, W. K. v.:* Die Schule d. Tanzes, 1900, S. 156.

Tyroloise (Tiroloise). In der Contratanzsammlung von de La Cuise findet sich unter diesem Namen eine Form der ↗Allemande im 2/4-Takt.

Lit.: *La Cuise, de:* 18 Contredanses avec théorie, dessin et musique, 1769. *Bie, O.:* Der Tanz, 1923.

Tyska Polka ↗Hambo.

U

Udaeta, José. Spanischer Tänzer, ↗Choreograph und Lehrer, geb. 27. Mai 1919 in Barcelona. Er brach das Medizinstudium zugunsten des Tanzes ab und nahm Unterricht bei Juan-Magrina, ↗Ballettmeister in Barcelona. Klassisches Ballett studierte er in Paris bei A. ↗Volinine und B. ↗Kniaseff. Sein Lehrer im Spanischen Tanz waren Maestro Juan ↗Estampio, Francisca Gonzalez, Luisa Pericet, Regla Ortega und Enrique Jimenez (El Cojo). Er machte Karriere mit der Schweizer Tänzerin Susana ↗Audeoud, mit der er 23 Jahre das berühmte Tanzduo „Susana y José" bildete. 1970 trennte sich Udaeta von Susana und war dann hauptsächlich als Pädagoge tätig (Krefeld – Kölner Sommerakademie, New York, Stockholm und an verschiedenen deutschen Ballettschulen). Seit 1973 leitet er eine eigene Sommertanzschule in Sitges bei Barcelona. Er schrieb über den „Flamenco" in: Die Tanzarchiv-Reihe 5, 1964.

Lit.: *Zacharias, G.:* Susana y José, 1970.

Udsuángongtänze heißen Tanzfeierlichkeiten bei den Eingeborenen auf ↗Neuguinea. Zu den verschiedenen Tänzen, die dabei von Maskierten getanzt werden, gehören der ↗Kumbun und ↗Tomburi. (↗Zangaltänze)

Lit.: *Pöch, R.:* Beobachtungen über Sprache, Gesänge u. Tänze d. Monumbo, in: Mitteilungen d. Anthropologischen Gesellschaft in Wien, Bd. 35, 1905, S. 230 ff.

Ugray, Klotild. Ungarische Tänzerin, geb. 25. November 1932 in Budapest. Sie studierte bei Edith Jármay und Ferenc ↗Nádasi, kam 1950 zum Ballett der Budapester Staatsoper und war von 1952 bis 1973 Primaballerina. Zuletzt war sie Lehrerin und ↗Ballettmeisterin an der Budapester Staatsoper.

Uiju-Tanz. ↗Brasilianischer Tanz, ein ↗tiernachahmender Tanz. Der Körper der Tänzer ist mit Federn beklebt. Getanzt wird von zwei Männern, die nebeneinanderstehend die inneren Arme über den Schultern verschränken und in dieser Stellung langsame Drehungen um ihre Achse ausführen. Sie stampfen dabei mit den Füßen den Takt.

Lit.: *Krause, F.:* Tanzmaskennachbildungen vom mittleren Araguaya (Zentralbrasilien), in: Jahrbuch d. städt. Museums f. Völkerkunde zu Leipzig, Bd. 3, 1908/09, S. 113.

Uin. Festtanz der Eingeborenen auf Ponape, Mikronesien. Er wird zu Ehren Verstorbener und aus religiösen Gründen aufgeführt. Die Tänzer, den Körper mit Öl gesalbt und geschmückt mit Kränzen, besteigen einer hinter dem anderen in feierlichem Zug die sogenannten Pajs, das sind in mehreren Stockwerken hinter- und übereinander aufgebaute Tanzbrücken. Nachdem der Vorsänger den zu Ehrenden genannt hat, beginnt er mit dem Lied, der Chor stimmt ein, und der Tanz hebt an. Die Füße werden im Takt auf der Bretterunterlage aufgestampft, die Hände in kunstvoller Weise bewegt. Der Uin ist einer der eindrucksvollsten Eingeborenentänze der Südseeinsel Ponape.

Lit.: *Hahl:* Fest u. Tänze d. Eingeborenen v. Ponape, in: Ethnologisches Notizblatt, Bd. III, H. 2, 1901, S. 99. *Sachs, C.:* Eine Weltgeschichte d. Tanzes, 1933, S. 110.

Uku-Tschila. ↗Afrikanischer Tanz. Wie L. Frobenius in seinem Buch „Die Masken und Geheimbünde Afrikas", Halle 1898, berichtet, wurde der Tanz von den südafrikanischen Aba-Kweta am Tag der Pubertätsweihe der Jünglinge zur Aufnahme in den Männerbund aufgeführt. Sie trugen dabei Masken aus getrocknetem Gras.

Ulanertanz. ↗Deutscher Volkstanz aus Oberschlesien. Ausgeführt wird er von vier Paaren, die im Viereck Aufstellung nehmen. Der Tanz war früher in zahlreichen Varianten in ganz Oberschlesien verbreitet. Die Tanzmelodie ist dreiteilig. Der 1. Teil im $^2/_4$- wird mit Hüpfschritten getanzt, der 2. schnellere Teil wird von jedem Paar als ↗Polka ausgeführt, der 3. Teil im $^3/_4$-Takt ist ein ↗Walzer.

Lit.: *Pudollek, F.:* Oberschlesische Volkstänze, 1. Teil, H. 25, Deutsche Volkstänze, 1935, S. 7.

Ulanowa, Galina Sergejewna. Russische Tänzerin und Lehrerin, geb. 26. Dezember 1909 (8. Januar 1910) in St. Petersburg. Ihre Eltern waren am Marijinskij-Theater tätig, der Vater Sergej als Ballettregisseur, die Mutter, Maria Romanowna, als Solotänzerin. Ihr Tanzstudium begann sie bei ihrer Mutter und setzte es bei Agrippina ↗Waganowa an der Ballettschule in St. Petersburg fort. 1928 schloß sie ihr Studium ab. Am Abschlußabend tanzte sie die Hauptrolle in „Chopiniana" und die Florissa in ↗„Dornröschen". Sie wurde Tänzerin beim Staatlichen Theater für Oper und Ballett, dem späteren Marijinkskij-Theater, wo sie als ↗Ballerina alle großen Rollen tanzte. Vier Monate nach ihrem Debüt wurde sie bereits als Odette-Odile eingesetzt. Ihre große tänzerische Begabung führte sie rasch von Erfolg zu Erfolg. Von 1930 an tanzte sie auch in vielen Rollen des zeitgenössischen russischen Ballettrepertoires. Im Jahre 1935 wurde Galina Ulanowa an das Bolschoj-Theater nach Moskau berufen. 1945 reiste sie erstmals in das Ausland, und zwar nach Wien. 1949 besuchte sie Mailand, trat in der Scala auf, kam nach Rom, Florenz und Venedig. 1951 entsandte man sie nach China. Mit dem ↗Bolschoj-Ballett tanzte sie in England, Frankreich, Belgien, Deutschland und in den USA. Die einzige große Rolle, die sie in Deutschland tanzte, war die ↗Giselle. Ab 1959 begann sie nach und nach ihre Auftritte zu reduzieren, 1962 gab sie ihre Abschiedsvorstellung. Sie gilt als eine der berühmtesten Primaballerinen des russischen Balletts. Ihr Tanzstil war, abgesehen von der großen technischen Kunst, gekennzeichnet durch eine außergewöhnliche menschliche Ausstrahlung, die für die Zuschauer immer zu einem ergreifenden Erlebnis wurde. Sie ist die Verfasserin der Bücher: Ballets soviétiques, Paris 1954; Über das sowjetische Ballett, Lausanne 1955; Die Schule einer Ballettänzerin, Moskau 1955.

Lit.: *Golubov, V.:* Tanec Galina Ulanovoi, Leningrad 1948. *Lvov-Anokhin, B.:* Galina Ulanova, London 1956. *Clarke, M:* Six Great Dancers, London 1957. *Bogdanov-Berezovskij, V.:* Galina Sergejevna Ulanova, Moskva 1961. *Fuehmann, F.:* Galina Ulanova, Berlin 1961. *Wied, K. V.:* Königinnen d. Balletts, München 1961. *Kahn, A.:* Days with Ulanova, New York, 1962. *Sizova, M. I.:* Ulanova. Her Childhood and Schooldays, London 1962.

Ulysses-Ballette ↗Odysseus-Ballette.

Umadum. ↗Deutscher Volkstanz aus Westböhmen im 3/4-Takt. Das Mädchen hängt sich bei diesem ↗Paartanz in entgegengesetzter Richtung beim Burschen ein. Die Drehungen erfolgen fast schreitend nur auf engstem Platz. Abwechselnd lassen die Burschen die Mädchen auch am Finger, den sie über den Kopf halten, drehen. Auch schwingen sie ihre Tänzerinnen in die Höhe. Zum Tanz wird gesungen.

Lit.: *Hartenstein, C.:* Volkstänze u. Tanzlieder aus Westböhmen, in: Das Deutsche Volkslied, Jg. 33, 1931, H. 7, S. 104 f.

Um(m)isteiger. In Niederösterreich wird der ↗Fürizwänger so genannt.

Lit.: *Wolfram, R.:* Die Volkstänze in Österreich u. verwandte Tänze in Europa, 1951, S. 147.

Umlauff (Umlauf), Michael. Österreichischer Komponist, geb. 9. August 1781 in Wien, gest. 20. Juni 1842 in Baden bei Wien. Er war Violinist im Hofopernorchester und ab 1810 Opernkapellmeister. Von ihm stammt die Musik zu mehreren ↗Balletten, darunter zu „Amors Rache" (1804, Kärntnertortheater, Wien) und ↗„Aeneas in Carthago". (↗Don Quichote-Ballette, ↗Urteil des Paris)

Lit.: *Haas, R.:* Zur Wiener Ballettpantomime um d. Prometheus, in: Neues Beethoven-Jahrbuch, II, 1926, S. 84 ff.

Umrlec (= der Tote). Tschechischer Volkstanz aus Böhmen. Dieser alte, bereits im 15. Jh. bekannte Tanz, stellte ein heiteres Tanzspiel dar. Bei lustiger Musik traten die Tanzpaare zusammen, sobald die Musik traurigere Töne anstimmte, mußte sich ein Tänzer auf den Boden legen und einen Toten spielen. Die Frauen und Mädchen umtanzten ihn und sangen ein Trauerlied dazu. Nachdem sie das Lied und den Tanz beendet hatten, küßte eine nach der anderen den Toten. Der Tanz wiederholte sich in umgekehrter Form indem sich eine Tänzerin auf den Boden legte. (↗Todtentanz, ↗Tschechische Volkstänze)

Lit.: *Waldau, A.:* Böhmische Nationaltänze, 1860, Bd. 2, S. 23 f.

Undine. Seit dem Erscheinen der Undine-Erzählung von Friedrich de la Motte Fouqué

(1777–1843) im Jahre 1811 wurde der Stoff oftmals auch als Grundlage für ↗Ballette verwendet. Die wichtigsten davon sind Paul ↗Taglionis Ballett „Undine, die Wassernymphe" aus dem Jahre 1836, Neufassung 1847 unter dem Titel „Coralia oder der ungetreue Ritter". 1843 schufen Jules ↗Perrot und Fanny ↗Cerrito das Ballett „Ondine ou la Naiade". Ein „Undine-Ballett" stammt auch von dem deutschen Komponisten Richard Henneberg (1853–1925), der es für die Oper in Stockholm komponierte. Eine moderne Fassung des Stoffes schufen Hans Werner ↗Henze und Frederick ↗Ashton. Dieses für Margot ↗Fonteyn geschaffene Undine-Ballett wurde am 27. Oktober 1958 im Royal Opera House Covent Garden in London uraufgeführt.

Lit.: *Henze, H. W.:* Undine. Tagebuch eines Balletts, 1959.

Ungarischer Volkstanz. Die Tanzfolklore des ungarischen Sprachraumes umfaßt drei große Gebiete: die Donaugegend mit der ungarischen Sprachinsel in Slawonien, die Theißgegend und das Gebiet der Szekler im östlichen Siebenbürgen, jetzt zu Rumänien gehörend. Da der ungarische Volkstanz ziemlich einheitlich ist, kann man seine wichtigsten Arten und Formen fast überall antreffen, die einzelnen Charakteristika ergeben sich nur durch die landschaftlich und gesellschaftlich bedingten Unterschiede der einzelnen Gebiete. Die Hauptformen des ungarischen Volkstanzes sind Werbetänze, ↗Hirtentänze, Mädchentänze, und die am lebendigsten erhaltene Gruppe sind die ↗Paartänze, die auch heute noch immer wieder in neuen Variationen ausgeführt werden. Der Paartanz auf dem Lande wird fast allgemein ↗„Csárdás" genannt. Die Bewegungsformen sind im ungarischen Volkstanz äußerst vielseitig. Sie umfassen die ganze Skala von ruhigen Schleifschritten bis zu temperamentvollen Sprüngen. Hohe Beinführungen werden nur von Männern ausgeführt. Charakteristisch sind auch die üblichen Armhaltungen, die Mädchen haben die Arme vielfach in die Taille gestützt, während die Männer sie gebeugt auf dem Rükken halten. Doch gibt es dabei viele Varianten. Die Musik der Tänze besteht meist aus 8-, 12- oder 16taktigen Melodien im $^2/_4$- oder $^4/_4$-Takt. (↗Csárdás, ↗Dreihundert Wittfrauen-Tanz, ↗Dus, ↗Kallai Kettös, ↗Kanásztánc, ↗Lassu, ↗Oláhos, ↗Palotás magyar nota, Silladri, ↗Verbunkos)

Lit.: *Anonym:* Über d. Nationaltänze d. Ungarn, in: Allgemeine musikalische Zeitung, Leipzig, No. 35, 1800, S. 609 ff. *Kaldy, J.:* Über d. älteren u. neueren ungarischen Volkstänze, 1896. *Réthei Prikkel, M.:* A magyarság táncai, 1924. *Derra de Moroda, F.:* The Dances of Hungary, in: The Dancing Times, Sept. 1929, S. 547 ff. *Major, E.:* Ungarische Tanzmelodien in Haydns Bearbeitung, in: Zeitschrift f. Musikwissenschaft, Jg. 11, 1929, H. 9/10, S. 601 ff. *Derra de Moroda, F.:* Hungarian National Dances, in: The Dancing Times, Sept. 1933, S. 573 ff. *Weber, E.:* Magyar táncok, 1935. *Lajtha, L.-Gönyey, S.:* Tánc, in: A magyarság szellemi néprajaza, Bd. 4, 1937, S. 85 ff. *Voiski, K.:* Hungarian Dances, 1937. *Derra de Moroda, F.:* The Dances and Costumes of Hungary, in: South Africa Dancing Times, vol. VI, 1938, No. 10, S. 16 f. *Rearick, E. C.:* Dance of the Hungarians, New York 1939. *Faragó, J.:* A tánc a mezőségi pusztakamaráson, in: Studien zur Ethnologie Siebenbürgens, H. 7, 1946. *Molnár, I.:* Magyar táchagyományok, 1947. *Tálasi, T.:* A magyar táncokról, 1949. *Buday, G.:* Dances of Hungary, in: Handbook of European National Dances, Bd. 11, 1950. *Szentpál, M.:* Völgységi táncok, 1951. *Kodály, Z.:* Magyar táncok 1729-ból, in: Új Zenei Szemele, Jg. 6, 1952, S. 1 ff. *Lugossy, E.:* Leánytáanc, 1952. *Lawson, J.:* European Folk Dance, 1953, S. 191 ff. *Molnár, I.:* Pusztafalutól Karcsáig abaṅj-megyei táncok és dalok, 1953. *Morvay, P.-Pesovár, E.:* Somogyi táncok, 1954. *Martin, G.:* Bag táncai és táncélete, 1955. *Elekes-Weber, E.:* Hungarian Dances, Budapest 1956. *Kaposi, E.-Maácz, L.:* Magyar népi táncok és táncos népszokások, 1958. *Lugossy, E.:* A lakodalom táncai, in: Corpus musicae popularis Hungaricae Bd. III. B: Lakodalom. 1956. *Tarr, L.:* Hungarian Rhapsody, 1956. *Belényesy, M.:* Kultúra és tánc a bukoviani székelyeknél, 1958. *Falvy, Z.:* A Linus-féle XVIII. Századi táncgyüjtemény, in: Zenetudományi Tanulmányok, VI, 1958, S. 407 ff. *Morvay, P.:* Tánctudományi Tanulmányok, 1958. *Pesovár, F.:* Alapi táncok, in: Alba Regia I, 1960. *Domokos, P. P.:* Magyar táncdallamok a XVIII. századbol, in: Zenetudományi Tanulmányok, IC, 1961, S. 269 f. *Martin, G.-Pesovár, E.:* A Structural Analysis of the Hungarian Folk Dance, in: Acta ethnographica, X, 1961, S. 1 ff. *Lajtha, L.:* Dunántuli táncok és dallamok, 1962. *Bonis, F.:* Die ungarischen Tänze d. Handschrift Appony (Oponice), in: Studia musicologica, Tom VI, 1964. *Dörwaldt, E.:* Ungarische Volkstänze, 1965. *Martin, G.:* East European Relations of Hungarian Dance Types, in: Europa et Hungaria, 1965, S. 469 ff. *Pesovár, E.:* Les types de la danse folklorique hongroise, in: Studia Musicologica, Tom. VII, 1965, S. 103 ff. *Martin, G.:* Performing Styles in the Dances of the Carpathien Basin, in: Journal of the Int. Folk Music Council, vol. XX, 1968, S. 59 ff. *Jobbágy, I.-Kutny, I.:* Hungarian Folk Dances, Florida 1969. *Martin, G.:* Magyar tánctipusok és táncdialektusok, Bd. I–III, Propagandabüro f. Volksbildung, Budapest 1970–72. *Szabolcsi, B.:* Tanzmusik aus Ungarn im 16. u. 17. Jh., in: Musicologia Hungariae (N. F.), 4, 1970. *Martin, G.:* A magyar nép táncai, 1974. *Kecskés, A.:* A Sibenbürger Tantz (Erdély tánc) és a Rákóczi-nóta rokonsága, in: Magyar Zene, XXI. évf., 2. szám, 1980, S. 151 ff.

Ungarischer Walzer (Valse hongroise). Eine Variante des ↗Schottischen oder ↗Rheinländers, die in Ungarn als ↗Gesellschaftstanz üblich war. Die Haltung ist wie beim ↗Walzer.

Lit.: *Zorn, F. A.:* Grammatik d. Tanzkunst, 1887, S. 220.

U'para'a. Name eines Tanzspiels auf Tahiti, das von Frauen aller Altersstufen ausgeführt wird, die sich in zwei Reihen aufstellen. Im Tanz versuchen die Frauen eine grüne Frucht, „uta" genannt, durch die Reihen zu stoßen. Nach einiger Zeit wird das Spiel mit der Frucht aufgegeben und es folgt ein gemeinsamer Tanz. Zum Schluß produzieren sich zwei oder drei Frauen jeder Reihe mit einem anmutigen Tanz mit den typischen, fast obszön wirkenden Hüftbewegungen. Sie sind dabei nur mit einem Hüftband bekleidet.

Lit.: *Dean, B.:* South Pacific Dance, 1978, S. 102.

Up spring. Name für den raschen gesprungenen ↗Nachtanz in England zur Zeit Shakespeares, entsprechend dem deutschen ↗Hupfauff. (↗Englischer Volkstanz, ↗Saltarello)

Ursăreasca. ↗Rumänischer Volkstanz, ein Männertanz im raschen 2/4-Takt. Die Aufstellung erfolgt im Halbkreis, die Männer fassen einander an den Schultern.

Lit.: *Bucsan, A.:* Jocuri din Ardealul de sud, 1957, S. 82 ff.

Urteil des Paris, Das. Dieser Stoff aus der griechischen Mythologie bildete oftmals die Grundlage für ↗Ballette. Wie Apulejus berichtet, wurde die Handlung bereits als mythologische ↗Pyrrhiche im 2. Jh. n. Chr. in der römischen Kolonie Korinth aus festlichem Anlaß getanzt. Als Ballett wurde der Stoff dargestellt: 1764 von F. Cesari in Venedig; im selben Jahr von C. G. ↗Toeschi in Kassel; 1772 von G. ↗Noverre in Lyon und Wien; 1793 von Canciani in Venedig; 1801 von G. ↗Gioja mit der Musik von P. ↗Wranitzky in Wien; 1806 von Ph. ↗Taglioni als ↗Divertissement „Die Spiele des Paris auf dem Berge Ida" mit der Musik von M. ↗Umlauf(f) in Wien; 1822 von L. ↗Duport in Wien; 1846 von J. ↗Perrot mit der Musik von C. ↗Pugni in London; 1908 von J. ↗Hassreiter mit der Musik von Skofitz in Wien; 1935 von B. ↗Martinů; 1938 von A. ↗Tudor mit der Musik von K. ↗Weill in London.

Lit.: *Beaumont, C. W.:* Complete Book of Ballets, 1951. *Balanchine:* Balanchines New Complete Stories of the Great Ballets, New York, 1968.

Uruguayischer Tanz. Die ↗Volkstänze dieses Landes sind jenen des ↗argentinischen Tanzes verwandt. Die bekanntesten sind der ↗Pericon, der uruguayischen Ursprungs ist, dann der ↗Cielito und die heute nicht mehr übliche ↗Media caña. Die Tänze werden mit Gitarren begleitet. Die schwarze Bevölkerung besitzt noch eigenes Volksgut, das jenem der Neger Brasieliens ähnlich ist. Ihr Haupttanz ist der zu stark variiertem Trommelrhythmus ausgeführte ↗Candombe. (↗Lateinamerikanische Tänze)

Lit.: *Friedenthal, A.:* Musik, Tanz u. Dichtung bei d. Kreolen Amerikas, 1913, S. 280 ff.

Užička čarlama. Jugoslawischer Volkstanz aus dem Ort Užice im westlichen Mittelserbien. Der Tanz im 2/4-Takt wird im Halbkreis mit der Front zur Mitte ausgeführt. (↗Jugoslawische Volkstänze)

Lit.: *Schmolke, A.-Langhans, H.:* Europäische Tänze, H. 4, Jugoslawien, 1957, S. 16 f.

V

Väva vadmal. ↗Schwedischer Volkstanz, der sogenannte ↗Webertanz. Er gehört zu den beliebtesten Tänzen Schwedens, und jede Landschaft hat dazu ihre eigenen Schritte und Figuren. Die Paare bilden eine Reihe, so daß einem Tänzer immer eine Tänzerin gegenübersteht. In einer anderen Fassung stehen die Paare in einer Reihe hintereinander.

Lit.: *Wolfram, R.:* Schwerttanz u. Männerbund, S. 44/263. *Franz, L.:* Alteuropäische Tänze, in: Mitteilungen d. Anthropologischen Gesellschaft in Wien, Bd. 63, 1933, S. 196. *Schmolke, A.-Langhans, H.:* Europäische Tänze, H. 7, 1962, S. 5 ff.

Vaillat, Léandre. Französischer Tanzschriftsteller, geb. 1876 in Publier, gest. 1. Oktober 1952 in Paris. Er ist der Verfasser folgender Schriften: Histoire de la danse, Paris 1942; La Taglioni ou la vie d'une danseuse, Paris 1942; Olga Spessivtseva, Paris 1944; Ballets d l'Opéra de Paris, Paris 1947; La danse à l'Opéra de Paris, Paris 1951.

Vakamalolo heißen die Sitztänze bei den ↗Fidschiinsulanern. Sie werden entweder von Männern oder von Frauen getanzt. Die begleitende Gruppe besteht aus beiden Geschlechtern und sitzt im Hintergrund. Eine zinnerne „lali" (eine Gong-Trommel) wird für den Grundrhythmus geschlagen. Zur Betonung gibt es manchmal eine Anzahl von „derna" (am Ende offene Bambusstangen), welche einen hohlen Klang ergeben, wenn sie auf den Boden geschlagen werden. Die Frauen zeigen in den Vakamalolo-Tänzen sanfte Bewegungen der Finger und Hände, eindrehend oder entfaltend in wellenförmiger Art, oder sie verwenden schnelle Drehungen der Handgelenke und Wendungen des Vorderarms. Die Armbänder aus geölten Blättern erzeugen dabei ein grünes Gefunkel. Manchmal tragen sie an den Handgelenken weiße Hibiskusfasern, um die Armbewegungen zu zeigen, die vom „daunivucu" (↗Choreographen) vorgeschrieben werden. (↗Meke, ↗Naturvölker)

Lit.: *Dean, B.:* South Pacific Dance, 1978, S. 16.

Valar-Tanz. ↗Indischer Tanz des Garasia-Stammes in Rajasthan, ein Tanz der dem uralten Jagdzauber entstammt. Der Text von gesungenen Liedern wird bei diesem Tanz mimisch dargestellt. Die Männer schwingen dabei oft Pfeile, Bogen und Schwerter. Der Tanz langsam beginnend, steigert sich nach und nach immer mehr im Tempo bis zum rasenden Höhepunkt.

Lit.: *Rebling, E.:* Die Tanzkunst Indiens, 1981, S. 60.

Valois, Dame Ninette de (eigentlich Edris Stannus). Irische Tänzerin, ↗Choreographin, Lehrerin und Ballettdirektorin, geb. 6. Juni 1898 in Baltiboys. Sie studierte zuerst bei Lila Field, dann in London bei E. ↗Espinosa und E. ↗Cecchetti. 1914 debütierte sie am Lyceum Theatre in London, 1919 tanzte sie am Covent Garden Opera House, 1922 bei den Truppen von L. ↗Massine und L. ↗Lopokow und von 1923 bis 1925 bei den ↗Ballets Russes von S. ↗Diaghilew. 1926 verließ sie die Ballets Russes, und versuchte mit einer eigenen „Academy of Choreographic Art" in London Fuß zu fassen. Sie war Mitgründerin des ↗Vic-Wells Ballet, aus welchem das ↗Sadler's Wells Ballet hervorgegangen ist, dessen Pädagogin, Choreographin und Direktorin sie wurde. 1963 dankte sie als Ballettdirektorin ab, blieb aber noch Lehrerin bis 1971. Mit Marie ↗Rambert gilt sie als Schöpferin des britischen Balletts. Von ihr stammen die Bücher: Invitation to the Ballet, 1937; Come Dance with Me. A Memoir 1898–1956, London 1957; My Life in Ballet, 1957. (↗Royal Ballet)

Lit.: *Neatby, K.:* Ninette de Valois and the Vic-Wells Ballet, London 1934. *Lawson, J.:* Choreography and

Ninette de Valois, Makers of English Ballet Number One, London 1947.

Vals i enden. ↗Norwegischer Volkstanz, eine Form des ↗Warschauer.

Lit.: *Wolfram, R.:* Die Volkstänze in Österreich u. verwandte Tänze in Europa, 1951, S. 151/14.

Valse, La (= der Walzer). Mit diesem Ausdruck bezeichnet Carlo ↗Blasis in seinem „Manuel complet de la danse" einen aus der Schweiz stammenden ↗Contratanz (Quadrille). La valse ist aber auch eine als „Poéme chorégraphique" bezeichnete Orchesterkomposition von Maurice ↗Ravel. Das Werk wurde von den bedeutendsten Choreographen (↗Balanchine, ↗Fokine, ↗Massine, Bronislawa ↗Nijinska) in verschiedenen Versionen aufgeführt.

Lit.: *Malipiero, R.:* Maurice Ravel: L'enfant et les sortilèges. La valse. Daphnis et Chloé, 1948.

Valse française. Eine Walzerform, bei der bei gleichzeitiger Drehung mit dem linken und rechten Fuß von links nach rechts aufgehüpft wird.

Vanatüdruk. Estnischer Volkstanz, eine Form der ↗Kreuzpolka. (↗Estnische Volkstänze)

Lit.: *Wolfram, R.:* Die Volkstänze in Österreich u. verwandte Tänze in Europa, 1951, S. 153.

Varsovienne (auch Warschauer-Tanz). Eine variantenreiche, stark verbreitete Abart der ↗Mazurka, die um die Mitte des 19. Jh. als ↗Gesellschaftstanz in Deutschland, Frankreich und Österreich sehr beliebt war. Es ist anzunehmen, daß die Varsovienne, ähnlich wie die Mazurka, von Polen kommend über Paris Eingang ins deutsche Sprachgebiet gefunden hat. Hier verbreitete sie sich sehr rasch auch in den ländlichen Gebieten, wo sie unter zahlreichen Varianten und Namen als ↗Volkstanz aufscheint. Die Tanzbewegungen bestehen aus Schritten und Drehungen. Charakteristisch sind die mit der Musik (3/4-Takt) genau zusammenfallenden Haltepunkte (halbe Noten), sie bezeichnen das Stillestehen des Tanzpaares jeweils nach den Drehungen. Es gibt offene und geschlossene sowie ein-, zwei- und dreischrittige Formen der Varsovienne. Die Mannigfaltigkeit an Melodie- und Bewegungsabwandlungen ist sehr groß. Die Varsovienne gehörte auch zu den Tänzen, die Fanny Elßler um 1840 auf der Bühne tanzte. (↗Berlinskan, ↗Kempingerin, ↗Krauttreter, ↗Mars âleine, ↗Massianer, ↗Moster Sara Lisa, ↗Salin, ↗Staader Mazurka, ↗Vals i enden)

Lit.: *Böhm, F. M.:* Geschichte d. Tanzes in Deutschland, 1886. *Zorn, F. A.:* Grammatik d. Tanzkunst, 1887. *Jolizza, W. K. v.:* Die Schule d. Tanzes, 1900, S. 159 ff. *Meyer, G.:* Volkstänze, 1909, S. 97. *Zoder, R.:* Der Warschauer, in: Volkskundliche Gaben f. John Meier, 1934, S. 300 ff. *Au, H. v. d.:* Der Warschauer im Rheinfränkischen, in: Jahrbuch f. Volks- u. Heimatforschung in Hessen u. Nassau, 1938, S. 17 ff. *Au, H. v. d.:* Das Volkstanzgut im Rheinfränkischen, 1939, S. 133 ff. *Pudollek, F.:* Der Warschauer, in: Das deutsche Volkslied, Jg. 43, 1941, H. 7/8, S. 80 ff. *Zoder, R.:* Volkslied, Volkstanz u. Volksbrauch, 1949. *Wolfram, R.:* Die Volkstänze in Österreich u. verwandte Tänze in Europa, 1951. *Zoder, R.:* Kleine Beiträge zur Volksmusikforschung, in: Jahrbuch d. österreichischen Volksliedwerkes, Bd. 7, 1958, S. 62 ff. *Horak, K.:* Die Mazurka als österreichischer Volkstanz, in: Tanz u. Brauch, 1959, S. 101. *Goldschmidt, Ae.:* Handbuch d. deutschen Volkstanzes, 1967. *Janietz, E.:* Volkstänze aus Norddeutschland, s. a., S. 10 f.

Varvatants. Estnischer Volkstanz, ein Geschicklichkeitstanz von der Art des ↗Wischtanzes der österreichischen Alpenländer. (↗Akrobatische Tänze, ↗Estnische Volkstänze)

Lit.: *Wolfram, R.:* Die Volkstänze in Österreich u. verwandte Tänze in Europa, 1951, S. 170.

Vaughan, David. Britischer Tänzer und Tanzschriftsteller, geb. 17. Mai 1924 in London. Seine Tanzstudien absolvierte er bei Marie ↗Rambert, an der Ballettschule des ↗American Ballet, bei A. ↗Tudor und M. ↗Cunnigham. Er ist Kritiker und Mitarbeiter mehrerer Tanzzeitschriften und Verfasser von: „Frederick Ahston and His Ballets, II, 1977; und Mitherausgeber neben Mary ↗Clarke der „Encyclopedia of Dance and Ballet", 1977.

Vecchi, Orazio Tiberio. Organist und Kapellmeister zu Modena, getauft 6. Dezember 1550 in Modena, gest. in der Nacht zwischen dem 19. und 20. Februar 1605 ebendort. Er komponierte zahlreiche ↗Balli in Verbindung mit Gesang und Laute. (↗Chilesotti)

Lit.: *Chilesotti, O.:* Biblioteca di rarità musicali, vol. V, 1892.

Veigl, Eva Maria ↗Violette, Eva Maria.

Veitscher Masur (auch Veitscher Ochsengalopp). ↗Österreichischer Volkstanz, der, wie schon der Name sagt, aus der Gegend der Veitsch in der Steiermark stammt. Dieser charakteristische steirische Volkstanz wird nach den Schritten und der Tanzmelodie einer ↗Polka Mazurka ausgeführt.

Lit.: *Prinke, S.:* Alte Steirische Tänze, H. 2, Sammlung 1926. *Zoder, R.:* Altösterreichische Volkstänze, 1934, 4. Teil. *Novak, A.:* Steirische Tänze, 1949, S. 64. *Schützenberger, E.-Derschmidt, H.:* Spinnradl, 3. Folge, s. a., S. 7. *Lager, H.:* Die Veitscher Masur, in: Der fröhliche Kreis, Jg. 30, 1980, H. 2, S. 51 ff.

Veitstanz (Chorea Sancti Viti, auch Modesttanz genannt) ist in tänzerischer Hinsicht die Bezeichnung für die aus psychischen Nöten entstandene, im Mittelalter vielfach epidemisch auftretende Art einer ↗Tanzwut. Sie bestand darin, daß die davon Betroffenen von einem oft tagelang andauernden Tanzzwang besessen waren, dem sie sich wie Wahnsinnige in einem Bewegungsrausch hingaben, der oftmals bis zur Erschöpfung führte. Der Name mag daher rühren, daß viele der von dieser Tanzekstase Befallenen unter der Zwangvorstellung standen, um die Zeit des St. Veitstages (15. Juni) tanzen zu müssen, um von ihrer Tanzkrankheit befreit werden zu können. So tanzten nach dem Bericht mittelalterlicher Quellen in der St. Veitskapelle zu Ulm jährlich einmal die Frauen Tag und Nacht, bis sie vor der Statue des Heiligen erschöpft zusammenbrachen. Da die Veitstänze unmittelbar vor den Johannisfeierlichkeiten (24. Juni) in Erscheinung traten, hat man sie vielfach auch mit den ↗Johannistänzen verwechselt und gleichgestellt. In pathologischer Hinsicht versteht man heute unter dem Namen Veitstanz krankhafte, vom Willen nicht beeinflußbare Bewegungsstörungen, die krampfartig auftreten und mit Tanzbewegungen nichts zu tun haben.

Lit.: *Krafft v. Dellmensingen, A.:* Über den Veitstanz, Inaugural – Abhandlung, 1825. *Sohler, J. A.:* Abhandlungen über d. Veitstanz, 1826. *Hecker, J. F. C.:* Die Tanzwuth, eine Volkskrankheit im Mittelalter, 1832, 1865. *Erdmann, F.:* Der Veitstanz keine Krankheit, 1843. *Wicke, E. Conr. :* Versuch einer Monographie d. großen Veitstanzes u. d. unwillkürlichen Muskelbewegung nebst Bemerkungen über d. Taranteltanz u. d. Beriberi, 1844. *Voß, R.:* Der Tanz u. seine Geschichte, 1869, S. 87 ff., 90 ff. *Böhme, F. M.:* Geschichte d. Tanzes in Deutschland, 1886, S. 40 ff., 162 ff. *Bilfinger, O.:* St. Veitstanz, in: Weltforschung 1902, S. 238 ff. *Sachs, C.:* Eine Weltgeschichte d. Tanzes, 1933. *Boehn, M. v.:* Veitstänze u. ähnliche Krankheiten, in: Die Brücke, Hauszeitschrift d. pharm.-med. Abteilung d. Farbwerke Hoechst, Frankfurt/M., Nr. 34, Sept. 1968, S. 24 f.

Věneček. Tschechischer Volkstanz aus Mähren, ein taktwechselnder Tanz, der zwar oftmals im Dreiertakt aufgeschrieben ist, aber dennoch in der Tanzanweisung den Wechsel von zwei Takten ↗Walzer und drei oder vier Takten ↗Dreher verlangt. (↗Tschechische Volkstänze, ↗Zwiefache)

Lit.: *Bartoš, Fr.:* Národní písně moravské, 1901, Nr. 1702. *Junk, V.:* Die taktwechselnden Volkstänze. Deutsches oder tschechisches Kulturgut, 1938, S. 111. *Hoerburger, F.-Raupp, J.:* Deutsch-slawische Wechselbeziehungen im Volkstanz, 1957, S. 33 ff.

Venetiana ↗Padovana.

Venezolanischer Tanz. Unter den Tänzen Venezuelas spielt die ↗Habanera mit den erweiterten Rhythmen wie sie im ↗kreolischen Tanz üblich sind, eine besondere Rolle. Sie wird von der Gitarre oder den sehr beliebten gitarrenartigen Instrumenten Cuatro und Cinco begleitet. Zu den beliebtesten und charakteristischen venezolanischen Tanzliedmelodien gehören die ↗Joropos im bewegten $3/4$-, aber auch $2/4$- und $6/8$-Takt. (↗Carrizo)

Lit.: *Friedenthal, A.:* Musik, Tanz u. Dichtung bei d. Kreolen Amerikas, 1913, S. 147 ff. *Ramón y Rivera, Luis Felipe:* El joropo, baile nacional de Venezuela, 1953.

Ventura, Santo. ↗Ballett- und ↗Tanzmeister am Wiener Hof unter Leopold I. (1658–1705). Er war ein Schüler von Carlo ↗Beccaria. Um 1652 führte er neue Stilformen des Tanzes im Ballett und in der Gesellschaft ein. 1678 folgte ihm am Wiener Hof sein Sohn Domenico Ventura nach.

Lit.: *Nettl, P.:* Die Wiener Tanzkomposition in d. 2. Hälfte d. 17. Jh., in: Studien zur Musikwissenschaft, H. 8, 1921, S. 56. *Nettl, P.:* Mozart u. d. Tanz, 1960, S. 66 ff.

Venturini, Marianne. Wiener Tänzerin, geb. 1772, gest. 1811. Sie war von 1794 bis 1796 Solotänzerin am Schauspielhaus auf der Wieden, Wien und von 1797 bis 1810 am k. k. Hoftheater nächst dem Kärntnertor. Sie war die Tochter des Tänzers und Ballettmeisters Filippo Venturini, geb. 1749, gest. 1839. Er tanzte 1795 im Schauspielhaus auf der Wieden in Wien und war später ↗Ballettmeister am Nationaltheater Wien. Marianne Venturini tanzte in dem Ballett „Le nozze disturbate“ von Ballettmeister ↗Checchi, Musik von Mozarts Schwager Jakob Haibel, das 1795 am Theater auf der Wieden, Wien, aufgeführt wurde. Über das darin vorkommende beliebte „Menuetto à la Vigano“ schrieb L. van

↗Beethoven die „XII Variazioni per il Cembalo“ o Piano-Forte/Sul Menuetto ballato dalla Sig. a Venturini e Sigr. Chechi/nel Ballo delle Nozze disturbate“.

(GA: Nr. 169 = Serie 17 Nr. 8)

Verbunkos. Eine volkstümliche instrumentale ungarische Tanz- und Musikgattung, die auf die Werbetänze bei der Rekrutierung für die Armee zurückgeführt wird. Dieser durch viele Varianten zum ungarischen Stil des romantischen Jahrhunderts gestempelte ungarische Tanzmusiktyp kam um die Mitte des 18. Jh. in Gebrauch, erreichte seinen Höhepunkt um 1840 und ging dann später in den ↗Csárdás auf. Charakteristisch für den Verbunkos-Stil sind lebhafte, synkopierte Rhythmen im 4/4-, 2/4- oder 4/8-Takt, Wechsel von Dur- und Mollmelodien und improvisatorische Abschnitte. Eine von J. Ruzitska redigierte Sammlung von Verbunkos-Musik „Magyar noták vesprém vármegyeböl“ stammt aus der Zeit von 1823 bis 1832. (↗Ungarischer Volkstanz)

Lit.: *Major, E.:* Bihari I. verbunkosainak visszhangja a XIX. századé magyar zenében, in: Uj zenei szemele III, 1952. *Lugossy, E.:* 39 Verbunkos, Budapest 1954. *Kovalčiková, J.-Poloczek, F.:* Slovenske l'udové tance, Bratislava 1955. *Kaposi, E.-Maácz, L.:* Magyar népi táncok és táncos népszokások, Budapest 1958. *Papp, G.:* Die Quellen d. „Verbunkos-Musik“. Ein bibliographischer Versuch, in: Studia musicologica, 21, 1979, S. 151 ff. und in: 24, 1982, S. 35 ff. *Wolfram, R.:* Siebenbürger Volkstänze, in: Jahrbuch f. ostdeutsche Volkskunde, Bd. 22, 1979, S. 169.

Verdi, Giuseppe. Italienischer Komponist, geb. 10. Oktober 1813 in Le Roncole, gest. 27. Januar 1901 in Mailand. In den Werken dieses bedeutenden Opernkomponisten finden sich immer wieder Tanzmelodien nicht nur als Balletteinlagen, sondern auch als Solostücke für die Sänger. Mit Verdis Musik (Vêpres siciliennes) schuf der ↗Choreograph und ↗Ballettmeister an der Wiener Hofoper, Karl ↗Telle, das Ballett „Die vier ↗Jahreszeiten“, das 1878 in Wien aufgeführt wurde. 1954 verwendete John ↗Cranko die Musik Verdis (Potpourri-Arrangement) für sein Ballett „The Lady and the Fool“, das am 25. Februar 1954 vom ↗Sadler's Wells Theatre Ballet in Oxford uraufgeführt wurde.

Lit.: *Bonaccorsi, A.:* Danze e melodie di danza nell'opera di Verdi, in: La Rassegna Musicale, Jg. 21, 1951, Nr. 3, S. 246 ff. *Kunze, St.:* Fest u. Ball in Verdis Opern, in: „Coleur locale“ in d. Opern d. 19. Jh., 1976, S. 269 ff.

Verdy, Violette, (geb. Nelly Guillerm). Französische Tänzerin und Ballettdirektorin, geb. 1. Dezember 1933 in Pont-L'Abbé (Dép. Finistère). Sie studierte bei V. ↗Gsovsky. 1945 debütierte sie bei den Ballets des Champs-Elysées. 1950 tanzte sie beim Ballet de Paris von R. ↗Petit, 1952 beim Ballet de Marigny von Yvette ↗Chauviré. Von 1953 bis 1954 war sie abermals beim Ballet de Paris und von 1954 bis 1955 beim ↗London Festival Ballet. Von 1958 bis 1977 war sie eine der führenden Ballerinen des ↗New York City Ballet. In den Jahren 1978 bis 1980 leitete sie das Ballett der Pariser Oper und seit 1980 ist sie Leiterin des Boston Ballett.

Lit.: *Huckenpahler, V.:* Ballerina, A Biography of Violette Verdy, New York 1978.

Verlorene Sohn, Der (Le Fils prodigue). ↗Ballett in einem Akt von Sergej ↗Prokofjew, komponiert 1928. Die Uraufführung fand am 21. Mai 1929 im Théâtre Sarah-Bernhardt in Paris statt. Die ↗Choreographie schuf George ↗Balanchine. Das Libretto, welches das bekannte Gleichnis aus dem Lukas-Evangelium behandelt, schrieb Boris ↗Kochno.

Vernon, Konstanze (geb. K. Herzfeld). Deutsche Tänzerin und Lehrerin, geb. 2. Januar 1939 in Berlin. Sie studierte bei Tatjana ↗Gsovsky, Nora Kiss und bei S. Peretti. Von 1954 bis 1962 war sie Mitglied der Städtischen und Deutschen Oper in Berlin, ab 1956 Solistin. Von 1962 bis 1980 war sie Primaballerina an der Münchner Oper. Seit 1975 ist sie Direktorin der Ballettabteilung der Musikakademie in München.

Vestris. Berühmtes italienisch-französisches Tänzergeschlecht, welches aus Florenz stammte. Von den sieben Kindern des Tommaso Maria Ippolito Vestris wurden drei berühmte Balletttänzer: Teresa, Gaetano und Angiolo. Gaetanos Sohn war der große Tänzer Auguste Vestris, und dessen Sohn war der auch in Wien wirkende Tänzer und ↗Ballettmeister Armand Vestris.

Angiolo Maria Gasparo Vestris, geb. 1730 in Florenz, gest. 1809 in Paris, studierte bei L. ↗Dupré in Paris und wurde 1753 Solist an der Pariser Oper. Zur Zeit ↗Noverres war er in Stuttgart engagiert. 1767 kehrte er nach Paris zurück.

Armand Vestris, geb. 1786 in Paris, gest. 17. Mai 1825 in Wien. Er studierte bei seinem Großvater Gaetano. Im Alter von vier Jahren trat er bereits mit seinem Vater und Großvater auf. Er wirkte in Italien und Portugal und von 1809 bis 1816 als Tänzer und ↗Choreograph am King's Theatre in London, später in Neapel und 1823 bis zu seinem Tod als Ballettmeister und Choreograph in Wien.

Auguste (Marie-Jean Augustin) Vestris, geb. 27. März 1760 in Paris, gest. 5. Dezember 1842 ebendort. Er war der Sohn von Gaetano Vestris und der Ballerina Marie ↗Allard. Sein Tanzstudium absolvierte er bei seinem Vater. 1772 debütierte er in dem Divertissement „La Cinquantaine" und ab 1776 war er 1. Tänzer an der Pariser Oper. 1781 tanzte er mit seinem Vater in London. Von 1781 bis 1787 war er der beliebteste männliche Tänzer in den Balletten ↗Gardels. 1789 floh er nach London, wo er bis 1793 in den Balletten ↗Noverres tanzte. Nach seiner triumphalen Rückkehr an die Pariser Oper tanzte er dort noch bis 1816. Obwohl er schon pensioniert war, trat er noch einmal 1835 in einem Menuett mit Marie ↗Taglioni auf. Er galt nicht nur als einer der größten Tänzer seiner Zeit, sondern auch als einer der erfolgreichsten Lehrer. Zu seinen Schülern zählten Ch. L. ↗Didelot, Jules ↗Perrot, Aug. ↗Bournonville und Marie ↗Taglioni.

Gaetano Apolline Baldassare Vestris, geb. 18. April 1728 in Florenz, gest. 23. September 1808 in Paris. Italienischer Tänzer, Sohn von Tommaso, Bruder von Angiolo und Vater von Auguste Vestris, das berühmteste Mitglied der Tänzerfamilie, genannt von den Zeitgenossen „le dieu de la danse". Er studierte bei Louis ↗Dupré in Paris und debütierte an der dortigen Oper 1748, wo er 1751 zum 1. Tänzer ernannt wurde. 1754 ging er nach Turin und Berlin, kehrte aber 1755 wieder nach Paris zurück, wo er unbeschreibliche Triumphe feierte. Er war der erste Tänzer, der ohne der bis dahin bei Tänzern üblichen Gesichtsmaske auftrat. Einige Zeit wirkte er als Choreograph, 1761 mit J. ↗Dauberval und 1770 als Nachfolger von J. B. ↗Lany. Bis 1782 tanzte er, widmete sich aber immer mehr der Ballettschule, der Ausbildung und Karriere seines Sohne Auguste. Viele erfolgreiche Gastspiele führten ihn an die europäischen Fürstenhöfe. 1767 war er in Wien. In Stuttgart tanzte er mit Anna ↗Heinel, die er 1792 heiratete.

Teresa Vestris, geb. 1726 in Florenz, gest. 1808 in Paris, Schwester von Angiolo und Gaetano Vestris, studierte in Neapel und debütierte in Palermo. Als sie in Wien tanzte, wurde sie die Maitresse des Prinzen Esterházy, was die Kaiserin Maria Theresia so verärgerte, daß sie die Ausweisung nach Dresden veranlaßte. Teresa Vestris tanzte in Florenz und kam 1746 nach Paris, wo sie 1751 mit ihrem Bruder Gaetano debütierte, zu dessen Pariser Aufstieg sie viel beitrug.

Lit.: *Noferi, G. B.:* The Celebrated Dances Performed by the Messrs. Vestris and C. at the King's Theatre, London 1781. *Capon, G.:* Les Vestris. Le „dieu de la danse et sa famille, 1730–1808, d'apres des rapports de police et des documents inédits, Paris 1808. *Lifar, S.:* Vestris, le dieu de la danse, Paris 1950. *Pearce, Ch. E.:* Madame Vestris and Her Times, London, s. a.

Vetter Michel. ↗Deutscher Volkstanz aus dem Saarland, ein ↗Paartanz, der schon seit dem 18. Jh. nachweisbar und in verschiedenen Formen üblich ist. Er gehört zu den sogenannten ↗Stampftänzen. In Dänemark ist er als Fedder Mikkel bekannt. (↗Schottisch)

Lit.: *Wolfram, R.:* Die Volkstänze in Österreich u. verwandte Tänze in Europa, 1951. *Au, H. v. d.:* Heit is Kerb in unserm Dorf, 1954, S. 33.

Vicleim (auch Bethleem oder Irozii). Rumänischer Ritualtanz, der am Tag von Christi Geburt aufgeführt wird. Es handelt sich dabei um ein religiöses Drama mit Tänzen feierlichen Charakters. In Moldavia findet man ihn in verschiedenen Formen. (↗Rumänischer Volkstanz)

Lit.: *Grindea, M. u. C.:* Dances of Rumania, 1952, S. 17.

Vic-Wells Ballet. Dieses Londoner ↗Ballett ist die Grundzelle des ↗Sadler's Wells Ballet und des späteren ↗Royal Ballet.

Lit.: *Manchester, P. W.:* Vic-Wells: A Ballet Progress, London 1946.

Viechtwangerischer Tanz. Unter diesem Namen sind die ältesten Ländleraufzeichnungen zu verstehen. Die Handschriften stammen aus dem Jahre 1764 und befinden sich im Museum „Franzisco-Carolinum" in Linz. (↗Ländler)

Lit.: *Binder, E.:* Oberösterreichische Original-Ländler aus älterer Zeit. Wien 1909. *Wolfram, R.:* Die Volkstänze in Österreich u. verwandte Tänze in Europa, 1951, S. 174 f.

Viejitos, Los (Der kleine alte Mann). ↗Mexikanischer Tanz der Purépecha-Indianer aus dem Staat Michoacán in den Dörfern um den Pátzcuaro-See. Er wird von 12 bis 20 Männern getanzt und hat trotz seines mehr religiösen Charakters eine sehr ausgeprägte Komik an sich. Charakteristisch sind seine zitternden Bewegungen, um das Alter zu imitieren. Seine Musik hat schnellen 6/8-Takt.

Lit.: *Dickins, G.:* Dances of Mexico, 1954, S. 22 f. *Schwendener, N.-Tibbels, A.:* How to Perform the Dances of Old Mexico, 1934, S. 49 ff.

Vierertanz. Bei diesem süddeutschen ↗Volkstanz aus der ersten Hälfte des 19. Jh. handelt es sich um eine Art der ↗Quadrille, die von vier in Kreuzform aufgestellten Paaren ausgeführt wurde. Diese Contratanzform bestand wie der ↗Sechser-, ↗Achter- und ↗Zwölfertanz aus mehreren Touren. Sie bildete den Gegensatz zu den bäuerlichen Rundtänzen und wurde später vom ↗Walzer verdrängt. (Die ↗Grossen Bunten)

Lit.: *Wolfram, R.:* Die Volkstänze in Österreich u. verwandte Tänze in Europa, 1951, S. 140. *Busch, R.:* Vierpaartänze – niederdeutsches oder gesamteuropäisches Kulturgut?, in: Der Vokstanz, Jg. 1, 1980, S. 4 ff.

Vierfacher. ↗Österreichischer Volkstanz, der in der ersten Hälfte des 19. Jh. vor allem in Niederösterreich, in der Steiermark und in Wien üblich war. Er gehört zu den sogenannten ↗Werbetänzen und stellt eine im östlichen Österreich heimisch gewesene Zweigform des ↗Schuhplattlers dar. Seine genaue Ausführung steht nicht fest, da der Tänzer je nach Temperament sich die Bewegungsfolgen selbst wählen konnte. Der Name leitet sich von der vierfachen lebhaften Bewegung der Arme und Beine her, die in Klatschen, Springen und Stampfen besteht. Die achttaktige Tanzmelodie hat eine vom gewöhnlichen Ländlerrhythmus abweichende Form.

Lit.: *Zoder, R.:* Die Flaschl-Kathl u. d. Vierfache, in: Das deutsche Volkslied, Jg. 44, 1942, H. 5/6, S. 50 ff., H. 7/8, S. 95 f., H. 9/10, S. 120.

Vier Temperamente, Die. ↗Ballett in vier Variationen für Streichorchester und Soloklavier von Paul ↗Hindemith, komponiert 1940. Die Uraufführung fand am 20. November 1946 in der ↗Choreographie von G. ↗Balanchine in New York im Rahmen der ↗Ballet Society statt.

Viertüriger. ↗Deutscher Volkstanz aus Mecklenburg. Er wird von vier Paaren getanzt, die im Viereck Aufstellung nehmen. Der Name des Tanzes kommt daher, weil die musikalisch-tänzerische Form aus vier Teilen besteht (Türiger = Touriger), und zwar: Teil I = Platzwechsel, Teil II = Körbe, Teil III = Kreis der Tänzerinnen (Tänzer), Teil IV = Kette. (↗Bunte Tänze)

Lit.: *Schmolke, A.-Langhans, H.:* Europäische Tänze, H. 11, Deutschland, 1972, S. 8 f. *Janietz, E.-Schneider, R.:* Volkstänze aus Mecklenburg, s. a., S. 13 f.

Viertwenger Tänze. Unter diesem Namen werden bereits 1769 ↗österreichische Volkstänze erwähnt, die vor allem in Niederösterreich als Fürizwänger bekannt sind und eine Art des ↗Walzers darstellen. (↗Fürizwängerisch tanzen)

Lit.: *Wolfram, R.:* Die Volkstänze in Österreich u. verwandte Tänze in Europa, 1951, S. 147 f.

Vietnam. Der Tanz der Vietnamesen entspringt gewissen Glaubensvorstellungen und hängt mit den buddhistischen Kulthandlungen zusammen. Die ekstatischen Tänze zu Ehren der Geister gemahnen an Mysterienkulte und werden in Pagoden ausgeführt. Im Glauben der Vietnamesen spielen die sogenannten Than eine bestimmte Rolle. Es sind dies Geister, die zum Leben des Volkes in verschiedener Beziehung stehen. Die „Than nui" sind z. B. die Geister der Berge, die „Than dat", die Landgeister. Daneben gibt es auch die „Ma", die Seelen der Verstorbenen und die „Qui", die bösen Geister. Menschen, die von einer Gottheit besessen werden können, heißen „Ong ho". Durch ihre magische Kraft, die sich durch Körperzittern, konvulsivisches Zucken und einem Trancezustand auswirkt, kann auf andere Menschen das Wohlwollen der Götter übertragen werden. Die Vorstellung, daß Frauen mit besonderen Fähigkeiten im Traum von Geistern aufgesucht und aufgefordert werden, für sie zu tanzen, entspringt diesem magischen Glaubensbereich. Die ↗Kulttänze der „besessenen Frauen" finden einmal im Monat in verschiedenen Pagoden statt. Einmal im Jahr wird auch ein Kultfest dieser Art in großem Umfang abgehalten, bei dem die Frauen auch aus der weiteren Umgebung zusammenkommen. (↗Suta Lam)

Lit.: *Cogniat, R.:* Danses D'Indochine, 1932. *Kaufmann, R.:* Vietnamesen (Hinterindien, Süd-Vietnam). Kulttänze in einer buddhistischen Pagode bei Huê, Göttingen 1973, Encyclopaedia Cinematographica.

Viganò. Bedeutende italienische Tänzerfamilie. Gründer dieser Tänzerdynastie war **Onorato Viganò,** geb. 1739, gest. 1811. Er war der Sohn einer Tänzerin. Eigentlich hieß er Braglia, nahm aber 1754 den Namen seiner Mutter, Viganò, an. Verheiratet war er mit der Tänzerin Maria Esther Boccherini, der Schwester des Komponisten Luigi Boccherini. Für Venedig, Rom und Florenz schuf er viele Ballette, zu denen er auch zum Teil selbst die Musik schrieb (z. B. 1791 zu „Raul"). Von 1760 bis 1764 war er Solotänzer und ↗Choreograph am Hoftheater in Wien. **Giulio Viganò,** geb. 1772 in Neapel, war der Sohn des Onorato Viganò. Er begann 1788 seine tänzerische Tätigkeit in Venedig und wirkte als Tänzer, Choreograph und Komponist von 1794 bis 1803 und von 1807 bis 1815 an den Hoftheatern in Wien. Außerdem leitete er Einstudierungen am Leopoldstädtertheater in Wien. Zu Balletten seines Vaters Onorato schuf er die Musik (z. B. ↗„Amor e Psyche", 1792 Venedig). Verheiratet war er mit der Tänzerin Marianne Bummel. **Salvatore Viganò,** geb. 25. März 1769 in Neapel, gest. 10. August 1821 in Mailand, Sohn von Onorato Viganò und Bruder von Giulio Viganò, war Tänzer, Choreograph, Musiker und Maler. Bei seinem Onkel Luigi Boccherini studierte er Komposition. Als Tänzer begann er in Rom. 1788 heiratete er die Tänzerin Maria Medina. In Paris perfektionierten Salvatore Viganò und seine Frau ihre Tanzkunst bei J. ↗Dauberval und unternahmen Gastspielreisen durch Europa. Von 1793 bis 1794 und von 1799 bis 1803 wirkte Salvatore in Wien und schuf dort 1801 sein wohl bedeutendstes Werk, „Die ↗Geschöpfe des Prometheus" mit der Musik von L. van ↗Beethoven. In den weiteren Jahren wirkte er als Gastchoreograph an verschiedenen italienischen Bühnen und von 1813 bis zu seinem Tod an der Mailänder Scala als ↗Ballettmeister. Er gilt als der Schöpfer des Tanzensembles und damit des ↗Corps de ballet. Er hat die Reformen J. G. ↗Noverres aufgegriffen und fortgeführt und so eine Erneuerung des dramatischen Balletts geschaffen.

Lit.: *Ayrenhoff, C.:* Über d. theatralischen Tänze u. d. Ballettmeister Noverre, Muzzarelli u. Viganò, in: Sämtliche Werke, Bd. 5, 1803, S. 47 ff. *Ritorni, C.:* Cenni biografici sul Salvatore Viganò, 1821. *Ritorni, C.:* Commentarii della vita e delle opere coreodramatiche di Salvatore Viganò e della coreografia e de corepei scritti, 1838 (deutsch in: Allgemeine Musikzeitung 1867). *Rust, F.:* Über S. Viganòs Originalscenarium zu L. v. Beethovens Ballett „Die Geschöpfe d. Prometheus", in: Neue Berliner Musikzeitung, Jg. 54, 1891, Nr. 14–17. *Bie, O.:* Der Tanz als Kunstwerk, 1900, S. 55 f. *Prunières, H.:* Salvatore Viganò, in: Revue Musicale, Jg. 2, Dez. 1921, S. 71 ff. *Levinson, A.:* Meister d. Balletts, 1923, S. 69 ff. *Haas, R.:* Beethoven u. d. Wiener Ballett, in: Velhagen u. Klasing Monatshefte, Jg. 24, 1927, S. 41 ff. *Levinson, A.:* Beethoven et Viganò, in: Revue Musicale, Avril 1927, S. 87 ff. *Schaikovitsch, A.:* Mythologie du ballet de Viganò a Lifar, 1939. *Winter, H. M.:* The Romantic Ballet, 1974.

Vigilientanz (auch Wachtanz). Er war im Mittelalter in Dänemark üblich. Zu den Wachnächten vor den großen kirchlichen Feiertagen versammelte sich das Volk, um die Messe zu hören. Während der Pausen zwischen den Horen veranstaltete man vor der Kirche Tänze und Spiele. Junge Mädchen durften diesen Tänzen nicht beiwohnen, da sie sonst Anstoß erregt hätten.

Lit.: *Thuren, H.:* Tanz u. Tanzgegner im nordischen Mittelalter, in: Zeitschrift d. Int. Musikgesellschaft, Jg. 9, 1908, H. 7, S. 239 f.

Vika (= Wicke). Tschechischer Volkstanz aus Böhmen. Seine Ausführung ist ähnlich dem ↗Rak, nur daß hier der Tänzer langsam vorwärts tanzt, ohne seine Dame zu halten, die in gleichem Schritt vor ihm zurückweicht. Den Abschluß des Tanzes bildet ein ↗Galopp. (↗Tschechische Volkstänze)

Lit.: *Waldau, A.:* Böhmische Nationaltänze, 1860, Bd. 2, S. 13 f.

Vikič, Miljenko. Jugoslawischer Tänzer, geb. 10. Juni 1931 in Dubrovnik. Er studierte an der Ballettschule Belgrad. Er tanzte als Gast bei den Festspielen in Edinbourgh und Salzburg, ferner in Wien, London, Paris, Neapel, Venedig, Catania, Genf, Zürich, in den Niederlanden, in Berlin, Athen, Teheran, Beirut, Karachi, Lahore, Neu Delhi, Bombay, Tokio und Osaka. Außerdem choreographierte er mehrere Ballette im Fernsehen und auf der Bühne.

Vikivaka. ↗Isländischer Tanz. Die Vikivaka-Tänze sind sehr alt und fallen in die Zeit der ältesten Aufzeichnungen isländischer Literatur (870–1262). Die erste Erwähnung des in ganz Island verbreiteten und beliebtesten Tanzes findet man in der Sage des Bischofs Jón Helgi (1106). Seinem Charakter nach ist der Vikivaka-Tanz von ruhiger Bewegung. Er wird von Frauen und Männern getanzt, die einander an den Händen fassen, ohne die Stelle zu verändern, auf dem rechten Bein stehend in schaukelnder Bewegung nur mit dem Oberkörper sich bald vor-, bald rückwärts beugen. Wie bei allen isländischen Volkstänzen werden auch bei den Vikivaka-Tänzen als Begleitung Lieder gesungen, oftmals mit Texten zu aktuellen Geschehnissen. In neuerer Zeit hat Sigridur P. Valgeiersdottir in der von ihr im Reykjavik gegründeten Gesellschaft zur Pflege der Volkstänze die Vikivaka-Tänze zu neuem Leben erweckt. (↗Houpačka)

Qu.: *Sage des Bischofs Jón Helgi,* 1106. Volksliedsammlung von Gisli *Magnusson,* 1647.

Lit.: *Böhme, F. M.:* Geschichte d. Tanzes in Deutschland, 1886, S. 14. *Eyjólfsson, S.:* Um danza og vikivaka (von den Tänzen um den Vikivaka), in: Pjodólfur 39, Nr. 9–11, 1887. *Davidsson, Olafur:* Islenzkir vikivakar og vikivakavoedi, København 1898. *Waltysson, H.:* Vikivakar og söngleikir, 1930. *Weinhold, K.:* Altnordisches Leben, 1938, S. 321. *Valgeirsdóttir, S. P.:* Pjofdansar, 1959.

Villanella (villanesca, canzone villanesca, canzone napolitana). Der Name Villanella kommt vom italienischen villano = Bauer und ist ein Gattungsbegriff für die leichten volkstümlichen mehrstimmigen italienischen Liedformen des 16. Jh. Ursprünglich in Neapel beheimatet, fand die Villanella bald rasch Verbreitung im ganzen Land und darüber hinaus. Sie bildete den Gegensatz zu dem ernsteren Madrigal. Charakteristisch für dieses meist dreistimmige Chorlied ist der tänzerische Rhythmus, der von einer syllabischen Deklamation unterstützt wird. Deutsche Komponisten des 17. Jh., wie z. B. G. Ph. Telemann (Suite Nr. 5 der Ouvertüre, 1736) bezeichnen tanzartige Instrumentalstücke manchmal als Villanella oder auch mit dem Zusatz „nach Art der welschen Villanellen".

Lit.: *Scheer, W.:* Die Frühgeschichte d. italienischen Villanella, Diss. Köln 1935, gedr. 1936. *Galanti, B. M.:* Le villanelle alla napolitana, 1954.

Villanos. Spanischer Tanz aus dem 16. Jh., von Cesare ↗Negri Villancico genannt. Dieser festliche gesellige Tanz ländlichen Charakters besteht aus sechs Figuren, von denen die 3. Figur zweimal getanzt wurde, zuerst von den Männern, dann von den Frauen. Ausgeführt wurde der Tanz von vier oder acht Tänzern. (↗Spanische Volkstänze)

Lit.: *Schubert, F. L.:* Die Tanzmusik, 1867, S. 23. *Dolmetsch, M.:* Dances of Spain and Italy from 1400 to 1600, 1975, S. 74 ff.

Vinca, La. ↗Italienischer Volkstanz aus Friaul, eine Form der ↗Judenpolka.

Lit.: *Wolfram, R.:* Die Volkstänze in Österreich u. verwandte Tänze in Europa, 1951, S. 154.

Vingåkersdans. ↗Schwedischer Volkstanz, eine Form des ↗Dreisteirers. Er wird getanzt von einem Burschen und zwei Mädchen. Der Bursch faßt das eine Mädchen mit der rechten, das andere mit der linken Hand, und alle drei stehen in einer Reihe. Die Mädchen haben die äußere Hand an der Hüfte. Die Tanzmelodie steht im 3/4-Takt. (↗Dreiertanz)

Lit.: *Meyer, G.:* Tanzspiele u. Volkstänze, 1934, S. 42. *Zoder, R.:* Der deutsche Volkstanz, in: Deutsches Volkstum in Volksschauspiel u. Volkstanz, 1938, S. 171. *Van der Ven-Ten Bensel, E.-Van der Ven, J.:* De volksdans in Nederland, 1942, S. 242.

Violette, Eva Maria (auch Veigl oder Faigl). Österreichische Tänzerin, geb. 29. Februar 1724 in Wien, gest. 16. Oktober 1822 in London. Sie studierte bei Sellier und F. ↗Hilverding. Von 1734 bis 1744 tanzte sie in Wien in Balletten Hilverdings. 1746 kam sie nach London, wo sie 1749 den Schauspieler David Garrick heiratete. Sie liegt auch an seiner Seite in der Westminster Abbey begraben.

Lit.: *Derra de Moroda:* The Dancer in Westminster Abbey, in: Dancing Times, Juni 1967.

Vippen. ↗Dänischer Volkstanz aus Jütland im 2/4-Takt. Die Aufstellung erfolgt paarweise. Getanzt wird mit Polkaschritten.

Lit.: *Thomsen, E.-Andersen, H.:* Folkedanse for børn, 1923, S. 11 f.

Vira. ↗Portugiesischer Volkstanz im 3/4-Takt, der von einer beliebigen Zahl von Paaren gewöhnlich als Reihentanz in den verschiedenen Provinzen in vielen Variationen getanzt wird. In Lissabon tanzt man ihn kreisförmig, in der Beira-Provinz mit Laufschritten und vielen raschen Drehungen (Vira Corridor), in der Minho-Provinz in einer doppelten Reihe (Vira Extrapassado).

Virelai

Lit.: *Burchenal, E.:* Folk Dances from Old Homelands, 1922, S. 53 ff. *Armstrong, L.:* Dances of Portugal, 1948, S. 32 f.

Virelai ↗Virlei.

Virginian Reel. Nordamerikanischer ↗Gesellschaftstanz, der dem um die Jahrhundertwende in Europa beliebten ↗Sir Roger entspricht. (↗Nordamerikanischer Tanz)

Lit.: *Wolfram, R.:* Die Volkstänze in Österreich u. verwandte Tänze in Europa, 1951, S. 139. *Schunko, F.:* Ein „Sir Roger" aus d. Buckligen Welt (N.Ö.), in: Jahrbuch d. österreichischen Volksliedwerkes, Bd. 9, 1960, S. 93 ff.

Virlei. Aus dem französischen Virelai umgewandelt, ist unter diesem Namen ein gereimtes Lied zu verstehen, wie es im 12. u. 13. Jh. zur Begleitung des Tanzes diente. Verschiedentlich wird der Virlei auch als getretener Tanz erwähnt, über dessen Ausführung aber nichts Näheres bekannt ist. Vielleicht bestand eine Ähnlichkeit mit dem schwäbischen Bauerntanz ↗Firlefanz. (↗Bergerette)

Lit.: *Böhme, F. M.:* Geschichte d. Tanzes in Deutschland, 1886, S. 32. *Gennrich, F.:* Rondeaux, Virelais u. Balladen, Gesellschaft f. Romanische Literatur, Bd. 43, 1921 u. Bd. 47, 1927. *Dömling, N.:* Die mehrstimmigen Balladen, Rondeaux u. Virelais, Diss. München 1966.

Viru Polka. Estnischer Volkstanz, ein ↗Paartanz im 2/4-Takt. Die Paare bilden einen Kreis. Die Tänzerinnen stehen vor dem Mann mit dem Rücken zu ihm, ihre Hände haben sie in die Hüften gestützt. Der Tänzer hält seine Arme nahe der Schulterhöhe, aber nicht angelehnt. (↗Estnische Volkstänze)

Lit.: *Leppik, L.:* Viru Polka, in: The Folk Dancer, vol. 3, No. 2, May/June 1956, S. 46 f.

Višeň (= die Weichsel). Tschechischer Volkstanz, ein taktwechselnder Tanz. (↗Salát, ↗Tschechische Volkstänze, ↗Zwiefache)

Lit.: *Junk, V.:* Die taktwechselnden Volkstänze, 1938, S. 58, 68.

Vlacha. Neugriechischer Volkstanz im 2/4-Takt aus Epirus. Sein Name bezeichnet eine Angehörige eines Hirtenvolkes aus Epirus und Thessalien. Der Tanz wird von Tänzer und Tänzerinnen ausgeführt, die meist getrennt in konzentrischen Halbkreisen tanzen, und zwar die Tänzerinnen innen. Die Handfassung erfolgt bei herabhängenden Armen. Der Tanz hat zwei Schrittfolgen. Musikalisch liegt ihm ein Tanzlied zugrunde. (↗Griechischer Tanz)

Lit.: *Schmolke, A.-Langhans, H.:* Europäische Tänze, H. 8, 1964, S. 12 f.

Vleegerd, De. ↗Niederländischer Volkstanz aus der Provinz Gelderland im 4/4-Takt. Ausgeführt wird er von acht Paaren, die im Viereck Aufstellung nehmen, an jeder Seite zwei Paare. Getanzt wird mit Galoppschritten.

Lit.: *Van der Ven-Ten Bensel, E.-Van der Ven, J.:* De volksdans in Nederland 1942, S. 327. *Sanson-Catz, A.-De Koe, A.:* Nederlandse volksdansen, 1950, S. 30.

Vlöggelen. ↗Niederländischer Volkstanz aus Twente (östlicher Teil der niederländischen Provinz Overijsel), ein ↗Prozessionstanz, der zu Ostern von einer langen Kette von Männern (etwa 100) ausgeführt wird, die in rhythmischen Gehschritten durch die Straßen ziehen und die Osterhymne (Christ ist erstanden) singen. Jeder Mann nimmt die Hand seines Vordermannes und reicht die andere Hand dem ihm folgenden. Diese lange verbundene Kette wird von acht Männern, den sogenannten Poaskerls = Ostermännern, angeführt.

Vögelischottisch. ↗Volkstanz aus Appenzell, Schweiz. Er stellt eine Abart des ↗Schottisch dar und gehört zu der Gruppe der ↗Klatschtänze. (↗Engadiner, ↗Judenpolka, ↗Schweizer Volkstänze, ↗Vogelsteller)

Lit.: *Witzig, L.:* Volkstänze d. Schweiz, H. 2, 1950.

Vogel, hupf auf d'Höh. Dieser ↗deutsche Volkstanz aus der Gegend um Passau und dem Mühlviertel ist eine übliche Tanzform des ↗Neubayrischen. Nach den alten Quellen wurde er bald gehüpft, bald gestrampft, gedreht und gewalzt.

Lit.: *Schuegraf:* Über d. Tanzen d. Deutschen überhaupt, insbesondere über d. vielerlei Arten ihrer Tänze, in: Zeitschrift f. deutsche Kulturgeschichte, Jg. 1, 1856, S. 465. *Czerwinski, A.:* Brevier d. Tanzkunst, 1879, S. 60. *Boehme, F. M.:* Geschichte d. Tanzes in Deutschland, 1886, S. 190. *Zoder, R.:* Hupferts-Vogel, Vogel, hupf auf u. Hoppisch, in: Das deutsche Volkslied, Jg. 42, 1940, H. 7/8, S. 66 ff.

Vogelsteller, auch ↗Winker genannt, ist ein alter ↗deutscher Volkstanz, ein ↗Gebärdentanz, bei welchem dreimal gestampft und dreimal geklatscht wird. Der Text des Tanzverses lautet: „Mit den Füßen trapp, trapp, trapp, mit den Händen klapp, klapp, klapp..." Der Name des Tanzes rührt daher, weil sich die Tanzenden an einer bestimmten Stelle des Liedes mit den Fingern drohend zuwinken. Manchmal kommt auch noch die Form des überzähligen Tänzers dazu. Der Tanz ist in ganz Deutschland, Österreich und unter verschiedensten Namen auch noch in vielen anderen Ländern verbreitet. (↗Deutschkatholischer, ↗Driekusman, ↗Fingerlitanz, ↗Fingerlpolka, ↗Judenpolka, ↗Klappdans, ↗Klatschpolka, ↗Polka de la Mére Gaspard, ↗Räuber-Polka, ↗Reichsverweser, ↗Sautreiber, ↗Sperlingstanz, ↗Spitzbuampolka, ↗Strašák, ↗Styriana, ↗Tödden-Schottisch, ↗Winkerschottisch)

Lit.: *Böhme, F. M.:* Geschichte d. Tanzes in Deutschland, 1886. *Zoder, R.:* Judentänze, in: Jahrbuch f. Volksliedforschung, Jg. 2, 1930, S. 134. *Au, H. v. d.:* Das Patschen im Volkstanz d. rhein-mainischen Raumes, in: Deutsche Liederkunde, Bd. 1, 1939, S. 185. *Wolfram, R.:* Die Volkstänze in Österreich u. verwandte Tänze in Europa, 1951. *Goldschmidt, Ae.:* Handbuch d. deutschen Volkstanzes, 1967.

Volek (auch Řeznická). Tschechischer Volkstanz aus Mähren, der in der Melodie und zum Teil auch in der Ausführung mit dem deutschen ↗Plotschtanz übereinstimmt. (↗Tschechische Volkstänze)

Lit.: *Hoerburger, F.-Raupp, J.:* Deutsch-slawische Wechselbeziehungen im Volkstanz, 1957, S. 27.

Volinine, Alexandr Jemeljanowitsch. Russischer Tänzer und Lehrer, geb. 17. September 1882 in Moskau, gest. 3. Juli 1955 in Paris. Er studierte an der Bolschoj-Ballettschule. 1899 debütierte er am Bolschoj-Theater und wurde dort 1901 1. Tänzer. 1910 schloß er sich dem Ensemble ↗Diaghilews an und tanzte bis 1912 bei den ↗Ballets Russes. 1924/25 war er Anna ↗Pawlowas Partner bei deren Truppe. 1925 gründete er in Paris eine eigene Ballettschule. Er galt neben E. ↗Cecchetti als einer der besten Lehrer für den Männertanz.

Lit.: *Cross, J. V.:* Alexandre Volinine, in: Dance Magazine, Feb. 1957.

Volkova, Vera. Russisch-englische Tänzerin, geb. 1904 in St. Petersburg, gest. 6. (5.?) Mai 1975 in Kopenhagen. Sie studierte an der kaiserlichen Ballettschule in St. Petersburg und mit Agrippina ↗Waganowa an der russischen Choreographie-Schule von Wolynski. Zunächst tanzte sie am staatlichen „Akademie-Theater für Oper und Ballett" (ab 1917 der Name für das Marijinskij-Theater). Nach einer Tournee nach Japan und China ließ sie sich 1929 in Schanghai nieder, wo sie mit der Ballettgruppe von Georgij ↗Gontscharow tanzte und an dessen Ballettschule sie unterrichtete. Später wandte sie sich nach London und eröffnete dort eine eigene Schule und lehrte von 1943 bis 1950 an der Sadler's Wells-Ballettschule. 1950 ging sie an die Mailänder Scala und 1951 nach Kopenhagen. Dort wurde sie künstlerische Beraterin des ↗Königlich-Dänischen Balletts. Sie wirkte auch an der ↗Folkwang-Schule in Essen. (Margot ↗Fonteyn)

Lit.: *Hering, D.:* America Meets Vera Volkova, in: Dance Magazine, September 1959.

Volkstanz. Unter dieser sehr komplexen Bezeichnung ist im ursprünglichen Sinn ein im Leben und Brauchtum eines Volkes verwurzelter Tanz zu verstehen, der sich durch Tradition erhalten hat und bei den ländlichen Festen und Feiern, begleitet von Musik und Gesang, getanzt wird. Als sich um das 15. Jh. aus dem Tanz des Volkes (Volkstanz) durch Stilisierung gesellschaftliche Tanzformen entwickelten (↗Gesellschaftstanz), prägte man zur Unterscheidung im 18. Jh. den Begriff „Volkstanz". Beide Tanzformen, Gesellschaftstanz und Volkstanz, bestanden immer nebeneinander und haben sich auch stets gegenseitig beeinflußt. Volkstänze besitzt jedes Volk der Erde. Dadurch allein schon ergibt sich eine unübersehbare Fülle und Vielfalt der Formen und Arten. Gewisse Grundtypen findet man aber bei allen Völkern, wie Reigentänze, Tänze im Kreis, Kettenformen, Tänze in Schlangenlinien. Dem Variationsreichtum bei der Ausführung sind keine Grenzen gesetzt. Eine eigene Gruppe sind die Tänze, die eine besondere Geschicklichkeit der Ausführung erfordern (↗Geschicklichkeitstänze). Manche Tänze, die noch alten Traditionen verbunden sind, werden heute noch in ihren ursprünglichen Formen ausgeführt (↗Schwerttanz). Volkstänze, die in ihrer rhythmischen Struktur und in ihrer tänzerischen Gestaltung für ein Volk besonders charakteristisch sind, bezeichnet man als ↗Nationaltänze. Ihre Eigenart entspricht dem nationalen Wesen des Volkes und zeigt dieses besonders ausgeprägt (↗Csárdás, ↗Ländler). Von seinem ursprünglichen Sinn hat der Volkstanz im Laufe der Zeit viel an Bedeutung verloren. Er ist nicht mehr ein wesentlicher Bestandteil des Brauchtums und geselligen Volkslebens, er wird vielfach nur mehr gepflegt. Volkstanzkreise und -vereinigungen nehmen sich seiner an und versuchen, die Tradition stilecht aufrecht zu erhalten, oder aber, aus den alten Formen neue zu bilden. Dabei wird die Volkstanzpflege internationalisiert, nationale und internationale Volkstanzwettbewerbe werden veranstaltet. Auf bedeutsame Ergebnisse kann die wissenschaftliche Erforschung des Volkstanzes in den letzten Jahrzehnten des 20. Jh. hinweisen. Es wurde auf die Zusammenhänge zwischen den einzelnen nationalen Volkstanzformen, Motiven und Traditionen hingewiesen und vor allem auch versucht, eine systematische Ordnung zu finden. H. v. d. ↗Au, F. ↗Hoerburger, K. ↗Horak, R. ↗Wolfram und R. ↗Zoder haben dazu grundlegende und wegweisende Arbeiten verfaßt.

Lit.: Allgemein: *Fischer, J. H.:* Beschreibung d. vorzüglichsten Volksfeste, Unterhaltungen, Spiele u. Tänze d. meisten Nationen in Europa, Wien 1799. *Benecke, M.:* Vom Takt in Tanz, Gesang u. Dichtung, mit besonderer Berücksichtigung d. Volkstümlichen, Diss., Bielefeld 1891. *Brandsch, G.:* Zur Metrik d. siebenbürgisch-deutschen Volksweisen, Beilage zum Programm d. theologisch-pädagogischen Landeskirchen-Seminars, Hermannstadt 1905. *Burchenal, E.:* Folk-Dances and Singing Games, 1909, 1933. *Zoder, R.:* Wie zeichnet man Volkstänze auf?, in: Zeitschrift d. Vereins f. Volkskunde, Jg. 21, 1911, S. 382 ff. *Simoni Desová, T.:* Jak dlužno zapisovati tance lidové, in: Česky Lid21, 1912, S. 198 ff. *Burchenal, E.:* Dances of the People, 1913. *Meyer, G.:* Tanzspiele u. Singtänze, 1913 u. Tanzspiele u. Volkstänze, 1914. *Helms, A.-Blasche, J.:* Bunte Tänze aus acht Jh., 1921. *Burchenal, E.:* Folk-Dances from Old Homelands, 1922. *Burchenal, E.:* Folk Dancing as a Popular Recreation, 1922. *Zoder, R.:* Beiträge zur Geschichte d. Volkstänze, in: Das deutsche Volkslied, Jg. 26, 1924, H. 7/8, S. 4 ff., Jg. 27, 1925, H. 1/2, S. 15 ff., H. 3/4, S. 38 ff., H. 5, S. 54 f., H. 7, S. 87 f. *Schultz, W.:* Tanzt d. Volk im Kreise, 1925. *Burkhardt, L.:* Mädel, wasch dich ... 13 ausgewählte Volkstänze, 1926. *Seywald, G.:* Einiges zur Geschichte, zum Charakter u. zur Bedeutung d. taktwechselnden deutschen Volkstänze, in: Neue Musik-Zeitung, Jg. 47, 1926, H. 15, S. 401 ff. *Klier, K. M.:* Einige Bemerkungen zu d. taktwechselnden Volksweisen, in: Neue Musikzeitung, Jg. 48, 1927, H. 8, S. 61 ff. *Müller, E. J.:* Gymnastik, Volkstanz u. Musikerziehung, in: Rheinische Jugend, Jg. 15, 1927, Nr. 9, S. 526 f. *Buxton, L. H. D.:* Folk-Dancing among Primitive Peoples, in: The Journal of the English Folk Dance Society, 1928, Sec. Ser., Nr. 2, S. 3 ff. *Schultz, W.:* Schüddel de Büx, 1928. *Schultz, W.:* Sinn u. Quellen d. Volkstanzes, in: Die österreichische Schule, Jg. 12, H. 5, S. 68 ff., S. 371 ff. *Schultz, W.:* Quellen d. Volkstanzes, in: Der Volkstanz, Jg. 3, 1928, H. 3, S. 81 ff., S. 89 ff., Jg. 4, H. 4, S. 9 ff. *Tepp, M.:* Die Bedeutung d. Volkstanzes u. d. Tanzspieles f. d. Deutschtum im Auslande, in: Der Volkstanz, Jg. 4, 1928, S. 20 ff. *Dieckelmann, H.:* Niederdeutsche Bühne u. Volkstanz, in: Deutsche Militär-Musikerzeitung, Berlin 1930. *Osterrieder, F. X.:* Literatur über d. Tanzkunst mit besonderer Berücksichtigung d. Volkstanzes, in: Separat-Auszug aus „Heimatklänge", Organ d. Heimatvereins Abensberg, 1931, S. 90 ff. *Retzer, W.:* Dialektmusik u. Volkstänze, in: Münchener Neueste Nachrichten, Nr. 182 v. 8. Juli 1931, S. 11. *Wolfram, R.:* Volkstanz – nur gesunkenes Kulturgut?, in: Zeitschrift f. Volkskunde, Jg. 41, N. F., Bd. 3, 1931, H. 1, S. 26 ff. *Horak, K.:* Der Volkstanz in d. Kremnitz-Probener Sprachinsel, in: Sudetendeutsche Zeitschrift f. Volkskunde, Jg. 6, 1933, H. 2/3, S. 92 ff. *Zawadil, W.:* Bibliographie d. sudetendeutschen Volkstänze, in: Sudetendeutsche Zeitschrift f. Volkskunde, Jg. 6, 1933, H. 2/3, S. 49 ff. *Hansen, W.:* Volkstanz u. Spiel, in: Die Deutsche Volkskunde v. A. Spamer, Bd. I, 1934, S. 329 ff. *Horak, K.:* Gegen verfälschte Trachtentänze, in: Blätter f. Volkstanzgruppen, Jg. 4, 6. Folge, 1934, S. 331. *Illek, R.:* Erzieherische Momente im Volkstanz, in: Österreichische Pädagogische Warte, Jg. 29, 1934, Folge 10, S. 231 f. *Alford, V.-Gallop, R.:* The Traditional Dance, 1935. *Jaide, W.:* Vom Tanz d. jungen Mannschaft, 1935. *Mayerhofer-Heinz, E.:* Die österreichischen Volkstänze im Turnunterricht an Lehrerbildungsanstalten, in: Die österreichische Schule, Jg. 12, 1935, S. 463 ff. *Sonner, R.:* Volkstanz u. Volkstanzbewegung, in: Die Musik, Jg. 27, März 1935, S. 430 ff. *Dieckelmann, H.:* Volkstanz als lebende Gestalt, in: Die Hanseatenkogge, Folge 5, 1936. *Dölle, E.:* Volkstanzformen im deutschen Sprachgebiet, in: Gymnastik u. Tanz, Dez. 1936. *Koschier, F.:* Das Wesen d. Volkstanzes u. seine Pflege, in: Zeitschrift Heimatland, Jg. 5, 1936, F. 5, S. 34 ff. *Lager, H.:* Volkstanz u. Volkstanzgruppen, in: Das deutsche Volkslied, Jg. 38, 1936, H. 6, S. 82 ff. *Löscher, St.:* Der Volkstanz in d. Großstadt, in: Zeitschrift Heimatland, Jg. 5, 1936, F. 8, S. 58 f. *Horak, K.:* Beitrag zur Volkstanzforschung in d. deutschen Siedlungen Ungarns, in: Neue Heimatblätter, Jg. 2, 1937. *Koschier, F.:* Der Volkstanzführer, Deutsche Feste aus alter Art u. neuem Geist, Sonderheft 1, Wien 1937. *Wolfram, R.:* Volkstanzforschung, in: Germanisch-Romanische Monatsschrift, Jg. 25, 1937, S. 199 ff. *Gradwohl, K.:* Lehrgang f. österreichische

Volkstänze, 1936. *Hamza, E.:* Unser Volkstanz, in: Heimatland Linz, Jg. 15, 1938, S. 27 ff. *Junk, V.:* Die taktwechselnden Volkstänze. Deutsches oder tschechisches Kulturgut, Schriftenreihe d. staatlichen Institutes f. Deutsche Musikforschung, Bd. 3, 1938. *Junk, V.:* Zur Volkstanzforschung, in: Das deutsche Volkslied, Jg. 40, 1938, H. 1/2, S. 33 f. *Koschier, F.:* Volkstanz u. Gemeinschaft, in: Der Heimatkreis, Jg. 2, 1938, S. 33 f. *Koschier, F.:* Volkstanz in d. schönen Zeit, in: Heimatkreis, Jg. 2, 1938, S. 17. *Schertel, E.:* Der Volkstanz u. seine Musik, in: Die Volksmusik, Jg. 2, 1938, S. 11 ff. *Zoder, R.:* Zur Systematik d. deutschen Volkstänze, in: Mitteldeutsche Blätter f. Volkskunde, Jg. 13, 1938, S. 84 ff. *Bauer, A.:* Die Notation d. Zwiefachen, in: Das deutsche Volkslied, Jg. 41, 1939, H. 3, S. 28 ff. *Nowy, A.:* Der Volkstanz u. seine wissenschaftliche Betreuung, in: Deutsche Liederkunde, Bd. 1, 1939, S. 163 ff. *Zoder, R.:* Aufgaben d. Volkstanzforschung, in: Das deutsche Volkslied, Jg. 41, 1939, H. 7, S. 93 ff. *Lehmann, O.:* Der Volkstanz in d. Volkskunde, in: Geistige Arbeit. Zeitgemäße u. organische Volkstanzpflege, in: Das deutsche Volkslied, Jg. 45, 1943, H. 3, S. 36 ff. *Zoder, R.:* Tanz u. Musik in Familiennamen, in: Das deutsche Volkslied, Jg. 46, 1944, H. 1/2, S. 9 ff. *Horak, K.:* Unsere Volkstänze, in: Alpenkalender 1945, S. 113 f. *Nentwich, A.:* Volkstanz – ein aussterbendes Kulturgut?, in: Zeitschrift f. Leibesübungen u. Leibeserziehung, Jg. 1, 1946/47, H. 2, S. 14. *Nentwich, A.:* Eignen sich Volkstänze f. d. schulpflichtige Jugend?, in: Zeitschrift f. Leibesübungen u. Leibeserziehung, Jg. 1, 1946/47, H. 11, S. 12. *Haller, A.:* Der Volkstanz. Sein Wesen u. Weiterleben, in: Broschüre 50 Jahrfeier/Andreas Hofer Verein Schwaz, 1. August 1948. *Commenda, H.:* Der Volkstanz, in: Der praktische Landwirt, Linz 1949, H. 3/4, S. 24 f. *Wolfram, R.:* Volkstanz in Europa, in: Heimatleben. Zeitschrift d. Schweizerischen Trachtenvereinigung, Jg. 22, 1949, S. 107 ff. *Zoder, R.:* Volkslied, Volkstanz u. Volksbrauch, 1949. *Horak, K.:* Unser Volkstanz im Laufe d. Zeiten, in: Pustertaler Bote, Jg. 101, Folge v. 26. Mai 1950. *Horak, K.:* Unser Volkstanz, in: Heimat u. Volk, 1950. *Krüger, R.:* Widewidewitt, mein Mann ist kommen. Vom Volkstanz einst u. jetzt, in: Übersicht, Monatsschrift f. d. deutsche Landvolk, Jg. 3, 1952. *Peter, I.:* Volkstanz in Theorie u. Praxis, in: Österreichische Volkskunde f. Jedermann, 1952, S. 341 ff. *Burkhardt, L.:* Schritte u. Fassungen d. Volkstanzes. Eine kleine Terminologie, 1953. *Hoerburger, F.:* Tanz gegen Musik, in: Musica, Jg. 7, 1953, H. 11, S. 510 ff. *Hoerburger, F.:* Katalog d. Europäischen Volksmusik im Schallarchiv d. Institutes f. Musikforschung in Regensburg, 1953. *Kennedy, D.:* The Educational Element in Folk Music and Dance, in: Journal of the International Folk Music Council, vol. V, 1953, S 48 ff. *Krautwurst, F.:* Der Zwiefache. Zur Geschichte unserer taktwechselnden Volkstänze, in: Zeitschrift f. Musik, Jg. 114, 1953, H. 9, S. 528 ff. *Lawson, J.:* European Folk Dance, 1953. *Lager, H.:* Volkstanz, in: Zeitschrift „Der Turner", 1954, S. 4 f. *Leion, H.:* Die Gegenwartsbedeutung d. Volkstanzes in Österreich, in: Österreichisches Heimatfest Leoben 1954, S. 27 ff. *Zoder, R.:* Über d. Anlage eines Volkstanzarchivs, in: Zeitschrift f. Volkskunde, Bd. 51, 1954, S. 272 ff. *Krautwurst, F.:* Taktwechselnde Volkstänze in Franken, in: Jahrbuch d. österreichischen Volksliedwerkes, Bd. 4, 1955, S. 101 ff. *Zoder, R.:* Der Tanz d. Nachbarn, in: Jahrbuch d. österreichischen Volksliedwerkes, Bd. 4, 1955, S. 94 ff. *Hoerburger, F.:* Wechselbeziehungen im Volkstanz d. slavischen u. germanischen Völker, in: Trećí kongres folkloristia Jugoslavije 1956, Cetinje 1958, S. 297 ff. *Hoerburger, F.:* Wechselhupf – Schustertanz – Klatschtanz – Winker. Ein Beitrag zur systematischen Ordnung v. Volkstänzen, in: Beiträge zur Aufnahmetechnik u. Katalogisierung v. Volksgut, 1956, S. 16 ff. *Künzig, J.:* Volkslied, Reim- u. Spielgut d. Kinder, Brauchtumsspiele, Volkstanz u. Volksmusik im schlesischen Stammesbereich, in: Jahrbuch f. Volkskunde d. Heimatvertriebenen, Bd. II, 1956. *Skovran, O.-Mladenović, O.:* Problèmes et méthodes de l'adaption scénique des danses populaires, in: Journal of the International Folk Council, vol. VIII, 1956, S. 41 ff. *Geramb, V.:* Vom Tanzen, in: Jahrbuch d. österreichischen Volksliedwerkes, Bd. 6, 1957, S. 46 ff. *Hoerburger, F.:* Der Volkstanz in Europa u. d. Plan eines umfassenden Handbuches, in: Tradition u. Gegenwart. Festschrift zum 150jährigen Bestehen d. Musikverlages F. Hofmeister, Leipzig 1957, S. 62 ff. *Hoerburger, F.:* Versuch eines allgemeinen Tanzschlüssels f. d. Volkstanz im deutschen Sprachraum, Ms., s. a. *Hoerburger, F.-Raupp, J.:* Deutsch-slawische Wechselbeziehungen im Volkstanz, 1957 (Kleine Beiträge zur Volkskunstforschung, H. 3). *Dieckelmann, H.:* Kleines Volkstanzlexikon, 1958. *Hoerburger, F.:* Volkstänze geschrieben, in: Musica 12, 1958, S. 177 f. *Karpeles, M.:* The Collecting of Folk Music and other Ethnomusicological Material, 1958. *Grall, F.:* Volksspiele, Tanzspiele u. ihre Stellung in d. Volkstumsarbeit, in: Tanz u. Brauch, Bd. 19, 1959, S. 28 ff. *Hoerburger, F.:* The Study of Folk Dance and the Need for a Uniform Method of Notation, in: Journal of the International Folk Music Council, vol. XI, 1959, S. 71 ff. *Hoerburger, F.:* Sinn u. Weg d. Volkstanzkunde, in: Kontakte, 1959, H. 2, S. 132 ff. *Koschier, F.:* Lebendiger Volkstanz. Zeitgemäße Volkstanzpflege, Klagenfurt 1959. *Sobotka, R.:* Neue Gemeinschaftstänze, in: Zeitschrift f. Leibesübungen u. Leibeserziehung, Jg. 13, 1959, H. 10. *Vogl, F.:* Volkstanzfeste, in: Tanz u. Brauch, Bd. 19, 1959, S. 20 ff. *Hoerburger, F.:* Das Bilddokument u. d. Tanzfolklore, in: Deutsches Jahrbuch f. Volkskunde, 6, 1960, S. 127 ff. *Schmolke, A.:* Über d. Volkstanz in Europa, in: Kontakte, H. 2, 1960, S. 61 ff. *Wolfram, R.:* Vom Tanz in unserer Zeit. Volkstanz u. Gesellschaftstanz, in: Heimatleben, Zeitschrift f. Trachtenkunde, Teil 1/2. Schriftenreihe „Mensch u. Tanz", H. 3/4, 1961, 1964. *Lager, H.:* Folk-Dancing Comes to Town, in: The Sunday Standard, New Delhi, 30. April 1961. *Wolfram, R.:* Zwei Volkstanzbilder aus d. ausgehenden Mittelalter, in: Jahrbuch d. Musealvereines Wels 1961/62, S. 52 ff. *Wolfram, R.:* Der Volkstanz als kulturelle Ausdrucksform d. südosteuropäischen Völker, in: Südosteuropa-Jahrbuch, Bd. 6, 1962, S. 63 ff. *Deutsch, W.:* Tanzform u. Tanzweise, in: Österreichische Musikzeitschrift, Jg. 18, 1963, H. 11, S. 519 ff. *Horak, K.:* Der Volkstanz in unseren Nachbarländern u. wir, in: Volkstanz, Rundbrief d. Fachgruppe Volkstanz im ATB, 1963, Nr. 1, S. 1 f. *Louis, M. A. L.:* Le folklore et la danse, 1963. *Martin, G.:* Determination of Motive Types in Dance Folklore, in: Acta ethnographia, XII, 1963, S. 295 ff. *Vogl, F.:* Tanzspiele u. Spieltänze, Kärntner Heimatleben, Bd. 7, 1963. *Eidherr, H.:* Einige alte Volkstänze in ihren Namen u. in ihrer musikalischen Gestaltung, maschinenschriftlich, Hausarbeit aus Deutsch, Universität Wien 1964. *Hoerburger, F.:* Gestalt u. Gestaltung im Volkstanz, in: Studia musicologica, Tom. VI, 1964, Fasc. 3/4, S. 311 ff. *Hoerburger, F.:* Dance and Dance Music of the Sixteenth Century and Their Relations to Folk Dance and Folk Music, in: Studia musicologica, Tom. VII, 1965, S. 79 ff. *Hoerburger, F.:* Zum Thema: Improvisation im Volkstanz, in: Kontakte, H. 2, 1965, S. 81 f. *Hoerburger, F.:* Volkstanzmusik, in: Tanz 1965, H. 2, S. 10 ff. *Holý, D.:* The Classification of Ornamental Elements in Folk Dance-Music against the Background of a Metrorhythmical Basis, in: Studia musicologica, Tom. VII, 1965, S. 263 ff. *Martin, G.:* Considérations sur l'analyse des relations entre la danse et la musique de danse populaires, in: Studia musicologica, Tom. VII, 1965, S. 315 ff. *Gaupp, A.:* Grundlagen d. Tanzes, in: Informationen über Tanz. Arbeitskreis f. Tanz im Bundesgebiet 1968, S. 16 ff. *Hoerburger, F.:* Once Again: On the Concept of „Folk Dance", in: Journal of the International Folk Music Council, Vol. XX, 1968, S. 30 ff. *Horak, K.:* Gedanken über Volkstanzpflege, in: Musische Bildung im technischen Zeitalter, 1968, S. 45 ff. *Petermann, K.:* Gesellige Tänze u. Tanzspiele, Leipzig 1968. *Lager, H.:* Zur Geschichte d. Volkstanzpflege, in: Kärntner Landsmannschaft, 1969, H. 10. *Ciortea, V. P.:* Notierungssystem f. Volkstanz, Bukarest 1970. *Anonym:* Fachausdrücke Volkstanz, Stuttgart 1971. *Munteanu, J.:* Jon Munteanu, Afilon Latcu 1971. *Horak, K.:* Volksmusik u. Volkstanz im 19. Jh., in: Der fröhliche Kreis 22, 1972, H. 3, S. 68 ff. *Horak, K.:* Volkstanz – gestern, heute, morgen, in: Der Trachtler, 1973, Nr. 2, S. 1 ff. *Graf, W.:* Volkstänze im Spiegel ihrer Musik. Zu den Kennzeichen gut gespielter Tanzmusik, in: Baesseler Archiv, Beiträge zur Völkerkunde, N. F. Bd. 23, 1975, S. 275 ff. *Horak, K.:* Systematik d. deutschen Volktanzes, in: Österreichische Zeitschrift f. Volkskunde, Bd. 81, 1975, H. 5, S. 119 ff. *Oetke, H.:* Der Kreistanz, in: Volkstanz, H. 1, 1975, S. 15 ff. *Schunko, F.:* Aus meiner Sammelmappe, Volkstanzaufzeichnungen, in: Jahrbuch d. österreichischen Volksliedwerkes, Bd. 24, 1975, S. 121 ff. *Wolfram, R.:* Volkstanz, Österreichischer Volkskundeatlas 1974, 1975. *Bionder, E.:* Ein Beitrag zur Reform d. Tanzbeschreibungen, in: Der fröhliche Kreis 26, 1976, S. 52 ff. *Ehm-Schulz, R.-Petermann, K.:* Grundlagen d. Struktur- u. Formanalyse d. Volkstanzes, 1976. *Prokosch-Kurath, G.:* Universals in Dance, in: The World of Music, vol. XIX, 1977, No. 1/2, S. 43 ff. *Horak, K.:* Schrifttum zum Volkstanz in Salzburg, in: Salzburger Heimatpflege, Jg. 2, 1978, H. 2, S. 70 ff. *Lager, H.:* Volkstanzstudien. Der Tanz im Ausseerland heute, Teil II, in: Jahrbuch d. österreichischen Volksliedwerkes, Bd. 27, 1978, S. 98 ff. *Lager, H.:* Der kulturelle Stellwert unseres Volkstanzes, in: Salzburger Heimatpflege, Jg. 2, 1978, H. 2, S. 49 ff. *Salmen, W.:* Bildquellen zur Volkstanzforschung in Bayern, in: Schönere Heimat 67, 1978, S. 609 ff. *Wolfram, R.:* Vor einer Wiedergeburt d. Volkstanzes?, in: Volksmusik in Bayern 1978, S. 23 ff. *Horak, K.:* Volkskunde u. Folklorismus in d. Volkstanzpflege, in: Der fröhliche Kreis, Jg. 29, 1979, S. 153 ff. *Horak, K.:* Der Volkstanz hat eine Zukunft, in: Unser Brauch, Jg. 2, 1979, Nr. 2, S. 2 ff. *Lager, H.:* Erforschung u. Archivierung d. Volkstanzes in Österreich, in: Der fröhliche Kreis 29, 1979, S. 11 ff. *Wolfram, R.:* Die Siebenbürger Volkstänze, in: Jahrbuch f. ostdeutsche Volkskunde, Bd. 22, 1979, S. 133 ff. *Feldhuetter, W.:* Lieder, Land u. Leute, Musik, Tanz u. Gesang in d. bairisch-österreichischen Bergen, München 1980. *Peter, I.:* Dörfliches Tanzvergnügen in früher Zeit, in: Salzburger Heimatpflege, Jg. 4, 1980, H. 1, S. 81 ff. *Horak, K.:* Das Tanzgut d. Nielitzer Sprachinsel, in: Jahrbuch f. ostdeutsche Volkskunde, Bd. 24, 1981, S. 7 ff. *Horak, K.:* Der Tanz im Atlas d. deutschen Volkskunde, in: Jahrbuch d. österreichischen Volksliedwerkes, Bd. 31, 1982, S. 177 ff. *Oetke, H.:* Aus d. Geschichte d. Volkstanzes. Brauchtänze, Teil I, in: Volkstanz, H. 4, 1982, S. 77 f. *Becher, K.:* Gedanken u. Entwicklung d. Volkstanzbewegung im deutschsprachigen Raum u. insbesondere in Bayern, in: Sänger- u. Musikantenzeitung, Jg. 26, 1983, H. 5, S. 279 ff. *Peter, I.:* Tanzbeschreibungen-Tanzforschung, Gesammelte Volkstanzstudien, Wien 1983. *Petermann, K.:* Systematische Ordnung und Klassifikation im Volkstanz. Versuch einer Deutung, in: Analyse u. Klassifikation v. Volkstänzen, Krakau 1983, S. 204 ff. *Lager, H.:* Die Volkstanzbewegung, in: Volksmusik in Österreich, 1984, S. 71 ff. *Wolfram, R.:* Volkstänze, in: Volksmusik in Österreich 1984, S. 45 ff. *Roy, O.:* Der Volkstanz. Musikalische Formen in historischen Reihen, Bd. 14, Berlin s. a.

Ägypten: *Mecklenburg, C. G. Herzog zu:* Ägyptische Rhythmik. Rhythmen u. Rhythmusinstrumente im heutigen Ägypten, Sammlung musikwissenschaftlicher Abhandlungen Bd. 40, Strasbourg, Baden-Baden 1960.

Afrika: *Nketia, K.:* The Interrelations of African Music and Dance, in: Studia musicologica, Tom. VII, 1965, S. 91 ff.

Albanien: *Kujxhija, G. K.:* Valle kombetare (Volkstänze), Bd. 1 Dasëm Shkodrane (Skodraner Hochzeit), Firenze 1943. *Sokoli, R.:* Disa çështje të koreografisë shqiptare (einige Fragen d. albanischen Choreographie), in: Nëndori, 1955, Nr. 10, S. 126 ff. *Sokoli, R.:* Les danses populaires et les instruments musicaux du peuple albanais, Tirana 1958. *Hoerburger, F.:* Auf d. Spur d. albanischen Volkstanzes, in: Kontakte, 1960, S. 120 ff. *Stockmann, E.:* Zur Sammlung u. Untersuchung albanischer Volksmusik, in: Acta Musicologica, vol. XXXII, 1960, Fasc. II/III, April/Sept. 1960, S. 102 ff.

Argentinien: *Vegas, C.:* Danzas y canciones argentinas, Buenos Aires 1936. *Flury, L.:* Danzas folklóricas argentinas, Buenos Aires, 1947. *Vegas, C.:* Las danzas populares argentinas, vol. I, Buenos Aires 1952. *Aretz, I.:* Costumbres tradicionales argentinas, Buenos Aires 1954. *Lloyd, A. L.:* Dances of Argentina, London s. a.

Bali: *Kreutzberg, L.:* Tiere, Tänzerinnen u. Dämonen, Dresden 1929.

Belgien: *Deffet, J.:* Danses anciennes. Danses du pays de Liège, 1895. *Wauters, E.:* Ein flämischer Männertanz mit Stöcken u. Reifen, in: Deutsche Volkskunde, Jg. 3, 1941, H. 3/4, S. 149 ff. *Goffin, S.-Lejeune, E.:* Danses ardennaises, Liège 1945. *Pinon, R.-Jamar, H.:* Dances of Belgium. Handbooks of European National Dances 25, London 1953. *Thisse-Deroutte, R.:* Nos vieux joueurs de danse Ardennaise. Extrait du „Guetteur Wallon", Nr. 3, Namur 1960. *Thisse-Deroutte, R.:* Le recueil de danses,

Arlon 1960. *Thisse-Deroutte, R.:* Danses populaires de Wallonie, Charleroi 1962.
Bolivien: *Paredes Candia, A.:* La danza folklórica en Bolivia, San Paz 1966.
Brasilien: *Fink, G. W.:* Etwas über Musik u. Tanz in Brasilien, in: Allgemeine musikalische Zeitung, Jg. 35, 1833, Sp. 19 ff. *Felicitas:* Dancas do Brasil, Rio de Janeiro 1958. *Rossini, T. de L.:* Folguedos populares do Brasil, S. Paulo 1962.
Bulgarien: *Markow-Sandhage, T.:* Bulgarische Volksmusik, in: Neue Musikzeitung, Jg. 38, 1917, H. 10, S. 150 ff. *Drumev, A.:* Bulgarskite narodni hora (Die bulgarischen Volkstänze), Sofia 1929. *Spassoff, W.:* Volksmusik, Musikinstrumente u. Tänze d. Bulgaren, Diss. Wien 1931. *Katzarova-Kukudova, R.:* Bulgarische Tänze u. Tanzrhythmen, in: Festschrift f. E. Müller v. Asow zum 50. Geburtstage, Berlin 1942. *Conev, B.:* Bulgarski narodni Chorà i ručenici, Sofia 1950. *Katzarova, R.:* Dances of Bulgaria. Handbooks of European National Dances, Bd. 17, London 1951. *Kremenliev, B. A.:* Bulgarian-Macedonian Folk Music, 1952. *Katzarova-Kukudova, R.:* Bulgarski tancov folklor, Sofia 1955. *Katzarova-Kukudova, R.-Djenev, K.:* Bulgarian Folk Dances, Sofia 1958. *Schmolke, A.-Langhans, H.:* Europäische Tänze, H. 12, Bulgarien II, 1974. *Molkenbur, N.-Günther, H.:* Bulgarische Tänze, Leipzig 1976.
ČSSR: *Neruda, J.:* Tschechische Volkstänze, Prag 1858. *Neruda, J.:* České národní tance, in: Obrazy života 1859. *Waldau, A.:* Böhmische Nationaltänze, Prag 1859. *Erben, J.:* Prostonárodní české písně a říkaladla, Prag 1863. *Dlouhý, F.:* O historickém vývojí tance ets. Ceský tanec národní, Prag 1880. *Helfert, J. A.:* Volkslied u. Tanz, in: Die Völker Österreich-Ungarns, Bd. 8, 1883, S. 163 ff. *Bartoš, F.:* Národní písně moravské, 1889, 1901. *Kašpar, J.:* Tanec část bohosližby, 1891. *Vycpálek, L.:* České tance (Tschechische Volkstänze), in: Česky Lid, Jg. 1, 1892, S. 132, 458, Jg. 2, 1893, S. 663. *Geisselreiter, T.:* Návod k tančení, 1895. *Hostinsky, O.:* Volkslied u. Volkstanz d. Slaven, Prag 1895. *Hajný, A.:* České tance, in: Český Lid, Jg. 3, 1894, S. 436 ff., Jg. 6, 1897, S. 54. *Vluka, J.:* Národní tance ve východním Slezka, in: Česky Lid, Jg. 7, 1898. *Adamek, K.:* Danses populaires dans les environs de Klemkau, in: Česky Lid, Jg. 7, 1899, S. 460. *Trojanovič, S.:* Symbolický válečný tanec Černohorcu, in: Národopisný věstník českoslovenký I, 1906, S. 202 f. *Holas, Č.:* Česke národní písně a tance, 1908. *Niederle, L.:* Život starých Slovanů, I, 1, Prag 1911, S. 276. *Pospisil, F.:* Mečový (zbojný) tanec na slovanské půdě, in: Národopisný věstník československý, Jg. VI, 1911. *Zemánek, J.:* Písně našlich obresků, in: Chrudimsko a Nasavreko, III. Teil, 1912, S. 462. *Geary, M. C.:* Folk Dances of Czecho-Slovakia, London 1922. *Nettl, P.:* Böhmische Tänze in Handschriften d. 17. Jh., in: Neue Musikzeitung Stuttgart, Jg. 46, 1925, H. 14, S. 326 ff. *Černik, J.:* Lidové tance československé, in: Národopisný vestník Československý, Jg. XXV–XXVI, 1932/33. *Harasymczuk, R.:* Tance huculskie, in: Prace etnograficzne, Bd. 5, 1939. *Lubinová, M.:* Dances of Czechoslovakia. Handbooks of European National Dances 5, London 1949. *Bonus, F.-Livorová, H.:* České tance, Prag 1952. *Dolezelová, Z.:* O lidovém tanečním umení, Prag 1954. *Hykel, C.:* Lidové tance ze Štramberka na Lassku, Prag 1953. *Jelínková, Z.:* Valašské lidové tance, Prag 1954. *Mátlova-Uhrova, L.:* Hanácké tance z Tovačovska, Prag 1954. *Svoboda, F.:* Lidové tance z Líšně, Prag 1954. *Janáček, L.:* Národní tance na Moravě, Prag 1953. *Kovalcíková, J.-Poloczek, F.:* Slovanské l'udové tance, Bratislava 1955. *Rey, J.:* Die Welt d. Tanzes, 1955. *Vetterl, K.:* Lidové písně a tance z Valašskoklobloucka, Prag 1955. *Poloczek, F.:* Slovakian Folk Sound and Folk Dance in the Present Day, in: Journal of the International Folk Music Council, Vol. IX, 1957, S. 13 f. *Zíbrt, Č, Š.:* Jak se kdy v Čechách tancovalo, Prag 1960.
Dänemark: *Grundvig, S.:* Danmarks gamle folkeviser, 10 Bde., 1853 ff. *Olrik, A.-Falk-Hansen, I.:* Danske folkeviser, København 1899. *Folkedanse:* Foreningen til folkedanses fremme, København 1904. *Thuren, H.:* Tanz u. Tanzgesang im nordischen Mittelalter, in: Zeitschrift d. internationalen Musikgesellschaft, Jg. 9, 1908, H. 6, S. 209 ff., H. 7, S. 239 ff. *Hermann, A.:* Beschreibungen alter dänischer Volkstänze, Kopenhagen 1911. *Grüner Nielsen, H.:* Folkevisedans paa Manø, in: Danske studier, 1917, S. 14 ff. *Grüner Nielsen, H.:* Vore aeldste folkedanse. Langdans og polskdans, in: Danmarks folkeminder, Bd. 16, 1917. *Grüner Nielsen, H.:* Folkelig vals, in: Danmarks folkeminder, Bd. 22, 1920. *Olsen, Ch.:* Gamle danse fra Nordvestsjälland, København 1923. *Thomsen, E.-Andersen, H.:* Folkedanse for børn, København, 1923. *Tolv danske folkedanse,* Kolding 1924. *Kannik, K.:* Den danske middelalders kvaddans, in: Danske studier, 1925, S. 84 ff. *Junkers, H. D.:* Danske danse, 1926. *Otterstrøm, C. V.:* Die dänische Volkstanzbewegung, in: Die junge Nordmark, Jg. 3, 1926, Nr. 4/5, S. 102 ff. *Koefoed, H. P.:* 22 Bornholmske folkedanse, 1928. *Burkhardt, L.:* Zehn alte dänische Volkstänze, Hamburg 1931. *Madelung, M. M.-Lorenzen, P.:* Gamle himmerlands danse, København 1931. *Thyregod, T.:* Danmarks sanglege, in: Danmarks folkeminder, Bd. 38, 1931. *Krogh, J. C.:* Gamle salling-dance, København 1932. *Grüner Nielsen, H.:* Dans i Danmark. Dans paa Faeröerne. Dans i Norge, in: Nordisk kultur XXIV, 1933, S. 130 ff. *Holm, R.-Vedel, K.:* Folkedansen i Danmark, København 1946. *Lorenzen, P.:* The Revival of Folk Dancing in Denmark, in: Journal of the International Folk Music Council, vol. I, 1949, S. 24 ff. *Lorenzen, P.-Jeppesen, J.:* Dances of Denmark. Handbooks of European National Dances, Bd. 9, 1950. *Danske* Folkedanseres Jubilaeumsskrift 1929–1954. *Scheiding, L.:* Danske folkedanse, København s. a.
Deutschland: *Angerstein, W.:* Volkstänze im deutschen Mittelalter, Sammlung gemeinverständlicher wissenschaftlicher Vorträge, III. Serie, H. 49–72, 1868–1869. *Treichel, A.:* Preußische Volkstänze u. Tanzmelodien, in: Zeitschrift d. historischen Vereins f. d. Reg. Bez. Marienwerder, 1887, H. 21, S. 22 ff. *Haas, A.:* Volkstümliche Tänze u. Tanzlieder aus Pommern, in: Blätter f. Pommersche Volkskunde V, 1896/1897. *John, A.:* Der Tanz d. Egerländer, in: Unser Egerland, Jg. 3, 1899. *Friedrichs, F.:* Niederdeutsche Tanzweisen, Hamburg 1903. *Scholz, O.:* Schlesische Tänze, in: Mitteilungen d. schlesischen Gesellschaft f. Volkskunde, Bd. 6, 1904, S. 88 ff. *John, A.:* Egerländer Tänze, in: Zeitschrift f. österreichische Volkskunde, Jg. 14, 1908, H. 3/4. *Peters, M.:* Mecklenburgische Bauerntänze, Schwerin 1909. *Brunner, J.:* Alte Tänze aus Cham u. seiner Umgebung, in: Deutsche Gaue, Zeitschrift f. Hei-

matforschung, Bd. XI, 1910, 9. Lieferung, S. 289 ff. *Kück, E.-Schönhagen, E.:* Heidjers Tanzmusik, Berlin 1911. *Meyer, G.:* Volkstänze, Leipzig 1918. *Stahl, W.:* Niederdeutsche Volkstänze, Hamburg 1921, 1923. *Neumann, F.:* Altschlesische Tänze, Schweidnitz 1922. *Helms, A.-Blasche, J.:* Neue Geetsländer Tänze, 1923, 1926. *Giehrl, F.:* Heimattänze. Ein Lehrbuch zum Erlernen d. im bayerischen Oberland beliebten Tänze: Dreisteyrer, Achtertanz, Sechsertanz, Bandltanz; München 1924. *Lanz, J.:* Ostschlesische Volkstänze, 1. Teil 1924, 2. Teil 1931. *Bauer, A.:* Vierzig bayerische Tänze, in: Zeitschrift f. Musikwissenschaft, Jg. 8, 1925, H. 1, S. 24 ff. *Götz, J.:* Deutsch-mährische Volkstänze, in: Das deutsche Volkslied, Jg. 28, 1926, H. 2/3, S. 29 ff. *Hager, F.:* Über d. Entstehung d. altbayerischen Tänze, in: Bayerische Heimat, Jg. 17, Nr. 47 v. 24. August 1926. *Ilmbrecht, O.:* Aus d. Geschichte d. deutschen Tanzes, in: Die junge Nordmark, Jg. 3, 1926, Nr. 4/5, S. 87 ff. *Janietz, E.-Giebel, D.:* Neue märkische Tänze, 1926. *Kubiena, W.:* Kuhländler Tänze, 1922, 1926. *Seywald, G.:* Aus d. Geschichte d. altbayerischen Volkstanzes, in: Die ostbairischen Grenzmarken, Jg. 15, 1926, H. 10, S. 247 ff. *Bloch, P. J.:* Der deutsche Volkstanz d. Gegenwart, in: Hessische Blätter f. Volkskunde, Bd. 25, 1925, S. 124 ff., Bd. 26, 1926, S. 26 ff., Diss. Frankfurt/M. 1927. *Fladerer, O.:* Deutsche Volkstänze, H. 1, 2, 3, 5/6, 1927. *Scharlach, F.:* Schwäbische Volkstänze aus Galizien. Volkstänze aus deutschen Gauen u. Landschaften, H. 2, 1927. *Bauer, A.:* 20 bayerische Tänze, in: Zeitschrift f. Musikwissenschaft, Jg. 10, 1928, H. 6, S. 374 ff. *Decker, W.:* Deutsche Volkstänze, in: Westermanns Monatshefte, Jg. 73, Nov. 1928, S. 257 ff. *Dieckelmann, H.-Oetke, H.:* Schwingkehr. Märkische Volkstänze d. Gegenwart, Hamburg 1928 (Feste u. Feiern deutscher Art 21). *Janiczek, J.:* Schönhengster Volkstänze, 1928. *Osterrieder, F. X.:* Altbayerische Tänze, in: Bayerische Heimat Nr. 21, 21. Februar 1928, S. 163. *Peters, M.-Ilmbrecht, O.:* Alte Tänze aus Mecklenburg, Schwerin 1928. *Winkler, H. A.:* Linsenbarths Thüringer Volkstänze, 1928. *Wolf, R.:* Zehn „Bayrische“ aus d. bayrischen Oberpfalz, in: Das deutsche Volkslied, Jg. 20, 1928, H. 4, S. 56 ff. *Bauer, A.:* Nachtrag zu d. zwanzig bayerischen Tänzen, in: Das deutsche Volkslied, Jg. 31, 1929, H. 5, S. 70 ff. *Böhm, M.:* Volkslied, Volkstanz u. Kinderlied in Mainfranken, Diss. Erlangen 1928, Nürnberg 1928, Nürnberg 1929. *Janosch, H.:* Volkstanz im Hultschiner Ländchen, in: Der Oberschlesier, Jg. 11, 1929, H. 11, S. 768 ff. *Kassel, A.:* Conscrits, Musik u. Tanz im alten Elsaß, 1919, Elsaß-Bücherei Bd. 8. *Kutscher, A.:* Der bayerische Volks- u. Nationaltanz, in: Der Rhythmus, Jg. 7, Nr. 1, Januar/März 1929, S. 1 ff. *Oetke, H.:* Märkische Viertour, Hamburg 1929. *Dieckelmann, H.:* Jungmöhl. Niederdeutsche Volkstänze d. Gegenwart, Hamburg s. a., (Feste u. Feiern deutscher Art 19). *Bauer, A.:* Sechzig bayerische Tänze, in: Zeitschrift f. Musikwissenschaft, Jg. 12, 1930, H. 5, S. 299 ff. *Gausebeck, Ae.:* Rheinische Volkstänze, Leipzig 1930. *Klier, K. M.:* Zum deutschen Volkstanz, in: Sudetendeutsche Zeitschrift f. Volkskunde, Jg. 3, 1930, H. 6, S. 256 ff. *Piller, S.:* Volkslied u. Volksmusik aus Slawonien, in: Das deutsche Volkslied, Jg. 32, 1930, H. 8, S. 114. *Pritzl, G.:* Der niederbayrische Tanz, in: Zeitschrift Heimat u. Volkstracht, Jg. 4, 1930, Nr. 48/49. *Schlothauer, A.:* Der Thüringer Tanzplan, Leipzig 1930. *Zoder, R.:* Schwarzwälder Volkstänze, H. 5, 1930, S. 71 f. *Au, H. v. d.:* Hessische Volkstänze. Deutsche Volkstänze H. 9–12, 1931, H. 17–18, 1934. *Hartenstein, C.:* Volkstänze u. Tanzlieder aus Westböhmen, in: Das deutsche Volkslied, Jg. 33, 1931, H. 7, S. 104 f., H. 8, S. 125 f. *Künzig, J.:* Vom Volkstanz in Baden, in: Mein Heimatland, Jg. 18, 1931, H. 3/4, S. 69 ff. *Bauer, A.:* Volkstänze aus Niederbayern u. d. Oberpfalz, in: Heimat u. Volkstracht, Jg. 6, 1932, Nr. 9. *Bauer, A.:* Volkstänze aus d. Bayerischen Wald, in: Zeitschrift „Der Bayerwald“, Jg. 30, 1932, H. 2, S. 20 ff. *Kirnbauer, F.:* Volkstänze d. Deutschen im Banate, in: Das deutsche Volkslied, Jg. 34, 1932, H. 5, S. 53 ff. *Michel, A.:* Oberdeutsche Volkstänze, in: Zeitschrift „Die Lesestunde“, Jg. 9, 1932, S. 324 ff. *Antoni, E.:* Volkstänze aus Siebenbürgen, in: Siebenbürgische Vierteljahrsschrift, Korrespondenzblatt d. Vereines f. Siebenbürgische Landeskunde, Jg. 56, Nr. 4, Okt./Dez. 1933, S. 334 ff. *Bauer, A.:* Bayerische Volkstänze. Deutsche Volkstänze H. 8, Kassel 1934. *Commenda, H.:* Burschentänze. Deutsche Volkstänze H. 13, Kassel 1934. *Dieckelmann, H.:* Der Wiborg. Deutsche Volkstänze d. Gegenwart, Hamburg s. a. (Feste u. Feiern deutscher Art 18). *Kittler, G.:* Der Volkstanz in Pommern, in: Unser Pommerland 19, 1934, S. 220. *Klier, K. M.:* Männertänze aus d. deutschen Volksüberlieferung, Leipzig 1934, *Koepp, J.:* Drei Volkstänze aus d. Mark Brandenburg, in: Das deutsche Volkslied, Jg. 36, 1934, H. 7, S. 94. *Röhr, E.:* Deutscher Volkstanz. Schriftenreihe „Deutsches Volksgut“ H. 5, 1934. *Schultz, W.:* Pommersche Volkstänze. Deutsche Volkstänze H. 15/16, 1934. *Zoder, R.:* Beiträge zur Geschichte d. deutschen Volkstanzes, in: Das deutsche Volkslied, Jg. 36, 1934, H. 1/2, S. 11 f., H. 3, S. 30 f. *Hinz, R.-Horak, K.:* Volkstänze aus Schwaben. Deutsche Volkstänze, H. 19/20, 1934/35. *Au, H. v. d.:* Volkstänze aus d. Rhön. Deutsche Volkstänze H. 24, 1935. *Horak, K.:* Volkstänze aus Schwaben. Deutsche Volkstänze H. 19/20, 1935. *Quellmalz, A.:* Von alten Allgäuer Tänzen, in: Zeitschrift „Die 7 Schwaben“, Kempten, Jg. 2, S. 112 ff. *Horak, K.:* Volkstänze aus d. schwäbischen Türkei. Deutsche Volkstänze H. 29, 1935. *Klein, P.:* Volkslied u. Volkstanz in Pommern, Diss. Greifswald 1935. *Au, H. v. d.:* Volkstänze aus Nassau. Deutsche Volkstänze H. 30/31, 1936. *Au, H. v. d.:* Der Wechselhupf im Volkstanz d. Landschaft Rheinfranken, in: Jahrbuch f. Volksliedforschung, Jg. 5, 1936, S. 134 ff. *Beck-Vellhorn, F.:* Schwäbische Dorfmusik. Ostdeutsche Heimathefte, Bd. 7. *Burkhardt, L.:* Kneveler. Alte Volkstänze u. neue Tänze, Hamburg 1936 (Feste u. Feiern deutscher Art 3). *Cordes, H.-Brockmann, F.:* Windmüller. Alte niedersächsische Volkstänze aus Scheeßel, Hamburg 1936 (Feste u. Feiern deutscher Art 24). *Horak, K.:* Volkstänze d. Deutschen in Mittelpolen. Ostdeutsche Heimathefte 8–11, 1936. *Horak, K.:* Der deutsche Volkstanz in Mittelpolen, in: Deutsche Monatshefte in Polen, Jg. 2, 1936, H. 3/4, S. 171 ff. *Ilmbrecht, O.:* Westfälische Heimattänze. Hamburg 1936, (Feste u. Feiern deutscher Art 22). *Kaiser, K.:* Atlas d. Pommerschen Volkskunde, 1936, S. 165. *Pudollek, F.:* Oberschlesische Volkstänze. Deutsche Volkstänze H. 25, 1936. *Stahl, W.:* Volkstanz v. d. nordfriesischen Inseln. Deutsche Volkstänze H. 27, 1936. *Au, H. v. d.:* Pfälzer Volkstänze drinnen u. draußen. Deutsche Volkstänze H. 34/35, 1937. *Ilmbrecht, O.:*

Bückeburger Heimattänze, Hamburg 1937, (Feste u. Feiern deutscher Art 25). *Janietz, E.:* Deutscher Volkstanz, in: Jahrbuch deutscher Tanz, Jg. 1937, S. 54 ff. *Neumann, E.:* Volkstänze d. Buchenlandes. Deutscher Volkstanz H. 32/33, 1937. *Wolfram, R.:* Deutsche Volkstänze, Leipzig 1937. *Au, H. v. d.:* Volkstänze aus d. Spessart. Deutsche Volkstänze H. 39/40, 1938. *Balz, F.:* Niederdeutsche Heimat- u. Gemeinschaftstänze, Hamburg 1938. *Burchenal, E.:* Folk-Dances of Germany, New York 1938. *Derra de Moroda, F.:* The Dance in Germany, in: The Dancing Times, Sept. 1938, S. 637 ff. *Horak, K.:* Volkstänze aus d. Württembergischen Franken. Deutsche Volkstänze H. 28, 1938. *Horak, K.:* Der Volkstanz in d. Schwäbischen Türkei, in: Deutsches Archiv f. Landes- u. Volksforschung, Jg. 2, 1938, S. 836 ff. *Pudollek, F.:* Oberschlesische Dreiertänze, in: Das deutsche Volkslied, Jg. 40, 1938, H. 8, S. 137 ff. *Zoder, R.:* Der deutsche Volkstanz, in: Deutsches Volkstum in Volksschauspiel u. Volkstanz, Bd. 3, 1938, S. 137 ff. *Au, H. v. d.:* Das Patschen im Volkstanz d. rhein-mainischen Raumes, in: Deutsche Liederkunde, Jahrbuch f. Volkslied u. Volkstanz, Bd. 1, 1939, S. 180 ff. *Au, H. v. d.:* Über Tanznamen im Rhein-Main-Gebiet, in: Hessische Blätter f. Volkskunde, Bd. 37, 1939, S. 172 ff. *Au, H. v. d.:* Das Volkstanzgut im Rheinfränkischen. Gießener Beiträge zur deutschen Philologie, Bd. 70, 1939. *Au, H. v. d.:* Der Volkstanz im Odenwald, in: Unter d. Dorflinde im Odenwald, Jg. 25, 1939, Nr. 4, S. 41. *Horak, K.:* Der Volkstanz in d. Batschka, in: Deutsche Liederkunde, Jahrbuch f. Volkslied u. Volkstanz, Bd. 1, 1939, S. 208 ff. *Müller-Blattau, J.:* Die alten Dithmarschen Tänze u. ihre Weisen, in: Niederdeutsche Zeitschrift f. Volkskunde, Jg. 17, 1939, S. 1 ff. *Nowy, A.:* Bayerische Tänze, in: Deutsche Volkskunde, Jg. 1, 1939, H. 2, S. 144 ff. *Quellmalz, A.:* Notenbücher deutscher Tanzmusiker in Polen, in: Deutsche Volkskunde, Jg. 1, 1939, H. 4, S. 247 ff. *Wehrhan, K.:* Lippische Singtänze, in: Deutsche Liederkunde, Jahrbuch f. Volkslied u. Volkstanz, Bd. 1, 1939, S. 198 ff. *Wolf, Th.:* Tänze u. Tanzlieder aus d. Sudetenland, in: Das deutsche Volkslied, Jg. 41, 1939, H. 4, S. 50 f. *Wolfram, R.:* Lo studio della danza popolare in Germania, in: Lares, Jg. 10, 1939, H. 4–6. *Wolfram, R.:* Volkstänze aus Deutsch-Mokra, in: Das deutsche Volkslied, Jg. 41, 1939, H. 3, S. 30 ff. *Au, H. v. d.:* Der deutsche Volkstanz ein Stiefkind d. musikalischen Forschung u. Praxis, in: Deutsche Musikkultur, Jg. 4, 1939/40, H. 2, S. 72 ff. *Au, H. v. d.:* Niederhessische Volkstänze. Deutsche Volkstänze H. 41, 1940. *Baser, F.:* Einheit d. Oberrheins in Wort u. Sang, Spiel u. Tanz, in: Oberrheinische Zeitschrift f. Volkskunde, Jg. 14, 1940, S. 11 ff. *Wolfram, R.:* Lo studio della danza popolare in Germania, Roma 1940. *Au, H. v. d.:* Das Volkstanzgut im Elsaß, in: Oberdeutsche Zeitschrift f. Volkskunde, Jg. 15, 1941, H. 1–3, S. 14 ff. *Gericke, H.-Horak, K.:* Auf zum Tanz, Potsdam 1942. *Jöde, F.:* Aus d. Notenbuch eines pommerschen Dorfmusikanten um 1870, in: Das deutsche Volkslied, Jg. 3, 1942, H. 5/6, S. 56 ff. *Cunz, R.:* Deutsches Volkstanzbuch, Dresden 1944. *Schützenberger, E.:* Altbayrische Volkstänze, Passau 1949. *Fyfe, A.:* Dances of Germany. Handbooks of European National Dances, Bd. 19, London 1951. *Hoerburger, F.:* Bavarian Folk Dances, in: Rosin the Bow, vol. IV, First Quartal 1952, No. 6, S. 5 ff. *Oetke, H.:* Deutsche Volkstänze, Berlin 1952. *Quellmalz, A.:* Volkslied u. Volkstanz im Allgäu, in: Schwäbische Heimat, Jg. 4, 1953, S. 33 ff. *Au, H. v. d.:* Heit is Kerb in unserm Dorf, Kassel 1954. *Horak, K.:* Donauschwäbische Volkstänze, München 1954. *Oetke, H.:* Aus d. Entwicklung d. deutschen Volkstanzes. Theater u. Tanz, H. 2, Dresden 1954. *Au, H. v. d.:* 22 deutsche Volkstänze aus d. Dobrudscha. Quellen u. Forschungen zur musikalischen Folklore, Bd. 3, Regensburg 1955. *König, A.:* Alte Volkstänze aus Nordböhmen, 1955. *Horak, K.:* Volksmusik aus Wilemsau, in: Jahrbuch d. österreichischen Volksliedwerkes, Bd. 9, 1960, S. 114 ff. *Horak, K.:* Der Volkstanz in d. deutschen Sprachinseln d. Ostens, in: Jahrbuch f. Volkskunde d. Heimatvertriebenen, Bd. 5, 1959/60, S. 247 ff. *Horak, K.:* Deutsche Volkstänze aus d. Donauraum. Deutsche Volkstänze, H. 44/45, 1961. *Horak, K.:* Deutsche Volkstänze aus d. Karpatenraum. Deutsche Volkstänze H. 48/49, 1961. *Severin, H.:* Deutsche Volkstänze aus Galizien. Deutsche Volkstänze H. 42/43, 1961. *Horak, K.-Schwartz, K.:* Volkstänze aus d. Slowakei. Deutsche Volkstänze H. 56/57. *Huber, K.:* Volkslied u. Volkstanz im bajuwarischen Raum, in: Volkslied u. Volkstanz, 1960, S. 9 ff. *Horak, K.:* Deutsche Volkstänze aus d. Weichselraum. Deutsche Volkstänze H. 52/53, 1962. *Kusche, L.:* Musik u. Musiker in Baiern, München 1963. *Goldschmidt, Ae.:* Handbuch d. deutschen Volkstanzes, 1967. *Thiel, H.:* Die Sudetendeutsche Volkstänze, Diss. Wien 1968. *Thiel, H.:* Die deutschen Volkstänze in Böhmen, Mähren u. Schlesien, Marburg 1970. *Schmolke, A.-Langhans, H.:* Europäische Tänze, H. 11, 1972. *Goldschmidt, Ae.:* Vokabular deutscher Volkstanzschritte, Leipzig 1974–76. *Janietz, E.-Schneider, R.-Peters, M.:* Volkstänze aus Mecklenburg. Volkstänze f. Volkstanzgruppen, Bd. V, 1976. *Oetke, H.:* Volkstänze aus d. Lüneburger Heide, Teil I. Tänze f. Volkstanzgruppen, Bd. VI, 1976. *Horak, K.:* Über d. Systematik d. deutschen Volkstanzes, in: Der Volkstanz 1, 1979. *Oetke, H.:* Die historische Basis deutscher Volkstanzformen, in: Der Volkstanz 4, 1979, S. 63 ff. *Schuster, M. L.:* Deutsche Volkstänze, die man in Siebenbürgen noch tanzt, 1981. *Oetke, H.:* Der deutsche Volkstanz, Berlin 1982, Wilhelmshaven 1983. *Oetke, H.:* Sächsische u. thüringische Volkstänze, in: Der Volkstanz 3, 1981, S. 43 ff. u. 1, 1982, S. 3 ff. *Ramsteiner, C.:* Einbacher Tänze, Volkstänze aus deutschen u. österreichischen Landschaften, Leipzig s. a. *Janietz, E.:* Volkstänze aus d. Altmark, Leipzig s. a.

England: *Gomme, A. B.:* The Traditional Games of England, Scotland and Ireland, Vol. I, London 1894. *Coles, A. M. C.:* Old English Country Dance Steps, London 1909. *Kidson, F.-Neal, M.:* English Folk-Song and Dance, Cambridge 1915. *Alford, V.:* Peeps at English Folk-Dances, London 1923. *Gardiner, R.:* The English Folk Dance Tradition. An Essay, 1923. *Gardiner, R.:* Der Volkstanz in England, in: Die junge Nordmark, Jg. 3, 1926, Nr. 4/5, S. 104 ff. *Egger, K. E.:* Basque and English Folk Dance Traditions, in: The Musical Times, vol. 68, 1927, S. 609 ff. *Douglas, M.:* Ceremonial Folk-Song, Mumming and Dance in the Isle of Man, in: The Journal of the English Folk Dance Society, 1928, Sec. Ser., Nr. 2, S. 17 ff. *Elkan, L.:* Der Geweihtanz in Staffordshire (England), in: Wiener Zeitschrift f. Volkskunde, Jg. 37, 1932, S. 39 f. *Karpeles, M.:* English Folk Dances: Their Survival and Revival, in: Folk Lore, vol. XLIII, Nr. 2, Juni 1932, S. 123 ff. *Kennedy, D.*: Die Weiderbelebung d. Volkstanzes in England, in: Journal of the English Folk Dance and Song Society, vol. II, 1935, S. 72 ff. *Williams, J. A.*: English Folk-Song and Dance, London 1935. *Kennedy, D.*: England's Dances, Folk-Dancing To-day and Yesterday, London 1949. *Karpeles, M.-Blake, L.*: Dances of England and Wales, 1950. *Thurston, H. A.*: The Rhythm of British Dance Music, in: The Folklorist, vol. 6, No. 4, 1961, S. 418 ff., vol. 6, No. 6, 1961, S. 487 ff., vol. 7, No. 2, 1962, S. 50 ff.

Estland: *Raudkats, A.*: Eesti rahvatantsud, Konguund ja kirjeldanud, 1926. *Raudkats, A.*: Valik Pohjamaade rahvatantse, 1927. *Pölmäe, R.-Tampere, H.*: Valimik Eesti rahvatantse (Auswahl estnischer Volkstänze), 1938.

Färöer: *Thuren, H.*: Dans og kvaddigtning paa Faerøerne, København 1901. *Thuren, H.*: Tanz, Dichtung u. Gesang auf d. Färöern, in: Sammelbände d. Internationalen Musikgesellschaft, Jg. 3, 1901/02, S. 222 ff. *Grüner-Nielsen, H.*: Dans paa Faeröerne, in: Nordisk kultur XXIV, 1933, S. 150 ff.

Finnland: *Krohn, I.*: Suomen kansan sävelmiä (Finnische Volksmelodien), 1893. *Burchenal, E.*: Folk Dances of Finland, New York 1915. *Collan, A.*: Der Volkstanz in Finnland, in: Die junge Nordmark, Jg. 3, 1926, Nr. 4/5, S. 10 ff. *Heikel, Y.*: Folksdansbeskrivningar. Publications of Svenska Litteratursällskapet i Finland, Vol. 268, 1938. *Heikel, Y.*: Finlands svenska folkdiktning, Bd. 6, 1938. *Collan, A.-Heikel, Y.*: Dances of Finland, London 1948. *Ala-Könni, E.*: Die Polska-Tänze in Finnland, Diss. Helsinki 1956.

Frankreich: *Quellien, N.*: Chansons et danses des Bretons, Paris 1889. *Clouzot, M.-R.*: La musique populaire de danse en France, in: Archives internationales de la danse, 3e Année, No. 6, 5. Novembre 1935, S. 15 ff. *Galbrun, E.*: La danse bretonne, 1936. *Le Floch, G.*: Les plus anciennes danses populaires de France II, in: Numéro spécial Archives internationales de la danse, 5. Nov. 1935. *Provence, M.*: Symbolisme des danses Provençales, Avignon 1937. *Choleau, J.-Drouart, M.*: Chansons et danses populaires de Haute-Bretagne, 1938. *Arma, E.*: Entrez dans la danse, Paris 1943. *Blanchard, R.*: Les danses du Limousin et des régions avoisinantes, Paris 1943. *Versepuy, M.*: Les danses d'Auvergne, in: Revue des Deux-Mondes, 15. Feb. 1943. *Anonym*: Le folklore, Paris 1945. *Guilcher, J. M.*: 10 danses simples des pays de France, 1947. *Arma, E.*: Französische Volkstänze, Paris 1950. *Langevin, V.*: Le style de la danse populaire en France, in: Journal of the International Folk Music Council, vol. II, 1950, S. 24 ff. *Marcel-Dubois, C.-Andral, M. M.*: Dances of France. Handbooks of European National Dances, Bd. 10, 1950. *Decitre, M.*: Dansez la France, Paris 1951. *Tennevin, N.-Texier, M.*: Dances of France. Handbooks of European National Dances, Bd. 18, 1951. *Alford, V.*: Dances of France. Handbooks of European National Dances, Bd. 21, 1952. *Schmolke, A.-Langhans, H.*: Europäische Tänze, H. 1, 1954. *Mourgues, M.*: La danse provençale, Cannes 1956. *Baumel, J.*: Les danses populaires ..., Paris 1957. *Dubrana-Lafargue, C.*: Le trésor des danses provençales, 1957. *Guilcher, J. M.*: La tradition populaire de danse en Basse-Bretagne, 1963. *Palau, Th.*: Chants et danses de France, 3 Hefte, 1964, 1965, 1966. *Louis, M. A. L.*: Danses populaires et ballets d'opéra, Paris 1965.

Friesland: *Veurman, B.-Bax, D.*: Liederen en dansen uit West-Friesland, 1944.

Griechenland: *Heilig, O.*: Slowakische, griechische, walachische u. türkische Volkstänze, in: Sammelbände d. Internationalen Musikgesellschaft, Jg. 4, 1902/1903, S. 293 ff. *Crosfield, D.*: Dances of Greece. Handbooks of European National Dances, 1948. *Schmolke, A.-Langhans, H.*: Europäische Tänze, H. 6 u. 8, 1959, 1964. *Hoerburger, F.*: Beobachtungen zum Volkstanz in Nordgriechenland, in: Zeitschrift f. Volkskunde, Bd. 62, 1966, S. 43 ff. *Hoerburger, F.*: Orientalische Elemente in Volkstanz u. Volkstanzmusik Nordgriechenlands, in: Jahrbuch f. musikalische Volks- u. Völkerkunde, Bd. 3, 1967, S. 96 ff.

Grönland: *Thuren, H.-Thalbitzer, W.*: Dans i Grønland, in: Festskrift til H. F. Feilberg, 1911, S. 77 ff.

Haiti: *Dunham, K.*: Las danzas de Haiti, Mexico 1947.

Indien: *Spreen, H.*: Folk-Dances of South India, London 1948. *Baké, A.*: Indian Folk Dances, in: Journal of the International Folk Music Council, vol. I, 1949, S. 47 f. *Folk-Dances* of India, New Delhi 1956–1959. *Gargi, B.*: Theater u. Tanz in Indien, Berlin 1960.

Indonesien: *Notohadinegoro, S.*: Some Particulars of Indonesian Dancing, in: Journal of the International Folk Music Council, vol. II, 1950, S. 35 f.

Irland: *O'Keefe, J. C.-O'Brien, A.*: Handbook of Irish Dances, Dublin 1902, 1934. *Sheehan, J. J.*: A Guide to Irish Dancing, London 1902. *Burchenal, E.*: National Dances of Ireland, New York 1924. *Ajello, E.*: The Solo Irish Jig, London 1932. *O'Rafferty, P.*: The Irish Folk Dance Book, London 1934, 1950. *O'Sullivan, D. J.*: Irish Folk Music and Dance, Dublin 1952. *O'Rafferty, P. and. G.*: Dances of Ireland. Handbooks of European National Dances 26, 1953. *Schmolke, A.-Langhans, H.*: Europäische Tänze, H. 2, 1955.

Island: *Blöndal, S.*: Dans i Island, in: Nordisk kultur, XXIV, 1933, S. 163 ff.

Italien: *Ungarelli, G.*: Le vecchie danze italiane ancora in uso nella Provincia Bolognese, Roma 1894. *Pratella, F. B.*: Saggio di gridi, canzoni, cori e danze del popolo italiano, Bologna 1919. *Caravaglios, C.*: Il folklore musicale in Italia, Napoli 1936. *Ricreazione*, Rivista mensile, Anno 1, N. 7/8, 1949. *Bragaglia, A. G.*: Danze popolari Italiane, 1950. *Galanti, B. M.*: Dances of Italy. Handbooks of European National Dances, 1950. *Bignami, G.*: Volkstanz im brescianischen Gebiet, in: Volkstanz im Tanzarchiv, IX, 1956.

Java: *Groneman, J.*: De Wajang orang Pregiwa, 1899.

Jugoslawien: *Zganec, V.*: Kroatische Volksweisen u. Volkstänze, Zagreb 1944. *Janković, L. u. D.*: Narodne igre, Belgrad 1949. *Žganec, V.-Sremek, N.*: Hrvatske narodne pjesme i plesovi, Zagreb 1951. *Janković, L. u. D.*: Styles et techniques des danseurs traditionnels serbes, in: Journal of the International Folk Music Council, vol. IV, 1952, S. 12 ff. *Marolt, F.*: Slovene Folk Dance and Folk Music, in: Journal of the International Folk Music Council, vol. IV, 1952, S. 4 ff. *Ivancan, I.*: Narodni plesovi Hrvatske (Die Volkstänze Kroatiens), Zagreb 1957. *Schmolke, A.-Langhans, H.*: Europäische Tänze, H. 4, 1957. *Marolt, F.-Šuštar, M.*: Slovenski ljudski plesi Koroške, Ljubljana 1958. *Šuštar, M.*: Slovenski ljudski plesi primorske, Ljubljana 1958. *Ivancan, I.:* Istarski narodni plesovi, Zagreb 1963. *Ilijin, M.:* Influences reciproques des danses urbaines et traditionelles en Yougoslavie, in: Studia musicologica Academiae Scientiarium Hungaricae, Tom. VII, 1965, S. 85 ff. *Kulišić, Š.:* Volksbräuche in Jugoslawien, Beograd 1966. *Šuštar, M.:* Slovenski ljudski plesi prekmurja, Ljubljana, 1968. *Zečevic, S.:* Elementi naše mitologije u narodnim obredima uz igru, 1973. *Kumer, Z.:* Nachrichten zum Tanz im slowenischen Volkslied, in: Festschrift f. K. Horak, 1980, S. 121 ff.

Kuba: *Sanchez-Fuentes, E.:* El folklore en la música de 'Cuba, Habana 1923. *Grenet, E.:* Popular Cuba Music, Habana 1939. *Ortiz, F.:* La africanía de la música folklórica de Cuba, Habana 1950.

Kurdistan: *Solecki, R. S.:* Kurdish Folk Songs and Dances (Beiheft zur Schallplatte), New York 1955. *Christensen, D.:* Tanzlieder d. Hakkâri-Kurden, in: Jahrbuch f. musikalische Volks- u. Völkerkunde, Bd. 1, 1963, S. 11 ff.

Lateinamerika: *Berruti, P.:* Manual de danzas nativas, Buenos Aires 1954. *Lekis, L.:* Folk Dances of Latin America, New York 1958. *Giffoni, M. A. C.:* Danças tradicionais das Américas, São Paolo 1960.

Lettland: *Silinš, E.:* Latviesu deja (Lettischer Volkstanz), Riga 1939. *Melngailis, E.:* Latviešu dancis, Riga 1949.

Litauen: *Baly, J.:* Lithuanian Folk Dances, in: Journal of the English Folk Dance Society, vol. II, 1935. *Anonym:* Suk, suk, rateli, Vilnius 1957.

Mazedonien: *Ćućov, E.:* Contenu idéologique et procès rythmique de la danse populaire macedonienne, in: Journal of the International Folk Music Council, vol. IV, 1952, S. 39 ff. *Dimoski, M.:* Inst. za folklor, Skopje, Makedonski narodni ora, Skopje 1977. *Linin, A.:* Makedonski instrumentalin orski narodni melodie, Skopje 1978.

Mexiko: *Montes de Oca, J. G.:* Danzas indígenas mejicanas, Mexico 1926. *Tablada, J. J.:* The Dance in Mexico, in: Theater Arts Monthly 11, 1927, S. 637 f. *Campos, R. M.:* El folkore y la música mexicana, Mexico 1928. *Mendoza, V. T.:* Folklore de San Pedro Piedra Gorda, Mexiko 1952. *Mendoza, V. T.:* La danza durante le colonia de Mexico, in: Tradición-revista peruana de cultura, Cuzco, Peru, June 1955 – January 1957, Nos. 19–20, S. 13 ff. *Marti, S.:* Canto, danza y música precortesianos, Buenos Aires 1961. *Schwendener, N.:* How to Perform the Dances of Old Mexico, Detroit 1975. *Dickins, G.:* Dances of Mexico, London s. a.

Niederlande: *Roger, E.:* Oude en nieuwe hollantse boeren lieties en contredansen, Amsterdam 1700–1715. *Scheurleer, D. F.:* Oud nederlandsche danswijzen, 1882. *Kunst, J.:* Noord-nederlandsche volksliederen en -dansen, 1918. *Van den Ven, D. J.:* Nederlandsche boerendansen, Amsterdam 1923. *Ven-Ten-Bensel, E.:* Dutch Folk Dances, in: The Journal of the English Folk Dance Society, 1931, Sec. Sér., Nr. 4, S. 1 ff. *Van der Ven-Ten Bensel, E.:* Aspects of Folk Dance in Different Stages of National Development, in: Journal of the English Folk Dance and Song Society, vol. II, 1935, S. 17 ff. *Van den Ven, D. J.:* Dutch Traditional Dances and Dutch Folk Rites, in: Journal of the English Folk Dance and Song Society, vol. II, 1935, S. 49 f. *Van den Ven, D. J.:* Stokpaardje in den europeeschen mannendans, in: De volksdansmare, J. V, 1937, No. 2, S. 55 ff. *Van den Ven, D. J.:* Nederlandse reidansen in hun oorspung en symbolik, in: De volksdansmare, Jg. 7, 1938, Nr. 1, S. 13 ff., Jg. 8, 1939, Nr. 3, S. 94 ff. *Van der Ven-Ten Bensel, E.-Van den Ven, D. J.:* De volksdans in Nederland, 1942. *Sanson-Catz, A.-De Koe, A.:* Nederlandse volksdansen, 2 Bde., 1950. *Shuldham-Shaw, P.:* Holland as Seen in the English Country Dance 1713–1820, 1960.

Norwegen: *Elling, C.:* Vors slatten (Unsere Volkstänze), 1915. *Semb, K.:* Norske folkedansar, Oslo 1925. *Grüner-Nielsen, H.:* Dans i Norge, in: Nordisk kultur 24, 1933, S. 156 ff. *Sandvik, O. M.:* Norwegian Folk-Music and its Conncetion with the Dance, in: Journal of the English Folk Dance and Song Society, vol. II, 1935, S. 92 ff. *Semb, K.:* Norske folkedansar, I 1946, II 1956. *Semb, K.:* Dances of Norway. Handbooks of European National Dances, 1951. *Semb, K.:* Danse – Danse – Dokka mi, Oslo 1958. *Lindeman, L. M.:* Norske Fjeldmelodier, Oslo 1963. *Halvorsen, J.:* Norwegische Bauerntänze, Leipzig s. a.

Österreich: *Sonntag, J. V.:* Gesang, Volksmusik u. Tanz in Obersteiermark, in: Der Aufmerksame, Graz 1840, Jg. 29, Nr. 111/112. *Sonntag, J. V.:* Bemerkungen über steiermärkische Volksmusik, Sangsweisen, Lieder, dann über d. Nationaltanz, in: Wiener allgemeine Musikzeitung, Jg. 6, 1846, Nr. 90, S. 357 f., Nr. 91, S. 361 f., Nr. 93, S. 369 f., Nr. 95, S. 377 f., Nr. 96, S. 381 f., Nr. 97/98, S. 387 f., Nr. 99, S. 393 f. *Horak, K.:* Der Volkstanz in Oberösterreich u. im Salzkammergut, in: Beiträge zur Volksmusik in Oberösterreich, Schriften zur Volksmusik, Bd. 6, 1882, S. 109. *Hein, W.:* Tänze u. Volksschauspiele in Tirol u. Salzburg, in: Mitteilungen d. Anthropologischen Gesellschaft in Wien, XXIV, 1894, S. 145 ff. *Völler, F.:* Der Tanz bei d. bayerischen u. österreichischen Bauern im 13. Jh., in: Das Bayerland, Jg. 10, 1899, Nr. 51, S. 608 ff., Nr. 52, S. 616 ff. *Adrian, K.:* Salzburger Volksspiele, Aufzüge u. Tänze, Salzburg 1905. *Strohmeier, S.:* Zwölf steirische Tanzfiguren, Leoben 1906. *Daigl, J.:* Steirische Tanzweisen, in: Zeitschrift Deutsche Heimat, Jg. 6, 1911, Nr. 9/10, S. 81 f. *Zoder, R.-Preiß, R.:* Bauernmusi, 2 Teile, Leipzig 1919, 1925. *Zoder, R.:* Altösterreichische Volkstänze, 3 Teile, 1921, 1928, 1932. *Commenda, H.:* Unser Volkstanz, in: Heimatgaue, Jg. 3, 1922, H. 4, S. 185 ff. *Adrian, K.:* Von Salzburger Sitt' u. Brauch, Wien 1924. *Pramberger, R.:* Steirische Tanzlust, in: Zeitschrift d. Deutschen u. Österreichischen Alpenvereins, Bd. 55, 1924, S. 132 ff. *Prinke, S.:* Altsteirische Volkstänze, Leipzig 1924. *Adrian, K.-Neubauer, A.:* Salzburger Tänze, 1926. *Zoder, R.:* Volksmusik u. Volkstanz, in: Allgemeiner Sängerschaftskalender, Das Sängerjahr 1926. *Commenda, H.:* Der Volkstanz in Oberösterreich, in: Der Pflug, 1927, S. 52 f. *Commenda, H.:* Oberösterreichische Volkstänze, Deutsche Volkstänze, 1928, H. 4. *Schmitt, A.:* Beiträge zu d. Vorarlberger Volkstänzen, in: Das deutsche Volkslied, Jg. 30, H. 4, 1928, S. 64 ff. *Zoder, R.:* Montafoner Volkstänze aus d. Anfange d. 19. Jh., in: Zeitschrift f. Musikwissenschaft, Jg. 10, 1928, H. 4, S. 223 ff. *Klier, K. M.:* Altösterreichische Volkstänze, in: Österreichischer Trachtler-Taschenkalender VIII, 1929, S. 50 ff. *Horak, K.:* Burgenländische Volkstänze, Deutsche Volkstänze, H. 7, 1931. *Horak, K.:* Der Volkstanz in d.

Meraner Gegend, in: Die Volksmusik, Jg. 3, 1931, Nr. 9, S. 102 f. *Zoder, R.*: Bemerkungen zu d. taktwechselnden Volkstänze aus d. Oberpfalz, in: Das deutsche Volkslied, Jg. 30, 1928, H. 4, S. 59 ff., Jg. 34, 1932, H. 5, S. 56 ff. *Horak, K.*: Volkstanzbewegung in Nordtirol, in: Blätter f. Volkstanzgruppen 3, 1933, Nr. 5, S. 28. *Wolfram, R.*: Salzburger Volkstänze, in: Wiener Zeitschrift f. Volkskunde, Jg. 38, 1933, S. 85 ff. *Zoder, R.*: Die deutschen Volkstänze in Kärnten, in: Das deutsche Volkslied, Jg. 35, 1933, H. 6, S. 57 ff. *Eberhard, O.*: 40 echte salzburgische Volkstänze, 1934. *Horak, K*: Tiroler Volkstänze, in: Tiroler Heimatblätter, Jg. 12, 1934, S. 3 ff. *Kellner, H.*: Tanz u. Musik bei einer Mondseer Hochzeit, in: Das deutsche Volkslied, Jg. 36, 1934, H. 4, S. 37 ff., H. 5, S. 59 ff. *Maier, R.*: Volkstänze aus Kärnten mit Tanzbeschreibung u. Musik, 1934. *Scholm, H.*: Zwei Volkstänze aus d. südlichen Niederösterreich, in: Blätter f. Volkstanzgruppen, Jg. 4, 3. Folge, 1934, S. 13 f. *Haiding, K.*: Volkstanzaufzeichnungen aus d. Burgenland, in: Werk u. Wille, Jg. 1935, H. 4/5, S. 107 ff. *Horak, K.*: Bemerkungen zu d. burgenländischen Volkstänzen, in: Werk u. Wille, Jg. 1935, H. 4/5, S. 103 ff. *Horak, K.*: Volkstänze aus Tirol, Deutsche Volkstänze H. 22/23, 1935. *Zoder, R.*: Der Volkstanz in Österreich u. seine Quellen, in: Die österreichische Schule, Jg. 12, 1935, H. 7, S. 539 ff. *Horak, K.*: Landler u. Masollka, in: Das deutsche Volkslied, Jg. 38, 1936, H. 1/2, S. 1 ff. *Novak, A.*: Steirische Tänze, 1936. *Bayr, J.-Wallner, N.*: Südtiroler Volkstänze aus d. Fersental, Deutsche Volkstänze H. 36, 1937. *Friedl, H.*: „Bairische Tänze" aus d. Mühlviertel, in: Das deutsche Volkslied, Jg. 39, 1937, H. 1/2, S. 11 ff. *Horak, K.*: Der Volkstanz im steirischen Salzkammergut, in: Das deutsche Volkslied, Jg. 39, 1937, H. 9/10, S. 121 ff. *Koschier, F.*: Der Volkstanz in Kärnten, in: Kärntner Jahrbuch, 1937, S. 73 ff. *Au, H. v. d.*: Volkstänze aus d. Salzburger Land, in: Das deutsche Volkslied, Jg. 40, 1938, H. 1/2, S. 34 ff. *Jülg, H.*: Volkstänze aus Oberösterreich. Zweites Wülzburg Tanzheft, 1938. *Koschier, F.-Maier, R.*: Kärntner Heimattänze, 1938. *Lager, H.*: Zwei Volkstänze aus d. niederösterreichischen Waldviertel, in: Das deutsche Volkslied, Jg. 40, 1938, H. 1/2, S. 37 ff. *Zoder, R.*: Der Volkstanz in Niederösterreich, in: Jahrbuch f. Landeskunde v. Niederösterreich, N. F., Jg. 27, 1938, Festschrift zum 70. Geburtstag A. Beckers, S. 257 ff. *Au, H. v. d.*: Zur Verbreitung d. Zwiefachen, in: Das deutsche Volkslied, Jg. 43, 1941, H. 1/2, S. 16. *Lager, H.*: Sallbacher Tänze, in: Das deutsche Volkslied, Jg. 43, 1941, H. 1/2, S. 7 ff. *Lager, H.*: Unsere Tänze, Wien 1941. *Prodinger, F.*: Abdrischbrauchtum in d. Gemeinde Eugendorf, in: Mitteilungen d. Gesellschaft f. Salzburger Landeskunde, Bd. 81, 1941, S. 124 ff. *Lager, H.*: Tänze aus d. steirischen Ramsau, in: Das deutsche Volkslied, Jg. 46, 1944, H. 1/2, 1944, S. 13 ff. *Horak, K.*: Tiroler Volkstänze, 1946. *Horak, K.*: Südtiroler Volkstänze, in: Der Schlern, Jg. 21, 1947, S. 11 f. *Peter, I.*: 42 Tänze aus Österreich, Wien 1947. *Zoder, R.*: Alte Volkstanzmelodien aus Vorarlberg, in: Volkskundliches aus Österreich u. Südtirol, 1947, S. 305 ff. (Österreichische Volkskultur Bd. 1). *Breuer, K.*: Dances of Austria. Handbooks of European National Dances, 1948. *Hrandek, R. A.*: Volkstanzaufzeichnungen aus Oslip im Burgenland, in: Das deutsche Volkslied, Jg. 49, 1949, H. 1/2, S. 16 ff. *Koschier, F.*: Kärntner Volkstänze, 1949. *Novak, A.*: Steirische Tänze, 1949. *Wolfram, R.*: Die Volkstanznachrichten in d. Statistischen Erhebungen Erzherzog Johanns, in: Volk u. Heimat, Festschrift f. V. v. Geramb, 1949, S. 271 ff. *Zoder, R.*: Volkslied u. Volkstanz, 1949, S. 278 ff. *Derschmidt, H.*: Heimische Tänze, 1950. *Horak, K.*: Der Volkstanz in d. Meraner Gegend, in: Die Volksmusik, Jg. 3, 1951, Nr. 9, S. 102 ff. *Koschier, F.*: Der Kärntner Volkstanz, in: Der Heimatkreis, Jg. 1, 1937, H. 9, S. 5 ff. u. in: Kärntner Landsmannschaft, Jg. 1951, No. 4, S. 6 f. *Wolfram, R.*: Kärnten als Volkstanzlandschaft, in: Carinthia I, Jg. 141, 1951, S. 50 ff. *Wolfram, R.*: Die Volkstänze in Österreich u. verwandte Tänze in Europa, 1951. *Horak, K.*: Volkstänze aus d. Fleimstal, in: Der Schlern, Jg. 26, 1952, H. 11/12, S. 424 ff. *Koschier, F.-Anderluh, A.*: Volkstänze aus Kärnten, 1952. *Horak, K.*: Der Volkstanz im kleinen Walsertal, in: Jahrbuch d. österreichischen Volksliedwerkes, Bd. 3, 1954, S. 91 ff. *Koschier, F.*: Kärntner Brauchtumstänze, in: Kärnten, lebendiges Volkstum, Festschrift hrsg. v. ORF, 1954, S. 26 ff. *Jülg, H.*: Tiroler Volkstanz, 1955. *Klier, K. M.*: Notizen zum burgenländischen Volkstanz, in: Burgenländische Heimatblätter, Jg. 19, 1955, S. 128 ff. *Riedl, A.*: Das „Robischtanzen" in Marz, in: Volk u. Heimat, Jg. 8, 1955, Nr. 12, S. 11 f. *Commenda, H.*: Aus d. Notenbüchl v. Urähnl„ in: Jahrbuch d. österreichischen Volksliedwerkes, Bd. 6, 1957, S. 8 ff. *Horak, K.*: Volkstänze aus Unken im Lande Salzburg, in: Jahrbuch d. österreichischen Volksliedwerkes, Bd. 6, 1957, S. 61 ff. *Koschier, F.*: Die Gailtaler Burschenschaft u. ihr Lindentanz, in: Jahrbuch d. österreichischen Volksliedwerkes, Bd. 6, 1957, S. 79 ff. *Corazza, R.*: Volksmusik aus d. Ultental, in: Jahrbuch d. österreichischen Volksliedwerkes, Bd. 7, 1958, S. 66 ff. *Jülg, H.*: Tänze unserer Heimat, 3 Teile, 1958. *Dreo, H.*: Burgenländische Volkslieder u. Volkstanzweisen, Wien 1959. *Horak, K.*: Volkstänze aus d. oberen Mühlviertel, in: Jahrbuch d. österreichischen Volksliedwerkes, Bd. 8, 1959, S. 143 ff. *Horak, K.*: Folk Dance Movement in Austria, in: The Folklorist, 5, Nr. 3, 1959, S. 229 ff. *Koschier, F.*: Kärntner Volkstanz-Bibliographie, in: Tanz u. Brauch, Bd. 19, 1959, S. 173 ff. *Lager, H.-Derschmidt, H.*: Österreichische Tänze, Wien 1959. *Moser, O.*: Von Tanzburschen u. Tanzschaffern, in: Tanz u. Brauch, Bd. 19, 1959, S. 137 ff. *Schmidt, L.*: Verbreitungskarten v. Volkslied, Volkstanz u. Volksschauspiel f. Niederösterreich, in: Jahrbuch d. österreichischen Volksliedwerkes, Bd. 8, 1959, S. 124 ff. *Zoder, R.*: Alte Volkstanzmelodien aus Kärnten, in: Tanz u. Brauch, Bd. 19, 1959, S. 91 ff. *Löscher, St.*: Über d. Volkstanz in Oberösterreich, Steiermark u. im Burgenland, in: Jahrbuch d. österreichischen Volksliedwerkes, Bd. 9, 1960, S. 66 ff. *Dreo, H.*: Volkstänze aus d. Burgenland, 1961. *Lager, H.*: Folk-Dance Movement in Austria, in: Austrian Information, New York, June 30, 1961. *Walter, H.*: Volkslied u. Volkstanz, in: Karl Ilg, Landes- u. Volkskunde, Bd. 3, S. 223 ff., Innsbruck 1961. *Wolfram, R.*: Die Volkstänze in Österreich – ein Überblick, in: Journal of the International Folk Music Council, vol. XIII, 1961, S. 5 ff. *Horak, K.*: Tiroler Volksmusik, in: Jahrbuch d. österreichischen Volksliedwerkes, Bd. 11, 1962, S. 181 ff. *Koschier, F.*: Kärntner Volkstänze. Kärntner Museumsschriften H. XXVII, XXVIII, 1963. *Horak, K.*: Der Volkstanz im Burggrafenamt, in: Jahrbuch d. österreichischen Volksliedwerkes, Bd. 12, 1963, S. 73 ff. *Lager, H.:* Der österreichische Volkstanz, in: Österreichische Musikzeitschrift, Jg. 18, 1963, H. 11, S. 513 ff. *Neugebauer, H.:* Der Tanz um d. Salzburger Stier, in: Der fröhliche Kreis, Jg 16, 1965, H. 8/9, S. 22 ff. *Jandl, G.:* Der Tanz im steirischen Brauchtum, Diss. Graz 1967. *Conrad, K.:* Volkstanz u. Geseellschaftstanz in d. Salzburger Landgemeinden, in: Volkskunde u. Volkskultur, Festschrift f. R. Wolfram, 1968, S. 31 ff. *Schmidt, L.:* Spätmittelalterliche Volksmusik in Kärnten u. seinem Umland, in: Österreichische Musikzeitschrift, Jg. 25, 1970, H. 9, S. 516 ff. *Deutsch, W.:* Zur Volksmusik im Burgenland, in3 Österreichische Musikzeitschrift, Jg. 26, 1971, H. 9, S. 489. *Hofer, E.:* Vorarlberger Volkstänze, Innsbruck 1971. *Horak, K.:* Der Volkstanz im Burgenland, in: Österreichische Musikzeitschrift, Jg. 26, 1971, H. 9, S. 498 ff. *Deutsch, W.-Koschier, F.:* Volkslied, Volksmusik, Volkstanz. Kärntner Museumsschriften, Bd. 51, 1972. *Ramovš, M.:* Das Volkstanzgut Oberkrains. Kärnten u. seine Nachbarn, 1972, S. 131 ff. *Horak, K.:* Der Volkstanz in d. Umgebung v. Wien um 1930, in: Jahrbuch d. österreichischen Volksliedwerkes, Bd. 22, 1973, S. 9 ff. *Horak, K.:* Der Tanz im Unkener Mittwinterbrauchtum, in: Der fröhliche Kreis, Jg. 23, 1973, H. 1, S. 2 ff. *Derschmidt, H.:* Mühlviertler Tänze, in: Der fröhliche Kreis, H. 1, März 1974, S. 4 ff. *Horak, K.:* Tiroler Volkstänze, 1974. *Horak, K.:* Der Volkstanz im Mattigtal u. im Kobernauserwald/Oberösterreich, in: Jahrbuch d. österreichischen Volksliedwerkes, Bd. 23, 1974, S. 1 ff. *Horak, K.:* Der Volkstanz im Ötztal, in: Ötztaler Heimatverein, Mitteilungsblatt, Nr. 16, 1974, S. 1 ff. *Berghold, L.-Deutsch, W.:* Volkstänze aus Niederösterreich Bd. I, 1975. *Horak, K.:* Der Volkstanz im Burgenland, in: Jahrbuch d. österreichischen Volksliedwerkes, Bd. 24, 1975, S. 10 ff. *Peter, I.:* Der Tanz im Lungau, in: Lungau-Report 1975, S. 68 ff. *Peter, I.:* Salzburger Tänze, 1975. *Thiel, H.:* Nachrichten zur musikalischen u. tänzerischen Bereicherung brauchverankerter Handlungen im Lungau, in: Lungau-Report 1975, S. 112 ff. *Fuchs, F.:* Tänze aus österreichisch-Schlesien, in: Der fröhliche Kreis, 26, 1976, S. 102 ff. *Heyn, H.:* Vom Tanzen zwischen Inn u. Salzach, in: Sänger- u. Musikantenzeitung, Jg. 19, 1976, H. 5, S. 131 ff. *Lager, H.:* 3 Salzburger Tänze, in: Der fröhliche Kreis, 26, 1976, S. 14 ff. *Lager, H.:* Die Tanzlandschaften Niederösterreichs, in: Die musikalische Volkskultur in Niederösterreich, 1976, S. 207 ff. *Peter, I.:* Tanz d. Pinzgauer Almleute zu brauchtümlich gebundenen Anlässen, in: Jahrbuch d. österreichischen Volksliedwerkes, Bd. 25, 1976, S. 8 ff. *Peter, I.:* Tänze aus d. Lungau u. Pinzgau, in: Der fröhliche Kreis, 26, 1976, S. 87 ff. *Dreo, H.:* Die Volkstanzaufzeichnungen im Burgenländischen Volksliedarchiv, in: Burgenländische Heimatblätter 39, 1977, S. 166 ff. *Horak, K.:* Volkstänze aus Oberkrain, in: Jahrbuch d. österreichischen Volksliedwerkes, Bd. 26, 1977, S. 56 ff. *Horak, K.:* Der Volkstanz in d. Steiermark u. in d. benachbarten Landschaften, in: Vorträge Graz u. Seggau 1973–1977 (Musikethnologische Sammelbände I), 1977, S. 105 ff. *Lager, H.:* Typologischer Überblick über d. oberösterreichische Volkstanzgut, in: Der fröhliche Kreis, Jg. 27, 1977, H. 1, S. 15 ff. *Horak, K.:* Volkstanzformen im Lande Salzburg, in: Salzburger Heimatpflege, Jg. 2, 1978, H. 2, S. 55 ff. *Horak, K.:* Der Volkstanz in Tirol zwischen Tradition u. Folklorismus, in: Beiträge z. Volksmusik in Tirol, 1978, S. 173 ff. *Lager, H.:* Volkstanzstudien in d. Steiermark, 3. Teil, in: Jahrbuch d. österreichischen Volksliedwerkes, Bd. 28, 1979, S. 51 ff. *Lager, H.:* Typologischer Überblick über d. Salzburger Tänze, in: Die Volksmusik im Lande Salzburg, 1979, S. 67 ff. *Peter, I.:* Tanz d. Pinzgauer Almleute zu brauchtümlich gebundenen Anlässen, in: Die Volksmusik im Lande Salzburg, 1979, S. 106 ff. *Wolfram, R.:* Großformen d. Salzburger Brauchtumstänze, in: Die Volksmusik im Lande Salzburg, 1979, S. 78 ff. *Haid, H.:* „Tanzn ist kindisch, tanzn tuat ma nit", in: Festschrift f. K. Horak, 1980, S. 35 ff. *Horak, K.:* Volkstanzlandschaft Südtirol, in: Tiroler Volkskultur 32, S. 92 f. u. in: Der fröhliche Kreis 30, 1980, S. 42 ff. *Horak, K.:* Tänze beiderseits d. Salzach, in: Schweizerische Musikzeitung, 24, 1981, S. 295 ff. *Längle, A. S.:* Eine Studie zum Tanz in Hohenzell, Hausarbeit aus „Musikalischer Volkskunde", Wien 1981. *Lager, H.:* Neue Tanzforschung in Niederösterreich, 1. Teil, Waldviertel, in: Jahrbuch d. österreichischen Volksliedwerkes, Bd. 30, 1981, S. 52 ff. *Lager, H.:* Zwei Waldviertler Tänze, in: Der fröhliche Kreis, Jg. 32, 1982, H. 1, S. 10 ff. *Schmidt, L.:* Zeugnisse zur Geschichte d. Tanzes in Niederösterreich, in: Jahrbuch d. österreichischen Volksliedwerkes, Bd. 31, 1982, S. 9 ff. *Bammer, R.:* Niederösterreichische Volkstänze, Wien s. a. *Schützenberger, E.-Derschmidt, H.:* Spinnradl. Unser Tanzbuch, mehrere Folgen, Landsberg a. L., s. a.

Pernambuco: *Berba, H.:* Danças pernambucanas, Rio de Janeiro 1951.

Polen: *Kolberg, O.:* Lud, Krakow 1857–91. *Gloger, Z.:* Piesni luda, Kraków 1892. *Klosnik, Z.:* O tańcach narodowych polskich, Lwów 1907. *Jachimecki, Z.:* Zur Geschichte d. polnischen Tanzes, Krakau 1910. *Norlind, T.:* Die polnischen Tänze außerhalb Polens, in: Report of the Fourth Congress of the International Musical Society London, May/June 1911, London 1912, S. 201 ff. *Cieplik, T.:* 45 górnislaskich tanców ludowych, Beuthen 1923. *Stryjenska, Z.:* Tance polskie, Kraków 1929. *Lobaczewska, St.:* Les danses polonaises, in: Archives internationales de la danse, II, No. 1, 1934. *Nowy, A.:* Der Volkstanz d. Deutschen in Polen, in: Zeitschrift f. Musik, Jg. 106, 1939, H. 11, S. 1096 ff. *Tyszkiewicz, A.:* Polish Folk Dances and Dance-Songs, London um 1940. *Chorosiński, J.:* Melodie taneczne Powiśla (Tanzlieder aus Powisle), Krakow 1949. *Wolska, H.:* Dances of Poland. Handbooks of European National Dances, Bd. 22, 1952. *Kwaśnicowa, Z.:* Polskie tańce ludowe, Mazur (Polnische Volkstänze, Mazur), Warschau 1953. *Horak, K.:* Singtänze aus Mittelpolen, in: Jahrbuch f. Volkskunde d. Heimatvertriebenen 6, 1961, S. 62 ff. *Marcinkowa, J.:* Folklor taneczny, Warszawa 1971.

Portugal: *Abeking, M.:* Volkstänze in Baiyo-Alemtejo, in: Zeitschrift d. Vereins f. Volkskunde Berlin, Jg. 12, 1902, S. 349 ff. *Armstrong, L.:* Dances of Portugal, London 1948. *Ribas, T.:* Danças do povo português, Lisboa 1961.

Rumänien: *Slavici, J.:* Die Rumänen in Ungarn, Siebenbürgen u. d. Bukowina, in: Die Völker Österreichs, Bd. 6, 1881, S. 185 ff. *Niculescu-Varone, G. T.:* Jocuri românești necunoscute (Unbekannte rumänische Tänze), București 1930. *Niculescu-Varone, G. T.:* Alte jocuri romanisti necunoscute (Andere unbekannte rumänische

Tänze), București 1931. *Niculescu-Varone, G. T.:* Dictionarul jocurilor românești (Handwörterbuch d. rumänischen Volkstänze), București 1931. *Niculescu-Varone, G. T.:* Les danses populaires roumaines, Bucarest 1933. *Wolfram, R.:* Altersklassen u. Männerbünde in Rumänien, Wien 1934, S. 124 ff. *Grindea, M. u. C.:* Dances of Romania. Handbooks of European National Dances, Bd. 23, 1952. *Bentoiu, P.:* Cíteva consideratiuni asupra si notatiei melodiiler de joc românești (Einige Betrachtungen über d. Rhythmus u. d. Setzen d. rumänischen Tanzmelodien), in: Revista de folclor, I, 1956, Nr. 1–2, S. 36 ff. *Bucsan, A.:* Jocuri din Ardeal de sud, 1857. *Proca-Giortea, V.:* Despre notarea dansului popular românesc (Über d. Setzen d. rumänischen Volkstanzes), in: Revista de folclor, III, 1958, Nr. 1–3. *Ciobanu, G.:* Inrudirea dintre ritmul dansurilor si al colindelor (Die Verwandtschaft zwischen Rhythmus d. Tänze u. demjenigen d. „colinde"), in: Revista de etnografie si folclor, IX, 1964, Nr. 1, S. 33–68. *Balaci, E.:* Aspecte ale neconcordantei dimensionale în dansul popular românesc (Aspekte d. dimensionalen Nichtübereinstimmung im rumänischen Volkstanz), in: Revista de etnografie si folclor, X, 1965, Nr. 3, S. 291 ff. *Comisel, E.:* Structura melodica a dansurilor populare (Die Melodische Struktur d. Volkstänze), in: Revista de etnografie si folclor, X, 1965, Nr. 4, S. 399 ff. *Martin, G.:* Considerations sur l'analyse des relations entre la danse et la musique des danses populaires, in: Studia musicologica, VII, 1965, Nr. 1–4, S. 316 ff. *Molkenbur, N.:* Rumänische Volkstänze, Leipzig 1967. *Proca-Ciortea, V.:* Der Rhythmus d. rumänischen Volkstänze, in: Volkskunde u. Volkskultur (Festschrift f. R. Wolfram), 1968, S. 343 ff. *Schmolke, A.-Langhans, H.:* Europäische Tänze, H. 10, 1970. *Bucsan, A.:* Specificul dansului popular românesc, București 1971.

Schottland: *Mackenzie, D. R.:* Illustrated Guide to the National Dances of Scotland, 1910. *Milligan, J. C.:* The Scottish Country Dance, 1924. *Gilchrist, A. G.:* Some English and Scottish Folk-Dances Surviving amongst Children, in: Journal of the English Folk Dance Society, 1931, Sec. Ser., Nr. 4, S. 22 ff. *Mackenzie, D. R.:* Highland Dances, Glasgow 1939. *MacLennan, D. G.:* Highland and Traditional Scottish Dances, Edinburgh 1950. *Thurston, H. A.:* Scotland's Dances, London 1954. *Schmolke, A.-Langhans, H.:* Europäische Tänze, H. 5, 1959. *McConachie, J.:* Scottish Country Dances of the Eighteenth Century, London 1960. *Milligan, J. C.:* 99 more Scottish Country Dances, Glasgow 1963. *Flett, J. F. u. T. M.:* Traditional Dancing in Scotland, Nashville 1966.

Schweden: *Afzelius, A. A.-Drake, E.:* Traditioner af svenska folkedanser, 1814/15. *Norlind, T.:* Melodier till svenska folkvisor och folksdanses, in: Svenska landsmal, H. 3, 1906, S. 74 f. *Andersson, O.:* Svenska fackeldansen i Finland (Über schwedische Volkslieder u. Volkstänze in Finnland), in: Brage, Årsskrift III, 1908. *Bergquist, N. W.:* Swedish Folk Dances, London 1910. *Norlind, T.:* Studier i svensk folklore, in: Acta universitatis Lundensis, 1911. *Andersson, O.:* On Violinists and Dance-Tunes among the Swedish Country-Population in Finland towards the Middle of the Nineteenth Century, in: Sammelbände d. Internationalen Musikgesellschaft, Jg. 13, 1911/12, S. 107 ff. *Landtmanson, S.:* Menuetter och polska dantzar, 1912. *Nilsson, M. P.:* Vara danslekar, Lund 1915. *Andersson, N.:* Svenska Låtar, 15 Bde., Stockholm 1922. *Engelhardt, E.:* Schwedische Volkstänze, 1922. *Pallme-König, E.:* Schwedisches Volkstum in Tanz u. Spiel, in: Die junge Nordmark, 1926, H. 4/5, S. 100 ff. *Norlind, T.:* Svensk folkmusik och folkdans, in: Natur och kultur, Bd. 96, 1930. *Götland, J.:* Tva gamla foldanser, in: Meddelanden från landsmålsarkivet i Uppsala, Nr. 1, 1932. *Klein, E.:* Dans i Sverige, in: Nordisk kultur, Bd. 24, 1933, S. 109 ff. *Mallander, I.:* Lärobok i folkvisedans, 1935. *Lindblom, A.:* Swedish Folk Dances, 1939. *Rehnberg, M.:* Swedish Folk Dances, 1939. *Salvén, E.:* Dances of Sweden. Handbooks of European National Dances, 1949. *Tillhagen, C. H.:* Svenska folklekar och danser, 1949/50. *Eberhard, O.:* Schwedische Volkstänze, in: Heimat u. Volk, Jg. 3, F. 3, 1950, S. 2 f. *Karlsson, G.:* Svenska folkdanser och sällskapsdander, 1952. *Dencker, N.:* Domaredansen, in: Arv, Vol. 13, 1957, S. 31 ff.

Schweiz: *Tobler, A.:* Der Volkstanz im Appenzellerlande, in: Schweizerisches Archiv f. Volkskunde, Jg. 8, 1904, H. 1, S. 1 ff., H. 2, S. 100 ff. H. 3, S. 178 ff. *Ithen, A.:* Über Tänze im Kanton Zug, in: Schweizerisches Archiv f. Volkskunde, Jg. 9, 1905, H. 1, A. 65 ff. *Bernoulli, E.:* Neues zum Appenzeller Hierig Tanz, in: Schweizerisches Archiv f. Volkskunde, Jg. 23, 1921, H. 3/4, S. 216 ff. *Liner, C.:* Alte Appenzeller Tänze in Inner-Rhoden, in: Appenzeller Kalender auf d. Jahr 1932. *Witzig, L.:* Swiss Folk Dance and Rural Life, in: Journal of the English Folk Dance and Song Society, Vol. II, 1935, S. 54 ff. *Alford, V.:* Music and Dance of the Swiss Folk, in: The Musical Quarterly, vol. 27, 1941, No. 4, S. 500 ff. *Anonym:* Schweizer Tänze! Neue Tänze nach alten Weisen; Blätter, 1941. *Witzig, L. – Stern, A.:* Volkstänze d. Schweiz, 1941. *Christen, H.:* Die schönsten Volkstänz ussim Baselbiet, 1943. *Witzig, L.:* Dances of Switzerland. Handbooks of European National Dances, 1949. *Klenk, K.:* Der Volkstanz in d. Schweiz, 1954. *Burdet, J.:* La danse populaire dans les pays de Vaud sous le régime bernois, 1958. *Volkstänze d. Schweiz,* herausgegeben v. d. Schweizerischen Trachtenvereinigung, 1966. *Aubert, L.:* The Swiss Folklorik Masks, in: The World of Music, vol. XXII, 1980, No. 1, S. 53 ff. *Wolfram, R.:* Das „Gäuerlein" in Rothenthurm (Innerschweiz), in: Festschrift f. K. Horak, Innsbruck 1980, S. 87 ff. *Stern, K.-Witzig, L.-Spröd, A.:* Unspunnen-Tänze, Zürich s. a.

Skandinavien: *Royle, M. H.:* Scandinavian Folk Dances, Kopenhagen 1915. *Schmolke, A.-Langhans, H.:* Europäische Tänze, H. 7, 1962.

Spanien: *Olmeda, F.:* Spanische Tänze, 1903. *Barrelet, M.:* Mallorkinische Volkslieder u. Tänze, Diss. Hamburg 1922. *Michel, A.:* Der spanische Volkstanz, in: Der Rhythmus, 1927. *Michel, A.:* Im Lande d. Tanzes, in: Unterhaltungsblatt d. Vossischen Zeitung Nr. 70 v. 22. März 1928. *Alford, V.:* The Dance of the Gipsies in Catalonia, in: Journal of the English Folk Dance and Song Society, vol. I, 1934, Nr. 3, S. 156 ff. *La Meri:* Spanish Dancing, New York 1948. *Laparra, R.:* La musique et la danse populaires en Espagne, 1950. *Ricart, M. J.:* Refranero internacional de la música y de la danza, 1950. *Larrea Palacín, A. de:* El dance aragonés y las representationes de moros cristianos, 1952. *Borrull, T.:* La danza española, 1954. *Gelati, A.:* Dances and Songs of the Pyrenean Shephers, in: Journal of the International Folk Music Council, vol. VI, 1954, S. 49 ff. *Donostia, P. J. A. de:* Historia de las danzas de Guipúzcoa con sus melodías antiguas y sus versos, in: Anuario musical, vol. IX, 1954, S. 97 ff. *Donostia, P. J. A. de:* Les instruments des danses populaires espagnoles, in: Journal of the International Folk Music Council, Vol. VI, 1954, S. 26 ff. *Oyhamburu, P.:* La danse et la musique en pays Basque, in: Journal of the International Folk Music Council, vol. VI, 1954, S. 36 ff. *Amades, J.:* La danza espadas y de palos, in: Anuario musical X, 1955. *Schmolke, A.-Langhans, H.:* Europäische Tänze, H. 3, 1956. *Caballero Bonald, J. M.:* El baile andaluz, 1957. *Garcia, M. M.:* Danzas populares de España. 1957. *Del Rio Velasco, J.:* Danzas tipicas burgolesas, 1959.

Türkei: *Heilig, O.:* Slowakische, griechische, walachische u. türkische Volkstänze, in: Sammelbände d. Internationalen Musikgesellschaft, Jg. 4, 1902/03, S. 293 ff. *James, D. W.:* Some Turkish Folk Dances, in: The Dancing Times, October 1946, S. 14 f. *Selen, R. M.:* Bursada kiliç kalkan savas oyunu, 1947. *Cilingiroglu, K.:* Erzurum oyunlari, in: Türk Folklor Arastirmalari I, 1949. *Saygun, A. A.:* Des danses d'Anatolie et leur caractère rituel, in: Journal of the International Folk Music Council, vol. II, 1950, S. 10 ff. *Yönetken, H. B.:* Turkish Folk Dances, in: Rosn the Bow, vol. IV, No. 7, 1952, S. 27 f. *Hoerburger, F.:* Waffentänze d. Türken, in: Forschungen u. Fortschritte, Jg. 28, 1954, H. 6, S. 185 ff. *Reinhard, K.:* Trommeltänze aus d. Türkei, in: Journal of the International Folk Music Council, Bd. 13, 1961, S. 19 ff. *Tör, V. N.:* Die Türkei als Neuland f. d. Erforschung d. Volkstänze, in: Südosteuropa-Jahrbuch, Bd. 6, S. 108 ff. *And, M.:* Türk köglü danslari, 1964.

UDSSR: *Stepovij, O.:* Ukraïnski narodni tanci, Augsburg 1946. *Moissejew, I.:* Tänze d. Völker d. Sowjetunion, F. 1, Berlin 1951. *Tkačenko, T. St.:* Narodnyj tanec, 1954. *Golejzovskij, K. J.:* Obrazy russkoj narodnoj choreografii (Darstellungen russischer Volkschoreographie), 1964. *Gumenjuk, A. J.:* Ukraïnski narodni tanci, 1969. *Volkstänze* aus d. Sowjetunion, H. 1, Leipzig s. a.

Ungarn: *Anonym:* Über d. Nationaltänze d. Ungarn, in: Allgemeine musikalische Zeitung Leipzig, No. 35, 28. May 1800, S. 609 ff. *Kaldy, J.:* Über d. älteren u. neueren ungarischen Volkstänze, 1896. *Réthei, P. M.:* A magyarság táncai, 1924. *Derra de Moroda, F.:* The Dances of Hungary, in: The Dancing Times, Sept. 1929, S. 547 ff. *Derra de Moroda, F.:* Hungarian National Dances, in: The Dancing Times, Sept. 1933, S. 573 ff. *Weber, E.:* Magyar táncok, 1935. *Viski, K.:* Hungarian Dances, 1937. *Derra de Moroda, F.:* The Dances and Costumes of Hungary, in: South African Dancing Times, vol. VI, No. 10, May 1938, S. 16 f. *Rearick, E. C.:* Dance of the Hungarians, New York 1939. *Faragó, J.:* A tánc a mezőségi pusztakamaráson, in: Studien zur Ethnologie Siebenbürgens, H. 7, 1946. *Molnár, I.:* Magyar tánchagyományok, 1947. *Tálasi, T.:* A magyar táncokról, 1949. *Buday, G.:* Dances of Hungary. Handbooks of European National Dances Bd. 11, 1950. *Szentpál, M.:* Völgységi táncok (Ungarische Volkstänze), 1951. *Kodály, Z.:* Magyar táncok 1729–ból (Ungarische Tänze aus 1729), in: Új Zenei Szemle, Jg. 6, 1952, S. 1 ff. *Molnár, I.:* Pusztafalutól Karcsáig abánj-megyei táncok és dalok, 1953. *Morvay, P.-Pesovár, E.:* Somogyi táncok, 1954. *Martin, G.:* Bag táncai és táncélete, 1955. *Elekes-Weber, E.:* Hungarian Dances, 1956. *Tarr, L.:* Hungarian Rhapsody, 1956. *Lajtha, L.-Gönyey, S.:* Tánc, in: A magyarság szellemi néprajza, Bd. 4, 1957, S. 85 ff. *Belényesy, M.:* Kultúra és tánc a bukovinai székelyeknell, 1958. *Falvy, Z.:* A Linus-féle XVIII. századi táncgyüjtemény, in: Zenetudományi tanulmányok VI, 1958, S. 407 ff. *Kaposi, E.-Maácz, L.:* Magyar népi táncok és táncos népszokások, 1958. *Morvay, P.:* Tánctudományi tanulmányok, 1958. *Pesovár, F.:* Alapi táncok, in: Alba Regia I, 1960. *Domokos, P. P.:* Magyar táncdallamok a XVIII. századból, in: Zenetudományi tanulmányok IX, 1961, S. 269 ff. *Martin, G.-Pesovár, E.:* A Structural Analysis of the Hungarian Folk Dance, in: Acta ethnographica, X, 1961, S. 1 ff. *Lajtha, L.:* Dunántuli táncok és dallamok, 1962. *Pesovár, E.:* Der heutige Stand d. ungarischen Volkstanzforschung, in: Journal of the International Folk Music Council, vol. XV, 1963, S. 53 ff. *Bonis, F.:* Die ungarischen Tänze d. Handschrift Appony (Oponice), in: Studia musicologica, Tom: VI, 1964, Fasc. 1–2, S. 9 ff. *Martin, G.:* A sárközi-Duna menti táncok motivumkincse, 1964. *Dörwaldt, E.:* Ungarische Volkstänze, 1965. *Martin, G.:* East European Relations of Hungarian Dance Types, in: Europa et Hungaria, 1965, S. 469 ff. *Pesovár, E.:* Les types de la danse folklorique hongroise, in: Studia musicologica, Tom: VII, 1965, S. 103 ff. *Jobbágy, I.-Kutny, I.:* Hungarian Folk Dances, 1969. *Martin, G.:* Magyar táctipusok és táncdialektusok, Bd. I–III, 1970–72. *Martin, G.:* A magyar nép táncai, 1974. *Kecskés, A.:* A Sibenburger Tantz (Erdélyi tánc) és a Rkóczi-nóta rokonsága, in: Magyar Zene XXI, 1980, S. 151 ff.

USA: *Burchenal, E.:* American Country Dances, 1918. *Karpeles, M.:* Square Dance Figures from Northern New York State, in: The Journal of the English Folk Dance Society, 1931, Sec. Ser., Nr. 4, S. 9 ff. *Burchenal, E.:* Folk Dances of the United States: Regional Types and Orogines, in: Journal of the International Folk Music Council, vol. III, 1951, S. 18 ff. *Sanders, O.:* The Texas Cattle Country and Cowboy Square Dance, in: Journal of the International Folk Music Council, vol. III, 1951, S. 22 ff. *Schernus, H.:* Tänze aus d. wilden Westen, 1958. *Palm, F.-Lander, H.:* Tänze aus Amerika I, II, s. a.

Wales: *Williams, W. S. G.:* Welsh National Music and Dance, 1932. *Karpeles, M.-Blake, L.:* Dances of England and Wales, 1950. *Blake, L.:* Welsh Folk Dance and Costume, 1954.

Volte (Volta). Dieser im 16. u. 17. Jh. in Frankreich, Italien und Deutschland beliebte höfische Paartanz im Tripeltakt war seinem Ursprung nach eine Abart der ↗Galliarde, wie sie die Provenzalen tanzten. Man bezeichnete ihn daher gelegentlich auch als galliardische Volte. Um die Mitte des 16. Jh. wurde die Volte unter Heinrich II. und seiner Frau Katharina von Medici am Pariser Hof eingeführt. In Deutschland war sie schon viel früher bekannt und in England vor 1600 bereits fester Bestand des Tanzunterrichtes.

Die Volte war ein ↗Drehtanz mit Sprüngen, der paarweise ausgeführt wurde. Um das Drehen zu ermöglichen, war es notwendig, daß sich das Paar eng aneinanderschloß. Der Herr legte, nach dem Drehsinn verschieden, seinen rechten oder linken Arm um die Schulter der Dame und war ihr mit der anderen Hand beim Springen behilflich, indem er sie im unteren Ende des Korsett-Blankscheits erfaßte und in die Höhe hob. ↗Arbeau gibt eine genaue Beschreibung des Tanzes in seiner „Orchésographie". Während dieser etwas wilde und erotische Tanz in England ohne Vorbehalt zugelassen war, wurde er in Frankreich und Deutschland wegen seiner Ausführung die Zielscheibe von Angriffen und Verboten eifriger Moralisten. Als ↗Volks- und ↗Gesellschaftstanz hat sich die Volte bis um die Mitte des 17. Jh. gehalten. In ihrer Heimat, der Provence, konnte allerdings eine Volte noch 1938 beobachtet werden. Die Musik der Volte ist uns in vielen Bearbeitungen für Laute und Tasteninstrumente überliefert. (↗Nizzarda)

M. Praetorius 1612

Lit.: *Czerwinski, A.:* Die Tänze d. 16. Jh., 1878. *Czerwinski, A.:* Brevier d. Tanzkunst, 1879. *Böhme, F. M.:* Geschichte d. Tanzes in Deutschland, 1886. *Bie, O.:* Der Tanz, 1919. *Sachs, C.:* Eine Weltgeschichte d. Tanzes 1933. *Alford, V.:* Notes on Three Provençal Dances, in: Journal of the English Folk Dance and Song Society, vol. IV, 1941. *Bahr, W.:* Zur Entwicklungsgeschichte d. höfischen Gesellschaftstanzes, 1941. *Dolmetsch, M.:* Dances of England and France from 1450 to 1600, 1949, S. 129 ff. *Pontius, J.:* Eine anonyme kurpfälzische Orgeltabulatur, 1960.

Vondrak, Ewald. Österreichischer Tänzer, geb. 15. Mai 1917 in Wien. 1934 wurde er an die Wiener Staatsoper engagiert, war ab 1943 Entréetänzer und von 1967 bis 1979 Betriebsrat des künstlerischen Personals. 1977 erhielt er den Titel Professor. Sein Sohn **Paul Vondrak,** geb. 28. April 1939 in Wien, studierte an der Ballettschule der Wiener Staatsoper und wurde 1953 an diese engagiert. 1958 wurde er Solotänzer und 1965 1. Solotänzer. 1982 schied er aus dem Verband des ↗Wiener Staatsopernballetts. Er ist mit der Solotänzerin Gisela ↗Cech verheiratet.

Vortanz. Unter diesem Namen ist der im Mittelalter übliche ruhige geschrittene Tanz zu verstehen, der den 1. Teil der damals üblichen Tanzteilung in einen Vor- und ↗Nachtanz bildete. Die Sitte, den Tanz in einen Vor- und Nachtanz einzuteilen, stammte aus dem Volk und entsprach dem Wechsel von geschrittenem, geradtaktigem Vortanz und gesprungenem, ungeradtaktigem Nachtanz. Der Brauch, auch von der höfischen Gesellschaft übernommen, galt bis etwa 1600. Vortanz bedeutet aber auch den Solotanz, den der sogenannte Vortänzer vorführt und der von den übrigen Paaren nachgetanzt wird. Solche Vortänzer sind bei den Volkstänzen aller Nationen zu finden. Sie sind oft Künstler in der Erfindung und Improvisation neuer Bewegungen und Tanzstrophen. Schließlich heißt auch der Tanz, den Ehrengäste zur Eröffnung von Tanzfestlichkeiten ausführen, „Vortanz". Ebenso heißt auch in manchen ländlichen Gegenden Österreichs der am Polterabend im Haus der Braut ausgeführte Tanz. (↗Carole, ↗Tanzpaar)

Lit.: *Bergemann, Joh. G.:* Schlesische Modetänze im Jahre 1406, in: Allgem. Archiv f. d. Geschichtskunde d. Preußischen Staates, Bd. I, 1830, S. 280 ff. *Böhme, F. M.:* Geschichte d. Tanzes in Deutschland, 1886, S. 61. *Sachs, C.:* Eine Weltgeschichte d. Tanzes, 1933.

Vošatka (= die Strohschüssel). Tschechischer Volkstanz aus Böhmen, eine Form des ↗Kolo. Die Tanzenden halten einander an den Händen und drehen sich mit der größtmöglichen Geschwindigkeit im Kreis. (↗Tschechische Volkstänze)

Lit.: *Waldau, A.:* Böhmische Nationaltänze, 1859, Bd. 1, S. 47.

Vosnák. Tschechischer Volkstanz aus Böhmen, der ↗Kalamaika verwandt, wie diese schnell und mit Ausgelassenheit getanzt, nur wechseln beim Vosnák 2/4- und 3/4-Takt wie bei den ↗Zwiefachen ab. (↗Tschechische Volkstänze)

Lit.: *Waldau, A.:* Böhmische Nationaltänze, Bd. 1, 1859, S. 23. *Junk, V.:* Die taktwechselnden Volkstänze, 1938, S. 21 u. 42.

Voss vor de Eggen. ↗Deutscher Volkstanz aus dem Kreis Bleckmar, Lüneburger Heide. Diese volkstümliche Contratanzform ist eine Art wilde ↗Ecossaise. Die Aufstellung erfolgt in Stirnreihe zueinander. Der Abstand zwischen den Reihen beträgt ungefähr zwei Meter. Gehschritte und Galoppschritte wechseln einander ab. Die Tanzmelodie im Walzerzeitmaß steht im 3/4- oder 6/8-Takt.

Lit.: *Kück-Schönhagen:* Heidjers Tanzmusik, Berlin 1911, S. 63 f. *Goldschmidt, Ae.:* Handbuch d. deutschen Volkstanzes, 1967. *Oetke, H.:* Volkstänze aus d. Lüneburger Heide, II (Tänze f. Volkstanzgruppen), Leipzig 1976.

Vrövl i Hatten. ↗Dänischer Volkstanz, entspricht dem österreichischen ↗Neukatholischen. (↗Lott is doot)

Vrták (= der Bohrer). Tschechischer Volkstanz aus Böhmen, eine Form des ↗Rheinländers. (Tschechische Volkstänze)

Lit.: *Waldau, A.:* Böhmische Nationaltänze, Bd. 1, 1859, S. 27.

W

Waffentanz. Tänze mit Waffen oder waffenähnlichen ↗Tanzgeräten zur Nachahmung einer Kampfszene finden sich zu allen Zeiten bei allen Völkern der Erde. Teils sind es Waffenübungen in Tanzform, teils rituelle Kriegstänze, die rein kriegerischen oder magischen Charakter haben können. Sie werden entweder als Gruppentanz oder als Einzeltanz ausgeführt. Schon im antiken Griechenland spielte der Waffentanz eine besondere Rolle, wo er vor allem auch der körperlichen Ertüchtigung der Jugend diente. Xenophon schildert in der „Anabasis" viele Arten des griechischen Waffentanzes (↗Griechischer Tanz). Bei den Römern waren es die ↗Salii, die im Kult des Kriegsgottes Mars ihre Waffenreigen aufführten. Der ↗Schwerttanz, wie er in der Germania des Tacitus überliefert wird, stammt aus einem Lebenskreis, dessen Mittelpunkt das Schwert bildete. Er ist als fester Begriff in die europäische Volkskunde übergegangen und hatte seine Blüte zwischen dem 14. und 18. Jh. Zu den Waffentänzen kann auch der ↗Moriskentanz gezählt werden. Er stellte ursprünglich den Kampf zwischen den spanischen Christen und den afrikanischen Mauren dar und hatte in seinen kämpferischen Szenen pantomimischen Charakter. Von diesen Arten von Waffentänzen, wie Schwerttanz und Moriskentanz, sind in Europa die mannigfachsten Formen zu finden. Der slawische Osten hat ebenso wie die Türkei Tänze, in denen Säbel im Takt aneinandergeschlagen werden. Oft verbindet sich diese Art von Waffentänzen mit den ↗Geschicklichkeitstänzen. Der europäische Waffentanz unterscheidet sich von dem in anderen Erdteilen, besonders von dem der ↗Naturvölker, indem die Schwerter oder auch Stöcke (↗Stocktanz) nicht im Sinn von Waffen verwendet werden, sondern oftmals nur als Bindeglied, um eine Kette herzustellen. Waffentänze der Naturvölker sind meist wirkliche Kriegstänze, bei denen im Tanz Kampf und Sieg gefeiert werden oder im Tanzschritt zum Kampf angetreten wird. Der tiefste Sinn des Waffentanzes tritt aber dort hervor, wo er in der uralten Beziehung zwischen Kampf und Zauber geübt wird, wo ihm eine magische Kraft zugeschrieben wird, eine Kraft gegen den feindlichen Geist. Zahlreiche Riten in vielen Naturreligionen kennen diese Kombination. In diesem Sinn ist auch die Verbindung von Waffentänzen mit Fruchtbarkeits- und ↗Begräbnistänzen zu verstehen, wie sie bei vielen Naturvölkern anzutreffen sind. Jeanne Cuisiner weist auf solche Zusammenhänge in Südostasien hin. (↗Anapale, ↗Athan, ↗Baris, ↗Beksan, ↗Bellicrepa, ↗Bengi ogunu, ↗Bengi Zeybek, ↗Beroronsi Hama Haban, ↗Biçak havassi, ↗Chawliga-Tanz, ↗Danse des Bouffons, ↗Danza prima, ↗Dhali-Tanz, ↗Els broquers, ↗Embaterien, ↗Epikrédios, ↗Gusinjsko Kolo, ↗Gymnopädien, ↗Hailefo, ↗Haka, ↗Hota, ↗Indianischer Tanz, ↗Kahuwa, ↗Kalac, ↗Kallinikos, ↗Karpeia, ↗Kilic kalkan savas oyunu, ↗Kolabrismos, ↗Korroboritanz, ↗Korybanten, ↗Kungu-Tanz, ↗Memphitike, ↗Oklasma, ↗Oro, ↗Orsites, ↗Pordoi dantza, ↗Prylis, ↗Pyrrhiche, ↗Raibenshe-Tanz, ↗Römischer Tanz, Sarhul-Tanz, ↗Serra, ↗Shire, ↗Sousta, ↗Telesias, ↗Thang-ta, ↗Tripudium, ↗Truia, ↗Záporožek)

Lit.: *Schroeder, L. v.:* Waffentänze bei Slawen u. Tibetanern, in: Wiener Zeitschrift f. d. Kunde d. Morgenlandes, Bd. 23, 1909, S. 405 f. *Fehrle, E.:* Waffentänze, in: Badische Heimat, Jg. 1, 1914, H. 2, S. 161 ff. *Weege, F.:* Der Tanz in d. Antike, 1926, S. 50 ff. u. S. 144 ff. *Franz, L.:* Alteuropäische Tänze, in: Mitteilungen d. Anthropologischen Gesellschaft in Wien, Bd. 63, 1933, S. 186 ff. *Sachs, C.:* Eine Weltgeschichte d. Tanzes, 1933. *Cuisinier, J.:* La danse sacrée en Indochine et en Indonésie, 1951 (Mythes et Religions 27). *Hoerburger, F.:* Waffentänze d. Türken, in: Forschungen u. Fortschritte, Jg. 28, 1954, H. 6, S. 185 ff. *Wolfram, R.:* Der Volkstanz als kulturelle Ausdrucksform d. südosteuropäischen Völker, in: Südosteuropa-Jahrbuch, Bd. 6, 1962, S. 63 ff.*Baaren, Th. P. v.:* Selbst d. Götter tanzen, 1964, S. 86 ff. *Lawler, L. B.:* The Dance in Ancient Greece, 1964.

Waganowa, Agrippina Jakowlewna. Russische Tänzerin, Lehrerin und Ballettdirektorin, geb. 24. Juni (6. Juli) 1879 in St. Petersburg, gest.

5. November 1951 in Leningrad. Sie studierte an der kaiserlichen Ballettschule in St. Petersburg. 1897 debütierte sie am Marijinskij-Theater. Trotz großer tänzerischer Begabung ging ihr Aufstieg nur langsam weiter. Sie wurde erst 1906 ↗Ballerina. Ihre große Bedeutung lag in ihrer Tätigkeit als Ballettpädagogin. 1919 lehrte sie an Wolynskijs privater russischer Ballettschule und ab 1921 an der Choreographieschule in Petrograd, wo sie 1934 Direktorin wurde. Zahlreiche berühmte Tänzer und Tänzerinnen zählten zu ihren Schülern. Ihr Unterrichtssystem, welches nicht nur in den Oststaaten, sondern auch in mehreren Schulen des Westens zur Grundlage tänzerischer Erziehung wurde, veröffentlichte sie in dem Buch „Osnovy klassičeskogo tanca", erschienen 1934; deutsche Ausgabe: Die Grundlagen des klassischen Tanzes, erschienen 1954 in Berlin und 1966 in Velber bei Hannover (Theater heute XXIII); englische Ausgabe: 1937 und 1969 in New York, 1948 in London.

Wainonen, Wassili Iwanowitsch. Russischer Tänzer und ↗Choreograph, geb. 21. Februar 1901 in St. Petersburg, gest. 23. März 1964 in Moskau. Er studierte an der kaiserlichen Ballett-Akademie. Nach dem Abschluß seiner Studien im Jahre 1919 trat er dem Ballett des Staatlich-akademischen Theaters für Oper und Ballett (GATOB) bei. Für die Aufführungen des „Jungen Balletts" von Leningrad schuf er seine ersten Choreographien, 1930 seine erste große Choreographie „Das goldene Zeitalter" mit der Musik von D. ↗Schostakowitsch. Das ↗Ballett „Die Flamme von Paris" (Plamja Parija) 1932 war eine seiner erfolgreichsten Choreographien, die seinen Ruf als typischen Choreographen eines neuen heroischen sowjetischen Ballett-Stils begründete.

Lit.: *Armascheskaja, K. – Wainonen, N.:* Ballettmeister Wainonen, Moskau 1971.

Waissel (Waisselius) Matthäus. Deutscher Lautenist und Komponist, geb. um 1540 in Bartenstein, Kreis Friedland, Ostpreußen, gest. 1602 angeblich in Königsberg. Er gab zwei bedeutende Lautentabulaturbücher heraus: Tabulatura Allerley künstlicher Preambulen, auserlesener Deutscher und polnischer Tentze, Frankfurt a. d. Oder 1591, und Tabulatura Guter gemeiner Deutscher Tentze für 1 und 2 Lauten, Frankfurt a. d. Oder, 1592. Waissels ↗Tabulaturbücher sind die letzten Drucke in deutscher Lautentabulatur.

Lit.: *Norlind, T.:* Zur Geschichte d. Suite, 1905/06.

Wajawong. ↗Balinesischer Tanz. Er wird auch Affentanz genannt, aber nicht wie beim ↗Ketjak als ↗tiernachahmender Tanz, sondern einer alten Sage wegen, die dieser Tanz darstellt. Zwei Königssöhne ziehen zum Kampf gegen einen fernen Feind aus. Der Affenkönig und seine Diener, die dem Königssohn huldigen, bitten, an dem Kampf teilnehmen zu dürfen. Die als Affen, dem heiligen Tier auf Bali, verkleideten Tänzer tragen herrliche Masken aus Gold und Leder. Sie bewegen sich vor allem springend. (↗Topeng)

Lit.: *Kreutzberg, L.:* Tiere, Tänzerinnen u. Dämonen, 1929, S. 24.

Walaka. Tanz aus dem Arnhemland, Halbinsel im Norden Australiens. Er wird zur Einleitung eines Handelsgeschäftes oder zur Vereinbarung einer Hochzeit getanzt. (↗Australischer Tanz)

Lit.: *Baaren, Th. P. van:* Selbst d. Götter tanzen, 1964, S. 26.

Waldhansl. ↗Österreichischer Volkstanz aus dem Ausseerland. Dieser Tanz mit Singen und Paschen (einmal gesungen, einmal gepascht) im ¾-Takt ist ein Abkömmling des ↗Altausseers, auch ↗Steirischer Walzer oder ↗Stoansteirischer genannt. Tänzer und Tänzerin stehen am Anfang in Tanzrichtung nebeneinander mit den Innenhänden bei herabhängenden Armen gefaßt.

Lit.: *Kuehlenthal, M.:* Volkstänze d. Ausseerlandes „Der Waldhansl", Wissenschaftlicher Film 20, 1978, S. 19 ff. *Lager, H.:* Der Tanz im Ausseerland, Teil 2, in: Jahrbuch d. österreichischen Volksliedwerkes, Bd. 27, 1978, S. 104 ff.

Waldjaga (Waldjäger). ↗Österreichischer Volkstanz aus dem Mühlviertel, Oberösterreich, ein ↗Paartanz mit gewöhnlicher Rundumfassung im ²⁄₄-Takt. Die Ausführung geschieht in ruhigem Tempo.

Lit.: *Gradwohl, K.:* Lehrgang f. österreichische Volkstänze, 1937. *Lager, H.:* Unsere Tänze, 1941, S. 43. *Lager, H.-Derschmidt, H.:* Österreichische Tänze, II, 1959. *Schützenberger, E.-Derschmidt, H.:* Spinnradl, Unser Tanzbuch, III. *Horak, K.:* Der Waldjager, in: Der Trachtler, Jg. 7, 1979, Nr. 29, S. 15.

Waldteufel (eigentlich Lévy), **Charles Emile.** Französischer Komponist, geb. 9. Dezember 1837 in Straßburg, gest. 12. Februar 1915 in Paris. Er war zu seiner Zeit ein sehr bekannter Komponist von ↗Tanzmusik. Waldteufel schrieb außer ↗Polkas und ↗Märschen über 300 ↗Walzer, mit denen er einen friedlichen Walzerkampf mit Johann ↗Strauß (Sohn) versuchte.

Wales. Die Entwicklung des Volkstanzes der Waliser war immer gehemmt durch den religiösen Einfluß, der das Volk in früheren Zeiten beherrscht hat. In von Mönchen geschriebenen Handschriften aus dem 11. und 12. Jh. gibt es Beschreibungen religiöser ↗Prozessionstänze, wie sie auch bei anderen keltischen Stämmen zu finden sind. Diese Tänze sind vorwiegend feierlich und traurig. Diese Feierlichkeit und das Fehlen einer eigentlichen Tanztradition sind durch den religiösen Einfluß erklärbar. 1283 wurden die Waliser dem englischen Königshaus einverleibt, konnten aber unter Vorherrschaft der Geistlichkeit ihre Sprache und Gebräuche weiter behalten. Dieser Umstand erschwerte auch die eigentlichen Tanzforschungen. Lady Llanover versuchte aus den vorhandenen Überlieferungen die alten Tänze zu erhalten. Bekannt sind der Llanover Welsh ↗Reel und der ↗Rhif Wyth. Beide Tänze haben ähnliche Formen wie die schottischen und englischen ↗Country dances. Ebenso findet man bei den Waliser Volkstänzen die Formen der ↗Jig und des ↗Morris dance. Bestrebungen gab es auch, die alte waliser Tanzform des ↗Clog dance zu beleben, welcher dem irischen Stepptanz gleicht. (↗Englischer Tanz, ↗Irischer Volkstanz, ↗Schottischer Volkstanz)

Lit.: *Williams, W. S. G.:* Welsh National Music and Dance, 1932. *Karpeles, M.-Blake, L.:* Dances of England and Wales, 1950. *Lawson, J.:* European Folk Dance, 1953, S. 171 f. *Blake, L.:* Welsh Folk Dance and Costume, 1954.

Wallmann, Margarethe (Margarita). Österreichische Tänzerin, ↗Choreographin, Lehrerin und ↗Ballettmeisterin, geb. 22. Juli 1904 in Wien. Sie studierte bei Eugenia ↗Eduardowa, Olga ↗Preobrajenska, Mary ↗Wigman, und schloß sich der Ballettgruppe von Mary ↗Wigman an. 1927 wurde sie Direktorin der Wigman Schule in Berlin. 1928 ging sie nach Amerika, wo sie die Tanztechnik von Mary Wigman unterrichtete. Zurückgekehrt nach Europa war sie in Salzburg Chefchoreographin für alle Festspielaufführungen bis 1939. Von 1934 bis 1939 war sie Ballettdirektorin der Wiener Staatsoper und der angegliederten Ballettschule. In den weiteren Jahren choreographierte sie in Mailand, Hollywood und am Teatro Colon in Buenos Aires, wo sie während des zweiten Weltkrieges Ballettdirektorin war. 1943 gründete sie eine eigene Truppe. Nach dem Krieg wirkte sie wieder in Rom, Mailand und Salzburg, vor allem auch als Opernregisseurin. (↗Wiener Staatsopernballett)

Walser Liabs Lüt. ↗Österreichischer Volkstanz aus Vorarlberg, eine Schottisch-Polkaform, die von beliebig vielen Paaren ausgeführt werden kann.

Lit.: *Horak, K.:* Der Volkstanz im kleinen Walsertal, in: Jahrbuch d. österreichischen Volksliedwerkes, Bd. 3, 1954, S. 108. *Hofer, E.:* Vorarlberger Volkstänze, 1971, S. 37 f.

Walser-Polka. ↗Österreichischer Volkstanz aus Vorarlberg. Es handelt sich dabei um eine der vielfältigen Tanzformen der ↗Bayrischen Polka (Boarischer).

Lit.: *Horak, K.:* Der Volkstanz im Kleinen Walsertal, in: Jahrbuch d. österreichischen Volksliedwerkes, Bd. 3, 1954, S. 93. *Hofer, E.:* Vorarlberger Volkstänze, 1971, S. 36 f.

Walter, Erich. Deutscher Tänzer, ↗Choreograph und Ballettdirektor, geb. 30. Dezember 1927 in Fürth, gest. 23. November 1983 in Herdecke bei Hagen. Er studierte in Nürnberg, war dort anschließend von 1946 bis 1950 als Solotänzer, von 1950 bis 1951 als solcher in Göttingen und von 1951 bis 1953 in Wiesbaden engagiert. Von 1953 bis 1964 war er als ↗Ballettmeister und Choreograph in Wuppertal. Er profilierte sich dort zu einem führenden, stilprägenden Choreographen Deutschlands. Sein weiterer Weg führte ihn 1964 als Ballettdirektor an die Deutsche Oper am Rhein nach Düsseldorf. Dank seiner dortigen Tätigkeit zählte das Ballett der Deutschen Oper am Rhein zu den besten deutschen Gruppen. Als Choreograph wirkte er auch an den Opernhäusern von Berlin, Wien, Zürich, München und bei den Bregenzer Festspielen. (↗Ariadne-Ballette, ↗Odysseus-Ballette)

Lit.: *Barfuß, G. – Geitel, K. – Koegler, H.:* Ein Ballett in Deutschland, Düsseldorf 1971.

Walzer (frz. Valse, engl. Waltz). Über die Entstehung dieses beliebten ↗Gesellschaftstanzes sind schon viele Ansichten geäußert worden. Verschiedene Behauptungen stehen einander gegenüber. Die ↗Allemande und der ↗Langaus (Zweischrittdreher) werden als Vorläufer angesehen. Die Franzosen beziehen sich sogar auf die ↗Volte. Sie berufen sich dabei auf das Werk „Le voyage du Frère Audric“ aus dem 14. Jh. Sicher mag der Walzer im Laufe seiner Entwicklung vielen Einflüssen, auch nationalen, zugänglich gewesen sein, rein etymologisch betrachtet ist er unbestreitbar deutschen Ursprungs. Der Name Walzer kommt von deutschen Wort „waltzen“. Ursprünglich bedeutete es „auf der Walz“ (Wanderschaft) sein, gegen Ende des 18. Jh. wurde es in der Bedeutung „sich walzen“ (drehen), „walzertanzen“ angewendet. Der Ausdruck „walzertanzen“ erklärt sich von der drehenden Bewegung der Füße, die beim Tanzen auf dem Boden schleifen. ↗„Dreher“ und ↗„Schleifer“ bildeten den Gegensatz zu „Hüpfer“ und ↗„Hopser“. Den eigentlichen Ursprung des Walzers kann man daher bereits in den ↗Nachtänzen des 12. und 13. Jh. sehen. Schon 1525 nannte der Nürnberger Meistersinger Kunz-Hans den Drehtanz den wilden „Weller“ (= Walzer). Um 1750 findet sich das Wort „walzen“ als Tanzform in einer Wiener Stegreifkomödie von Kurz-Bernardon, 1754 bezeichnet er eine Tanzszene in einer seiner Komödien ausdrücklich als Walzer. 1760 wendet sich bereits eine bayrische Verordnung gegen die „walzenden Tänze“. Der Anfang des Walzers ist jedenfalls bei den deutschen und österreichischen ↗Bauerntänzen des Mittelalters zu suchen. Der deutsche Drehtanz, der ↗„Dreher“, hat eine fast ununterbrochene Tradition vom Mittelalter bis zu jenem Zeitpunkt, da er als Walzer die Welt eroberte. Bei der Untersuchung des Ursprungs des Walzers muß man eine Trennung zwischen deutscher und österreichischer Entwicklung berücksichtigen. Die Entstehung dieses Tanzes auf österreichischem Boden ist weniger von der 3/4-Takt-Allemande (dem ↗„Deutschen“) als vielmehr vom ↗Ländler abhängig. Der Name Ländler reicht bis in das 17. Jh. zurück. Um die Wende zum 18. Jh. war der „Deutsche“ dem Ländler fast gleichwertig, Unterschiede in musikalischer Hinsicht lassen sich schwer feststellen. Zur Zeit der Klassik bezeichnen die Komponisten (↗Haydn, ↗Mozart, ↗Beethoven) ihre Tänze entweder als Deutsche, Allemande, ↗Deutscher Tanz oder Ländler. Die Frühform des Walzers unterschied sich kaum vom Ländler. Die erste Unterscheidung zeichnete sich durch das Tanztempo ab. Als der ländliche Typ des Walzers von der Stadt übernommen wurde und die ersten Walzerkompositionen erschienen, änderte sich der Charakter des Tanzes in musikalischer und choreographischer Hinsicht. Das Tempo wurde beschleunigt, die hüpfenden Schritte wurden durch Gleitschritte ersetzt. Auf diese Weise wurde nach und nach der Tanzstil erreicht, mit dem der Walzer im 19. Jh. als Gesellschaftstanz die Ballsäle eroberte. Von der Gesellschaft wurde der Walzer nur sehr zaghaft aufgenommen, was vor allem in dem Umstand seine Ursache hatte, daß er lange nicht als hoffähig galt. Im frühen 19. Jh. gab es zwei Typen des Walzers, und zwar den „Wiener Walzer“ und den französischen Walzer. Der französische Walzer bestand aus einer Folge dreier verschiedener, unmittelbar aufeinanderfolgender Formen: 1. Valse, 4/4- oder 3/4-Takt, langsam; 2. Sauteuse-Valse, 6/8-Takt, Allegretto; 3. Jeté oder schnelle Sauteuse, 6/8-Takt, Allegro-Presto. Als französischer Walzer wurde später auch der sogenannte Balancé-Walzer oder ↗Zweitritt bezeichnet. In Wien war Anfang des 19. Jh. lange Zeit der ↗Langaus oder Zweischrittdreher, ein galoppähnlicher Rundtanz Mode. Mit der Dynastie ↗Lanner-↗Strauß erreichte der Wiener Walzer seine klassische Periode. Vor allem Johann ↗Strauß (Sohn) war es, der nicht nur die Form des Wiener Walzers musikalisch erweiterte (Introduktion – Walzer – Coda), sondern vor allem den Inhalt musikalisch vertiefte. Die Formerweiterung und Veredelung des Tanzwalzers fanden ihren Ausdruck in der Entstehung des Kunstwalzers, einem Genre, das nach einigen Vorläufern (u. a. F. H. ↗Himmel) durch C. M. ↗Webers Rondo brillant „Aufforderung zum Tanz“ ihr erstes bedeutendes Opus erhielt und in den Walzerkompositionen von ↗Chopin, ↗Brahms, Liszt und vielen anderen Komponisten bis in unsere Zeit (↗Ravel, Richard ↗Strauss) ihre Weiterentwicklung fand. Der Tanzwalzer, wie er als Wiener Walzer um die Mitte des 19. Jh. Weltruhm erlangte, war und blieb der Sechs-Schritt-Walzer. Der Walzerschritt besteht aus sechs Schrittbewegungen, welche auf zwei Musiktakte im 3/4-Takt verteilt und mit einer vollständigen Umdrehung verbunden sind. Abarten und Umwandlungen dieser Tanzform haben sich im Laufe der Zeit ergeben. Zu ihnen gehören der ↗Boston oder ↗Glide-waltz, der ↗English Waltz, der ↗Steirische Walzer und die ↗Redowa, der böhmische Walzer. (↗Austerlitz-Walzer, ↗Eiswalzer, ↗Familienwalzer, ↗Fuhrmannswalzer, ↗Offener Walzer, ↗Schaukelwalzer, ↗Schlingwalzer, ↗Strupfer, ↗Valse française)

TÄUBERLWALZER

Joh. Strauß (Vater)

Wiener Walzer 18. Jh.

Lit.: *Zangen, C. G. v.:* Etwas über d. Walzen, 1782. *Wolf, S. J.:* Beweis, daß d. Walzen eine Hauptquelle d. Schwäche d. Körpers u. d. Geistes unserer Generation sey, 1797/1799. *Hornem, H.:* Waltz: an Apostrophic Hymn, 1813/1821. *Wilson, Th.:* A Description of the Correct Method of German & French Waltzing, 1816/1817. *Engelmann, C. Fr.:* Die Kunst zu Walzen, 1824. *Schubert, F. L.:* Die Tanzmusik, 1867, S. 42 ff. *Voß, R.:* Der Tanz u. seine Geschichte, 1869, S. 122 ff. *Anonym:* Der Walzer, in: Neue Berliner Musikzeitung, Jg. 38, 1884, Nr. 1, S. 2 f., Nr. 2, S. 10 f. *Böhme, F. M.:* Geschichte d. Tanzes in Deutschland, 1886. *Zorn, F. A.:* Grammatik d. Tanzkunst, 1887. *Ehrlich, H.:* Modernste Tanzmusik, Kulturgeschichte d. Walzers, in: Modernes Musikleben, Berlin 1895. *Jolizza, W. K. v.:* Die Schule d. Tanzes, S. 137 ff. *Becker, M. L.:* Der Tanz, 1901, S. 148 f. *Niecks, Fr.:* Concerning the Waltz, in: Zeitschrift d. Internationalen Musik-Gesellschaft, Jg. 6, 1904/05, H. 5, S. 203 ff. *Weigl, B.:* Die Geschichte d. Walzers, 1910. *Lange, F.:* Der Wiener Walzer, 1917. *Weisee, H.:* Der Kunstwalzer, Diss. Wien 1919. *Grüner-Nielsen, H.:* Folkelig vals, in: Danmarks Folkeminder Nr. 22, 1920. *Scherber, F.:* Die Entwicklung d. Walzerform bei Johann Strauß, in: Der Merker, Jg. 11, 1920, H. 10/11, S. 276 ff. *Bie, O.:* Der Tanz, 1923. *Nettl, P.:* Zur Vorgeschichte d. süddeutschen Tänze, in: Bulletin de la Société Union Musicologique, Jg. 3, 1923, S. 45 ff. *Mendelssohn, I. L.:* Zur Entwicklung d. deutschen Gesellschaftstanzes von 1750 bis 1850, Diss. Wien 1925. *Mendelssohn, I. L.:* Zur Entwicklung d. Walzers, in: Studien zur Musikwissenschaft, H. 13, 1926, S. 57 ff. *Lux, J. A.:* Der unsterbliche Walzer, München s. a. *Reeser, E.:* De geschiedenis van de walz, Amsterdam s. a. *Nettl, P.:* Etude sur l'histoire de la valse, in: Archives int. de la danse, Nr. 4, 15. Octobre 1933, S. 143 ff. *Herrmann, W.:* Der Walzer, Musikalische Formen in historischen Reihen, Bd. 8 (1934). *Nef, K.:* Vom Walzer, 1936. *Mahr, O.:* Schleifer, Dreher, Walzer, in: Hessische Blätter f. Volkskunde, Bd. 27, 1939, S. 185 ff. *Väänänen, J.:* Beobachtungen über Verbreitung u. Art d. finnischen Volkswalzermelodien, in: Annales Academiae Scientiarum Fennicae, Ser. B., Tom. 55/3, 1945. *Carner, M.:* The History of the Waltz, 1948. *Dubois, L.:* Der Tanzwalzer, Diss. Wien, 1949. *Sittner, H.:* Der Walzer bei Chopin u. J. Strauß, in: Österreichische Musikzeitschrift, Jg. 4, 1949, H. 10, S. 287 ff. *Wolfram, R.:* Die Volkstänze in Österreich u. verwandte Tänze in Europa, 1951. *Klingenbeck, F.:* Unsterblicher Walzer, 1952. *Haas, R.:* Gegen Walzer u. Walzen, in: Mozart-Jahrbuch, 1955, S. 154 ff. *Nowak, L.:* Ländler, Walzer u. Wiener Lieder im Klavierbuch einer preußischen Prinzessin, in: Jahrbuch d. österreichischen Volksliedwerkes, Bd. 6, 1957, S. 146. *Ullrich, H.:* Vom Wesen u. Werden d. Wiener Walzers, in: Lebendige Stadt, Almanach 1961, S. 19 ff. *Hlawicka, K.:* Zur Chopinschen Walzerrhythmik, in: Chopin-Jahrbuch 1963, S. 43 ff. *Weigel, H.:* Das kleine Walzerbuch, 1965. *Grasberger, F.:* Die Legende v. d. Erfindung d. Walzers, in: Österreichische Musikzeitschrift, Jg. 22, 1967, H. 1, S. 33 ff. *Schönherr, M.:* An d. schönen blauen Donau, in: Österreichische Musikzeitschrift, Jg. 22, 1967, Sonderheft 23/1. *Eibner, F.:* Die Kulmination d. Form im Wiener Walzer, in: Österreichische Musikzeitschrift, Jg. 23, 1968, S. 494 ff. *Wechsberg, J.:* The Waltz Emperors, 1973. *Endler, F.:* Das Walzer Buch, 1975. *Flotzinger, R.:* Und Walzen umadum, in: Österreichische Musikzeitschrift, Jg. 30, 1975, H. 10, S. 505 ff. u. H. 11, S. 573 ff. *Schönherr, M.:* Ästhetik d. Walzers, in: Österreichische Musikzeitschrift, Jg. 31, 1976, H. 2, S. 57 ff. *Witzmann, R.:* Der Ländler in Wien, 1976. *Eibner, F.:* Die musikalische Geburt d. Wiener Walzers, in: Fasching in Wien, 56. Sonderausstellung d. Historischen Museums d. Stadt Wien, 1978, S. 10 ff. *Stenger, A.:* Studien zur Geschichte d. Klavierwalzers, 1978 (Europäische Hochschulschriften, Reihe XXXVI, Bd. I). *Witzmann, R.:* Fasching in Wien, in: Fasching in Wien, 56. Sonderausstellung d. Historischen Museums d. Stadt Wien, 1978, S. 5 ff. *Schönherr, M.:* Aus d. Zeit d. Wiener Walzers, 1981 (mit J. Ziegler). *Clarchies, L. J.:* Recueils des contredanses et waltzes, Paris s. a.

Wânaldei. Höfischer Tanz aus dem 12./13. Jh. Er wird in einem Gedicht Neidharts v. Reuenthal erwähnt. Nähere Erklärungen über ihn fehlen.

Lit.: *Böhme, F. M.:* Geschichte d. Tanzes in Deutschland, 1886, S. 31.

Warschauer ↗Varsovienne.

Wart, de kriegst, heißt eine Form des ↗Reichsverwesers im südslawischen Banat.

Lit.: *Au, H. v. d.:* Das Patschen im Volkstanz d. Rheinmainischen Raumes, in: Deutsche Liederkunde, Jahrbuch f. Volkslied u. Volkstanz, Bd. 1, 1939, S. 185.

Wassiljew, Wladimir Wiktorowitsch. Russischer Tänzer, geb. 18. April 1940 in Moskau. Er studierte an der Ballettschule des Bolschoj-Theaters, schloß sein Tanzstudium 1958 ab und kam zum ↗Bolschoj-Ballett. Er wurde Solist und ein internationaler Star. Mehrere Tourneen führten ihn nach dem Westen. Verheiratet ist er mit der Tänzerin Jekaterina ↗Maximowa, die auch seine Partnerin in vielen Balletten war.

Watschenplattler. Ein scherzhafter, derber bayrisch-österreichischer ↗Volkstanz, bei dem die Gebärde des Ohrfeigens (Watsche = Ohrfeige) angedeutet wird. Wegen seiner drastischen Komik ist dieser Tanz vor allem bei folkloristischen Vorführungen beliebt. (↗Gebärdentänze, ↗Oxdansen)

Lit.: *Wolfram, R.:* Die Volkstänze in Österreich u. verwandte Tänze in Europa, 1951. *Castelpietro, C.:* Über d. Watschenplattler, in: Südtiroler Volkskultur 12, Bozen 1960, Nr. 2.

Watts, Jonathan. Amerikanischer Tänzer und Lehrer, geb. 8. November 1933 in Fort Warren (Wyom). Er studierte bei R. ↗Joffrey und M. O'Donnell. Als Tänzer begann er bei dem Ensemble von R. Joffrey. 1954 kam er zum ↗New York City Ballet und wurde dort 1957 Solist und 1959 1. Tänzer. 1962 kam er zum R. Joffrey Ballet zurück, ging im selben Jahr zum Australian Ballet, und war von 1965 bis 1968 beim Kölner Opernballett. Er ging dann wieder nach Amerika, wo er eine intensive Lehrtätigkeit entfaltete.

Wayang-Topeng. Dieses javanische Tanzspiel stellt die Heldentaten des ostjavanischen Edelmannes Pandji dar. Es wird mit Holzmasken vor dem Gesicht getanzt. Das Tanzspiel stammt aus dem 11. Jh. (↗Javanischer Tanz, ↗Topeng, ↗Wayang-Wong)

Lit.: *Anonym:* Tanz bei fremden Völkern, Museum f. Völkerkunde, Wien, s. a.

Wayang-Wong. Dieses javanische Tanzspiel schildert den Streit der Helden um die Nachfolgeschaft des Fürstentums Astinapura. Solche Tanzspiele wurden besonders auf den Fürstenhöfen dargestellt. (↗Javanischer Tanz, ↗Wajawong, ↗Wayang-Topeng)

Lit.: *Anonym:* Tanz bei fremden Völkern, Museum f. Völkerkunde, Wien, s. a.

Wazem, Jekaterina Ottowna. Russische Tänzerin, geb. 13. Januar 1848 in Moskau, gest. 14. Dezember 1937 in Leningrad. Sie studierte an der kaiserlichen Ballettschule in St. Petersburg und schloß sich dem ↗Bolschoj-Ballett an. M. ↗Petipa, dessen Lieblingsballerina sie war, choreographierte für sie in den Jahren 1864–1884 mehrere Ballette. Sie galt als eine technisch brillante Tänzerin und trat in Amerika und an der Pariser Oper auf. Zu ihren Schülerinnen zählten Anna ↗Pawlowa und Agrippina ↗Waganowa. 1937 erschien ihr Buch „Erinnerungen einer Ballerina an das Bolschoj-Theater in St. Petersburg".

Weaver, John. Britischer Tänzer, ↗Choreograph und Tanztheoretiker, geb. 21. Juli 1673 in Shrewsbury, gest. 24. oder 28. September 1760. Er war der Sohn eines ↗Tanzmeisters. Am Drury Lane Theatre und Lincoln's Inn Fields tanzte er 1700 bis 1736 hauptsächlich Charakter- und komische Rollen. Er gilt als der Vater der englischen ↗Pantomime und als Pionier des ↗Ballet d'action. Außerdem ist er einer der bedeutendsten Tanzschriftsteller seiner Zeit. Von ihm erschienen folgende Schriften: A small treatise of time and cadence in dancing, London 1706; Orchesography. Or the Art of dancing, by characters and demonstrative figures. London 1706 (ist die Übersetzung der Schrift von R. A. ↗Feuillet; An essay towards a history of dancing, containing the several sorte of dancing, antique and modern, London 1712; Anatomical and Mechanical lectures upon dancing, London 1721; Lectures on the art of dancing with the treat, on action and gesture, London 1721; The history of mimes and pantomimes, historical account of several performers in dancing, living in the times of the Roman emperors, London 1728.

Lit.: *Vince, S.:* The Amazing Weaver, in: Dance and Dancers, März 1967. *Derra de Moroda, F.:* Die Tanzschrift d. 18. Jh. im Spiegel meiner Sammlung, in: Von Sammlern u. ihren Sammlungen. Ein Jahrbuch f. Bücherfreunde. N. F. Bd. V, 1967, S. 190.

Weber, Carl Maria von. Deutscher Komponist, geb. 18. oder 19. November 1786 in Eutin, Deutschland, gest. 5. Juni 1826 in London. Mit seinem im Jahre 1819 komponierten Rondo brillant für das Piano-Forte op. 65, „Aufforderung zum Tanz", wurde er bedeutsam für die Entwicklung des Konzertwalzers. Außer diesem Werk schuf er noch eine Anzahl ↗Walzer und ↗Polonaisen. Aus diesen Werken wurden später Ballette zusammengestellt, so das russische Ballett „Der ↗Geist der Rose" von M. ↗Fokin. Nach der Musik zur „Aufforderung zum Tanz" schufen Marie ↗Taglioni und C. ↗Telle das Ballett „Rokoko" (Wien 1876).

Lit.: *Georgii, W.:* Carl Maria von Weber als Klavierkomponist, Leipzig 1914. *Mendelssohn, I.:* Zur Entwicklung d. Walzers, in: Studien zur Musikwissenschaft, H. 13, 1926, S. 75 f. u. in dessen Diss. Wien 1925, S. 35 ff.

Webertanz. Ein volkstümliches Tanzspiel, das in Norddeutschland und Skandinavien üblich ist. Es wird von vier Männern (Meister, Geselle und zwei Lehrjungen) ausgeführt, die bestimmte Arbeitsvorgänge des Webens in tänzerischer Form darstellen. Als ↗Volkstanz finden wir den Webertanz, sicher aus Norddeutschland eingeführt, auch in Vorarlberg. Dort wird er von vier Paaren (je eine Tänzerin und ein Tänzer) ausgeführt. (↗Renningen, ↗Spinnradltanz, ↗Väva vadmal, ↗Woaf)

Lit.: *Meyer, G.:* Volkstänze, 1909, S. 31 f. *Stahl, W.:* Niederdeutsche Volkstänze, 1921, S. 30. *Janietz, E.:* Webertanz, in: Gymnastik u. Tanz, 1937, H. 2. *Horak, K.:* Der Volkstanz im Kleinen Walsertal, in: Jahrbuch d. österreichischen Volksliedwerkes, Bd. 3, 1954, S. 104 ff. *Goldschmidt, Ae.:* Handbuch d. deutschen Volkstanzes, 1967. *Hofer, E.:* Vorarlberger Volkstänze, 1971, S. 53 ff.

Janietz, E.: Volkstänze aus Norddeutschland, s. a., S. 28 ff. *Janietz, E.-Schneider, R.:* Volkstänze aus Mekklenburg, s. a., S. 18.

Webster, Clara. Britische Tänzerin, geb. 1821 in Bath, gest. 17. Dezember 1844 in London. Sie studierte in Bath bei ihrem Vater Benjamin Webster, der eine Ballettschule leitete. 1830 debütierte sie mit ihrem Bruder Arthur Webster. 1836 war sie am Haymarket Theater in London und später in Dublin, Liverpool und Manchester. Sie kam beim Brand des Drury-Lane-Theatre in London ums Leben.

Lit.: *Guest, I.:* Victorian Ballet Girl, London 1957.

Wechselbayrisch heißt eine der vielen Formen der ↗Bayrischen-Polka in Tirol.

Lit.: *Horak, K.:* Tiroler Volkstanzbuch, 1974, S. 16.

Wechselhupftänze. Unter dieser Bezeichnung, die von Hans von der ↗Au geprägt wurde, ist eine Gruppe von Tänzen zu verstehen, die in österreichischen Ländern unter dem Namen ↗Strohschneider und in Mitteldeutschland als ↗Stiefelknechtsgalopp bekannt ist. Die Wechselhupftänze haben große Verbreitung in den verschiedensten Variationen gefunden, sie sind auch bei den slawischen Nachbarn Österreichs und Deutschlands zu finden. Alle Wechselhupftänze sind ↗Paartänze und ihre Melodien stehen durchweg im 2/4-Takt. Bei den Wechselhupftänzen stehen Burschen und Mädchen einander gegenüber, fassen die Hände übers Kreuz und spreizen ohne Zwischenschritt im Grätschsprung zweimal langsam und viermal schnell den linken Fuß vor und den rechten gleichzeitig zurück und umgekehrt. Eine etwas abweichende Form der Wechselhupftänze ist das sogenannte ↗Hiatamadl.

Lit.: *Au, H. v. d.:* Der Wechselhupf im Volkstanz d. Landschaft Rheinfranken, in: Jahrbuch f. Volksliedforschung, Jg. 5, 1936, S. 134 ff. *Wolfram, R.:* Die Volkstänze in Österreich u. verwandte Tänze in Europa, 1951. *Au, H. v. d.:* Heit is Kerb in unserm Dorf, 1954, S. 27 ff. *Hoerburger, F.:* Wechselhupf – Schustertanz – Klatschtanz – Winker. Ein Beitrag zur systematischen Ordnung v. Volkstänzen, in: Beiträge zur Aufnahmetechnik u. Katalogisierung v. Volksgut, 1956, S. 20 ff. *Hoerburger, F.:* Spanltanz u. Wechselhupf. Bairische oder europäische Volkstänze?, in: Der Zwiebelturm 11/1956, S. 158 f.

Wechselpolka. ↗Österreichischer Volkstanz aus Niederösterreich (Bezirk Pöggstall). Der 1. Teil im 3/4-Takt wird von den Paaren als ↗Walzer in beliebiger Fassung getanzt, der 2. Teil im 2/4-Takt wird als ↗Polka ausgeführt. Der Tanz wird nach Belieben wiederholt.

Lit.: *Lanz, I.:* Ostschlesische Volkstänze, 2. Folge, 1931, S. 20 u. 28. *Zoder, R.:* Österreichische Volkstänze, Teil III, 1955, S. 45. *Berghold, L.-Deutsch, W.:* Volkstänze aus Niederösterreich, 1975, S. 95.

Wechseltanz. In seinen Notizen „Von unterschiedlichen Tantzen" aus den Jahren 1665 und 1675 berichtet Georg Schröder über einen ↗deutschen Volkstanz des 17. Jh. mit dem Namen Wechseltanz. Er wurde von drei Paaren mit Partnerwechsel getanzt. Den gleichen Namen trägt aber auch ein ↗österreichischer Volkstanz aus Hartberg, Steiermark, bei dem ebenfalls im Tanz die Partnerin gewechselt wird. Auch ein deutscher Volkstanz aus der Dobrudscha trägt diesen Namen.

Lit.: *Schröder, G.:* Tagebuch aus d. Jahren 1665 u. 1675 mit Notizen über „Von unterschiedlichen Tantzen". *Böhme, F. M.:* Geschichte d. Tanzes in Deutschland, 1886. *Wolfram, R.:* Die Volkstänze in Österreich u. verwandte Tänze in Europa, 1951, S. 149. *Au, H. v. d.:* Deutsche Volkstänze aus d. Dobrudscha, 1955, S. 22 f.

Weggis-Tanz. Schweizer Volkstanz, ein Rundtanz für Paare in einem einfachen oder doppelten Kreis, mit Gesang und Jodlern begleitet. Mit jedem Vers wechseln die Partner. Als Tanzschritte wechseln Polka- und Hüpfschritte. (↗Schweizer Volkstänze)

Weibertanz war ein ↗Hochzeitstanz benannt, mit dem die Braut in die Gemeinschaft der verheirateten Frauen aufgenommen wurde. Er war in Salzburg (Österreich) in der Gegend von Lamprechtshausen üblich. Die Braut tanzte zuerst gewissermaßen zum Abschied mit der Kranzeljungfrau und anschließend mit allen anderen Frauen.

Lit.: *Wolfram, R.:* Die Volkstänze in Österreich u. verwandte Tänze in Europa, 1951, S. 101.

Weiberzank. Dieses Tanzstück aus der Zeit um 1800 war in Berlin sehr bekannt. Es bestand aus einem langsamen ↗Vortanz im 4/4-Takt und einem zweiteiligen ↗Nachtanz im 3/4-Takt.

Lit.: *Böhme, F. M.:* Geschichte d. Tanzes in Deutschland, 1886, S. 210.

Weidman, Charles. Amerikanischer Tänzer, ↗Choreograph und Lehrer, geb. 22. Juli 1901 in Lincoln, Nebraska, gest. 15. Juli 1975 in New York. Nach seinem Studium bei Eleanor Frampton und an der Schule von Ruth ↗St. Denis und Ted ↗Shawn, schloß er sich der Gruppe der ↗Denishawn-Schule an, bei der er acht Jahre blieb. Mit Doris ↗Humphrey gründete er 1928 eine Tanzgruppe, die bis 1945 bestand und für welche er Choreographien schuf, die ihn als einen frühen Vertreter des ↗Modern Dance ausweisen. Er wirkte auch am Broadway, gründete eine Schule, aus der die Charles Weidman Tanzgruppe hervorging. Als Choreograph wirkte er auch an der New York City Opera. Um 1960 eröffnete er das Two Arts Theatre in New York.

Lit.: *Wynne, D. W.:* Three Years with Charles Weidman, in: Dance Perspectives 60. *Siegel, M. B.:* At the Vanishing Point, New York 1972.

Weigl, Joseph. Österreichischer Komponist, geb. 28. März 1766 in Eisenstadt, gest. 3. Februar 1846 in Wien. Seit 1790 war er als Kapellmeistersubstitut am Hoftheater (Kärntnertortheater) in Wien angestellt, und ab 1792 wurde er Hofkapellmeister und Hofkompositeur. Als 1793 das Tänzerehepaar ↗Viganò an das Hoftheater verpflichtet wurde und eine besondere Ballettpflege an diesem Theater einsetzte, erhielt Weigl den Auftrag, pro Jahr eine Oper und zwei ↗Ballette zu komponieren. In der Zeit von 1794 bis 1806 entstanden siebzehn Ballette.

Lit.: *Hausner, Henry, H.:* Joseph Weigl, Daten aus seinem Leben u. Schaffen, in: Mitteilungen d. Internationalen Stiftung Mozarteum, Jg. 14, Doppelheft 3/4, August 1966, S. 9 ff.

Weill, Kurt. Deutscher Komponist, geb. 2. März 1900 in Dessau, gest. 3. April 1950 in New York. Er schrieb die ↗Pantomime „Zaubernacht" und das ↗Ballett mit Gesang „Die ↗sieben Todsünden der Kleinbürger", welches 1933 in Paris uraufgeführt wurde. Das Libretto schrieb Bert Brecht, die ↗Choreographie stammte von G. ↗Balanchine. Die deutsche Erstaufführung erfolgte am 6. April 1960 in Frankfurt/M. in der Choreographie und Inszenierung von Tatjana ↗Gsovsky. (Das ↗Urteil des Paris)

Weinlesetänze. Tänze zur Feier der Weinlese gab es schon in frühester Zeit. Im antiken Griechenland war es der ↗Epilénios. In seinen Annalen XI, 31 berichtet der römische Historiker Publius Cornelius Tacitus von einem bacchischen Weinlesetanz, den die Kaiserin Messalina mit ihrem Gefolge aufführte: „Keltern knarrten, Ströme Weines flossen, Frauen, mit Fellen gegürtet, sprangen umher wie opfernde oder rasende Mänaden. Sie selbst mit gelöstem Haare schwang den Thyrosstab und neben ihr efeubekränzt Silius, alle mit Kothurnen, mit zurückgeworfenem Haupte, umtobt von dem rasenden Chore". Durch alle Jahrhunderte hindurch ist in allen Gegenden, wo Wein geerntet wird, das Brauchtum, die Ernte mit Tanzen zu feiern, aufrecht geblieben. Manche der Tänze haben pantomimischen Charakter und ahmen dabei die Handhabungen der Weinlese nach (↗Mateixas). Vielfach aber wird bei der Erntefeier nur zur Unterhaltung, meist im Freien, mit den traditionellen Volkstänzen getanzt. (↗Doušky)

Lit.: *Weege, F.:* Der Tanz in d. Antike, 1926, S. 154.

Weiss, Josefine (geb. Maudry). Österreichische Tänzerin und ↗Ballettmeisterin, geb. 1805 in Wien, gest. 18. Dezember 1852 ebendort. Vom Ensemble des Kinderballetts von F. ↗Horschelt im Theater an der Wien trat sie 1820 in das Ballettcorps am k. k. Hoftheater nächst dem Kärntnertor über. 1837 wurde sie an das k. k. priv. Theater in der Josefstadt als Tänzerin engagiert und war von 1842 bis 1844 als Ballettmeisterin tätig. Sie gründete eine Kinderballettgruppe, mit der sie in Deutschland, Frankreich, England, New York (Parktheater) und immer wieder in Wien Aufsehen erregte. Unter den 48 Mädchen ihrer „Danseuses Viennoise" befand sich auch eine Nichte des Komponisten C. M. von ↗Weber.

Lit.: *Guest, I.:* The Romantic Ballet in England, London 1954.

Weiße Rose, Die. ↗Ballett in zwei Teilen von Wolfgang Fortner nach dem Märchen „Der ↗Geburtstag der Infantin" von Oscar Wilde. Die Uraufführung fand am 28. April 1951 an der Städtischen Oper Berlin statt. Die ↗Choreographie besorgte Jens Keith. Im Jahre 1908 wurde Oscar Wildes Märchen von Franz ↗Schreker als Grundlage einer Tanzpantomime verwendet.

Weitschottisch. ↗Deutscher Volkstanz aus Hessen (Vogelsberger Gegend), eine besondere Form des ↗Rheinländers.

Lit.: *Au, H. v. d.:* Hessische Volkstänze, Deutsche Volkstänze, H. 17/18, 1934. *Au, H. v. d.:* Das Patschen im Volkstanz d. rhein-mainischen Raumes, in: Deutsche Liederkunde, Jahrbuch f. Volkslied u. Volkstanz, Bd. 1, 1939, S. 181. *Goldschmidt, Ae.:* Handbuch d. deutschen Volkstanzes, 1967.

Weller (auch Spinner) bedeutete im 16. Jh. einen ↗Drehtanz, einen Vorläufer des ↗Walzers.

Lit.: *Sachs, C.:* Eine Weltgeschichte d. Tanzes, 1933. *Wolfram, R.:* Die Volkstänze in Österreich u. verwandte Tänze in Europa, 1951.

Wellesz, Egon. Österreichischer Komponist, geb. 21. Oktober 1885 in Wien, gest. 9. November 1974 in Oxford. Er schrieb folgende Bühnenwerke für Tanz: „Das Wunder der Diana", Tanzspiel, Uraufführung Mannheim 1924; „Persisches Ballett", Tanzspiel, Uraufführung Donaueschingen 1924; ↗„Achilles auf Skyros", Ballett von H. von Hofmannsthal, Uraufführung Stuttgart 1926; „Die Nächtlichen", Tanzspiel von M. ↗Terpis, Uraufführung Berlin 1924; „Die Opferung des Gefangenen", kultisches Drama für Tanz, Sologesang und Chöre von Ed. Stukken, Uraufführung Köln 1926. Zum Thema Tanz verfaßte er die Aufsätze: „Die Oper und der Tanz", in: Deutsche Musikpflege, Frankfurt 1925; „Der Tanz und die Reform der Oper im 18. Jh.", in: Musikblätter des Anbruch 1926, Nr. 3/4, S. 158 ff.; „Der neue Tanz und die Opernbühne", in: Neue Musik-Zeitung, Stuttgart, Jg. 49, 1928, H. 7, S. 209 ff.; „Das Balletto a Cavallo", in: Schrifttanz, Jg. 3, 1930, H. 2, S. 34 ff.

Welttanzprogramm. Im Jahre 1963 wurde durch den „International Council of Ballroom Dancing" (ICBD), in welchem alle Tanzverbände der Welt vertreten sind, ein sogenanntes Welttanzprogramm geschaffen. Es umfaßt elf Tänze: 1. Langsamer Walzer, 2. Wiener ↗Walzer, 3. ↗Foxtrot (↗Quickstep), 4. ↗Tango, 5. ↗Blues (langsamer Fox), 6. ↗Rumba, 7. ↗Cha-Cha-Cha, 8. ↗Samba, 9. ↗Paso doble, 10. ↗Jive (↗Rock'n'Roll, ↗Jitterbug, Blues-Boogie, ↗Boogie-Woogie), 11. ↗Beat. Diese elf Tänze werden in allen dem ICBD angehörenden Tanzschulen der Welt gelehrt. (↗Gesellschaftstanz, ↗Tanzturniere)

Lit.: *Gebhard, U.:* Bewegung u. leiblicher Ausdruck als Aufgabe einer umfassenden Menschenbildung – unter besonderer Berücksichtigung d. Tanzes, Diss. München 1978, S. 59 ff.

Werbetanz. Unter den Volkstänzen nehmen die Werbetänze einen besonderen Rang ein. Choreographisch findet man jede Form vertreten. Von der einfachsten Art, bei der sich die Tänzerin nur unter dem Zeigefinger dreht, bis zu Tänzen mit höchster Kunstfertigkeit, mit Armverschlingungen und pantomimischen Liebeswerben. Manche Tänze werden nur als ↗Paartanz ausgeführt. Sie geben dem Tänzer eine gewisse improvisatorische Freiheit der Ausführung. Es gibt aber auch streng gebundene Gemeinschaftstänze, bei denen alle Tanzenden genau gleichzeitig dieselben Bewegungen machen. Herkunft und Alter der Werbetänze lassen sich nicht genau bestimmen. Zahlreiche Formen und Figuren finden sich aber schon auf Tanzbildern des 16. Jh. Das Kerngebiet der als Werbetänze bezeichneten Volkstanzformen liegt jedenfalls im süd- und südwestdeutschen Raum, einschließlich des Elsaß, der Schweiz und Österreichs. Entsprechungen zu diesen Formen findet man jedoch im übrigen Europa, vor allem in den skandinavischen Ländern (↗Gangar, ↗Springar). Die österreichischen Hauptformen des Werbetanzes lassen sich in die drei großen Gruppen: ↗Steirischer, ↗Landlerisch und ↗Schuhplattler zusammenfassen. Viele ihrer Formen findet man auch im süddeutsch-bayrischen Raum. Ein zum ↗Gesellschaftstanz gewandelter Werbetanz ist der ↗Straßburger. Gesellschaftliche Werbetänze sind auch die aus dem 16./17. Jh. stammenden Tänze ↗Canarie und ↗Courante. Zur Gruppe der Werbetänze gehören auch die europäischen Tänze ↗Fandango, ↗Forlana, ↗Fricassée, ↗Kasatscha, ↗Proti-sobě und ↗Răčenica. Von den außereuropäischen Tänzen sind zu erwähnen die Tänze ↗Ambu kanan, ↗Bambuco, ↗Pinanyo-wan, ↗Yuca. (↗Ab der Hand, ↗Drei lederne Strümpf, ↗Dreiertänze, ↗Dreisteirer, ↗Duschlpolka, ↗Fischinger Tanz, ↗Haderlump, ↗Hautitry, ↗Monferrina, ↗Steirischer Figurentanz, ↗Tuschpolka, ↗Vierfacher, ↗Tätscher)

Lit.: *Au, H. v. d.:* Das Volkstanzgut im Rheinfränkischen. Gießener Beiträge zur deutschen Philologie, Bd. 70, 1939, S. 92. *Wolfram, R.:* Die Volkstänze in Österreich u. verwandte Tänze in Europa, 1951, S. 173 ff. *Goldschmidt, Ae.:* Handbuch d. deutschen Volkstanzes, 1967.

Werner, Margot. Österreichische Tänzerin, geb. 8. Dezember 1937 in Salzburg. Mit dreieinhalb Jahren besuchte sie die Schule von Else Klett, mit sechs Jahren war sie an der Ballettschule der Münchner Oper. Mit neun Jahren kehrte sie nach Salzburg zurück und wurde Schülerin von Friderica ↗Derra de Moroda. 1954 erhielt sie einen Vertrag an die Münchner Oper, wurde 1956 ↗Coryphée, 1960 Solistin und 1963 Primaballerina. Internationale Gastspiele führten sie an die bedeutendsten Bühnen Europas und zu den Festspielen in Edinburgh und Salzburg. Seit mehreren Jahren wirkt sie als Chansonsängerin und Schauspielerin. Mit Maurus Pacher verfaßte sie ihre Memoiren „... und für jeden kommt der Tag“, 1982.

Westfäler Tantz. ↗Deutscher Volkstanz aus dem 16. Jh. Er gehört zur Gruppe der ↗Zwiefachen.

Heckels Lautenbuch 1562

Lit.: *Junk, V.:* Die taktwechselnden Volkstänze. Deutsches oder tschechisches Kulturgut, Schriftenreihe d. staatlichen Institutes f. Deutsche Musikforschung, Bd. 3, 1938, S. 114.

Westgöta. ↗Deutscher Volkstanz im 3/4-Takt, ausgeführt von vier Paaren, die in offener Fassung in zwei Reihen einander gegenüber Aufstellung nehmen. Die freie Hand wird seitlich eingestützt. Die Westgöta enthält in ihren Grundformen alte schwedische Volkstanzformen, die bis zu Elementen des frühen germanischen ↗Kettentanzes zurückreichen.

Lit.: *Janietz, E.:* Volkstänze aus deutschen u. österreichischen Landschaften, s. a., S. 32 ff.

Wetzer (auch Tathazer Walzer). ↗Deutscher Volkstanz aus der Batschka. Dieser ↗Paartanz im Kreis gehört zu den sogenannten ↗Wechselhupftänzen. (↗Stiefelknechtsgalopp)

Lit.: *Horak, K.:* Der Volkstanz in d. Batschka, in: Deutsche Liederkunde, Jahrbuch f. Volkslied u. Volkstanz, Bd. I, 1939, S. 214 f.

Wickeltanz ↗Kunkeltanz.

Wicken und Schoppele. ↗Deutscher Volkstanz im 3/4-Takt, von vier Paaren ausgeführt, die im Viereck Aufstellung nehmen. Der sehr lebendige und schwungvolle Tanz wird mit Geh-, Dreher-, gleitendem Hüpfschritt und ↗Walzer ausgeführt.

Lit.: *Helms-Blasche, A.:* Bunte Tänze, 1957, S. 103 ff.

Wicklertänze. Diese Gruppe von Volkstänzen umfaßt verschiedene Tanzformen, deren charakteristisches Tanzmotiv eine wahrscheinlich vom ↗Ländler oder ↗Steirer herkommende Wicklerfigur ist. Die Wicklertänze werden zu zweit und zu dritt getanzt. Sie finden sich in vielen Abarten vor allem im deutschen und österreichischen Volkstanz. Die Tanznamen lassen vielfach auf bildhafte Vorstellungen schließen. (↗Almtanz, ↗Dreher, ↗Kunkeltanz, ↗Ländler, ↗Spinnradltanz, ↗Woaf)

Lit.: *Au, H. v. d.:* Hessische Volkstänze, II. Teil, Deutsche Volkstänze, H. 11/12, 1931, S. 17. *Wolfram, R.:* Die Frühform d. Ländlers, in: Zeitschrift f. Volkskunde, Bd. 5, 1933, H. 2, S. 130/1. *Wolfram, R.:* Salzburger Volkstänze, in: Wiener Zeitschrift f. Volkskunde, Jg. 38, 1933, S. 93 f. *Au, H. v. d.:* Volkstänze aus Nassau, Deutsche Volkstänze, H. 30/31, 1936, S. 16 f. *Lager, H.:* Tänze aus d. steirischen Ramsau, in: Das deutsche Volkslied, Jg. 46, 1944, H. 1/2, S. 17. *Wolfram, R.:* Die Volkstänze in Österreich u. verwandte Tänze in Europa, 1951. *Goldschmidt, Ae.:* Handbuch d. deutschen Volkstanzes, 1967. *Wolfram, R.:* Almerischer, Wickler, Landler u. Schleuniger im Lande Salzburg, in: Sänger- u. Musikantenzeitung, Jg. 17, 1974, H. 2, S. 25 ff. *Peter, I.-Lager, H.:* Salzburger Tänze, 1975, S. 67 f. *Peter, I.:* Der Schleunige mit vergleichendem Einbezug d. Ländlers u. Steirischen im Salzkammergut sowie d. Salzburgischen Wicklers, in: Jahrbuch d. österreichischen Volksliedwerkes, Bd. 26, 1977, S. 66 ff.

Wiederlaibabtanz ↗Guglhupftanz.

Wienerkreutz Name der ↗Kreuzpolka in Dänemark.

Lit.: *Wolfram, R.:* Die Volkstänze in Österreich u. verwandte Tänze in Europa, 1951, S. 153.

Wiener Staatsopernballett (Wiener Hofoper und Staatsoper). Für die theatralischen Unterhaltungen, wie sie an europäischen Fürstenhöfen gepflegt wurden, war man auch an der musischen Kaiserresidenz zu Wien besonders aufgeschlossen. Aus den getanzten ↗Intermedien im „dramma per musica con balli“ erwuchs das ↗Ballett. Bereits im 16. Jh. gab es am Hof einen besoldeten „Hofdanzer“ für den Tanzunterricht und für die Arrangements der Festlichkeiten. Die erste dramatisch-musikalische Aufführung am kaiserlichen Hof fand 1631 bei der Vermählung

Ferdinands III. mit Maria von Spanien statt. Die junge Kaiserin bevorzugte die dramatische Tanzkunst und wurde als „Schutzfrau des Hofballetts" angesehen. Sie besoldete bereits vier Hoftanzmeister. Bedeutsam für die österreichische Ballettgeschichte war das ↗Roßballett (Balletto a cavallo), welches am 24. Januar 1667 anläßlich der Vermählung Kaiser Leopolds I. mit Margareta Theresia von Spanien in Wien aufgeführt wurde. Kaiser Joseph I. ließ das Hoftheater nächst dem Kärntnertor erbauen (Kärntnertortheater), um auch das Volk an den theatralischen Vergnügungen teilhaben zu lassen. Allmählich bildete sich dort zum Opern- und Lustspielensemble auch ein Ballettensemble, dem Franz ↗Hilverding van Wewen als ersternannter k. k. Hofballettmeister vorstand. Der Nachfolger von Hilverding wurde Gasparo ↗Angiolini, der in Zusammenarbeit mit Chr. W. ↗Gluck die erste Ballettpantomime schuf (Le Festin de Pierre). Die Beliebtheit der tänzerischen Darbietungen machte es notwendig, auch am k. k. Hoftheater nächst der Burg (seit 1776 Nationaltheater) ein eigenes Ballettensemble aufzubauen. Hilverding kehrte 1765 nach seiner Tätigkeit in St. Petersburg nach Wien zurück und wurde ↗Ballettmeister beider Hoftheater. Angiolini ging nach St. Petersburg. Es begann eine Glanzzeit des Wiener Balletts. Gaetano ↗Vestris kam zu einem Gastauftritt, und J.-G. ↗Noverre wurde für sieben Jahre an das Hoftheater verpflichtet. Sein geniales Wirken brachte dem Wiener Ballett erstmals internationale Anerkennung. Nach seinem Abgang von Wien wurde das Ballettensemble bis auf fünfzehn Tänzer entlassen und letztlich ganz aufgelöst. Im Jahre 1791 wurde Antonio ↗Muzzarelli an die Hoftheater berufen. Er gab den Wienern wieder ein würdiges Ballett. Ab 1760 begann das Zeitalter der Familie ↗Viganó (Onorato 1760–64, Giulio 1794–1803 und 1807–15, Salvatore 1793–94 und 1799–1803). 1801 schuf Salvatore sein bedeutendstes Werk: „Die ↗Geschöpfe des Prometheus" mit der Musik von L. van ↗Beethoven. Die Viganós beherrschten den Spielplan in Tanz und ↗Choreographie. Waren sie auf Gastspielreisen, kamen zu Einstudierungen andere bedeutende Tänzer wie G. Traffieri, die Familie ↗Clerico, die Brüder Cajetan und Ferdinand ↗Gioja, Seb. ↗Gallet und J. ↗Coralli. Die politischen Ereignisse um 1809 wirkten sich durch den starken Zuzug französischer Tänzer aus. 1812 kam L. ↗Duport nach Wien und choreographierte einige Ballette für das Kärntnertortheater, 1826–29 war er Mitdirektor am Kärntnertortheater und 1830–36 alleiniger Direktor. 1814 kam J. P. ↗Aumer auf sechs Jahre als Ballettmeister nach Wien. Bereits 1805–07 studierte der Senior der berühmten Tänzerfamilie ↗Taglioni, Carlo ↗Taglioni, einige seiner pantomimischen Ballette ein. Philipp, Marie und Paul Taglioni wirkten bei Gastinszenierungen am Kärntnertortheater. Paul Taglioni konnte am 16. Juni 1869 bei der Eröffnung des neuen Opernhauses am Ring sein Ballett ↗„Sardanapal" zur Aufführung bringen. Mit Ballettmeister C. ↗Telle stellte er die Statuten für einen geregelten Ballettunterricht auf. In den zwanziger Jahren des 19. Jh. waren die Geschwister ↗Elßler Tänzerinnen am Kärntnertortheater. Die bedeutendsten Tanzkünstler und Choreographen dieser Zeit, wie G. ↗Vestris, A. ↗Hus, A. ↗Guerra, A. ↗Bournonville, G. ↗Casati und Cl. ↗Couqui gastierten und choreographierten in Wien. 1859 kam Carl Telle nach Wien und lenkte bis 1890 die Geschicke des auf etwa achtzig Mitglieder erhöhten ↗Corps de ballet. In seine Ära fällt die Übersiedlung vom alten Kärntnertortheater in das neue Opernhaus. Auf C. Telle folgte Josef ↗Hassreiter, dem die bodenständige Einheit des Wiener Balletts zu danken ist. Durch seine zielstrebige Unterrichtsmethode wurde es ihm möglich, auf das Engagement ausländischer Künstler verzichten zu können und so das „Wiener Ballett" zu schaffen. Hassreiter war ein sehr produktiver Choreograph. Er schuf über 70 Werke, einschließlich der Tanzeinlagen in Opern (↗Puppenfee). Als im Dezember 1918 aus der Hofoper die Staatsoper wurde, ging er in Pension. Für das Wiener Ballett begann wieder eine neue Zeit, in der die Zusammenarbeit mit R. ↗Strauss von großer Bedeutung war (↗Schlagobers). Nach einer unruhigen Epoche versuchten A. ↗Birkmeyer und W. ↗Fränzl den neuen Aufbau. Eine Choreographin von großer Bedeutung kam mit Margarethe ↗Wallmann. Es folgten Erika ↗Hanka, A. von ↗Milloss und W. ↗Orlikowsky. Sehr zustatten kam dem Ballettcorps die Zusammenarbeit mit den berühmten Gastchoreographen wie G. ↗Balanchine, Tatjana ↗Gsovsky, Yvonne ↗Georgi, E. ↗Walter, J. ↗Neumeier, L. ↗Massine, R. ↗Nurejew u. a. 1981 wurde Gerlinde ↗Dill Ballettmeisterin, nachdem sie schon ab 1963 als Assistentin tätig war. (S. ↗Kirnbauer, D. ↗Klemisch, H. ↗Kres, L. ↗Scheuermann, E. von ↗Strohlendorf, Chr. ↗Zimmerl)

Lit.: *Millenkovics, M.:* Das Ballett d. Wiener Hofoper, 1910. *Haas, R.:* Beethoven u. d. Wiener Ballett, in: Velhagen u. Klasings Monatshefte, Jg. 24, 1927, S. 41 ff. *Ruziczka, E.:* Das Wiener Opernballett, Diss. Wien 1948. *Winkler, G.:* Das Wiener Ballett v. Noverre bis F. Elßler, Diss. Wien 1967. *Raab, R.:* 100 Jahre Wiener

Opernballett, in: Wiener Geschichtsblätter 24, 1969, S. 487 ff. *Ruzicka-Pichler, E.:* Das Wiener Opernballett, Wien 1971. *Koller, H.:* Ballett d. Wiener Staatsoper, 1979.

Wiesenthal, Grete. Österreichische Tänzerin, Lehrerin und ↗Choreographin, geb. 9. Dezember 1885 in Wien, gest. 22. Juni 1970 ebendort. Sie studierte in ihrer Geburtsstadt an der Ballettschule der Hofoper und war von 1901 bis 1907 Mitglied des ↗Corps de ballet dieser Bühne. Sie war die bedeutendste ihrer tanzenden Schwestern: Bertha, Elsa, Gertrude und Martha. Nach ihrem Ausscheiden aus dem Hofopernballett trat sie zunächst mit ihren Schwestern Elsa und Bertha auf, gab dann aber bald eigene Soloabende. Im Mittelpunkt ihrer Darbietungen stand der Wiener ↗Walzer, mit dem sie bald internationale Bekanntheit erlangte. Sie gab Gastspiele in fast ganz Europa und Amerika. Hugo von Hofmannsthal hatte Max Reinhardt auf Grete Wiesenthal aufmerksam gemacht, und es begann darauf eine sehr glanzvolle Zusammenarbeit am Deutschen Schauspielhaus in Berlin. Einer ihrer größten Triumphe war die getanzte Fledermaus. Von 1930 bis 1959 choreographierte sie für die Salzburger Festspiele. Für die Wiener Staatsoper choreographierte sie das ↗Ballett „Der Taugenichts in Wien“ von Franz ↗Salmhofer. Von 1934 bis 1952 war sie Professorin für künstlerischen Tanz an der Staatsakademie für Musik und darstellende Kunst in Wien. Ihre Schüler wirkten und wirken an vielen Bühnen des deutschsprachigen Raumes. In der Zeit von 1945 bis 1956 feierte die Tanzgruppe „Grete Wiesenthal“ Triumphe in aller Welt. Grete Wiesenthal bildete mit ihren Schwestern Elsa und Bertha einen nicht klassischen, durch eine besondere Schwingtechnik ausgezeichneten Tanzstil. Sie schrieb auch zwei autobiographische Bücher: „Der Aufstieg“, 1919 (später als „Die ersten Schritte“ erschienen) und den Roman einer Tänzerin „Iffi“.

Lit.: *Lehrs, M.:* Die Wiesenthals, 1908. *Lang, E.:* Grete Wiesenthal, Holzschnitte, 1910. *Huber-Wiesenthal, R.:* Die Schwestern Wiesenthal, 1934. *Brenner, I.:* Grete Wiesenthal, Diss. Wien 1950. *Langer, F.:* Grete Wiesenthal, in: Ausstellungskatalog „Tanz 20. Jh. in Wien, Biblos Schriften Bd. 109, 1979, S. 59 ff.

Wigman, Mary (eigentlich Marie Wiegmann). Deutsche Tänzerin, ↗Choreographin und Lehrerin, geb. 13. November 1886 in Hannover, gest. 18. September 1973 in Berlin. Von 1911 bis 1913 studierte sie rhythmische ↗Gymnastik, Methode ↗Jaques Dalcroze, in Hellerau-Dresden, und von 1913 bis 1919 war sie Schülerin und Assistentin von Rudolf von ↗Laban in München und Zürich. Ab 1919 war sie Solistin mit eigenen Tanzarbeiten und Tanzgastspielen im In- und Ausland. 1920 gründete sie die Mary-Wigman-Schule Dresden, die bald Weltruf erlangte und der Mittelpunkt des deutschen ↗Ausdruckstanzes wurde. Zu ihren Schülerinnen und Schülern zählten Hayna ↗Holm, Yvette ↗Georgi, Gret ↗Palucca, Margarethe ↗Wallmann, Vera ↗Skoronel, H. ↗Kreutzberg und M. ↗Terpis. 1921 gründete sie die erste Mary-Wigman-Tanzgruppe, mit der sie bis 1933 Gastspiele im In- und Ausland gab. Bis 1948 wirkte sie als Tänzerin, Choreographin und Tanzpädagogin in Dresden und Leipzig und ab 1949 in West-Berlin. 1967 schloß sie ihr Westberliner Tanzstudio, welches sie nach dem zweiten Weltkrieg dort aufgebaut und geleitet hatte. Es war ein Punkt der Begegnung der Freunde des modernen Tanzes aus der ganzen Welt. Als Schriftstellerin verfaßte sie zahlreiche Artikel über verschiedene Gebiete des Tanzes in Zeitschriften des In- und Auslandes. Im Verlag Carl Reißner, Dresden, erschien 1935 das Buch „Deutsche Tanzkunst“ und im Verlag Ernst Rattenberg 1963 „Die Sprache des Tanzes“, welches von Walter ↗Sorell ins Englische übersetzt wurde und unter dem Titel „The Language of Dance“ im Verlag der Wesleyan University Press, Middleton Press, New York, erschien. Im Verlag Eugen Diderichs erschien 1921 ihre Tanzdichtung „Die sieben Tänze des Lebens“ (H. ↗Kreutzberg, G. ↗Trümpy)

Lit.: *Delius, R. v.:* Mary Wigman, 1925. *Linden, K.:* Die Verwandlungen d. Mary Wigman, 1929. *Böhme, F.:* Der Tanz u. seine Gestalter, in: Der Auftakt, Jg. 10, 1930, H. 2, S. 37 ff., H. 3, S. 80 ff. *Bach, R.:* Das Mary Wigman Werk, 1933. *Bach, R.:* Mary Wigmans tänzerisches Werk, in: Die Musik, Jg. 25, 1933, H. 4, S. 272 ff. *Zivier, G.:* Harmonie u. Ekstase. Mary Wigman, 1956 (Monographien u. Biographien Bd. 2). *Sorell, W.:* The Mary Wigman Book, 1975.

Wildemännlestanz. Uraltes Tanzspiel, das in Oberstdorf im bayrischen Allgäu heimisch war. Das volkstümliche Spiel, das in alten Frühlingsbräuchen seine Wurzeln hat, wurde im Freien aufgeführt. Die wilden Männer sind germanische Waldgeister. Als Verkörperungen der belebt gedachten Waldbäume wurden sie von der Phantasie des Volkes mit Moos und Baumflechten bekleidet. So geschmückt traten auch die Oberstdorfer Wildmännle, meist 13, auf und führten mit stets übereinander gekreuzten Füßen sprungweise ihre Tanzfiguren auf. Jeder Wildemann trug ferner eine große Schelle. Heute sind die Vorführungen meist theatralisch verändert und dienen vor allem als Attraktion für die Touristen.

Lit.: *Strohmeyer:* Der Wildemännlestanz bei Oberstdorf, Immenstadt 1897. *Weinhold, K.:* Der Wildmännlestanz v. Oberstdorf, in: Zeitschrift d. Vereins f. Volkskunde, Berlin, Jg. 7, S. 427 ff. *Wolfram, R.:* Deutsche Volkstänze, 1937, S. 18.

Wilhelm, Franz. Österreichischer Tänzer, geb. 14. April 1945 in Bilin (ČSSR). Er studierte an der Ballettschule der Wiener Staatsoper, wurde 1960 Mitglied des ↗Wiener Staatsopernballetts, 1967 Solist und 1972 1. Tänzer.

Wilhelmusdans. ↗Niederländischer Volkstanz im $^4/_4$-Takt. Er wird von sechs bis acht Paaren ausgeführt, die sich hintereinander aufstellen, mit einem Arm verschlungen, den freien Arm in die Hüfte gestützt. Getanzt wird mit Lauf-, Geh- und schnellen Schottischschritten ohne Sprung.

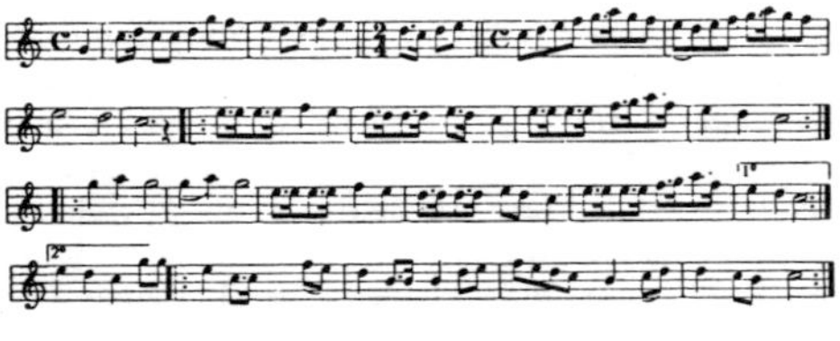

Lit.: *Sanson-Catz, A.-De Koe, A.:* Nederlandse volksdansen, Bd. 2, 1952, s. 37 ff.

Willewick. ↗Deutscher Volkstanz aus der Rheinpfalz, ein ↗Paartanz im langsamen Walzertempo.

Lit.: *Au, H. v. d.:* Pfälzer Volkstänze, I. Teil, Deutsche Volkstänze, H. 34/35, 1937, S. 22 f. *Oetke, H.:* Deutsche Volkstänze, Teil III, 1952, S. 41 f. *Au, H. v. d.:* Heit is Kerb in unserm Dorf, 1954, S. 53.

Wilzak, Anatolij Josifowitsch. Russischer Tänzer und Lehrer, geb. 1898 in St. Petersburg. Nach seinem im Jahre 1915 abgeschlossenen Studium an der kaiserlichen Ballett-Akademie schloß er sich dem Marijinskij-Theater an, wo er 1917 1. Tänzer wurde. Von 1921 bis 1925 tanzte er als Solist bei den ↗Ballets Russes von ↗Diaghilew und dann zwei Jahre bei der Truppe von Ida ↗Rubinstein. Von 1932 bis 1934 war er ↗Ballettmeister in Riga. 1935 wirkte er beim Ballet Russe de Paris und 1936 beim Ballet Russe de Monte Carlo. Im selben Jahr übersiedelte er nach New York, wo er 1940 mit seiner Gattin Ludmilla ↗Schollar die klassische Wilzak-Schollar-School gründete. Nachdem er sich von der Bühne zurückgezogen hatte, unterrichtete er an mehreren Ballettschulen (School of American Ballet, 1940–1946 an seiner Wilzak-Schollar School, an der Ballet Russe de Monte Carlo School und später an der San Francisco Ballet School).

Windmüller. Dieser ↗deutsche Volkstanz im $^3/_4$- oder $^3/_8$-Takt, der aus dem Norden Deutschlands eingeführt, auch in Österreich (Vorarlberg, Kleines Walsertal) heimisch geworden ist, wird von vier Paaren getanzt, die in der Form der ↗Quadrille Aufstellung nehmen. Der Tanz besteht aus vier Touren: 1. Großer Kreis nach links und rechts. 2. Große Mühle. 3. Polka oder Hochwalzer, von jedem Herrn mit seiner Dame getanzt. 4. Kette. Das Ganze wird mehrmals wiederholt, wobei bei der 1. Tour jedesmal ein Wechsel eintritt, während die Touren 2, 3, 4 immer unverändert wiederkehren. In Mecklenburg heißt er „Windmöllerdanz".

Lit.: *Stahl, W.:* Niederdeutsche Volkstänze, 1921. *Oetke, H.:* Deutsche Volkstänze, Teil II, 1952, S. 23 f. *Horak, K.:* Der Volkstanz im Kleinen Walsertal, in: Jahrbuch d. österreichischen Volksliedwerkes, Bd. 3, 1954, S. 106. *Helms-Blasche, A.:* Bunte Tänze, 1957, S. 119 ff. *Janietz, E.-Schneider, R.:* Volkstänze aus Mecklenburg, s. a., S. 5 f. *Janietz, E.:* Volkstänze aus Norddeutschland, s. a., S. 20 f.

Winker. Name des ↗Vogelstellers in Schwaben, Deutschland. (↗Grabac, ↗Hotařská)

Winkerschottisch (auch Klappdans genannt). Norddeutscher ↗Volkstanz, eine besondere Form des ↗Schottischen, ähnlich der ↗Judenpolka und der ↗Tusch- oder ↗Spitzbuampolka. Der Tanz gehört zur Gruppe der ↗Klatschtänze. (↗Styriana, ↗Vogelsteller)

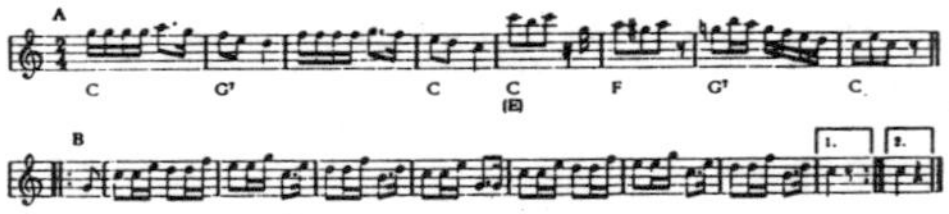

Lit.: *Dieckelmann, H.:* Jungmöhl, Niederdeutsche Volkstänze d. Gegenwart. *Goldschmidt, Ae.:* Handbuch d. deutschen Volkstanzes, 1967. *Janietz, E.-Schneider, R.:* Volkstänze aus Mecklenburg, s. a., S. 31.

Winktanz (auch Trutzköpfchen genannt). ↗Deutscher Volkstanz im $^3/_4$- oder $^3/_8$-Takt aus dem Rheinfränkischen. Das tänzerische Hauptmotiv liegt in einem gegenseitigen Ab- und Heranwinken des Tanzpartners. Die Aufstellung in Paaren erfolgt entweder nebeneinander im Flankenkreis oder zueinander im Stirnkreis, beidemal ohne Fassung. Die zweiteilige Form des Tanzes besteht aus acht Takten mit verschiedenen 4taktigen Winkfiguren und aus einem 8- oder 16taktigen ↗Nachtanz als ↗Walzer. (↗Kümm tau mi)

Lit.: *Au, H. v. d.:* Das Volkstanzgut im Rheinfränkischen, 1939, S. 72 ff. *Goldschmidt, Ae.:* Handbuch d. deutschen Volkstanzes, 1967.

Winneweh. Der Name ist eine volkstümliche Verstümmelung des Wortes ↗Menuett in der Rheinpfalz. Verstanden werden unter diesem Tanznamen eine Anzahl verschiedenartiger Volkstanzformen in Deutschland. Auch der im Odenwald getanzte ↗Hüttanz trägt diesen Namen.

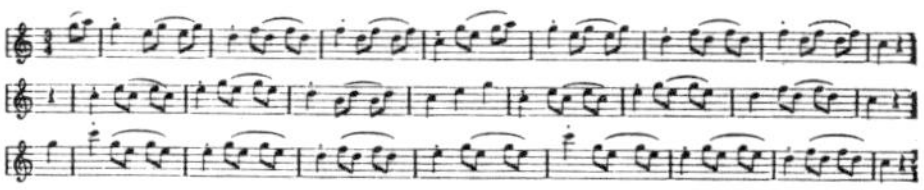

Lit.: *Au, H. v. d.:* Hessische Volkstänze, in: Deutsche Volkstänze, H. 17/18, 1934. *Au, H. v. d.:* Volkstanzgut im Rheinfränkischen, Gießener Beiträge zur deutschen Philologie, Bd. 70, 1939, S. 90. *Au, H. v. d.:* Heit is Kerb in unserm Dorf, 1954, S. 45.

Wintergrün. ↗Deutscher Volkstanz, ein ↗Zwiefacher. Der Tanz umfaßt drei Schrittfolgen, und zwar vier Takte im Walzerschritt, dann je drei Takte im Wechsel von zwei Dreherschritten mit zwei Walzerschritten. Das Tanztempo ist ruhig und gleichmäßig.

Lit.: *Burkhardt, L.:* Die Zwiefachen, 1961, S. 13. *Schützenberger, E.-Derschmidt, H.:* Spinnradl, 5. Folge, s. a., S. 11.

Wischtanz. ↗Österreichischer Volkstanz aus den Alpenländern (Oberösterreich, Salzburg, Tirol). Er wird nur von Männern getanzt und stammt von Holzknechten aus dem Salzkammergut. Er wird aber auch von den Bäckern getanzt, so in der Gegend von St. Lambrecht in der Steiermark, wo er nach der Bäckerkrücke, der Vorrichtung zum Ausräumen des Backofens, den Namen ↗Kruckeltanz trägt. Getanzt wird der Wischtanz nach einer Walzermelodie. Je zwei Tänzer stehen einander gegenüber und halten einen Bergstock oder eine Bäckerkrücke zwischen sich und schwingen abwechselnd im Takt die Beine darüber. Der Stock gleitet dabei von der einen Hand in die andere. Zum Abschluß des Tanzes erfolgt ein Walzen unter den beiden Enden des waagrecht über den Kopf gehaltenen Stockes. (↗Varvatants)

Lit.: *Pramberger, R.:* Steirische Tanzlust, in: Zeitschrift d. deutschen u. österreichischen Alpenvereins, Bd. 55, 1924, S. 145 f. *Zoder, R.:* Altösterreichische Volkstänze, Teil 2, 1928, S. 35. *Wolfram, R.:* Salzburger Volkstänze, in: Wiener Zeitschrift f. Volkskunde, Jg. 38, 1933, H. 5/6, S. 89. *Klier, K. M.:* Männertänze aus d. deutschen Volksüberlieferung, 1934, S. 4. *Kuehlenthal, M.:* Volkstänze d. Ausseerlandes „Der Wischtanz", Wissenschaftlicher Film 20, 1978, S. 23 ff.

Witwentanz. ↗Deutscher Volkstanz aus der Batschka, ein ↗Paartanz im Kreis, dessen Bewegungselemente auf die ↗Kreuzpolka zurückgehen.

Lit.: *Horak, K.:* Der Volkstanz in d. Batschka, in: Deutsche Liederkunde, Bd. 1, 1939, S. 216.

Witzpolka. Name einer Form des ↗Reichsverwesers in Slawonien. (↗Klatschtänze)

Lit.: *Piller, Sepp:* Volkslied u. Volksmusik aus Slawonien, in: Das deutsche Volkslied, Jg. 32, 1930, H. 8, S. 114. *Au, H. v. d.:* Das Patschen im Volkstanz d. rheinmainischen Raumes, in: Deutsche Liederkunde, Bd. 1, 1939, S. 185.

Wlacha ↗Vlacha.

Wladimiroff, Pierre (eigentlich Pjotr Nikolajewitsch Wladimirow). Russischer Tänzer und Lehrer, geb. 1893 in St. Petersburg, gest. 25. November 1970 in New York. Er studierte an der kaiserlichen Ballett-Akademie in St. Petersburg und schloß sich 1911 nach Abschluß seines Studiums dem Marijinskij-Theater an. 1912 und 1914 tanzte er bei ↗Diaghilews ↗Ballets Russes. 1915 wurde er 1. Tänzer beim Marijinskij-Theater, bei dem er bis 1918 blieb. Er schloß sich dann wieder den Ballets Russes an (1921), ging auf Tournee mit Tamara ↗Karsawina, dem Ballett von M. ↗Mordkin und dem Ballett von Anna ↗Pawlowa (1928–1931). Anschließend wandte er sich nach New York und unterrichtete bis zu seinem Tod an der Schule des ↗American Ballet. Verheiratet war er mit der Tänzerin Felia ↗Doubrowska. (S. ↗Lifar)

Lit.: *Doubrovska, F.:* Pierre Vladimiroff, in: Dance Magazine, Februar 1971.

Woaf (Weifentanz). ↗Deutscher Volkstanz, der vor allem in den Sudeten (Schönhengstgau) verbreitet ist. Seine Weise besteht aus zwei Achttaktern im 3/4-Takt. Oft wird er in Verbindung mit dem ↗Spinnradltanz ausgeführt. Wie beim Spinnradl rührt der Name auch von den Drehbewegungen der Wicklerfiguren her, die an die Weife, dem Gerät zum Aufwickeln des Garnes, erinnern. Im Tschechischen finden sich seine Melodien als ↗Smešek wieder. (↗Webertanz)

Lit.: *Fladerer, O.:* Die sudetendeutschen Volkstänze, Deutsche Volkstänze, H. 5/6, 1930. *Lager, H.:* Unsere Tänze, 1941, S. 48. *Goldschmidt, Ae.:* Handbuch d. deutschen Volkstanzes, 1967. *Schützenberger, E.-Derschmidt, H.:* Spinnradl, 4. Folge, s. a., S. 18 f. *Lager, H.:* Österreichische Tänze, 2. Teil, 1969, S. 25.

Wodutänze heißen die ekstatischen Einzeltänze, welche die Wodu auf Haiti tanzen. In ihnen werden Aktionen und Mythen der Götter dargestellt. Der Tänzer wird gleichsam von einem Gott ergriffen. Die Wodutänze können als getanzte Religionen bezeichnet werden. Der Tänzer oder die Tänzerin, beide Geschlechter sind an diesen Tänzen beteiligt, tanzen das Wesen und die Taten ihrer Götter. Jeder Teilnehmer tanzt dabei eine andere der vielen haitischen Gottheiten. Dabei vollbringen die Wodutänzer die unwahrscheinlichsten Bewegungen. Trotz aller Ekstase wird immer in bestimmter Ordnung getanzt. (↗Haitischer Tanz)

Lit.: *St. Méry Moreau de:* Description ... de la partie française de l'isle Saint-Domingue, Philadelphia 1797/98. *Günther, H.-Schäfer, H.:* Vom Schamanentanz zur Rumba, 1959, S. 25 ff.

Wóizikowski, Léon (eigentlich Wójcikowski). Polnischer Tänzer, ↗Ballettmeister und Lehrer, geb. 20. Februar 1899 in Warschau, gest. 23. Februar 1975 ebendort. Er studierte an der königlichen Ballettschule in Warschau und bei E. ↗Cecchetti. 1915 wurde er von S. ↗Diaghilew in Warschau entdeckt und 1916 für die ↗Ballets Russes engagiert, vor allem als Darsteller schwieriger Charakterrollen. Nach dem Ableben Diaghilews ging er zur Truppe von Anna ↗Pawlowa (1929–1931), kam zum ↗Ballet Rambert und wurde Mitglied der Ballets Russes de Monte Carlo (1932–1934). Von 1935 bis 1936 reiste er mit einem eigenen Ballett durch Europa, kehrte anschließend wieder zum Ballet de Monte Carlo von Colonel de ↗Basil zurück. 1945 ging er nach Warschau und lehrte an der Ballettschule. Von 1958 bis 1960 wirkte er als ↗Choreograph beim ↗London Festival Ballet. Von 1960 bis 1961 war er Mitglied des Balletto Europeo von L. ↗Massine, lehrte am Kölner Institut für Theater-Tanz und an der Bonner Universität bis 1974, in welchem Jahr er dann wieder nach Warschau zurückkehrte.

Wolfram, Richard. Österreichischer Professor für Volkskunde, Forscher zur gesamteuropäischen und österreichischen Volkskunde, geb. 16. September 1901 in Traismauer, Niederösterreich. Zeit seines Lebens war er für die Volkstanzbewegung vieler Länder in Wort, Schrift und Praxis tätig. Zum Thema Volkstanz verfaßte er folgende Aufsätze und Bücher: Der Schwerttanz in Unterwössen, in: Bayerischer Heimatschutz, Jg. 27, 1931, S. 17 ff.; Volkstanz nur gesunkenes Kulturgut?, in: Zeitschrift f. Volkskunde, Jg. 41, N. F., Bd. 3, 1931, H. 1, S. 26 ff.; Sword Dances and Secret Societies, in: Journal of the English Folk Dance and Song Society, vol. I, 1932, No. 1, S. 34 ff.; Schwerttanz u. Schwerttanzspiel, in: Wiener Zeitschrift f. Volkskunde, Jg. 37, 1932, S. 1 ff.: Die Frühform d. Ländlers, in: Zeitschrift f. Volkskunde, Jg. 1933, Bd. 5, H. 2, S. 129 ff.; Gemeinschaftstanz, in: Ständisches Leben, Jg. 3, 1933, S. 41 ff.; Salzburger Volkstänze, in: Wiener Zeitschrift f. Volkskunde, Jg. 38, 1933, S. 85 ff.; Tanzlauben in Siebenbürgen, in: Wiener Zeitschrift f. Volkskunde, Jg. 38, 1933, S. 109; Altersklassen u. Männerbünde in Rumänien, Wien 1934, S. 124 ff.; Ritual and Dramatic Associations of Sword and 'Chain'dances, in: Journal of the English Folk Dance and Song Society, vol. II, 1935, S. 35 ff.; Der Spanltanz u. seine europäischen Verwandten, in: Oberdeutsche Zeitschrift f. Volkskunde, Jg. 9, 1935, H. 1, S. 35 ff.; Schwerttanz u. Männerbund, 1935; Der Pinzgauer Trestertanz, Wien 1936 u. in: Wiener Zeitschrift f. Volkskunde, Jg. 41, 1936, S. 1 ff.; Deutsche Volkstänze, 1937; Der Siebensprung in Norwegen, in: Das deutsche Volkslied, Jg. 39, 1937, H. 1/2, S. 16; Volkstanzforschung, in: Germanisch-Romanische Monatsschrift, Jg. 25, 1937, S. 119 ff.; Auf den Spuren d. Nordens in Österreich, in: Der Norden, Jg. 15, 1938, Nr. 2, S. 47 ff.; Tänze d. Germanen, in: Germanien, Jg. 10, 1038, S. 156 ff.; Lo studio della danza popolare in Germania, in: Lares, Jg. 10, 1939, H. 4/6; Volkstänze aus Deutsch-Mokra, in: Das deutsche Volkslied, Jg. 41, 1939, H. 3, S. 30 ff.; Judenpolka aus Urwegen, Siebenbürgen, in: Das deutsche Volkslied, Jg. 42, 1940, H. 7/8, S. 69; Lo studio della danza in Germania, Roma 1940; Die Volkstanznachrichten in den Statistischen Erhebungen Erzherzog Johanns, in: Volk u. Heimat, Festschrift f. V. Geramb, 1949, S. 271 ff.; Volkstanz in Europa, in: Heimatleben, Zeitschrift d. Schweizerischen Tachtenvereinigung, Jg. 22, 1949, S. 107 ff.; Kärnten als Volkstanzlandschaft, in: Carinthia, Jg. 141, 1951, S. 50 ff.; Die Volkstänze in Österreich u. verwandte Tänze in Europa, 1951; Der Zeinertanz u. ein neuer steirischer Tanzfund, in: Blätter f. Heimatgaue, Jg. 25, 1951, S. 33 ff.; Neue Funde zu den Morisken u. Morristänzen, in: Zeitschrift f. Volkskunde, Jg. 50, 1953, H. 1/2, S. 107 ff.; Bergmännische Tänze, in: Der Anschnitt, Jg. 5, 1953, H. 1, S. 6 ff.; Der Schwerttanz, in: Halleiner Heimatbuch, 1954, S. 31 ff.;

Der Halleiner Schwerttanz, in: Der Anschnitt, Jg. 7, 1955, H. 4, S. 3 ff.; Zum Beitrag über den Laich, in: Hausmusik, Jg. 19, 1955, H. 2, S. 57 f. European Song-Dance Forms, in: Journal of the International Folk Music Council, vol. VIII, 1956, S. 32 ff.; Vom Tanz in unserer Zeit. Volkstanz u. Gesellschaftstanz, in: Heimatleben, Zeitschrift d. Schweizerischen Trachtenvereinigung, Jg. 33, 1960, S. 72 ff.; Die Volkstänze in Österreich – ein Überblick, in: Journal of the International Folk Music Council, vol. XIII, 1961, S. 5 ff.; Zwei Volkstanzbilder aus dem ausgehenden Mittelalter, in: 8. Jahrbuch d. Musealvereines Wels 1961/62, S. 52 ff.; Der Volkstanz als kulturelle Ausdrucksform d. südosteuropäischen Völker, in: Südosteuropa-Jahrbuch, Bd. 6, 1962, S. 63 ff.; Almerischer, Wickler, Landler u. Schleuniger im Lande Salzburg, in: Sänger- u. Musikantenzeitung, Jg. 17, 1974, H. 2, S. 25 ff. u. H. 3, S. 60 ff.; Volkstanz, 1. Kartenblatt, in: Österreichischer Volkskundeatlas, 5. Lieferung, 1974 u. 1975 in IV. Kommentarband; Der Schwerttanz in Unterwössen, in: Sänger- u. Musikantenzeitung, Jg. 19, 1976, H. 5, S. 123 ff.; Die Schwerttänze in Oberösterreich. Geschichte u. gegenseitiges Leben, in: Der fröhliche Kreis, Jg. 27, 1977, H. 1, S. 37 ff.; Noch ein Wort zum Innviertler Schwerttanz, in: Der fröhliche Kreis, Jg. 27, 1977, S. 119 ff.; Die Siebenbürger Volkstänze, in: Jahrbuch f. ostdeutsche Volkskunde, Bd. 22, 1978, S. 133 ff.; Vor einer Wiedergeburt d. Volkstanzes?, in: Volksmusik in Bayern 1978, S. 186 ff.; Großformen d. Salzburger Brauchtumstänze, in: Die Volksmusik im Lande Salzburg, 1979, S. 78 ff.; Das ‚Gäuerlein' in Rothenthurm, in: Festschrift f. Karl Horak, 1980, S. 87 ff.; Der ‚Steirische Tanz'. Seine Eigenart u. seine Stellung im europäischen Tanzgut, in: Reiner Hefte f. Volkskunde, Jg. 2, 1981, H. 1, S. 16 ff.; Die Volkstänze d. Schweiz, in: Die Volksmusik in Vorarlberg, Schriften zur Volksmusik, Bd. 7, 1982, S. 185 ff.; Ein Salzkammerguter Schwerttanzmanuskript, in: Jahrbuch d. österreichischen Volksliedwerkes, Bd. 31, 1982. Volkstänze, in: Volksmusik in Österreich, 1984, S. 45 ff. Ein neuaufgefundenes Schwerttanzmanuskript aus dem 18. Jh. aus dem Salzkammergut, in: Jahrbuch d. österreichischen Volksliedwerkes, Bd. 32/33, 1984, S. 147 ff.

Wolfstanz. ↗Volkstanz im ³/₄-Takt der deutschen Siedler im Südosten Europas. Er gehört zur Gruppe der Tänze mit Verbeugungen und ist eine Abart des ↗Servustanzes.

Lit.: *Horak, K.:* Volkstänze aus d. schwäbischen Türkei, in: Deutsche Volkstänze, H. 29, 1935, S. 12 f. *Wolfram, R.:* Die Volkstänze in Österreich u. verwandte Tänze in Europa, 1951. *Horak, K.:* Deutsche Volkstänze aus d. Donauraum, Deutsche Volkstänze, H. 44/45, 1961.

Wolgaster. ↗Deutscher Volkstanz aus Pommern im ²/₄-Takt, ausgeführt von vier Paaren, die in Kreisform Aufstellung nehmen. Drehungen und Gehschritte bilden die Tanzbewegungen.

Lit.: *Schultz, W.:* Schüddel de Büx, 1928, S. 11.

Wolkow, Boris W. Russischer Tänzer und ↗Choreograph, geb. 1902 in Tula. Er studierte in Moskau bei Jan-Janowicz Domaratski-Nowakowski, tanzte beim Ballett in Baku sowie in Moskau und choreographierte in Schanghai und bei Tourneen im Fernen Osten. 1927 kam er in die USA und tanzte 1928 beim Bolm-Ballett. 1929 eröffnete er in Toronto eine Ballettschule, aus der das Wolkow-Canadian-Ballet hervorging, für welches er das ganze Repertoire choreographierte.

Lit.: *Mouravieff, Larissa:* Traité de danse classique. Dessins de Boris V. Volkoff. Genève 1959.

Wŏrĭzŏ-Tanz. Brasilianischer Maskentanz. Er wird von zwei Personen getanzt, die Arm in Arm nebeneinander stehen und taktmäßig mit dem rechten Fuß stampfen. Dazu werden Kürbisrasseln geschwungen. Der Tanz besteht aus vier Touren, deren jede einen anderen Takt und eine andere Melodie hat. (↗Brasilianischer Tanz, ↗Cascudotanz, ↗Maskentänze)

Lit.: *Krause, F.:* Tanzmaskennachbildungen vom mittleren Araguaya, in: Jahrbuch d. städtischen Museums f. Völkerkunde zu Leipzig, Bd. 3, 1908/09, S. 113.

Wotsch. ↗Deutscher Volkstanz aus der Dobrudscha im ³/₄-Takt, ein ↗Paartanz im Kreis. Zur Aufstellung ziehen die Paare auf und ordnen sich zum Flankenkreis. Dabei legt der Bursch den rechten Arm um die Hüfte der Tänzerin, diese ihren linken auf seinen Rücken oder Oberarm. Ist der Kreis geordnet, so drehen sich Bursch und Mädchen zueinander und fassen einander. Getanzt wird mit einem schnellen Walzerschritt. Der Reiz des Tanzes besteht in einem ständigen

Wechsel der Tanzrichtung. Das Zeichen zum Wechsel gibt der Ruf „Wotsch", d. h. links. Es wird dann so lange in dieser Richtung getanzt, bis der Ruf „Tschick", d. h. rechts, erschallt. Eine zweite Form des Tanzes läuft in der Weise ab, daß die Tanzpaare geteilt werden und die eine Hälfte im Kreis rundtanzt, während die andere geht. Der Takt wird dabei von den Burschen durch heftiges Stampfen betont.

Lit.: *Au, H. v. d.:* Deutsche Volkstänze aus d. Dobrudscha, 1955, S. 20 f.

Wranitzky (auch Vranický, Wranicky), **Paul.** Österreichischer Komponist, geb. 30. Dezember 1756 in Neu-Reisch, Mähren, gest. 26. September 1808 in Wien. Er kam 1776 nach Wien. Etwa ab 1790 wirkte er als erster Orchesterdirektor der beiden k. k. Hoftheater (Burg- und Kärntnertortheater). Im Wiener Musikleben spielte er als Komponist eine bedeutsame Rolle. Er schrieb zahlreiche ↗Ballette, darunter: „Zemire und Azor", um 1800 für F. ↗Clerico; „Die Weinlese", 1794 für A. ↗Muzzarelli; „Das Waldmädchen", 1796 für G. Traffieri; „Der Raub der Sabinerinnen", 1804 für S. ↗Gallet; „Das ↗Urteil des Paris", 1801 für G. ↗Gioja.

Wright, Belinda (original Brenda Wright). Britische Tänzerin, geb. 18. Jänner 1927 in Southport. Sie studierte bei Dorothea Halliwell, Olga ↗Preobrajenska und K. Crofton. 1945 trat sie dem ↗Ballet Rambert bei, tanzte beim Ballet de Paris, dem ↗London Festival Ballet und von 1947 bis 1951 bei der Truppe des Marquis de ↗Cuevas. Ab 1952 war sie 1. Tänzerin beim ↗London Festival Ballet.

Lit.: *Herf, E.:* Belinda Wright, in: Ballet Today, Februar 1963.

Wührer, Ully. Österreichische Tänzerin, geb. 30. Oktober 1940 in Wien. Mit zehn Jahren begann sie ihr Tanzstudium an der Ballettschule der Wiener Staatsoper bei Adele ↗Krausenecker, Willi ↗Dirtl, G. ↗Hamilton und G. Hiden. Außerdem besuchte sie die Privatschule von Ewald ↗Vondrak. Sie war Solistin des ↗Wiener Staatsopernballetts. 1977 zog sie sich ins Privatleben zurück. (↗Tancredi)

Wunderbare Mandarin, Der (ungarisch: A csodálatos mandarin). Ballettpantomime in einem Akt von B. ↗Bartók, komponiert 1918/19. Die Uraufführung fand am 28. November 1926 in Köln statt. Das Libretto von Menyhért Lengyel und B. Bartók symbolisiert die alles überwindende Liebe.

X / Y

Xango. Afrobrasilianischer ↗religiöser Tanz, der von den afrikanischen Negern bei der Candombe-Liturgie ausgeführt wurde. Von ihnen wurde er nach Spanien und in lateinamerikanische Länder gebracht, wo er mit verschiedenen Namen aufscheint. (↗Brasilianischer Tanz, ↗Candombe)

Yakun-Nätîma oder **Yakun-Natanavâ.** Mit diesem Begriff ist jede religiöse Tanzzeremonie der Singhalesen auf Ceylon zur Ehre oder Versöhnung der Dämonen gemeint. Die oft im europäischen Schrifttum gebrauchte Bezeichnung „Singhalesischer Teufelstanz" ist ungenau. Langsamen Schrittes beginnt der Tanz des Geisterbeschwörers, begleitet von einer Trommel. Tanz und Rhythmus werden heftiger, und von rasendem Trommeln begleitet, steigert sich der Tanz endlich zu schnellsten Kreisbewegungen. In diesem Stadium wird der Geisterbeschwörer vom Dämon besessen. Es ist dies der eigentliche Dämonentanz. Die Erregung der Zuseher führt oft bis zur Ohnmacht. Während der Tänze bringt man den beschworenen Dämonen Opfer dar. (↗Ceylon-Tanz, ↗Sanni-Yakuma)

Lit.: *Callaway, J.:* Yakkun Nattanawâ and Kôlan, London 1929. *Lucas, H.:* Ceylon-Masken, 1958, S. 136 ff. u. S. 139.

Yale. ↗Gesellschaftstanz des 20. Jh., ein langsamer Tanz im Stil des ↗Blues (Yale-Blues). Der Tanz war in der Saison 1927/28 in England, Frankreich und Deutschland modern.

Lit.: *Morán, Pablo:* Alle Tänze getanzt mit Pablo Morán, 1930, S. 54 ff.

Yandewa. Tanz der Pueblo-Indianer aus Santa Clara in Nordamerika. Er wird mit Körben ausgeführt und auch Acequia oder Regenbogentanz benannt. Die Bezeichnung „Sun Basket Dance" (Sonnenkorbtanz) bezieht sich auf das Sonnensymbol der kreisförmigen Körbe, die, behängt mit orangefarbiger Angorawolle, von den Frauen getragen werden. Der zweite Name Acequia nimmt Bezug auf die Reinigung der Bewässerungsgraben (Acequias) zur Zeit des Tanzes im März. Der Name Regenbogentanz bezieht sich auf die Regenbogenkrone, welche die Frauen als Kopfschmuck tragen. Die Körbe symbolisieren das Weibliche und die Lanzen der Tänzer das Männliche. Der Tanz wird von zwei Paaren geschickter Tänzer ausgeführt. Die Männer schütteln beim Tanzen eine Rassel in der rechten Hand. Die Gesangbegleitung besteht aus einem Männerchor und Trommeln. (↗Indianischer Tanz, ↗Nordamerikanischer Tanz)

Lit.: *Kurath, G. P.:* American Indian Ritual Dances for Sustenance, in: The Folklorist, vol. 7, 1962, Nr. 3, S. 73 f.

Yantzaluze. ↗Baskischer Tanz aus Valcarlos und Navarra. Es ist dies der Birnentanz, ein langsamer Tanz, bei welchem der Tänzer, der den Tanz eröffnet, drei Birnen auf der Spitze eines mit Bändern geschmückten Stabes trägt.

Yaraví. ↗Tanzlied der Inkas, welches auch heute noch in Bolivien, Ecuador, Peru und im nördlichen Argentinien verbreitet ist. Es hat meist ¾-Takt im langsamen Tempo und ist in seinem rhythmischen und musikalischen Charakter dem ↗Tango ähnlich.

Yéibichai. ↗Indianischer Tanz, ein zeremonieller ↗Maskentanz des Navaho-Stammes im Südwesten Nordamerikas. Er wurde getanzt, um die Heilung zu fördern. Die Heilzeremonien wurden von langen Gesangzyklen begleitet. (↗Nordamerikanischer Tanz)

Lit.: *Kurath, G. P.:* American Indian Dance in Ritual and Life, in: The Folklorist, vol. 6, 1961, No. 4, S. 432.

Yks, kaks, kolme, nelja ja viis heißt eine Form des ↗Siebenschritts in Nordeuropa.

Yoshida, Norio. Japanischer Tänzer, geb. 17. Januar 1943 in Tochigi, Japan. Sein Tanzstudium begann er an der „Ballet School in Memory of

Tchaikovski" in Tokio bei A. A. Walramow, setzte es von 1961 bis 1964 bei I. W. Smirnow und M. Smirnowa vom Bolschoj-Theater fort. Sein erstes Engagement in Europa erhielt er im Jahre 1964 beim ↗Ballet des XX. Jahrhunderts von Maurice ↗Béjart in der IX. Symphonie von L. van ↗Beethoven. Weitere Studien betrieb er in Paris bei I. Fosca, R. Ranchetti und S. Glovina. Er war Solist im „Ballet 65", beim „Ballet Européen" von Lorca Massine und beim „Ballet de Wallonie de Charleroi". Vom Herbst 1967 an tanzte er als Solist beim Opernballett von Zagreb.

Youskevitch, Igor (russ. Jukewitsch). Russ.-amer. Tänzer und Lehrer, geb. 13. März 1912 in Piriatin (bei Kiew). 1932 begann er sein Tanzstudium bei Xenia Grunt und setzte es fort bei Olga ↗Preobrajenska in Paris. Seine künstlerische Laufbahn begann 1934 bei der Truppe von Bronislawa ↗Nijinska, 1935 tanzte er bei der Truppe von Léon ↗Wóizikowski und 1937 bei ↗Basils Ballet Russe. Von 1938 bis 1943 war er Solist beim ↗Ballet Russe de Monte Carlo. Nach dem Krieg wirkte er von 1946 bis 1955 beim ↗American Ballet Theatre. In weiterer Fortsetzung seiner Tätigkeit tanzte er bei verschiedenen Tanzgruppen und in besonderen Aufführungen bei Alicia ↗Alonso. 1962 zog er sich zurück. Er unterrichtete später mit seiner Frau an seiner Schule in Massapequa, New York. Er galt als einer der berühmtesten Interpreten des klassischen ↗Pas de deux in ↗„Giselle" und „Le Lac de Cygne" (↗Schwanensee). Seine Tochter Maria, geb. 11. Dezember 1945, war ebenfalls Tänzerin.

Lit.: *Cohen, S. J.:* Prince Igor, in: Dance Magazine, Mai 1953. *Quiros, Rod.:* Igor Youskevitch, Chicago 1956.

Yuca. Alter kubanischer ↗Paartanz. Es handelt sich bei diesem Tanz um ein stilisiertes Liebesspiel mit Werben, Versagen, Einwilligung und Vereinigung, das in vielen Bewegungsvarianten interpretiert wird. (↗Kubanischer Tanz, ↗Werbetanz)

Lit.: *Günther, H.:* Lateinamerikanische Tänze im Zeitalter d. Barock, in: Das Parkett, Jg. 11, 1958, 11. *Günther, H.-Schäfer, H.:* Vom Schamanentanz zur Rumba, 1959, S. 290 f. *Wegner, K.:* Der Tanzlehrer, Diss. Köln 1962, S. 72 f.

Z

Zämertanz. Der Name dieses Tanzes scheint in einer Beschreibung der Nürnberger Faschingsbelustigung des ↗Schönbartlaufens aus dem Jahre 1349 auf. Es heißt darin: „Die Metzger stellten einen sogenannten Zämertanz an." Ob es sich dabei um einen eigenen ↗Zunfttanz der Nürnberger Metzger oder um den alten deutschen, reigenartigen ↗Zäuner gehandelt hat, läßt sich nicht feststellen.

Lit.: *Böhme, F. M.:* Geschichte d. Tanzes in Deutschland, 1886.

Zäuner (Zeuner oder Cwener). Dieser vom 15. bis zum 17. Jh. in Deutschland übliche Volkstanz dürfte aller Wahrscheinlichkeit nach ein reigenartiger Tanz gewesen sein, dessen Aufstellung und Bewegungen das Flechten eines Zaunes dargestellt haben. Trotz mehrfacher Erwähnung des Tanzes in zeitgenössischen Quellen, ist über seine Art und Form nichts Sicheres zu sagen. Ein Nachfahre dieses alten deutschen Volkstanzes mag vielleicht der von R. ↗Wolfram erwähnte ↗„Zeinertanz" sein.

Heckels Lautenbuch 1562

Lit.: *Bergemann, J. G.:* Schlesische Modetänze im Jahre 1406, in: Allgemeines Archiv f. d. Geschichtskunde d. Preußischen Staates, Bd. I, 1830, S. 280. *Angerstein, W.:* Volkstänze im deutschen Mittelalter, in: Sammlung gemeinverständlicher Vorträge, 3. Serie, H. 49/72, 1868/69, S. 16. *Böhme, F. M.:* Geschichte d. Tanzes in Deutschland, 1886, S. 55, 321. *Wolfram, R.:* Die Volkstänze in Österreich u. verwandte Tänze in Europa, 1951, S. 57. *Thiel, H.:* Die deutschen Volkstänze in Böhmen, Mähren u. Schlesien, 1970, S. 31 f. *Singer, F. W.:* Der „Trotter" und der „Zeuner" – zwei nordbairische Tänze von 1748, in: Jahrbuch d. österreichischen Volksliedwerkes, Bd. 30, 1981, S. 39 ff.

Zahradnická (Gärtnerisch). Tschechischer Volkstanz aus Böhmen, ein ↗Kettentanz. Die Paare stehen in zwei Reihen und bilden eine Kette. Während die ersten zwei Verse des begleitenden Tanzliedes gesungen werden, gehen die Paare vor und zurück. Hierauf tanzt jedes Paar auf dem Platz einen ↗Ländler in verkehrter Drehung. Sodann formieren sich die Reihen wieder. Eine Reihe hebt die Hände, ohne die Kette zu zerreißen, die andere Reihe schlüpft durch, wodurch ein Platzwechsel stattfindet. Der gleiche Vorgang wiederholt sich nun in umgekehrter Folge. (↗Tschechische Volkstänze)

Lit.: *Waldau, A.:* Böhmische Nationaltänze, 1859, Bd. 1, S. 54 f.

Zahradnik čili kožuch (= Der Gärtner oder der Pelz). Tschechischer Volkstanz aus Ostschlesien im 3/4-Takt. Er wird von vier Tänzern ausgeführt, von denen jeder zur linken und zur rechten Hand eine Tänzerin hat (↗Dreiertanz, ↗Tschechische Volkstänze)

Lit.: *Vluka, J.:* Národní tance ve východním Slezska, in: Český Lid VII, 1898, S. 33 ff.

Zajači tanec. ↗Slowenischer Volkstanz, er gleicht in seiner Form dem österreichischen ↗Spanltanz.

Zamacueca (kurz **Cueca** genannt), ist der populärste Tanz des chilenischen Volkes, aber auch in anderen Kordillerenländern bekannt. Der Ursprung der Cueca ist ungeklärt. Manche nennen Chile als ihre Heimat, andere nehmen eine spanisch-afrikanische Abstammung an. Möglicherweise ist sie aus mehrfachen Umbildungen des spanischen ↗Fandango entstanden. In Chile hat die Zamacueca jedenfalls ihre höchste Blüte erreich. Der 6/8-Rhythmus der Inkamusik mag auf die Entstehung und Verbreitung einen besonderen Einfluß gehabt haben. Die gebräuchlichste Taktart ist für die Cueca in Chile der 3/4-Takt, seltener der 6/8-Takt. In Peru ist es umgekehrt. Die Cueca wird nur vom einfachen Volk getanzt, und zwar immer nur von einem Paar, alle anderen sehen zu. Der Tänzer umtanzt graziös seine Partnerin, sein Taschentuch in der rechten Hand schwingend. Die Tanzenden, die sich niemals umfassen, sind einander immer von Angesicht zu Angesicht gegenüber, nur an bestimmten Stellen macht die Tänzerin eine jähe volle Drehung, die der Tänzer sofort mitmachen muß, um sich nicht dem Gelächter der Zusehenden auszusetzen. Begleitet wird der Tanz meist von einer Harfe. Die Spielerin singt dazu. Der Rhythmus wird von einem Begleiter durch Klopfen auf den Boden der Harfe markiert.

Lit.: *Friedenthal, A.:* Musik, Tanz u. Dichtung bei d. Kreolen Amerikas, 1913, S. 172 f., S. 221 ff. *Vicuna Mackenna, B.:* La zamacueca y la sanguaraña, in: La Revista Chilena, Sept. 1922. *Zanartu, S.:* Opinión y definición de la cueca, in: La revista Plus ultra, Mayo 21, 1929, Buenos Aires. *Garrido, P.:* Biografía de la cueca, Santiago de Chile 1943. *Vega, C.:* La forma de la cueca Chilena, in: Colección de ensayos, Número 2, 1947. *Acevedo Hernandez, A.:* La cueca, Chile 1953. *Allende, Pedro H.:* Estudio sobre la cueca, in: Revista comuna y hogar, Santiago de Chile. *Barahona Vega, Cl.:* La zamacueca y la rosa en el folklore chileno. *Monje, H. V.:* La cueca, in: Bolletin interamericano de musica, No. 58, marzo de 1967, S. 3 ff.

Zambelli, Carlotta. Italienische Tänzerin, geb. 4. November 1875 in Mailand, gest. 28. Januar 1968 ebendort. Sie studierte an der Ballettschule der Mailänder Scala. 1894 von Pedro Gaillard, dem damaligen Direktor der Pariser Oper entdeckt, tanzte sie dort die Hauptrollen in ↗„Sylvia", ↗„Coppelia" und anderen Balletten. 1901 wurde sie an das Marijinskij-Theater, St. Petersburg, engagiert. 1930 kehrte sie nach Paris zurück und wurde Lehrerin des Pariser Opernballetts. Aus ihrer Schule ging unter anderen Lycette ↗Darsonval hervor.

Lit.: *Guest, I.:* Carlotta Zambelli, in: Revue d'histoire du théâtre, Jg. 21, 1969, S 199 ff. *Guest, I.:* Carlotta Zambelli, in: Dance Magazine, Februar 1974, S. 43 ff.

Zambra (die). Spanischer Volkstanz im langsamen 4/4-Takt, ein Doppelfrontreigen, der in Toledo als Kathedraltanz aufgeführt wurde und in der portugiesischen Stadt Pedrogam Pequeno als ↗Johannisreigen üblich war. Die Tänzer sind in zwei Fronten aufgestellt und gehen mit Kastagnettenschlag unter Schaukelbewegungen aufeinander zu und kehren im Bogen auf ihre Plätze zurück. (↗Spanische Volkstänze)

Lit.: *Moraleda y Esteban, Juan:* Los Seises de la Catedral de Toledo, Toledo 1911, S. 57. *Sachs, C.:* Eine Weltgeschichte d. Tanzes, 1933, S. 225.

Zangáltänze. Bezeichnung für Tanzfeierlichkeiten bei den Eingeborenen auf ↗Neuguinea. Diese Tänze, von Maskierten ausgeführt, haben meist die Form von ↗Pantomimen, die allerlei Verrichtungen des Alltagslebens darstellen. (↗Udsuángongtänze)

Lit.: *Pöch, R.:* Beobachtungen über Sprache, Gesänge u. Tänze d. Monumbo, in: Mitteilungen d. Anthropologischen Gesellschaft in Wien, Bd. 35, 1905, S. 234 f.

Zapateado. Spanischer Volkstanz. Der Name kommt von zapato = Schuh, daher auch wörtlich Schuhtanz. Bei diesem Tanz im schnellen 6/8-Takt wird der Rhythmus durch Klatschen in die Hände und Zusammenschlagen der Fußsohlen markiert. Er ist ein Schautanz im Solo, der nur von einer Frau ausgeführt wird. Gelegentlich kann er von Gesang und Gitarre begleitet werden. Der Tanz war schon im 16. Jh. bekannt und wurde von Cervantes im „Don Quixote" erwähnt. Fanny ↗Elßler hat diesen Tanz auf die Bühne gebracht. Mit zapateado wird auch die Fußarbeit der Männer in den Flamencotänzen bezeichnet. (↗Spanische Volkstänze, ↗Zapateo)

Eduardo Ocon

Lit.: *Frezier, A. F.:* Relation du voyage de la Mer du Sud 1712–14 (Kapitel: Sapateo, Danze du Perou), Paris 1732. *Czerwinski, A.:* Brevier d. Tanzkunst, 1879. *Guerrero, J. E.:* El zapateado tabasqueno, in: Nuestra Musica, Jg. 3, No. 10, April 1948, S. 82 ff. *Caballero Bonald, J. M.:* El baile andaluz, Barcelona 1957.

Zapateo. Tanz aus dem westindischen Archipel, der dem ↗Zapateado der Spanier sehr ähnlich ist. Bei Volksfesten tritt ein Mann aus den Reihen, improvisiert zu einer aus wenigen Takten bestehenden Melodie ein paar Verse und tanzt dazu mit seinen Füßen einen „Triller", ohne sich eigentlich vom Fleck zu bewegen. Die umstehende Menge markiert das zweite und dritte Viertel des 3/4-Taktes durch Händeklatschen.

Lit.: *Friedenthal, A.:* Musik, Tanz u. Dichtung bei d. Kreolen Amerikas, 1913, S. 123 f.

Záporožek. ↗Russischer Volkstanz aus der Ukraine, ein Geschicklichkeits-Waffentanz, der von einer Gruppe von vier Tänzern in kriegerischer Form ausgeführt wird. (↗Waffentanz)

Lit.: *Wolfram, R.:* Schwerttanz u. Männerbund, S. 154.

Záptečná (= der Rückwärtstanz), der im Jahre 1848 auch Zaṕtečnícká, der Rückschrittsmännertanz, genannt wurde, ist ein tschechischer Volkstanz aus Böhmen, bei welchem im ländlerischen Rundtanz in entgegengesetzter Kreisrichtung eine verkehrte Drehung ausgeführt wird. (↗Tschechische Volkstänze)

Lit.: *Waldau, A.:* Böhmische Nationaltänze, 1859, Bd. 1, S. 44.

Zar-Tanz. Magisch-religiöser Tanz aus dem vorderen Orient, vor allem aus Ägypten. Der Zar ist ein Geist, der vom Körper eines Menschen Besitz ergreift und nur durch Geisterbeschwörung ausgetrieben werden kann. Aus Abessinien, wo diese Zar-Vorstellungen ihre Heimat haben, wurden sie wahrscheinlich durch Sklaven nach Ägypten und nach West- und Südarabien gebracht. Die Zeremonie der Geisteraustreibung wird oft von einer Frau geleitet. Gesänge, Tänze und ein Hühneropfer begleiten die Beschwörungen. (↗Ägyptischer Tanz, ↗Religiöser Tanz, ↗Tanzwut)

Lit.: *Lewin, B.:* Der Zar, ein ägyptischer Tanz zur Austreibung böser Geister bei Geisteskrankheiten, u. seine Beziehungen zu Heiltanzzeremonien anderer Völker u. d. Tanzwut d. Mittelalters, in: Conf. psychiat. 1, Nr. 4, 1958, S. 177 ff. *Mecklenburg, C. G.:* Ägyptische Rhythmik, 1960, S. 45. *Hickmann, H.:* Der ägyptische Zar, in: The Folklorist, vol. 6, No. 6, 1961, S. 476 ff.

Zastavovaná (= der Aufhaltetanz). Tschechischer Volkstanz aus Böhmen. Das Tanzpaar faßt sich an den Händen und geht im Takt je drei Schritte vorwärts, hierauf wiegt es ein wenig hin und her und bleibt dann einen Augenblick ruhig stehen. Die Einfachheit der Bewegungen verlangt bei diesem Tanz ein lebhaftes Gebärdenspiel. (↗Tschechische Volkstänze)

Lit.: *Waldau, A.:* Böhmische Nationaltänze, 1860, Bd. 2, S. 16.

Zauberladen, Der (La Boutique fantasque). ↗Ballett in einem Akt von André Derain nach dem Ballett „Die ↗Puppenfee" mit der Musik von Gioachino Rossini und Ottorino Respighi. Die Uraufführung erfolgte in der ↗Choreographie von Leonide ↗Massine am 5. Juni 1919 im Alhambra Theatre, London, durch die ↗Ballets Russes de Diaghilew.

Zazpi Jausiak. ↗Baskischer Tanz, eine Form des ↗Siebensprungs. Er wird von Männern getanzt, die in einer Kreisbewegung ihre verschiedenen Sprünge ausführen.

Lit.: *Wolfram, R.:* Die Volkstänze in Österreich u. verwandte Tänze in Europa, 1951, S. 67.

Zbójecki. Polnischer Volkstanz im 2/4-Takt aus der Hohen Tatra. Er geht auf die Zeit der Räuberbanden zurück, die in den Karpathen gehaust haben. Der Tanz, der Räuberromantik in allen ihren ernsten und heiteren Formen zum Ausdruck bringen soll, besteht aus fünf oder sechs Teilen, und zwar: gesungene Einleitung, Tanz mit den Beilen, Räubertanz „Zbojnicki", der Umgedrehte „Zwertany", der Feuersprühende „Krzesany" und Marsch. Der Tanz wird von mindestens vier Männern ausgeführt, manchmal mit Beilen in den Händen. (↗Polnische Volkstänze)

Lit.: *Laufer, R.:* Der polnische Tanz u. sein Eindringen in d. Kunstmusik, Diss. Wien 1934, S. 22 ff.

Zduchavá. Tschechischer Volkstanz aus Mähren, der in der Melodie mit dem deutschen ↗Plotschtanz übereinstimmt, nur daß ein viertaktiges Zwischenspiel den dritten Teil erweitert. Außerdem sind in der Ausführung Tanzelemente aus dem deutschen Volkstanz ↗Hans Adam (Zipf Adam), und zwar das Verbeugen zu- und auseinander, mit einbezogen. (↗Tschechische Volkstänze)

Zeapplar. Name für eine in Österreich übliche volkstümlich abgeänderte Form der ↗Mazurka.

Lit.: *Wolfram, R.:* Die Volkstänze in Österreich u. verwandte Tänze in Europa, 1951, S. 156.

Zechenlandler. Die sogenannten Zechenlandler der bäuerlichen Zechen (Jungmannschaften) im oberösterreichischen Innviertel sind wie die

↗Zettellandler durch völlige Gleichmäßigkeit der Ausführung, schwierige Schritte, einen zwischen Geradtaktigkeit und ¾-Takt schwebenden Rhythmus und fünfstimmiges Singen während des Tanzes für Außenstehende fast nicht erlernbar. Sie stellen in ihrer Art eine Höchstentwicklung des ↗Ländlers dar.

Lit.: *Wolfram, R.:* Deutsche Volkstänze, 1937, S. 36. *Löscher, St.:* Über d. Volkstanz in Oberösterreich, Steiermark u. im Burgenland, in: Jahrbuch d. österreichischen Volksliedwerkes, Bd. 9, 1960, S. 68. *Horak, K.:* Der Volkstanz im Mattigtal u. im Kobernauser Wald, Oberösterreich, in: Jahrbuch d. österreichischen Volksliedwerkes, Bd. 23, 1974, S. 9.

Zeïbekikos. Neugriechischer Tanz, orientalischer Herkunft. (↗Griechischer Tanz, ↗Rebetiko-Tänze)

Zeinertanz. ↗Österreichischer Volkstanz aus dem Oberen Murtal in der Steiermark, Österreich. Nach dem Bericht von R. ↗Wolfram wird er am Ostermontag auf den Getreidefeldern getanzt. Ohne Melodieinstrumente, nur zum bloßen Trommelschlag, tanzen Burschen und Mädchen diesen reigenartigen Tanz in Bewegungen, die an das Flechten eines Zaunes gemahnen. Vielleicht ist der vom 15. bis zum 17. Jh. in den deutschen Ländern übliche ↗Zäunertanz ein Vorfahre dieses steirischen Volkstanzes.

Lit.: *Wolfram, R.:* Die Volkstänze in Österreich u. verwandte Tänze in Europa, 1951, S. 57 f. *Wolfram, R.:* Der Zeinertanz u. ein neuer steirischer Tanzfund, in: Blätter f. Heimatkunde, Jg. 25, 1951, S. 33 ff.

Zelený kousek (= Grünzeug). Tschechischer Volkstanz aus Böhmen, ein ↗Zwiefacher, dem bayrischen Tanz ↗Latirl ähnlich. (↗Tschechische Volkstänze)

Lit.: *Junk, V.:* Die taktwechselnden Volkstänze, 1938, S. 68. *Hoerburger, F.-Raupp, J.:* Deutsch-slawische Wechselbeziehungen im Volkstanz, in: Kleine Beiträge zur Volkskunstforschung, H. 3, 1957. *Thiel, H.:* Die deutschen Volkstänze in Böhmen, Mähren u. Schlesien, 1970, S. 144.

Zellerich. ↗Deutscher Volkstanz aus der Dobrudscha im ¾-Takt, ein ↗Paartanz im Kreis. Während die Tanzenden zuerst eine Liedstrophe singen, ordnen sie sich im Walzertakt zum Kreis mit gewöhnlicher Fassung und tanzen dann ↗Walzer, vier Takte rechts herum, vier Takte links herum. Der Tanz wird beliebig oft wiederholt. Einen Volkstanz gleichen Namens gibt es auch in der Rheinpfalz, der aber eine Form der ↗Varsovienne ist.

Lit.: *Au, H. v. d.:* Deutsche Volkstänze aus d. Dobrudscha, 1955, S. 18 f.

Zéphire et Flora ↗Flore et Zéphire.

Zeppelpolka. Volkstümlicher Name für die ↗Polka française. Der Name des in seiner Form überaus lebhaften, ausgelassenen Tanzes rührt von seiner fast kurzatmigen Ausführung her. (↗Polka tremblante, ↗Skočná)

Lit.: *Jolizza, W. K. v.:* Die Schule d. Tanzes, 1900. *Au, H. v. d.:* Heit is Kerb in unserm Dorf, 1954, S. 39.

Zettellandler. Oberösterreichische Landlerform der Innviertler Burschenzechen. Jede dieser Burschengemeinschaften hat ihre besondere Landlerform, die genau festgelegt ist und von der tanzenden Gruppe streng eingehalten wird. (↗Zechenlandler)

Lit.: *Wolfram, R.:* Die Frühform des Ländlers, 1933, S. 136/2. *Derschmidt, H.:* Landler u. Landlerlandschaften – Landler-Typen, in: Der fröhliche Kreis, Jg. 27, H. 1, S. 8.

Zeuner ↗Zäuner.

Zevensprong. ↗Niederländischer Volkstanz, der ↗Siebensprung, einst ein religiöser Männertanz, vor der Statue des Hl. Johannes aufgeführt. Später wurde er ein Tanz zur Unterhaltung, ein Kreistanz im ¼-Takt, für eine beliebige Anzahl von Paaren. Er ist auch in Belgien üblich.

Lit.: *Van der Ven, D. J.:* Nederlandsche Boerendansen, 1923, S. 287. *Sanson-Catz, A.-Koe, A. de:* Nederlandse volksdansen, Bd. 1, 1950, S. 33 f. *Pinon, R.-Jamar, H.:* Dances of Belgium, 1953, S. 16.

Zeybek. ↗Türkischer Volkstanz. Die Zeybeks sind die charakteristischen Tänze der ägäischen Türkei, sind aber auch vereinzelt in Anatolien anzutreffen. Zeybek-Tänze sind hauptsächlich männliche Solotänze. Es gibt aber auch Abarten, die von zwei oder mehreren Personen getanzt werden. Der Zeybek ist ein Heldentanz. Meist sind die Tänzer mächtige Burschen mit kohlschwarzem Schnurrbart, die mit kniefreien Hosen, ärmellosen bestickten Westen und breiten, bunten Gürteln, in welchen ein Dolch oder eine Pistole stecken, bekleidet sind. Es gibt langsame schwerfällige, aber auch flinke bewegliche Zeybek-Tänze. In seiner Grundform kniet der eine Tänzer auf einem Bein, während der andere eine halbgebeugte Stellung einnimmt. Sie halten die Hände ausgestreckt in die Höhe und schnalzen mit den Fingern. Begleitet werden die Tänze von einer Trommel (Davul), einem Blasinstrument (Zurna) oder einem lautenähnlichen Saiteninstrument (Saz). (↗Bengi Zeybek)

Lit.: *And, Metin:* Dances of Anatolian Turkey, in: Dance Perspectives, 3, Sommer 1959. *Tör, V. N.:* Die Türkei als Neuland f. d. Erforschung d. Volkstänze, in: Die Volkskultur d. südosteuropäischen Völker, Südosteuropa-Jahrbuch, Bd. 6, 1962, S. 110 f.

Žežhulička (= der Kuckuck). Tschechischer Volkstanz aus Böhmen, der seinen Namen nach dem Text des ihn begleitenden Liedes hat. Charakteristisch ist für ihn der im böhmischen Volkstanz selten vorkommende Mazurkaschritt. (↗Tschechische Volkstänze)

Lit.: *Waldau, A.:* Böhmische Nationaltänze, 1859, Bd. 1, S. 41 f.

Ziberli. Name des ↗Strohschneiders in der französischen Schweiz.

Lit.: *Wolfram, R.:* Die Volkstänze in Österreich u. verwandte Tänze in Europa, 1951, S. 157/15. *Stern, K.-Witzig, L.-Spröd, A.:* Unspunnen-Tänze, S. 22 f.

Zibouli. ↗Französischer Volkstanz. Der Tanz, obwohl als typisch französischer Tanz angesehen, entspricht dem ↗Strohschneider. (↗Ziberli)

Lit.: *Guilcher, J. M.:* 10 danses simples des pays de France, choisies pour la jeunesse, Flammarion 1947. *Hoerburger, F.-Raupp, J.:* Deutsch-slawische Wechselbeziehungen im Volkstanz, 1957, S. 8.

Žid (= der Jude). Tschechischer Volkstanz komischen Charakters, in welchem in pantomimischer Form das Gehaben eines Juden dargestellt wurde. Wie aus dem Text des begleitenden Tanzliedes hervorgeht, geschah dies meist nicht in einer sehr schönen Form. (↗Tschechische Volkstänze)

Lit.: *Waldau, A.:* Böhmische Nationaltänze, 1859, Bd. I, S. 32.

Zieglertanz. ↗Deutscher Volkstanz aus Schwaben, ein ↗Paartanz, der schon im 16. Jh. in alten Lautentabulaturen aufscheint. Er wird im Rheinländerzeitmaß (2/4-Takt) ausgeführt. Burschen und Mädchen stehen am Anfang ohne Fassung einander gegenüber, schlagen dann beide Hände einmal seitwärts an die Oberschenkel, an die Brust und gegeneinander. Diese Bewegungen wiederholen sich in den folgenden Takten. Der 2. Teil der Tanzmelodie wird als ↗Rheinländer getanzt.

Lit.: *Dieckmann, Jenny:* Die in deutscher Lautentabulatur überlieferten Tänze, d. 16. Jh., 1931. *Oetke, H.:* Deutsche Volkstänze, Teil III, 1952.

Ziehrer, Carl Michael. Österreichischer Komponist, geb. 2. Mai 1843 in Wien, gest. 14. November 1922 ebendort. Er wirkte in Wien als angesehener Kapellmeister und Komponist von Operetten und gilt als einer der letzten Vertreter der charakteristischen Wiener Tanzmusik. Im Jahre 1908 wurde er zum k. k. Hofballmusikdirektor ernannt und war damit in der Nachfolge der Dynastie ↗Strauß der letzte mit diesem Titel ausgezeichnete Musiker. Viele seiner ↗Walzer und ↗Märsche sind bis heute populär geblieben.

Lit.: *Schönherr, M.:* Carl Michael Ziehrer, sein Werk u. Leben, seine Zeit, Diss. Wien 1973, gedruckt Wien 1974.

Zigeunertänze ↗Farruca, ↗Gitana, ↗Glenklwerk, ↗Lassu, ↗Olé, ↗Romalis.

Zikr. ↗Religiöser Tanz, der heute noch in Ägypten in den ländlichen Bereichen zu finden ist. Der mit der Volksreligion eng verbundene Tanz wird nur von Männern und älteren Knaben ausgeführt. Frauen und Mädchen nehmen daran nicht teil. (↗Ägyptischer Tanz)

Lit.: *Blackman, W. S.:* The Fellahin of Upper Egypt, 1927, S. 255 f. *Hickmann, H.:* Un zikr dans le mastaba de Debhen, Guîzeh, in: Journal of the International Folk Music Council, vol. IX, 1957, S. 59.

Zimmerl, Christl. Österreichische Tänzerin, geb. 27. Februar 1939 in Wien, gest. 19. März 1976 ebendort. Sie begann ihr Tanzstudium im Alter von viereinhalb Jahren. Mit neun Jahren trat sie in die Ballettschule der Staatsoper Wien ein. Außerdem studierte sie an der ↗Sadler's Wells Ballet School in London und bei Marika Besobrasowa in Monte Carlo. Ihre erste Solorolle tanzte sie mit 16 Jahren, und zwar die Desdemona bei der Uraufführung des Balletts „Der ↗Mohr von Venedig" von Boris ↗Blacher, in der ↗Choreographie von Erika ↗Hanka, im Rahmen des Opernfestes anläßlich der Wiedereröffnung der Wiener Staatsoper. 1957 wurde sie Solotänzerin und 1960 1. Tänzerin. Von den 64 Solo- und Hauptrollen, die sie an der Wiener Staatsoper tanzte, sind besonders zu erwähnen: die Odette und Odile in ↗„Schwanensee", die Flederfee und böse Fee in ↗„Dornröschen", die Müllerin in ↗„Der Dreispitz" und als eine der großartigsten Darstellungen das Mädchen in B. ↗Bartóks „Der ↗wunderbare Mandarin". Neben ihrer Wiener Tätigkeit gastierte sie in Deutschland, Frankreich, Italien, der Schweiz, Großbritannien, Monaco und der Türkei sowie in Produktionen für das Fernsehen. Sie war mit dem Direktor des ↗Wiener Staatsopernballetts Gerhard ↗Brunner verheiratet.

Zipf Adam ↗Hans Adam.

Zisseler. ↗Deutscher Volkstanz aus dem Schwalmtal (Hessen) im 2/4-Takt, ein ↗Paartanz im Kreis. Die Aufstellung erfolgt zueinander mit geschlossener Fassung. Getanzt wird mit Drehungen und Wechselschritten.

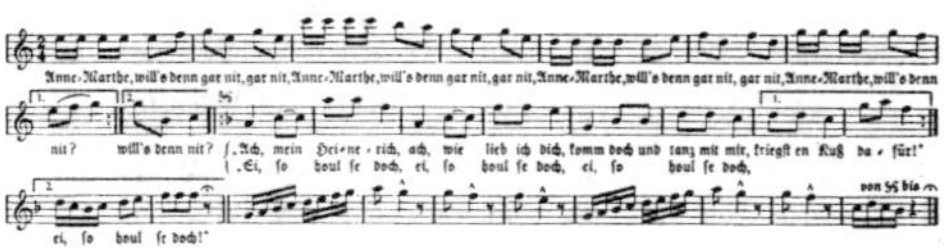

Lit.: *Au, H. v. d.:* Hessische Volkstänze, Deutsche Volkstänze, 1931, H. 11/12, S. 6 f.

Zitterer. ↗Deutscher Volkstanz aus der Oberpfalz. Seine Weise findet sich in einer alten handschriftlichen ↗Tabulatur (etwa 1740) im Stadtarchiv von Amberg. Der Tanz ist ein ↗Zwiefacher. Seinen Namen hat er von der Tanzmelodie, die in ihren Wiederholungen der Achtelnoten etwas Zitterndes an sich hat.

Lit.: *Krautwurst, F.:* Über d. Alter d. Zwiefachen, in: Der Zwiebelturm, Jg. 9, S. 266 ff. *Burkhardt, L.:* Die Zwiefachen, 1961, S. 11.

Zlocha, Erika. Österreichische Tänzerin, geb. 8. April 1939 in Wien. 1947 begann sie ihr Tanzstudium an der Ballettschule der Staatsoper Wien. Ihre Lehrerinnen waren Adele ↗Krausenecker, Risa ↗Dirtl, außerdem nahm sie Privatunterricht bei W. ↗Fränzl. Im Ausland studierte sie bei Nora Kiss, V. ↗Gsovsky, Olga ↗Preobrajenska, Mathilde ↗Kschessinska und G. Hiden. 1953 wurde sie als Corpstänzerin an die Wiener Staatsoper engagiert. Im Jahre 1955 debütierte sie in dem Ballett „Symphonie classique" als Solotänzerin. Viele Tourneen führten sie nach Deutschland, in die Schweiz, nach Monte Carlo, Nizza und Nervi. Sie war Mitwirkende bei den Festspielen in Salzburg und Bregenz. 1982 zog sie sich von der Bühne zurück.

Zoder, Raimund (Pseudonym: Zeno Drudmair). Österreichischer Volkslied- und Volkstanzforscher, geb. 20. August 1882 in Wien, gest. 26. März 1963 ebendort. Er wirkte zunächst als Volksschullehrer, ließ sich aber frühzeitig pensionieren und unterrichtete sodann als Lehrbeauftragter für Volkslied, Volkstanz und Volksmusik an der Akademie für Musik und darstellende Kunst in Wien. Seine Tätigkeit als Volkslied- und Volkstanzforscher blieb vorbildlich für alle späteren Generationen. Richtungsweisend war vor allem sein Bemühen, eine Systematik und Aufzeichnung der Volkstänze zu finden. Seine Veröffentlichungen über den Volkstanz umfassen folgende Aufsätze und Schriften: Eine Methode zur lexikalischen Anordnung von Ländlern, in: Zeitschrift f. Volkskunde, Jg. 18, 1908, S. 307 ff.; Franz Schubert u. d. Volksmusik, in: Das deutsche Volkslied, Jg. 11, 1909, H. 1, S. 5 ff.; Über den Takt d. Ländlers in Oberösterreich, in: Bericht über d. 3. Kongreß d. internationalen Musikgesellschaft in Wien, Mai 1909, S. 228 ff. u. in: Das deutsche Volkslied, Jg. 11, 1909, H. 7, S. 113 ff.; Wie zeichnet man Volkstänze auf?, in: Zeitschrift d. Vereins f. Volkskunde, Jg. 21, 1911, S. 382 ff.; Die melodisch stychische Anordnung v. Ländlermelodien, in: Das deutsche Volkslied, Jg. 16, 1914, H. 4, S. 87 ff., H. 5, S. 106 ff., H. 6, S. 128 ff., H. 7, S. 159 ff.; Altösterreichische Volkstänze, 1. Teil, 1921, 2. Teil, 1928, 3. Teil, 1932, Neuausgabe 1955; Bauernmusi, 2 Teile, 1919 u. 1925; Beiträge zur Geschichte d. Volkstänze, in: Das deutsche Volkslied, Jg. 26, 1924, H. 7/8, S. 4 ff., Jg. 27, 1925, H. 1/2, S. 15 ff., H. 3/4, S. 38 ff., H. 5, S. 54 f., H. 7, S. 87 f.; Salzburger Schustertanz, in: Das deutsche Volkslied, Jg. 28, 1926, H. 2/3, S. 32 f.; Volksmusik u. Volkstanz aus d. Anfange d. 19. Jh., in: Zeitschrift f. Musikwissenschaft, Jg. 10, 1928, H. 4, S. 223 ff.; Judentänze, in: Jahrbuch f. Volksliedforschung, Jg. 2, 1930, S. 122 ff.; Bemerkungen zu d. taktwechselnden Volkstänzen aus d. Oberpfalz, in: Das deutsche Volkslied, Jg. 30, 1928, H. 4, S. 59 ff. u. Jg. 34, 1932, H. 5, S. 56 ff.; Schwarzwälder Volkstänze, in: Das deutsche Volkslied, Jg. 32, 1930, H. 5, S. 71; Beiträge zur steirischen Volksmusik, in: Das deutsche Volkslied, Jg. 34, 1932, H. 1/2, S. 1 ff.; Eine Anmerkung zum Schwabentanz, in: Das deutsche Volkslied, Jg. 34, 1932, H. 5, S. 59 f.; Die deutschen Volkstänze in Kärnten, in: Das deutsche Volkslied, Jg. 35, 1933, H. 6, S. 57 ff.; Beiträge zur Geschichte d. deutschen Volkstanzes, in: Das deutsche Volkslied, Jg. 36, 1934, H. 1/2, S. 11 f., H. 3, S. 30 f.; Der Eckerische, in: Blätter f. Volkstanzgruppen, Jg. 4, 1934, 5. Folge, S. 25 f.; Der Warschauer, in: Volkskundliche Gaben, John Meier zum 70. Geburtstag, 1934, S. 300 ff.; Tanzl beim Tanz. Oberösterreichische Landlagstanzln, 1935, S. 88 ff.; Der Volkstanz in

Österreich u. seine Quellen, in: Die österreichische Schule, Jg. 12, 1935, H. 7, S. 539 ff.; Der deutsche Volkstanz, in: Deutsches Volkstum in Volksschauspiel u. Volkstanz, 1938, S. 137 ff.; Zur Systematik d. deutschen Volkstänze, in: Mitteldeutsche Blätter f. Volkskunde, Jg. 13, 1938, S. 84 ff.; Der Spinnradltanz, in: Sudetendeutsche Zeitschrift f. Volkskunde, Jg. 11, 1938, H. 4/6, S. 105 ff.; Der Volkstanz in Niederösterreich, Jg. 27, 1938; N. F., S. 257 ff. Aufgaben d. Volkstanzforschung, in: Das deutsche Volkslied, Jg. 41, 1939, H. 7, S. 93 ff.; Hupferts-Vogel, Vogel hupf auf und Hoppich, in: Das deutsche Volkslied, Jg. 42, 1940, H. 7/8, S. 66 ff.; Die Melodien d. Schleunigen-Tanzes, in: Das deutsche Volkslied, Jg. 43, 1941, H. 5/6, S. 49 ff., H. 7/8, S. 75 ff.; H. 9/10, S. 112 ff.; Zur Entstehung d. taktwechselnden Volkstänze, in: Bayerisches-Südostdeutsches Monatsheft f. Volkskunde, Jg. 14, 1941, S. 43 ff.; Die Flaschl-Kathl u. d. Vierfache, in: Das deutsche Volkslied, Jg. 44, 1942, H. 5/6, S. 50 ff., H. 7/8, s. 95 ff., H. 9/10, S. 120; Tanz u. Musik in Familiennamen, in: Das deutsche Volkslied, Jg. 46, 1944, H. 1/2, S. 9 ff.; Haydn-Menuett u. Steyrischer, in: Das deutsche Volkslied, Jg. 48, 1947, H. 1/2, S. 28 f.; Alte Volkstanzmelodien aus Vorarlberg, in: Volkskundliches aus Österreich u. Südtirol, H. Hopfner zum 70. Geburtstag, 1947, S. 305 ff.; Volkslied, Volkstanz u. Volksbrauch, 1949; Der Steirische u. d. Straßburger, in: Volk u. Heimat, Festschrift f. V. v. Geramb, 1949, S. 257 ff.; Volkslied u. Volkstanz, in: Der österreichische Bauer, 1949, S. 278 ff.; Der Schuhplattler, in: Das Volkslied in Altbayern u. seine Sänger, 1952, S. 104 ff.; Über die Anlage eines Volkstanzarchivs, in: Zeitschrift f. Volkskunde, Bd. 51, 1954, S. 272 ff.; Der Tanz d. Nachbarn, in: Jahrbuch d. österreichischen Volksliedwerkes, Bd. 4, 1955, S. 94 ff.; Volkstanzaufzeichnungen v. Karl Reiterer, in: Jahrbuch d. österreichischen Volksliedwerkes, Bd. 5, 1956, S. 88 ff. Kleine Beiträge zur Volksmusikforschung, in: Jahrbuch d. österreichischen Volksliedwerkes, Bd. 7, 1958, S. 62 ff.; Alte Volkstanzmelodien aus Kärnten, in: Tanz u. Brauch, Bd. 19, 1959, S. 91 ff.

Zögerwalzer (la valse hesitation) ↗Boston.

Zögerweib. ↗Österreichischer Volkstanz aus der schwäbischen Türkei, ein ↗Paartanz im Kreis. Die Tanzmelodie im 3/4-Takt ist zweiteilig zu je acht Takten. Der Tanz hat Ähnlichkeit mit dem ↗Stötterer Pascher.

Lit.: *Horak, K.:* Der Volkstanz in d. schwäbischen Türkei, in: Deutsches Archiv f. Landes- u. Volksforschung, Jg. 2, 1938, H. 4, S. 846.

Zopftanz ↗Bandltanz.

Zoppetto. Die italienischen ↗Tanzmeister des 16. Jh. (↗Caroso) bezeichneten mit diesem Namen den Sprung auf dem ↗Standbein. (↗Trabucchetto)

Lit.: *Bie, O.:* Der Tanz, 1919. *Junk, V.:* Handbuch d. Tanzes, 1930.

Zorn, Friedrich Albert. Deutscher ↗Tanzlehrer und Tanzschriftsteller. Ab 1846 war er Tanzlehrer am kaiserlich-russischen Richelieu-Gymnasium in Odessa. Berühmt wurde er durch sein ↗Tanzlehrbuch „Grammatik der Tanzkunst. Theoretischer und praktischer Unterricht in der Tanzkunst und Tanzschreibkunst oder Choreographie“, Leipzig 1887, Reprint: Hildesheim 1982. Einer der beschriebenen Tänze darin ist die ↗Cachucha. (↗Choreographie)

Zortziko. Dieser alte ↗baskische Tanz nach einem spanischen Tanzlied im raschen 5/8 (3/8 + 2/8) -Takt wird im Verlauf des ↗Aurresku getanzt. (↗Rueda)

Lit.: *Gascue, Fr.:* El compás quebrado del Zoritzko, in: Revista musical de Bilbao I, 1911.

Zucchi, Virginia. Italienische Tänzerin und Lehrerin, geb. 10. Februar 1849 in Parma, gest. 12. Oktober 1930 in Monte Carlo. Sie studierte bei C. ↗Blasis und G. ↗Lepri in Mailand. 1866 begann sie in der italienischen Provinz zu tanzen und erhielt dann Gastengagements in Rom, Mailand, Berlin, London, Spanien und Frankreich. Von 1885 bis 1892 wirkte sie in St. Petersburg, wo sie erstmals in einem Kaffeehauskonzert auftrat. Durch ihre brillante Tanztechnik hatte sie großen Erfolg. Sie tanzte vor dem Zar und wurde eingeladen, im Marijinskij-Theater zu tanzen. Zucchi forcierte die strenge italienische Technik und beeinflußte damit wesentlich die Perfektion der St. Petersburger Ballettechnik. Nach ihrer Rückkehr aus Rußland trat sie nur mehr selten auf. Sie choreographierte Ballette für Opernaufführungen (u. a. „Tannhäuser“ in Bayreuth) und leitete später eine Schule in Monte Carlo, wo sie bis zu ihrem Tod blieb.

Lit.: *Guest, J.:* The Divine Virginia, New York 1977.

Zucok. ↗Russischer Volkstanz aus der Ukraine. Er wird nach Ostern zu Beginn des Frühlings getanzt. Seiner Form nach stellt er eine Art des Tortanzes dar. Die Paare stehen hintereinander angereiht und haben die inneren Hände erhoben und gefaßt. Sie bilden so gleichsam ein Tor, durch welches die Paare nacheinander durchschreiten und sich vorne wieder anreihen. In dieser Form bewegt sich der Tanz in der Richtung des Sonnenlaufs um die Kirche. Die hocherhoben gefaßten Hände bilden gleichsam eine Brücke, über welche ein kleiner Knabe schreitet, der den Frühling symbolisieren soll. (↗Tortanz)

Lit.: *Wolfram, R.:* Die Volkstänze in Österreich u. verwandte Tänze in Europa, 1951, S. 74.

Züner dantz. Schweizer Volkstanz aus dem 16. Jh. Aller Wahrscheinlichkeit nach war er ein ↗Reigen, bei dessen Ausführung die Tanzenden durch Verflechtung der Hände und Arme gleichsam eine Art Zaun bildeten. Doch ist die Ausführung und auch die Herkunft des Wortes bis heute nicht vollends geklärt. (↗Schweizer Volkstänze)

Lit.: *Meyer, E.:* Züner dantz, in: Schweizerisches Archiv f. Volkskunde, Bd. 27, 1926, H. 2/3, S. 132 ff.

Zulúmika. Tänze der Eingeborenen auf ↗Neuguinea. Sie werden von Maskierten ausgeführt. (↗Udsuángongtänze, ↗Zangaltänze)

Lit.: *Pöch, R.:* Beobachtungen über Sprache, Gesänge u. Tänze d. Monumbo, in: Mitteilungen d. Anthropologischen Gesellschaft in Wien, Bd. 35, 1905, S. 234.

Žunac, Ivanka. Jugoslawische Tänzerin, geb. 23. Mai 1938 in Zagreb. Mit neun Jahren begann sie im Kindertheater in Zagreb zu tanzen und bald danach trat sie schon als Zuckerfee im „Nußknacker" auf. Ihre weitere Ausbildung erhielt sie bei M. Jovanovic. Im Jahre 1957 kam sie an das Kroatische Nationaltheater, wo sie 1960 zur Solotänzerin ernannt wurde. Viele Gastspiele führten sie ins Ausland. Als Preis für die erfolgreiche Gestaltung der „Giselle" konnte sie eine Studienreise nach Paris unternehmen. Mit Veröffentlichungen über den Tanz ist sie auch schriftstellerisch tätig.

Zunfttänze (Handwerkertänze). Vom 14. bis zum 16. Jh. feierten die deutschen Zünfte ihre Feste gern mit Aufzügen und Tänzen. Vor allem sind es die Chroniken der Städte Augsburg und Nürnberg, die über solche Zunftfestlichkeiten und die dabei dargestellten Tänze berichten. Die Festzeiten waren gewöhnlich der 3. Pfingsttag, die Fastnacht, manchmal auch der Johannistag und der Festtag der jährlichen Versammlung der Zunftgenossenschaften, der sogenannte Dinzel- oder Denzeltag. Zu den wichtigsten und zum Teil noch bis heute erhaltenen Zunfttänzen gehören der ↗Schwerttanz der Messerschmiede, der ↗Fahnentanz der Tuchmacher, der ↗Reiftanz der Küfer, der Tanz der Salzsieder zu Schwäbisch-Hall, der ↗Schäfflertanz der Böttcher in München und der Münchener ↗Metzgersprung. Auch die ↗Schäfertänze können in diese Kategorie eingereiht werden. Außerhalb Deutschlands werden zu den Zunfttänzen der niederländische Schiffertanz, der ↗Taubenhaltertanz und der Müllertanz in Böhmen gezählt. (↗Büttnertanz, ↗Kowol, ↗Pfanneflickertanz, ↗Scherenschleifertanz, ↗Schmied, ↗Schustertanz, ↗Webertanz)

Marsch der Salzsieder

Tanz der Salzsieder

Lit.: *Böhme, F. M.:* Geschichte d. Tanzes in Deutschland, 1886, S. 63 f. *Pudollek, F.:* Zwei Handwerkertänze, in: Der Handwerker in d. Oberschlesischen Volkskunde, 1932. *Sachs, C.:* Eine Weltgeschichte d. Tanzes, 1933, S. 54, 171.

Zuserl. ↗Deutscher Volkstanz, ein ↗Zwiefacher. Der Tanz beginnt mit Dreherschritt. Er umfaßt acht Schrittfolgen in buntem Ablauf. Das Tempo ist gleichmäßig und ruhig im Wechsel von 2/4- und 3/4-Takt.

Lit.: *Burkhardt, L.:* Die Zwiefachen, 1961, S. 22.

Zweischrittiger. ↗Deutscher Volkstanz aus der Dobrudscha, ein ↗Paartanz im Kreis. Bursch und Mädchen stehen nebeneinander und haben einander gegenseitig den Arm um die Hüfte gelegt; die Außenhände hängen herab. Die Tanzmelodie im 2/4-Takt hat Rheinländerzeitmaß.

Lit.: *Au, H. v. d.:* 22 deutsche Volkstänze aus d. Dobrudscha, Quellen u. Forschungen zur musikalischen Folklore, Bd. 3, 1955, S. 16.

Zweitritt ↗Schreiter.

Zwergerltanz. ↗Österreichischer Volkstanz (Tirol, Oberösterreich), eine scherzhafte Form des ↗Bayrischen, ein Tanz in der Hocke. Zwei Burschen gehen eingehenkt im Kreis und werden dabei immer kleiner. In der Hocke fassen sie einander dann zum Rundtanz (↗Bayrische Polka, ↗Walzer oder ↗Wickler). Verwandte Tänze in der Hocke, oft im Sinn von ↗tiernachahmenden Tänzen oder um unheimliche Gestalten, wie Hexen, darzustellen, gab es in vielen Ländern. Der Sinn des österreichischen Zwergerltanzes ist aber ein Scherz, der mehr der Belustigung der Zuschauer dient. (↗Hasentanz)

Lit.: *Wolfram, R.:* Die Tänze in Österreich u. verwandte Tänze in Europa, 1951. *Zoder, R.:* Österreichische Volkstänze, Neue Ausgabe Teil 3, 1955. *Schützenberger, E.-Derschmidt, H.:* Spinnradl, Folge 3, s. a. *Peter, I.:* Salzburger Tänze, 1975, S. 133.

Zwieback ↗Dreidam.

Zwiefache sind taktwechselnde Paarrundtänze, deren Heimat quer durch das deutsche Sprachgebiet vom Elsaß bis Böhmen und Mähren nachgewiesen werden kann. Das Kerngebiet ist in Niederbayern und der Oberpfalz, wo sie auch heute noch am häufigsten getanzt werden. Taktwechselnde Tanzweisen lassen sich in ↗Tabulaturen bis ins 16. Jh. zurückverfolgen. Eines der kompliziertesten und charakteristischen Beispiele eines Zwiefachen, der sogenannte ↗Nagelschmied, findet sich bereits in einer Amberger Tabulatur aus der 1. Hälfte des 18. Jh. Die Blütezeit der Zwiefachen ist in der 1. Hälfte des 19. Jh. gelegen, denn aus dieser Zeit stammen die ältesten gedruckten Belege. Das Charakteristische der Zwiefachen ist der Wechsel zwischen ungeradem und geradem Takt in der Tanzmelodie. Es gibt ein-, zwei-, drei-, vierfache Zwiefache, je nachdem ob der Taktwechsel nach einem Takt, zwei, drei oder vier Takten erfolgt. Getanzt wird der Zwiefache mit Schritten des Walzer-Rundtanzes (3/4-Takt) und des ↗Zweischrittdrehers (2/4-Takt). Für den Tanzmusiker ist er nicht leicht zu spielen, da die Viertelnoten des geraden Taktes auf die doppelte Länge der Viertelnoten des ungeraden Taktes gedehnt werden. So ist der Zwiefache nicht nur ein taktwechselnder, sondern auch ein tempowechselnder Tanz. Die Namen der Melodien der Zwiefachen hängen entweder mit dem Liedtext, auf den sie gesungen werden, oder mit dem Gebiet, in dem sie beheimatet sind, zusammen. (↗Bayrischer, ↗Eintreter, ↗Heuberger, ↗Schweinauer, ↗Seidener Zwirn, ↗Talián, ↗Zitterer)

Lit.: *Rittersberg, J. v.:* České národní písně, 1925. *Kunz, K. M.:* Zwiefache, in: Cäcilia, Bd. 27, 1848, H. 108, S. 224 ff. *Böhme, F. M.:* Geschichte d. Tanzes in Deutschland, 1886. *Hostinský, O.:* České tancé, 1912. *Zich, O.:* České lidové tance s proměnlivým taktem, in: Národopisný vestník Československy, Bd. XI, 1916. *Bauer, A.:* Vierzig bayerische Tänze, in: Zeitschrift f. Musikwissenschaft, Jg. 8, 1925, H. 1, S. 24 ff. u. Jg. 10, 1928, H. 6, S. 374 ff. u. 1928, H. 9/10, S. 641 ff. u. Jg. 12, 1930, H. 5, S. 299 ff. *Seywald, G.:* Einiges zur Geschichte, zum Charakter u. zur Bedeutung d. taktwechselnden deutschen Volkstänze, in: Neue Musik-Zeitung, Jg. 47, 1926, H. 19, S. 401 ff. *Seywald, G.:* Die „Zwiefachen" – altes deutsches Volksgut, in: Die ostbairischen Grenzmarken, Jg. 15, 1926, H. 1, S. 12 ff. *Klier, K. M.:* Einige Bemerkungen zu d. taktwechselnden Volksweisen, in: Neue Musik-Zeitung, Jg. 48, 1927, H. 8, S. 61 ff. *Seywald, G.:* Taktwechselnde deutsche Volkstänze, in: Der deutsche Volkstanz, H. 9, 1927. *Zoder, R.:* Bemerkungen zu d. taktwechselnden Volkstänzen aus d. Oberpfalz, in: Das deutsche Volkslied, Jg. 30, 1928, H. 4, S. 59 ff. u. Jg. 34, 1932, H. 5, S. 56 ff. *Ilmberger, J.:* Der Zwiefache, in: Bayerische Heimat, Nr. 43, 1930. *Osterrieder, F. X.:* Die Abensberger Hundsbuckel-Musikanten, in: Heimatklänge, Nr. 5, 6, 12, 1931. *Osterrieder, F. X.:* Moderne Heimatbewegung u. d. Zwiefachen Tänze, in: Heimatklänge, Nr. 24/25, 1931. *Junk, V.:* Das Lied v. Prinzen Eugen, in: Mitteilungen d. Akademie zur wissenschaftlichen Erforschung u. zur Pflege d. Deutschtums, Jg. 1934, H. 3, S. 297 ff. *Bauer, A.:* Wir tanzen Zwiefache, 1935. *Michel, A.:* Taktwechselnde Tänze in Frankreich, in: Das deutsche Volkslied, Jg. 39, 1937, H. 1/2, S. 8 ff. *Junk, V.:* Die taktwechselnden Volkstänze, 1938. *Bauer, A.:* Die Notation d. Zwiefachen, in: Das deutsche Volkslied, Jg. 41, 1939, H. 3, S. 28 ff. *Nowy, A.:* Bayerische Tänze, in: Deutsche Volkskunde, Jg. 1, 1939, H. 2, S. 144 ff. *Au, H. v. d.:* Zur Verbreitung der Zwiefachen, in: Das deutsche Volkslied, Jg. 43, 1941, H. 1/2, S. 16. *Zoder, R.:* Zur Entstehung d. taktwechselnden Volkstänze, in: Bayerisches-Südostdeutsches Monatsheft f. Volkskunde, Jg. 14, 1941, S. 43 ff. *Ritter-Cario, E.:* Die Zwiefachen, in: Der Volkstanz, Jg. 5, H. 4. *Hoerburger, F.:* Verbreitung, Wanderung u. Typen d. nordbayerischen „Zwiefachen", in: Bericht über d. allgem. volkskundl. Kongreß in Jugenheim 1951, Stuttgart 1952, S. 35 f. *Hoerburger, F.:* Zwiefache in d. Oberpfalz, in: Zwiebelturm, Jg. 8, 1953, S. 58 ff. *Krautwurst, F.:* Der Zwiefache, in: Zeitschrift f. Musik, Jg. 114, 1953, H. 9, S. 528 ff. *Krautwurst, F.:* Über d. Alter d. Zwiefachen, in: Der Zwiebelturm, Jg. 9, 1954, H. 10, S. 267 ff. *Krautwurst, F.:* Taktwechselnde Volkstänze in Franken, in: Jahrbuch d. österreichischen Volksliedwerkes, Bd. 4, 1955, S. 101 ff. *Zoder, R.:* Der Tanz d. Nachbarn, in: Jahrbuch d. österreichischen Volksliedwerkes, Bd. 4, 1955, S. 94 ff. *Hoerburger, F.:* Die Zwiefachen, 1956, u. in: Deutsche Volkskunde 1956, H. 6 u. in: Der Volkstanz 1/1956, S. 3 f. *Hoerburger, F.-Raupp, J.:* Deutsch-slawische Wechselbeziehungen im Volkstanz, 1957. *Seidl, H.:* Gesungene Zwiefache aus d. Oberpfalz, in: Bayerische Volksmusik, H. 2, 1957. *Huber, K.:* Was ist ein Zwiefacher?, in: Volkslied u. Volkstanz, Aufsätze zur Volksliedkunde d. bajuwarischen Raumes, 1960, S. 31 ff. *Burkhardt, L.:* Die Zwiefachen ... taktwechselnde Tänze, 2 Teile, 1961. *Kusche, L.:* Musik u. Musiker in Baiern, 1963. *Goldschmidt, Ae.:* Handbuch d. deutschen Volkstanzes, 1967. *Horak, K.:* Die Zwiefachen, in: Volkstanz, Jg. 1969, H. 1, S. 6. *Eichenseer, A. J.-Mayer, W. A.:* Volkslieder aus d. Oberpfalz u. angrenzende Gebiete, Bd. I, 1976. *Horak, K.:* Die Zwiefachen, in: Der Trachtler, 1980, Nr. 21, S. 14 f. *Horak, K.:* Die Zwiefachen, in: Jahrbuch d. österreichischen Volksliedwerkes, Bd. 30, 1981, S. 27 ff. *Janietz, E.:* Volkstänze aus deutschen u. österreichischen Landschaften, s. a., S. 12 f.

Zwölfertanz. Süddeutscher ↗Volkstanz aus der 1. Hälfte des 19. Jh. Wie der ↗Vierer-, ↗Sechser- und ↗Achtertanz stellt er eine Art der ↗Quadrille dar, die aus mehreren Touren besteht. (Die ↗Großen Bunten)

Lit.: *Böhme, F. M.:* Geschichte d. Tanzes in Deutschland, 1886. *Wolfram, R.:* Die Volkstänze in Österreich u. verwandte Tänze in Europa, 1951, S. 140. *Goldschmidt, Ae.:* Handbuch d. deutschen Volkstanzes, 1967.

Zwölfmonatstanz. ↗Deutscher Volkstanz aus dem 15. bis 16. Jh. Er wurde von zwölf Paaren ausgeführt, die sich im Kreis nebeneinander aufstellten, ohne einander die Hände zu reichen. Vermutlich sollten sie die zwölf Monate darstellen. Zu Beginn der Musik stampften alle mit dem rechten Fuß nach dem Takt auf, klatschten in die Hände und gingen dann mehrmals im Kreis herum, einmal mit zum Kreis gewandtem und einmal mit vom Kreis gewandtem Gesicht. Hierauf bildeten sich vier Kolonnen zu je drei Paaren, die wahrscheinlich die vier Jahreszeiten symbolisieren sollten. Von diesen tanzte jede Kolonne die beschriebene Tour für sich allein, während die anderen Tänzer den Takt mitstampften und mitklatschten. Waren in dieser Weise alle vier Kolonnen an der Reihe gewesen, reichte man einander die Hände und beendete froh den Tanz.

Lit.: *Bergemann, J. G.:* Schlesische Modetänze im Jahre 1406, in: Allgemeines Archiv f. d. Geschichtskunde d. Preußischen Staates, Bd. I, 1830, S. 278 f. *Angerstein, W.:* Volkstänze im deutschen Mittelalter, in: Sammlung gemeinverständlicher wissenschaftlicher Vorträge, III. Serie, H. 49–72, 1868/69, S. 16. *Böhme, F. M.:* Geschichte d. Tanzes in Deutschland, 1886, S. 60. *Sachs, C.:* Eine Weltgeschichte d. Tanzes, 1933, S. 89.

Zypriotischer Tanz ↗Kartsilamá.